DIREITO ADMINISTRATIVO

CB038306

O GEN | Grupo Editorial Nacional – maior plataforma editorial brasileira no segmento científico, técnico e profissional – publica conteúdos nas áreas de concursos, ciências jurídicas, humanas, exatas, da saúde e sociais aplicadas, além de prover serviços direcionados à educação continuada.

As editoras que integram o GEN, das mais respeitadas no mercado editorial, construíram catálogos inigualáveis, com obras decisivas para a formação acadêmica e o aperfeiçoamento de várias gerações de profissionais e estudantes, tendo se tornado sinônimo de qualidade e seriedade.

A missão do GEN e dos núcleos de conteúdo que o compõem é prover a melhor informação científica e distribuí-la de maneira flexível e conveniente, a preços justos, gerando benefícios e servindo a autores, docentes, livreiros, funcionários, colaboradores e acionistas.

Nosso comportamento ético incondicional e nossa responsabilidade social e ambiental são reforçados pela natureza educacional de nossa atividade e dão sustentabilidade ao crescimento contínuo e à rentabilidade do grupo.

Irene Patrícia Diom NOHARA

DIREITO ADMINISTRATIVO

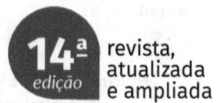

14ª edição revista, atualizada e ampliada

- A autora deste livro e a editora empenharam seus melhores esforços para assegurar que as informações e os procedimentos apresentados no texto estejam em acordo com os padrões aceitos à época da publicação, e todos os dados foram atualizados pela autora até a data de fechamento do livro. Entretanto, tendo em conta a evolução das ciências, as atualizações legislativas, as mudanças regulamentares governamentais e o constante fluxo de novas informações sobre os temas que constam do livro, recomendamos enfaticamente que os leitores consultem sempre outras fontes fidedignas, de modo a se certificarem de que as informações contidas no texto estão corretas e de que não houve alterações nas recomendações ou na legislação regulamentadora.

- Fechamento desta edição: *30.12.2024*

- A autora e a editora se empenharam para citar adequadamente e dar o devido crédito a todos os detentores de direitos autorais de qualquer material utilizado neste livro, dispondo-se a possíveis acertos posteriores caso, inadvertida e involuntariamente, a identificação de algum deles tenha sido omitida.

- **Atendimento ao cliente:** (11) 5080-0751 | faleconosco@grupogen.com.br

- Direitos exclusivos para a língua portuguesa
  Copyright © 2025 by
  Editora Atlas Ltda.
  Uma editora integrante do GEN | Grupo Editorial Nacional
  Travessa do Ouvidor, 11 – Térreo e 6º andar
  Rio de Janeiro – RJ – 20040-040
  www.grupogen.com.br

- Reservados todos os direitos. É proibida a duplicação ou reprodução deste volume, no todo ou em parte, em quaisquer formas ou por quaisquer meios (eletrônico, mecânico, gravação, fotocópia, distribuição pela Internet ou outros), sem permissão, por escrito, da Editora Atlas Ltda.

- Esta obra possui material suplementar via *QR Code*. Esse conteúdo será disponibilizado somente durante a vigência da respectiva edição. Não obstante, a editora poderá franquear o acesso por mais uma edição.

- Capa: Fabricio Vale

- **CIP-BRASIL. CATALOGAÇÃO NA PUBLICAÇÃO**
  SINDICATO NACIONAL DOS EDITORES DE LIVROS, RJ

N718d
14. ed.

    Nohara, Irene Patrícia Diom
        Direito administrativo / Irene Patrícia Diom Nohara. - 14. ed., rev., atual. e ampl. - Barueri [SP] : Atlas, 2025.
        1016 p. ; 24 cm.

    Inclui bibliografia
    índice remissivo
    ISBN 978-85-3099-637-6

    1. Direito administrativo - Brasil. I. Título.

24-95594
                        CDU: 342.9(81)

Gabriela Faray Ferreira Lopes - Bibliotecária - CRB-7/6643

Sobre a autora

Livre-docente em Direito Administrativo (2012, USP). Doutora (2006) e Mestre (2002) em Direito do Estado pela Faculdade de Direito da USP, onde também se graduou (1995-1999). Advogada parecerista na área do Direito Administrativo e árbitra em contratos administrativos. Professora pesquisadora do Programa de Pós-Graduação em Direito Político e Econômico da Universidade Presbiteriana Mackenzie, sendo responsável pela disciplina de mestrado e de doutorado Governança da Regulação. Professora de Direito Administrativo da Universidade Presbiteriana Mackenzie (Higienópolis) e da Pós-Digital de Direito Administrativo e Administração Pública. Membro da AIDA – *Asociación Internacional de Derecho Administrativo*. Professora convidada nas especializações de Direito Público da Escola Paulista de Direito, da Universidade Estadual de Londrina, da Procuradoria-Geral do Estado de São Paulo, da Escola da Magistratura e do Ibegesp/Insper. Conferencista. Gestora dos *sites* www.direitoadm.com.br e www.nohara.com.br, com vídeos disponibilizados no canal do YouTube Irene Nohara.

No Direito Administrativo, estão concentradas muitas potencialidades de mudança de consciência da sociedade, pois é nele que se encontram princípios e regras que alinham o exercício do poder ao interesse geral. Porém, para que tal ocorra, não é suficiente que tais princípios e regras sejam invocados apenas no controle das situações explícitas de violação, quando se constata que a práxis predominante se orienta para o desprezo ao que é público, mas é indispensável que os preceitos jurídico-éticos da matéria sejam gravados no coração de cada cidadão para que a sociedade brasileira tenha efetivas condições de exigir ações administrativas compatíveis com o seu compromisso constituinte, orientado no sentido da liberdade, da justiça e da solidariedade.

Esta obra é dedicada à minha orientadora da iniciação científica ao doutorado, passando pelo mestrado, pois enquanto a maioria das pessoas, em conhecida frase, sente-se "apenas atraída pela beleza dos princípios", **Maria Sylvia Zanella Di Pietro** sempre se mostrou vocacionada para a "grandiosidade do sacrifício" que o permanente desafio de continuar sendo sempre um *ser humano* justo requer.

Agradecimentos

Como esta é uma obra que está sendo gestada há anos, não poderia deixar de agradecer a muitas pessoas. Na verdade, em linguagem vulgar, ela nasceu "de fórceps", depois de se pedir *mais e mais prazo* à editora, até que uma hora se fixou a data da cesariana, pois ela já estava ficando muito grande.

Então, a primeira pessoa a quem devo os meus mais sinceros agradecimentos é o estimado Luiz Herrmann Júnior, que me pediu este livro depois de assistir à minha banca de doutorado na USP e que teve a paciência de esperar por ele. Nunca deixo de ressaltar o quanto a Atlas me trouxe e me traz de felicidade, pois toda a equipe é extraordinária e os autores participam de eventos promovidos pela editora, de modo que se forma um grupo em que as pessoas acabam nutrindo elevada afeição umas pelas outras, sendo imprescindível mencionar o empenho e o carisma de Robinho, de Fortaleza, Giovani Tomelim, do Paraná, e também à Mari e ao Paulo Romualdo, do Rio Grande do Sul. Registro meu agradecimento especialmente à querida Roberta Densa, por ter apoiado meus projetos durante esses anos em que esteve na Atlas.

À Maria Sylvia Zanella Di Pietro, a quem qualquer agradecimento vindo de minha parte será pouco, por isso esta obra é dedicada a ela. Minha "mestre" – na verdade, mais que isso: "titular", em sentido literal e figurado também – e eterna professora, cujo grupo de "ex-orientandos unidos" cresce a cada ano. A propósito, desses meus queridos colegas dos memoráveis tempos de pós-graduação *stricto sensu*, quero registrar especial agradecimento a: Thiago Marrara, amigo e parceiro de projetos, Wallace Paiva Martins Júnior, Nilo Spinola Salgado Filho, Luís Paulo Aliende Ribeiro, Dora Maria de Oliveira Ramos, Maria Paula Dallari Bucci, Raul Miguel Freitas de Oliveira, Fabrício Motta, João Antunes dos Santos Neto, e aos incríveis: Carlos Vinícius Alves Ribeiro e Márcia Walquíria Batista dos Santos.

Aos caríssimos Gilberto Bercovici, Clarice Seixas Duarte e Alysson Leandro Mascaro: *trio sem igual* e pessoas com as quais cada reencontro é sempre uma nova alegria. Ao Felipe Chiarello e ao José Francisco Siqueira Neto. Ao Alessandro Octaviani, que é entusiasmante no seu engajamento pelo desenvolvimento do País. Aos juristas que tive o prazer de conhecer e que admiro tanto: Alaôr Caffé Alves, Sérgio Resende de Barros, Dalmo de Abreu Dallari (in memoriam), José Eduardo Martins Cardozo, Paulo Modesto, Edmir Netto de Araújo, José dos Santos Carvalho Filho, Gianpaolo Poggio Smanio, Regina Helena Costa, Dinorá Mussetti Grotti, Marcelo Figueiredo, Adilson Abreu Dallari, Celso Antônio Bandeira de Mello e Weida Zancaner.

Ao qualificadíssimo grupo de administrativistas do Estado do Paraná, sob a liderança de Emerson Gabardo, Daniel Wunder Hachem, Vivian Lima López Valle, Adriana Schier, Ana Cláudia Finger e Eneida Desiree Salgado, professores e pesquisadores de profundidade, dinamicidade e tradição, que, sucessores do jurista Romeu Felipe Bacellar Filho, engrandecem o estudo do Direito Público contemporâneo. Também não poderia deixar de lembrar dos caríssimos Rodrigo Pironti, Daniel Ferreira e Fernando Mânica, e José Sérgio Cristóvam e Rodrigo Valgas, de Santa Catarina, à Caroline Müller Bitencourt e ao Janriê Rodrigues Reck, do Rio Grande do Sul. Ao Fabio Lins, de Alagoas, que sempre nos inspira com suas reflexões culturais na área. Ao Vladimir da Rocha França, do Rio Grande do Norte, que sempre me estimulou a atualizar criteriosamente a presente obra. Às minhas amigas administrativistas do Ceará, Cynara Mariano e Ligia Melo.

Ao pessoal da Faculdade de Direito do Sul de Minas, em Pouso Alegre, coordenada pelo amabilíssimo Leonardo de Oliveira Rezende, e aos amigos que fiz na instituição. Também não poderia deixar de lembrar dos colegas que dividiram comigo a cadeira de Direito Administrativo da graduação: Marco Aurélio Silvestre e Demétrius Beltrão, e dos alunos da FDSM, que são dedicados e carinhosos.

Aos amigos que fiz no período em que estive na Uninove, especialmente à Maitê Moro, ao Álvaro Andreucci, ao Ruy Tucunduva Sobrinho, ao Frederico Costa Carvalho, ao Juliano Rink, à Alessandra Devulsky, e aos meus ex-orientandos de mestrado, dos quais agora me orgulho de saber que são professores.

A Ricardo Castilho, diretor-presidente da Escola Paulista de Direito, onde tive oportunidade de conhecer pessoas de extremo valor, como Helen Ortolani, Fábio Franco Pereira, Gabriel Veiga Catellani, Ivan Luís Marques da Silva, Luiz Eduardo de Almeida e Felippe Mendonça. Também agradeço aos alunos da especialização da EPD, que me deram estímulos constantes nas pesquisas.

Ao pessoal que esteve na Secretaria de Assuntos Legislativos do Ministério da Justiça, em especial ao Marivaldo de Castro Pereira, à Priscila Spécie, à Nayara Magalhães e à Júnia Lages, que tive contato próximo no desenvolvimento do Projeto Pensando o Direito. À Sabrina Durigon, a quem agradeço por ter indicado meu nome para participar da audiência no Congresso Nacional sobre o PL da Nova Lei de Licitações.

A Paulo Stanich, que por incontáveis vezes me cedeu o valoroso espaço na prestigiada *Carta Forense*. Ao Cleber Anselmo, cujas atitudes de grandeza me fizeram constatar novamente que há pessoas que se preocupam desinteressadamente pelo bem-estar alheio, e só por isso já vale a pena acreditar, se não na humanidade toda, ao menos, no valor *incomensurável* de parcela dela.

Aos amigos: João Daniel Rassi, Júlio César Casarin Barroso, Alexandre Junger de Freitas, Susana Henriques da Costa, Alessandro Soares, José Ailton Garcia, Sílvia Vassilieff, Marcus Vinícius Ribeiro, Regina Célia Martinez, Elisabete Mariucci Lopes, Anna Maria Martins, Luciano de Camargo Penteado (in memoriam), Cláudio Garcia Leal, Robson Gomes, Eni Lang Magnani, Frederico Dollabela, Daniela Câmara, Paulo Roberto de Figueiredo Dantas, Denise Auad, Cláudio M. Braga, Luís Fernando Massonetto, Luciano Anderson, Milena Davi Lima, Maria Inês dos Santos, Luiz Soares de Lima, Sérgio Sérvulo da Cunha, Leonardo de Moraes, Gustavo Bambini, Marco Praxedes, Nordson Gonçalves, Ivan Rosas, Mayke Iyusuka, Luiz Nacif Lagrotta, Joel Garcia de Oliveira, Luiz Eduardo Alves de Siqueira, Ana Maria Pedreira, Carlos Teixeira de Toledo, aos inesquecíveis Jorge Emicles Paes Barreto e Oderlânia Leite (da URCA/CE), Fábio Calcini, Marlene Kempfer, Tânia Lobo Muniz, Nelia Batisti, João Luiz Martins Esteves (da UEL/PR), Shirlei Mello e Luiz Carlos Figueira (da UFU/MG), Hugo de Britto Machado Segundo e Sergio Pinto Martins. Também não poderia deixar de mencionar, do MPF, os ilustres: André de Carvalho Ramos, Luiza Cristina Frischeisen, Francisco Dias Teixeira e a desembargadora federal Consuelo Moromizato Yoshida.

Aos professores de Direito Administrativo da Universidade Presbiteriana Mackenzie, sob a batuta de Cecílio Pires, Lilian Moreira Pires, Reinaldo Bruno, Cíntia Barudi, Aline Freitas e Alessandro Soares, com os quais é sempre um prazer desenvolver atividades conjuntas. Aos meus orientandos (doutorandos e mestrandos), com os quais a pesquisa é sempre instigante.

A todos os professores que integram o IBDA – que reúne periodicamente uma grande família de administrativistas, que nutrem afeto e admiração uns pelos outros, sendo esse um instituto gregário e uma consolidada conquista influente nos rumos do Direito Administrativo brasileiro – em especial ao 'triunvirato' dos jovens Fabrício Motta, Maurício Zockun e Cristiana Fortini, e também aos diretores e demais líderes engajados que fomentam os institutos regionais.

Agradeço à minha família, especialmente ao meu pai, Tetsuo Nohara, que é de uma geração de heróis e que, apesar de todo o sofrimento vivenciado por ter ideais num momento em que ser estudante e sonhar pela construção de um mundo mais justo eram atitudes inconciliáveis, não perdeu a ternura, muito menos o entusiasmo, contribuindo com o desenvolvimento de projetos sociais em países latino-americanos, e à minha mãe, Jouliana Jordan Nohara, que, por amor e com coragem, abriu mão de viver em seu país de origem, a Bulgária, chegando ao Brasil sem nenhuma garantia de futuro, mas que nos ensinou, pelo forte exemplo, que um futuro se constrói com muito estudo e dedicação, na enérgica resistência às adversidades; à minha irmã, Cláudia Marina Nohara, ao meu *primo-irmão* do coração Evandro Luis Nohara e à Liliana Burakowski, à minha tia Paula, sempre presente, ao Guilherme Kamitsuji, à querida Regina Sinibaldi, por tudo e mais um pouco, ao Rapha, meu companheiro de todos os momentos, e, por fim: ao Giampaolo Stefani, à Cheuri e aos meus ex-vizinhos, *Naka, Giu* e *Betão*, pelos momentos de diversão que compensaram o isolamento provocado pela elaboração deste livro.

A Autora

Apresentação

A presente obra é voltada a diversos públicos: aos alunos de graduação, que tomarão contato com a totalidade dos assuntos do Direito Administrativo; aos aplicadores do Direito Administrativo, que são inúmeros: servidores públicos, advogados que atuam na área, juízes, promotores e especialmente procuradores, que encontrarão nela um guia seguro para a tomada de decisões; também se volta ao público de pós-graduação, que precisa ter acesso a pontos controvertidos da matéria; e àqueles que prestam concursos públicos, que geralmente procuram livro de linguagem objetiva, mas, tendo em vista o grau de dificuldade dos certames, que não simplifique em demasia o conteúdo da matéria, o que impede sua real compreensão.

Por isso, a obra alcança a densidade suficiente para que o estudo do Direito Administrativo seja definitivo, isto é, para que o aluno grave os pontos mais importantes da matéria e principalmente saiba do fundamento de cada instituto, o que gera maior fixação de seu conteúdo. Houve preocupação simultânea com o fornecimento de exemplos, evitando que a explicação teórica "paire no ar".

Outra característica da obra é o investimento no aspecto visual, que é relevante para a maior retenção dos assuntos desenvolvidos, por isso existem diversos esquemas, quadros, ilustrações e resumos ao final de cada explicação. Também foram inseridos 31 vídeos objetivos sobre os principais temas.

Procurou-se abranger o conteúdo cambiante e abrangente do Direito Administrativo, tendo sido elaborados capítulos diferenciados, a exemplo do *Estatuto da Cidade* ou do *Setor Público não Estatal*, que contempla aspectos práticos e atuais da disciplina jurídica das parcerias com o terceiro setor. Mais recentemente, a partir da edição anterior, tivemos o acréscimo do capítulo sobre Novas Tecnologias e o Direito Administrativo.

A obra também possui quadros de temas controvertidos que são visualmente destacados do corpo do texto. A ideia de separar os quadros é útil para que, numa leitura mais objetiva, se deixe para um outro momento a reflexão acerca dos temas mais polêmicos. Mas nada impede que aqueles que apreciam o Direito Administrativo e que têm curiosidade pelos assuntos da matéria folheiem o livro, passando por cada um dos temas separados, e tomem contato com as questões mais palpitantes e atuais da disciplina. Neste ponto, deu-se destaque às decisões mais recentes dos Tribunais Superiores.

Ainda, tem por base as elaborações teóricas destacadas em cada temática e procura expor as distintas correntes doutrinárias, para que o livro não seja unilateral ou tendencioso, mas também não deixe de expor opinião própria acerca dos temas discorridos. Na realidade, procurou-se elaborar obra didática e que objetiva suprir as necessidades dos alunos dos dias atuais, na crença de que o Direito Administrativo será tanto mais valorizado quanto mais *acessível* e *interessante* se mostrar.

Trata-se de livro que atinge uma maturidade, em quatorze edições de existência, tendo sido fonte indicada para concursos públicos, para a graduação e também ferramenta para a consulta diária daqueles que aplicam Direito Administrativo no cotidiano de suas atividades.

A Autora

Nota à 14ª edição

Sempre com o compromisso da atualização e de trazer as novidades da área, a 14ª edição da obra de *Direito Administrativo* é dedicada à reflexão da **sustentabilidade**, com foco nas **mudanças climáticas**, inserindo um item no capítulo 9 com ênfase nas preocupações ambientais, em que o leitor encontrará os Objetivos de Desenvolvimento Sustentável (ODS) da ONU, com exemplos de institutos associados; o ESG, com uma crítica sobre os desafios para sua realização; e temas correlatos, como a emergência climática, a vedação à proteção insuficiente com restrição da discricionariedade, com foco nos princípios ambientais da prevenção e da precaução.

Vivenciamos, em 2024, uma catástrofe climática no Estado do Rio Grande do Sul, que foi mais que uma gota de água que transbordou a necessidade de todas as disciplinas da área jurídica enfocarem na prevenção e na precaução dos riscos ambientais, sendo, então, a faceta da *sustentabilidade* um ponto focal dessa nova edição.

Nesta perspectiva, quero agradecer de público o apoio recebido por **Juarez Freitas** para a incorporação de diversas atualidades da área, administrativista que foi precursor do debate da sustentabilidade e do direito ao futuro no Direito Administrativo, que compartilhou comigo rico material para atualização, aqui a promessa que fiz para ele que esta edição teria as cores verdes; também do estímulo dos debates promovidos pelo Mack Integridade, por meio da entusiasta **Cácia Pimentel**, que propiciou valioso encontro com **Tiago Fensterseifer** em evento sobre Mutação Climática, tendo sido o debate muito estimulante para a reflexão dos novos temas ambientais inseridos no capítulo 9 da presente edição, sobretudo em função da vedação à proteção insuficiente.

Houve a inserção da nova **Lei de Concursos Públicos** e seus desdobramentos legais, conforme disciplina veiculada pela Lei nº 14.965/2024, e a atualização jurisprudencial, com destaque ao **tema 309, do STF**, proveniente da repercussão geral dos RE 656.558/SP e 610.523/SP, nos quais foram discutidos os limites das sanções de improbidade e os critérios para a contratação direta de serviços técnicos advocatícios pelo Poder Público, sem licitação.

Outrossim, houve, no item 10.5.2.2.9, que explica os limites à autonomia das agências reguladoras, a inserção de um quadro polêmico sobre a **superação da doutrina Chevron**. Tal alteração foi importante, pois, em 28 de junho de 2024, a Suprema Corte americana revogou a doutrina Chevron, permitindo, então, ao Poder Judiciário interpretar os atos das agências, mesmo em face de ambiguidades por parte do Legislador.

Houve o acréscimo da decisão do Plenário do Supremo Tribunal Federal na ADI 2135, em que a maioria dos Ministros 'pegou todos de surpresa' ao afastar medida que, em 2007, suspendia dispositivo do art. 39, pela Reforma Administrativa promovida pela Emenda Constitucional nº 19/98, resultando, *ex nunc*, a partir da decisão de 6 de novembro de 2024, na **extinção do Regime Jurídico Único** (RJU) para a Administração Pública direta, autárquica e fundacional dos entes federativos. Significa dizer que, a partir de então, foi liberada a contratação via regime celetista, sem estabilidade, em toda a Administração Pública.

A discussão gravitava em torno das irregularidades ocorridas no processo legislativo de aprovação da emenda, matéria que tinha sido rejeitada em votação e foi remanejada de forma ardilosa e submetida a uma nova votação, sendo que os Ministros Luiz Fux, Edson Fachin e Carmen Lucia reconheceram a inconstitucionalidade, diante do vício no processo legislativo, que não observou o rito constitucional estabelecido para aprovação de emendas à Constituição, mas os demais Ministros formaram maioria para extinguir, surpreendentemente, o RJU (regime jurídico único), talvez um dos pontos mais dramáticos de atualização da matéria no ano de 2024.

Ademais, também agradeço imensamente à **Regina Sinibaldi** por ter lido o livro inteiro e feito uma revisão geral, com sugestões de estilos e de aprimoramento da linguagem. A Regina é minha revisora oficial, desde o tempo da graduação, tendo revisado minha iniciação científica, mestrado e doutorado, até essa edição do Direito Administrativo, e se dispôs a ler toda obra e fazer uma criteriosa revisão, o que, para mim, era um sonho antigo, que se realizou esse ano... Então, posso dizer que, por tudo o que a Regina leu do livro, certamente que não ficou nenhuma vírgula ou crase fora do lugar.

Por fim, mas não menos importante, conto sempre com o competente auxílio de **Guilherme Kamitsuji**, meu primo, que me indica jurisprudência e pontos de atualização relevantes, sempre uma alegria contar com o olhar atento do Guilherme para garantia de que nada de relevante passe despercebido em cada nova edição.

Assim, são muitas as novidades desta edição. Quero deixar aqui registrados meus eternos agradecimentos aos professores, aplicadores do Direito Administrativo, que sempre me dão sugestões e ricas dicas de atualização, e reiterar que a ideia é que em cada edição a obra agregue elementos de seu contínuo aperfeiçoamento. Esta 14ª edição, de 2025, é dedicada ao tema da **sustentabilidade e da mudança climática**, conforme acréscimos feitos ao seu capítulo 9, sendo daí o novo *design* da capa e a cor verde das letras, em homenagem à causa abraçada por tantos administrativistas do Sul, como o Juarez Freitas!

A Autora

Obras da autora

Livros Publicados e Organizados

1. *Direito Administrativo*. 13. ed. São Paulo: Grupo GEN, 2023.
2. *Fundamentos de Direito Público*. 2. ed. São Paulo: Grupo GEN, 2022.
3. *Licitações e Contratos*: Tratado de Direito Administrativo. Coord. Maria Sylvia Zanella Di Pietro. 3. ed. São Paulo: Thomson Reuters Brasil/Revista dos Tribunais, 2022. v. 6.
4. *Nova Lei de Licitações e Contratos*: Comparada. São Paulo: Thomson Reuters Brasil, 2021. v. 1.
5. ZIMMER Jr., Aloísio; NOHARA, I. P. D. *Compliance Anticorrupção e das Contratações Públicas*. São Paulo: Thomson Reuters Brasil, 2021. v. 2.
6. NOHARA, I. P. D; GONÇALVES, Gabriel Vinícius Carmona; ALMEIDA, Luiz Eduardo de. *Governança e compliance nas estatais*. São Paulo: Thomson Reuters Brasil, 2021. v. 7.
7. OCTAVIANI, Alessandro Serafin; NOHARA, I. P. *Estatais*. 2. ed. São Paulo: Thomson Reuters Brasil/Revista dos Tribunais, 2021.
8. SIQUEIRA NETO, José Francisco; SALGADO, Rodrigo Oliveira; NOHARA, I. P. (Orgs). *Gestão Pública, Infraestrutura e Desenvolvimento*: 20 anos do Programa de Pós-Graduação em Direito Político e Econômico da Universidade Presbiteriana Mackenzie. São Paulo: Thomson Reuters Brasil/Revista dos Tribunais, 2021.
9. SIQUEIRA NETO, José Francisco; SALGADO, Rodrigo Oliveira; NOHARA, Irene Patrícia; SILVA, S. T. (Orgs.). *Regulação do Espaço Urbano:* 20 anos do Programa de Pós-Graduação em Direito Político e Econômico da Universidade Presbiteriana Mackenzie. São Paulo: Thomson Reuters Brasil/Revista dos Tribunais, 2021. v. 1.
10. KILLMAR, Cibelle Mortari; NOHARA, Irene Patrícia. *Agência Nacional de Telecomunicações*. São Paulo: Thomson Reuters Brasil, 2020.
11. SOUZA Jr., Arthur Bezerra de; ASENSI, Felipe; NOHARA, Irene Patrícia; RABELLO, Leonardo (Orgs.). *Visões Constitucionais Interdisciplinares*. Rio de Janeiro: Ágora21, 2019.
12. NOHARA, Irene Patrícia; PEREIRA, Flávio de Leão Bastos (Orgs.). *Governança, Compliance e Cidadania*. 2. ed. São Paulo: Thomson Reuters Brasil, 2019.
13. MOTTA, Fabrício; NOHARA, Irene Patrícia. *LINDB no Direito Público*. São Paulo: Thomson Reuters/Revista dos Tribunais, 2019.
14. *Administração Pública*: Capítulo VII da Constituição de 1988. 2. ed. São Paulo: Thomson Reuters Brasil/Revista dos Tribunais, 2019.
15. ABASCAL, E. H. S.; NOHARA, Irene Patrícia. *Operações Urbanas Consorciadas*: impactos urbanísticos no Brasil. São Paulo: InHouse, 2018.
16. NOHARA, Irene Patrícia; MARRARA, Thiago. *Processo Administrativo*: Lei 9.784/1999 Comentada. 2. ed. São Paulo: Thomson Reuters Brasil/Revista dos Tribunais, 2018.
17. *LINDB Lei de Introdução às Normas do Direito Brasileiro*: Hermenêutica e Novos Parâmetros ao Direito Público. Curitiba: Juruá, 2018.
18. ABASCAL, E. H. S.; NOHARA, Irene Patrícia. *Urban Consortium Operations*: urban impacts in Brazil. São Paulo: InHub, 2018.
19. MAXIMIANO, Antonio Cesar Amaru; NOHARA, Irene Patrícia. *Gestão Pública*: abordagem integrada da Administração e do Direito Administrativo. 1. ed. São Paulo: GEN/Atlas, 2017.

20. NOHARA, Irene Patrícia; DI PIETRO, Maria Sylvia Zanella (Org). *Teses Jurídicas dos Tribunais Superiores* – direito administrativo I. 1. ed. São Paulo: Revista dos Tribunais, 2017. v. 1, 2 e 3.
21. *Direito Administrativo*: versão compacta. 11. ed. Salvador: JusPodivm, 2017.
22. *Gestão Pública dos Entes Federativos*: desafios jurídicos de inovação e desenvolvimento. Rio de Janeiro: Clássica, 2013.
23. MARQUES NETO, Floriano; ALMEIDA, Fernando Dias Menezes de; NOHARA, Irene Patrícia; MARRARA, Thiago (Orgs.). *Direito e Administração Pública*: estudos em homenagem a Maria Sylvia Zanella Di Pietro. São Paulo: Atlas, 2013.
24. NOHARA, Irene Patrícia; CALDAS, R. C. da S. G.; MENDONCA, M. L. C. A. (Orgs.). *Direito e Administração Pública I*. Florianópolis: Funjab, 2013. v. II.
25. *Reforma Administrativa e Burocracia*: impacto da eficiência na configuração do Direito Administrativo Brasileiro. São Paulo: Atlas, 2012.
26. NOHARA, I. P; MORAES FILHO, M. A. P. (Orgs.). *Processo Administrativo*: temas polêmicos da Lei nº 9.784/99. São Paulo: Atlas, 2011.
27. NOHARA, Irene Patrícia; MARTINS, Sergio Pinto; MACHADO SEGUNDO, Hugo de Brito. *Comentários ao Estatuto Nacional da Microempresa e da Empresa de Pequeno Porte*. São Paulo: Atlas, 2007.
28. *Limites à razoabilidade nos atos administrativos*. São Paulo: Atlas, 2006.
29. *O motivo no ato no ato administrativo*. São Paulo: Atlas, 2004.

Artigos em Revistas Científicas

1. NOHARA, Irene Patrícia; MOREIRA, Diogo Rais Rodrigues. Desafios de estruturação institucional do governo no combate à desinformação por fake news sobre políticas públicas. *Revista do Direito* (SANTA CRUZ DO SUL. ONLINE), v. 71, p. 96-116, 2024.
2. FREITAS, Thaís Onofre Caixeta de; NOHARA, Irene Patrícia. Aspectos regulatórios do uso de anabolizantes e os efeitos da proibição do Conselho Federal de Medicina no mercado fisiculturista. *Revista de Direito Econômico e Socioambiental*, v. 15, p. 1-24, 2024.
3. NOHARA, Irene Patrícia; GABARDO, Emerson. Superinteligência e os desafios reais e fictícios de regulação em tempos de Inteligência Artificial. *Sequência* (UFSC), v. 45, p. 1-22, 2024.
4. NOHARA, Irene Patrícia; DIOGO, Elysabete Acioli Monteiro. Governança ambiental na nova Lei de Licitações e potencial abertura para a utilização de certificação. *Revista Interesse Público*, v. 137, p. 17-38, 2023.
5. FERNANDES, Erika Capella; NOHARA, Irene Patrícia. Retrocessos da positivação do princípio da subsidiariedade: a inconstitucionalidade da reforma pretendida pela PEC 32/2020. *Revista de Direito Público* (LONDRINA), v. 17, p. 230-246, 2022.
6. NOHARA, Irene Patrícia. Inexigibilidade na nova Lei de Licitações e Contratos. *Revista do Advogado*, v. 153, p. 67-70, 2022.
7. NOHARA, Irene Patrícia; AMOROSO, Hugo von Ancken Erdmann. Tutela dos Bens Imóveis Públicos e a Salvaguarda das Garantias Constitucionais Fundamentais. *Revista de Direito Administrativo, Infraestrutura, Regulação e Compliance*, v. 18, p. 45-67, 2021.
8. NOHARA, Irene Patrícia; BENENTE, Mauro; ALMEIDA, Silvio Luiz. Transitional Law and Democracy: late responsibility for torture and other atrocities occurred in brazilian military coup. *Sequencia*, v. 85, p. 10-29, 2020.
9. NOHARA, Irene Patrícia. Desafios enfrentados pelo Supremo Tribunal Federal na emergência da Covid-19: conflito interfederativo e cientificidade no combate à pandemia. A&C. *Revista de Direito Administrativo & Constitucional*, v. 82, p. 203-2019, 2020.
10. NOHARA, Irene Patrícia. Whistleblower e políticas de não retaliação como meios de combate à corrupção. *Publicações da Escola da AGU*: Direito, Gestão e Democracia, v. 12, p. 47-58, 2020.
11. NOHARA, Irene Patrícia; VILELA, Danilo Vieira. Arbitragem em contratos de infraestrutura celebrados com a Administração Pública: Desenvolvimento e Energia. *Revista de Direito Administrativo e Infraestrutura*, v. 9, p. 23-44, 2019.
12. NOHARA, Irene Patrícia; COLOMBO, Bruna Armonas. Tecnologias Cívicas na Interface entre direito e inteligência artificial: Operação Serenata de Amor para gostosuras ou travessuras? A&C. *Revista de Direito Administrativo & Constitucional*, v. 76, p. 83, 2019.
13. NOHARA, Irene Patrícia. Trinta anos da Constituição da República Federativa do Brasil: perspectivas e desafios do Estado Brasileiro. *El Constituyente*, v. 2, p. 44-61, 2019.
14. NOHARA, Irene Patrícia; RODRIGUES, Daniel Scheiblich. Cidadania cultural no cenário contemporâneo: promoção das políticas culturais e constitucionalismo latino-americano. *Interesse Público*, v. 108, p. 57-79, 2018.

15. NOHARA, Irene Patrícia; POSTAL JÚNIOR, Jairo. Perspectivas da gestão do saneamento básico no Brasil: prestação indireta e deficiências setoriais. *Revista de Direito Econômico e Socioambiental*, v. 9, p. 380-398, 2018.
16. NOHARA, Irene Patrícia. Brazilian Administrative Law: influences, Characteristics and recent changes. *Revista Digital de Direito Administrativo*, v. 5, p. 1-20, 2018.
17. NOHARA, Irene Patrícia. Avanços e retrocessos da nova Lei das Estatais. *Juris Plenum Direito Administrativo*, v. IV, p. 35-34, 2017.
18. NOHARA, Irene Patrícia; FERREIRA, Larissa Caroline; MANSO, Lia Mosti. Parcerias na área da saúde: modelagens para participação da sociedade organizada. *Revista Brasileira de Direito da Saúde*, v. VII, p. 9-43, 2017.
19. NOHARA, Irene Patrícia; FIREMAN, Ana Luiza Azevedo. Desenvolvimento pelo incentivo à cultura: papel da arte e vicissitudes da utilização da Lei Rouanet. *Revista de Direito Econômico e Socioambiental*, v. 7, p. 198-220, 2016.
20. NOHARA, Irene Patrícia. Poder de compra governamental como fator de indução do desenvolvimento – faceta extracontratual das licitações. *Revista Fórum de Direito Financeiro e Econômico*, v. 6, p. 155-172, 2015.
21. NOHARA, Irene Patrícia. Regulação da atividade econômica na dissolução das fronteiras entre público e privado. *Scientia Iuris* (UEL), v. 19, p. 29-46, 2015.
22. NOHARA, Irene Patrícia. Contrato de gestão para ampliação da autonomia gerencial – case jurídico de malogro na importação e novas formas de se alcançar eficiência na gestão pública. *A&C. Revista de Direito Administrativo & Constitucional*, v. 55, p. 169-185, 2014.
23. NOHARA, Irene Patrícia. Pesquisa Empírica da Gestão Pública dos Servidores: mecanismos jurídicos para modernização das administrações públicas dos entes federativos. *Revista de Estudos Empíricos em Direito*, v. 1, p. 140-161, 2014.
24. NOHARA, Irene Patrícia. Desafios jurídicos das Parcerias Público-Privadas (PPPs) e desenvolvimento nacional sustentável. *Revista de Direito Econômico e Socioambiental*, v. 5, p. 184-203, 2014.
25. NOHARA, Irene Patrícia. Reclassificação de carreira e servidor inativo segundo novel jurisprudência do STF. *Revista dos Tribunais*, São Paulo, v. 944, p. 322-326, 2014.
26. NOHARA, Irene Patrícia. Provimento de cargos públicos por transferência e ascensão no direito intertemporal. *Revista dos Tribunais*, São Paulo, v. 946, p. 240-243, 2014.
27. NOHARA, Irene Patrícia. Consensualidade e gestão democrática do interesse público no Direito Administrativo Contemporâneo. *Interesse Público*, v. 78, p. 29-51, 2013.
28. NOHARA, Irene Patrícia; SILVEIRA, V. O.; MEYER-PFLUG, Samantha Ribeiro; PARREIRA, Liziane; RICHARDO, Rodolfo Luiz Maderic; BITTENCOURT, Daniela Almeida; OLIVEIRA, A. N.; TSUKADA, E. M.; COBELLIS, G.; MAEDA, Marcos Toyotoshi. Gestão da Força de Trabalho entre os Entes Federativos da Administração Pública. *Série Pensando o Direito*, v. 49-I, p. 15-94, 2013.
29. NOHARA, Irene Patrícia; RICHARDO, Rodolfo Luiz Maderic. Eficiência no desempenho da função pública: pela articulação estratégica da gestão da força de trabalho do Estado com as políticas públicas. *Revista Brasileira de Estudos da Função Pública – RBEFP*, v. 6, p. 9-22, 2013.
30. NOHARA, Irene Patrícia. O tabu da proporcionalidade e a justiça do caso concreto. *Âmbito Jurídico*, v. 1, p. 1-5, 2012.
31. SILVEIRA, Vladmir Oliveira da; NOHARA, Irene Patrícia. Supervisão do ensino superior de direito no contexto federativo e complexidades do controle da pós-graduação stricto sensu – tensões do discurso do desempenho em face do objetivo da democratização. *Revista de Direito Educacional*, v. 5, p. 277-292, 2012.
32. NOHARA, Irene Patrícia. Crise de identidade do ato administrativo: benefícios e riscos da "terapêutica dialógica". *Revista Direito em (Dis)curso*, v. 4, p. 15-24, 2011.
33. NOHARA, Irene Patrícia. Conceito de cidadão ou usuário: reflexões sobre o atendimento jurídico gratuito nas faculdades de direito. *Âmbito Jurídico*, v. 77, p. 1-8, 2010.
34. NOHARA, Irene Patrícia; JUBILUT, Liliana Lyra; BAHIA, Alexandre Gustavo Melo Franco. Descaso com o respeito aos direitos humanos. *Consultor Jurídico* (São Paulo. On-line), v. 1, p. 1-4, 2010.
35. NOHARA, Irene Patrícia. Conceitos jurídicos indeterminados e delimitação concreta da discricionariedade administrativa no pós-positivismo. *Revista da Procuradoria Geral do Estado de São Paulo*, v. 71, p. 167-193, 2010.
36. NOHARA, Irene Patrícia. Direito à memória e reparação: da inclusão jurídica das pessoas perseguidas na ditadura militar brasileira. *Revista de Direito Constitucional e Internacional*, v. 67, p. 125-161, 2009.
37. NOHARA, Irene Patrícia. Controvérsia entre lei complementar e lei ordinária: um estudo com base na anômala técnica legislativa do art. 86 do Estatuto Nacional da Microempresa e Empresa de Pequeno Porte. *Revista de Direito Administrativo*, v. 247, p. 126-138, 2008.
38. NOHARA, Irene Patrícia. Resenha: Coronelismo, Enxada e Voto: da imprescindibilidade da análise de Victor Nunes Leal para a compreensão das raízes da manifestação do poder privado no âmbito das Administrações Públicas municipais da República Velha. *Thesis* (São Paulo. On-line), v. 8, p. 6, 2008.

39. NOHARA, Irene Patrícia. Resenha da obra: Dignidade da Pessoa Humana e Direitos Fundamentais na Constituição de 1988 (de Ingo Sarlet). *Revista da Procuradoria Geral do Município de Santos*, v. III, p. 299-301, 2007.
40. PRADO, Lídia Reis de Almeida; NOHARA, Irene Patrícia. Entrevista com a Dra. Lídia Reis de Almeida Prado. *Revista da Procuradoria Geral do Município de Santos*, v. III, p. 15-23, 2006.
41. NOHARA, Irene Patrícia. Pressupostos e repercussões do princípio da eficiência. *Revista da Procuradoria Geral do Município de Santos*, v. 1, p. 79-88, 2005.
42. NOHARA, Irene Patrícia; DI PIETRO, Maria Sylvia Zanella. Entrevista com a Dra. Maria Sylvia Zanella Di Pietro. *Revista da Procuradoria Geral do Município de Santos*, v. 1, p. 17-24, 2005.
43. NOHARA, Irene Patrícia. A Responsabilidade Pública nos Ordenamentos Francês, Italiano e Brasileiro. *Revista Factus*, v. 1, p. 41-56, 2005.
44. NOHARA, Irene Patrícia; DI PIETRO, Maria Sylvia Zanella. Resenha da obra: Parcerias na Administração Pública. *Revista da Procuradoria Geral do Município de Santos*, v. 1, p. 235-236, 2005.
45. NOHARA, Irene Patrícia. Aspectos finalísticos da desapropriação. *Revista da Procuradoria Geral do Município de Santos*, v. 1, p. 44-53, 2004.
46. NOHARA, Irene Patrícia; DALLARI, Dalmo de Abreu. Entrevista com o Dr. Dalmo de Abreu Dallari. *Revista da Procuradoria Geral do Município de Santos*, v. 1, p. 15-24, 2004.
47. NOHARA, Irene Patrícia. Federalismo Fiscal Brasileiro: da Ameaça Neoliberal ao Princípio Cooperativo Intimidando o Objetivo Constitucional de Superação das Disparidades Regionais. *Boletim dos Procuradores da República*, São Paulo, v. 48, p. 23-28, 2002.
48. NOHARA, Irene Patrícia. Direito dos Animais. *Revista da Faculdade de Direito* (USP), Universidade de São Paulo: São, v. 93, p. 417-428, 1998.

Capítulos de Livros Publicados

1. NOHARA, Irene Patrícia; PIRES, Marília Moreira. Disfunções e riscos nas políticas de tolerância zero em licitações de estatais: por um controle equilibrado do due diligence. In: Cristiana Fortini; Maria Fernanda Veloso Pires; Caio Mário Lana Cavalcanti. (Org.). *Integridade e Contratações Públicas*: Reflexões atuais e desafios. 1ed.Belo Horizonte: Fórum, 2024, v. 1, p. 215-232.
2. NOHARA, Irene Patrícia; MARTINS, Fernando Medici Guerra; PINTARELLI, Camila Kühl. Desafios de positivação e de regulação da proteção aos neurodireitos. In: Flávio Garcia Cabral; Priscilla de Siqueira Gomes; Rejane Amorim Monteiro Mishima. (Org.). *Regulação da atividade econômica e dos serviços públicos*. 1ed.Leme: Mizuno, 2024, v. 1, p. 169-184.
3. NOHARA, Irene Patrícia. Resgate da função do BNDES na promoção do desenvolvimento pela soberania econômica. In: Waleska Miguel Batista; Leonardo José de Araújo Prado Ribeiro; Juliana Leme Faleiros. (Org.). *Silvio Almeida, você é valioso para nós*: estudos e homenagens. 1ed.Belo Horizonte: Conhecimento, 2024, v. 1, p. 125-133.
4. NOHARA, Irene Patrícia. Inovações no tratamento das obras de engenharia na Nova Lei de Licitações e Contratos. In: Marilene Carneiro Matos; Felipe Dalenogare Alves; Rafael Amorim de Amorim (Org.). *Nova Lei de Licitações e Contratos*: debates, perspectivas e desafios. Brasília: Edições Câmara (dos Deputados), 2023. p. 197-211.
5. NOHARA, Irene Patrícia. Estado empreendedor e regime jurídico das sociedades de economia mista. In: Mateus Perigrino Araújo; Matheus de Azevedo Andreus; Pedro Alves Lavacchini Rammuno (Org.). *Sociedade de economia mista*: estrutura, conflitos e desenvolvimento. Curitiba: CRV, 2023. p. 381-397. NOHARA, Irene Patrícia. Governança e Compliance das Contratações Públicas na Nova Lei de Licitações. In: Cristiane Rodrigues Iwakura; Rodrigo Fontenelle de A. Miranda; Vládia Pompeu Silva (Org.). *Governança e Compliance no Setor Público*. Londrina: Thoth, 2022, p. 127-138.
6. NOHARA, Irene Patrícia. Comentários ao art. 8º, 9, 10, 11 e 12. In: Maria Sylvia Zanella Di Pietro; Thiago Marrara (Org.). *Lei Anticorrupção comentada*. 3. ed. Belo Horizonte: Fórum, 2021, v. 1, p. 127-159.
7. NOHARA, Irene Patrícia Diom; MARTINS, Fernando Medici Guerra. Desafios da LGPD e as histórias não contadas de experiências emocionais em escala massiva: controle tecnológico em seres humanos como ratos de laboratório. In: Rodrigo Pironti (Org.). *Lei Geral de Proteção de Dados no Setor Público*. Belo Horizonte: Fórum, 2021, v. 1, p. 219-237.
8. NOHARA, Irene Patrícia. Ensaio sobre a ambivalência da segurança jurídica nas relações do Estado: da realização da justiça à faceta perversa do argumento. In: Thiago Marrara (Org.). *Princípios de Direito Administrativo*. 2. ed. Belo Horizonte: Fórum, 2021, p. 83-113.
9. NOHARA, Irene Patrícia. Diálogo Competitivo: possibilidade de avanço ou mais uma modalidade a cair em desuso? In: Bruno Belém; Matheus Carvalho; Ronny Charles (Org.). *Temas Controvertidos da Nova Lei de Licitações e Contratos*. São Paulo: JusPodivm, 2021, p. 9-28.

10. SOUZA, Carlos Leite de; NOHARA, Irene Patrícia; SILVA NETO, Wilson Levy Braga. A Reforma do Pacto Federativo e o Desafio da Efetividade: a descentralização como indução à gestão das cidades mais eficientes, justas, sustentáveis e inclusivas. In: AMARAL, Antonio Carlos Rodrigues do (Org.). *Reformas, Desenvolvimento Econômico, Políticas Tributárias:* estudos em comemoração ao centenário do nascimento do Prof. Oliver Oldman. São Paulo: Lex, 2021, p. 201-216.
11. NEGRINI NETO, João; DORNA, M. H. B.; NOHARA, Irene Patrícia. Dos serviços em geral: comentários aos arts. 47 a 50. In: DAL POZZO, Augusto Neves; CAMMAROSANO, Márcio; ZOCKUN, Maurício (Org.). *Lei de Licitações e Contratos Administrativos Comentada:* Lei 14.133/21. São Paulo: Thomson Reuters Brasil/Revista dos Tribunais, 2021, p. 261-284.
12. NOHARA, Irene Patrícia; SANTANNA, Gustavo da Silva. Análisis del Impacto de la Regulación y las Nuevas Tecnologías en la Gestión Publica: mejora de al regulación y la tecnología en el derecho administrativo contemporáneo. In: CASTILLO, Luis Ferney Moreno; APONTE, William Iván Gallo; VALLE, Vivian Cristina Lima López (Orgs.). *Tecnología, Administración Pública y Regulación*. Bogotá: Universidad Externado de Colombia, 2021, v. 1, p. 223-244.
13. NOHARA, Irene Patrícia; SANTANNA, Gustavo da Silva. Desafios da Regulação das Novas Tecnologias na Gestão Pública. In: NOHARA, Irene Patrícia; SALGADO, Rodrigo Oliveira (Orgs.). *Gestão Pública, Infraestrutura e Desenvolvimento:* 20 anos do Programa de Pós-Graduação em Direito Político e Econômico da Universidade Presbiteriana Mackenzie. São Paulo: Thomson Reuters Brasil/Revista dos Tribunais, 2021, v. 1, p. 213-237.
14. CARVALHO, Amanda Salgado e; NOHARA, Irene Patrícia. Esvaziamento das Políticas Culturais no Brasil e Impacto no Desenvolvimento. In: NOHARA, Irene Patrícia; SALGADO, Rodrigo Oliveira (Org.). *Gestão Pública, Infraestrutura e Desenvolvimento:* 20 anos do Programa de Pós-Graduação em Direito Político e Econômico da Universidade Presbiteriana Mackenzie. São Paulo: Thomson Reuters Brasil/Revista dos Tribunais, 2021, v. 1, p. 253-286.
15. ABASCAL, E. H. S.; NOHARA, Irene Patrícia. Lições que se podem extrair da Operação Urbana Consorciada Porto Maravilha. In: NOHARA, Irene Patrícia; SALGADO, Rodrigo Oliveira; SILVA, Solange Teles da (Orgs.). *Regulação do Espaço Urbano:* 20 anos do Programa de Pós-Graduação em Direito Político e Econômico da Universidade Presbiteriana Mackenzie. São Paulo: Thomson Reuters Brasil/Revista dos Tribunais, 2021, v. 1, p. 267-292.
16. NOHARA, Irene Patrícia. Direito administrativo e Covid-19: medidas estatais para o enfrentamento da pandemia. In: LIMA, Fernando Rister de Sousa; SMANIO, Gianpaolo Poggio; WALDMAN, Ricardo Libel; MARTINI, Sandra Regina (Orgs.). *Covid-19 e os Impactos no Direito*. São Paulo: Almedina Brasil, 2020, v. 1, p. 223-233.
17. NOHARA, Irene Patrícia. Emergência e combate à pandemia do COVID-19 no Brasil: omissões, crise institucional e conflitos interfederativos. In: BARRA, Rodolfo C.; PLAZA, Martín; CHIBÁN, José Gabriel (Orgs.). *Emergencia sanitaria global:* su impacto en las instituciones jurídicas. Buenos Aires: Rap, 2020, v. 1, p. 332-339.
18. NOHARA, Irene Patrícia. Grafite e a Transformação Regulada do Espaço Urbano: Governança e operacionalização da manifestação artística e cultural na cidade. In: PIRES, Lilian Regina Gabriel Moreira (Org.). *Cidades Inteligentes, Humanas e Sustentáveis*. Belo Horizonte: Arraes Editores, 2020, v. 1, p. 305-315.
19. NOHARA, Irene Patrícia. O princípio da realidade da LINDB aplicado à exigência de compliance nos municípios brasileiros. In: ZENKNER, Marcelo; CASTRO, Rodrigo Pironti Aguirre de (Orgs.). *Compliance no Setor Público*. Belo Horizonte: Fórum, 2020, v. 1, p. 83-100.
20. NOHARA, Irene Patrícia. Medidas de combate à pandemia: poder de polícia e desafios da harmonização de competências federativas. In: DAL POZZO, Augusto; CAMMAROSANO, Márcio (Orgs.). *As implicações da Covid-19 no direito administrativo*. São Paulo: Thomson Reuters Brasil, 2020, v. 1, p. 419-428.
21. NOHARA, Irene Patrícia. Governança Pública e Gestão de Riscos: Transformações no Direito Administrativos. In: PAULA, Marco Aurélio Borges de; CASTRO, Rodrigo Pironti Aguirre de (Orgs.). *Compliance, Gestão de Riscos e Combate à Corrupção:* Integridade para o Desenvolvimento. Belo Horizonte: Fórum, 2020, v. 1, p. 399-414.
22. NOHARA, Irene Patrícia. Infodemia e fake news na Covid-19: Tecnologia nos meios digitais e proliferação de desinformação. In: ABRUCIO, Juliana (Org.). *Covid-19:* Impactos jurídicos na tecnologia. São Paulo: D'Plácido, 2020, v. 1, p. 255-269.
23. NOHARA, Irene Patrícia; PONÇONI, Maykel. Estado, Inovação e Desenvolvimento: Instrumentos do Direito Administrativo nas Transformações do Capitalismo. In: CRISTÓVAM, José Sérgio da Silva; NIEBUHR, Pedro de Menezes; SOUSA, Thanderson Pereira de (Orgs.). *Direito Administrativo em Perspectiva:* diálogos interdisciplinares. Florianópolis: Habitus, 2020, v. 1, p. 163-180.
24. NOHARA, Irene Patrícia; OLIVEIRA, Rafael Sérgio de. Aspectos jurídicos e administrativos das Escolas de Governo: desafios para contratações. In: COELHO, Fernando de Souza; CARNEIRO, José Mário Brasiliense; BRITO, Eder dos Santos; CHEIB, Arthur (Orgs.). *Escolas de Governo:* formação e capacitação de agentes públicos. São Paulo: Oficina Municipal: Konrad Adenauer Stiftung, 2020, v. 1, p. 243-262.
25. NOHARA, Irene Patrícia. Política e Direito Administrativo Pendular: o vai e vem dos temas e a potencial alteração de direção pós-Covid-19. In: MARIANO, Cynara Monteiro; MAIA, Isabelly Cysne Augusto; CASIMIRO, Ligia Maria Silva Melo de (Org.). *Direito Administrativo e Tutela Jurídica dos Direitos Fundamentais*. Curitiba: Íthala, 2020, v. 2, p. 203-226.

26. NOHARA, Irene Patrícia. Eficiência administrativa nos 30 anos da Constituição. In: BENEDITO, Alessandra; FREITAS, Aline da Silva; COSTA, Pedro Vitor Melo (Orgs.). *Constituição Federal nos 30 anos:* há o que comemorar? Londrina: Toth, 2019, v. 1, p. 139-152.
27. NOHARA, Irene Patrícia. Corrupção nas estatais e novas regras de governança e fiscalização. In: DOMINGUES, Paulo de Tarso; MESSA, Ana Flávia (Orgs.). *Governação Corporativa e Corrupção*. Porto: OBEGEF/Húmus, 2019, v. 1, p. 80-108.
28. NOHARA, Irene Patrícia. Notas ao artigo 22, § 1º, da LINDB. In: CUNHA FILHO, Alexandre Jorge Carneiro da; ISSA, Rafael Hamze; SCHWIND, Rafael Wallbach (Orgs.). *Lei de Introdução às Normas do Direito Brasileiro Anotada*. São Paulo: Quartier Latin, 2019, v. II, p. 199-204.
29. NOHARA, Irene Patrícia. Motivação do Ato Administrativo na Disciplina de Direito Público da LINDB. In: VALIATI, Thiago Priess; HUNGARO, Luis Alberto; CASTELLA, Gabriel Morettini e (Orgs.). *A Lei de Introdução e o Direito Administrativo Brasileiro*. Rio de Janeiro: Lumen Juris, 2019, v. 1, p. 3-20.
30. NOHARA, Irene Patrícia. Lei Anticorrupção Empresarial e *Compliance*: Programa de *Compliance* Efetivo e Cultura de Integridade. In: NOHARA, Irene Patrícia; PEREIRA, BASTOS, Flávio de Leão (Orgs.). *Governança, Compliance e Cidadania*. 2. ed. São Paulo: Thomson Reuters, 2019, v. 1, p. 21-34.
31. NOHARA, Irene Patrícia; RODRIGUES, Cristina Barbosa. Transformação nas licitações pelo pregão: avanços e aspectos controvertidos do uso da modalidade. In: HIGA, Alberto Shinji; SOUZA JÚNIOR, Arthur Bezerra de (Orgs.). *Temas Atuais de Direito Público*: Estudos em Homenagem ao Professor Toshio Mukai. Londrina: Thoth, 2019, v. 1, p. 529-553.
32. NOHARA, Irene Patrícia; PONÇONI, Maykel. Compliance na Indústria da Moda. In: SOARES, Renata Domingues Balbino Munhoz (Org.). *Fashion Law*. São Paulo: Almedina, 2019, v. 1, p. 181-197.
33. NOHARA, Irene Patrícia. Modelagem de Parceria Público-Privada: âmbito de aplicação, objeto, benefícios e limites. In: SAADY, André; MORAES, Salus (Orgs.). *Tratado de Parcerias Público-Privadas*: Teoria e Prática. Rio de Janeiro: Centro de Estudos Empírico Jurídicos – CEEJ, 2019, v. 1, p. 185-209.
34. NOHARA, Irene Patrícia. Sucumbência de Weimar e Heranças do Direito Administrativo Alemão sob a Influência de Forsthoff: Estatismo Autoritário, Neutralidade Administrativa e Subordinação Humana. In: BERCOVICI, Gilberto (Org.). *Cem Anos da Constituição de Weimar* (1919-2019). São Paulo: Quartier Latin, 2019, v. 1, p. 529-545.
35. NOHARA, Irene Patrícia. Regime Jurídico das Organizações da Sociedade Civil (OSC): benefícios, exigências e vedações. In: MOTTA, Fabrício; MÂNICA, Fernando Borges; OLIVEIRA, Rafael Arruda (Orgs.). *Parcerias com o Terceiro Setor*. 2. ed. Belo Horizonte: Fórum, 2018, v. 1, p. 227-244.
36. NOHARA, Irene Patrícia. Governança Pública e Gestão de Riscos: transformações no Direito Administrativo. In: PAULA, Marco Aurélio Borges de; CASTRO, Rodrigo Pironti Aguirre de (Orgs.). *Compliance, Gestão de Riscos e Combate à Corrupção*: Integridade para o Desenvolvimento. Belo Horizonte: Fórum, 2018, p. 327-342.
37. NOHARA, Irene Patrícia. Art. 241 da Constituição Federal – consórcios e convênios. In: MORAES, Alexandre de et al. (Orgs.). *Constituição Federal Comentada*. Rio de Janeiro: Forense, 2018, v. 1, p. 1583-1586.
38. NOHARA, Irene Patrícia. Art. 247 da Constituição Federal – perda do cargo pelo servidor estável. In: MORAES, Alexandre de et al. (Orgs.). *Constituição Federal Comentada*. Rio de Janeiro: Forense, 2018, v. 1, p. 1600-1604.
39. NOHARA, Irene Patrícia. Transformações e delimitações do sentido da responsabilidade do Estado nos 30 anos da Constituição. In: DI PIETRO, Maria Sylvia Zanella; MOTTA, Fabrício (Orgs.). *O Direito Administrativo nos 30 anos da Constituição*. Belo Horizonte: Fórum, 2018, p. 335-348.
40. NOHARA, Irene Patrícia. Poder Econômico e limites jurídicos à captura da concertação social. In: GOMES, Carla Amado; NEVES, Ana Fernanda; BITTENCOURT NETO, Eurico (Orgs.). *A Prevenção da corrupção e outros desafios à boa governação da Administração Pública*. Lisboa: Instituto de Ciências Jurídico-Políticas ICJP/Centro de Investigações de Direito Público (CIDP), 2018, p. 45-71.
41. NOHARA, Irene Patrícia. Desafios da Ciberdemocracia diante do fenômeno da *fake news*: regulação estatal em face dos perigos da desinformação. In: RAIS, Diogo (Org.). *Fake News*: a conexão entre desinformação e direito. São Paulo: Thomson Reuters Brasil, 2018, p. 75-88.
42. MOREIRA, Diogo Rais Rodrigues; NOHARA, Irene Patrícia. Candidatura Avulsa. In: BRASILEIRO, Eduardo Tambelini; FACCO JÚNIOR, Heleno A.; COSTA, Pedro Vítor Melo (Orgs.). *Temas intrigantes do direito eleitoral brasileiro*. São Paulo: Editora Mackenzie, 2018, v. 1, p. 46-63.
43. NOHARA, Irene Patrícia. *Compliance* e Negociações com o Poder Público. In: DIAS, Karem Jureidini; BRITTO, Lucas Galvão de (Orgs.). *Compliance no Direito Tributário*. São Paulo: Thomson Reuters Brasil, 2018, p. 225-241.
44. NOHARA, Irene Patrícia. É tempo de superar interpretações medievais no processo administrativo medieval. In: SWENSSON JR., Lauro Jappert; BEM, Leonardo Schmitt de; SILVA, Ricardo Guilherme Corrêa (Orgs.). *Estudos de Direito Público*: aspectos constitucionais contemporâneos. Belo Horizonte: Editora D'Plácido, 2018, v. II, p. 445-448.

45. NOHARA, Irene Patrícia. Solução fácil de culpar a burocracia pela corrupção: não é simples assim. In: SWENSSON JR., Lauro Jappert; BEM, Leonardo Schmitt de; SILVA, Ricardo Guilherme Corrêa (Orgs.). *Estudos de Direito Público*: aspectos constitucionais contemporâneos. Belo Horizonte: D'Plácido, 2018, v. II, p. 449-452.
46. NOHARA, Irene Patrícia. Terapêutica do Serviço Público na Pós-Modernidade. In: MARIANO, Cynara Monteiro; PEREIRA, Fabrícia H. L. C. da Silva; MAIA, Isabelly Cysne Augusto (Orgs.). *Temas de Direito Administrativo e Fundamentos do Serviço Público*. Rio de Janeiro: Lumen Juris, 2018, v. 1, p. 133-156.
47. NOHARA, Irene Patrícia; BACOLI, Sandro B.; GIRARDI, Karin Bianchini. Privatização da Gestão de Presídios: impactos e limites jurídicos. In: SOUZA JR., Arthur Bezerra de; ASENSI, Felipe (Orgs.). *Poder Econômico e Estado*: Ingerências e Limites do Estado. Rio de Janeiro: Ágora21, 2018, v. 3, p. 259-290.
48. NOHARA, Irene Patrícia. Regime Jurídico das Organizações da Sociedade Civil (OSC): benefícios, exigências e vedações. In: MOTTA, Fabrício; MÂNICA, Fernando Borges; OLIVEIRA, Rafael Arruda (Orgs.). *Parcerias como o Terceiro Setor*. Belo Horizonte: Fórum, 2017. p. 223-240.
49. NOHARA, Irene Patrícua. Desafios de inovação na Administração Pública Contemporânea: "destruição criadora" ou "inovação destruidora" do Direito Administrativo? In: PONTES FILHO, Valmir; MOTTA, Fabrício; GABARDO, Emerson (Orgs.). *Administração Pública*: desafios para a transparência, probidade e desenvolvimento – XXIX Congresso Brasileiro de Direito Administrativo. Belo Horizonte: Fórum, 2017, p. 151-160.
50. NOHARA, Irene Patrícia. Novos contornos da autocontenção judicial: discricionariedade nas fronteiras da judicialização. In: WALD, Arnoldo; JUSTEN FILHO, Marçal; PEREIRA, Cesar Augusto Guimarães (Orgs.). *O Direito Administrativo na Atualidade*: Estudos em Homenagem ao Centenário de Hely Lopes Meirelles (1917-2017). São Paulo: Malheiros, 2017, v. 1, p. 528-547.
51. NOHARA, Irene Patrícia. A falta de defesa técnica por advogados no processo administrativo disciplinar não ofende a Constituição – Súmula Vinculante 5 do STF. In: DI PIETRO, Maria Sylvia Zanella; NOHARA, Irene Patrícia (Orgs.). *Teses Jurídicas dos Tribunais Superiores*: direito administrativo I. São Paulo: Revista dos Tribunais, 2017, v. 1, p. 29-43.
52. NOHARA, Irene Patrícia. É possível instauração de processo administrativo com base em denúncia anônima. In: DI PIETRO, Maria Sylvia Zanella; NOHARA, Irene Patrícia (Orgs.). *Teses Jurídicas dos Tribunais Superiores*: direito administrativo I. São Paulo: Revista dos Tribunais, 2017, v. 1, p. 75-87.
53. NOHARA, Irene Patrícia. A revisão da dosimetria das sanções aplicadas em ação de improbidade administrativa implica reexame do conjunto fático-probatório dos autos, encontrando óbice na Súmula 7/STJ, salvo se da leitura do acórdão recorrido verificar-se a desproporcionalidade. *Teses Jurídicas dos Tribunais Superiores*: direito administrativo II. São Paulo: Revista dos Tribunais, 2017, v. 2, p. 169-185.
54. NOHARA, Irene Patrícia. As ações indenizatórias decorrentes de violação a direitos fundamentais ocorrida durante o regime militar são imprescritíveis. In: DI PIETRO, Maria Sylvia Zanella; NOHARA, Irene Patrícia (Orgs.). *Teses Jurídicas dos Tribunais Superiores*: direito administrativo III. São Paulo: Revista dos Tribunais, 2017, v. 3, p. 259-273.
55. NOHARA, Irene Patrícia. O Estado não responde civilmente por atos ilícitos praticados por foragidos do sistema penitenciário, salvo quando os atos decorrem direta ou imediatamente do ato de fuga. In: DI PIETRO, Maria Sylvia Zanella; NOHARA, Irene Patrícia (Orgs.). *Teses Jurídicas dos Tribunais Superiores*: direito administrativo III. São Paulo: Revista dos Tribunais, 2017, v. 3, p. 375-383.
56. NOHARA, Irene Patrícia. A investidura originária não se enquadra no conceito de deslocamento para fins de concessão de licença para acompanhar cônjuge com exercício provisório. In: DI PIETRO, Maria Sylvia Zanella; NOHARA, Irene Patrícia (Orgs.). *Teses Jurídicas dos Tribunais Superiores*: direito administrativo III. São Paulo: Revista dos Tribunais, 2017, v. 3, p. 791-801.
57. NOHARA, Irene Patrícia. A concessão de aposentadoria especial aos servidores públicos será regulada pela Lei 8.213/91, enquanto não editada lei complementar prevista no art. 40, § 4º, da CF/88. In: DI PIETRO, Maria Sylvia Zanella; NOHARA, Irene Patrícia (Orgs.). *Teses Jurídicas dos Tribunais Superiores*: direito administrativo III. São Paulo: Revista dos Tribunais, 2017, v. 3, p. 835-844.
58. NOHARA, Irene Patrícia. Resquícios medievais no processo administrativo brasileiro. In: SOUZA, Luciano Anderson de; TUCUNDUVA SOBRINHO, Ruy Cardozo de Mello (Orgs.). *Temas de Processo Administrativo*. São Paulo: Contracorrente, 2017, v. 1, p. 133-151.
59. NOHARA, Irene Patrícia; MEYER-PFLUG, S. R. O Estado e as Políticas Públicas de Efetivação da Reserva de Vaga da Pessoa com Deficiência em Concurso Público. In: COSTA-CORRÊA, André L.; SILVIO, Solange Almeida Holanda (Orgs.). *Sociedade e Estado*: do direito de defesa às garantias fundamentais do cidadão frente ao Estado. Porto Alegre: FAAO/CIESA/Paixão Editores, 2017, v. 1, p. 195-215.
60. NOHARA, Irene Patrícia. Atuação do Estado nas Comunidades Tradicionais Caiçaras. In: STANICH NETO, Paulo (Org.). *Direito das Comunidades Tradicionais Caiçaras*. São Paulo: Café com Lei, 2016, p. 49-64.
61. NOHARA, Irene Patrícia. El Derecho Administrativo en Brasil. In: GARCÍA, Arturo Oropeza (Org.). *México-Brasil*: culturas y sistemas jurídicos comparados – Instituto de Investigaciones Juridicas UNAM. Ciudad de México: Consejo Editorial H. Cámara de Diputados, 2016, v. 1, p. 71-89.

62. NOHARA, Irene Patrícia. Controle social da Administração Pública: mecanismos jurídicos de estímulo à dimensão sociopolítica da governança pública. In: MARRARA, Thiago; GONZÁLEZ, Jorge Agudo (Orgs.). *Controles da Administração e Judicialização de Políticas Públicas*. São Paulo: Almedina, 2016, v. 1, p. 93-114.
63. NOHARA, Irene Patrícia. Transformações latentes das fronteiras entre público e privado: mutação ou retrocesso no Direito Administrativo brasileiro? Parte I – Estado e Democracia – Capítulo 5. In: LINHARES, Emanuel Andrade; SEGUNDO, Hugo de Brito Machado (Orgs.). *Democracia e Direitos Fundamentais*: uma homenagem aos 90 anos do professor Paulo Bonavides. São Paulo: Atlas, 2016, v. 1, p. 85-108.
64. NOHARA, Irene Patrícia. Democracia e participação direta: reflexões sobre os limites e as novas possibilidades de efetivação da soberania popular pela governança pública. In: MESSA, Ana Flávia; BARBOSA, SIQUEIRA NETO, José Francisco; BARBOSA, Susana Mesquita (Orgs.). *Transparência Eleitoral*. São Paulo: Saraiva, 2015, p. 191-212.
65. NOHARA, Irene Patrícia. Aspectos gerais de concessões de serviços públicos e parcerias público-privadas: contratação pública e infraestrutura. In: VALIM, Rafael; BERCOVICI, Gilberto (Orgs.). *Elementos de Direito da Infraestrutura*. São Paulo: Contracorrente, 2015, v. 1, p. 89-114.
66. NOHARA, Irene Patrícia. Regulación Jurídica de la Agricultura. In: MARTIN-RETORTILLO, María del Carmen Rodríguez (Org.). *Curso de Derecho Administrativo Iberoamericano*. Granada: Ed. Comares, 2015, v. 1, p. 625-642.
67. NOHARA, Irene Patrícia. Burocracia Reflexiva. In: MARRARA, Thiago (Org.). *Direito Administrativo*: Transformações e Tendências. São Paulo: Almedina, 2014, v. 1, p. 349-372.
68. ALMEIDA, Patrícia Martinez; NOHARA, Irene Patrícia. Processo Judicial Eletrônico Eficiente e o Acesso à Justiça. In: BRANDÃO, Fernanda Holanda de Vasconcelos; MAILLART, Adriana Silva; TAVARES NETO, José Querino (Orgs.). *Acesso à Justiça I*. Florianópolis: Conpedi, 2014, v. 1, p. 296-315.
69. NOHARA, Irene Patrícia. Ramificações das Nervuras da Norma Jurídica no Direito Administrativo: Desafios da Dogmática Complexa. In: BOUCAULT, Carlos Eduardo de Abreu (Org.). *Domínios Contemporâneos da Teoria da Normas Jurídicas*: das ramificações metafóricas às nervuras dogmáticas complexas. São Paulo: Editora UNESP, 2014, v. 1, p. 71-104.
70. NOHARA, Irene Patrícia. Compras Verdes e a Promoção da Sustentabilidade nas Licitações. In: MARQUES NETO, Floriano de Azevedo; ALMEIDA, Fernando Dias Menezes de; NOHARA, Irene Patrícia; MARRARA, Thiago (Orgs.). *Direito e Administração Pública*: Estudos em Homenagem a Maria Sylvia Zanella Di Pietro. São Paulo: Atlas, 2013, v. 1, p. 849-872.
71. NOHARA, Irene Patrícia. Reforma Administrativa para Além do Discurso do "Cidadão-Cliente": do paradigma econômico da eficiência ao ingrediente político da participação. In: DUARTE, Clarice Seixas; MENEZES, Daniel Francisco Nagao (Orgs.). *60 Desafios do Direito*: Política, Democracia e Direito. São Paulo: Atlas, 2013, v. 3, p. 34-44.
72. NOHARA, Irene Patrícia. Direito Administrativo II. In: THOMÉ, Candy Florencio; GRANCONATO, Márcio Mendes; SCHWARTZ, Rodrigo Garcia (Orgs.). *Curso de Preparação aos Concursos da Magistratura do Trabalho e do Ministério Público do Trabalho*. São Paulo: LTr, 2013, v. 2, p. 189-208.
73. NOHARA, Irene Patrícia. Balanço da Reforma Administrativa: redefinição do diálogo entre direito e gestão. In: NOHARA, Irene Patrícia (Org.). *Gestão Pública e o Direito Administrativo*: desafios jurídicos de inovação e desenvolvimento. São Paulo: Clássica, 2013, v. 1, p. 87-99.
74. NOHARA, Irene Patrícia; MAIN, Lucimara Aparecida. Processo eletrônico e eficiência da gestão pública do Poder Judiciário: desafios da segurança de tecnologia de informação. In: MAILLART, Adriana Silva; COSTA, Susana Henriques da (Orgs.). *Acesso à Justiça II*. Florianópolis: Funjab, 2013, v. II, p. 305-319.
75. NOHARA, Irene Patrícia. Ensaio sobre a ambivalência da segurança jurídica nas relações do Estado: da realização da justiça à faceta perversa do argumento. In: Thiago Marrara (Org.). *Princípios de Direito Administrativo*: legalidade, segurança jurídica, impessoalidade, publicidade, motivação, eficiência, moralidade, razoabilidade, interesse público. São Paulo: Atlas, 2012, p. 62-94.
76. ANDREUCCI, Álvaro Gonçalves Antunes; NOHARA, Irene Patrícia. Democracia, Banalização e Memória no Sistema de Justiça: o caso da tortura de nipodescendente na ditadura militar. In: EILBAUM, Lucia; LEAL, Rogério Gesta; PFLUG, Samantha Ribeiro Meyer (Orgs.). *Justiça de Transição*: Verdade, Memória e Justiça. 1ed.Florianópolis: Funjab, 2012, p. 94-118.
77. NOHARA, Irene Patrícia; PARREIRA, Liziane. Entropia e Antropofagia no Castelo de Kafka: reflexões sobre a desfuncionalização burocrática à luz da racionalização excessiva do direito público. In: MADEIRA FILHO, Wilson; GALUPPO, Marcelo Campos (Orgs.). *Direito, Arte e Literatura*. Florianópolis: Funjab, 2012, p. 60-77.
78. NOHARA, Irene Patrícia. Participação popular no processo administrativo: consulta, audiência pública e outros meios de interlocução comunitária na gestão democrática dos interesses públicos. In: NOHARA, Irene Patrícia; MORAES FILHO, Marco Antonio Praxedes de (Orgs.). *Processo Administrativo*: temas polêmicos da Lei nº 9.784/99. São Paulo: Atlas, 2011, v. 1, p. 77-100.
79. NOHARA, Irene Patrícia. Inclusão das microempresas e empresas de pequeno porte no setor de compras governamentais por meio dos favorecimentos do Estatuto Nacional. In: MAILLART, Adriana Silva; COUTO, Mônica

Bonetti; MEYER-PFLUG, Samantha Ribeiro; SANCHES, Samyra Haydêe Dal Farra Naspolini (Orgs.). *Empresa, Sustentabilidade e Funcionalização do Direito*. São Paulo: Revista dos Tribunais, 2011, p. 88-101.
80. NOHARA, Irene Patrícia; CASTILHO, Ricardo. Sustentabilidade e desenvolvimento na licitação. In: CARDOZO, José Eduardo Martins; QUEIROZ, João Eduardo Lopes; SANTOS, Márcia Walquiria Batista dos (Orgs.). *Direito Administrativo Econômico*. São Paulo: Atlas, 2011, p. 1233-1250.
81. NOHARA, Irene Patrícia. Reflexões críticas acerca da tentativa de desconstrução do sentido da supremacia do interesse público no Direito Administrativo. In: DI PIETRO, Maria Sylvia Zanella; RIBEIRO, Carlos Vinícius Alves (Orgs.). *Supremacia do interesse público e outros temas relevantes do direito administrativo*. São Paulo: Atlas, 2010, v. 1, p. 120-154.
82. NOHARA, Irene Patrícia. Novas Tendências nas Licitações. In: NORÕES COSTA, Ana Edite Olinda; PRAXEDES, Marco (Orgs.). *Licitações e Contratos Administrativos*: Apontamentos. Leme: J.H. Mizuno, 2009, p. 65-88.
83. NOHARA, Irene Patrícia. Direito à memória e reparação: da inclusão jurídica das pessoas perseguidas e torturadas na ditadura militar brasileira. In: CASELLA, Paulo de Borba; RAMOS, André de Carvalho (Orgs.). *Direito Internacional*: homenagem a Adherbal Meira Mattos. São Paulo: Quartier Latin, 2009, p. 727-761.
84. NOHARA, Irene Patrícia. Arts. 2, 3 e 4. In: COSTA, Susana Henriques da (Org.). *Comentários à ação civil pública e à lei de ação popular*. São Paulo: Quartier Latin do Brasil, 2006, v. 1, p. 94-109.

Pareceres Jurídicos (entre outros)

1. Contratação direta de curso de capacitação por municipalidade – parecer para grupo educacional justificando as condições de contratação direta por parte do Município para ofertar a capacitação do pessoal da Administração Pública.
2. A fiscalização das condições de trabalho: Competência e Devido Processo Legal (em coautoria com Gilberto Bercovici) – compôs três blocos de pareceres aptos a questionar no Supremo Tribunal Federal portaria interministerial, tida por irrazoável.
3. Poder de polícia da Anvisa: Registro de Medicamentos Similares e Discricionariedade Técnica – parecer para indústria de medicamentos.
4. Substrato à elaboração do estatuto, adaptando as regras impostas ao Conselho e à Diretoria de Estatal pela Lei 13.303/2016 – ajustes da composição aplicada à realidade da estatal, conforme a LINDB.
5. Ato de poder de Polícia Edilícia: Cassação judicial reflexa por invalidação sem ponderação consequencial e violação do devido processo legal – parecer jurídico para construtora.
6. Competência e responsabilidade individualizada no controle da gestão: Primado da Realidade e Imputação da Improbidade Administrativa – parecer para espólio de Secretário no tocante ao bloqueio de bens por uma decisão que o falecido não tivera concorrido.
7. Contrato de Concessão de Uso de Área Aeroportuária – parecer para hangar de aeroporto, enfrentando a questão da infraestrutura associada e a manutenção da higidez da concessão.
8. Motivo e motivação do ato administrativo: Controle dos Vícios e Garantia de Direito – parecer jurídico voltado à combater a falta de motivação em concurso público.
9. Outros assuntos também explorados: infraestrutura, razoabilidade, regulação e controle dos atos.
10. Participação como árbitra em Tribunais Arbitrais (arbitragens) em contratos administrativos na Corte Internacional de Arbitragem, vinculada à **Câmara de Comércio Internacional (CCI)**.

Sumário

1 CONCEITO, ORIGEM E TENDÊNCIAS DO DIREITO ADMINISTRATIVO 1

    1.1   Importância do estudo do Direito Administrativo 1
    1.2   Ramo do direito público 2
    1.3   Conceito de Direito Administrativo 4
    1.4   Regime jurídico administrativo 6
    1.5   Dispersão das normas de Direito Administrativo e sua interpretação 8
    1.6   Fontes do Direito Administrativo 10
    1.7   Origem do Direito Administrativo 12
    1.8   Evolução do papel do Estado 15
    1.9   Novas tendências no Direito Administrativo 22
    1.10   Independência entre poderes e função administrativa 31

2 PRINCÍPIOS DA ADMINISTRAÇÃO PÚBLICA 43

    2.1   Introdução 43
    2.2   Supremacia do interesse público 45
    2.3   Legalidade, legalidade administrativa e reserva legal 52
    2.4   Impessoalidade 56
    2.5   Moralidade 60
    2.6   Publicidade 66
    2.7   Eficiência 73
    2.8   Razoabilidade e/ou proporcionalidade 78
    2.9   Finalidade 83
    2.10   Motivação 83
    2.11   Segurança jurídica 88
    2.12   Outros princípios típicos do Direito Administrativo (autotutela, tutela, especialidade e continuidade do serviço público) 91

3 PODERES DA ADMINISTRAÇÃO PÚBLICA 93

- 3.1 Poderes administrativos 93
- 3.2 Poder discricionário 95
- 3.3 Poderes decorrentes da hierarquia 100
- 3.4 Poder disciplinar 105
- 3.5 Poder normativo 108
- 3.6 Poder de polícia 114
  - 3.6.1 Significado, abrangência e evolução histórica 114
  - 3.6.2 Polícia administrativa e polícia judiciária 120
  - 3.6.3 Atributos 124
  - 3.6.4 Manifestações e limites 127
  - 3.6.5 Poder de polícia e direitos fundamentais 129
  - 3.6.6 Restrições a atividades de agentes privados 132
  - 3.6.7 Impossibilidade de delegação 134
  - 3.6.8 Dinâmica do ciclo de polícia em distintas fases de manifestação 137

4 ATO ADMINISTRATIVO 139

- 4.1 Introdução 139
- 4.2 Defesa do ato administrativo como categoria imprescindível 140
- 4.3 Conceito 145
- 4.4 Atributos 148
  - 4.4.1 Presunção de legitimidade e veracidade 148
  - 4.4.2 Imperatividade 149
  - 4.4.3 Autoexecutoriedade 150
  - 4.4.4 Tipicidade 151
- 4.5 Efeitos do silêncio administrativo 152
- 4.6 Classificação dos atos administrativos 155
- 4.7 Espécies de atos administrativos 158
- 4.8 Perfeição, validade e eficácia 159
- 4.9 Elementos e requisitos de validade 160
  - 4.9.1 Sujeito 161
  - 4.9.2 Objeto 163
  - 4.9.3 Forma 163
  - 4.9.4 Motivo 163
  - 4.9.5 Finalidade 164
  - 4.9.6 Sistematização distinta 164
- 4.10 Vícios 165
  - 4.10.1 Vício de sujeito ou de competência 165
  - 4.10.2 Vício de objeto 167
  - 4.10.3 Vício de forma 168
  - 4.10.4 Vício de motivo 169
  - 4.10.5 Vício de finalidade 174
- 4.11 Discricionariedade e os elementos do ato administrativo 177

4.12	Teoria das invalidades no ato administrativo: nulidade e anulabilidade		179
4.13	Atos inexistentes		182
4.14	Convalidação do ato		182
4.15	Conversão		185
4.16	Extinção		186
	4.16.1	Formas de extinção do ato administrativo	186
	4.16.2	Anulação e revogação	187
	4.16.3	Limites à anulação dos atos administrativos	189
	4.16.4	Limites à revogação dos atos administrativos	191
	4.16.5	Desfazimento e exigência de contraditório	191

5 PROCESSO ADMINISTRATIVO ... 195

5.1	Processo e procedimento: abrangência do processo administrativo		195
5.2	Importância do processo administrativo		198
5.3	Disciplina jurídica		200
5.4	Objetivos		204
5.5	Conceito		206
5.6	Princípios do processo administrativo		206
5.7	Diferenças entre processo civil e processo administrativo		214
5.8	Impedimento e suspeição		217
5.9	Razoável duração do processo e prazos da LPA		218
5.10	Prioridade na tramitação		220
5.11	Instrução do processo administrativo		221
5.12	Participação comunitária: consulta, audiência e outros meios de interlocução		222
5.13	Condição de participante e de interessado		227
5.14	Decisão coordenada no processo administrativo		227
5.15	Parecer no processo administrativo		228
5.16	Extinção do processo		230
5.17	Processo Administrativo Disciplinar (PAD)		233
	5.17.1	Conceito	233
	5.17.2	Finalidade	235
	5.17.3	Princípios e critérios jurídicos	236
	5.17.4	Natureza de poder-dever de apuração de irregularidades	237
	5.17.5	Constitucionalidade da denúncia anônima	239
	5.17.6	Investigação preliminar e meios alternativos de resolução de conflitos	241
	5.17.7	Fases e descrição do procedimento legal	243
	5.17.8	Revisão do processo disciplinar	249
	5.17.9	Sindicância	249
	5.17.10	Procedimentos sumários de acumulação, abandono de cargo e inassiduidade habitual	252
	5.17.11	Verdade sabida	254
	5.17.12	Prescrição no processo disciplinar	256
	5.17.13	Controle jurisdicional do ilícito administrativo	258

6 LICITAÇÃO ... 265

- 6.1 Conceito e natureza jurídica ... 265
- 6.2 Objetivos ... 266
- 6.3 Transformações nos fundamentos e na natureza jurídica ... 271
- 6.4 Histórico ... 272
- 6.5 Disciplina legal e entes que devem licitar ... 276
- 6.6 Princípios ... 280
  - 6.6.1 Legalidade e formalismo ... 280
  - 6.6.2 Impessoalidade ... 282
  - 6.6.3 Moralidade ... 283
  - 6.6.4 Publicidade e transparência ... 283
  - 6.6.5 Eficiência ... 284
  - 6.6.6 Interesse público ... 284
  - 6.6.7 Probidade administrativa ... 285
  - 6.6.8 Igualdade ... 287
  - 6.6.9 Planejamento ... 288
  - 6.6.10 Eficácia e segregação de funções ... 289
  - 6.6.11 Motivação ... 290
  - 6.6.12 Vinculação ao edital ... 290
  - 6.6.13 Julgamento objetivo ... 291
  - 6.6.14 Segurança jurídica ... 291
  - 6.6.15 Razoabilidade e proporcionalidade ... 292
  - 6.6.16 Competitividade ... 292
  - 6.6.17 Celeridade ... 293
  - 6.6.18 Economicidade ... 293
  - 6.6.19 Desenvolvimento nacional sustentável ... 293
  - 6.6.20 Disposições interpretativas da LINDB ... 295
- 6.7 Contratação direta ... 296
- 6.8 Processo de contratação direta ... 307
- 6.9 Procedimento e suas fases ... 308
  - 6.9.1 Fase preparatória ... 312
  - 6.9.2 Edital ... 313
  - 6.9.3 Propostas e lances ... 314
  - 6.9.4 Julgamento ... 315
  - 6.9.5 Habilitação ... 316
  - 6.9.6 Fase recursal ... 321
  - 6.9.7 Homologação ... 321
  - 6.9.8 Inversão de fases ... 323
- 6.10 Desfazimento da licitação ... 324
- 6.11 Modalidades ... 326
  - 6.11.1 Pregão ... 327
    - 6.11.1.1 Considerações introdutórias ... 327
    - 6.11.1.2 Definição e características ... 327

		6.11.1.3	Disciplina legal	330
		6.11.1.4	Formas: presencial e eletrônica	331
		6.11.1.5	Procedimento do pregão presencial	332
		6.11.1.6	Procedimento do pregão eletrônico	334
	6.11.2	Concorrência		339
	6.11.3	Concurso		339
	6.11.4	Leilão		340
	6.11.5	Diálogo competitivo		341
6.12	Procedimentos auxiliares			343
	6.12.1	Credenciamento		343
	6.12.2	Pré-qualificação		346
	6.12.3	Procedimento de Manifestação de Interesse		347
	6.12.4	Sistema de registro de preços		348
	6.12.5	Registro cadastral		352
6.13	Licitação de serviços de publicidade prestados por agências de propaganda			353
6.14	Licitação na área de defesa			355
6.15	Tratamento favorecido às microempresas e empresas de pequeno porte			358
6.16	Regime Diferenciado de Contratação (RDC)			362
6.17	Licitações nas estatais			369

7 CONTRATOS ADMINISTRATIVOS ... 377

7.1	Considerações introdutórias			377
7.2	Discussão acerca da existência de contratos administrativos e sua natureza jurídica			377
7.3	Definição			381
7.4	Tratamento legal			382
7.5	Características			383
7.6	Formalidades			385
7.7	Cláusulas necessárias			387
7.8	Duração do contrato administrativo			389
7.9	Cláusulas exorbitantes			392
	7.9.1	Alteração unilateral		393
	7.9.2	Extinção unilateral		396
	7.9.3	Fiscalização do contrato		399
	7.9.4	Aplicação de sanções		402
	7.9.5	Ocupação provisória de bens, pessoal e serviços		406
	7.9.6	Restrições à alegação da *exceptio non adimpleti contractus*		408
	7.9.7	Exigência de garantia		409
7.10	Áleas contratuais			413
	7.10.1	Fato da administração		414
	7.10.2	Fato do príncipe		415
	7.10.3	Teoria da imprevisão		416

		7.10.4	Interferências ou sujeições imprevistas	420
		7.10.5	Impacto da matriz de riscos nas áleas	421
	7.11	\multicolumn{2}{l}{Diferenças entre reajuste em sentido estrito, repactuação e revisão ....}	422
	7.12	\multicolumn{2}{l}{Arbitragem nos contratos administrativos..}	424
	7.13	\multicolumn{2}{l}{Extinção do contrato administrativo ....}	425
	7.14	\multicolumn{2}{l}{Contratos administrativos em espécie..}	427
		7.14.1	Contrato de concessão	427
		7.14.2	Empreitada	427
		7.14.3	Tarefa	428
		7.14.4	Contrato de fornecimento	428
		7.14.5	Contrato de eficiência	429
		7.14.6	Convênio	430
		7.14.7	Consórcio público	433
		7.14.8	Contratação de serviços terceirizados	434

8 SERVIÇOS PÚBLICOS 435

	8.1	Noção		435
	8.2	Escola do serviço público e crise da noção		442
	8.3	Critérios de identificação e definição de serviços públicos................................		446
	8.4	Princípios		450
		8.4.1	Generalidade ou igualdade dos usuários	450
		8.4.2	Modicidade das tarifas	450
		8.4.3	Mutabilidade do regime jurídico	450
		8.4.4	Continuidade	451
	8.5	Classificação...		452
	8.6	Repartição constitucional de competências e serviços públicos.......................		456
	8.7	Participação, proteção e defesa do usuário dos serviços públicos....................		459
	8.8	Delegação de serviços públicos a particulares		463
		8.8.1	Concessão e permissão: tratamento legal e diferença	463
		8.8.2	Concessão de serviço público	464
			8.8.2.1 Histórico "pendular" na utilização da concessão	465
			8.8.2.2 Serviço adequado	467
			8.8.2.3 Direitos e deveres do usuário do serviço público	470
			8.8.2.4 Política tarifária	475
			8.8.2.5 Licitação na concessão de serviço público	477
			8.8.2.6 Cláusulas essenciais no contrato de concessão	479
			8.8.2.7 Encargos da concessionária	480
			8.8.2.8 Responsabilidade da concessionária	480
			8.8.2.9 Encargos do poder concedente...	481
			8.8.2.10 Responsabilidade do Estado por prejuízos causados pelos concessionários...	482
			8.8.2.11 Contratação com terceiros pela concessionária	483
			8.8.2.12 Subconcessão	484

	8.8.2.13	Transferência	484
	8.8.2.14	Intervenção na concessão	484
	8.8.2.15	Extinção da concessão	485
		8.8.2.15.1 Reversão	485
		8.8.2.15.2 Encampação	487
		8.8.2.15.3 Caducidade	488
		8.8.2.15.4 Rescisão	489
		8.8.2.15.5 Anulação	490
		8.8.2.15.6 Falência ou extinção da pessoa jurídica	490
8.8.3	Permissão de serviço público		491
8.8.4	Autorização de serviço público		492
8.8.5	Parceria público-privada		493
	8.8.5.1	Conceito e natureza jurídica	493
	8.8.5.2	Modalidades	494
	8.8.5.3	Características e vedações	495
	8.8.5.4	Histórico e adoção no Brasil	496
	8.8.5.5	Disciplina legal	497
	8.8.5.6	Diretrizes norteadoras	499
	8.8.5.7	Cláusulas essenciais	499
	8.8.5.8	Contraprestação	500
	8.8.5.9	Garantias	500
	8.8.5.10	Sociedade de propósito específico	501
	8.8.5.11	Licitação	501
	8.8.5.12	Normas aplicáveis à União	503

9 INTERVENÇÃO DO ESTADO NOS DOMÍNIOS ECONÔMICO, SOCIAL E AMBIENTAL ... 507

9.1	Intervenção no domínio econômico		507
	9.1.1	Monopólio	512
	9.1.2	Controle de abastecimento	514
	9.1.3	Tabelamento de preços	515
	9.1.4	Repressão ao abuso do poder econômico	516
9.2	Intervenção/atuação no domínio social		518
	9.2.1	Políticas públicas e vinculação aos objetivos constitucionais	519
	9.2.2	Controle judicial das políticas públicas: reserva do possível e mínimo existencial	524
	9.2.3	Limites ao ativismo jurídico e autocontenção judicial	526
9.3	Sustentabilidade e preservação ambiental		529
	9.3.1	Objetivos de Desenvolvimento Sustentável (ODS) da ONU	532
	9.3.2	ESG – *Environmental, Social and Governance*: desafios para a efetividade	536
	9.3.3	Dever estatal de proteção ambiental e climática	538
		9.3.3.1 Sociedade de risco e dever de evitar riscos	542
		9.3.3.2 Princípios da prevenção e da precaução	543
	9.3.4	Emergência climática, vedação à proteção insuficiente e restrição à discricionariedade	544

10 ADMINISTRAÇÃO DIRETA E INDIRETA 547

- 10.1 Introdução 547
- 10.2 Desconcentração e descentralização 547
- 10.3 Teoria do órgão 550
- 10.4 Administração Direta 551
- 10.5 Administração Indireta 555
    - 10.5.1 Autarquia 555
        - 10.5.1.1 Conceito e características 555
        - 10.5.1.2 Classificação 557
        - 10.5.1.3 Prerrogativas do regime público 561
        - 10.5.1.4 Sujeições do regime público 563
        - 10.5.1.5 Escolha dos dirigentes 564
        - 10.5.1.6 Regime de bens/patrimônio 565
        - 10.5.1.7 Controle 565
    - 10.5.2 Agências 566
        - 10.5.2.1 Agências executivas 567
        - 10.5.2.2 Agências reguladoras 567
            - 10.5.2.2.1 Intensificação da regulação no Brasil 568
            - 10.5.2.2.2 Inspiração e evolução da regulação no direito norte-americano 571
            - 10.5.2.2.3 Natureza jurídica 572
            - 10.5.2.2.4 Legislação específica nos setores de regulação 574
            - 10.5.2.2.5 Atividades das agências reguladoras 575
            - 10.5.2.2.6 Regulação: operacionalização técnica e eficiência administrativa 577
            - 10.5.2.2.7 Análise de Impacto Regulatório 578
            - 10.5.2.2.8 Regime jurídico do pessoal das agências reguladoras 585
            - 10.5.2.2.9 Limites à autonomia das agências reguladoras 586
            - 10.5.2.2.10 Governança e *compliance* das agências reguladoras 588
    - 10.5.3 Fundação 588
        - 10.5.3.1 Considerações introdutórias 588
        - 10.5.3.2 Fundações de direito privado instituídas por particulares 589
        - 10.5.3.3 Fundação pública de direito privado 591
        - 10.5.3.4 Fundação de direito público ou autarquia fundacional 594
    - 10.5.4 Estatal 598
        - 10.5.4.1 Regime jurídico das estatais que prestam serviços públicos 600
        - 10.5.4.2 Criação e extinção 602
        - 10.5.4.3 Regime de pessoal e nomeação de dirigentes 604
        - 10.5.4.4 Empresa pública 606
        - 10.5.4.5 Sociedade de economia mista 607
            - 10.5.4.5.1 Origem e desenvolvimento 607
            - 10.5.4.5.2 Definição e características 608

		10.5.4.5.3	Distinções entre empresa pública e sociedade de economia mista	609
		10.5.4.5.4	Fiscalização das estatais	610
	10.5.5	Consórcios públicos..		612
		10.5.5.1	Tratamento legal e definição	612
		10.5.5.2	Objetivos	613
		10.5.5.3	Regime jurídico público ou privado com derrogações........	614
		10.5.5.4	Responsabilidades...	616
		10.5.5.5	Criação..	617
		10.5.5.6	Contrato de rateio..	619
		10.5.5.7	Contrato de programa..	620
		10.5.5.8	Retirada, extinção e exclusão de ente do consórcio	620

11 SETOR PÚBLICO NÃO ESTATAL: PARAESTATAIS E ENTES DE COLABORAÇÃO 621

11.1	Introdução...	621
11.2	Serviços sociais autônomos	624
11.3	Corporações profissionais	625
11.4	Organizações Sociais (OS)...	628
11.5	Organização da Sociedade Civil de Interesse Público (Oscip)...................	636
11.6	Organização da Sociedade Civil (OSC) e a Lei de Parcerias	639
11.7	Diferenças entre OS, Oscip e OSC	646

12 SERVIDORES PÚBLICOS... 651

12.1	Considerações introdutórias..		651
12.2	Breves linhas histórico-evolutivas acerca do "funcionalismo"...................		651
12.3	Profissionalização do funcionalismo no Brasil		653
12.4	Cargos, empregos e funções		657
12.5	Agentes públicos		665
12.6	Agentes políticos		666
12.7	Servidores públicos..		668
12.8	Provimento originário e provimento derivado		669
12.9	Investidura..		671
12.10	Classe, carreira e quadro		672
12.11	Concurso público..		673
	12.11.1	Igualdade e meritocracia	673
	12.11.2	Histórico do surgimento do concurso público nas Constituições do Brasil	674
	12.11.3	Configuração jurídica	675
	12.11.4	Controle dos concursos públicos	682
12.12	Proibição de acumulação remunerada de cargos públicos		687
12.13	Servidores públicos e mandato eletivo		688
12.14	Sistemas remuneratórios		689
12.15	Teto remuneratório		690

12.16	Aposentadoria	692
12.17	Tratamentos transitórios de aposentadoria	696
12.18	Sindicalização e direito de greve	697
12.19	Estabilidade	699
12.20	Vitaliciedade	701
12.21	Responsabilidade dos servidores	702
12.22	Militares	707
12.23	Particulares em colaboração com o Poder Público	708

13 BENS PÚBLICOS 709

13.1	Considerações introdutórias	709
13.2	Definição de bens públicos	712
13.3	Afetação e desafetação	712
13.4	Classificação	713
13.5	Regime jurídico	714
	13.5.1 Inalienabilidade	715
	13.5.2 Impenhorabilidade	715
	13.5.3 Imprescritibilidade	715
	13.5.4 Não onerabilidade com direitos reais de garantia	716
13.6	Uso privativo de bem público	716
	13.6.1 Autorização de uso	717
	13.6.2 Permissão de uso	717
	13.6.3 Concessão de uso	719
13.7	Espécies de bens públicos	719
	13.7.1 Terras devolutas	720
	13.7.2 Terrenos reservados	721
	13.7.3 Faixa de fronteira	722
	13.7.4 Terras ocupadas pelos povos indígenas	723
	13.7.5 Plataforma continental	730
	13.7.6 Terrenos de marinha	731
	13.7.7 Ilhas	732
	13.7.8 Águas públicas	733
	13.7.9 Jazidas e minas	733

14 LIMITAÇÕES AO DIREITO DE PROPRIEDADE 735

14.1	Introdução	735
14.2	Limitações administrativas	736
14.3	Ocupação temporária	736
14.4	Requisição administrativa	737
14.5	Servidão administrativa	738
14.6	Tombamento	739
	14.6.1 Noções introdutórias	739
	14.6.2 Diferenças entre tombamento e registro	740

	14.6.3	Preservação do patrimônio: objetivos e outros instrumentos de tutela	740
	14.6.4	Tombamento e desapropriação indireta	741
	14.6.5	Objeto	742
	14.6.6	Disciplina legal	744
	14.6.7	Natureza jurídica	745
	14.6.8	Classificação	747
	14.6.9	Procedimento	748
	14.6.10	Efeitos	750
	14.6.11	Direito de preferência em alienação judicial	751
14.7	Desapropriação		751
	14.7.1	Conceito e natureza jurídica	751
	14.7.2	Disciplina legal	754
	14.7.3	Pressupostos autorizadores de desapropriação	755
	14.7.4	Sujeito ativo da desapropriação	757
	14.7.5	Objeto da desapropriação	758
	14.7.6	Procedimento	759
	14.7.7	Imissão provisória na posse	760
	14.7.8	Desapropriação indireta	761
	14.7.9	Indenização	762
	14.7.10	Retrocessão e destino do bem desapropriado	765

15 ORDENAMENTO URBANO E ESTATUTO DA CIDADE ... 769

15.1	Vida urbana e sustentabilidade da cidade	769
15.2	Funções sociais da cidade	770
15.3	Usucapião especial coletiva de imóvel urbano	776
15.4	Direito de preempção	777
15.5	Outorga onerosa do direito de construir	778
15.6	Operação urbana consorciada	778
15.7	Transferência do direito de construir	780
15.8	Estudo de impacto de vizinhança	780
15.9	Cidades inteligentes – *Smart cities*	781

16 RESPONSABILIDADE EXTRACONTRATUAL DO ESTADO ... 783

16.1	Definição		783
16.2	Fundamento da responsabilização: justiça corretiva e distributiva		786
16.3	Evolução histórica da responsabilidade		789
	16.3.1	Período da irresponsabilidade nas Monarquias Absolutistas	789
	16.3.2	Teoria civilista da culpa ou culpa civil comum	790
	16.3.3	Responsabilidade publicista: fase inicial – culpa administrativa ou culpa do serviço	791
	16.3.4	Responsabilidade publicista: teoria do risco ou responsabilidade objetiva	794

16.4	Evolução no ordenamento brasileiro	797
16.5	Requisitos presentes no art. 37, § 6º, da Constituição...	799
	16.5.1 Das pessoas que respondem objetivamente	799
	16.5.2 Dano: material ou moral	801
	16.5.3 Nexo de causalidade	803
	16.5.4 A terceiros	805
	16.5.5 Agentes...	805
	16.5.6 Atuação na qualidade	806
	16.5.7 Regresso por dolo ou culpa	808
16.6	Denunciação à lide do agente causador do dano	810
16.7	Excludentes da responsabilização	811
16.8	Responsabilidade por omissão do Estado...	814
16.9	Responsabilidade por dano nuclear	822
16.10	Responsabilidade do Estado por atos legislativos...	826
16.11	Responsabilidade do Estado por atos judiciais..	827
16.12	Prazo de prescrição para pleitear reparação em juízo..	830

17	**CONTROLE DA ADMINISTRAÇÃO PÚBLICA**	**833**
17.1	Contextualização, definição e classificação...	833
17.2	Controle do Ministério Público	835
17.3	Controle social ou popular	836
17.4	Controle legislativo	837
17.5	Controle administrativo...	838
	17.5.1 Recursos administrativos	838
	17.5.2 Coisa julgada administrativa	841
	17.5.3 Prescrição administrativa...	842
	17.5.4 Direito de petição aos Poderes Públicos...	842
	17.5.5 Direito de certidão	843
	17.5.6 Controle anticorrupção e apuração da responsabilidade das empresas...	844
17.6	Controle judicial	848
	17.6.1 *Habeas corpus*	851
	17.6.1.1 Origem	851
	17.6.1.2 Histórico no Brasil e doutrina do *habeas corpus*	852
	17.6.1.3 Objeto..	854
	17.6.1.4 Sujeito ativo, abrangência e informalismo	855
	17.6.2 *Habeas data*..	855
	17.6.2.1 Conceito e origem	855
	17.6.2.2 Objeto..	856
	17.6.2.3 Questões sobre o cabimento..	858
	17.6.2.4 Sujeito ativo...	858
	17.6.2.5 Rito	859
	17.6.3 Mandado de segurança..	859
	17.6.3.1 Definição	859

	17.6.3.2	Origem	859
	17.6.3.3	Disciplina legal	860
	17.6.3.4	Sujeito ativo ou impetrante	860
	17.6.3.5	Sujeito passivo ou paciente	860
	17.6.3.6	Pressupostos	861
	17.6.3.7	Liminar	862
	17.6.3.8	Processamento	862
17.6.4	Mandado de injunção		863
	17.6.4.1	Definição	863
	17.6.4.2	Pressupostos	863
	17.6.4.3	Sujeito ativo e sujeito passivo	863
	17.6.4.4	Procedimento	864
	17.6.4.5	Efeitos	864
17.6.5	Ação popular		866
	17.6.5.1	Origem	866
	17.6.5.2	Objeto	867
	17.6.5.3	Pressupostos	868
	17.6.5.4	Sujeito ativo e sujeito passivo	868
	17.6.5.5	Competência	868
	17.6.5.6	Funções do Ministério Público	869
	17.6.5.7	Liminar e natureza da sentença	869
17.6.6	Ação civil pública		872
	17.6.6.1	Conceito	872
	17.6.6.2	Objeto e natureza da sentença	872
	17.6.6.3	Sujeito ativo e sujeito passivo	873
	17.6.6.4	Funções do Ministério Público	873
	17.6.6.5	Inquérito civil e seu arquivamento	873
	17.6.6.6	Termo de Ajustamento de Conduta (TAC)	874
	17.6.6.7	Propositura	874
	17.6.6.8	Execução pelo Fundo de Reconstituição em condenação pecuniária	874
17.6.7	Improbidade administrativa		875
	17.6.7.1	Atos de improbidade e sanções	875
	17.6.7.2	Modalidades de atos de improbidade e respectivas sanções	877
	17.6.7.3	Elemento subjetivo	884
	17.6.7.4	Sujeito passivo	885
	17.6.7.5	Sujeito ativo	886
	17.6.7.6	Medidas acautelatórias	889
	17.6.7.7	Processo administrativo	890
	17.6.7.8	Ação judicial	891
	17.6.7.9	Prescrição	894
17.7	Administração do medo, apagão das canetas e novos contornos do controle com as alterações da LINDB		897

18	**NOVAS TECNOLOGIAS E O DIREITO ADMINISTRATIVO**	901
	18.1 Transformações da Quarta Revolução Industrial	901
	18.2 Internet, libertação da palavra e os perigos da desinformação/*fake news*	909
	18.3 Internet das Coisas	913
	18.4 Aplicação da Lei Geral de Proteção de Dados pela Administração Pública	916
	18.5 Lei do Governo Digital	923
	18.6 Regulação dos serviços disruptivos de plataformas digitais	926
	18.7 Inovação e testagem de novos serviços por *sandbox* regulatório	929
	18.8 *Blockchain*	931
	18.9 Inteligência Artificial (IA)	934
	18.10 Uso de robôs pelo Poder Público	938

REFERÊNCIAS 943

ÍNDICE REMISSIVO 963

ÍNDICE REMISSIVO DOS QUADROS 975

1
Conceito, origem e tendências do Direito Administrativo

1.1 Importância do estudo do Direito Administrativo

O Direito Administrativo é uma matéria cujo conhecimento é indispensável nos dias atuais. Além de englobar o tratamento de institutos que se relacionam com a gestão das atividades rotineiras da Administração Pública, como processos administrativos, licitações, contratos administrativos, concursos públicos para seleção de pessoal, serviços públicos, convênios e consórcios, o estudo do Direito Administrativo permite compreender também as variadas formas de restrição que a propriedade sofre em nome da realização de interesses coletivos, como ocorre em servidões administrativas, tombamentos, desapropriações, e ainda as limitações da conformação de atividades empresariais ao interesse público.

É no Direito Administrativo que se estudam a responsabilização do Estado pelos danos causados por suas atividades, sejam elas regulares ou não, os limites do poder de polícia, as situações da atuação estatal desviada dos fins legais e os meios de controle da *res publica* (coisa pública) pelos cidadãos.

Para que os assuntos cotidianos de uma coletividade possam ser discutidos, faz-se necessário ao menos o mínimo de contato com o Direito Administrativo. Sem o conhecimento da matéria, é impossível saber quem é responsável pelo desabamento de uma obra pública, quais os limites de ação das agências reguladoras para corrigir as falhas identificadas em determinado setor estratégico, se é necessária licença ou autorização para o desenvolvimento de certas atividades econômicas, ou mesmo em que medida o Estado deve indenizar o particular diante de dadas ocorrências.

O estudo do Direito Administrativo auxilia também na compreensão dos assuntos palpitantes, frequentemente trazidos pela imprensa, como a exoneração de Ministros, a criação de novos entes da Administração Indireta, as consequências da falta de fiscalização do governo em relação a inúmeras atividades, os limites e as repercussões da greve no funcionalismo público, as privatizações, e, também, questões como a legalidade do aumento de tarifas por concessionárias de serviços públicos, quais serviços públicos são universais e gratuitos, quando o corte de fornecimento pelo não pagamento do usuário de um serviço público é arbitrário, a possibilidade de recorrer das sanções impostas por determinado órgão público ou mesmo quais os limites da ação fiscalizatória do Poder Público em estabelecimentos empresariais.

Assim, a importância de profissionais com conhecimento de Direito Administrativo cresce na atualidade, não só no âmbito do Poder Público, mas também na advocacia privada, em diversos aspectos. Ainda que o estudante e o profissional jurídico não queiram atuar na área, eles terão contato com a matéria à medida que a Administração faz parte do dia a dia dos cidadãos. Em caso de pleitear quaisquer direitos perante o Estado, eles deverão estar cientes dos processos e assuntos envolvidos.

O Direito Administrativo tem acentuada sistematicidade, apesar da falta de condensação. É disciplina que, via de regra, não passou por codificação, tendo em vista a autonomia dos entes federativos em editar em muitos assuntos regramento próprio. Mas, apesar de existirem diversas leis que tratam de variados institutos da disciplina, o estudo doutrinário é imprescindível para o seu entendimento, porque, desde a formação, o Direito Administrativo guia-se por princípios que lhe conferem acentuada coerência.

Vencidas algumas resistências iniciais, para aqueles que não se "apaixonam à primeira vista" pelo Direito Administrativo, e compreendidos uns poucos pressupostos básicos da matéria, ela se torna extremamente envolvente. É comum àqueles que se revelaram resistentes num primeiro momento desenvolverem "amor" pela matéria.

Portanto, não há mais como impedir a expansão do conhecimento do Direito Administrativo, que veicula a garantia de interesses coletivos, uma vez que o Estado, por meio da Administração Pública, é instrumento relevante para a consecução de interesses públicos e não um "fim em si".

É importante destacar, no entanto, que o Direito Administrativo não desabrocha com todas as suas potencialidades em regimes autoritários, porque nestes não se permite discutir ou questionar atos estatais. Assim, quanto mais democrático for o ambiente institucional de um país, mais seus cidadãos-administrados poderão exigir o exato cumprimento do Direito Administrativo; por outro lado, também se pode dizer que, quanto mais combativos forem os administrados de determinado país, mais eles forçarão suas instituições públicas para um aprimoramento tendo em vista os interesses da coletividade.

1.2 Ramo do direito público

O Direito Administrativo faz parte do direito público por excelência, uma vez que contém uma série de determinações estabelecidas no interesse da coletividade. Abrange assuntos de direito público interno,[1] isto é, que se relacionam com fins *interiores* do Estado.

É clássica a distinção de *Ulpianus* que, desde o Direito Romano, separava da "árvore jurídica" (metáfora do Direito, considerado "uno") dois ramos importantes: o direito público e o direito privado. De acordo com o trecho clássico do Digesto (1.1.1.2), o direito público diz respeito ao estado da República; e o direito privado refere-se à utilidade dos particulares, afirmando-se, ainda, que existem assuntos que são afetos às coisas públicas, diferentemente dos de utilidade privada.

Enquanto o direito público trata da relação do Estado com os cidadãos, numa perspectiva vertical e que pode ser impositiva,[2] o direito privado diz respeito às relações de utilidade dos particulares e posiciona seus atores de forma horizontal ou igualitária.

---

[1] Em contraposição às disposições do Direito Público Internacional, que tratam, *grosso modo*, de assuntos exteriores do Estado.

[2] Ressalte-se que, curiosamente, Kelsen rechaça a distinção mencionada, que vê a imposição e subordinação no direito público e relações mais igualitárias no âmbito do direito privado, pois, para o autor austríaco, as relações de poder do Estado se estendem também para as disciplinas de direito privado. KELSEN, Hans. *Teoria Pura do Direito*. Coimbra: Arménio Amado, 1984. p. 379.

Essa distinção foi refinada modernamente com o desenvolvimento do direito público e de todas as teorias de justificação do Estado, que apenas legitimam a supremacia do interesse público sobre o particular, em detrimento da autonomia privada, na medida em que o aparato estatal seja direcionado à efetiva satisfação de interesses coletivos. Assim, não se pode dizer que a supremacia do Poder Público seja *absoluta*, mas que existem mecanismos de desnivelamento do Estado[3] porque, via de regra, ele personifica a consecução do interesse geral.

Como poderia ocorrer a desapropriação de determinado imóvel, que se encontra no traçado de futura obra pública, se o interesse público estivesse no mesmo patamar do interesse do proprietário do imóvel? Como o Estado conseguiria cobrar impostos, para a realização dos seus fins, se estes adviessem de uma relação pautada na autonomia da vontade? Ora, poucos contribuiriam voluntariamente.

Para que haja a realização de interesses coletivos, é necessário que os particulares abram mão de uma noção ilimitada de interesses individuais. Note-se que se a imposição estatal é geral, isto é, direcionada a todos, indiscriminadamente, não há que se falar em indenização. Mas, no exemplo da desapropriação, há o direito à prévia indenização do particular em dinheiro, uma vez que não é justo que alguém sofra *isoladamente* prejuízos em nome do interesse coletivo.

Entretanto, se o agente público desapropriar em razão de interesses particulares, por exemplo, para efeitos de vingança, pois quer atingir imóvel de desafeto político, e posteriormente não constrói obra pública, fica caracterizado o desvio de finalidade, e o Poder Público perde a legitimidade daquele ato, que passa a ser ilegal, dando ensejo ao instituto da retrocessão, que será analisado em item específico mais adiante.

Na realidade, apesar de *Ulpianus* ter se referido à distinção entre direito público e direito privado na Antiguidade, a maior parte das disciplinas públicas, como o Direito Administrativo e o Direito Constitucional, tem origem no fim do século XVIII e início do século XIX, em decorrência da Revolução Francesa. A partir daí houve o desenvolvimento de princípios que lhes conferiram autonomia, como a legalidade, a separação de poderes e a submissão do Estado aos tribunais, o que inclui a possibilidade de responsabilização pelos danos causados. Antes desse período, não se pode dizer tecnicamente que tenha existido direito público.

É importante salientar que o direito privado na atualidade já não é mais visto como o terreno da *absoluta* autonomia da vontade, sendo esta considerada a eleição livre dos meios e finalidades da ação humana, desde que não proibidos pelo Direito. Existem circunstâncias em que as normas de direito privado tratam de matérias de *ordem pública*,[4] ou seja, de assuntos que são de observância obrigatória justamente porque também veiculam algum tipo de interesse coletivo.

Em uma sociedade desigual, como a brasileira, é temeroso pressupor que os particulares estejam em situação de igualdade, daí por que o Direito Civil sofre intervenção crescente do Estado. Identifica-se, pois, tendência atual denominada de "publicização" do direito privado, que acompanha a discussão da eficácia horizontal dos direitos fundamentais.

---

[3] Nem sempre o Estado atua de forma impositiva, pois há também atos negociais, contratos e inúmeras oportunidades de concertação de interesses como pressuposto de uma conduta posterior da Administração Pública.

[4] Segundo René Savatier, ordem pública refere-se ao conjunto de normas cogentes, imperativas, que prevalece sobre o universo de normas dispositivas, do direito privado. Cf. GRAU, Eros Roberto. *A ordem econômica na Constituição de 1988*. 11. ed. São Paulo: Malheiros, 2006. p. 60.

Como exemplos de áreas afetadas pelo fenômeno, menciona Venosa,[5] o Direito de Família, por regular um organismo de vital importância coletiva, e o regime da propriedade, que não é mais vista da perspectiva de direito subjetivo absoluto e incontrastável, mas como uma faculdade cujos uso e gozo são limitados ao desempenho de função social, conforme orientação fixada na Constituição Federal.

No fundo, o atual movimento de "publicização"[6] do direito privado, se conduzido com razoabilidade (bom senso), não será autoritário, muito menos totalitário. No totalitarismo há uma tendência à maximização do Estado, que procura se imiscuir nas esferas mais privadas dos cidadãos, como no planejamento familiar ou em outros aspectos estritamente pessoais, violando a dignidade humana e a liberdade de todos.

Trata-se, na maior parte dos casos, do resultado de ações importantes para não levar a proteção à liberdade e à autonomia da vontade ao extremo de deixar as pessoas ao desamparo do ordenamento jurídico, como ocorre, por exemplo, na regulamentação do Direito de Família, ou de torná-lo indiferente às situações limítrofes de exploração, como, na hipótese do emprego de trabalho escravo em área rural, que descaracteriza o cumprimento da função social de tal propriedade, conforme se extrai do art. 186, IV, da Constituição Federal.

1.3 Conceito de Direito Administrativo

O Direito Administrativo é o ramo do direito público que trata de princípios e regras que disciplinam a função administrativa e que abrange entes, órgãos, agentes e atividades desempenhadas pela Administração Pública na consecução do interesse público.

Função administrativa consiste[7] no dever do Estado, ou de quem aja em seu nome, de dar cumprimento, no caso concreto, aos comandos normativos, de maneira geral ou individual, para a realização dos fins públicos, sob regime jurídico prevalente de direito público e mediante atos ou comportamentos passíveis de controle.

---

[5] VENOSA, Sílvio de Salvo. *Direito civil*: parte geral. São Paulo: Atlas, 2006. v. I. p. 63.

[6] Colabora para o fenômeno da "publicização" do direito privado a corrente doutrinária denominada de Direito Civil-Constitucional, que propugna a necessidade da reconstrução axiológica do Direito Civil em face dos princípios constitucionais e dos direitos fundamentais, daí a instigante problemática da eficácia horizontal dos direitos humanos.

[7] Vide FIGUEIREDO, Lúcia Valle. *Curso de direito administrativo*. 7. ed. São Paulo: Malheiros, 2004. p. 34.

No item 1.10 deste capítulo serão expostas as diferenças entre a função administrativa e as demais funções típicas dos Poderes Judiciário e Legislativo (função jurisdicional e função legislativa e fiscalizatória). Estes Poderes também desempenham, de forma atípica, função administrativa, ou seja, todos os agentes de qualquer dos Poderes podem praticar atos administrativos, e não apenas agentes da Administração Pública.

Função administrativa relaciona-se com a aplicação do Direito, sob a clássica ideia propagada por Miguel Seabra Fagundes, segundo a qual "administrar é aplicar a lei de ofício".[8] No mesmo sentido, enfatiza Renato Alessi[9] que a Administração Pública é "serva da lei".

A expressão *Administração Pública* tem dois sentidos técnicos:[10]

- **sentido subjetivo, formal ou orgânico**, que indica o conjunto de órgãos e pessoas jurídicas aos quais a lei atribui o exercício da função administrativa do Estado, caso em que o termo Administração Pública é grafado com letras maiúsculas; e
- **sentido objetivo, material ou funcional**, usado no contexto de função administrativa ou de atividade desempenhada sob o regime de direito público para a consecução de interesses coletivos, caso em que o termo administração pública é grafado com letras minúsculas.

A palavra *administração*, em sentido amplo, significa tanto a atividade de planejamento, comando ou direção, como a execução, que envolve subordinação.

Assim, partindo-se da distinção entre planejar e executar, diz-se que a Administração Pública, em sentido amplo, contém: *subjetivamente*: tanto órgãos governamentais, que dirigem e comandam, como órgãos administrativos, os quais executam os planos traçados pelos órgãos governamentais; e, *objetivamente*, a administração pública pode ser abordada tanto a partir do desempenho de funções políticas, em atividade de planejamento, como do exercício da função administrativa ou de execução.

No entanto, apesar de ser polêmica a diferenciação entre função política e função administrativa, sendo que *grosso modo* entende-se que os contornos da função política[11] seriam objeto mais próximo do estudo do Direito Constitucional, diz-se[12] que Administração Pública em sentido estrito envolve apenas órgãos administrativos no desempenho de função administrativa.

Administração **P**ública (maiúscula)	sentido *subjetivo* estrito	Entidades, agentes e órgãos administrativos
administração **p**ública (minúscula)	sentido *objetivo* estrito	desempenho de função administrativa (atividade)

---

[8] *O controle dos atos administrativos pelo Poder Judiciário.* 6. ed. São Paulo: Saraiva, 1984. p. 3.
[9] ALESSI, Renato. *Principi di diritto admministrativo.* Milano: Giuffrè, 1971. p. 10.
[10] DI PIETRO, Maria Sylvia Zanella. *Direito administrativo.* São Paulo: Atlas, 2010. p. 49.
[11] Uma vez que na atualidade se discute a judicialização das políticas públicas, não sendo mais correto dizer que o Judiciário não poderá analisá-las à luz das diretrizes da Constituição Federal. Ademais, entende-se também que "não há uma categoria de atos políticos, como entidade ontológica autônoma na escala dos atos estatais, nem há um órgão ou Poder que os pratique com privatividade". Cf. Conteúdo do gabarito do concurso para a magistratura de SP/2007.
[12] DI PIETRO, Maria Sylvia Zanella. *Direito administrativo.* São Paulo: Atlas, 2010. p. 49.

1.4 Regime jurídico administrativo

Regime jurídico administrativo é conceito que envolve a disciplina jurídica peculiar ao Direito Administrativo, que se caracteriza por objetivar equilíbrio entre a satisfação dos interesses coletivos e a proteção das liberdades individuais. Daí surge a bipolaridade:[13] *autoridade* da Administração, de um lado; e *liberdade* do indivíduo, de outro.

A matéria do Direito Administrativo pressupõe a ideia de regime jurídico administrativo. Por motivos históricos de formação do Direito Administrativo, que serão expostos, grande parte de seus institutos está na Teoria Geral do Direito. Eles foram adaptados ao regime de direito público e ganharam algumas notas características. Um exemplo é o contrato administrativo, que é um contrato submetido a regime diferenciado, uma vez que, via de regra, não há direito à imediata alegação pelo particular da exceção do contrato não cumprido e a Administração, por seu turno, pode alterá-lo ou extingui-lo unilateralmente, desde que garanta o direito ao restabelecimento do equilíbrio rompido ou à indenização – o ato administrativo é ato jurídico que possui mais dois elementos importantes: o motivo e a finalidade de consecução de interesses preestabelecidos e tem atributos próprios, na medida em que é emanado pelo Poder Público, que atua com "supremacia".

Isso se deve ao fato de que grande parte dos institutos de Direito Administrativo teve origem no trabalho jurisprudencial do Conselho de Estado francês, jurisdição do contencioso administrativo, que desenvolveu algumas construções para diferenciar a resolução de litígios em que a Administração Pública figurava como interessada daquela que seria resultado da aplicação do direito comum (ou privado) ao caso concreto.

Para bem compreender os institutos do Direito Administrativo não basta analisá-los da perspectiva do direito privado, pois é necessário entender sua *ratio* de um ponto de vista público.[14] Tanto é assim que Maria Sylvia Zanella Di Pietro defende que, via de regra, "quanto menos desenvolvido o Direito Administrativo, maior é a aplicação do direito privado nas relações jurídicas de que participa o Estado".[15]

Quando se fala em regime jurídico administrativo ou regime jurídico público, é importante também ter em mente que as ideias de prerrogativas ou poderes administrativos estão associadas às noções de restrições ou deveres.

Assim, o mesmo argumento que justifica o fato de que a Administração pode expropriar, requisitar bens, apreender mercadorias, extinguir unilateralmente contratos, isto é, o fato de agir no interesse da coletividade utilizando-se das receitas públicas, também justifica a necessidade de prestação de contas periódicas de gastos realizados, de realização de licitação como procedimento prévio à celebração de contratos administrativos, a exigência de publicidade dos atos, a realização de concurso para a seleção de pessoal e a autorização para agir apenas nos casos permitidos pela lei.

Por conseguinte, como contraponto da supremacia do interesse público existe a indisponibilidade do interesse público, que implica uma série de deveres por parte dos gestores da coisa

---

[13] DI PIETRO, Maria Sylvia Zanella. *Direito administrativo*. São Paulo: Atlas, 2010. p. 61.

[14] Conforme será visto, autores como Hely Lopes Meirelles defendem que a interpretação das normas de Direito Administrativo obedece a pressupostos peculiares (próprios do direito público).

[15] DI PIETRO, Maria Sylvia Zanella. *Direito administrativo*. São Paulo: Atlas, 2010. p. 3.

pública (*res publica*), pois, conforme enfatiza Celso Antônio Bandeira de Mello,[16] exerce *função* aquele que está investido no dever de satisfazer dadas finalidades em prol do interesse de outrem. Todo e qualquer poder decorrente do regime jurídico administrativo é, portanto, *instrumental* ao alcance das finalidades coletivas.

No entanto, nem toda atividade desempenhada pela Administração Pública é realizada sob regime jurídico integralmente público. Existem situações nas quais o Estado desenvolve atividades econômicas em sentido estrito, isto é, em que atua no mercado, sob regime privado, parcialmente derrogado pelo direito público, conforme será visto adiante. Essas atividades são normalmente realizadas mediante empresas públicas e sociedades de economia mista em virtude de *imperativos de segurança nacional* ou de *relevante interesse coletivo*, conforme exigência contida no art. 173, *caput*, da Constituição Federal.

Ademais, entende-se que, como o regime jurídico administrativo considera a necessidade simultânea de realização de fins públicos e de respeito à liberdade individual, sobretudo na consideração de que existem direitos fundamentais individuais previstos na Constituição, o critério de sopesamento do grau de restrição à liberdade individual em nome de interesses públicos será, em regra,[17] ponderado com o juízo de razoabilidade/proporcionalidade, para que não haja o aniquilamento do núcleo essencial de garantias fundamentais.

Por outro lado, em um Estado Democrático de Direito é adequado supor que os interesses públicos serão o fundamento dos poderes estatais provenientes do regime jurídico administrativo, que jamais poderá ser manejado a pretexto de realização exclusiva de interesses particulares, sob pena de a práxis estatal ser essencialmente oligárquica.

Poderes – Prerrogativas	Deveres – Sujeições
Fundamento: supremacia do interesse público	Fundamento: indisponibilidade do interesse público
Autoexecutoriedade dos atos administrativos e imposição de medidas de polícia	Dever de prestar contas e submissão a controle interno e externo
Presunção de legalidade e veracidade de seus atos	Restrições de gastos pela Lei de Responsabilidade Fiscal
Autotutela	Submissão estrita à regra de competência
Poder de expropriar (desapropriação) ou instituir servidão	Licitação para contratar
Possibilidade de requisitar bens e serviços	Necessidade de publicidade de seus atos
Alteração ou extinção unilateral dos contratos (cláusulas exorbitantes)	Concurso público para a seleção do pessoal (para cargos e empregos públicos)
Imunidade tributária	Previsão de empenho para despesas

---

[16] BANDEIRA DE MELLO, Celso Antônio. *Curso de Direito Administrativo*. 17. ed. São Paulo: Malheiros, 2008. p. 46. É um contraponto, mas não significa que a supremacia seja oposta à indisponibilidade, pois elas são princípios complementares.

[17] Exceto no caso da desapropriação, em que se sabe que haverá um "sacrifício" de direito, acompanhado da devida indenização, como medida compensatória.

Poderes – Prerrogativas	Deveres – Sujeições
Prazos dilatados em juízo	Dever de agir com moralidade, eficiência e probidade
Processo especial de execução por precatório	Submissão à legalidade administrativa e autorização legislativa para certos atos
Duplo grau obrigatório em dadas circunstâncias	Dever de impessoalidade

1.5 Dispersão das normas de Direito Administrativo e sua interpretação

O Direito Administrativo, conforme dito, é uma disciplina que padece de falta de condensação, apesar de ter acentuada sistematicidade. A ausência de condensação deve-se ao fato de que a matéria não foi objeto de codificação, como, por exemplo, ocorreu com os Direitos Civil e Penal. Não existe um Código de Direito Administrativo e nem poderia haver um, capaz de abranger todos os assuntos da matéria, já que ela contempla temas muito variados que, em geral, se inserem na autonomia de cada ente federativo.

Enquanto o Direito Civil e o Direito Penal são objeto de competência privativa da União (cf. art. 22, I, da Constituição Federal), daí decorre a possibilidade de existirem Códigos que tratam destas matérias em âmbito nacional,[18] o Direito Administrativo está disperso em inúmeras leis e é frequente a diferenciação do trato do mesmo assunto nos variados âmbitos federativos.

Porém, a ausência de condensação do Direito Administrativo não significa falta de sistematicidade, primeiramente porque o Direito Administrativo tem princípios que garantem às suas regras certa afinidade, e também porque parte substancial de suas normas se encontra explícita na **Constituição Federal**, ou seja, as **normas**[19] **básicas** da matéria são hierarquicamente superiores, o que, de certa forma, reduz a possibilidade de os diversos entes federativos realizarem inovações conflitantes com o espírito impresso da Carta Magna, especialmente no Capítulo VII do Título III, que trata da administração pública.[20]

O Direito Administrativo, assim como a maioria das matérias de direito público, é disciplina relativamente recente na história da humanidade. Sua autonomia ocorreu a partir da implantação do Estado de Direito, com a restrição do arbítrio estatal e a proteção aos direitos

---

[18] Daí a importante diferenciação feita por Geraldo Ataliba (*RDP*, 32/248) entre *leis nacionais*, que são, por exemplo, o Código Civil, o Código Penal, a CLT, e *leis federais*, que são a Lei de Processo Administrativo federal (Lei nº 9.784/99) e o Estatuto dos Funcionários Públicos federais (Lei nº 8.112/90). Note-se, portanto, que o Estado de São Paulo não se submete à lei de processo administrativo federal, mas tem legislação própria (correspondente à Lei nº 10.177/98), uma vez que é dotado de autonomia para reger suas relações com seus administrados, muito embora todas as pessoas que se encontram em território nacional, incluindo as que estão nos Estados, devam obedecer às leis nacionais. Contudo, conforme será visto, no caso das licitações e contratos, excepcionalmente, por conta do disposto no art. 22, XXVII, da Constituição, as normas gerais são de abrangência nacional, o que significa que a Lei Geral de Licitações é aplicada, em suas normas gerais, para todos os entes federativos.

[19] No sentido de texto normativo, pois se considera na hermenêutica que norma representa, em rigor, produto da aplicação do texto normativo, o qual pode ter vários significados.

[20] Para disciplina pormenorizada do capítulo da Administração Pública da Constituição: NOHARA, Irene Patrícia. *Constituição Federal de 1988*: Comentários ao capítulo da Administração Pública. São Paulo: Atlas, 2015. Faz o comentário pormenorizado dos artigos 37 ao 43 da Constituição.

fundamentais. Não é, portanto, disciplina tão antiga como o Direito Civil, cujos institutos essenciais foram sendo rascunhados desde a Antiguidade romana.[21]

Muitos institutos do Direito Administrativo originaram-se, conforme será exposto, de criação jurisprudencial do **Conselho de Estado francês**, no sistema de dualidade de jurisdição, que adaptou as figuras que encontrava no direito comum (principalmente do direito privado) para as questões nas quais a Administração Pública era parte interessada. Além da origem jurisprudencial francesa de grande parte dos institutos da disciplina, esta foi enriquecida pelos estudos doutrinários de países como a Itália e a Alemanha.[22]

Contudo, o grau de autonomia alcançado pela matéria não nos permite dizer que ela decorre apenas da adaptação de institutos provenientes da Teoria Geral do Direito, porque existem diversos **institutos próprios** que são encontrados somente no Direito Administrativo, tais como: licitação, concurso público ou afetação dos bens públicos.

Na realidade, o Direito Administrativo dispõe de princípios e regras próprios e existem alguns pressupostos, apontados por Hely Lopes Meirelles,[23] que devem ser levados em consideração na sua *interpretação* e *aplicação*:

- a **desigualdade jurídica** entre Administração e administrados, dada a necessidade de prevalência de interesses coletivos diante dos individuais;[24]
- a **presunção** relativa (*juris tantum*) de **legitimidade dos atos** praticados pela Administração; e
- a necessidade, por vezes, do uso de **poderes discricionários** pela Administração Pública.

Estes pressupostos fundamentam-se na supremacia do interesse público sobre o particular, tendo em vista que a finalidade-última do Estado, que alicerça sua formação como ente dotado de soberania e apto a dirigir e controlar as ações de todos mediante a imposição da obediência, repousa na satisfação de interesses coletivos. Se a interpretação do direito público for outra, o Direito como um todo perde sua potencialidade de mecanismo de regulação direcionado para a realização de uma sociedade mais justa, e dele emerge sua faceta mais obscura de instrumento de pacificação para a manutenção dos interesses de poucos.[25]

Importante ressaltar que a Lei nº 13.655/2018 inseriu determinações na LINDB (Lei de Introdução às Normas no Direito Brasileiro), para enfatizar orientações interpretativas a fim de guiar a aplicação do direito público. São determinações que orientam a interpretação do Direito Administrativo, na atualidade, após a alteração normativa:

- utilização mais intensiva do **primado da realidade**,[26] em que se interpreta o texto normativo e as exigências da gestão também da perspectiva das dificuldades reais enfrenta-

---

[21] Bem recorda Edmir Netto de Araújo que, enquanto o Direito Administrativo tem um pouco mais de dois séculos de idade, o Direito Civil possui cerca de dois mil anos de constante elaboração doutrinária. Cf. *Curso de direito administrativo*. São Paulo: Saraiva, 2007. p. 1.

[22] Cf. DI PIETRO, Maria Sylvia Zanella. *Direito administrativo*. São Paulo: Atlas, 2010. p. 8-11.

[23] MEIRELLES, Hely Lopes. *Direito Administrativo Brasileiro*. São Paulo: Malheiros, 2009. p. 12.

[24] Desde que a noção seja aplicada com proporcionalidade entre os direitos fundamentais e/ou princípios sopesados.

[25] Trata-se do velho ranço patrimonialista que no Brasil implica a confusão entre público e privado, sendo que os detentores do poder imaginam-se acima do interesse coletivo.

[26] Cf. MOTTA, Fabrício; NOHARA, Irene Patrícia. *LINDB no Direito Público*. São Paulo: Thomson Reuters Brasil, 2019. p. 25.

das pelo gestor e pelas exigências das políticas públicas a seu cargo, conforme o art. 22 da LINDB, acrescentado pela Lei nº 13.655/2018; e
- preocupação do intérprete ou aplicador do direito público com o **consequencialismo**, isto é, com as consequências jurídicas e administrativas da decisão, para que se evitem decisões injustas ou desequilibradas, exigindo-se, por exemplo, uma decisão de invalidação que foque nas consequências das medidas de controle.

DIREITO ADMINISTRATIVO: DISCIPLINA LEGAL E INTERPRETAÇÃO

Não foi objeto de **codificação** no Brasil, pela autonomia dos entes federativos
Mas: disciplina **sistematizada**
Princípios e regras constitucionais (hierarquia superior)
Capítulo VII – da administração pública, do título III – da organização do Estado, CF/88
Interpretação: desigualdade, presunção de legitimidade e uso de poderes discricionários
Novas determinações da LINDB: primado da realidade e consequencialismo

---

1.6 Fontes do Direito Administrativo

O Direito Administrativo, assim como a maior parte das disciplinas jurídicas, é inspirado em diversas fontes, sendo as principais:

- os **preceitos normativos do ordenamento jurídico**;
- a **jurisprudência**;
- a **doutrina**; e
- os **costumes**.

A fonte primária do Direito Administrativo decorre da aplicação dos **preceitos normativos** do ordenamento jurídico, sejam eles regras ou princípios, contidos na Constituição, em leis ou em atos normativos primários editados pelo Poder Executivo. Com os avanços da hermenêutica jurídica, conforme será exposto no capítulo referente aos princípios, está ultrapassado o entendimento que nega caráter normativo[27] aos princípios.

Também inspira o conteúdo da matéria a **jurisprudência**, isto é, a reunião de diversos julgados num mesmo sentido. Antes da instituição do sistema de súmulas de efeitos vinculantes pela Emenda Constitucional nº 45/04, a jurisprudência era tida sempre como fonte secundária ou mediata do Direito. A partir da mencionada emenda, entretanto, podem ser aprovadas[28] pelo Supremo Tribunal Federal súmulas de conteúdo vinculante aos demais órgãos do Poder Judiciário e à Administração Pública Direta e Indireta, em todos os níveis federativos.

A Corte Suprema pode, de acordo com o § 3º do art. 103-A da Constituição, regulamentado pela Lei nº 11.417/06, por meio de *reclamação*, cassar decisão judicial ou anular ato administrativo que contrariar matéria sumulada. A súmula vinculante constitui, portanto, fonte primária de produção jurídica.

Apesar de a jurisprudência não ser fonte primária, à exceção das súmulas vinculantes, não se pode deixar de mencionar a criação, pelo CPC, de um **sistema de precedentes obrigatórios**, conforme seu art. 927, e de uma série de mecanismos que existem para uniformizar a

---

[27] Isto é, de cogência.
[28] Após reiteradas decisões sobre matéria constitucional e mediante quórum de 2/3 (dois terços) dos seus membros.

jurisprudência, como: o incidente de resolução de demandas repetitivas (IRDR) e o incidente de assunção de competência (IAC), tendo sido também excepcionada a regra da remessa necessária, nos termos do art. 496, § 4º, do CPC, quando a decisão estiver fundada em súmula de tribunal superior, acórdão proferido pelo STF ou pelo STJ em julgamento de recursos repetitivos, entendimento firmado em IRDC ou em IAC, ou entendimento coincidente com orientação vinculante firmada no âmbito administrativo do próprio ente público, consolidada em manifestação, parecer ou súmula administrativa.

No caso do Direito Administrativo, não se pode deixar de ressaltar, conforme será exposto, que a maior parte dos institutos e princípios que lhe conferiram autonomia em relação às demais disciplinas jurídicas, especialmente daquelas chamadas de direito comum (privado), foi produto direto das construções jurisprudenciais criativas do Conselho de Estado francês, no sistema do contencioso administrativo.

A autonomia do Direito Administrativo e sua emancipação do direito comum também foram influenciadas pela **doutrina**, ou seja, pela produção científica dos especialistas[29] em Direito Administrativo, expressa por meio de artigos, pareceres e livros, que são utilizados como fontes para a elaboração de enunciados normativos, atos administrativos ou sentenças.

Costumes são usos e práticas reiteradas que geram a convicção generalizada de obrigatoriedade (cogência), atuando como fontes secundárias e inspiradoras na criação jurídica. Note-se que, para ser considerado fonte de produção de Direito, o costume deve obedecer à moralidade e ter observância contínua e uniforme.

Alguns autores diferenciam, ainda, as noções de "costume" e "praxe administrativa", sendo esta considerada a reiterada conduta dos agentes administrativos em serviço e na interpretação jurídica dos casos concretos. Segundo Edmir Netto de Araújo,[30] tanto o costume como a praxe podem desempenhar o papel de fontes de Direito, mas a praxe administrativa não dispõe da convicção generalizada de obrigatoriedade, uma vez que é frequentemente observada apenas em determinada repartição.

Ressalte-se que apesar de o positivismo inspirar-se em um mito de racionalidade nas fontes de produção normativa, critica Luís Roberto Barroso[31] tal ilusão, advertindo que no Direito Contemporâneo existem múltiplas fontes diretas e indiretas das quais deriva também a regra de conduta. Assim, além da delegação feita do poder de produzir normas a órgãos inferiores, há a recepção de normatividade produzida em ordenamentos diversos, por processo de incorporação previsto na Constituição, o que torna a operação de interpretação jurídica muito mais complexa, sobretudo diante do afastamento do *dogma da subsunção*.[32]

---

[29] A palavra *especialista* está sendo utilizada no sentido de *expert*, isto é, de alguém cujos estudos foram direcionados para a área de conhecimento.

[30] ARAÚJO, Edmir Netto de. *Curso de direito administrativo*. São Paulo: Saraiva, 2007. p. 43.

[31] BARROSO, Luís Roberto. Fundamentos teóricos e filosóficos do novo direito constitucional brasileiro (Pós-modernidade, teoria crítica e pós-positivismo). *Revista Diálogo Jurídico*, Salvador, CAJ – Centro de Atualização Jurídica, v. I, nº 6, p. 3, set. 2001. Há, ainda, a mudança na percepção do Direito. Cf. BARROSO, Luís Roberto. *Direito constitucional contemporâneo*. São Paulo: Saraiva, 2009. p. 136.

[32] A atividade de interpretação compreende momentos de criatividade e escolha, pela via argumentativa, diferentemente do que a dogmática positivista supõe quando restringe a operação de aplicação do Direito à subsunção, como se fosse mera atividade *lógico-dedutiva*. Daí a necessidade de se alertar para o fato de que o resultado da produção normativa não pode ser antecipado pela via exclusiva do conhecimento das "fontes oficiais", dada a insuficiência destas para abarcar todas as possibilidades oferecidas por um sistema aberto. Mas, mesmo assim, não se deve ignorar na área jurídica a importância do conhecimento das fontes normativas existentes.

> **FONTES**
>
> **Primária**: preceitos normativos – "lei" (princípios e regras)
> **Secundárias**: jurisprudência, doutrina e costumes
> Exceção – súmula vinculante – apesar de ser produto jurisprudencial, é fonte primária

1.7 Origem do Direito Administrativo

O Direito Administrativo como disciplina autônoma, assim como a maioria das matérias de direito público, apenas surgiu no período posterior à implantação do Estado de Direito, que se deu logo após a Revolução Francesa.

Na realidade, desde tempos imemoriais[33] há registros de instituições administrativas que impuseram regras para disciplinar e dirigir funcionários e atividades estatais; contudo, a função administrativa (objeto principal de estudo da matéria) com os caracteres próprios relacionados com a consecução do interesse geral somente foi estruturada depois que o Estado se sujeitou à lei (legalidade) e também ao controle dos tribunais (justicialidade). Antes disso não havia cidadãos ou administrados com deveres e direitos bem delimitados, mas súditos, servos ou vassalos,[34] submissos ao arbítrio (vontade) do monarca irresponsável.

No período conhecido como monarquia absolutista ou, como identificado pela doutrina alemã, *Polizeistaat* (Estado de Polícia), a administração era legalmente incondicionada. Os princípios aplicados à gestão pública apontavam para o arbítrio, que se traduzia nas seguintes fórmulas: *regis voluntas suprema lex*, isto é, a vontade do rei é a lei suprema, em outros termos, aquilo que agrada ao príncipe tem força de lei (*quod principi placuit habet legis vigorem*) e, ainda, na formulação anglo-saxã, *the king can do no wrong* (o rei não pode errar),[35] expressão que indicava a impossibilidade de responsabilização do rei por seus atos.

O surgimento do Direito Administrativo foi influenciado pela doutrina jusnaturalista, cuja vertente de autores contratualistas defendeu a diminuição do arbítrio estatal por diversos meios jurídicos, como a submissão do Estado à lei, entendida por Rousseau como expressão da "vontade geral", ou por meio da divisão de funções estatais para que o poder pudesse "refrear a si mesmo", na formulação de Montesquieu.

O jusnaturalismo também se refletiu no constitucionalismo, movimento jurídico-político que propugnou o estabelecimento de governos moderados, limitados em seus poderes e submetidos a Constituições escritas, que assegurassem a separação dos poderes e os direitos e garantias individuais dos cidadãos.

Na França, considerada o berço de inúmeros institutos de Direito Administrativo, os quais tiveram origem nas construções jurisprudenciais do Conselho de Estado, ocorreu, depois da Revolução, o desenvolvimento da jurisdição administrativa separada da jurisdição comum.

O sistema de dualidade de jurisdição foi produto do sentimento generalizado de desconfiança em relação ao Poder Judiciário, uma vez que os revolucionários não queriam que as decisões do Executivo pudessem ser revistas e modificadas pelo Poder Judiciário. Amparavam-se no argumento da necessidade de separação de poderes.

---

[33] ARAÚJO, Edmir Netto de. *Curso de direito administrativo*. São Paulo: Saraiva, 2007. p. 6.

[34] Cf. DI PIETRO, Maria Sylvia Zanella. *Direito administrativo*. São Paulo: Atlas, 2010. p. 1.

[35] No francês: *le roi ne peut mal faire*, com o mesmo sentido.

O art. 13 da Lei nº 16, de 24 de agosto de 1790, dispôs sobre esta separação da seguinte forma:

> As funções judiciárias são distintas e permanecerão sempre separadas das funções administrativas. Os juízes não poderão, sob pena de serem acusados de prevaricação (alta traição), perturbar de qualquer maneira as operações dos corpos administrativos nem citar diante de si os administradores em razão de suas funções.

O contencioso administrativo francês, caracterizado como "sistema de jurisdição diferenciado, de competência específica, constituído de tribunais inferiores e de um tribunal supremo – Conselho de Estado –, limitado ao julgamento de litígios em assuntos administrativos, nos quais a Administração é parte porque tem interesse direto",[36] apresentou inicialmente algumas falhas estruturais (em relação ao sistema da jurisdição una – adotado nos Estados Unidos e no Brasil), que foram aperfeiçoadas progressivamente.

Primeiramente, houve o método "administração-juiz", no qual a própria Administração julgava seus conflitos com os particulares, isto é, sem imparcialidade. O Conselho de Estado foi criado pela Constituição de 22 frimário (mês do frio) do ano VIII (13.12.1799) com dupla atribuição, conforme se extrai do art. 52: (1) assessoramento do governo na elaboração de leis, decretos e códigos, e (2) resolução das matérias administrativas. Essa fase foi denominada *justiça retida* (*justice retenue*), pois o Conselho de Estado devia encaminhar suas decisões ao Chefe de Estado. Era subordinado ao governo, portanto.

A justiça administrativa, com organização garantida, estabilidade e obrigatoriedade, só foi instituída a partir da Lei de 28 pluvioso (mês de chuva[37]) do ano VIII (17.2.1800). Segundo expõe Edmir Netto de Araújo,[38] a partir de então foram criados, ao lado dos tribunais judiciários, tribunais administrativos (do contencioso administrativo), cuja instância máxima era o Conselho de Estado. Este foi gradativamente diminuindo suas prerrogativas de conselheiro do governo e reforçando suas atribuições jurisdicionais.

A Lei de 24 de maio de 1872 é considerada o marco da autonomia do Conselho de Estado, pois a partir dela as decisões do órgão não mais necessitaram do crivo do Chefe de Estado. O Conselho de Estado deixa de ser um órgão do poder real, que exerce a justiça retida ou reservada ao próprio rei, e é iniciada a fase da *justiça delegada (justice deleguée)*, na qual a Administração-contenciosa é separada da Administração-parte, ganhando maior independência e legitimidade.

São conferidas ao Conselho de Estado as seguintes atribuições: deliberar em última instância os casos do contencioso administrativo e decidir os abusos de poder praticados por qualquer autoridade administrativa. A mesma lei cria (ou, segundo visão de José Reinaldo de Lima Lopes, "recria") o Tribunal de Conflitos, que "decide o conflito de jurisdição entre a ordem

---

[36] CRETELLA JÚNIOR, José. *Direito administrativo comparado*. 4. ed. São Paulo: Forense, 1992. p. 246.

[37] O calendário republicano (oficializado em 1793), pós-revolucionário, teve por objetivo valorizar o movimento e eliminar certos elementos cristãos, uma vez que os meses, contados a partir de 21 de setembro, não coincidiam com o calendário gregoriano, retomado por Bonaparte em 1805. Os meses são contados segundo as datas das estações do ano ou das colheitas, assim: o primeiro mês é *vindimário*, mês da vindima; seguido de *brumário*, mês da neblina (bruma); *frimário*, mês da geada; *nivoso*, mês da neve; *pluvioso*, mês das chuvas; *ventoso*, mês dos ventos; *germinal*, mês da germinação; *floreal*, mês das flores; *pradial*, mês das pradarias; *messidor*, mês da colheita; *termidor*, mês do calor; e *fruditor*, mês das frutas. Cf. informação disponível em: http://br.geocities.com/fusaobr/rfrancesa2.html. Acesso em: 25 jul. 2007.

[38] ARAÚJO, Edmir Netto de. *Curso de direito administrativo*. São Paulo: Saraiva, 2007. p. 9.

administrativa (cujo órgão de cúpula seria o Conselho de Estado) e a ordem judiciária (cujo órgão de cúpula seria o Tribunal de Cassação)".[39]

Apesar de se falar de uma pretensa "origem autoritária" do Direito Administrativo, alicerçada no argumento[40] de que o contencioso teria sido estruturado com resquícios de tendências do Antigo Regime, atualmente já não se duvida mais da imparcialidade do contencioso administrativo francês, pois se trata de sistema no qual existe uma carreira específica, com garantias e prerrogativas similares às da justiça comum, mas que é competente para apreciar e julgar litígios que envolvam a Administração Pública, produzindo decisões com força de coisa julgada. O sistema da dualidade de jurisdição foi adotado em vários países europeus, entre os quais, Itália, Espanha, Bélgica, Holanda e Alemanha.

O Brasil adotou, oficialmente, a partir da Constituição de 1891, o sistema da unidade de jurisdição.[41] Registra-se, contudo, na Constituição Imperial, de 1824, a criação de um Conselho de Estado que, tal como na França em semelhante período, exercia justiça retida[42] – dependente, portanto, do aval do Imperador. O Conselho de Estado brasileiro teve papel consultivo e nunca desempenhou atribuições jurisdicionais propriamente ditas, tendo sido suprimido pelo Ato Adicional de 1834, recriado em 1841, e definitivamente extinto com a República brasileira e sua influência norte-americana.

A jurisdição una deriva do modelo anglo-saxão, tendo em vista sua origem no Reino Unido e nos Estados Unidos, sendo também adotada em países como China, Japão, Índia e Israel. Como corolário do acolhimento do sistema da jurisdição una, determina o art. 5º, XXXV, da Constituição Federal de 1988 que: "a lei não excluirá da apreciação do Poder Judiciário lesão ou ameaça a direito". No Brasil, mesmo que haja tribunais criados em âmbito administrativo, suas decisões podem ser revistas pelo Poder Judiciário, único que produz decisões insuscetíveis de questionamento pelos demais poderes.

---

[39] Cf. http://www.almanack.usp.br/PDFS/5/05_forum_1.pdf. Acesso em: 25 jul. 2007.

[40] Argumento disseminado por Paulo Otero, mas rebatido por Emerson Gabardo, para quem não é razoável ignorar o marco real e simbólico de transformação da Revolução Francesa, em que pese ter convivido com períodos de terror e absolutismo. Cf. GABARDO, Emerson. *Interesse público e subsidiariedade*. Belo Horizonte: Fórum, 2009. p. 256; OTERO, Paulo. *Legalidade e administração pública*: o sentido da vinculação administrativa à juridicidade. Coimbra: Almedina, 2003. p. 275.

[41] BACELLAR FILHO, Romeu. *Direito administrativo*. São Paulo: Saraiva, 2005. p. 11.

[42] Segundo expõe Di Pietro, o Conselho de Estado no Brasil exerceu apenas função consultiva, ou seja, jamais exerceu função jurisdicional propriamente dita. Cf. *Direito administrativo*. São Paulo: Atlas, 2010. p. 22.

> **DIREITO ADMINISTRATIVO**
>
> *SURGIMENTO*: posterior à Revolução Francesa
> *ANTES*: Monarquia Absolutista = administração legalmente incondicionada
> Influência jusnaturalista = defesa da necessidade de governos moderados
> França: berço de grande parte dos institutos – por meio de criação jurisprudencial
>
> **DUALIDADE DE JURISDIÇÃO**
> **Contencioso Administrativo**
> Tribunal de Conflitos: decide a jurisdição competente
>
> **CONSELHO DE ESTADO**
> Instância máxima da **Justiça Administrativa**
>
> **CORTE DE CASSAÇÃO**
> Instância máxima da **Jurisdição Comum**
> Julga, em regra, assuntos que não envolvem a Administração Pública
>
> Evolução do contencioso administrativo francês:
>
> { fase da **justiça retida**: subordinação do Conselho de Estado ao governo
> fase da **justiça delegada**: Lei de 24 de maio de 1872 – autonomia do Conselho de Estado
>
> ↪ **BRASIL**: sistema norte-americano de unidade de jurisdição (desde a CF de 1891)
> Todas as decisões podem ser definitivamente revistas pelo Judiciário (art. 5º, XXXV, CF/88)

1.8 Evolução do papel do Estado

O Direito Administrativo foi criado em um contexto de predomínio da ideologia liberal, tendo sido considerado, desde o início do Estado de Direito, importante instrumento para a retenção do arbítrio estatal na busca pelo equilíbrio entre a *consecução de interesses públicos* e a *proteção a garantias individuais*.

É importante ressaltar que a matéria jamais foi estática, uma vez que sofreu significativas influências provenientes da modificação do papel do Estado ao longo do tempo. Por conseguinte, antes de analisar as novas tendências do Direito Administrativo, é necessário que se reflita sobre os desafios do Estado de Direito, de sua formação aos dias atuais.

Na etapa inicial de formação do Estado de Direito, houve a influência do Iluminismo (*Aufklärung*), que pregava a saída do ser humano da situação de fanatismo e da dependência que predominou na Idade Média, ou *Idade das Trevas* (na qual a educação era controlada pela Igreja), e do jusnaturalismo que, em sua vertente racionalista dos séculos XVII e XVIII, traduziu as ideias iluministas para o Direito, identificando na razão humana a faculdade de compreender a distinção entre o justo e o injusto. O jusnaturalismo defendeu a existência de um direito natural e imutável, isto é, inato aos seres humanos.

As ideias jusnaturalistas inspiraram o Terceiro Estado, grupo heterogêneo composto por camponeses, trabalhadores urbanos, artesãos, comerciantes e banqueiros, entre outros, a lutar contra os privilégios do clero e da nobreza, que se escoravam no monarca absolutista.

A Revolução Francesa promoveu transformações muito positivas, pois fundou um Estado amparado na legalidade e na justicialidade, mas essas mudanças logo se mostraram insuficientes para a consecução de todo o ideário revolucionário. Uma vez conquistado o poder, a burguesia se ocupou de garantir também sua hegemonia ideológica e a igualdade, que fazia parte do lema da Revolução Francesa, restringiu-se ao direito à generalidade de uma lei formal e abstrata, sem que houvesse a busca efetiva pela distribuição de condições materiais e de oportunidades iguais para todas as pessoas.

Costuma-se mencionar (da fórmula retirada de Anatole France) que "a lei garantia igualmente ao rico e ao pobre o *direito* de dormir debaixo da ponte", frase que traduz a garantia de uma igualdade proveniente do tratamento nivelado de todos, inclusive daqueles cujas condições de vida são absolutamente precárias. Percebe-se que muito embora o lema da Revolução tivesse sido *liberdade, igualdade* e *fraternidade*, apenas o primeiro princípio foi efetivamente perseguido na etapa de consolidação da Revolução.

Com o predomínio da doutrina do liberalismo, que se ajustava bem aos desígnios de expansão econômica e de ampliação das trocas comerciais da burguesia, o Estado foi tido como "o fantasma que atemorizou o indivíduo".[43] Esta expressão, lapidada por Paulo Bonavides, ilustra uma mentalidade que concentrava no "espectro" estatal toda a opressão do ser humano.

Do ponto de vista econômico, acreditava-se que o Estado deveria suspender a intervenção e restringir-se a atuar para garantir a segurança dos contratos, a propriedade privada e a ordem pública. Propugnava-se, segundo Manoel Gonçalves Ferreira Filho,[44] uma ordem jurídica que restringisse minimamente a liberdade individual. Houve, portanto, a defesa de um papel eminentemente negativo ou de abstenção do Estado, daí por que ele foi chamado *État-gendarme* ou Estado guardião noturno (*veilleur de nuit*), em crítica de Ferdinand Lasalle à concepção kantiana de liberdade individual e de Estado.

Todavia, a fórmula de Estado Mínimo, influenciada pela teoria de Adam Smith, da "mão invisível", isto é, do "livre-mercado" ou do *laissez faire, laissez passer*, logo se mostrou inadequada. Com a modificação do capitalismo, especialmente na transição do sistema mercantilista para o capitalismo industrial, ficou ainda mais evidente que o Estado não era a única instância opressora da sociedade e que sua postura omissa gerou a perpetuação de incontáveis injustiças. A defesa da máxima liberdade individual criava um Estado que nada fazia para refrear a ação opressora dos economicamente poderosos nas relações privadas.

As novas configurações sociais surgidas na transição provocada pela Revolução Industrial tornaram ainda mais evidente o contraste entre os interesses de duas classes específicas: a do *capital* e a do *proletariado*, tendo sido esta última protagonista de uma série de reivindicações em prol da realização de efetiva justiça social.

Percebeu-se, então, que a ausência de regulação em variados setores conduzia à *lei do mais forte*, ou seja, aquele que já detinha melhores condições materiais concentrava ainda mais poderes, o que levou ao surgimento de monopólios e ao consequente atravancamento do mercado, ameaçando o processo de acumulação capitalista.

---

[43] BONAVIDES, Paulo. *Do estado liberal ao Estado social*. 7. ed. São Paulo: Malheiros, 2004. p. 40.

[44] FERREIRA FILHO, Manoel Gonçalves. *Estado de direito e Constituição*. 2. ed. São Paulo: Saraiva, 1999. p. 40.

Do ponto de vista econômico, ficou patente a fragilidade das ideias de Adam Smith da autorregulação, pois a ausência de intervenção estatal gerava um grau de concentração pernicioso à sobrevivência do livre-mercado até então defendido. A crise de 1929 nos Estados Unidos e a Grande Depressão conduziram os economistas à substituição da ideia do *livre-mercado* para um necessário *capitalismo de Estado*.[45]

Por outro lado, defende Paulo Bonavides[46] que não haveria Estado Social de Direito sem a Revolução Russa (1917), uma vez que ela apresentou ao mundo uma nova possibilidade de relações sociais e obrigou o sistema capitalista a fazer múltiplas concessões para garantir a sua legitimidade. Entretanto, adverte o autor que Estado Social não é sinônimo de Estado Socialista, porque enquanto o social manteve sua adesão ao sistema capitalista, no socialista ocorreu a apropriação coletiva dos meios de produção.

Foram necessárias crises para que houvesse uma modificação substancial no papel negativo do Estado. O Estado Social de Direito, construído a partir das inúmeras reivindicações sociais pós-Revolução Industrial, legitimou-se pela busca de igualdade material e, consequentemente, de justiça social. Foi neste período que houve a incorporação de direitos de segunda geração nas Constituições, inaugurada pela Constituição Mexicana de 1917, mas universalizada pelo modelo da Constituição de Weimar, de 1919.

A partir dessa época, foi exigido do Estado um papel essencialmente positivo, ou seja, ele deixa de ser "guarda-noturno", isto é, protetor da propriedade e da ordem pública, e passa a ser, além de garantidor da segurança, prestador de serviços públicos, como saúde e educação. No Brasil, tal modificação ocorreu na década de 1930, no fim da República Velha e no início de um movimento mais acirrado pela industrialização do país, refletindo-se de forma mais nítida na Constituição de 1934.

Do ponto de vista do Direito Administrativo, iniciou-se o fenômeno da estatização, acompanhado do incremento da burocracia, que se dividiu paulatinamente em entidades da Administração Indireta, a partir da criação de autarquias, com a transferência da titularidade de serviços públicos, ou mesmo de estatais, isto é, empresas públicas ou sociedades de economia mista, às quais foram atribuídas atividades econômicas consideradas estratégicas para o desenvolvimento, em um modelo no qual o Estado foi alçado à condição de principal agente de promoção social e de planejamento econômico.

Com o advento do **Estado Social de Direito**, ganha força na ciência jurídica o positivismo, que critica o jusnaturalismo predominante no Estado Liberal. O ser humano não nasce com direitos inerentes, ou seja, ninguém nasceu com direito à moradia, ao décimo-terceiro salário, ao repouso semanal remunerado, mas os direitos, nos dizeres de Norberto Bobbio, são produtos históricos: "nascidos em certas circunstâncias, caracterizadas por lutas em defesa de novas liberdades contra velhos poderes, e nascidos de modo gradual, não todos de uma vez e nem de uma vez por todas".[47]

O desenvolvimento dos partidos políticos e a demanda pela maior realização de leis para regular um Estado mais atuante provocaram também a desmistificação do Poder Legislativo. No enfoque jusnaturalista, o legislador era tido como agente capaz de reconhecer o direito natural e enunciar normas que reproduzissem uma justiça de conteúdo transcendental; com a inflação legislativa, proveniente dessa mudança de papel do Estado, o que é permitido num dia

---

[45] Teoria de Keynes.
[46] BONAVIDES, Paulo. *Do Estado liberal ao Estado social*. 7. ed. São Paulo: Malheiros, 2004. p. 183.
[47] BOBBIO, Norberto. *A Era dos direitos*. Tradução de Carlos Nelson Coutinho. Rio de Janeiro: Elsevier, 2004. p. 25.

passa a ser proibido no outro, e a lei começa a ser percebida mais como produto de arranjos políticos ocorridos da obtenção de quóruns parlamentares específicos, originados da pressão de dados interesses no seio do Parlamento, do que como reflexo normativo de um padrão de justiça universal captado pela inteligência humana e transformado em texto normativo.

A dificuldade de teorizar sobre um objeto tão mutável e inconstante fez com que o positivismo, para resguardar alguma segurança de seu novo modelo científico, de influência cartesiana, concentrasse muito mais sua atenção no aspecto *lógico-formal* do ordenamento jurídico do que propriamente no *conteúdo* cambiante dos textos normativos. Essa opção metodológica é refletida, por exemplo, na *Teoria Pura do Direito* de Kelsen, que foca no aspecto estrutural do ordenamento, relegando para o campo da política ou da filosofia teorizar acerca da justiça ou da injustiça das leis.

Note-se, ainda, que a orientação positivista colaborou para encobrir uma importante diferenciação entre a *legalidade* e a *legitimidade* de um sistema. Se o parâmetro único de validade das normas é sua adequação com a estrutura do ordenamento jurídico, isto é, se as normas de Direito não valem por causa do conteúdo, pois todo e qualquer conteúdo pode ser positivado, mas valem porque têm como pressuposto de validade a norma de patamar superior dentro da estrutura escalonada do Direito,[48] então um Estado nazista (erigido com base na superioridade de certa raça em relação às demais e que, por isso, patrocinou a construção de campos de extermínio de seres humanos) seria, desta perspectiva, tão Estado de Direito como outro qualquer.

Como bem expõe José Afonso da Silva,[49] todas as ideologias (com exceção do Estado Socialista) poderiam acolher um Estado Social de Direito, desde a Alemanha nazista, passando pela Itália fascista, Espanha franquista ou Portugal salazarista. Assim, a maior crítica feita ao Estado Social não atingiu sua legítima preocupação em promover a igualdade e a justiça social, mas descortinou sua práxis *antidemocrática* que, em sistemas autoritários, se refletiu em progressivas imposições de um Estado que se agigantava.

Por outro lado, a defesa da ideia de Estado Máximo, aliada à ascensão de extremismos ideológicos, contribuiu, na primeira metade do século XX, para a eclosão do fenômeno do totalitarismo, que se refletiu na presença de Estados que pretenderam transformar praticamente todos os assuntos com relevância social em matérias de direito público.

A Segunda Guerra Mundial e a lamentável experiência do holocausto representaram outro ponto nevrálgico da história mundial, do qual emergiu a necessidade de revisão de vários paradigmas, entre eles o da legalidade, uma vez que, sob a proteção da lei, ou seja, sob o manto de legalidade, foram criados braços estatais de extermínio em massa de seres humanos.

Esses fatos provocaram a defesa pelo resgate da dimensão valorativa dos produtos jurídicos, uma vez que as normas de um Estado de Direito deveriam ser instrumentos a serviço da humanidade, e não o contrário. Daí a positivação da proteção à *dignidade humana* nas Constituições, com inspiração na Lei Fundamental de Bonn, e a restauração da importância dos princípios constitucionais, que foi auxiliada pela expansão da jurisdição constitucional no cenário mundial.

---

[48] KELSEN, Hans. *Teoria pura do direito*. 6. ed. Coimbra: Arménio Amado, 1984. p. 273.

[49] SILVA, José Afonso da. O Estado democrático de direito. *Revista da Procuradoria Geral do Estado de São Paulo*, São Paulo, v. 30, p. 65, dez. 1988. Também Paulo Bonavides expõe que "o Estado social se compadece com regimes políticos antagônicos, como sejam a democracia, o fascismo e o nacional-socialismo". In: BONAVIDES, Paulo. *Do Estado liberal ao Estado social*. 7. ed. São Paulo: Malheiros, 2004. p. 184.

Neste contexto, surge, a partir da segunda metade do século XX, a reflexão acerca da necessidade de enunciação de um **Estado Democrático de Direito**, isto é, de um Estado que preservasse os objetivos sociais do Estado Social, mas que simultaneamente procurasse garantir princípios democráticos[50] de uma perspectiva pós-positivista.

A afirmação de Estados Democráticos de Direito na América Latina e nos países ibéricos coincidiu com a redemocratização e com o crescente questionamento da ilegitimidade de décadas de ditadura militar. No Brasil, a abertura política iniciou-se em meados dos anos 1980 e teve seu ápice na Constituição de 1988, que enuncia expressamente em seu primeiro artigo que "a República Federativa do Brasil, formada pela união indissolúvel dos Estados e Municípios e do Distrito Federal, constitui-se em Estado Democrático de Direito".

Porém, mal se conquista essa etapa no Brasil e, na década seguinte (de 1990), o Estado Democrático já começa a sentir os efeitos de uma grande crise. Pode-se dizer, portanto, que nem o Estado Liberal conseguiu cumprir com sua falsa promessa de liberdade, muito menos o Estado Social foi capaz de implementar a contento verdadeira universalização da igualdade, por meio da tentativa de distribuição de condições materiais de vida, e o Estado Democrático já nasce no Brasil ameaçado por uma nova ordem mundial que põe em xeque o modelo de Estado nacional adotado universalmente, especialmente nos países da América Latina pós-Consenso de Washington, isto é, a modernidade não cumpriu com seus desafios e a pós-modernidade[51] rompe paradigmas e oferece à humanidade problemas difíceis de serem equacionados.

Ademais, as crises financeiras que abateram o capitalismo contemporâneo e o endividamento dos países latino-americanos foram fatores determinantes para que houvesse a fixação por parte de organismos financeiros internacionais, como o FMI, de imposições para que os Estados latino-americanos promovessem na década de 1990 programas de reformas que incluíssem abertura do mercado, austeridade fiscal, privatizações e estabilidade da moeda.

Segundo expõe Maria Paula Dallari Bucci,[52] o Estado Social ampliou-se com os excedentes de produção do período do pós-Guerra e conseguiu desempenhar o papel de provedor de direitos sociais numa fase de crescimento econômico mundial. Contudo, com a grande crise econômica mundial dos anos 1970, após os dois choques do petróleo (de 1973 e 1979) e o rompimento do sistema de equilíbrio cambial firmado pelo Acordo de Bretton-Woods (que definira a configuração do cenário político-econômico internacional durante a Guerra Fria, em 1979), encerrou-se um ciclo de vida político-econômica no mundo e com ele a *era de ouro* (expressão de *Hobsbawm*) que se seguiu ao fim da Segunda Guerra Mundial.

Esse movimento começou a ser sentido também no Brasil. Do Consenso de Washington foi adotada uma agenda para a América Latina que incluiu uma série de reformas institucionais e estruturais, exigindo que as economias enxugassem as "amarras burocráticas", isto é, que

---

[50] Desde que o Estado não se pretenda um "Estado Ético", que conduz ao totalitarismo, pois, segundo expõe Dalmo de Abreu Dallari, leva o Estado à condição de fonte da moral, onipotente e onipresente, não sendo tolerado "qualquer comportamento que não esteja rigorosamente de acordo com a moral oficial". DALLARI, Dalmo de Abreu. *Elementos de teoria geral do Estado*. São Paulo: Saraiva, 2000. p. 105. Conforme adverte Emerson Gabardo, o Estado não pode se tornar um Estado Ético, "nos termos do historicismo idealista e fatalmente intolerante, como bem demonstrado no filme V de Vingança, de James McTeigue." Cf. GABARDO, Emerson. *Interesse público e subsidiariedade*. Belo Horizonte: Fórum, 2009. p. 178.

[51] Ver: SANTOS, Boaventura de Sousa. *Pela mão de Alice*: o social e o político na pós-modernidade. 6. ed. São Paulo: Cortez, 1999. p. 35.

[52] BUCCI, Maria Paula Dallari. *Direito administrativo e políticas públicas*. São Paulo: Saraiva, 2002. p. 1.

reduzissem os gastos com o funcionalismo e, consequentemente, com a garantia de direitos de segunda geração, e liberalizassem inúmeros setores para o mercado.

Segundo a leitura de Habermas,[53] o Estado foi privado de seu poder por alguns fatores que possuem sua gênese na nova ordem mundial: (a) a *perda da capacidade de controle estatal*: o Estado isolado já não se mostrou mais capaz de defender seus cidadãos, com as próprias forças, contra os efeitos externos de decisões de outros atores, daí a necessidade de integração em blocos econômicos; (b) *crescentes déficits de legitimação no processo decisório*: as grandes decisões acabam sendo tomadas em negociações internacionais, e não no âmbito interno de um Estado – no Brasil, para ilustrar, muitas leis de reforma administrativa resultaram de imposições diretas ou indiretas dos mencionados organismos de financiamento internacional, como a lei de responsabilidade fiscal, a lei das PPPs, e houve grande pressão para a liberalização do setor de águas, que compreendem recursos naturais escassos no mundo e de grande interesse internacional; e (c) *progressiva incapacidade de provar ações de comando e de organização por parte do Estado*: com a globalização e a abertura preconizada, fluxos de capital especulativos de origem internacional aquecem e resfriam uma economia em velocidade inimaginável, provocando a restrição da capacidade interventiva e a impossibilidade de os Estados manterem os padrões sociais mínimos para a garantia de sua legitimidade.

Portanto, a humanidade abre-se para o século XXI com inúmeras indagações. Com a tentativa de desconstrução do modelo de Estado de Bem-Estar Social no mundo e o crescimento do neoliberalismo, reacendem-se antigas intolerâncias, muitas das quais relacionadas diretamente à crise econômica e social e à progressiva ausência de perspectiva de inclusão de parcela substancial da população mundial. Acrescente-se a esse movimento o desemprego estrutural que será resultante da revolução tecnológica proveniente da Economia 4.0, que gera não apenas a conectividade de uma indústria automatizada, mas sistemas integrados a partir do uso de inteligência artificial, o que certamente terá um impacto avassalador sobre os objetivos de pleno emprego.

Do ponto de vista do Direito Administrativo, observa-se que, nessa tentativa de demissão do Estado de seu papel principal de agente formulador de políticas públicas e de crescimento econômico, houve um significativo movimento em prol das privatizações e da liberação de inúmeros setores econômicos.

Entretanto, como a ideia de intervenção não fora descartada, diante do resultado traumático das experiências liberais do início do século XX (que nem mesmo os Estados Unidos retomaram na integralidade), a atuação do Estado na atividade econômica e na prestação de serviços não foi rejeitada, mas apenas se modificou à medida que o Estado foi sendo comprimido pelas reformas que se iniciaram na década de 1990.

Na América Latina houve, nas últimas décadas, um fenômeno de emergência no poder de representantes de partidos populares. Contudo, no caso do Brasil, há uma tensão entre as políticas sociais de inclusão e a "sangria desatada" provocada pelas imposições dessa nova ordem excludente e pautada essencialmente nas forças desigualizadoras de um mercado orientado pela busca do lucro e pela acumulação acelerada de capital.

Com base neste cenário, Paulo Bonavides[54] analisa a globalização do ponto de vista de um *neocolonialismo* que consubstancia verdadeiro golpe de Estado desferido contra a Constituição

---

[53] HABERMAS, Jürgen. Nos limites do Estado. *Folha de S. Paulo*, São Paulo, 19 jul. 1999, p. 4-7.

[54] BONAVIDES, Paulo. *Do país constitucional ao país neocolonial*: a derrubada da Constituição e a recolonização pelo Golpe de Estado Institucional. 3. ed. São Paulo: Malheiros, 2004. p. 49.

de 1988 por meio de progressivas emendas de caráter mais revolucionário do que propriamente reformista.

Já Boaventura de Sousa Santos[55] procura oferecer uma explicação que transcende a tensão entre regulação e emancipação social, isto é, entre liberalismo político e marxismo, objetivando pensar a transformação social para além das alternativas teóricas e práticas do capitalismo.

Daí propugna a necessidade de deslocar a atenção do historicismo da unilateralidade para a pluralidade, com a disseminação do poder do Estado em todos os níveis e aspectos da sociedade. O sociólogo português defende ainda que o Sul e, em especial, a América Latina, tem potencial de ser uma das mais significativas personagens de uma *globalização contra-hegemônica*.

Em suma, a história é dotada de uma força interna que gera acontecimentos e cujo movimento compreende a produção e a superação de contradições, na medida em que uma nova realidade emerge da incessante luta de contrários provocada pelos conflitos da realidade anterior,[56] mas jamais se pode descartar da análise histórica a atuação de povos e, especialmente, de sujeitos concretos, que não são apenas produtos de seu tempo, mas potenciais móveis produtores de história.

O padrão dominante de austeridade fiscal, abertura e privatizações imposto[57] sofre questionamentos, que advêm da percepção de que o projeto de modernização neoliberal gerou na prática maior submissão e pouco incremento em termos da universalização de serviços, bens e, principalmente, de disseminação da democracia material.

Constatou-se também que os mesmos países desenvolvidos que impõem aos países do eixo sul uma política de abertura indiscriminada de suas economias, paradoxalmente, adotam políticas significativamente protecionistas aos próprios mercados, protegendo-os contra efeitos perniciosos da globalização.

Curiosamente, no caso brasileiro é surpreendente notar que Bresser Pereira, que foi ministro da Reforma Administrativa na segunda metade da década de 1990, responsável por engendrar mecanismos de adoção do receituário neoliberal, é o mesmo que, mais recentemente, alertou a todos da "desmoralização da 'ideologia globalista' que caracterizou os 30 Anos Neoliberais do Capitalismo (1979-2008) – uma ideologia que condenava o nacionalismo dos países em desenvolvimento enquanto os países ricos praticavam sem hesitação seu próprio nacionalismo".[58]

Assim, por mais atordoante e indefinido que se apresente o cenário econômico de constantes crises do começo do século XXI, não se pode negar às forças políticas capacidade de implementar mudanças suficientes para readmitir o Estado ao papel de agente promotor de bem-estar social, conforme o espírito inaugurado pela Constituição Federal, uma vez que esta afirma expressamente no art. 219 que "o mercado interno integra o patrimônio nacional e será incentivado de modo a viabilizar o *desenvolvimento* cultural e socioeconômico, o *bem-estar da população* e a *autonomia* tecnológica do País".

---

[55] SANTOS, Boaventura de Sousa (Org.). *Reconhecer para libertar*. Rio de Janeiro: Civilização Brasileira, 2003. p. 14.

[56] CHAUI, Marilena. *O que é ideologia*. 13. ed. São Paulo: Brasiliense, 1983. p. 38.

[57] A propósito, ver STIGLITZ, Joseph E. *A globalização e seus malefícios*: a promessa não cumprida de benefícios sociais. São Paulo: Futura, 2002. p. 85. Na obra, há a abordagem crítica da forma como a austeridade fiscal foi imposta pelos organismos internacionais de financiamento às economias em desenvolvimento, uma vez que, levada longe demais e nas circunstâncias erradas, ela provocava malefícios.

[58] BRESSER-PEREIRA, Luiz Carlos. Nacionalismo, liberalismo e capitalismo. *Folha de S. Paulo*, p. A21, 1º ago. 2010. Caderno Mundo.

> **MODIFICAÇÃO DO PAPEL DO ESTADO**
>
> **ESTADO LIBERAL DE DIREITO**
> Inaugurado com a Revolução Francesa
> Influência na ciência jurídica: Iluminismo e jusnaturalismo
> Influência econômica: Liberalismo (Adam Smith)
>
> ➡ Estado: * papel negativo ou abstencionista (Estado *gendarme* ou guarda-noturno)
>   * potencial violador das garantias individuais
>
> **ESTADO SOCIAL DE DIREITO**
> Oriundo das reivindicações sociais pós-Revolução Industrial
> Garantidor de direitos sociais (incorporação da proteção na Constituição – Brasil, 1934)
> Influência na ciência jurídica: positivismo
> Fenômeno da estatização
>
> ➡ Estado: * papel positivo ou promotor de justiça social
>   * principal agente formulador de crescimento econômico
>
> Primeira metade do século XX – eclosão de Estados totalitários
> América Latina – segunda metade do século XX – Estados autoritários
>
> **ESTADO DEMOCRÁTICO DE DIREITO**
> Acompanhou a redemocratização
> Brasil: Constituição de 1988
> Influência na ciência jurídica: resgate da dimensão valorativa do Direito (pós-positivismo)
> Dignidade humana como fundamento do Estado Democrático
>
> ➡ Estado: * acréscimo de princípios democráticos às funções do Estado Social
>
> **Crise do Estado Democrático:** globalização, neoliberalismo e pós-modernidade
> * Privatização e liberação de inúmeros setores econômicos
> * Pressão dos organismos de financiamento internacionais para a reestruturação da burocracia na América Latina no sentido da austeridade fiscal e da promoção da abertura do mercado
> * Reação: políticas de inclusão social

1.9 Novas tendências no Direito Administrativo

O Direito Administrativo acompanhou a evolução do papel do Estado ao longo do tempo. No período inicial de formação da disciplina, foi direcionado à contenção do poder estatal, por meio de técnicas como a divisão de funções entre os poderes e a garantia de direitos individuais.

A Revolução Francesa representou o fim das Monarquias Absolutistas e o Estado, que antes era irresponsável, submeteu-se ao princípio da legalidade (Estado de Direito). Assim, todos, inclusive os governantes, foram subordinados às leis e, especialmente, à Lei Fundamental, que é a Constituição, por influência do constitucionalismo.

O Direito Administrativo brasileiro foi originalmente influenciado pelo Direito Administrativo francês, o qual, segundo Vedel,[59] se alicerçou inicialmente em quatro princípios essenciais: (1) o da separação entre autoridades administrativa e judiciária; (2) o das decisões executórias, que reconheceu à Administração Pública a prerrogativa de emitir unilateralmente atos que deveriam ser obedecidos, independentemente da concordância dos particulares;

---

[59] VEDEL, Georges. *Droit administratif*. Paris: Presses Universitaires de France, 1964. p. 57.

(3) o da legalidade, que obrigou a Administração a respeitar a lei; e (4) o da responsabilidade do Poder Público, que criou o dever de as pessoas públicas repararem os danos causados aos particulares.

Destes princípios, apenas o primeiro não foi adotado no Brasil, que, conforme exposto, após experiência incipiente e incompleta de estruturação de um Conselho de Estado, acabou optando definitivamente, em 1891, pelo sistema de jurisdição una. Portanto, no Brasil não é questão crucial encontrar critérios claros que definam a atuação essencialmente administrativa, pois na França trata-se de "preliminar" que determina se a causa será submetida à jurisdição administrativa ou à jurisdição comum, sendo que nesta última a aplicação do regime jurídico público e, por conseguinte, do Direito Administrativo, é descartada.

No Estado Liberal de Direito predominou a abordagem do Direito Administrativo no sentido da contenção das potestades públicas, limitando-as em função dos direitos dos administrados, já não mais vistos como meros súditos. Contudo, a atividade do Estado restringiu-se à persecução e à garantia de direitos individuais, tais como: a propriedade privada, o cumprimento dos contratos e a ordem pública. Ocorre, então, o controle do exercício do Poder Público, que via de regra foi restrito à polícia de segurança.

Neste período, expõe Di Pietro que:

> a regra era o livre exercício dos direitos individuais amplamente assegurados nas Declarações Universais de Direitos, depois transpostos para as Constituições; a atuação estatal constituía exceção, só podendo limitar o exercício dos direitos individuais para assegurar a ordem pública.[60]

Todavia, mesmo com todo o movimento em prol da contenção do poder estatal, houve a afirmação da supremacia do interesse público, que assegurou ao Poder Público tomar medidas com prerrogativas em relação aos particulares, em busca do equilíbrio na bipolaridade entre a garantia da liberdade dos indivíduos e a preservação da autoridade da Administração.[61]

Na passagem do Estado Liberal para o Estado Social, exige-se do Estado a adoção de medidas de intervenção na ordem econômica e social que surtiram vários efeitos no Direito Administrativo. Do ponto de vista do poder de polícia, por exemplo, houve a sua ampliação para setores como o exercício das profissões, a saúde, a educação, a economia e o controle de produtos de primeira necessidade. Também ao longo do século XIX há a consolidação progressiva do conceito de serviço público, que demanda do Estado uma atuação de conteúdo prestacional, e não simplesmente restritiva ou negativa.

A partir da independência da jurisdição administrativa na França, com a justiça delegada (1872), e o caso Blanco (1873), começa a chamar a atenção da doutrina administrativista uma série de decisões abrangendo os serviços públicos, ganhando força, na virada do século XIX para o XX, a Escola do Serviço Público, também conhecida como Escola de Bordeaux, dirigida por Duguit e Jèze. Segundo observação de Eisenmann, esta corrente doutrinária erige o serviço público à categoria de "sol do Direito Administrativo",[62] instituto central da disciplina em torno do qual gravitam todos os demais.

O emprego da noção de serviço público traz à tona a percepção de que a Administração é feita para os administrados, e não simplesmente para garantir prerrogativas do Poder Público,

---

[60] DI PIETRO, Maria Sylvia Zanella. *Direito administrativo*. São Paulo: Atlas, 2010. p. 115-116.

[61] PEDREIRA, Ana Maria. *Direito administrativo e processo administrativo*. Rio de Janeiro: Forense, 2006. p. 1.

[62] Medauar faz alusão à observação feita por Eisenmann ao analisar a Escola de Serviço Público. Cf. MEDAUAR, Odete. Serviço público. *Revista de Direito Administrativo*, Rio de Janeiro, nº 189, p. 103. jul./set. 1992.

e diversas atividades passam a ser consideradas de realização obrigatória do Estado, no regime de direito público. Há, então, a progressiva ampliação do conteúdo do Direito Administrativo, à medida que atividades que antes eram deixadas ao livre-mercado, isto é, à atividade econômica em sentido estrito,[63] passam à categoria de serviços públicos.

Também o Estado, com o seu agigantamento, começa a desenvolver atividades econômicas próprias do mercado, em regime predominantemente privado, o que provocou a chamada "crise da noção de serviço público", ocorrida na França da década de 1950, mas retomada com outros elementos posteriormente na década de 1980.

Contudo, desde o começo do século XX, já da contenda entre Duguit e Hauriou,[64] ficou claro que o Direito Administrativo, a despeito da disparidade de conceitos adotados pela Escola de Bordeaux, não compreende apenas a prestação de serviços públicos, mas também o desenvolvimento de inúmeras outras atividades, tais como: a intervenção direta no mercado, em regime de monopólio ou de livre-concorrência, a intervenção indireta que se relaciona com o desenvolvimento do poder de polícia, o que compreende a restrição de atividades particulares em nome do interesse coletivo e a concessão de fomentos para a iniciativa privada de interesse público.[65]

Assim, a crise da noção de serviço público, com o desenvolvimento estatal de atividades de cunho econômico, não foi suficiente para abalar toda a estrutura do Direito Administrativo, uma vez que a disciplina não se restringe à abordagem da satisfação estatal de necessidades que, por escolhas políticas, foram sendo transferidas ao regime jurídico público.

Ademais, ao longo do século XIX, ocorreu um movimento doutrinário que separou a abordagem da atividade jurídico-administrativa da atividade político-administrativa, sendo as questões acerca da conveniência e oportunidade das escolhas políticas relegadas ao campo da Ciência da Administração e paulatinamente excluídas dos currículos dos cursos de Direito.[66]

Essa diferenciação entre a abordagem política e a jurídica foi bastante influenciada pelo positivismo, na medida em que defendia uma postura hermenêutica purificada da valoração, tida como causadora de incertezas e subjetivismos. Nesta perspectiva, era fácil identificar os limites entre a discricionariedade (conveniência e oportunidade) e a interpretação. A discricionariedade foi vista, portanto, como um poder jurídico conferido pelo Legislador à Administração.

Todavia, apesar do predomínio da análise lógico-formalista do Direito, não se pode dizer que houve retrocesso no controle da Administração pelo Poder Judiciário, pois: (a) a Administração passou a obedecer a uma vinculação positiva à lei (*positive Bindung*[67]); e (b) com o intervencionismo crescente, o regime jurídico administrativo abrangeu um leque mais amplo de relações sociais.

---

[63] GRAU, Eros. *A ordem econômica na Constituição de 1988*. 4. ed. São Paulo: Malheiros, 1998. p. 121.

[64] É famosa a discussão, sendo que enquanto Duguit entendia o Estado da perspectiva de uma coordenação de **serviços públicos**, Hauriou negava aos serviços públicos toda a centralidade propagada, defendendo que a ideia-mestra do Direito Administrativo repousa no conceito de **potestade pública**.

[65] Costuma-se dividir as atividades abrangidas no Direito Administrativo em: poder de polícia, serviços públicos, intervenção na economia e fomento.

[66] Cf. DI PIETRO, Maria Sylvia Zanella. *Direito administrativo*. São Paulo: Atlas, 2010. p. 42.

[67] Enquanto no Estado Liberal predominou a ideia da vinculação negativa (*negative Bindung*) da legalidade, na qual a Administração seria livre para fazer tudo o que não contrariasse o direito, tal qual os cidadãos, no Estado Social o Estado passou a agir amparado em permissivo legal (*positive Bindung*).

Com o Estado Social houve a chamada hipertrofia do Poder Executivo que, para dar conta da demanda social pela realização dos serviços públicos e das intervenções nas atividades econômicas, acabou por chamar para si a responsabilidade pela edição de diversos atos de conteúdo normativo. A atividade estatal que antes se manifestava por meio de atos de efeitos concretos, que tinham por base as leis editadas pelo Poder Legislativo, passa a ser pautada em espécies normativas criadas pelo próprio Executivo.[68]

O excesso de edição de decretos-leis representou no Brasil a manifestação expressa de um regime de cunho ditatorial, pois refletiu a apropriação da função normativa, que quando realizada pelo próprio Legislativo é feita em respeito maior ao princípio democrático. Mesmo com a redemocratização, esse fenômeno que comprometeu o equilíbrio entre os Poderes perpetuou-se com o excesso de Medidas Provisórias.

Se a Emenda Constitucional nº 32/2001, por um lado, procurou restringir a edição destes atos normativos primários, estabelecendo limites materiais maiores, além das genéricas fórmulas de "relevância e urgência" do *caput* do art. 62, por outro lado, retirou dos decretos regulamentares a carga exclusiva de espécies normativas secundárias e tentou criar uma figura de decreto autônomo ou inovador da ordem jurídica, por meio da redação conferida ao inciso VI do art. 84 da Constituição Federal.

Com a Constituição de 1988, instituiu-se no Brasil o Estado Democrático de Direito e, do ponto de vista do Direito Administrativo, houve a revalorização da dimensão normativa dos princípios, considerados importantes parâmetros de limitação da atuação administrativa. Esta foi enfocada também da perspectiva de processo e não somente como resultado de edição de atos unilaterais autoexecutórios.

A processualização do Direito Administrativo, que teve origem nos princípios valorizados pela Constituição, ganhou significativo impulso a partir da edição, em âmbito federal, da Lei de Processo Administrativo (Lei nº 9.784/99), que deu ênfase a princípios como a ampla defesa, o contraditório e a motivação das decisões administrativas, para maior transparência e controle da Administração Pública por meio do administrado.

A inserção da dignidade da pessoa humana como um fundamento da República Federativa do Brasil repercutiu no Direito Administrativo com o reconhecimento de que o cidadão não deve ser visto como mero objeto da ação do Estado, mas como pessoa-sujeito a quem se deve assegurar o direito de participar de questões de seu interesse.

Com a proliferação dos diversos canais de poder, oriunda do pluralismo de ideias presentes no cenário democrático, também se pôs em xeque a noção de Administração Pública una e subordinada a uma estrutura hierárquica em forma piramidal, em cujo ápice se situa o Chefe do Poder Executivo.[69]

Ocorre, então, a multiplicação dos centros de poder, que é levada adiante com a criação de diversas agências reguladoras, na forma de autarquias especiais, com funções de supervisionar setores específicos de atividades econômicas.

---

[68] Tais como leis delegadas e decretos-leis, tendo sido estes últimos a partir da Constituição de 1988 substituídos pelas medidas provisórias.

[69] Segundo Alexandre Santos de Aragão, a Administração pluricêntrica ou multiorganizativa contrapõe-se ao modelo tradicional de Administração Pública piramidal, napoleônica ou hierarquizada, em que há a submissão permanente em relação ao Poder Executivo central. Cf. Supervisão ministerial das agências reguladoras. *Revista de Direito Administrativo*, São Paulo, nº 245, p. 238, maio/ago. 2007.

Contudo, para se garantir a obediência ao princípio democrático e, consequentemente, a legitimidade das agências reguladoras, exigiu-se delas franquear aos administrados a participação nas fases de elaboração dos preceitos normativos setoriais, com uma legislação (no Brasil, a Lei nº 13.848/2019) que exige obrigatoriedade na divulgação de análise de impacto regulatório e a realização de audiências públicas, sendo obrigatórias as consultas populares.

Não se pode negar que a sociedade civil norte-americana acumulou mais experiência e organização no papel de participar e denunciar irregularidades ou inconveniências que repercutem negativamente para consumidores[70] de serviços regulados. Isso pode ser visto até como um traço cultural, que faz com que o sucesso das políticas de regulação nos Estados Unidos seja mais garantido do ponto de vista dos usuários dos serviços do que no Brasil, onde se registra com maior frequência o fenômeno denominado "sequestro ou captura da Administração Pública" para interesses setoriais. No Brasil, há uma frequente judicialização, sendo que vários setores, como o da aviação civil, acumulam demandas judiciais em números surpreendentes.[71]

O sequestro da Administração Pública é tido por John Rawls[72] como o controle do debate público pelos detentores de maiores recursos privados, daqueles que têm pretensões específicas em uma regulação favorável aos seus interesses imediatos, que nem sempre coincidem com os interesses coletivos, o que gera a possibilidade de ocorrência de duas situações complementares:

- *overintrusion*: que significa a interferência excessiva de interesses mais fortes e organizados; e
- *underprotection*, circunstância em que ocorre um enfraquecimento dos indivíduos e grupos sociais menos mobilizados da sociedade, gerando o efeito contrário que se quer assegurar com o princípio da participação.

Mesmo com esse perigo, é importante afirmar que a participação na Administração vale o custo que possivelmente gera, pois se trata do custo da democracia, que deve ser vista como o *processo* de envolvimento de um número cada vez maior de pessoas nos assuntos que lhes dizem respeito.

Ademais, não há garantias de que a Administração unilateral, ou seja, aquela que não tem de consultar ninguém, além de si mesma, não receba a interferência de setores mais fortes e organizados por meio dos chamados "acordos de bastidores" (*lobbies* de "clientelistas" que frequentemente são "bem representados" no governo) e demais expedientes "paralegais", que acabam funcionando como fontes de alterações legislativas que sequer são submetidas à discussão pública.

Certo seria garantir princípios importantes adotados no sistema do *Common Law*,[73] como o *right to a fair hearing* ou *to an adequate hearing*, que faz parte do *due process of law* tanto no âmbito do poder regulador (*rulemaking*) como no planejamento de políticas públicas (*policy*

---

[70] Basta lembrar que foi lá que surgiu o movimento consumerista.

[71] O Brasil é o país que mais registra processos contra companhias aéreas, acumulando, segundo a Associação Internacional de Transportes Aéreos (IATA), 98,5% das ações judiciais do mundo, que têm envolvido passageiros brasileiros.

[72] Apud BAPTISTA, Patrícia. *Transformações do direito administrativo*. Rio de Janeiro: Renovar, 2003. p. 164.

[73] Segundo exposição colhida da obra de Paul Craig, in BAPTISTA, Patrícia. *Transformações do direito administrativo*. Rio de Janeiro: Renovar, 2003. p. 149.

making), que pode ser traduzido em nosso sistema como direito de efetiva participação em contraditório material, isto é, onde são levados (seriamente) em consideração argumentos trazidos por ambas as partes e em que é descartada a mera garantia de contraditório formal, ou, no linguajar comum, o mero "pró-forma".

Assim, a Administração deve funcionar como catalisadora de interesses sociais, fazendo uma filtragem adequada das manifestações colhidas durante o processo participativo. Importante, pois, que ela faça uso do juízo de razoabilidade ou de proporcionalidade na ponderação de interesses, para evitar que interesses de toda uma categoria sejam preteridos em detrimento de uma classe mais bem representada no momento de uma consulta popular ou mesmo de uma audiência pública, se houver.

As mencionadas transformações sugeriram ao Direito Administrativo uma nova tendência que está em voga, qual seja, a substituição da ideia de *administração burocrática pela administração gerencial*,[74] na qual, em vez da imposição de políticas específicas, ocorre a promoção do permanente diálogo que inclui um elemento consensual que não integrava com tanto vigor o Direito Administrativo tradicional.

Apesar de todas essas novidades, que ensejam uma produtiva e desejável reaproximação da Ciência da Administração com o Direito Administrativo, não podemos nos curvar *acriticamente* ao argumento neoliberal de vislumbrar o Direito Administrativo como entrave à modernização da Administração Pública, a partir da propagação da ideia de que o regime jurídico de direito público representa um mero instrumento de manutenção de privilégios injustificados.[75]

O conceito de burocracia, apesar da conotação pejorativa de que tenha sido alvo ao longo destes últimos anos, contém em si, desde a origem, a eficiência, a transparência e o controle. A adoção indiscriminada de modelos de gestão provenientes, no mais das vezes, da esfera privada, pode gerar déficits na obediência do princípio republicano, pois é justamente nos institutos do Direito Administrativo como a licitação, o concurso público ou a prestação de contas, que a obediência à noção de *res* pública se propaga da forma mais completa.

Nesta perspectiva, a defesa da flexibilização indiscriminada do regime juspublicístico é que representa a mais perniciosa infiltração de privilégios injustificados nas práticas administrativas, em evidente afronta aos princípios republicano e democrático, e o automático descarte de custosos esforços de aperfeiçoamento ético das instituições públicas no Brasil.

Sabe-se que a globalização e o crescimento da ideologia neoliberal forçaram as economias periféricas a uma revisão do Estado Social, uma vez que os países latino-americanos sofreram pressões externas para que promovessem reformas administrativas visando a austeridade fiscal, a abertura econômica e as privatizações. No Brasil, o processo de abertura da economia iniciou-se no período Collor, sendo que a reforma administrativa propriamente dita foi realizada no governo Fernando Henrique Cardoso,[76] manifestando-se pela Emenda Constitucional nº 19/98.

---

[74] Para uma contextualização, de forma crítica, da adoção do modelo gerencial na Reforma Administrativa da década de 90, sob inspiração do gerencialismo (*Managerialism*) da fase inicial da *New Public Management*, do sistema do *Common Law*, ver: NOHARA, Irene Patrícia. *Reforma Administrativa e Burocracia*: impacto da eficiência na configuração do Direito Administrativo Brasileiro. São Paulo: Atlas, 2012. *Passim*.

[75] BAPTISTA, Patrícia. *Transformações do direito administrativo*. Rio de Janeiro: Renovar, 2003. p. 59.

[76] E seu modelo de dependência associada.

Daí em diante, acirrou-se o movimento de privatização e da consequente liberalização de diversos setores, ou mesmo de atividades econômicas monopolizadas pelo Estado, o qual, preso às determinações de austeridade pelas exigências da Lei de Responsabilidade Fiscal, acabou delegando a particulares o exercício de inúmeras atribuições que antes eram prestadas diretamente.

O neoliberalismo provocou uma reformulação do papel do Estado, a partir da defesa de uma proposta de subsidiariedade,[77] segundo o qual o Estado só deve intervir onde houver incapacidade de o mercado resolver por si só o atendimento do interesse público. Segundo essa noção, o Estado volta a se ocupar com os serviços públicos essenciais e indelegáveis e os demais, sejam eles sociais ou econômicos (industriais, comerciais ou financeiros), passam a ser exercidos em caráter supletivo da iniciativa privada, ou seja, quando ela se mostrar deficiente.

A subsidiariedade[78] implica ainda no reconhecimento da primazia da atividade da iniciativa privada, por meio de indivíduos ou associações, em relação à iniciativa estatal, a partir da noção de que o Estado deve se abster de realizar atividades que os particulares tenham condições de exercer pela iniciativa e com recursos próprios. Há também a defesa da atuação indireta do Estado no sentido de criar condições favoráveis ao desempenho livre das atividades econômicas, mediante o fomento e a realização de parcerias com o setor privado.

Conforme essas modificações vão sendo processadas no campo do Direito Administrativo, cresce a sua interface com o Direito Econômico.

As agências reguladoras vão ampliando seu espectro de atuação para além do mero controle do sistema de concessões de serviços públicos, rumo à preservação do interesse geral dos usuários de serviços de utilidade pública concedidos a diversos particulares que concorrem entre si. Provocam, na prática, a fragmentação da ideia de planejamento[79] e procuram tornar-se independentes das oscilações e interferências políticas no intuito de conferir a investidores e empresários do setor regulado estabilidade, segurança e previsibilidade na execução de contratos e parcerias firmados com o Poder Público.

---

[77] Bem fundamentada a abordagem crítica à subsidiariedade, efetivada por Emerson Gabardo. Segundo expõe, o Constituinte de 1988 rejeitou a adoção da subsidiariedade, não repetindo o dispositivo da Carta Anterior prévia (art. 163, § 1º, da Constituição de 1967, depois reproduzido no art. 170 da Constituição de 1969, o qual determinava que: "apenas em caráter suplementar da iniciativa privada o Estado organizará e explorará diretamente a atividade econômica"). Reafirma, ainda, acompanhando José Afonso da Silva, que nas hipóteses de atuação do Estado no domínio econômico por imperativo da segurança nacional e relevante interesse coletivo não se trata de atuação suplementar ou subsidiária à iniciativa privada, sendo legítima a participação estatal direta na atividade econômica, independentemente de preferência ou de suficiência da iniciativa privada. GABARDO, Emerson. *Interesse público e subsidiariedade*. Belo Horizonte: Fórum, 2009. p. 228.

[78] Cf. DI PIETRO, Maria Sylvia Zanella. *Parcerias na administração pública*. 4. ed. São Paulo: Atlas, 2002. p. 27.

[79] Ver BERCOVICI, Gilberto. O planejamento e a Constituição de 1988. In: *Constituição econômica e desenvolvimento*: uma releitura a partir da Constituição de 1988. São Paulo: Malheiros, 2005. p. 85. Bercovici expõe, ainda, que a ideia de subsidiariedade defendida na última proposta de Reforma, que culminou na PEC 32/2020, saída do gabinete do então-Ministro da Economia, Paulo Guedes, foi inspirada na ideia de Milton Friedman, da Administração Pública dos cupons. A ideia dos liberais e ultra-liberais seria que a gestão das demandas sociais sejam feitas via setor privado, fomentado por *vouchers* ou cupons (pagos pelo Poder Público). Assim, para Friedman, o Estado não deveria gastar com instalações e pagamentos de remunerações aos servidores públicos com estabilidade, para oferecer os serviços públicos essenciais, como saúde e educação, mas criar um programa de cupons (*vouchers*) que daria aos interessados receberem a prestação no mercado concorrencial. BERCOVICI, Gilberto. A Administração Pública dos Cupons. Disponível em: https://www.conjur.com.br/2020-set-06/estado-economia-administracao-publica-cupons/. Acesso em 20 ago. 2021.

Já o Estado se vê em posição delicada, pois ao mesmo tempo em que deve garantir todos estes ingredientes para que atraia investimentos, pois é compelido à estabilidade fiscal e consequentemente à busca permanente de parcerias, especialmente em obras e serviços custosos, perde progressivamente a capacidade de ingerência mais direta nas áreas reguladas.

Assim, conforme já vislumbrava Caio Tácito, "o Estado, em suma, se retira do plano da gestão direta dos serviços, recolhendo-se a uma posição de avaliação da eficiência dos agentes privados, com vistas a proteger o interesse dos usuários".[80] Em outros termos, com a regulação, o Estado reduziu o seu papel de prestador direto de serviços públicos e aumentou a função de fiscalizar a prestação dos serviços delegados ao setor privado. Nota-se, portanto, que há um progressivo incremento da interface com as regras encontradas no direito privado, na medida em que o Estado faz acordos e necessita do auxílio da iniciativa privada em regime de parceria.

Nesta perspectiva, a **Lei nº 13.334, de 13 de setembro de 2016**, criou o Programa de Parcerias de Investimentos – PPI, destinado à ampliação e fortalecimento da interação entre o Estado e a iniciativa privada por meio da celebração de contratos de parceria para a execução de empreendimentos públicos de infraestrutura e de outras medidas de desestatização.

Tendo em vista essa realidade, já é cada vez mais frequente a alusão ao fenômeno da "fuga do Direito Administrativo" para o direito privado.[81] Na verdade, defende Maria Sylvia Zanella Di Pietro que tal fuga não tem como se concretizar totalmente, por dois motivos: (1) porque os próprios instrumentos utilizados pela Administração Pública para transferir a gestão de serviços públicos aos particulares são regidos pelo Direito Administrativo, como ocorre com os contratos de concessão, de gestão ou com os termos de parceria, que se sujeitam aos controles administrativos, inclusive do Tribunal de Contas; e (2) porque o regime jurídico a que se submete o particular é híbrido, quer dizer:

> se é verdade que a entidade atua sob regime do direito privado, não é menos verdade que são de direito público as normas sobre os bens utilizados na prestação de serviços, sobre a responsabilidade civil perante os usuários, os princípios aplicados à prestação do serviço, sobre os poderes exercidos pelo Poder Público e sobre a prerrogativas públicas outorgadas ao particular.[82]

Outra tendência identificada no Direito Administrativo é o crescimento de sua interface com o chamado terceiro setor. A retração do aparelho estatal provocou a necessidade de realização de parcerias específicas com entidades que desenvolvem atividades de interesse público mediante incentivos fiscais e institutos novos como *contratos de gestão* com organizações sociais (OS) e *termos de parceria* com as organizações da sociedade civil de interesse público (OSCIP). Ainda, em 2014 houve a edição da Lei de Parcerias, Lei nº 13.019, também chamada de Marco Regulatório das Organizações da Sociedade Civil, que previu os seguintes instrumentos de parceria: *termo de colaboração, termo de fomento* e *acordo de cooperação*.

Daí a importância de a Administração Pública incrementar formas de fiscalização do uso de verbas públicas, como treinamentos e incentivos específicos para o controle completo do destino de verbas públicas que subsidiam a iniciativa privada de interesse social em atividade de fomento, pois pode ocorrer de a filantropia transformar-se na malfadada "pilantropia", que

---

[80] TÁCITO, Caio. Perspectivas do direito administrativo no próximo milênio. *Revista de Direito Administrativo*, Rio de Janeiro, nº 212, p. 5, abr./jun. 1998.

[81] Conforme a tese portuguesa de ESTORNINHO, Maria João. *A fuga para o direito privado*: contributo para o estudo da actividade de direito privado da Administração Pública. Coimbra: Almedina, 2009. *Passim*.

[82] DI PIETRO, Maria Sylvia Zanella. *Direito administrativo*. São Paulo: Atlas, 2010. p. 39.

se perpetua à medida que não ocorre um pedagógico movimento de punição tanto da iniciativa privada mal intencionada quanto de agentes estatais corruptos,[83] que se desvirtuam de seu múnus fiscalizatório.

A propósito da corrupção, a grande modificação do tratamento jurídico se deu com a Lei nº 12.846, Lei Anticorrupção, de 2013, que, ao promover a responsabilização da pessoa jurídica por atos cometidos contra a Administração Pública, incorporou no cenário brasileiro parâmetros mais rigorosos de governança que também foram, em parte, exigidos na Lei das Estatais, de 2016.

Por conseguinte, uma tendência muito forte na atualidade é o diálogo entre os parâmetros internacionais de governança e a gestão pública. Assim, há preocupações em maior transparência (*disclosure*), *accountability* (termo complexo que, numa tradução mais singela, indica prestação de contas), *compliance* (conformidade) e *equity* (equilíbrio nos interesses).

Houve, nos últimos anos, um movimento expressivo na intensificação dos critérios de governança e controle nas organizações, sejam elas públicas ou privadas, para melhoria da gestão, com foco em criar mecanismos de prevenção da ocorrência de fraudes como os programas de integridade, que compreendem mecanismos, ações, políticas e procedimentos que provoquem alterações nas estruturas organizacionais no sentido da implementação dos canais de denúncias, o que no governo se faz com o aperfeiçoamento das ouvidorias, treinamentos periódicos, elaboração de códigos de ética, articulação dos setores para a melhoria do controle, o que envolve segregação das funções e transparência.

Também, as organizações que operam sob o controle da Administração Pública não apenas se subordinam à fiscalização e todo o emaranhado normativo que recai sobre suas atividades, mas se antecipam em autorregulação, a fim de evitar incorrer em eventuais omissões diante dos crescentes deveres que se incorporam no desenvolvimento de inúmeras atividades econômicas. No fundo, em face da impossibilidade de o Estado ser onipresente para fiscalizar toda e qualquer atividade econômica, o movimento em prol da governança e da autorregulação dos setores faz com que o Estado compartilhe com a iniciativa privada das tarefas fiscalizatórias, em sistemas de extensões de responsabilizações com base em dever de prevenção.

Quanto ao princípio da prevenção, originariamente aprofundado no Direito Ambiental, que incluiu a preocupação com a precaução, é urgente que o Direito Administrativo também se volte para refletir os parâmetros de desenvolvimento sustentável, em face das catástrofes ocasionadas pela mutação climática, sendo esta uma agenda indeclinável nas novas tendências da área.

Por fim, a última e mais impactante tendência é a que deriva da Era Digital e de suas Novas Tecnologias, em face da Revolução 4.0. Para essa alteração dedicamos o capítulo 18 da presente obra, sobre o impacto das *Novas Tecnologias e o Direito Administrativo*, em que há a exposição da Quarta Revolução Industrial, em que os vetores tecnológicos, mobilizados pela internet das coisas, pelas plataformas digitais, pelas testagens em *sandbox* regulatórios, pelo *blockchain*, pela Inteligência Artificial, embarcada seja no ChatGPT ou em Chatbots, estão demandando um novo olhar da disciplina, com adaptação de diversos de seus institutos, a exemplo do controle, que já se faz com o uso de *sotfwares* ou robôs; da licitação, feita em plataforma como é o Portal Nacional de Contratações Públicas, ou em sistemas que nasceram do pregão digital; e também do processo administrativo digital, em que os atos são praticados até o final do último dia do prazo, em sistemas programados eletronicamente.

---

[83] Também são passíveis de controle por improbidade instituições que recebam subvenção, benefício ou incentivo fiscal ou creditício de entes públicos ou governamentais, conforme reza o § 6º do art. 1º da Lei nº 8.429/92.

1.10 Independência entre poderes e função administrativa

A **separação dos poderes** foi uma elaboração utilizada para refrear o arbítrio e desrespeito aos direitos fundamentais por parte do Estado. Apesar de ter sido associada à obra *O espírito das leis* (1748), de Montesquieu, não foi dela que se extraíram as primeiras tentativas de abordar o assunto, que tem antecedentes históricos claramente identificáveis na *Política* de Aristóteles, nem se trata de obra da qual se extrai irrefreada defesa da "separação" de poderes.[84]

A distinção de poderes foi tida por Montesquieu como uma forma de "o poder reter o poder". Segundo essa formulação, defendeu o teórico que a existência de um governo moderado dependeria da ausência de concentração na mesma pessoa ou no mesmo corpo social dos poderes de fazer leis, executar as resoluções públicas e julgar crimes ou divergências entre indivíduos.[85]

A separação de poderes foi uma noção tão estrutural na formação do Estado de Direito que o art. 16 da Declaração dos Direitos do Homem e do Cidadão de 1789 preconizou que: "qualquer sociedade em que não esteja assegurada a garantia dos direitos, nem estabelecida a separação dos poderes, não tem Constituição".

---

[84] GRAU, Eros. *O direito posto e o direito pressuposto*. 5. ed. São Paulo: Malheiros, 2003. p. 225.

[85] MONTESQUIEU. *O espírito das leis*. Trad. Fernando Henrique Cardoso e Leôncio Martins Rodrigues. São Paulo: Abril Cultural, 1973. p. 156.

Enfatize-se que o movimento jurídico-político do constitucionalismo auxiliou no questionamento dos esquemas tradicionais de domínio político, exigindo uma nova forma de ordenação e fundamentação do poder, mediante sua submissão à ordem jurídica constitucional.

Contudo, como a lei foi, por influência jusnaturalista, associada à manifestação da razão humana, por meio da vontade geral (Rousseau), houve posteriormente à Revolução Francesa a defesa de uma rigorosa separação dos poderes com o nítido predomínio do Poder Legislativo, ao qual frequentemente se reservou não apenas o direito de estatuir leis, mas também de interpretá-las, conforme se observa do traçado da Constituição francesa de 1791.

Atualmente, não se defende uma separação estanque entre os poderes, porque se considera que **o poder é uno** e as funções estatais – legislativa, administrativa e jurisdicional – não são, via de regra, exercidas com exclusividade pelos órgãos do Legislativo, do Executivo e do Judiciário. Alexandre de Moraes[86] expõe que a ideia da separação dos poderes foi enriquecida com a postulação norte-americana dos freios e contrapesos (*checks and balances*), que evidenciou a importância de um sistema de controles recíprocos entre os poderes; Eros Grau,[87] por outro lado, fornece uma explicação diferenciada e pautada no fato de que Montesquieu jamais chegou a cogitar uma impenetrabilidade entre os poderes.

A Constituição Federal menciona a separação de poderes no rol das cláusulas pétreas, mas simultaneamente estabelece em seu art. 2º que "são Poderes da União, independentes e harmônicos entre si, o Legislativo, o Executivo e o Judiciário", isto é, apesar de o texto constitucional aludir à expressão separação no art. 60, § 4º, III, ele não consagra verdadeira cisão, mas sim **independência e harmonia** entre poderes, aos quais são atribuídas predominantemente as funções de legislar e fiscalizar, de administrar e de julgar, além de outras funções atípicas.[88]

Independência dos poderes, segundo José Afonso da Silva, significa que:

> (a) a investidura e a permanência das pessoas num dos órgãos do governo não dependem da confiança nem da vontade dos outros; (b) que, no exercício das atribuições que lhes sejam próprias, não precisam os titulares consultar os outros nem necessitam de sua autorização; e (c) que, na organização dos respectivos serviços, cada um é livre, observadas apenas as disposições constitucionais e legais.[89]

A *harmonia* confere em certa medida o contraponto da noção de independência, uma vez que indica o dever de colaboração e de controles recíprocos entre os poderes no qual há o respeito às atribuições e prerrogativas de cada poder sem que ocorra a prevalência de um deles em detrimento dos demais.

Todavia, acrescenta José Afonso da Silva,[90] com propriedade, que a harmonia do presidencialismo não se iguala à colaboração de poderes que existe no parlamentarismo, pois neste último sistema de governo não há independência orgânica, mas verdadeira interdependência entre os Poderes Executivo e Legislativo na qual, por exemplo, o Chefe do Governo depende, para manter-se no poder, do apoio da maioria parlamentar.

---

[86] MORAES, Alexandre de. *Direito constitucional*. São Paulo: Atlas, 2007. p. 397.

[87] Vide voto do Ministro Eros Grau na ADI nº 3.367-1 do Distrito Federal.

[88] MORAES, Alexandre de. *Direito constitucional*. São Paulo: Atlas, 2007. p. 398.

[89] SILVA, José Afonso da. *Curso de direito constitucional positivo*. São Paulo: Malheiros, 2000. p. 114. Isso do ponto de vista ideal, porque, na prática, a articulação entre Poderes no Brasil é mais instável do que nos Estados Unidos.

[90] SILVA, José Afonso da. *Curso de direito constitucional positivo*. São Paulo: Malheiros, 2000. p. 113.

O **Poder Legislativo** possui as funções típicas de produzir atos normativos e fiscalizar o Poder Executivo. A própria Constituição estabelece o procedimento de elaboração das espécies legislativas (art. 59), sejam elas de feitura do Poder Legislativo ou não.

Ressalte-se que leis são consideradas primordialmente atos normativos com generalidade e abstração que inovam inicialmente a ordem jurídica, ou seja, somente elas podem criar direitos e obrigações. Esta ressalva tem repercussões práticas importantes para o Direito, uma vez que existem leis meramente formais, as quais muito embora tenham sido editadas regularmente pelo Legislativo, possuem a essência de atos com efeitos concretos, contra os quais se admite a impetração de mandado de segurança (segundo o teor da Súmula 266 do Supremo Tribunal Federal).

Discute-se, ainda, se caberia controle concentrado de constitucionalidade contra lei de efeitos concretos. Até as ADIs 4048 e 4049, de 2010, o Supremo Tribunal Federal não admitia controle concentrado de constitucionalidade contra lei em tese, mas a partir dessas decisões houve a fixação de um novo entendimento, passando a Corte Suprema a admitir controle concentrado sobre medidas provisórias e também sobre leis com caráter exclusivamente formal, apesar de seus efeitos concretos.

Também é atribuição do Poder Legislativo a fiscalização do Executivo. O art. 49, X, da Constituição, determina que é competência exclusiva do Congresso Nacional fiscalizar e controlar, diretamente, ou por qualquer de suas Casas, os atos do Poder Executivo, incluídos os da Administração Indireta.

A fiscalização do Poder Executivo pelo Legislativo dá-se pela possibilidade de criação de *Comissões Parlamentares de Inquérito* para apuração de fato determinado e por prazo certo, sendo suas conclusões, se for o caso, encaminhadas ao Ministério Público para promoção da responsabilidade civil ou criminal dos infratores e pelo controle externo e fiscalização contábil, operacional e patrimonial da Administração Pública, feito com o auxílio do *Tribunal de Contas*.

O Tribunal de Contas da União é composto por nove ministros, sendo um terço deles escolhido pelo Presidente da República, com aprovação por maioria simples do Senado Federal, e dois terços pelo Congresso Nacional. Trata-se, conforme exposto, de órgão auxiliar do Poder Legislativo em sua competência de fiscalizar e julgar as contas do Poder Executivo, sendo que o seu parecer, no caso do art. 71, I, da Constituição, tem força meramente opinativa, isto é, não vinculante do julgamento do Legislativo.

Significa dizer que se o Tribunal de Contas rejeitar as contas prestadas pelo Executivo, ainda assim o Legislativo poderá derrubar o parecer. No caso do Município de São Paulo, há a previsão legal de que o parecer prévio do Tribunal de Contas sobre as contas que o Prefeito deva anualmente prestar só deixará de prevalecer por decisão de dois terços dos membros da Câmara Municipal, o que lhe confere maior carga de vinculação.

São *funções atípicas* do Poder Legislativo: processar e julgar o Presidente da República e as altas autoridades especificadas na Constituição nos crimes de responsabilidade e administrar seus próprios quadros, o que envolve também a prática de atos administrativos. Na realidade, o processamento e o julgamento das autoridades mencionadas nos incisos I e II do art. 52 ocorrem no Senado Federal, após o juízo de admissibilidade da acusação de dois terços, no mínimo, dos membros da Câmara dos Deputados, de acordo com o art. 86 da Constituição.

O **Poder Executivo** desempenha função administrativa, objeto principal do estudo do Direito Administrativo, sujeita ao regime jurídico de direito público. Esta função compreende a edição de atos na aplicação concreta da lei, em busca da realização do bem comum. Note-se que o Poder Judiciário também aplica concretamente o Direito, mas enquanto a *Administração*: (a) age independentemente de provocação (de ofício); (b) é parte na relação jurídica; e (c) não dá a última palavra sobre os assuntos que lhe são submetidos, o *Judiciário*: (a) é inerte; (b) age com substitutividade; e (c) com definitividade.

Diz-se também que o Executivo desempenha função política ou de governo. Segundo Di Pietro, função política "é aquela que traça as grandes diretrizes, que dirige, que comanda e elabora os planos de governo nas suas várias áreas de atuação".[91] A função política é de fato repartida entre os Poderes Executivo e Legislativo, pois o Executivo depende da aprovação de leis para viabilizar os planos governamentais em diversos âmbitos de atuação.

Celso Antônio Bandeira de Mello[92] especifica alguns critérios diferenciadores entre a função política do Executivo e a sua função administrativa. Segundo o autor, enquanto a *função administrativa* refere-se à gestão concreta, prática, imediata e rotineira dos assuntos da sociedade, acomodando-se ao quadro legal preexistente, isto é, sujeitando-se aos preceitos infraconstitucionais ou infralegais expedidos em conformidade com a relação hierárquica e passíveis de maior controle de legitimidade, a *função política* trata de atos de superior gestão da vida estatal ou de enfrentamento de contingências extremas.

São exemplos de atos praticados em função de governo ou política: a iniciativa de leis pelo Chefe do Executivo, a sanção, o veto, a destituição de altas autoridades por crime de responsabilidade (*impeachment*), a decretação de guerra, do estado de sítio e do estado de defesa. O desempenho da função política é mais bem estudado no Direito Constitucional.

A divisão entre função política e função administrativa tem um lado positivo ou construtivo e outro cujos efeitos são mais criticáveis. Do ponto de vista positivo, a diferenciação entre função administrativa e função política garante maior autonomia à Administração Pública, porque esta não é mais considerada da perspectiva de mero instrumento de política partidária ou de "clientelismo". Segundo Garrido Falla, é interessante "tornar independente a marcha dos serviços públicos frente às possíveis oscilações dos assuntos de governo, determinadas pela mutação dos partidos políticos no poder".[93]

Note-se que o modelo apresentado é apenas um esboço do que ocorre na prática, útil para ilustrar a diferenciação entre as funções distintas desempenhadas pelo Poder Público. Por conseguinte, tendo em vista que a partir do surgimento do Estado Democrático de Direito houve a tentativa de reforço de uma sociedade pluralista,[94] que se deu com a multiplicação dos centros de poder, há tempos não se pode mais sustentar que, na realidade, haja apenas uma Administração Pública coesa e hierarquicamente submetida ao Chefe do Poder Executivo ou mesmo de seus delegatários diretos (ministros e secretários), porque, na prática, existem diversas Administrações Públicas.[95]

No correr do século XX, agências, empresas e entes dotados de certa autonomia em relação ao poder central foram criados. Então, conforme exposto no item das novas tendências do Direito Administrativo, o foco da discussão acerca de uma Administração Pública

---

[91] DI PIETRO, Maria Sylvia Zanella. *Direito administrativo*. São Paulo: Atlas, 2010. p. 63.

[92] BANDEIRA DE MELLO, Celso Antônio. *Curso de direito administrativo*. São Paulo: Malheiros, 2008. p. 36.

[93] FALLA, Garrido. *Tratado de derecho administrativo*. Madri: Tecnos, 1994. p. 59.

[94] Cf. BAPTISTA, Patrícia. *Transformações do direito administrativo*. Rio de Janeiro: Renovar, 2003. p. 125.

[95] Não só do ponto de vista do federalismo, do qual decorre a necessidade de haver distintas Administrações Diretas, mas também da perspectiva dos entes da Administração Indireta que atuam com autonomia em relação à Administração Direta.

democrática passou a ser não só a questão da livre escolha dos mandatários, mas acima de tudo a participação dos administrados nas instâncias decisórias das diversificadas entidades administrativas.

O lado negativo ou criticável da adoção irrestrita da mencionada diferenciação apoia-se no fato de que durante muito tempo o desempenho da função política foi utilizado como escudo ou pretexto para barrar o controle jurisdicional de atos que eram classificados como políticos e, por conseguinte, necessariamente discricionários. Bastava classificar um ato como de fundo político, categoria duvidosa do ponto de vista científico, para que o Judiciário o considerasse da conveniência e oportunidade dos Poderes Executivo e Legislativo. Incontrastável, pois, para a Justiça, sob pena de substituição de decisões políticas.

Entretanto, qualquer ato, por mais "político" que seja, se ferir a Constituição ou lesar direito consagrado no ordenamento, é passível de controle pelo Poder Judiciário, até porque é garantia constitucional expressa no art. 5º, XXXV, da Constituição Federal que "a lei não excluirá da apreciação do Poder Judiciário lesão ou ameaça a direito".

Se o juiz não pode, a pretexto de lacuna ou obscuridade da lei, escusar-se de proferir decisão, muito menos o poderá a pretexto de discricionariedade em face de lesão ou ameaça a direito. A alegação da discricionariedade, conforme será exposto, é expediente que pode ser utilizado apenas quando o governo atua conforme os parâmetros do Direito, sob pena de transformar-se em arbítrio.

Assim, está ultrapassada a visão de que os atos políticos são todos absolutamente discricionários, ainda mais porque, primeiramente, não há critérios seguros para distinguir com rigor científico ato político de ato jurídico, uma vez que o Direito é frequentemente produto da positivação de orientações políticas, e, mais relevante ainda, a Constituição de 1988 representou a transição de uma fase autoritária e a inauguração de um regime democrático. Como prova disso existem requisitos legais e finalidades específicas até para os atos de enfrentamento de contingências mais extremadas como a intervenção federal, o estado de defesa e o estado de sítio. Qualquer abuso na utilização destes expedientes submete a autoridade à responsabilização perante o Poder Judiciário.

O Poder Executivo exerce as seguintes *funções atípicas*: edita atos normativos como decretos e medidas provisórias, e julga, sem substitutividade[96] e definitividade, em Tribunais Administrativos em sentido lato.

Note-se que o processo de elaboração das leis exige a participação do Chefe do Executivo ao final da deliberação parlamentar por meio do veto ou da sanção, e se esta ocorrer há um exemplo paradigmático de ato complexo no qual se identifica a conjugação de vontades de dois órgãos, um deles "colegiado" e outro "singular", que se fundem para a formação de um ato. A sanção transforma o projeto aprovado pelos parlamentares em lei e a participação do Executivo nesta fase foi vista por Montesquieu[97] como exceção à noção estanque de separação de poderes.

---

[96] Apesar de a Administração julgar casos nos quais seus interesses estão envolvidos, hipótese em que não ocorre a substitutividade característica da função jurisdicional, isso não significa que não haja respeito aos princípios derivados do devido processo legal, uma vez que a Lei de Processo Administrativo impede a atuação de autoridades que tenham interesse direto ou indireto na matéria ou que mantenham relações mais próximas com o interessado, casos nos quais se aplicam as regras de impedimento e suspeição previstas nos arts. 18 a 21 da Lei nº 9.784/99.

[97] Conforme relata FERREIRA FILHO, Manoel Gonçalves. *Curso de direito constitucional*. 28. ed. São Paulo: Saraiva, 2002. p. 133.

São exemplos de tribunais que julgam recursos administrativos: o Tribunal de Impostos e Taxas (TIT) da Secretaria da Fazenda do Estado de São Paulo ou a Junta Administrativa de Recursos de Infrações (Jari) do Departamento de Operação do Sistema Viário (DSV), órgão situado no Departamento Estadual de Trânsito (Detran), da Secretaria do Estado de Segurança Pública.

Mesmo com a interposição de recursos em órgãos da própria Administração, sempre remanesce a possibilidade de acesso ao Poder Judiciário, não havendo mais no sistema atual a exigência contida nas Constituições anteriores de prévio esgotamento da via administrativa, pois o inciso XXXV do art. 5º da Constituição de 1988 não repetiu a parte final do § 4º[98] do art. 153 da Carta anterior.

A função típica desempenhada pelo **Poder Judiciário** é a jurisdicional, ou seja, trata-se do encargo de aplicar a lei ou, num enfoque menos legalista, a vontade do Direito, mediante provocação, ao conflito de interesses do caso concreto.

Costuma-se[99] mencionar que a jurisdição tem três dimensões: (1) a de *poder*: relacionada com a capacidade de decidir imperativamente e impor (executar) as decisões; (2) a de *função*: que está sendo tratada, isto é, do encargo de promoção da "pacificação social" mediante a realização do Direito; e (3) a de *atividade*, quer dizer, de conjunto de atos do juiz no processo para o exercício do poder e cumprimento da função.

Há muitos pontos em comum entre a função administrativa e a função jurisdicional, uma vez que ambas visam à aplicação da lei aos casos concretos.[100] Também a *função* administrativa, realizada não só pelo Poder Executivo, mas por todos os poderes (inclusive pelo Judiciário, em atribuições atípicas), pode ser analisada da perspectiva de *atividade*, isto é, de conjunto de ações efetivadas, via de regra, sob regime público, para consecução do bem comum, e de *poder*, pois os atos administrativos, conforme será exposto, possuem autoexecutoriedade e imperatividade.

Parcela da doutrina do Direito Administrativo,[101] porém, não se utiliza sem ressalvas da palavra *poder*, uma vez que a Administração Pública tem prerrogativas para o desempenho de atividades que são, em contrapartida, verdadeiros *deveres*, conferidos para a consecução de interesses públicos indisponíveis que ela tem por incumbência normativa perseguir.

Todavia, existem algumas peculiaridades da função jurisdicional que merecem destaque, pois, em contraposição com a função administrativa, o Judiciário aplica o direito ao caso concreto resultante de um conflito de interesses:

- com *substitutividade*: o juiz não é parte da relação controvertida – para que exista imparcialidade;
- com *inércia*: enquanto a Administração age de ofício, por exemplo, na apreensão de mercadorias, o juiz deve ser provocado (*ne procedat judex ex officio*), pois haveria des-

---

[98] Que dizia: "O ingresso em juízo poderá ser condicionado a que se exauram previamente as vias administrativas."

[99] Cf. CINTRA, Antônio Carlos de Araújo; GRINOVER, Ada Pellegrini; DINAMARCO, Cândido Rangel. *Teoria geral do processo*. 23. ed. São Paulo: Malheiros, 2007. p. 145.

[100] Seabra Fagundes costumava dizer que tanto a administração como a jurisdição são funções que envolvem a execução do Direito, mas enquanto a administração compreende a aplicação da lei de ofício, a jurisdição, via de regra, aplica a lei contenciosamente. FAGUNDES, Miguel Seabra. *O controle dos atos administrativos pelo Poder Judiciário*. 5. ed. Rio de Janeiro: Forense, 1979. p. 3.

[101] Como posicionamento amplamente divulgado de Celso Antônio Bandeira de Mello e Eduardo García de Enterría. Cf. *Curso de direito administrativo*. 2. ed. São Paulo: Revista dos Tribunais, 1991. p. 380-383.

confiança se o magistrado exercesse espontaneamente a atividade jurisdicional, isto é, se tomasse a iniciativa de processar alguém e ao mesmo tempo julgasse esta mesma pessoa; e
- com *definitividade*: somente o Judiciário dá a última e definitiva palavra sobre os casos que lhe são submetidos, ou seja, apenas os efeitos da sentença jurisdicional são imutáveis e, principalmente, insuscetíveis de questionamento por outro poder.

Como dito antes, o Brasil adota o sistema de jurisdição una por influência norte-americana, em que o Poder Judiciário detém o monopólio da função jurisdicional. Trata-se de sistema contraposto à dualidade de jurisdição, adotado na França e na Itália, em que há o contencioso administrativo, encabeçado pelo Conselho de Estado, órgão especializado no julgamento de causas em que a Administração Pública figura como parte interessada.

A presença de varas da Fazenda Pública em nada aproxima nosso sistema do contencioso administrativo, pois elas são provenientes de divisões internas dos órgãos do Judiciário estadual, sendo preenchidas por membros de carreira, enquanto na França, por exemplo, as carreiras são distintas e as questões envolvendo a Administração, inclusive quando ela lesa direitos individuais, não podem ser apreciadas pela justiça comum.

Atividade judiciária[102] é gênero que designa todas as atividades realizadas pelo Poder Judiciário, abarcando tanto atividades jurisdicionais, que são atividades judiciárias em sentido estrito, isto é, aquelas desempenhadas tipicamente em função jurisdicional, com as características acima mencionadas, como também atividades judiciárias não jurisdicionais, que são aquelas realizadas no exercício de funções atípicas.

São *funções atípicas* exercidas pelo Poder Judiciário: a elaboração de seus regimentos internos, conforme determina o art. 96, I, *a*, da Constituição Federal, a iniciativa de leis que dizem respeito a sua estrutura e funcionamento e a administração de seus quadros, que demanda a prática de uma plêiade de atos administrativos, objetivando desde a gestão dos serviços, por meio da realização de licitações públicas, do provimento de cargos pelos concursos, da concessão de licença e férias a seus membros, especificada no art. 96, I, *f*, da Constituição, até a prática de atos correicionais ou disciplinares.

Quanto a este último aspecto, ressalte-se que a partir da Emenda Constitucional nº 45/04 o Poder Judiciário conta com o auxílio do Conselho Nacional de Justiça – CNJ (cf. art. 92, I, *a*), composto de magistrados, membros do Ministério Público, advogados e dois cidadãos indicados pelo Poder Legislativo.

Ao CNJ compete o controle da atuação administrativa e financeira do Poder Judiciário e do cumprimento dos deveres funcionais, isto é, de questões disciplinares envolvendo magistrados em geral. O Conselho é competente para receber e conhecer reclamações contra membros ou órgãos do Poder Judiciário, podendo inclusive aplicar sanções administrativas disciplinares, como remoção, disponibilidade ou aposentadoria, desde que seja assegurada a ampla defesa.

---

[102] MARQUES, José Frederico. *Ensaio sobre jurisdição voluntária*. 2. ed. São Paulo: Saraiva, 1959. p. 47.

INDEPENDÊNCIA ENTRE PODERES E FUNÇÃO ADMINISTRATIVA

Divisão de funções:

- Aristóteles – *Política*
- Locke – *Segundo Tratado do Governo Civil*
- Montesquieu – *O Espírito das Leis*

Poderes: Legislativo, Executivo e Judiciário – independentes e harmônicos (art. 2º, CF)
Sistema de controles recíprocos (*checks and balances*)

FUNÇÕES TÍPICAS E ATÍPICAS DOS PODERES

LEGISLATIVO

Funções típicas: **elaborar** as leis (legislar) **fiscalizar** o Executivo
Ex.: CPIs/TCU

Funções atípicas:
julgar altas autoridades em crimes de responsabilidade
administrar seus quadros

EXECUTIVO

Funções típicas:
Governamental – superior gestão do Estado
Administrativa – aplicação concreta da lei na realização de interesses públicos

Funções atípicas:
editar decretos e medidas provisórias e sancionar projetos de lei
julgar recursos interpostos pelos administrados nos Tribunais Administrativos

JUDICIÁRIO

Função típica:
Jurisdicional (julgar) aplicar o Direito, mediante provocação, ao conflito de interesses do caso concreto
Características:
– substitutividade
– inércia
– definitividade

Funções atípicas:
demais funções jurídicas **iniciativa de leis** sobre sua estrutura e funcionamento, e elaboração de seu regimento interno
administrar seus quadros

Obs.: Não se pode considerar a função administrativa exclusiva de nenhum dos poderes, muito embora seja tipicamente realizada pelo Poder Executivo.
DEBATE DE PONTOS CONTROVERTIDOS – SEPARAÇÃO DE PODERES: Conselho Nacional de Justiça, Ministério Público e Tribunal de Contas.
 O debate sobre a Reforma do Poder Judiciário no Brasil, no começo do século XXI, reacendeu a discussão dos limites atuais da noção de separação dos poderes. A criação do **Conselho Nacional de Justiça (CNJ)**, com composição variada, foi contestada por meio da Ação Direta de Inconstitucionalidade nº 3.367-1/DF, na qual a Associação dos Magistrados Brasileiros questionou a presença de dois membros indicados pelo Senado Federal e pela Câmara dos Deputados.

Interessante observar a argumentação do voto do Ministro Eros Grau no sentido da constitucionalidade do CNJ, nos moldes criados, tese que prevaleceu no Supremo Tribunal Federal, por 7 a 4, sendo seguida pelo relator da matéria, Cezar Peluso, e pelos Ministros: Joaquim Barbosa, Carlos Ayres Britto, Gilmar Mendes, Celso de Mello e Nelson Jobim.

Eros Grau alegou, em resumo, que não visualizava na presença dos dois membros indicados qualquer ingerência do Legislativo no Judiciário; primeiramente, porque o Legislativo tradicionalmente já fiscaliza os órgãos do Poder Judiciário em controle externo contábil, financeiro, operacional e patrimonial e, mais ainda, porque ao CNJ não foi dada competência para interferir na independência funcional dos magistrados, cabendo-lhe exclusivamente o controle da atuação administrativa e financeira do Poder Judiciário e do cumprimento dos deveres funcionais dos juízes.

O Ministro esclareceu, ainda, com argumentos bem fundamentados, um equívoco bastante propagado, afirmando categoricamente que: "Montesquieu jamais propôs a separação dos poderes". Da análise do capítulo VI, do Livro XI, de *O espírito das leis*, demonstra Eros Grau que Montesquieu não sustenta a impenetrabilidade ou cisão entre os poderes, mas o reconhecimento da distinção entre eles, que, não obstante, devem atuar em clima de equilíbrio, e defende que para o alcance deste equilíbrio impõe-se, por exemplo, que o Poder Executivo exercite parcelas de função não executiva, mas legislativa. Assim, já da obra de Montesquieu se faz presente a diferença entre as noções de poderes e funções e o reconhecimento de que os poderes podem e devem exercitar funções atípicas.

Reconheceu, portanto, o STF a constitucionalidade do Conselho Nacional de Justiça tendo em vista o significado e o alcance da separação e independência dos Poderes. Segundo entendeu a maioria dos ministros não há ofensa à cláusula pétrea,[103] uma vez que com a instituição do órgão de natureza meramente administrativa subsiste o núcleo político do princípio da separação de poderes, mediante preservação da função jurisdicional, típica do Poder Judiciário e das condições materiais do seu exercício imparcial e independente.

Ao CNJ foram reconhecidas atribuições de controle da atividade administrativa, financeira e disciplinar da magistratura, com competência relativa aos órgãos e juízes situados, hierarquicamente, abaixo do STF, ou seja, a decisão expõe que o CNJ não tem nenhuma competência sobre o STF e seus ministros, sendo esse o órgão máximo do Poder Judiciário nacional, a que está sujeito. Pelo reconhecimento do caráter nacional do CNJ afastou-se a possibilidade de criação de Conselho de Justiça por Estado-membro, por falta de competência constitucional.

Outro ponto controvertido no que tange à sistemática da separação de poderes compreende a seguinte indagação: em quais dos Poderes são enquadrados o Ministério Público e o Tribunal de Contas? Segundo Odete Medauar, verifica-se atualmente realidade dotada de maior complexidade em relação à época de Montesquieu, pois "muitas instituições são dificilmente enquadráveis em algum dos três clássicos poderes, como é o caso do Ministério Público e do Tribunal de Contas".[104]

Historicamente, o enquadramento do **Ministério Público** no âmbito dos três poderes é polêmico, havendo entendimentos que o vinculam ao Executivo e outros que o vinculam ao Judiciário. Na topografia constitucional, o Ministério Público ocupou diversificados campos. Foi primeiramente aludido como instituição na Constituição de 1934, em capítulo referente aos órgãos de cooperação nas atividades governamentais, tendo suas atividades sido restringidas significativamente pela Constituição outorgada de 1937 (a "polaca"). Em 1946, foi posicionado em título próprio; porém, a Constituição de 1967 o deslocou para o capítulo do Poder Judiciário e, posteriormente, a Emenda nº 1/69 o inseriu no capítulo referente ao Poder Executivo.

A Constituição de 1988 aborda o Ministério Público em capítulo denominado "das funções essenciais à justiça", ao lado da Advocacia e da Defensoria Pública, e apartado tanto do capítulo do Poder Judiciário como do referente ao Poder Executivo. Trata-se, portanto, nos termos empregados

---

[103] O texto do *caput* do art. 60, § 4º, da Constituição, é: "não será objeto de deliberação a proposta de emenda tendente a abolir".

[104] MEDAUAR, Odete. *Direito administrativo moderno*. 10. ed. São Paulo: Revista dos Tribunais, 2006. p. 29.

pelo art. 127 da Constituição Federal, de "instituição permanente, essencial à função jurisdicional do Estado, incumbindo-lhe a defesa da ordem jurídica, do regime democrático e dos interesses sociais e individuais indisponíveis".

Todavia, apesar de o Ministério Público ser indispensável à função jurisdicional, ele não desempenha propriamente esta função, a qual possui características próprias como a da inércia. O Ministério Público não é inerte, pois é responsável direto por levar violações a interesses sociais e individuais indisponíveis (sendo *dominus litis* da ação penal pública) e à ordem jurídica no geral à apreciação do Poder Judiciário.

Ressalte-se, ainda, que o Poder Judiciário, isto é, o órgão investido de função jurisdicional, produz a norma individual[105] por meio da sentença, com os caracteres de definitividade e substitutividade, sendo que o Ministério Público é parte que integra um dos polos da relação jurídica processual, conferindo equilíbrio imprescindível para a legitimação da função jurisdicional, daí a afirmativa da Constituição no sentido de que é instituição "essencial à função jurisdicional do Estado".

Por fim, para afastar de vez a ideia de que o Ministério Público faça parte do Poder Judiciário, basta observar que o cumprimento dos deveres funcionais de seus membros é controlado pelo Conselho Nacional do Ministério Público, e não pelo Conselho Nacional de Justiça.

Também não se pode dizer que exerça função administrativa ou governamental, uma vez que: (1) age com independência funcional, que não encontra paralelo na esfera administrativa, pois nesta existe uma estrutura hierárquica em cujo ápice, via de regra, se encontra o Chefe do Executivo,[106] ou seja, o Ministério Público atua com independência, sem sofrer interferências de caráter político, mais próprias da Administração Pública, e nele não ocorre subordinação intelectual ou ideológica em relação aos "superiores" hierárquicos, muito embora se submeta também à divisão em carreira; e (2) não pratica, em atribuição típica, atos dotados de autoexecutoriedade para satisfazer diretamente aos interesses públicos.

O Ministério Público não tem vinculação com o governo, ainda mais porque aos seus membros é vedado o exercício de atividade político-partidária. Tem, portanto, autonomia e independência em relação aos demais Poderes, tendo sido dito até que, se Montesquieu tivesse escrito hoje *O espírito das Leis*, por certo não seria tríplice, mas quádrupla, a divisão de poderes. Ao órgão que legisla, ao que executa, ao que julga, um outro acrescentaria ele: o que defende a sociedade e a lei perante a Justiça, parta a ofensa de onde partir, isto é, dos indivíduos ou dos próprios poderes do Estado.[107]

Essa noção de "quarto poder", todavia, é despida de fundamento jurídico-constitucional, sendo que a única Constituição brasileira que previu quadripartição de poderes foi a imperial, de 1824, na qual, além dos três clássicos poderes, havia, com inspiração nas teses de Benjamin Constant, o Poder Moderador que, na prática, resvalou para a ingerência do Imperador em todos os assuntos do Estado.

Dizer que o Ministério Público seria o quarto poder significa apenas, do ponto de vista sociológico, reafirmar a confiança que a sociedade deposita nele.[108] O Ministério Público, como protetor da

---

[105] KELSEN, Hans. *Teoria pura do direito*. 6. ed. Coimbra: Arménio Amado, 1984. p. 471. Entendemos que, via de regra, o Ministério Público não produz a norma jurídica individual que, na perspectiva kelseniana, é vista como manifestação de uma ordem de coação de origem estatal, à exceção de situações marginais como aquelas em que o Poder Público ou os particulares se veem compelidos a realizar ajustamentos de conduta, sob ameaça de o Ministério Público entrar com a ação civil pública.

[106] Mesmo com o auxílio da escolha dos Procuradores-Gerais dos Ministérios Públicos pelo Chefe do Executivo, não há como negar sua desvinculação deste Poder, pois também os Ministros do Supremo Tribunal Federal e do Superior Tribunal de Justiça são nomeados pelo Presidente da República, em um mecanismo de freios e contrapesos na separação de poderes.

[107] VALLADÃO, Alfredo. Apud MARQUES, J. B. de Azevedo. *Direito e democracia*: o papel do Ministério Público. São Paulo: Cortez, 1984. p. 10.

[108] Costuma-se apelidar também a imprensa de "quarto poder", mas o Ministério Público funciona não só como uma espécie de "ouvidor" da sociedade, pois dela recebe as notícias de irregularidades, mas também como "advogado da sociedade", na medida que leva a termo no Judiciário as violações apresentadas. Ver FRISCHEISEN,

ordem jurídica e, consequentemente, do cumprimento do Direito, consolidou-se como instituição combativa, que contribui positivamente para o aperfeiçoamento de todos os poderes contra abusos perpetrados pela máquina estatal bem como contra ataques particulares ao Estado Democrático de Direito e a pessoas e grupos vulneráveis.

Diante de seu variado rol de atribuições – que inclui desde a fiscalização da legalidade (em que age como *custos legis*[109]) até a proteção da cidadania, da moralidade pública, da tutela de interesses difusos (como o meio ambiente) e coletivos, das relações de consumo, do patrimônio público, dos direitos das pessoas portadoras de deficiência, de crianças e adolescentes, das comunidades indígenas e dos trabalhadores, entre outros –, pode-se dizer que não está a serviço dos governos, tampouco do poder político e econômico.[110]

Por isso, Sepúlveda Pertence, em alusão à declaração do Ministro Rodrigues Alkmim, reiterou que "a questão de colocação constitucional do Ministério Público entre os Poderes é uma questão de somenos, pois o verdadeiro problema é a sua independência".[111] Daí, conclui-se que a discussão acerca de qual dos Poderes de República ele mais se aproxima é de menor importância, uma vez que o próprio Poder Constituinte recusou-se a definir a posição do Ministério Público entre os poderes do Estado; relevante, nesta perspectiva, é o reconhecimento da independência e da consequente ausência de subordinação aos demais poderes, para que o Ministério Público possa desempenhar suas importantes atribuições com autonomia.

Também sobre o **Tribunal de Contas** pairam discussões doutrinárias acerca do enquadramento nos Três Poderes e sobre a natureza jurídica de suas decisões. Quanto ao primeiro aspecto, assim como o Ministério Público, o Tribunal de Contas ocupou variados campos na topografia das Constituições brasileiras.

Não por acaso, o primeiro Tribunal de Contas foi criado após a Proclamação da República, em 1890, por iniciativa de Rui Barbosa, na ocasião Ministro da Fazenda, e foi inserido na Constituição de 1891. Em 1934, foi, em conjunto com o Ministério Público, aludido no capítulo referente aos órgãos de cooperação nas atividades governamentais, sendo deslocado na Constituição de 1937 para o capítulo referente ao Poder Judiciário. Contudo, a partir de 1967 até 1988 foi definitivamente inserido no capítulo do Poder Legislativo, repetindo-se doravante o fato de que o controle externo do Congresso Nacional é exercido "com o auxílio do Tribunal de Contas".

Há autores, como Elke Andrade Soares de Moura Silva,[112] que veem o Tribunal de Contas como instituição autônoma, que não integra nenhum dos poderes, porquanto fiscaliza, tecnicamente, todos eles. Também Odete Medauar[113] entende que se trata de órgão independente, desvinculado da estrutura de qualquer dos três Poderes. Já Carlos Ayres Britto sustenta, conforme exposição de Felipe Braga Albuquerque, que "o Tribunal de Contas não é órgão do Poder Legislativo, mas um Tribunal Judiciário",[114] uma vez que ele não figura no art. 44 da Constituição Federal como órgão do Legislativo e seus membros possuem as mesmas garantias, prerrogativas, impedimentos, vencimentos e vantagens dos Ministros do Superior Tribunal de Justiça.

Luiza Cristina Fonseca. Ministério Público, Advogado da Sociedade. *Boletim dos Procuradores da República*, ano II, nº 20, p. 3, dez. 1999.

[109] Daí a importante atribuição de parecerista do Ministério Público, na qual a instituição transcende sua posição de parte nas relações processuais.

[110] Cf. FRISCHEISEN, Luiza Cristina Fonseca. Ministério Público, Advogado da Sociedade. *Boletim dos Procuradores da República*, ano II, nº 20, p. 3, dez. 1999.

[111] *RTJ* 147/129-30, cf. MORAES, Alexandre de. *Constituição do Brasil interpretada*. São Paulo: Atlas, 2004. p. 1.554.

[112] SILVA, Elke Andrade Soares de Moura. Os Tribunais de Contas e o controle de constitucionalidade das leis. *Revista do Tribunal de Contas do Estado de Minas Gerais*, Belo Horizonte, v. 52, nº 3, p. 67-120, 2004.

[113] MEDAUAR, Odete. *Direito administrativo moderno*. 10. ed. São Paulo: Revista dos Tribunais, 2006. p. 389.

[114] ALBUQUERQUE, Felipe Braga. *Lei de Responsabilidade Fiscal e Poder Legislativo*: uma análise do papel dos Tribunais de Contas. Disponível em: www.conpedi.org/manaus/arquivos/Anais/Felipe%2Braga%20Albuquerque.pdf. Acesso em: 20 out. 2007.

Entendemos, assim como Ferreira Custódio,[115] que os Tribunais de Contas não são órgãos do Poder Judiciário, mas sim órgãos auxiliares do Poder Legislativo dotados de atribuições constitucionais específicas, isto é, que se aproximam mais do Poder Legislativo, muito embora possuam algumas funções que independem da confirmação deste último Poder, como, por exemplo, aquelas do art. 71, II, III e VIII, da Constituição Federal.

Como esclarece Felipe Albuquerque,[116] o fato de o Tribunal de Contas não figurar no art. 44 não o desvincula do Poder Legislativo, pois se os mencionados argumentos de Carlos Ayres Britto fossem considerados, as Comissões do Congresso também não fariam parte do Legislativo, pois estão dispostas em sessão própria. Ademais, os membros do Ministério Público também possuem garantias semelhantes às dos magistrados e nem por isso o Ministério Público faz parte do Poder Judiciário.

Quanto à natureza jurídica de suas decisões, existe uma corrente minoritária, mas com juristas de expressão,[117] que defende que as Cortes de Contas exercem função jurisdicional, pois o texto constitucional expressa que elas "julgam" contas com definitividade, uma vez que suas decisões não podem ser reformadas pelo Poder Judiciário, mas apenas anuladas em caso de vício formal. Contudo, expõe Di Pietro[118] que essa definitividade diz respeito apenas à coisa julgada administrativa, ou seja, à preclusão para o questionamento na via administrativa, uma vez que a coisa julgada material não pode ocorrer diante da inafastabilidade da tutela jurisdicional do art. 5º, XXXV, da Constituição Federal.

Pode-se acrescentar que o Tribunal de Contas é parte no julgamento das contas, isto é, age sem substitutividade, ao contrário do Poder Judiciário; não é inerte, pois a tomada de contas pode ser iniciada de ofício; e por fim, suas decisões têm eficácia de título executivo extrajudicial.

Na realidade, trata-se de órgão auxiliar, dotado de certa autonomia, cuja atribuição se vincula mais às funções típicas do Poder Legislativo do que àquelas do Judiciário, pois, conforme exposto, atualmente é cada vez mais presente que o Legislativo não possui apenas a atribuição típica de elaborar as leis, mas que também é responsável direto pela fiscalização externa dos outros poderes, seja por meio das comissões parlamentares de inquérito ou com o importante auxílio do Tribunal de Contas.

---

[115] CUSTÓDIO, A. J. Ferreira. Eficácia das decisões dos Tribunais de Contas. *Revista dos Tribunais*. Rio de Janeiro, v. 685, p. 14, nov. 1992.

[116] ALBUQUERQUE, Felipe Braga. *Lei de Responsabilidade Fiscal e Poder Legislativo*: uma análise do papel dos Tribunais de Contas. p. 3. Disponível em: www.conpedi.org/manaus/arquivos/Anais/Felipe%2Braga%20Albuquerque.pdf. Acesso em: 20 out. 2007.

[117] Como Pontes de Miranda, Ricardo Lobo Torres e Caldas Furtado. Cf. BLUME, Daniel. *Decisões do Tribunal de Contas*. Disponível em: <www.pge.ma.gov.br/pagina.php?dst=artigos&titdst+%20Ultimos%20ARtigos&id-99>. Acesso em: 24 out. 2007.

[118] DI PIETRO, Maria Sylvia Zanella. Coisa julgada. Aplicabilidade das decisões do Tribunal de Contas da União. *Revista do Tribunal de Contas da União*, Brasília, v. 27, nº 70, p. 26, out./dez. 1996.

2
Princípios da Administração Pública

2.1 Introdução

Princípios são normas jurídicas de caráter geral e elevada carga valorativa. Até a metade do século XX, os princípios foram tidos como pertencentes ao mais baixo grau de hierarquização das fontes de Direito, isto é, como *fontes secundárias* e meramente *supletivas* das situações de lacuna normativa, como se nota no texto do art. 4º da Lei de Introdução às Normas do Direito Brasileiro (Decreto-lei nº 4.657/42 com denominação[1] dada pela Lei nº 12.376, de 30.12.2010): "Quando a lei for omissa, o juiz decidirá o caso de acordo com a analogia, os costumes e os princípios gerais de direito".

Contudo, com o pós-positivismo, diversos princípios foram alçados dos Códigos às Constituições, ganhando não apenas o *status* de *normas* jurídicas, mas de normas jurídicas *constitucionais*. Na visão civilista predominante até a metade do século XX, os princípios eram considerados "servos das leis", ou seja, como meras sugestões ou pautas axiológicas supletivas das lacunas do ordenamento jurídico.

Atualmente, já não se nega que, como normas, os princípios têm caráter vinculante, cogente ou obrigatório, na medida em que consubstanciam a mais elevada expressão do *consenso social* sobre os valores básicos a serem assegurados no Estado Democrático de Direito.

A partir da hermenêutica mais avançada, não podemos mais nos amparar em uma interpretação que vê o ordenamento jurídico como estrutura coesa, formada pelo conjunto de regras jurídicas capazes de darem respostas prontas para todas as circunstâncias fáticas possíveis e imagináveis; daí a necessidade de revitalização dos princípios, que foram sistematicamente desvalorizados pelo positivismo.

Segundo Bonavides, a espinha dorsal da nova hermenêutica e do pós-positivismo "não é uma noção de sistema fechado do pandectismo, mas de sistema **aberto e flutuante**, mais de natureza *teleológica* do que de natureza lógica".[2]

---

[1] Apesar da correção da denominação, ao menos do ponto de vista de desvincular a atividade interpretativa do âmbito exclusivo do Direito Civil, mas não daquele de chamar os textos ou enunciados normativos de normas, pois estas são o produto final da aplicação do Direito, perdeu-se a oportunidade de atualizá-la aos avanços da hermenêutica constitucional.

[2] BONAVIDES, Paulo. *A constituição aberta*. São Paulo: Malheiros, 1996. p. 285.

Na visão de Alexy,[3] princípios são mandamentos de otimização, que se caracterizam pelo fato de poderem ser cumpridos em diferentes graus. A medida imposta para o cumprimento dos princípios depende: (a) das possibilidades reais (fáticas), extraídas das circunstâncias concretas, e (b) das possibilidades jurídicas existentes.

Como o Estado Democrático de Direito objetiva proteger interesses de variados grupos sociais, fica patente que o anseio pela realização completa de determinados interesses esbarra por vezes no núcleo essencial de outros interesses. Não rara é a situação de colisão entre princípios, e o juízo de proporcionalidade/razoabilidade oferece importante parâmetro para sopesar a aplicação de cada qual em função do caso concreto, com caráter consequencial, lembrando que, enquanto a colisão dos **princípios** se resolve por meio do *dimensionamento do peso* ou importância na circunstância concreta, a colisão entre **regras** resolve-se, em geral,[4] por meio da *dimensão da validade*.

Assim, não se pode admitir, em tese, a existência simultânea, em um mesmo ordenamento, de uma regra que proíba algo e de outra que permita fazer a mesma coisa na mesma abrangência, devendo, portanto, em geral, ser invalidada uma delas para evitar antinomias jurídicas.

Entretanto, pode e deve haver em um Estado de Direito minimamente democrático o **convívio** de inúmeros princípios de **conteúdos diversos**, sendo que a aplicação de um deles em determinado caso concreto não afasta a validade genérica do outro. Por exemplo, a aplicação da supremacia do interesse público para determinado caso não afasta a validade genérica do princípio da autonomia da vontade que, mesmo diante da aplicação da supremacia, continua a ser igualmente válido no mesmo sistema jurídico para outras circunstâncias que veiculam interesses disponíveis, apesar de possuírem conteúdos divergentes.

O que varia é o peso que o intérprete confere num dado tempo, numa dada sociedade, na circunstância concreta, a cada um dos princípios. Pode-se dizer que o conteúdo significativo dos princípios, por ter elevada carga valorativa, varia em função do espaço e do tempo, daí por que o sistema é chamado de "aberto" e "flutuante".

Note-se que, na esteira do raciocínio de Bonavides, o fato de o sistema ser *aberto* não é mais perigoso do que o sistema *fechado* de regras, pois este permitiu a proliferação de interpretações extremistas, que posicionaram a sociedade a serviço do Direito, e não o contrário. Melhor que a humanidade nunca se esqueça de que o Direito serve para regular comportamentos humanos, ou seja, que é produto de natureza mais teleológica, isto é, orientada pragmaticamente para certas finalidades sociais, do que lógica pura.

São princípios basilares do Direito Administrativo e do Estado de Direito: a supremacia do interesse público e a legalidade, pois elas conferem o equilíbrio[5] entre a satisfação dos interesses coletivos e as liberdades individuais.

O *caput* do art. 37 da Constituição Federal elenca cinco princípios do Direito Administrativo: legalidade, impessoalidade, moralidade, publicidade e eficiência. Este último foi acrescentado pela Emenda Constitucional nº 19/98.

---

[3] ALEXY, Robert. *Teoria de los derechos fundamentales*. Tradução de Ernesto Garzón Valdés. Madrid: Centro de Estudios Políticos y Constitucionales, 2002. p. 83.

[4] Em geral porque Humberto Ávila questiona as conclusões categóricas de Alexy, esclarecendo, entre outras coisas, que existem muitas regras com conteúdo axiológico elevado e que não se posicionam somente na mencionada dimensão de validade. *Teoria dos Princípios*: da definição à aplicação dos princípios jurídicos. São Paulo: Malheiros, 2005. *Passim*.

[5] Dentro da noção de ponderação ou do juízo de razoabilidade/proporcionalidade.

O art. 2º da Lei de Processo Administrativo (Lei nº 9.784/99) trata dos seguintes princípios: legalidade, finalidade, motivação, razoabilidade, proporcionalidade, moralidade, ampla defesa, contraditório, segurança jurídica, interesse público e eficiência.[6]

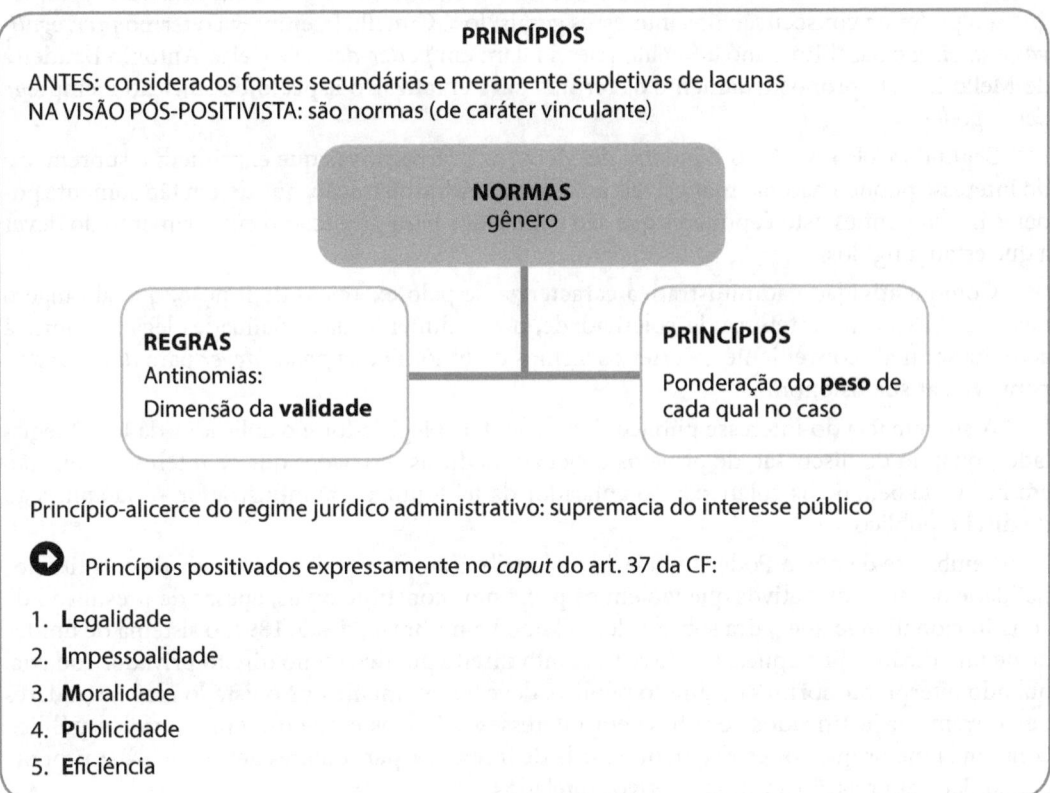

2.2 Supremacia do interesse público

Supremacia do interesse público é postulado que alicerça todas as disciplinas do direito público, que partem de uma relação vertical do Estado em relação aos cidadãos. Já no direito privado, as relações jurídicas são analisadas na perspectiva da horizontalidade, isto é, da igualdade entre sujeitos e interesses particulares.

As relações do Estado são exorbitantes do direito comum, pois visam ao interesse geral. A doutrina francesa dedicou-se ao tema e empregou os vocábulos *puissance* ou *pouvoir*, ou seja,

---

[6] Já no âmbito do Estado de São Paulo, sua Constituição acrescenta, além da legalidade, impessoalidade, moralidade e publicidade, os seguintes princípios: razoabilidade, finalidade, motivação e interesse público. A lei estadual nº 10.177/98, que trata do processo administrativo em São Paulo, elenca os seguintes princípios no art. 4º: legalidade, impessoalidade, moralidade, publicidade, razoabilidade, finalidade, interesse público e motivação. Os princípios estão previstos nos seguintes artigos das leis estaduais: art. 2º da Lei nº 14.184, de 31.1.2002, do Estado de Minas Gerais; art. 4º da Lei nº 7.692, de 1º.7.2002, do Estado do Mato Grosso; art. 2º da Lei nº 13.800, de 18.1.2001, de Goiás; art. 2º da Lei nº 11.781, de 6.6.2000, de Pernambuco; art. 2º da Lei nº 6.161, de 26.6.2000, de Alagoas; art. 2º da Lei nº 2.794, de 6.5.2003, do Estado do Amazonas e art. 2º da Lei nº 418, de 15.1.2004, de Roraima.

potestade ou poder, para explicitar as prerrogativas de que a Administração Pública goza, tendo em vista sua situação especial.

São variados[7] os vocábulos empregados para conceituar o mesmo fenômeno: García de Enterría fala em *potestades fiduciárias*, baseadas na confiança de que a administração empregue seu poder na consecução dos interesses gerais; José Cretella Jr. emprega o termo *prerrogativas e sujeições*; Santi Romano e Renato Alessi falam em *poder-dever*; e Celso Antônio Bandeira de Mello inverte propositadamente os termos para enfatizar o aspecto de sujeição e emprega *dever-poder*.

Segundo Celso Antônio Bandeira de Mello, as prerrogativas que exprimem a supremacia do interesse público não são manejáveis ao sabor da Administração, que detém tão somente poderes instrumentais, isto é, poderes que são conferidos para propiciar o cumprimento do dever a que estão jungidos.

Como a atividade administrativa caracteriza-se pelo exercício de função, que abrange o dever de buscar, no interesse da coletividade, o atendimento das finalidades legais, o jurista acredita ser mais conveniente inverter os termos do binômio, de *poder-dever* para *dever-poder*, para "vincar sua fisionomia".[8]

A supremacia do interesse público deve orientar o legislador e o aplicador da lei. O legislador, quando da discussão de projetos de lei ao medir as restrições que os interesses sofrerão em nome de benefícios coletivos; e o aplicador da lei – juiz ou administrador –, na aplicação do direito público.

Lembre-se de que o Poder Judiciário tem atribuição para realizar controle de constitucionalidade de atos normativos que violem os princípios constitucionais, apesar da presunção de constitucionalidade que paira sobre as leis. Como há no Brasil, desde 1891, o sistema de unidade de jurisdição, o juiz aplica, via de regra, tanto direito público como direito privado. Todavia, quando interpretar normas de direito público, deve ter em mente que o Estado maneja poderes que devem ser justificados com base em interesses coletivos e que o regime jurídico público contempla meios que ao restringirem parcela de interesses particulares devem guardar proporcionalidade em relação aos fins coletivos tutelados.

A atuação do administrador não pode se desviar da supremacia do interesse público. O agente público não deve dar maior importância aos interesses particulares, sejam os próprios ou os de terceiros, em detrimento da consecução do interesse público, sob pena de desvio de finalidade.

Também é corrente a divisão criada por Renato Alessi[9] entre:

- interesses públicos primários; e
- interesses públicos secundários.

Enquanto os **interesses públicos primários** são aqueles que a Administração deve perseguir no desempenho genuíno da função administrativa, uma vez que abarcam os interesses da coletividade como um todo (o bem-estar geral ou comum); os **interesses públicos**

---

[7] NOHARA, Irene Patrícia. *O motivo no ato administrativo*. São Paulo: Atlas, 2004. p. 162.

[8] BANDEIRA DE MELLO, Celso Antônio. *Curso de direito administrativo*. São Paulo: Malheiros, 2008. p. 98.

[9] ALESSI, Renato. *Sistema istituzionale del diritto amministrativo italiano*. 3. ed. Milão: Giuffrè, 1960. p. 197. BANDEIRA DE MELLO, Celso Antônio. *Curso de direito administrativo*. São Paulo: Malheiros, 2008. p. 66. JUSTEN FILHO, Marçal. *Curso de direito administrativo*. São Paulo: Saraiva, 2005. p. 38-39.

secundários são interesses imediatos do aparato administrativo, independentemente dos interesses da coletividade;[10] geralmente, são interesses fazendários, relacionados com o incremento do erário.

Segundo expõe Rodolfo de Camargo Mancuso, o ideal é que esses interesses coincidam. Há, porém, situações em que um ato é interessante do ponto de vista fiscal, financeiro ou programático do Estado, mas é "insustentável sob o prisma da moralidade, aí revelando uma descoincidência entre os valores interesse público e interesse fazendário".[11]

Celso Antônio Bandeira de Mello fornece alguns exemplos[12] de situações nas quais pode ocorrer a ausência de sintonia entre os interesses primários e secundários: quando o Estado resiste injustamente ao pagamento de indenizações procedentes, quando denega pretensões bem fundadas feitas por administrados, ou quando cobra tributos de valor exagerado. Ele defende, na mesma linha, que os interesses secundários "não são atendíveis senão quando coincidirem com interesses primários",[13] uma vez que a Administração não pode agir com a mesma desenvoltura do que os particulares na defesa de suas próprias conveniências, sob pena de trair sua razão ou fundamento de existência.

Na realidade, o fundamento da supremacia do interesse público é encontrado na Teoria Geral do Estado. Trata-se da mesma noção presente na obra *Leviatã*, de Hobbes, e nas teorias contratualistas em geral, segundo a qual, na formação do Estado, as pessoas abdicam de parte de seus interesses particulares em busca de um interesse geral.

A ideia da necessidade de uma instância maior, que articule os interesses individuais e sujeite interesses particulares que violam direitos fundamentais aos interesses gerais e que essa instância seja manejada na consecução de objetivos comuns, está presente em quase todas as concepções estatais, sejam elas de qualquer[14] orientação ideológica.

O problema maior do debate acerca da supremacia do interesse público não se encontra na noção em si de que, em uma vida em sociedade, é justo que os interesses coletivos tenham prioridade[15] em relação aos interesses individuais, pois neste ponto existe unanimidade. As controvérsias surgem justamente quando se questiona: (1) qual a medida adequada da restrição de direitos individuais em prol de um ideal coletivo; ou, ainda, (2) o que é "interesse público".

---

[10] Segundo expõe Emerson Gabardo, os interesses secundários não gozam de supremacia pois têm a mesma natureza dos interesses privados. Nessa perspectiva, o conceito de interesse público não se constrói a partir da identidade de seu titular, sob pena de se criar um princípio da supremacia do Estado. Daí menciona Gabardo a frase de Marçal Justen Filho: "o interesse é público não porque atribuído ao Estado, mas é atribuído ao Estado por ser público". In Conceito de interesse público e a personalização do direito administrativo. *Revista Trimestral de Direito Público*. São Paulo: Malheiros, n. 26, 1999. GABARDO, Emerson. *Interesse público e subsidiariedade*. Belo Horizonte: Fórum, 2009. p. 308-309.

[11] MANCUSO, Rodolfo de Camargo. *Ação popular*. 5. ed. São Paulo: Revista dos Tribunais, 2003. p. 110.

[12] BANDEIRA DE MELLO, Celso Antônio. *Curso de direito administrativo*. São Paulo: Malheiros, 2008.

[13] BANDEIRA DE MELLO, Celso Antônio. *Curso de direito administrativo*. São Paulo: Malheiros, 2008. p. 63.

[14] À exceção talvez do anarquismo ou qualquer outra doutrina que rejeite a ideia do Estado.

[15] Salvo: SARMENTO, Daniel. Supremacia do interesse público? As colisões entre direitos fundamentais e interesses da coletividade. In: ARAGÃO, Alexandre Santos de; MARQUES NETO, Floriano de Azevedo (Coord.). *Direito administrativo e seus novos paradigmas*. Belo Horizonte: Fórum, 2008. *Interesses públicos versus interesses privados*: desconstruindo o princípio de supremacia do interesse público. Rio de Janeiro: Lumen Juris, 2007. Como resposta à essa corrente doutrinária, conferir: DI PIETRO, Maria Sylvia Zanella; RIBEIRO, Carlos Vinícius Alves. *Supremacia do interesse público e outros temas relevantes do Direito Administrativo*. São Paulo: Atlas, 2010. Passim.

Não temos a pretensão de tratar exaustivamente desses assuntos,[16] que se tornam cada vez mais presentes no Direito Administrativo à medida que ressurge no cenário da disciplina uma interface maior com as Ciências da Administração e Política, e especialmente com a categoria das *políticas públicas*, mas é importante não oferecer uma visão demasiada simplista e superficial do princípio da supremacia do interesse público, que é o cerne do Direito Administrativo.

Dito isto, quanto ao primeiro aspecto, referente à medida da restrição dos interesses individuais em prol do coletivo, existem inúmeras correntes teóricas, mas trataremos, com o auxílio da obra de Böckenförde, de duas visões básicas que delimitam caminhos interpretativos opostos acerca da atividade estatal de restrição de direitos fundamentais: a *concepção liberal* e a *concepção institucional*.

Para a teoria liberal, os direitos fundamentais são direitos de liberdade do indivíduo frente ao Estado. A liberdade é vista como pré-estatal e a competência para o Estado tratar da liberdade é limitada por princípio; aliás, a própria presença do Estado se justifica como instância importante de garantia da liberdade individual, sendo irrelevante o uso que o particular faça dessa liberdade. Os meios e os fins que ele persiga, segundo esta concepção, são a mais ampla autonomia da vontade. Assim, nesta perspectiva, a supremacia do interesse público existe na exata medida da proteção da liberdade individual, e a intervenção do Estado, afora esta última hipótese (de garantia da liberdade), representa uma permanente ameaça à autonomia privada.

É nesta ótica que Bonavides fala que, sob a influência do liberalismo,[17] o Estado foi visto como "o fantasma que atemorizou o indivíduo".[18] Contudo, à medida que houve a percepção de que a liberdade também é instituto que requer circunstâncias vitais para a sua realização, e que a atuação estatal também é necessária para garantir esta mesma liberdade que o Estado restringe por meio da regulação, uma vez que a liberdade não é indefinida, mas deve ser ordenada e configurada normativamente, abandona-se a "cegueira acerca dos pressupostos sociais indispensáveis para a realização da liberdade dos direitos fundamentais".[19]

A concepção institucional contrapõe-se à liberal, pois enquanto esta procura garantir uma liberdade hipotética, considerada existente antes mesmo da formação do Estado, cuja atuação deve ser mínima, a institucional não vê a regulação estatal como ameaça, mas como garantia da própria liberdade que, para a prevalência dos direitos fundamentais, deve ser limitada.

Böckenförde fornece um exemplo que ilustra as diferenças conceituais entre as duas concepções: enquanto a garantia de imprensa do ponto de vista liberal seria equivalente à menor

---

[16] Para uma leitura mais completa, ver: HACHEM, Daniel Wunder. *Princípio constitucional da supremacia do interesse público*. Belo Horizonte: Fórum, 2011. *Passim*.

[17] Note-se que Bonavides se refere ao liberalismo praticado no século XIX, sendo que atualmente há, sobretudo nos Estados Unidos, uma variedade significativa de visões liberais, havendo inclusive a vertente liberal social, ou que propugna medidas de equiparação com preservação da liberdade, em condições de maior igualdade, como é a análise de John Rawls, que rejeita o utilitarismo e propõe critérios de justiça social sob um enfoque liberal do ponto de vista político. Cf. RAWLS, John. *Uma teoria da justiça*. São Paulo: Martins Fontes, 2016. *Passim*. Trata-se de uma visão que procura assegurar igualdade de oportunidades aos grupos excluídos dos bens e das riquezas produzidos socialmente, mas sem alterar substancialmente a estrutura do sistema econômico.

[18] BONAVIDES, Paulo. *Do Estado liberal ao Estado social*. 7. ed. São Paulo: Malheiros, 2004. p. 40.

[19] BÖCKENFÖRDE, Ernst-Wolfgang. *Escritos sobre derechos fundamentales*. Tradução de Juan Luis Requejo Pagés. Baden-Baden: Nomos, 1993. p. 48-49.

interferência ou à ausência de censura por parte do Estado nas atividades do setor; para a concepção institucional, não haverá de fato uma imprensa livre se o Estado não editar uma série de medidas e regramentos que garantam tal liberdade, tais como: a positivação de direitos aos profissionais do setor, a proteção da confiança dos informantes privados e a exigência de as autoridades públicas fornecerem informações acerca de suas atividades.

É óbvio que o intervencionismo estatal não deve ser desmedido, para que remanesça alguma liberdade nas atividades e interesses privados. Acreditamos que o emprego do juízo de proporcionalidade ou de razoabilidade fornece alguns parâmetros concretos para que os meios utilizados pelo Estado estejam em consonância com os fins sociais e, principalmente, para que o Estado não regule os assuntos de forma tão excessiva que fulmine o núcleo essencial dos direitos e liberdades individuais.

Daí por que o princípio da supremacia do interesse público nas atividades legislativas, como qualquer outro princípio, não é absoluto, e seu uso em cada regulação do Estado deve ser ponderado em conjunto com os demais princípios e garantias fundamentais. Contudo, a medida adequada para a restrição dos interesses privados não pode ser fornecida abstratamente, mas apenas em função de cada caso concreto analisado.

Se a primeira problemática levantada não pôde ser respondida satisfatoriamente *in abstrato*, é ainda mais complexo tentar definir "interesse público", muito embora seja necessário fixar alguns limites ao conceito. Também Lúcia Valle Figueiredo[20] aponta que, não obstante ser uma palavra "oca", cuja significação pode ser preenchida pelos mais variados conteúdos, existem alguns pontos nodulares nos quais se confina o conceito.

Interesse público contrapõe-se à noção de interesse privado, disponível ou individual. Assim, em exemplo fornecido por Celso Antônio Bandeira de Mello,[21] um indivíduo pode ter o máximo interesse em não ser desapropriado, mas não pode individualmente ter interesse em que não haja o instituto da desapropriação, mesmo que este venha a ser utilizado a seu desfavor. Como a desapropriação é um instituto imprescindível para remover obstáculos à realização de obras públicas, é de interesse geral que as obras de interesse coletivo tenham prioridade em relação à propriedade individual.

Numa circunstância de pandemia, como a deflagrada pela covid-19, por exemplo, o indivíduo isoladamente não pode se aglomerar em festas, reuniões ou encontros com muitas pessoas respirando e falando no mesmo ambiente, sobretudo nos momentos de ameaça de colapso do sistema de saúde; assim, torna-se de interesse geral, tendo em vista o interesse coletivo da saúde pública, que as pessoas tomem as medidas de prevenção, que façam o devido distanciamento social, pois, caso contrário, haverá contaminação em massa e incremento do número de óbitos e de pessoas que morrem aguardando um atendimento em hospitais lotados. Assim, há muitas situações em que o interesse geral será prioritário em relação à liberdade individual, havendo razoabilidade para imposição de limites à liberdade individual em nome do interesse público primário da saúde pública. No caso da pandemia ficou evidente que o exercício incondicionado da liberdade individual pode colocar todos em risco.

---

[20] FIGUEIREDO, Lúcia Valle. *Curso de direito administrativo*. 7. ed. São Paulo: Malheiros, 2004. p. 67.
[21] BANDEIRA DE MELLO, Celso Antônio. *Curso de direito administrativo*. São Paulo: Malheiros, 2008. p. 52.

Também não pode ser considerado interesse público o simples interesse da maioria da população, pois se assim fosse, não haveria como defender que são de interesse público políticas direcionadas à inclusão social de minorias,[22] isto é, políticas de ação afirmativa.[23]

Quanto a este último aspecto, defendia Rousseau[24] que o conceito de vontade geral não se confunde com a simples soma das vontades individuais, mas representa a síntese delas, pois enquanto a vontade de todos tem em vista as vontades particulares, a partir da soma dos interesses privados, a vontade geral atende ao interesse comum, da perspectiva da reta consecução das utilidades públicas.

Por outro lado, é importante que a categoria também não se afaste demasiadamente daquilo que a sociedade em um determinado tempo valora como de interesse geral, para evitar que a positivação das regras do ordenamento seja feita sem o mínimo de *consenso social*. Inúmeros regimes autoritários fizeram uso de cláusulas gerais, do tipo "interesse público" ou "proteção da segurança nacional", para impor decisões que eram reiteradamente tomadas "de cima para baixo" e que, por diversas ocasiões, não refletiam os anseios da coletividade.

A expressão *interesse público* não pode ser usada, com rigor, do ponto de vista singular, pois o direito público lida com variados interesses públicos, e não com um único interesse público. Neste ponto, é importante trazer à tona a noção de ideologia. O poder político, em sentido amplo, engloba a possibilidade de orientar a condução dos negócios públicos, se necessário com o uso da coerção. Contudo, a utilização da força se legitima nos sistemas democráticos a partir da tentativa de obtenção de valores e aspirações sociais da comunidade.

Para que este *estado de coisas* seja legitimado, a violência política deve ser mascarada por meio da ideologia, que faz com que o "legal, apareça para os homens como legítimo, isto é, como justo e bom".[25] Supõe-se, portanto, que os valores são submetidos a uma discussão geral, quando as ideias e teorias hegemônicas podem, na realidade, estar sendo orientadas mais para interesses particulares específicos do que para interesses verdadeiramente coletivos.

Note-se que, quanto mais precárias forem as condições de vida de um povo, mais vulnerável ele se torna a manipulações e distorções de valores. É necessário indagar sempre de quem são os interesses, para que não se esqueça de que por trás do rótulo "interesse comum", relacionado com a noção genérica de ser humano, existem sujeitos concretos com suas particularidades e interesses.

Nesta perspectiva, defende Gordillo que a concepção de Estado ou da Administração "como agentes do bem comum ou do interesse público, tido como abstração permanente e generalizada (todo Estado serve sempre ao bem comum), é uma ideia que não pode ser aceita axiomática ou dogmaticamente".[26]

---

[22] O conceito de maioria e minoria pelo prisma da sociologia transcende o critério meramente numérico, diferentemente das análises de questões eleitorais, pois pode ser que um grupo que esteja em maior número em uma dada sociedade seja considerado minoria por ser alvo de desvantagens sociais na divisão de papéis, o que o desempodera, mesmo que seja, paradoxalmente, um grupo numericamente majoritário. Tal é o caso das mulheres, por exemplo, que podem ser consideradas mais da metade de certas populações, mas que, em muitas situações, não têm acesso em condições de igualdade às mesmas oportunidades sociais de destaque do que os homens.

[23] Cf. JUSTEN FILHO, Marçal. *Curso de direito administrativo*. São Paulo: Saraiva, 2005. p. 40.

[24] *O Contrato Social*, Livro II, Capítulo III.

[25] CHAUÍ, Marilena. *O que é ideologia*. 13. ed. São Paulo: Brasiliense, 1983. p. 91.

[26] GORDILLO, Agustín. *Tratado de derecho administrativo*. 7. ed. Belo Horizonte: Del Rey/Fundación de Derecho Administrativo, 2003. p. II-6. t. 1.

Também Hugo Nigro Mazzili[27] nega a existência de um único bem comum. Para o autor, instalar uma fábrica numa cidade pode trazer um grande benefício social na geração de empregos diretos ou indiretos, na arrecadação de tributos e na vida econômica do lugar, mas, ao mesmo tempo, pode trazer sérios danos ao meio ambiente local. Assim, diante da supremacia da noção de interesse público primário, ele entende que a solução mais justa para a consecução do bem geral consiste em instalar a fábrica e simultaneamente proteger o meio ambiente, ainda que essa decisão não agrade integralmente a todas as pessoas e grupos envolvidos diretamente na questão.

Em geral, um interesse é atribuído ao Estado por ser público. Segundo Marçal Justen Filho, certo interesse deve ser disciplinado como público, pois sua natureza exige eticamente que seja realizado, ou seja, porque ele não deve ser colocado em risco, ou, nos dizeres exatos do autor, "não se admite subordinar as necessidades indisponíveis à disciplina jurídica própria dos interesses individuais disponíveis".[28]

Todavia, apesar de ser importante a decisão de melhor proteger os ditos "interesses públicos", ainda assim, a atribuição de um interesse ao Estado e seu tratamento como público derivam, infelizmente em muitos casos, menos de sua natureza do que de uma convenção, isto é, de uma decisão *política* tomada no sentido de protegê-lo juridicamente como tal, porque, a bem da verdade, do ponto de vista jurídico, interesses públicos são tecnicamente aqueles qualificados pela Constituição e pela legislação infraconstitucional.

São aqueles qualificados legalmente como tais e que o ordenamento confere disciplina jurídica diferenciada dos interesses privados disponíveis. Porém, atualmente, a tradicional dicotomia romana de interesses públicos e privados vem sofrendo alguns questionamentos, tendo em vista: (a) a modificação das relações sociais com o crescimento da atuação do terceiro setor; (b) a presença de interesses individuais indisponíveis; e (c) a nova divisão provocada pela sociedade de massas, que exige uma proteção de caráter mais público do que privado para interesses que, embora sejam originariamente individuais, são homogêneos, e cuja violação acarreta danos de caráter coletivo.

As relações sociais nos últimos tempos tornaram-se mais complexas. Ao lado dos tradicionais primeiro setor, que é o governo, e segundo setor, isto é, o privado, responsável pelos interesses individuais, surge com força redobrada na atualidade o terceiro setor, que retira do Estado o papel de protagonista na satisfação de necessidades coletivas, e traz um complicador: a presença de "interesses públicos não estatais".[29] O terceiro setor reflete uma iniciativa privada que, via de regra, não busca a satisfação de interesses particulares ou egoísticos.

Ademais, conforme exposto, existe o fenômeno de "publicização do direito privado", que não é mais visto como o campo por excelência de uma ilimitada autonomia da vontade, na medida em que a vida em sociedade estreita os vínculos de interdependência entre as pessoas e o Direito torna-se cada vez mais sensível para o fato de que determinados organismos sociais, como a família, por exemplo, devem ser protegidos mediante normas de caráter público e cogente, uma vez que o desamparo legal de indivíduos tem repercussões coletivas.

Por fim, em uma sociedade de massas em que o Estado está se retraindo na prestação de serviços públicos, o mercado "abocanha" prestações que envolvem atividades de interesse público, cujas violações acarretam males indiscriminados, isto é, de dimensões alastradas.

---

[27] MAZZILI, Hugo Nigro. *A defesa dos interesses difusos em juízo.* 15. ed. São Paulo: Saraiva, 2002. p. 43.

[28] JUSTEN FILHO, Marçal. *Curso de direito administrativo.* São Paulo: Saraiva, 2005. p. 44.

[29] Cf. JUSTEN FILHO, Marçal. *Curso de direito administrativo.* São Paulo: Saraiva, 2005. p. 37.

A doutrina reconhece, então, a existência de direitos transindividuais, que ficam em uma zona intermediária entre o interesse particular e o interesse público do Estado.[30] Há a presença de inúmeros direitos individuais indisponíveis.

Assim, nota-se que a categoria interesse público já não mais se relaciona exclusivamente com as atividades desempenhadas pelo Estado, sendo desdobrada progressivamente em: direitos sociais, individuais homogêneos indisponíveis, difusos e coletivos.

Apesar de todas essas modificações, que mitigam a força de delimitação entre as categorias, não nos identificamos com a corrente doutrinária que simplesmente põe em xeque a noção de superioridade dos interesses públicos, alegando que atualmente a Administração deva ser colocada em plano de igualdade com os particulares e, por consequência, os interesses públicos devam ser retirados de seu patamar de supremacia.

Mesmo diante da necessidade de repensar os conceitos, tendo em vista a modificação das relações entre o Estado e os particulares (havendo interesses sociais desempenhados pela iniciativa privada, com o fomento estatal, ou mesmo interesses de caráter transindividual), a existência do Estado se justifica pelo fato de que ele atua na consecução de interesses públicos primários ou do bem-estar comum, sob pena de, na prática, o Estado, que possui o poder de impor com coercitividade as condutas sociais, servir meramente de palco de realização de interesses particulares.

SUPREMACIA DO INTERESSE PÚBLICO SOBRE O PARTICULAR

Importante para legitimar os poderes estatais: o Estado não pode manejar o regime jurídico público a pretexto de buscar satisfazer interesses particulares, sob pena de desvio de poder.

Estado e particular: relação de *verticalidade* – condutas podem ser impostas, contra a vontade do particular, tendo em vista a realização de fins coletivos.

Conteúdo: interesse público primário.
Dentro da divisão de Renato Alessi:
Interesse público primário – interesse coletivo.
Interesse público secundário – interesse fazendário ou do erário (fiscal).

Interesses públicos: indisponíveis.
Interesses particulares: via de regra, disponíveis.

2.3 Legalidade, legalidade administrativa e reserva legal

O princípio da legalidade é alicerce do Estado de Direito. O enunciado genérico da legalidade encontra-se no art. 5º, II, da Constituição Federal, que estatui: "ninguém será obrigado a fazer ou deixar de fazer alguma coisa senão em virtude de lei". Antes da submissão da Administração Pública ao princípio da legalidade, havia o arbítrio de um Estado cujo poder era incondicionado. O monarca absolutista[31] determinava algo e, em função exclusivamente de sua vontade, os súditos eram obrigados a uma série de prestações.

---

[30] SMANIO, Gianpaolo Poggio. *Interesses difusos e coletivos*. 2. ed. São Paulo: Atlas, 1999. p. 92.

[31] Conforme será visto no item 16.3.1, havia inclusive irresponsabilidade dos monarcas absolutistas, mas a ausência de condicionamentos do poder, mesmo com o Absolutismo, nunca foi tão ilimitada como se supõe.

Atualmente, o princípio da legalidade representa uma das maiores garantias dos cidadãos, que não poderão ser obrigados a fazer ou ser coagidos a deixar de fazer alguma coisa, senão em virtude de lei. Essa exigência vale tanto para os particulares como para o Estado.

A vinculação do Estado à lei, todavia, sofreu modificações ao longo do tempo. No Estado Liberal de Direito "se reconhecia à Administração ampla discricionariedade no espaço livre deixado pela lei",[32] significando que ela, tal qual os cidadãos na atualidade, poderia fazer tudo o que a lei não proibia. Esta situação foi denominada pela doutrina alemã de vinculação negativa (*negative Bindung*) da Administração.

Posteriormente, com a influência kelseniana,[33] a noção de legalidade administrativa distanciou-se da legalidade genérica dos cidadãos. A ação administrativa passou a ser analisada sob o prisma de sua relação com o ordenamento, ou seja, enquanto antes a Administração podia fazer tudo o que a lei não vedava, com o Estado Social de Direito ou o Estado Legal à Administração foi permitido atuar apenas dentro dos limites permitidos pela lei.

Surge, então, a ideia de vinculação positiva (*positive Bindung*), segundo a qual a Administração **somente pode fazer o que a lei permite**. Passa-se, portanto, da noção mínima de legalidade, ou nos dizeres de Eisenmann,[34] da *não contrariedade* ou *compatibilidade*, para a noção máxima, que abrange uma relação de *conformidade*. O caráter de conformidade inclui em si o de compatibilidade, mas aquele é muito mais rigoroso do que este, pois enquanto a compatibilidade significa apenas não infringir nenhum dispositivo legal, a conformidade significa que a Administração só pode atuar se houver previsão para tanto no ordenamento jurídico.

Se administrar envolve o dispêndio de verbas públicas, para que exista respeito aos princípios democrático e republicano e à consequente indisponibilidade do interesse público é imprescindível que a Administração Pública aja em conformidade com a lei, uma vez que ela não dispõe da mesma liberdade dos particulares.

Enquanto os particulares podem fazer liberalidades com os seus bens e elegem livremente os meios e fins de suas condutas, desde que estes não sejam proibidos pelo Direito, numa atuação de não contrariedade, "na Administração Pública não há liberdade nem vontade pessoal".[35]

Frequentemente são denunciados casos em que as autoridades públicas violam o princípio da legalidade administrativa, que é mais restrito do que a legalidade *lato sensu*, como o conhecido caso, que se transformou posteriormente no objeto da reclamação 2138, proposta pela União Federal, referente ao foro privilegiado do então Ministro da Ciência e Tecnologia do governo Fernando Henrique Cardoso, condenado por juiz de primeiro grau à perda do cargo e à suspensão dos direitos políticos, uma vez que teria ido passear em Fernando de Noronha em avião da Força Aérea Brasileira.

A Administração não pode utilizar o patrimônio público para fins pessoais; investir no exercício de cargos públicos efetivos quem ela bem entender, sem a realização de concurso público, exceto nos casos dos cargos em comissão, de livre provimento e exoneração; contratar

---

[32] DI PIETRO, Maria Sylvia Zanella. *Discricionariedade administrativa na Constituição de 1988*. 2. ed. São Paulo: Atlas, 2001. p. 37.

[33] A estrutura escalonada de Kelsen subordina a discricionariedade à condição de atuação dentro de uma moldura legal de caráter normativo em patamar mais elevado e abstrato do que o da edição concreta do ato. Cf. KELSEN, Hans. *Teoria pura do direito*. Coimbra: Arménio Amado, 1984. p. 466.

[34] EINSENMANN, Charles. O direito administrativo e o princípio da legalidade. *Revista de Direito Administrativo*, Rio de Janeiro, nº 56, p. 54-55, abr./jun. 1959.

[35] MEIRELLES, Hely Lopes. *Direito administrativo brasileiro*. São Paulo: Malheiros, 2009. p. 89.

sem procedimento prévio de licitação, à exceção das hipóteses legais de contratação direta; e os atos administrativos são típicos, isto é, correspondem a "figuras definidas pela lei como aptas a produzir determinados resultados",[36] ou seja, possuem motivos e fins determinados.

Daí a conhecida frase de Seabra Fagundes: "administrar é aplicar a lei de ofício".[37] Esta assertiva não deve ser interpretada erroneamente, como se o administrador aplicasse a lei "feito robô", isto é, sem discernimento, ou como se da lei fosse possível extrair um rol exaustivo das condutas do agente público diante dos variados casos concretos.

É na prática inviável, como bem expõe Odete Medauar,[38] que haja um comando legal específico para cada ato ou medida tomada pela Administração. Enquanto o legislador cria, em regra, atos normativos, isto é, atos genéricos e abstratos; ao administrador é dado editar atos dotados de maior concreção, que são válidos desde que sejam editados em conformidade com a moldura normativa genérica. O agente público tem, portanto, discricionariedade para agir da forma que avaliar mais conveniente e oportuna, dentro do rol de *meios* e *fins* previstos no ordenamento, para a consecução dos interesses públicos diante das variadas situações da vida.

Note-se que pelo conteúdo mais atualizado da legalidade, especialmente a partir do pós-positivismo e da nova hermenêutica, a moldura do Direito não abrange apenas as regras jurídicas previstas, sendo também ilegais ações administrativas que se desviem dos princípios, uma vez que, conforme exposto, estes também possuem caráter normativo.

Para se apreender o exato sentido da legalidade, deve-se investigar o significado técnico da palavra *lei*. Esta compreende espécie normativa criada de acordo com o processo legislativo constitucional e dotada de abstração, generalidade e coercitividade.

Ocorre que o conceito de lei em sentido amplo não se restringe a ato normativo exclusivo do Poder Legislativo, pois entre as espécies normativas primárias do art. 59 da Carta Magna, isto é, aquelas que derivam diretamente da Constituição, incluem-se também atos normativos editados pelo Poder Executivo, como leis delegadas e medidas provisórias.[39] Assevere-se que, como o Poder Legislativo é o titular da função típica de criar as leis, a Constituição estabelece, respectivamente, nos arts. 62, § 1º, e 68, § 1º, uma série de limitações materiais à edição de leis delegadas e de medidas provisórias.

No sistema jurídico-administrativo brasileiro, os decretos editados pelo Chefe do Poder Executivo não podem inovar a ordem jurídica, ou seja, não podem criar direitos e obrigações, uma vez que se prestam a complementar a lei, para a sua fiel execução, nos termos do art. 84, IV, da Constituição Federal.[40]

Por conseguinte, atribui o art. 49, V, da Constituição ao Congresso Nacional a competência para "sustar os atos normativos do Poder Executivo que exorbitem do poder regulamentar". Por terem efeitos concretos, os decretos são classificados por parte da doutrina como verdadeiros

---

[36] DI PIETRO, Maria Sylvia Zanella. *Direito administrativo*. 23. ed. São Paulo: Atlas, 2010. p. 201.

[37] FAGUNDES, Seabra. *O controle dos atos administrativos pelo Poder Judiciário*. 5. ed. Rio de Janeiro: Forense, 1979. p. 4-5.

[38] MEDAUAR, Odete. *Direito administrativo moderno*. 10. ed. São Paulo: Revista dos Tribunais, 2006. p. 124.

[39] Medida provisória não é lei em sentido estrito, mas ato do Executivo com força normativa. Não pode haver, por exemplo, medida provisória que verse sobre direito penal incriminador (cf. art. 62, § 1º, I, *b*, Constituição).

[40] A Constituição apenas prevê uma regra excepcionalíssima, de inovação por decreto, inserida pela EC 32/2001, no inciso VI do art. 84, a qual autoriza que se disponha por decreto sobre a organização e o funcionamento da Administração Pública federal, desde que não implique aumento de despesa nem criação ou extinção de órgão público.

atos administrativos, ou, ao menos, como atos normativos de efeitos concretos contra os quais se admite a impetração de mandado de segurança, pois não são considerados leis "em tese".[41]

Determinados assuntos,[42] como a definição da conduta criminosa do tipo penal[43] e os elementos necessários para criação ou majoração[44] de tributo, subordinam-se, em regra, a um princípio ainda mais restritivo do que o da legalidade, qual seja, o princípio da reserva legal. Enfatiza José Afonso da Silva que "quando a Constituição reserva conteúdo específico, caso a caso, à lei, encontramo-nos diante do princípio da reserva legal".[45]

A justificativa da necessidade de submissão de certos assuntos à reserva legal absoluta é encontrada no seguinte trecho da decisão da ADI 2.075-MC, da relatoria do Ministro Celso de Mello:

> o princípio constitucional da reserva de lei formal traduz limitação ao exercício das atividades administrativas e jurisdicionais do Estado. A reserva de lei – analisada sob tal perspectiva – constitui postulado revestido de função excludente, de caráter negativo, pois veda, nas matérias a ela sujeitas, quaisquer intervenções normativas, a título primário, de órgãos estatais não legislativos. Essa cláusula constitucional, por sua vez, projeta-se em uma dimensão positiva, eis que a sua incidência reforça o princípio, que, fundado na autoridade da Constituição, impõe, à administração e à jurisdição, a necessária submissão aos comandos estatais emanados exclusivamente do legislador. [...] Não cabe, ao Poder Executivo, em tema regido pelo postulado da reserva de lei, atuar em anômala (e inconstitucional) condição de legislador, para, em assim agindo, proceder à imposição de seus próprios critérios, afastando, desse modo, fatores que, no âmbito do nosso sistema constitucional, só pode ser legitimamente definidos pelo Parlamento. É que, se tal fosse possível, o Executivo passaria a desempenhar atribuição que lhe é inconstitucionalmente estranha (a de legislador), usurpando, desse modo, no contexto de um sistema de poderes essencialmente limitados, competência que não lhe pertence, com evidente transgressão ao princípio constitucional da separação de poderes.[46]

O princípio da reserva legal é dividido, ainda, pela doutrina em:

- **reserva legal absoluta**; e
- **reserva legal relativa**.

A reserva legal é absoluta quando a matéria prevista na Constituição só pode ser disciplinada por ato normativo emanado por lei em seu sentido mais restrito, isto é, por espécie

---

[41] Conforme teor da Súmula 266 do Supremo Tribunal Federal.

[42] Também questões referentes a nacionalidade, cidadania, direitos individuais, políticos e eleitorais que, conforme expõe Medauar, são indelegáveis pela sistemática do art. 68, § 1º, II, da Constituição Federal. In: MEDAUAR, Odete. *Direito administrativo moderno*. 10. ed. São Paulo: Revista dos Tribunais, 2006. p. 125.

[43] A reserva legal no Direito Penal deriva da garantia de que não haverá crime sem lei anterior que o defina, nem pena sem prévia cominação legal (*nullum crimen, nulla poena sine lege*). Trata-se de proteção da liberdade humana contra o arbítrio do poder punitivo estatal e exige, mesmo diante de tipos abertos ou de normas penais em branco, que os elementos essenciais da conduta incriminada estejam minimamente determinados no tipo penal.

[44] Do ponto de vista do Direito Tributário, antes do Estado de Direito, o monarca criava arbitrariamente tributos que não eram, portanto, expressão da lei. Atualmente, existe a reserva legal que garante, salvo exceções do próprio texto constitucional, que o tributo seja criado e majorado por lei em sentido estrito.

[45] SILVA, José Afonso da. *Curso de direito constitucional positivo*. São Paulo: Malheiros, 2000. p. 425.

[46] Cf. ADI 2.075/MC, Rel. Min. Celso de Mello, *DJ* 27.6.2003.

normativa criada somente pelo Poder Legislativo de acordo com o processo legislativo constitucional, o que exclui os atos emanados do Poder Executivo.

Já a reserva legal relativa, segundo Alexandre de Moraes, ocorre quando a Constituição Federal, apesar de exigir lei formal, "permite que esta fixe tão somente parâmetros de atuação para o órgão administrativo, que poderá complementá-la por ato infralegal, sempre, porém, respeitando os limites ou requisitos estabelecidos pela legislação".[47]

Assim, enquanto na reserva legal absoluta somente a lei editada pelo Poder Legislativo pode ser fonte de regulamentação de determinado assunto, na reserva legal relativa pode o Poder Executivo complementar, por exemplo, mediante decretos presidenciais ou portarias ministeriais, determinado assunto reservado à lei formal, desde que não extrapole os limites de regulamentação permitidos pelo sistema.

José Afonso da Silva fornece como exemplo de reserva relativa o disposto no art. 153, § 1º, da Constituição, que faculta ao Poder Executivo, atendidas as condições e os limites legais, alterar alíquotas do imposto de importação, de exportação, de produtos industrializados e de operações de crédito.[48] Também é importante a discussão da reserva legal para a delimitação da atividade regulatória do Estado, que se relaciona com o poder de polícia, ou mesmo das agências reguladoras.

2.4 Impessoalidade

Se a atividade estatal deve ser pautada em lei, o agente público não pode praticar atos senão para satisfazer interesses públicos, sendo vedado o uso da máquina administrativa, custeada

---

[47] MORAES, Alexandre de. *Curso de direito constitucional*. São Paulo: Atlas, 2007. p. 38.

[48] SILVA, José Afonso da. *Curso de direito constitucional positivo*. São Paulo: Malheiros, 2000. p. 427.

pela *res publica*, para o alcance tão somente de interesses próprios ou de terceiros. A impessoalidade é expressa como princípio no *caput* do art. 37 da Constituição Federal.

Existem divergências doutrinárias quanto ao fundamento da impessoalidade, apesar de todas as vertentes explicativas serem intrinsecamente relacionadas.

Hely Lopes Meirelles entende que o fundamento da impessoalidade é o princípio da finalidade, "o qual impõe ao administrador público que só pratique o ato para o seu fim legal. E o fim legal é unicamente aquele que a norma de Direito indica expressa ou virtualmente como objetivo do ato, de forma impessoal".[49] Tal orientação também é encontrada na obra de Diogo de Figueiredo Moreira Neto,[50] que expõe que a finalidade objetiva é a expressa em lei e despida de qualquer inclinação, tendência ou preferência subjetiva.

José Afonso da Silva,[51] inspirado em lição de Agustín Gordillo, relaciona a impessoalidade com a teoria do órgão, segundo a qual atos e provimentos administrativos são imputáveis não ao agente que os pratica, mas ao órgão ou entidade administrativa em nome do qual ele age.

Segundo Maria Sylvia Zanella Di Pietro,[52] a impessoalidade pode ser desdobrada: (a) em relação aos administrados, hipótese em que se relaciona com a finalidade; e (b) em relação à própria Administração, circunstância na qual se fundamenta na teoria da imputação ou do órgão.

Quando ela é dirigida aos administrados, o princípio relaciona-se com a finalidade pública que deve nortear toda a atividade administrativa, uma vez que a Administração não pode prejudicar ou beneficiar pessoas determinadas, como ocorre na vedação de designação de pessoas ou casos nas dotações orçamentárias e nos créditos adicionais abertos para fins de pagamentos devidos pelas Fazendas Públicas, conforme determina o art. 100 da Constituição Federal.

Do ponto de vista da própria Administração, a impessoalidade é relacionada com a teoria pela qual ao agente público é imputada a manifestação da vontade do órgão estatal, assim: (1) como programas, obras e serviços são prestados pelos órgãos ou entidades administrativas, e não pelos agentes ou funcionários públicos, o art. 37, § 1º, da Constituição Federal proíbe que constem nome, símbolos e imagens que caracterizem promoção pessoal de autoridades ou servidores públicos em publicidade de atos, programas, obras, serviços e campanhas dos órgãos públicos; e (2) admite-se também a aplicação da impessoalidade no exercício do funcionário de fato, no qual se reconhece validade aos atos praticados por funcionários irregularmente investidos no cargo ou função, sob o fundamento de que os atos são imputados ao órgão e não ao agente público, conforme será exposto nos vícios do ato administrativo.

Lúcia Valle Figueiredo[53] relaciona a impessoalidade com a imparcialidade, ou seja, com a necessidade de haver, na atividade administrativa, valoração objetiva ou desapaixonada dos interesses envolvidos, com vedação de favoritismos ou desfavoritismos, isto é, sem sacrifício da opinião à própria conveniência, nem às de outrem. Quanto a este aspecto, recorda Di Pietro[54] que as regras de impedimento e suspeição presentes nas leis de processo administrativo são também aplicações dos princípios da impessoalidade e da moralidade.

---

[49] MEIRELLES, Hely Lopes. *Direito administrativo brasileiro*. São Paulo: Malheiros, 2009. p. 93.

[50] MOREIRA NETO, Diogo de Figueiredo. *Curso de direito administrativo*. Rio de Janeiro: Forense, 2006. p. 95.

[51] SILVA, José Afonso da. *Curso de direito constitucional positivo*. São Paulo: Malheiros, 2000. p. 652.

[52] DI PIETRO, Maria Sylvia Zanella. *Direito administrativo*. São Paulo: Atlas, 2010. p. 67.

[53] FIGUEIREDO, Lúcia Valle. *Curso de direito administrativo*. 7. ed. São Paulo: Malheiros, 2004. p. 63-64.

[54] DI PIETRO, Maria Sylvia Zanella. *Direito administrativo*. São Paulo: Atlas, 2010. p. 63.

Para Celso Antônio Bandeira de Mello,[55] o fundamento da impessoalidade é o princípio da igualdade ou isonomia, que traduz a ideia que a Administração tem de tratar a todos os administrados sem discriminações, benéficas ou detrimentosas, evitando simpatias (a busca de interesses sectários, de facções ou grupos de qualquer espécie) ou animosidades (pessoais, políticas ou ideológicas). Como referências concretas de aplicações do princípio no âmbito constitucional, são mencionadas pelo jurista as exigências: (a) do art. 37, II, referente ao concurso público na disputa em plena igualdade por cargos ou empregos públicos; e (b) do art. 37, XXI, que determina prévia licitação para a contratação com a Administração, na qual seja assegurada igualdade de condições a todos os concorrentes.

Na realidade, todos os fundamentos (finalidade, teoria do órgão, imparcialidade e igualdade) são indissociáveis, pois a consecução dos fins de interesse público deve guiar a atividade administrativa, na qual a manifestação da vontade estatal, pela teoria do órgão, não pode ser confundida com a vontade subjetiva do agente público que deve agir de forma imparcial, tratando a todos sem discriminações arbitrárias. Contudo, para que tal objetivo seja de fato alcançado, é necessário que os agentes públicos sejam envolvidos na permanente tarefa ética de pautarem suas ações em uma consciência moral que reconheça as necessidades coletivas, transcendendo àquelas de índole egoística ou individual.

Existem muitas condenações por violação da impessoalidade com base na lei de improbidade, sobretudo de prefeitos que pintam as repartições públicas de cores de suas campanhas, adotam como símbolos oficiais imagens que são pessoais ou mesmo se utilizam dos recursos públicos para beneficiar pessoalmente seus correligionários.

Note-se que a Lei nº 14.230/2021 inseriu uma conduta específica associada à impessoalidade na publicidade no rol dos atos de improbidade que atentam contra os princípios da Administração Pública, qual seja, aquela do art. 11, XII, consubstanciada em: "praticar, no âmbito da administração pública e com recursos do erário, ato de publicidade que contrarie o disposto no § 1º do art. 37 da Constituição Federal, de forma a promover inequívoco enaltecimento do agente público e personalização de atos, de programas, de obras, de serviços ou de campanhas dos órgãos públicos".

Concordamos, portanto, com Jasson Hibner Amaral[56] quando diz que a falta de efetividade do princípio da impessoalidade deve-se muito mais a um problema cultural do que propriamente técnico. É claro que o reconhecimento e a punição das situações em que há violação da impessoalidade, que frequentemente deságuam no abuso de poder e na improbidade, são meios eficientes para coibir tais ocorrências; contudo, a carência de efetividade do princípio da impessoalidade, principalmente por parte dos agentes políticos, deita raízes profundas na colonização brasileira, haja vista a forma com que foi realizada, e mesmo com a Independência, e posteriormente com a República, não se pôs fim à manifestação do poder privado na esfera pública.

A partir da República Velha, com a paulatina universalização do sistema representativo, e diante da miséria na então predominante estrutura agrária do País, demonstra Victor Nunes Leal[57] que as instâncias públicas foram palco de negociações, não no sentido da promoção de políticas públicas voltadas para o bem-estar coletivo mas da perpetuação da influência do

---

[55] BANDEIRA DE MELLO, Celso Antônio. *Curso de direito administrativo*. 17. ed. São Paulo: Malheiros, 2008. p. 114.

[56] AMARAL, Jasson Hibner. Breves notas sobre o princípio da impessoalidade. *Jus Navigandi*, Teresina, ano 10, nº 1.064, 31 maio 2006. Disponível em: http://jus2.uol.com.br/doutrina/texto.asp?id=8387. Acesso em: 12 nov. 2007.

[57] LEAL, Victor Nunes. *Coronelismo, enxada e voto*. São Paulo: Alfa-Ômega, 1975. p. 25.

poder privado em currais eleitorais em troca de apoio a agentes estatais diversos, os quais garantiam aos "coronéis" a nomeação de pessoas próximas para cargos públicos ("filhotismo"), o apoio do poder de polícia estadual para a perseguição de opositores ("mandonismo") e o poder de administração de recursos financeiros do município para fins pessoais, com "vistas grossas" para todo o desmando local.

Assim, mesmo com a progressiva autonomia dos entes federativos, a urbanização do país e crescimento da classe média, a partir da década de 1930, não se pode dizer que tenha ocorrido o total rompimento com alguns paradigmas que caracterizam o ciclo de atraso do Brasil, em cujas administrações ainda são encontrados fortes resquícios de paternalismo, clientelismo e distorção da verdadeira dimensão coletiva da esfera pública.

Cabe mencionar a conhecida frase de Pierre Escoube, qual seja, "a Administração Pública vale exatamente o quanto valem os homens que a compõem",[58] porque a disseminação da efetiva impessoalidade, na qual os agentes de fato incorporem a dimensão da legalidade e do interesse público em suas práticas principia, naturalmente, com a pedagógica punição, mas somente será **consolidada** a partir da disseminação de uma cultura de ética (pública) nas administrações brasileiras.

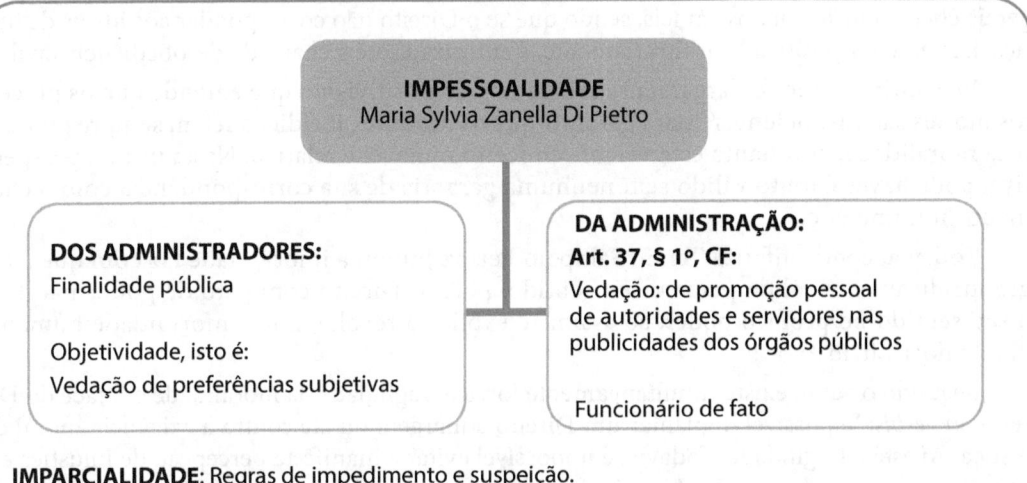

IMPARCIALIDADE: Regras de impedimento e suspeição.

Celso Antônio Bandeira de Mello: **IMPESSOALIDADE – IGUALDADE**.

art. 37, II, CF: concurso público – disputa em plena igualdade.
art. 37, XXI, CF: licitação – igualdade de condições a todos os concorrentes.

Trata-se de uma **questão cultural** – somente a disseminação de uma cultura ética na Administração, com a diferenciação entre a ética que deve vigorar no *espaço público* da ética privada, permitirá a obediência efetiva ao princípio da impessoalidade. Mas, enquanto tal respeito não é introjetado de forma perene, é imprescindível que haja normas que exijam "respeito coativo".

---

[58] Mencionada por Jasson Hibner Amaral. Breves notas sobre o princípio da impessoalidade. *Jus Navigandi*, Teresina, ano 10, nº 1064, 31 maio 2006. Disponível em: http://jus2.uol.com.br/doutrina/texto.asp?id=8387. Acesso em: 12 nov. 2007.

2.5 Moralidade

A moralidade administrativa exige do administrador atuação ética, honesta, de boa-fé ou lealdade. Segundo Maria Sylvia Zanella Di Pietro,[59] a moral administrativa corresponde àquele tipo de comportamento que os administrados esperam da Administração Pública para a consecução de fins de interesse coletivo, segundo uma comunidade moral de valores, expressos por meio de *standards*, modelos ou pautas de conduta.

Costuma-se distinguir a Moral do Direito a partir de dois círculos concêntricos, sendo o maior associado à Moral e o menor ao Direito. Tal visão coaduna-se mais com o jusnaturalismo do que com o positivismo, pois este considera que o Direito é produto da ação e vontade humanas posto pelo Estado, independentemente de qualquer proximidade com preceitos morais de justiça.

A ideia de que é possível implantar um Direito à margem ou até contra a exigência moral de justiça já era percebida pelos romanos, que diziam que "nem tudo que é legal é honesto" (*non omne quod licet honestum est*).

A relação entre Direito e Moral é, na realidade, tema clássico da Teoria Geral do Direito e da Filosofia do Direito. Para o jusnaturalismo, o direito natural deve ser reflexo de princípios gerais éticos transformados em leis, sendo que se o Direito não corresponder aos ideais de justiça, isto é, se for positivado arbitrariamente, é autorizada até a chamada desobediência civil.

Esta última visão foi largamente criticada pelo positivismo que entende que os preceitos morais são insuficientes[60] para garantir que os produtos jurídicos sejam sempre guiados pela moralidade, porquanto esta veicula conceito mutável e relativo. Nesta última perspectiva, pode haver Direito válido sem nenhuma garantia de sua correspondência com o chamado "mínimo ético".

Todavia, como enfatiza Tercio Sampaio Ferraz Júnior, a imoralidade faz com que a regra juridicamente válida perca o seu sentido, pois "o Direito como ato de poder não tem o seu sentido no próprio poder, só assim se explica a revolta, a inconformidade humana, diante do arbítrio".[61]

Segundo o autor, existe simultaneamente força e fragilidade da moralidade em face do Direito, *in verbis*: "é possível implantar um Direito à margem ou até contra a exigência moral de justiça. Aí está a fragilidade. Todavia, é impossível evitar a manifesta percepção de injustiça e a consequente perda de sentido. Aí está a força".[62] Acrescenta Ferraz que a arbitrariedade priva o direito de seu sentido, porque torna as normas de conduta meras imposições, que prescindem dos outros enquanto um mundo comum, daí havendo violência e a consequente "redução do sujeito passivo das normas a uma espécie de impotência confundida com obediência".[63]

Na realidade, mesmo que possa haver Direito posto que se desvincule do sentido moral de justiça, a inauguração da Constituição de 1988 e a afirmação do Estado Democrático

---

[59] DI PIETRO, Maria Sylvia Zanella. *Discricionariedade administrativa na Constituição de 1988*. 2. ed. São Paulo: Saraiva, 2001. p. 140.

[60] O positivismo propugna que a sanção moral não se equipara à sanção jurídica, porquanto esta última é institucionalizada. Por isso, Kelsen considera que a norma jurídica pode ser imoral. Contudo, com a previsão do princípio da moralidade com caráter normativo, também é possível considerar antijurídica uma conduta imoral.

[61] FERRAZ JR., Tercio Sampaio. *Introdução ao estudo do direito*. 3. ed. São Paulo: Atlas, 2001. p. 354.

[62] FERRAZ JR., Tercio Sampaio. *Introdução ao estudo do direito*. 3. ed. São Paulo: Atlas, 2001. p. 354.

[63] FERRAZ JR., Tercio Sampaio. *Introdução ao estudo do direito*. 3. ed. São Paulo: Atlas, 2001. p. 354.

de Direito procuraram resgatar a esfera da legitimidade e adequação dos produtos jurídicos aos anseios coletivos, a partir da cada vez mais observada alusão aos princípios democrático e republicano.

A moralidade foi erigida como princípio positivado no art. 37 da Constituição Federal, e segundo Cármen Lúcia Antunes Rocha:

> os princípios constitucionais da Administração surgiram para serem determinantes de comportamentos públicos e privados, não são eles arrolados como propostas ou sugestões: formam o direito, veiculam-se por normas e prestam-se ao integral cumprimento. A sua inobservância vicia de mácula insanável o comportamento, pois significa a negativa dos efeitos a que se deve prestar. Quer-se dizer, os princípios constitucionais são positivados no sistema jurídico básico para produzir efeitos e deve produzi-los.[64]

A positivação da moralidade como princípio assegura ao intérprete mecanismo para obrigar juridicamente a Administração não apenas a seguir um comportamento legal, mas também ético, tendo em vista a ideia de que nem tudo que é formalmente legal é necessariamente ético.

Entretanto, do ponto de vista estritamente *descritivo* não se pode negar razão ao positivismo porque, de fato, se os atores jurídicos se mantiverem inertes diante das injustiças do sistema, pode ser que normas imorais sejam consideradas juridicamente válidas. Mas da perspectiva *prescritiva* é preferível o apoio no pós-positivismo, que permite considerar inválidas condutas que afrontem concretamente aos padrões éticos vigentes em uma dada sociedade.

É plenamente possível, portanto, controle de constitucionalidade para a invalidação de lei ou ato normativo cujo conteúdo extrapole a moralidade administrativa, desde que observados parâmetros de razoabilidade na interpretação do caso concreto. Um exemplo de lei que Marcelo Figueiredo[65] reputa como desvirtuadora da função legislativa e também da moralidade administrativa foi a denominada, por Carlos Ari Sundfeld, "lei-pilhagem" ou "lei-testamento", cujo projeto fora encaminhado pelo prefeito, nos últimos dias do mandato, apenas para permitir aos seus "chegados" a partilha e apropriação tempestiva da coisa pública. No caso em questão, o projeto de lei foi enviado, discutido, sancionado e publicado em sete dias úteis, com o exclusivo fim de garantir a incorporação de vencimentos tão somente aos servidores que na data da lei estivessem, por decisão discricionária do governante, instalados em cargos e funções de confiança.

Segundo Caio Tácito, "a ilegalidade mais grave é a que se oculta sob a aparência de legitimidade. A violação maliciosa encobre os abusos de direito com a capa de virtual pureza".[66] É mais importante no Direito Administrativo observar os problemas de origem e fisionomia interna do ato do que sua simples roupagem externa ou formal, uma vez que "a esfera de aplicação do legítimo é infimamente maior do que o legal. A moralidade do ato administrativo se enquadra na legitimidade dos fins ou dos motivos determinantes".[67]

---

[64] FAZZIO JUNIOR, Waldo. *Improbidade administrativa e crimes de prefeitos*. São Paulo: Atlas, 2003. p. 174.

[65] FIGUEIREDO, Marcelo. *O controle de moralidade na Constituição*. São Paulo: Malheiros, 1999. p. 143. Em comentário ao parecer da lavra de Carlos Ari Sundfeld denominado inconstitucionalidade por desvio de poder legislativo. In: *Cadernos de Direito Constitucional e Ciência Política*, São Paulo, v. 2, nº 8, p. 131-156, 1994.

[66] TÁCITO, Caio. *Direito administrativo*. São Paulo: Saraiva, 1975. p. 6.

[67] JAPPUR, José. Mérito do ato administrativo perante o Judiciário. *Revista de Direito Público*, São Paulo: Revista dos Tribunais, nº 70, p. 177, 1984.

É por esse motivo que a análise da moralidade penetrou no Direito Administrativo pela via da verificação do desvio de finalidade, que abrange a invalidação de atos administrativos praticados visando a fim diverso daquele previsto explícita ou implicitamente na competência do agente.

Segundo expõe Maria Sylvia Zanella Di Pietro, a moral é associada ao desvio de finalidade pois "em ambas as hipóteses a Administração se utiliza de meios lícitos para atingir finalidades metajurídicas irregulares".[68] Assim, "com o objetivo de sujeitar ao exame judicial a moralidade administrativa é que o desvio de poder passou a ser visto como hipótese de ilegalidade, sujeita, portanto, ao controle judicial".[69]

Isso se deu porque a doutrina mais antiga considerava que a moral dizia respeito apenas à disciplina interna da Administração e entendia que seu controle deveria ser feito *interna corporis*, cabendo ao Poder Judiciário a análise da legalidade dos atos da Administração e não a sua imoralidade, identificada na época com o mérito do ato. Posteriormente, com a positivação do desvio de finalidade como hipótese de ilegalidade no art. 2º, parágrafo único, alínea *e*, da Lei de Ação Popular (Lei nº 4.717/65) o "direito ampliou o seu círculo para abranger matéria que antes dizia respeito apenas à moral".[70]

Pondera Maria Sylvia Zanella Di Pietro[71] que a partir do momento em que o desvio de poder foi considerado ato ilegal e não apenas imoral, a moralidade administrativa teve seu campo reduzido; o que não impede, diante do direito positivo brasileiro, o reconhecimento de sua existência como princípio autônomo, haja vista também que a moralidade figura como princípio diferenciado da legalidade entre o rol de princípios de obediência obrigatória da administração pública.

Ainda Marcelo Figueiredo considera em sua clássica[72] tese de doutoramento que "é perfeitamente factível afronta à moralidade administrativa como causa autônoma de invalidação do ato impugnado",[73] ocasião em que lista inúmeras situações de violação do princípio que foram analisadas pelo Poder Judiciário, tais como: a modificação de critérios de aproveitamento de candidatos aprovados em concurso público em benefício de apenas um candidato;[74] a publicação de anúncios de apoio à greve em Município, às suas expensas;[75] e a procedência, em segunda instância,[76] de ação civil pública contra vereadores que, no exercício do mandato, foram pródigos em conceder honrarias e títulos de cidadão, promovendo como complemento jantares comemorativos com gastos, aquisição de bebidas, comestíveis, peças de vestuário, ornato de flores, tudo pago pelo erário.

---

[68] DI PIETRO, Maria Sylvia Zanella. *Direito administrativo*. São Paulo: Atlas, 2010. p. 77.

[69] DI PIETRO, Maria Sylvia Zanella. *Direito administrativo*. São Paulo: Atlas, 2010. p. 69.

[70] DI PIETRO, Maria Sylvia Zanella. *Direito administrativo*. São Paulo: Atlas, 2010. p. 69.

[71] DI PIETRO, Maria Sylvia Zanella. *Direito administrativo*. São Paulo: Atlas, 2010. p. 76.

[72] Defendida em 1997 e publicada pela editora Malheiros: *O controle da moralidade na Constituição*.

[73] FIGUEIREDO, Marcelo. *O controle da moralidade na Constituição*. São Paulo: Malheiros, 1991. p. 91. Em sentido oposto, no entanto, ver: CAMMAROSANO, Márcio. *O Princípio Constitucional da Moralidade e o Exercício da Função Administrativa*. Belo Horizonte: Editora Fórum, 2006. p. 96.

[74] MAS 0409985-PR TRF 4R, *DJU* 8.3.1995, p. 138.

[75] Ap. cível 203.733-1 TJSP, *RJTJ-Lex* 156, p. 138.

[76] Ap. cível 186.613-1/10, *RT* 702, p. 94.

São identificadas, portanto, três fases de incorporação da moralidade no Direito Administrativo:

- primeiramente, ela foi associada à disciplina interna da administração, considerada pela maior parte da doutrina de então questão de mérito ou discricionariedade administrativa;
- posteriormente, com apoio na correta interpretação da doutrina de Hauriou,[77] percebe-se que mesmo a moral institucional deve condicionar juridicamente à utilização do poder discricionário, que é progressivamente restringido à medida que ganha força a teoria dos motivos determinantes e a análise do desvio de finalidade, cujo ápice da possibilidade de controle no Brasil ocorre com sua positivação no art. 2º da Lei de Ação Popular; e
- a definitiva incorporação do princípio pela Constituição de 1988, que traz não apenas o desejo de um governo honesto, mas um direito. A moralidade que inicialmente, nos termos empregados por Marcelo Figueiredo,[78] era exclusiva "da" ou "na" administração, adquire foros mais expressivos de juridicidade, tornando-se princípio constitucional.

A Constituição, além de positivar a moralidade como princípio autônomo, também garante no art. 5º, LXXIII, que qualquer cidadão seja parte legítima para promover ação popular que vise anular ato lesivo à moralidade administrativa. Por conseguinte, reconhece peremptoriamente Cármen Lúcia Antunes Rocha, a existência do "direito público subjetivo" constituído pela prerrogativa jurídica de que "todo cidadão tem direito a um governo honesto".[79]

O Direito Administrativo não apenas enuncia o direito à moralidade administrativa, que foi erigido à categoria de princípio, mas também municia os operadores jurídicos e os cidadãos do mais moderno manancial de possibilidades de controle dos desvios éticos na Administração Pública. Cumpre, portanto, aos órgãos competentes e aos cidadãos conscientes diligenciar para que o uso da máquina pública se alinhe com a consecução de interesses públicos legítimos em atendimento ao direito público subjetivo a um governo honesto.

Entendemos, assim como José dos Santos Carvalho Filho, que "somente quando os administradores estiverem imbuídos de espírito público é que o princípio será efetivamente observado",[80] entretanto, a disseminação do dito espírito público não depende apenas dos administradores, mas também da população em geral, pois em um país de desigualdades a percepção do que venha a ser "desvio de conduta do padrão moral social" é variada e, conforme observa Manoel Gonçalves Ferreira Filho, "isso faz com que o Ministério Público, no Brasil, persiga como corrupção o nepotismo, que para a maioria da população é um dever do homem público, como bom chefe de família".[81]

---

[77] Conforme expõe Di Pietro, foi o primeiro autor a tratar da moralidade de modo aprofundado no direito público na obra *Précis de droit administratif*. DI PIETRO, Maria Sylvia Zanella. *Direito administrativo*. São Paulo: Atlas, 2010. p. 76.

[78] FIGUEIREDO, Marcelo. *O controle da moralidade na Constituição*. São Paulo: Malheiros, 1999. p. 86.

[79] ROCHA, Cármen Lúcia Antunes. *Princípios constitucionais da administração pública*. Belo Horizonte: Del Rey, 1994. p. 190. Cf. CARDOZO, José Eduardo Martins. Princípios constitucionais da administração pública. *Os 10 anos da Constituição Federal*. São Paulo: Atlas, 1999. p. 157.

[80] CARVALHO FILHO, José dos Santos. *Manual de direito administrativo*. São Paulo: Lumen Juris, 2008. p. 19.

[81] FERREIRA FILHO, Manoel Gonçalves. *A democracia no limiar do século XXI*. São Paulo: Saraiva, 2001. p. 86.

Reiteramos, portanto, o que foi dito ao final da explanação do princípio da impessoalidade, isto é, que o histórico de atraso enfrentado pelo País faz com que haja ainda fortes resquícios de paternalismo e clientelismo nos espaços públicos, em uma lamentável domesticação ou privatização de ambientes destinados originariamente à consecução de interesses coletivos. Esse fenômeno torna ainda mais importante o papel do princípio da moralidade como instrumento de defesa do ideário republicano, avesso à ideia de confusão entre patrimônio público e a coisa privada.

Há evoluções pontuais no combate de imoralidades, como a Resolução do Conselho Nacional de Justiça nº 7, considerada constitucional pelo Supremo Tribunal Federal na ADC 12-MC, que veda a prática de nepotismo no âmbito de todos os órgãos do Poder Judiciário.

Com base nesta mesma ideia, foi editada a **Súmula Vinculante nº 13**, de 21.8.2008, nos seguintes termos:

> A nomeação de cônjuge, companheiro ou parente em linha reta, colateral ou por afinidade, até o terceiro grau, inclusive, da autoridade nomeante ou de servidor da mesma pessoa jurídica investido em cargo de direção, chefia ou assessoramento, para o exercício de cargo em comissão ou de confiança ou, ainda, de função gratificada na Administração Pública direta ou indireta em qualquer dos Poderes da União, dos Estados, do Distrito Federal e dos municípios, compreendido o ajuste mediante designações recíprocas, viola a Constituição Federal.

A partir de 2021, com base na alteração processada à lei de improbidade pela Lei nº 14.230/2021, no inciso XI do art. 11 há o tipo de improbidade que atenta contra princípios, inspirado na Súmula Vinculante nº 13, ao estabelecer como conduta ímproba que viola princípio o nepotismo, sendo previsto também o nepotismo cruzado ou indireto.

Objetiva-se coibir não apenas o nepotismo direto, mas também o indireto, manifestado em nomeações cruzadas, triangulares ou de reciprocidade (ajuste mediante designações recíprocas). Trata-se de determinação relevante para a moralização e maior eficiência no serviço público, pois o Brasil já foi apontado[82] como um dos países que mais nomeiam servidores sem concurso público.

A Res. 229 do CNJ, de 22 de junho de 2016, alterou e acrescentou dispositivos na Resolução CNJ 7, de 18 de outubro de 2005, para contemplar expressamente outras hipóteses de nepotismo nas contratações públicas, quais sejam:

- a contratação, em casos excepcionais de dispensa ou inexigibilidade de licitação, de pessoa jurídica da qual sejam sócios cônjuge, companheiro ou parente em linha reta, colateral ou por afinidade, até o terceiro grau, inclusive, dos respectivos membros ou juízes vinculados, ou servidor investido em cargo de direção e de assessoramento; e
- contratação, independentemente da modalidade de licitação, de pessoa jurídica que tenha em seu quadro societário cônjuge, companheiro ou parente em linha reta, colateral ou por afinidade até o terceiro grau, inclusive, dos magistrados ocupantes de cargos de direção ou no exercício de funções administrativas, assim como de servidores ocupantes de cargos de direção, chefia e assessoramento vinculados direta ou indiretamente às unidades situadas na linha hierárquica da área encarregada da licitação.

---

[82] Segundo matéria publicada em 2005 da revista *Exame*, o quantitativo identificado para cargos em comissão sem concurso do Brasil foi de 19.202, em comparação com 701 dos Estados Unidos, 450 da França e 120 do Reino Unido. Cf. Os sem-concurso. *Exame*, edição 847, nº 14, p. 26-27, 20 jul. 2005.

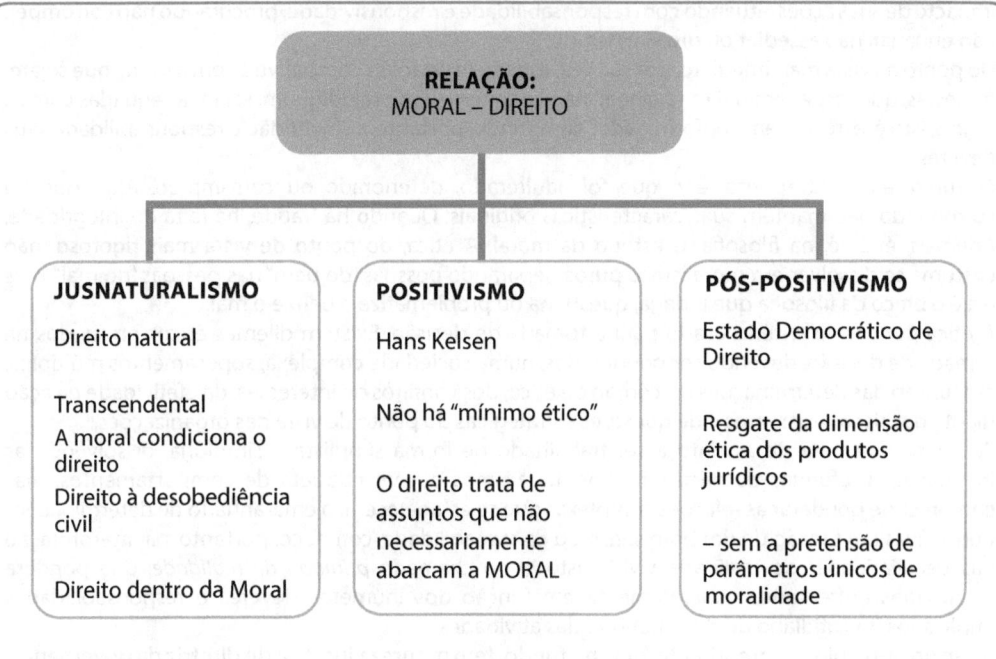

MORALIDADE

Ética – Boa-fé – Honestidade – Lealdade

Standards, modelos, pautas de conduta – esperadas do gestor da coisa pública

ETAPAS DE INCORPORAÇÃO NO DIREITO ADMINISTRATIVO BRASILEIRO:

Moral = disciplina interna (mérito do ato).

Motivos determinantes e, depois, positivação do **desvio de finalidade** como ilegalidade – Lei de Ação Popular (Lei nº 4.717/65).

Considerada **princípio** no *caput* do art. 37 da Constituição de 1988.

Cármen Lúcia – DIREITO PÚBLICO SUBJETIVO a um governo honesto.

Proteção à probidade – art. 37, § 4º, CF e Lei nº 8.429/92.

Resolução nº 7/CNJ – Controle ao nepotismo (cônjuge, companheiro e parente até 3º grau) – em cargos em comissão, função gratificada ou atividade temporária. Trata-se de hipótese que foi ampliada para as contratações públicas conforme Res. 229/2016.

Súmula Vinculante nº 13/2008 – Combate o nepotismo na Administração Pública Direta ou Indireta. Também improbidade que viola princípio, conforme art. 11, XI, da Lei nº 8.429/92, com redação da Lei nº 14.230/2021.

ÉTICA, MORALIDADE E INTEGRIDADE NA ADMINISTRAÇÃO

Um ponto relativamente novo na seara do Direito Administrativo no tocante ao reforço do princípio da moralidade se refere à paulatina exigência de integridade na Administração Pública. A integridade é tida, no art. 3º, II, do Decreto nº 9.203/2017 (que dispõe sobre política de governança da administração pública federal direta, autárquica e fundacional), como princípio da governança pública.

Integridade é qualidade do que é íntegro, isto é, algo ou uma atitude/comportamento que tenha inteireza, plenitude, que é transparente, não esconde, atua com verdade, mantém a palavra. Organizações íntegras são as que cumprem com aquilo que prometem, que se preocupam com o impacto de suas ações, atuando com responsabilidade e responsividade, procurando não corromper, não enganar, não assediar ou discriminar.

Do ponto de vista mais imediato, por sua vez, espera-se de ações compatíveis com a moral que sejam: honestas, que respeitem o direito alheio, não enganem nem prejudiquem, sejam adequadas com as regras, isto é, estejam "em conformidade", cumprindo, portanto, com retidão e responsabilidade seus deveres.

Corrupto, em contraponto, é o que foi adulterado, deteriorado ou corrompido. Algo que foi corrompido não mantém suas características originais. Quando há fraude, há falta de integridade. Ademais, ética é, na filosofia, o estudo da moral. A ética, do ponto de vista mais rigoroso, não costuma se dissolver em moralismos puros, separando pessoas "de bem" das pessoas "do mal", mas ela é o braço da filosofia que indaga, questiona ou problematiza o bem e o mal.

A ética pondera o critério usado para a tomada de decisão. Existem dilemas éticos profundos na tomada de decisão, devendo ser ponderados, numa sociedade complexa, sopesamentos múltiplos, em função das determinações do código de ética, dos conflitos de interesses, da efetividade da ação diante dos riscos existentes e de questões estratégicas do ponto de vista das organizações.

Então, não se trata de assunto a ser trabalhado de forma simplista e simplória, dissolvendo as indagações profundas da ética em vãos moralismos ou em etiqueta de comportamentos, mas compreende ponderar as relações complexas que se estabelecem, o emaranhado de determinações normativas em função de um bom senso ou da razoabilidade, com foco, portanto, na interpretação das peculiaridades da realidade vivida, isto é, no chamado *primado da realidade*, que pondera os desafios enfrentados concretamente em função dos inúmeros deveres e responsabilidades implicados no cotidiano do desempenho das atividades.

Além do princípio de integridade, que, no fundo, tem natureza jurídica de diretriz da governança, determina o art. 19 do Decreto nº 9.203/2017 que os órgãos e as entidades da administração direta, autárquica e fundacional, em âmbito federal, instituirão programa de integridade, com o objetivo de promover a adoção de medidas e ações institucionais destinadas à prevenção, à detecção, à punição e à remediação de fraudes e atos de corrupção, sendo estruturado nos seguintes eixos: (1) comprometimento e apoio da alta administração; (2) existência de unidade responsável pela implementação no órgão ou na entidade; (3) análise, avaliação e gestão de riscos associados ao tema da integridade; e (4) monitoramento contínuo dos atributos do programa de integridade.

Programa de integridade consiste no conjunto de mecanismos e procedimentos internos de integridade, auditoria e incentivo à denúncia de irregularidades e na aplicação efetiva dos códigos de ética e conduta, políticas e diretrizes com o objetivo de detectar e sanar desvios, fraudes, irregularidades e atos ilícitos praticados.

A exigência de programa de integridade e sua estruturação também na Administração Pública auxilia na construção de mecanismos que permitam estimular o respeito à **moralidade administrativa**, inclusive por meio da disseminação dos códigos de ética e condutas, pelo treinamento do corpo de funcionários e também pelo apoio e pelo exemplo que deve ser irradiado da "alta administração" (*tone at the top*) para toda estrutura organizacional, sendo ainda relevante para detectar e remediar eventuais ações desonestas, fraudulentas, desconformes à integridade.

2.6 Publicidade

A *República* Federativa do Brasil constitui-se em Estado *Democrático* de Direito e, de acordo com o parágrafo único do primeiro artigo da Constituição, "todo o poder emana do povo, que o exerce por meio de representantes eleitos ou diretamente, nos termos desta Constituição".

Daí se extraem dois princípios:

- o **republicano**, que impõe um governo fundado em leis e não nos interesses egoísticos dos ocupantes da função pública ou de seus correligionários; e

- o **democrático**, que confere ao povo a titularidade do poder cujo exercício é parcialmente relegado aos representantes, sendo admitidas também no art. 14 da Constituição formas de participação direta dos cidadãos nos assuntos coletivos.

Assim, enfatiza Marçal Justen Filho que na democracia republicana, por um lado, deve-se franquear aos possíveis interessados a participação nas mais relevantes decisões estatais e, por outro, há de haver mecanismos "pelos quais os governantes são constrangidos a prestar esclarecimentos e a responder por seus atos".[83]

Também José Eduardo Martins Cardozo observa que:

> Seria de todo absurdo que um Estado como o brasileiro, que, por disposição expressa de sua Constituição, afirma que todo poder nele constituído "emana do povo" (art. 1º, parágrafo único, da CF), viesse a ocultar daqueles em nome do qual esse mesmo poder é exercido informações e atos relativos à gestão da *res publica* e às próprias linhas de direcionamento governamental.[84]

A publicidade é princípio básico da Administração Pública, positivado no *caput* do art. 37 da Constituição Federal, que permite credibilidade pela transparência. É pela publicidade que os cidadãos têm conhecimento das ações dos administradores no trato da coisa pública. Ela também garante a defesa de direitos quando estes são violados pelo Poder Público, viabilizando a proteção da moralidade e a estabilidade das relações jurídico-administrativas.

A obediência ao princípio pode ser analisada de duas perspectivas complementares: (1) do **direito** de os administrados terem acesso a informações de interesse particular ou coletivo, e (2) do correspondente **dever** de a Administração dar publicidade de atos e contratos administrativos.

Quanto à primeira perspectiva, determina o art. 5º, XXXIII, da Constituição Federal que todos têm direito a receber dos órgãos públicos informações de seu interesse particular, ou de interesse coletivo ou geral, que serão prestadas no prazo da lei (Lei nº 12.527/2011), sob pena de responsabilidade, ressalvadas aquelas cujo sigilo seja imprescindível à segurança da sociedade e do Estado.

A informação deve ter seu acesso autorizado imediatamente, como regra geral contida no *caput* do art. 11 da Lei nº 12.527/2011. Mas, se não for possível a concessão do acesso imediato pelo órgão ou entidade pública, devem ser fornecidas, de acordo com o § 1º do art. 11, em até 20 dias, prorrogáveis por mais 10 (mediante justificativa expressa e ciência do requerente, conforme o § 2º do mesmo artigo), informações sobre: a data, o local e o modo de se realizar a consulta, efetuar a reprodução ou obter a certidão; devem ser indicadas as razões de fato ou de direito da recusa total ou parcial e comunicado que o órgão não possui a informação; se o órgão souber quem a detém, deve remeter, ainda, o requerimento a esta órgão, cientificando o requerente.

De acordo com o § 4º do art. 11 da Lei nº 12.527/2011, quando não for autorizado o acesso, por se tratar de informação total ou parcialmente sigilosa, o requerente deverá ser informado sobre a possibilidade de recurso, prazos e condições para sua interposição,

---

[83] Segundo expõe Marçal Justen Filho, o termo inglês correspondente (*accountability*) é ainda mais adequado para indicar essa responsabilização. Cf. JUSTEN FILHO, Marçal. *Curso de direito administrativo*. São Paulo: Saraiva, 2005. p. 76.

[84] CARDOZO, José Eduardo Martins. *Princípios constitucionais da administração pública*. Os 10 anos da Constituição Federal. São Paulo: Atlas, 1999. p. 159.

devendo, ainda, ser-lhe indicada a autoridade competente para sua apreciação. A partir do fato de que o dispositivo do inciso XXXIII menciona não apenas o acesso a informações de interesse particular, mas também àquelas de interesse coletivo ou geral, entende Odete Medauar que, exceto nos casos ressalvados pela Constituição: de sigilo imprescindível à segurança da sociedade e do Estado ou para preservar intimidade, vida privada, honra e imagem das pessoas (cf. art. 5º, X), é "descabida, pois, a exigência, ainda imposta em muitos órgãos da Administração, de ter o indivíduo interesse direto e pessoal para o acesso a informações ou expedientes administrativos".[85]

Também Hely Lopes Meirelles lamenta o fato de que atos e contratos públicos "vêm sendo ocultados dos interessados e do povo em geral, sob o falso argumento de que eles são sigilosos, quando, na realidade, são públicos e devem ser divulgados e mostrados a qualquer pessoa que deseje conhecê-los e obter certidão".[86]

Por esse motivo, determina o § 3º do art. 10 da Lei nº 12.527/2011 que "são vedadas quaisquer exigências relativas aos motivos determinantes da solicitação de informações de interesse público".

Note-se que a primeira turma do Superior Tribunal de Justiça deu provimento a recurso em mandado de segurança para permitir o acesso à lista de servidores contratados para trabalhar em hospital estadual, tendo em vista o direito à informação e o princípio da publicidade administrativa, reconhecendo que não há qualquer violação ao direito à intimidade ou à privacidade, mas sim "uma necessária observação aos preceitos legais de acessibilidade aos cargos públicos".[87]

Também o sigilo bancário, que é considerado espécie de direito à privacidade, não se aplica, por conta dos princípios da publicidade e da moralidade, à Administração Pública. Segundo fundamentação de decisão do MS 33.340/STF, o Min. Luiz Fux esclareceu, em decisão publicada no *DJe* de 3.8.2015, que "conta corrente de titularidade de Prefeitura Municipal não goza de proteção à intimidade/privacidade, tampouco do sigilo bancário, garantia constitucional das pessoas naturais e aos entes particulares".

Para o caso mencionado, foi visto como legítimo que o Ministério Público, em denúncia por crimes praticados contra a Administração, requisitasse a quebra de sigilo bancário sem a necessidade de autorização judicial para verificação de movimentação financeira e emissão de cheques por agentes públicos, sendo decidido pelo STF que "operações financeiras que envolvam recursos públicos não estão abrangidas pelo sigilo bancário a que alude a Lei Complementar 105/2001".

Por outro lado, de acordo com os incisos do § 1º do art. 24 da Lei nº 12.527/2011, a informação em poder dos órgãos e entidades públicas, observado o seu teor e em razão de sua imprescindibilidade à segurança da sociedade ou do Estado, poderá ser classificada como:

- **ultrassecreta**: cujo prazo máximo de sigilo será de 25 anos;
- **secreta**: cujo prazo máximo de sigilo será de 15 anos; e
- **reservada**:[88] cujo prazo máximo de sigilo será de 5 anos.

---

[85] MEDAUAR, Odete. *Direito administrativo moderno*. 10. ed. São Paulo: Revista dos Tribunais, 2006. p. 128.

[86] MEIRELLES, Hely Lopes. *Direito administrativo brasileiro*. 35. ed. São Paulo: Malheiros, 2009. p. 96.

[87] STJ, RMS 21021/RJ, Rel. Min. Francisco Falcão, j. 16.5.2006, *DJ* 1º.6.2006, p. 146.

[88] As informações que puderem colocar em risco a segurança do Presidente e Vice-Presidente da República e respectivos cônjuges e filhos(as) serão classificadas, de acordo com o art. 24, § 2º, da lei, como reservadas e ficarão sob sigilo até o término do mandato em exercício ou do último mandato, em caso de reeleição.

Essa classificação[89] abrange, conforme esclarecimentos contidos no art. 23 da lei, informações cuja divulgação ou acesso irrestrito possam: pôr em risco a defesa e a soberania nacionais ou a integridade do território nacional; prejudicar ou pôr em risco a condução de negociações ou as relações internacionais do País, ou as que tenham sido fornecidas em caráter sigiloso por outros Estados e organismos internacionais; pôr em risco a vida, a segurança ou a saúde da população; oferecer elevado risco à estabilidade financeira, econômica e monetária do País; prejudicar ou causar risco a planos ou operações estratégicos das Forças Armadas; prejudicar ou causar risco a projetos de pesquisa e desenvolvimento científico ou tecnológico, assim como a sistemas, bens, instalações ou áreas de interesse estratégico nacional; pôr em risco a segurança de instituições ou de altas autoridades nacionais ou estrangeiras e seus familiares; ou comprometer atividades de inteligência, bem como de investigação ou fiscalização em andamento, relacionadas com a prevenção ou repressão de infrações.

O estabelecimento do prazo é imprescindível para a preservação da democracia, pois, segundo Norberto Bobbio, não deve existir nada de secreto no governo democrático, no qual todas as operações dos governantes devem ser conhecidas pelo povo soberano, exceto algumas medidas de segurança pública, as quais devem ser conhecidas apenas quando cessar o perigo.

Não é possível, portanto, em um Estado Democrático de Direito a admissão de segredos públicos que assim permaneçam indefinidamente; há de se precisar, em função da importância da informação, um prazo máximo de sigilo, após o qual a acessibilidade ao público deve ser garantida. Portanto, para o jusfilósofo italiano, "o caráter público é regra, o segredo a exceção, e mesmo assim já é uma exceção que não deve fazer a regra valer menos, já que o segredo é justificado apenas se limitado no tempo, não diferindo neste aspecto de todas as medidas de exceção".[90]

A Lei nº 12.527/2011 regulamenta o acesso à informação com foco em uma tríplice dimensão: (1) da perspectiva de **direito fundamental**, conforme o art. 5º, XXXIII, da CF; (2) de direito do **usuário da administração**, de acordo com o art. 37, § 3º, II, da CF, ao conhecimento dos atos de governo; e (3) do ponto de vista de **patrimônio cultural** brasileiro, pautado no art. 216, § 2º, da Constituição, para dar maior concreção à gestão da documentação governamental e às providências para franquear sua consulta a quantos dela necessitam.

Ela contempla as seguintes definições no art. 4º:

- **informação**: dados, processados ou não, que podem ser utilizados para produção e transmissão de conhecimento, contidos em qualquer meio, suporte ou formato;
- **documento**: unidade de registro de informações, qualquer que seja o suporte ou formato;
- **informação sigilosa**: aquela submetida temporariamente à restrição de acesso público em razão de sua imprescindibilidade para a segurança da sociedade e do Estado;
- **informação pessoal**: aquela relacionada à pessoa natural ou identificável;

---

[89] A Lei de Acesso à Informação foi regulamentada pelo Decreto nº 7.724/2012, sendo que, em 2019, houve a edição do Decreto nº 9.690, que ampliou o rol de autoridades que podem classificar informações como ultrassecretas ou secretas, o que pode gerar, na prática, maior opacidade em detrimento, portanto, da transparência. Posteriormente, houve alteração processada pelo Decreto 11.527/2023.

[90] BOBBIO, Norberto. *O futuro da democracia*: uma defesa das regras do jogo. Tradução de Marco Aurélio Nogueira. 7. ed. Rio de Janeiro: Paz e Terra, 2000. p. 25.

- **tratamento da informação**: conjunto de ações referentes a produção, recepção, classificação, utilização, acesso, reprodução, transporte, transmissão, distribuição, arquivamento, armazenamento, eliminação, avaliação, destinação ou controle da informação;
- **disponibilidade**: qualidade da informação que pode ser conhecida e utilizada por indivíduos, equipamentos ou sistemas autorizados;
- **autenticidade**: qualidade da informação que tenha sido produzida, expedida, recebida ou modificada por determinado indivíduo, equipamento ou sistema;
- **integridade**: qualidade de informação não modificada, inclusive quanto à origem, trânsito e destino; e
- **primariedade**: qualidade da informação coletada na fonte, com o máximo de detalhamento possível, sem modificações.

Quanto ao dever de a Administração dar publicidade aos atos e contratos, para o conhecimento do público e início de seus efeitos externos, trata-se, para Hely Lopes Meirelles,[91] de requisito de eficácia e moralidade. No caso dos contratos administrativos, por exemplo, exige o art. 94 da Lei nº 14.133/2021 como condição indispensável para eficácia do contrato e de seus aditamentos que ocorra a divulgação no Portal Nacional de Contratações Públicas (PNCP) no prazo de 20 dias úteis da assinatura. Contudo, a publicação por si só de um ato administrativo não o convalida, se ilegal; nem os atos regulares dispensam a publicidade, pois esta é princípio de obediência obrigatória para o Poder Público.

Diferencia-se, ainda, a **publicidade geral**, que obedece à necessidade de publicação em órgão de comunicação oficial ou a afixação em local visível ao público, da **publicidade restrita**, que geralmente abrange atos de caráter individual ou de efeitos internos, que podem ser comunicados por meio de notificação, citação ou intimação.

Os atos administrativos de efeitos internos não precisam ser publicados para que tenham por atendido o dever de publicidade, contudo, adverte José Eduardo Martins Cardozo[92] que há necessidade de comunicação aos destinatários. Mesmo para os atos internos, a publicidade deve ser a mais completa, compreendendo todo o processo de formação, inclusive os atos preparatórios, como despachos administrativos intermediários, as manifestações ou os pareceres, registrados criteriosamente em livros próprios ou arquivos dos órgãos administrativos.

Cumpre à lei indicar em cada caso a forma adequada para garantir a publicidade dos atos da Administração Pública, aplicando-se os parâmetros estabelecidos na teoria dos atos administrativos e nas leis de processo administrativo para os casos de omissão legal. Como a publicação importa no controle de legalidade e na defesa de direitos dos administrados, ressalta Edmir Netto de Araújo[93] que configuram nulidade dos atos os casos de omissão em que a publicidade é exigida.

Órgão oficial, segundo Diogenes Gasparini, "é o jornal, público ou privado, destinado à publicação dos atos estatais".[94] A matéria já foi enfrentada pelo Supremo Tribunal Federal, no RE 71.652, em que a corte explicitou que a publicidade não é atendida com a mera notícia,

---

[91] MEIRELLES, Hely Lopes. *Direito administrativo brasileiro*. 35. ed. São Paulo: Malheiros, 2009. p. 96.
[92] CARDOZO, José Eduardo Martins. Princípios constitucionais da administração pública. *Os 10 anos da Constituição Federal*. São Paulo: Atlas, 1999. p. 162.
[93] ARAÚJO, Edmir Netto de. *Curso de direito administrativo*. São Paulo: Saraiva, 2007. p. 59.
[94] GASPARINI, Diogenes. *Direito administrativo*. São Paulo: Saraiva, 2005. p. 12.

veiculada pela imprensa falada, escrita ou televisiva do ato praticado pela Administração Pública, mesmo que seja divulgada pela *Voz do Brasil*. Atualmente, considera-se que o Diário Oficial admite tanto a forma impressa como a forma eletrônica pela Internet.[95]

Geralmente, se entende que a Imprensa Oficial é o veículo oficial de divulgação da Administração Pública, sendo para União o *Diário Oficial da União*[96] e, para os Estados, o Distrito Federal e os Municípios, o que for definido nas respectivas leis. No Estado de São Paulo, trata-se do *Diário Oficial do Estado*, todavia, frise-se que nos pequenos Municípios ou unidades federativas que não dispõem de órgão oficial de imprensa admite-se a contratação de jornais particulares para esse fim ou a adoção de outras formas admitidas na legislação local.

Mais recentemente, os veículos eletrônicos estão substituindo a publicação da imprensa oficial. Todavia, embora o uso de veículos eletrônicos e portais oficiais promova paulatina substituição dos veículos como *Diários Oficiais*, estes ainda são exigidos para uma ampla gama de hipóteses, como a publicação de leis, decretos, regulamentos e demais atos normativos editados pelo Poder Público, avisos de licitação, como editais, conforme disciplina do art. 54 da Lei nº 14.133/2021, aditamentos contratuais, nomeações e exonerações de servidores públicos, audiências e consultas públicas, bem como editais e resultados de concursos públicos.

Com a publicação oficial, presume-se o conhecimento dos interessados em relação aos atos praticados, impedindo a alegação de ignorância, e inicia-se o prazo de interposição de recursos, bem como de decadência ou prescrição. Feita a publicação ou a comunicação dentro das formalidades previstas, pouco importa se o destinatário leu ou dela tomou ciência fática, porquanto afirma Celso Antônio Bandeira de Mello que "o conhecimento é um *plus* em relação à publicidade, sendo juridicamente desnecessário para que esta se repute como existente".[97]

José Eduardo Martins Cardozo[98] enfatiza que a publicidade dos atos e contratos administrativos, que constitui *dever* da Administração imprescindível para o aperfeiçoamento de muitos deles, não se confunde com a divulgação ou propaganda dos atos e atividades de gestão administrativa ou governamental do Poder Público pelos meios de comunicação em massa, que é *faculdade* conferida, desde que exercida de acordo com o § 1º do art. 37 da Constituição Federal.

Neste último caso, a Constituição se utiliza da palavra *publicidade* quando em realidade a situação mais se aproxima da *propaganda*. A publicidade significa tornar público um ato, já a propaganda engloba princípios e teorias visando a um fim ideológico, ou seja, objetiva a adesão a um dado sistema ideológico (político, social ou econômico) de maneira indireta ou a partir de uma neutralidade disfarçada.[99]

A propaganda institucional é um dos mais poderosos instrumentos utilizados pelos governos autoritários para garantir a manutenção no poder por mais tempo. Exemplo deste

---

[95] MEIRELLES, Hely Lopes. *Direito administrativo brasileiro*. São Paulo: Malheiros, 2009. p. 97.

[96] O Decreto Federal nº 4.520/2002 instituiu, para os âmbitos da Administração Pública federal, do Poder Judiciário Federal e o do Tribunal de Contas da União, o *Diário Oficial Eletrônico*. Posteriormente, houve a sua revogação pelo Decreto nº 9.215/2017, que atualmente regulamenta a matéria.

[97] BANDEIRA DE MELLO, Celso Antônio. *Ato administrativo e direito dos administrados*. São Paulo: Revista dos Tribunais, 1981. p. 47.

[98] CARDOZO, José Eduardo Martins. Princípios constitucionais da administração pública. *Os 10 anos da Constituição Federal*. São Paulo: Atlas, 1999. p. 163.

[99] DENSA, Roberta. *Direito do consumidor*. São Paulo: Atlas, 2005. p. 91.

fenômeno ocorreu em uma das maiores campanhas publicitárias governamentais de massa da história brasileira, que se utilizou da vitória do País na Copa do Mundo do México (1970), mediante a elaboração, com participação ativa de autoridades governamentais, do hino *Pra frente Brasil*, para incutir no povo subliminarmente a associação das conquistas esportivas daquele ano com as realizações do governo. Também fazia parte da publicidade do regime militar instaurado em 1964 a divulgação de lemas patrióticos e frases de efeito do tipo: "Brasil, ame-o ou deixe-o" ou, ainda, "quem não vive para servir o Brasil, não serve para viver no Brasil".

Atualmente, a Constituição de 1988 exige que a publicidade de atos, programas, obras ou serviços e campanhas dos órgãos públicos tenha caráter educativo, informativo e de orientação social, dela não podendo constar nomes, símbolos ou imagens que caracterizem promoção pessoal de autoridades ou servidores públicos, para que seja também preservado o princípio da impessoalidade, pois, afinal, o dinheiro utilizado para estas obras ou programas vem da *res publica* (coisa pública) ou erário.

Portanto, a propaganda institucional é facultativa e não se confunde com a necessidade de publicidade dos atos e contratos administrativos, que é dever do Estado e direito/garantia dos cidadãos, seja do ponto de vista individual ou da perspectiva do controle social dos atos estatais.

São tão diferentes as situações que parcela da população considera[100] que gasto excessivo com propaganda governamental representa um desrespeito ao contribuinte.

Outro aspecto que surge da positivação da Lei de Acesso à Informação é o conceito de **transparência**, que é geralmente associado à publicidade. Segundo determina a lei, é diretriz dela constante no art. 3º, IV, o fomento ao desenvolvimento de uma cultura de transparência na administração pública.

Nesse sentido, enfatiza Ana Flávia Messa, que se costuma separar, de um lado, a publicidade, cuja finalidade se restringe ao cumprimento do dever de publicação dos atos da Administração Pública, e de outro, a transparência, "que tem como finalidade a abertura de processos e resultados de assuntos públicos relativos à gestão pública, com informações compreensíveis e espaços para participação popular na busca de soluções para problemas na gestão pública".[101]

Esse termo **transparência** é também derivado do vocabulário da governança pública, que fala em *disclosure*, e se relaciona com a divulgação dos atos de gestão aos interessados, para evitar conflito de interesses. Note-se que a abordagem da transparência comtempla exigências de divulgação de informações de forma clara, objetiva e evidente.[102] Assim, a transparência exigida demanda a apresentação de informações de forma completa e compreensível.

Por fim, note-se que se distinguem exigências de transparência ativa da passiva. Enquanto na transparência ativa o órgão público disponibiliza dados, geralmente nos *sites* da *internet*, independentemente de solicitação dos interessados ou participantes, na transparência passiva as informações são disponibilizadas após a provocação do órgão pela sociedade.

---

[100] Só a Petrobras gastou cerca de um bilhão de reais nos anos de 2004 e 2005, conforme dados divulgados na matéria Gasto de Lula com publicidade passa de R$ 1,4 milhão. Disponível em: <http://www.bonde.com.br/bondenews/bondenewsd.php?id+20060622>. Acesso em: 11 nov. 2007.

[101] Em tese de doutoramento brilhantemente defendida na Universidade de Coimbra. MESSA, Ana Flávia. *Transparência, compliance e práticas anticorrupção na administração pública*. São Paulo: Almedina, 2019. p. 67.

[102] O que pode ser articulado com a determinação da Lei de Processo Administrativo Federal, que exige que a motivação seja explícita, clara e congruente, conforme art. 50, § 1º, da Lei nº 9.784/99.

> **PUBLICIDADE**
> **Art. 5º, XXXIII, CF** – direito a receber dos órgãos públicos INFORMAÇÕES
> Ressalvadas aquelas cujo SIGILO seja imprescindível à segurança da sociedade e do Estado
> **Lei nº 12.527/2011**
> **Art. 5º, XXXIV, b, CF** – DIREITO DE CERTIDÃO:
> Para defesa de direitos e esclarecimento de situações de interesse pessoal
>
> – **GERAL:** Veículo oficial, afixação na repartição
> – **RESTRITA:** Caráter individual, atos de efeitos internos
>
> Publicidade de atos e contratos: requisito de eficácia e moralidade
> **PUBLICIDADE** – princípio + obrigatoriedade
> **PROPAGANDA** – facultativa (não é publicidade em sentido rigoroso)
> **TRANSPARÊNCIA** – ativa (pelo próprio órgão) ou passiva (quando o órgão é provocado)
> Informações devem ser disponibilizadas de forma clara, objetiva e evidente (compreensiva).

2.7 Eficiência

O princípio da eficiência foi positivado no *caput* do art. 37 da Constituição Federal por meio da Emenda Constitucional nº 19, de 1998,[103] que seguiu o passo das legislações estrangeiras. A menção à eficiência no Direito Administrativo não representou uma grande novidade na medida em que ela era estudada como dever específico nas atribuições do administrador.

A eficiência impõe ao agente público um modo de atuar que produza resultados favoráveis à consecução dos fins que cabe ao Estado alcançar.[104] Assim, antes de sua positivação como princípio, os manuais a mencionavam como faceta exigida no âmbito do dever funcional.

Segundo Hely Lopes Meirelles, eficiência é o "dever que se impõe a todo agente público de realizar suas atribuições com presteza, perfeição e rendimento funcional".[105]

José Afonso da Silva considera que eficiência significa "fazer acontecer com racionalidade, o que implica medir os custos que a satisfação das necessidades públicas importam em relação ao grau de utilidade alcançado".[106]

---

[103] Segundo Flávio Garcia Cabral, já havia na Constituição previsão da eficiência em outros dispositivos constitucionais, como os arts. 74, II, e 144, § 7º, correspondendo, respectivamente ao controle interno dos Poderes para comprovar a legalidade e avaliar os resultados, quanto à eficácia e eficiência, da gestão orçamentária, financeira e patrimonial nos órgãos e entidades da administração federal, bem como da aplicação de recursos públicos por entidades de direito privado, e o parágrafo da segurança pública, que estabelece que a lei disciplinará a organização e o funcionamento dos órgãos responsáveis pela segurança pública, de maneira a garantir a eficiência de suas atividades. Cf. CABRAL, Flávio Garcia. *O conteúdo jurídico da eficiência administrativa*. Belo Horizonte: Fórum, 2024. p. 283.

[104] Note-se que Juarez Freitas associa a eficiência ao direito fundamental à boa administração pública: "entendido como direito à administração eficiente e eficaz, proporcional cumpridora de seus deveres, com transparência, motivação, imparcialidade e respeito à moralidade, à participação social e à plena responsabilidade por suas condutas omissivas e comissivas" (Cf. FREITAS, Juarez. *Discricionariedade administrativa e o direito fundamental à boa administração*. São Paulo: Malheiros, 2007. p. 96).

[105] MEIRELLES, Hely Lopes. *Direito administrativo brasileiro*. 35. ed. São Paulo: Malheiros, 2009. p. 98.

[106] SILVA, José Afonso da. *Curso de direito constitucional positivo*. São Paulo: Malheiros, 2000. p. 655.

Alexandre de Moraes[107] aponta as seguintes características do princípio da eficiência:

- direcionamento à efetividade do bem comum;
- imparcialidade;
- neutralidade;
- transparência;
- participação;
- aproximação dos serviços públicos da população;
- eficácia;
- desburocratização; e
- busca da qualidade.

Na Ciência da Administração,[108] a eficiência e a eficácia são duas formas recorrentes de avaliação do desempenho de uma organização. Compreendem, todavia, conceitos com significados distintos. Enquanto **eficiência** é noção que se refere à adequada medida de utilização dos recursos, ou seja, um administrador eficiente é o que consegue um desempenho elevado em relação aos insumos disponíveis (mão de obra, material, dinheiro, máquinas e tempo); a noção de **eficácia** transcende a mera indagação dos meios e avalia mais diretamente os resultados; portanto, neste enfoque pode ser que um administrador seja eficiente sem que necessariamente seja eficaz, ou seja, que não obstante a utilização de métodos e procedimentos adequados, os objetivos visados não sejam alcançados.

Note-se que a ideia de eficiência administrativa não deve se pautar apenas no aproveitamento de meios e recursos colocados à disposição dos agentes públicos; deve também abranger a relação dos meios utilizados e dos resultados obtidos em face das necessidades públicas existentes.

Ocorre que a eficiência presente na administração privada não pode ser transplantada simplesmente para a administração pública, pois enquanto aquela objetiva lucro e, para tanto, as empresas devem se esmerar na permanente tarefa de adequação às exigências cambiantes do mercado, esta se preocupa, no mais das vezes, com a consecução dos interesses públicos e também com a permanente prestação de serviços públicos.

No âmbito privado, as empresas devem ser sensíveis às modificações do mercado; já os órgãos que prestam serviços públicos demandam uma certa padronização para o alcance de progressiva universalização, impessoalidade e, acima de tudo, continuidade na satisfação de necessidades coletivas.

Ademais, vários órgãos que prestam serviços públicos são "deficitários por natureza", como, por exemplo, os estabelecimentos públicos que se ocupam de serviços de saúde e educação, uma vez que tais atividades são prestadas de forma gratuita, isto é, sem a contrapartida remuneratória, até porque são sustentados pelo patrimônio público.

Devem-se evitar, portanto, irrefletidas comparações da eficiência exigida no setor privado com a eficiência necessária ao setor público, pois os objetivos (fins) visados são, por vezes, diferentes.

---

[107] MORAES, Alexandre de. *Direito constitucional*. São Paulo: Atlas, 2007. p. 319.
[108] CHIAVENATO, Idalberto. *Administração*: teoria, processo e prática. 3. ed. São Paulo: Makron Books, 2000. p. 128-129.

Também não se pode defender a eficiência com total ênfase nos resultados em detrimento dos procedimentos ou meios. Isso ocorre porque no Direito Administrativo os meios trazem consigo importantes garantias aos administrados. Assim, o procedimento de licitação pode representar um meio custoso e mais demorado para a Administração, mas ele objetiva garantir que as contratações públicas sejam amparadas na possibilidade de participação de todos que preencham os requisitos dos instrumentos convocatórios; no âmbito privado, é possível demitir um funcionário sem justa causa, enquanto no setor público os servidores efetivos possuem estabilidade e só podem ser demitidos nas situações previstas, garantindo-se, via de regra, a ampla defesa e o contraditório em procedimento administrativo disciplinar; a seleção para cargos e empregos no Estado não é feita por indicação ou por mero processo seletivo de análise de currículo, mas por concurso público aberto a todos os que tenham condições objetivas de participar.

Por isso, a eficiência é princípio que deve ser **harmonizado** com os demais, não podendo se sobrepor à legalidade, na medida em que os meios legais veiculam importantes garantias, não sendo aplicável na administração pública a noção de que "os fins justificam os meios".[109]

São frequentes na administração privada treinamentos que objetivam incutir nos funcionários técnicas motivacionais ideologizadas que buscam a identificação total dos interesses mais imediatos dos trabalhadores com os objetivos lucrativos da empresa da qual fazem parte. Esses treinamentos, que culminam na redução da autonomia de julgamento dos funcionários, são deixados de lado na área pública.

Ressalte-se, ainda, que nas empresas privadas existem setores, como *marketing* e vendas, nos quais os funcionários são constantemente desafiados por metas excessivas ou irrazoáveis, que representam permanentes ameaças para aqueles que, em certas circunstâncias, ou até por razões alheias ao seu empenho e vontade (eficiência), acabam não sendo eficazes.

Já no Poder Público, a "queixa" transita não raro em torno do clientelismo e das relações em que correligionários ou pessoas próximas dos agentes políticos, que nem sempre são tão qualificados, mas acabam ocupando importantes postos na Administração, sendo comuns reclamações sobre a falta de incentivos para ascensão na carreira daqueles que trabalham criteriosamente, mas sem promover relações políticas ou mesmo corporativas. Assim, a palavra *burocracia*, cuja conotação técnica tem significado positivo em termos de eficiência, passou a ser também associada a lentidão, distância e má vontade, por isso se associa o termo *desburocratização* a aproximação dos serviços da população.

A Reforma do Estado que culminou na Emenda nº 19/98 incluiu na Constituição regras que são corolário do princípio da eficiência:

- introdução da figura do **contrato de gestão** no art. 37, § 8º, que permite o acréscimo de autonomia administrativa em função do desempenho de metas específicas, inicialmente sendo chamado de **contrato de gestão**, mas depois foi disciplinado pela Lei nº 13.934/2019 como **contrato de desempenho**;

---

[109] Noção geralmente associada a Maquiavel. Contudo, é controvertido na ciência política se Maquiavel realmente haveria defendido que "os fins justificam os meios". Tal frase é mal compreendida, pois Maquiavel procurou também estabelecer a medida correta da ação eficaz (na manutenção do poder conquistado) em função das necessidades. A noção deve ser interpretada à luz da transformação na observação da política, uma vez que a abordagem de Maquiavel foi bastante avançada para a época, dada sua pretensão de abandonar uma concepção prescritiva, de influência religiosa ou medieval, em nome de uma análise mais descritiva. Procurou-se dissociar, portanto, a concepção deontológica (dever ser) da política, optando-se por descrever as relações de poder da forma como elas são (mundo do ser), sem a pretensão metodológica de realização de qualquer reflexão ética, até porque a ideia de Maquiavel, com o *Príncipe*, era oferecer suas reflexões e ganhar a confiança de Lourenço de Médici, no contexto de uma Itália dividida e em permanente disputa pelo poder.

- acréscimo do inciso III ao § 1º do art. 41, que admite a perda do cargo efetivo mediante **procedimento de avaliação periódica de desempenho**, na forma da *lei complementar*, assegurada a ampla defesa; e
- modificação da redação do § 2º do art. 39, determinando que a União, os Estados e o Distrito Federal mantenham **escolas de governo** para formação e aperfeiçoamento de seu pessoal, sendo a participação nos cursos oferecidos requisito para promoção na carreira.[110]

Assim, expõe Maria Sylvia Zanella Di Pietro,[111] a eficiência não abrange apenas um *modo de atuação* do agente público, do qual se espera o melhor desempenho possível de suas atribuições, para lograr o melhor resultado, mas também um modo de *organizar*, *estruturar* e *disciplinar* a Administração Pública. Note-se que, conforme será exposto no item 18.3 do presente livro, a Lei do Governo Digital dispõe sobre princípios e regras e instrumentos para o *aumento da eficiência* da Administração Pública, especialmente por meio da **desburocratização**, da **inovação**, da **transformação digital** e da **participação** do cidadão (Lei nº 14.129/2021).

EFICIÊNCIA

Emenda Constitucional nº 19/98 – *caput* do art. 37 da CF
Interpretação harmônica com a legalidade
Regras decorrentes:
1. contrato de desempenho, inicialmente previsto como contrato de gestão (art. 37, § 8º, CF);
2. avaliação periódica de desempenho (art. 41, § 1º, III, CF), na forma da LC;
3. escola de governo (art. 39, § 2º, CF).
REFORMA DO ESTADO – Administração gerencial ("desburocratização")
Di Pietro – dimensões do princípio:
modo de atuação + forma de estruturar, disciplinar a Administração Pública
Debate de ponto controvertido: Retórica da flexibilização neoliberal (Reforma do Estado) acaba, no pós-positivismo, gerando maior controle da administração
Se o conteúdo da eficiência for analisado a fundo, a partir de uma visão crítica,[112] pode-se perceber que ele surgiu por conta da vontade política para flexibilizar as chamadas "amarras burocráticas" rumo a um conceito de administração gerencial, ou seja, da influência neoliberal de ajuste das tecnocracias estatais da América Latina, daí o discurso do então Ministério da Reforma Administrativa,[113] que propugnou a adoção de novos modelos de gestão pública que pudessem dar "respostas mais ágeis" às demandas da "realidade" global em busca da superação de desequilíbrios tópicos de economias com déficits fiscais e problemas monetários.

---

[110] Os atualizadores da obra de Hely Lopes Meirelles também associam a positivação do direito à razoável duração do processo (judicial e administrativo) e os meios que garantam a celeridade de sua tramitação, conforme inciso LXXVIII, acrescentado ao art. 5º pela Emenda Constitucional nº 45/2004, à eficiência, bem como a existência de súmula com efeito vinculante para a Administração Pública. MEIRELLES, Hely Lopes. *Direito administrativo brasileiro*. São Paulo: Malheiros, 2009. p. 98.

[111] DI PIETRO, Maria Sylvia Zanella. *Direito administrativo*. São Paulo: Atlas, 2010. p. 83.

[112] Para saber mais, tivemos oportunidade de pesquisar em tese de livre-docência: *Reforma Administrativa e Burocracia*: impacto da eficiência na configuração do Direito Administrativo brasileiro. São Paulo: Atlas, 2012. *Passim*. Há também a obra de GABARDO, Emerson. *Princípio constitucional da eficiência administrativa*. São Paulo: Dialética, 2001. *Passim*.

[113] PEREIRA, Luiz Carlos Bresser. *Crise econômica e Reforma do Estado no Brasil*. São Paulo: Editora 34, 1996. p. 269.

A positivação da eficiência relacionou-se, no fundo,[114] com o desmonte do setor público e o deslocamento dos conflitos econômicos para a esfera do mercado, que se deu a partir da crescente privatização e desregulamentação de inúmeras atividades econômicas antes consideradas serviços públicos.

Também é sabido que o neoliberalismo frequentemente se mune de uma retórica que, apesar de aparentemente "modernizadora", está carregada de elementos liberais e neoconservadores, pois, mediante uma sociedade disciplinada e subordinada ao discurso tecnocrático, propugnam--se o enfraquecimento do Estado e a sua submissão aos interesses do mercado transnacional num retorno mais ou menos evidente à sociedade de mercado ou ao *laissez-faire*.

Assim, para que haja um conteúdo mais profundo e essencial, e não a mera aparência dos termos empregados pelos defensores maiores deste último sentido de eficiência, é necessária uma decodificação dessa nova retórica (acompanhada de velhas práticas) para clarificar os fenômenos linguísticos, de conteúdo ideológico, uma vez que: (a) a propagada "desburocratização" é em essência associada ao movimento de desmonte estatal; (b) a ênfase nos resultados, conforme exposto, pode ser encarada também do prisma do menosprezo aos procedimentos; (c) a flexibilização difundida objetiva, além de outras coisas, a redução dos encargos sociais com o funcionalismo; e (d) onde se fala em núcleo estratégico e administração gerencial pode-se enxergar, frequentemente, déficits democráticos na tomada de decisões.

Note-se, por fim, que os tecnocratas da reforma não se aperceberam que, do ponto de vista jurídico, a positivação da eficiência como princípio constitucional, a partir do pós-positivismo, não gera a desejada **flexibilização** da Administração Pública, mas sim o seu **maior controle**, que doravante também poderá ser feito pela eficiência. Trata-se, portanto, de mais um limite jurídico à atuação discricionária da Administração Pública, na medida em que os princípios têm conteúdo normativo.

Pode-se considerar, portanto, que se a positivação do princípio da eficiência reduz a margem legal das opções convenientes e oportunas dos gestores da coisa pública, há do ponto de vista jurídico uma reaproximação do *Direito Administrativo* com a *Ciência da Administração*.

Assim, se os operadores aplicarem de fato a eficiência como princípio constitucional, políticas públicas que antes eram assuntos franqueados às ciências não jurídicas passam a ser consideradas inconstitucionais quando violarem expressamente os parâmetros mínimos do agir eficiente, ou seja, se o governo criar políticas (*policies*) manifestamente ineficientes elas podem ser controladas pelo princípio normativo da eficiência.[115]

Esse potencial de mudança proporcionado pela eficiência é, por um lado, positivo, pois implica num avanço significativo no combate ao mau emprego das verbas públicas, que antes era assunto exclusivo do administrador, mas, de outro lado, deve ser empregado de forma prudente, para que não fulmine opções razoáveis do ponto de vista da eficiência, mas que não são tidas por "ótimas" na *x* ou *y* visão administrativa, desbordando, portanto, para uma tentativa ilegítima de substituição de boas opções administrativas, tomadas pelos verdadeiros representantes do povo, por aquelas que os juízes reputam melhores em uma situação muito parecida com a que ocorreu nos Estados Unidos após a Grande Depressão, no chamado governo dos juízes, em que a Suprema Corte invalidou pacotes políticos aprovados pelo governo no Legislativo a fim de reconstruir o país mediante o emprego de medidas intervencionistas, tidas pelos juízes conservadores como inconstitucionais, em um dos maiores conflitos entre Executivo e Judiciário registrados na história.

---

[114] Note-se que o assunto é controvertido, pois há respeitáveis opiniões em sentido contrário, como a de José dos Santos Carvalho Filho, para quem o Poder Judiciário não pode "invalidar atos administrativos invocando exclusivamente o princípio da eficiência". CARVALHO FILHO, José dos Santos. *Manual de direito administrativo*. Rio de Janeiro: Lumen Juris, 2008. p. 27.

[115] Cf. NOHARA, Irene Patrícia. Pressupostos e repercussões do princípio da eficiência. *Revista da Procuradoria Geral do Município de Santos*, Santos, ano II, nº 2, p. 79-88, 2005.

2.8 Razoabilidade e/ou proporcionalidade

Apesar de a razoabilidade ter sido incluída como princípio no projeto original da Constituição de 1988, ela acabou não sendo incorporada aos princípios previstos no art. 37, *caput*. Todavia, tanto a Constituição do Estado de São Paulo (art. 111) quanto as leis de processo administrativo[116] explicitam a razoabilidade como princípio.

Assim, apesar da ausência de previsão expressa no rol do *caput* do art. 37 da Constituição, alguns autores[117] consideram que a razoabilidade está **implícita** no art. 5º, LVI, da Constituição, que determina que "ninguém será privado da liberdade ou de seus bens sem o devido processo legal", que abarca também o devido processo substantivo, conforme será exposto. Ademais, a proporcionalidade é frequentemente extraída do Estado Democrático de Direito.

Razoabilidade indica a qualidade de *razoável*, adjetivo de raiz latina, derivado da palavra *razão (ratio)*. Trata-se de termo com vários significados, dentre os quais se destacam: logicamente plausível, racional, aceitável pela razão, ponderado e sensato.

Tivemos oportunidade de estudar a razoabilidade a fundo na obra *Limites à razoabilidade nos atos administrativos*, objeto de nossa tese de doutoramento. Defendemos que, na essência, a razoabilidade é mais juízo do que princípio. Como juízo, relaciona-se, portanto, com a prudência que, segundo Aristóteles, é a virtude do entendimento que capacita o homem a tomar decisões sensatas.

A razoabilidade analisa basicamente o equilíbrio entre **meios** e **fins**, especialmente no tocante à adequação dos meios, tendo em vista a aptidão para atingirem determinadas finalidades. Assim, por exemplo, questões que testam o conhecimento do Direito são meios razoáveis a serem utilizados em concursos públicos para seleção de pessoal nas carreiras jurídicas; o conhecimento na área de especialização é meio adequado para critério de seleção de dirigente de agência reguladora pelas autoridades competentes; e documentação relativa à qualificação técnica é exigência razoável para que determinada empresa, que queira executar obra ou desenvolver serviços complexos para a Administração, participe regularmente do correspondente procedimento licitatório.

A alusão à razoabilidade compreende a análise do meio-termo[118] como parâmetro de excelência moral, isto é, relaciona-se com algo que não redunde nem em excesso, nem em deficiência, ou seja, em algo que guarde adequada proporção entre as coisas.

---

[116] Cf. art. 2º da Lei nº 9.784/99, que regula o processo administrativo no âmbito da Administração Pública federal, menciona razoabilidade e proporcionalidade; art. 4º da Lei nº 10.177/98, que trata do processo administrativo no Estado de São Paulo, que apenas cita a razoabilidade, sem mencionar a proporcionalidade; art. 2º da Lei nº 6.161, de 26 de junho de 2000, de Alagoas, que indica tanto a razoabilidade como a proporcionalidade; art. 2º da Lei nº 2.794, de 6 de maio de 2003, do Amazonas, que contempla razoabilidade e proporcionalidade; art. 2º da Lei nº 13.800, de 18 de janeiro de 2001, de Goiás, que menciona a razoabilidade e a proporcionalidade; art. 4º da Lei nº 7.692, de 1º de julho de 2002, do Mato Grosso, onde se encontram tanto a razoabilidade como a proporcionalidade; art. 2º da Lei nº 14.184, de 31 de janeiro de 2002, de Minas Gerais, menciona apenas a razoabilidade, sem fazer alusão à proporcionalidade; art. 2º da Lei nº 11.781, de 6 de junho de 2000, de Pernambuco, que alude tanto à razoabilidade como à proporcionalidade, e art. 2º da Lei nº 418, de 15 de janeiro de 2004, de Roraima, que trata tanto da razoabilidade como da proporcionalidade.

[117] CASTRO, Carlos Roberto Siqueira. *O devido processo legal e os princípios da razoabilidade e da proporcionalidade*. Rio de Janeiro: Forense, 2006. p. XI – nota explicativa.

[118] ARISTÓTELES. *Ética a Nicômacos*. 3. ed. Tradução de Mário da Gama Kury. Brasília: Editora Universidade de Brasília, 2001. p. 119.

Assim, já houve prova de esforço físico para concurso de delegado federal que não foi tida por razoável pelo antigo Tribunal Federal de Recursos,[119] pois os exercícios físicos exigidos foram considerados excessivos em relação às habilidades demandadas pelo cargo pleiteado. Alegou-se que como o delegado trabalha usualmente em gabinete, não precisa sair correndo atrás dos suspeitos, sendo ressaltado que ele dispõe de agentes que executam suas ordens.

Além da irrazoabilidade por excesso, existe também a irrazoabilidade pela falta ou deficiência, como se constatou no caso de uma Municipalidade que realizou concurso público para cargos de engenheiro e psicólogo utilizando-se apenas de questões de conhecimento genérico, ou seja, de português e matemática.

Em Direito Administrativo, a irrazoabilidade (tanto pelo excesso quanto pela falta) frequentemente caracteriza indício da ocorrência de desvio de finalidade. Assim, pode ser que num desses mencionados concursos não haja a legítima vontade de a autoridade competente selecionar o candidato mais apto para o cargo, mas sim aquele que reúne outras condições que não são adequadas para o desempenho das atribuições legais, mas que, não obstante, são levadas em consideração pelo edital do concurso, em patente violação à razoabilidade, à impessoalidade e à finalidade administrativas.

Entendemos que a razoabilidade é ontologicamente e pragmaticamente indissociável da proporcionalidade.[120] Neste ponto, a doutrina de Direito Administrativo é praticamente unânime.[121]

Contudo, não podemos deixar de ressaltar que existe uma corrente constitucionalista[122] que defende a distinção entre os dois termos baseada no fato de que enquanto a razoabilidade foi incorporada nos ordenamentos pela influência da *rule of reasonableness*, de origem inglesa, que se sedimentou na criação norte-americana do devido processo legal substantivo, a proporcionalidade é regra extraída das construções jurisprudenciais do Tribunal Constitucional alemão depois do período do nacional-socialismo e da Lei Fundamental de Bonn, que dissociou o conceito em três subelementos constitutivos: adequação, necessidade e proporcionalidade em sentido estrito.

---

[119] *Diário de Justiça* de 26.2.1987, p. 2.783.

[120] Esta foi provavelmente a orientação da lei de processo administrativa de São Paulo, Lei nº 10.177/98, à medida que prevê tão somente o princípio da razoabilidade, sem mencionar a proporcionalidade de forma isolada.

[121] DI PIETRO, Maria Sylvia Zanella. *Direito administrativo*. São Paulo: Atlas, 2010. p. 80, a autora considera que a proporcionalidade "constitui um dos aspectos contidos" na razoabilidade. BANDEIRA DE MELLO, Celso Antônio. *Curso de direito administrativo*. São Paulo: Malheiros, 2004. p. 101: "em rigor, o princípio da proporcionalidade não é senão faceta do princípio da razoabilidade". MEDAUAR, Odete. Poder de polícia. *Revista de Direito Administrativo*, Rio de Janeiro, nº 199, p. 95, jan./mar. 1995: "doutrinadores franceses, espanhóis e alemães utilizam o nome proporcionalidade e os doutrinadores argentinos e norte-americanos preferem o termo razoabilidade, para afirmar que as medidas de limitação de direitos devem ser congruentes com os motivos e fins que a justifiquem [...]. Parece melhor englobar no princípio da proporcionalidade o sentido da razoabilidade. O princípio da proporcionalidade consiste, principalmente, no dever de não serem impostas, aos indivíduos em geral, obrigações, restrições ou sanções em medida superior àquela estritamente necessária ao atendimento do interesse público, segundo critério de razoável adequação dos meios aos fins".

[122] Entre ela, destaca-se Luís Virgílio Afonso da Silva. O proporcional e o razoável. *Revista dos Tribunais*, São Paulo, ano 91, v. 798, p. 30, abr. 2002.

Concordamos com Xavier Philippe[123] quando expõe que razoabilidade é juízo que é mais fácil compreender do que definir. Como possui elevada carga valorativa, sua apreensão insere-se mais na ordem afetiva, da intuição emocional, do que na ordem intelectiva da teorização racional, que se dirige a determinados princípios.

Perceber que houve violação da razoabilidade deriva da sensação de desproporção ou de impropriedade que a apreensão de um objeto ocasiona e não de raciocínios complexos. Contudo, enfatize-se[124] que muito embora a **percepção** do irrazoável seja de imediato apreendida pela intuição, esta não pode ser aceita pura e simplesmente sem processos intelectuais de **justificação** e argumentação.

Em um[125] concurso público para seleção de policiais exigia-se que os candidatos demonstrassem que possuíam mais de 20 dentes na boca. Esse fato por si só causa às pessoas "sensatas" grande estranheza, ou seja, provoca uma sensação de que houve violação dos limites de razoabilidade permitidos; mas, para que haja a invalidação do critério no âmbito jurídico será necessário argumentar para demonstrar que por várias razões o meio escolhido foi injusto, pois, por exemplo, o número de dentes na boca de um candidato não é critério apto a demonstrar o seu futuro rendimento funcional nas atribuições pleiteadas ou mesmo se pode refletir que talvez as pessoas que concorram à vaga sem os tais dos "20 dentes" depois de conseguirem trabalhar terão recursos suficientes para pagar um tratamento que lhes permita completar a dentição, sendo até cruel ou mesmo perverso da parte do Poder Público impedir a participação delas no concurso, se este critério não tem relação de pertinência com o rendimento funcional.

No uso do juízo de razoabilidade, cada caso concreto analisado deve ser ponderado em função de suas particularidades. Assim, nem sempre o critério de altura para seleção em concurso público é tido automaticamente por irrazoável, pois, no caso da escolha dos dragões da independência, ou seja, da unidade militar que guarda prédios oficiais, cuja fachada é simbólica da própria nação (*e. g.*, Palácio do Planalto), considerou-se que a altura exigida, apesar de elevada para os padrões nacionais, é adequada, exigível e proporcional em sentido estrito, uma vez que guarda um equilíbrio adequado diante dos bens ponderados, entre eles, os valores estéticos e de elegância.

Existem dois meios bastante comuns de questionamento da razoabilidade no Direito Administrativo: (1) a alegação de que o discrime normativo escolhido pelo legislador, ou por membro do Executivo desempenhando função atípica de criação de atos normativos, para estabelecer distinções legais não é razoável, pois viola ao princípio da igualdade,[126] o que geralmente implica a inconstitucionalidade do ato estatal; e (2) a afirmação de que o ato administrativo em sentido estrito é inválido porque irrazoável.

Além do controle de razoabilidade ou de racionalidade nas classificações legislativas em função da finalidade da lei, há diferenças constitucionalmente vedadas que não podem deixar de ser ressaltadas, como a proibição de distinção em razão de origem, raça, sexo, cor ou idade. Esta determinação não obsta as chamadas iniciativas de "ação afirmativa", que se justificam por assegurar a igualdade material, como ocorre com a reserva de vagas em repartições para

---

[123] PHILIPPE, Xavier. *Le controle de proporcionnalité dans les jurisprudences constitucionelle et administrative française*. Aix-Marseille: Presses Universitaires, 1990. p. 7.

[124] NOHARA, Irene Patrícia. *Limites à razoabilidade nos atos administrativos*. São Paulo: Altas, 2006. p. 2.

[125] Cf. HERKENHOFF FILHO, Helio E. Democracia banguela – os dentes necessários para ser Guarda Municipal no Rio de Janeiro. *Revista Jus Vigilantibus*, 20 set. 2007.

[126] BANDEIRA DE MELLO, Celso Antônio. *O conteúdo jurídico do princípio da igualdade*. São Paulo: Malheiros, 1997. *Passim*.

deficientes físicos ou, em outros países, na reserva de vagas para mulheres nos órgãos do Poder Legislativo,[127] pois já enfatizava Rui Barbosa, apoiado nas ideias aristotélicas, que igualdade material é tratar os iguais de forma igual e os desiguais de forma diferente, na medida (proporção) de suas desigualdades.

Já o ato administrativo em sentido estrito, segundo Gordillo,[128] é irrazoável, por exemplo, se: não explicitar os fundamentos de fato ou de direito que o sustentam;[129] não levar em conta fatos constantes do expediente ou assuntos públicos e notórios e se não guardar proporção adequada entre os meios que emprega e o fim que deseja alcançar.

Na realidade, o grau de utilização do juízo de razoabilidade dos atos estatais é condizente com o clima democrático presente nas instituições no geral, por isso, a regra de proporcionalidade é associada na Alemanha e em Portugal como uma cláusula pressuposta no Estado Democrático de Direito.

Somente em ambientes "abertos" para a discussão e reflexão acerca dos limites de racionalidade dos atos haverá de fato espaço para a razoabilidade como guia de legitimação das medidas em geral. Essa noção é quase intuitiva. Em ambientes autoritários não há maior preocupação para que os destinatários saibam e questionem razões e motivos subjacentes aos atos estatais, muito menos se eles são adequados às finalidades objetivadas.

A proporcionalidade foi desdobrada pela doutrina alemã em:

- **adequação**, isto é, ponderação da aptidão que o meio escolhido tem para alcançar o resultado pretendido, assim, não seria adequada, sendo, portanto, irrazoável, a imposição de quarentena sanitária a veículo como meio de punir pessoa que ultrapassou sinal vermelho de trânsito;
- **necessidade** ou **exigibilidade**, correspondente à indagação acerca do grau de restrição do meio escolhido em relação aos demais direitos fundamentais, sendo, por exemplo, "inadmissível a interdição de estabelecimento como meio coercitivo para cobrança de tributo" (Súmula 70 do Supremo Tribunal Federal), pois para forçar a regularização fiscal de estabelecimento o Poder Público prejudicaria a liberdade de exercício de atividade econômica, sendo que o Fisco dispõe de meios necessários, exigíveis e mais adequados para promover execução fiscal; e
- **proporcionalidade em sentido estrito**, que envolve a razoável proporção no equilíbrio ou ponderação entre bens e valores, ou seja, entre a limitação do direito e a gravidade da situação fática, tendo sido considerada inconstitucional, por exemplo, determinada lei estadual que introduziu a obrigatoriedade de pesagem de botijões de gás à vista do consumidor, pois o Supremo Tribunal Federal[130] considerou que ela impunha excessivo ônus às companhias de gás, que deveriam dispor de uma balança em cada veículo ou posto de revenda.

---

[127] No Brasil, existe reserva de vagas nas candidaturas pois, conforme alteração feita nas Leis nos 9.096, de 19 de setembro de 1995 – Lei dos Partidos Políticos, 9.504, de 30 de setembro de 1997, que estabelece normas para as eleições, e 4.737, de 15 de julho de 1965 – Código Eleitoral, pela Lei nº 12.034/2009, "cada partido ou coligação preencherá o mínimo de 30% e o máximo de 70% para candidaturas de cada sexo".

[128] GORDILLO, Agustin. *Princípios gerais de direito público*. São Paulo: Revista dos Tribunais, 1977. p. 183. Ver tb. DI PIETRO, Maria Sylvia Zanella. *Direito administrativo*. São Paulo: Atlas, 2010. p. 79.

[129] Numa situação em que a ausência de motivação é um indício de uma atuação irrazoável. Irrazoabilidade mais explícita é aquela na qual a motivação explicita razões ilógicas, isto é, incoerentes.

[130] ADI 855, Rel. Min. Octavio Gallotti, que questionou a Lei do Estado do Paraná de nº 10.248/93.

A razoabilidade também pode ser entendida como um aspecto da própria legalidade, pois a interpretação do Direito, do ponto de vista da hermenêutica mais desenvolvida, exclui do universo jurídico opções irrazoáveis, assim como imorais e ilegítimas.

Nesta perspectiva, a razoabilidade é vista como parâmetro interpretativo que limita a discricionariedade do administrador, mas cujo adequado controle jurisdicional dependerá da abertura e sensibilidade que o Poder Judiciário demonstrar para refletir e ponderar, a partir do juízo de prudência, o equilíbrio dos motivos e fins de cada ato estatal *sub judice*, por esse motivo, a razoabilidade/proporcionalidade é parâmetro de sopesamento de princípios/direitos fundamentais cujos conteúdos entrem em colisão.

Também há no art. 21 da LINDB, inserido pela Lei nº 13.655/2018, a exigência de ponderação quanto aos efeitos da invalidação de ato, contrato ou processo, proibindo que se imponha, conforme o parágrafo único do artigo, "ônus ou perdas que, em função das peculiaridades do caso, sejam anormais ou excessivos".

2.9 Finalidade

Existem diplomas legais que elencam a finalidade como princípio, tais como: a Lei de Processo Administrativo Federal (Lei nº 9.784/99, art. 2º), a Lei de Processo Administrativo do Estado de São Paulo (Lei nº 10.177/98, art. 4º)[131] e o art. 111 da Constituição Estadual de São Paulo, apesar de ela não constar expressamente no rol do art. 37 da Constituição Federal.

Na doutrina, Celso Antônio Bandeira de Mello[132] e Diogo de Figueiredo Moreira Neto[133] tratam-na como princípio autônomo. Hely Lopes Meirelles, por seu turno, entende que a finalidade nada mais é do que o fundamento do princípio da impessoalidade, "o qual impõe ao administrador público que só pratique o ato para o seu fim legal"[134] e que terá sempre um objetivo certo e inafastável: o interesse público.

Maria Sylvia Zanella Di Pietro[135] propugna que a finalidade (ou fim) tem duas acepções: uma ampla, que diz respeito ao interesse público, e outra mais restrita, referente ao resultado específico que cada ato deve produzir, que deriva explícita ou implicitamente da lei. Também Celso Antônio Bandeira de Mello[136] abraça o posicionamento de que a finalidade é inerente à legalidade, pois decorre da aplicação da lei tal qual é, não só positivada, mas em seu espírito.

O agente público, ao manejar as atribuições derivadas das competências postas a seu encargo, deve atuar com rigorosa obediência à finalidade de todas as leis, que é o interesse público ou bem comum, e à finalidade específica da lei que executa. Note-se que, no Direito Administrativo, a finalidade também é abordada como elemento ou condição de validade do ato administrativo.

FINALIDADE

Positivação: Não expressa na CF, mas: LPA federal (art. 2º) e art. 111 da CE/SP.
Bandeira de Mello e Moreira Neto: princípio **autônomo**.
Hely Lopes Meirelles: fundamento da **impessoalidade**.
Di Pietro: **sentido amplo** – interesse público; **sentido restrito**: finalidade legal.

2.10 Motivação

Motivação é o ato ou efeito de motivar, isto é, de justificar um ato ou medida tomada. Significa, em Direito Administrativo, explicitar os fatos e os fundamentos jurídicos que levaram a Administração Pública a editar um ato ou tomar uma medida.

---

[131] Também elencam a finalidade como princípio as seguintes leis estaduais: art. 2º da Lei nº 14.184/2002 (Lei de Processo Administrativo de Minas Gerais); art. 2º da Lei nº 13.800/2001 (Lei de Processo Administrativo do Estado de Goiás); art. 2º da Lei nº 11.781/2000 (Lei de Processo Administrativo de Pernambuco); art. 2º da Lei nº 6.161/2000 (Lei de Processo Administrativo de Alagoas); art. 2º da Lei nº 2.794/2003 (Lei de Processo Administrativo do Amazonas); e art. 2º da Lei nº 418/2014 (Lei de Processo Administrativo de Roraima).

[132] BANDEIRA DE MELLO, Celso Antônio. *Curso de direito administrativo*. São Paulo: Malheiros, 2008. p. 106.

[133] MOREIRA NETO, Diogo de Figueiredo. *Curso de direito administrativo*. Rio de Janeiro: Forense, 2006. p. 94.

[134] MEIRELLES, Hely Lopes. *Direito administrativo brasileiro*. São Paulo: Malheiros, 2009. p. 93.

[135] DI PIETRO, Maria Sylvia Zanella. *Direito administrativo*. São Paulo: Atlas, 2010. p. 209.

[136] BANDEIRA DE MELLO, Celso Antônio. *Curso de direito administrativo*. São Paulo: Malheiros, 2008. p. 106.

Discute-se se a motivação abrange apenas a explicitação dos motivos do ato ou exige também que se explicite a finalidade do ato. De acordo com visão mais abrangente, motivação designaria não apenas a "manifestação dos motivos, mas também de todos os elementos que influem na legalidade, oportunidade e finalidade do ato, bem como a correspondência entre o motivo deste e o seu conteúdo".[137]

Note-se que enquanto o art. 50 da Lei nº 9.784/99 determina que a motivação envolve a "indicação dos fatos e dos fundamentos jurídicos" dos atos, a LINDB, com alteração processada pela Lei nº 13.655/2018, conforme será visto, estabelece que a motivação demonstrará a necessidade e a adequação da medida imposta ou da invalidação de ato, contrato, ajuste, processo ou norma administrativa, inclusive em face das possíveis alternativas.

Assim, percebe-se que, com a alteração em 2018, a motivação não se restringe a indicar fatos e fundamentos, mas também deve demonstrar a necessidade e a adequação, isto é, ponderar a proporcionalidade da medida imposta ou da invalidação, o que inclui cotejar a decisão tomada inclusive em face das possíveis alternativas.

Segundo expõe Odete Medauar,[138] houve nos trabalhos de elaboração da Constituição de 1988 a tentativa de introduzir a regra da motivação entre os princípios constitucionais expressos da Administração Pública, mas ela não permaneceu no texto definitivo, tendo sido explicitada apenas como exigência de motivação das decisões administrativas dos tribunais no art. 93, X, da Constituição Federal.[139] Contudo, a partir da análise do dispositivo constitucional, indaga Lúcia Valle Figueiredo: "ora, se, quando o Judiciário exerce função atípica – a administrativa – deve motivar, como conceber que esteja o administrador desobrigado da mesma conduta?"[140]

Conforme exposto no princípio da publicidade, numa democracia republicana há de haver mecanismos nos quais os governantes são constrangidos a prestar esclarecimentos e a responder por seus atos, sendo que se o poder emana do povo, como dispõe o art. 1º, parágrafo único, da Constituição Federal, aquele que o exerce não pode ocultar "do povo", verdadeiro titular do poder exercido, as linhas e justificativas dos atos estatais.

A cultura do segredo e da ocultação é uma característica de ambientes menos democráticos. A propósito da motivação, como garantia de publicidade e seus efeitos no controle, dos atos estatais, menciona Norberto Bobbio o apêndice da *Paz perpétua* de Kant, que enunciou princípio fundamental segundo o qual todas as ações relativas ao direito de outros homens cuja máxima não é suscetível de se tornar pública são injustas. Nesta perspectiva, expõe Norberto Bobbio:

> uma ação que sou forçado a manter secreta é certamente não apenas uma ação injusta, mas sobretudo uma ação que, se fosse tornada pública, suscitaria uma reação tão grande que tornaria impossível a sua execução: que Estado, para usar o exemplo dado pelo próprio Kant, poderia declarar publicamente, no momento exato em que firma um tratado internacional, que não o cumprirá? Que funcionário público pode afirmar em público que usará o dinheiro público

---

[137] STASSINOPOULOS, Michel D. *Traité des actes administratifs*. Paris: Librarie Générale de Droit et de Jurisprudence, 1973. p. 198-200. ARAÚJO, Florivaldo Dutra de. *Motivação e controle do ato administrativo*. Belo Horizonte: Del Rey, 1992. p. 93.

[138] MEDAUAR, Odete. *Direito administrativo moderno*. São Paulo: Revista dos Tribunais, 2006. p. 138.

[139] Acrescente-se que a Emenda Constitucional nº 45/04, por exemplo, modificou a redação do inciso X do art. 93, exigindo que as decisões administrativas dos tribunais, além de motivadas, também sejam tomadas em sessão pública, o que foi feito para ampliar o controle popular.

[140] FIGUEIREDO, Lúcia Valle. *Curso de direito administrativo*. São Paulo: Malheiros, 2004. p. 53.

para interesses privados? Desta delimitação do problema resulta que a exigência de publicidade dos atos de governo é importante não apenas, como se costuma dizer, para permitir ao cidadão conhecer os atos de quem detém o poder e assim controlá-los, mas também porque a publicidade é por si mesma uma forma de controle, um expediente que permite distinguir o que é lícito ou não é.[141]

Na mesma linha, enfatiza Antônio Carlos de Araújo Cintra[142] que só o fato de o agente público ter a obrigação de motivar suas decisões faz com que ele tenha maior cuidado no exame do ato que pretende editar e a Administração Pública é beneficiada com a probabilidade mais alta de acerto em suas decisões.

Florivaldo Dutra de Araújo[143] acrescenta, ainda, que a motivação auxilia no controle interno e externo da Administração Pública. No interior dos órgãos, a motivação gera o aperfeiçoamento e a reflexão acerca do desempenho das funções administrativas, que devem ser guiadas por parâmetros racionais. Ela facilita o controle interno, pois atinge os intérpretes do ato e aqueles que têm por dever de ofício controlá-lo, isto é, os superiores hierárquicos do agente que o editou. Do exterior, a motivação ajuda na fiscalização dos órgãos responsáveis pelo controle externo e possibilita à opinião pública melhor controlar as ações administrativas, na fiscalização popular do correto emprego da *res publica*.

Do ponto de vista individual do administrado, a ausência de motivação dos atos editados pela Administração Pública impede o seu adequado questionamento. Mesmo que não haja irregularidade no ato editado, a motivação permite ao menos que o administrado saiba de sua justificativa, especialmente quando a decisão afeta seus interesses e direitos.

A maior parte dos seres humanos, como seres racionais que são, desde a tenra idade quer saber a justificativa dos atos e medidas dos demais e não se contenta com a ausência de motivação ou mesmo com *pseudojustificativas* do tipo "porque sim". A motivação serve, portanto, no mínimo, para atender aos reclamos da natureza humana que não se contenta com uma mera afirmação, mas que exige, principalmente do exercício legítimo do poder, a tentativa de persuasão para gerar menos conflituosidade reprimida e mais convencimento interno.

Enfatize-se que a motivação se coaduna com a ampla defesa, pois as pessoas só podem impugnar um ato se tiverem conhecimento de suas razões. Ela também possibilita o cumprimento do devido processo legal (*due process of law*), na medida em que as pessoas não podem ser privadas de sua liberdade (em sentido amplo, abrangendo não apenas a liberdade no sentido empregado no processo penal, mas, por exemplo, a liberdade de desenvolvimento de atividades) ou bens sem um fundamento plausível a ser dado pela Administração Pública.

Entretanto, apesar de o fundamento da motivação poder ser extraído indiretamente de inúmeros dispositivos da Constituição Federal, tais como os artigos: 1º, parágrafo único; 5º, LV; 93, X, ou de outros dispositivos normativos que consagram a motivação como princípio, tais como: o art. 111 da Constituição paulista de 1989, o art. 4º da lei que regula o processo administrativo na Administração Pública estadual de São Paulo (Lei nº 10.177/98),[144] e o art. 2º da

---

[141] BOBBIO, Norberto. *O futuro da democracia*. 10. ed. Tradução de Marco Aurélio Nogueira. São Paulo: Paz e Terra, 2006. p. 42.

[142] CINTRA, Antônio Carlos de Araújo. *Motivo e motivação do ato administrativo*. São Paulo: Revista dos Tribunais, 1979. p. 112.

[143] ARAÚJO, Florivaldo Dutra de. *Motivação e controle do ato administrativo*. Belo Horizonte: Del Rey, 1992. p. 130.

[144] Também elencam a motivação como princípio as seguintes leis estaduais: art. 4º, VII, da Lei Complementar nº 33/1996 (Código de Organização e de Procedimento da Administração Pública do Estado do Sergipe); art.

lei que disciplina o processo administrativo da Administração Pública federal (Lei nº 9.784/99), existe ainda divergência doutrinária, com reflexos jurisprudenciais, acerca da obrigatoriedade da motivação, tendo em vista a ausência da previsão expressa entre os princípios do art. 37, *caput*, da Constituição Federal.

Alguns poucos autores defendem que a motivação é obrigatória apenas nos atos vinculados, sendo desnecessária nos atos discricionários, ou seja, naqueles que conferem à Administração margem de liberdade de escolha pautada na conveniência e oportunidade. Os adeptos mais expressivos desta corrente doutrinária são: José Cretella Júnior[145] e Edmir Netto de Araújo.[146] Estes autores, no entanto, enfatizam que se a Administração motivar o ato discricionário, ela se vincula aos motivos indicados, com base na teoria dos motivos determinantes.

Oswaldo Aranha Bandeira de Mello[147] defende o oposto, isto é, de que a falta de motivação de atos discricionários, quando demandada por lei ou pela natureza do ato, acarreta, em princípio, a sua invalidade. Tratando-se de atos vinculados, ainda que na ausência de enunciação dos motivos, o ato será válido se houver prova de que a decisão foi tomada em obediência às imposições legais.

Celso Antônio Bandeira de Mello, por sua vez, propugna que os atos discricionários devem ser sempre motivados e os vinculados, via de regra, também; mas admite situações excepcionais que dispensam a motivação de atos vinculados, quais sejam, as hipóteses em que não existir "campo para interferência de juízos subjetivos do administrador",[148] nas quais a simples menção do fato e da regra de Direito a ser aplicada pode ser suficiente por estar implícita na motivação.

A doutrina majoritária,[149] contudo, entende que há obrigatoriedade de motivação independentemente de se tratar de ato vinculado ou discricionário. Advirta-se que os próprios atualizadores da obra de Hely Lopes Meirelles inseriram na sequência do seu posicionamento favorável à dispensa de motivação de atos discricionários a seguinte observação:

> Hoje, em face da ampliação do princípio do acesso ao Judiciário (art. 5º, XXXV, da CF), conjugado com o da moralidade administrativa (art. 37, *caput*, da CF), a motivação é, em regra, obrigatória. Só não o será quando a lei a dispensar ou se a natureza do ato for com ela incompatível.[150]

2º da Lei nº 14.184/2002 (Lei de Processo Administrativo de Minas Gerais); art. 4º da Lei nº 7.692/2002 (Lei de Processo Administrativo do Mato Grosso); art. 2º da Lei nº 13.800/2001 (Lei de Processo Administrativo do Estado de Goiás); art. 2º da Lei nº 11.781/2000 (Lei de Processo Administrativo de Pernambuco); art. 2º da Lei nº 6.161/2000 (Lei de Processo Administrativo de Alagoas); art. 2º da Lei nº 2.794/2003 (Lei de Processo Administrativo do Amazonas); art. 2º da Lei nº 418/2014 (Lei de Processo Administrativo de Roraima); e art. 3º da Lei nº 12.209/2011 (Lei de Processo Administrativo da Bahia).

[145] CRETELLA Jr., José. *Direito administrativo brasileiro*. 2. ed. Rio de Janeiro: Forense, 2000. p. 287.

[146] ARAÚJO, Edmir Netto de. Ato administrativo e recomposição da legalidade. *Revista de Direito Administrativo*, Rio de Janeiro, nº 207, p. 180, jan./mar. 1997.

[147] BANDEIRA DE MELLO, Oswaldo Aranha. *Princípios gerais de Direito administrativo*. 2. ed. Rio de Janeiro: Forense, 1979. v. 1. p. 527-529.

[148] BANDEIRA DE MELLO, Celso Antônio. *Curso de direito administrativo*. São Paulo: Malheiros, 2008. p. 112.

[149] GASPARINI, Diogenes. *Direito administrativo*. 11. ed. São Paulo: Saraiva, 2006. p. 24. DI PIETRO, Maria Sylvia Zanella. *Direito administrativo*. São Paulo: Atlas, 2010. p. 81. CINTRA, Antônio Carlos de Araújo. *Motivo e motivação do ato administrativo*. São Paulo: Revista dos Tribunais, 1979. p. 112. ARAÚJO, Florivaldo Dutra de. *Motivação e controle do ato administrativo*. Belo Horizonte: Del Rey, 1992. p. 112. FIGUEIREDO, Lúcia Valle de. *Curso de direito administrativo*. 7. ed. São Paulo: Malheiros, 2004. p. 52.

[150] MEIRELLES, Hely Lopes. *Direito administrativo brasileiro*. São Paulo: Malheiros, 2009. p. 93.

Esse posicionamento, que é progressivamente adotado na doutrina, surte efeitos na jurisprudência,[151] sendo cada vez mais frequentes decisões que determinam que a prática de atos sem motivação os torna nulos; exceto se o juiz constatar que a invalidação gera ao administrador público a obrigação de repeti-los sem o vício de ausência de motivação. A propósito, observe-se a seguinte decisão proveniente do Superior Tribunal de Justiça:

> RECURSO ESPECIAL – MANDADO DE SEGURANÇA – TRANSFERÊNCIA DE SERVIDOR PÚBLICO – ATO DISCRICIONÁRIO – NECESSIDADE DE MOTIVAÇÃO – RECURSO PROVIDO. 1. Independentemente da alegação que se faz acerca de que a transferência do servidor público para localidade mais afastada teve cunho de perseguição, o cerne da questão a ser apreciada nos autos diz respeito ao fato de o ato ter sido praticado sem a devida motivação. 2. Consoante a jurisprudência de vanguarda e a doutrina, praticamente, uníssona, nesse sentido, todos os atos administrativos, mormente os classificados como discricionários, dependem de motivação, como requisito indispensável de validade. 3. O recorrente não só possui direito líquido e certo de saber o porquê de sua transferência *ex officio*, para outra localidade, como a motivação, neste caso, também é matéria de ordem pública, relacionada à própria submissão a controle do ato administrativo pelo Poder Judiciário. 4. Recurso provido.[152]

A Lei nº 9.784/99, que regula o processo administrativo no âmbito federal, além de explicitar a motivação como princípio, regula pormenorizadamente, no art. 50, uma série de casos em que a motivação é **obrigatória**, não apenas em atos vinculados, mas também nos discricionários.[153] De acordo com o dispositivo mencionado, os atos administrativos deverão ser motivados, com indicação de fatos e fundamentos jurídicos, quando:

- neguem, limitem ou afetem direitos ou interesses;
- imponham ou agravem deveres, encargos ou sanções;
- decidam processos administrativos de concurso ou seleção pública;
- dispensem ou declarem inexigibilidade de processo licitatório;
- decidam recursos administrativos;
- decorram de reexame de ofício;
- deixem de aplicar jurisprudência firmada sobre a questão ou discrepem de pareceres, laudos, propostas e relatórios oficiais; e
- importem anulação, revogação, suspensão ou convalidação de ato administrativo.

Os parágrafos do art. 50 estabelecem regras sobre a **forma da motivação**, que deve ser *explícita*, *clara* e *congruente*, podendo consistir na declaração de concordância com fundamentos de pareceres anteriores, em informações, decisões ou propostas, que, neste caso, serão parte integrante do ato.

É estabelecido ainda que, na solução de vários assuntos da mesma natureza, pode ser utilizado meio mecânico que reproduza os fundamentos das decisões, desde que não prejudique direito ou garantia dos interessados. A motivação das decisões de órgãos colegiados e comissões ou as decisões orais deverão constar da respectiva ata ou de termo escrito.

---

[151] No STF, *RDP*, 34, p. 141.
[152] RMS 15459/MG, Rel. Min. Paulo Medina, 6ª Turma, *DJ* 16 maio 2005, p. 417.
[153] Cf. GASPARINI, Diogenes. *Direito administrativo*. 11. ed. São Paulo: Saraiva, 2006. p. 24.

A Lei nº 13.655/2018 inseriu recentemente à LINDB regras de interpretação de direito público relacionadas com a motivação. Assim, no parágrafo único do art. 20, orienta-se que a motivação demonstrará a necessidade e adequação da medida imposta ou da invalidação de ato, contrato, ajuste, processo ou norma administrativa, inclusive em face das possíveis alternativas.

Ainda, para abarcar a questão da ponderação consequencial, o art. 21 da LINDB, após inserção da Lei nº 13.655/2018, estabelece que a decisão que, nas esferas administrativa, controladora ou judicial, decretar a invalidação de ato, contrato, ajuste, processo ou norma administrativa, deverá indicar de modo expresso suas consequências jurídicas e administrativas. São exigências mais rigorosas da motivação por parte da Administração, dos órgãos de controle, como os Tribunais de Contas e também do Poder Judiciário.

MOTIVAÇÃO

Indicação dos fatos e fundamentos jurídicos – art. 50 da LPA (Lei nº 9.784/99).
LINDB, com redação da Lei nº 13.655/2018: necessidade e adequação da medida.
Também ponderação das consequências jurídicas e administrativas.
Art. 93, X, CF: motivação das decisões administrativas dos tribunais.
Corrente majoritária: **OBRIGATORIEDADE** de motivação – quer nos atos discricionários ou nos vinculados.
FORMA: explícita, clara e congruente.

2.11 Segurança jurídica

A segurança em sentido amplo é um dos anseios mais elementares do ser humano. Para o desenvolvimento sadio de uma vida, faz-se necessário um mínimo de estabilidade e proteção. No universo jurídico, a segurança representa um valor que todo Direito deve cumprir pelo fato de sua mera existência, pois um mínimo de segurança é condição para que haja justiça.

Na Teoria Geral do Direito,[154] segurança tem sentido equivalente ao de estabilidade, pois o que é estável é seguro do ponto de vista da previsibilidade. Segurança é termo que denota o resultado da ação de tornar algo livre de incertezas, de perigos ou de danos e prejuízos. Trata-se do fundamento de inúmeros institutos, tais como a irretroatividade da lei, o direito adquirido, o ato jurídico perfeito e a coisa julgada.

Seria aterrorizante a imprevisibilidade de um ordenamento jurídico que adotasse indiscriminadamente a retroatividade legal, pois as pessoas não poderiam antever com os dados do presente as consequências futuras de seus comportamentos. Uma vez que o legislador agisse, ocorreria uma perigosa alteração na forma de avaliar situações ocorridas antes da edição da lei e que no momento da ação eram consideradas lícitas.

Ademais, o ato jurídico perfeito, que é aquele consumado (e interpretado)[155] segundo a lei vigente ao tempo em que se efetivou, e o direito adquirido, considerado como o já incorporado

---

[154] Vide verbete "segurança". In: DE PLACIDO E SILVA. *Vocabulário jurídico*. 12 ed. Rio de Janeiro: Forense, 1993. p. 186.

[155] Conforme art. 24 da LINDB, com redação da Lei nº 13.655/2018, segundo o qual: "a revisão, nas esferas administrativa, controladora ou judicial, quanto à validade de ato, contrato, ajuste, processo ou norma administrativa cuja produção já se houver completado levará em conta as orientações gerais da época, sendo vedado que, com base em mudança posterior de orientação geral, se declarem inválidas situações plenamente constituídas".

ao patrimônio jurídico de alguém, livram os indivíduos de abalos repentinos ou de surpresas desconcertantes, garantindo estabilidade para as situações destarte constituídas.

A coisa julgada, principalmente a jurisdicional, estabiliza uma situação já decidida e retira dos litigantes o fardo de uma eterna "espada de Dâmocles",[156] obviamente que, por vezes, em detrimento de outros valores.

Também é corolário da necessidade de segurança o princípio da legalidade, que determina genericamente que as pessoas só podem ser obrigadas a fazer ou deixar de fazer algo em virtude de lei (art. 5º, II, da Constituição Federal) e que, no caso da legalidade administrativa (art. 37, caput, CF), restringe a ação estatal aos limites dos comandos normativos, para a segurança da sociedade como um todo.

Mas, conforme será visto no item da segurança jurídica no processo administrativo, frequentemente ocorre de o princípio da legalidade colidir com o da segurança jurídica, como na hipótese de anulações de atos administrativos com efeitos *ex tunc*, que causam prejuízos a pessoas que estavam de boa-fé, caso em que a colisão é resolvida com o uso da razoabilidade, na ponderação com questões de interesse público, a verificar qual princípio terá maior peso diante das peculiaridades do caso concreto, aplicando-se então os efeitos *ex nunc*, na eventual interpretação nova e invalidação, ou mesmo efeitos *pro futuro*, conforme se interpreta do Decreto que regulamenta a LINDB.

No Direito Administrativo, o princípio da segurança jurídica foi positivado expressamente art. 2º, caput, da Lei federal de Processo Administrativo (Lei nº 9.784/99). Segundo expõe Maria Sylvia Zanella Di Pietro,[157] que participou das discussões do anteprojeto da lei, o objetivo da inclusão do dispositivo foi vedar a aplicação retroativa de nova interpretação de Lei no âmbito da Administração Pública.

Essa ideia está explícita no parágrafo único do inciso XIII do art. 2º, que assegura a "interpretação da norma administrativa da forma que melhor garanta o atendimento do fim público a que se dirige, vedada a aplicação retroativa de nova interpretação". O princípio foi incorporado para combater a prática reiterada em alguns órgãos administrativos de se mudar a orientação de determinações normativas que afetavam situações reconhecidas e consolidadas na égide da orientação anterior, o que gerava insegurança aos administrados.

Também o art. 24 da LINDB, conforme inserção da Lei nº 13.655/2018, determina que a revisão, nas esferas administrativa, controladora ou judicial, quanto à validade de ato, contrato, ajuste, processo ou norma administrativa cuja produção já se houver completado, levará em conta as orientações gerais da época, sendo vedado que, com base em mudança posterior de orientação geral, se declarem inválidas situações plenamente constituídas. Trata-se de corolário da segurança jurídica, segundo a qual se proíbe retroagir efeitos de orientação geral posterior para situações anteriormente constituídas.

Uma das facetas da segurança jurídica que emerge com maior potencialidade é o princípio da proteção à confiança (*Vertrauensschutz*) e o consequente reconhecimento de legítimas expectativas dos particulares, agora tuteladas com maior força pelo Direito, em relação ao Estado.

---

[156] Dâmocles, segundo conhecido mito, foi cortesão bajulador e invejoso de Dionísio, de Siracusa (4 a.C.), que experimentou por um dia ser servido como um rei, mas quando olhou para cima, no final da refeição, percebeu a presença de uma espada afiada suspensa por um fio de rabo de cavalo acima de sua cabeça, ocasião em que abdicou daqueles prazeres. Trata-se de alusão à insegurança de um poder acompanhado, contudo, do sentimento de iminente condenação ou castigo.

[157] DI PIETRO, Maria Sylvia Zanella. *Direito administrativo*. São Paulo: Atlas, 2010. p. 76.

Foi a interpretação consolidada pelo Superior Tribunal de Justiça em que servidores públicos de uma Universidade Federal receberam o pagamento de VPI (Vantagem Pecuniária Individual), que depois se revelou ter sido pago por intepretação errônea da lei. Daí, a Universidade Federal exigiu a devolução dos valores, com base no art. 46 da Lei nº 8.112/90, o qual trata das reposições e indenizações ao Erário.

A decisão do REsp do Superior Tribunal de Justiça, fixou-se nos seguintes termos:

> quando a administração pública interpreta erroneamente uma lei, resultando em **pagamento indevido** ao servidor, cria-se uma falsa expectativa de que os valores recebidos são legais e definitivos, impedindo, assim, que ocorra desconto dos mesmos, ante a boa-fé do servidor público. REsp 1.244.183-PB, rel. Min. Benedito Gonçalves (DJ de 19/10/12).[158]

A partir desse julgado, houve a edição da tese do Superior Tribunal de Justiça, em prestígio à segurança jurídica e sua faceta de proteção à confiança: "É indevida a devolução ao erário de valores recebidos de boa-fé, por servidor público ou pensionista, em decorrência de erro administrativo operacional ou nas hipóteses de equívoco ou má interpretação da lei pela Administração Pública".[159]

Objetiva-se proteger a sociedade da incoerência do comportamento estatal. Se a Administração Pública edital de concurso público e depois de terminado o procedimento, com aprovados dentro do número de vagas anunciado, ela não dá prosseguimento às nomeações, há jurisprudência dos Tribunais Superiores que garante aos aprovados no número de vagas mais do que uma mera expectativa de direito à nomeação, mas verdadeiro direito subjetivo.

A argumentação baseia-se no fato de que, se a Administração estabeleceu que necessita das vagas, ela se vincula ao certame. Trata-se de raciocínio similar ao utilizado na discussão, sobretudo na Alemanha, da *autovinculação* da Administração Pública, diante de legítimas expectativas que ela mesma cria e que acabam se incorporando ao patrimônio jurídico do particular, em prestígio à proteção da confiança.

Inclusive, o art. 23 da LINDB estabelece que a decisão administrativa, controladora ou judicial que estabelecer interpretação ou orientação nova sobre norma de conteúdo indeterminado, impondo novo dever ou novo condicionamento de direito, deverá prever regime de transição quando indispensável para que o novo dever ou condicionamento de direito seja cumprido de modo proporcional, equânime e eficiente e sem prejuízo aos interesses gerais.

O regime de transição garante uma segurança ao destinatário do novo dever ou condicionamento, para que haja um equilíbrio na imposição de novas exigências.

Também se relaciona com a proteção à confiança, na vertente da vedação de comportamento contraditório por parte do Estado, a adoção da proibição ética do *venire contra factum proprium*, em amparo à aparência de regularidade e à presunção de legitimidade dos atos estatais.

---

[158] Com os seguintes precedentes do STJ, EDcl no RMS 32.706-SP, Rel. Min. Arnaldo Esteves Lima, 1ª T., j. 25/10/11, DJe de 9/11/11; AgRg no Ag 1.397.671-RS, Rel. Min. Mauro Campbell Marques, 2ª T., j. 4/8/11, DJe 06/09; Ag no REsp 1.266.592-RS, Rel. Min. Humberto Martins, 2ª T., j. 6/9/11, DJe de 13/9/11.

[159] Cf. a propósito da tese, ver comentário de Luciano Ferraz em: FERRAZ, Luciano. Segurança jurídica e remuneração percebida indevidamente por servidores públicos de boa-fé. In: DI PIETRO, Maria Sylvia Zanella; NOHARA, Irene Patrícia. *Teses Jurídicas dos Tribunais Superiores*: Direito Administrativo III. São Paulo: Revista dos Tribunais, 2017. p. 507-510.

> **SEGURANÇA JURÍDICA**
> Exemplos de corolários: direito adquirido, ato jurídico perfeito e coisa julgada.
> Positivação expressa: **art. 2º, *caput***, da Lei nº 9.784/99 – LPA.
> **OBJETIVO**: vedar aplicação retroativa de nova interpretação – desdobramento no art. 2º, XIII, *in fine*, da LPA.
> Proteção à confiança e *venire contra factum proprium*.

2.12 Outros princípios típicos do Direito Administrativo (autotutela, tutela, especialidade e continuidade do serviço público)

Existem diretrizes que são também típicas ao Direito Administrativo que são disciplinadas como princípios, a exemplo da autotutela, da tutela, da especialidade e da continuidade do serviço público, que também serão analisados em capítulos específicos. São mecanismos que se aplicam à matéria, por conta de suas características.

A **autotutela**, que será vista também em ato administrativo, envolve o dever de a Administração Pública recompor a legalidade ou mesmo o interesse público, com base na hierarquia, sendo disciplinada na Súmula 473 do Supremo Tribunal Federal, a qual dispõe que: "a Administração pode anular seus próprios atos quando eivados de vícios que os tornem ilegais, porque deles não se originam direitos; ou revogá-los, por motivo de conveniência ou oportunidade, respeitados os direitos adquiridos, e ressalvada, em todos os casos, a apreciação judicial". Tal diretriz também é encontrada na súmula 346 do Supremo Tribunal Federal, segundo a qual: "A Administração Pública pode declarar a nulidade de seus próprios atos".

Diferentemente da autotutela, que decorre da hierarquia, a **tutela**, conforme será visto, é o controle que recai sobre entes da Administração Indireta, como autarquias, fundações, sociedades de economia mista e empresas públicas. A Administração Direta pode controlar os entes da Administração Indireta tão somente no tocante às finalidades que justificam sua criação, não lhes sendo possível rever os atos, pela quebra da hierarquia.

Relacionado também com a tutela e a finalidade de cada instituição criada, há o princípio da **especialidade**, segundo o qual as entidades são criadas para desempenhar finalidades específicas. Assim, as entidades da Administração Indireta são especializadas, isto é, são criadas para desempenhar determinadas atividades. Por exemplo, o INSS é uma autarquia com especialidade previdenciária, o IBAMA é uma autarquia com finalidade de proteção ambiental, a FUNAI é fundação (pública) voltada especificamente aos povos indígenas e a EMBRAPA é uma empresa estatal com especialidade de estímulo à pesquisa agropecuária.

Por fim, outro princípio setorial ao Direito Administrativo, que também será visto no capítulo correspondente ao serviço público, é o princípio da **continuidade do serviço público**, sendo o princípio que determina que o serviço público, por atender normalmente às necessidades públicas, não pode parar, devendo ser prestado de forma ininterrupta.[160]

Há diversos corolários ou decorrências da aplicação da continuidade do serviço público, não se considerando interrupção as hipóteses de emergência ou, após aviso prévio, por motivo de ordem técnica ou de segurança das instalações e por motivo de inadimplência do usuário, considerado o interesse da coletividade, conforme art. 6º, § 3º, da Lei nº 8.987/95, devendo

---

[160] BORTOLETO, Leandro. *Direito Administrativo*. 10. ed. São Paulo: Juspodivm, 2024. p. 56.

ainda ser compatibilizado o direito de greve com o princípio da continuidade dos serviços públicos, sendo, ainda, necessário haver a substituição de titular de cargo público, de acordo com o art. 38 da Lei nº 8.112/90, quando da sua ausência, para que a continuidade do serviço não seja prejudicada.

OUTROS PRINCÍPIOS

Típicos do Direito Administrativo: autotutela, tutela, especialidade e continuidade do serviço público.
Autotutela – permite a revisão dos atos pela própria Administração quando houver ilegalidade ou quando for conveniente e oportuno
Tutela – revisão dos atos da Administração Indireta pela Administração Direta, somente permitida se não houver cumprimento das finalidades
Especialidade – entidades são criadas para desempenhar finalidades específicas
Continuidade do serviço público – que não pode parar, devendo ser prestado de forma ininterrupta

3
Poderes da Administração Pública

3.1 Poderes administrativos

Para realizar suas atividades, a Administração Pública detém prerrogativas ou poderes que lhe permitem sobrepor o interesse público primário ao privado, de acordo com o princípio da supremacia do interesse público. Tais poderes relacionam-se com o desempenho da função administrativa, pois sem eles não seria possível sujeitar as vontades particulares ao interesse geral.

Parcela significativa dos doutrinadores de Direito Administrativo critica o uso indiscriminado do termo *poderes administrativos*. Segundo Diogo de Figueiredo Moreira Neto,[1] por exemplo, durante muito tempo conceitos como *imperatividade, insindicabilidade do mérito* e *poderes administrativos* foram sustentáculos de um Direito Administrativo autoritário, no qual o interesse público era identificado com o interesse próprio da pessoa estatal, externo e contraposto aos interesses dos cidadãos.

Contudo, à medida que o administrado é alçado à categoria de protagonista e, portanto, ao *status* de cidadão, há o resgate das noções de participação, impessoalidade e, principalmente, de legitimidade da ação estatal. Marçal Justen Filho,[2] apoiado nas clássicas categorias de Weber, expõe que num Estado em que a legitimação do poder é racional, as decisões do governo não são produto direto e imediato da vontade individual do governante, mas o resultado de decisões cristalizadas em atos normativos gerais e abstratos.

Assim, entende-se que os poderes administrativos representam parte da manifestação das funções estatais e, como explicita Celso Antônio Bandeira de Mello, "existe função quando alguém está investido no dever de satisfazer dadas finalidades em prol do interesse de outrem, necessitando, para tanto, manejar poderes requeridos para supri-las".[3] Defende, então, que os poderes são meramente *instrumentais* e que, portanto, devem ser vistos como *deveres-poderes*, isto é, como poderes subordinados aos deveres estatais de satisfação de interesses públicos ou da coletividade.

Edmir Netto de Araújo,[4] por sua vez, ressalta que os poderes são *poderes-deveres* porque não existe faculdade conferida ao agente público para agir ou não agir, isto é, não há opção em

---

[1] MOREIRA NETO, Diogo de Figueiredo. *Curso de direito administrativo*. 14. ed. Rio de Janeiro: Forense, 2006. p. 127.

[2] JUSTEN FILHO, Marçal. *Curso de direito administrativo*. São Paulo: Saraiva, 2005. p. 8.

[3] BANDEIRA DE MELLO, Celso Antônio. *Curso de direito administrativo*. São Paulo: Malheiros, 2008. p. 71.

[4] ARAÚJO, Edmir Netto de. *Curso de direito administrativo*. São Paulo: Saraiva, 2007. p. 144.

não exercitar a competência quando existem interesses públicos a serem protegidos. Assim, diferentemente do particular que, na maior parte das vezes, tem a faculdade de agir ou não agir, exceto quando a lei impõe uma ação, conforme o princípio da legalidade em seu sentido amplo, a autoridade administrativa tem, em inúmeras circunstâncias, o dever funcional de agir, podendo ser responsabilizada administrativa, penal ou civilmente pela negativa injustificada ou pela omissão.

Pode-se dizer, portanto, que os *poderes-deveres* enunciam faculdades estritamente condicionadas e sobre essas limitações articula-se a correlata situação jurídico-ativa dos cidadãos que, em determinadas hipóteses, pode ser exercitada pela via do mandado de segurança. Quanto à questão da instrumentalidade do poder, costuma-se dizer que as potestades públicas se fundamentam na ideia de supremacia do interesse público, que muitas vezes não se identifica com o interesse do próprio aparelho administrativo.

Tal posicionamento ampara-se nas teorias que justificam a existência e formação do Estado, segundo as quais as restrições aos interesses particulares são justificadas pela consecução de interesses gerais. É neste contexto que Enterría e Fernández[5] citam John Locke: o poder é *power with trust*, isto é, são potestades fiduciárias ou poderes cuja titularidade formal do *exercício* é dissociada do *benefício* último.

Note-se que os franceses[6] frequentemente diferenciam os vocábulos *pouvoir* (poder) de *puissance* (potência ou potestade), sendo que, para os racionalistas clássicos, Estado de Direito verdadeiro é aquele em que há *poder* distinto da *potestade*. Nesta perspectiva, poder seria relacionado com a obediência à lei, que se coaduna com o bem comum, e não com a submissão a vontades individuais por meio da mera dominação.

Na realidade, a análise sobre a verdadeira legitimação do poder é objeto próprio da Ciência Política, e pode ser enfocada de várias perspectivas, que vão desde a ideia que as leis veiculam interesses gerais, pois têm abstração, generalidade, e são determinadas pela racionalidade humana, sendo que a obediência à lei significa autonomia na medida em que representa liberdade política e moral, até a visão crítica[7] de que o Direito veicula uma violência simbólica que objetiva a dominação mediante uma alienação que procura incutir em todos a falsa noção de que se trata de um instrumento "neutro" de realização do interesse comum, relacionado com a noção genérica de ser humano, que procura esconder o fato de que por trás do rótulo do bem comum há, por diversas vezes, a possibilidade de identificação de interesses de grupos específicos.

Deixando de lado essa abordagem, mais própria das ciências sociais não aplicadas, é quase instintiva a noção de que numa democracia as manifestações do poder estatal devam ser mais condizentes com os anseios (isto é, a "vontade") coletivos. Assim, entendemos que não há equívocos no uso do termo *poderes administrativos*, pois *poder* implica a "supremacia em dirigir e governar as ações de outrem pela imposição da obediência",[8] contudo, deve-se ter em mente que, do ponto de vista do Direito Administrativo, tais imposições devem ser exigidas por meio

---

[5] GARCÍA DE ENTERRÍA, Eduardo; FERNÁNDEZ, Tomás-Ramón. *Curso de direito administrativo*. 2. ed. São Paulo: Revista dos Tribunais, 1991. p. 380-383.

[6] LLAPASSET, J. Le Povoir. Disponível em: http://www.philagora.net/philo-poche. Acesso em: 26 jan. 2008.

[7] Cf. Verbete: ideologia, em seu significado forte associado com a falsa consciência das relações de domínio. In: BOBBIO, Norberto. *Dicionário de política*. 12. ed. Brasília: UnB, 1999. p. 585. ALVES, Alaôr Caffé. *Estado e ideologia*. São Paulo: Brasiliense, 1987. p. 276.

[8] Cf. Verbete: poder. HOUAISS. *Dicionário Houaiss de Língua Portuguesa*. Rio de Janeiro: Objetiva, 2001. p. 2.244.

do "legítimo desempenho das atribuições político-constitucionais"[9] da Administração Pública, sob pena de abuso (no sentido de *mau uso*) do poder.

Os poderes legalmente conferidos à Administração estão disponíveis para consecução do interesse público e em função de finalidades específicas previstas em lei e na Constituição. São espécies de **poderes administrativos**:

- o **discricionário**;
- os **decorrentes da hierarquia**;
- o **disciplinar**;
- o **normativo**; e
- o **de polícia**.

A vinculação não é propriamente um poder,[10] mas corresponde à sujeição completa da Administração ao império da lei. Pelo princípio da legalidade administrativa, a atuação administrativa é sempre associada ao comando legal. Há vinculação quando o comando legal encerra todos os requisitos de ação, de modo que não reste à Administração Pública opção ou discricionariedade diante do caso concreto, ou seja, ela terá de agir da forma determinada legalmente.

O ato administrativo vinculado é aquele cujos elementos (sujeito, objeto, forma, motivo e finalidade) são previamente determinados em lei, de modo que, se ocorrer o requisito fático correspondente, não há opção senão a sua prática com as consequências previstas. É mais adequado denominar a circunstância da vinculação de *restrição* ou *dever* de agir (daquela forma, em certo momento etc.), uma vez que ela denuncia uma situação na qual a Administração Pública se sujeita totalmente à lei.

O lançamento tributário é um exemplo clássico de ato vinculado: deve emanar do sujeito competente, isto é, de quem tenha atribuição legal para lançar o tributo; o objeto se refere ao conteúdo do ato, ou seja, à declaração da ocorrência do fato jurídico tributário e à apuração do montante a pagar em função da base de cálculo e da alíquota aplicável; a forma é escrita e condicionada ao tipo de lançamento; os motivos devem corresponder exatamente à previsão legal e à finalidade consubstancia-se na cobrança e arrecadação do tributo. No Direito Administrativo, o exemplo clássico de ato de maior vinculação é a aposentadoria compulsória, que após a LC 152/15, ocorre aos 75 anos de idade, em que não há para a Administração nem mesmo liberdade quanto ao momento da prática do ato.

3.2 Poder discricionário

O poder discricionário é a prerrogativa que a Administração tem de optar dentre duas ou mais soluções por aquela que, segundo critérios de conveniência e oportunidade (juízo de "mérito"),[11] melhor atenda ao interesse público no caso concreto.

---

[9] Nos termos utilizados por Diogo de Figueiredo Moreira Neto. *Curso de direito administrativo*. 14. ed. Rio de Janeiro: Forense, 2006. p. 124.

[10] Discordamos, portanto, desse posicionamento de Hely Lopes Meirelles, que chama a situação de vinculação de poder vinculado. Lembrando que este autor considerava que dificilmente se encontra um ato inteiramente vinculado, sendo para ele os elementos **competência, forma e finalidade** os que são *sempre* vinculados. MEIRELLES, Hely Lopes. *Direito administrativo brasileiro*. 35. ed. São Paulo: Malheiros, 2009. p. 120.

[11] O termo mérito costuma ser bastante criticado por parcela da doutrina. Porém, o problema não está no termo *em si*, mas em qual significado que lhe atribuem. O conceito de mérito como discricionariedade incontras-

Existem dois fundamentos[12] básicos do poder discricionário:

- de **ordem prática;** e
- de **ordem jurídica.**

Pelo princípio da legalidade administrativa, a Administração só pode agir se autorizada pela lei. Do **ponto de vista prático**, o legislador não é capaz de traçar com precisão todas as decisões possíveis de serem tomadas pelos agentes públicos para as variadas situações de gestão da coisa pública.

Segundo Celso Antônio Bandeira de Mello,[13] a discricionariedade acompanha a limitação (finitude) da mente humana que não consegue identificar de forma objetiva todas as medidas normativas idôneas para solucionar com clareza as múltiplas situações vivenciadas no cotidiano administrativo.

Acrescente-se que a vida sempre oferece circunstâncias diferenciadas que exigem do bom administrador ponderações ainda mais sofisticadas do que aquelas que os *standards* normativos permitem extrair. Nesta perspectiva, esclarece Genaro Carrió que: "não dispomos de um critério que nos sirva para incluir ou excluir todos os casos possíveis, pela simples razão de que não podemos prever todos os casos possíveis".[14] Os agentes públicos não devem ser treinados como robôs, pois a nobre atividade de escolher a solução que melhor atenda ao interesse público na esfera de discricionariedade (que por vezes dispõem) não se coaduna com operações de caráter lógico-dedutivo.

Os interesses públicos são dinâmicos e o agente público não pode ser engessado como se fosse um "operador de telemarketing" com um roteiro pormenorizado e sempre incompleto diante da variabilidade de circunstâncias que a atividade administrativa oferece. Assim, do ponto de vista prático, o agente dispõe geralmente de uma margem de opção, dentro das hipóteses legais, diante das diversas decisões possíveis.

Diogo de Figueiredo Moreira Neto esclarece que há quase um consenso universal no sentido de que o Estado deve se organizar e agir juridicamente. Entretanto, apesar de a organização das atividades estar submetida ao Direito, isso não significa que todo comportamento deva estar necessariamente *prescrito* em lei, pois há uma "vasta área de ação que não se compadece com a geometria social de prévias definições vinculativas e que, assim, demandarão juízos casuísticos de conveniência e de oportunidade – o que se denomina discricionariedade".[15]

Assim, a Administração deve atuar nos casos de expressa e determinada previsão legal e naqueles em que a lei a autoriza agir de forma implícita, isto é, o Poder Público, conforme

---

tável está ultrapassado, uma vez que se aproxima da situação de arbítrio. Contudo, se o mérito é tido como oportunidade e conveniência nos limites dados pelo ordenamento, não há restrições ao uso da palavra. Na realidade, trata-se de conceito desenvolvido especialmente no direito italiano, que no Brasil foi associado ao sentido político do ato, ou seja, aos aspectos de sua conveniência e oportunidade no concernente ao alcance dos interesses públicos.

[12] DI PIETRO, Maria Sylvia Zanella. *Discricionariedade administrativa na Constituição de 1988*. 2. ed. São Paulo: Atlas, 2001. p. 70.

[13] BANDEIRA DE MELLO, Celso Antônio. *Curso de direito administrativo*. São Paulo: Malheiros, 2008. p. 949.

[14] CARRIÓ, Genaro R. *Notas sobre derecho y lenguage*. 4. ed. Buenos Aires: Abeledo-Perrot, 1990. p. 36.

[15] MOREIRA NETO, Diogo de Figueiredo. Direito administrativo da segurança pública. *Direito administrativo da ordem pública*. Rio de Janeiro: Forense, 1998. p. 66.

defende Gordillo,[16] apenas pode atuar avançando sobre a esfera de liberdade individual quando uma lei o autoriza, seja de forma vinculada ou discricionária.

O legislador tanto pode demonstrar um deliberado intento em conceder tal discricionariedade, quando, por exemplo,[17] determina: a Administração *poderá* conferir ao funcionário que atingir certo parâmetro de desempenho[18] uma premiação, hipótese em que existe uma *faculdade discricionária expressa*, como a discricionariedade pode ser extraída *implicitamente* da impossibilidade material de fixação de todas as condutas possíveis da lei, seja porque ela contempla conceitos jurídicos indeterminados, que, dependendo do caso concreto, podem conferir margem de opção interpretativa, seja porque a lei é ato de caráter genérico, sendo extraído deste último fato o fundamento jurídico da discricionariedade.

Do **ponto de vista jurídico**, a discricionariedade representa uma decorrência do próprio ordenamento, pois, de acordo com a formulação kelseniana, em cada momento interpretativo, conforme a estrutura escalonada, devem-se respeitar limites impostos por uma norma de grau superior, que possui maior generalidade em sua moldura do que a norma de grau inferior.

O Chefe do Executivo quando elabora, por exemplo, um decreto regulamentar obedece aos limites impostos pela lei que regulamenta e o administrador, que segue tal regulamento, ao praticar atos, deve respeitar os limites mais restritivos determinados no decreto; contudo, em regra, tanto quem elabora o ato normativo subordinado à lei como aquele que executa concretamente os parâmetros legais e regulamentares têm algum grau de liberdade (discricionariedade) em sua atividade.[19]

Observa-se, pois, que conforme se vai do ápice à base da estrutura escalonada na operação interpretativa, mais *determinada* (ou concreta) se torna a ação do agente. Na realidade, ambos os tipos de fundamentos, isto é, o prático e o jurídico, são intrinsecamente relacionados, mas o fundamento jurídico aponta para o fato de que o legislador cria, como regra geral, atos normativos que possuem caráter genérico e o administrador deve editar atos de efeitos mais concretos.

Sendo a lei um ato de caráter hipotético, isto é, dotado de abstração e generalidade, a ela é vedado, como regra geral, resolver casos concretos, pois esta é a tarefa do administrador

---

[16] O conceito de atuação da Administração dentro do ordenamento é mais restritivo para Gordillo do que para Diogo de Figueiredo Moreira Netto, o qual chega a vislumbrar uma possibilidade de atuação livre da Administração, contanto que esta não viole a lei. Gordillo, por sua vez, defende que o ordenamento não confere à Administração a possibilidade de atuação genérica e indeterminada (ou seja, na ausência da lei) mormente no âmbito de restrição de interesses individuais. GORDILLO, Agustín. *Tratado de derecho administrativo*. 5. ed. Belo Horizonte: Del Rey, 2003. t. 2. p. V-22.

[17] BANDEIRA DE MELLO, Celso Antônio. *Curso de direito administrativo*. São Paulo: Malheiros, 2008. p. 868.

[18] Diferentemente do que ocorre, por exemplo, nas novas modelagens de contratações que contemplam remuneração pelo desempenho, em que os contratos preveem critérios que devem vincular a Administração, se houver o cumprimento das metas pelos contratados. Assim, se a lei previr a possibilidade de uma modelagem de contrato com remuneração variável por meta, será da discricionariedade administrativa fazer a licitação indicando essa característica do futuro contrato. Mas, uma vez que foi feita a licitação e o contrato tiver a cláusula de remuneração pelo desempenho, não há mais faculdade à Administração no sentido de conceder ou não o pagamento maior diante do alcance da meta estipulada pelo contratado, pois daí o contrato em particular gerou compromissos entre as partes.

[19] Neste ponto ressalte-se que enquanto Celso Antônio Bandeira de Mello entende que tanto os atos normativos como os atos mais concretos são expressão de atos administrativos, Maria Sylvia Zanella Di Pietro considera que atos administrativos em sentido estrito são apenas os atos com efeitos jurídicos concretos. Cf. DI PIETRO, Maria Sylvia Zanella. *Direito administrativo*. 23. ed. São Paulo: Atlas, 2010. p. 195.

que, em sua função de executar a vontade da lei na perseguição dos interesses públicos, edita atos específicos dentro da moldura normativa. Em suma, o legislador lida com situações abstratas, e não com situações concretas ou individuais, mais próprias da função administrativa.

A discricionariedade não é um poder autônomo, porque ela implica a liberdade de atuação *dentro da lei* ou da *moldura normativa* (que abrange regras e princípios) dada pelo ordenamento jurídico, ou seja, a Administração, ao praticar um ato discricionário, deve respeitar os limites da lei em que se fundamenta.

Diferenciam-se, pois, os conceitos de **discricionariedade** e **arbítrio**, sendo que este último implica na invalidade ou ilegitimidade, ou, nos termos empregados por Hely Lopes Meirelles:

> discricionariedade e arbítrio são atitudes inteiramente diversas. Discricionariedade é liberdade de ação administrativa, dentro dos limites permitidos em lei; arbítrio é ação contrária ou excedente da lei. Ato discricionário, quando autorizado pelo Direito, é legal e válido; ato arbitrário é sempre ilegítimo e inválido.[20]

Os Ministros do Supremo Tribunal Federal, conforme determina o art. 101 da Constituição Federal, devem ser escolhidos dentre cidadãos que tenham mais de 35 e menos de 65 anos, de *notável saber jurídico* e *reputação ilibada*. O Presidente da República tem ampla discricionariedade para nomear qualquer pessoa de sua predileção, depois de aprovada a escolha pela maioria absoluta do Senado Federal, desde que ela preencha os requisitos legais. Todavia, entendemos que não há margem de discricionariedade para que ele nomeie alguém *sem* saber jurídico, como, por exemplo, uma pessoa que não tenha tido formação ou o mínimo contato com a área jurídica, porque tal escolha extrapola os limites previstos na lei, que exige "notável saber jurídico", e é arbitrária e, por conseguinte, ilegal tal nomeação.

O Poder Judiciário não pode adentrar na discricionariedade da Administração e se substituir ao mérito de opções "políticas"[21] tidas como válidas diante do ordenamento jurídico, sob pena de violação da harmonia e independência que deve haver entre os Poderes. Mesmo que haja discricionariedade, diante de uma série de situações fáticas diversificadas, há um controle de contornos (margens, moldura ou limites) da ação, propiciado pela verificação da obediência das determinações legais exigidas para o caso concreto. Ressalte-se também que a discricionariedade é limitada pelos princípios de Direito, pois no Estado Democrático de Direito eles são considerados normas integrantes do ordenamento, e não meras sugestões desprovidas de eficácia jurídica.

A discricionariedade é um dos assuntos mais importantes do Direito Administrativo. Segundo Hayek, ela representa "a pequena fenda pela qual, com o tempo, a liberdade de todos pode esvair-se",[22] pois muito embora seja conceito dinâmico, se mal interpretada, na

---

[20] MEIRELLES, Hely Lopes. *Direito administrativo brasileiro*. 35. ed. São Paulo: Malheiros, 2009. p. 120-121.

[21] O termo *político* deve ser visto com ressalvas, pois, segundo Meirelles: "negamos a existência de ato político como entidade autônoma. O que existe, ao nosso ver, é sempre ato administrativo, ato legislativo ou ato judiciário informado pelo fundamento político. O impropriamente denominado ato político não passa de ato de governo, praticado discricionariamente por qualquer dos agentes que compõem os Poderes do Estado". *Direito administrativo brasileiro*. 35. ed. São Paulo: Malheiros, 2009. p. 46.

[22] HAYEK, Friedrich Von. *Os fundamentos da liberdade*. São Paulo: Visão, 1983. p. 258. É interessante a imagem construída pelo autor, apesar de não concordarmos com suas concepções de diminuição do tamanho e da força do Estado, bastante utilizadas pela vertente neoliberal. Note-se que o liberalismo contempla muitas visões de mundo, sobretudo na Contemporaneidade.

prática, pode impedir o controle jurisdicional de atos que acarretam lesão ou ameaça de lesão a liberdades e direitos, restabelecendo o juízo do *non liquet* banido há tempos do sistema judiciário.

Non liquet significa que não está claro, isto é, existem dúvidas. No processo formular romano, o árbitro ou *judex* podia deixar de decidir a partir do juramento *sibi non liquere*, no qual não julgava por ser obscura a questão para si (*non liquet*).[23] Atualmente, o magistrado é obrigado a prolatar sentença, mesmo diante de lacunas por parte da lei, mas no Direito Administrativo acontece frequentemente de autoridades que não se atualizaram do conceito dinâmico de discricionariedade, que é limitado pelos princípios e regras constantes no ordenamento, deixarem de analisar um ato arbitrário, a partir da alegação da discricionariedade administrativa.

Essa postura acaba por disseminar na Administração Pública práticas reprováveis em que os agentes públicos procuram se desvencilhar da responsabilidade de buscar as melhores opções na consecução de interesses públicos de acordo com os princípios administrativos, a partir da alegação de uma noção já ultrapassada de discricionariedade, associada a uma "carta em branco", ou seja, a um poder ilimitado ou incontrastável para a prática de "atos políticos" pautados meramente na vontade individual e não na vontade da lei.

Por esse motivo e a respeito da discricionariedade e do controle judicial, tema que será tratado também no capítulo referente aos atos administrativos, enfatiza Hely Lopes Meirelles, em frase célebre que:

> Erro é considerar-se o ato discricionário imune à apreciação judicial, pois a Justiça poderá dizer sobre sua legitimidade e aos limites de opção do agente administrativo, ou seja, a conformidade da discricionariedade com a lei e com os princípios jurídicos. O que o Judiciário não pode é, no ato discricionário, substituir o discricionarismo do administrador pelo do juiz. Não pode, assim, invalidar opções administrativas ou substituir critérios técnicos por outros que repute mais convenientes ou oportunos, pois essa valoração é privativa da Administração. Mas pode sempre proclamar e coibir os abusos da Administração.[24]

Segundo expõe Maria Sylvia Zanella Di Pietro,[25] quanto maior a extensão da discricionariedade, mais riscos correm as liberdades dos cidadãos, pois ela é a chave do equilíbrio entre as prerrogativas públicas e os direitos individuais, na medida em que a discricionariedade é limitada e submetida a aspectos:

- **formais**, como competência e forma;
- **materiais**, que analisam os motivos determinantes e a consecução dos fins legais; e
- **axiológicos**, como a obediência aos princípios da moralidade, da razoabilidade, do interesse público e da motivação, os cidadãos são protegidos contra investidas infundadas ou ilegítimas do Estado em sua esfera de liberdade.

---

[23] LUIZ, Antônio Filardi. *Dicionário de expressões latinas*. São Paulo: Atlas, 2000. p. 200.
[24] MEIRELLES, Hely Lopes. *Direito administrativo brasileiro*. 35. ed. São Paulo: Malheiros, 2009. p. 122-123.
[25] DI PIETRO, Maria Sylvia Zanella. *Direito administrativo*. 23. ed. São Paulo: Atlas, 2010. p. 13.

3.3 Poderes decorrentes da hierarquia

A organização administrativa estrutura-se por regras de coordenação e subordinação entre órgãos e agentes, estabelecidas nos limites de competência ditados pela legislação. Há um escalonamento em plano vertical, no qual o vínculo de autoridade entre os órgãos de escalonamento superior com os de escalonamento inferior denomina-se hierarquia ou relação hierárquica.

A hierarquia confere *harmonia* e *unidade de direção* na organização da função administrativa. Devido às inúmeras atribuições que são conferidas legalmente à Administração Pública, torna-se necessária uma estruturação por escalas de órgãos e agentes públicos, que geralmente é determinada pela ascensão nos planos de carreira.

Do ponto de vista da Ciência Política, a hierarquia foi vista como um denominador fortemente presente no Estado Moderno, no qual o centro buscou impor-se, sem intermediários, numa estruturação vertical ou piramidal. O modelo de organização administrativa por excelência dessa noção é denominado *napoleônico* ou *centralizado*, que se apoia na estratificação e na rigidez.

A noção de hierarquia pressupõe duas ideias-chave: (1) a autoridade e (2) o escalonamento. Um tal modelo organizacional pressupõe que exista um direito-dever legitimado de o superior controlar a ação dos demais órgãos que se localizam no patamar inferior.

No âmbito militar, a hierarquia se mostra com maior pujança. Trata-se, por exemplo, da base de organização das Forças Armadas em uma cadeia de comandos a ser seguida por todos os integrantes em função da gradação e dos postos ocupados. Pressupõe-se neste âmbito uma disciplina rígida e a submissão inconteste aos comandos dados pelos superiores hierárquicos.

O que geralmente se critica na *práxis militar distorcida* é a situação na qual a hierarquia, que tradicionalmente foi engendrada para separar níveis de decisão, acaba sendo utilizada de escudo para a prática de abusos de poder, tanto de ordem física, quanto psicológica, perpetrados por superiores hierárquicos que aproveitam do posicionamento para reproduzir no treinamento dos demais todos os recalques acumulados durante o árduo processo de adestramento e ascensão ao posto.

Contudo, esta equação é de solução complexa, pois como as Forças Armadas foram criadas para lidar com situações extremas, nas quais os militares são treinados para abrir mão da própria vida para prontamente seguir aos desígnios das patentes superiores, não se trata de um local que permite tanta abertura para questionamentos, sendo voltado mais para a disciplina e a submissão.

Atualmente, questiona-se a adoção indiscriminada do modelo de gestão napoleônica piramidal para a Administração, utilizado amplamente no Brasil ao longo do século XIX, no qual houve o predomínio da influência francesa e da centralização sob o domínio imperial. Primeiramente, foi mitigado com as **descentralizações políticas** originadas da adoção da forma de Estado federativa, a partir de 1891, e, posteriormente, com o fenômeno das **descentralizações administrativas**, ou seja, a criação de entes da Administração Indireta dotados de autonomia na execução de suas atividades e não submetidos à estrutura hierárquica da Administração Direta.

O questionamento do modelo napoleônico de gestão também é feito na discussão acerca da autonomia das **agências reguladoras** diante das determinações políticas provenientes do Poder Público central. A propósito do assunto, autores como Alexandre Santos de Aragão[26] questionam o modelo de administração hierárquico e piramidal, isto é, o modelo napoleônico, defendendo sua substituição por uma noção de Administração Pública pluricêntrica e multiorganizadora.

Entendemos que a organização administrativa em hierarquia deve ser analisada com equilíbrio. Deve haver no funcionalismo uma estrutura de ascensão nas carreiras que garanta por critérios preestabelecidos nos diversos estatutos que, na medida em que se subam os "degraus" de sua carreira, ao funcionário sejam destinadas atribuições e responsabilidades de maior importância; todavia, deve ser banido das práticas administrativas o "conservadorismo hierarquista", o qual pressupõe haver dois tipos de funcionários: (a) os destinados a *mandar*, lotados nos escalões superiores; e (b) os que devem *executar* as ordens dos superiores.

Essa mentalidade ultrapassada faz com que o ambiente do funcionalismo seja permeado por práticas autoritárias que acabam por tolher a criatividade e a possibilidade de iniciativa por parte dos servidores, em detrimento da democratização e, por conseguinte, também da eficiência no desempenho da função administrativa.

---

[26] Cf. ARAGÃO, Alexandre Santos de. Supervisão Ministerial das Agências Reguladoras. *Revista de Direito Administrativo*, São Paulo, nº 245, p. 238, maio/ago. 2007.

As regras de governança pública que são incorporadas à gestão pública, sendo de se destacar o Decreto nº 9.203/2017, preveem o estímulo à liderança, que é uma postura relacionada com o exemplo. Assim, governança pública representa, conforme definição do art. 2º, I, do mencionado decreto, o "conjunto de mecanismos de liderança, estratégia e controle postos em prática para avaliar, direcionar e monitorar a gestão, com vistas à condução das políticas públicas e à prestação de serviços de interesse da sociedade".

A hierarquia, no sentido de coordenação e subordinação de atividades, é um poder próprio da função administrativa, mas se a lei atribui **competências exclusivas** aos órgãos administrativos, é **excluída** a ingerência dos órgãos superiores.

Não se pode falar em poder hierárquico nas funções legislativa e jurisdicional. A função legislativa é atribuição eminentemente criativa, dentro dos limites formais e materiais da Constituição, e, portanto, inovadora da ordem jurídica. Os legisladores são livres para desempenhar suas atribuições, desde que respeitem a repartição constitucional de competências legislativas.

Também um tribunal superior do Judiciário não pode, em regra, dar ordens e instruções no sentido de determinar a atuação jurisdicional dos órgãos de instância inferior, exceto no caso das súmulas de efeitos vinculantes aprovadas pelo Supremo Tribunal Federal, de acordo com o disposto no art. 103-A da Constituição Federal. Se uma decisão judicial contrariar o conteúdo de súmula vinculante, pode o interessado promover reclamação no Supremo Tribunal Federal, conforme se extrai do § 3º do mencionado artigo. Assim, ambos os Poderes possuem independência funcional para o desempenho de suas funções típicas.

Entretanto, quando os Poderes Judiciário e Legislativo exercem funções administrativas (atípicas), eles se submetem às relações hierárquicas e à fiscalização efetuada pelas corregedorias, pelo Conselho Nacional de Justiça ou pelo controle efetivado pelo Tribunal de Contas, por exemplo.

Poder hierárquico e poder disciplinar não se confundem,[27] mas são intrinsecamente relacionados, pois é sob a hierarquia que se mantém a disciplina e se impõe o cumprimento dos deveres funcionais, sob pena de aplicação das sanções disciplinares cabíveis.

Da hierarquia decorrem os seguintes poderes:

- **de ordenar atividades**, ou seja, de determinar ao subordinado os atos a praticar e a conduta a seguir em cada caso, o que implica, consequentemente, o dever de obediência por parte do subalterno das instruções dadas pelo superior, sob pena de responsabilização. As ordens emanadas do superior devem ser seguidas, a menos que sejam *manifestamente ilegais*, pois "ninguém será obrigado a fazer ou deixar de fazer alguma coisa senão em virtude de lei" (art. 5º, II, CF);
- **de controlar** ou **fiscalizar** as atividades dos órgãos ou agentes que lhes são subordinados, para zelar pela legitimidade dos atos praticados e pelo cumprimento das obrigações em geral;
- **de rever as decisões dos inferiores**, o que exprime a aptidão da Administração denominada de *autotutela*, isto é, a possibilidade de a Administração reapreciar os próprios atos, **anulando** os ilegais e **revogando** os inconvenientes ou inoportunos, por iniciativa própria (*ex officio*) ou mediante provocação proveniente de

---

[27] Ou, nos temos empregados por Hely Lopes Meirelles: "poder hierárquico e poder disciplinar não se confundem, mas andam juntos, por serem os sustentáculos de toda organização administrativa". *Direito administrativo brasileiro*. 35. ed. São Paulo: Malheiros, 2009. p. 123.

recurso dos interessados. Enfatize-se que a revisão hierárquica somente é possível enquanto o ato não se tornou definitivo para a Administração ou não criou direito subjetivo para o particular;

- **de punir** ou **aplicar sanções disciplinares**, desde que sejam assegurados o contraditório e a ampla defesa, no cometimento de infrações neste âmbito, sendo a apuração[28] não apenas um poder, mas um **dever** a ser exercitado;

- **de avocar** ou **chamar para si** atribuições originariamente conferidas ao órgão ou agente subordinado, contanto que não haja competência exclusiva determinada por lei a este último. Note-se que a avocação é **medida excepcional**, pois ela gera o desprestígio do subordinado, conforme dispõe o art. 15 da Lei nº 9.784/99: "será permitida, em caráter excepcional e por **motivos relevantes** devidamente justificados, a avocação temporária de competência atribuída a órgão hierarquicamente inferior", e nela o regime de responsabilização paira sobre aquele que pratica o ato, isto é, quando o superior avoca a atribuição do inferior, este é desonerado da responsabilidade, pois não concorre mais para a prática dos atos avocados;

- **de delegar**[29] ou transferir atribuições que não sejam privativas. As delegações no âmbito administrativo não podem ser recusadas[30] pelo órgão ou agente inferior, salvo se ilegais, e também não há possibilidade de este as subdelegar sem autorização expressa do delegante; e

- **de editar atos normativos internos**, tais como resoluções, portarias, instruções ou ordens de serviço, que só obrigam agentes hierarquizados à chefia que os expediu e objetivam ordenar ou coordenar, para bom funcionamento dos serviços, a atuação dos órgãos subordinados.

A relação hierárquica pode ser **excluída** de determinados tipos de atividades, como aquelas dos *órgãos consultivos*, cuja função é desempenhada com o máximo de liberdade no sentido de opinarem segundo o que entendem mais adequado, independentemente dos posicionamentos dos órgãos superiores. Os órgãos consultivos não se submetem, portanto, ao controle quanto ao conteúdo de suas manifestações, que não pode ser direcionado pelo órgão superior, mas este subordina os agentes de órgãos consultivos às demais finalidades, tais como as disciplinares.

---

[28] Na realidade, apesar de haver o poder de punir, o objetivo de um processo administrativo que tem potencial de aplicar sanção é a apuração, sendo a punição uma das possibilidades, caso se constate mediante contraditório que houve o cometimento de uma infração.

[29] Sobre delegação, conferir o item "elementos e requisitos de validade", do capítulo referente ao ato administrativo. Explicação abrangida na explicação sobre competência.

[30] Conferir também item "elementos e requisitos de validade dos atos administrativos", onde se discorre sobre competência.

HIERARQUIA

Coordenação (harmonia) e subordinação (unidade de direção)
Modelo "napoleônico" – hierárquico/piramidal: auge no Brasil – século XIX

Mitigações:

a) descentralizações políticas, após 1891;
b) descentralizações administrativas, expansão após meados do século XX;
c) proliferação de agências reguladoras da década de 1990 em diante.

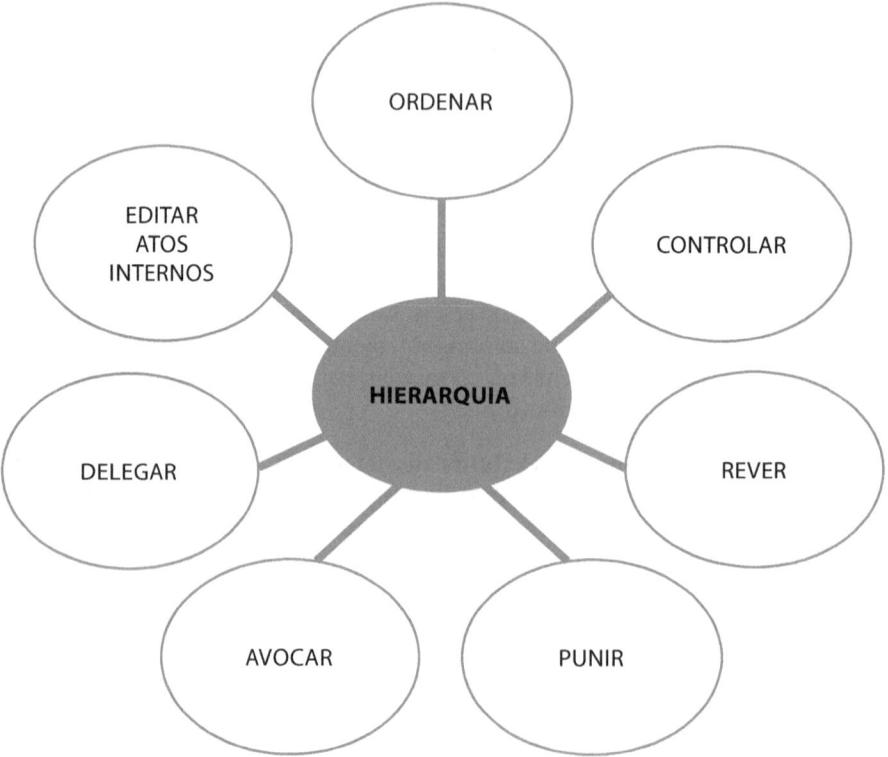

Exceções:

a) competência exclusiva;
b) funções legislativa e jurisdicional – exceto: súmula vinculante;
c) função consultiva.

TEMA POLÊMICO:
RESPONSABILIZAÇÃO DE ADVOGADO PÚBLICO POR EMISSÃO DE PARECER

Os advogados públicos, procuradores federais, procuradores dos Estados e Municípios podem ser instados a atuar em atividades de pareceristas, sendo estas atividades consultivas. Frequentemente, há processos que exigem que antes da edição do ato pela autoridade competente a questão seja submetida aos órgãos de consultoria jurídica para que emitam parecer.

Ocorre que o Tribunal de Contas da União passou a incluir no processo de apuração de responsabilidade de advogados públicos o parecer jurídico que serviu de base para a emissão da decisão da autoridade administrativa, no intento de promover uma responsabilidade solidária do advogado público com a autoridade pela emissão do parecer.

Conforme expõe Maria Sylvia Zanella Di Pietro,[31] os pareceres jurídicos envolvem interpretação das leis, sendo que essa atividade compreende a possibilidade de divergência de sentido. Assim, é possível que a interpretação de dado advogado público em função consultiva não seja coincidente com a interpretação adotada pelo órgão de controle, como o Tribunal de Contas. Daí adverte ser irrazoável tentar punir um advogado pelo simples fato de sua opinião de interpretação não coincidir com a do órgão controlador.

Concorda-se com Di Pietro, no sentido de que o advogado público só poderá ser responsabilizado se agiu de má-fé, praticou erro grosseiro ou se atuou com dolo, tendo em vista o disposto no art. 184 do CPC, segundo o qual "o membro da advocacia pública será civil e regressivamente responsável quando agir com dolo ou fraude no exercício de suas funções".

Trata-se de orientação incorporada ao art. 28 da LINDB, conforme inserção feita pela Lei nº 13.655, segundo a qual o "agente público responderá pessoalmente por suas decisões ou opiniões técnicas em caso de dolo ou erro grosseiro". Houve uma tentativa de inserção de dispositivo, quando da aprovação do projeto que resultou na Lei nº 13.655/2018, que previsse que a entidade deveria arcar com as despesas da defesa do agente público por ato ou comportamento praticado no exercício normal de suas competências, mas essa determinação foi vetada pelo Presidente.[32]

3.4 Poder disciplinar

Poder disciplinar, segundo Maria Sylvia Zanella Di Pietro,[33] é "o poder que compete à Administração Pública para apurar infrações funcionais e aplicar penalidades aos seus servidores e demais pessoas sujeitas à disciplina dos órgãos e serviços".

Não deve ser confundido com a punição dos administrados ou indivíduos que não obedecem às limitações e restrições impostas no interesse público, pois esta é situação de aplicação do poder de polícia.

O exercício do poder disciplinar é obrigatório. A autoridade administrativa que descobre uma irregularidade no serviço tem o dever de instaurar o procedimento adequado para a sua apuração e, se for o caso, deve aplicar a pena cabível; caso contrário, pode até incorrer em crime de condescendência criminosa[34] (art. 320 do Código Penal). Rigorosamente falando, obrigatório é o dever de apurar, mas não se deve radicalizar e dizer que há um dever de punir

---

[31] Para saber do projeto original e do quanto ele se alterou em relação ao texto aprovado, ver: NOHARA, Irene Patrícia. LINDB – *Lei de Introdução às Normas do Direito Brasileiro: hermenêutica e novos parâmetros ao direito público*. Curitiba: Juruá, 2018.

[32] DI PIETRO, Maria Sylvia Zanella. Responsabilização de advogados públicos pela elaboração de pareceres. Disponível em: https://www.conjur.com.br/2015-ago-20/interesse-publico-responsabilizacao-advogado-publico--elaboracao-parecer. Acesso em: 5 jan. 2018.

[33] DI PIETRO, Maria Sylvia Zanella. *Direito administrativo*. São Paulo: Atlas, 2010. p. 94.

[34] Está previsto como: "deixar o funcionário, por indulgência, de responsabilizar subordinado que cometeu infração no exercício do cargo ou, quando lhe falte competência, não levar o fato ao conhecimento da autoridade competente". Portanto, a condescendência deve ser veiculada por dó ou pena, mas se for para se autobeneficiar, o agente público cometerá, em regra, prevaricação.

incondicionado, pois, se na apuração se comprovar a inocência do servidor público, a consequência será o arquivamento do processo administrativo disciplinar.

O *jus puniendi* realizado no Direito Penal não se confunde com o poder disciplinar, pois este é efetivado no âmbito administrativo e compreende, via de regra, infrações relacionadas com o exercício funcional. Enquanto o Direito Penal é instrumento de controle social e suas sanções são direcionadas às condutas mais gravosas que afetam relevantes bens jurídicos, a sanção derivada do ilícito administrativo se presta a proteger a organização administrativa, sendo voltada a disciplinar o comportamento dos servidores e demais pessoas sujeitas à disciplina dos órgãos e serviços.

A punição disciplinar não tem natureza criminal.[35] Assim, a sanção criminal pode ser aplicada a um servidor pela prática de crime contra a Administração e deste mesmo evento também deve a Administração aplicar a sanção decorrente do ilícito administrativo, sem que ocorra *bis in idem*. Ressalte-se que toda condenação criminal por delito funcional (crime contra a administração pública) acarreta a punição disciplinar, mas nem toda punição disciplinar tem implicações penais.

Tendo em vista os valores jurídicos protegidos por cada área, a tipicidade do Direito Penal é mais rigorosa do que aquela que a Administração se utiliza para as suas punições disciplinares.

Enquanto no Direito Penal não se admitem, como regra, tipos penais abertos, ou seja, tipos legais que não contenham o mínimo de determinação quanto aos seus elementos essenciais, por violação ao princípio da reserva legal (*nullum crimen nulla poena sine lege*), os estatutos funcionais costumam utilizar-se de conceitos jurídicos indeterminados para descrever as infrações disciplinares, tais como: "procedimento irregular", "ineficiência no serviço", "falta grave", deixando por vezes[36] à Administração margem de discricionariedade para enquadrar as variadas ocorrências fáticas em pressupostos normativos vagos.

Na ponderação da pena, que varia de estatuto para estatuto, mas que geralmente abrange a advertência, a suspensão, a demissão, a cassação de aposentadoria ou disponibilidade, a destituição de cargo em comissão e a destituição de função comissionada,[37] a Administração deve considerar a **natureza** e a **gravidade da infração** e os **danos que dela provierem para o serviço público**, conforme determinam os arts. 128[38] da Lei nº 8.112/90 e 252 da Lei nº 10.261/68 (esta última no âmbito do Estado de São Paulo).

Os procedimentos disciplinares são, em regra, bem menos formais do que os procedimentos do processo penal. No concernente às nulidades, por exemplo, determina o art. 305 do Estatuto dos Funcionários Civis do Estado de São Paulo (Lei nº 10.261, de 28.10.1968) que "não será declarada a nulidade de nenhum ato processual que não houver influído na apuração da verdade substancial ou diretamente na decisão do processo ou da sindicância", sendo regra derivada do preceito *pas de nullité sans grief*. Não se admite, todavia, o emprego de provas ilícitas

---

[35] Há um debate na seara do Direito Penal acerca do bem jurídico protegido nos crimes contra a Administração Pública. Muito embora se encontrem muitas menções a termos genéricos como probidade, honestidade, fidelidade do agente, identifica Luciano Anderson de Souza que o bem jurídico se relaciona ao regular funcionamento das atividades públicas, isto é, na ideia de funções enquanto tarefas conferidas ao Estado e voltadas à satisfação de necessidades essenciais da sociedade. Cf. SOUZA, Luciano Anderson de. *Direito penal*: parte especial. São Paulo: Thomson Reuters Brasil, 2021. v. 5. p. 49.

[36] Ver quadro polêmico do Capítulo 5, denominado: Compulsoriedade da demissão nas hipóteses estatutárias.

[37] Art. 127 da Lei nº 8.112/90.

[38] O referido artigo considera também: as **circunstâncias agravantes e atenuantes** e os **antecedentes funcionais**, na aplicação da penalidade.

no processo administrativo disciplinar, que será analisado pormenorizadamente em item próprio no capítulo referente ao processo administrativo.

Importa enfatizar que discricionariedade, conforme exposto, **não significa arbítrio** ou ausência de critérios, pois a Administração deve motivar e justificar a punição e a gradação da pena aplicada[39] em função dos dados concretos apurados por meios regulares e deve se pautar no critério de proporcionalidade, previsto como princípio de obediência obrigatória no art. 2º da Lei de Processo Administrativo federal (Lei nº 9.784/99). Assim, deve haver adequação entre a falta cometida e a pena aplicada.

A aplicação da penalidade pressupõe a apuração por procedimento legal, em que devem ser assegurados o contraditório e a ampla defesa, com os meios e recursos a ela inerentes, que o art. 5º, LV, da Constituição Federal de 1988 garantiu expressamente nos processos administrativos no geral.

É polêmico na jurisprudência se o Judiciário pode modificar a sanção aplicada para uma mais adequada. O Supremo Tribunal Federal posicionou-se, certa feita, no sentido de que "mediante exame dos motivos, pode o Poder Judiciário converter pena de demissão em suspensão, quando houver excesso no ato disciplinar".[40] Contudo, não é esta a posição preponderante tanto na jurisprudência (cf. no STJ, MS 7.966-DF, j. 8 out. 2003[41]), como na doutrina,[42] que é quase unânime em afirmar que ao Poder Judiciário cumpre apenas invalidar a ilegalidade constatada sob pena de desempenhar função administrativa discricionária, pautada na conveniência e oportunidade, o que acarretaria violação à independência entre os Poderes. Este é o entendimento de Antônio Carlos de Araújo Cintra, *in verbis*: "reconhecido o vício do ato administrativo quanto aos motivos, incumbe ao Poder Judiciário apenas pronunciar a nulidade".[43]

Trata-se de discussão complexa, pois teoricamente envolve a questão de saber se a manifestação do poder disciplinar é originada da correta aplicação da lei, que contempla conceitos jurídicos indeterminados e discricionariedade, pelo qual o agente público deve agir, hipótese em que o Judiciário poderia em tese aplicar a sanção correta para aquelas situações que extrapolam o sentido da lei, em atividade interpretativa,[44] adequando-a perfeitamente às circunstâncias legais; contudo, do ponto de vista prático, esta aplicação da lei/sanção resvalaria para o desempenho de função administrativa, pois é inconcebível imaginar o Poder Judiciário praticando *ex officio* e, via de regra, *ultra petita* atos administrativos como a suspensão de um agente público.

---

[39] Art. 128, parágrafo único, da Lei nº 8.112/90, *in verbis*: "o ato de imposição da penalidade mencionará sempre o fundamento legal e a causa da sanção disciplinar".

[40] *RDA*, 135/199.

[41] Rel. Min. Gilson Dipp. *Informativo Jurisprudência do STJ* nº 187, out. 2003.

[42] CARVALHO FILHO, José dos Santos. *Manual de direito administrativo*. 17. ed. Rio de Janeiro: Lumen Juris, 2008. p. 64.

[43] CINTRA, Antônio Carlos de Araújo. *Motivo e motivação no ato administrativo*. São Paulo: Revista dos Tribunais, 1979. p. 180.

[44] Posição peculiar é defendida por Luis Manuel Fonseca Pires, que admite a possibilidade de convolar competência discricionária em vinculada e recomenda que: "o Judiciário não se limite a invalidar o ato objeto de ação, mas que desde logo determine qual a opção válida". Cf. PIRES, Luis Manuel Fonseca. *Controle judicial da discricionariedade administrativa*. 3. ed. Belo Horizonte: Fórum, 2017. p. 352.

PODER DISCIPLINAR

Apurar infrações administrativas e, se for o caso, punir/aplicar sanções.
SUJEITO PASSIVO: servidor público ou aquele que contrata com o Poder Público.
Exercício obrigatório – DEVER DE APURAR.
Sob pena de: condescendência criminosa, até.

Penalidades disciplinares (art. 127 da Lei nº 8.112/90):
1. advertência;
2. suspensão;
3. demissão;
4. cassação de aposentadoria ou disponibilidade;
5. destituição de cargo em comissão; e
6. destituição de função comissionada.

Característica: presença, por vezes, de TIPOS VAGOS, o que confere maior DISCRICIONARIEDADE.

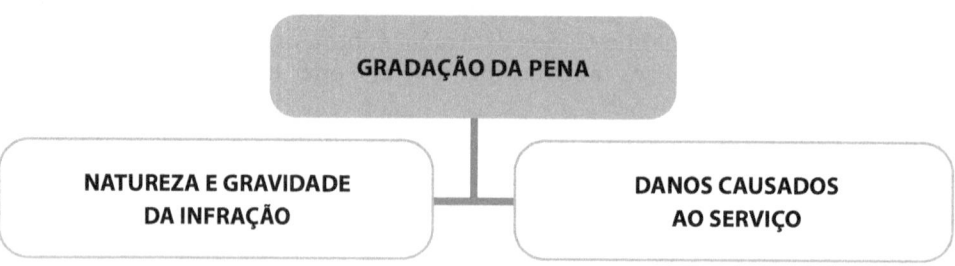

Discricionariedade **não é arbítrio**, portanto:
- exigência de motivação (fundamento legal e causa da sanção);
- proporcionalidade entre falta cometida e a pena aplicada;
- procedimento legal, em que sejam assegurados contraditório e ampla defesa.

Doutrina majoritária: Judiciário só deve declarar nulidades, não podendo, em regra, substituir a sanção aplicada por outra mais adequada (invadindo esfera da discricionariedade administrativa).

3.5 Poder normativo

O poder normativo é aquele em função do qual a Administração Pública edita atos com efeitos gerais e abstratos. Compreende a edição de decretos regulamentares, instruções normativas, regimentos, resoluções e deliberações.

Enquanto os decretos regulamentares, que são também chamados de decretos executórios, são editados pelos Chefes dos Executivos federal, distrital, estadual e municipal e têm alcance externo, os demais atos normativos têm, via de regra, efeitos restritos aos órgãos que os expedem e não são editados, em geral, pelos Chefes do Poder Executivo.

Poder regulamentar,⁴⁵ espécie de poder normativo, é, portanto, o que cabe aos Chefes dos Poderes Executivos com a finalidade de expedir normas de execução ou de complementação das leis. Decorre do dispositivo contido no art. 84, IV, da Constituição, que determina ser competência privativa do Presidente expedir decretos e regulamentos para fiel execução das leis.

Além dos decretos executórios, que são estes que regulamentam fielmente a lei, há, conforme será visto, regulamentos autônomos ou independentes, isto é, aqueles que não têm por objetivo regulamentar lei. Os decretos independentes são admitidos de maneira ampla na França e nos Estados Unidos.

Existem duas ordens de fundamentação da existência do poder regulamentar, na explicação de Clèmerson Merlin Clève:⁴⁶

- a **justificação material** repousa na necessidade de uma potestade normativa como técnica inescusável do governo da época atual, pois há setores nos quais a atividade regulamentar da administração é imprescindível, sendo indispensável à *governabilidade* a estreita colaboração entre Executivo e Legislativo, isto é, entre regulamento e lei; e
- a **justificação formal**, que reside na Constituição ou na lei.

Enquanto a lei é considerada ato normativo primário, pois aufere sua força normativa diretamente da Constituição e pode, portanto, inovar a ordem jurídica, "criando direitos, obrigações, proibições e medidas punitivas",⁴⁷ à medida que "ninguém será obrigado a fazer ou deixar de fazer alguma coisa, senão em virtude de lei", situando-se um degrau acima do regulamento na estrutura escalonada do ordenamento;⁴⁸ o regulamento é ato normativo secundário, situando-se abaixo das leis, ou seja, ele é inferior e complementar, viabilizando a execução das leis.

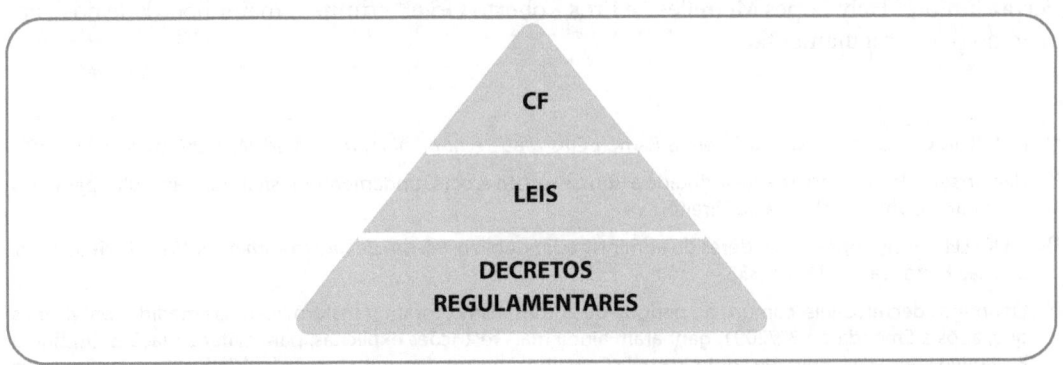

---

⁴⁵ Regulamentação não é sinônimo de regulação, porque esta última expressão abrange não apenas a edição de atos normativos, mas a fiscalização de seu cumprimento, a imposição de sanções e a mediação de conflitos. Ver MEDAUAR, Odete. Regulação e Auto-regulação. *Revista de Direito Administrativo*, Rio de Janeiro, nº 228, p. 123-128, abr./jun. 2002. Ressalta também Medauar que o termo inglês *regulation* não implica na edição de regulamentos, atividade que é denominada de *rulemaking*.

⁴⁶ CLÈVE, Clèmerson Merlin. *Atividade legislativa do Poder Executivo*. 2. ed. São Paulo: Revista dos Tribunais, 2000. p. 272-276.

⁴⁷ DI PIETRO, Maria Sylvia Zanella. *Direito administrativo*. 23. ed. São Paulo: Atlas, 2010. p. 93.

⁴⁸ Há outras visões do ordenamento como, por exemplo, a de Canotilho, que enxerga em vez de pirâmide: um trapézio, com um pluralismo de ordenamentos superiores (direitos humanos, direito comunitário e direito internacional). Cf. Canotilho, J. J. Gomes. *Direito constitucional e teoria da constituição*. Coimbra: Almedina, 2003. p. 694. Ressalte-se, ainda, que é problemático, do ponto de vista mais rigoroso, também se Kelsen teria se referido na Teoria Pura à uma piramidal, quando menciona o escalonamento.

Segundo enfatizam García de Enterría e Tomás-Ramón Fernández,[49] além da distinção **quantitativa** entre lei e regulamento, que se pauta no grau que se encontram no escalonamento jurídico, eles têm diferenças **qualitativas**, uma vez que as leis são o resultado da "vontade geral"[50] potencialmente limitada pela Constituição, e os regulamentos são obra da Administração Pública.

Assim, pode-se dizer que o regulamento editado pelo Chefe do Executivo é subordinado à lei, pois, enquanto esta pressupõe maior grau de discussão e de legitimidade em sua elaboração, o decreto regulamentar é ato unilateral do Executivo e não depende de autorização parlamentar.

O regulamento, segundo expõe Hely Lopes Meirelles, não é lei, embora a ela se assemelhe no conteúdo e poder normativo, pois são determinações de caráter geral e com efeitos externos; contudo, esclarece que: "nem toda lei depende de regulamento para ser executada, mas toda e qualquer lei pode ser regulamentada se o Executivo julgar conveniente fazê-lo".[51]

Geralmente se diz, conforme visto, que as leis que contemplam dispositivos que demandam regulamentação pelo Poder Executivo, viabilizam os chamados **regulamentos de execução**.

Pelo conceito de lei em sentido amplo, enquadram-se tão somente as espécies normativas primárias, isto é, aquelas contidas no art. 59 da Constituição. Note-se que, dentre as espécies normativas do art. 59, são atos normativos primários editados pelo Chefe do Executivo: as *medidas provisórias* com força de lei, que são submetidas de imediato ao Congresso Nacional, e as *leis delegadas* pelo Congresso Nacional, **não** se **incluindo no rol**, pelo fato de ser expressão de atividade normativa secundária do Executivo, os decretos[52] regulamentares.

Advirta-se que há acentuada polêmica em âmbito doutrinário acerca da possibilidade de o Executivo, por meio do poder regulamentar, criar direitos e obrigações, sendo que, enquanto juristas[53] como Geraldo Ataliba, Victor Nunes Leal, Clèmerson Clève, Celso Antônio Bandeira de Mello e Maria Sylvia Zanella Di Pietro não admitem a inovação por decreto, Tércio Sampaio Ferraz Júnior,[54] Hely Lopes Meirelles[55] e Eros Roberto Grau[56] admitem maior liberdade no exercício do poder regulamentar.

---

[49] ENTERRÍA, García de; FERNÁNDEZ, Tomás-Ramón. *Curso de derecho administrativo*. 4. ed. Madrid: Civitas, 1984. p. 182.

[50] Não no sentido originariamente atribuído a Rousseau, isto é, com fundamentos jusnaturalistas já ultrapassados do ponto de vista da ciência do Direito.

[51] MEIRELLES, Hely Lopes. Os poderes do administrador público. *Revista de Direito Administrativo*, Rio de Janeiro, Seleção Histórica: 1 a 150, p. 335.

[52] Os antigos decretos-leis, comuns ao período de autoritarismo, foram transformados nas medidas provisórias que, após a Emenda no 32/2001, ganharam ainda mais restrições explícitas, para evitar situações em que o Executivo abusa da faculdade conferida pela Constituição, uma vez que a função legislativa deveria ser atípica ao Poder Executivo.

[53] ATALIBA, Geraldo. O decreto regulamentar no sistema brasileiro. *Revista de Direito Administrativo*, 97/29; LEAL, Victor Nunes. Lei e regulamento. *Problemas de Direito Público*. Rio de Janeiro: Forense, 1960. p. 57-91; CLÈVE, Clèmerson Merlin. *Atividade legislativa do Poder Executivo*. 2. ed. São Paulo: Revista dos Tribunais, 2000. p. 280; BANDEIRA DE MELLO, Celso Antônio. *Curso de direito administrativo*. São Paulo: Malheiros, 2008. p. 338; DI PIETRO, Maria Sylvia Zanella. *Direito administrativo*. São Paulo: Atlas, 2010. p. 90-94.

[54] FERRAZ JÚNIOR, Tercio Sampaio. Agências reguladoras: legalidade e constitucionalidade. *Revista Tributária e de Finanças Públicas*, São Paulo, ano 8, nº 35, nov./dez. 2000.

[55] Alguns excertos dos textos de Hely Lopes Meirelles têm sido favoráveis ao suprimento por decreto de "situações não previstas em lei", caso em que da omissão há o suprimento de lacuna por regulamento, "até que o legislador complete os claros da legislação. Enquanto não o fizer, vige o regulamento, desde que não invada matéria reservada à lei". Cf. Os poderes do administrador público. *Revista de Direito Administrativo*, Rio de Janeiro, Seleção Histórica: 1 a 150, p. 335.

[56] Eros Grau fala sobre a capacidade normativa de conjuntura, para setores financeiros como os bancos ou a CVM. GRAU, Eros Roberto. Capacidade normativa de conjuntura. *Enciclopédia Saraiva do Direito*. São Paulo: Saraiva, 1978.

Assim, seguindo a doutrina de Celso Antônio Bandeira de Mello e Maria Sylvia Zanella Di Pietro, entende-se que o regulamento **não pode**, via de regra, **ser:**

- *ultra legem*: ir além, isto é, inovar a ordem jurídica, produzindo mais direitos e deveres do que os emanados da lei; no entanto, ele derroga regulamento anterior, neste sentido, inova as regras aplicáveis ao assunto disciplinado;
- *contra legem*: contrariar o sentido da lei; e
- *citra legem*: suprimir direitos e obrigações contidos na lei a pretexto de regulamentá-la.

O Congresso Nacional dispõe de competência, exclusivamente conferida pelo art. 49, V, da Constituição, para sustar atos normativos expedidos pelo Poder Executivo que exorbitem do poder regulamentar. Trata-se de atribuição atípica do Poder Legislativo, a qual não exclui o controle jurisdicional de ilegalidade ou inconstitucionalidade do ato.

Assim, pode-se dizer que o ordenamento jurídico brasileiro não admite, em geral, expedição de **regulamentos autônomos** ou **independentes**,[57] ou seja, aqueles que não complementam nem desenvolvem nenhuma lei e que, portanto, inovam inicialmente a ordem jurídica, sendo editados *sem intermediação legislativa*, auferindo seu fundamento diretamente da Constituição.

A única **exceção**, mencionada pela doutrina majoritária, recai sobre a possibilidade de o Chefe do Executivo, conforme dispositivo trazido pela Emenda Constitucional nº 32/01, que alterou o conteúdo do art. 84, VI, *a*, da Constituição,[58] dispor, mediante decreto, sobre **organização** e **funcionamento** da administração, quando **não** implicar:

- aumento de despesa; ou
- criação ou extinção de órgãos públicos.

Note-se que os termos *organização* e *funcionamento* excluem a possibilidade de criação e extinção de Ministérios e órgãos da Administração Pública, que continuam na dependência de lei, conforme determina o art. 88 da Constituição, com redação dada pela Emenda Constitucional nº 32/01.

García de Enterría expõe que na Espanha o regulamento independente de lei recai, assim como no Brasil após a Emenda Constitucional nº 32/01, apenas sobre **matérias organizativas** que **não afetem direitos** básicos dos administrados. Por conseguinte, nos regulamentos independentes a Administração exercita faculdade de autodisposição ao configurar sua organização para melhor cumprir os fins públicos, não havendo, no sistema espanhol (nem no brasileiro, no nosso entendimento), ao contrário do francês,[59] a possibilidade de criação de direito objetivo sem lei.

---

[57] Enquanto a maior parte da doutrina utiliza os termos indistintamente, Clèmerson Merlin Clève diferencia: 1. **regulamento autônomo** – criado pelo Executivo em virtude de competência outorgada diretamente pelo texto constitucional; de 2. **regulamento independente** – que não existe no Brasil, sendo encontrado no Direito Português – aquele que a lei se limita a indicar a autoridade que poderá ou deverá emanar o regulamento e a matéria sobre que versa. Cf. *Atividade legislativa do Poder Executivo*. 2. ed. São Paulo: Revista dos Tribunais, 2000. p. 99.

[58] Já a alínea *b* do inciso VI do art. 84 não alterou a sistemática anterior, uma vez que a extinção de funções ou cargos públicos pelo Chefe do Executivo quando vagos é ato de efeitos concretos, e não implica na criação de regras gerais a esse respeito.

[59] A Constituição francesa (arts. 34 e 37) admite a expedição de regulamentos autônomos de caráter legislativo em matérias excluídas da apreciação do Parlamento.

Advirta-se que mesmo os autores que admitem a existência de decreto regulamentar autônomo no Brasil o fazem contando que **não haja** invasão de **reserva de lei** pela Constituição. A propósito, a ADIMC 519-7, Rel. Min. Moreira Alves, *DJ* 11.10.1991, determina que a ação direta é via adequada para impugnar decreto autônomo, sendo fundamento da ação justamente à invasão da esfera reservada à lei pela Constituição Federal.

O regulamento jamais poderá, nos exemplos fornecidos por Hely Lopes Meirelles,[60] instituir ou majorar tributos, aumentar os vencimentos dos servidores públicos, perdoar dívidas ativas, conceder isenções tributárias e o mais que depender de lei propriamente dita.

Também na ADI 2387, de relatoria do Min. Marco Aurélio, foi resgatado o argumento do Min. Carlos Velloso, recusando ao Supremo Tribunal o controle concentrado em **inconstitucionalidade reflexa**, isto é, em questão de **mera ilegalidade**, pois se um regulamento infringe o sentido da lei, trata-se de uma ilegalidade. Segundo alega Hans Kelsen no debate com Carl Schmitt, em 1929, ficou claro que se trata de questão de opção política da Corte, na reflexão de que "muita jurisdição" pode resultar em "nenhuma jurisdição".

Note-se que os mencionados entendimentos do STF não fazem supor que a Corte Suprema admita o decreto autônomo fora da hipótese do art. 84, VI, *a*, da CF, mesmo porque muitas decisões são no sentido de reconhecer a inconstitucionalidade do decreto autônomo, seguindo o posicionamento da maioria da doutrina.

Segundo Agustín Gordillo,[61] é muito perigoso se admitir extensamente a regulamentação autônoma, pois ela representa um sistema de **delegação em branco** que pode resultar em sujeições injustas em incontáveis áreas, podendo recair sobre limitações do direito de presos no cárcere até o exercício dos direitos de enfermos em hospitais.

Assim, muito embora a França e os Estados Unidos, este último dentro de certos parâmetros (*standards*) legais elásticos, endossem o sistema de regulamento independente, trata-se de critério perigoso e desaconselhável, sobretudo para países nos quais não esteja solidificada uma cultura de moderação e equilíbrio nas medidas governamentais, amparada na presença de cidadãos zelosos por sua liberdade e conscientes de seus direitos fundamentais.

Por fim, advirta-se que a **razoabilidade/proporcionalidade** é parâmetro que serve para limitar a edição de decretos que extrapolem o sistema da reserva legal ou que, a pretexto de regulamentar dado direito, fulminem o núcleo essencial das liberdades públicas.

Um exemplo desse controle foi efetivado pelo STF no Decreto nº 20.098/99, editado pelo então governador do Distrito Federal, que vedava a realização de manifestações públicas com a utilização de carros, aparelhos e objetos sonoros na Praça dos Três Poderes, Esplanada dos Ministérios e na Praça Buriti e vias adjacentes, sob a alegação de que tais manifestações poderiam causar incômodos à população em geral e àqueles que se encontrassem exercendo atividade laboral.

Na ADI 1969/99, julgada procedente por unanimidade no STF, enfatizou-se que "não cabe à autoridade local regulamentar o preceito da Carta da República, muito menos mitigá-lo, como ocorreu na espécie dos autos". "A proibição esvazia, assim, a garantia constitucional. Embora não se tenha direito fundamental absoluto, forçoso é concluir pela existência de limitação

---

[60] MEIRELLES, Hely Lopes. *Direito administrativo brasileiro*. São Paulo: Malheiros, 2009. p. 184.

[61] GORDILLO, Agustín. *Tratado de derecho administrativo*. Belo Horizonte: Del Rey e Fundación de Derecho Administrativo, 2003. p. VII-37. t. 1 – Parte General.

discrepante da Carta da República".[62] Ora, de constitucionalidade duvidosa a pretensão de regulamentar o direito de reunião, sobretudo quando se fulmina o núcleo não restringível dele.[63]

Além do decreto, são manifestações do poder normativo, conforme definições de Hely Lopes Meirelles:[64]

- **instruções normativas**: atos expedidos pelos *Ministros de Estado* para a execução das leis, decretos e regulamentos (art. 87, parágrafo único, II, Constituição);
- **regimentos**: atos administrativos normativos de atuação interna que se destinam a *reger o funcionamento* de órgãos colegiados ou de corporações legislativas;
- **resoluções**: atos administrativos normativos expedidos por altas autoridades do Executivo, à exceção do Chefe do Executivo, que edita decretos, ou pelos presidentes dos tribunais, órgãos legislativos ou colegiados administrativos, para *disciplinar matéria de sua competência* específica – como ocorre com as resoluções editadas pelas agências reguladoras; e
- **deliberações**: atos administrativos normativos ou decisórios emanados de *órgãos colegiados*. Meirelles diferencia ainda as deliberações normativas, que são atos gerais, das deliberações decisórias, que são atos individuais.

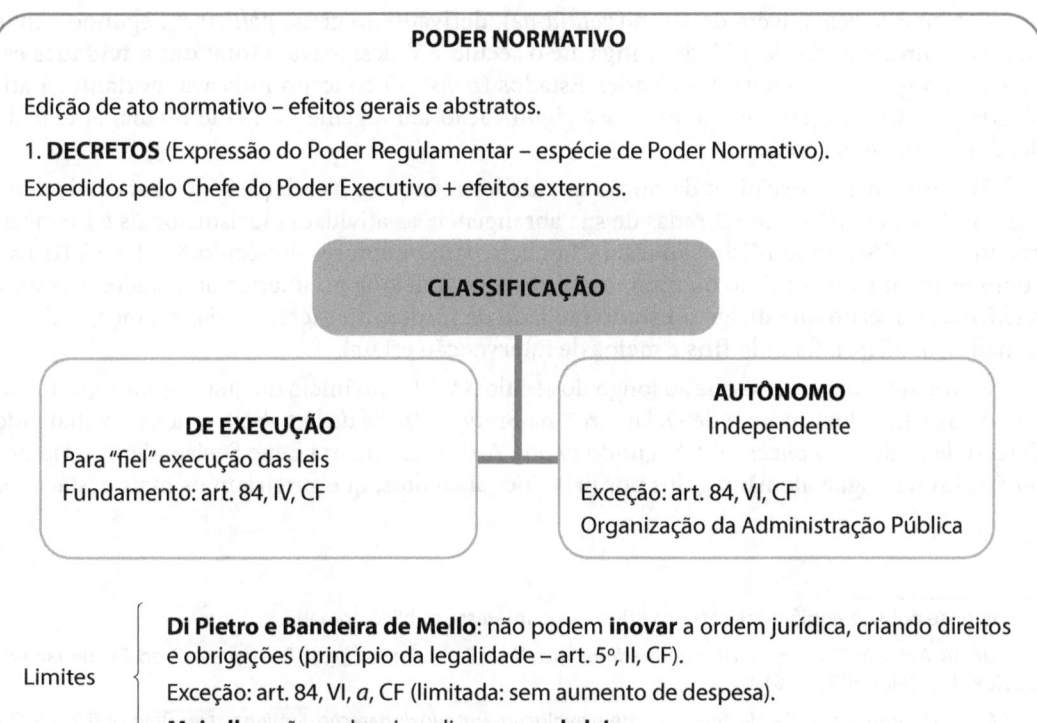

---

[62] ADIMC 1969, Rel. Min. Marco Aurélio, *DJ* 24.3.1999. Cf. *Informativo STF* 143.

[63] Na classificação de José Afonso da Silva não comportaria restrição, por ser norma de eficácia plena, mas tal divisão é questionada por Luís Virgílio Afonso da Silva, que considera os direitos fundamentais relativos e não abraça normas constitucionais irrestringíveis como o pai, conforme visto.

[64] MEIRELLES, Hely Lopes. *Direito administrativo brasileiro*. São Paulo: Malheiros, 2009. p. 186.

Há o limite do juízo de **razoabilidade/proporcionalidade** – o decreto não pode, a pretexto de regulamentar determinado assunto, fulminar o núcleo essencial de direito fundamental, caso em que a regulamentação será excessiva ou irrazoável.

1. INSTRUÇÕES NORMATIVAS (art. 87, II, CF): Ministros de Estado.
2. REGIMENTOS: reger o funcionamento.
3. RESOLUÇÕES: disciplinar matéria de sua competência específica.
4. DELIBERAÇÕES: de órgãos colegiados.

3.6 Poder de polícia

3.6.1 Significado, abrangência e evolução histórica

Em sentido vulgar, a palavra *polícia* no Brasil é associada mais comumente à corporação encarregada de zelar pela preservação da ordem e da segurança pública. Contudo, do ponto de vista do Direito Administrativo, poder de polícia possui significado mais amplo, consistente na **atividade de condicionar e restringir o exercício dos direitos individuais, tais como a propriedade e a liberdade, em benefício do interesse público**.[65]

O termo *polícia* advém do latim (*politia-ae*), derivado do grego *politeia*.[66] Segundo expõe Agustín Gordillo,[67] desde a Idade Antiga até o século XV designava o **total das atividades estatais** na organização grega das cidades-Estados (*polis*). O conceito indica, portanto, a atividade pública ou estatal e manteve essa significação abrangente na Idade Média, apesar do desaparecimento da *polis*.

Posteriormente, exclui-se da noção atividades referentes às relações internacionais e, no século XVIII, também são retiradas de sua abrangência as atividades jurisdicionais e financeiras do Estado. Segundo Michel Foucault,[68] polícia para os autores do século XVII e XVIII não compreende uma instituição ou um mecanismo que funciona no interior do Estado, mas uma **técnica de governo que dirige o Estado** (ao lado da justiça, do exército e das finanças – denominadas *tabuleiro*), fixando **fins e meios** de intervenção estatal.

Entretanto, observa-se que ao longo do século XVIII – no início do qual alguns repertórios de polícia vêm à luz, como o de Delamare[69] na França (*Traité de la police*) –, houve o chamado Estado de Polícia – *Polizeistaat*. Segundo expõe Airton Cerqueira Leite Seelaender,[70] seria nos territórios de língua alemã, regidos por príncipes absolutos, que surgiriam os mais destacados

---

[65] Interesse público significa interesse coletivo, isto é, interesse público primário.

[66] CUNHA, Antônio Geraldo da. *Dicionário etimológico Nova Fronteira da Língua Portuguesa*. 2. ed. Rio de Janeiro: Nova Fronteira, 2000. p. 619.

[67] GORDILLO, Agustín. Poder de polícia. Origem evolução. *Tratado de derecho administrativo*. Belo Horizonte: Del Rey, 2003. p. V- 5. t. 2.

[68] FOUCAULT, Michel. *Omnes et singulatim*: para uma crítica da razão política. Tradução de Severino Assman. Disponível em: http://www.chh.sfsc.br/~wfil/ones.htm. Acesso em: 4 fev. 2008.

[69] Publicado entre 1705 e 1710, conforme expõe: MEDAUAR, Odete. *Direito administrativo moderno*. 10. ed. São Paulo: Revista dos Tribunais, 2006. p. 332, e também: MEDAUAR, Odete. Poder de polícia. *Revista de Direito Administrativo*, Rio de Janeiro, no 199, p. 91, jan./mar. 1995.

[70] SEELAENDER, Airton Cerqueira Leite. A polícia e as funções de Estado – notas sobre a polícia do antigo regime. *Revista da Faculdade de Direito – UFPR*, Curitiba, nº 49, p. 75, 2009.

teóricos da Ciência da Polícia (*Polizeiwissenschaft*), como Justi (1770) e Sonnenfels (1817). O *jus politiae* é, nos dizeres de Canotilho,[71] a polícia do Estado de Polícia, cuja abrangência é muito diferenciada da polícia consolidada posteriormente com o Estado de Direito (*Rechtsstaat*).

O **Estado de Polícia**, que se desenvolveu tipicamente na Prússia, de Frederico, o Grande, orientou-se pelo despotismo iluminado ou esclarecido, no qual o soberano buscava, por meio de uma atividade eminentemente desvinculada, a felicidade dos súditos. Assim, a polícia do reino era aquela na qual o monarca era associado à figura paterna (*Hausvater* ou *paterfamilias*), apta a regular a "grande casa do Estado", com o apoio da economia (*oikós* – lar + *nomia*). A consecução do **bem-estar dos súditos** (*salus publica*) era orientada pelas **razões de Estado** (*raison d'État*) e pelo dirigismo econômico, característico do mercantilismo.

Justi definia polícia como o conjunto de "todas as medidas em assuntos internos", por meio das quais se pudesse "de forma mais duradora fundamentar e aumentar o patrimônio geral do Estado, utilizar melhor as forças do Estado e em especial fomentar a felicidade da comunidade".[72] Considerava-se que a prosperidade dos súditos engrandeceria o poderio do Estado, sendo assuntos abrangidos pela "polícia" uma infinidade de atividades que, segundo Seelaender, iam do combate à mendicância à repressão a maus comportamentos, ou da defesa das manufaturas à criação de abelhas.[73]

Nesta fase, o *jus politiae* "compreendia uma série de normas postas pelo príncipe e que se colocavam fora do alcance dos Tribunais".[74] Assim, a polícia servia para legitimar a "desconsideração de barreiras jurídicas ao poder monárquico".[75]

Posteriormente, conforme exposto, com o advento do **Estado de Direito** (*Rechtsstaat*), há uma inversão da relação entre *Poder* e *Direito* ou, nos termos empregados por Zagrebelsky,[76] o *rex facit legem* é substituído pelo *lex facit regem*, isto é, os governantes não mais determinam de forma ilimitada o conteúdo que terá força de lei, mas as leis, e especialmente a partir do constitucionalismo as Constituições (que são leis maiores), submetem a atuação dos governantes às leis postas pelo Poder Legislativo, cuja execução seria doravante controlada pelos Tribunais.

Um dos sustentáculos do Estado de Direito, que é justamente o princípio da legalidade, passa a ser aplicado não apenas aos cidadãos, mas principalmente ao próprio Estado, em um movimento que objetiva conter um poder que antes era praticamente ilimitado.

Expõe, ademais, Airton Cerqueira Leite Seelaender que onde a burguesia se fortalecia a ponto de não precisar mais orbitar em torno das iniciativas do Estado, ampliava-se a resistência às interferências governamentais nos negócios particulares e aos tributos necessários para manter a máquina administrativa em expansão.

As ideias liberais foram, portanto, cada vez mais desfavoráveis às práticas absolutistas e a concepção vigente passou a reduzir a intervenção estatal à *exceção*, que seria justificada em

---

[71] CANOTILHO, J. J. Gomes. *Direito constitucional e teoria da Constituição*. 2. ed. Coimbra: Almedina, 1998. p. 86.

[72] JUSTI, J. H. G. v. (1969). p. 4. Apud SEELAENDER, Airton Cerqueira Leite. A polícia e as funções de Estado – notas sobre a polícia do antigo regime. *Revista da Faculdade de Direito – UFPR*, Curitiba, nº 49, p. 77, 2009.

[73] SEELAENDER, Airton Cerqueira Leite. A polícia e as funções de Estado – notas sobre a polícia do antigo regime. *Revista da Faculdade de Direito – UFPR*, Curitiba, nº 49, p. 78, 2009.

[74] DI PIETRO, Maria Sylvia Zanella. *Direito administrativo*. São Paulo: Atlas, 2010. p. 115. Afora a teoria do fisco que, segundo Canotilho, não foi suficiente para alicerçar um verdadeiro Estado de Direito.

[75] SELAENDER, Airton Cerqueira Leite. A polícia e as funções de Estado – notas sobre a polícia do antigo regime. *Revista da Faculdade de Direito – UFPR*, Curitiba, nº 49, p. 75, 2009.

[76] ZAGREBELSKY, G. *O direito dúctil*. Madrid: Trotta, 2003. p. 21.

função da proteção da ordem pública. Neste momento, a polícia administrativa foi caracterizada como uma polícia de segurança.[77]

No Estado Liberal, há a valorização do indivíduo contra arbitrariedades do poder. Ocorre a restrição dos fins e do alcance do poder estatal e os cidadãos são deixados livres para buscar, à sua maneira, a própria felicidade e bem-estar.

Em suma, sob a influência do liberalismo, os fins da atividade de polícia, que antes eram amplos, são restringidos à manutenção da ordem, da tranquilidade e da salubridade públicas, sendo deixado a cada qual orientar-se de acordo com a **própria razão** (Kant) e não mais por razões de Estado. O Estado passa a ser o Estado guardião-noturno (*gendarme*), ao qual compete um papel de abstenção (negativo) e de preservação da ordem pública.

Todavia, de acordo com Caio Tácito,[78] o significado técnico de poder de polícia, tal qual empregado atualmente no Direito Administrativo, surgiu na jurisprudência norte-americana a partir do caso **Brown versus Maryland (de 1827)**, em que a Suprema Corte afirmou como expressão do *police power* a competência legislativa estadual para regular direitos privados em benefício do interesse coletivo.

A expressão disseminou-se do direito norte-americano para todo o mundo, sendo utilizada como: *pouvoir de police* na França, onde foram diferenciadas as noções de polícia administrativa e de polícia judiciária, e *potere de polizia* na Itália.

No Brasil, conforme analisa Odete Medauar,[79] o trato da matéria iniciou-se com a Constituição de 1824 que, no art. 169, atribuiu à lei a disciplina das funções municipais das Câmaras e a formação de suas *posturas municipais*. Tais assuntos foram tratados em título específico de Lei de 1º de outubro de 1828. Em 1915, Rui Barbosa utiliza-se do termo *poder de polícia* em um parecer e, em 1918, Aurelino Leal publica a obra *Polícia e Poder de Polícia*, momento a partir do qual se firma a utilização da expressão também no Direito brasileiro.

A partir da segunda metade do século XX, com o advento do **Estado Social de Direito**, a concepção de poder de polícia se modifica em função da mudança do papel do Estado, isto é, enquanto ao Estado foi atribuído um papel mínimo (não intervencionista), a atividade da polícia administrativa restringiu-se à proteção da segurança pública e da ordem, no geral; contudo, à medida que o Estado passa a ser garantidor de direitos sociais e promotor de desenvolvimento econômico, o espectro de atividades privadas que passam a ser controladas pelo poder de polícia é ampliado.

Assim, a polícia administrativa passa a compreender não apenas a segurança, mas também a moral, a saúde, o meio ambiente, a defesa do consumidor, a propriedade e o patrimônio cultural, o que gera a necessidade de criação de polícias especializadas, tais como as de: segurança, meio ambiente, aérea, marítima, aeroportuária, sanitária e de defesa civil.

Se no período do Estado liberal, como enfoca Gordillo,[80] era o indivíduo quem alegava o poder de polícia para sustentar que o Estado não poderia restringir o exercício de seus direitos e atividades, a partir da concepção não intervencionista vigente; no Estado social ou intervencionista, passou a ser o Estado o sujeito a alegar a noção de poder de polícia

---

[77] DI PIETRO, Maria Sylvia Zanella. *Direito administrativo*. São Paulo: Atlas, 2010. p. 116.

[78] TÁCITO, Caio. *Poder de polícia e polícia do poder*. Direito administrativo da ordem pública. 3. ed. Rio de Janeiro: Forense, 1998. p. 58.

[79] MEDAUAR, Odete. *Direito administrativo moderno*. 10. ed. São Paulo: Revista dos Tribunais, 2006. p. 332.

[80] GORDILLO, Agustín. *Tratado de derecho administrativo*. 5. ed. Belo Horizonte: Del Rey e Fundación de Derecho Administrativo, 2003. p. V-5. t. 3 – La defensa del usuário y del administrado.

para legitimar o ajuste dos direitos individuais aos interesses coletivos, a partir do dirigismo estatal, que nos Estados Unidos foi posteriormente denominado de *directing power*, cuja manifestação mais peculiar no âmbito administrativo se concentrou no poder regulamentar (*rulemaking power*).

Com o aumento do campo de incidência do poder de polícia para a atuação também na ordem econômica e social, por meio de imposições (obrigações de fazer) e não só de restrições (obrigações de não fazer), e tendo em vista a abrangência difusa da noção, que perdeu as características fixadas do modelo clássico, alguns autores, como Gordillo[81] (que defende que o termo seja banido do Direito Administrativo) e Lúcia Valle Figueiredo,[82] preferiram não empregar o termo *poder de polícia*, cujo significado seria "carregado de autoritarismo" e, segundo alegam, poderia ser **substituído**, como ocorre em diversos países europeus (com exceção da França), por "limitações administrativas à liberdade e à propriedade".

Carlos Ari Sundfeld[83] prefere chamar o poder de polícia de *administração ordenadora*, em alusão à parcela da função administrativa desenvolvida com o uso de poder de autoridade, para disciplinar, nos termos e nos fins da lei, comportamentos dos indivíduos no campo de atividades particulares. O conceito de administração ordenadora defendido compreende o regime de interferência do Estado na aquisição, exercício e extinção de direitos da vida privada não apenas em relação à ação administrativa, mas também à atividade legislativa, de acordo com os contornos definidos pela Constituição.

Por outro lado, propugna Celso Antônio Bandeira de Mello que o designativo poder de polícia é infeliz porque engloba, sob uma única denominação, tanto **determinações superiores (leis)** como **providências subalternas (atos administrativos)**, com regimes diferenciados, o que provoca confusão, pois dá à Administração Pública uma "sobranceria que não possui, por ser imprópria de quem nada mais pode fazer senão atuar com base em lei que lhe confira poderes tais ou quais e a serem exercidos nos termos e na forma por ela estabelecidos".[84]

Entendemos que **não há problemas** na adoção do termo poder de polícia, consagrado nos textos legais e na Constituição Federal, desde que se pressuponha que se trata de um poder administrativo, isto é, de um poder limitado e voltado para o alcance de finalidades públicas. Desde o início do respeito ao Estado de Direito, não existe poder ou prerrogativa administrativa incontrastável, ou seja, toda ação da Administração é balizada pela legalidade.

De acordo com o art. 145, II, da Constituição Federal, o exercício regular do poder de polícia, ou a utilização, efetiva ou potencial, de serviço público específico ou divisível, prestado ou posto à disposição, é fato gerador da cobrança de taxa.

Diante desse fato, há a definição abrangente de poder de polícia contida nos seguintes termos do art. 78 do Código Tributário Nacional:

> Considera-se poder de polícia atividade de administração pública que, limitando ou disciplinando direito, interesse ou liberdade, regula a **prática de ato** ou a **abstenção de fato**, em razão de interesse público concernente à segurança, à higiene, à ordem, aos costumes, à disciplina

---

[81] GORDILLO, Agustín. *Tratado de derecho administrativo*. 5. ed. Belo Horizonte: Del Rey e Fundación de Derecho Administrativo, 2003. p. 12.

[82] FIGUEIREDO, Lúcia Valle. *Curso de direito administrativo*. 7. ed. São Paulo: Malheiros, 2004. p. 292.

[83] SUNDFELD, Carlos Ari. *Direito administrativo ordenador*. São Paulo: Malheiros, 1997. p. 13.

[84] BANDEIRA DE MELLO, Celso Antônio. *Curso de direito administrativo*. São Paulo: Malheiros, 2008. p. 808.

da produção e do mercado, ao exercício de atividades econômicas dependentes de concessão ou autorização do Poder Público, à tranquilidade ou ao respeito à propriedade e aos direitos individuais ou coletivos.

Na prática, muito embora a definição do Código Tributário Nacional explicite o poder de polícia como uma atividade da Administração Pública, o Poder Legislativo também o exercita, pois o resultado da função legislativa também pode ser analisado da perspectiva de ajuste dos direitos individuais aos interesses coletivos com restrição da liberdade.

Tendo em vista esta realidade, explicita Celso Antônio Bandeira de Mello dois conceitos de poder de polícia: um amplo, que abarca também a atividade do Poder Legislativo, e um restrito, que compreende a edição de atos administrativos, bem como de atos normativos por parte da Administração Pública. Este conceito mais restrito, que o autor prefere denominar **polícia administrativa**, relaciona-se com:

> as intervenções, quer gerais e abstratas, como os regulamentos, quer concretas e específicas, como as autorizações, licenças e injunções, do Poder Executivo destinadas a alcançar o mesmo fim de prevenir e obstar o desenvolvimento de atividades particulares contrastantes com os interesses sociais.[85]

Assim, podem ser mencionadas como manifestação de atividades de poder de polícia num Estado intervencionista, no qual o Estado controla e restringe não apenas questões voltadas à segurança de pessoas e bens, mas também atua por, por exemplo:

- concessão de alvará de licença ou de autorização para realização de atividades comerciais, como a licença para efetivar o direito de construir, que envolve a polícia edilícia ou das edificações (construções);
- determinação da localização e do horário de funcionamento de atividades comerciais no Município, sendo conteúdo da Súmula Vinculante 38, que "é competente o Município para fixar o funcionamento de estabelecimento comercial";[86]
- delimitação e verificação de condições sanitárias em estabelecimentos e nos produtos vendidos, em inúmeros setores tais como: o higiênico, o alimentício, o ecológico, o zoossanitário, o fitossanitário e até, mais recentemente, conforme enfatiza Diogo de Figueiredo Moreira Neto, o genético;[87]
- controle dos medicamentos;
- estipulação de regras e fiscalização da poluição sonora, visual ou atmosférica;
- controle da produção e mercado, em âmbito da concorrência;
- determinação e fiscalização de atividades bancárias;[88]
- fiscalização do trânsito;
- determinação e fiscalização ambiental; e
- controle do exercício das profissões.

---

[85] BANDEIRA DE MELLO, Celso Antônio. *Curso de direito administrativo*. São Paulo: Malheiros, 2008. p. 809.
[86] Conteúdo da conversão da Súmula 645 do STF em súmula vinculante.
[87] MOREIRA NETO, Diogo de Figueiredo. *Curso de direito administrativo*. Rio de Janeiro: Forense, 2006. p. 402.
[88] Conforme será visto, a Súmula 19 do STJ determina ser de competência da União a fixação de horário bancário.

PODER DE POLÍCIA

Definição: atividade de **condicionar** e **restringir** o exercício dos direitos individuais, tais como a propriedade e a liberdade, em benefício do interesse público.
politiae (latim) – *politeia* (grego)

HISTÓRICO:
1. sentido inicial: total das atividades da *polis*;
2. séculos XVII e XVIII: técnica (meios e fins) de direção do Estado, ao lado da justiça, do exército e das finanças (sentido amplo);
3. Estado de Polícia: *Polizeistaat*: bem-estar dos súditos + razões de Estado;
4. Despotismo esclarecido;
5. Estado de Direito (*Rechtsstaat*): Estado "guarda-noturno" – *Gendarme*;
6. Abstenção estatal – polícia de segurança;
7. Liberalismo – cada qual seria livre para perseguir as próprias razões;
8. Constituição de 1824: posturas municipais (art. 169);
9. Estado Social de Direito: nova ampliação da abrangência;
10. Áreas: saúde, meio ambiente, defesa do consumidor, patrimônio cultural etc.; e
11. Intervencionismo e dirigismo estatal.

SENTIDO TÉCNICO
police power (Caio Tácito – *Brown versus Maryland*/1827)

Obras:
Entre 1705-1710 – Delamare (*Traité de la police*);
Brasil: 1918 – Aurelino Leal (*Polícia e poder de polícia*).

TERMINOLOGIA
Gordillo e Lúcia Valle Figueiredo: limitações administrativas à liberdade e à propriedade.
Sundfeld: administração ordenadora.
Lei: poder de polícia – art. 78 CTN = art. 145, II, CF (fato gerador de taxa).

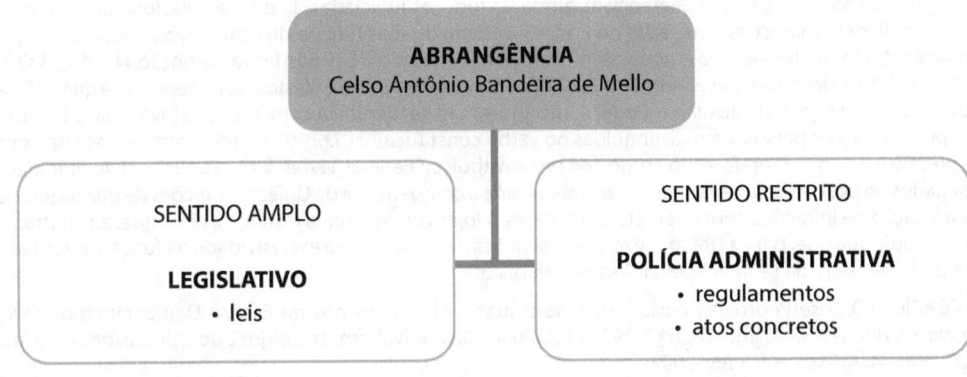

3.6.2 Polícia administrativa e polícia judiciária

É originária da França a diferenciação entre polícia administrativa e polícia judiciária. Com o advento do Estado de Direito, o antigo *jus politiae*, que tinha significado amplo, foi restringido à função administrativa, relacionada com a manutenção da ordem pública. A Lei de 3 de Brumário do ano IV diferenciou, então:

- no art. 19: a **polícia administrativa**, que foi incumbida da prevenção de delitos; e
- no art. 20: a **polícia judiciária**, investigativa, responsável pela colheita de provas necessárias para a decretação, pelos tribunais, da punição dos autores dos crimes não evitados pela primeira.

Todavia, observa-se que a polícia judiciária não logrou encontrar (nem na França, que lhe conferiu as feições originais) condições mínimas para desenvolver unicamente função de natureza investigativa[89] e, conforme se extrai das pesquisas de Zaccariotto,[90] acabou sendo também encarregada da manutenção da ordem pública.

Atualmente, depois da expansão das atividades estatais para além da defesa da ordem pública, a polícia administrativa ganhou atribuições mais abrangentes que, segundo Laubadère,[91] englobam o conjunto de intervenções da administração, conducentes a impor à livre ação dos particulares a disciplina exigida pela vida em sociedade.

Costuma-se apontar, por influência das definições francesas, como diferença entre essas duas polícias o fato de a administrativa atuar de forma preventiva, enquanto a judicial atuaria repressivamente. Como o objetivo da polícia administrativa seria o de impedir condutas antissociais ou evitar que os particulares adotem comportamentos contrastantes com o interesse público, e o da judiciária seria apurar fatos já ocorridos, parte da doutrina seguiu tal distinção.

Ocorre que tal critério de diferenciação não é preciso, pois a polícia administrativa também atua de forma repressiva, porque ela pune, uma vez que impõe multas, apreende bens, suspende ou interdita atividades, cassa licenças, e a polícia judiciária, por sua vez, também desempenha funções preventivas, como aquelas ostensivas, que também servem para inibir a prática de outros delitos.

Note-se, por exemplo, que a polícia federal, que é polícia judiciária, tem por atribuições constitucionais, conforme dispõe o art. 144, § 1º, da Constituição Federal: apurar infrações

---

[89] Há alguns julgados do STJ que diferenciam, ainda, as funções judiciárias da polícia, relacionadas com o cumprimento de determinações emanadas do Poder Judiciário de suas funções investigativas, relacionadas com a apuração da materialidade e da autoria da infração penal, contudo o STF não faz tal distinção. No REsp 332.172/ES, 6ª T., Rel. Min. Hamilton Carvalhido, *DJ* 4.8.2008, por exemplo, o STJ manifestou-se no sentido de que: a "função judiciária – qual seja, a de auxiliar o Poder Judiciário –, não se identifica com a função investigatória, isto é, a de apurar infrações penais, bem distinguidas no verbo constitucional, como exsurge, entre outras disposições, do preceituado no parágrafo 4º do artigo 144 da Constituição Federal, *verbis*: § 4º às polícias civis, dirigidas por delegados de polícia de carreira, incumbem, ressalvada a competência da União, as funções de polícia judiciária e a apuração de infrações penais, exceto as militares". Objetivou-se, com a distinção, dizer que, ao contrário da função judiciária que, para a União, é exclusiva da polícia federal, não há exclusividade na função investigativa, que pode ser exercida também pelo Ministério Público.

[90] ZACCARIOTTO, José Pedro. A polícia judiciária e suas reais dimensões no Estado Democrático de Direito. *Jus Navigandi*, Teresina, ano 10, nº 1.099, 5 jul. 2006. Disponível em: http://jus2.uol.com.br/doutrina/texto.asp?id=8604. Acesso em: 5 fev. 2008.

[91] LAUBADÈRE, André. *Traité de droit administratif*. Paris: LGDJ, 1984. p. 630. v. 1.

penais específicas das atribuições da Justiça Federal e prevenir e reprimir o tráfico ilícito de entorpecentes e drogas afins, o contrabando e o descaminho.

Diogo de Figueiredo Moreira Neto[92] sequer enxerga função efetivamente repressiva na polícia judiciária, pois não obstante atuar depois de cometida a infração, essa atividade é preparatória da repressão que, rigorosamente falando, só pode ser praticada **pelo Poder Judiciário**, que não faz parte da Administração Pública.

Maria Sylvia Zanella Di Pietro[93] concorda com Álvaro Lazzarini no sentido de que a melhor distinção entre elas não repousa na atuação preventiva ou repressiva, mas na ocorrência ou não de ilícito penal, sendo que enquanto a polícia judiciária age a partir da prática do ilícito penal, a polícia administrativa atua, preventiva ou repressivamente, na área do ilícito administrativo.

A polícia administrativa incide sobre bens, direitos e atividades, e se rege pelo Direito Administrativo. A polícia judiciária atua diretamente sobre pessoas, apurando comportamentos dissonantes dos preceitos penais e que afetam os bens jurídicos mais relevantes. Entretanto, a polícia judiciária não desempenha atividade jurisdicional propriamente dita e, apesar de obedecer aos preceitos do Direito Processual Penal e executar uma série de atribuições emanadas diretamente do juiz, vincula-se ao Poder Executivo.

Quanto à natureza de suas atribuições, ao menos de uma das mais relevantes, que é a produção do inquérito policial, ressalta Sérgio Marcos de Moraes Pitombo que "a polícia, enquanto judiciária, e o inquérito que ela faz, exsurgem administrativos, por sua atuação e forma, mas judiciários, nos seus fins".[94]

O desempenho das funções da polícia administrativa reparte-se entre os diversos órgãos da Administração Pública, enquanto as atividades da polícia judiciária são exercidas privativamente por corporações especializadas, como a polícia civil. Existem diferenças substanciais entre as atribuições da polícia civil, que é quem de fato deve exercer funções de polícia judiciária, exceto na apuração de infrações penais militares, e as da polícia militar, a qual compete, nos termos do art. 144, § 5º, da Constituição, a polícia ostensiva e a preservação da ordem pública.

Na prática, conforme critica Zaccariotto,[95] nunca existiu no sistema de justiça criminal do Brasil, e segundo Mario Piacetini nem na maioria dos países (com exceção, em parte, da Inglaterra), uma polícia investigativa exclusivamente dedicada ao esquadrinhamento (investigação) das infrações penais, deixando para segundo plano o seu proveito para a segurança pública, uma vez que, devido à visibilidade da corporação, ela acaba sendo pressionada pelas instâncias materiais de poder (não raro por agentes políticos em busca de maior legitimidade) a dar respostas que, via de regra, têm repercussões mais midiáticas, do que propriamente investigativas.

---

[92] MOREIRA NETO, Diogo de Figueiredo. Direito administrativo da segurança pública. *Direito administrativo da ordem pública*. 3. ed. Rio de Janeiro: Forense, 1998. p. 73-74.

[93] DI PIETRO, Maria Sylvia Zanella. *Direito administrativo*. São Paulo: Atlas, 2010. p. 118.

[94] PITOMBO, Sérgio Marcos de Moraes. *Inquérito policial*: novas tendências. Belém: CEJUP, 1986. p. 22.

[95] ZACCARIOTTO, José Pedro. A polícia judiciária e suas reais dimensões no Estado Democrático de Direito. *Jus Navigandi*, Teresina, ano 10, nº 1099, 5 jul. 2006. p. 9. Disponível em: http://jus2.uol.com.br/doutrina/texto. asp?id=8604. Acesso em: 5 fev. 2008.

	Polícia Administrativa	Polícia Judiciária
Direcionada para:	ILÍCITO ADMINISTRATIVO (e, até, aplicar decisões com autoexecutoriedade, desde que obedeça ao devido processo).	apurar ou investigar: ILÍCITO PENAL Obs.: há julgados do STJ que diferenciam as funções *investigativas* e *judiciárias* da polícia; mas tal distinção não é seguida pelo STF.
Incidência sobre:	bens; direitos; atividades.	pessoas.
Quem exerce:	variados **órgãos** da Administração Pública.	**Corporações especializadas:** Ex.: polícia civil e polícia federal.[96]

> **GUARDA MUNICIPAL: QUESTÕES CONTROVERTIDAS SOBRE A NATUREZA JURÍDICA**
>
> O art. 144 da Constituição, ao disciplinar a segurança pública, estabeleceu ser dever do Estado, direito e responsabilidade de todos, sendo exercida para preservação da ordem pública e incolumidade das pessoas e do patrimônio, por intermédio dos seguintes órgãos: polícia federal; polícia rodoviária federal; polícia ferroviária federal; polícias civis;[97] polícias militares e corpos de bombeiro militar; e polícias penais federal, estaduais e distrital.
>
> Não houve a menção à guarda municipal nesse rol, o que gerou duas posturas: a de afirmar que o rol é taxativo e, por outro lado, de que o rol seria exemplificativo. A guarda municipal foi prevista no § 8º do art. 144 da Constituição, que dispôs que: "os Municípios poderão constituir guardas municipais destinadas à proteção de seus bens, serviços e instalações, conforme dispuser a lei".
>
> Entendeu-se, então, haver uma competência municipal para organizar e instituir as guardas civis, não obstante, em 8 de agosto de 2014, ter ocorrido a criação do Estatuto Geral das Guardas Municipais (Lei nº 13.022), que disciplinou o § 8º do art. 144 da Constituição e reconheceu às guardas, no art. 2º, a incumbência de proteção municipal preventiva.
>
> Assim, ela foi inicialmente afastada, como instituição *sui generis*, das atribuições típicas de segurança das polícias específicas, mas o debate sobre o seu papel foi reaberto a partir da positivação da Lei nº 13.675/2018, que instituiu o Sistema Único de Segurança Pública (Susp), que tem como órgão central o Ministério Extraordinário da Segurança Pública, sendo integrado pelos órgãos de que trata o art. 144 da Constituição, conforme o art. 9º da Lei nº 13.675/2018, pelos agentes penitenciários, pelas guardas municipais e pelos demais integrantes estratégicos e operacionais, que atuarão nos limites de suas competências, de forma cooperativa, sistêmica e harmônica.
>
> Advirta-se, no entanto, que o Estatuto das Guardas foi enfático ao limitar seu espectro de atividades. As guardas foram disciplinadas como instituições de caráter civil, uniformizadas e armadas conforme previsto em lei. O Estatuto do Desarmamento, por sua vez, pretendeu estabelecer requisitos

---

[96] Note-se que a EC 104/2019 altera o inciso XIV do *caput* do art. 21, o § 4º do art. 32 e o art. 144 da Constituição Federal, para criar as polícias penais federal, estadual e distrital.

[97] É de 2023 a Lei Orgânica das Polícias Civis, Lei nº 14.735, que, no art. 6º, desdobra as competências das polícias civis, inclusive no que concerne aos procedimentos de investigação.

de armamento em função do número de habitantes do Município, sendo considerado, pelo STF, inconstitucional o art. 6º que restringira o porte de arma de fogo de guardas em Municípios de mais de 50 mil habitantes e menos de 500 mil habitantes, quando em serviço, tendo em vista o entendimento do Min. Rel. Alexandre de Moraes, seguido pela maioria, de que o dispositivo afrontaria a isonomia e a eficiência.

Houve, no entanto, divergência, sendo que o Ministro Barroso, seguido por Edson Fachin e Cármen Lúcia, considerou haver fundamentos razoáveis para a restrição da margem de apreciação do legislador, ao limitar o porte em função da dimensão da cidade em que o guarda atua. Mas tais argumentos foram minoritários, o que levou a ADC 38 e as ADIs 5538 e 5948, por 8x3, a reconhecerem o direito ao porte de arma da guarda sem restrição de contingente populacional da localidade.

Apesar da previsão da competência, no inciso XIV do art. 5º do Estatuto da Guarda (Lei nº 13.022/2014), para encaminhar ao delegado de polícia, diante de flagrante delito, o autor da infração, preservando o local do crime, quando possível e sempre que necessário, ainda assim não há competência própria da Guarda Municipal para atribuições próprias da polícia judiciária.

Em 13.06.2022, houve o julgamento do RE 1.281.774 AgR-ED-AgR/SP, em que a Primeira Turma do STF reconheceu que a Guarda Municipal pode agir em caso de flagrante delito, mas não pode efetuar diligências típicas de investigação criminal próprias das polícias investigativas. No caso analisado, o Supremo afastou a condenação por tráfico de drogas a um sujeito preso em atuação investigativa da guarda. Os guardas de São Paulo receberam denúncia anônima de que haveria prática de tráfico e, ao chegarem em determinado local, encontraram e revistaram um homem, não encontrando nada com ele. Contudo, seguiram em diligência investigativa e realizaram busca em terreno próximo habitado pelo sujeito, ocasião em que encontraram droga. Eles entraram no local e revistaram tanto os arredores, como a residência. A ementa do RE 1.281.774, contém o seguinte conteúdo:

Penal. Recurso Extraordinário. Tráfico de drogas. Denúncia anônima. Ingresso em residência. Prisão em flagrante por guardas municipais após diligências investigativas. Nulidade da prova. Agravo Regimental provido para negar provimento ao Recurso Extraordinário. 1. A guarda municipal pode, e deve, prender quem se encontre em situação de flagrante delito, nos termos do art. 301 do CPP. Precedentes. 2. Hipótese em que a prisão realizada pela Guarda Municipal ultrapassou os limites próprios da prisão em flagrante. Prisão realizada, no caso, a partir de denúncia anônima, seguida de diligências investigativas e de ingresso à residência do suspeito. 3. Agravo regimental provido, com a devida vênia, para o fim de negar provimento ao recurso extraordinário, restabelecendo-se o acórdão absolutório proferido pelo Tribunal de Justiça de São Paulo.

Ademais, houve repercussão geral no RE 658.570/MG, reconhecendo o poder de polícia das guardas nas atribuições de trânsito, conforme o teor do Tema 472: "É constitucional a atribuição às guardas municipais do exercício do poder de polícia de trânsito, inclusive para imposição de sanções administrativas legalmente previstas".

Consideram os Tribunais Superiores, tanto o STF quanto a Terceira Seção do STJ, que a guarda municipal, apesar de integrar o sistema de segurança pública, de acordo com a ADPF 995, não possui funções ostensivas típicas da polícia militar, nem as investigativas próprias à polícia civil. Estão, portanto, "fora de suas atribuições atividades de investigação de suspeitos de crimes que não tenham relação com bens, serviços e instalações do município".[98]

---

[98] Guarda municipal integra segurança pública, mas não tem atribuições típicas de polícia. Disponível em: https://www.stj.jus.br/sites/portalp/Paginas/Comunicacao/Noticias/2023/02102023-Guarda-municipal-integra--seguranca-publica--mas-nao-tem-atribuicoes-tipicas-de-policia.aspx. Acesso em: 2 nov. 2023.

3.6.3 Atributos

O poder de polícia possui três atributos:

- discricionariedade;
- autoexecutoriedade; e
- coercibilidade.[99]

Discricionariedade no poder de polícia envolve a margem de opção legítima que a Administração tem para escolher, por exemplo, o melhor momento para agir, o mais adequado meio de atuação e a sanção que mais se enquadra no caso concreto, sempre tendo em vista a consecução dos interesses públicos.

Nem todas as manifestações de poder de polícia derivam do exercício de discricionariedade. Quando a lei estabelece claramente os requisitos para a prática de determinado ato administrativo, não há discricionariedade. Tal é o caso, no geral, das *licenças*, como àquelas deferidas para condução de veículos automotores, funcionamento de bares e restaurantes e construção. Se o particular comprovar que preenche seus requisitos, tem direito subjetivo à expedição do alvará.

Já o alvará de *autorização*, ao contrário da licença, é ato precário e discricionário. Na autorização de porte de armas, de circulação de veículos acima de determinado peso ou altura, de produção e distribuição de material bélico, a lei permite que a Administração analise a conveniência e oportunidade do deferimento, não havendo por parte do particular que o pleiteia, via de regra, direito subjetivo à expedição, mas tão somente uma expectativa de direito.

Assevere-se, conforme exposto, que discricionariedade não é arbítrio, assim, mesmo com a possibilidade de indeferimento da autorização, o particular fará jus à motivação[100] do ato, que, ressalte-se, não poderá ser revisto ou substituído pelo Judiciário se for efetivamente pautado em interesses coletivos justificados pela Administração.

Autoexecutoriedade é a prerrogativa que detém a Administração Pública de praticar atos e de executar, por seus meios, suas decisões, sem precisar socorrer-se previamente ao Poder Judiciário. Por meio dela, a Administração impõe diretamente as decisões que toma, tendo em vista a consecução dos interesses públicos, o que não impede ao particular que se sentir lesado ou ameaçado de lesão a direito questionar o ato em âmbito jurisdicional.

A autoexecutoriedade pode ser dividida em dois aspectos:

- **exigibilidade**, pela qual o Poder Público se utiliza de *meios indiretos* de coação, tais como a impossibilidade de licenciamento do veículo, se não houver adimplemento das multas de trânsito, impostos ao particular independentemente da necessidade de autorização prévia do Poder Judiciário, por isso que na França ela é denominada *privilège du préalable*; e
- a **executoriedade**, pela qual a Administração se utiliza de *meios diretos* de coação, como: a apreensão de mercadorias, a destruição de alimentos nocivos, o embargo de obra, a interdição de estabelecimentos, como forma de execução forçada, usando, se for necessária e na medida proporcional dessa necessidade, da força

---

[99] Ou coercitividade.
[100] De acordo com o inciso I, do art. 50, da Lei nº 9.784/99, é obrigatória a motivação de atos que "neguem, limitem ou afetem direitos ou interesses".

pública para obrigar o administrado a cumprir a decisão,[101] no chamado pelos franceses de *privilège d'action d'office*.

Na realidade, a cobrança de multas pode ser vista como exceção à autoexecutoriedade do poder de polícia, pois só é efetivada mediante processo de execução por inscrição na dívida ativa.[102]

Ademais, enfatiza Maria Sylvia Zanella Di Pietro[103] que a autoexecutoriedade depende: (1) de **expressa autorização legal**, até, acrescente-se, pelo princípio da legalidade ou da necessidade de lei para a restrição de direitos, dado que ninguém será obrigado a fazer ou deixar de fazer alguma coisa senão em virtude de lei, ou (2) de se tratar de **medida urgente**, sem a qual pode ocorrer um prejuízo maior ao interesse público.

O Estado responde[104] pelos danos causados se agir de forma arbitrária ou excessiva no emprego da autoexecutoriedade dos atos, sem prejuízo da responsabilidade pela culpa ou dolo dos servidores envolvidos na prática da medida.

A autoexecutoriedade dos atos de poder de polícia, segundo interpretação mais atualizada, não dispensa a observância do devido processo legal, tendo em vista que o art. 5º, LIV, da Constituição determina que "ninguém será privado da liberdade ou de seus bens sem o devido processo legal".

Conforme será visto em item próprio no capítulo de atos administrativos, a autoexecutoriedade (relacionada com a autotutela) dos atos deve ser conciliada com a exigência do devido processo, que, do ponto de vista formal, abrange o respeito ao contraditório e à possibilidade de defesa, e, do ponto de vista material, consubstancia a própria exigência de critérios normativos razoáveis e que não restrinjam a liberdade e a propriedade arbitrariamente, isto é, caprichosamente e sem justificativa de interesse público plausível.

O fato de a Administração ter de observar o devido processo antes de adotar medidas restritivas a interesses particulares não significa, todavia, o fim do atributo da autoexecutoriedade dos atos administrativos, pois se depois de observados os princípios, com a devida intimação e possibilidade de manifestação do interessado, a autoridade competente, ainda assim, entender por bem a expedição do ato, ela poderá executar de ofício a medida.

Note-se o conteúdo do seguinte acórdão, do TJ/RJ, pesquisado por José dos Santos Carvalho Filho:

> Poder de polícia. Interdição administrativa de atividade sem processo legal. Direito. Ofensa. O exercício do poder de polícia, que condiciona ou restringe atividade e direitos individuais em benefício da comunidade e do próprio ente público, é discricionário e autoexecutável, mas não dispensa as condições de validade dos atos administrativos em geral – competência, finalidade e forma. Assim, se a autoridade interditou atividade que vinha sendo praticada há muitos anos,

---

[101] Ver DI PIETRO, Maria Sylvia Zanella. *Direito administrativo*. 23. ed. São Paulo: Atlas, 2010. p. 120.

[102] Ou, nos dizeres de Hely Lopes Meirelles, as multas "só podem ser executadas por via judicial". *Direito administrativo brasileiro*. São Paulo: Malheiros, 2009. p. 140. Isto é, não podem ser realizadas independentemente de socorro prévio ao Poder Judiciário. Note-se que a imposição/aplicação da multa é feita de ofício, mas a cobrança é efetivada pela via judicial.

[103] DI PIETRO, Maria Sylvia Zanella. *Direito administrativo*. São Paulo: Atlas, 2010. p. 120.

[104] Também será abordado no capítulo referente ao processo administrativo que normalmente o desempenho do poder de polícia por autoexecutoriedade deve ser feito por meio de um procedimento prévio que garanta ao particular a ampla defesa, pois ninguém será privado de sua liberdade ou de seus bens sem o devido processo legal.

mediante alvará de funcionamento, sem prévio e devido processo legal, viola direito líquido e certo remediável por mandado de segurança.[105]

Coercibilidade ou **coercitividade** é conceito relacionado intrinsecamente com a executoriedade, pois implica a imposição coativa das decisões adotadas pela Administração, que conta, para o cumprimento, com o emprego da força pública, caso haja resistência injustificada do particular em relação à obediência das manifestações regulares de poder de polícia.

Observe-se que a força pública deve ser empregada de forma proporcional à resistência enfrentada e à sua adequação com o ordenamento jurídico, sob pena de a autoridade responder por *excesso de poder* ou *abuso de autoridade*, dependendo da situação ocorrida, sendo possível, portanto, ao particular que for alvo de qualquer coação infundada juridicamente ou mesmo desproporcional de agentes públicos pleitear reparação pelos danos materiais e morais porventura sofridos, representar à Administração Pública os agentes arbitrários, para apuração de ilícitos administrativos e, se for o caso, também comunicar o fato ao Ministério Público para que este tome providências necessárias para a apuração de eventuais crimes ocorridos.[106]

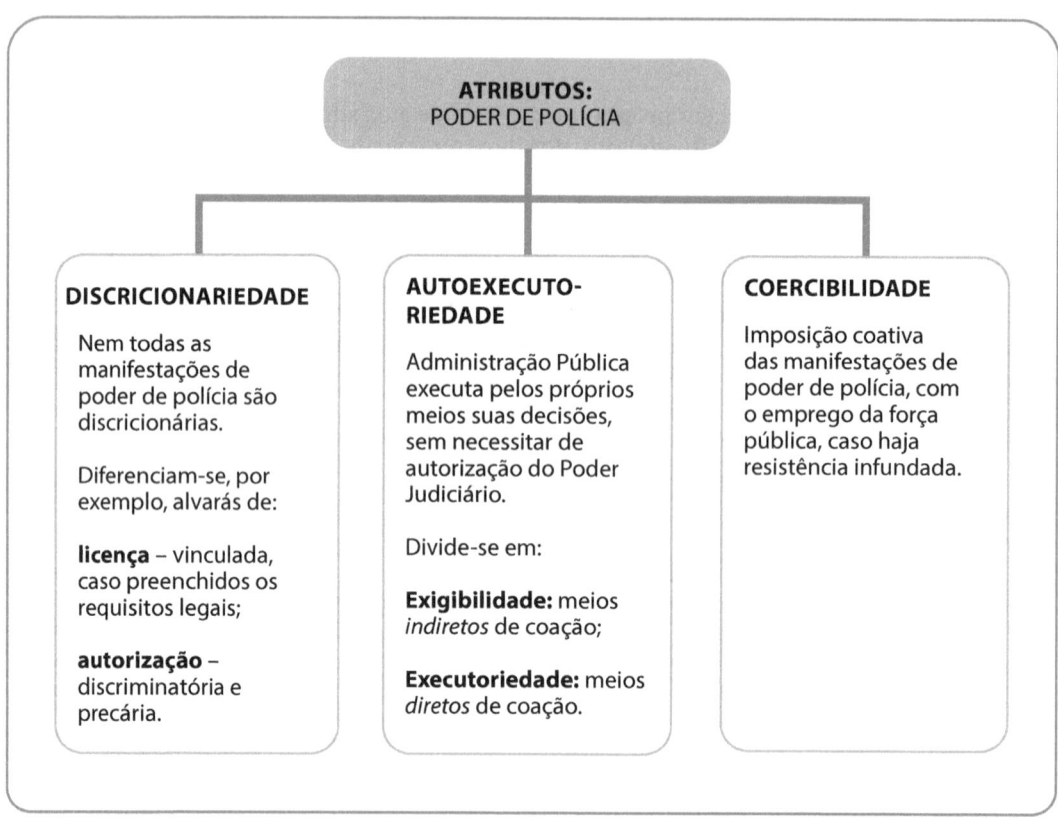

---

[105] TJ-RJ, 7ª CCív. Duplo grau de jurisdição 108/97, Capital, unân. Rel. Des. Asclepíades Rodrigues, reg. em 3.11.1997, ADCOAS 8158049. In: CARVALHO FILHO, José dos Santos. *Manual de direito administrativo*. Rio de Janeiro: Lumen Juris, 2008. p. 89.

[106] No mesmo sentido, ver: MEIRELLES, Hely Lopes. *Direito administrativo brasileiro*. São Paulo: Malheiros, 2009. p. 140.

3.6.4 Manifestações e limites

O poder de polícia como atividade do Estado de condicionar a liberdade e a propriedade tem diversas manifestações, abarcando:

1. a expedição de atos normativos pelo **Poder Legislativo**, em limitação às liberdades individuais;
2. manifestações do **Poder Executivo**,[107] sejam elas:
   a) **de caráter normativo, na regulamentação das leis; e**
   b) de **caráter concreto**, na edição de atos administrativos em sentido estrito, como atos negociais de concessão de alvará de licença ou de autorização, nas quais a Administração atua preventivamente nas ações dos particulares, ou também nos atos repressivos que recaem sobre atividades particulares que já estejam ameaçando ou causando danos diretos aos interesses coletivos, que envolvem, por exemplo, a aplicação de sanções, a apreensão de mercadorias, a retenção de veículos ou a aplicação de multas.

Da passagem do Estado Liberal de Direito para o Estado Social e intervencionista, cresceram a importância e a extensão das atividades voltadas à limitação da liberdade e da propriedade individuais aos interesses coletivos. Não se pode dizer, contudo, que o poder de polícia represente atividade incondicionada, pois como toda manifestação de poder estatal a partir da fase do Estado de Direito, ele tem limitações dadas pelo ordenamento jurídico.

Como a atividade administrativa ocorre não apenas na edição de atos normativos, mas sobretudo na prática de atos administrativos, também o poder de polícia deve obediência às regras de **competência**, **forma** e **finalidade** dos atos, que são aspectos normalmente vinculados da Administração Pública.

Primeiramente, os atos de restrição de atividades particulares só podem ser praticados por autoridades que tenham competência para tanto. Conforme será visto, a competência decorre de disciplina legal na divisão de atribuições dos entes e de seus órgãos administrativos.

Também a autoridade competente deve observar o elemento forma do ato administrativo em suas atividades de condicionamento de interesses. Ora, se a lei exigir certa forma de ato, como, por exemplo, a necessidade de notificação por escrito, será condição de validade dele a observância de tal forma.

Os fins são vinculados à medida que a Administração Pública só deve agir na consecução de interesses coletivos, sendo, ademais, a supremacia do interesse público sobre o particular o próprio fundamento do poder de polícia. Contudo, daí não se pode concluir que para cada ato de restrição ao direito individual haja tão somente um fim público a ser perseguido, mas que, ao eleger fins, tais finalidades devem ser sempre de interesse público.

Se a autoridade administrativa praticar ato de poder de polícia com desvio de finalidade, isto é, buscando fins diversos daqueles previstos explícita ou implicitamente na regra de competência, tal ato deve ser invalidado. Note-se que, além do desvio de poder, outro gênero de abuso de poder que serve de limite ao poder de polícia é o excesso de poder, hipótese na qual

---

[107] Que Celso Antônio Bandeira de Mello prefere denominar de **polícia administrativa**, conforme visto.

a Administração busca fins legais, mas acaba se excedendo no emprego dos meios escolhidos. Em suma, **abuso** ou *mau uso* é gênero do qual decorrem as seguintes espécies: **desvio de poder** (ou de finalidade) e **excesso de poder**.

Meios excessivos acabam violando a proporcionalidade da medida. Os fins públicos não justificam o emprego de qualquer meio, mas o meio utilizado deve ser adequado, necessário e proporcional em sentido estrito para a proteção da finalidade de interesse público. Como bem enfatiza Luis Recaséns Siches: "o emprego de meios perversos a serviço de fins justos priva os fins de sua bondade originária e os prostitui".[108]

Conforme visto no item referente à **razoabilidade** e à **proporcionalidade**, o Supremo Tribunal Federal editou Súmula de número 70, que considera "inadmissível a interdição de estabelecimento como meio coercitivo para cobrança de tributo", pois, para forçar a regularização fiscal de estabelecimento, o Poder Público estaria restringindo a liberdade de exercício de atividade econômica, sendo que o Fisco dispõe de meios necessários, exigíveis e mais adequados para promover execução fiscal.

A questão da proporcionalidade ou razoabilidade do meio utilizado também é extremamente importante na edição de atos normativos, seja pela Administração Pública ou mesmo pelo Poder Legislativo. A justeza do critério ou discrime normativo é essencial para que, a pretexto de regular determinado assunto, o Poder Público não viole o núcleo essencial de outros direitos também assegurados no ordenamento jurídico.

Assim, por exemplo, o art. 5º, inciso XIII, da Constituição determina que é livre o exercício de qualquer trabalho, ofício ou profissão, atendidas as qualificações profissionais que a lei estabelecer. Nas categorias expostas por José Afonso da Silva,[109] o dispositivo contempla uma norma constitucional de eficácia contida, que tem aplicabilidade imediata, mas que pode vir a ser restringida pelo Poder Legislativo.

Ora, tanto o Poder Legislativo, como o Executivo, ao regulamentar a lei que restringe o exercício da liberdade de trabalho, ofício ou profissão, não podem, a pretexto de estabelecer meios para o alcance de finalidades públicas, ferir o núcleo essencial da liberdade, sob pena de sua inviabilização.

Assim, os critérios legais escolhidos para o alcance das finalidades de qualificação no exercício de trabalho, quando existirem, não podem ser tão excessivos que representem obstáculos intransponíveis, ou que, na prática, inviabilizem a atividade. Contudo, tal limite não é dado *a priori*, mas dependerá das características próprias do tipo de atividade a ser regulada.

Além da questão da proporcionalidade dos meios em relação aos fins, que não podem ser excessivos, e do limite de obediência aos elementos: competência, forma e finalidade, que contemplam aspectos de vinculação, também os elementos *objeto*, ou efeito dos atos, e *motivo*, apesar de serem por vezes discricionários, podem ser controlados, pois: os objetos devem ser adequados aos fins visados e os motivos têm de ser existentes e conformes aos pressupostos legais, sob pena de vício no motivo, de acordo com o que será exposto no capítulo dos atos administrativos.

Os direitos fundamentais poderão erigir limites ao exercício indiscriminado do poder de polícia, sendo que essa questão só poderá ser resolvida na dimensão do peso dos interesses ponderados no caso analisado, conforme será visto a seguir.

---

[108] SICHES, Luis Recaséns. *Introducción al estudio del derecho*. 2. ed. México: Porruá, 1972. p. 257.

[109] SILVA, José Afonso da. *Aplicabilidade das normas constitucionais*. São Paulo: Malheiros, 1998. p. 90.

Note-se que, de acordo com o art. 1º da Lei nº 9.873/99: "prescreve em cinco anos a ação punitiva da Administração Pública Federal, direta e indireta, no exercício do poder de polícia, objetivando apurar infração à legislação em vigor, contados da data da prática do ato ou, no caso de infração permanente ou continuada, do dia em que tiver cessado".

LIMITAÇÕES

ATOS NORMATIVOS
Razoabilidade e proporcionalidade.
Proibição de excesso na regulação de direitos fundamentais.

ATOS ADMINISTRATIVOS
Vinculação aos elementos: competência, forma e finalidade.
Observância de limites legais também no tocante: ao motivo e ao objeto.
Abuso (mau uso) = **desvio de poder** (ou de finalidade) e **excesso de poder**.

3.6.5 Poder de polícia e direitos fundamentais

A relação entre o poder de polícia e os direitos fundamentais é evidente. Ao mesmo tempo em que se legitima a ação estatal de restrição da liberdade e da propriedade dos particulares, indispensável para o bem-estar público, há situações em que os valores coletivos a serem preservados colidirão com o conteúdo de direitos fundamentais também enunciados na Constituição, o que demandará do intérprete fazer um juízo de ponderação para, na ausência de possibilidade de harmonização completa dos direitos envolvidos, determinar qual terá maior peso e extensão de observância no caso concreto.

Um exemplo típico é a questão da perturbação sonora em virtude de culto religioso, em que a ausência de proteção acústica do ambiente litúrgico prejudica o direito ao sossego e à saúde da vizinhança ou daqueles que estão nas proximidades do local. Existe determinação, na ABNT NBR 10.152, que estipula o nível de ruído máximo de igrejas e templos em 50 decibéis, e tal condição é frequentemente reproduzida nas leis municipais que tratam de poluição sonora.

Não se trata de proibir a liberdade de crença ou de cultos religiosos, mas como o sistema constitucional assegura inúmeras liberdades e direitos que, para não atrapalharem o exercício de outras liberdades e direitos, não devem ser considerados absolutos, o Estado deve procurar estabelecer as medidas e extensões de exercício do direito, para que haja o equilíbrio imprescindível para a existência de uma democracia.

Também direitos sociais, como educação e saúde, presentes no art. 6º da Constituição, que são considerados atualmente direitos fundamentais, sendo viabilizados não apenas pela prestação estatal direta, caso em que são estudados no capítulo dos serviços públicos, mas pela iniciativa privada, com base nos dispositivos dos arts. 199 e 209 da Constituição, que determinam, respectivamente, que "a assistência à saúde é livre à iniciativa privada" e "o ensino é livre à iniciativa privada, atendidas as seguintes condições: I – cumprimento das normas gerais da educação nacional; e II – autorização e avaliação de qualidade pelo Poder Público", tais hipóteses de fiscalização da observância de parâmetros mínimos de qualidade podem ser analisadas também da perspectiva do exercício do poder de polícia estatal.

Em outubro de 2007 houve no Brasil discussões acerca do uso do poder de polícia pela SESu/MEC nas faculdades e universidades, uma vez que o MEC desencadeou um procedimento de supervisão de cursos de Direito que obtiveram avaliações insatisfatórias no ENADE, tendo havido a convocação de 89 cursos de Direito para explicar as razões do resultado e propor medidas para o saneamento das deficiências apresentadas.

Note-se que a juíza da 13ª Vara Federal enfatizou ser "legítimo o procedimento instaurado pela SESu/MEC, nos limites do poder de polícia a ela por lei conferido, tendente à apuração de possíveis deficiências nos cursos jurídicos", decisão confirmada pelo TRF da 1ª Região: "detectado o problema em uma área específica, tem a administração que atuar".[110]

O Tribunal de Justiça de São Paulo julgou "lícita a intervenção municipal em estabelecimento particular, buscando regularizar a atividade relacionada com a prestação de serviço público fundamental" (Apelação Cível 137.766-1/5), sendo que o Supremo Tribunal Federal classificou como "ato típico da administração pública, decreto de intervenção em instituição privada, dado que as ações relacionadas à saúde estão compreendidas em área de interesse que a própria Carta da República elegeu como direito de todos e dever do Estado (art. 196)".[111]

Ora, atividades que envolvam interesses públicos relevantes devem ser fiscalizadas pelo Poder Público, desde que este observe os limites de atuação (competência, forma e finalidade), aja sem excesso e dentro da legalidade, na consecução de interesses genuinamente coletivos (ou públicos primários).

Também o Estado deve agir para garantir o respeito aos direitos fundamentais no âmbito de atividades estritamente particulares, em nome do respeito à eficácia horizontal dos direitos humanos.

Na jurisprudência francesa, há o caso conhecido como "arremesso de anão" (*lancer de nain*), de outubro de 1991, em que uma empresa de entretenimento contratava anões para, como projéteis, serem arremessados pela plateia dos espetáculos que promovia nas casas de diversão. Segundo inspirada exposição de Joaquim Barbosa,[112] movido pela repugnância que a iniciativa provocou, o prefeito da comuna (cidade) de Morsang-sur-Orge interditou o espetáculo, na condição de guardião da ordem pública na órbita municipal.

Ocorre que a empresa, com um dos anões, em litisconsórcio ativo, entrou com o chamado *recours por excés de pouvoir* no tribunal administrativo de Versailles questionando o ato do prefeito da comuna de Morsang-sur-Orge. Eles alegaram que a atividade patrocinada era lícita, assim como acontecia com a exploração de anões em espetáculos circenses ou em programas de televisão, e conforme normas de preservação da ordem pública, uma vez que dela não resultava risco de ocorrência de distúrbios de ordem material, dado ser realizada em recinto fechado.

Ressalte-se que a decisão do tribunal de Versailles foi favorável à empresa, uma vez que havia na época um consenso em torno do conceito de ordem pública, sendo lícito ao Estado cercear liberdades individuais somente quando fosse necessário à preservação da tranquilidade pública, da segurança ou da salubridade públicas, ou seja, de elementos externos.

Nesta perspectiva, a jurisprudência seguia orientação segundo a qual: "a ordem pública, para efeitos de poder de polícia, é a ordem material e exterior",[113] que, conforme esclarece Joaquim Barbosa, indicava que a interdição ou restrição do exercício de direitos, sob pretexto de intervenção do poder de polícia para manter a ordem pública, só se justificaria em

---

[110] *Folha de S. Paulo*, p. A3, 23.3.2008.

[111] RE 327.904-1, STF, 1ª T., Rel. Min. Carlos Britto, j. 15.8.2006. *DJ* 8.9.2006.

[112] BARBOSA GOMES, Joaquim B. O poder de polícia e o princípio da dignidade da pessoa humana na jurisprudência francesa. Disponível em: www.artnet.com.br/~lgm/down.doc. Acesso em: 10 out. 2009.

[113] *"L'ordre public, au sens de la police, est l'ordre matériel et exterieur."*

casos excepcionais,[114] nos quais houvesse manifesto perigo de desordem material, ou seja, de distúrbios externos, excluindo-se até o mencionado caso as apreciações de cunho imaterial ou moral. O que estava em jogo não seria o aspecto moral da manifestação em si, mas suas consequências externas.

Contudo, após recurso para o órgão de cúpula do contencioso administrativo, o Conselho de Estado decidiu que "o respeito à dignidade da pessoa humana é um dos componentes da noção de ordem pública; que a autoridade investida do poder de polícia municipal pode, mesmo na ausência de circunstâncias locais específicas, interditar um espetáculo atentatório à dignidade da pessoa humana",[115] entendendo correta a postura do prefeito de Morsang-sur-Orge.

Diante dos argumentos trazidos pelo litisconsorte ativo, de que houve adesão voluntária ao programa, mediante remuneração, e que proibi-lo de exercer aquela atividade significaria, do ponto de vista pessoal, a privação do direito do trabalho e, por consequência, também de sua dignidade, uma vez que era daquela atividade que retirava com exclusividade os meios elementares de subsistência, posicionou-se o Conselho de Estado no sentido da indisponibilidade da dignidade humana, reputando adequada a proibição administrativa.

Segundo comenta Joaquim Barbosa, a decisão promoveu uma reviravolta na jurisprudência francesa, consagrando um novo tipo de intervenção do poder de polícia: "a que visa proteger o indivíduo contra si próprio, medida de polícia administrativa cuja motivação é semelhante àquela de onde são extraídas imposições tais como as que obrigam motociclistas e condutores de veículos a usar capacetes e cinto de segurança, protegendo-os contra a sua própria imprudência".[116]

Também Ingo Sarlet na clássica *Dignidade da pessoa humana e direitos fundamentais na Constituição Federal de 1988* comenta a decisão, à luz da importante reflexão de que o ser humano deve ser visto como um fim em si e não como meio para o uso arbitrário desta ou daquela vontade. Reafirma-se a dignidade como bem irrenunciável e fora do comércio.

Sarlet ressalta que a dignidade humana é simultaneamente limite e tarefa dos poderes estatais, uma vez que, além da postura defensiva, no sentido de impedir violações, o Estado também deve promover condições que possibilitem seu pleno exercício e fruição, pois para que haja uma vida digna é imprescindível o mínimo existencial.

Assim, afirma o autor que "o Estado nunca foi (e cada vez menos o é) o único e maior inimigo das liberdades e dos direitos fundamentais em geral", pois os particulares, em suas pretensas e tendenciosas relações de igualdade, especialmente a partir da globalização econômica, dos movimentos de redução do Estado Social e do incremento da exclusão, atentam constantemente contra a dignidade humana.

Em suma, o fundamento do poder de polícia é a supremacia do interesse público,[117] por isso ele objetiva evitar que as ações desenfreadas de particulares atinjam direitos e garantias fundamentais dos seres humanos, sendo lícita a atuação equilibrada no sentido de adequar o exercício das liberdades individuais ao bem-estar geral.

---

[114] *"La liberté est la règle, la restriction de police l'exception."*

[115] "Le respect de la dignité de la personne humaine est une des composantes del'ordre public; que l'autorité investie de pouvoir de police municipale peut, même en l'absence de circonstances locales particulières, interdire une attraction qui porte atteinte à la dignité de la personne humaine." *RDP* 1996/564.

[116] BARBOSA GOMES, Joaquim B. O poder de polícia e o princípio da dignidade da pessoa humana na jurisprudência francesa. Disponível em: www.artnet.com.br/~lgm/down.doc. Acesso em: 10 out. 2009.

[117] O interesse público primário inclui, do ponto de vista coletivo, também o respeito aos direitos fundamentais.

> **PODER DE POLÍCIA E DIREITOS FUNDAMENTAIS**
>
> **Ponderação**: "peso" de restrição no caso concreto.
>
> **Exemplos**:
> - culto religioso e ausência de perturbação sonora;
> - avaliação de qualidade em estabelecimentos de ensino; e
> - intervenção estatal em instituições que prestam serviços de saúde.
>
> Garantia da **eficácia horizontal dos direitos humanos**
>
> 1991 – Conselho de Estado francês.
> Precedente: caso (*arrêt*) do **arremesso de anões** (*lancer de nain*).
> Interdição de espetáculo atentatório à dignidade humana.

3.6.6 Restrições a atividades de agentes privados

O poder de polícia recai, conforme analisado, sobre inúmeras atividades que acabam impedindo que as ações dos agentes privados violem ou ameacem interesses coletivos no tocante, por exemplo, à higiene, à ordem pública, aos costumes, à disciplina da produção e do mercado e das atividades econômicas dependentes de autorização em sentido lato.

O parágrafo único do art. 170 da Constituição determina ser livre o exercício de qualquer atividade econômica, independentemente de autorização de órgãos públicos, salvo nos casos previstos em lei.

Enquanto a exploração estatal direta na atividade econômica em sentido estrito é medida viabilizada apenas nas hipóteses dispostas no art. 173 da Constituição, pois ao Estado só é dado realizar diretamente atividade econômica diante de *imperativos da segurança nacional* e *relevante interesse coletivo*, definidos em lei, sendo o mercado campo geralmente reservado aos agentes privados – nada obsta que o Estado, por meio de uma atuação legítima de poder de polícia, estabeleça limites às atividades privadas, condicionando seu exercício, "para evitar comportamentos danosos ao conjunto social", em expressão cunhada por Celso Antônio Bandeira de Mello.[118]

Trata-se de um dos temas mais caros à Contemporaneidade. Muito embora o espectro de ação estatal direta tenha sido limitado ao campo da prestação dos serviços públicos, sendo *o exercício* de tais serviços por vezes delegado a concessionárias e permissionárias, as atividades econômicas do mercado são livres aos particulares. Entretanto, reitere-se que tal liberdade não significa a ausência de limites legais, ou seja, não há liberdade plena ou ausência de condicionamentos ao exercício das atividades econômicas dos particulares.

O condicionamento da liberdade de desenvolvimento de atividades privadas é realizado pelo Estado por meio do exercício do poder de polícia, que deve ser, conforme visto, proporcional à realização de interesses coletivos, não podendo, portanto, aniquilar o núcleo essencial das liberdades econômicas protegidas pela Constituição.

---

[118] BANDEIRA DE MELLO, Celso Antônio. *Curso de direito administrativo*. São Paulo: Malheiros, 2008. p. 656.

Assim, determina a Súmula Vinculante 49, que é resultado da conversão da Súmula 646 do STF, por exemplo, que: "ofende o princípio da livre concorrência lei municipal que impede a instalação de estabelecimentos comerciais do mesmo ramo em determinada área".

Mas, por outro lado, nada impede que sejam editadas determinações que estabeleçam restrições à produção e comercialização de medicamentos, alimentos e à propaganda de produtos que sejam potencialmente prejudiciais à saúde, mas cuja comercialização não é proibida, como cigarros; pois, num Estado intervencionista como deve ser um verdadeiro Estado Democrático de Direito,[119] liberdade **jamais** significa **ausência de condicionamentos**, sob pena de o seu exercício ser **potencialmente antissocial**.

A Súmula Vinculante 38, que é resultado da conversão da Súmula 645 do STF, determina ser competente o Município para fixar o horário de funcionamento de estabelecimento comercial, sendo, contudo, de acordo com o conteúdo da Súmula 19 do STJ, de competência da União a fixação de horário bancário, para atendimento ao público.

O Município tem competência para estabelecer o controle do funcionamento das atividades locais, no qual não se inclui a fixação de horário bancário de atendimento público, por se tratar de assunto de competência federal, mas a competência municipal não pode ser exercida de forma irrazoável.

O STF, na decisão do RE 267.161-4, *DJU* 16.11.2001, decidiu que:

> ESTABELECIMENTO COMERCIAL. Farmácias e drogaria [...]. Em face do disposto no art. 30, I, da CF, compete ao Município regular o horário de funcionamento de estabelecimentos comerciais, pois trata-se de assunto de interesse local. Assim, não afronta os princípios da livre iniciativa e da livre concorrência lei municipal que proíbe a abertura de farmácias e drogarias que não estejam escaladas no plantão.

Advirta-se que apesar de realmente ser competente o município para fixar o horário de funcionamento de estabelecimento comercial (Súmula 645/STF), não concordamos integralmente com o teor da decisão transcrita, uma vez que regular, pelo poder de polícia, deve envolver a fixação de horários mínimos; justificativa plausível que se relaciona com o atendimento perene das ocorrências (de noite, de madrugada etc.), dada a relevância para a saúde pública dos serviços e produtos ofertados por farmácias e drogarias; mas, *data venia*, não há justificativa racional para a proibição daqueles estabelecimentos que queiram funcionar a mais do que o escalado, isto é, além dos horários determinados. As atividades devem ser reguladas de forma isonômica, ou seja, sem privilégios infundados.

Em nossa opinião, seguindo os ensinamentos de Caio Tácito, trata-se de uma circunstância de inequívoca similitude com os primeiros casos de desvio de finalidade relatados tanto na jurisprudência francesa como na brasileira,[120] nos quais a Administração Pública, em vez de agir visando ao atendimento satisfatório dos usuários de serviços, objetivava, no fundo, garantir o monopólio do serviço a certas empresas, nos casos que serão relatados no item 4.10.5.

Nesta perspectiva, enfatiza, ainda, Caio Tácito[121] que na jurisprudência norte-americana existe *leading case* (precedente) que demonstra utilização caprichosa, ou seja, arbitrária, da pretensa discricionariedade de poder de polícia que acobertava medida de caráter

---

[119] Sob o enfoque da democracia material.

[120] Caso *Lesbats* (1864) e o similiar brasileiro, julgado por Seabra Fagundes em 28 de julho de 1948.

[121] TÁCITO, Caio. Desvio de poder legislativo. *Revista Trimestral de Direito Público*, São Paulo: Malheiros, 1993. p. 65.

discriminatório. Trata-se do caso *Yich Wo vs. Hopkins*,[122] em que a Suprema Corte invalidou proibição de construir lavanderias em determinada localidade porque, embora em princípio ato discricionário, as circunstâncias de sua edição revelaram o verdadeiro propósito, qual seja, de discriminação racial, visto que a autorização fora negada a 200 chineses e concedida[123] a 79 não chineses.

Em suma, apesar de o *fim* do poder de polícia, no sentido de restringir atividades particulares adequando-as aos interesses coletivos, ser legítimo, isso não significa que não haja controle dos *meios* empregados ou mesmo do **caráter arbitrário** ou **de fundo discriminatório** da *medida* (meio) adotada, o que viola a razoabilidade, uma vez que, conforme já visto, discricionariedade não significa autorização para emprego de arbítrio pelo Poder Público.

PODER DE POLÍCIA EM ATIVIDADES PRIVADAS

Art. 170 – **LIBERDADE** NO EXERCÍCIO DE **ATIVIDADE ECONÔMICA**

Excepcional: Exploração direta pelo **Estado** (art. 173), se a lei definir:
- imperativo de segurança nacional; e
- relevante interesse coletivo.

MAS **NADA OBSTA** o condicionamento do exercício das atividades pelo **PODER DE POLÍCIA**.

Celso Antônio Bandeira de Mello: "evitar comportamentos danosos ao conjunto social".

SÚMULAS/STF

Súmula Vinculante 38, resultado da Conversão da Súmula 645: "É competente o Município para fixar o horário de funcionamento de estabelecimento comercial".

Súmula Vinculante 49, resultado da Conversão da Súmula 646: "Ofende o princípio da livre concorrência lei municipal que impede a instalação de estabelecimentos comerciais do mesmo ramo em determinada área".

3.6.7 Impossibilidade de delegação

Existe discussão doutrinária acerca da possibilidade de delegação do poder de polícia a pessoas da iniciativa privada, posicionando-se o Supremo Tribunal Federal no sentido da **impossibilidade**, por se tratar de **atividade típica** do Estado, conforme decisão contida na ADI 1717/DF, de relatoria do então Ministro Sydney Sanches:

> DIREITO CONSTITUCIONAL E ADMINISTRATIVO. AÇÃO DIRETA DE INCONSTITUCIONALIDADE DO ART. 58 E SEUS PARÁGRAFOS DA LEI FEDERAL Nº 9.649, DE 27.05.1998, QUE TRATAM DOS SERVIÇOS DE FISCALIZAÇÃO DE PROFISSÕES REGULAMENTADAS. 1. Estando prejudicada a Ação, quanto ao § 3º do art. 58 da Lei nº 9.649, de 27.05.1998, como já decidiu o Plenário, quando apreciou o pedido de medida cautelar, a Ação Direta é julgada procedente, quanto ao mais, declarando-se a inconstitucionalidade do "caput" e dos § 1º, 2º, 4º, 5º, 6º, 7º e 8º do mesmo art. 58. 2. Isso porque a interpretação conjugada dos artigos 5º, XIII, 22, XVI, 21, XXIV, 70, parágrafo único, 149 e 175 da Constituição Federal, leva

---

[122] 118 *US* 356-1886.

[123] Sendo a apenas um não chinês recusada.

à conclusão, no sentido da **indelegabilidade**, a uma entidade privada, de **atividade típica de Estado**, que abrange até **poder de polícia**, de tributar e de punir, no que concerne ao exercício de atividades profissionais regulamentadas, como ocorre com os dispositivos impugnados. 3. Decisão unânime.[124]

Também o art. 4º, III, da Lei nº 11.079/04 estabelece como diretriz de contratação de parceria público-privada a **indelegabilidade** do exercício do **poder de polícia** e de outras atividades exclusivas do Estado, como as funções de regulação e jurisdicional.

Contudo, apesar de **não se admitir a transferência** do poder de polícia, alguns autores, como Celso Antônio Bandeira de Mello, ressaltam ser possível a delegação ou transferência por contrato de prestação de **meros atos materiais** preparatórios ou sucessivos aos atos de polícia:

> A restrição à atribuição de atos de polícia a particulares funda-se no corretíssimo entendimento de que não se lhes pode, ao menos em princípio, cometer o encargo de praticar atos que envolvem o exercício de misteres tipicamente públicos quando em causa liberdade e propriedade, porque ofenderiam o equilíbrio entre os particulares em geral, ensejando que uns oficialmente exercessem supremacia sobre os outros. Daí não se segue, entretanto, que certos atos materiais que precedem atos jurídicos de polícia não possam ser praticados por particulares, mediante delegação, propriamente dita, ou em decorrência de um simples contrato de prestação. Em ambos os casos (isto é, com ou sem delegação), às vezes, tal figura aparecerá sob o rótulo credenciamento.[125]

Como exemplo de delegação de **atos materiais anteriores** à prática do ato de poder de polícia, pode-se mencionar o registro fotográfico em equipamento eletrônico ou audiovisual colocado à disposição por empresa contratada para prestar tal serviço, porquanto como observou o STJ, no REsp 880.549/DF, que teve por relatora a Ministra Eliana Calmon, "em momento algum se confunde a prova fotográfica fornecida pelo 'pardal' que lastreia o auto de infração com o próprio auto".[126]

Em suma, o equipamento apenas registra uma ocorrência ou fato que serve de pressuposto para a autuação e a consequente imposição da sanção pelo agente público competente no exercício do poder de polícia.

Ademais, determina a Súmula 312 do STJ que "no processo administrativo para imposição de multa de trânsito, são necessárias as notificações da autuação e da aplicação da pena decorrente da infração". Nesse particular, esclarece José dos Santos Carvalho Filho[127] que a notificação da autuação se materializa no ato que indica os elementos que cercam a infração (local, dia, horário etc.) e a aplicação da sanção consiste no ato de efetiva imposição da penalidade.

---

[124] ADI 1717, Pleno, Min. Sydney Sanches, j. 7.11.2002, DJ 28.3.2003, p. 61. Note-se que, conforme será visto, as Ordens e os conselhos profissionais são considerados autarquias corporativas, que se submetem a exigências de regime jurídico público, sendo que, com a ADI 3026/DF, à OAB foi reconhecido pelo STF um regime jurídico diferenciado das congêneres. Mas, de qualquer forma, se se aventar a questão de delegação, esta é sempre efetivada por meio de lei. DJ 28.3.2003. p. 149.

[125] BANDEIRA DE MELLO, Celso Antônio. *Curso de direito administrativo*. 25. ed. São Paulo: Malheiros, 2008. p. 826.

[126] Cf. *Informativo* nº 373/STJ, out. 2008.

[127] CARVALHO FILHO, José dos Santos. *Manual de direito administrativo*. Rio de Janeiro: Lumen Juris, 2008. p. 86. Entretanto, adverte que, se houver autuação em flagrante, com o agente de trânsito presente, torna-se desnecessária a notificação da infração e fica aberto, de imediato, o prazo para que o infrator apresente defesa prévia.

Assim, expõe o autor que o Poder Público pode atribuir a pessoas privadas, por meio de contrato, a operacionalização material da fiscalização por meio de máquinas especiais, como também ocorre na triagem em aeroportos para detectar eventual porte de objetos ilícitos ou proibidos, caso em que "o Estado não se despe do poder de polícia nem procede a qualquer delegação, mas apenas atribui ao executor a tarefa de operacionalizar máquinas ou equipamentos de fiscalização de restrições de polícia". Ainda que a fixação e a manutenção de tais aparelhos possam ser atribuídas a pessoas privadas, o poder de polícia continua sendo de titularidade estatal.

No REsp 759.759, de relatoria do Min. Humberto Martins, decidiu o STJ que os "pardais eletrônicos" são lícitos porquanto o art. 280, § 2º, do Código de Trânsito (Lei nº 9.503/93), admite que a infração também possa ser comprovada por tais equipamentos, quando for inviável a presença do agente de trânsito.[128]

Celso Antônio Bandeira de Mello fornece exemplo ilustrativo de transferência de **atos materiais posteriores** à prática do ato de poder de polícia, que podem ser delegados a empresas contratadas, qual seja: a possibilidade de a Administração contratar com empresa privada a "demolição ou implosão de obras efetuadas irregularmente e que estejam desocupadas, se o proprietário do imóvel recalcitrar em providenciá-las por seus próprios meios, inobstante devidamente intimado e legitimamente submetido a isto",[129] pois não é necessário que a demolição ou implosão seja feita por servidores públicos.

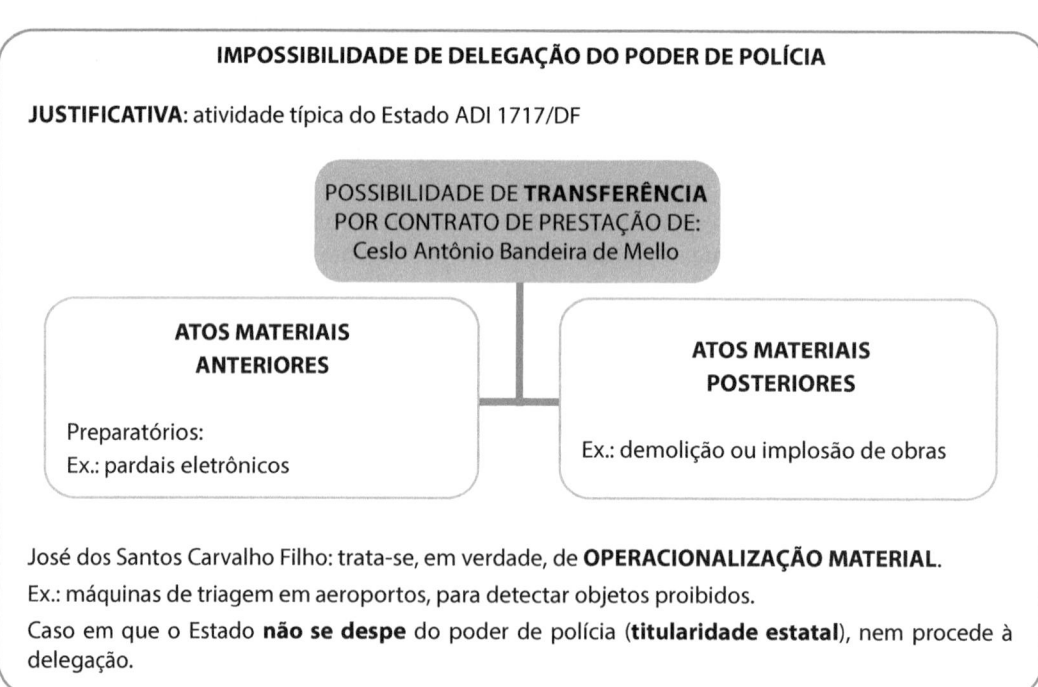

---

[128] DJ 18.9.2006, cf. CARVALHO FILHO, José dos Santos. *Manual de direito administrativo*. Rio de Janeiro: Lumen Juris, 2008. p. 75.

[129] BANDEIRA DE MELLO, Celso Antônio. *Curso de direito administrativo*. 25. ed. São Paulo: Malheiros, 2008. p. 827.

3.6.8 Dinâmica do ciclo de polícia em distintas fases de manifestação

O poder de polícia pode ser dinamicamente abordado em razão de fases, que são expostas por Diogo de Figueiredo Moreira Neto[130] na seguinte configuração:

1. **Ordem de polícia**: consubstanciada no preceito legal básico que dá validade à limitação prevista, sendo dividida em duas hipóteses: (a) o *preceito negativo absoluto*, que veda certas formas de exercício de atividade e de uso da propriedade privada; e (b) o *preceito negativo com reserva de consentimento*, em que há condicionamentos a certos exercícios de atividades e uso da propriedade, sendo vedados caso não haja consentimento prévio e expresso por parte da Administração, a exemplo da licença para construir que demanda análise do projeto em atendimento aos requisitos legais;

2. **Consentimento de polícia**: é ato administrativo de anuência, que possibilita a utilização de propriedade particular ou o exercício de atividade privada, nas hipóteses em que o legislador tenha exigido um controle prévio, por parte da Administração, da compatibilização do uso do bem ou do exercício da atividade, nesse ponto se aproximando do preceito negativo com reserva de consentimento;

3. **Fiscalização de polícia**: consistente em verificar se as ordens e os consentimentos de polícia estão sendo cumpridos, tanto para fins preventivos da ocorrência de infrações como também para repressão de eventuais cometimentos de infrações, sendo que a fiscalização tanto pode ser deflagrada de ofício ou ser provocada; e

4. **Sanção de polícia**: é ato unilateral, extroverso e interventivo, que visa a assegurar, por sua aplicação, a repressão da infração e a restabelecer o atendimento do interesse público, compelindo o infrator à prática de ato corretivo, ou dissuadindo-o de iniciar ou de continuar a cometer uma transgressão administrativa.

No ciclo de polícia, a hipótese do consentimento de polícia depende de um preceito negativo com reserva de consentimento. Já a ordem de polícia em sentido mais abrangente é pressuposto da manifestação do poder de polícia, que se ampara em previsão normativa. A fiscalização de polícia se presta a verificar se a ordem ou o consentimento foram cumpridos, caso contrário, ou, na hipótese de falha de fiscalização preventiva, há deflagração da imposição de sanção de polícia.

---

[130] MOREIRA NETO, Diogo de Figueiredo. *Curso de direito administrativo*. 14. ed. Rio de Janeiro: Forense, 2006. p. 398-401.

4
Ato administrativo

4.1 Introdução

Ato administrativo é noção básica do Direito Administrativo (Stassinopoulos[1]). Uma das formas mais comuns de manifestação do desempenho da função administrativa,[2] que é objeto central do estudo do Direito Administrativo, se dá pela prática de atos administrativos.

A **teoria dos atos administrativos** surgiu na França, a partir da separação entre Administração e Justiça: segundo García de Enterría e Fernández,[3] o ato administrativo era (e ainda é) visto como ato jurídico editado por autoridade administrativa e submetido ao controle do contencioso administrativo, o que exclui, na França, o controle pela jurisdição comum.

O Brasil, apesar de utilizar as construções francesas da teoria dos atos administrativos, não emprega integralmente a mencionada noção, pois desde a Constituição de 1891, os atos administrativos são todos potencialmente submetidos à revisão do Poder Judiciário (*judicial review*), que é uno.

Leon Duguit,[4] jurista francês, classificou o ato jurídico nas seguintes categorias:

1. **ato-regra**, relacionado precipuamente com a função do Legislativo, sendo caracterizado pela generalidade, abstração e impessoalidade;
2. **ato jurisdicional**, produção típica do Poder Judiciário; e,
3. como manifestações típicas dos **atos administrativos**, duas possibilidades:
    a) **atos subjetivos**, entendidos como o oposto dos atos-regra, sendo caracterizados, portanto, pela individualidade e subjetividade; e
    b) os **atos-condição**,[5] categoria intermediária entre os atos-regra e os atos subjetivos, também típicos do Poder Executivo, mas que permitem aos atos-regra atingir situações subjetivas, funcionando como um elo entre os atos-regra e os indivíduos, daí o porquê da denominação condição.

---

[1] STASSINOPOULOS, Michel D. *Traité des actes administratifs*. Paris: Librairie Générale de Droit et de Jurisprudence, 1973. p. 1.

[2] Mas não a única, conforme será visto.

[3] GARCÍA DE ENTERRÍA, Eduardo; FERNÁNDEZ, Tomás-Ramón. *Curso de direito administrativo*. Tradução Arnaldo Setti. São Paulo: Revista dos Tribunais, 1990. p. 465.

[4] DUGUIT, Leon. *Traité de droit constitutionnel*. 2. ed. Paris: E. de Boccard, 1921. v. I. p. 222.

[5] Ressalte-se que o conceito de ato-condição de Hely Lopes Meirelles é diferente do de Duguit. Cf. *Direito administrativo brasileiro*. São Paulo: Malheiros, 2009. p. 179.

A lúcida construção repercute em diversas doutrinas brasileiras, principalmente, conforme será visto, entre aqueles que adotam o conceito amplo de ato administrativo, que abarca na definição tanto atos jurídicos dotados de efeitos concretos (denominados por Duguit, *atos subjetivos* e, para grande maioria da doutrina brasileira, *atos jurídicos em sentido estrito*), como aqueles que, embora mais genéricos, incidem de forma objetiva sobre determinadas relações-jurídicas, sendo, portanto, considerados atos normativos de efeitos concretos (na nomenclatura de Duguit, *atos-condição*), que não são, em rigor, leis "em tese" (não chegam, portanto, a ser, para ele, *atos-regra*).

Ressalte-se que a doutrina da divisão dos poderes já não é mais expressão da realização de atos típicos, sendo a análise de determinados atos jurídicos insuficiente para dizer com precisão se eles são praticados por tais ou quais poderes, uma vez que o Legislativo e o Judiciário praticam atos administrativos em função atípica de gestão de seus quadros.

Maurice Hauriou, por sua vez, contribuiu para a teoria do ato administrativo por meio da ideia de **decisão executória**, como medida que se impõe aos administrados. Esse tipo de abordagem tem relação com a característica de *imperatividade* dos atos administrativos, conforme será analisado a seguir.

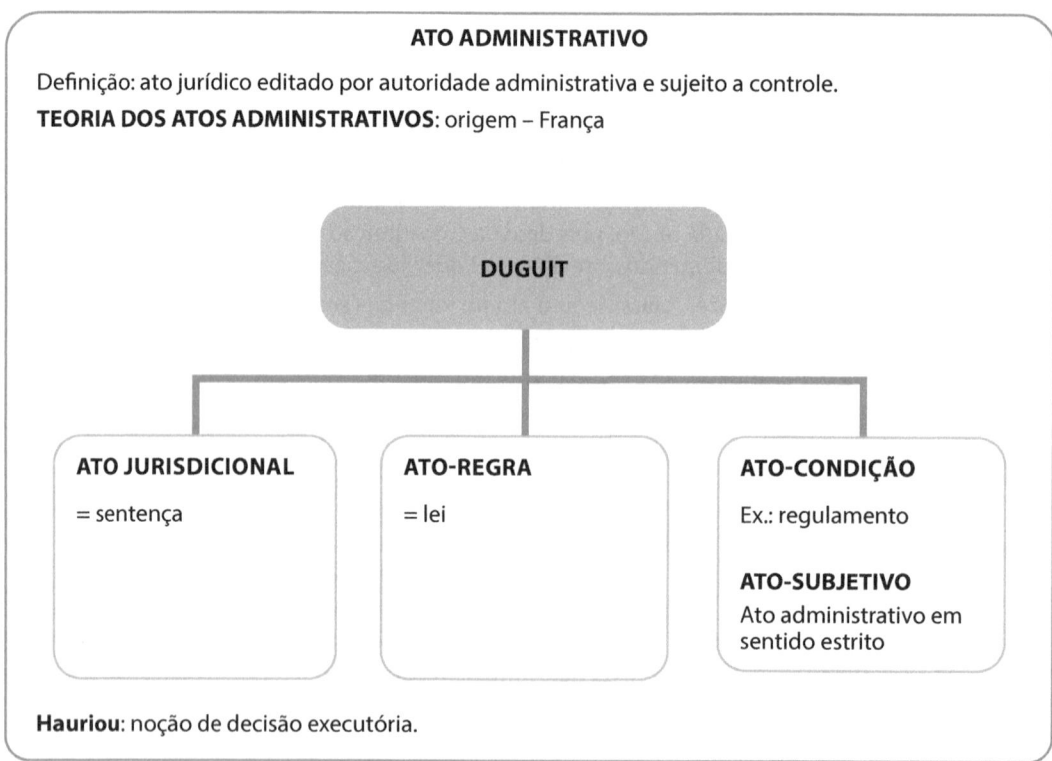

4.2 Defesa do ato administrativo como categoria imprescindível

Atualmente, é corrente a crítica ao unilateralismo impositivo do ato administrativo, com a alegação de que a Administração Pública no Estado Democrático de Direito deve buscar algum grau de **consenso**, antes de impor a medida estatal, sob pena de encobrir práticas autoritárias.

Também argumenta-se que, em vez de se manifestar por atos administrativos, que expressam apenas um momento final, é necessário que as práticas administrativas sejam analisadas de uma perspectiva dinâmica. Para que isso ocorra, deve-se enfatizar o caráter **processual** da atuação administrativa, onde se tornem visíveis diversos atos, recheados com oportunidades de contraditório e ampla defesa, anteriores à edição do ato administrativo final.

Do ponto de vista técnico, enfatizam Enterría e Fernández[6] que não é toda manifestação do Poder Público que se resume na edição de atos dotados de força especial dirigida a sujeitos externos, como propugnava Hauriou. Existem também atividades que são desenvolvidas no seio da Administração, para seu melhor funcionamento, realizadas, por exemplo, mediante atos meramente materiais, que não produzem efeitos jurídicos externos. Os autores lembram, ainda, que há atos que objetivam satisfazer pretensões dos administrados, como os atos negociais, que não são impositivos, no sentido de submeterem a vontade alheia à estatal. Ao contrário, nestes casos o particular provoca a Administração para obter provimento que deseja.

O Direito Administrativo se encarrega outrossim de atos praticados pela Administração Pública que não se submetem *integralmente* ao regime jurídico administrativo.

É controvertido, no entanto, se a administração pode praticar atos de direito privado em regime totalmente nivelado com o particular. Hely Lopes Meirelles[7] defende essa possibilidade, alegando que quando a Administração emite um cheque ou assina escritura de compra e venda,[8] ela se sujeita à norma de direito privado e se coloca **no mesmo plano** dos particulares, o que não a libera de exigências administrativas anteriores à celebração do negócio jurídico, como autorização legislativa ou licitação.

Maria Sylvia Zanella Di Pietro,[9] cujo tema de livre-docência foi a aplicação do direito privado no Direito Administrativo,[10] diferencia *atos de direito privado* praticados pela Administração Pública de *atos administrativos*, demonstrando que apenas estes últimos são submetidos integralmente ao regime jurídico público. No entanto, para a autora, a Administração Pública **não se equipara** totalmente ao particular, ou seja, mesmo que pratique atos de direito privado, ela se sujeita **parcialmente** a regras de direito público. Basta refletir que a Administração Pública deve obediência a sujeições alicerçadas na indisponibilidade do interesse público, que são inclusive as mencionadas por Meirelles, isto é, licitação como regra geral para a celebração de contratos e autorização legislativa para a alienação de bens nos casos especificados no ordenamento jurídico.

A partir da exposição, conclui-se que não é **toda** manifestação da Administração Pública que resulta na prática de *atos administrativos em sentido estrito*. O Direito Administrativo, de sua origem aos dias atuais, sofreu constantes modificações em seu conteúdo, a partir da própria alteração das atividades e, por conseguinte, do papel desenvolvido pelo Estado.

---

[6] GARCÍA DE ENTERRÍA, Eduardo; FERNÁNDEZ, Tomás-Ramón. *Curso de direito administrativo*. Tradução Arnaldo Setti. São Paulo: Revista dos Tribunais, 1990. p. 465.

[7] MEIRELLES, Hely Lopes. *Direito administrativo brasileiro*. 35. ed. São Paulo: Malheiros, 2009. p. 158-159.

[8] Foi resposta correta em concurso público para Cartório no Sergipe em 2007 que: "a Administração Pública pode praticar atos ou celebrar contratos em regime privado, como nos casos em que assina uma escritura de compra e venda ou de doação".

[9] DI PIETRO, Maria Sylvia Zanella. *Direito administrativo*. 22. ed. São Paulo: Atlas, 2009. p. 195. Note-se que o próprio Hely Lopes Meirelles também faz a diferença na conceituação de ato, contudo, na exposição da matéria ele reitera essa possibilidade da prática de atos privados pela Administração.

[10] Trabalho publicado sob o título: *Do direito privado na administração pública*. São Paulo: Atlas, 1989. *Passim*.

Existem autores,[11] todavia, que são mais radicais em suas críticas ao ato administrativo, pois defendem ser necessária a **revisão de paradigmas** que elevam o ato administrativo à *categoria-base* de todo o Direito Administrativo.

Como o ato administrativo é carregado de imposição, ele se diferencia dos negócios jurídicos, que têm uma parcela maior de **consensualidade**. Assim, diante da impossibilidade de o Estado desempenhar completamente diversas de suas mais importantes atribuições, ele vem se apoiando paulatinamente na iniciativa privada e na sociedade, conforme a noção de *subsidiariedade*,[12] que se reflete na celebração de contratos ou parcerias nas quais as determinações são menos impositivas e, não raro, acordadas até.

Outros autores enfatizam ser urgente, conforme visto, a necessidade de **processualização**[13] da Administração Pública. Esta foi imperativa no Brasil a partir da edição da Constituição de 1988, que fundou verdadeiro Estado Democrático de Direito, e *(re)afirmou* inúmeros princípios que foram menos lembrados sob a égide do regime autoritário, entre os quais: o princípio do devido processo legal.

Tendo em vista essas orientações, houve a criação das Leis de Processo Administrativo,[14] que provocaram a necessidade de revisão da concepção de Administração Pública **autoritária**, que impõe suas decisões de **maneira unilateral**, sem ouvir ou dar o direito de defesa a seus destinatários.

Em vez de abordar tão somente a função administrativa do ponto de vista da prática de determinados atos administrativos, dotados de autoexecutoriedade, a noção de processualização implica tornar o *iter* de formação dos atos administrativos, relacionado com a ideia de processo administrativo, mais aberto, visível e participativo.

Em suma, antes de a Administração impor seus atos de maneira unilateral, é necessário que ela assegure a efetiva participação dos administrados no processo de formação da vontade estatal, principalmente naqueles que afetam o patrimônio jurídico de terceiro. Sérgio Ferraz e Adilson Abreu Dallari defendem que o processo administrativo representa a verdadeira contraface ao autoritarismo, relevante para reequilibrar a tensão cerne do Direito Administrativo entre "autoridade *versus* liberdade".[15]

Adotar esses novos posicionamentos significa transcender um tipo de abordagem reducionista da supremacia do interesse público sobre o particular,[16] a partir do condicionamento do direito público aos valores democráticos e do reforço das formas procedimentais comunicativas que possibilitam maior participação da sociedade no desempenho da função administrativa.

---

[11] SILVA, Vasco Pereira da. *Em busca do acto administrativo perdido*. Coimbra: Almedina, 1996. p. 100. BAPTISTA, Patrícia. *Transformações do direito administrativo*. Rio de Janeiro: Renovar, 2003. p. 230.

[12] Sendo que tal noção é bastante criticada, conforme expõe GABARDO, Emerson. *Interesse público e subsidiariedade*. Belo Horizonte: Fórum, 2009. p. 229. Gabardo não identifica que haja um princípio da subsidiariedade presente na sistemática da Constituição de 1988.

[13] FERRAZ, Sérgio; DALLARI, Adilson Abreu. *Processo administrativo*. 2. ed. São Paulo: Malheiros, 2007. p. 22. MOREIRA, Egon Bockmann. *Processo administrativo*. 3. ed. São Paulo: Malheiros, 2007. p. 20.

[14] Assunto que será objeto de estudo no capítulo subsequente.

[15] FERRAZ, Sérgio; DALLARI, Adilson Abreu. *Processo administrativo*. 2. ed. São Paulo: Malheiros, 2007. p. 22. MOREIRA, Egon Bockmann. *Processo administrativo*. 3. ed. São Paulo: Malheiros, 2007. p. 22.

[16] A propósito, NOHARA, Irene Patrícia. Reflexões críticas acerca da tentativa de desconstrução do sentido da supremacia do interesse público no Direito Administrativo. In: DI PIETRO, Maria Sylvia Zanella; RIBEIRO, Carlos Vinícius Alves. *Supremacia do interesse público e outros temas relevantes do direito administrativo*. São Paulo: Atlas, 2010. p. 120-154.

Numa sociedade pluralista, os centros de decisões e, portanto, de poder, são multiplicados, no reconhecimento de que o cidadão-administrado não é mero *objeto* da ação administrativa, mas *sujeito* (daí o respeito à dignidade humana) que tem o direito de participar da discussão das questões de interesse comum – seja no afã de garantir o respeito aos direitos individuais, a partir da imposição de balizas constitucionais à atuação estatal exorbitante da ordem jurídica, ou mesmo no intuito de assegurar a participação popular nos procedimentos de formulação de regras e políticas públicas, hipótese na qual o cidadão-administrado poderá estar imbuído da preocupação com o bem-estar comum e não necessariamente *contra* o interesse público.

Nessa linha, o art. 31 da Lei nº 9.784/99 permite que, se a matéria do processo administrativo envolver assunto de interesse geral, o órgão competente possa, mediante despacho motivado, abrir período de *consulta pública* para manifestação de terceiros antes da decisão do pedido. A abertura de consulta pública será objeto de divulgação pelos meios oficiais, a fim de que pessoas físicas ou jurídicas possam examinar os autos e oferecer alegações escritas.

Também poderá, a juízo da autoridade, em face de questão relevante, ser realizada *audiência pública* para debates sobre a matéria do processo. Note-se que os resultados tanto da consulta pública como da audiência pública não poderão ser ocultados dos cidadãos-administrados, devendo ser, nos termos do art. 34 da lei, "apresentados com a indicação do procedimento adotado". Há alguns casos em que lei específica estabelece a realização de audiência pública em caráter de obrigatoriedade.

Modifica-se, portanto, paulatinamente a ideia de Administração Pública distante e encastelada em suas certezas e o *locus* de decisão estatal é transformado em *locus* de participação, garantindo ao Estado maior legitimidade em suas atuações.

Apesar de todas essas novas concepções, que auxiliam no aperfeiçoamento da prática democrática na atuação administrativa, entendemos indispensável a análise do ato administrativo.

É **injusto** atribuir ao **ato administrativo** o papel de vilão da ausência de democratização da Administração Pública, sobretudo se se considerar a evolução de seu controle. A teoria dos atos administrativos sofreu refinamentos e adaptações aos valores que regem o Estado Democrático de Direito, resultando no respeito aos princípios, no controle dos elementos motivo e finalidade, bem como na influência da proporcionalidade ou razoabilidade[17] para coibir atuações excessivas ou arbitrárias nos atos estatais.

A autoexecutoriedade dos atos administrativos é atributo que depende de expressa previsão legal ou se justifica diante de necessidade urgente. O caráter imperativo dos atos administrativos não significa que eles excluam ou não possam ser precedidos do respeito ao devido processo legal ou da busca dialógica pelo consenso antes de serem impostos.

A imperatividade se justifica no fato de que algumas decisões, a bem do interesse geral, devem ser impostas, pois quase nenhum administrado concordaria *sponte propria*, no sentido da autonomia privada que permeia o negócio jurídico, em ser expropriado, multado ou em ter mercadorias apreendidas, mesmo que concorde retoricamente com a realização do interesse coletivo.

---

[17] Cf. NOHARA, Irene Patrícia. *Limites à razoabilidade nos atos administrativos*. São Paulo: Altas, 2006. *Passim*. Obra na qual há a exposição da evolução do controle dos atos no Brasil, rumo à consideração da razoabilidade, sendo também exposto o desdobramento dela em mecanismos similares de outros países, como, por exemplo: o devido processo legal substantivo nos Estados Unidos e a *rule of reasonableness*, a proibição de excesso que fulmina o núcleo essencial de direitos fundamentais na Alemanha, a interdição de arbitrariedade na Espanha e a proibição de retrocesso social e princípio da justiça em Portugal.

Portanto, reiteramos que é fundamental o (re)conhecimento da grandeza da teoria dos atos administrativos (especialmente após suas derradeiras conquistas), que consagra, a partir da **evolução** que sofreu, um instrumental jurídico **imprescindível** para a garantia dos direitos dos administrados e simultaneamente para a boa consecução do interesse geral por parte da Administração Pública, que, do ponto de vista da edição de atos imperativos, também deve poder **submeter**, conforme as garantias do devido processo legal,[18] o interesse recalcitrante do particular **ao interesse público primário**, especialmente quando o Estado se depara com a necessidade de praticar um ato que beneficia, segundo o que permite o ordenamento jurídico, a coletividade.[19]

Por conseguinte, deve-se ter em mente que o consenso que se exige da atuação estatal não deve ser o mesmo que permeia a lógica dos negócios jurídicos privados. Enquanto nestes há a negociação de vantagens recíprocas, a edição de atos administrativos é frequentemente orientada para a consecução de interesses coletivos, cuja necessidade de realização transcende a consideração dos interesses meramente estatais (interesses públicos secundários, como questões relacionadas à arrecadação de receitas) ou mesmo os interesses de um ou outro particular.

Por exemplo, a realização da saúde pública é interesse coletivo, assim, o particular será proibido de comercializar produtos que causam males à saúde da população, independentemente da negociação de interesses e vantagens recíprocas entre Estado, que pode ter interesse na arrecadação tributária, e o particular, que deseja vender os produtos e lucrar com a atividade.

Concordamos que a Administração deva ser cada vez mais permeável aos anseios sociais, para que atue afinada com os interesses públicos primários. No entanto, não se deve confundir a consensualidade dos negócios jurídicos privados com o consenso obtido da interlocução estatal com a sociedade civil, que se orienta, em regra, em função da discussão de interesses coletivos.

CRÍTICA

Ato administrativo = autoritário + unilateral.
Faltam nesta visão: consensualidade + processualização.

DEFESA

- para que a Administração busque uma atuação mais afinada com os interesses públicos primários (consenso);
- mas o consenso obtido não é o mesmo consenso dos negócios jurídicos.

Concorda-se, contudo, com a necessidade da processualização, mas esta não impede a prática de atos finais dotados de imperatividade.

O ato administrativo **não é vilão**: pois a teoria evoluiu para a garantia de maior **controle** (elementos do ato) e também para uma atuação estatal **razoável** e **proporcional** – neste sentido, ainda tem muita utilidade.

---

[18] Pois, de acordo com o disposto no inciso LIV, do art. 5º, da Constituição, ninguém será privado da liberdade ou de seus bens sem o devido processo legal.

[19] Na verdade, aos interesses coletivos, cuja estruturação em políticas públicas deve assegurar o máximo de participação do verdadeiro titular do poder estatal: a coletividade. Conforme determina o parágrafo único do art. 1º da Constituição, no sentido de que "todo poder emana do povo". A Administração Pública deve impor as decisões que, após permitir a discussão e chegar ao consenso, são reflexos mais próximos dos interesses coletivos.

4.3 Conceito

Enquanto um **fato** é algo que acontece no mundo, o **fato jurídico** acrescenta a este fenômeno, humano ou da natureza, uma significação jurídica. Pela Teoria Geral dos Atos Jurídicos,[20] o fato jurídico representa a circunstância a partir da qual o ordenamento jurídico faz decorrer efeitos que criam, modificam ou extinguem dada situação.

Os fatos jurídicos podem ser **voluntários** ou **involuntários**, conforme decorram ou não do agir humano, que é, em regra, orientado para certas finalidades. Atos jurídicos são fatos jurídicos voluntários. Já os fatos jurídicos propriamente ditos[21] são, segundo Di Pietro, "acontecimentos naturais, que independem do homem ou que dele dependem apenas indiretamente".[22]

Enquanto um fato da natureza pode ser um fato jurídico (por exemplo, a chuva pode causar enchente), que tem potencial de gerar consequências jurídicas à Administração Pública, um ato jurídico envolve manifestação de vontade de um sujeito, que se orienta para a produção de certos efeitos jurídicos (como o ato de exoneração de ocupante de cargo em comissão praticado pelo agente hierarquicamente superior, onde este objetiva extinguir o vínculo jurídico de relação funcional do comissionado).

Há acentuada controvérsia doutrinária no assunto. Celso Antônio Bandeira de Mello não adota na íntegra tal distinção. Para o autor, o fato jurídico pode tanto ser um evento material como uma conduta humana, voluntária ou involuntária, sendo que enquanto os atos jurídicos são declarações, isto é, enunciados prescritivos, os fatos jurídicos não pronunciam nada, **apenas ocorrem**.

Já para Hely Lopes Meirelles, fato administrativo representa: "toda realização material da Administração em cumprimento de alguma decisão administrativa, tal como a construção de uma ponte ou a instalação de um serviço público".[23] Note-se, ademais, que enquanto José dos Santos Carvalho Filho[24] entende que o fato administrativo é atividade no exercício de função administrativa, como a apreensão de mercadorias, a dispersão de manifestantes ou a requisição de bens privados, que não produz efeitos jurídicos, pois ele **não** associa fato administrativo com fato jurídico, Maria Sylvia Zanella Di Pietro defende que o fato administrativo **é espécie** de fato jurídico, cujas consequências se dão no campo do Direito Administrativo.

Diferencia, ainda, a autora,[25] os conceitos de **fato administrativo**, como, por exemplo, a morte de um funcionário, que produz a vacância de seu cargo, de **fato da Administração**,[26] que é qualquer medida administrativa que *não* produz efeitos jurídicos.

Todos concordam, no entanto, que o ato administrativo é uma **espécie** de **ato jurídico**, pois é manifestação de vontade, ou, como prefere Di Pietro, **declaração** de vontade orientada

---

[20] RAO, Vicente. *Ato jurídico*. 4. ed. São Paulo: Revista dos Tribunais, 1999. p. 23.

[21] *Curso de direito administrativo*. São Paulo: Malheiros, 2008. p. 366-368.

[22] DI PIETRO, Maria Sylvia Zanella. *Direito administrativo*. 23. ed. São Paulo: Atlas, 2010. p. 190.

[23] MEIRELLES, Hely Lopes. *Direito administrativo*. São Paulo: Malheiros, 2009. p. 153.

[24] CARVALHO FILHO, José dos Santos. *Manual de direito administrativo*. São Paulo: Lumen Juris, 2008. p. 93.

[25] DI PIETRO, Maria Sylvia Zanella. *Direito administrativo*. 23. ed. São Paulo: Atlas, 2010. Maria Sylvia prefere, então, chamar de atos materiais aqueles que são mera execução de atividades sem maiores efeitos, mas entende, diferentemente de José dos Santos Carvalho Filho, que os fatos administrativos produzem consequências jurídicas. Para a autora, conforme visto, são fatos da Administração os que não produzem efeitos.

[26] Não se deve confundir o fato da Administração no sentido expresso, com a mesma expressão utilizada na teorização acerca da álea contratual administrativa.

para a produção de efeitos jurídicos. Neste ponto, a maioria diferencia atos administrativos de *atos materiais*[27] da Administração, pois estes últimos envolvem apenas a **execução** das atividades administrativas, como a limpeza das ruas.

O art. 81 do Código Civil de 1916 contemplava a noção de ato jurídico. Esta não foi repetida pelo atual Código Civil, que deu prioridade à disciplina do negócio jurídico. Todavia, a conceituação do antigo Código ainda é útil ao Direito e pode ser resgatada sem qualquer problema. Segundo a definição do mencionado dispositivo do diploma civil anterior: denomina-se ato jurídico "todo ato lícito, que tenha por fim imediato adquirir, resguardar, transferir, modificar ou extinguir direitos".

Hely Lopes Meirelles define ato administrativo a partir da noção geral de ato jurídico, *in verbis*:

> Ato administrativo é toda manifestação **unilateral** de vontade da Administração Pública que, **agindo nessa qualidade**, tenha por fim imediato adquirir, resguardar, transferir, modificar, extinguir e declarar direitos, ou impor obrigações aos administrados ou a si própria.[28]

O autor considera que a manifestação é unilateral, pois distingue ato administrativo, que é um ato jurídico, do negócio jurídico. Este último pressupõe manifestações de ordem mais consensual, o que exclui, portanto, de seu âmbito de incidência as determinações impositivas. Meirelles ressalta que no ato administrativo a Administração age nessa qualidade, o que implica o uso ou manejo de prerrogativas, que serão analisadas no item dos atributos dos atos administrativos.

Celso Antônio Bandeira de Mello conceitua ato administrativo com ênfase no fato de que a Administração atua com base na lei e é controlada pelo Judiciário. Ele prefere também fazer alusão à declaração do **Estado**, ou de quem lhe faça as vezes, em vez da manifestação da **Administração Pública**, a partir da consideração de que os Poderes Legislativo e Executivo também praticam atos administrativos em funções atípicas e não só a Administração Pública, *in verbis*:

> **Declaração** do **Estado** (ou de quem lhe faça as vezes – como, por exemplo, um concessionário de serviço público), no exercício de prerrogativas públicas, manifestada mediante providências jurídicas complementares da lei a título de lhe dar cumprimento, e sujeitas a **controle de legitimidade por órgão jurisdicional**.[29]

Da definição se extrai que o ato administrativo:

1. é declaração do Estado[30] ou de quem lhe faça as vezes;
2. no exercício de prerrogativas públicas;
3. para dar aplicação à lei; e
4. sujeita a controle jurisdicional.

---

[27] Hely Lopes Meirelles classifica atos materiais como fatos administrativos, mas preferimos acompanhar Di Pietro no sentido de que se trata de atos e não meros fatos, porque envolvem a vontade humana, mas não produzem efeitos concretos.

[28] MEIRELLES, Hely Lopes. *Direito administrativo*. São Paulo: Malheiros, 2009. p. 152.

[29] BANDEIRA DE MELLO, Celso Antônio. *Curso de direito administrativo*. São Paulo: Malheiros, 2008. p. 378.

[30] Por isso Celso Antônio exclui a situação do silêncio administrativo da categoria dos atos administrativos, conforme será visto.

Maria Sylvia Zanella Di Pietro tem definição que se aproxima da de Celso Antônio Bandeira de Mello. No entanto, ela prefere **restringir** a noção de ato administrativo, excluindo de seu âmbito de aplicação, por exemplo, manifestações em que o Estado cria "providências jurídicas complementares da lei". Para a autora não estariam compreendidos na categoria dos atos jurídicos em sentido estrito os atos normativos editados pela Administração Pública.

Segundo Di Pietro, ato administrativo é:

> a declaração do Estado ou de quem o represente, que produz efeitos jurídicos **imediatos**, com observância da lei, sob regime jurídico de direito público e sujeita a controle pelo Poder Judiciário.[31]

Maria Cuervo Cerquinho explica que a imediatidade do ato administrativo significa que ele deve produzir seus efeitos de modo direto com relação ao administrado. Vale dizer: "os efeitos do ato administrativo devem irradiar-se diretamente do mesmo, não estando, portanto, na dependência da emanação de ato posterior, projetando-se de forma imediata na esfera jurídica do particular".[32]

Não se confundem, portanto, a prática de atos administrativos, que ocorre no desenvolvimento de função administrativa, com as outras funções típicas do Estado: a legislativa e a jurisdicional. Na função legislativa, há a criação de atos que têm efeitos jurídicos **mediatos** ou genéricos, e na função jurisdicional o Judiciário aplica a lei por meio de decisões que não poderão ser revistas pelos demais poderes. Na função administrativa há, em suma, a edição de atos com efeitos imediatos e concretos que podem ser revistos pelo Poder Judiciário no tocante à sua legitimidade e tendo em vista que a lei não excluirá da apreciação deste poder, lesão ou ameaça a direito (art. 5º, XXXV, CF).

Di Pietro diferencia,[33] ademais, atos administrativos, que são espécies, dos atos da Administração, que têm sentido de gênero. São atos da Administração todos aqueles praticados no exercício da função administrativa, independentemente de se tratar de atos administrativos, como, por exemplo: os atos de direito privado, os atos materiais da Administração, os atos de conhecimento, opinião, juízo ou valor, os atos políticos, os contratos e os atos normativos da Administração.

Celso Antônio Bandeira de Mello enfoca também o ato da Administração da perspectiva de quem o pratica, isto é, do ponto de vista subjetivo, sendo considerado como tal apenas o praticado pelo Poder Executivo. Note-se que os demais poderes praticam também atos administrativos em função atípica, conforme visto. Assim, observa o autor que: "nem todo ato da Administração é ato administrativo e, de outro lado, nem todo ato administrativo provém da Administração Pública".[34]

---

[31] DI PIETRO, Maria Sylvia Zanella. *Direito administrativo*. São Paulo: Atlas, 2010. p. 196.
[32] CERQUINHO, Maria Cuervo. Conceito e elemento do ato administrativo. *Justitia*, São Paulo, nº 51 (145), p. 21, jan./mar. 1989.
[33] DI PIETRO, Maria Sylvia Zanella. *Direito administrativo*. São Paulo: Atlas, 2010. p. 191.
[34] BANDEIRA DE MELLO, Celso Antônio. *Curso de direito administrativo*. São Paulo: Malheiros, 2008. p. 378.

CONCEITO

Fato – **Fato Jurídico**
- voluntário:
  - lícito – ex.: ato jurídico
  - ilícito
- involuntário: fato jurídico *em sentido estrito*

ATO JURÍDICO: orienta-se para a produção de certos **efeitos jurídicos**
Diferentemente dos simples atos materiais – que representam mera execução de atividades, sem novos efeitos jurídicos de criação, modificação ou extinção de direitos.

Art. 81 do Código Civil de 1917: ato jurídico – todo **ato lícito**, que tenha por fim imediato adquirir, resguardar, transferir, modificar ou extinguir direitos.

Di Pietro: conceito restrito – **ato administrativo** – declaração do Estado ou de quem o represente, que produz efeitos jurídicos **imediatos**, com observância da lei, sob regime jurídico de direito público e sujeita a **controle** pelo Poder Judiciário.

4.4 Atributos

São atributos ou características do ato administrativo: presunção de legitimidade e veracidade, imperatividade e autoexecutoriedade. Maria Sylvia Zanella Di Pietro[35] acrescenta ainda aos três atributos um quarto: a tipicidade.

4.4.1 Presunção de legitimidade e veracidade

A presunção de legitimidade e veracidade dos atos administrativos desdobra-se em dois aspectos:

1. **presunção de legitimidade**: os atos praticados pela Administração Pública presumem-se *válidos em face do Direito*; e
2. **presunção de veracidade**: os *fatos alegados* pela Administração Pública presumem-se verdadeiros.

Enquanto a legitimidade ou legalidade diz respeito à conformidade dos atos com os dispositivos legais, a veracidade refere-se às razões fáticas ou ao conjunto de circunstâncias ou eventos afirmados pela Administração.

Quando o Estado exerce suas atribuições, ele deve se pautar no princípio da legalidade administrativa, que tem sentido mais rigoroso ou restritivo do que a legalidade obedecida pelos cidadãos. Enquanto os particulares só podem ser obrigados a fazer ou deixar de fazer alguma coisa em virtude de lei, sendo a ausência de lei, via de regra, interpretada como autorização, a Administração Pública só pode fazer o que a lei permite.

A presunção de legitimidade implica tomar por suposição que o Poder Público age em conformidade com as determinações legais, tendo em vista atender a interesses públicos concretos.

---

[35] DI PIETRO, Maria Sylvia Zanella. *Direito administrativo*. São Paulo: Atlas, 2010. p. 201.

Ela é estabelecida para que a Administração Pública garanta o cumprimento célere de suas funções. Trata-se, contudo, de **presunção relativa** (*juris tantum*), isto é, que admite prova em contrário.

Depois de editado o ato, ele produz efeitos como se válido fosse até sua impugnação administrativa ou judicial. Enquanto a impugnação administrativa pode ser feita de ofício pela Administração, com base em seu poder de autotutela ou por provocação do interessado, não há possibilidade de apreciação da legitimidade de um ato administrativo pelo Judiciário sem provocação da parte. No entanto, faz parte da própria definição de ato administrativo o fato de que ele se submete ao controle judicial.

Nota-se, portanto, que há dois **fundamentos** jurídicos básicos para a presunção de legitimidade: (1) o fato de que a Administração Pública se submete à legalidade administrativa; e (2) a possibilidade de controle e impugnação de atos que violem ao ordenamento jurídico. Os fundamentos jurídicos se relacionam com um fundamento de ordem prática que, conforme mencionado, compreende a possibilidade de cumprimento mais célere das funções administrativas, pois a burocracia ficaria mais vagarosa se à Administração fosse exigido provar que o que alega é verdadeiro ou mesmo que os atos estão todos de acordo com o Direito.

A presunção não exclui o dever de motivar o ato administrativo, que representa a necessidade de indicação dos pressupostos de fato e de direito que determinarem a decisão (art. 2º, parágrafo único, VII, da Lei nº 9.784/99), até porque a ausência de motivação dificulta o controle do ato administrativo.

Pela presunção de veracidade, dados constantes de certidões, atestados, declarações e informações fornecidas pelo Poder Público são dotados de **fé pública**. Como decorrência da presunção de que o Estado não declara informações falsas, quem duvida dos fatos alegados pelo Estado deve provar que as circunstâncias explicitadas não são aquelas (inversão do *ônus de agir*[36]).

Os documentos editados pelo Estado são dotados de fé pública e, nos termos do art. 19, II, da Constituição Federal, é vedado aos entes federativos (União, Estados, Distrito Federal e Municípios) recusar-lhes fé. Num Estado federal existe autonomia reconhecida pela Constituição aos entes federativos; no entanto, eles estão vinculados ao todo, sendo expressão clara desse liame o impedimento que pessoas políticas recusem fé a documento expedido por repartição pública vinculada a qualquer esfera federativa.

4.4.2 Imperatividade

A imperatividade é o atributo segundo o qual o ato administrativo se impõe ao seu destinatário, independentemente de sua concordância. Renato Alessi[37] chama a imperatividade de

---

[36] Na verdade, rigorosamente falando, é o ônus de agir que é invertido. Segundo Agustín Gordillo, com apoio em Treves e Micheli, a presunção de legitimidade do ato administrativo inverte o ônus de agir, o que via de regra já ocorre no âmbito processual, isto é, quem afirma que algo não é verdadeiro deve agir para provar o que alega, e não o ônus probatório, pois ele não libera o Estado de aportar as provas de que sua ação foi regular. Não há dúvida em favor do Estado no processo, mas *in dubio pro libertate* no Estado Democrático. GORDILLO, Agustín. *Tratado de derecho administrativo*. Belo Horizonte: Del Rey, 2003. p. V-22.

[37] Conforme expõe Celso Antônio Bandeira de Mello em *Curso de direito administrativo*. São Paulo: Malheiros, 2008. p. 411.

poder extroverso.[38] É corolário da supremacia do interesse público sobre o particular. Para que o Estado possa agir na consecução de suas finalidades, é necessário que ele expeça atos imperativos, obedecidos a bem do interesse público.

O atributo da imperatividade é o que diferencia um ato administrativo de um contrato. No ato não há, via de regra, vontade negocial, ou seja, enquanto o contrato representa ajuste de vontades estabelecido entre as partes para a consecução de objetivos desejados, o ato administrativo é unilateral, uma vez que não envolve acordo acerca de seus efeitos que muitas vezes não são desejados pelo destinatário.

Porém, nem todos os atos administrativos são imperativos, sendo exceções à regra os atos administrativos negociais, como as licenças e autorizações, nos quais os efeitos são deflagrados depois da solicitação do particular, que os deseja, ou a nomeação de servidor aprovado em concurso público, sendo facultativo ao servidor tomar posse e entrar em exercício.

Não há no direito público a mesma igualdade de situações encontrada no direito privado, que frequentemente se pauta na autonomia da vontade.[39] Existem situações em que o interesse do particular deverá ser limitado ou mesmo sacrificado em função do interesse geral, como ocorre nas desapropriações. A Administração pode impor obrigações a terceiros com base na imperatividade.

Impor-se independentemente da concordância não significa afastar os princípios do contraditório e da ampla defesa. Assim, conforme será visto no próximo atributo, correspondente à autoexecutoriedade, antes de se debruçar sobre os bens e a liberdade do particular a Administração deve, em procedimento anterior à expedição do ato, garantir o devido processo.

4.4.3 Autoexecutoriedade

Enquanto os particulares não podem, via de regra, executar espontaneamente suas pretensões resistidas, pois incorreriam no crime tipificado no art. 345 do Código Penal de exercício arbitrário das próprias razões, definido como: "fazer justiça pelas próprias mãos, para satisfazer pretensão, embora legítima, salvo quando a lei o permite", a Administração pode agir com autoexecutoriedade. Esta é o atributo de acordo com o qual a Administração Pública pode executar suas decisões, com coerção, sem ter de submetê-las previamente ao Poder Judiciário. Conforme visto no item poder de polícia, a autoexecutoriedade pode ser dividida em dois aspectos: exigibilidade e executoriedade.

Na **exigibilidade**, o Poder Público se utiliza de meios *indiretos* de coação, sendo exemplo a impossibilidade de licenciamento do veículo se não houver adimplemento das multas de trânsito, imposição direcionada ao particular sem necessidade de autorização judicial para tanto.

Na **executoriedade**, a Administração se utiliza de meios *diretos* de coação, sendo exemplos de sua expressão: ato de apreensão de mercadoria, destruição de alimentos nocivos e intervenção em estabelecimentos. Na execução forçada de atos, a Administração Pública pode empregar

---

[38] Extroverso no sentido de que se volta para fora, dirigindo-se da Administração para a liberdade e os bens de cidadãos-administrados.

[39] Atualmente, prefere-se no direito privado a utilização da expressão *autonomia privada*, em vez de autonomia da vontade, porquanto há o dirigismo contratual estatal como limitação à liberdade na estipulação indiscriminada do conteúdo dos ajustes. Assim, nem mesmo no direito privado se pressupõe que haja igualdade em todas as relações entre particulares.

a força pública para assegurar o cumprimento de sua decisão, desde que aja com proporcionalidade e, portanto, sem excesso.

Não é toda medida tomada pela Administração que pode ser autoexecutável, pois há providências que só podem ser adotadas após prévia autorização judicial, como, por exemplo, a entrada de agentes públicos em domicílio de pessoa que não tenha consentido, porquanto determina o art. 5º, XI, da Constituição que a casa é o asilo inviolável do indivíduo, ninguém nela podendo penetrar sem consentimento do morador, salvo em caso de flagrante delito ou desastre, ou para prestar socorro, ou, durante o dia, por determinação judicial.

A cobrança de multas representa **exceção** à autoexecutoriedade do poder de polícia, pois só é efetivada mediante processo de execução por inscrição na dívida ativa.[40] Ademais, ressalta Maria Sylvia Zanella Di Pietro que a autoexecutoriedade obedece aos seguintes requisitos:

1. depende de **expressa autorização legal**, mesmo que esta seja genérica; ou
2. em caso de **medida urgente**, sem a qual possa ocorrer prejuízo maior ao interesse público.

O Estado responde pelos danos causados se agir de forma arbitrária ou excessiva no emprego da autoexecutoriedade de seus atos, sem prejuízo da responsabilidade dos servidores envolvidos. Atualmente, é crescente a jurisprudência que considera que, quando a Administração investir sobre a liberdade e os bens dos particulares, será necessário que respeite o devido processo, no qual o particular terá direito ao contraditório e à ampla defesa. No entanto, o fato de haver contraditório antes de a decisão ser tomada não significa que ela perca sua característica de autoexecutoriedade.

4.4.4 Tipicidade

Maria Sylvia Zanella Di Pietro[41] menciona, além das três características normalmente encontradas na doutrina, um quarto atributo denominado de tipicidade. Trata-se do atributo segundo o qual os atos administrativos devem corresponder a figuras estabelecidas em lei e, portanto, previamente arquitetadas para produzir determinados efeitos.

A lei determina quais são os resultados práticos que a emissão de um ato administrativo deve acarretar. Há desvio de poder se o administrador praticar o ato no intuito de alcançar finalidades distintas daquelas pressupostas no ordenamento jurídico.

Ademais, é vedado à Administração praticar atos administrativos inominados, pois, de acordo com a tipicidade, cada ato corresponde a uma figura legal. Enquanto o particular pode modificar os institutos jurídicos para alcançar finalidades mais afinadas com seus interesses, a Administração Pública não pode inovar os atos administrativos, até porque eles são imperativos, isto é, impostos independentemente da vontade do destinatário.

Como poderia o administrado suportar ônus em relação ao seu patrimônio jurídico, fundado basicamente na liberdade e na propriedade, a partir de atos administrativos sem lastro legal e, portanto, inventados pela Administração Pública?

---

[40] A aplicação da multa é autoexecutória, mas a cobrança dela só pode ser feita pela via judicial. Assim, se o particular não adimplir, a Administração deve inscrever a multa (ato administrativo) em dívida ativa, constituir o título extrajudicial e, então, propor ação de execução fiscal.

[41] DI PIETRO, Maria Sylvia Zanella. *Direito administrativo*. São Paulo: Atlas, 2010. p. 201.

A tipicidade dos atos administrativos é decorrência direta da legalidade administrativa, segundo a qual a Administração só pode fazer o que a lei permite. Como o Poder Público desenvolve suas funções mediante a prática de atos administrativos, estes devem ser típicos e não inominados para que o particular não seja pego de surpresa com a edição de atos cujos efeitos ele desconheça e que, portanto, provoquem perplexidade.

Assim, se a Administração inscreve determinado bem privado no livro do Tombo, seu proprietário já saberá que se trata do ato final do procedimento de tombamento e poderá se preparar para os efeitos subsequentes, que são relacionados com a necessidade de preservação do bem. Contudo, se a Administração pratica ato que não é tombamento, nem desapropriação, mas tem elementos também de outros institutos, não haverá segurança jurídica nem respeito à tipicidade dos atos administrativos, que é corolário da legalidade administrativa.

Em suma, se a Administração quer proteger o bem, o ato a ser praticado será correspondente ao seu tombamento; se deseja expropriar bem imóvel para construir obra pública no terreno, o ato correspondente será a desapropriação; se anseia punir o servidor, desvinculando-o do serviço público, pela prática de ato grave tipificado no respectivo estatuto, ela deve demiti-lo; por outro lado, se quer deslocá-lo para outra localidade para atender à necessidade do serviço típico deve praticar uma remoção.

Atos administrativos	**ATRIBUTOS**
	Presunção (*juris tantum*) de:
	legitimidade – validade diante do Direito
	veracidade – fatos alegados
	Imperatividade
	Impõe-se independentemente da vontade do destinatário
	Autoexecutoriedade:
	Exigibilidade – meios *indiretos* de coerção
	Executoriedade – meios *diretos* de coerção
	requisitos (Di Pietro)
	1. expressa autorização legal
	2. tratar-se de medida urgente
	Tipicidade (Di Pietro)
	Figuras previamente arquitetadas para produzir certos efeitos

4.5 Efeitos do silêncio administrativo

O ato administrativo é declaração ou exteriorização de vontade. O silêncio administrativo compreende a ausência de manifestação da Administração, quando ela é provocada por administrado ou diante do dever de a autoridade praticar determinado ato. Mesmo se houver previsão legal de efeitos jurídicos na situação do silêncio administrativo, isso não significa tecnicamente que a Administração pratica *ato* a partir de sua omissão, pois inexiste manifestação formal de vontade.[42]

---

[42] No mesmo sentido: CARVALHO FILHO, José dos Santos. *Manual de direito administrativo*. Rio de Janeiro: Lumen Juris, 2008. p. 98-99.

Assim, diz-se que se a lei atribuir o efeito de anuência tácita ou de denegação tácita, trata-se de *fato* administrativo e não de *ato* administrativo. A propósito, esclarece Celso Antônio Bandeira de Mello:

> nada importa que a lei haja atribuído determinado efeito ao silêncio: o de conceder ou denegar. Este efeito resultará do fato da omissão, como *imputação legal*, e não de algum presumido ato, razão por que é de rejeitar a posição dos que consideram ter aí existido um "ato tácito".[43]

Segundo o autor, existe neste caso mera consequência normativamente irrogada à omissão da Administração, e jamais uma declaração jurídica. Ademais, enfatiza que não há ato administrativo sem extroversão, porque:

1. o ato deve ter forma que confere certeza e, portanto, segurança jurídica;
2. o ato deve ser motivado e diante do silêncio administrativo haveria a falta de formalização; e
3. consequentemente, se todo poder emana do povo, ele tem o direito de saber das razões pelas quais a Administração decide em cada caso.

O Direito Administrativo não acolhe as teorias civilistas de interpretação da manifestação da vontade, por razões de exigências de maior formalismo e de motivação das manifestações estatais decorrentes diretamente da vontade legal (objetiva) do agente administrativo. Estas exigências se baseiam na teoria do órgão que trata de interesses indisponíveis.

O Código Civil adotou, como regra geral, o ditado popular: "quem cala, consente". Trata-se do denominado *silêncio circunstanciado* ou *qualificado*, expresso no dispositivo do art. 111: "o silêncio importa anuência, quando as circunstâncias ou os usos o autorizarem, e não for necessária a declaração de vontade expressa".

No entanto, até a Lei de Liberdade Econômica (art. 3º, IX, da Lei nº 13.874/2019), o Direito Administrativo **não**[44] adotava a resposta dada pelo Direito Civil ao silêncio, sendo geralmente adotadas, diante do silêncio administrativo, duas soluções:

1. em primeiro lugar, aquela que a lei determina para o caso concreto; e
2. se não houver texto normativo que especifique a consequência da omissão: (a) diante de ato de **conteúdo vinculado**, a que o titular preencha objetivamente os requisitos legais, pode-se pleitear em juízo[45] que seja suprida a omissão administrativa; e (b) se o ato tiver caráter **discricionário**, o juiz pode fixar prazo para que a Administração se pronuncie, cominando, inclusive, conforme enfatiza Celso Antônio Bandeira de Mello,[46] multa diária para a emissão de um pronunciamento motivado por parte da autoridade competente.

---

[43] BANDEIRA DE MELLO, Celso Antônio. *Curso de direito administrativo*. 25. ed. São Paulo: Malheiros, 2008. p. 406.

[44] "O silêncio administrativo não significa ocorrência do ato administrativo ante a ausência da manifestação formal de vontade, quando não há lei dispondo acerca das consequências jurídicas da omissão da administração." Assertiva correta no concurso para Cartório do SE/2007 – CESPE.

[45] Ressalte-se que também há a possibilidade de o administrado entrar com um recurso administrativo diante do silêncio, o que implicará, no entanto, no novo acionamento da Administração Pública.

[46] BANDEIRA DE MELLO, Celso Antônio. *Curso de direito administrativo*. 25. ed. São Paulo: Malheiros, 2008. p. 381.

Ressalte-se que o ilustre José dos Santos Carvalho Filho se posiciona contrariamente à possibilidade de o juiz suprir a ausência de manifestação administrativa, mesmo nos atos vinculados. Para este jurista, "não pode o órgão jurisdicional substituir a vontade do órgão administrativo; pode, isto sim, obrigá-lo a emiti-la, se a lei o impuser".[47]

Concordamos, nesse aspecto, com Celso Antônio Bandeira de Mello: se o ato for vinculado e aquele que ingressa no Judiciário comprovar que, não obstante o preenchimento objetivo de todos os requisitos legais, não obteve resposta da Administração, o juiz pode reconhecer o direito pleiteado em face da Administração Pública e não apenas exigir que ela se manifeste, tendo em vista a *economia processual*, entre outras vantagens.

Imagine o administrado impetrar mandado de segurança, o juiz se limitar a exigir uma resposta por parte da Administração e, posteriormente, a resposta for denegatória diante de um direito subjetivo inequívoco; poderia o particular impetrar novo remédio? O que o Judiciário não pode é praticar o ato administrativo no lugar da Administração Pública, mas ele pode reconhecer um direito amparado no ordenamento e depois obrigar o Poder Público a editar o ato a que faz jus o administrado.

Note-se, a partir da Lei de Liberdade Econômica, houve a previsão de hipótese mais genérica, aplicável aos atos de liberação de atividade econômica de silêncio com efeitos positivos. Assim, está previsto no art. 3º, IX, da Lei nº 13.874/2019 como direito de toda pessoa, natural ou jurídica, essencial ao desenvolvimento e crescimento econômicos do País, ter a garantia de que, nas solicitações de atos públicos de liberação da atividade econômica sujeitadas à lei (de liberdade econômica), apresentados todos os elementos necessários à instrução do processo, o particular será cientificado expressa e imediatamente do prazo máximo estipulado para análise de seu pedido e de que, transcorrido o prazo fixado, o silêncio da autoridade competente importará aprovação tácita para todos os efeitos, ressalvadas as hipóteses expressamente vedadas em lei.

Também a Lei nº 14.424/2022 estabeleceu para o caso específico de instalação de infraestrutura de telecomunicações, nos termos do requerimento de instalação, em caso de não manifestação do órgão competente no prazo legalmente estabelecido. Assim, caso o prazo estabelecido tenha transcorrido sem decisão do órgão competente, a requerente ficará autorizada a realizar a instalação em conformidade com as condições estipuladas no requerimento de licença apresentado e com as demais regras previstas em leis e em normas municipais, estaduais, distritais e federais pertinentes à matéria.

SILÊNCIO ADMINISTRATIVO

Ausência de manifestação (quando há provocação ou dever de agir)
Direito Civil – silêncio circunstanciado (art. 111 do CC): "quem cala, consente".
No direito público, há o silêncio positivo no caso de liberação de atividade econômica, desde que apresentados todos os elementos necessários à instrução do processo e transcorrido o prazo fixado em que o silêncio importará em anuência tácita para todos os efeitos, ressalvadas as hipóteses expressamente vedadas em lei, sendo objetivo da lei "desburocratizar".
Também há silêncio com efeitos positivos no caso de instalação de infraestrutura de telecomunicações, conforme previsão da Lei nº 14.424/2022.

---

[47] CARVALHO FILHO, José dos Santos. *Manual de direito administrativo*. 20. ed. Rio de Janeiro: Lumen Juris, 2008. p. 100.

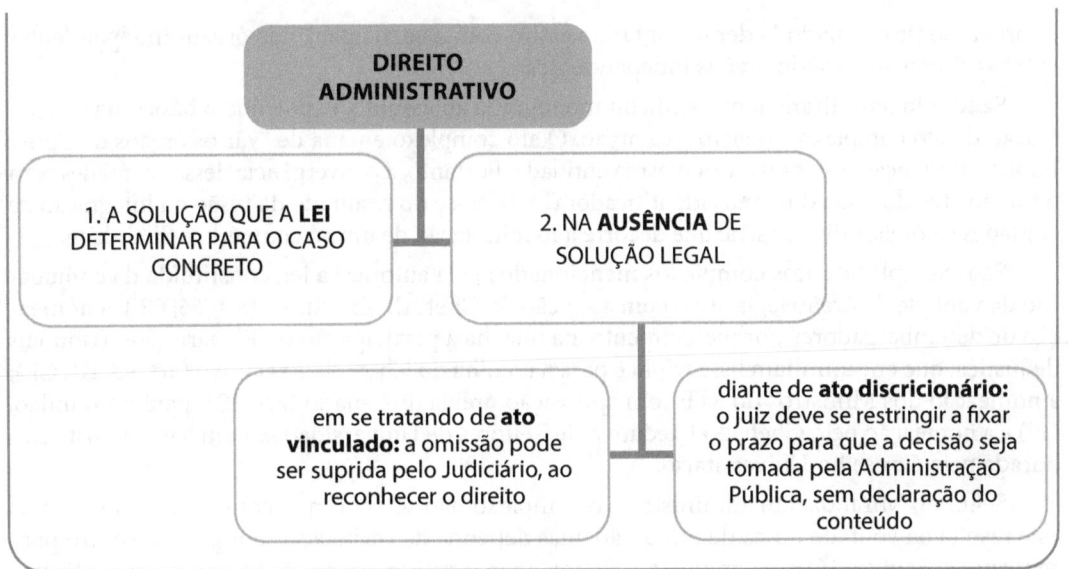

4.6 Classificação dos atos administrativos

A classificação dos atos administrativos é tema muito diversificado na doutrina. Optamos por abordar os critérios mais comuns de classificação dos atos: (1) quanto aos destinatários; (2) quanto à formação da vontade; e (3) quanto à capacidade de produção de efeitos jurídicos.

Quanto aos destinatários, os atos administrativos se classificam em: (a) **gerais**, quando atingem uma generalidade de pessoas numa mesma situação, como ocorre no caso dos atos normativos, como regulamentos, portarias e resoluções; ou (b) **individuais**, que têm destinatários ou casos específicos, como no caso de um determinado tombamento ou de uma demissão ou autorização.

Quanto à formação da vontade, os atos administrativos podem ser: (a) **simples**, quando decorrem da declaração de vontade de um (único) órgão, seja ele singular ou colegiado, como, por exemplo, a emissão de permissão por presidente de entidade da Administração Pública ou a deliberação, por maioria, de um conselho de contribuintes; (b) **complexos**, que resultam da conjugação da vontade de mais de um órgão, que se fundem para formar um único ato; e (c) **compostos**, onde a vontade de um órgão é instrumental em relação à vontade de outro, ou seja, onde há duas vontades: uma que edita o ato principal e outra acessória, que é pressuposto ou complemento da vontade principal, em definição fornecida por Maria Sylvia Zanella Di Pietro.[48]

Note-se, contudo, que a definição de Hely Lopes Meirelles acerca dos atos administrativos complexos e compostos é um pouco diferente da de Maria Sylvia Zanella Di Pietro, pois, para Meirelles, o ato composto é formado pela vontade (única) de **um órgão**, sendo *ratificado* por outra autoridade, como ocorre na autorização que dependa de visto de uma autoridade superior para se tornar exequível, caso em que a autorização é ato principal e o visto é complementar e lhe *dá exequibilidade*; já o ato complexo seria, na visão do autor, o resultado da conjugação de vontades de **órgãos diferentes**, sendo, com base nesta última classificação, que o concurso da AGU de 1998 considerou ato complexo a "nomeação de ministro do STJ, sujeita a lista tríplice

---

[48] DI PIETRO, Maria Sylvia Zanella. *Direito administrativo*. São Paulo: Atlas, 2010. p. 222.

e aprovação pelo Senado Federal, contando assim com a participação de órgãos independentes entre si",[49] pois se trata de órgãos independentes.

Sandra Julien Miranda, que dedicou monografia ao assunto, expõe que o básico na conceituação do ato complexo é o elemento órgão. O ato complexo emana de "vários órgãos do Poder Público, pertençam estes ou não à mesma entidade. Portanto, a convergência dessas vontades para o fim objetivado é sua dinâmica identificadora".[50] Trata-se do resultado da fusão ou integração de vontades de órgãos diversos, de que decorre a manifestação de um só conteúdo e finalidade.

São exemplos de atos complexos mencionados pela autora:[51] a lei, constituída da conjugação da vontade do órgão legislativo com a sanção do Chefe do Executivo (art. 66, CF); a nomeação de desembargadores por merecimento, na qual há a participação do Plenário dos Tribunais de Justiça, que encaminham lista tríplice para a escolha do Chefe do Executivo (art. 93, III, CF); a nomeação dos Ministros do STF com aprovação prévia do Senado (art. 101, parágrafo único, CF) e a nomeação pelo Chefe do Executivo de Reitores de Universidades, com base em lista elaborada pelo Conselho Universitário.

Segundo Miranda, ato administrativo complexo não se confunde com ato composto, pois este resulta da vontade única de um órgão, mas depende da verificação por parte de outro para se tornar exequível. "O ato composto é, assim, apenas ratificado por outro, posterior."[52] Exemplo de ato composto[53] é aquele proveniente da obtenção de patente de produto farmacêutico no Inpi, que só se torna exequível após anuência da Anvisa, sendo que esta analisa eventuais riscos à saúde decorrentes da circulação do produto.

Um assunto bastante discutido, que é classificado pelo Supremo Tribunal Federal como ato complexo, é a apreciação da legalidade do ato de concessão inicial de aposentadoria, reforma e pensão por parte do Tribunal de Contas, pois se entende necessária a conjugação das vontades do órgão de origem e do Tribunal de Contas.

De acordo com a **Súmula Vinculante nº 3**,[54] tal ato não se subordina ao contraditório e à ampla defesa, pois estas garantias já ocorreram na concessão do ato por parte do órgão da Administração Pública. Contudo, de acordo com o **Tema 445** do RE 636.553, o Tribunal de Contas terá o prazo decadencial de cinco anos (contados da chegada do processo à Corte de Contas), conforme aplicação do art. 54 da Lei nº 9.784/99, para a anulação do ato da concessão de aposentadoria. Se não houver a apreciação neste prazo, a aposentadoria, reforma ou pensão será

---

[49] KNOPLOCK, Gustavo Mello. *Ato administrativo*: simples, complexo e composto. Disponível em: <http://www.canaldosconcursos.com.br/artigos/gustavoknoplok_art.pdf>. Acesso em: 12 abr. 2010. Trata-se de uma leitura possível da obra de Hely Lopes Meirelles, note-se, porém, que este último autor não menciona o fato de os órgãos serem dependentes no ato composto, sendo duvidoso se a distinção é de fato tão diferente, à medida que Hely Lopes Meirelles fala em ato composto como o que resulta da vontade de um órgão, mas depende da verificação por parte *de outro*. No entanto, Maria Sylvia Zanella Di Pietro classifica como ato composto "a nomeação do Procurador Geral da República" que depende de prévia aprovação do Senado (art. 128, § 1º, CF), o que a maior parte da doutrina classifica como complexo.

[50] MIRANDA, Sandra Julien. *Do ato administrativo complexo*. São Paulo: Malheiros, 1998. p. 60.

[51] MIRANDA, Sandra Julien. *Do ato administrativo complexo*. São Paulo: Malheiros, 1998. p. 112-114.

[52] MIRANDA, Sandra Julien. *Do ato administrativo complexo*. São Paulo: Malheiros, 1998. p. 132.

[53] Solicitado no 134º Exame de Ordem de São Paulo, em 21.7.2008.

[54] Cujo conteúdo é: **Súmula Vinculante nº 3** – "Nos processos perante o Tribunal de Contas da União asseguram-se o contraditório e a ampla defesa quando da decisão puder resultar anulação ou revogação de ato administrativo que beneficie o interessado, excetuada a apreciação da legalidade do ato de concessão inicial de aposentadoria, reforma ou pensão".

considerada definitivamente registrada, não sendo possível mais o questionamento de sua legalidade pelo Tribunal de Contas.

Não se confundem atos complexos ou compostos com procedimento administrativo, que é um encadeamento de atos que se sucedem e objetivam a prática de um ato final, como na licitação, na qual ocorrem o edital, a habilitação, a classificação, a homologação e a adjudicação, todos atos individuais que fazem parte do procedimento. Como enfatiza Hely Lopes Meirelles,[55] no ato complexo integram-se as vontades de vários órgãos para a obtenção de um mesmo ato; já no procedimento administrativo há vários atos autônomos e intermediários até chegar-se ao resultado pretendido pela Administração, sendo impugnáveis administrativa ou judicialmente em cada uma de suas fases.

Quanto à capacidade de produção dos efeitos jurídicos, denominada por Di Pietro[56] de exequibilidade, os atos são: (a) **perfeitos**: quando já estão em condições de produzir os seus efeitos, uma vez que completaram todas as etapas necessárias ao ciclo de sua formação; (b) **imperfeitos**, que não completaram o seu ciclo de formação, por exemplo, quando falta homologação, aprovação ou outro ato necessário; (c) **pendentes**, sujeitos à condição ou termo; e (d) **consumados**, que já exauriram seus efeitos.

Alguns autores ainda mencionam na classificação dos atos administrativos: os (a) **unilaterais**, que seriam formados pela declaração de uma só vontade, como no caso da demissão de funcionário ou na concessão de alvará de autorização, (b) os **atos bilaterais**, formados pelo acordo de vontades, como ocorre no contrato administrativo, havendo até a alusão a atos (c) **multilaterais**, com acordos envolvendo várias partes; contudo, é mais adequado considerar contratos negócios jurídicos e não atos administrativos em sentido estrito.

É comum, especialmente nos concursos públicos, a alusão aos *atos ablativos* ou *provimentos ablatórios* que, como o próprio nome já diz (pois *ablativo* significa: o que pode tirar ou privar de alguma coisa), se trata de ato que priva alguém do gozo de certa condição jurídica. São atos ablativos ou de provimento ablatório a cassação de licença ou a desapropriação de imóvel.

CLASSIFICAÇÃO DOS ATOS ADMINISTRATIVOS

Destinatários	**gerais**: diversos destinatários
	individuais: destinatário específico
Formação da vontade Maria Sylvia Z. Di Pietro	**simples**: vontade de um (único) órgão
	complexos: duas vontades *homogêneas* se fundem em **um ato**
	compostos: duas vontades em dois atos (um *principal*, outro *acessório ou instrumental*)
Formação da vontade Hely Lopes Meirelles	**simples**: vontade de um (único) órgão
	complexos: duas vontades de órgãos diferentes se fundem em um ato – que *só se forma com a conjugação* da vontade de órgãos diversos/independentes
	compostos: vontade (única) de um órgão, sendo apenas verificáveis por outra autoridade – são *formados* pela vontade de um órgão, sendo ratificados por outro para *se tornarem exequíveis*

---

[55] MEIRELLES, Hely Lopes. *Direito administrativo brasileiro*. São Paulo: Malheiros, 2009. p. 174-175.

[56] DI PIETRO, Maria Sylvia Zanella. *Direito administrativo*. São Paulo: Atlas, 2010. p. 222.

Produção de efeitos jurídicos
- **perfeito**: completou o ciclo de formação, com condições de produzir efeitos
- **imperfeito**: não completou o ciclo de formação, pois falta ato necessário
- **pendente**: sujeito à condição ou termo
- **consumado**: já exauriu seus efeitos

4.7 Espécies de atos administrativos

Hely Lopes Meirelles[57] elaborou uma classificação de espécies de atos administrativos que se tornou clássica no Direito Administrativo. Ele distingue as seguintes espécies de atos:

1. negociais;
2. normativos;
3. enunciativos;
4. ordinatórios; e
5. punitivos.

Atos negociais são aqueles que envolvem uma declaração de vontade do Poder Público coincidente com a pretensão do particular, que visa à concretização de negócios jurídicos públicos ou à atribuição de certos direitos e vantagens ao particular. Compreendem-se nesta categoria a licença, a autorização, a permissão, a aprovação e a homologação.

Nos atos administrativos negociais, não há o atributo da imperatividade, pois os efeitos são desejados pelo destinatário do ato, mas eles não são livremente estipulados, uma vez que decorrem da lei, isto é, não são negócios jurídicos como contratos.

Atos normativos consubstanciam determinações de caráter geral para a atuação administrativa. São exemplos de atos normativos: os decretos regulamentares, os regimentos, as resoluções, as deliberações e as portarias de conteúdo geral.

Enunciativos são atos que atestam uma situação existente. São atos administrativos apenas em sentido formal (atos da Administração), porque materialmente não contêm, via de regra, nenhuma declaração de vontade da Administração. São enunciativos os atestados, as certidões, os pareceres e os votos. Também o apostilamento feito por cartórios habilitados pelo CNJ, após o Brasil se tornar signatário da Convenção da Apostila de Haia, representa um ato enunciativo, pois o cartório atesta a legalidade do documento para o fim de que ele produza efeitos e seja aceito no exterior por países signatários da mesma Convenção, que entrou em vigor, em âmbito nacional, em agosto de 2016.

Ordinatórios são atos que orientam a atividade administrativa interna. Dirigem-se aos servidores para esclarecer o desempenho de suas atribuições. São exemplos destes atos: as instruções, as circulares, as portarias, as ordens de serviço, os avisos e os despachos.

Punitivos são aqueles que contêm sanção imposta pela Administração aos servidores e particulares que se submetem à disciplina administrativa. São exemplos de atos punitivos, para

---

[57] MEIRELLES, Hely Lopes. *Direito administrativo brasileiro*. São Paulo: Malheiros, 2009. p. 181.

Hely Lopes Meirelles: imposição de multa administrativa, interdição de atividade e punição disciplinar de servidores públicos.

4.8 Perfeição, validade e eficácia

Um ato é **perfeito** quando completa seu ciclo de formação,[58] ou seja, quando contém seus elementos essenciais, existindo como entidade jurídica. Logo, imperfeito ou inexistente é o ato que ainda não completou seu ciclo de formação e que, na maioria dos casos, não esgotou as fases necessárias à produção de seus efeitos jurídicos.

Porém, pode acontecer que seja perfeito ou existente, mas não **válido**,[59] isto é, que, não obstante ter os elementos necessários para a sua existência, não preencha todas as exigências legais. Por exemplo: caso o Presidente da República nomeie Ministro do STF sem a aprovação do Senado Federal, o ato administrativo pertinente será considerado existente, mas inválido.[60] Assim, válido é o ato praticado conforme o Direito (ordenamento jurídico), caso contrário o ato será inválido.

Celso Antônio Bandeira de Mello[61] distingue entre os efeitos dos atos administrativos: (1) os típicos, ou normalmente esperados do ato, como o efeito de desligamento de alguém do cargo, quando ocorre a sua demissão; (2) os atípicos, ou inesperados, que são divididos em: (2.1) preliminares ou prodrômicos (cujo significado advém de *pródromo*, ou o que antecede, que na medicina indica sintoma inicial de uma doença), que existem na pendência do ato, ou seja, desde sua produção ao desencadeamento dos efeitos, como nos atos que dependem de controle prévio como condição de eficácia do ato, por exemplo, na aprovação prévia do Senado Federal como condição para que haja a nomeação do Procurador Geral escolhido pelo Presidente da República; e (2.2) reflexos, que atingem outra relação jurídica, por exemplo, a desapropriação rescinde a locação com o ex-proprietário do imóvel expropriado.

Eficaz é o ato que se encontra em estado atual de produtividade de seus efeitos, como, por exemplo, quando não há condição suspensiva ou termo. A eficácia é a aptidão do ato em produzir efeitos jurídicos típicos (próprios) num caso concreto.

Segundo Maria Sylvia Zanella Di Pietro, ato perfeito é o que obedeceu às etapas de formação, exigidas em lei, para que ele produza efeitos jurídicos, por exemplo, um ato motivado, reduzido a escrito, assinado e publicado. A validade seria a conformidade do ato com a lei, como, por exemplo, a motivação deve referir-se a motivos reais, a autoridade que assina deve ser competente etc.

Ato **pendente** é aquele sujeito a *condição* ou *termo* para que produza efeitos, isto é, aquele que completou seu ciclo de formação, está apto a produzir efeitos jurídicos, mas estes ficam suspensos até que ocorra a condição ou o termo.

Os atos administrativos, no plano fático, às vezes não cumprem adequadamente as etapas da perfeição e da validade para produzir efeitos, pois, na prática, os privilégios da

---

[58] Conforme exposição encontrada também em: NOHARA, Irene Patrícia. *O motivo no ato administrativo*. São Paulo: Atlas, 2004. p. 42.

[59] AZEVEDO, Antônio Junqueira de. *Negócio jurídico*: existência, validade e eficácia. 4. ed. São Paulo: Saraiva, 2002. p. 24.

[60] Cf. Assunto examinado no concurso público da Magistratura de Sergipe/CESPE – 2008.

[61] BANDEIRA DE MELLO, Celso Antônio. *Curso de direito administrativo*. São Paulo: Malheiros, 2008. p. 381.

Administração Pública imbuem-na, conforme expõe García de Enterría,[62] de uma série de instrumentos jurídicos capazes de vencer a resistência dos particulares e impor seus atos como autoexecutoriedade.

Segundo expõe o jurista da Espanha, todos os atos administrativos, mesmo os afetados de vício de nulidade, podem ser materialmente eficazes. Significa dizer que, enquanto não for declarada formalmente a nulidade[63] do ato, ele produz todos os seus efeitos como se válido fosse. No entanto, a eficácia material de ato que tem alguma ilegalidade ou vício de validade pode ser revista, conforme será visto, tanto pelo Poder Judiciário como pela própria Administração, neste último caso com base na chamada autotutela administrativa.

PERFEIÇÃO	do ciclo de formação – existente
VALIDADE	conformidade ao ordenamento jurídico
EFICÁCIA	aptidão para a produção dos efeitos jurídicos

José dos Santos Carvalho Filho[64] ainda acrescenta a esses três planos um quarto denominado de **exequibilidade**. Para o jurista do Rio de Janeiro, esta não se confunde com a eficácia. Exequibilidade é, para o autor, a efetiva disponibilidade que tem a Administração para dar operatividade ao ato, ou seja, executá-lo em sua inteireza. Em exemplo fornecido, uma autorização dada em dezembro para iniciar em janeiro do próximo ano é eficaz naquele mês, mas só se tornará exequível neste último.

Pode-se considerar, *data venia*, tal hipótese de eficácia, porquanto esta tem muita semelhança com a circunstância do termo em que se fixa um prazo futuro para o início do exercício do direito, como ocorre, por exemplo, na celebração de um contrato de empreitada que começará a ser realizada em 30 dias. Ora, aqui se tem uma hipótese de negócio jurídico perfeito e válido, que já integra o patrimônio jurídico das partes, mas que produzirá seus efeitos jurídicos na sua inteireza apenas após um mês.

4.9 Elementos e requisitos de validade

Os elementos do ato administrativo são cinco: sujeito, objeto, forma, motivo e finalidade. O art. 2º da Lei de Ação Popular, Lei nº 4.717/65, denomina o sujeito ou o agente de "competência".

As diferenças que normalmente são feitas entre os conceitos de elementos e de requisitos de validade do ato repousam no enfoque mais estático dado aos primeiros, por exemplo, a existência de um sujeito, de um objeto e de uma forma de exteriorização do ato, e mais dinâmico conferido aos segundos. Por exemplo, não basta ter sujeito para que o ato seja válido, ele terá

---

[62] GARCÍA DE ENTERRÍA, Eduardo; FERNÁNDEZ, Tomás-Ramón. *Curso de direito administrativo*. 2. ed. São Paulo: Revista dos Tribunais, 1991. p. 503-504.

[63] Já os atos inexistentes como aqueles praticados pelo usurpador de função não produzem efeitos jurídicos.

[64] CARVALHO FILHO, José dos Santos. *Manual de direito administrativo*. Rio de Janeiro: Lumen Juris, 2008. p. 122-123.

de ser capaz e competente. Não basta existir um conteúdo ou um objeto do ato, esse conteúdo deve ser lícito, possível e determinado. E não basta ter forma. Para o ato ser válido a forma, se exigida em lei, deve ser obedecida.

4.9.1 Sujeito

Sujeito é o agente capaz[65] que tem competência para praticar o ato administrativo. Trata-se daquele a quem a lei (ou, excepcionalmente, o regulamento, no caso do art. 84, VI, com redação da EC nº 32/01) atribui a prática do ato. Como o Estado é constituído por pessoas jurídicas, ele não tem vontade própria. A vontade estatal só pode ser manifestada por pessoas físicas, chamadas de agentes públicos. Os atos dos agentes são imputados ao Estado.

Competência compreende o conjunto de atribuições das pessoas jurídicas, órgãos e agentes fixadas pelo direito positivo.[66] Daí a expressão difundida por Caio Tácito no sentido de que "não é competente quem quer, mas quem pode, segundo a norma de Direito".[67]

A disciplina legal das competências das pessoas jurídicas políticas é encontrada na Constituição Federal, enquanto a função dos órgãos ou servidores é geralmente estabelecida em lei. Excepcionalmente, admite-se a delimitação de certas competências por ato normativo interno.

Como o Estado, pelo princípio da legalidade administrativa, só pode agir em conformidade com os ditames legais, isto é, se houver permissivo que o autorize, o cidadão-administrado tem o correlato direito subjetivo público de exigir que atos e condutas administrativas somente possam ser produzidos por agentes competentes, sob pena de invalidação.

O art. 11 da Lei nº 9.784/99 – LPA – determina que a competência é irrenunciável e se exerce pelos órgãos administrativos a que foi atribuída como própria, salvo nos casos de delegação e avocação. A competência é de **exercício obrigatório**, sendo **irrenunciável** pelo princípio da indisponibilidade dos interesses públicos.[68]

Não é questão entregue à livre decisão do agente que titulariza competência o dever de atuar. O titular não pode, portanto, abrir mão da competência, isto é, ela é intransferível e imodificável pela vontade do agente. O que pode ser transferido é o exercício de certas atribuições, nos casos de delegação e avocação legalmente admitidos.[69]

Tanto a delegação quanto a avocação decorrem do poder hierárquico. Contudo, enquanto na delegação o superior hierárquico repassa o exercício de poderes e atribuições que originariamente seriam seus aos subordinados, na avocação, ele *chama para si* determinada atribuição dos subordinados, contanto que não haja competência exclusiva conferida por lei aos subordinados.

Enfatize-se que, diferentemente da avocação, que sempre se dá no sistema hierárquico, é possível haver delegação também a órgãos ou titulares sem que haja subordinação hierárquica,

---

[65] Conforme as regras do Direito Civil que se relacionam, basicamente, com a maioridade e o gozo das capacidades mentais.
[66] Cf. definição de DI PIETRO, Maria Sylvia. *Direito administrativo*. São Paulo: Atlas, 2010. p. 203.
[67] TÁCITO, Caio. *O abuso de poder administrativo no Brasil*. Rio de Janeiro: DASP, 1959. p. 27.
[68] ARAÚJO, Edmir Netto de. *Curso de direito administrativo*. São Paulo: Saraiva, 2007. p. 470.
[69] Ver. NOHARA, Irene Patrícia; MARRARA, Thiago. *Processo administrativo*: Lei nº 9.784/99 comentada. São Paulo: Atlas, 2009. p. 134.

desde que seja conveniente em razão de circunstâncias de índole técnica, social, econômica, jurídica ou territorial (art. 12 da lei). A delegação pode recair sobre a prática reiterada de determinados atos ou mesmo sobre certo ato concreto e, por isso, individual.[70]

São características da delegação:[71]

a) *parcialidade*, sendo vedada a transferência total do exercício das funções do superior hierárquico, que as têm como deveres também no desempenho de atribuições institucionais;

b) *motivação*, uma vez que o § 1º do art. 14 da LPA exige que o ato especifique o objeto e os objetivos da delegação;

c) *publicidade*, pois o ato de delegação e sua revogação devem ser publicados no meio oficial (art. 14, *caput*, da lei);

d) *limitação*, recaindo sobre algumas matérias e poderes que admitem ressalva do exercício pela autoridade delegante;

e) *precariedade*, pois ela deve ter duração certa estabelecida no ato de delegação ou deve durar até que sejam alcançados seus objetivos ou cessados seus efeitos; e

f) *revogabilidade*, pois pode ser revogada a qualquer tempo pela autoridade delegante (art. 14, § 2º, da lei).

Não podem ser objetos de delegação, de acordo com o disposto no art. 13 da LPA:

1. a edição de atos de caráter normativo;
2. a decisão de recursos administrativos; e
3. as matérias de competência exclusiva do órgão ou autoridade.

É vedada a subdelegação, sem autorização expressa da autoridade delegante. Como ninguém pode ser responsabilizado por algo que não fez,[72] exceto se tinha dever legal específico de praticar ato e não o faz, o regime de responsabilização tanto na delegação como na avocação recai sobre aquele que pratica o ato. Assim, enquanto na delegação é o delegado, isto é, quem recebe as atribuições transferidas pelo delegante, que responde pelos atos praticados, na avocação, que é o reverso da delegação, quem se responsabiliza pelo ato é o avocante, ou seja, a autoridade superior que chama para si o exercício da atribuição ou do poder do subordinado.[73]

A avocação, conforme visto no item 3.3 – Poderes decorrentes da hierarquia –, é medida de caráter excepcional, temporária (precária), sendo possível apenas diante de motivos relevantes devidamente justificados, conforme orientação contida no art. 15 da LPA.

---

[70] OLIVEIRA, Regis Fernandes. *Delegação e avocação administrativas*. São Paulo: Revista dos Tribunais, 2005. p. 57.

[71] NOHARA, Irene Patrícia; MARRARA, Thiago. *Processo administrativo*: Lei nº 9.784/99 comentada. São Paulo: Atlas, 2009. p. 137.

[72] Cf. BANDEIRA DE MELLO, Celso Antônio. *Curso de direito administrativo*. São Paulo: Malheiros, 2008. p. 997.

[73] Ver NOHARA, Irene Patrícia; MARRARA, Thiago. *Processo administrativo*: Lei nº 9.784/99 comentada. São Paulo: Atlas, 2009. p. 154.

4.9.2 Objeto

Objeto ou **conteúdo** do ato corresponde ao seu efeito jurídico imediato. Na remoção, o efeito mediato[74] é transferir servidor de uma localidade para outra. Segundo José dos Santos Carvalho Filho, trata-se da "alteração no mundo jurídico que o ato administrativo se propõe a processar".[75] O objeto deve ser lícito, moral, possível e determinável, como requisitos de validade.

4.9.3 Forma

Forma significa tanto o modo de exteriorização do ato administrativo (seja ele escrito ou verbal, por decreto ou portaria etc.), como a observância das formalidades exigidas por lei para a formação do ato.

Os atos são produzidos, em regra, por escrito, conforme determina o art. 22, § 1º, da LPA, mas também há atos que decorrem de ordens verbais, apitos, gestos ou sinais luminosos. Se a lei determina certa forma, não há discricionariedade para a Administração alterá-la. Contudo, a obediência à forma não implica rigidez na atuação administrativa, porquanto o art. 22 da lei estabelece que os atos do processo administrativo não dependem de forma determinada, senão quando a lei expressamente a exigir, com base na noção de formalismo mitigado ou moderado, própria do processo administrativo.

4.9.4 Motivo

Motivo[76] é o pressuposto de fato e de direito que autoriza a Administração a praticar um ato administrativo. O pressuposto de direito corresponde às orientações (dispositivos) legais que dão sustentáculo jurídico ao ato. O pressuposto de fato é o conjunto de circunstâncias, acontecimentos, que levam a Administração a praticá-lo.

As infrações ao Código de Trânsito, como ultrapassar certa velocidade ou estacionar em local proibido, são motivos que permitem a aplicação de sanção (objeto do ato administrativo). Atingir determinada idade, como 75 anos, é pressuposto de fato que dá ensejo à aposentadoria compulsória do servidor público. O valor arquitetônico do bem é o motivo que justifica o seu tombamento.

O motivo distingue-se da *motivação*, que é a explicitação dos motivos. A motivação corresponde a um discurso destinado a justificar a edição do ato administrativo e se relaciona com o elemento forma do ato administrativo, uma vez que se trata de uma formalidade.[77]

---

[74] E o efeito mediato é atender à necessidade pública.

[75] CARVALHO FILHO, José dos Santos. *Manual de direito administrativo*. Rio de Janeiro: Lumen Juris, 2008. p. 105.

[76] Cf. NOHARA, Irene Patrícia. *O motivo no ato administrativo*. São Paulo: Atlas, 2004. *Passim*.

[77] Sobre a obrigatoriedade da motivação, vide item 2.10.

4.9.5 Finalidade

Finalidade compreende o objetivo (fim) que a Administração Pública quer alcançar com o ato. Diz-se que se trata do efeito jurídico mediato. Há dois sentidos do termo:

- finalidade *lato sensu*, que designa o *interesse público*, pois todos os atos administrativos são orientados à satisfação de fins públicos; e
- finalidade *stricto sensu*, que compreende a finalidade extraída explícita ou implicitamente da *lei* para o ato administrativo específico.

Segundo Maria Sylvia Zanella Di Pietro,[78] tanto o motivo como a finalidade contribuem para a formação da vontade da Administração e, diante de dada situação de fato prevista em lei (motivo), a autoridade pratica ato certo (objeto) para alcançar determinado resultado (finalidade). Essa mesma noção é explicitada por Edmir Netto de Araújo,[79] quando expõe que "o ato administrativo caminha do motivo para a finalidade com as cores do interesse público".

O motivo fornece o impulso que condiciona a formação do ato e, nesse itinerário, devem-lhe simetria o objeto e a finalidade. Por exemplo, o fato de se descobrir que determinado bem tem valor histórico acentuado é o motivo que fornece o impulso para que haja o seu tombamento (ato administrativo) e, nesse itinerário, devem-lhe simetria os efeitos (objeto) de registro do bem no Livro do Tombo respectivo e consequente respeito por parte dos administrados e da própria Administração ao *status* de bem tombado, para que haja sua conservação (finalidade prevista em lei), tendo em vista o interesse público de proteção à memória cultural brasileira (finalidade *lato sensu*). Isso demonstra que, apesar da distinção conceitual dos elementos, há um inter-relacionamento e, em muitos casos, a violação a um deles atinge aos demais.

4.9.6 Sistematização distinta

É importante advertir que Celso Antônio Bandeira de Mello[80] sistematiza a matéria de forma peculiar, sendo sua classificação frequentemente mencionada pela riqueza dos efeitos produzidos. Ora, deve-se lembrar que as classificações, conforme expõe Genaro Carrió,[81] não são certas ou erradas, mas mais úteis ou menos úteis para apresentar um campo de conhecimento de forma mais compreensível ou para a produção mais rica de consequências práticas desejadas.

Para o ilustre administrativista, elementos são realidades intrínsecas do ato. São elementos, nesta perspectiva, apenas o conteúdo e a forma.

Ele dissocia elementos de pressupostos e subdivide estes últimos em: pressupostos de existência, isto é, condicionantes da existência do ato, que abrangem o objeto e a pertinência do ato ao exercício da função administrativa, e pressupostos de validade, que compreendem: (1) pressuposto subjetivo (sujeito); (2) pressupostos objetivos (motivo e requisitos procedimentais); (3) pressuposto teleológico (finalidade); (4) pressuposto lógico (causa); e (5) pressuposto formalístico (formalização).

---

[78] DI PIETRO, Maria Sylvia Zanella. *Direito administrativo*. São Paulo: Atlas, 2010. p. 209.
[79] ARAÚJO, Edmir Netto de. *Curso de direito administrativo*. São Paulo: Saraiva, 2007. p. 453.
[80] BANDEIRA DE MELLO, Celso Antônio. *Curso de direito administrativo*. São Paulo: Malheiros, 2008. p. 384.
[81] CARRIÓ. Genaro A. *notas sobre derecho y lenguage*. 2. ed. Buenos Aires: Abeledo Perrot, 1973. p. 15.

Distingue, portanto, Celso Antônio Bandeira de Mello, o conteúdo, entendido como elemento do ato e definido nos seguintes termos: "o que o ato decide",[82] do objeto, que é aquilo sobre o qual o ato dispõe, em outras palavras, aquilo a que o conteúdo se reporta, mas que, diferentemente do conteúdo, não integra intrinsecamente o ato, pois é classificado como pressuposto de existência.

O que a doutrina majoritária chama de forma é subdividido pelo autor em três possibilidades reputadas distintas: (1) forma, definida como meio de exteriorização do ato e classificada como elemento; (2) formalização, conceituada como modo específico de apresentação da forma ou solenização requerida para o ato, classificada como pressuposto formalístico de validade; e (3) requisito ou pré-requisito procedimental, isto é, ato que deve preceder à prática de outro ato, classificado como requisito objetivo de validade.

Também é característica da sistemática de atos administrativos desenvolvida pelo autor a identificação de causa como pressuposto lógico do ato administrativo. A causa é conceituada como relação de adequação entre pressupostos do ato e seu objeto, ou seja, como "correlação lógica entre o pressuposto (motivo) e o conteúdo do ato, em função da finalidade tipológica do ato".[83]

Note-se, por fim, que a pertinência à função administrativa, que seria, em regra, para o resto da doutrina, uma questão de validade, para Celso Antônio Bandeira de Mello é requisito de existência do ato.

CELSO ANTÔNIO BANDEIRA DE MELLO

1. pressuposto subjetivo: SUJEITO
2. pressupostos objetivos: MOTIVO + REQUISITOS PROCEDIMENTAIS
3. pressuposto teleológico: FINALIDADE
4. pressuposto lógico: CAUSA
5. pressuposto formalístico: FORMALIZAÇÃO

4.10 Vícios

Vício é um defeito que permite a invalidação do ato administrativo. Ato viciado é aquele que possui um defeito nos seus elementos que geram sua invalidade. Os vícios provocam a declaração de nulidade ou a anulação do ato administrativo, a depender do caso concreto, conforme será visto.

4.10.1 Vício de sujeito ou de competência

Quanto ao sujeito, identificam-se dois tipos básicos de vício: o de incompetência e o de incapacidade. A capacidade para a prática de atos administrativos é a mesma estabelecida pela lei civil. Normalmente, é de se supor que um agente público que tenha sido nomeado para ocupar

---

[82] BANDEIRA DE MELLO, Celso Antônio. *Curso de direito administrativo*. São Paulo: Malheiros, 2008. p. 386.
[83] BANDEIRA DE MELLO, Celso Antônio. *Curso de direito administrativo*. São Paulo: Malheiros, 2008. p. 48.

cargo ou emprego público seja maior de idade, até porque é um pré-requisito para o preenchimento das vagas na Administração Pública.

Assim, a situação mais peculiar de incapacidade é aquela adquirida posteriormente à posse do agente público, quando ele é acometido de insanidade mental, por exemplo. Ora, note-se que a solução dada para a invalidação dos atos neste caso não é a mesma que seria fornecida pelo Direito Civil, uma vez que, pela teoria do órgão, quem pratica o ato é o órgão.

Ninguém vai à repartição para celebrar um ato com determinado agente público, mas quer o reconhecimento de uma situação jurídica perante o Estado; assim, se houver por parte do cidadão-administrado boa-fé e ele preencher objetivamente os requisitos legais para a edição do ato que foi praticado corretamente, inobstante a situação do agente público, pode-se reconhecer validade ao ato praticado, sem a necessidade de ocorrer a sua anulação; exceto se o ato for discricionário e se demonstrar que o agente não tinha juízo para ponderar a conveniência e oportunidade do ato praticado.

O mesmo raciocínio é utilizado para explicar a situação do **funcionário de fato**. Este é, conforme expõe Cavalcanti,[84] aquele que exerce cargo público sem investidura legal ou em virtude de uma investidura de fundo ou de forma irregulares. É noção que se contrapõe ao conceito de funcionário de direito, isto é, do funcionário provido no cargo em obediência às disposições legais. O funcionário de fato exerce o cargo em função de uma investidura aparente.

A utilização da categoria do funcionário de fato objetiva proteger o administrado de boa-fé, pois a desconstituição do ato o prejudicaria e ele não tem culpa de o funcionário, que muitas vezes ostenta aparência regular, estar de posse de uma investidura aparente, mas irregular. São exemplos de função de fato fornecidos por Di Pietro: falta de requisito legal para investidura, inexistência de formação universitária para a função que a exige, exercício da função quando o servidor está suspenso ou após o vencimento do prazo de sua contratação.

São, portanto, requisitos para a caracterização do funcionário de fato: (a) aparência de regularidade, isto é, geralmente o funcionário se apresenta na repartição; (b) boa-fé por parte do administrado, que desconhece a irregularidade na investidura do funcionário que o atendeu, bem como do funcionário; e (c) conformidade ao Direito, isto é, o ato praticado pelo funcionário de fato deve ser válido perante as regras do ordenamento jurídico.

Trata-se de hipótese distinta daquela do **usurpador de função**, isto é, da pessoa que simplesmente se apossa do exercício de atribuições de agente público, sem ter qualquer relação com o cargo, emprego ou função. A usurpação de função é crime, sendo tipificada no art. 328 do Código Penal nos seguintes termos: "usurpar o exercício de função pública: pena – detenção, de três meses a dois anos, e multa". O parágrafo único do art. 328 prevê, ainda, uma figura qualificada para o caso de o usurpador de função auferir vantagem da conduta incriminada, caso em que a pena é aumentada para reclusão, de dois a cinco anos, e multa.

Enquanto o funcionário de fato tem investidura irregular e seus atos podem ser considerados válidos, desde[85] que presentes a aparência de regularidade, a boa-fé e a conformidade ao direito, o usurpador de função não tem qualquer investidura, por isso a maior parte da doutrina considera que o ato por ele praticado é inexistente.

Assim, por exemplo, se um particular se dirigir à diretoria de licenciamento ambiental do Ibama para dar início a um processo de licenciamento de empreendimento e for atendido por

---

[84] CAVALCANTI, Themístocles Brandão. *Tratado de Direito Administrativo*. 5. ed. São Paulo: Freitas Bastos, 1964. p. 71.

[85] Note-se que nem sempre a alegação da teoria do funcionário de fato permitirá considerar válidos os atos por ele praticados, uma vez que se for manifesta e evidente a incompetência, os atos devem ser declarados nulos.

funcionário que, não obstante contar com mais de 75 anos, isto é, ter mais do que a idade limite para a aposentadoria compulsória, ainda não foi aposentado pela autarquia, os atos praticados pelo funcionário, desde que haja aparência de regularidade, boa-fé e conformidade ao Direito, podem ser considerados válidos, com base na teoria do funcionário de fato. No entanto, se um particular ou mesmo um funcionário público com outra função se apresenta dolosa e indevidamente como funcionário do Ibama diante de determinado particular que não havia procurado o órgão, e exerce ilegitimamente função pública, exigindo que o particular licencie determinada atividade, os atos praticados serão considerados inexistentes e o fato deve ser comunicado à Polícia Federal ou ao Ministério Público Federal para que este último entre com a respectiva denúncia na Justiça Federal.

Alguns autores entendem, ainda, que a competência transcende seu aspecto de verificação formal dentro da sistemática de atribuições conferidas legalmente a órgãos e agentes, abarcando, portanto, também a dimensão substancial ou material, relacionada com o adequado manejo de atribuições pelo agente público.

Conforme essa noção, explicita Caio Tácito[86] que a competência não é um "cheque em branco" concedido ao administrador, que não pode transbordar de seus limites. Assim, muito embora o desvio **de poder** seja um vício relacionado imediatamente ao elemento finalidade do ato administrativo, ele não deixa de ser também um desbordamento dos limites da competência. Basta verificar a redação do art. 2º, alínea *e*, da Lei nº 4.717/65, quando determina que "o desvio de finalidade se verifica quando o agente pratica o ato visando a fim diverso daquele previsto, explícita ou implicitamente, na regra de competência".

Outro vício também associado à competência, nessa dimensão material, seria o chamado **excesso de poder**, por meio do qual o agente, via de regra, busca fins previstos no ordenamento, mas se excede no emprego dos meios, desdobrando também das competências previstas em lei para a sua ação.

Quando[87] um agente atua com excesso de poder,[88] ele é, em regra, formalmente competente para a prática do ato, mas como se excede nos limites permitidos para o adequado desempenho de suas atribuições torna-se materialmente incompetente no que concerne ao abuso cometido, pois a regra da competência não lhe confere poderes ilimitados.

4.10.2 Vício de objeto

A ilegalidade do objeto[89] ocorre quando o resultado do ato administrativo importa violação de lei, regulamento ou outro ato normativo. Na teoria dos atos administrativos, objeto significa o efeito jurídico ou o resultado produzido pelo ato.

---

[86] TÁCITO, Caio. O desvio de poder no controle dos atos administrativos, legislativos e jurisdicionais. *Revista de direito administrativo*, São Paulo: Renovar/FGV, nº 188, p. 5, 1992.

[87] Sobre competência do ponto de vista material, ver NOHARA, Irene Patrícia; MARRARA, Thiago. *Processo administrativo*: Lei nº 9.784/99 comentada. São Paulo: Atlas, 2009. p. 131-132.

[88] No mesmo sentido se pronuncia Hely Lopes Meirelles: "toda função é atribuída e delimitada por norma legal. Essa atribuição e delimitação funcional configuram a competência do órgão, do cargo e do agente, ou seja, a natureza da função e o limite do poder para o seu desempenho. Daí porque, quando o agente ultrapassa esse limite, atua como abuso ou excesso de poder". *Direito administrativo brasileiro*. São Paulo: Malheiros, 2009. p. 76.

[89] Cf. COSTA, Susana Henriques da (Coord.). *Comentários à Lei de Ação Civil Pública e Lei de Ação Popular*. São Paulo: Quartier Latin, 2006. p. 99.

Trata-se de noção distinta do conceito de objeto na teoria dos atos jurídicos em geral, mas esta também deve ser aplicada no direito público, porque os atos do Poder Público também devem possuir objeto:

- **lícito**: a Administração não pode exigir do administrado que faça algo proibido pela lei ou que pratique ato com resultado ilegal;
- **possível**: a Administração não pode, por exemplo, nomear para ocupar determinado cargo público uma pessoa falecida; e
- **determinado** ou **determinável**: não se pode expropriar uma área sem antes especificar no decreto sua dimensão.

O vício de ilicitude do objeto também se comunica com o motivo e com a finalidade, uma vez que um objeto ilícito, impossível ou indeterminado estará em desacordo com as normas jurídicas pertinentes (pressupostos do motivo) e pode violar o interesse público que deve impulsionar a declaração de vontade do Estado.

No Direito Administrativo também não se admitem atos cujo objeto seja **imoral**, dado que a moralidade é princípio com dimensão normativa.

4.10.3 Vício de forma

O vício de forma consiste na **omissão** (ausência de forma) ou na **observância incompleta** ou irregular de formalidades indispensáveis à existência ou à seriedade do ato, conforme definição legal.

Maria Sylvia Zanella Di Pietro diferencia no tocante à forma:

1. a **concepção restrita**: que abrange a exteriorização do ato, isto é, o modo como a declaração se exterioriza, por exemplo, em forma escrita, por decreto, portaria etc.; e
2. a **concepção ampla**: que compreende além da exteriorização do ato, as formalidades ou procedimentos a serem observados no processo de formação da vontade.

A obediência à forma não significa excesso de formalismo ou a necessidade de formas sacramentais para a validade do ato, mas toda a vez que a **lei exigir** determinada forma, esta será requisito de validade do ato administrativo. Essa noção está presente no art. 22 da LPA (Lei nº 9.784/99): "os atos do processo administrativo não dependem de forma determinada senão quando a lei expressamente a exigir".

Vigora no processo administrativo em geral o formalismo **moderado** ou **mitigado**, contudo, nada impede que regramentos especiais dele se afastem, como acontece no caso da licitação, em que há, via de regra, um maior formalismo.

A ausência de observância dos requisitos legais para a expedição de atos administrativos válidos pode ser enquadrada como vício de forma. Mas, conforme exposto, somente a **formalidade essencial** gera nulidade absoluta do ato, podendo haver a convalidação do vício de forma, se esta não afetar "garantia do administrado",[90] como será exposto adiante.

A ausência de motivação é um vício de formalização do ato que admite convalidação, caso os demais elementos do ato administrativo sejam conformes à lei. Tal orientação pode ser

---

[90] BANDEIRA DE MELLO, Celso Antônio. *Curso de direito administrativo*. São Paulo: Malheiros, 2008. p. 405.

encontrada em inúmeras decisões jurisprudenciais, a exemplo do AgRg no RMS 40.427/DF, julgado pelo STJ, em 3.09.2013, Rel. Min. Arnaldo Esteves Lima:

> O vício consistente na falta de motivação de portaria de remoção *ex officio* de servidor público pode ser convalidado, de forma excepcional, mediante a exposição, em momento posterior, dos motivos idôneos e preexistentes que foram a razão determinante para a prática do ato, ainda que estes tenham sido apresentados apenas nas informações prestadas pela autoridade coatora em mandado de segurança impetrado pelo servidor removido.

Por outro lado, não se pode admitir, de acordo com exemplos fornecidos por Edmir Netto de Araújo,[91] que seja válida uma declaração de utilidade pública para fins de desapropriação feita por *resolução* ou *portaria*, em vez do uso do *decreto*, ou mesmo que haja contrato administrativo, salvo nos casos de contratação direta admitidos em lei, celebrado sem prévia realização de licitação, pois nessas duas hipóteses a forma exigida é considerada essencial à validade do ato.

4.10.4 Vício de motivo

Motivo, conforme visto, é pressuposto de fato e de direito que leva a Administração Pública a praticar o ato administrativo. Tivemos oportunidade de estudar esse elemento do ato administrativo em dissertação de mestrado.[92]

Há quem defina o motivo apenas da perspectiva dos pressupostos fáticos que autorizam a edição do ato administrativo. O motivo corresponde aos chamados, em alemão, *Tatbestande* da interpretação jurídica; no entanto, como a ação administrativa deve sempre ser pautada pela legalidade administrativa, que é relacionada com o conceito de atuação conforme à lei, os pressupostos fáticos devem ter necessariamente complemento normativo.

Não é qualquer fato, portanto, que configura o motivo do ato administrativo, mas tão somente aquele que tem previsão legal e que impulsiona o agente público a praticar determinado ato. Daí a diferença entre **móvel**, que seria expressão de uma vontade subjetiva do agente, com o **motivo**,[93] que deve possuir expressão objetiva nos fatos e correspondência no ordenamento.

O motivo é elemento do ato que possibilita duas ponderações: a ocorrência do fato e a descrição do fato pela lei. Há, portanto, dois vícios básicos de motivo:

- a **inexistência** do fato; e
- a **inadequação** do fato com o pressuposto de direito, também chamada de **falsidade** do motivo.

Neste particular, enfatiza Caio Tácito que: "ou o antecedente é inexistente, ou a autoridade lhe deu uma apreciação indevida do ponto de vista legal. São duas formas que a doutrina francesa se qualificam de inexistência material ou inexistência jurídica dos motivos".[94]

---

[91] ARAÚJO, Edmir Netto de. *Curso de direito administrativo*. 3. ed. São Paulo: Saraiva, 2007. p. 471.

[92] Cf. NOHARA, Irene Patrícia. *O motivo no ato administrativo*. São Paulo: Atlas, 2004. *Passim*.

[93] Não se deve, no entanto, radicalizar a distinção, pois os conceitos são relacionados, conforme será exposto no quadro de temas polêmicos.

[94] TÁCITO, Caio. A inexistência de motivos nos atos administrativos. *Revista de Direito Administrativo*, Rio de Janeiro, v. 36, p. 80, abr./jun. 1954.

Do ponto de vista do ordenamento jurídico brasileiro, existe a redação da alínea *d* do parágrafo único do art. 2º da Lei de Ação Popular (Lei nº 4.717/65), que dispõe: "a inexistência dos motivos se verifica quando a matéria de fato ou de direito, em que se fundamenta o ato, é materialmente inexistente ou juridicamente inadequada ao resultado obtido". Note-se que tal redação é confusa, pois a sua interpretação leva a crer que a inadequação seria uma espécie de inexistência dos motivos, quando se trata de situação distinta.

Se um agente aplica sanção muito superior à permitida por determinado estatuto diante de infrações administrativas leves, isto é, pune com demissão fato que daria ensejo a uma simples advertência, ocorre a **inadequação** do motivo, isto é, do pressuposto ocorrido no mundo fático com a previsão legal; no entanto, situação distinta é aquela em que um servidor é punido mas não praticou infração alguma, em absoluta **inexistência** material do motivo.

Conforme será exposto, a inadequação dos pressupostos de fato com os de direito é um indício do desvio de finalidade, mas nem sempre decorre desse vício, pois pode acontecer de o agente público se exceder na aplicação de uma medida prevista em lei na perseguição de finalidade pública, circunstância em que ocorre o excesso de poder e não o seu desvio.

O controle dos motivos relaciona-se com o princípio da legalidade, contudo, a doutrina brasileira importou, com algumas modificações, da jurisprudência francesa a teoria dos motivos determinantes. Trata-se de expediente desenvolvido teoricamente por Gastón Jèze, que propugnava na França que a atividade dos agentes públicos, no exercício da competência, só pode ter por motivo determinante o bom funcionamento dos serviços públicos, de modo que cada ato praticado por agente público enseja a possibilidade de alegação de que teve um motivo determinante diverso do interesse público.[95]

A elaboração de Gastón Jèze mais permite investigar eventuais motivos "subjacentes" à prática dos atos, isto é, perquirir os verdadeiros móveis que inspiraram o agente público, por isso, sua aplicação alcança a verificação simultânea do vício do desvio de finalidade e da consequente imoralidade que dele deriva, no inadequado uso da competência.

No Brasil, seu emprego sofre algumas adaptações. Assim, **teoria dos motivos determinantes** é definida como aquela pela qual a validade de um ato administrativo motivado depende da existência ou veracidade dos motivos de fato alegados.

Se a Administração Pública motiva um ato, mesmo que discricionário, ela se vincula aos motivos declarados, de modo que ele só será válido se os motivos forem verdadeiros. Se o superior hierárquico, por exemplo, exonerar *ad nutum* (*ex officio*) funcionário nomeado para cargo de provimento em comissão e motivar a sua decisão, declarando, portanto, o porquê do ato, a validade da exoneração sujeita-se à comprovação dos motivos alegados. Se foi alegada falta de verbas, mas logo em seguida outro funcionário foi nomeado para a mesma vaga, o ato pode ser declarado nulo por vício de motivo, com fundamento na teoria dos motivos determinantes.

A única exceção apontada pela literatura[96] do Direito Administrativo brasileiro à aplicação da teoria dos motivos determinantes ocorre no âmbito da desapropriação por utilidade pública, em que o Estado pode utilizar o bem para fim diverso do originariamente declarado no decreto expropriatório, contanto que justifique a mudança com a nova utilização que igualmente se enquadre nos casos taxativamente previstos na legislação.

---

[95] JÈZE, Gastón. *Principios generales del derecho administrativo*. Buenos Aires: Depalma, 1949. v. 3. p. 226.

[96] Cf. ARAÚJO, Edmir Netto de. Desapropriação: utilização do bem em finalidade diversa da declaração. *Suplemento Jurídico da Procuradoria Jurídica do Departamento de Estradas de Rodagem de São Paulo*, nº 137, p. 11-13, out./dez. 1989.

Nesta hipótese, não há desvio de finalidade na desapropriação, por conseguinte, o particular não pode alegar retrocessão, pois o Poder Público não deixou de perseguir finalidades públicas. Apenas ocorreu que os motivos que o levaram a desapropriar se alteraram com o decurso do tempo e, se o Estado tem nova finalidade também amparada no ordenamento, ele não precisa ficar preso àquela destinação constante da declaração de utilidade pública. Note-se que isso não autoriza a Administração Pública a expropriar sem planejamento e deixar o particular a mercê de mudanças repentinas e injustificadas.

 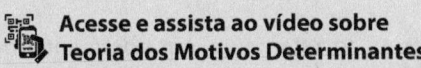

Acesse e assista ao vídeo sobre
Teoria dos Motivos Determinantes

> http://uqr.to/1xpl5

O controle dos motivos também se relaciona com a teoria dos **conceitos jurídicos indeterminados**. Também denominados de conceitos vagos, imprecisos, fluídos, os conceitos indeterminados são aqueles que têm conteúdo e extensão incertos.[97] Enquanto a lei não fixar algum parâmetro numérico para estes conceitos, eles exigem valoração do intérprete em um maior grau de subjetivismo no preenchimento.

Contrapõe-se o conceito indeterminado ao conceito numérico, como ocorre nas medidas e nos valores monetários. Também não se confundem conceitos indeterminados com conceitos ambíguos. Enquanto o conceito ambíguo tem vários sentidos e a delimitação do contexto em que o conceito é utilizado já resolve o problema de interpretação, o conceito vago não se relaciona com a falta de informação do seu sentido, mas na extensão de seu campo de aplicação.

Por exemplo, legal é conceito ambíguo, pois tanto pode se referir à adequação com o ordenamento jurídico como a algo interessante; já calvo é um conceito indeterminado, pois muito embora tenha, via de regra, um sentido mais evidente, não se sabe precisar ao certo quantos fios de cabelo determinada pessoa deve ter na cabeça para não ser considerada calva. São conceitos indeterminados: boa-fé, relevância e urgência, interesse público e reputação ilibada.

Há uma imagem paradigmática, difundida por Philip Heck, que se consagrou na explicitação da estrutura do conceito indeterminado: trata-se da lâmpada de leitura, em que entre o foco de luz e a escuridão há uma zona cinzenta. O conceito indeterminado tem um núcleo e um halo conceitual (zonas de certeza), possuindo também zonas intermediárias que têm conteúdos de difícil determinação.

A preocupação com o estudo dos conceitos indeterminados surgiu no âmbito do Direito Civil, na busca de precisar noções como boa-fé. Quando o juiz se depara com conceitos jurídicos indeterminados, ele deve decidir pela proibição do *non liquet*.

O conceito jurídico indeterminado tem conotação diversa no Direito Administrativo. Foi por muito tempo associado ao conceito de mérito, afastando-se o Poder Judiciário das decisões que continham conceitos vagos, com base no princípio da separação de poderes, pelo argumento da discricionariedade.

Na realidade, faz parte da atividade interpretativa a delimitação concreta (ou seja, em face do caso concreto) dos conceitos jurídicos indeterminados. Por conseguinte, não se pode dizer que a utilização de conceitos indeterminados nos pressupostos de direito do motivo, isto é, na

---

[97] ENGISCH, Karl. *Introdução ao pensamento jurídico*. 7. ed. Lisboa: Fundação Calouste Gulbenkian, 1996. p. 208.

lei, afaste *a priori* (como regra geral) o controle jurisdicional do ato administrativo, pois o caso concreto pode precisar também um conceito vago.

Como os conceitos jurídicos indeterminados têm zonas de certeza negativa e positiva, se a circunstância fática recair (argumentativamente) sobre a zona de certeza,[98] não há como alegar a presença de discricionariedade, uma vez que se trata do controle de interpretação.

Exemplificativa desse controle foi a decisão proferida pelo juiz da 2ª Vara da Fazenda Pública de Porto Velho,[99] objeto de recurso, que considerou nulo de pleno direito o Decreto nº 10.502, de 16.5.2003, o qual nomeara ex-deputado para o cargo de Conselheiro do Tribunal de Contas de Rondônia.

A sentença adentrou, corretamente, em nosso entender, na análise dos requisitos constitucionais definidos por conceitos indeterminados: "idoneidade moral" e "reputação ilibada", necessários para o desempenho do cargo, pois o sujeito passivo e beneficiário do ato respondia por dezenas de denúncias, entre as quais peculato, crimes contra a ordem tributária, estelionatos, lesões corporais, desacato e constrangimento ilegal de funcionário público federal, bem como improbidade administrativa, em virtude de suposto desvio de dinheiro público da Assembleia Legislativa, todas, contudo, sem condenação transitada em julgado. O nomeado fora também demitido do cargo de gerente que ocupara no Banco do Estado de Rondônia, em virtude de três acusações de estelionato por desvio fraudulento de valores sob a sua guarda e responsabilidade.

Ocorre que o governador de Rondônia havia recusado a indicação dele pela Assembleia Legislativa para ocupar o cargo, motivando seu despacho no fato de não possuir reputação ilibada e idoneidade moral; contudo, posteriormente, a Vice-Governadora em exercício editou outro decreto, sem motivação, que revogou a decisão do governador, gerando a nomeação do sujeito passivo.

Segundo argumentou o magistrado, idoneidade moral é atributo de pessoa que, no agir, não ofende princípios éticos vigentes em um determinado local ou em determinada época. Trata-se de qualidade de pessoa íntegra, imaculada, sem mancha ou incorrupta, e não é necessário o trânsito em julgado dos crimes para que se verifique no caso concreto a violação dos requisitos constitucionais, até por conta das dezenas de incidentes arrolados.

Assim, por mais problemáticos que sejam os conceitos indeterminados, sempre poderá haver situações que levem a interpretação às zonas de certeza positiva ou negativa e retirem um pressuposto de direito de sua indeterminação. Nesses casos, o juiz poderá fazer o controle de legalidade do motivo no ato administrativo.

O conceito jurídico indeterminado é expediente largamente utilizado pelo legislador para garantir certa abertura ao sistema. Costuma-se apontar como características do conceito indeterminado a sua mutabilidade e o fato de, em grande parte das vezes, ele não ter referência[100] clara a um objeto.

---

[98] Também chamada de redução integral de discricionariedade a zero. Cf. MARRARA, Thiago. A boa-fé do administrado e do administrador como fator limitativo da discricionariedade administrativa. *Revista de Direito Administrativo*, Rio de Janeiro, v. 259, p. 243, jan./abr. 2012.

[99] Consultor Jurídico de 22.3.2005. Disponível em: <conjur.estadao. com.br/static/text/1429,1>. Acesso em: 10 out. 2005.

[100] Uma das maiores críticas aos conceitos jurídicos que não têm referência foi formulada pelo realismo escandinavo. Especialmente por Alf Ross na obra: ROSS, Alf. *Tû-tû*. São Paulo: Quartier Latin, 2004. *Passim*. Nesta obra, o autor, de forma original e bem-humorada, incita à reflexão sobre o conceito oco que é a noção de direito subjetivo.

> **PONTO CONTROVERTIDO: diferença entre motivo e móvel –
> não radicalização da distinção, para evitar excessiva neutralidade no discurso estatal**
>
> A doutrina diferencia **motivo** de **móvel** do ato. No Direito Administrativo, motivo tem aspecto objetivo, ou seja, diferenciado da perspectiva privatística, na qual se valoriza o móvel, interno ou subjetivo, isto é, a intenção daquele que pratica o ato.
> Enfatiza Celso Antônio Bandeira de Mello que: "não se deve confundir motivo, situação objetiva, real, empírica, com móvel, isto é, intenção, propósito do agente que praticou o ato. Motivo é realidade objetiva e externa ao agente. É um antecedente, exterior ao ato, que transcorre na realidade empírica, servindo de suporte à expedição do ato. Móvel é representação subjetiva, psicológica, interna do agente e correspondente àquilo que suscita a vontade do agente (intenção)".[101]
> Deve-se ressaltar também, a partir dessa noção, que os agentes públicos não são "programáveis" de forma precisa, pois muito embora estejam submetidos aos comandos legais, estes frequentemente conferem margem de discricionariedade para a edição do ato administrativo.
> Se o móvel do agente público, no sentido de vontade subjetiva, não coincidir com as possibilidades dadas pelo ordenamento jurídico, haverá desvio de finalidade, pela ausência de correspondência do móvel com o motivo, pois a questão da intenção está intrinsecamente relacionada com o elemento fim (teleológico) do ato, por essa razão *motivo* e *móvel* não são expressões sinônimas.[102]
> Por outro lado, se o motivo serve de suporte à prática do ato, que se dá pela vontade do agente público, nunca se deve ignorar que essa vontade também existe à medida que há liberdade de opção. Mas a validade do ato só será posta em xeque se não houver como justificá-la com base nas possibilidades argumentativas extraídas do ordenamento jurídico (pressupostos de direito).
> Por exemplo, o agente político pode desejar (intenção/móvel) construir em vez de uma escola pública, um hospital público. Ao optar pelo hospital como motivo e finalidade[103] do ato de desapropriação, ele terá de justificar seu discurso com base nas possibilidades encontráveis na Lei de Desapropriações, que no caso brasileiro se localizam no Decreto-lei nº 3.365/41. Entretanto, jamais será válido ao agente desapropriar porque deseja perseguir e causar prejuízos a seu inimigo político, pois a justificativa de tal desejo não encontra respaldo argumentativo adequado nas possibilidades conferidas pelo ordenamento jurídico, tendo em vista especialmente a moralidade administrativa.
> Apesar de a impessoalidade dever ser a pauta de conduta administrativa, do ponto de vista deontológico (enfatize-se), não se defende aqui a neutralidade do poder estatal, ou seja, jamais se deve perder de vista que o Estado se manifesta por meio de agentes concretos que também expressam vontades subjetivas (móveis), mas essas vontades devem ser, sob pena de o Estado agir de forma arbitrária, validadas nas possibilidades argumentativas extraíveis axiológica e normativamente do ordenamento jurídico.
> A ressalva é importante para que o discurso do poder estatal não oculte, sob a encarnação de uma pretensa neutralidade de conduta, o fato de que decisões estão sendo tomadas de forma subjetiva (e não intersubjetiva – caso em que teriam ingredientes de maior objetividade –, daí a importância da motivação como discurso de justificação do agir estatal) e executadas coercitivamente a partir de forças volitivas pretensamente anônimas.

---

[101] BANDEIRA DE MELLO, Celso Antônio. *Curso de direito administrativo*. São Paulo: Malheiros, 2008. p. 391.

[102] E o seu cotejo é a base de aplicação da teoria dos motivos determinantes, tal qual propugnada originalmente por Gastón Jèze e não no sentido que adquiriu no Brasil.

[103] Note-se que no caso da desapropriação há certa coincidência entre o *motivo* e *finalidade*, o que não ocorre por exemplo no tombamento, no qual o motivo é o valor (histórico, turístico, paisagístico etc.) do bem, algo encontrável objetivamente no mundo, que deve impulsionar o agente público a praticar o ato administrativo para a finalidade de protegê-lo.

A crença equivocada na univocidade e na justiça abstrata da lei retira da consideração o fato de que existe por parte do agente público a liberdade condicionada[104] de optar, com base em sua vontade,[105] pela solução que entenda mais oportuna para a consecução de interesses coletivos. Caso contrário, o discurso anônimo e impessoal das práticas burocráticas pode encobrir que a violência estatal tem potencialidade de ser exercitada com base em desígnios que não têm o mínimo de respaldo social.

4.10.5 Vício de finalidade

O Estado manifesta a sua vontade por meio da figura do administrador, e o agente dotado de competência deve agir em vista de certo fim de interesse geral.

O vício no elemento finalidade é chamado de **desvio de poder** ou **desvio de finalidade**. Está definido da seguinte forma no art. 2º, parágrafo único, e, da Lei de Ação Popular (Lei nº 4.717/65): "o desvio de finalidade se verifica quando o agente pratica o ato visando a fim diverso daquele previsto, explícita ou implicitamente, na regra de competência".

São exemplos de desvio de finalidade: a edição de decreto expropriatório com o intuito de desapropriar imóvel de inimigo político, a punição disciplinar sem motivação e em função de questões pessoais comprovadas ou a prática de qualquer ato administrativo tão somente com a intenção de favorecer terceiros.

O desvio de finalidade ocorre tanto quando o administrador distorce o fim legal do poder que lhe era confiado pela regra de competência como quando não busca finalidades de interesse público (finalidade em sentido amplo), mas se orienta para fins particulares que nada têm a ver com os fins coletivos.

A teoria do *détornement de pouvoir* (desvio de poder) foi concebida pelo Conselho de Estado francês. O precedente mais conhecido do controle do desvio de finalidade na França foi o **caso Lesbats** (1864), que envolveu a anulação do ato do prefeito de Fontainebleau que, no uso do poder de polícia, negou a autorização ao recorrente para o ingresso de viaturas no pátio da estação da estrada de ferro, a fim de servir os passageiros que desembarcavam. Expõe Caio Tácito[106] que a decisão foi fundamentada no fato de que o objetivo do ato administrativo não era, como deveria ser, o fim daquela competência discricionária, o atendimento satisfatório aos usuários, mas visava a garantir o monopólio do serviço a outro transportador, já autorizado.

No Brasil, a primeira decisão relatada[107] na invocação mais precisa e clara do desvio de poder foi a proferida pelo Tribunal de Justiça no Rio Grande do Norte, em 28 de julho de 1948, calcada no voto do então desembargador Seabra Fagundes,[108] o qual, acrescente-se, foi posteriormente responsável pelo anteprojeto que se somou ao projeto de Bilac Pinto e resultou na Lei de Ação Popular (lei que positivou a construção do desvio de poder no Brasil).

---

[104] Pelas possibilidades argumentativas extraídas do ordenamento jurídico, conforme dito.

[105] Desde que essa vontade (móvel) seja compatível com os motivos existentes.

[106] TÁCITO, Caio. Teoria e prática do desvio de finalidade. *Revista de Direito Administrativo*, Rio de Janeiro, nº 117, p. 5, jul./set. 1974.

[107] TÁCITO, Caio. Teoria e prática do desvio de finalidade. *Revista de Direito Administrativo*, Rio de Janeiro, nº 117, p. 5, jul./set. 1974. p. 10.

[108] Que também foi pioneiro no estudo sistemático do desvio de finalidade, como preferiu traduzir a expressão *détournement de pouvoir*.

A referida decisão, comentada por Vítor Nunes Leal, é classificada como o *leading case* (precedente) da jurisprudência brasileira. Trata-se da anulação de ato de competência discricionária, consistente na fixação de horários de tráfego de veículos de transporte coletivo entre a capital e as cidades vizinhas pela Inspetoria Estadual de Trânsito, porque em verdade se constatou que a determinação dos horários visava favorecer outra empresa, assegurando-lhe a clientela nas horas nobres da locomoção, em detrimento do concorrente. Os fundamentos desse precedente estão resumidos da seguinte forma:

> PODER DISCRICIONÁRIO DA ADMINISTRAÇÃO. ABUSO DESTE PODER. MANDADO DE SEGURANÇA. DIREITO LÍQUIDO E CERTO. No que concerne à competência, à finalidade e à forma, o ato discricionário está tão sujeito aos textos legais como qualquer outro. O ato que, encobrindo fins de interesse público, deixe à mostra finalidades pessoais, poderá cair na apreciação do Poder Judiciário, não obstante originário do exercício de competência livre. O "fim legal" dos atos da Administração pode vir expresso ou apenas subentendido na lei. O direito que resulta, não da letra da lei, mas do seu espírito, exsurgindo implicitamente do texto, também pode apresentar liquidez e certeza que exigem para concessão do mandado de segurança.[109]

O vício específico de desvio de finalidade ocorre em atos que apresentam forma legal, são emanados por autoridades competentes, têm motivos aparentemente verdadeiros e objetos lícitos, mas a intenção do agente se desvia dos fins que justificam a outorga de competência, principalmente na competência discricionária.

Em geral, o agente que pratica um ato viciado com desvio de finalidade procura acobertar o vício com um **manto de legalidade**, para que não seja explicitada sua real intenção desafinada com o interesse público. Assim, Caio Tácito recomenda que:

> o intérprete não se contente com a letra dos motivos determinantes, mas mergulhe em seu espírito, atente a suas omissões e contradições, pondere a veracidade e a proporcionalidade dos meios em razão do fim colimado, preferindo, em suma, verificar sob a roupagem do ato os verdadeiros contornos de sua ossatura.[110]

Conforme exposto, é célebre a ideia de que: "o ato administrativo caminha do motivo para a finalidade, em perfeita simetria, com as cores do interesse público". É o interesse público que comanda o "espírito", a "ossatura", as "cores", isto é, qualquer que seja a figura de linguagem utilizada, o ato administrativo deve estar orientado para a satisfação de interesses coletivos, que justificam a supremacia do interesse público, e a grande problemática da identificação do vício de finalidade está na dificuldade probatória.

No desvio de poder, o agente pretende servir a outros fins, que não os do Direito, e normalmente acoberta o ato numa falsa aparência de legalidade. Tendo em vista essa realidade, a jurisprudência europeia desenvolveu um rol de indícios, coletados e comentados por José Cretella Júnior,[111] que denunciam a ocorrência do vício de finalidade, dentre os quais se destacam:

---

[109] Apelação cível nº 1.411. Rel. Des. Seabra Fagundes. Empresa de Transporte Potiguar Ltda *vs.* Inspetoria Estadual de Trânsito. *RDA* 14/52.

[110] TÁCITO, Caio. Teoria e prática do desvio de finalidade. *Revista de Direito Administrativo*, Rio de Janeiro, nº 117, p. 18, jul./set. 1974.

[111] CRETELLA JR., José. Sintomas denunciadores do desvio de poder. *Revista da Procuradoria do Estado de São Paulo*, nº 9, p. 27-44, dez. 1976. Note-se que o autor pesquisou a temática do desvio de poder em sua tese de livre-docência na Faculdade de Direito da Universidade de São Paulo, em 1964.

1. **contradição com atos posteriores**: como no caso em que a Administração alega falta de verbas exonera servidor em cargo em comissão e na sequência nomeia outro para a mesma vaga;
2. **contradição com atos anteriores**: situação relatada na jurisprudência italiana, em que ao funcionário[112] muito elogiado foram conferidos encargos importantes e delicados e, na sequência, o mesmo funcionário foi demitido sob a alegação de incapacidade e escasso rendimento;
3. **motivação excessiva**: também é um indício a ser ponderado, pois o órgão que possui um motivo claro e suficiente para praticar determinado ato não sente a necessidade de reforçar o motivo com inúmeras outras considerações acessórias. Tal circunstância foi relatada em parecer de lavra de Manoel Gonçalves Ferreira Filho,[113] em que, numa desapropriação ocorrida em Salvador, o decreto expropriatório possuía motivação excessiva e contraditória, pois declarava a utilidade pública, em caráter de urgência, ao imóvel residencial particular, para que nele se instalasse escola-parque para crianças excepcionais e também que houvesse o necessário embelezamento da cidade;
4. **motivação contraditória**, isto é, a falta de nexo lógico entre as premissas e o ato, que deixa o intérprete perplexo a respeito do verdadeiro móvel inspirador do administrador, como no exemplo anterior;
5. **motivação insuficiente**: que gera a nulidade em inúmeras circunstâncias, dentre as quais se destacam as seguintes: "ato administrativo. Concurso público para docente em universidade. Alteração pelo conselho de ensino e de pesquisa dos resultados apurados pela comissão examinadora e anulação do certame sem declinação dos motivos. Nulidade" (STF, *RDA* 105/210) e "é nula a demissão do funcionário sem que tenha sido apontada, expressamente, a sua falta funcional" (TJSP, *RDA* 70/172); e
6. **alteração dos fatos**: adulteração, deformação ou ausência de justificação com fatos reais.

O autor acrescenta, além dos mencionados, outros indícios, quais sejam: a ilogicidade manifesta, a manifesta injustiça, como ocorre na diversidade injustificada de tratamento de situações idênticas, em violação ao princípio da impessoalidade e da equidade e a derrogação de normas internas de caráter geral para atender a interesses particulares.

A presença de apenas um indício pode não ser suficiente para denunciar a ocorrência do desvio de poder. Assim, deve o magistrado ou o administrador que faz o controle do ato se guiar pela consistência e pela razoabilidade da alegação em função dos dados presentes no caso concreto.

Acesse e assista ao vídeo sobre desvio de poder ou desvio de finalidade

> http://uqr.to/1xpl4

---

[112] Observa-se, pois, que o poder hierárquico-disciplinar é fonte lastimável de prática de desvio de finalidade na aplicação de sanções por motivos pessoais ou subjetivos que não tenham qualquer pertinência com o bom andamento dos serviços públicos.

[113] FERREIRA FILHO, Manoel Gonçalves. Desapropriação. Declaração de utilidade pública. Desvio de poder. Mandado de segurança. *Revista de Direito Administrativo*, Rio de Janeiro, v. 118, p. 425-437, out./dez. 1974.

Elementos	Requisitos de validade	Vícios
1. Sujeito	capaz e competente[114]	funcionário de fato usurpador de função excesso de poder
2. Objeto	lícito, possível, determinável e moral	vício de conteúdo ou efeito e imoralidade
3. Forma	se exigida em lei: obrigatória	inobservância completa ou parcial das formalidades exigidas
4. Motivo	existência e adequação	inexistência inadequação
5. Finalidade	prevista em lei e de interesse público	desvio de poder

4.11 Discricionariedade e os elementos do ato administrativo

Discricionariedade, conforme visto no item poder discricionário, é a prerrogativa que tem a Administração Pública de optar, dentre duas ou mais soluções, segundo critérios de conveniência e oportunidade (juízo de mérito), por aquela que melhor atenda ao interesse público no caso concreto.

A licença para tratar de assuntos particulares é ato discricionário, porque o agente competente só a concederá após ponderar sua conveniência em função das necessidades do serviço público. Já os atos de admissão no ensino superior público, após regular aprovação no exame vestibular, outorga de alvará de licença para dirigir veículo automotor e concessão de aposentadoria para pessoas que preencham os requisitos legais são atos vinculados, onde não há margem de opção discricionária por parte do Poder Público.

A discricionariedade não representa liberdade total, mas apenas uma **margem de liberdade** conformada pelas regras e princípios normativos. A competência não é cheque em branco,[115] em expressão utilizada por Caio Tácito. Se o agente público praticar ato que extrapole os limites permitidos pelo ordenamento, este ato passa a ser arbitrário.

Segundo Hely Lopes Meirelles,[116] a lei sempre subordina a atuação administrativa a um mínimo legal que representa a necessária observância dos elementos:

1. competência;
2. forma; e
3. finalidade.

Assim, **não há** ato **totalmente** discricionário, pois os mencionados aspectos são geralmente fixados por lei e são, portanto, vinculantes da atuação administrativa. Na explicação do autor, mesmo o ato discricionário no pressuposto de fato será vinculado em aspectos como

---

[114] Para aqueles que, como Caio Tácito, consideram a competência também de sua perspectiva material, são considerados vícios de competência: o excesso de poder e o desvio de finalidade.

[115] TÁCITO, Caio. Abuso de poder administrativo no Brasil. In: *Temas de direito público*: estudos e pareceres. Rio de Janeiro: Renovar, 1997. p. 52.

[116] MEIRELLES, Hely Lopes. *Direito administrativo brasileiro*. São Paulo: Malheiros, 2009. p. 112.

competência, que decorre de previsão legal, ou *forma*, se ela[117] for determinante da validade do ato. Exige-se, ainda, sempre que o ato seja editado por agente competente, revestido de forma legal e que obedeça a *finalidade pública*.[118]

Logo, discricionariedade geralmente consiste apenas na possibilidade de a Administração valorar os **motivos** e selecionar o **objeto** do ato, quando a lei lhe permite decidir sobre a conveniência e a oportunidade do ato administrativo. Assim, se houver discricionariedade, o motivo e o objeto serão discricionários, ao passo que nos atos vinculados não há opção de escolha entre motivo e objeto.

Não são todos os casos que geram faculdade de opção à Administração, havendo circunstâncias concretas que fazem emergir apenas uma possibilidade válida segundo o ordenamento, conforme já fora expresso na seguinte assertiva:

> a discricionariedade, autorizada em lei quanto aos motivos, somente conduz a uma decisão válida se o juízo de conformação do abstrato ao concreto observar a necessária vinculação do processo decisório com a finalidade de interesse público, demonstrada tal conexão pelo próprio conteúdo do ato administrativo.[119]

Deve-se advertir que a discricionariedade não é argumento apto a excluir da apreciação do Poder Judiciário lesão ou ameaça a direito (art. 5º, XXXV, da Constituição), mesmo porque pode ser que um ato discricionário seja praticado com ilegalidades.

Essa noção deve ser bem compreendida, para não dar margem a equívocos: o Poder Judiciário deve realizar o controle do ato, mesmo que discricionário, verificando se há irregularidades em qualquer de seus elementos ou se os princípios administrativos foram observados, mas o controle jurisdicional será limitado (*self-restraint*), uma vez que ao Poder Judiciário é proibido adentrar ao mérito/discricionariedade do ato e se substituir à Administração Pública na dimensão da conveniência e oportunidade, sob pena de violar a separação de poderes.

Elementos	Presença de discricionariedade
1. Competência	Não. Está prevista em lei.
2. Objeto	**Sim**. A depender do caso concreto.
3. Forma	Não. Se a lei determinar, deverá ser obrigatoriamente observada.
4. Motivo	**Sim**. Depende do conceito jurídico e do caso concreto.
5. Finalidade	Não. Em regra, aquela que a lei determinar, sendo sempre pública.

---

[117] Conforme visto, se a lei determina certa forma, não há discricionariedade para a Administração alterá-la. No entanto, determina o *caput* do art. 22 da Lei nº 9.784/99 que "os atos do processo administrativo não dependem de forma determinada senão quando a lei expressamente a exigir". Assim, rigorosamente falando não dá para dizer que a forma é sempre vinculada, isto é, que todas as formas já estejam predeterminadas em lei. No entanto, ainda é corrente em provas de concurso a exigência da resposta de teste de acordo com a obra de Meirelles, isto é, no sentido de que são elementos vinculados do ato: competência, forma e finalidade. Ora, também a finalidade deve ser pública, sem dúvida, mas isso não significa que a Administração não tenha, para alguns casos, margem de liberdade, por exemplo, em desapropriar para construir uma escola pública ou um hospital, pois no caso da desapropriação por utilidade pública o Decreto-lei nº 3.365 prevê diversas hipóteses legais que igualmente rendem ensejo a esse tipo de expropriação.

[118] MEIRELLES, Hely Lopes. *Direito administrativo brasileiro*. São Paulo: Malheiros, 2009. p. 153. Inspirado em LEAL, Victor Nunes. Poder discricionário e ação arbitrária da Administração. *RDA*, 14/53.

[119] Assertiva correta do XIII Concurso para ingresso na Magistratura Federal/TRF da 3ª Região.

> **Doutrina Chenery e
> restrição ao controle judicial da discricionariedade administrativa**
>
> No julgamento do Superior Tribunal de Justiça (STJ), tendo como relatora Min. Laurita Vaz, j. 7.6.2017, AgInt no AgInt na SLS 2.240/SP, foi feita alusão à Doutrina Chenery dos Estados Unidos, como argumento apto a restringir os excessos do controle judicial em relação à revisão de decisões políticas da Administração Pública.[120]
>
> Conforme alusão da decisão, com base na doutrina Chenery, que reconheceu o caráter político da atuação da Administração Pública dos Estados Unidos da América –, as cortes judiciais estão impedidas de adotarem fundamentos diversos daqueles que o poder Executivo abraçaria, principalmente questões técnicas e complexas, em que os tribunais não têm a *expertise* para concluir se os critérios adotados pela Administração são corretos (Economic Analysis of Law, Fifth Edition. New York: Aspen Law and Business, 1996. p. 671).
>
> Assim, considerou o STJ, na aplicação da doutrina Chenery, as escolhas políticas dos órgãos governamentais, desde que não sejam revestidas de reconhecida ilegalidade, não podem ser invalidadas pelo Poder Judiciário.

4.12 Teoria das invalidades no ato administrativo: nulidade e anulabilidade

No direito privado, a nulidade de um negócio jurídico pode ser alegada por qualquer interessado, pelo Ministério Público ou de ofício pelo juiz, não lhe sendo permitido supri-la, ainda que a requerimento das partes, conforme determinação do art. 168 do Código Civil, pois diz respeito a interesse público superior, sendo reconhecida, em regra, a qualquer tempo; já a anulabilidade (ou nulidade relativa) somente pode ser alegada pelos interessados (art. 177 do CC), uma vez que afeta apenas interesses particulares.

Existe discussão no Direito Administrativo da possibilidade de transplante da teoria das invalidades formulada no direito privado para o direito público. Segundo expõe Celso Antônio Bandeira de Mello,[121] existem quatro entendimentos na doutrina:

1. o de Hely Lopes Meirelles, segundo o qual o vício acarreta sempre a nulidade do ato, não havendo como se falar em anulabilidade;
2. o de Oswaldo Aranha Bandeira de Mello, que defende a tradicional distinção entre atos nulos e anuláveis;
3. o de Seabra Fagundes, que propugna uma divisão tricotômica: nulos, anuláveis e irregulares; diferenciando totalmente a concepção adotada no Direito Administrativo entre nulos e anuláveis daquela encontrada no Código Civil; e

---

[120] Note-se que, em sentido inverso, conforme será visto no item das agências reguladoras, **a doutrina Chevron** foi afastada em decisão da Suprema Corte dos Estados Unidos, no *caso Loper Bright Enterprises v. Raimondo*, em 28.06.2024, legitimando os tribunais a exercer suas interpretações das leis, sem necessariamente ter deferência às interpretações dadas pelas agências reguladoras. Posição distinta da doutrina Chenery.

[121] BANDEIRA DE MELLO, Celso Antônio. *Curso de direito administrativo*. São Paulo: Malheiros, 2008. p. 457-458.

4. a do próprio Celso Antônio Bandeira de Mello, que aceita o posicionamento de Oswaldo Aranha Bandeira de Mello, mas acrescenta[122] ainda à classificação uma terceira categoria: a dos atos inexistentes.

A doutrina é, portanto, dividida entre aqueles que entendem que, como Hely Lopes Meirelles, existem apenas atos nulos e a corrente majoritária, que distingue atos nulos de atos anuláveis. Também é adepto do posicionamento Diogenes Gasparini, para quem:

> Só há uma espécie de ato administrativo inválido: o comumente chamado de nulo. Desse modo, não se tem no Direito Administrativo, como ocorre no direito privado, atos nulos e anuláveis, em razão do princípio da legalidade, incompatível com essa dicotomia. Ademais, os atos anuláveis ofendem direitos privados, disponíveis pelos interessados, enquanto os nulos agridem interesses públicos, indisponíveis pelas partes. Lá são anuláveis, aqui são nulos. O ato administrativo sempre ofenderá, quando ilegal, um interesse público, sendo, portanto, nulo.[123]

Para Hely Lopes Meirelles:

> o ato administrativo é legal ou ilegal; válido ou inválido. Jamais poderá ser legal ou meio-legal; válido ou meio-válido, como ocorreria se se admitisse a nulidade relativa ou anulabilidade, como pretendem alguns autores que transplantam teorias do direito privado para o direito público sem meditar na sua inadequação aos princípios específicos da atuação estatal.[124]

Quanto ao entendimento, deve-se ressaltar que o princípio do terceiro excluído é derivado da lógica pura. Trata-se de decorrência da ideia "parmenídica"[125] do princípio da identidade, que se desloca para o da não contradição, extraindo-se, ainda, o terceiro excluído: "o que é, é"; "o que não é, não é", sendo impossível que "algo seja e ao mesmo tempo não seja", isto é, ou o ato é legal ou ilegal, se for ilegal, não poderá ser parcialmente legal.

Esse tipo de raciocínio, no qual só há branco ou preto, sendo desconsideradas as situações acinzentadas, é problemático, mormente se trazido para o universo das ciências sociais aplicadas. Imagine-se: Sócrates ou é alto ou não alto, não pode ter estatura mediana. Uma pessoa ou é calva ou não calva, não pode estar numa posição intermediária entre o "ser" ou "não ser", pois qualquer terceira situação é logicamente excluída.

No Direito pós-moderno, no entanto, houve a revalorização da argumentação e da ponderação dos efeitos das decisões, com base na concepção de que o Direito serve para produzir efeitos na vida em sociedade, não tendo por fim simplesmente descrever a realidade existente. Assim, mesmo que se parta da constatação de que um ato é inválido, deve se ponderar o grau de invalidade para se decidir quais os efeitos da declaração de invalidade, na perseguição da melhor solução para o caso concreto, que se dá em consideração aos valores sopesados.

Para fins de decidibilidade, o intérprete deve ponderar qual é a melhor solução, não a partir dos critérios exclusivamente duais, como: verdadeiro/falso ou certo/errado, mas tendo em

---

[122] Celso Antônio Bandeira de Mello também considera os atos irregulares, que "padecem de vícios materiais irrelevantes, reconhecíveis de plano, ou incursos em formalização defeituosa consistente em transgressão de normas cujo real alcance é meramente o de impor a padronização interna dos instrumentos pelos quais se veiculam os atos administrativos". *Curso de direito administrativo*. São Paulo: Malheiros, 2008. p. 460.

[123] GASPARINI, Diogenes. *Direito administrativo*. 11. ed. São Paulo: Saraiva, 2006. p. 113.

[124] MEIRELLES, Hely Lopes. *Direito administrativo brasileiro*. São Paulo: Malheiros, 2009. p. 208-209.

[125] Referente a Parmênides, de Eleia. Ver também: ALVES, Alaôr Caffé. *Lógica*: pensamento formal e argumentação. São Paulo: Edipro, 2000. p. 153.

vista principalmente o *preferível* diante das possibilidades de solução existentes e das interpretações normativas extraídas de princípios e valores que têm maior peso no caso concreto.

Assim, uma situação é a nulidade decorrente de um ato praticado com desvio de finalidade, cujo motivo é falso e o verdadeiro fim do ato foi, por exemplo, a vingança do agente público sobre um desafeto privado, sem qualquer benefício do ponto de vista coletivo; outra situação é a possibilidade de invalidação de um ato que tem um motivo adequado com a finalidade pública, mas que sofre de vício de forma, à medida que a autoridade competente, por exemplo, foi negligente em motivá-lo, sendo que o ato é todo regular perante o Direito, produzindo efeitos que beneficiam ao interesse coletivo, apesar da ausência da formalidade.

Ora, entendemos que os vícios podem ser mais ou menos graves, em função dos males dos efeitos dos atos administrativos avaliados, sendo necessário um juízo de ponderação sobre as possibilidades de saneamento dos atos. Conforme argumenta Ricardo Marcondes Martins, o vício de motivação não gera por si só a invalidação do ato, sendo necessária para a anulação ao menos uma dúvida sobre a existência de outro vício, caso contrário "a solução preconizada pelo Direito seria afastada em homenagem à forma".[126] Admite-se, portanto, para o caso, motivação ulterior.

Assim, para a maior parte da doutrina, o **critério** de distinção entre nulidade e anulabilidade é a **possibilidade de convalidação**. Enquanto a nulidade envolve um vício grave, não passível de convalidação, a anulabilidade, por compreender pequena irregularidade, admite saneamento ou convalidação do ato administrativo.

Diante do exposto, defendemos que é plenamente plausível, a partir de concepções pós-positivistas, diferenciar[127] **nulidade**, para as graves ilegalidades, que não admitem convalidação, de **anulabilidade**, na qual, em face de uma irregularidade menor, o intérprete pode sanear um ato que produz efeitos que merecem ser preservados.

Concordamos, portanto, com Seabra Fagundes, no sentido da necessidade de se diferenciarem os conceitos de nulidade e anulabilidade do direito privado da noção adotada pelo direito público, mas entendemos que a anulabilidade englobaria as irregularidades. Ademais, um argumento relevante que separa o regime jurídico administrativo do regime dos atos anuláveis no direito privado é o de que a autotutela administrativa não depende de provocação, pode ser exercida de ofício pela Administração Pública, não havendo, pois, necessidade de o Poder Público depender de provocação particular para anular atos irregulares.

Nulidade	Anulabilidade
Vício grave	Irregularidade
Não convalidável	Passível de convalidação

---

[126] Em trabalho denominado: *Efeitos dos vícios dos atos administrativos*. São Paulo: Malheiros, 2008. p. 248.

[127] Ressalte-se que, paradoxalmente, Hely Lopes Meirelles não admite que haja anulabilidade no Direito Administrativo, mas mesmo assim defende a possibilidade de convalidação de ato defeituoso. Talvez o entendimento se justifique no fato de que ele não admite, em verdade, a anulabilidade nos termos do direito privado. Cf. MEIRELLES, Hely Lopes. *Direito administrativo brasileiro*. São Paulo: Malheiros, 2009. p. 209.

4.13 Atos inexistentes

Celso Antônio Bandeira de Mello defende a existência, ao lado dos atos nulos e anuláveis, de uma terceira categoria de atos, qual seja: a dos atos inexistentes. Estes são atos que são tão graves que **jamais prescrevem** e não podem ser objeto de conversão (e convalidação).

Veiculam comportamentos "que correspondem a condutas criminosas ofensivas a direitos fundamentais da pessoa humana, ligados à sua personalidade ou dignidade intrínseca e, como tais, resguardados por princípios gerais de Direito"[128] que informam o ordenamento jurídico dos povos.

Exemplo clássico seria o ato praticado por usurpador de função, que é inexistente, uma vez que aquele que se diz agente público não tem nenhum vínculo com a Administração. Neste caso, pela ausência sequer da aparência de Poder Público, o cidadão-administrado possui o direito de resistir, isto é, de não obedecer às ordens emanadas de um usurpador de função.[129]

São classificados por Weida Zancaner, em sua obra clássica *Da convalidação e da invalidação dos atos administrativos*, como atos absolutamente insanáveis. Segundo expõe, a relação jurídica que quisesse se fundar neles é *natimorta*, "porquanto a própria pretensão ali calcada é havida pelo Direito como radicalmente inadmissível, repelida como crime".[130]

Não podem ser estabilizados com o tempo, sendo imprescritíveis, conforme exposição de Weida Zancaner:[131] a ordem de uma autoridade para que torture um preso ou para saquear propriedades de devedores do fisco. Apesar de serem considerados inexistentes, se produziram efeitos, pode o interessado pleitear que sejam declarados inválidos.

4.14 Convalidação do ato

Convalidação ou saneamento é técnica utilizada pela Administração Pública para suprir vício que desnatura o ato administrativo, com efeitos retroativos à data em que foi praticado, a fim de que ele possa continuar a produzir os efeitos desejados.

Ela recai sobre ilegalidades, mas nem todo ato ilegal pode ser convalidado. A questão dos limites da convalidação é um dos temas mais polêmicos[132] do Direito Administrativo, pois envolve o questionamento sobre o que seria aproveitável de um ato irregular, no qual colidem a legalidade com a necessidade de estabilização dos efeitos desejados. Também há controvérsia sobre se a convalidação seria um dever ou uma faculdade conferida à Administração.

Antes da edição da Lei nº 9.784/99 havia discussão sobre se a autotutela abrangeria o chamado dever de a Administração Pública anular atos administrativos ilegais, que seria decorrência do disposto na Súmula 473 do STF, cujo conteúdo foi reproduzido no art. 53 da mencionada

---

[128] BANDEIRA DE MELLO, Celso Antônio. *Curso de direito administrativo*. São Paulo: Malheiros, 2008. p. 459.

[129] Conforme visto, usurpação de função é crime tipificado no art. 328 do Código Penal.

[130] ZANCANER, Weida. *Da convalidação e da invalidação dos atos administrativos*. São Paulo: Malheiros, 2001. p. 97.

[131] ZANCANER, Weida. *Da convalidação e da invalidação dos atos administrativos*. São Paulo: Malheiros, 2001. p. 97-98.

[132] Existem poucas obras no Brasil que tenham tratado o tema de forma aprofundada. Merecem, portanto, destaque duas obras importantes: a de Weida Zancaner, denominada *Da convalidação e da invalidação dos atos administrativos*. 2. ed. São Paulo: Malheiros, 2001, e a de Edmir Netto de Araújo: *Convalidação do ato administrativo*. São Paulo: LTr, 1999.

lei, nos seguintes termos: "a Administração deve anular seus próprios atos, quando eivados de vício de legalidade".

Weida Zancaner foi a administrativista brasileira que mais críticas teceu ao autoritarismo presente no dever de invalidar. A autora defende que também se pode falar em dever de convalidar da Administração Pública.

Trata-se do mesmo entendimento de Celso Antônio Bandeira de Mello,[133] que argumenta que, se a Administração estiver diante de ato suscetível de convalidação, ela tem o dever de convalidá-lo; e se estiver diante de ato insuscetível de convalidação, há a obrigação de invalidação do ato, exceto em duas hipóteses: (1) quando houver escoado o prazo para a invalidação; e (2) quando, embora não vencido o prazo, o ato viciado for ampliativo da esfera jurídica de administrados de boa-fé.

Apesar de concordarmos com muitos dos argumentos tanto de Zancaner, como de Bandeira de Mello, referências indispensáveis na abordagem do Direito Administrativo, preferimos,[134] neste ponto específico, aderir ao entendimento de Edmir Netto de Araújo, para quem: não há dever de convalidar um ato anulável, mas existe um **dever de recompor a legalidade ferida**[135] que, no caso do vício de anulabilidade, é realizado tanto pela invalidação/anulação como pela convalidação, sendo esta faculdade discricionária da Administração Pública a sopesar os interesses públicos envolvidos no caso concreto.

Note-se que o art. 55 da Lei de Processo Administrativo federal (Lei nº 9.784/99) trata da convalidação como facultativa/discricionária: "em decisão na qual se evidencie não acarretarem lesão ao interesse público nem prejuízo a terceiros, os atos que apresentarem defeitos sanáveis **poderão** ser convalidados pela própria Administração".[136]

São requisitos necessários para a convalidação do ato:

1. ausência de **prejuízo ao interesse público**;
2. ausência de **prejuízo a terceiros**; e
3. presença de **defeitos sanáveis**, excluindo-se nulidades.

Assim, diante da lesão ao interesse público, do prejuízo ao terceiro, ou da presença de um vício de nulidade, ou seja, de um vício insanável, só restará à Administração invalidar o ato administrativo.

Edmir Netto de Araújo[137] acrescenta, ainda, outros limites à convalidação dos atos:

- se o ato for válido;
- se o ato for inexistente;
- atos atingidos pela prescrição;

---

[133] BANDEIRA DE MELLO, Celso Antônio. *Curso de direito administrativo*. São Paulo: Malheiros, 2008. p. 466.

[134] A propósito da discussão, ver: NOHARA, Irene Patrícia; MARRARA, Thiago. *Processo administrativo*: Lei nº 9.784/99 comentada. São Paulo: Atlas, 2009. p. 357.

[135] ARAÚJO, Edmir Netto de. *Convalidação do ato administrativo*. São Paulo: LTr, 1999. p. 133.

[136] Das leis estaduais, dá-se destaque à lei mineira (Lei nº 14.184/2002), uma vez que ela determina, diferentemente, que "na hipótese de a decisão não acarretar lesão do interesse público nem prejuízo para terceiros, os atos que apresentarem defeito sanável serão convalidados pela Administração" (art. 66).

[137] ARAÚJO, Edmir Netto de. *Curso de direito administrativo*. 3. ed. São Paulo: Saraiva, 2007. p. 494.

- atos que não representem decisões, como pareceres ou opiniões;
- atos que já geraram direitos subjetivos aos beneficiários;
- decisões favoráveis aos funcionários em processo disciplinar; e
- atos de efeitos instantâneos já produzidos.

Apesar de a Lei de Ação Popular ter taxado por nulidade os vícios dos elementos do ato administrativo, conforme parágrafo único do art. 2º (Lei nº 4.717/65), a doutrina costuma distinguir os casos de nulidade dos de anulabilidade. Se houver possibilidade de convalidação, conforme visto no item anterior, trata-se de anulabilidade e, diante da impossibilidade, há nulidade.

Dos cinco elementos dos atos administrativos: sujeito, objeto, forma, motivo e finalidade, admite-se, como regra geral, a convalidação apenas do vício de sujeito e de forma. Quanto ao **sujeito**, admite-se que o vício de competência seja convalidado, exceto se praticado em competência atribuída com exclusividade ou em razão da matéria.[138] Já o conteúdo ou objeto do ato não pode ser convalidado, pois, como cada ato tem efeitos próprios, a mudança dos efeitos do ato acaba por convertê-lo em outro ato. Também se admite, via de regra, a convalidação da **forma**, se esta não for imprescindível à configuração de determinado ato, sendo vedado, como regra geral, o saneamento dos vícios de motivo e de finalidade.

CONVALIDAÇÃO

Definição: Saneamento do vício do ato, com efeitos retroativos.
A convalidação é possível, para maior parte da doutrina, somente em atos **anuláveis**.
Base: **autotutela** – dever de a Administração Pública recompor a legalidade administrativa.
Art. 55 da LPA: **facultativa/discricionária**.

Requisitos:
- ausência de prejuízo ao interesse público;
- ausência de prejuízo a terceiros; e
- defeitos sanáveis.

Possibilidade de	Convalidação	Observações
Sujeito	Sim	Desde que não seja: • competência exclusiva; e • em razão de matéria.
Objeto	–	É possível a **conversão**.
Forma	Sim	Desde que não seja essencial à validade do ato.
Motivo	–	–
Finalidade	–	–

Tema Controvertido: impacto do art. 147 da Nova Lei de Licitações e Contratos na teoria das nulidades

---

[138] Também não se admite que haja convalidação de ato praticado por usurpador de função, mas nesse caso o ato é inexistente. Não se trata de invalidade, pois ele não produz efeitos na medida em que não há sequer investidura no cargo.

Apesar de ser consensual, do ponto de vista doutrinário, não haver convalidação de atos nulos, o art. 147 da Lei nº 14.133/2021 (Nova Lei de Licitações e Contratos) subverte tal lógica, ao determinar que, constatada irregularidade no procedimento licitatório ou na execução contratual, caso não seja possível o saneamento, a decisão sobre a suspensão da execução ou sobre a **declaração de nulidade** do contrato somente será adotada na hipótese em que se revelar medida de interesse público.

Assim, mesmo em face de uma situação de nulidade, haverá uma análise consequencial, em função de aspectos listados nos incisos do art. 147 da Lei de Licitações, quais sejam: (I) impactos econômicos e financeiros decorrentes do atraso na fruição dos benefícios do objeto do contrato; (II) riscos sociais, ambientais e à segurança da população local decorrentes do atraso na fruição dos benefícios do objeto do contrato; (III) motivação social e ambiental do contrato; (IV) custo da deterioração ou da perda das parcelas executadas; (V) despesa necessária à preservação das instalações e dos serviços já executados; (VI) despesa inerente à desmobilização e ao posterior retorno às atividades; (VII) medidas efetivamente adotadas pelo titular do órgão ou entidade para o saneamento dos indícios de irregularidades apontados; (VIII) custo total e estágio de execução física e financeira dos contratos, dos convênios, das obras ou das parcelas envolvidas; (IX) fechamento dos postos de trabalho diretos e indiretos em razão da paralisação; (X) custo para realização de nova licitação ou celebração de novo contrato; e (XI) custo de oportunidade do capital durante o período de paralisação.

É muito provável que, diante da análise dessas diversas hipóteses, a paralisação ou a anulação não se revele medida de interesse público, o que significa que o Poder Público deverá optar pela continuidade do contrato e pela solução da irregularidade por meio de indenização por perdas e danos.

Contudo, caso haja declaração de nulidade do contrato, após análise prévia do interesse público envolvido, os efeitos operarão retroativamente. Caso não seja possível o retorno à situação fática anterior, a nulidade pode ser resolvida por perdas e danos, sendo, ainda, possível que a declaração de nulidade do contrato tenha eficácia em momento futuro (efeitos *pro futuro*), para que haja tempo de efetuar nova contratação, por prazo de até seis meses, prorrogável uma vez, de acordo com o § 2º do art. 148 da Lei nº 14.133/2021. São novidades trazidas pela Nova Lei de Licitações e Contratos.

4.15 Conversão

Conversão é instituto utilizado pela Administração Pública para transformar um ato inválido em ato de outra categoria, com efeitos retroativos à data do ato original, para aproveitar os efeitos já produzidos.[139]

Diferentemente do que ocorre na convalidação, na conversão dá-se qualificação jurídica diversa a dois atos de efeitos semelhantes. Por exemplo: a concessão de uso de bem público feita sem licitação, quando o ordenamento exige, pode ser convertida em permissão precária, se o caso concreto não demandar a realização de licitação; com isso se imprime validade ao uso do bem público já consentido.

Se os efeitos não fossem *ex tunc* ou retroativos, de nenhum proveito seria a conversão, que seria superada pela mera prática de outro ato administrativo.

---

[139] Ver DI PIETRO, Maria Sylvia. *Direito administrativo*. São Paulo: Atlas, 2010. p. 248.

 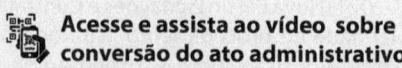

Acesse e assista ao vídeo sobre conversão do ato administrativo
> https://uqr.to/1xpl3

4.16 Extinção

4.16.1 *Formas de extinção do ato administrativo*

Existem diversas formas de extinção do ato administrativo. A classificação mais conhecida foi elaborada por Celso Antônio Bandeira de Mello,[140] segundo a qual um ato eficaz se extingue por:

1. **cumprimento** de seus **efeitos**, que é a forma mais natural de o ato ser extinto:
   a) por *esgotamento do conteúdo jurídico* – no caso do gozo das férias de um funcionário;
   b) *execução material*: ex.: na ordem de demolição de um imóvel; ou
   c) *implemento de condição resolutiva* ou *de termo final*, como, por exemplo, no esgotamento do prazo final para realização de um rodeio em ato de autorização de uso de terreno baldio de prefeitura, depois do transcurso dos dias festivos.
2. **desaparecimento** ou perda do **sujeito** ou **objeto** da relação jurídica constituída pelo ato, por exemplo, a morte de um funcionário (sujeito) extingue sua nomeação para o cargo ocupado e a tomada pelo mar de terreno de marinha (objeto) dado em aforamento, gera a extinção da enfiteuse;
3. **retirada** do ato, trata-se, portanto, da prática de um ato que extingue o anterior, abrange: revogação, invalidação (ou anulação), cassação, caducidade, contraposição, cujas definições serão fornecidas; e
4. **renúncia:** rejeição pelo beneficiário de situação jurídica favorável de que desfrutava, como ocorre na renúncia a um cargo de secretário de Estado.

Já o ato ineficaz seria extinto seja por sua **retirada** ou pela **recusa** do beneficiário, cuja aquiescência era necessária para a produção de seus efeitos.

Note-se que, nas definições de Bandeira de Mello,[141] são fundamentos da **retirada**:

- a **revogação**: retirada por razões de conveniência e oportunidade;
- a **invalidação**:[142] pela desconformidade com o ordenamento jurídico ou ilegalidade;

---

[140] BANDEIRA DE MELLO, Celso Antônio. *Curso de direito administrativo*. São Paulo: Malheiros, 2008. p. 408-410.

[141] BANDEIRA DE MELLO, Celso Antônio. *Curso de direito administrativo*. São Paulo: Malheiros, 2008. p. 409.

[142] Enquanto para Celso Antônio Bandeira de Mello e Maria Sylvia Zanella Di Pietro a anulação representa a invalidação do ato administrativo, Hely Lopes Meirelles se utiliza do termo *invalidação* como gênero no qual, diferentemente dos autores citados, inclui além da anulação a revogação do ato administrativo, conforme se extrai do seguinte excerto: "a invalidação dos atos administrativos inconvenientes, inoportunos ou ilegítimos constitui tema de

- a **cassação**: porque o destinatário descumpriu condições que deveriam ser atendidas para que ele continuasse a desfrutar de certa situação jurídica, como no caso da retirada da licença de funcionamento de hotel que se transformou em casa de tolerância;[143]
- a **caducidade**:[144] porque sobreveio norma jurídica que tornou inadmissível a situação antes permitida pelo Direito e outorgada pelo ato precedente, como na retirada de permissão para explorar parque de diversão em local que, diante de nova lei de zoneamento, se tornou incompatível com aquele tipo de uso ou no caso do bingo, que passou a ser, por norma superveniente, atividade proibida; e
- a **contraposição**: edição de ato com efeitos opostos, por exemplo, a exoneração de funcionário aniquila os efeitos de sua nomeação, ou seja, os efeitos da exoneração derrubam por contraposição os efeitos da nomeação.

4.16.2 Anulação e revogação

Anulação e revogação são as principais modalidades de desfazimento ou retirada do ato administrativo ou do procedimento, por isso são analisadas em item próprio.

As Súmulas 346 e 473 do STF tratam delas, respectivamente, nos seguintes termos:

"A administração pública pode declarar a nulidade de seus próprios atos" e "a administração pública pode anular seus próprios atos, quando eivados de vícios que os tornam ilegais, porque deles não se originam direitos; ou revogá-los, por motivo de conveniência e oportunidade, respeitados os direitos adquiridos e ressalvada, em todos os casos, a apreciação judicial."

Essa determinação é repetida pelo art. 53 da Lei nº 9.784/99 (LPA federal).

As súmulas evidenciam, entre outras coisas, o princípio da autotutela administrativa, de acordo com o qual a administração pode controlar seus próprios atos, anulando ou declarando a nulidade dos atos ilegais, ou revogando os atos inoportunos e inconvenientes.

João Antunes dos Santos Neto[145] associa a justificativa da existência do poder de autotutela com a característica da autoexecutoriedade dos atos administrativos, pois se a Administração Pública pode executar seus atos e decisões de ofício, ela também pode rever aqueles mesmos atos e decisões que colocou no mundo jurídico de forma unilateral e independente, de modo a melhor atender ao princípio da legalidade e ao interesse público.

A Súmula 473 também explicita a inafastabilidade da tutela jurisdicional, ou seja, sempre permanece a possibilidade de apreciação do Poder Judiciário, conforme determinação encontrada no art. 5º, XXXV, da Constituição, único capaz de produzir decisões com incontrastável

---

alto interesse tanto para a Administração como para o Judiciário, uma vez que a ambos cabe, em determinadas circunstâncias, desfazer os que se revelarem inadequados aos fins visados pelo Poder Público ou contrários às normas legais que os regem". Cf. *Direito administrativo brasileiro*. São Paulo: Malheiros, 2009. p. 201.

[143] Ou, ainda, no Distrito Federal, houve, em 2013, a edição da Lei Distrital nº 5.180, primeira do gênero no Brasil, que proibiu a fabricação, distribuição e comercialização de armas de brinquedo como forma de prevenir roubos, bem como conscientizar as crianças. As sanções pelo descumprimento da lei vão desde a advertência por escrito, passando por multas, que variam de 5 mil a 100 mil reais, podendo chegar à cassação de licença de funcionamento.

[144] Ressalte-se que o termo *caducidade* é utilizado com sentido distinto daquele utilizado na extinção do contrato de concessão de serviços públicos, conforme será exposto.

[145] SANTOS NETO, João Antunes dos. *Da anulação ex officio do ato administrativo*. 2. ed. Belo Horizonte: Fórum, 2006. p. 142.

definitividade. Contudo, enquanto a Administração Pública pode revogar de ofício o ato administrativo, o controle jurisdicional se restringe ao aspecto da legalidade e é sempre exercido por provocação, tendo em vista a inércia do Poder Judiciário.

A partir da inclusão do art. 103-A pela Emenda Constitucional nº 45/04 ao texto maior, o Supremo Tribunal Federal pode anular ato administrativo que contrariar ou aplicar indevidamente o conteúdo de súmula de efeito vinculante em relação à Administração Pública Direta e Indireta, nas esferas federal, estadual ou municipal, bem como aos demais órgãos do Poder Judiciário. Note-se que a Lei nº 11.417/06, que disciplinou o assunto, exige no art. 7º, § 1º, o prévio esgotamento das vias administrativas como condição de admissibilidade da anulação pelo STF.

Revogação é medida privativa da Administração e obedece às regras de competência. De acordo com o princípio do paralelismo das formas, somente aquele que tem atribuições para praticar o ato pode revogá-lo. Os fundamentos das medidas são distintos: enquanto a revogação abrange tão somente o mérito, ou seja, a oportunidade e conveniência do ato, a anulação recai sobre a ilegalidade ou ilegitimidade.

Como envolve indagação sobre o mérito, a revogação é possibilitada, como regra geral, apenas à Administração. Assim, pela divisão de funções, o Judiciário jamais pode, no exercício da função jurisdicional, se substituir ao mérito da Administração, determinando que ela revogue um ato. Todavia, excepcionalmente, há possibilidade de o Judiciário revogar um ato administrativo por ele praticado desde que em função atípica de gerenciamento de seus quadros.

A revogação recai sobre atos legítimos; por isso, seus efeitos são *ex nunc*, isto é, daqui em diante; já a anulação, que atinge ato viciado, tem efeitos retroativos (*ex tunc*) e deles não se originam direitos, ressalvando-se certos efeitos em relação a terceiros de boa-fé.

Note-se que a LINDB, conforme inserção feita pela Lei nº 13.655/2018, determinou no art. 21 que a decisão que, nas esferas administrativa, controladora ou judicial, decretar a invalidação de ato, contrato, ajuste, processo ou norma administrativa deverá indicar de modo expresso suas consequências jurídicas e administrativas. Tal decisão, de acordo com o parágrafo único do mesmo artigo, deverá, quando for o caso, indicar as condições para que a regularização ocorra de modo proporcional e equânime e sem prejuízo aos interesses gerais, não se podendo impor aos sujeitos atingidos ônus ou perdas que, em função das peculiaridades do caso, sejam anormais ou excessivos.

Assim, deve haver um juízo de ponderação de efeitos na invalidação, não sendo mais correta a visão do "tudo ou nada", ou que haverá efeitos *ex tunc*. Como novidade em termos de modulação de efeitos da invalidação, deve-se mencionar o art. 4º, § 4º, do Decreto nº 9.830/2019, segundo o qual, na declaração de invalidade de atos, o decisor poderá, consideradas as consequências jurídicas e administrativas da decisão para a Administração Pública e para o administrado: (1) restringir os efeitos da declaração; ou (2) decidir que sua eficácia se iniciará em momento posteriormente definido. Trata-se, na última hipótese, da possibilidade de se atribuir efeitos *pro futuro* da eficácia da decisão.

Ademais, reitera o § 5º do art. 4º do Decreto nº 9.830 que a modulação dos efeitos da decisão buscará a mitigação dos ônus ou das perdas dos administrados ou da Administração Pública que sejam anormais ou excessivos em função das peculiaridades do caso.

Ressalte-se que, no caso específico da licitação, o motivo determinante para a revogação do processo licitatório deverá ser resultante de fato superveniente devidamente comprovado, de acordo com o § 2º do art. 71 da Nova Lei de Licitações e Contratos (Lei nº 14.133/2021), que repetiu a exigência do art. 49 da anterior lei, sendo retirados os termos desnecessários "pertinente e suficiente" para justificar tal conduta.

Em suma, há três distinções básicas entre a anulação e a revogação, conforme se verifica no quadro a seguir:

	Anulação	Revogação
Fundamento	ilegalidade	conveniência/oportunidade
Sujeito	• Administração Pública • Poder Judiciário	só a Administração Pública
Efeitos	regra: *ex tunc* – retroativos	*ex nunc* – a partir de então

4.16.3 Limites à anulação dos atos administrativos

A primeira limitação à anulação dos atos administrativos é a **temporal**. A anulação deve ser efetivada no prazo legal. No âmbito federal, determina o art. 54 da Lei nº 9.784/99 que decai em **cinco anos**[146] o direito de a Administração anular atos viciados que produzem efeitos favoráveis para os destinatários, salvo se houver comprovada má-fé, hipótese em que perdura o direito de anular.

Conforme a redação do dispositivo, há os seguintes **limites** ao poder de anular:

- o ato deve ser **ampliativo** da esfera jurídica do particular; e
- o destinatário do ato anulado deve estar de **boa-fé**.

Celso Antônio Bandeira de Mello,[147] por exemplo, tem o peculiar entendimento no sentido de que a invalidação de atos que sejam ampliativos (e não restritivos) da esfera jurídica do administrado deve ter, para que sejam resguardadas a boa-fé e a segurança jurídica, efeitos *ex nunc* (não retroativos). Exemplifica com o fato de que se alguém é nomeado em concurso público inválido, após a invalidação do ato de nomeação, não deverá restituir o que percebeu pelo tempo que trabalhou.

Também é comum, sobretudo no âmbito judicial,[148] a alegação da **teoria do fato consumado** (*fait accompli*) para atos cujos efeitos jurídicos já se consolidaram, em proteção aos princípios da segurança jurídica e da boa-fé. Nestes casos, não há que se efetivar a invalidação do ato, apesar do vício original.

Segundo Odim Brandão Ferreira,[149] a teoria do fato consumado floresceu no Supremo Tribunal Federal especialmente na década de 1960. Inicialmente voltou-se a reconhecer como consumados fatos ocorridos na esfera da educação, compreendendo casos em que vestibulandos obtinham em juízo, por liminar, o reconhecimento provisório da possibilidade de cursar faculdade ou disciplinas acadêmicas; no entanto, após praticamente o término do curso, no momento da decisão definitiva, o Judiciário chega prudentemente à conclusão de que não

---

[146] No âmbito estadual de São Paulo, por exemplo, o prazo do art. 10 da lei de processo estadual é de dez anos contados da produção do ato.

[147] BANDEIRA DE MELLO, Celso Antônio. *Curso de direito administrativo*. São Paulo: Malheiros, 2008. p. 470.

[148] Como bem lembra: CARVALHO FILHO, José dos Santos. *Manual de direito administrativo*. Rio de Janeiro: Lumen Juris, 2008. p. 151.

[149] FERREIRA, Odim Brandão. *Fato consumado*: história e crítica de uma orientação da jurisprudência federal. Porto Alegre: Sergio Antonio Fabris, 2002. p. 19.

dá mais para cassar a liminar, tendo em vista o decurso do tempo e a consequente estabilização da situação constituída sob o manto da boa-fé.

Na aplicação da teoria confere-se, portanto, prioridade à finalidade social do Direito em detrimento da opção pela severa interpretação, na visão de que "o desfazimento de atos que já produziram efeitos após vários anos, mesmo que sejam considerados viciados, se afigura como irrazoável".[150]

A principal causa do fato consumado, expõe a Desembargadora Marga Inge Barth, é, portanto, a "criticada e combatida lentidão do Judiciário",[151] que enseja o reconhecimento da consumação de fatos quase sempre à revelia da lei. Define Odim Brandão Ferreira fato consumado como sendo o "argumento judicial utilizado para validar, em sentenças, as atividades ilegais protegidas por liminares, tão somente porque o beneficiário delas já praticou o ato que lhe interessava, quando chegou o momento de decidir a causa".[152]

Posteriormente, a teoria do fato consumado se alastrou para outras áreas. Em exemplos selecionados pelo autor: na análise da remoção de agente público,[153] em concursos públicos,[154] na liberação de mercadoria em razão de greve na alfândega[155] e até na inserção de time de futebol em divisão de campeonato.[156] A maior parte dos casos relatados é de nulidade, que não seria convalidável, mas que, por razões de equidade, acabam não sendo desfeitos.

Maria Isabel Gallotti[157] levanta a seguinte questão: imagine uma viúva que tenha recebido, durante anos, uma pensão com base em lei declarada inconstitucional? Seria absurdo pretender desconstituir o ato *ex tunc* e exigir da senhora de boa-fé que devolva o valor da pensão correspondente aos anos recebidos.

Neste caso, menciona Mauro Roberto Gomes de Mattos o entendimento de Miguel Reale, para quem a sanatória ou convalidação ocorre em termos menos rígidos, não "por desamor ou menosprezo à lei, mas por ser impossível desconhecer o valor adquirido por certas situações de fato constituídas sem dolo, mas eivadas de infrações legais a seu tempo não percebidas ou decretadas".[158]

Assim, na atualidade, há inúmeras decisões que reconhecem a existência do fato consumado, mas como ela depende de um juízo de ponderação, amparado na prudência, não há garantia de que a liminar concedida não possa, mesmo após o transcurso de significativo lapso temporal, ser cassada. Geralmente o reconhecimento do fato consumado não deve trazer prejuízos à coletividade ou ao interesse público. Também há a Súmula 613 do Superior Tribunal de Justiça,

---

[150] Conforme expressa Mauro Roberto Gomes de Mattos. Princípio do fato consumado no Direito Administrativo. *Revista de Direito Administrativo*, Rio de Janeiro, nº 220, p. 196, abr./jun. 2000.

[151] TESSLER, Marga Inge Barth. O fato consumado e a demora na prestação jurisdicional. *Revista CEJ*, Brasília, nº 27, p. 99, out./dez. 2004.

[152] FERREIRA, Odim Brandão. *Fato consumado*: história e crítica de uma orientação da jurisprudência federal. Porto Alegre: Sergio Antonio Fabris, 2002. p. 41.

[153] TRF1, REO 910113513, *DJU* 23.5.1994, p. 24.366.

[154] TRF1, REO 890120259, *DJU* 25.3.1991, p. 5.626.

[155] TRF5, REO 950549918, *DJU* 1º.3.1996, p. 11.198.

[156] TRF4, AG 890419060, *DJU* 10.3.1993, p. 7.261.

[157] *RDA* 170/29. In: MATTOS, Mauro Roberto Gomes de. Princípio do fato consumado no Direito Administrativo. *Revista de Direito Administrativo*, Rio de Janeiro, nº 220, p. 196, abr./jun. 2000.

[158] REALE, Miguel. *Revogação e anulação do ato administrativo*. Rio de Janeiro: Forense, 1968. p. 81.

que veda a aplicação da teoria em matéria ambiental, *in verbis*: "Não se admite a aplicação da teoria do fato consumado em tema de Direito Ambiental".

No REsp 1.189.485-RJ, de relatoria da Min. Eliana Calmon,[159] por exemplo, o STJ não aplicou a teoria do fato consumado em remoção protegida por liminar obtida há dez anos da decisão, por considerar que não houve deslocamento do cônjuge no interesse da Administração Pública, como exigido no art. 36, III, *a*, da Lei nº 8.112/90. O reconhecimento da situação acaba variando muito em função das particularidades dos casos concretos e também da propensão do magistrado a valorizar mais a segurança jurídica ou a legalidade estrita.

4.16.4 Limites à revogação dos atos administrativos

Não há limites temporais à revogação dos atos administrativos, pois ela se relaciona com ato válido, regular, mas que já não mais é conveniente e oportuno aos interesses públicos.

Há, todavia, outros **limites** à revogação. Por conseguinte, não podem ser revogados:

- atos que a lei declare irrevogáveis;
- atos já exauridos ou que determinam providência material já executada;
- atos vinculados, por não compreenderem juízo de conveniência e oportunidade;
- meros atos como atestados, certidões ou votos;
- atos que precluem com o advento de ato sucessivo (que integram um procedimento);
- atos complexos, que demandam o concurso de diferentes órgãos para sua formação; e
- atos que geram direitos adquiridos, conforme dispõe a Súmula 473/STF.

4.16.5 Desfazimento e exigência de contraditório

A autoexecutoriedade do ato administrativo, que se relaciona com a autotutela, significa que a Administração pode praticar ato, sem ter de submetê-lo previamente ao Poder Judiciário. Ocorre que é exigência constitucional que os processos administrativos, que se constituem de encadeamento de atos, obedeçam ao contraditório e à ampla defesa.

É cada vez mais corrente no âmbito do Poder Judiciário o reconhecimento da exigência prévia da observância dos mencionados princípios antes que a Administração tome medida unilateral que restrinja interesses particulares, uma vez que "ninguém será privado da liberdade ou de seus bens sem o devido processo legal" (art. 5º, LIV, CF).

Entendemos, conforme já tivemos oportunidade de nos manifestar na obra *Processo Administrativo*: Lei nº 9.784/99 comentada,[160] que a autoexecutoriedade do ato continua a existir, uma vez que a Administração não precisa de prévia autorização jurisdicional para proceder à retirada, mas apenas deve garantir ao interessado oportunidade de tomar ciência e de se

---

[159] Julgado em 17.6.2010. *Informativo STJ* nº 439.

[160] NOHARA, Irene Patrícia; MARRARA, Thiago. *Processo administrativo*: Lei nº 9.784/99 comentada. São Paulo: Atlas, 2009. p. 344.

manifestar sobre a ilegitimidade do ato que pretende ser invalidado, antes, portanto, da decisão administrativa de desfazimento.

Nesta perspectiva, o fato de a Administração ter de oferecer o contraditório e a ampla defesa antes da edição da medida não obsta seu caráter autoexecutório, uma vez que ela não estará obrigada a acatar a pretensão do particular, se houver de fato uma ilegalidade ou interesse público relevante a proteger, neste último caso no tocante à revogação. Todavia, a garantia do contraditório representa uma oportunidade de interlocução/diálogo com o destinatário-interessado que pode ser útil para evitar desfazimentos arbitrários por parte do Poder Público.

Tal é a orientação de diversas decisões do STF, como, por exemplo, o conteúdo da ementa de recurso extraordinário de relatoria de Marco Aurélio:

> ATO ADMINISTRATIVO – REPERCUSSÕES – PRESUNÇÃO DE LEGITIMIDADE – SITUAÇÃO CONSTITUÍDA – INTERESSES CONTRAPOSTOS – ANULAÇÃO – CONTRADITÓRIO.
> Tratando-se da anulação de ato administrativo cuja formalização haja repercutido no campo de interesses individuais, a anulação não prescinde da observância do contraditório, ou seja, da instauração de processo administrativo que enseje a anulação daqueles que terão modificada situação já alcançada. Presunção de legitimidade do ato praticado, que não pode ser afastada unilateralmente, porque é comum à Administração e ao particular.[161]

Em se tratando de licitação, contudo, há dispositivo positivado em lei que garante a exigência. O § 3º do art. 71 da Lei nº 14.133/2021 estabelece que, nos casos de anulação e revogação, deverá ser "assegurada a prévia manifestação dos interessados", sendo que o § 2º exige que o motivo determinante para a revogação do processo licitatório deverá ser resultante de fato superveniente devidamente comprovado.

Não havia ainda consenso no STF quanto ao assunto, cindindo-se o entendimento das turmas até recentemente, conforme expunha Gilmar Mendes:

> não há consenso acerca da incidência do princípio do contraditório e da ampla defesa quando se cuide do exercício da autotutela administrativa, mediante a anulação pela própria administração de atos viciados de ilegalidade. No Tribunal, a solução afirmativa prevaleceu por maioria da 2ª Turma, no RE 158.543, de 30.8.1994, e por votação unânime no RE 199.733 e no AgRAg 217.849, ambos de 15.12.1998, os três casos relatados pelo Min. Marco Aurélio, o entendimento contrário,[162] no entanto, parece ter sido acolhido pela 1ª Turma, no RE 213.513, de 8.6.1999, Relator Ministro Galvão.[163]

Ocorre que, posteriormente, em 2011, houve um caso de anulação de ato administrativo que teve efeitos na esfera individual de administrado, a partir do qual ocorreu a delimitação da seguinte interpretação do Supremo Tribunal Federal, a qual reconheceu, ainda, efeitos de repercussão geral no RE 594296, Rel. Min. Dias Toffoli:

---

[161] STF, 2ª T., RE 158.543-9/RS, Rel. Min. Marco Aurélio. Estado de direito e devido processo legal. *Revista Trimestral de Direito Público*, São Paulo: Malheiros, nº 15, p. 35-44, 1996.

[162] José dos Santos Carvalho Filho entende ser excepcionais os casos em que devem ser observados o contraditório e a ampla defesa antes da tomada da decisão administrativa. CARVALHO FILHO, José dos Santos. *Manual de direito administrativo*. Rio de Janeiro: Lumen Juris, 2008. p. 153.

[163] Rel. Min. Marco Aurélio, *DJ* 31.10.2001. Ver *Processo administrativo*: contraditório e ampla defesa. Disponível em: http://www.notadez.com.br/content/noticias.asp?id+41350. Acesso em: 12 jan. 2007.

A partir da CF/88, foi erigido à condição de garantia constitucional do cidadão, quer se encontre na posição de litigante, em processo judicial, quer seja mero interessado, o direito ao contraditório e à ampla defesa. Asseverou-se que, a partir de então, qualquer ato da Administração Pública capaz de repercutir sobre a esfera de interesses do cidadão deveria ser precedido de procedimento em que se assegurasse, ao interessado, o efetivo exercício dessas garantias.

O STJ também possui julgados no sentido da necessidade de observância do devido processo legal na invalidação de atos administrativos, como se verifica na seguinte decisão:

> o princípio de que a administração pode anular (ou revogar) os seus próprios atos, quando eivados de irregularidades, não inclui o desfazimento de situações constituídas com aparência de legalidade, sem observância do devido processo legal e ampla defesa.[164]

Há, portanto, uma tendência dos tribunais de ampliação da exigência de devido processo legal para as manifestações de autoexecutoriedade que envolvam potencial restrição de bens e da liberdade dos administrados, compreendendo, portanto, não apenas a anulação dos atos, mas também sua revogação.[165]

Neste último caso, apesar de o particular não poder forçar a Administração a rever a conveniência e oportunidade do ato revocatório, a obediência ao devido processo legal possibilita maior controle, pois, além de evitar ilegalidades, uma vez que existem limites ao poder de revogar, torna mais transparente aos cidadãos se a Administração está de fato agindo na persecução de interesses públicos e sobretudo quais deles prioriza, conforme a regra presente no art. 50, VIII, da Lei nº 9.784/99, que exige a motivação de atos administrativos que importem anulação, revogação, suspensão ou convalidação.

---

[164] STJ, 1ª T., RMS nº 257/MA, *DJU* 1º.10.1994.

[165] Marçal Justen Filho, por exemplo, manifesta-se favoravelmente à observância do devido processo legal na revogação dos atos administrativos. In: *Curso de direito administrativo*. São Paulo: Saraiva, 2005. p. 274.

5
Processo administrativo

5.1 Processo e procedimento: abrangência do processo administrativo

A diferença entre processo e procedimento é polêmica na doutrina. O termo *processo* deriva da palavra *procedere*, que significa curso ou marcha para frente (pela presença do prefixo *pro*).[1] Indica, portanto, a ação de avançar ou ir para frente, o que, em sentido amplo, representa um conjunto sequencial de ações que objetivam alcançar determinado fim.[2]

Ora, mas se processo é meio, pergunta-se: qual seria sua finalidade?

Grande parte dos processualistas entende que o processo serve ao exercício da função jurisdicional, que se relaciona com a composição de conflitos de interesses (lides). Processo, nesse sentido restrito, é visto como instrumento exclusivo da jurisdição.

Ocorre que a Constituição não restringe o termo *processo* ao exercício exclusivo da função jurisdicional, mas também fala em processo no exercício típico de função legislativa: quando se refere ao "**processo legislativo**" (arts. 59 a 69), e amplia, ademais, a aplicação do contraditório e à ampla defesa para além do **processo judicial**, alcançando também o chamado "**processo administrativo**" (cf. art. 5º, LV).

Esclarece Edmir Netto de Araújo que:

> Assim como a lei é o resultado de vários atos encadeados em sequência lógica em direção a esse objetivo (processo legislativo); da mesma forma como a sentença é o resultado do processo judicial, também o ato administrativo é o resultado de um processo (em sentido lato) administrativo, integrado por seus vários passos.[3]

Pode-se, portanto, utilizar o termo *processo* desvinculado do exercício da função jurisdicional, porquanto a Constituição fala em processo legislativo e processo administrativo, até porque existem afinidades entre as funções administrativa e jurisdicional, na medida em que ambas buscam, conforme visto, aplicar o direito ao caso concreto, mas enquanto a Administração o faz na consecução das finalidades públicas que legitimam a existência do Estado, o Judiciário só aplica o direito mediante provocação (*ne procedat judex ex officio*), sendo a sentença prolatada com substitutividade e definitividade.

---

[1] Cf. CRETELLA JR., José. *Prática de processo administrativo*. São Paulo: Revista dos Tribunais, 1999. p. 21-22.
[2] NOHARA, Irene Patrícia; MARRARA, Thiago. *Processo administrativo*: Lei nº 9.784/99 comentada. São Paulo: Atlas, 2009. p. 20.
[3] ARAÚJO, Edmir Netto de. *Curso de direito administrativo*. São Paulo: Saraiva, 2007. p. 872.

Por outro lado, a Administração:

a) é parte interessada, pois as relações que decide nos processos administrativos, geralmente não são triangulares (mas "bipartites");
b) pode agir de ofício; e
c) não é capaz de dar a última e definitiva palavra, tendo em vista que qualquer lesão ou ameaça a direito pode ser submetida ao Poder Judiciário, sem necessidade de exaurimento das vias administrativas.

Não entendemos que haja jurisdição em âmbito administrativo,[4] ao menos não no sistema uno, adotado no Brasil. Conforme exposto na obra *Processo administrativo: Lei nº 9.784/99 comentada*,[5] concordamos com Cândido Rangel Dinamarco, que não aceita a ideia de poder jurisdicional exercido fora do Poder Judiciário, mas que, não obstante, reconhece a existência de um verdadeiro processo administrativo submetido, por exigência constitucional, às garantias da ampla defesa e do contraditório.

Cotrim Neto resume o entendimento da seguinte forma: "que haja processo administrativo e não somente meros procedimentos, sim; que seja jurisdicional, não".[6]

Odete Medauar[7] considera que procedimento é termo que se refere ao encadeamento de atos que objetiva alcançar uma decisão ou um ato, sendo que processo implica, além do liame entre atos, vínculos jurídicos entre sujeitos, englobando direitos, deveres, poderes e faculdades integrantes de uma relação jurídica processual onde se atua sob o prisma do contraditório, ou seja, que o processo, diferentemente do procedimento, engloba o respeito a garantias individuais.

Entendemos, por outro lado, que enquanto processo é o conjunto de atos coordenados para a obtenção de um provimento individualizado,[8] seja ele sentença ou ato administrativo, procedimento é o modo de realização do processo, ou seja, "o rito processual",[9] sendo processo e procedimento conceitos inter-relacionados.

Também não restringimos o termo *processo* a determinados tipos de procedimentos, como faz Lúcia Valle Figueiredo, seguindo os passos de Massimo Giannini, para quem processo

---

[4] Aliás, um dos únicos administrativistas que estende o exercício da jurisdição também para o âmbito administrativo é Hely Lopes Meirelles, que adota conceito amplo de função jurisdicional e considera que todos os poderes e órgãos exercem jurisdição. MEIRELLES, Hely Lopes. *Direito administrativo brasileiro*. São Paulo: Malheiros, 2009. p. 691.

[5] NOHARA, Irene Patrícia; MARRARA, Thiago. *Processo administrativo*: Lei nº 9.784/99 comentada. São Paulo: Atlas, 2009. p. 22.

[6] COTRIM NETO, Alberto Bittencourt. Da necessidade de um código de processo administrativo. *Revista Brasileira de Direito Comparado*, Rio de Janeiro, nº 15, p. 48, 1994.

[7] MEDAUAR, Odete. *Direito administrativo moderno*. São Paulo: Malheiros, 2006. p. 164.

[8] Para Kelsen, as "normas individuais" também abarcam o comando administrativo. KELSEN, Hans. *Teoria pura do direito*. 6. ed. Coimbra: Arménio Amado, 1984.

[9] Na mesma linha, ressalte-se: DI PIETRO, Maria Sylvia Zanella. *Direito administrativo*. São Paulo: Atlas, 2010. p. 623: "o procedimento é o conjunto de formalidades que devem ser observadas para a prática de certos atos administrativos; equivale ao rito, a forma de proceder; o procedimento se desenvolve dentro de um processo administrativo", e MEIRELLES, Hely Lopes. *Direito administrativo brasileiro*. São Paulo: Malheiros, 2009. p. 691: "procedimento é o modo de realização do processo, ou seja, o rito processual".

administrativo envolve litigância ou acusação. Na concepção restritiva deles, são tão somente processos os procedimentos:

1. revisivos;
2. disciplinares; e
3. sancionatórios.

Neste sentido, o processo administrativo também se voltaria à composição de uma lide, na qual se incluiria a pretensão resistida.

Sérgio Ferraz e Adilson Dallari criticam esse posicionamento restritivo de Lúcia Valle Figueiredo, a partir da seguinte argumentação:

> Não é defensável distinguir dois graus ou modelos de processo administrativo: um primeiro, composto pelos processos não revisivos, não sancionatórios e não punitivos para os quais não seria aplicável, na íntegra, a pauta constitucional e axiológica deduzida, uma espacialidade onde a Administração desenvolveria as etapas sem publicidade, motivação, contraditório etc.; e um segundo grau ou modelo, constituídos por processos revisivos, sancionatórios e punitivos, para os quais – aí, sim, e só então – impostergáveis a publicidade, a fundamentação etc.[10]

Preferimos nos filiar à corrente que defende **conceito abrangente** de processo administrativo. Trata-se de sentido que não restringe o processo à função de dirimir litígios submetidos à Administração em função atípica, de julgamento, mas que consubstancia uma forma de atuar da Administração no desempenho de sua função típica (administrativa) e atípica (de julgar em Tribunais Administrativos, que no Brasil não exercitam jurisdição), até porque a Lei nº 9.784/99 determina no § 1º do art. 1º que os preceitos do processo administrativo também se aplicam aos órgãos dos Poderes Legislativo e Judiciário da União, quando no desempenho de **função administrativa**.

Trata-se do mesmo posicionamento de Carlos Ari Sundfeld, que expõe que "uma lei geral de processo administrativo não regula apenas os chamados processos administrativos em sentido estrito, mas **toda atividade decisória** da Administração Pública, sem exceções".[11] Para o autor, a caracterização do processo administrativo não depende da existência de litígio ou de partes perfeitamente contrapostas.

PROCESSO JUDICIAL	função jurisdicional
PROCESSO LEGISLATIVO	função legislativa
PROCESSO ADMINISTRATIVO	função administrativa

---

[10] FERRAZ, Sérgio; DALLARI, Adilson Abreu. *Processo administrativo*. 2. ed. São Paulo: Malheiros, 2007. p. 23.

[11] SUNDFELD, Carlos Ari. *As leis de processo administrativo*. São Paulo: Malheiros, 2006. p. 19.

> **PONTO CONTROVERTIDO: aplicabilidade da lei de processo administrativo**
>
> Alguns autores que defendem a aplicação mais restritiva dos preceitos da Lei de Processo Administrativo Federal (LPA federal – Lei nº 9.784/99) poderiam alegar que o art. 2º, parágrafo único, X, limita a aplicação de garantias constitucionais, isto é, os direitos "à comunicação, à apresentação de alegações finais, à produção de provas e à interposição de recursos", a processos que possam resultar sanções e nas situações de litígio.
>
> Contudo, tal restrição do dispositivo legal é de menor importância, pois a Constituição é clara ao impor a obediência do contraditório e da ampla defesa nos processos administrativos de forma irrestrita. Não pode a lei ordinária restringir o alcance de garantias constitucionais se a Constituição não delimitou a aplicação dos princípios a determinados tipos de procedimentos. Esse tipo de inversão já foi objeto de crítica pelo STF, que entendeu ser "mau vezo das autoridades brasileiras de inversão da pirâmide normativa do ordenamento, de modo a acreditar menos na Constituição do que na lei ordinária" (STF, MS 23.550/DF, Rel. Min. Marco Aurélio, *DJ* de 31.10.2001).
>
> Entendemos que a noção de processo não é específica da função jurisdicional. Trata-se de modelo teórico que objetiva concretizar funções estatais, sejam elas jurisdicionais, legislativas ou administrativas. Assim, o processo administrativo deve ser visto como o *modus procedendi* da Administração Pública, prévio à edição de atos administrativos.
>
> Note-se que a LPA do Estado de São Paulo (Lei nº 10.177/98, art. 1º, *caput*), por exemplo, foi mais explícita do que a LPA federal na abrangência, pois enfatiza que a lei regula "**atos** e procedimentos administrativos da Administração Pública", com exceção dos que tenham disciplina legal específica.
>
> Também as Leis Estaduais de Alagoas (Lei nº 6.161/00) e Mato Grosso (Lei nº 7692/02) seguiram a linha da lei paulista, ao mencionarem não apenas o termo procedimento, mas, sobretudo **ato administrativo**. Das leis estaduais, a que dá maior abrangência ao âmbito de aplicação é a mineira (Lei 14.184/02), que determina no art. 10 que: "todo assunto submetido ao conhecimento da Administração tem o caráter de processo administrativo".[12]

5.2 Importância do processo administrativo

Segundo criativa e adequada comparação de Celso Antônio Bandeira de Mello,[13] enquanto o ato administrativo corresponde a uma perspectiva fotográfica, o processo administrativo implica uma visão cinematográfica da atuação administrativa.

A nosso ver a metáfora da fotografia é adequada para se referir ao ato administrativo, conquanto esta reflete a dimensão estática e capta o instante decisivo ou aquele que, na conhecida frase de Walter Benjamin, "a pequena centelha da realidade chamuscou a imagem"; já o processo seria cinema, porque envolve um encadeamento de fotografias ou imagens em movimento. O cinema transcende, portanto, o registro instantâneo, abarcando além da fotografia, a velocidade; diz-se, assim, que o cinema já estava contido virtualmente na fotografia, na medida em que ele representa uma sequência de imagens encadeadas e somadas ao fator temporal.

Apesar de o ato administrativo não surgir do nada, ou seja, o desempenho da função administrativa não se resume à prática do "ato final", pois pressupõe um encadeamento de atos, ou mesmo fatos, que antecedem sua edição; na realidade, o processo administrativo, com sua

---

[12] Apesar de ser positiva a redação no sentido de dar maior abrangência à aplicação das garantias previstas na lei, a lei mineira exagera ao dizer que todo assunto levado a conhecimento é processo administrativo, sendo, ainda, que a Administração não precisa esperar a provocação de terceiros para iniciar um processo administrativo.

[13] Cf. prefácio escrito para a obra de MOREIRA, Egon Bockmann. *Processo administrativo*. 3. ed. São Paulo: Malheiros, 2007. p. 7.

dimensão principiológica, é noção mais recente do que a concepção estanque de ato administrativo, pois foi relativamente atual a ampliação da necessidade imposta pelo ordenamento jurídico no sentido de controlar o *iter* de formação da vontade estatal, recheando-o com garantias de participação dos administrados antes da manifestação final dos órgãos estatais.

A abertura do *iter* de formação da vontade estatal possibilita aos administrados, segundo Carlos Ari Sundfeld, analisar o que se passa dentro da Administração "antes que alguma agressão seja intentada".[14] Significa não só **reagir** contra as ilegalidades, o que ocorre quando a Administração atua de forma direta, escondendo do povo seu funcionamento íntimo, mas **evitar** até que as agressões ocorram, uma vez que se pode exercer um *controle preventivo* sobre futuros atos ilegais.

O processo administrativo, na admirável visão de Sérgio Ferraz e Adilson Abreu Dallari,[15] rompe com a exclusividade da direção do Estado no exercício da atividade administrativa e representa a contenção do poder pessoal das autoridades administrativas. Surge para reequilibrar a mais primordial equação do Direito Administrativo, qual seja: a relação entre **autoridade** e **liberdade**, por isso, é correta a equiparação feita por Marçal Justen Filho[16] dos efeitos da "procedimentalização da atividade estatal" àqueles do princípio da separação de poderes, pois em ambos os casos há o refreamento do poder absoluto e concentrado.

Trata-se de movimento que objetiva, ademais, não apenas imprimir ao desempenho da função administrativa maior controle, mas também garantir a participação popular (ou ao menos dos interessados) no *iter* de formação dos atos administrativos, tornando a atuação do Estado mais condizente com a democracia.

O Direito Administrativo deve ser campo fértil para a discussão ou o debate, uma vez que:[17] a vontade emanada dos órgãos públicos não deve se espelhar na vontade individual do agente público, mas na **vontade** da lei e do ente ao qual o agente pertence, conforme a teoria do órgão e o princípio da impessoalidade, e o interesse perseguido deve ser o **público primário**, isto é, a coletividade deve ser a beneficiária última das atuações estatais.

Dispõe o *caput* do primeiro artigo da Constituição de 1988 que a República Federativa do Brasil constitui-se em Estado Democrático de Direito e que, nos termos de seu parágrafo único: "todo poder emana do povo", sendo seu exercício feito de forma direta ou indireta, isto é, por meio de representantes. Por conseguinte, se a coletividade é a verdadeira titular do poder político, a processualização abre novos canais de expressão da vontade popular, uma vez que torna o exercício do poder mais aberto, visível e participativo.

Note-se que democracia é processo que conduz o povo à contínua emancipação. Se a Administração Pública ficar "encastelada"[18] em suas certezas e atuar de forma impositi-

---

[14] SUNDFELD, Carlos Ari. A importância do procedimento administrativo. *Revista de Direito Público*, São Paulo, nº 84, p. 65, out./dez. 1987.

[15] FERRAZ, Sérgio; DALLARI, Dalmo de Abreu. *Processo administrativo*. 2. ed. São Paulo: Malheiros, 2007. p. 30.

[16] JUSTEN FILHO, Marçal. *Revista Dialética de Direito Tributário* 33/110.

[17] Cf. MELLO, Rafael Munhoz de. Processo administrativo, devido processo legal e a Lei nº 9.784/99. *Revista de Direito Administrativo*, Rio de Janeiro, nº 227, p. 86, jan./mar. 2002.

[18] Note-se que da trilogia kafkiana: a *Metamofose*, o *Processo* e o *Castelo*, as duas últimas obras contemplam abordagens profícuas da literatura sobre as vicissitudes da burocracia, mas enquanto no *Processo* Josef K. procura se desvencilhar de uma acusação obscura, a partir da reação à irracionalidade burocrática, na obra-prima o *Castelo* há uma tentativa de o protagonista K. integrar-se às instâncias organizacionais que gravitam em torno do castelo, mas ele se depara com a desfuncionalização da vida administrativa proveniente de um poder incompreensível e saturado de autorreferência, sendo, portanto, indiciária dessa força simbólica de distanciamento a expressão "encastelada", denunciadora, imageticamente, da ausência de democratização e transparência administrativas.

va, isto é, considerar a coletividade mero objeto de sua conduta, ela jamais permitirá que os cidadãos-administrados tomem consciência de sua importância como sujeitos de transformações sociais.

Por isso, por mais que as consultas e as audiências públicas sejam expedientes que por vezes imprimem à máquina estatal certa morosidade e fazem com que os agentes públicos tenham de sair de sua confortável posição de únicas autoridades aptas a discutirem assuntos coletivos, a importância de viabilizar esse processo transcende às finalidades mais imediatas dos interesses discutidos.

Apesar de ainda serem frequentes as reclamações dos agentes públicos pela falta de interesse generalizado do povo em participar de consultas e audiências públicas, existem também muitas experiências bem-sucedidas. Às vezes pessoas simples, ou seja, sem maior escolaridade ou sequer ensino formal, participam de audiências públicas e acabam tomando consciência de que os problemas que afetam sua localidade também existem, com o mesmo pano de fundo, em outras regiões do país e que elas podem e devem discutir essas questões para propagar uma visão mais crítica dos assuntos que afligem a coletividade, tornando-se menos propensas a manipulações.

Infelizmente, falta ainda sensibilidade por parte de alguns gestores públicos para perceber que se por vezes determinado debate possa parecer "improdutivo" do ponto de vista mais imediato, na realidade, permitir a participação popular é promover condições mínimas de emancipação de um povo, que somente será verdadeiramente tratado com dignidade, um dos fundamentos do Estado Democrático de Direito (cf. art. 1º, III, da Constituição), se for retirado da condição de objeto das decisões estatais e alçado à condição de sujeito.

Em suma, pode-se dizer que a processualização das atividades administrativas ganha **importância** pois contempla diversas vantagens, garantindo:

1. maior **transparência**;
2. possibilidade de controlar a atuação administrativa antes da edição do ato final, o que viabiliza, portanto, o exercício do **controle preventivo** dos atos administrativos, realizado no *iter* de formação;
3. **democratização**, a partir da ampliação dos canais de participação do povo e de interessados na formação da vontade que deve ser *estatal*, e não dos agentes individuais, e *pública*, voltada, portanto, para a satisfação de interesses da coletividade, em sua concepção primária; e
4. respeito à **dignidade** dos cidadãos-administrados, que devem ser tratados como *sujeitos* e não como *objetos*.

5.3 Disciplina jurídica

A Constituição de 1988 representou diversos avanços no tocante aos processos administrativos. Inicialmente, cumpre enfatizar que ela estendeu expressamente as garantias enunciadas no título dos direitos e garantias fundamentais aos processos administrativos.

Antes da Constituição de 1988, havia divergência sobre a aplicação da ampla defesa e do contraditório ao processo administrativo, pois desde 1824 foi tradição[19] associar as garantias

---

[19] À exceção da Constituição de 1934, que não associava tão somente ao crime, mas determinava que: "a lei assegurará aos acusados ampla defesa, como os meios e recursos essenciais a ela" (art. 113). MOREIRA, Egon Bockman. *Processo administrativo*. 3. ed. São Paulo: Malheiros, 2007. p. 315.

aos acusados ao âmbito criminal. Alguns juristas como Hely Lopes Meirelles e Oswaldo Aranha Bandeira de Mello defendiam, contudo, que os princípios alcançavam também atividades sancionatórias disciplinares da Administração Pública.

Registra-se o *leading case*[20] do antigo Tribunal Federal de Recursos, datado de abril de 1977, no qual Carlos Velloso, que atuava como juiz convocado, conseguiu imprimir naquele tribunal uma tese avançada para a época, porque a Constituição não enunciava expressamente o devido processo legal:

> a garantia do *due process of law* tem aplicação não somente no processo judicial, mas também no administrativo, tanto no processo administrativo punitivo quanto no não punitivo. Isso quer dizer que a administração, quando tiver que impor uma sanção, uma multa, ou fazer um lançamento tributário, ou decidir a respeito de determinado interesse do particular, deverá fazê-lo num processo regular, legal, em que ao administrado se enseje o direito de defesa.

Atualmente, o texto constitucional expressa não somente que "ninguém será privado da liberdade ou de seus bens sem o **devido processo legal**" (art. 5º, LIV), mas, sobretudo, que "aos litigantes, em **processo** judicial ou **administrativo**, e aos acusados em geral são assegurados o contraditório e a ampla defesa, com os meios e recursos a ela inerentes" (art. 5º, LV).[21]

Segundo expõem Araújo Cintra, Dinamarco e Ada Pellegrini, "o texto constitucional autoriza o entendimento de que o contraditório e a ampla defesa são também garantidos no processo não punitivo, em que não há acusados, mas litigantes".[22]

Defendemos, contudo, que o termo *litigantes*,[23] que no processo jurisdicional é associado à lide, isto é, a um conflito de interesses caracterizado pela pretensão resistida (Carnelutti), deve sofrer algumas adaptações ao processo administrativo, pois este último não possui partes, mas "interessados", uma vez que nele não há a substitutividade, característica da jurisdição.

Assim, o litigante no âmbito administrativo é aquele posto em contraditório não em face de outra parte, mas em relação ao próprio órgão administrativo que impulsiona o processo. Nesse sentido foi a decisão proferida no RE 199.733:[24]

> O vocábulo litigante há de ser compreendido em sentido lato, ou seja, a envolver interesses contrapostos. Destarte, não tem o sentido processual de parte, a pressupor uma demanda, uma lide, um conflito de interesses constante de processo judicial. Este enfoque decorre da circunstância de o princípio estar ligado, também, a processos administrativos.[25]

---

[20] TFR, Apelação em MS nº 78.674/RN, de 29 de abril 1977. *Revista do TFR*, 56/218. Conforme relata SIQUEIRA CASTRO, Carlos Roberto. *O devido processo legal e os princípios da razoabilidade e proporcionalidade*. 4. ed. Rio de Janeiro: Forense, 2006. p. XVI.

[21] Também há alusão no texto constitucional da necessidade de processo administrativo, em que seja assegurada a ampla defesa, para que um servidor estável perca seu cargo, além das outras hipóteses contidas nos incisos do § 1º do art. 41.

[22] NOHARA, Irene Patrícia; MARRARA, Thiago. *Processo administrativo*: Lei nº 9.784/99 comentada. São Paulo: Atlas, 2009. p. 57.

[23] NOHARA, Irene Patrícia; MARRARA, Thiago. *Processo administrativo*: Lei nº 9.784/99 comentada. São Paulo: Atlas, 2009. p. 58.

[24] STF, Rel. Min. Marco Aurélio, *DJ* de 30.4.1999.

[25] *DJ* de 6.10.1995. Cf. DI PIETRO, Maria Sylvia Zanella. A lei de processo administrativo: sua ideia matriz e âmbito de aplicação. In: NOHARA, Irene Patrícia; MORAES FILHO, Marco Antônio Praxedes. *Processo administrativo*: temas polêmicos da Lei nº 9.784/99. São Paulo: Atlas, 2010. Capítulo 10.

Como disciplina genérica do processo administrativo na esfera federal há a **Lei nº 9.784/99** que "estabelece normas básicas sobre o processo administrativo no âmbito da Administração Federal direta e indireta" (art. 1º, *caput*, da lei). As normas da Lei de Processo Administrativo – LPA são de aplicação **subsidiária** a processos administrativos **específicos**. Ressalte-se que também o Código de Processo Civil, Lei nº 13.105/2015, previu no art. 15 sua aplicação supletiva e subsidiária aos processos administrativos.[26]

São procedimentos específicos que afastam a aplicação da LPA, no que houver de regulamentação especial:

- o procedimento da Lei de Licitações e Contratos Administrativos;
- o Estatuto dos Funcionários Públicos que, no âmbito federal, é a Lei nº 8.112/90, aplicável ao denominado Processo Administrativo Disciplinar (PAD);
- o Código de Propriedade Industrial, conforme a Lei nº 9.279/96;
- a Lei de Defesa da Concorrência (*Lei Antitruste*), regulamentada pela Lei nº 12.529/11;
- os processos administrativos fiscais, disciplinados pelo Decreto nº 70.235, que obedecem certas peculiaridades, conforme se observa do teor da Portaria nº 10.875, de 24.8.2007, da Receita Federal;
- o processo de tombamento, conforme o Decreto-lei nº 25/37;
- o processo administrativo de Tomada de Contas Especial (TCE), regulado pela Lei Orgânica do Tribunal de Contas da União, Lei nº 8.443/92;[27]
- o licenciamento ambiental, conforme disciplina da Lei nº 6.938/81; e
- o procedimento de desapropriação que, se por interesse social, obedece aos preceitos da Lei nº 4.132/62 e, se por utilidade pública, deve respeitar o regime do Decreto-lei nº 3.365/41, sendo, contudo, de abrangência nacional, e não apenas federal, uma vez que desapropriação é matéria de competência legislativa privativa da União, conforme teor do art. 22, II, da Constituição Federal.

A intenção da comissão de juristas[28] que criou a LPA era elaborar um diploma que codificasse o Direito Administrativo brasileiro, entretanto, como se trata de assunto que faz parte da autonomia administrativa de cada ente federativo, como bem observa Cármen Lúcia Antunes

---

[26] A ADI, de número 5492, foi, todavia, ajuizada para questionar a aplicação do Código de Processo Civil ao processo administrativo, argumentando, entre outros, ser inadequada a aplicação do CPC aos processos administrativos estaduais. Esse argumento, por si só, do âmbito de aplicação, pode ser afastado, contudo, pelas decisões do STJ debatidas no ponto polêmico de aplicação da LPA. Mas existe razão em diferenciar processo civil de processo administrativo, conforme será visto.

[27] Trata-se de parâmetro neste sentido a IN 84/2020 do TCU, que estabelece normas para tomada de prestação de contas dos administradores e responsáveis da Administração Pública federal, para fins de julgamento pelo TCU, nos termos do art. 7º da Lei nº 8.443/92, e revoga as Instruções Normativas do TCU 63 e 72.

[28] Foram duas portarias de constituição: (1) a Portaria 1.404/1995, do Ministério da Justiça: que instituiu a comissão, presidida pelo Caio Tácito, e integrada também por Maria Sylvia Zanella Di Pietro, Odete Medauar, Inocêncio Mártires Coelho, Diogo de Figueiredo Moreira Neto, Almiro de Couto e Silva e José Carlos Barbosa Moreira; e (2) uma segunda portaria, reconstituindo a comissão (Portaria 47/1996), em que foram incluídos: Adilson Abreu Dallari, José Joaquim Calmon de Passos, Paulo Modesto e Cármen Lúcia Antunes Rocha. Cf. NOHARA, Irene Patrícia; MARRARA, Thiago. *Processo administrativo*. 2. ed. São Paulo: Thomson Reuters Brasil, 2018. p. 74.

Rocha,[29] tanto os Estados como os Municípios têm autonomia para criar suas leis de processo administrativo.

O Estado de São Paulo,[30] por exemplo, editou a Lei nº 10.177, de 30.12.1998, precoce em relação ao diploma federal. Note-se que o Estado de Sergipe foi o primeiro a editar um diploma que regulasse o assunto (com a Lei Complementar nº 33/96).

São leis de processo administrativo estaduais: A Lei nº 14.184, de 31.1.2002, do Estado de Minas Gerais; a Lei nº 7.692, de 1º.7.2002, do Estado do Mato Grosso; a Lei nº 13.800, de 18.1.2001, de Goiás; a Lei nº 11.781, de 6.6.2000, de Pernambuco; Lei nº 6.161, de 26.6.2000, de Alagoas; a Lei nº 2.794, de 6.5.2003, do Estado do Amazonas; a Lei nº 418, de 15.1.2004, do Estado de Roraima; a Lei nº 5.427, de 1º.4.2009, do Rio de Janeiro; a Lei nº 12.209, de 20.4.2011, da Bahia; e a Lei nº 20.656, de 3.8.2021, do Paraná, expostas de forma sistemática na tabela a seguir.

Leis estaduais de processo administrativo	
Sergipe	Lei Complementar nº 33, de 26.12.1996.
São Paulo	Lei nº 10.177, de 30.12.1998.
Pernambuco	Lei nº 11.781, de 6.6.2000.
Alagoas	Lei nº 6.161, de 26.6.2000.
Goiás	Lei nº 13.800, de 18.1.2001.
Minas Gerais	Lei nº 14.184, de 31.1.2002.
Mato Grosso	Lei nº 7.692, de 1º.7.2002.
Amazonas	Lei nº 2.794, de 6.5.2003.
Roraima	Lei nº 418, de 15.1.2004.
Rio de Janeiro	Lei nº 5.427, de 1º.4.2009.
Bahia	Lei nº 12.109, de 20.4.2011.
Paraná	Lei nº 20.656, de 3.8.2021.

PONTO CONTROVERTIDO:
é possível aplicar a Lei nº 9.784/99 a entes federativos que não sejam a União?

Apesar de a Lei 9.784/99 ser federal, o STJ já decidiu em algumas ocasiões (MS 9.112/DF, MS 9.157/DF, rel. Min. Eliana Calmon) pela possibilidade de aplicação da LPA aos demais entes (Estados ou Municípios), desde que eles não tenham ainda elaborado suas próprias leis de processo administrativo.[31]

---

[29] ROCHA, Cármen Lúcia Antunes. Princípios constitucionais do processo administrativo no Direito brasileiro. *Revista de Direito Administrativo*, Rio de Janeiro, nº 209, p. 19, jul./set. 1997.

[30] No Município de São Paulo, a lei genérica de processo administrativo é a Lei nº 14.141, de 27.3.2006.

[31] NOHARA, Irene Patrícia; MARRARA, Thiago. *Processo administrativo*. 2. ed. São Paulo: Thomson Reuters Brasil, 2018. p. 82.

Nelson Nery Júnior e Rosa Maria de Andrade Nery,[32] por exemplo, entendem passível de aplicação imediata, para além da esfera federal, a Lei nº 9.784/99: (1) quando ela veicular normas principiológicas ou (2) quando houver lacuna nas leis que disciplinam processos específicos.

O Superior Tribunal de Justiça tem julgados neste sentido, a exemplo da decisão de agravo em recurso especial: "De acordo com a jurisprudência firmada nesta Corte Superior de Justiça, na ausência de lei estadual específica, pode a Administração Estadual rever seus próprios atos no prazo decadencial previsto na Lei Federal nº 9.784, de 1º/2/99."[33]

Mais recentemente, em 2019, o Superior Tribunal de Justiça editou a Súmula 633, fixando orientação anterior no sentido de que: "a Lei 9.784/99, especialmente no que diz respeito ao prazo decadencial para a revisão de atos administrativos no âmbito da Administração Pública federal, pode ser aplicada, de forma subsidiária, aos estados e municípios, se inexistente norma local e específica que regule a matéria".

5.4 Objetivos

São objetivos do processo administrativo, conforme dispõe o art. 1º da Lei nº 9.784/99:

1. a proteção dos **direitos dos administrados**; e
2. o melhor cumprimento dos **fins da Administração**.

A LPA prevê expressamente, sem prejuízo de outros que lhe sejam assegurados, os seguintes direitos do administrado perante a Administração:

- ser tratado com respeito pelas autoridades e servidores, que deverão facilitar o exercício de seus direitos e o cumprimento de suas obrigações;
- ter ciência da tramitação dos processos administrativos em que tenha condição de interessado, ter vista dos autos, obter cópias dos documentos neles contidos e conhecer as decisões proferidas;
- formular alegações e apresentar documentos antes da decisão, os quais serão objeto de consideração pelo órgão competente; e
- fazer-se assistir, facultativamente, por advogado, salvo quando obrigatória a representação, por força de lei.

As autoridades públicas não podem criar entraves ao exercício dos direitos dos administrados, sendo exigência legal que elas não apenas não dificultem as pretensões dos interessados, mas que **facilitem** o exercício dos direitos e o cumprimento das obrigações. A lei demanda, portanto, uma postura ativa por parte do servidor.

Para que seja exercitado o contraditório, é necessário que os interessados tenham **ciência** da tramitação dos processos administrativos com a possibilidade de vista dos autos e obtenção de cópias dos documentos neles contidos e se houver já decisão proferida, que eles tenham ciência de seu conteúdo.

Além do conhecimento, é necessário que haja oportunidade de **reação** do interessado, que se dá pela formulação de alegações, sendo imprescindível que ele possa apresentar documentos

---

[32] NERY JUNIOR, Nelson; NERY, Rosa Maria de Andrade. *Código de processo civil comentado e legislação processual civil extravagante em vigor*. São Paulo: Ed. RT, 2002. p. 1.437.

[33] AgRg no RE 537.003/RS, 6. T., Rel. Min. Maria Thereza de Assis Moura, j. 17.02.2009. *DJ* 02.03.2009.

antes da decisão. O dispositivo legal determina, ainda, que as alegações e os documentos apresentados pelo interessado serão objeto de consideração[34] pelo órgão competente, que deve motivar sua decisão no sentido de acatá-los ou rejeitá-los.

Por fim, estabelece o inciso IV do art. 3º da LPA que é direito do administrado fazer-se assistir, **facultativamente**, por **advogado**, salvo quando obrigatória a representação, por força de lei. Note-se que como o processo administrativo deve ser acessível aos cidadãos, ele deve ser democrático e, via de regra, gratuito. Exigir, portanto, defesa técnica por advogado em qualquer pretensão envolvendo processos administrativos seria incompatível com a exigência de democratização do desempenho de função administrativa.

Já a defesa técnica por advogado em processos judiciais é obrigatória, à exceção das hipóteses de: (a) impetração de *habeas corpus*; (b) causas de valor inferior até 20 salários-mínimos no Juizado Especial Cível; e, ainda, (c) para alguns: reclamação trabalhista, sendo, conforme visto, facultativa nos processos administrativos, exceto se houver determinação legal em sentido contrário.

A Súmula Vinculante 5, de 16.5.2008, determina que "a falta de defesa técnica por advogado no processo administrativo disciplinar não ofende a Constituição". Trata-se de orientação distinta do que entendia o STJ na Súmula 343.[35]

A defesa técnica é considerada obrigatória apenas nos casos de procedimento administrativo disciplinar:

- de servidor que, submetido a processo administrativo disciplinar, se encontre em **lugar incerto e não sabido**, circunstância em que compete ao órgão público designar procurador para a defesa; e
- se o assunto objeto do processo administrativo for **muito complexo**, fugindo à compreensão do servidor que não dispõe de recursos para contratar advogado.

Contudo, considera-se que mesmo se não houver advogado para esses casos, se o indiciado não apresentar defesa, a ampla defesa é garantida com a designação de **defensor dativo**, que deve ser: (a) ocupante de cargo efetivo superior ou de mesmo nível, ou (b) conforme o art. 164, § 2º, da Lei nº 8.112/90, de escolaridade igual ou superior à do indiciado.

Também é objetivo do processo administrativo o melhor cumprimento dos fins da Administração. O processo administrativo pode ser iniciado por provocação ou de ofício.

A oficialidade que vigora neste âmbito é acentuada pela autoexecutoriedade e pela possibilidade de revisão de ofício dos atos administrativos. Assim, determina o art. 51, § 2º, da LPA que: "a desistência ou renúncia do interessado, conforme o caso, não prejudica o prosseguimento do processo, se a Administração considerar que o interesse público assim o exige".

O Direito Administrativo subordina a atuação administrativa à indisponibilidade de interesses públicos, então, não pode, via de regra, a Administração Pública ficar à mercê da atividade dos particulares para o deslinde dos processos administrativos.

No entanto, pergunta-se: como seria possível compatibilizar a autoexecutoriedade dos atos administrativos com a exigência de observância do contraditório e da ampla defesa no processo administrativo, tendo em vista o fato de que "ninguém será privado da liberdade ou de seus bens sem o devido processo legal"?

---

[34] Que é corolário do contraditório material, conforme será visto.

[35] Sobre o choque de entendimentos sumulares e a favor do cancelamento da Súmula 5/STF, ver MORAES FILHO, Marco Antonio Praxedes de. Súmula Vinculante nº 5 do Supremo Tribunal Federal e o sistema processual administrativo punitivo. In: *Processo Administrativo*: Temas polêmicos da Lei nº 9.784/99. São Paulo: Atlas, 2011. p. 158-183.

Antes de a Administração agir, ela deve dar ao particular a possibilidade de se defender, por meio da garantia do contraditório e da ampla defesa, e, uma vez respeitados os direitos e garantias individuais, a Administração Pública poderá, então, tomar a decisão, desde que devidamente motivada, sem a necessidade de autorização prévia do Poder Judiciário, que melhor cumpre os fins públicos.

5.5 Conceito

Processo administrativo é atividade estatal realizada por meio do encadeamento de atos que se direcionam a garantir, seja no exercício de **função administrativa**, por todos os Poderes, ou, no caso da Administração Pública, também em função atípica de julgar (sem substitutividade, definitividade e inércia, quer dizer: **por provocação** ou **de ofício**), a proteção dos direitos dos administrados, que se dá pelo respeito a garantias constitucionais relacionadas com o devido processo legal, o contraditório e a ampla defesa, e o melhor cumprimento dos fins da Administração.

Da definição, se extraem os seguintes elementos:

- **natureza jurídica**: atividade estatal;
- **abrangência**: desempenho de função administrativa e também de função atípica da Administração de julgar em Tribunais Administrativos, os quais, no Brasil, não desempenham função jurisdicional;
- **início**: por provocação ou de ofício; e
- **objetivos básicos**: proteção ao direito dos administrados, que se dá pelo respeito às garantias constitucionais, e cumprimento dos fins da Administração.

5.6 Princípios do processo administrativo

No âmbito da Administração Pública federal, são princípios relacionados com o processo administrativo, listados no *caput* do art. 2º da Lei nº 9.784/99:

- legalidade;
- finalidade;
- motivação;
- razoabilidade e proporcionalidade;
- moralidade;
- ampla defesa;
- contraditório;
- segurança jurídica;
- interesse público; e
- eficiência.

Os princípios são desdobrados nos incisos do parágrafo único do artigo, nos seguintes critérios:

I – **legalidade**: atuação conforme a lei e o Direito;

II – **finalidade**: atendimento aos fins de interesse geral, vedada a renúncia total ou parcial de poderes ou competências, salvo autorização em lei;

III – **impessoalidade** (que não está previsto no *caput* do artigo): objetividade no atendimento do interesse público, vedada a promoção pessoal de agentes e autoridades;

IV – **moralidade**: atuação segundo padrões éticos de probidade, decoro e boa-fé;

V – **publicidade** (que não está prevista no *caput*, mas é decorrência do contraditório): divulgação oficial dos atos administrativos, ressalvadas as hipóteses de sigilo previstas na Constituição;

VI – **razoabilidade** e **proporcionalidade**: adequação entre meios e fins, vedada a imposição de obrigações, restrições e sanções em medida superior àquelas estritamente necessárias ao atendimento do interesse público;

VII – **motivação**: indicação dos pressupostos de fato e de direito que determinarem a decisão;

VIII e IX – **formalismo moderado** (não previsto no *caput*): "observância das formalidades essenciais à garantia dos direitos dos administrados" e "adoção de formas simples, suficientes para propiciar adequado grau de certeza, segurança e respeito aos direitos dos administrados";

X – **ampla defesa** e **contraditório**: "garantia dos direitos à comunicação, à apresentação de alegações finais, à produção de provas e à interposição de recursos, nos processos de que possam resultar sanções e nas situações de litígio";

XI – **gratuidade** (não prevista no *caput*): "proibição de cobrança de despesas processuais, ressalvadas as previstas em lei";

XII – **oficialidade** (não prevista no *caput*): impulsão, de ofício, do **processo administrativo, sem prejuízo da atuação dos interessados; e**

XIII – princípios da **finalidade**, do **interesse público**, da **eficiência** e da **segurança jurídica**: interpretação da norma administrativa da forma que melhor garanta o atendimento do fim público a que se dirige, vedada aplicação retroativa de nova interpretação.

Alguns desses princípios foram abordados no capítulo referente aos princípios do Direito Administrativo. O princípio da **eficiência**, por exemplo, no âmbito do processo administrativo é também associado à observância do formalismo moderado ou mitigado e pela chamada economia processual, que representa a possibilidade de aproveitamento de atos praticados com irregularidades, desde que estas não prejudiquem direitos dos administrados. Consubstancia, portanto, a noção de instrumentalidade das formas, que no processo administrativo é ainda mais expressiva do que no processo civil, uma vez que na esfera pública vigora o informalismo ou formalismo moderado.

São princípios específicos do processo administrativo, que serão analisados a seguir:

- o devido processo legal;
- o contraditório e a ampla defesa;
- a publicidade;
- a economia processual;
- a oficialidade;
- o formalismo moderado ou mitigado;
- a atipicidade;

- a gratuidade;
- a pluralidade de instâncias;
- a verdade real; e
- a participação popular.

O devido processo legal foi previsto no Brasil originariamente pela fórmula do art. 5º, LIV, da Constituição, nos seguintes termos: "ninguém será privado da liberdade ou de seus bens sem o devido processo legal". A cláusula do devido processo legal divide-se em **devido processo formal**, que implica, entre outros, a imparcialidade daquele que decide, o contraditório, a ampla defesa, o duplo grau, e **devido processo substancial**, que no Brasil implica o questionamento da racionalidade dos discrimes previstos nos atos normativos, que devem ter justificativa razoável.

O devido processo substancial é bem explicado na seguinte formulação do Ministro Celso de Mello, *in verbis*:

a cláusula do devido processo legal, objeto de expressa proclamação pelo art. 5º, LIV, da Constituição, deve ser entendida na abrangência de sua noção conceitual, não só sob o aspecto formal, que impõe restrições de caráter ritual à atuação do Poder Público, mas, sobretudo, em sua dimensão material, que atua como decisivo obstáculo à edição de atos legislativos de conteúdo arbitrário ou irrazoável. A essência do *substantive due process of law* reside na necessidade de proteger os direitos e as liberdades das pessoas contra qualquer modalidade de legislação que se revele opressiva ou, como no caso, destituída do necessário coeficiente de razoabilidade. Isso significa, dentro da perspectiva da extensão da teoria do desvio de poder ao plano das atividades legislativas do Estado, que este não dispõe de competência para legislar ilimitadamente, de forma imoderada e irresponsável, gerando, com o seu comportamento institucional, situações normativas de absoluta distorção e, até mesmo, de subversão dos fins que regem o desempenho da função estatal.[36]

O **contraditório** e a **ampla defesa** estão previstos no *caput* do art. 2º da LPA, sendo decorrência do conteúdo do art. 5º, LV, da Constituição, segundo o qual: "aos litigantes, em processo judicial ou administrativo, e aos acusados em geral são assegurados o contraditório e a ampla defesa, com os meios e recursos a ela inerentes".

Contraditório implica bilateralidade do processo, que se resume na expressão *audiatur et altera pars* (ouça-se também a outra parte). Compreende, via de regra, a oportunidade dada à parte de conhecimento daquilo que lhe é imputado, acrescido do direito à reação ou resposta.

Há, por conseguinte, dois elementos básicos caracterizadores do contraditório:

- conhecimento; e
- reação.

Conhecimento diz respeito à informação do interessado. Trata-se de fornecer instrumentos para que o particular, diante da pretensão estatal de restrição de seus bens e liberdades, tenha possibilidade de conhecer as medidas estatais e a motivação das decisões.

Para garantir o conhecimento, assegura o art. 46 da lei aos interessados o direito à vista do processo e à obtenção de certidões ou cópias reprográficas dos dados e documentos que o integram, ressalvados os dados e documentos de terceiros protegidos por sigilo ou pelo direito à privacidade, à honra e à imagem.

---

[36] ADI 1.158-8/AM. Rel. Min. Celso de Mello, de 19 dez. 1994. *DJ* 26.5.1995. p. 58.

A reação no processo administrativo envolve a possibilidade de produção de provas, de assistir diligência ordenada e de aduzir alegações antes da decisão final.

Contudo, para que o contraditório seja material e não apenas formal, não basta a Administração oferecer oportunidade de o interessado formular alegações e apresentar documentos, mas que eles sejam "objeto de consideração pelo órgão competente", conforme teor do art. 3º, III, da LPA, sendo tal exigência desdobrada no § 1º do art. 38 da lei que determina que na decisão e na motivação do relatório deverão ser considerados os elementos probatórios apresentados pelo interessado.

O direito de ver seus argumentos considerados é, nos dizeres de Gilmar Mendes,[37] o dever de o juiz ou de a Administração conferir devida atenção a eles. Envolve, portanto, "não só o dever de tomar conhecimento, como também o de considerar, séria e detidamente, as razões apresentadas", que deriva do dever de fundamentar as decisões, relacionado intrinsecamente com o princípio da motivação.

O contraditório material "implica na possibilidade de participação, acrescida do poder de influenciar o resultado final do processo, sendo avesso às decisões preestabelecidas ou tomadas com base em arbitrariedade".[38]

O contraditório é um dos meios de garantia da ampla defesa. Assim, além de a ampla defesa englobar a possibilidade de os interessados sustentarem suas razões, de produzirem provas e de influírem na formação do convencimento de quem decide, ela também exige: aspectos de regularidade do processo; a presença de defesa técnica, quando indispensável; a imparcialidade de quem decide, viabilizada por regras de impedimento e suspeição previstas na LPA; e a justiça nas decisões estatais, que consubstancia o devido processo substantivo. Ampla defesa é, portanto, noção mais abrangente que contraditório.

Ressalte-se que, segundo Angélica Petian, o princípio da ampla defesa[39] aplica-se somente aos processos administrativos *restritivos* de direito e não aos *ampliativos*. Define a autora processos restritivos de direito como sendo: os que "diminuem a esfera jurídica do destinatário, causando-lhe gravame, seja porque impõem um novo dever ou restrição, seja porque estendem dever já existente, ou, ainda, suprimem direito existente".[40]

O princípio da **publicidade** está previsto expressamente no art. 37, *caput*, da Constituição Federal. O art. 2º, parágrafo único, V, da Lei nº 9.784/99, que regula o processo administrativo no âmbito federal, exige a divulgação oficial dos atos administrativos, ressalvadas as hipóteses de sigilo previstas na Constituição.

De acordo com as determinações contidas no inciso XXXIII do art. 5º da Constituição Federal, os órgãos públicos devem prestar informações no prazo da lei, à exceção das situações cujo sigilo seja imprescindível à segurança da sociedade e do Estado. Também o inciso LX do art. 5º determina que a lei só poderá restringir a publicidade dos atos processuais quando a defesa da intimidade ou o interesse social o exigirem.

---

[37] Cf. MS 24.268/MG, Processo administrativo: contraditório e ampla defesa. Disponível em: http://www.notadez.com.br/content/noticias. asp?id=41350. Acesso em: 12 jan. 2007.

[38] NOHARA, Irene Patrícia; MARRARA, Thiago. *Processo administrativo*: Lei nº 9.784/99 comentada. São Paulo: Atlas, 2009. p. 63.

[39] Também a oficialidade e a gratuidade.

[40] Já os ampliativos seriam os que "alargam a esfera jurídica do destinatário, causando-lhe um efeito favorável, seja porque autorizam o exercício de um novo direito, seja porque ampliam direito já existente, ou, ainda, restringem ou extinguem limitações a direitos dos destinatários". PETIAN, Angélica. *Regime jurídico dos processos administrativos ampliativos e restritivos de direito*. São Paulo: Malheiros, 2011. p. 104-107.

Em respeito às determinações constitucionais, dispõe o art. 46 da lei, conforme visto, que os interessados têm direito à vista do processo e a obter certidões ou cópias reprográficas dos dados e documentos que o integram, ressalvados os dados e documentos de terceiros protegidos por sigilo ou pelo direito à privacidade, à honra e à imagem.

Economia processual é o princípio utilizado para o aproveitamento de nulidade sanável cuja inobservância não prejudique a Administração ou o administrado. Compreende a análise que pondera o binômio *não prejuízo* e *finalidade*.

Há nos estatutos dispositivos que são expressão do princípio da economia processual. O art. 305 do Estatuto dos Funcionários Públicos Civis do Estado de São Paulo (Lei nº 10.261/68), com redação dada pela Lei Complementar nº 942, de 6.6.2003, por exemplo, prescreve que "não será declarada a nulidade de nenhum ato processual que não houver influído na apuração da verdade substancial ou diretamente na decisão do processo ou sindicância". O art. 169, § 1º, da Lei nº 8.112/90, referente aos servidores públicos civis da União, das autarquias e das fundações públicas federais, determina que "o julgamento fora do prazo legal não implica nulidade de processo".

A economia processual relaciona-se com o princípio da eficiência e do formalismo moderado ou mitigado, o qual, conforme visto, é corolário da noção de instrumentalidade das formas.

Oficialidade é o princípio que garante à Administração iniciar o processo administrativo de ofício (*ex officio*), sem a necessidade de provocação de terceiro. Na realidade, ela é aplicada em três circunstâncias: (a) na instauração do processo; (b) na instrução ou andamento do processo, admitindo o requerimento de diligências, a investigação de fatos, a solicitação de pareceres, laudos e informações; e (c) na revisão dos próprios atos. Este último aspecto é decorrência do princípio da autotutela, enunciado na Súmula 473 do STF e reproduzido no art. 53 da Lei nº 9.784/99.

A obediência à forma e aos procedimentos, também denominada informalismo ou **formalismo moderado** ou **mitigado**, indica que o formalismo no processo administrativo deve existir na medida razoável e proporcional ao atendimento dos interesses públicos ou da garantia dos direitos dos administrados. Nesta perspectiva, há o conteúdo do art. 2º, parágrafo único, incisos VIII e IX, da Lei nº 9.784/99, visto acima, e o art. 22 da lei dispõe que os atos do processo administrativo não dependem de forma determinada, senão quando a lei expressamente a exigir.

No processo administrativo predomina a **atipicidade**[41] de ilícitos e infrações que geralmente são previstos por conceitos jurídicos indeterminados como "falta grave", "procedimento irregular" etc. A autoridade julgadora tem a discricionariedade para enquadrar a falta e dosar a pena ao caso concreto em função da gravidade dos fatos e de suas consequências.[42] Note-se que discricionariedade é atuação dentro do ordenamento jurídico, pois, se houver vícios como o desvio de finalidade ou a desproporção na aplicação da penalidade prevista, há possibilidade de controle pelo Poder Judiciário da arbitrariedade ocorrida.

---

[41] Ressalte-se que esse é um ponto em transformação, pois, mesmo com a presença de conceitos indeterminados, é problemático, do prisma do Direito Contemporâneo, falar em responder por fatos atípicos. Provavelmente, tal característica será superada em breve com a articulação de um sistema de garantias mais efetivo também na seara dos processos administrativos disciplinares que afaste a arbitrária tese da atipicidade.

[42] Conforme dispõe o art. 128 da Lei nº 8.112/90: "na aplicação das penalidades serão consideradas a natureza e a gravidade da infração cometida, os danos que dela provierem para o serviço público, as circunstâncias agravantes ou atenuantes e os antecedentes funcionais". Apesar da menção à atipicidade pela doutrina clássica, a tendência é o questionamento de tal orientação, em uma perspectiva mais garantista também no âmbito do processo administrativo.

De acordo com o art. 2º, parágrafo único, e inciso XI, da Lei nº 9.784/99, a menos que haja leis específicas que cobrem por determinados atos processuais, a regra é a **gratuidade**. Isso ocorre porque a Administração, diferentemente do Judiciário, é parte no processo administrativo e não pode exigir a mesma onerosidade, pois tornaria inviável ao interessado buscar o reconhecimento de seus direitos.

Note-se que o STF, na ADI 1976, de 28.3.2007, considerou ofensa ao contraditório e ao exercício do direito de petição a exigência de depósito ou arrolamento prévio de bens e direitos condição de admissibilidade de recurso administrativo. Tal julgamento influenciou a edição da Súmula Vinculante 21, aprovada em 29.10.2009, e publicada no *DOU* de 10.11.2009, que determina ser: "inconstitucional a exigência de depósito ou arrolamento prévios de dinheiro ou bens para admissibilidade de recurso administrativo".

A **pluralidade de instâncias administrativas**, chamada por Celso Antônio Bandeira de Mello[43] de princípio da revisibilidade, garante ao administrado recorrer da decisão que não lhe seja favorável. Decorre do poder hierárquico conjugado com a autotutela administrativa,[44] isto é, o superior hierárquico pode rever os atos de seus subordinados.

Os recursos hierárquicos próprios[45] podem chegar até a autoridade máxima da organização administrativa. Todavia, se a decisão partir da autoridade máxima, pode-se adentrar com pedido de reconsideração,[46] restando ao administrado, se não atendido, buscar as vias judiciais. Para a garantia do princípio da pluralidade de instâncias, prevê o art. 17 da LPA que, "inexistindo competência legal específica, o processo administrativo deverá ser iniciado perante a autoridade de menor grau hierárquico para decidir".

O art. 57 da lei de processo administrativo federal (Lei nº 9.784/99) restringe o direito de recorrer a três instâncias administrativas, salvo disposição legal em sentido contrário. O direito de recorrer é uma garantia constitucional relacionada com a ampla defesa (art. 5º, LV, CF).

A Administração Pública deve procurar a verdade material ou substancial. O princípio da **verdade real** é corolário da oficialidade, uma vez que a Administração não deve se restringir ao alegado pelas partes, mas pode, de ofício, investigar fatos e solicitar informações. Também no reexame predomina um formalismo menos exacerbado do que aquele encontrado no processo civil, pois os recursos hierárquicos admitem arguições que contenham novas alegações, a matéria de fato pode ser reexaminada e também pode acontecer a produção de novas provas.

Mesmo em face da busca da verdade real dos fatos, é inadmissível no âmbito do processo administrativo a utilização de provas obtidas por meios ilícitos (art. 5º, LVI, CF). Assim, a autoridade administrativa não pode utilizar ou determinar a realização de prova que macule garantias constitucionais, como a inviolabilidade do domicílio, ou que intercepte comunicações telefônicas ou correspondências epistolares.

De acordo com o Tema 1.238 do STF, com repercussão geral, há repercussão da nulidade de provas no processo penal emprestadas para a esfera administrativa. Trata-se da repercussão do ARE 1.316.369, Rel. Min. Fachin, a partir do qual se fixou a tese de que: "são inadmissíveis, em processos administrativos de qualquer espécie, provas consideradas ilícitas pelo Poder Judiciário".

---

[43] BANDEIRA DE MELLO, Celso Antônio. *Curso de direito administrativo*. São Paulo: Malheiros, 2008. p. 893.

[44] DI PIETRO, Maria Sylvia Zanella. *Direito administrativo*. São Paulo: Atlas, 2010. p. 634.

[45] Pois os recursos hierárquicos impróprios envolvem ruptura com a regra de hierarquia na instância recursal, exigindo-se, portanto, previsão legal como condição para sua utilização.

[46] Como acontece no pedido de reconsideração como recurso previsto na Lei de Licitações, conforme art. 165, II, da Lei nº 14.133/2021.

No recurso extraordinário se discutiu, à luz dos arts. 5º, XII, LVI, e 170, *caput*, IV e V, da Constituição Federal, se o reconhecimento da nulidade de provas consideradas ilícitas no processo penal e emprestadas a processo administrativo instaurado pelo Conselho Administrativo de Defesa Econômica (CADE) implica sua nulidade, tendo sido concluído no sentido positivo.

O princípio da **participação popular** na gestão e no controle da Administração Pública é decorrência do modelo de Estado Democrático de Direito, adotado pela Constituição de 1988. A Constituição possui diversas normas que garantem a participação da população na Administração (ex.: arts. 10, 187, 194, 206, VI etc.).

A Emenda Constitucional nº 45/2004, por exemplo, modificou a redação do inciso X do art. 93, no sentido de exigir que as decisões administrativas dos tribunais, além de motivadas, também sejam tomadas em sessão pública, para que haja maior controle popular. A legislação infraconstitucional prevê, em regra, mecanismos de participação ou de controle de pessoas de fora da Administração, tais como a consulta e a audiência públicas[47] (cf. arts. 31 e 32 da Lei nº 9.784/99), o disque-denúncia e a ouvidoria.

O papel da ouvidoria é proteger o cidadão-administrado de violações a direitos e abusos de poder, decorrentes de erros, negligências, decisões injustas e má administração das autoridades públicas. Representa, portanto, agente indutor de participação popular, que orienta e, consequentemente, eleva a qualidade do desempenho da função administrativa.

A ouvidoria, no geral, vincula-se à figura do ouvidor, que deita raízes no denominado *ombudsman*. Trata-se de expressão de origem nórdica (proveniente da fusão de *ombud*, que significa procurador ou representante, com *man*, isto é, homem). A atribuição de *ombudsman* foi criada na Suécia (1809) para controlar a observação das leis pelos tribunais e funcionários públicos, sendo, em suma, um representante dos cidadãos nas instituições públicas.

> **PONTO CONTROVERTIDO: legalidade *versus* segurança jurídica**
>
> O princípio da segurança jurídica é talvez um dos que mais problemas geram de aplicação prática, conforme tivemos oportunidade de expor.[48] Conforme visto, o princípio da segurança jurídica tem sentido aproximado à estabilidade, ou, ao menos, à estabilização ou à previsibilidade. Trata-se, na Teoria Geral do Direito, do fundamento de inúmeros institutos, tais como: a irretroatividade da lei, o direito adquirido e o ato jurídico perfeito.
>
> É por vezes associado ao princípio da legalidade, pois, no caso do Direito Administrativo, a legalidade administrativa restringe a ação estatal aos comandos normativos, para a segurança da sociedade como um todo; mas acontece com bastante frequência de a aplicação rigorosa do princípio da legalidade colidir com o princípio da segurança jurídica.
>
> O princípio da segurança jurídica foi positivado no art. 2º, *caput*, da LPA. Segundo expõe Maria Sylvia Zanella Di Pietro,[49] que participou dos trabalhos de elaboração do anteprojeto da lei, o objetivo de inclusão do dispositivo foi vedar a aplicação retroativa de nova interpretação no âmbito da Administração Pública.
>
> Trata-se de expediente voltado a combater a prática reiterada em alguns órgãos administrativos de mudar a orientação de determinações normativas que afetassem situações reconhecidas e consolidadas na égide de orientação anterior, o que gerava insegurança àqueles que agiram de boa-fé e na conformidade dos parâmetros ditados pela própria Administração.

---

[47] Que serão analisadas pormenorizadamente no item 5.12 deste capítulo.

[48] NOHARA, Irene Patrícia. Segurança jurídica no processo administrativo. *Carta Forense*, São Paulo, p. A10, 4 nov. 2009.

[49] DI PIETRO, Maria Sylvia Zanella. *Direito administrativo*. São Paulo: Atlas, 2010. p. 84.

De acordo com Elival da Silva Ramos,[50] a vedação de retroatividade de nova interpretação para garantir segurança jurídica proíbe a aplicação de novos parâmetros interpretativos a efeitos jurídicos passados de atos pretéritos, mas não obsta a invalidação de atos administrativos, pois haveria ofensa não apenas à legalidade, mas sobretudo ao princípio da isonomia.

Ora, realmente, se determinados servidores públicos recebiam vantagens pecuniárias decorrentes de uma interpretação benéfica conferida pela Administração por determinação normativa e, posteriormente, ela muda sua interpretação, a Administração Pública não poderá cobrar a restituição daquilo que foi percebido de boa-fé pelos servidores ao tempo da interpretação que ela mesma dava, sob pena de os servidores ficarem reféns dos chamados, por Sérgio Ferraz e Adilson Dallari, "mandos e desmandos desinfluentes", que nada mais são do que a ausência de racionalidade ou coerência na atuação administrativa.

Contudo, nada impede que haja o desfazimento do ato de concessão da vantagem, pois, caso contrário, negar-se-iam iguais direitos a pessoas que se encontram em idênticas condições perante a lei. A problemática não gira, portanto, em torno do desfazimento em si do ato, mas principalmente dos seus efeitos diante de terceiros de boa-fé, pois pela teoria dos atos administrativos, se a antiga interpretação passa a ser considerada irregular, os efeitos da nova interpretação seriam *ex tunc*, isto é, retroativos.

Trata-se, *mutatis mutandis*, de semelhante perplexidade vivenciada durante anos de predomínio da visão de que a declaração de inconstitucionalidade de lei em ação direta no STF deveria ter efeitos absolutamente retroativos, pois o ato seria nulo. Essa radicalização gerava uma certa paralisação da Corte Suprema, que tinha consciência da injustiça e da imprevisibilidade da dimensão dos efeitos que tal declaração poderia gerar em diversos casos concretos. Pode-se dizer que o controle de constitucionalidade concentrado só ganhou renovado impulso com a previsão legal da modulação dos efeitos.

A mesma discussão deve ser travada no Direito Administrativo, mas não existe ainda solução positivada que permita a modulação de efeitos, como ocorre atualmente no controle de constitucionalidade. Podem ser, todavia, mencionados dois fatos para tranquilizar os intérpretes jurídicos, quando deparam com tais circunstâncias:

a) no âmbito estadual, o dispositivo constante do art. 61 da Lei de Processo Administrativo do Estado de São Paulo, Lei nº 10.177/98, determina que "invalidado o ato ou contrato, a Administração tomará as providências necessárias para desfazer os efeitos produzidos, salvo quanto a terceiros de boa-fé"; e

b) no âmbito doutrinário, há o conhecido posicionamento de Celso Antônio Bandeira de Mello[51] no sentido de que a invalidação de atos que sejam ampliativos (e não restritivos) da esfera jurídica do administrado deve ter, para que sejam preservadas a boa-fé e a segurança jurídica, efeitos *ex nunc* (não retroativos).

Para irregularidades na interpretação da lei e tendo em vista a segurança jurídica, existe o conteúdo da seguinte súmula do Tribunal de Contas da União:

SÚMULA 249: É dispensada a reposição de importâncias indevidamente percebidas, de boa-fé, por servidores ativos e inativos, e pensionistas, em virtude de erro escusável de interpretação de lei por parte do órgão/entidade, ou por parte de autoridade legalmente investida em função de orientação e supervisão, à vista da presunção de legalidade do ato administrativo e do caráter alimentar das parcelas salariais.

---

[50] RAMOS, Elival da Silva. A valorização do processo administrativo: o poder regulamentar e a invalidação dos atos administrativos. In: SUNDFELD, Carlos Ari; MUNOZ, Guillermo Andrés. *As leis de processo administrativo*. São Paulo: Malheiros, 2006. p. 91.

[51] BANDEIRA DE MELLO, Celso Antônio. *Curso de direito administrativo*. São Paulo: Malheiros, 2008. p. 470.

De resto, deve haver, como existe com frequência, disposição, no sentido de boa vontade, por parte de autoridades administrativas e juízes, que se deparam com tais situações, de sopesar os princípios da segurança jurídica e da boa-fé, especialmente quando em conflito com os da legalidade e isonomia, para que haja a produção de provimento individual, seja ele ato administrativo ou sentença, que leve em consideração os objetivos presentes no *caput* do art. 1º da LPA, quais sejam: de proteção de direitos individuais e de garantia do melhor cumprimento dos fins da Administração, dentro da concepção presente no Estado Democrático de Direito de que os princípios e os direitos fundamentais não são, via de regra, absolutos.

5.7 Diferenças entre processo civil e processo administrativo

Existem substanciais diferenças entre o processo civil e o processo administrativo. Enquanto o primeiro pressupõe uma **triangulação** da relação jurídica, na qual o juiz se posiciona equidistante das partes, no processo administrativo a situação triangular é mais rara, sendo mais comuns as circunstâncias nas quais há uma **relação bipartite**, isto é, estruturada entre *Estado* e *administrado*.

Como o Estado deve assegurar também o contraditório e a ampla defesa, mesmo que no processo administrativo não haja propriamente **partes**, mas sim **interessados**, há também regras de impedimento e suspeição (arts. 18 e 20 da LPA federal).

Outra distinção importante envolve a oficialidade. Enquanto o processo jurisdicional começa **por provocação**, ou seja, por iniciativa das partes, uma vez que se aplica ao Judiciário o princípio da inércia, e se desenvolve posteriormente por impulso oficial, conforme determinação contida no art. 2º do Código de Processo Civil, o processo administrativo pode, de acordo com o art. 5º da LPA, iniciar-se: tanto por provocação (a pedido do interessado) como **de ofício**.

Apesar do impulso oficial posterior no processo civil, o autor pode desistir da ação, as partes podem transigir e pode também haver renúncia ao direito sobre o qual se funda a ação, que geralmente é disponível. No processo administrativo, a **desistência** ou **renúncia** do interessado, conforme o caso, "**não prejudica o prosseguimento** do processo, se a Administração considerar que o interesse público assim o exige", nos termos empregados pelo art. 51, § 2º, da LPA.

Contudo, no procedimento que envolve a prática de atos negociais, como as licenças e autorizações, o interessado provoca a Administração para obter um provimento que lhe interessa, sendo-lhe facultado desistir do pleito, hipótese na qual não interessará à Administração prosseguir com o processo.

Dispõe, ademais, o art. 40 da LPA que, quando dados, atuações e documentos solicitados ao interessado forem necessários à apreciação de pedido formulado, o não atendimento no prazo fixado pela Administração para a respectiva apresentação implicará arquivamento do processo.

Os processos em que há interesses públicos indisponíveis envolvidos não dependem da ação do particular, caso em que, não sendo atendida a intimação pelo interessado, o órgão competente poderá suprir de ofício a omissão, não se eximindo de proferir decisão, conforme redação do art. 39 da LPA.

Assim, a instrução do processo administrativo depende, via de regra, mais da Administração Pública do que das partes. Nesta perspectiva, dispõe o art. 29 da LPA que as atividades de instrução destinadas a averiguar e comprovar os dados necessários à tomada de decisão realizam-se de ofício ou mediante impulsão do órgão responsável pelo processo, sem prejuízo do direito dos interessados de propor atuações probatórias.

Outro ponto importante diz respeito ao formalismo. Enquanto no processo civil vigora um **formalismo** mais rigoroso, no processo administrativo há os chamados: informalismo,

formalismo **moderado ou mitigado**. Conforme expusemos, "nem sempre são adequados os paralelos traçados pela doutrina com o processo civil quanto aos requisitos constantes do requerimento, pois eles restringem a abrangência do direito de petição e impõem limitações que não se coadunam com o espírito do processo administrativo".[52]

No processo administrativo há sempre a possibilidade de serem alegados:

a) a exigência de "observâncias das formalidades essenciais à garantia dos direitos dos administrados", prevista no parágrafo único do art. 2º, VIII, da LPA, que tem por decorrência o aproveitamento de atos que não geram prejuízos, conforme a máxima: *pas de nullitè sans grief* (não há nulidade sem prejuízo);

b) a "adoção de formas simples, suficientes para propiciar adequado grau de certeza, segurança e respeito dos direitos dos administrados", contida no parágrafo único do art. 2º, IX, da LPA, uma vez que a Administração Pública, na observação de Sérgio Ferraz e Adilson Dallari,[53] deve evitar rigorismos que restrinjam o direito de petição, sobretudo diante de postulações apresentadas por pessoas que não dominam práticas e técnicas do universo burocrático; e

c) o direito de o administrado "ser tratado com respeito pelas autoridades e servidores, que deverão facilitar o exercício de seus direitos e o cumprimento de suas obrigações", positivado no art. 3º, I, da LPA.

Enquanto no âmbito jurisdicional, a **gratuidade é exceção**, sendo garantida para casos específicos, como na assistência aos que comprovem insuficiência de recursos, nas ações de *habeas corpus* e *habeas data* e no Juizado Especial Cível, desde que de primeiro grau; o processo administrativo é, em regra, **gratuito**, conforme se extrai do art. 5º, XXXIV, *a*, da Constituição, que assegura a todos, "independentemente do pagamento de taxas", o direito de petição aos Poderes Públicos em defesa de direitos ou contra ilegalidade ou abuso de poder.

A Súmula Vinculante 21 é uma expressão da gratuidade, na medida em que considera inconstitucional a exigência de depósito ou arrolamento prévios de dinheiros ou bens para admissibilidade de recurso administrativo.

Note-se também que o direito de ação, como direito processual, obedece aos pressupostos processuais mais rígidos, como a legitimidade e o interesse processual; já o direito de petição aos Poderes Públicos **não se condiciona** à comprovação da existência de qualquer "lesão a interesses próprios do peticionário",[54] sendo prerrogativa democrática de caráter essencialmente informal, conforme exposto.

O Código de Processo Civil tem abrangência em todo o território **nacional**, porque compete privativamente à União legislar sobre direito processual, de acordo com o art. 22, I, da Constituição; já a Lei de Processo Administrativo, Lei nº 9.784/99, é, via de regra, considerada **federal**, conforme visto, sendo aplicada integralmente à Administração Pública federal, Direta ou Indireta, e aos órgãos dos Poderes Legislativo e Judiciário da União (ao Ministério Público e ao Tribunal de Contas respectivos), quando no desempenho de função administrativa, se não

---

[52] NOHARA, Irene Patrícia; MARRARA, Thiago. *Processo administrativo*: Lei nº 9.784/99 comentada. São Paulo: Atlas, 2009. p. 95.

[53] DALLARI, Adilson; FERRAZ, Sérgio. *Processo administrativo*. 2. ed. São Paulo: Malheiros, 2007. p. 124-125.

[54] MORAES, Alexandre. *Constituição do Brasil interpretada*. São Paulo: Atlas, 2004. p. 289.

houver lei própria que regule procedimento específico, caso em que a aplicação da lei geral de processo administrativo será subsidiária.

Apesar dessa distinção, deve-se advertir que o art. 15 do Código de Processo Civil, consubstanciado na Lei nº 13.105/2015, determinou também que: "na ausência de normas que regulem processos eleitorais, trabalhistas ou administrativos, as disposições deste Código lhes serão aplicadas supletiva e subsidiariamente". Note-se que, se houver regras de processo administrativo, mesmo que genéricas, derivadas da aplicação da Lei nº 9.784/99, elas têm prioridade em relação à disciplina processual civil, que será aplicada apenas se houver omissão.

O processo administrativo por vezes se afasta do processo civil, pois enquanto neste se busca a **verdade formal**, conforme o princípio dispositivo, no processo administrativo a autoridade que decide não deve se contentar única e exclusivamente com a versão apresentada pelo interessado, devendo tomar postura mais ativa quando intuir que há um descompasso desta com a realidade, tendo em vista os interesses protegidos.

Assim, enquanto no processo judicial aquilo que não consta nos autos em geral não pode ser considerado pelo juiz, a Administração no processo administrativo conduz *ex officio* a instrução, independentemente da ação dos interessados, pois busca a **verdade material** com maior liberdade de prova, desde que não seja ilícita.[55]

Apesar de não haver dispositivo expresso no Código de Processo Civil que proíba a *reformatio in pejus*, isto é, o agravamento da situação daquele que recorreu por parte do Tribunal, os processualistas geralmente são favoráveis à proibição, com base no dispositivo e na noção de sucumbência, hipótese mais clara no Código de Processo Penal, no qual o art. 617 indica que se houver apenas a apelação do réu, o juízo do tribunal, câmara ou turma **não poderá agravar** a situação do réu; no processo administrativo a *reformatio in pejus* **é admitida** como regra geral, exceto no caso do recurso de revisão.

Basta observar que o art. 64 da LPA determina que o órgão competente para o recurso poderá confirmar, modificar, anular ou revogar, total ou parcialmente, a decisão recorrida e se da decisão decorrer gravame à situação do recorrente, especifica o parágrafo único do mesmo artigo, ele deve ser cientificado para que formule suas alegações antes da decisão.

O único recurso que se submete à proibição de *reformatio in pejus* é a revisão, quando surgirem fatos novos ou circunstâncias relevantes suscetíveis de justificar a inadequação de uma sanção aplicada pela Administração Pública, tendo em vista que o parágrafo único do art. 65 da LPA impõe que: "da revisão do processo não poderá resultar agravamento da sanção".

PROCESSO CIVIL (JURISDIÇÃO)	PROCESSO ADMINISTRATIVO
Triangular (juiz equidistante)	Bipartite (Estado – administrado)
Partes	Interessado
Início: provocação (inércia)	Início: provocação e de ofício
Princípio dispositivo	Desistência ou renúncia não obstam o prosseguimento, se houver interesse público

---

[55] Cf. NOHARA, Irene Patrícia; MARRARA, Thiago. *Processo administrativo*. São Paulo: Atlas, 2009. p. 208.

PROCESSO CIVIL (JURISDIÇÃO)	PROCESSO ADMINISTRATIVO
Formalismo	Informalismo ou formalismo moderado
Excepcionalmente gratuito	Em regra: gratuito
Obediência às condições da ação	Direito de petição "incondicionado"
Regra: presença de advogado	Facultativa a presença de defesa técnica, exceto quando a lei a considerar obrigatória
Verdade formal	Verdade material
Proibição da *reformatio in pejus*	Possibilidade da *reformatio in pejus*, exceto no caso de recurso de revisão de sanção
Definitividade da coisa julgada	Decisões administrativas podem ser revistas pelo Poder Judiciário (art. 5º, XXXV, CF)
CPC: abrangência nacional	LPA: de cada ente federativo

Por fim, deve-se lembrar que, no tocante à **definitividade**, enquanto a coisa julgada jurisdicional implica, como regra, a **imutabilidade dos efeitos** da decisão transitada em julgado e a impossibilidade de alteração de seu conteúdo pelos demais poderes, a coisa julgada administrativa implica tão somente o esgotamento das vias recursais no âmbito da Administração Pública, o que **não impede o questionamento** da decisão **no Poder Judiciário**, tendo em vista o disposto no art. 5º, XXXV, da Constituição Federal.

5.8 Impedimento e suspeição

Apesar de as relações no processo administrativo não serem triangulares, pois não há substitutividade, para que haja obediência à ampla defesa é imprescindível que existam regras de impedimento e suspeição, que garantam a imparcialidade na apreciação da autoridade competente para decidir.

Ademais, como enfatiza Thiago Marrara, a reconhecer hipóteses de impedimento e suspeição, o legislador "quis mitigar o risco de lesão à impessoalidade, à isonomia, à moralidade administrativa e à própria ideia de Estado Republicano".[56]

Está impedido de atuar em processo administrativo, de acordo com o art. 18 da LPA, o servidor ou a autoridade que:

- tenha **interesse** direto ou indireto na matéria;
- tenha participado ou venha a participar como **perito, testemunha** ou **representante**; ou se tais situações ocorrem quanto ao cônjuge, companheiro ou parente e afins até o terceiro grau;
- esteja **litigando** judicial ou administrativamente com o interessado ou respectivo cônjuge ou companheiro.

---

[56] NOHARA, Irene Patrícia; MARRARA, Thiago. *Processo administrativo*: Lei nº 9.784/99. São Paulo: Atlas, 2009. p. 161.

A autoridade ou servidor que incorrer em impedimento[57] deve comunicar o fato à autoridade competente, abstendo-se de atuar. A omissão do dever de comunicar o impedimento constitui, de acordo com o parágrafo único do art. 19 da LPA, falta grave, para efeitos disciplinares.

Enquanto o impedimento é de índole mais objetiva, a suspeição tem caráter de maior subjetividade, uma vez que abrange **amizade íntima** ou **inimizade notória** com algum dos interessados ou com os respectivos cônjuges, companheiros, parentes e afins até terceiro grau.[58] O indeferimento de alegação de suspeição poderá ser objeto de recurso, sem efeito suspensivo (art. 21 da LPA).

Ressalte-se, por fim, que a doutrina considera que o rol de hipóteses tanto de impedimento como de suspeição não é taxativo,[59] ou seja, se houver outra hipótese na qual se evidencie a quebra da imparcialidade, ela pode dar ensejo ao afastamento da autoridade competente para decidir.

5.9 Razoável duração do processo e prazos da LPA

A Emenda nº 45/2004 inseriu no rol de direitos e garantias fundamentais do art. 5º da Constituição a garantia, dirigida a todos, no âmbito judicial e **administrativo**, de razoável duração do processo e os meios que assegurem a celeridade de sua tramitação.

A razoável duração do processo é expressão que contempla conceito jurídico indeterminado, fórmula elástica, que não confere ao particular-administrado parâmetro objetivo para que identifique com clareza o momento do nascimento do direito subjetivo. Contudo, não é inútil, uma vez que haverá casos em que a morosidade é tão evidente que, mesmo diante da ausência de prazo legal para a emissão de decisão,[60] restará claramente violada a garantia de uma razoável duração do processo, que a partir de 2004 passou a ser a expressão de um direito fundamental.

Antes mesmo da positivação do inciso LXXVIII do art. 5º da Constituição, as leis de processo administrativo, via de regra, especificaram prazos para a prática de atos. A presença de prazos específicos resguarda ao administrado, caso não haja prorrogação expressa por parte da Administração Pública, o direito subjetivo de exigir uma decisão no lapso temporal previsto em lei, cuja inobservância é suprida pela via do mandado de segurança.

Além do mandado de segurança, enfatiza Lúcia Valle Figueiredo[61] que se a Administração se omitir na resposta ao direito de petição e da omissão em decidir resultar dano ao administrado, pode-se pleitear a responsabilização do Estado, com base no art. 37, § 6º, da Constituição.

---

[57] No âmbito disciplinar federal, determina o art. 149, § 2º, da Lei nº 8.112/90 que: "não poderá participar de comissão de sindicância ou de inquérito, cônjuge, companheiro ou parente do acusado, consanguíneo ou afim, em linha reta ou colateral, até o terceiro grau".

[58] Abrange cônjuge ou companheiro e parente até terceiro grau (inclusive): em linha reta (ex.: filho: primeiro grau; neto: segundo grau), em linha colateral (ex.: irmão: segundo grau; tio/sobrinho: terceiro grau) e por afinidade (ex.: sogro/nora, genro).

[59] Cf. MOREIRA, Egon Bockmann. *Processo administrativo*: princípios constitucionais e a Lei nº 9.784/99. 2. ed. São Paulo: Malheiros, 2003. p. 315. FERRAZ, Sérgio; DALLARI, Adilson Abreu. *Processo administrativo*. São Paulo: Malheiros, 2007. p. 137. NOHARA, Irene Patrícia; MARRARA, Thiago. *Processo administrativo*: Lei nº 9.784/99 comentada. São Paulo: Atlas, 2009. p. 167.

[60] Em âmbito federal, a partir da edição da LPA (Lei nº 9.784) em 1999, são aplicáveis subsidiariamente a qualquer outro processo específico os prazos nela previstos.

[61] FIGUEIREDO, Lúcia Valle. *Curso de direito administrativo*. São Paulo: Malheiros, 2004. p. 349.

Há discussão acerca do tipo de responsabilidade do Estado pela omissão em decidir no prazo, hipótese denominada de silêncio administrativo, pois enquanto diversos autores, na esteira do posicionamento de Celso Antônio Bandeira de Mello, defendem que na omissão a responsabilidade do Estado é subjetiva, outros entendem ser objetiva a responsabilização, haja vista a presença de um dever específico assegurado na Constituição: o respeito à razoável duração do processo.

São prazos previstos da Lei de Processo Administrativo federal (Lei nº 9.784/99), sendo observados também na ausência de regra em procedimentos específicos:

- **5 dias**: dilatados até o dobro, mediante comprovada justificação, para a prática de **atos (no geral)**, salvo motivo de força maior – art. 24 da lei;
- **3 dias úteis**: no mínimo, com antecedência, para **intimar** o cidadão *ao comparecimento* ou à *produção de prova ou diligência ordenada*, caso em que será mencionada a data, hora e local de realização – art. 26, § 2º, e 41 da lei;
- **15 dias**: **prazo máximo** para emissão de **parecer** de órgão consultivo, salvo norma especial ou comprovada necessidade de maior prazo – art. 42 da lei;
- **10 dias**: para **manifestação do interessado**, após o encerramento da instrução – art. 44 da lei;
- **30 dias**: da conclusão da instrução do processo administrativo, para que a Administração **decida**, prorrogáveis por igual período, desde que haja expressa motivação – art. 49 da lei;
- **5 anos**: para a Administração **anular**[62] **os atos** administrativos de que decorram efeitos favoráveis para os destinatários, contados da data em que foram praticados, salvo comprovada má-fé – art. 54 da lei;
- **10 dias**: para **interpor recurso** administrativo, contados da data da ciência ou divulgação oficial da decisão – art. 59, *caput*, da lei; e
- **30 dias**: a partir do recebimento dos autos, para a **decisão do recurso** administrativo – art. 59, § 1º, da lei.

O art. 66 da LPA prevê, ainda, regras para **contagem de prazo**. Segundo o dispositivo, os prazos começam a correr a partir da data da cientificação oficial, excluindo-se da contagem o dia do começo e incluindo-se o do vencimento, sendo que:

- os prazos expressos em **dias** contam-se do **modo contínuo**; e
- os prazos fixados em **meses** ou **anos** contam-se de **data a data** – se no mês do vencimento não houver dia equivalente àquele do dia do prazo, tem-se como termo o último dia do mês, por exemplo, se o início do prazo de três meses for no dia 31 de março, o termo será no dia 30 de junho, pois este mês não tem 31 dias.

Considera-se prorrogado o prazo até o primeiro dia útil seguinte se o vencimento cair em dia em que não houver expediente ou este for encerrado antes da hora normal. Salvo motivo de força maior devidamente comprovado, estabelece o art. 67 da lei que os prazos processuais não se suspendem.

---

[62] Note-se que a Lei estadual paulista de processo administrativo (Lei nº 10.177/98) prevê, no art. 10, I, o prazo de **dez anos** para a anulação de atos inválidos pela Administração Pública.

5.10 Prioridade na tramitação

O art. 69-A, acrescentado à Lei nº 9.784/99 pela Lei nº 12.008/09, determina que terão prioridade na tramitação, em qualquer órgão ou instância, os procedimentos administrativos em que figure como parte ou interessado:

1. pessoa com idade **superior a 60 anos**;
2. pessoa portadora de **deficiência**, física ou mental; ou
3. pessoa portadora de **doença grave** com base em conclusão da medicina especializada, mesmo que a doença tenha sido contraída após o início do processo.

O artigo contempla também um rol exemplificativo de doenças cuja comprovação garante o trâmite prioritário, que são: tuberculose ativa, esclerose múltipla, neoplasia maligna, hanseníase, paralisia irreversível e incapacitante, cardiopatia grave, doença de Parkinson, espondiloartrose anquilosante (sendo que existe controvérsia médica, pois se defende que o termo adequado seria espondilite anquilosante), nefropatia grave, hepatopatia grave, estados avançados da doença de Paget (osteíte deformante), contaminação por radiação e síndrome da imunodeficiência adquirida (Aids).

O Estatuto da Pessoa Idosa (Lei nº 10.741/03) já prevê a tramitação prioritária aos maiores de 60 anos; a novidade foi, portanto, estender aos portadores de doença grave bem como aos deficientes físicos e mentais o regime diferenciado. O objetivo do tratamento prioritário é, entre outros, tentar impedir que processos demasiadamente morosos durem mais do que a vida do interessado, gerando, muitas vezes, um provimento já sem utilidade, uma vez que quando a ação é considerada intransmissível, a morte do interessado acarreta a extinção do processo.

Trata-se, conforme exposto na obra *Processo administrativo*: Lei nº 9.784 comentada,[63] de objetivo que representa corolário ou desdobramento da aplicação do princípio da igualdade material, segundo o qual, para que haja justiça, os desiguais não podem ser tratados igualmente, mas diferentemente na proporção da desigualdade encontrada.

Ademais, independentemente do tempo de vida ou mesmo de "sobrevida" do interessado que tem direito ao trâmite prioritário, o dispositivo busca minimizar o tempo de espera daqueles que se encontram em uma condição de vida menos favorável, para que seus requerimentos sejam tratados com prioridade perante à Administração Pública.

Note-se, todavia, que a Lei nº 12.008/09 não previu o reconhecimento de ofício por parte da Administração Pública do benefício, mesmo porque em determinados casos a postura afrontaria o direito à intimidade. Assim, para usufruírem da prioridade, os interessados devem solicitar o tratamento diferenciado, fazendo prova da condição.

Após o deferimento do benefício, a autoridade competente determinará as providências a serem cumpridas, que são: identificação nos autos do regime de tramitação prioritária e o respeito à prioridade na apreciação do processo, que será analisado à frente do demais processos que não tenham interessados nas mesmas condições.

Prioridade, todavia, não significa exclusividade, por isso, a presença de pessoas nessas condições não é motivo suficiente para a paralisação do andamento de feitos nos quais não figurem beneficiados do regime prioritário.

---

[63] NOHARA, Irene Patrícia; MARRARA, Thiago. *Processo administrativo*: Lei nº 9.784/99 comentada. São Paulo: Atlas, 2009. p. 459.

5.11 Instrução do processo administrativo

As atividades de instrução, conforme determina o art. 29 da lei, destinadas a averiguar e comprovar os dados necessários à tomada de decisão realizam-se de ofício ou mediante impulsão do órgão responsável pelo processo, sem prejuízo do direito dos interessados de propor atuações probatórias.

Cabe ao interessado a prova dos fatos que tenha alegado, sem prejuízo do dever atribuído ao órgão competente para instrução. Contudo, quando o interessado declarar que fatos e dados estão registrados em documentos existentes na própria Administração responsável pelo processo ou em outro órgão administrativo, o órgão competente para a instrução proverá, de ofício, à obtenção dos documentos ou das respectivas cópias.

Um fator que transforma a instrução do processo administrativo e deve ser considerado é o uso eletrônico dos processos administrativos, que está regulamentado no âmbito federal pelo Decreto nº 8.539/2015. Nos processos eletrônicos, os atos processuais, conforme determina o art. 5º do Decreto, deverão ser realizados em meio eletrônico, exceto nas situações em que esse procedimento for inviável ou em caso de indisponibilidade do meio eletrônico.

A autoria, a autenticidade e a integridade dos documentos e da assinatura, em processos administrativos eletrônicos, poderão ser obtidas por meio de certificado digital emitido pela ICP-Brasil, o que não obsta a utilização de outro meio de comprovação de autoria e integridade de documentos em forma eletrônica.

Os atos processuais por meios eletrônicos consideram-se realizados no dia e na hora do recebimento pelo sistema informatizado, que deverá fornecer um recibo eletrônico de protocolo. Uma vantagem para o interessado do ponto de vista do prazo é que, quando o ato tiver de ser praticado em determinado termo, por meio eletrônico, serão considerados tempestivos os efetivados, salvo disposição em contrário, até as 23h59 do último dia do prazo.[64] Isso ocorre, pois, com a superação da barreira física, proporcionada pelos meios eletrônicos, o sistema normalmente trabalha ininterruptamente, ao passo que os processos não digitais, manejados exclusivamente por servidores, demandavam do interessado que ficasse atento para o horário de funcionamento da repartição pública (cf. art. 23 da LPA).

Assim, a instrução do processo eletrônico pelos agentes públicos ocorre, como regra geral, pela digitalização de documentos no âmbito dos órgãos e entidades, e com a atuação do interessado, pelo envio eletrônico de documentos digitais para juntada aos autos.

Conforme dispõe o art. 11, § 1º, do Decreto nº 8.539/2015, o teor e a integridade dos documentos digitalizados pelo interessado são de sua responsabilidade pelas eventuais fraudes. Note-se, ainda, que os documentos digitalizados enviados pelo interessado terão valor de cópia simples, sendo exigida a apresentação original do documento digitalizado: (a) quando a lei exigir; e (b) nas seguintes hipóteses: (1) impugnação da integridade do documento digitalizado, dada a instauração de diligência; e (2) por exigência da Administração, a seu critério, até que decaia o direito de rever atos praticados no processo.

É de se ressaltar que a Lei nº 13.726/2018 deu passos significativos no sentido de racionalizar os processos administrativos, visando eliminar formalidades desnecessárias ou desproporcionais com as finalidades. Por conseguinte, houve a dispensa, no relacionamento entre entes

---

[64] Se o sistema se tornar indisponível por motivo técnico, o prazo, segundo o § 2º do art. 7º do Decreto nº 8.539/2015, fica automaticamente prorrogado até as vinte e três horas e cinquenta e nove minutos do primeiro dia útil seguinte ao da resolução do problema.

públicos e cidadãos, da exigência de: (1) reconhecimento de firma, devendo o agente administrativo lavrar a autenticidade no próprio documento; (2) autenticação de cópia do documento, cabendo nesse caso a autenticação dita administrativa, isto é, aquela em que o agente administrativo, mediante comparação entre o original e a cópia, ateste sua autenticidade; (3) juntada de documento original e pessoal do cidadão, podendo este ser substituído pela cópia autenticada pelo agente administrativo; (4) apresentação de certidão de nascimento, que pode ser substituída por diversos outros documentos, a exemplo da cédula de identidade; e (5) apresentação de título de eleitor, que é exigível nos casos de votar ou de registrar candidatura.

Os interessados podem juntar documentos e pareceres, requerer diligências ou perícias, bem como aduzir alegações referentes à matéria objeto do processo. Somente se admite a recusa, mediante decisão fundamentada, de provas que sejam:

- **ilícitas**: o que inclui as ilícitas por derivação;
- **impertinentes**: que não guardam relação com o objeto do processo;
- **desnecessárias**: que não geram utilidade para o processo; e
- **protelatórias**: que objetivam *tão somente*[65] retardar a decisão.

5.12 Participação comunitária: consulta, audiência e outros meios de interlocução

A faculdade de a Administração estabelecer **consulta pública** no processo administrativo foi prevista no art. 31 da Lei de Processo Administrativo (LPA), que determina na redação do *caput* que: "quando a matéria do processo envolver assunto de interesse geral, o órgão competente poderá, mediante despacho motivado, abrir período de consulta pública para manifestação de terceiros, antes da decisão do pedido, se não houver prejuízo para a parte interessada".

São características da consulta pública:

- **facultatividade**, pois a Administração Pública não é obrigada a abrir período de consulta sempre que a matéria do processo envolver assunto de interesse geral, mas nada impede que lei especial a preveja em caráter obrigatório;[66]
- **motivação**, pois o despacho que justifica sua realização deve ser acompanhado da explicitação do fundamento de interesse geral; e
- **ausência de prejuízo** para a parte interessada.

O último requisito mencionado, isto é, a ausência de prejuízo para a parte interessada, deve ser interpretado de forma restrita e, nomeadamente, em relação ao prejuízo à celeridade do processo, quando já se sabe que ele se encaminha para um resultado harmonizado com finalidades de interesse geral.

---

[65] Concordamos com Thiago Marrara que, para se negar a prova protelatória, seria prudente que ela também fosse impertinente, desnecessária ou ilícita. NOHARA, Irene Patrícia; MARRARA, Thiago. *Processo administrativo: Lei nº 9.784/99 comentada*. São Paulo: Atlas, 2009. p. 266.

[66] Como, por exemplo, acontece na contratação de parceria público-privada, de acordo com a Lei nº 11.079/2004, sendo a abertura do processo licitatório condicionada (em caráter de obrigatoriedade) à submissão da minuta de edital e de contrato à **consulta pública** (art. 10, VI, da Lei de PPP). Também é obrigatória a consulta pública em propostas de alteração de atos normativos de interesse geral, previamente à tomada de decisão pelo órgão colegiado de agência reguladora, conforme art. 9º da Lei nº 13.848/2019.

A abertura de consulta pública acaba imprimindo morosidade em relação ao término do processo administrativo como um todo, pois há prazos para a consulta dos autos e para a manifestação de terceiros, que deverá ser levada em consideração pela Administração Pública.

Porém, não há como defender que o particular tenha como obstar a consulta pública se perceber que a sua realização poderá resultar numa decisão administrativa diferente de seus interesses privados, mas mais condizente com os interesses coletivos, tendo em vista a supremacia dos interesses públicos sobre os particulares, que é parâmetro mínimo de legitimidade[67] da ação administrativa.

Na realidade, quem tem discricionariedade para decidir sobre a realização, ou não, da consulta é a Administração Pública, que fará a ponderação dos prejuízos aos interessados em função da satisfação das finalidades públicas.

Não é, em suma, o fato de o art. 31 da lei ter subordinado a realização da consulta à ausência de prejuízo para a parte interessada que implica direito subjetivo de o particular obstar a realização de consulta pública que seja potencialmente vantajosa do ponto de vista da coletividade, pois a regra positivada na lei não pode ser interpretada de forma dissociada dos mais relevantes princípios constitucionais da Administração Pública.

Determina, outrossim, o § 1º do art. 31 da LPA que "a abertura da consulta pública será objeto de divulgação pelos meios oficiais, a fim de que pessoas físicas ou jurídicas possam examinar os autos, fixando-se prazo para o oferecimento de alegações escritas".

A consulta pública abrange, por conseguinte, a exigência de divulgação pelos meios oficiais, sejam eles os Diários Oficiais respectivos ou mesmo, como se recomenda, outros veículos de grande circulação, incluindo-se o chamado em mídia eletrônica.

Além do exame dos autos do processo administrativo, há ainda a possibilidade de oferecimento das alegações escritas. Porém, nada impede que a pessoa física ou jurídica apenas consulte os autos, não sendo correto que a Administração subordine a análise dos autos à exigência de oferecimento de alegações escritas.

Não pode a Administração Pública impedir o acesso aos autos, objeto de consulta popular, sendo apenas possível a restrição a informações neles contidas que resguardem direitos constitucionais, como o direito à intimidade, desde que haja justificativa para tanto.

Diferentemente da audiência, que pressupõe o debate público oral, a consulta pública envolve, após a análise dos autos, o encaminhamento de alegações escritas, sendo dever contraposto aquele de o Poder Público fornecer resposta fundamentada. No entanto, apesar de o participante da consulta pública ter o direito de receber uma resposta fundamentada da Administração, isso não o equipara ao *status* de interessado, conforme dispõe o art. 31, § 2º, da LPA.

O participante na consulta pública é um representante dos interesses da sociedade ou mesmo de seu interesse particular ou do grupo que faz parte e em função do qual objetiva influenciar a decisão final da Administração.

---

[67] Pela supremacia do interesse público como pressuposto para a legitimação do desempenho da função administrativa. Cf. NOHARA, Irene Patrícia. Reflexões críticas acerca da tentativa de desconstrução do sentido da supremacia do interesse público no Direito Administrativo. In: DI PIETRO, Maria Sylvia Zanella; RIBEIRO, Carlos Vinícius Alves. *Supremacia do interesse público e outros temas relevantes do direito administrativo*. São Paulo: Atlas, 2010. p. 120-152. Também não se pode esquecer que o art. 1º da Lei de Processo Administrativo prevê como objetivo do processo, além da proteção dos direitos dos administrados, o melhor cumprimento dos fins da Administração.

Denominada na França de *enquête administrative* e nos Estados Unidos de *public hearing*, a **audiência pública** é um mecanismo avançado de interlocução da sociedade nos assuntos de relevância coletiva.

O art. 32 da Lei nº 9.784/99 determina que, antes da tomada de decisão, a juízo da autoridade, diante da relevância da questão, poderá ser realizada audiência pública para debates sobre a matéria do processo. A audiência pública foi tratada pela lei geral federal como expediente *não obrigatório*, pois o artigo emprega o termo: "poderá", o que implica *facultatividade* na realização.

Ressalte-se que nem toda audiência pública é facultativa, pois pode haver lei especial que exija a audiência em caráter obrigatório. Quando é exigida em caráter obrigatório, expõe Gustavo Henrique Justino de Oliveira, "a realização da audiência pública será condição de validade do processo administrativo em que está inserida. Caso não implementada, ao arrepio da determinação legal, o processo estará viciado, e a decisão administrativa será inválida".[68]

A audiência deve envolver questão relevante que, via de regra, tem potencial de se refletir sobre diversos interesses, pois o povo se sente motivado a participar quando a questão debatida responde a importantes anseios. No entanto, concordamos com Sérgio Ferraz e Adilson Dallari[69] no sentido de que a relevância da questão, motivadamente aferida, é pressuposto suficiente para justificar a audiência, não sendo imprescindível para a sua realização que o interesse seja necessariamente difuso ou coletivo, em sentido técnico, basta que o interesse em tela, mesmo que restrito aos envolvidos no processo, tenha impacto econômico ou mera potencialidade de reflexo sobre discussões análogas.

Evanna Soares define audiência pública como:

> instrumento que leva a uma decisão política ou legal com legitimidade e transparência. Cuida-se de uma instância no processo de tomada da decisão administrativa ou legislativa, através da qual a autoridade competente abre espaço para que todas as pessoas que possam sofrer os reflexos dessa decisão tenham oportunidade de se manifestar antes do desfecho do processo. É através dela que o responsável pela decisão tem acesso, simultaneamente e em condições de igualdade, às mais variadas opiniões sobre a matéria debatida, em contato direto com os interessados.[70] Tais opiniões não vinculam a decisão, visto que têm caráter consultivo, e a autoridade, embora não esteja obrigada a segui-las, deve analisá-las segundo seus critérios, acolhendo-as ou rejeitando-as.[71]

Compreende: o direito de os participantes analisarem os autos do processo para se inteirarem do curso dos fatos e dados nele constantes; a possibilidade de exposição de pontos de vista (*topoi*) e o recebimento de uma resposta fundamentada por parte das autoridades competentes, que deverão registrar em ata o que foi debatido na sessão pública.

São, portanto, dois os aspectos principais envolvidos numa audiência pública: (1) o *informativo*: tanto por parte dos cidadãos, que obtêm dados significativos acerca de relevante

---

[68] OLIVEIRA, Gustavo Henrique Justino. As audiências públicas e o processo administrativo brasileiro. *Revista de Informação Legislativa*, Brasília, ano 34, nº 135, p. 278, jul./set. 1997.

[69] FERRAZ, Sérgio; DALLARI, Adilson Abreu. *Processo administrativo*. 2. ed. São Paulo: Malheiros, 2007. p. 182.

[70] Note-se que a expressão interessados deve ser interpretada em sentido amplo, pois os participantes não se igualam juridicamente às partes do processo, conforme visto na análise da consulta popular.

[71] SOARES, Evanna. A audiência pública no processo administrativo brasileiro. *Revista de Direito Administrativo*, Rio de Janeiro, nº 229, p. 260-261, jul./set. 2002.

questão de interesse público, como por parte da Administração,[72] que a realiza para ouvir as informações e reivindicações trazidas pela coletividade; e (2) o de *busca pelo consenso* ou por *pontos de consenso*, que muitos chamam de *consensualidade*, para que a decisão a ser tomada posteriormente tenha maior legitimidade.

Apesar de a participação direta ou por meio de associações, sindicatos ou mesmo partidos políticos não ter força vinculante na decisão tomada pela Administração, ela não pode ser desprezada pela Administração, que terá posteriormente à sua realização o dever jurídico de apresentar os resultados da audiência com a indicação do procedimento adotado, conforme determina o art. 34, combinado com o princípio da motivação dos atos processuais, positivado no art. 2º da LPA.

Em suma, tanto a consulta como a audiência pública são formas de participação dos cidadãos na instrução dos processos administrativos. Ambas envolvem também o exercício da informação, que é usufruído tanto pelo administrado, que tem acesso aos dados constantes nos autos e às controvérsias levantadas, como pela Administração, que se beneficia das informações trazidas ao processo com a participação popular rumo a uma decisão consensual.

Contudo, enquanto a consulta abrange o oferecimento de alegações escritas, a audiência pública caracteriza-se pela oralidade dos debates, muito embora estes devam ser registrados por escrito e inseridos nos autos do processo administrativo. Ademais, enquanto na consulta há a fixação de prazo para que sejam oferecidas as alegações, na audiência há a concentração dos debates em sessão prefixada.

Diferentemente do plebiscito e do referendo, nos quais os cidadãos determinam, pelo princípio da maioria, se alguma medida deve ou não ser implementada pelos Poderes Políticos, nas consultas e audiências públicas, apesar da ausência de vinculação da participação popular, conforme visto, a influência exercida no debate, escrito ou oral, pode abarcar aspectos amplos do assunto de interesse geral ou relevante, respectivamente, sendo, na perspectiva do *agir comunicativo*, portanto, algo que transcende à dimensão de uma resposta pontual, no sentido do sim ou do não,[73] abarcando formas discursivas que objetivam persuadir a Administração a tomar a decisão final do processo em dada direção.

Assim, enquanto no plebiscito e no referendo[74] o Poder Público consulta o povo sobre determinado assunto – sendo o plebiscito convocado com anterioridade em relação ao ato legislativo ou administrativo que o povo aprovará ou denegará, e no referendo cumpre a posterior ratificação ou rejeição popular do ato –, relegando a decisão final aos cidadãos, que poderão ou não debater e refletir antes de chegar à decisão essencialmente secreta (quase que de "foro íntimo", conforme a própria natureza do voto); nas consultas e audiências é a sociedade civil que tenta influenciar, a partir da discussão (ou seja, do agir comunicativo), escrita ou verbalmente, em variadas vertentes, a Administração para que ela decida com base num consenso que deve se apoiar no *peso dos argumentos* apresentados e não somente no princípio da maioria.[75]

---

[72] Por isso se diz que as audiências públicas exercem "duplo papel informativo". OLIVEIRA, Gustavo Henrique Justino. As audiências públicas e o processo administrativo brasileiro. *Revista de Informação Legislativa*, Brasília, ano 34, nº 135, p. 277, jul./set. 1997.

[73] Muito embora se orientem também para um posicionamento de *sim* ou *não*.

[74] Cf. art. 2º da Lei nº 9.709/98.

[75] Em condições mais próximas do ideal, é natural que o consenso obtido pelas maiorias se aproxime da melhor solução, tendo em vista os argumentos existentes, mas na sujeição da razão a esferas sociais desiguais, pautadas na lógica da dominação e do assujeitamento, a deliberação nem sempre encontra espaço para ser produto de uma comunicação livre e racional, conforme os pressupostos habermasianos (daí por que a crítica à sua teoria é algo bastante recorrente, especialmente nos países em desenvolvimento). Mas isso apenas reforça a necessidade de abertura do espaço público à interlocução com o povo, dentro do mencionado processo democrático.

Além da consulta e da audiência públicas, faculta o art. 33 da Lei nº 9.784/99 que em matéria relevante os órgãos e entidades administrativas estabeleçam *outros meios* de participação de administrados, diretamente ou por meio de organizações e associações legalmente reconhecidas.

Significa dizer que os mecanismos disciplinados na lei não são *numerus clausus*, deixando-se ao legislador propositadamente margem de discricionariedade para que a Administração inove a partir da criação de mecanismos diversos de interlocução com a comunidade nos processos administrativos, que poderão ser utilizados em todos os casos envolvendo matéria relevante, exceto quando lei especial exigir determinada espécie de mecanismo, como, por exemplo, no caso da audiência pública nos licenciamentos ambientais mencionados.

São exemplos de outras formas de participação: enquetes ou consultas eletrônicas,[76] painéis de debate da população com especialistas e o maior espaço dado à atuação dos conselhos de gestão e fiscalização de serviços públicos nos processos administrativos. O art. 35 da LPA também prevê audiência em forma de reunião conjunta de outros órgãos ou entidades administrativas que tenham interesse no deslinde de questões envolvendo algum processo administrativo.

PONTOS EM COMUM: consulta e audiência

Na Lei federal de Processo Administrativo: **FACULTATIVIDADE**
Podendo ser obrigatória se houver previsão em lei específica.

Conferem condição de **PARTICIPANTES** (não de interessados).
Há o **DIREITO** de obtenção de **RESPOSTA FUNDAMENTADA** – resultados devem ser apresentados, com indicação do procedimento adotado – art. 34 da LPA.

CONSULTA PÚBLICA	AUDIÊNCIA PÚBLICA
Alegações escritas	Debates orais (registrados)
Fixação de prazo: para exame dos autos; e oferecimento de alegações escritas	Concentração dos debates em sessão pública

CONSULTA/AUDIÊNCIA	PLEBISCITO/REFERENDO
A sociedade civil influencia	Os cidadãos decidem
Peso dos argumentos apresentados	Princípio da maioria: voto secreto

---

[76] As consultas eletrônicas são instrumentos de interlocução comunitária avançados. Os meios digitais permitem a um maior número de interessados o acesso às informações sem a necessidade de deslocamentos, tampouco de xerocópia de papéis. Também é possível postar as observações diretamente no espaço virtual adequado. Contudo, para que a participação digital proporcione o incremento na democracia, faz-se necessário à Administração responder fundamentadamente às alegações formuladas pelos participantes, mesmo e principalmente se ela não acatar as sugestões e críticas dos administrados.

5.13 Condição de participante e de interessado

Conforme visto, a consulta pública, a audiência e outros meios de participação de administrados fornecem ao cidadão a condição de **participante**, mas esta não se confunde com o *status* de interessado no processo administrativo.

Interessados, *mutatis mutandis*, seriam equivalentes às partes (do processo jurisdicional), isto é, àqueles cujos interesses ou direitos serão afetados de forma mais acentuada em função da decisão a ser tomada pela Administração Pública. A lei também assegura a condição de interessado a organizações e associações no tocante à defesa de interesses difusos e coletivos.

Por conseguinte, o rol de legitimados como **interessados**, constante do art. 9º da lei, contempla:

- pessoas físicas ou jurídicas que o iniciem como titulares de direitos ou interesses individuais ou no exercício do direito de representação;
- aqueles que, sem terem iniciado o processo, têm direitos ou interesses que possam ser afetados pela decisão a ser adotada;
- as organizações e associações representativas, no tocante a direitos e interesses coletivos; e
- as pessoas ou associações legalmente constituídas quanto a direitos ou interesses difusos.

5.14 Decisão coordenada no processo administrativo

Em 30 de setembro de 2021, houve o acréscimo de dispositivos (de 49-A até 49-G) na Lei de Processo Administrativo, para dispor sobre o instituto da **decisão coordenada** no âmbito da Administração Pública federal.

A decisão coordenada objetiva ampliar a concertação[77] ou consenso entre os diversos setores, órgãos ou entidades da Administração Pública, para, diante de questões complexas e com facetas transversais, que haja a tentativa de articulação e maior diálogo, tendo em vista a ampliação da sinergia, evitando, por outro lado, as sobreposições decisórias de um tema que afeta distintos setores.

Assim, determina o art. 49-A que, no âmbito da Administração Pública federal, as decisões administrativas que exijam a participação de três ou mais setores, órgãos ou entidades poderão ser tomadas mediante decisão coordenada, sempre que: (1) for justificável pela relevância da matéria; e (2) houver discordância que prejudique a celeridade do processo administrativo decisório.

A decisão coordenada deve obedecer aos princípios da legalidade, da eficiência e da transparência, com utilização, sempre que necessário, da simplificação do procedimento e da concentração de instâncias decisórias.

Não se aplica a decisão coordenada aos processos administrativos:

- de licitação
- relacionados ao poder sancionador; ou
- em que estejam envolvidas autoridades de Poderes distintos.

---

[77] Sobre o tema da concertação interorgânica na Administração, foi pioneiro no trato qualificado do assunto BITENCOURT NETO, Eurico. *Concertação administrativa interorgânica*: direito administrativo e organização no século XXI. São Paulo: Almedina, 2017.

Interessados podem se habilitar na qualidade de ouvintes da decisão coordenada, sendo que a participação na reunião poderá incluir direito a voz, sendo deferida por decisão irrecorrível da autoridade responsável pela convocação da decisão coordenada.

Cada órgão ou entidade participante, nos termos do art. 49-E, é responsável pela elaboração de documento específico sobre o tema atinente à respectiva competência, a fim de subsidiar os trabalhos e integrar o processo da decisão coordenada. O documento referido abordará a questão objeto da decisão coordenada e demais precedentes.

Eventual dissenso na solução do objeto da decisão coordenada deverá ser manifestado durante as reuniões, de forma fundamentada, acompanhado das propostas de solução e de alteração necessárias para resolução da questão, sendo vedado arguir matéria estranha ao objeto da convocação.

A conclusão dos trabalhos da decisão coordenada será consolidada em ata, que conterá as seguintes informações: (1) relato sobre os itens da pauta; (2) síntese dos fundamentos aduzidos; (3) síntese das teses pertinentes ao objeto da convocação; (4) registro das orientações, das diretrizes, das soluções ou das propostas de atos governamentais relativos ao objeto da convocação; (5) posicionamento dos participantes para subsidiar futura atuação governamental em matéria idêntica ou similar; e (6) decisão de cada órgão ou entidade relativa a matéria de competência.

Até a assinatura da ata, poderá ser complementada a fundamentação da decisão da autoridade ou do agente a respeito de matéria de competência do órgão ou da entidade representada. A ata será publicada por extrato no *Diário Oficial da União*, do qual deverão constar, além do registro das orientações, das diretrizes, das soluções ou das propostas de atos governamentais relativos ao objeto da convocação, os dados identificadores da decisão coordenada e o órgão e o local em que se encontra a ata em seu inteiro teor, para conhecimento dos interessados.

5.15 Parecer no processo administrativo

Parecer deriva do latim *parere*, que significa manifestação de pensamento ou opinião. Expõe Thiago Marrara que, em termos processuais, parecer constitui uma manifestação técnica geralmente escrita e imparcial sobre questões controvertidas de um caso concreto que se destina a subsidiar a autoridade administrativa a encontrar a melhor decisão.[78]

São características do parecer, segundo o autor:

- concretude;
- tecnicidade;
- formalidade;
- anterioridade; e
- imparcialidade.

Concretude porque ele se relaciona com questões específicas, muito embora sejam também admitidos pareceres normativos, que abarcam diversos casos concretos e nesta perspectiva são parecidos com "súmulas" aplicadas em âmbito administrativo.

---

[78] NOHARA, Irene Patrícia; MARRARA, Thiago. *Processo administrativo*: Lei nº 9.784/99 comentada. São Paulo: Atlas, 2009. p. 280.

Tecnicidade, pois, via de regra, a resposta ao parecer é de conteúdo técnico, seja do ponto de vista jurídico ou não. O parecer diferencia-se do laudo técnico,[79] pois este último tem por objeto principal a verificação de um fato, dado ou informação, como a análise laboratorial sobre determinada substância ou o cálculo do valor de um tributo. Assim, enquanto o laudo técnico tem resultado mais exato, o parecer compreende, além dos dados técnicos, ponderações acerca de qual a solução mais adequada a ser adotada no caso concreto.

Formalidade significa que os pareceres são, em regra, escritos.

Anterioridade implica o fato de que o parecer deve servir de subsídio para que a autoridade competente tome a decisão. Diz-se que o parecer é ato enunciativo, pois ele por si próprio não produz efeito jurídico.[80] O ato administrativo editado com base no parecer é que produzirá os efeitos desejados. Ele deve ser juntado aos autos do processo no prazo de sua emissão, mas nada obsta que, desde que não vinculante (caso contrário, sua ausência impede o seguimento do processo, conforme será visto), seja juntado após o prazo, contanto que a decisão administrativa ainda não tenha sido tomada, hipótese em que perde a utilidade.[81]

Imparcialidade significa que autoridade que elabora o parecer deve se posicionar da forma mais isenta possível, sendo a atividade de órgãos consultivos que elaboram pareceres, por exemplo, excluída das relações hierárquicas da Administração Pública.[82] Significa dizer que a autoridade competente para emitir a decisão não poderá pressionar a autoridade que elabora o parecer a emitir manifestação técnica num ou noutro sentido.

Os pareceres são classificados em:

1. quanto à *necessidade de solicitação*:

    a) **facultativo**, quando não há obrigatoriedade legal; e

    b) **obrigatório**, quando é dever legal que constem do processo administrativo.

2. quanto aos *efeitos*:

    a) **vinculantes**, quando a decisão final da autoridade competente não puder se desviar de seu conteúdo; e

    b) **opinativos** ou **não vinculantes**, quando a autoridade puder decidir de forma diversa, desde que motive sua decisão.[83]

---

[79] Determina o art. 43 que quando por disposição de ato normativo devam ser previamente obtidos laudos técnicos de órgãos administrativos e estes não cumprirem o encargo no prazo assinalado, o órgão responsável pela instrução deverá solicitar laudo técnico de outro órgão dotado de qualificação e capacidade técnica equivalentes.

[80] DI PIETRO, Maria Sylvia Zanella. *Direito administrativo*. São Paulo: Atlas, 2010. p. 225. Há decisões do Tribunal de Contas, no entanto, que responsabilizam advogados públicos que emitiram pareceres que deram ensejo a decisões ilegais, mas Di Pietro defende que só se admite tal responsabilização (com base no fato de que o parecer acolhido acaba fazendo parte da decisão) se houver erro grosseiro, culpa grave ou má-fé por parte do consultor. DI PIETRO, Maria Sylvia Zanella. *Direito administrativo*. São Paulo: Atlas, 2010. p. 361.

[81] Exceto, como constata Thiago Marrara, se a autoridade recursal, de ofício ou a pedido do interessado, assim o exigir. NOHARA, Irene Patrícia; MARRARA, Thiago. *Processo administrativo: Lei nº 9.784/99 comentada*. São Paulo: Atlas, 2009. p. 288.

[82] DI PIETRO, Maria Sylvia Zanella. *Direito administrativo*. 23 ed. São Paulo: Atlas, 2010. p. 96.

[83] Não é o fato de o parecer ser meramente opinativo que faz com que a autoridade administrativa competente para decidir possa afastá-lo imotivadamente.

Determina o art. 42 da lei federal de processo administrativo que, quando deva ser obrigatoriamente ouvido um órgão consultivo, o parecer deverá ser emitido no prazo **máximo** de **15 dias**, salvo norma especial ou comprovada necessidade de maior prazo.

O § 1º do mesmo artigo dispõe que se um parecer **obrigatório** e **vinculante** deixar de ser emitido no prazo fixado, o processo **não** terá **seguimento** até a respectiva apresentação, responsabilizando-se quem der causa ao atraso. Já um parecer obrigatório e não vinculante, determina o § 2º do art. 42, não obsta o prosseguimento do processo, que será decidido com sua dispensa, sem prejuízo da responsabilidade de quem se omitiu no atendimento.

O art. 10 da Lei nº 14.133/2021 (Lei de Licitações e Contratos) determina que, se as autoridades competentes e servidores públicos tiverem participado de procedimentos relacionados às licitações e aos contratos e praticarem ato com estrita observância de parecer jurídico regularmente estruturado conforme o órgão de assessoramento jurídico, sendo implicados em responsabilidade na esfera administrativa, controladora e judicial, terão direito à representação judicial ou extrajudicial pela advocacia pública, exceto se comprovadamente praticarem atos ilícitos dolosos. Fica a critério do agente público ter sua defesa feita pelo órgão nessa hipótese.

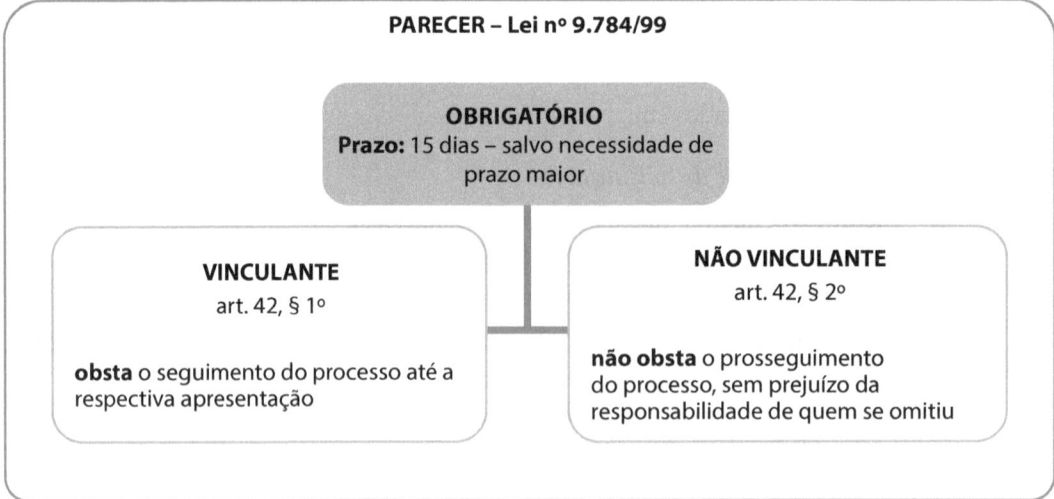

5.16 Extinção do processo

Antes da extinção do processo, a autoridade competente tem o dever de emitir explicitamente decisão[84] nos processos administrativos e sobre solicitações e reclamações em matéria de sua competência, como corolário do direito de petição que demanda que o Poder Público dê resposta fundamentada no tocante ao exercício de direitos ou contra ilegalidade ou abuso de poder.

Não é dado à autoridade administrativa deixar de decidir alegando alta complexidade do assunto, se ele envolver caráter técnico, pois para isso a Administração pode se auxiliar de órgãos técnicos e consultivos.

O órgão competente poderá declarar extinto o processo quando exaurida sua finalidade ou o objeto da decisão se tornar impossível, inútil ou prejudicado por fato superveniente.

---

[84] Em 30 dias da conclusão da instrução, salvo prorrogação por igual período expressamente motivada (art. 49 da lei).

É possível que o processo seja extinto por desistência ou renúncia do interessado, desde que ele compreenda direitos disponíveis. Conforme visto, nos procedimentos negociais, em que o particular provoca a administração para a obtenção do provimento, há a possibilidade de extinção por desistência, como acontece de o particular abrir mão do pedido/alvará de licença para construir caso não tenha mais interesse na atividade.

A desistência será feita por manifestação escrita, podendo abranger a totalidade ou parte do pedido formulado. Havendo vários interessados, a desistência ou renúncia só atinge quem a tenha formulado (art. 51, § 1º, da lei).

Contudo, quando o processo envolver interesse público, a desistência ou renúncia do interessado não prejudica o prosseguimento do processo, conforme regra do § 2º do art. 51 da lei.

Das decisões administrativas cabe recurso, assunto que é tratado de forma pormenorizada no item 17.5.1 do capítulo de controle da Administração Pública.

PROCESSO ADMINISTRATIVO ELETRÔNICO

Embora muitas das leis de processo administrativo no mundo já tenham incorporado alterações significativas para viabilizar o processo administrativo eletrônico, a exemplo da revisão de 2015 de Portugal, que inseriu diretrizes de governo eletrônico na disciplina do processo administrativo, resultando praticamente num novo Código do Procedimento Administrativo (CPA),[85] isso não significa que o Brasil tenha ficado alheio a essa realidade.

Assim, apesar de ainda não terem sido feitas alterações direcionadas especificamente a atualizar a Lei nº 9.784/99 para a realidade dos meios digitais, o processo eletrônico vem sendo incorporado há tempos nas práticas do governo, sendo o marco formal da regulamentação em âmbito federal o Decreto nº 8.539/2015, que dispõe sobre o uso do meio eletrônico para a realização do processo administrativo no âmbito dos órgãos e das entidades da Administração Pública federal direta, autárquica e fundacional, sendo mais recente a alteração processada pela Lei do Governo Digital (Lei nº 14.129/2021), conforme visto no quadro analisado no item do princípio da eficiência.

As primeiras iniciativas do governo brasileiro para incorporar o uso de tecnologias de informação e comunicação (TICs) em apoio à governança pública foram datadas dos anos 1960, a partir da criação do Serviço Federal de Processamento de Dados – SERPRO para o Ministério da Fazenda. Em 1975, houve, ainda, a instituição da Empresa de Tecnologia da Informação da Previdência Social – DATAPREV, para dar suporte ao Instituto Nacional do Seguro Social.

Como uma transformação grande em relação à comunicação da humanidade se deu com o advento da internet, isto é, da rede mundial de computadores, também o processo administrativo eletrônico ganhou impulso acelerado a partir do final da década de noventa em diante. Para que se mensure essa transformação, que conectou a humanidade, segundo Pierre Lévy,[86] basta pensar que em 1994, no início da internet, 1% do mundo estava conectado; em 2014, já 35% do mundo se conectava via web; e, em 2018, esse número salta para 53% do mundo que faz negócios, se informa e se comunica pela internet. De acordo com o Relatório Global Digital de 2024, atualmente, mais de **66%** das pessoas na Terra utilizam internet, o que implica num quantitativo de 5,35 bilhões de pessoas.

De acordo com Maria Paula Dallari Bucci,[87] o processo administrativo eletrônico combina o componente dinâmico da Administração Pública, que é a noção de processo, com a máxima

---

[85] NOHARA, Irene Patrícia; MARRARA, Thiago. *Processo administrativo*: Lei nº 9.784/99 comentada. 2. ed. São Paulo: Thomson Reuters Brasil, 2018. p. 70.

[86] LÉVY, Pierre. *Ciberdemocracia*. Lisboa: Instituto Piaget, 2003. p. 38.

[87] BUCCI, Maria Paula Dallari. Processo Administrativo Eletrônico e Informação Pública. In: MARQUES NETO, Floriano de Azevedo et all. *Direito e administração pública*: estudos em homenagem a Maria Sylvia Zanella Di Pietro. São Paulo: Atlas, 2013. p. 702. A autora, que foi Secretária da Educação Superior, participou da criação

responsividade proporcionada pelos meios de acesso às informações de interesse público, que são as tecnologias de informação e comunicação (TICs).

Em 2000, o governo federal implantou, com estímulo da OCDE, um programa de Governo Eletrônico (e-Gov). Posteriormente, em 2016, partir do Decreto nº 8.638/2016, houve a modificação da concepção de e-Gov para Governo Digital, que procurou, além de digitalizar os serviços e processos, também buscar novos modelos de serviços que explorem de forma intensiva as potencialidades da tecnologia. Esse processo é coroado em 2021 com a edição da Lei do Governo Eletrônico (Lei nº 14.129/2021).

Do ponto de vista restrito do processo, dá-se ênfase ao Processo Eletrônico Nacional (PEN), disciplinado para entes e órgãos federais pelo Decreto nº 8.539/2015. Segundo definição contida no art. 2º, III, do decreto: designa-se processo administrativo eletrônico aquele em que os atos processuais são registrados e disponibilizados em meio eletrônico.

Nos processos administrativos eletrônicos, os atos processuais devem ser realizados em meio eletrônico, exceto em situações nas quais o procedimento for inviável ou se houver indisponibilidade do meio eletrônico, cujo prolongamento cause dano relevante à celeridade do processo. Se o ato processual for excepcionalmente praticado segundo regras aplicáveis aos processos em papel, o documento-base correspondente deverá ser posteriormente digitalizado.

Documento digitalizado é o documento obtido a partir da conversão de um documento não digital, gerando uma fiel representação em código digital. O ideal, no processo digital, é que haja documentos nato-digitais, que são os originariamente criados no meio eletrônico.

A autoria, autenticidade e integridade dos documentos e da assinatura, nos processos administrativos eletrônicos, poderão ser obtidas, conforme visto no item instrução, por certificado digital emitido pela Infraestrutura de Chaves Públicas brasileira – ICP-Brasil, o que não impede a utilização de outro meio de comprovação de autoria e integridade de documento.

Tanto os documentos nato-digitais como os certificados digitalmente pela ICP são considerados originais para todos os efeitos legais. Já documentos digitalizados pelos interessados no processo administrativo terão teor de cópia simples, sendo necessária a apresentação original do documento: quando a administração exigir, quando a lei exigir, ou se houver impugnação da integridade de documento digitalizado.

A Lei nº 13.726/2018 dispensa no relacionamento entre órgãos e entidades públicas e cidadãos a exigência de cópia autenticada de documento, enfatizando no inciso II do art. 3º a possibilidade de o agente administrativo, mediante comparação entre o original e a cópia, atestar a autenticidade.

Documentos resultantes de digitalização em âmbito administrativo de originais serão considerados cópias autenticadas administrativamente. Serão, por outro lado, considerados cópias simples, para recapitulação: digitalização de cópia autenticada em cartório, digitalização de cópia autenticada administrativamente ou digitalização de cópia simples.

Há orientações do decreto, inspiradas no Plano Nacional de Desmaterialização de Processos, implementado nos anos de 2012 a 2014, pelo Ministério do Planejamento[88] e pelas Secretarias de Logística e Tecnologia da Informação e o Instituto Nacional de Tecnologia da Informação, para que haja uma Administração sem Papel, o que provoca menores custos de arquivamento e também implementa a responsabilidade socioambiental da Administração Pública, a exemplo da determinação, contida no art. 12, § 3º, III, a e b, do Decreto nº 8.539/2015, de que os documentos recebidos em papel sejam originais ou cópias autenticadas; sejam digitalizados e, preferencialmente, devolvidos ao interessado (se a Administração, excepcionalmente, ficar com os papeis em documentos, que sejam mantidos sob a sua guarda, nos termos da tabela de temporalidade e destinação); e, outrossim, que os documentos em papel recebidos que sejam cópias simples ou

---

de um sistema exclusivamente eletrônico de supervisão do ensino superior no Brasil, conhecido como e-MEC, tendo sido uma iniciativa premiada pela Escola Nacional de Administração Pública (ENAP), em 2010.

[88] Cujas atribuições a partir de 2019 foram incorporadas ao Ministério da Economia.

cópias autenticadas administrativamente sejam descartados após realizada a digitalização, para evitar, portanto, retenção de papel que pode ser desmaterializado e adequadamente alocado em meios digitais.

A Lei nº 14.063/2020 dispõe sobre o uso de assinaturas eletrônicas em interações com entes públicos, em atos de pessoas jurídicas e em questões de saúde e sobre licenças de *softwares* desenvolvidos por entes públicos, objetivando proteger as informações pessoais e sensíveis dos cidadãos, bem como atribuir eficiência e segurança aos serviços públicos prestados em ambiente eletrônico.

O art. 4º da Lei nº 14.063/2020 classifica, em função do nível de confiança sobre a identidade e a manifestação da vontade do titular, em três tipos as assinaturas eletrônicas: (1) **simples**: (a) que permite identificar o seu signatário e a que anexa ou associa dados a outros dados de formato eletrônico do signatário; (2) **avançada**: que utiliza certificados não emitidos pela ICP-Brasil ou outro meio de comprovação da autoria e da integridade de documentos em forma eletrônica, desde que admitido como válido ou aceito pela pessoa a quem for oposto o documento (que esteja associado ao signatário de forma unívoca; que utilize dados para criação de assinatura eletrônica cujo signatário pode, com elevado nível de confiança, operar sobre seu controle exclusivo; e que esteja relacionado a dados a ela associados de tal modo que qualquer modificação posterior seja detectável); e (3) **qualificada**, que é a que utiliza certificação digital.

Conforme visto, os atos processuais em meio eletrônico consideram-se realizados no dia e na hora do recebimento pelo sistema informatizado de gestão de processo administrativo eletrônico do órgão ou da entidade, que deve fornecer recibo eletrônico de protocolo. Salvo disposição em contrário, o prazo final do processo eletrônico será às 23h59min do último dia, no horário de Brasília, determinação disposta também no art. 8º, § 1º, da Lei nº 14.129/2021 (Lei do Governo Digital). Se houver falha no sistema, que se tornar indisponível por motivo técnico, o prazo fica automaticamente prorrogado até às 23h59min do primeiro dia útil seguinte ao da resolução do problema.

5.17 Processo Administrativo Disciplinar (PAD)

5.17.1 Conceito

Processo disciplinar, conforme definição contida no art. 148 da Lei nº 8.112/90: "é o instrumento destinado a apurar responsabilidade do servidor por infração praticada no exercício de suas atribuições, ou que tenha relação com as atribuições do cargo em que se encontre investido".

A atividade disciplinar da Administração Pública relaciona-se com o correto exercício dos deveres funcionais. Assim, se o servidor praticar infração tipificada em Estatuto, que tenha relação com suas atribuições ou com o cargo em que se encontre investido, responderá administrativamente, após regular processo administrativo.

A expressão "relação com as atribuições do cargo" não deve ser interpretada de forma restritiva ou literal. É claro que se o servidor estiver, a pretexto do exercício de suas atribuições, praticando atos que extrapolem as competências relacionadas com o seu cargo, em evidente abuso de poder, ele poderá responder nos âmbitos:

- **administrativo**, que será estudado neste item;
- **civil**, caso provoque dano ao Estado ou a terceiro;[89] e
- **penal**, se a conduta configurar ilícito criminal.

---

[89] Caso em que a responsabilidade do agente será subjetiva, isto é, com base na culpa ou no dolo, diferentemente, por exemplo, da responsabilidade do Estado que é, via de regra, objetiva.

No caso de identificação, no curso da apuração de ilícito administrativo, que a infração está capitulada como ilícito penal, a autoridade competente deverá encaminhar cópia dos autos ao Ministério Público, conforme determinação contida no parágrafo único do art. 154 da lei, para que seja promovida a responsabilidade criminal dos infratores, que, diferentemente do ilícito administrativo, somente pode ser reconhecida na via judicial.

Quanto à sistemática de apuração da responsabilidade administrativa, o Brasil adotou **sistema misto**, no qual o processo é realizado por comissões disciplinares – órgãos estranhos à relação entre funcionário e superior hierárquico, sendo a decisão final proferida pela autoridade competente, conforme expõe Maria Sylvia Zanella Di Pietro.[90]

A concepção objetivou separar as fases de instrução e de decisão: enquanto a instrução é feita pela comissão processante, a decisão é tomada pela autoridade competente. Nos dizeres de Romeu Bacellar Filho, não se admite processo administrativo disciplinar com estrutura inquisitória, "convergindo em um só órgão ou agente as qualidades de acusador, instrutor e julgador".[91]

Conforme orientação do Manual de processo administrativo disciplinar da Controladoria Geral da União, as comissões de processo disciplinar são autônomas e independentes, sendo que a autoridade competente (instauradora) não deve exercer "qualquer influência no andamento dos trabalhos e nas conclusões do colegiado, o qual deverá ter a liberdade necessária para apresentar, ao final do processo, suas próprias convicções acerca do caso".[92]

No fundo, a autoridade instauradora deve desenvolver atividades gerenciais para permitir as atividades da comissão, fornecendo condições materiais e de recursos humanos, bem como decidir sobre eventuais pedidos de prorrogações de prazos ou recondução dos trabalhos, circunstância em que se admite, para esses fins, em caráter excepcional, que ela solicite relatórios genéricos das atividades executadas pela comissão.

Conforme será visto adiante, a autoridade competente acatará o relatório da comissão, que será conclusivo quanto à culpabilidade ou inocência do acusado, salvo quando contrário às provas dos autos, hipótese em que, excepcionalmente, admite-se que a autoridade, desde que o faça motivadamente, agrave a pena, a abrande ou isente o servidor de responsabilidade, conforme determinação do parágrafo único do art. 168 da Lei nº 8.112/90.

São sanções que podem ser aplicadas após regular processo administrativo disciplinar: (1) a advertência, que é a mais leve sanção; (2) a suspensão, que é sanção de natureza média e que pode ser transformada em multa, caso o servidor multado tenha de permanecer no serviço; e (3) as sanções expulsórias, de natureza grave, como a demissão, ou suas correspondentes, como destituição de cargo em comissão ou de função de confiança e cassação de aposentadoria ou disponibilidade.

> **TEMA POLÊMICO: regularidade da sanção de cassação de aposentadoria do servidor**
>
> Conforme visto, o inciso IV do art. 127 da Lei nº 8.112/90 contempla a sanção de cassação de aposentadoria de servidor em virtude de ilícito funcional cometido quando da atividade. Em julgado de 29.09.1994, no MS 21.984, Rel. Min. Néri da Silveira, o Supremo Tribunal Federal reconheceu a validade da pena de cassação de aposentadoria do servidor, sendo posteriormente afastada indagação sobre violação a ato jurídico perfeito.

---

[90] DI PIETRO, Maria Sylvia Zanella. *Direito administrativo*. São Paulo: Atlas, 2010. p. 638.

[91] BACELLAR FILHO, Romeu Felipe. *Processo administrativo disciplinar*. 4. ed. São Paulo: Saraiva, 2013. p. 74.

[92] MINISTÉRIO DA TRANSPARÊNCIA E CGU. *Manual de processo administrativo disciplinar*. Brasília: Corregedoria-Geral da União, 2017. p. 93.

Todavia, como expõe Ricardo Marcondes Martins,[93] ao comentar a tese fixada pelo Superior Tribunal de Justiça, posteriormente, com as "Reformas" Previdenciárias, as Emendas 3/1993, 20/1998 e 41/2003 modificaram substancialmente o regime próprio de previdência dos servidores, transformando-o em contributivo, o que poderia gerar a percepção de não recepção da pena de cassação de aposentadoria.

Também Maria Sylvia Zanella Di Pietro justifica o questionamento jurídico à sanção de cassação de aposentadoria: "a justificativa para previsão de penalidade dessa natureza decorre do fato de que o servidor público não contribuía para fazer jus à aposentadoria. Esta era considerada como direito decorrente do exercício do cargo, pelo qual respondia o Erário, independentemente de qualquer contribuição do servidor. Com a instituição do regime previdenciário contributivo, surgiu a tese de que não é mais possível a aplicação dessa penalidade, tendo em vista que o servidor paga uma contribuição, que é obrigatória, para garantir o direito à aposentadoria".[94]

Entretanto, o Supremo Tribunal Federal não acolheu, no MS 23.299, Rel. Min. Sepúlveda Pertence, j. 6.3.2002, a tese da ausência de recepção da pena, diante do fato de a aposentadoria do servidor passar a ser contributiva. Fixou, portanto, a orientação sobre a constitucionalidade da aplicação da pena.

O Superior Tribunal de Justiça, por sua vez, seguiu os passos do STF, tanto em julgados específicos (MS 7795/DF, 14.893/DF, 13.074/DF, 21.084/DF e 20.647/DF) quanto ainda fixou a seguinte tese: "é lícita a cassação de aposentadoria de servidor público, não obstante o caráter contributivo do benefício previdenciário".

Percebe-se, portanto, que a tese que prevaleceu nos Tribunais Superiores não é a mais adequada. Concorda-se, assim, com Maria Sylvia Zanella Di Pietro e Ricardo Marcondes Martins que se trata de uma sanção desproporcional e inconstitucional, apesar de estar consolidada em sentido contrário.

Di Pietro ainda rebate o argumento distorcido de que a solidariedade excluiria o direito individual ao benefício para o qual o servidor contribuiu, dado que a solidariedade decorrente não afastaria, na prática, o direito individual dos beneficiários, que se submetem aos critérios de cálculo dos benefícios, assim, a contribuição do servidor deveria dar o direito ao recebimento dos benefícios, sim, o que inviabilizaria a punição de cassação de aposentadoria. Mas, lamentavelmente, essas ponderações doutrinárias não foram acolhidas nas cúpulas do Sistema de Justiça.

5.17.2 Finalidade

A finalidade do processo administrativo disciplinar é a **apuração** de pretensa prática de ilícito administrativo, em que será verificada a responsabilidade do servidor público por infração praticada em prejuízo do regular exercício de suas atribuições.

Não se pode mais dizer, no atual estágio de desenvolvimento do Estado Democrático de Direito, que a finalidade é a punição, pois pode ocorrer de a comissão processante e a autoridade competente para punir verificarem que o "acusado" é inocente ou que não há provas suficientes para a caracterização do ilícito administrativo.

Assim, a punição é um dos possíveis resultados do processo administrativo disciplinar, mas não o único deles. Ademais, a comissão processante deve conduzir a instrução do processo

---

[93] MARTINS, Ricardo Marcondes. É lícita a cassação de aposentadoria de servidor público, não obstante o caráter contributivo do benefício previdenciário. DI PIETRO, Maria Sylvia Zanella; NOHARA, Irene Patrícia. *Teses jurídicas dos tribunais superiores* – direito administrativo III. São Paulo: Revista dos Tribunais, 2017. p. 805-812.

[94] DI PIETRO, Maria Sylvia Zanella. Cassação de aposentadoria é incompatível com regime previdenciário dos servidores. *Revista Consultor Jurídico*. Disponível em: https://www.conjur.com.br/2015-abr-16/interesse-publico--cassacao-aposentadoria-incompativel-regime-previdenciario-servidores#author. Acesso em: 18 jan. 2018.

com o máximo de imparcialidade, garantindo o contraditório e a mais ampla defesa, sendo, portanto, seu intuito principal a apuração da verdade, mas jamais a mera punição (pois esta última pode ser medida injusta).

Ressalte-se, por fim, que se houver a necessidade de aplicação de sanção, esta atingirá a relação funcional do servidor. Diferentemente do ilícito penal, o ilícito administrativo pode ser aplicado diretamente pela Administração, mas nada obsta o seu questionamento no âmbito jurisdicional, se houver lesão ou ameaça a direito.

5.17.3 Princípios e critérios jurídicos

Os princípios previstos na Lei Geral de Processo Administrativo que, em âmbito federal, estão contemplados no art. 2º da Lei nº 9.784/99 (legalidade, finalidade, motivação, razoabilidade, proporcionalidade, moralidade, ampla defesa, contraditório, segurança jurídica, interesse público e eficiência) são aplicáveis ao Processo Administrativo Disciplinar, em caráter subsidiário à disciplina específica dos estatutos correspondentes, sendo, no âmbito federal, conforme visto, a Lei nº 8.112/90.

São também aplicáveis aos processos administrativos disciplinares a reserva legal, segundo a qual não há crime sem anterior lei que o defina, nem pena sem prévia cominação legal, conforme determinação contida no art. 5º, XXXIX, da Constituição, e a irretroatividade da lei, segundo a qual: "a lei não retroagirá, salvo para beneficiar o réu", de acordo com art. 5º, XL, da Constituição, sendo, portanto, vedado que se imponha pena para conduta não tipificada como ilícito ao tempo do cometimento da infração administrativa por servidor público.

Além da necessidade de haver lei prévia, exige-se que haja definição precisa da tipicidade da conduta. Conforme será visto no item do controle judicial do ilícito administrativo, apesar de os estatutos dos servidores contemplarem previsão de conceitos jurídicos indeterminados na tipificação, sendo esta mais aberta no âmbito administrativo do que a existente no campo criminal, que obedece uma tipicidade mais restrita, ainda assim o fato de haver indeterminação no conceito não significa uma "carga em branco" por parte da Administração, pois a discricionariedade é, entre outras coisas, restringida pelos princípios e pela interpretação concreta das características dos fatos.

Há também a presunção de inocência do acusado. Logo, o ônus de provar a culpabilidade do servidor recairá sobre a Administração Pública. No entanto, vigora a busca pela verdade material ou real, sendo que a autoridade poderá conhecer a qualquer tempo de novas provas e deve assegurar desde sempre a ampla defesa e o contraditório. A Comissão disciplinar poderá se utilizar e estimular a produção de todo tipo de prova admitida no direito. Admite-se que haja utilização de prova emprestada do juízo criminal, conforme será visto adiante.

A mesma conduta de um servidor pode dar ensejo a uma série de responsabilidades, conforme será visto no capítulo próprio dos servidores públicos. Assim, se um mesmo fato der ensejo à sanção administrativa, à configuração da responsabilidade civil, diante do dano ocasionado, e também à tipificação de crime, é possível que o servidor possa responder em todas as instâncias, tendo em vista que as responsabilidades administrativa, civil e criminal são independentes e cumulativas, sobre elas não incidindo a chamada proibição do *bis in idem* (dupla apenação).

Entretanto, isso não significa que a Administração Pública possa cumular de forma desproporcional sanções aplicadas ao servidor público pelo mesmo fato. É, ainda, vedado que a Administração instaure novo procedimento para punir novamente servidor público pelo mesmo fato, pois, conforme determina a Súmula nº 19 do STF: "é inadmissível segunda punição de servidor público, baseada no mesmo processo em que se fundou a primeira".

Outro dispositivo que se preocupa com essa justaposição infinita de penas, que gera muitas injustiças, é o § 3º do art. 22 da Lei de Introdução às Normas do Direito Brasileiro (LINDB), segundo o qual: "As sanções aplicadas ao agente serão levadas em conta na dosimetria das demais sanções de mesma natureza e relativas ao mesmo fato", conforme inclusão realizada pela Lei nº 13.655/2018.

Ademais, em âmbito administrativo-disciplinar, o servidor deve responder em função de seu dolo ou culpa, isto é, em função de sua culpabilidade *lato sensu*. O servidor não responderá objetivamente pela sua conduta, mesmo na responsabilidade civil, cujo impacto em ação regressiva é subjetivo, sendo que apenas o Estado responde objetivamente neste caso. Por conseguinte, a pretensão de aplicação de sanção ao servidor deve levar em conta a culpa ou o dolo, devendo inclusive considerar se ele teve a liberdade de optar por conduta diversa.

Nessa perspectiva, dispõe o art. 22, § 1º, da LINDB que, em decisão sobre regularidade de conduta e validade de ato, contrato, ajuste, processo ou norma, serão consideradas as circunstâncias práticas que houverem imposto, limitado ou condicionado a ação do agente, sendo que o § 2º do mesmo dispositivo reitera a individualização da pena, decorrência da aplicação da proporcionalidade, segundo o qual "na aplicação de sanções, serão consideradas a natureza e a gravidade da infração cometida, os danos que dela provierem para a administração pública, as circunstâncias agravantes ou atenuantes e os antecedentes do agente".

Lamentavelmente, nem sempre tais critérios são observados quando do desdobramento dos processos administrativos disciplinares, conforme será exposto no ponto controvertido: compulsoriedade da demissão nas hipóteses estatutárias. Deve-se, contudo, lembrar que na ausência de individualização da pena por parte da Administração Pública há a possibilidade de correção por meio do controle judicial.[95-96]

5.17.4 *Natureza de poder-dever de apuração de irregularidades*

A apuração de supostas irregularidades é corolário do poder disciplinar da Administração Pública; mas, conforme visto, esse poder, por ser público, não se consubstancia em faculdade, isto é, a autoridade competente que tiver conhecimento de uma irregularidade é "**obrigada** a promover-lhe a apuração imediata",[97] não tendo discricionariedade para se omitir.

A obrigatoriedade é associada aos seguintes deveres funcionais dos servidores, dispostos no art. 116 da Lei nº 8.112/90:

> VI – **levar** as irregularidades de que tiver ciência em razão do cargo ao conhecimento da autoridade superior ou, quando houver suspeita de envolvimento desta, ao conhecimento de outra autoridade competente para a apuração (inciso com redação alterada pela Lei nº 12.527/11); e

---

[95] Faz parte da reflexão pós-positivista do Direito, situada no Estado Democrático, repelir a aplicação cega dos preceitos normativos a toda e qualquer situação concreta, sem ponderação dos efeitos da decisão. Como enfatiza Bonavides, a espinha dorsal da nova hermenêutica e do pós-positivismo não adota uma noção de sistema fechado do pandectismo, mas de sistema aberto, que tem natureza mais teleológica do que lógica. *Curso de Direito Constitucional*. 24. ed. São Paulo: Malheiros, 2009. p. 603. Portanto, verificar se a reprimenda concreta alcança as finalidades do ordenamento não configura desrespeito ao Direito, muito pelo contrário; sobretudo se se considerar que o Direito contempla princípios com caráter normativo.

[96] Conforme decisões pesquisadas por Carlos Eduardo Elias de Oliveira, Precedentes Jurisprudenciais do STF e STJ sobre processos disciplinares: descrição e reflexões. *Jus Navigandi*, Teresina, ano 17, nº 3.338, 21, ago. 2012. Disponível em: http://jus.com.br/revista/texto/22453. Acesso em: 30 out. 2012.

[97] BANDEIRA DE MELLO, Celso Antônio. *Curso de direito administrativo*. 25. ed. São Paulo: Malheiros, 2008. p. 320.

XII – **representar** contra ilegalidade, omissão ou abuso de poder; sendo a representação, conforme teor do parágrafo único do mesmo artigo, encaminhada pela via hierárquica e apreciada pela autoridade superior àquela contra a qual é formulada, assegurando-se a ampla defesa.

Este último dever é chamado de dever de representação funcional, pois a representação é encaminhada por servidor público; mas nada obsta que a apuração da irregularidade tenha origem em notícias apresentadas pela mídia, em representação de particular, em "denúncia" anônima ou nas constatações derivadas de descobertas de ofício da Administração Pública, que não depende de provocação para instaurar processo administrativo disciplinar.

Note-se que o art. 144 da Lei nº 8.112/90 estabelece os seguintes requisitos para a apuração de "denúncias" sobre irregularidades:

- documento escrito;
- identificação e endereço do denunciante; e
- o fato narrado configurar evidente infração disciplinar ou ilícito penal.

Por conseguinte, compete, genericamente, à **autoridade hierarquicamente superior** promover a apuração de suposta irregularidade de que tenha conhecimento, cometida por subordinado seu, seja por meio da instauração de sindicância, como meio sumário, ou da instauração de processo administrativo disciplinar, assegurada a ampla defesa, conforme determina o art. 143 da Lei nº 8.112/90, sob pena de **condescendência criminosa**, tipificada nos seguintes termos do art. 320 do Código Penal: "deixar o funcionário, por indulgência, de responsabilizar subordinado que cometeu infração no exercício do cargo ou, quando lhe falte competência, não levar o fato ao conhecimento da autoridade competente".[98]

Em alguns órgãos da Administração Pública existem, por expressa previsão normativa, unidades especializadas em matéria disciplinar, geralmente denominadas Corregedorias, dotadas de competência para a apuração de ilícitos administrativos.

A presença de corregedoria frequentemente garante maior imparcialidade, eficiência, qualificação e especialidade. O § 3º do art. 143 da Lei nº 8.112/90 dá autorização expressa para que a apuração de irregularidade no serviço público seja promovida por órgão ou entidade diverso daquele em que tenha ocorrido a irregularidade, mediante competência específica para tal finalidade, sendo preservada a competência para julgamento que se seguir à apuração.

A autoridade poderá, entretanto, arquivar a "denúncia" por falta de objeto, conforme visto, se o fato narrado não configurar evidente infração disciplinar ou ilícito penal, sendo também averiguado no juízo de admissibilidade se estão presentes indícios de materialidade e de autoria do servidor envolvido, para evitar a instauração de procedimentos inócuos e que ponham em risco desnecessariamente a honra e a tranquilidade de servidores zelosos com seus deveres funcionais.

Juízo de admissibilidade, conforme material produzido pela Controladoria Geral da União, é "a fase antecedente à decisão da autoridade competente em instaurar o processo administrativo disciplinar ou uma sindicância ou em arquivar a representação ou a denúncia e

---

[98] Trata-se de crime apenado com detenção, de 15 dias a um mês, ou multa. Se o agente deixar de responsabilizar o servidor por "dó" (indulgência), será caracterizada a condescendência criminosa, mas se sua inação for propositadamente direcionada à satisfação de um interesse ou sentimento pessoal, pode ser configurado o crime de prevaricação do art. 319 do Código Penal.

consubstancia-se nas investigações preliminares com que se buscam todos os indícios porventura existentes da materialidade e da autoria da suposta irregularidade funcional".[99]

Se for confirmada a presença dos indícios de autoria e materialidade de infração disciplinar, não pode a autoridade arquivar liminarmente a denúncia, pois há uma exigência de caráter público de que o Poder Público esclareça, por meio da adequada apuração (que não significa ainda qualquer aplicação de sanção), para a sociedade todas as notícias de supostas irregularidades. Trata-se de aplicação do *in dubio pro societate*.

5.17.5 Constitucionalidade da denúncia anônima

Há uma discussão sobre se haveria possibilidade de a denúncia anônima ser causa de instauração de um processo administrativo disciplinar, por dois motivos: primeiramente, porque o art. 144 da Lei nº 8.112/90 determina que "as denúncias sobre irregularidades serão objeto de apuração, desde que contenham a identificação e o endereço do denunciante e sejam formuladas por escrito, confirmada a autenticidade", e depois pelo fato de o art. 5º, IV, da Constituição especificar que "é livre a manifestação do pensamento, sendo vedado o anonimato".

A denúncia anônima deve ser apreciada pela autoridade competente com prudência, pois como enfatiza Marcos Salles Teixeira ela pode ocultar aspectos de "pessoalidade e de animosidade".[100] Assim, pode acontecer, por exemplo, de, em virtude de perseguição e vontade de prejudicar (*animus laedendi*), algum servidor formule denúncia anônima falsa contra colega de repartição.

No entanto, por outro lado, não se pode ignorar que, frequentemente, em países onde os níveis de corrupção e de violência são elevados, a vida humana chega a ser posta em risco quando alguém se dispõe a delatar indícios de condutas desviadas das quais toma conhecimento. Representar por escrito, com identificação e endereço, um fato que configura infração disciplinar ou ilícito penal representa não raro mais do que o cumprimento de um dever funcional, porquanto implica um ato de coragem, pois, na prática, compreende o risco de denunciar o "esquema" para superior hierárquico que participa ou oculta propositadamente o fato e ainda sofrer perseguições internas por ter sido a pessoa a levar a notícia ao conhecimento oficial.

Pelo motivo exposto, a Lei de Acesso à Informação (Lei nº 12.527/11) alterou a redação do inciso VI do art. 116 da Lei nº 8.112/90, que antes estabelecia apenas o dever de o servidor levar ao conhecimento da autoridade superior as irregularidades de que tiver ciência em razão do cargo, para a atual: "levar as irregularidades de que tiver ciência em razão do cargo ao conhecimento da autoridade superior ou, quando houver **suspeita de envolvimento** desta, ao conhecimento de outra autoridade competente para a apuração".

A Convenção das Nações Unidas contra Corrupção, de 31.12.2003, incorporada no Brasil pelo Decreto nº 5.687, de 31.1.2006, reconhece a denúncia anônima como instrumento adequado de combate à corrupção, conforme se verifica do conteúdo de seu art. 13:

> Cada Estado-Parte adotará medidas apropriadas para garantir que o público tenha conhecimento dos órgãos pertinentes de luta contra a corrupção mencionados na presente Convenção, e facilitará o acesso a tais órgãos, quando proceder, para denúncia, **inclusive anônima**, de

---

[99] Cf. TEIXEIRA, Marcos Salles. *Aspectos sobre o processo administrativo disciplinar*. Disponível em: http://www.cgu.gov.br/Publicacoes/GuiaPAD/Arquivos/ApostilaTextoCGU.pdf. Acesso em: 7 jan. 2010. p. 42.

[100] TEIXEIRA, Marcos Salles. *Aspectos sobre o processo administrativo disciplinar*. Disponível em: http://www.cgu.gov.br/Publicacoes/GuiaPAD/Arquivos/ApostilaTextoCGU.pdf. Acesso em: 7 jan. 2010. p. 52.

quaisquer incidentes que possam ser considerados constitutivos de um delito qualificado de acordo com a presente Convenção.

Não entendemos haver inconstitucionalidade, em si, na denúncia anônima, uma vez que a própria Administração Pública pode investigar, com base em seu **poder de autotutela**, de ofício, condutas de servidores que se desviam dos padrões determinados nos respectivos Estatutos e, uma vez constatado que há indícios de materialidade e autoria, instaurar, também *ex officio*, isto é, sem provocação, processo administrativo disciplinar.

A denúncia anônima frequentemente auxilia a Administração a chegar a dados que não teria acesso se fizesse esse trabalho sem as informações prestadas. Contudo, tanto a Administração Pública como o informante não podem se utilizar de provas obtidas por meios ilícitos.

Na realidade, quem determinará se será instaurada sindicância ou processo administrativo disciplinar será a autoridade competente, que, após a análise do juízo de admissibilidade feito na denúncia, anônima ou não, verificará se há plausibilidade na acusação feita.

Ora, o país só avançará no combate à corrupção no dia em que parar com tais **inversões de valores** e, em vez de se voltar contra as pessoas que delatam esquemas de corrupção, para ameaçá-las com possíveis ações de indenização por danos morais, se não houver comprovação cabal de dados transmitidos de boa-fé, realizar investigações sérias e responsáveis com os dados que chegam ao conhecimento da Administração, por variadas vias, zelando pelo sigilo das informações prestadas para preservar a tranquilidade e a sobrevivência digna daquele que se propôs a dar sua contribuição para a apuração da verdade.

Nesta perspectiva, enfatiza Teixeira que a denúncia anônima não é capaz de provocar imediatamente a instauração da sede disciplinar, com todos os ônus dela decorrentes; mas da investigação preliminar, deflagrada pela notícia anônima, é que virão os dados concludentes quanto à necessidade da instauração do processo disciplinar para apurar os indícios de autoria e materialidade evidenciados.

A identificação do denunciante, conforme determina o art. 144 do estatuto federal, permite que a autoridade competente seja responsabilizada, caso se omita no dever de apuração das irregularidades apontadas; mas nada obsta que a Administração chegue a indícios importantes da ocorrência de uma infração administrativa por meio de denúncia anônima.

Por isso, admite o STJ a denúncia anônima, *in verbis*:

> DIREITO ADMINISTRATIVO. RECURSO ESPECIAL. SERVIDOR PÚBLICO FEDERAL. PROCESSO ADMINISTRATIVO DISCIPLINAR. DENÚNCIA ANÔNIMA. NULIDADE. NÃO OCORRÊNCIA. RECURSO CONHECIDO E PROVIDO. 1. Tendo em vista o poder--dever de autotutela imposto à Administração, não há ilegalidade na instauração de processo administrativo com fundamento em denúncia anônima. Precedentes do STJ. 2. Recurso especial conhecido e improvido (REsp 153177-0, *DJe* 25.5.2009).

Trata-se atualmente de assunto compilado na jurisprudência em tese nº 4 de Processo Administrativo Disciplinar do Superior Tribunal de Justiça: "é possível a instauração de processo administrativo com base em denúncia anônima".[101]

As corregedorias, os órgãos similares ou autoridades hierárquicas competentes para o desempenho da função administrativo-disciplinar deverão chamar para si a responsabilidade por

---

[101] Cf. NOHARA, Irene Patrícia. Tese: é possível a instauração de processo administrativo com base em denúncia anônima. DI PIETRO, Maria Sylvia Zanella; NOHARA, Irene Patrícia. *Teses Jurídicas dos Tribunais Superiores*: Direito Administrativo I. São Paulo: Revista dos Tribunais, 2017. p. 77-82.

eventuais ações malconduzidas, sem jogar nos ombros daqueles que levam informações à Administração todos os efeitos de um trabalho de investigação preliminar que lhes compete realizar.

Se a denúncia anônima for mal formulada, cumpre à autoridade em investigação preliminar arquivá-la, por falta de plausibilidade; sem que isso implique ônus gravosos para aquele que de boa-fé levou o fato ao conhecimento dos órgãos competentes. Não se devem confundir tais situações com as vivenciadas nos regimes autoritários, onde o Estado não garantia ampla defesa e contraditório ou condenava (e executava até, no sentido mais forte da palavra) sumariamente pessoas por "atividades subversivas", que eram delatadas num clima de terror e perseguição.

Ademais, os órgãos administrativos de controle deveriam incentivar denúncias de irregularidades ocorridas no seio da Administração Pública, garantindo o sigilo da fonte para resguardar o cidadão e o servidor público de eventuais perseguições dos agentes públicos envolvidos; o que não se confunde com a situação em que alguém ofende em público injustamente a honra de outrem.

Uma coisa é alguém fazer uma denúncia infundada em veículo de comunicação ou em público em relação a outrem, outra circunstância bem distinta é levar anonimamente aos órgãos competentes informações que visam provocar a apuração do Poder Público, o que é de interesse de toda a coletividade. É muito comum nos órgãos de ouvidoria o recebimento de denúncias anônimas, cujos dados devem ser investigados **pelo órgão** com sigilo e prudência.

Se a denúncia for plausível e a investigação preliminar levar a dados que demonstrem significativos **indícios** de ocorrências que lesam a legalidade e a moralidade administrativas, deve ser dada **prioridade** à **apuração dos fatos**, em vez da preservação da incolumidade moral dos servidores envolvidos, mesmo que, porventura, a denúncia seja motivada por vingança (pois se houver interesse público envolvido, pouco importa a motivação privada, isto é, o *móvel* do delatante) – juízo que só pode ser feito diante de elementos peculiares a cada caso concreto, como bem observou o STF no Mandado de Segurança nº 24.369:

> **DELAÇÃO ANÔNIMA**. Comunicação de fatos graves que teriam sido praticados no âmbito da Administração Pública. Situações que se revestem, em tese, de ilicitude (procedimentos licitatórios supostamente direcionados e alegado pagamento de diárias exorbitantes). A questão da vedação constitucional do anonimato (CF, art. 5º, IV, *in fine*), em face da necessidade ético-jurídica de investigação de condutas funcionais desviantes. Obrigação estatal, que, imposta pelo dever de observância dos postulados da legalidade, da impessoalidade e da moralidade administrativa (CF, art. 37, *caput*), torna inderrogável o encargo de apurar comportamentos eventualmente lesivos ao interesse público. Razões de interesse social em possível conflito com a exigência de proteção à incolumidade moral das pessoas (CF, art. 5º, X). O direito público subjetivo do cidadão ao fiel desempenho, pelos agentes estatais, do dever de probidade constituiria uma limitação externa aos direitos da personalidade? Liberdades em antagonismo. Situação de tensão dialética entre princípios estruturantes da ordem constitucional. Colisão de direitos que se resolve, em cada caso ocorrente, mediante ponderação de valores e interesses em conflito. Considerações doutrinárias. Liminar indeferida (Rel. Min. Celso de Mello, *DJU* 16.10.2002).

5.17.6 *Investigação preliminar e meios alternativos de resolução de conflitos*

Antes mesmo de se instaurar uma sindicância ou um processo administrativo disciplinar, convém que se faça uma investigação preliminar, para averiguar indícios mínimos de autoria e de materialidade daquele suposto ilícito administrativo que chega ao conhecimento da Administração Pública.

Assim, há como investigar supostas irregularidades pela apuração de denúncia anônima, de boatos, de relatórios de auditorias do Tribunal de Contas, de informações prestadas por usuários de serviços públicos ou mesmo que chegam ao conhecimento pela imprensa, sendo possível que se faça, de forma discreta, uma prévia averiguação, dentro de uma inspeção mais informal para que se pondere se é o caso mesmo de instauração de um processo administrativo disciplinar em sentido amplo.

Um dos meios bastante eficazes para resolver questões, evitando gastos e, consequentemente, desgastes desnecessários, é o meio alternativo de ajustamento de conduta. A instauração dos meios punitivos gera custos, tanto materiais como imateriais, a exemplo do desconforto e da desmotivação do servidor, que pode sofrer repercussões desnecessárias em sua imagem funcional diante de um fato de menor gravidade ao serviço.

O ajustamento de conduta, conforme previsão em alguns Estados da federação, como a Lei Estadual de Tocantins nº 1.808/2007 e a Lei Complementar Estadual de Santa Catarina nº 49/2010, é utilizado para os casos em que o servidor comete uma irregularidade de natureza leve, sendo desenvolvido para sua orientação, possibilitando seu aperfeiçoamento conforme o princípio da eficiência e a cultura da regularidade na Administração Pública.

A Controladoria-Geral da União, por exemplo, adota, ainda, o chamado Termo Circunstanciado Administrativo (TCA) para resolução conciliatória, conforme previsão da Instrução Normativa CGU nº 4, de 17 de fevereiro de 2009, voltado para corrigir danos de pequeno valor provocados culposamente por servidores. Trata-se, portanto, de "apuração simplificada, a cargo da unidade de ocorrência do fato, à margem do sistema correicional, a ser realizada por meio de TCA, para casos de dano ou desaparecimento de bem público que implicar prejuízo de pequeno valor", sendo considerado como tal o valor de dispensa de licitação[102] (R$ 8.000 reais, que foi recentemente atualizado em âmbito federal para R$ 17.600 a partir do Decreto nº 9.412/2018).

Aplica-se o TCA em condutas não dolosas do servidor público, recaindo a atribuição de instauração sobre o chefe do setor responsável por bens e materiais da repartição. O gestor patrimonial irá lavrar o TCA, com a descrição do fato e a identificação do servidor envolvido, dando-lhe o prazo de cinco dias para se manifestar. Depois, caso a autoridade julgadora conclua que o prejuízo de pequeno valor decorreu de conduta culposa do servidor e este concordar em ressarcir o Erário, a solução tem o condão de encerrar o TCA.

O ressarcimento deve ser feito no prazo de cinco dias, prorrogável por igual período, sendo possível: (a) o pagamento do valor; (b) a entrega de bem de valor igual ou superior ao danificado ou extraviado; ou (c) a prestação de serviço apto a consertar o bem danificado.

Em casos nos quais há conflitos e desentendimentos de servidores ou de servidores com suas chefias, gerando discussões no serviço, não se trata, em muitas hipóteses, de circunstâncias que cheguem a demandar a instauração de uma sindicância ou de um processo administrativo disciplinar, havendo, portanto, a necessidade de corrigir a conduta dos servidores, a partir de orientações, o que poderia ser feito por Câmaras de Conciliação de Incidentes Disciplinares.

Conforme estabelece o art. 32 da Lei nº 13.140/2015, a União, os Estados, o Distrito Federal e os Municípios poderão criar câmaras de prevenção e resolução administrativa de conflitos, no âmbito dos respectivos órgãos da Advocacia Pública, onde houver, com competência para: (1) dirimir conflitos entre órgãos e entidades da administração pública; (2) avaliar a admissibilidade de resolução de conflitos, por meio de composição, no caso de controvérsia entre

---

[102] MINISTÉRIO DA TRANSPARÊNCIA E CGU. *Manual de processo administrativo disciplinar*. Brasília: Corregedoria-Geral da União, 2017. p. 71.

particular e pessoa jurídica de direito público; e (3) promover, quando couber, a celebração de termo de ajustamento de conduta. Assim, os conflitos e vicissitudes que surgem no âmbito da Administração Pública podem ser resolvidos de forma mais eficaz e menos custosa, a partir dos meios alternativos, deixando-se a instauração do processo administrativo disciplinar para as circunstâncias mais graves e de violações mais explícitas aos deveres funcionais, que demandem uma resposta punitiva de sancionamento.

5.17.7 Fases e descrição do procedimento legal

O processo disciplinar se desenvolve, conforme dispõe o art. 151 da Lei nº 8.112/90, em três fases (que se desdobram em cinco momentos,[103] pois o inquérito tem três fases diferenciadas):

1. **instauração** – com a publicação do ato que constituir a comissão;
2. **inquérito administrativo**, que compreende:
    - instrução;
    - defesa; e
    - relatório.
3. **julgamento** – decisão.

A **instauração** é a fase na qual a peça instauradora é autuada e encaminhada para processamento regular pela comissão processante, devendo conter todos os elementos que permitam aos servidores conhecer dos ilícitos de que sejam acusados. A instauração ocorre por publicação de portaria.

A portaria deve conter, portanto, a identificação da comissão disciplinar, "o nome dos servidores envolvidos, a infração de que são acusados, com descrição sucinta dos fatos e indicação dos dispositivos legais infringidos".[104] É relevante para a regularidade do ato que a portaria contenha os elementos que permitam aos servidores conhecer dos ilícitos que já são acusados, mas não há necessidade de descrição pormenorizada dos fatos, porque ainda haverá a instrução, fase na qual serão apurados os fatos, com produção de provas, sendo que a partir do indiciamento é que os servidores serão citados.

Assim, reitere-se que a portaria de instauração e a notificação inicial não precisam descrever os fatos minuciosamente, sendo que, após a instrução, a partir do indiciamento, é que os fatos serão mais bem especificados. Trata-se de orientação contida nas seguintes decisões: RMS 22134-DF[105] e MS 12983, ambos apreciados pelo STJ, sendo que, segundo excerto extraído da ementa desta última decisão: "a descrição minuciosa dos fatos se faz necessária apenas quando do indiciamento do servidor, após a fase instrutória, na qual são efetivamente apurados, e não na portaria de instauração ou na citação inicial."

Conforme orientação da CGU, na fase inicial da instrução do processo disciplinar, quando presentes somente indícios contra o servidor e ainda não se fez nenhuma acusação formal, "a lei

---

[103] Por conta disso, Maria Sylvia Zanella Di Pietro divide em cinco fases: instauração, instrução, defesa, relatório e decisão. Cf. DI PIETRO, Maria Sylvia Zanella. *Direito administrativo*. Rio de Janeiro: Forense, 2018. p. 807.

[104] DI PIETRO, Maria Sylvia Zanella. *Direito administrativo*. Rio de Janeiro: Forense, 2018. p. 807.

[105] Cuja ementa contempla o seguinte trecho: PORTARIA DE INSTAURAÇÃO. NOTIFICAÇÃO INICIAL. DESCRIÇÃO PORMENORIZADA DOS FATOS. DESNECESSIDADE.

o define como acusado. Na fase final da instrução, caso a comissão formalize a acusação contra o servidor na indiciação/indiciamento, a lei passa a designá-lo como indiciado."[106]

Nesse momento inicial há apenas a notificação prévia, que representa a comunicação processual em que o acusado (ainda não indiciado) é informado da instauração do PAD, sendo aberta a oportunidade de contraditório e ampla defesa desde o início das atividades da comissão. A notificação será expedida pelo Presidente da Comissão Processante. Conforme esclarece a CGU,[107] a comissão disciplinar é considerada designada com a publicação da portaria inaugural, que é a mesma portaria de instauração do feito disciplinar. A partir desse momento, a comissão passa a existir e o prazo começa a correr.

De acordo com o art. 149 da Lei nº 8.112/90, a comissão deve ser composta de três servidores estáveis designados pela autoridade competente, que indicará, dentre eles, o seu Presidente, que deverá ser ocupante de cargo efetivo superior ou de mesmo nível, ou ter nível de escolaridade igual ou superior ao do indiciado. Se tal requisito não for obedecido, é caso de nulidade da portaria instauradora da comissão.[108] Logo, não pode participar da comissão processante ocupante exclusivamente de cargo em comissão, dado que este não possui estabilidade. Contudo, se for um servidor estável que ocupa cargo em comissão, conforme determinado que seja nos percentuais legais, daí não há problema de integrar a comissão, pois ele terá a estabilidade.

Discute-se sobre a necessidade de os três membros designados atuarem no órgão onde tenha ocorrido a infração disciplinar, sendo que, em geral, se recomenda que sejam integrantes, mas é possível que, por motivos relevantes, haja a designação de servidores de outros órgãos, desde que haja autorização por parte da autoridade a qual estes estejam subordinados.[109]

A lei não apresenta resposta para essa questão de os servidores serem todos do mesmo órgão, motivo pelo qual se interpreta que há discricionariedade administrativa, sendo tal orientação encontrada na decisão do RMS 25.105-4, Rel. Min. Joaquim Barbosa, j. 23.05.2006, segundo a qual se admite a indicação de um integrante na comissão que seja de outro órgão da administração federal, contanto que essa indicação tenha tido a anuência do órgão de origem do servidor.

O § 1º do art. 149 da Lei nº 8.112/90 estabelece que o Presidente da Comissão designará como secretário servidor, que pode ser um de seus membros. Se o designado não for membro da Comissão, então o Presidente deve pedir autorização ao chefe imediato do servidor designado para servir de Secretário.

---

[106] MINISTÉRIO DA TRANSPARÊNCIA E CGU. *Manual de processo administrativo disciplinar*. Brasília: Corregedoria-Geral da União, 2017. p. 116. Neste ponto, a orientação da CGU diverge do entendimento de Maria Sylvia Zanella Di Pietro, pois, para esta última jurista, a citação do indiciado deve ser feita antes de iniciada a instrução; a CGU, por sua vez, orienta que haja uma notificação inicial, sendo a citação feita somente após a instrução, a partir do esclarecimento dos fatos, sendo, então, aberto o prazo para defesa do servidor que, a partir da citação, passa a ostentar o *status* de indiciado (mas já da notificação passa a poder exercer o contraditório e a ampla defesa na fase de instrução).

[107] MINISTÉRIO DA TRANSPARÊNCIA E CGU. *Manual de processo administrativo disciplinar*. Brasília: Corregedoria-Geral da União, 2017. p. 92.

[108] No âmbito do Estado de São Paulo, por sua vez, determina o art. 271 da Lei nº 10.261/68, com alterações da Lei Complementar nº 942/2003, que os procedimentos disciplinares punitivos serão realizados pela Procuradoria Geral do Estado e presididos por Procurador do Estado confirmado na carreira, sendo tais atribuições desenvolvidas pela Procuradoria de Procedimentos Disciplinares – PPD, da PGE/SP.

[109] MINISTÉRIO DA TRANSPARÊNCIA E CGU. *Manual de processo administrativo disciplinar*. Brasília: Corregedoria-Geral da União, 2017. p. 97.

Apesar da menção ao Presidente da Comissão, enquanto função, não há hierarquia entre os seus membros, dado que todos têm voto de igual valor. Trata-se de dever funcional obrigatório o encargo de integrar Comissão Disciplinar, sendo o encargo refutável, no entanto, diante de hipóteses de impedimento e suspeição.

Note-se que é obrigatório apenas que o Presidente preencha o requisito do cargo superior e de mesmo nível, ou da escolaridade igual ou superior. Quanto à questão da escolaridade, o Superior Tribunal de Justiça, conforme decisão do MS 5636, Rel. Edson Vidigal, leva em consideração, sobretudo, se é primeiro, segundo e terceiro graus como níveis de escolaridade, não se debruçando mais a fundo na análise sobre especialização, mestrado e doutorado, sendo estes considerados complementares, mas não estruturantes do nível de escolaridade.

O § 2º do art. 149 da Lei nº 8.112/90 estabelece que não poderá participar de comissão de sindicância ou de inquérito, cônjuge, companheiro ou parente do acusado, consanguíneo ou afim, em linha reta ou colateral, até o terceiro grau. Também estão impedidos de participar o servidor que não tiver estabilidade, bem como aquele que se enquadrar no art. 18 da Lei nº 9.784/99, que tem aplicação subsidiária ao Processo Administrativo Disciplinar, que são servidores ou autoridades: (1) que tenham interesse direto ou indireto na matéria; (2) que tenha participado ou venha a participar como perito, testemunha ou representante, ou se tais situações ocorrem quanto ao cônjuge, companheiro ou parente ou afins até o terceiro grau; e (3) que esteja litigando judicial ou administrativamente com o interessado ou respectivo cônjuge ou companheiro.

Conforme visto, enquanto o impedimento tem natureza mais objetiva, e representa uma presunção absoluta de ausência de imparcialidade, pelo vínculo existente, sendo obrigatório que o servidor ou autoridade se declare impedido, sob pena de cometer falta grave, a suspeição, por sua vez, possui natureza mais subjetiva, admitindo prova em contrário (presunção relativa).

Assim, aplica-se a suspeição para a hipótese do art. 20 da Lei nº 9.784/99, em havendo amizade íntima ou inimizade notória com algum dos interessados ou com os respectivos cônjuges, companheiros, parentes e afins até o terceiro grau. Se houver indeferimento da suspeição, essa decisão pode ser objeto de recurso, sem efeito suspensivo. A alegação da suspeição não interrompe o andamento do processo. Há a possibilidade de *afastamento preventivo* do servidor determinado pela autoridade instauradora do processo disciplinar como medida cautelar e a fim de que o acusado não venha a influir na apuração da irregularidade, de acordo com o art. 147 da Lei nº 8.112/90. O afastamento não é medida punitiva, sendo preservada a remuneração do servidor. Ele tem duração de até 60 dias, prorrogáveis por igual período,[110] findo o qual cessarão seus efeitos, ainda que não tenha sido concluído o processo.

O **inquérito administrativo** é a fase de que cuida a comissão processante, e é subdividido em três etapas: (a) **instrução** ou elucidação dos fatos, que envolve a apresentação de provas ou a solicitação de sua produção em contraditório; (b) **defesa**, que é a fase na qual o servidor apresenta suas razões (escritas), pessoalmente ou por advogado ou, na sua ausência, a comissão processante designa funcionário, de preferência bacharel em direito, para fazer sua defesa; e (c) **relatório**, que consubstancia peça opinativa mediante a qual a comissão deve concluir com proposta de absolvição ou aplicação de determinada penalidade.

O processo administrativo objetiva, conforme visto, a busca da verdade real. A comissão processante terá, de acordo com o princípio da oficialidade, iniciativa para promover a tomada de depoimentos, acareações, investigações e diligências cabíveis, objetivando a coleta de prova,

---

[110] O prazo de afastamento preventivo do estatuto paulista é de 180 dias, prorrogável uma única vez por igual período, conforme art. 266, I, da Lei nº 10.261/68, com alterações subsequentes.

recorrendo, quando necessário, a peritos e técnicos, de modo a permitir a correta elucidação dos fatos.

Por outro lado, para assegurar o contraditório e a ampla defesa, enfatiza o art. 156 da lei que o servidor tem direito de acompanhar o processo pessoalmente ou por intermédio de procurador, e de arrolar e reinquirir testemunhas, produzir provas e contraprovas e formular quesitos, quando se tratar de prova pericial.

De acordo com a Súmula 591 do STJ, "é permitida a prova emprestada no processo administrativo disciplinar, desde que devidamente autorizada pelo juízo competente e respeitados o contraditório e a ampla defesa". A prova pode ser emprestada, por exemplo, do inquérito criminal ou do processo penal, desde que seja autorizado pelo juízo criminal e respeitadas as garantias do contraditório e da ampla defesa.

A propósito do tema, deve-se mencionar o conteúdo do MS 16.146-DF, Rel. Min. Eliana Calmon, publicado no Informativo 523 do STJ:

> DIREITO ADMINISTRATIVO. UTILIZAÇÃO DE INTERCEPTAÇÃO TELEFÔNICA EM PAD. É possível utilizar, em processo administrativo disciplinar, na qualidade de "prova emprestada", a interceptação telefônica produzida em ação penal, desde que devidamente autorizada pelo juízo criminal e com observância das diretrizes da Lei 9.296/1996. Precedentes citados: MS 14.226-DF, Terceira Seção, *DJe* 28/11/2012; e MS 14.140-DF, Terceira Seção, *DJe* 8/11/2012. MS 16.146-DF, Rel. Min. Eliana Calmon, j. 22.05.2013.

Inclusive não há necessidade de trânsito em julgado da sentença penal condenatória como condição para o uso da prova emprestada de processo criminal, pois o resultado do julgamento criminal não repercute em âmbito do processo administrativo, como regra geral, dada a independência entre instâncias. Cf. STJ, RMS 33.628-PE, Rel. Min. Humberto Martins, 2. T. j. 2.4.2013.

Identificada a infração disciplinar, será formulada a indiciação do servidor, com a especificação mais pormenorizada dos fatos a ele imputados e das respectivas provas. O indiciado será *citado por mandado* expedido pelo presidente da comissão para apresentar defesa escrita, sendo o prazo do estatuto federal (Lei nº 8.112/90) de dez dias, conforme art. 161 da lei, assegurando-se-lhe vista do processo na repartição.

Determina, ademais, o art. 163 da lei que se o indiciado se encontrar em lugar incerto e não sabido, será citado por edital, publicado no *Diário Oficial da União* e em jornal de grande circulação na localidade do último domicílio conhecido, para apresentar defesa, caso em que o prazo para defesa será de 15 dias a partir da última publicação do edital. Trata-se da chamada *citação ficta*.

Será considerado revel o indiciado que, regularmente citado, não apresentar defesa no prazo legal. Para garantir ampla defesa, a autoridade instauradora do processo designará *defensor dativo*, que deverá ser servidor ocupante de cargo efetivo superior ou de mesmo nível, ou ter nível de escolaridade igual ou superior ao do indiciado.

Até a edição da Súmula Vinculante 5, de 16.5.2008, era considerada obrigatória a presença de advogado em processo administrativo disciplinar, pois vigorava o seguinte conteúdo da Súmula 343 do STJ: "é obrigatória a presença de advogado em todas as fases do processo administrativo disciplinar".

Contudo, o STF editou a Súmula Vinculante 5, que determina que "a falta de defesa técnica por advogado no processo administrativo disciplinar não ofende a Constituição". Ressalte-se que a Súmula do STJ, antes mesmo da edição da mencionada súmula vinculante do STF, não era sempre interpretada literalmente, mas em conjunto com o regramento contido no § 2º art.

164 da Lei nº 8.112/90, que considera preenchida a exigência de defesa técnica se houver designação de defensor dativo que não precisa ser necessariamente advogado,[111] mas, conforme visto, apenas ocupante de cargo efetivo superior ou de mesmo nível e de escolaridade igual ou superior ao indiciado.

Apreciada a defesa, determina o art. 165 da lei que a comissão elaborará relatório minucioso, onde serão resumidas as peças principais dos autos e mencionadas as provas das quais extraiu sua convicção. O relatório deve ser conclusivo quanto à inocência ou à responsabilidade do servidor, sendo que, neste último caso, deve a comissão indicar o dispositivo legal ou regulamentar transgredido, bem como as circunstâncias agravantes ou atenuantes da responsabilização do servidor.

A **decisão** ou **julgamento**, no âmbito do estatuto dos servidores federais,[112] deve ser feito em 20 dias contados do recebimento do processo. O julgamento geralmente deve acatar[113] o relatório da comissão, salvo quando contrário às provas dos autos, caso em que a autoridade julgadora poderá, motivadamente, agravar a penalidade proposta, abrandá-la ou isentar o servidor de responsabilidade.

Conforme enfatiza José dos Santos Carvalho Filho, a Comissão pode, então: (a) aplicar a sanção, quando o relatório indicou a absolvição; (b) absolver, quando o relatório opinou pela apenação; e (c) aplicar sanção diversa (mais grave ou mais leve) daquela sugerida pela comissão. Por conta disso, o Superior Tribunal de Justiça esclareceu em decisão que "é lícito à autoridade administrativa competente divergir e aplicar penalidade mais grave que a sugerida no relatório da comissão disciplinar. A autoridade não se vincula à capitulação proposta, mas sim aos fatos".[114]

---

[111] Como crítica ao conteúdo da Súmula Vinculante 5/2008, ver MORAES FILHO, Marco Antonio Praxedes de. Súmula Vinculante 5 do Supremo Tribunal Federal e o sistema processual administrativo punitivo: um retrocesso na interpretação contemporânea do princípio do devido processo legal e na evolução dos desdobramentos do princípio da ampla defesa. In: NOHARA, Irene Patrícia; MORAES FILHO, Marco Antonio Praxedes de. *Processo administrativo*: temas polêmicos da Lei nº 9.784/99. São Paulo: Atlas, 2010. Capítulo 9 da obra. Também, ver comentário da obra Teses jurídicas dos tribunais superiores, em que é relatado que o pedido de cancelamento da Súmula Vinculante nº 5 foi rejeitado pelo Plenário do STF em novembro de 2016, tendo sido favoráveis à sua manutenção os Ministros Lewandowski, Barroso, Teori Zavascki, Rosa Weber, Dias Toffoli e Gilmar Mendes, e favoráveis ao cancelamento: Marco Aurélio, Edson Fachin, Luiz Fux, Celso de Mello e Cármen Lúcia. Os argumentos da OAB foram no sentido de que havia apenas três julgados que amparam a edição da súmula, que são o AG 207.197, RE 244.027 e MS 24.961, sendo que a entidade considera que processo administrativo disciplinar possui complexidades como prescrição, contraditório, ampla defesa, juiz natural, que só podem ser alegadas devidamente por advogado. A Advocacia-Geral da União e o Ministério Público Federal, por sua vez, foram favoráveis à manutenção da Súmula, amparados em argumentos consequencialistas (do ponto de vista estritamente econômico), dado que o cancelamento da Súmula geraria um impacto de mais de um bilhão aos cofres públicos, caso houvesse a reintegração dos servidores demitidos entre 2009 e 2015. Cf. NOHARA, Irene Patrícia. A falta de defesa técnica por advogado no processo administrativo disciplinar não ofende a Constituição (Súmula Vinculante 5 do STF). In: DI PIETRO, Maria Sylvia Zanella; NOHARA, Irene Patrícia. Teses jurídicas dos tribunais superiores: direito administrativo I. São Paulo: Revista dos Tribunais, 2017. p. 34.

[112] Conforme o art. 167, *caput*, da Lei nº 8.112/90.

[113] Há controvérsias, portanto, sobre se a natureza do relatório é meramente opinativa, pois o art. 168 estabelece que: "o julgamento acatará o relatório da comissão, salvo quando contrário às provas dos autos", hipótese na qual a autoridade julgadora poderá, motivadamente, agravar a pena, abrandá-la ou isentar o servidor de responsabilidade. Como a autoridade não participou do processo, isto é, não ouviu testemunhas, não esteve no interrogatório, não acompanhou os atos processuais, no geral, é recomendável que acate, como regra, a conclusão do relatório.

[114] CARVALHO FILHO, José dos Santos. *Manual de direito administrativo*. São Paulo: Atlas, 2016. p. 1.048. MS 8.148-DF, Rel. Min. Paulo Medina, j. 10.03.2004. Entendimento também do STF no RE 25.736-DF, Rel. Min. Ricardo Lewandowski, j. 11.3.2008.

Outrossim, de acordo com a **Súmula 672 do STJ**, j. 11.9.2024, "a alteração da capitulação legal da conduta do servidor, por si só, não enseja a nulidade do processo administrativo disciplinar". (PRIMEIRA SEÇÃO, in *DJe* de 16/9/2024). Em situação de agravamento da tipificação da conduta e sugestão de penalidade, entende o Superior Tribunal de Justiça que a autoridade competente vincula-se aos fatos apurados no PAD e não à capitulação legal proposta pela comissão processante, o que implica, portanto, no poder de a autoridade competente adotar capitulação distinta da indicada pela comissão disciplinar, sem que isso seja considerado cerceamento de defesa, afastando-se, assim, no entender do STJ, a alegação de nulidade do PAD por inobservância de contraditório e ampla defesa.

Em síntese, o relatório é opinativo[115] e não obriga completamente a autoridade competente, que pode afastar a aplicação da medida indicada; todavia, recomenda-se que esse afastamento da conclusão do relatório seja medida excepcional, destinada apenas para situações em que a conclusão da comissão for contrária às provas dos autos, sendo a regra geral que haja o acatamento da opinião da comissão que desenvolveu as atividades do processo disciplinar, dado que ela indicará a consequência adequada diante da atividade de instrução em contraditório e contando com os argumentos apresentados pela defesa. No entanto, há, conforme visto, orientação do STJ que legitima a possibilidade de alteração da capitulação legal da conduta, sem que isso viabilize a alegação de nulidade do processo administrativo disciplinar.

Ressalte-se que a Súmula 592 do STJ determina que: "o excesso de prazo para a conclusão do processo administrativo disciplinar só causa nulidade se houver demonstração de prejuízo à defesa". A mesma orientação é encontrada no art. 169, § 1º, da Lei nº 8.112/90: "o julgamento fora do prazo legal não implica nulidade do processo". É desdobramento da noção de economia processual ou de aproveitamento de atos, derivada do *pas de nullité sans grief* (não há nulidade sem prejuízo), mas isso se não houver prejuízo à defesa. Ademais, a autoridade deve respeitar a razoável duração do processo, vista como garantia fundamental constitucional (art. 5º, LXXVIII).

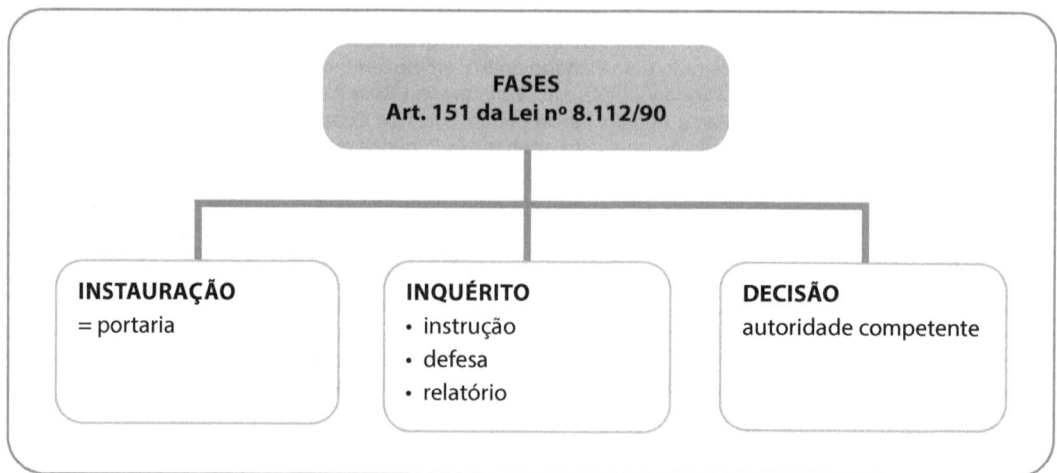

---

[115] No sentido de ser opinativo, vide: DI PIETRO, Maria Sylvia Zanella. *Direito administrativo*. 31. ed. Rio de Janeiro: Forense, 2018. p. 808.

5.17.8 Revisão do processo disciplinar

O processo disciplinar poderá ser revisto, a qualquer tempo, a pedido ou de ofício, quando se aduzirem fatos novos ou circunstâncias suscetíveis de justificar:

- a **inocência** do punido; ou
- a **inadequação** da penalidade aplicada.

Não constitui, contudo, fundamento para a revisão a simples alegação de injustiça[116] da penalidade, pois a revisão do PAD só se justifica, conforme determinação legal (art. 176), diante de elementos novos ainda não apreciados no processo originário.

Qualquer pessoa da família poderá requerer a revisão do processo em caso de falecimento, ausência ou desaparecimento do servidor. O ônus da prova no processo revisional feito a pedido é do requerente.

O requerimento de revisão do processo será dirigido ao Ministro de Estado ou a autoridade equivalente que, se autorizar revisão, encaminhará o pedido aos dirigentes do órgão ou entidade onde se originou o processo disciplinar. Deferida a petição, a autoridade competente constituirá comissão que terá 60 dias para conclusão dos trabalhos.

O julgamento caberá à autoridade que aplicou a penalidade, que terá 20 dias, contados do recebimento do processo, para decidir. De acordo com o art. 182 da lei, julgada procedente a revisão, será declarada sem efeito a penalidade aplicada, restabelecendo-se todos os direitos do servidor, exceto em relação à destituição de cargo em comissão, que será convertida em exoneração.

Note-se que no âmbito do recurso de revisão de punição disciplinar é aplicada, conforme determinação contida no parágrafo único do art. 182 da lei, a proibição de *reformatio in pejus*, *in verbis*: "da revisão do processo não poderá resultar agravamento de penalidade".

REVISÃO

De ofício ou a pedido
Fatos/circunstâncias: inocência ou inadequação da penalidade aplicada.
Prazo para conclusão da comissão: 60 dias.
Julgamento: 20 dias.
Para este tipo de recurso aplica-se, em caráter excepcional, a vedação da *reformatio in pejus*.

5.17.9 Sindicância

Até a edição da Lei nº 8.112/90 a sindicância era tida tão somente como procedimento de investigação ou apuração de fatos irregulares preliminar à instauração de um processo administrativo disciplinar; depois, passou a ser um procedimento utilizado também para punir infrações funcionais com penas menores, então ultrapassou esse objetivo inicial de instrumento preparatório e se adaptou à aplicação de sanções. Os autos da sindicância, conforme art. 154 da lei, devem integrar o processo disciplinar, como peça informativa da instrução.

---

[116] Exceto se a injustiça tiver relação com os itens mencionados.

Sindicância, na definição de José Cretella Júnior, é "meio sumário de que se utiliza a Administração para, sigilosa ou publicamente, com indiciados ou não, proceder à apuração de ocorrências anômalas ao serviço público, as quais, confirmadas, fornecerão elementos concretos para a imediata abertura de processo administrativo contra o funcionário público responsável".[117]

A definição continua válida, mas é incompleta na medida em que o Estatuto Federal previu como resultado possível de uma sindicância a aplicação de penalidade de advertência ou de suspensão de até 30 dias, conforme art. 145 e seu parágrafo único da Lei nº 8.112/90,[118] segundo o qual se determina que da sindicância poderá resultar:

1. **arquivamento** do processo;
2. aplicação de penalidade de advertência ou **suspensão de até 30 dias**; e
3. instauração de **processo disciplinar**.[119]

A possibilidade de punição proveniente da realização de uma sindicância prevista no Estatuto Federal desnaturou sua característica de procedimento inquisitivo, de mera apuração, que não exigiria a presença de ampla defesa e contraditório. A partir do momento que se admite que haja punição decorrente de sindicância, esta passa também a ser uma espécie de processo administrativo que deve obediência às correspondentes garantias constitucionais, haja vista que não há pena sem processo – *nulla poena sine judicio*.

Por isso, em material da Controladoria-Geral da União (CGU), distingue-se sindicância inquisitorial de sindicância contraditória. Enquanto na sindicância **inquisitorial**, também denominada de investigativa ou preparatória, não pode haver acusação, muito menos a aplicação de penalidades; na sindicância **contraditória**, que é a disciplinada no art. 145, da Lei nº 8.112/90, pode haver a aplicação de penalidade de advertência ou suspensão de até 30 dias, desde que seja assegurada ao acusado a ampla defesa (art. 143 da lei).

Tal orientação se expressa em jurisprudência, conforme decisões expostas no material divulgado pela CGU:

> STF, Mandado de Segurança nº 22.791: Ementa: A estrita reverência aos princípios do contraditório e da ampla defesa só é exigida, como requisito essencial de validez, assim no processo administrativo disciplinar, como na sindicância especial que lhe faz às vezes como procedimento ordenado à aplicação daquelas duas penas mais brandas, que são a advertência e a suspensão

---

[117] CRETELLA Jr., José. *Curso de direito administrativo*. Rio de Janeiro: Forense, 2000. p. 743.

[118] No âmbito do Estado de São Paulo, será instaurada sindicância quando a falta disciplinar, por sua natureza, possa determinar as penas de repreensão, suspensão ou multa (cf. art. 269), sendo obrigatório o processo administrativo quando a falta disciplinar, por sua natureza, possa determinar as penas de demissão, de demissão a bem do serviço público e de cassação de aposentadoria ou disponibilidade, de acordo com o art. 270 da Lei nº 10.261/68.

[119] Ressalte-se que não se admite que a autoridade responsável pela sindicância seja a mesma que instaure o processo disciplinar, aprovando posteriormente o relatório da comissão selecionada, por violação à imparcialidade, sigilo e independência que decorrem do contraditório e da ampla defesa. De acordo com decisão exposta no Informativo 505/STJ: "não se pode admitir que o servidor que realizou as investigações e exarou um juízo preliminar acerca da possível responsabilidade disciplinar do sindicado, considerando patentes a autoria e materialidade da infração administrativa, determine a instauração do processo administrativo e, em seguida, aprove o relatório final produzido", precedentes citados MS 14.135/DF, *DJe* 15.9.2010, e MS 15.107/DF, Rel. Min. Jorge Mussi, julgado em 26.9.2012.

por prazo não superior a trinta dias. Nunca, na sindicância que funcione apenas como investigação preliminar tendente a coligir, de maneira inquisitorial, elementos bastantes à imputação de falta ao servidor, em processo disciplinar subsequente.

STJ, Mandado de Segurança nº 7.983: Ementa: 1. A sindicância que vise apurar a ocorrência de infrações administrativas, sem estar dirigida, desde logo, à aplicação de sanção, prescinde da observância dos princípios do contraditório e da ampla defesa, por se tratar de procedimento inquisitorial, prévio à acusação e anterior ao processo administrativo disciplinar. No mesmo sentido: STJ, Mandados de Segurança nº 10.827, 10.828 e 12.880.[120]

O prazo para conclusão da sindicância no âmbito federal não excederá 30 dias, podendo ser prorrogado, por igual período, a critério da autoridade superior, de acordo com o disposto no parágrafo único art. 145 da Lei nº 8.112/90. Será obrigatória a instauração de processo disciplinar sempre que o ilícito praticado pelo servidor ensejar a imposição de:

1. penalidade de suspensão por mais de 30 dias;[121]
2. demissão;
3. cassação de aposentadoria ou disponibilidade; e
4. destituição de cargo em comissão.

Note-se que enquanto o prazo da sindicância realizada com base na Lei nº 8.112/90 é de 30 dias, prorrogáveis por igual período, o processo administrativo disciplinar deve ser concluído em 60 dias, contados da data de publicação do ato que constituir a comissão, admitida sua prorrogação por igual prazo, quando as circunstâncias o exigirem, conforme art. 152 da lei.

LEI Nº 8.112/90	SINDICÂNCIA (contraditória)	PROCESSO ADMINISTRATIVO DISCIPLINAR
PUNIÇÕES	advertência ou suspensão de até 30 dias (art. 145, II).	Obrigatório para (art. 146): • suspensão por mais de 30 dias; • demissão; • cassação de aposentadoria ou disponibilidade; e • destituição de cargo em comissão.
PRAZO	**30 dias**, prorrogáveis por igual período (art. 145, parágrafo único).	**60 dias**, da publicação do ato de constituição da comissão, prorrogáveis por igual período (art. 147).

---

[120] Controladoria Geral da União. *Treinamento em Processo Administrativo Disciplinar (PAD)* – Formação de Membros de Comissões. Apostila de Texto (agosto de 2010). Disponível em: http://www.cgu.gov.br/Publicacoes/GuiaPAD/Arquivos/ApostilaTextoCGU.htm. Acesso em: 27 set. 2010.

[121] Logo, de 30 a 90 dias, que é prazo máximo de suspensão no âmbito federal.

5.17.10 Procedimentos sumários de acumulação, abandono de cargo e inassiduidade habitual

Além de a sindicância poder ser considerada, segundo alguns entendimentos, um meio sumário de apuração, tendo em vista seus prazos mais curtos (30 + 30 dias) e menores exigências do que no processo administrativo em sentido estrito, o estatuto dos servidores públicos federais contempla também procedimentos sumários, com prazos menores e características próprias, para os casos de acumulação remunerada de cargos públicos, abandono de cargo e inassiduidade habitual.

Conforme será visto ao tratarmos dos servidores públicos, o art. 37, XVI, da Constituição veda a **acumulação remunerada de cargos públicos**, exceto, quando houver compatibilidade de horários, as seguintes situações: (a) dois cargos de professor; (b) um cargo de professor com outro técnico ou científico; e (c) dois cargos ou empregos privativos de profissionais de saúde, com profissões regulamentadas. A proibição de acumular estende-se para cargos, empregos e funções na Administração Indireta e na Administração Direta de todos os entes federativos.

A compatibilidade de horários deve ser comprovada, conforme determina o art. 118, § 2º, da Lei nº 8.112/90, sendo também vedada a acumulação de vencimento de cargo ou emprego efetivo com proventos de inatividade, salvo em hipótese de cargos acumuláveis em atividade. O servidor não pode exercer mais de um cargo em comissão, exceto se o ocupante de cargo em comissão ou de natureza especial for nomeado para ter exercício, interinamente, em outro cargo de confiança, sem prejuízo das atribuições do que atualmente ocupa, hipótese em que deve optar pela remuneração de um deles durante o período da interinidade.

Note-se que, quando toma posse, o servidor declara não acumular cargos ilegalmente, pois o art. 13, § 5º, da Lei nº 8.112/90 estabelece, entre outras, a exigência da declaração quanto ao exercício ou não de outro cargo, emprego ou função. Mas, mesmo assim, se detectada a qualquer tempo a acumulação ilegal de cargos, empregos ou funções públicas, a autoridade notificará o servidor, por intermédio da chefia imediata, para apresentar opção no prazo improrrogável de dez dias, contados da data da ciência e, na hipótese de omissão, adotará então procedimento sumário para apuração e regularização da situação.

A opção pelo servidor até o último dia do prazo para defesa no processo sumário configura sua boa-fé, hipótese em que se converte automaticamente em pedido de exoneração no outro cargo ilegalmente acumulado. Contudo, se for caracterizada a acumulação ilegal e comprovada a má-fé do servidor, após o prazo da defesa, haverá sua demissão, destituição ou cassação de aposentadoria ou disponibilidade em relação aos cargos, empregos ou funções públicas em regime de acumulação ilegal.

Outrossim, tanto o abandono do cargo como a inassiduidade habitual são, conforme, respectivamente, os incisos II e III, do art. 132 da Lei nº 8.112/90, circunstâncias fáticas que, uma vez comprovadas em regular processo disciplinar (sumário), dão ensejo à sanção de demissão do servidor público.

O procedimento sumário de **abandono de cargo** destina-se a apurar a ausência intencional do servidor ao serviço por mais de 30 dias consecutivos. Já o procedimento sumário de **inassiduidade habitual** contempla a verificação de falta ao serviço, sem causa justificada, por 60 dias, interpoladamente, durante o período de 12 meses.

Aplica-se a todos os casos descritos (acumulação ilegal, abandono de cargo e inassiduidade) o **procedimento sumário** do art. 133 da Lei nº 8.112/90, que é desenvolvido nas seguintes fases: (1) instauração, com a publicação do ato que constituir a comissão, a ser composta por dois servidores estáveis, sendo indicada a materialidade e autoria; (2) instrução sumária, com a indiciação, defesa e relatório; e (3) julgamento.

Daí seguem as seguintes regras: a indicação da autoria na instauração é feita pela identificação do nome e da matrícula do servidor. A materialidade, por sua vez, é constituída pela descrição: (1) no caso do acúmulo ilegal: dos cargos, empregos e funções em situações de acumulação ilegal, dos órgãos ou entidades de vinculação, das datas de ingresso, do horário de trabalho e do correspondente regime jurídico; (2) na hipótese de abandono de cargo: pela indicação precisa do período de ausência intencional do servidor ao serviço superior a 30 dias; ou (3) no caso de inassiduidade habitual: pela indicação dos dias de falta ao serviço sem causa justificada, por período igual ou superior a 60 dias, interpoladamente, durante o período de 12 meses.

A comissão terá três dias da publicação do ato que a constituiu para elaborar o termo de indiciação, no qual serão transcritas as informações de autoria e de materialidade, promovendo então a citação pessoal do servidor indiciado ou por intermédio de sua chefia imediata para, no prazo de cinco dias, apresentar defesa escrita, assegurando-lhe vista do processo na repartição.

Após a apresentação da defesa e também com base nos dados nela apresentados, a comissão elaborará relatório conclusivo quanto à inocência ou a responsabilidade do servidor, em que resumirá as peças dos autos, opinará sobre a ilicitude ou licitude da situação, indicará dispositivo legal e remeterá o processo à autoridade instauradora para julgamento, que deverá ser feito em cinco dias, contados do recebimento do processo.

Se for caracterizado o acúmulo, o abandono ou a inassiduidade habitual do servidor, haverá sua demissão, hipótese em que os órgãos ou entidades de vinculação serão comunicados. O processo também é tido como sumário, pois o seu prazo de conclusão, conforme rito (sumário), não pode exceder a 30 dias, contados da data de publicação do ato que constituir a comissão, admitida a sua prorrogação por até 15 dias, quando as circunstâncias o exigirem.

ACÚMULO ILEGAL DE CARGOS	ABANDONO DE CARGO	INASSIDUIDADE HABITUAL
Identificado o acúmulo, o servidor é notificado para, em dez dias, fazer opção. Se ficar omisso, se iniciará o processo sumário. O servidor tem até o último dia do prazo da defesa para optar, sendo que a opção gera a exoneração automática do outro cargo. Se for decidido, no julgamento, que houve má-fé e caracterizada a acumulação ilegal: demissão.	Ausência intencional do servidor ao serviço por mais de 30 dias consecutivos. **Pena:** demissão	Falta ao serviço sem causa justificada, por período igual ou superior a 60 dias, interpoladamente, durante o período de 12 meses. **Pena:** demissão

PROCEDIMENTOS SUMÁRIOS

- Acúmulo ilegal, abandono de cargo e inassiduidade habitual

Instauração: ato constitui a comissão (dois servidores estáveis)

Comissão tem 3 dias para publicar o ato de indiciação (materialidade e autoria) e citar

Prazo: 5 dias para defesa escrita do servidor

Relatório: conclusivo da comissão

Autoridade: 5 dias do recebimento do processo para decidir

Sumário: prazo de conclusão 30 + 15 dias

5.17.11 Verdade sabida

Assim é denominada a situação em que a autoridade que toma conhecimento de ilícito administrativo praticado por administrado ou por servidor lhe aplica direta e espontaneamente a sanção.

Segundo expõe Hely Lopes Meirelles,[122] o conhecimento da infração praticada tanto pode ser direto ou pessoal da autoridade, ou ela pode tomar ciência do ocorrido pela imprensa[123] ou por outros meios de comunicação de massa (televisão ou jornal).

Como o art. 5º, LV, da Constituição determina que aos litigantes, em processo judicial ou administrativo, e aos acusados em geral são assegurados o **contraditório** e **ampla defesa**, com os meios e recursos a ela inerentes, considera-se que a verdade sabida **não foi recepcionada** pela Constituição.

Conforme já analisado, o contraditório implica bilateralidade no processo, resumida na expressão *audiatur et altera pars* (ouça-se também a outra parte). Compreende, portanto, a oportunidade dada ao "acusado" de conhecimento daquilo que lhe é imputado, acrescido do direito à reação ou resposta. Ampla defesa é mais abrangente[124] do que contraditório, pois demanda observância também, por exemplo: regularidade do processo, presunção de inocência, imparcialidade daquele que decide, presença de uma decisão fundamentada e possibilidade de recorrer.

Ora, se a autoridade competente aplicar diretamente a sanção, ela não dará oportunidade de o acusado apresentar sua versão dos fatos, isto é, de ter conhecimento e de oferecer resposta ou mesmo silenciar. Além da violação explícita do contraditório e da ampla defesa, enfatiza Egon Bockmann Moreira que a verdade sabida implica também na violação, entre outros:

- ao princípio do **Estado Democrático de Direito**, onde a autoridade exerce seu poder unilateralmente, sem ciência prévia ou participação do cidadão;
- ao **devido processo legal**, uma vez que ela pode importar agressão a bens e à liberdade sem processo prévio;
- à **impessoalidade**, pois envolve uma concepção íntima da autoridade, inclusive no que diz respeito à necessidade de punir; e
- à **moralidade**, uma vez que tem potencial de derivar de interpretação abusiva da autoridade administrativa.

Apesar de todo o exposto, discute-se, ainda, na jurisprudência, o âmbito de aplicação da verdade sabida, sendo identificada por Thiago Marrara,[125] em criteriosa pesquisa, decisão do STJ[126] que reconheceu a aplicação da verdade sabida como procedimento sancionatório sumaríssimo contra servidor público municipal.

---

[122] MEIRELLES, Hely Lopes. *Direito administrativo brasileiro*. São Paulo: Malheiros, 2009. p. 706.

[123] "A notícia veiculada em jornal não importa em conhecimento direto do fato, ante a notória possibilidade de distorções. Por isso, não se convoca o instituto da verdade sabida para fugir à imposição constitucional da ampla defesa. Recurso provido." STJ, 2ª T. ROMS 825/SP, Rel. Min. Hélio Mosimann, *DJ* 28.6.1993, p. 12.870.

[124] Cf. NOHARA, Irene Patrícia; MARRARA, Thiago. *Processo administrativo*: Lei nº 9.784/99 comentada. São Paulo: Atlas, 2009. p. 64.

[125] *Processo administrativo*: Lei nº 9.784/99 comentada. São Paulo: Atlas, 2009. p. 440.

[126] REsp 622298/MG, Rel. Min. Assis Toledo, *DJ* 17.4.1995, p. 9.598.

Todavia, conforme visto, qualquer procedimento, mesmo que de sindicância, que possa **gerar sanção**, deve observância ao contraditório e à ampla defesa. Tal é a orientação predominante na jurisprudência. Verifique-se, a propósito, o conteúdo da seguinte decisão do Tribunal de Justiça de São Paulo:

> ATO ADMINISTRATIVO – Suspensão de Servidor Público – Nulidade – Inexistência de regular procedimento administrativo ou sindicância – violação aos princípios do contraditório e da ampla defesa – Art. 5º, LV da Constituição Federal – Princípio da verdade sabida – Não receptividade – Recursos não providos.[127]

Antes mesmo da Constituição de 1988, já havia[128] construções jurisprudenciais que exigiam a ampla defesa para punições disciplinares administrativas, sendo tal fato evidenciado na seguinte decisão do TRF da primeira região, que determina também que sindicância, mesmo com punição em prazo inferior a trinta dias, exige oitiva ou oportunidade de defesa do suposto "sindicado", *in verbis*:

> ADMINISTRATIVO. CONSTITUCIONAL. ATO DISCIPLINAR PUNITIVO. SUSPENSÃO INFERIOR A 30 DIAS. AMPLA DEFESA. CONSTITUIÇÃO FEDERAL 1967, REDAÇÃO EMENDA Nº 1/69. ART. 153, PARÁGRAFO 15. CONSTITUIÇÃO FEDERAL DE 1988, ART. 5, LV, VERDADE SABIDA. 1. Mesmo com a vigência da ordem constitucional anterior, a ampla defesa era indispensável para aplicação de punições a servidores na esfera administrativa, por construção jurisprudencial. 2. Ainda que de prazo inferior a 30 dias a pena suspensiva, aplicada pela autoridade competente, é nulo o ato se não concedida ao servidor oportunidade de, pelo menos, esclarecimentos. 3. A "verdade sabida" mesmo considerada como prova suficiente não pode dispensar a defesa do indiciado. 4. "Breve sindicância" não se equipara a apuração de infração, se não houve oitiva ou oportunidade de oitiva do suposto "sindicado".

Em suma, em havendo aplicação de sanção, há a necessidade de respeito ao devido processo, decorrência da cláusula *nulla poena sine judicio* (não há pena sem processo), pouco importa a gravidade da sanção aplicada, uma vez que o Direito não deve abrir mão de mecanismos que coíbam potenciais injustiças, sejam elas grandes ou pequenas.

VERDADE SABIDA

Autoridade **toma conhecimento** direto ou indireto (ex.: mídia) da infração e **pune** espontaneamente (diretamente).

Não foi **recepcionada** pela CF/88:

nulla poena sine judicio – não há pena sem processo;

art. 5º, LV: "aos litigantes, em processo judicial ou administrativo, e aos acusados em geral são assegurados o **contraditório** e a **ampla defesa**, com os meios e recursos a ela inerentes".

---

[127] Apelação Cível nº 146.793-5/1, 1ª Câmara de Direito Público. Rel. Roberto Bedaque, v. u., 29.6.2004.

[128] TFR, Apelação em MS nº 78.673/RN. Ver: NOHARA, Irene Patrícia; MARRARA, Thiago. NOHARA, Irene Patrícia; MARRARA, Thiago. *Processo administrativo*: Lei nº 9.784/99 comentada. São Paulo: Atlas, 2009. p. 57.

5.17.12 Prescrição no processo disciplinar

Prescrição é instituto corolário da segurança jurídica. Pode-se dizer que enquanto a prescrição é regra, a imprescritibilidade é exceção. As regras de prescrição dos processos administrativos disciplinares são geralmente encontradas nos estatutos dos servidores dos respectivos entes federativos ou no diploma que disciplina a carreira específica.

No âmbito federal, determina o art. 142 da Lei nº 8.112/90 que a ação disciplinar prescreverá: (1) em cinco anos, quanto às infrações puníveis com demissão, cassação de aposentadoria ou disponibilidade e destituição de cargo em comissão; (2) em dois anos, quanto à suspensão; e (3) em 180 dias, quanto à advertência. Ademais, o § 2º do artigo dispõe que os prazos de prescrição previstos na lei penal aplicam-se às infrações disciplinares capituladas também como crime.

A abertura de sindicância ou a instauração de processo disciplinar interrompe a prescrição, até a decisão final proferida por autoridade competente. Interrompido o curso da prescrição, o prazo começará a correr a partir do dia em que cessar a interrupção.

Note-se que a jurisprudência dos Tribunais Superiores e locais[129] reconhece a situação de prescrição intercorrente. Apesar de a instauração tempestiva do processo administrativo disciplinar interromper a prescrição, se houver uma demora injustificada na sua conclusão com a decisão final, seja ela de absolvição ou de condenação, ocorrerá a chamada prescrição intercorrente. Esta se aplica, caso a lei utilizada seja o estatuto federal, se o processo administrativo não se concluir em 140 dias da sua instauração, hipótese em que o prazo prescricional da infração volta a correr na íntegra e, se não houver julgamento até se esgotar este prazo, haverá a configuração da prescrição intercorrente.

Os 140 dias são obtidos pela soma de 60 mais 60 (120), acrescidos de 20 dias, que seriam os prazos de conclusão do processo disciplinar estipulados, respectivamente, nos arts: 152, que determina no máximo 60, com a admissão de uma prorrogação (mais 60), e 167, que prevê 20 dias, contados do recebimento do processo para que a autoridade julgadora profira sua decisão (60+60+20).

Assim, determinou o STF, no RMS 23.436, Rel. Min. Marco Aurélio, j. 24.8.1999, que a interrupção prevista no art. 142, § 3º, da Lei nº 8.112/90 cessa, uma vez ultrapassado o período de 140 dias alusivo à conclusão do processo disciplinar e à imposição da pena, "voltando a ter curso, na integralidade, o prazo prescricional".

Mais recentemente, a matéria foi objeto da **Súmula 635** do STJ: "Os prazos prescricionais previstos no artigo 142 da Lei 8.112/1990 iniciam-se na data em que a autoridade competente para a abertura do procedimento administrativo toma conhecimento do fato, interrompem-se com o primeiro ato de instauração válido – sindicância de caráter punitivo ou processo disciplinar – e voltam a fluir por inteiro, após decorridos 140 dias desde a interrupção".

PRESCRIÇÃO INTERCORRENTE

60 + 60 (prorrogação) + 20 decisão = 140 (Súmula 635, STJ)

Se não houver decisão em 140 dias, volta correr, na íntegra, o prazo prescricional:

- de 180 dias na advertência
- de 2 anos da suspensão
- de 5 anos para sanções mais graves (ex.: demissão).

---

[129] No RE 78.917, STF, determinou-se que a prescrição é aplicável ainda que a legislação estadual não disponha expressamente sobre o tema.

Ressalte-se que o ponto mais problemático dos dispositivos expressos de prescrição encontra-se no § 1º do art. 142, o qual determina: "o prazo de prescrição começa a correr da data em que o fato se tornou conhecido".

Primeiramente, observa-se que não houve a especificação sobre se o conhecimento do fato é o tomado pelo público em geral ou por autoridade administrativa. Segundo expõe Edmir Netto de Araújo, a Administração Pública tem decidido que o lapso prescricional é contatado do momento em que a falta se tornou conhecida pela autoridade competente para instaurar o processo administrativo disciplinar ou a sindicância.[130] Assim, o *dies a quo* da prescrição em âmbito disciplinar federal é contado, como regra geral, da data em que o fato se tornou conhecido pela autoridade.

Tal determinação é, todavia, criticada tanto por Edmir Netto de Araújo, como por Ruy Cardoso de Mello Tucunduva Sobrinho,[131] pois ela tem potencial de tornar o poder de punição (*jus puniendi*) do servidor pelo Estado indefinido, transformando a imprescritibilidade, na prática, em regra para as punições disciplinares[132] do âmbito federal.

Edmir Netto de Araújo reputa, ainda, tal circunstância uma aberração, pois enquanto no crime o prazo prescricional flui da data da consumação do ilícito penal e não da ciência do fato; no âmbito disciplinar federal, a fixação do *dies a quo* na data do conhecimento da autoridade, aliada à interrupção da prescrição pela instauração do processo administrativo, tornam muito difícil ao servidor federal alegar prescrição em âmbito disciplinar.

Se o servidor público praticar uma infração administrativa tipificada simultaneamente como crime contra a Administração, por exemplo, a infração mais grave, isto é, o ilícito criminal, deixará de ser punível antes da infração menos grave, o que seria incoerente.

Por tais motivos, tanto o Estatuto Estadual paulista, Lei nº 10.261/68, com a alteração da Lei Complementar nº 942/2003, como o Estatuto do Ministério Público da União (Lei Complementar nº 75/93) estabelecem, respectivamente, nos artigos 261 e 245, que a prescrição começa a correr: (1) do dia em que a falta for cometida; ou (2) do dia em que tenha cessado a continuação ou permanência, nas faltas continuadas ou permanentes, em solução muito mais consentânea com os valores de segurança também amparados em um Estado Democrático de Direito.[133] Ressalte-se que, depois que cumprir a pena, o servidor terá o cancelamento de sua aplicação no registro, no decurso de três anos para a advertência e cinco anos para a suspensão, se ele não tiver, nesse período, praticado nova infração. No caso de demissão, como ele não está mais no serviço público, não há previsão similar. O cancelamento, de acordo com o parágrafo único do art. 131 da Lei nº 8.112/90, não surtirá efeitos retroativos.

---

[130] ARAÚJO, Edmir Netto de. *Curso de Direito Administrativo*. 5. ed. São Paulo: Saraiva, 2010. p. 1.018. Ressalte-se, por outro lado, que há decisão do STJ, tomada no MS 20.162/DF, Rel. Min. Arnaldo Esteves Lima, j. 12.2.2014, que considera que o prazo e a prescrição da pretensão punitiva estatal começam a fluir "na data em que a irregularidade praticada pelo servidor tornou-se conhecida por alguma autoridade do serviço público, e não, necessariamente, pela autoridade competente para a instauração do processo administrativo disciplinar".

[131] TUCUNDUVA SOBRINHO, Ruy Cardozo de Mello. A prescrição e o processo administrativo disciplinar. *Anais do XX Congresso Nacional do Conpedi*. Florianópolis: Fundação Boiteux, 2011. p. 2.675. Disponível em: http://conpedi.org.br/anais/XXcongresso/Integra.pdf. Acesso em 2 out. 2012.

[132] Tanto pior se torna tal quadro, quando se reflete que muitas dessas infrações são positivadas com conceitos jurídicos indeterminados, conforme dito.

[133] Evitando-se a situação relatada na literatura por Kafka, na qual numa sociedade totalitária: "o Tribunal não esquece nada!". TUCUNDUVA SOBRINHO, Ruy Cardozo de Mello. A prescrição e o processo administrativo disciplinar. *Anais do XX Congresso Nacional do Conpedi*. Florianópolis: Fundação Boiteux, 2011. p. 2.675. Disponível em: http://conpedi.org.br/anais/XXcongresso/Integra.pdf. Acesso em 2 out. 2012.

No tocante à ultrapassada interpretação sobre a aplicação da imprescritibilidade do ilícito civil de servidor de ressarcimento ao erário, conforme o art. 37, § 5º, da Constituição, o Supremo Tribunal Federal considerou, por ocasião do julgamento do RE 668.069, que "é prescritível ação de reparação de danos à Fazenda Pública decorrente de ilícito civil".[134] Logo, se for ilícito civil de servidor, aplica-se a prescrição, mesmo que for diante de ressarcimento ao erário.

PRESCRIÇÃO NO PAD

Em âmbito **federal**: art. 142 da Lei nº 8.112/90

1. **cinco anos** – demissão, cassação de aposentadoria ou disponibilidade e destituição de cargo em comissão
2. **dois anos** – suspensão
3. **180 dias** – advertência

Os prazos de prescrição previstos na lei penal aplicam-se às infrações disciplinares capituladas também como crime. A abertura de sindicância ou a instauração de processo disciplinar interrompe a prescrição. Interrompido o curso da prescrição, o prazo começa a correr do dia que cessar a interrupção (prescrição intercorrente: se o processo não for decidido em 140 dias, em âmbito federal, volta a correr a prescrição na íntegra).

Problemático: art. 142, § 1º: *dies a quo* do prazo de prescrição – data em que o fato se tornou conhecido.

Soluções melhores: do dia em que a falta for cometida ou que tenha cessado a continuação ou permanência (art. 261, § 1º, do Estatuto Paulista e 245 do Estatuto do MPU).

5.17.13 Controle jurisdicional do ilícito administrativo

O controle jurisdicional do ilícito administrativo é um assunto que merece reflexão e adaptação da jurisprudência brasileira ao receituário propugnado pela avançada teoria dos atos administrativos.

Lamentavelmente, ainda existem decisões que estão na fase do "controle mínimo",[135] isto é, que restringem o controle jurisdicional, para que não haja invasão do mérito, aos aspectos:

---

[134] O STF não reconheceu, na aplicação do 37, § 5º, da Constituição, a mesma prescritibilidade no âmbito da responsabilidade por improbidade administrativa, conforme decisão dissonante, exarada subsequentemente para o RE 852.475/2018, também com repercussão geral (que, reitere-se, manteve a orientação da imprescritibilidade na hipótese de ressarcimento ao erário por configuração da improbidade).

[135] **Controle mínimo** era fase na qual inicialmente o Conselho de Estado francês se restringia a analisar aspectos de competência e forma. Posteriormente, houve a formulação da teoria dos motivos determinantes, para averiguar também a existência dos fatos alegados, que foi acompanhada pela teoria do desvio de poder e, por fim, à própria adequação dos fatos às medidas tomadas pela Administração Pública, o que no âmbito disciplinar se relaciona com a dosimetria das penas (da perspectiva do respeito à proporcionalidade). NOHARA, Irene Patrícia. *O motivo no ato administrativo*. São Paulo: Atlas, 2004. p. 18-20. Também em Portugal já está sendo questionado o argumento do erro manifesto ("objetivamente violador"), uma vez que já se controla não apenas a interpretação do conceito indeterminado e a existência material do fato, mas sobretudo sua adequação às categorias definidas de forma imprecisa (ex.: falta grave), conforme a proibição de excesso. NOHARA, Irene Patrícia. *Limites à razoabilidade nos atos administrativos*. São Paulo: Atlas, 2006. p. 74-75.

- de competência; e
- de observância de formalidade essencial.[136]

Admite-se, em outras decisões, além das duas hipóteses mencionadas, o controle jurisdicional de **atos abusivos** e **objetivamente violadores** do ordenamento jurídico/legalidade, *in verbis*:

> AGRAVO REGIMENTAL. MANDADO DE SEGURANÇA. ATO DISCIPLINAR. DEMISSÃO. 1. É legítima a impetração do Mandado de Segurança contra ato disciplinar tanto quando praticado por autoridade incompetente como com inobservância de formalidade essencial, e ainda para coibi-lo quando **abusivo e objetivamente teratológico**. 2. Recurso não provido.

Ocorre que, apesar de os ilícitos administrativos serem definidos, via de regra, com conceitos indeterminados, como "conduta escandalosa", "insubordinação grave", "violação aos bons costumes", por isso se diz que eles são "atípicos", ainda assim o conceito vago não é uma "carta em branco" para o enquadramento de toda e qualquer circunstância fática.

O Poder Judiciário não poderá entrar no mérito da punição e substituí-la por aquela que repute mais conveniente, sendo que parcela da doutrina[137] defende que só lhe será dado anular ou declarar a nulidade do ato de punição, mas jamais aplicar outra penalidade[138] no lugar, sob pena de violação à separação dos poderes, uma vez que somente a Administração Pública possui a atribuição de praticar atos disciplinares e punir seus servidores.

Trata-se de discussão acerca do controle jurisdicional do **motivo** no ato administrativo,[139] quando há no pressuposto de direito conceito indeterminado.

O **vício de motivo** abarca duas circunstâncias:

1. **inexistência** do fato; e
2. **inadequação** da sanção aplicada em relação ao fato ocorrido.

Essa última hipótese relaciona-se também com a aplicação do juízo de **proporcionalidade** na pena aplicada. Ademais, tanto a inexistência de motivo como a inadequação da sanção aplicada podem caracterizar, além de um vício de motivo, que gera nulidade, também um indício de **desvio de finalidade** (desvio de poder). Pode ser que o servidor punido esteja sofrendo perseguição e que a punição seja feita de forma arbitrária ou abusiva, o que permite ao Judiciário revê-la, pois discricionariedade não significa arbítrio.

---

[136] STJ, AgRg 212425/AM, Min. Edson Vidigal, *DJ* 15.5.2000. p. 182.

[137] Segundo Araújo Cintra: "reconhecido o vício do ato administrativo, incumbe ao Poder Judiciário apenas pronunciar a nulidade". In: CINTRA, Antônio Carlos Araújo. *O motivo e a motivação do ato administrativo*. São Paulo: Malheiros, 1979. p. 180.

[138] Talvez seja recomendável ao Judiciário indicar a sanção correta, para que a Administração não deixe o servidor sem punição, se for o caso de puni-lo. Posição peculiar é defendida por Luis Manuel Fonseca Pires, que, acompanhando a doutrina espanhola da redução à zero da discricionariedade administrativa, em que há a possibilidade de convolar competência discricionária em vinculada, recomenda que: "o Judiciário não se limite a invalidar o ato objeto de ação, mas que desde logo determine qual a opção válida". Cf. PIRES, Luis Manuel Fonseca. Controle judicial da discricionariedade administrativa. 3. ed. Belo Horizonte: Fórum, 2017. p. 352.

[139] Conforme tivemos oportunidade de expor na dissertação: NOHARA, Irene Patrícia. *O motivo no ato administrativo*. São Paulo: Atlas, 2004. *Passim*.

Pela noção mais atualizada da discricionariedade administrativa entende-se que é dado ao Judiciário analisar não só a competência e a forma (controle mínimo), mas também a existência do motivo (controle médio), para verificar se houve ou não obediência à legalidade, sendo permitida a invalidação de sanção disciplinar aplicada **sem motivação** (ou de forma a prejudicar a ampla defesa[140]) ou mesmo se houver violação à **proporcionalidade/razoabilidade** (controle máximo[141]), pois esta representa faceta que restringe a margem de discricionariedade pela interpretação do motivo, conforme se extrai do conteúdo da seguinte decisão do STJ:

> RECURSO EM MANDADO DE SEGURANÇA. ADMINISTRATIVO. SERVIDOR PÚBLICO ESTADUAL. PROCESSO DISCIPLINAR. DEMISSÃO. CAPITULAÇÃO DA INFRINGÊNCIA. DIFERENÇA ENTRE O RELATÓRIO DA COMISSÃO E O ATO INDIGITADO. AGRAVAMENTO DA PENA: DEMISSÃO. SUGESTÃO DA PENA DE SUSPENSÃO. DESPROPORCIONALIDADE. Ao Poder Judiciário não cabe discutir o mérito do julgamento administrativo em processo disciplinar, mas, por outro lado, compete-lhe a análise acerca da proporcionalidade da penalidade imposta, nos termos de farto entendimento jurisprudencial. Mesmo sendo clara em relação à ausência de comprovação de lesão ao erário e de dolo por parte do recorrente, a autoridade coatora entendeu pela presença da desídia e, assim, alterou a capitulação da infringência, aplicando, com evidente falta de proporção, a pena demissória. Recurso provido, com a concessão parcial da ordem para determinar a anulação da demissão e a consequente reintegração do recorrente, resguardando à autoridade coatora a aplicação da penalidade sugerida pela Comissão.[142]

Entendemos, em suma, que é possível o controle pelo Judiciário quando, entre outros possíveis vícios estudados nos atos administrativos, houver:

1. vício de competência;
2. inobservância de forma;
3. inexistência do motivo;
4. desvio de finalidade; e
5. inadequação do motivo, isto é, a sanção aplicada for desproporcional.

Mais recentemente, o Superior Tribunal de Justiça editou a Súmula 665/STJ, que se propõe a estabelecer balizas ao controle jurisdicional do processo administrativo disciplinar, com o seguinte conteúdo: "O controle jurisdicional do processo administrativo disciplinar restringe-se ao exame da regularidade do procedimento e da legalidade do ato, à luz dos princípios do contraditório, da ampla defesa e do devido processo legal, não sendo possível incursão no mérito administrativo, ressalvadas as hipóteses de flagrante ilegalidade, teratologia ou manifesta desproporcionalidade da sanção aplicada" (PRIMEIRA SEÇÃO, julgado em 13/12/2023, DJe de 14/12/2023).

---

[140] Como na decisão do RMS 24.699/DF, *DJU* 1º.7.2005. E também: "é nula a demissão do funcionário sem que tenha sido apontada, expressamente, sua falta funcional" (TJSP, *RDA* 70/172) e "processo administrativo cujas conclusões não apontam a falta do funcionário é imprestável para justificar a sua demissão" (TJSP, *RDA* 73/139). Cf. NOHARA, Irene Patrícia. *O motivo no ato administrativo*. São Paulo: Atlas, 2004. p. 212-213.

[141] Ressalte-se que controle máximo não significa que a Administração entrará no mérito do ato, mas que o Judiciário não deixará de controlar a interpretação desproporcional da lei estatutária por parte da Administração Pública, em prestígio ao caráter normativo dos princípios constitucionais.

[142] STJ, RMS 19.774/SC, *DJU* 12.12.2005.

> **PONTO CONTROVERTIDO: compulsoriedade da demissão nas hipóteses estatutárias**
>
> O art. 132 da Lei nº 8.112/90, Estatuto dos Servidores Públicos Federais, determina que a **demissão** *será aplicada* nos seguintes casos: crime contra a administração pública; abandono de cargo; inassiduidade habitual; improbidade administrativa; incontinência pública e conduta escandalosa na repartição; insubordinação grave em serviço; ofensa física, em serviço, a servidor ou a particular, salvo em legítima defesa própria ou de outrem; aplicação irregular de dinheiros públicos; revelação de segredo do qual se apropriou em razão do cargo;[143] lesão aos cofres públicos e dilapidação do patrimônio nacional; corrupção; acumulação ilegal de cargos, empregos ou funções públicas; e transgressão dos incisos IX a XVI do art. 117, que são: valer-se do cargo para lograr proveito pessoal ou de outrem, em detrimento da dignidade da função pública; participar de gerência ou administração de sociedade privada, personificada ou não personificada; exercer o comércio, exceto na qualidade de acionista, cotista ou comanditário; atuar, como procurador ou intermediário, junto a repartições públicas, salvo quando se tratar de benefícios previdenciários ou assistenciais de parentes até o segundo grau, e de cônjuge ou companheiro; receber propina, comissão, presente ou vantagem de qualquer espécie, em razão de suas atribuições; aceitar comissão, emprego ou pensão de estado estrangeiro; praticar usura sob qualquer de suas formas; proceder de forma desidiosa; e utilizar pessoal ou recursos materiais da repartição em serviços ou atividades particulares.
>
> Diferentemente do que ocorre em geral no Direito Penal Contemporâneo, não houve espaço no mencionado artigo para a dosimetria da pena aplicada, conquanto o dispositivo mencionado indica como pena cabível para as circunstâncias descritas exclusivamente a demissão. Por conseguinte, a AGU editou, em 1998, dois pareceres no sentido da **compulsoriedade** da pena expulsória (demissão), caso se configurem as circunstâncias descritas no art. 132 da Lei nº 8.112/90: GQ 177 e CQ 183, afastando-se, para esses casos, a aplicação do art. 128 da lei.
>
> O Material da CGU, referente ao PAD de 2012, confirma a impossibilidade de atenuação da pena de demissão, mencionando os pareceres vinculantes da AGU:
>
> - **Parecer/AGU nº GQ – 177**: Verificadas a autoria e a infração disciplinar a que a lei comina penalidade de demissão, falece competência à autoridade instauradora do processo para emitir julgamento e atenuar a penalidade, sob pena de nulidade de tal ato.
> - **Parecer/AGU nº GQ – 183**: É compulsória a aplicação da penalidade expulsiva, se caracterizada infração disciplinar antevista no art. 132 da Lei nº 8.112, de 1990.
>
> O art. 128 da Lei nº 8.112/90, por sua vez, determina que na aplicação das penalidades serão consideradas a natureza e a gravidade da infração cometida, os danos que dela provierem para o serviço público, as circunstâncias agravantes ou atenuantes e os antecedentes funcionais. Trata-se de aplicação do princípio da **individualização da pena**, corolário da proporcionalidade.
>
> Extrai Cezar Roberto Bitencourt, da fórmula de Hassemer, que a **proporcionalidade** deve ser determinada mediante: "um juízo de ponderação entre a carga coativa da pena e o fim perseguido pela cominação penal", devendo haver um equilíbrio tanto abstrato (legislador), quanto concreto (judicial), entre a gravidade do injusto penal e a pena aplicada.[144]
>
> O princípio da individualização da pena está previsto nos seguintes termos do art. 5º, XLVI, da Constituição: a lei regulará a individualização da pena e adotará, entre outras, as seguintes: (a) privação ou restrição da liberdade; (b) perda de bens; (c) multa; (d) prestação social alternativa;

---

[143] Note-se que a mesma infração é tipificada no Estatuto Estadual de São Paulo com possibilidade de maior individualização da pena, cf. art. 257, III, da Lei nº 10.261/68: "revelar segredos de que tenha conhecimento em razão do cargo, desde que o faça dolosamente e com prejuízo para o Estado ou particulares".

[144] BITENCOURT, Cezar Roberto. *Tratado de direito penal*. São Paulo: Saraiva, 2010. Parte Geral 1. p. 57.

(e) suspensão ou interdição de direitos. Consubstancia-se na "recusa de qualquer intervenção ou punição desnecessária ou exagerada", em respeito à **dignidade humana** e à **vedação do excesso**[145] (*Übermassverbot*).

Em nossa visão, assim como no Direito Penal, tampouco no Direito Administrativo Contemporâneo, próprio do Estado Democrático de Direito, deve ser afastada a proteção à dignidade humana e/ou à vedação do excesso, sendo imprescindível (e tardio até, haja vista a superação do positivismo estrito/legalismo) um movimento no sentido de determinar a compatibilidade do sancionamento disciplinar à razoabilidade da reprimenda aplicada.

Observa-se, contudo, que o legislador, no caso da Lei nº 8.112/90, não abriu, conforme enfatizado, margem à discricionariedade necessária à individualização da sanção administrativa, uma vez que comina exclusivamente demissão aos casos descritos nos incisos do art. 132 da lei.

No entanto, apesar desta "pretensa" vinculação, extraída da leitura **isolada** do art. 132 da lei, não seria defensável, *data venia*, que o intérprete autorizado (que, no caso do PAD, é a autoridade competente para punir) possa aplicar a demissão/pena máxima de forma desarrazoada, isto é, sem ponderar os critérios previstos no art. 128, até porque este último artigo está sistematicamente posicionado após o artigo que lista todas as penalidades disciplinares, sendo nele mencionada inclusive a demissão.

Nessa perspectiva, preferimos a **interpretação sistemática** em vez da aplicação isolada do art. 132, dado que essa última opção tem o potencial de provocar injustiças concretas. Os incisos mencionados do art. 132 tratam de situações muito diversificadas, sendo muitas delas contempladas em **conceitos jurídicos indeterminados** que, a depender da visão de mundo do intérprete autorizado, podem nivelar com a pena máxima de demissão desde um crime contra a administração (peculato, corrupção, prevaricação) ou uma improbidade administrativa, que são situações, em geral, graves, que justificariam em tese a aplicação da pena máxima, até uma "conduta escandalosa na repartição" ou um "proceder de forma desidiosa", que, a nosso ver, poderiam ser remediados com formas de sancionamento menos gravosas.

Quanto à vedação do excesso ou aplicação desproporcional da sanção administrativa, vale a máxima conhecida de Jellinek: *nicht mit Kanonen auf Spatzen schiessen*, que pode ser traduzida como "não se abatem pardais com tiros de canhões". É ínsita à utilização da proporcionalidade, de acordo com uma visão sistêmica, a ponderação sobre se o meio utilizado para punir certa conduta é realmente necessário, sob pena de o Direito perder a sua funcionalidade.

Há decisões do STJ que consideram ilegais os pareceres vinculantes da AGU, por violação à individualização da pena, à proporcionalidade e à razoabilidade (MS 13.790/DF e 25.211/DF). Trata-se, por exemplo, de orientação adotada no MS 1.8023, de 18.2.2012, Rel. Min. Asfor Rocha, em que houve a declaração de nulidade da demissão de policial federal pela prática de dois atos de gerência (assinatura de um contrato de empréstimo perante o Banco do Brasil e emissão de documento para pagamento de despesas/impostos) em empresa instituída por seu pai, a qual costumava administrar antes da aprovação no concurso.

A empresa foi paulatinamente repassada à esposa, da qual o policial veio a se divorciar. Constatou-se que os atos mencionados foram praticados para evitar a ruína do negócio diante da gestão desastrosa da ex-esposa. A conclusão pela invalidação judicial da demissão decorreu das seguintes ponderações: ausência de prejuízo para o serviço público, que, nos termos da decisão comentada, "não pode ser presumido"; circunstâncias atenuantes: houve a prática dos atos para evitar um mal maior, relacionado com a inadimplência dos compromissos da sociedade; e bons antecedentes funcionais do policial federal.

Também no MS 6.663/DF, o STJ invalidou a demissão de servidores públicos que assinaram cheques de origem duvidosa, sem má-fé, e em fidelidade à determinação de superiora hierárquica. Neste caso, apesar de o relatório da comissão ter recomendado demissão somente para a servidora responsável e advertência aos demais servidores, a autoridade acabou demitindo todos, sem respeitar a exigência

---

[145] BITENCOURT, Cezar Roberto. *Tratado de direito penal*. São Paulo: Saraiva, 2010. Parte Geral 1. p. 55.

de individualização da pena. Contudo, os servidores lograram obter no Judiciário a anulação da demissão, por conta da sanção desproporcional, sendo reintegrados aos cargos.

No Supremo Tribunal Federal existem decisões das mais variadas orientações, desde o AI 780.950, Rel. Min. Joaquim Barbosa, *DJe* 20.3.2012, que manteve a orientação do TJ/CE, no sentido de declarar a nulidade da demissão de policial, com bons antecedentes, por empurrão sem maior consequências, aplicando, portanto, o princípio da individualização da pena; até o MS 26.023/DF, Rel. Min. Gilmar Mendes, de 17.10.2008, no qual há a defesa do entendimento contido nos pareceres da AGU, determinando que a utilização de bens públicos em proveito particular, no caso, combustível da repartição, é atrativo para a pena de demissão, ainda que cause prejuízos financeiros baixos.

6
Licitação

6.1 Conceito e natureza jurídica

Licitação é o processo administrativo pelo qual um ente seleciona a proposta mais vantajosa entre as oferecidas para a celebração de contrato de seu interesse. Possui natureza jurídica de **processo administrativo formal**. Trata-se, portanto, de um encadeamento de atos lógica e cronologicamente ordenados, num procedimento, como, por exemplo, atos da fase preparatória, edital, apresentação de propostas e lances (se for o caso), julgamento,[1] homologação, que visam à adjudicação do objeto ao licitante vencedor, sendo também acompanhado de garantias.

Note-se que o final da licitação se dá com a adjudicação, ou seja, não se trata propriamente da celebração do contrato administrativo, apesar de a licitação mirar um futuro contrato, que é outro instituto do Direito Administrativo visado por aqueles que participam da licitação. Assim, a licitação é procedimento voltado à celebração do contrato administrativo; mas não se pode dizer que o contrato administrativo seja sempre vinculado à licitação, pois:

1. apesar de a licitação ser a regra geral, nem toda contratação com o Poder Público é antecedida do processo licitatório, havendo circunstâncias excepcionais especificadas na legislação de contratação direta; e
2. depois, conforme será visto, nem toda licitação resulta na celebração de contrato administrativo, podendo ocorrer a revogação do procedimento em razão de fato superveniente devidamente comprovado, ou a anulação, diante de vício de ilegalidade.

O procedimento é **formal**, tendo em vista que há competitividade, e o respeito aos requisitos formais de certame provoca, por vezes, uma faceta de garantia de isonomia; no entanto, dizer que é formal não implica abraçar uma ideia de formalismo exagerado e que não trabalha com instrumentalidade de formas ou com economia processual, apenas significa dizer que, em se tratando de licitação, há a necessidade de observância mais atenta às formas, dada a competição que ela veicula na prática.

Também, a partir da lei nova, mesmo diante da irregularidade no procedimento, conforme será visto, o art. 147 da Lei nº 14.133/2021 dá prioridade para que haja o saneamento ou a

---

[1] A nova Lei de Licitações (Lei nº 14.133/2021) adotou a chamada inversão de fases; neste caso, o julgamento é anterior à habilitação, que recai sobre os documentos do licitante mais bem classificado (exceto se houver "desinversão" motivada com explicitação dos benefícios). Trata-se de circunstância que gera maior celeridade ao procedimento, conforme será abordado.

convalidação do vício, sendo que a decisão sobre a declaração de nulidade do contrato somente será adotada se for medida de interesse público, o que demanda a avaliação de uma série de aspectos consequenciais da paralisação do contrato.

Na verdade, certo seria dizer, conforme será repetido, que o procedimento, isto é, o encadeamento de atos, obedece à rigorosa formalidade, uma vez que todos têm **direito público subjetivo** à fiel **observância** do pertinente **procedimento** estabelecido pela lei e previsto no edital, sendo tal instrumento convocatório considerado "lei interna"[2] da licitação.

Conforme será visto adiante de forma mais específica, além de a licitação ter objetivo contratual, isto é, de ser um processo que se volta a selecionar a proposta mais vantajosa com vistas à futura celebração de contrato, a partir do acoplamento dos objetivos de inovação e promoção de desenvolvimento nacional sustentável, licitação passa simultaneamente a ter uma **natureza jurídica metacontratual** de promoção de políticas públicas que se voltam ao desenvolvimento nacional sustentável e à inovação.

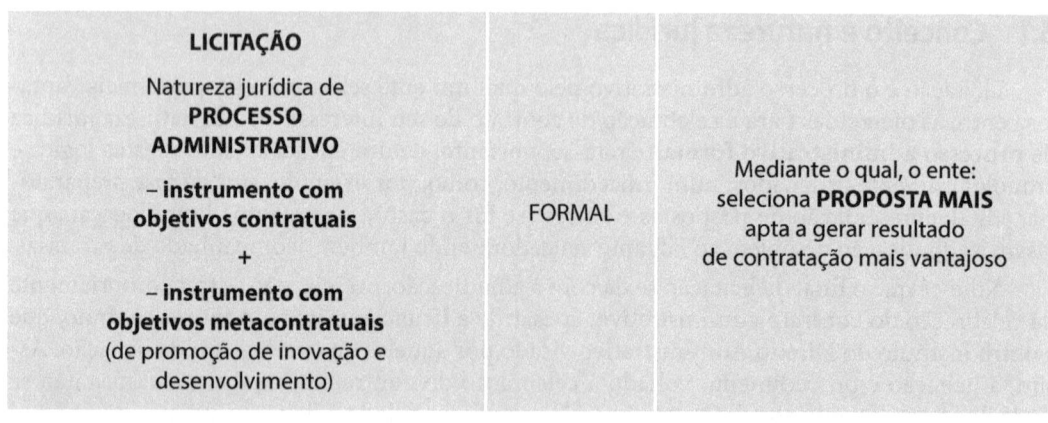

6.2 Objetivos

Enquanto os particulares têm ampla liberdade para a contratação de obras, serviços, compras e alienações, a Administração, para assim proceder, deve, em regra, conforme visto, observar previamente o processo licitatório.

O art. 11 da Lei nº 14.133/2021 especifica os seguintes objetivos da realização do certame:

1. assegurar a seleção da proposta apta a **gerar o resultado de contratação mais vantajoso** para a Administração Pública, inclusive no que se refere ao ciclo de vida do objeto;
2. assegurar tratamento isonômico entre os licitantes, bem como a **justa competição**;
3. evitar contratações **com sobrepreço** ou com **preços manifestamente inexequíveis** e **superfaturamento** na execução dos contratos; e
4. incentivar a inovação e o **desenvolvimento nacional sustentável**.

---

[2] Com a expressão *lei interna* objetiva-se apenas indicar que as regras contidas no edital serão vinculantes, isto é, de obediência obrigatória, tanto à Administração Pública, como aos licitantes. Mas, evidentemente, não se trata de lei em sentido formal, pois o edital é um ato normativo concreto infralegal, subordinado à lei geral – Lei nº 14.133/2021 –, sendo esta última a Lei Geral das Licitações e Contratos.

Assegurar a seleção da proposta **apta a gerar o resultado de contratação mais vantajoso** para a Administração Pública implica, como regra geral, que a Administração encontre maior qualidade na prestação e/ou maior benefício econômico, a depender do critério de julgamento empregado, sendo também considerado o **ciclo de vida do objeto**.

A previsão da observância do ciclo de vida do objeto inserida na Lei nº 14.133/2021 foi inspirada em previsão do art. 31 da Lei das Estatais (Lei nº 13.303/2016), a qual, por sua vez, teve base na definição contida na política nacional de resíduos sólidos. Considerar o ciclo de vida do objeto implica planejar a licitação para que a vantajosidade não se restrinja ao critério imediato do custo da aquisição do produto, mas que se leve em consideração uma visão global que pondere o custo de uso (o consumo de energia), de manutenção (para que continue operacional) e de descarte do objeto (coleta e reciclagem).

De acordo com o art. 3º, IV, da Lei nº 12.305/2010 (Lei que institui a Política Nacional de Resíduos Sólidos), o ciclo de vida do produto compreende a "série de etapas que envolvem o desenvolvimento do produto, a obtenção de matérias-primas e insumos, o processo produtivo, o consumo e a disposição final", sendo considerada, no caso da licitação, toda trajetória do objeto (serviço ou produto): da gênese ao seu descarte.

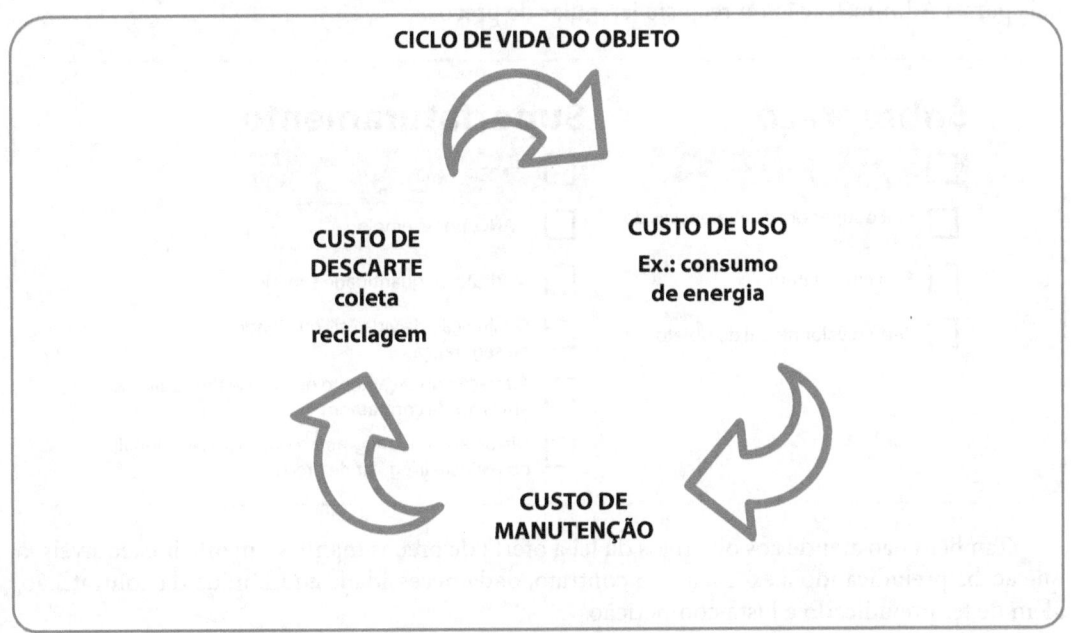

Observância do **tratamento isonômico** entre os licitantes significa, em prestígio ao princípio da impessoalidade, assegurar igualdade de oportunidades para todos que queiram oferecer serviços, realizar obras, vender bens, ou desejam adquirir o que está sendo alienado pelo Poder Público, sendo afastados, portanto, o arbítrio e o favorecimento infundado nos contratos firmados pelos particulares com entes da Administração Pública, o que significa garantir a **justa competição**.

São objetivos inseridos na Lei nº 14.133/2021, que também foram inspirados na previsão da Lei das Estatais (Lei nº 13.303/2016), os de: evitar contratações com **sobrepreço** ou com **preços manifestamente inexequíveis** e **superfaturamento** na execução de contratos. Já teria sido suficiente falar em resultado mais vantajoso, pois evidente que, se a Administração Pública objetiva uma contratação com resultado mais vantajoso, uma decorrência seria ela evitar essas situações especificamente combatidas. Geralmente, quando se desdobra objetivo, é mais comum que se fique no positivo e não no negativo (indicando o que se quer "evitar"). Contudo, como a seara das licitações e contratos envolve muitos recursos públicos, sendo, por diversas vezes, alvo de fraudes e corrupção, então, a lei geral seguiu os passos da Lei das Estatais para especificar as distorções possíveis de ocorrer como alvos de objetivos mais específicos para se evitar.

Logo, assim como a disciplina da Lei nº 13.303/2016, a Nova Lei Geral de Licitações (Lei nº 14.133/2021) também procura combater o **sobrepreço** e o superfaturamento, sendo o sobrepreço definido como o preço orçado para licitação ou contratado em valor expressivamente superior aos preços referenciais de mercado; e o **superfaturamento**, por sua vez, é o dano provocado ao patrimônio da Administração, caracterizado, entre outras situações, por: (a) medição de quantidades superiores às efetivamente executadas ou fornecidas; (b) deficiência na execução de obras e de serviços de engenharia que resulte em diminuição da sua qualidade, vida útil ou segurança; (c) alterações no orçamento de obras e serviços de engenharia que causem desequilíbrio econômico-financeiro do contrato em favor do contratado; e (d) outras alterações de cláusulas financeiras que gerem recebimentos contratuais antecipados, distorção do cronograma físico-financeiro, prorrogação injustificada do prazo contratual com custos adicionais para a Administração ou reajuste irregular de preços.

$obrepreço	$uperfaturamento
Preço superior aos referenciais do mercado:	DANO, por exemplo:
Seja em um item	Medição de quantidade superior
Seja no valor global do objeto	Diminuição de vida útil, qualidade ou segurança
	Alteração no orçamento que cause desequilíbrio em favor da contratado
	Distorção do cronograma, com custos adicionais ou reajuste irregular de preços

Também não atende aos objetivos da lei a oferta de preços manifestamente inexequíveis, o que acaba prejudicando a execução do contrato, dada necessidade equilibrada da contratação, além de ter prejudicado a justa competição.

Outrossim, em 2021, na nova lei (Lei nº 14.133/2021), houve a inserção expressa da licitação enquanto instrumento que visa o objetivo de **inovação**. Foi muito promissor que a nova lei tenha inserido essa injeção de objetivo de promoção da inovação por meio das contratações públicas, pois elas podem incentivar construção e disponibilidade de infraestrutura, fomentar a formação de mercados inovadores e incentivar a prestação de novos serviços e o fornecimento de novos produtos com o planejamento estratégico do poder de compra governamental.

Quando se fala em inovação pelo estímulo e fomento do Estado, importante resgatar o referencial teórico de Mariana Mazzucato, que desmascara o mito de que as grandes inovações advêm apenas de um mercado que se "autoinova" de forma dinâmica, como se os grandes saltos revolucionários tecnológicos tivessem origem em *start-ups* ou em gênios de fundos de quintal e de uma injeção de capital de risco proveniente da iniciativa privada, sendo que, em realidade, "a maioria das inovações radicais, revolucionárias, que alimentaram a dinâmica do capitalismo – das ferrovias à internet, até a nanotecnologia e farmacêutica modernas – aponta para o Estado na origem dos investimentos 'empreendedores' mais corajosos, incipientes e de capital intensivo".[3]

Portanto, é de se elogiar que tenha havido a menção expressa da inovação como objetivo da licitação. Conforme enfatiza Adriano Silva Soromenho, é relevante aproveitar o poderio de consumo do Estado para indução ou inibição de comportamentos, hipótese em que as licitações e os contratos adquirem uma função regulatória.

No tocante ao incentivo à inovação, o uso do poder de aquisições antes da nova lei era feito "basicamente através da criação de mecanismos legais facilitando o acesso de segmentos da indústria nacional ao mercado das compras públicas com vistas a garantir uma demanda mínima necessária para alavancar os seus investimentos",[4] mas pouca ênfase era conferida à criação de mecanismos ordinários ao processo de contratação pública hábeis a estimular a inovação nos parceiros privados, o que agora se torna objetivo expresso e, portanto, fim visado também pelas licitações públicas.

Inovação é um imperativo da dinamicidade do capitalismo contemporâneo que atinge amplos setores das atividades econômicas. Compreende engendrar novos produtos e novos processos. Inovação advém do latim *innovare*, que significa "fazer algo novo". Falar em inovação é essencialmente falar em mudança com a transformação de oportunidades em novas ideias, colocando-as em prática. Inovação não se confunde com invenção, pois na inovação não há necessidade de se inventar algo novo, mas basta agregar novas tecnologias para produzir ou entregar produtos ou serviços ou mesmo novos procedimentos.[5]

Objetivo importante, que foi incluído no rol dos objetivos das licitações pela Lei nº 12.349/2010, e que agora também foi mantido na nova lei, é o de promover o **desenvolvimento nacional sustentável**.

Para tanto, determina o art. 26 da Lei nº 14.133/2021 que, no processo de licitação, poderá ser estabelecida margem de preferência para bens manufaturados e serviços nacionais que atendam a normas técnicas brasileiras; e bens reciclados, recicláveis ou biodegradáveis, conforme regulamento (correspondente ao Decreto 11.890/2024, que também institui a Comissão Interministerial de Contratações Públicas para o Desenvolvimento Sustentável). A margem de preferência, definida em decisão fundamentada do Poder Executivo federal, poderá ser de até 10% sobre o preço dos bens e serviços (que não se enquadrem nas preferências), e também poderá ser estendida a bens manufaturados e serviços originários de Estados Partes do Mercado Comum do Sul (Mercosul), desde que haja reciprocidade com o País.

Para os bens manufaturados nacionais e serviços nacionais resultantes de desenvolvimento e inovação tecnológica no País, definidos conforme regulamento do Poder Executivo federal, a margem de preferência poderá ser de até 20%. A margem de preferência não se aplica aos bens manufaturados nacionais e aos serviços nacionais se a capacidade de produção desses bens ou

---

[3] MAZZUCATO, Mariana. *O Estado empreendedor*: desmascarando o mito do setor público *vs.* setor privado. São Paulo: Portfolio-Penguin, 2014. p. 26.

[4] SOROMENHO, Adriano Silva. *Uso do poder de compras do Estado como instrumento de política pública de incentivo à inovação no Brasil*: desafios e possibilidades. Brasília: Uniceub, 2017. p. 51.

[5] Cf. NOHARA, Irene Patrícia; PONÇONI, Maykel. Estado, inovação e desenvolvimento: instrumentos do direito administrativo nas transformações do capitalismo. In: CRISTÓVAM, José Sérgio da Silva; NIEBUHR, Pedro de Menezes; SOUSA, Thanderson Pereira (Org.). *Direito administrativo em perspectiva*: diálogos interdisciplinares. Florianópolis: Habitus, 2020. p. 167.

de prestação desses serviços no País for inferior à quantidade a ser adquirida ou contratada; ou aos quantitativos fixados em razão do parcelamento do objeto, quando for o caso.

Como incentivo ao fomento no desenvolvimento nacional sustentável, os editais de licitação para a contratação de bens, serviços e obras poderão, mediante prévia justificativa da autoridade competente, exigir que o contratado promova, em favor de órgão ou entidade integrante da Administração Pública ou daqueles por ela indicados, a partir de processo isonômico, medidas de compensação comercial, industrial ou tecnológica ou acesso a condições vantajosas de financiamento, cumulativamente ou não, na forma estabelecida pelo Poder Executivo federal.

Ademais, nas contratações destinadas à implantação, à manutenção e ao aperfeiçoamento dos sistemas de tecnologia de informação e comunicação considerados estratégicos em ato do Poder Executivo federal, a licitação poderá ser restrita a bens e serviços com tecnologia desenvolvida no País produzidos de acordo com o processo produtivo básico de que trata a Lei nº 10.176, de 11 de janeiro de 2001.

Note-se que a promoção do desenvolvimento nacional sustentável nas licitações já era, de forma indireta, um dos objetivos em licitação desde a inserção dos favorecimentos às microempresas e empresas de pequeno porte pela Lei Complementar nº 123/2006, pois, conforme será visto, a inclusão das micro e pequenas empresas nas compras governamentais é uma política pública que privilegia a geração de empregos e, portanto, o desenvolvimento local sustentável.

Tal possibilidade ficou ainda mais explícita diante da inserção expressa, em 2010, do objetivo de utilização da licitação na anterior lei (art. 3º da Lei nº 8.666/93) para promoção do desenvolvimento nacional sustentável, quando a Lei nº 12.349 criou uma política de favorecimentos a produtos e serviços produzidos nacionalmente e com desenvolvimento de inovação tecnológica realizados no País.

A proposta inicial de alteração proveniente da Medida Provisória nº 495, de 19.7.2010, limitava-se a inserir a promoção do desenvolvimento nacional entre as finalidades da licitação, mas em sua conversão na Lei nº 12.349/2010 houve o acréscimo do adjetivo *sustentável*.

Sustentável é o desenvolvimento que se volta para o uso racional dos recursos naturais, mantendo as condições de vida adequadas no planeta tanto para as presentes como para as futuras gerações.[6] Note-se que, dos 17 Objetivos de Desenvolvimento Sustentável (ODS) da ONU, para o Brasil, com metas elaboradas para 2030, há o ODS 12, que visa a assegurar padrões de produção e de consumo sustentáveis, que é desdobrado, de forma mais específica, no item 12.7, o qual orienta: "promover práticas de compras públicas sustentáveis, de acordo com as políticas e prioridades nacionais".[7]

Atualmente, fala-se em licitação sustentável ou em compras verdes/ecoeficientes/sustentáveis:[8] denominações empregadas para designar a política pública de utilização da licitação como forma de garantia e/ou promoção do desenvolvimento nacional sustentável.

---

[6] Do relatório Brundtland (*Nosso Futuro Comum*, 1987) até os dias atuais, a noção de sustentabilidade evoluiu e foi ainda associada ao tripé: meio ambiente, transformação econômica e impacto social, sendo que Juarez Freitas ainda acrescenta (às três) outras duas dimensões: ética e jurídico-política. Cf. FREITAS, Juarez. *Sustentabilidade*: direito ao futuro. 2. ed. Belo Horizonte: Fórum, 2012. p. 58.

[7] Objetivos de Desenvolvimento Sustentável (ODS) da ONU para o Brasil. Disponível em: https://direitoadm.com.br/ods-onu-brasil/. Acesso em: 18 set. 2023.

[8] *Sustainable public procurement*. Também chamadas de compras ecoeficientes ou *eco-efficient procurement*. Cf. SANTOS, Murillo Giordan; BARKI, Tereza Villac. *Licitações e contratações públicas sustentáveis*. Belo Horizonte: Fórum, 2011. p. 176. Também: SARAI, Leandro. *Contratações públicas sustentáveis*. Londrina: Thoth, 2021. p. 20.

Havia menções esparsas nas legislações ambientais a essa orientação, como: (1) o art. 6º, XII, da Lei nº 12.187/2009, que trata da Política Nacional sobre Mudança do Clima, e que indicou que o estabelecimento de critérios de preferência nas licitações será direcionado para propostas que propiciem maior economia de energia, água e outros recursos naturais e redução da emissão de gases de efeito estufa e de resíduos; e (2) art. 7º, XI, da Lei nº 12.305/2010, que institui a Política Nacional de Resíduos Sólidos, que dá prioridade às aquisições e contratações governamentais para produtos reciclados ou recicláveis de bens, serviços e obras que considerem critérios compatíveis com padrões de consumo social e ambientalmente sustentáveis.

No âmbito federal, o Decreto nº 7.746, de 5 de junho de 2012, foi editado para regulamentar a exigência de desenvolvimento nacional sustentável nas licitações, permitindo que órgãos e entidades da Administração Pública federal direta, autárquica e fundacional e empresas estatais dependentes definam critérios, práticas e diretrizes gerais de sustentabilidade. Institui-se, com o mencionado decreto, a Comissão Interministerial de Sustentabilidade na Administração Pública (CISAP).

A preocupação com a sustentabilidade nas licitações objetiva conduzir o poder de compra governamental[9] à indução de comportamentos sustentáveis na produção do mercado, assim, além dos tradicionais objetivos de busca da contratação mais vantajosa e respeito à igualdade, com estímulo à competitividade, as comissões de licitação deverão também inserir nos editais outros fatores a serem ponderados, como: o menor impacto do ciclo de produção do produto, conforme visto, descarte menos oneroso ao meio ambiente, maior vida útil, menor custo de manutenção, origem ambientalmente regular dos recursos utilizados etc.

LICITAÇÃO	
Objetivos	Seleção da proposta apta a gerar o resultado de contratação mais vantajoso para a Administração Pública, inclusive no ciclo de vida do objeto
	Tratamento isonômico + justa competição
	Evitar sobrepreço, preços manifestamente inexequíveis e superfaturamento
	Inovação e desenvolvimento nacional sustentável Ex.: margens de preferências e licitações sustentáveis/ecoeficientes

6.3 Transformações nos fundamentos e na natureza jurídica

São diversos os fundamentos, ou seja, as **justificativas** para a realização da licitação como procedimento prévio à celebração de contratos administrativos. Na realidade, os fundamentos relacionam-se com alguns dos objetivos da licitação. Assim, conforme se ampliam os objetivos, também aumentam suas razões ou fundamentos, alterando-se inclusive, dadas as modificações, sua natureza jurídica.

---

[9] Que não é desprezível: pois corresponde a cerca de 15% do PIB brasileiro. Estima-se que o setor movimente 600 bilhões de reais anuais, conforme informações do edital 2012 do Projeto Pensando o Direito da Secretaria de Assuntos Legislativos do Ministério da Justiça.

Assim, quando se fala que se busca a seleção da proposta apta a gerar o resultado de contratação mais vantajoso para a Administração Pública, inclusive no ciclo de vida do objeto, o fundamento é instrumental, sendo, então, a licitação um processo que busca seleção da proposta mais vantajosa de futura contratação. Trata-se de fundamento que tem relação com a economicidade e a eficiência na contratação.

Como corolário do objetivo de buscar a proposta apta a gerar resultado vantajoso de contratação são também os objetivos de evitar sobrepreço, preços manifestamente inexequíveis e superfaturamento, pois essas situações iriam, logicamente, de encontro, isto é, contra a vantajosidade da licitação em sentido amplo.

No tocante à busca da isonomia, são justificativas associadas: a impessoalidade, tendo em vista o princípio republicano; a indisponibilidade dos interesses públicos e também a moralidade administrativa. Assim, deve-se garantir a justa competição, para que não haja arbitrariedades nos certames.

A licitação reduz a liberdade de escolha do administrador público, pois, como explana Marçal Justen Filho, o resultado final dela "não decorre de critério decisório subjetivo",[10] mas de critério objetivo, conforme será visto no princípio do julgamento objetivo. O ideal de julgamento objetivo implicaria, conforme o autor, que ainda que mudassem os agentes de contratação ou os julgadores integrantes de uma comissão de licitação, a decisão de adjudicação do objeto da licitação seria direcionada ao mesmo licitante, desde que ele oferecesse proposta mais vantajosa.

Conforme visto, os objetivos de realizar a licitação como medida para alcançar inovação e desenvolvimento nacional sustentável alteram a própria natureza jurídica da licitação. Assim, de um instrumento que busca alcançar contratações mais vantajosas, há uma alteração no eixo de interpretação do certame, o qual passa a ser, a partir dos novos objetivos, também um instrumento de realização de políticas públicas que visam a estimular inovação e induzir e promover o desenvolvimento nacional sustentável.

Atualmente, pode-se dizer, portanto, que licitação não é só um instrumento com objetivos meramente contratuais, os quais são relevantes, sem dúvida, sendo indispensáveis, mas se trata também de um instrumento de política pública, isto é, de um instrumento com objetivos **metacontratuais** de fomento à **inovação** e de **promoção de desenvolvimento nacional sustentável**. Trata-se de expediente utilizado para induzir comportamentos do mercado fornecedor e provocar inovação e o desenvolvimento nacional sustentável, com preocupações sociais (inclusão social) e simultaneamente voltadas à preservação ambiental, além das preocupações estritamente econômicas.

6.4 Histórico

Licitação é assunto que ganhou sistematicidade apenas ao longo do século XX,[11] apesar do registro histórico de alguns procedimentos que se assemelham ao instituto. Edmir Netto de Araújo[12] ressalta que em Roma houve regras que disciplinavam a alienação dos despojos de guerra, num sistema de hasta pública.

---

[10] JUSTEN FILHO, Marçal. *Curso de direito administrativo*. São Paulo: Saraiva, 2005. p. 309.

[11] DI PIETRO, Maria Sylvia Zanella (Coord.). *Tratado de direito administrativo*. São Paulo: Revista dos Tribunais, 2014. v. 6: Licitações e contratos administrativos. p. 73.

[12] ARAÚJO, Edmir Netto de. *Curso de direito administrativo*. São Paulo: Saraiva, 2010. p. 526.

Na Idade Média, houve, ainda, a utilização do sistema de "vela e pregão",[13] em que o procedimento de aquisição de bens e contratação de serviços de particulares pelo Poder Público utilizava uma vela para contar o tempo das propostas; assim que ela apagasse, seja devido à exaustão da queima ou porque se apagou antes, sagrar-se-ia vencedor o particular que ofertasse o último lance de menor preço enquanto a vela estivesse acesa.

A criação de parâmetros de maior especialização nas contratações públicas se deu na Europa no século XIX, sendo que no Brasil havia até regras sobre o assunto, a exemplo do item 39 do título LXVI, primeiro volume das Ordenações Filipinas, ou a Lei de 1º-10-1828, que disciplinou as vendas, aforamentos, permutas, obras e serviços de interesse do Conselho, obrigando que ocorresse a demonstração ao Poder Público das vantagens da operação; contudo, vigorava uma dispersão normativa do assunto acompanhada de práticas muito distintas das que ocorriam no exterior.[14]

Segundo expõe Adriana Maurano,[15] a licitação foi introduzida no direito brasileiro pelo **Decreto nº 2.926, de 14.5.1862**, que regulamentava as arrematações dos serviços do Ministério da Agricultura, Comércio e Obras Públicas, sendo consolidada, todavia, somente a partir do **Decreto nº 4.536, de 28.1.1922** (nos arts. 49-53), mais conhecido como Código de Contabilidade da União.

De 1922 em diante observa-se uma significativa evolução no procedimento licitatório, sendo que o **Decreto-lei nº 200, de 25.2.1967**, responsável pela reforma administrativa federal, sistematizou a matéria em seus arts. 125 a 144 e conferiu maior eficiência às contratações públicas.

Todavia, observa Maria Sylvia Zanella Di Pietro[16] que como a Constituição de 1967 não definia expressamente a competência para legislar sobre licitação, houve a delimitação de duas correntes doutrinárias: (1) uma que achava que se tratava de matéria de Direito Financeiro, admitindo-se aos Estados suplementarem as normas gerais editadas pela União, e (2) outra que entendia que licitação era matéria de Direito Administrativo, sendo, portanto, de competência legislativa de cada unidade da federação o trato do assunto.

Tal controvérsia acirrou-se com a edição da Lei nº 5.456, de 20.6.1968, que determinou a aplicação das normas relativas às licitações do Decreto-lei nº 200/67 às Administrações dos Estados e Municípios.

Posteriormente, foi instituído pela primeira vez, mediante o **Decreto-lei nº 2.300, de 21.11.1986**, atualizado pelos Decretos-leis nºs 2.348 e 2.360, o Estatuto Jurídico das Licitações e Contratos Administrativos, que determinou que seriam aplicadas aos Estados, Municípios, Distrito Federal e Territórios as **normas gerais** nele estabelecidas (cf. art. 85).

Tal técnica legislativa gerou confusões, porque compelia o intérprete a ter de distinguir, sem qualquer orientação específica, normas gerais, de âmbito nacional, de normas especiais, de âmbito federal. Note-se, ainda, que o art. 1º do Decreto-lei nº 2.300/86 restringia a aplicação das licitações ao âmbito da Administração Federal centralizada e autárquica.

---

[13] RIBEIRO, Geraldo Luiz Vieira. *A evolução da licitação*. Disponível em: www.egov.ufsc.br/portal/sites/default/files/anexos/21103-21104-1-PB.pdf. Acesso em: 21 out. 2014.

[14] Cf. ARAÚJO, Edmir Netto de. *Curso de direito administrativo*. São Paulo: Saraiva, 2010. p. 526.

[15] MAURANO, Adriana. *Aspectos históricos*. Disponível em: www.conlicitação.com.br/história/index.php. Acesso em: 12 dez. 2007. Conferir também: NOHARA, Irene Patrícia. Novas tendências nas licitações. In: COSTA, Ana Edite O. N.; MORAES FILHO, Marco Antonio Praxedes de (Org.). *Licitações e contratos administrativos*: apontamentos. Leme: J. H. Mizuno, 2009. p. 66-68.

[16] DI PIETRO, Maria Sylvia Zanella. *Direito administrativo*. 25. ed. São Paulo: Atlas, 2012. p. 369.

A Constituição de 1988 supriu a lacuna da Carta anterior. Pôs fim[17] à mencionada controvérsia, uma vez que atribuiu, no art. 22, XXVII, à **União** competência **privativa** para legislar sobre **normas gerais** de licitação e contratação, em todas as modalidades, para as administrações públicas diretas e indiretas da União, Estados, Distrito Federal e Municípios, sendo que a doutrina atualmente considera que licitação é **matéria de Direito Administrativo**, que integra assunto da autonomia dos entes federativos. Assim, entende-se que fora as normas gerais previstas em lei editada pela União, os demais entes são autônomos para estabelecer normas específicas sobre o assunto.

Houve, ademais, a ampliação da aplicação do regime da lei para praticamente todos os órgãos da Administração Indireta, bem como aos fundos especiais e demais entidades controladas direta ou indiretamente pelo Estado e, posteriormente, determinou a Emenda Constitucional nº 19/98 a aplicação de legislação própria a ser criada especificamente para **empresas públicas** e **sociedades de economia mista**, nos termos do art. 173, § 1º, III. Em 2016 foi criada a Lei nº 13.303, que disciplinou a licitação para estatais, sendo atualmente um diploma aplicável às contratações das estatais, sob o qual sequer recai subsidiariamente a aplicação da lei geral, por demandar um regime específico.

O inciso XXI do art. 37 foi regulamentado inicialmente pela Lei nº 8.666, de 21.6.1993, a qual foi sendo modificada por diplomas subsequentes, a exemplo da Lei Complementar nº 123/2006, com alterações da Lei Complementar nº 147/2014, podendo haver, naquele tempo, a aplicação das leis que tratavam de novas modalidades de licitação, como a Lei do Pregão ou mesmo do RDC.

Assim, percebe-se que, paralelamente à Lei Geral de Licitações, que era a Lei nº 8.666/93, em vigor até abril de 2023, foram sendo criadas leis que acabaram sendo mais avançadas nos mecanismos e que suplantaram, em certa parcela, as práticas da lei geral, de modo que a Nova Lei de Licitações (Lei nº 14.133/2021) representou um esforço também de **compilação de três diplomas** e de atos normativos e decisões jurisprudenciais dos órgãos de controle, conforme será visto.

Surgiu em abril de 2021, depois de décadas de trâmite de projetos de lei que desejavam alterar a Lei Geral de Licitações, tendo sido juntados ao PL nº 1.292/95. Houve mais de 200 projetos apensados que procuraram alterar a Lei nº 8.666/93, ao longo do trâmite do projeto que resultou na nova lei. Todavia, o impulso mais exitoso, a partir do qual o projeto começou a andar, foi o PLS 559, de 2013, em que houve a estruturação da comissão no âmbito do Senado com o fito de modernizar e compilar os diplomas (da lei geral + pregão e RDC) em uma só lei.

No final de 2016, aprovado o PLS 559, ele chega à Câmara dos Deputados como PL 6.814/2017, sendo nesse momento apensado ao mais antigo registrado (o PL 1.292/95), o qual recebeu tal número em razão da antiguidade, e não por de fato inspirar a nova proposta.

Depois de muitos debates na Câmara dos Deputados, sob a relatoria do Deputado João Arruda, e presidência do Deputado Augusto Coutinho, o projeto volta, em 2019, para o Senado, sob relatoria do Senador Anastasia, e recebe nova numeração, qual seja: 4.253, tendo sido aprovado no Plenário, numa votação rápida, depois de longo e profícuo trâmite, sendo, então, consolidado a partir do dia 10 de dezembro de 2020 e enviado à sanção no dia 11 de março de

---

[17] Ressalte-se que é significativa a corrente doutrinária que enxerga inconstitucionalidade no art. 1º da Lei de Licitações, pois este impõe, com o art. 118 da Lei, a aplicação na íntegra das normas gerais aos demais entes federativos, não sobrando quase nada para a regulamentação dos Estados, Distrito Federal e Municípios. Cf. DI PIETRO, Maria Sylvia Zanella. *Direito administrativo*. 25. ed. São Paulo: Atlas, 2012. p. 328.

2021. Foi aprovado com veto parcial no dia 1º de abril de 2021, como **Lei de Licitações e Contratos Administrativos**: Lei nº 14.133/2021.

De acordo com o art. 194 da Lei nº 14.133, a lei entrou em vigor na data da sua publicação oficial, isto é, a partir de 1º de abril de 2021, sendo que as Leis nº 8.666/93, nº 10.520/2002 e os arts. 1º a 47-A da Lei nº 12.642/2011 foram revogadas, após uma prorrogação de sua revogação, no final do ano de 2023 (apesar de a revogação inicial dos diplomas ter sido dois anos após a edição da lei).

Assim, foi possível, no prazo de início da vigência da nova lei, enquanto não tinham sido revogados os diplomas anteriores, a escolha por parte do gestor em aplicar o diploma que achasse mais conveniente ao caso concreto de necessidade de contratação, contudo, foi expressamente proibida a mistura de conteúdo da nova lei com as antigas que foram revogadas no final de 2023. Significa dizer que a Lei nº 8.666/93 não deixou de existir imediatamente após a aprovação da nova lei.

A Lei nº 14.133 (Nova Lei de Licitações e Contratos – NLLC) congrega as novidades tanto do pregão como do Regime Diferenciado de Contratações (RDC) para as licitações, como: a inversão de fases como regra, sendo que o julgamento será em geral anterior à habilitação; facultatividade do uso do orçamento sigiloso, conforme inspiração no RDC; previsão da adoção de programa de integridade obrigatória em contratação de grande vulto; criação do Portal Nacional de Contratações Públicas (PNCP); presença de agentes de contratação com suas equipes de apoio, tal qual ocorre no pregão, em que há o pregoeiro e sua equipe de apoio; elevação dos valores de contratação direta; aumento do percentual do valor do seguro-garantia com cláusula de retomada para contratações de obras e serviços de engenharia de grande vulto; e presença da modalidade diálogo competitivo, para contratação de obras, serviços e compras, em que há diálogos realizados com licitantes previamente selecionados, havendo possibilidade de desenvolvimento de uma ou mais alternativas para atender às suas necessidades, o que é estendido para proposta aos licitantes após o encerramento do diálogo.[18]

---

[18] Cf. NOHARA, Irene Patrícia. *8 principais mudanças com a nova lei de licitações e contratos*. Disponível em: <https://direitoadm.com.br/8-principais-mudancas-com-a-nova-lei-de-licitacoes-e-contratos/>. Acesso em: 15 jan. 2020.

DIPLOMA NORMATIVO	DENOMINAÇÃO
Decreto nº 2.926, de 14.5.1862	Das Arrematações do Ministério da Agricultura, Comércio e Obras Públicas
Decreto nº 4.536, de 28.1.1922	Código de Contabilidade da União
Decreto-lei nº 200, de 25.2.1967	Da Reforma Administrativa Federal
Decreto-lei nº 2.300, de 21.11.1986	Estatuto Jurídico das Licitações e Contratos Administrativos
Lei nº 8.666, de 21.6.1993	Lei Geral de Licitações e Contratos
Lei nº 14.133, de 1º de abril de 2021	Lei de Licitações e Contratos Administrativos

6.5 Disciplina legal e entes que devem licitar

É competência privativa da União legislar sobre **normas gerais de licitação**, em **todas as modalidades**, conforme dispositivo contido no art. **22, XXVII**, da Constituição. Normas gerais são aquelas que veiculam princípios, diretrizes e balizas uniformizadoras do processo, o que garante certa homogeneidade no tratamento da licitação.

A **Lei nº 14.133/2021** institui normas sobre licitações e contratos da Administração Pública direta, autárquica e fundacional, obedecido o disposto no art. 37, XXI, da Constituição. A Lei de Licitações é aplicada a todas as administrações dos entes federativos, que podem também produzir normas específicas para atender às suas peculiaridades, uma vez que se trata, agora sem tanta controvérsia, de "tema estritamente de Direito Administrativo".[19]

As **empresas públicas** e **sociedades de economia mista** (EP/SEM) e suas **subsidiárias** que explorem atividade econômica de produção ou comercialização de bens ou de prestação de serviços terão **estatuto jurídico estabelecido em lei** que disporá sobre licitação e contratação de obras, serviços, compras e alienações, observados os princípios da Administração Pública.

Nesse sentido, determina o § 1º do art. 1º da Lei nº 14.133/2021 que não são abrangidas por esta lei as empresas públicas, as sociedades de economia mista e as suas subsidiárias, regidas pela Lei nº 13.303, de 30 de junho de 2016, ressalvados os crimes nas licitações que foram transferidos para o Código Penal e também se aplicam às estatais.

O regime de licitação e contratação das estatais, ou seja, das empresas públicas e sociedades de economia mista, está disposto na Lei nº 13.303/2016 (Lei das Estatais), que foi regulamentada pelo Decreto nº 8.945/2016. Antes da edição desta lei, havia uma série de discussões na área jurídica; algumas estatais, como a Petrobras, adotavam regulamento

---

[19] BANDEIRA DE MELLO, Celso Antônio. *Curso de direito administrativo*. São Paulo: Malheiros, 2008. p. 517. Portanto, fora a legislação que trata de normas gerais, que é de competência privativa da União, conforme visto, o assunto é da autonomia de cada ente federativo.

próprio para as suas licitações, dado que sua legislação previa a presença de procedimento licitatório simplificado.[20]

Atualmente, os decretos que estabeleciam regras de licitação para as estatais foram revogados pela disciplina da Lei das Estatais. Discutia-se a abrangência da aplicação das licitações às estatais. Assim, enquanto as empresas públicas e sociedades de economia mista que prestavam serviços públicos tinham obrigação de licitar suas contratações, as estatais exploradoras de atividade econômica deveriam ter sistema licitatório próprio, que lhes garantisse maior competitividade.

Agora, ambas se subordinam às regras de licitação e contratos da Lei das Estatais. O art. 91 da Lei nº 13.303/2016 estabeleceu que as empresas públicas e as sociedades de economia mista constituídas antes da vigência da lei teriam o prazo de 24 meses para promover as adaptações necessárias à adequação do seu regime jurídico aos ditames da Lei das Estatais, conforme o que o § 3º do mesmo artigo orienta que os procedimentos licitatórios e os contratos iniciados ou celebrados até o prazo final dos 24 meses permaneceriam regidos pela legislação anterior. A *vacatio* para tais hipóteses foi até final de junho de 2018, sendo que, agora, a lei já vigora com toda abrangência normativa.

Havia também uma discussão sobre a abrangência da aplicação da regra de licitação. Marçal Justen Filho,[21] um dos mais aprofundados especialistas no assunto, expõe que as estatais exploradoras de atividade econômica não estão obrigadas a realizar licitação para operações enquadráveis nas atividades-fim, pois a obrigatoriedade poderia **inviabilizar** o desempenho de certas atividades. Celso Antônio Bandeira de Mello[22] reconhece, na mesma linha, **inexigibilidade** de licitações para casos em que as estatais pratiquem atos tipicamente comerciais ou negociais.

Em exemplos fornecidos por Justen Filho:[23] uma distribuidora de combustíveis, controlada pelo Estado, não precisa realizar licitação para alienar combustível (atividade-fim). Instituições financeiras estatais que atuam no setor bancário, como o Banco do Brasil, que é sociedade de economia mista, e a Caixa Econômica Federal, que é empresa pública, não precisam licitar contratos bancários, o que inviabilizaria sua competitividade no mercado. Para a exploração de atividade econômica, as mencionadas entidades devem atuar em condições de igualdade, para que sejam competitivas no mercado.

Não obstante, nas **atividades-meio** é plenamente exigível a licitação. Assim, a licitação é obrigatória para a construção da sede[24] de uma estatal exploradora de atividade econômica,

---

[20] Note-se que atualmente também há o regulamento de licitações e contratos, mas ele é editado com base na Lei nº 13.303/2016.
[21] JUSTEN FILHO, Marçal. *Comentários à lei de licitações e contratos administrativos*. São Paulo: Dialética, 2008. p. 27.
[22] BANDEIRA DE MELLO, Celso Antônio. *Curso de direito administrativo*. São Paulo: Malheiros, 2008. p. 528.
[23] JUSTEN FILHO, Marçal. *Comentários à lei de licitações e contratos administrativos*. São Paulo: Dialética, 2008. p. 28.
[24] Exemplo também de Marçal Justen Filho. *Comentários à lei de licitações e contratos administrativos*. São Paulo: Dialética, 2008. p. 28.

pois a Administração (mesmo que Indireta)[25] deve selecionar a proposta mais vantajosa e garantir isonomia entre todos que queiram com ela contratar.[26]

O art. 28 da Lei das Estatais (Lei nº 13.303/2016) também acolheu essa interpretação, pois determinou, agora com maior clareza, a obrigatoriedade da licitação, exceto nos casos de contratação direta, para: os contratos destinados à prestação de serviços às empresas públicas e às sociedades de economia mista, inclusive de engenharia e de publicidade, à aquisição e à locação de bens, à alienação de bens e ativos integrantes do respectivo patrimônio ou à execução de obras a serem integradas a esse patrimônio, bem como à implementação de ônus real sobre tais bens.

De certa forma, seguiu-se a orientação, que já era reconhecida, no sentido de que as estatais não precisariam licitar atividades-fim, mas geralmente as atividades-meio, conforme se determinou que são dispensadas da observância da licitação em caso de comercialização, prestação ou execução, de forma direta, de produtos, serviços ou obras especificamente relacionadas com seus respectivos objetos sociais (cf. art. 28, § 3º, I, da Lei das Estatais).

O inciso XXI do art. 37 da Constituição estabelece a **regra da obrigatoriedade da licitação**, segundo a qual obras, serviços, compras e alienações serão contratados mediante processo de licitação pública que assegure igualdade de condições a todos os concorrentes, ressalvados os casos especificados na legislação. Esta ressalva torna a obrigatoriedade em determinadas hipóteses relativa, pois, conforme será visto, a norma constitucional autoriza o legislador a estabelecer exceções à regra.

Entretanto, quando o Poder Público, na forma da lei, diretamente ou sob regime de concessão ou permissão, presta serviços públicos, há a obrigatoriedade absoluta da licitação, isto é, o constituinte, conforme determina o art. 175, não permite que o legislador excepcione a regra nesta circunstância.

As licitações para concessões de serviço ou obra pública, que obedecem subsidiariamente à Lei Geral de Licitações, têm algumas peculiaridades estabelecidas nas leis de concessões, isto é, na Lei nº 8.987/95. A licitação de parcerias público-privadas, por sua vez, tem características diferenciadas estabelecidas na Lei nº 11.079/2004. Já os serviços de publicidade por agências de propaganda são disciplinados especificamente pela Lei nº 12.232/2010. O art. 186 da Lei nº 14.133/2021 determina que se aplicam as suas disposições subsidiariamente à Lei nº 8.987/95 (Lei de Concessões), à Lei nº 11.079/2004 (Lei de PPP), e à Lei nº 12.232/2010 (Lei de Serviços de Publicidade por Agências de Propaganda).

Note-se que para as contratações referentes aos Jogos Mundiais (Olímpicos, Paraolímpicos, da Copa do Mundo e da Copa das Confederações), bem como para as obras de infraestrutura

---

[25] De acordo com o art. 22, XXVII, da Constituição, compete privativamente à União legislar sobre: "normas gerais de licitação e contratação, em todas as modalidades, para as administrações públicas diretas, autárquicas e fundacionais da União, Estados, Distrito Federal e Municípios, obedecido o disposto no art. 37, XXI, e para as empresas públicas e sociedades de economia mista, nos termos do art. 173, § 1º, III", conforme redação conferida ao dispositivo pela Emenda Constitucional nº 19/98.

[26] Já Maria Sylvia Zanella Di Pietro defende que o art. 22, XXVII, não fez distinção quanto ao tipo de atividade exercida pela empresa: "ele quis que todas elas se submetessem a regime jurídico diverso em matéria de licitações e contrato. Com isto, tem-se que entender que, embora o art. 173 discipline apenas atividade econômica desempenhada pelo Estado (e não o serviço público), no que diz respeito à licitação e contrato o dispositivo vai aplicar-se também às empresas que prestem serviço público". In: *Temas polêmicos sobre licitações e contratos*. 5. ed. São Paulo: Malheiros, 2001. p. 25. Outros autores, todavia, não aplicam o art. 173 aos serviços públicos, pois entendem que a estes se aplica o art. 175, CF. Ver. GRAU, Eros Roberto. *A ordem econômica na Constituição de 1988*. 11. ed. São Paulo: Malheiros, 2006. p. 119.

e contratação de serviços de aeroportos das capitais distantes até 350 km das cidades-sedes dos jogos, o governo criou, há tempos, a possibilidade de utilização do regime diferenciado de contratação (RDC), por Medida Provisória nº 527, convertida na Lei nº 12.462, de 5 de agosto de 2011, cuja constitucionalidade foi alvo de duas ADIs: 4645, do PSDB, DEM e PPS, e 4655, do Procurador-Geral da República.

Paulatinamente, o RDC também foi sendo aplicado às ações integrantes do Programa de Aceleração do Crescimento (PAC), conforme previsão feita pela Lei nº 12.688/2012; das obras e serviços de engenharia no âmbito do Sistema Único de Saúde (SUS), de acordo com a Lei nº 12.745/2012, e das obras e serviços de engenharia para construção, ampliação, reforma e administração de estabelecimentos penais e unidades de atendimento socioeducativo, tendo sido tal possibilidade incluída pela Lei nº 13.190/2015; das ações no âmbito da segurança pública, conforme a Lei nº 13.190/2015; dos contratos de locação de bens móveis e imóveis firmados pela Administração, nos quais o locador realiza prévia aquisição, construção ou reforma substancial, com ou sem aparelhamento de bens, por si mesmo ou por terceiros, do bem especificado pela administração; e das ações em órgãos e entidades dedicados à ciência, à tecnologia e à inovação, conforme inclusão do Marco Legal da Ciência, Tecnologia e Inovação (Lei nº 13.243/2016).

Quanto à hipótese das obras de serviços de engenharia, relacionadas com melhorias na mobilidade urbana e ampliação na infraestrutura logística, deve-se advertir que, em 2015, houve a tramitação da MP 678, depois convertida na Lei nº 13.190/2015, que estendia o RDC para a segurança pública e os estabelecimentos penais, estando previsto que ele seria aplicável também para tais hipóteses (obras e serviços de engenharia relacionados à mobilidade urbana e à ampliação de infraestrutura logística), o que permitiria, na prática, a aplicação do RDC a um grande espectro de obras de engenharia. Contudo, o STF, na medida cautelar ao MS 33.889/DF, suspendeu o dispositivo da lei, afirmando se tratar de assunto estranho ao originariamente tratado na MP 678/2015. Logo, essa hipótese genérica não é mais válida.

Ocorre que, conforme foi visto, os arts. 1º a 47-A da Lei nº 12.462/2011 ficarão vigentes somente até dois anos da edição da Lei nº 14.133/2021, sendo depois suplantados pela nova disciplina. Contudo, grande parte das alterações processadas na Lei de Licitações, a partir da nova lei, foi inspirada exatamente nas novidades trazidas pelo RDC, a exemplo do orçamento sigiloso e da contratação integrada, conforme será visto adiante.

DISCIPLINA LEGAL E ENTES QUE DEVEM LICITAR

Art. 22, XXVII, CF: Competência privativa da União para legislar sobre normas gerais de licitações e contratação, em todas as modalidades.

Lei Geral: Lei de Licitações e Contratos – Lei nº 14.133/2021 (consolida anteriores diplomas: Lei nº 8.666/93, Lei nº 10.520/2002 e Lei nº 12.462/2011).

ADMINISTRAÇÃO DIRETA, AUTÁRQUICA E FUNDACIONAL – U, E, DF e M.

Art. 37, XXI, CF: ressalvados os casos especificados na legislação, obras, serviços, compras e alienações serão contratados por licitação pública.

EMPRESA PÚBLICA E SOCIEDADE DE ECONOMIA MISTA: art. 173, § 1º, III, da CF – estatuto jurídico próprio de licitação e contratos, observados os princípios da Administração Pública (EC 19/98) – Lei nº 13.303/2016.

Continuam em vigor as leis especiais: Lei de Concessões e Permissões (Lei nº 8.987/95; Lei de PPPs (Lei nº 11.079/2004); e Lei de Serviços de Publicidade por Agências de Propaganda (Lei nº 12.232/2010).

6.6 Princípios

São princípios previstos no art. 5º da Lei de Licitações (Lei nº 14.133/2021): legalidade, impessoalidade, moralidade, publicidade, eficiência, interesse público, probidade administrativa, igualdade, planejamento, transparência, eficácia, segregação de funções, motivação, vinculação ao edital, julgamento objetivo, segurança jurídica, razoabilidade, competitividade, proporcionalidade, celeridade, economicidade e do desenvolvimento nacional sustentável, assim como as disposições do Decreto-lei nº 4.657, de 4 de setembro de 1942 (Lei de Introdução às Normas do Direito Brasileiro).

Apesar de muitos conteúdos serem previstos "como se" tivessem natureza jurídica de princípios, na realidade alguns acréscimos são, no fundo, diretrizes que orientam a gestão das licitações e dos contratos e não propriamente princípios, a exemplo dos seguintes conteúdos: planejamento, segregação de funções e desenvolvimento nacional sustentável. Mas, como houve a estruturação legal nessa categoria, serão temas abordados no item de princípios, não obstante a necessidade de se fazer a ressalva.[27]

Anteriormente, a Lei nº 8.666/93 previa os seguintes princípios: legalidade, impessoalidade, moralidade, igualdade (isonomia), publicidade, probidade administrativa, vinculação ao instrumento convocatório, julgamento objetivo e outros princípios correlatos. Não era um rol taxativo, assim como não se pode considerar o da nova lei, que também faz alusão à aplicabilidade da LINDB.

Por conseguinte, além dos que foram repetidos, foram, ainda, mencionados **14 novos princípios** expressamente previstos no art. 5º da Lei nº 14.133/2021: (1) eficiência; (2) interesse público; (3) planejamento; (4) transparência; (5) eficácia; (6) segregação de funções; (7) motivação; (8) segurança jurídica; (9) razoabilidade; (10) competitividade; (11) proporcionalidade; (12) celeridade; (13) economicidade; e (14) desenvolvimento nacional sustentável.

6.6.1 *Legalidade e formalismo*

Conforme visto na parte geral de princípios, a legalidade administrativa, prevista no *caput* do art. 37 da Constituição, é mais restrita do que a legalidade para o cidadão, pois enquanto este pode tudo aquilo que não lhe é proibido, a Administração só pode o que é permitido por lei.

A Administração, ao contrário do particular, não pode celebrar contratos livremente, pois deve obedecer ao procedimento prévio da licitação, salvo nos casos excepcionais de contratação direta admitidos na legislação.[28]

Ressalte-se que, no tocante à **aplicação da legalidade**, enquanto a lei geral de processo administrativo, que, no âmbito federal, é a Lei nº 9.784/99, estabelece o princípio do informalismo ou do formalismo moderado/mitigado,[29] segundo o qual os atos do processo administrativo

---

[27] Os que acompanharam o duro trâmite do projeto viram que, na etapa final, houve uma tentativa de separação do que era princípio em relação ao que era diretriz, mas como essa reestruturação demandaria nova votação, sob pena de alegação de inconstitucionalidade formal, então, o texto voltou ao "balaio comum" dos princípios da licitação.

[28] Advirta-se que se a Administração Pública optar por contratar diretamente, diante de uma hipótese admitida pela lei, ela deve observar um procedimento legal. Logo, a contratação direta não autoriza o descumprimento de formalidades prévias estabelecidas, sendo necessária a observância de um procedimento para a contratação direta, inclusive com exigências de publicidade e controle.

[29] Cf. NOHARA, Irene Patrícia; MARRARA, Thiago. *Processo administrativo*: Lei nº 9.784/99 comentada. São Paulo: Atlas, 2009. p. 37.

não dependem de forma determinada senão quando a lei expressamente a exigir,[30] tal informalismo não se aplica aos procedimentos licitatórios.

A licitação é procedimento concorrencial que, portanto, obedece a um maior formalismo. Justificam tal exigência Lúcia Valle Figueiredo e Celso Antônio Bandeira de Mello,[31] a partir da constatação de que o informalismo não é adequado aos procedimentos nos quais há concorrência, pois ele afetaria garantias importantes como a igualdade dos concorrentes.

O agente de contratação ou a comissão não podem deixar de lado critério fixado no edital para julgamento de proposta ou mesmo na habilitação de candidatos. Isso não significa, todavia, que se deva atuar com rigor excessivo na interpretação dos textos normativos, porquanto está ultrapassado o posicionamento de que os intérpretes devam ser autômatos que aplicam a lei a partir de seu sentido literal.

Com o pós-positivismo, verifica-se que a textura aberta da linguagem não admite certeza ou precisão absoluta na interpretação dos textos normativos, sendo os princípios parâmetros importantes, mas também variáveis, na aplicação da lei, uma vez que eles não são absolutos e, em diversos casos, há colisão de sentido, cabendo ao administrador sopesar os valores envolvidos para melhor solucionar cada caso concreto.

No caso da licitação, a exigência de formalismo[32] deve ser sopesada, no caso concreto, com os princípios da igualdade e da competitividade, para que a Administração se beneficie da proposta mais vantajosa. No mesmo sentido, expõe Adilson Dallari que:

> Existem claras manifestações doutrinárias e já há jurisprudência no sentido de que, na fase de habilitação, não deve haver rigidez excessiva; deve-se procurar a finalidade da fase de habilitação, deve-se verificar se o proponente tem concretamente idoneidade. Se houver um defeito mínimo, irrelevante para essa comprovação, isso não pode ser excludente do licitante. Deve haver uma certa elasticidade em função do objetivo, da razão de ser da fase da habilitação; convém ao interesse público, que haja o maior número possível de participantes.[33]

Elucidativo é o voto do Ministro do TCU Marcos Vinicios Vilaça,[34] segundo o qual:

> a burocracia nasce e se alimenta da desconfiança do cidadão, na crença de que suas declarações são sempre falsas e que válidas são as certidões, de preferência expedidas por cartórios,[35] com importantíssimos carimbos, agora insubstituíveis selos holográficos de autenticidade, sem os quais nada é verdadeiro. O apego a formalismos exagerados e injustificados é uma manifestação perniciosa da burocracia que, além de não resolver apropriadamente problemas cotidianos,

---

[30] Segundo observação de GORDILLO, Agustín. *Procedimiento y recursos administrativos*. 2. ed. Buenos Aires: Macchi, 1971. p. 66, para impedir que a Administração Pública ofereça obstáculos à manifestação dos administrados por meio do excesso de rigor técnico, o que impossibilitaria que significativa parcela de pessoas simples e humildes fizessem valer suas pretensões legítimas perante o Estado.

[31] BANDEIRA DE MELLO, Celso Antônio. *Curso de direito administrativo*. São Paulo: Malheiros, 2008. p. 495. FIGUEIREDO, Lúcia Valle. *Curso de direito administrativo*. 7. ed. São Paulo: Malheiros, 2004. p. 438.

[32] Note-se que até no processo judicial, que, ao contrário do administrativo, obedece a maior formalismo, há sopesamento na aplicação dos princípios, havendo inclusive pautas axiológicas como a economia processual e a instrumentalidade das formas, onde não existe prejuízo.

[33] DALLARI, Adilson. *Aspectos jurídicos da licitação*. São Paulo: Saraiva, 2003. p. 137.

[34] Mencionado por Carlos Pinto Coelho Motta em Direito subjetivo do adjudicatário ao resultado eficaz da licitação. *Revista Eletrônica do Direito do Estado*, Salvador, nº 9, p. 23, jan./mar. 2007.

[35] Agora, a partir da Lei de Simplificação e Desburocratização, Lei nº 13.726/2018, a tendência é que a Administração mitigue essas antigas exigências.

ainda causa dano ao erário, sob o manto da legalidade estrita. Esquece o interesse público e passa a conferir os pontos e vírgulas como se isso fosse o mais importante a fazer.[36]

Marçal Justen Filho menciona,[37] a propósito, decisão em mandado de segurança julgado pelo Superior Tribunal de Justiça em que se considerou que um defeito menor na certidão, que não comprometia a certeza de que a licitante estava mesmo registrada no Conselho Regional de Engenharia, Arquitetura e Agronomia, não poderia ser fator apto ao seu afastamento da concorrência.

Na própria lei se determina, no art. 64 (da Lei nº 14.133/2021), que, após a entrega dos documentos para habilitação, não será permitida a substituição ou a apresentação de novos documentos, salvo em sede de diligência para: (1) complementação de informações acerca dos documentos já apresentados pelos licitantes e desde que necessária para apurar fatos existentes à época da abertura do certame; e (2) atualização de documentos cuja validade tenha expirado após a data de recebimento das propostas.

Assim, se houver dúvidas sobre algo que pode ser esclarecido, sem a necessidade de inclusão de nova documentação, melhor que a Administração não descarte a participação de empresa idônea (e regular) a pretexto de seguir um formalismo excessivo, em situação onde não há prejuízo aos interesses públicos.

Ademais, em prestígio à economia processual, estabelece o § 1º do art. 64 da Lei nº 14.133/2021 que, na análise dos documentos de habilitação, a comissão de licitação poderá sanar erros ou falhas que não alterem a substância dos documentos e sua validade jurídica, mediante despacho fundamentado registrado e acessível a todos, atribuindo-lhes eficácia para fins de habilitação e classificação.

6.6.2 Impessoalidade

De acordo com a exposição no item geral dos princípios, impessoalidade é princípio que demanda do agente público conduta imparcial, isto é, afastada de favoritismos. Relaciona-se com a moralidade, uma vez que exige da Administração atuações que se distanciem da busca por interesses próprios dos agentes públicos ou de terceiros. Conduta impessoal é, portanto, aquela na qual não há intenção de beneficiar ou prejudicar pessoas ou empresas.

Trata-se também, conforme visto, de decorrência da igualdade, pois a Administração deve tratar de forma igual todos aqueles que preencham requisitos legais e não pode realizar discriminações impertinentes, sobretudo nas licitações. Como expressão da impessoalidade no âmbito das licitações, não é dado à Administração celebrar contrato com preterição da ordem de classificação das propostas ou com terceiros estranhos ao procedimento licitatório.

Também o julgamento objetivo se relaciona com a impessoalidade, pois nele se busca excluir da análise subjetivismos por parte da comissão de licitação. Ora, nem sempre é possível ao ser humano uma análise "neutra" de determinada situação. Há variações, mesmo que inconscientes, na forma que as pessoas analisam e julgam as coisas, em função da experiência acumulada ao longo das trajetórias de vida.

---

[36] TCU, Decisão 695/99, *DOU* 8.11.1999. p. 50.

[37] JUSTEN FILHO, Marçal. *Comentários à lei de licitações e contratos administrativos*. São Paulo: Dialética, 2008. p. 77.

O que se exige, em verdade, dos agentes de contratação, dos integrantes das comissões e das autoridades competentes não é uma neutralidade inalcançável ao ser humano, mas a imparcialidade no julgamento. Esta se realiza pela avaliação objetiva, que será ainda mais clara se houver motivação na desclassificação ou na inabilitação de determinados concorrentes.

6.6.3 Moralidade

A moralidade administrativa exige atuação ética, honesta, leal ou de boa-fé por parte dos agentes que promovem licitações. Conforme visto, ela está relacionada com o tipo de comportamento esperado da Administração, que, no caso da licitação, parte da necessidade de busca objetiva da melhor vantagem na contratação que resguarde a igualdade de condições entre os participantes do certame, assegurando a justa competição.

A boa-fé demanda, portanto, do agente de contratação ou da comissão:

1. proibição de abuso de poder, seja pelo excesso ou pelo desvio de finalidade;
2. vedação do *venire contra factum proprium* que, segundo Egon Bockmann Moreira, consubstancia "conduta contraditória, dissonante do anteriormente assumido, ao qual se havia adaptado a outra parte e que tinha gerado legítimas expectativas";[38]
3. proibição de omissão irrazoável no respeito aos critérios da licitação;
4. vedação de apego exacerbado a formalismo "estéril", como meio de excluir licitante apto a participar do certame; e
5. respeito ao tempo, sendo proibidos:[39] o exercício prematuro de atos e a desobediência dos prazos, que se dá, por exemplo, com o retardamento desonesto da prática de ato ou de decisão.

6.6.4 Publicidade e transparência

A publicidade deve guiar toda a atuação da Administração, porquanto tal princípio se encontra positivado no *caput* do art. 37 da Constituição. No concernente à licitação, garante o art. 5º da lei a publicidade como princípio, sendo este refletido em diversas regras que asseguram a transparência dos atos tanto aos licitantes interessados como aos demais cidadãos.

Conforme visto no capítulo de princípios, a publicidade tem por finalidade o cumprimento do dever de publicação dos atos da Administração Pública, sendo a transparência, por sua vez, voltada para "a abertura de processos e resultados de assuntos públicos relativos à gestão pública, com informações compreensíveis e espaços para participação popular na busca de soluções para problemas na gestão pública".[40]

Trata-se de termo derivado do vocabulário da governança pública, que fala em *disclosure*, e se relaciona com a divulgação dos atos de gestão aos interessados. Note-se que a abordagem

---

[38] MOREIRA, Egon Bockman. *Processo administrativo*. 3. ed. São Paulo: Malheiros, 2007. p. 117.
[39] MOREIRA, Egon Bockman. *Processo administrativo*. 3. ed. São Paulo: Malheiros, 2007. p. 117.
[40] Em tese de doutoramento brilhantemente defendida na Universidade de Coimbra. MESSA, Ana Flávia. Transparência, compliance e práticas anticorrupção na administração pública. São Paulo: Almedina, 2019. p. 67.

da transparência contempla exigências de divulgação de informações de forma clara, objetiva e evidente.[41]

No caso da licitação, determina o § 3º do art. 25 da Lei nº 14.133/2021 que todos os elementos do edital, incluídos minuta de contrato, termos de referência, anteprojeto, projetos e outros anexos, deverão ser divulgados em sítio eletrônico oficial na mesma data de divulgação do edital, sem necessidade de registro ou de identificação para acesso.

O **Portal Nacional de Contratações Públicas** (PNCP) é o sítio oficial das contratações, sendo exigido no art. 54 da lei que a publicidade do edital de licitação seja realizada mediante divulgação e manutenção do inteiro teor do ato convocatório e de seus anexos no PNCP. É facultada a divulgação adicional e a manutenção do inteiro teor do edital e de seus anexos em sítio eletrônico oficial do ente federativo ou do órgão responsável pela licitação, admitindo-se, ainda, nos termos do § 2º do art. 54, a divulgação direta a interessados devidamente cadastrados para tal fim.

Ainda, após a homologação do processo licitatório, deve-se dar publicidade seja no PNCP, seja no sítio do órgão ou ente responsável, aos documentos elaborados na fase preparatória que porventura não tenham integrado o edital e seus anexos.

Note-se que a lei adotou, em caráter facultativo, o sistema de orçamento sigiloso inspirado no sistema do RDC, sendo que esse sigilo do detalhamento dos quantitativos e demais informações necessárias para elaboração das propostas não prevalecerá em relação aos órgãos de controle interno e externo, conforme se verifica do disposto no art. 24 da Lei nº 14.133/2021.

6.6.5 *Eficiência*

Eficiência foi, conforme visto, princípio positivado no *caput* do art. 37 da Constituição por meio da Emenda Constitucional nº 19/98, da Reforma Administrativa. Geralmente se costuma associar o princípio da eficiência com a exigência da boa administração. No tocante às licitações, devem-se buscar os meios mais adequados e que melhor atendam às necessidades de contratação da Administração Pública, sempre tendo por mira a ponderação dos custos e do benefício a ser extraído.

Como os contratos envolvem atender a necessidades coletivas e também mobilizam recursos públicos, a eficiência deve estar presente no horizonte do agente de contratação. No entanto, assegure-se que eficiência não significa que os fins justificam todo e qualquer meio, assim, a depender da situação, os requisitos formais da licitação devem ser observados, pois eles não são sempre apenas instrumentos; são, muitas das vezes, garantia: de isonomia, de justa competição etc.

6.6.6 *Interesse público*

O horizonte a ser mirado quando da realização da licitação pública para a celebração do contrato é o alcance do interesse público. Quando se fala em interesse público, nas categorias já trabalhadas no capítulo de princípios, está-se aludindo ao interesse público primário, isto é, ao interesse da coletividade.

---

[41] O que pode ser articulado com a determinação da Lei de Processo Administrativo Federal, que exige que a motivação seja explícita, clara e congruente, conforme o art. 50, § 1º, da Lei nº 9.784/99.

O interesse público legitima a presença de poderes e também de deveres, como é a realização da licitação. Assim, ao mesmo tempo que há a supremacia do interesse público, também existe a outra faceta da moeda, que é a indisponibilidade do interesse público. Nesta última perspectiva, a Administração Pública não pode, como regra, doar bens públicos, ela deve promover licitação para aliená-los, sendo inclusive alvo de verificação se a alienação não é feita a preço vil, o que poderia representar prejuízo ao erário, isto é, ao patrimônio que, no final das contas, é público, e não particular.

6.6.7 Probidade administrativa

A conduta dos agentes públicos e dos particulares que participam de licitações deve ser guiada pela probidade, que se relaciona com a moralidade e com a indisponibilidade dos interesses públicos, sendo mandamento contido no art. 37, § 4º, da Constituição que os atos de improbidade administrativa importarão em suspensão dos direitos políticos, perda da função pública, indisponibilidade dos bens e ressarcimento ao erário, na forma e gradação previstas em lei.

Tendo em vista que o procedimento licitatório é não raro palco fértil de ajustes escusos entre agentes públicos "corruptos" e particulares "corruptores", em sentido amplo, em evidente burla à sistemática legal, decidiram os legisladores, ainda, incriminar algumas condutas específicas que antes estavam nos arts. 89 a 98 da Lei nº 8.666/93, mas que, a partir da vigência da Lei nº 14.133/2021, foram descritas e deslocadas, com outra numeração, para o Código Penal.

Ocorre que, conforme analisa Vicente Greco Filho,[42] a Lei de Licitações apresenta graves defeitos de técnica, originados do furor incriminatório que permeou muitas leis da década de 1990, de modo que, de tão malfeitas,[43] acabam não sendo aplicadas como deveriam. Percebe-se que é mais corrente a condenação com base na Lei de Improbidade Administrativa, que não possui natureza penal, do que com base nas práticas criminais descritas na Lei de Licitações, que, a partir da Lei nº 14.133/2021, deslocou os ilícitos criminais para o Código Penal.[44]

A Lei de Improbidade Administrativa (Lei nº 8.429/92) foi editada em atendimento aos anseios de combate à corrupção, em seu sentido lato,[45] contudo, deve-se advertir que o ato de improbidade, em si, **não constitui crime**, mas também pode caracterizá-lo, por isso a parte final do art. 37, § 4º, da Constituição menciona a expressão: "sem prejuízo da ação penal cabível".

Assim, a Lei nº 8.429/92, que não tem caráter penal,[46] e é aplicada sem prejuízo de sanções civis, criminais e administrativas, caracteriza como ato de improbidade que causa lesão ao erário a ação ou omissão, a partir da Lei nº 14.230/2021, sempre **dolosa**, que enseje perda patrimonial, desvio, apropriação, malbaratamento ou dilapidação de bens ou haveres públicos, notadamente: "**frustrar a licitude** de processo licitatório ou de processo seletivo para

---

[42] GRECO FILHO, Vicente. *Dos crimes da Lei de Licitações*. 2. ed. São Paulo: Saraiva, 2007. p. 2-3.

[43] Normalmente porque violam os princípios da legalidade e da tipicidade.

[44] Cf. tivemos oportunidade de expor em: Novas tendências nas licitações. In: COSTA, Ana Edite Olinda Norões Costa; PRAXEDES, Marco. *Licitações e contratos administrativos*: apontamentos. Leme: J. H. Mizuno, 2009. p. 79

[45] Não no sentido técnico/criminal.

[46] Note-se que Gilmar Mendes e Arnoldo Wald, na atualização da obra *Mandado de segurança*, de Hely Lopes Meirelles, enfatizam que, na visão deles, também há aspectos criminais da Lei de Improbidade a serem perseguidos por ação penal própria. Cf. MEIRELLES, Hely Lopes. *Mandado de segurança*. 27. ed. São Paulo: Malheiros, 2004. p. 210.

celebração de parcerias com entidades sem fins lucrativos, ou dispensá-los indevidamente, acarretando perda patrimonial efetiva" (art. 10, VIII, com redação da Lei nº 14.230/2021).

Podem responder por improbidade tanto o agente público como aquele que, mesmo não sendo agente público, induza ou concorra dolosamente para a prática do ato de improbidade. Por esse motivo, exige-se não apenas dos agentes públicos que realizam licitações que atuem de forma proba, mas também aos particulares que desejam participar dos certames.

Também a Lei nº 12.846/2013, apelidada *Lei Anticorrupção*, considera que são atos lesivos à Administração Pública, nacional ou estrangeira, todos aqueles praticados pelas pessoas jurídicas que atentem contra o patrimônio público nacional ou estrangeiro, contra os princípios da administração ou os compromissos internacionais assumidos pelo Brasil, sendo o inciso IV do art. 5º da lei voltado exclusivamente às licitações e contratos ao coibir as seguintes práticas: (a) frustrar ou fraudar, mediante ajuste, combinação ou qualquer outro expediente, o caráter competitivo de procedimento licitatório público; (b) impedir, perturbar ou fraudar a realização de qualquer ato de procedimento licitatório público; (c) afastar ou procurar afastar licitante, por meio de fraude ou oferecimento de vantagem de qualquer tipo; (d) fraudar licitação pública ou contrato dela decorrente; e (e) criar, de modo fraudulento ou irregular, pessoa jurídica para participar de licitação pública ou celebrar contrato administrativo.

> **TEMA POLÊMICO: cartéis em licitações**
>
> Um tema que representa tanto uma imoralidade como uma ilegalidade é a ocorrência de cartéis em licitações. Cartel, conforme material da Secretaria de Direito Econômico, é "um acordo entre concorrentes para, principalmente, fixação de preços ou quotas de produção, divisão de clientes e de mercados de atuação".[47] É uma forma de as empresas concorrentes ajustarem a atuação, fraudando a concorrência a partir da fixação de preços, clientes, produção ou mesmo do local em que atuarão.
>
> Os cartéis restringem a oferta de produtos, geram aumento do preço e tornam bens e serviços indisponíveis, prejudicando os consumidores. No caso dos cartéis em licitações, ainda geram desperdício de recursos públicos, pois a Administração Pública pagará (com recursos públicos) mais caro pela contratação de bens e serviços, o que prejudica de forma reflexa a sociedade.
>
> O cartel também tem impactos negativos na inovação, pois impede que os concorrentes aprimorem seus processos produtivos e lancem produtos melhores. Em conhecido estudo, a OCDE (2002) estimou que os cartéis geram um sobrepreço entre 10% a 20% no mercado competitivo, causando perdas anuais de centenas de bilhões de reais aos consumidores.
>
> Conforme enfatiza Marco Aurélio Ceccato,[48] os integrantes de um cartel podem combinar preços uniformes a serem cobrados por um dado produto ou serviço, vedar políticas de descontos, dividir mercados entre si, limitar cotas de produção, preestabelecer formas de participação em licitações etc. Os cartelistas desejam aumentar ilegitimamente seus lucros, sendo que esses acordos não ocorrem apenas no mercado privado, mas também podem fazer parte do "mercado licitatório", nas contratações promovidas pelo Estado.

---

[47] *Combate a cartéis e acordo de leniência*. 3. ed. Brasília: Secretaria de Direito Econômico, Ministério da Justiça e Conselho Administrativo de Defesa Econômica, 2009. p. 6.

[48] Entrevista com Marco Aurélio Ceccato: 1001 formas de se identificar cartéis em licitações. Disponível em: https://direitoadm.com.br/formas-de-se-identificar-carteis-em-licitacoes/. Acesso em: 21 jan. 2019. Tal entrevista foi desdobramento prático da obra, objeto de dissertação e agora publicada: CECCATO, Marco Aurélio. *Cartéis em contratações públicas*. Rio de Janeiro: Lumen Juris, 2018.

Como repercussão recente de práticas de cartelização, houve o pedido de condenação pelo CADE[49] de 16 empresas e 52 pessoas envolvidas na suposta formação de cartel em licitações de trens e metrôs ocorridas em São Paulo, Minas Gerais, Rio Grande do Sul e Distrito Federal. Conforme investigação da autarquia de controle da concorrência, empresas e funcionários teriam interferido no resultado das licitações, dividindo concorrências e combinando valores de propostas (Cartel). Também houve fraude na formação de consórcio e na subcontratação, que davam uma falsa aparência de competição. Esse é um exemplo de ocorrência de cartelização em licitação.

Nem sempre é fácil averiguar se há cartel em licitação, pois as empresas farão de tudo para esconder o ajuste preexistente. Por conta disso, os cartéis são identificados a partir de padrões de comportamentos, como, por exemplo, as propostas rotativas (*bid rotation*), explicadas por Ceccato em entrevista, em que os licitantes procuram alternar, a cada licitação, o detentor da melhor proposta. Por exemplo, sempre vencem as empresas: A, depois B, depois C, daí se repete rotativamente: A, depois B e depois C, gerando o padrão ABC, ABC...

Há, ainda, a possibilidade de uma empresa cobrir a proposta da outra, conforme ajuste prévio (*cover bidding*), ou mesmo de haver supressões combinadas de propostas (*bid suppression*), mediante as quais os integrantes de um cartel se abstêm de participar de um processo de contratação pública. Curioso notar que nos Estados Unidos houve, na década de 1950, um cartel que ajustava quem venceria a licitação com base nas fases da lua (caso *The Electrical-Equipment Conspiracy*).

Além do acordo de leniência, como forma de obtenção de dados sobre a ocorrência do cartel, uma forma eficaz para identificar sua presença em licitações pode se dar com a utilização de técnicas de mineração de dados a partir da Ciência da Computação,[50] com base no *Knowledge Discovery in Database* (KDD), pois o computador pode ser mais hábil e rápido na verificação a partir de grande quantidade de dados da existência de algum rodízio ou parâmetro que possa ser derivado de ajuste em licitação.

6.6.8 Igualdade

A igualdade se relaciona diretamente com a impessoalidade, pois exige da Administração tratamento isonômico a todos os que participem da licitação. Trata-se de princípio cuja obediência respeita a um dos objetivos principais da licitação.

O princípio da igualdade desdobra-se em duas dimensões: a igualdade formal, segundo a qual todos devem ser formalmente tratados como iguais perante a lei, e a igualdade material, pela qual os iguais devem ser tratados de forma igual e os desiguais de forma diferente, em função de sua situação desigual.

Assim, expõe Celso Antônio Bandeira de Mello que a isonomia não proíbe a diferença de tratamento, que é inerente às atividades legislativas, mas veda o tratamento discriminatório, arbitrário, ilógico ou irrazoável. Explana o autor que para se averiguar se houve violação ao princípio, "tem-se que investigar, de um lado, aquilo que é erigido em critério discriminatório e, de outro lado, se há justificativa racional para, à vista do traço desigualador adotado, atribuir o específico tratamento jurídico constituído em função da desigualdade afirmada".[51]

---

[49] CADE pede condenação de 16 empresas por cartel de trens e metrôs. Disponível em: https://g1.globo.com/economia/noticia/2018/12/12/cade-pede-condenacao-de-16-empresas-por-cartel-de-trens-e-metros.ghtml. Acesso em: 21 jan. 2019.

[50] SILVA, Carlos Vinícius Sarmento; RALHA, Célia Gheidini. Detecção de cartéis em licitações públicas com agentes de mineração de dados. *Revista Eletrônica de Sistemas de Informação*, v. 10, nº 1, p. 2, 2011.

[51] BANDEIRA DE MELLO, Celso Antônio. *Conteúdo jurídico do princípio da igualdade*. São Paulo: Malheiros, 1997. p. 38.

O mesmo raciocínio é desenvolvido por Maria Sylvia Zanella Di Pietro:

> o limite à discricionariedade do legislador é representado pelo fato de que este, ao estabelecer discriminações entre os indivíduos, tem que levar em conta os objetivos que pretende alcançar com essas discriminações; estas têm que ser plausíveis, aceitáveis, razoáveis, racionais, em relação aos fins que o ordenamento jurídico impõe; em resumo, tem que haver uma relação entre a imposição legal e o objetivo imposto pelo ordenamento jurídico, sob pena de inconstitucionalidade.[52]

Não viola a isonomia a regulamentação do Estatuto da Microempresa e da Empresa de Pequeno Porte que estabelece favorecimentos a estas empresas nas licitações (arts. 42 a 49 da Lei Complementar nº 123/2006), desde que sejam razoáveis e pertinentes com os objetivos previstos no art. 179 da Constituição, conforme será visto adiante.

Também viabilizam a igualdade material, tendo em vista a promoção do desenvolvimento nacional sustentável, as margens de preferências para produtos manufaturados e para serviços nacionais previstas em caráter facultativo pela Lei nº 12.349, de 15.12.2010.

6.6.9 Planejamento

A Nova Lei de Licitações (Lei nº 14.133/2021) é criteriosa ao pormenorizar melhor a exigência de planejamento da licitação, sendo novidade prevista na lei a definição do **Estudo Técnico Preliminar**, tido como documento constitutivo da primeira etapa do planejamento de uma contratação que caracteriza o interesse público envolvido e a sua melhor solução e dá base ao anteprojeto, ao termo de referência ou ao projeto básico a serem elaborados caso se conclua pela viabilidade da contratação.

Estabelece o parágrafo único do art. 11 da Lei nº 14.133/2021 que a alta administração do órgão ou entidade é responsável pela governança das contratações e deve implementar processos e estruturas, inclusive de gestão de riscos e controles internos, para avaliar, direcionar e monitorar os processos licitatórios e os respectivos contratos, com o intuito de alcançar os objetivos estabelecidos, promover um ambiente íntegro e confiável, assegurar o alinhamento das contratações ao planejamento estratégico e às leis orçamentárias e promover eficiência, efetividade e eficácia em suas contratações.

Na realidade, planejamento é mais uma diretriz de gestão das licitações e contratos do que propriamente um princípio. Mas é muito elogiável o fato de a lei ter procurado reforçar a necessidade de planejamento nas licitações, tanto para fins contratuais, como também para que o certame seja expressão de uma política pública de promoção dos objetivos extracontratuais indutores de *inovação* e de *desenvolvimento nacional sustentável*.

Planejamento, em sentido amplo, é uma estratégia administrativa fundamental para consecução de objetivos e metas. Para Eros Grau, planejamento não é uma modalidade de intervenção estatal, mas apenas qualifica a intervenção do Estado, para que seja racionalizada.[53]

Enquanto no Brasil planejamento é mais estudado no Direito Econômico, na Alemanha é assunto central do Direito Administrativo, sendo que a lei de processo administrativo alemã (*Verwaltungsverfahrensgezetz* – VwVfG) dispõe sobre um processo genérico de planejamento

---

[52] DI PIETRO, Maria Sylvia Zanella. Princípio da razoabilidade na licitação. In: *Temas polêmicos sobre licitações e contratos*. 2. ed. São Paulo: Malheiros, 1995. p. 24.

[53] GRAU, Eros Roberto. *A ordem econômica na Constituição de 1988*. São Paulo: Malheiros, 2006. p. 151.

que deve ser aplicado sempre que alguma lei setorial a ele faça menção, sem que se descarte a possibilidade de procedimento específico de planejamento.

O "princípio" de planejamento previsto na Nova Lei de Licitações deve ser pressuposto no emprego dos mecanismos estabelecidos para eficiência, eficácia e efetividade na licitação. O art. 174 da Constituição determina que o Estado, no seu papel normativo e regulador da atividade econômica, exerce planejamento de forma determinante ao setor público e indicativa para o setor privado.

Então, o planejamento é pressuposto e determinante quando se trata de atividades do Estado, mas como a licitação visa a estabelecer contratos que serão executados pelo setor privado para o Poder Público, também há uma faceta regulatória ou indutora de comportamentos pela seara pública, em que, por meio de atividade licitatória do Estado, há a função indicativa ou fomentadora de atitudes de fornecedores e contratados do mercado.

A partir de documentos de formalização de demandas, estabelece o inciso VII do art. 12 da Lei nº 14.133/2021 que os órgãos responsáveis pelo planejamento de cada ente federativo, poderão, na forma de regulamento, elaborar **plano de contratações anual**, com objetivo de racionalizar as contratações dos órgãos e entidades sob sua competência, garantir o alinhamento com o seu planejamento estratégico e subsidiar a elaboração das respectivas leis orçamentárias.

O Decreto nº 10.947/2022, que regulamenta o inciso VII do art. 12 da Lei nº 14.133/2021, dispõe sobre o plano de contratações anual e institui o Sistema de Planejamento e Gerenciamento de Contratações no âmbito da administração pública federal direta, autárquica e fundacional.

A fase preparatória do processo licitatório é caracterizada pelo planejamento, devendo ser compatibilizada pelo plano de contratações anual, sempre que elaborado, e com as leis orçamentárias, bem como abordar todas as considerações técnicas, mercadológicas e de gestão que podem interferir na contratação.

Ao se realizar uma licitação com a consideração do ciclo de vida do produto, há a necessidade indispensável de planejamento, como estratégia de racionalização, considerando: a extração de matéria-prima, sua produção, fabricação, transporte, comercialização, uso e descarte, ponderando externalidades ambientais e gastos de armazenamento, transporte etc. No Estudo Técnico Preliminar (ETP), conforme dito, serão abordados requisitos como consumo de energia e outros recursos, bem como logística reversa para desfazimento e reciclagem de bens e refugos.

De acordo com o art. 40 da lei o planejamento de compras deve considerar a expectativa de consumo, observando: condições de aquisição e pagamento semelhantes às do setor privado; processamento por meio de sistema de registro de preços, quando pertinente; determinação de unidades e quantidades a serem adquiridas em função de consumo e utilização prováveis; condições de guarda e armazenamento; e atendimento à padronização, ao parcelamento – quando tecnicamente viável e economicamente vantajoso –, e à responsabilidade fiscal.

6.6.10 Eficácia e segregação de funções

A Nova Lei de Licitações menciona entre os princípios as diretrizes de eficácia e de segregação de funções. Eficácia é diretriz que aponta para atingir objetivos, alcançar os fins, ou seja, as metas visadas. A segregação de funções, por sua vez, é ferramenta que gera eficiência administrativa, conforme Acórdão nº 409/2007 do TCU.

A lei exige que se observe o princípio da segregação de funções, o qual proíbe que haja a designação do mesmo agente público para atuação simultânea em funções mais suscetíveis a riscos, para que haja a redução da possibilidade de ocultação de erros ou fraudes, conforme o § 1º do art. 7º da lei.

Apesar de a lei ter sido feita da ótica do controle nesse tocante, ainda assim a segregação de funções serve para que o servidor não se sobrecarregue e também não corra riscos desnecessários. Contudo, no que diz respeito à responsabilização, os órgãos de controle devem adotar providências necessárias para apuração de infrações administrativas, observando a segregação de funções e a necessidade de individualização das condutas.

Segregação de funções implica a separação de funções, sendo divididas para distintos agentes: a autorização, a execução e o controle, com a finalidade de evitar conflito de interesses. Basicamente, não é certo atribuir, ao mesmo agente, atividades incompatíveis como a execução e simultaneamente a fiscalização, para que a pessoa não oculte ou perpetre erros e fraudes no curso do desempenho da função.

Como corolário da segregação de funções, há o estabelecimento, do ponto de vista do controle, no art. 169 da lei, das linhas "de defesa", em que a **primeira linha** se integra de servidores e empregados, agentes de licitação e autoridades que atuam diretamente, praticam atos, executam tarefas; a **segunda linha** é composta por unidades de assessoramento jurídico e controle interno do órgão, cujas tarefas não se confundem com a primeira; e, ainda, a **terceira linha** é composta do órgão central de controle interno da Administração, por exemplo, a Controladoria-Geral da União, em âmbito federal, e pelos Tribunais de Contas.

6.6.11 Motivação

A motivação foi princípio primeiramente positivado, em âmbito federal, no art. 2º da Lei nº 9.784/99, Lei de Processo Administrativo. No entanto, está implícito na Constituição, a qual exige dos tribunais que motivem suas decisões administrativas, conforme o art. 93, X, da Constituição. Trata-se de princípio que exige que os atos editados sejam justificados, explicitando seu fundamento de fato e de direito, sendo que, a partir da disciplina da LINDB, com base na alteração da Lei nº 13.655/2018 (art. 20, parágrafo único), também determina que haja demonstração da necessidade e adequação da medida imposta ou da invalidação de ato, contrato, ajuste, processo ou norma administrativa, inclusive em face das possíveis alternativas.

A motivação deve ser explícita, clara e congruente e viabiliza, pela explicitação das razões, motivos e fundamentos do ato, que haja o contraditório e a ampla defesa, sendo ainda auxiliar no controle interno, externo[54] e social da Administração Pública, conforme visto.

6.6.12 Vinculação ao edital

Edital é o instrumento convocatório da licitação, isto é, o ato mediante o qual a Administração chama os interessados a participar da licitação. Ele representa, conforme visto, a "lei interna" de cada licitação. O princípio da vinculação ao edital implica que a Administração não pode descumprir normas e condições por ele fixadas, estando a ele estritamente vinculada.

A inobservância do conteúdo do instrumento convocatório pela Administração Pública pode gerar nulidade. O princípio é corolário: (a) primeiro, da **legalidade**, que é mais rigorosa na licitação e engloba a obediência às regras estabelecidas no edital, conforme visto; (b) da

---

[54] ARAÚJO, Florivaldo Dutra de. *Motivação e controle do ato administrativo*. Belo Horizonte: Del Rey, 1992. p. 130.

igualdade entre licitantes; bem como (c) do **julgamento objetivo** com base em critérios preestabelecidos, pois nem a Administração nem os particulares podem invocar obediência a regras emanadas de outras fontes para essas finalidades.

Assim, expressa Hely Lopes Meirelles que o edital é a "matriz da licitação e do contrato", pois não se pode "exigir ou decidir além ou aquém do edital".[55]

Ressalte-se que ele também vincula o contrato a ser celebrado. Integra o edital, ainda, a minuta do futuro contrato, quando necessária – constante como anexo do instrumento –, conforme o art. 18, VI, da Lei nº 14.133/2021. Será visto que o contrato pode desdobrar de forma mais pormenorizada algumas cláusulas mais genéricas previstas no edital.

6.6.13 Julgamento objetivo

O princípio do julgamento objetivo significa dizer que o agente de contratação ou a comissão devem realizar o julgamento em conformidade com os critérios previamente estabelecidos no edital e com fatores exclusivamente nele referidos.

São critérios estabelecidos no art. 33 da Lei nº 14.133/2021 para a realização do julgamento: (1) menor preço; (2) maior desconto; (3) melhor técnica ou conteúdo artístico; (4) técnica e preço; (5) maior lance, no caso do leilão; e (6) maior retorno econômico, no caso do contrato de eficiência.

É vedada, no julgamento da proposta, a utilização de qualquer elemento, critério ou fator sigiloso, secreto, subjetivo ou reservado que possa ainda que indiretamente elidir a igualdade entre os licitantes.

6.6.14 Segurança jurídica

O princípio da segurança jurídica foi primeiro positivado expressamente em âmbito federal a partir do art. 2º, *caput*, da Lei de Processo Administrativo, sendo seu conteúdo desdobrado no inciso XIII do parágrafo único do art. 2º da mesma lei, no seguinte sentido: "interpretação da norma administrativa da forma que melhor garanta o atendimento do fim público a que se dirige, vedada aplicação retroativa de nova interpretação".

Depois, o art. 24 da LINDB, com redação dada pela Lei nº 13.655/2018, determinou que "a revisão, nas esferas administrativa, controladora ou judicial, quanto à validade de ato, contrato, ajuste, processo ou norma administrativa cuja produção já se houver completado levará em conta as orientações gerais da época, sendo vedado que, com base em mudança posterior de orientação geral, se declarem inválidas situações plenamente constituídas".

O princípio da segurança jurídica se desdobra também no princípio da proteção à confiança (*Vertrauensschutz*) e no reconhecimento de expectativas legítimas por parte do particular, agora tuteladas com maior força pelo Direito. Também coíbe comportamento contraditório do Estado, com a proibição do *venire contra factum proprium*, em amparo à regularidade e à presunção de legitimidade dos atos estatais.

---

[55] MEIRELLES, Hely Lopes. *Licitação e contrato administrativo*. 10. ed. São Paulo: Malheiros, 1991. p. 102. Citado por BANDEIRA DE MELLO, Celso Antônio. *Curso de direito administrativo*. São Paulo: Malheiros, 2008. p. 572.

Como o art. 5º da Lei nº 14.133/2021 determina serem aplicáveis na interpretação das licitações os dispositivos da LINDB, há resistências a que haja exigências abruptas e irrazoáveis, dentro do espírito do art. 23 da LINDB, de proteção à segurança jurídica, segundo o qual se determina que a decisão administrativa, controladora ou judicial que estabelecer interpretação ou orientação nova sobre norma de conteúdo indeterminado, impondo novo dever ou novo condicionamento de direito, deverá prever regime de transição quando indispensável para que o novo dever ou condicionamento de direito seja cumprido de modo proporcional, equânime e eficiente sem prejuízo aos interesses gerais.

6.6.15 Razoabilidade e proporcionalidade

Razoabilidade é associada a proporcionalidade.[56] Conforme visto, segundo Gordillo,[57] é irrazoável o ato se não explicitar os fundamentos fáticos, que não leve em conta fatos notórios ou mesmo os atos desproporcionais, isto é, que não guarde uma proporção adequada entre os meios empregados e os fins que objetiva alcançar. A licitação é processo que deve ser conduzido com razoabilidade, utilizando-se dos meios com a justa proporção aos fins atingidos, sob pena inclusive de invalidação de ato.

6.6.16 Competitividade

Competitividade é princípio básico da licitação que garante que, para atingir os seus objetivos de selecionar a proposta mais vantajosa e oferecer igualdade de oportunidades, exista uma pluralidade de ofertantes, sendo proibidas discriminações de caráter irrelevante ao objeto do contrato.

Para assegurar a livre competição, determina o art. 9º, I, da Lei nº 14.133/2021, que é vedado ao agente público designado para atuar na área de licitações e contratos, ressalvados os casos previstos em lei: I. admitir, prever, incluir ou tolerar, nos atos que praticar, situações que: (a) comprometam, restrinjam ou frustrem o caráter competitivo do processo licitatório, inclusive nos casos de participação de sociedades cooperativas; (b) estabeleçam preferências ou distinções em razão da naturalidade, da sede ou do domicílio dos licitantes; ou (c) sejam impertinentes ou irrelevantes para o objeto específico do contrato.

Também é crime, agora com base no art. 337-F, que foi deslocado para o Código Penal: "frustrar ou fraudar, com o intuito de obter para si ou para outrem vantagem decorrente da adjudicação do objeto da licitação, o caráter competitivo do processo licitatório", sendo a pena de reclusão de quatro a oito anos e multa. Foi um aprimoramento técnico, em relação ao anterior artigo, revogado, que era o art. 90 da Lei nº 8.666/93, a supressão do trecho: "mediante ajuste, combinação ou qualquer outro expediente", pois a expressão "qualquer outro expediente" por um tempo fez com que houvesse uma tentativa de incriminação de pessoas simplesmente pelo emprego de software (robô) de lances na participação em licitação, entendimento hoje ultrapassado.

---

[56] Há críticas sobre se razoabilidade e proporcionalidade seriam de fato princípios, pois elas carregam o juízo de ponderação no embate entre princípios. Cf. NOHARA, Irene Patrícia. *Limites à razoabilidade nos atos administrativos*. São Paulo: Atlas, 2006. p. 60.

[57] GORDILLO, Agustin. *Princípios gerais do direito público*. São Paulo: Revista dos Tribunais, 1977. p. 183.

6.6.17 Celeridade

O princípio da celeridade no processo licitatório é corolário do princípio da razoável duração do processo, estabelecido nos seguintes termos do art. 5º, LXXVIII, da Constituição: "a todos, no âmbito judicial e administrativo, são assegurados a razoável duração do processo e os meios que garantam a celeridade de sua tramitação".

O setor de contratações públicas mobiliza muitos recursos, da ordem de 10 a 15% do PIB nacional, sendo responsável por fomentar a infraestrutura e mobilizar amplos segmentos. Assim, também a celeridade na execução tanto das licitações como dos contratos, é fundamental para o bom funcionamento desse importante setor da economia, apelidado de "setor de compras governamentais".

A morosidade da Administração Pública pode ser fatal ao desenvolvimento de inúmeras atividades no atual estágio do capitalismo contemporâneo, sendo que o *time is money* de outrora pode ser contraposto ao "demora é desperdício", pois a demora em liberação de espaço para construção de obra pública, para o pagamento feito ao contratado e também para a realização do certame, pode gerar muitos prejuízos tanto para a Administração Pública como para o contratado.

Evidente que, para que tudo seja bem planejado e executado, não se pode tentar acelerar o que demanda um tempo adequado e razoável. O mesmo raciocínio se aplica para a garantia de contraditório e ampla defesa, sem a qual invalidações não podem ocorrer. Logo, celeridade relaciona-se com "razoável" duração do processo, mas, a Administração não pode, a pretexto de acelerar, menosprezar as garantias constitucionais e legais e suprimir, portanto, os direitos dos licitantes.

6.6.18 Economicidade

Economicidade é princípio expresso no art. 70 da Constituição, apontando para a promoção dos melhores resultados ao menor custo possível. Ela agrega qualidade a menor custo, isto é, melhor desempenho qualitativo.

De acordo com Regis Fernandes Oliveira, Estevão Horvath e Teresa Tambasco, economicidade "diz respeito a saber se foi obtida a melhor proposta para a efetuação da despesa pública, isto é, se o caminho perseguido foi o melhor e mais amplo, para chegar-se à despesa e se ela fez-se com modicidade, dentro da equação custo-benefício".[58]

Para Maria Sylvia Zanella Di Pietro, economicidade envolve também questão de mérito, para verificar se o órgão procedeu, na aplicação da despesa pública, de modo mais econômico, atendendo, por exemplo, uma adequada relação custo-benefício.[59]

6.6.19 Desenvolvimento nacional sustentável

Conforme defendido, o desenvolvimento nacional sustentável é baliza ou diretriz, sendo corretamente previsto como objetivo visado pela licitação e pelo contrato, e não propriamente

---

[58] OLIVEIRA, Regis Fernandes; HORVATH, Estevão; TAMBASCO, Teresa Cristina Castrucci. *Manual de Direito Financeiro*. São Paulo: Revista dos Tribunais, 1990. p. 94.

[59] DI PIETRO, Maria Sylvia Zanella. *Direito administrativo*. 31. ed. Rio de Janeiro: Forense, 2018. p. 930.

enquanto princípio (seguindo os passos da Lei nº 13.303, das estatais, que também o prevê como princípio no seu art. 31), apesar da positivação feita no rol do art. 5º da Lei nº 14.133/2021. Nesse sentido, deve-se enfatizar que é objetivo fundamental da República Federativa do Brasil "garantir o desenvolvimento nacional" (art. 3º, II, da Constituição).

Desenvolvimento nacional significa poder focar as políticas públicas voltadas para o desenvolvimento para suprir necessidades internas da nação, dado que, segundo o referencial teórico de Celso Furtado, o verdadeiro desenvolvimento promove melhorias nas condições de vida da população, o que engloba crescimento econômico, mas não se restringe a esse viés, dado que se deve promover também o desenvolvimento social.[60]

Nessa perspectiva, o desenvolvimento econômico não viria, conforme expõe Gilberto Bercovici, antes do desenvolvimento social, mas eles são interdependentes.[61] Assim, pode-se enfatizar que modernização não é desenvolvimento, pois a superação do subdesenvolvimento passa pela necessidade de transformar as estruturas econômicas e sociais e, muitas vezes, uma infraestrutura ou modificação mais moderna não necessariamente beneficia a todos, se for acessível apenas a parcela da população e, simultaneamente, alijar grande parte da população dos beneficiários da atualização, dado seu encarecimento.

Além do desenvolvimento nacional, do prisma socioeconômico, há a menção à **sustentabilidade** desse desenvolvimento; logo, há desenvolvimento econômico, social e ambiental. Assim, a inclusão do vocábulo sustentável faz emergir a tripla dimensão do desenvolvimento sustentável: *profit* (econômico), *people* (social) e *planet* (econômico).[62]

São exemplos de mecanismos e ferramentas previstos na Lei de Licitações que promovem tal objetivo:

- respeito ao favorecimento das microempresas e empresas de pequeno porte, o que significa desenvolvimento local sustentável;
- vantajosidade que considere o ciclo de vida do produto, sendo analisadas externalidades ambientais;
- estudos técnicos preliminares que considerem o adequado tratamento do impacto ambiental do empreendimento;
- estabelecimento de margens de preferência para bens manufaturados e serviços nacionais que atendam as normas técnicas, e bens reciclados, recicláveis ou biodegradáveis, conforme regulamento;
- respeito às regras de acessibilidade para pessoas com deficiência ou com mobilidade reduzida, sendo, ainda, obrigatório na habilitação que o licitante declare que cumpre exigências de reserva de cargos para pessoas com deficiência e para reabilitados da Previdência Social;

---

[60] Para Celso Furtado não se deve confundir aumento de produtividade com desenvolvimento, o qual dificilmente se poderia conceber sem elevação da renda real *per capita*. Cf. FURTADO, Celso. *Teoria e política do desenvolvimento econômico*. São Paulo: Editora Nacional, 1977. p. 7.

[61] BERCOVICI, Gilberto. *Constituição econômica e desenvolvimento*: uma leitura a partir da Constituição de 1988. São Paulo: Malheiros, 2005. p. 27.

[62] Juarez Freitas é um autor que transcende a tríplice estrutura do desenvolvimento sustentável, para incorporar uma dimensão quíntupla. Cf. FREITAS, Juarez. *Sustentabilidade*: direito ao futuro. 2. ed. Belo Horizonte: Fórum, 2012. p. 58.

- o edital poderá exigir que percentual mínimo da mão de obra responsável pela execução do objeto da contratação seja constituído por mulheres vítimas de violência doméstica e por oriundos ou egressos do sistema prisional (art. 25, § 9º, da lei), o que, no âmbito federal, foi regulamentado pelo Decreto nº 11.430/2023;
- valorizar, como um critério de desempate, empresas que adotam ações de equidade entre homens e mulheres no ambiente de trabalho, conforme inciso III do art. 60 da lei;
- critérios de remuneração variável vinculados ao desempenho do contratado, inclusive com base em critérios de sustentabilidade ambiental; e
- em hipótese de irregularidade insanável, conforme determinação do art. 147 da Lei nº 14.133/2021, a declaração da nulidade somente será tomada se houver, entre vários critérios, a análise da "motivação social e ambiental do contrato".

6.6.20 Disposições interpretativas da LINDB

O art. 5º da Lei nº 14.133/2021 determina que, na aplicação da Lei de Licitações e Contratos, serão observadas as disposições constantes do Decreto-lei nº 4.657/42 (Lei de Introdução às Normas do Direito Brasileiro). Note-se que, em 2018, houve a inserção de dez dispositivos na LINDB, por meio da Lei nº 13.655/2018, voltados para a interpretação do direito público para tentar garantir maior segurança jurídica e eficiência. De tantas alterações, houve até o apelido de tais dispositivos de "Nova LINDB".[63]

Assim, o art. 20 determina que nas esferas administrativa, controladora e judicial, não se decidirá com base em valores jurídicos abstratos sem que sejam consideradas as consequências práticas da decisão. O parágrafo único do art. 20 do mesmo artigo estabelece exigências maiores da motivação, que deverá demonstrar a necessidade e a adequação da medida imposta ou da invalidação de ato, contrato, ajuste, processo ou norma administrativa, inclusive em face das possíveis alternativas.

Estabelece-se um ônus argumentativo consequencial por parte da decisão que decretar invalidade de ato, contrato, ajuste, processo ou norma administrativa, dada a exigência do *caput* do art. 21 no sentido de explicitar consequências jurídicas e administrativas. A regularização da situação também deve ser feita de modo proporcional e equânime, sem prejuízos aos interesses gerais, não podendo impor aos sujeitos ônus ou perdas anormais ou excessivos.

Também é importante que, na interpretação, o controle considere o **primado da realidade**, enunciado no art. 22, ponderando os obstáculos e dificuldades reais do gestor e as exigências das políticas públicas a seu cargo, sem prejuízo dos direitos dos administrados.

O art. 23 da LINDB, por sua vez, procura disciplinar a necessidade de regime de transição para orientação nova de conceito indeterminado, prevendo o cumprimento proporcional das exigências, equânime e sem prejuízo dos interesses gerais.

O art. 24 da LINDB reforça a **segurança jurídica**, vedando mudança posterior com base em orientação geral para situações plenamente constituídas. Consideram-se orientações gerais as interpretações e especificações contidas em atos públicos de caráter geral ou em jurisprudência judicial ou administrativa majoritária, adotadas reiteradamente e conhecidas amplamente.

---

[63] MAFFINI, Rafael; RAMOS, Rafael. *Nova LINDB*: consequencialismo, deferência judicial, motivação e responsabilidade do gestor público. Rio de Janeiro: Lumen Juris, 2020.

O art. 26 traz previsão expressa de **celebração de compromissos** com os interessados, presentes razões de interesse geral, para eliminar irregularidade, incerteza jurídica ou situação contenciosa na aplicação do direito público. Ademais, estabelece que a decisão do processo, nas esferas administrativa, controladora ou judicial, poderá impor compensação por benefícios indevidos ou prejuízos anormais ou injustos resultantes do processo ou da conduta dos envolvidos.

O art. 28 estabelece que a responsabilidade dos agentes por decisões ou opiniões técnicas ocorrerá em caso de dolo ou erro grosseiro. O art. 30 da LINDB orienta que as autoridades atuem aumentando a segurança jurídica na aplicação das normas, inclusive por meio de regulamentos, súmulas administrativas e respostas a consultas, sendo que os instrumentos previstos terão caráter vinculante em relação ao órgão ou entidade.

Note-se que, apesar do conteúdo da Súmula 222 do TCU no sentido de que: "as decisões do Tribunal de Contas da União, relativas à aplicação de normas gerais de licitação, sobre as quais cabe privativamente à União legislar, devem ser acatadas pelos administradores dos Poderes da União, dos Estados, do Distrito Federal e dos Municípios", deve-se tomar cuidado em apreciar a competência das normas gerais da União.

Contudo, como a nova lei segue uma tendência maximalista, sendo em alguns pontos específica, isto é, nada genérica, houve o providencial veto do anterior art. 172, que pretendia estabelecer o seguinte conteúdo: "os órgãos de controle deverão orientar-se pelos enunciados das súmulas do Tribunal de Contas da União relativos à aplicação desta lei, de modo a garantir uniformidade de entendimentos e propiciar segurança jurídica", tendo sido ainda pretendido que a decisão que não acompanhasse tal orientação apresentasse motivos devidamente justificados.

Apesar da tentativa de uniformização, o veto ressaltou, corretamente, que o dispositivo, pretendendo criar um sistema legal de força vinculante às súmulas do Tribunal de Contas da União, "viola o princípio da separação de poderes (art. 2º, CF), bem como viola o princípio do pacto federativo (art. 1º, CF) e a autonomia dos Estados, Distrito Federal e Municípios (art. 18, CF)".

PRINCÍPIOS DO ART. 5º	Igualdade	Segurança jurídica
Legalidade	Planejamento	Razoabilidade
Impessoalidade	Transparência	Competitividade
Moralidade	Eficácia	Proporcionalidade
Publicidade	Segregação de funções	Celeridade
Eficiência	Motivação	Economicidade
Interesse público	Vinculação ao edital	Desenvolvimento nacional sustentável
Probidade administrativa	Julgamento objetivo	Disposições da LINDB

6.7 Contratação direta

Conforme visto, o art. 37, XXI, da Constituição Federal estabelece que obras, serviços, compras e alienações são contratados mediante licitação, "ressalvados os casos especificados na legislação". O constituinte permitiu, com este excerto, que o legislador ordinário estabeleça casos de contratação direta, ou seja, sem licitação. Assim, a regra[64] é a da licitação e a **exceção** refere-se aos casos de contratação direta previstos em lei.

Assevere-se que a concessão e a permissão de execução de serviços públicos, nos moldes do art. 175 da Constituição Federal, devem ser sempre precedidas de licitação. Nesse sentido, havia a ADI 2946, no STF, a qual intentava questionar a constitucionalidade do art. 27 da Lei nº 8.987/1995, que prevê a caducidade da concessão quando houver a transferência sem prévia anuência do poder concedente, tendo sido defendido, inclusive por Celso Antônio Bandeira de Mello,[65] que a transferência da concessão sem licitação seria inconstitucional, dada violação à exigência do art. 175 no sentido da necessidade de licitação. No entanto, o STF julgou constitucional essa transferência de concessão sem nova licitação.

As situações em que a licitação não é obrigatória são, em regra, classificadas em duas hipóteses:

- **inexigibilidade**, contida no art. 74 da Lei nº 14.133/2021; e
- **dispensa**, disciplinada no art. 75 da Lei nº 14.133/2021.

A licitação pressupõe disputa entre concorrentes para a seleção de produtos. Há inviabilidade da licitação se o objeto licitável for único, sem equivalente, e também se há somente um fornecedor do produto. Estas hipóteses resultam nas situações denominadas: produtor ou fornecedor exclusivo.

Ressalta Celso Antônio Bandeira de Mello[66] que esses casos não podem ser denominados dispensa de licitação, pois só se pode dispensar alguém de um dever possível e, como em ambas as hipóteses a licitação seria inconcebível, a legislação optou por denominá-las de "inexigibilidade" de licitação (expressão um pouco melhor, mas nem por isso perfeita).

Determina o art. 74 da Lei nº 14.133/2021 que é inexigível a licitação quando houver inviabilidade de competição, em especial nos casos elencados de forma exemplificativa em seus incisos. Significa dizer que o rol do art. 74 pode ser ampliado, desde que haja justificativa para essa forma excepcional de contratação direta.

São cinco as situações exemplificadas de inexigibilidade:

1. a do inciso I, que envolve a aquisição de materiais, equipamentos, gêneros ou contratação de serviços que só possam ser fornecidos por produtor, empresa ou representante comercial **exclusivos**, sendo a prova de exclusividade feita mediante atestado fornecido por órgão de registro do comércio (Junta Comercial), sindicato, federação ou confederação patronal ou entidades equivalentes;

---

[64] Houve um tempo em que mais de 50% das contratações eram diretas, sendo a licitação a exceção e não a regra. Ringolin gera dúvidas sobre se a licitação é de fato regra ou exceção. Informações disponíveis em: http://www.tcm.sp.gov.br/legislacao/doutrina/14a18_06_04/ivan_barbosa1.htm. Acesso em: 25 maio 2010. Segundo Ipea, atualmente, são 34,36% de contratação direta. Então, sobretudo após o surgimento do pregão, a licitação passou a ser a regra e a contratação direta a exceção, conforme o desígnio constitucional.

[65] BANDEIRA DE MELLO, Celso Antônio; MARTINS, Ricardo Marcondes; BANDEIRA DE MELLO, Weida Zancaner; ZOCKUN, Carolina Zancaner; SERRANO, Pedro E; NOHARA, Irene Patrícia; ZOCKUN, Maurício. Transferência de concessão é inconstitucional. Disponível em: https://www1.folha.uol.com.br/opiniao/2021/08/transferencia--de-concessao-e-inconstitucional.shtml. Acesso em: 27 ago. 2021.

[66] BANDEIRA DE MELLO, Celso Antônio. *Curso de direito administrativo*. São Paulo: Malheiros, 2008. p. 561.

2. a do inciso II, referente à contratação de profissional do **setor artístico**, diretamente ou por meio de empresário exclusivo, desde que consagrado pela crítica especializada ou pela opinião pública;

3. a do inciso III, referente à contratação dos seguintes **serviços técnicos especializados** de natureza predominantemente intelectual com profissionais ou empresas de notória especialização, vedada a inexigibilidade para serviços de publicidade e divulgação: (a) estudos técnicos, planejamentos e projetos básicos ou executivos; (b) pareceres, perícias e avaliações em geral; (c) assessorias ou consultorias técnicas e auditorias financeiras ou tributárias; (d) fiscalização, supervisão ou gerenciamento de obras ou serviços; (e) patrocínio ou defesa de causas judiciais ou administrativas; (f) treinamento e aperfeiçoamento de pessoal; (g) restauração de obras de arte e bens de valor histórico; (h) controles de qualidade e tecnológico, análises, testes e ensaios de campo e laboratoriais, instrumentação e monitoramento de parâmetros específicos de obras e do meio ambiente e demais serviços de engenharia que se enquadrem no dispositivo desse inciso III;

4. a do inciso IV, que abrange objetos que devam ou possam ser contratados por meio de **credenciamento**; e

5. a do inciso V, envolvendo **aquisição ou locação de imóvel** cujas características de instalações e de localização tornem necessária sua escolha.

Percebe-se que a Lei n 14.133/2021 reorganizou a inexigibilidade, inserindo no rol duas hipóteses: o credenciamento, que é disciplinado como instrumento auxiliar, e também a aquisição ou locação de imóveis cujas características de instalações e localização tornem necessária sua escolha. Ademais, no rol de serviços técnicos profissionais, que na lei anterior era disciplinado no art. 13, houve a previsão de mais um item, qual seja "controles de qualidade e tecnológico, análises, testes e ensaios de campo e laboratoriais, instrumentação e monitoramento de parâmetros específicos de obras e do meio ambiente e demais serviços de engenharia".

Também houve uma sutil, mas significativa, alteração na descrição de "notória especialização", conforme o § 3º do art. 74 da Lei nº 14.133/2021, que abrange "o profissional ou a empresa cujo conceito no campo de sua especialidade, decorrente de desempenho anterior, estudos, experiência, publicações, organização, aparelhamento, equipe técnica ou outros requisitos relacionados com suas atividades, permita inferir que o seu trabalho é essencial e reconhecidamente adequado à plena satisfação do objeto do contrato". Houve a troca da expressão anteriormente veiculada no § 1º do art. 25 da lei anterior (Lei nº 8.666/93) acerca de um trabalho "'indiscutivelmente' mais adequado à plena satisfação", para um trabalho "'reconhecidamente' adequado". Trata-se de um aprimoramento, pois quase nada é indiscutível nos tempos atuais, então, reconhecidamente é expressão mais razoável do que "indiscutivelmente", que poderia dar ensejo a questionamentos maiores por parte do controle.[67]

Além da mencionada predominância intelectual do serviço, a contratação de serviço técnico de profissional com notória especialização obedece, portanto, também aos critérios de essencialidade e reconhecimento da adequação ao serviço, que deve ser desempenhado por alguém ou com uma empresa com qualificação incomum.

---

[67] NOHARA, Irene Patrícia Diom. *Nova lei de licitações e contratos comparada*. São Paulo: Thomson Reuters Brasil, 2021. p. 313.

Não respeita, por exemplo, os requisitos mencionados, a contratação de conceituado jurista para a atividade de assessoria jurídica rotineira de ente federativo, pois os custos do contrato seriam apenas justificados em assuntos relacionados com matérias complexas, singulares e relevantes.

Neste particular, enfatiza Celso Antônio Bandeira de Mello que não há necessidade de se contratar profissional de notória especialização na área jurídica para "mover simples execuções fiscais"[68] para a Administração Pública. Para o jurista,[69] a singularidade é relevante quando há um componente criativo de seu autor, envolvendo estilo, traço, engenhosidade, especial habilidade ou argúcia de quem executa um serviço, que são requisitos para o satisfatório atendimento da necessidade administrativa.

Essa última exposição reflete orientação subjetivista do critério de contratação de profissional com notória especialização, mas, conforme visto, também há exigências de natureza objetiva, concernentes à essencialidade e ao reconhecimento da adequação do serviço, que deve apresentar predominância intelectual, sob pena de exigir a realização do procedimento licitatório.

Aliás, a licitação de serviços de advocacia é tema de acentuada controvérsia, pois, não obstante o TCU admiti-la,[70] a OAB entende que os serviços de advocacia não comportariam contratação por meio de licitação, haja vista sua singularidade subjetiva. Assim, presente a notória especialização, cabe ao gestor contratar por inexigibilidade de licitação, conforme enunciado da Súmula 04/2012/COP.

De acordo com decisão do Inq. 3074/SC, Rel. Min. Roberto Barroso, j. 26.8.2014, a contratação de escritório de advocacia, sem licitação, deve observar os seguintes parâmetros:

- existência de procedimento administrativo formal;
- notória especialização profissional;
- natureza singular do serviço;
- demonstração de inadequação da prestação do serviço pelos integrantes do Poder Público; e
- cobrança de preço compatível com o praticado pelo mercado.

A questão foi discutida no STF, em caso concreto com base em ação civil pública de improbidade ajuizada pelo Ministério Público de São Paulo em face de escritório de advocacia e a Prefeitura de Itatiba, sendo o tema objeto do RE 656.558, tendo sido reconhecida a repercussão geral (610.523). Houve manifestação inicial do Ministro Dias Toffoli no sentido da possibilidade da contratação por inexigibilidade, desde que tomadas precauções.

Foi estabelecido, em 2024, o **Tema 309**, com repercussão geral nos RE 656.558/SP e 610.523/SP, nos quais foram discutidos os limites das sanções de improbidade (para o dolo) e a contratação direta de serviços técnicos advocatícios pelo poder público, sem licitação, tendo sido estabelecido, então, que:

---

[68] BANDEIRA DE MELLO, Celso Antônio. *Curso de direito administrativo*. São Paulo: Malheiros, 2014. p. 564.

[69] BANDEIRA DE MELLO, Celso Antônio. *Curso de direito administrativo*. São Paulo: Malheiros, 2014. p. 541.

[70] Conforme exposição de Ana Beatriz Cabral da Silva, na monografia: *Inexigibilidade de licitação na contratação de serviços de advocacia*: limites e possibilidades, brilhantemente defendida na banca composta pelos professores Ruy Cardoso de Mello Tucunduva Sobrinho e Cleber Vianna.

a) O dolo é necessário para a configuração de qualquer ato de improbidade administrativa (art. 37, § 4º, da Constituição Federal), de modo que é inconstitucional a modalidade culposa de ato de improbidade administrativa prevista nos arts. 5º e 10 da Lei nº 8.429/92, em sua redação originária; e

b) São constitucionais os arts. 13, V, e 25, II, da Lei nº 8.666/1993, desde de que interpretados no sentido de que a contratação direta de serviços advocatícios pela Administração Pública, por inexigibilidade de licitação, além dos critérios já previstos expressamente (necessidade de procedimento administrativo formal; notória especialização profissional; natureza singular do serviço), deve observar: (i) inadequação da prestação do serviço pelos integrantes do Poder Público; e (ii) cobrança de preço compatível com a responsabilidade profissional exigida pelo caso, observado, também, o valor médio cobrado pelo escritório de advocacia contratado em situações similares anteriores.

Assim, há a necessidade de respeito ao procedimento formal da contratação direta, a notória especialização do profissional, não se tratar de serviço habitual, corriqueiro e adequado à realização das procuradorias ou do setor jurídico do órgão contratante e houve, ainda, a exigência de justificativa do preço cobrado, exigindo o tema 309 que seja compatível com a responsabilidade profissional exigida pelo caso, observando-se o valor médio cobrado pelo escritório de advocacia em contratações similares.

Na dispensa, ao contrário da inexigibilidade, há possibilidade de competição entre os licitantes, mas determinadas razões de interesse público, previstas em lei, permitem com que a Administração Pública faça contração direta, isto é, sem a realização prévia de licitação.

A doutrina normalmente[71] classifica as circunstâncias previstas no art. 75, de **licitação dispensável**, em quatro hipóteses:

1. em **razão do valor**, pois a lei prevê duas hipóteses em que a licitação é dispensável em razão do valor, tendo sido inspirada nos valores de contratação direta utilizados pela Lei das Estatais (art. 29, I e II, da Lei nº 13.303/2016):

   I – para **obras e serviços de engenharia**: desde que em valores inferiores a 125.451,15 (cento e vinte e cinco mil quatrocentos e cinquenta e um reais e quinze centavos), que vão sendo atualizados periodicamente, conforme IPCA, em decretos expedidos em dezembro para vigência no ano subsequente;

   II – para **outros serviços e compras**: contratações de até 62.725,59 (sessenta e dois mil setecentos e vinte e cinco reais e cinquenta e nove centavos), atualizados pelos decretos anuais.

   > I – Ressalte-se que o § 2º do art. 75 da lei estabelece que os valores serão **duplicados** para compras, obras e serviços contratados por consórcio público ou por autarquia ou fundação qualificadas como agências executivas. Trata-se de sistemática que advém da lei anterior e que foi mantida na Nova Lei de Licitações.

2. em **situações excepcionais**, tais como os seguintes incisos do art. 75 da lei:

---

[71] Seguindo orientação de Lúcia Valle Figueiredo incorporada também por Maria Sylvia Zanella Di Pietro. *Direito administrativo*. São Paulo: Atlas, 2010. p. 368.

VII – guerra, estado de defesa, estado de sítio, intervenção federal ou de grave perturbação da ordem;

VIII – emergência ou calamidade pública, somente para aquisição dos bens necessários ao atendimento da situação calamitosa e para as parcelas de obras e serviços que possam ser concluídas no prazo máximo de um ano, sendo que o STF no julgamento da ADI 6.890 deu interpretação conforme o dispositivo, sendo determinado que: "a vedação à recontratação de empresa contratada diretamente por dispensa de licitação nos casos de emergência ou calamidade pública, prevista no inc. VIII do art. 75 da Lei n. 14.133/2021, incide na recontratação fundada na mesma situação emergencial ou calamitosa que extrapole o prazo máximo legal de 1 (um) ano, e não impede que a empresa participe de eventual licitação substitutiva à dispensa de licitação e seja contratada diretamente por outro fundamento previsto em lei, incluindo uma nova emergência ou calamidade pública, sem prejuízo do controle de abusos ou ilegalidades na aplicação da norma", em julgamento ocorrido em 6.9.2024;

III – para contratação que mantenha todas as condições definidas no edital de licitação realizada há pelo menos um ano, quando se verificar que naquela licitação: (a) não surgiram licitantes interessados, no caso da determinada "licitação deserta" ou não foram apresentadas propostas válidas (licitação fracassada); (b) as propostas apresentadas consignaram preços manifestamente superiores aos praticados no mercado ou incompatíveis com os fixados pelos órgãos oficiais competentes;

X – quando a União tiver de **intervir no domínio econômico** para regular preços ou normalizar o abastecimento; e

VI – para contratação que possa acarretar **comprometimento da segurança nacional**, nos casos estabelecidos pelo Ministro de Estado da Defesa, mediante demanda dos comandos das Forças Armadas ou dos demais ministérios.

3. em **razão do objeto** que justifica a dispensa nas seguintes alíneas do inciso IV do art. 75 da lei:

   a) bens componentes ou peças de origem nacional ou estrangeira necessários à **manutenção de equipamentos**, a serem adquiridos do fornecedor original desses equipamentos durante o período de **garantia técnica**, quando essa condição de exclusividade for indispensável para a vigência da garantia;

   b) bens, serviços, alienações ou obras, nos termos de **acordo internacional específico aprovado pelo Congresso Nacional**, quando as condições ofertadas forem manifestamente vantajosas para a Administração;

   c) produtos para **pesquisa e desenvolvimento**, limitada a contratação, no caso de obras e serviços de engenharia, ao valor de R$ 300 mil;

   d) transferência de tecnologia ou licenciamento de direito de uso ou exploração de criação protegida, nas contratações realizadas por **Instituição Científica, Tecnológica e de Inovação (ICT) pública ou por agência de fomento**, desde que demonstrada vantagem para a Administração;

   e) hortifrutigranjeiros, pães e outros **gêneros perecíveis, no período necessário para a realização dos processos licitatórios** correspondentes, hipótese em que a contratação será realizada com base no preço do dia;

f) bens ou serviços produzidos ou prestados no País que envolvam, cumulativamente, **alta complexidade tecnológica e defesa nacional**;

g) **materiais de uso das Forças Armadas**, com exceção de materiais de uso pessoal e administrativo, quando houver necessidade de manter a padronização requerida pela estrutura de apoio logístico dos meios navais, aéreos e terrestres, mediante autorização por ato do comandante da força militar;

h) bens e serviços para atendimento dos contingentes militares das forças singulares brasileiras empregadas em **operações de paz no exterior**, hipótese em que a contratação deverá ser justificada quanto ao preço e à escolha do fornecedor ou executante e ratificada pelo comandante da força militar;

i) abastecimento ou **suprimento de efetivos militares em estada** eventual de curta duração em portos, aeroportos ou localidades diferentes de suas sedes, por motivo de movimentação operacional ou de adestramento;

j) coleta, processamento e comercialização de **resíduos sólidos urbanos recicláveis ou reutilizáveis**, em áreas com sistema de coleta seletiva de lixo, realizados por associações ou cooperativas formadas exclusivamente de pessoas físicas de baixa renda reconhecidas pelo Poder Público como catadores de materiais recicláveis, com o uso de equipamentos compatíveis com as normas técnicas, ambientais e de saúde pública;

k) aquisição ou restauração **de obras de arte e objetos históricos**, de autenticidade certificada, desde que inerente às finalidades do órgão ou com elas compatível;

l) serviços especializados ou aquisição ou locação de equipamentos destinados ao **rastreamento e à obtenção de provas** previstas nos incisos II e V do *caput* do art. 3º da Lei nº 12.850, de 2 de agosto de 2013, quando houver necessidade justificada de manutenção de sigilo sobre a investigação; e

m) aquisição de medicamentos destinados exclusivamente ao **tratamento de doenças raras** definidas pelo Ministério da Saúde.

Também se considera em razão do objeto a contratação para incentivo à inovação e à pesquisa científica e tecnológica do inciso V do art. 75, referente ao cumprimento dos arts. 3º, 3º-A, 4º, 5º e 20 da Lei nº 10.973/2004.

4. em **razão da pessoa**, criada ou procurada pela Administração ou que, em geral, não objetiva lucro, nos seguintes incisos do art. 75:

IX – para aquisição de pessoa jurídica de direito público interno, de bens produzidos ou serviços prestados por órgão ou **entidade que integrem a Administração Pública e que tenham sido criados para esse fim específico**, desde que o preço contratado seja compatível com o praticado no mercado;

XI – para celebração de **contrato de programa** com ente federativo ou com entidade de sua Administração Pública indireta que envolva prestação de serviços públicos de forma associada nos termos autorizados em contrato de **consórcio público ou em convênio de cooperação**;

XII – para contratação em que houver **transferência de tecnologia de produtos estratégicos para o Sistema Único de Saúde (SUS)**, conforme elencados em ato da direção nacional do SUS, inclusive por ocasião da aquisição desses produtos durante as etapas de absorção tecnológica, e em valores compatíveis com aqueles definidos no instrumento firmado para transferência de tecnologia;

XIII – para contratação de profissionais para **compor a comissão de avaliação** de critérios de técnica, quando se tratar de profissional técnico de notória especialização;

XIV – para contratação de **associação de pessoas com deficiência**, sem fins lucrativos e de comprovada idoneidade, por órgão ou entidade da Administração Pública, para prestação de serviços, desde que o preço contratado seja compatível com o praticado no mercado e os serviços contratados sejam prestados exclusivamente por pessoas com deficiência;

XV – para contratação de instituição brasileira que tenha por finalidade estatutária apoiar, captar e executar atividades de ensino, pesquisa, extensão, desenvolvimento institucional, científico e tecnológico e estímulo à **inovação**, inclusive para gerir administrativa e financeiramente essas atividades, ou para contratação de instituição dedicada à **recuperação social da pessoa presa**, desde que o contratado tenha inquestionável reputação ética e profissional e não tenha fins lucrativos;

XVI – para aquisição, por pessoa jurídica de direito público interno, de insumos estratégicos para a saúde produzidos por **fundação que, regimental e estatutariamente, tenha por finalidade apoiar órgão** da Administração Pública direta, sua autarquia ou fundação em projetos de ensino, pesquisa, extensão, desenvolvimento institucional, científico e tecnológico e de estímulo à inovação, inclusive na gestão administrativa e financeira necessária à execução desses projetos, ou em parcerias que envolvam transferência de tecnologia de produtos estratégicos para o SUS, nos termos do inciso XII do caput deste artigo, e que tenha sido criada para esse fim específico em data anterior à entrada em vigor desta Lei, desde que o preço contratado seja compatível com o praticado no mercado;

XVII – para contratação de entidades privadas sem fins lucrativos para a implementação de **cisternas ou outras tecnologias sociais de acesso à água para consumo humano e produção de alimentos**, a fim de beneficiar as famílias rurais de baixa renda atingidas pela seca ou pela falta regular de água; e

XVIII – para contratação de entidades privadas sem fins lucrativos, para a implementação do **Programa Cozinha Solidária**, que tem como finalidade fornecer alimentação gratuita preferencialmente à população em situação de vulnerabilidade e risco social, incluída a população em situação de rua, com vistas à promoção de políticas de segurança alimentar e nutricional e de assistência social e à efetivação de direitos sociais, dignidade humana, resgate social e melhoria da qualidade de vida.

Uma alteração significativa da nova lei é a do § 3º do art. 75, que envolve contratações diretas pelo valor, que serão preferencialmente precedidas de divulgação em sítio eletrônico oficial, pelo prazo mínimo de três dias úteis, de aviso com especificação do objeto pretendido e com a manifestação de interesse da Administração em obter propostas adicionais de eventuais interessados, devendo ser selecionada a proposta mais vantajosa.

Em suma, enquanto a inexigibilidade é situação de impossibilidade da licitação, em que a disputa entre os particulares é inviável, como acontece nos casos exemplificados do art. 74 da lei, a dispensa, em geral, é a verdadeira exceção à obrigatoriedade, na qual a licitação é possível, mas, nas hipóteses do art. 75, ela é considerada dispensável. Assim, na dispensa, a Administração tem, via de regra, discricionariedade para, somente nos casos taxativamente estabelecidos no art. 75, dispensar a licitação.

Ressalte-se, contudo, que não são todos os casos de dispensa que obrigam a Administração a dispensar, ou não, a licitação, pois, enquanto o art. 74 determina que "é dispensável a licitação", o inciso II do art. 76 estabelece ostensivamente que "dispensada está (a licitação) nos seguintes casos", ou seja, nesses casos, a Administração é obrigada a dispensar a licitação.

Assim, diversos autores, na esteira do posicionamento de Hely Lopes Meirelles,[72] expõem que, na realidade, há três categorias de contratação direta:

- a **licitação inexigível** do art. 74 – que é inviável;
- a **licitação dispensável** do art. 75 – de dispensa discricionária;
- a **licitação dispensada** do art. 76, II – em que é obrigatória a dispensa.

A diferença entre a licitação dispensável e a dispensada reside, como regra geral, no fato de que esta última é compulsória, ou seja, não confere discricionariedade à Administração para avaliar se dispensará ou não a licitação nas situações contempladas na lei.

A alienação de bens móveis do inciso II exige prévia avaliação e interesse público justificado. Exige-se, ainda, para os bens imóveis de órgãos da Administração Direta e entidades autárquicas e fundacionais, autorização legislativa. Esclarece Edmir Netto de Araújo que os bens imóveis são, em princípio, "inalienáveis porque indisponíveis quando afetados a finalidade pública, daí o requisito da autorização legislativa para desafetá-los e permitir a disposição do bem".[73]

Note-se que, para os bens imóveis, a nova lei determina que é admitida a dispensa nos casos do inciso I do art. 76 da lei:

1. alienação de **bens imóveis**, desde que haja autorização legislativa e licitação na modalidade leilão, sendo admitida a dispensa nos seguintes casos:

    a) **dação em pagamento**;

    b) **doação**, permitida exclusivamente para outro órgão ou entidade da Administração Pública, de qualquer esfera de governo, ressalvado o disposto nas alíneas *f, g* e *h deste inciso*;

    c) **permuta** por outros imóveis que atendam aos requisitos relacionados às finalidades precípuas da Administração, desde que a diferença apurada não ultrapasse a metade do valor do imóvel que será ofertado pela União, segundo avaliação prévia, e ocorra a torna de valores, sempre que for o caso;

    d) **investidura**, sendo esta definida no § 5º do art. 76, como sendo a: (1) alienação, ao proprietário do imóvel lindeiro, de área remanescente ou resultante de obra pública que se tornar inaproveitável isoladamente, por preço que não seja inferior ao da avaliação nem superior a 50% do valor máximo permitido para dispensa de licitação

---

[72] MEIRELLES, Hely Lopes. *Direito administrativo brasileiro*. São Paulo: Malheiros, 2009. p. 280.

[73] ARAÚJO, Edmir Netto de. *Curso de direito administrativo*. São Paulo: Saraiva, 2010. p. 558.

de bens e serviços previsto nesta lei; (2) alienação, ao legítimo possuidor direto ou, na falta dele, ao Poder Público, de imóvel para fins residenciais construídos em núcleo urbano anexo a usina hidrelétrica, desde que considerado dispensável na fase de operação da usina e que não integre a categoria de bens reversíveis ao final da concessão;

e) **venda a outro órgão ou entidade** da Administração Pública de qualquer esfera de governo;

f) alienação gratuita ou onerosa, aforamento, concessão de direito real de uso, locação ou permissão de uso de bens imóveis residenciais construídos, destinados ou efetivamente usados em programas de habitação ou de **regularização fundiária de interesse social** desenvolvidos por órgão ou entidade da Administração Pública;

g) alienação gratuita ou onerosa, aforamento, concessão de direito real de uso, locação ou permissão de uso de **bens imóveis comerciais de âmbito local,** com área de até 250 m² e destinados a **programas de regularização fundiária de interesse social** desenvolvidos por órgão ou entidade da Administração Pública;

h) alienação e concessão de direito real de uso, gratuita ou onerosa, de terras públicas rurais da União e do Instituto Nacional de Colonização e Reforma Agrária (Incra) onde incidam ocupações até o limite de que trata o § 1º do art. 6º da Lei nº 11.952, de 25 de junho de 2009, para fins de regularização fundiária, atendidos os requisitos legais;

i) legitimação da posse de que trata o art. 29 da Lei nº 6.383, de 7 de dezembro de 1976, mediante iniciativa e deliberação dos órgãos da Administração Pública competentes; e

j) legitimação fundiária e legitimação da posse de que trata a Lei nº 13.465, de 11 de julho de 2017.

2. alienação de **bens móveis**, dispensada nas seguintes hipóteses:

a) **doação**, permitida exclusivamente para **fins e uso de interesse social**, após avaliação de sua oportunidade e **conveniência socioeconômica** em relação à escolha de outra forma de alienação[74] – caso que deve ser admitido com prudência, tendo em vista a indisponibilidade dos interesses públicos; em exemplo trazido por Marçal Justen Filho,[75] o STJ considerou nula de pleno direito a doação de veículo público por ex-governador a amigo particular; de outra perspectiva, ressalta Edmir Netto de Araújo[76] que pode ser enquadrada nesta hipótese a doação de material excedente ou inservível para órgãos assistenciais do próprio governo ou para os respectivos programas de assistência social;

b) **permuta**, "permitida exclusivamente entre órgãos ou entidades da Administração Pública", restrição que vale tão somente à União, de acordo com a interpretação conforme conferida à expressão pelo STF na ADIMC 927/93, sendo que o § 2º do art. 75 da lei determina que os imóveis doados com base nesta alínea, cessadas as razões que justificam sua doação, serão revertidos ao patrimônio da pessoa jurídica doadora, vedada sua alienação ao beneficiário;

---

[74] Por exemplo, admite-se a doação de violões legalmente apreendidos pela Receita Federal para a Funarte – Fundação Nacional de Artes –, em vez de ir a leilão, pois haverá a utilização para fins de interesse social.

[75] REsp 685.551/AP, 2ª T., Rel. Min. Eliana Calmon, j. em 1º.3.2005. In: JUSTEN FILHO, Marçal. *Comentários à Lei de Licitações e contratos administrativos*. 12. ed. São Paulo: Dialética, 2008. p. 230.

[76] ARAÚJO, Edmir Netto. *Curso de direito administrativo*. São Paulo: Saraiva, 2010. p. 534.

c) **venda de ações**, que poderão ser negociadas em bolsa, observada a legislação específica, caso em que Marçal Justen Filho[77] adverte que a intenção de a Administração se desfazer de valores mobiliários deve ser comunicada ao público em geral;

d) **venda de títulos**, observada a legislação pertinente, o que ocorre diariamente para tornar operacional a política monetária governamental, sendo, segundo Justen Filho,[78] incompatível com as formalidades de licitação;

e) venda de **bens produzidos ou comercializados** por órgãos ou entidades da Administração Pública (**indireta**), em virtude de suas **finalidades**, pois se empresas públicas e sociedades de economia mista atuam no mercado suas atividades-fins[79] de alienação de mercadorias e prestação de serviços não se submetem à licitação, sendo exigível o processo licitatório das atividades-meios, conforme regras específicas da Lei nº 13.303/2016; e

f) venda de **materiais e equipamentos** sem utilização previsível por quem deles dispõe para outros órgãos ou entidades da Administração Pública, caso em que, segundo Edmir Netto de Araújo,[80] em virtude de alteração de finalidades, extinção de órgãos ou entidades, ou mesmo superdimensionamento, a Administração se veja na posse de bens que não serão por ela utilizados da forma anteriormente prevista, não sendo conveniente mantê-los armazenados se outros órgãos ou entidades possam fazer uso produtivo, hipótese na qual pode vendê-los.

A alienação de bens imóveis da Administração Pública cuja aquisição tenha sido derivada de procedimentos judiciais ou de dação em pagamento dispensará, nos termos do § 1º do art. 76, autorização legislativa e exigirá apenas avaliação prévia e licitação na modalidade leilão.

A Administração poderá conceder, de acordo com o § 3º do art. 76, título de propriedade ou de direito real de uso de imóvel, admitida dispensa de licitação, quando o uso destinar-se a: (1) outro órgão ou entidade da Administração Pública, qualquer que seja a localização do imóvel; ou (2) pessoa natural que, nos termos de lei, regulamento ou ato normativo do órgão competente, haja implementado os requisitos mínimos de cultura, ocupação mansa e pacífica e exploração direta sobre área rural, observado o limite de que trata o § 1º do art. 6º da Lei nº 11.952, de 25 de junho de 2009, conforme redação dada pela Lei nº 13.465/2017.

INEXIGIBILIDADE = LICITAÇÃO INVIÁVEL (Art. 74)

1. produtor, empresa ou representante comercial **EXCLUSIVOS**;
2. profissional do **setor artístico**, diretamente ou por empresário exclusivo;
3. **serviços técnicos especializados** de natureza predominantemente intelectual com profissionais ou empresas de notória especialização;
4. objetos contratados por **credenciamento;** e
5. **imóvel** com características de instalação e localização.

---

[77] JUSTEN FILHO, Marçal. *Comentários à Lei de Licitações e contratos administrativos*. 12. ed. São Paulo: Dialética, 2008. p. 231.

[78] JUSTEN FILHO, Marçal. *Comentários à Lei de Licitações e contratos administrativos*. 12. ed. São Paulo: Dialética, 2008. p. 231.

[79] Conforme visto, Celso Antônio Bandeira de Mello classifica tal hipótese, de contratação direta em atividades-fins de estatais no domínio econômico, como sendo de inexigibilidade.

[80] ARAÚJO, Edmir Netto. *Curso de direito administrativo*. São Paulo: Saraiva, 2010. p. 535.

LICITAÇÃO DISPENSÁVEL	ART. 75 DA LEI Nº 14.133/2021
EM RAZÃO DO VALOR I – 125.451,15 (cento e vinte e cinco mil quatrocentos e cinquenta e um reais e quinze centavos) – obras e serviços de engenharia, incluindo manutenção de veículos automotores, sendo anualmente atualizado pelo IPCA, cf. Dec. 12.343/2024; II – 62.725,59 (sessenta e dois mil setecentos e vinte e cinco reais e cinquenta e nove centavos) – outros serviços e compras, sendo anualmente atualizado pelo IPCA, cf. Decretos expedidos; § 2º: valores duplicados para consórcio público ou agência executiva.	**EM SITUAÇÕES EXCEPCIONAIS** Incisos: III, VI, VII, VIII, X. Ex.: guerra, estado de defesa, estado de sítio, intervenção federal ou grave perturbação da ordem.
EM RAZÃO DO OBJETO Inciso IV, alíneas de *a* a *m*, e inciso V. Ex.: gêneros perecíveis durante a licitação e produtos para pesquisa e desenvolvimento.	**EM RAZÃO DA PESSOA** Incisos IX, XI, XII, XIII, XIV, XV, XVI, XVII e XVIII. Ex.: associação de pessoas com deficiência e instituição dedicada à recuperação social da pessoa presa.

6.8 Processo de contratação direta

O processo de contratação direta da Lei nº 14.133/2021 incrementou mudanças em relação à lei anterior. Há mais exigências de documentos e justificativas para motivar o procedimento; sua divulgação deverá ser feita pela via eletrônica; e também houve inserção de dispositivo desdobrando a responsabilidade entre Administração e contratado.

De acordo com o art. 72 da Lei nº 14.133/2021, o processo de contratação direta, que compreende os casos de inexigibilidade e de dispensa de licitação, deverá ser instruído com os seguintes documentos: (I) documento de formalização da demanda e, se for o caso, estudo técnico preliminar, análise de riscos, termo de referência, projeto básico ou projeto executivo; (II) estimativa de despesa, que deverá ser calculada na forma estabelecida no art. 23 da lei; (III) parecer jurídico e pareceres técnicos, se for o caso, que demonstrem o atendimento dos requisitos exigidos; (IV) demonstração da compatibilidade da previsão de recursos orçamentários com o compromisso a ser assumido; (V) comprovação de que o contratado preenche os requisitos de habilitação e qualificação mínima necessária; (VI) razão de escolha do contratado; (VII) justificativa do preço; e (VIII) autorização da autoridade competente.

A lei anterior apenas exigia os seguintes elementos do processo, dispostos no parágrafo único do art. 26 (Lei nº 8.666/93): (I) caracterização da situação emergencial, calamitosa ou de grave e iminente risco à segurança pública que justifique a dispensa, quando for o caso; (II) razão de escolha do fornecedor ou executante; (III) justificativa do preço; e (IV) documento de aprovação dos projetos de pesquisa aos quais os bens serão alocados.

Outrossim, determina o parágrafo único do art. 72 da Lei nº 14.133/2021 (Nova Lei de Licitações) que o ato que autoriza a contratação direta ou o extrato decorrente do contrato deverá ser divulgado e mantido à disposição do público em sítio eletrônico oficial. Conforme visto, o § 3º do art. 75, que envolve contratações diretas pelo valor, dispõe que serão preferencialmente precedidas de divulgação em sítio eletrônico oficial, pelo prazo mínimo de três dias úteis, de aviso com especificação do objeto pretendido e com a manifestação de interesse da Administração em obter propostas adicionais de eventuais interessados, devendo ser selecionada a proposta mais vantajosa.

A transformação contemporânea dos meios digitais e a visibilidade maior proporcionada por um governo eletrônico e digital dos processos administrativos, aliadas às exigências legais de transparência nas contratações públicas, inclusive as contratações diretas, isto é, com dispensa ou inexigibilidade, potencializarão o controle da Administração, facilitando o trabalho tanto das instituições oficialmente munidas de competência para engendrar a fiscalização como dos jornalistas, da sociedade civil organizada e dos cidadãos no geral, o que pode ter um resultado positivo.[81]

Outra disposição significativa acrescentada pela nova lei foi o art. 73, que determina que, sem prejuízo das outras sanções legais cabíveis, haverá responsabilidade solidária do contratado com o agente público responsável por dano causado ao erário, caso a contratação direta indevida ocorrer com dolo, fraude ou erro grosseiro.

6.9 Procedimento e suas fases

O processo de licitação obedecerá, de acordo com o art. 17 da Lei nº 14.133/2021, às seguintes fases, em sequência:

1. preparatória;
2. de divulgação do edital de licitação;
3. de apresentação de propostas e lances, quando for o caso;
4. de julgamento;
5. de habilitação;
6. recursal; e
7. de homologação.

Note-se que a nova lei, seguindo os passos do pregão e do RDC, adotou como regra a inversão de fases, sendo realizado o julgamento antes da habilitação, sendo possível, excepcionalmente, desde que haja indicação dos benefícios, uma "desinversão", na qual a habilitação seja anterior à apresentação das propostas e dos lances e dos julgamentos, desde que haja previsão no edital.

Acesse e assista ao vídeo sobre inversão de fases
> http://uqr.to/1xpl2

Inversão de fases, ademais, foi considerada matéria de legislação específica dos entes. De acordo com o Plenário do STF, Estados, Distrito Federal e Municípios têm competência para

---

[81] Cf. NOHARA, Irene Patrícia Diom. *Nova lei de licitações e contratos comparada*. São Paulo: Thomson Reuters, 2021. p. 304.

editar normas que alterem a ordem das fases das licitações, desde que observadas as regras constitucionais e os princípios da administração. Trata-se de matéria jugada em Recurso Extraordinário (RE) 1188352, com repercussão geral (**Tema 1.036**), j. 24.5.2024.

O governador do Distrito Federal, Ibaneis Rocha, questionou acórdão do Tribunal de Justiça do Distrito Federal e dos Territórios (TJDFT) que afirmava a inconstitucionalidade da Lei Distrital 5.345/2014, ao dispor sobre as fases do procedimento de licitação realizado por órgão ou entidade do Distrito Federal, seguindo a inversão (que depois foi adotada pela Lei nº 14.133/2021), e a maioria do Plenário do Supremo reputou, depois, constitucional tal inversão.

Antes mesmo da chamada fase externa, que inicia com a publicação do edital, há uma **fase interna**, denominada na nova lei de "preparatória". O planejamento integra agora de maneira mais aprofundada a licitação.

Ao final da fase preparatória, determina o art. 53 da nova lei que o processo licitatório seguirá para o órgão de assessoramento da Administração, o qual realizará o controle prévio de legalidade mediante análise jurídica da contratação.

O órgão de assessoramento jurídico também realizará controle prévio de legalidade de contratações diretas, acordos, termos de cooperação, convênios, ajustes, adesões a atas de registro de preços, outros instrumentos congêneres e seus termos aditivos, sendo dispensável a análise jurídica em ato de autoridade jurídica máxima competente, que deverá considerar o baixo valor, a baixa complexidade da contratação, a entrega imediata do bem ou a utilização de minutas de editais e instrumentos de contrato, convênio ou outros ajustes previamente padronizados pelo órgão de assessoramento jurídico.

Assim, as **minutas** de *editais* de licitação, bem como as dos *contratos, acordos, convênios* e *ajustes* devem ser previamente examinadas e **aprovadas** por **assessoria jurídica** da Administração. Discute-se a natureza jurídica do parecer da assessoria jurídica. Parecer, segundo conceito de Thiago Marrara, constitui uma "manifestação técnica geralmente escrita e necessariamente imparcial sobre questões controversas de um caso concreto".[82] Ele é geralmente solicitado aos órgãos consultivos das instituições públicas.

Na elaboração do parecer jurídico, o órgão de assessoramento jurídico da Administração deverá: (I) apreciar o processo licitatório conforme critérios objetivos prévios de atribuição de prioridade; e (II) redigir sua manifestação em linguagem simples e compreensível e de forma clara e objetiva, com apreciação de todos os elementos indispensáveis à contratação e com exposição dos pressupostos de fato e de direito levados em consideração na análise jurídica.

Dependendo da disciplina legal, conforme visto, os pareceres podem ser obrigatórios ou facultativos, vinculantes ou não vinculantes. Facultativo é o parecer que não tem obrigatoriedade legal. Obrigatório é o parecer que deve necessariamente ser solicitado para subsidiar uma decisão administrativa, ainda que seu conteúdo não seja vinculante.

Considera-se o parecer da assessoria jurídica *obrigatório*, mas *não vinculativo* ao gestor, conforme orientação do seguinte acórdão do TCU: "o parecer é opinativo e não vincula o administrador", Acórdão nº 1.379/2010, Plenário, Rel. Augusto Nardes.

A ausência de parecer da assessoria não é, de acordo com Marçal Justen Filho, vício suficiente para invalidar, por si só, um edital de licitação ou uma contratação dele derivada, desde que não haja irregularidades.[83] Tal orientação também é abraçada por Maria Sylvia Zanella Di

---

[82] In: *Processo administrativo*. São Paulo: Atlas, 2009. p. 280.

[83] JUSTEN FILHO, Marçal. *Comentários à lei de licitações e contratos administrativos*. São Paulo: Revista dos Tribunais, 2014. p. 678-680.

Pietro, para quem: "independentemente da manifestação do órgão jurídico, seria irrazoável decretar-se a sua invalidade, já que a inobservância da formalidade nenhum prejuízo causou aos objetivos da licitação".[84] Há, no entanto, decisões contrárias a essa orientação do Tribunal de Contas da União, que não entendem possível o saneamento do vício, a exemplo do Acórdão nº 2.004/2007, Plenário, Rel. Benjamin Zymler.

Existe um consenso acerca da possibilidade de responsabilização da assessoria quanto à omissão na expedição do parecer, sendo mais discutível, no entanto, a possibilidade de responsabilização diante da existência do parecer da assessoria. Como a lei determina um dever de exame prévio e de aprovação das minutas do edital pela assessoria, considera-se possível o reconhecimento da responsabilidade solidária num parecer favorável à contratação viciada, se aquele que o elaborou foi omisso ou cometeu grave infração à norma legal, conforme Acórdão nº 1.424/2003.

Trata-se da mesma orientação do STF:

> a aprovação ou ratificação de termo de convênio e aditivos, a teor do que dispõe o art. 38 da Lei nº 8.666/93, e diferentemente do que ocorre com a simples emissão de parecer opinativo, possibilita a responsabilização solidária, já que o administrador decide apoiado na manifestação do setor técnico competente (Lei nº 8.666/93, art. 38, parágrafo único) MS 24.584/DF, Plenário, Rel. Min. Marco Aurélio, j. 9.8.2007, *Informativo* nº 475.

Não obstante, adverte Marçal Justen Filho, para que haja prudência, que:

> se há duas teses jurídicas igualmente defensáveis, a opção por uma delas não pode acarretar punição. Entendimento similar pode pôr-se quanto à avaliação sobre os fatos relevantes para uma decisão. Por isso, poderá (deverá) punir-se o servidor público que adota interpretação contrária ao Direito, aberrante, ou se o prolator do parecer desvirtuar os fatos ocorridos, adotando versão não fundada em documentos ou outras provas. Se a decisão administrativa for entranhada de defeito desconhecido do agente que forneceu o parecer, não há cabimento em sua responsabilização.[85]

Por conseguinte, o Tribunal de Contas da União solidificou entendimento de que a responsabilização do parecerista jurídico deve ser reconhecida se forem constatadas, de forma inequívoca, as ocorrências de "erro grosseiro e de atitude culposa, que tenham contribuído de forma determinante para a prática de atos irregulares, que causem danos ao erário" (Acórdão nº 2.090/2011, Plenário).

Ressalte-se que, mais recentemente, a Lei nº 13.655/2018 inseriu o art. 28 à LINDB (Lei de Introdução às Normas no Direito Brasileiro), reforçando os limites à responsabilização do agente público em suas opiniões técnicas, de acordo com o qual: "o agente público responderá pessoalmente por suas decisões ou opiniões técnicas em caso de dolo ou erro grosseiro".

Se as autoridades competentes e os servidores públicos que tiverem participado dos procedimentos relacionados às licitações e aos contratos de que trata a Lei de Licitações e Contratos precisarem defender-se nas esferas administrativa, controladora ou judicial em razão de ato praticado com estrita observância de orientação constante em parecer jurídico, estabelece o art. 10 da Lei nº 14.133/2021 que a advocacia pública promoverá, a critério do agente público, sua representação judicial ou extrajudicial.

---

[84] DI PIETRO, Maria Sylvia. *Temas polêmicos sobre licitações e contratos*. 5. ed. São Paulo: Malheiros, 2001. p. 166.

[85] JUSTEN FILHO, Marçal. *Comentários à lei de licitações e contratos administrativos*. 12. ed. São Paulo: Dialética, 2008. p. 492.

Quando do trâmite do projeto de lei do Senado (349), o qual se transformou na Lei nº 13.655/2018, houve a tentativa de inserção de um dispositivo similar, o qual garantiria que o agente público que tivesse que se defender, em qualquer esfera, por ato praticado no exercício regular de suas competências, tivesse direito ao apoio da entidade, inclusive nas despesas com a defesa. No entanto, tal dispositivo foi vetado pelo então Presidente Michel Temer.

Não obstante o veto, curiosamente, a questão voltou no Decreto nº 9.830/2019, o qual regulamentou a LINDB. Assim, o art. 15 do decreto dispõe que: "o agente público federal que tiver que se defender, judicial ou extrajudicialmente, por ato ou conduta praticada no exercício regular de suas atribuições institucionais, poderá solicitar à Advocacia-Geral da União que avalie a verossimilhança de suas alegações e consequente possibilidade de realizar sua defesa".

Agora, na Nova Lei de Licitações, houve, conforme dito, a previsão do direito de o agente público, inclusive aquele que não mais ocupar cargo, emprego ou função, se tiver que se defender no exercício de suas competências nas esferas administrativa, controladora ou judicial, em razão de ato praticado com estrita orientação constante de parecer jurídico do assessoramento da instituição, ter promovida sua representação judicial ou administrativa, caso concorde, pela advocacia pública.

Não se aplica, todavia, a defesa pela advocacia pública, conforme a ressalva do inciso II do § 1º do art. 10, se houver provas da prática de atos ilícitos dolosos nos autos do processo administrativo ou judicial.

A nova lei também previu a figura do **agente de contratação** para realização das licitações cotidianas da Administração. Conforme o art. 8º da Lei nº 14.133/2021, a licitação será conduzida por agente de contratação, sendo pessoa designada pela autoridade competente entre servidores efetivos ou empregados públicos dos quadros permanentes da Administração Pública, para tomar decisões, acompanhar o trâmite da licitação, dar impulso ao procedimento licitatório e executar quaisquer outras atividades necessárias ao bom andamento do certame até a homologação.

A ideia de empoderamento de um agente de contratação é inspirada no pregão, pois neste há o pregoeiro, que lidera as decisões, e sua equipe de apoio; a partir da nova lei, os procedimentos contarão com o agente de contratação auxiliado também por uma equipe de apoio. O agente de contratação responde individualmente pelos atos que praticar, salvo quando induzido a erro pela atuação da equipe, de acordo com o § 1º do art. 8º da Lei nº 14.133/2021.

A comissão com composição colegiada, de três membros, é, na sistemática da nova lei, voltada sobretudo para licitações que envolvam bens ou serviços especiais. Nesse caso, os membros respondem solidariamente por todos os atos praticados pela comissão, ressalvado o membro que expressar posição individual divergente fundamentada e registrada em ata lavrada na reunião em que houver sido tomada a decisão.

Cabe à autoridade máxima do órgão ou da entidade designar agentes públicos para o desempenho das funções essenciais à execução dessa lei que preencham os seguintes requisitos: (1) sejam, preferencialmente, servidor efetivo ou empregado público dos quadros permanentes da Administração Pública; (2) tenham atribuições relacionadas a licitações e contratos ou possuam formação compatível ou qualificação atestada por certificação profissional emitida por escola de governo criada e mantida pelo Poder Público; e (3) não sejam cônjuge ou companheiro de licitantes ou contratados habituais da Administração nem tenham com eles vínculos de parentesco, colateral ou por afinidade, até o terceiro grau, ou de natureza técnica, comercial, econômica, financeira, trabalhista e civil.

Ressalte-se que o § 4º do art. 8º da Lei nº 14.133/2021 dispõe que, em licitação que envolva bens ou serviços especiais cujo objeto não seja rotineiramente contratado pela Administração, poderá ser contratado, por prazo determinado, serviço de empresa ou profissional especializado para assessorar os agentes públicos responsáveis pela condução da licitação.

> **CONDUÇÃO DA LICITAÇÃO**
> **No geral** – agente de contratação + equipe de apoio
> Para **bens e serviços especiais** = comissão colegiada (três membros)

6.9.1 Fase preparatória

O planejamento, conforme visto, integra de maneira mais aprofundada a licitação, sendo que a fase preparatória deve se compatibilizar com o plano de contratação anual, elaborado em alinhamento com as leis orçamentárias, bem como abordar considerações técnicas, mercadológicas e de gestão que possam interferir na contratação.

São considerações técnicas que integram a fase preparatória da licitação:

1. a descrição da necessidade da contratação fundamentada em **estudo técnico preliminar** que caracterize o interesse público envolvido;
2. a definição do **objeto** para o atendimento da necessidade, por meio de termo de referência, anteprojeto, projeto básico ou projeto executivo, conforme o caso;
3. a definição das **condições** de execução e pagamento, das garantias exigidas e ofertadas e das condições de recebimento;
4. o **orçamento estimado**, com as composições de preços utilizados para sua formação;
5. a elaboração do **edital** de licitação;
6. a elaboração de **minuta de contrato**, quando necessária, que constará obrigatoriamente como anexo do edital de licitação;
7. o **regime de fornecimento** de bens, de prestação de serviços ou de execução de obras e serviços de engenharia, observados os potenciais de economia de escala;
8. a **modalidade** de licitação, o **critério de julgamento**, o **modo de disputa** e a adequação e eficiência da forma de combinação desses parâmetros, para fins de seleção da proposta apta a gerar o resultado de contratação mais vantajoso para a Administração Pública, considerado todo o ciclo de vida do objeto;
9. a motivação circunstanciada das condições do edital, tais como justificativa de exigências de qualificação técnica, mediante indicação de parcelas de maior relevância técnica ou valor significativo do objeto, e de qualificação econômico-financeira, justificativa dos critérios de pontuação e julgamento das propostas técnicas, nas licitações com julgamento por melhor técnica ou técnica e preço, e justificativa das regras pertinentes à participação de empresas em consórcio;
10. a **análise dos riscos** que possam comprometer o sucesso da licitação e a boa execução contratual; e
11. a motivação sobre o **momento da divulgação do orçamento** da licitação, pois a nova lei admite que, facultativamente, se adote o orçamento sigiloso.

Em respeito ao princípio da moralidade, estabelece o art. 20 da Lei nº 14.133/2021 que os itens de consumo adquiridos para suprir as demandas das estruturas da Administração Pública deverão ser de **qualidade comum**, não superior à necessária para cumprir as finalidades às quais se destinam, **vedada a aquisição de artigos de luxo**. A lei reservou aos regulamentos editados pelos Poderes Executivo, Legislativo e Judiciário a definição dos limites para o enquadramento dos bens de consumo nas categorias comum e luxo.

Sobre audiência pública, estabelece o art. 21 da lei que a Administração poderá convocar, com antecedência mínima de oito dias úteis, presencial ou a distância, na forma eletrônica, sobre licitação que pretenda realizar, com disponibilização prévia de informações pertinentes, inclusive de estudo técnico preliminar, elementos do edital de licitação e outros, e com possibilidade de manifestação de todos os interessados. É facultativa, portanto, a convocação de audiência.

Também foi tratada como facultativa a submissão da licitação a prévia consulta pública, com a disponibilização de seus elementos aos interessados, os quais poderão formular sugestões no prazo fixado.

Prevê o art. 22 que o edital possa contemplar matriz de alocação de riscos entre o contratante e o contratado, hipótese em que o cálculo do valor estimado da contratação poderá considerar taxa de risco compatível com o objeto da licitação e os riscos atribuídos ao contratado, de acordo com metodologia predefinida pelo ente federativo. A matriz de riscos deverá promover a alocação eficiente dos riscos de cada contrato e estabelecer a responsabilidade que caiba a cada parte contratante, bem como os mecanismos que afastem a ocorrência do sinistro e mitiguem os seus efeitos, caso ocorra durante a execução contratual.

O art. 24 traz o sistema do **orçamento sigiloso**, inspirado no RDC (Lei nº 12.462/2011) e na Lei das Estatais (Lei nº 13.303/2016). Assim, prevê que, desde que justificado, o orçamento estimado da contratação poderá ter caráter sigiloso, e, nesse caso, o sigilo não prevalecerá para os órgãos do controle interno e externo. Contudo, no caso da nova lei, o orçamento sigiloso é adotado de forma facultativa e mediante justificativa.

6.9.2 Edital

Edital, segundo Maria Sylvia Zanella Di Pietro,[86] é o ato pelo qual a Administração divulga a abertura da licitação, fixa os requisitos de participação, define o objeto e as condições básicas do contrato e convida todos os interessados para que apresentem suas propostas.

Além de dar publicidade ao certame, o edital fixa as regras da licitação. Ele é denominado "lei interna" da licitação, pois deve ser rigorosamente cumprido, sob pena de nulidade.

Note-se, contudo, que o edital não é lei *no sentido técnico* da palavra, pois não vale de forma genérica, como a Lei de Licitações e Contratos, mas apenas para determinada licitação, o que lhe confere natureza jurídica mais próxima de ato administrativo em sentido amplo.

O art. 25 da Lei nº 14.133/2021 estipula os requisitos obrigatórios a serem observados pelo edital, que deve conter: o objeto da licitação e as regras relativas à convocação, ao julgamento, à habilitação, aos recursos e às penalidades da licitação, à fiscalização e à gestão do contrato, à entrega do objeto e às condições de pagamento.

O edital poderá, na forma disposta em regulamento, exigir que percentual mínimo da mão de obra responsável pela execução do objeto da contratação seja constituído por: (1) mulheres vítimas de violência doméstica; e (2) oriundos ou egressos do sistema prisional. Quanto às mulheres vítimas de violência doméstica, houve a regulamentação do assunto em âmbito federal pelo Decreto nº 11.430/2023.

---

[86] DI PIETRO, Maria Sylvia Zanella. *Direito administrativo*. São Paulo: Atlas, 2010. p. 389.

Além da margem de preferência existente para bens manufaturados e serviços nacionais que atendam às normas técnicas brasileiras, o art. 26 também prevê margem de preferência para bens reciclados, recicláveis ou biodegradáveis, conforme regulamento.

De acordo com o art. 164 da lei, qualquer pessoa é parte legítima para impugnar edital de licitação por irregularidade na aplicação da lei ou para solicitar esclarecimento sobre os seus termos, devendo protocolar o pedido até três dias úteis antes da data de abertura do certame. A resposta à impugnação ou ao pedido de esclarecimento, conforme o parágrafo único do art. 164, será divulgada em sítio eletrônico oficial no prazo de até três dias úteis, limitado ao último dia útil anterior à data da abertura do certame.

Qualquer licitante, contratado ou pessoa física ou jurídica poderá representar ao Tribunal de Contas ou aos órgãos integrantes do sistema de controle interno contra irregularidades na aplicação da Lei de Licitações, sendo ainda possível o ingresso do cidadão com ação popular se "no edital de concorrência (de empreitada, tarefa e concessão de serviço público) forem incluídas cláusulas ou condições, que comprometam seu caráter competitivo", conforme dispõe o art. 4º, III, b, da Lei de Ação Popular (Lei nº 4.717/65).

REGRAS – Edital

Princípio – vinculação ao edital.

Prazo de impugnação:
até três dias úteis antes da data de abertura do certame.

RESPOSTA: à impugnação ou ao pedido de esclarecimento, em sítio eletrônico oficial no prazo de até três dias úteis, limitado ao último dia útil anterior à data da abertura do certame.

6.9.3 Propostas e lances

De acordo com o art. 55 da Lei nº 14.133/2021, os **prazos mínimos** para apresentação de propostas e lances, contados a partir da data de divulgação do edital de licitação, são:

1. para aquisição de **bens**: (a) oito dias úteis, quando adotados os critérios de julgamento de **menor preço ou de maior desconto**; (b) 15 dias úteis, nas demais hipóteses;
2. no caso de **serviços e obras**: (a) dez dias úteis, quando adotados os critérios de julgamento de menor preço ou de maior desconto, no caso de **serviços comuns e de obras e serviços comuns de engenharia**; (b) 25 dias úteis, quando adotados os critérios de julgamento de menor preço ou de maior desconto, no caso de serviços **especiais e de obras e serviços especiais de engenharia**; (c) 60 dias úteis, quando o regime de execução for de **contratação integrada**; (d) 35 dias úteis, quando o regime de execução for o de **contratação semi-integrada** ou nas hipóteses não abrangidas pelas alíneas *a*, *b* e *c* deste inciso;
3. para licitação em que se adote o critério de julgamento de maior lance, 15 dias úteis; e
4. para a licitação em que se adote o critério de julgamento de técnica e preço ou de melhor técnica ou conteúdo artístico, 35 dias úteis.

Eventuais modificações no edital implicarão nova divulgação na mesma forma de sua divulgação inicial, além do cumprimento dos mesmos prazos dos atos e procedimentos originais, exceto quando a alteração não comprometer a formulação das propostas.

Os prazos poderão, mediante decisão fundamentada, ser reduzidos até a metade nas licitações realizadas pelo Ministério da Saúde, no âmbito do Sistema Único de Saúde (SUS).

O **modo de disputa**, de acordo com o art. 56, poderá ser, isolada ou conjuntamente:

1. **aberto**, hipótese em que os licitantes apresentarão suas propostas por meio de lances públicos e sucessivos, crescentes ou decrescentes, como ocorre no pregão;
2. **fechado**, hipótese em que as propostas permanecerão em sigilo até a data e a hora designadas para sua divulgação.

A utilização isolada do modo de disputa fechado será vedada quando adotados os critérios de julgamento de menor preço ou de maior desconto, pois esses critérios permitem maior competitividade se acoplados ao modo de disputa aberto.

Por outro lado, a utilização do modo de disputa aberto será vedada quando adotado o critério de julgamento de técnica e preço, pois a qualidade técnica não permite disputas por lances públicos. Serão considerados intermediários os lances:

1. iguais ou inferiores ao maior já ofertado, quando adotado o critério de julgamento de maior lance;
2. iguais ou superiores ao menor já ofertado, quando adotados os demais critérios de julgamento.

Após a definição da melhor proposta, se a diferença em relação à proposta classificada em segundo lugar for de pelo menos 5%, a Administração poderá admitir o reinício da disputa aberta, nos termos estabelecidos no instrumento convocatório, para a definição das demais colocações. Estabelece o art. 57 que o edital de licitação poderá estabelecer intervalo mínimo de diferença de valores entre os lances, que incidirá tanto em relação aos lances intermediários quanto em relação à proposta que cobrir a melhor oferta.

6.9.4 Julgamento

Conforme visto, o julgamento das propostas será objetivo, devendo o agente de contratação ou a comissão realizá-lo em conformidade com os critérios de julgamento previamente estabelecidos no edital e os fatores exclusivamente nele referidos. Para facilitar e dar celeridade ao procedimento, com economia processual, a verificação da conformidade das propostas poderá ser feita exclusivamente em relação à proposta mais bem classificada.

De acordo com o art. 59 da lei, serão desclassificadas as propostas que: (1) contiverem vícios insanáveis; (2) não obedecerem às especificações técnicas do edital; (3) apresentarem preços inexequíveis ou permanecerem acima do orçamento estimado; (4) não tiverem a exequibilidade demonstrada, quando exigida pela Administração; e (5) apresentarem desconformidade com quaisquer outras exigências do edital.

O art. 60 disciplina o empate entre duas ou mais propostas, sendo utilizados os seguintes **critérios de desempate**, nesta ordem:

1. ampliação da **disputa final**, hipótese em que os licitantes empatados poderão apresentar nova proposta em ato contínuo à classificação;
2. **avaliação do desempenho contratual prévio** dos licitantes, para a qual deverão preferencialmente ser utilizados registros cadastrais para efeito de atesto de cumprimento de obrigações previstos na lei;

3. desenvolvimento pelo licitante **de ações de equidade entre homens e mulheres** no ambiente de trabalho, conforme regulamento; e
4. desenvolvimento pelo licitante de **programa de integridade**, conforme orientações dos órgãos de controle.

Definido o resultado do julgamento, estabelece o art. 61 da lei que a Administração poderá negociar condições mais vantajosas com o primeiro colocado. Essa negociação já era prática do pregão, conforme previsão do art. 4º, XVII, da Lei nº 10.520/2002.

6.9.5 Habilitação

A habilitação é a fase da licitação em que se verifica o conjunto de informações e documentos necessários e suficientes para demonstrar a capacidade do licitante de realizar o objeto da licitação.

A relevante alteração no tocante à habilitação na Nova Lei de Licitações (Lei nº 14.133/2021) foi a **inversão de fases**, como regra geral. Assim, além de ela ser realizada, como regra, após as etapas de lances e de julgamento, será exigida, nos termos do inciso II do art. 63 da lei, a apresentação dos documentos de habilitação apenas pelo licitante vencedor (exceto se não houver inversão de fases). Conforme visto, é possível haver de forma justificada a "desinversão".

A inversão de fases, conforme dito, torna o procedimento licitatório mais célere e simplificado, pois, se houver apenas análise dos documentos de habilitação do licitante vencedor, o agente de contratação ou a comissão não precisarão avaliar toda a documentação de todos os participantes do certame, mas se concentrarão apenas nos documentos do vencedor.

A habilitação é dividida no art. 62 da Lei nº 14.133/2021 em:

1. jurídica;
2. técnica;
3. fiscal, social e trabalhista;
4. econômico-financeira.

Apesar de a definição da habilitação ser relacionada com a noção de se averiguarem informações e documentos necessários e suficientes para demonstrar a capacidade de realização do objeto, em função da determinante presente no art. 37, XXI, da Constituição Federal, a qual prevê a regra da licitação pública que assegure igualdade de condições a todos os concorrentes, com cláusulas que estabeleçam obrigações de pagamento, mantidas as condições efetivas da proposta, no termos da lei, o qual "somente permitirá as exigências de qualificação técnica e econômica indispensáveis à garantia do cumprimento das obrigações", atualmente as obrigações assumidas pelas empresas vão além do estritamente necessário para os fins contratuais, justamente pelo fato de que as compras públicas são também modeladas contemporaneamente para realização de fins de inovação e de desenvolvimento nacional sustentável, isto é, para finalidades metacontratuais, para além, portanto, do exclusivo foco econômico e de busca de contratação mais vantajosa.

Cada vez mais a Administração usa de seu poder de compra governamental para promover um mercado fornecedor de produtos ecoeficientes, para promover a inovação e a formação de um mercado específico, para promover pleno emprego, com políticas de favorecimentos previstas no Estatuto da Microempresa e da Empresa de Pequeno Porte, para induzir ao cumprimento da responsabilidade social da empresa, tendo em vista a contratação com empresas que não apenas tenham aptidão econômica para realizar seu objeto, mas que realizem o seu objeto com responsabilidade ambiental e também social.

Portanto, as interpretações, tanto da definição de habilitação como de que a Constituição determina exigências de qualificação econômica e técnica indispensáveis à garantia do cumprimento da obrigação, não podem ser feitas de forma isolada, a desconsiderar o que é um processo licitatório nos dias atuais, sendo ele não apenas um procedimento apto a buscar contratações mais vantajosas do ponto de vista meramente econômico e técnico, mas também para o cumprimento de fatores metacontratuais, como: comprometimento fiscal, social e trabalhista, o que inclui o cumprimento da proibição de trabalho noturno, perigoso ou insalubre a menores de 18 e qualquer trabalho a menores de 16 anos, salvo na condição de aprendiz, a partir dos 14 anos (agora no inciso VI do art. 68), ou mesmo a reserva de cargos para pessoas com deficiência e para reabilitados da Previdência Social.

Na fase de habilitação das licitações, estabelece o art. 63, I, que poderá ser exigida dos licitantes a declaração de que atendem aos requisitos de habilitação, e o declarante responderá pela veracidade das informações prestadas, na forma da lei.

Os documentos de regularidade fiscal somente serão exigidos em momento posterior ao julgamento das propostas, e apenas do licitante mais bem classificado. Será exigida do licitante declaração de que cumpre as exigências de reserva de cargos para pessoas com deficiência e para reabilitados da Previdência Social, previstas em lei e em outras normas específicas.

Antes, tal requisito era empregado como critério de desempate, conforme inciso V do § 2º do art. 3º da Lei nº 8.666/93, que não foi repetido no art. 60, § 1º, da Nova Lei de Licitações, mas se transformou, o que é ainda melhor, em exigência constante na fase de habilitação (art. 63, IV, da lei), pois se trata de um critério que antes era visto como diferencial e agora é visto como obrigatoriedade a ser exigida na habilitação, ainda que por meio de uma declaração.

Constará do edital de licitação cláusula que exija dos licitantes, sob pena de desclassificação, declaração de que suas propostas econômicas compreendem a integralidade dos custos para atendimento dos direitos trabalhistas assegurados na Constituição Federal, nas leis trabalhistas, nas normas infralegais, nas convenções coletivas de trabalho e nos termos de ajustamento de conduta vigentes na data de entrega das propostas.

Quando a avaliação prévia do local de execução for imprescindível para o conhecimento pleno das condições e peculiaridades do objeto a ser contratado, o edital de licitação **poderá prever**, sob pena de inabilitação, a necessidade de o licitante atestar que **conhece o local e as condições de realização da obra ou serviço**, assegurado a ele o **direito de realização de vistoria prévia**.

O edital de licitação sempre deverá prever a possibilidade de substituição da vistoria por declaração formal assinada pelo responsável técnico do licitante acerca do conhecimento pleno das condições e peculiaridades da contratação. Contudo, se os licitantes optarem por realizar vistoria prévia, a Administração deverá disponibilizar datas e horários diferentes para os eventuais interessados.

Após a entrega dos documentos para habilitação, não será permitida a substituição ou a apresentação de documentos, salvo para atualização daqueles destinados à comprovação de fatos preexistentes à data de divulgação do edital que possam ser apresentados no prazo para diligências ou na fase recursal, conforme o caso, ou para atualização de documentos cuja validade tenha expirado após a data de recebimento das propostas.

No julgamento da habilitação, a comissão de licitação poderá sanar erros ou falhas que não alterem a substância dos documentos e sua validade jurídica, mediante despacho fundamentado registrado e acessível a todos, atribuindo-lhes eficácia para fins de habilitação e classificação.

Quando a fase de habilitação anteceder a de julgamento e já tiver sido encerrada, não caberá exclusão de licitante por motivo relacionado à habilitação, salvo em razão de fatos supervenientes ou só conhecidos após o julgamento.

As condições de habilitação serão definidas no edital. Note-se que, empresas criadas no exercício financeiro da licitação, deverão atender a todas as exigências da habilitação e ficarão autorizadas a substituir os demonstrativos contábeis pelo balanço de abertura. A habilitação poderá ser realizada por processo eletrônico de comunicação a distância, nos termos dispostos em regulamento.

A **habilitação jurídica** visa a demonstrar a capacidade de o licitante exercer direitos e assumir obrigações, e a documentação a ser apresentada por ele se limita à comprovação de existência jurídica da pessoa e, quando cabível, de autorização para o exercício da atividade a ser contratada.

A documentação relativa à **qualificação técnico-profissional e técnico-operacional**, de acordo com o art. 67 da lei, será restrita a:

1. apresentação de profissional, devidamente registrado no conselho profissional competente, quando for o caso, detentor de atestado de responsabilidade técnica por execução de obra ou serviço de características semelhantes, para fins de contratação;
2. certidões ou atestados, regularmente emitidos pelo conselho profissional competente, quando for o caso, que demonstrem capacidade operacional na execução de serviços similares de complexidade tecnológica e operacional equivalente ou superior, bem como documentos comprobatórios emitidos na forma do § 3º do art. 88 desta Lei;
3. indicação do pessoal técnico, das instalações e do aparelhamento adequados e disponíveis para a realização do objeto da licitação, bem como da qualificação de cada membro da equipe técnica que se responsabilizará pelos trabalhos;
4. prova de atendimento de requisitos previstos em lei especial, quando for o caso;
5. registro ou inscrição na entidade profissional competente,[87] quando for o caso; e
6. declaração de que o licitante tomou conhecimento de todas as informações e das condições locais para o cumprimento das obrigações objeto da licitação.

A exigência de atestados será restrita às parcelas de maior relevância ou valor significativo do objeto da licitação, assim consideradas as que tenham valor individual igual ou superior a 4% do valor total estimado da contratação. Será admitida a exigência de atestados com quantidades mínimas de até 50% das parcelas de que trata o referido parágrafo, vedadas limitações de tempo e de locais específicos relativas aos atestados.

Salvo na contratação de obras e serviços de engenharia, as exigências a que se referem os itens 1 e 2, a critério da Administração, poderão ser substituídas por outra prova de que o profissional ou a empresa possui conhecimento técnico e experiência prática na execução de serviço de características semelhantes, hipótese em que as provas alternativas aceitáveis deverão ser previstas em regulamento.

Os profissionais indicados pelo licitante na forma dos itens 1 e 2 deverão participar da obra ou serviço objeto da licitação, e será admitida a sua substituição por profissionais de experiência equivalente ou superior, desde que aprovada pela Administração.

---

[87] Sociedades empresárias estrangeiras atenderão à exigência prevista no inciso V do *caput* desse artigo por meio da apresentação, no momento da assinatura do contrato, da solicitação de registro perante a entidade profissional competente no Brasil.

Serão aceitos atestados ou outros documentos hábeis emitidos por entidades estrangeiras quando acompanhados de tradução para o português, salvo se comprovada a inidoneidade da entidade emissora.

Em se tratando de serviços contínuos, o edital poderá exigir certidão ou atestado que demonstre que o licitante tenha executado serviços similares ao objeto da licitação, em períodos sucessivos ou não, por um prazo mínimo, que não poderá ser superior a três anos.

Será admitida a exigência da relação dos compromissos assumidos pelo licitante que importem em diminuição da disponibilidade do pessoal técnico referido nos itens 1 e 2. O edital poderá prever, para aspectos técnicos específicos, que a qualificação técnica seja demonstrada por meio de atestados relativos a potencial subcontratado, limitado a 25% do objeto a ser licitado, hipótese em que mais de um licitante poderá apresentar atestado relativo ao mesmo potencial subcontratado.

Em caso de apresentação por licitante de atestado de desempenho anterior emitido em favor de consórcio do qual tenha feito parte, se o atestado ou contrato de constituição do consórcio não identificar a atividade desempenhada por cada consorciado individualmente, serão adotados os seguintes critérios na avaliação de sua qualificação técnica:

1. caso o atestado tenha sido emitido em favor de consórcio homogêneo, as experiências atestadas deverão ser reconhecidas para cada empresa consorciada na proporção quantitativa de sua participação no consórcio, salvo nas licitações para contratação de serviços técnicos especializados de natureza predominantemente intelectual, em que todas as experiências atestadas deverão ser reconhecidas para cada uma das empresas consorciadas;

2. caso o atestado tenha sido emitido em favor de consórcio heterogêneo, as experiências atestadas deverão ser reconhecidas para cada consorciado de acordo com os respectivos campos de atuação, inclusive nas licitações para contratação de serviços técnicos especializados de natureza predominantemente intelectual.

Para fins de comprovação do percentual de participação do consorciado, caso este não conste expressamente do atestado ou da certidão, deverá ser juntada ao atestado ou à certidão cópia do instrumento de constituição do consórcio.

As **habilitações fiscal, social e trabalhista** serão aferidas mediante a apresentação de documentação apta a comprovar:

1. a inscrição no Cadastro de Pessoas Físicas (CPF) ou no Cadastro Nacional da Pessoa Jurídica (CNPJ);
2. a inscrição no cadastro de contribuintes estadual ou municipal, se houver, relativo ao domicílio ou sede do licitante, pertinente ao seu ramo de atividade e compatível com o objeto contratual;
3. a regularidade perante a Fazenda federal, a estadual e a municipal do domicílio ou sede do licitante, ou outra equivalente, na forma da lei;
4. a regularidade relativa à Seguridade Social e ao FGTS, que demonstre cumprimento dos encargos sociais instituídos por lei;
5. a regularidade perante a Justiça do Trabalho;
6. o cumprimento do disposto no inciso XXXIII do art. 7º da Constituição Federal.

Os documentos citados poderão ser substituídos ou supridos, no todo ou em parte, por outros meios hábeis a comprovar a regularidade do licitante, inclusive por meio eletrônico, exceto nos casos de regularidade perante a Fazenda do domicílio ou sede do licitante, regularidade à seguridade e ao FGTS, e regularidade perante a Justiça do Trabalho, que deverá ser feita na forma da legislação específica.

A habilitação **econômico-financeira**, disciplinada no art. 69, visa a demonstrar a aptidão econômica do licitante para cumprir as obrigações decorrentes do futuro contrato, devendo ser comprovada de forma objetiva, por coeficientes e índices econômicos previstos no edital, devidamente justificados no processo licitatório, e será restrita à apresentação da seguinte documentação:

1. balanço patrimonial, demonstração de resultado de exercício e demais demonstrações contábeis dos dois últimos exercícios sociais;[88]
2. certidão negativa de feitos sobre falência expedida pelo distribuidor da sede do licitante.

A critério da Administração, poderá ser exigida declaração, assinada por profissional habilitado da área contábil, que ateste o atendimento pelo licitante dos índices econômicos previstos no edital. É vedada a exigência de valores mínimos de faturamento anterior e de índices de rentabilidade ou lucratividade.

Admite-se a exigência da relação dos compromissos assumidos pelo licitante que importem em diminuição de sua capacidade econômico-financeira, excluídas parcelas já executadas de contratos firmados.

Nas compras para entrega futura e na execução de obras e serviços, pode ser estabelecida no edital a exigência de capital mínimo ou de patrimônio líquido mínimo equivalente a até 10% do valor estimado da contratação. É vedada a exigência de índices e valores não usualmente adotados para a avaliação de situação econômico-financeira suficiente ao cumprimento das obrigações decorrentes da licitação, para evitar exigências desnecessárias ou irrazoáveis.

A documentação poderá ser, nos termos do art. 70 da lei:

1. apresentada em original, por cópia ou por qualquer outro meio expressamente admitido pela Administração;
2. substituída por registro cadastral emitido por órgão ou entidade pública, desde que previsto no edital e que o registro tenha sido feito em obediência ao disposto nesta Lei;
3. dispensada, total ou parcialmente, nas contratações para entrega imediata, nas contratações em valores inferiores a um quarto do limite para dispensa de licitação para compras em geral e nas contratações de produto para pesquisa e desenvolvimento até o valor de R$ 300 mil.

As empresas estrangeiras que não funcionem no País deverão apresentar documentos equivalentes, na forma de regulamento emitido pelo Poder Executivo federal.

---

[88] Aumentou para dois anos de demonstrações contábeis, pois antes era exigida a demonstração do último exercício social, conforme art. 31, I, da Lei nº 8.666/93. Contudo, determina o § 6º do art. 69 da nova lei que se a pessoa jurídica tiver sido constituída há menos de dois anos, será possível que os documentos se limitem ao último exercício social.

6.9.6 Fase recursal

Os recursos administrativos podem ocorrer, na realidade, em distintos momentos, sendo de se destacar, no tocante ao processo de licitação, os três dias úteis, contados da data de intimação ou de lavratura de ata em face de julgamento das propostas e da habilitação ou inabilitação de licitante.

Contudo, a apreciação dos recursos deve ser feita em fase única. No tocante a esses recursos, determina o inciso I do § 1º do art. 165 da Lei nº 14.133/2021 que a intenção de recorrer deve ser manifestada imediatamente, sob pena de preclusão, e o prazo de três dias úteis de apresentação das razões recursais será iniciado da data de intimação ou de lavratura da ata de habilitação ou inabilitação ou, na hipótese de inversão de fases, da ata de julgamento.

O recurso será dirigido à autoridade que tiver editado o ato ou proferido a decisão recorrida, que, se não reconsiderar o ato ou a decisão no prazo de três dias úteis, encaminhará o recurso com a sua motivação à autoridade superior, a qual deverá proferir sua decisão no prazo máximo de dez dias úteis, contados do recebimento dos autos.

O acolhimento do recurso implicará invalidação apenas de ato insuscetível de aproveitamento. O prazo para apresentação de contrarrazões será o mesmo do recurso e terá início na data de intimação pessoal ou de divulgação da interposição de recurso, sendo assegurada ao licitante vista dos elementos indispensáveis à defesa de seus interesses.

6.9.7 Homologação

Compreende a aprovação do procedimento de licitação. Ocorre após o julgamento dos recursos porventura interpostos da habilitação e da classificação. Para que haja a homologação, a comissão de licitação envia os atos que integram o procedimento para o exame da **autoridade competente** indicada nas leis de cada unidade da federação.

Via de regra, trata-se da mesma autoridade que determinou a abertura da licitação, e que pode:

- determinar o retorno dos autos para **saneamento**/[89]convalidação de irregularidades;
- **revogar** a licitação por motivo de conveniência e oportunidade, sendo que o motivo determinante da revogação deve ser resultante de fato superveniente devidamente comprovado;
- proceder à **anulação** da licitação, de ofício ou mediante provocação de terceiros, sempre que presente ilegalidade insanável; e
- adjudicar o objeto e **homologar** a licitação.

---

[89] De acordo com jurisprudência do TCU: "atos administrativos contendo defeitos sanáveis que não tenham acarretado lesão ao interesse público nem prejuízo a terceiros poderão ser convalidados pela Administração" (Acórdão nº 701/2007, Rel. Min. Benjamin Zymler).

A homologação ocorre, portanto, diante da ausência de vícios jurídicos no procedimento. Também é possível a homologação após o saneamento de vícios convalidáveis.

> **DE PONTO CONTROVERTIDO – adjudicação: mera expectativa ou direito à contratação**
>
> Até recentemente, era ponto pacífico que o adjudicatário teria mera expectativa de direito à celebração do contrato, sendo irradiados da adjudicação os seguintes efeitos: (a) proibição de a Administração contratar com outro, que não o adjudicatário; (b) obrigação de o licitante vencedor contratar com a Administração Pública, salvo recusa motivada; e (c) proibição de realização de novo certame, no prazo de validade do anterior.
>
> Esse é o entendimento predominante do STJ, conforme se verifica do seguinte excerto de decisão do RMS 22.447/RS: "a exegese do art. 49, da Lei 8.666/93, denota que a adjudicação do objeto da licitação ao vencedor confere mera expectativa de direito de contratar, sendo certo, ainda, que eventual celebração do negócio jurídico subsume-se ao juízo de conveniência e oportunidade da Administração Pública. Precedentes: RMS 23.402/PR, 2ª T., DJ 2.4.2007 e MC 11.055/RS, 1ª T., DJ 8.6.2006" (Rel. Min. Luiz Fux, 1ª T., 18.12.2008, DJ 18.2.2009).
>
> Apesar desses posicionamentos jurisprudenciais, nota-se que a doutrina possui autores que criticam a ausência de direito ao contrato. Segundo Celso Antônio Bandeira de Mello,[90] por exemplo, se for concluído o procedimento com sucesso, a Administração estará obrigada a contratar, desde que não haja motivo superveniente devidamente comprovado que justifique a revogação.
>
> José dos Santos Carvalho Filho posiciona-se claramente em favor do direito à contratação: "uma vez homologados o resultado e a própria licitação, presume-se que a Administração tem interesse na atividade a ser contratada. Desse modo, é correto considerar-se que o vencedor tem inafastável direito à adjudicação e, consequentemente, ao próprio contrato. Há quem resista em admitir que o vencedor tenha direito ao contrato. Não pensamos, assim, contudo. Se toda a licitação e o resultado final foram homologados, a Administração está vinculada à prática da adjudicação e à celebração do negócio contratual".[91]
>
> Entendemos que, apesar de a jurisprudência posicionar-se no sentido da mera expectativa de direito, a tendência será a mudança nesta orientação. Basta verificar alguns posicionamentos do STJ e do STF no sentido de que o aprovado em concurso público no número de vagas ofertadas pela Administração não tem apenas mera expectativa de direito, mas direito subjetivo à nomeação no número de vagas anunciado, pois, quando a Administração promete, essa promessa a vincula.
>
> Assim, já decidiu o tribunal que "a partir da veiculação, pelo instrumento convocatório, da necessidade de a Administração prover determinado número de vagas, a nomeação e posse, que seriam, a princípio, atos discricionários, de acordo com a necessidade do serviço público, tornam-se vinculados, gerando, em contrapartida, direito subjetivo para o candidato aprovado dentro do número de vagas previstas em edital" (RMS 20.718/SP, em 4.12.2007). Também, do STJ, há o RMS 19.478/SP, o RMS 15.420/PR e o RMS 15.345/GO.
>
> Ora, o mesmo raciocínio deve ser utilizado no futuro para as licitações, pois não há diferença que justifique o tratamento distinto dado aos institutos, ainda mais porque a Lei de Licitações exige, como condição para a realização da licitação, que haja previsão de recursos orçamentários que assegurem o pagamento das obrigações decorrentes de obras ou serviços a serem executadas no exercício financeiro em curso.

---

[90] BANDEIRA DE MELLO, Celso Antônio. *Curso de direito administrativo*. São Paulo: Malheiros, 2008. p. 598.
[91] CARVALHO FILHO, José dos Santos. *Manual de direito administrativo*. Rio de Janeiro: Lumen Juris, 2008. p. 277.

Com a reaproximação do Direito Administrativo da Ciência da Administração e todo o debate em torno dos aspectos jurídicos das políticas públicas, a futura tendência será considerar de forma mais responsável a questão do planejamento. Seria no mínimo injusto que o particular ficasse a mercê da vontade política da Administração, que se planejou previamente para contratar determinada obra ou serviço, do qual se presume que necessita, sendo que, por outro lado, se ele não contratar, ele arcará com as sanções jurídicas.

Essa circunstância pode ser indiciária do desvio de finalidade, pois se assemelha à situação em que o agente público se desvia das necessidades de interesse público, não raro porque não lhe agradou subjetivamente o resultado do certame, o que não é correto, haja vista os princípios da impessoalidade, moralidade e supremacia do interesse público.

É no mínimo pedagógico que os gestores públicos comecem a arcar com o inadequado planejamento de suas atividades e que a discricionariedade não seja argumento apto a fomentar o arbítrio nas contratações do Poder Público. Portanto, se não houver motivo superveniente baseado em interesse público que justifique a revogação do certame, uma vez homologado e adjudicado ao licitante vencedor o objeto concorrido, nada mais justo que o contrato seja tido como uma decorrência natural da licitação, mas infelizmente esse não é ainda o posicionamento da jurisprudência.

6.9.8 *Inversão de fases*

A Nova Lei de Licitações (Lei nº 14.133/2021) adotou a inversão de fases, sendo o julgamento anterior à habilitação. Trata-se de inovação que foi disseminada pelo pregão.

No histórico da inversão, dá-se destaque:

- ao **pregão**, em caráter obrigatório, pois faz parte do procedimento da modalidade;
- às **concessões de serviços públicos**, em caráter facultativo, desde que o edital preveja, de acordo com o art. 18-A da Lei nº 8.987/95, inserido pela Lei nº 11.196/2005;
- às licitações de **parcerias público-privadas**, em caráter facultativo, conforme determina o art. 13 da Lei nº 11.079/2004; e
- também, à Lei nº 12.462/2011, que trata do **Regime Diferenciado de Contratação** (RDC), contempla inversão de fases, sendo observada no procedimento a seguinte ordem, prevista no art. 12, que inspirou a Nova Lei de Licitações: fase preparatória, publicação do instrumento convocatório, apresentação de propostas ou lances, julgamento, habilitação, recursal e encerramento, sendo possível que a habilitação anteceda à apresentação das propostas ou lances e ao julgamento, se houver ato motivado expressamente previsto no instrumento convocatório, logo, a inversão é a regra, que pode ser excepcionada.

A Lei Geral de Licitações (Lei nº 14.133/2021) adotou como regra geral a inversão de fases, sendo estabelecidas, conforme visto, as seguintes fases, em sequência: preparatória; divulgação do edital; apresentação de propostas e lances, quando for o caso; julgamento; habilitação; recursal; e homologação, sendo que o § 1º do mesmo artigo determina a possibilidade de "desinversão", ao estabelecer que, por ato motivado, com explicitação dos benefícios decorrentes, a fase da habilitação poderá anteceder as fases de propostas e lances e julgamento, desde que expressamente previsto no edital de licitação.

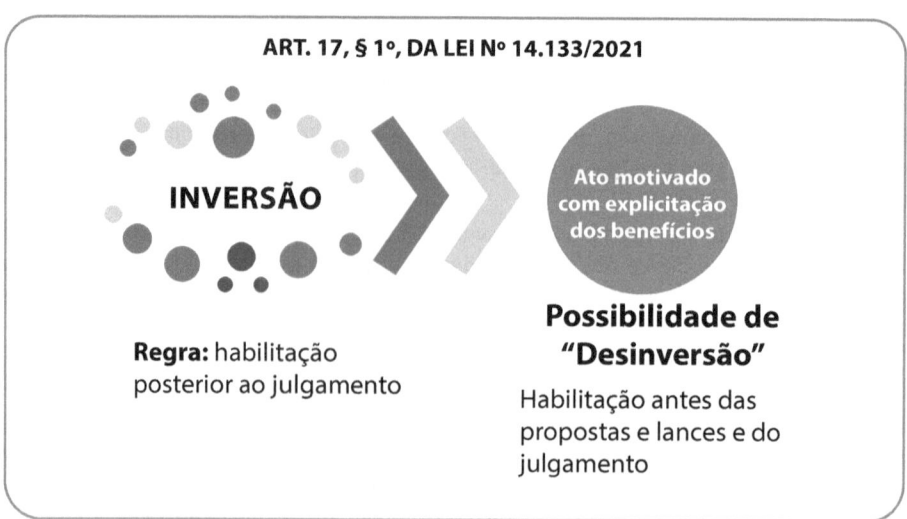

A inversão de fases promove celeridade ao procedimento, pois além de permitir com que ocorra diretamente a classificação e posteriormente a habilitação, esta versará, via de regra, apenas sobre a documentação do mais bem classificado.

Assim, encerrada a fase de julgamento das propostas ou o oferecimento dos lances, haverá análise dos documentos da habilitação, sendo verificado o atendimento das condições fixadas no edital.

Verificado o atendimento às exigências do edital, o licitante será declarado vencedor. Inabilitado o licitante mais bem classificado, serão analisados os documentos habilitatórios do licitante com a proposta classificada em segundo lugar, e assim, sucessivamente, até que um licitante classificado atenda às condições fixadas no edital.

6.10 Desfazimento da licitação

Invalidação (ou desfazimento) é, para Hely Lopes Meirelles,[92] considerada gênero do qual decorrem a anulação e a revogação. Já Celso Antônio Bandeira de Mello[93] considera a invalidação espécie que não inclui a noção de revogação. Esse último é o posicionamento majoritário da doutrina, pois a invalidação decorre de um vício de validade do ato, já a revogação atinge um ato válido.

A lei segue o conteúdo da Súmula 473 do STF, no sentido de que a Administração pode anular seus próprios atos, quando houver ilegalidade, ou revogá-los, por motivo de conveniência e oportunidade, respeitados os direitos adquiridos e ressalvada a apreciação judicial. No entanto, dois pontos devem ser enfatizados: (1) a revogação que ocorre na licitação não se dá apenas em razão de conveniência e oportunidade, mas é condicionada à ocorrência de um fato superveniente devidamente comprovado, conforme dispõe o § 2º do art. 71 (o motivo determinante para revogação do processo licitatório deverá ser resultante de fato superveniente devidamente comprovado); e (2) a lei enfatiza que a anulação deve ocorrer diante de ilegalidade insanável, sendo então de se supor que, se o vício for passível de saneamento, a Administração deverá convalidá-lo.

---

[92] MEIRELLES, Hely Lopes. *Direito administrativo brasileiro*. São Paulo: Malheiros, 2009. p. 201.
[93] BANDEIRA DE MELLO, Celso Antônio. *Curso de direito administrativo*. São Paulo: Malheiros, 2008. p. 453.

Trata-se de dispositivo cujo sentido pode ser suplementado pela lei de processo administrativo federal, de aplicação subsidiária, que no seu art. 55 determina que: "em decisão na qual se evidencie não acarretarem lesão ao interesse público nem prejuízo a terceiros, os atos que apresentarem defeitos sanáveis poderão ser convalidados pela Administração".

Assim, determina o art. 71, § 1º, que, ao pronunciar a nulidade, a autoridade indicará expressamente os atos com vícios insanáveis, tornando sem efeito todos os subsequentes que deles dependam, e dará ensejo à apuração de responsabilidade de quem lhes tenha dado causa.

De acordo com o art. 147 da lei, constatada irregularidade no procedimento licitatório ou na execução contratual, caso não seja possível o saneamento, a decisão sobre a suspensão da execução ou sobre a declaração de nulidade do contrato somente será adotada na hipótese em que se revelar medida de interesse público, com avaliação, entre outros, dos seguintes aspectos: (1) impactos econômicos e financeiros decorrentes do atraso na fruição dos benefícios do objeto do contrato; (2) riscos sociais, ambientais e à segurança da população local decorrentes do atraso na fruição dos benefícios do objeto do contrato; (3) motivação social e ambiental do contrato; (4) custo da deterioração ou da perda das parcelas executadas; (5) despesa necessária à preservação das instalações e dos serviços já executados; (6) despesa inerente à desmobilização e ao posterior retorno às atividades; (7) medidas efetivamente adotadas pelo titular do órgão ou entidade para o saneamento dos indícios de irregularidades apontados; (8) custo total e estágio de execução física e financeira dos contratos, dos convênios, das obras ou das parcelas envolvidas; (9) fechamento de postos de trabalho diretos e indiretos em razão da paralisação; (10) custo para realização de nova licitação ou celebração de novo contrato; e (11) custo de oportunidade do capital durante o período de paralisação. Caso a paralisação ou anulação não se revele medida de interesse público, o Poder Público deverá optar pela continuidade do contrato e pela solução da irregularidade por meio de indenização por perdas e danos, sem prejuízo da apuração de responsabilidade e da aplicação de penalidades cabíveis.

A nulidade, de acordo com o art. 149 da lei, não exonerará a Administração do dever de indenizar o contratado pelo que houver executado até a data em que for declarada ou tornada eficaz, bem como por outros prejuízos regularmente comprovados, desde que não lhe seja imputável, e será promovida a responsabilização de quem lhe tenha dado causa.

Note-se que, para que seja eficaz, a garantia de contraditório e ampla defesa deve ser anterior ao ato de desfazimento da licitação, conforme enfatiza Vladimir da Rocha França: "a defesa prévia deve ser a regra. A Lei Federal de Processo Administrativo (Lei 9.784/99, arts. 3º, III e 38, § 1º) prescreve, como direito do administrado perante a Administração, formular alegações e apresentar documentos antes da decisão".[94]

Deve-se advertir que, como a Nova Lei de Licitações e Contratos possui sua interpretação articulada com a LINDB, após a alteração pela Lei nº 13.655/2018, regulamentada pelo Decreto nº 9.830/2019, então, na ponderação sobre efeitos de invalidação, haverá possibilidade de modulação desses, para que a regularização ocorra de modo proporcional ou equânime e sem prejuízo dos interesses gerais.

A abertura maior para a convalidação de certos efeitos e invalidação de outros está atualmente disposta no art. 4º, § 4º, do Decreto nº 9.830/2019, segundo o qual, na declaração de invalidade de atos, contratos, ajustes, processos ou normas administrativos, o decisor poderá,

---

[94] Advirta-se que a LPA tem aplicação subsidiária aos procedimentos que tenham disciplina legal específica conforme seu art. 69. FRANÇA, Vladimir da Rocha. Contraditório e invalidação administrativa no âmbito da administração federal. *Revista de Direito Administrativo*, nº 233, p. 261-288, jul./set. 2003.

consideradas as consequências jurídicas e administrativas da decisão para a administração pública e para o administrado: (1) restringir os efeitos da declaração; ou (2) decidir que sua eficácia se iniciará em momento posteriormente definido (o que inclui efeitos *pro futuro*).

O objetivo da modulação de efeitos, conforme estabelece o § 5º do art. 4º, é buscar mitigar ônus ou perdas dos administrados ou da administração pública que sejam anormais ou excessivos em função das peculiaridades do caso. Muitos gestores ficavam inseguros em fazer algo que era sugerido pela doutrina mas que não encontrava subsídios legais mais específicos, sem se sentirem tranquilos em relação à discricionariedade que existe tecnicamente para apreciarem e ponderarem a melhor solução jurídica para o caso concreto, preservando alguns efeitos do ato e especificando quais dos efeitos desejavam invalidar. Agora, então, de acordo com a redação do decreto, há a possibilidade inclusive de se fixar o início da eficácia da invalidação em momento que for mais conveniente para uma solução mais justa e equitativa ao caso concreto.

Cabe recurso, no prazo de três dias úteis, contados da data de intimação ou de lavratura da ata, em face de anulação ou revogação da licitação, de acordo com a alínea *d* do inciso I do art. 165 da Lei nº 14.133/2021.

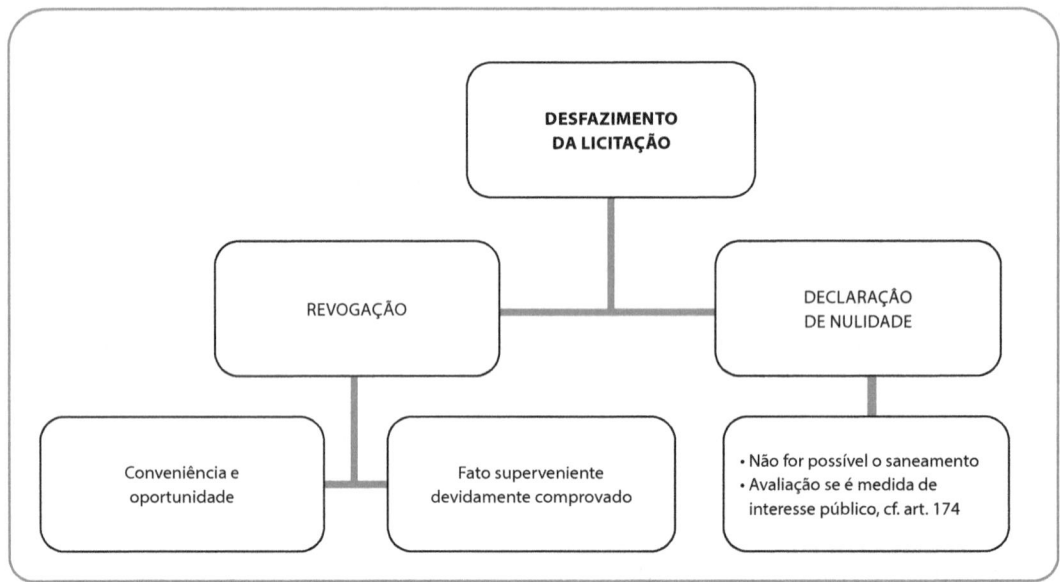

6.11 Modalidades

São modalidades de licitação conforme o art. 28 da Lei nº 14.133/2021: o pregão, a concorrência, o concurso, o leilão e o diálogo competitivo.

A Lei nº 14.133/2021 alterou a sistemática das modalidades de licitação da seguinte forma: extinguiu as modalidades tomada de preços e convite, trouxe para dentro das licitações o pregão e agregou elementos de disputa na concorrência, e, ainda, previu como novidade a modalidade do diálogo competitivo.

Na sistemática da anterior lei, que era a Lei nº 8.666/93, a concorrência era para licitações de grande vulto, a tomada de preços para contratações de médio vulto realizada com licitantes cadastrados ou que preenchessem os requisitos de cadastramento, e o convite era para licitações de pequeno valor, sendo feito entre, no mínimo, três interessados do ramo pertinente ao objeto, cadastrados ou não, escolhidos e convidados pela unidade administrativa.

É vedada, nos termos do § 2º do art. 28 da Lei nº 14.133/2021, a criação de outras modalidades de licitação, ou, ainda, a combinação das modalidades previstas (pregão, concorrência, concurso, leilão e diálogo competitivo).

6.11.1 Pregão

6.11.1.1 Considerações introdutórias

O pregão foi uma modalidade que revolucionou as licitações, porque trouxe inúmeras vantagens ao procedimento, tais como: simplificação, celeridade, redução de gastos, ampliação da competitividade e do acesso às licitações.

É denominado "leilão às avessas", pois enquanto no leilão a Administração Pública *vende* bens a quem oferecer o *maior lance* em sessão pública, no pregão ela *compra* ou adquire bens e serviços comuns de quem oferecer o *lance de menor valor* (ou maior desconto), isto é, quem vender bens ou prestar serviços a preços mais baixos.

O procedimento do pregão foi uma opção mais célere e simplificada por causa da inversão de fases, pois a competição começou a ser realizada para depois se analisar a documentação do licitante vencedor, ou seja, ele foi precursor da inversão das fases de habilitação e classificação, sendo esta realizada antes e aquela se volta à análise da documentação do concorrente mais bem classificado. A celeridade também é decorrência da possibilidade de uso de recursos de tecnologia, pois, além do pregão presencial, existe o pregão eletrônico, que se mostrou como prioritário.

O uso de tecnologias da informação nas licitações gera a modernização do procedimento licitatório, pois se vai "do papel à internet", e a democratização da licitação, uma vez que ela acaba sendo acessível a um número maior de interessados.

Segundo dados do Ministério do Planejamento,[95] enquanto o tempo médio de uma concorrência era de 120 dias, de uma tomada de preços 90 dias, e de um convite 22 dias, o pregão eletrônico leva em média 17 dias da publicação do edital ao resultado final, o que garante também redução de gastos do Poder Público com a realização de licitações. Atualmente, conforme será visto, o pregão é uma das principais vias de realização das licitações, sendo que a concorrência acabou sendo aproximada do pregão, ao agregar, na disciplina da Lei nº 14.133/2021, características dele, principalmente se ela for voltada a buscar o menor preço e o maior desconto.

Expõe José dos Santos Carvalho Filho[96] que as maiores reclamações oriundas dos órgãos administrativos não tinham como alvo contratos de grande vulto e de maior complexidade, mas sim aqueles que deveriam ser de rápida conclusão e que eram prejudicados pela excessiva burocracia do procedimento regular da Lei Geral de Licitações. Doravante, a lei geral (Lei nº 14.133/2021) incorporou inversão de fases, contratações digitais e uma série de mecanismos avançados, muitos dos quais inspirados exatamente nas experiências positivas do pregão eletrônico.

6.11.1.2 Definição e características

Pregão é definido no inciso XLI do art. 6º da Lei nº 14.133/2021 como a **modalidade de licitação** obrigatória para aquisição de **bens e serviços comuns**, cujo critério de julgamento

---

[95] Cf. Pesquisa comprova benefícios do pregão eletrônico. Disponível em: http://licitacao.uol.com.br/notdescricao.asp?cod=1827. Acesso em: 10 jan. 2010.

[96] CARVALHO FILHO, José dos Santos. *Manual de direito administrativo*. Rio de Janeiro: Lumen Juris, 2008. p. 283.

poderá ser o de **menor preço** ou de **maior desconto**. O pregão pode ser realizado da forma presencial ou eletrônica, com inversão de fases e disputa feita por propostas e, posteriormente, lances de menor preço ou maior desconto oferecidos em sessão pública.

O pregão presencial veicula oralidade no procedimento, pois a etapa dos lances é toda realizada verbalmente em sessão pública. Diferentemente das **propostas**, que são apresentadas em documentos escritos, os **lances** são sucessivos e progressivos, pois, conforme explica José dos Santos Carvalho Filho, são apresentados um após o outro e "os valores são progressivamente decrescentes, de forma a se chegar ao mínimo preço a ser proposto para a compra ou serviço".[97]

Tal procedimento aplica-se, *mutatis mutandis*, ao pregão eletrônico, no qual a proposta é encaminhada ao endereço eletrônico com a descrição do objeto ofertado e o preço e, em etapa posterior, durante a sessão pública, os lances, que também são sucessivos e progressivamente decrescentes, vão sendo oferecidos e registrados, por digitação e comando do pregoeiro e de sua equipe de apoio no sistema eletrônico, que informa imediatamente o recebimento e o valor consignado no registro.

São características do pregão:

- ausência de limitação quanto ao valor;
- recair sobre bens e serviços comuns;
- inversão de fases;
- possibilidade de negociação do valor pelo pregoeiro;
- critério de julgamento: menor preço ou maior desconto;
- ausência de garantia de proposta; e
- oportunidade única para: impugnação do edital e recurso administrativo.

Enquanto a concorrência, a tomada de preços e o convite eram modalidades de licitação que se relacionavam, respectivamente, no sistema da lei anterior (Lei nº 8.666/93) com contratações de valores alto, médio e baixo, o pregão tanto pode recair sobre a aquisição de bens de valores baixos, como, por exemplo, água mineral, até veículos automotores, desde que sejam "bens e serviços comuns", pois **não há limitação quanto ao valor**. Assim, o critério é qualitativo, ou seja, deve se tratar de bem e serviço comum; e não quantitativo, pouco importando o valor da contratação.

Bens e serviços comuns, de acordo com a definição contida no inciso XIII do art. 6º da Lei nº 14.133/2021, são "aqueles cujos padrões de desempenho e qualidade podem ser objetivamente definidos pelo edital, por meio de especificações usuais de mercado".

A definição legal não é muito esclarecedora, por isso a doutrina procura definir critérios mais claros para a compreensão do objeto do pregão. Segundo Lúcia Valle Figueiredo,[98] bens e serviços comuns não significam bens ou serviços ausentes de sofisticação, mas objetos ou serviços **razoavelmente padronizados**, uma vez que o pregão versa sobre a proposta de preço mais baixo (ou o maior desconto) e prescinde de ponderações acerca da qualificação do produto ou da empresa prestadora do serviço.

O pregão não deve demandar investigações profundas e amplas sobre a idoneidade dos interessados. Por conseguinte, além do requisito da padronização, enfatiza Marçal Justen Filho

---

[97] CARVALHO FILHO, José dos Santos. *Manual de direito administrativo*. Rio de Janeiro: Lumen Juris, 2008. p. 285.
[98] FIGUEIREDO, Lúcia Valle. *Curso de direito administrativo*. São Paulo: Malheiros, 2004. p. 472.

que bens e serviços comuns são também os que se encontram disponíveis, a qualquer tempo, em **mercados próprios**.

Disponibilidade em mercado próprio implica que o produto ou o serviço se apresentem sem tanta inovação ou modificação, relacionando-se com atividade empresarial habitual, onde haja, portanto, um universo de fornecedores capazes[99] de satisfazer plenamente às necessidades da Administração.

Na realidade, trata-se de **conceito jurídico indeterminado**,[100] sendo certeza positiva, por exemplo, que material de consumo e papel para impressão são bens comuns, mas equipamento único, construído sob medida, para fins específicos da Administração Pública, recai sobre a chamada zona de certeza negativa, ou seja, não poderá ser qualificado como bem comum, mormente se não houver um universo de fornecedores capazes de disputar o certame sem que a Administração Pública corra o risco de não preencher necessidade específica sua.

O anexo II do Decreto nº 3.555/2000, revogado pelo Decreto nº 7.174/2010, trazia um rol de bens e serviços considerados comuns:

- **bens comuns**: água mineral; combustível e lubrificante; gás; gênero alimentício; material de expediente; material hospitalar, médico e de laboratório; medicamentos, drogas e insumos farmacêuticos; material de limpeza e conservação; oxigênio; uniforme; mobiliário; equipamentos em geral, exceto bens de informática; utensílios de uso geral, exceto bens de informática; veículos automotivos em geral; microcomputador de mesa ou portátil (*notebook*), monitor de vídeo e impressora;
- **serviços comuns**: de apoio administrativo; de apoio à atividade de informática: digitação, manutenção; assinaturas: jornal, periódico, revista, televisão via satélite, televisão a cabo; de assistência: hospitalar, médica, odontológica; ascensorista; auxiliar de escritório; copeiro; garçom; jardineiro; mensageiro; motorista; secretária; telefonista; de confecção de uniformes; de copeiragem; de eventos; de filmagem; de fotografia; de gás natural; de gás liquefeito de petróleo; de petróleo; gráficos; de hotelaria; de jardinagem; de lavanderia; de limpeza e conservação; de locação de bens móveis; de manutenção de bens imóveis; de manutenção de bens móveis; de remoção de bens móveis; de microfilmagem; de reprografia; de seguro saúde; de degravação; de tradução; de telecomunicações de dados; de telecomunicações de imagem; de telecomunicações de voz; de telefonia fixa; de telefonia móvel; de transporte; de vale-refeição; de vigilância e segurança ostensiva; de fornecimento de energia elétrica; de apoio marítimo; de aperfeiçoamento, capacitação e treinamento; e de serviços topográficos, tendo sido este último incluído pelo Decreto nº 6.992/2009.

O rol do anexo II do decreto não era taxativo. Tratava-se de rol **exemplificativo**. Ademais, adverte Marçal Justen Filho[101] que **nem todos** os bens e serviços que constavam do rol eram **sempre** comuns. Assim, serviços de vigilância em geral podem ser classificados como comuns,

---

[99] Explica Justen que há mercado próprio quando existem estruturas empresariais próprias de fornecimento de produtos ou prestação de serviços, mesmo que só o Estado adquira o produto, como, por exemplo, no caso da merenda escolar, que não é direcionada a consumidores privados mas tem mercado próprio de fornecedores dos governos. JUSTEN FILHO, Marçal. *Pregão*. São Paulo: Dialética, 2005. p. 26-27.

[100] Para ver: conceito jurídico indeterminado – consultar item 4.10.4, vício de motivo.

[101] JUSTEN FILHO, Marçal. *Pregão*. São Paulo: Dialética, 2005. p. 33.

no entanto, exemplifica Justen Filho que o serviço de vigilância de instalações que manuseiam minerais nucleares não será comum, sendo até passível de contratação direta, por inexigibilidade, se houver fornecedor único.

Também o serviço de treinamento e aperfeiçoamento de pessoal, que estava no rol do decreto do pregão, deve ser compatibilizado com a hipótese do atual art. 74, III, da Lei nº 14.133/2021, ou seja, se o objeto for singular, dará ensejo à contratação direta, por inexigibilidade, mas se o objeto for comum e for viável a competição, então, cabe licitação na modalidade pregão.

O art. 4º do Decreto nº 10.024/2019, revogado a partir da vigência exclusiva da Lei nº 14.133/2021, **exclui** do **pregão eletrônico** contratações de:

- obras;
- locações imobiliárias e alienações, pois, se a Administração vai locar, terá de adotar o melhor lance, e, se for locatária, o objeto será infungível, isto é, com características peculiares próprias, sendo até hipótese de licitação dispensável, conforme o inciso X do art. 24 da Lei de Licitações, e, no caso das alienações em geral, para serem vantajosas para a Administração, elas envolvem a busca por propostas de maior lance, sendo, portanto, incompatíveis com o objeto do pregão, que é a consecução do menor preço; e
- bens e serviços especiais, incluídos os serviços de engenharia especiais,[102] que envolvam alta heterogeneidade e complexidade técnica.

Note-se que a Lei nº 14.133/2021 prevê possibilidade de utilização do pregão em caso de serviço comum de engenharia, sendo determinado no parágrafo único do art. 29 que o pregão não se aplica às contratações de serviços técnicos especializados de natureza predominantemente intelectual e de obras e serviços de engenharia, exceto os serviços comuns de engenharia (cf. alínea *a* do inciso XXI do *caput* do art. 6º da Lei nº 14.133/2021).

Outra característica importante é que o pregão foi um dos pioneiros na **inversão de fases**, o que imprime celeridade ao procedimento. Atualmente, a inversão de fases trazida pelo pregão foi aplicada genericamente pela Lei Geral de Licitações e Contratos, sendo invertida a fase de habilitação em relação à apresentação de propostas e lances e o julgamento, desde que por ato motivado com explicitação dos benefícios decorrentes.

O pregoeiro poderá **negociar** diretamente com o proponente para obter melhor preço, desde que a contraproposta obedeça às condições fixadas no edital. Trata-se de sistemática que foi replicada na lei geral.

No pregão **não há exigência de garantia** da proposta. Há, em regra, **oportunidade única** tanto de impugnação do edital como de interposição de recurso administrativo, quando os licitantes não concordarem com a declaração do vencedor.

6.11.1.3 Disciplina legal

O pregão foi criado pela Medida Provisória nº 2.026, de 4.5.2000, apenas para o âmbito federal, o que não seria possível, uma vez que é competência privativa da União legislar sobre normas gerais de licitação e contratação, **em todas as modalidades**, de acordo com o art. 22,

---

[102] O decreto permite que haja a realização de pregão eletrônico para a contratação de serviços comuns de engenharia, conforme determina o *caput* do art. 1º (Decreto nº 10.024/2019).

XXVII, da Constituição. A inconstitucionalidade foi, entretanto, corrigida, pois quando da conversão da reedição da medida provisória mencionada (MP n°s 2.026, 2.108 e 2.182) na **Lei nº 10.520, de 17.7.2002**, houve a ampliação expressa dessa modalidade licitatória também para Estados, Distrito Federal e Municípios.

A Lei do Pregão – Lei nº 10.520/2002 – foi considerada lei nacional, sendo admissível que os demais entes federativos façam adaptações específicas para atender às suas necessidades, desde que obedeçam aos preceitos gerais da lei. O pregão eletrônico, mencionado no § 1º do art. 2º da Lei do Pregão foi regulamentado, em âmbito federal, pelo Decreto nº 10.024/2019.

Atualmente, a Lei nº 14.133/2021, diferentemente da anterior lei geral de licitações, prevê o pregão como modalidade de licitação. Trata-se de lei que revoga a Lei do Pregão (Lei nº 10.520/2002), sendo doravante realizado conforme a Lei nº 14.133/2021 e sua regulamentação própria, que ocorre, em âmbito federal (ou dos demais entes que recebam repasses da União), com a Instrução Normativa SEGES nº 73/2022, que disciplina tanto o pregão eletrônico como também a concorrência de menor preço ou maior desconto.

No entanto, até a data da revogação, a Administração pode escolher licitar conforme a Lei do Pregão e decreto, enquanto não houver nova disciplina obrigatória.

6.11.1.4 Formas: presencial e eletrônica

São formas de pregão: a presencial e a eletrônica. Enquanto a realização de pregões presenciais ocorre em número limitado, uma vez que eles demandam espaço na repartição, é possível a realização de diversos pregões eletrônicos simultaneamente.

A IN SEGES nº 73/2022 dispõe sobre a licitação pelo critério de julgamento de menor preço ou de maior desconto, na forma eletrônica, para contratação de bens, serviços e obras, no âmbito da Administração Pública federal, direta, autárquica e fundacional, sendo que o § 1º do art. 1º da IN determina ser **obrigatória** a utilização da forma eletrônica nas licitações de que trata a IN.

Existe uma discussão acerca da obrigatoriedade ou da facultatividade da adoção do pregão. Ora, como a IN é ato normativo infralegal e que vale sobretudo ao âmbito federal, entendemos que o certo será considerá-lo de utilização **facultativa**, por haver discricionariedade conferida propositadamente pela lei para utilizá-lo ou não. Não pode um decreto estabelecer obrigações a mais, a pretexto de regulamentar uma lei.

Apesar da ressalva, discricionariedade não é arbítrio. Assim, ao afastar a realização do pregão eletrônico, deve a Administração agir na consecução do interesse público, sendo necessário que haja **justificativa** para tanto, pois o pregão é modalidade mais célere, econômica e adequada à aquisição de bens e serviços comuns com critério de menor preço e maior desconto.

Note-se que, no caso da Lei nº 14.133/2021, há uma certa tendência à interpretação pela obrigatoriedade, pois o art. 29 adota o pregão sempre que o objeto possuir padrões de desempenho e qualidade que possam ser objetivamente definidos pelo edital, por meio de especificações usuais de mercado. O parágrafo único do art. 29 da Lei nº 14.133/2021 estabelece que o pregão não se aplica às contratações de serviços técnicos especializados de natureza predominantemente intelectual e serviços de engenharia, exceto os serviços comuns de engenharia.

Percebe-se, então, que é obrigatório o pregão para bens e serviços comuns, sendo também possível utilizá-lo para serviços comuns de engenharia, hipótese esta (última) em que tanto cabe o pregão como a concorrência, então, a discricionariedade da Administração nesse último caso será direcionar à concorrência os serviços comuns de engenharia quando houver algum fator de técnica que justifique uma utilização de técnica e preço e ao pregão quando houver um padrão de estrutura de mercado que permita realizar uma adequada licitação apenas a partir do preço ou desconto.

O pregão presencial é mais adequado, conforme menciona José dos Santos Carvalho Filho,[103] quando houver necessidade de exibição de produtos ou de análise mais detalhada de planilhas de composição de custos, tarefa usualmente de grande complexidade.

O art. 17, § 2º, da Lei nº 14.133/2021 estabelece que as licitações serão realizadas preferencialmente sob a forma eletrônica, admitida a utilização da forma presencial, desde que motivada, devendo a sessão pública ser registrada em ata e gravada em áudio e vídeo.

6.11.1.5 Procedimento do pregão presencial

O pregão presencial ou comum possui duas fases: uma preparatória ou interna e outra externa. A explicação do procedimento toma por base a Lei nº 10.520/2002, em processo de revogação diferida, que deveria ter acontecido em abril de 2023, conforme determinação da Lei nº 14.133/2021, a qual deve regulamentar o procedimento.

Na *fase preparatória* ou interna, ocorre inicialmente a justificativa da autoridade, que especificará nos autos do processo: a definição do objeto, vedadas especificações excessivas, irrelevantes ou desnecessárias; as exigências de habilitação; os critérios de aceitação das propostas; as sanções por inadimplemento e as demais cláusulas do contrato, inclusive com fixação de prazos para fornecimento (art. 3º, I, da Lei nº 10.520/2002).

Depois, há a designação do **pregoeiro e de sua equipe de apoio** que recebem as propostas e lances, analisam a aceitabilidade, fazem a classificação, habilitação e adjudicação do objeto do certame ao licitante vencedor (art. 3º, IV, da Lei nº 10.520/2002). A equipe de apoio do pregoeiro deverá ser integrada em sua maioria por servidores ocupantes de cargo efetivo ou emprego na Administração, preferencialmente pertencentes ao quadro permanente do órgão ou entidade promotora do certame.

A *fase externa* inicia-se com a convocação dos interessados, realizada pela publicação de aviso em Diário Oficial, jornal de grande circulação ou por meios eletrônicos, no prazo mínimo de **oito dias úteis** da apresentação das propostas, contendo: definição do objeto, indicação do local, dias e horários em que poderá ser lida ou obtida a íntegra do edital.

Note-se que a Lei nº 14.133/2021 (Nova Lei de Licitações) mantém o prazo de **oito dias** úteis para aquisição de **bens** (art. 55, I, a), e **dez dias** úteis para os pregões que recaiam sobre **serviços comuns**, incluindo serviços comuns de engenharia.

Em dia, hora e local designados é realizada a sessão pública, na qual, após sua abertura, acontece o recebimento das propostas em envelopes nos quais são feitas as indicações do objeto e do preço. Após a imediata abertura dos envelopes, há a verificação da correspondência das propostas com os requisitos estabelecidos no instrumento convocatório e o autor da proposta de valor mais baixo e todos os que se enquadrarem em até **10% a mais do valor** poderão fazer **lances verbais e sucessivos de valor decrescente**, até a proclamação do vencedor. Não havendo o mínimo de três ofertas nessas condições, poderão participar da etapa dos lances o máximo de três autores das melhores propostas.

---

[103] CARVALHO FILHO, José dos Santos. *Manual de direito administrativo*. Rio de Janeiro: Lumen Juris, 2008. p. 268, onde faz menção à obra de Joel de Menezes Niebuhr: *Pregão presencial e eletrônico*. 4. ed. Curitiba: Zênite, 2006. p. 281.

O pregoeiro manifestar-se-á acerca da aceitabilidade da proposta mais bem classificada, dentro das exigências fixadas no edital, e promoverá a habilitação com abertura do envelope de documentos só do licitante que ofereceu o melhor lance, que se relaciona com o critério do menor preço. Outro ponto que muda no procedimento da nova lei é que antes os documentos dos licitantes deveriam ser todos entregues, agora passa a se exigir a entrega dos documentos apenas do licitante mais bem classificado.

Caso preencha os requisitos de habilitação – situação regular perante a Fazenda Nacional, a Seguridade Social e o Fundo de Garantia do Tempo de Serviço, e as Fazendas estaduais e municipais, quando for o caso, comprovação de que atende às exigências do edital quanto à habilitação jurídica e qualificações técnicas e econômico-financeiras, sendo dispensada a apresentação de documentos de habilitação que já constem do sistema de cadastramento –, será declarado vencedor; se não forem preenchidos os requisitos, o pregoeiro examinará as ofertas subsequentes, pela ordem de classificação, podendo negociar[104] diretamente com o proponente para que seja obtido melhor preço.

O recurso no pregão ocorre em **manifestação imediata**[105] à declaração do vencedor, sendo concedidos então três dias para a apresentação das razões de recurso, ou seja, a falta de manifestação imediata e motivada implica "decadência"[106] do direito de recurso e adjudicação do objeto ao licitante vencedor, conforme previsão legal expressa nesse sentido contida no art. 4º, XVIII, da Lei nº 10.520/2002, que fora revogada:

> declarado o vencedor, qualquer licitante poderá manifestar imediata e motivadamente a intenção de recorrer, quando lhe será concedido o prazo de três dias para apresentação das razões de recurso, ficando os demais licitantes desde logo intimados para apresentar contrarrazões em igual número de dias, que começarão a correr do término do prazo do recorrente, sendo-lhes assegurada vista imediata dos autos.

Note-se que o art. 4º, XIX, da Lei nº 10.520/2002 (revogada) estabelece que "o acolhimento de recurso importará a invalidação apenas dos atos insuscetíveis de aproveitamento", na noção de economia processual. O prazo de validade das propostas é de 60 dias, mesmo no pregão eletrônico, salvo previsão diferente no edital.

Ficará **impedido de licitar e contratar** com os entes federativos e será **descredenciado do sistema** de cadastramento de fornecedores pelo prazo de até cinco anos, sem prejuízo de outras sanções previstas no edital ou decorrentes de inexecução contratual, quem, convocado dentro do prazo de validade da proposta:

1. não celebrar o contrato;
2. deixar de entregar documentação exigida;

---

[104] A negociação tanto pode acontecer com o proponente do melhor preço, como com os demais proponentes, se o primeiro não preencher os requisitos de habilitação.

[105] Note-se que, mesmo diante da preclusão do direito de recorrer, isso não impede com que a Administração revise de ofício seus atos na aplicação da Súmula 473/STF. Trata-se de orientação extraída do seguinte acórdão do TCU: "A preclusão do direito de recurso de licitante, por motivo de não apresentação da intenção recursal no prazo devido, não impede a Administração de exercer o poder-dever de rever os seus atos ilegais, nos termos do art. 63, § 2º, da Lei 9.784/1999 e da Súmula STF 473". Acórdão 830/2011, Rel. Min. André de Carvalho.

[106] Na realidade, não implica propriamente a decadência do direito e sim a sua preclusão temporal, dado que há a perda da oportunidade processual, conforme explicação, inspirada em Celso Antônio Bandeira de Mello, de Ronny Charles. Cf. TORRES, Ronny Charles Lopes de. *Leis de licitações públicas comentadas*. Salvador: JusPodivm, 2021. p. 1.156.

3. apresentar documentação falsa;
4. ensejar o retardamento da execução do objeto;
5. não mantiver a proposta;
6. falhar ou fraudar na execução do contrato;
7. comportar-se de modo inidôneo; ou
8. cometer fraude fiscal.

6.11.1.6 Procedimento do pregão eletrônico

O pregão eletrônico é realizado por meio de sistema que viabilize a comunicação pela internet, a distância e em sessão pública. É promovido por órgão ou entidade com uso de sistema eletrônico, dotado de recursos de criptografia e de autenticação que garantam condições de segurança em todas as etapas do certame, cedido mediante termo de adesão.

Foi regulamentado, no âmbito federal, pelo Decreto nº 10.024/2019,[107] substituído em âmbito federal pela IN SEGES nº 73/2022. Assim, a nova lei disciplina o pregão com suas peculiaridades e obedece a regulamento próprio, mas o Decreto do Pregão Eletrônico foi aplicado sob a égide da vigência da Lei nº 10.520/2002, até a sua formal revogação.

Antes de sua realização, é necessário que haja o **credenciamento** perante o provedor do sistema eletrônico, de acordo com o *caput* do art. **9º** do Decreto nº 10.024/2019:

1. da autoridade competente do órgão que realizará a licitação;
2. do pregoeiro e sua equipe de apoio; e
3. dos licitantes.

O credenciamento compreende fornecimento de **chave de identificação** e de **senha**, pessoal e intransferível, para que se participe de qualquer pregão na forma eletrônica. Note-se que o fornecedor descredenciado pelo sistema de cadastramento terá automaticamente sua chave e sua senha suspensas.

O credenciamento junto ao provedor do sistema implica a responsabilidade legal do licitante e a presunção de sua capacidade técnica para a realização de transações inerentes ao pregão na forma eletrônica, sendo de sua responsabilidade qualquer transação efetuada diretamente ou por representante seu.

São atribuições da **autoridade competente** para a realização do pregão:

1. designar o pregoeiro e os membros da equipe de apoio;
2. indicar o provedor do sistema;
3. determinar a abertura do processo licitatório;
4. decidir os recursos contra os atos do pregoeiro quando este mantiver sua decisão;
5. adjudicar o objeto da licitação, quando houver recurso;
6. homologar o resultado da licitação; e
7. celebrar o contrato ou assinar a ata de registro de preços.

---

[107] Que revogou o Decreto nº 5.450/2005.

Na fase preparatória do pregão eletrônico, há o termo de referência do órgão requisitante, com a indicação do objeto, que deve ser aprovado pela autoridade competente. Também é elaborado o edital e designado o pregoeiro e sua equipe de apoio.

As designações do pregoeiro e da equipe de apoio devem recair em servidores do órgão ou entidade promotora da licitação. Já a equipe de apoio deve ser integrada, conforme exposto, de servidores ocupantes de cargo efetivo ou emprego na Administração, pertencentes, preferencialmente, ao quadro permanente do órgão ou ente promotor da licitação.

A designação do pregoeiro e dos membros da sua equipe de apoio pode ocorrer: (a) para uma licitação específica; (b) para um período determinado, admitidas reconduções; ou (c) por período indeterminado, permitida a revogação da designação a qualquer tempo.

Existem cursos de capacitação que auxiliam no desenvolvimento de habilidades e competências relacionadas com o perfil desejado, que transcende a mera exigência de conhecimento das regras jurídicas da licitação, relacionando-se com a habilidade de negociar, que envolve capacidade de argumentação, flexibilidade, extroversão e condições de lidar com pressão na busca por resultados mais satisfatórios aos interesses públicos. Por conseguinte, os órgãos e entidades estabelecerão planos de capacitação que contenham iniciativas de treinamento para a formação e a atualização técnica de pregoeiros, membros da equipe de apoio e demais agentes encarregados da instrução do processo licitatório, a serem implementadas com base em gestão por competências.

São atribuições do **pregoeiro**:

1. conduzir a sessão pública;
2. receber, examinar e decidir impugnações e pedidos de esclarecimentos ao edital, apoiado pelo setor responsável por sua elaboração;
3. coordenar a sessão pública e o envio de lances na internet;
4. verificar e julgar as condições de habilitação;
5. sanear erros ou falhas que não alterem a substância das propostas, dos documentos de habilitação e sua validade jurídica;
6. receber, examinar e decidir recursos, encaminhando-os à autoridade competente quando mantiver a decisão;
7. indicar o vencedor;
8. adjudicar o objeto, quando não houver recurso;
9. conduzir trabalhos da equipe de apoio; e
10. encaminhar o processo à autoridade competente para homologação.

Pedidos de esclarecimentos do processo licitatório serão enviados ao pregoeiro até três dias úteis anteriores à data fixada para abertura da sessão pública, por meio eletrônico, na forma do edital. O pregoeiro responderá aos pedidos de esclarecimentos em até dois dias úteis, contados da data de recebimento do pedido. Qualquer pessoa poderá impugnar os termos do edital por meio eletrônico em até três dias úteis anteriores à data fixada para abertura da sessão pública. A impugnação, via de regra, não possui efeito suspensivo, sendo a concessão de tal efeito medida excepcional que deve ser motivada nos autos do processo de licitação.

A sessão pública é aberta pelo pregoeiro, com suas chave e senha, no horário previsto no edital para a realização do certame. Ele verifica se as propostas estão em conformidade com o edital e registra no sistema, fundamentadamente, as propostas que são desclassificadas. O sistema possui programa que ordena as propostas classificadas, para que seja iniciada a etapa dos lances.

A fase dos lances é chamada de fase competitiva, pois os licitantes poderão encaminhar lances inferiores ao último ofertado e registrado no sistema eletrônico, em tempo real, sendo vedada a identificação d**os licitantes**.

O Decreto nº 10.204, de 2019, previu ainda os seguintes modos de disputa no envio de lances do pregão eletrônico:

- **Aberto**: em que os licitantes apresentam lances públicos e sucessivos, em sessão de dez minutos, com prorrogação automática de dois minutos sempre que houver lances enviados nesse período de prorrogação, encerrando-se a sessão sempre que não houver mais novos lances. Se não houver a prorrogação automática, haverá a possibilidade de reinício das etapas de lances em prol da consecução do melhor preço, mediante justificativa;
- **Aberto e fechado**: em que os licitantes apresentam lances públicos e sucessivos, em um período de 15 minutos, após o qual há o aviso do fechamento iminente dos lances em até dez minutos, sendo o encerramento aleatório dentro desse último período, após o qual haverá a possibilidade de oferta de lance final e fechado (sigiloso), em até cinco minutos.

A oportunidade de lance fechado será destinada ao autor da oferta de valor mais baixo, bem como àqueles cujos valores ofertados sejam até 10% superiores ao valor mais baixo. Na ausência de, no mínimo, três ofertas nas condições mencionadas, os autores dos melhores lances subsequentes, na ordem de classificação, até o máximo de três, poderão oferecer um lance final e fechado em até cinco minutos, que será sigiloso até o encerramento do prazo. Na ausência de lance final e fechado nesses termos, haverá o reinício da etapa fechada para que os demais licitantes, até o máximo de três, na ordem de classificação, possam ofertar um lance final e fechado em até cinco minutos, que será sigiloso até o encerramento desse prazo.

Após o encerramento da etapa dos lances da sessão pública, o pregoeiro pode ainda encaminhar, desde que pelo sistema, contraproposta ao licitante que tenha apresentado lance mais vantajoso. A negociação será realizada por meio do sistema, podendo ser acompanhada pelos demais licitantes. Não se admite a negociação de condições diferentes das previstas no edital.

Os demais passos do procedimento são idênticos aos da forma presencial, sendo os prazos de recurso e de contratação, bem como as sanções pelo descumprimento das regras, todos os mesmos. Para que haja controle do procedimento, os **arquivos e registros digitais** devem permanecer à disposição para **auditorias** internas e externas e a ata da sessão será disponibilizada pela internet, para acesso livre, após o seu encerramento.[108]

Note-se que, tão logo se dá a revogação da Lei do Pregão, também o Decreto do Pregão sofre revogação, daí se aplica, sobretudo ao âmbito federal ou às demais esferas quando há repasse de recursos da União, a Instrução Normativa SEGES nº 73/2022, que disciplina tanto o pregão eletrônico quanto as demais modalidades, como a concorrência eletrônica, que se utilizem do critério de julgamento de menor preço ou maior desconto.

Apesar das semelhanças do tratamento jurídico da IN em relação ao decreto do pregão eletrônico, há algumas diferenças que serão ressaltadas. Em primeiro lugar, apesar de a lei de licitações ter designado pregoeiro o agente responsável pela condução do certame (art. 8º, § 5º),

---

[108] Cf. NOHARA, Irene Patrícia. Governo e corporações de ofício pós-modernas: proporcionalidade na regulamentação para o não retrocesso tecnológico. *Direito do Estado*, nº 52, ano 2016. Disponível em: http://www.direitodoestado.com.br/colunistas/Irene-Patricia-Nohara/governo-e-corporacoes-de-oficio-pos-modernas--proporcionalidade-na-regulamentacao-para-o-nao-retrocesso-tecnologico. Acesso em: 5 out. 2016.

a IN não utiliza a expressão pregoeiro, mas sim, genericamente, agente de contratação ou comissão de contratação.

A análise de conformidade por parte do agente de contratação feita após o encerramento da etapa de lances. O art. 21, § 4º, da IN admite que o agente de contratação possa excluir a proposta ou o lance que comprometa, restrinja ou frustre o caráter competitivo do processo licitatório, mediante comunicação eletrônica automática no sistema. Outrossim, no art. 21, § 3º, da IN nº 73/2022, admite-se a possibilidade de o próprio licitante se arrepender do lance ofertado na fase competitiva, sendo facultado que, uma única vez, exclua seu último lance ofertado, no intervalo de quinze segundos após o registro no sistema, na hipótese de lance inconsistente ou inexequível.

Aliás, a instrução determina, de forma mais precisa, critérios de inexequibilidade da proposta. Para obras e serviços de engenharia, considera o art. 33 da IN nº 73/2022 como inexequíveis as propostas cujos valores forem inferiores a 75% do valor orçado pela Administração; já nos bens e serviços gerais, são vistas pelo art. 34 da IN nº 73/2022 como indício de inexequibilidade propostas com valores 50% inferiores ao orçado pela Administração.

Esclarece o parágrafo único do art. 34 que a inexequibilidade só será considerada após diligência do agente de contratação ou da comissão de contratação, quando o substituir, desde que comprove: que o custo do licitante ultrapassa o valor da proposta; e que inexistem custos de oportunidade capazes de justificar o vulto da oferta, sendo o licitante convocado a justificar e provar a exequibilidade da proposta questionada.

Será possível também que haja envio automático de lances, com o cadastramento da proposta no sistema, fixando valor mínimo ou percentual máximo de desconto, com intervalo mínimo entre lances automáticos.

> **DEBATE DE TEMA CONTROVERTIDO: uso de robôs nas licitações**
>
> Um assunto[134] que exigiu das Administrações Públicas um olhar atento, haja vista a necessidade de adaptação à tecnologia, foi o uso de robôs nos pregões eletrônicos.
>
> Foi inclusive um dos temas discutidos no IV Congresso Paulista de Direito Administrativo. O painel que abordou esse assunto, relacionado com o controle das licitações públicas, foi dividido por Alexandre Levin, Luciana Brayner e Cristiane Margarete W. Mastrobuono.
>
> Os robôs são softwares utilizados pelos licitantes que dão lances automáticos no pregão eletrônico. Eles tinham o potencial de influenciar no resultado do pregão, sobretudo no tempo randômico, em que se anunciava o encerramento iminente do certame, que poderia ocorrer aleatoriamente de um segundo até trinta minutos.
>
> O tempo randômico representava uma estratégia utilizada pelo sistema do pregão eletrônico para que os participantes dessem logo seus lances mais vantajosos. Se houvesse término exato da fase de lances, nenhum licitante forneceria lances antes da proximidade com o final, para economizar suas chances e não reduzir muito o preço.
>
> Com o robô, era possível que, na iminência de encerrar a etapa final dos lances, houvesse um lance mais rápido oferecido pela empresa que possuísse o software, o que, segundo algumas opiniões, acabava violando o objetivo legal de se assegurar a isonomia na licitação. Tendo em vista essa problemática, vários órgãos começaram a pensar em soluções para garantir a igualdade entre os licitantes, haja vista a vantagem competitiva da empresa que se utilizava do robô.
>
> A Procuradoria-Geral do Estado de São Paulo, por exemplo, utilizou há tempos um sistema de prorrogação de três minutos após o último lance. Para evitar a possível concorrência desleal, o Tribunal de Contas da União chegou a notificar a Administração Pública Federal para que proibisse o uso de robôs.

Daí surgiu a seguinte controvérsia: será que esse uso já era proibido, pois ele incorreria em conduta tipificada no art. 90 da Lei de Licitações (Lei nº 8.666/93), que criminalizava "frustrar ou fraudar, mediante ajuste, combinação ou qualquer outro expediente, o caráter competitivo do procedimento licitatório, com o intuito de obter, para si ou para outrem, vantagem decorrente da adjudicação do objeto da licitação"?

Nesse ponto, apesar de não desprezíveis os argumentos em sentido contrário, temos a tendência a fazer coro com os que são contrários à criminalização[109] do uso de tecnologia por si só, pois, mesmo que seja difícil ganhar de quem possui mais recursos para dispor do *software*, tenderíamos a ter uma resposta mais próxima à liberdade e contrária, portanto, à proibição, sobretudo se esta é feita sem lastro legal de maior tipicidade.

Conversando inclusive, ao término do palpitante painel, com o jurista Celso Antônio Bandeira de Mello, que acompanhou o Congresso, ele chegou a mencionar que uma solução possível seria promover o acesso de todos à tecnologia, com o fomento do governo, em vez da proibição. Trata-se de solução que particularmente achamos muito mais compatível não apenas com a liberdade, mas também com a simultânea preservação da igualdade.

Note-se que a Lei nº 14.133/2021, a Nova Lei de Licitações e Contratos, deslocou os dispositivos criminais previstos na anterior lei para o Código Penal, não tendo sido repetidas no novel artigo 337-F, as expressões: "mediante ajuste, combinação ou qualquer outro expediente" que estavam no anterior art. 90 da Lei nº 8.666/93, o que restringe a interpretação que era muito abrangente (qualquer outro expediente).

Em suma, num Estado Democrático de Direito, em vez da autoritária opção pela proibição do progresso tecnológico, o que, em diversos casos, acaba, ainda, beneficiando muito mais grupos interessados em garantir uma reserva de mercado que pouco beneficia a coletividade, é mais equilibrado pensar em uma regulamentação proporcional do uso da tecnologia, para que não haja violação ao núcleo essencial de desenvolvimento das atividades econômicas.

A solução da proibição não é compatível com a flexibilidade que os novos tempos demandam para que a polícia administrativa garanta o bem-estar geral. É absurda e retrógrada a proibição do uso de tecnologia, pois este uso já pode ser visto como o mais lídimo exercício de um direito humano básico e, portanto, algo que não deve razoavelmente ser tido como conduta criminosa.

Os governos, no entanto, devem estar atentos para adaptar-se aos desafios da tecnologia, promovendo medidas que, em vez de proibir, procurem lidar de forma equânime com as externalidades sociais provocadas pela tecnologia, em discussões equilibradas e, principalmente, compatíveis com os tempos presentes. Assim, se for para a garantia de não retrocesso tecnológico, concluímos que, em vez da solução ultrapassada da proibição, melhor seria o estímulo estatal ao acesso de todos, em condições de maior igualdade, à tecnologia.

Pregão

Bens e serviços comuns.

Formas: presencial e eletrônica.

Realizado por: pregoeiro e sua equipe de apoio, com a IN nº 73/2022 – agente de contratação.

Característica: inversão de fases – classificação e depois habilitação.

Nova lei: bens – oito dias úteis; serviços comuns, inclusive de engenharia – dez dias úteis.

Regulação do pregão eletrônico: IN nº 73/2022.

---

[109] Em favor da criminalização, ver: MARTINS, Ricardo Marcondes. Uso de robô em pregão eletrônico. In: Contraponto jurídico: posicionamentos divergentes sobre grandes temas do Direito. São Paulo: Thomson Reuters Brasil, 2018. p. 68.

6.11.2 Concorrência

Trata-se da modalidade de licitação assim definida no inciso XXXVIII do art. 6º da Lei nº 14.133/2021, modalidade para contratação de bens e serviços especiais e de obras e serviços comuns e especiais de engenharia, cujo critério de julgamento poderá ser: (a) menor preço; (b) melhor técnica ou conteúdo artístico; (c) técnica e preço; (d) maior retorno econômico; e (e) maior desconto.

Como a nova lei extinguiu a tomada de preços e o convite, a definição de concorrência se deu no comparativo com o pregão. Ainda, de acordo com o art. 29, a concorrência e o pregão seguem o rito procedimental comum a que se refere o art. 17, o que inclui as fases preparatória; de divulgação do edital de licitação; de apresentação de propostas e lances; de julgamento; de habilitação; recursal; e de homologação.

Contudo, note-se que o pregão não se aplica às contratações de serviços técnicos especializados de natureza predominantemente intelectual e de obras e serviços de engenharia, exceto os serviços comuns de engenharia, os quais podem ser adquiridos tanto por concorrência como por pregão. A concorrência é obrigatória para:

- bens e serviços especiais, bem como obras e serviços especiais de engenharia;
- registro de preços, ressalvada a hipótese do pregão;
- concessão de serviços públicos, conforme o art. 2º, II, da Lei nº 8.987/95, alterado pela Lei nº 14.133/2021, sendo também admitida a adoção do diálogo competitivo; e
- celebração de parcerias público-privadas (PPPs), conforme determina o art. 10 da Lei nº 11.079/2004, que, na esteira da alteração pela nova lei, também passou a admitir o diálogo competitivo.

6.11.3 Concurso

Conforme define o inciso XXXIX do art. 6º da Lei nº 14.133/2021, concurso é a modalidade de licitação para escolha de trabalho **técnico, científico ou artístico**, cujo critério de julgamento será o de melhor técnica ou conteúdo artístico, e para concessão de prêmio ou remuneração ao vencedor.

Dispõe o art. 30 da Lei nº 14.133/2021 que o concurso observará as regras e condições previstas em edital, que indicará: (I) a qualificação exigida dos participantes; (II) as diretrizes e formas de apresentação do trabalho; (III) as condições de realização e o prêmio ou remuneração a ser concedida ao vencedor.

O edital do concurso, por ser associado à melhor técnica ou conteúdo artístico, terá o prazo de **35 dias úteis**, conforme inciso IV do art. 55 da Lei nº 14.133/2021, o que não muda tanto em relação aos anteriores 45 dias (corridos) do art. 21, § 2º, I, da Lei nº 8.666/93.

Nos concursos destinados à elaboração de projeto, o vencedor deve ceder à Administração, nos termos do art. 93 da Lei nº 14.133/2021, todos os direitos patrimoniais relativos ao projeto e autorizar sua execução conforme juízo de conveniência e oportunidade das autoridades competentes.

O concurso é, portanto, modalidade bastante peculiar de licitação, pois seu objetivo maior é o fomento de atividades técnicas, científicas e artísticas, e não propriamente a contratação da execução do projeto que, se ocorrer, deve ser objeto de nova licitação para a escolha do executor. Assim, ele finda com a escolha dos trabalhos e a premiação dos vencedores, que não possuem direito à contratação de seu projeto, cuja execução irá ser decisão discricionária da Administração.

> **CONCURSO**
> **Escolha de trabalho técnico, científico** ou **artístico**
> **Resultado**: prêmio ou remuneração aos vencedores
> **Edital**: 35 dias úteis de antecedência
> **Vedação**: ao vencedor do projeto, executá-lo
> **Mas deve ceder à Administração todos os direitos patrimoniais do projeto**

6.11.4 Leilão

É a modalidade de licitação para alienação de bens imóveis ou de bens móveis inservíveis ou legalmente apreendidos a quem oferecer maior lance.

A lei anterior (Lei nº 8.666/93) definia, no art. 22, § 5º, leilão como modalidade de licitação entre quaisquer interessados para venda de bens móveis inservíveis para a administração ou de produtos legalmente apreendidos ou penhorados, ou para alienação de bens imóveis a quem oferecer maior lance, igual ou superior ao da avaliação.

Percebe-se que a redação foi aperfeiçoada na nova lei, ao se retirar a menção à hipótese de bens penhorados, pois há tempos enfatizava Marçal Justen Filho[110] que, em vez de "bens penhorados" – pois estes obedecem a procedimento próprio estabelecido no Código de Processo Civil –, na verdade, a lei queria se referir a "bens empenhados" (objeto de penhor).

O leilão, conforme estabelece o art. 31 da Lei nº 14.133/2021, poderá ser cometido a leiloeiro oficial ou a servidor designado pela autoridade competente da Administração, e regulamento deverá dispor sobre seus procedimentos operacionais. Se optar pela realização de leilão por intermédio de leiloeiro oficial, a Administração deverá selecioná-lo mediante credenciamento ou licitação na modalidade pregão e adotar o critério de julgamento de maior desconto para as comissões a serem cobradas, utilizados como parâmetros máximos os percentuais definidos na lei que regula a referida profissão e observados os valores dos bens a serem leiloados.

O leilão, conforme determina o § 2º do art. 31 da Lei nº 14.133/2021, será precedido da divulgação do edital em sítio eletrônico oficial, que conterá:

1. descrição do bem, com suas características, e, no caso de imóvel, sua situação e suas divisas, com remissão à matrícula e aos registros;
2. o valor pelo qual o bem foi avaliado, o preço mínimo pelo qual poderá ser alienado, as condições de pagamento e, se for o caso, a comissão do leiloeiro designado;
3. a indicação do lugar onde estiverem os móveis, os veículos e semoventes;
4. o sítio da internet e o período em que ocorrerá o leilão, salvo se excepcionalmente for realizado sob a forma presencial por comprovada inviabilidade técnica ou desvantagem para a Administração, hipótese em que serão indicados o local, o dia e a hora da sua realização; e
5. a especificação de eventuais ônus, gravames ou pendências existentes sobre os bens a serem leiloados.

---

[110] JUSTEN FILHO, Marçal. *Comentários à lei de licitações e contratos*. São Paulo: Revista dos Tribunais, 2014. p. 360.

Além da divulgação no sítio oficial, o edital do leilão será afixado em local de ampla circulação de pessoas na sede da Administração, e poderá, ainda, ser divulgado por outros meios necessários para ampliar a publicidade e a competitividade da licitação, nos termos do § 3º do art. 31 da Lei nº 14.133/2021. É interessante que a Administração Pública passe a usar também as redes sociais, quando o objetivo for a divulgação.

De acordo com o § 4º do art. 31 da Lei nº 14.133/2021, o leilão não exigirá registro cadastral prévio, não terá fase de habilitação e deverá ser homologado assim que concluída a fase de lances, superada a fase recursal e efetivado o pagamento pelo licitante vencedor, na forma definida no edital.

Ressalte-se que o Decreto nº 11.461/2023 institui o Sistema de Leilão Eletrônico, ferramenta informatizada e disponibilizada pelo Ministério da Gestão e Inovação em Serviços Públicos para realização de licitação, na modalidade leilão, destinada à alienação de bens móveis inservíveis ou legalmente apreendidos.

Não se aplica o Decreto: (1) aos bens legalmente apreendidos, administrados e alienados pela Secretaria Especial da Receita Federal do Brasil do Ministério da Fazenda, que serão leiloados na forma de regulamento específico, conforme o disposto no § 10 do art. 29 do Decreto-Lei nº 1.455, de 7 de abril de 1976, e no art. 31 da Lei nº 14.133, de 2021; e (2) a microcomputadores de mesa, monitores de vídeo, impressoras e demais equipamentos de informática, eletroeletrônicos, peças-parte ou componentes, observado o disposto na Lei nº 14.479, de 21 de dezembro de 2022.

6.11.5 *Diálogo competitivo*

Diálogo competitivo é a grande novidade da Nova Lei de Licitações. Trata-se de modalidade inspirada no art. 30 da Diretiva 2014/24 da União Europeia, depois incorporada a legislações internas de países como Inglaterra, Holanda, França e Portugal. É denominado, na Europa, de diálogo concorrencial.[111]

Antes de adentrar na exposição do seu regime jurídico, conforme previsão da Nova Lei de Licitações e Contratos, cumpre esclarecer o porquê de sua positivação. Trata-se de modalidade cujo objetivo é atender às necessidades de obras, serviços e compras em que o Poder Público sabe de suas necessidades, mas não sabe, diante da variabilidade do mercado, como melhor supri-las.

Nessa perspectiva, trata-se de instituto que se assemelha, no objetivo, ao Procedimento de Manifestação de Interesse (PMI), que será visto adiante (nos procedimentos auxiliares), pois se intenta provocar o mercado a compartilhar de sua *expertise* para que o Poder Público tenha condições de engendrar contratações mais ajustadas às suas necessidades, mas, enquanto o PMI se realiza antes da licitação, o diálogo competitivo abrirá a interlocução, isto é, o debate (sobre possibilidades técnicas e de inovação) com os licitantes que já participam da licitação, isto é, já há uma situação de interesses postos na mesa, com uma provável futura contratação.

O diálogo competitivo é conduzido por comissão de contratação composta pelo menos por três servidores efetivos ou empregados públicos pertencentes aos quadros permanentes da Administração, admitida a contratação de profissionais para assessoramento técnico da comissão.

---

[111] NOHARA, Irene Patrícia. Diálogo competitivo: possibilidade de avanço ou mais uma modalidade a cair em desuso. In: BELÉM, Bruno; CARVALHO, Matheus; CHARLES, Ronny. *Temas controversos na nova lei de licitações e contratos*. Salvador: JusPodivm, 2021. p. 11.

No caso de contratação de profissional para assessoramento, há a necessidade de assinatura de termo de confidencialidade, sendo exigido que se abstenha de desempenhar atividades que possam configurar conflito de interesses.

De acordo com a definição do art. 6º, XLII, da Nova Lei de Licitações, o **diálogo competitivo** é: "modalidade de licitação para contratação de obras, serviços e compras em que a Administração Pública realiza diálogos com licitantes previamente selecionados mediante critérios objetivos, com o intuito de desenvolver uma ou mais alternativas capazes de atender às suas necessidades, devendo os licitantes apresentar proposta final após o encerramento dos diálogos".

O diálogo competitivo é, portanto, modalidade que apresenta suas flexibilidades, tendo em vista que abre margem para a Administração estabelecer, no curso do certame, a solução que melhor atenda a suas necessidades (após o diálogo estimulado pelo procedimento licitatório), daí, em fase subsequente, competitiva, os licitantes terão oportunidade de apresentar propostas com base nessa solução. Assim, a ideia é que se aprende dialogando; a abertura permite que haja o alinhamento de interesses e expectativas, dado que muitos modelos de negócio apresentam sua complexidade.

São condições para o uso do diálogo competitivo, conforme o art. 32 da lei: (1) quanto ao objeto do diálogo competitivo, o art. 32 da Nova Lei de Licitações só se aplica mediante: (a) inovação tecnológica ou técnica; (b) impossibilidade de o órgão ou entidade ter sua necessidade satisfeita sem a adaptação de soluções disponíveis no mercado; e (c) impossibilidade de as especificações técnicas serem definidas com precisão suficiente pela Administração; e (2) quanto à necessidade de definir e identificar os meios e alternativas que possam satisfazer suas necessidades, com destaque para os seguintes aspectos: (a) a solução técnica mais adequada; (b) os requisitos técnicos aptos a concretizar a solução já definida; e (c) a estrutura jurídica ou financeira do contrato.

Quanto ao procedimento, a Administração deve, de acordo com o § 1º, I, do art. 32 da lei apresentar, por ocasião da divulgação do edital em sítio eletrônico oficial, suas necessidades e as exigências já definidas, conforme determina a lei.

Deve-se estabelecer o prazo mínimo de 25 dias úteis para a manifestação de interesse de participação na licitação. Os critérios empregados para pré-seleção dos licitantes devem estar previstos no edital, sendo admitidos todos os interessados que preencherem os requisitos objetivos estabelecidos.

A fase do diálogo pode ser mantida até que a Administração, em decisão fundamentada, identifique a solução ou as soluções que atendam às suas necessidades. Note-se que o diálogo competitivo deve ser usado quando houver autêntica vontade de busca de solução melhor para determinada contratação, não sendo instrumento para preencher a mera especulação da Administração.

As reuniões da fase do diálogo ocorrerão com os licitantes pré-selecionados, sendo registradas em ata e gravadas mediante recursos tecnológicos de áudio e vídeo, que serão juntados aos autos do processo licitatório assim que o diálogo for concluído. É possível haver fases sucessivas, desde que cada fase restrinja as soluções e propostas a serem discutidas.

O diálogo será concluído tão logo a Administração encontre a solução ou as soluções necessárias. Daí, antes de iniciar a fase competitiva, há a divulgação de edital contendo a especificação da solução que atenda às necessidades da Administração Pública e os critérios objetivos a serem utilizados para a seleção da proposta mais vantajosa, sendo aberto o prazo, não inferior a 60 dias úteis, para que todos os licitantes apresentem suas propostas, que deverão conter os elementos necessários para a realização do projeto.

Admite-se que a Administração solicite esclarecimentos ou ajustes às propostas apresentadas, contanto que não impliquem discriminação nem distorçam a concorrência entre as propostas. A Administração definirá a proposta vencedora de acordo com os critérios divulgados no início da fase competitiva, assegurada a contratação mais vantajosa como resultado.

 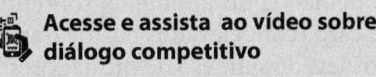

Acesse e assista ao vídeo sobre diálogo competitivo
> http://uqr.to/1xpl1

6.12 Procedimentos auxiliares

O art. 78 da Lei nº 14.133/2021 prevê os seguintes procedimentos auxiliares das licitações e das contratações: (1) credenciamento; (2) pré-qualificação; (3) procedimento de manifestação de interesse; (4) sistema de registro de preço; e (5) registro cadastral.

6.12.1 Credenciamento

Um dos pontos mais inovadores da Lei de Licitações foi a abertura feita pelo **credenciamento**, que será a tendência das compras públicas, diante da volatilidade ou fluidez de certos mercados fornecedores e também da necessidade de variadas contratações, decorrendo, portanto, da atualização e da modernização na forma de a Administração Pública adquirir serviços de diversos fornecedores credenciados.[112]

Trata-se de um pequeno passo, já absorvido por meio de recomendações doutrinárias, inclusive, defendido na audiência do projeto de lei, e também referendado por decisões do Tribunal de Contas da União,[113] que será a oportunidade pela qual a formatação da futura contratação se amoldará à simplificação e também às melhores e mais rápidas aquisições de serviços para as hipóteses padronizadas, o que garantirá celeridade e economicidade na contratação de diversos prestadores.

---

[112] Cf. NOHARA, Irene Patrícia Diom. *Nova lei de licitações e contratos comparada*. São Paulo: Thomson Reuters, 2021. p. 349.

[113] TCU, Decisão 104/95 – Plenário, sendo admitida como hipótese implícita de inexigibilidade.

O credenciamento é o **procedimento auxiliar** à licitação mediante o qual a Administração credencia, por edital de chamamento de interessados, de forma não excludente, prestadores diversos, para contratações simultâneas, sendo também utilizado para situações em que a seleção se dá pelo beneficiário direto da prestação ou mesmo em mercados fluidos, em que o valor da prestação e as condições de contratação variam muito diante da volatilidade, o que tornaria também inviável a contratação feita por licitação.

Depois do procedimento de credenciamento, seja pela necessidade de contratações simultâneas em condições padronizadas, seja pela seleção do beneficiário direto da prestação, também em face da fluidez do mercado específico, é **inviável a licitação**, daí por que a natureza jurídica do credenciamento, segundo análise precisa de Ronny Charles, é de "procedimento auxiliar utilizado para permitir a contratação direta, por inexigibilidade".[114] Em suma, o credenciamento não pode ser confundido com a contratação direta feita com base nele, pois ele é produzido para justificar as contratações futuras.

O **escopo do credenciamento** é, portanto, permitir a contratação de todos os credenciados, que são os interessados aptos ao fornecimento do serviço, ou mesmo diante da ausência de contratação imediata e simultânea de todos, que sejam adotados critérios objetivos na distribuição da demanda, com condições, portanto, padronizadas de contratação, para que haja uma prestação customizada à demanda do momento, sobretudo em mercados fluidos,[115] nos quais seria contraproducente e caro (com elevados custos transacionais) realizar licitações individualizadas diante de um tão elevado número de prestadores igualmente aptos a realizar o serviço, numa escala rotativa de contratação.

Por conseguinte, o art. 79 da Nova Lei de Licitações determina que poderá ser usado o credenciamento, nas seguintes hipóteses de contratação:

1. **paralela e não excludente**: caso em que é viável e vantajosa para a Administração a realização de contratações simultâneas em condições padronizadas;
2. **com seleção a critério de terceiros**: caso em que a seleção do contratado está a cargo do beneficiário direto da prestação; e
3. **em mercados fluidos**: caso em que a flutuação constante do valor da prestação e das condições de contratação inviabiliza a seleção de agente por meio de processo de licitação.

A Nova Lei de Licitações apenas prevê, no parágrafo único do art. 79, regras mais genéricas acerca do procedimento de credenciamento, deixando ao regulamento estabelecer parâmetros específicos, a exemplo de prazos e regras mais particularizadas. No âmbito da Administração Pública federal direta, autárquica e fundacional, houve a edição do Decreto nº 11.878/2024, que dispõe sobre o procedimento auxiliar de credenciamento para a contratação de bens e serviços.

Assim, a Administração deverá divulgar e manter à disposição do público, em sítio eletrônico oficial, edital de chamamento de interessados, de modo a permitir o cadastramento permanente de novos interessados. O STJ considera que essa obrigatoriedade de divulgação permanente do edital de credenciamento de leiloeiros, por exemplo, só é obrigatória após a nova Lei de Licitações (RMS 68504-SC, j. 10.10.2023). Trata-se de diretriz da Instrução Normativa nº

---

[114] TORRES, Ronny Charles Lopes de. *Leis de licitações públicas comentadas*. 11. ed. Salvador: Juspodivm, 2021. p. 440.

[115] Sendo registradas as cotações vigentes no momento da contratação.

5/2017 que o sistema de credenciamento deve permanecer aberto, pelo prazo estipulado no ato convocatório para inscrição de novos interessados.

Note-se que, como a lei amplia as hipóteses e altera um pouco a disciplina do credenciamento, será importante haver uma nova regulamentação. Quando o objeto não permitir a contratação imediata e simultânea de todos os credenciados, deverão ser adotados critérios objetivos de distribuição da demanda.

O edital de chamamento de interessados deverá prever as condições padronizadas de contratação. Para as hipóteses de (1) **contratação paralela e não excludente**; e (2) com **seleção a critério de terceiros**, o edital deverá, ainda, definir o valor da contratação. Já na hipótese (3), isto é, de **mercados fluidos**, a Administração deverá registrar as cotações de mercado vigentes no momento da contratação. Não será permitido o cometimento a terceiros do objeto contratado sem autorização expressa da Administração. Será admitida denúncia por qualquer das partes nos prazos fixados no edital.

Conforme expõem Marcos Nóbrega e Ronny Charles L. de Torres,[116] é por meio do credenciamento na hipótese dos "mercados fluidos" que a Administração finalmente poderá, a depender de uma regulamentação arrojada, se abrir à realidade das contratações de e-marketplace digital. Trata-se de oportunidade de substituir alguns procedimentos mais disfuncionais e com muitos custos de transação, no caso em tela, pelas práticas dos poucos cliques, por computador ou mesmo smartphone, com pesquisa imediata de preços e ranking de fornecedores, de acordo com a sinalização de um histórico de compras positivo ou negativo.

Um aspecto relevante ressaltado é que, como o sistema de mercados fluidos não gera necessidade de se prefixar preço, isto é, definir, nos termos da lei, o valor da contratação, trata-se de sistema que tende a acompanhar a dinamicidade de preços em tempo real. Assim, leva em conta a variabilidade de circunstâncias que interferem ou podem interferir na delimitação de preços, a exemplo do tamanho da demanda, do tamanho do mercado fornecedor, da oferta, da concorrência, da sazonalidade e até dos hábitos de compras.

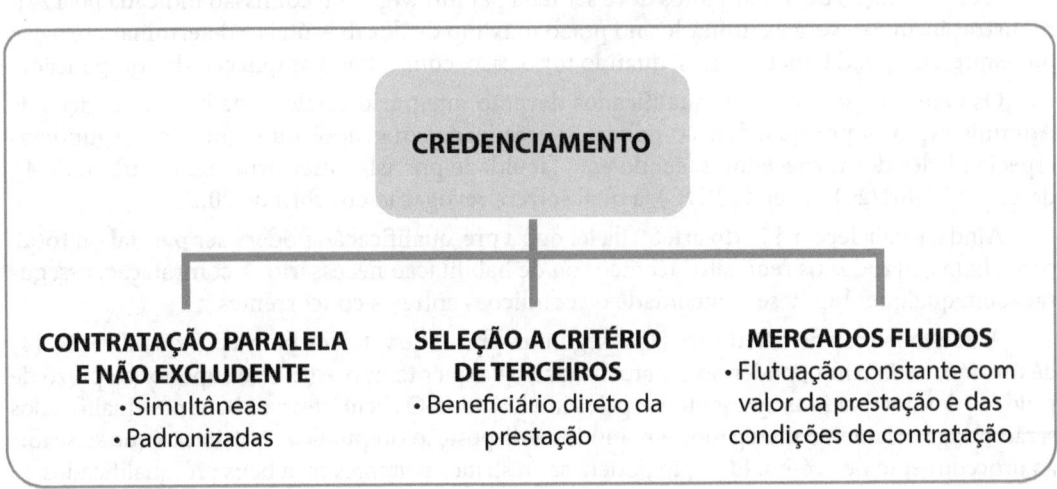

---

[116] NÓBREGA, Marcos; TORRES, Ronny Charles L de. Lei nº 14.133/2021, credenciamento e *e-marketplace*: o *turning point* da inovação nas compras públicas. In: BELÉM, Bruno; CARVALHO, Matheus; CHARLES, Ronny. *Temas controversos da nova lei de licitações e contratos*. Salvador: JusPodivm, 2021. p. 120.

 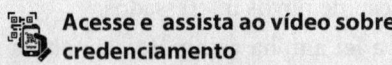

Acesse e assista ao vídeo sobre credenciamento
> http://uqr.to/1xpl0

6.12.2 Pré-qualificação

Pré-qualificação não é novidade da lei. Trata-se de procedimento que tem por finalidade a antecipação da habilitação da licitação. De acordo com o art. 80 da Lei nº 14.133/2021, a pré-qualificação é o procedimento técnico administrativo para selecionar previamente: (1) licitantes que reúnam condições de habilitação para participar de futura licitação ou de licitação vinculada a programas de obras ou de serviços objetivamente definidos; e (2) bens que atendam às exigências técnicas ou de qualidade estabelecidas pela Administração.

A pré-qualificação pode ser aberta a licitantes ou bens, sendo que na pré-qualificação aberta a licitantes, poderão ser dispensados os documentos que já constarem do registro cadastral; e, na pré-qualificação aberta a bens, poderá ser exigida a comprovação de qualidade.

Determina, ainda, o § 2º do art. 80 da lei que o procedimento de pré-qualificação ficará permanentemente aberto para a inscrição de interessados. Quanto ao procedimento de pré-qualificação, constarão do edital: (1) as informações mínimas necessárias para identificação do objeto; e (2) a modalidade, a forma da futura licitação e os critérios de julgamento.

Antes, no art. 114 da Lei nº 8.666/93, que disciplinava a pré-qualificação, esta se voltava às concorrências, doravante se volta à futura licitação, sem restrição da modalidade, sendo direcionada também a programas de obras ou de serviços previamente definidos.

A apresentação de documentos deve ser feita perante órgão ou comissão indicada pela Administração, que deverá examiná-los no prazo máximo de dez dias úteis e determinar correção ou reapresentação de documentos, quando for o caso, com vistas à ampliação da competição.

Os bens e os serviços pré-qualificados deverão integrar o catálogo de bens e serviços da Administração. A pré-qualificação poderá ser realizada em grupos ou segmentos, segundo as especialidades dos fornecedores, sendo essa faculdade prevista anteriormente no art. 30, § 4º, da Lei nº 12.462/2011 (Lei do RDC), a qual sofrerá revogação em abril de 2023.

Ainda, estabelece o § 7º do art. 80 da lei que a pré-qualificação poderá ser **parcial** ou **total**, com alguns ou todos os requisitos técnicos ou de habilitação necessários à contratação, assegurada, em qualquer hipótese, a igualdade de condições entre os concorrentes.

A lei estabeleceu no § 8º do art. 80 os seguintes prazos de validade para a pré-qualificação: (1) de um ano, no máximo, podendo ser atualizada a qualquer tempo; e (2) não superior ao prazo de validade dos documentos apresentados pelos interessados. Os licitantes e os bens pré-qualificados serão obrigatoriamente divulgados e mantidos à disposição do público. A licitação que se seguir ao procedimento de pré-qualificação poderá ser restrita a licitantes ou a bens pré-qualificados.

PRÉ-QUALIFICAÇÃO

Finalidade: antecipação da habilitação da licitação
Análise: licitantes que reúnam condições de habilitação ou bens que atendam às exigências técnicas ou de qualidade

É procedimento permanentemente aberto para inscrição de interessados
Abrangência: parcial ou total
Prazo de validade: um ano, no máximo
Pode haver licitação restrita a licitantes ou a bens pré-qualificados

6.12.3 Procedimento de Manifestação de Interesse

O **Procedimento de Manifestação de Interesse** (PMI) é um instrumento auxiliar à futura licitação que envolve a cooperação da iniciativa privada, para que, mediante o compartilhamento de sua expertise por estudos, investigações e projetos, haja a possibilidade de apresentação de uma solução inovadora para que a Administração tenha a possibilidade de modelar uma futura licitação de forma mais customizada a solucionar os seus problemas.

Como a iniciativa privada detém, em muitos casos, a expertise de certos tipos de informações, no PMI é possível à Administração ter conhecimento do estado da arte e da capacidade que a iniciativa privada possui para atender a suas necessidades. Diferentemente do diálogo competitivo, no PMI ainda há um procedimento anterior, que não integra a licitação, sendo inclusive que a realização do PMI não obrigará o Poder Público a realizar a licitação, já o diálogo competitivo é uma situação de real disputa.

Assim, de acordo com o art. 81 da Lei nº 14.133/2021, a Administração poderá solicitar à iniciativa privada, mediante procedimento aberto de manifestação de interesse a ser iniciado com a publicação de edital de chamamento público, a propositura e a realização de estudos, investigações, levantamentos e projetos de soluções inovadoras que contribuam com questões de relevância pública, na forma de regulamento.

Anteriormente à lei, já havia regulamentações sobre o PMI, a exemplo do Decreto nº 8.428/2015, com alterações do Decreto nº 10.104/2019. Contudo, a nova lei demanda regulamentação conforme.

A ideia é superar o gargalo do Poder Público em produzir projetos afinados com o estado da arte e com as soluções técnicas disponíveis, sobretudo em propostas de acentuada complexidade, para subsidiar a modelagem de futura licitação, objetivando reequilibrar assimetrias informacionais. A Administração Pública acaba tendo vantagem, pois o compartilhamento das informações não precisará ser remunerado pelo Estado, sendo que o vencedor da licitação é quem deverá ressarcir os dispêndios correspondentes.

Nessa perspectiva, estabelece o § 1º do artigo 81 da lei que os estudos, investigações, levantamentos e projetos vinculados à contratação e de utilidade para a licitação, realizados pela Administração ou com a sua autorização, estarão à disposição dos interessados, e o vencedor da licitação deverá ressarcir os dispêndios correspondentes, conforme especificado no edital. Note-se que, como a Administração não é obrigada a realizar a licitação, ainda assim participar de um PMI é simultaneamente um risco e uma oportunidade para a iniciativa privada.

O § 2º do art. 81 estabelece que a realização, pela iniciativa privada, de estudos, investigações, levantamentos e projetos em decorrência do PMI:

1. **não atribuirá ao realizador direito de preferência** no processo licitatório;
2. **não obrigará o Poder Público a realizar licitação**;
3. **não implicará, por si só, direito ao ressarcimento** dos valores envolvidos em sua elaboração; e
4. será **remunerada somente pelo vencedor da licitação**, vedada, em qualquer hipótese, a cobrança de valores do Poder Público.

Para aceitação dos produtos e serviços de que trata o artigo, a Administração deve elaborar parecer fundamentado com demonstração de que o produto ou serviço entregue é adequado e suficiente à compreensão do objeto, que as premissas adotadas são compatíveis com as reais necessidades do órgão e que a metodologia proposta é a que propicia maior economia e vantagem entre as demais possíveis.

Importante que a regulamentação do PMI observe o conteúdo da lei, bem como que, se houver restrição do número de participantes, que sejam observados critérios para assegurar imparcialidade e objetividade. Essa foi a preocupação que deu origem à criação do primeiro enunciado da I Jornada de Direito Administrativo do CJF, no sentido de que:

> A autorização para apresentação de projetos, levantamentos, investigações ou estudos no âmbito do Procedimento de Manifestação de Interesse, quando concedida mediante restrição ao número de participantes, deve se dar por meio de seleção imparcial dos interessados, com ampla publicidade e critérios objetivos.

Por fim, uma inovação trazida na disciplina do assunto foi o § 4º do art. 81, que estabelece que poderá haver PMI restrito a *startups*, assim considerados os microempreendedores individuais, as microempresas e empresas de pequeno porte, de natureza emergente ou com grande potencial, que se dediquem à pesquisa, ao desenvolvimento e à implementação de novos produtos ou serviços baseados em soluções tecnológicas inovadoras que possam causar alto impacto, exigida, na seleção definitiva da inovação, validação prévia fundamentada em métricas objetivas, de modo a demonstrar o atendimento das necessidades da Administração.

PROCEDIMENTO DE MANIFESTAÇÃO DE INTERESSE – PMI

Iniciado: com a publicação de edital de chamamento público

Conteúdo: realização de estudos, investigações, levantamentos e projetos de soluções inovadoras

Atenção: a realização do PMI não atribui direito de preferência em processo licitatório e também não obriga o Poder Público a realizar a licitação

É vedada a cobrança de valores do Poder Público, sendo o vencedor da licitação quem ressarcirá dispêndios com o PMI, conforme especificado no edital.

Novidade: PMI restrito a *startups*

6.12.4 Sistema de registro de preços

Antes da Nova Lei de Licitações e Contratos (Lei nº 14.133/2021), o registro de preços tinha previsão no art. 15, II, e parágrafos, da Lei nº 8.666/93, tendo sido regulamentado, em âmbito federal, pelo Decreto nº 7.892/2013, com alterações dos Decretos nº 8.250/2014 e nº 9.488/2018. Atualmente, está regulamentado no Decreto nº 11.462/2023.

Sistema de **registro de preços** é termo que designa o conjunto de procedimentos para registro formal de preços relativos à prestação de serviços e à aquisição de bens para contratações futuras da Administração. Marçal Justen Filho define o registro de preços como: "o contrato normativo, constituído como um cadastro de produtos e fornecedores, selecionados mediante licitação, para contratações sucessivas de bens e serviços".[117]

---

[117] JUSTEN FILHO, Marçal. *Comentários à lei de licitações e contratos administrativos*. São Paulo: Revista dos Tribunais, 2014. p. 255.

Na definição legal, conforme inciso XLV do art. 6º da lei, registro de preços é o "conjunto de procedimentos para realização, mediante contratação direta ou licitação nas modalidades **pregão** ou **concorrência**, de registro formal de preços relativos a prestação de serviços, a obras e a aquisição e locação de bens para contratações futuras".

Em vez de ficar fazendo sucessivas licitações para contratações necessárias da Administração, o sistema de registro de preços já faz a licitação para vários produtos e serviços, inclusive locação de bens, os quais ficam disponíveis para as futuras contratações do Poder Público. Assim, estabelece o § 5º do art. 82 da Lei nº 14.133/2021 que o sistema de registro de preços poderá ser usado para contratação de bens e serviços, **inclusive obras e serviços de engenharia**.

Para contratações de obras e serviços de engenharia por meio de registro de preços, exige o art. 85 da lei:[118] (1) existência de projeto padronizado, sem complexidade técnica e operacional; e (2) necessidade permanente ou frequente de obra ou serviço a ser contratado.

Do ponto de vista jurídico, a existência de preços registrados não obriga a Administração a contratar com os fornecedores registrados, pois há a possibilidade de utilização de outros meios, mas agora o art. 83 da Lei nº 14.133/2021 estabelece que a licitação facultada só será realizada **desde que devidamente motivada**.

O sistema de registro de preços poderá, na forma de regulamento, ser utilizado nas hipóteses de **inexigibilidade** e de **dispensa** de licitação para a aquisição de bens ou para a **contratação de serviços por mais de um órgão ou entidade**, de acordo com o § 6º do art. 82 da lei. Assim, a contratação direta pode se dar tanto na hipótese de inexigibilidade, como na dispensa, sendo possível, conforme já adotado há tempos, a contratação de serviços por mais de um órgão ou entidade.

A redação do art. 83 dispõe que a exigência de preços registrados implicará compromisso de **fornecimento nas condições estabelecidas**, mas, conforme dito, não obrigará a Administração a contratar, sendo facultada a realização de licitação específica para a aquisição pretendida, desde que devidamente motivada.

A nova lei estabelece no art. 84 que o **prazo de vigência** da ata de registro de preços será de **um ano** e poderá ser **prorrogado, por igual período**, desde que comprovado preço vantajoso. Ademais, o contrato decorrente da ata de registro de preços terá sua vigência estabelecida em conformidade com as disposições nela contidas.

De acordo com o art. 82 da Lei nº 14.133/2021, o **edital de licitação** para registro de preços observará as normas gerais da lei e **deverá dispor sobre**:

1. as especificidades da licitação e do seu objeto, inclusive a quantidade máxima de cada item que poderá ser adquirida;
2. a quantidade mínima a ser cotada de unidades de bens ou, no caso de serviços, de unidades de medida;
3. a possibilidade de prever preços diferentes: (a) quando o objeto for realizado ou entregue em locais diferentes; (b) em razão da forma e do local de acondicionamento; (c) quando admitida cotação variável em razão do tamanho do lote; e (d) por outros motivos justificados no processo;

---

[118] Já havia farta jurisprudência dos Tribunais de Contas da União admitindo, mas de forma condicionada. Cf. Ac. 959/2012, 1.339/2012 e 3.419/2013.

4. a possibilidade de o licitante oferecer ou não proposta em quantitativo inferior ao máximo previsto no edital, obrigando-se nos limites dela;
5. o critério de julgamento da licitação, que será o de **menor preço**[119] ou o de **maior desconto** sobre tabela de preços praticadas no mercado;
6. as condições para alteração de preços registrados;
7. o registro de mais de um fornecedor ou prestador de serviço, desde que aceitem cotar o objeto em preço igual ao do licitante vencedor, assegurada a preferência de contratação de acordo com a ordem de classificação;
8. a vedação à participação do órgão ou entidade em mais de uma ata de registro de preços com o mesmo objeto no prazo de validade daquela de que já tiver participado, salvo na ocorrência de ata que tenha registrado quantitativo inferior ao máximo previsto no edital; e
9. as hipóteses de cancelamento da ata de registro de preços e suas consequências.

Ademais, o § 5º do artigo 82 **condiciona o registro de preços** a:

1. realização prévia de ampla pesquisa de mercado;
2. seleção de acordo com os procedimentos previstos em regulamento;
3. desenvolvimento obrigatório de **rotina de controle**;
4. **atualização periódica** dos preços registrados;
5. definição do **período de validade** do registro de preços; e
6. inclusão, em ata de registro de preços, do licitante que aceitar cotar os bens ou serviços em preços iguais aos do licitante vencedor na sequência de classificação da licitação e inclusão do licitante que mantiver sua proposta original.

É facultado que haja registro de preços com indicação limitada a unidade de contratação, sem indicação do total a ser adquirido, nas seguintes situações: (1) quando for a primeira licitação para o objeto e o órgão ou entidade não tiver registro de demandas anteriores; (2) no caso de alimento perecível; e (3) no caso em que o serviço estiver integrado ao fornecimento de bens, caso em que é obrigatória a indicação do valor máximo da despesa e é vedada a participação de outro órgão ou entidade na ata.

Quanto ao procedimento, determina o art. 86 que o **órgão ou entidade gerenciadora** deverá, na fase preparatória do processo licitatório, para fins de registro de preços, realizar **procedimento público de intenção de registro de preços** para, nos termos do regulamento, possibilitar, pelo **prazo mínimo de oito dias úteis**, a participação de outros órgãos ou entidades na respectiva ata e determinar a estimativa de quantidades de contratação. Trata-se de procedimento dispensável se o órgão ou entidade gerenciadora for o único contratante.

---

[119] O critério de julgamento de menor preço por grupo de itens somente poderá ser adotado quando for demonstrada a inviabilidade de se promover a adjudicação por item e for evidenciada a sua vantagem técnica e econômica, e o critério de aceitabilidade de preços unitários máximos deverá ser indicado no edital (cf. art. 82, § 1º). De acordo com o § 2º do art. 82, na hipótese de que trata o § 1º desse artigo, observados os parâmetros estabelecidos nos §§ 1º, 2º e 3º do art. 23 da Lei, a contratação posterior de item específico constante de grupo de itens exigirá prévia pesquisa de mercado e demonstração de sua vantagem para o órgão ou entidade.

Quanto à expressão "carona", foi retirada na exposição do Senador Anastasia, na votação final do projeto, com base na emenda de redação submetida ao Plenário, por não ser uma expressão técnica, que é "entidade não participante": "Suprima-se a expressão 'também denominada carona' do inciso XLIX do art. 6º do Projeto de Lei nº 4.253, de 2020".

Conforme expõe Maria Sylvia Zanella Di Pietro,[120] essa figura denominada vulgarmente de **carona** tem sido objeto de críticas, pelos seguintes motivos: permite aos órgãos e entidades da Administração Pública a contratação de bens ou serviços sem que tenham participado do procedimento da licitação, o que, à época do decreto, era acusado de afronta à legalidade e também ao princípio de vinculação ao edital, que, no entanto, foi admitida pelo Tribunal de Contas.

Assim, percebe-se que a previsão da Lei nº 14.133/2021 acaba afastando esse argumento de ilegalidade, sendo, no entanto, previstos determinados critérios para que a contratação seja feita por entidade não participante no registro de preços, seguindo os passos do decreto que tratava do assunto.

São requisitos presentes no art. 86, § 2º, para que órgãos e entidades façam a **adesão à ata de registro de preços** na condição de **não participantes**:

1. apresentação de justificativa da **vantagem da adesão**, inclusive em situações de provável desabastecimento ou descontinuidade de serviço público;
2. demonstração de que os valores registrados estão **compatíveis com os valores praticados** pelo mercado na forma do art. 23 desta Lei; e
3. **prévias consulta e aceitação do órgão ou entidade gerenciadora e do fornecedor**.[121]

"Pegar carona" ou "aderir à ata sem a condição de participante", é faculdade limitada a órgãos e entidades da Administração Pública federal, estadual, distrital e municipal que, na condição de não participantes, desejarem aderir à ata de registro de preços de órgão ou entidade gerenciadora federal, estadual ou distrital. Note-se que o § 8º do art. 86 determinou ser vedada aos órgãos e entidades da Administração Pública federal a adesão à ata de registro de preços gerenciada por órgão ou entidade estadual, distrital e municipal.

No entanto, órgãos e entidades da Administração Pública municipal poderão aderir à ata de registro de preços de órgão ou entidade gerenciadora municipal, em sistema que seja formalizado por licitação, em alteração que foi veiculada pela Lei nº 14.770/2023. Esta mudança permite, portanto, a adesão de órgãos municipais como "caronas", em atas de registro de preços do mesmo ou de outro Município, desde que elas tenham sido precedidas de licitação.

As aquisições ou as contratações **adicionais por carona não poderão exceder, por órgão ou entidade, a 50% dos quantitativos dos itens do instrumento convocatório registrados** na ata de registro de preços para o órgão gerenciador e para os órgãos participantes. Trata-se de regra que também se faz presente no art. 32, I, do Decreto nº 11.462/2023.

---

[120] Prefácio da obra: FORTINI, Cristiana. *Registro de preços*: análise crítica do Decreto Federal nº 7.892/13, com alterações posteriores. 3. ed. Belo Horizonte: Fórum, 2020. p. 13.

[121] O art. 31 do Decreto 11.462/2023 estabelece requisitos similares, quais sejam, que, durante a vigência da ata, os órgãos e as entidades da Administração Pública federal, estadual, distrital e municipal que não participaram do procedimento de IRP poderão aderir à ata de registro de preços na condição de não participantes, observados os seguintes requisitos: (1) apresentação de justificativa da vantagem da adesão, inclusive em situações de provável desabastecimento ou de descontinuidade de serviço público; (2) demonstração da compatibilidade dos valores registrados com os valores praticados pelo mercado, na forma prevista no art. 23 da Lei nº 14.133, de 2021; e (3) consulta e aceitação prévias do órgão ou da entidade gerenciadora e do fornecedor.

Ademais, o quantitativo decorrente das adesões à ata de registro de preços não poderá exceder, na totalidade, ao dobro do quantitativo de cada item registrado na ata de registro de preços para o órgão gerenciador e órgãos participantes, independentemente do número de órgãos não participantes que aderirem.

A adesão à ata de registro de preços de órgão ou entidade gerenciadora do Poder Executivo federal por órgãos e entidades da Administração Pública estadual, distrital e municipal poderá ser exigida para fins de transferências voluntárias, não se submetendo ao limite (de o dobro do quantitativo) se destinada à execução descentralizada de programa ou projeto federal e comprovada a compatibilidade dos preços registrados com os valores praticados no mercado (na forma do art. 23 da lei).

Também o § 7º do art. 86 da lei previu que, **para aquisição emergencial de medicamentos e material de consumo médico-hospitalar** por órgãos e entidades da Administração Pública federal, estadual, distrital e municipal, a adesão à ata de registro de preços gerenciada pelo Ministério da Saúde **não estará sujeita ao limite de que trata o § 5º do referido artigo**.

REGISTRO DE PREÇOS

Conceito: registro formal de preços relativos à prestação de serviços, obras e locação de bens para contratação futura

Abrange também: obras e serviços de engenharia (desde que sejam padronizados e haja necessidade frequente)

Não obriga a Administração a **contratar**

A licitação facultada deve ser, contudo, devidamente justificada (não houve, na lei, a repetição da "preferência" prevista em anterior decreto)

Vigência: de um ano, prorrogável por igual período, comprovado o preço vantajoso

Adicionais por "carona" (= entidade não participante): não podem exceder 50% dos quantitativos de itens registrados, e, também, o quantitativo de adesões não pode exceder ao dobro de cada item

Não se aplica o **limite do dobro**: em execução descentralizada de programa federal e na aquisição emergencial de medicamentos e material médico-hospitalar

---

6.12.5 Registro cadastral

Registros cadastrais são arquivos mantidos atualizados pelo Poder Público, sobretudo quando o órgão ou entidade realizam frequentemente licitações nas quais há a classificação das empresas em função de categorias e especialidades, tendo validade no máximo anual. De acordo com a redação da Nova Lei de Licitações, o inscrito é classificado por categorias, considerada sua área de atuação, subdivididas em grupos, segundo a qualificação técnica e econômico-financeira avaliada, de acordo com regras objetivas divulgadas em sítio eletrônico oficial.

A Lei nº 14.133/2021 previu, no art. 87, um sistema de **registro cadastral unificado disponível no Portal Nacional de Contratações Públicas (PNCP),** na forma sujeita à regulamentação, devendo ser utilizado por órgãos e entidades da Administração Pública. O sistema de registro cadastral unificado será público e deverá ser amplamente divulgado e estar permanentemente aberto aos interessados, sendo obrigatória a realização de **chamamento público pela internet**, no mínimo anualmente, para atualização dos registros existentes e para ingresso de novos interessados.

É proibida a exigência pelo órgão ou entidade licitante de registro cadastral complementar para acesso a edital e anexos.

Apesar de a Lei nº 14.133/2021 (Nova Lei de Licitações) ter procedido à extinção da modalidade tomada de preços, ainda assim o § 3º do art. 87 determinou que a Administração poderá realizar **licitação restrita a fornecedores cadastrados**, atendidos os critérios, as condições e os limites estabelecidos em regulamento, bem como a ampla publicidade dos procedimentos para o cadastramento. Nessa hipótese de licitação restrita, será admitido fornecedor que realize seu cadastro dentro do prazo previsto no edital para apresentação de propostas.

Ao requerer, a qualquer tempo, a inscrição no cadastro ou a sua atualização, o interessado fornecerá os elementos necessários exigidos para habilitação previstos na lei. Ao inscrito será fornecido certificado, renovável sempre que atualizar o registro. A atuação do contratado no cumprimento de obrigações assumidas será avaliada pelo contratante, que emitirá documento comprobatório da avaliação realizada, com menção ao seu **desempenho na execução contratual**, baseado em **indicadores objetivamente definidos e aferidos**, e a **eventuais penalidades aplicadas**, o que constará do registro cadastral em que a inscrição for realizada.

As anotações no registro cadastral possuem a finalidade de produzir uma folha corrida da vida do fornecedor perante as administrações a quem prestou serviços, procurando, então, identificar os bons e os maus fornecedores.[122]

A anotação do cumprimento de obrigações pelo contratado será condicionada à implantação e à regulamentação do **cadastro de atesto de cumprimento** de obrigações, apto à realização do registro de forma objetiva, em atendimento aos princípios da impessoalidade, da igualdade, da isonomia, da publicidade e da transparência, de modo a possibilitar a implementação de medidas de incentivo aos licitantes que possuírem ótimo desempenho anotado em seu registro cadastral. Trata-se da possibilidade também de haver um cadastro positivo, o que compõe um sistema de reputação do fornecedor.

A qualquer tempo poderá ser **alterado, suspenso ou cancelado** o registro de inscrito que **deixar de satisfazer exigências** determinadas por essa lei ou por regulamento. O interessado que requerer, a qualquer tempo, a inscrição no cadastro ou a sua atualização, fornecendo os elementos necessários exigidos para habilitação, poderá participar de processo licitatório até a decisão da Administração, e a celebração do contrato ficará condicionada à emissão do certificado renovável.

REGISTRO CADASTRAL

Arquivo com classificação de empresas em categorias e especialidades
Validade: máxima anual
Disponibilidade: PNCP (Portal Nacional de Contratações Públicas)
Admite-se licitação restrita a fornecedores cadastrados
Cadastro de atesto de cumprimento: anotação que indica desempenho

---

6.13 Licitação de serviços de publicidade prestados por agências de propaganda

O único dispositivo da Lei de Licitações e Contratos que faz menção à licitação de serviço de publicidade é o art. 74, III, da Lei nº 14.133/2021, que proíbe a contratação direta por inexigibilidade de tal serviço. Todavia, tendo em vista as peculiaridades de tal tipo de atividade, há

---

[122] ENAP. *Legislação aplicável à logística de suprimentos*: Lei nº 8.666/1993, pregão e registros de preços. Brasília: Enap, 2014. p. 5.

lei específica para disciplinar a contratação de serviços de publicidade prestados por agência de propaganda (Lei nº 12.232/2010).

A Lei nº 12.232/2010 aplica-se à contratação de serviço de publicidade por qualquer ente da Administração Pública, direta ou indireta, no âmbito da União, Estados, Distrito Federal e Municípios. Para participar da licitação, exige-se que a agência tenha certificado de qualificação técnica de funcionamento, sendo aceito o obtido perante o Conselho Executivo de Normas Padrão (CEUNP) ou por entidade equivalente legalmente reconhecida.

Considera-se **serviço de publicidade**, conforme definição do art. 2º da lei, o conjunto de atividades realizadas integradamente que tenham por objeto o estudo, o planejamento, a conceituação, a concepção, a criação, a execução interna, a intermediação e a supervisão da execução externa e a distribuição de publicidade aos veículos e demais meios de divulgação, com o objetivo de promover a venda de bens ou serviços de qualquer natureza, difundir ideias ou informar o público em geral.

Não se **incluem** nas atividades: assessoria de imprensa, comunicação e relações públicas ou atividades que tenham por finalidade realizar eventos festivos de qualquer natureza, as quais serão contratadas por meio de procedimentos licitatórios próprios.

Podem ser, entretanto, incluídas **atividades complementares** à prestação de serviços de publicidade, desde que se relacionem com: (1) planejamento e execução de pesquisas e de outros instrumentos de avaliação e de geração de conhecimento sobre o mercado, o público-alvo, os meios de divulgação nos quais serão difundidas as peças e ações publicitárias e sobre os resultados das campanhas realizadas; (2) produção e execução técnica das peças e projetos publicitários criados; e (3) criação e desenvolvimento de formas inovadoras de comunicação publicitária, em consonância com novas tecnologias, visando à expansão dos efeitos das mensagens e das ações publicitárias.

Admite-se a utilização das modalidades previstas na Lei de Licitações, isto é, das modalidades comuns às licitações no geral, mas a lei determina que são **obrigatórios** os **tipos**: "melhor técnica" e "técnica e preço". Não se admite, portanto, a utilização exclusiva do critério do menor preço.

O instrumento convocatório da licitação conterá as informações suficientes estabelecidas em um *briefing*,[123] de forma precisa, clara e suficiente. O plano de comunicação publicitária será padronizado quanto ao tamanho, fontes tipográficas, espaçamento de parágrafos, quantidade e formas dos exemplos e peças, exceto quanto à elaboração de tabelas, planilhas e gráficos integrantes do plano de mídia e não mídia, exposto abaixo, hipótese na qual os proponentes poderão utilizar as fontes tipográficas que julgarem mais adequadas.

A **proposta técnica** será composta, portanto, de um **plano de comunicação publicitária**, conforme informações expressas no *briefing*, composto dos seguintes quesitos: (1) *raciocínio básico*, sob a forma de texto, que apresentará um diagnóstico das necessidades de comunicação publicitária do órgão ou ente, a compreensão sobre o objeto da licitação e os desafios de comunicação a serem enfrentados; (2) *estratégia de comunicação* publicitária; (3) *ideia criativa*, correspondente à resposta do proponente aos desafios e metas identificados; e (4) *estratégia de mídia e não mídia*, em função da verba indicada no instrumento convocatório, apresentada sob a forma de textos, tabelas, gráficos, planilhas e por quadro resumo que identificar as peças a serem veiculadas ou distribuídas e suas respectivas quantidades, inserções e custos nominais de produção e veiculação. Também será exigido expor informações sobre a agência.

---

[123] Que traduzido do inglês significa instruções. Na área analisada, indica um roteiro de ação para o desenvolvimento de um trabalho publicitário.

A análise e o julgamento da licitação são feitos por uma **subcomissão técnica**, constituída por, pelo menos, três membros que sejam formados em comunicação, publicidade ou marketing ou que atuem em uma dessas áreas, sendo que, pelo menos, um terço deles não poderá manter nenhum vínculo funcional ou contratual, direto ou indireto, com o órgão ou a entidade responsável pela licitação.

A escolha dos membros da subcomissão será feita por sorteio, em sessão pública, entre os nomes de uma relação que terá, no mínimo, o triplo do número de integrantes da subcomissão, previamente cadastrados, e será composta por, pelo menos, um terço de profissionais que não mantenham vínculo com o órgão ou a entidade que realiza a licitação.

Segundo o Acórdão 1548/2019, do TCU, Rel. Min. Marcos Bemquerer: "nas licitações para contratação de serviços de publicidade, é possível formar a subcomissão de avaliação de propostas técnicas apenas com integrantes sem vínculo funcional ou contratual com órgão ou a entidade promotora do certame, pois o art. 10, § 1º, da Lei nº 12.232/2010 não exige a presença de membros com o mencionado vínculo".

A licitação de serviços de publicidade obedece à inversão de fases, sendo convocados os licitantes classificados no julgamento final das propostas para apresentação dos documentos de habilitação, conforme dispõe o art. 6º, I, da Lei nº 12.232/2010. Significa dizer que apenas as agências de propaganda que tiverem propostas classificadas terão seus documentos de habilitação analisados.

Da publicação das decisões concernentes à habilitação há o prazo para interposição de recursos. Após a decisão dos recursos, ocorre a homologação do certame e o objeto será adjudicado à agência de propaganda vencedora. É possível a adjudicação do objeto da licitação a mais de uma agência de propaganda, sem a segregação de itens ou contas publicitárias, mediante justificativa.

LICITAÇÃO DE PUBLICIDADE POR AGÊNCIA DE PROPAGANDA

Lei nº 12.232/2010

Exige-se certificação da agência de propaganda.

Não se enquadram no **serviço de publicidade**: assessoria de imprensa, comunicação e relações públicas ou realização de eventos festivos.

Há previsão de atividades complementares.

Licitação com **inversão de fases** e dos **tipos/critérios**: "melhor técnica" ou "técnica e preço".

Briefing no instrumento convocatório: para elaboração do **plano de comunicação publicitária**.

Comissão de licitação denominada **subcomissão técnica**, sendo constituída por **sorteio**, em sessão pública, entre nomes de relação de pessoas formadas em comunicação, publicidade ou marketing ou que atuem em uma dessas áreas (1/3 não pode manter vínculo com o órgão licitante).

6.14 Licitação na área de defesa

Em 2011, o governo federal editou Medida Provisória (544), que foi convertida na Lei nº 12.598/2012, no intuito de disciplinar regramento específico de licitação na área de defesa. O intuito do governo foi estimular o desenvolvimento da indústria de defesa no Brasil, com vista em incentivar o desenvolvimento de tecnologia na produção de equipamentos militares. Objetivou-se capacitar a indústria para que ela conquiste autonomia em relação às tecnologias indispensáveis à defesa do País.

Trata-se de desdobramento da Estratégia Nacional de Defesa, que objetiva assegurar ao País autonomia operacional para o exercício das competências atribuídas às Forças Armadas. Houve, por conseguinte, o estímulo à reorganização da indústria de defesa para que o atendimento das necessidades de equipamentos das Forças Armadas estivesse atrelado a uma política de desenvolvimento de tecnologias de domínio nacional.

Existem diversas siglas que são utilizadas no conteúdo da lei. A primeira delas é o Prode, abreviatura de *produto de defesa*. Trata-se de todo bem, serviço, obra ou informação, inclusive armamentos, munições, meios de transporte e de comunicações, fardamentos e materiais de uso individual e coletivo, utilizados nas atividades finalísticas de defesa, com exceção daqueles de uso administrativo. Todo Prode que, pelo conteúdo tecnológico, pela dificuldade de obtenção ou pela imprescindibilidade, seja de interesse estratégico para a defesa nacional, será também um PED, sigla que designa: *produto estratégico de defesa*.

São exemplos de PED, listados pela própria lei: (a) recursos bélicos navais, terrestres e aeroespaciais; (b) serviços técnicos especializados na área de projetos, pesquisas e desenvolvimento científico e tecnológico; e (c) equipamentos e serviços técnicos especializados para as áreas de informação e de inteligência (art. 2º, II, a, *b* e *c*, da Lei nº 12.598/2012).

O Sistema de Defesa, de sigla SD, por sua vez, representa o conjunto inter-relacionado ou interativo de Prode que atenda a uma finalidade específica.

Paralelamente às regras da licitação, o governo federal criou um *regime especial tributário para a indústria de defesa* (Retid), que, no caso de venda para o mercado interno ou importação de bens relacionados com a defesa nacional, podem ter suspensos: (1) a exigência da contribuição para o PIS/Pasep e da Cofins incidentes sobre a receita da pessoa jurídica vendedora, quando a aquisição for efetuada por pessoa jurídica beneficiária do Retid; (2) a exigência da contribuição para o PIS/Pasep-Importação e da Cofins-Importação, em importação efetuada por pessoa jurídica beneficiária do Retid; (3) o IPI incidente na saída do estabelecimento industrial ou equiparado, quando a aquisição no mercado interno for efetuada por estabelecimento industrial de pessoa jurídica beneficiária do Retid; e (4) o IPI incidente na importação, quando efetuada por estabelecimento industrial de pessoa jurídica beneficiária do Retid (art. 9º, I, II, III, IV, da Lei nº 12.598/2012).

Não se admite que empresas optantes do sistema do Supersimples, disciplinado pela LC nº 123/2006, sejam habilitadas perante o Retid.

Os favorecimentos são destinados principalmente à *empresa estratégica de defesa* (EED), definida como toda pessoa jurídica credenciada pelo Ministério da Defesa mediante o atendimento cumulativo das seguintes condições:

a) ter como finalidade, em seu objeto social, a realização ou condução de atividades de pesquisa, projeto, desenvolvimento, industrialização, prestação de serviços referidos no art. 10 da Lei nº 12.598/2012, produção, reparo, conservação, revisão, conversão, modernização ou manutenção de PED no País, incluídas a venda e a revenda somente quando integradas às atividades industriais supracitadas;

b) ter no País a sede, sua administração e o estabelecimento industrial, equiparado ao industrial ou prestador de serviço;

c) dispor, no País, de comprovado conhecimento científico ou tecnológico próprio ou complementado por acordos de parceria com Instituição Científica e Tecnológica para realização de atividades conjuntas de pesquisa científica e tecnológica e desenvolvimento de tecnologia, produto ou processo, relacionado à atividade desenvolvida;

d) assegurar, em seus atos constitutivos ou nos atos de seu controlador direto ou indireto, que o conjunto de sócios ou acionistas e grupos de sócios ou acionistas estrangeiros não possam exceder em cada assembleia geral número de votos superior a dois terços do total dos votos que puderem ser exercidos pelos acionistas brasileiros presentes; e

e) assegurar a continuidade produtiva no País (art. 2º, IV, alíneas, *a, b, c, d* e *e*, da Lei nº 12.598/2012).

A Lei nº 14.459/2022 acrescentou à lei de licitação na área de defesa exigências para o credenciamento e o descredenciamento de pessoa jurídica como EED (Empresa Estratégica de Defesa), sendo que o seu descredenciamento ocorre: seja a pedido (da EDD) ou de ofício, pelo Ministério da Defesa, garantido o direito de defesa, também no interesse da defesa nacional, na hipótese do não atendimento de requisitos previstos. Há a necessidade, de acordo com o art. 2º-D, de comunicação à junta comercial e anotação nos registros da empresa da condição de EED, assim como da perda desta condição.

De acordo com o art. 3º, § 1º, e seus incisos, da Lei nº 12.598/2012, é facultado ao Poder Público realizar procedimento licitatório:

1. destinado exclusivamente à participação de EED quando envolver fornecimento ou desenvolvimento de PED;

2. destinado exclusivamente à compra ou à contratação de Prode ou SD produzido ou desenvolvido no País ou que utilize insumos nacionais ou com inovação desenvolvida no País, e, caso o SD envolva PED, aplica-se a regra anterior; e

3. que assegure à empresa nacional produtora de Prode ou à ICT, no percentual e nos termos fixados no edital e no contrato, a transferência do conhecimento tecnológico empregado ou a participação na cadeia produtiva (art. 3º, § 1º, I, II e III, da Lei nº 12.598/2012).

O decreto que regulamenta a Lei de Licitações na área de defesa[124] determina, ainda, que tais aquisições deverão ser precedidas de **Termo de Licitação Especial (TLE)**, confeccionado pelo órgão licitante com indicação do objeto de forma clara e precisa, bem como apresentar relatório entre benefício e custo e as razões da opção pelo procedimento licitatório da Lei nº 12.598/2012.

O TLE, no que couber, deve indicar: percentual mínimo de conteúdo nacional; capacidade inovadora exigida; contribuição para aumentar a capacidade *tecnológica* e produtiva da base industrial de defesa, esperada como resultado da contratação; sustentabilidade do ciclo de vida do Prode; garantia de continuidade das capacitações tecnológicas e produtivas a serem exigidas; possíveis condições de financiamento; e parâmetros para valoração entre benefício e custo.

Admite-se também a participação de empresas em consórcio, inclusive sob a forma de sociedade de propósito específico, desde que a sua constituição seja formalizada antes da celebração do contrato, nos termos do art. 3º, § 4º, da Lei nº 12.598/2012. O edital e o contrato podem determinar: a segregação de área reservada para pesquisa, projeto, desenvolvimento, produção ou industrialização de Prode ou SD; e o percentual mínimo de agregação de conteúdo nacional.

Outra peculiaridade do regime criado pela lei é o *acordo de compensação tecnológica, industrial e comercial* que pode estar presente em editais e contratos que envolvam importação de Prode ou SD, conforme regras definidas pelo Ministério da Defesa.

---

[124] Decreto nº 7.970, de 28.3.2013, conforme será exposto.

Acordo de compensação é definido como o instrumento legal que formaliza o compromisso e as obrigações voltadas ao fornecedor, para que ele compense as compras ou contratações realizadas. Compensação é considerada toda e qualquer prática acordada entre as partes, como condição para compra ou contratação de bens, serviços ou tecnologia, com a intenção de gerar benefícios de natureza tecnológica, industrial ou comercial, conforme definido pelo Ministério da Defesa.

O Ministério da Defesa poderá abrir mão da exigência de compensação, na impossibilidade comprovada de seu atendimento, caracterizada a urgência ou relevância da operação de importação do Prode ou SD.

As contratações de Prode ou SD e o seu desenvolvimento poderão ser realizadas sob a forma de *concessão administrativa* a que se refere a Lei nº 11.079/2004, observado, quando couber, o regime jurídico aplicável aos casos que possam comprometer a segurança nacional.

O Decreto nº 7.970, de 28.3.2013, atualizado pelo Decreto nº 9.857/2019, regulamenta os dispositivos da Lei nº 12.598/2012, sobre compras, contratações e desenvolvimento de produtos e sistemas de defesa. O art. 10 do decreto, com redação do Decreto nº 9.857/2019, resguarda o segredo industrial, e, para o cumprimento de composição de dados estatísticos do setor, as empresas credenciadas pela Lei nº 12.598/2012 deverão encaminhar, ao Ministério da Defesa e ao Ministério da Economia, relatórios anuais dos resultados sobre a produção, o comércio e o mercado de trabalho, e dos impactos sobre a cadeia da base industrial de defesa.

LICITAÇÕES NA ÁREA DE DEFESA

- Lei nº 12.598/2012
- Decreto nº 7.970, de 28.3.2013, com alterações do Decreto nº 9.857/2019

Objetivo: Desenvolvimento de tecnologia na produção de equipamentos militares.

Prode – Produto de defesa – todo bem, serviço, obra ou informação, inclusive armamentos, munições, meios de transporte e de comunicações, fardamentos e materiais de uso individual e coletivo, utilizados nas atividades finalísticas de defesa, com exceção daqueles de uso administrativo.

PED – Produto estratégico de defesa – trata-se do Prode que, pelo conteúdo tecnológico, pela dificuldade de obtenção ou pela imprescindibilidade, seja de interesse estratégico para a defesa nacional.

Faculta-se ao Poder Público realizar licitação: (1) destinada exclusivamente a empresa estratégica de defesa, quando envolver fornecimento ou desenvolvimento de PED; (2) destinado exclusivamente à compra ou contratação de Prode ou sistema de defesa produzido ou desenvolvido no País, ou que utilize insumos nacionais ou com inovação desenvolvida no País; e (3) que assegure à empresa nacional produtora de Prode ou à ICT, no percentual e nos termos fixados no edital e no contrato, a transferência do conhecimento tecnológico empregado ou a participação na cadeia produtiva.

TLE – Termo de Licitação Especial – confeccionado pelo órgão licitante com a indicação do objeto e relatório de custo/benefício da opção pelo procedimento da Lei nº 12.598/2012.

Admite-se acordo de compensação: para gerar benefícios de natureza tecnológica, industrial ou comercial, conforme definido pelo Ministério da Defesa.

6.15 Tratamento favorecido às microempresas e empresas de pequeno porte

O Estatuto Nacional da Microempresa e da Empresa de Pequeno Porte (Lei Complementar nº 123/2006, com alterações da Lei Complementar nº 147/2014 e da Lei Complementar nº 155/2016) conferiu tratamento favorecido e simplificado a estas empresas nas licitações. O art. 34 da Lei nº 11.488, de 15.6.2007, determina a aplicação da Lei Complementar nº 123/2006, às sociedades cooperativas.

As disposições normativas que estabelecem o tratamento diferenciado às microempresas e às empresas de pequeno porte nas aquisições com o Poder Público encontram-se nos arts. 42 a 49 do Estatuto. Tais determinações de favorecimentos também são aplicadas às licitações das empresas públicas e das sociedades de economia mista, conforme dispõe o art. 28, § 1º, da Lei das Estatais.

Ademais, o art. 4º da Lei nº 14.133/2021 (Nova Lei de Licitações e Contratos) determina que se aplicam às licitações e aos contratos disciplinados por essa lei as disposições constantes do art. 42 a 49 da Lei Complementar nº 123/2006.

No âmbito federal, o Estatuto foi regulamentado pelo Decreto nº 8.538, de 6 de outubro de 2015, com redação do Decreto nº 10.273/2020, que direciona o tratamento favorecido, diferenciado e simplificado também para agricultores familiares, produtores rurais pessoa física, microempreendedores individuais e sociedades cooperativas nas contratações públicas de bens, serviços e obras no âmbito da administração pública federal.

O intuito da legislação foi desburocratizar (simplificar) e democratizar o acesso dessas empresas às aquisições de bens e serviços feitas com órgãos públicos. A política se harmoniza com os princípios da ordem econômica, expostos no art. 170 da Constituição Federal, uma vez que o inciso IX deste artigo contém orientação no sentido de que a atividade econômica deve observar o "tratamento favorecido para as empresas de pequeno porte constituídas sob as leis brasileiras e que tenham sua sede e administração no país".

A Secretaria da Micro e Pequena Empresa é o órgão ao qual a Lei nº 12.792/2013 atribuiu a responsabilidade pela formulação, coordenação e articulação das políticas e diretrizes de apoio à microempresa, empresa de pequeno porte e artesanato.

A proteção da microempresa e da empresa de pequeno porte é uma opção política[125] que beneficia a geração de empregos e, consequentemente, a inclusão social, uma vez que elas se apoiam no mercado local ou regional e promovem, portanto, desenvolvimento nacional sustentável, sendo este caracterizado como o novo objetivo que inicialmente foi inserido pela Lei nº 12.349, de 15.12.2010, ao art. 3º da Lei de Licitações, e, agora, integra o art. 11 da Lei nº 14.133/2021. Esses fatores foram há tempos observados pelos Estados Unidos, que desde 1953, com a edição do *Small Business Act* (PL 85.536), formulam políticas públicas de incentivo às pequenas empresas, inclusive nas compras governamentais.

O regime de favorecimento às pequenas empresas nas licitações foi inspirado no sistema norte-americano, onde se prevê que pelo menos cerca de 20% dos contratos celebrados no ano fiscal devem ser realizados com pequenas empresas, sendo determinado que bens e serviços entre 3.000 e 150 mil dólares (valores atualizados periodicamente) serão automaticamente reservados a pequenas empresas, desde que haja duas competitivas, num sistema apelidado de "regra de dois". Há também na legislação dos Estados Unidos a previsão de plano de subcontratação com pequenas empresas.

Nos Estados Unidos, a agência responsável pelo incentivo e desenvolvimento de programas de apoio às pequenas empresas chama-se *SBA – Small Business Administration* –, havendo políticas de ação afirmativa para incentivar pessoas ou grupos sociais em "desvantagem econômica", como afrodescendentes, hispânicos, indígenas, mulheres, ou mesmo pessoas que queiram criar seus negócios em áreas de baixo desenvolvimento.

---

[125] Tivemos oportunidade de fazer uma análise mais aprofundada nos comentários aos dispositivos do estatuto em obra coletiva destinada para tal finalidade: MAMEDE, Gladston; MACHADO SEGUNDO, Hugo de Brito; NOHARA, Irene Patrícia; MARTINS, Sergio Pinto. *Comentários ao Estatuto Nacional da Microempresa e da empresa de pequeno porte*. São Paulo: Atlas, 2007. p. 266-312.

Contudo, deve-se advertir que o sucesso das políticas de incentivo norte-americanas origina-se não só de boas determinações normativas, mas sobretudo de fatores de ordem cultural, pois nos Estados Unidos abrir seu próprio negócio é um desejo que habita o inconsciente coletivo de grande parcela da população como uma opção de vida associada ao valor liberdade, sendo, via de regra, cultivadas atitudes como o trabalho intenso, a poupança regular e a acumulação de capital.

No Brasil, conforme visto, pode-se afirmar que o **fim** da legislação, no sentido de favorecer pequenas empresas, é constitucional. Entretanto, resta saber se a doutrina e a jurisprudência considerarão adequados, proporcionais ou razoáveis os **meios** escolhidos pelo legislador para o alcance dessa finalidade protetora, porque os dispositivos geram substanciais vantagens às pequenas e microempresas, excepcionando regras que garantem a participação em igualdade de condições nas licitações.

Contudo, identifica-se na atualidade uma tendência à percepção de que a isonomia é princípio que deve se compatibilizar com as políticas públicas de realização da justiça em sentido mais amplo, que abrange a dimensão material da igualdade, isto é, tratar desigualmente os desiguais, para a promoção de determinados paradigmas de desenvolvimento econômico e social.

O art. 179 da Constituição Federal também reflete essa opção do Constituinte na medida em que estabelece que

> a União, os Estados, o Distrito Federal e os Municípios dispensarão às microempresas e às empresas de pequeno porte, assim definidas em lei, **tratamento jurídico diferenciado**, visando a incentivá-las pela simplificação de suas obrigações administrativas, tributárias, previdenciárias e creditícias, ou pela eliminação ou redução destas por meio de lei.

Determina, então, o disposto no art. 42 da Lei Complementar nº 123/2006 que a comprovação da regularidade fiscal e trabalhista da microempresa ou da empresa de pequeno porte somente será exigida ao final do procedimento de licitação, na assinatura do contrato; e, se houver alguma restrição quanto aos documentos de regularidade fiscal e trabalhista das microempresas e empresas de pequeno porte, garante, ainda, o art. 43, com alteração da Lei Complementar nº 155/2016, o prazo de cinco dias úteis, cujo termo inicial será o momento em que o proponente for declarado vencedor do certame, prorrogáveis por igual período, para que regularizem a situação, ou seja, para que paguem ou parcelem débitos ou mesmo para que emitam eventuais certidões negativas ou positivas com efeitos de negativas.

Dá-se preferência à contratação com as microempresas e empresas de pequeno porte em caso de empate, entendido tecnicamente pelo Estatuto como "aquelas situações em que as propostas apresentadas pelas microempresas e empresas de pequeno porte sejam iguais ou até 10% superiores à proposta mais bem classificada", conforme critério exposto no § 1º do art. 44 da LC nº 123. Esse intervalo percentual será de 5% para a modalidade pregão,[126] que envolve a contratação de bens e serviços comuns (art. 44, § 2º). Note-se que o empate não precisa ser real. Trata-se de chamado empate ficto, pois se pauta numa margem percentual de diferença, sendo que a microempresa e empresa de pequeno porte é chamada a dar uma proposta de valor inferior, hipótese em que terá adjudicado o objeto em seu favor.

---

[126] Conforme o decreto federal de 2015 (Decreto nº 8.538), o prazo para apresentação de nova proposta no empate ficto do pregão será de cinco minutos. O decreto também regulamenta para o âmbito federal a questão da subcontratação e da reserva de cotas, que serão expostas na sequência.

O art. 48 do Estatuto, com a alteração da LC nº 147/2014, dispõe que a Administração Pública: (1) deverá realizar licitação destinada exclusivamente à participação de microempresas ou de empresa de pequeno porte nos itens de contratação cujo valor seja de até 80 mil reais; (2) poderá, em relação aos processos licitatórios destinados à aquisição de obras e serviços, exigir dos licitantes a subcontratação de microempresa e empresa de pequeno porte; e (3) deverá estabelecer cota de até 25% do objeto da contratação de microempresas em empresas de pequeno porte, em certames para a aquisição de bens de natureza divisível.

Os benefícios previstos no art. 48 poderão, justificadamente, estabelecer prioridade de contratação para as microempresas e empresas de pequeno porte sediadas local ou regionalmente, até o limite de 10% do melhor preço válido.

Os favorecimentos mencionados no art. 48 só serão utilizados quando: houver no mínimo três fornecedores competitivos enquadrados como microempresas ou empresas de pequeno porte sediados no local ou regionalmente; o tratamento dispensado for vantajoso para a Administração Pública ou, ao menos, não representar prejuízo ao objeto a ser contratado; e a licitação não for dispensável ou inexigível, excetuando-se as dispensas pelo valor, nas quais a compra deve ser feita preferencialmente de microempresas e empresas de pequeno porte, aplicando-se o disposto no inciso I do art. 48, conforme redação da Lei Complementar nº 147/2014.

Note-se que não havia necessidade de tramitar os favorecimentos nas licitações em lei complementar, uma vez que se trata de assunto de lei ordinária. Assim, para corrigir tal disparate, uma vez que não se trata de assunto reservado pela Constituição à lei complementar, o estatuto prevê no art. 86 um dispositivo de redação bizarra: "as matérias tratadas nesta lei complementar que não sejam reservadas constitucionalmente a lei complementar poderão ser objeto de alteração por lei ordinária".

Tivemos oportunidade[127] de analisar criticamente tal dispositivo, enfatizando que, como o art. 146, III, *d*, da Constituição determinou que cabe à lei complementar estabelecer normas gerais em matéria tributária, especialmente no que concerne ao tratamento diferenciado e favorecido para as microempresas e empresas de pequeno porte, o legislador optou por criar um regramento único para todos os assuntos (não só os tributários), para evitar a dispersão legislativa. Do ponto de vista tributário, a Reforma Tributária estabeleceu que a lei complementar também instituirá, de acordo com o art. 156-A, acrescido à Constituição pela EC 132/2023, imposto sobre bens e serviços de competência compartilhada entre Estados, Distrito Federal e Municípios.

Contudo, apesar de se ter adotado a solução dada pelo Supremo Tribunal Federal, mormente no que concerne à cobrança da Cofins de sociedades civis com profissões regulamentadas, a redação do art. 86 do estatuto era até então impensável em termos legislativos, porquanto sua utilização em âmbito jurisprudencial é feita justamente para corrigir erro de técnica legislativa, em nome do princípio da economia legislativa, sob pena da invalidação de todo regramento que demandou para aprovação um quórum mínimo de maioria absoluta. Ora, como pode o legislador já admitir que está desobedecendo aos comandos constitucionais do devido processo legislativo? A solução simplista e absurda não é, ao nosso ver, uma técnica adequada a ser adotada pelo Poder Legislativo.

---

[127] NOHARA, Irene Patrícia. Controvérsia entre Lei Complementar e Lei Ordinária: um estudo com base na anômala técnica legislativa do art. 86 do Estatuto Nacional da Microempresa e Empresa de Pequeno Porte. *Revista de Direito Administrativo*, São Paulo, v. 247, p. 126-138, jan./abr. 2008.

> **TRATAMENTO FAVORECIDO NAS LICITAÇÕES**
>
> Microempresa (ME)
>
> Empresa de Pequeno Porte (EPP)
>
> Decreto nº 8.538/2015
>
> **Inspiração**: Lei nº 85.536 – *Small Business Act* (Estados Unidos)
>
> **Brasil**: arts. 42 a 49 do Estatuto Nacional da Microempresa e da Empresa de Pequeno Porte – Lei Complementar nº 123/2006, com alterações da Lei Complementar nº 147/2014 e da Lei Complementar 155/2016.
>
> MECANISMOS:
>
> - comprovação de regularidade fiscal diferida: exigida para assinatura do contrato e se houver alguma restrição, serão assegurados cinco dias úteis, prorrogáveis por igual período, para regularização da documentação;
> - **prioridade** de contratação no **empate ficto** (10% de diferença ou 5% no pregão), hipótese na qual a ME e a EPP mais bem classificada poderá apresentar proposta inferior à vencedora do certame e adjudicar a seu favor o objeto licitado;
> - Determina o art. 48 do Estatuto:
> - deve haver licitação destinada exclusivamente à participação exclusiva de MEs e EPPs de até **80 mil reais**;
> - pode exigir dos licitantes a subcontratação de MEs e EPPs; e
> - deverá estabelecer **cotas de até 25% do objeto** para MEs ou EPPs, em licitações de objeto divisível.
>
> Essas três hipóteses previstas no art. 48 do estatuto serão realizadas, desde que:
>
> - os critérios de tratamento diferenciado estejam previstos no instrumento convocatório;
> - haja um mínimo de três MEs ou EPPs competitivas, sediadas local ou regionalmente;
> - o tratamento diferenciado e simplificado for vantajoso e não gerar prejuízo para o conjunto ou complexo do objeto contratado;
> - se a licitação não for dispensável ou inexigível, excetuando-se as dispensas se a contratação for feita em licitação destinada exclusivamente à ME ou EPP em até 80 mil reais.

6.16 Regime Diferenciado de Contratação (RDC)

O Regime Diferenciado de Contratação (RDC) surgiu no Brasil por medida provisória a partir das competições mundiais, diante da necessidade de acelerar as obras e ter um sistema mais moderno, depois foi positivado em lei, sendo que, atualmente, a maioria das novidades veiculadas nesse regime foi absorvida pela Nova Lei de Licitações (Lei nº 14.133/2021), que revogou a Lei do RDC (dos artigos 1º ao 47-A) a partir de abril de 2023; logo, trata-se de novidade que acabou influenciando a disciplina mais geral das licitações a partir da criação da nova lei.

Após inúmeras tentativas frustradas (ao todo quatro tentativas feitas por meio: 1. da Medida Provisória – MP nº 489/2010, que perdeu validade por ausência de votação no prazo; 2. da MP nº 503/2010; 3. da MP nº 510/2010; e 4. da MP nº 521/2010), o Regime Diferenciado de Contratação (RDC) foi criado pela Medida Provisória nº 527/2011, que depois foi convertida na Lei nº 12.462/2011, atual diploma normativo que trata do assunto.

Inicialmente, o RDC foi dirigido às obras referentes à Copa das Confederações, de 2013, da Copa do Mundo, de 2014, das Olimpíadas e Paraolimpíadas, de 2016, e aeroportos de capitais de Estados distantes até 350 km das sedes dos eventos. No entanto, houve as seguintes ampliações de sua aplicação para:

- ações integrantes do programa de aceleração de crescimento (PAC), conforme acréscimo da Lei nº 12.688/2012;
- obras e serviços de engenharia no âmbito do Sistema Único de Saúde;
- obras e serviços de engenharia para construção, ampliação e reforma de estabelecimentos penais de unidades de atendimento socioeducativo;
- ações no âmbito da segurança pública;
- dos contratos a que se refere o art. 47-A da Lei nº 13.190/2015 (contratos de locação de bens móveis e imóveis, nos quais o locador realiza prévia aquisição, construção e reforma substancial, com ou sem aparelhamento de bens, por si mesmo ou por terceiros, do bem especificado pela administração); e
- das ações em órgãos e entidades dedicados à ciência, à tecnologia e à inovação, conforme inserção do marco da CT&I (Lei nº 13.243/2016).

Ressalte-se que a ampliação da Lei nº 13.190/2015, conforme visto, para obras e serviços de engenharia, relacionadas a melhorias na mobilidade urbana ou ampliação de infraestrutura logística, foi afastada em medida cautelar ao MS 33.889/DF, na qual o STF suspendeu o dispositivo da lei, afirmando se tratar de assunto estranho ao originariamente tratado na MP 678/2015. Logo, essa hipótese de melhoria na mobilidade urbana e ampliação de infraestrutura logística é muito genérica e não é mais válida, por destoar do assunto da MP, depois convertida em lei. Além da obediência aos tradicionais princípios gerais de licitação, a Lei nº 12.462/2011[128] prevê ainda os seguintes princípios: promoção do desenvolvimento nacional sustentável, que é tratado como objetivo na disciplina geral, eficiência e economicidade.

A eficiência foi princípio positivado no *caput* do art. 37 da Constituição pela Emenda Constitucional nº 19/98. Também a economicidade possui previsão constitucional, no *caput* do art. 70, sendo um princípio que resulta da ponderação de múltiplos fatores, como: os custos financeiros, a qualidade da prestação ou do produto e o atendimento das necessidades precisas da Administração, o que é feito por meio de cálculo circunstancial.

Atualmente, a tendência é a extinção do RDC e sua absorção, nas suas principais novidades, na Nova Lei de Licitações e Contratos (Lei nº 14.133/2021), que[129] passa a ser o único diploma a concentrar: pregão, lei geral e RDC.

Quanto aos objetivos, o RDC se destaca, ademais, por: ampliar a eficiência nas contratações públicas e a competitividade entre os licitantes; promover a troca de experiências e tecnologias em busca da melhor relação entre custos e benefícios para o setor público e incentivar a inovação tecnológica.

São inovações do RDC:

1. possibilidade de **indicação de marca ou modelo**: conforme o art. 7º, I, da lei, sendo exigida justificativa formal em função de (a) decorrência da necessidade de padronização do objeto; (b) quando determinada marca ou modelo comercializado por mais de um fornecedor for a única capaz de atender às necessidades da entidade

---

[128] Em novembro de 2015, o Ministro Luís Roberto Barroso deferiu liminar no MS 33.889, *ad referendum* do plenário, pela suspensão do projeto de conversão da MP 678, que promoveria mudanças profundas nas licitações, com o uso mais intensivo do RDC. Por enquanto, só haverá a possibilidade de conversão para o incremento das hipóteses dos incisos VI e VII do art. 1º da Lei nº 12.462/2012 tendo afastado o Supremo Tribunal Federal os acréscimos inseridos ao projeto original da MP.

[129] Depois da prorrogação da revogação da lei do RDC pela Medida Provisória nº 1.167, de 31 de março de 2023.

contratante; e (c) quando a descrição do objeto a ser licitado puder ser mais bem compreendida pela identificação de determinada marca ou modelo aptos a servir como referência, desde que se acrescente a expressão: "ou similar ou de melhor qualidade";

2. exigência de **amostra de bem**: já era praticado no pregão, mas enquanto neste geralmente a amostra recai para o licitante vencedor, no caso do RDC a lei faculta que a exigência de amostras ocorra no procedimento de pré-qualificação, na fase de julgamento das propostas ou de lances, desde que justificada a necessidade de sua apresentação, conforme art. 7º, II, da lei;

3. **certificação de qualidade**: ou do processo de fabricação, inclusive sob aspecto ambiental, por instituição oficial competente ou entidade credenciada, conforme art. 7º, III, da lei;

4. possibilidade de solicitação de **carta de solidariedade**: emitida pelo fabricante, que assegure a execução do contrato, no caso de licitante revendedor ou distribuidor, de acordo com o art. 7º, IV, da lei;

5. fixação de **remuneração variável** em função da *performance*/do desempenho na forma do art. 10 da lei: com base em metas, padrões de qualidade, critérios de sustentabilidade ambiental e prazo de entrega definidos no instrumento convocatório e no contrato; e

6. **contratação simultânea**: para o mesmo serviço, hipótese que não abarca a divisão dos serviços em itens, mas a contratação de mais de uma empresa ou instituição para executar o mesmo serviço, sendo vedada a contratação simultânea de serviços de engenharia, de acordo com o art. 11 da lei.

O regime de **contratação integrada** pode ser adotado a obras e serviços de engenharia, desde que haja justificativa técnica e econômica, conforme previsão do art. 9º da Lei nº 12.462/2011, para objetos que envolvam pelo menos uma das seguintes condições: (1) inovação tecnológica ou técnica; (2) possibilidade de execução com diferentes metodologias; ou (3) possibilidade de execução com tecnologias de domínio restrito do mercado.

Segundo expõem Egon Bockmann Moreira e Fernando Vernalha Guimarães,[130] o regime de contratação integrada apresenta similaridade com o contrato internacional denominado *Engineering, Procurement and Construction Contract* (EPC). Trata-se de contrato assumido pelo empreiteiro, apelidado de "epecista", no qual se incumbe da confecção integral do projeto e da execução da obra, da prestação e administração de todos os serviços de engenharia associados, com responsabilidade pela entrega do empreendimento integralmente pronto, equipado e testado, sob o modelo *turn-key* (de acordo com a Federação Internacional dos Engenheiros – Fidic).

Antes da contratação integrada, havia um modelo fechado, sem tanta flexibilidade e abertura para soluções inovadoras, pois o autor do projeto vencedor, na sistemática da anterior lei geral, não podia executar a obra decorrente do projeto. Assim, se houvesse algum erro de projetamento, este seria atribuível à Administração, resguardando-se ao particular o direito ao aditamento.

---

[130] MOREIRA, Egon Bockmann; GUIMARÃES, Fernando Vernalha. *Licitação pública*: a lei geral de licitação e o regime diferenciado de contratação. São Paulo: Malheiros, 2012. p. 204.

Assim, a contratação integrada subverteu essa separação, pois tanto a fase de projetamento como a de execução são delegadas para a mesma empresa, sendo que, ao repassar à empresa a responsabilidade pela elaboração do projeto básico, o particular assume as responsabilidades, sendo inclusive vedada a celebração de termos aditivos aos contratos firmados em regime de contratação integrada.

Outro aspecto que suscitou discussões foi a previsão legal do orçamento sigiloso como regra geral aplicada ao RDC, aspecto que inclusive foi questionado em sede da ADI 4.645 (ajuizada em 2011 pelo PSDB, DEM e PPS).

Orçamento sigiloso é um orçamento ao qual não será dada publicidade geral até o encerramento da licitação. Trata-se de sistemática distinta da adotada pela Lei nº 8.666/93, que demandava publicidade da estimativa de custos apresentada em função do valor máximo que a Administração Pública aceita contratar, mas que é agora facultativa conforme o art. 24 da Lei nº 14.133/2021, segundo o qual se dispõe que, desde que justificado, o orçamento estimado da contratação poderá ter caráter sigiloso, sem prejuízo da divulgação do detalhamento dos quantitativos e das demais informações necessárias para a elaboração das propostas.

O orçamento sigiloso está previsto no art. 6º da Lei nº 12.462/2011, sendo regra geral caso não conste opção em sentido contrário no instrumento convocatório. Trata-se de orçamento estimado que só será tornado público imediatamente após o encerramento da licitação, sem prejuízo da divulgação do detalhamento dos quantitativos e das demais informações necessárias para elaboração das propostas.

Note-se que ele não será sigiloso para órgãos de controle externo e interno, que poderão ter acesso estrita e permanentemente à estimativa do orçamento. Essa é a parte perigosa, pois apesar de a justificativa para a presença do orçamento sigiloso ser evitar a cartelização e/ou a consequente contratação a preço mais elevado, pois todos vão atuar nas margens de lucratividade aberta, sem reduzir os custos para menos do que o estimado, ainda assim há o receio, infelizmente factível no Brasil, de que algum agente integrante dos órgãos de controle possa "vazar" indevidamente a informação para determinada empresa, que acaba sendo, então, privilegiada em relação às demais.

O orçamento não será sigiloso nas hipóteses em que forem adotados os critérios de julgamento: (1) por *maior desconto*; e (2) por *melhor técnica*, situação em que o valor do prêmio ou da remuneração será incluído no instrumento convocatório.

O STF se debruçou na análise das ADIs 4.645 e 4.655, em julgamento de 11.9.2023, e declarou constitucional a lei que instituiu o RDC.[131] O Relator Luiz Fux entendeu que houve ganho de eficiência no modelo do RDC, no comparativo à Lei Geral anterior. Entendeu-se que a Constituição não proíbe que o administrador adote lei diversa da lei geral, mas que há um dever de motivação quanto à adoção do RDC, quando ele ainda não integrava a lei geral.

Segundo considerou Fux, o regime de contratação integrada está fundado na racionalidade, ao agregar responsabilidades pela elaboração do projeto básico e pela execução da obra, sendo que o modelo de remuneração variável em função do desempenho, quando bem utilizado, gera concretização de eficiência administrativa. Ademais, o orçamento sigiloso da lei foi reputado razoável, na medida em que prioriza métodos mais baratos e efetivos de publicidade dos editais, sendo a pré-qualificação de licitantes mais célere e menos custosa.

---

[131] STF mantém validade de regime diferenciado de contratações públicas. Disponível em: https://portal.stf.jus.br/noticias/verNoticiaDetalhe.asp?idConteudo=514308&ori=1. Acesso em: 3 nov. 2023.

O procedimento do RDC observa as seguintes **fases sequenciais**:

1. **preparatória**: é fase interna, em que a Administração Pública elabora atos e expede documentos necessários à caracterização do objeto a ser licitado;
2. **publicação do instrumento convocatório**, que deverá conter, de acordo com o art. 9º do Decreto: orçamento previamente estimado, havendo também, conforme visto, o uso geral do orçamento sigiloso; valor da remuneração ou prêmio, quando adotado ou critério de julgamento por melhor técnica ou conteúdo artístico; e preço mínimo de arrematação, quando o critério for a maior oferta;
3. **apresentação das propostas ou lances**: havendo no RDC três modos de disputa: aberto, fechado e combinado (neste último há uma disputa fechada, que num momento posterior é aberta a ofertas públicas e sucessivas), conforme previsão do art. 16 da lei;
4. **julgamento**: feito a partir dos seguintes critérios (1) menor preço ou desconto; (2) técnica e preço; (3) melhor técnica ou conteúdo artístico; (4) maior oferta ou preço; ou (5) maior retorno econômico;
5. **habilitação**: utiliza-se das regras do regime tradicional, podendo ser exigida dos licitantes a declaração de que atendem aos requisitos de habilitação; a apresentação dos documentos de habilitação apenas do licitante vencedor, exceto se houver inversão de fases (que, no caso, é o sistema regular), em que se recebem as propostas dos licitantes previamente habilitados; documentos relativos à regularidade fiscal podem ser exigidos em momento posterior ao julgamento das propostas, somente para o licitante mais bem classificado;
6. **recursal**: salvo no caso de inversão de fases, o procedimento licitatório do RDC terá uma fase recursal única, que se seguirá à habilitação do vencedor; se houver inversão de fases; mas, com habilitação prévia, há a adoção de diversos momentos recursais, tanto na habilitação como nas propostas, lances e julgamento; e
7. **encerramento** com o encaminhamento à autoridade superior que, de acordo com o art. 28 da lei, poderá: (1) determinar o retorno dos autos para saneamento de irregularidades que forem supríveis; (2) anular o procedimento, no todo ou em parte, por vício insanável; (3) revogar o procedimento por motivo de conveniência e oportunidade; ou (4) adjudicar o objeto e homologar o objeto e homologar a licitação.

O RDC adota, assim como o pregão, a inversão de fases, na qual o julgamento vem antes da habilitação. Excepcionalmente admite a lei a possibilidade de uma habilitação ser feita antes do julgamento, desde que haja motivação e a explicitação dessa orientação no instrumento convocatório.

São *prazos mínimos* para apresentação de propostas, contados da data de publicação do instrumento convocatório, conforme art. 15, I, a e b; II, a e b; III e IV da Lei nº 12.462/2011:

1. para a aquisição de bens: (a) cinco dias úteis, quando adotados os critérios de julgamento pelo menor preço ou pelo maior desconto; e (b) 10 dias úteis, nas demais hipóteses não abrangidas pela alínea *a*;
2. para a contratação de serviços e obras: (a) 15 dias úteis, quando adotados os critérios de julgamento pelo menor preço ou pelo maior desconto; e (b) 30 dias úteis, nas hipóteses não abrangidas pela alínea *a* deste inciso;

3. para licitações em que se adota o critério de julgamento pela maior oferta: 10 dias úteis; e

4. para licitações em que se adote o critério de julgamento pela combinação de técnica e preço, melhor técnica ou em razão de conteúdo artístico: 30 dias úteis.

Sem prejuízo da faculdade de divulgação direta aos fornecedores, cadastrados ou não, a publicidade será realizada mediante: (1) publicação do extrato do edital no *Diário Oficial da União*, do Estado, do Distrito Federal ou do Município, ou, no caso de consórcio público, do ente de maior nível entre eles, sem prejuízo da possibilidade de publicação de extrato em jornal diário de grande circulação; e (2) divulgação em sítio eletrônico oficial centralizado de divulgação de licitações ou mantido pelo ente encarregado do procedimento licitatório na rede mundial de computadores (§ 1º, I, II, do art. 15 da Lei nº 12.462/2011).

São, no entanto, dispensadas de publicação no *Diário Oficial* as licitações de até 150 mil reais para obras ou 80 mil reais para bens e serviços, inclusive de engenharia (§ 2º do art. 15 da Lei nº 12.462/2011). São valores similares aos utilizados para a modalidade convite da Lei Geral de Licitações (art. 23, I, *a*, e II, *a*), mas enquanto no limite do convite da Lei de Licitações os 150 mil reais se aplicam a obras e serviços de engenharia e os 80 mil dos bens e serviços no convite não incluem os de engenharia; no RDC os valores inferiores a 80 mil que dispensam a publicação no RDC incluem também os bens e serviços de engenharia.

São **procedimentos auxiliares** estabelecidos no art. 29 da Lei nº 12.462/2011 a pré-qualificação permanente; o cadastramento; o sistema de registro de preços; e o catálogo eletrônico de padronização. A Nova Lei de Licitações inspirou-se bastante nos procedimentos auxiliares antes previstos para o RDC.

A **pré-qualificação** é um procedimento em que a Administração afere, tendo em vista a celebração futura de contratações mais complexas, antecipadamente a qualificação técnica dos interessados. Como no RDC a regra é a inversão de fases, a pré-qualificação é uma forma de a Administração reduzir os riscos de contratação com empresas menos qualificadas para executar o objeto do contrato, adquirindo contornos de permanência.

O art. 30, § 1º, da Lei 12.462/2011 dispõe que o procedimento de pré-qualificação ficará permanentemente aberto para inscrição dos eventuais interessados. A Administração Pública poderá realizar licitação restrita aos pré-qualificados, nas condições estabelecidas em regulamento (§ 2º do art. 30 da Lei nº 12.462/2011).

A pré-qualificação terá validade de um ano, no máximo, podendo ser atualizada a qualquer tempo (§ 5º do art. 30 da Lei nº 12.462/2011). Ela pode ser efetuada em grupos e segmentos, segundo as especialidades dos fornecedores. Quanto à abrangência, a pré-qualificação pode ser parcial ou total, contendo alguns ou todos os requisitos de habilitação ou técnicos necessários à contratação, assegurada, em qualquer hipótese, a igualdade de condições entre os concorrentes (§ 4º do art. 30 da Lei nº 12.462/2011).

O **cadastramento** está previsto no art. 31 da Lei nº 12.462/2011. Trata-se de artigo que determina que os registros cadastrais poderão ser mantidos para efeito de habilitação dos inscritos em procedimentos licitatórios, e assim como a pré-qualificação serão válidos por um ano, no máximo, podendo ser atualizados a qualquer tempo.

A Lei do RDC contempla uma previsão de **sistema de registro de preços** especificamente para as suas licitações, que observará, entre outras, as seguintes condições indicadas no art. 32, § 2º, da Lei nº 12.462/2011:

1. efetivação prévia de ampla pesquisa de mercado;
2. seleção de acordo com os procedimentos previstos em regulamento;

3. desenvolvimento obrigatório de rotina de controle e atualização de periódicos dos preços registrados;
4. definição de validade do registro; e
5. inclusão, na respectiva ata, do registro dos licitantes que aceitarem cotar os bens ou serviços com preços iguais ao do licitante vencedor na sequência da classificação do certame, assim como dos licitantes que mantiverem suas propostas originais.

Além do prazo máximo de validade da ata de registro de preços, que é similar ao prazo do registro de preços tradicional, ou seja, doze meses, o art. 99, parágrafo único, do Decreto nº 7.581/2011 prevê ainda um prazo de validade mínimo de três meses.

O **catálogo eletrônico** representa um sistema informatizado de padronização de compras, serviços e obras. Ele é de gerenciamento centralizado, sendo destinado a permitir a padronização dos itens a serem adquiridos pela Administração Pública que estarão disponíveis para a realização de licitação. O catálogo poderá ser utilizado em licitações cujo critério de julgamento seja a oferta de *menor preço* ou de *maior desconto* e conterá toda a documentação e procedimentos da fase interna da licitação, assim como as especificações dos respectivos objetos, conforme disposto em regulamento.

O art. 110, I, II, III, *a*, *b*, *c* e *d*, do Decreto estabelece que o catálogo eletrônico conterá: especificação de bens, serviços ou obras; descrição de requisitos de habilitação de licitantes, conforme o objeto da licitação; e modelos de: (a) instrumentos convocatórios; (b) minutas de contratos; (c) termos de referência e projetos de referência; e (d) outros documentos necessários ao procedimento de licitação que possam ser padronizados.

A Lei do RDC prevê as seguintes **sanções administrativas**: ficará impedido de licitar e contratar com a União, Estados, Distrito Federal ou Municípios, pelo prazo de até cinco anos, sem prejuízo das multas previstas no instrumento convocatório e no contrato, bem como das demais cominações legais, o licitante que: (1) convocado no prazo de validade da sua proposta não celebrar o contrato; (2) deixar de entregar a documentação exigida para o certame ou apresentar documento falso; (3) ensejar o retardamento da execução ou da entrega do objeto da licitação sem motivo justificado; (4) não mantiver a proposta, salvo se em decorrência de fato superveniente, devidamente justificado; (5) fraudar a licitação ou praticar atos fraudulentos na execução do contrato; (6) comportar-se de modo inidôneo ou cometer fraude fiscal; ou (7) der causa à inexecução total ou parcial do contrato (art. 47, I a VII, da Lei nº 12.461/2011).

A aplicação da sanção de impedimento de licitar e contratar implica o descredenciamento do licitante, pelo prazo de cinco anos, dos sistemas de cadastramento dos entes federativos que compõem a Autoridade Pública Olímpica (§ 1º do art. 47 da Lei nº 12.462/2011).

REGIME DIFERENCIADO DE CONTRATAÇÃO – RDC

Disciplina legal: Lei nº 12.462/2011 (que, em 2023, terá seus arts. 1º a 47-A revogados pela Lei nº 14.133/2021), atualmente absorvido no regime da Lei nº 14.133/2021.

Aplicação:
- **Copa** das Confederações de 2013
- **Copa do Mundo de 2014**
- **Olimpíadas** e Paraolimpíadas de 2016
- **Aeroportos** de Capitais de Estados em até 350 km das sedes de eventos
- ações integrantes do **Plano de Aceleração Econômica** (PAC), cf. Lei nº 12.688/2012
- obras e serviços de engenharia no âmbito do Sistema Único de Saúde – SUS, cf. Lei nº 12.745/2012

- obras e serviços de engenharia para construção, ampliação e reforma e administração de estabelecimentos penais e de unidades de atendimento socioeducativo, cf. Lei nº 13.190/2015
- das ações no âmbito da segurança pública, cf. Lei nº 13.190/2015
- dos contratos a que se refere o art. 47-A da Lei nº 13.190/2015 (contratos de locação de bens móveis e imóveis, nos quais o locador realiza prévia aquisição, construção e reforma substancial, com ou sem aparelhamento de bens, por si mesmo ou por terceiros, do bem especificado pela administração); e
- das ações em órgãos e entidades dedicados à ciência, à tecnologia e à inovação, conforme inserção do marco da CT&I (Lei nº 13.243/2016).

Obs. A hipótese de obras e serviços de engenharia relacionadas a melhorias na mobilidade urbana ou ampliação de infraestrutura logística foi afastada na medida cautelar ao MS 33.889/DF, em que o STF suspendeu o dispositivo da lei, afirmando se tratar de assunto estranho ao originariamente tratado na MP 678/2015, depois convertida na Lei nº 13.190/2015.

São **inovações** do RDC as possibilidades de:

1. indicação de marca ou modelo;
2. amostra de bem;
3. certificação de qualidade;
4. solicitação de carta de solidariedade;
5. remuneração variável em função da *performance*; e
6. contratação simultânea.

Regime de Contratação Integrada – inspiração EPC

Previsão como regra geral do **orçamento sigiloso**, à exceção dos julgamentos por maior desconto ou melhor técnica.

O RDC segue, como regra geral, as seguintes **fases**:

- preparatória;
- publicação do instrumento convocatório;
- apresentação de propostas ou lances;
- julgamento;
- habilitação;
- recursal; e
- encerramento.

Procedimentos auxiliares:

- pré-qualificação;
- cadastramento;
- sistema do registro de preços; e
- catálogo eletrônico de padronização.

6.17 Licitações nas estatais

A Lei das Estatais, Lei nº 13.303/2016, regulamentada pelo Decreto nº 8.945/ 2016, previu regras específicas para a licitação e o contrato das estatais (empresas públicas e sociedades de economia mista), afastando, portanto, a aplicação dos decretos que previam licitações simplificadas para tais entidades da Administração Indireta.

Também foi incorporada à lei a orientação de dispensar as estatais de licitação nas hipóteses de comercialização, prestação ou execução, de forma direta, de produtos, serviços ou obras especificamente relacionados com seus respectivos objetos sociais, prevista, ainda, a possibilidade de contratação sem licitação nos casos em que a escolha do parceiro esteja associada a suas características particulares, vinculada a oportunidades de negócio definidas e específicas, justificada a inviabilidade de procedimento competitivo.

Observa-se que houve a adoção de uma tendência, inclusive que depois inspirou a Nova Lei de Licitações e Contratos (Lei nº 14.133/2021), que é adotar características que foram inovadoras no pregão e no RDC, e, por esse motivo, as licitações da Lei das Estatais praticam: a inversão de fases, a etapa de lances, bem como o sistema de contratação integrada, inspirado no RDC.

São objetivos das licitações nas estatais, conforme art. 31 da Lei nº 13.303/2016: assegurar a proposta mais vantajosa, inclusive no que se refere ao ciclo de vida do objeto, e evitar operações em que se caracterize o sobrepreço ou superfaturamento, devendo observar os princípios da impessoalidade, da moralidade, da igualdade, da publicidade, da eficiência, da probidade administrativa, da economicidade, do desenvolvimento nacional sustentável, da vinculação ao instrumento convocatório, da obtenção de competitividade e do julgamento objetivo.

Chama a atenção o fato de a lei ter colocado evitar o sobrepreço ou o superfaturamento como objetivo expresso, uma vez que entende que o objetivo de assegurar uma contratação mais vantajosa já incluiria uma contratação sem sobrepreço ou superfaturamento. Contudo, como a Lei nº 13.303/2016 adveio da reação aos escândalos de desvios ocorridos na Petrobrás, propagados pela Operação Lava Jato, então, seu enfoque foi não apenas aprofundar as exigências de fiscalização e controle, mas criar uma disciplina de licitações adequada e que supostamente propiciasse o combate aos desvios derivados de fraudes como sobrepreço e superfaturamento nas licitações e contratos das estatais.

Note-se que a lei, preocupada em evitar prejuízos ao patrimônio da estatal, determinou que em qualquer caso de dispensa, se comprovado pelo órgão de controle externo sobrepreço ou superfaturamento, **respondem solidariamente** pelo dano causado quem houver decidido pela contratação direta e o fornecedor ou o prestador de serviços (art. 30, § 2º).

A lei possui definição dos termos sobrepreço e superfaturamento no § 1º de seu art. 31, caracterizando-se o **sobrepreço** quando os preços orçados para a licitação ou os preços contratados são expressivamente superiores aos preços referenciais de mercado, podendo referir-se ao valor unitário de um item, se a licitação ou a contratação for por preços unitários de serviço, ou ao valor global do objeto, se a licitação ou a contratação for por preço global ou por empreitada.

Já o **superfaturamento** é definido como a situação em que houver dano ao patrimônio da empresa pública ou da sociedade de economia mista caracterizado, por exemplo: (a) pela medição de quantidades superiores às efetivamente executadas ou fornecidas; (b) pela deficiência na execução de obras e serviços de engenharia que resulte em diminuição da qualidade, da vida útil ou da segurança; (c) por alterações no orçamento de obras e de serviços de engenharia que causem o desequilíbrio econômico-financeiro do contrato em favor do contratado; (d) por outras alterações de cláusulas financeiras que gerem recebimentos contratuais antecipados, distorção do cronograma físico-financeiro, prorrogação injustificada do prazo contratual com custos adicionais para a empresa pública ou a sociedade de economia mista ou reajuste irregular de preços.

A Lei Geral de Licitações e Contratos (Lei nº 8.666/93), que, depois da edição da Lei nº 13.303/2016, foi definitivamente afastada da aplicação das licitações das estatais, só atingia, antes, as estatais que atuassem com atividade econômica em sentido estrito nas suas atividades-meio, pois a elas não seria aplicável nas atividades-fim, tendo suporte na proibição de extensão de qualquer prerrogativa não extensível às empresas privadas, diante da necessidade de as estatais atuantes com atividade econômica em sentido estrito atingirem bons patamares de competitividade e de eficiência, observados, evidentemente, os princípios da Administração Pública.

A possibilidade de dispensa de licitação de contratação de produtos, serviço ou obras relacionados com as atividades-fim das estatais, que veio a ser paulatinamente reconhecida no âmbito jurisprudencial e doutrinário,[132] está agora explicitamente consagrada no art. 28, § 3º, I, da Lei nº 13.303/2016, conforme dito, segundo o qual: "São as empresas públicas e as sociedades de economia mista dispensadas da observância dos dispositivos deste Capítulo nas seguintes situações: I – comercialização, prestação ou execução, de forma direta, pelas empresas mencionadas no *caput*, de produtos, serviços ou obras especificamente relacionados com seus respectivos objetos sociais".

O art. 31, § 4º, da Lei nº 13.303/2016 faculta que a estatal adote procedimento de manifestação de interesse privado, conhecido pela sigla PMI, que é uma forma de oportunizar a atores do mercado apresentarem, prévia e prospectivamente, soluções que permitam à eventual contratante auferir expertise da iniciativa privada para, se entender conveniente, realizar futura licitação que solucione de forma mais eficaz a suas necessidades.

A previsão do ressarcimento é medida justa para o caso de o particular apresentar soluções técnicas inspiradoras à realização da licitação, mas, futuramente, não vir a se sagrar vencedor do certame, hipótese em que poderá ser ressarcido pelo compartilhamento útil de sua expertise com a Administração (Indireta, no caso). Se vencer a licitação, o proponente acaba sendo beneficiado pelo gesto antecedente.

Ressalte-se que, como o § 5º do art. 31 da Lei nº 13.303/2016 se utiliza da terminologia "podendo ser ressarcido" pelos custos aprovados pela estatal, caso não vença o certame, não tem direito subjetivo ou potestativo em face da estatal; trata-se de discricionariedade da empresa pública ou sociedade de economia mista.

A Lei nº 13.303/2016 também prevê, inspirada na Lei Geral de Licitações, hipóteses de contratação direta, sendo estas divididas em inexigibilidade, quando a competição for inviável, e licitação dispensável, em circunstâncias bastante parecidas com as hipóteses da Lei nº 8.666/93.

São hipóteses de inviabilidade de licitação (ou inexigibilidade) da Lei nº 13.303/2016, conforme previsão do art. 30: (1) aquisição de materiais, equipamentos ou gêneros que só possam ser fornecidos por produtor, empresa ou representante comercial exclusivo; e (2) contratação dos serviços técnicos especializados, com profissionais ou empresas de notória especialização, vedada a inexigibilidade para serviços de publicidade e divulgação: (a) estudos técnicos, planejamentos e projetos básicos ou executivos; (b) pareceres, perícias e avaliações em geral; (c) assessorias ou consultorias técnicas e auditorias financeiras ou tributárias; (d) fiscalização, supervisão ou gerenciamento de obras ou serviços; (e) patrocínio ou defesa de causas judiciais ou administrativas; (f) treinamentos e aperfeiçoamento de pessoal; e (g) restauração de obras de arte e bens de valor histórico.

Interessante que essa hipótese de restauração é prevista na Lei nº 13.303/2016 enquanto inexigibilidade, ao passo que na Lei Geral de Licitações, há hipótese de dispensa, conforme inciso XV do art. 24. Como realmente são muito especializados e escassos os serviços qualificados de restauração de obras de arte e bens de valor histórico, pode ser mais adequado, a depender da circunstância, tratar tal serviço como inexigível.

O § 1º do art. 30, na esteira da orientação já conhecida na Lei Geral de Licitações, estabelece que se considera de notória especialização o profissional ou a empresa cujo conceito no campo de sua especialidade, decorrente de desempenho anterior, estudos, experiência, publicações,

---

[132] Inspirou essa jurisprudência: BANDEIRA DE MELLO, Celso Antônio. *Curso de direito administrativo*. São Paulo: Malheiros, 1996, p. 330. Ver também: JUSTEN FILHO, Marçal. *Comentários à Lei Geral de Licitações e Contratos Administrativos*. 16. ed. São Paulo: Editora Revista dos Tribunais, 2014, p. 36.

organização, aparelhamento, equipe técnica ou outros requisitos relacionados com suas atividades, permita inferir que o seu trabalho é essencial e indiscutivelmente o mais adequado à plena satisfação do contrato.

Só não houve a repetição da hipótese de contratação de profissional do setor artístico, porque não é uma hipótese usual para estatais. Não obstante, estabelece o art. 27, § 3º, da Lei nº 13.303/2016 que a empresa pública e a sociedade de economia mista poderão celebrar convênio ou contrato de patrocínio com pessoa física ou com pessoa jurídica para promoção de atividades culturais, sociais, esportivas, educacionais e de inovação tecnológica, desde que comprovadamente vinculadas ao fortalecimento de sua marca, observando-se, no que couber, as normas de licitação e contratos desta lei. Podem ser utilizados instrumentos como a Lei de Incentivo à Inovação Tecnológica ou a Lei Rouanet, em caso de opção por incentivos a cultura.

Também previu a Lei nº 13.303/2016 hipóteses de licitação dispensável, sendo elas bastante similares às da Lei Geral de Licitações e Contratos, não obstante haver menor número de previsões na Lei nº 13.303/2016. Os critérios para a dispensabilidade são comumente divididos em quatro: quanto ao valor, quanto a se tratar de situação excepcional, quanto ao objeto e quanto à pessoa.

Quanto ao valor, a Lei nº 13.303/2016 previu os seguintes valores para licitação dispensável das estatais: (1) para obras e serviços de engenharia: 100 mil reais, desde que não se refiram a parcelas de uma mesma obra ou serviço ou ainda a obras e serviços de mesma natureza e no mesmo local que possam ser realizadas conjunta e concomitantemente; (2) para outros serviços e compras de valor até 50 mil reais e para alienações, nos casos previstos nesta lei, desde que não se refiram a parcelas de um mesmo serviço, compra ou alienação de maior vulto que possa ser realizado de uma só vez. Trata-se do mesmo valor absorvido pela Lei nº 14.133/2021, podendo-se concluir que esses valores inspiraram a previsão da Nova Lei de Licitações e Contratos.

Importante observar que esses valores podem ser alterados por deliberação do Conselho de Administração da Empresa Pública ou da Sociedade de Economia Mista, desde que seja para refletir a variação de custos, o que significa que a lei admite valores diferenciados para cada sociedade. Este é um aspecto que gerará no futuro situações mais customizadas para cada estatal.

Quanto às situações excepcionais, destacam-se os seguintes incisos do art. 29 da Lei nº 13.303/2016:

III – quando não acudirem interessados à licitação anterior e essa, justificadamente, não puder ser repetida sem prejuízo para a empresa pública ou a sociedade de economia mista, bem como para suas respectivas subsidiárias, desde que mantidas as condições preestabelecidas;

IV – quando as propostas apresentadas consignarem preços manifestamente superiores aos praticados no mercado nacional ou incompatíveis com os fixados pelos órgãos oficiais competentes;

V – para a compra ou locação de imóvel destinado ao atendimento de suas finalidades precípuas, quando as necessidades de instalação e localização condicionarem a escolha do imóvel, desde que o preço seja compatível com o valor de mercado, segundo avaliação prévia;

VI – na contratação de remanescente de obra, de serviço ou de fornecimento, em consequência de rescisão contratual, desde que atendida a ordem de classificação da licitação anterior e aceitas as mesmas condições do contrato encerrado por rescisão ou distrato, inclusive quanto ao preço, devidamente corrigido; se nenhum dos licitantes aceitar, a empresa pública e a sociedade de economia mista poderão convocar os licitantes remanescentes, na ordem de classificação, para a celebração do contrato nas condições ofertadas por estes, desde que o respectivo valor seja igual ou inferior ao orçamento estimado para a contratação, inclusive quanto aos preços atualizados nos termos do instrumento convocatório, conforme o § 1º do art. 29 da lei;

VII – na contratação de instituição brasileira incumbida regimental ou estatutariamente da pesquisa, do ensino ou do desenvolvimento institucional ou de instituição dedicada à recuperação social do preso, desde que a contratada detenha inquestionável reputação ético-profissional e não tenha fins lucrativos; e

XV – em situações de emergência, quando caracterizada urgência de atendimento de situação que possa ocasionar prejuízo ou comprometer a segurança de pessoas, obras, serviços, equipamentos e outros bens, públicos ou particulares, e somente para os bens necessários ao atendimento da situação emergencial e para as parcelas de obras e serviços que possam ser concluídas no prazo máximo de 180 (cento e oitenta) dias consecutivos e ininterruptos, contado da ocorrência da emergência, vedada a prorrogação dos respectivos contratos, observado o disposto no § 2º, de acordo com o qual a contratação direta não dispensará a responsabilização de quem, por ação ou omissão, tenha dado causa ao motivo ali descrito, inclusive no tocante à aplicação da Lei de Improbidade Administrativa.

Quanto ao objeto, são hipóteses de licitação dispensável previstas no art. 29 da lei:

VIII – para a aquisição de componentes ou peças de origem nacional ou estrangeira necessários à manutenção de equipamentos durante o período de garantia técnica, junto ao fornecedor original desses equipamentos, quando tal condição de exclusividade for indispensável para a vigência da garantia;

IX – na contratação de associação de pessoas com deficiência física, sem fins lucrativos e de comprovada idoneidade, para a prestação de serviços ou fornecimento de mão de obra, desde que o preço contratado seja compatível com o praticado no mercado;

X – na contratação de concessionário, permissionário ou autorizado para fornecimento ou suprimento de energia elétrica ou gás natural e de outras prestadoras de serviço público, segundo as normas da legislação específica, desde que o objeto do contrato tenha pertinência com o serviço público;

XIII – para o fornecimento de bens e serviços, produzidos ou prestados no País, que envolvam, cumulativamente, alta complexidade tecnológica e defesa nacional, mediante parecer de comissão especialmente designada pelo dirigente máximo da empresa pública ou da sociedade de economia mista; e

XIV – nas contratações visando ao cumprimento do disposto nos arts. 3º, 4º, 5º e 20 da Lei nº 10.973/2004, que dispõe sobre incentivos à inovação e à pesquisa científica e tecnológica no ambiente produtivo, observados os princípios gerais de contratação dela constantes.

Quanto à pessoa, destacam-se duas previsões: XI – nas contratações entre empresas públicas ou sociedades de economia mista e suas respectivas subsidiárias, para aquisição ou alienação de bens e prestação ou obtenção de serviços, desde que os preços sejam compatíveis com os praticados no mercado e que o objeto do contrato tenha relação com a atividade da contratada prevista em seu estatuto social; e XII – na contratação de coleta, processamento e comercialização de resíduos sólidos urbanos recicláveis ou reutilizáveis, em áreas com sistema de coleta seletiva de lixo, efetuados por associações ou cooperativas formadas exclusivamente por pessoas físicas de baixa renda que tenham como ocupação econômica a coleta de materiais recicláveis, com o uso de equipamentos compatíveis com as normas técnicas, ambientais e de saúde pública.

A lei também previu em meio a situações de licitação dispensável, hipóteses de licitação dispensada que na Lei Geral de Licitação estão contidas no art. 17, mas que foram mescladas com as circunstâncias do art. 29 da Lei nº 13.303/2016, quais sejam: XVI – na transferência de bens a órgãos e entidades da Administração Pública, inclusive quando efetivada mediante permuta; XVII – na doação de bens móveis para fins e usos de interesse social, após avaliação de sua oportunidade e conveniência socioeconômica relativamente à escolha de outra forma de alienação; e XVIII – na compra e venda de ações, de títulos de crédito e de dívida e de bens que produzam ou comercializem.

Quanto às obras e serviços, a Lei 13.303/2016 é inspirada na experiência do Regime Diferenciado de Contratação, sobretudo na presença da contratação integrada, sendo novidade própria a previsão de uma contratação semi-integrada. Ressalte-se que, antes mesmo da criação do RDC, a Petrobras já se utilizava de contratação integrada, conforme o item 1.9 do Anexo ao Decreto nº 2.745/98.

Assim, o art. 43 da Lei nº 13.303/2016 determina que os contratos destinados à execução de obras e serviços de engenharia admitirão os seguintes regimes: (1) empreitada por preço unitário, nos casos em que os objetos, por sua natureza, possuam imprecisão inerente de quantitativos em seus itens orçamentários; (2) empreitada por preço global, quando for possível definir previamente no projeto básico, com boa margem de precisão, as quantidades de serviços a serem posteriormente executados na fase contratual; (3) contratação por tarefa, em contratações de profissionais autônomos ou de pequenas empresas para realização de serviços técnicos comuns e de curta duração; (4) empreitada integral, nos casos em que o contratante necessite receber o empreendimento, normalmente de alta complexidade, em condições de operação imediata; (5) contratação semi-integrada, quando for possível definir previamente no projeto básico as quantidades dos serviços a serem posteriormente executados na fase contratual, em obra ou serviço de engenharia que possa ser executado com diferentes metodologias e tecnologias; e (6) contratação integrada, quando a obra ou o serviço de engenharia for de natureza predominantemente intelectual e de inovação tecnológica do objeto licitado ou puder ser executado com diferentes metodologias ou tecnologias de domínio restrito do mercado.

A contratação por resultados é também uma diretriz reforçada pelo art. 45 da Lei nº 13.303/2016, ao determinar que na contratação de obras e serviços, inclusive de engenharia, é prevista a remuneração variável vinculada ao desempenho do contratado, com base em metas, padrões de qualidade, critérios de sustentabilidade ambiental e prazos de entrega definidos no instrumento convocatório e no contrato, devendo ser respeitado, porém, o limite orçamentário fixado pela empresa pública e pela sociedade de economia mista na respectiva contratação.

A Lei nº 13.303/2016 dá prioridade, no entanto, à adoção da contratação semi-integrada, conforme se extrai do § 4º do art. 42, segundo o qual: no caso de licitação e obras e serviços de engenharia, as empresas públicas e as sociedades de economia mista deverão utilizar contratação semi-integrada, cabendo a elas a elaboração ou a contratação do projeto básico antes da licitação, sendo admitidas outras modalidades desde que haja justificativa para tanto.

A **contratação semi-integrada** (que foi novidade da Lei das Estatais) apresenta vantagens em termos de controle em relação à integrada, sendo também acrescido o ingrediente da inovação,[133] tendo em vista o fato de que nela não há delegação do projeto básico, mas apenas do projeto executivo; contudo, o ingrediente de inovação reside na possibilidade de a empresa alterar o projeto básico para melhor customizá-lo às necessidades da Administração. Então, ela

---

[133] Cf. NOHARA, Irene Patrícia. A contratação integrada e semi-integrada na nova lei de licitações. Disponível em: https://direitoadm.com.br/tag/contratacao-semi-integrada/. Acesso em: 13 set. 2021.

não abre para a empresa confeccionar todo o projeto básico, mas, ao mesmo tempo, não fecha o projeto a ponto de torná-lo imutável, o que estimula, então, que haja propostas de metodologias inovadoras ou de domínio restrito do mercado.

A contratação semi-integrada é definida no inciso XXXIII do artigo 6º da Lei nº 14.133/2021 de maneira muito similar à contratação integrada, com a ressalva, no entanto, de que o contratado é responsável por elaborar e desenvolver o projeto executivo. Por conseguinte, o projeto executivo acaba sendo elaborado com fundamento em projeto básico já existente quando da licitação, mas que não é imutável, e, nesse ponto, se abre a oportunidade de inovação.

Na contratação semi-integrada, a estatal elabora o projeto básico, mais pormenorizado do que o anteprojeto de engenharia. Tenta-se evitar as alterações na execução do projeto executivo, mas a própria lei determina ser possível a alteração do projeto básico em contratações semi-integradas, desde que demonstrada a superioridade das inovações em termos de redução de custos, de aumento de qualidade, de redução do prazo de execução e de facilidade de manutenção ou operação.

O art. 51 da Lei nº 13.303 prevê, no tocante ao procedimento, a seguinte sequência de fases: (1) preparação; (2) divulgação; (3) apresentação dos lances ou propostas, conforme modo de disputa adotado (aberto, fechado ou a combinação de ambos); (4) julgamento; (5) verificação de efetividade dos lances ou propostas; (6) negociação; (7) habilitação; (8) interposição de recursos; (9) adjudicação do objeto; e (10) homologação do resultado ou revogação do procedimento.

Os critérios de julgamento passíveis de utilização são: menor preço; maior desconto; melhor combinação de técnica e preço; melhor técnica; melhor conteúdo artístico; maior oferta de preço; maior retorno econômico; e melhor destinação de bens alienados.

A lei adotou a tendência à inversão de fases, posicionando a habilitação posteriormente ao julgamento, para dar maior celeridade ao procedimento. Contudo, faculta o § 1º do art. 51 da Lei nº 13.303/2016, que a habilitação, excepcionalmente, desde que haja previsão no instrumento convocatório, anteceda às etapas classificatórias das propostas. Salvo no caso de inversão de fases, o procedimento tem fase recursal única, sendo os recursos apresentados no prazo de cinco dias úteis após a habilitação.

De acordo com o art. 58 da Lei nº 13.303/2016, a habilitação será apreciada exclusivamente com base nos seguintes parâmetros: (1) exigência de apresentação de documentos aptos a comprovar a possibilidade da aquisição de direitos e da contratação de obrigações por parte do licitante; (2) qualificação técnica, restrita a parcelas do objeto técnica ou economicamente relevantes, de acordo com os parâmetros estabelecidos de forma expressa no instrumento convocatório; (3) capacidade econômica e financeira; e (4) recolhimento de quantia a título de adiantamento, tratando-se de licitações em que se utiliza como critério de julgamento a maior oferta de preço.

LICITAÇÃO NAS ESTATAIS

Lei nº 13.303/2016
Decreto nº 8.945/2016
Inspiração: Lei Geral + Pregão + RDC:
Inversão de fases
Etapa de lances
Contratação Integrada (e Semi-Integrada).
Objetivos (art. 31 da lei):
assegurar a proposta mais vantajosa, inclusive no que se refere ao ciclo de vida do objeto;

evitar operações em que se caracterize o sobrepreço ou superfaturamento, devendo observar os princípios.

Dispensa de licitações para contratação de produtos, serviço ou obras relacionados com as atividades-fim das estatais (art. 28, § 3º, I, da Lei nº 13.303/2016).

Possibilidade de adoção de PMI

Presença de inexigibilidade (exceto contratação em setor artístico), dispensa e licitação dispensada.

Reforço da utilização de contratação por resultados.

Critérios de julgamento: menor preço; maior desconto; melhor combinação de técnica e preço; melhor técnica; melhor conteúdo artístico; maior oferta de preço; maior retorno econômico; e melhor destinação de bens alienados.

7 Contratos administrativos

7.1 Considerações introdutórias

Contrato é espécie de **negócio jurídico** formado pelo acordo de partes que se obrigam reciprocamente a prestações.

São aspectos importantes para a sua caracterização:

- **consensualidade**;
- **força obrigatória** (*pacta sunt servanda*); e
- **relatividade**, isto é, o fato de que, via de regra, não pode obrigar ou prejudicar terceiros estranhos à relação jurídica.

O Poder Público nem sempre atua de forma impositiva, expedindo unilateralmente atos administrativos imperativos, mas também estabelece acordos de vontade com os particulares para a produção de efeitos jurídicos recíprocos desejados por ambas as partes.

A Nova Lei de Licitações e Contratos (Lei nº 14.133/2021) não repete a definição de contrato que havia na lei anterior. O art. 2º, parágrafo único, da Lei nº 8.666/93 denominava contrato como:

> todo e qualquer ajuste entre órgãos ou entidades da Administração Pública e particulares, em que haja um acordo de vontades para a formação de vínculo e a estipulação de obrigações recíprocas, seja qual for a denominação utilizada.

A ressalva final do dispositivo objetivava evitar a burla ao regime jurídico público, em que determinado ente chama de outro nome algo que é contrato, tão somente para se esquivar, por exemplo, da exigência da licitação, como procedimento prévio à celebração do contrato. Neste ponto, é comum a alusão ao fato de que nominar o vinagre de vinho não muda a sua essência; sendo, em verdade, uma fraude.

Note-se que a definição da lei antiga ainda poderá ser utilizada posteriormente, pois se trata de explicação relevante.

7.2 Discussão acerca da existência de contratos administrativos e sua natureza jurídica

Há três correntes doutrinárias acerca da existência de contratos firmados pela Administração Pública e de seu regime jurídico:

- a que **nega a existência** da categoria contrato administrativo;
- a que entende que **todo** contrato celebrado pela Administração Pública tem sempre natureza jurídica de **contrato administrativo**, ou seja, obediente ao regime integralmente público; e
- a que admite que haja contratos administrativos, com regime **integralmente** público, e contratos de direito privado celebrados pela Administração, que são **parcialmente** derrogados pelo direito público.

A *primeira corrente* nega a existência de contratos administrativos, tendo em vista que:

- não existiria *autonomia da vontade* por parte da Administração, que age sempre conforme a lei e na consecução de interesses públicos;
- o contrato administrativo não faria "lei entre as partes" (*lex inter partes*), pois a Administração Pública pode modificá-lo ou rescindi-lo unilateralmente;
- consequentemente, também não se respeita a força obrigatória do pacto (*pacta sunt servanda*), tendo em vista que os interesses públicos cambiáveis são sempre potenciais instabilizadores da relação contratual; e
- não há que se falar em *igualdade entre as partes* se a Administração ocupa posição de supremacia em relação ao particular, fixando unilateralmente todas as cláusulas regulamentares e de serviço e submetendo-se a um regime jurídico exorbitante dotado de prerrogativas.

Segundo Oswaldo Aranha Bandeira de Mello,[1] a prestação de serviços públicos e o uso de bens públicos, por exemplo, estão *extra commercium* (fora do comércio ou da livre disposição), por conseguinte, as competências públicas relacionadas com tais objetos não são contratuais.

Na realidade, defende o autor que seria apenas suscetível de avença ou de pacto a parte econômica convencionada, mas jamais a competência pública de instabilização, uma vez que o particular não teria senhoria, mesmo que parcial, sobre interesses públicos, seja na forma de satisfazê-los ou mesmo no prazo de duração. Assim, como a parte econômica não integra o objeto principal do contrato, mas é apenas objeto acessório, nega o autor a existência da categoria do contrato administrativo.

Tal posicionamento é minoritário. A noção de contrato na Teoria Geral do Direito também se modificou durante o tempo, de modo que, atualmente, não é o fato de as cláusulas regulamentares dos contratos administrativos serem fixadas unilateralmente, em função de disciplina legal, que destitui o instituto de sua natureza contratual.

A noção de contrato que predominou do final do século XVIII e ao longo de todo o século XIX e início do século XX, a partir das codificações, já não é mais a mesma. Os princípios gerais presentes nas codificações foram inspirados nas reflexões feitas por autores como Grotius e Puffendorf[2] sobre o legado romanista e pandectista e se inspiravam numa concepção de contrato alicerçada no indivíduo, isto é, na vontade individual como fonte geradora de obrigações e situações jurídicas.

---

[1] BANDEIRA DE MELLO, Oswaldo Aranha. *Princípios gerais de direito administrativo*. Rio de Janeiro: Forense, 1969. p. 593.

[2] ARAÚJO, Edmir Netto de. *Das cláusulas exorbitantes no contrato administrativo*. Livre docência. USP. São Paulo: 1986. p. 15.

No curso do século XX, conforme analisa Orlando Gomes,[3] o consensualismo ou voluntarismo foi misturado com fatores estranhos e perdeu, em consequência, sua condição de principal nota característica do contrato. A ideia de supremacia da ordem pública impõe aos poucos, em muitas situações, a prevalência do interesse coletivo sobre o individual para mitigar as consequências desumanas provenientes do liberalismo jurídico.

O dirigismo contratual desempenhou o papel de restabelecer o equilíbrio[4] nas relações em que houvesse partes economicamente mais fracas, protegendo, por exemplo, o empregado em relação ao empregador, o inquilino em relação ao senhorio ou, por exemplo, o consumidor em relação ao fornecedor.

O contrato, na atualidade, mesmo em disciplinas do ramo do direito privado, já não é mais visto como puro resultado do concurso de duas vontades manifestadas em pé de igualdade, que livremente dispõem sobre o estabelecimento de direitos e obrigações que regerão a execução do acordo sobre seus interesses,[5] pois as mais importantes relações jurídicas estão disciplinadas em leis que estabelecem os termos e limites das avenças tendo em vista os direitos protegidos.

É cada vez mais comum na sociedade de massas a existência de contratos de adesão, que não deixam de ser contratos por terem cláusulas prefixadas e se sujeitam aos limites legais e jurisprudenciais, determinados para coibir abusos e desequilíbrios. Nos contratos de adesão, muito embora não haja integral discussão das cláusulas, remanesce aos contratantes **liberdade** acerca da **formação do vínculo** que consubstancia interesses contrapostos.

Ademais, apesar de concordarmos com os argumentos expostos por Oswaldo Aranha Bandeira de Mello, no sentido de que os serviços públicos e os bens públicos estão fora do âmbito de disposição (da autonomia privada), defendemos que não há como negar natureza contratual à concessão do uso de bens públicos. Também não se pode ignorar que a concessão de serviço público tem natureza contratual, pois o que é objeto de avença nesse contrato é o *exercício* do serviço público; e a sua titularidade permanece com o Poder Público, que, a qualquer momento, pode encampá-lo (retomá-lo), contanto que indenize o particular pelos prejuízos devidamente comprovados e haja autorização legal específica.

A liberdade tanto do particular como da Administração Pública é restringida ao celebrar contratos administrativos, pois estão em jogo interesses públicos. No caso da Administração, lhe é limitada inclusive a liberdade de escolha da outra parte contratante, ao menos do ponto de vista subjetivo, que, via de regra, deve ser guiada pelos estreitos limites fixados nas regras de licitação, sob pena, entre outros, da configuração de improbidade administrativa.

Contudo, entendemos que, mesmo diante de tais restrições, ainda é válida a qualificação contratual dada aos contratos administrativos, pois estes não consubstanciam poderes-deveres, como os atos administrativos, que, se não exercitados, geram a responsabilidade do agente público competente; mas, em muitos casos, apesar de derivarem das necessidades coletivas ou do próprio desempenho das atividades estatais, originam-se da percepção política de que há conveniência e oportunidade, bem como reservas orçamentárias suficientes para a sua celebração, nos termos e limites fixados legalmente.

---

[3] GOMES, Orlando. Os contratos e direito público. *Revista da Procuradoria Geral do Estado de São Paulo*, nº 10, p. 48, 1977.

[4] Há uma eficácia transversal dos direitos fundamentais, para reequilibrar relações que são assimétricas, ainda que no âmbito do direito privado.

[5] GOMES, Orlando. Os contratos e direito público. *Revista da Procuradoria Geral do Estado de São Paulo*, nº 10, p. 47, 1977.

Advirta-se também que a prerrogativa conferida à Administração, em função da consecução de interesses públicos, de alterar unilateralmente o contrato, não significa ausência de **força vinculante** do contrato relativamente ao Poder Público.[6]

A *segunda corrente* doutrinária, seguida por Roberto Dromi,[7] propugna que **todos** os contratos firmados pela Administração Pública são **contratos administrativos**, uma vez que se a Administração Pública participa da relação jurídica haveria necessariamente a aplicação do **regime jurídico administrativo**. Assim, em contratos como os de locação ou de compra e venda celebrados pelo Poder Público, não haveria submissão ao direito privado, por exemplo, no atinente à competência, à forma, ao procedimento, à finalidade.

Também Agustín Gordillo e Lúcia Valle Figueiredo negam a existência de contratos privados firmados pela Administração Pública, sendo que esta última autora[8] diferencia: *contratos administrativos*, como sendo os mais rigidamente alocados no direito público, e *contratos da Administração*, que são regidos em grande parte pelo direito privado, mas, ainda, sob forte interferência do direito público.

A *terceira corrente* defende que a Administração Pública pode celebrar contratos em diferenciados regimes (predominantemente público ou não). Por conseguinte, do gênero **contrato da Administração** são extraídas as seguintes espécies: (1) contratos privados da Administração, derrogados, no que couber, por normas publicísticas; e (2) contratos administrativos, que obedecem integralmente ao regime jurídico de direito público, com incidência das normas exorbitantes ou derrogatórias do direito comum em prol do interesse público, sendo as disposições de direito privado interpretadas apenas supletivamente às de direito público.

Note-se que a Nova Lei de Licitações, que substituiu a Lei nº 8.666/93, não menciona mais expressamente os contratos privados da Administração, como fazia o art. 62, § 3º, I, da Lei nº 8.666/93, como o seguro, o financiamento e a locação em que o Poder Público seja locatário, em que a anterior lei dizia serem regidos predominantemente por normas de regime privado. A atual Lei de Licitações, Lei nº 14.133/2021, reforça os aspectos públicos dos contratos regidos por ela, com a observação de que é *subsidiária* a aplicação do direito privado. Assim, determina o seu art. 89 que os contratos de que trata essa lei se regularão pelas suas cláusulas e pelos preceitos de direito público, e a eles serão aplicados, supletivamente, os princípios da teoria geral dos contratos e as disposições de direito privado.

Nessa perspectiva, pode-se mencionar a observação feita por Fernando Dias Menezes de Almeida, no sentido de que houve na disciplina legal dos contratos administrativos no Brasil o acolhimento progressivo da teoria dos contratos nos moldes franceses, em que se observam três notas características: (a) o reforço, em certa medida autoritário, de ideias construídas em outro contexto histórico; (b) a cristalização, de modo dogmático, na legislação, dessas ideias construídas jurisprudencialmente; e (c) a extensão do regime publicístico aos contratos celebrados pela Administração, tanto no sentido da publicização do regime dos contratos ditos privados, como

---

[6] De acordo com observação feita por Marçal Justen Filho na obra: *Comentários à Lei de Licitações e contratos administrativos*. 12. ed. São Paulo: Dialética, 2008. p. 679. Lúcia Valle Figueiredo, todavia, parece adotar posicionamento diferenciado, pois entende que nos contratos de direito público vige a *rebus sic stantibus* em vez da *pacta sunt servanda*, que seria no entender da autora mais característica dos contratos privados. *Curso de direito administrativo*. 7. ed. São Paulo: Malheiros, 2004. p. 513.

[7] DROMI, José Roberto. *La licitación pública*. Buenos Aires: Astrea, 1975. p. 17. Apud DI PIETRO, Maria Sylvia Zanella. *Direito administrativo*. São Paulo: Atlas, 2010. p. 252.

[8] FIGUEIREDO, Lúcia Valle. *Curso de direito administrativo*. 7. ed. São Paulo: Malheiros, 2004. p. 511.

no sentido da limitação de margem para a Administração trazer elementos privados para o regime público dos contratos.[9]

Enfatiza, porém, Lúcia Valle Figueiredo[10] que, do ponto de vista jurisdicional, a distinção entre contratos da Administração regidos predominantemente pelo direito privado e contratos administrativos é menos importante no Brasil do que nos países que adotam o contencioso administrativo, como a França, pois enquanto no Brasil os contratos se submetem à jurisdição una, na França a classificação de sua natureza é determinante para a aplicação ou não do Direito Administrativo, no sistema de dualidade de jurisdição.

CONTRATO DA ADMINISTRAÇÃO

Correntes doutrinárias:
1. Nega existência: Oswaldo Aranha Bandeira de Mello, pois o objeto principal é indisponível (não há natureza jurídica contratual).
2. Todo contrato celebrado pela Administração é administrativo: Roberto Dromi, pois se submete ao regime publicístico.
3. Há contratos administrativos, que são integralmente públicos, por um lado, e há também contratos celebrados pela Administração que são parcialmente regidos pelo direito público.

7.3 Definição

Há várias definições de contrato administrativo, sendo que a maior parte delas ressalta os seguintes elementos:

- a presença da Administração Pública;
- o atendimento de finalidade pública; e
- a submissão a regime jurídico administrativo, o que assegura a indisponibilidade e a supremacia do interesse público.

Contrato administrativo pode ser conceituado, em sentido restrito, como:

> o ajuste de vontades firmado entre a Administração Pública e terceiros regido por regime jurídico de direito público e submetido às modificações de interesse público, assegurados os interesses patrimoniais do contratado.

Assim, enquanto os contratos de direito privado exigem capacidade civil do contratante, objeto lícito, possível, determinado ou determinável e a forma é livre, salvo previsão legal em sentido contrário; os contratos administrativos demandam não apenas a capacidade, mas sobretudo a **competência** das autoridades públicas; além dos mencionados requisitos de validade do objeto, que ele seja orientado para a consecução de **finalidades públicas**, sendo exigidas, conforme será exposto, diversas derivações do regime jurídico de direito público, que determinam:

- maior **formalismo**, como corolário do princípio da publicidade ou transparência administrativa;

---

[9] ALMEIDA, Fernando Dias Menezes de. *Contrato administrativo*. São Paulo: Quartier Latin, 2021. p. 230-231.
[10] FIGUEIREDO, Lúcia Valle. *Curso de direito administrativo*. 7. ed. São Paulo: Malheiros, 2004. p. 511.

- procedimento prévio de **licitação**, exceto nas hipóteses de contratação direta autorizadas em lei, para garantia dos objetivos de igualdade dos contratantes, com vistas à justa competição, e pela busca por resultados de contratação mais vantajosos para a Administração;[11] e
- uma gama de prerrogativas que são denominadas **cláusulas exorbitantes**, que geram mutabilidade ou instabilização da relação jurídica, tendo em vista a supremacia do interesse público em relação ao particular, desde que seja respeitado o **equilíbrio econômico-financeiro** do contrato.

7.4 Tratamento legal

O inciso XXVII do art. 22 da Constituição Federal, com redação dada pela Emenda Constitucional nº 19/98, determina que é competência privativa da União legislar sobre "**normas gerais** de licitação e **contratação**, em todas as modalidades, para as administrações públicas diretas, autárquicas e fundacionais da União, Estados, Distrito Federal e Municípios, obedecido o disposto no art. 37, XXI, e para as empresas públicas e sociedades de economia mista, nos termos do art. 173, § 1º, III".

A União tem, portanto, competência para estabelecer a disciplina geral dos contratos da Administração, e aos outros entes federativos é permitido complementar as normas gerais fixadas pela União. Em 2021, houve a edição da Nova Lei de Licitações e Contratos, que é a Lei nº 14.133, a qual compilou e substituiu os seguintes diplomas normativos: Lei nº 8.666/93, Lei nº 10.520/2002 (do Pregão) e Lei nº 12.462/2011 (do RDC). Essas últimas leis só vigoram até o final de 2023, sendo que no período de abril de 2021 até o final de 2023, depois da prorrogação ocorrida, a Administração pode optar por licitar no regime antigo ou de acordo com a lei nova, tendo sido vedada, no entanto, a aplicação combinada de leis.

Conforme visto, o art. 89 da Lei nº 14.133/2021 determina que os contratos de que trata a Lei de Licitações e Contratos se regularão pelas suas cláusulas e pelos preceitos de direito público, e a eles serão aplicados, supletivamente, os princípios da teoria geral dos contratos e as disposições de direito privado.

Note-se que há jurisprudência em tese do STJ que fixou a seguinte orientação, com base no conteúdo disposto no art. 89 da nova lei, e que era o conteúdo do art. 54 da anterior:

> Em situações excepcionais,[12] a administração pública pode ser considerada consumidora de serviços (art. 2º do CDC) por ser possível reconhecer sua vulnerabilidade, mesmo em relações contratuais regidas preponderantemente, por normas de direito público, e por se aplicarem aos contratos administrativos, de forma supletiva, as normas de direito privado (STJ, Jurisprudência em Teses).

A Emenda nº 19/98 procurou modificar a sistemática de submeter ao mesmo regime jurídico dos entes da Administração Direta, autarquias e fundações as estatais que desenvolvem

---

[11] E também o incentivo à inovação e à promoção do desenvolvimento nacional sustentável, conforme o art. 11 da Lei nº 14.133/2021.

[12] Note-se que a tônica do conteúdo da tese deve ser dada às situações excepcionais, dado que há jurisprudência em tese no sentido de que: "O Código de Defesa do Consumidor – CDC, em regra, é inaplicável aos contratos administrativos, tendo em vista as prerrogativas já asseguradas pela lei à administração pública" (STJ, Jurisprudência em Teses).

atividade no domínio econômico. Esta sempre foi uma das críticas mais apontadas pela doutrina à anterior Lei Geral de Licitações e Contratos.

Assim, dispõe atualmente o art. 173, § 1º, III, da Constituição Federal que para as **empresas públicas** e **sociedades de economia mista** e subsidiárias que explorem atividade econômica em sentido estrito há a necessidade de criação de **lei específica** que trate de licitações e contratos. Atualmente, as licitações e os contratos das estatais são regidos pela Lei nº 13.303/2016, sendo sequer aplicável subsidiariamente ao regime de contratos das estatais as regras da Lei Geral de Licitações e Contratos.

Os contratos de **concessão** e a **permissão** de **serviços públicos**, feitos sempre através de licitação, conforme dispõe o art. 175, *caput*, da Constituição, obedecem a regime jurídico específico, contido na **Lei nº 8.987/95**, com alterações subsequentes, que tratam, entre outros assuntos:

- da outorga e prorrogação;
- das condições de caducidade;
- da rescisão contratual;
- da fiscalização do contrato;
- dos direitos dos usuários;
- da política tarifária; e
- da obrigação de manter serviço adequado.

A licitação e a contratação de parceria público-privada (PPP) obedecem às regras gerais da Lei nº 11.079/2004, no âmbito dos Poderes da União, dos Estados, do Distrito Federal e dos Municípios, aplicando-se-lhes subsidiariamente a Lei nº 8.987/95, referente ao regime de concessão e permissão da prestação de serviços públicos em geral, e demais leis correlatas.

Também a Lei nº 14.133/2021 (Nova Lei de Licitações e Contratos) aplica-se subsidiariamente às Leis 8.987/95 (Lei de Concessão) e 11.079/2004 (Lei de PPP), conforme teor do art. 186 da nova lei.

TRATAMENTO LEGAL

Lei Geral: Lei nº 14.133/2021
Concessão e permissão de serviços públicos: Lei nº 8.987/95
Parceria Público-Privada: Lei nº 11.079/2004

7.5 Características

São características **genéricas** do contrato administrativo, presentes, portanto, nos contratos em geral:

- **consensualidade**: deriva de acordo de vontades;
- **formalidade**: deve ser, via de regra, escrito e obedecer a diversos requisitos formais, que serão expostos no próximo item;
- **onerosidade**: é geralmente remunerado;
- **comutatividade**: assegura vantagens recíprocas;

- firmado *intuitu personae*:[13] obriga o contratado a realizar o contrato, não se permitindo, salvo nos limites fixados, a subcontratação;[14] e
- **natureza de contrato de adesão**: em que as cláusulas são preestabelecidas pela Administração e normalmente constam em forma de minuta do próprio instrumento convocatório da licitação, sendo fiéis às determinações contidas em leis e regulamentos.

Além destas, há características **específicas**, encontráveis nos contratos administrativos:

- participação do Poder Público ou da **Administração Pública** como parte contratante;
- finalidade de atendimento ao **interesse público**, que gera a mutabilidade do contrato;
- obediência ao procedimento prévio de **licitação**, à exceção dos casos de contratação direta permitida nas hipóteses legais; e
- presença de **cláusulas exorbitantes**, baseada na supremacia do interesse público, veiculado pela Administração.

A característica da exorbitância é a mais ressaltada na teoria dos contratos administrativos, pois se relaciona, entre outras coisas, com o direito de a Administração modificar o contrato unilateralmente ou rescindi-lo, tendo em vista a consecução dos interesses públicos. Ela veicula, portanto, prerrogativas que posicionam a Administração, como titular da consecução dos interesses públicos, num patamar de supremacia que lhe confere a faculdade de alterar unilateralmente (*ius variandi* ou mutabilidade) o contrato, desde que respeite seu equilíbrio econômico-financeiro.

Como manifestação de poderes administrativos, as cláusulas exorbitantes não envolvem prerrogativas arbitrárias, mas são, nos dizeres de Celso Antônio Bandeira de Mello, prerrogativas de supremacia "**instrumentais** à realização da finalidade pública",[15] uma vez que a tônica do contrato é deslocada "da simples harmonia de interesses para a consecução de um fim de interesse público".[16]

Foram denominadas exorbitantes pela jurisprudência do contencioso administrativo francês, que separou o contrato administrativo do contrato de direito comum, reconhecendo ao primeiro a previsão de cláusulas incomuns ou que seriam inadmissíveis nas relações de direito privado.

Contudo, apesar de não serem adequadas às relações privadas, entendemos ser exagero taxá-las de leoninas ou abusivas. Cláusulas leoninas são determinações apostas nos contratos que atribuem injustificadamente a uma das partes maiores vantagens do que aquelas conferidas à outra parte, como, por exemplo, a atribuição de lucros abusivos ou de isenção de responsabilidades.

---

[13] Vale ressaltar que os Tribunais de Contas costumam diferenciar obrigação *intuito personae*, que caracteriza quase todos os contratos administrativos, de obrigação personalíssima, própria de alguns contratos, como os de realização de obra de arte, a contratação direta de artista consagrado pela opinião pública para a realização de evento ou a encomenda de parecer de lavra de jurista renomado, casos em que há proibição peremptória de cessão da obrigação, que jamais se transmite. Cf. Resolução nº 17.142. Disponível em: ww.tcc.pa.gov.br/docs_pdf/jurisprudencia/normascomplementares/RESOLUÇÃO_N_17.142.pdf. Acesso em: 30 mar. 2008.

[14] Admite-se a subcontratação **de partes** da obra, do serviço ou do fornecimento até o limite autorizado, em cada caso, pela Administração, conforme o art. 122 da Lei nº 14.133/2021.

[15] BANDEIRA DE MELLO, Oswaldo Aranha. *Princípios gerais de direito administrativo*. Rio de Janeiro: Forense, 1969. p. 574.

[16] Expressão de Caio Tácito. *Direito administrativo*. São Paulo: Saraiva, 1975. p. 292.

Enquanto as cláusulas leoninas devem ser invalidadas, pois desequilibram o contrato, as cláusulas exorbitantes pressupõem o direito ao equilíbrio econômico-financeiro do contrato; assim, na sistemática dos contratos administrativos mesmo que a Administração detenha o poder de dizer quais são os interesses públicos veiculados na prestação principal do contrato, sua instabilização ou variação garante ao particular remuneração conforme as previsões inicialmente feitas.

A **comutatividade**, isto é, a equivalência intrínseca entre prestações não desaparece mesmo em face desta manifestação de supremacia do interesse público. Quanto a esse aspecto, são bastante elucidativas as ponderações de Celso Antônio Bandeira de Mello, segundo o qual: não se pode dizer que o contrato administrativo configure uma relação na qual assistem vantagens e poderes exclusivamente a uma das partes, caso em que a Administração não encontraria contratantes. O que ocorre de fato é que as licitações costumam ser bastante disputadas, pois a modificação unilateral que resultar prejuízo ao particular estará sujeita à recomposição do equilíbrio econômico-financeiro.

O direito ao equilíbrio econômico-financeiro da forma como previsto no direito público representa ao particular contratante um **resguardo aos objetivos lucrativos** que muitas vezes não encontra paralelo no direito privado, pois tende a lhe assegurar remuneração compatível com as previsões fixadas no início do contrato.

Em suma, a contrapartida econômica do particular é a parte **intangível** unilateralmente pela Administração, por isso determina expressamente o § 1º do art. 104 da Lei nº 14.133/2021 que: "as cláusulas econômico-financeiras e monetárias dos contratos **não poderão ser alteradas** sem prévia concordância do contratado".

CARACTERÍSTICAS

GENÉRICAS
- consensualidade
- formalidade
- onerosidade
- comutatividade
- *intuito personae*
- de adesão

ESPECÍFICAS
- Administração Pública
- Finalidade: interesse público
- Licitação como regra
- Presença de CLÁUSULAS EXORBITANTES

Cláusulas exorbitantes: prerrogativas instrumentais (Celso Antônio Bandeira de Mello).
A utilização gera ao particular direito à recomposição do **equilíbrio econômico-financeiro**.

7.6 Formalidades

Diferentemente do processo administrativo, no qual predomina o informalismo ou o formalismo moderado, no contrato administrativo há o predomínio do **formalismo**, para a garantia de transparência e, consequentemente, do controle da Administração.

Exige-se que o contrato e seus aditamentos sejam lavrados, na **forma escrita**, exceto se for relativo a **direito real sobre imóveis**, que se formaliza por instrumento lavrado em **cartório** de notas, sendo registrado com cópia no processo que lhe deu origem.

De acordo com o art. 95, § 2º, da Lei nº 14.133/2021, é "nulo e de nenhum efeito o contrato verbal com a Administração, **salvo** o de pequenas compras ou o de prestação de serviços de pronto pagamento, assim entendidos aqueles de valor não superior a R$ 12.545,11 (doze mil quinhentos e quarenta e cinco reais e onze centavos), cf. Dec.12.343/2024".

A Administração deve manter arquivo cronológico dos contratos celebrados. A minuta do futuro contrato integra o instrumento convocatório da licitação. É **condição de eficácia** do contrato e de seus aditamentos, de acordo com o art. 94 da Lei nº 14.133/2021, a divulgação no Portal Nacional de Contratações Públicas (PNCP). A Administração deve providenciar a divulgação nos seguintes prazos, contados da data de sua assinatura: (1) 20 dias úteis, no caso de licitação; e (2) dez dias úteis, no caso de contratação direta.

O contrato pode ser materializado, conforme dispõe o art. 95 da Lei nº 14.133/2021, em:

- **instrumento de contrato;**
- **carta-contrato;**
- **nota de empenho de despesa;**
- **autorização de compra;** ou
- **ordem de execução de serviço.**

Segundo Marçal Justen Filho,[17] **termo de contrato** é o escrito completo que se destina a documentar a avença, contendo todas as cláusulas contratuais de modo minucioso.

Também o art. 89, § 2º, da Lei nº 14.133/2021, determina que os contratos devem estabelecer com clareza e precisão as condições para sua execução, expressas em cláusulas que definam os direitos, as obrigações e as responsabilidades das partes, em conformidade com os termos do edital de licitação e os da proposta vencedora ou com os termos do ato que autorizou a contratação direta e os da respectiva proposta.

São de presença **obrigatória** nos contratos administrativos, de acordo com o art. 89, § 1º, da Lei nº 14.133/2021:

- o nome das partes e os de seus representantes;
- a finalidade;
- o ato que autorizou sua lavratura;
- o número do processo de licitação ou da contratação direta; e
- a sujeição dos contratantes às normas da Lei de Licitações e Contratos e às cláusulas contratuais estabelecidas.

FORMALIDADES

FORMALISMO – para que haja transparência e controle.

FORMA: escrita

Exceção: pequenas compras ou prestação de serviços de pronto pagamento, assim entendidos aqueles de valor não superior a doze mil quinhentos e quarenta e cinco reais e onze centavos.

Condição de eficácia: divulgação no PNCP em 20 dias úteis da assinatura, no caso de licitação, e em dez dias úteis na contratação direta.

---

[17] JUSTEN FILHO, Marçal. *Comentários à lei de licitações e contratos administrativos*. 12. ed. São Paulo: Dialética, 2008. p. 702.

7.7 Cláusulas necessárias

São **cláusulas necessárias**, conforme dispõe o art. 92 da Lei nº 14.133/2021, as que estabeleçam:

- o objeto e seus elementos característicos;
- a vinculação ao edital de licitação e à proposta do licitante vencedor ou ao ato que tiver autorizado a contratação direta e à respectiva proposta;
- a legislação aplicável à execução do contrato, inclusive quanto aos casos omissos;
- o regime de execução ou a forma de fornecimento;
- o preço e as condições de pagamento, os critérios, a data-base e a periodicidade do reajustamento dos preços e os critérios de atualização monetária entre a data do adimplemento das obrigações e a do efetivo pagamento;
- os critérios e a periodicidade da medição, quando for o caso, e o prazo para liquidação e para pagamento;
- os prazos de início das etapas de execução, conclusão, entrega, observação e recebimento definitivo, quando for o caso;
- o crédito pelo qual correrá a despesa, com a indicação de classificação funcional programática e da categoria econômica;
- a matriz de risco, quando for o caso;
- o prazo para resposta ao pedido de repactuação de preços, quando for o caso;
- o prazo para resposta ao pedido de restabelecimento do equilíbrio econômico-financeiro, quando for o caso;
- as garantias oferecidas para assegurar sua plena execução, quando exigidas, inclusive as que forem oferecidas pelo contratado no caso de antecipação dos valores a título de pagamento;
- o prazo de garantia mínima do objeto, observados os prazos mínimos estabelecidos nesta Lei e nas normas técnicas aplicáveis, e as condições para manutenção e assistência técnica, quando for o caso;
- os direitos e as responsabilidades das partes, as penalidades cabíveis e os valores das multas e suas bases de cálculo;
- as condições de importação e a taxa de câmbio para conversão, quando for o caso;
- a obrigação do contratado de manter, durante toda a execução do contrato, em compatibilidade com as obrigações por ele assumidas, todas as condições exigidas para a habilitação da licitação, ou para a qualificação, na contratação direta;
- a obrigação de o contratado cumprir as exigências de reserva de cargos prevista em lei, bem como em outras normas específicas, para pessoa com deficiência, para reabilitado da Previdência Social e para aprendiz;
- o modelo de gestão do contrato, observados os requisitos definidos em regulamento; e
- os casos de extinção.

Essas cláusulas devem constar do edital e, quando da celebração do contrato, expõe Marçal Justen Filho,[18] o agente público responsável não pode se afastar do que nele estiver contido no tocante às condições essenciais, o que não impede, segundo enfatiza, que o instrumento contratual precise (especifique) tópicos previstos de forma mais genérica no ato convocatório.

---

[18] JUSTEN FILHO, Marçal. *Comentários à lei de licitações e contratos administrativos*. 12. ed. São Paulo: Dialética, 2008. p. 653.

> **NOVIDADE: exigência de *compliance* em contratação pública**
>
> A Lei Anticorrupção Empresarial, Lei nº 12.846/2013, regulamentada pelo Decreto nº 8.420/2015, previu responsabilidade objetiva para pessoas jurídicas que pratiquem atos contra a Administração Pública, sendo tipificada a fraude à licitação e ao contrato. As sanções previstas são elevadas, podendo chegar a até 20% do faturamento bruto do último exercício da empresa ou mesmo a publicação extraordinária da decisão condenatória, o que tem potencialidade de gerar elevados impactos reputacionais à organização, conforme será visto no item de controle da Administração Pública.
>
> São fatores que têm potencial de mitigar os rigores das sanções da Lei Anticorrupção Empresarial, entre outros, conforme o art. 7º da lei, a exigência de mecanismos e procedimentos internos de integridade, auditoria e incentivo à denúncia de irregularidades e a aplicação efetiva de códigos de ética e de conduta no âmbito da pessoa jurídica.
>
> Com base neste dispositivo, houve a regulamentação dos critérios de um programa de *compliance* efetivo, conforme art. 42 do Decreto nº 8.420/2015. Percebe-se, pois, que o sistema legal brasileiro de combate à corrupção não exige, em geral, que haja compliance em caráter de obrigatoriedade, diferentemente, por exemplo, do sistema inglês (conforme a *UK Bribery Act*).
>
> Contudo, conforme os programas de *compliance* se intensificam nas ambiências organizacionais, com as exigências de diligências (*due diligence*) na contratação com terceiros, também algumas Administrações Públicas começam a exigir, por meio de lei, *compliance* e programas de integridade de seus fornecedores.
>
> Trata-se de movimento que se iniciou com a expedição de regramentos por diversos Estados-membros da Federação, e que depois culminou nas exigências da Lei Geral de Licitações e Contratos (Lei nº 14.133/2021).
>
> São entes que editaram suas legislações específicas, antes da lei geral e regularam a exigência de programa de integridade nas contratações públicas: (1) Mato Grosso, Decreto nº 522, de 15.4.2016; (2) Rio de Janeiro, Lei nº 7.753, de 17.10.2017; (3) Espírito Santo, Lei nº 10.793, de 21.12.2017; (4) Distrito Federal, Lei nº 6.112, de 2.2.2018; (5) Goiás, Lei nº 20.489, de 10.6.2018; (6) Rio Grande do Sul, Lei nº 15.228, de 25.9.2018; e (7) Amazonas, Lei nº 4.730, de 27.12.2018.
>
> Do comparativo das disciplinas estaduais,[19] pode-se identificar que: o programa de integridade é definido como conjunto de mecanismos e procedimentos internos de integridade, auditoria e incentivo à denúncia de irregularidades e na aplicação efetiva de código de ética e conduta, políticas de diretrizes com objetivo de detectar, sanar desvios, fraudes, irregularidades e atos ilícitos contra a Administração Pública, devendo ser implementado a expensas da pessoa jurídica.
>
> Como pontos diferentes temos os valores que são: (a) em Goiás e no Rio de Janeiro, os valores são de um milhão e quinhentos mil para obras de engenharia, e 650 mil para compras e serviços; (b) no Distrito Federal para um valor igual ou superior a cinco milhões; e (c) no Rio Grande do Sul, depois da atualização de 2021, e no Amazonas, são de três milhões e trezentos mil para obras e serviços de engenharia; e um milhão, quatrocentos e trinta mil, para compras e serviços.
>
> Também o percentual da multa, calculada em função do contrato, varia de Estado para Estado, sendo: de 0,02% por dia do valor do contrato no Rio de Janeiro, no Rio Grande do Sul e no Amazonas; de 0,08% por dia do valor do contrato no Distrito Federal; e de 0,1% ao dia do valor do contrato em Goiás, sendo que em todos os mencionados contratos a multa não pode ultrapassar, na soma, 10% do valor do contrato.
>
> Deve-se ressaltar também que a Nova Lei de Licitações e Contratos (Lei nº 14.133/2021) fez exigências e estímulos/induções para que empresas contratadas com o Poder Público adotem programas de integridade. Entende-se que as normas gerais da lei se aplicam aos demais entes federativos, mas isso não impede que tenham regime específico de exigência de compliance para suas contratações, desde que obedeçam ao genérico da Lei Geral.

---

[19] ZIMMER Jr., Aloísio; NOHARA, Irene Patrícia Diom. *Compliance anticorrupção e das contratações públicas*. São Paulo: Thomson Reuters Brasil, 2021. p. 394.

Nesse sentido, há quatro previsões da Lei nº 14.133/2021:

1. o art. 25, § 4º, determina a **obrigatoriedade** de adoção do programa para contratações de obras, serviços e fornecimentos de **grande vulto** (valor estimado em mais de 200 milhões de reais) no prazo de seis meses após a assinatura do contrato;
2. a adoção do **programa de integridade** é um critério de desempate, conforme o art. 60, IV, da lei (1. disputa final; 2. avaliação de desempenho prévio; 3. ações de equidade de gênero no ambiente de trabalho; e 4. desenvolvimento de programa de integridade);
3. Mitigação de **sanções contratuais** (art. 156, § 1º, V); e
4. exigência como **condição para reabilitação de determinadas sanções** mais graves, quais sejam: das infrações de apresentar documentos falsos e nas hipóteses do art. 5º da Lei Anticorrupção Empresarial (art. 163, parágrafo único, da Lei nº 14.133/2021).

O Decreto 12.304/2024, que regulamenta o art. 25, § 4º, o art. 60, *caput*, inciso IV, e o art. 163, parágrafo único, da Lei nº 14.133, de 1º de abril de 2021, estabeleceu parâmetros para avaliação dos programas de integridade, nas hipóteses de contratação de obras, serviços e fornecimentos de grande vulto, de desempate de propostas e de reabilitação de licitante ou contratado, no âmbito da administração pública federal direta, autárquica e fundacional.

É de se elogiar a presença da exigência e também o estímulo à adoção de programa de integridade nas contratações públicas, sendo esse um caminho para o aperfeiçoamento ético no relacionamento entre público e privado.

 **Acesse e assista ao vídeo sobre programa de integridade nas contratações públicas**

> http://uqr.to/1xpkz

7.8 Duração do contrato administrativo

O regime da lei anterior (Lei nº 8.666/93) vedava contrato com prazo de vigência indeterminado. Conforme será exposto, na Nova Lei de Licitações e Contratos, o art. 109 (da Lei nº 14.133/2021) admite tal hipótese caso a Administração seja usuária de serviços públicos prestados em regime de "monopólio".

Assim, como regra geral, os contratos administrativos têm duração adstrita à vigência dos respectivos créditos, isto é, dos exercícios orçamentários.

Crédito orçamentário, em definição esclarecedora de Diogenes Gasparini, é:

> A autorização constante da lei de orçamento para a execução de programa, projeto ou atividade ou para o desembolso de quantia comprometida a objeto de despesa, vinculado a uma categoria econômica e, pois, a um programa. Esses créditos vigoram até o fim do exercício financeiro em que foram constituídos, consoante o disposto no § 2º do art. 167 da Constituição Federal. Desse modo, o crédito aberto em 15 de fevereiro vigorará até 31 de dezembro do ano em que foi constituído. Essa vigência determinará, como regra, a duração do contrato, que não poderá ser maior que a duração desse crédito.[20]

---

[20] GASPARINI, Diogenes. *Direito administrativo*. 11. ed. São Paulo: Saraiva, 2006. p. 644.

Assim, determina o art. 105 da Lei nº 14.133/2021 que a duração dos contratos regidos por essa lei será prevista em edital, e deverão ser observadas, no momento da contratação e a cada exercício financeiro, a disponibilidade de créditos orçamentários e a previsão no plano plurianual, quando ultrapassar um exercício financeiro.

São exceções, portanto, o projeto contemplado no plano plurianual, e também, conforme o art. 106, os **serviços prestados de forma contínua**, sendo limitados, como regra geral, a cinco anos, incluindo agora também os equipamentos e programas de informática.

A Administração poderá extinguir o contrato, sem ônus, quando não dispuser de créditos orçamentários ou quando entender que o contrato não mais lhe oferece vantagem, sendo o prazo de extinção apenas na próxima data de aniversário do contrato, que não poderá ser inferior a dois meses da data.

Note-se que a nova lei previu, ainda, como novidade: a possibilidade de **vigência máxima decenal**, sendo condicionada, conforme o art. 107, à previsão em edital e exigido que a autoridade competente ateste que as condições e preços permaneçam vantajosos para a Administração, permitida a negociação com o contratado ou a extinção contratual sem ônus para qualquer das partes.

Em determinadas hipóteses de dispensa listadas na lei, foi possibilitada a celebração de contratos com prazo de **até dez anos**. São elas as hipóteses previstas nas alíneas *f* e *g* do inciso IV e nos incisos V, VI, XII e XVI do *caput* do art. 75 da Lei nº 14.133/2021, que são:

- contratação de bens ou serviços produzidos ou prestados no País que envolvam, cumulativamente, **alta complexidade tecnológica e defesa nacional** (alínea *f* do inciso IV);
- contratação de **materiais de uso das Forças Armadas**, com exceção de materiais de uso pessoal e administrativo, quando houver necessidade de manter a **padronização requerida** pela estrutura de apoio logístico dos **meios navais, aéreos e terrestres**, mediante autorização por ato do comandante da força militar (alínea *g* do inciso IV);
- contratação com vistas ao cumprimento do disposto nos arts. 3º, 3º-A, 4º, 5º e 20 da Lei nº 10.973, de 2 de dezembro de 2004, **Lei de Inovação Tecnológica**, observados os princípios gerais de contratação constantes da referida Lei (inciso V);
- contratação que possa acarretar **comprometimento da segurança nacional**, nos casos estabelecidos pelo Ministro de Estado da Defesa, mediante demanda dos comandos das Forças Armadas ou dos demais ministérios (inciso VI);
- contratação em que houver **transferência de tecnologia de produtos estratégicos para o Sistema Único de Saúde (SUS)**, conforme elencados em ato da direção nacional do SUS, inclusive por ocasião da aquisição desses produtos durante as etapas de absorção tecnológica, e em valores compatíveis com aqueles definidos no instrumento firmado para a transferência de tecnologia (inciso XII); e
- para a aquisição, por pessoa jurídica de direito público interno, de **insumos estratégicos para a saúde produzidos por fundação** que, regimental ou estatutariamente, tenha por finalidade apoiar órgão da Administração Pública direta, sua autarquia ou fundação em projetos de ensino, pesquisa, extensão, desenvolvimento institucional, científico e tecnológico e de estímulo à inovação, inclusive na gestão administrativa e financeira necessária à execução desses projetos, ou em parcerias que envolvam **transferência de tecnologia de produtos estratégicos para o SUS**, nos termos do inciso XII do *caput* deste artigo, e que tenha sido criada para esse fim específico em data anterior à entrada em vigor desta Lei, desde que o preço contratado seja compatível com o praticado no mercado (inciso XVI).

Também houve a inserção de prazos maiores para contratos que primam **pelo resultado** e pela *performance*, como contratação que gere receita e também o contrato de eficiência. Muito importante é a advertência encontrada no art. 111 no sentido de que **os prazos contratuais previstos na Nova Lei de Licitações e Contratos Administrativos não excluem nem revogam os prazos contratuais previstos em lei especial.**

Assim, determina o art. 109 da lei que, na **contratação que gere receita e no contrato de eficiência** que gere economia para a Administração, os prazos serão de:

1. até dez anos, nos contratos sem investimento; e

2. até 35 anos, nos contratos **com investimento**, assim considerados aqueles que impliquem a elaboração de benfeitorias permanentes, realizadas exclusivamente a expensas do contratado, que serão revertidas ao patrimônio da Administração Pública ao término do contrato.[21]

Na contratação que prever a conclusão de um **escopo predefinido**, o prazo de vigência será, conforme o art. 110 da lei, automaticamente prorrogado quando seu objeto não for concluído no período firmado no contrato. Contudo, quando a não conclusão decorrer de culpa do contratado: (1) o contratado será constituído em mora, aplicáveis a ele as respectivas sanções administrativas; e (2) a Administração **poderá optar pela extinção** do contrato e, nesse caso, adotará as **medidas admitidas** em lei **para a continuidade** da execução contratual.

Outro aspecto positivo é que a Administração poderá estabelecer a **vigência por prazo indeterminado** nos **contratos em que seja usuária de serviço público oferecido em regime de monopólio**, desde que comprovada, a cada exercício financeiro, a existência de créditos orçamentários vinculados à contratação. Assim, desburocratiza o que já era corrente, pois não teria como não prorrogar, se havia um regime de monopólio na prestação, sendo que o ente ou órgão só poderia mesmo contratar com aquela prestadora de serviço público.

Note-se que a expressão **monopólio** talvez não seja a mais adequada para ser empregada, pois, para Eros Grau, os serviços públicos não são prestados em monopólio, mas mediante privilégio, pois ele emprega a palavra monopólio para situações de atividade econômica em sentido estrito,[22] mas o que se deseja externar é a situação em que só há aquela prestadora de serviço público disponível para dada prestação, a exemplo de algumas contratações dos Correios ou quando só há, por exemplo, uma concessionária de energia elétrica numa dada localidade para fornecer à Prefeitura, por exemplo, daí a Administração terá necessariamente de contratar com aquela prestadora, dada a ausência de concorrência, e não precisará ficar todo ano mobilizando esforços para legitimar a continuidade de um contrato que só pode mesmo ser celebrado com aquela concessionária (estatal ou privada).

---

[21] O prazo de 35 anos é similar ao empregado nas parcerias público-privadas, por conta do investimento feito pelo particular, em forma de benfeitorias permanentes, as quais irão para o Poder Público após um lapso temporal grande, para permitir a amortização paulatina dos investimentos vertidos.

[22] GRAU, Eros Roberto. *A ordem econômica na Constituição de 1988*. São Paulo: Malheiros, 2006. p. 140. Para Eros Grau, monopólio não se confunde tecnicamente como serviços públicos, pois enquanto ele recai sobre atividade econômica em sentido estrito, os serviços públicos não implicam a situação de monopólio, mas, sim, de privilégio justamente porque não se enquadram em atividades livres ao mercado.

O contrato firmado sob o regime de fornecimento e prestação de serviço associado terá sua vigência máxima definida pela soma do prazo relativo ao fornecimento inicial ou à entrega da obra com o prazo relativo ao serviço de operação e manutenção, este limitado a cinco anos contados da data de recebimento do objeto inicial, autorizada a prorrogação na forma do art. 107 dessa lei.

Já o artigo 114 determina que o contrato que prever a **operação continuada de sistemas estruturantes de tecnologia da informação** poderá ter **vigência máxima de 15 anos**.

Também a concessão de serviço público deve ser realizada sempre por prazo determinado, conforme dispõe o art. 2º, II, *in fine*, da Lei nº 8.987/95, mas não existe, como regra, um limite de duração, pois a concessão deve ter o prazo necessário para amortizar investimentos e garantir o negócio, que corre por conta e risco da concessionária. Já a parceria público-privada (PPP) só poderá ser celebrada se o período de prestação for superior a cinco anos, de acordo com o art. 2º, § 4º, II, da Lei nº 11.079/2004, tendo por limite máximo de duração, incluída a prorrogação, o prazo de 35 anos.

DURAÇÃO

Geralmente, a cada exercício financeiro (apesar de a nova lei não ter sido explícita), com exceção de previsão no plano plurianual.

Mas – para PRESTAÇÃO DE SERVIÇOS E FORNECIMENTOS CONTÍNUOS:

– cinco anos: com possibilidade de extinção – se não houver créditos orçamentários ou não houver vantagem (prazo de extinção: próximo aniversário, desde que não inferior a dois meses).

– NOVIDADE: prazo de vigência máxima decenal (até dez anos): se houver previsão no edital, com condições e preços vantajosos, permitida a negociação com o contratado ou a EXTINÇÃO contratual sem ônus.

Sem prejuízo de prazo previsto em lei especial, a Lei nº 14.133/2021 também prevê os seguintes prazos:

– até dez anos: compras estratégicas e que envolvam tecnologia nas hipóteses de contratação direta das alíneas *f* a *g* do inciso IV e dos incisos V, VI, XII e XVI do *caput* do art. 75;

– até 15 anos: para operação continuada de sistemas estruturantes de tecnologia da informação; e

– prazo indeterminado: nos contratos em que a Administração seja usuária de serviço público oferecido em regime de monopólio.

No caso de PPP, conforme a Lei nº 11.079/2004, exige-se período de prestação superior a cinco anos (máx. 35 anos).

7.9 Cláusulas exorbitantes

As cláusulas exorbitantes consubstanciam prerrogativas da Administração Pública. Elas são, conforme visto, instrumentais ao cumprimento das finalidades de interesse público. São cláusulas exorbitantes, explicitadas no art. 104 da Lei nº 14.133/2021, aquelas que possibilitam à Administração:

- **modificar** o contrato, unilateralmente, para melhor adequação às finalidades de interesse público, respeitados os direitos do contratado;
- **extinguir** o contrato, unilateralmente, nos casos especificados em lei;
- **fiscalizar** a execução do contrato;
- **aplicar sanções** motivadas pela inexecução total ou parcial do ajuste; e
- **ocupar provisoriamente bens** móveis e imóveis e utilizar **pessoal** e **serviços** vinculados ao objeto do contrato, nas hipóteses de: (a) risco à prestação de serviços essenciais; e (b) necessidade de *acautelar* apuração administrativa de faltas contratuais pelo contratado, inclusive após extinção do contrato.

Existem também outras manifestações de prerrogativas nas contratações com o Poder Público, como, por exemplo, as **restrições à oposição da** *exceptio non adimpleti contractus* (exceção de contrato não cumprido) por parte do particular e a possibilidade de **exigência de garantia**, na forma da lei.

7.9.1 Alteração unilateral

A alteração ou modificação unilateral dos contratos fundamenta-se no fato de os interesses públicos serem variáveis e indisponíveis. Por conseguinte, pode a Administração Pública instabilizar, fundada no *ius variandi*, o contrato, para que haja melhor persecução das finalidades públicas, desde que ela respeite os direitos do contratado.

A possibilidade de mudança para melhor adequar o contrato aos interesses públicos significa que o agente público deve estar atento às conveniências da Administração Pública, principalmente para harmonizar a prestação ou objeto do contrato aos interesses coletivos prementes.

A alteração unilateral abrange a possibilidade de modificação de **cláusulas regulamentares**, que se relacionam com o objeto do contrato ou com o seu modo de execução. Já as **cláusulas econômico-financeiras** e monetárias, referentes à contraprestação, **não podem ser alteradas** sem prévia concordância do contratado, conforme previsão expressa contida no art. 104, § 1º, da Lei nº 14.133/2021.

A alteração unilateral do contrato que aumente ou diminua os encargos do contratado deve ser, por conseguinte, seguida do restabelecimento, feito pela Administração no mesmo termo aditivo, do equilíbrio econômico-financeiro[23] inicial rompido, de acordo com o art. 130 da Lei nº 14.133/2021.

Segundo Celso Antônio Bandeira de Mello, não haveria necessidade de previsão expressa neste sentido, uma vez que a garantia da manutenção da equação econômico-financeira inicial resulta de dispositivo constitucional previsto no art. 37, XXI, de acordo com o qual: obras,

---

[23] Segundo jurisprudência do STJ: "mesmo nos contratos administrativos, ao poder de alteração unilateral do Poder Público contrapõe-se o direito do particular de ver mantido o equilíbrio econômico-financeiro do contrato, considerando-se o encargo assumido e a contraprestação garantida pela Administração. AgRg nº 1.404/DF, Corte Especial, Rel. Min. Edson Vidigal, 25.10.2004, *DJ* 6.12.2004. p. 177.

serviços, compras e alienações serão contratados com **cláusulas** que estabeleçam obrigações de pagamento, "**mantidas as condições** efetivas da proposta".[24]

A modificação unilateral do contrato deve ser pautada em justificativa plausível. Deve ocorrer adequada **motivação** da alteração, evidenciada pela superveniência de **motivo justificador**, pois é praxe distorcida o fato de os administradores, em acordo com empresários, celebrarem contratos já sabendo que usarão da alteração unilateral para favorecimento de interesses particulares.

O art. 124 da Lei nº 14.133/2021 estabelece duas hipóteses de alteração unilateral:

- **qualitativa**: da alínea *a*, do inciso I, que envolve modificação do projeto ou das especificações, para melhor adequação técnica a seus objetivos; e
- **quantitativa**: da alínea *b*, do inciso I, que envolve a modificação do valor contratual em decorrência de acréscimo ou diminuição quantitativa de seu objeto, nos limites previstos na lei.

As modificações obedecem aos seguintes **limites**:

- **25%** de acréscimo ou supressão do valor inicial atualizado do contrato em obras, serviços e compras; e
- **50%** de acréscimo ao valor do contrato em reforma de edifício ou equipamento.

O contratado é obrigado a aceitar os acréscimos e supressões realizados pela Administração Pública, desde que obedeçam aos limites legais. Ele deve, portanto, conhecer de antemão as regras que regem os contratos que firmará com o Poder Público.

De acordo com o art. 129 da Lei nº 14.133/2021, no caso de supressão de obras, bens ou serviços, se o contratado já houver adquirido os materiais e posto no local dos trabalhos, estes deverão ser pagos pela Administração pelos custos de aquisição regularmente comprovados e monetariamente reajustados, podendo caber indenização por outros danos eventualmente decorrentes da supressão, desde que regularmente comprovados.

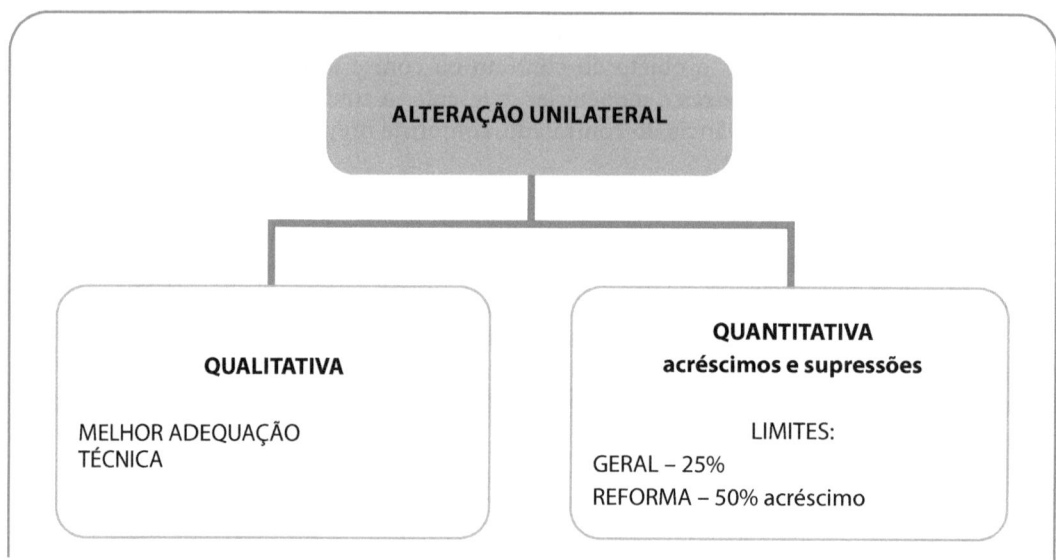

---

[24] BANDEIRA DE MELLO, Celso Antônio. *Curso de direito administrativo*. São Paulo: Malheiros, 2008. p. 615.

Caso haja alteração unilateral do contrato que aumente ou diminua os encargos do contratado, a Administração deverá restabelecer, no mesmo termo aditivo, o equilíbrio econômico-financeiro inicial (art. 130 da Lei nº 14.133/2021).

Debate de tema controvertido: os limites se aplicam tão somente à alteração quantitativa ou também à qualitativa?

A nova lei não resolveu a discussão existente na anterior, na qual se indagava se os limites legais se aplicavam também às modificações qualitativas ou somente às quantitativas. José dos Santos Carvalho Filho entendia que os limites valeriam indistintamente, isto é, tanto para as alterações quantitativas como para as qualitativas. Segundo defende, o art. 65, § 1º, aludia à alteração do contrato, indistintamente, e o § 2º do artigo, com alteração da Lei nº 9.648/98, "é peremptório no sentido da impossibilidade de exceder os referidos limites, ressalvando apenas a hipótese da supressão, desde que consensual".[25]

Concordamos, no entanto, com a parcela da doutrina[26] que propugnava que os limites se aplicam somente às alterações quantitativas, porque apenas a alínea *b* mencionava a necessidade de obediência aos limites legais. Ademais, o § 2º do art. 65 falava expressamente que nenhum "acréscimo ou supressão" poderá exceder os limites estabelecidos, sendo que os termos "acréscimo e diminuição" eram utilizados somente na alínea *b*, referente às mudanças quantitativas, então, entendemos que o legislador discriminou explicitamente as hipóteses de aplicação dos limites legais.

Nas alterações qualitativas, a Lei nº 8.666/93 apenas ressalvava a situação em que há modificação do projeto ou das especificações, para melhor adequação técnica. Defendemos, então, que apesar de os limites percentuais expressos se aplicarem apenas às alterações quantitativas, daí não se pode concluir levianamente que a Administração tem "carta-branca" para promover ilimitadas alterações qualitativas nos contratos administrativos.

Imagine, por exemplo, um procedimento de licitação concorrido, que exija dos licitantes a demonstração de que conseguem adimplir com serviços extremamente complexos ou mesmo com o fornecimento de produtos de elevada e rara qualidade; posteriormente, escolhido um licitante que ofereça proposta adequada, no momento da execução contratual, a Administração modifica os critérios de qualidade do objeto contratual, facilitando a prestação do serviço ou o fornecimento do produto para o contratante. Neste caso, haverá burla reflexa à licitação e, consequentemente, à isonomia, pois diante do fornecimento de um serviço de menor complexidade ou de um produto de menor qualidade, talvez o resultado da licitação teria sido a contratação com outras pessoas.

Portanto, alteração qualitativa do contrato, que envolve modificação do projeto para melhor adequação técnica, é situação bem diferenciada da acima exposta e, conforme assevera Marçal Justen Filho, "supõe a descoberta ou a revelação de circunstâncias desconhecidas acerca da execução da prestação ou a constatação de que a solução técnica anteriormente adotada não era a mais adequada",[27] como, por exemplo, no caso da descoberta, durante a execução do contrato, de falha geológica de terreno ou diante de inovações tecnológicas que tornem a prestação inicialmente avençada obsoleta.

Também Celso Antônio Bandeira de Mello[28] mencionava que tais modificações só se justificam perante circunstâncias decorrentes de fatores supervenientes, invulgares, anômalos ou desconcertantes

---

[25] CARVALHO FILHO, José dos Santos. *Manual de direito administrativo*. Rio de Janeiro: Lumen Juris, 2008. p. 185.

[26] BANDEIRA DE MELLO, Celso Antônio. *Curso de direito administrativo*. São Paulo: Malheiros, 2008. p. 617. DI PIETRO, Maria Sylvia Zanella. *Direito administrativo*. São Paulo: Atlas, 2010. p. 251. JUSTEN FILHO, Marçal. *Curso de direito administrativo*. São Paulo: Saraiva, 2005. p. 367.

[27] JUSTEN FILHO, Marçal. *Comentários à lei de licitações e contratos administrativos*. 12. ed. São Paulo: Dialética, 2008. p. 713.

[28] BANDEIRA DE MELLO, Celso Antônio. *Curso de direito administrativo*. São Paulo: Malheiros, 2008. p. 617.

da previsão inicial. Situações denominadas pelo autor de sujeições imprevistas,[29] que dificultam ou oneram a realização de uma obra contratada, as quais, ainda que preexistentes, eram desconhecidas ou, ao menos, se conhecidas, não foram dadas a conhecer ao contratado ou o foram erroneamente, quando do estabelecimento das condições determinantes do contrato, como a existência de um perfil geológico diferente daquele constante dos dados oferecidos pela Administração e que levante dificuldades suplementares, insuspeitadas, para a execução do contrato.

Para Maria Sylvia Zanella Di Pietro, por sua vez, expunha que[30] a alteração do contrato deve respeitar a sua natureza, no que diz respeito ao objeto, sendo vedada, por exemplo, a transformação de um contrato de vigilância em contrato de limpeza. A nova lei seguiu essa orientação, ao especificar, no art. 126, que as alterações unilaterais a que se refere o inciso I do *caput* do art. 124 não poderão "transfigurar o objeto da contratação", no sentido de que não é possível transformar o objeto.

Contudo, da análise da nova redação,[31] percebe-se que a lei perdeu a oportunidade de resolver de vez a controvertida questão da abrangência de aplicação dos limites, tendo em vista que, curiosamente, manteve a redação da alínea *b* do inciso I nos seguintes termos: "quando for necessária a modificação do valor contratual em decorrência de acréscimo ou diminuição quantitativa de seu objeto, nos limites permitidos por esta Lei".

É lamentável que a nova lei, em vez de resolver de vez essa questão, continue suscitando o debate, pois o art. 125 menciona que as alterações percentuais se aplicam ao inciso I do *caput* do art. 124, sem discriminar a alínea a que se aplica, o que acirra a controvérsia; somente *a* alínea *b*, por sua vez, ao se referir a alterações quantitativas do objeto, menciona "nos limites permitidos por esta lei". Assim, continuaremos na esteira da doutrina majoritária ao se posicionar em favor do entendimento de que os limites percentuais se aplicam tão somente às alterações quantitativas.

7.9.2 Extinção unilateral

A extinção unilateral da Administração ocorre por autorização escrita pelos seguintes motivos:

- por motivos associados ao **particular**;
- por **caso fortuito ou força maior**; e
- pela **Administração**.

Ela deve ser formalmente motivada nos autos do processo, sendo assegurados o contraditório e a ampla defesa.

São motivos associados **ao particular**, que dão ensejo à extinção unilateral, previstos nos incisos I, II, III, IV, VI, IX do art. 137 da lei:

- **não cumprimento** ou **cumprimento irregular** de normas editalícias ou de cláusulas contratuais, de especificações, de projetos ou de prazos;
- **desatendimento** das determinações regulares emitidas pela autoridade designada para acompanhar e fiscalizar sua execução ou por autoridade superior;

---

[29] BANDEIRA DE MELLO, Celso Antônio. Extensão das alterações dos contratos administrativos: a questão dos 25%. *Revista Eletrônica de Direito Administrativo Econômico*, Salvador, Instituto de Direito Público da Bahia, nº 4, nov./dez. 2005, jan. 2006. Disponível em: www.direitodoestado.com.br. Acesso em: 11 nov. 2011. p. 13.

[30] DI PIETRO, Maria Sylvia Zanella. *Direito administrativo*. São Paulo: Atlas, 2010. p. 250.

[31] NOHARA, Irene Patrícia Diom. *Nova lei de licitações e contratos*. São Paulo: Revista dos Tribunais, 2021. p. 463.

- **alteração social ou modificação da finalidade ou da estrutura da empresa** que restrinja sua capacidade de concluir o contrato;
- decretação da **falência** ou de **insolvência civil, dissolução da sociedade ou falecimento do contratado**;
- **atraso na obtenção da licença ambiental**, ou impossibilidade de obtê-la, ou alteração substancial do anteprojeto que dele resultar, ainda que obtida no prazo previsto; e
- **não cumprimento** das obrigações relativas à reserva de cargos prevista em lei, bem como em outras normas específicas, para pessoa com deficiência, para reabilitado da Previdência Social ou para aprendiz.

Se o particular der ensejo à rescisão unilateral da Administração, uma vez comprovados os prejuízos, o Poder Público poderá, de acordo com o art. 139 da lei:

- **assumir** imediatamente o **objeto** do contrato;
- **ocupar** e **utilizar** o local, instalações, equipamentos, material e pessoal empregados na execução do contrato e necessários à sua continuidade;
- **executar a garantia** contratual; e
- **reter créditos** até o limite dos prejuízos causados.

Importante frisar que a nova lei determinou que a retenção da garantia contratual agora é vinculada ao cumprimento de finalidades listadas, quais sejam: (a) o ressarcimento da Administração Pública por prejuízos decorrentes da não execução; (b) o pagamento das verbas trabalhistas, fundiárias e previdenciárias, quando cabíveis; (c) o pagamento das multas devidas à Administração Pública; e (d) a exigência da assunção da execução e da conclusão do objeto do contrato pelo seguradora, quando cabível. O valor não pode ser utilizado para outras finalidades que não as associadas aos objetivos listados nas alíneas do inciso III do art. 139 da lei.

A assunção imediata do objeto do contrato e a ocupação necessária à continuidade serão medidas que ficarão a critério da Administração, que terá discricionariedade para utilizá-las de acordo com a conveniência e a oportunidade que justifiquem, podendo então dar continuidade à obra ou ao serviço por execução direta ou indireta.

Hely Lopes Meirelles divide a inexecução em:

a) **com culpa**, que dá ensejo à extinção pela Administração e às responsabilidades civil, administrativa e eventualmente até criminal do particular; e

b) **sem culpa**, em que pode haver alegação da teoria da imprevisão.[32]

Há, neste último caso, a possibilidade de a Administração rescindir unilateralmente o contrato diante da ocorrência de **caso fortuito** ou de **força maior**, regularmente comprovada, impeditiva de sua execução, conforme determina o inciso V do art. 137 da Lei nº 14.133/2021.

---

[32] Os desdobramentos da teoria da imprevisão expostos por Hely Lopes Meirelles são bastante diferentes daqueles de Maria Sylvia Zanella Di Pietro, que são os tomados por base na presente obra. Contudo, enfatize-se que, para Hely Lopes, são desdobramentos da teoria da imprevisão: força maior, caso fortuito, fato do príncipe, fato da administração e interferências imprevistas. Cf. MEIRELLES, Hely Lopes. *Direito administrativo brasileiro*. São Paulo: Malheiros, 2009. p. 238. Para Di Pietro, o fato do príncipe e o fato da administração, conforme será visto, são áleas administrativas e não áleas econômicas, e a força maior também não se confunde com a teoria da imprevisão.

A extinção pode ocorrer por fato atribuído à Administração Pública, por razões de interesse público, justificadas pela autoridade máxima do órgão ou da entidade contratante.

O contratado, de acordo com o § 2º do art. 137 da Lei nº 14.133/2021, terá direito à extinção do contrato nos seguintes casos:

- **supressão**, por parte da Administração, de obras, serviços ou compras que acarrete modificação do valor inicial do contrato **além do limite** permitido no art. 125 da lei;
- **suspensão de execução do contrato**, por ordem escrita da Administração, por prazo superior a três meses;[33]
- repetidas suspensões que totalizem **90 dias úteis, independentemente do pagamento obrigatório de indenização pelas sucessivas e contratualmente imprevistas desmobilizações e mobilizações e outras previstas**;
- atraso superior a **dois meses**, contado da emissão de nota fiscal, dos pagamentos ou de parcelas de pagamentos devidos pela Administração por despesas de obras, serviços ou fornecimentos; e
- **não liberação** pela Administração, nos prazos contratuais, da área, local ou objeto, para execução de obra, serviço ou fornecimento, e de fontes de materiais naturais especificadas no projeto, inclusive devido a atraso ou descumprimento das obrigações atribuídas pelo contrato à Administração relacionadas a desapropriação, a desocupação de áreas públicas ou a licenciamento ambiental (art. 78, XVI).

As hipóteses de extinção por suspensão de execução por prazo superior a três meses, repetidas suspensões que totalizem 90 dias úteis e atraso de pagamento superior a dois meses, não serão admitidas em caso de calamidade pública, grave perturbação da ordem interna e guerra, bem como quando decorrerem de ato ou fato que o contratado tenha praticado, do qual tenha participado ou para o qual tenha contribuído; sendo, ainda, assegurado ao contratado o direito de optar pela suspensão do cumprimento das obrigações assumidas até a normalização da situação, admitido o restabelecimento do equilíbrio econômico-financeiro do contrato, na forma prevista na lei.

Para configurar a hipótese de extinção que atribui o fato à Administração nos casos de suspensão ou mesmo de atraso de pagamento, a lei deixa claro que a situação não pode ter sido provocada por fato ou ato praticado ou cuja prática haja contribuído o contratado, o qual terá **direito de optar por suspender** suas obrigações, a partir dessas incidências, e aguardar normalizar a situação, para manter o contrato, sendo então possível que o faça com simultâneo acordo entre as partes para o reequilíbrio econômico-financeiro do contrato, respeitada a repartição objetiva de risco estabelecida no contrato, conforme dispõe a alínea *d* do inciso II do *caput* do art. 124 da lei (art. 137, § 3º, II).

De acordo com as modificações feitas pela Lei nº 14.770 à lei de licitações e contratos, quando verificadas as hipóteses da d do inciso II do *caput* do art. 124 da Lei, se o valor global inicialmente pactuado demonstrar-se insuficiente para a execução do objeto, poderão ser: (I) utilizados saldos de recursos ou rendimentos de aplicação financeira; (II) aportados novos recursos pelo concedente; (III) reduzidas as metas e as etapas, desde que isso não comprometa a fruição ou a funcionalidade do objeto pactuado.

---

[33] Antes, o prazo era de 120 dias, tendo sido reduzido para três meses.

Ainda, conforme o art. 184, § 3º, inserido pela Lei nº 14.770/2023, serão permitidos ajustes nos instrumentos celebrados com recursos de transferências voluntárias, para promover alterações em seu objeto, desde que: (I) isso não importe transposição, remanejamento ou transferência de recursos de uma categoria de programação para outra ou de um órgão para outro; (lI) seja apresentada justificativa objetiva pelo convenente; e (III) quando se tratar de obra, seja mantido o que foi pactuado quanto a suas características.

Quando a extinção decorrer de culpa exclusiva da Administração, o contratado será ressarcido pelos prejuízos regularmente comprovados que houver sofrido e terá direito a:

- devolução da garantia;
- pagamentos devidos pela execução do contrato até a data da extinção; e
- pagamento do custo de desmobilização.

Conforme será exposto, a lei amplia os meios consensuais de extinção do contrato. Assim, prevê o art. 138 que a extinção poderá ser: (1) determinada por ato unilateral e escrito da Administração, exceto no caso de descumprimento decorrente de sua conduta; (2) consensual, por acordo entre as partes, por conciliação, por mediação ou por comitê de resolução de disputas, desde que haja interesse da Administração; e (3) determinada por decisão arbitral, em decorrência de cláusula compromissária ou compromisso arbitral, ou por decisão judicial.

7.9.3 Fiscalização do contrato

Como o contrato administrativo tem por finalidade a consecução de interesses públicos, é cláusula exorbitante, prevista no art. 117 da Lei nº 14.133/2021, que sua execução seja acompanhada e fiscalizada por um ou mais fiscais do contrato, representantes da Administração especialmente designados conforme os requisitos da lei, ou pelos respectivos substitutos, permitida a contratação de terceiros para assisti-los e subsidiá-los com informações pertinentes a essa atribuição.

Na hipótese de contratação de terceiros que subsidiem ou assistam o fiscal com informações pertinentes, deverão ser observadas as seguintes regras: (1) a empresa ou o profissional contratado assumirá responsabilidade civil objetiva pela veracidade e pela precisão das informações prestadas, firmará termo de compromisso de confidencialidade e não poderá exercer atribuição própria e exclusiva de fiscal do contrato; e (2) a contratação de terceiros não eximirá de responsabilidade o fiscal do contrato, nos limites das informações recebidas do terceiro contratado. Há legalmente a responsabilidade objetiva do terceiro contratado, o que não exclui a responsabilidade daquele que transmitiu as informações e que foi contratado para tanto.

O fiscal do contrato deve anotar em registro próprio todas as ocorrências relacionadas à execução do contrato, determinando o que for necessário para a regularização das faltas ou defeitos observados. Ele informará a seus superiores, em tempo hábil para a adoção das medidas convenientes, a situação que demandar decisão ou providência que ultrapasse sua competência.

Houve a previsão no § 3º do art. 117 da lei de que o fiscal do contrato será auxiliado pelos órgãos de assessoramento jurídico e de controle interno da Administração, que deverão dirimir dúvidas e subsidiá-lo com informações relevantes para prevenir riscos na execução contratual.

O contratado deverá manter preposto aceito pela Administração no local da obra ou do serviço para representá-lo na execução do contrato. Ademais, o contratado é obrigado a reparar, corrigir, remover, reconstruir ou substituir, a suas expensas, no total ou em parte, o objeto do contrato em que se verificarem vícios, defeitos ou incorreções resultantes de sua execução ou de materiais nela empregados.

O desatendimento das determinações regulares emitidas pela autoridade designada para acompanhar e fiscalizar a sua execução ou por autoridade superior, de acordo com o inciso II do art. 137 da Lei nº 14.133/2021, constitui motivo para extinção do contrato pela Administração.

A designação de representante que é fiscal do contrato é necessária, esclarece Marçal Justen Filho,[34] para as atividades que têm uma sequência de execução e que, por esse motivo, permitiriam ao particular ocultar eventuais defeitos que não são detectáveis por simples exame visual ou por mera experimentação, como ocorre, por exemplo, em obras de engenharia; entretanto, a designação de representantes é dispensável em contratos cuja fiscalização é inviável ou mesmo quando o controle de qualidade for satisfatoriamente realizado no momento da entrega da prestação.

Em contrapartida à designação do *representante* da Administração, determina o art. 118 da Lei nº 14.133/2021 que o contratado deve manter **preposto**, aceito pela Administração, no local da obra ou serviço, para representá-lo na execução do contrato. O preposto deverá receber as comunicações ou notificações do representante.

Advirta-se que, de acordo com o disposto no art. 120 da Lei nº 14.133/2021, a fiscalização[35] ou o acompanhamento pelo contratante **não excluem ou reduzem a responsabilidade do contratado**, que será responsável pelos danos causados diretamente à Administração ou a terceiros em razão da execução do contrato.

Ademais, o art. 121 da Lei nº 14.133/2021 determina que somente o contratado será responsável pelos encargos trabalhistas,[36] previdenciários, fiscais e comerciais resultantes da execução do contrato, asseverando o § 1º do art. 121 que a inadimplência do contratado em relação aos encargos trabalhistas, fiscais e comerciais não transferirá à Administração Pública a responsabilidade por seu pagamento e não poderá onerar o objeto do contrato nem restringir a regularização e o uso das obras e edificações, inclusive perante o registro de imóveis.

No entanto, o § 2º do art. 121 estabelece uma exceção: exclusivamente nas contratações de serviços contínuos com regime de dedicação exclusiva de mão de obra, a Administração responderá solidariamente pelos encargos previdenciários e subsidiariamente pelos encargos trabalhistas se comprovada falha da fiscalização do cumprimento das obrigações do contratado.

Quanto a esse assunto, houve, em 2010, o julgamento da ADC 16, na qual se declarou que o art. 71, § 1º, da Lei nº 8.666/93 é constitucional. O artigo mencionado da anterior lei é correspondente ao art. 121, § 1º, da nova lei, no sentido de que a inadimplência do contratado em relação aos encargos trabalhistas, fiscais e comerciais não transferirá à Administração a responsabilidade pelo seu pagamento e não poderá onerar o objeto do contrato nem restringir a regularização e o uso das obras e das edificações, inclusive perante o registro de imóveis.

A propósito, houve a modificação da redação da Súmula nº 331 do TST, pela Resolução 174/2011, sendo determinado, respectivamente, em seus incisos IV e V: "o inadimplemento das obrigações trabalhistas, por parte do empregador, implica a responsabilidade subsidiária do tomador dos serviços quanto àquelas obrigações, desde que haja participado da relação processual e consta também do título judicial" e "os entes integrantes da Administração pública direta

---

[34] JUSTEN FILHO, Marçal. *Comentários à lei de licitações e contratos administrativos.* 12. ed. São Paulo: Dialética, 2008. p. 748.

[35] Há casos, no entanto, em que, excepcionalmente, os tribunais transformam a responsabilidade subsidiária da Administração em responsabilidade solidária, diante de grave omissão no dever de fiscalizar, o que ocorre principalmente em concessões de serviços públicos.

[36] Quanto aos encargos trabalhistas, o Decreto 12.174/2024 dispõe sobre as garantias trabalhistas a serem observadas na execução dos contratos administrativos no âmbito da administração pública federal direta, autárquica e fundacional.

e indireta respondem subsidiariamente, nas mesmas condições do item IV, caso evidenciada a sua conduta culposa no cumprimento das obrigações da Lei nº 8.666/93, de 21.6.1993, especialmente na fiscalização do cumprimento das obrigações contratuais e legais da prestadora de serviço como empregadora. A aludida responsabilidade não decorre de mero inadimplemento das obrigações trabalhistas pela empresa regularmente contratada".

O último inciso não se refere à culpa *in eligendo*, uma vez que não há como, diante de regular procedimento de licitação, que possui acentuado grau de vinculação, alegar má escolha, mas à culpa *in vigilando*, que envolve o dever de fiscalização.

Portanto, houve uma solução "conciliatória", da qual se extrai que a inadimplência do contratado dos encargos trabalhistas não transfere automaticamente à Administração Pública a responsabilidade pelo seu pagamento, exceto se ela descumprir seu *dever legal de vigilância* e agir com *omissão culposa*, que deve ser apurada casuisticamente pela justiça trabalhista.

Trata-se de orientação expressa na seguinte decisão do TST:

> AGRAVO DE INSTRUMENTO. RESPONSABILIDADE SUBSIDIÁRIA. ADC 16. CULPA *IN VIGILANDO*. OMISSÃO DO ENTE PÚBLICO NA FISCALIZAÇÃO DO CONTRATO DE TRABALHO. Nos termos do entendimento manifestado pelo E. STF, no julgamento da ADC – 16, em 24.11.2010, é constitucional o art. 71 da Lei 8.666/93, sendo dever do judiciário trabalhista apreciar, caso a caso, a conduta do ente público que contrata pela terceirização de atividade-meio. Necessário, assim, verificar se ocorreu a fiscalização do contrato realizado com o prestador de serviços. No caso em exame, o ente público não cumpriu o dever legal de vigilância, registrada na omissão culposa do ente público, ante a constatada inadimplência do contrato no pagamento das verbas trabalhistas, em ofensa ao princípio constitucional que protege o trabalho como direito social indisponível, a determinar a sua responsabilidade subsidiária, em face de culpa *in vigilando*. Agravo de instrumento desprovido. AIIR – 2567-65.2010.5.06.0000, In *DEJT* 28.01.2011, p. 10.

Em abril de 2017, o STF corroborou esse entendimento, com repercussão geral, aprovando a seguinte tese: "o inadimplemento dos encargos trabalhistas dos empregados do contratado não transfere ao Poder Público contratante automaticamente a responsabilidade pelo seu pagamento, seja em caráter solidário ou subsidiário, nos termos do artigo 71, parágrafo 1º, da Lei nº 8.666/93". A tese com repercussão geral teve origem no julgamento do RE 760.931, que vedou a responsabilização automática da Administração Pública, considerando que só cabe a condenação do Poder Público se houver prova inequívoca de conduta omissiva ou comissiva na fiscalização dos contratos.

No entanto, note-se que o art. 121, § 2º, da Lei nº 14.133/2021 é ainda mais restritivo ao estabelecer que, exclusivamente nas **contratações de serviços contínuos com regime de dedicação exclusiva de mão de obra**, a Administração responderá solidariamente pelos encargos previdenciários e subsidiariamente pelos encargos trabalhistas se comprovada falha na fiscalização do cumprimento das obrigações do contratado.

FISCALIZAÇÃO

UM OU MAIS FISCAIS DO CONTRATO – especialmente designado(s) pela Administração.

Anota ocorrências e determina regularização de faltas.

O contratado deve manter **PREPOSTO**, aceito pela Administração, no local – que recebe comunicações e notificações do representante.

Contratado = **obrigado a reparar**, sob pena de **extinção do contrato**.

A fiscalização não **exclui** ou **reduz a responsabilidade** do contratado pelos danos causados.

Note-se que, no caso das obrigações trabalhistas, o TST considera que se houver culpa *in vigilando* (omissão culposa na fiscalização), pode-se configurar a responsabilidade subsidiária, de acordo com o determinado na Súmula 331, mesmo diante do conteúdo da ADC 16/2010.

No entanto, o § 2º do art. 121 da Lei nº 14.133/2021 determina que, exclusivamente nas contratações de **serviços contínuos com regime de dedicação exclusiva de mão de obra**, a Administração responderá solidariamente pelos encargos previdenciários e subsidiariamente pelos encargos trabalhistas se comprovada falha na fiscalização do cumprimento das obrigações do contratado.

7.9.4 Aplicação de sanções

Também é manifestação de prerrogativa de Poder Público a aplicação de sanções, desde que seja garantida a defesa prévia. Qualquer penalidade prevista somente será aplicada após regular processo administrativo, no qual sejam resguardados o contraditório e a ampla defesa.

A cláusula do devido processo legal é exigência de observância obrigatória toda vez que a Administração se orientar a privar o indivíduo de sua liberdade ou de seus bens. Assim, a ampla defesa e o contraditório no âmbito administrativo proíbem que a Administração projete-se unilateralmente sobre o patrimônio e a liberdade do particular, sem antes lhe dar oportunidade de **conhecer** e de **reagir** contra eventuais arbitrariedades.

A inexecução pode também dar ensejo à rescisão do contrato, com as consequências legais, contratuais ou regulamentares.

A Nova Lei de Licitações e Contratos traz uma disciplina mais pormenorizada do que a antiga, sendo que o art. 155 discrimina a configuração de pressupostos fáticos que dão ensejo à aplicação das sanções.

Assim, são infrações cometidas pelos licitantes, de acordo com o art. 155 da Lei nº 14.133/2021, que são aptas a gerar responsabilização administrativa: dar causa à inexecução parcial do contrato; dar causa à inexecução parcial do contrato que cause grave dano à Administração, ao funcionamento dos serviços públicos ou ao interesse coletivo; dar causa à inexecução total do contrato; deixar de entregar documentação exigida para o certame; não manter a proposta, salvo em decorrência de fato superveniente devidamente justificado; não celebrar contrato ou não entregar a documentação exigida para a contratação, quando convocado dentro do prazo de validade de sua proposta; ensejar o retardamento da execução ou da entrega do objeto da licitação sem motivo justificado; apresentar declaração ou documentação falsa exigida para o certame ou prestar declaração falsa durante a licitação ou a execução do contrato; fraudar a licitação ou praticar ato fraudulento na execução do contrato; comportar-se de modo inidôneo ou cometer fraude de qualquer natureza; praticar atos ilícitos com vistas a frustrar os objetivos da licitação; e praticar ato lesivo previsto no art. 5º da Lei nº 12.846/2013 (Lei Anticorrupção Empresarial).

O art. 156 da Lei nº 14.133/2021 prevê as seguintes modalidades de **sanções**:

- **advertência**;
- **multa, na forma prevista no instrumento convocatório ou no contrato;**
- **impedimento de licitar e contratar** a Administração, por prazo não superior a três anos; e
- **declaração de inidoneidade**[37] para licitar ou contratar com a Administração Pública, pelo prazo mínimo de três anos e máximo de seis anos.

---

[37] Segundo jurisprudência do STJ, a sanção de inidoneidade tem efeitos *ex nunc*, não alcançando automaticamente os contratos em execução. STJ, EDCL no MS 13.101. Rel. Min. Eliana Calmon, *DJe* 25.5.2009.

As sanções de advertência, impedimento de licitar e contratar e declaração de inidoneidade poderão ser aplicadas juntamente (cumulativamente) apenas com a sanção de multa, mas não entre si, até porque há uma gradação nas sanções que devem ser aplicadas em função da gravidade da infração praticada. Se a multa aplicada e as indenizações cabíveis forem superiores ao valor de pagamento eventualmente devido pela Administração ao contratado, além da perda desse valor, a diferença será descontada da garantia prestada ou será cobrada judicialmente.

A sanção de multa será calculada na forma do edital do contrato, sendo estabelecida dosimetria mínima e máxima, dado que não poderá ser inferior a 0,5% nem superior a 30% do valor do contrato licitado ou celebrado com contratação direta, sendo aplicada ao responsável pelo cometimento das infrações administrativas previstas.

Na aplicação das sanções serão considerados, nos termos do § 1º do art. 156 da Lei nº 14.133/2021: a natureza e a gravidade da infração cometida; as peculiaridades do caso concreto; as circunstâncias agravantes ou atenuantes; os danos que dele provierem para a Administração Pública; e a implantação ou o aperfeiçoamento de programa de integridade, conforme normas e orientações dos órgãos de controle.

Ainda, para determinadas sanções, como "apresentar declaração ou documentação falsa exigida para o certame ou prestar declaração falsa durante a licitação ou a execução do contrato" (art. 155, VIII) e "praticar ato lesivo previsto no art. 5º da Lei nº 12.846/2013", previsto no inciso XII do art. 155, a nova lei exige, como condição de reabilitação do licitante ou contratado, a implantação ou aperfeiçoamento de programa de integridade pelo responsável.

É admitida, conforme o art. 163 da Lei nº 14.133/2021, a reabilitação do licitante ou contratado perante a própria Administração que aplicou a penalidade, exigidos, cumulativamente: (1) reparação integral do dano causado à Administração Pública; (2) pagamento de multa; (3) transcurso do prazo mínimo de um ano da aplicação da penalidade, no caso de impedimento de licitar e contratar, ou de três anos da aplicação da penalidade, no caso de declaração de inidoneidade; (4) cumprimento das condições de reabilitação definidas no ato punitivo; e (5) análise jurídica prévia, com posicionamento conclusivo quanto ao cumprimento dos requisitos definidos.

Das sanções de advertência, multa e impedimento de licitar e contratar, cabe recurso no prazo de 15 dias úteis, contados da data de intimação. Da aplicação da sanção de declaração de inidoneidade, cabe apenas pedido de reconsideração, que deverá ser apresentado no prazo de 15 dias úteis, contados da data de intimação.

A Nova Lei de Licitações e Contratos também se inspira na Lei Anticorrupção Empresarial, ao prever a possibilidade de desconsideração da personalidade jurídica se a empresa for utilizada com abuso de direito para facilitar, encobrir ou dissimular a prática de ilícitos previstos na lei ou mesmo para provocar confusão patrimonial (art. 160 da Lei nº 14.133/2021).

Também há a previsão da necessidade de atualização de cadastros, que são: o CEIS (Cadastro Nacional de Empresas Inidôneas e Suspensas) e o CNEP (Cadastro Nacional de Empresas Punidas). Para a aplicação de sanções mais graves (que são: impedimento e declaração de inidoneidade), a lei prevê regras para instauração de um processo de responsabilização, com estruturação de **comissão** e critérios específicos com a delimitação de prazos e procedimentos.

Estabelece o *caput* do art. 158 da nova lei que, no processo de responsabilização, haverá a instauração de comissão composta de dois ou mais servidores estáveis. A comissão avaliará fatos e circunstâncias conhecidos e intimará o licitante ou o contratado para, no prazo de 15 dias úteis, contados da data de intimação, apresentar defesa escrita e especificar as provas que pretenda produzir.

> **SANÇÕES**
>
> – obedecem ao contraditório e à ampla defesa
> – art. 155, Lei nº 14.133/2021: pressupostos fáticos que autorizam a sanção
> – **programa de integridade** como fator de mitigação da sanção contratual
> – **previsão da desconsideração da personalidade jurídica** (inspirada na Lei Anticorrupção)
> – **CEIS** – Cadastro Nacional de Empresas Inidôneas e Suspensas
> – **CNEP** – Cadastro Nacional de Empresas Punidas
> – **sanções:** advertência, multa, impedimento de licitar e contratar e declaração de inidoneidade
>
> Para sanções mais graves: processo de responsabilização a ser conduzido por comissão
> Art. 163: reabilitação do licitante ou contratado

Tema pacificado: abrangência da sanção de impedimento de contratar na nova lei

Havia um debate, na lei anterior, sobre se a sanção de suspensão do direito de contratar com a Administração seria só para a entidade/órgão ou para toda a Administração Pública.

Como o dispositivo do art. 87 da Lei nº 8.666/93 dava redação diversa à suspensão, que impediria a contratação com a *Administração*, já a declaração de inidoneidade, sanção mais gravosa, menciona a vedação de contratar com a *Administração Pública*, e a Lei de Licitações definia de forma distinta **as duas expressões nos incisos XI**[38] **e XII**[39] **do art. 6º**, a doutrina majoritária[40] consagrou entendimento no sentido de que enquanto a inidoneidade vedasse contratação com qualquer ente da Administração Pública, direta ou indireta, de qualquer âmbito federativo, a suspensão temporária de participação de licitação e o consequente impedimento de contratar alcançariam tão somente contratações com a entidade responsável pela aplicação da penalidade.

A doutrina aplicava não só a interpretação da própria Lei de Licitações, mas o fazia procurando atender a gradação das sanções, para que à declaração de inidoneidade fosse dado sentido mais gravoso, e sem promover interpretação extensiva à atividade sancionatória do Poder Público.

Um dos poucos doutrinadores que divergia frontalmente deste entendimento era Marçal Justen Filho, para quem: "não haveria sentido em circunscrever os efeitos da 'suspensão de participação de licitação' a apenas um órgão específico. Se um determinado sujeito apresenta desvios de conduta que o inabilitam para contratar com a Administração Pública, os efeitos dessa ilicitude se estendem

---

[38] Art. 6º, XI – Administração Pública – a administração direta e indireta da União, dos Estados, do Distrito Federal e dos Municípios, abrangendo inclusive as entidades com personalidade jurídica de direito privado sob controle do poder público e das fundações por ele instituídas e mantidas.

[39] Art. 6º, XII – Administração – órgão, entidade ou unidade administrativa pela qual a Administração Pública opera e atua concretamente.

[40] Cf. MEIRELLES, Hely Lopes. *Licitação e contrato administrativo*. 15. ed. São Paulo: Malheiros, 2010. p. 337. Também Márcia Walquiria Batista dos Santos: "O legislador, por óbvio, quis dar uma abrangência maior para a declaração de inidoneidade, sendo lícito pensar que o contratado inidôneo assim o será perante qualquer órgão público do país. E aquele que for suspenso temporariamente será assim tratado perante os órgãos, entidades e unidades administrativas concernentes ao Poder Público que lhe aplicou a sanção." In: *Temas polêmicos sobre licitações e contratos*. 5. ed. São Paulo: Malheiros, 2001. p. 338. Em artigo posterior, escrito como estudo em homenagem à Maria Sylvia Zanella Di Pietro, Márcia Walquiria Batista do Santos expôs as novas orientações do STJ e do TCU, mas enfatizou, seguindo a linha exposta anteriormente, que não concorda com o novo tratamento dado. SANTOS, Márcia Walquiria Batista dos. O procedimento da rescisão de contratos administrativos e da aplicação de penalidades. In: *Direito e administração pública*: estudos em homenagem a Maria Sylvia Zanella Di Pietro. São Paulo: Atlas, 2013. p. 940.

a qualquer órgão. Nenhum órgão da Administração Pública pode contratar com aquele que teve seu direito de licitar 'suspenso'".[41]

O entendimento extensivo de Marçal Justen Filho foi o adotado na modalidade de licitação pregão, uma vez que o art. 7º da Lei nº 10.520/2002 mencionava o impedimento de licitar e contratar com a União, Estados, Distrito Federal ou Municípios, sem fazer a distinção da Lei Geral de Licitações.

Ademais, mais recentemente o STJ mudou orientação anterior, conforme se extrai do seguinte acórdão:

ADMINISTRATIVO. LICITAÇÃO. HABILITAÇÃO SOMENTE DA MATRIZ. REALIZAÇÃO DO CONTRATO POR FILIAL. IMPOSSIBILIDADE. DESCUMPRIMENTO DO CONTRATO.

SANÇÕES. PROPORCIONALIDADE. ADMINISTRAÇÃO X ADMINISTRAÇÃO PÚBLICA. DISTINÇÃO. AUSÊNCIA. [...]. 10. Por fim, não é demais destacar que neste Tribunal já se pontuou a ausência de distinção entre os termos Administração e Administração Pública, razão pela qual a sanção de impedimento de contratar estende-se a qualquer órgão ou entidade daquela. Precedentes. 11. Recurso ordinário não provido. RMS 32628/SP, Rel. Min. Mauro Campbell Marques, j. 6.09.2011, DJe 14.9.2011.

Também é paradigmática da adoção desta última orientação pelo TCU a seguinte decisão do **AC 2218/2011**:

"O entendimento do tribunal *a quo*, no sentido de que a suspensão imposta por um órgão administrativo ou um ente federado não se estende aos demais, não se harmoniza com o objetivo da Lei nº 8.666/93, de tornar o processo licitatório transparente e evitar prejuízos e fraudes ao erário, inclusive propondo sanções àqueles que adotarem comportamento impróprio ao contrato firmado ou mesmo ao procedimento de escolha de propostas. Há, portanto, que se interpretar os dispositivos legais estendendo a força da punição a toda a administração, e não restringindo as sanções aos órgãos ou entes que as aplicarem de outra maneira, permitir-se-ia que uma empresa, que já se comportara de maneira inadequada, outrora, pudesse contratar novamente com a administração durante o período em que estivesse suspensa, tornando esta suspensão desprovida de sentido. Por essas razões, entendo que esta corte deva rever seu posicionamento anterior, para considerar legal a inserção, pela Infraero, de cláusula editalícia impeditiva de participação daqueles, incursos na sanção prevista no inciso III da Lei 8.666/93. Não raro, integrantes de comissões de licitação verificam que sociedades empresárias afastadas das licitações públicas, em razão de suspensão do direito de licitar e de declaração de inidoneidade, retornam aos certames promovidos pela administração valendo-se de sociedade empresária distinta, mas constituída com os mesmos sócios e com objeto social similar. Por força dos princípios da **moralidade** pública, **prevenção, precaução e indisponibilidade do interesse público**, o administrador público está obrigado a impedir a contratação dessas entidades, sob pena de se tornarem inócuas as sanções aplicadas pela administração [...]".

O TCU publicou posteriormente o seguinte extrato da decisão:

ART. 87, INCISO III DA LEI 8.666/93 – INEXECUÇÃO DO CONTRATO – ABRANGÊNCIA DOS EFEITOS DA SUSPENSÃO PARA TODA A ADMINISTRAÇÃO PÚBLICA FEDERAL DIRETA E INDIRETA – NOVA ORIENTAÇÃO – TENDÊNCIA. Texto: 12.4.2011. Nessa data foi aprovado o AC – 2218-11/11-1 com entendimento divergente sobre o alcance da abrangência da suspensão para contratar com órgão ou entidade da administração pública. É possível que, a partir desse acórdão, o novo entendimento prevaleça sobre o anterior.

---

[41] JUSTEN FILHO, Marçal. *Comentários à Lei de Licitações e Contratos Administrativos*. 12. ed. São Paulo: Dialética, 2008. p. 882.

A tendência observada era a promoção de uma interpretação teleológica, ignorando-se a distinção conceitual feita pela Lei de Licitações entre Administração e Administração Pública, em nome dos princípios da moralidade, da prevenção, da precaução e da indisponibilidade dos interesses públicos.

No entanto, note-se que a nova lei jogou uma pá de cal, isto é, pacificou esse debate, à medida que trouxe, em vez da sanção de suspensão, a sanção de **impedimento de licitar e contratar**, sendo que delimitou na própria redação que a sanção de impedimento de licitar e contratar tem aplicação restrita expressamente ao âmbito da Administração Pública direta e indireta **do ente federativo que tiver aplicado a sanção** (art. 156, § 4º), não se estendendo aos demais entes.

```
                    SANÇÕES
                    art. 156
         ┌─────────────┼─────────────┐
       MULTA           │             
         ┌─────────────┼─────────────┐
   ADVERTÊNCIA   IMPEDIMENTO DE   DECLARAÇÃO DE
                 LICITAR E        INIDONEIDADE PARA
                 CONTRATAR        LICITAR E CONTRATAR
                 Prazo não        de 3 a 6 anos
                 superior a 3 anos
```

7.9.5 Ocupação provisória de bens, pessoal e serviços

A ocupação provisória de bens móveis e imóveis e a utilização de pessoal e serviços vinculados ao objeto do contrato aplicam-se, conforme o inciso V do art. 104 da Lei nº 14.133/2021, em duas hipóteses:

a) risco à prestação de **serviços essenciais**; e
b) necessidade de **acautelar apuração administrativa de faltas contratuais** pelo contratado, inclusive após extinção do contrato.

De acordo com o art. 139, II, da Lei nº 14.133/2021, a extinção determinada por ato unilateral da Administração pode acarretar "ocupação e utilização do local das instalações, dos equipamentos, do material e do pessoal empregados na execução do contrato e necessários à sua continuidade".

O objetivo, portanto, da ocupação provisória é **garantir a continuidade** dos serviços essenciais cujo fornecimento pode ser obstado com a extinção contratual. Entretanto, a partir da edição posterior de lei específica referente à concessão e à permissão da prestação de serviços públicos, o assunto foi deslocado do âmbito de aplicação da Lei nº 8.666/93 para a Lei nº 8.987/95.

Concordamos com o posicionamento de Marçal Justen Filho,[42] no sentido de que a ocupação provisória **para acautelar apuração administrativa de faltas contratuais** é inconstitucional,

---

[42] JUSTEN FILHO, Marçal. *Comentários à Lei de Licitações e Contratos Administrativos*. 12. ed. São Paulo: Dialética, 2008. p. 682.

pois **viola o devido processo legal**. O ordenamento jurídico pressupõe a inafastabilidade da tutela jurisdicional. Como o Poder Judiciário é instância suficiente para deferir provimentos adequados ao acautelamento da produção de provas, é, portanto, desnecessária e gravosa a ocupação nessa hipótese.

Não há, portanto, respaldo na Constituição Federal apto a justificar a hipótese de ocupação provisória de bens, pessoal e serviços para acautelar a apuração de faltas cometidas na execução do contrato.

A ocupação prevista no art. 5º, XXV, da Constituição Federal, por exemplo, permite o uso de propriedade particular no caso de iminente perigo público, assegurando ao proprietário indenização ulterior, se houver dano. Não obstante previsão constitucional, existem também ocupações temporárias criadas por lei para garantir interesses públicos, como, por exemplo, na realização de obra, desde que feita em terrenos não edificados, vizinhos à obra pública (art. 36 do Decreto-lei nº 3.365/41), ou a execução de estudos feitos por escavações e pesquisas de interesse arqueológico ou pré-histórico, quando não houver acordo amigável com o proprietário da área em que se situa a jazida (art. 13, parágrafo único, da Lei nº 3.924/61), mas estas últimas hipóteses estão alicerçadas em **justificativa** razoável ou racional ponderada em função da importância dos **fins de interesse público** perseguidos.

Admitimos, entretanto, a viabilidade de ocupação para resguardar a continuidade de serviços públicos se houver **extinção contratual**, tendo em vista os interesses públicos envolvidos, caso em que existe legislação específica posterior a ser aplicada (Lei nº 8.987/95), mas **não** consideramos adequada a ocupação para **acautelar a apuração de faltas cometidas na execução do contrato**, pois ela gera violação ao princípio do devido processo legal, sem o qual, no sistema constitucional pátrio, ninguém será privado da liberdade ou de seus bens (art. 5º, LIV).

O devido processo substantivo relaciona-se, segundo a doutrina mais avançada,[43] com a necessidade de haver justificativa plausível para qualquer restrição a direito e não há necessidade de ocupação para apuração de faltas contratuais se o recurso ao Poder Judiciário é suficiente para munir a Administração de instrumentos adequados e sobretudo necessários para acautelar a investigação de eventuais faltas cometidas.

Também não se pode esquecer que o art. 117 da Lei nº 14.133/2021 determina que a Administração deve designar representantes (um ou mais fiscais do contrato) para acompanhar e fiscalizar o desenvolvimento de contratos em que haja risco de o particular ocultar eventuais falhas, o que torna a ocupação para o mencionado fim medida excessivamente gravosa e violadora do juízo de proporcionalidade.

---

[43] BARROS, Suzana de Toledo. *O princípio da proporcionalidade e o controle de constitucionalidade das leis restritivas de direitos fundamentais*. 3. ed. Brasília: Brasília Jurídica, 2003. p. 76.

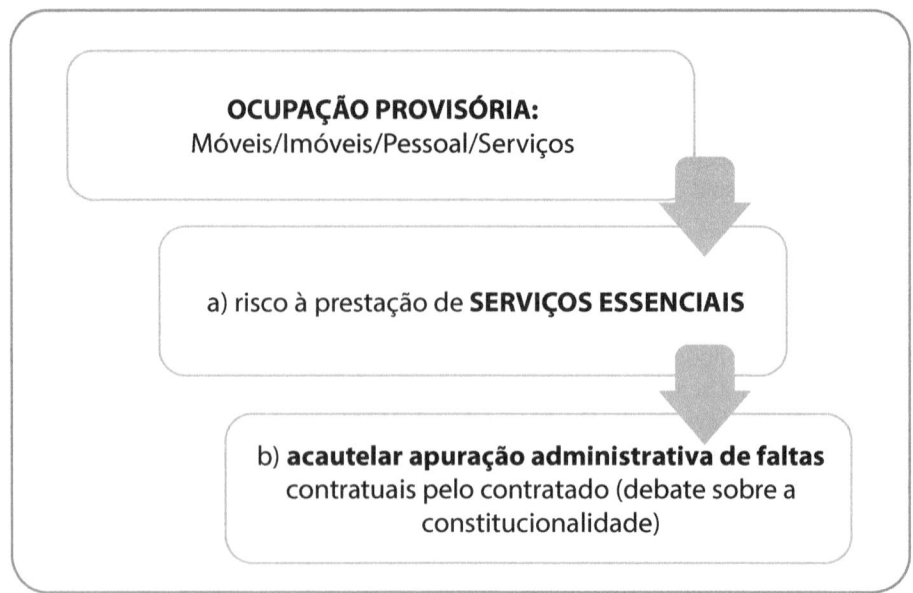

7.9.6 Restrições à alegação da exceptio non adimpleti contractus

Exceção de contrato não cumprido (*exceptio non adimpleti contractus*), na teoria geral dos contratos, é a expressão empregada para designar a defesa utilizada contra a parte que exige o cumprimento do avençado sem ter cumprido sua prestação. Está prevista nos seguintes termos do art. **476 do Código Civil**: "nos contratos bilaterais, nenhum dos contratantes, antes de cumprida a sua obrigação, pode exigir o implemento da do outro".

No direito público sempre houve restrições ao uso de tal defesa, pois, se a Administração não cumpre com a sua parte, não pode o particular exigir que primeiro arque com a contraprestação para que somente então venha exigir-lhe o cumprimento da obrigação, pois como os contratos administrativos acabam satisfazendo a finalidades de interesse público, em grande parte dessas situações os principais **prejudicados** seriam os **cidadãos** que necessitam da prestação. Imagine-se a suspensão no fornecimento de remédios que se destinam a posto de saúde ou de alimentos destinados à merenda escolar.

A alegação da exceção é, ademais, prejudicial ao princípio da continuidade do serviço público, que tem prioridade em relação aos interesses particulares.

Antes falava-se na vedação da alegação da exceção de contrato não cumprido, isto é, da **inoponibilidade** da *exceptio non adimpleti contractus*; todavia, a Lei nº 14.133/2021 **mitiga** a proibição, estabelecendo limites à inércia da Administração em adimplir sua parte do contrato, previstos no art. 137, § 2º, da Lei nº 14.133/2021, isto é, suspensão da execução por mais de três meses ou por repetidas suspensões que totalizem 90 dias úteis, atraso de pagamento superior a dois meses e não liberação de área, local ou objeto ou das fontes de materiais naturais.[44]

Como não há previsão de extinção unilateral por parte do contratado, mas tão somente pela Administração Pública, a extinção deverá, portanto, ser consensual, por acordo entre as partes, por conciliação, mediação ou por comitê de resolução de disputas, desde que haja

---

[44] Os quais serão revistos no item **fato da Administração**.

interesse da Administração; determinada por decisão arbitral, em decorrência de cláusula compromissória ou compromisso arbitral, ou por decisão judicial.

Contudo, enfatiza José dos Santos Carvalho Filho que, em situações especiais, se o prejudicado, mesmo **antes dos prazos legais**, ficar impedido de dar continuidade ao contrato devido à falta de pagamento, "tem ele direito à rescisão do contrato por culpa da Administração".[45] Nessas hipóteses, sugere o autor que o interessado recorra à via judicial e requerer uma tutela de natureza cautelar para autorizá-lo a suspender o objeto do contrato, medida que, se deferida, tem o condão de impedir que futuramente a Administração inadimplente impute-lhe conduta culposa recíproca.

Note-se que, de acordo com o Enunciado 6 da *I Jornada de Direito Administrativo* do Conselho da Justiça Federal (CJF), realizada em agosto de 2020, o atraso superior ao previsto na lei dos pagamentos devidos pela Administração Pública "autoriza o contratado a suspender o cumprimento de suas obrigações até que seja normalizada a situação, mesmo sem provimento jurisdicional". Assim, não há necessidade de medida judicial como condição para garantia do direito do particular de suspender o cumprimento de sua obrigação, sendo ele uma decorrência direta da previsão legal.

RESTRIÇÃO AO USO DA *EXCEPTIO NON ADIMPLETI CONTRACTUS*

DIREITO PRIVADO: nos contratos bilaterais, nenhum dos contratantes, antes de cumprida a sua obrigação, pode exigir o implemento da do outro – art. 476, CC.

DIREITO PÚBLICO: Lei nº 14.133/2021 – mitigação ao uso da exceção.

Particular *poderá* suportar, sem dar ensejo, como regra geral, à extinção:

- até **3 meses de suspensão** da execução ou por repetidas suspensões que totalizem 90 dias úteis (art. 137, § 2º, II e III);
- até **dois meses de atraso** nos pagamentos (art. 137, § 2º, IV);

Obs.: nada obsta que o particular entre com liminar pleiteando suspensão do cumprimento da obrigação antes do prazo, se comprovar que não será capaz de suportar a situação.
Enunciado 6 da *I Jornada de Direito Administrativo*: o atraso superior ao previsto na lei autoriza o contratado a suspender o cumprimento de suas obrigações, mesmo sem provimento jurisdicional.

- também pode pleitear a extinção, pela via consensual ou determinada por decisão arbitral, em decorrência de cláusula compromissória ou compromisso arbitral, ou por decisão judicial, em face de **não** ocorrer a **liberação**, por parte da Administração, de área, local ou objeto para execução de obra, serviço ou fornecimento (art. 137, § 2º, V).

7.9.7 Exigência de garantia

A critério da autoridade competente, em cada caso, e desde que prevista no edital, pode ser exigida **prestação de garantia** nas contratações de obras, serviços e fornecimentos, conforme determina o art. 96 da Lei nº 14.133/2021.

As quatro modalidades de garantia previstas na lei são:

- **caução em dinheiro** ou **títulos da dívida pública**;

---

[45] CARVALHO FILHO, José dos Santos. *Manual de direito administrativo*. Rio de Janeiro: Lumen Juris, 2008. p. 188.

- **seguro-garantia;**
- **fiança bancária;** e
- **título de capitalização custeado por pagamento único, com resgate pelo valor total.**

Cabe ao **contratado optar** por uma das modalidades de garantia. Significa dizer que a exigência de garantia é facultativa à Administração, mas ela deve assegurar ao particular a opção entre as quatro possibilidades previstas na lei.

Os títulos da dívida pública oferecidos como garantia devem ser emitidos sob a forma escritural, mediante registro em sistema centralizado de liquidação e de custódia autorizado pelo Banco Central do Brasil, e avaliados pelos seus valores econômicos, conforme definido pelo Ministério da Economia.

A nova lei prevê expressamente que, na hipótese de suspensão do contrato por ordem ou inadimplemento da Administração, o contratado ficará desobrigado de renovar a garantia ou de endossar a apólice de seguro até a ordem de reinício da execução ou o adimplemento pela Administração, para desonerá-lo de custos por situações que não foram por ele provocadas.

O edital fixará prazo mínimo de um mês, contado da data da homologação da licitação e anterior à assinatura do contrato, para a **prestação da garantia** pelo contratado quando optar pela modalidade seguro-garantia.

O seguro-garantia, conforme determina o art. 97 da Lei nº 14.133/2021, tem por objetivo garantir o fiel cumprimento das obrigações assumidas pelo contratado perante a Administração, inclusive as multas, os prejuízos e as indenizações decorrentes de inadimplemento, observadas as seguintes regras nas contratações regidas pela lei:

1. o prazo de vigência da apólice será igual ou superior ao prazo estabelecido no contrato principal e deverá acompanhar as modificações referentes à vigência desse mediante a emissão do respectivo endosso pela seguradora;
2. o seguro-garantia continuará em vigor mesmo se o contratado não tiver pago o prêmio nas datas convencionadas.

Nos contratos de execução continuada ou de fornecimento contínuo de bens e serviços, estabelece o parágrafo único do art. 97 da lei que será permitida a **substituição da apólice de seguro-garantia** na data da renovação ou do aniversário, desde que **mantidas as mesmas condições e coberturas da apólice** vigente e desde que nenhum período fique descoberto, ressalvado se a Administração der causa à suspensão de contrato na situação do § 2º do art. 96.

O valor da garantia, via de regra, não deve exceder 5% do valor inicial do contrato. O limite pode, contudo, chegar a até 10% do valor do contrato em obras, serviços e fornecimentos, desde que a majoração seja justificada mediante análise da complexidade técnica e dos riscos envolvidos.

Geralmente será utilizado o valor inicial do contrato, contudo, para contratações de serviços e fornecimentos contínuos com vigência superior a um ano, assim como nas subsequentes prorrogações, será utilizado o valor anual do contrato para definição e aplicação dos percentuais previstos.

Também nos contratos que envolvam a entrega de bens pela Administração, dos quais o contratado ficará depositário, o valor desses bens deverá ser acrescido ao valor da garantia.

De acordo com o art. 100 da Lei nº 14.133/2021, a garantia prestada pelo contratado será *liberada* ou *restituída* **após a fiel execução do contrato** ou após a sua extinção por culpa exclusiva da

Administração, e, quando em dinheiro, deverá ser atualizada monetariamente. Todavia, se houver extinção por ato unilateral da Administração, em havendo execução da garantia contratual, ela deverá ser feita com a finalidade de: (a) ressarcimento da Administração Pública por prejuízos decorrentes da não execução; (b) pagamento de verbas trabalhistas, fundiárias e previdenciárias, quando cabível; (c) pagamento de valores das multas devidas à Administração Pública; (d) exigência da assunção da execução e conclusão do objeto do contrato pela seguradora, quando cabível; e (e) retenção dos créditos decorrentes do contrato até o limite dos prejuízos causados à Administração Pública e das multas aplicadas (previsão das alíneas do inciso III do art. 139).

Um dos **pontos mais polêmicos do debate** do projeto que deu origem à Nova Lei de Licitações foi a questão do seguro-garantia de obras de engenharia, uma vez que o Brasil desejava se vincular às práticas mais avançadas de seguro de obras do mundo, a exemplo do que ocorre nos Estados Unidos, em que o sistema de seguros prevê cláusulas em que as seguradoras assumem a execução de complexas obras (cláusula de retomada/*step-in*/*performance bond*).

Contudo, nos Estados Unidos, os Estados em sua maioria possuem seguros que ultrapassam 50% do valor do contrato, chegando a 100% em muitos Estados. Assim, como as seguradoras acabam arcando com 100% de diversos dos contratos de *performance* de obras públicas, elas acabam tendo grande poder de ingerência e fiscalização nos canteiros de obras.[46]

Logo, lá acabam sendo mais raros os chamados "elefantes brancos", isto é, as obras inacabadas, símbolo de ineficiência e desperdício de recursos públicos. Também se discutia se o nosso país comportaria estrutura de mercado para inserção de tais mecanismos, isto é, o custo-benefício de trazer tal novidade para dentro da realidade nacional, dado segmento mais diminuto das seguradoras de grandes obras e também o incremento dos custos na inserção da avançada cláusula de retomada ou cláusula *step-in*.

Assim, a solução foi prever como facultativa a prestação de seguro-garantia com cláusula de *step-in*, em caso de inadimplemento da contratada. A novidade está presente no art. 99 da lei, que determina que, nas contratações de **obras e serviços de engenharia de grande vulto**, poderá ser exigida a prestação de garantia, na modalidade seguro-garantia, com cláusula de retomada prevista no art. 102 da lei, em percentual equivalente a **até 30% do valor inicial do contrato**.

A garantia prestada pelo contratado será liberada ou restituída após a fiel execução do contrato ou **após a sua extinção por culpa exclusiva da Administração**, e, quando em dinheiro, será atualizada monetariamente. Nos casos de contratos que impliquem a entrega de bens pela Administração, dos quais o contratado ficará depositário, o valor desses bens deverá ser acrescido ao valor da garantia.

O art. 102 da lei disciplina a **cláusula de retomada** (*step-in*), aplicada às contratações de obras e serviços de engenharia, em que o edital exija a prestação de garantia na modalidade seguro-garantia, com obrigação de a seguradora, em caso de inadimplemento pelo contratado, **assumir a execução e concluir o objeto do contrato**.

Na hipótese de cláusula de retomada, dispõem os incisos do art. 102 que:

1. a seguradora deverá firmar o contrato, inclusive os aditivos, como **interveniente anuente**, e poderá:
    a. ter livre acesso às instalações em que for executado o contrato principal;

---

[46] Cf. CARVALHO, Matheus. *Performance bond* nos contratos administrativos e as novas regras do regime brasileiro à luz da análise econômica do Direito. In: BELÉM, Bruno; CARVALHO, Matheus; CHARLES, Ronny. *Temas controversos da nova lei de licitações e contratos*. Salvador: JusPodivm, 2021. p. 166.

b. acompanhar a execução do contrato principal;
c. ter acesso a auditoria técnica e contábil;
d. requerer esclarecimentos ao responsável técnico pela obra ou pelo fornecimento;
2. a emissão de empenho em nome da seguradora, ou a quem ela indicar para a conclusão do contrato, será autorizada desde que demonstrada sua regularidade fiscal; e
3. a seguradora poderá subcontratar a conclusão do contrato, total ou parcialmente.

Ainda, conforme o parágrafo único do art. 102 da Lei nº 14.133/2021, na hipótese de inadimplemento do contratado, caso a seguradora execute e conclua o objeto do contrato, estará isenta da obrigação de pagar a importância segurada indicada na apólice; e **caso a seguradora não assuma** a execução do contrato, **pagará a integralidade da importância segurada indicada na apólice**.

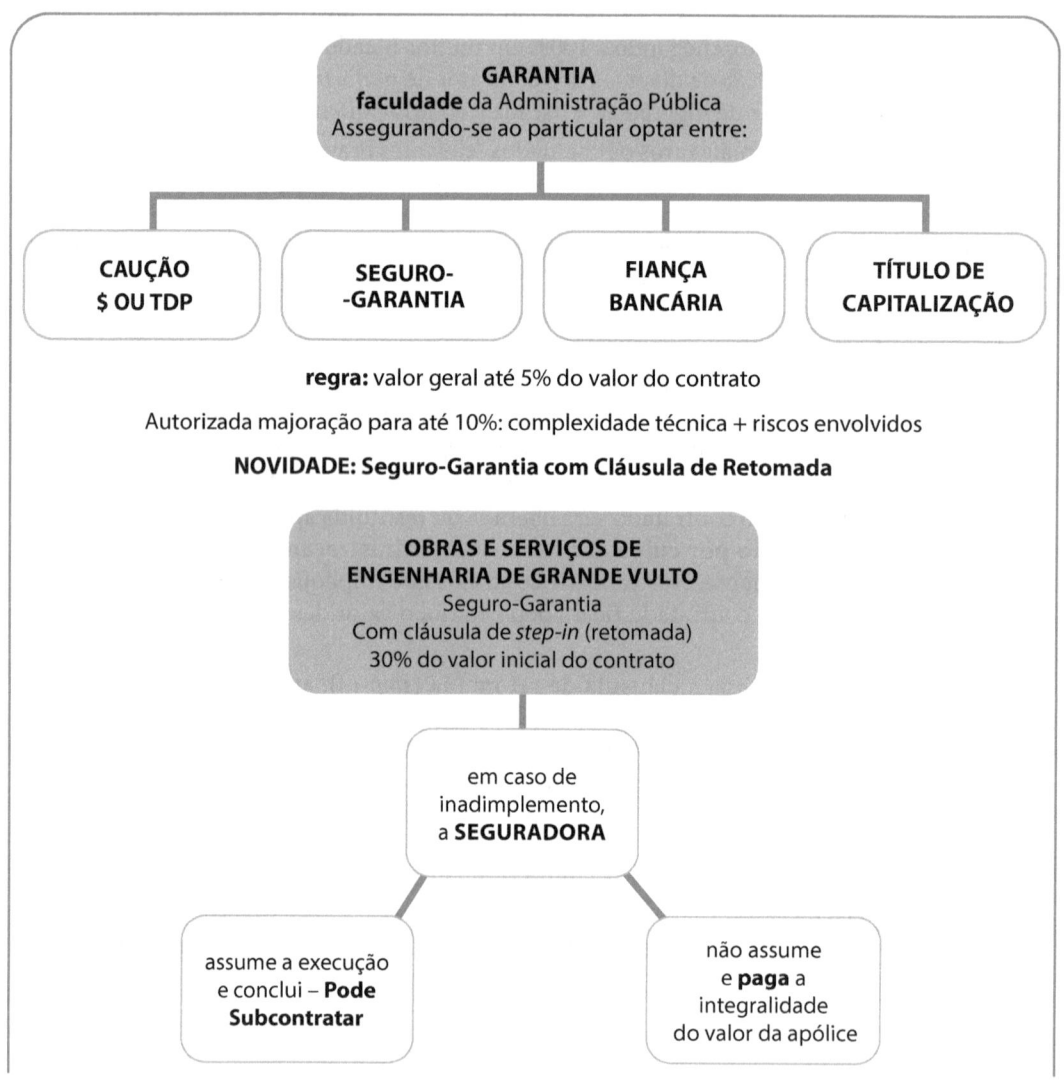

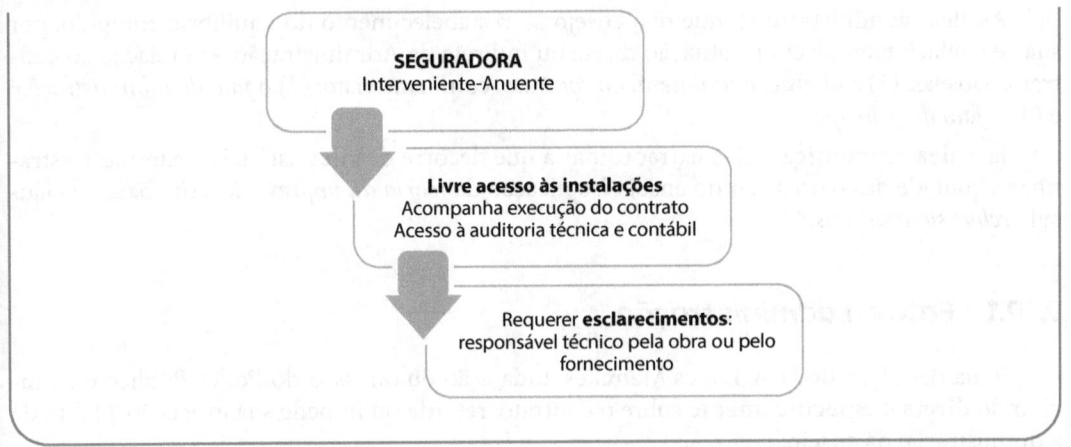

Acesse e assista ao vídeo sobre seguro-garantia e cláusula *step-in*
> http://uqr.to/1xpkx

7.10 Áleas contratuais

Álea é "acontecimento futuro que influi na economia do contrato".⁴⁷ O termo *álea* advém do latim *alea*, que significa sorte ou risco. Daí também se origina a expressão *alea jacta est*, que significa a sorte está lançada (ou os dados estão lançados). O radical dá origem à palavra *aleatorius* (aleatório).

Trata-se do risco que o empresário corre ao contratar com a Administração. Classifica-se em *ordinária* e *extraordinária*, sendo que apenas esta última dá ensejo ao restabelecimento do equilíbrio rompido.

A **álea ordinária** compreende evento desfavorável e *previsível*, cujos riscos são assumidos pelas partes quando da celebração do contrato. Denomina-se também álea empresarial, porque, de acordo com a explicação de Maria Sylvia Zanella Di Pietro, ela representa o risco que todo empresário corre "como resultado da própria flutuação do mercado; sendo previsível, por ele responde o particular".⁴⁸ Para algumas flutuações previsíveis, como será exposto, há também a possibilidade de previsão de reajustes contratuais.

A **álea extraordinária** abarca evento *imprevisível*, que produz excessiva onerosidade ao contrato. Na definição de Gaston Jèze, é "evento que frustra todos os cálculos que as partes puderam levar em conta ao celebrarem o contrato – a circunstância que perturba a economia do contrato".⁴⁹

---

⁴⁷ CRETELLA Jr., José. *Dos atos administrativos especiais*. Rio de Janeiro: Forense, 1998. p. 27.

⁴⁸ DI PIETRO, Maria Sylvia Zanella. *Direito administrativo*. São Paulo: Atlas, 2010. p. 277.

⁴⁹ JÈZE, Gaston. *Principios generales del derecho administrativo*. Buenos Aires: Depalma, 1950. p. 44.

As áleas administrativas, que dão ensejo ao restabelecimento do equilíbrio rompido, por sua vez, relacionam-se com a atuação direta ou indireta da Administração, em relação ao contrato. São elas: (1) a *alteração unilateral do contrato*, conforme visto; (2) o *fato da administração*; e (3) o *fato do príncipe*.

Já a **álea econômica** é álea extraordinária que decorre de circunstâncias externas e estranhas à vontade das partes, dando ensejo à aplicação da *teoria da imprevisão*, com base na cláusula *rebus sic stantibus*.[50]

7.10.1 Fato da administração

É, na definição de Hely Lopes Meirelles, toda ação ou omissão do Poder Público que, incidindo **direta e especificamente** sobre o contrato, retarda ou impede sua execução. O fato da Administração dá ensejo:

- ao direito à **recomposição do equilíbrio** econômico;
- à **suspensão na execução** do contrato, **sem as sanções** administrativas normalmente cabíveis, até que seja normalizada a situação; ou
- à **rescisão** do contrato.

São fatos da Administração:

- **atraso superior a dois meses** dos pagamentos ou de parcelas de pagamentos devidos pela Administração por despesas de obras, serviços ou fornecimentos;
- **suspensão da execução**, por ordem escrita da Administração, por **mais de três meses**, ou, ainda, por repetidas suspensões que totalizem **90 dias úteis**;
- **não liberação**, por parte da Administração, de **área**, **local** ou **objeto** para execução de obra, serviço ou fornecimento, nos prazos contratuais, bem como das fontes de materiais naturais especificadas no projeto, inclusive devido a atraso ou descumprimento das obrigações atribuídas pelo contrato à Administração relacionadas a desapropriação, a desocupação de áreas públicas ou a licenciamento ambiental (art. 137, § 2º, V).

O particular deve suportar um atraso de até dois meses dos pagamentos devidos pela Administração ou aguentar até três meses de suspensão determinada pela Administração, sem poder, via de regra, alegar a *exceptio non adimpleti contractus*. Em ambos os casos, conforme visto, é assegurado ao contratado o direito de optar pela suspensão do cumprimento de suas obrigações até que seja normalizada a situação, em vez de pleitear administrativa ou judicialmente a rescisão contratual, conforme orientação reiterada no Enunciado 6 da *I Jornada de Direito Administrativo* do Conselho da Justiça Federal.

No terceiro caso mencionado, o particular pode alegar a exceção porque a execução de sua prestação depende de providências prévias a cargo da Administração, que não libera área, local ou objeto nos prazos contratuais. Assim, se ele não recebe o local da obra ou serviço diante da inércia do Poder Público em, por exemplo, proceder às desapropriações necessárias, ele tem

---

[50] Adota-se neste ponto a classificação de Di Pietro, que considera a teoria da imprevisão como decorrente de álea econômica, mas há autores que tratam a teoria da imprevisão como gênero, no qual se incluiriam o fato maior, o caso fortuito, o fato do príncipe, o fato da administração e as interferências imprevistas.

direito a pedir a revisão do contrato ou mesmo sua extinção, com base na falta de cumprimento das obrigações da Administração.

7.10.2 Fato do príncipe

Fato do príncipe é **determinação estatal** imprevisível, que não se relaciona diretamente com o contrato, de caráter geral, mas que **onera reflexa e substancialmente** sua execução.

Configura álea administrativa extraordinária e extracontratual, pois, se a Administração altera unilateralmente o contrato, ocorre responsabilidade contratual.

Pode ensejar a aplicação do fato do príncipe e a obrigação de a Administração recompor o equilíbrio econômico-financeiro do contrato, por exemplo, a medida geral do Poder Público que repercute sobre a importação de matérias-primas necessárias ao adimplemento contratual, como, por exemplo, um aumento excessivo do imposto de importação que tem efeitos reflexos no contrato administrativo.

Deve haver nexo de causalidade entre a medida geral do Estado e sua repercussão sobre o equilíbrio de determinado contrato administrativo. Trata-se do ocorrido e relatado na seguinte decisão do STF, da década de 1980:

> Se o contrato com a Administração foi concluído quando vigentes condições conhecidas do imposto de importação de um bem indispensável à execução de contrato, mas sobreveio nova regulamentação tributária, onerosa e imprevisível, ocorreu "fato do príncipe", o qual legitima a revisão da economia do contrato, quanto às condições primitivas.[51]

O fato do príncipe também pode ser utilizado para excluir a responsabilidade do particular pela ausência de execução do contrato, uma vez que este foi atingido reflexamente por ato do próprio Estado, o que lhe possibilita pleitear, caso a onerosidade se torne excessiva, a rescisão contratual administrativa ou judicial. Caso contrário, a Administração poderá responsabilizar injustamente o particular pela inexecução, aplicando-lhe também multas ou rescindindo o contrato com a exigência do pagamento de perdas e danos.

No sistema brasileiro, a teoria é apenas invocada se a autoridade que determinou a medida for da mesma esfera de governo daquela que celebrou o contrato,[52] pois, se se tratar de autoridade de outra esfera, aplica-se a teoria da imprevisão. Assim, no caso do aumento do imposto de importação só se pode alegar o fato do príncipe nos contratos celebrados com a União, mas os celebrados com os Estados-membros se utilizarão da teoria da imprevisão para o restabelecimento do equilíbrio econômico-financeiro.

Isso se deve ao fato de que a teoria foi desenvolvida inicialmente em Estados unitários, nos quais era mais fácil atribuir ao ente central a responsabilidade por ato de império genérico que onerava reflexamente os contratos celebrados. Contudo, num cenário federativo frequentemente acontece de o ente que celebrou o contrato ter sido igualmente vitimado por medida

---

[51] STF, RHC 590, *DJ* 3.11.1981, p. 10.935.

[52] Discorda desse entendimento, no entanto, José dos Santos Carvalho Filho, para quem: "o 'príncipe' é o Estado ou qualquer de suas manifestações internas, de modo que nos parece aplicável a teoria se, por exemplo, um ato oriunda da União Federal atingir um particular que tenha contratado com um Estado-membro". CARVALHO FILHO, José dos Santos. *Manual de direito administrativo*. Rio de Janeiro: Lumen Juris, 2008. p. 201. Neste sentido também: PEREIRA JÚNIOR, Jessé. *Comentários à Lei das Licitações e contratações da administração pública*. Rio de Janeiro: Renovar, 2002. p. 589-590.

tomada por outra pessoa jurídica política. Neste caso, muito embora o particular não possa ser responsabilizado pelo inadimplemento, também não se pode imputar tal responsabilidade ao ente que celebrou o contrato.

Além da alteração de impostos, são exemplos de assuntos que provocam a aplicação da teoria do príncipe, caso onerem reflexamente de forma excessiva determinados contratos administrativos: o corte de verbas orçamentárias ou a alteração da política econômica financeira ou cambial do governo. Nesta última hipótese se enquadra o seguinte extrato de ementa:

> CONTRATO ADMINISTRATIVO. EQUAÇÃO ECONÔMICO-FINANCEIRA DO VÍNCULO. DESVALORIZAÇÃO DO REAL. JANEIRO DE 1999. ALTERAÇÃO DE CLÁUSULA REFERENTE AO PREÇO. APLICAÇÃO DA TEORIA DA IMPREVISÃO E FATO DO PRÍNCIPE.[53]

O STF[54] também aplicou o fato do príncipe para pacotes econômicos como o Plano Cruzado e o Plano Bresser, uma vez que, com a paralisação da inflação e supressão da correção monetária, houve a necessidade, para que não se onerasse excessivamente uma das partes, de revisão da cláusula de correção prevista com base na situação da celebração do pacto.

7.10.3 Teoria da imprevisão

A teoria da imprevisão relaciona-se com a cláusula *rebus sic stantibus*, aplicada aos contratos de trato sucessivo, em que as prestações são executadas no decorrer do tempo. Ela é corolário da equidade dirigida aos contratos e foi desenvolvida teoricamente sobretudo por influência do Direito Canônico, na Idade Média.[55]

É normalmente associada a Bartolo (1314-1354) a conhecida frase: *contractus qui habent tractum successivum et dependentiam de futuro, rebus sic stantibus intelliguntur*,[56] da qual se extrai resumidamente a *rebus sic stantibus*, cláusula implícita nos contratos de execução diferida no tempo e que subordina a exigência de seu cumprimento apenas se as circunstâncias/coisas permanecerem como estavam no momento da celebração.

Trata-se de uma mitigação da *pacta sunt servanda* (força obrigatória dos contratos), que aponta para o fato de que uma vez avençada a obrigação, o contrato faz "lei entre as partes" (*lex inter partes*). A força obrigatória tornava os contratos imutáveis, isto é, intangíveis, dando ênfase aos princípios da autonomia da vontade[57] e da liberdade de contratar.

Na Idade Média, entretanto, houve a difusão da percepção de que a intangibilidade da avença não pode ser tida como absoluta, sob pena de ocorrerem injustiças, uma vez que podem acontecer

---

[53] STJ, ROMS 15.154, Rel. Luiz Fux, *DJ* 2.12.2002. p. 222.

[54] RE 136.901/SP, *DJ* 2.6.2006.

[55] Muito embora haja discussão acerca de sua verdadeira origem, defendendo-se que ela pode ser extraída do Código de Hamurabi. É polêmico, no entanto, seu uso no Direito Romano.

[56] Também denominada de *Decretus Gratiani* (de Graciano, professor da Escola de Bolonha), difundida por Bartolo de Sassoferrato. Celso Antônio Bandeira de Mello enfatiza que também em Sêneca e Cícero e nas obras de Juan de Andréa e Bartolomeu de Brescia, já se encontrava a enunciação do princípio. BANDEIRA DE MELLO, Celso Antônio. *Curso de direito administrativo*. São Paulo: Malheiros, 2008. p. 640 e DI PIETRO, Maria Sylvia Zanella. *Direito administrativo*. São Paulo: Atlas, 2010. p. 283.

[57] Que atualmente ganhou o sentido de autonomia privada.

transformações nas circunstâncias que oneram tanto a situação do contratante que, se ele tivesse tido condições de prevê-las, não teria celebrado o contrato da forma como celebrou.

A cláusula *rebus sic stantibus* restringe, para casos imprevisíveis e de efeitos inevitáveis, a observância absoluta da força obrigatória dos contratos. Ela entrou em declínio e, segundo Maria Sylvia Zanella Di Pietro,[58] praticamente desapareceu ao longo do século XVIII, pois neste momento histórico o iluminismo propagou o dogma da vontade e da razão humana como paradigmas do liberalismo (associado à visão individualista).

A partir das guerras mundiais e de suas consequências, houve uma virada neste tipo de visão, sendo o caso **Gás de Bordeaux** o precedente (*leading case* ou *arrêt*) conhecido[59] do Conselho de Estado francês (órgão de cúpula do contencioso administrativo), que resgatou a aplicação da *rebus sic stantibus* e contribuiu para o desenvolvimento da teoria da imprevisão voltada para os contratos administrativos.

O caso foi julgado em 1916, em meio à Primeira Guerra Mundial, e envolveu a necessidade de revisão de tarifas em benefício da concessionária denominada Cia. de Gás de Bordeaux (*Compagnie Générale d'Éclairage de Bordeaux*), responsável pelo serviço de iluminação pública da localidade, uma vez que o preço do carvão sofreu aumento excessivo com a guerra.

O Conselho de Estado decidiu que seria injusto que o concessionário arcasse com a totalidade dos prejuízos decorrentes da alta dos preços provocada por um evento imprevisível, anormal, cujas consequências se deram por fatores alheios à vontade das partes e cuja execução da forma como foi acordada provocaria a ruína de uma das partes.

No Brasil, é atualmente extraída do art. 124, II, *d*, parte final, da Lei de Licitações e Contratos (Lei nº 14.133/2021), que admite a possibilidade de alteração do contrato por acordo entre as partes, para restabelecer o equilíbrio econômico-financeiro inicial do contrato "em decorrência de fatos imprevisíveis ou previsíveis de consequências incalculáveis, que inviabilizem a execução do contrato tal como pactuado".

Note-se que, conforme será exposto, a tendência é de que a matriz de riscos e uma repartição mais customizada em cada contrato que anteveja riscos de forma objetiva venham a mitigar o uso indiscriminado das áleas, conforme será exposto. Há, portanto, uma ressalva na nova lei de que deve ser respeitada, em qualquer caso, a repartição objetiva de risco estabelecida no contrato.

No Direito Administrativo, a teoria da imprevisão relaciona-se à álea econômica, isto é, a um acontecimento externo ao contrato, que é acompanhado das seguintes características:

- **imprevisível** ou previsível de consequência incalculável;
- **anormal**, pois se trata de álea extraordinária (algo que não seja comum);
- **alheio à vontade** das partes; e
- que **onera excessivamente** o contrato.

---

[58] DI PIETRO, Maria Sylvia Zanella. *Direito administrativo*. São Paulo: Atlas, 2010. p. 283.

[59] Celso Antônio Bandeira de Mello menciona como antecessores do Gás de Bordeaux, na invocação da imprevisão, o aresto (caso) *Ville de Paris*, de 1905, e o *Labeye*, de 1911. BANDEIRA DE MELLO, Celso Antônio. *Curso de direito administrativo*. São Paulo: Malheiros, 2008. p. 641.

O evento deve ser de ocorrência imprevisível ou de consequências incalculáveis. Diante de acontecimentos previsíveis, dá para as partes considerarem seus efeitos nas cláusulas contratuais.[60]

Só um desequilíbrio muito grande, anormal, que torne excessivamente onerosa a execução do contrato, justifica a aplicação da teoria. A álea econômica extraordinária diferencia-se da ordinária, pois esta última representa o risco empresarial do negócio, comum a toda atividade privada.

A Administração Pública não pode se transformar em mantenedora dos lucros dos concessionários diante das flutuações ordinárias do mercado, sob pena de o contrato de concessão perder suas vantagens, em face de eventual socialização dos prejuízos e privatização dos lucros. Por outro lado, não é justo que o particular arque com o prejuízo sozinho, se de fato houver uma situação excepcional, diante da qual ele não teria firmado o contrato se dela soubesse de antemão, ainda mais porque essa circunstância não o libera do adimplemento contratual.

O fato deve ser alheio à vontade das partes. Se o fato decorrer da vontade do particular, ele responde pelas consequências de seu ato. Se decorrer da vontade da Administração, aplicam-se as regras referentes às áleas administrativas (alteração unilateral, fato da administração e fato do príncipe).

Ele deve onerar excessivamente o contrato, ou seja, o impacto dos efeitos deve ser acentuado, o que gera duas possibilidades:

- a **extinção** do contrato, sem atribuição de culpa ao particular, caso não dê mais para ele continuar executando o contrato; e
- a **revisão** do contrato, com a possibilidade de restabelecimento do equilíbrio econômico-financeiro que foi rompido.

ÁLEA ORDINÁRIA: *Previsível*	Não gera revisão do contrato		Apenas possibilidade de reajuste
ÁLEA EXTRAORDINÁRIA *Imprevisível*	**ÁLEA ADMINISTRATIVA** **alteração unilateral**, tendo em vista o atendimento do interesse público-contratual; **fato da Administração**, ação ou omissão do Poder Público que recai direta e especificamente no contrato; **fato do príncipe**, ação do Estado que onera reflexamente (indiretamente) o contrato-extracontratual.		**ÁLEA ECONÔMICA** **Teoria da imprevisão**

---

[60] Não se pode aplicar, de acordo com decisão do STJ, a teoria da imprevisão para um simples aumento salarial por dissídio coletivo que aplica índice de conversão da moeda. Cf. "A conversão da moeda em URV de que trata a Lei nº 8.880/94 não se apresenta como extorsiva ou exorbitante a justificar a excepcionalidade da teoria da imprevisão. O aumento salarial a que está obrigada a contratada por força de dissídio coletivo não é fato imprevisível capaz de autorizar a revisão contratual de que trata o art. 57 da Lei nº 8.666/93." O REsp 650.613/SP foi desprovido, Rel. João Otávio de Noronha, j. 23.1.2007.

> **TEMA CONTROVERTIDO: reequilíbrio econômico-financeiro dos contratos e covid-19**
>
> Em dezembro de 2019, em Wuhan, China, houve a identificação de um novo coronavírus, que ocasionou doença respiratória aguda grave. Como o ocorrido se deu no ano de 2019, a doença provocada pelo vírus foi denominada covid-19 (*coronavirus disease* 2019). Em janeiro de 2020, a Organização Mundial da Saúde (OMS) declarou o surto como emergência de saúde pública de interesse internacional, sendo que, em março de 2020, foi reconhecida a pandemia.
>
> Assim, muitos governos se esforçaram para a contenção da pandemia em sua expansão geográfica, contando no relógio para que a ciência avançasse rapidamente em descobertas de tratamentos adequados e testes de vacinas. Por conta do coronavírus, houve a edição da Lei nº 13.979/2020, que previu, no Brasil, medidas de enfrentamento da saúde pública para proteção da sociedade na disseminação e no seu contágio.
>
> Contudo, os efeitos da doença continuaram a se disseminar em novas ondas e variantes que provocaram impactos significativos na economia mundial, protraindo-se para 2021. Em junho de 2021, o Brasil atingiu a cifra de meio milhão de mortes causadas pela doença.
>
> Assim, tanto a iniciativa privada quanto o Poder Público acabaram sentindo os efeitos da crise provocada pelo coronavírus nas contratações públicas em geral e, sobretudo, nos contratos de concessão, tendo em vista a diminuição da circulação e da demanda por uma série de bens e serviços.
>
> Daí fica evidente haver o enquadramento na **teoria da imprevisão**, dado que a covid-19, como pandemia, foi um evento imprevisível e, inclusive, de consequência incalculável, tendo sido anormal, isto é, algo extraordinário, alheio à vontade das partes e que foi capaz de onerar excessivamente uma série de relações jurídicas.
>
> Pode-se alegar, portanto, o dispositivo que, na Lei nº 8.666/93 (que vigorará até abril de 2023), foi previsto no art. 65, II, *d*, permitindo o reequilíbrio econômico-financeiro se "sobrevierem fatos imprevisíveis, ou previsíveis porém de consequências incalculáveis, retardadores ou impeditivos da execução do ajustado". Apesar de tal dispositivo estar atualmente estabelecido no art. 124, II, *d*, parte final, da Nova Lei de Licitações e Contratos (Lei nº 14.133/2021), conforme visto, a aplicação será da Lei nº 8.666/93, dada a superveniência em contrato já celebrado anteriormente aos efeitos da pandemia, pois a nova lei entrou em vigor em 2021, já numa situação de alastramento da doença. Note-se que também o fato de haver matriz de riscos pode ter impacto no reequilíbrio do contrato, conforme analisado.
>
> Assim, a AGU editou o **Parecer 261/2020/CONJUR-MINFRA/CGU/AGU**, em que reconheceu a covid-19 como evento extraordinário que, na superveniência de contratos, gera consequências imprevisíveis e inevitáveis capazes de ocasionar desequilíbrio contratual, o que torna possível o reestabelecimento do equilíbrio rompido.
>
> De acordo com o Parecer AGU 261/2020, ficou explicitado que a pandemia do novo coronavírus pode ser classificada como evento de força maior ou caso fortuito, sendo que: "consistiu claramente num evento da natureza (mutação e rápida disseminação de um vírus com taxa de letalidade relativamente alta), sendo que esse evento ou pelo menos os seus efeitos não poderiam ter sido previstos ou antecipados pelos concessionários quando da apresentação de suas propostas nos respectivos leilões e tampouco poderiam ter sido por eles evitados. Por conseguinte, parece-me muito claro que a pandemia do novo coronavírus (SARS-CoV-2) é evento que caracteriza 'álea extraordinária', capaz de justificar a aplicação da teoria da imprevisão" (item 72).
>
> A AGU reconheceu, portanto, a covid-19 como fato extraordinário e imprevisível, capaz de autorizar o reequilíbrio econômico-financeiro dos contratos (de concessão de rodovias, portos e aeroportos).
>
> Ressalte-se, contudo, que a aplicação seja da **teoria da imprevisão**, seja de uma situação de **caso fortuito** ou **força maior**,[61] deve ser condicionada, segundo a AGU, primeiro, à verificação de como

---

[61] Pois, de acordo com o parágrafo 71 do parecer, "a menos que o contrato disponha de modo diferente, não há na prática maior relevância em tentar distinguir se eventual prejuízo sobre os contratos de concessão seria

foi feita a alocação de riscos no contrato em particular, e, depois, ao fato efetivamente derivar de consequências associadas ao coronavírus.

Assim, conforme o item 73 do Parecer: "é necessário avaliar se a pandemia teve efetivo impacto sobre as receitas ou despesas do concessionário. É possível que, em determinados casos, não tenha ocorrido impacto significativo. Esses elementos deverão ser devidamente examinados para que se possa concluir se um determinado contrato deve ser reequilibrado".

Se a iniciativa privada não assumiu riscos decorrentes da situação da pandemia, eles devem ser compensados, conforme possibilidades extraídas do conteúdo do contrato, podendo haver, então, por exemplo: redução do valor devido de outorga, acréscimo nas tarifas cobradas ou extensão do prazo contratual. Assim, não obstante a possibilidade de configuração da circunstância, o Parecer orienta que cada solução de reequilíbrio deva ser realizada de forma customizada e com uma visão consequencial, ponderando impactos fáticos e consequências específicas.

7.10.4 Interferências ou sujeições imprevistas

Enquanto na teoria da imprevisão, conforme visto, há incidentes econômicos que alteram o equilíbrio econômico do contrato, as denominadas **interferências** ou **sujeições imprevistas** são, de acordo com definição de Hely Lopes Meirelles, "ocorrências materiais não cogitadas pelas partes na celebração do contrato mas que surgem na sua execução de modo surpreendente e excepcional, dificultando e onerando extraordinariamente o prosseguimento e a conclusão dos trabalhos".[62]

Esclarece Celso Antônio Bandeira de Mello,[63] apoiado em Benoît, que as sujeições imprevistas têm seu domínio de aplicação, por excelência, nos **contratos de obras públicas**. São situações anômalas, excepcionais, que não puderam ser previstas pelas partes, de forma razoável, quando da contratação, mas que tornam a execução contratual muito mais onerosa, permitindo, portanto, sua revisão. É exemplo de sujeição imprevista a descoberta de lençol d'água, quando da escavação de um túnel.

Conforme expõe Arnoldo Wald:

> Fundadas seja na teoria da imprevisão, seja nos princípios da boa-fé e da lealdade, que devem inspirar os contratos, a doutrina e a jurisprudência reconheceram a necessidade de permitir a revisão dos contratos administrativos de tal modo que seus objetivos pudessem ser realizados, mediante o atendimento dos reflexos das novas situações criadas e que foram conceituadas, nas várias legislações, como interferências imprevistas (*sujétions imprévues* ou *changed conditions*), que ocorrem na vida dinâmica da operação.[64]

Em suma, enquanto a **teoria das sujeições imprevistas** se aplica diante de: (1) *situações materiais*: lençol d'água, falha geológica etc.; (2) *preexistentes*; e (3) *desconhecidas* ou, mesmo que conhecidas, *insuficientemente avaliadas* – de consequências incalculáveis, pois, diante da

---

decorrente de força maior, caso fortuito ou fato do príncipe, pois em regra suas consequências jurídicas seriam as mesmas". Cf. Parecer 261/2020/CONJUR-MINFRA/CGU/AGU.

[62] MEIRELLES, Hely Lopes. *Direito administrativo brasileiro*. 35. ed. São Paulo: Malheiros, 2009. p. 243.

[63] BANDEIRA DE MELLO, Celso Antônio. Extensão das alterações dos contratos administrativos: a questão dos 25%. *Revista Eletrônica de Direito Administrativo Econômico*, Salvador, Instituto de Direito Público da Bahia, nº 4, nov./dez. 2005, jan. 2006. Disponível em: www.direitodoestado.com.br. Acesso em: 11 nov. 2011. p. 13.

[64] WALD, Arnoldo. Novas tendências do direito administrativo: a flexibilidade no mundo da incerteza. *Revista dos Tribunais*, v. 721, p. 7, nov. 1995.

falta de informação disponível quando da celebração do contrato, seus efeitos só são adequadamente dimensionados quando da situação *in concreto*, isto é, na execução contratual,[65] a **teoria da imprevisão** aplica-se, conforme visto, em face de: (1) *situações econômicas externas* ao contrato, mas que nele repercutem, como, por exemplo, uma crise econômica anômala, que acaba desmantelando os preços de insumos relevantes para o equilíbrio contratual; (2) fatos, portanto, *supervenientes*, isto é, que geralmente não existiam, diferentemente das sujeições imprevistas que decorrem de fatos preexistentes; e (3) imprevisíveis, quando da contração, ou de consequências incalculáveis.

7.10.5 Impacto da matriz de riscos nas áleas

O primeiro passo legislativo para acoplar uma forma de distribuir os riscos dos contratos administrativos pode ser atribuído à Lei das Parcerias Público-Privadas, em que a repartição de riscos foi tida como cláusula contratual, dado que o art. 5º, III, da Lei nº 11.079/2004 disciplinou que as cláusulas contratuais da PPP devem prever: "a repartição de riscos entre as partes, inclusive os referentes a caso fortuito, força maior, fato do príncipe e álea econômica extraordinária".

Tal sistemática foi inspirada sobretudo no *common law*, no qual se reconhece maior autonomia da vontade na estipulação de cláusulas contratuais. Em países anglo-americanos, os contratos são cuidadosamente negociados, havendo, como regra geral, mais respeito à autonomia na estipulação de cláusulas, inclusive de repartição de riscos, do que no sistema de inspiração romano-germânica em que ao juiz era frequente se atribuir mais poder de reequilibrar a avença, num sistema de maior dirigismo contratual acrescido da revisão de equidade.

Ocorre que o Brasil começou a paulatinamente a incorporar nas legislações a previsão de matriz de riscos, o que é positivo ao se antever alguns riscos que são próprios da estrutura de mercado específica do contrato, evitando-se as constantes e evitáveis revisões contratuais, o que procura trazer mais segurança, mas, por outro lado, representa um grande desafio de pretender prever de forma pormenorizada "fatos imprevisíveis", uma vez que essa capacidade de antever e distribuir de forma específica os riscos não deixa de ser limitada, remanescendo sempre ao juiz ou ao árbitro alguma questão não antevista, diante da variabilidade infinita de possibilidades de ocorrências circunstanciais, sendo praticamente impossível municiar a iniciativa privada e o Poder Público de uma previsão completa e segura dos riscos que cada "parceiro" (contratante) de fato assumirá.

A Nova Lei de Licitações e Contratos (Lei nº 14.133/2021) previu, seguindo as legislações mais avançadas, **matriz de riscos**, sendo conceituada, no inciso XXVII do art. 6º da lei, como cláusula contratual definidora de riscos e responsabilidades entre as partes e caracterizadora do equilíbrio econômico-financeiro inicial do contrato, em termos de ônus financeiro decorrente de eventos supervenientes à contratação.

O impacto da matriz de riscos na alegação nas áleas é disciplinado no § 5º do art. 103 da Lei nº 14.133/2021, sendo que, sempre que atendidas as condições do contrato e da matriz de alocação de riscos, será considerado mantido o equilíbrio econômico-financeiro, renunciando as partes aos pedidos de restabelecimento do equilíbrio relacionados aos riscos assumidos, exceto no que se refere: (I) às alterações unilaterais determinadas pela Administração,

---

[65] Não exatamente por erro técnico, frise-se, mas geralmente por falta de conhecimento específico disponível sobre o fato material no momento da contratação, conforme dito.

nas hipóteses do inciso I do *caput* do art. 124 da lei; e (II) ao aumento ou à redução, por legislação superveniente, dos tributos diretamente pagos pelo contratado em decorrência do contrato.

Assim, as partes renunciam de pedir reequilíbrio se o risco ocorrido tiver sido previsto e alocado na matriz, exceto diante de alterações unilaterais da Administração ou na hipótese de fato do príncipe relacionada a aumento ou a redução de tributos por legislação superveniente.

A matriz de riscos deve conter, no mínimo, as seguintes informações: (a) listagem dos possíveis eventos supervenientes à assinatura do contrato que possam causar impacto em seu equilíbrio econômico-financeiro e previsão de eventual necessidade de prolação de termo aditivo por ocasião de sua ocorrência; (b) no caso de obrigação de resultado, estabelecimento das frações do objeto com relação às quais haverá liberdade para os contratados inovarem; e (c) no caso de obrigações de meio, estabelecimento preciso das frações do objeto com relação às quais não haverá liberdade para os contratados inovarem.

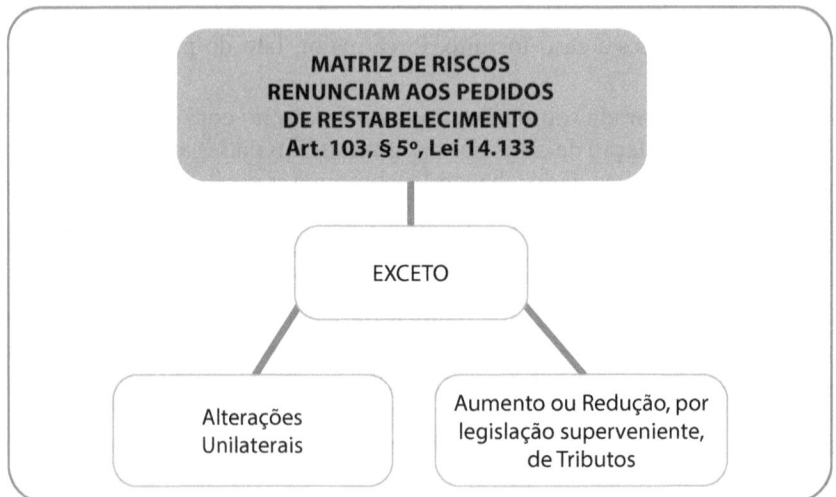

7.11 Diferenças entre reajuste em sentido estrito, repactuação e revisão

O edital da licitação deve conter, conforme reza o art. 25, § 7º, independentemente do prazo de duração do contrato, a previsão de índice de reajustamento de preço, com data-base vinculada à data do orçamento estimado e possibilidade de ser estabelecido mais de um índice específico ou setorial, em conformidade com a realidade dos respectivos insumos.

Ademais, enfatiza o § 8º do art. 25 da Lei nº 14.133/2021 que, nas licitações de serviços contínuos, observado o interregno mínimo de um ano, o critério de reajustamento será por: (1) reajustamento em sentido estrito, quando não houver regime de dedicação exclusiva de mão de obra ou predominância de mão de obra, mediante previsão de índices específicos ou setoriais; ou (2) repactuação, quando houver regime de dedicação exclusiva de mão de obra ou predominância de mão de obra, mediante demonstração analítica da variação de custos.

Ressalte-se que a lei previu, em sentido amplo, duas espécies de reajustamento: (a) o reajustamento em sentido estrito, em que não predomina o foco na mão de obra; e (b) a repactuação, quando há predominância de mão de obra ou regime de dedicação exclusiva de mão de obra.

Por conseguinte, há definições que diferenciam, nos seguintes incisos do art. 6º da Lei nº 14.133/2021:

> LVIII – **reajustamento em sentido estrito**: forma de manutenção do equilíbrio econômico-financeiro de contrato consistente na aplicação do índice de correção monetária previsto no contrato, que deve retratar a variação efetiva do custo de produção, admitida a adoção de índices específicos ou setoriais; e
>
> LIX – **repactuação**: forma de manutenção do equilíbrio econômico-financeiro de contrato utilizada para serviços contínuos com regime de dedicação exclusiva de mão de obra ou predominância de mão de obra, por meio da análise da variação dos custos contratuais, devendo estar prevista no edital com data vinculada à apresentação das propostas, para os custos decorrentes do mercado, e com data vinculada ao acordo, à convenção coletiva ou ao dissídio coletivo ao qual o orçamento esteja vinculado, para os custos decorrentes de mão de obra.

O critério de reajuste procura retratar a variação efetiva do custo de produção, sendo admitida a adoção de índices específicos ou setoriais. Trata-se do ajuste do valor dos pagamentos atrelado a índice de custo dos insumos publicado com base em dados oficiais ou de instituições idôneas, como a FGV. O reajuste provoca, portanto, o aumento do valor do pagamento, tendo em vista a alteração do custo da prestação ajustada, como, por exemplo, no caso de elevação do valor do cimento em contrato de obras.

Segundo Celso Antônio Bandeira de Mello,[66] reajuste diferencia-se, portanto, de revisão do contrato, pois esta tem lugar diante de situações novas, ou seja, de eventos supervenientes e extraordinários, não previstos e imprevisíveis, nas quais a manutenção do equilíbrio econômico-financeiro não pode ser eficazmente efetuada a partir da mera observância do reajuste.

Diferentemente da revisão, o reajuste (variação do valor contratual para fazer face ao reajuste ou à repactuação de preços previstos no próprio contrato) não implica alteração do contrato, podendo, nos termos do art. 136, I, da Lei nº 14.133/2021, ser registrado por simples **apostila**, dispensando a celebração de termo aditivo ao contrato.

Também não se confunde reajuste com correção monetária. Esta é devida no atraso de pagamento, segundo critérios estabelecidos no instrumento convocatório, quando, em função do fenômeno de "erosão da moeda",[67] a quantidade de dinheiro já não corresponde ao mesmo valor.

---

[66] BANDEIRA DE MELLO, Celso Antônio. *Curso de direito administrativo*. São Paulo: Malheiros, 2008. p. 645.

[67] BANDEIRA DE MELLO, Celso Antônio. *Curso de direito administrativo*. São Paulo: Malheiros, 2008. p. 645.

REAJUSTE	REVISÃO
Índice de custo dos insumos. Critérios de **reajustamento**: (1) **em sentido estrito**, quando não houver regime de dedicação exclusiva de mão de obra ou predominância de mão de obra, mediante previsão de índices específicos ou setoriais; e (2) **repactuação**, quando houver regime de dedicação exclusiva de mão de obra ou predominância de mão de obra, mediante demonstração analítica da variação de custos. Não necessita de termo aditivo.	Alteração do contrato – para manutenção do equilíbrio econômico-financeiro.

7.12 Arbitragem nos contratos administrativos

Existia discussão na doutrina acerca da extensão do uso da arbitragem em contratos administrativos.

O Tribunal de Contas da União (TCU) considerou inicialmente inadmissível o juízo arbitral nos contratos administrativos por contrariedade aos princípios do direito público. No Acórdão 537/TCU, de 2006, o TCU tinha considerado ilegal previsão em contrato administrativo da adoção de juízo arbitral. Enfatizou-se que faltava, em verdade, autorização legislativa. Ele vedava que autarquia celebrasse compromisso para resolução de conflitos[68] por meio de juízo arbitral sem que houvesse **autorização legislativa**.

Extraía-se, ainda, do art. 54 da Lei nº 8.666/93, a possibilidade do emprego da arbitragem, a partir da determinação de que os contratos administrativos se regulam por suas cláusulas e pelos preceitos de direito público, aplicando-se-lhes, supletivamente, os princípios da teoria geral dos contratos e as disposições de direito privado. Tal orientação, que atualmente está contida no art. 89 da Lei nº 14.133/2021, foi reproduzida na decisão do REsp 11.308/DF, segundo a qual o STJ admitiu a possibilidade de a Administração Pública utilizar a arbitragem, desde que em **matérias** envolvendo **direito público disponível**, isto é, em assuntos de natureza contratual ou privada.

A Lei nº 8.987/95, com redação dada pela Lei nº 11.196/2005, estabeleceu que o contrato de concessão **poderá prever** o emprego de mecanismos privados para resolução de disputas decorrentes ou relacionadas ao contrato, **inclusive a arbitragem**, a ser realizada no Brasil e em língua portuguesa, nos termos da Lei nº 9.307/96.

Também a Lei de Parcerias Público-Privadas (Lei nº 11.079/2004) previu, no art. 11, III, o emprego de mecanismos privados de resolução de disputas, inclusive a arbitragem, para dirimir conflitos decorrentes ou relacionados com o contrato.

Ocorre que a Lei nº 13.129/2015 inseriu o § 1º ao art. 1º da Lei nº 9.307/96, determinando, então, que a Administração Pública direta e indireta poderá utilizar-se da arbitragem para direitos patrimoniais disponíveis. Por conta desta alteração, atualmente o Tribunal de Contas da União é favorável ao emprego da arbitragem em contrato administrativo.[69]

---

[68] BLC 9/93, Rel. Min. Homero Santos, TC 8217/93-9.

[69] NOHARA, Irene Patrícia; VILELA, Danilo Vieira. Arbitragem em contratos de infraestrutura celebrados com a Administração Pública: desenvolvimento e energia. *Revista de Direito Administrativo e Infraestrutura* – RDAI, São Paulo, v. 3, nº 9, p. 23-44, 2019.

Por fim, para pôr uma pá de cal na discussão e proliferar na medida do desejável o uso da arbitragem nos contratos administrativos, a Nova Lei de Licitações e Contratos, Lei nº 14.133/2021, dispôs, no art. 151, que nas contratações por ela regidas, poderão ser utilizados meios alternativos de prevenção e resolução de controvérsias, notadamente: a conciliação, a mediação, o comitê de resolução de disputas e a arbitragem.

A nova lei estabelece de forma explícita, no art. 153, que os contratos poderão ser aditados para permitir a adoção dos meios alternativos de resolução de controvérsias, sendo que o art. 154 determina que o processo de escolha dos árbitros, dos colegiados arbitrais e dos comitês de resolução de disputas observará critérios isonômicos, técnicos e transparentes.

São vantagens do emprego da arbitragem nos contratos administrativos: a celeridade, dado que ela evita a judicialização morosa de questões contratuais, colaborando com a preservação dos contratos administrativos; e a especialidade, tendo em vista o fato de os árbitros serem especialistas nas matérias sujeitas à arbitragem.

A arbitragem nos contratos administrativos tem os seguintes limites: (1) não se admite que sejam feitas com base em equidade, dado que a arbitragem que envolva a Administração Pública, de acordo com o art. 2º, § 3º, da Lei nº 13.129/2015, será sempre de direito, conteúdo reiterado pelo art. 152 da Lei nº 14.133/2021, que enfatiza a necessidade de observância do princípio da publicidade; e (2) é requisito de arbitrabilidade objetiva que ela envolva apenas direitos disponíveis, sendo estes os que recaem, sobretudo, sobre questões envolvendo as cláusulas econômico-financeiras dos contratos administrativos.

Essa última ressalva está presente no parágrafo único do art. 151 da Lei nº 14.133/2021, segundo a qual a arbitragem se aplica às controvérsias relacionadas a direitos patrimoniais disponíveis, como as questões relacionadas ao restabelecimento do equilíbrio econômico-financeiro do contrato, ao inadimplemento de obrigações contratuais por quaisquer das partes e ao cálculo de indenizações.

Também o art. 31 da Lei nº 13.448/2017, que disciplina a relicitação,[70] procura tornar mais claros os limites de **arbitrabilidade objetiva**, exemplificando as seguintes hipóteses de direitos patrimoniais disponíveis: recomposição do equilíbrio econômico-financeiro do contrato; cálculo de indenizações decorrentes de extinção ou transferência de contrato de concessão; e inadimplemento de obrigações contratuais por qualquer das partes.

7.13 Extinção do contrato administrativo

Constituem motivos para **extinção do contrato** as seguintes situações, listadas no art. 137 da Lei nº 14.133/2021:

1. não cumprimento ou cumprimento irregular de normas editalícias ou de cláusulas contratuais, de especificações, de projetos ou de prazos;
2. desatendimento das determinações regulares emitidas pela autoridade designada para acompanhar e fiscalizar sua execução ou por autoridade superior;

---

[70] Relicitação representa uma extinção amigável do contrato, quando a concessionária, por exemplo, não tem condições de continuar adimplindo com a obrigação. Há o reconhecimento das falhas da contratada e sua admissão da incapacidade de continuar a executá-lo; por outro lado, a Administração não imputa todos os rigores da decadência.

3. alteração social ou modificação da finalidade ou da estrutura da empresa que restrinja sua capacidade de concluir o contrato;
4. decretação de falência ou de insolvência civil, dissolução da sociedade ou falecimento do contratado;
5. caso fortuito ou força maior, regularmente comprovados, impeditivos da execução do contrato;
6. atraso na obtenção da licença ambiental, ou impossibilidade de obtê-la, ou alteração substancial do anteprojeto que dela resultar, ainda que obtida no prazo previsto;
7. atraso na liberação das áreas sujeitas a desapropriação, a desocupação ou a servidão administrativa, ou impossibilidade de liberação dessas áreas;
8. razões de interesse público, justificadas pela autoridade máxima do órgão ou da entidade contratante; e
9. não cumprimento das obrigações relativas à reserva de cargos prevista em lei, bem como em outras normas específicas, para pessoa com deficiência, para reabilitado da Previdência Social ou para aprendiz.

Note-se que a Nova Lei de Licitações e Contratos Administrativos tenta preservar os contratos nas hipóteses em que pode ser evitada sua extinção, com foco nos impactos consequenciais. Assim, o art. 147 da lei determina que, em primeiro lugar, diante de irregularidades, seja ponderada a possibilidade do seu saneamento, em vez da suspensão ou da declaração de nulidade, sendo ainda condição para a medida que não haja impactos de **interesse público.**

São listados os seguintes aspectos de interesse público a serem avaliados: (1) impactos econômicos e financeiros decorrentes do atraso na fruição dos benefícios do objeto do contrato; (2) riscos sociais, ambientais e à segurança da população local decorrentes do atraso na fruição dos benefícios do objeto do contrato; (3) motivação social e ambiental do contrato; (4) custo da deterioração ou perda das parcelas executadas; (5) despesa necessária à preservação das instalações e dos serviços já executados; (6) despesa inerente à desmobilização e ao posterior retorno às atividades; (7) medidas efetivamente adotadas pelo titular do órgão ou entidade para o saneamento dos indícios de irregularidades apontados; (8) custo total e estágio de execução física e financeira dos contratos, dos convênios, das obras ou das parcelas envolvidas; (9) fechamento dos postos de trabalho diretos ou indiretos em razão da paralisação; (10) custo para realização de nova licitação ou celebração de novo contrato; e (11) custo de oportunidade do capital durante o período da paralisação.

Também são úteis para a manutenção dos contratos, conforme visto, os meios alternativos de prevenção e resolução de controvérsias, previstos no art. 151 da lei, notadamente: a conciliação, a mediação, o comitê de resolução de disputas e a arbitragem.

De acordo com o art. 148 da Lei nº 14.133/2021, a declaração de nulidade do contrato administrativo requererá análise prévia do **interesse público envolvido** e operará retroativamente, impedindo os efeitos jurídicos que o contrato deveria produzir ordinariamente e desconstituindo os já produzidos. Contudo, se não for possível o retorno à situação fática anterior, a nulidade será resolvida por perdas e danos, sem prejuízo das responsabilizações.

A nulidade, de acordo com o art. 149 da Lei nº 14.133/2021, não exonerará a Administração do dever de indenizar o contratado pelo que houver executado até a data em que for declarada ou tornada eficaz, bem como por outros prejuízos regularmente comprovados, desde que não lhe sejam imputáveis, e será promovida a responsabilização de quem lhe tenha dado causa.

7.14 Contratos administrativos em espécie

Existem diversas modalidades de contratos administrativos. Dentre eles, serão abordados: o contrato de concessão, a empreitada, a tarefa, o contrato de fornecimento e o contrato de eficiência.

Também serão expostos os regimes jurídicos do convênio e do consórcio, muito embora essas formas de parcerias/ajustes não tenham, em rigor, natureza contratual (em sentido estrito). Ao término, haverá a exposição da contratação de serviços terceirizados.

7.14.1 Contrato de concessão

Trata-se de contrato em que o Poder Público concede, isto é, confere ao particular os seguintes objetos:

- o exercício de **serviço público**;
- a execução de **obra pública**; ou
- o uso de **bem público**.

Há, portanto, três tipos básicos de concessão: a de serviço público (analisada em capítulo próprio – item 8.8.2), a de execução de obra pública e a de uso de bem público (analisada no capítulo de bem público – item 13.6.3).

Ressalte-se que a partir da Lei de PPP, ao lado da concessão comum de serviço público, houve a criação de outras duas modalidades de concessão:

- **concessão patrocinada**: aquela que adicionalmente à tarifa cobrada dos usuários tem a contraprestação pecuniária do parceiro público ao parceiro privado; e
- **concessão administrativa**: em que a Administração Pública é usuária direta ou indireta, ainda que envolva a execução de obra ou o fornecimento e instalação de bens.

Concessão de obra pública é contrato pelo qual a Administração transfere ao particular por prazo determinado a execução de uma obra pública, a fim de que seja realizada por sua conta e risco.

A remuneração será paga pelos beneficiários da obra ou usuários dos serviços que ela proporciona, como ocorre na cobrança de pedágio durante algum tempo para o ressarcimento dos gastos efetuados com a construção de estrada. Também é admitida a instituição de contribuição de melhoria pelo Poder Público como forma de remuneração do concessionário.

O art. 2º, III, da Lei nº 8.987/95, aplicável à esfera federal, determina que a concessão de obra pública será precedida de licitação na modalidade concorrência.

7.14.2 Empreitada

A Administração Pública pode celebrar empreitada. Ela comete ao particular, por conta e risco dele, a execução de obra ou serviço mediante remuneração prefixada. Trata-se da mesma empreitada do direito privado, mas acrescida de características peculiares dos contratos administrativos, que têm cláusulas exorbitantes.

É classificada em:

- empreitada **de lavor**, abrangendo só a obra ou serviço; e
- empreitada **mista**, se o empreiteiro, além de realizar a obra, fornecer o material.

Neste tipo de contrato, não há subordinação do empreiteiro (que não é empregado) à Administração Pública.

Na empreitada por preço unitário, há a contratação da execução da obra ou do serviço por preço certo de unidades determinadas, sendo que na empreitada por preço global há a contratação da execução da obra ou do serviço por preço certo e total, sendo, por sua vez, a empreitada integral aquela em que há a contratação de empreendimento em sua integralidade, compreendida a totalidade das etapas de obras, serviços e instalações necessárias, sob inteira responsabilidade do contratado até sua entrega ao contratante em condições de entrada em operação, com características adequadas às finalidades para as quais foi contratado e atendidos os requisitos técnicos e legais para sua utilização com segurança estrutural e operacional.

7.14.3 Tarefa

O art. 6º, XXXI, da Lei nº 14.133/2021 define tarefa como regime de contratação de mão de obra para pequenos trabalhos por preço certo, com ou sem fornecimento de material.

Como a tarefa é utilizada para trabalhos de pequeno valor, expõe Maria Sylvia Zanella Di Pietro que ela justifica a dispensa de licitação e a forma normalmente utilizada é a "ordem de execução de serviço".[71]

7.14.4 Contrato de fornecimento

É o contrato administrativo mediante o qual a Administração adquire bens móveis e semoventes necessários à execução de obras ou serviços. Ele não difere da compra e venda do direito privado, exceto pelo procedimento prévio de licitação (sendo permitida também a dispensa da licitação em razão do valor), bem como pela presença de cláusulas exorbitantes nas modalidades de fornecimento contínuo, parcelado e integral para entrega futura.

Fornecimento parcelado é aquele que se faz por partes, exaurindo-se apenas na entrega final. Fornecimento contínuo é aquele que se faz por tempo determinado, para entrega de bens de consumo habitual ou permanente, como papel, tinta, combustível etc.

Os fornecimentos contínuos são definidos na lei como serviços contratados e compras realizadas pela Administração Pública para manutenção da atividade administrativa, decorrentes de necessidades permanentes ou prolongadas. Exaurem-se nas datas prefixadas, pois a entrega é sucessiva.

No fornecimento integral, o contrato se extingue com a entrega da coisa adquirida.

---

[71] DI PIETRO, Maria Sylvia Zanella. *Direito administrativo*. São Paulo: Atlas, 2010. p. 333.

7.14.5 Contrato de eficiência

Contrato de eficiência é o contrato cujo objeto é a prestação de serviços, que pode incluir a realização de obras e o fornecimento de bens, com o objetivo de proporcionar economia ao contratante, na forma de redução de despesas correntes, remunerado o contratado com base em percentual de economia gerada.

A licitação para contrato de eficiência se utiliza exclusivamente do julgamento por maior retorno econômico, considerando a maior economia para a Administração, e a remuneração deverá ser fixada em percentual que incidirá de forma proporcional à economia efetivamente obtida na execução do contrato.

CONTRATO DE DESEMPENHO: aspectos controvertidos

Trata-se de alteração da nomenclatura do contrato de gestão, conforme o art. 37, § 8º, da Constituição, conforme houve o trâmite do projeto de lei do Senado nº 459/2016, apresentado pelo Senador Anastasia, o qual foi sancionado e transformado na Lei nº 13.934/2019. Inicialmente tramitou como contrato de autonomia, depois foi aprovado com a nomenclatura de contrato de desempenho.

A ideia do contrato de desempenho é a de celebrar acordo entre a entidade supervisora e a supervisionada a partir do estabelecimento de metas de desempenho, fixadas a partir de indicadores de qualidade, sendo oferecidas como contrapartidas flexibilizações e autonomias (daí porque também alcunhado inicialmente de contrato de autonomia).

A inserção do § 8º no art. 37 da Constituição, conforme tivemos oportunidade de discorrer,[72] foi produto da Emenda Constitucional nº 19/98. Esta, por sua vez, foi inspirada no Plano Diretor de Reforma do Aparelho do Estado (PDRAE),[73] que orientou a Reforma Administrativa da década de noventa no Brasil.

O PDRAE objetivava implantar, com base em experiências da *New Public Management* (nova gestão pública), dos sistemas do *Common Law*, o modelo gerencial, a partir da substituição de um controle de procedimentos por um controle voltado aos resultados, subordinado ao cumprimento de metas. Tal orientação, do *rule based accountability* (controle baseado nas regras) para o *performance based accountability* (controle baseado no desempenho), foi uma tentativa de flexibilização no controle dos procedimentos, representando, portanto, um aspecto bastante controvertido do ponto de vista do Direito Administrativo.

O § 8º do art. 37 pretendeu ampliar a autonomia gerencial, orçamentária e financeira dos órgãos ou entidades da Administração Direta e Indireta por contrato, firmado entre seus administradores e o Poder Público, que tenha por objeto a fixação de metas de desempenho para o órgão ou entidade, cabendo à lei dispor sobre: I – o prazo de duração do contrato; II – os controles e critérios de avaliação de desempenho, direitos, obrigações e responsabilidade dos dirigentes; III – a remuneração do pessoal.

Cumpre ressaltar, inicialmente, que como é juridicamente inviável a ampliação da autonomia gerencial, orçamentária e financeira da Administração Pública por meio de contrato, que é instituto concreto e infralegal, entende-se que tal determinação constitucional (de ampliação de competência) ocorreria, quando muito, por lei, desde que observados os limites constitucionais. Por isso, o contrato de desempenho não abrange flexibilizações nesta seara (gerencial, orçamentária e financeira).

---

[72] NOHARA, Irene Patrícia. Contrato de gestão para ampliação da autonomia gerencial – *case* jurídico de malogro na importação e novas formas de se alcançar eficiência na gestão pública. *A&C. Revista de Direito Administrativo & Constitucional* (Impresso), v. 55, p. 169-185, 2014.

[73] Para um quadro mais contextualizado da última reforma: NOHARA, Irene Patrícia. *Reforma Administrativa e Burocracia*: impacto da eficiência na configuração do Direito Administrativo Brasileiro. São Paulo: Atlas, 2012.

> Houve a necessidade de criação de lei para delimitar a abrangência do contrato de desempenho. Contudo, entende-se que: dada a observância obrigatória de concurso público, dos parâmetros constitucionais de remuneração dos servidores públicos, do tratamento legal específico das normas de criação dos entes da Administração Indireta, onde já estão fixadas regras de tutela por parte da Administração Direta, do tratamento constitucional de diversas determinações de controle administrativo, da proibição de terceirização irrestrita de mão de obra, sobretudo em atividades de gestão (não obstante o decreto que permite terceirização), e do cumprimento da regra de licitação para celebração de contrato para realização de serviços, será muito difícil criar um mecanismo similar, sem que haja distorção completa do instituto.
>
> Ainda, o contrato de gestão tem inspiração nas experiências de gestão da França, inicialmente focadas na Administração Indireta, sobretudo nas estatais, depois estendida para a Administração Direta. Note-se que, em contraposição com o modelo francês, o brasileiro não admite tantas possibilidades de flexibilizações. O contrato de desempenho nos moldes atuais não foi voltado no Brasil para a Administração Indireta, mas tão somente para a Administração Pública federal direta, autárquica e fundacional.

7.14.6 Convênio

Convênios são, na definição de Hely Lopes Meirelles, "acordos firmados por entidades públicas de qualquer espécie, ou entre estas e organizações particulares, para realização de objetivos comuns dos partícipes".[74] Também Maria Sylvia Zanella Di Pietro possui definição similar, segundo a qual eles são formas "de ajuste entre o Poder Público e entidades públicas ou privadas para a realização de objetivos de interesse comum, mediante mútua colaboração".[75]

No concernente às entidades públicas, há a determinação contida no art. 241 da Constituição, com redação dada pela Emenda Constitucional nº 19/98:

> a União, os Estados, o Distrito Federal e os Municípios disciplinarão por meio de lei os consórcios públicos e os convênios de cooperação entre os entes federados, autorizando a gestão associada de serviços públicos, bem como a transferência total ou parcial de encargos, serviços, pessoal e bens essenciais à continuidade dos serviços transferidos.

Os convênios abarcam interesses recíprocos com metas institucionais comuns e objetivam, portanto, um resultado comum alcançado mediante mútua colaboração. Na explicação criteriosa de Fernando Dias Menezes de Almeida, os convênios são abarcados na categoria dos módulos convencionais de cooperação.[76]

De acordo com o art. 3º do Decreto 11.531/2023, os órgãos e as entidades da administração pública federal poderão celebrar convênios ou contratos de repasse para transferências de recursos com órgãos e entidades da administração pública estadual, distrital e municipal, consórcios públicos e entidades privadas sem fins lucrativos, para a execução de programas, projetos e atividades de interesse recíproco e em regime de mútua colaboração.

Assim, tem por objeto a execução de programas, projetos e atividades de interesse recíproco. Há controvérsia na doutrina se aos convênios se aplica a licitação. Enquanto Maria Sylvia

---

[74] MEIRELLES, Hely Lopes. *Direito administrativo brasileiro*. São Paulo: Malheiros, 2009. p. 411.

[75] DI PIETRO, Maria Sylvia Zanella. *Direito administrativo*. São Paulo: Atlas, 2010. p. 337.

[76] ALMEIDA, Fernando Dias Menezes. *Contrato administrativo*. São Paulo: Quartier Latin, 2012. p. 240.

Zanella Di Pietro[77] expõe que não se aplica aos convênios a licitação, uma vez que eles objetivam a mútua colaboração, sendo que nem sempre o alcance de interesses comuns envolve qualquer repasse de verbas, Odete Medauar enfatiza que, se a Administração pretender realizar convênio para "resultado e finalidade que poderão ser alcançadas por muitos, deverá ser realizada licitação ou se abrir a possibilidade de se conveniar sem limitação, atendidas as condições fixadas genericamente".[78]

Nos convênios, o dinheiro repassado fica vinculado à utilização prevista no ajuste, mantendo sua natureza de dinheiro público. O executor do convênio sujeita-se ao controle financeiro e orçamentário previsto no art. 70, parágrafo único, da Constituição.

O art. 184 da Lei nº 14.133/2021 determina que se aplicam suas disposições, **no que couber e na ausência de norma específica**, aos convênios, acordos, ajustes e outros instrumentos congêneres celebrados por órgãos e entidades da Administração, na forma estabelecida em regulamento do Poder Executivo federal.

Trata-se de forma usual de concretizar incentivos – como auxílios financeiros ou subvenções, financiamentos, favores fiscais –, privilegiando a iniciativa privada de interesse público, sendo a matéria disciplinada pelo Decreto 11.531/2023. O mencionado decreto dispõe sobre convênios e contratos de repasse relativos às transferências de recursos da União, e sobre parcerias sem transferências de recursos, por meio da celebração de acordos de cooperação técnica ou de acordos de adesão, não se aplicando aos termos de colaboração, fomento e acordo de cooperação disciplinados pela Lei nº 13.019/2014.

Contrato de repasse é o instrumento de interesse recíproco, por meio do qual a transferência dos recursos financeiros é processada por intermédio de instituição ou de agente financeiro oficial federal que atue como mandatário da União.

Como o convênio envolve dois lados com interesses comuns, não se costuma dizer que há partes, mas sim partícipes, sendo os termos mais empregados: de um lado, o **concedente**, considerado órgão ou entidade da administração pública federal responsável pela transferência de recursos financeiros destinados à execução do objeto do convênio (ou de contrato de repasse); e, de outro, o **convenente**, sendo este órgão ou entidade da administração pública estadual, distrital ou municipal, consórcio público, entidade sem fins lucrativos ou serviço social autônomo, com o qual a administração pública federal pactua a execução de programa, projeto, atividade, obra ou serviço de engenharia, por meio da celebração de convênio ou contrato de repasse.

São partícipes que recebem os recursos, conforme o Decreto nº 11.531/2023:

- órgão ou entidade da administração pública estadual, distrital ou municipal;
- consórcio público;
- entidade sem fins lucrativos; ou
- serviço social autônomo

São exemplos de convênios, que não necessariamente se enquadram nas hipóteses do Decreto 11.531/2023, mas que não deixam de ser convênios administrativos: (a) entre **entes públicos**: da União com um município para construção de creches, firmado com o Ministério da Educação, no âmbito do programa Proinfância; gestão compartilhada de Unidade de Conservação, em que há convênio entre o ICMBio (Instituto Chico Mendes) e os Estado-membros em que o ICMBio transfere recursos e coopera e o Estado-membro implementa ações e projetos de

---

[77] DI PIETRO, Maria Sylvia Zanella. *Direito administrativo*. São Paulo: Atlas, 2010. p. 339-340.

[78] MEDAUAR, Odete. *Curso de direito administrativo*. São Paulo: Revista dos Tribunais, 2006. p. 228.

conservação e fiscalização; (b) entre **ente público e entidade sem fins lucrativos**: do Ministério da Saúde com as Santas Casas, hospitais filantrópicos, para atendimento no âmbito do SUS, com o objetivo de ampliar a oferta de saúde em regiões nas quais a rede pública é insuficiente; ações de assistência social entre o Ministério dos Direitos Humanos e Cidadania e ONGs para executar programas e apoiar famílias na situação de vulnerabilidade, desenvolvendo visitação e capacitação de agentes comunitários; e (c) entre **ente público e entidade do "sistema S"**: entre o Ministério da Agricultura e o SENAR, em que há o repasse de recursos públicos para a capacitação de pequenos produtores rurais, com cursos e treinamentos; e, por fim, entre o Ministério do Turismo e o SENAC, para qualificação de profissionais do setor de turismo, notadamente gastronomia, hotelaria e atendimento, em áreas prioritárias.

Para se celebrar o convênio, deve haver observância de requisitos básicos, como a capacidade técnica e operacional dos partícipes e a apresentação de documentos essenciais, a exemplo do plano de trabalho e do projeto básico, quando aplicável. A contrapartida é definida no plano de trabalho, podendo ser financeira, em bens ou serviços, desde que sejam economicamente mensuráveis, sendo exigido o comprometimento do convenente com a execução do projeto.

Quando não dispuserem de capacidade técnica e operacional para a celebração e o acompanhamento dos convênios, os órgãos e as entidades da administração pública federal poderão contratar: (1) instituições financeiras oficiais federais, para atuarem como mandatárias, em nome da União, na operacionalização dos contratos de repasse; ou (2) prestadores de serviços específicos para realização de serviços auxiliares, instrumentais ou acessórios, considerados atividades operacionais para apoio à decisão dos gestores responsáveis pelos convênios.

Existe também a possibilidade de se firmar ajustes sem transferência de recursos, a exemplo do **acordo de cooperação técnica** para a execução de ações de interesse recíproco e em regime de mútua colaboração, a título gratuito, sem transferência de recursos ou doação de bens, no qual o objeto e as condições da cooperação são ajustados de comum acordo entre as partes, e também do **acordo de adesão** para a execução de ações de interesse recíproco e em mútua colaboração, a título gratuito, sem transferência de recursos ou doação de bens, no qual o objeto e as condições da cooperação são previamente estabelecidos por órgão ou por entidade da administração pública federal.

O decreto veda a celebração de convênios e contratos de repasse nos moldes expostos:

- com valores inferiores ao art. 10, quais sejam: 400 mil reais para execução de obras; e 200 mil reais para os demais objetos;
- com órgãos e entidades da administração pública estadual, distrital e municipal cadastrados com filiais no Cadastro Nacional da Pessoa Física - CNPJ;
- entre órgãos e entidades da administração pública federal integrantes do Orçamento Fiscal e da Seguridade Social da União;
- cuja vigência se encerre no último trimestre do mandato do Chefe do Executivo do ente federativo convenente ou no primeiro trimestre do mandato seguinte;
- com entidades privadas sem fins lucrativos, exceto nas transferências do Ministério da Saúde destinadas a serviços de saúde integrantes do Sistema Único de Saúde, segundo critérios observados pelo Ministério da Saúde;
- com entidades privadas sem fins lucrativos, exceto: (a) os serviços sociais autônomos; e (b) nas transferências do Ministério da Saúde, segundo critérios por ele determinados;
- com entidades privadas sem fins lucrativos que: (a) tenham como dirigente: (1) agente político do Poder Executivo, Legislativo ou Judiciário ou do Ministério Pú-

blico; (2) dirigente de órgão ou de entidade da administração pública de qualquer esfera de governo; ou (3) cônjuge, companheiro ou parente em linha reta, colateral ou por afinidade, até o segundo grau, das hipóteses referidas nos itens 1 e 2; (b) não comprovem experiência prévia na execução do objeto do convênio ou do contrato de repasse ou de objeto de mesma natureza; (c) cujo corpo de dirigentes contenham pessoas que tiveram, nos últimos cinco anos, atos julgados irregulares por decisão definitiva do Tribunal de Contas da União, em decorrência das hipóteses previstas no inciso III do *caput* do art. 16 da Lei nº 8.443/1992, que são: omissão no dever de prestar contas; prática de ato de gestão ilegal, ilegítimo, antieconômico, ou infração à norma legal ou regulamentar de natureza contábil, financeira, orçamentária, operacional ou patrimonial; dano ao Erário decorrente de ato de gestão ilegítimo ao antieconômico; e desfalque ou desvio de dinheiros, bens ou valores públicos; (d) que tenham em suas relações anteriores com a União incorrido em condutas de omissão no dever de prestar contas; descumprimento injustificado na execução do objeto dos instrumentos; desvio de finalidade na aplicação dos recursos transferidos; dano ao erário; ou prática de outros atos ilícitos na execução dos instrumentos; e em outras hipóteses previstas na LDO e na legislação aplicável à matéria.

Percebe-se, portanto, que o decreto não permite celebração de convênios com valores mínimos, nem em que houver conflitos de interesse, seja pelo envolvimento em irregularidades ou vínculos políticos, sendo também evitada a vigência dos convênios em períodos críticos eleitorais, como o último trimestre do mandato do chefe do Executivo ou no primeiro trimestre do mandato seguinte.

A seleção e contratação, pela entidade privada sem fins lucrativos, de equipe envolvida na execução do convênio ou contrato de repasse observará a realização de processo seletivo prévio, observadas a publicidade e a impessoalidade. Os programas de convênios e contratos devem ser registrados no sistema transferegov.br, garantindo maior transparência no uso dos recursos públicos. Ademais, cada proposta de trabalho é analisada por técnicos e juristas para assegurar a adequação aos objetivos do programa.

São requisitos de celebração que haja documentos que comprovem a viabilidade de execução do projeto, bem como a regularidade do convenente, exigindo-se, ainda, o cadastro atualizado no sistema do transferegov.br; o plano de trabalho aprovado; e documentos específicos, como as licenças ambientais e os correspondentes anteprojeto, projeto básico, termo de referência, conforme art. 13 do decreto, sendo admitido, para casos excepcionais, que alguns documentos sejam apresentados após a assinatura do convênio, observado um prazo máximo geral de nove meses.

A titularidade dos bens remanescentes será do convenente, exceto se houver disposição em contrário no convênio ou no contrato de repasse celebrado. O decreto permite a alteração dos convênios mediante solicitação das partes, desde que seja apresentada com pelo menos 60 dias de antecedência ao término do instrumento, exceções podem ser abertas em casos justificados, desde que beneficiem a execução do objeto.

7.14.7 Consórcio público

Consórcios eram ajustes de vontade firmados por entidades estatais em regra do mesmo nível de governo (ex.: Município com Município) ou entre entidades da Administração Indireta da mesma espécie para a consecução de objetivos de interesse comum. Se entidades de níveis governamentais diversos firmassem acordo, ocorria convênio e não consórcio. Atualmente, admite-se consórcio com entes estatais de diversos níveis, sendo que a União somente pode participar de consórcios públicos em que façam parte também todos os Estados em cujos territórios estejam situados os Municípios consorciados.

O consórcio, até a publicação da Lei nº 11.107/2005, não gerava a formação de ente com personalidade jurídica, mas apenas envolvia ajuste de vontades sem personalidade jurídica.

Atualmente, determina o art. 1º da Lei nº 11.107/2005 que o consórcio público se constituirá como associação pública, caso em que adquire **personalidade jurídica** de direito público, ou como pessoa jurídica de direito privado, sendo obrigatória a observância das normas de direito público no tocante à realização da licitação, celebração de contratos, prestação de contas e admissão de pessoal, sendo regido, neste último caso, pela CLT (art. 6º da lei).

Por conseguinte, tendo em vista o fato de que a lei atribuiu personalidade jurídica aos consórcios (de direito público ou privado) e deixou de caracterizá-los como simples ajustes de vontade, eles passaram a ser **entes da Administração Indireta**, sendo seu estudo mais aprofundado deslocado do presente capítulo para o capítulo próprio.

7.14.8 Contratação de serviços terceirizados

No âmbito federal, a contratação de serviços terceirizados, isto é, executados de forma indireta, foi regulamentada pelo Decreto nº 9.507/2018, que revoga o Decreto nº 2.271/97, abrangendo tanto a Administração Direta como a Indireta.

Exige o decreto que a contratação seja precedida de planejamento, sendo seu objeto definido de forma precisa no instrumento convocatório, no projeto básico ou no termo de referência e no contrato como exclusivamente de prestação de serviços. Podem-se prever padrões de aceitabilidade e nível de desempenho para aferição da qualidade esperada na prestação dos serviços, com previsão de adequação de pagamento em decorrência do resultado.

O art. 7º do Decreto nº 9.507/2018 proíbe que haja nos contratos de serviços terceirizados: (1) indexação de preços por índices gerais, nas hipóteses de alocação de mão de obra; (2) caracterização do objeto como fornecimento de mão de obra; (3) previsão de reembolso de salários por parte da contratante; e (4) pessoalidade e subordinação direta dos empregados da contratada aos gestores da contratante.

O cerne da terceirização é justamente essa ausência de subordinação, que é enfatizada pelo decreto. O art. 8º do decreto estabelece uma série de cláusulas que devem constar do contrato, para que a Administração contratante possa fiscalizar o pagamento dos encargos trabalhistas e sociais decorrentes do contrato, evitando que haja configuração de responsabilidade pela omissão ou culpa *in vigilando* por parte da Administração Pública, conforme conteúdo da Súmula 331 do TST.[79]

Nos contratos de prestação de serviços continuados que envolvam disponibilização de pessoal da contratada de forma prolongada ou contínua para consecução do objeto contratual exigirão: (1) apresentação pela contratada do quantitativo de empregados vinculados à execução do objeto do contrato de prestação de serviços; (2) o cumprimento das obrigações estabelecidas em acordo, convenção, dissídio coletivo de trabalho ou equivalentes das categorias abrangidas pelo contrato; e (3) relação de benefícios a serem concedidos pela contratada a seus empregados, que conterá, no mínimo, o auxílio-transporte e o auxílio-alimentação, quando esses forem concedidos pela contratante.

---

[79] Atualmente, há a previsão no § 2º do art. 121 da Lei nº 14.133/2021, no sentido de que: "exclusivamente nas contratações de serviços contínuos com regime de dedicação exclusiva de mão de obra, a Administração responderá solidariamente pelos encargos previdenciários e subsidiariamente pelos encargos trabalhistas se comprovada falha na fiscalização do cumprimento das obrigações do contratado".

8
Serviços públicos

8.1 Noção

O Estado desempenha as seguintes atividades: intervém na economia, exercita poder de polícia, presta serviços públicos e fomenta atividades de interesse público não privativas. Tal classificação é de Maria Sylvia Zanella Di Pietro,[1] que, conforme visto, desdobra as atividades estatais em quatro:

- intervenção;
- poder de polícia;
- serviços públicos; e
- fomento.[2]

A intervenção do Estado no domínio econômico será vista de forma mais aprofundada no próximo capítulo. Poder de polícia, conforme analisado, é a atividade do Estado de condicionar e restringir o exercício de direitos individuais, tais como a liberdade e a propriedade, adequando-os aos interesses coletivos.

Diferenciam-se poder de polícia de serviço público no fato de que, enquanto a primeira noção envolve a restrição e o condicionamento das atividades privadas aos interesses coletivos, serviço público geralmente compreende atividade estatal de caráter prestacional, em que o Estado supre direta ou indiretamente necessidades coletivas.

Celso Antônio Bandeira de Mello ilustra bem a distinção:

> enquanto o serviço público visa ofertar ao administrado uma utilidade, ampliando, assim, o seu desfrute de comodidades, mediante prestações feitas em prol de cada qual, o poder de

---

[1] DI PIETRO, Maria Sylvia Zanella. *Direito administrativo*. São Paulo: Atlas, 2010. p. 54.

[2] Alguns autores, como Eros Grau, propugnam que o fomento pode ser analisado do prisma da *intervenção por indução*, no universo do direito premial. In: *A ordem econômica na Constituição de 1988*. São Paulo: Malheiros, 2006. p. 150. Ressalte-se, também, que o poder de polícia pode ser visto da perspectiva de intervenção, no sentido de condução de comportamentos privados para que não causem prejuízos ao bem-estar da coletividade. Mas o poder de polícia não se confunde com a *intervenção estatal por participação*, em que o Estado assume o controle de parcela dos meios de produção e atua, como regra geral, em regime de competição com as empresas privadas.

polícia, inversamente (conquanto para proteção do interesse de todos), visa a restringir, limitar, condicionar, as possibilidades de sua atuação livre.[3]

Em suma, serviço público é tema clássico de Direito Administrativo. Contrapõe-se à noção privatística de desenvolvimento de *atividade econômica em sentido estrito*,[4] que é realizada tendo como parâmetro as regras do mercado e eventual controle efetivado no âmbito do poder de polícia, que objetiva restringir interesses privados em prol do benefício público.

Assim, enquanto no serviço público o Estado proporciona utilidade e por isso ele tem caráter positivo ou prestacional, no poder de polícia o Estado geralmente atua de forma negativa, de modo a fiscalizar ou obstar determinadas atividades que comprometam interesses coletivos.

No serviço público, há o controle permanente sobre a gestão do serviço, porque se trata de atividade **titularizada pelo Poder Público**, conforme expresso no art. 175 da Constituição: "incumbe ao Poder Público, na forma da lei, diretamente ou sob regime de concessão ou permissão, sempre através de licitação, a prestação de serviços públicos".

Por conseguinte, ao Estado incumbe a titularidade dos serviços públicos, mas o **exercício pode ser**:

- **direto, por** meio de seus entes; ou
- **indireto, sob o** regime de concessão ou permissão no qual há a delegação do serviço público cuja titularidade é estatal, a pessoas privadas que vençam a licitação.

Determina o parágrafo único do art. 175 da Constituição que a lei[5] disporá sobre:

- o regime das empresas concessionárias e permissionárias de serviços públicos, o caráter especial de seu contrato e de sua prorrogação, bem como as condições de caducidade, fiscalização e rescisão da concessão ou permissão;
- o direito dos usuários;
- política tarifária; e
- obrigação de manter serviço adequado.

Também enfatiza Eros Grau que, entre os serviços públicos, existem os **privativos**[6] que, se prestados pelo setor privado, só podem ser executados após concessão ou permissão de serviços públicos, e serviços públicos **não privativos**, que são, para o autor, educação e saúde,[7] uma vez que os arts. 209 e 199 da Constituição os consideram "livres à iniciativa privada",[8] mas con-

---

[3] BANDEIRA DE MELLO, Celso Antonio. *Curso de direito administrativo*. 25. ed. São Paulo: Malheiros, 2008. p. 673.

[4] Na terminologia empregada por Eros Grau. *A ordem econômica na Constituição de 1988*. São Paulo: Malheiros, 2006. p. 93.

[5] É a Lei nº 8.987/95 que dispõe sobre o regime de concessão e permissão da prestação de serviços públicos previsto no art. 175 da Constituição Federal.

[6] GRAU, Eros Roberto. *A ordem econômica na Constituição de 1988*. São Paulo: Malheiros, 2006. p. 93.

[7] Conforme será exposto, há acentuada polêmica quanto ao enquadramento dessas atividades, principalmente quando desenvolvidas pela iniciativa privada. Se prestadas pelo Poder Público, é unânime que se tratam de serviços públicos.

[8] Aqui deve-se tomar cuidado com a ambiguidade da expressão. Consoante defendemos: *livres à iniciativa privada* significa dizer que se trata de serviço não exclusivo, logo, que o Estado admite que seja prestado paralelamente pela iniciativa privada, sem a necessidade de concessão ou permissão, daí a liberdade; mas não reputamos correta a interpretação de que eles estão livres ao mercado, no sentido de serem equiparados

dicionam a liberdade a uma série de restrições, ou, nos termos empregados por Celso Antônio Bandeira de Mello, eles ficam "submetidos a um tratamento normativo mais estrito do que o aplicável ao conjunto das atividades privadas. Assim, o Poder Público, dada a grande relevância social que possuem, os disciplina com um rigor especial".[9]

Celso Antônio Bandeira de Mello enquadra também como serviços não privativos, além da educação e saúde, a previdência social e a assistência social:

> Cumpre distinguir, de um lado, serviços públicos privativos do Estado – que são os referidos no art. 21, XI e XII,[10] bem como quaisquer outros cujo exercício suponha necessariamente a prática de atos de império, os quais devem ser prestados pela União, diretamente ou mediante autorização, concessão ou permissão – e, de outro lado, os serviços públicos não privativos do Estado. Nesta última categoria ingressam os serviços que o Estado deve desempenhar, imprimindo-lhes regime de Direito Público, sem, entretanto, proscrever a livre iniciativa do ramo de atividades em que se inserem. Aos particulares é lícito desempenhá-los, independentemente de concessão. De acordo com a Constituição, são quatro estas espécies de serviços sobre os quais o Estado não detém titularidade exclusiva, ao contrário do que ocorre com os demais serviços públicos nela previstos. A saber: serviços de saúde, de educação, de previdência social e de assistência social.[11]

Conforme expõe Eros Roberto Grau, serviço público "é o tipo de atividade econômica cujo desenvolvimento compete *preferencialmente* ao setor público. Não *exclusivamente*, visto que o setor privado presta serviço público em regime de concessão ou permissão".[12] Mesmo que haja regime de competição entre concessionárias e permissionárias, ainda assim o campo dos serviços públicos é área de atuação do Estado, que, quando não presta diretamente a atividade, **regula a prestação** de forma a suprir as necessidades coletivas, atividade que se distingue da intervenção no domínio econômico,[13] onde há atividade econômica em sentido estrito ou regime de livre concorrência.

Há, ressalte-se, outros entendimentos. Paulo Modesto[14] e Carlos Ari Sundfeld[15] consideram que educação e saúde serão serviços públicos somente quando o Estado as prestar. Já Fer-

---

aos demais serviços e mercadorias. Até porque não há necessidade de o ordenamento jurídico dizer que um determinado serviço ou produto é livre à iniciativa privada, pois todos aqueles que a legislação não reserva para o Estado são residualmente livres ao mercado.

[9] BANDEIRA DE MELLO, Celso Antônio. *Curso de direito administrativo*. São Paulo: Malheiros, 2008. p. 676.

[10] Serviços de telecomunicações, radiodifusão sonora e de sons e imagens, energia elétrica e aproveitamento energético dos cursos de água, navegação aérea, aeroespacial, infraestrutura aeroportuária, transporte ferroviário e aquaviário entre portos brasileiros e fronteiras nacionais, transporte rodoviário interestadual e internacional de passageiros e portos marítimos, fluviais e lacustres.

[11] BANDEIRA DE MELLO, Celso Antônio. *Curso de direito administrativo*. São Paulo: Malheiros, 2008. p. 675-676.

[12] GRAU, Eros Roberto. *A ordem econômica na Constituição de 1988*. São Paulo: Malheiros, 2006. p. 103.

[13] Pode até haver também algum grau de regulação das atividades econômicas em sentido estrito, mas não será uma regulação tão intensiva, pois se trata não mais de atuação do Estado em campo próprio de atuação, que é o público, onde o planejamento é determinante para o suprimento das necessidades coletivas (art. 174 da Constituição).

[14] MODESTO, Paulo. Reforma Administrativa e marco legal das organizações sociais no Brasil. *Revista de Direito Administrativo*, Rio de Janeiro, nº 210, p. 208, 1997.

[15] No entanto, nota-se que em alguns concursos, como o de Procurador de RR (2006), se exigiu que se classificasse nos testes a saúde como **atividade econômica quando prestada por particulares**. Tal é o entendimento de Carlos Ari Sundfeld, para quem educação e saúde são serviços sociais, "daí uma importante consequência:

nando Herren Aguillar nega à saúde e à educação caráter de serviços públicos. Para o autor,[16] são funções públicas ou funções irrenunciáveis pelo Estado, haja vista a impossibilidade de delegação a particulares mediante concessão.[17] Nesse caso, a irrenunciabilidade não se confundiria com a exclusividade.

Já a intervenção estatal por participação é medida excepcional. De acordo com o art. 173: "ressalvados os casos previstos nesta Constituição, a exploração direta de atividade econômica pelo Estado só será permitida quando necessária aos imperativos da segurança nacional ou a relevante interesse coletivo, conforme definidos em lei".

Quando empresas públicas e sociedades de economia mista atuam no domínio econômico (atividade econômica em sentido estrito), isto é, em livre concorrência ou no mercado, determina o art. 173, § 2º, da Constituição que elas **não poderão gozar de privilégios fiscais não extensivos** às do setor privado. Não obstante, há a possibilidade de o Estado monopolizar determinada atividade, caso em que não haverá concorrência, por questões estratégicas.

Monopólio não se confunde tecnicamente com serviços públicos, pois enquanto ele recai sobre uma atividade econômica em sentido estrito, os serviços públicos não implicam na situação de monopólio, mas sim em um **regime de privilégio**,[18] justamente porque não se enquadram no campo das atividades livres ao mercado.

Como há um virtual privilégio de exclusividade da prestação é que eles são atrativos ao setor privado, havendo em regra disputa nas licitações para a concessão ou permissão de serviços públicos. Assim, conforme dito, mesmo que haja algum tipo de concorrência entre as permissionárias e concessionárias de determinado ramo de serviço público, ainda assim o regime de prestação será diferenciado do regime de desenvolvimento de atividades próprias do mercado.

Para ilustrar melhor a noção de serviço público propugnada por Eros Roberto Grau, na clássica obra *A ordem econômica na Constituição de 1988*, é importante ter em mente, conforme o quadro abaixo, que atividade econômica em sentido amplo é gênero, do qual decorrem duas espécies:

- os **serviços públicos**, área em que a Constituição atribui a incumbência – titularidade – ao Poder Público, que pode prestá-los diretamente ou por meio de concessionárias ou permissionárias; e

---

quando prestados pelo Poder Público, submetem-se ao regime de direito público; quando prestados pelos particulares, sujeitam-se ao regime de direito privado. Tal dualidade se justifica, porquanto os serviços sociais são, ao mesmo tempo, atividade estatal e atividade dos particulares". In: *Fundamentos de direito público*. 4. ed. São Paulo: Malheiros, 2003. p. 84. Nesse aspecto, acompanhamos, todavia, Celso Antônio Bandeira de Mello e Eros Roberto Grau, isto é, temos resistência em enquadrar tanto a educação como a saúde no rol de mercadorias e de serviços como outros quaisquer, porquanto elas consubstanciam o exercício de direitos sociais e sofrem um controle muito mais rigoroso do Estado na sua prestação do que as demais atividades livres ao mercado.

[16] AGUILLAR, Fernando Herren. *Controle social de serviços públicos*. São Paulo: Max Limonad, 1999. p. 150-154.

[17] Isso ocorria até o uso da concessão administrativa, modalidade de parceria público-privada, para saúde, em que agora há um sistema de delegação, com licitação, para a prestação da iniciativa privada. Também já são estudadas concessões administrativas na área de educação. Para críticas sobre o rumo de utilização das concessões administrativas, ver: NOHARA, Irene Patrícia. Aspectos gerais de concessões de serviços públicos e parcerias público-privadas: contratação pública e infraestrutura. In: BERCOVICI, Gilberto; VALIM, Rafael (Coord.). *Elementos de direito da infraestrutura*. São Paulo: Contracorrente, 2015. p. 106.

[18] Ver GRAU, Eros Roberto. *A ordem econômica na Constituição de 1988*. São Paulo: Malheiros, 2006. p. 140.

- a **atividade econômica em sentido estrito**, também denominada de mercado, em que o Estado intervém em caráter de maior excepcionalidade[19] nos casos explicitados no art. 173, seja em regime de livre concorrência ou em regime de monopólio.

ATIVIDADE ECONÔMICA EM SENTIDO AMPLO	
SERVIÇOS PÚBLICOS	ATIVIDADE ECONÔMICA EM SENTIDO ESTRITO
Art. 175	Art. 173

Na realidade, a noção de serviços públicos é variável em função do espaço, do tempo e principalmente do papel que a coletividade confere ao Estado. É o **ordenamento jurídico** que atribui a determinada categoria de atividade a qualificação jurídica de serviço público, submetendo-a total ou parcialmente a regime jurídico de Direito Administrativo. O legislador erige as categorias de serviços públicos, conquanto obedeçam aos preceitos constitucionais.

São finalidades que fazem com que determinadas atividades sejam consideradas serviços públicos:

- proteger setores delicados ou estratégicos da especulação privada;
- propiciar o benefício do serviço aos menos favorecidos (justiça social);
- suprir carências da iniciativa privada;
- favorecer o progresso técnico[20] ou o desenvolvimento nacional;
- ordenar o aproveitamento de recursos finitos, como os hidroelétricos;
- manter a unidade do país.[21]

Baseado na exposição de Duguit e de Rui Cirne Lima, Eros Grau[22] enfatiza que serviço público é atividade explícita ou supostamente definida pela Constituição como indispensável, em determinado momento histórico, à realização e ao desenvolvimento da **coesão** e da **interdependência social**.

Em suma, na esteira da distinção de Eros Grau, esclarece Marçal Justen Filho que, enquanto os serviços públicos envolvem a realização imediata de valores fundamentais, atinentes à dignidade humana, as atividades econômicas em sentido estrito, por outro lado, são identificadas:

- pela **via residual**, isto é, **por exclusão**: são as atividades econômicas que a Constituição não qualificou como serviço público; e

---

[19] Note-se que é a intervenção direta ou intervenção por participação que tem maior caráter de excepcionalidade, sendo admitida, todavia, quando houver imperativos da segurança nacional ou relevante interesse coletivo, definidos em lei, porque a intervenção em sentido amplo, que restringe o exercício de atividades ao interesse geral (poder de polícia), ocorre com maior regularidade no campo das atividades da iniciativa privada.

[20] MEDAUAR, Odete. *Direito administrativo moderno*. São Paulo: Revista dos Tribunais, 2006. p. 314.

[21] Os três últimos objetivos são mencionados por Carlos Ari Sundfeld. *Fundamentos de direito público*. São Paulo: Malheiros, 2003. p. 83.

[22] GRAU, Eros Roberto. *A ordem econômica na Constituição de 1988*. São Paulo: Malheiros, 2006. p. 136.

- por isso, nelas a organização dos fatores de produção é livre, o que gera apropriação privada dos resultados.

> **REFLEXÕES COMPLEMENTARES: transferir determinada atividade para o campo dos serviços públicos ou liberalizá-la ao mercado – quais interesses?**
>
> Se é o ordenamento jurídico que dirá se determinada atividade econômica em sentido amplo é serviço público ou é atividade econômica em sentido estrito, pergunta-se: qual a vantagem em inseri-la no regime de privilégio dos serviços públicos ou em deixá-la livre à esfera da iniciativa privada?
>
> Ora, esta é uma questão que receberá respostas distintas, a depender da concepção econômica e, sobretudo, ideológica daquele que profere o discurso.
>
> Aqueles que desejam um Estado Mínimo e que são, portanto, a favor da liberalização de inúmeras atividades ao mercado, defenderão um discurso das vantagens em que o Estado se ocupe do menor número de atividades econômicas. Já os que preferem um Estado de Bem-Estar Social, onde haja justiça social e distribuição de oportunidades, desejarão que um maior número de atividades sejam reconhecidas como serviços públicos, pois assim haverá garantia da modicidade das tarifas ou mesmo da gratuidade na prestação do serviço, o que permite, em tese, que mais pessoas tenham acesso a eles, dos quais normalmente se exigem controle mais rigoroso, maior planejamento por parte do Estado e a condição de cidadãos por parte dos usuários.
>
> Eros Grau vai mais fundo na questão e objetiva desvelar que essa problemática envolve um conflito entre forças sociais. Para o jurista, pode-se dividir a questão entre a correlação de forças: do capital e do trabalho.
>
> Enquanto o **capital** procura reservar para sua exploração, como atividade econômica em sentido estrito, todas a matérias que possam ser, imediata ou potencialmente, objeto de profícua especulação lucrativa, o **trabalho** aspira que se atribua ao Estado, para que este as desenvolva, não de modo especulativo, o maior número possível de atividades econômicas (em sentido amplo).[23]
>
> Concordamos com o autor. Mas, apesar de, idealmente, esta *dever ser* a configuração de interesses, frequentemente se observa que a ideologia cumpre, sobretudo no Brasil, um forte papel de inversão de valores. Assim, é curioso observar pessoas que seriam beneficiadas se determinadas atividades se transformassem em serviços públicos, pois a elas seriam mais acessíveis se saíssem do regime de livre mercado, defenderem com fervor ideais e teorias da classe hegemônica, mesmo contra seus interesses mais imediatos.
>
> Tal postura pode ter origem no fato de que no transcurso do século XX, como expõe Francisco Rüdiger, o proletariado foi integrado ao sistema, sendo progressivamente privado das condições favoráveis ao aparecimento de consciência de classe e, por fim, dissolvido numa massa mais ou menos indiferenciada pelo progresso técnico. Neste contexto:
>
>> a expansão das atividades nos setores de comércio e serviços criou uma nova e vasta classe de empregados, enquanto a burguesia perdia sua identidade histórica, passando a exercer o poder enquanto uma classe de executivos. [...] A racionalização instrumental das condições de vida pouco a pouco foi e vem dissolvendo as mediações ideológicas que uma vez existiram entre dominantes e dominados, engendrando constelações de interesse e padrões de conduta que não agem desde fora, mas sobretudo desde dentro dos próprios indivíduos. O primado do valor de troca reduz os homens a simples veículos do processo de acumulação. O capital só paga aqueles que são como ele exige e podem ser contados entre sua base de massas. Destarte, o ajustamento é o preço que os indivíduos e as associações devem pagar para prosperar sob o capitalismo. Hoje em dia, passam, eles todos a se relacionar de acordo com os critérios do sistema de mercado. A prontidão em ver o outro como potencial competidor ou parceiro comercial tornou-se habitual em amplos estratos sociais. As pessoas assumem mais e mais em face das outras uma postura racional e calculista e, curadas de velhas ilusões, cada vez mais elas julgam seu próprio eu segundo o valor de troca e aprendem o que são a partir do que se passa com elas na economia capitalista.[24]

---

[23] GRAU, Eros Roberto. *A ordem econômica na Constituição de 1988*. São Paulo: Malheiros, 2006. p. 110.

[24] RÜDIGER, Francisco. *Comunicação e teoria crítica da sociedade*. Porto Alegre: Edipucrs, 1999. p. 43.

Em suma, já estão de tal forma introjetados os valores capitalistas nas sociedades atuais que, com a racionalização mercantil das condições de vida, as pessoas passam a desconsiderar no indistinto cenário de uma sociedade de massas a construção de uma individualidade verdadeiramente autêntica, que passa também pelo reconhecimento do "outro" como categoria digna e também merecedora de proteção.

Paradoxalmente, a sociedade de massas ultracapitalista gera uma "socialização" que não estimula o surgimento de sentimentos coletivistas; muito pelo contrário: a massa une sujeitos atomizados, "que se encontram separados de tudo o que transcende seus impulsos e interesses egoísticos".[25] Enquanto membro da massa, o homem se torna um objeto de autoconservação e, na explicação de Rüdiger:

> precisando sobreviver, os indivíduos desenvolvem uma capacidade de adaptação que consiste em conduzir-se de maneira utilitária, em saber colaborar, trabalhar em equipe e aproveitar as oportunidades. O destino de sua vida depende de estruturas que ninguém mais domina e que os condenam a procurar sua realização de modo privado, carente de conteúdo comunitário.[26]

Esse cenário, em nossa opinião, bastante ilustrativo, retrata uma possível explicação para a perplexidade que provoca o fato de potenciais beneficiários do regime de serviços públicos desejarem, segundo o primado de individualismo reinante, que mais atividades sejam desenvolvidas no livre mercado. Parece que o desejo por condições dignas a todos e, por conseguinte, o sentimento comunitário, não integra, como regra geral, o padrão espiritual dominante, que reflete formas de cultura de massa não pertencentes "nem à camada culta, nem às camadas sociais inferiores, mas com certa frequência aos grupos em processo de ascensão",[27] que se preocupam mais em conseguir acessar individualmente benefícios altamente qualificados e, de preferência, disponíveis a poucos, do que em fomentar a distribuição dos bens que a sociedade produz e que a muitos outros poderia beneficiar.

Contudo, a história é frequentemente cíclica e não gradualista. Quando a opressão é demasiada, a sociedade que oprime é capaz de promover importantes mudanças rumo a um cenário mais justo e equitativo. Daí por que se diz que os direitos sociais conquistados pelos oprimidos e cujo exercício depende em muito da prestação estatal têm caráter "compensatório".[28]

Do ponto de vista normativo, contudo, não se deve esquecer que a Constituição determina que a ordem econômica, fundada na valorização do trabalho humano e na livre iniciativa, tem por fim assegurar a todos existência digna, conforme os ditames da justiça social, observados diversos princípios, entre os quais a livre concorrência (art. 170, IV).

Note-se que, no Brasil, o constituinte optou pelo sistema capitalista, fundado, no entanto, num Estado Democrático de Direito que incorpora os objetivos do Estado Social de Direito, no sentido de promover justiça social, com a valorização simultânea da dignidade humana (art. 1º, III). Esta última representa, conforme visto, não apenas um freio à atuação estatal violadora de direitos, mas uma **permanente tarefa** de desenvolver políticas públicas ou medidas para incluir os que estejam alijados de bens e de serviços disponíveis no atual estágio de desenvolvimento da humanidade também no rol de beneficiados.

Nesta perspectiva, os serviços públicos são **indispensáveis** para que, em países em desenvolvimento, onde parcela significativa da população não aufere renda suficiente para suprir grande parte de suas necessidades, haja a redução das desigualdades sociais e, consequentemente, a construção de uma sociedade livre, justa e solidária (objetivos presentes no art. 3º da Lei Maior).

Na contramão dos objetivos constitucionais, como reflexo da pressão sofrida pelas economias latino-americanas na década de 90 por meio dos organismos de financiamento internacionais

---

[25] RÜDIGER, Francisco. *Comunicação e teoria crítica da sociedade*. Porto Alegre: Edipucrs, 1999. p. 44.
[26] RÜDIGER, Francisco. *Comunicação e teoria crítica da sociedade*. Porto Alegre: Edipucrs, 1999. p. 45.
[27] RÜDIGER, Francisco. *Comunicação e teoria crítica da sociedade*. Porto Alegre: Edipucrs, 1999. p. 42.
[28] Se bem que o termo *compensatório* pode não ser ideal, pois retira deles o objetivo de universalização.

pós-Consenso de Washington, há o fortalecimento do discurso neoliberal. Este também foi sentido no movimento europeu de integração, principalmente na vertente que pôs em xeque o modelo nacional de *Welfare State*, até então tido em alta consideração.

A partir da promoção de medidas liberalizantes e privatizantes, houve uma pressão para que os serviços públicos adquirissem caráter menos de direito (social) e mais de mercadoria, conforme o que Di Pietro[29] enfatiza ser uma "mercadorização" (mercantilização) dos serviços públicos, sendo os utentes ou usuários dos serviços equiparados a meros consumidores de produtos ou clientes de serviços. Essas modificações produzem na Europa uma **nova crise na noção de serviço público**,[30] sendo até profetizado por alguns o seu desaparecimento.

Ressalte-se que a Constituição de 1988, em sendo democrática, incorpora preceitos que são influenciados por diversas ordens de forças e valores sociais, no respeito ao pluralismo de concepções políticas e ideológicas. Todavia, não se pode ignorar que o neoliberalismo é uma concepção que, se levada ao extremo, dificulta o projeto de realização dos objetivos constitucionais presentes no art. 3º da Constituição.

Ademais, no Brasil, as atividades que o ordenamento positiva como serviços públicos são titularizadas pelo Poder Público, que pode exercê-las direta ou indiretamente, por meio de delegação contratual, conforme dispõe o art. 175 da Constituição, sendo por ele reguladas de forma mais rigorosa, para a garantia de efetivação de direitos sociais, o que pressupõe, do ponto de vista do regime jurídico, princípios como a continuidade, universalização e dever de oferta indistinta.

Por fim, enfatize-se que apesar de existirem inúmeras vantagens para a efetivação de um projeto de justiça social que se relaciona com a manutenção de certas atividades no rol dos serviços públicos, também não se pode negar que há outras atividades que não têm razão de figurarem como serviços públicos. Não se aceita, via de regra, na maior parte das economias capitalistas, que o Estado explore determinados tipos de atividades, como, por exemplo, a produção e venda de calçados e bolsas ou o desenvolvimento de atividades de restaurante e hotelaria.

Mas nada impede que haja, no âmbito das atividades econômicas em sentido estrito, a exploração direta de atividades estratégicas, tendo em vista imperativos da segurança nacional ou relevante interesse econômico, caso em que o Estado atuará: (a) em regime de competição com o mercado; ou (b) em regime de monopólio, como acontece com o petróleo, que, conforme defendeu Gilberto Bercovici em sua banca de titularidade no Departamento de Direito Econômico da USP, não se trata de uma *commodity* como outra qualquer, como, por exemplo, laranja ou algodão, porquanto se sabe que inúmeras crises foram provocadas por questões envolvendo o fornecimento e a distribuição global de petróleo, que já foi, num passado não muito distante, motivo de guerras, e, tendo em vista sua importância estratégica, também não é integralmente liberalizado em economias centrais.

8.2 Escola do serviço público e crise da noção

Para se compreender a evolução da noção de serviço público no Direito Administrativo, é mister conhecer os debates realizados pela doutrina clássica do serviço público. Esta se desenvolveu na França no primeiro terço do século XX,[31] sendo também conhecida como **Escola do Serviço Público** ou **Escola Realista de Bordeaux**, capitaneada por León Duguit e Gaston Jèze.[32]

---

[29] Em menção ao trabalho de Vital Moreira. DI PIETRO, Maria Sylvia Zanella. *Direito administrativo*. São Paulo: Atlas, 2010. p. 106.

[30] A primeira crise, conforme será exposto a seguir, foi a que ocorreu na França na década de 50.

[31] Cf. GROTTI, Dinorá Adelaide Musetti. *O serviço público e a Constituição brasileira de 1988*. São Paulo: Malheiros, 2003. p. 31.

[32] Também Bonnard é considerado adepto da Escola do Serviço Público. Segundo expõe Maria Sylvia Zanella Di Pietro, a Escola do Serviço Público influenciou tratadistas sul-americanos, entre os quais: Rafael Bielsa, na Argentina, e Themístocles Cavalcanti, no Brasil. *Direito administrativo*. São Paulo: Atlas, 2010. p. 43.

Segundo expõe Dinorá A. Musetti Grotti,[33] a escola teve influência do neokantismo bem como do positivismo das ciências sociais (Auguste Comte), sendo dela extraídas interpretações da sociologia de Durkheim e do solidarismo de Léon Burgeois.

A Escola do Serviço Público é normalmente conhecida pelo reducionismo da formulação de Duguit, para quem o **Direito Administrativo** foi visto como um complexo de princípios e normas que gravitam em torno da ideia de **serviço público**.[34] Atualmente sabe-se, conforme visto, que a prestação de serviços públicos representa apenas um tipo de atividade do Estado, mas, para compreender o porquê dessa visão peculiar, é necessário que haja a contextualização do seu desenvolvimento.

As formulações da Escola do Serviço Público foram reflexos da modificação da jurisprudência do Conselho de Estado francês. Inicialmente, alcança relevância a distinção entre atos de império e atos de gestão, que contribuiu para o reconhecimento da responsabilidade do Estado pela prática de atos de gestão,[35] conceito que é considerado por alguns autores um embrião da noção de serviço público.

Todavia, o marco jurisprudencial que erigiu a categoria do serviço público como central no Direito Administrativo foi o caso **Blanco**,[36] de **8.2.1873**, em que o Tribunal de Conflitos decidiu que o funcionamento de serviço público seria submetido à apreciação da jurisdição administrativa. Neste ponto, é imperioso ressaltar que se trata de um marco justamente porque o sistema francês do contencioso administrativo está alicerçado na dualidade de jurisdição, o que não ocorre no Brasil, onde houve influência do sistema norte-americano de jurisdição una.

Serviço público passa a ser então um **fator decisivo** para a aplicação do Direito Administrativo. Para **Léon Duguit**, "o Direito Administrativo tinha por objetivo o ordenamento do serviço público, na consecução da função administrativa".[37] Até então muito se discutia a noção de soberania, mas Duguit optou metodologicamente por deixar de lado concepções metafísicas de justificação do poder do Estado, concebendo-o como instituição que se orienta para suprir necessidades de organização da sociedade.

Duguit via os seres humanos como animais dotados de instinto de solidariedade e de interdependência e o Estado seria uma cooperação de serviços públicos. Para ele, serviço público era "toda atividade cuja realização deve ser assegurada, regulada e controlada pelos governantes, porque a consecução dessa atividade é indispensável à concretização e ao desenvolvimento da interdependência social".[38]

---

[33] GROTTI, Dinorá Adelaide Musetti. *O serviço público e a Constituição brasileira de 1988*. São Paulo: Malheiros, 2003. p. 31.

[34] GROTTI, Dinorá Adelaide Musetti. *O serviço público e a Constituição brasileira de 1988*. São Paulo: Malheiros, 2003. p. 35.

[35] GROTTI, Dinorá Adelaide Musetti. *O serviço público e a Constituição brasileira de 1988*. São Paulo: Malheiros, 2003. p. 27.

[36] Exposto de forma mais pormenorizada no item evolução histórica da responsabilidade do Estado, em capítulo próprio.

[37] Cf. PEREIRA, Marcelo. A escola do serviço público. *Revista Diálogo Jurídico*, Salvador, CAJ – Centro de Atualização Jurídica, nº 11, fev. 2002. Disponível em: http://www.direitopublico.com.br. Acesso em: 16 de jul. 2010.

[38] *Traité de droit constitutionnel*. t. 2, p. 61. Apud PEREIRA, Marcelo. A escola do serviço público. *Revista Diálogo Jurídico*, Salvador, CAJ – Centro de Atualização Jurídica, nº 11, fev. 2002. Disponível em: http://www.direitopublico.com.br. Acesso em: 16 jul. 2010.

Há, portanto, a conceituação de serviços públicos em termos sociológicos bastante genéricos, como o próprio Duguit admitia, sendo rechaçadas concepções abstratas como: soberania, personalidade estatal e direito subjetivo.

Maurice Hauriou foi adversário ferrenho das teses sustentadas pela Escola do Serviço Público, travando contínua discussão com Léon Duguit. Para Hauriou, as elaborações teóricas de Duguit não eram verdadeiramente realistas, porquanto negligenciavam um elemento essencial da realidade: o poder político, entendido também como um fato social.[39]

Hauriou preferiu caracterizar o Estado como poder político, isto é, como organização pública de poderes, competências e costumes. Para este último autor, a ideia mestra do Direito Administrativo não repousaria na noção de serviço público, mas sim na concepção de potestade pública.[40]

Adepto de expressão da Escola do Serviço Público foi **Gastón Jèze** (*Principes généraux du droit administratif*, 1916). Assim como Duguit, Jèze também posiciona o serviço público como pedra angular[41] do Direito Administrativo francês, mas enfatiza que além de satisfazer um interesse geral, o serviço público deve obedecer a um **procedimento técnico** próprio com alicerce no **regime jurídico** de direito público, onde há a prevalência de interesses públicos sobre os particulares.

Jèze, mais ligado à vertente do positivismo jurídico, dá ênfase especial ao aspecto **formal** do serviço público, ressaltando que a sua presença provoca a existência do regime jurídico público. Para ele:

> dizer que, em determinada hipótese, existe serviço público, equivale a afirmar que os agentes públicos, para darem satisfação regular e contínua a certa categoria de necessidades de interesse geral, podem aplicar os procedimentos de direito público, quer dizer, um regime jurídico especial.[42]

Tais formulações acabaram sendo postas em questionamento a partir da chamada **crise do serviço público**.[43] Com a ampliação do papel do Estado, houve sua participação também em atividades comerciais e industriais, que eram tradicionalmente reservadas à iniciativa privada.

Esse movimento gerava obscuridade na identificação das tarefas do Estado e teve reflexos na jurisdição do contencioso administrativo francês. A propósito do assunto, menciona Dinorá A. Musetti Grotti[44] o caso *Société Commerciale de l'Ouest Africain*,[45] de 22.1.1921, onde o Tribunal de Conflitos decidiu que seria atribuição da jurisdição comum, com aplicação, portanto,

---

[39] Ver: GROTTI, Dinorá A. Musetti. *O serviço público e a Constituição brasileira de 1988*. São Paulo: Malheiros, 2003. p. 40.

[40] Na obra *Précis de droit administratif et de droit public*, 1927, p. IX. GROTTI, Dinorá A. Musetti. *O serviço público e a Constituição brasileira de 1988*. São Paulo: Malheiros, 2003. p. 4.

[41] Na expressão utilizada por GROTTI, Dinorá A. Musetti. *O serviço público e a Constituição brasileira de 1988*. São Paulo: Malheiros, 2003. p. 35.

[42] JÈZE, Gastón. *Principios generales del derecho administrativo*. Buenos Aires: Depalma, 1949. v. 2. p. 4.

[43] Na realidade, tratou-se da primeira crise da noção de serviço público, ocorrida na transição da concepção liberal de Estado para a concepção social. Alguns autores falam que os serviços públicos sofreram nova crise quando foi posto em xeque o modelo de *Welfare State* na Europa, momento no qual surgem movimentos privatizantes e desreguladores.

[44] GROTTI, Dinorá A. Musetti. *O serviço público e a Constituição brasileira de 1988*. São Paulo: Malheiros, 2003. p. 54.

[45] LONG, M.; WEIL, P.; BRAIBANT, G. *Les grands arrêts de la jurisprudence administrative*. Paris: Sirey, 1969. p. 159-164.

de regras de direito privado, a apreciação de serviços públicos que funcionassem em condições análogas à de empresas particulares. O *arrêt* envolvia acidente com uma balsa que afundou automóveis transportados na Costa do Marfim, à época colônia francesa.

Depois das guerras, a partir da década de 50 do século XX, houve a criação de uma nova geração de serviços públicos. Da constatação da insuficiência de organização adequada por parte do Estado para prestar diretamente todos os serviços públicos, houve uma retomada do modelo de delegação deles à iniciativa privada, feita por meio de contratos de concessão.

Acirrou-se a **crise da noção**, pois houve a percepção de que ela era **inadequada** para explicar:

- o rol de todas as atividades estatais;
- o regime jurídico de prestação, que, no caso das atividades de caráter comercial e industrial, passou a ser privado; e
- o sujeito prestador, uma vez que o Estado passou a delegar a particulares a execução de serviços públicos.

No entanto, como bem observa Marienhoff,[46] a crise não significou a quebra ou a falência do conceito, mas apenas a **necessidade de evolução**, para que o seu sentido e alcance fossem compatíveis com as modificações processadas nas atribuições do Estado.

No caso do Brasil, deve-se advertir que a conceituação de serviço público nunca foi relevante para a configuração da jurisdição aplicada, porquanto desde 1891 há um sistema de jurisdição una, onde o juiz comum tanto aplica direito privado como direito público.

Assim, é inadequada para o nosso sistema a pretensão de caracterizar a competência de jurisdição pela noção de serviço público. Também na França houve transformações nessa pretensão da Escola do Serviço Público, mas não entendemos que as importantes discussões travadas por tal corrente doutrinária são irrelevantes, como se costuma dizer, pois muitas de suas constatações foram incorporadas na definição de serviços públicos encontrável em diversas obras de Direito Administrativo, inclusive no Brasil.

ESCOLA DO SERVIÇO PÚBLICO
= Escola Realista ou Escola de Bordeaux

León Duguit: Direito Administrativo = serviço público

Influência – caso Blanco (1873)

Def. de serviço público – atividade indispensável à concretização e ao desenvolvimento da interdependência social.

Crítica de Hauriou, para quem Duguit desconsiderava o elemento mais importante – o poder político (quando desconsiderava a noção de soberania).

Gastón Jèze: serviço público como **procedimento técnico** próprio com alicerce no **regime jurídico** de direito público.

Década de 50: crise da noção de serviço público.
Necessidade de adaptação do sentido e do alcance dado ao conceito pela doutrina.

---

[46] Apud GROTTI, Dinorá A. Musetti. *O serviço público e a Constituição brasileira de 1988*. São Paulo: Malheiros, 2003. p. 58.

 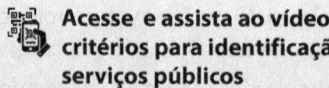

Acesse e assista ao vídeo sobre critérios para identificação dos serviços públicos

> http://uqr.to/1xpkw

8.3 Critérios de identificação e definição de serviços públicos

Expõe Dinorá Grotti que "cada povo diz o que é serviço público em seu sistema jurídico".[47] Trata-se, pois, de **escolha política** de cada nação fixar em seu ordenamento jurídico dada atividade como serviço público, a depender da concepção que se tenha sobre o papel do Estado. Essa concepção é variável não apenas no espaço, mas também no tempo, a depender da maior ou menor propensão de uma economia a resistir ou a incorporar medidas liberalizantes.

Serviço público é um assunto bastante polêmico na doutrina. Contudo, existe relativo consenso de que há **três critérios básicos** que possibilitam a delimitação da noção, sendo, todavia, questionada a suficiência isolada deles para caracterizar a atividade:

- **critério subjetivo ou orgânico**: segundo o qual serviço público seria o prestado pelo Estado ou por órgão público;
- **critério material**: a partir do qual se compreende que o serviço público é atividade que tem por finalidade a satisfação de necessidades coletivas; e
- **critério formal**: de acordo com o qual o serviço público seria o exercido em regime jurídico de direito público, com disposições exorbitantes.

Conforme dito, os critérios isolados são insuficientes para caracterizar dada atividade como serviço público, tendo em vista que:

- **crítica ao critério subjetivo**: nem todas as atividades desempenhadas pelo Estado ou por órgãos públicos são serviços públicos, nem deixa um serviço de ser público quando prestado por pessoa privada em regime de concessão ou permissão de serviço público, por exemplo;[48]
- **crítica ao critério material**: é o fato de satisfazer a necessidades coletivas que justifica caracterizar certa atividade como serviço público, mas não são todas as necessidades coletivas que são satisfeitas por meio do fornecimento de serviços públicos, por exemplo, alimentação é uma necessidade coletiva, mas o fornecimento de produtos alimentícios,[49] em geral, é feito normalmente em atividades livres ao "mercado"; há, ainda, atividades que em dado momento histórico são

---

[47] GROTTI, Dinorá A. Musetti. *O serviço público e a Constituição brasileira de 1988*. São Paulo: Malheiros, 2003. p. 87.

[48] GROTTI, Dinorá A. Musetti. *O serviço público e a Constituição brasileira* de 1988. São Paulo: Malheiros, 2003. p. 48.

[49] À exceção de alguns programas governamentais para suprir carências alimentares, como, no Brasil, o programa Fome Zero, distribuição de alimentos é atividade livre à iniciativa privada. Não há supermercados do Estado, apenas programas governamentais, desenvolvidos em parceria com a iniciativa privada, para tornar os alimentos mais acessíveis às pessoas que sofrem com a falta de alimentos. Pode-se no máximo pensar em programas de assistência social que contemplem também políticas voltadas para suprir carências de alimentação, mas aí o serviço público será, conforme dito, assistência social.

consideradas serviços públicos mas que posteriormente determinada nação resolve transferir à livre iniciativa, assim, segundo enfatiza Dinorá Grotti,[50] o critério material serve muito mais para nortear o legislador do que o jurista; e

- **crítica ao critério formal**: conforme visto, Gaston Jèze foi um dos primeiros doutrinadores a enfatizarem que o serviço público é o prestado em regime jurídico de direito público, mas este nem sempre é empregado total e sistematicamente a todos os aspectos de organização e de funcionamento de serviços públicos,[51] havendo variações no regime jurídico se o serviço é prestado diretamente pelo Estado, por meio de empresas estatais ou mesmo pelas concessionárias de serviços públicos.

Em suma, os critérios isoladamente não são suficientes para caracterizar a noção, nem do ponto de vista **subjetivo**, pois nem toda atividade exercida por ente público é serviço público e os particulares também podem prestar serviços públicos por delegação (por exemplo, por meio de concessão ou permissão de serviço público); nem do ponto de vista **material**, pois nem toda atividade que supre necessidade pública é considerada serviço público; nem da perspectiva **formal**, pois pode ocorrer a aplicação de algumas regras do direito privado se uma estatal prestar serviço público, por exemplo.

Note-se que como é mais comum a existência de regime de exorbitância na prestação de serviços públicos, Celso Antônio Bandeira de Mello considera fundamental ressaltar na própria definição de serviço público a presença de **prerrogativas de supremacia** e de **restrições especiais**.[52]

Portanto, constata Dinorá A. Musetti Grotti[53] que nenhum dos critérios, **por si só**, oferece condições para fazer emergir uma satisfatória noção de serviço público, no contexto jurídico vigente, sendo necessária a presença de dois ou três dos critérios enunciados para caracterizar a noção.

A partir do exposto, definimos serviço público como:

> atividade prestacional, que incumbe ao Poder Público, com ou sem caráter privativo, sendo por ele desenvolvida diretamente ou por contrato de concessão ou permissão, com regime de exorbitância ou tendo em vista restrições especiais estabelecidas para a satisfação de necessidades coletivas que o ordenamento jurídico confere especial proteção.

É atividade prestacional, pois se orienta a ofertar utilidades ou comodidades materiais, diferentemente do poder de polícia, em que o Estado restringe atividades particulares.

Incumbe ao Poder Público, com ou sem caráter privativo, pois há atividades que podem ser desenvolvidas pelos particulares, mas que, no nosso entendimento,[54] não deixam de ser serviços públicos, pois têm proteção jurídica maior do que as demais atividades deixadas ao livre

---

[50] GROTTI, Dinorá A. Musetti. *O serviço público e a Constituição brasileira de 1988*. São Paulo: Malheiros, 2003. p. 49.

[51] GROTTI, Dinorá A. Musetti. *O serviço público e a Constituição brasileira de 1988*. São Paulo: Malheiros, 2003. p. 47.

[52] BANDEIRA DE MELLO, Celso Antônio. *Curso de direito administrativo*. São Paulo: Malheiros, 2008. p. 659.

[53] GROTTI, Dinorá A. Musetti. *O serviço público e a Constituição brasileira de 1988*. São Paulo: Malheiros, 2003. p. 53.

[54] Reitere-se que parcela da doutrina, Paulo Modesto e Carlos Ari Sundfeld, defende que quando prestados pela iniciativa privada tais serviços não têm a natureza jurídica de serviço público.

mercado, podendo ser caracterizados como serviços públicos não privativos a educação e a saúde, que obedecem a restrições especiais.

Quando o serviço público é desenvolvido pelo Estado, este pode tanto prestá-lo diretamente como por meio de delegatários, caso em há a transferência do exercício, cuja titularidade é estatal, para particulares, efetivado por concessão e permissão de serviços públicos (**critério subjetivo mitigado**).

O regime jurídico da prestação de serviços públicos tanto pode ser integralmente público, como ocorre, por exemplo, na prestação de serviços públicos por órgãos da Administração direta, autárquica e fundacional (se for autarquia fundacional), como pode ser parcialmente exorbitante, a exemplo da concessão e da permissão de serviços públicos, nas quais existem cláusulas derrogatórias do regime privado que permeia a natureza das pessoas particulares, ou no caso de estatais que prestam serviços públicos, que se submetem a inúmeras restrições estabelecidas tendo em vista o fato de prestarem serviços públicos, mas que continuam a ter natureza jurídica privada (**critério formal mitigado**).

Por fim, foi enfatizado na definição o critério material do serviço público: orientado para satisfazer necessidades coletivas, sendo este simultaneamente conjugado com o critério formal, uma vez que não são todas as necessidades coletivas que são supridas por meio da prestação de serviços públicos. Trata-se de escolha política que determinada coletividade faz de dispensar-lhes especial proteção jurídica (**critério material mitigado**).

> **TEMA CONTROVERTIDO: essencialismo *versus* formalismo – discussão necessária?**
>
> É comum encontrar exposições referentes à caracterização da noção de serviços públicos que dividem a doutrina entre os: (1) **essencialistas**, assim considerados todos aqueles que entendem que uma atividade é considerada serviço público pela sua natureza (conteúdo/essência); e (2) **formalistas**, que reputam serem serviços públicos aqueles que o ordenamento jurídico classifica como tais.
>
> Ambas as noções isoladas são insuficientes.
>
> O **essencialismo** é problemático, pois se diz que a escolha a respeito de caracterizar determinada atividade como serviço público é eminentemente política, ou seja, depende mais da composição de interesses encontrada em determinado momento histórico, no sentido de conferir a determinada matéria certo tipo de proteção, do que do fato de o assunto ser essencialmente relacionado com a satisfação de necessidades coletivas, havendo o predomínio do arbítrio (no sentido de deliberação humana) em relação à natureza essencial/ontológica.[55] Costuma-se apontar o fato de que o serviço de loteria é considerado serviço público.
>
> Já o **formalismo** é limitador, pois deixa o intérprete alienado das razões da proteção jurídica, ou seja, na observação de Eros Grau:[56] privilegiar-se a forma ou realizar uma tautologia: "serviço público é atividade sujeita a regime de serviço público". O regime exorbitante de proteção decorre justamente do fato de uma determinada atividade ter sido considerada pelo legislador ou pelo Constituinte serviço público, ou seja, o serviço público é a causa e a consequência é o regime jurídico, e não o contrário.

---

[55] Essa discussão sobre essências também é algo extremamente problemático do ponto de vista filosófico. Não é o fato de sermos incapazes de alcançar definições essenciais perfeitas que faz com que não possamos defender a necessidade de haver definições concretas, delimitadas historicamente e passíveis de mutação, que encontram justificativas plausíveis a partir da configuração de determinados contextos intersubjetivos.

[56] GRAU, Eros Roberto. *A ordem econômica na Constituição de 1988*. 11. ed. São Paulo: Malheiros, 2006. p. 119.

Enquanto a crítica ao critério essencialista pode ser identificada com o mesmo substrato argumentativo da crítica do positivismo ao jusnaturalismo, uma vez que a escolha de positivação normativa depende muito mais dos interesses e do arbítrio daquele que tem condições de criar uma regra do que do fato de a regra ser intrinsecamente justa; o formalismo cria intérpretes alienados, que não se importam com as razões do Direito, mas apenas com a forma, sem se darem conta de que o critério formal serve para proteger algo que se reputa valoroso e não qualquer tipo de atividade desprovida de valor.

Mesmo que o Direito não possa ser reduzido a racionalidade pura, ainda assim sua dimensão pragmática deve ser enfocada em função de efeitos que servem para proteger interesses relevantes socialmente. No estágio atual de desenvolvimento da ciência jurídica, não dá para aderir cegamente à prevalência do critério formal, como se o Direito fosse instrumentalidade pura, porque o Direito serve à coletividade, e não o contrário.

As pessoas não podem se deixar satisfazer com respostas do tipo: serviço público é o que satisfaz a um regime jurídico público, pouco importa o seu conteúdo, pois como terão aptidão para refletir sobre a adequação ou não do conteúdo do Direito às necessidades coletivas e influenciar o Poder Público com o exercício de uma cidadania consciente?

Se o poder constituinte ou o poder constituído (legislador) optou em inserir determinada categoria de atividade no rol de serviços públicos, é porque ele segue um relativo consenso sobre a necessidade de proteção, alicerçado no valor dado intersubjetivamente a determinada atividade. Mesmo porque o titular do poder constituinte e de todos os poderes numa democracia é o povo, que pode e deve exercer pressão para que o ordenamento seja mais compatível com os interesses coletivos.

Mesmo no caso da loteria, que poderia ser vista como atividade supérflua ou não estratégica, mas que cumpre um papel de angariar fundos importantes para implementação de programas sociais, não se pode ignorar que há uma explicação histórica para sua proteção, pois houve no Brasil um movimento recente de proibição do desenvolvimento de atividades particulares de bingo, entre outros fatores, pelas fraudes denunciadas, sendo que o Decreto-lei nº 204/67, que foi recepcionado pela Constituição Federal, caracterizou a loteria como serviço público a ser exercido exclusivamente pela União.

Tanto se trata de assunto que tem repercussões práticas importantes, que foi objeto da súmula vinculante nº 2. Após inúmeras ações diretas de inconstitucionalidade que questionavam leis estaduais que tratavam do assunto, o STF editou súmula que determina ser "inconstitucional a lei ou o ato normativo estadual ou distrital que disponha sobre sistemas de consórcio e sorteios, inclusive bingos e loterias" (*DO* de 6.6.2007).

Entendemos, em suma, que essa discussão entre formalismo e essencialismo é superficial, pois tanto a matéria como a forma são aspectos a serem considerados. A relevância da matéria é o que justifica a proteção conferida pelo ordenamento. Apenas se deve ressaltar que, via de regra, não será o intérprete, mesmo que autorizado (juiz), a fazer essa escolha, a partir da mera análise do conteúdo (essência),[57] uma vez que, via de regra, ela **já foi feita** pela coletividade por meio de seus representantes.

Assim, forma e matéria estão relacionadas e mesmo que o conteúdo sofra mutações com o tempo, ele é a principal razão do regime jurídico (forma). Aplicadores do Direito conscientes não se curvam ao sistema jurídico como autômatos, isto é, sem refletir sobre a utilidade e adequação das regras às finalidades sociais prementes, mas procuram saber da razão de positivação das regras.

---

[57] Exceto no caso de conteúdo incompatível com o da Constituição, isto é, de inconstitucionalidade.

8.4 Princípios

O desenvolvimento dos serviços públicos, campo de atividades do Estado que são exercidas por ele ou mediante delegação a particulares, obedece a princípios próprios, que são: o da generalidade ou igualdade dos usuários, o da modicidade das tarifas, o da mutabilidade do regime jurídico e o da continuidade.

8.4.1 Generalidade ou igualdade dos usuários

Está previsto como uma decorrência do serviço adequado no art. 6º, § 1º, da Lei nº 8.987/95. Significa que os serviços públicos devem beneficiar o maior número possível de indivíduos, **sem discriminar** ou privilegiar **de maneira infundada** os usuários.

Trata-se de decorrência do princípio da impessoalidade, pelo qual a prestação deve ser feita de forma igual, aberta ou indistintamente, sendo ainda voltado a atender à totalidade dos usuários, tendo em vista seu objetivo de **universalidade**. Para que haja generalidade e os serviços públicos possam ser acessíveis a todos, existe também o princípio da modicidade de tarifas.

8.4.2 Modicidade das tarifas

Corolário prático da generalidade, o princípio da modicidade das tarifas, previsto expressamente no art. 6º, § 1º, da Lei nº 8.987/95, é aquele segundo o qual os serviços públicos devem ser remunerados a preços módicos, pois se forem pagos com valores elevados muitos usuários serão alijados do universo de beneficiários do serviço disponibilizado.

Alguns serviços públicos, quando ofertados por órgãos públicos, como saúde e educação prestadas por estabelecimentos oficiais, são gratuitos. No caso da educação, o inciso I do art. 208 da Constituição garante ensino fundamental não só gratuito, mas também obrigatório, que acarreta o dever de prestação por parte do Poder Público, cuja ausência pode ser suprida por instrumentos como o mandado de segurança. Também a assistência social é prestada a quem dela necessitar, de forma gratuita. Já os serviços de utilidade pública delegados são em geral remunerados por tarifas, pois, conforme será visto, a concessão é um contrato que repassa o exercício de serviços públicos a particulares que os prestarão por sua conta e risco, mas que serão, via de regra, remunerados por tarifa.

Em casos expressamente previstos em lei, a cobrança da tarifa poderá ser condicionada à existência de serviço público alternativo e gratuito para o usuário, conforme determina o art. 9º, § 1º, da Lei nº 8.987/95. Ademais, para favorecer a modicidade das tarifas, pode ainda o poder concedente prever, em favor da concessionária, no edital de licitação, a possibilidade de outras fontes provenientes de receitas alternativas, complementares, acessórias ou de projetos associados, com ou sem exclusividade (art. 11 da Lei nº 8.987/95).

8.4.3 Mutabilidade do regime jurídico

Trata-se do princípio pelo qual os concessionários ou demais contratantes com o Poder Público não estão protegidos de alterações (unilaterais) no contrato por parte da Administração, que pode modificar qualitativa e quantitativamente a execução do serviço, desde que obedeça aos parâmetros legais.

Expõe Maria Sylvia Zanella Di Pietro que, como decorrência da mutabilidade, tanto os servidores públicos, como os contratados, ou mesmo os usuários dos serviços, não têm direito adquirido à manutenção de determinado regime jurídico, pois "o estatuto dos funcionários pode ser alterado, os contratos também podem ser alterados ou mesmo rescindidos unilateralmente para atender ao interesse público".[58]

8.4.4 Continuidade

Os serviços públicos obedecem ao princípio da continuidade, pois, como tais atividades visam à satisfação de necessidades coletivas importantes, as prestações de serviço público devem ser contínuas e tanto a execução do contrato administrativo como o exercício da função pública não podem parar.

Quanto à **execução do contrato** administrativo, não é dado ao contratante opor, em qualquer circunstância, a exceção do contrato não cumprido (*exceptio non adimpleti contactus*) contra a Administração. O concessionário ou permissionário não pode paralisar sumariamente a execução do contrato, alegando tal expediente, comum aos contratos privados, pois deve esperar escoar os prazos legais de tolerância (para atraso de pagamento em mais de dois meses, cf. art. 137, § 2º, IV, da Lei nº 14.133/2021).

Ademais, se o particular for ao Judiciário pleitear rescisão por descumprimento de normas contratuais pelo Poder Público, determina o parágrafo único do art. 39 da Lei nº 8.987/95 que "os serviços prestados pela concessionária não poderão ser interrompidos ou paralisados, até a decisão judicial transitada em julgado".

Note-se que o art. 6º, § 3º, da Lei nº 8.987/95 não caracteriza como descontinuidade do serviço a interrupção em situação de emergência ou após prévio aviso, quando: (1) motivada por razões de ordem técnica ou de segurança das instalações; e (2) por inadimplemento do usuário,[59] considerado o interesse da coletividade.

Ademais, conforme o § 4º, inserido pela Lei nº 14.015/2020, a interrupção de serviço na hipótese de inadimplemento não poderá iniciar-se na sexta-feira, no sábado ou no domingo, nem em feriado ou no dia anterior a feriado.

Também se admite que haja a revisão de tarifas para o restabelecimento do equilíbrio econômico-financeiro do contrato, caso ocorra circunstância que torne excessivamente onerosa a execução do contrato. Todas as hipóteses de áleas, sejam econômicas, que se relacionam com a aplicação da teoria da imprevisão, sejam administrativas, quando há alterações provocadas pela Administração, acompanhadas da revisão do contrato, foram engendradas para que o contrato tivesse continuidade, mesmo diante de sua mutabilidade.

Como reflexo da continuidade dos serviços públicos, preveem os §§ 2º e 3º do art. 35 da Lei nº 8.987/95 que, uma vez extinta a concessão, haverá a imediata assunção do serviço pelo poder concedente, sendo autorizada a ocupação das instalações e a utilização de bens reversíveis.

Quanto ao **desempenho da função** pública, aponta Maria Sylvia Zanella Di Pietro[60] as seguintes repercussões: a existência de normas que exigem a permanência do servidor pelo prazo

---

[58] DI PIETRO, Maria Sylvia Zanella. *Direito administrativo*. 23. ed. São Paulo: Atlas, 2010. p. 108.

[59] Trata-se, portanto, da descontinuidade da prestação do serviço em relação ao usuário inadimplente; não, evidentemente, do serviço como um todo.

[60] DI PIETRO, Maria Sylvia Zanella. *Direito administrativo*. São Paulo: Atlas, 2010. p. 108.

fixado em lei quando ele pedir exoneração do cargo; os institutos da substituição, suplência e delegação; e o exercício do direito de greve pelos servidores apenas nos termos e limites estabelecidos em lei específica, de acordo com o art. 37, VII, da Constituição. Como não houve regulamentação, há alguns mandados de injunção[61] nos quais o STF admitiu a aplicação da lei de greve do trabalhador comum, tendo em vista a mora na regulamentação da norma constitucional.

8.5 Classificação

Quanto à *essencialidade*, podem os serviços públicos ser classificados em: serviços públicos propriamente ditos e serviços de utilidade pública.

Serviços públicos propriamente ditos são os que a Administração Pública presta diretamente à coletividade em função de sua essencialidade e, por esse motivo, não podem ser delegados. São exemplos destes tipos de serviços: a segurança pública e a defesa nacional.

Serviços de utilidade pública são aqueles que a Administração reconhece a sua conveniência, mas não a essencialidade (nem a necessidade) de sua prestação, que pode ser feita diretamente, ou por terceiros, mediante concessão ou permissão, de acordo com a regulamentação e o controle estatal. Os serviços de utilidade pública são remunerados pelos usuários. Abrangem utilidades que proporcionam o conforto e bem-estar dos indivíduos, tais como transporte coletivo, energia elétrica e telefonia.

Note-se que há uma preocupação específica em que os serviços essenciais não sejam descontinuados, por isso o Decreto nº 7.777/2012 estabelece medidas para a continuidade de atividades e serviços públicos de órgãos e entidades da administração pública federal durante greves, paralisações ou operações de retardamento de procedimentos administrativos promovidas pelos servidores públicos federais. Em 2022, o Supremo Tribunal Federal, na ADI 4.857, deu interpretação conforme o Decreto nº 7.777/2012, assentando que as medidas dispostas no decreto podem ser aplicadas somente para garantir a continuidade de atividades e serviços públicos essenciais dos órgãos e entidades da administração pública federal durante greves, paralisações ou operações de retardamento de procedimentos administrativos promovidas pelos servidores públicos federais.

Quanto à *delegabilidade*, os serviços públicos podem ser classificados em próprios e impróprios.

Serviços próprios, segundo Hely Lopes Meirelles,[62] são os que se relacionam intimamente com as atribuições do Poder Público, como segurança e a higiene, cuja execução é feita com base na supremacia do interesse público, sem possibilidade de delegação a particulares. São geralmente gratuitos ou de baixa remuneração, para que sejam acessíveis a todos.

Serviços públicos impróprios, para Meirelles:

> são os que não afetam substancialmente as necessidades da comunidade, mas satisfazem interesses comuns de seus membros, e, por isso, a Administração os presta remuneradamente, por seus órgãos ou entidades descentralizadas (autarquias, empresas públicas, sociedades de economia mista, fundações governamentais), ou delega sua prestação a concessionárias, permissionários ou autorizatários.[63]

---

[61] MI 670/ES e 712/PA. Ver item de mandado de injunção em controle da Administração Pública.

[62] MEIRELLES, Hely Lopes. *Direito administrativo brasileiro*. São Paulo: Malheiros, 2009. p. 334.

[63] MEIRELLES, Hely Lopes. *Direito administrativo brasileiro*. São Paulo: Malheiros, 2009. p. 334.

Parte da doutrina (Bielsa, Valles[64]) classifica como impróprio o serviço de atividade privada, exercida por particulares, que é autorizado, regulamentado e fiscalizado pelo Estado. Na realidade, a adoção desta última definição é problemática, pois, conforme expõe Maria Sylvia Zanella Di Pietro,[65] não se trata juridicamente de serviço público, mas apenas de atividade privada submetida a regime jurídico especial devido a sua relevância, como ocorre no caso das atividades desenvolvidas pelas instituições financeiras, de seguro e previdência privada.

Quanto ao *objeto*, os serviços públicos podem ser: administrativo, comercial ou industrial, e social.

Serviços administrativos são os executados pela Administração para atender necessidades internas ou para preparar outros serviços que serão prestados ao público, como, por exemplo, os serviços de imprensa oficial, das estações experimentais e outros assemelhados.[66]

Serviços comerciais ou **industriais** prestados pelo Estado, de acordo com Maria Sylvia Zanella Di Pietro, são os que a Administração Pública desempenha direta ou indiretamente, por meio de concessão ou permissão, para atender às necessidades coletivas de ordem econômica. São exemplos dessa categoria os serviços de transporte, energia elétrica e telecomunicações. Ao contrário de Hely Lopes Meirelles, Maria Sylvia entende que comerciais são os serviços que obedecem ao art. 175 da Constituição, e não ao art. 173, pois este último dispositivo trata da intervenção do Estado no domínio econômico, e não da prestação de serviços públicos.

Serviços públicos sociais são os que atendem a necessidades coletivas em que a atuação do Estado é essencial, mas que também convivem com a iniciativa privada. São exemplos deste tipo de serviços a saúde, a educação, a previdência e a cultura. Expõe Di Pietro que eles são tratados na ordem social e objetivam a atender aos direitos sociais, considerados direitos fundamentais no art. 6º da Constituição.[67]

Conforme expõe Garrido Falla, a aparição de serviços assistenciais e sociais não foi acompanhada da necessidade de "monopólio" administrativo, como os demais serviços exclusivos do Estado. Nos dizeres do jurista espanhol, "nem os serviços sanitários ou de beneficência, nem a aparição de um sistema administrativo de ensino público implicaram a proibição aos particulares de montar atividades paralelas".[68]

Explica, ainda, o autor que é justamente esse caráter não monopolístico[69] do serviço que determina que em sua gestão não tenha cabimento a fórmula da concessão em seu sentido rigoroso; pois a concessão surge ali onde a Administração se reserva a titularidade de uma atividade com proibição de seu livre exercício pelos particulares.

---

[64] Cf. CRETELLA Jr., José. *Curso de direito administrativo*. Rio de Janeiro: Forense, 2000. p. 50.

[65] DI PIETRO, Maria Sylvia Zanella. *Direito administrativo*. São Paulo: Atlas, 2010. p. 109.

[66] MEIRELLES, Hely Lopes. *Direito administrativo brasileiro*. São Paulo: Malheiros, 2009. p. 335.

[67] DI PIETRO, Maria Sylvia Zanella. *Direito administrativo*. São Paulo: Atlas, 2010. p. 111.

[68] FALLA, Fernando Garrido. *Tratado de derecho administrativo*. 10. ed. Madrid: Tecnos, 1992. p. 322.

[69] Apenas se deve ressalvar que, no Brasil, geralmente se fala em monopólio quando o Estado reserva para si o desempenho de atividade econômica que seria do mercado, sendo que não há monopólio no serviço público porque ele já é incumbência do Estado, sendo exercido quer em regime privativo, caso em que se admite seu exercício por particular apenas pelo regime de delegação (concessão ou permissão de serviços públicos), ou não privativo, quando não se proíbe que sejam oferecidos pela iniciativa privada, em regime "livre", isto é, sem a necessidade de concessão e permissão de serviço público, mas com as restrições necessárias à qualidade na prestação, dada a especial proteção conferida pelo ordenamento jurídico.

Por isso, sem desconsiderarmos a existência de opiniões contrárias,[70] acompanhamos, conforme já expressado anteriormente, Maria Sylvia Zanella Di Pietro, Eros Roberto Grau e Celso Antônio Bandeira de Mello, no sentido de afirmar a natureza jurídica de serviço público aos serviços de educação e saúde, mesmo quando prestados pela iniciativa privada.

Apesar de a Constituição ter se utilizado da expressão "livre à iniciativa privada", nos arts. 209 e 199, esta expressão ambígua não deve ser interpretada, a nosso ver, no sentido de que se trata de atividade livre ao mercado, como se tivesse sido retirada do campo dos serviços públicos e removida para as atividades econômicas em sentido estrito, porque o regime jurídico de prestação de saúde e educação sofre um controle mais rigoroso, dada sua especial proteção em função da relevância de seu conteúdo para o suprimento de necessidades coletivas (expressão maior da realização de direitos sociais). Reitere-se: apenas se quis ressaltar que são serviços públicos sociais não privativos, ou seja, que convivem com a iniciativa privada, sem a necessidade de sua delegação pela via da concessão ou permissão, daí a pretensa liberdade.

Quanto à *determinação do usuário*, há classificação mencionada com frequência na jurisprudência, justamente pela utilidade técnica de seus efeitos, que divide os serviços públicos em: serviços de fruição geral (*uti universi*) e serviços de fruição individual (*uti singuli*).

Serviços gerais ou *uti universi* são os prestados à coletividade, em geral, sem usuário determinado ou específico, como a iluminação pública, a segurança pública, a defesa nacional e a conservação das vias públicas. São geralmente remunerados mediante a espécie tributária imposto, que não se baseia na utilização do serviço. Sobre eles não recai taxa.[71]

Serviços individuais ou de **fruição individual** (*uti singuli*) são aqueles cujos usuários são determinados ou determináveis e nos quais existe a prestação de utilidade ou comodidade fruível diretamente pela comunidade, como, por exemplo, os serviços de telefonia, energia elétrica, água, gás, serviço postal etc. São remunerados tanto por taxa como por tarifa.

Em hipótese de não pagamento do serviço pelo usuário, há controvérsias acerca da legitimidade da suspensão de seu fornecimento. Parte substancial da jurisprudência entende que a suspensão é ilegal se o serviço for considerado essencial, pois obedece ao princípio da continuidade. Assim, mesmo que um ente federativo não pague pela utilização de serviço de energia elétrica, a responsável pelo seu fornecimento não pode suspender o serviço em unidades e serviços públicos que não admitem paralisação, como, por exemplo, hospitais e postos de saúde,[72] tendo em vista a impossibilidade de descontinuidade na prestação desses serviços.

O serviço é, todavia, passível de suspensão se for de livre fruição e *não essencial*, desde que haja *aviso-prévio*. Hely Lopes Meirelles[73] alerta, ainda, que se o serviço é obrigatório, sua

---

[70] Como, por exemplo, a de Fernando Herren Aguillar. *Controle social de serviços públicos*. São Paulo: Max Limonad, 1999. p. 150-154. Note-se que Carlos Ari Sundfeld chama a categoria de serviço social, que tem, em sua visão, dupla natureza jurídica: quando prestados pelos particulares, sujeitam-se ao regime privado, quando prestados pelo Estado, submetem-se ao regime de direito público. In: *Fundamentos de direito público*. São Paulo: Malheiros, 2003. p. 84.

[71] De acordo com a Súmula Vinculante 41, que foi resultante da conversão da Súmula 670/STF: "O serviço de iluminação pública não pode ser remunerado mediante taxa".

[72] Conforme pergunta constante da primeira fase do exame de ordem 137 da OAB/SP.

[73] MEIRELLES, Hely Lopes. *Direito administrativo brasileiro*. São Paulo: Malheiros, 2009. p. 335.

remuneração é feita mediante taxa (espécie tributária) e não por tarifa ou preço, e a falta do pagamento não autoriza outras sanções além da cobrança executiva com os gravames legais correspondentes.

> **TEMA POLÊMICO: corte no fornecimento de serviço público por inadimplemento – serviços essenciais e dignidade humana na jurisprudência**
>
> O art. 6º da Lei de Concessões (Lei 8.987/95) determina que toda concessão ou permissão pressupõe a prestação de serviço adequado ao pleno atendimento dos usuários, sendo que o § 3º, II, do artigo enfatiza não se caracterizar como descontinuidade do serviço sua interrupção em situação de emergência ou após prévio aviso, quando: por inadimplemento do usuário, considerado o interesse da coletividade.
>
> São teses fixadas em jurisprudência pelo Superior Tribunal de Justiça sobre o corte de serviços públicos essenciais, em que se admite o corte: (a) "quando inadimplente o usuário, desde que precedido de notificação"; e (b) "por razões de ordem técnica ou de segurança nas instalações, desde que precedido de notificação". Por outro lado, o STJ considera ilegítimo o corte "quando inadimplente unidade de saúde, uma vez que prevalecem os interesses de proteção à vida e à saúde" (v. edição 13).
>
> Ademais, o art. 22 do CDC dispõe que os órgãos públicos, por si ou suas empresas, concessionárias, permissionárias ou sob qualquer outra forma de empreendimento, são obrigados a fornecer serviços adequados, eficientes, seguros e, quanto aos essenciais, contínuos.
>
> A partir desta ressalva final, a jurisprudência, sobretudo do STJ, procurou estabelecer *standards* de julgamento, para definir em que hipóteses a prestadora do serviço não pode interromper o fornecimento,[74] dada sua essencialidade ou mesmo diante da consideração de interesse plurissubjetivo.
>
> Assim, expressou-se o STJ, no AgRg no REsp 1.201.283, 2. T, j. 16.9.2010, *DJe* 30.9.2010, de relatoria do Min. Humberto Martins, que "o corte do fornecimento de água está autorizado por lei sempre que resultar falta injustificada de pagamento, e desde que não afete a prestação de serviços públicos essenciais, a exemplo de hospitais, postos de saúde, creches e escolas". Também se manifestou no sentido de que pouco importa que o inadimplente seja entidade privada com fins lucrativos, pois o que se tutela é a vida e a saúde dos pacientes internados, ou seja, o condicionamento à ordem econômica é imposto para a promoção da dignidade humana.
>
> Além de o assunto não ser pacífico nos tribunais, havendo decisões em sentido contrário (como o REsp 771.853/MT, Min. Eliana Calmon, T2, j. 2.2.2010, *DJe* 10.2.2010), ganha força uma outra tese, que foi desenvolvida a partir do desdobramento da noção de dignidade humana: até recentemente se achava irrazoável exigir a continuidade de prestação de serviços *uti singuli*, como são os remunerados por tarifa, para usuários que continuassem inadimplentes após o aviso prévio, sob pena de enriquecimento ilícito, todavia, é encontrável nos tribunais a orientação no sentido de garantir a continuidade do serviço pessoa física miserável, que está no limite da sobrevivência biológica, com base na dignidade humana, principalmente quando a empresa tem os meios jurídicos legais de ação de cobrança (Ressalva contida no EREsp 337.965/MG, rel. Min. Luiz Fux, *DJU* 8.11.2004, também do REsp 684.442/RS, rel. Min. José Delgado, j. 3.2.2005).

---

[74] O STJ considera "ilegítimo o corte no fornecimento de energia elétrica em razão de débito irrisório, por configurar abuso de direito e ofensa aos princípios da proporcionalidade e razoabilidade, sendo cabível a indenização ao consumidor por danos morais". Cf. Jurisprudência em Tese: tese 8 do assunto corte no fornecimento de serviços públicos essenciais.

Esta questão deve ser apreciada à vista das particularidades de cada caso concreto. Assim, por exemplo, houve um caso em que foi considerada ilegal a interrupção da água de pessoa humilde, pobre, que "teve seu barraco de madeira incendiado e todos os seus móveis queimados e por isso atrasou o pagamento de água". A companhia prestadora do serviço, no entanto, recusou-se a parcelar o débito e ainda cortou o fornecimento do serviço indispensável à saúde e à higiene, deixando o jurisdicionado, que se socorreu da assistência judiciária, sua esposa e filhos, sem água (REsp 201.112, 1T., J. 20.4.1999, Rel. Garcia Vieira).

Observa-se uma transformação na jurisprudência, no sentido de reconhecer uma dimensão mais profunda à dignidade humana, que recai sobre a impossibilidade de interrupção do fornecimento do serviço não só em face de hospitais, escolas, creches, mas também diante de pessoa pobre.

Trata-se do reconhecimento da solidariedade social no âmbito dos serviços públicos, que apesar de os exercícios terem sido repassados a empresas concessionárias, preservam seus caracteres fundamentais, sendo necessário, frise-se, diferenciar o inadimplente miserável daquele que, destituído de boa-fé, não paga voluntariamente suas contas, uma vez que a "conta final" será, evidentemente, diluída entre usuários que efetivamente pagam pelo serviço.

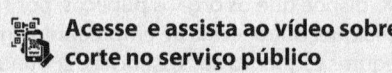

Acesse e assista ao vídeo sobre corte no serviço público
> http://uqr.to/1xpkv

Classificação

Quanto à *essencialidade*	Serviços públicos propriamente ditos Serviços de utilidade pública
Quanto à *delegabilidade*	Serviços próprios Serviços impróprios
Quanto ao *objeto*	Serviços públicos administrativos Serviços públicos comerciais ou industriais Serviços públicos sociais
Quanto à *determinação dos usuários*	Serviços gerais ou *uti universi* Serviços individuais ou de fruição *uti singuli*

8.6 Repartição constitucional de competências e serviços públicos

Os entes federativos somente poderão desenvolver serviços que tenham sido materialmente atribuídos a eles pela Constituição. Como consequência, não poderão transferir o exercício do serviço por meio de concessão ou permissão, se a matéria não for da competência deles. Por isso, a Lei nº 8.987/95 enfatiza que poder concedente é a União, o Estado, o Distrito Federal ou o Município, "em cuja competência se encontre o serviço público" (art. 2º, I).

Segundo expõe Fernanda Dias Menezes de Almeida, na clássica obra *Competências na Constituição de 1988*,[75] o sistema de repartição de competências adotado pela Lei Maior é complexo. Nele convivem **competências privativas** (ou enumeradas), repartidas horizontalmente, com **competências comuns**[76] **e concorrentes**, repartidas verticalmente, abrindo-se espaço também para a participação dos Estados na esfera de competências próprias da União, mediante **delegação** de competência privativa (art. 22, parágrafo único).

Assim, como resquício da adoção inicial[77] (1891) do modelo de federalismo dual ou clássico no Brasil, há competências enumeradas para cada ente federativo. Esse sistema se estrutura com base na **prevalência de interesses**, sendo atribuídas, em regra, à **União** as competências que tenham repercussões de interesse geral, aos **Estados** assuntos de interesse regional, somados à competência residual ou remanescente (art. 25, § 1º), e aos **Municípios** assuntos de interesse local.

Também se deve advertir que ao **Distrito Federal** foi vedada a divisão em Municípios, sendo-lhe atribuídas competências legislativas reservadas tanto aos Estados como aos Municípios. Por sua origem histórica e por albergar a capital nacional Brasília, o Distrito Federal depende da União para manter algumas importantes funções e serviços públicos, quais sejam: o Poder Judiciário, o Ministério Público e a Defensoria, bem como a polícia civil, a polícia militar e o corpo de bombeiros militar, sendo ainda atribuição expressa da União prestar assistência financeira ao Distrito Federal para a execução de serviços públicos, por meio de fundo próprio (art. 21, XIII e XIV).

O art. 21 determina competências materiais exclusivas da União, entre as quais estão incluídas: as competências diplomáticas (voltadas a manter relações com Estados Estrangeiros), a defesa nacional, a emissão de moeda, o serviço postal e o correio aéreo nacional e os serviços de:

- telecomunicações;
- radiodifusão sonora e de sons e imagens;
- energia elétrica e aproveitamento, com os respectivos Estados, energético dos cursos de água;
- navegação aérea, aeroespacial e infraestrutura aeroportuária;
- transporte ferroviário e aquaviário entre portos brasileiros e fronteiras nacionais, ou que transponham os limites dos Estados;
- transporte rodoviário interestadual e internacional de passageiros; e
- portos marítimos, fluviais e lacustres.

No art. 22 estão discriminadas competências legislativas privativas da União, que poderão ser delegadas aos Estados por lei complementar, conforme determina o parágrafo único do artigo.

---

[75] ALMEIDA, Fernanda Dias Menezes de. *Competências na Constituição de 1988*. 2. ed. São Paulo: Atlas, 2000. p. 74.

[76] Para a nossa análise dos serviços públicos, nos interessa neste momento mais as comuns do que as concorrentes, pois estas são legislativas e não materiais.

[77] O Brasil teve por modelo inicial o norte-americano, que inspirou a Constituição de 1891, mas a partir da Constituição de 1934 a este modelo foi acrescentado o sistema cooperativo.

Os Estados possuem as seguintes competências privativas:

- explorar diretamente, ou mediante concessão, os serviços locais de **gás canalizado**, na forma da lei; e
- mediante lei complementar, instituir **regiões metropolitanas, aglomerações urbanas** e **microrregiões**, constituídas por agrupamentos de municípios limítrofes, para integrar a organização, o planejamento e a execução de funções públicas de interesse comum.

É de competência dos Estados, atribuições residuais ou remanescentes não enumeradas, conforme dispõe o art. 25, § 1º, da Constituição. Todos os serviços públicos que não forem de atribuição enumerada para a União ou para o Município[78] e também não forem de concorrência comum dos entes federativos, serão de atribuição estadual.

Já os Municípios têm competência para organizar e prestar, diretamente ou sob regime de concessão ou permissão, os **serviços públicos de interesse local**, incluído o de **transporte coletivo**, que tem caráter essencial (art. 30, V). É considerado geralmente como de interesse local o serviço de coleta de lixo e resíduos sólidos urbanos.

Além das competências enumeradas, há na Constituição a previsão de competências materiais comuns, que são as tarefas que podem ser desenvolvidas por todos os entes federativos, ou seja, pela União, Estados, Distrito Federal e Municípios. Estão previstas no art. 23 da Constituição e se voltam, por exemplo, ao cuidado da saúde, à assistência pública, à proteção e à garantia das pessoas portadoras de deficiência; a proporcionar meios de acesso à cultura, à educação, bem como à promoção de programas de construção de moradias e à melhoria das condições habitacionais e de saneamento básico.

Leis complementares, estabelece o parágrafo único do art. 23, fixarão normas para a cooperação entre a União e os Estados, o Distrito Federal e os Municípios, tendo em vista o equilíbrio do desenvolvimento e do bem-estar em âmbito nacional.

O art. 24 da Constituição prevê, ainda, competência concorrente[79] para a União, os Estados e o Distrito Federal legislarem sobre os assuntos dispostos em seus incisos, entre os quais se podem ressaltar: educação, cultura, ensino, desporto, previdência social, proteção e defesa da saúde, proteção e integração social de pessoas portadoras de deficiência, proteção à infância e à juventude.

A competência legislativa concorrente permite que haja legislação geral de caráter nacional, sem que seja tolhida a possibilidade de os entes adequarem as normas gerais editadas pela União para o atendimento de suas peculiaridades. É o que determinam os parágrafos do art. 24 da Constituição.

---

[78] Ressalte-se que, no caso das atribuições tributárias, a competência residual para criar impostos é da União, e não dos Estados, de acordo com o art. 154, I, da Constituição.

[79] No tocante ao combate à covid-19, o STF reconheceu competência concorrente de Estados, Distrito Federal, Municípios e União, no julgamento da constitucionalidade da MP 926/2020.

REPARTIÇÃO DE COMPETÊNCIAS NA CONSTITUIÇÃO

Competências enumeradas = para cada ente federativo

União	Estados	Municípios
art. 21 – exclusivas ex.: *serviço postal e correio telecomunicações radiodifusão infraestrutura aeroportuária*	art. 25, § 1º – residuais	art. 30 – interesse local ex.: *transporte coletivo*
	• *gás canalizado* • *regiões metropolitanas*	
art. 22 – legislativas privativas delegáveis aos Estados	**Distrito Federal** art. 32, § 1º Competências legislativas dos **Estados + Municípios**	

Competências Comuns = a todos os entes

art. 23 – materiais

ex.: *saúde, educação, cultura* e *moradia*

art. 24 – legislativas concorrentes

8.7 Participação, proteção e defesa do usuário dos serviços públicos

Em 26 de junho de 2017, foi editada a Lei nº 13.460, que dispõe sobre participação, proteção e defesa **dos direitos do usuário dos serviços públicos** da administração pública.[80] A lei abrange os serviços prestados direta ou indiretamente pelo Poder Público, o que compreende a Administração Direta e a Indireta de todos os entes federativos, sendo de aplicação subsidiária aos serviços públicos prestados por particulares.

---

[80] De acordo com o art. 25 da lei, ela possui uma *vacatio legis* de 360 dias de sua publicação para União, Distrito Federal e Municípios com mais de 500 mil habitantes; 540 dias para Municípios entre 100 mil e 500 mil habitantes; e 620 dias para Municípios com menos de 100 mil habitantes.

Estabeleceu-se a necessidade de publicação anual do quadro geral de serviços prestados, especificando-se os órgãos ou entidades responsáveis pela sua realização e a autoridade administrativa a quem estão subordinados ou vinculados.

Será divulgada permanentemente no site do órgão ou entidade (na internet) a **Carta de Serviços ao Usuário**, que tem por objetivo informar ao usuário sobre os serviços prestados pelo órgão ou entidade, as formas de acesso a esses serviços e seus compromissos e padrões de qualidade de atendimento ao público.

A Carta de Serviços ao Usuário deverá trazer informações claras e precisas em relação a cada um dos serviços prestados, apresentando, no mínimo, informações relacionadas a: (1) serviços oferecidos; (2) requisitos, documentos, formas e informações necessárias para acessar o serviço; (3) principais etapas para processamento do serviço; (4) previsão do prazo máximo para a prestação do serviço; (5) forma de prestação do serviço; e (6) locais e formas para o usuário apresentar eventual manifestação sobre a prestação do serviço.

Outrossim, devem ser pormenorizados os compromissos e padrões de qualidade relativos, no mínimo, aos seguintes aspectos: (1) prioridades de atendimento; (2) previsão de tempo de espera para atendimento; (3) mecanismos de comunicação com os usuários; (4) procedimentos para receber e responder as manifestações dos usuários; e (5) mecanismos de consulta, por parte dos usuários, acerca do andamento do serviço solicitado e de eventual manifestação.

Os serviços públicos e o atendimento ao usuário devem ser realizados de forma: adequada, regular, contínua, com efetividade, segurança, atualidade, generalidade, transparência e cortesia.

A lei prevê como direitos básicos dos usuários a adequada prestação dos serviços, observadas as seguintes **diretrizes**:

- urbanidade, respeito, acessibilidade e cortesia no atendimento aos usuários;
- presunção de boa-fé do usuário;
- atendimento por ordem de chegada, ressalvados casos de urgência e aqueles em que houver possibilidade de agendamento, asseguradas as prioridades legais às pessoas com deficiência, aos idosos, às gestantes, às lactantes e às pessoas acompanhadas por crianças de colo;
- adequação entre meios e fins, vedada a imposição de exigências, obrigações, restrições e sanções não previstas na legislação;
- igualdade no tratamento aos usuários, vedado qualquer tipo de discriminação;
- cumprimento de prazos e normas procedimentais;
- definição, publicidade e observância de horários e normas compatíveis com o bom atendimento ao usuário;
- adoção de medidas visando a proteção à saúde e à segurança dos usuários;
- autenticação de documentos pelo próprio agente público, à vista dos originais apresentados pelo usuário, vedada a exigência de reconhecimento de firma, salvo em caso de dúvida de autenticidade;
- manutenção de instalações salubres, seguras, sinalizadas, acessíveis e adequadas ao serviço e ao atendimento;
- eliminação de formalidades e de exigências cujo custo econômico ou social seja superior ao risco envolvido;
- observância dos códigos de ética ou de conduta aplicáveis às várias categorias de agentes públicos;

- aplicação de soluções tecnológicas que visem a simplificar processos e procedimentos de atendimento ao usuário e a propiciar melhores condições para o compartilhamento das informações;
- utilização de linguagem simples e compreensível, evitando o uso de siglas, jargões e estrangeirismos; e
- vedação da exigência de nova prova sobre fato já comprovado em documentação válida apresentada.

São **direitos básicos** do usuário, conforme art. 6º da lei: (1) participação no acompanhamento da prestação e na avaliação dos serviços; (2) obtenção e utilização dos serviços com liberdade de escolha entre os meios oferecidos e sem discriminação; (3) acesso e obtenção de informações relativas à sua pessoa constantes de registros ou bancos de dados; (4) proteção de suas informações pessoais; (5) atuação integrada e sistêmica na expedição de atestados, certidões e documentos comprobatórios de regularidade; (6) obtenção de informações precisas e de fácil acesso nos locais de prestação do serviço, assim como sua disponibilização na internet, especialmente sobre: (a) horário de funcionamento das unidades administrativas; (b) serviços prestados pelo órgão ou entidade, sua localização exata e a indicação do setor responsável pelo atendimento ao público; (c) acesso ao agente público ou ao órgão encarregado de receber manifestações; (d) situação da tramitação dos processos administrativos em que figure como interessado; e (e) valor das taxas e tarifas cobradas pela prestação dos serviços, contendo informações para a compreensão exata da extensão do serviço prestado; e (7) comunicação prévia da suspensão da prestação de serviço.

Os usuários possuem os seguintes **deveres**, listados no art. 8º da Lei nº 13.460/2017: (1) utilizar adequadamente os serviços, procedendo com urbanidade e boa-fé; (2) prestar as informações pertinentes ao serviço prestado quando solicitadas; (3) colaborar para a adequada prestação do serviço; e (4) preservar as condições dos bens públicos por meio dos quais lhe são prestados os serviços de que trata esta lei.

Para garantir seus direitos, o usuário poderá apresentar **manifestações** perante a administração pública acerca da prestação de serviços públicos. De acordo com a definição contida no inciso V do art. 2º da lei, são consideradas manifestações: reclamações, denúncias, sugestões, elogios e demais pronunciamentos de usuários que tenham como objeto a prestação de serviços públicos e a conduta de agentes públicos na prestação e fiscalização de tais serviços. A manifestação será dirigida à ouvidoria do órgão ou entidade responsável e conterá a identificação do requerente.

Caso não haja ouvidoria, o usuário poderá apresentar manifestações diretamente ao órgão ou entidade responsável pela execução do serviço e ao órgão ou entidade a que se subordinem ou se vinculem. Os procedimentos administrativos relativos à análise das manifestações observarão os princípios da eficiência e da celeridade, visando a sua efetiva resolução.

As **ouvidorias** possuem atribuições precípuas, sem prejuízo de outras estabelecidas em regulamento específico de: (1) promover a participação do usuário na administração pública, em cooperação com outras entidades de defesa do usuário; (2) acompanhar a prestação dos serviços, visando a garantir a sua efetividade; (3) propor aperfeiçoamentos na prestação dos serviços; (4) auxiliar na prevenção e correção dos atos e procedimentos; (5) propor a adoção de medidas para a defesa dos direitos do usuário; (6) receber, analisar e encaminhar às autoridades competentes as manifestações, acompanhando o tratamento e a efetiva conclusão das manifestações de usuário perante órgão ou entidade a que se vincula; e (7) promover a adoção de mediação e conciliação entre o usuário e o órgão ou a entidade pública, sem prejuízo de outros órgãos competentes.

Elas devem responder, por meio de mecanismos proativos e reativos, as manifestações encaminhadas por usuários de serviços públicos e, ainda, elaborar, anualmente, **relatório de gestão**, encaminhando à autoridade máxima do órgão, que deve indicar, ao menos: (1) o número de manifestações recebidas no ano anterior; (2) os motivos das manifestações; (3) a análise dos pontos recorrentes; e (4) as providências adotadas pela administração pública nas soluções apresentadas. O relatório de gestão deve ser disponibilizado integralmente na internet.

É previsto o prazo de 30 dias, prorrogável, justificadamente, uma vez por igual período, para que a ouvidoria encaminhe a decisão administrativa final ao usuário. Observado o prazo previsto, a ouvidoria poderá solicitar informações e esclarecimentos diretamente a agentes públicos do órgão ou entidade a que se vincula, e as solicitações devem ser respondidas no prazo de 20 dias, prorrogável de forma justificada uma única vez, por igual período.

Um ponto positivo da lei foi a disciplina dos **conselhos de usuários** de serviços públicos, voltados a viabilizar a participação dos usuários no acompanhamento da prestação e na avaliação dos serviços públicos. Os conselhos de usuários são órgãos consultivos dotados das seguintes atribuições: (1) acompanhar a prestação dos serviços; (2) participar na avaliação dos serviços; (3) propor melhorias na prestação dos serviços; (4) contribuir na definição de diretrizes para o adequado atendimento ao usuário; e (5) acompanhar e avaliar a atuação do ouvidor.

A composição dos conselhos deve observar os critérios de representatividade e pluralidade das partes interessadas, com vistas ao equilíbrio em sua representação. A escolha dos representantes será feita em processo aberto ao público e diferenciado por tipo de usuário a ser representado. A participação do usuário no conselho será considerada serviço relevante e sem remuneração.

Quanto à avaliação dos serviços, prevê o art. 23 da lei os seguintes aspectos: (1) satisfação do usuário com o serviço prestado; (2) qualidade do atendimento prestado ao usuário; (3) cumprimento dos compromissos e prazos definidos para a prestação dos serviços; (4) quantidade de manifestações de usuários; e (5) medidas adotadas pela administração pública para melhoria e aperfeiçoamento da prestação do serviço.

O resultado da avaliação deve ser integralmente publicado no sítio do órgão ou entidade, incluindo o **ranking** das entidades com maior incidência de reclamação dos usuários, servindo de subsídio para reorientar e ajustar os serviços prestados, em especial quanto ao cumprimento dos compromissos e dos padrões de qualidade de atendimento divulgados na Carta de Serviços ao Usuário.

No mesmo mês de criação da lei, houve a edição do **Decreto nº 9.094/2017**, que dispõe sobre a simplificação do atendimento prestado aos usuários de serviços públicos, enfatizando a dispensa do reconhecimento de firma e autenticação em documentos produzidos no País e instituindo a Carta de Serviço ao Usuário.

Quanto ao compartilhamento de informações, salvo disposição legal em contrário, os órgãos e as entidades do Poder Executivo federal que necessitarem de documentos comprobatórios da regularidade da situação de usuários dos serviços públicos, de atestados, de certidões ou de outros documentos comprobatórios que constem em base de dados oficial da administração pública federal deverão obtê-los diretamente do órgão ou da entidade responsável pela base de dados e não poderão exigi-los dos usuários dos serviços públicos.

A autenticação de cópia de documentos poderá ser feita, por meio de cotejo da cópia com o documento original, pelo servidor público a quem o documento deva ser apresentado.

Também o Decreto regulamenta a Carta de Serviços ao Usuário, no âmbito de sua esfera de competência, estabelecendo que os órgãos e as entidades do Poder Executivo federal deverão utilizar ferramenta de pesquisa de satisfação dos usuários dos seus serviços, constante do Portal de Serviços do governo federal, e do Sistema de Ouvidoria do Poder Executivo federal, e utilizar os dados como subsídio relevante para reorientar e ajustar a prestação dos serviços.

8.8 Delegação de serviços públicos a particulares

Diz-se que o Estado tanto pode praticar descentralização por serviços ou por colaboração. Na descentralização por serviços, há o fenômeno da outorga, ou seja, o Estado cria ou autoriza a criação de uma pessoa jurídica à qual se transfere por lei a titularidade do serviço público. Tal forma de descentralização é mais bem estudada no capítulo da Administração Indireta.

Já a **descentralização por colaboração** designa a transferência da execução de determinado serviço por meio de contrato ou por ato unilateral, à pessoa privada previamente existente e que vença a licitação, caso em que o Estado conserva a titularidade do serviço. Delegação a particulares é a transferência pela via contratual de serviços públicos.

O art. 175 da Constituição faz menção a duas hipóteses de delegação de serviços públicos: a **concessão** ou a **permissão** de serviços públicos. A Lei nº 8.987/95 disciplinou o regime jurídico de concessão e permissão da prestação de serviços públicos, regulamentando o mencionado artigo constitucional. Existe na doutrina controvérsia acerca da possibilidade de haver também autorização de serviços públicos, conforme será visto.

8.8.1 Concessão e permissão: tratamento legal e diferença

Tanto a concessão como a permissão são disciplinadas no art. 175 da Constituição, que foi regulamentado pela Lei nº 8.987/95. O parágrafo único do mencionado artigo constitucional estabelece que a lei disporá sobre:

- o regime das empresas concessionárias e permissionárias de serviços públicos, o **caráter especial de seu contrato** e **sua prorrogação**, bem como as condições de caducidade, fiscalização e rescisão da concessão ou permissão;
- os direitos dos usuários;
- política tarifária; e
- a obrigação de manter serviço adequado.

O tratamento dado à permissão de serviços públicos na Constituição acabou por dissolver algumas diferenças que eram identificadas na doutrina, que agora estão ultrapassadas tendo em vista o reconhecimento da natureza contratual da permissão.[81]

Antes se dizia que enquanto a concessão tinha natureza jurídica contratual, a permissão era ato unilateral e precário. Também se costumava reservar a concessão para contratos em que houvesse investimentos mais expressivos, sendo a permissão utilizada com maior frequência para negócios menos dispendiosos. Ocorre que, conforme será exposto, o art. 40 da Lei nº 8.987/95 reiterou, em redação confusa, o reconhecimento contratual dado pela Constituição à

---

[81] Assim como na concessão, há determinadas permissões de serviços públicos que se sujeitam a legislações específicas, como, por exemplo, as permissões de serviços lotéricos, que se submetem ao regime da Lei nº 12.869, de 15 de outubro de 2013, sendo considerada outorgante do serviço lotérico a Caixa Econômica Federal (CEF).

permissão, sendo a precariedade, mesmo que mencionada expressamente (também na definição do art. 2º, IV, da lei), extinta.

Precário é ato que pode ser desfeito sem que ao particular se assegure o direito à indenização. À medida que se atribui natureza contratual à permissão, não há mais como falar em ato unilateral precário. Os contratos são celebrados com prazos, até porque o parágrafo único do art. 175 menciona "sua prorrogação". Quando há prazo, a consequência natural é a necessidade de recomposição dos prejuízos por parte do poder concedente, se ele rescindir o ajuste antes do advento do termo contratual.

Note-se, ainda, que o parágrafo único do art. 40 da lei determina que "aplica-se às permissões o disposto nesta Lei".

Tampouco o fato de ser contrato de adesão diferencia a permissão da concessão, porquanto ambas são contratos cujas cláusulas já vêm preestabelecidas, quer nas disposições regulamentares (normas pertinentes) ou mesmo na minuta do contrato previsto no edital da licitação, que será desdobrado de forma mais pormenorizada no próprio contrato, sem a possibilidade de o particular vencedor do certame interferir em sua composição.

Por isso, na ADI nº 1.491/DF,[82] na qual, segundo pesquisa de José dos Santos Carvalho Filho,[83] se discutia a forma de delegação do serviço móvel celular da Lei nº 9.295, o STF decidiu, em apertada votação (6 × 5), que o art. 175, parágrafo único, da Constituição, "afastou qualquer distinção conceitual entre permissão e concessão, ao conferir àquela o caráter contratual próprio desta".

Sobram, no entanto, as seguintes diferenças:

- a concessão é feita à pessoa jurídica ou **consórcio de empresas** (art. 2º, II, da lei); enquanto a permissão é feita à **pessoa física** ou jurídica (art. 2º, IV, da lei) – assim, não há concessão para pessoa física, nem permissão para consórcio de empresas; e
- enquanto a concessão é feita na modalidade de licitação **concorrência ou diálogo competitivo**, conforme redação atribuída pela Lei nº 14.133/2021, a permissão admite **outras modalidades** de licitação.

8.8.2 Concessão de serviço público

Também chamada pela Lei de PPP de **concessão comum** (em contraposição às concessões especiais, isto é, à concessão patrocinada e à concessão administrativa, que são parcerias público-privadas), a concessão de serviço público é entendida como "a concessão de serviços públicos ou de obras públicas de que trata a Lei nº 8.987/95, quando **não** envolver contraprestação pecuniária do parceiro público ao parceiro privado" (art. 2º, § 3º, da Lei nº 11.079/2004). As concessões comuns são regidas pela Lei nº 8.987/95 e pelas leis que lhes são correlatas, não se lhes aplicando a Lei nº 11.079, que é exclusivamente orientada às parcerias público-privadas (art. 3º e § 3º da Lei de PPP).

---

[82] Rel. Min. Carlos Velloso, j. 1.7.1998. *Informativo STF* nº 117, jul. 1998.
[83] CARVALHO FILHO, José dos Santos. *Manual de direito administrativo*. Rio de Janeiro: Lumen Juris, 2008. p. 389.

Considera-se concessão de serviço público, de acordo com a definição encontrada no art. 2º, II, da Lei nº 8.987/95:[84]

- a delegação de sua prestação;
- feita pelo poder concedente;
- mediante licitação, na modalidade de concorrência ou diálogo competitivo;
- à pessoa jurídica ou consórcio de empresas que demonstre capacidade para seu desempenho, por sua conta e risco; e
- por prazo determinado.

Delegação significa a transferência contratual do exercício do serviço público, conforme visto. Poder concedente[85] compreende entes federativos (União, Estados, Distrito Federal e Municípios) competentes para desempenhar o serviço, conforme a repartição constitucional de atribuições. A concessão é sempre precedida de licitação, sendo que é regra presente na lei que a modalidade utilizada neste caso é a concorrência, daí extraiu a doutrina que ela envolve contratação de maior expressão econômica.

Podem participar da licitação de concessões de serviços públicos tanto pessoas jurídicas isoladamente como em forma de consórcio, conforme será visto. A concessionária desempenha as atividades por sua conta e risco, o que envolve a assunção da responsabilidade pelas áleas ordinárias do negócio.

Por fim, determina a lei que a concessão terá prazo determinado. Este será estabelecido no edital da licitação (art. 18, I) e no contrato (art. 23, I). No entanto, tal dispositivo **não estabelece um prazo máximo**.

Discute-se se não seriam aplicáveis os limites de prazo estabelecidos na Lei de Licitações e Contratos, a qual restringe, no geral, a duração dos contratos à vigência dos respectivos créditos orçamentários. A resposta dada pela doutrina é negativa, uma vez que o limite orçamentário se aplica a contratos em que há pagamento pelo Poder Público. A concessão é realizada, como regra, por conta e risco da pessoa jurídica ou do consórcio de empresas, que, por sua vez, deve fixar tarifas módicas.

Portanto, a fixação do prazo dependerá de um cálculo que leve em consideração a necessidade de um serviço adequado e acessível aos cidadãos, mas que também permita à concessionária lucrar com a atividade, amortizando os investimentos realizados. Trata-se de assunto, quando não houver lei específica estabelecendo limites, da **discricionariedade** da Administração, mas deve constar do edital da licitação e do contrato.

8.8.2.1 Histórico "pendular" na utilização da concessão

Segundo análise de Caio Tácito,[86] a utilização maior ou menor das concessões de serviços públicos é influenciada por uma alternância de tendências, na qual, tal qual um movimento

---

[84] Com a redação dada pela Lei nº 14.133/2021 (Nova Lei de Licitações e Contratos), que estendeu também à concessão que seja feita licitação pela modalidade diálogo competitivo, além da tradicional concorrência.

[85] As agências reguladoras também podem receber por lei atribuições de poder concedente, regulando as tarifas e os termos em que se darão as licitações e contratos em sua área de atuação.

[86] TÁCITO, Caio. O retorno do pêndulo: serviço público e empresa privada. O exemplo brasileiro. *Temas de Direito Público*. Rio de Janeiro: Renovar, 1997. p. 721-733.

pendular, em um momento histórico a concessão passa a ser instrumento utilizado com expressão pelo Estado, depois diminui a intensidade de uso, sendo ela num momento subsequente retomada com intensidade.

No direito público brasileiro, a forma utilizada originariamente para atrair investimentos privados aos negócios públicos foi a criação de sociedades de economia mista. Contudo, no final do século XIX, nascem os primeiros contratos de obras públicas. Estes evoluíram como forma de amortização e remuneração do capital investido pela empresa privada, "para firmar o modelo que iria se consolidar no sistema de concessões de serviço público, de formação contratual típica, inspirada no modelo francês da época".[87]

Posteriormente, por influência do exemplo regulamentar do direito norte-americano, o regime do serviço pelo custo ordenaria o processo de tarifas condicionadas pelo controle governamental. No primeiro quartel do século XX, com o maior progresso científico e crescimento das cidades no Brasil, há a necessidade de atualização contínua dos serviços essenciais, o que gera duas consequências: (1) a ênfase maior na mutabilidade dos contratos, que permitiria a atualização técnica das cláusulas de prestação dos serviços; e (2) a correspondente revisão da estabilidade econômico-financeira do contrato.

Firmou-se o poder regulamentar do concedente, reservando-se ao particular a preservação da comutatividade do contrato, com a possibilidade de revisão das tarifas em função da alteração do custo real do serviço.

Ocorre que a partir da década de 30 no Brasil, com a incorporação do papel do Estado como promotor de direitos sociais e, portanto, como prestador de serviços públicos para a garantia destes direitos, inaugura-se também uma atitude intervencionista do Estado na economia produtiva.

Do final da década de 1930 até a década de 1960, há a substituição em larga escala do modelo de prestação delegada de serviços públicos pelo da outorga, isto é, pela criação de entes estatais privados aos quais foram atribuídos não apenas o desenvolvimento de inúmeras atividades econômicas em sentido estrito, mas também a prestação de serviços públicos.

Contudo, a partir da abertura econômica vivenciada no Brasil na década de 90, há a adoção pelo governo de uma política de retração da atividade empresarial pública, sendo o Estado direcionado a concentrar-se no atendimento às necessidades básicas da coletividade. O governo Collor dá ênfase ao Programa Nacional de Desestatização, com medidas voltadas à privatização das estatais e, segundo Caio Tácito, a partir desse momento: "o 'pêndulo' reverte em benefício da exploração privada de atividades produtivas, ainda que sob a vigilância do poder de polícia administrativa".[88]

O auge da política de privatizações, no entanto, ocorreu no governo Fernando Henrique Cardoso, no qual houve a derradeira Reforma Administrativa, que se orientou pelas metas de ajuste fiscal "sugeridas" pelos organismos financeiros internacionais. Foi seguida orientação que repercutiu na Europa e principalmente na América Latina, com: restrições fiscais que impediram o aumento do Estado, privatizações, maior utilização das concessões e, por fim, adoção do modelo das parcerias público-privadas para atrair investimentos ao Estado.

---

[87] TÁCITO, Caio. O retorno do pêndulo: serviço público e empresa privada. O exemplo brasileiro. *Temas de Direito Público*. Rio de Janeiro: Renovar, 1997. p. 722.

[88] TÁCITO, Caio. O retorno do pêndulo: serviço público e empresa privada. O exemplo brasileiro. *Temas de Direito Público*. Rio de Janeiro: Renovar, 1997. p. 729.

> **REFLEXÃO COMPLEMENTAR: movimento pendular natural ou convencional/político?**
>
> A nós, parece que esse movimento pendular é muito mais convencional/político do que dotado de uma força naturalística. Basta ver que o governo Lula, que findou em dezembro de 2010 (Lula II) criou até empresa pública de seguros para financiar investimentos públicos.
>
> É claro que todo o cenário econômico internacional influencia políticas internas, principalmente em países latino-americanos, que são economias endividadas em desenvolvimento, mas se observa que, tal qual uma espiral que se estreita, o movimento do pêndulo tende a mudar sua orientação com maior rapidez do que antes, pela velocidade de alteração do cenário social e sobretudo pela passividade ou resistência dos Estados às imposições dos organismos de financiamento, pois as economias, mesmo que periféricas, ainda detêm alguma parcela de soberania.
>
> Para corroborar com essa observação, basta refletir que o mesmo ex-Ministro da Reforma Administrativa que levou a cabo todo o receituário de ajuste fiscal e privatizações no governo Fernando Henrique Cardoso, Bresser Pereira, é o que profetiza nos tempos mais recentes o fato de que o neoliberalismo já está ultrapassado, pois houve a desmoralização da ideologia "globalista" "que caracterizou os 30 anos neoliberais do capitalismo (1979-2008) – uma ideologia que condenava o nacionalismo dos países em desenvolvimento enquanto os países ricos praticavam sem hesitação seu próprio nacionalismo".[89]
>
> Assim, a direção do pêndulo depende também de escolhas políticas feitas por cada governo. Contudo, há de se refletir que, a partir da segunda metade da década de 90, as economias mundiais que se estreitavam foram surpreendidas com o fato de que adotando na íntegra o receituário dos organismos de financiamento elas eram ameaçadas de ruína interna por capitais sem vínculo nacional que potencialmente poderiam sair a qualquer momento. Houve a necessidade de revisão da noção radical de que o nacionalismo e a soberania seriam conceitos a serem ultrapassados.

8.8.2.2 Serviço adequado

Determina o art. 6º da Lei nº 8.987/95 que toda concessão ou permissão pressupõe a prestação de serviço adequado ao pleno atendimento dos usuários. As regras que impõem um serviço adequado derivam da própria lei de concessões e permissões, podendo ser estabelecidas também no respectivo contrato, pois podem variar em função do objeto específico a ser prestado.

São condições de satisfação de um serviço adequado previstas em lei (art. 6º, § 1º):

- regularidade;
- continuidade;
- eficiência;
- segurança;
- atualidade;
- generalidade;
- cortesia na prestação; e
- modicidade das tarifas.

Regularidade, conforme definição de Diogenes Gasparini, determina que os serviços sejam prestados "segundo padrões de qualidade e quantidade impostos pela Administração

---

[89] BRESSER-PEREIRA, Luiz Carlos. Nacionalismo, liberalismo e capitalismo. *Folha de S. Paulo*, p. A 21, 1º ago. 2001. Caderno mundo.

Pública, tendo em vista o número e as exigências dos usuários, observando-se as condições técnicas exigidas pela própria natureza do serviço público e as condições de sua prestação".[90]

Irregulares são os serviços que colocam em risco a incolumidade física dos usuários, como no caso de transporte coletivo em veículos em péssimo estado de conservação. Imagine um sistema de travessia de balsa (*ferry boat*) onde as embarcações sejam precárias, colocando em risco a vida e os bens das pessoas, neste caso, o serviço oferecido será irregular.

Nos serviços públicos executados por concessão, é dever do Poder Público exigir do prestador que vencer a licitação o oferecimento de serviços com parâmetros quantitativos e qualitativos adequados pelo tempo estipulado no contrato. É dever do Poder Público – que não suprime a responsabilidade do concessionário, conforme será visto – fiscalizar o serviço para verificar se ele continua sendo prestado em condições de regularidade.

Caso contrário, aplica-se o art. 38, § 1º, da Lei nº 8.987/95, sendo declarada pelo poder concedente a caducidade da concessão, quando "o serviço estiver sendo prestado de forma inadequada ou deficiente, tendo por base as normas, critérios, indicadores e parâmetros definidores da qualidade do serviço".

No caso do Brasil, é imperioso para o avanço e desenvolvimento do país que haja o permanente controle da sociedade, por meio dos usuários do serviço, de forma isolada ou associada, ou de instituições como o Ministério Público, a quem incumbe a defesa dos interesses sociais e individuais indisponíveis, para que haja pressão no sentido do desmantelamento de relações escusas entre remanescentes oligárquicos que se apoderam de mandatos eletivos tão somente para perpetuar associações com empresários inescrupulosos que se preocupam mais em manter os regimes de privilégios amealhados, que lhes enriqueceram ao longo do tempo, do que em prestar serviço adequado aos usuários, que não raro se comportam como se estivessem numa ditadura,[91] isto é, como se não pudessem reclamar pelos seus direitos e exigir da Administração o respeito à lei.

Continuidade significa que a prestação de serviço público deve ser ininterrupta, exceto em situação de emergência ou após aviso prévio quando motivada por razões de ordem técnica ou de segurança nas instalações; e, por inadimplemento do usuário, considerado o interesse da comunidade[92] (art. 6º, § 3º, da lei).

Conforme exposto no item continuidade, referente aos princípios, tal exigência surte os seguintes efeitos no contrato administrativo:

- inoponibilidade indiscriminada da exceção do contrato não cumprido;
- possibilidade de interrupção ou paralisação em juízo só depois de transitada em julgado a sentença;
- previsão de mecanismos de revisão diante de áleas que provocam o desequilíbrio econômico do contrato; e
- na extinção da concessão, há a imediata assunção do serviço pelo poder concedente, o que autoriza a ocupação das instalações e a utilização, pelo poder concedente, de todos os bens reversíveis.

---

[90] GASPARINI, Diogenes. *Direito administrativo*. São Paulo: Saraiva, 2006. p. 297.

[91] Não se pode negar que, a depender do contexto vivenciado, as perseguições enfrentadas sejam até assemelhadas, no entanto, se as pessoas não se transformarem aos poucos, será ainda mais demorada a vivência plena da cidadania no país, pois já há leis adequadas e instituições permanentes para exigir o cumprimento delas.

[92] Caso em que se admite a interrupção do fornecimento, desde que haja aviso prévio e, conforme visto, que o serviço não seja essencial e não viole a dignidade humana.

Eficiência é a utilização de métodos e procedimentos que otimizam os recursos disponíveis. Abrange a relação dos meios utilizados e dos resultados obtidos em relação às necessidades públicas existentes.

Segundo expõe Diogenes Gasparini, os serviços públicos devem ser prestados "sem desperdício de qualquer natureza, evitando-se, assim, onerar os usuários por falta de método ou racionalização no seu desempenho".[93] Nesta perspectiva, buscar a eficiência significa procurar obter o máximo de resultado, barateando a prestação e, por conseguinte, o custo para os usuários.

Enfatiza Alexandre de Moraes[94] que são características da eficiência, conforme exposto: direcionamento à efetividade do bem comum; imparcialidade; neutralidade; transparência; participação; aproximação dos serviços públicos da população; eficácia; desburocratização e busca da qualidade.

Assim, serviço ineficiente é aquele prestado por empresas que não prezam pela qualidade de suas atividades. Trata-se, por exemplo, do serviço cuja prestação atrasa e, em vez de beneficiar, prejudica o usuário. Neste sentido, eficiência se aproxima de eficácia.[95] É considerada ineficiente também a empresa que contrata funcionários que trabalham mal e vagarosamente, atendendo ao público com distância e descaso em relação às suas necessidades.

Segurança é condição que exige que o serviço não ofereça risco ao usuário ou a terceiros. Significa que a empresa toma todas as medidas de precaução, a depender do tipo de atividade desempenhada. Implica, por exemplo, na realização de vistoria e manutenção de equipamentos e instalações que ofereçam riscos, liberando todos, inclusive os funcionários que prestam os serviços, de perigos evitáveis.

Atualidade é definida na lei como: "a modernidade das técnicas, do equipamento e das instalações e a sua conservação, bem como a melhoria e expansão do serviço" (art. 6º, § 2º, da lei). A lei quis se referir, adverte Celso Antônio Bandeira de Mello, com a expressão atualidade, a "serviço atualizado".[96] Com o rápido progresso tecnológico vivenciado na Contemporaneidade, as concessionárias devem tomar medidas para acompanhar o desenvolvimento de novas técnicas e equipamentos, para que haja um serviço moderno, isto é, atual. A atualidade do serviço tem reflexos em sua eficiência.

Também se exige que haja melhorias e que o serviço acompanhe a demanda, caso seja necessário expandi-lo, a depender dos interesses coletivos. Por esse motivo, determina o art. 23, V, da lei que é cláusula essencial do contrato de concessão a previsão de obrigações da concessionária, inclusive as relacionadas com "previsíveis necessidades de futura alteração e expansão do serviço e consequente modernização, aperfeiçoamento e ampliação dos equipamentos e das instalações".

Generalidade, conforme exposto, é o princípio que impõe que o prestador busque a universalização dos serviços, oferecendo ao maior número de pessoas e que trate todos os usuários

---

[93] GASPARINI, Diogenes. *Direito administrativo*. São Paulo: Saraiva, 2006. p. 297.

[94] MORAES, Alexandre de. *Direito constitucional*. São Paulo: Atlas, 2002. p. 109.

[95] Na Ciência da Administração, eficiência e eficácia são conceitos distintos. Uma ação eficiente é aquela que usa dos meios da melhor maneira para alcançar os fins, mas mesmo assim a ação pode não ser eficaz, no sentido de atingir a finalidade. No Direito não há tal distinção, pois a eficiência, conforme visto, é princípio que incorpora também o sentido da eficácia, sendo que esta última se relaciona com o suprimento das necessidades dos usuários.

[96] BANDEIRA DE MELLO, Celso Antônio. *Curso de direito administrativo*. São Paulo: Malheiros, 2008. p. 708.

com igualdade, isto é, sem discriminações infundadas. Note-se que a lei determina no art. 13 que as tarifas poderão ser diferenciadas em função das características técnicas e dos custos específicos provenientes do atendimento a distintos segmentos de usuários. A depender do usuário, o serviço público deve ser até gratuito, como acontece com o transporte público para os idosos com mais de 65 anos, como expressão da igualdade material.

A noção de serviço adequado abrange também **cortesia** na prestação. Significa que o usuário deve ser tratado com respeito, afabilidade e polidez. Mesmo em serviços públicos gratuitos, não se deve imaginar, como bem adverte Gasparini, que a prestação é "favor" do agente ou da Administração, "mas dever de um e de outro e, sobretudo, um direito do cidadão".[97] Conforme será exposto a seguir, o usuário não é mero consumidor, mas ostenta *status* de cidadão.

Ademais, deve haver por parte de quem presta serviços públicos tolerância, isto é, aceitação de que há diferenças entre as pessoas e o comportamento delas, sem que isso resulte em hostilidades. Reclamações e críticas, desde que não sejam injuriosas, caracterizam a lídima condição de usuário de serviços públicos. Fundamental, portanto, o respeito aos direitos e interesses dos administrados, que, na qualidade de cidadãos, não podem ser tratados como autômatos ou objetos, mas sim como sujeitos que ostentam dignidade.

Por fim, determina a lei que um serviço adequado compreende também a noção de **modicidade das tarifas**. Exige-se, portanto, que as tarifas cobradas pela empresa como contraprestação dos serviços ofertados sejam acessíveis, isto é, que os valores exigidos sejam módicos, para não excluir pessoas que deles necessitam do universo de beneficiários, conforme já foi ressaltado anteriormente e que será explicado de forma mais pormenorizada no item política tarifária.

8.8.2.3 Direitos e deveres do usuário do serviço público

O art. 7º da Lei nº 8.987/95 previu diversos direitos e obrigações dos usuários dos serviços delegados, sendo enfatizado que, além das disposições do Código de Defesa do Consumidor, são direitos e obrigações dos usuários:

- receber serviço adequado, qual seja, conforme exposto: aquele que satisfaz as condições de regularidade, continuidade, eficiência, segurança, atualidade, generalidade, cortesia na sua prestação e modicidade das tarifas;
- receber do poder concedente e da concessionária informações para a defesa de interesses individuais ou coletivos;
- obter e utilizar o serviço, com liberdade de escolha entre vários prestadores de serviços, quando for o caso, observadas as normas do poder concedente;
- levar ao conhecimento do Poder Público e da concessionária as irregularidades referentes ao serviço prestado;
- comunicar às autoridades competentes os atos ilícitos praticados pela concessionária na prestação do serviço; e
- contribuir para a permanência das boas condições dos bens públicos pelos quais lhes são prestados os serviços.

Ressalte-se que há a possibilidade de aplicação subsidiária da lei de defesa dos direitos dos usuários dos serviços públicos da administração pública (Lei nº 13.460/2017) aos particulares

---

[97] GASPARINI, Diogenes. *Direito administrativo*. São Paulo: Saraiva, 2006. p. 298.

prestadores de serviços públicos, conforme art. 1º, § 3º, da Lei 13.460/2017. Assim, enquanto a Lei nº 13.460/2017 rege os direitos e deveres dos usuários de serviços públicos da administração pública, sendo esta considerada órgão ou entidade integrante da administração pública de qualquer dos Poderes da União, Estados, Distrito Federal e Municípios, inclusive Advocacia Pública e Defensoria Pública, a Lei de Concessões e Permissões (Lei nº 8.987/95), por sua vez, rege de forma mais específica direitos e deveres de usuários de serviços delegados, isto é, prestados por particulares, sendo a aplicação da Lei nº 13.460/2017 feita, conforme dito, de forma subsidiária.

As concessionárias de serviços públicos nos Estados e no Distrito Federal são obrigadas a oferecer ao consumidor e ao usuário, dentro do mês de vencimento, de acordo com o art. 7º-A da Lei nº 8.987/95, incluído pela Lei nº 9.791/99, o mínimo de seis datas opcionais para escolherem os dias de vencimento de seus débitos.

O art. 22 do Código de Defesa do Consumidor determina que os órgãos públicos, por si ou suas empresas, concessionárias, permissionárias ou sob qualquer outra forma de empreendimento, são obrigados a fornecer serviços adequados, eficientes e seguros e, quando essenciais, contínuos.

É direito básico do consumidor, arrolado no inciso X do art. 6º do Código "a adequada e eficaz prestação dos serviços públicos em geral".

Note-se que a menção à aplicação do Código de Defesa do Consumidor é feita na Lei de Concessões e Permissões. Para Dinorá Grotti[98] e Celso Antônio Bandeira de Mello[99] apenas se aplicam as regras de defesa do consumidor quando o serviço público for remunerado por meio de tarifa em matérias que são passíveis de delegação, isto é, em serviços de utilidade pública e fruição individual como telefonia ou transporte coletivo; não se admitindo caracterizar também como de consumo a prestação de serviços cuja remuneração é feita pelos impostos, isto é, que são gratuitos, o que não significa que não tenham proteção jurídica.

É controvertido, no entanto, para a jurisprudência o que ocorre com os serviços remunerados por taxa, pois:

- se o serviço é pago com os **impostos**, como, por exemplo, o Serviço de Defesa Nacional pelas Forças Armadas, não há relação de consumo em sua prestação, conforme a maioria da doutrina,[100] mas, sim, serviço público, com regulamentação e proteção específica, porquanto se trata de um serviço *uti universi*, sem usuário individualizável;
- se o serviço é remunerado por **tarifa**, sendo geralmente prestado por concessionária,[101] que se relaciona com uma prestação contratual, aplica-se também o Código de Defesa do Consumidor, no diálogo das fontes com o Direito Administrativo, isto é, compatibilizando-se aquilo que é peculiar ao regime do serviço público;[102] e

---

[98] GROTTI, Dinorá Adelaide Musetti. *O serviço público e a Constituição brasileira de 1988*. São Paulo: Malheiros, 2003. p. 347.

[99] BANDEIRA DE MELLO, Celso Antônio. *Curso de direito administrativo*. São Paulo: Malheiros, 2008. p. 735.

[100] À exceção do posicionamento de Rizzatto Nunes.

[101] Se for prestado diretamente pela Administração Pública será remunerado por preço público.

[102] Ainda assim, enfatiza Celso Antônio Bandeira de Mello que, tendo em vista as diferenças entre usuário (relação de direito público) e consumidor (relação de direito privado) com as suas consequências, as aplicações das regras do Código de Defesa do Consumidor terão de ser compatibilizadas com regras de direito público. Também a legislação do consumidor "não se aplicará quando inadaptada à índole do serviço público ou quando afrontar

- a dúvida maior paira sobre a aplicação do Código de Defesa do Consumidor para os serviços públicos remunerados por **taxa**, que são, como regra geral, *uti singuli*, haja vista a possibilidade de individualização do beneficiário, mas, por outro lado, sua disciplina, por se tratar de tributo, é feita por lei, e não por contrato.

Inicialmente, havia corrente jurisprudencial que entendia que aos tributos, sejam eles impostos ou taxas, não se aplicaria o Código de Defesa do Consumidor, tendo em vista seu caráter compulsório, sendo a relação jurídica de consumo contratual, isto é, facultativa. Neste sentido, a seguinte decisão: "a tarifa, como instrumento de remuneração do concessionário de serviço público, é exigida diretamente dos usuários e, consoante cediço, não ostenta natureza tributária" (STJ, REsp 976.836, Rel. Min. Luiz Fux, *DJe* 5.10.2010).

Outra corrente, que ganhou força na atualidade, é aquela defendida por Leonardo Roscoe Bessa,[103] para quem a natureza tributária da relação não afasta a aplicação do Código de Defesa do Consumidor aos serviços públicos remunerados por taxa, uma vez que, na visão dele, o critério relevante repousa na existência da correlação entre o pagamento e o serviço, desde que desenvolvido em determinado mercado de consumo.

Na realidade, a tese da compulsoriedade está perdendo sua força. Com o movimento da privatização em sentido amplo da década de noventa, passou-se a fomentar a existência de uma espécie de concorrência no âmbito dos serviços públicos, conforme se extrai do art. 29, XI, da Lei de Concessões, no qual se atribui ao Poder Concedente o encargo de incentivar a competitividade, o que revela a possível existência de um "mercado" na prestação de serviços públicos.

Todavia, nem sempre a competição é possível, havendo serviços, como os de construção e manutenção de infraestrutura, como, por exemplo, portos, rodovias, redes de energia elétrica, que, por acarretarem elevados custos, são outorgados excepcionalmente em caráter exclusivo.

Contribuiu ainda mais para esse movimento a edição da Lei nº 9.648/98, que, conforme será visto no item 8.8.2.4 (política tarifária), esvaziou jurisprudência que exigia via alternativa gratuita para a cobrança da tarifa de pedágio, para manter o seu caráter de facultatividade (contratual).

Portanto, não se pode deixar de reconhecer que a situação é progressivamente indeterminada, uma vez que, atualmente, há os seguintes ingredientes complicadores do assunto polêmico: (a) presença de competição (mercado) no campo dos serviços públicos, tendo em vista a privatização em sentido amplo, com a retração da prestação direta do Estado dos serviços públicos; e, (b) principalmente, tarifas cobradas com ausência de mercado/concorrência, transformando tais relações em "contratos compulsórios", o que não deixa de ser problemático do ponto de vista jurídico.

---

prerrogativas indeclináveis do Poder Público ou suas eventuais repercussões sobre o prestador do serviço (concessionário ou permissionário)". BANDEIRA DE MELLO, Celso Antônio. *Curso de direito administrativo*. São Paulo: Malheiros, 2008. p. 735.

[103] BENJAMIN, Antônio Herman; MARQUES, Cláudia Lima; BESSA, Leonardo Roscoe. *Manual de Direito do Consumidor*. 3. ed. São Paulo: Revista dos Tribunais, 2010. p. 204.

DEBATE DE TEMA CONTROVERTIDO:
cliente que paga *versus status* de cidadão/usuário de serviço público

Às vezes é comum surgirem dúvidas sobre a diferença entre o conceito de usuário de serviços públicos em relação ao conceito de cliente. Seria o usuário de serviço público um cliente da Administração Pública, já que paga direta ou indiretamente, por meio dos impostos, pelos serviços disponibilizados?

Usuário é palavra que genericamente indica o indivíduo que faz uso de determinado serviço. Se o serviço for prestado no desenvolvimento de atividade econômica livre à iniciativa privada, o usuário, via de regra, é protegido pelo Código de Defesa do Consumidor; contudo, se há serviço público, o usuário (*uti singuli*) não será apenas protegido pelo Código de Defesa do Consumidor, mas também pelas regras de direito público, pois terá o *status* de cidadão.

O usuário de serviço público possui mais direitos, entre os quais, menciona Odete Medauar, o de "exercer controle sobre a organização geral do serviço, **exigindo o funcionamento em seu benefício**".[104] Enfatiza, portanto, a autora,[105] que à medida que o serviço público é atividade de interesse geral, indispensável à coesão social e à democracia, atendendo às necessidades coletivas essenciais, o usuário de serviço emerge com vários direitos, não podendo ser equiparado a **simples cliente** ou **consumidor**.

Cliente ou consumidor é aquele que potencialmente paga pelo serviço ou produto. O produtor ou fornecedor do serviço não desenvolve suas atividades para suprir interesses públicos, mas tem em foco finalidades lucrativas. Já a Administração Pública presta serviços públicos para cumprir objetivos sociais, tendo em vista, por exemplo, a redução das desigualdades sociais, econômicas e culturais.

No livre mercado, se o empresário desejar oferecer um serviço qualificado com um preço elevadíssimo, voltado, portanto, à minoria rica que pode pagar, não haverá impedimentos. Os consumidores de tal serviço não participarão da formulação das suas estratégias de oferta.

Já os serviços públicos prestados pelo Estado devem ter **tarifas módicas** e **acessíveis**, sendo direcionados à universalidade de pessoas. Não se admite que sejam feitas clivagens sociais *infundadas*[106] no oferecimento de serviços públicos, justamente pelo fato de que eles visam assegurar o exercício de direitos sociais, o que é incompatível com a prática elitista de afastar o povo no geral do universo de beneficiários.

Os serviços públicos implementam objetivos de solidariedade, sendo pressupostas políticas compensatórias nas quais as condições de financiamento são secundárias em relação ao preenchimento das necessidades coletivas.

Enquanto a posição jurídica de cliente deriva basicamente do fato de ele pagar por determinado serviço, o *status* de cidadão não decorre do simples fato de pagar pelo serviço. É, conforme expõe Maria Paula Dallari Bucci, errado se apegar no fato de sermos pagadores de impostos (*tax payers*) para fazermos jus aos serviços públicos, pois ser cidadão-usuário é mais do que isso.

As atividades administrativas são desenvolvidas para atender a interesses públicos superiores, independentemente de quem sejam os financiadores. Não é certo equiparar o conceito de

---

[104] MEDAUAR, Odete. Usuário, cliente ou consumidor? In: *Estudos em homenagem à professora Ada Pellegrini Grinover*. São Paulo: DPJ, 2005. p. 152.

[105] MEDAUAR, Odete. Usuário, cliente ou consumidor? In: *Estudos em homenagem à professora Ada Pellegrini Grinover*. São Paulo: DPJ, 2005. p. 152.

[106] Admite-se, conforme será visto, tarifas diferenciadas em função das características técnicas e dos custos específicos provenientes do atendimento aos distintos segmentos de usuários (art. 13 da lei), o que na jurisprudência do STJ implica o reconhecimento da legalidade do escalonamento da tarifação onde os mais abastados subsidiam o consumo dos menos abastados. Mas esse tipo de tarifa tem fundamento.

usuário-cidadão ao de cliente da Administração, "na medida em que (essa concepção) contribui para enfraquecer o sentimento da Administração como coisa pública, gerida pelos integrantes da coletividade e para a realização dos seus interesses".[107]

Note-se que a publicista bem observa que "a qualidade de prestação de serviços no Brasil, em geral, é muito baixa, mesmo no âmbito privado".[108] Por conseguinte, a criação de um Código de Defesa do Consumidor foi um marco jurídico para a modificação do padrão de relacionamento entre prestadores de serviços e seus clientes, uma vez que ele criou um encadeamento eficiente de direitos, garantias e instrumentos processuais importantes, como, por exemplo, a possibilidade de inversão do ônus da prova, quando for verossímil a alegação ou quando o consumidor for hipossuficiente (art. 6º, VIII, do CDC), conferindo ao consumidor poderes até então inexistentes.

Para Dallari Bucci, a definição legal de consumidor como sujeito de direitos no Brasil teve um importante papel no sentido de proporcionar aos adquirentes de bens e contratantes de serviços uma intensidade na vivência do exercício de direitos que jamais existiu no âmbito das relações contratuais do Código Civil.

Esclarece, então, em sua brilhante tese de doutorado que:

> curiosamente, a educação do consumidor tem funcionado como um ensaio de educação para a cidadania. O consumidor brasileiro de hoje tem uma consciência mais definida de sua capacidade de exercer direitos, que serve de ilustração para as possibilidades desse exercício fora das relações de mercado, no âmbito da vida privada. Mas é preciso encará-las como processos com focos diferentes, pois não há entre o Estado e o cidadão consumidor dos serviços a mesma contraposição de interesses que há entre o fornecedor privado e seu cliente. O cidadão é titular dos interesses protegidos e servidos pelo Estado, de tal maneira que ele estaria mais próximo da figura do **sócio do empreendimento** privado do que do **cliente**.[109]

Em suma, no mercado o cliente é aquele que paga por um serviço que deve ser prestado com qualidade e sem abusos para que não haja violação às regras do Código de Defesa do Consumidor, que proporcionou uma verdadeira revolução no exercício dos direitos, mas o usuário de serviços públicos é considerado cidadão. O *status* de cidadania requer que o Estado o encare também como "sócio" do empreendimento público (*res publica*), isto é, como alguém cujas necessidades devem ser supridas e que ainda deve ter voz ativa na formulação das respectivas estratégias.

Entendemos, todavia, que a Lei de Concessões e Permissões de serviços públicos[110] poderia ter ido mais além e previsto de forma explícita a participação ativa dos usuários na formulação de estratégias e políticas públicas que repercutam na celebração dos contratos de concessão e permissão de serviços públicos.

Note-se que só em 2017 houve a edição de uma lei de participação, proteção e defesa dos direitos dos usuários de serviços públicos da administração pública, com a previsão de conselhos de usuários. Trata-se de um avanço em termos de visão acerca do usuário enquanto sujeito-participante, mas ela se dirige apenas subsidiariamente aos usuários dos serviços públicos delegados à iniciativa privada, conforme visto.

---

[107] BUCCI, Maria Paula Dallari. *Direito administrativo e políticas públicas*. São Paulo: Saraiva, 2002. p. 115.

[108] BUCCI, Maria Paula Dallari. *Direito administrativo e políticas públicas*. São Paulo: Saraiva, 2002. p. 187.

[109] BUCCI, Maria Paula Dallari. *Direito administrativo e políticas públicas*. São Paulo: Saraiva, 2002. p. 116.

[110] Basta refletir que a lei em análise foi de iniciativa do então Senador Fernando Henrique Cardoso, que foi posteriormente, na Presidência da República, incentivador das políticas de privatização e desmonte da infraestrutura pública, considerada "ineficiente" aos olhos das regras de mercado. Daí uma explicação para a retórica privatística. Ressalte-se que curiosamente a lei foi iniciativa de Cardoso quando senador, tendo sido sancionada em 13 de fevereiro de 1995, pouco mais de um mês após sua posse como Presidente da República.

8.8.2.4 Política tarifária

A Lei de Concessão e Permissão dedica um capítulo à política tarifária (capítulo IV). De acordo com o art. 9º da Lei nº 8.987/95, a tarifa do serviço público concedido será fixada pelo preço da proposta vencedora da licitação.

Existem regras de revisão das tarifas para a manutenção do equilíbrio econômico-financeiro do contrato. Elas estão previstas em três instrumentos: (1) na Lei de Concessões e Permissões; (2) no edital da licitação; e (3) no contrato, de forma mais pormenorizada ou idêntica à do edital.

Em *casos expressamente previstos em lei*, na redação do art. 9º, § 1º, da lei, a cobrança da tarifa pode ser condicionada à exigência de serviço público alternativo e gratuito para o usuário. Segundo expõe Kiyoshi Harada,[111] o legislador por meio da positivação deste dispositivo que exige previsão legal, através da Lei nº 9.648/98, pretendeu (e pelo jeito conseguiu) esvaziar a corrente jurisprudencial que exigia, como expressão da liberdade constitucional de ir e vir, que fosse oferecida via gratuita como condição para a cobrança de pedágio.

Outro argumento levantado seria que a via alternativa serviria "para descaracterizar a compulsoriedade do pedágio e, assim, a *contrario sensu*, enquadrá-lo como tarifa e não como taxa",[112] uma vez que o art. 7º, III, da Lei nº 8.987/95 previu como direito do usuário obter e utilizar o serviço, com liberdade de escolha entre vários prestadores de serviços, quando for o caso, observadas as normas do poder concedente.

Ora, enquanto a taxa é compulsória, tarifa ou preço público é aquele exigido em regime de competição, e não como única possibilidade. Contudo, conforme pesquisa reproduzida no voto do conhecido precedente fixado pelo Min. Teori Albino Zavascki,[113] o serviço público pode tanto ser prestado em regime de competição como também em regime de exclusividade, até porque o art. 16 da Lei nº 8.987/95 determina que a outorga de concessão ou permissão não terá caráter de exclusividade, *salvo no caso de inviabilidade técnica ou econômica*.

Assim, conforme visto, geralmente os serviços que envolvem a construção e manutenção de infraestrutura, como portos, rodovias, redes de energia elétrica, por acarretarem elevados custos, são outorgados excepcionalmente em caráter exclusivo, mas na transferência de linhas de ônibus, por exemplo, há regime de competição. Para Antônio Carlos Cintra do Amaral:

> se por liberdade de escolha se entendesse, no caso de concessão de rodovia, a possibilidade de optar por uma via alternativa de livre trânsito, gratuita, ter-se-ia que entender que, para se cobrar tarifa pela prestação de serviço público de telecomunicações, água e esgoto, energia ou gás canalizado, seria necessária a existência de serviços públicos de telecomunicações, água e esgoto, energia ou gás canalizado prestado gratuitamente pelo Poder Público.[114]

Atualmente, é posicionamento majoritário na jurisprudência, apoiado na redação do art. 9º, § 1º, da lei, que se pode cobrar pedágio independentemente da necessidade de existência de

---

[111] HARADA, Kiyoshi. Imposto sobre Serviços e Pedágio. Disponível em: http://www.uj.com.br/publicacoes/doutrinas/1119/IMPOSTO_SOBRE_SERVICOS_E_PEDAGIO. Acesso em: 25 jul. 2010.

[112] GARCIA, Flávio Amaral. *Regulação jurídica das rodovias concedidas*. Rio de Janeiro: Lumen Juris, 2004. p. 158.

[113] REsp 417.804/PR, j. 19.4.2005.

[114] O que para o autor é inconcebível. AMARAL, Antônio Carlos Cintra do. *Decisões e pareceres jurídicos sobre pedágio*. São Paulo: ABCR, 2002. p. 31.

oferecimento de alternativa gratuita, conforme a seguinte decisão, que reflete o conteúdo de muitas outras:

> AÇÃO CIVIL PÚBLICA. RODOVIA. PEDÁGIO. SUSPENSÃO. VIAS ALTERNATIVAS. DESNECESSIDADE. INEXISTÊNCIA DE DETERMINAÇÃO EXPRESSA. LEI Nº 8.987/1995, ARTIGOS 7º, III E 9º, PARÁGRAFO 1º PRECEDENTE.
>
> I – Ação civil pública ajuizada pelo Ministério Público Federal visando suspender a cobrança de pedágio na Rodovia BR 227, nos postos indicados, sob a alegação de que tal cobrança em rodovias federais cuja exploração foi concedida à iniciativa privada somente se legitima caso exista via alternativa, possibilitando ao usuário deslocar-se sem o referido pagamento.
>
> II – A Lei nº 8.987/95, que regulamenta a concessão e permissão de serviços públicos, não prevê a contrapartida de oferecimento de via alternativa gratuita como condição para a cobrança de pedágio, nem mesmo no seu artigo 7º, III. Ao contrário, o artigo 9º, parágrafo 1º, da mesma lei, é expresso em dispor que "a tarifa não será subordinada à legislação específica anterior e somente nos casos expressamente previstos em lei, sua cobrança poderá ser condicionada à existência de serviço público alternativo e gratuito para o usuário". Precedente: REsp nº 417.804/PR, Rel. Min. TEORI ZAVASCKI, DJ de 16.5.05.
>
> III – Recurso improvido.[115]

As modificações dos tributos e encargos legais, exceto no caso do imposto sobre a renda, que tiverem impacto no contrato, após a apresentação da proposta, implicarão na revisão da tarifa, que, conforme determinação do art. 9º, § 3º, poderá ocorrer "para mais ou para menos", conforme o caso. Trata-se, em geral, da aplicação automática da teoria do fato do príncipe, visto em contratos administrativos (item 7.10.2).

No caso de alteração unilateral do contrato (fato da administração) que afete o inicial equilíbrio econômico-financeiro, o poder concedente deverá restabelecê-lo, concomitantemente à alteração (art. 9º, § 4º).

Conforme exposto, com vistas à garantia da modicidade de tarifas, o poder concedente poderá prever, em favor da concessionária, no edital de licitação, outras fontes provenientes de receitas alternativas, complementares, acessórias ou de projetos associados, com ou sem exclusividade. São exemplos de tais receitas extraordinárias, que são secundárias à concessão, mencionadas por Arnoldo Wald:

- **receitas alternativas**: são as decorrentes da substituição do pagamento tarifário por outra receita, como, por exemplo, a publicidade no bilhete do metrô;
- **receitas complementares**: são aquelas decorrentes de serviços externos à relação de consumo do serviço, necessárias para cobrir custos da concessão e a remuneração da concessionária, em exemplo fornecido por Celso Antônio Bandeira de Mello:[116] a instalação de galerias e lojas em áreas de subsolo e contíguas à obra pública;
- **receitas acessórias**: de venda de utilidades ou comodidades que dependem da concessão para serem oferecidas, mas que não se confundem com ela, como, por exemplo, as publicidade nas estações metroviárias; e

---

[115] REsp 927.810/PR, Rel. Min. Francisco Falcão, 1ª T., j. em 15.5.2007, DJ 11.6.2007, p. 300.
[116] BANDEIRA DE MELLO, Celso Antônio. Obra pública a custo zero. RTDP 3/32-41.

- **receitas de projetos associados**: decorrentes de atividades econômicas autônomas, que se servem de um uso secundário na concessão, como o aluguel dos túneis do metrô para cabeamento de fibra ótica ou para compartilhamento dos postes de iluminação em rodovias.[117]

Estas fontes de receitas serão obrigatoriamente consideradas para a aferição do equilíbrio econômico-financeiro do contrato. Por fim, determina o art. 13 que as tarifas poderão ser diferenciadas em função das características técnicas e dos custos específicos provenientes do atendimento aos distintos segmentos de usuários.

Assim, a segunda turma do STJ considera o escalonamento na tarifação, "de modo a pagar menos pelo serviço o consumidor com menor gasto, em nome da política das ações afirmativas, devidamente chanceladas pelo Judiciário (precedentes desta corte)".[118] Admite-se, portanto, a cobrança de tarifa progressiva para a utilização de água,[119] na qual há faixas de consumo para que os usuários de maior poder aquisitivo subsidiem o consumo daqueles de menor poder aquisitivo, o que rendeu ensejo à edição da **Súmula 407 do STJ** que determina ser "legítima a cobrança de tarifa de água fixada de acordo com as categorias de usuários e as faixas de consumo". É, ademais, posicionamento consolidado na **Súmula 356 do STJ**, que "é legítima a cobrança de tarifa básica pelo uso de serviços de telefonia fixa".

8.8.2.5 Licitação na concessão de serviço público

O capítulo V da lei contempla regras sobre a licitação para a delegação de serviços públicos. Seguindo a orientação do art. 175 da Constituição, que determina que a concessão e a permissão de serviços públicos são feitas "sempre através de licitação", o art. 14 da lei estabelece que **toda** concessão de serviço público, precedida ou não da execução de obra pública, **será objeto de prévia licitação**, nos termos da legislação própria e com observância dos princípios específicos da licitação.

Assim como ocorre nas licitações em geral, nas licitações de concessão ou permissão de serviços públicos, o poder concedente recusará propostas manifestamente inexequíveis ou financeiramente incompatíveis com os objetivos da licitação (art. 15, § 3º, da Lei de Concessões e Permissões).

Além da aplicação da Lei Geral de Licitações (Lei nº 14.133/2021), há peculiaridades próprias à concessão de serviços públicos estabelecidas pela Lei nº 8.987/95, que são:

- tipos (critérios) de licitação diferenciados, conforme previsto no art. 15;
- a necessidade de publicação prévia ao edital de licitação (art. 5º) de ato justificativo da conveniência da outorga da concessão ou permissão, caracterizando seu objeto, área e prazo;
- possibilidade de inversão de fases de habilitação e julgamento (art. 18-A, acrescentado pela Lei nº 11.196/2005), caso em que se abre apenas o envelope contendo os documentos do licitante mais bem classificado, para dar celeridade ao certame;

---

[117] Apud SARDAS, Letícia. Contrato de Transporte. *Justiça e Cidadania*. Disponível em:http://www.revistajc.com.br/Artigos/LerArtigo.aspx?ID=108&IdCategoria=3. Acesso em: 26 jul. 2010.

[118] REsp 759362/RJ, Rel. Min. Eliana Calmon, j. 1º.6.2006, *DJ* 29.6.2006, p. 184.

[119] AgRg no REsp 873647/RJ, Rel. Min. Humberto Martins, j. 6.11.2007, *DJ* 19.11.2007. Não se admite que tal ocorra em condomínio, conforme decisão do AgRG 1398776/RJ-STJ, Min. Castro Meira.

- nas licitações para concessão e permissão de serviço ou uso de bem público, os autores ou responsáveis economicamente pelos **projetos básico** ou **executivo** *podem* **participar**, direta ou indiretamente, da licitação ou da execução de obras ou serviços, de acordo com o art. 31 da Lei nº 9.074/95;
- o art. 32 prevê uma hipótese de dispensa de licitação que Celso Antônio Bandeira de Mello[120] reputa inconstitucional, que é a de a empresa estatal que participe da licitação colher preços de bens ou serviços fornecidos por terceiros e assinar pré-contratos, sob cláusula resolutiva de pleno direito se ela não vencer a licitação, com dispensa de licitação; e
- a faculdade estabelecida no art. 20 da lei de o poder concedente, desde que previsto no edital, no interesse do serviço, determinar que o licitante vencedor, no caso de consórcio, se constitua em empresa antes da celebração do contrato.

Para garantir a isonomia, o art. 17 exige a desclassificação da proposta que, para sua viabilização, necessite de vantagens ou subsídios que não estejam previamente autorizados em lei e à disposição de todos os concorrentes. Como consequência, determina o § 1º do mencionado artigo que se considerará também desclassificada a proposta de entidade estatal alheia à esfera político-administrativa do poder concedente que, para sua viabilização, necessite de vantagens ou subsídios do Poder Público controlador da referida entidade, sendo desclassificada, por exemplo, proposta de entidade municipal ou estadual que participe de licitação promovida por poder concedente federal.

São critérios utilizados no julgamento da licitação:

- o **menor valor da tarifa** do serviço público a ser prestado;
- a **maior oferta**, nos casos de pagamento ao poder concedente **pela outorga** da concessão, critério que deve ser aplicado com cuidado, adverte Celso Antônio Bandeira de Mello,[121] para que não haja desvio de poder, uma vez que serviço adequado obedece à modicidade de tarifa e o Estado não representa um capitalista a mais no sistema, suas atividades são desenvolvidas para satisfazer necessidades públicas e não para proporcionar ganhos; contribuir para a obtenção da maior oferta de candidato a serviço público pode produzir um aumento na tarifa, que estará embutida no custo da obtenção da outorga, sendo excepcionais as outorgas de rádio e televisão, nas quais o serviço é custeado e remunerado por anúncios publicitários; como o poder público proporciona ao concessionário que lucre muito com isso, é razoável a exigência de retribuição compatível;
- a combinação, dois a dois, dos critérios dos incisos I, II e VII;
- melhor **proposta técnica**, com **preço** fixado no edital;
- combinação de menor **valor da tarifa** com **melhor técnica**;
- combinação da maior **oferta da outorga** com o de **melhor técnica**; ou
- melhor oferta pela outorga **após qualificação das propostas técnicas**.

---

[120] Pois não há razão apta a justificar a dispensa da licitação na hipótese, sendo que a estatal acaba usufruindo indiretamente de uma concessão "sem licitação", em desacordo com o que determina o art. 175 da lei. BANDEIRA DE MELLO, Celso Antônio. *Curso de direito administrativo*. São Paulo: Malheiros, 2008. p. 710.

[121] BANDEIRA DE MELLO, Celso Antônio. *Curso de direito administrativo*. São Paulo: Malheiros, 2008. p. 706.

A combinação de critérios do inciso III só será admitida quando previamente estabelecida no edital de licitação, com regras precisas para a avaliação econômico-financeira. Em igualdade de condições, será dada preferência à proposta apresentada por empresa brasileira.

TIPOS DE LICITAÇÃO DE CONCESSÃO DE SERVIÇOS PÚBLICOS

- tarifa menor
- maior outorga
- tarifa menor + maior outorga
- tarifa menor + maior outorga, após qualificação técnica das propostas
- maior outorga após qualificação técnica das propostas
- melhor técnica + preço fixado no edital
- tarifa menor + melhor técnica
- maior outorga + melhor técnic

8.8.2.6 Cláusulas essenciais no contrato de concessão

São cláusulas essenciais do contrato de concessão, previstas nos incisos do art. 23 da lei, relativas:

- ao objeto, à área e ao prazo da concessão;
- ao modo, à forma e às condições de prestação do serviço;
- aos critérios, indicadores, fórmulas e parâmetros definidores da qualidade do serviço;
- ao preço do serviço e aos critérios e procedimentos para reajuste e à revisão das tarifas;
- aos direitos, garantias e obrigações do poder concedente e da concessionária, inclusive os relacionados às previsíveis necessidades de futura alteração e expansão do serviço e consequente modernização, aperfeiçoamento e ampliação dos equipamentos e das instalações;
- aos direitos e deveres dos usuários para obtenção e utilização do serviço;
- à forma de fiscalização das instalações, dos equipamentos, dos métodos e das práticas de execução do serviço, bem como à indicação dos órgãos competentes para exercê-la;
- às penalidades contratuais e administrativas a que se sujeita a concessionária e sua forma de aplicação;
- aos casos de extinção da concessão;
- aos bens reversíveis;
- aos critérios para o cálculo e a forma de pagamento das indenizações devidas à concessionária, quando for o caso;
- às condições para prorrogação do contrato;
- à obrigatoriedade, à forma e à periodicidade da prestação de contas da concessionária ao poder concedente;
- à exigência da publicação de demonstrações financeiras periódicas da concessionária; e
- ao foro e ao modo amigável de solução das divergências contratuais.

Os contratos relativos à concessão de serviço público precedido da execução da obra pública deverão, adicionalmente: (1) estipular os cronogramas físico-financeiros de execução das obras vinculadas à concessão; e (2) exigir garantia do fiel cumprimento, pela concessionária, das obrigações relativas às obras vinculadas à concessão.

8.8.2.7 Encargos da concessionária

Incumbe à concessionária, de acordo com os incisos do art. 31 da Lei nº 8.987/95:

- prestar serviço adequado na forma legal, nas normas técnicas aplicáveis e no contrato;
- manter em dia o inventário e o registro de bens vinculados à concessão;
- prestar contas da gestão do serviço ao poder concedente e aos usuários, nos termos definidos no contrato;
- cumprir e fazer cumprir as normas do serviço e as cláusulas contratuais da concessão;
- permitir aos encarregados da fiscalização livre acesso, em qualquer época, às obras, aos equipamentos e às instalações integrantes do serviço, bem como a seus registros contábeis;
- promover as desapropriações e constituir servidões autorizadas pelo poder concedente, conforme previsto no edital e no contrato;
- zelar pela integridade dos bens vinculados à prestação do serviço, bem como segurá-los adequadamente; e
- captar, aplicar e gerir os recursos financeiros necessários à prestação do serviço.

8.8.2.8 Responsabilidade da concessionária

A concessionária e a permissionária, por serem pessoas privadas prestadoras de serviço público, respondem objetivamente pelos danos causados a terceiros, de acordo com o art. 37, § 6º, da Constituição.

Conforme será exposto no capítulo de responsabilidade extracontratual, foi durante muito tempo tendência jurisprudencial nos Tribunais Superiores – STF: RE 262.651/SP e STJ: REsp 705.859/SP – considerar que, para que houvesse a configuração da responsabilidade objetiva (sem culpa), os terceiros deveriam ser apenas usuários dos serviços públicos.

No entanto, a partir do RE 591.874, de relatoria do Min. Ricardo Lewandowski, julgado em 26.8.2009, decidiu o STF, num caso de atropelamento de ciclista por ônibus de empresa de transporte coletivo, que não se pode restringir o alcance da norma constitucional. Firmou-se, portanto, o entendimento de que a responsabilidade das concessionárias e permissionárias de serviço público é de natureza objetiva, mesmo se o dano for causado a terceiro **não usuário do serviço**.

Apesar da responsabilidade em regime publicístico da concessionária, sendo-lhe modificado o regime jurídico pelo fato de prestar serviço público, suas contratações, inclusive de mão de obra, serão regidas pelas disposições de direito privado e pela legislação trabalhista, não se estabelecendo qualquer relação entre os terceiros contratados pela concessionária e o poder concedente.

Determina o art. 25 da lei que incumbe à concessionária a execução do serviço concedido, cabendo-lhe responder por todos os prejuízos causados ao poder concedente, aos usuários ou a terceiros, sem que a fiscalização[122] exercida pelo órgão competente exclua ou atenue essa responsabilidade.

8.8.2.9 Encargos do poder concedente

Incumbe ao poder concedente, de acordo com os incisos do art. 29 da lei:

- regulamentar o serviço concedido e fiscalizar permanentemente a sua prestação;
- aplicar as penalidades regulamentares e contratuais;
- promover a intervenção na concessão;
- extinguir a concessão;
- homologar reajustes e proceder à revisão das tarifas;
- cumprir e fazer cumprir disposições regulamentares do serviço e cláusulas contratuais;
- zelar pela boa qualidade do serviço, o que implica recebimento, apuração e solução de queixas e reclamações dos usuários, que devem ser cientificados no prazo de 30 dias das providências tomadas;
- declarar de utilidade pública os bens necessários à execução do serviço ou obra pública, promovendo as desapropriações, diretamente ou mediante outorga de poderes à concessionária, caso em que será desta a responsabilidade pelas indenizações cabíveis;
- instituir servidões administrativas em bens necessários à execução de serviço ou obra pública ou outorgar poderes à concessionária para promovê-las, caso em que será dela a responsabilidade pelas indenizações cabíveis;
- estimular o aumento da qualidade, produtividade, preservação do meio ambiente e conservação;
- incentivar a competitividade; e
- estimular a formação de associações de usuários para defesa de interesses relativos ao serviço.

Como a titularidade do serviço, cuja execução é transferida à concessionária ou permissionária, é estatal, o poder concedente tem o dever de fiscalizar o desempenho da empresa e se ela está prestando um serviço adequado à coletividade.

É também dever do Estado aplicar as respectivas punições ou tomar as devidas medidas para garantir o respeito às normas existentes na Lei nº 8.987/95, no Código de Defesa do Consumidor (Lei nº 8.078/90, conforme art. 7º, *caput*, da Lei de Concessões) e as normas específicas

---

[122] [122] Artigo com conteúdo similar ao art. 71, § 1º, da Lei nº 8.666/93, cuja constitucionalidade foi reconhecida pelo STF na ADC 16, conforme se expôs no item 7.9.3. Atualmente, determina o art. 120 da Nova Lei de Licitações e Contratos Administrativos (Lei nº 14.133/2021) que: "O contratado será responsável pelos danos causados diretamente à Administração ou a terceiros em razão da execução do contrato, e não excluirá nem reduzirá essa responsabilidade a fiscalização ou o acompanhamento pelo contratante". E o art. 121, § 1º, determina de forma similar que: "a inadimplência do contratado em relação aos encargos trabalhistas, fiscais e comerciais não transferirá à Administração a responsabilidade pelo seu pagamento".

referentes a certos setores, como, por exemplo, a Lei nº 9.427, no caso de delegação de energia elétrica, e a Lei nº 9.472, no caso de telefonia.

De acordo com o art. 30 da Lei nº 8.987/95, a atividade fiscalizatória do poder concedente abrange o acesso aos dados relativos à administração, contabilidade, recursos técnicos, econômicos e financeiros da concessionária, caso em que a fiscalização é feita por intermédio de órgão técnico do poder concedente ou por entidade com ele conveniada, e, periodicamente, conforme previsto em norma regulamentar, por comissão composta de representantes do poder concedente, da concessionária e dos usuários.

8.8.2.10 Responsabilidade do Estado por prejuízos causados pelos concessionários

Discute-se na doutrina a responsabilidade do Estado no caso de a concessionária causar prejuízos a terceiros. A corrente majoritária[123] entende que a responsabilidade do Estado pelos atos da concessionária que causem prejuízos a terceiros é considerada **subsidiária**, o que significa que somente depois de esgotadas as forças econômicas da prestadora, isto é, na insolvência da concessionária, haverá, então, a responsabilidade do poder concedente.

Tal orientação pode ser extraída do art. 25 da Lei de Concessões e Permissões, segundo o qual, conforme exposto, a concessionária responderá pelos prejuízos que causar, "sem que a fiscalização do órgão competente **exclua** ou **atenue** essa responsabilidade".

Expõe Celso Antônio Bandeira de Mello[124] que, como a concessionária presta o serviço por conta e risco, incumbe-lhe responder perante terceiros pelas obrigações contraídas ou por danos causados, sem que o Estado tenha de saudá-los. Se o prejudicado pudesse postular a responsabilidade solidária do Estado, seria na prática afastado o risco da concessionária. Ademais, a ação de responsabilidade seria orientada na maioria dos casos em face do Estado, pois este sempre possuirá condições de solver o prejuízo, mesmo que a longo prazo, ao contrário da concessionária, que geralmente tem recursos mais limitados.

Já Yussef Said Cahali possui posicionamento distinto, de acordo com o qual:

> tratando-se de concessão de serviço público, permite-se reconhecer que, em função do disposto no art. 37, § 6º, da atual Constituição, o Poder Público concedente responde objetivamente pelos danos causados pelas empresas concessionárias, em razão de presumida falha da Administração na escolha da concessionária ou na fiscalização de suas atividades.[125]

Para Cahali, somente em danos oriundos de comportamentos alheios à própria prestação de serviços responderia o Poder Público de forma subsidiária, porém "não em função de uma eventual insolvência da empresa concessionária, mas em função de omissão culposa na fiscalização da atividade".[126]

José dos Santos Carvalho Filho é adepto de um posicionamento intermediário, que mais se aproxima do de Celso Antônio Bandeira de Mello. Para o jurista do Rio de Janeiro, não se pode dizer que o Poder Público tenha responsabilidade solidária pelos danos causados por pessoa

---

[123] BANDEIRA DE MELLO, Celso Antônio. *Curso de direito administrativo*. São Paulo: Malheiros, 2008. p. 744.

[124] BANDEIRA DE MELLO, Celso Antônio. *Prestação de serviços públicos e administração indireta*. 2. ed. São Paulo: Revista dos Tribunais, 1979. p. 57-58.

[125] CAHALI, Yussef Said. *Responsabilidade civil do Estado*. São Paulo: Revista dos Tribunais, 2007. p. 124.

[126] CAHALI, Yussef Said. *Responsabilidade civil do Estado*. São Paulo: Revista dos Tribunais, 2007. p. 124.

privada à qual compete prestar determinado serviço público só pelo fato de ter havido a delegação do serviço.

Assim, a responsabilidade da concessionária, em caso de delegação, é primária, isto é, atribuída diretamente à pessoa física ou jurídica a que pertence o autor do dano. Entretanto, o Estado não pode ser integralmente eximido das consequências do ato lesivo, sendo que a sua responsabilidade nascerá quando o responsável primário **não mais tiver forças** para cumprir sua obrigação de reparar o dano (responsabilidade subsidiária).

A responsabilidade do Estado somente será solidária quando a Administração Pública agir com culpa *in omittendo* ou *in vigilando*, podendo ser demandada juntamente com a concessionária autora do dano. Todavia, esclarece Carvalho Filho:

> se a culpa é exclusiva da pessoa jurídica prestadora do serviço, a ela deve ser imputada a responsabilidade primária e ao Poder Público a responsabilidade subsidiária. Resulta, pois, nessa hipótese, que eventual demanda indenizatória deve ser dirigida em face exclusivamente do causador do dano, sendo a Administração parte ilegítima *ad causam* para referida ação.[127]

Ora, a atribuição da responsabilidade do Estado por *culpa in omittendo* e *culpa in vigilando*, que abrange o dever de fiscalização, deve obedecer ao juízo de razoabilidade, afastando-se o argumento de que, como o serviço é de titularidade sua, qualquer evento lesivo será potencialmente culpa do Estado. Por exemplo: no caso de um atropelamento de ciclista por culpa de delegatária de transporte coletivo, entendemos que esta última deve ser demandada sozinha; no entanto, se houver o desabamento de obra realizada por concessionária no qual se confirmar que a inação estatal colaborou para que a situação ocorresse, à medida que ele se omitiu no dever de fiscalizar ou que fiscalizou mal, nada impede que ocorra também a responsabilidade indireta e solidária do Estado, **sem** que seja **afastada** a **responsabilidade** direta da **concessionária** pelo evento lesivo.

Por fim, ressalte-se que, de acordo com a jurisprudência do STJ, a concessionária é isenta de responder por acidente ocorrido antes do contrato de concessão. A segunda turma entende, ao contrário de decisões reformadas provenientes do TJ/RJ, que a concessionária não pode absorver responsabilidade de outra empresa se não concorreu para a falha dos serviços, ainda mais se a empresa anterior ainda existe (REsp 738026 e 782834).

8.8.2.11 Contratação com terceiros pela concessionária

A concessionária poderá contratar com terceiros o desenvolvimento de atividades inerentes, acessórias ou complementares ao serviço concedido, bem como a implementação de projetos associados.

O contrato celebrado entre a concessionária e terceiro será regido pelo direito privado, não se estabelecendo qualquer relação entre os terceiros e o poder concedente tendo em vista a determinação do art. 25, § 2º, da lei.

A execução das atividades contratadas com terceiros pressupõe o cumprimento de normas regulamentares da modalidade do serviço concedido.

---

[127] CARVALHO FILHO, José dos Santos. *Manual de direito administrativo*. Rio de Janeiro: Lumen Juris, 2008. p. 534.

8.8.2.12 Subconcessão

O art. 26 da Lei nº 8.987/95 admite a subconcessão, nos termos previstos no contrato de concessão, desde que expressamente **autorizada** pelo poder concedente. No entanto, a outorga de subconcessão será sempre precedida de concorrência e, celebrada a subconcessão, o subconcessionário se sub-rogará todos os direitos e obrigações do subconcedente nos limites da subconcessão.

8.8.2.13 Transferência

Admite-se a transferência da concessão ou do controle societário da concessionária desde que haja prévia anuência do poder concedente, pois, caso contrário, haverá a caducidade da concessão, que a extingue por culpa do concessionário.

Para obter a anuência do poder concedente, o pretendente a adquirir a concessão ou o controle acionário da concessionária deverá:

- atender às exigências de capacidade técnica, idoneidade financeira e regularidade jurídica e fiscal necessárias à assunção do serviço; e
- comprometer-se a cumprir todas as cláusulas do contrato em vigor.

Caso haja financiadores e garantidores que pretendam assumir o controle ou a administração temporária da concessionária para promover sua reestruturação financeira e assegurar a continuidade da prestação de serviços nas condições estabelecidas no contrato de concessão, o poder concedente exigirá que atendam exigências de regularidade jurídica e fiscal, podendo alterar ou dispensar os demais requisitos exigidos, desde que não haja alteração das obrigações da concessionária e de seus controladores para com terceiros, poder concedente e usuários dos serviços públicos, conforme regras incluídas pelo art. 27-A da Lei nº 13.097/2015.

8.8.2.14 Intervenção na concessão

A intervenção é expediente utilizado pelo poder concedente com o fim de assegurar a adequação na prestação do serviço, bem como o fiel cumprimento das normas contratuais, regulamentares e legais pertinentes à concessão de serviço público (art. 32 da lei).

É realizada por decreto editado pelo poder concedente contendo a designação do interventor, o prazo da intervenção e os objetivos e limites da medida. Determina o art. 33 da lei que, declarada a intervenção, o poder concedente terá 30 dias para instaurar procedimento administrativo objetivando comprovar as causas determinantes da medida e apurar as responsabilidades, desde que seja assegurado o direito de ampla defesa. Esse procedimento deve ser concluído no prazo de até 180 dias, sob pena de se considerar inválida a intervenção. Esta deve durar por prazo limitado sob pena de se transformar numa encampação.

Caso fique comprovado que a intervenção não observou os pressupostos legais e regulamentares, será declarada sua nulidade, devendo haver a imediata devolução do serviço à concessionária, sem prejuízo de seu direito à indenização (art. 33, § 1º). Também no caso de cessação da intervenção, se não houver a extinção da concessão, a administração do serviço será devolvida à concessionária.

Antes da devolução do serviço, deve o interventor prestar contas de suas ações. Se houver abusos, ele responderá pelos atos praticados durante a sua gestão, conforme o teor do art. 34 da Lei nº 8.987/95.

Em suma, há basicamente três resultados possíveis do procedimento de intervenção:

- caso não haja comprovação de qualquer irregularidade, há a devolução do serviço à concessionária e o contrato segue o seu curso, sem prejuízo do direito à indenização pela medida;
- se houver a comprovação de pequenas irregularidades, normalmente são aplicadas as correspondentes sanções, sem prejuízo da devolução do serviço à concessionária; e
- no caso de comprovação da existência de irregularidades graves, há a extinção do contrato de concessão, com todas as consequências daí derivadas, que serão vistas a seguir.

8.8.2.15 Extinção da concessão

São causas de extinção da concessão elencadas no art. 35 da lei: advento do termo contratual; encampação; caducidade; rescisão; anulação; falência ou extinção da empresa concessionária e falecimento ou incapacidade do titular, no caso da empresa individual.

Extinta a concessão, retornam ao poder concedente, que deve assumir imediatamente o serviço, todos os bens reversíveis, os direitos e privilégios transferidos ao concessionário conforme previsto no edital e estabelecido no contrato. A assunção do serviço autoriza a ocupação das instalações e a utilização, pelo poder concedente, de todos os bens reversíveis.

8.8.2.15.1 Reversão

Assim é denominada[128] a incorporação, pelo poder concedente, dos bens da concessão necessários à prestação do serviço público em caso da extinção da concessão. Segundo Celso Antônio Bandeira de Mello,[129] é razoável que ocorra a reversão desses bens, pois, enquanto os bens aplicados ao serviço têm pouca significação econômica para o concessionário após o encerramento da concessão, o poder concedente tem profundo interesse em sua aquisição, porque assim pode viabilizar o princípio da continuidade dos serviços públicos.

Os bens reversíveis tanto podem ser móveis, como, por exemplo, materiais, máquinas, equipamentos e mobiliários necessários à prestação do serviço público, como podem ser imóveis, como são as estações subterrâneas do metrô, as instalações de distribuição de energia elétrica ou as redes de comunicação.

A indicação dos bens reversíveis deve constar do edital da licitação, conforme o art. 18, X, da Lei nº 8.987/95, sendo ainda exigência do inciso XI do mesmo artigo que faça parte do instrumento convocatório: "as características dos bens reversíveis e as condições em que estes serão postos à disposição, nos casos em que houver sido extinta a concessão anterior".

São reversíveis todos os bens que a empresa concessionária recebe, a título gratuito, destinados e vinculados à prestação dos serviços objeto da concessão. Os bens reversíveis tanto

---

[128] No Direito Administrativo, reversão também tem o significado de retorno à atividade do servidor aposentado por invalidez quando os motivos da aposentadoria forem declarados insubsistentes por junta médica oficial, conforme será exposto no capítulo de servidores públicos.

[129] BANDEIRA DE MELLO, Celso Antônio. *Curso de direito administrativo*. São Paulo: Malheiros, 2008. p. 741.

podem ser os públicos, recebidos da Administração, como os de propriedade do concessionário, que são entregues ao Poder Público na extinção da concessão.

O art. 23, X, da Lei nº 8.987/95 exige também que constem das cláusulas essenciais do contrato os bens reversíveis para evitar surpresas ao término do contrato e ocorrer o cômputo mais preciso dos gastos da concessionária com a amortização dos investimentos feitos para a manutenção de bens que ao final do contrato reverterão para o Poder Público.

É fundamental à concessionária manter em dia o inventário e o registro de bens vinculados à concessão (art. 31, II), pois assim ela permite ao poder concedente acompanhar os investimentos feitos para a manutenção dos bens, o que inclui a compra de novas peças ou equipamentos, atividade crucial para que ela obtenha justa indenização no final da concessão.

Ressalte-se que no caso de serviços de telecomunicações, exige o art. 101 da Lei nº 9.472/97 que: a alienação, oneração ou substituição de bens reversíveis depende de prévia aprovação da Agência Nacional de Telecomunicações.

A concessionária será indenizada pelos investimentos feitos para garantir a continuidade e a atualidade dos bens reversíveis,[130] isto é, para evitar sua deterioração ou destruição pelo uso contínuo, desde que não tenha ocorrido a amortização, total ou parcial, do investimento pelas tarifas, de acordo com a redação do art. 36 da Lei nº 8.987/95:

> a reversão no advento do termo contratual far-se-á com a indenização das parcelas dos investimentos vinculados a bens reversíveis, ainda não amortizados ou depreciados, que tenham sido realizados com o objetivo de garantir a continuidade e atualidade do serviço concedido.

Se o prazo da concessão for muito curto ou as tarifas forem muito baixas, enfatiza Celso Antônio Bandeira de Mello[131] que pode acontecer de o concessionário não conseguir amortizar integralmente o capital, caso em que o poder concedente, para respeitar o equilíbrio patrimonial, deve indenizá-lo pelo valor remanescente não amortizado do equipamento que se incorpora ao seu patrimônio.

Ressalte-se que a indenização pelos bens reversíveis não foi considerada pelo STJ como prévia, ao contrário do que ocorre na encampação, conforme se extrai do teor da seguinte decisão:

> ADMINISTRATIVO. EXTINÇÃO DO CONTRATO DE CONCESSÃO DE SERVIÇO PÚBLICO. REVERSÃO DOS BENS UTILIZADOS PELA CONCESSIONÁRIA. INDENIZAÇÃO PRÉVIA. ART. 35, § 4º, DA LEI Nº 8.987/95. I – O termo final do contrato de concessão de serviço público não está condicionado ao pagamento prévio de eventual indenização referente a bens reversíveis não amortizados ou depreciados. II – Com o advento do termo contratual tem-se de rigor a reversão da concessão e a imediata assunção do serviço pelo poder concedente, incluindo a ocupação e a utilização das instalações e dos bens reversíveis. A Lei nº 8.987/95 não faz qualquer ressalva acerca da necessidade de indenização prévia de tais bens. III – Recurso especial improvido.[132]

---

[130] Note-se que o art. 28, § 1º, da Lei nº 9.478/97 não possibilita essa indenização, pois determina que "a devolução de áreas, assim como a reversão de bens, não implicará ônus de qualquer natureza para a União ou para a ANP, nem conferirá ao concessionário qualquer direito de indenização pelos serviços, poços, imóveis e bens reversíveis, os quais passarão à propriedade da União e à administração da ANP".

[131] BANDEIRA DE MELLO, Celso Antônio. *Curso de direito administrativo*. São Paulo: Malheiros, 2008. p. 742.

[132] REsp 1059137/SC, 1ª T. do STJ, j. 14.10.2008.

8.8.2.15.2 Encampação

Conforme definição legal, contida no art. 37 da Lei nº 8.987/95, considera-se encampação a retomada do serviço pelo poder concedente durante o prazo da concessão, por motivo de interesse público, mediante lei autorizativa específica e após **prévio pagamento da indenização**. A encampação é denominada também resgate.

Trata-se de uma espécie de revogação da concessão, que ocorre por interesse público, mas justificado em lei, após prévio pagamento de indenização e produz efeitos *ex nunc* (a partir de então), pois considera válidos os efeitos produzidos na vigência do contrato.

São três os requisitos do instituto:

- motivo de **interesse público**, sob pena de desvio de finalidade na encampação;
- **lei autorizativa específica**, isto é, que trate só da encampação, aprovada no Poder Legislativo do âmbito do respectivo poder concedente; e
- **prévio pagamento de indenização**.

A lei não estabelece a forma da indenização: se a vista ou em parcelas, em títulos da dívida pública ou em dinheiro. É comum fazer-se analogia neste caso com a desapropriação, que, de acordo com o art. 5º, XXIV, da Constituição, deve ser em dinheiro.

O art. 37 da lei dispõe que o pagamento da indenização será feito na forma do artigo anterior, isto é, do art. 36, que trata de uma outra hipótese, isto é, da reversão no advento do termo contratual que abrange investimentos vinculados aos bens reversíveis, ainda não amortizados ou depreciados, que tenham sido realizados com objetivo de garantir a continuidade e a atualidade do serviço concedido.

Ocorre que a indenização pela encampação deve abranger não apenas os prejuízos causados em função dos investimentos com danos emergentes decorrentes de bens reversíveis não amortizados ou depreciados, mas também os demais danos emergentes, bem como os lucros cessantes; como o contrato é por tempo determinado, o concessionário deve ser indenizado em função do tempo de execução do contrato que lhe foi suprimido. Com a extinção antecipada da concessão do serviço público, explica Diogenes Gasparini,[133] é notório que os investimentos vinculados aos bens reversíveis ainda não foram totalmente amortizados ou depreciados, devendo a Administração concedente proceder à correspondente indenização.

A doutrina majoritária entende que a indenização deve abranger: danos emergentes e lucros cessantes.[134] É cláusula essencial do contrato de concessão aquela que estipula critérios para o cálculo e a forma de pagamento das indenizações devidas à concessionária, quando for o caso (art. 23, XI).

Note-se que, em alguns casos, a lei restringe a indenização a danos emergentes, como ocorre no art. 19 da Lei nº 9.427/96, que disciplina o regime das concessões de serviços públicos de energia elétrica, segundo o qual: "na hipótese de encampação da concessão, a indenização devida ao concessionário, conforme previsto no art. 36 da Lei nº 8.987, de 13 de fevereiro de 1995, compreenderá as perdas decorrentes da extinção do contrato, excluídos os lucros cessantes".

---

[133] GASPARINI, Diogenes. *Direito administrativo*. São Paulo: Saraiva, 2006. p. 393-394.

[134] Cf. BANDEIRA DE MELLO, Celso Antônio. *Curso de direito administrativo*. São Paulo: Malheiros, 2008. p. 743. GASPARINI, Diogenes. *Direito administrativo*. São Paulo: Saraiva, 2006. p. 394. JUSTEN FILHO, Marçal. *Curso de direito administrativo*. São Paulo: Saraiva, 2005. p. 539.

8.8.2.15.3 Caducidade

Também denominada decadência, a caducidade é a modalidade de rescisão unilateral do contrato[135] de concessão em função da inexecução ou do inadimplemento total ou parcial por parte do concessionário.

São hipóteses de declaração da caducidade da concessão pelo poder concedente, previstas nos incisos do art. 38, § 1º:

- inadequação ou deficiência na forma de prestação do serviço, tendo por base as normas, critérios, indicadores e parâmetros definidores da qualidade do serviço;
- descumprimento de cláusulas contratuais ou disposições legais ou regulamentares concernentes à concessão;
- o caso de a concessionária paralisar o serviço ou concorrer para tanto, ressalvadas as hipóteses decorrentes de caso fortuito ou força maior;
- perda das condições econômicas, técnicas ou operacionais para manter a adequada prestação do serviço concedido;
- ausência de cumprimento das penalidades impostas por infrações, nos devidos prazos;
- ausência de atendimento de intimação do poder concedente no sentido de regularizar a prestação do serviço; e
- condenação da concessionária em sentença transitada em julgado por sonegação de tributos, inclusive contribuições sociais.

Como exigência do princípio do devido processo legal, segundo o qual ninguém será privado dos bens ou da liberdade, a declaração da caducidade da concessionária deverá ser precedida da verificação da inadimplência da concessionária em **processo administrativo**, assegurado o direito de ampla defesa (art. 38, § 2º).

Ademais, determina o § 3º do art. 38 que não será instaurado processo administrativo de inadimplência antes de comunicados à concessionária, detalhadamente, os descumprimentos contratuais incorridos, dando-lhe um prazo para corrigir as falhas e transgressões apontadas para o enquadramento, nos termos contratuais. Ressalte-se que em muitos casos, a caducidade é precedida de intervenção, disciplinada nos arts. 32 a 34 da Lei nº 8.987/95.

Instaurado o processo administrativo e comprovada a inadimplência, a caducidade é **declarada por decreto** do poder concedente, diferentemente, por exemplo, da encampação, que demanda lei autorizativa específica.

A indenização, que não é prévia, será calculada no curso do processo administrativo e abrangerá **parcelas** de investimentos dos bens reversíveis, ainda não amortizados ou depreciados, que tenham sido realizados com o objetivo de garantir a continuidade e atualidade do serviço concedido, **descontadas** do valor das multas contratuais e dos danos causados pela concessionária.

---

[135] Não se confundem a caducidade do contrato de concessão com a caducidade do ato administrativo. Conforme visto, a caducidade do ato administrativo é modalidade de extinção que se dá pela superveniência de norma jurídica que retira licença ou permissão dada anteriormente pela Administração Pública.

Declarada a caducidade, não resultará para o poder concedente qualquer espécie de responsabilidade em relação aos encargos, ônus, obrigações ou compromissos com terceiros ou com empregados da concessionária.

A caducidade é, como regra geral, discricionária à Administração, porquanto dispõe o art. 38 que: "a inexecução total ou parcial do contrato acarretará, *a critério do poder concedente*, a declaração de caducidade da concessão ou a aplicação das sanções contratuais, respeitadas as disposições deste artigo, do art. 27, e as normas convencionadas entre as partes".

A exceção (de constitucionalidade em debate) é apontada no próprio dispositivo, pois, em remissão ao art. 27 da lei, constata-se uma hipótese na qual a caducidade será obrigatória, qual seja: na transferência da concessão[136] ou do controle societário da concessionária sem prévia anuência do poder concedente. Todavia, mesmo diante da obrigatoriedade, é importante que sejam respeitados a ampla defesa e o contraditório, para dar oportunidade de a empresa se defender e apresentar sua versão dos fatos antes da decretação da caducidade.

 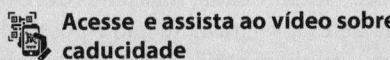

Acesse e assista ao vídeo sobre caducidade

> http://uqr.to/1xpku

8.8.2.15.4 Rescisão

Muito embora rescisão tenha sentido amplo, pois pode ser tanto provocada unilateralmente pela Administração, caso em que a lei chama de caducidade, como pode se dar amigavelmente ou por meio de arbitragem. Quando a Lei de Concessões fala em rescisão, talvez por falta de visão técnica, ela se refere, conforme bem observa José dos Santos Carvalho Filho,[137] à rescisão deflagrada, isto é, de iniciativa do concessionário. É neste sentido que trataremos o termo neste capítulo, muito embora se possa completar a explicação de rescisão pela leitura dos itens referentes à rescisão do contrato administrativo em geral e à caducidade.

De acordo com o art. 39 da lei, o contrato de concessão poderá ser rescindido por iniciativa da concessionária, no caso de descumprimento das normas contratuais pelo poder concedente, mediante ação judicial especialmente intentada para este fim. Há também a possibilidade de a concessionária pleitear rescisão amigável, isto é, rescisão administrativa, pois a interrupção da prestação do serviço no caso da rescisão judicial depende, como regra geral, do trânsito em julgado da ação, o que demora significativo tempo.

Daí são extraídas as seguintes ressalvas: primeiramente, ao contrário do poder concedente, a concessionária jamais poderá rescindir unilateralmente o contrato, admitindo-se somente a rescisão judicial de sua iniciativa por meio de ação intentada para esta finalidade; depois, o *caput* do art. 39 fala em rescisão por descumprimento tão somente de normas contratuais, mas

---

[136] Note-se que está em pauta, na ADI 2946, o julgamento no Supremo Tribunal Federal da inconstitucionalidade do art. 27 e sua previsão de transferência de concessão, dado que o art. 175 demanda sempre a realização prévia de licitação. A favor do argumento da inconstitucionalidade: BANDEIRA DE MELLO, Celso Antônio; MARTINS, Ricardo Marcondes; BANDEIRA DE MELLO, Weida Zanacaner; ZOCKUN, Carolina Zancaner; SERRANO, Pedro Estevam; NOHARA, Irene; ZOCKUN, Maurício. Transferência de concessão é inconstitucional. *Folha de S. Paulo*, Tendências e Debates, 24 ago. 2021.

[137] CARVALHO FILHO, José dos Santos. *Manual de direito administrativo*. Rio de Janeiro: Lumen Juris, 2008. p. 378.

a doutrina admite que também se discuta na ação judicial a possibilidade de rescisão por descumprimento da "lei ou dos regulamentos disciplinadores da concessão".[138]

Também existe, a partir da Lei nº 13.448/2017, a **relicitação**, sendo definida no art. 4º, III, como "procedimento que compreende a extinção amigável do contrato de parceria e a celebração de novo ajuste negocial para o empreendimento, em novas condições contratuais e com novos contratados, mediante licitação promovida para esse fim". Trata-se, conforme expõe André Luiz Freire,[139] de mecanismo que possibilita a rescisão amigável dos contratos de concessão, quando, por iniciativa do concessionário, houver risco de descontinuidade do serviço público concedido. No âmbito federal, houve restrição da relicitação às concessões nos setores de rodovias, ferrovias e aeroportos.

8.8.2.15.5 Anulação

Em caso de anulação do contrato de concessão de serviços públicos, há a sua consequente rescisão. Na realidade, a rescisão do contrato pode ser efeito da anulação, em virtude de alguma irregularidade que tenha sido identificada, mas antes deve o poder concedente assegurar ao delegatário o direito à ampla defesa, verificar se não é possível o saneamento, e também se não se trata de medida de interesse público, conforme o art. 147 da Lei nº 14.133/2021.

Assim, a declaração de nulidade do contrato requererá análise prévia do interesse público envolvido, na forma do art. 147 da Nova Lei de Licitações e Contratos, que se comunica com as concessões, operando retroativamente, impedindo os efeitos jurídicos que o contrato deveria produzir ordinariamente e desconstituindo os já produzidos. Caso não seja possível o retorno à situação fática anterior, a nulidade será resolvida pela indenização por perdas e danos, sem prejuízo da apuração de responsabilidade e da aplicação das penalidades cabíveis.

É possível à Administração, com vistas à continuidade da atividade administrativa, que declare a nulidade do contrato com eficácia em momento futuro, suficiente para efetuar nova contratação, por prazo de até seis meses, prorrogável uma única vez.

Ademais, estabelece o art. 149 da Lei nº 14.133/2021 que a nulidade não exonerará a Administração do dever de indenizar o contratado pelo que houver executado até a data em que for declarada ou tornada eficaz, bem como por outros prejuízos regularmente comprovados, desde que não lhe seja imputável e será promovida a responsabilização de quem lhe tenha dado causa

8.8.2.15.6 Falência ou extinção da pessoa jurídica

Extingue-se também a concessão por falência ou extinção da empresa concessionária e falecimento ou incapacidade do titular, no caso de empresa individual. O art. 195 da Lei de Falências (Lei nº 11.101/2005) determina que "a decretação de falência das concessionárias de serviços públicos implica extinção da concessão, na forma da lei". Se a empresa delegatária for individual, então, determina a lei que o falecimento ou incapacidade do titular acaba gerando a extinção da concessão.

---

[138] CARVALHO FILHO, José dos Santos. *Manual de direito administrativo*. Rio de Janeiro: Lumen Juris, 2008. p. 378.

[139] FREIRE, André Luiz. *Direito dos contratos administrativos*. São Paulo: Thomson Reuters Brasil, 2023. p. 716.

8.8.3 Permissão de serviço público

A doutrina costumava definir permissão como "ato unilateral, discricionário, pelo qual se faculta, a título precário, ao particular a execução de obras e serviços de utilidade pública, ou o uso excepcional de bem público, ou a prática de ato jurídico de ofício público".[140] Contudo, de ato administrativo precário, a Constituição (e a legislação infraconstitucional) acabou conferindo tratamento jurídico de contrato.

Atualmente, permissão de serviço público é, em definição contida no art. 2º, IV, da Lei nº 8.987/95:

- a delegação, a título precário;
- mediante licitação;
- da prestação de serviços públicos, feita pelo poder concedente; e
- à pessoa física ou jurídica que demonstre capacidade para seu desempenho, por sua conta e risco.

Em comparação com definição do mesmo artigo de concessão, pode-se observar que no conceito de permissão não é especificada a modalidade de licitação cabível, concluindo-se que ela admite qualquer das modalidades, desde que sejam adequadas ao perfil do serviço que se queira delegar; há a possibilidade de transferência do exercício do serviço à pessoa física, além da jurídica; e a lei não fala, neste caso, em prazo determinado, muito embora ele esteja pressuposto em outras passagens.

Apesar da ausência de previsão de limite de prazo, a permissão deve ter prazo razoável. Neste sentido, enfatiza Egon Bockmann Moreira que as permissões não podem nem ser *ad eternum*, nem ter pouca ou nenhuma estabilidade. Elas devem ter "quando menos um limite fixo expressado em fórmulas de fechamento cronológico (até x anos, prorrogáveis por mais y; prazo máximo de x anos, sem ultrapassar o ano x)".[141]

Também o art. 40 dispõe que a permissão de serviço público será formalizada mediante contrato de adesão, que observará os termos desta lei, das demais normas pertinentes e do edital de licitação, inclusive quanto à precariedade e à revogabilidade unilateral do contrato pelo poder concedente.

Conforme já exposto, apesar de a lei ter mencionado que a concessão observaria uma pretensa precariedade, houve também alusão à sua natureza contratual, na esteira do parágrafo único do art. 175 da Constituição. Este menciona o caráter especial do contrato e de sua prorrogação, ou seja, assim, não há como negar que a permissão deva obedecer também um prazo determinado.

Antigamente, fazia-se a distinção entre permissão simples, isto é, aquela estabelecida sem prazo, e permissão condicionada, na qual, entre outras condições, havia a fixação de prazo, o que garantia ao permissionário mais direitos. Atualmente, como a Constituição e a Lei de Concessões e Permissões atribuíram natureza contratual ao ajuste, não há mais como sustentar o posicionamento de que ela tem natureza jurídica de ato administrativo precário.

Em suma, permissão tem natureza jurídica de contrato de adesão, sendo-lhe aplicável o mesmo tratamento jurídico dado pela lei às concessões de serviços públicos. A execução do

---

[140] BANDEIRA DE MELLO, Oswaldo Aranha. *Princípios gerais de direito administrativo*. 3. ed. São Paulo: Malheiros, 2007. p. 559.

[141] MOREIRA, Egon Bockmann. Notas sobre a permissão de serviço público no Direito Brasileiro. *Revista Eletrônica de Direito Econômico – REDAE*, Salvador, Instituto Brasileiro de Direito Público, nº 18, maio/jul. 2009. Disponível em: http://www.direitodoestado.com/revista/REDAE-18-MAIO-2009-EGON-BOCKMANN.pdf. Acesso em: 21 maio 2009.

serviço público é remunerada por tarifa ou preço público pago pelo usuário do serviço, sendo ele desempenhado por conta e risco do permissionário.

> **PERMISSÃO DE SERVIÇO PÚBLICO: encampação ou revogação?**
>
> Apesar de o parágrafo único do art. 40 determinar que se aplica às permissões o disposto na lei, há discussão sobre a possibilidade de encampação da permissão. A encampação como retomada do serviço durante o prazo contratual demanda, conforme visto: motivo de interesse público, lei autorizativa específica e prévio pagamento de indenização.
>
> A resposta à questão pode ser extraída, contudo, do próprio art. 40, que determina, no *caput*: "a permissão de serviço público será formalizada mediante contrato de adesão, que observará os termos desta Lei, das demais normas pertinentes e do edital de licitação, inclusive quanto à precariedade e à **revogabilidade unilateral** do contrato pelo poder concedente".
>
> Logo, não há encampação da permissão, mas sim a possibilidade de sua **revogação**. Um exemplo seria o caso das telecomunicações: a Lei nº 9.472/97 prevê a outorga de permissão, pela Anatel, em face de **situação excepcional** comprometedora do funcionamento do serviço que, em virtude de suas peculiaridades, não possa ser prestado mediante intervenção na empresa concessionária ou mediante outorga de nova concessão.
>
> A lei dispõe sobre a permissão como **ato precário**, isto é, como "ato administrativo pelo qual se atribui a alguém o dever de prestar serviço de telecomunicações no regime público e em caráter transitório, até que seja normalizada a situação excepcional que a tenha ensejado", de acordo com o parágrafo único do art. 118. A extinção da permissão dá-se pelo decurso do prazo máximo de vigência estimado, bem como por: **revogação**, caducidade e anulação (art. 122 da lei).
>
> A revogação da permissão de telecomunicações deve ser baseada em razões de conveniência e oportunidade relevantes e suficientes. Também determina o § 1º do art. 123 da Lei nº 9.472/97 que a revogação pode ser feita a qualquer momento, não atribuindo direito à indenização.
>
> Portanto, as permissões não admitem, dada a precariedade, encampação do serviço, mas se sujeitam à revogação. Note-se que, do ponto de vista crítico, esta conclusão, extraída inequivocamente de dispositivo legal expresso no sentido, apenas aprofunda a indeterminação do regime jurídico da permissão, pois enquanto a encampação é aplicada normalmente aos contratos. Lamentável a indeterminação legislativa, mas à permissão de serviços públicos, reitere-se, aplica-se a revogação.

8.8.4 Autorização de serviço público

Trata-se de categoria muito controvertida na doutrina. Dos doutrinadores que a aceitam, há apenas o consenso de que é ato administrativo discricionário e precário. Assim, por ser ato unilateral, não demanda prévia realização da licitação. Há também uma certa tendência a admitir-se que o serviço será autorizado para que seja desempenhado no interesse do particular.

Note-se que a Lei nº 8.987/95, que regulamenta a hipótese de delegação de serviços públicos, apenas dispõe sobre "concessão" e "permissão" de serviços públicos, porquanto o dispositivo constante do art. 175 da Constituição Federal por ela disciplinado enuncia que: "incumbe ao Poder Público, na forma da lei, diretamente ou sob regime de concessão ou permissão, sempre através de licitação, a prestação de serviços públicos".

Até o objeto e o regime do controle efetivado pelo Poder Público são controvertidos, sendo que enquanto Hely Lopes Meirelles[142] entende que são exemplos de objeto de autorização

---
[142] MEIRELLES, Hely Lopes. *Direito administrativo brasileiro*. São Paulo: Malheiros, 2009. p. 129.

de serviços públicos: os serviços de táxi, de despachante, de pavimentação de rua por conta dos moradores e de guarda particular de estabelecimentos e residências e justifica que o Poder Público deve conhecer e credenciar os executores, sendo a contratação do serviço uma relação de direito privado, Maria Sylvia Zanella Di Pietro[143] não aceita que as atividades exemplificadas por Meirelles sejam serviços públicos, pois expõe que são atividades, em face da lei, consideradas particulares, tendo em comum com os serviços públicos apenas o fato de atenderem interesses gerais.

Di Pietro não aceitava, até a 18ª edição de sua obra, a possibilidade de delegação de serviço prestado ao público, pois se tratava de hipótese de serviço prestado "no interesse exclusivo do autorizatário".[144] Mas passou a admitir a delegação do serviço para a execução em benefício do autorizatário, "que não deixa de ser também de interesse público". Na realidade, é por vezes tênue, como observa José dos Santos Carvalho Filho,[145] a linha que divide um serviço de utilidade pública de uma atividade meramente privada.

Outro motivo justificador da decisão de acatar a modalidade pautou-se também em argumento distinto do utilizado por Meirelles: os dispositivos constantes dos incisos XI e XII do art. 21 da Constituição mencionam exploração de serviços de competência da União, diretamente ou mediante "autorização, concessão ou permissão".

José dos Santos Carvalho Filho, por sua vez, é doutrinador que não aceita tal argumento, pois considera que as atividades contidas nos incisos XI e XII nem sempre são típicos serviços públicos. Entende que, se uma atividade é serviço público, ela deve ser prestada à coletividade por concessão ou permissão, sendo o direito público o seu regime (e não o privado, diferentemente do entendimento de Meirelles).

Para Carvalho Filho, não há autorização de serviço público, mas apenas autorização para o desempenho de atividade no interesse exclusivo ou predominante do autorizatário, ainda que traga comodidade a determinado grupo de pessoas.

8.8.5 Parceria público-privada

8.8.5.1 Conceito e natureza jurídica

Parceria público-privada (PPP) é contrato administrativo de concessão, na modalidade *patrocinada* ou *administrativa*, ao qual se aplica a Lei nº 11.079/2004, e em caráter subsidiário a Lei nº 8.987/95 ou outras leis correlatas. Para diferenciar a PPP da concessão prevista na Lei de Concessões (Lei nº 8.987/95), a Lei de PPP (Lei nº 11.079/2004) denominou a concessão de serviço público genérica de concessão comum. Por isso, José dos Santos Carvalho Filho chama a parceria público-privada de contrato de concessão especial de serviços públicos.[146]

Apesar da denominação levar a uma conclusão equivocada, isto é, de que o ajuste firmado seria uma parceria, ele tem, em verdade, natureza jurídica de **contrato** de concessão. Enquanto uma parceria, como, por exemplo, o convênio, orienta-se para a "cooperação mútua, técnica e

---

[143] DI PIETRO, Maria Sylvia Zanella. *Direito administrativo*. São Paulo: Atlas, 2010. p. 109.
[144] DI PIETRO, Maria Sylvia Zanella. *Direito administrativo*. São Paulo: Atlas, 2010. p. 226-227.
[145] CARVALHO FILHO, José dos Santos. *Manual de direito administrativo*. Rio de Janeiro: Lumen Juris, 2008. p. 415.
[146] CARVALHO FILHO, José dos Santos. *Manual de direito administrativo*. Rio de Janeiro: Lumen Juris, 2008. p. 397.

financeira, com objetivos comuns e sem fins lucrativos", no contrato há interesses contrapostos e a presença do lucro; tal é o caso da PPP.

Ela se insere, conforme será visto no histórico, no bloco de medidas privatizantes sugerido aos países em desenvolvimento pelos organismos de financiamento internacionais, tendo sido inspirada no modelo inglês. Surge com uma terminologia nova, assim como aconteceu com as agências reguladoras, que são, no Brasil, autarquias (em regime especial).

Representam, em geral, alterações no regime das concessões de serviços públicos orientadas para atrair investimentos em infraestrutura, como, por exemplo, a construção de estradas, hidrelétricas, ferrovias, estádios, hospitais e instalações portuárias, no contexto de um Estado com o orçamento comprometido e que optou por alterar o regime de concessões existente com vistas a tentar criar um instrumento mais atrativo aos investimentos privados.

8.8.5.2 Modalidades

Há duas modalidades de parceria público-privada:

- a concessão patrocinada; e
- a concessão administrativa.

A **concessão patrocinada** é a concessão de serviços públicos ou de obras públicas de que trata a Lei nº 8.987/95, quando envolver, adicionalmente à tarifa cobrada dos usuários, contraprestação pecuniária do parceiro público ao parceiro privado (art. 2º, § 1º).

Concessão administrativa é o contrato de prestação de serviços de que a Administração seja a usuária direta ou indireta, ainda que envolva execução de obra ou fornecimento e instalação de bens.

A concessão patrocinada diferencia-se da concessão comum pelo fato de que além da amortização do investimento por tarifas cobradas dos usuários, existe a previsão de **contraprestação pecuniária** paga pelo Poder Público. Trata-se de um financiamento público extra, uma vez que a concessão comum corre, como regra geral, por conta e risco da empresa privada que terá como fonte de renda única[147] o produto da tarifa paga pelo usuário do serviço.

Já a concessão administrativa, conforme expõe Maria Sylvia Zanella Di Pietro,[148] aproxima-se muito do contrato de empreitada, pois a remuneração é feita exclusivamente do parceiro público ao parceiro privado. Na concessão administrativa são facultativos a execução de obra e o fornecimento e instalação de bens.

Acesse e assista ao vídeo sobre modalidades de PPP

> http://uqr.to/1xpkt

---

[147] A Lei de Concessões não impede, todavia, que haja, desde que estejam previstas no edital, outras fontes provenientes de receitas alternativas, complementares, acessórias ou de projetos associados, com ou sem exclusividade, com vistas a favorecer a modicidade das tarifas (art. 11 da Lei nº 8.987/95), mas estas não serão pagas diretamente pelo Poder Público.

[148] DI PIETRO, Maria Sylvia Zanella. *Direito administrativo*. São Paulo: Atlas, 2010. p. 306.

8.8.5.3 Características e vedações

São traços identificados por Maria Sylvia Zanella Di Pietro[149] comuns tanto à concessão patrocinada como à administrativa:

- a presença de **contraprestação pecuniária do parceiro público** ao parceiro privado, sendo que, enquanto na concessão patrocinada ela é um *plus* em relação à tarifa, na administrativa se trata da forma básica de remuneração;
- presença de técnicas para garantir o **equilíbrio econômico-financeiro**, como, por exemplo, a repartição dos riscos entre as partes e demais formas de revisão contratual;
- **compartilhamento dos ganhos** econômicos também com o Poder Público;
- **financiamento por terceiros**, seja pela aquisição de crédito especialmente destinado ao financiamento da parceria ou pela participação de entidades fechadas de previdência complementar;
- presença de **três tipos de garantias**: a prestada pelo parceiro privado ao parceiro público; a prestada pelo parceiro público perante o parceiro privado; e a contragarantia prestada pelo parceiro público à entidade financiadora do projeto;
- constituição de **sociedade de propósitos específicos**;
- previsão de **multa ressarcitória** aplicável ao poder concedente para indenizar o contratado pelos prejuízos eventualmente por ele causados;
- **limites de prazo** contratual previstos na Lei nº 11.079/2004;
- normas específicas para a **licitação** de parceria público-privada;
- observância da **Lei de Responsabilidade Fiscal**; e
- imposição de **limite de despesa**, estabelecido nos arts. 22 a 28.

São três vedações previstas no art. 2º, § 4º, da lei, à celebração de parceria público-privada:

- **quanto ao valor**: não se admite PPP de valor menor do que **10 milhões de reais, tendo em** vista que a Lei nº 13.529, de 4 de dezembro de 2017, passou o valor de 20 para 10 milhões, facilitando o uso da modelagem;
- **quanto ao prazo**: é proibida por lei a contratação de PPP com período de prestação de serviço menor do que **cinco anos**; sendo os limites de prazo previstos para a celebração do contrato de PPP de cinco a trinta e cinco (**5 – 35**) anos, incluindo eventual prorrogação, conforme complementa o art. 5º, I, da Lei nº 11.079/2004; e
- **quanto à matéria**: a lei veda PPPs que tenham por **objeto único** o fornecimento de **mão de obra**, o fornecimento e instalação de **equipamento** ou a execução de **obra pública**.

As vedações foram discutidas também para evitar que governos gastem demais com PPPs, deixando dívidas para diversas gestões subsequentes e prejudicando os objetivos de ajuste veiculados pela Lei de Responsabilidade Fiscal. Assim, por exemplo, a fixação de um valor inicial mínimo de 20 milhões de reais acabou afastando a possibilidade de abusos no endividamento de Municípios. No entanto, em 4 de dezembro de 2017, houve a diminuição do valor mínimo

---

[149] DI PIETRO, Maria Sylvia Zanella. *Direito administrativo*. São Paulo: Atlas, 2010. p. 314-316.

de 20 para 10 milhões, facilitando o uso de PPPs por Municípios. A Lei nº 13.529/2017, que promoveu tal alteração, dispõe sobre a participação da União em fundo de apoio à estruturação e ao desenvolvimento de projetos de concessões e parcerias público-privadas.

Outra medida limitativa contida na lei, voltada à União, é o dispositivo do art. 22 que determina que a União só poderá contratar parceria público-privada quando a soma das despesas de caráter continuado do conjunto de parcerias não tiver excedido, no ano anterior, 1% da receita corrente líquida do exercício, e as despesas anuais dos contratos vigentes nos dez anos subsequentes **não excederem a 1% da receita projetada** para os respectivos exercícios.

Há a previsão legal, para a União, conforme será exposto, da criação de Fundo Garantidor de Parcerias Público-Privadas (FGP), que tem por fim prestar garantia de pagamento de obrigações pecuniárias assumidas pelos parceiros públicos federais.

Ademais, os Estados, o Distrito Federal e os Municípios que contratarem empreendimentos por intermédio de parcerias público-privadas deverão encaminhar ao Senado Federal e à Secretaria do Tesouro Nacional, previamente à contratação, informações necessárias para o controle do **limite de transferências** e **garantia** dos contratos **pela União**, que é de 5%,[150] conforme dispõe o art. 28, § 1º, da lei.

É necessária, conforme o art. 10, § 3º, da Lei nº 11.079/2004, a **autorização legislativa** específica para concessões patrocinadas em que mais de 70% da remuneração do parceiro privado seja pago pela Administração Pública. Essa determinação é aplicada tão somente para as concessões patrocinadas, porquanto nas concessões administrativas há 100% de remuneração do Poder Público.

8.8.5.4 Histórico e adoção no Brasil

Apesar de a lei de PPP ter sido aprovada no governo Lula, sua adoção foi ideia herdada do Programa de Reforma do Estado, implantado de forma mais evidente no governo Fernando Henrique Cardoso, na década de 1990. Este programa tinha como pano de fundo medidas desestatizantes que objetivavam, portanto, reduzir a participação direta do Estado, já comprometido com metas de ajuste fiscal, nas atividades econômicas.

O modelo das parcerias público-privadas foi introduzido na década de 1980 pelo governo neoliberal inglês de Margaret Thatcher e em 1992 foi retomado pelos conservadores da Inglaterra mediante fórmula denominada Programa de Financiamento Privado (*Private Finance Initiatives* – PFI).

A exposição de motivos da adoção do modelo no Brasil justifica sua utilização pelo sucesso alcançado em países como a Inglaterra, Irlanda, Portugal e África do Sul. Nota-se na atualidade que alguns desses países já "amargam prejuízos decorrentes da inexperiência"[151] e promoveram adaptações de sua legislação numa tentativa de salvar o que já foi iniciado.

De qualquer forma, o regime jurídico das parcerias público-privadas promoveu modificações no regime geral de concessões, para atrair investidores privados, inclusive estrangeiros, a celebrarem contratos com o Poder Público. Nestes contratos, os parceiros privados seriam os

---

[150] Antes era de 1% da receita corrente líquida, mas a Lei nº 12.024/2009, para estimular a contratação de PPPs, aumentou para 3% o limite. Depois, a Lei nº 12.766/2012 aumentou para 5% o limite.

[151] Cf. ALVARENGA, José Eduardo. Parcerias público-privadas: breves comentários. *Revista Eletrônica de Direito Administrativo Econômico*, Salvador, Instituto de Direito Público da Bahia, nº 2, maio/jul. 2005. Disponível em: http://www.direitodoestado.com.br. Acesso em: 2 ago. 2010.

responsáveis sobretudo pela construção de infraestrutura pública, mas seriam remunerados posteriormente tanto pelos usuários do serviço como pelo próprio Poder Público. A lei de PPP procurou minimizar algumas incertezas[152] na celebração de contratos de concessão de serviços públicos com a Administração Pública.

Para tanto, a lei cria, por exemplo, os seguintes mecanismos: de compartilhamento de riscos; possibilidade, na concessão patrocinada, de contraprestação do Poder Público auferida paralelamente às tarifas pagas pelos usuários; prazos dilatados, o que dá ao parceiro privado maiores possibilidades de amortização do investimento realizado; instituição de garantia para a situação de inadimplemento pecuniário do parceiro público, hipótese em que há inclusive a possibilidade de aplicação de penalidade à Administração Pública; e o compartilhamento de ganhos econômicos com o Poder Público decorrentes da redução de risco de crédito dos financiamentos utilizados pelo parceiro privado.

8.8.5.5 Disciplina legal

As normas gerais para licitação e contratação de parceria público-privada encontram-se previstas na Lei nº 11.079, de 30.12.2004, aplicando-se-lhes subsidiariamente o disposto na Lei nº 8.987/95 e demais leis correlatas. A concessão comum de serviços públicos ou de obras públicas, isto é, aquela que não envolva contraprestação pecuniária do parceiro público ao parceiro privado, continua a ser regulada pela Lei nº 8.987/95.

Como se trata de matéria de licitação e contrato, a fixação de **normas gerais** é de competência privativa da União, de acordo com o art. 22, XXVII, da Constituição. Tendo em vista a determinação constitucional, o art. 1º, parágrafo único, da Lei nº 11.079/2004, com redação conferida pela Lei nº 13.137/2015, enfatiza que a aplicação de suas normas gerais alcança:

- órgãos da Administração Pública direta dos Poderes Executivo e Legislativo;
- fundos especiais;[153]
- autarquias;
- fundações públicas;
- empresas públicas;
- sociedades de economia mista; e
- demais entidades controladas pela
1. União;
2. Estados;
3. Distrito Federal; e
4. Municípios.

---

[152] Conforme enfatiza José Cretella Neto, diante da falta de recursos públicos para realizar custosas operações, o risco de colapso dos sistemas portuário, ferroviário, rodoviário e elétrico é um dimensionador da necessidade de se utilizar um instrumento mais atraente do que as concessões comuns; no caso, a concessão patrocinada (PPP), para suprir "gargalos" de infraestrutura, em nome do desenvolvimento do País. Cf. CRETELLA NETO, José. *Comentários à Lei das Parcerias Público-Privadas*. 2. ed. Rio de Janeiro: GZ, 2010. p. 89.

[153] Segundo José dos Santos Carvalho Filho, o enquadramento dos fundos especiais no rol dos entes "retrata impropriedade técnica, porque fundos não têm personalidade e sempre integram a estrutura de alguma das pessoas governamentais". *Manual de direito administrativo*. Rio de Janeiro: Lumen Juris, 2008. p. 396.

Também há a aplicação subsidiária da Lei nº 14.133/2021 às licitações e aos contratos das parcerias público-privadas que obedecem, em primeiro plano, ao regime específico criado pela lei de PPP.

A Lei nº 11.079 é um exemplo de diploma normativo simultaneamente nacional e federal. Ele é nacional, uma vez que as suas normas gerais sobre licitação e contratação de parceria público-privada são aplicadas a todos os entes federativos: União, Estados, Distrito Federal e Municípios. Entretanto, parcela de seus dispositivos, que vão do art. 14 a 22, são de aplicação restrita à União, porquanto contemplam regras específicas.

Assim, a competência privativa da União para editar normas de caráter geral não afasta a possibilidade de os entes federativos, inclusive a União, como foi feito pela lei, criarem normas específicas para adaptarem as exigências gerais às suas particularidades.

Por isso, existem leis estaduais de PPP. Antes da edição da lei nacional, alguns Estados-membros, como São Paulo, Minas Gerais e Santa Catarina, já tinham as suas leis de parcerias, que são, respectivamente, as Leis nº 11.688, de 19.5.2004, nº 14.869, de 16.12.2003, e nº 12.930, de 4.2.2004. Note-se que a partir da publicação da Lei nº 11.079/2004 a contratação de parcerias público-privadas nos Estados obedece também às normas gerais da lei nacional. A seguir o quadro com as leis estaduais de PPP.

LEIS ESTADUAIS DE PARCERIA PÚBLICO-PRIVADA	
Lei nº 6.474, de 6.7.2003	Pará – PA
Lei nº 14.869, de 16.12.2003	Minas Gerais – MG
Lei nº 2.766, de 18.12.2003	Mato Grosso do Sul – MS
Lei nº 12.930, de 4.2.2004	Santa Catarina – SC
Lei nº 11.688, de 19.5.2004	São Paulo – SP
Lei nº 14.910, de 11.8.2004	Goiás – GO
Lei nº 9.290, de 27.12.2004	Bahia – BA
Lei nº 7.611, de 28.12.2004	Paraíba – PB
Lei nº 8.318, de 30.12.2004	Mato Grosso – MT
Lei nº 453, de 30.12.2004	Roraima – RR
Lei nº 13.557, de 30.12.2004	Ceará – CE
Lei nº 12.234, de 13.1.2005	Rio Grande do Sul – RS
Lei nº 12.765, de 27.1.2005	Pernambuco – PE
Lei nº 4.555, de 6.6.2005	Rio de Janeiro – RJ

LEIS ESTADUAIS DE PARCERIA PÚBLICO-PRIVADA	
Lei nº 14.828, de 14.9.2005	Paraná – PR
Lei nº 5.494, de 19.9.2005	Piauí – PI
Lei Complementar nº 307, de 11.10.2005	Rio Grande do Norte – RN
Lei nº 1.547, de 30.12.2005	Rondônia – RO
Lei nº 3.792, de 2.2.2006	Distrito Federal – DF
Lei nº 8.437, de 26.7.2006	Maranhão – MA
Lei nº 6.299, de 19.12.2007	Sergipe – SE
Lei nº 1.918, de 30.12.2007	Tocantins – TO
Lei nº 6.972, de 7.8.2008	Alagoas – AL

8.8.5.6 Diretrizes norteadoras

As parcerias público-privadas observam, de acordo com o art. 4º da lei, às seguintes **diretrizes**:

- eficiência no cumprimento das missões de Estado e no emprego dos recursos da sociedade;
- respeito aos interesses e direitos dos destinatários dos serviços e dos entes privados incumbidos da sua execução;
- indelegabilidade das funções de regulação, jurisdicional, do exercício do poder de polícia e de outras atividades exclusivas do Estado;
- responsabilidade fiscal na celebração e execução das parcerias;
- transparência dos procedimentos e das decisões;
- repartição objetiva de riscos entre as partes; e
- sustentabilidade financeira e vantagens socioeconômicas dos projetos de parceria.

8.8.5.7 Cláusulas essenciais

Além das cláusulas essenciais previstas no art. 23 da Lei de Concessões, o art. 5º da Lei de PPP prevê outras cláusulas essenciais, que serão expostas no presente item. É cláusula essencial a fixação de **prazo de vigência** do contrato que, no caso da PPP, deve ser feito de forma proporcional com a amortização dos investimentos realizados, sendo estabelecido em período não inferior a cinco anos e não superior a 35, incluindo eventual prorrogação.

Além das penalidades aplicáveis ao parceiro privado, que é o normal de um contrato de concessão, há no contrato de parceria público-privada a necessidade de previsão de **penalidades**

aplicáveis à Administração Pública. Neste ponto, ressalta Maria Sylvia Zanella Di Pietro[154] que é inconcebível impor ao Estado sanção que não seja multa ressarcitória com objetivo de indenizar o contratado pelos prejuízos eventualmente causados pelo poder concedente.

São previsões necessárias do contrato de PPP: o estabelecimento dos fatos que caracterizem a **inadimplência pecuniária do parceiro público**, os modos e o prazo de **regularização** e, quando houver, a forma de **acionamento da garantia**.

Deve constar do contrato de PPP a repartição de riscos entre as partes, inclusive os referentes a caso fortuito, força maior, fato do príncipe e álea econômica extraordinária, bem como as formas de remuneração e de atualização dos valores contratuais. Quanto a este último aspecto, complementa o § 1º do art. 5º que as cláusulas contratuais de atualização automática de valores baseadas em **índices** e **fórmulas** matemáticas, quando houver, serão aplicadas **sem a necessidade de homologação** pela Administração Pública. O poder concedente pode, não obstante, rejeitar a atualização, desde que publique, na Imprensa Oficial, onde houver, até 15 dias após a apresentação da fatura, as razões da rejeição fundamentadas na lei de PPP ou no contrato.

Também é cláusula essencial a previsão de mecanismos para a preservação da **atualidade** da prestação dos serviços. Conforme visto, atualidade designa: "a modernidade das técnicas, do equipamento e das instalações e a sua conservação, bem como a melhoria e expansão do serviço" (art. 6º, § 2º, da Lei nº 8.987/95). Como os contratos de PPP são de médio a longo prazo de duração, há uma grande probabilidade de transformação da tecnologia e das necessidades dos usuários. Para manter a exigência legal de atualidade do serviço é imprescindível que sejam feitas melhorias para o aperfeiçoamento, ampliação e modernização dos equipamentos e das instalações.

Relacionada com este item está a cláusula que prevê a realização de **vistoria dos bens reversíveis**, podendo o parceiro público reter os pagamentos ao parceiro privado, no valor necessário para reparar as irregularidades eventualmente detectadas. O desempenho do parceiro privado deve ser avaliado por critérios objetivos estabelecidos no contrato.

O contrato deve prever as **garantias prestadas pelo parceiro privado**, que devem ser suficientes e compatíveis com os ônus e riscos envolvidos, obedecidos os limites legais, que serão expostos em item específico. Outrossim, é cláusula necessária do contrato de PPP a previsão do **compartilhamento** com a Administração Pública de **ganhos econômicos** efetivos do parceiro privado decorrentes da redução do risco de crédito dos financiamentos utilizados pelo parceiro privado.

8.8.5.8 Contraprestação

Note-se que mesmo em parcerias que envolvam a construção de infraestrutura e posteriormente a prestação de serviços, a contraprestação da Administração Pública será obrigatoriamente precedida da disponibilização do serviço objeto do contrato de parceria público-privada. Tal ressalva foi excepcionada pela Lei nº 12.766/2012, que possibilitou aporte de recursos do parceiro público ao parceiro privado para realização de obras e aquisição de bens reversíveis.

A contraprestação da Administração Pública nos contratos de parceria público-privada é feita pelas **formas**:

- ordem bancária;
- cessão de créditos não tributários;

---

[154] DI PIETRO, Maria Sylvia Zanella. *Direito administrativo*. São Paulo: Atlas, 2010. p. 315.

- outorga de direitos em face da Administração Pública;
- outorga de direitos sobre bens públicos dominicais; ou
- outros meios admitidos em lei.

É possível também, conforme dispõe o § 1º do art. 6º da Lei nº 11.079/2004, que haja a previsão do pagamento ao parceiro privado de remuneração variável vinculada ao seu desempenho, conforme metas e padrões de qualidade e disponibilidade definidos no contrato.

8.8.5.9 Garantias

Diferentemente do que acontece na concessão comum, em que as garantias do contrato são direcionadas ao concessionário, no caso das parcerias público-privadas existem também garantias voltadas à Administração Pública para assegurar as obrigações pecuniárias assumidas.

São garantias facultativas previstas em rol meramente exemplificativo contido no art. 8º da Lei de PPP, voltadas à Administração Pública:

- vinculação de receitas, isto é, em dinheiro, observada a vedação da vinculação de receita de impostos a órgão, fundo ou despesa, conforme dispõe o art. 167, IV, da Constituição;
- instituição ou utilização de fundos especiais previstos em lei;
- contratação de seguro-garantia com companhias seguradoras que não sejam controladas pelo Poder Público;
- garantia prestada por organismos internacionais ou instituições financeiras que não sejam controladas pelo Poder Público;
- garantias prestadas por fundo garantidor ou empresa estatal criada para essa finalidade; e
- outros mecanismos admitidos em lei.

Já o parceiro privado deve prestar, conforme art. 5º, VIII, da Lei de PPP, **garantias de execução** suficientes e compatíveis com os ônus e riscos envolvidos, obedecidos os seguintes **limites**:

- até **10% do valor do contrato**, acrescido do valor dos **bens entregues** em depósito pela Administração, se houver; e
- em **concessões patrocinadas** nas quais os serviços são precedidos da execução de obra, as garantias referentes à obra pública serão **limitadas ao valor da obra**, conforme remissão exigida pela lei ao art. 18, XV, da Lei de Concessões (Lei nº 8.987/95).

Como garantias aos **agentes financiadores** de PPP, os contratos poderão, conforme o § 2º do art. 5º da Lei nº 11.079/2004, prever adicionalmente a transferência do controle ou da administração temporária da SPE, para promover a reestruturação financeira e assegurar a continuidade dos serviços; a possibilidade de emissão de empenho em nome dos financiadores do projeto em relação às obrigações pecuniárias da Administração Pública; e a legitimidade dos financiadores do projeto para receber indenizações por extinção antecipada do contrato, bem como pagamentos efetuados pelos fundos e empresas estatais garantidores de parcerias público-privadas.

8.8.5.10 Sociedade de propósito específico

A sociedade de propósito específico, tradução do inglês *special purpose company*, é incumbida de implantar e gerir o objeto da parceria. Ela deve ser constituída antes da celebração do contrato (art. 9º).

Ela pode assumir a forma de companhia aberta, com valores mobiliários admitidos a negociação no mercado, no entanto, é obrigatório que ela obedeça padrões de governança corporativa e que adote contabilidade e demonstrações financeiras padronizadas, conforme regulamento.

É vedado à Administração Pública ser titular da maioria do capital votante da sociedade de propósito específico, exceto na aquisição da maioria do capital votante por instituição financeira controlada pelo Poder Público em caso de inadimplemento de contrato de financiamento.

8.8.5.11 Licitação

A modalidade de licitação adotada para a contratação de parceria público-privada é a **concorrência**, tendo em vista sobretudo a elevada expressão econômica da contratação, que envolverá valores maiores do que 10 milhões de reais.

Antes da abertura do processo licitatório, a parceria público-privada está condicionada ao preenchimento:

- de **diretrizes financeiras**: estudo técnico que demonstre a conveniência e oportunidade da opção pela PPP e que as despesas criadas não afetarão metas de resultados fiscais previstos na Lei de Responsabilidade Fiscal (LRF); elaboração de estimativa do impacto orçamentário-financeiro nos exercícios em que vigorará a PPP; declaração do ordenador da despesa de que as obrigações contraídas são compatíveis com a Lei de Diretrizes Orçamentárias (LDO) e previstas na Lei Orçamentária Anual (LOA); estimativa de fluxo de recursos públicos suficientes para o cumprimento, durante o contrato e por exercício financeiro, das obrigações contraídas pela Administração Pública; previsão no Plano Plurianual (PPA) em vigor no momento da celebração do contrato;

- de **diretrizes de interlocução popular**: submissão da minuta do edital e do contrato à consulta pública, mediante publicação da qual constem justificativa, identificação do objeto, prazo de duração do contrato, valor estimado, sendo fixado o prazo mínimo de 30 dias para recebimento de sugestões, cujo termo ocorrerá no mínimo sete dias antes da publicação do edital de licitação – não se deve confundir consulta pública com audiência pública, pois enquanto esta é oral e se realiza em sessões predeterminadas, a consulta pública, que é o caso, envolve a análise dos dados da futura licitação e contrato e a fixação de prazo para oferecimento de alegações escritas (art. 31, § 1º, da Lei nº 9.784/99); e

- de **diretrizes ambientais**: sempre que o objeto do contrato exigir, será necessária a observância de licença ambiental prévia ou expedição das diretrizes para o licenciamento ambiental do empreendimento, na forma do regulamento.

Outro aspecto a ser ressaltado é a possibilidade do uso do Procedimento de Manifestação de Interesse (PMI) a ser observado na apresentação de projetos, levantamentos, investigações ou estudos, por pessoa física ou jurídica de direito privado, com a finalidade de subsidiar a administração pública na estruturação de empreendimentos objeto de parceria público-privada, conforme dispõe o Decreto nº 8.428/2015.

Pode acontecer de a assinatura do contrato ocorrer em exercício diverso daquele em que for publicado o edital. Neste caso, determina a lei que haverá a necessidade de atualização dos estudos e demonstrações financeiras, conforme art. 10, § 2º, da lei.

O art. 11, III, da Lei nº 11.079/2004 faculta a previsão no instrumento convocatório do emprego de mecanismos privados de **resolução de disputas**, inclusive a **arbitragem**, a ser realizada no Brasil e em língua portuguesa, nos termos da Lei nº 9.307/96, para dirimir conflitos decorrentes ou relacionados ao contrato.

O julgamento da licitação de parcerias público-privadas pode ser precedido de etapa de qualificação de propostas técnicas, desclassificando-se os licitantes que não alcançarem a pontuação mínima, os quais não participarão das etapas seguintes.

No julgamento da licitação será considerado um dos seguintes critérios dos incisos de I a VII do art. 15 da Lei nº 8.987/95:

- menor valor da tarifa;
- maior oferta pela outorga da concessão (paga ao Poder Público);
- combinação, dois a dois, dos critérios anteriores com o critério da melhor oferta de pagamento pela outorga após qualificação das propostas técnicas;
- melhor proposta técnica com preço fixado no edital;
- melhor proposta da combinação de menor tarifa com melhor técnica;
- melhor proposta em razão da combinação dos critérios de menor valor da tarifa do serviço público a ser prestado com o de melhor técnica;
- melhor proposta em razão da combinação dos critérios de maior oferta pela outorga da concessão com o de melhor técnica; ou
- melhor oferta de pagamento pela outorga após qualificação de propostas técnicas.

São, portanto, tipos de licitações utilizados na concessão de serviços públicos: menor valor da tarifa, maior oferta da outorga, melhor proposta técnica com preço fixado, menor tarifa com melhor técnica, sendo possível, portanto, a combinação de critérios da forma disposta pelo art. 15 da Lei nº 8.987/95.

O art. 12, II, da lei de PPP prevê também a possibilidade de dois critérios específicos além destes previstos na Lei de Concessões, que são:

- **menor contraprestação** paga pela Administração Pública; e
- combinação da menor contraprestação paga pela Administração Pública com melhor técnica, de acordo com pesos estabelecidos no edital.

É facultada também a previsão da inversão de ordem de fases de habilitação e julgamento, para imprimir celeridade ao certame. Nesta hipótese, encerrada a fase de classificação das propostas ou do oferecimento de lances, será aberto o invólucro com os documentos de habilitação do licitante mais bem classificado, para verificação do atendimento das condições fixadas no edital (art. 13, I, da lei).

Ressalte-se que serão admitidas as seguintes formas de apresentação das propostas econômicas:

- **propostas escritas** em envelopes lacrados; ou

- **propostas escritas**, seguidas de **lances em viva voz**, para assegurar ao certame maior competitividade (art. 12, III, da lei). Os lances de viva voz serão sempre oferecidos na *ordem inversa* da classificação das propostas escritas, sendo vedado ao edital limitar a quantidade dos lances. O edital poderá restringir a apresentação de lances em viva voz aos licitantes cuja proposta escrita for no máximo 20% maior que o valor da melhor proposta.

O edital poderá prever a possibilidade de saneamento de falhas, de complementação de insuficiências ou ainda de correções de caráter formal no curso do procedimento, desde que o licitante possa satisfazer as exigências no prazo fixado no instrumento convocatório (art. 12, IV).

8.8.5.12 Normas aplicáveis à União

Conforme exposto, a lei de PPP prevê, do art. 14 ao 22, normas específicas de aplicação somente para a União, parte em que ela deixa de ser nacional e passa a ser um diploma exclusivamente federal. Tais normas tratam basicamente da instituição de órgão gestor e do Fundo Garantidor de Parcerias Público-Privadas (FGP).

O **órgão gestor** de parcerias público-privadas federais terá competência para: definir os serviços prioritários para execução no regime de parceria público-privada; disciplinar os procedimentos para celebração desses contratos; autorizar a abertura da licitação e aprovar seu edital; e apreciar os relatórios de execução dos contratos.

O órgão é instituído por decreto,[155] sendo composto por indicação nominal de um representante titular e respectivo suplente dos seguintes órgãos federais: Ministério do Planejamento, Orçamento e Gestão, Ministério da Fazenda e Casa Civil da Presidência da República. Das reuniões do órgão para examinar projetos de PPPs participará um representante do órgão da Administração Pública direta, cuja área de competência seja pertinente ao objeto do contrato em análise. Por exemplo, em futura PPP envolvendo concessão de rodovia, deve participar representante do Ministério dos Transportes.

Os Ministérios e Agências Reguladoras devem submeter o edital de licitação ao órgão gestor que acompanhará e fiscalizará os contratos de PPP. Eles são obrigados a elaborar semestralmente relatórios circunstanciados acerca da execução dos contratos de parceria público-privada, na forma definida em regulamento.

O **Fundo Garantidor de Parcerias Público-Privadas (FGP)** é patrimônio próprio que tem por finalidade prestar garantia de pagamento de obrigações pecuniárias assumidas pelos parceiros público-privados. Trata-se de um importante meio de garantir ao investidor privado que mesmo diante da alternância de governos em prazos curtos, em comparação com a duração das PPPs, haverá meios de assegurar a continuidade dos contratos.

O FGP é criado, administrado e gerido e representado judicial e extrajudicialmente por instituição financeira controlada direta ou indiretamente pela União. Cabe à instituição financeira deliberar sobre a gestão e alienação dos bens e direitos do FGP, zelando pela manutenção de sua rentabilidade e liquidez.

Podem participar do FGP a União, suas autarquias e fundações públicas. O limite global do fundo é de seis bilhões de reais. Ele terá natureza privada e patrimônio separado do

---

[155] Ou por ato das mesas da Câmara dos Deputados e do Senado Federal, para parcerias público-privadas por eles realizadas, desde que mantida a competência do Ministério da Fazenda, conforme acréscimo do art. 14-A à lei por meio da Lei nº 13.137/2015.

patrimônio dos cotistas, sendo sujeito a direitos e obrigações próprios. As cotas do fundo podem ser integralizadas:

- em dinheiro;
- em títulos da dívida pública;
- em bens imóveis dominicais;
- em bens móveis, inclusive ações de sociedade de economia mista federal excedentes ao necessário para manutenção de seu controle pela União; ou
- outros direitos com valor patrimonial.

Note-se que o aporte de bens de **uso especial** ou de **uso comum** do FGP será condicionado à sua desafetação de forma individualizada, pois, se o bem está afetado, é indisponível, não podendo ser entregue pela Administração Pública para o fundo.

As garantias do FGP serão proporcionais ao valor da participação de cada cotista, sendo prestadas na forma aprovada pela assembleia dos cotistas, nas seguintes modalidades:

- fiança, sem benefício de ordem para o fiador;
- penhor de bens móveis ou de direitos integrantes do patrimônio do FGP, sem transferência da posse da coisa empenhada antes da execução da garantia;
- hipoteca de bens imóveis do patrimônio do FGP;
- alienação fiduciária, permanecendo a posse direta dos bens com o FGP ou com agente fiduciário por ele contratado antes da execução da garantia;
- outros contratos que produzam efeito de garantia, desde que não transfiram a titularidade ou posse direta dos bens ao parceiro privado antes da execução da garantia; e
- garantia, real ou pessoal, vinculada a um patrimônio de afetação constituído em decorrência da separação de bens e direitos pertencentes ao FGP.

A quitação de débito pelo FGP importará sua sub-rogação nos direitos do parceiro privado, pois se o fundo se responsabilizou por débito do parceiro público, poderá cobrar dele sua ausência.

PARCERIA PÚBLICO-PRIVADA – PPP

Lei nº 11.079/2004

Natureza jurídica: contrato de concessão nas modalidades patrocinada e administrativa.

Patrocinada: tarifa cobrada dos usuários + contraprestação pecuniária do Poder Público.
Administrativa: Administração é usuária direta ou indireta.

Vedações – celebrar PPP:

- em valor menor do que *10 milhões de reais*;
- em prazo de prestação menor do que 5 anos (*limites de 5 a 35 anos, incluindo prorrogação*);
- que tenha por *objeto único* o fornecimento de mão de obra, o fornecimento e instalação de equipamento ou a execução de obra pública.

Constituição, antes da celebração do contrato, de **Sociedade de Propósito Específico** incumbida de implantar e gerir a parceria.

Licitação: na modalidade **concorrência** ou **diálogo competitivo.**

Previsão no **Plano Plurianual** (PPA) em vigor no momento da celebração do contrato. Submissão do edital e minuta do contrato à **consulta pública.**

Facultativo: uso de mecanismos privados de resolução de conflitos, inclusive **arbitragem**.

Arts. 14 ao 22 da lei: normas aplicáveis tão somente à União – abrangência federal: Órgão Gestor e Fundo Garantidor de Parcerias Público-Privadas – FGP.

9
Intervenção do Estado nos domínios econômico, social e ambiental

9.1 Intervenção no domínio econômico

A intervenção no domínio econômico é uma das principais atividades do Estado, que deve adotar medidas para garantir o desenvolvimento econômico. Nesta perspectiva, determina o art. 174 da Constituição que: "como agente normativo e regulador da atividade econômica, o Estado exercerá, na forma da lei, as funções de fiscalização, incentivo e planejamento, sendo este determinante para o setor público e indicativo para o setor privado".

Planejamento é uma ferramenta administrativa[1] fundamental para a consecução de objetivos ou metas. Ele envolve um processo em que, antes da ação, são analisados inúmeros fatores condicionantes, como os prazos, os custos, o desempenho, e conjunturais, como, por exemplo, os riscos envolvidos, tendo em vista o cenário econômico (inflação, escassez de certos recursos etc.), para o alcance de determinados resultados.

Trata-se de processo dinâmico e que deve envolver continuidade, pois na execução do planejado frequentemente há alterações do cenário inicial, o que gera a necessidade de revisão e ajustamento das metas e medidas à nova conjuntura para o adequado enfrentamento de ameaças e melhor aproveitamento de oportunidades. Por conseguinte, no processo de planejamento existe a tentativa de solução prévia dos problemas e conflitos, que são estratégica e racionalmente antecipados.

É característica peculiar, por exemplo, ao Direito Administrativo alemão o tratamento do planejamento. Enquanto no Brasil o planejamento era tradicionalmente abordado no Direito Econômico, na Alemanha é assunto central no estudo do Direito Administrativo. Ressalte-se que, mais recentemente, com a disciplina normativa da governança pública, a exemplo da edição do Decreto nº 9.203/2017, a Administração Pública passou a adaptar suas diretrizes de governança à prática da gestão de riscos, sendo, ainda, que a Lei nº 14.133/2021, Lei de Licitações e Contratos Administrativos, prevê o planejamento como princípio no rol contido em seu art. 5º.

---

[1] Para Eros Grau, o planejamento não é uma modalidade de intervenção estatal, mas apenas qualifica a intervenção do Estado, para que seja racionalizada. GRAU, Eros. *A ordem econômica na Constituição de 1988*. São Paulo: Malheiros, 2006. p. 151. Ver também: BERCOVICI, Gilberto. *Constituição econômica e desenvolvimento*: uma leitura a partir da Constituição de 1988. São Paulo: Malheiros, 2005. p. 70.

A Lei de Processo Administrativo alemã,[2] *Verwaltungsverfahrensgesetz* (VwVfG), define em inúmeros artigos um processo genérico de planejamento (*Planfeststellungsverfahren*), que deve ser aplicado sempre que alguma lei setorial a ele faça menção, o que não impede que surjam outras formas de procedimento de planejamento.

A Constituição de 1988 dispõe ser **determinante** o planejamento para o **setor público** e meramente indicativo para o setor privado, uma vez que a opção por uma economia de mercado, que abrange o respeito à livre iniciativa, assegura às organizações particulares liberdade de planejamento das próprias atividades.

O parágrafo único do art. 170 da Constituição também assegura a todos o livre exercício de qualquer atividade econômica, independentemente de autorização de órgãos públicos, salvo nos casos previstos em lei. Note-se que, mesmo com o permissivo legal do final do mencionado artigo, considera o STF em súmula de nº 646, que "ofende o princípio da livre concorrência lei municipal que impede a instalação de estabelecimentos comerciais do mesmo ramo em determinada área".

Como o planejamento se desenvolve tendo em vista a fixação de metas de desenvolvimento econômico, ele estabelece diretrizes que "servem também de orientação para os investimentos do setor privado",[3] sendo este um exemplo no qual o planejamento público acaba sendo indicativo para a iniciativa privada.

Não se deve confundir, contudo, planejamento no domínio econômico com economia planificada. Esta última é adotada em sistemas socialistas, nos quais, como os meios de produção são socializados, existe a tentativa de controle estatal da totalidade das atividades econômicas tendo em vista o atendimento das necessidades da população. Foi o modelo propagado pela Ex-URSS nos países do Leste Europeu no período auge do socialismo.

O liberalismo econômico[4] assenta-se na liberdade de iniciativa e na economia de mercado, também denominada de economia descentralizada, em contraposição à centralização presente na economia planificada, sendo que na economia descentralizada o Estado acaba exercendo sua intervenção por muitos meios indiretos, que garantem liberdade de decisão e de formação dos preços. Por isso, a **exploração direta** de **atividade econômica pelo Estado** é considerada pelo art. 173, *caput*, da Constituição medida utilizada somente quando necessária aos imperativos da segurança nacional ou a relevante interesse coletivo, conforme definidos em lei.

Não obstante, conforme visto, o Estado pode decidir explorar atividade econômica em sentido estrito em regime de competição ou concorrência, hipótese na qual suas estatais não poderão gozar de privilégios não extensivos à iniciativa privada, ou por monopólio, circunstância em que ele assume integralmente o desenvolvimento da atividade, suprimindo a liberdade de iniciativa da atividade monopolizada.

Ressalte-se, contudo, que o planejamento é fundamental para todas as economias, sejam elas de qualquer orientação. Keynes (1883/1946) legou à humanidade a contestação da teoria que propugnava pelo equilíbrio natural do mercado, a partir da percepção de que há necessidade de intervencionismo/dirigismo estatal na economia para conter as flutuações e instabilidades provocadas pela tendência liberal à concentração e ao desequilíbrio, que geram desemprego.

---

[2] Ver NOHARA, Irene Patrícia; MARRARA, Thiago. *Processo administrativo*: Lei nº 9.784/99 comentada. São Paulo: Atlas, 2009. p. 14.

[3] BERCOVICI, Gilberto. *Constituição econômica e desenvolvimento*: uma leitura a partir da Constituição de 1988. São Paulo: Malheiros, 2005. p. 81.

[4] Em sentido amplo.

Segundo expõe Gilberto Bercovici, do ponto de vista público, o planejamento é mais do que uma técnica pretensamente neutra, trata-se de instância comprometida axiologicamente:

- pela ideologia constitucional;[5] e
- pela busca da transformação do *status quo* econômico e social.

Enfatiza Bercovici que "o fundamento da ideia de planejamento é a perseguição de fins que alterem a situação econômica e social vivida naquele momento. É uma atuação do Estado voltada essencialmente para o futuro".[6]

Do ponto de vista constitucional, o título da ordem econômica e financeira adota, além dos mencionados objetivos de ordem mais "liberal", que se voltam para a proteção da propriedade privada e da livre concorrência, acentuado **padrão social** em que é marcante a preocupação, por exemplo, com: a função social da propriedade, a defesa do consumidor, o meio ambiente, a redução das desigualdades regionais e sociais e a busca do pleno emprego.

Todos esses caracteres repercutem sobre o desenho do Direito Administrativo, que exige uma interface mais aprofundada com o Direito Econômico. Assim, são tratados no Direito Administrativo, além dos itens clássicos de serviços públicos, poder de polícia e fomento, também questões relacionadas com a intervenção do Estado no domínio econômico.[7]

São medidas de intervenção do Estado no domínio econômico, por exemplo: a criação de estatais (que serão analisadas no próximo capítulo), a exploração de atividade econômica por monopólio, que é permitida apenas ao Poder Público, o controle de abastecimento, o tabelamento/controle de preços[8] e a repressão ao abuso de poder econômico. Note-se que também as políticas tributárias extrafiscais, assunto estudado no Direito Tributário, têm objetivos que visam estimular determinadas atividades, tendo em vista metas de desenvolvimento econômico.

De acordo com Fabio Bonilha Curi, o fomento enquanto facilitação pode-se dar por subvenção, contribuição financeira ou facilitação de crédito para o ato desejado. Em geral, "a principal moeda de troca utilizada pelo Estado para estimular a prática de um ato dá-se por meio de subvenções fiscais, sendo bastante comum esse modelo nas denominadas leis de incentivo".[9]

O **fomento** é, conforme exposição de Adriana Schier,[10] um instituto que, ao lado do serviço público, compõe o arsenal das atividades administrativas voltadas à garantia de direitos

---

[5] Também no sentido da vinculação ao sentido ideológico do comando político-jurídico da Constituição, com apoio no positivismo crítico de Ferrajoli, destaca-se a tese de João Luiz Martins Esteves: *O comando político-jurídico da Constituição*: ideologia e vinculação hermenêutica. Rio de Janeiro: Lumen Juris, 2016. p. 278.

[6] BERCOVICI, Gilberto. *Constituição econômica e desenvolvimento*: uma leitura a partir da Constituição de 1988. São Paulo: Malheiros, 2005. p. 70.

[7] Note-se que, na realidade, tal divisão é só para fins didáticos, porquanto a intervenção do Estado no domínio econômico é feita por meio de incentivos fiscais (fomento) e também pelo poder de polícia (restringindo a atuação privada que não se coadune com o bem-estar coletivo, que acaba sendo uma forma de intervenção no domínio econômico). Também os serviços públicos são alvo determinante de planejamento estatal, mas eles estão inseridos em um campo diferenciado do mercado, pois para este último vigora a livre iniciativa e o planejamento estatal é apenas indicativo.

[8] Tanto o controle de abastecimento como o tabelamento de preços foram afetados pela Lei de Liberdade Econômica, conforme será exposto adiante.

[9] CURI, Fabio Martins Bonilha. *Sanção Premial no Brasil*: estudos da função promocional do Direito na atividade negocial. São Paulo: Dialética, 2022. p. 94.

[10] SCHIER, Adriana da Costa Ricardo. *Fomento*: Administração Pública, Direitos Fundamentais e Desenvolvimento. Curitiba: Íthala, 2019. p. 106-107.

básicos, ainda que num plano de horizontalização, dado que o particular colabora em ambiente de parceria com o Poder Público, sendo concedidos incentivos para que os agentes privados atuem na concretização do interesse público. Nesta perspectiva, Rafael Valim caracteriza o fomento como instrumento do Estado Social e Democrático de Direito na consecução de suas finalidades, o que significa que se trata de atividade destinada à efetivação dos interesses públicos.[11]

Note-se que, em 2019, houve a criação da Lei nº 13.874, denominada **Lei da Liberdade Econômica**, que institui normas de proteção à livre-iniciativa e ao livre exercício de atividade econômica e disposições sobre a atuação do Estado como agente normativo e regulador. Trata-se de diploma normativo que sofre muitas críticas tendo em vista uma leitura constitucional, mas que trouxe de positivo a previsão de *análise de impacto regulatório*, que também é analisada no item das agências reguladoras.

A Lei de Liberdade Econômica (Lei nº 13.874/2019) institui a declaração de direitos de liberdade econômica e estabelece garantias de livre mercado. De acordo com o § 2º do art. 1º da Lei nº 13.874/2019, interpretam-se em favor da liberdade econômica, da boa-fé e do respeito aos contratos, investimentos e à propriedade todas as normas de ordenação pública sobre atividades econômicas privadas.

São princípios aplicáveis, conforme art. 2º da lei, a liberdade como garantia no exercício de atividades econômicas; a boa-fé do particular perante o Poder Público; a intervenção subsidiária e excepcional do Estado sobre o exercício de atividades econômicas;[12] e o reconhecimento da vulnerabilidade do particular perante o Estado.

Há o direito de desenvolvimento de atividade econômica de baixo risco, para a qual se valha exclusivamente de propriedade privada própria ou de terceiros consensuais, sem a necessidade de quaisquer atos públicos de liberação de atividade econômica. A classificação de baixo risco será feita por ato do Poder Executivo federal, sendo este observado na ausência de legislação estadual, distrital ou municipal específica.

Também houve a liberação para o desenvolvimento de atividade econômica em qualquer horário ou dia da semana, inclusive feriados, sem que para isso esteja sujeita a cobranças ou encargos adicionais, observadas as normas de proteção ao meio ambiente, incluídas as de repressão à poluição sonora e à perturbação do sossego público, as restrições advindas de contrato, de regulamento condominial ou de outro negócio jurídico, bem como as decorrentes de normas de direito real, incluídas a de direito de vizinhança; e a legislação trabalhista.

Presumem-se de boa-fé, os atos praticados no exercício da atividade econômica, para os quais as dúvidas de interpretação do direito civil, empresarial, econômico e urbanístico serão resolvidas de forma a preservar a autonomia privada, exceto se houver expressa disposição legal em contrário.

É direito de toda pessoa, natural ou jurídica, desenvolver, executar, operar ou comercializar novas modalidades de produtos e de serviços quando as normas infralegais se tornarem desatualizadas por força de desenvolvimento tecnológico consolidado internacionalmente, nos termos estabelecidos em regulamento, que disciplinará os requisitos para aferição da situação concreta, os procedimentos, o momento e das condições dos efeitos.

Ademais, foi estabelecido na lei que nas solicitações de atos públicos de liberação de atividade econômica que se sujeitem a lei de liberdade econômica, apresentados todos os elementos

---

[11] VALIM, Rafael. *A subvenção no direito administrativo brasileiro.* São Paulo: Contracorrente, 2015. p. 39.

[12] Aspecto bastante controvertido, conforme visto.

necessários à instrução do processo, o particular será cientificado expressa e imediatamente do prazo máximo estipulado para a análise de seu pedido e de que, transcorrido o prazo fixado, o silêncio da autoridade competente importará aprovação tácita,[13] para todos os efeitos, ressalvadas as hipóteses expressamente vedadas em lei.

Os documentos digitais são considerados equiparados aos físicos para todos os efeitos legais e para a comprovação de qualquer ato de direito público. A lei procura, no inciso XI do art. 3º, afastar a exigência de medida ou prestação compensatória ou mitigatória abusiva, em sede de estudos de impacto ou outras liberações de atividade econômica no direito urbanístico, entendida como aquela que: requeira medida que já era planejada para execução antes da solicitação pelo particular; utilize-se do particular para realizar execuções que compensem impactos que existiriam independentemente do empreendimento ou da atividade econômica solicitada; requeira a execução ou prestação de qualquer tipo para áreas ou situação além daquelas diretamente impactadas pela atividade econômica; ou mostre-se sem razoabilidade ou desproporcional, inclusive utilizada como meio de coação ou intimidação.

O art. 4º da lei procura evitar o abuso do poder regulatório de maneira a, indevidamente, criar reserva de mercado ao favorecer, na regulação, grupo econômico ou profissional, em prejuízo dos demais concorrentes; redigir enunciados que impeçam a entrada de novos competidores; exigir especialização técnica que não seja necessária para atingir o fim desejado; redigir enunciados que impeçam ou retardem a inovação e a adoção de novas tecnologias, processos ou modelos de negócios, ressalvadas as situações consideradas em regulamento como de alto risco; aumentar os custos de transação sem demonstração de benefícios; criar demanda artificial ou compulsória, inclusive de uso de cartórios, registros ou cadastros; introduzir limites à livre formação de sociedades empresariais ou atividades econômicas; restringir o uso e o exercício da publicidade e propaganda sobre um setor econômico, ressalvadas as hipóteses expressamente vedadas em lei federal; e exigir, sob o pretexto de inscrição tributária, requerimentos de outra natureza, de maneira a mitigar os efeitos do desenvolvimento de atividades de baixo risco.

Na aplicação da ordenação pública sobre atividades econômicas privadas, há o dever de dispensar tratamento justo, previsível e isonômico entre os agentes econômicos; proceder à lavratura de autos de infração ou aplicar sanções com base em termos subjetivos ou abstratos somente quando estes forem propriamente regulamentados por meio de critérios claros, objetivos e previsíveis; e observar o critério de dupla visita para lavratura de autos de infração decorrentes do exercício de atividade considerada de baixo ou médio risco.

Ademais, conforme dito, a Lei de Liberdade Econômica previu, no art. 5º, a *análise de impacto regulatório*, para propostas de edição e de alteração de atos normativos de interesse geral de agentes econômicos ou de usuários dos serviços prestados, editadas por órgão ou entidade da administração pública federal, incluídas as autarquias e fundações públicas. A análise de impacto regulatório conterá informações e dados sobre os possíveis efeitos do ato normativo para verificar a razoabilidade do seu impacto econômico. Já havia a previsão do instrumento para as agências reguladoras, conforme a Lei nº 13.848/2019, sendo que a Lei nº 13.874/2019 seguiu essa exigência para órgãos da Administração Direta, incluídas autarquias (no geral) e fundações.

---

[13] Conforme visto em silêncio positivo, nos atos administrativos, a Lei de Liberdade Econômica teve previsão do silêncio com efeitos positivos de forma mais genérica.

> **INTERVENÇÃO NO DOMÍNIO ECONÔMICO**
>
> **Planejamento** (art. 194, CF):
> - determinante para o setor público; e
> - indicativo para o setor privado.
>
> **Súmula Vinculante 49, resultado da Conversão da Súmula 646/STF**: "ofende o princípio da livre concorrência lei municipal que impede a instalação de estabelecimentos comerciais do mesmo ramo em determinada área".
>
> **Lei nº 13.874/2019 (Lei de Liberdade Econômica):** institui a declaração de direitos de liberdade econômica e estabelece garantias de livre mercado.
>
> Exemplos de **MEDIDAS DE INTERVENÇÃO** do Estado:
> - criação de estatais;
> - monopólio;
> - controle de abastecimento, que sofreu mudanças a partir da Lei de Liberdade Econômica;
> - tabelamento de preços, que também foi suprimido pela Lei de Liberdade Econômica;
> - repressão ao abuso de poder econômico.

9.1.1 Monopólio

Trata-se de exclusividade de domínio, exploração ou utilização de determinados bens, serviços ou atividades econômicas, em detrimento de qualquer concorrência.

No monopólio, o Estado exclui a livre iniciativa e a concorrência de determinada atividade em benefício do interesse coletivo. Trata-se, conforme visto, de circunstância em que ele assume integralmente determinado setor do domínio econômico/atividade econômica em sentido estrito.

Como a livre iniciativa e a concorrência são respectivamente fundamento e princípio da ordem econômica, admite-se que haja monopólio apenas de atividades expressamente previstas na Constituição.[14]

São monopólios da União, de acordo com art. 177 da Constituição:

- a pesquisa e a lavra das jazidas de petróleo e gás natural e outros hidrocarbonetos fluidos;
- a refinação de petróleo nacional ou estrangeiro;
- a importação e exportação de produtos e derivados básicos resultantes das atividades previstas nos incisos anteriores;
- o transporte marítimo de petróleo bruto de origem nacional ou de derivados básicos de petróleo produzidos no País, bem assim o transporte, por meio de conduto, de petróleo bruto, seus derivados e gás natural de qualquer origem; e
- a pesquisa, a lavra, o enriquecimento, o reprocessamento, a industrialização e o comércio de minérios e minerais nucleares e seus derivados, com exceção dos radioisótopos, conforme EC 49/2006.

Note-se que a Emenda Constitucional nº 9/95 flexibilizou o regime de monopólio das atividades mencionadas, à exceção dos minérios e minerais nucleares e seus derivados (item 5),

---

[14] MEIRELLES, Hely Lopes. *Direito administrativo brasileiro*. São Paulo: Malheiros, 2009. p. 649.

permitindo com que a União **contrate com empresas estatais ou privadas** a realização das atividades previstas nos números de 1 a 4, observadas as condições estabelecidas em lei.

Ademais, a Emenda Constitucional nº 118/2022 deu nova redação às alíneas *b* e *c* do inciso XXIII do *caput* do art. 21 da Constituição, para autorizar a produção, a comercialização e a utilização de radioisótopos para pesquisa e usos médicos, permitindo a fabricação, pela iniciativa privada, de todos os tipos de radioisótopos de uso médico, com o escopo de universalizar a oferta de procedimentos de medicina nuclear, permitindo a regionalização da produção e comercialização de radioisótopos e radiofármacos, usados na medicina no diagnóstico e no tratamento de doenças como o câncer.

Outro aspecto que sofreu modificação em 2016 foi a votação contra a condição da Petrobras de operadora única da exploração da jazida do pré-sal, conforme critica Gilberto Bercovici,[15] cuja titularidade no departamento de Direito Econômico da USP versou sobre essa temática.[16]

Em 2006, a Petrobras anunciou a descoberta[17] de reservas imensas de petróleo de boa qualidade na Plataforma Continental brasileira no Pré-Sal, sendo este uma grande jazida abaixo do leito do mar, estendendo-se do litoral do Espírito Santo até Santa Catarina. Esta foi a maior descoberta mundial no segmento de petróleo nos últimos 50 anos, o que inseriu o Brasil entre os maiores detentores de reservas, só perdendo para países como Venezuela e Arábia Saudita.

A descoberta do pré-sal promoveu uma revisão do modelo de exploração petrolífera brasileiro, que era disciplinado pela Lei nº 9.478/97, por meio de contrato de concessão. A partir da criação da Lei nº 12.351/2010, houve a adoção do modelo de partilha de produção, em um prazo de vigência limitado a 35 anos.

Deixou-se de lado o regime das concessões[18], sobretudo na exploração *offshore* (localizada no mar, em contraposição à exploração *onshore* – no continente), para adotar a produção partilhada, passando a propriedade do petróleo da União e as produtoras petrolíferas a serem remuneradas pelo Estado por seus investimentos com parte da produção. Para tanto, houve a criação da PPSA (Pré-Sal Petróleo SA), empresa pública voltada a supervisionar a exploração do petróleo do pré-sal e possibilidade de vetar decisões para fins estratégicos.

Ocorre que a Lei nº 13.365, de 29 de novembro de 2016, de autoria do Senador José Serra, tendo sido sancionada por Michel Temer, retirou a Petrobras da qualidade de operadora de todos os consórcios de exploração das jazidas do pré-sal no regime de partilha, o que significa a abertura para exploração de petroleiras internacionais, facultado à Petrobras poder escolher se participa ou não da extração em campos leiloados pela Agência Nacional do Petróleo (ANP).

Assim, o Conselho Nacional de Política Energética (CNPE), considerando o interesse nacional, oferecerá à Petrobras a preferência para operar os blocos que serão contratados sob o regime de partilha de produção, sendo dado à Petrobras então manifestar-se sobre o direito de preferência em cada um dos blocos no prazo de até 30 dias a partir da comunicação do CNPE,

---

[15] BERCOVICI, Gilberto. Não há qualquer razão legal ou econômica para abrir mão do controle da Petrobras. Disponível em: www.conjur.com.br/2015-ago-16/estado-economia-nao-qualquer-razao-abrir-mao-controle-petrobras. Acesso em: 2 set. 2016.

[16] BERCOVICI, Gilberto. *Direito Econômico do Petróleo e dos Recursos Minerais*. São Paulo: Quartier Latin, 2011.

[17] Graças aos recursos da estatal, a partir de tecnologia própria, em parcerias com universidades e centros de pesquisa. Houve a contratação de sondas de perfuração, plataformas de produção, navios e submarinos, cf. Pré-Sal. Disponível em: http://www.petrobras.com.br/pt/nossas-atividades/areas-de-atuacao/exploracao-e-producao-de-petroleo-e-gas/pre-sal/. Acesso em: 27 nov. 2018.

[18] Apesar da adoção do modelo de partilha, ainda assim o Supremo Tribunal Federal não considerou inconstitucional o modelo de concessão, regulado pela Lei nº 9.478/97.

apresentando suas justificativas. A participação mínima da Petrobras nos blocos em que ela participar não poderá ser inferior a 30%.

A situação de monopólio só é admitida como lícita se for prática interventiva estatal, uma vez que esta se orienta, conforme dito, rumo ao alcance de interesses coletivos, proibido o monopólio privado, uma vez que este último prejudica a livre concorrência e, por consequência, os interesses dos consumidores.

> **MONOPÓLIO**
>
> O Estado assume **integralmente** o desenvolvimento da atividade, **suprimindo** a liberdade de iniciativa da atividade monopolizada, tendo em vista interesses coletivos.

9.1.2 Controle de abastecimento

É ato de intervenção no domínio econômico. Estava previsto na Lei Delegada nº 4/1962, que visava atuar no fornecimento de produtos (inclusive matéria-prima), bens ou serviços para regular desequilíbrio no mercado consumidor, tendo sido revogada pela Lei de Liberdade Econômica (Lei nº 13.874/2019).

Empreendia, segundo exposição de Hely Lopes Meirelles,[19] medidas tomadas pela União e fazia parte da política econômica que poderia incidir sobre determinado setor, abrangendo produtos em falta ou em excesso no mercado interno ou internacional. Assegurava, portanto, distribuição mais equânime de produtos, serviços e bens essenciais ao consumo a preços compatíveis.

Tratava-se de mecanismo de intervenção utilizado com maior frequência nos períodos de hiperinflação ou quando havia a Sunab (Superintendência Nacional de Abastecimento), autarquia federal definitivamente extinta em 1997 e cujas atribuições foram transferidas para o Ministério da Fazenda, conforme se extrai inclusive do teor da seguinte ementa:

> ADMINISTRATIVO. RECURSO ESPECIAL. SUNAB. CONTROLE DE PREÇOS. 1. "A Superintendência Nacional do Abastecimento podia estabelecer normas para assegurar o controle de preços, sendo válida aquela que obrigava os comerciantes a discriminarem as mercadorias na nota fiscal de venda ao consumidor." (EREsp 73.563/RJ, Rel. Min. Ari Pargendler, *DJU* de 08.05.00). 2. Recurso especial provido (STJ, REsp 836919/RN, Rel. Min. Castro Meira, *DJ* 8.11.2006. p. 179).

Destaca-se no controle de abastecimento a atuação da Conab (Companhia Nacional do Abastecimento), empresa pública vinculada ao Ministério da Agricultura, Pecuária e Abastecimento, que tem por função gerir políticas agrícolas e de abastecimento, visando assegurar o atendimento das necessidades básicas da sociedade, com a preservação e o estímulo de mecanismos do mercado, sendo seus objetivos, entre outros, planejar, normatizar e executar a política de garantia de preços mínimos do governo federal e também implementar a execução de instrumentos de sustentação de preços agropecuários.

A Lei Delegada nº 4/1962 dotava o governo de instrumentos fundamentais, com inspiração norte-americana, os quais poderiam ser utilizados principalmente nos momentos de crise, a exemplo da pandemia e de seus impactos. No entanto, o Brasil ficou sem a possibilidade de

---

[19] MEIRELLES, Hely Lopes. *Direito administrativo brasileiro*. São Paulo: Malheiros, 2009. p. 652.

empregar esses mecanismos conforme revogação feita pelo art. 19, I, da Lei nº 13.874, de 20 de setembro de 2019 (Lei de Liberdade Econômica).

9.1.3 Tabelamento de preços

É medida oficial tomada no sentido de estabilizar os preços do comércio para que não exorbitem de valor fixado, abrangendo, portanto, a determinação do preço privado e sua disciplina de controle pelo Estado. Preço, neste contexto, significa "a retribuição pecuniária do valor do bem, do serviço ou da atividade que se compra ou que se utiliza mediante remuneração".[20]

Preços privados são próprios da livre empresa, ou seja, formam-se geralmente no mercado, pela lei da oferta e da procura/demanda, sem participação do Poder Público. Em um cenário de estabilidade econômica é mais raro ocorrer tabelamento de preços. A intervenção estatal nesta seara deve ser limitada, principalmente pela proporcionalidade da medida restritiva, sob pena de responsabilização do Poder Público, se ficar comprovado que a atuação excessiva causou um dano ao particular.

Caracteriza-se, portanto, o tabelamento de preços como manifestação de intervenção do Estado no domínio econômico que não recai, portanto, nem sobre os chamados preços públicos ou tarifas, sendo estes últimos fixados pela Administração para bens ou serviços próprios ou delegados, nem sobre preços semiprivados, nos quais a Administração interfere na formação, que resulta da conjugação entre interesses públicos e privados.

Trata-se de função privativa da União, podendo ser atribuída por lei federal tanto a órgãos centralizados como a descentralizados. O tratamento legal do tabelamento de preços encontrava-se, assim como no caso do controle de abastecimento, na Lei Delegada nº 4/62, regulamentada pelo Decreto nº 51.644-A/62, tendo sido revogado pela Lei de Liberdade Econômica. Expõe Hely Lopes Meirelles[21] que, ao lado do tabelamento de preços, existe um controle exercido pela União.

No setor sucroalcooleiro, há decisões do STF que reconhecem direito à indenização, às usinas, de prejuízos por fixação de preços abaixo dos custos, conforme se verifica do RE 632.644/DF, Rel. Min. Luiz Fux, que reconheceu responsabilidade objetiva do Estado na fixação de preços abaixo dos custos.

O Superior Tribunal de Justiça, por sua vez, possui julgamentos, a exemplo do REsp 1.347.136-DF, Rel. Min. Assusete Magalhães, que reconhecem que a União deve ressarcir prejuízos decorrentes da fixação de preços para o setor sucroalcooleiro, desde que ocorra a comprovação dos prejuízos, na fixação dos custos em desacordo com os critérios da Lei nº 4.870/65. Entendeu-se haver necessidade de comprovar a existência do dano efetivo causado pelo tabelamento.

Note-se que, apesar da revogação do tabelamento pela Lei de Liberdade Econômica no Brasil, países desenvolvidos continuam a praticar o tabelamento. A França, por exemplo, na pandemia da Covid-19 tabelou o preço e investigou a cobrança abusiva de álcool em gel, que teve uma alta de 700%, levando um frasco de 100 ml a custar 25 euros, o que prejudicava a distribuição do produto.

---

[20] MEIRELLES, Hely Lopes. *Direito administrativo brasileiro*. São Paulo: Malheiros, 2009. p. 652.
[21] MEIRELLES, Hely Lopes. *Direito administrativo brasileiro*. São Paulo: Malheiros, 2009. p. 653.

9.1.4 Repressão ao abuso do poder econômico

Abuso do poder econômico ocorre quando uma empresa, que se encontra em posição de superioridade econômica, se utiliza ilegitimamente ou de forma irrazoável do poder que possui, prejudicando ou inibindo o funcionamento do mercado. Trata-se de noção que também se relaciona com o aumento arbitrário dos lucros de empresa que detém substancial parcela do mercado.

São ditames constitucionais relacionados com o objetivo geral de coibir o abuso do poder econômico:

- a livre-iniciativa (art. 170, *caput*);
- a função social da propriedade (art. 170, III);
- a livre concorrência (art. 170, IV); e
- a defesa dos consumidores (art. 170, V).

Um mercado no qual não haja mecanismos de promoção da livre concorrência prejudica os consumidores finais, pois as boas circunstâncias concorrenciais proporcionam, em regra, o aumento da variedade e da qualidade dos produtos, bem como a diminuição geral dos preços.

Trata-se de expediente menos "invasivo" do que o tabelamento de preços, inviabilizado pela Lei de Liberdade Econômica, que era utilizado com maior intensidade em situações de grave instabilidade econômica, mas que também acaba por produzir efeitos benéficos aos consumidores.

Para cumprir as finalidades do art. 173, § 4º, da Constituição, que estabelece que a lei reprimirá o abuso do poder econômico que vise à dominação dos mercados, à eliminação da concorrência e ao aumento arbitrário dos lucros, foi editada a Lei nº 12.529/2011[22] (que revogou a Lei nº 8.884/94), que dispõe sobre a prevenção e a repressão às infrações à ordem econômica.

A Lei nº 12.529/2011 é a **Lei Antitruste brasileira**. Note-se que não é apenas o truste que é considerado prática abusiva, sendo reprimíveis, portanto, por exemplo:

- **truste**: baseia-se na pressão de empresas maiores sobre menores, no comando da política de preços;
- **cartel**: empresas de um mesmo setor se organizam para controlar a política de preços; e
- *dumping*: empresa, geralmente multinacional, vende mercadorias por preços inferiores aos praticados no mercado nacional, muitas vezes abaixo do custo de produção, objetivando eliminar um mercado específico para depois dominá-lo e praticar preços abusivos.

O art. 31 da Lei nº 12.529/2011 determina que ela se aplica às pessoas físicas ou jurídicas de direito público ou privado, bem como a quaisquer associações de entidades ou pessoas, constituídas de fato ou de direito, ainda que temporariamente, com ou sem personalidade jurídica, mesmo que exerçam atividade sob regime de monopólio legal.

A infração econômica atinge a empresa, implicando também a responsabilidade individual de seus dirigentes ou administradores, solidariamente. Há a previsão no art. 34 da lei da

---

[22] Sancionada em 30 de novembro de 2011, mas com *vacatio legis* de 180 dias, isto é, para começar a vigorar a partir de maio de 2012.

desconsideração da personalidade jurídica (*disregard of legal entity*), quando houver abuso de direito, excesso de poder, infração da lei, fato ou ato ilícito ou violação dos estatutos ou contrato social, além de falência, estado de insolvência, encerramento ou inatividade da pessoa jurídica, desde que provocados por má administração.[23]

Constituem infrações à ordem econômica que, de acordo com o art. 36 da Lei nº 12.529/2011, são caracterizadas independentemente de culpa, os atos sob qualquer forma manifestados, que tenham por objeto ou possam produzir os seguintes efeitos, ainda que não sejam alcançados:

- limitar, falsear ou de qualquer forma prejudicar a livre concorrência ou a livre-iniciativa;
- dominar mercado relevante de bens ou serviços, exceto no caso de conquista resultante de processo natural fundado na maior eficiência de agente econômico em relação a seus competidores (hipótese lícita);
- aumentar arbitrariamente os lucros; e
- exercer de forma abusiva posição dominante.

Ocorre posição dominante quando uma empresa ou grupo de empresas controla parcela substancial de mercado relevante, como fornecedor, intermediário, adquirente ou financiador do produto, serviço ou tecnologia a ele relativa, sendo presumida a posição dominante da empresa ou do grupo de empresas que controla 20% do mercado relevante, podendo este percentual ser alterado pelo Cade para setores específicos da economia.

São exemplos de condutas que ferem a ordem econômica: acordar, combinar, manipular ou ajustar com concorrente, sob qualquer forma: (a) os preços de bens ou serviços ofertados individualmente; (b) a produção ou a comercialização de uma quantidade restrita ou limitada de bens ou a prestação de um número, volume ou frequência restrita ou limitada de serviços; (c) a divisão de partes ou segmentos de um mercado atual ou potencial de bens ou serviços, mediante, dentre outros, a distribuição de clientes, fornecedores, regiões ou períodos; (d) preços, condições, vantagens ou abstenção em licitações públicas; promover, obter ou influenciar a adoção de conduta comercial uniforme ou concertada entre concorrentes; limitar ou impedir o acesso de novas empresas ao mercado; criar dificuldade à constituição, ao funcionamento ou a desenvolvimento de empresa concorrente ou de fornecedor, adquirente ou financiador de bens ou serviços; impedir o acesso de concorrente às fontes de insumo, matérias-primas, equipamentos ou tecnologia, bem como aos canais de distribuição; exigir ou conceder exclusividade para divulgação de publicidade nos meios de comunicação de massa; utilizar meios enganosos para provocar a oscilação de preços de terceiros etc.

Também são infrações previstas nos incisos do § 3º, do art. 36, da Lei nº 12.529/2011, recusar a venda de bens ou a prestação de serviços, nas condições de pagamento normais aos usos e costumes comerciais (XI); vender mercadoria e prestar serviços injustificadamente abaixo do preço de custo (XV); e subordinar a venda de um bem à aquisição de outro ou à utilização de um serviço, ou subordinar a prestação de um serviço à utilização de outro ou à aquisição de um bem.

O Conselho Administrativo de Defesa Econômica (Cade) é autarquia federal, com sede e foro no Distrito Federal, que tem por atribuição promover a concorrência no mercado brasileiro e zelar pela aplicação dos princípios constitucionais da ordem econômica e da Lei nº 12.529/2011.

---

[23] Nesse caso, tem-se a adoção da teoria maior da desconsideração da personalidade jurídica. VILELA, Danilo Vieira. *Direito Econômico*. Salvador: JusPodivm, 2016. p. 300.

Ele orienta, fiscaliza e estuda o abuso do poder econômico, tutelando sua apuração e repressão. Se o Cade apurar resultados lesivos à concorrência, deve aplicar multas ou até obrigar empresas a desfazerem operações. A atuação da autarquia não afasta a apreciação jurisdicional se houver lesão ou ameaça a direito (art. 5º, XXXV, Constituição). Portanto, apesar de o art. 4º da Lei nº 12.529/2011 mencionar que o Cade é órgão judicante, ele não exerce função jurisdicional, mas função administrativa.

> **ABUSO DO PODER ECONÔMICO**
>
> **Art. 173, § 4º, CF**: a lei reprimirá o abuso do poder econômico que vise à dominação dos mercados, à eliminação da concorrência e ao aumento arbitrário dos lucros.
>
> **Lei nº 12.529/2011**: prevenção e a repressão às infrações à ordem econômica.
>
> **Art. 36 da lei**: infrações à ordem econômica.
>
> **Cade**: é autarquia federal.

9.2 Intervenção/atuação no domínio social

Conforme mencionado, o tratamento da ordem econômica possui efeitos na ordem social, logo, é controvertida a pretensão de dissociar econômico de social, até porque uma política econômica que promova desenvolvimento deve se voltar à modificação do padrão de vida das pessoas, e o estímulo à livre concorrência e à liberdade de iniciativa devem ser articulados com os objetivos constitucionais de defesa do consumidor, função social da propriedade e redução das desigualdades, na busca do pleno emprego, sendo essas metas de índole social.

No entanto, como a Constituição acabou disciplinando os assuntos em títulos diversos, o título sétimo, que trata da ordem econômica e financeira, e o oitavo, que contempla regras e princípios aplicáveis à ordem social, daí houve o presente item de tratamento da intervenção/atuação no domínio social, paralelamente à intervenção no domínio econômico.

O art. 1º, *caput*, da Constituição de 1988 estabelece que a República Federativa do Brasil se constitui em Estado Democrático de Direito. Este incorporou também[24] em seus objetivos os direitos de segunda dimensão ou geração, que são os direitos sociais, de caráter prestacional,[25] exigindo do Estado um planejamento de políticas públicas orientado aos objetivos presentes no art. 3º da Constituição, que são: (1) construir uma sociedade livre, justa e solidária; (2) garantir o desenvolvimento nacional; (3) erradicar a pobreza e a marginalização e reduzir as desigualdades sociais e regionais; e (4) promover o bem de todos, sem preconceitos de origem, raça, sexo, cor, idade e quaisquer outras formas de discriminação.

A incorporação de direitos sociais no bojo das Constituições foi inaugurada com a Constituição mexicana de 1917, conforme já exposto, mas a universalização deu-se com a Constituição de Weimar, de 1919. No Brasil, a primeira Constituição a incorporar direitos sociais no seu bojo foi a Constituição de 1934, que teve inspiração, nesse ponto, na Constituição de

---

[24] Por esse motivo se fala também em Estado social e democrático de Direito.

[25] Direito prestacional abarca, por exemplo, a realidade dos direitos sociais fundamentais como o direito à moradia e à educação, voltado não apenas aos direitos sociais como também aos direitos de prestação materiais do Estado, cf. ALEXY, Robert. *Teoria de los Derechos Fundamentales*. Madrid: Centro de Estudios Constitucionales, 1997. p. 482. Também Alexy não ignora que o direito à saúde, por exemplo, pode tanto demandar uma atuação por políticas públicas, como, por inação, evitar com que um dano ambiental ameace à saúde das pessoas. Logo, o caráter prestacional dos direitos sociais é categoria relativa ao contexto analisado.

Weimar, e daí para frente os direitos sociais foram considerados pelas Constituições brasileiras subsequentes.

Os direitos sociais, na Constituição de 1988, estão disciplinados no segundo capítulo do título I: dos princípios fundamentais. De acordo com o rol expresso do art. 6º, são direitos sociais: a educação, a saúde, a alimentação, o trabalho, a moradia, o transporte, o lazer, a segurança, a previdência social, a proteção à maternidade e à infância e a assistência aos desamparados.

A ordem social tem como base, de acordo com o art. 193 da Constituição, o primado do trabalho, e como objetivo o bem-estar e a justiça sociais. Para garantir tais direitos o Estado possui não só um papel de intervenção no mercado, mas também de atuação em esfera própria, como nos serviços públicos, para que as suas ações alcancem os benefícios coletivos desejados, o que depende do planejamento estratégico das chamadas políticas públicas.

9.2.1 Políticas públicas e vinculação aos objetivos constitucionais

É diferenciado o tratamento constitucional acerca do grau de realização exigível, do ponto de vista jurídico, de cada direito social. No entanto, não se deve deixar de lado a noção (óbvia) de que os direitos sociais são dignos de tutela, conforme o Estado foi adquirindo papéis positivos e prestacionais.

Ingo W. Sarlet critica a dicotomia entre direitos individuais e sociais, ou mesmo a divisão de dimensões de direitos em que alguns teriam cunho negativo e outros positivo, reconhecendo uma dimensão individual e coletiva[26] inerente a todos os direitos fundamentais, de titularidade individual e transindividual.[27] Por exemplo, há o direito à saúde da perspectiva individual e a elaboração de políticas públicas sociais para assegurar coletivamente a saúde pública.

As políticas públicas são instrumentos de realização, sobretudo de direitos sociais. Compreendem ações, metas e planos que o Estado realiza para alcançar os seus objetivos, como a promoção do desenvolvimento nacional e o atendimento das necessidades públicas, com redução das desigualdades.

Note-se que houve avanço no sentido da obrigação jurídica no tocante à realização de políticas públicas e de sua consequente avaliação a partir da positivação do § 16 do art. 37 da Constituição, por meio da Emenda Constitucional nº 109/2021, que estabelece que os órgãos e entidades da Administração Pública, individual ou conjuntamente, devem realizar **avaliação das políticas públicas**, inclusive com divulgação do objeto a ser avaliado e dos resultados alcançados, na forma da lei.

Segundo expõe Maria Paula Dallari Bucci, "políticas públicas são programas de ação governamental visando a coordenar os meios à disposição do Estado e as atividades privadas, para realização de objetivos socialmente relevantes e politicamente determinados".[28] Nessa perspec-

---

[26] Também Carolina Zancaner enfatiza que: "todos os direitos sociais têm um núcleo mínimo essencial atrelado à dignidade da pessoa humana, que deve ser assegurado pelo Estado, na medida em que se trata de dever constitucional", na completa obra: ZANCANER, Carolina. *Da intervenção do Estado no domínio social*. São Paulo: Malheiros, 2009. p. 60.

[27] SARLET, Ingo Wolfgang. A titularidade simultaneamente individual e transindividual dos direitos sociais analisada à luz do exemplo do direito à proteção e promoção da saúde. In: NOBRE, Milton Augusto de Brito; SILVA, Ricardo Augusto Dias (Coord.). *O CNJ e os desafios da efetivação do direito à saúde*. Belo Horizonte: Fórum, 2011. p. 128.

[28] BUCCI, Maria Paula Dallari. *Direito administrativo e políticas públicas*. São Paulo: Saraiva, 2002. p. 241.

tiva, enfatiza Celso Antônio Bandeira de Mello que "política pública é um conjunto de atos unificados por um fio condutor que os une ao objetivo comum de empreender ou prosseguir um dado projeto governamental para o país".[29]

Existe também uma abordagem frequente das políticas públicas, conforme etapas envolvidas na sua formulação e implementação, sendo este esquema geralmente referido como ciclo das políticas públicas.[30] Trata-se de uma explicação para desdobrar as várias fases ou etapas, sendo divididas em:

1. **identificação de problemas**, com o reconhecimento das questões e dos desafios a serem enfrentados;
2. **formulação da política**, com o desenvolvimento de alternativas para resolver ou solucionar os problemas, como as análises de viabilidade;
3. **decisão**: em que se opta por uma alternativa, o que é feito geralmente por processos legislativos ou mesmo por atos normativos regulatórios;
4. **implementação**: em que as políticas selecionadas e aprovadas são aplicadas, transformando-se em ações práticas;
5. **avaliação**: em que há o monitoramento e a análise de resultados da política, momento em que se verifica sua eficiência, eficácia e efetividade; e
6. **reformulação ou encerramento**, a depender da avaliação, em que há ajustes ou mesmo o fim da política pública, caso ela atinja seus principais resultados e demande a formulação de outras soluções para novos problemas.

Este esquema geral, apesar de ser muito utilizado, enfrenta também diversas críticas dada a simplificação do processo. Assim, geralmente se critica a linearidade excessiva do modelo supostamente sequencial, como se houvesse uma série ordenada e previsível do tipo: problema → formulação → decisão → implementação → avaliação, sendo que, na prática, o processo de políticas públicas é frequentemente caótico e as etapas podem se sobrepor, ocorrer simultaneamente ou mesmo retroceder, dependendo das circunstâncias políticas, econômicas e sociais, o que demanda, como o senso comum costuma dizer, "trocar o pneu com o carro em movimento", isto é, fazer ajustes com as propostas anteriores falhando e com o esquema já em pleno uso. Assim, existem críticas em relação à perspectiva incrementalista da análise das políticas públicas.

Também se trata de modelo que subestima a complexidade das interações entre distintos atores, ou *stakeholders*, como grupos de interesse, financiadores, organizações da sociedade civil, público no geral, mídia, governos, os quais contempla diversas prioridades, agendas, e inclusive interesses em conflito e embate. Assim, enquanto se pensa em aprovar um projeto de lei ou uma resolução para enfrentar determinado problema ou necessidade pública, grupos de interesse vão capturando o debate para que a regulação contemple seus interesses econômicos, havendo uma alteração no curso das discussões tendo em vista a influência de determinados grupos.

Também não se considera o contexto institucional e a influência das culturas organizacionais, sendo que esses fatores contextuais acabam moldando o comportamento dos atores sociais, o que impacta no resultado das políticas. Esse fator demonstra que o que é adotado em um contexto cultural tem resultados distintos em função das características culturais e da resposta diversa das instituições.

---

[29] BANDEIRA DE MELLO, Celso Antônio. *Curso de direito administrativo*. 31. ed. São Paulo: Malheiros, 2014. p. 832.

[30] DYE, Thomas R. *Understanding Public Policy*. 14th ed. New York: Pearson, 2012.

Em vez de respostas racionais e previsíveis, há contextos em que, primeiro, nem sempre há informações claras e objetivas aptas a fornecer uma formulação de problema clara, depois, há a necessidade de ajuste das estratégias no caminho, com base em novas evidências, dada plasticidade do estado da arte de diversos assuntos.

Assim, a racionalidade técnica nem sempre é jogar um papel mais forte em face de disputas políticas e de poder que influenciam os processos decisórios, sendo que as políticas públicas nem sempre são produto de análises racionais, dado que demandam muitas concessões, em negociações, tendo em vista o choque entre conflitos de interesses. Assim, por exemplo, o enfrentamento das mudanças climáticas não é só questão racional, técnica, mas demanda o enfrentamento de interesses e concessões.

Logo, o ciclo é uma simplificação, sendo ainda uma ferramenta relevante para problematizar e desenhar soluções, mas devem ser acrescentadas abordagens mais complexas, que considerem as redes, os sistemas adaptativos e a governança colaborativa, sendo a realidade muito mais conflitiva e interativa do que se supõe.[31]

José Joaquim Gomes Canotilho entende que existem imposições constitucionais que conformam as opções políticas. Na obra *Constituição dirigente e vinculação do legislador*,[32] o jurista português defende a vinculação jurídica do legislador aos fins e tarefas políticos previstos no texto constitucional. Expõe que a Constituição dirigente intenta racionalizar a política, incorporando uma dimensão materialmente legitimadora.

Peter Lerche,[33] por sua vez, enfatiza que o domínio da Constituição dirigente se relaciona com a problemática da discricionariedade material do legislador. Contudo, para Lerche, a noção de Constituição dirigente é mais restrita do que para Canotilho. Enquanto este último entende que a Constituição como um todo é dirigente, Lerche considera apenas uma parte da Constituição dirigente, qual seja, aquela que veicula diretrizes permanentes.

Tal discussão remete ao questionamento do caráter vinculativo das normas constitucionais. A Constituição Federal, para parcela da doutrina, possui normas[34] de variados graus de aplicabilidade.[35]

---

[31] SABATIER, Paul A.; MAZMANIAN, Daniel A. *The Implementation of Public Policy: A Framework of Analysis*. Policy Studies Journal, v. 8, n. 4, p. 538-560, 1980. KINGDON, John W. *Agendas, Alternatives, and Public Policies*. 2nd ed. New York: HarperCollins, 1995.

[32] CANOTILHO, José Joaquim Gomes. *Constituição dirigente e vinculação do legislador*: contributo para a compreensão das normas constitucionais programáticas. Coimbra: Coimbra Editora, 1994. Notam-se em obras mais recentes algumas mudanças na concepção inicial do autor.

[33] LERCHE, Peter. *Übermass und Verfassungsrecht*. 2. ed. Goldbach: Keip, 1999. p. 61-61. CANOTILHO, J. J. Gomes. *Constituição dirigente e vinculação do legislador*: contributo para a compreensão das normas constitucionais programáticas. Coimbra: Coimbra Editora, 1994. p. 223.

[34] Aqui se utiliza o vocábulo normas em seu sentido genérico, isto é, em alusão ao texto normativo.

[35] Maria Helena Diniz oferece classificação bastante semelhante à de José Afonso da Silva, porém com nomenclatura peculiar. Ela divide as normas constitucionais quanto à eficácia em quatro categorias: (1) *normas de eficácia absoluta*, que abrangem aquelas que não podem sofrer emendas, isto é, as chamadas "cláusulas pétreas"; (2) *as de eficácia plena*, que correspondem às mesmas de José Afonso da Silva; (3) *as de eficácia relativa restringível*, que correspondem às de eficácia contida; e (4) *as de eficácia relativa dependente de complementação*, semelhantes às de eficácia limitada (DINIZ, Maria Helena. *Norma constitucional e seus efeitos*. 2. ed. São Paulo: Saraiva, 2002. p. 100).

Assim, nos tribunais brasileiros, é corrente o uso das categorias de José Afonso da Silva,[36] no reconhecimento do grau de aplicabilidade das normas constitucionais, desdobradas em:

- normas de aplicabilidade imediata e **eficácia plena**, que não admitem restrições;
- normas de **eficácia contida**, que têm aplicabilidade imediata, mas admitem restrição pelo legislador, como a liberdade de exercício de trabalho, ofício ou profissão, atendidas as qualificações que a lei estabelecer, prevista no art. 5º, XIII, da Constituição; e
- normas de **eficácia limitada**, que são desdobradas em programáticas e de princípio institutivo.

Para José Afonso da Silva,[37] a Constituição dirigente define fins e programas de ação futura no sentido de uma orientação social democrática, e as normas constitucionais programáticas, apesar de dotadas de elevado grau de imprecisão, foram introduzidas como resultado do conflito de interesses, importando numa tentativa de superação da democracia formal. Acrescenta, ainda, que elas tendem a instaurar um regime de democracia substancial ao determinarem fins sociais, mediante atuação de programas de intervenção na ordem econômica e social e com vistas à realização da justiça social e do bem comum.

As normas programáticas são definidas pelo autor como:

> as normas constitucionais através das quais o constituinte, em vez de regular, direta e imediatamente, determinados interesses, limitou-se a traçar-lhes os princípios a serem cumpridos por seus órgãos (legislativos, executivos, jurisdicionais e administrativos) como programas das respectivas atividades, visando à realização dos fins sociais do Estado.[38]

Segundo defende José Afonso da Silva, as normas programáticas não são meras normas de intenção, mas são imperativas e prescrevem à legislação ordinária a via a seguir. As normas de princípio programático estabelecem um programa constitucional a ser desenvolvido por legislação integrativa da vontade constitucional, mas cuja eficácia é limitada, pois só incidem totalmente sobre os interesses que regulam após a normatividade ulterior que lhes desenvolva a aplicabilidade, que é indireta, mediata e restringível.

Apesar dessas limitações, as normas programáticas estabelecem deveres ao legislador ordinário, condicionam o conteúdo da legislação futura, com a consequência de serem inconstitucionais os atos que as ferirem. Também alega José Afonso da Silva que elas informam a concepção de Estado e de sociedade que inspiram a ordenação política, mediante a atribuição de fins sociais e dão sentido teleológico à interpretação.

---

[36] SILVA, José Afonso da. *Aplicabilidade das normas constitucionais*. 3 ed. São Paulo: Malheiros, 1998. p. 135. Curiosamente, um dos principais refutadores dos limites da obra de José Afonso da Silva é seu filho Luis Virgílio Afonso da Silva, aprofundado pesquisador e professor do Departamento de Direito do Estado da USP, que defende a superação da classificação do seu pai, entre outros, pelos seguintes motivos: visão da eficácia plena como irrestringível, o que é questionável pelo conteúdo relativo dos direitos fundamentais, e a pressuposta autossuficiência das normas de eficácia plena e de eficácia contida. Cf. SILVA, Virgílio Afonso da. *Direitos fundamentais*: conteúdo essencial, restrições e eficácia. 2. ed. São Paulo: Malheiros, 2010. p. 210.

[37] SILVA, José Afonso da. *Aplicabilidade das normas constitucionais*. 3 ed. São Paulo: Malheiros, 1998. p. 137.

[38] SILVA, José Afonso da. *Aplicabilidade das normas constitucionais*. 3 ed. São Paulo: Malheiros, 1998. p. 138.

Nesse enfoque, ocorre a restrição da discricionariedade do legislador à medida que inúmeras finalidades e orientações políticas já estão prefixadas.[39] Logo, não há tanta liberdade para que ele escolha fins políticos que se distanciem das orientações veiculadas pela Constituição dirigente. É paradigmática desse posicionamento a seguinte decisão do Supremo Tribunal Federal, datada de 1951 e ementada da seguinte forma:

> As medidas políticas são discricionárias apenas no sentido de que pertencem a discrição do Congresso ou do Governo os aspectos de sua conveniência ou oportunidade, a apreciação das circunstâncias que possam autorizá-las, mas a discrição legislativa não pode exercitar-se fora dos limites constitucionais e legais.[40]

Nesta perspectiva, enfatiza Luiz Eduardo de Almeida:

> Os direitos fundamentais sociais não estão inseridos em esfera de discricionariedade absoluta e incontrolável do Legislativo e do Executivo e não constituem meras "promessas" ou simples "dever moral" do legislador e do administrador. Integram um complexo formado por direitos (dos cidadãos) e por deveres (dos entes estatais) juridicamente relevantes e vinculantes, porém intimamente relacionados a decisões políticas sobre os meios que serão utilizados em sua implementação.[41]

Nos casos em que o Legislativo escolhe finalidades dissonantes daquelas especificadas na Constituição há, portanto, possibilidade de controle de constitucionalidade. No entanto, a questão mais árida, do ponto de vista do controle jurisdicional, encontra-se na situação de omissão.

A realização dos programas políticos[42] contidos na Constituição depende da atuação dos poderes de governo, mormente dos Poderes Executivo e do Legislativo. Se esses Poderes forem inertes, não darão plena eficácia às normas que sinalizam a implementação futura de certos direitos, especialmente os de segunda geração, que dependem de uma retaguarda institucional e orçamentária necessárias para a concretização.

Um exemplo de norma constitucional que diversas decisões jurisprudenciais[43] reconheciam como limitada é o art. 203, V, da Constituição, que prevê a "garantia de um salário-mínimo de benefício mensal à pessoa portadora de deficiência e ao idoso que comprovem não possuir meios de prover à própria manutenção ou de tê-la provida por sua família, conforma dispuser a lei".

O benefício de prestação continuada do art. 203, V, da Constituição faz parte de política de assistência social, prestada a quem dela necessitar, independentemente de contribuição social, e tem por escopo proteger grupos sociais fragilizados que não tenham condições de prover o próprio sustento, ou tê-lo provido pela família, em sintonia com o fundamento da dignidade da pessoa humana e com os objetivos constitucionais de erradicação da pobreza.

---

[39] Segundo Celso Antônio Bandeira de Mello: "é inequívoco que se pode controlar juridicamente políticas públicas" (*Curso de direito administrativo*. 31. ed. São Paulo: Malheiros, 2014. p. 832).

[40] Decisão de 14.6.1951, tomada no MS 1.423/DF, Rel. Min. Luiz Galotti, *DJ* 14.6.1951, p. 5.287.

[41] Em tese de doutorado defendida no Departamento de Estado da FADUSP e publicada como: ALMEIDA, Luiz Eduardo de. *Direitos sociais e seus limites*: uma construção a partir das decisões do STF. Curitiba: Juruá, 2017. p. 221.

[42] Realizando os direitos fundamentais por meio das políticas públicas. Cf. BITENCOURT, Caroline Müller; RECK, Janriê. *O Brasil em crise e a resposta das políticas públicas*. Curitiba: Íthala, 2021. p. 83.

[43] TRF 3ª R., AC 98.03.49009-5/SP, 2ª T., Rel. Juíza Sylvia Steiner, *DJU* 9.12.1998, p. 247. No mesmo sentido: TRF 3ª R., AC 98.03.97076-3/SP, 2ª T., Rel. Des. Fed. Sylvia Steiner, *DJU* 28.4.1999; e TRF 3ª R., AC 386916/SP, 1ª T., Rel. Des. Fed. Oliveira Lima, *DJU* 13.7.1999.

Para aqueles que classificavam o inciso V do art. 203 como norma constitucional de eficácia limitada, haveria a necessidade de atuação prévia do legislador, o que ocorreu apenas com a edição da Lei nº 8.742/93, para que o benefício fosse concedido a idosos e deficientes nessas condições, os quais ficariam sem o amparo constitucional necessário para a sobrevivência na ausência de regulamentação do dispositivo; já aqueles que consideravam tratar-se de uma norma constitucional de eficácia contida obrigavam o Estado a deferir o benefício a tantos idosos e deficientes necessitados que pleiteassem o salário mínimo no Judiciário, com a admissão da possibilidade de o Legislativo posteriormente restringir o deferimento do benefício mediante critérios fixados em lei superveniente.

Segundo dados de 2023, os beneficiários do programa do Benefício de Prestação Continuada (BPC) são 4,6 milhões de pessoas, sendo divididos em 2,5 milhões de pessoas com deficiência e 2,1 milhões de idosos. O benefício é operacionalizado pelo INSS, com os recursos da Assistência Social, que são geridos pelo Ministério do Desenvolvimento e Assistência Social, Família e Combate à Fome. Trata-se do maior programa de renda mínima da América Latina.[44]

> **POLÍTICAS PÚBLICAS: implementam direitos sociais**
>
> Constituição Dirigente: garante maior vinculação aos fins constitucionais
>
> Grau de vinculação das normas constitucionais: varia (José Afonso da Silva)
>
> Normas Programáticas – imperativas (estabelecem deveres)
>
> Exemplo de política de assistência social: BPC (art. 203, V, Constituição)

9.2.2 Controle judicial das políticas públicas: reserva do possível e mínimo existencial

Quando se menciona que determinados direitos sociais são justiciáveis, isto é, são pleiteáveis no Judiciário, caso não sejam assegurados pelos demais Poderes, é comum que seja apresentado o argumento da **reserva do possível**.

Trata-se de indagação relacionada com os custos orçamentários para a efetiva garantia dos direitos sociais. A terminologia originou-se na Alemanha,[45] onde se discutia o que razoavelmente as pessoas podem esperar da sociedade, tendo sido empregada em decisão judicial na qual o Tribunal Constitucional alemão denegou a ampliação do número de vagas nas universidades públicas alemãs.

O Tribunal Constitucional alemão não acolheu a obrigação de o Estado oferecer uma quantidade suficiente a atender todos os estudantes de vagas em universidades públicas. Contudo, no Brasil, a reserva do possível acompanhou a indagação sobre se haveria reservas orçamentárias e financeiras suficientes para garantir a efetivação de direitos sociais, dado que muitos deles só são efetiváveis se houver sua prestação pelo Estado.

---

[44] Outros programas mencionados por Celso Antônio Bandeira de Mello são: bolsa família, Programa Nacional de Alimentação, Programa Nacional de Renda Mínima e Programa Auxílio-Gás. BANDEIRA DE MELLO, Celso Antônio. *Curso de direito administrativo*. 31. ed. São Paulo: Malheiros, 2014. p. 832.

[45] SARLET, Ingo W.; TIMM, Luciano Benetti. *Direitos fundamentais, orçamento e reserva do possível*. Porto Alegre: Livraria do Advogado, 2008. p. 28.

Geralmente ela é contrastada com a noção de **mínimo existencial**, que acolhe o fundamento da dignidade da pessoa humana. Segundo argumentação encontrada na decisão de relatoria do Ministro Celso de Mello, na ARE 639.337-AgR, j. 23.8.2011, *DJe* 15.9.2011:

> A cláusula da reserva do possível – que não pode ser invocada, pelo Poder Público, com o propósito de fraudar, de frustrar e de inviabilizar a implementação de políticas públicas definidas na própria Constituição – encontra insuperável limitação na garantia constitucional do mínimo existencial, que representa, no contexto do ordenamento positivo, emanação direta do postulado da essencial dignidade da pessoa humana. (...) A noção de "mínimo existencial", que resulta, por implicitude, de determinados preceitos constitucionais (CF, art. 1º, III, e art. 3º, III), compreende um complexo de prerrogativas cuja concretização revela-se capaz de garantir condições adequadas de existência digna, em ordem a assegurar, à pessoa, acesso efetivo ao direito geral de liberdade e, também, a prestações positivas originárias do Estado, viabilizadoras da plena fruição de direitos sociais básicos, tais como o direito à educação, o direito à proteção integral da criança e do adolescente, o direito à saúde, o direito à assistência social, o direito à moradia, o direito à alimentação e o direito à segurança. Declaração Universal dos Direitos da Pessoa Humana, de 1948 (Artigo XXV).

O problema maior da delimitação das categorias do mínimo existencial e da dignidade humana é decorrente de sua vagueza, isto é, da indeterminação de seus sentidos. São conceitos que variam em função do espaço e do tempo, e que devem ser analisados em relação às particularidades de cada caso concreto e à disciplina jurídica de tutela de cada direito social, sob pena de o Judiciário, a pretexto de garantir um direito social, acabar substituindo uma escolha discricionária que não lhe competiria realizar em lugar dos Poderes Executivo e Legislativo.

Ressalte-se, pois, que, segundo adverte Celso Antônio Bandeira de Mello, "a existência dos chamados conceitos vagos, fluidos ou imprecisos nas regras concernentes à Justiça Social não é impediente a que o Judiciário lhes reconheça, *in concreto*, o âmbito significativo".[46] Concorda-se com tal afirmativa, pois o reconhecimento do direito vai depender, a nosso ver, não apenas do grau de aplicabilidade da norma, mas também das circunstâncias do caso concreto, que pode levar o intérprete à situação de vinculação em vez da discricionariedade,[47] sendo ainda interpretação contemporânea que se garanta máxima efetividade aos direitos fundamentais.

---

[46] BANDEIRA DE MELLO, Celso Antônio. *Eficácia das normas constitucionais e direitos sociais*. São Paulo: Malheiros, 2009. p. 57. Por esse motivo, é muito problemático e questionável, conforme a interpretação da hermenêutica jurídica, o dispositivo inserido no art. 20 da LINDB pela Lei nº 13.655/2018, segundo o qual: "nas esferas administrativa, controladora ou judicial, não se decidirá com base em valores jurídicos abstratos sem que sejam consideradas as consequências práticas da decisão". Conforme tivemos oportunidade de questionar, o problema de se barrar: "pura e simplesmente, a suficiência do argumento valorativo, apoiado sobretudo em valores jurídicos abstratos, por meio dessa determinação nova que se pretende inserir na lei, é que cada caso concreto possui suas particularidades e nada obsta também que haja freios éticos, baseados em moralidade administrativa, na dignidade humana etc.". Cf. NOHARA, Irene Patrícia. *LINDB – Lei de Introdução às Normas do Direito Brasileiro: hermenêutica e novos parâmetros ao direito público*. Curitiba: Juruá, 2018. p. 28. Na hermenêutica sabe-se que o valor abstrato ganha concretude a partir da aplicação ao caso concreto, por exemplo, a dignidade humana é um parâmetro introjetado no inciso III do art. 1º da Constituição, com inspiração na Lei Fundamental de Bonn, como reação alemã à experiência traumática do Holocausto, assim, se o Estado construir campos de extermínio de pessoas, num exemplo mais extremado, será evidente a violação concreta à dignidade humana.

[47] Na hermenêutica pós-positivista está superada a visão da interpretação enquanto subsunção (operação lógica que deriva o sentido normativo exclusivamente do texto), pois também os fatos (*Tatbestand*) são interpretáveis e conduzem a distintas teses argumentativas, afastando ou aproximando, em função das particularidades identificadas no caso concreto, algumas aplicações normativas, que têm resultados distintos em contextos fáticos diversos (Wittgenstein II).Cf. NOHARA, Irene Patrícia. *Limites à razoabilidade nos atos administrativos*. São Paulo: Atlas, 2006. p. 26.

Também Daniel Wunder Hachem defende que, "na realidade concreta, a eficácia irradiante derivada da vertente objetiva dos direitos fundamentais reduz sobremaneira a discricionariedade administrativa",[48] podendo inclusive chegar a suprimi-la ao tornar vinculada a competência da Administração.

9.2.3 Limites ao ativismo jurídico e autocontenção judicial

No caso dos direitos fundamentais, há[49] a aplicação do princípio da máxima eficácia, porquanto o art. 5º, § 1º, da Constituição determina que: "as normas definidoras dos direitos e garantias fundamentais têm aplicação imediata".

Assunto controvertido na atualidade é a postura mais ativa do Poder Judiciário ante a inércia dos demais poderes no sentido de criarem condições de implementação dos direitos consagrados na Constituição, sendo invocado o princípio da máxima eficácia para a efetivação dos direitos sociais.

Trata-se, por exemplo, da orientação do Supremo Tribunal Federal em que se manteve decisão[50] que obrigava o Estado do Tocantins a construir unidade especializada de internação de adolescente, com base no fato de que o art. 227 da Constituição determina que deve ser dada *absoluta prioridade* às políticas públicas de garantia dos direitos das crianças e dos adolescentes, entre elas a obediência aos princípios de brevidade, excepcionalidade e respeito à condição peculiar de pessoa em desenvolvimento, quando da aplicação de qualquer medida privativa de liberdade.

De acordo com a argumentação de Gilmar Mendes, na mencionada decisão:

> O Estado está obrigado a criar os pressupostos fáticos necessários ao exercício efetivo deste direito. Como tenho analisado em estudos doutrinários, os direitos fundamentais não contêm apenas uma proibição de intervenção (*Eingriffsverbote*), expressando também um postulado de proteção (*Schutzgebote*). Haveria, assim, para utilizar uma expressão de Canaris, não apenas uma proibição de excesso (*Übermassverbot*), mas também uma proibição de proteção insuficiente (*Untermassverbot*). In: CANARIS, Claus-Wilhelm. *Grundrechtswirkungen um Verhältnismässigkeitsprinzip in der richterlichen Anwendung und Fortbildung des Privatsrechts. Jus*, 1989, p. 161. Nessa dimensão objetiva, também assume relevo a perspectiva dos direitos à organização e ao procedimento (*Recht auf Organization und auf Verfahren*), que são aqueles direitos fundamentais que dependem, na sua realização, de providências estatais com vistas à criação e conformação de órgãos e procedimentos indispensáveis à sua efetivação. Parece lógico, portanto, que a efetividade desse direito fundamental à proteção da criança e do adolescente não prescinde da ação estatal positiva no sentido da criação de certas condições fáticas, sempre dependentes dos recursos financeiros de que dispõe o Estado, e de sistemas de órgãos e procedimentos voltados a essa finalidade.

Segundo alegou Mendes, a decisão impugnada estava em consonância com a jurisprudência do STF, a qual firmou entendimento, em casos como esse, de que se impõe ao Estado a

---

[48] HACHEM, Daniel Wunder. A discricionariedade administrativa entre as dimensões objetiva e subjetiva dos direitos fundamentais sociais. *Direitos Fundamentais & Justiça*, Belo Horizonte, ano 10, n. 35, p. 315, jul./dez. 2016.

[49] Ver. MENDES, Gilmar Ferreira; BRANCO, Paulo Gustavo Gonet. *Curso de direito constitucional*. São Paulo: Saraiva, 2013. p. 96.

[50] Quando da resposta ao pedido de Suspensão de Liminar 235-0, Min. Gilmar Mendes, j. 8.7.2008.

obrigação constitucional de criar condições objetivas que possibilitem, de maneira concreta, a efetiva proteção de direitos constitucionalmente assegurados, com alta prioridade, tais como: o direito à educação infantil e os direitos da criança e do adolescente.[51]

Trata-se da circunstância da omissão desarmônica com orientação explícita da Constituição. Ressalte-se, contudo, que a questão da judicialização não se confunde com ativismo judicial. No caso analisado, a absoluta prioridade determinada seria incompatível com a proteção insuficiente (omissão). Por outro lado, se houvesse uma decisão de construir uma unidade de especializada de internação de adolescente, não poderia o Judiciário intentar substituir tal decisão, tomada segundo os princípios e regras do ordenamento, por outra que reputasse mais conveniente e oportuna.

No AgRg no RE 636.686/RS, também de relatoria de Gilmar Mendes, considerou-se, por sua vez, que o Judiciário não poderia determinar a implantação de plantão permanente da Defensoria Pública na cidade de Erechim/RS, pois não havia, no caso concreto, qualquer ilegalidade ou abuso de poder, o que representava uma ingerência ilegítima do Judiciário na discricionariedade administrativa.

Discricionariedade, conforme visto, é a prerrogativa que tem a Administração Pública de optar, dentre duas ou mais soluções, segundo critérios de conveniência e oportunidade (juízo de mérito), por aquela que melhor atenda ao interesse público no caso concreto. Não é a discricionariedade argumento apto a excluir da apreciação do Judiciário lesão ou ameaça a direito, conforme o princípio da inafastabilidade da tutela jurisdicional, contido no art. 5º, XXXV, da Constituição, pois pode haver o controle de um ato, quando ele é praticado com *ilegalidade* ou *ilegitimidade*, sendo que este último conceito abrange também o respeito aos princípios.

Trata-se de orientação conhecida no Direito Administrativo, aquela segundo a qual: "o controle jurisdicional se restringe ao exame da legalidade do ato administrativo" (TJSP, *RDA* 89/134), inclusive é com base nesse raciocínio que o instituto da revogação é algo voltado exclusivamente para a Administração Pública, por envolver a análise da conveniência e oportunidade (discricionariedade administrativa ou mérito) do ato, assuntos excluídos da apreciação do Poder Judiciário.

Reitere-se que o Poder Judiciário pode realizar o controle do ato, mesmo que discricionário, se esse ato violar a legalidade, isto é, se ele não estiver de acordo com as determinações contidas no ordenamento jurídico, mas o controle jurisdicional será limitado (*self-restraint*), uma vez que ao Judiciário é vedado *entrar no mérito* e se substituir à Administração Pública na dimensão de conveniência e oportunidade, sob pena de violação à separação de poderes (mesmo que atualizada contemporaneamente).

Quando os Poderes Legislativo e Executivo optam por uma política pública, que está dentro do projeto constitucional, não pode o Poder Judiciário invalidar toda uma estruturação de ações e processos que têm por escopo alcançar fins públicos, mas, se a opção dos demais Poderes se der em contraste com orientações explícitas da Constituição, cujas normas programáticas orientam, ainda que de forma genérica, as políticas públicas, poderá e deverá o Judiciário, conforme defendido, considerar tal orientação inconstitucional.

Em suma, discricionariedade, conforme visto em capítulo próprio, não é arbítrio, mas é margem de opção tomada *dentro* das possibilidades interpretativas extraídas do ordenamento jurídico, que abarca os princípios e as regras, cotejados com as características dos casos concretos (que também são interpretados).

---

51 RE-AgR 410.715/SP, 2ª T., Rel. Celso de Mello, *DJ* 3.2.2006; RE 431.773/SP, Rel. Marco Aurélio, *DJ* 22.10.2004.

Elival da Silva Ramos define, por sua vez, **ativismo judicial** como "o exercício da função jurisdicional para além dos limites impostos pelo próprio ordenamento que incumbe, institucionalmente, ao Poder Judiciário fazer atuar".[52]

Luís Roberto Barroso, por sua vez, diferencia o conceito de judicialização, que seria uma circunstância decorrente do modelo constitucional adotado no Brasil, da noção de ativismo judicial (este também considerado uma instância de menor legitimidade). Nos dizeres de Barroso: o ativismo judicial está associado "a uma participação mais ampla e intensa do Judiciário na concretização dos valores e fins constitucionais, com maior interferência no espaço de atuação dos outros dois Poderes".[53]

O oposto de ativismo judicial, para Barroso, é a *autocontenção* judicial, conduta pela qual o Judiciário procura reduzir sua interferência nas ações dos outros Poderes. Segundo assevera, na categoria de ativismo mediante imposição de condutas ou de abstenções ao Poder Público, especialmente no tocante às políticas públicas, o "exemplo mais notório provavelmente é da distribuição de medicamentos e determinação de terapias mediante decisão judicial".[54]

No que concerne aos limites de atuação do Judiciário, não se pode negar que a palavra final seja do Judiciário, mas, assevera Barroso, "essa primazia não significa, porém, que toda e qualquer matéria deva ser decidida em um tribunal".[55]

Existem riscos sistêmicos de utilização do ativismo, pois, apesar de o juiz poder realizar a justiça do caso concreto, deve haver cautela por parte do Judiciário, porquanto nem sempre é possível avaliar o impacto de determinadas decisões, proferidas em processos individuais, sobre as políticas públicas.

É no campo dos medicamentos que Barroso estrutura sua advertência acerca da necessidade de autocontenção (*self-restraint*) dos juízes, conforme se identifica no seguinte trecho de sua análise:

> Ao lado de intervenções necessárias e meritórias, tem havido uma profusão de decisões extravagantes ou emocionais em matéria de medicamentos e terapias, que põem em risco a própria continuidade das políticas públicas de saúde, desorganizando a atividade administrativa e comprometendo a alocação dos escassos recursos públicos. Em suma: o Judiciário quase sempre pode, mas nem sempre deve interferir. Ter uma avaliação criteriosa da própria capacidade institucional de optar por não exercer o poder, em autolimitação espontânea, antes eleva do que diminui.[56]

Em suma, o juiz deve refletir sobre se as suas decisões têm o risco de impactar de forma prejudicial a racionalidade das políticas públicas dos demais Poderes, e, caso se depare com a discricionariedade administrativa, deve praticar a autocontenção (*self-restraint*). Nessa perspectiva, o art. 21, parágrafo único, da LINDB, com redação da Lei nº 13.655/2018, determina que

---

[52] RAMOS, Elival da Silva. *Ativismo judicial*: parâmetros dogmáticos. São Paulo: Saraiva, 2010. p. 308.

[53] BARROSO, Luís Roberto. Judicialização, ativismo judicial e legitimidade democrática. *[Syn]Thesis*, Rio de Janeiro, v. 5, n. 1, p. 23, 2012.

[54] BARROSO, Luís Roberto. Judicialização, ativismo judicial e legitimidade democrática. *[Syn]Thesis*, Rio de Janeiro, v. 5, n. 1, p. 27, 2012.

[55] BARROSO, Luís Roberto. Judicialização, ativismo judicial e legitimidade democrática. *[Syn]Thesis*, Rio de Janeiro, v. 5, n. 1, p. 30, 2012.

[56] BARROSO, Luís Roberto. Judicialização, ativismo judicial e legitimidade democrática. *[Syn]Thesis*, Rio de Janeiro, v. 5, n. 1, p. 30, 2012.

a decisão que na esfera judicial decretar invalidação de ato, contrato, ajuste, processo ou norma administrativa deverá indicar de modo expresso suas consequências jurídicas e administrativas.

Por outro lado, se houver um direito subjetivo reconhecido pelo ordenamento jurídico, o que depende da análise das particularidades do caso concreto, de que um indivíduo ou grupo social seja beneficiário, mas que não esteja sendo prestado pelos demais Poderes, será sim o Poder Judiciário instância apta a garantir o reconhecimento da pretensão do jurisdicionado.

JUDICIALIZAÇÃO *VERSUS* ATIVISMO

Judicialização: movimento decorrente do modelo constitucional adotado pelo Brasil (Barroso)

Ativismo: o exercício da função jurisdicional para além dos limites impostos pelo próprio ordenamento (Elival da Silva Ramos)

Obs. autocontenção (*self-restraint*) – postura oposta ao ativismo

---

Acesse e assista ao vídeo sobre judicialização, ativismo judicial e politização do Poder Judiciário

> http://uqr.to/1xpks

9.3 Sustentabilidade e preservação ambiental

Sustentabilidade é expressão associada com as preocupações de proteção e preservação ambiental. O primeiro embrião da noção de desenvolvimento sustentável e, consequentemente, da ideia de sustentabilidade, foi o relatório Brundtland, intitulado *Nosso Futuro Comum*, que apontou para a necessidade de desenvolvimento com preservação dos recursos para as presentes e futuras gerações. O relatório Brundtland representou um marco global na discussão sobre sustentabilidade. Trata-se de documento cuja elaboração foi conduzida pela Primeira-Ministra norueguesa, Gro Harlem Brundtland, que reputou o desenvolvimento sustentável como aquele que: "satisfaz as necessidades do presente sem comprometer a capacidade das futuras gerações de satisfazerem as suas próprias necessidades".

Houve um alerta para a necessidade de conciliação entre crescimento econômico, justiça social e, sobretudo, preservação ambiental, respeitando os limites ecológicos do planeta. O relatório estabeleceu, portanto, as bases para as conferências globais subsequentes[57] e suas iniciativas ambientais.

---

[57] Já havia ocorrido a Conferência de Estocolmo, de 1972, em que se discutiu a importância do meio ambiente ao desenvolvimento humano. Em 1992, entretanto, houve a Cúpula da Terra, no Rio de Janeiro, um marco na consolidação, na Eco-92, do conceito de desenvolvimento sustentável, do qual resultaram acordos como a Agenda 21 e a Convenção sobre Mudança Climática (UNFCCC), cujo órgão máximo de deliberação é a Conferência das Partes (COP). Da perspectiva da preocupação com o clima, um documento relevante foi o Protocolo de Kyoto, que definiu metas de redução de emissões de gases de efeito estufa. Em 2015, ocorreu a Conferência de Paris, com metas voltadas para evitar o avanço acelerado do aquecimento global, engajando os países no tema das mudanças climáticas, em documento que substituiu o Protocolo de Kyoto.

A preocupação com as futuras gerações expressa a dimensão intergeneracional da proteção ambiental. Trata-se de um **olhar para o futuro**, garantindo recursos naturais e um ambiente saudável também para as gerações que surgirão, para que a exploração do meio ambiente ocorra sem destruir a capacidade de regeneração ambiental, o que significa preservar as funções ecológicas do planeta, garantindo os variados ecossistemas e, consequentemente, a biodiversidade da flora e da fauna.

Se a exploração dos recursos ambientais ocorrer sem freios éticos, as futuras gerações perderão a chance de se desenvolver com qualidade de vida em ambiente diverso. Antes da Revolução Industrial e da expansão populacional em grandes cidades, o planeta tinha diversos ecossistemas intocados, com uma maior biodiversidade concentrada em florestas densas, águas cristalinas e solos férteis. Também a caça e a diminuição dos ecossistemas provocaram a extinção de diversas espécies de animais. Assim, por causa da falta de freios e da ausência de consciência de gerações anteriores, as atuais gerações foram privadas da existência de animais como os *lobos da tasmânia*, extintos na década de trinta do século passado, e dos *tigres de java*, que foram extintos em 1970.

Desmatamento, poluição e aquecimento global degradam ambientes que antes eram saudáveis e diversos, além de gerar catástrofes provocadas por um clima que se torna instável e, portanto, imprevisível. A humanidade acaba sentindo, assim, a diminuição da água potável, dos solos produtivos e, principalmente, do ar limpo.

Ar saudável para respirar torna-se, assim, um objetivo cada vez mais desejado para a qualidade de vida e, consequentemente, para a saúde pública. São Paulo, por exemplo, que é a maior cidade da América Latina, com 12,4 milhões de habitantes em área urbana e 22 milhões de pessoas em região metropolitana, registrou, em 2024, pela CETESB (Companhia Ambiental do Estado de São Paulo), sua pior qualidade de ar dos últimos quarenta anos, tendo sido impactada pelas queimadas do Estado, em áreas do entorno de plantio de cana-de-açúcar, atingindo níveis considerados 'péssimos' do ar. Em 2024, a cidade de São Paulo atingiu, no *ranking* de classificação da agência suíça IOAir, o patamar de cidade com o ar mais poluído do mundo, tendo apresentado níveis de poluição atmosférica considerados não saudáveis, superando cidades altamente poluídas como Lahore e Karachi, no Paquistão.[58]

Percebe-se, portanto, que o **desenvolvimento** deve contemplar, para ser **sustentável**,[59] o tripé: *transformação econômica, impactos sociais* e *preservação ambiental*. Assim, ações econômicas de crescimento, se implementadas sem a percepção das consequências socioambientais, acabam não sendo sustentáveis, uma vez que os recursos disponíveis devem ser utilizados sem que se perca de vista a aptidão das fontes e dos ecossistemas de prover as necessidades presentes e futuras.

Como expõem Fabíola de Araújo Rocha e Gina Marcílio Pompeu,[60] propor à sociedade uma evolução responsável não significa patrocinar o retardo da economia, mas priorizar o desenvolvimento com respeito ao meio ambiente e incentivo ao consumo responsável em sintonia

---

[58] CNN Brasil. São Paulo é a cidade mais poluída do mundo e a única com "ar insalubre" para todos. Disponível em: https://www.cnnbrasil.com.br/nacional/sao-paulo-e-a-cidade-mais-poluida-do-mundo-e-unica-com-ar--insalubre-para-todos/. Acesso em 12 out. 2024.

[59] Juarez Freitas amplia o tripé da sustentabilidade para incorporar as seguintes dimensões: social, ética, jurídico--política, econômica e ambiental. Cf. FREITAS, Juarez. *Sustentabilidade*: direito ao futuro. 2. ed. Belo Horizonte: Fórum, 2012. p. 58.

[60] ROCHA, Fabíola de Araújo; POMPEU, Gina Vidal Marcílio. *Energias limpas*: instalação, manutenção e descomissionamento diante do cenário da transição energética e da justiça climática. Porto Alegre: Editora Fundação Fênix, 2024. p. 45.

com as determinações do Poder Público, o que pode significar redução das barreiras de investimentos, aceleração do desenvolvimento tecnológico, redução de custos e criação de empregos.

A disciplina constitucional referente ao dever do Estado e da coletividade de preservação e defesa ambiental possui seu cerne extraído do dispositivo contido no **art. 225 da Constituição**, segundo o qual: "todos têm direito ao meio ambiente ecologicamente equilibrado, bem de uso comum do povo e essencial à sadia qualidade de vida, impondo-se ao Poder Público e à coletividade o dever de defendê-lo e preservá-lo para as presentes e futuras gerações." Houve a previsão da solidariedade intergeneracional, como influência das reflexões do relatório Brundtland, no artigo constitucional voltado ao *direito* ao meio ambiente equilibrado, essencial à qualidade de vida, e ao subsequente *dever* de tutela (defesa e preservação) ambiental.

Do ponto de vista legal, podem ser mencionados como diplomas normativos associados à preservação ambiental:

- **Lei da Política Nacional do Meio Ambiente**, Lei nº 6.938/1981, que estabelece a base da legislação ambiental brasileira, disciplinando a Política Nacional do Meio Ambiente, com seus princípios, objetivos e instrumentos para a preservação e melhoria da qualidade ambiental;
- **Lei de Crimes Ambientais**, Lei nº 9.605/1998, que estabelece sanções administrativas e penais para condutas e atividades lesivas ao meio ambiente, disciplinando o regime de responsabilização ambiental;
- **Sistema Nacional de Unidades de Conservação** (Lei nº 9.985/2000 – SNUC), que cria o sistema de áreas protegidas no Brasil, estabelecendo categorias de unidades de conservação para proteção da biodiversidade e dos recursos naturais;
- **Lei do Zoneamento Costeiro** (Decreto nº 5.300/2004), que regula o uso e a ocupação do espaço costeiro, objetivando a conservação e o uso sustentável dos ecossistemas marinhos e costeiros.
- **Lei de Gestão de Florestas Públicas**, Lei nº 11.284/2006, regulamentada pelo Decreto 11.284/2006, que regula a gestão das florestas públicas para produção sustentável, promovendo o uso consciente e equilibrado dos recursos florestais;
- **Estatuto da Mata Atlântica**, Lei nº 11.428/2006, que define normas para proteção e uso sustentável do bioma Mata Atlântica, sendo um dos mais ameaçados, não obstante ser dos mais biodiversos;
- **Lei da Política Nacional sobre Mudança do Clima**, Lei nº 12.187/2009, que estabelece diretrizes para a mitigação das mudanças climáticas e adaptações aos efeitos do aquecimento global no Brasil;
- **Lei da Política Nacional de Resíduos Sólidos**, Lei nº 12.305/2010, que dispõe sobre a gestão de resíduos sólidos, instituindo o sistema de logística reversa e a responsabilidade compartilhada em função do ciclo de vida dos produtos;
- **Código Florestal**, Lei nº 12.651/2012, que regula o uso das áreas de proteção permanente (APPs) e de reserva legal, com a promoção da conservação e da recuperação das florestas e vegetações nativas;
- **Marco do Saneamento Básico**. Lei nº 14.026/2020, que promove a universalização do saneamento básico e a melhoria na gestão de água e esgoto, impactando na proteção ambiental;
- **Lei da Qualidade do Ar**, Lei nº 14.850/2024, que institui a Política Nacional de Qualidade do Ar no Brasil, estabelecendo princípios, objetivos e instrumentos para a gestão da qualidade atmosférica em todo o território nacional; define pa-

drões de qualidade do ar, limites máximos de emissão e diretrizes para o monitoramento e controle de poluentes atmosféricos; promove a criação de uma Rede Nacional de Monitoramento da Qualidade do Ar e incentiva a adoção de tecnologias limpas e práticas sustentáveis.

Do ponto de vista externo, por sua vez, aponta-se uma evolução em documentos internacionais voltados à preservação ambiental, a exemplo da **Declaração de Estocolmo sobre o Meio Ambiente Humano (1972)**, tendo sido a primeira conferência da ONU sobre o meio ambiente, em que se estabeleceram os princípios fundamentais para a proteção ambiental que inspiraram diversos documentos, como a **Convenção sobre o Comércio Internacional das Espécies da Fauna e Flora Selvagens em Perigo de Extinção (CITES) – 1973**, que regula o comércio internacional de espécies ameaçadas, visando garantir que esse comércio não prejudique a sobrevivência delas; ainda, o **Protocolo de Montreal**, de 1978, versando sobre o acordo internacional da camada de ozônio; a Convenção-Quadro das Nações Unidas sobre **Mudança Climática**, de 1992; a Convenção sobre Diversidade Biológica, também do ano de 1992; depois, o **Protocolo de Kyoto**, de 1997, que estabeleceu metas de redução da emissão de gases de efeito estufa, para combate ao aquecimento global; e o **Acordo de Paris**, de 2015, substitutivo do Protocolo de Kyoto, que estabeleceu metas mais ambiciosas com escopo de limitar o aumento da temperatura global.

9.3.1 Objetivos de Desenvolvimento Sustentável (ODS) da ONU

Os Objetivos de Desenvolvimento Sustentável representam uma articulação global para que haja ação no sentido de se acabar com a pobreza, proteger o meio ambiente e o clima e garantir com que as pessoas desfrutem da paz e da prosperidade. São passos relevantes, interrelacionados, para que o Brasil atinja a Agenda 2030.

Há 17 **Objetivos de Desenvolvimento Sustentável** (ODS) para o Brasil, conforme metas elaboradas para 2030 pela ONU:

1. **erradicação da pobreza**: acabar com a pobreza em todas as suas formas, em todos os lugares;
2. **fome zero e agricultura sustentável**: Acabar com a fome, alcançar a segurança alimentar e a melhoria da nutrição e promover a agricultura sustentável;
3. **saúde e bem-estar**: Assegurar uma vida saudável e promover o bem-estar para todas e todos, em todas as idades;
4. **educação inclusiva e de qualidade**: Assegurar a educação inclusiva e equitativa e de qualidade, e promover oportunidades de aprendizagem ao longo da vida para todas e todos;
5. **igualdade de gênero**: Alcançar a igualdade de gênero e empoderar todas as mulheres e meninas;
6. **água e saneamento**: Assegurar a disponibilidade e gestão sustentável da água e saneamento para todas e todos;
7. **energia sustentável e acessível**: Assegurar o acesso confiável, sustentável, moderno e a preço acessível à energia para todas e todos;
8. **crescimento sustentável e pleno emprego**: Promover o crescimento econômico sustentado, inclusivo e sustentável, emprego pleno e produtivo e trabalho decente para todas e todos;

9. **indústria, inovação e infraestrutura**: Construir infraestruturas resilientes, promover a industrialização inclusiva e sustentável e fomentar a inovação;
10. **redução das desigualdades**: Reduzir a desigualdade dentro dos países e entre eles;
11. **cidades e comunidades sustentáveis**: Tornar as cidades e assentamentos humanos inclusivos, seguros, resilientes e sustentáveis;
12. **produção e consumo sustentáveis**: Assegurar padrões de produção e de consumo sustentáveis;
13. **ação contra mudança do clima**: Tomar medidas urgentes para combater a mudança climática e seus impactos;
14. **recursos e vida marinha**: Conservação e uso sustentável dos oceanos, dos mares e dos recursos marinhos para o desenvolvimento sustentável;
15. **recursos e vida terrestre**: Proteger, recuperar e promover o uso sustentável dos ecossistemas terrestres, gerir de forma sustentável as florestas, combater a desertificação, deter e reverter a degradação da terra e deter a perda da biodiversidade;
16. **paz, justiça e instituições responsivas**: Promover sociedades pacíficas e inclusivas para desenvolvimento sustentável, proporcionar o acesso à justiça para todos e construir instituições eficazes, responsáveis e inclusivas e todos os níveis; e
17. **parcerias globais**: Fortalecer os meios de implementação e revitalizar a parceria global para o desenvolvimento sustentável.

A ONU desdobra mais objetivos, em subitens, de forma pormenorizada, como maneiras de se atingir os dezessete objetivos de ODS da ONU.[61] Aqui a imagem com os símbolos de cada um dos 17 ODS:

Fonte: ONU Mulheres 2030.

---

[61] Cf. Objetivos de Desenvolvimento Sustentável (ODS) da ONU no Brasil. Disponível em: https://direitoadm.com.br/ods-onu-brasil/. Acesso em 12 set. 2024.

Como o Direito Administrativo é mobilizado pelo Estado, no cumprimento das funções administrativas, importante associar os objetivos de desenvolvimento sustentável da ONU com ferramentas e instrumentos do Direito Administrativo, a exemplo do tombamento, do poder de polícia, da regulação das agências, das modelagens contratuais e de infraestrutura, das compras públicas sustentáveis, da ordenação urbana, das políticas públicas para realização de uma governança ambiental responsiva que oriente, portanto, as atividades de interesse público para a realização da sustentabilidade.

Assim, são ações que, implementadas, auxiliam no cumprimento dos objetivos:

1. Planejamento de medidas, criação e monitoramento de **políticas públicas voltadas para agricultura sustentável e erradicação da pobreza**, em que se garanta assistência social, conforme visto no domínio social, e a segurança alimentar com significativa implementação de programas sociais; pode-se, por exemplo, agir para fazer contratações públicas por dispensa nas hipóteses acrescidas à lei em 2023, que são de contratação de entidades sem fins lucrativos para implementação de programa de cozinha solidária para fornecer alimento gratuito à população vulnerável, contribuindo para os passos de realização dos ODS 1 e 2; estimular a agricultura sustentável aproveitando das vantagens da produção no País, com foco para a eficiência, a produtividade, a qualidade e a sustentabilidade, bem como estimular a produtividade agrícola e a renda de pequenos produtores de alimentos, o que pode ser realizado com auxílio das pesquisas da Embrapa, associadas à extensão rural, com técnicas avançadas de produção agrícola a partir do uso de energia limpa, com redução de emissões, sendo o desenho da política voltado também para atender às mulheres, aos povos indígenas, aos agricultores familiares, pastores e pescadores, com respeito às comunidades tradicionais, políticas acompanhadas do fomento ao acesso seguro e igual à terra e de outros recursos produtivos, serviços financeiros, mercados e oportunidades;

2. **Regulação e monitoramento em serviços essenciais** relacionados com saneamento básico, associado à saúde pública, em conjunto com medidas do Sistema Único de Saúde, em que agências, como, no âmbito federal, a ANA, podem estabelecer critérios de regulação voltados à universalização, à integralidade e à equidade, articuladas, em conjunto com a ação da Anvisa, com as normas de qualidade da água potável e adequados padrões sanitários; proteger e restaurar ecossistemas relacionados com a água, incluindo florestas, matas ciliares, zonas húmidas, em rios, aquíferos e lagos, também é possível exigir dos prestadores de serviços realizar licenciamentos; fiscalizar as concessões e aplicar penalidades aos agentes que descumpram os parâmetros exigidos; desenhar modelagens de contratos de concessão que tenham previsão de cláusulas sociais, para atendimento das comunidades mais vulneráveis; estabelecer metas de cobertura, com o oferecimento de incentivos financeiros para empresas que invistam em tecnologias sustentáveis; exigir relatórios periódicos dos fornecedores, com dados auditáveis; oferecer alternativas às atividades degradantes, como o reflorestamento ou aumento da cobertura vegetal; criar fundos públicos que efetivamente aloquem os recursos em programas de infraestrutura de saneamento e de saúde em áreas carentes; buscar parceiras internacionais para financiamento e monitorar e avaliar os impactos e resultados das medidas adotadas para realização dos ODS 3 – saúde e bem-estar e 6 – água potável e saneamento;

3. **Educação e capacitação em sustentabilidade:** instituição de programas de capacitação e educação incutindo os valores de preservação ambiental e desenvolvimento sustentável, conforme as orientações contidas no ODS 4; com regulação de diretrizes curricula-

res e estímulo à abordagem transversal no tema; incentivando a sensibilização e a ação; sendo tal dever associado à previsão constitucional do inciso VI, do § 1º, do art. 225 da Constituição, que estabelece a obrigação de o Poder Público promover a educação ambiental em todos os níveis de ensino e a conscientização pública para preservação do meio ambiente;

4. **Igualdade de acesso:** criação, implementação e monitoramento de políticas de ação afirmativa, promovendo equidade de gênero e inclusão social, conforme preocupação do ODS 5, com programas de incentivo à diversidade, por meio de cotas e de programas voltados ao escopo da igualdade de acesso, na Era da Diversidade, de todos os variados grupos sociais às oportunidades;

5. **Poder de polícia e regulação para preservação ambiental:** criar e utilizar mecanismos de limites e direcionamentos das atividades privadas para preservação ambiental, sendo relacionados com o licenciamento ambiental; a fiscalização e punição de atividades degradantes ao meio ambiente, regulando o uso de recursos naturais para preservação do ecossistema, em realização aos ODS 12 – Consumo e produção responsáveis; 14 – preservação da vida marinha; e 15 – uso sustentável dos recursos terrestres;

6. **Indução e fomento à disponibilização de infraestrutura sustentável:** modelar as PPPs, as concessões e permissões; estimular a disponibilidade de infraestruturas resilientes, conforme determina o ODS 9, para promoção de uma industrialização inclusiva e sustentável e fomento à inovação, com preocupação de acesso a fontes de uso de energias limpas e renováveis, de acordo com o ODS 7; reabilitando as indústrias para torná-las sustentáveis, com adoção de tecnologias e processos industriais limpos e ambientalmente adequados; fornecimento de pesquisa científica para melhoria das capacidades tecnológicas de setores industriais, com maior apoio financeiro, tecnológico e técnico; garantindo um ambiente propício para a diversificação industrial e agregação de complexidade à produção, agregando, portanto, maior valor às *commodities*, com o cumprimento de normas ambientais e sociais, como fator agregado à neoindustrialização verde,[62] estratégia que visa reverter a tendência de declínio industrial do Brasil e simultaneamente promover crescimento econômico sustentado, a partir do oferecimento de bens com valor agregado ecoeficiente à demanda internacional por produtos descarbonizados; investir em tecnologia para agregar complexidade à indústria a partir dos investimentos obtidos no mercado verde;

7. **Ordenar as cidades e comunidades para a sustentabilidade:** utilizar das normas e parâmetros urbanísticos, como as leis de uso e ocupação do solo, o zoneamento urbano e as normas para construção com sustentabilidade, para desenvolver cidades inclusivas e sustentáveis, conforme ODS 11; garantindo habitação segura, adequada e acessível, com serviços voltados à urbanização das favelas; proporcionar acesso a um sistema de transporte seguro, acessível e sustentável, com especial atenção às pessoas em situação de vulnerabilidade; criar assentamentos urbanos participativos, integrados e sustentáveis; proteger e salvaguardar o patrimônio cultural e natural do mundo, o que pode ser feito com auxílio do tombamento; reduzir o número de mortes e de pessoas afetadas pelas catástrofes, com gerenciamento holístico do risco de desas-

---

[62] Cf. BARBOSA, Marina Almeida; SANTOS, Rosana; LEITE, Clauber; RELVA, Stefânia. Siderurgia, a base da neoindustrialização verde do Brasil. In. PIMENTEL, Cácia. *Energia, infraestrutura e logística: instrumentos jurídicos e regulatórios de transição energética*. Porto Alegre: Lex, 2024. p. 224.

tres; atenção à qualidade do ar; gestão de resíduos, proporcionando acesso universal a espaços públicos seguros, inclusivos, acessíveis e verdes, com utilização de recursos humanos e materiais locais;

8. **Fomentar e fiscalizar o manejo sustentável dos recursos e resíduos:** como realização do ODS 12, promover a gestão sustentável, com o uso eficiente dos recursos naturais, reduzindo o desperdício; inclusive de alimentos, produtos químicos e resíduos, ao longo do ciclo de vida dos resíduos, para reduzir a liberação para o ar, a água e o solo; no caso das licitações, modelar contratos que estimulem exigências relacionadas com o ciclo de vida do objeto, conforme previsão no art. 11 da Lei nº 14.133/2021, com atenção à produção, ao uso e ao descarte; promover compras públicas sustentáveis para criação de um mercado de fornecedores de produtos ecoeficientes; utilizar de forma mais intensiva a reciclagem e o reuso; promover o turismo sustentável, que gere empregos e promova os recursos e a cultura locais; racionalizar uso de combustíveis fósseis, com o estímulo ao uso de fontes de energia limpa, conforme as possibilidades e oportunidades abertas pelo mercado de transição energética;

9. **Governança pública e aprimoramento institucional:** promover a governança com transparência e estímulo à participação pública nas decisões, fortalecendo as instituições e garantindo a paz e a justiça, na realização do ODS 16; a governança pública é definida no inciso I do art. 2º do Decreto 9.203/2017, como "conjunto de mecanismos de liderança, estratégia e controle postos em prática para avaliar, direcionar e monitorar a gestão, com vistas à condução de políticas públicas e à prestação de serviços de interesse da sociedade", sendo imprescindível desenhar medidas de aprimoramento das instituições, evitando-se sobreposições, omissões ou mesmo excessos institucionais no cumprimento das tarefas do Estado, daí porque se devem equilibrar os mecanismos tanto de *accountability vertical* como de *accountability horizontal*; e

10. **Realizar parcerias internacionais e de cooperação:** apoio jurídico-administrativo para a implementação de projetos com parceirizações internacionais para atender ao ODS 17, sendo relevante que haja financiamento, transferência de tecnologia e mobilização de recursos em prol do desenvolvimento sustentável.

São medidas que podem ser implementadas por meio do instrumental veiculado pelo Direito Administrativo, auxiliando a sociedade na construção de um futuro comum e equilibrado, tendo em vista refrear esse movimento que conduz o planeta ao cataclisma da degradação ambiental, tendo em vista garantir a sustentabilidade. Conforme expõe Juarez Freitas,[63] cada pessoa deve ser chamada, de maneira proporcional, a aderir a uma agenda de sustentabilidade, afastando-se da cumplicidade com a marcha do colapso, para que o planeta tenha condições de se regenerar.

9.3.2 ESG – Environmental, Social and Governance: *desafios para a efetividade*

ESG é sigla, em inglês, que compreende: *Environmental, Social and Governance*, sendo traduzida como *Ambiental, Social e Governança*. A referência surgiu no início dos anos 2000,

---

[63] FREITAS, Juarez. *Sustentabilidade*: direito ao futuro. 2. ed. Belo Horizonte: Fórum, 2012. p. 35.

a partir da evolução dos investimentos responsáveis, tendo ganhado reconhecimento maior a partir de 2004, ano em que a ONU, pela *Iniciativa Financeira do Programa das Nações Unidas para o Meio Ambiente* (UNEP FI) e do *Pacto Global*, publicou o relatório denominado de *Who Cares Wins*[64] (*quem se importa ganha*), em que houve o estímulo aos investimentos compostos por fatores ambientais, sociais e de governança, como elementos essenciais para atrair oportunidades de investidores.

Foi um estímulo do setor financeiro à incorporação de três dimensões, quais sejam: (1) a ambiental; (2) a social; e (3) a governança, como fatores utilizados para análise dos investimentos. Enquanto a faceta **ambiental** foca a questão das externalidades e de sua mitigação, incluindo práticas de gestão de resíduos, redução do consumo de recursos naturais, controle das emissões de carbono e proteção da biodiversidade; a dimensão **social**, por sua vez, avalia como a empresa se relaciona com os *stakeholders*, constituídos por seus empregados, clientes, fornecedores e membros da comunidade na qual a organização atual. A faceta da **governança** se debruça sobre a estrutura a governança da organização, sendo averiguados a composição de órgão dirigente, dos conselheiros, se há práticas para identificar, prevenir e remediar fraudes, a transparência, a ética e o *compliance*, que inclui gestão de riscos da organização.

Atualmente, entende-se que práticas ESG são essenciais para a realização do desenvolvimento sustentável, pois ajudam a mitigar riscos das externalidades produzidas pelas organizações, do ponto de vista ambiental, e também a mensurar e conduzir os seus efeitos sociais, o que contribui para o incremento da reputação e, consequentemente, para atração de investimentos, dentro do viés da governança pública. Também os investimentos conscientes foram o cerne que promoveram o debate sobre critérios ESG.

Seria de todo desejável que os investidores mirassem nas organizações que têm um compromisso maior com a causa ambiental, bem como com o bem-estar social, aliados às boas práticas de governança, para que o estímulo e desenvolvimento de atividades com sustentabilidade. Contudo, para que o ESG se transforme em prática efetiva, implementável com equilíbrio e justiça, importante que sejam superados certos óbices à sua realização.

Em primeiro lugar, importante que a prática seja separada do mero *greenwashing*[65] como estratégia de *marketing*, evitando ser utilizada como fachada de informações manipuladas, que, na prática organizacional, não são verdadeiramente comprometidas com a sustentabilidade. Ademais, problema prático de aplicação das avaliações ESG é garantir que não haja conflitos de interesses dos envolvidos no ranqueamento ESG, pois há agências que são operacionalizadas com captura das próprias empresas avaliadas, sendo imprescindível que haja evolução da aplicação de regras para evitar conflito de interesses que prejudiquem a credibilidade do sistema.

Depois, melhor que haja padronização das métricas das práticas de ESG, para que a sigla ultrapasse a pecha de estratégia de *marketing* utilizada pelas organizações, dada demanda por avaliações consistentes por parte das agências que fazem o ranqueamento das empresas, o que gera dificuldades por parte dos *stakeholders* para avaliar se há realmente o cumprimento dos parâmetros de ESG.

Como se trata de investimento, muitas vezes há mais atratividade, na prática, no aspecto do retorno financeiro, o que pode prejudicar as ações de longo prazo do ESG, sendo que as

---

[64] ESG. Disponível em https://www.pactoglobal.org.br/esg/. Acesso em 3 out. 2024.

[65] *Greenwashing* representa o investimento maior em marketing verde do que em práticas efetivas de sustentabilidade, que tenham impactos positivos ao meio ambiente, sendo estratégia usada para ganhar reputação de empresa responsável ambientalmente, com o escopo de atrair consumidores que estejam preocupados com a preservação ambiental.

organizações que de fato se comprometem com as causas acabam não sendo valorizadas, pois as medidas que efetivamente geram melhorias ambientais e sociais demandam gastos e custos significativos para implementação criteriosa e adoção permanente.

Assim, a grande dificuldade de análise e monitoramento dos resultados das práticas de ESG é que, como se lida com questões cujos resultados apenas se revelam no longo prazo, como a efetividade das ações no social e no ambiental, há a dificuldade intrínseca de mensuração do impacto, sendo, então, dificultoso separar, na prática, ações efetivas de medidas meramente simbólicas, mais alicerçadas em *marketing*, para agarrar os recursos ofertados, daí porque há um certo ceticismo quando o tema é efetividade do ESG, por ser tema sensível e suscetível às ações hipócritas, às vezes alicerçadas em mera retórica, outras vezes dissolvidas em vã inocência, dadas as condições mais estruturais de combate tanto da exclusão social, como da tendência de concentração e de esgotamento das capacidades do planeta, mesmo em face da criação de um mercado verde.

Há, portanto, o desafio de ponderação das regras mais tradicionais da governança corporativa, que se volta à lucratividade e incremento do valor da organização para o acionista, com os princípios mais custosos do ESG, sobretudo quando houver atividades que demandam grande quantia de valores utilizados para mitigar e/ou reduzir riscos, sendo que, na prática, a prioridade se volta à governança para evitar riscos reputacionais, sendo muitas vezes deixadas de lado, na prática, as melhorias ambientais e sociais.

Por fim, há também a questão da dificuldade e dos custos de implementação das práticas ESG em microempresas e empresas de pequeno porte, que possuem um capital de giro mais limitado. É difícil para pequenas empresas competirem nos mesmos patamares das grandes, que possuem mais condições de investimentos, inclusive os ambientais e sociais.

Assim, a ideia do ESG, em si, é ótima, sendo imprescindível para o desenvolvimento sustentável que os investimentos sejam voltados para organizações efetivamente comprometidas com as pautas ambiental e social, bem como com regras e critérios de governança, situação que em tese significaria que as organizações que "se importam" com o futuro do planeta e da sociedade receberiam maior incentivo financeiro, mas para o encontro do *dever ser* com o *ser* há ainda um longo percurso a ser trilhado para que o ESG seja uma prática bem estabelecida, a partir de parâmetros equilibrados e justos, forçando, então, as organizações a produzirem menos externalidades, tanto ambientais como sociais, a partir de consistentes regras de governança.

9.3.3 Dever estatal de proteção ambiental e climática

O dever de proteção ambiental e climática encontra-se fundamentado constitucionalmente, sendo extraído do art. 225, que estabelece que todos têm o direito ao meio ambiente ecologicamente equilibrado, bem de uso comum do povo e essencial à sadia qualidade de vida, o que tem como correspondente o dever tanto pelo Poder Público, isto é, ao Estado, como à coletividade, de defender e preservar o meio ambiente, tanto para presentes assim como para futuras gerações, conforme visto.

Dizer que o meio ambiente ecologicamente equilibrado é um **bem de uso comum do povo** implica considerar que a proteção ambiental é interesse transindividual, isto é, veiculadora de interesses que transcendem aos individuais, sendo geralmente associados aos interesses difusos, não atribuíveis a uma pessoa ou à entidade em particular, mas de gozo de toda a coletividade. Isso confere um *status* diferenciado, pois o ecossistema equilibrado deve ser visto como **patrimônio coletivo**, cuja preservação é de **interesse público**, dado ser essencial à sadia qualidade de vida de todos.

Ademais, são considerados patrimônio nacional, conforme § 4º do art. 225, a Floresta Amazônica, a Mata Atlântica, a Serra do Mar, o Pantanal Mato-Grossense e a Zona Costeira, sendo a utilização de tais ecossistemas feita dentro da lei nas condições que assegurem a preservação do meio ambiente, inclusive quanto ao uso dos recursos naturais.

O *caput* do art. 225 cria, ainda, um sistema de responsabilidade compartilhada entre Estado e sociedade, isto é, coletividade, para preservar os recursos naturais e evitar, remediar e mitigar danos ambientais, para que haja um ambiente saudável. O § 2º do art. 225 da Constituição estabelece, por sua vez, que aquele que explorar recursos minerais fica obrigado a recuperar o meio ambiente degradado, de acordo com solução técnica exigida pelo órgão público competente, na forma da lei.

Logo, a coletividade tem o dever de cooperar na preservação ambiental, adotando práticas responsáveis e sustentáveis, voltadas ao consumo consciente, ao respeito às leis ambientais e ao apoio às políticas públicas de conservação ambiental e climática, sendo tal dever voltado sobretudo aos setores produtivos, os quais têm o dever de adotar práticas para reduzir a emissão de poluição e a degradação ambiental, promovendo o uso mais eficiente dos recursos naturais.

As condutas e atividades consideradas lesivas ao meio ambiente sujeitarão os infratores, pessoas físicas ou jurídicas, a sanções penais e administrativas, independentemente da obrigação de reparar os danos causados, sendo a Lei de Crimes Ambientais, Lei nº 9.605/1998, o diploma que disciplina o regime de responsabilização ambiental.

São desdobrados no § 1º do art. 225 incisos específicos com deveres atribuídos ao Poder Público, especificamente:

- preservar e restaurar os processos ecológicos essenciais e prover o manejo ecológico das espécies e ecossistemas;
- preservar a diversidade e a integridade do patrimônio genético do País e fiscalizar as entidades dedicadas à pesquisa e manipulação de material genético;
- definir, em todas as unidades da Federação, espaços territoriais e seus componentes a serem especialmente protegidos, sendo a alteração e a supressão permitidas somente através de lei, vedada qualquer utilização que comprometa a integridade dos atributos que justifiquem sua proteção;
- exigir, na forma da lei, para instalação de obra ou atividade potencialmente causadora de significativa degradação do meio ambiente, estudo prévio de impacto ambiental, a que se dará publicidade;
- controlar a produção, a comercialização e o emprego de técnicas, métodos e substâncias que comportem risco para a vida, a qualidade de vida e o meio ambiente;
- promover a educação ambiental em todos os níveis de ensino e a conscientização pública para a preservação do meio ambiente;
- proteger a fauna e a flora, vedadas, na forma da lei, as práticas que coloquem em risco sua função ecológica, provoquem a extinção de espécies ou submetam os animais a crueldade; e
- manter regime fiscal favorecido para os biocombustíveis e para o hidrogênio de baixa emissão de carbono, na forma de lei complementar, a fim de assegurar-lhes tributação inferior a incidente sobre os combustíveis fósseis, capaz de garantir diferencial competitivo em relação a estes, especialmente em relação às contribuições de que tratam o art. 195, I, *b*, IV e V, e o art. 239 e aos impostos a que se referem os arts. 155, II, e 156-A, de acordo com a redação da EC nº 132/2023.

O art. 225 prevê inúmeros deveres associados à preservação ambiental, incluindo preservar a diversidade dos biomas. Existem também ações de restaurar processos ecológicos e controlar atividades poluentes. Assim, o Estado acaba sendo obrigado a implementar políticas públicas e ações de estímulo ao uso sustentável dos recursos naturais, com simultânea disponibilidade de educação ambiental.

Do ponto de vista das mudanças climáticas, há o objetivo, incluído pela EC nº 132/2023, de promover um regime fiscal favorecido aos biocombustíveis e ao hidrogênio de baixa emissão de carbono, com tributação menor do que aquela que incide sobre os combustíveis fósseis (como diesel e gasolina), garantindo, a depender da regulamentação por lei complementar, um diferencial competitivo em favor de recursos obtidos de fontes de energia limpa.

Biocombustíveis e hidrogênio de baixa emissão de carbono são alternativas aos combustíveis fósseis, como diesel e gasolina, que buscam reduzir emissões de poluentes. Os biocombustíveis, como etanol e biodiesel, são produzidos a partir de biomassa (plantas e resíduos), que absorve CO_2 durante o crescimento, ajudando a diminuir o impacto ambiental. O hidrogênio de baixa emissão é gerado com baixa ou nenhuma emissão de CO_2, como pela eletrólise da água com energia renovável (hidrogênio verde).[66] Quando usado como combustível, o hidrogênio (H2) libera apenas água, sem poluição. Em contrapartida, os combustíveis fósseis liberam grandes quantidades de CO_2, agravando o efeito estufa e a poluição do ar.

Trata-se de medida alinhada ao escopo de enfrentamento das mudanças climáticas, tornando-os opções mais atrativas aos consumidores e às empresas. A produção é voltada, pela indução estatal, para uma transição energética rumo a uma economia de baixa emissão de carbono. Como marco para o estímulo da produção de hidrogênio verde, há a Lei nº 14.948, de 2 de agosto de 2024, que institui o marco legal do hidrogênio de baixa emissão de carbono e dispõe sobre incentivos para a indústria de baixa emissão de carbono, instituindo o Rehidro (Regime Especial de Incentivos para a Produção de Hidrogênio de Baixa Emissão de Carbono).

Ademais, a responsabilidade pela mitigação das mudanças climáticas implica na utilização de instrumentos como o licenciamento ambiental, o zoneamento ecológico e a regulação de atividades de impacto, em atendimento aos compromissos assumidos internacionalmente pelo Brasil, sobretudo em face do Acordo de Paris, de 2015.

> **PONTO CONTROVERTIDO:** universalização da questão ambiental *versus* colonialismo ecológico
>
> É fato que as coisas estão conectadas no Planeta Terra, não havendo como se isolar em um contexto de ecossistemas que se influenciam mutuamente, pois há um relacionamento entre o ar, a água, o solo, a flora, a fauna e os seres humanos, sendo estes últimos tidos como os "animais racionais". Assim, enfrentar a questão ambiental, como condição para a existência e qualidade de vida de todos os que habitam o planeta, significa considerar que os impactos ambientais em uma localidade têm reflexos globais, isto é, o desmatamento de uma floresta pode afetar a qualidade do ar, a disponibilidade de água limpa e a biodiversidade em escala global.

---

[66] FAPESP. Na rota do hidrogênio sustentável. Disponível em https://revistapesquisa.fapesp.br/na-rota-do-hidrogenio-sustentavel/. Acesso em 8 out. 2024. Enquanto o hidrogênio verde é produzido por meio de energia renovável, não resultando na emissão de CO_2, os hidrogênios cinza e azul são produzidos a partir de combustíveis fósseis, sendo que o azul é melhor do que o cinza, pois há medidas para capturar o CO_2 emitido. O hidrogênio verde é o mais aderente às metas de descarbonização e sustentabilidade, demandando, porém, energia (de fonte limpa e renovável) para a realização da eletrólise (corrente elétrica que separa as moléculas de hidrogênio (H_2) e oxigênio (O_2), para produção do hidrogênio a partir da água.

Assim, a questão ecológica transcende fronteiras, sendo a atmosfera, os oceanos e a biodiversidade considerados do prisma de bens que devem ser preservados em âmbito global. Se as indústrias de um país degradarem o meio ambiente, as mudanças climáticas afetarão diversos ecossistemas, sendo impactadas a agricultura e a saúde de pessoas que não estão restritas àquele território onde se localiza a atividade poluidora.

Esse fato gera a percepção de que a interconexão planetária demanda uma abordagem de governança ambiental compartilhada, onde os países colaborem com políticas e ações ambientais a partir de compromissos multilaterais assumidos, os quais ultrapassam as divisões das fronteiras nacionais.

Não obstante, os países subdesenvolvidos devem ficar atentos ao emergir de um movimento de **colonialismo ecológico**, que se relaciona com a imposição de normas e políticas ambientais por parte de países do eixo central que limitam a soberania dos países em suas decisões de gestão e preservação dos recursos naturais. Deve-se perceber que por trás do discurso da preservação ambiental pode haver interesses estratégicos sendo veiculados para que os países desenvolvidos controlem recursos naturais e biológicos em regiões de rica biodiversidade, como a região amazônica.

Quando organizações não governamentais e governos estrangeiros pretendem exercer influência e controlar os rumos das políticas ambientais de países subdesenvolvidos,[67] sem considerar as necessidades internas e as prioridades locais, pode haver interferência na autonomia das nações, intensificando a dependência financeira e tecnológica em distintos campos, como a agricultura, a energia e o desenvolvimento local sustentável.

O imperialismo ecológico[68] possui, no fundo, uma distribuição de responsabilidades ambientais desigual, pois os países ricos que movimentaram todo o sistema rumo à degradação ambiental, agora pressionam outras nações para restringir a exploração e uso dos seus recursos naturais, muitas vezes em seu favor, o que intensifica as desigualdades do mundo. Trata-se do mecanismo de 'jogar a escada fora', em uma dinâmica que impõe ônus desproporcionais a países menos industrializados, que devem limitar suas atividades sem receber compensações tampouco suporte tecnológico e financeiro adequado.

Assim, imprescindível que os países do chamado 'eixo sul' saibam fazer o *trade off* e também tenham respeitadas suas soberanias, não caindo no canto da sereia,[69] mas tendo desconfiança e também fazendo suas exigências, sobretudo de respeito aos modos tradicionais de vida e às práticas sustentáveis das comunidades locais, sem mergulhar num tanque com tubarões de soluções importadas para problemas ambientais, que veem as práticas de preservação locais como inferiores ou não suficientes.

Entende-se que a pauta ambiental é fundamental, urgente, mas que o colonialismo ecológico é um perigo, pois ele impõe um modelo de sustentabilidade ocidental e do 'eixo norte', partindo das economias centrais, gera dependência econômica e tecnológica e mina a soberania dos países do eixo sul. É necessária uma cooperação em que países ricos realmente ofereçam apoio, respeitando as necessidades locais e equilibrando responsabilidades. Enquanto países desenvolvidos mantêm altos padrões de consumo, que afetam o meio ambiente, os subdesenvolvidos enfrentam restrições sobre seus recursos, limitando seu crescimento e favorecendo interesses das potências, que mantêm o controle dos recursos estratégicos. Então, melhor que haja um senso crítico, uma hermenêutica de suspeição, para que se perceba que há interesses não ditos, que têm o potencial de barrar a concorrência e prejudicar o processo de crescimento de determinados países.

---

[67] ESCOBAR, Arturo. *La invención del Tercer Mundo*: Construcción y reconstrucción del desarrollo. Bogotá: Grupo Editorial Norma, 1996.

[68] CROSBY, Alfred. *Imperialismo Ecológico*. São Paulo: Companhia das Letras, 1993.

[69] Sobre a relação complexa entre a pauta de sustentabilidade ambiental e o objetivo de justiça distributiva, do ponto de vista crítico, ver: DOBSON, Andrew. *Justice and Environment*: conceptions of environmental Sustainability and theories of distributive justice. Oxford: Oxford University Press, 1998.

Logo, para se inserir de maneira não assujeitada na agenda global estabelecida para a preservação ambiental, enfrentando esse movimento de colonialismo ou imperialismo ecológico, faz-se necessário que o país garanta sua autonomia e valorize seus recursos naturais e seus modos tradicionais de preservação, exigindo equilíbrio nas imposições da pauta ambiental, sendo passos necessários: (1) respeito à soberania[70] e valorização das políticas locais sustentáveis, com base nos conhecimentos tradicionais que devem ser reconhecidos como integrantes do patrimônio imaterial de preservação, respeitando os contextos nacional, regionais e locais; (2) participação em fóruns internacionais para colaborar na definição de compromissos que sejam mais equilibrados, garantindo com que seus interesses sejam levados em consideração, exigindo-se, portanto, dos países mais ricos que contribuam na justa medida de suas possibilidades e de seu histórico anterior e situação atual de responsabilidade pela degradação do planeta; e (3) desenvolvimento de parcerias estratégicas voltadas à inovação sustentável, em que o país seja estimulado a desenvolver condições para agregar complexidade à sua indústria verde, com papel proativo na agenda ambiental global, o que significa que em vez de se inserir de forma assujeitada a fornecer produtos primários a preços baixos, os produtos produzidos com base em materiais biodegradáveis e renováveis ou com base em redução de formação de resíduos ou de emissões de CO_2, devem ser valorizados, promovendo um movimento de "neoindustrialização verde", com produtos cujo consumo é estimulado justamente pelo fato de serem menos degradantes ao ambiente.

9.3.3.1 Sociedade de risco e dever de evitar riscos

A noção de sociedade de risco, desenvolvida pelo sociólogo alemão Ulrich Beck, relaciona-se com uma abordagem da modernidade industrial e a intensificação dos riscos e ameaças, muitas vezes invisíveis, produzidos pelo próprio desenvolvimento tecnológico e industrial.[71] Com os avanços industriais e tecnológicos houve a criação de riscos de caráter global, que incluem acidentes nucleares, poluição e doenças que acabam atravessando fronteiras e demandando uma responsabilidade compartilhada.

Ademais, um ponto importante da análise da sociedade de risco é que como os riscos são invisíveis, isto é, não são imediatamente identificáveis ao olho nu, dado que eles requerem o conhecimento científico para serem reconhecidos/identificados. Nos dizeres de Ulrich Beck:

> Aquilo que prejudica a saúde e destrói a natureza é frequentemente indiscernível à sensibilidade e aos olhos de cada um e, mesmo quando pareça evidente a olhos nus, exigirá, segundo a configuração social, o juízo comprovado de um especialista para a sua asserção 'objetiva'. Muitos dos novos riscos (contaminações nucleares ou químicas, substâncias tóxicas nos alimentos, enfermidades civilizacionais) escapam inteiramente à capacidade perceptiva humana imediata. Cada vez mais estão no centro das atenções ameaças que, com frequência, não são nem visíveis nem perceptíveis para os afetados, e sim na vida de seus descendentes, em todo caso ameaças que exigem os 'órgãos sensoriais' da ciência – teorias, experimentos, instrumentos de medição – para que possam chegar a ser 'visíveis' e interpretáveis como ameaça.[72]

---

[70] Nesta perspectiva, interessante a análise de Alessandro Octaviani, pela construção de um sistema nacional de inovação periférico com sentido distributivo, na tese: OCTAVIANI, Alessandro. *Recursos genéticos e desenvolvimento*. 2008. p. 287. Tese (Doutorado) - Programa de Pós-Graduação em Direito, Universidade de São Paulo, São Paulo, 2008.

[71] BECK, Ulrich. *Sociedade de risco*: rumo a uma outra modernidade. São Paulo: Ed. 34, 2010.

[72] BECK, Ulrich. *Sociedade de risco*: rumo a uma outra modernidade. São Paulo: Ed. 34, 2010. p. 32.

Assim, mesmo em face dos avanços científicos, dada a necessidade da intermediação do discurso científico para a identificação dos riscos, as próprias organizações produzem seus contradiscursos às versões disseminadas, para evitar sinistros em suas atividades econômicas e sobretudo à sua reputação. Ademais, a ciência, ao mesmo tempo que é esclarecedora, também promove suas incertezas, pois se transforma em acelerada velocidade, sendo cada vez mais difícil acompanhar o dito 'estado da arte'.

Neste contexto, o dever de evitar riscos se torna um imperativo ético, principalmente em face de riscos com grande poder de impactar a sociedade indistintamente, com efeitos que têm potencial de atingir diversas gerações, conforme visto. Logo, quando se fala em impactos de interesses difusos, há uma responsabilidade que ultrapassa a seara individual e atinge, assim, uma faceta coletiva, implicando de forma solidária: governos, organismos internacionais, empresas, a comunidade científica e a cidadania.

O Direito que tinha, outrora, uma tarefa retrospectiva, ao aplicar princípios de ponderação para cobrir danos ocorridos no passado, passa a ganhar, então, uma missão eminentemente prospectiva, de evitar, de prevenir ou mitigar, a ocorrência de sinistros que tenham o potencial de prejudicar toda a sociedade. Logo, a sociedade de risco não apenas diagnostica as ameaças criadas pela modernidade, mas também exige que haja uma forma de responsabilidade social, para que se tomem medidas de mitigar, regular e controlar os riscos como dever coletivo intergeneracional, congregando, então, todos à consciência e às ações globais em prol de preservar o meio ambiente, proteger a saúde pública e também garantir uma condição de vida saudável para as presentes e futuras gerações.

Neste contexto, de identificação e tentativa de mensuração, para mitigação, de riscos, ressurgem com força os princípios da **prevenção** e da **precaução**, que não são apenas usados para a seara ambiental, mas que passam a permear as mais variadas facetas das atividades no contexto de uma sociedade de risco.

9.3.3.2 Princípios da prevenção e da precaução

O princípio da precaução, expõe Paulo de Bessa Antunes,[73] surgiu no Direito Ambiental alemão nos anos 1970, como resposta à necessidade de avaliar previamente os impactos ambientais de empreendimentos industriais. Inicialmente, sua aplicação concentrava-se nas possíveis cargas ambientais, especialmente aquelas causadas por substâncias perigosas que afetavam a qualidade do ar. Com o tempo, o denominado *Vorsorgeprinzip* foi adotado em nível internacional e em legislações, como a brasileira, influenciando políticas de gestão ambiental ao priorizar ações preventivas em situações de incerteza científica sobre riscos potenciais. Nos Estados Unidos, por sua vez, o enfoque enveredou para uma abordagem de análise de risco e custo-benefício.

A precaução, apesar de amplamente reconhecida, no entanto, carece de consenso internacional sobre sua definição exata. Em geral, ela não se propõe a eliminar riscos completamente, mas a reduzi-los racionalmente para auxiliar na tomada de decisões. Significa dizer que não se objetiva impor um "risco zero", mas sim, estabelecer critérios proporcionais para lidar com possíveis danos.

---

[73] ANTUNES, Paulo de Bessa. Princípio da precaução no Direito Ambiental Brasileiro. *Veredas do Direito*, Belo Horizonte, v.13, n.27, p.70-71, set./dez. 2016.

O **princípio da precaução** busca equilibrar a necessidade de proteção ambiental sem gerar incertezas legais excessivas que possam paralisar iniciativas e inovações. Enquanto a precaução é uma diretriz que orienta medidas para evitar danos ambientais potenciais, em face da ausência de uma certeza científica sobre a ocorrência de tais danos, em situações nas quais os riscos não são totalmente compreendidos ou conhecidos, o que exige uma postura eminentemente preventiva, o princípio da prevenção, por outro lado, se baseia em riscos conhecidos e mensuráveis.

Juarez Freitas,[74] por sua vez, confere uma ênfase de exigibilidade ao princípio da precaução, ao externar que ele é dotado de eficácia direta e imediata, impondo ao Poder Público diligências não tergiversáveis, com a adoção de medidas antecipatórias e proporcionais, mesmo em face da incerteza quanto à produção dos danos.

Assim, o **princípio da prevenção** aplica-se a impactos ambientais já conhecidos, onde existe certeza científica sobre o dano potencial de certas atividades, sendo utilizado em instrumentos como o licenciamento ambiental, que avalia os efeitos de empreendimentos e define medidas de mitigação.

Em síntese, os dois princípios remetem à necessidade de equilibrar a proteção com o desenvolvimento, a partir de critérios de racionalidade e juízos de ponderação e proporcionalidade, mas enquanto na prevenção há danos previsíveis associados a riscos que são conhecidos, como ocorre na exigência de se instalar filtro em indústria que emite CO_2, no caso do princípio da precaução não se tem a certeza científica (incerteza científica) sobre a ocorrência dos danos e também de seus riscos, não obstante, há ações preventivas mesmo diante em face da ausência de certeza conclusiva sobre a ocorrência dos danos, como no caso de inúmeras medidas preventivas determinadas em face do alastramento de doença nova, em pandemia, como ocorreu quando houve a emergência da COVID-19.

Segundo expõe Ana Maria Pedreira, "prevenir é acautelar-se daquilo que, conhecidamente, se entende como causador do dano; de outra banda, precaver advém de algo de que não se tem certeza científica sobre a potencialidade lesiva da conduta, do produto ou da substância".[75] Na síntese de Norma Sueli Padilha, a prevenção se relaciona com riscos e impactos conhecidos pela ciência, isto é, uma situação de risco certo em face de perigo concreto, já a precaução é associada aos riscos incertos em face de perigos abstratos.[76]

9.3.4 Emergência climática, vedação à proteção insuficiente e restrição à discricionariedade

A emergência provocada por desastres climáticos está sendo um fenômeno intensificado pelas mutações climáticas, resultando em eventos catastróficos do ponto de vista social, ambiental e econômico, a exemplo de:

- **ondas de calor extremas**, decorrentes do aquecimento do planeta que se aproxima do limite de 1,5º determinado pelo Acordo de Paris;

---

[74] FREITAS, Juarez. *Sustentabilidade*: direito ao futuro. 2. ed. Belo Horizonte: Fórum, 2012. p. 285.

[75] PEDREIRA, Ana Maria. *A responsabilidade do Estado por omissão*: a aplicabilidade dos princípios da prevenção e precaução e o controle da Administração Pública. Porto Alegre: Núria Fabris, 2016. p. 241.

[76] PADILHA, Norma Sueli. *Fundamentos constitucionais do direito ambiental brasileiro*. Rio de Janeiro: Campus, 2010. p. 254.

- **secas severas**, que inclusive abatem-se sobre regiões da Amazônia, com uma baixa histórica no ano de 2024 nos rios da região, atrapalhando a navegabilidade de alguns deles;
- **incêndios florestais** que devastaram cobertura de vegetação, como aqueles que ocorreram em São Paulo, sendo encontradas condições climáticas extremas com baixa umidade e períodos prolongados de seca, propiciando um ambiente de propagação de incêndios, o que também se deve à ação humana; e
- **inundações/enchentes catastróficas**, como aquela vivenciada pelo Estado do Rio Grande do Sul,[77] sendo que, conforme exposição de Sarlet e Fensterseifer, nunca uma enchente no Brasil causou tanta destruição, tendo atingido 450 Municípios do Estado (90% de um total de 497), com a produção de mais de meio milhão de deslocados climáticos, tendo registrado, segundo dados da Defesa Civil de 15.05.2024, 148 óbitos, 124 desaparecidos, 538.545 desalojados, em um universo de 2.124.203 pessoas afetadas.[78]

A crise climática é realidade irrefutável, pois a sociedade já sente os impactos de secas extremas, enchentes devastadoras, incêndios incontroláveis e ondas de calor sem precedentes que demonstram a urgência ou emergência da proteção ao clima, já passou do tempo de o Estado, as organizações e a cidadania se comprometerem seriamente com a redução de emissão de gases de efeito estufa, dado aumento da temperatura, bem como com a proteção dos ecossistemas. A oportunidade de reverter essa espiral de acontecimentos catastróficos está diminuindo e estamos correndo o risco de vivenciarmos situações irreversíveis.

Assim, a gravidade da crise climática reforça a necessidade do reconhecimento do direito fundamental de se viver em um clima limpo, saudável e seguro, que, segundo Ingo Sarlet e Tiago Fensterseifer, exigem, em contrapartida, **deveres** correlatos do Estado no sentido da proteção climática.[79]

Do art. 20 da Lei Fundamental alemã, reforçam os autores,[80] extrai-se o argumento da vedação de proteção insuficiente (*Untermaßverbot*), como um objetivo estatal de vedação de piora ou deterioração das condições climáticas e o correspondente dever de adoção de medidas, por parte dos Poderes Executivo e Judiciário, para resolução do princípio do *in dubio pro natura et clima*, com práticas resolutivas consideradas amigáveis ao clima (*klimafreudliche Lösungen*), o que implica no reconhecimento de deveres específicos de proteção do sistema climático, associados, no Brasil, ao dever estatal de proteção, como preservação e restauração, dos "processos ecológicos essenciais", previsto no inciso I do § 1º do art. 225 da Constituição.

O princípio da proteção insuficiente implica que o Estado tem o dever de garantir uma proteção adequada ao meio ambiente, não podendo ser omisso ou insuficiente nas ações de

---

[77] A Lei nº 14.981, de 20 de setembro de 2024, foi criada para viabilizar medidas excepcionais no enfrentamento dos impactos dos eventos climáticos extremos, como os que afetaram o Rio Grande do Sul em abril e maio de 2024. A lei autoriza o governo federal a conceder subvenções econômicas e facilita o acesso ao crédito para os afetados, além de simplificar a contratação de obras e serviços de recuperação nas áreas atingidas.

[78] SARLET, Ingo Wolfgang; FENSTERSEIFER, Tiago. Direitos fundamentais e o desastre climático no RS. Disponível em https://www.conjur.com.br/2024-mai-20/direitos-fundamentais-e-desastre-climatico-no-rs/. Acesso em 12 out. 2024.

[79] SARLET, Ingo Wolfgang; FENSTERSEIFER, Tiago. Direitos fundamentais e deveres de proteção climática na Constituição brasileira de 1988. *Revista de Direito Ambiental*, vol. 108, p. 83, out./dez. 2022.

[80] Op. cit. p. 91.

preservação do meio ambiente. No Brasil, o paradigma deste reconhecimento pode ser extraído a partir da **ADPF 708**, j. 1º.7.2022. De acordo com tal decisão, houve a determinação de que:

> O Poder Executivo tem o dever constitucional de fazer funcionar e alocar anualmente os recursos do Fundo Clima, para fins de mitigação das mudanças climáticas, estando vedado seu contingenciamento, em razão do dever constitucional de tutela ao meio ambiente (CF, art. 225), de direitos e compromissos internacionais assumidos pelo Brasil (CF, art. 5º, par. 2º), bem como do princípio constitucional da separação dos poderes (CF, art. 2º c/c art. 9º, par. 2º, LRF).

Do ponto de vista do Conselho de Estado francês, dá-se destaque à determinação ao governo francês, depois da ação da comuna de Grande-Synthe e por várias associações de defesa do meio ambiente, em julho de 2021, que tomasse todas as medidas necessárias para reduzir a curva das emissões de gases de efeito estufa produzidas na França, garantindo sua compatibilidade com os objetivos definidos pelo legislador francês em consonância com o Acordo de Paris (-40% das emissões de gases de efeito estufa até 2030 em comparação com os níveis de 1990).[81]

A propósito de municiar as políticas de mudanças climáticas no Brasil, houve, em 27 de junho de 2024, a criação da Lei nº 14.904, que estabelece diretrizes para a elaboração de planos de adaptação à mudança do clima, visando reduzir a vulnerabilidade e a exposição a riscos dos sistemas ambiental, social, econômico e de infraestrutura diante dos efeitos adversos das mudanças climáticas. A lei integra estratégias de mitigação e adaptação, promove a articulação com a Política Nacional de Proteção e Defesa Civil e incentiva a adoção de **soluções baseadas na natureza**. Além disso, altera a Lei nº 12.114, de 9 de dezembro de 2009, permitindo o uso de recursos do Fundo Nacional sobre Mudança do Clima para financiar a elaboração e implementação de planos municipais de adaptação.

Em síntese, a Constituição Federal, no art. 225, estabelece que o Estado possui não apenas deveres de proteção ecológica, mas também obrigações específicas de proteção climática, como afirmado pelo STF na ADPF 708. Tais deveres vinculam os Três Poderes (Legislativo, Executivo e Judiciário) e restringem a discricionariedade, permitindo, inclusive, que o Judiciário intervenha em casos de ação ou omissão estatal que comprometam a proteção climática, violando o princípio da proporcionalidade, inclusive em face de uma proteção ambiental insuficiente ou deficiente, de acordo com o princípio da proibição de proteção insuficiente (*Untermaßverbot*).

---

[81] CONSEIL D'ÉTAT. Emissions de gaz à effet de serre. Disponível em: https://www.conseil-etat.fr/actualites/emissions-de-gaz-a-effet-de-serre-le-gouvernement-doit-prendre-de-nouvelles-mesures-et-transmettre-un-premier-bilan-des-cette-fin-d-annee. Acesso em 2 nov. 2024.

10
Administração Direta e Indireta

10.1 Introdução

O estudo da Administração Direta e Indireta diz respeito à estrutura e à organização administrativa do Estado. Trata-se de assunto relevante para a compreensão da estrutura burocrática e a reflexão de seu tamanho, regime jurídico, conformação normativa e mecanismos de planejamento, articulação e controle.

A estruturação racional da Administração Pública brasileira passou pelas seguintes etapas de destaque: a reforma que resultou na edição do Decreto-lei nº 6.016/43; a que deu ensejo à edição do Decreto-lei nº 200/67, ainda aplicável a alguns aspectos da Administração; houve também a iniciativa do Ministério do Planejamento em constituir comissão de juristas[1] da área para elaborar um Anteprojeto da Lei Orgânica da Administração Pública Federal.

O anteprojeto não logrou êxito, mas procurou resolver alguns problemas identificados na aplicação do Decreto-lei nº 200/67, estabelecendo normas gerais sobre a Administração Pública Direta e Indireta, as entidades paraestatais e as de colaboração. Ressalte-se também a criação da Lei das Estatais, Lei nº 13.303/2016, que disciplinou o regime jurídico próprio das estatais. A lei foi regulamentada pelo Decreto nº 8.945/2016.

Acrescente-se que, em 22 de novembro de 2017, houve a edição do Decreto nº 9.203, que regula a política de governança da Administração Pública federal Direta, Autárquica e Fundacional. Governança Pública é o conjunto de mecanismos de liderança, estratégia e controle postos em prática para avaliar, direcionar e monitorar a gestão,[2] com vistas à condução das políticas públicas e à prestação de serviços de interesse da sociedade. Os princípios da governança pública, conforme art. 3º do decreto são: capacidade de resposta; integridade; confiabilidade; melhoria regulatória; prestação de contas e responsabilidade; e transparência.

10.2 Desconcentração e descentralização

Tanto a desconcentração como a descentralização são técnicas utilizadas para racionalizar o desenvolvimento e a prestação de atividades do Estado.

---

[1] Os juristas que participaram foram: Almiro do Couto e Silva, Carlos Ari Sundfeld, Floriano de Azevedo Marques Neto, Maria Coeli Simões Pires, Maria Sylvia Zanella Di Pietro, Paulo Modesto e Sergio de Andréa Ferreira.

[2] Para saber mais sobre as mais atuais técnicas de gestão no âmbito do Poder Público, com base nas regras de governança pública, ver: MAXIMIANO, Antônio Amaru; NOHARA, Irene Patrícia. *Gestão Pública*. São Paulo: Atlas, 2017. *Passim*.

Segundo clássica definição de Hely Lopes Meirelles:[3] **desconcentração** é a repartição de funções entre vários órgãos (despersonalizados) de uma mesma Administração, sem quebra da hierarquia.

Na desconcentração, não há a criação de outras pessoas jurídicas, mas a atribuição de determinadas competências que serão distribuídas em uma única pessoa jurídica. Explica Maria Sylvia Zanella Di Pietro[4] que com ela se objetiva descongestionar, desconcentrar, ou seja, tirar do centro um volume grande de atribuições, para permitir um desempenho mais adequado e racional.

São critérios utilizados para a desconcentração, de acordo com a exposição de Celso Antônio Bandeira de Mello:[5]

- em **razão da matéria**: em que há a criação de órgãos para tratar de assuntos determinados, como ocorre, no âmbito federal, nos Ministérios da Justiça, da Saúde, da Educação etc.;
- em **razão do grau**: em que a divisão é feita em função do nível de responsabilidade decisória nos distintos escalões correspondentes aos diversos patamares de autoridade, havendo o diretor de departamento, o diretor de divisão, os chefes de seção, os encarregados do setor etc.; e
- pelo **critério territorial**: que toma por base a divisão de atividades pela localização da repartição, como é o caso das administrações regionais de Prefeitura, da Delegacia Regional da Saúde etc.

As repartições públicas especializadas ou espalhadas por critério territorial são órgãos que compõem a hierarquia da Administração Direta e, como tais, não têm personalidade jurídica própria. São centros especializados de competência que, via de regra, não podem figurar no polo passivo de ações. Assim, os atos que praticam são imputados ao ente estatal ao qual pertencem, sendo que este deve figurar nas ações em geral.

Descentralização, por outro lado, é conceito que envolve a distribuição de competências de uma para outra pessoa, física ou jurídica, caso em que não se mantém entre elas relação de hierarquia. Nela pressupõe-se a existência de pelo menos **duas pessoas**, entre as quais as atribuições são divididas.

Há duas categorias básicas de **descentralizações**:

- as **políticas**, que são estudadas em mais profundidade no Direito Constitucional, pois abrangem entes federativos (no caso do Brasil: União, Estados, Distrito Federal e Municípios) com personalidade jurídica de direito público interno e competências próprias para realizar com autonomia atribuições que decorrem diretamente da Constituição; e
- as **administrativas**, em que um ente central empresta atribuições a órgãos periféricos ou locais dotados de personalidade jurídica. Estas últimas atribuições não decorrem diretamente da Constituição, mas do poder central que as defere por outorga (lei) ou por delegação (contrato).

---

[3] MEIRELLES, Hely Lopes. *Direito administrativo brasileiro*. São Paulo: Malheiros, 2009. p. 752.
[4] DI PIETRO, Maria Sylvia Zanella. *Direito administrativo*. São Paulo: Atlas, 2010. p. 410.
[5] BANDEIRA DE MELLO, Celso Antônio. *Curso de direito administrativo*. São Paulo: Atlas, 2008. p. 150.

As descentralizações administrativas, que são estudadas no Direito Administrativo, classificam-se em:

- descentralização territorial ou geográfica;
- descentralização por serviços, funcional ou técnica; e
- descentralização por colaboração.

A **descentralização territorial** ou **geográfica** é própria dos países que adotam forma unitária de Estado, como França, Portugal, Bélgica, os quais se dividem em Departamentos, Regiões, Províncias, Comunas etc. Nela, há a existência de uma entidade local, geograficamente delimitada, com personalidade própria de direito público e capacidade genérica. O ente descentralizado tem autoadministração, o que lhe permite exercer a maior parte dos encargos públicos de interesse da coletividade, mas se sujeita ao controle e ingerência do poder central.

No Brasil, são descentralizações geográficas os territórios federais. A Constituição de 1988 extinguiu os territórios federais existentes, que eram: Roraima, Amapá e Fernando de Noronha, sendo que, conforme regras contidas nos arts. 14 e 15 do ADCT, enquanto Roraima e Amapá foram transformados em Estados Federados, Fernando de Noronha teve sua área reincorporada ao Estado de Pernambuco.

Apesar de inexistirem territórios federais, nada obsta que sejam criados novamente desde que haja disciplina estabelecida em lei complementar, aprovação da população diretamente interessada, através de plebiscito e do Congresso Nacional, por lei complementar (art. 18, §§ 2º e 3º, da CF). Ressalte-se que, ao contrário da disciplina constitucional anterior, a Constituição de 1988 não considera o território federal um ente federativo,[6] mas apenas uma descentralização territorial que integra a União.

Descentralização por serviços é, segundo expõe Maria Sylvia Zanella Di Pietro,[7] aquela em que o Poder Público cria ou autoriza a criação por meio de lei de pessoa jurídica de direito público ou privado e a ela atribui a titularidade e a execução de determinado serviço.

Compreendem os entes da Administração Indireta, isto é, autarquias, fundações públicas, sociedades de economia mista e empresas públicas. Di Pietro constata que a Lei nº 11.107/2005 criou também uma nova espécie de descentralização por serviços: o consórcio público que pode ser constituído como associação pública ou pessoa jurídica de direito privado para a gestão associada de serviços públicos, conforme determina o art. 241 da Constituição.

Este tipo de descentralização envolve: reconhecimento da personalidade jurídica do ente descentralizado; existência de órgãos próprios, com certa capacidade de autoadministração; patrimônio próprio; capacidade específica em relação ao serviço público que lhe foi transferido, o que o impede de se desviar dos fins que determinaram a sua criação; e sujeição a controle ou tutela exercido pelo ente instituidor, nos limites da lei.

Descentralização por colaboração compreende a transferência da execução de determinado serviço por meio de contrato ou ato administrativo unilateral, à pessoa jurídica de direito privado previamente existente. Neste tipo de descentralização, o Poder Público conserva a titularidade do serviço. São exemplos de descentralização por colaboração a concessão e a permissão de serviços públicos, feitas sempre através de licitação, conforme impõe o art. 175 da Constituição.

---

[6] Como se constata da redação do art. 1º da Constituição anterior (1967) com a redação da Emenda nº 1/69: "o Brasil é uma República Federativa, constituída, pela união indissolúvel dos Estados, Distrito Federal e Territórios".

[7] DI PIETRO, Maria Sylvia Zanella. *Direito administrativo*. São Paulo: Atlas, 2010. p. 412.

10.3 Teoria do órgão

A formulação da teoria do órgão é atribuída a Otto Gierke, jurista alemão que criou uma doutrina para justificar como se dá a manifestação da vontade do Estado por meio de seus órgãos. As elaborações teóricas procuraram trabalhar com a noção de que os agentes públicos, ao agir, expressam a vontade do Estado.

A primeira elaboração que buscou solucionar tal questão foi a **teoria do mandato**, segundo a qual aos agentes públicos seriam delegados poderes para que agissem em nome e no interesse do Estado. Essa teoria, que teve inspiração no direito privado, foi questionada, pois, se o Estado não tem vontade própria, não poderia outorgar tal mandato, o que também dava margem ao questionamento da existência de duas vontades diferenciadas, porquanto o agente que atua no órgão deve expressar diretamente a vontade objetiva da lei.

Posteriormente, houve a substituição dessa concepção pela **teoria da representação**, pela qual a vontade dos agentes, em virtude de lei, exprimiria a vontade do Estado, como ocorre na tutela ou na curatela, figuras jurídicas que apontam para representantes dos incapazes. Ocorre que essa teoria, além de equiparar o Estado, pessoa jurídica, ao incapaz (sendo que o Estado é pessoa jurídica dotada de capacidade plena), não foi suficiente para alicerçar um regime de responsabilização da pessoa jurídica perante terceiros prejudicados nas circunstâncias em que o agente ultrapassasse os poderes da representação.

Superadas tais elaborações, houve a criação da noção de imputação dos atos praticados pelos agentes ao Estado, numa relação orgânica (**teoria do órgão**). **Órgãos** são, em clássica definição de Hely Lopes Meirelles, "**centros de competências** instituídos para o desempenho de funções estatais, através de seus agentes, cuja atuação é *imputada* à pessoa jurídica a que pertencem".[8]

A imputação tem reflexos na responsabilidade, pois o Estado responde pelos atos que seus agentes praticam, mesmo se estes atos extrapolam das atribuições estatais conferidas, sendo-lhe assegurado o direito de regresso.

Ressalte-se que a competência é atribuída aos órgãos por **lei** pelo fenômeno da **desconcentração**, conforme visto. As leis que tratam da organização administrativa e da criação de cargos, funções ou empregos na Administração Direta e autárquica federais são de iniciativa do Presidente da República, conforme dispõe o § 1º do art. 61 da Constituição. A Emenda Constitucional nº 32 veda criação ou extinção de órgãos públicos por decreto (art. 84, VI, *a*).

A lei de processo administrativo federal (Lei nº 9.784/99) define órgão como "**unidade de atuação** integrante da estrutura da Administração Direta e da estrutura da Administração indireta" (art. 1º, § 2º, I). O órgão integra uma entidade, sendo esta última conceituada como "unidade de atuação dotada de personalidade jurídica" (art. 1º, § 2º, II), seja ela expressão da Administração Direta, isto é, da União, dos Estados, do Distrito Federal ou dos Municípios, ou

---

[8] MEIRELLES, Hely Lopes. *Direito administrativo brasileiro*. São Paulo: Malheiros, 2009. p. 68. Meirelles tem uma classificação de órgãos públicos que os divide em: **independentes** (originários da Constituição e representativos dos Poderes de Estado – Legislativo, Executivo e Judiciário), **autônomos** (diretivos, localizados na cúpula da Administração, imediatamente abaixo e subordinados aos Independentes, ex.: Ministérios e Secretarias), **superiores** (não gozam de autonomia, mas detêm poder de decisão, ex.: gabinetes, secretarias gerais, procuradorias administrativas e judiciais) e **subalternos** (com predominância de atribuições de execução, principalmente de atividades-meio e atendimento ao público); **simples** (com um só centro de competência) e **compostos** (que reúnem diversos órgãos); **singulares** (atuam por um único agente) e **colegiados** (atuam pela manifestação conjunta e majoritária de seus membros). MEIRELLES, Hely Lopes. *Direito administrativo brasileiro*. São Paulo: Malheiros, 2009. p. 71-74.

da Administração indireta,[9] pois pode ser um órgão, por exemplo, de uma autarquia. A Procuradoria do INSS é um órgão integrante desta autarquia previdenciária. Os agentes públicos que exercem as funções estatais são denominados pela lei federal de autoridades, desde que tenham poder de decisão (art. 1º, § 2º, III).

O órgão não tem personalidade jurídica própria, que é da pessoa jurídica a que está integrado, seja ela da Administração Direta (como as pessoas políticas: União, Estados, Distrito Federal e Municípios) ou Indireta (autarquias, fundações, empresas públicas, sociedades de economia mista ou consórcios públicos). Ele é composto de funções, cargos e agentes, que podem ser alterados sem a modificação da unidade orgânica.

O sistema jurídico não confere autonomia ou "vida própria" ao órgão, pois ele só é considerado na medida em que faz parte de um todo (daí a ideia de "organicidade"). Um ente federativo com personalidade jurídica, por exemplo, um Estado-membro, é composto por uma multiplicidade de órgãos,[10] como secretarias, seções, chefias etc. Assim, quando uma secretaria quer firmar um contrato, ela o celebra em nome[11] da pessoa estatal a que se vincula.

TEORIA DO ÓRGÃO

EVOLUÇÃO:

1. **TEORIA DO MANDATO**: contrato de mandato (problema: duas vontades?).
2. **TEORIA DA REPRESENTAÇÃO**: representação de incapazes (problema: o Estado não pode ser equiparado ao incapaz e responde pelos atos dos agentes, mesmo que esses extrapolem dos "limites de representação").
3. **TEORIA DO ÓRGÃO**: Otto Gierke (relação orgânica e imputação da atuação do agente ao Estado).

DEFINIÇÕES:
- Art. 1º, § 2º, da Lei nº 9.784/99: **unidade de atuação**.
- Hely Lopes Meirelles = **centro de competência**.

Em suma: o **órgão** desempenha função estatal por meio dos **agentes** públicos/autoridades, cuja atuação é *imputada* à **entidade** à qual pertencem.

Criação do órgão – por **lei** (de iniciativa do Chefe do Executivo).

Associado ao fenômeno da **desconcentração**.

10.4 Administração Direta

Compreende as pessoas jurídicas políticas, isto é, União, Estados, Distrito Federal e Municípios, e órgãos que integram tais pessoas por desconcentração, sem personalidade jurídica própria, aos quais a lei confere o exercício de funções administrativas.

O art. 4º do Decreto-lei nº 200, de 25.2.1967, com redação dada pela Lei nº 7.596/87, estipula (para a União) que "a administração federal compreende: I – a administração direta, que

---

[9] Também a Administração Indireta pode se desconcentrar, mas a Administração Indireta em si é um produto da descentralização e não da desconcentração.

[10] Não obstante pode ser que, para efeito de controle, os órgãos tenham distintos números de CNPJ.

[11] Excepcionalmente é reconhecida a personalidade judiciária a órgãos públicos, como ocorre no art. 82, III, do CDC, que determina serem legitimados para a defesa coletiva as entidades e *órgãos* da Administração Pública, Direta ou Indireta, *ainda que sem personalidade jurídica*, desde que tenham pertinência temática no assunto.

se constitui dos serviços integrados na estrutura administrativa da Presidência da República e dos Ministérios".

Segundo a explicação da comissão de especialistas que sugeriu uma reforma da organização administrativa brasileira, a Administração Direta é organizada com base na hierarquia e na desconcentração, sendo composta por órgãos, sem personalidade jurídica.

A criação e extinção de órgãos da Administração Direta dependem de lei de iniciativa do Chefe do Executivo. Já a organização e o funcionamento da Administração Direta serão regulados por decreto que, nos termos e limites da Constituição, e respeitadas as áreas de competência previstas em lei, poderá:

- estabelecer a estrutura interna dos órgãos do Poder Executivo, observada a estrutura básica prevista em lei;
- desmembrar, concentrar ou deslocar ou realocar atribuições de órgãos;
- fazer remanejamento e alterar a denominação de órgãos; e
- redistribuir cargos, empregos e funções entre órgãos.

A Administração Direta, por meio de seus Ministérios, exerce supervisão da Administração Indireta, que, conforme será visto, possui personalidade jurídica e estrutura hierárquica próprias. Atualmente, houve o aumento do número de ministérios. A vinculação por supervisão em âmbito federal, entre órgãos e Ministérios da Administração Direta e entes da Administração Indireta, conforme abreviatura, é:

1. ao **Ministério da Agricultura e Pecuária**: Empresa Brasileira de Pesquisa Agropecuária – Embrapa (empresa pública);
2. ao **Ministério das Cidades**: Companhia Brasileira de Trens Urbanos (CBTU – empresa pública) e Empresa de Trens Urbanos de Porto Alegre S.A. (Trensurb – empresa pública);
3. ao **Ministério da Ciência, Tecnologia e Inovação**: Agência Espacial Brasileira (AEB – autarquia) e Comissão Nacional de Energia Nuclear (CNEN – autarquia); Conselho Nacional de Desenvolvimento Científico e Tecnológico (CNPq – fundação); Centro Nacional de Tecnologia Eletrônica Avançada S.A. (Ceitec – empresa pública) e Financiadora de Estudos e Projetos (Finep – empresa pública);
4. ao **Ministério das Comunicações**: Agência Nacional de Telecomunicações (Anatel – autarquia); Empresa Brasileira de Correios e Telégrafos (ECT – empresa pública); Telecomunicações Brasileiras S.A. (Telebras – sociedade de economia mista);
5. ao **Ministério da Cultura**: Agência Nacional do Cinema (Ancine – autarquia); Instituto do Patrimônio Histórico e Artístico Nacional (Iphan – autarquia); Instituto Brasileiro dos Museus (Ibram – autarquia); Fundação Biblioteca Nacional (FBN – fundação); Fundação Casa de Rui Barbosa (FCRB – fundação); Fundação Cultural Palmares (FCP – fundação) e Fundação Nacional de Artes (Funarte – fundação);
6. ao **Ministério da Defesa**: (a) por meio do Comando da Marinha: 1. Caixa de Construções de Casas para o Pessoal da Marinha (CCCPM – autarquia); 2. Empresa Gerencial de Projetos Navais (Emgepron – empresa pública); e 3. Amazônia Azul de Tecnologias de Defesa S.A (Amazul – empresa pública); (b) por meio do Comando do Exército: Fundação Habitacional do Exército (FHE – fundação); Fundação Osório (fundação); e Indústria de Material Bélico do Brasil (Imbel – empresa pública); e (c) por meio do Comando da Aeronáutica: Caixa de Financiamento Imobiliário

da Aeronáutica (CFIAe – autarquia) e NAV Brasil Serviços de Navegação Aérea S.A. (NAV Brasil – empresa pública);

7. ao **Ministério do Desenvolvimento Agrário e da Agricultura Familiar**: Instituto Nacional de Colonização e Reforma Agrária (Incra – autarquia); Agência Nacional de Assistência Técnica Rural (Anater – serviço social autônomo); Companhia Nacional de Abastecimento (Conab – empresa pública); Companhia de Entrepostos e Armazéns Gerais de São Paulo (Ceagesp – empresa pública); e Centrais de Abastecimento de Minas Gerais S.A. (CEASA Minas);

8. ao **Ministério do Desenvolvimento, Indústria, Comércio e Serviços**: Instituto Nacional da Propriedade Industrial (INPI – autarquia); Instituto Nacional de Metrologia, Qualidade e Tecnologia (Inmetro – autarquia, que está se transformando em agência reguladora); Superintendência da Zona Franca de Manaus (Suframa – autarquia); e Banco Nacional de Desenvolvimento Econômico e Social (BNDES – empresa pública);

9. ao **Ministério do Desenvolvimento e Assistência Social, Família e Combate à Fome**;

10. ao **Ministério dos Direitos Humanos e da Cidadania**;

11. ao **Ministério da Educação**;

12. ao **Ministério do Empreendedorismo, da Microempresa e da Empresa de Pequeno Porte**: criado pela Lei nº 14.816/2024;

13. ao **Ministério do Esporte**;

14. ao **Ministério da Fazenda**: Comissão de Valores Mobiliários (CVM – autarquia); Superintendência de Seguros Privados (Susep – autarquia); CMB (Casa da Moeda do Brasil – empresa pública); Serpro (Serviço Federal de Processamento de Dados – empresa pública); Caixa (Caixa Econômica Federal – CEF); Empresa Gestora de Ativos (empresa pública); Agência Brasileira Gestora de Fundos Garantidores e Garantias S.A. (sociedade de economia mista); Banco do Brasil (sociedade de economia mista); Banco da Amazônia (sociedade de economia mista) e Banco do Nordeste do Brasil (sociedade de economia mista);

15. ao **Ministério da Gestão e Inovação em Serviços Públicos**: Empresa de Tecnologia e Informações da Previdência (Dataprev – empresa pública); Fundação Escola Nacional de Administração Pública (Enap – fundação); Fundação de Previdência Complementar do Servidor Público Federal do Poder Executivo (Funpresp-Exe – fundação);

16. ao **Ministério da Igualdade Racial**;

17. ao **Ministério da Integração e Desenvolvimento Regional**: Superintendência do Desenvolvimento da Amazônia (Sudam – autarquia); Superintendência do Desenvolvimento do Nordeste (Sudene – autarquia); Superintendência do Desenvolvimento do Centro-Oeste (Sudeco – autarquia); Departamento Nacional de Obras contra as Secas (DNOCS – autarquia); Agência Nacional de Águas e Saneamento Básico (ANA – autarquia); Companhia de Desenvolvimento dos Vales do São Francisco e do Parnaíba (Codevasf – empresa pública);

18. ao **Ministério da Justiça e da Segurança Pública**: Conselho Administrativo de Defesa Econômica (Cade – autarquia); e ANPD (Autoridade Nacional de Proteção de Dados – autarquia);

19. ao **Ministério do Meio Ambiente e Mudança do Clima**: Instituto Brasileiro do Meio Ambiente e dos Recursos Naturais Renováveis (Ibama – autarquia); Instituto Chico

Mendes de Conservação da Biodiversidade – Instituto Chico Mendes (ICMBio – autarquia); Instituto de Pesquisas Jardim Botânico do Rio de Janeiro (JBRJ – autarquia); e Agência Nacional de Águas (ANA – autarquia);

20. ao **Ministério de Minas e Energia**: Agência Nacional de Mineração (ANM – autarquia); Agência Nacional do Petróleo, Gás Natural e Biocombustíveis (ANP – autarquia); Agência Nacional de Energia Elétrica (Aneel – autarquia); Autoridade Nacional de Segurança Nuclear (ANSN – autarquia); Companhia de Pesquisa de Recursos Minerais (CPRM – empresa pública); Empresa de Pesquisa Energética (EPE – empresa pública); Empresa Brasileira de Administração de Petróleo e Gás Natural S.A. (Pré-Sal Petróleo S.A. – PPSA – empresa pública); Petróleo Brasileiro S.A (Petrobras – sociedade de economia mista); Indústrias Nucleares do Brasil (INB – sociedade de economia mista); e Nuclebrás Equipamentos Pesados (Nucleb – sociedade de economia mista);

21. ao **Ministério das Mulheres**;

22. ao **Ministério da Pesca e da Aquicultura**;

23. ao **Ministério do Planejamento e do Orçamento**: Fundação Instituto Brasileiro de Geografia e Estatística (IBGE – fundação); e Instituto de Pesquisa Econômica Aplicada (Ipea – fundação);

24. ao **Ministério dos Portos e Aeroportos**: Agência Nacional de Transportes Aquaviários (Antaq – autarquia); Agência Nacional de Aviação Civil (Anac – autarquia); Empresa Brasileira de Infraestrutura Aeroportuária (Infraero – empresa pública); Companhia Docas do Ceará (CDC – empresa pública); Companhia das Docas do Estado da Bahia (Codeba – empresa pública); Companhia Docas do Pará (CDP – empresa pública); Companhia Docas do Rio Grande do Norte (Codern – empresa pública); Companhia Docas do Rio de Janeiro (CDRJ – empresa pública); e Autoridade Portuária de Santos S.A. (empresa pública);

25. ao **Ministério dos Povos Indígenas**: Fundação Nacional dos Povos Indígenas (Funai – fundação);

26. ao **Ministério da Previdência Social**: Instituto Nacional do Seguro Social (INSS – autarquia); e a Superintendência Nacional de Previdência Complementar (Previc – autarquia);

27. ao **Ministério das Relações Exteriores**: Fundação Alexandre Gusmão (fundação);

28. ao **Ministério da Saúde**: Agência Nacional de Vigilância Sanitária (Anvisa – autarquia); Agência Nacional de Saúde Suplementar (ANS – autarquia); Fundação Oswaldo Cruz (Fiocruz – fundação); Empresa Brasileira de Hemoderivados e Biotecnologia (Hemobrás – empresa pública); e Hospital Nossa Senhora da Conceição S.A (empresa pública);

29. ao **Ministério do Trabalho e Emprego**: Fundação Jorge Duprat Figueiredo de Segurança e Medicina do Trabalho (Fundacentro – fundação);

30. ao **Ministério dos Transportes**: Departamento Nacional de Infraestrutura de Transportes (DNIT – autarquia); Agência Nacional de Transportes Terrestres (ANTT – autarquia); e Engenharia, Construções e Ferrovias S.A. (Valec – empresa pública);

31. ao **Ministério do Turismo**: Embratur (Agência Brasileira de Promoção Internacional do Turismo – serviço social autônomo).

Houve um aumento no número de Ministérios, sendo que o anterior superministério, que era o da Economia, foi reestruturado em quatro: Fazenda, Indústria e Comércio Exterior, Planejamento e Gestão. A Casa Civil continua tendo força de Ministério, e houve, ainda, a criação de um Ministério dos Povos Indígenas, algo histórico no Brasil.

10.5 Administração Indireta

Enquanto a Administração Direta compõe-se, conforme visto, de entidades divididas em órgãos que fazem parte da estrutura central do Estado, sendo articulada em Ministérios, Secretarias (estaduais, distritais ou municipais), diretamente subordinadas, por hierarquia, ao poder central, dado que não possuem personalidade jurídica própria; a **Administração Indireta** é, por sua vez, é formada por entidades, criadas ou cuja criação é autorizada por lei, nos termos do inciso XIX do art. 37 da Constituição, dotadas de personalidade jurídica própria, sendo estabelecidas para desempenhar atribuições com mais autonomia.

São entes da Administração Indireta: autarquias, fundações, empresas públicas, sociedades de economia mista e também os consórcios públicos, a partir da disciplina da Lei nº 11.107/2005.

10.5.1 Autarquia

10.5.1.1 Conceito e características

Autarquia advém do grego *autos-archia*,[12] que significa comando de si mesmo ou direção própria. Foi introduzida ao Direito Administrativo inicialmente com o sentido de uma organização que se gera pela vontade do Estado, mas que tem certa autonomia.[13]

Segundo pesquisa de Maria Sylvia Zanella Di Pietro,[14] o termo foi utilizado pela primeira vez em 1897, por Santi Romano, significando descentralização territorial dos Estados unitários; mas, mesmo neste sentido originário, não se pode considerar que a descentralização territorial tenha autonomia, pois ela não pode, exceto se houver delegação do poder central, estabelecer seu próprio direito (*autós* = próprio e *nómos* = lei).

Na atual sistemática constitucional, só são considerados entes autônomos: a União, os Estados, o Distrito Federal e os Municípios (art. 18, da Constituição), porquanto o Brasil se constitui como uma federação, sendo o território federal a única possibilidade de descentralização administrativa territorial existente. Não há mais territórios federais no Brasil; mas, conforme visto, nada impede que sejam criados novos. Territórios federais são descentralizações administrativas geográficas que integram a União e que, diferentemente das descentralizações políticas, não têm autonomia.

No Direito Administrativo brasileiro, autarquia designa uma espécie de **descentralização por serviços**. Trata-se de ente da Administração Indireta.

O art. 5º, I, do Decreto-lei nº 200/67 conceitua autarquia como: "serviço autônomo, criado por lei, com personalidade jurídica, patrimônio e receitas próprios, para executar atividades

---

[12] CRETELLA Jr., José. *Administração indireta brasileira*. Rio de Janeiro: Forense, 2000. p. 138.

[13] SILVA, De Plácido e. *Vocabulário jurídico*. 12. ed. Rio de Janeiro: Forense, 1993. p. 246.

[14] DI PIETRO, Maria Sylvia Zanella. *Direito administrativo*. São Paulo: Atlas, 2010. p. 427.

típicas da Administração Pública, que requeiram, para seu melhor funcionamento, gestão administrativa e financeira descentralizada".

O conceito é insuficiente, pois não faz alusão à **natureza jurídica pública** da autarquia. Por conseguinte, a proposta que foi feita pela comissão de especialistas[15] conceitua autarquia como "pessoa jurídica de direito público, criada por lei específica, para prestar serviço público ou exercer outra atividade administrativa que implique poderes próprios do Estado".

São características das autarquias:[16]

- criação por lei;
- personalidade e natureza jurídica públicas;
- capacidade de autoadministração;
- especialização dos fins ou das atividades; e
- sujeição ao controle de tutela.

De acordo com o art. 37, XIX, "somente por lei específica poderá ser criada autarquia". Como a autarquia somente será **criada por lei específica**, pela regra do paralelismo das formas, sua extinção também só poderá ser feita por lei específica. Note-se que, entre os entes da Administração Indireta, a autarquia é criada por lei enquanto as demais entidades, isto é, as empresas públicas, as sociedades de economia mista e as fundações devem ter a instituição autorizada por lei.

A autarquia tem **personalidade e natureza jurídica públicas**. De acordo com o art. 41 do Código Civil são pessoas jurídicas de direito público interno: a União; os Estados, o Distrito Federal e os Territórios; os Municípios; as *autarquias*, inclusive as associações públicas; e as demais entidades de caráter público criadas por lei. Está expressa, por conseguinte, no art. 41, IV, do Código Civil, a natureza pública da autarquia.

O fato de ter personalidade jurídica faz com que a autarquia seja sujeito de direitos e assuma obrigações em nome próprio, respondendo também por seus atos. Como as autarquias têm personalidade de direito público, expõe José dos Santos Carvalho Filho[17] que sobre elas não incide a disciplina do Código Civil.

Assim, enquanto a existência legal das pessoas de direito privado começa com a inscrição, no registro próprio, de seus atos constitutivos, a autarquia é regida pelo princípio da legalidade. Como consequência, a personalidade jurídica e existência da autarquia começam com o início de vigência da lei criadora, sem que haja necessidade do ato de registro.

A natureza jurídica pública também lhe confere todas as prerrogativas/poderes e sujeições/deveres decorrentes do regime jurídico administrativo, que serão desdobrados de maneira pormenorizada em subitem próprio. Submete-se ao regime jurídico de gestão semelhante ao da Administração Direta, inclusive quanto a atos e processos administrativos, licitações, contratações, bens, servidores públicos, responsabilização, prestação de contas, imunidade tributária e prerrogativas processuais.

Apesar de a autarquia não ter autonomia como os entes federativos responsáveis por sua criação, ela tem **autoadministração**. Significa dizer que, como ente jurídico próprio, dotado de personalidade jurídica, ela não se submete às relações hierárquicas da Administração Direta, tendo liberdade para gerir seus quadros sem interferências indevidas.

---

[15] Que intentou criar uma Lei Orgânica para a Administração, conforme visto.

[16] Maria Sylvia Zanella Di Pietro fala que essas características atingiram um certo consenso na doutrina. DI PIETRO, Maria Sylvia Zanella. *Direito administrativo*. São Paulo: Atlas, 2010. p. 428.

[17] CARVALHO FILHO, José dos Santos. *Manual de direito administrativo*. Rio de Janeiro: Lumen Juris, 2008. p. 442.

A autarquia também tem autonomia financeira. Segundo Celso Antônio Bandeira de Mello, "seus recursos, não importa se oriundos de trespasse estatal ou hauridos como produto da atividade que lhes seja afeta, configuram recursos e patrimônio próprios".[18]

A autarquia é criada para descentralizar serviços, sendo-lhe transferida por lei a titularidade de serviço público ou de atividade pública. A pessoa política que deu vida à autarquia lhe destina certa matéria, o que gera **especialização dos fins e atividades**.

Como decorrência, a Administração Direta exerce sobre as autarquias o chamado **controle de tutela**. Este é um tipo de controle que objetiva verificar se o ente não está se desviando das finalidades que justificam a sua existência. Na explicação de Celso Antônio Bandeira de Mello, trata-se do poder que compete à Administração Central de influir sobre as autarquias com o propósito de conformá-las ao cumprimento dos objetivos públicos em vista dos quais foram criadas, harmonizando-as com a atuação global do Estado.

No âmbito federal, o controle de tutela denomina-se supervisão ministerial, pois as autarquias se sujeitam à fiscalização do Ministério a cuja Pasta esteja vinculada à Presidência da República.[19] De acordo com o art. 26 do Decreto-lei nº 200/67, a supervisão ministerial, no que se refere à Administração Indireta, visa assegurar, essencialmente, a realização dos objetivos fixados nos atos de constituição da entidade; a harmonia com a política e a programação do governo no setor de atuação da entidade; a eficiência administrativa; e a autonomia administrativa, operacional e financeira da entidade.

Tendo em vista as mencionadas características, acrescidas à definição do anteprojeto, conceituamos autarquia como:

> pessoa jurídica de direito público, integrante da Administração Indireta, criada por lei específica para desempenhar, com especialidade e autoadministração, serviço público ou atividade administrativa que implique o exercício de poderes próprios do Estado, sujeita ao controle de tutela.

10.5.1.2 Classificação

As classificações de autarquia[20] utilizam-se basicamente de três critérios: quanto ao âmbito federativo da pessoa que as cria; quanto ao objeto, isto é, ao tipo de atividade exercitada; e quanto ao regime jurídico.

Quanto ao **âmbito federativo**, as autarquias podem ser federais, estaduais, distritais e municipais, conforme sejam instituídas respectivamente pela União, pelos Estados, pelo Distrito Federal e pelos Municípios. Como são dotados de autonomia, os entes federativos têm competência para organizar sua estrutura administrativa, por meio, por exemplo, da criação de autarquias.

Ressalta José dos Santos Carvalho Filho[21] que não há possibilidade de criação de autarquia interestadual ou intermunicipal, pois, caso haja necessidade de cooperação na gestão associada de serviços públicos, deverá ser celebrado convênio ou consórcio administrativo, nos moldes do art. 241 da Constituição.

---

18 BANDEIRA DE MELLO, Celso Antônio. *Curso de direito administrativo*. São Paulo: Malheiros, 2008. p. 161.
19 BANDEIRA DE MELLO, Celso Antônio. *Curso de direito administrativo*. São Paulo: Malheiros, 2008. p. 163.
20 Cf. CARVALHO FILHO, José dos Santos. *Manual de direito administrativo*. Rio de Janeiro: Lumen Juris, 2008. p. 444.
21 CARVALHO FILHO, José dos Santos. *Manual de direito administrativo*. Rio de Janeiro: Lumen Juris, 2008. p. 444.

Por este motivo, o STF já considerou que o Banco Regional de Desenvolvimento do Extremo Sul (BRDES), entidade comum aos Estados do Rio Grande do Sul, Paraná e Santa Catarina, não poderia ter natureza jurídica de autarquia, mas sim de empresa com personalidade jurídica de direito privado, ainda mais porque, além de não haver como criar autarquia interestadual, a matéria de desenvolvimento, planejamento e fomento regional é de competência da União.[22]

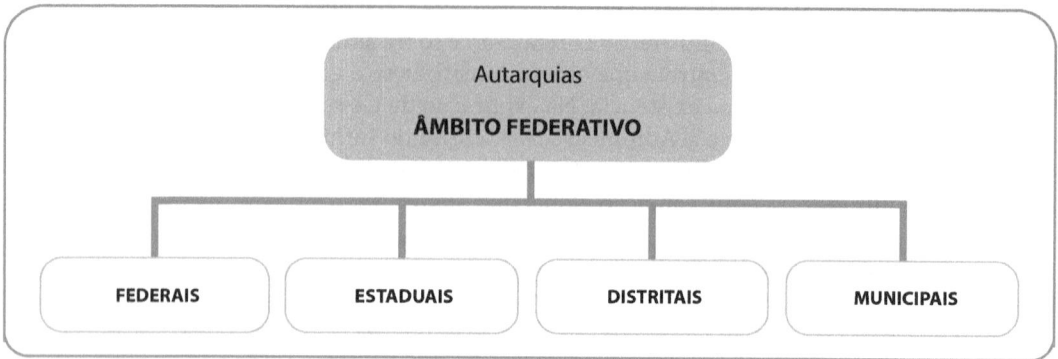

Quanto ao **objeto** das autarquias, elas podem ser:

- **assistenciais** ou de **fomento**: que têm por fim realizar os objetivos constitucionais presentes no art. 3º, III, da Constituição, quais sejam: reduzir as desigualdades sociais e regionais. São exemplos: a Sudene,[23] a Sudam e o Incra;[24]
- **previdenciárias**: que objetivam operacionalizar políticas públicas e ações da previdência social, administrando recursos e concedendo benefícios. Por exemplo: o INSS[25] e, no âmbito do Estado de São Paulo, a SPPREV;[26]
- **culturais** ou **de ensino**: que desenvolvem políticas e ações voltadas à cultura e à educação, como, por exemplo, o Instituto Brasileiro de Museus (Ibram)[27] e as universidades federais, no geral;
- **profissionais** ou **corporativas**: criadas pelo Estado para a consecução de fim de interesse público, qual seja, a fiscalização do exercício das profissões correspon-

---

[22] ACO nº 503/RS, Rel. Min. Moreira Alves, j. 25.10.2001. Cf. *Informativo STF* nº 247/2001.

[23] As superintendências de desenvolvimento regional foram propostas pelo economista Celso Furtado no governo Juscelino Kubitschek. São entidades que objetivam garantir investimentos em regiões carentes por meio da articulação de políticas públicas e da alocação de recursos que induzam ao desenvolvimento local com o incentivo de investimentos em infraestrutura econômica e social. Elas foram substituídas por Agências (ADA e ADENE) no governo Fernando Henrique Cardoso e reinstituídas em 2007, no governo Lula, sob as Leis Complementares nºs 124 e 125, de 3.1.2007. São vinculadas ao Ministério da Integração Regional, que, em 2019, passou a ser o Ministério do Desenvolvimento Regional.

[24] Instituto Nacional de Colonização e Reforma Agrária (Incra). Autarquia federal, criada pelo Decreto nº 1.110, de 9.7.1970. Tem por objetivo principal realizar a reforma agrária, manter o cadastro de imóveis rurais e administrar as terras públicas da União. Atualmente, ele foi vinculado ao Ministério da Agricultura, Pecuária e Abastecimento.

[25] Instituto Nacional do Seguro Social (INSS), vinculado ao Ministério da Economia.

[26] A SPPREV (São Paulo Previdência) substituiu o Instituto de Previdência do Estado de São Paulo (Ipesp).

[27] Autarquia federal vinculada ao Ministério da Cidadania que coordena a política nacional de museus. Foi instituída pela Lei nº 11.906/2009.

dentes. Para tanto, elas inscrevem e controlam as atividades desenvolvidas em cada segmento profissional. São exemplos de autarquias corporativas: Conselho Federal de Medicina, Conselho Federal de Psicologia, Conselho Federal de Enfermagem, Conselho Regional de Medicina (CRM), Conselho Regional de Engenharia e Arquitetura (Crea), conforme será exposto no capítulo seguinte (no item ordens e conselhos profissionais), a OAB, na ADI nº 3026/DF, de relatoria do Min. Eros Grau, não foi considerada autarquia especial, pois, segundo tal decisão, ela teria objetivos institucionais que transcendem o mero atingimento de finalidades corporativas, portanto, o Supremo reconheceu para ela um regime jurídico bastante diferenciado (natureza *sui generis*) em relação às demais entidades;

- **ambientais**: objetivam promover medidas para preservação da qualidade do meio ambiente, visando ao desenvolvimento sustentável e ao controle/licenciamento de atividades potencialmente degradantes ao meio ambiente, o que não exclui o exercício do poder sancionatório. São autarquias ambientais: em âmbito federal, o Ibama e, em âmbito estadual, por exemplo: em São Paulo, a Cetesb (Companhia de Tecnologia e Saneamento Ambiental), e, no Paraná, o IAP (Instituto Ambiental do Paraná);

- **de controle**: que, para José dos Santos Carvalho Filho,[28] é o caso das agências reguladoras, que têm por fim exercer o controle sobre entidades que prestam serviços públicos, por meio de concessões ou permissões, ou que desenvolvem atividades econômicas; e

- **administrativas**: como categoria residual, que desempenham atividades fiscalizatórias próprias do Estado. São exemplos delas: a CVM, o Cade, o Inmetro[29] e o Bacen.

Maria Sylvia Zanella Di Pietro[30] critica o critério de classificação quanto ao objeto, pois sempre haverá possibilidade de surgirem novas autarquias que não se enquadram no rol de atividades. Deve-se ressaltar também que a autarquia, como pessoa jurídica pública, geralmente persegue objetivos públicos, sem finalidades lucrativas.

A classificação quanto ao objeto varia, portanto, em função do tempo,[31] pois se antes havia autarquias de crédito e industriais, como as Caixas Econômicas e a Imprensa Oficial do Estado, atualmente elas foram transformadas em empresas, uma vez que o Decreto-lei nº 200/67 resguardou para os entes autárquicos o desenvolvimento de atividades tipicamente administrativas, excluindo, portanto, de suas atribuições atividades econômicas em sentido estrito.

---

[28] CARVALHO FILHO, José dos Santos. *Manual de direito administrativo*. Rio de Janeiro: Lumen Juris, 2008. p. 445.

[29] O Instituto Nacional de Metrologia, Normalização e Qualidade Industrial (Inmetro) é autarquia vinculada ao Ministério da Economia. Foi criado pela Lei nº 5.966/73 e tem por fim uniformizar unidades de medida por meio da metrologia e pela avaliação de conformidade, tendo em vista proteger consumidores e fortalecer empresas nacionais, aumentando sua competitividade pela melhoria da qualidade de produtos e serviços.

[30] DI PIETRO, Maria Sylvia Zanella. *Direito administrativo*. São Paulo: Atlas, 2010. p. 431.

[31] Na década de 40, por exemplo, era clássica a seguinte classificação quanto ao objeto (função): autarquias econômicas, industriais, de crédito, de previdência social e corporativas. Cf. CARNEIRO, Eryma. *As autarquias e as sociedades de economia mista no Estado Novo*. Rio de Janeiro: Departamento de Imprensa e Propaganda, 1941. p. 117. Atualmente, não se admite mais que autarquias desenvolvam atividades industriais e econômicas em sentido estrito (apenas se permitem autarquias de controle sobre atividades econômicas).

A classificação dá uma noção das atividades desempenhadas pelas autarquias, mas não é útil para distinguir uma autarquia de outro ente da Administração Indireta, até porque esta distinção está alicerçada sobretudo no regime jurídico[32] do ente.

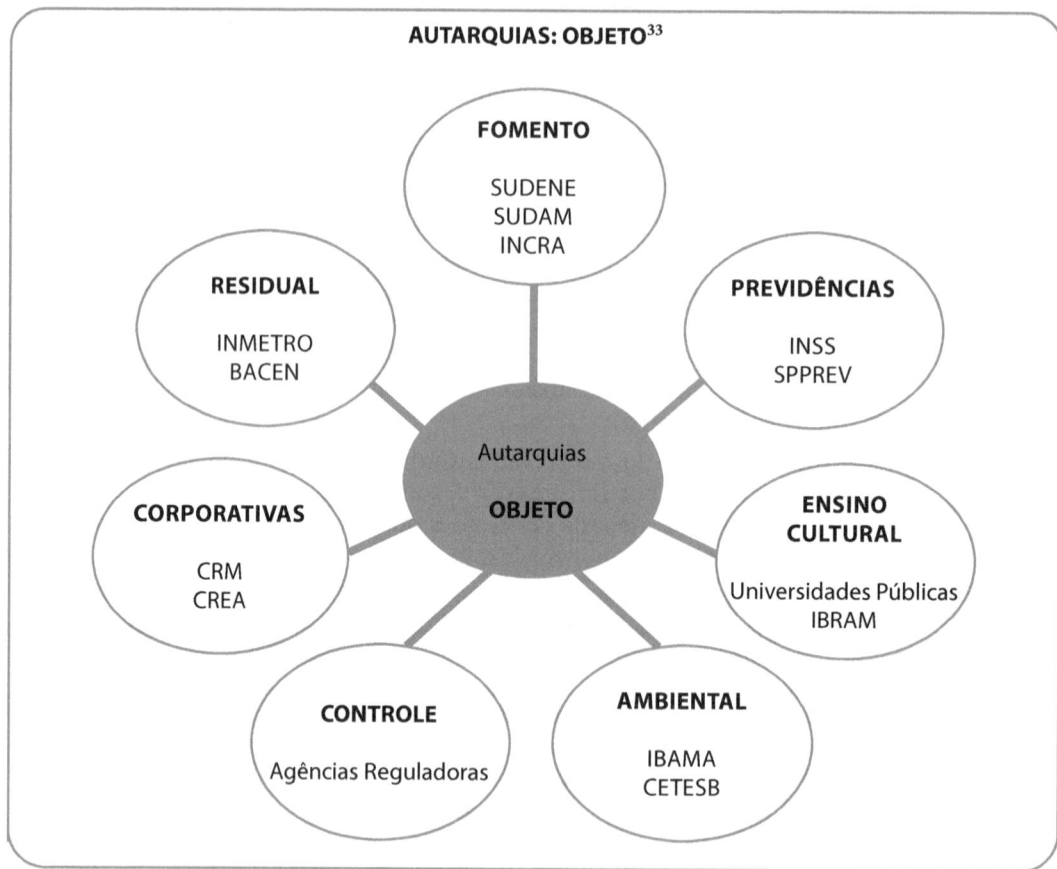

Quanto ao **regime jurídico**, as autarquias são divididas em: autarquias comuns e autarquias especiais. Autarquia em regime especial foi terminologia empregada originariamente pela Lei nº 5.540/68, revogada pela Lei nº 9.394/96, que, ao tratar da organização do ensino superior, determinou que as **universidades** e **estabelecimentos de ensino oficiais** seriam constituídas como autarquias em regime especial ou em fundações de direito público. Além das universidades públicas, também são consideradas autarquias em regime especial as **agências reguladoras**, conforme será visto.

---

[32] Após analisar todos os critérios, à luz da doutrina italiana, francesa e alemã, José Cretella Júnior chega à conclusão de que entre os requisitos: teleológico, orgânico, da posição relativa ao Estado e a outros entes, da participação coativa ou voluntária do grupo e do regime jurídico especial, "somente o regime jurídico, ou seja, o conjunto de conotações de uma determinada pessoa é que vai inclui-la na ala privatística ou publicística". In: *Administração indireta brasileira*. 4. ed. Rio de Janeiro: Forense, 2000. p. 131.

[33] Note-se que o Ibram se vincula atualmente ao Ministério da Cidadania.

Já as autarquias que não têm peculiaridades especiais em seus regimes legais são denominadas de autarquias comuns. São aspectos levantados por Odete Medauar[34] que demonstram o caráter especial das autarquias universitárias:

- nomeação do Reitor pelo Chefe do Executivo com base em lista elaborada pela própria Universidade;
- mandato do dirigente (Reitor), insuscetível de cassação pelo Chefe do Executivo (conforme dispõe a Súmula 47 do STF[35]);
- Estatuto e Regimento elaborados pela própria universidade;
- Existência de órgãos colegiados centrais na Administração superior, com funções deliberativas e normativas, dos quais participam docentes, representantes do corpo discente e da comunidade; e
- carreira específica para o pessoal docente, com progressão baseada na obtenção de graus acadêmicos e concursos.

As agências reguladoras têm regime jurídico especial, porque seus dirigentes têm mandato fixo, não sendo livremente exoneráveis pelo Chefe do Executivo, e elas têm maior autonomia decisória, porquanto é limitada a possibilidade de revisão de seus atos pelo Ministério supervisor. Também se costuma apontar o "poder normativo técnico"[36] como característica do regime jurídico da agência reguladora, aspecto cuja discussão é controvertida da doutrina, conforme será visto.

O anteprojeto de organização da Administração brasileira considera como autarquias em regime especial: I – as autarquias regionais, instituídas pelas pessoas político-administrativas para atuação isolada ou conjugada em determinado complexo geoeconômico e social; II – aquelas que a Constituição ou a lei atribui maior grau de autonomia, por meio, entre outros, da garantia de mandato fixo e estabilidade a seus dirigentes e da impossibilidade de revisão de seus atos, salvo pelo Poder Judiciário; e III – o consórcio público constituído sob a forma de associação pública.

10.5.1.3 Prerrogativas do regime público

Por terem personalidade jurídica de direito público, as autarquias possuem todas as prerrogativas ou poderes decorrentes do regime jurídico administrativo.

---

[34] MEDAUAR, Odete. *Direito administrativo moderno*. São Paulo: Revista dos Tribunais, 2006. p. 75.

[35] Conforme visto: "Reitor de universidade não é livremente demissível pelo Presidente da República durante o prazo de sua investidura" – 13.12.1963.

[36] CARVALHO FILHO, José dos Santos. *Manual de direito administrativo*. Rio de Janeiro: Lumen Juris, 2008. p. 449.

Assim, praticam **atos administrativos** dotados dos atributos da presunção de legitimidade e veracidade, imperatividade e autoexecutoriedade. Significa dizer que os seus atos, desde que respaldados no ordenamento jurídico, devem ser obedecidos pelos particulares, mesmo contra a vontade deles.

As autarquias gozam de **imunidade recíproca**, ou seja, a regra constitucional impede que as pessoas políticas exijam impostos reciprocamente, umas das outras, sendo prevista para os entes federativos no art. 150, VI, *a* e estendida às autarquias e fundações públicas[37] instituídas e mantidas pelo Poder Público, e, de acordo com a inserção da EC 132/2023, à empresa pública prestadora de serviço postal, no que se refere ao patrimônio, à renda e aos serviços, vinculados a suas finalidades essenciais ou às delas decorrentes, conforme o § 2º do mesmo artigo.

O dispositivo afasta a incidência de impostos sobre as autarquias e fundações públicas, federais, estaduais, distritais ou municipais, uma vez que elas desempenham atividades próprias (típicas) da Administração Pública, em razão de personalidade jurídica de direito público de que são possuidoras e em plena homenagem ao caráter ontológico da imunidade recíproca.[38]

O patrimônio, a renda e os serviços somente gozarão da imunidade se forem afetados à realização das finalidades essenciais da autarquia ou delas decorrentes. Essa exigência não é feita para os entes federativos. Assim, a *contrario sensu*, se o patrimônio não for destinado à realização das atividades próprias da autarquia, sobre ele deverá incidir imposto, como se extrai do teor das seguintes decisões do STF:

> CONSTITUCIONAL. TRIBUTÁRIO. IMUNIDADE RECÍPROCA. AUTARQUIA ESTADUAL. IPTU. CF, ART. 150, VI, *a*, § 2º, I – A imunidade recíproca dos entes políticos – art. 150, VI, *a* – é extensiva às autarquias no que se refere ao patrimônio, à renda e aos serviços vinculados às suas finalidades essenciais ou às delas decorrentes. CF, art. 150, § 2º, II – no caso, o imposto – IPTU – incide sobre prédio ocupado pela autarquia. Está, pois, coberto pela imunidade tributária. III – Recurso Extraordinário não conhecido (STF, RE 203839, *DJ* 2.5.1997. p. 16574).
>
> IMUNIDADE FISCAL. AUTARQUIAS. Assim, são devidos tributos municipais sobre terreno baldio de propriedade da autarquia. Recurso Extraordinário conhecido e provido (STF, RE 98.382/MG, 2ª T., Rel. Min. Moreira Alves, j. 12.11.1982).

Note-se que a imunidade recíproca afasta a cobrança de impostos, podendo haver, no entanto, cobrança recíproca dos demais tributos, como taxas e contribuições de melhoria. Mas sobre a taxa cobrada pela autarquia não recai imposto de renda, caso a renda obtida seja destinada às finalidades precípuas do ente da Administração Indireta, conforme se manifestou o STF no julgamento do RE 482814/SC, Rel. Min. Ricardo Lewandowski, j. 1º.2.2010, com precedentes em: AC 1.550/RO, Rel. Min. Gilmar Mendes, AC 1.582-MC-QO/RO, Rel. Min. Joaquim Barbosa, AC 1.549-MC-QO/RO, Rel. Min. Celso de Mello, AC 1.851-QO/RO, Rel. Min. Ellen Gracie e RE 598.322/RJ, Rel. Min. Celso de Mello.

As autarquias são processadas e julgadas no **juízo privativo da entidade estatal a que pertencem**. Assim, se a autarquia for federal, como é o caso do Ibama ou do INSS, ela será processada e julgada na Justiça Federal, uma vez que o art. 109, I, determina serem competentes os

---

[37] Fora positivada a imunidade recíproca às autarquias com a Emenda Constitucional nº 18, de 1965, com base em reiteradas decisões, consolidadas na Súmula 73, do STF (1963), já as fundações públicas tiveram reconhecida a imunidade a partir da Constituição de 1988. SABBAG, Eduardo. *Manual de direito tributário*. São Paulo: Saraiva, 2010. p. 292.

[38] Que se fundamenta no princípio federativo, onde há igualdade, independência e harmonia entre pessoas políticas, e na ausência de capacidade contributiva das pessoas de direito público. Ver COSTA, Regina Helena. *Imunidades tributárias*: teoria e análise da jurisprudência do STF. 2. ed. São Paulo: Malheiros, 2006. p. 141.

juízes federais, para analisar "as causas em que a União, entidade autárquica ou empresa pública federal forem interessadas na condição de autoras, rés, assistentes ou opoentes", exceto as de acidentes de trabalho (Justiça Estadual) e as sujeitas à Justiça Eleitoral e à Justiça do Trabalho. Já as autarquias estaduais e municipais são processadas e julgadas na Justiça Estadual.

As dívidas das autarquias obedecem como regra geral à **prescrição quinquenal**, salvo se houver regramento específico em sentido distinto, sendo imprescritíveis as ações de ressarcimento de atos de agentes que atinjam o seu patrimônio (erário, cf. art. 37, § 5º, CF). As autarquias **não** se sujeitam à **falência**.

Elas gozam das mesmas prerrogativas processuais da Fazenda Pública, quais sejam:

- **prazos processuais diferenciados;**
- créditos executados por procedimento especial de **execução fiscal** regrado pela Lei nº 6.830/80;
- dívidas cobradas também por procedimento especial de execução amparado no art. 100 da Constituição, referente à ordem cronológica de expedição de ofícios **precatórios**, tendo sido alterada pelas ECs 113 e 114, havendo limite máximo para pagamento das dívidas com o fito de custeio do Auxílio Brasil.
- os procuradores de seus quadros são dispensados da exibição ou juntada de instrumento de mandato em juízo, para os atos *ad judicia*;
- as **custas** processuais só serão pagas **ao final**, quando vencidas judicialmente;
- restrições quanto à concessão de liminar ou tutela antecipada;
- ausência de sujeição a concurso de credores em falência, salvo no caso de preferência entre Fazendas Públicas (art. 187, parágrafo único, I a III, CTN); e
- **remessa necessária**: a sentença contra elas deferida só poderá ser executada após confirmação pelo tribunal, sendo exigido o duplo grau obrigatório se a autarquia estiver no polo passivo da relação processual, caso em que se não houver recurso voluntário deverá ocorrer remessa de ofício à instância superior, tendo sido ampliadas as exceções no novo CPC.

AUTARQUIAS – PRERROGATIVAS DO REGIME JURÍDICO

Pratica atos administrativos.
Imunidade tributária.
Processamento no juízo da entidade a que se vinculam.
Prerrogativas processuais: prazos dilatados, remessa necessária, custas ao final.
Execução fiscal dos seus créditos.
Dívidas sujeitas a regime de cobrança via precatórios.
Prescrição quinquenal como regra geral.
Imprescritibilidade das ações "movidas em defesa de seu patrimônio".
Ausência de sujeição à falência.

10.5.1.4 Sujeições do regime público

Como decorrência do regime jurídico público, a autarquia se submete às sujeições correspondentes. Seu pessoal deve ser contratado, como regra geral, por concurso público. Os contratos celebrados pelas autarquias devem obediência à Lei de Licitações e Contratos.

As autarquias devem prestar contas ao Tribunal de Contas respectivo. A responsabilidade da autarquia é objetiva, uma vez que o art. 37, § 6º, da Constituição determina que as pessoas jurídicas de direito público responderão pelos danos que seus agentes, nessa qualidade, causarem a terceiros, assegurado o direito de regresso contra o responsável no caso de dolo ou culpa.

Ponto controvertido diz respeito ao regime jurídico do pessoal das autarquias. Até a Emenda Constitucional nº 19/98, havia o estabelecimento do regime jurídico único e planos de carreira para os servidores da administração pública direta, das autarquias e fundações públicas. Contudo, o regime único foi cautelarmente restaurado, com efeitos *ex nunc*, por medida cautelar deferida pelo STF na ADI 2.135-4 (*DJU* 14.8.2007), que, depois, em 6 de novembro de 2024, houve, por decisão do Plenário do STF a extinção do regime jurídico único, abrindo *ex nunc* a possibilidade de contratação celetista para toda a Administração Pública.

Ademais, deve-se enfatizar que seus servidores se submetem: ao regime de teto constitucional (art. 37, XI, CF), conforme será visto, à proibição de acumular cargos, empregos ou funções públicas (art. 37, XVI, CF), bem como às disposições de improbidade administrativa (art. 37, § 4º, CF e Lei nº 8.429/92).

AUTARQUIAS – SUJEIÇÕES DO REGIME JURÍDICO

Concurso público.

Licitação para as contratações.

Prestação de contas.

Responsabilidade objetiva (art. 37, § 6º, CF).

Regime jurídico único extinto *ex nunc*, em decisão do Plenário do STF, pela ADI 2.135-4 em 6 de novembro de 2024.

10.5.1.5 Escolha dos dirigentes

Geralmente, no caso das **autarquias comuns**, a nomeação do dirigente máximo (às vezes denominado também de superintendente) ou dos integrantes dos órgãos colegiados de direção superior compete ao Chefe do Poder a que esteja vinculada a entidade, desde que sejam observadas as condições constantes de norma constitucional ou de dispositivo previsto em legislação específica.

Nada impede que a lei estabeleça normas especiais para determinada autarquia ou categoria de autarquias. Assim, no caso das **autarquias em regime especial**, existem regras específicas para a nomeação dos dirigentes.

Conforme exposto, no caso da autarquia universitária, o Reitor é nomeado pelo Chefe do Executivo do mesmo âmbito da autarquia (isto é, se federal, o Presidente da República, se estadual, o Governador), com base em escolha que recai sobre lista elaborada pela própria Universidade. Em vez da nomeação por ato simples do Chefe do Executivo, os Reitores de Universidade são nomeados por "**ato complexo**, do qual participa o colegiado da autarquia (Congregação ou Conselho), que vota em vários nomes, sendo eleitos integrantes de uma lista, a qual é depois submetida à autoridade 'de fora', que escolhe"[39] um dos indicados.

As agências reguladoras, conforme determinação do art. 4º da Lei nº 9.986/2000, são dirigidas em regime de colegiado, por um Conselho Diretor ou Diretoria Colegiada composta por

---

[39] De acordo com a explicação de CRETELLA Jr., José. *Administração indireta brasileira*. Rio de Janeiro: Forense, 2000. p. 157.

Conselheiros ou Diretores, sendo um deles o seu Presidente, Diretor-Geral ou Diretor-Presidente. Eles são geralmente escolhidos pelo Presidente da República e por ele nomeados, após aprovação pelo Senado Federal, também por ato complexo.[40]

Conforme será visto, tanto o dirigente da agência reguladora como o reitor de universidade pública não são exoneráveis *ad nutum*,[41] pois possuem um prazo de investidura, e tais autarquias, em regime especial, são propositadamente extraídas da dinâmica da verticalidade hierárquica unipessoal. No caso do reitor, há a Súmula nº 47, do STF, de 1963, que determina: "Reitor de universidade não é livremente demissível pelo Presidente da República durante o prazo de sua investidura".

10.5.1.6 Regime de bens/patrimônio

O regime dos bens ou do patrimônio das autarquias é **público**, conforme classificação contida no art. 98 do Código Civil. Ademais, como a autarquia tem personalidade jurídica, os bens são de patrimônio próprio.

São, portanto, consequências do regime dos bens:

- **inalienabilidade** dos bens enquanto estiverem afetados à destinação pública: para serem alienados, os bens devem ser desafetados, submetidos à avaliação prévia e à licitação, sendo exigível ainda para os bens imóveis autorização legislativa (art. 76, I, da Lei nº 14.133/2021);
- **impenhorabilidade** dos bens afetados às finalidades institucionais, sendo o processo de execução contra a autarquia efetivado pelo procedimento especial do precatório, de acordo com o que dispõe o art. 100 da Constituição.
- **imprescritibilidade**: não sendo como regra geral, adquiridos pela via da usucapião, uma vez que o parágrafo único do art. 191 da Constituição proíbe usucapião de imóveis públicos e o art. 102 do Código Civil reitera que os bens públicos não estão sujeitos a usucapião; e
- **não graváveis com ônus reais**: proibindo-se que sejam afetados com direitos reais de garantia, como penhor, hipoteca e anticrese.

10.5.1.7 Controle

Além do controle interno, pautado na hierarquia e nas auditorias, realizado pela própria autarquia, e do controle externo, efetivado pelo Legislativo com auxílio do Tribunal de Contas; sobre ela, conforme visto, a Administração Direta, seja por meio da Presidência da República ou pelo Ministério Supervisor, exerce apenas o controle denominado de **tutela**. Este abrange analisar se ela não está se desviando das finalidades institucionais que justificam sua existência.

---

[40] Na classificação de Hely Lopes Meirelles e Sandra Julien Miranda, conforme exposto no capítulo referente aos atos administrativos, mas não na de Maria Sylvia Zanella Di Pietro, para quem esse tipo de ato é composto à medida que a escolha e nomeação competem ao Presidente, sendo para ela ato acessório a aprovação do Senado Federal.

[41] Já as demais autarquias, que não sejam em regime especial, submetem-se ao enunciado da Súmula nº 25/STF: "A nomeação a termo não impede a livre demissão, pelo Presidente da República, de ocupante de cargo dirigente de autarquia".

Segundo expõe Edmir Netto de Araújo,[42] o Chefe do Executivo não pode, em princípio, desfazer atos jurídicos legítimos praticados pelo Superintendente autárquico, uma vez que as personalidades jurídicas dos entes são distintas, apesar da ligação.

Como mecanismos aptos à realização do controle de tutela, existem dois expedientes: a interposição de recurso hierárquico impróprio pelo administrado e a intervenção, determinada por ato do Chefe do Executivo, com o afastamento temporário do dirigente e tendo em vista o controle finalístico do ente.

Recurso hierárquico impróprio[43] é o que não decorre da hierarquia, pois é endereçado à autoridade de pessoa jurídica distinta daquela da qual emanou o ato. Como se trata de uma medida excepcional, pois pessoas jurídicas distintas não se submetem a relações de hierarquia e se vinculam apenas em função da tutela que uma exerce sobre a outra, ele depende de expressa previsão legal.

É exemplo de recurso hierárquico impróprio aquele interposto de decisão final da Anvisa e endereçado ao Ministério da Saúde. Conforme será exposto, há restrições à interposição de recurso hierárquico impróprio dos atos das agências reguladoras, pois a elas se reconhece, como regra geral, maior autonomia.

Intervenção é medida mais radical. Está prevista como medida de supervisão ministerial na alínea *i* do parágrafo único do art. 26 do Decreto-lei nº 200/67. Justifica-se em motivo de interesse público, sob pena da caracterização de desvio de finalidade, além de outras consequências. Ela objetiva também a apuração de faltas funcionais, podendo dar ensejo à responsabilização penal, civil e administrativa do dirigente autárquico.[44]

Já o anteprojeto de alteração da estrutura da Administração Pública, em vez de tratar da intervenção, optou por disciplinar a supervisão ministerial de forma a garantir a autonomia conferida pela lei à entidade supervisionada, sem o risco de supressão ou redução na capacidade de autoadministração e funcionamento da autarquia.

Existe, ainda, no anteprojeto a previsão de afastamento preventivo do dirigente que, reiteradamente, deixar de observar as proibições e deveres de seu cargo, especialmente os relativos à realização dos fins da entidade e das diretrizes governamentais, situação que pode levar à sua destituição e consequente inabilitação para o exercício de cargo em comissão ou de função de confiança por determinado período, sem prejuízo de outras penalidades mais graves.

10.5.2 Agências

Agência é termo introduzido no Direito Administrativo brasileiro em função da globalização. Apesar da inspiração norte-americana, enfatiza Maria Sylvia Zanella Di Pietro[45] que seu significado nos Estados Unidos é muito mais amplo. Naquele país, toda organização administrativa se resume em agências, correspondentes em nosso sistema a qualquer autoridade pública.

---

[42] ARAÚJO, Edmir Netto de. *Curso de direito administrativo*. São Paulo: Saraiva, 2007. p. 179.

[43] José Cretella Júnior critica tal denominação, uma vez que o recurso não é hierárquico, porque transcende das relações hierárquicas e atinge outra pessoa jurídica, nem impróprio, pois se trata de verdadeiro recurso. Cf. *Tratado de direito administrativo*. Rio de Janeiro: Forense, 1972. p. 179. Na verdade, apesar de criticável mesmo a denominação, o impróprio se refere à hierarquia.

[44] ARAÚJO, Edmir Netto de. *Curso de direito administrativo*. São Paulo: Saraiva, 2007. p. 181.

[45] DI PIETRO, Maria Sylvia Zanella. *Direito administrativo*. São Paulo: Atlas, 2010. p. 463.

No Brasil, existem duas modalidades de agências bem delineadas:
- as agências executivas; e
- as agências reguladoras.

10.5.2.1 Agências executivas

A denominação *agência executiva* reflete uma **qualificação** concedida, por decreto específico, a autarquias ou fundações que celebrem **contrato de gestão** com a Administração a que se acharem vinculadas, para a melhora da eficiência e redução de custos. É exemplo de agência executiva o Inmetro (Instituto Nacional de Metrologia, Normatização e Qualidade Industrial), autarquia federal que tem por fim precípuo colaborar com a uniformização das unidades de medição como condição para o desenvolvimento e a qualidade industrial. A atribuição da qualidade de agência executiva não implica a instituição de uma nova entidade da Administração, nem abrange qualquer alteração nas relações de trabalho dos funcionários das instituições assim qualificadas.

Conforme estipula o art. 1º, § 1º, do Decreto nº 2.487/98, que se aplica à esfera federal:

> a qualificação de autarquia ou fundação como agência executiva poderá ser conferida mediante iniciativa do Ministério supervisor, com anuência do Ministério da Administração Federal e Reforma do Estado,[46] que verificará o cumprimento, pela entidade candidata à qualificação, dos seguintes requisitos:
>
> a) ter celebrado **contrato de gestão** com o respectivo Ministério supervisor; e
>
> b) ter **plano estratégico** de reestruturação e desenvolvimento institucional, voltado para a melhoria da qualidade da gestão e para a redução de custos, já concluído ou em andamento.

Assim, as entidades autárquicas e fundacionais que queiram obter qualificação de agência executiva e, por conseguinte, gozar de regime jurídico especial devem fazer avaliação de seu modelo de gestão, elaborando um plano de reestruturação e de desenvolvimento institucional. Aprovado o plano, há a celebração de um contrato de gestão com o Ministério responsável pelo controle administrativo sobre a entidade e sua qualificação como agência executiva é efetuada por decreto.

Se o plano estratégico de reestruturação e desenvolvimento institucional não for cumprido, ela perderá a qualificação de agência executiva. O § 2º do art. 75 da Lei nº 14.133/2021 (Lei de Licitações e Contratos) estabelece que os valores de contratação direta dos incisos I e II serão duplicados para compras, obras e serviços contratados por consórcio público ou por autarquia ou fundação qualificadas como agências executivas na forma da lei.

10.5.2.2 Agências reguladoras

Diferentemente das agências executivas, que são uma qualificação de autarquias ou fundações, as agências reguladoras são **autarquias em regime especial**, criadas e extintas por lei. Note-se que uma agência reguladora pode simultaneamente ser qualificada como agência

---

[46] Note-se que, no segundo mandato do governo Fernando Henrique Cardoso, houve a extinção do Ministério da Administração Federal e Reforma do Estado (Mare) e parcela de suas atribuições foi incorporada ao Ministério do Planejamento.

executiva, se tiver seu plano estratégico de reestruturação e desenvolvimento aprovado e celebrar contrato de gestão com o Ministério supervisor correspondente à sua área de atuação.

AGÊNCIA EXECUTIVA	AGÊNCIA REGULADORA
Qualificação que recai sobre autarquias ou fundações.	Autarquia em regime especial.
Instrumento jurídico: aprovação do plano estratégico de reestruturação e desenvolvimento + celebração de contrato de gestão.	**Instrumento jurídico:** criação e extinção por lei.

10.5.2.2.1 Intensificação da regulação no Brasil

O fenômeno da regulação por meio de agências especializadas, que atuam, portanto, em determinados setores econômicos, intensificou-se no Brasil no final da década de 90, como resultado do movimento da globalização econômica e das metas de ajustes fiscais assumidas pelas burocracias latino-americanas ante os organismos financeiros internacionais, que resultaram em privatização.

Existem basicamente dois sentidos para a privatização no Direito Administrativo. O termo tanto pode significar, em sentido estrito, a venda de estatais à iniciativa privada, que, por vezes, também é acompanhada da liberação de determinada atividade econômica antes monopolizada pelo Estado ao mercado, sendo necessária, neste último caso, alteração no ordenamento jurídico, como, em sentido amplo, compreende o repasse do exercício de serviços públicos a particulares, mediante concessões e permissões, situação em que em vez de o Estado prestar diretamente o serviço público ele transfere o seu exercício a empresas privadas por meio de delegação (contrato).

Houve, no Brasil, da década de 90 essas duas modalidades de privatização, ou seja, tanto ocorreu a venda de estatais e a "abertura" de atividades, que foi acompanhada da flexibilização de monopólios, como se verificou a intensificação da celebração de concessões e permissões de serviços públicos, com a consequente retração da execução direta pelo Estado de variadas atividades titularizadas por ele (serviços públicos).

A **intervenção estatal no domínio econômico**, segundo expõe Maria Sylvia Zanella Di Pietro,[47] tanto pode ser direta como indireta. A **direta** ocorre quando o Estado, por meio de suas empresas, exerce a atividade econômica, em competição com a iniciativa privada ou em regime de monopólio, conforme, respectivamente, determinam os arts. 173 e 177 da Constituição, e a **indireta** se dá quando o Estado exerce apenas atividade normativa que repercute na atividade econômica, conforme especificado no art. 174 da Constituição.

Na intervenção direta,[48] o Estado é produtor de bens e serviços e na indireta é regulador da atividade prestada por particulares. De acordo com Di Pietro, "o papel do Estado regulador não

---

[47] DI PIETRO, Maria Sylvia Zanella. *Direito regulatório*: temas polêmicos. Belo Horizonte: Fórum, 2003. p. 31.

[48] De acordo com a exposição esclarecedora de Eros Roberto Grau, conforme visto em capítulo próprio, os serviços públicos não são propriamente **intervenção**, mas sim **atuação** do Estado na economia. Lembrando que o

é incompatível com o papel do Estado produtor de bens e serviços, mas este último somente será assumido por motivo de segurança nacional ou de relevante interesse coletivo",[49] definidos em lei, conforme determina o art. 173 da Constituição.

A chamada flexibilização dos monopólios se deu pela alteração do texto constitucional, podendo-se mencionar como reflexos dessa orientação política três emendas, editadas em 1995:

- a Emenda Constitucional nº 5, que recaiu sobre a atividade de gás canalizado;
- a Emenda Constitucional nº 8, que abrangeu telecomunicações e radiodifusão; e
- a Emenda Constitucional nº 9, que compreendeu o petróleo, cf. art. 177, § 1º.

As alterações das Emendas Constitucionais nos 8 e 9 inseriram no texto constitucional a expressão "**órgão regulador**". O novo modelo de regulação em indústrias de energia, principalmente a partir da abertura, é designado de **regulação setorial**. Há também a denominada **regulação concorrencial**, que é baseada na aplicação da legislação *antitruste*.

Note-se que o art. 25 da Lei nº 13.848/2019 determina que com vistas à promoção da concorrência e à eficácia da implementação da legislação de defesa da concorrência nos mercados regulados, as agências reguladoras e os órgãos de defesa da concorrência devem atuar em estreita cooperação, privilegiando a troca de experiências.

Antes da intensificação do movimento de concessão e permissão de serviços públicos, a preocupação de intervenção estatal por meio do controle realizado pela legislação *antitruste* era algo direcionado precipuamente às atividades liberadas ao mercado e menos aos serviços públicos.

Ocorre que o repasse do exercício de diversos serviços públicos aos particulares foi acompanhado, por decisão política, da criação de entes especializados para promover a adequada intervenção no setor regulado, seja por meio de atividade normativa (que nos Estados Unidos se denomina *rulemaking*) ou pela prática de atos administrativos (*adjudication*) relacionados com o controle na delegação do serviço.

Às agências reguladoras foi dado identificar falhas específicas no setor regulado em função da análise de estruturas de competição existentes para evitar práticas restritivas à livre competição entre licitantes tendo em vista o alcance de contratações mais afinadas com o preenchimento de necessidades coletivas.

Assim, constata-se que a preocupação com a concorrência foi deslocada da área das atividades livres ou, na categoria de Eros Grau,[50] das atividades econômicas em sentido estrito, isto é, do **mercado**, para a **prestação de serviços públicos**, à medida que tais atividades, que eram com maior frequência prestadas diretamente pelo Estado, passam a ser realizadas com maior intensidade pela iniciativa privada, que é orientada para o lucro.

Do ponto de vista teórico, significa dizer que serão cada vez mais presentes no cenário do Direito Administrativo paralelos com Direito Econômico, conforme quadro abaixo, e de certa

---

termo *intervenção* indica um tipo de atividade que se desenvolve em seara alheia, isto é, no mercado, espaço de relativa liberdade, reservado sobretudo à iniciativa privada, enquanto atuação é atividade desenvolvida em espaço de titularidade estatal (nos serviços públicos), hipótese na qual se a iniciativa privada quiser atuar, deverá fazê-lo nos moldes ditados pelo Poder Público (agora pelas agências reguladoras, a depender do setor de atuação). GRAU, Eros Roberto. *A ordem econômica na Constituição de 1988*. São Paulo: Malheiros, 2006. p. 93.

[49] DI PIETRO, Maria Sylvia Zanella. *Direito regulatório*: temas polêmicos. Belo Horizonte: Fórum, 2003. p. 31.

[50] GRAU, Eros Roberto. *A ordem econômica na Constituição de 1988*. São Paulo: Malheiros, 2006. p. 93.

forma também com Direito do Consumidor, muito embora se considere[51] ainda que o cidadão-usuário de serviços públicos tem um *status* diferenciado da posição jurídica do consumidor de bens e serviços livres à iniciativa privada.

> **DEBATE: regulação e direito econômico – terminologia**
>
> A atividade regulatória desenvolvida pelas agências é fenômeno que promove uma interface maior entre Direito Administrativo e Direito Econômico. O movimento do governo no sentido de criar agências reguladoras e dotá-las de maior independência em relação aos ministérios supervisores resulta da transformação do papel do Estado de *provedor* para *regulador*, que se acirrou no Brasil no final da década de 90, com a privatização.
>
> A agência reguladora é entidade que se posiciona entre três segmentos: (1) governo; (2) indústria ou empresariado de determinado setor; e (3) os usuários dos serviços. Ela atua em função dos conhecimentos especializados que concentra, para preencher falhas setoriais que prejudicam a satisfação de necessidades coletivas.
>
> São fenômenos, que antes eram estudados na economia, mas que agora passaram a ter interesse jurídico[52] e presença marcante no vocabulário de regulação:
>
> - **teoria da captura regulatória** (*capture theory*): analisa a submissão da atuação da agência aos interesses mais imediatos de empresas dos setores regulados que, por concentrarem informações privilegiadas, exercem pressão e acabam determinando o conteúdo da regulação que sofrerão em detrimento de interesses coletivos;
> - **assimetria de informação**: na chamada era da informação, o conhecimento especializado é determinante para a tomada de decisões, contudo, nem todos os agentes sociais e empresariais detêm a mesma quantidade e qualidade de informações, ou seja, o mesmo nível de informações em meio às exigências de conhecimentos específicos dos diversos setores regulados; assim, se, por um lado, certos atores dos setores regulados têm dados privilegiados e deles se utilizam para atingir seus interesses mais imediatos, por outro, diversos segmentos sociais ficam alijados e reféns de uma **racionalidade limitada**;
> - *rent seeking*: expressão de origem inglesa, traduzida como *apropriação de renda*; fenômeno originariamente descrito por Anne Krueger. Trata-se, na regulação, de situação em que algumas restrições governamentais acabam beneficiando um grupo específico em prejuízo de toda sociedade;
> - **mecanismos de quarentena**: conforme será visto, são regras previstas em lei que impedem os dirigentes das agências reguladoras, após o término do mandato, de atuarem na iniciativa privada durante determinado período de tempo, com a contrapartida indenizatória do valor da remuneração percebida, no intuito de evitar que determinadas empresas tenham acesso a informações privilegiadas e que geram, portanto, assimetria em relação às demais; e
> - *essential facilities doctrine*: é a teoria de acesso a bens essenciais, utilizada pelas agências para provocar livre concorrência, em condições isonômicas. Trata-se, por exemplo, do **compartilhamento de rede** de infraestrutura detida com exclusividade por determinado agente com os demais, denominados "entrantes".

---

[51] Enquanto o cidadão ativo seria o equivalente ao sócio do "empreendimento" público, à medida que a prestação de serviço público se orienta para o atingimento de necessidades coletivas, o consumidor de serviços privados só tem esse *status* porque é potencial pagador/cliente do serviço, sendo assunto de interesse da empresa a formulação das estratégias de fornecimento do serviço. Mas, como bem enfatiza Maria Paula Dallari Bucci, tamanha foi a evolução proporcionada pelo Código de Direito do Consumidor que, na prática, ele representou um exercício para a cidadania. BUCCI, Maria Paula Dallari. *Direito administrativo e políticas públicas*. São Paulo: Saraiva, 2002. p. 114-118. Teria havido muito mais avanço nesta seara, caso tivesse sido aprovado o Código de Defesa do Usuário de Serviço Público em âmbito federal.

[52] Conteúdo solicitado no edital do concurso da Procuradoria do Estado de São Paulo, em 2009, na parte de Direito Econômico e Empresarial Público, que abarcou diversos assuntos de Direito Administrativo e de Regulação.

10.5.2.2.2 Inspiração e evolução da regulação no direito norte-americano

Muito embora já houvesse entes que realizassem atividades de poder de polícia na regulação de diversos setores no Brasil, como o Cade, o CMN e a Anvisa,[53] as novas modalidades de entidades reguladoras, que foram criadas no final da década de 90 e início do século XXI, que se concentram no controle ou fiscalização das delegações de serviços públicos a particulares, foram inspiradas nas **agências norte-americanas**.

Nos Estados Unidos, a primeira experiência com a instituição de órgãos dessa natureza se deu em 1887, com a criação da *Interstate Commerce Commission* (ICC), bem como com a *Federal Trade Commission*, especializada na solução de disputas entre o setor de transporte ferroviário e os empresários rurais.

No entanto, foi apenas após a Crise de 1929, especialmente entre 1930 e 1945, que houve a proliferação de agências reguladoras. Estas adquiriram paulatina independência em relação ao Poder Legislativo, na atividade especializada de regular parâmetros normativos genéricos (*standards*) editados pelo Congresso, ao Poder Executivo, que não poderia rever as decisões das agências, e ao Poder Judiciário, pois elas passaram a desempenhar função "quase-jurisdicional" na resolução de litígios entre delegatários de serviços públicos e entre eles e os usuários dos serviços.

A independência em relação ao Poder Judiciário também foi predominante nesse período tendo em vista a ocorrência de um dos maiores conflitos entre os Poderes constituídos já registrado na literatura jurídica. Trata-se do denominado "governo dos juízes", em que a Suprema Corte, de composição liberal-conservadora, começou a invalidar dispositivos legais provenientes dos "pacotes" econômico-intervencionistas, que contavam com amplo apoio popular, elaborados no intuito de salvar a economia norte-americana dos efeitos da Grande Depressão, por Franklin Delano Roosevelt ao Congresso e por este aprovados.

Após a reeleição de Roosevelt, este envia para o Congresso o *Court Packing Plan* no intuito de alterar a composição da Suprema Corte da seguinte forma: a cada *justice* que alcançasse a idade de aposentadoria e optasse, como permite o sistema norte-americano, em permanecer em atividade, o Presidente nomearia um outro integrante para a Corte. Muito embora tal projeto de lei não tivesse sido aprovado pelo Congresso, ele foi suficiente para pressionar a Suprema Corte, o que gerou não apenas aposentadorias voluntárias, bem como o recuo do controle jurisdicional sobre questões econômicas, deixando as agências reguladoras mais livres para atuar sem o controle maior do Poder Judiciário.

A partir da década de 60, houve o questionamento da atuação isenta das agências nos Estados Unidos, uma vez que se identificou o fenômeno da captura delas pelos setores empresariais interessados, que detinham mais conhecimentos técnicos (assimetria de informações). Houve a necessidade de definição de um novo modelo de regulação, pois os cidadãos-usuários norte-americanos passaram a desconfiar da premissa de que o simples fato de a agência deter conhecimentos técnicos especializados geraria sempre melhores decisões.

De 1985 em diante, sobretudo no governo Clinton, há a exigência de demonstração da relação custo-benefício das medidas regulatórias e a autonomia das agências reguladoras em relação ao Poder Judiciário é diminuída, a partir do desenvolvimento e utilização expressiva da cláusula do devido processo legal substantivo.[54]

---

[53] DI PIETRO, Maria Sylvia Zanella. *Direito administrativo*. São Paulo: Atlas, 2010. p. 468.

[54] Sobre a evolução da cláusula do devido processo e questionamento da discricionariedade técnica das agências nos Estados Unidos, cf. NOHARA, Irene Patrícia. *Limites à razoabilidade nos atos administrativos*. São Paulo: Atlas, 2006. p. 57.

Atualmente, ainda há duas correntes doutrinárias quanto ao uso da cláusula em restrição à discricionariedade administrativa:

1. o **interpretativismo** (Black, Berger, Bork e Rehnquist), que defende o reconhecimento da discricionariedade, sendo que o Judiciário não teria meios de substituir por outra mais conveniente, sob pena de o *rule of law* se transformar em *law of the judges*; e
2. o **não interpretativismo** (Ronald Dworkin), segundo o qual o juiz pode invocar valores e princípios substantivos em face de atos normativos que violem a Constituição.

10.5.2.2.3 Natureza jurídica

As agências reguladoras são autarquias qualificadas com **regime especial** definido segundo suas leis instituidoras, que regulam e fiscalizam assuntos atinentes às respectivas esferas de atuação. O regime especial é disciplinado no art. 3º da Lei nº 13.848/2019 da seguinte forma: "a natureza especial conferida à agência reguladora é caracterizada pela ausência de tutela ou de subordinação hierárquica, pela autonomia funcional, decisória, administrativa e financeira e pela investidura a termo de seus dirigentes e estabilidade durante os mandatos, bem como pelas demais disposições constantes desta lei ou de leis específicas voltadas à sua implementação".

Em regra, o regime especial diz respeito à maior **autonomia** em relação à Administração Direta, tendo em vista que, além das características de autonomia das autarquias, na agência reguladora:

1. os dirigentes (membros da Diretoria Colegiada) têm mandato fixo geralmente de cinco anos, vedada a recondução, não podendo, como regra geral, ser exonerados *ad nutum* por motivações políticas, o que lhes garante maior estabilidade e autonomia política em relação a interferências/pressões políticas indevidas. Via de regra, eles *perdem o mandato* em três hipóteses previstas no art. 9º da Lei nº 9.986/2000:
    a) renúncia;
    b) condenação judicial transitada em julgado ou decisão definitiva em processo disciplinar; e
    c) infringência de vedações legais (do art. 8º-B), conforme a Lei nº 13.848/2019.[55]
2. previsão de **quarentena** para os dirigentes que se desvinculam da agência reguladora pelo prazo estabelecido em lei, uma vez que os setores regulados podem ter interesse em contratar ex-dirigentes das agências em função das informações estratégicas acumuladas, o que tem o potencial de provocar assimetria de informações. A violação da quarentena por parte do ex-dirigente pode sujeitá-lo ao crime de advocacia administrativa, sem prejuízo de sanções administrativas e civis (de acordo com o art. 8º, § 4º, da Lei nº 9.986/2000, como, por exemplo, caracterização de improbidade administrativa); e
3. existem limites à interposição de **recurso hierárquico impróprio** de ato de agência reguladora no Ministério supervisor competente, tendo sido restringida ainda mais tal medida por conta do art. 3º da Lei nº 13.848/2019, que enfatizou a ausência de tutela e de subordinação hierárquica da agência, que foi interpretado da seguinte forma pelo Enunciado nº 25 da I Jornada de Direito Administrativo do CJF: "A ausência de tutela a que refere o art. 3º, *caput*, da Lei nº 13.848/2019 impede a interposição de

---

[55] Mas a lei de criação da Agência poderá prever **outras condições** para a perda do mandato.

recurso hierárquico impróprio contra decisões finais proferidas pela diretoria colegiada das agências reguladoras, ressalvados os casos de previsão expressa e assegurada, em todo caso, a apreciação judicial, em atenção ao disposto no art. 5º, XXXV, da Constituição Federal".

É também característica da agência reguladora o fato de que o **órgão de cúpula** ou **Diretoria/Conselho Diretor** do ente é **colegiado**. O art. 4º da Lei nº 9.986/2000, que dispõe sobre a gestão de recursos humanos das Agências Reguladoras, estabelece que as Agências serão dirigidas por órgão máximo como Conselho Diretor ou a Diretoria Colegiada, que será composto de até 4 (quatro) Conselheiros ou Diretores e 1 (um) Presidente, Diretor-Presidente ou Diretor-Geral.

A presença do colegiado confere, como regra geral, maior garantia de objetividade e tecnicismo nas decisões, porquanto órgãos que atuam em regime de colegiado discutem/debatem muito mais os assuntos que lhes são submetidos, o que reduz as possibilidades de edição de atos caprichosos ou pautados em motivações egoísticas ou de índole meramente subjetiva, mais próprias dos sistemas onde há chefia unipessoal. Tal característica é associada ao chamado consensualismo, dado que para se chegar ao consenso é necessário antes discutir os conflitos existentes.

Os membros da Diretoria/Conselho Diretor ou o Presidente serão:

a) brasileiros;

b) de reputação ilibada; e

c) de notório conhecimento no campo de sua especialidade.

Exige, ainda, o art. 5º da Lei nº 9.986/2000, com redação determinada pela Lei nº 13.848/2019, que devem ser atendidos um dos requisitos das alíneas "a", "b" e "c" do inciso I e, cumulativamente, o inciso II, isto é: I – ter experiência profissional de, no mínimo: (a) 10 anos, no setor público ou privado, no campo de atividade da agência reguladora ou em área a ela conexa, em função de direção superior; ou (b) quatro anos ocupando pelo menos um dos seguintes cargos: (1) cargo de direção ou de chefia superior em empresa no campo de atividade da agência reguladora, entendendo-se como cargo de chefia superior aquele situado nos dois níveis hierárquicos não estatutários mais altos da empresa; (2) cargo em comissão ou função de confiança equivalente a DAS-4 ou superior, no setor público; (3) cargo de docente ou de pesquisador no campo de atividade da agência reguladora ou em área conexa; ou (c) dez anos de experiência como profissional liberal no campo de atividade da agência reguladora ou em área conexa; e II – ter formação acadêmica compatível com o cargo para o qual foi indicado.

O Presidente da República indica e nomeia o dirigente após aprovação pelo Senado Federal nos termos da alínea *f* do inciso III do art. 52 da Constituição Federal.

As agências reguladoras também resolvem conflitos, por meio de **conciliação, mediação** ou **arbitragem**, envolvendo interesses de cidadãos-usuários e dos empresários dos setores regulados. Conforme será visto, isso não significa que não haja possibilidade de controle jurisdicional dos atos editados por agências reguladoras, uma vez que a lei não excluirá do Poder Judiciário lesão ou ameaça a direito (art. 5º, XXXV, da Constituição). Não há, portanto, independência dos atos das agências em relação ao Poder Judiciário, tendo em vista o princípio da inafastabilidade da jurisdição.

As agências reguladoras se submetem ao controle do Congresso Nacional do art. 49, X, da Constituição, que abarca a fiscalização dos atos editados pela Administração Indireta e ao controle financeiro, contábil e orçamentário, exercido pelo Poder Legislativo, com auxílio do Tribunal de Contas (arts. 70 e ss da CF).

Assim como as autarquias comuns, as agências reguladoras têm autonomia financeira, pois seus recursos, sejam eles recebidos por dotação orçamentária ou provenientes do produto de atividades próprias, são tidos como patrimônios próprios. Concorda-se, portanto, com Edmir Netto de Araújo no sentido de que as agências reguladoras são autônomas, pois atuam em seu próprio nome, mas não independentes do ponto de vista financeiro, porquanto as dotações que auferem "fazem parte do regime financeiro e orçamentário geral estatal".[56]

Não obstante, as leis específicas das agências reguladoras podem prever outras formas de receitas, como, nos exemplos fornecidos por Leila Cuéllar:

> (a) arrecadação de taxas de fiscalização sobre os serviços ou atividades econômicas regulados; (b) produtos de multas, emolumentos e retribuição de serviços prestados a terceiros; (c) rendimentos de operações financeiras; (d) recursos provenientes de convênios, acordos ou contratos celebrados; (e) doações, legados, dentre outros recursos que lhe forem destinados; e (f) valores apurados na venda ou aluguel de bens móveis ou imóveis de propriedade das Agências.[57]

10.5.2.2.4 Legislação específica nos setores de regulação

Como autarquia que é, a agência reguladora é criada por lei que determina seu regime específico. Cada agência tem abrangência para regular as relações com algum setor estratégico da economia. Além das leis específicas de cada agência, todas se subordinam à Lei nº 13.848/2019, que disciplina a gestão, a organização, o processo decisório e o controle social das agências reguladoras.

São agências reguladoras, de acordo com a tabela:

AGÊNCIA REGULADORA	LEI DE CRIAÇÃO
Agência Nacional de Energia Elétrica – **Aneel**	Lei nº 9.427, de 26.12.1996
Agência Nacional de Telecomunicações – **Anatel**	Lei nº 9.472, de 16.7.1997[58]
Agência Nacional do Petróleo, Gás Natural e Biocombustíveis – **ANP**	Lei nº 9.478, de 6.8.1997
Agência Nacional de Vigilância Sanitária – **Anvisa**	Lei nº 9.782, de 26.1.1999
Agência Nacional de Saúde Suplementar – **ANS**	Lei nº 9.961, de 28.1.2000
Agência Nacional de Águas – **ANA**	Lei nº 9.984, de 17.7.2000
Agência Nacional de Transportes Terrestres – **ANTT**	Lei nº 10.233, de 5.6.2001
Agência Nacional de Transportes Aquaviários – **Antaq**	Lei nº 10.233, de 5.6.2001
Agência Nacional do Cinema – **Ancine**	MP nº 2.228-1, de 6.9.2001
Agência Nacional de Aviação Civil – **Anac**	Lei nº 11.182, de 27.9.2005
Agência Nacional de Mineração – **ANM**	Lei nº 13.575, de 26.12.2017

---

[56] Expõe, ainda, que o art. 1º da Lei de Responsabilidade Fiscal (Lei Complementar nº 101, de 4.5.2000) declara que suas normas e princípios são aplicáveis integralmente à Administração Direta e Indireta das unidades federativas, sendo compreendidas entre os entes da Administração Indireta tanto as autarquias em regime comum como as em regime especial. Cf. ARAÚJO, Edmir Netto de. A aparente autonomia das agências reguladoras. In: MORAES, Alexandre de (Org.). *Agências reguladoras*. São Paulo: Atlas, 2002. p. 48.

[57] CUÉLLAR, Leila. *As agências reguladoras e seu poder normativo*. São Paulo: Dialética, 2001. p. 94.

[58] Com alterações recentes da Lei nº 13.879/2019, que adaptou outorga para autorização de telecomunicações.

Ademais, cada agência reguladora está vinculada a um Ministério Supervisor:

- Aneel – Ministério de Minas e Energia;
- Anatel – Ministério das Comunicações;
- ANP – Ministério de Minas e Energia;
- Anvisa – Ministério da Saúde;
- ANS – Ministério da Saúde;
- ANA – Ministério da Integração e Desenvolvimento Regional;
- ANTT – Ministério dos Transportes;
- Antaq – Ministério dos Portos e Aeroportos;
- Ancine – Ministério da Cultura;
- Anac – Ministério dos Portos e Aeroportos; e
- ANM – Ministério de Minas e Energia.

Conforme visto, as agências terão como órgão máximo o Conselho Diretor ou a Diretoria Colegiada, composta de até 4 Conselheiros ou Diretores e um Presidente, Diretor-Presidente ou Diretor-Geral. Os mandatos serão não coincidentes, de modo que, sempre que possível, a cada ano, ocorra o término de um mandato e uma consequente nova indicação.

O mandato dos membros do Conselho Diretor ou da Diretoria Colegiada das agências reguladoras será de cinco anos, vedada a recondução (exceto no caso de vacância do cargo de Presidente, Diretor-Presidente, Diretor-Geral, Diretor ou Conselheiro no curso do mandato, hipótese em que será completado por um sucessor, conforme regra do art. 5º, § 7º, da Lei nº 9.986/2000, com a alteração produzida pela Lei nº 13.848/2019).

O mecanismo de **quarentena** é previsto de forma genérica no art. 8º da Lei nº 9.986/2000, com redação dada pela Lei nº 13.848/2019, sendo o ex-dirigente impedido para o exercício de atividades ou de prestar qualquer serviço no setor regulado pela respectiva agência, por **período geral de seis meses**, contados da exoneração ou do término do mandato.

Durante esse impedimento para o exercício de atividades ou prestação de qualquer serviço no setor regulado, o ex-dirigente fica vinculado à agência sob pena de responder criminal, administrativa ou civilmente. Por conseguinte, ele faz jus à **remuneração compensatória** equivalente à do cargo de direção que exerceu e aos benefícios a ele inerentes.

10.5.2.2.5 Atividades das agências reguladoras

As agências reguladoras desempenham basicamente as seguintes espécies de atividades:[59]

- **poder de polícia**, que compreende a imposição de limitações administrativas previstas em lei, a fiscalização e a repressão a atividades não compatíveis com o bem-estar geral, como, por exemplo, a Anvisa;
- **fomento** e fiscalização de **atividades privadas**, como a Ancine;
- regulação e controle do **uso de bem público**, como a ANA;

---

[59] Às vezes ela exercita mais de uma delas. A classificação tomou por base, mas não reproduziu, as divisões de Di Pietro e Bandeira de Mello. DI PIETRO, Maria Sylvia Zanella. *Direito administrativo*. São Paulo: Atlas, 2010. p. 468. BANDEIRA DE MELLO, Celso Antônio. *Curso de direito administrativo*. São Paulo: Malheiros, 2008. p. 169-171.

- atividades que, quando o Estado presta, ele protagoniza a título de serviços públicos, mas são simultaneamente "**livres**"[60] **à iniciativa privada**, isto é, são desempenhadas com controle estatal, mas não por meio de concessão ou permissão de serviços públicos, como a Agência Nacional de Saúde Suplementar (ANS);
- regulação, contratação e fiscalização de **atividades econômicas** (como a ANP, voltada para a indústria do **petróleo**), que não englobam serviço público, mas atividade econômica em sentido estrito desenvolvida em forma de **monopólio flexibilizado** pela Emenda nº 9/95, ou seja, as atividades dos incisos I a IV do art. 177[61] podem ser desenvolvidas por empresas privadas, não em regime de liberdade, mas por contratação com o Estado, de acordo com lei específica; e
- regulam e controlam atividades objeto de **permissão e concessão de serviços públicos**, como a Aneel, Anatel, ANTT, Antaq e Anac.

Conforme visto, as que exercitam poder de polícia, segundo exposição de Maria Sylvia Zanella Di Pietro,[62] não representam grande inovação no sistema jurídico pátrio, uma vez que entidades como o Banco Central, o Cade e o Conselho Monetário Nacional já vinham desempenhando atribuições desta natureza.

As que recebem atribuições de poder concedente resultam do fenômeno da *privatização* (em sentido amplo, que também compreende a contratação com o setor privado de atividades que eram diretamente desempenhadas pelo Estado) e da Reforma da Administração, pois a transferência contínua de atividades antes exercidas diretamente pelo Estado foi acompanhada da decisão política de instituir entes especializados no controle de desempenho do exercício das atividades transferidas.[63]

São, portanto, atribuições assumidas pela **agência reguladora**, que antes eram titularizadas pelo **poder concedente**:

- fixar regras (regulamentar) à prestação dos serviços delegados;
- realizar licitações;
- celebrar contratos;
- controlar o desempenho das atividades e nelas intervir;
- aplicar sanções;
- decidir e articular medidas para a encampação de serviços por interesse público;
- rescindir ou alterar unilateralmente o contrato;
- promover a reversão dos bens afetados ao serviço ao término do contrato;

---

[60] Art. 199, *caput*, da Constituição: "A assistência à saúde é livre à iniciativa privada." Para saber da discussão acerca da natureza dessas atividades, ver item 8.5.

[61] Conforme determina o art. 177, § 1º, da CF, compreendendo: "I – a pesquisa e a lavra das jazidas de petróleo e gás natural e outros hidrocarbonetos fluidos; II – a refinação do petróleo nacional ou estrangeiros; III – a importação e exportação dos produtos e derivados básicos resultantes das atividades previstas nos incisos anteriores; e IV – o transporte marítimo do petróleo bruto de origem nacional ou de derivados básicos de petróleo produzidos no País, bem assim o transporte, por meio de conduto, de petróleo bruto, seus derivados e gás natural de qualquer origem".

[62] DI PIETRO, Maria Sylvia Zanella. *Direito administrativo*. São Paulo: Atlas, 2010. p. 468.

[63] Ver VILELA, Danilo Vieira. *Agências Reguladoras e a efetivação da ordem econômica constitucional brasileira*. Salvador: JusPodivm, 2018. p. 61.

- definir o valor da tarifa ou a sua revisão e critérios de reajuste; e
- papel de ouvidoria: ouvir "denúncias" e reclamações dos usuários.

Note-se que a agência, via de regra, não responde, em juízo, pelas empresas do setor regulado, conforme se extrai da interpretação da Súmula nº 506/STJ: "A Anatel não é parte legítima nas demandas entre a concessionária e o usuário de telefonia decorrentes da relação contratual".

10.5.2.2.6 Regulação: operacionalização técnica e eficiência administrativa

A opção política por promover especialização na regulação foi orientada para a obtenção de **eficiência**. Este princípio engloba, conforme visto, os objetivos de imparcialidade, transparência, aproximação do serviço da população, bem como a exigência de parâmetros de qualidade em sua prestação.

Diante do movimento de privatização em larga escala,[64] buscou-se criar entes dotados de maior autonomia em relação ao ente central e direcionados ao estabelecimento de normas técnicas, obedecidos parâmetros legislativos e constitucionais existentes.

Note-se que alguns autores, como Arnoldo Wald, diferenciam a atividade regulatória da agência da atividade da regulamentação por meio de decretos do Chefe do Executivo:

> o direito da regulação não se confunde com a regulamentação, pois a Agência não regulamenta a lei, mas estabelece normas para o funcionamento dos serviços que estão sob sua jurisdição. Não há, assim, por que pretender equiparar as normas de regulação aos chamados regulamentos independentes.[65]

Em alguns casos, no entanto, entendemos que a atividade de algumas agências acaba se aproximando do regulamento executivo (e não dos autônomos, conforme observa Wald), uma vez que elas acabam por desdobrar parâmetros genéricos estabelecidos em lei. Por isso, adverte Edmir Netto de Araújo que as normatizações das agências reguladoras objetivam **operacionalizar** de forma técnica aquilo que já existe de proibições ou permissões:

> normatizações deverão ser operacionais apenas, regras que, às vezes aparentemente autônomas, prendem-se a disposições legais existentes. É o caso, por exemplo, das regras estabelecidas para licitações nos editais (que não podem contrariar normas da Lei de Licitações), das condições exigíveis para concessões/permissões de serviço público e os aspectos que costumam ser englobados na chamada autonomia técnica da agência reguladora ou discricionariedade técnica, para definir as regras e os parâmetros técnicos referentes a essas atividades.[66]

Segundo defende Maria Sylvia Zanella Di Pietro,[67] o poder normativo das agências reguladoras não objetiva recair sobre a função legislativa propriamente dita, que é a única que inova a

---

[64] Para uma visão crítica das pretensões que acompanharam o "projeto" de positivação do princípio da eficiência, ver GABARDO, Emerson. *Princípio constitucional da eficiência administrativa*. São Paulo: Dialética, 2002. p. 18. Também NOHARA, Irene Patrícia. *Reforma administrativa e burocracia*: impacto da eficiência na configuração do direito administrativo brasileiro. São Paulo: Atlas, 2012. *Passim*.

[65] WALD, Arnoldo; MORAES, Luiza Rangel de; WALD, Alexandre de M. *O direito de parcerias e a lei de concessões*. 2. ed. São Paulo: Saraiva, 2004. p. 224.

[66] ARAÚJO, Edmir Netto de. A aparente autonomia das agências reguladoras. In: MORAES, Alexandre de (Org.). *Agências reguladoras*. São Paulo: Atlas, 2002. p. 55-56.

[67] DI PIETRO, Maria Sylvia Zanella. *Direito administrativo*. São Paulo: Atlas, 2010. p. 473. Celso Antônio Bandeira de Mello também compartilha do entendimento de Di Pietro. BANDEIRA DE MELLO, Celso Antônio. *Curso de*

ordem jurídica tendo em vista o princípio da legalidade, segundo o qual ninguém será obrigado a fazer ou deixar de fazer alguma coisa senão em virtude de lei (art. 5º, II, da CF).

Floriano Azevedo Marques Neto complementa estas funções afirmando que as agências se prestam basicamente a:

1. **mediar interesses** específicos existentes no segmento regulado;
2. **implementar políticas públicas** definidas pelos espaços decisórios do poder político; e
3. **tutelar** e proteger os interesses dos segmentos **hipossuficientes** encontradiços no setor.[68]

A opção por criar agências reguladoras, com maior autonomia técnica, e transferir atribuições próprias do poder concedente foi uma forma encontrada pelo governo de tentar assegurar aos investidores externos ou internos (concessionárias ou permissionárias) maior segurança, tornando mais atrativos os contratos de delegação de serviços públicos que, no modelo de administração concentrada, ficavam reféns das alterações políticas existentes.

Também do ponto de vista da participação popular – eficiência pela aproximação com a população – apesar de as agências não serem alvo de controle direto do Poder Executivo, sendo limitada a possibilidade de interposição de recurso hierárquico impróprio e vedada, como regra geral, a exoneração *ad nutum* de seus dirigentes, há meios de interlocução comunitária previstos em lei, como a consulta e a audiência públicas,[69] para que o elemento democrático seja um ingrediente presente na atuação das agências reguladoras.

A lei previu a consulta pública em caráter de obrigatoriedade para qualificar o processo decisório, já a audiência foi disciplinada como facultativa. Tal obrigatoriedade é encontrada no art. 9º da Lei nº 13.848/2019, que determina que serão objeto de consulta pública, previamente à tomada de decisão pelo conselho diretor ou pela diretoria colegiada, as minutas e as propostas de alteração de atos normativos de interesse geral dos agentes econômicos, consumidores ou usuários dos serviços prestados.

Algumas agências reguladoras, como a Anatel, têm um Conselho Consultivo que é caracterizado como órgão de participação institucionalizada da sociedade na Agência.

10.5.2.2.7 Análise de Impacto Regulatório

Apesar de ser há tempos a Análise de Impacto Regulatório (AIR) realidade em alguns setores, sendo prática adotada no mundo com maior intensidade, ela foi prevista expressamente em

---

direito administrativo. São Paulo: Malheiros, 2008. p. 173. Há, no entanto, outros posicionamentos, como o de Sebastião Botto de Barros Tojal, para quem a lei formal não seria a única fonte primária legítima de direitos e obrigações. Cf. TOJAL, Sebastião Botto de Barros. Controle judicial da atividade normativa das agências reguladoras. In: MORAES, Alexandre de. *Agências reguladoras*. São Paulo: Atlas, 2002. p. 162.

[68] MARQUES NETO, Floriano Azevedo. A nova regulação estatal e as agências independentes. In: SUNDFELD, Carlos Ari (Coord.). *Direito administrativo econômico*. São Paulo: Malheiros, 2002. p. 92.

[69] Vide, por exemplo: art. 4º, § 3º, da Lei nº 9.427/96 (audiência pública – Aneel); arts. 42 e 89, II, da Lei nº 9.472/96 (consulta pública – Anatel); e art. 19 da Lei nº 9.478/97 (audiência pública – ANP). Note-se que a mera previsão dos mecanismos ou mesmo sua execução não são garantias de participação, pois se a audiência e consulta não são conduzidas adequadamente, pode haver falhas de legitimidade nas decisões tomadas.

2019 em duas leis:[70] (1) no art. 6º da Lei nº 13.848 (que dispõe sobre gestão, organização, processo decisório e controle social das agências reguladoras); e (2) no art. 5º da Lei nº 13.874/2019, conhecida como Lei de Liberdade Econômica, que dedica um capítulo para desdobrar a necessidade de realização do instrumento quando houver propostas de edição e de alteração de atos normativos de interesse geral de agentes econômicos ou de usuários de serviços prestados.

Assim, tanto as agências reguladoras, em seus processos decisórios, que recaem sobre regulação, devem realizar **Análise de Impacto Regulatório (AIR)**, como também os órgãos e entes da administração pública federal, tanto da Administração Direta, como Indireta, incluindo autarquias e fundações públicas, devem realizar análises de impacto para qualificar decisões de seus atos normativos.

Contudo, no caso das agências reguladoras, o § 4º do art. 6º da Lei nº 13.848/2019 determina que, nas hipóteses em que não for realizada a AIR, deverá ser disponibilizada, no mínimo, uma **nota técnica** ou um documento equivalente que tenha fundamentado a proposta da decisão.

Assim, se não houver a sua realização, exige a lei, pelo menos, que haja a edição de um documento similar a uma nota técnica para qualificar a decisão regulatória com uma análise mais acurada. Geralmente não se entende necessária a realização de uma Análise de Impacto Regulatório (AIR) quando há edição de atos de natureza administrativa, de adequação de textos normativos ou mesmo das regulações de baixo impacto ou quando houver urgência na tomada de decisões.

De acordo com a definição contida no art. 2º, I, do Decreto nº 10.411/2020, a análise de impacto regulatório é o procedimento, a partir da definição de problema regulatório, de avaliação prévia à edição dos atos normativos, que conterá informações e dados sobre os seus prováveis efeitos, para verificar a razoabilidade do impacto e subsidiar a tomada de decisão.

No mesmo sentido, definia o art. 2º da Resolução Normativa nº 798/2017 da ANEEL, revogada) **Análise de Impacto Regulatório (AIR)** como o "processo sistemático de análise baseado em evidências que busca avaliar, a partir da definição de um problema regulatório, os possíveis impactos das alternativas de ação disponíveis para o alcance dos objetivos pretendidos, tendo como finalidade orientar e subsidiar a tomada de decisão".

Não obstante a definição exposta, cada regulamento de ente poderá, especificadamente, determinar questões referentes ao conteúdo e à metodologia da Análise de Impacto Regulatório, sem prejuízo da possibilidade de haver uma regulamentação editada de forma mais geral (como feito pelo Decreto nº 10.411/2020). A AIR objetiva orientar com dados, isto é, com evidências e estudos específicos que possibilitem conjecturar os possíveis impactos das alternativas de ações disponíveis. Objetiva-se, com a AIR, portanto, subsidiar uma tomada de decisão regulatória que consiga mensurar a aptidão das medidas sugeridas em relação aos fins pretendidos, para que haja uma edição de ato normativo mais racional e calculado.

A Análise de Impacto Regulatório é constituída por uma série de atos encadeados dentro de uma estratégia. Envolve um procedimento que antecede e subsidia o processo de tomada de decisão por parte dos dirigentes (seja das agências reguladoras ou dos órgãos da Administração Direta ou Indireta), permitindo que haja a avaliação das opções possíveis de serem adotadas tanto do ponto de vista fático quanto do jurídico, diante de suas consequências, com o escopo de alcançar efetividade na atuação regulatória.

---

[70] A Análise de Impacto Regulatório foi historicamente prevista no Brasil a partir do Decreto nº 6.062/2007 (alterado pelo Decreto nº 8.760/2016) no Programa de Fortalecimento da Capacidade Institucional para Gestão em Regulação – PRO-REG.

No caso das agências reguladoras, estabelece o art. 9º da Lei nº 13.848/2019 que serão **objeto de consulta pública**, previamente à tomada de decisão pelo conselho diretor ou pela diretoria colegiada, as minutas e as propostas de alteração de atos normativos de interesse geral dos agentes econômicos, consumidores ou usuários dos serviços prestados. Ainda, determina o § 3º do art. 9º da Lei nº 13.848/2019 que a agência reguladora deverá disponibilizar, na sede e no respectivo sítio na internet, quando do início da consulta pública, o relatório de AIR, os estudos, os dados e o material técnico usados como fundamento para as propostas submetidas à consulta pública, ressaltados aqueles de caráter sigiloso.

Boas Análises de Impacto Regulatório serão documentos capazes de qualificar e informar o debate público para que as pessoas tenham acesso ao "estado da arte" de determinada questão-problema que mereça regulação, compulsando, em tempo, as propostas que serão estruturadas de modo a influenciar o debate e quiçá o conteúdo da regulação. Nesta perspectiva, a Análise de Impacto Regulatório, a depender de sua disponibilidade e abertura, pode ser um instrumento apto a combater assimetrias eventuais do mercado, indicando os caminhos para uma regulação mais equilibrada e transparente, como guia decisório para os dirigentes e autoridades públicas regulatórias.

A sociedade contemporânea, com o avanço tecnológico e a proliferação dos riscos,[71] acaba tendo um incremento do condicionamento estatal que recai sobre inúmeras atividades econômicas. Tal situação do risco atual é desdobrada por Ulrich Beck, ao analisar a circunstância em que, num mundo mais globalizado, com intensificação de trocas, as quais recaem sobre alimentos, medicamentos e produtos de diversas naturezas, há também ameaças globais à vida e à saúde, sendo que a própria produção industrial sofre transformações com o avanço tecnológico na sociedade de risco. Com esses novos riscos, os mercados são ameaçados por colapsos e caudais de demandas desencadeadas, por exemplo, pelos cuidados médicos que falham, pelos edifícios de racionalidade científica que ruem e pelos governos que tombam, gerando a fuga e indecisão dos eleitores.[72]

O parlamento perde, na atualidade, a capacidade e a condição de ser o único ator responsável pela restrição à atuação privada que potencialmente possa causar danos e externalidades. Surge um espaço de realização sociopolítica, que tem relação com a reserva legal relativa,[73] em que há a articulação da edição de atos normativos por parte de órgãos e entidades especializados da Administração Pública também para evitar males que possam prejudicar a vida em sociedade em grande escala.

Assim, defende Beck que haja uma modernização reflexiva, pois a regulação nos ambientes econômicos complexos possui impactos que devem ser de antemão mensurados para mitigação de riscos cujo potencial de ocorrência seja maior e que possam causar mais danos se ocorrerem.

A edição de ato normativo que possa interferir em determinado segmento tem potenciais reflexos sobre a concorrência, os investimentos, a eficiência econômica do mercado e sobre a qualidade do serviço prestado. Por conta desses aspectos, há a necessidade, então, de qualificar a futura ação estatal com Análise de Impacto Regulatório (AIR) para que as medidas de restrição ou condicionamento de determinadas atividades no denominado poder de polícia não sejam excessivas ou irrazoáveis.

---

[71] BECK, Ulrich. *Sociedade de risco*: rumo a uma outra modernidade. São Paulo: Ed. 34, 2010. p. 23.

[72] BECK, Ulrich. *Sociedade de risco*: rumo a uma outra modernidade. São Paulo: Ed. 34, 2010. p. 10.

[73] Para aqueles que admitem o conceito.

Assim, o dispositivo do art. 5º da Lei nº 13.874/2019 estabelece que a análise conterá informações e dados sobre os possíveis efeitos do ato normativo para verificar a razoabilidade de seu impacto econômico. A ideia de se ter uma Análise de Impacto Regulatório (AIR) de determinado ato normativo se volta a propiciar a criação de medidas equilibradas que procuram mitigar impactos negativos e externalidades ao mercado regulado, bem como aos usuários dos serviços.

Dessa forma, o Relatório da Análise de Impacto Regulatório deve considerar uma série de elementos em função dos atores e de grupos afetados pela medida ou pelas medidas, evitando onerar excessivamente o setor regulado e procurando ampliar o acesso aos serviços, rumo à sua qualificação, ao equilíbrio na concorrência e ao aprimoramento das condições do mercado sobre o qual determinada atividade econômica recai.

Note-se que o **Enunciado 38** da *I Jornada de Direito Administrativo* do CJF considera que a não regulação ou a desregulação são alternativas regulatórias também, conforme se verifica do seguinte conteúdo: "A realização de Análise de Impacto Regulatório (AIR) por órgãos ou entidades da administração pública federal deve contemplar a alternativa de não regulação estatal ou desregulação, conforme o caso".

Trata-se, inclusive, de um desdobramento do regime decorrente da lei de concessões de serviços públicos que haja uma política tarifária que universalize e torne acessíveis os serviços, sem deixar de considerar a margem de lucratividade razoável do negócio para que se atraia, para o ambiente das licitações, players capazes de executar os serviços com fôlego e aderência em relação aos compromissos assumidos.

Assim, entende-se que a Análise de Impacto Regulatório será um instrumento apto a qualificar o debate sobre o conteúdo da regulação, sendo ainda um desdobramento de política pública setorial. Conforme raciocínio de Shaun Young:

> Formulação de políticas públicas (*policymaking*) é atividade fundamental dos governos. É por meio do processo de formulação de políticas que os governos estabelecem o quadro de referências dentro do qual todos os cidadãos (individuais e corporativos) devem funcionar; é também o processo pelo qual os governos decidem quais objetivos sociais serão realizados e como realizá-los da melhor forma.[74]

A regulação do mercado, entendida como interferência estatal deliberada, deve procurar influenciar o comportamento da sociedade e do mercado, para isso deve ser uma ação política estratégica e, portanto, que se paute em evidências compulsando racionalmente as melhores alternativas em um contexto específico.

Cada regulamento, conforme dito, deve conter regras procedimentais sobre a elaboração do Relatório de Análise do Impacto Regulatório, bem como sobre seus requisitos. No caso do art. 6º do Decreto nº 10.411/2020: (1) sumário executivo objetivo e conciso, que deverá empregar linguagem simples e acessível ao público em geral; (2) identificação do problema regulatório que se pretende solucionar, com a apresentação de suas causas e sua extensão; (3) identificação dos agentes econômicos, dos usuários dos serviços prestados e dos demais afetados pelo problema regulatório identificado; (4) identificação da fundamentação legal que ampara a ação do órgão ou da entidade quanto ao problema regulatório identificado; (5) definição

---

[74] YOUNG, Shaun P. *Evidence-Based Policy-Making in Canada*. Don Mills: Oxford University Press, 2013. A propósito ver capítulo Gestão das Políticas Públicas desenvolvido por Amaru, in: MAXIMIANO, Antonio Cesar Amaru; NOHARA, Irene Patrícia. *Gestão Pública*: abordagem integrada da Administração e do Direito Administrativo. São Paulo: Atlas, 2017. p. 189-201, no qual são analisados: os tipos, o ciclo e os modelos de análise das políticas públicas, elementos esses constantes de uma Análise de Impacto Regulatório.

dos objetivos a serem alcançados; (6) descrição das alternativas possíveis ao enfrentamento do problema regulatório identificado, consideradas as opções de não ação, de soluções normativas e de, sempre que possível, soluções não normativas; (7) exposição dos possíveis impactos das alternativas identificadas, inclusive quanto aos seus custos regulatórios; (8) considerações referentes às informações e às manifestações recebidas para a AIR em eventuais processos de participação social ou de outros processos de recebimento de subsídios de interessados na matéria em análise; (9) mapeamento da experiência internacional quanto às medidas adotadas para a resolução do problema regulatório identificado; (10) identificação e definição dos efeitos e riscos decorrentes da edição, da alteração ou da revogação do ato normativo; (11) comparação das alternativas consideradas para a resolução do problema regulatório identificado, acompanhada da análise fundamentada que contenha metodologia específica escolhida para o caso concreto e a alternativa ou a combinação de alternativa sugerida, considerada mais adequada à resolução do problema regulatório e ao alcance dos objetivos pretendidos; e (12) descrição da estratégia para implementação da alternativa sugerida, acompanhada das formas de monitoramento e de avaliação a serem adotadas e, quando couber, avaliação quanto à necessidade de alteração ou de revogação das normas vigentes.

Se o problema regulatório objeto da análise for demasiadamente complexo e as alternativas vislumbradas apresentarem significativos impactos, o relatório deverá promover também o mapeamento da experiência nacional e internacional no tratamento do problema regulatório sob análise; analisando a mensuração, sempre que possível quantitativa, dos possíveis impactos das alternativas de ação identificadas sobre os consumidores ou usuários dos serviços prestados e sobre os demais principais segmentos da sociedade afetados e mapeando os riscos envolvidos em cada uma das alternativas consideradas.

A metodologia a ser empregada poderá ser definida, justificadamente, de forma a se adequar ao caso concreto em conformidade com as características e a complexidade da matéria objeto da análise e das informações e dados disponíveis e deverá ser descrita de modo claro e objetivo.

Por conseguinte, é importante que um Relatório de Análise de Impacto Regulatório contenha: (a) um diagnóstico do problema regulatório enfrentado, identificando suas causas, extensão e o que se pretende solucionar com o ato normativo; (b) os atores e grupos afetados pela futura regulação; (c) a base legal para a ação normativa, para se averiguar tecnicamente os limites e as possibilidades jurídicas sem que se afetem direitos existentes e amparados no ordenamento jurídico; (d) a justificativa para intervenção do Estado; (e) os objetivos da regulação; (f) a descrição e comparação de alternativas; (g) os possíveis impactos da regulação e (h) a forma de acompanhamento e de fiscalização dos resultados pretendidos.

Assim, como um último requisito importante, é necessário que haja a criação de formas de acompanhamento para mensurar efetivamente os impactos de determinada regulação, para que se considere o grau de atingimento dos objetivos e resultados pretendidos com a edição do ato normativo ou da medida adotada, sendo que esses elementos são conjunturais, ou seja, variam em função da conjuntura e devem ser, portanto, constantemente monitorados para verificação de sua eficácia e da necessidade de sua permanência.

Por mais acurado que se pretenda um estudo que mensure o impacto regulatório, há efeitos que só podem ser devidamente avaliados num momento posterior à tomada de decisão, pois daí se poderá verificar se os efeitos especulados efetivamente ocorreram, havendo um componente de imponderável relacionado com a liberdade humana e flutuação conjuntural do mercado que não pode ser totalmente calculado.

O monitoramento e a avaliação do instrumento devem ser pautados por indicadores, em função de diversos critérios, como, por exemplo, a eficiência, a entrega dos serviços, os resultados e os impactos no bem-estar dos consumidores e na execução dos indicadores desejados das políticas públicas setoriais, conforme a agenda ou as prioridades de problemas a serem enfrentados pelo Estado em sua ação de regulação, se ela acaba inibindo comportamentos prejudiciais ao bem-estar comum e, por outro lado, se incentiva comportamentos que beneficiam a sociedade e o desenvolvimento das atividades econômicas.

A mensuração da eficiência regulatória de uma análise executada perpassa, em suma, por uma série de questionamentos, como, por exemplo: a definição do problema regulatório enfrentado, a justificativa e razoabilidade da decisão do governo de regular, sendo compulsado se a regulação é efetivamente a medida mais apta a enfrentar o problema, bem como se ela está conforme a base legal existente no ordenamento jurídico.

Ainda, além da adequação, há também a indagação sobre a necessidade, isto é, acerca do nível de intervenção da regulação, sendo compulsado o custo/benefício da decisão. No tocante à razoabilidade, estabelece o art. 7º do Decreto nº 10.411/2020 que serão adotadas as seguintes metodologias: análise multicritério; análise de custo-efetividade; análise de custo; análise de risco; ou análise risco-risco.

Ademais, é necessário que os órgãos responsáveis se preocupem com a transparência da medida não apenas para o setor regulado, mas também para os usuários dos serviços ou destinatários das medidas de regulação, dando a todos os futuramente afetados a oportunidade de compreensão e de manifestação. O levantamento das opções regulatórias engloba, conforme analisado, compulsar as opções para solução do problema enfrentado, o que é feito tanto por opções de edição de atos normativos, como também de soluções não necessariamente normativas.

Na regulação, se analisa se há o perigo mais acentuado de captura regulatória, que seria derivada da assimetria de informações de determinados grupos que exercem pressão nos órgãos de regulação, procurando determinar, em seu favor, o conteúdo da futura regulação, sendo que alguns segmentos sociais que sofrerão os impactos da decisão não devem ficar alijados ou reféns de uma racionalidade limitada, daí o compromisso da Administração com a transparência, sendo também de se analisar se algum grupo específico não é beneficiado com o fenômeno do *rent seeking*, para tanto a regulação deve se preocupar com compartilhamento de redes, caso trabalhe com infraestrutura compartilhável, para fomentar novos *players*/entrantes no mercado, e com mecanismos para impedir acesso privilegiado e não igualitário às autoridades regulatórias.

O Decreto nº 10.411/2020 previu muitas hipóteses de (a) **não aplicabilidade**, estabelecendo, no § 2º do art. 3º, não ser aplicável a AIR aos atos normativos: (1) de natureza administrativa, cujos efeitos sejam restritos ao âmbito interno do órgão ou da entidade; (2) de efeitos concretos, destinados a disciplinar situação específica, cujos destinatários sejam individualizados; (3) que disponham sobre execução orçamentária e financeira; (4) que disponham estritamente sobre política cambial e monetária; (5) que disponham sobre segurança nacional; e (6) que visem a consolidar outras normas sobre matérias específicas, sem alteração de mérito; e (b) **dispensa**, caso haja decisão fundamentada do órgão ou da entidade competente, nas hipóteses dos incisos do art. 4º, referentes a: (1) urgência; (2) ato normativo destinado a disciplinar direitos e obrigações definidos em norma hierarquicamente superior que não permita, técnica ou juridicamente, diferentes alternativas regulatórias; (3) ato normativo considerado de baixo impacto; (4) ato normativo que vise à atualização ou à revogação de normas consideradas obsoletas, sem alteração de mérito; (5) ato normativo que vise a preservar liquidez, solvência ou higidez dos mercados de seguro, de resseguro, de capitalização e de previdência complementar; dos mercados financeiros, de capitais e de câmbio; ou dos sistemas de pagamentos; (6) ato normativo que vise a manter a convergência a padrões internacionais; (7) ato normativo que reduza exigências, obrigações, restrições, requerimentos ou especificações com o objetivo de diminuir os custos regulatórios; e (8) ato normativo que revise normas desatualizadas para adequá-las ao desenvolvimento tecnológico consolidado internacionalmente.

Assim, observa Pedro Henrique Espanhol de Farias[75] que há um excesso de hipóteses de não aplicabilidade e de dispensa de AIR, com notável grau de indeterminação. Assim, em alguma medida, tais hipóteses acabam por fragilizar a exigência de AIR. Outra crítica que Pedro Farias faz ao Decreto diz respeito à ausência de regulamentação da Avaliação de Resultado Regulatório, tendo sido a obrigatoriedade do instrumento limitada aos atos normativos cuja AIR tenha sido dispensada (art. 12) e a um ato normativo de escolha da agência reguladora (art. 13, § 2º).

Por fim, um ponto problemático foi, segundo Farias, a previsão do art. 21 de que a inobservância da AIR não constitui escusa válida para o descumprimento da norma editada, tampouco acarreta a sua invalidade. Tal abertura acaba por esvaziar a exigibilidade da AIR, dado que se esvaziam as consequências da sua ausência. Assim, ao mesmo tempo que há a previsão legal de realização do instrumento da AIR, por outro lado, seu descumprimento não acarreta maiores consequências ao regulador, conforme o art. 21.

O Decreto deveria, no fundo, ter reforçado a exigência da AIR em vez de abrir tantas hipóteses para inobservância, reduzindo, ainda, o *enforcement*, com a mitigação de consequências de sua ausência de realização, pois a AIR serve, conforme visto, para qualificar com argumentos a atividade normativa, sendo uma garantia contra as decisões normativas arbitrárias.

Acesse e assista ao vídeo sobre Análise de Impacto Regulatório
> http://uqr.to/1xpkr

ANÁLISE DE IMPACTO REGULATÓRIO (AIR)

Previsões legais:
– art. 6º da Lei nº 13.848/2019 (Agências Reguladoras)
– art. 5º da Lei nº 13.874/2019 (Lei de Liberdade Econômica)

Quem realiza: tanto agências reguladoras quanto entes da Administração Direta e Indireta, envolvendo autarquias e fundações.

Quando: antes da decisão dos dirigentes.

Para quê: qualificar as decisões de seus atos normativos.
No caso da agência, ao menos deve ser disponibilizada nota técnica ou documento equivalente, caso não seja realizada a AIR.

Definição: procedimento, a partir da definição de problema regulatório, de avaliação prévia à edição dos atos normativos, que conterá informações e dados sobre os seus prováveis efeitos, para verificar a razoabilidade do impacto a subsidiar a tomada de decisão (art. 2º, I, Decreto nº 10.411/2020).

---

[75] FARIAS, Pedro Henrique Espanhol de. Análise de Impacto Regulatório: conteúdo, objetivo e análise crítica de seu tratamento pelo Decreto nº 10.411/2020. Disponível em: https://direitoadm.com.br/analise-de-impacto--regulatorio-conteudo-objetivo-e-analise-critica-de-seu-tratamento-pelo-decreto-no-10-411-2020/. Acesso em: 5 ago. 2021.

Art. 9º, § 3º, da Lei nº 13.848/2019: a agência reguladora deverá disponibilizar, na sede e no respectivo sítio na *internet*, quando do início da consulta pública, o relatório de AIR, os estudos, os dados e o material técnico usados como fundamento para as propostas submetidas a consulta pública, ressaltadas aqueles de caráter sigiloso.

Importante que o Relatório de Análise de Impacto Regulatório contenha um diagnóstico do problema regulatório enfrentado, identificando suas causas, extensão e o que se pretende solucionar com o ato normativo; os atores e grupos afetados pela futura regulação; a base legal para a ação normativa, para se averiguar tecnicamente os limites e as possibilidades jurídicas sem que se afetem direitos existentes e amparados no ordenamento jurídico; a justificativa para intervenção do Estado; os objetivos da regulação; a descrição e comparação de alternativas; os possíveis impactos da regulação e a forma de acompanhamento e de fiscalização dos resultados pretendidos.

Apesar de disciplinar a realização do instrumento, pode-se criticar o Decreto nº 10.411/2020 por ter previsto tantas hipóteses de inaplicabilidade do instrumento ou de sua dispensa, sendo, ainda, que o art. 21 do Decreto estabelece que a inobservância da AIR não constitui escusa válida para o descumprimento da norma editada nem acarreta a invalidade da norma editada.

10.5.2.2.8 Regime jurídico do pessoal das agências reguladoras

O art. 1º da Lei nº 9.986/2000, que dispõe sobre a gestão de recursos humanos das Agências Reguladoras, subordinou as suas relações de trabalho à CLT (Consolidação das Leis do Trabalho), isto é, ao regime do emprego público. Ocorre que houve decisão na ADI 2.310-1/DF, que concedeu liminar para **suspender a eficácia** do dispositivo, uma vez que a atividade desempenhada pelas agências reguladoras seria incompatível com o regime do emprego público.

Não foi nem necessário esperar a decisão final da ação direta de inconstitucionalidade, pois o art. 6º da Lei nº 10.871/2004 acabou por revogar o art. 1º da Lei nº 9.986/2000, determinando que o regime jurídico dos cargos e carreiras referidos no art. 1º da lei é o instituído pela Lei nº 8.112/90, isto é, o **regime estatutário**, observadas as disposições da Lei nº 10.871/2004.

Entendemos que esta é a orientação mais adequada se o objetivo é blindar a atuação de uma agência reguladora de interferências políticas, uma vez que o servidor que adquire estabilidade se sente muito mais seguro ao exercer adequadamente suas atribuições técnicas com "autonomia", isto é, sem pressões.[76]

Também não se deve esquecer que a agência, como autarquia que é, tem atribuições típicas da Administração Pública, sendo mesmo incompatível a aplicação da CLT aos seus servidores.

Os servidores das agências reguladoras subordinam-se, portanto, ao regime estatutário respectivo, que, no âmbito federal, é o da Lei nº 8.112/90. Cada ente federativo pode estabelecer agências reguladoras próprias, desde que elas atuem em áreas nas quais a entidade é constitucionalmente competente e sejam criadas por lei específica, caso em que a lei que regulamenta o estatuto dos servidores do respectivo ente será aplicada à agência.

---

[76] Segundo Juarez Freitas, o desenho institucional não contratual das carreiras de Estado tem especial relevo na proteção do funcionalismo contra atos arbitrários de agentes políticos que encabeçarão a estrutura administrativa por um determinado período. O regime estatutário representa uma garantia para a sociedade de que os servidores públicos tenham carreiras que os ponham a salvo de cooptações partidárias, sendo viável que se engajem perene e legalmente no cumprimento das missões constitucionais. Cf. FREITAS, Juarez. *Discricionariedade administrativa e o direito fundamental à boa administração pública*. São Paulo: Malheiros, 2007. p. 117-120.

10.5.2.2.9 Limites à autonomia das agências reguladoras

A proliferação das agências reguladoras foi acompanhada de muita discussão na doutrina. De início, houve várias orientações doutrinárias, desde autores entusiastas da regulação, como, por exemplo, Alexandre Aragão, até críticos como Celso Antônio Bandeira de Mello, que considerou a não coincidência dos mandatos e a extensão deles para além do período governamental uma fraude (antidemocrática e antirrepublicana) à temporariedade dos mandatos.

O fato é que, na atualidade, depois do impacto inicial[77] e de muita produção técnica dos administrativistas, já não se pode dizer que a agência reguladora tenha independência em relação aos Poderes do Estado – isso, nem os entes federativos, que são descentralizações políticas, têm; quanto mais meras descentralizações administrativas (por serviços).

Elas têm, em verdade, um regime especial que lhes dá maior **autonomia**, sobretudo no aspecto do mandato fixo e não exonerável *ad nutum*, bem como pela limitação à interposição de recurso hierárquico impróprio, sendo, contudo, as autonomias administrativa e financeira características também encontráveis nas autarquias comuns.

Assim, a agência reguladora **não** tem independência:

- em relação ao **Poder Executivo**, pois, apesar de não haver hierarquia, uma vez que a agência reguladora faz parte da Administração Indireta, também há limites à interposição de recurso hierárquico impróprio;
- em relação ao **Poder Legislativo**, uma vez que a agência deve obediência ao princípio da legalidade e principalmente à reserva legal constitucional de determinados assuntos, havendo a possibilidade de o Legislativo sustar atos normativos exorbitantes (art. 49, V, da CF), sendo aplicável às agências reguladoras também o controle das contas pelos Tribunais de Contas, à medida que elas têm natureza jurídica de direito público e recebem dotações orçamentárias específicas que lhes conferem a autonomia financeira; e
- em relação ao **Poder Judiciário**, que poderá controlar atos normativos e administrativos das agências reguladoras, se estes violarem o ordenamento jurídico, tendo em vista a inafastabilidade ou indeclinabilidade de jurisdição (art. 5º, XXXV, da Constituição), ressalvados os casos de mediação, conciliação e arbitragem, amplamente utilizados como mecanismos alternativos de composição de interesses, o que assegura à agência maior eficiência e rapidez ao dirimir conflitos, nos limites legais e constitucionais, envolvendo setores regulados.

Talvez a maior controvérsia doutrinária resida na atividade regulatória da agência, na qual ela específica **parâmetros técnicos** para as *leis quadros* editadas pelo Poder Legislativo. Costuma-se dizer que as agências reguladoras têm **discricionariedade técnica** para estabelecer parâmetros normativos de obediência voltada para o setor econômico regulado.

---

[77] A concepção original esboçada no Plano Diretor de Reforma do Aparelho do Estado sobre a criação das agências foi diferente da conformação jurídica posterior. A ideia inicial era transformar autarquias e fundações que manejam poderes de Estado em "agências autônomas", administradas por contrato de gestão, sendo-lhes conferida ampla liberdade para gerir recursos colocados à sua disposição; atualmente, critica-se tal autonomia, bem como a possibilidade de haver ampla liberdade. NOHARA, Irene Patrícia. *Reforma administrativa e burocracia*: impacto da eficiência na configuração do Direito Administrativo brasileiro. São Paulo: Atlas, 2012. p. 85. Assim, o modelo norte-americano é diferenciado do brasileiro.

Diogo de Figueiredo Moreira Neto, por exemplo, associa essa atividade da agência com a **deslegalização**.[78] Mas mesmo diante dessa possibilidade, que se manifesta quando não existe reserva legal absoluta estabelecida na Constituição, ainda assim há limites de controle da atividade regulatória da agência que ocorrem por meio do emprego da razoabilidade/proporcionalidade.

Neste sentido, expõe Moreira Neto que:

> ao optar pelos processos da deslegalização e da regulação, o legislador não está abrindo um campo de ação arbitrária pelo órgão regulador, mas, ao contrário, de modo semelhante como ocorre com a abertura legal de um espaço discricionário de decisão, o legislador delimita para a Administração reguladora um âmbito decisório que esta poderá preencher com decisões normativas ou concretas, desde que o faça sujeita a estritas regras de validação, destinadas a afastar o eventual arbítrio, irrazoabilidade e desproporcionalidade em sua atuação.[79]

TEMA POLÊMICO:
afastamento da doutrina Chevron pela Suprema Corte
e ampliação da interpretação jurisdicional da regulação das agências

No sistema dos Estados Unidos, havia uma deferência judicial, isto é, uma postura de autocontenção do Poder Judiciário em face das decisões regulatórias das agências. Tal postura foi consolidada, em 1984, a partir do caso *Chevron USA, Inc. v Natural Resources Defense Council*, no qual a Suprema Corte reiterou a necessidade de haver uma postura deferencial em relação às decisões das agências.

De acordo com a **doutrina Chevron**, deveria haver um **teste de dois passos** (*two-step Chevron test*): em primeiro lugar, se a intenção do Congresso Nacional fosse clara e objetiva, tanto o Judiciário como a agência deveriam respeitar a orientação dada pelo Legislador; num segundo passo, se a legislação editada pelo Congresso for ambígua, ou não disciplinar diretamente a matéria, então, em vez de o Judiciário impor a sua interpretação, ele deveria analisar se a agência reguladora tem decisão baseada em construção conforme a lei, sendo, portanto, a primazia dada ao regulador para determinar suas soluções administrativas amparadas na legislação.

Ocorre que, em 28 de junho de 2024, após 40 anos de aplicação do *Chevron test*, a Suprema Corte decidiu de forma distinta no caso *Loper Bright Enterprises Et Al. v. Raimondo*, *leading case* do qual se extrai a **superação, isto é, a overruling, da doutrina Chevron**.

Baseada na interpretação da *Administrative Procedure Act*, os Justices da Suprema Corte decidiram, por maioria, que a APA permite que as cortes exerçam seu julgamento de forma independente, mesmo quando a agência atuou dentro dos limites de sua autoridade, sendo afastado, por conseguinte, o primado da deferência judicial à interpretação dada pela agência reguladora, mesmo em face de ambiguidade do texto legal.

Assim, houve uma virada em favor da maior amplitude e legitimidade da interpretação judicial dos textos legais. Tendo sido apontado que o caso Chevron concedeu muitos poderes aos 'burocratas federais não eleitos', permitindo ao Judiciário rever regulamentações que afetam diversas facetas da vida americana, relacionadas lá com: o local de trabalho, o meio ambiente e a saúde.

Note-se que existem, conforme visto, diversas diferenças entre as agências e sua atuação no Brasil e nos Estados Unidos, mas esse afastamento da doutrina Chevron certamente irá suscitar, *mutatis mutandis*, uma reflexão similar que terá impactos também na discussão da abrangência do controle jurisdicional da regulação das agências.

---

[78] Trata-se de terminologia perigosa do ponto de vista do Estado de Direito, mas que se analisada no contexto desenvolvido pelo autor perde essa característica de ausência de limites e controles.

[79] MOREIRA NETO, Diogo de Figueiredo. *Direito regulatório*. Rio de Janeiro: Renovar, 2003. p. 181.

10.5.2.2.10 Governança e *compliance* das agências reguladoras

Governança pública implica, conforme definição do Decreto nº 9.203/2017, o conjunto de mecanismos de liderança, estratégia e controle postos em prática para avaliar, direcionar e monitorar a gestão, com vistas à condução de políticas públicas e à prestação de serviços à sociedade.

Conforme expõe Danilo Vieira Vilela,[80] a própria existência de agências reguladoras representa uma redefinição na forma de governança, sendo que a Lei nº 13.848/2019 disciplina práticas de boa governança, abrangendo, conforme seu art. 3º, § 3º, "práticas de gestão de riscos e de controle interno e elaborar e divulgar programa de integridade, com o objetivo de promover a adoção de medidas e ações institucionais destinadas à prevenção, à detecção, à punição e à remediação de fraudes e atos de corrupção".

A governança envolve preocupação com o estabelecimento de padrões éticos de atuação, sendo este aspecto relacionado com a integridade das organizações, a definição de intervenções para potencializar resultados e benefícios, sendo cotejadas com a gestão de riscos e de desempenho, bem como a transparência (*disclosure*) e o estímulo à prestação de contas responsiva e responsável (*accountability*).

De acordo com o art. 17 da Lei nº 13.848/2019, a agência reguladora deverá elaborar, para cada período quadrienal, plano estratégico que conterá os objetivos, as metas e os resultados estratégicos esperados das ações de agência reguladora relativos à sua gestão e a suas competências regulatórias, fiscalizatórias e normativas, bem como a indicação dos fatores externos alheios ao controle da agência que poderão afetar significativamente o cumprimento do plano.

Haverá, ainda, em cada agência reguladora um ouvidor que atuará sem subordinação hierárquica, exercendo suas atribuições sem acumulação com outras funções. São suas atribuições: zelar pela qualidade e pela tempestividade dos serviços prestados pela agência; acompanhar o processo interno de apuração de denúncias e reclamações dos interessados contra a atuação da agência; e elaborar relatório anual de ouvidoria sobre as atividades da agência.

O ouvidor terá mandato de três anos, vedada a recondução, no curso do qual somente perderá o cargo em caso de renúncia, condenação judicial transitada em julgado ou processo administrativo disciplinar.

10.5.3 *Fundação*

10.5.3.1 *Considerações introdutórias*

Há três tipos básicos de fundações no Direito:

- as fundações de **direito privado** instituídas **por particulares** – que não são objeto do estudo do Direito Administrativo, mas do Direito Civil;
- as fundações de **direito privado** instituídas **pelo Poder Público**; e
- as fundações de **direito público** que têm natureza jurídica de **autarquia**.

---

[80] VILELA, Danilo Vieira. Governança e *compliance* na nova disciplina das agências reguladoras. In: NOHARA, Irene Patrícia; PEREIRA, Flávio de Leão Bastos. *Governança, compliance e cidadania*. 2. ed. São Paulo: Revista dos Tribunais, 2019. p. 599.

O tema das fundações públicas é talvez um dos mais controvertidos do Direito Administrativo brasileiro. A maior parte das elaborações doutrinárias sobre o assunto data das décadas de 70 e 80.

A Constituição de 1988 contribuiu para pacificar muitos dos debates travados em torno da matéria, pois ela esclareceu vários pontos obscuros e alguns propositadamente alterados do Decreto-lei nº 200/67, como, por exemplo, pela Lei nº 7.596/87, conforme será exposto. Houve, ainda, a discussão do anteprojeto de Lei Orgânica da Administração Pública, que visava modificar a disciplina das fundações.

10.5.3.2 Fundações de direito privado instituídas por particulares

Costuma-se diferenciar a pessoa jurídica privada[81] em duas espécies básicas: as **associações** ou **sociedades**, estudadas antigamente como corporações (*universitas personarum*), constituídas por pessoas que se associam para a consecução de determinados fins *que geralmente as beneficiam*, e as **fundações** (*universitas rerum/bonorum*), que abrangem um conjunto de bens personalizados e destinados a certas finalidades.

O Direito Romano Clássico só conheceu as corporações.[82] Havia corporações *públicas*, como o Estado Romano, o Erário, as Organizações Municipais e as Colônias e as associações *de caráter privado*, com fins religiosos, econômicos profissionais ou até para garantir um serviço funerário adequado a seus membros.

Os romanos geralmente não atribuíam personalidade jurídica, ou seja, a condição de pessoa, aos patrimônios; havia no máximo a transferência, *inter vivos* ou por testamento, de determinado patrimônio para fins de utilidade pública. A ideia surgiu somente no período pós-clássico, com paulatina influência cristã, e consolidou-se na prática de vincular um patrimônio a certas finalidades, especialmente para fins religiosos ou de beneficência (*piae causae*).

Posteriormente, admite-se a possibilidade de haver um patrimônio personalizado, o que significa que o patrimônio ou conjunto de bens passa a ser sujeito de direitos, ou seja, passa a ter aptidão para contrair obrigações jurídicas. Na atualidade, a doutrina é praticamente unânime em definir a fundação como **patrimônio personalizado** destinado a um **fim**.

Muito embora o Direito Administrativo não trate das fundações privadas propriamente ditas, é importante que se saiba as características originárias das fundações privadas para que haja a comparação com as fundações públicas em sentido amplo.

Alguns autores, como José Cretella Júnior,[83] entendem que fundação não é categoria do direito privado, mas, sim, categoria da Teoria Geral do Direito, pois, em contrapartida às fundações privadas, existem fundações públicas que também fazem parte do gênero das fundações.

---

[81] No art. 44 do Código Civil, no entanto, além das mencionadas (associações, sociedades e fundações), são discriminadas como pessoas jurídicas de direito privado: as organizações religiosas, os partidos políticos e as empresas individuais de responsabilidade limitada. Mas, para efeitos de análise tradicional das fundações, é clássica a divisão exposta.

[82] Segundo pesquisa de Moreira Alves, "os textos não fornecem elementos inequívocos para que se afirme que as fundações, como pessoas jurídicas, foram conhecidas dos romanos". In: ALVES, José Carlos Moreira. *Direito romano*. Rio de Janeiro: Forense, 1995. v. I. p. 134.

[83] CRETELLA JÚNIOR, José. *Fundações de direito público*. Rio de Janeiro: Forense, 1976. p. 10. Tb. ARAÚJO, Edmir Netto de. *Curso de direito administrativo*. São Paulo: Saraiva, 2007. p. 185.

Contudo, não se pode ignorar o fato de que a teoria das pessoas jurídicas no geral, e especialmente das fundações, foi originada na Idade Média e construída com base em relações privadas e apenas nos últimos dois séculos a Teoria Geral do Direito começou a se debruçar sobre o tema das fundações públicas.

No direito privado, o instituidor da fundação a cria por ato unilateral e irrevogável, isto é, por escritura pública ou testamento com dotação especial de bens livres para tal finalidade (art. 62 do Código Civil). Para entrar no mundo jurídico, a fundação deve ter o estatuto registrado em cartório de registro civil. Apesar de o criador poder declarar a maneira de administrar a fundação, após sua instituição, o instituidor não tem o comando sobre ela.

Os dirigentes da fundação agem em nome e na finalidade da entidade. O Ministério Público é, no Brasil, por meio, por exemplo, da Promotoria da Justiça das Fundações,[84] o órgão fiscalizador das fundações (art. 66 do Código Civil). A fiscalização recai, portanto, no Ministério Público do Estado onde estejam situadas as fundações, exceto no caso do Distrito Federal, onde haverá o Ministério Público do Distrito Federal e Territórios.[85] O Ministério Público analisa inclusive se a dotação contempla bens suficientes para a persecução das finalidades institucionais da fundação.

Se o patrimônio não for suficiente, como por vezes ocorre, a regra do art. 63 do Código Civil de 2002 é que, se não houver determinação do instituidor em sentido diverso, sejam incorporados em outra fundação com fins iguais ou semelhantes. Note-se que o parágrafo único do art. 62 do Código Civil estabelece que a fundação somente poderá constituir-se para fins:

- assistência social;
- cultura, defesa e conservação do patrimônio histórico e artístico;
- educação;
- saúde;
- segurança alimentar e nutricional;
- defesa, preservação e conservação do meio ambiente e promoção do desenvolvimento sustentável;
- pesquisa científica, desenvolvimento de tecnologias alternativas, modernização de sistemas de gestão, produção e divulgação de informações e conhecimentos técnicos e científicos;
- promoção da ética, da cidadania, da democracia e dos direitos humanos;
- atividades religiosas.

Como a fundação sempre foi vista do prisma de um conjunto de bens, seu patrimônio assegura a sua existência. Por conseguinte, os bens só podem ser alienados em casos excepcionais e com autorização judicial, jamais podendo ser desviados de sua destinação. O Ministério Público pode pedir a destituição dos dirigentes que não gerirem adequadamente o patrimônio da fundação.

---

[84] Em São Paulo, pois no Rio de Janeiro compete à Curadoria de Fundações.

[85] Tendo sido afastada a orientação contida no art. 66, § 2º, no sentido de que "se funcionarem no Distrito Federal, ou em Território, caberá o encargo ao Ministério Público Federal", pela ADI nº 2.798-8, STF. Posteriormente, houve a redação conferida pela Lei nº 13.151/2015.

10.5.3.3 Fundação pública de direito privado

A maior parte da doutrina[86] e da jurisprudência[87] dos Tribunais Superiores admite que haja fundação pública de direito privado, isto é, fundação instituída pelo Poder Público mas que tenha natureza jurídica privada. Trata-se, assim como no caso das empresas públicas e sociedades de economia mista, de ente criado pelo Estado com regime privado, mas, pelo fato de ser formado de patrimônio público, o seu regime jurídico sofre algumas derrogações de caráter público.

A lei também ressalta a natureza privada da fundação pública, à medida que o inciso IV do art. 5º do Decreto-lei nº 200/67, acrescentado pela Lei nº 7.596/87 define fundação pública como:

> a entidade dotada de personalidade jurídica de direito privado,[88] sem fins lucrativos, criada em virtude de autorização legislativa, para o desenvolvimento de atividades que não exijam execução por órgãos ou entidades de direito público, com autonomia administrativa, patrimônio próprio gerido pelos respectivos órgãos de direção, e funcionamento custeado por recursos da União e de outras fontes.

Apesar da natureza privada, a fundação pública não tem fins lucrativos e sua área de atuação obedece ao disposto na lei complementar a que se refere o inciso XIX do art. 37 da Constituição. Note-se que, conforme dito, geralmente se considera que a obtenção de recursos pela entidade, em decorrência da exploração econômica do patrimônio, da venda de bens, da prestação de serviços ou de outras atividades não descaracteriza seus fins não lucrativos, desde que o resultado das atividades seja integralmente aplicado na realização de seus objetivos.[89]

Existem várias diferenças entre a fundação de direito privado instituída por particular e a fundação de direito privado instituída pelo Poder Público. Maria Sylvia Zanella Di Pietro[90] salienta as seguintes distinções:

- enquanto o particular faz um ato de liberalidade e destaca de seu patrimônio bens que são destinados a fins alheios; o Poder Público, ao instituir uma fundação, utiliza tal espécie de entidade para atingir determinado fim de interesse público, ou seja, ele se utiliza dela para descentralizar a execução de atividade que lhe compete;
- a fundação criada por particular é instituída por escritura pública ou por testamento, havendo, posteriormente, a elaboração de seu estatuto; já a fundação de direito privado instituída pelo Poder Público é criada por autorização legislativa

---

[86] DI PIETRO, Maria Sylvia Zanella. *Direito administrativo*. São Paulo: Atlas, 2010. p. 434-443. CARVALHO FILHO, José dos Santos. *Manual de direito administrativo*. Rio de Janeiro: Lumen Juris, 2008. p. 485-498. ARAÚJO, Edmir Netto de. *Curso de direito administrativo*. São Paulo: Saraiva, 2007. p. 186.

[87] Agravo no RE nº 219.900-1 RS, Rel. Min. Ellen Gracie, *DJ* de 16.8.2002.

[88] Ressalte-se que Celso Antônio Bandeira de Mello considera a redação dada ao dispositivo uma impropriedade técnica, pois o jurista defende o caráter público das fundações públicas. Cf. *Curso de direito administrativo*. São Paulo: Malheiros, 2008. p. 183.

[89] Trata-se inclusive de orientação do anteprojeto de lei orgânica da Administração Pública federal, que abrirá a discussão acerca da presença ou não da imunidade neste caso. Note-se que o STF tem posicionamento no sentido de reconhecer imunidade de IPTU de imóvel alugado a terceiros, pertencente a fundação pública dedicada ao ensino superior, cuja renda era vertida a finalidade institucional (RE 217.233/RJ, *DJU* de 14.9.2001). Mas, neste caso, se tratava de fundação de direito público. O Supremo normalmente reconhece a imunidade para casos em que o ente privado desenvolva serviços públicos, como se observa da decisão envolvendo os Correios (RE 407.099, Rel. Min. Carlos Velloso, *DJ* 6.8.2004).

[90] DI PIETRO, Maria Sylvia Zanella. *Direito administrativo*. São Paulo: Atlas, 2010. p. 437-439.

específica, deixando ao estatuto o estabelecimento de parte de suas diretrizes – contudo, assim como a instituída por particular, ela adquire personalidade jurídica com a inscrição da escritura pública no registro;

- ao criar uma fundação, seu instituidor privado não tem o seu comando, uma vez que ela ganha vida própria; já a fundação pública jamais adquire vida inteiramente própria, pois se ela é instituída em função do interesse público, pelos princípios: da indisponibilidade do interesse público e do *ius variandi*, que informa a presença de interesses públicos variáveis, o ente que instituiu a fundação pode alterar a lei que autorizou sua criação ou mesmo revogá-la;
- para se alterar o estatuto de uma fundação instituída por particular deve haver deliberação de dois terços dos representantes e gestores da fundação (art. 67, I, do Código Civil); no caso da fundação governamental, para alterar a lei que a rege, o Estado não depende de prévia decisão dos órgãos de direção da entidade;
- o ato do instituidor da fundação particular é irrevogável, já a fundação instituída pelo Poder Público pode ser extinta a qualquer momento, desde que por lei autorizativa neste sentido, de acordo com o paralelismo das formas; e
- enquanto as fundações instituídas por particulares são fiscalizadas pelo Ministério Público; nas fundações públicas de direito privado há a supervisão ministerial ou controle de tutela pelos entes da Administração Direta, além da fiscalização financeira e orçamentária, sendo desnecessário, conforme expõe Di Pietro,[91] que haja duplicidade de controles com o mesmo objetivo.

As fundações de direito privado instituídas pelo Poder Público tanto têm um regime diferenciado em relação às fundações inteiramente particulares que o art. 5º, § 3º, do Decreto-lei nº 200, acrescentado pela Lei nº 7.596/87, determinou que as fundações públicas "adquirem personalidade jurídica com a inscrição da escritura pública de sua constituição no Registro Civil de Pessoas Jurídicas, não se lhes aplicando as demais disposições do Código Civil concernentes às fundações".

Se a aplicação do Código Civil é adstrita à inscrição da escritura no registro civil de pessoas jurídicas, então, restam de privado nas fundações públicas de direito privado os seguintes mecanismos:

- seus bens são penhoráveis, pois são considerados bens privados;
- a lei não a cria, mas, assim como os demais entes privados da Administração Indireta, autoriza sua criação, havendo necessidade, conforme visto, de registro, como as demais pessoas de direito privado;
- se não desenvolverem serviços públicos (caso em que poderão ser tidas como autarquias fundacionais, conforme será exposto na sequência), serão submetidas à responsabilidade de direito privado,[92] em interpretação por exclusão do art. 37, § 6º, da Constituição;

---

[91] DI PIETRO, Maria Sylvia Zanella. *Direito administrativo*. São Paulo: Atlas, 2010. p. 438.

[92] Discorda dessa orientação José dos Santos Carvalho Filho, para quem as fundações são criadas para execução de atividades de caráter social que, para ele, são verdadeiros serviços públicos. Assim, mesmo as de direito privado se submetem à responsabilidade objetiva do art. 37, § 6º.

- logo, para o caso das fundações públicas de direito privado, a fundação responderá até o limite de seu patrimônio, não havendo responsabilidade subsidiária por parte do Estado, como ocorre nos entes de direito público;
- não têm prerrogativas processuais, como prazos dilatados ou duplo grau obrigatório, que são próprios das fundações de direito público do tipo autarquias fundacionais; e
- o regime de contratação do pessoal é o da CLT; sendo competente a Justiça do Trabalho para dirimir conflitos dessa natureza.[93]

A Constituição de 1988 pacificou inúmeras questões. Assim, já é certo que se lhes aplica, como derrogações ao regime privado, uma vez que são criadas pelo Poder Público:

- a fiscalização por parte do **Tribunal de Contas** (art. 71, II);
- os seus empregos **não são acumuláveis**, porquanto o art. 37, XVII, determina que "a proibição de acumular estende-se a empregos e funções e abrange autarquias, **fundações**, empresas públicas, sociedades de economia mista, suas subsidiárias, e sociedades controladas, direta ou indiretamente, pelo poder público";[94]
- a remuneração paga por tais entes submete-se também às regras de **teto constitucional**, presentes no art. 37, XI, da Constituição;
- seus agentes são considerados "funcionários públicos" para os fins criminais, de impetração de mandado de segurança e ingresso com ação popular e seus dirigentes, caso desempenhem funções delegadas, são considerados autoridades;[95]
- o preenchimento dos empregos deve ser precedido da realização de **concurso público** de provas ou de provas e títulos (art. 37, II), exceto no caso dos cargos em comissão ou de contratação por tempo determinado para atender à necessidade temporária de excepcional interesse público, conforme exposição do capítulo de agentes públicos;
- submetem-se à **Lei de Licitações e Contratos Administrativos** (art. 37, XXI);
- têm **imunidade** tributária em relação aos serviços, bens e rendas vinculados a suas **finalidades essenciais** ou às **delas decorrentes** (art. 150, § 2º);
- o foro para processamento e julgamento será o da **justiça comum estadual**, que é o foro das pessoas privadas, independentemente de ser a fundação federal, estadual, distrital ou municipal; e
- não são **extintas** das formas do direito privado, mas **por lei**.

Apesar de se falar na publicização das fundações, que será exposta a seguir, na realidade, a tendência[96] que se observa, sobretudo na exposição de motivos do anteprojeto elaborado pela comissão de juristas constituída pelo Ministério do Planejamento, vai na contramão da autarquização, propugnando, pois, o reconhecimento das fundações estatais como pessoas jurídicas de direito privado, desde que elas se sujeitem ao "regime mínimo" das entidades estatais exigido pela Constituição (isto é, os itens de derrogações ao direito privado expostos no parágrafo anterior).

---

[93] CARVALHO FILHO, José dos Santos. *Manual de direito administrativo*. Rio de Janeiro: Lumen Juris, 2008. p. 497.

[94] Em redação dada pela Emenda Constitucional nº 19/98, que estendeu a proibição de acumular a todas as fundações, e não somente às "fundações mantidas pelo Poder Público", como era o texto original do inciso.

[95] MEIRELLES, Hely Lopes. *Direito administrativo brasileiro*. São Paulo: Malheiros, 2009. p. 361.

[96] Que é extremamente problemática, mas que não pode deixar de ser mencionada.

> **TEMA POLÊMICO: quais os critérios utilizados para a definição do regime jurídico *público* ou *privado* das fundações instituídas pelo poder público?**
>
> É controvertida na doutrina e na jurisprudência a discussão acerca dos critérios utilizados para a definição do regime jurídico da fundação pública. O único consenso que existe diz respeito à necessidade de se analisar a lei que cria a fundação.
>
> Um dos critérios que fazem com que a fundação seja reconhecida como autarquia, isto é, para que o seu regime seja de direito público é, segundo expõe Celso Antônio Bandeira de Mello,[97] a atribuição de **titularidade de poderes públicos** ao ente, e não o mero exercício. Somente o Estado e os entes de direito público podem exercer atribuições próprias com prerrogativas em relação aos particulares.
>
> No entanto, José dos Santos Carvalho Filho entende que:
>
>> o único fator do qual se pode extrair pequeno elemento de diferenciação reside na **origem dos recursos**, admitindo-se que serão fundações estatais de direito público aquelas cujos recursos tiverem previsão própria no orçamento da pessoa federativa e que, por isso mesmo, sejam mantidas por tais verbas, ao passo que de direito privado serão aquelas que sobreviverem basicamente com as rendas dos serviços que prestem e com outras rendas e doações oriundas de terceiros.[98]
>
> Na decisão do RE 21.741/SE (j. 30.3.1999, sobre a Fundação Nacional de Saúde), o STF estabeleceu como critérios relevantes para a identificação de uma fundação de direito público: "a finalidade, a origem dos recursos e o regime administrativo de tutela absoluta, a que, por lei, estão sujeitas".

10.5.3.4 Fundação de direito público ou autarquia fundacional

Registra-se da década de 40 no Brasil a instituição das primeiras fundações públicas, mas foi nos anos 60 que houve a proliferação delas, conforme se exigiu do Estado, que aumentava o seu tamanho, a especialização de atividades que foram desenvolvidas neste período de "estatização" a partir da chamada descentralização por serviços, isto é, da criação de entes da Administração Indireta.

Houve na época uma acirrada controvérsia doutrinária acerca da natureza jurídica da fundação, até por conta da indefinição legislativa.

A Constituição de 1967, por exemplo, não incluiu as fundações nas entidades da Administração Indireta, às quais se impôs a proibição de acumulação de cargos, empregos e funções. O Decreto-lei nº 200, do mesmo ano, seguiu esta linha de indefinição, mas no parágrafo único do art. 4º equiparou as fundações públicas às empresas públicas.

Posteriormente, o Decreto-lei nº 900, de 1969, afirmou expressamente que as fundações não integravam a Administração Indireta, subordinando-as apenas à supervisão ministerial. Em 1986, contudo, o Decreto-lei nº 2.299 finalmente **incluiu** as fundações na **Administração Indireta** para o fim de subordinação aos mecanismos e normas de fiscalização, controle e gestão financeira pelo Tribunal de Contas e para a inserção dos seus cargos, empregos e funções no plano de classificação de cargos. Ademais, o art. 5º, IV, do Decreto-lei nº 200/67, com a alteração da mencionada lei, definiu a fundação pública como a "entidade dotada de personalidade jurídica de direito privado, sem fins lucrativos, criada em virtude de autorização legislativa".

Existem basicamente duas versões para essas modificações e essas indefinições por parte do "legislador", que na época não era tão legislador assim, pois havia a expedição de inúmeros **decretos-leis** dos mais variados assuntos.

---

[97] BANDEIRA DE MELLO, Celso Antônio. *Curso de direito administrativo*. São Paulo: Malheiros, 2008. p. 183.

[98] CARVALHO FILHO, José dos Santos. *Manual de direito administrativo*. Rio de Janeiro: Lumen Juris, 2008. p. 488.

A primeira versão é mais amena. Justifica-se essa indefinição a partir da ideia de que primeiro: o Estado estava se agigantando e procurou descentralizar atribuições a partir da instituição de entes da Administração Indireta, isto é, por outorga da titularidade de serviços públicos, pois havia suficientes recursos para isso num período de crescimento econômico; e, segundo, procurava-se também aproveitar o regime jurídico de direito privado para agilizar e dar mais eficiência ao cumprimento de certas atividades, ainda mais que havia uma corrente doutrinária forte à época, capitaneada por Hely Lopes Meirelles, que entendia ser um contrassenso uma fundação se submeter a regime jurídico público.

Hely Lopes Meirelles[99] dizia que o fato de o Poder Público instituir uma fundação não a transforma em pessoa jurídica de direito público. As fundações instituídas pelo Poder Público seriam **pessoas jurídicas de direito privado**, sujeitas às normas civis das fundações destinadas a realizar atividades de interesse público. Para tanto poderiam receber recursos do Poder Público e sua fiscalização seria realizada pelo órgão ministerial respectivo (supervisão ministerial).

Outro aspecto importante: o Poder Público, ao instituir uma fundação, mesmo que de direito privado, dificilmente pratica atos de liberalidade, destacando bens de seu patrimônio para destiná-los a fins alheios aos interesses públicos – pois existe o princípio da indisponibilidade do interesse público. Normalmente, o Estado acaba conferindo a execução de **serviço público** mesmo, o que demanda um **regime diferenciado**.

Quando as empresas públicas e sociedades de economia prestam serviços públicos elas se submetem a regime de caráter mais publicístico, ainda que na maior parte dos casos o fim normal de uma estatal é o desenvolvimento de atividade econômica nas hipóteses permitidas[100] pela Constituição Federal.

Note-se que Ruy Cirne Lima já associava, na década de 50, em sua obra clássica sobre os *Princípios de direito administrativo*,[101] a repartição de importantes serviços públicos com entidades autárquicas. A propósito, a obra de Cirne Lima inspirou muito Celso Antônio Bandeira de Mello[102] a fazer uma defesa contra o posicionamento de Hely Lopes Meirelles. Tal entendimento crítico foi corroborado também por Adilson Abreu Dallari.[103]

De acordo com esta segunda visão, mais crítica: não é mera coincidência o fato de que na década de 60 houve esse movimento para retirar as fundações públicas da Administração Indireta e submetê-las a um regime privatístico, sendo que a partir de meados da década de 80 as fundações públicas são novamente inseridas no rol dos entes da Administração Indireta.

---

[99] MEIRELLES, Hely Lopes. *Direito administrativo brasileiro*. São Paulo: Revista dos Tribunais, 1985. p. 313-314. Note-se que as edições mais recentes foram sendo atualizadas e acabaram não deixando tão claro o posicionamento conhecido do autor, que é explicitado com maior clareza em nota de rodapé, nº 49, no caso da edição de 2009, da Editora Malheiros. Segundo expõe Edmir Netto de Araújo, a corrente que defendia que as fundações eram sempre de direito privado era composta de juristas mais tradicionais, como Manoel de Oliveira Franco Sobrinho, Francisco Campos, Miguel Seabra Fagundes e Themístocles Brandão Cavalcanti. *Curso de direito administrativo*. São Paulo: Saraiva, 2007. p. 186.

[100] Em função dos seguintes motivos: imperativos da segurança nacional ou relevante interesse coletivo, conforme definidos em lei (art. 173, *caput*).

[101] LIMA, Ruy Cirne. *Princípios de direito administrativo*. São Paulo: Malheiros, 2007. p. 397-405.

[102] BANDEIRA DE MELLO, Celso Antônio. *Prestação de serviços públicos e Administração Indireta*. 2. ed. São Paulo: Revista dos Tribunais, 1987. *Passim*. Aliás, Celso Antônio Bandeira de Mello é um dos juristas da atualidade que mais defendem o caráter **publicístico** das fundações instituídas pelo Poder Público.

[103] Fundações privadas instituídas pelo Poder Público. *Revista de Informação Legislativa*, Brasília, ano 28, nº 110, p. 202, abr./jun. 1991.

Na realidade, (1) **primeiro**: os governos militares não tinham tanto interesse em descentralizar atribuições,[104] até porque eles não queriam se livrar do modelo napoleônico de hierarquia – essa tese é desprovida de contato com a realidade vivenciada –, basta notar que no plano constitucional havia a nomeação de interventores até para as competências dos entes federativos pretensamente asseguradas na Constituição, os militares queriam, por óbvio, criar mais burocracia para fazer nomeações; (2) **segundo**: conforme expõe Adilson Abreu Dallari, o modelo das fundações públicas na época sofreu as influências do momento histórico, pois havia abuso dos poderes em face de um controle na maioria das vezes comprometido com o regime e que se utilizava da fundação para utilizar recursos públicos sem os rigores do regime de direito administrativo, por meio, portanto, de um regime mais flexível.

Segundo os dados levantados,[105] as fundações, na realidade, só tinham a denominação de fundações, mas, na prática, eram criadas a partir de fundos insuficientes e ficavam na dependência de repasse de verbas diretamente do orçamento, ou seja, se desejava o reconhecimento do regime de direito privado, o que gerava flexibilização, sem que fossem vertidos, como ocorre nas fundações privadas, bens suficientes para a consecução das finalidades da fundação.

Assim, elas não eram simplesmente **criadas/instituídas** pelo Poder Público, mas verdadeiramente **mantidas** por ele. Essa orientação é a tônica inclusive do anteprojeto de lei orgânica da Administração, em cuja exposição de motivos se especifica que as fundações públicas são mantidas pelo Poder Público "quando recebam do instituidor recursos financeiros para pagamento de despesas com pessoal e de custeio em geral, mediante previsão de dotação orçamentária".

O *leading case* divisor de águas, que afirmou que tais fundações definitivamente têm natureza de autarquia, foi o Recurso Extraordinário nº **101.126, de 24.10.1984**, que determinou que as fundações instituídas pelo poder público, que assumem a gestão de serviço estatal, submetem-se a regime administrativo e são espécies do gênero autarquia.

À época discutia-se se a proibição de acumular atingia também as fundações públicas, uma vez que a Constituição de 1967, com a redação da Emenda nº 1/69, não tinha regras claras sobre o assunto, tendo sido decidido no mencionado precedente que:

> nem toda fundação instituída pelo Poder Público é fundação de direito privado. As fundações, instituídas pelo Poder Público, que assumem a gestão de serviço estatal e se submetem a regime jurídico administrativo previsto, nos Estados-membros, por leis estaduais, são fundações de direito público, e, portanto, pessoas jurídicas de direito público. Tais fundações são espécie do gênero autarquia, aplicando-se a elas a vedação a que alude o § 2º do art. 99 da Constituição Federal (de 1969).

Posteriormente, o Supremo decidiu em inúmeros casos que o julgamento das fundações de direito público seria feito no âmbito da Justiça Federal, caso elas fossem instituídas pelo governo federal, apesar de o art. 109, I, da Constituição só fazer alusão às autarquias (cf. STF, Recurso Extraordinário 215.741-SE, de 30.3.1999, Rel. Min. Maurício Corrêa). Significa dizer que o STF reconheceu a tais fundações a natureza autárquica.

---

[104] Hélio Beltrão, então Ministro do Planejamento, foi incumbido a auxiliar na implantação da Reforma Administrativa de 1967. Ele tentou em vão reverter o processo de expansão descontrolada do Executivo Federal por meio do estabelecimento de princípios descentralizadores, mas estes não encontraram eco no autoritarismo centralizador praticado pelos militares. Cf. NOHARA, Irene Patrícia. *Reforma administrativa e burocracia*. São Paulo: Atlas, 2012. p. 41.

[105] DALLARI, Adilson Abreu. Fundações privadas instituídas pelo Poder Público. *Revista de Informação Legislativa*, Brasília, ano 28, nº 110, p. 202, abr./jun. 1991.

José Cretella Júnior[106] enfatiza que, em verdade, não foi a jurisprudência ou mesmo o Direito brasileiros que inventaram a figura da **autarquia fundacional**, mas na própria Itália das fundações públicas, do final do século XIX, se originaram as autarquias.

Pontes de Miranda no *Tratado de direito privado* vislumbrava a fundação de direito público. E Forsthoff no *Tratado de direito administrativo*, da edição de 1958, falava da dificuldade prática de distinguir fundação de direito privado da fundação de direito público, na medida em que ambas buscam finalidades de utilidade pública.

Se as fundações públicas forem reconhecidas como de direito público, aplicam-se-lhes todas as normas decorrentes do regime jurídico da autarquia (expostas de forma pormenorizada no item anterior), sobretudo quanto a: atos e processos administrativos, licitações, contratações, bens, servidores públicos, responsabilização, prestação de contas, imunidade tributária e prerrogativas processuais. São exemplos de autarquias fundacionais ou fundações de direito público a Funai, a Funasa e o IBGE.

> **TEMA POLÊMICO: fundação – remédio milagroso?**
>
> Dalmo de Abreu Dallari tem um artigo denominado *Fundações públicas e suas limitações*,[107] em que fala que no Brasil é comum se identificar a fundação como um **remédio milagroso** para:
> 1. a deficiência de recursos;
> 2. a independência política; e
> 3. a falta de flexibilidade da Administração.
>
> O Poder Público cria fundações e destina um patrimônio insuficiente ou inadequado, incapaz de produzir renda exigida para as finalidades. Para compensar, dá às fundações porcentual dos impostos arrecadados, o que gera dependência do poder político. Como o caso da Fapesp, por exemplo, que recebe, em regra, do governo estadual 1% de seu orçamento.
>
> Daí, pela insuficiência dos recursos, pensa-se, então, na modificação do regime jurídico. É esse mesmo raciocínio que leva reiteradamente à cogitação de transformar universidades federais em fundações, a partir inclusive da utilização dos edifícios públicos, em uma situação que se aproxima das fundações de apoio. Só que os edifícios não produzem renda, se não houver cobrança de mensalidades, o que seria de fato privatização.
>
> Também se fala que as federais poderiam, a partir da adoção desse novo regime, ser sustentadas, tal qual ocorre nos Estados Unidos, a partir de doações de empresas e de famílias abastadas.
>
> Ocorre que: (1º) não existe no Brasil essa cultura de as famílias ricas doarem parcela substancial da renda para a universidade, como nos Estados Unidos, que, aliás, gera por vezes uma situação injusta, pois, em alguns casos, já se garante o estudo das próximas gerações e até da prole eventual, sem que haja para os herdeiros dos "mantenedores" o mesmo rigor na entrada da universidade; e (2º) se a universidade pública for sustentada por empresas, é muito provável que as pesquisas por elas subsidiadas sejam apenas aquelas que lhes proporcionem maior proveito econômico, o que indiretamente atinge a autonomia científica da universidade.
>
> Ora, também a flexibilização propugnada é em vários aspectos ilusória, pois com a destinação de recurso público, há a necessidade de controle. Ademais, não dá para fugir à exigência de concurso público e às proibições de acúmulo de empregos, fixadas na Constituição.
>
> Assim, expõe Dalmo de Abreu Dallari, "de modo algum se justifica a mitologia criada em torno das fundações. Elas não realizam o milagre de dispensar o recebimento de recursos públicos para cumprimento de suas finalidades e, como é tradicional no Brasil, certamente fracassarão se dependerem de recursos privados para a realização de objetivos públicos".[108]

---

[106] CRETELLA Jr., José. *Fundações de direito público*. Rio de Janeiro: Forense, 1976. p. 63.

[107] DALLARI, Dalmo de Abreu. Fundações públicas e suas limitações. *Revista Adusp*, p. 19, jul. 1995.

[108] DALLARI, Dalmo de Abreu. Fundações públicas e suas limitações. *Revista Adusp*, p. 19, jul. 1995.

10.5.4 Estatal

Estatal é toda sociedade, civil ou comercial, da qual o Estado tenha o controle acionário. São espécies do gênero:

- empresas públicas;
- sociedades de economia mista; e
- qualquer outra empresa controlada pelo Estado.

As estatais são pessoas jurídicas de direito privado, controladas pelo Estado, que tanto podem prestar serviços públicos como explorar atividades econômicas caracterizadas pela produção e comercialização de bens ou pela prestação de serviços em geral, desde que sua atividade esteja respaldada nas hipóteses do art. 173 da Constituição.

Enquanto a **empresa pública** é estatal de patrimônio exclusivamente público e maioria do capital votante público, podendo revestir-se de qualquer forma admitida em direito, a **sociedade de economia mista** é estatal que conta com a participação do Poder Público e de particulares em seu capital e em sua administração, sendo organizada sob a forma de sociedade anônima, conforme será visto. Note-se que, apesar de serem correntes tais características, o Decreto nº 8.945/2016, que regulamentou a Lei das Estatais, orienta as empresas públicas a adotarem preferencialmente a forma de sociedade anônima, sendo esta, ainda, a forma obrigatória para as sociedades de economia mista.

Ambas as espécies exigem **lei específica** autorizando sua instituição (e extinção – conforme o princípio do paralelismo, ou simetria, das formas) e têm, conforme dito, **personalidade jurídica de direito privado**. Já que são, não obstante, estatais, isto é, o controle acionário delas é do Estado, que as constituiu, elas sofrem algumas **derrogações** de direito público, como, por exemplo: exigência de **concurso público** para a contratação de seus empregados públicos (art. 37, II, da Constituição); submissão à **licitação** com regras próprias, não sendo obrigatória a licitação, como regra geral, para as atividades-fim; "cabe **mandado de segurança** contra ato praticado em licitação promovida por sociedade de economia mista e empresa pública" (Súmula 333/STJ), porquanto contra atos administrativos das estatais cabe a impetração da medida; os empregados públicos são considerados "funcionários públicos"[109] para **fins penais** (art. 327 do Código Penal), ou seja, eles respondem pela prática de crimes contra a Administração Pública; os empregados públicos são agentes públicos, portanto, respondem pela prática de atos de **improbidade administrativa** (art. 1º, § 5º, da Lei nº 8.429/92, com a redação da Lei nº 14.230/2021); é **vedada a acumulação** de cargos, empregos e funções públicos (art. 37, XVII, da Constituição); se a estatal **receber recursos públicos** para pagamento de despesas de pessoal e para custeio em geral, a ela se aplica o **teto constitucional** de remuneração do inciso XI do art. 37 (art. 37, § 9º, da Constituição); sujeitam-se ao princípio da **especialidade** e, consequentemente, ao controle de **tutela**, nos limites legais; e **não se** sujeitam à **falência**, de acordo com o polêmico teor[110] do art. 2º, I, da Lei nº 11.101/2005.

---

[109] *Funcionário público* é termo que não foi repetido na Constituição de 1988, muito embora tenha continuado a constar do diploma penal recepcionado. Atualmente, fala-se em servidores públicos, categoria que inclui os empregados públicos de estatais.

[110] Considerava-se que não estariam sujeitas à falência as estatais prestadoras de serviços públicos, sendo que as que atuam no domínio econômico obedeceriam ao regime privado quanto aos direitos e obrigações comerciais, conforme dispõe o art. 173, § 1º, II, da Constituição. Todavia, o art. 2º, I, da Lei de Falências (Lei nº 11.101/2005) determinou

Quando o Estado cria estatais, ele geralmente intervém no domínio econômico, desenvolvendo diretamente atividade econômica em sentido estrito. Trata-se da chamada intervenção estatal por participação, que, conforme exposto, é medida excepcional. Contudo, será visto que há também estatais que prestam serviços públicos.

De acordo com o art. 173 da Constituição, ressalvados os casos previstos nesta Constituição, a exploração direta de atividade econômica pelo Estado **só será permitida** se houver definição legal, quando necessária:

- aos imperativos da **segurança nacional**; ou
- a relevante **interesse coletivo**.

Essa exigência é enfatizada no art. 2º, § 1º, da Lei das Estatais (Lei nº 13.303/2016), que determina que a constituição de empresa pública e de sociedade de economia mista dependerá de prévia autorização legal que indique, de forma clara, relevante interesse coletivo ou imperativo da segurança nacional.

Em uma ordem econômica fundada na livre iniciativa e no princípio da livre concorrência, a opção do Estado em explorar diretamente atividade econômica no mercado deve ser justificada quando houver razões de importância estratégica relacionadas com a segurança nacional ou de relevante interesse geral.

Apesar de todo o discurso neoliberal, que propugna a "desestatização", não se pode negar que as empresas estatais também cumprem um significativo papel na dinamização da economia de um país, frequentemente exercendo papel de indutoras de desenvolvimento, a depender do tipo de atividade e da forma como é desempenhada.

Note-se que até recentemente havia consenso no sentido de que, quando a estatal atuasse no domínio econômico, seu regime tenderia a ser predominantemente privado, até porque o art. 173, § 1º, II, da Constituição determina que tenham regime jurídico próprio de empresas privadas, inclusive quanto a direitos e obrigações:

- **civis**;
- **comerciais**;
- **trabalhistas**; e
- **tributários**.

A Emenda Constitucional nº 19/98, da Reforma Administrativa, pretendeu estabelecer um **estatuto jurídico próprio** para as estatais (empresas públicas e sociedades de economia mista e de suas subsidiárias que explorem atividade econômica), em que, além dos direitos e obrigações de caráter privado, seriam disciplinadas regras sobre a função social e formas de fiscalização pelo Estado e pela sociedade; licitação e contratação de obras, serviços, compras e alienações, observados os princípios da administração pública; a constituição e o funcionamento dos conselhos de administração e fiscal, com a participação de acionistas minoritários; e os mandatos, a avaliação de desempenho e a responsabilidade dos administradores.

Também o art. 173, § 2º, da Constituição estabelece que "as empresas públicas e as sociedades de economia mista não poderão gozar de **privilégios fiscais** não extensivos às do setor privado". Se as empresas estatais tivessem benefícios não extensivos às demais empresas privadas

---

que: "esta lei não se aplica a: I – empresa pública e sociedade de economia mista", sem considerar o tipo de atividade desempenhada, ou seja, abarcando a totalidade das empresas públicas e sociedades de economia mista.

que atuam no mercado, elas estariam em vantagem, o que prejudicaria o princípio da livre concorrência no domínio econômico.

Não obstante, nada impede que o Estado, por questões estratégicas, monopolize[111] determinada atividade, caso em que não haverá concorrência. Nesta hipótese, objetiva-se proteger setores estratégicos ao desenvolvimento nacional da especulação privada.

Acrescente-se, ainda, que as estatais (sociedades de economia mista e empresas públicas) podem prestar serviços públicos, hipótese em que era consensual que o seu regime jurídico acabaria sendo mais público, muito embora a personalidade jurídica continue de direito privado.

Contudo, a Lei das Estatais (Lei nº 13.303, de 30 de junho de 2016, regulamentada pelo Decreto nº 8.945/2016), contrariando a orientação constitucional, criou um regime jurídico que não distingue estatais que atuam no domínio econômico daquelas que prestam serviços públicos, ou seja, houve a disciplina conjunta e homogênea no tratamento legal,[112] o que suscitará controvérsias doutrinárias e jurisprudenciais.

Algumas distinções de regime jurídico possuem, todavia, respaldo constitucional. É o caso, por exemplo, do 37, § 6º, da Constituição, que determina que pessoa jurídica de direito privado, quando prestar serviço público, o que engloba a estatal, responde de forma objetiva pelos danos que seus agentes causarem a terceiros.

10.5.4.1 Regime jurídico das estatais que prestam serviços públicos

Apesar do tratamento homogêneo dado às estatais pela lei, quando as estatais prestam serviços públicos,[113] há a alteração do seu regime jurídico, mas elas continuam sendo pessoas jurídicas de direito privado. Portanto, após a autorização legislativa para sua instituição, para que tenham existência jurídica, deve o Poder Executivo providenciar o registro dos atos constitutivos no órgão competente, mesmo que seja uma estatal prestadora de serviço público.

Elas se submetem às derrogações de direito público mencionadas, que se aplicam a todas as estatais: exigência de concurso público; necessidade de licitação, como regra geral; vedação de acumulação de cargos, empregos e funções; responsabilidade penal dos seus empregados, que respondem também por improbidade administrativa; observância do teto constitucional para a remuneração. A principal marca característica diz respeito à sua **submissão ao art. 175 da Constituição**, voltado para a prestação de serviço público, e não ao art. 173, que trata da exploração direta de atividade econômica pelo Estado.

O art. 175 da Constituição estipula que incumbe ao Poder Público, na forma da lei, diretamente ou sob regime de concessão ou permissão, sempre por licitação, a prestação de serviços públicos. Pergunta-se: como no caso da prestação de serviços públicos pelas estatais não será a Administração Direta que desenvolverá a atividade (diretamente), mas sim ente da Administração Indireta (empresas públicas ou sociedades de economia mista), seria necessária

---

[111] A Lei das Estatais não segue o tratamento tradicionalmente conferido pelo Direito Econômico. Um exemplo dessa constatação é o uso diferente da palavra *monopólio* pelo art. 1º da lei, pois monopólio, conforme visto, tecnicamente, se aplica mais ao domínio econômico, não sendo aplicado até recentemente no Brasil ao tratamento dos serviços públicos.

[112] A parte concernente às licitações e contratos das estatais foi exposta no capítulo 6 – que aborda as licitações.

[113] Ressalte-se que, conforme visto, apesar de elas poderem prestar serviços públicos, a elas não se outorga o exercício de poder de polícia, que é indelegável.

delegação contratual, como acontece para os casos de concessão e permissão, para a execução do serviço público?

A resposta é negativa. A lei que autoriza a criação da estatal transfere por outorga a **titularidade** de serviço público (descentralização por serviço), desde que seja atribuição constitucional do ente criador, não sendo, via de regra, necessária a transferência do serviço por contrato, como ocorre nas concessões e permissões de serviços públicos (descentralização por colaboração).

Neste sentido, pode-se estender o significado do termo *diretamente*, na forma da lei, do art. 175 da Constituição para abarcar também os entes da Administração Indireta prestadores de serviços públicos.

Essa circunstância é excepcionada, como observa Edmir Netto de Araújo, para as hipóteses de estatais criadas para desempenhar serviços cuja titularidade não seja da pessoa política criadora:

> como, por exemplo, a Sabesp, criada para executar serviços de competência regular dos municípios (...). Opta-se ou por instrumento contratual de concessão, ou pela celebração de convênio, ou ainda, como já se fez, a pessoa política titular outorga legalmente tais serviços à estatal de pessoa política diversa.[114]

Ademais, conforme dito, de acordo com o art. 37, § 6º, da Constituição, elas acabam se submetendo à **responsabilidade objetiva** pelos danos que seus agentes causarem, uma vez que o dispositivo abarca "pessoas jurídicas de direito privado prestadoras de serviços públicos", sejam elas concessionárias, permissionárias, empresas públicas ou sociedades de economia mista.

Já as estatais exploradoras de atividade econômica em sentido estrito, que atuam, portanto, no domínio econômico (mercado), obedecem ao regime privado de responsabilidade, que é subjetivo (com base na culpa).

Há decisões do STF,[115] ainda, que garantem à empresa prestadora de serviço público o direito à **imunidade tributária** de que trata o art. 150, VI, *a*, da Constituição, privilégio fiscal que é de extensão proibida para as empresas estatais que atuam no mercado, conforme o art. 173, § 2º, da Constituição.

É polêmica, no entanto, a caracterização do patrimônio da estatal prestadora de serviços públicos. De acordo com o art. 98 do Código Civil, "são públicos os bens do domínio nacional pertencentes às pessoas jurídicas de direito público interno; todos os outros são particulares, seja qual for a pessoa a que pertencerem".

José dos Santos Carvalho Filho entende que mesmo os bens de uma estatal prestadora de serviços públicos são considerados privados com destinação especial, ou seja, que "o fato de estarem alguns bens de tais entidades afetados à eventual prestação de serviços públicos não os converte em bens públicos".[116]

Neste ponto, no entanto, seguimos o entendimento de Maria Sylvia Zanella Di Pietro, segundo o qual "são **bens públicos de uso especial** não só os bens das autarquias e fundações

---

[114] ARAÚJO, Edmir Netto de. *Curso de direito administrativo*. São Paulo: Saraiva, 2007. p. 212. Note-se que a Sabesp passou por um processo de privatização, em que, em 2024, o Estado vendeu as ações e passou a deter 18,3% do capital da empresa, sendo que quando era estatal o Estado detinha 50,3%.

[115] RE 407099/RS, Min. Rel. Carlos Velloso, j. 22.6.2004; AgR 765/RJ, Rel. Joaquim Barbosa, j. 5.10.2005.

[116] CARVALHO FILHO, José dos Santos. *Manual de direito administrativo*. Rio de Janeiro: Lumen Juris, 2008. p. 477.

públicas, como também os das entidades de direito privado prestadoras de serviços públicos, desde que afetados diretamente a essa finalidade".[117]

Esta foi também a orientação do STF em relação à Empresa Brasileira de Correios e Telégrafos (ECT), empresa pública que presta serviços públicos, que reconheceu a aplicabilidade do "privilégio da impenhorabilidade dos bens, rendas e serviços"[118] e o regime de precatório.

O regime jurídico dos bens públicos é reconhecido sobretudo pelo fato de que eles estão afetados à realização de importantes funções, daí não poderem ser penhorados, hipotecados, adquiridos por usucapião, caso em que gerariam a interrupção do serviço público.[119] Nesta perspectiva, a Terceira Turma do Superior Tribunal de Justiça (STJ), por unanimidade, rejeitou, em 10 de outubro de 2024, no REsp 2173088, o pedido de reconhecimento de usucapião de um imóvel de propriedade da Companhia de Saneamento Ambiental do Distrito Federal (Caesb). Como o imóvel pertence à sociedade de economia mista teria destinação pública, não foi reconhecida a possibilidade de usucapião.

10.5.4.2 Criação e extinção

Determina o art. 37, XIX, da Constituição, com redação dada pela Emenda Constitucional nº 19/98, que somente por lei específica poderá ser **autorizada a instituição** de empresa pública e de sociedade de economia mista.

A Lei das Estatais (Lei nº 13.303/2016) esclarece, conforme dito, no art. 2º, § 1º, que a constituição de empresa pública ou de sociedade de economia mista dependerá de prévia autorização legal que indique, de forma clara, relevante interesse coletivo ou imperativo da segurança nacional, conforme exige a Constituição.

Explica Diogenes Gasparini[120] que a lei tanto pode autorizar a criação de estatal como a transformação de outra entidade governamental em empresa estatal, como aconteceu com a Caixa Econômica Federal, que era autarquia e foi transformada em empresa pública. Também pode haver a transformação de uma empresa pública em sociedade de economia mista e vice-versa, desde que haja autorização em lei específica.

Assim, não é o fato de o Estado ter adquirido empresa particular e ser seu controlador que a transforma automaticamente em uma sociedade de economia mista, pois há a necessidade de autorização legislativa específica, cuja inobservância gera o reconhecimento da existência de uma simples empresa sob controle acionário do Estado.

Segundo relata Edmir Netto de Araújo,[121] foi o caso da Eletropaulo – Eletricidade de São Paulo S.A. –, que, independentemente da privatização, foi considerada em 1995 pelo STJ como "sociedade anônima, com personalidade jurídica de direito privado, não podendo transfigurar-lhe em sociedade de economia mista", pela falta de autorização legislativa (*RDA* 201/198).

A criação cabe ao Poder Executivo ou, quando for o caso, à entidade da Administração Indireta de que a empresa deva ser subsidiária e o nascimento da pessoa jurídica se subordina ao registro dos estatutos no órgão competente. Assim, rigorosamente falando, a lei específica

---

[117] DI PIETRO, Maria Sylvia Zanella. *Direito administrativo*. São Paulo: Atlas, 2010. p. 463.

[118] STF, RE 220.906/DF, Rel. Min. Maurício Corrêa, j. 16.11.2000, Pleno, *DJ* 14.11.2002. p. 15.

[119] DI PIETRO, Maria Sylvia Zanella. *Direito administrativo*. São Paulo: Atlas, 2010. p. 463.

[120] GASPARINI, Diogenes. *Direito administrativo*. São Paulo: Saraiva, 2006. p. 433.

[121] Ver ARAÚJO, Edmir Netto de. *Curso de direito administrativo*. São Paulo: Saraiva, 2007. p. 208-210.

apenas **autoriza a criação**, mas não cria, pois ela se processa por ato constitutivo do Poder Executivo e transcrição no registro, nos moldes de direito privado.

Autorização legislativa específica significa que a lei só envolve esse tema. Trata-se de um mecanismo que objetiva provocar a participação do Poder Legislativo na estruturação da Administração Pública, muito embora a iniciativa da lei seja do Chefe do Poder Executivo, conforme dispõe o art. 61, § 1º, II, *e*, da Constituição.

A lei autorizativa permite ao Poder Público por ato próprio, geralmente decreto, proceder à instituição da entidade. Após aprovados seus atos constitutivos ou estatuto, devem ser arquivados e registrados no órgão próprio. No caso da sociedade de economia mista, que tem natureza jurídica comercial, aplicando-se-lhe a Lei da S.A., é competente a Junta Comercial para o registro e o arquivamento dos atos constitutivos.

Ressalte-se que também depende de autorização legislativa a criação de subsidiárias das empresas públicas, assim como a participação delas em empresa privada.[122] O fundamento normativo está contido no art. 2º, § 2º, da Lei das Estatais (Lei nº 13.303/2016), que dispõe que depende de autorização legislativa a criação de subsidiárias de empresa pública e de sociedade de economia mista, assim como a participação de qualquer delas em empresa privada, cujo objeto social deve estar relacionado ao da investidora.

Como o art. 2º, § 2º, da Lei nº 13.303/2016 determina que depende de autorização legislativa a criação de subsidiárias de empresa pública e de sociedade de economia mista, assim como a participação de qualquer delas em empresa privada, discute-se juridicamente sobre a autorização legislativa exigida para a criação de subsidiárias das estatais: se deve ser autorização específica ou pode ser genérica.

Específica é a autorização derivada de lei específica que cria a subsidiária de estatal; genérica, por outro lado, é a autorização derivada da própria lei (genérica) de criação da estatal, da qual já haveria a conclusão de autorização legislativa para criação de subsidiária, sem a necessidade de edição de lei específica.

O Supremo optou por essa última interpretação (no sentido de poder ser genérica) no julgamento da ADIMC 1491/DF: "É dispensável a autorização legislativa para a criação de empresas subsidiárias, desde que haja previsão para esse fim na lei de instituição da empresa pública, sociedade de economia mista ou fundação matriz, tendo em vista que a lei criada é também a medida autorizadora".

Por conseguinte, enquanto a criação de uma estatal deriva da necessidade de lei específica, a criação de uma subsidiária de estatal pode ser feita, segundo interpretação da mencionada decisão do STF, dispensando-se a autorização legislativa específica, isto é, só com base na previsão na lei de criação da estatal da possibilidade desta estatal criar subsidiária. O art. 7º do Decreto nº 8.945/2016, que regulamenta a Lei nº 13.303/2016, pacificou essa questão ao estabelecer que: "Na hipótese de a autorização legislativa para a constituição de subsidiária ser genérica, o Conselho de Administração da empresa estatal terá de autorizar, de forma individualizada, a constituição de cada subsidiária".

Por fim, advirta-se que, pelo princípio da simetria ou do paralelismo das formas, se há a necessidade de lei autorizativa para a criação de uma estatal, também se fará necessária autorização legal específica para a extinção da estatal. O que significa que o Poder Executivo não poderá, por si, extinguir uma empresa pública ou uma sociedade de economia mista.

---

[122] Para uma visão aprofundada sobre a participação do Estado enquanto acionista de empresas estatais e empresas privadas que não integram a Administração Pública, ver: SCHWIND, Rafael Wallbach. *O Estado Acionista*. São Paulo: Almedina, 2017. *Passim*.

10.5.4.3 Regime de pessoal e nomeação de dirigentes

Como o art. 173, § 1º, II, da Constituição determina que as estatais se sujeitam ao regime próprio da empresa privada, inclusive quanto a direitos e obrigações trabalhistas, às empresas públicas e sociedades de economia mista se aplica o regime trabalhista contratual da Consolidação das Leis do Trabalho (CLT).

Na realidade, entende-se que o regime contratual é obedecido tanto nas estatais que atuam na economia, como nas que prestam serviços públicos. Por conseguinte, os litígios envolvendo tais entidades e seus empregados públicos, decorrentes das relações de trabalho, serão dirimidos na Justiça do Trabalho, conforme reza o art. 114 da Constituição.

Apesar de ser contratual e privado, o regime sofre, conforme exposto, algumas derrogações de direito público, uma vez que os seus empregados públicos ingressam por concurso público, mas não se lhes é assegurada a estabilidade, que decorre de cargo de provimento efetivo (geralmente estatutário e não trabalhista, conforme será visto no capítulo de agentes públicos), respondem por crimes contra a Administração e pela prática de atos de improbidade administrativa, e lhes é vedado o acúmulo de cargos, empregos ou funções, exceto nos casos permitidos pela Constituição (art. 37, XVI e XVII).

Há discussão acerca da dispensa do empregado público. Segundo a antiga Orientação Jurisprudencial nº 247 do TST (SDI-I), a despedida de empregados da empresa pública e de sociedade de economia mista, mesmo admitido por concurso público, independe de ato motivado para sua validade. No entanto, para o caso de empresa pública ou sociedade de economia mista prestadoras de serviços públicos, foi fixada uma ressalva no tocante aos Correios, o que alterou tal orientação do TST, sendo estabelecido que "a validade do ato de despedida do empregado da Empresa Brasileira de Correios e Telégrafos (ECT) está condicionada à motivação".

Ocorre que, em 10 de outubro de 2018, houve a decisão do RE 589.998 em que o Supremo Tribunal Federal reiterou tese em embargos providos no sentido de que: "A Empresa Brasileira de Correios e Telégrafos – ECT tem o dever jurídico de motivar, em ato formal, a demissão de seus empregados". Essa medida foi justificada para conciliar a natureza privada dos vínculos trabalhistas com o regime essencialmente público reconhecido à ECT. Trata-se de medida criada para resguardar o empregado de uma possível quebra do postulado de impessoalidade por parte do agente da estatal investido do poder de demitir.

Determinou-se que não é necessária a instauração de processo administrativo disciplinar para a aplicação de demissão aos empregados públicos, bastando, para tanto, a apresentação da justificativa, que serve como motivação.

Em 8 de fevereiro de 2024, o Plenário do Supremo Tribunal Federal (STF) concluiu na sessão o julgamento do Recurso Extraordinário (RE) 688267, Tema 1.022 da repercussão geral, e decidiu, por maioria de votos, que a demissão sem justa causa de empregados de empresas públicas e sociedades de economia mista, admitidos por concurso público, deve ser devidamente motivada. Ou seja, as razões da dispensa precisam ser indicadas claramente, ainda que de forma simples, mas em ato formal.

Os dirigentes das estatais são investidos da forma prevista nos respectivos estatutos ou na lei instituidora, não sendo necessário, conforme decisão do STF,[123] como é exigido para autarquias ou fundações, a aprovação prévia pelo Poder Legislativo do nomeado pelo Chefe do Executivo.

---

[123] ADIMC 2.225/SC, Rel. Min. Sepúlveda Pertence, Pleno, 29.6.2000.

Note-se que a Lei das Estatais previu ainda regras mais rigorosas quanto à nomeação de seus dirigentes. Apesar de as estatais desempenharem funções estratégicas para o País, desde a criação, muitas delas foram utilizadas como "cabides de empregos", isto é, para atuar em uma sistemática de troca de favores/interesses por *indicações* políticas, ou, conforme se revelou mais recentemente no aparelhamento político, com esquemas entre empresas e políticos em uma articulação de contratos superfaturados que geravam propinas e *beneficiamento* para o apoio a candidaturas, compra de votos etc.

Daí a pressão social pela presença de indicações mais técnicas para os membros do Conselho de Administração, da diretoria, da presidência e da vice-presidência, para tentar evitar o dito aparelhamento político da Administração Indireta.

Assim, de acordo com a lei, só podem ser indicados para tais cargos cidadãos de reputação ilibada e de notório conhecimento, que tenham, alternativamente: (a) dez anos de experiência profissional no setor público ou privado de área de atuação da estatal ou em área conexa; (b) quatro anos de três possibilidades: (b1) em direção ou chefia de empresa de porte ou objeto social semelhante ao da estatal; (b2) em cargo em comissão ou função de confiança equivalente a DAS-4 ou superior no setor público; ou (b3) de docente ou de pesquisador em áreas de atuação da estatal; ou, ainda (c), quatro anos de profissional liberal em atividade direta ou indiretamente vinculada à área de atuação da estatal; e, cumulativamente: formação acadêmica compatível com o cargo para o qual foi indicado e não se enquadrar nas hipóteses de inelegibilidade.

Não poderiam ser indicados, até a ADIMC 7.331, para o Conselho de Administração e para a Diretoria: (1) representante do órgão regular ao qual a estatal está sujeita, de Ministro de Estado, de Secretário de Estado, de Secretário Municipal, de titular de cargo, sem vínculo permanente com o serviço público, de natureza especial ou de direção e assessoramento superior na administração pública, de dirigente estatutário de partido político e de titular de mandato no Poder Legislativo de qualquer ente da federação, ainda que licenciados do cargo – ou de parentes consanguíneos ou afins até o terceiro grau deles – hipótese suspensa por cautelar pela ADIMC 7.331; (2) de pessoa que atuou, nos últimos 36 meses, como participante da estrutura decisória de partido político ou em trabalho vinculado a organização, estruturação e realização de campanha eleitoral – hipótese suspensa por cautelar pela ADIMC 7.331; (3) de pessoa que exerça cargo em organização sindical;[124] (4) de pessoa que tenha firmado contrato ou parceria, com fornecedor ou comprador, demandante ou ofertante, de bens ou serviços de qualquer natureza, com a pessoa político-administrativa controladora da estatal ou com a própria empresa ou sociedade.

Assim, remanesceram, após a cautelar do Supremo, apenas limitações de pessoa que exerça cargo em organização sindical e de pessoa que tenha firmado contrato ou parceria, com fornecedor ou comprador, demandante ou oferente, de bens ou serviços de qualquer natureza, com a pessoa político-administrativa controladora da estatal ou com a própria empresa ou sociedade.

---

[124] É discutível a proibição de indicação de pessoa que exerça cargo em organização sindical, pois parece haver uma presunção de que tal pessoa aja de forma distorcida, visto que ela representa os interesses dos funcionários da empresa, que são impactados também pelas decisões estratégicas dos órgãos de cúpula. Além do objetivo de desenvolvimento, do ponto de vista do relevante interesse coletivo e da defesa de segurança nacional, as estatais devem gerar utilidades não apenas aos seus acionistas, mas também devem considerar a qualidade de vida de funcionários que dedicam, em grande parte, parcela de sua vida a atividades desenvolvidas em prol da companhia. Logo, a representação dos interesses também dos empregados públicos – muitos dos quais não têm qualquer envolvimento nos desvios que foram noticiados nos escândalos envolvendo cúpulas de estatais, mas que sofreram os reflexos dos problemas vivenciados –, seria uma preocupação sustentável do ponto de vista social, o que não justificaria a exclusão de pessoa pelo fato de ela exercer cargo em organização sindical, conforme opção feita pela Lei das Estatais, que foi influenciada, no Brasil, pelo curso dos acontecimentos e desdobramentos noticiados na Operação Lava Jato.

Foram objeto da ADIMC 7.331 os seguintes dispositivos: "Art. 17. (...) § 2º É vedada a indicação, para o Conselho de Administração e para a diretoria: I – de representante do órgão regulador ao qual a empresa pública ou a sociedade de economia mista está sujeita, de Ministro de Estado, de Secretário de Estado, de Secretário Municipal, de titular de cargo, sem vínculo permanente com o serviço público, de natureza especial ou de direção e assessoramento superior na administração pública, de dirigente estatutário de partido político e de titular de mandato no Poder Legislativo de qualquer ente da federação, ainda que licenciados do cargo; II – de pessoa que atuou, nos últimos 36 (trinta e seis) meses, como participante de estrutura decisória de partido político ou em trabalho vinculado a organização, estruturação e realização de campanha eleitoral".

Segundo argumentação do Ministro, em que pesem as louváveis intenções do legislador, cujo escopo foi evitar o suposto aparelhamento político das empresas estatais, bem assim o de imunizá-las contra influências espúrias, ele entendeu que tais restrições acabaram por estabelecer discriminações desarrazoadas e desproporcionais – por isso mesmo inconstitucionais – contra aqueles que atuam, legitimamente, na esfera governamental ou partidária.

De acordo com a fundamentação da decisão, elas violam frontalmente o princípio da isonomia e o preceito – basilar numa democracia – segundo o qual ninguém pode ser privado de direitos por motivo de convicção política, conforme o caput e o inciso VIII do art. 5º da Constituição Federal.

Argumentou que o exercício regular da atividade político-partidário não pode gerar restrição aos direitos de seu titular. Considerou Lewandowski que as vedações impugnadas na inicial também vulneram a cláusula especial do direito à igualdade, consagrada na ampla acessibilidade a cargos, empregos e funções públicas (art. 37, I, da CF/1988), a qual somente admite o estabelecimento de requisitos positivos de qualificação técnico-profissional compatíveis com o seu exercício.

Entendeu que o prazo era desarrazoado, carecendo de adequado fundamento na realidade fática, sobretudo quando comparado à proibição instituída em relação àquela que exerça cargo em organização sindical (art. 17, § 2º, II), para a qual a Lei das Estatais não estabeleceu nenhum prazo de desincompatibilização. Assim, concedeu a medida cautelar requerida, *ad referendum* do Plenário da Suprema Corte, também para declarar a inconstitucionalidade dos incisos I e II do § 2º do art. 17 da Lei nº 13.303/2016, até o definitivo julgamento da ADI.[125] No entanto, no julgamento da ADI 7.331 o Supremo Tribunal Federal decidiu pela constitucionalidade dos requisitos presentes nos incisos do § 2º do art. 17 da lei, restaurando, *ex nunc*, tais exigências, sem retroagir e invalidar as indicações feitas antes da decisão definitiva.

10.5.4.4 Empresa pública

Empresa pública é espécie de estatal definida pelo art. 3º da Lei nº 13.303/2016 da seguinte forma: entidade dotada de personalidade jurídica de direito privado, com criação autorizada por lei e com patrimônio próprio, cujo capital social é integralmente detido pela União, pelos Estados, pelo Distrito Federal ou pelos Municípios.

Desde que a maioria do capital votante permaneça em propriedade da União, do Estado, do Distrito Federal ou do Município, será admitida, no capital da empresa pública, a participação

---

[125] Suspensão da vedação de indicação política pela ADIMC 7.331 do art. 17 da Lei das Estatais. Disponível em: https://direitoadm.com.br/adi7331/. Acesso em: 4 nov. 2023.

de outras pessoas jurídicas de direito público interno, bem como de entidades da Administração Indireta da União, dos Estados, do Distrito Federal e dos Municípios.

Já o Decreto federal nº 8.945/2016, que regulamenta a Lei das Estatais, define empresa pública como a empresa estatal cuja maioria do capital votante pertença diretamente à União, e cujo capital social seja constituído de recursos provenientes exclusivamente do setor público.

O art. 5º, II, do Decreto-lei nº 200/67 (com redação do Decreto-lei nº 900/69), por sua vez, define empresa pública como entidade dotada de personalidade jurídica de direito privado, com patrimônio próprio e capital exclusivo da União, criada por lei para exploração de atividade econômica que o Governo seja levado a exercer por força de contingência ou de conveniência administrativa, podendo revestir-se de qualquer das formas admitidas em Direito.

O capital da empresa pública é **integralmente público**, mas pode pertencer a diversas entidades, desde que sejam de direito público interno ou integrantes da Administração Indireta,[126] pois, ao contrário da sociedade de economia mista, a empresa pública não poderá ter patrimônio integralizado por particulares, pessoas físicas ou empresas privadas. Nessa perspectiva, o art. 3º da Lei nº 13.303/2016 esclareceu ponto obscuro da redação do art. 5º, II, do Decreto-lei nº 200/67, ao enfatizar a possibilidade de os demais entes federativos integrarem o seu capital.

Ressalte-se que os entes da Administração Indireta, mesmo que de direito privado, como são as empresas públicas e as sociedades de economia mista, podem ser titulares do capital de determinada empresa pública, desde que a maioria do capital votante pertença a determinado ente que, no caso federal, é a União.

A empresa pública pode revestir-se de **qualquer das formas** admitidas pelo Direito, o que inclui, por exemplo, sociedades civis, sociedades comerciais, Ltda., sociedades anônimas e até sociedade unipessoal. Contudo, curiosamente, rompendo com a tradição arraigada, o art. 11 do Decreto federal nº 8.945/2016 estabelece a preferência de que a empresa pública adote também a forma de sociedade anônima, sendo tal forma considerada obrigatória para suas subsidiárias.

10.5.4.5 Sociedade de economia mista

10.5.4.5.1 Origem e desenvolvimento

O modelo de associação entre capital do Estado e dos particulares foi práxis efetivada desde o século XVI e começo do XVII, pelo capitalismo mercantilista, mormente para fins de colonização.[127]

Contudo, foi no capitalismo industrial que se deu a proliferação do modelo de sociedade de economia mista no mundo, sobretudo na Alemanha, que atingiu o auge em meados do século XIX até o início do século XX, como explica Bilac Pinto em seu clássico trabalho *O declínio das sociedades de economia mista e o advento das modernas empresas públicas*.[128]

---

[126] Nesse sentido, além do disposto na lei, conforme a observação de Celso Antônio Bandeira de Mello, no *Curso de direito administrativo*. São Paulo: Malheiros, 2008. p. 187.

[127] Como ocorreu na Inglaterra e na Holanda, conforme pesquisa de: VALVERDE, Trajano de Miranda. Sociedades anônimas ou companhias de economia mista. *Revista de Direito Administrativo*: Seleção Histórica. Rio de Janeiro: Renovar, 1991. p. 30.

[128] *Revista de Direito Administrativo*: Seleção Histórica. Rio de Janeiro: Renovar, 1991. p. 257-270 (publicada originariamente na edição 32/9).

Com a progressiva ampliação do papel do Estado, seja no desempenho de atividades interventivas no domínio econômico, seja na área de prestação de serviços públicos, houve a necessidade de efetivação de instrumentos adequados para o desenvolvimento dessas atividades econômicas em sentido amplo.

Inicialmente, optou-se pelo instituto da concessão de serviços públicos que se tornou atraente pois os riscos do empreendimento eram transferidos para o concessionário, mas, conforme expõe Maria Sylvia Zanella Di Pietro:

> À medida que o poder público foi tendo que interferir na vida da empresa concessionária, para assegurar a consecução de interesses gerais, foi necessária também sua ajuda financeira cada vez maior. Construíram-se teorias objetivando assegurar o equilíbrio econômico do contrato e possibilitar a continuidade na prestação de serviço. Quando o Estado começou a participar dos riscos do empreendimento, a concessão foi perdendo seu interesse e buscaram-se novas formas de descentralização.[129]

Segundo Bilac Pinto,[130] as cláusulas de garantias de juros e a extensão dada à teoria da imprevisão, que acabavam forçando o Estado a participar das perdas da exploração do serviço público concedido, resultaram no declínio das concessões, que foram substituídas pelo modelo de sociedade de economia mista, no qual há uma associação entre o capital público e privado com o objetivo de dotar as entidades criadas de métodos de ação privada, o que lhes garantia maior eficiência.

No entanto, também a sociedade de economia mista não era modelo perfeito, sendo seu principal entrave o fato de haver intrinsecamente um conflito de interesses entre o Estado e os particulares investidores, uma vez que enquanto aquele objetiva desenvolver suas atividades buscando alcançar metainteresses de desenvolvimento, o particular objetiva lucro, sendo menos importante se a empresa desempenhará suas atividades com preços acessíveis ou tendo em vista a consecução de interesses coletivos. Daí por que Bilac Pinto apontou na década de 50 que haveria o declínio das sociedades de economia mista e sua substituição pelas empresas públicas.

No Brasil das décadas de 60 e 70 houve a proliferação das empresas estatais, tendo em vista o movimento de estatização, que foi refreado sobretudo na década de 90 com a privatização em larga escala. Neste período, foi restaurada a concessão de serviços públicos como modelo mais adequado para as metas de ajuste fiscais impostas às economias latino-americanas endividadas pelos organismos de financiamento internacionais, conforme visto.

A partir do século XXI, criam-se estatais também, mas, depois do governo Temer no Brasil, em particular, verifica-se a intensificação dada ao impulso pelas privatizações das estatais.

10.5.4.5.2 Definição e características

Sociedade de economia mista é empresa estatal, dotada de personalidade jurídica de direito privado, criada após autorização legal específica, integralizada com a participação do Poder Público e de pessoas físicas e entidades não estatais na formação do capital e na administração, organizada sob a forma de sociedade anônima para o desenvolvimento de atividade econômica ou a prestação de serviços públicos.

Conforme definição contida no art. 4º da Lei nº 13.303/2016, sociedade de economia mista é entidade dotada de personalidade jurídica de direito privado, com criação autorizada por lei, sob

---

[129] DI PIETRO, Maria Sylvia Zanella. *Parcerias na administração pública*. São Paulo: Atlas, 2002. p. 58.

[130] PINTO, Bilac. *O declínio das sociedades de economia mista e o advento das modernas empresas públicas*. Revista de Direito Administrativo: Seleção Histórica. Rio de Janeiro: Renovar, 1991. p. 260-265 (publicada originariamente na edição 32/9).

a forma de sociedade anônima, cujas ações com direito a voto pertençam em sua maioria à União, aos Estados, ao Distrito Federal, aos Municípios ou a entidade da Administração Indireta.

Já o Decreto federal nº 8.945/2016 define sociedade de economia mista como empresa estatal cuja maioria das ações com direito a voto pertença diretamente à União e cujo capital social admite a participação do setor privado.

O § 1º do art. 4º da Lei nº 13.303/2016 estabelece ainda que a pessoa jurídica que controla a sociedade de economia mista tem os deveres e as responsabilidades do acionista controlador. Aliás, a sociedade de economia mista se submete à Lei das SAs, Lei nº 6.404/76, e se tiver registro na Comissão de Valores Mobiliários, sujeita-se também às disposições da Lei nº 6.385/76.

No Brasil, a primeira sociedade de economia mista criada foi o Banco do Brasil, fundado pelo alvará de 12.12.1808, pelo Príncipe Regente. Segundo expõe Trajano Valverde, "o alvará fixou as bases de constituição da sociedade de economia mista e lhes outorgou os estatutos".[131] Ele desenvolve até hoje atividades no setor bancário.

São também sociedades de economia mista: a Petrobras, o Banco do Nordeste, a Brasil Resseguros (IRB) e a Sabesp.

A sociedade de economia mista é regida pelo direito privado, sofrendo derrogações de direito público. O capital privado da sociedade de economia mista é captado por ações, por isso é adequada sua forma jurídica de sociedade anônima, mas a lei confere, para que continue sendo estatal, o controle acionário ao Estado. Ela se submete, não obstante, ao controle estatal denominado de tutela.

A Lei das S.A. não define a sociedade de economia mista, mas menciona em seus artigos (236 a 240):

- necessidade de prévia **autorização legislativa** para criação e extinção;
- participação **majoritária do Poder Público** no capital;
- obrigatoriedade de existência de **Conselho de Administração**, sendo assegurado à minoria das ações o direito de eleger ao menos um conselheiro – se maior número não couber –, e de **Conselho Fiscal**, com o mesmo direito; e
- obediência ao princípio da **especialidade**, pelo qual as atividades são desenvolvidas em função do objetivo que orienta sua criação.

10.5.4.5.3 Distinções entre empresa pública e sociedade de economia mista

São basicamente dois aspectos que diferenciam a empresa pública da sociedade de economia mista:

- **o capital**: que na empresa pública é integralmente público e na sociedade de economia mista, é misto, isto é, integralizado por dinheiro que vem tanto da iniciativa privada como do Poder Público; e

---

[131] VALVERDE, Trajano de Miranda. Sociedades anônimas ou companhias de economia mista. *Revista de Direito Administrativo*: Seleção Histórica. Rio de Janeiro: Renovar, 1991. p. 31. Há, no entanto, discussões doutrinárias sobre se o Banco do Brasil seria mesmo uma sociedade de economia mista. Segundo entendimento de Edmir Netto de Araújo, somente o Decreto-lei nº 200/67 e a Lei nº 6.404/76 foram responsáveis pela definição de sociedade de economia mista, exigindo-se a **autorização legislativa** para sua categorização como tal. Como o Banco do Brasil – BB foi criado muito antes, sem tal exigência, seria empresa sob o controle acionário do Estado. Já os autores que defendem a natureza de sociedade de economia mista do Banco do Brasil argumentam que a exigência do art. 236 da Lei das S/A seria aplicável tão somente às companhias mistas que se constituíram após a vigência da lei, não as anteriores, sendo injusta a "desqualificação" das anteriores, como, além do BB, o Banespa e a Cesp. Cf. ARAÚJO, Edmir Netto de. *Curso de Direito Administrativo*. 5. ed. São Paulo: Saraiva, 2010. p. 232.

- **a forma societária**: enquanto a empresa pública pode adotar qualquer configuração societária admitida em direito (ex.: S.A., Ltda. etc.), e até figurino inédito, sendo que o Decreto nº 8.945/2016 prevê, conforme visto, que a forma de S.A. deve ser adotada preferencialmente pelas empresas públicas, a sociedade de economia mista, por sua vez, só pode adotar a forma de sociedade anônima, submetendo-se obrigatoriamente à Lei nº 6.404/76 (com derrogações de direito público).

Existe também uma diferença quanto ao **processamento e julgamento** das estatais federais: enquanto a empresa pública federal, conforme regra contida no art. 109, I, da Constituição, é processada na **Justiça Federal**, as sociedades de economia mista são processadas na **Justiça Estadual**, sejam elas federais, estaduais ou municipais, conforme teor das Súmulas:

- **556/STF**: "é competente a Justiça Comum para julgar as causas que é parte sociedade de economia mista"; e
- **42/STJ**: "compete à Justiça Comum Estadual processar e julgar as causas cíveis em que é parte sociedade de economia mista e os crimes praticados em seu detrimento".

As empresas públicas estaduais e municipais submetem-se, via de regra, à Justiça Estadual. Note-se que, de acordo com a Súmula 517/STF: "as sociedades de economia mista só têm foro na Justiça Federal, quando a União intervém como assistente ou oponente". Neste último caso, todavia, é a presença da União que desloca a competência comum estadual para a esfera federal.

10.5.4.5.4 Fiscalização das estatais

Um dos pontos mais elogiáveis da Lei das Estatais foi a previsão de um sistema de governança corporativa que intensificasse a transparência e o controle para minimizar as possíveis falhas de integridade na conduta da alta gestão dessas empresas.

Houve a incorporação de parâmetros de governança corporativa, tema cuja discussão se intensificou nos Estados Unidos da década de 1980, com reflexos na década de 1990. Um primeiro passo para a intensificação foi o ativismo societário de fundos de pensão, com destaque para o Calters, que criticava a oposição dos diretores da Texaco, em relação à proposta de compra pela Chevron. Os acionistas dos fundos de investimento da Califórnia ficaram insatisfeitos com a concentração decisória nos diretores-presidentes das companhias, que tinham acentuada influência nos Conselhos de Administração.

Logo, o ativismo societário foi no sentido de reivindicar mais poder aos acionistas minoritários. Em 1995, houve, nos Estados Unidos, fraudes na Euron que estimularam à criação da Lei Sarbanes-Oxley – SOX, diploma responsável pela intensificação dos bons padrões de governança corporativa no gerenciamento de risco das sociedades.

O debate norte-americano teve influência no brasileiro, introjetando no Código Brasileiro de Melhores Práticas de Governança Corporativa as seguintes noções:

- a prestação de contas (*accountability*);
- a transparência ou *disclosure*, para que os *stakeholders* saibam da situação efetiva da empresa e tenham meios de mensurar os riscos dos investimentos que serão feitos;
- a *equity* ou equidade na composição de eventuais interesses divergentes entre acionistas, membros do Conselho de Administração e dirigentes das empresas; e

- a *compliance*, que se realiza a partir da edição e da prática dos códigos de ética e de integridade organizacional.

Segundo determinação da Lei das Estatais, o estatuto social deve prever que a área de *compliance* se reporte diretamente ao Conselho de Administração em situações em que se suspeite do envolvimento do diretor-presidente em irregularidades ou quando este se furtar a tomar medidas em situações a ele relatadas.

De acordo com o art. 9º da Lei das Estatais, a empresa pública e a sociedade de economia mista adotarão regras de estruturas e práticas de gestão de riscos e controle interno que abranjam: (1) a ação dos administradores e empregados, por meio da implementação cotidiana de práticas de controle interno; (2) área responsável pela verificação de cumprimento de obrigações e de gestão de riscos; e (3) auditoria interna e Comitê de Auditoria Estatutário.

O **Comitê de Auditoria Estatutário** está previsto no art. 24 da lei como órgão auxiliar do Conselho de Administração, ao qual deve se reportar diretamente, competindo-lhe:

- opinar sobre a contratação e destituição de auditor independente;
- supervisionar as atividades dos auditores independentes, avaliando sua independência, a qualidade dos serviços prestados e a adequação de tais serviços às necessidades da empresa pública ou da sociedade de economia mista;
- supervisionar as atividades desenvolvidas nas áreas de controle interno, de auditoria interna e de elaboração das demonstrações financeiras da empresa pública ou da sociedade de economia mista;
- monitorar a qualidade e a integridade dos mecanismos de controle interno, das demonstrações financeiras e das informações e medições divulgadas pela empresa pública ou pela sociedade de economia mista;
- avaliar e monitorar exposições de risco da empresa pública ou da sociedade de economia mista, podendo requerer, entre outras, informações detalhadas sobre políticas e procedimentos referentes a: (a) remuneração da administração; (b) utilização de ativos da empresa pública ou da sociedade de economia mista; e (c) gastos incorridos em nome da empresa pública ou da sociedade de economia mista;
- avaliar e monitorar, em conjunto com a administração e a área de auditoria interna, a adequação das transações com partes relacionadas;
- elaborar relatório anual com informações sobre as atividades, os resultados, as conclusões e as recomendações do Comitê de Auditoria Estatutário, registrando, se houver, as divergências significativas entre administração, auditoria independente e Comitê de Auditoria Estatutário em relação às demonstrações financeiras; e
- avaliar a razoabilidade dos parâmetros em que se fundamentam os cálculos atuariais, bem como o resultado atuarial dos planos de benefícios mantidos pelo fundo de pensão, quando a empresa pública ou a sociedade de economia mista for patrocinadora de entidade fechada de previdência complementar.

O Comitê deve possuir meios para receber denúncias, inclusive sigilosas, internas e externas à empresa pública ou à sociedade de economia mista, em matérias relacionadas ao escopo de suas atividades, possuindo também autonomia operacional e dotação orçamentária para conduzir ou determinar a realização de consultas, avaliações e investigações, inclusive com a contratação e utilização de especialistas externos independentes.

Segundo o art. 15, o acionista controlador da estatal responderá por abuso de poder nos termos da Lei das SAs, podendo a ação de reparação ser proposta pela sociedade, pelo terceiro prejudicado ou pelos demais sócios, independentemente de autorização da assembleia-geral dos acionistas. Tal ação prescreverá em seis anos, contados da prática do ato abusivo.

O Decreto nº 8.945/2016, que regulamenta a Lei das Estatais, também desdobra de forma pormenorizada aspectos de controle das empresas públicas e sociedades de economia mista.

10.5.5 Consórcios públicos

10.5.5.1 Tratamento legal e definição

O art. **241 da Constituição**, com redação dada pela Emenda Constitucional nº 19/98, dispõe que:

> a União, os Estados, o Distrito Federal e os Municípios disciplinarão por meio de lei os **consórcios públicos** e os convênios de cooperação entre os entes federados, autorizando a gestão associada de serviços públicos, bem como a transferência total ou parcial de encargos, serviços, pessoal e bens essenciais à continuidade dos serviços transferidos.

A **Lei nº 11.107/2005** foi criada, após tormentosa polêmica envolvendo também a comunidade científica, para tratar de normas gerais para todos os entes federativos que **contratem** consórcios públicos para a realização de interesse comum (art. 1º da lei).

Justificou-se a criação da lei de consórcios, aplicável como regra geral a todos os entes federativos, na competência privativa da União para estabelecer **normas gerais de contratação**, nos moldes do art. 22, XXVII, da Constituição.

Muito embora a lei no geral insinue que o consórcio é criado pelo contrato de consórcio, o art. 5º demanda lei ratificadora do protocolo de intenções para que haja a instituição da pessoa jurídica e posterior assinatura do contrato de consórcio.

Assim, o consórcio adquire personalidade jurídica a partir da autorização legal e não com a mera celebração do contrato, pois no Direito Administrativo a outorga de atribuições próprias do Poder Público e a constituição de ente da Administração Indireta não podem ser feitas pela via contratual, sendo inclusive questionável se o ajuste de vontades para a consecução de fins de interesse comum teria intrinsecamente natureza contratual.

Tendo em vista tais problemáticas, Maria Sylvia Zanella Di Pietro encontra outro tipo de fundamento para a criação de uma lei geral de consórcios públicos. Segundo entende, trata-se de **competência comum** de todos os entes a gestão associada para fins de interesse comum,[132] o que demanda da União a edição de uma lei de âmbito nacional para disciplinar pontos comuns.

Conforme será exposto, o processo de criação do consórcio público, que foi inspirado no Direito dos Tratados Internacionais, é muito mais *complexo* do que o processo de formação de um ente da Administração Indireta, pois neste último caso a vontade de criação parte tão somente de uma pessoa jurídica.

Apesar de o consórcio ter natureza jurídica de ente da Administração Indireta, além da lei autorizativa da criação (ou criadora mesmo, no caso do consórcio submetido ao direito público), são necessários diversos ajustes de vontades que são "negociados" em um **protocolo de intenções** prévio à **ratificação da lei** e à **celebração do contrato de consórcio**, sendo possível, ainda, o consorciamento parcial ou condicional do ente federativo, realizado pela ratificação com reserva, que deve ser aceita pelos demais subscritores. Note-se que o consórcio será formado por lei editada pelos Poderes Legislativos de cada um dos entes que pretendem se consorciar.

---

[132] DI PIETRO, Maria Sylvia Zanella. *Direito administrativo*. São Paulo: Atlas, 2010. p. 475.

Também seu funcionamento deve obedecer à representatividade da vontade dos entes federativos, sendo a Assembleia Geral o órgão máximo do consórcio que tem um representante geral eleito entre os Chefes do Executivo dos entes consorciados.

Antes da criação da Lei nº 11.107/2005, consórcio era um ajuste de vontades firmado entre entidades de um mesmo nível governamental, normalmente Municípios, que gerava, no máximo, a criação de uma comissão executiva que administrava o consórcio em nome das pessoas jurídicas que o formavam, mas não havia a constituição de uma pessoa jurídica.

Atualmente, a Lei de Consórcios atribuiu **personalidade jurídica** de direito público ou de direito privado aos consórcios públicos e admitiu a formação de consórcios entre entidades de **diversos níveis** governamentais, com a ressalva de que a União somente participará de consórcios públicos em que também façam parte todos os Estados em cujos territórios estejam situados os Municípios consorciados (art. 1º, § 2º, da lei).

Assim, não pode a União participar de consórcio com os Municípios de Belo Horizonte e São Paulo, sem que haja a participação simultânea dos Estados de Minas Gerais e São Paulo, respectivamente.

Também não pode haver a criação de consórcio público entre Estado e Município de outro Estado, diante dos vetos aos incisos III e V do § 1º do art. 4º da lei. No entanto, é possível, por exemplo, a constituição de consórcio entre:

- diversos Municípios;
- Estado e Municípios com territórios nele contidos;
- diversos Estados;
- Estado e Distrito Federal;
- Distrito Federal e Municípios; e
- União e Estados em cujos territórios estejam situados os Municípios consorciados.

O Decreto nº 6.017/2007, que regulamentou a Lei de Consórcios, traz no inciso I do art. 2º **definição** esclarecedora de consórcio público:

> pessoa jurídica formada exclusivamente por entes da Federação, na forma da Lei nº 11.107, de 2005, para estabelecer relações de cooperação federativa, inclusive a realização de objetivos de interesse comum, constituída como associação pública, com personalidade jurídica de direito público e natureza autárquica, ou como pessoa jurídica de direito privado sem fins econômicos.

10.5.5.2 Objetivos

O associativismo entre entes federativos permite o planejamento estratégico para gestão conjunta de assuntos relevantes, como, por exemplo, saneamento ou tratamento de água, lixo ou esgoto. Associados, os Municípios têm ganhos em escala, o que gera incremento na capacidade técnica, gerencial e financeira para a promoção de desenvolvimento.

O consórcio é uma forma de parceria na qual os Municípios, com a associação a outros entes federativos, suprem deficiências de recursos, infraestrutura e pessoal, tendo em vista as importantes atribuições para tratar de assuntos de interesse local que lhes foram conferidas pela Constituição de 1988, aliada a gastos fiscais limitados em função de determinações da Lei de Responsabilidade Fiscal (Lei Complementar nº 101/2000).

São **objetivos** que guiam a constituição dos consórcios públicos, que constam do rol exemplificativo do art. 3º do Decreto nº 6.017/2007:

- gestão associada de serviços públicos;

- prestação de serviços, inclusive de assistência técnica, a execução de obras e fornecimento de bens à administração direta ou indireta dos entes consorciados;
- compartilhamento ou uso em comum de instrumentos e equipamentos, inclusive de gestão, manutenção, informática, pessoal técnico e de procedimentos e licitação e admissão de pessoal;
- produção de informações ou de estudos técnicos;
- instituição e funcionamento de escolas de governo ou de estabelecimentos congêneres;
- promoção do uso racional dos recursos naturais e proteção do meio ambiente;
- exercício de funções no sistema de gerenciamento de recursos hídricos que lhe tenham sido delegadas ou autorizadas;
- apoio e fomento ao intercâmbio de experiências e informações entre os entes consorciados;
- gestão e proteção ao patrimônio urbano, paisagístico e turístico comum;
- planejamento, gestão e administração dos serviços e recursos da previdência social dos servidores;
- fornecimento de assistência técnica, extensão, treinamento, pesquisa e desenvolvimento urbano, rural e agrário;
- ações e políticas de desenvolvimento urbano, socioeconômico local e regional; e
- exercício de competências pertencentes aos entes da Federação nos termos de autorização ou delegação.

Os consórcios podem ter um ou mais objetivos e os entes consorciados poderão se consorciar em relação a todos ou apenas a parcela deles.

10.5.5.3 Regime jurídico público ou privado com derrogações

A Lei dos Consórcios Públicos (Lei nº 11.107), de 2005, conforme visto, lhes atribuiu personalidade jurídica. O § 1º do art. 1º da lei determina que o consórcio público constituirá:

- **associação pública**; ou
- **pessoa jurídica de direito privado**.

Quando constitui **associação pública** sua personalidade jurídica será de direito público, sendo exigida pelo art. 6º, I, da lei a vigência das leis de ratificação do protocolo de intenções. Determina também o § 1º do art. 6º que o consórcio público com personalidade jurídica de direito público integra a Administração Indireta de todos os entes da Federação associados.

Trata-se, em verdade, de autarquia multifederada, ou seja, de pessoa jurídica de direito público que integra mais de um ente da federação, porquanto a própria Lei nº 11.107/2005 alterou o art. 41, IV, do Código Civil, acrescentando no rol de pessoas jurídicas de direito público interno, no lugar de simplesmente autarquias, as "autarquias, *inclusive associações públicas*", e o art. 2º do Decreto nº 6.017/2007 explicitou, na definição contida no inciso I, a "natureza autárquica" da associação pública.

A Lei de Consórcios confere prerrogativas aos consórcios estruturados na forma de associações públicas, que poderão, por exemplo: "promover desapropriações e instituir servidões nos termos da declaração de utilidade ou necessidade pública, ou interesse social, realizada pelo Poder Público" (art. 2º, § 1º, II).[133]

Quando o consórcio tiver **personalidade jurídica de direito privado**, deverá atender aos requisitos da legislação civil, sendo necessária, nos moldes do art. 45 do Código Civil, para que comece sua existência legal, a inscrição do ato constitutivo no respectivo registro.

A lei não menciona que os consórcios públicos que se submetem ao direito privado fazem parte da Administração Indireta, mas Maria Sylvia Zanella Di Pietro enfatiza[134] que não pode o Estado criar ente e lhe atribuir, por descentralização por serviços, o desempenho de funções administrativas, sem que ele integre a Administração Pública.

Assim, também os consórcios de direito privado são entes (privados) integrantes da Administração Indireta, até porque a lei expressa que o direito privado será **derrogado** por normas de direito público, no tocante à:

- realização de licitação;
- celebração de contratos;
- prestação de contas; e
- admissão de pessoal.

No concernente à **licitação**, todo consórcio, de direito público ou privado, pode ser contratado pela Administração Direta ou Indireta dos entes consorciados com dispensa do certame, conforme permissão contida no art. 2º, § 1º, III, da lei.

Também é dispensável, nos termos do art. 75, XI, da Lei nº 14.133/2021, a celebração de *contrato de programa* com ente da Federação ou com entidade da Administração Indireta, para a prestação de serviços públicos de forma associada nos termos autorizados em contrato de consórcio público ou em convênio de cooperação.

São diferentes os limites de contratação direta dispensável para compras, obras e serviços contratados por consórcio público ou por autarquia ou fundação qualificadas como agências executivas na forma da lei, sendo **duplicados**, isto é, o dobro do previsto nos incisos I e II do *caput* do art. 75 da Lei nº 14.133/2021.

Como o consórcio tem personalidade jurídica, ele tem capacidade para celebrar **contratos**, isto é, de ser sujeito de direitos e obrigações e por elas responder. Para o cumprimento de seus objetivos o consórcio pode firmar convênios, contratos, acordos de qualquer natureza, receber auxílios, contribuições e subvenções sociais ou econômicas de outras entidades e órgãos do governo (art. 2º, § 1º, I, da lei).

Ademais, determina o § 3º do art. 2º da lei que os consórcios públicos poderão outorgar[135] concessão, permissão ou autorização de obras ou serviços públicos mediante autorização prevista no contrato de consórcio público, que deverá indicar de forma específica o objeto da concessão, permissão ou autorização e as condições a que deverá atender.

---

[133] Maria Sylvia Zanella Di Pietro não restringe a prerrogativa aos consórcios de direito público, entendendo que a possibilidade de executar tais medidas independe de sua natureza pública ou privada. DI PIETRO, Maria Sylvia Zanella. *Direito administrativo*. São Paulo: Atlas, 2010. p. 477.

[134] DI PIETRO, Maria Sylvia Zanella. *Direito administrativo*. São Paulo: Atlas, 2010. p. 476.

[135] É problemático aceitar que o consórcio com personalidade jurídica de direito privado possa concentrar atribuições de poder concedente e regular a prestação de serviços públicos. Trata-se da mesma discussão travada para as agências reguladoras, sendo que o STF não admitiu que elas se submetessem ao regime da CLT, conforme será visto.

Assim, há a possibilidade de o consórcio apenas realizar atividades de planejamento, regulação e controle de serviço público, atribuindo o exercício por delegação contratual a permissionárias ou concessionárias de serviços públicos, hipótese na qual ele atuará tal qual poder concedente. A gestão associada de serviços públicos dá-se por meio de contrato de programa.

Quanto à **prestação de contas**, determina o parágrafo único do art. 9º da lei que o consórcio público está sujeito à fiscalização contábil, operacional e patrimonial pelo *Tribunal de Contas competente para apreciar as contas do Chefe do Poder Executivo representante legal do consórcio*, inclusive quanto à legalidade, legitimidade e economicidade das despesas, atos, contratos, renúncia de receitas, sem prejuízo do controle externo a ser exercido.

Se o Chefe do Executivo representante legal do consórcio for o Presidente da República, então, as contas do consórcio deverão necessariamente ser apreciadas pelo Tribunal de Contas da União.

O pessoal integrante de consórcio se rege pelo regime celetista. Antes de 2019, entendia-se que o regime celetista se aplicava só ao consórcio de direito privado, mas com o projeto aprovado, de iniciativa do Senador Fernando Bezerra Coelho, que se transformou na Lei nº 13.822, de 3 de maio de 2019, determinou-se também a contratação celetista para associações públicas.[136] A alteração recaiu sobre o § 2º do art. 6º da Lei nº 11.107/2005, segundo o qual: "o consórcio público, com personalidade jurídica de direito público ou privado, observará as normas de direito público no que concerne à realização de licitação, à celebração de contratos, à prestação de contas e à admissão de pessoal, que será regido pela Consolidação das Leis do Trabalho (CLT)".

A criação dos empregos públicos depende de previsão do contrato de consórcio público que lhe fixe a forma e os requisitos de provimento e a sua respectiva remuneração, inclusive quanto aos adicionais, gratificações, e quaisquer outras parcelas remuneratórias ou de caráter indenizatório, conforme dispõe o art. 22 do Decreto nº 6.017/2007.

Também é possível a cessão de servidores, na forma e nas condições da legislação do ente federativo, sendo que os servidores cedidos permanecerão no regime originário, somente lhes sendo concedidos adicionais ou gratificações nos termos e valores previstos no contrato de consórcio público, caso em que não haverá a formação de vínculo novo, inclusive para a apuração de responsabilidade trabalhista ou previdenciária (art. 23 do decreto).

10.5.5.4 *Responsabilidades*

Os agentes públicos incumbidos da gestão de consórcio, seja este de natureza pública ou privada, não responderão, nos termos do parágrafo único do art. 10 da lei, pessoalmente pelas obrigações contraídas pelo consórcio público, mas responderão pelos atos praticados em desconformidade com a lei ou com as disposições dos respectivos estatutos.

A Lei de Consórcios incluiu o inciso XIV ao art. 10 da Lei de Improbidade Administrativa (Lei nº 8.429/92), caracterizando como ato de improbidade que causa lesão ao erário celebrar contrato ou outro instrumento que tenha por objeto a prestação de serviços públicos por meio da gestão associada sem observar as formalidades previstas em lei. Contudo, pode-se criticar tal inciso porquanto a mencionada desobediência ao princípio da legalidade pode ou não gerar prejuízo ao erário.

---

[136] Matéria que pode ser considerada inconstitucional, ao violar a exigência do regime jurídico único para pessoal da administração direta, de autarquias e fundações, pois o pessoal de autarquia dos entes federativos possui regime estatutário, como que a mesma Administração integrante de associação pública admitirá pessoal celetista para o consórcio de direito público, que possui natureza jurídica autárquica, sem ferir o espírito do regime jurídico único? Mas, como há uma presunção de constitucionalidade da lei, então, deixemos aqui registrada a controvérsia.

Os entes da Federação consorciados respondem subsidiariamente pelas obrigações do consórcio público. Os consórcios respondem objetivamente pelos danos que seus agentes causarem a terceiros se houver prestação de serviços públicos, conforme teor do art. 37, § 6º, da Constituição.

10.5.5.5 Criação

Quando se discutia o projeto de lei dos consórcios, cogitou-se se ele não seria uma entidade na qual alguns entes não poderiam sofrer assujeitamentos, mas desde cedo se afastou essa hipótese, ao menos no plano normativo, à medida que o consórcio abrange uma descentralização administrativa de serviços, não se tratando propriamente de ente federativo, sendo que nenhum ente federativo é obrigado a se consorciar, nem a permanecer consorciado (art. 24 do Decreto nº 6.017/2007).

Ademais, conforme será exposto, o ente pode entrar no consórcio com reserva, isto é, condicionando sua participação a certos efeitos jurídicos, o que significa que ele poderá não aderir à totalidade das cláusulas do contrato de consórcio.

O processo de criação e estruturação do consórcio público foi inspirado, até por conta de os entes federativos terem liberdade de se consorciarem, no Direito dos Tratados Internacionais, onde existem mecanismos como a **ratificação** e a **reserva**.

Estados soberanos celebram tratados internacionais e podem se retirar deles com a chamada renúncia. No caso dos consórcios públicos, entes federativos autônomos têm liberdade de se associarem, podendo também se retirar do consórcio. No entanto, pode subsistir responsabilidade pelas obrigações assumidas no consórcio mesmo após a retirada.

Antes da criação da lei ratificadora ou mesmo da elaboração do contrato de consórcio, existem encontros nos quais há uma espécie de "negociação". Esta representa um ajuste em sentido mais amplo do que aquele encontrado nos contratos, uma vez que enquanto o consórcio consubstancia uma convergência de vontades orientada para a consecução de *objetivos comuns* dos partícipes, nos contratos há objetivos *contrapostos* que visam alcançar vantagens recíprocas para que haja comutatividade.

Na identificação dos objetivos de interesse comum, pode haver também a elaboração de estudos técnicos de viabilidade, para que a associação seja feita a partir de criterioso planejamento.

Na sequência, há a exigência de assinatura de um **protocolo de intenções**. Conforme dispõe o art. 4º do Decreto nº 6.017/2007, a constituição de consórcio público dependerá de prévia celebração de protocolo de intenções subscrito pelos representantes legais dos entes da Federação interessados.

É definido no inciso III do art. 2º do Decreto nº 6.017/2007 como: "contrato preliminar que, ratificado pelos entes da Federação interessados, converte-se em contrato de consórcio público". Segundo expõe Maria Sylvia Zanella Di Pietro, o protocolo de intenções designa um instrumento pelo qual os interessados manifestam a intenção de celebrar um acordo de vontades para consecução de objetivos de seu interesse, "porém sem qualquer tipo de sanção pelo descumprimento".[137]

Significa dizer que nesta etapa há tão somente o compromisso de celebração do acordo, mas mesmo com a subscrição do protocolo de intenções o ente federativo poderá não participar do consórcio (art. 6º, § 1º) ou poderá participar parcialmente, se ratificar a lei com reserva, que deverá ser aceita pelos demais subscritores do protocolo de intenções (art. 6º, § 2º).

---

[137] DI PIETRO, Maria Sylvia Zanella. *Direito administrativo*. São Paulo: Atlas, 2010. p. 479.

São cláusulas necessárias do protocolo de intenções as previstas no art. 5º do Decreto nº 6.017/2007, cuja inobservância acarreta nulidade, entre outras: a denominação, as finalidades, o prazo de duração, a sede, a identificação de cada um dos entes que integrarão o consórcio, a indicação da área de atuação, a especificação da natureza jurídica pública ou privada do consórcio, normas para convocação e funcionamento da assembleia geral, o número de votos para as deliberações (sendo assegurado a cada ente federativo consorciado ao menos um voto), eleição e duração do mandato do representante do consórcio (Chefe do Executivo de ente consorciado), formas de provimento e remuneração dos empregados etc.

O protocolo de intenções deverá ser publicado na imprensa oficial, podendo ser de forma resumida, desde que se indique o local e o sítio da rede mundial de computadores – internet –, em que se poderá obter seu texto integral (art. 5º, §§ 7º e 8º, do decreto).

Assim, depois da celebração do protocolo de intenções, para que haja a assinatura do contrato de consórcio, há a necessidade de ratificação do protocolo de intenções, que se dá por lei que cria ou autoriza a criação da pessoa jurídica. Ratificação representa a aprovação pelo ente da Federação, mediante lei, do protocolo de intenções (art. 2º, IV, do decreto).

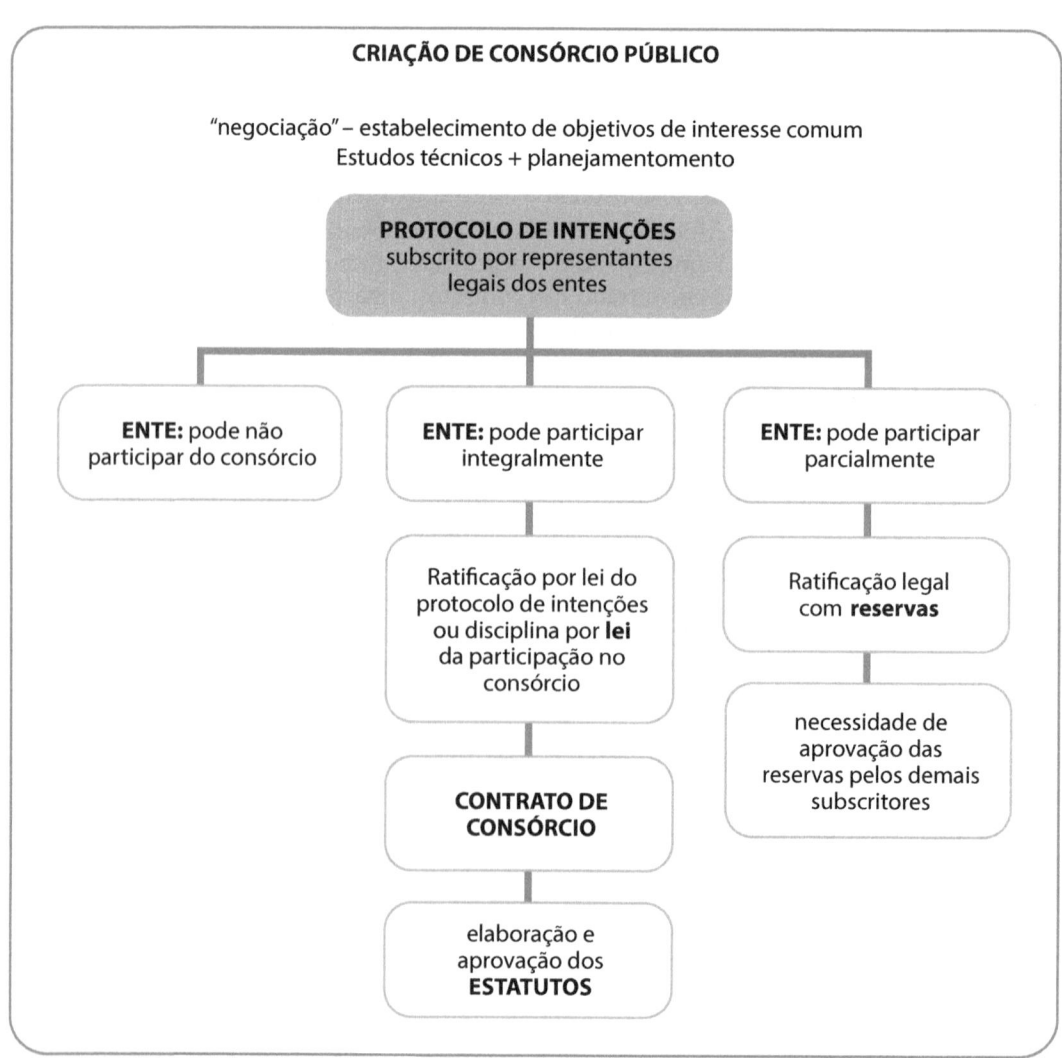

Conforme dito, a ratificação poderá ser realizada com reserva, que deverá ser clara e objetiva, preferencialmente, conforme determina o § 2º do art. 6º do Decreto nº 6.017/2007, vinculada à vigência de cláusula, parágrafo, inciso ou alínea do protocolo de intenções, ou que imponha condições para a vigência de qualquer desses dispositivos. Se a lei contiver a previsão de reservas, a admissão do ente no consórcio dependerá da aprovação de cada uma das reservas pelos demais subscritores do protocolo de intenções, ou, caso o consórcio público já esteja constituído, pela assembleia geral.

É dispensável a ratificação por lei do protocolo de intenções para o ente que, antes de subscrever o protocolo de intenções, disciplinar por lei a sua participação no consórcio público, de forma a poder assumir todas as obrigações previstas no protocolo de intenções (art. 6º, § 7º, do decreto).

Da assinatura do contrato de consórcio, que representa o protocolo de intenções ratificado pelos entes e convertido em contrato, segue a elaboração dos seus estatutos, que deverão ser formulados em função das cláusulas do contrato. Os estatutos serão aprovados em assembleia geral, sendo exigido como condição de eficácia para o consórcio de direito público a publicação na imprensa oficial no âmbito de cada ente consorciado (art. 8º, § 3º, do Decreto nº 6.017/2007).

De acordo com o art. 12-A, inserido na lei de consórcios públicos pela Lei nº 14.662/2023, a alteração de contrato de consórcio público dependerá de instrumento aprovado pela assembleia geral, ratificado mediante lei pela maioria dos entes consorciados.

10.5.5.6 Contrato de rateio

Contrato de rateio é definido no inciso VII do art. 2º do Decreto nº 6.017/2007 como o contrato pelo qual os entes consorciados se comprometem a fornecer recursos financeiros para a realização das despesas do consórcio público.

Formaliza-se em cada exercício financeiro com observância da legislação orçamentária e financeira do ente consorciado contratante. O prazo de vigência do contrato de rateio não será superior ao de vigência das dotações que o suportam, com exceção dos que tenham por objeto exclusivamente projetos consistentes em programas e ações contempladas no plano plurianual. Ele depende, portanto, da previsão de recursos orçamentários que suportem o pagamento das obrigações contratadas.

Havendo restrição na realização de despesas, empenhos ou de movimentação financeira, ou qualquer outra derivada das normas de direito financeiro, o ente consorciado, mediante notificação escrita, deverá informá-la ao consórcio público, apontando as medidas que tomou para regularizar a situação, de modo a garantir a contribuição prevista no contrato de rateio (art. 14 do decreto).

São legitimados para exigir o cumprimento das obrigações previstas no contrato de rateio os entes consorciados, isolados ou em conjunto, bem como o consórcio público. No entanto, a eventual impossibilidade de o ente consorciado cumprir obrigação orçamentária e financeira estabelecida em contrato de rateio obriga o consórcio público a adotar medidas para adaptar a execução orçamentária e financeira aos novos limites.

Os recursos entregues pelo contrato de rateio serão aplicados a despesas específicas, sendo vedada nos termos do art. 15 do decreto a aplicação de recursos, inclusive os oriundos de transferências ou operações de crédito, para o atendimento de despesas genéricas.

São consideradas genéricas as despesas em que a execução orçamentária é feita com modalidade de aplicação indefinida. Não se considera, contudo, como genérica a despesa de administração e planejamento, desde que previamente classificada por meio de aplicação das normas de contabilidade pública.

10.5.5.7 Contrato de programa

Trata-se, conforme definição contida no art. 2º, XVI, do Decreto nº 6.017/2007, do instrumento pelo qual devem ser constituídas e reguladas as obrigações que um ente da Federação, inclusive sua Administração Indireta, tenha para com outro ente da Federação, ou para com o consórcio público, no âmbito da **prestação de serviços públicos** por meio de **cooperação federativa**.

O art. 13 da Lei nº 11.107/2005 determina que deverão ser estabelecidas e reguladas por contrato de programa, como condição de validade, as obrigações que um ente da Federação constituir para com outro ente da Federação ou para com o consórcio público no âmbito de gestão associada em que haja a prestação de serviços públicos ou a transferência total ou parcial de encargos, serviços, pessoal ou bens necessários à continuidade dos serviços transferidos.

Considera-se prestação de serviço público por meio de gestão associada aquela em que um ente da Federação, ou entidade de sua Administração Indireta, coopere com outro ente da Federação ou com consórcio público, independentemente da denominação adotada, exceto quando a prestação se der por meio de contrato de concessão de serviços públicos celebrado após regular licitação.

O contrato de programa somente será celebrado por pessoa jurídica integrante da Administração Pública, sendo vedada sua celebração com particular, pois, conforme visto, é dispensável, nos termos do art. 75, XI, da Lei nº 14.133/2021, a celebração de *contrato de programa* com ente da Federação ou com entidade da Administração Indireta, para a prestação de serviços públicos de forma associada nos termos do autorizado em contrato de consórcio público ou em convênio de cooperação.

10.5.5.8 Retirada, extinção e exclusão de ente do consórcio

Retirada, conforme definição do decreto, corresponde à "saída de ente da Federação de consórcio público, por ato formal de sua vontade" (art. 2º, V). Trata-se de hipótese distinta da **exclusão**, hipótese em que o ente não deseja sair do consórcio.

A retirada do ente da Federação do consórcio público depende de ato formal de seu representante na assembleia geral, na forma previamente disciplinada por lei (art. 25 do decreto). Ela não prejudicará, conforme enfatizado, as obrigações já constituídas entre o consorciado que se retira e o consórcio público. Se o consórcio for constituído por apenas dois entes, a retirada de um deles implica na extinção do consórcio.

A **exclusão** de consorciado exige processo administrativo onde lhe seja assegurado o direito à ampla defesa e ao contraditório. Só se admite exclusão de consorciado se houver justa causa. O § 1º do art. 26 do decreto fornece um exemplo de justa causa: a não inclusão, pelo ente consorciado, em sua lei orçamentária ou em créditos adicionais, de dotações suficientes para suportar as despesas que, nos termos do orçamento do consórcio público, prevê-se devam ser assumidas por contrato de rateio.

Desde que haja previsão no contrato de consórcio público, determina o art. 28 do Decreto nº 6.017/2007 que dele poderá ser excluído o ente que, sem autorização dos demais consorciados, subscrever protocolo de intenções para constituição de outro consórcio com finalidades, a juízo da maioria da assembleia geral, iguais, assemelhadas ou incompatíveis.

11
Setor público não estatal: paraestatais e entes de colaboração

11.1 Introdução

O chamado setor público não estatal também é denominado terceiro setor. Trata-se de expressão norte-americana (*third sector*), que designa o conjunto de entidades da sociedade civil, sem fins lucrativos, que desenvolve atividades de relevância pública. Como não tem fins lucrativos, é permitido o recebimento de incentivos por meio de atividade estatal de fomento. A ausência de fins lucrativos de uma organização implica também na vedação de distribuição de lucros aos seus dirigentes, sendo que qualquer excedente financeiro deve ser reinvestido na entidade.

Nessa perspectiva, conceitua Fernando Mânica o **terceiro setor** como sendo "formado por pessoas jurídicas de direito privado, voluntárias, autônomas e sem fins lucrativos, que desenvolvem atividades prestacionais ou promocionais de interesse público e são submetidas a regime jurídico próprio, que varia conforme a natureza da atividade desempenhada e seu vínculo com o Estado".[1]

O terceiro setor é constituído pelas chamadas organizações não governamentais (ONGs), que foram oficialmente denominadas organizações da sociedade civil (OSCs) a partir da Lei nº 13.019, de 31 de julho de 2014, *Lei de Parcerias* ou *Marco Regulatório das Organizações da Sociedade Civil*.

Não se utilizava na área jurídica o termo organização da sociedade civil (OSC),[2] que era, todavia, uma expressão disseminada pelo Banco Interamericano de Desenvolvimento (BID).

---

[1] Como é constituído por distintas parcerias e, portanto, em distintos formatos, cada uma terá seu regime próprio em função da atividade desenvolvida e do seu vínculo com o Estado. MÂNICA, Fernando. *Fundamentos do Terceiro Setor*. Belo Horizonte: Fórum, 2022. p. 17.

[2] De acordo com Maria Teresa Fonseca Dias, diversas expressões têm sido utilizadas para designar o Terceiro Setor: organizações ou setor sem fins lucrativos (*non profit organizations*); organizações ou setor voluntário (conforme a literatura americana); entidades ou setor de caridade (*charities*), filantrópicas ou de mecenato (na tradição inglesa); ONGs da Europa Continental; ou na América Latina: organizações da sociedade civil, onde se utiliza também setor da sociedade civil, setor social econômico ou economia social. Cf. DIAS, Maria Teresa Fonseca. *Terceiro Setor e Estado*: legitimidade e regulação. Belo Horizonte: Fórum, 2008. p. 100.

Atualmente, existem no Brasil, conforme dados do IPEA (Instituto de Pesquisa Econômica Aplicada), mais de 800 mil organizações da sociedade civil.[3] Desde o século XVI,[4] as organizações se ocupam de atividades de mútua colaboração, mas o movimento de resgatar a importância das ONGs no cenário nacional se intensificou mais recentemente no Brasil sobretudo a partir da elaboração da Constituição de 1988.

Depois de décadas de regime militar, numa ambiência não muito propícia ao estímulo da ação dos movimentos sociais e, paralelamente, das ONGs, houve, a partir de 1985, o início da redemocratização, com a campanha das *Diretas Já*. O ápice desse fenômeno se deu na Constituinte, entre 1987-1988, tendo sido aberta uma participação sem precedentes para discussão de temáticas relevantes de amplos setores da sociedade civil no âmbito das comissões.

Do ponto de vista da discussão da organização administrativa e de seu relacionamento com o terceiro setor, o marco jurídico de estímulo às parcerias entre o Estado e as organizações da sociedade civil foi a Reforma Administrativa da década de 1990, que, apesar de alguns pontos problemáticos do ponto de vista do Direito Administrativo,[5] teve de proposta positiva, principalmente, o estímulo ao surgimento do intitulado *setor público não estatal*.

O Plano Diretor de Reforma do Aparelho do Estado falava, curiosamente, em publicização, quando se referia ao estímulo à realização de atividades de interesse público pela sociedade civil. Contudo, o termo utilizado ainda não era organização da sociedade civil, que só foi adotado de forma mais precisa a partir da Lei de Parcerias, e, ainda, fazia alusão às organizações sociais e ao contrato de gestão. Conforme será visto, considera-se, por exemplo, organização da sociedade civil, de acordo com a redação dada pela Lei nº 13.204/2015 ao art. 2º, I, da Lei de Parcerias (Lei nº 13.019/2014), entre outras, a entidade privada sem fins lucrativos que não distribua entre os seus sócios ou associados, conselheiros, diretores, empregados, doadores ou terceiros eventuais resultados, sobras, excedentes operacionais, brutos ou líquidos, dividendos, isenções de qualquer natureza, participações ou parcelas do seu patrimônio, auferidos mediante o exercício de suas atividades, e que os aplique integralmente na consecução do respectivo objeto social, de forma imediata ou por meio da constituição de fundo patrimonial ou fundo de reserva.

Terceiro setor contrapõe-se a primeiro setor, que é o público ou estatal, e ao segundo setor, que é o setor privado ou mercado, orientado para interesses particulares ou lucrativos. Os setores podem ser esquematizados como:

- **primeiro setor**: público ou estatal;
- **segundo setor**: privado ou mercado – intuito lucrativo; e
- **terceiro setor**: constituído pela sociedade civil, mas sem fins lucrativos.

Também se costuma associar o terceiro setor às entidades paraestatais.[6] Estas são entidades que atuam paralelamente ao Estado. Até a edição do Decreto-lei nº 200/67, a expressão

---

[3] Mais precisamente, 815.676 (IPEA/2020), cf. MÂNICA, Fernando. *Fundamentos de direito do Terceiro Setor*. Belo Horizonte: Fórum, 2022. p. 14.

[4] LOURENÇO, Natália Regina de Almeida; DOS SANTOS, João Paulo Cintra. Assistencialismo *versus* Emancipação. *Saber Acadêmico*, São Paulo, p. 11, jun. 2011. Principalmente por meio de obras assistenciais de organizações religiosas.

[5] Conforme tivemos oportunidade de abordar na obra *Reforma Administrativa e Burocracia*. São Paulo: Atlas, 2012. *Passim*.

[6] A classificação não é unânime, mas foi baseada no anteprojeto da comissão de juristas. Marçal Justen Filho, por exemplo, identifica as paraestatais como serviço social autônomo e as diferencia da categoria do terceiro setor, na qual inclui: fundação privada, associação sem fins lucrativos, organizações sociais e organização da sociedade civil de interesse público. JUSTEN FILHO, Marçal. *Curso de direito administrativo*. São Paulo: Saraiva, 2005. p. 128.

paraestatais era utilizada para designar de modo indiscriminado toda a Administração Indireta,[7] mas atualmente se considera que elas não integram a Administração Pública Direta nem Indireta, pois não há vínculo delas com a estrutura administrativa do Estado.

São consideradas integrantes do terceiro setor pois desempenham, como regra geral, atividades de interesse público. São exemplos de **paraestatais**: as corporações profissionais, que têm personalidade jurídica de direito público, e os serviços sociais autônomos, que são entidades distintas das organizações da sociedade civil.

Entes de colaboração, por sua vez, são pessoas jurídicas não estatais, sem fins lucrativos, que estabelecem vínculo jurídico com o Poder Público. São entes de colaboração: as organizações sociais (que celebram contrato de gestão), as organizações da sociedade civil de interesse público (que celebram termos de parceria) e outras entidades congêneres.

O estudo dessas entidades do terceiro setor no Direito Administrativo se justifica na atividade estatal de fomento, uma vez que elas desenvolvem atividades de relevância pública, essenciais à coletividade, objeto de incentivo e fiscalização regular do Poder Público.[8]

Os entes de colaboração foram desenhados pelo Plano Diretor da Reforma do Aparelho do Estado,[9] em meados dos anos 1990, pelo então Ministro Bresser Pereira, para incentivar a gestão direta da comunidade de serviços sociais e assistenciais, prestados por entidades não integrantes da Administração Pública, porém com apoio do Estado. Apesar de o contexto ter sido de corte de gastos e de privatizações, esse movimento de incentivar parcerias e fomentar o terceiro setor foi chamado de publicização.

Note-se que o Tribunal de Contas da União não considera que os entes do terceiro setor devam ser submetidos ao regime da Lei de Licitações e Contratos Administrativos, admitindo apenas que tenham regramentos que, em regra, incorporem os princípios da licitação, diante do fato de o art. 22, XXVII, da Constituição voltar-se à Administração Direta e Indireta e não aos entes paraestatais ou do terceiro setor.

Será visto que o marco da Organização da Sociedade Civil flexibilizou as exigências das contratações feitas pelas organizações não governamentais quando recebam recursos do Estado, no entanto, há regras sobre os critérios de seleção para a parceirização, que é feita, via de regra, pelo chamamento público e, *ainda*, regramentos mais precisos de monitoramento e fiscalização das parcerias celebradas.

TERCEIRO SETOR

Constituído pela sociedade civil organizada, sem fins lucrativos.

Compreende:

Paraestatais – ex.: corporações profissionais e serviços sociais autônomos.

Entes de colaboração – ex.: organizações sociais e organizações da sociedade civil de interesse público.

Organizações da Sociedade Civil – nome atribuído às ONGs pela Lei de Parcerias.

---

[7] Sentido que continua a ser empregado em diversos países da América Latina, apesar de o Brasil não mais admitir que paraestatal seja ente da Administração Indireta.

[8] Art. 73 do Anteprojeto. Cf. MODESTO, Paulo. *Nova organização administrativa brasileira*. 2. ed. Belo Horizonte: Fórum, 2010. p. 437.

[9] Uma obra que aborda criticamente esse movimento: VIOLIN, Tarso Cabral. *Terceiro setor e as parcerias com a Administração Pública*. 2. ed. Belo Horizonte: Fórum, 2010. p. 103.

11.2 Serviços sociais autônomos

São, segundo Hely Lopes Meirelles,[10] serviços instituídos por lei, com personalidade jurídica de direito privado, para ministrar assistência ou ensino a certas categorias sociais ou grupos profissionais, sem fins lucrativos, sendo mantidos por dotações orçamentárias ou por contribuições parafiscais.

Colaboram com o Estado, no desempenho de atividades que o Poder Público dispensa especial proteção e, para tanto, disponibiliza manifestações de seu poder de império, como a delegação da capacidade tributária ativa. Esta compreende as funções de cobrar, arrecadar e fiscalizar as contribuições compulsórias.

É pacífico, contudo, na doutrina do Direito Tributário que a competência para criar, regular e instituir tributos do ente estatal é indelegável.

Obedecem ao regime predominante **de direito privado**, com derrogações de direito público tendo em vista:

- os fins institucionais de interesse público ou social dos serviços prestados;
- o fato de auferirem contribuições parafiscais; e
- o recebimento de incentivos e recursos públicos.

Expõe Maria Sylvia Zanella Di Pietro que, apesar de os serviços sociais autônomos não serem integrantes da Administração Indireta, estão sujeitos a regras publicísticas quanto à necessidade de observância dos princípios da licitação, exigência de processo seletivo para a contratação de pessoal, prestação de contas etc.[11]

De acordo com o Tribunal de Contas da União, apesar de os entes do sistema S não se submeterem à Lei Geral de Licitações ou mesmo à Lei do Pregão, ainda assim eles devem respeitar a principiologia administrativa nos processos de contratação (legalidade, impessoalidade, isonomia, moralidade, publicidade e eficiência), de forma que devem elaborar regulamentos próprios, conforme decisões nºs 907/97 e 461/98 do Plenário). Não é necessário haver a realização de concurso público, bastando a exigência de seletivo, conforme argumentação extraída do RE 789874/DF, Rel. Min. Teori Zavaski, j. 17.9.2014, que possui repercussão geral, segundo o qual:

> Os serviços sociais autônomos, por possuírem natureza jurídica de direito privado e não integrarem a Administração Pública, mesmo que desempenhem atividade de interesse público em cooperação com o ente estatal, não estão sujeitos à observância da regra de concurso público (CF, art. 37, II) para contratação de seu pessoal.

Sujeitam-se ao controle externo, sobretudo do Tribunal de Contas, quanto à gestão dos recursos públicos (art. 70, parágrafo único, CF), e ao controle estabelecido em cada legislação pertinente, uma vez que o art. 183 do Decreto-lei nº 200/67 dispõe que: "as entidades e organizações em geral, dotadas de personalidade jurídica de direito privado, que recebem contribuições

---

[10] MEIRELLES, Hely Lopes. *Direito administrativo brasileiro*. São Paulo: Malheiros, 2009. p. 385.

[11] DI PIETRO, Maria Sylvia Zanella. *Direito Administrativo*. São Paulo: Atlas, 2010. p. 493. Quanto à licitação, adverte José dos Santos Carvalho Filho que houve uma oscilação nos entendimentos do Tribunal de Contas, sendo o mais atualizado no sentido de ausência de aplicação da Lei de Licitações e Contratos, exceto no tocante aos princípios gerais e básicos da licitação pública (TCU, decisão nº 907/97), permitindo-se, contudo, a edição de regramentos próprios. CARVALHO FILHO, José dos Santos. *Manual de direito administrativo*. 20. ed. Rio de Janeiro: Lumen Juris, 2008. p. 504.

parafiscais e prestam serviços de interesse público ou social, estão sujeitas à fiscalização do Estado nos termos e condições estabelecidos na legislação pertinente a cada uma".

Como o regime é de direito privado, apesar de dependerem de lei autorizadora de sua criação, sua personalidade jurídica é iniciada com a inscrição do seu estatuto no órgão de registro. Lembra José dos Santos Carvalho Filho que os seus estatutos são delineados por regimentos internos, normalmente aprovados pelo Chefe do Executivo.

Também enfatiza o autor que eles praticam atos de direito privado, mas se algum ato for produzido "em decorrência do exercício de função delegada, estará ele equiparado aos atos administrativos e, por conseguinte, sujeito a controle pelas vias especiais, como a do mandado de segurança".[12]

Contudo, seus empregados se submetem ao regime trabalhista da CLT, sendo equiparados para fins criminais (art. 327 do Código Penal) e de improbidade administrativa.

São exemplos de entes paraestatais os serviços sociais que integram o chamado "sistema S":

- Serviço Social do Comércio (Sesc);
- Serviço Social da Indústria (Sesi);
- Serviço Nacional de Aprendizagem Industrial (Senai);
- Serviço Nacional de Aprendizagem Comercial (Senac);
- Serviço de Apoio às Micro e Pequenas Empresas (Sebrae);
- Serviço Nacional de Aprendizagem Rural (Senar);
- Serviço Social do Transporte (Sest); e
- Serviço Nacional de Aprendizagem do Transporte (Senat).

Os serviços sociais autônomos são processados e julgados na Justiça Estadual, conforme o teor da **Súmula 516/STF**: "o Serviço Social da Indústria (Sesi) está sujeito à jurisdição da justiça estadual".

11.3 Corporações profissionais

São também chamadas de ordens e conselhos de classe ou autarquias corporativas. Desempenham atividades de fiscalização de diversas categorias profissionais, o que abrange o poder disciplinar, inserindo-se nele o poder de polícia.[13] Prestam atividades típicas do Estado, conforme arts. 21, XXIV, e 22, XVI, da Constituição, e exercem regulação, fiscalização e disciplina do exercício profissional.

Contudo, não estão sujeitas à vinculação com os órgãos estatais, isto é, não integram a Administração Pública. Possuem capacidade tributária ativa e se submetem à fiscalização do Tribunal de Contas.

As corporações profissionais têm personalidade de direito público, sendo consideradas autarquias,[14] porque:

---

[12] CARVALHO FILHO, José dos Santos. *Manual de direito administrativo*. 20. ed. Rio de Janeiro: Lumen Juris, 2008. p. 502.

[13] Cf. DI PIETRO, Maria Sylvia Zanella. *Direito Administrativo*. São Paulo: Atlas, 2010. p. 433.

[14] Note-se que se o anteprojeto for transformado em lei, as corporações profissionais terão a natureza pública no tocante ao exercício de seu poder fiscalizador, regulador e sancionador, mas a intenção é, nos demais aspectos,

- possuem autonomia administrativa e financeira;
- sua criação decorre de lei; e
- desempenham atividade tipicamente pública.

São exemplos de corporações profissionais: a Ordem dos Músicos, os Conselhos de Medicina, os Conselhos de Engenharia, Arquitetura e Agronomia, os de Psicologia etc.

Apesar de o regime das corporações profissionais, à exceção da OAB, conforme será visto, ser de direito público, há duas discussões que estão em pauta para julgamento do Supremo Tribunal Federal, e que foram apensadas em 2015: a ADC nº 36, proposta pelo Partido da República, que intenta reconhecer a possibilidade de aplicação do regime celetista a tais entidades, e, em sentido contrário, a ADPF 367, na qual a Procuradoria-Geral da República enfatiza o caráter público dos atividades desenvolvidas pelos conselhos de fiscalização profissional, exercidas como manifestação de poder de polícia, e, por consequência, a natureza autárquica dessas instituições, sendo defendido, portanto, nesta última o regime jurídico de direito público em sua aplicação integral.

Atualmente, entende-se que o regime jurídico dos integrantes dessas entidades não é celetista, sendo até celebrados ajustes de condutas com o Ministério Público, ou mesmo deferidas tutelas na justiça para que tais entidades se adaptem ao regime jurídico público (tido como sinônimo de estatutário), restaurado, com efeitos *ex nunc*, pela ADIMC 2135, conforme será visto.

Contudo, ainda deve-se aguardar que o Supremo Tribunal Federal fixe definitivamente essa matéria, havendo controvérsias doutrinárias sobre se o regime jurídico único seria sempre estatutário, ainda mais para entidades que não integram a Administração Pública, dado que há entes da Administração Direta adotando regime celetista, e, ainda, que à OAB se reconhece um regime *sui generis*.

A Ordem dos Advogados do Brasil (OAB), segundo decisão exarada na ADI 3.026/DF, conforme exposição abaixo, era, até 2006, considerada autarquia em regime especial, como as demais corporações profissionais, mas, de acordo com o teor do acórdão, ela não pode ser tida como congênere dos demais órgãos de fiscalização profissional, tendo em vista suas finalidades institucionais diferenciadas.

> **DEBATE DE PONTO CONTROVERTIDO: natureza jurídica da OAB**
>
> Apesar de a Ordem dos Advogados do Brasil (OAB) ser uma autarquia corporativa, como as demais ordens e conselhos profissionais, o Supremo Tribunal Federal, na ADI 3026-DF (publicada no *DJ* 29.9.2006, p. 478), considerou que "a OAB não pode ser tida como congênere dos demais órgãos de fiscalização profissional", pois não está voltada exclusivamente a finalidades corporativas.
>
> Por conta de suas peculiaridades, portanto, entende a Corte Suprema que é incabível a exigência de concurso público para a admissão dos contratados sob o regime trabalhista pela OAB e que ela não pode ser tida como autarquia especial nem como congênere dos demais órgãos de fiscalização profissional. Também o Tribunal de Contas da União entende que a OAB não necessita submeter suas contas ao órgão.

---

submetê-la também ao direito privado e do trabalho. Enquanto essas transformações não forem aprovadas, elas se submetem integralmente ao direito público.

Ocorre que esse posicionamento está longe de ser consolidado, pois existe um movimento por parte de outras "corporações" (seja do Ministério Público ou mesmo da Magistratura), que exerce pressão para que a OAB preste contas das anuidades que cobra ao Tribunal de Contas.

Quando da discussão da Reforma do Judiciário, em que a OAB defendia a necessidade de instituição de um sistema de controle externo no Judiciário, o presidente da Associação dos Juízes Federais do Brasil (Ajufe) se manifestou da seguinte forma, no XX Encontro Anual dos Juízes Federais do Brasil:

> A OAB é tão diligente em reivindicar o controle externo do Poder Judiciário mas não admite, sob qualquer hipótese, submeter suas contas à fiscalização do TCU. Entende que é autarquia federal especial – para cobrar anuidades compulsórias dos advogados, para ter seus atos julgados pela Justiça Federal, para receber imunidade tributária e para fiscalizar o exercício profissional. Porém, entende ser entidade privada no que diz respeito a seus assuntos internos. Para a OAB, o Controle Externo da magistratura não fere a independência do Judiciário porque será um controle somente administrativo; porém, o simples controle administrativo da OAB já seria suficiente a comprometer sua independência, segundo sua estranha visão. Isso é incoerente (20.2.2004).

De fato, a exigência de prestar contas deriva da natureza tributária das contribuições arrecadadas. Assim, se se entender que as anuidades cobradas pela OAB têm caráter tributário, isto é, que são revestidas de compulsoriedade, a consequência lógica é que se enquadram na categoria receitas públicas, as quais se submetem ao controle pelo Tribunal de Contas. As contribuições só não seriam compulsórias se fossem facultativas, isto é, caso fossem cobradas pela liberdade de associação.

Os Conselhos Profissionais são autarquias especiais, pois não se sujeitam à supervisão ministerial, nem ao controle específico das autarquias, mas se submetem à prestação de contas ao Tribunal de Contas da União, na hipótese do art. 71, II, da Constituição Federal. Ademais, o Tribunal de Contas entende que as contribuições cobradas pelos demais conselhos de fiscalização das profissões têm caráter tributário, pois são contribuições de interesse das categorias profissionais (cf. art. 149 da Constituição Federal). Não haveria aí uma violação à isonomia?

A Ordem dos Advogados alega que suas atribuições superiores de defender a Constituição, a ordem jurídica e o Estado Democrático de Direito, os direitos humanos, a justiça social e pugnar pela boa aplicação das leis, pela rápida administração da justiça e pelo aperfeiçoamento da cultura e das instituições jurídicas lhe conferem uma condição de autarquia corporativa *sui generis*. Porém, essas atribuições não parecem ser uma justificativa plausível para que ela seja revestida de um regime *mais privatístico* do que as demais ordens e conselhos profissionais, especialmente no que concerne ao controle das receitas arrecadadas.

Enfatize-se que a exigência de prestação de contas ao Tribunal de Contas em nada reduziria a sua autonomia, apenas deixaria ainda mais transparente a todos que o emprego da receita arrecadada efetivamente reverte para todas as mencionadas finalidades de interesse público. Por conta deste fato, houve, em 7 de novembro de 2018, a decisão exarada do processo TC 015.720/2018-7, Rel. Min. Bruno Dantas, em que o TCU incumbiu a OAB do dever de prestar contas ao tribunal a partir de 2021, referente ao exercício de 2020 (sendo o ano de 2019 relevante para que ela se adapte). No entanto, a OAB emitiu nota rejeitando a decisão do TCU,[15] diante do precedente do STF. Resta agora acompanhar os desdobramentos desse conflito interinstitucional.

As ordens profissionais, apesar da natureza autárquica, não fazem parte da Administração, como as demais autarquias, mas há importantes decisões (especialmente a exarada da ADI 1717-DF, publicada em 22.4.2003) que reafirmam seu caráter público, uma vez que elas são dotadas de poder de polícia no exercício do importante múnus público de interesse social, que é a fiscalização das profissões regulamentadas, por isso a natureza *sui generis* da OAB é assunto que desperta muitos debates na seara do Direito Administrativo.

---

[15] Cf. COELHO, Gabriela. TCU diz que OAB não é imune a controle e manda prestar contas a partir de 2021. Disponível em: www.conjur.com.br/2018-nov-07/oab-devera-prestar-contas-tcu-partir-2021?. Acesso em: 20 jan. 2019.

11.4 Organizações Sociais (OS)

As Organizações Sociais (OS) são qualificações de entidades já existentes do Terceiro Setor. Foram criadas a partir do movimento de Reforma Administrativa da década de 1990, tendo sido previstas no *Plano Diretor de Reforma do Aparelho do Estado* (PDRAE),[16] desenvolvido pelo então Ministro Bresser Pereira.

Expõem Maria Coeli Simões Pires,[17] Maria Teresa Fonseca Dias[18] e Maria Sylvia Zanella Di Pietro[19] que o modelo das OS foi inspirado nas *quangos* (*autonomous governamental organizations*), do direito inglês, que são utilizadas também na Austrália e na Nova Zelândia. *Quango*, de acordo com Maria Teresa Fonseca Dias, é "usada para descrever uma entidade pública que tem responsabilidade de desenvolver, gerenciar e executar políticas públicas objetivas em proximidade com os Ministros (*at arm's length from Ministers*)".[20]

O então Ministro Bresser Pereira inspirou-se nas *quangos* inglesas para conceber o modelo de OS, em que hospitais ingleses eram transformados em organizações sociais e integrados em um sistema de "quase mercado", em que a eficiência mobilizava a disputar verbas públicas.[21] Contudo, enfatiza Maria Teresa Fonseca Dias que as *quangos* inglesas foram posteriormente alvo de questionamentos na Câmara dos Comuns inglesa (*House of Commons*).[22] No *research paper* 05/30, de 11.4.2005, instalou-se na *Câmara dos Comuns* um debate sobre o modelo de *quangos* existentes no Reino Unido, tendo surgido preocupações sobre *accountability* (prestação de contas), democracia, diversidade de membros, independência, financiamento, níveis de escrutínio e respaldo social.

No mapeamento do plano de reforma, houve a divisão do aparelho do Estado em vários setores, sendo que os setores de serviços públicos não exclusivos deveriam, da perspectiva do projeto de reforma, voltar-se ao chamado "setor público não estatal", por meio de um programa denominado de "publicização" (na verdade: "privatização"), por meio das organizações sociais que celebrassem contrato de gestão com o Poder Executivo. Esse setor mirava as transformações inglesas também para o cenário das universidades, os hospitais, os centros de pesquisa e os museus.

A Lei que rege as organizações sociais é a Lei nº 9.637/98. **Organizações Sociais** (OS) são pessoas jurídicas de direito privado, sem fins lucrativos, instituídas por iniciativa de particulares, geralmente com o formato de associação ou fundação, para desempenhar atividades de natureza social, sendo, a partir da sua qualificação, consideradas entidades de interesse social e utilidade pública, com objetivos específicos de sua área de atuação (que, no caso federal,

---

[16] NOHARA, Irene Patrícia. *Reforma administrativa e burocracia*: impacto da eficiência na configuração do direito administrativo brasileiro. São Paulo: Atlas, 2012. p. 85.

[17] PIRES, Maria Coeli Simões. Terceiro Setor e as organizações sociais. *Boletim de Direito Administrativo*, São Paulo, p. 245-255, abr. 1999.

[18] DIAS, Maria Teresa Fonseca. *Terceiro Setor e o Estado*: por um novo marco jurídico. Belo Horizonte: Fórum, 2008. p. 191.

[19] DI PIETRO, Maria Sylvia Zanella. *Direito administrativo*. 31. ed. Rio de Janeiro: Forense, 2018. p. 636.

[20] DIAS, Maria Teresa Fonseca. *Terceiro Setor e o Estado*: por um novo marco jurídico. Belo Horizonte: Fórum, 2008. p. 191.

[21] PIRES, Maria Coeli Simões. Terceiro Setor e as organizações sociais. *Boletim de Direito Administrativo*, São Paulo, p. 247, abr. 1999.

[22] DIAS, Maria Teresa Fonseca. *Terceiro Setor e o Estado*: por um novo marco jurídico. Belo Horizonte: Fórum, 2008. p. 191.

abrange setores: de ensino, pesquisa científica, desenvolvimento tecnológico, meio ambiente, cultura e saúde), para celebrar contrato de gestão[23] e receber o fomento do Poder Público.

Note-se que a **Lei nº 9.637/98** é a lei que rege as organizações sociais em âmbito federal, sendo possível que os demais entes federativos criem suas legislações próprias sobre OS. No Estado de São Paulo, por exemplo, a matéria é disciplinada pela Lei Complementar nº 846/1998, com alterações feitas pela Lei Complementar nº 1.234/2014.

Só se admite, contudo, no âmbito **federal**, OS que atue nos seguintes **setores:**

- ensino;
- pesquisa científica;
- desenvolvimento tecnológico;
- proteção e preservação do meio ambiente;
- cultura; e
- saúde.

De acordo com o art. 2º, I, da Lei nº 9.637/98, a OS deve comprovar o registro de seu ato constitutivo e ser submetida à aprovação, quanto à **conveniência e oportunidade** de sua qualificação como organização social, do **Ministro ou titular do órgão supervisor** ou regulador da área de atividade correspondente ao seu objeto social. Ressalte-se que se mencionava o Ministro de Estado da Administração Federal e Reforma do Estado (MARE), mas, assim que reeleito, o então Presidente Fernando Henrique Cardoso extinguiu tal Ministério e encaminhou Bresser Pereira para o Ministério da Ciência e Tecnologia (1999).

A qualificação é título jurídico outorgado, de **forma discricionária** (conveniência e oportunidade), pelo Poder Público. No entanto, a ADI 1923/DF contém advertência no sentido de que: "a previsão de competência discricionária no art. 2º, II, da Lei nº 9.637/98 no que pertine à qualificação tem de ser interpretada sob o influxo da principiologia constitucional, em especial dos princípios da impessoalidade, moralidade, publicidade e eficiência (CF, art. 37, *caput*). É de se ter por vedada, assim, qualquer forma de arbitrariedade, de modo que o indeferimento do requerimento de qualificação, além de pautado pela publicidade, transparência e motivação, deve observar critérios objetivos fixados em ato regulamentar expedido em obediência ao art. 20 da Lei nº 9.637/98, concretizando de forma homogênea as diretrizes contidas nos inc. I a III do dispositivo" (ementa, parágrafo 11, da ADI 1923/DF).

Assim, entende o STF, na ADI 1923, que "a atribuição do título jurídico de legitimação da entidade através da **qualificação** configura hipótese de **credenciamento**, no qual não incide a licitação pela própria natureza jurídica do ato, que não é contrato, e pela inexistência de qualquer competição, já que todos os interessados podem alcançar o mesmo objetivo, de modo includente, e não excludente".

A OS, conforme dito, deve ter **finalidade não lucrativa**, com a obrigatoriedade de investimento de seus excedentes financeiros no desenvolvimento das próprias atividades. É também proibida a distribuição de bens ou de parcela do patrimônio líquido em qualquer hipótese, inclusive em razão de desligamento, retirada ou falecimento de associado ou membro da entidade.

Caso a OS seja extinta ou desqualificada, há a incorporação integral do patrimônio, dos legados ou das doações que lhe foram destinados, bem como dos excedentes financeiros

---

[23] Só é qualificada a OS que celebrará o contrato de gestão com o Poder Público, diferentemente da OSCIP, que pode ser qualificada e não celebrar o termo de parceria, conforme será visto.

decorrentes de suas atividades ao patrimônio de outra organização social qualificada no âmbito da União, da mesma área de atuação, ou ao patrimônio da União, dos Estados, do Distrito Federal ou dos Municípios, na proporção dos recursos e bens por estes alocados.

Exige, ainda, a lei que a entidade tenha, como órgãos de deliberação superior e de direção, um conselho de administração e uma diretoria definidos nos termos do estatuto.

O **Conselho de Administração** (CA) deve ser integrado por (20 a 40%) de membros natos representantes do Poder Público e (10 a 30%) de membros da comunidade, de notória capacidade profissional e idoneidade moral, eleitos pelos demais[24] integrantes. Os membros do Conselho devem ter mandato de quatro anos, admitida uma recondução, e não são remunerados pelos serviços que, nesta condição, prestarem à organização social, ressalvada ajuda de custo por reunião que participarem, devendo reunir-se ordinariamente, no mínimo, três vezes a cada ano.

O vínculo jurídico das organizações sociais é o **contrato de gestão**, instrumento que permite a formação de parceria para o fomento e a execução de serviços sociais não exclusivos do Estado. Entende-se por contrato de gestão, nos termos do art. 5º da Lei nº 9.637/98, o instrumento firmado entre o Poder Público e a entidade qualificada como organização social com vistas à formação da parceria entre as partes para fomento e execução de atividades da OS.

O contrato de gestão, elaborado de comum acordo entre o órgão ou entidade supervisora e a organização social, conterá atribuições, responsabilidades e obrigações do Poder Público e da organização social. Ele deve ser submetido, após aprovação do CA da entidade, ao Ministro de Estado ou autoridade supervisora da área correspondente à atividade fomentada.

Deve haver, no contrato de gestão:

- a especificação do **programa de trabalho** proposto pela OS, a estipulação de *metas* a serem atingidas e os respectivos *prazos de execução*, bem como a previsão expressa dos critérios objetivos de *avaliação de desempenho* a serem utilizados, mediante indicadores de qualidade e produtividade; e
- a estipulação de limites e critérios para **despesa com remuneração e vantagens** de qualquer natureza a serem percebidas pelos dirigentes e empregados da OS, no exercício de suas funções.

As demais cláusulas do contrato de gestão devem ser definidas pelos Ministros de Estado ou autoridades supervisoras da área de atuação da entidade.

O **fomento** às organizações sociais celebrantes de contrato de gestão pode abranger:

- a destinação de **recursos orçamentários**;
- **bens públicos** necessários ao cumprimento do contrato de gestão, que são destinados às OS, dispensada a licitação, conforme o § 3º do art. 12 da Lei nº 9.637/98, mediante *permissão de uso*, consoante cláusula expressa do contrato de gestão, sendo que a desqualificação dos bens permitidos e dos valores entregues à utilização das OS importará na reversão ao Poder Público, sem prejuízo de outras sanções cabíveis; e

---

[24] Os demais integrantes do CA devem ser: 20 a 30% de membros natos representantes de entidades da sociedade civil, definidos pelo estatuto, até 10%, no caso de associação civil, de membros eleitos dentre os membros ou os associados e até 10% dos membros indicados ou eleitos na forma estabelecida pelo estatuto. Ainda, os representantes do Poder Público e os das entidades da sociedade civil definidos pelo estatuto devem corresponder a mais da metade (50%) do Conselho.

- **cessão especial de servidor** para as organizações sociais, com ônus para a origem, não sendo permitido o pagamento de vantagem pecuniária permanente por OS a servidor cedido com recursos provenientes do contrato de gestão, ressalvada a hipótese de adicional relativo ao exercício de função temporária de direção e assessoria.

O dispositivo contido no art. 24, XXIV, da anterior Lei de Licitações (Lei nº 8.666/93) previa contratação direta de OS pelo Poder Público para prestação de serviços em atividades contempladas nos contratos de gestão. O Acórdão 1.406/2017 do Plenário do TCU estabeleceu que inexiste vedação legal, diferentemente do que ocorre com as Oscips, para que a organização social participe de procedimentos licitatórios realizados pelo Poder Público, desde que o intuito seja a contratação da entidade para prestação de serviços que se insiram entre as atividades previstas no contrato de gestão firmado entre Poder Público e organização social.

Com a edição do Decreto nº 6.170/2007, que dispõe sobre normas relativas às transferências de recursos da União mediante convênios e contratos de repasse, determinou-se, no art. 11, a ausência de obrigatoriedade de licitação, submetendo entes privados sem fins lucrativos (que é o caso das organizações sociais) apenas à exigência dos princípios gerais e à necessidade de cotação prévia de preços, *in verbis*:

> a aquisição de produtos e a contratação de serviços com recursos da União transferidos a entidades privadas sem fins lucrativos deverão observar os princípios da impessoalidade, moralidade e economicidade, sendo necessária, no mínimo, a realização de cotação prévia dos preços no mercado antes da celebração do contrato.

Note-se que, atualmente, o Decreto nº 6.170/2007 foi revogado pelo Decreto nº 11.531/2023. A ADI 1923, j. 16.4.2015, confirmou orientação anterior, com a ressalva de que haja controle. No entanto, note-se que a nova lei de licitações não repetiu no seu artigo correspondente à contratação direta (art. 75) o disposto no inciso XXIV do art. 24 da Lei nº 8.666/93, que dizia respeito à dispensa de licitação para celebração de contratos de prestação de serviços com organizações sociais, qualificadas no âmbito das respectivas esferas de governo, para atividades contempladas do contrato de gestão.

Daí, há um problema jurídico, com diversos possíveis encaminhamentos. Pode-se utilizar o raciocínio de Di Pietro,[25] no sentido de que neste caso não seria necessária essa previsão para contratação direta, pois a situação seria também enquadrável em hipótese semelhante:

> prevista no art. 24, VIII, em que a dispensa é permitida para a contratação, por pessoa jurídica de direito público, de bens produzidos ou serviços prestados por órgão ou entidade que integre a Administração Pública: se a entidade existe por iniciativa do próprio Poder Público, não teria sentido que precisasse participar de procedimento licitatório para ser contratada. É o mesmo que ocorre com as organizações sociais: se elas são qualificadas pelo Poder Público e com ele celebram contrato de gestão, não precisam participar de licitação para celebrar contrato que tenha por objeto o tipo de atividade inserido no próprio contrato de gestão.

Trata-se de hipótese que agora é reproduzida no art. 75, IX, da Lei nº 14.133/2021. Contudo, como a nova lei não repetiu o art. 24, XXIV, indaga-se se pode de fato enquadrar restritamente essa hipótese que agora está, conforme afirmado, no art. 75, IX.

---

25 DI PIETRO, Maria Sylvia Zanella. *Direito administrativo*. 31. ed. Rio de Janeiro: Forense, 2018. p. 642.

Há autores, como Marçal Justen Filho, que entendem que, não sendo o art. 24, XXIV, hipótese de inexigibilidade, "o procedimento seletivo deverá seguir o modelo básico da Lei nº 13.019/14. Deve ser promovida oportunidade para disputa entre potenciais interessados ainda que não subordinada às modalidades específicas de algum dos diplomas pertinentes ao tema".[26] Já Celso Antônio Bandeira de Mello elogia o fato da ausência de reprodução do art. 24, XXIV, pois o considerava inconstitucional.[27] Trata-se de um problema que deve ser enfrentado em breve pelas Administrações Públicas e também pelos órgãos de controle (é provável que o Poder Legislativo faça algum ajuste, para incluir a hipótese novamente, se houver problemas).

Apesar da necessidade de acompanharmos os desdobramentos da interpretação dos órgãos de controle, que darão a palavra de autoridade para dizer como fica agora a contratação direta de OS pelo Poder Público para atividades contempladas no contrato de gestão, pelo histórico do STF, na ADI 1923, a *tendência* (se forem coerentes...) é que se diga que, mesmo em face da não repetição pela Lei federal nº 14.133/2021 da hipótese do art. 24, XXIV, da Lei nº 8.666/93, isso não significa que haveria necessidade de realização de procedimento licitatório para contratação de OS pelo Poder Público. Contudo, há um argumento tecnicamente muito incômodo a ser enfrentado pelos Tribunais Superiores: o fato de que as hipóteses de contratação direta por dispensa devam ser explícitas em rol taxativo na lei.

Aliás, importante que, no debate, se dissociem as seguintes situações, que não podem ser confundidas:

- **Celebração de contrato de gestão** entre OS e Poder Público: não há necessidade de licitação, por ser uma parceria com natureza mais de *convênio* do que de contrato em sentido estrito (STF, ADI 1923), mas deve haver condução de forma pública, objetiva e impessoal com observância dos princípios constitucionais da Administração Pública;
- **Contratação da OS pelo Poder Público** para atividades contempladas no contrato de gestão: antes derivava da dispensa possibilitada pelo art. 24, XXIV, da Lei nº 8.666/93, sendo que o STF admitiu, na ADI 1923, a constitucionalidade da contratação direta, desde que conduzida de forma pública, objetiva e impessoal, com observância dos princípios constitucionais da Administração Pública, mas agora há essa controvérsia mencionada pela ausência de repetição (ainda) da hipótese no correspondente art. 75 da Lei nº 14.133/2021; e
- **Contratação da OS de terceiros**, os quais prestarão serviços à OS: o STF considerou na ADI 1923 que as OS, por integrarem o Terceiro Setor, não fazem parte do conceito constitucional de Administração Pública, razão pela qual "não se submetem, em suas contratações com terceiros, ao dever de licitar, o que consistiria em quebra da lógica da flexibilidade do setor privado".

A execução do contrato de gestão deve ser fiscalizada pelo órgão ou entidade supervisora na área de atuação correspondente à atividade fomentada. Os resultados atingidos com a execução do contrato de gestão devem ser analisados, periodicamente, por **comissão de avaliação**, indicada pela autoridade supervisora da área correspondente composta por especialistas de notória capacidade e adequada qualificação.

---

[26] JUSTEN FILHO, Marçal. *Comentários à Lei de Licitações e Contratos Administrativos*. 17. ed. São Paulo: Revista dos Tribunais, 2016. p. 552.

[27] "Essa inconstitucionalidade não foi reproduzida pela nova Lei de Licitações e Contratos (Lei nº 14.133/2021)". Cf. BANDEIRA DE MELLO, Celso Antônio. *Curso de direito administrativo*. Belo Horizonte: Fórum, 2023. p. 194.

De acordo com o que se estabeleceu no Acórdão 3239/2013 do TCU, OS que recebem recursos da União são submetidas ao controle do Tribunal de Contas da União, havendo recomendações a serem feitas em relatório de auditoria operacional quando há recursos da saúde vindo do SUS.

Os responsáveis pela fiscalização da execução do contrato de gestão, de acordo com o art. 9º da Lei nº 9.637/98, ao tomarem conhecimento de qualquer irregularidade ou ilegalidade na utilização de recursos ou bens de origem pública por organização social, dela darão ciência ao Tribunal de Contas da União, sob pena de responsabilidade solidária.

Na hipótese de indícios fundados de malversação de bens ou recursos de origem pública, os responsáveis pela fiscalização, de acordo com o art. 10 da Lei nº 9.637/98, representarão ao Ministério Público, à Advocacia-Geral da União ou à Procuradoria da entidade para que requeira ao juízo competente a decretação de indisponibilidade dos bens da entidade e o sequestro dos bens dos seus dirigentes, bem como de agente público ou de terceiro, que possam ter enriquecido ilicitamente ou causado dano ao patrimônio público.

Se a entidade não cumprir as normas fixadas no contrato de gestão, ela pode ser desqualificada como organização social, desde que seja por meio de processo administrativo no qual seja assegurada a ampla defesa, respondendo os dirigentes da organização social individual e solidariamente pelos danos ou prejuízos decorrentes de sua ação ou omissão (art. 16, § 1º, da Lei nº 9.637/98). A desqualificação importará reversão dos bens permitidos e dos valores entregues à utilização da organização social, sem prejuízo de outras sanções cabíveis (art. 16, § 2º, da Lei nº 9.637/98).

A primeira entidade a se qualificar como OS foi a Fundação Roquette Pinto, que em janeiro de 1988 passou a se denominar Associação de Comunicação Educativa Roquette Pinto. Também são OS o Instituto de Matemática Pura e Aplicada (IMPA) e a Rede Nacional de Ensino e pesquisa (RNP), do Ministério da Ciência e Tecnologia. Na área da saúde, há várias OS, como a Associação Beneficente Hospital Universitário (ABHU) e o Instituto de Responsabilidade Social Sírio-Libanês.

ORGANIZAÇÕES SOCIAIS – OS

Origem: PDRAE – Min. Bresser Pereira.

Inspiração: *quangos* – do sistema do Reino Unido.

Disciplina: Lei nº 9.637/98.

Def. Pessoas jurídicas de direito privado, sem fins lucrativos, instituídas por iniciativas de particulares, para desempenhar atividades de natureza social, sendo, a partir da qualificação, consideradas entidades de interesse social e utilidade pública, para celebrar contrato de gestão e receber fomento do Poder Público.

Áreas de atuação no âmbito federal: ensino, pesquisa científica, desenvolvimento tecnológico, meio ambiente, cultura e saúde.

A **qualificação** como OS é título jurídico outorgado de forma **discricionária**, conforme conveniência e oportunidade.

Qualificação e supervisão: Ministro ou titular do órgão supervisor ou regulador da área de atividade correspondente ao seu objeto social.

Exigência legal: que a entidade tenha um Conselho de Administração com representantes do Poder Público e membros da comunidade, e uma Diretoria.

Instrumento jurídico da parceria: contrato de gestão, com atribuições, responsabilidades e obrigações, contendo especificação do plano de trabalho (com metas e critérios de avaliação de desempenho) e estipulação de limites e critérios para despesa com remuneração e vantagens.

Fomento: destinação de recursos orçamentários, permissão de uso de bens públicos, cessão especial de servidor e contratação direta da OS pelo Poder Público para prestação de serviços em atividades contempladas nos contratos de gestão, sendo ainda de se discutir o fato de que o art. 24, XXIV, da Lei nº 8.666/93 não foi reproduzido na Lei nº 14.133/2021.

Julgamento do STF que legitimou o sistema: ADI 1923/DF.

Debate de tema polêmico: Organização Social como flexibilização, na prática, da concessão de serviço público

Apesar do desfecho da ADI 1923/DF, que, conforme abordado, reconheceu a constitucionalidade do modelo de OS nos termos da modelagem contida na Lei nº 9.637/98, importantes administrativistas, como Celso Antônio Bandeira de Mello e Maria Sylvia Zanella Di Pietro, não deixaram de apontar acirradas críticas à burla que representou o regime jurídico das OS ao sistema de delegação da prestação de serviços públicos.

Assim, a ADI 1923, que foi proposta pelos partidos PT e PDT, procurou declarar a inconstitucionalidade de toda a lei, tentando fulminar também o inciso XXIV do art. 24 da Lei nº 8.666/93, a partir da alegação de que a mencionada lei promove profundas modificações no ordenamento institucional da Administração Pública brasileira, ao instituir, mediante Decreto, um Programa Nacional de "Publicização" e, por esse programa, transferir para entidades de direito privado não integrantes da Administração serviços públicos que antes eram prestados por fundações públicas, mas que são transformadas em organizações sociais.

Foi criado um novo vocabulário para reformar o Estado brasileiro, sendo uma espécie de "novilíngua" orwelliana, só que, em vez de "guerra é paz", "escravidão é liberdade" ou "ignorância é força", o novo vocabulário para o Terceiro Setor era "privado é público" ou "privatização é publicização". Para abrir espaço para que o privado do Terceiro Setor absorvesse as funções desempenhadas pela Administração Pública, nas suas entidades, houve de se construir o conceito de "Setor Público não Estatal", procurando dizer: não é porque não é Estado, que não seja "público".

Daí seria possível não atribuir ao Programa Nacional de "Publicização" – PNP uma "pecha" de "privatização", disfarçando o que de fato era provocado. Só que, na prática, o que se desejava não era simplesmente repassar ao Terceiro Setor recursos públicos para que desempenhasse suas atividades, em colaboração com os serviços públicos, mas, de acordo com o objetivo externado no art. 20, segundo Di Pietro, era "criar, mediante decreto do Poder Executivo, o PNP, com o objetivo de estabelecer diretrizes e critérios para a qualificação de organizações sociais, a fim de assegurar a **absorção** de atividades desenvolvidas por entidades ou órgãos públicos da União, que atuem nas atividades desenvolvidas por entidades ou órgãos públicos da União".

Esse intuito é claro nos termos do Plano Diretor de Reforma do Aparelho do Estado: "Transferir para o setor não estatal estes serviços, através de um programa de 'publicização', transformando as atuais fundações públicas em organizações sociais, ou seja, em entidades de direito privado, sem fins lucrativos, que tenham autorização específica do Poder Legislativo para celebrar contrato de gestão com o Poder Executivo e assim ter direito a dotação orçamentária".[28]

A ideia era mesmo de redução do tamanho do Estado e de descentralização, conforme o modelo gerencial[29] e a proposta de menos prestação direta pela Administração, repassando ao Terceiro Setor não apenas "recursos orçamentários", mas a permissão do uso de um bem público, como um hospital inteiro, acompanhado da cessão de servidores para trabalhar na OS, com o intuito de que esta absorvesse as tarefas até a extinção da fundação pública ou mesmo da autarquia fundacional.

---

[28] PDRAE. *Plano Diretor de Reforma do Aparelho do Estado*. Brasília: Presidência da República/MARE, 1995. p. 58.

[29] Sobre a visão crítica, na contracorrente do *mainstream* privatizante, há a obra de: VIOLIN, Tarso Cabral. *Terceiro Setor e as parcerias com a Administração Pública*: uma análise crítica. 3. ed. Belo Horizonte: Fórum, 2015. p. 29.

Em apertada síntese, nas organizações sociais, "o intuito evidente é o de que elas assumam determinadas atividades hoje desempenhadas, como serviços públicos, por entidades da Administração Pública, resultando na extinção destas últimas".[30]

Conforme se observa, os serviços trespassáveis às Organizações Sociais, conforme aborda Celso Antônio Bandeira de Mello,[31] são os próprios serviços públicos prestados pelo Estado e não simplesmente serviços complementares, como ocorre no desenvolvimento pelo Terceiro Setor. Ainda, se fosse falar em concessão ou permissão de serviços públicos, haveria de se estabelecer minuciosas exigências de aptidão em licitação, sendo que, por outro lado, o sistema da OS só exige o ato de aquiescência/outorga por parte de Ministros com uma discricionariedade apta a provocar "favorecimentos de toda espécie".[32]

Para Bandeira de Mello, bens públicos, dotações orçamentárias e servidores públicos, como um gesto de graça de Ministros, seria incompatível com concepções de um Estado moderno, sendo ainda violador ao regime dos servidores públicos que fossem cedidos, a expensas do Poder Público, para organizações sociais, não admitindo o jurista que o Estado se transformasse em "provedor de pessoal a entidades particulares".[33]

De acordo com Di Pietro, essa cessão se caracteriza como "burla a exigência de concurso público",[34] sendo que a atividade que é prestada pelo Poder Público com regime jurídico publicístico passa a ser prestada por entidade privada, o que não resulta numa publicização. Ainda, o contrato de gestão acaba se aproximando, na prática, de uma concessão administrativa, prevista na Lei de PPP (Lei nº 11.079/2004) – sem a correlata exigência de licitação, diga-se, pois se repassa bens públicos, a gestão de serviços públicos e, ainda, pessoal da repartição.

Tanto se apresenta uma burla ou flexibilidade de uma concessão de serviço público, ainda que sob a modalidade administrativa, pois o serviço prestado é pago indiretamente por contraprestação estatal, por ser gratuito, tanto a situação se parece com uma concessão, que, diante da desqualificação dos bens permitidos, eles ao final "reverterão" ao Poder Público, sendo que a reversão é o instituto próprio da concessão.

Note-se que o Ministro Bresser Pereira ainda externou ideias sofisticadas, tendo inclusive, posteriormente, se distanciado da proposta de dependência associada de Fernando Henrique Cardoso, por se identificar com o desenvolvimentismo, sendo que uma situação que poderia ter sido ainda pior, em 2020, saiu do gabinete do então Ministro Paulo Guedes, no governo Bolsonaro, sendo uma proposta de Reforma Administrativa (a PEC nº 32) que queria abrir de vez a cessão de mão de obra, flexibilizar a estabilidade de diversas carreiras, rumo à conhecida, pelo Milton Friedman, "administração pública de cupons", em que se propugnava um princípio de *subsidiariedade* com preponderância do privado.

Conforme expõe Bercovici,[35] a ideia de Guedes não era nenhuma novidade, pois se inspirava nas ideias ultraliberais de Friedman, da Escola de Chicago, que queria, em vez das escolas e hospitais geridos pelo Estado, que houvesse gestão das demandas sociais via setor privado por meio de *vouchers* e cupons, em que 'o Estado não gastasse com instalações ou mesmo com o pagamento de remuneração a servidores públicos permanentes para oferecer serviços públicos essenciais, como saúde e educação, mas que criasse um programa aberto ao mecanismo concorrencial do mercado, remunerando por *vouchers* ou cupons as entidades privadas que mais se destacassem.

---

[30] DI PIETRO, Maria Sylvia Zanella. *Direito administrativo*. 31. ed. Rio de Janeiro: Forense, 2018. p. 646.

[31] BANDEIRA DE MELLO, Celso Antônio. *Curso de direito administrativo*. Belo Horizonte: Fórum, 2023. p. 194.

[32] BANDEIRA DE MELLO, Celso Antônio. *Curso de direito administrativo*. Belo Horizonte: Fórum, 2023. p. 193.

[33] BANDEIRA DE MELLO, Celso Antônio. *Curso de direito administrativo*. Belo Horizonte: Fórum, 2023. p. 195.

[34] DI PIETRO, Maria Sylvia Zanella. *Direito administrativo*. 31. ed. Rio de Janeiro: Forense, 2018. p. 639.

[35] BERCOVICI, Gilberto. *A administração pública dos cupons*. Disponível em: https://www.conjur.com.br/2020--set-06/estado-economia-administracao-publica-cupons. Acesso em: 10 set. 2023.

11.5 Organização da Sociedade Civil de Interesse Público (Oscip)

Segundo Maria Sylvia Zanella Di Pietro, as organizações da sociedade civil de interesse público são:

> pessoas jurídicas de direito privado, sem fins lucrativos, instituídas por iniciativa de particulares, para desempenhar serviços sociais não exclusivos do Estado com incentivo e fiscalização do Poder Público, mediante vínculo jurídico instituído por meio de termo de parceria.[36]

Foram disciplinadas pela Lei nº 9.790/99, regulamentada pelo Decreto nº 3.100/99. Para obterem **qualificação**, devem ser habilitadas perante o **Ministério da Justiça** e, uma vez qualificadas, passam a receber algum tipo de auxílio (fomento) por parte do Estado.

De acordo com o art. 1º da Lei nº 9.790/99, com redação conferida pela Lei nº 13.019/2014, podem qualificar-se como Oscip as pessoas jurídicas de direito privado sem fins lucrativos que tenham sido constituídas e se encontrem em funcionamento regular há, **no mínimo, três anos**, desde que os respectivos **objetivos sociais** e normas estatutárias atendam aos requisitos da lei.

Os objetivos sociais da entidade devem conter ao menos uma das finalidades listadas no art. 3º, que abrange promoção: da assistência social; da cultura, defesa e conservação do patrimônio histórico e artístico; gratuita da educação; gratuita da saúde; da segurança alimentar e nutricional; defesa, preservação e conservação do meio ambiente e promoção do desenvolvimento sustentável; do voluntariado; do desenvolvimento econômico e social e combate à pobreza; experimentação, não lucrativa de novos modelos socioprodutivos e de sistemas alternativos de produção, comércio, emprego e crédito; de direitos estabelecidos, construção de novos direitos e assessoria jurídica gratuita de interesse suplementar; da ética, da paz, da cidadania, dos direitos humanos, da democracia e de outros valores universais; estudos e pesquisas, desenvolvimento de tecnologias alternativas, produção e divulgação de informações e conhecimentos técnicos e científicos das atividades mencionadas no artigo; e estudos e pesquisas para o desenvolvimento, a disponibilização e a implementação de tecnologias voltadas à mobilidade das pessoas, por qualquer meio de transporte.

Os termos de parceria firmados de comum acordo entre o Poder Público e tais entidades são precedidos de consulta aos Conselhos de Políticas Públicas das áreas correspondentes de atuação, nos respectivos níveis de governo. O termo de parceria discrimina direitos, responsabilidades e obrigações das partes signatárias.

São cláusulas essenciais que devem constar do **termo de parceria**: objeto, que conterá a especificação do programa de trabalho proposto; a estipulação de metas e resultados e os respectivos prazos de execução ou cronograma; critérios objetivos de avaliação de desempenho, mediante indicação de resultado; receitas e despesas a serem realizadas; dever de apresentar ao Poder Público, ao término de cada exercício, relatório sobre a execução do Termo de Parceria; e demonstrativo de sua execução física e financeira.

Note-se que a outorga de **qualificação** como Oscip, diferentemente do que ocorre com as organizações sociais, é **ato vinculado** ao preenchimento dos requisitos legais.

Admite-se **indeferimento** do pedido de **qualificação** apenas quando:

- o requerente recair nas hipóteses do art. 2º da lei, que **proíbe serem OSCIPs**: sociedades comerciais, sindicatos, associações de classe ou representação de categoria profissional, instituições religiosas ou congêneres, organiza-

---

[36] DI PIETRO, Maria Sylvia Zanella. *Direito administrativo*. São Paulo: Atlas, 2010. p. 500.

ções partidárias e assemelhadas, inclusive suas fundações, entidades de benefício mútuo destinadas a proporcionar bens ou serviços a um círculo restrito de associados ou sócios, entidades e empresas que comercializam planos de saúde e assemelhados, instituições hospitalares privadas não gratuitas e suas mantenedoras, escolas privadas dedicadas ao ensino formal não gratuitas e sua mantenedoras, organizações sociais, cooperativas, fundações públicas, fundações, sociedades civis e associações de direito privado criadas por órgão público ou por fundações públicas, e organizações creditícias que tenham vinculação com o sistema financeiro nacional[37] do art. 192 da Constituição;

- o requerente, pessoa jurídica de direito privado, sem fins lucrativos, não tiver pelo menos **uma das finalidades** listadas nos incisos do art. 3º e não obedecer às **normas que devem constar de seus estatutos** e que estão dispostas nos incisos do art. 4º da lei; e
- não tiver funcionamento regular há, no mínimo, três anos, de acordo com o art. 1º da Lei nº 9.790/1999, ou a **documentação** apresentada estiver **incompleta (art. 5º, § 3º, III, da Lei nº 9.790/1999)**.

O inciso III do art. 4º da lei exige que haja a constituição de um Conselho Fiscal ou órgão equivalente, dotado de competência para opinar sobre os relatórios de desempenho financeiro e contábil e sobre as operações patrimoniais realizadas, emitindo pareceres para organismos superiores da entidade.

É possível que haja remuneração dos dirigentes da entidade que atuem efetivamente na sua gestão executiva e para aqueles que prestam serviços específicos, respeitados, em ambos os casos, os valores praticados no mercado. É ainda possível a participação de servidores públicos na composição de conselho ou diretoria de Oscip.

No caso das Oscips, existe efetivamente o clássico fomento do Poder Público, em que há ajuda estatal, com recursos, não sendo possível a cessão de servidores ou mesmo dos bens públicos para gestão de serviços públicos (conforme exposto no quadro de tema polêmico da OS).

A execução de suas atividades é supervisionada pelo órgão do Poder Público da área de atuação correspondente à atividade fomentada, bem como pelos Conselhos de Políticas Públicas das áreas correspondentes de atuação de cada nível de governo.

Se a Oscip receber recursos e bens de origem pública, prestará contas ao Tribunal de Contas, conforme determinação decorrente do parágrafo único do art. 70 da Constituição, que estabelece a obrigação para qualquer pessoa que utilize, arrecade, guarde, gerencie ou administre dinheiros, bens e valores públicos ou pelos quais a União responda, ou que, em nome desta, assuma obrigações de natureza pecuniária.

Caso se constate malversação de bens ou recursos de origem pública, os responsáveis pela fiscalização devem representar ao Ministério Público, à Advocacia-Geral da União ou à Procuradoria da entidade.

A Oscip pode vir a perder a qualificação, a pedido ou mediante decisão proferida, seja em processo administrativo ou judicial, de iniciativa popular ou do Ministério Público, no qual serão assegurados a ampla defesa e o contraditório. Como a Oscip é uma pessoa jurídica de direito privado, não há exigência de licitação para suas contratações com terceiros.

---

[37] Contudo, estabeleceu o parágrafo único, acrescido em 2020 à lei, que não constituem impedimento à qualificação como Oscip as operações destinadas a microcrédito realizadas com instituições financeiras na forma de recebimento de repasses, venda de operações realizadas ou atuação como mandatárias.

ORGANIZAÇÃO DA SOCIEDADE CIVIL DE INTERESSE PÚBLICO – Oscip

Disciplina: Lei nº 9.790/1999.

Def. Pessoas jurídicas de direito privado, sem fins lucrativos, instituídas por iniciativa de particulares, para desempenhar serviços sociais não exclusivos do Estado com incentivo e fiscalização do Poder Público, mediante vínculo jurídico instituído por meio de termo de parceria.

Áreas de atuação no âmbito federal, pelo menos uma das seguintes finalidades, descritas no art. 3º da Lei nº 9.790/1999: assistência social, cultura, patrimônio histórico e artístico, educação gratuita, saúde gratuita, segurança alimentar e nutricional, meio ambiente e desenvolvimento sustentável, voluntariado, desenvolvimento econômico e social e combate à pobreza, experimentação de novos modelos socioprodutivos e de sistemas alternativos de produção, comércio, emprego e crédito, de direitos estabelecidos, de novos direitos e assessoria jurídica gratuita de interesse suplementar, da ética, paz, cidadania, direitos humanos, democracia e valores universais, estudos e pesquisas, desenvolvimento de tecnologias alternativas, produção e divulgação de informações e conhecimentos técnicos e científicos, estudos e pesquisa para desenvolvimento, tecnologias voltadas à mobilidade das pessoas, por qualquer meio de transporte.

A **qualificação** da Oscip é título jurídico outorgado como **ato vinculado**, desde que haja o cumprimento dos requisitos legais.

Qualificação: Ministério da Justiça.

Requisito/exigência legal: funcionamento regular, no mínimo, há **três anos**, objetivos sociais compatíveis com a lei.

Vedações/não podem ser Oscip: sociedades comerciais, sindicatos, associações de classe ou representação de categoria profissional, instituições religiosas ou congêneres, organizações partidárias e assemelhadas, inclusive suas fundações, entidades de benefício mútuo destinadas a proporcionar bens ou serviços a um círculo restrito de associados ou sócios, entidades e empresas que comercializam planos de saúde e assemelhados, instituições hospitalares privadas não gratuitas e suas mantenedoras, escolas privadas dedicadas ao ensino formal não gratuitas e sua mantenedoras, organizações sociais, cooperativas, fundações públicas, fundações, sociedades civis e associações de direito privado criadas por órgão público ou por fundações públicas, e organizações creditícias que tenham vinculação com o sistema financeiro nacional do art. 192 da Constituição.

Instrumento jurídico da parceria: termo de parceria – precedido de consulta aos Conselhos de Políticas Públicas das áreas correspondentes de atuação.

Supervisão: Poder Público da área de atuação correspondente à atividade fomentada, bem como pelos Conselhos de Políticas Públicas das áreas correspondentes de atuação de cada nível de governo.

Fomento: composta de recursos e bens públicos, com ajuda do Poder Público, mas não se especifica na lei quais as modalidades do fomento.

ORGANIZAÇÕES SOCIAIS – OS	OSCIP
Instrumento jurídico: **contrato de gestão** Uso de bens públicos e cessão de servidores	Instrumento jurídico: **termo de parceria**
Lei nº 9.637/98 Julgamento ADI 1923/DF Outorga de qualificação: **discricionária**, mas submetida a critérios objetivos, bem como à principiologia constitucional	Lei nº 9.790/99 Outorga de qualificação: **vinculada** ao preenchimento dos requisitos legais

11.6 Organização da Sociedade Civil (OSC) e a Lei de Parcerias

A Lei de Parcerias também é conhecida como **Marco Regulatório das Organizações da Sociedade Civil** (OSC). Até a edição da lei, não era usual na área jurídica a adoção do termo organização da sociedade civil, tendo sido uma expressão disseminada pelo Banco Interamericano de Desenvolvimento (BID), expressão que era presente na América Latina no geral.

Depois da edição da Lei nº 13.019/2014, houve, ainda, em 2015, uma alteração significativa da disciplina das parcerias com as organizações da sociedade civil, haja vista as modificações que foram feitas pela Lei nº 13.204/2015 à Lei de Parcerias, que foi regulamentada, em âmbito federal, pelo Decreto nº 8.726/2016, atualizado pela Decreto nº 11.948/2024.

Estimular a ação das organizações da sociedade civil significa abrir espaço para a cidadania e para a influência democrática na efetivação das políticas públicas, pois elas possuem aderência com causas relevantes do ponto de vista coletivo em atuações que produzem benefícios não apenas para os integrantes e simpatizantes das causas que promovem, mas para toda a coletividade.

Note-se, contudo, que a ideia de estimular a atuação da sociedade civil sem fins lucrativos para auxiliar o Estado na efetividade das políticas públicas não significa que o Estado tenha se despido de suas competências institucionais no tocante à realização das atividades que lhe são atribuídas pelo modelo constitucional. Assim, continua em voga um Estado que possui compromissos com a realização de seu padrão social, conforme orientação do art. 3º da Constituição, mas que, para desenvolver sua vocação democrática, procura incentivar o terceiro setor na realização de suas atividades de interesse público.

Mesmo que a Reforma Administrativa tenha ressaltado o papel regulador do Estado, na fiscalização e no incentivo, ainda assim um modelo de Estado é inerente à conformação constitucional, e uma reforma não possui a aptidão de mudar a estruturação do Estado como um todo – que é fornecida pelo consenso advindo do Poder Constituinte –, mas apenas de adaptar algumas facetas aos novos tempos, pois, do contrário, não seria uma reforma.

Logo, mesmo que o terceiro setor mereça todo o incentivo do Poder Público, ainda assim ele deve conviver e complementar tarefas do Estado, mas jamais ser visto como apto a substituir a Administração Pública, que tem um compromisso permanente com a prestação de serviços públicos que veiculam a realização de inúmeros direitos fundamentais.

Para disciplinar as parcerias voluntárias, envolvendo ou não transferências de recursos financeiros, houve, em 2014, a edição da Lei de Parcerias – Lei nº 13.019, cuja redação foi alterada substancialmente pela Lei nº 13.204/2015.

Objetiva-se disciplinar o regime de mútua cooperação, para consecução de finalidades de interesse público e recíproco, sendo estabelecidas as diretrizes da política de fomento e de colaboração com as organizações da sociedade civil.

A lei foi inspirada em muitos aspectos na Lei Geral de Licitações e Contratos, mas se deve advertir que a parceria objetiva celebrar com as organizações da sociedade civil uma espécie de convênio e não propriamente um contrato em sentido estrito. Daí por que cada diploma normativo deve sofrer uma análise mais detida em função de seus objetivos particulares, sendo incorreto interpretar a Lei de Parcerias com paralelos inflexíveis com a Lei de Licitações, até porque os contratos possuem aspectos de comutatividade em contraprestações obrigacionais, já as parcerias têm uma natureza mais colaborativa para realização de interesses recíprocos e não contrapostos.

Não obstante, a Lei de Parcerias procurou também traçar um conjunto de direitos, responsabilidades e obrigações, para tratar do relacionamento entre o Estado e a organização da sociedade civil não apenas como algo voluntário, mas a partir de um regime jurídico que provoca comprometimento maior orientado à realização de objetivos comuns,[38] garantindo maior segurança para ambas as partes no tocante ao cumprimento dos compromissos assumidos.

Para selecionar as parcerias a partir de critérios objetivos, houve a previsão de chamamentos públicos. O chamamento público é o procedimento destinado a selecionar organização da sociedade civil para firmar parceria por meio de termo de colaboração ou de fomento. São critérios previstos no chamamento: o objeto da parceria, as metas a serem alcançadas, os custos e os indicadores de resultados.

Ele é julgado pela comissão de seleção, órgão colegiado, constituído por ato publicado por meio oficial de comunicação, assegurada a participação de pelo menos um servidor ocupante de cargo efetivo ou emprego permanente do quadro de pessoal da Administração Pública.

O chamamento observará os princípios da isonomia, da legalidade, da impessoalidade, da moralidade, da igualdade, da publicidade, da probidade administrativa, da vinculação ao instrumento convocatório, do julgamento objetivo e dos que lhes são correlatos.

São diretrizes fundamentais do regime jurídico da parceria: a promoção, o fortalecimento institucional, a capacidade e o incentivo à organização da sociedade civil para cooperação com o poder público; a priorização do controle de resultados; o incentivo ao uso de recursos atualizados de tecnologias de informação e comunicação; o fortalecimento das ações de cooperação institucional entre os entes federados nas relações com as organizações da sociedade civil; o estabelecimento de mecanismos que ampliem a gestão da informação, transparência e publicidade; a ação integrada, complementar e descentralizada, de recursos e ações, entre os entes da Federação, evitando sobreposição de iniciativas e fragmentação de recursos; a sensibilização, a capacitação, o aprofundamento e o aperfeiçoamento do trabalho de gestores públicos, na implementação de atividades e projetos de interesse público e relevância social com organizações da sociedade civil; a adoção de práticas de gestão administrativa necessárias e suficientes para coibir a obtenção, individual ou coletiva, de benefícios ou vantagens indevidos; a promoção de soluções derivadas da aplicação de conhecimentos, da ciência e tecnologia e da inovação para atender necessidades de demandas de maior qualidade de vida da população em situação de desigualdade social.

Para celebrar a parceria a organização deve ter, de acordo com o art. 33, V, da Lei nº 13.019/2014:

a) três anos de existência, no mínimo, para parceria celebrada com a União; dois anos, no mínimo, para os Estados, e um ano de existência para os Municípios,[39] conforme alteração feita pela Lei nº 13.204/2015;

b) experiência prévia na realização, com efetividade, do objeto da parceria ou de natureza semelhante; e

---

[38] Enquanto o contrato em sentido estrito busca a realização de vantagens recíprocas em uma avença que objetiva alcançar interesses que são contrapostos (p. ex., alguém quer vender uma mercadoria e deseja obter o valor máximo para satisfazer seu interesse, e a outra parte deseja comprar uma mercadoria e quer despender o menor valor possível por ela), a parceria estabelecida em convênio envolve juntar forças para realização de objetivos comuns a ambas as partes. Tanto assim que a Lei de Licitações estabelece que pouco importa a denominação empregada, se tiver natureza contratual, será contrato, logo, não poderá ser celebrado, como regra geral, sem prévia licitação. Já a parceria contempla um sistema de chamamento público para selecionar planos de trabalhos mais condizentes com a atividade que se deseja fomentar.

[39] A entrada em vigor da Lei foi em 23 de janeiro de 2016 para União, Estados e Distrito Federal, e será em 1º de janeiro de 2017 para os Municípios.

c) instalações, condições materiais e capacidade técnica e operacional para o desenvolvimento das atividades ou projetos previstos na parceria e o cumprimento das metas estabelecidas.

Há a hipótese de celebração de parceria sem chamamento público, em circunstâncias parecidas com as previstas na Lei de Licitações e Contratos, que são chamadas de dispensa e inexigibilidade.

As hipóteses de **dispensa** de chamamento público se dão nas seguintes situações, previstas no art. 30:

- no caso de urgência decorrente de paralisação ou iminência de paralisação de atividades de relevante interesse público, pelo prazo de até 180 dias;
- guerra, calamidade pública, grave perturbação da ordem pública ou ameaça à paz social;
- quando se tratar da realização de programa de proteção a pessoas ameaçadas ou em situação que possa comprometer a sua segurança; e
- no caso de atividades voltadas ou vinculadas a serviços de educação, saúde e assistência social, desde que executadas por organizações da sociedade civil previamente credenciadas pelo órgão gestor da respectiva política.

Esta última hipótese de credenciamento veicula uma tendência que geralmente era utilizada para situações de inexigibilidade de licitação nas contratações, representando uma brecha muito grande de dispensa da realização de chamamento, até porque abarca um espectro ampliado de atividades do terceiro setor, quais sejam: educação, saúde e assistência social.

Acrescente-se que no credenciamento há uma situação em que geralmente o Poder Público tem perspectiva de celebrar o ajuste com diversas organizações, sendo então afastada até a questão da seletividade, desde que haja uma rotatividade na contratação. O perigo na aplicação da nova disciplina é que haja favorecimentos nas organizações efetivamente credenciadas, daí cumpre aos órgãos de controle e à sociedade ficarem atentos para como será implementado esse credenciamento, pois é também uma diretriz da lei, conforme visto, a adoção de práticas de gestão administrativa necessárias e suficientes para coibir a obtenção, individual ou coletiva, de benefícios ou vantagens indevidos.

Já as hipóteses de **inexigibilidade**, após alterações da Lei nº 13.204/2015, são decorrentes da inviabilidade de competição entre organizações da sociedade civil em razão da natureza singular do objeto da parceria ou se as metas somente puderem ser atingidas por uma entidade específica, especialmente quando: (I) o objeto da parceria constituir incumbência prevista em acordo, ato ou compromisso internacional, no qual sejam indicadas as instituições que utilizarão os recursos; e (II) a parceria decorrer de transferência para organização da sociedade civil que esteja autorizada em lei em que seja identificada expressamente a entidade beneficiária.

Esta última hipótese, constante do art. 31, II, isto é, a ausência de chamamento para situação de autorização legal, em conjunto com a previsão do art. 29, que dispensa o chamamento público diante de recursos decorrentes de emendas parlamentares às leis orçamentárias anuais, ambas acrescentadas, pela Lei nº 13.204, de 2015, à Lei de Parcerias merecem críticas.

Ora, a ideia de criar uma disciplina jurídica para que haja mais transparência, eficiência e objetividade na celebração das parcerias é algo que se volta a estimular a democracia, dado esgotamento do sistema representativo para realizar e responder por todos os complexos interesses públicos na atualidade.

Então, se o Estado articular um relacionamento próximo com a sociedade civil, fomentando atividades que sejam de interesse público, há possibilidade de intensificar a cooperação entre Administração Pública e os movimentos sociais. No entanto, deve-se advertir para os perigos de captura política das organizações da sociedade civil.

Conforme se noticiou quando da criação das CPIs (2001 e 2007) para fiscalizar a atuação de ONGs, objetivava-se combater situações em que organizações mal-intencionadas recebiam recursos, com o contato de agentes políticos, para operar instituições que não tinham condições de desenvolver adequadamente atividades de interesse público que, em tese, legitimariam o repasse de recursos. Isso quando não havia suspeita de a ONG atuar como fachada para a drenagem de recursos públicos.

Ocorre que, não obstante três anos da CPI das ONGs de 2007 até 2010, a investigação não chegou a uma conclusão, pois o relatório de quase 1.500 páginas não foi apreciado, nem votado, tendo sido o processo arquivado.

Note-se que essa situação ao menos gerou um alerta na discussão dos critérios constantes do marco das organizações da sociedade civil. Todavia, o regime inicial de aprovação da lei, em 2014, foi muito flexibilizado em 2015, sendo essas duas aberturas mencionadas bastante perigosas por perpetuar uma cultura de associação entre agentes políticos e ONGs.

É dramático perceber o quão difícil é, no Brasil, criar uma legislação apta a coibir a captura política do terceiro setor, até porque os responsáveis por criar a lei são agentes políticos, que não desejam modificar estruturalmente tais relações, pois muitos deles se beneficiam do terceiro setor ao estreitar vínculos "com as bases", numa cultura de assistencialismo estimulado por dependência política.

O ideal é que haja a emancipação das organizações da sociedade civil, para que elas possam inclusive questionar a atuação do próprio governo, quando ele não agir sintonizado com as distintas causas de interesse público.

Assim, do ponto de vista social, seria importante que a lei fosse um instrumento para combater a reprodução de privilégios infundados, afastando do recebimento de recursos públicos aqueles atores que, no fundo, desejam muito mais estender o espectro de influência do governo nas ONGs do que efetivamente colaborar com a existência empoderada de uma sociedade civil organizada.

Logo, muitas das flexibilizações da Lei nº 13.204, de 2015, à Lei nº 13.019 são infelizmente brechas que podem servir à reprodução dessa lógica atrasada, pois infelizmente afastam da celebração de parcerias autorizadas pelos agentes políticos as exigências objetivas do chamamento público.

A lei previu, do art. 19 ao 21, a possibilidade de ocorrer Procedimento de Manifestação de Interesse Social (PMIS), que é opção que veda, portanto, que se condicione a realização do chamamento público ou da celebração de parceria à prévia realização do PMIS.

O **Procedimento de Manifestação de Interesse Social** é instrumento por meio do qual as organizações da sociedade civil, movimentos sociais e cidadãos poderão apresentar propostas ao poder público para que este avalie a possibilidade de realização de um chamamento público objetivando a celebração de parceria.

São requisitos do PMIS: (I) identificação do subscritor da proposta; (II) indicação do interesse público envolvido; (III) diagnóstico da realidade que se quer modificar, aprimorar ou desenvolver e, quando possível, indicação da viabilidade, dos custos, dos benefícios e dos prazos de execução da ação pretendida.

Preenchidos tais requisitos, a Administração Pública deve publicar a proposta em seu *site*; verificada a conveniência e oportunidade para a realização de PMIS, será instaurado o procedimento para oitiva da sociedade sobre o tema, permitindo-se que cada ente federativo edite regulamento próprio sobre prazos e regras de procedimento.

Segundo o art. 21 da lei, a realização do PMIS não implicará necessariamente a execução do chamamento público, que acontecerá de acordo com os interesses da administração, enfatizando-se que a realização do PMIS não dispensa a convocação por meio de chamamento público para celebração da parceria.

Note-se que a lei, em vez de incentivar o diálogo, por meio da apresentação de propostas criativas da sociedade civil para o enfrentamento de questões sociais ou mesmo para atração das ditas tecnologias sociais inovadoras, conforme defendido no momento da discussão do marco normativo, focou-se muito mais em um vocabulário restritivo, que ressalta não decorrerem direitos da realização do procedimento aos subscritores das propostas, do que propriamente incentiva todos a oferecerem soluções por meio de ações próprias de enfrentamento de problemas.

De qualquer forma, pode-se dizer que a previsão do PMIS é algo elogiável, por tornar mais transparentes e acessíveis à interlocução comunitária propostas de diversas organizações da sociedade civil. Entretanto, deve-se enfatizar que, por melhor que sejam as propostas apresentadas, a Administração Pública não se vincula à realização do chamamento, sendo que a organização proponente terá de participar, concorrendo com inúmeras outras organizações, do futuro chamamento caso a Administração Pública decida realizá-lo, o que não a impede, ainda, de participar no eventual chamamento público subsequente.

A Lei de Parcerias trata de regras específicas acerca de dois institutos: o termo de colaboração e o termo de fomento.

Termo de colaboração é o instrumento por meio do qual são formalizadas as parcerias estabelecidas pela administração pública com organizações da sociedade civil para a consecução de finalidades de interesse público e recíproco *propostas pela administração pública* que envolvam a transferência de recursos financeiros.

Já o **termo de fomento** é o instrumento por meio do qual são formalizadas as parcerias estabelecidas pela administração pública com organizações da sociedade civil para a consecução de finalidades de interesse público e recíproco *propostas pelas organizações da sociedade civil*, que envolvam a transferência de recursos financeiros.

Observa-se, pois, que, com as definições da Lei nº 13.204/2015, o que diferencia basicamente o termo de colaboração em relação ao termo de fomento é que, enquanto este último resulta de propostas da sociedade civil para serem apoiadas com recursos financeiros, o termo de colaboração, por sua vez, advém de propostas feitas pela Administração Pública.

Quando não houver transferência de recursos públicos, há a possibilidade de celebração de um acordo de cooperação, que tanto pode ser proposto pela Administração Pública ou pela Organização da Sociedade Civil, conforme art. 5º, § 1º, do Decreto nº 8.726/2016.

É possível a atuação de organizações da sociedade civil em rede. Este mecanismo foi inspirado na participação de empresas em consórcio na licitação, mas a terminologia *em rede* é mais afinada com os tempos de conexão social e de utilidade da articulação de organizações que tenham identidade nas linhas de ação. Note-se que a responsabilidade maior recai sobre a organização celebrante da parceria, que deve, portanto, escolher criteriosamente com quem deseja atuar, para não enfrentar problemas futuros.

Há possibilidade de alteração do plano de trabalho da parceria, seja quanto aos valores, como também às metas, o que será feito por termo aditivo ou por apostila ao plano de trabalho original. A vigência da parceria só pode ser alterada por solicitação da organização da sociedade civil, devidamente formalizada e justificada, a ser apresentada à administração pública em, no mínimo, 30 dias antes do termo inicialmente previsto, sendo possível, ainda, que, diante do atraso na liberação dos recursos, por parte da Administração Pública, haja prorrogação de ofício da vigência do termo de colaboração ou fomento, desde que seja limitada ao exato período do atraso verificado, conforme determinação do parágrafo único do art. 55 da Lei de Parcerias.

O Conselho de Política Pública é órgão criado pelo Poder Público para atuar como instância consultiva, na respectiva área de atuação, na formulação, implementação, acompanhamento, monitoramento e avaliação de políticas públicas.

A parceria será acompanhada pela comissão de monitoramento e avaliação, órgão colegiado destinado a monitorar e avaliar as parcerias celebradas com organizações da sociedade civil mediante termo de colaboração ou termo de fomento, constituído por ato publicado em meio oficial de comunicação, assegurada a participação de pelo menos um servidor ocupante de cargo efetivo ou emprego permanente do quadro de pessoal da administração pública.

A Lei nº 13.204 suprimiu as exigências de contratação (e de concurso público para seleção de pessoal) feita pela Organização da Sociedade Civil, no sentido de que se assegurasse a observância dos princípios da Administração Pública bem como a elaboração de um regulamento por parte da organização, submetido ao Poder Público, o que era a prática que vinha sendo determinada e fiscalizada pelos Tribunais de Contas, daí um ponto que segue suscitando discussões.

Assim, a partir da alteração de 2015, apenas é facultado, conforme disciplina do art. 80 da Lei nº 13.019, que haja o processamento de compras e contratações que envolvam recursos financeiros provenientes da parceria por meio de sistema eletrônico disponibilizado pela administração pública às organizações da sociedade civil, aberto ao público via internet, que permita aos interessados formular propostas.

A lei regula a prestação de contas relativa aos termos de colaboração e de fomento, que será feita por meio da análise dos documentos previstos no plano de trabalho, sendo desdobrada em dois relatórios:

1. *relatório de execução do objeto*, elaborado pela organização da sociedade civil, contendo as atividades ou projetos desenvolvidos para o cumprimento do objeto e o comparativo de metas propostas com os resultados alcançados; e
2. *relatório de execução financeira* do termo de colaboração ou do termo de fomento, com a descrição das despesas e receitas efetivamente realizadas e sua vinculação com a execução do objeto, na hipótese de descumprimento de metas e resultados estabelecidos no plano de trabalho.

É possível, ainda, que haja os seguintes relatórios, elaborados internamente: (a) relatório de visita técnica *in loco*, eventualmente realizada durante a execução da parceria; e (b) relatório técnico de monitoramento e avaliação, homologado pela comissão de monitoramento e avaliação designada, sobre a conformidade do cumprimento do objeto e os resultados alcançados durante a execução do termo de colaboração ou de fomento.

Não se aplica a Lei de Parcerias:

- às transferências de recursos homologadas pelo Congresso Nacional ou autorizadas pelo Senado Federal naquilo em que as disposições específicas dos tratados, acordos e convenções internacionais conflitarem com esta Lei;
- aos contratos de gestão celebrados com organizações sociais, desde que cumpridos os requisitos previstos na Lei nº 9.637, de 15 de maio de 1998;
- aos convênios e contratos celebrados com entidades filantrópicas e sem fins lucrativos, nos termos do § 1º do art. 199 da Constituição Federal, no setor de saúde;

- aos termos de compromisso cultural referidos no § 1º do art. 9º da Lei nº 13.018, de 22 de julho de 2014;
- aos termos de parceria celebrados com organizações da sociedade civil de interesse público (OSCIP), desde que cumpridos os requisitos previstos na Lei nº 9.790, de 23 de março de 1999;
- às transferências referidas no art. 2º da Lei nº 10.845, de 5 de março de 2004, e nos arts. 5º e 22 da Lei nº 11.947, de 16 de junho de 2009;
- aos pagamentos realizados a título de anuidades, contribuições ou taxas associativas em favor de organismos internacionais ou entidades que sejam obrigatoriamente constituídas por: (a) membros de Poder ou do Ministério Público; (b) dirigentes de órgão ou de entidade da administração pública; (c) pessoas jurídicas de direito público interno; e (d) pessoas jurídicas integrantes da administração pública; e
- às parcerias entre a administração pública e os serviços sociais autônomos (sistema 'S').

A Lei de Parcerias promoveu alterações na Lei de Improbidade Administrativa (Lei nº 8.429/92) para ampliar as hipóteses tipificadas no sentido de abranger também irregularidades praticadas em parcerias firmadas pela Administração Pública com entidades privadas, conforme será visto no item específico.

A lei nada estabeleceu de específico quanto ao prazo de vigência da parceria, apenas determinou, no inciso VI do art. 42, que a sua formalização, seja por termo de colaboração, termo de fomento ou acordo de cooperação, deve ter por cláusulas essenciais: a vigência e as hipóteses de prorrogação. Já o Decreto nº 11.948/2024 determinou que a cláusula de vigência, de que trata a lei, deverá estabelecer o prazo correspondente ao tempo necessário para a execução integral do objeto da parceria, sendo este passível de prorrogação, desde que o período total de vigência não exceda dez anos.

Logo, há um prazo máximo geral de vigência de dez anos, admitindo-se que seja estabelecido prazo excepcionalmente superior (aos dez anos), conforme a redação do parágrafo único do art. 21 do Decreto nº 8.726, depois da alteração do Decreto nº 11.948/2024, quando houver decisão técnica fundamentada da administração pública federal que, sem prejuízo de outros elementos, reconheça: excepcionalidade da situação fática; e interesse público no prazo maior da parceria.

ORGANIZAÇÕES DA SOCIEDADE CIVIL

Lei nº 13.019/2014 (Lei de Parcerias), alterada pela Lei nº 13.204/2015, tendo sido regulamentada, em âmbito federal, pelo Decreto nº 8.726/2016 (com alterações do Decreto nº 11.948/2024).

Objetivos:
- prioridade ao controle de resultados;
- uso de tecnologia de informação e comunicação;
- coibir obtenção de benefícios ou vantagens indevidos; e
- aplicação de conhecimentos de CT&I.

Selecionadas por **Chamamento Público**

Possibilidade de atuação *em rede*

Termo de colaboração – instrumento para planos de trabalho propostos pela Administração

Termo de fomento – instrumento para planos de trabalho propostos pelas organizações da sociedade civil

Acordo de cooperação – quando não envolver transferência de recursos públicos

Obs.: Possibilidade de haver **Procedimento de Manifestação de Interesse Social**

Dispensa do Chamamento Público:
- urgência decorrente de paralisação ou iminência de paralisação de atividades de relevante interesse público, pelo prazo de até 180 dias;
- guerra, calamidade pública, grave perturbação da ordem pública ou ameaça à paz social;
- programa de proteção a pessoas ameaçadas ou em situação que possa comprometer a sua segurança; e
- atividades voltadas ou vinculadas a serviços de educação, saúde e assistência social, desde que por credenciamento.

Inexigibilidade do Chamamento Público:
- incumbência prevista em acordo, ato ou compromisso internacional, no qual sejam indicadas as instituições que utilizarão os recursos; e
- transferência para organização da sociedade civil que esteja autorizada em lei na qual seja identificada expressamente a entidade beneficiária.

Também há a previsão do art. 29 da lei, que dispensa o chamamento público diante de recursos decorrentes de emendas parlamentares às leis orçamentárias anuais. Trata-se de hipótese que merece críticas.

11.7 Diferenças entre OS, Oscip e OSC

Há diferenças significativas entre, de um lado, as OS e Oscip, assim como entre elas, e também as parcerias firmadas pelas OSC. As OS surgiram impulsionadas pelo movimento de Reforma Administrativa da década de 1990, tendo sido estimuladas a promover o "setor público não estatal". Foram um subterfúgio para flexibilizar o regime de autarquias e fundações, para que pudessem ser desenvolvidos serviços ("supostamente" não privativos do Estado, mas que, na prática, abarcavam a gestão de "serviços públicos" antes prestados pelo Estado) por contratos de gestão, que estabelecesse metas, conforme inspiração na *performance based accountability* do *Common Law*.

Já a Oscip, apesar de contemporânea da OS, foi impulsionada pelo movimento do *Conselho da Comunidade Solidária*, que buscava alguma alternativa ao convênio, com maior flexibilidade e responsabilidades aos gestores, no intuito de fortalecer a sociedade civil organizada.[40]

A primeira diferença jurídica que se identifica é que, enquanto a OS celebra um instrumento de parceria denominado **contrato de gestão**, que fixa metas e desempenho, a Oscip celebra um **termo de parceria**, sendo este também delimitado em termos de direitos, responsabilidades, obrigações e, sobretudo, metas e resultados. Note-se que o termo de parceria da Oscip deve ser precedido de consulta aos *Conselhos de Políticas Públicas* das áreas correspondentes de atuação, sendo que, enquanto a OS é disciplinada pela **Lei nº 9.637/98**, a Oscip, por sua vez, é regida pela **Lei nº 9.790/99**.

Ademais, conforme dito, enquanto o contrato de gestão da OS é título jurídico outorgado de forma **discricionária** pelo **Ministério Supervisor** correspondente à área da entidade, sendo

---

[40] IPEA. *Relatório OSCIP e OS*. Brasília: IPEA, 2020. p. 3. Disponível em: https://mapaosc.ipea.gov.br/arquivos/posts/7883-relatorioososcipfinal.pdf. Acesso em: 4 set. 2023.

inclusive a qualificação hipótese de credenciamento (ADI 1923), o ato de outorga do termo de parceria da Oscip, por sua vez, é título jurídico conferido de forma **vinculada**, o que significa que, se a entidade preenche os requisitos legais, ela tem direito subjetivo à outorga, que é feita pelo **Ministério da Justiça**.

As **áreas de atuação** da **OS**, em âmbito federal, são: ensino, pesquisa científica, desenvolvimento tecnológico, meio ambiente e cultura; já a **Oscip** pode atuar em diversas outras áreas, desde que haja uma dentre as seguintes: assistência social; cultura, defesa e conservação do patrimônio histórico e artístico; gratuita da educação; gratuita da saúde; segurança alimentar e nutricional; defesa, preservação e conservação do meio ambiente e promoção do desenvolvimento sustentável; voluntariado; desenvolvimento econômico e social e combate à pobreza; experimentação, não lucrativa, de novos modelos socioprodutivos e de sistemas alternativos de produção, comércio, emprego e crédito; direitos estabelecidos, construção de novos direitos e assessoria jurídica gratuita de interesse suplementar; ética, da paz, da cidadania, direitos humanos, da democracia e de outros valores universais; estudos e pesquisas, desenvolvimento de tecnologias alternativas, produção e divulgação de informações e conhecimentos técnicos e científicos das atividades mencionadas no artigo; e estudos e pesquisas para o desenvolvimento, a disponibilização e a implementação de tecnologias voltadas à mobilidade das pessoas, por qualquer meio de transporte.

A OSC abrange várias áreas de atuação, não sendo preocupação, conforme dito, do MROSC a qualificação da entidade, mas sim estabelecer critérios de chamamento público e intensificar o controle, sobretudo quando auferem recursos públicos.

Na prática, conforme mapeamento do IPEA,[41] divulgado em 2020 (MAPA, 2020), tanto a OS como as Oscips (de todo o Brasil, e não só as federais) atuam em oito grandes áreas e respectivas subáreas, a saber: Assistência social, Associações patronais e profissionais, Cultura e recreação, Desenvolvimento e defesa de direitos e interesses, Educação e pesquisa, Saúde, Religião e outras.

A área de Desenvolvimento e defesa de direitos e interesses é a que concentra a maior quantidade de OSs e OSCIPs: 350 (31,56% do total) e 4.073 (57,81% do total), respectivamente. A área Cultura e recreação também reúne, numericamente, quantidade expressiva: são 147 OSs (13,26% do total) e 538 OSCIPs (7,63% do total).

Quanto à distribuição territorial, a maioria das OSs e OSCIPs tem sede na região Sudeste, com 423 (37,97% do total) e 3.651 (51,82% do total) entidades, respectivamente. Na sequência, numericamente, a região Nordeste concentra a maior quantidade de OSs (253 ou 22,71% do total), sendo que o segundo maior número de OSCIPs está localizado na região Sul (1.251 ou 17,75% do total). São Paulo é o estado com maior concentração: 216 OSs (19,39% do total) e 2.178 OSCIPs (30,91% do total).

Em termos numéricos, a quantidade de Oscips em atividade no Brasil é quase sete vezes maior que a de OSs.[42] Sendo mapeadas, em 2020, em: 1.114 OSs e 7.046 Oscips. Entre os anos de 2010 e 2018, o total de dinheiro empenhado pelo governo federal em ações executadas pelas OSs foi de R$ 694.288,00, sendo efetivamente pagos R$ 528.880,00; com relação às OSCIPs, verifica-se um número bem maior: R$ 6.788.470.212,00 empenhados e R$ 4.029.711.408,00 pagos.

Quanto à **abrangência do fomento**, enquanto a OS recebe não apenas recursos orçamentários, mas também cessão de servidores e permissão de uso de bem público, por isso se diz

---

[41] IPEA. *Relatório OSCIP e OS*. Brasília: IPEA, 2020. p. 9. Disponível em: https://mapaosc.ipea.gov.br/arquivos/posts/7883-relatorioososcipfinal.pdf. Acesso em: 4 set. 2023.

[42] IPEA. *Relatório OSCIP e OS*. Brasília: IPEA, 2020. p. 14. Disponível em: https://mapaosc.ipea.gov.br/arquivos/posts/7883-relatorioososcipfinal.pdf. Acesso em: 4 set. 2023.

que ela acaba *absorvendo* serviços públicos do Estado; a Oscip, por sua vez, é uma entidade do Terceiro Setor que recebe fomento, que envolve bens e recursos públicos, mas não servidores ou mesmo a infraestrutura do Poder Público.

Ademais, a OS, pela ADI 1923, pode contratar diretamente com o Poder Público para prestar serviços aderentes ao seu contrato de gestão, hipótese que não é admitida para o caso da Oscip. A OSC também pode receber recursos, hipóteses em que deve celebrar seja um **termo de colaboração** ou um **termo de fomento**, sendo, ainda, possível uma parceria social pelo MROSC que não envolva transferência de recursos públicos, daí há a celebração do **acordo de cooperação**.

Advirta-se que o regime jurídico da OSC, por meio do MROSC, surgiu num outro contexto, como reação aos escândalos decorrentes das CPIs das ONGs no Brasil, daí sua preocupação em controlar o uso dos recursos públicos e também em criar um processo de seleção das entidades aptas a receber recursos públicos por meio do **chamamento público**.

O MROSC ou Lei de Parcerias (Lei nº 13.019/2014) não se ocupou exatamente de "qualificar" uma instituição, dando-lhe um "selo" ou *status* especial, mas, sobretudo, procurou criar critérios para seleção objetiva daquelas OSCs que pudessem melhor desempenhar as tarefas em auxílio às políticas públicas, especificando parâmetros mais rigorosos para controlar as responsabilidades e os deveres assumidos pelas entidades e também pelo Poder Público. Conforme visto, um ano após a edição do marco, houve flexibilizações feitas às hipóteses de chamamento público, produto das alterações processadas pela Lei nº 13.204/2015.

Foram instrumentos previstos para as OSCs estabelecerem suas parcerias com a Administração Pública: o **termo de colaboração** e o **termo de fomento**, sendo ambos para o caso de repasse de recursos públicos. Conforme visto, o termo de colaboração advém de plano de trabalho proposto pela Administração Pública, ao passo que o termo de fomento é originado de plano de trabalho proposto pela OSC, e, se não houver repasse de recursos públicos, pode haver, ainda, um **acordo de cooperação**.

Quanto às exigências de composição e estruturação dos **órgãos das entidades**, temos que: (1) para a OS, exige-se um Conselho de Administração com participação de representantes do Poder Público e de membros da comunidade e uma Diretoria; (2) para a Oscip, por sua vez, um Conselho Fiscal ou órgão equivalente, sendo possível até que haja servidores na composição do Conselho de Administração ou na Diretoria; e, por fim, no caso da (3) OSC, não há exigências de representantes do Poder Público em seus órgãos diretivos.

Como proibição, no caso da Oscip, deve ter constituição em, no mínimo, três anos da entidade, que deve atuar em uma das áreas listadas no art. 3º da lei, sendo **vedado** que sejam: sociedades comerciais, sindicatos, associações de classe ou representação de categoria profissional, instituições religiosas ou congêneres, organizações partidárias e assemelhadas, entidades de benefício mútuo, entidades ou empresas que comercializem planos de saúde, instituições hospitalares privadas não gratuitas e suas mantenedoras, escolas privadas não gratuitas e suas mantenedoras, OSs, cooperativas, fundações públicas, fundações, sociedades civis e associações de direito privado criadas por órgão público ou por fundações públicas, e organizações creditícias que tenham vínculo com o Sistema Financeiro Nacional.

Já as OSCs que celebrem parceria com a União devem ter, no mínimo, três anos de existência, conforme teor do art. 33, V, *a*, da Lei nº 13.019/2014, sendo possível que tenham dois anos de existência, no caso de parcerias com o Estado, e um ano de existência, para o caso das municipalidades, conforme alteração de 2015 na Lei de Parcerias.

Não se admite a celebração de parceria com OSC, de acordo com o art. 3º da Lei nº 13.019/2013 (MROSC), para transferências de recursos homologadas pelo Congresso Nacional ou autorizadas pelo Senado Federal em disposições específicas de tratados, acordos e convenções internacionais que conflitarem com essa lei; contratos de gestão celebrados com OS; convênios de contratos com entidades filantrópicas e sem fins lucrativos que atuem de forma complementar ao SUS; termos de compromisso cultural previstos na Lei nº 13.018/2014 (Cultura Viva); termos de parceria celebrados com Oscips; e transferências com base na Lei nº 10.845/2004 e pagamentos realizados como anuidades, contribuições e taxas associativas de organismos internacionais ou entidades de membros de Poder, membros do Ministério Público, dirigentes de órgão ou de entidade da Administração Pública, pessoas jurídicas de direito público interno, pessoas jurídicas integrantes da Administração Pública e parcerias com serviços sociais autônomos.

Um ponto comum é que são todas entidades de direito privado sem fins lucrativos, sendo então desnecessário que haja licitação para que elas adquiram produtos ou contratem serviços de terceiros; apenas se exige, quando há repasse de recursos públicos, que observem princípios, façam cotações e não desperdicem recursos públicos em compras com valores acima do mercado, ainda que não haja necessidade do procedimento formal da licitação.

DIFERENÇAS ENTRE OS, OSCIP E OSC

	OS	OSCIP	OSC
Disciplina jurídica	Lei nº 9.637/98.	Lei nº 9.790/99.	Lei nº 13.019/2014, com alterações da Lei nº 13.204/2015.
Instrumento	Contrato de gestão.	**Termo de parceria**, precedido de consulta aos Conselhos de Políticas Públicas das áreas correspondentes de atuação.	Com recursos públicos: – **termo de colaboração** (plano de trabalho proposto pela AP); e – **termo de fomento** (plano de trabalho proposto pela OSC). Sem recursos públicos: **acordo de cooperação**.
Qualificação	Título jurídico outorgado de forma **discricionária**.	Título jurídico outorgado de forma **vinculada**, sendo exigidos pelo menos 3 anos de constituição.	Não exige ato de qualificação específico para participar dos chamamentos e firmar parceria. Para firmar parceria com a União, exigem-se 3 anos, no mínimo, de existência da OSC; para os Estados, 2 anos; e para os Municípios, 1 ano.
Seleção	**Ministério Supervisor**, com discricionariedade, conforme os princípios e com objetividade, sendo hipótese de credenciamento (ADI 1923).	O ato de outorga da qualificação é feito pelo **Ministério da Justiça**, desde que: em funcionamento em 3 anos, objetivo social compatível e requisitos do art. 4º da lei.	Chamamento público: com hipóteses de dispensa e inexigibilidade.
Área de atuação	– Ensino; – Pesquisa científica; – Desenvolvimento tecnológico; – Meio ambiente; e – Cultura.	Basta atuar em uma das atividades listadas no art. 3º da lei.	Variadas áreas de atuação, havendo mais de 800 mil OSCs no Brasil, nas mais diversas áreas, sendo recomendável que colaborem com as políticas públicas.

	OS	OSCIP	OSC
Abrangência do fomento	– Recursos orçamentários; – Permissão de uso de bens públicos; – Cessão de servidores; e – Contratação direta pelo Poder Público para prestação de serviços nas atividades contempladas no contrato de gestão (ADI 1923).	Recursos e bens públicos no geral, sem uma especificação mais pormenorizada.	Recursos públicos recebidos quando há o termo de colaboração ou o termo de fomento; porém, pode haver parceria sem recursos públicos, na hipótese de se firmar o acordo de cooperação.
Órgãos exigidos	– Conselho de Administração com representantes do Poder Público e membros da comunidade; e – Diretoria.	Conselho Fiscal ou órgão equivalente. Obs.: É possível a participação de servidores na composição de conselho ou diretoria.	Não há a exigência de representantes do Poder Público em seus órgãos diretivos.
Vedações (nenhuma pode ter fins lucrativos)	O modelo de OS possui amplitude muito grande, admitindo que fundações e/ou associações sejam qualificadas em ato discricionário de Ministro de órgão supervisor.	Diversas: sociedades comerciais, sindicatos, associações de classe ou representação de categoria profissional, instituições religiosas ou congêneres, organizações partidárias e assemelhadas, entidades de benefício mútuo, entidades ou empresas que comercializem planos de saúde, instituições hospitalares privadas não gratuitas e suas mantenedoras, escolas privadas não gratuitas e suas mantenedoras, OSs, cooperativas, fundações públicas, fundações, sociedades civis e associações de direito privado criadas por órgão público ou por fundações públicas e organizações creditícias que tenham vínculo com o SFN.	Hipóteses do art. 3º da lei, como: – contrato de gestão com OS; e – termos de parceria com Oscip. São também hipóteses de políticas específicas: – parcerias com serviços sociais autônomos; – convênios e contratos com filantrópicas sem fins lucrativos que participam de forma complementar ao SUS; e – compromisso cultural conforme Lei nº 13.018 (Cultura Viva).
Exigência de licitação para contratar terceiros	Não	Não	Não

12
Servidores públicos

12.1 Considerações introdutórias

Até a Constituição de 1988, era comum a alusão ao termo *funcionário público* para designar a pessoa que desempenha atribuições na Administração Pública. Funcionário público é, *grosso modo*, aquele que exerce função pública. Atualmente, tendo em vista a sistemática constitucional, é mais comum o emprego do termo *servidor público*, em vez de funcionário público. Contudo, adverte José dos Santos Carvalho Filho[1] que funcionário público tinha um sentido mais restrito do que o atual significado de servidor público, pois esta última expressão engloba não só os funcionários estatutários, mas também os celetistas, por exemplo.

Também se fala em **agente público**, em sentido mais abrangente, que compreende todas as pessoas que desenvolvem, mesmo que temporariamente, a qualquer título, funções, atividades ou prestam serviços à Administração Pública. Na realidade, conforme será visto, agente público é gênero do qual servidor público é uma espécie, sendo que a Constituição Federal já não mais se utiliza da expressão *funcionário público*.

O agente público é considerado *longa manus* estatal, quer dizer, uma extensão do Estado ou aquele que executa as determinações administrativas. Como o Estado é um ente abstrato, o desempenho das funções públicas é feito por meio dos agentes públicos, aos quais se **imputa** a vontade estatal, de acordo com a **teoria do órgão**, desenvolvida originariamente por Otto Gierke. Esta vontade há de ser sempre a vontade **objetiva da lei** e não a subjetiva do agente, sob pena de, na ausência de coincidência entre as duas vontades, configurar-se o desvio de finalidade.

Conforme visto, não é o fato de o funcionário ter uma irregularidade na investidura que necessariamente fulmina de nulidade os atos por ele praticados. Tal constatação deriva da aplicação da teoria do funcionário de fato, uma vez que o administrado não pode ser prejudicado por negligência interna da Administração em respeito à boa-fé, à segurança e à teoria da aparência. Todavia, mesmo diante desta irregularidade, o funcionário de fato que desenvolveu atribuições públicas tem direito à percepção de remuneração, sob pena de o Estado enriquecer-se (locupletar-se) ilicitamente do trabalho por ele desenvolvido.

12.2 Breves linhas histórico-evolutivas acerca do "funcionalismo"

Onde quer que tenha havido algum tipo de governo organizado, este se viu diante da necessidade de arregimentar funcionários públicos para o desenvolvimento das atividades estatais.

---

[1] CARVALHO FILHO, José dos Santos. *Manual de direito administrativo*. 20. ed. Rio de Janeiro: Lumen Juris, 2008. p. 558.

Em Atenas, por exemplo, no auge da democracia, cerca de 500 anos antes de Cristo, os cargos públicos eram acessíveis aos cidadãos, via de regra, mediante *sorteio*.

Como os gregos conferiam elevado valor à noção de isonomia, o **sorteio** foi considerado a forma mais justa de distribuição de encargos estatais, uma vez que assim todos os cidadãos seriam, de fato, tratados igualmente.[2] Houve também na Grécia Antiga a preocupação em remunerar aqueles que desempenhassem cargos públicos sorteados, para que os menos abastados pudessem suportar os ônus decorrentes das atribuições recebidas.

Em determinados períodos da Idade Média, a maior parte dos mais importantes postos dos reinos era **vendida** como se fosse propriedade privada.[3] Para ilustrar como essa prática (que nos tempos atuais causa estranheza) pode ser encontrada em diversos períodos da história, basta lembrar que Montesquieu,[4] que na verdade se chamava Charles Louis de Secondat, herdou do tio paterno, com o título de Barão (de Montesquieu), o cargo público de Presidente do Parlamento de Bordeaux, o que lhe permitiu atuar em questões administrativas e judiciais, tendo ele vendido posteriormente o cargo herdado.

Com o advento do Absolutismo, iniciou-se a definição dos princípios da função pública, muito embora se observe[5] que os deveres de fidelidade entre vassalo e senhor feudal podem ser identificados como fontes históricas inspiradoras de diversos deveres funcionais presentes nas legislações estatutárias modernas.

Foi apenas com o surgimento do Estado de Direito, derivado das Revoluções Burguesas, que se consolidou a noção de **igualdade na distribuição dos encargos públicos**; todavia, ela não representa a mesma isonomia encontrada em Atenas no auge da democracia, onde diversos cargos eram conferidos aos cidadãos indiscriminadamente por sorteio, mas se trata da igualdade de acesso a todos que demonstrem vontade e capacidade para o bom desempenho das atribuições públicas.

A noção, inspirada na igualdade de todos perante a lei, é encontrada no art. 6º da Declaração de Direitos do Homem e do Cidadão (1789), segundo a qual: "a lei é a expressão da vontade geral [...] todos os cidadãos são iguais a seus olhos e *igualmente admissíveis* a todas as dignidades, lugares e empregos públicos, *segundo a sua capacidade* e *sem outra distinção* que não seja a das suas virtudes e dos seus talentos".

A partir do século XIX, consolidou-se o **modelo napoleônico** de desempenho de funções públicas. Esse modelo, que recentemente é alvo de inúmeras críticas, caracteriza-se por estruturar a Administração em forma piramidal e hierarquizada, de modo que todas as atividades públicas sejam subordinadas aos comandos do superior localizado no ápice da estrutura. Ressalte-se que a investidura em cargos por concurso público também foi implantada na França ao tempo de Napoleão, tendo sido objeto de inúmeras resistências.[6]

---

[2] Ressalte-se, todavia, que apenas parcela minoritária da sociedade era formada por cidadãos.

[3] A concepção do cargo como propriedade era própria da burocracia prebendária (Weber). Ao longo de boa parte do século XIX, os ofícios não eram considerados nem cargos, nem empregos. Segundo expõe José Reinaldo de Lima Lopes, transformá-los em cargos ou empregos públicos foi tarefa do século XIX, "tarefa que, no caso brasileiro, só se consolidou depois da Revolução de 1930". Cf. Do ofício ao cargo público – a difícil transformação da burocracia prebendária em burocracia constitucional. *Almanack Brasiliense*, v. 3, p. 30-35, 2012.

[4] MONTESQUIEU. São Paulo: Nova Cultural, 1990. p. 412. (Os Pensadores)

[5] MAFRA FILHO, Francisco. *O servidor público e a reforma administrativa*. Rio de Janeiro: Forense, 2008. p. 6.

[6] Cf. CRETELLA Jr., José. *Dicionário de direito administrativo*. Rio de Janeiro: Forense, 1980. p. 144.

Após a Revolução Industrial, a organização administrativa ganhou contornos de maior racionalidade, conforme observação de Max Weber. O **modelo weberiano de burocracia** resultou de uma reação contra o nepotismo, a dominação pessoal e o julgamento subjetivo que dominavam as práticas administrativas nos primeiros tempos da Revolução Industrial.

O funcionalismo, a partir do desenvolvimento do capitalismo moderno, passou a ser desenhado com as seguintes características, que foram mantidas ao longo do século XX:

- racionalidade e divisão do trabalho;
- impessoalidade das relações;
- distribuição de atividades por repartição de competências;
- poder disciplinar;
- meritocracia;
- especialização; e
- profissionalização.[7]

12.3 Profissionalização do funcionalismo no Brasil

As iniciativas de profissionalização do funcionalismo no Brasil ocorreram a partir do século XX, notadamente em **três períodos** históricos:

1. a partir da **década de 30**, com a criação do DASP em 1938 por Getúlio Vargas;
2. no final da **década de 60**, com o Decreto-lei nº 200/67; e
3. a partir de meados da **década de 90**, culminando na Emenda nº 19/98.

Da Proclamação da República até a **década de 30**, o Brasil era essencialmente rural, predominando no cenário nacional relações oligárquicas no Poder Público. O poder era distribuído entre as pessoas que ficavam próximas do coronel, em uma promíscua relação baseada na "troca de favores", em que os governadores, que frequentemente disputavam a Presidência, disponibilizavam cargos públicos, parcela do erário e o controle da polícia em benefício de proprietários de terras que tinham influência sobre os trabalhadores rurais. Estes foram transformados em eleitores com a ampliação do sufrágio ocorrida com a Constituição de 1891.

Os coronéis controlavam os votos dos seus "rebanhos eleitorais", direcionando o resultado das eleições ao compromisso pactuado com os governadores. Para tanto, utilizavam-se do chamado voto de cabresto, no qual eram responsáveis pelo deslocamento dos trabalhadores do campo para o interior das paróquias (igrejas) em que se realizavam as votações. Eles pagavam as despesas eleitorais com documentação, refeição e transporte da população rural eleitora, fazendo uso de jagunços, isto é, de caboclos dedicados ao ofício das armas, que viviam à sombra de sua autoridade, e de cabos eleitorais que vigiavam as votações, pois o voto antes de 1932 não era secreto.[8]

---

[7] WEBER, Max. *Economia e sociedade*. Tradução de Regis Barbosa e Karen Elsabe Barbosa. Brasília: Universidade de Brasília, 1999. p. 198.

[8] LEAL, Victor Nunes. *Coronelismo, enxada e voto*: o município e o regime representativo no Brasil. São Paulo: Alfa-Ômega, 1975. p. 257.

O coronelismo[9] tinha por pressuposto um compromisso de fortalecimento do poder privado, isto é, do poder dos coronéis, que entrava em decadência com a generalização do direito de sufrágio. Ressalte-se que no período imperial havia o voto censitário, no qual o poder privado não precisava mobilizar tantas estratégias para ocupar o espaço público.

Houve na República Velha (1889-1930) a predominância da desorganização dos serviços públicos locais e a ausência de autonomia municipal colaborava para a proliferação de relações coronelísticas com integrantes do governo, interessados em se perpetuar no poder, sendo que o Estado ainda não tinha papel de promotor de direitos sociais, pois estes só foram incorporados ao ordenamento jurídico brasileiro a partir da Constituição de 1934.

Em 1938 cria Getúlio Vargas o Departamento Administrativo do Serviço Público (Dasp), que foi responsável pela profissionalização da carreira do servidor público, constituindo um grande avanço, pois os cargos passaram a ser escolhidos de acordo com critérios técnicos e não mais por indicações políticas.

O grupo que constituía o Dasp na sua fase inicial era integrado por expoentes intelectuais como Roberto Campos e Celso Furtado, que eram "militantes da administração",[10] isto é, pessoas que acreditavam que a Ciência da Administração tinha potencial de transformação e desenvolvimento do País, que passava por um acentuado processo de industrialização e consequente urbanização.

O Dasp promoveu uma revolução racionalizadora na burocracia governamental, procurando substituir o nepotismo e o clientelismo predominantes pela implantação de carreiras e de cargos em um sistema de mérito, treinamento e formação técnica dos funcionários com intenção de munir o Estado de um corpo de profissionais altamente qualificados.

Critica-se, no entanto, esse primeiro e memorável esforço de profissionalização do funcionalismo nos seguintes pontos:

- forte dose de corporativismo, derivado da *Carta del Lavoro* fascista, da qual se extrai visão predominantemente estadocêntrica;
- amparo em teorias administrativas clássica e científica (Taylor e Fayol), de inspiração norte-americana, que tomavam como pressuposto uma unidade de comando; e
- separação acentuada entre as atividades de planejamento e de execução no funcionalismo.

As transformações foram relativamente exitosas, haja vista a superação enfrentada, mas não foram capazes de extinguir manifestações clientelistas e patrimonialistas das práticas administrativas. No entanto, a partir da **década de 60** surgiram novos ímpetos reformadores que acompanharam o crescimento da infraestrutura e da burocracia estatal.

---

[9] Cf. NOHARA, Irene Patrícia; SILVA, Marcos Oliveira Marques da. Coronelismo, enxada e voto: da imprescindibilidade da análise de Victor Nunes Leal para a compreensão das raízes de manifestação do poder privado no âmbito das Administrações Públicas Municipais da República Velha. *Revista Eletrônica Thesis*. Disponível em: <http://www.cantareira.br/thesis/coronelismo-enxada-e-voto-da-imprescindibilidade-da-analise-de-victor-nunes--leal-para-a-compreensao-das-raizes-da-manifestacao-do-poder-privado-no-ambito-das-administracoes--municipais-da-republica-v/>. Acesso em: 21 jul. 2010.

[10] KEINERT, Tania Margarete Mezzomo. *Administração Pública no Brasil*: crises e mudanças de paradigmas. 2. ed. São Paulo: Annablume, 2007. p. 185.

Era o tempo do regime militar e os dirigentes do País incumbiram o então Ministro do Planejamento Hélio Beltrão[11] de auxiliar na implementação da Reforma Administrativa de 1967. Beltrão tentou em vão reverter o processo de expansão descontrolada do Executivo Federal por meio do estabelecimento de princípios descentralizadores, mas estes não encontraram eco no autoritarismo centralizador, intensamente praticado pelos militares.

O Decreto-lei nº 200/67 foi responsável pela descentralização situada essencialmente no âmbito da Administração Indireta, muito embora tenha sido também um subterfúgio utilizado para a estruturação de formas organizacionais em regime jurídico privado que provocavam uma diminuição do controle social sobre o aparato da burocracia.

Por fim, a derradeira tentativa de profissionalização do funcionalismo se deu no final da **década de 90**, com as alterações promovidas pelo Ministério da Administração Federal e Reforma do Estado (Mare), e levadas à frente pelo então Ministro Bresser Pereira. O eixo da reforma, que culminou na edição da Emenda Constitucional nº 19/98 girou em torno do programa de ajuste fiscal "sugerido" à América Latina pelo Banco Mundial e pelo Banco Interamericano de Desenvolvimento, sendo parte do receituário implementado: medidas privatizantes, desreguladoras e "desburocratizantes".

Do ponto de vista do funcionalismo, são exemplos de alterações ocorridas, que serão desdobradas de forma mais pormenorizada nos itens que se seguem:

- inserção da eficiência entre o rol dos princípios constitucionais, exigindo-se dos servidores maior rendimento no desempenho de suas atribuições;
- flexibilização da estabilidade, com a inserção de duas outras possibilidades de perda do cargo de provimento efetivo em virtude de concurso público, além das reconhecidas por sentença judicial transitada em julgado e processo administrativo, quais sejam: (1) por rendimento, após apuração por procedimento de avaliação periódica de desempenho, na forma da lei complementar, assegurada ampla defesa – art. 41, III; e (2) em virtude de as despesas com o pessoal terem excedido os limites fixados em lei complementar, cf. art. 169, § 4º; e
- ampliação do regime celetista à Administração autárquica e fundacional, com a tentativa de findar com o regime jurídico único e planos de carreira para servidores da Administração Pública Direta, das autarquias e das fundações públicas, sendo que o regime foi restaurado com efeitos *ex nunc* por medida cautelar deferida pelo STF na ADI 2.135-4 (*DJU* 14.8.2007), mas em 6 de novembro de 2024, o Plenário do STF extinguiu definitivamente o regime jurídico único, liberando às Administrações Públicas a contratação em regime celetista, sem estabilidade, portanto.

Dá-se destaque, mais recente, à decisão do Plenário do Supremo Tribunal Federal na ADI 2.135, em que a maioria dos Ministros 'pegou todos de surpresa' ao afastar medida que, em 2007, suspendia dispositivo do art. 39, pela Reforma Administrativa promovida pela Emenda Constitucional nº 19/98, resultando, *ex nunc*, a partir da decisão de 6 de novembro de 2024, na **extinção do Regime Jurídico Único** (RJU) para a Administração Pública direta, autárquica e fundacional dos entes federativos, liberando, a partir de então, a contratação via regime celetista para toda a Administração Pública.

---

[11] Segundo expuseram Pedro César Lima e Francisco Gaetani no painel sobre Reforma do Estado e Administração Pública em Congresso ocorrido em outubro de 2002, em Lisboa, Beltrão teve uma segunda tentativa de reforma na abertura política do governo Figueiredo. Mas as medidas engendradas acabaram não sendo institucionalizadas, pois a transição democrática eclipsou o caráter inovador das propostas. Malgrado o tom propagandista das afirmações dos expositores, a retrospectiva histórica é muito rica.

A discussão gravitava em torno das irregularidades ocorridas no processo legislativo de aprovação da emenda, matéria que tinha sido rejeitada em votação e foi remanejada de forma ardilosa[12] e submetida a nova votação, sendo que os Ministros Luiz Fux, Edson Fachin e Carmen Lucia reconheceram a inconstitucionalidade, diante do vício no processo legislativo, que não observou o rito constitucional estabelecido para aprovação de Emendas à Constituição, mas os demais Ministros formaram maioria para extinguir, surpreendentemente, o RJU (regime jurídico único).

> **REFLEXÃO COMPLEMENTAR: estigmatização/caricaturização do funcionalismo: análise do discurso da Reforma do Estado**
>
> A Reforma do Estado do final da década de 90 foi um reflexo do programa de ajuste fiscal derivado de exigências dos Bancos Mundial e Interamericano de Desenvolvimento, no sentido de dar respostas desburocratizantes à iminente crise que ameaçava diversas economias com a globalização.
>
> Para legitimar a pretensão de tornar o Estado mais "barato" e "eficiente", garantindo respostas ágeis à situação de interdependência mundial, o Ministério da Reforma do Estado produziu um discurso que incentivou o fortalecimento da imagem do servidor público como sócio privilegiado de um sistema de benefícios fáceis, sustentado pela pesada carga tributária que recai sobre trabalhadores e empresários.
>
> Trata-se de requentar o arquétipo social do "paletó na cadeira", que pretende gerar descrédito ao funcionalismo a partir de sua caricaturização. O funcionário público foi associado àquele que trabalha pouco, ganha muito e ainda não pode ser demitido, o que gera estigma.
>
> Não havia, em contrapartida, uma campanha de conscientização do importante papel desempenhado pelos servidores públicos à realização dos direitos sociais, nem mesmo o esclarecimento de que os serviços públicos, pelo fato do respeito aos princípios da **generalidade** e da **continuidade**, tendo em vista o suprimento de importantes necessidades coletivas, não são tão amoldáveis à mesma racionalidade que permeia as empresas, que, para lucrarem, devem implantar modelos de gestão mais flexíveis em face de instabilidades próprias do mercado.
>
> Que existe a necessidade, em muitos setores da Administração Pública, de permanente incentivo, realizado por treinamento e profissionalização dos servidores públicos, sendo que muitos deles poderiam trabalhar com mais afinco e dedicação, não se pode negar. Mas tentar destruir a imagem pública dos servidores como um todo por meio da construção de uma caricatura tendenciosa é cometer grave injustiça com inúmeros servidores conscientes, dedicados e qualificados que existem.
>
> Ademais, não é tão verdadeiro o fato de o funcionalismo no Brasil ser demasiadamente inchado. Basta verificar dados estatísticos levantados pelo Ipea (2009), que demonstram que, ao contrário do que se imagina, o número de servidores públicos no Brasil não é tão alto se comparado com outros países.
>
> Segundo se constatou, o Brasil tem proporcionalmente menos servidores no total de trabalhadores ocupados do que todos os parceiros do Mercosul – Argentina, Uruguai e Paraguai –, assim como em relação à França, à Espanha, à Alemanha, à Austrália, à Dinamarca, à Finlândia e à Suécia.
>
> Em 2015, a OCDE produziu estudo em que se aponta uma média, entre países desenvolvidos, de 21 servidores públicos para cada 100 trabalhadores, sendo que o Brasil ficou com uma média de 12%, isto é, muito abaixo de países como: Noruega 35%, Reino Unido 23%, Canadá 20%, Suíça 18%, Espanha 17% e Portugal 16%.[13]

---

[12] Para saber dos bastidores e das articulações que resultaram nesse polêmico julgamento, ver: SANTOS, Luiz Alberto dos. Julgamento da ADI 2.135 e fim do regime jurídico único: o STF errou. Disponível em: https://www.conjur.com.br/2024-nov-08/julgamento-da-adi-2-135-e-fim-do-regime-juridico-unico-o-stf-errou/. Acesso em 9 nov. 2024.

[13] Para verificar vídeo com os dados, acesse: NOHARA, Irene Patrícia. Você acha que o Brasil é inchado de servidores e cheio de privilégios?, no YOUTUBE: Disponível em: <https://www.youtube.com/watch?v=Gfx2oTaZ9Ac>.

12.4 Cargos, empregos e funções

Para a doutrina majoritária,[14] os servidores públicos ocupam cargos, empregos ou desempenham funções. O servidor ocupante de cargo público é regido pelo estatuto dos funcionários públicos, que, no âmbito federal, está contido na Lei nº 8.112/90, por isso é chamado de servidor estatutário.

Cargo, conforme definição do art. 3º da mencionada lei, é o conjunto de atribuições e responsabilidades previstas na estrutura organizacional que devem ser cometidas a um servidor.

Os cargos públicos são criados por lei, com denominação própria e vencimento pago pelos cofres públicos, sendo seu provimento:

- em **caráter efetivo**; ou
- em **comissão**.

O provimento em caráter efetivo em virtude de concurso público confere aos servidores nomeados, após três anos[15] de efetivo exercício, estabilidade, conforme redação do *caput* do art. 41 da Constituição Federal, com a redação da Emenda Constitucional nº 19/98. Já os cargos em comissão[16] são de livre provimento e exoneração, o que significa que seus ocupantes não têm estabilidade e podem ser afastados (*ad nutum*) por conveniência[17] da autoridade nomeante.

Quanto à controvérsia sobre os requisitos constitucionais de criação de cargo em comissão, existe o Tema 1010 do STF, que advém do RE 1041210, Min. Dias Toffoli, aprovado em 28 de novembro de 2018, segundo o qual:

a) A criação de cargos em comissão somente se justifica para o exercício de funções de direção, chefia e assessoramento, não se prestando ao desempenho de atividades burocráticas, técnicas ou operacionais;

b) tal criação deve pressupor a necessária relação de confiança entre a autoridade nomeante e o servidor nomeado;

c) o número de cargos comissionados criados deve guardar proporcionalidade com a necessidade que eles visam suprir e com o número de servidores ocupantes de cargos efetivos no ente federativo que os criar; e

d) as atribuições dos cargos em comissão devem estar descritas, de forma clara e objetiva, na própria lei que os instituir.

---

[14] Como DI PIETRO, Maria Sylvia Zanella. *Direito administrativo*. São Paulo: Atlas, 2010. p. 511. BANDEIRA DE MELLO, Celso Antônio. *Curso de direito administrativo*. São Paulo: Malheiros, 2008. p. 245.

[15] Antes da Emenda Constitucional nº 19/98, era de dois anos.

[16] Note-se que a Lei nº 14.204/2021, aplicável à Administração federal direta, autárquica e fundacional, determina que **são critérios gerais para a ocupação de cargos em comissão e de funções de confiança** na Administração Pública federal direta, autárquica e fundacional: I – idoneidade moral e reputação ilibada; II – perfil profissional ou formação acadêmica compatível com o cargo ou com a função para a qual tenha sido indicado; e III – não enquadramento nas hipóteses de inelegibilidade previstas no inciso I do *caput* do art. 1º da Lei Complementar nº 64, de 18 de maio de 1990.

[17] É ato de alto grau de discricionariedade a exoneração do servidor comissionado, porém, uma vez que se motiva o ato, ele passa a ter a validade vinculada à veracidade dos motivos apresentados, conforme visto no item Teoria dos motivos determinantes, no capítulo dos Atos administrativos.

Emprego público é a designação dada para atribuições pautadas em vínculo contratual, sendo regido pela Consolidação das Leis do Trabalho (CLT).[18] A adoção do regime jurídico privado no âmbito trabalhista, isto é, do regime celetista, é obrigatória para as empresas públicas, as sociedades de economia mista e suas subsidiárias que explorem atividade econômica, conforme se extrai do disposto no art. 173, § 1º, II, da Constituição Federal.

A Emenda Constitucional nº 19/98 tentou disseminar a contratação por emprego público também na Administração Direta, autárquica e fundacional, tendo sido esta matéria, no âmbito federal, regulamentada pela Lei nº 9.962/2000. Contudo, houve a restauração, com efeitos *ex nunc*, da redação original do *caput* do art. 39 na ADIMC 2135-4/DF,[19] de 2.8.2007, do regime jurídico único, sendo vedada doravante a contratação em regime diferenciado na Administração Pública Direta, autárquica e fundacional.

Daí para frente as admissões foram feitas com base unicamente em um regime jurídico.[20] Note-se que, conforme será visto, a Justiça do Trabalho tem Súmula (390, do TST, de 2005) que reconhece que celetista da Administração Direta, autárquica e fundacional seja beneficiário de estabilidade, negando a mesma prerrogativa aos trabalhadores das empresas públicas e sociedades de economia mista, contudo, será visto como se comportará o TST diante da decisão final, que extinguiu o regime jurídico único.

Contudo, o próprio TST, na sua primeira turma, negou, em 2015, estabilidade para médica celetista contratada por concurso público em Prefeitura (Administração Direta), alegando que a Súmula nº 390 do TST tem alcance limitado às situações em que os empregados públicos foram nomeados até a data de publicação da Emenda Constitucional nº 19/1998.[21]

Apesar da orientação do TST, dissonante com grande parte da doutrina de Direito Administrativo, entendemos que somente o servidor público estatutário ocupante de *cargo*[22] de provimento efetivo, após três anos de efetivo exercício, deve possuir, de acordo com redação expressa dada ao *caput* do art. 41 da Constituição, a partir da Emenda nº 19/98, garantia constitucional da estabilidade.

Houve um tempo em que o regime celetista também adotava a estabilidade. Este modelo, mesmo empregador, vigorou até 1966, ano em que a Lei nº 5.107 criou o sistema facultativo de opção pelo FGTS no momento da contratação. Note-se que aqueles trabalhadores que à época não optassem pelo FGTS e adquirissem a estabilidade decenal só poderiam ser dispensados por falta grave, apurada em inquérito judicial ou por força maior devidamente comprovada.

Posteriormente, a Constituição de 1988 tornou obrigatória a filiação ao sistema do FGTS, universalizando-o e, consequentemente, extinguindo a estabilidade nas contratações celetistas, exceto em circunstâncias transitórias, quais sejam:

---

[18] José dos Santos Carvalho Filho, seguindo tradição de Hely Lopes Meirelles, não considera empregados de entidade privada da Administração Indireta (sociedade de economia mista, empresa pública ou fundação de direito privado) servidores públicos, "nem em sentido lato". Cf. *Manual de direito administrativo*. Rio de Janeiro: Lumen Juris, 2007. p. 515.

[19] Por alegação de inconstitucionalidade formal por ausência de quórum de 3/5 no concernente à extinção da redação do *caput* do art. 39, referente ao regime jurídico único, da Constituição.

[20] De acordo com a Súmula 97 do STJ: "Compete à justiça do trabalho processar e julgar reclamação de servidor público relativamente a vantagens trabalhistas anteriores à instituição do regime jurídico único".

[21] TST, RR 106500-15.2005.5.02.0332, 1ª Turma, Rel. Walmir Oliveira.

[22] Note-se que cargo não é emprego.

1. no desempenho de cargo de direção ou representação sindical;
2. na eleição do empregado para direção de comissões internas de prevenção de acidentes (Cipas); e
3. na confirmação de gravidez, até cinco meses após o parto, da empregada.

O empregado público, na realidade, sujeita-se a regime jurídico híbrido, ou seja, não integralmente privatístico, pois ao mesmo tempo em que obedece a normas de direito privado, originadas do regime celetista, também se submete a restrições próprias que recaem sobre os entes estatais como, por exemplo:

- a exigência de concurso público para admissão (art. 37, II, da CF);
- a vedação constitucional de acumulação remunerada de empregos (art. 37, XVII, da CF); e
- a equiparação aos servidores estatutários para fins criminais (art. 327 do CP) e de improbidade administrativa (art. 37, § 4º, da CF, e art. 1º, § 5º, da Lei nº 8.429/92, com a redação da Lei nº 14.230/2021).

Quanto aos advogados que atuam nas empresas estatais, é de se ressaltar a ADI 3396, ajuizada pelo Conselho Federal da Ordem dos Advogados do Brasil, e julgada em 22.6.2022, em que o Supremo Tribunal Federal julgou parcialmente procedente, com interpretação conforme o art. 4º da Lei nº 9.527/1997, para excluir do alcance advogados empregados públicos de estatal e subsidiária não monopolísticas. Assim, os advogados de estatais que atuam sem o regime monopolístico e que não recebam recursos do Estado para pagamento e custeio de pessoal não estão sujeitos ao teto remuneratório do serviço (que incluir remuneração mais vantagens e honorários) previsto no art. 37, XI, da Constituição.

O art. 114, I, da Constituição, determina competir à Justiça do Trabalho processar e julgar ações de relação de trabalho, abrangidos os entes de direito público externo e da Administração Pública Direta e Indireta da União, dos Estados, do Distrito Federal e dos Municípios, sendo que o STF, na ADI 3.395-6, suspendeu toda e qualquer interpretação que inclua na competência da Justiça do Trabalho a apreciação de causas que sejam instauradas entre o Poder Público e seus servidores em típica relação de ordem estatutária ou de caráter jurídico-administrativo.

Em 21.10.2020, o Tribunal, por maioria, conheceu da ação direta e julgou parcialmente procedente o pedido formulado, confirmando a decisão liminar concedida e fixando, com aplicação de interpretação conforme à Constituição, sem redução de texto, que o disposto no inciso I do art. 114 da Constituição Federal não abrange causas ajuizadas para discussão de relação jurídico-estatutária entre o Poder Público dos entes da federação e seus servidores.

Assim, são processadas e julgadas na Justiça do Trabalho ações envolvendo servidores públicos com vínculo derivado da CLT, que são também chamados de empregados públicos; já ações envolvendo servidores públicos estatutários são processadas e julgadas na Justiça Federal, se os servidores forem federais,[23] ou na Justiça Estadual, caso as ações envolvam relações com servidores públicos estaduais ou municipais, conforme o teor da Súmula nº 137/STJ: "compete

---

[23] Note-se que a Súmula nº 173 do STJ determina que: "compete à justiça federal processar e julgar o pedido de reintegração em cargo público federal, ainda que o servidor tenha sido dispensado antes da instituição do Regime Jurídico Único".

à justiça comum estadual processar e julgar ação de servidor público municipal, pleiteando direitos relativos ao vínculo estatutário". No entanto, compete à justiça ordinária estadual causas de acidente do trabalho.

A despedida de empregados de empresa pública e de sociedade de economia mista, mesmo admitidos por concurso público, independe de ato motivado para sua validade; contudo, especifica a OJ 247 do TST, inspirada no RE 589.998/PI, com repercussão geral, que: "a validade do ato de despedida do empregado da Empresa Brasileira de Correios e Telégrafos (ECT) está condicionada à motivação, por gozar a empresa do mesmo tratamento destinado à Fazenda Pública em relação à imunidade tributária e à execução por precatório, além das prerrogativas de foro, prazos e custas processuais".[24]

Posteriormente, o acórdão foi submetido a Embargos de Declaração, para restringir os efeitos da decisão à Empresa Brasileira de Correios e Telégrafos, prestadora de serviços públicos, o que reacendeu o debate sobre a extensão da obrigação de motivar a despedida.

Quanto à questão da submissão do empregado público ao teto constitucional (art. 37, XI), observe-se que ela ocorre somente para as chamadas empresas estatais dependentes, que são as que, segundo definição do art. 2º, III, da LC 101/2000 (Lei de Responsabilidade Fiscal), recebam recursos do Estado para pagamento de despesas de pessoal ou de custeio em geral, de acordo com o art. 37, § 9º, da Constituição.

> **TEMA CONTROVERTIDO: (in)constitucionalidade do emprego público em comissão**
>
> Discute-se se é possível que haja também, além do cargo em comissão, a figura jurídica do emprego em comissão, sendo este de livre provimento e exoneração, ou seja, preenchível sem a necessidade de concurso público. A doutrina e a jurisprudência se dividem quanto a esse aspecto.
>
> Os que defendem que **não há emprego em comissão** utilizam-se da interpretação literal do art. 37, II, da Constituição, que determina que: "a investidura em cargo ou emprego público depende de aprovação prévia em concurso público de provas ou de provas e títulos, de acordo com a natureza e a complexidade do cargo ou emprego, na forma prevista em lei, ressalvadas as nomeações para cargo em comissão declarado em lei de livre nomeação e exoneração".
>
> Trata-se do entendimento de algumas decisões dos Tribunais Regionais do Trabalho da décima e da quinta região, segundo as quais, respectivamente: "EBC: Empresa Pública Federal; emprego público em comissão: falta de previsão ou autorização legal para acesso sem concurso público: efeitos" (RO 00683201300210006/DF, TRT 10, Rel. Des. Nery de Oliveira, j. 28.5.2014); e "a Constituição Federal estabelece em seu art. 37, inciso II, que a investidura em cargo ou emprego público deve ser precedida de aprovação e classificação do candidato em concurso, ressalvado somente as nomeações para cargo em comissão declarado em lei de livre provimento e exoneração, não havendo previsão quanto à criação de emprego em comissão, de nomeação e exoneração *ad nutum*. Assim, não há como reconhecer a existência de 'empregos em comissão', sob pena de afronta ao referido art. 37, II, da CF" (TRT 5, RO 0000544432011 5050032-BA, Rel. Nélia Neves, in. DJ 5.2.2013).
>
> Ocorre que existem interpretações no sentido oposto. Os que entendem que **é constitucional o emprego público em comissão** utilizam-se de uma interpretação sistemática da Constituição. Em primeiro lugar, porque a Constituição menciona, sim, a hipótese de emprego em comissão. Isto ocorre, por exemplo, no art. 19, *caput*, do ADCT, que, ao estabilizar aqueles servidores que estavam

---

[24] A questão encontra-se para ser decidida no STF, havendo ainda controvérsias. O TRT da 2ª Região editou tese prevalente nº 25, estabelecendo que a dispensa de empregado de toda e qualquer empresa pública e sociedade de economia mista deve ser motivada.

em exercício por pelo menos cinco anos continuados, enfatizou, no § 2º do mesmo artigo, que: "o disposto neste artigo não se aplica a ocupantes de cargos, funções e empregos de confiança ou em comissão, nem aos que a lei declare de livre exoneração, cujo tempo de serviço não será computado para os fins do *caput* desse artigo, exceto se se tratar de servidor".

Depois, como as estatais se sujeitam ao regime jurídico de direito privado, isto é, ao regime trabalhista, sendo a exigência de concurso uma derrogação, esta derrogação deve ser interpretada restritivamente, sendo razoável supor que, em postos estratégicos, como de direção, chefia e assessoramento, as estatais se utilizem dos empregos em comissão.

Não sendo correto, segundo a corrente que defende a constitucionalidade, entender que a natureza do vínculo (celetista ou estatutário) que determinará a exceção à regra do concurso público, mas sim a natureza das atribuições que são desenvolvidas: se em direção, chefia ou assessoramento, o que demanda, assevere-se, uma interpretação ampliativa do sentido do termo cargo, abarcando também a hipótese de emprego em comissão.

José dos Santos Carvalho Filho, apoiado em texto de Sérgio de Andréa Ferreira,[25] é adepto da corrente que propugna a constitucionalidade e defende que: "embora a Constituição não tenha feito expressa alusão, é lícito afirmar, com suporte em interpretação sistemática, que a inexigibilidade de concurso abrange também os empregos em comissão (ou de confiança) das pessoas administrativas de direito privado – empresas públicas, sociedades de economia mista e fundações públicas de direito privado".[26]

A noção de **função**, por sua vez, é extraída a partir de um conceito residual. Trata-se da unidade de atribuições na Administração que não corresponde nem a cargo nem a emprego público. A Constituição Federal, segundo Maria Sylvia Zanella Di Pietro,[27] explicita duas espécies de funções:

- a **função de confiança**, especificada no art. 37, V, da Constituição Federal, exercida exclusivamente por servidores ocupantes de cargos efetivos, para atribuições de chefia, direção e assessoramento; e
- a função desempenhada por **contratados por tempo determinado** para atender à necessidade temporária de *excepcional interesse público*, que não obedece necessariamente, até pela urgência da contratação, à obrigatoriedade de realização de concurso público, prevista no art. 37, IX, da Constituição Federal e disciplinada na esfera federal pela Lei nº 8.745/93, com alterações das Leis nºs 9.849/99 e 10.667/2003.

Os contratados por tempo determinado são servidores públicos sujeitos a regime especial[28] disciplinado em lei própria, conforme previsão contida no art. 37, IX, da Constituição. Eles se submetem, conforme será visto abaixo, ao Regime Geral da Previdência Social.

---

[25] Empresa estatal – funções de confiança – Constituição Federal – art. 37, II, *RDA* nº 227/413.

[26] CARVALHO FILHO, José dos Santos. *Manual de Direito Administrativo*. São Paulo: Atlas, 2016. p. 666.

[27] DI PIETRO, Maria Sylvia Zanella. *Direito administrativo*. São Paulo: Atlas, 2010. p. 519. Note-se que Celso Antônio Bandeira de Mello não classifica como função a hipótese de contratação temporária para atender a excepcional interesse público, mas apenas a situação da função de confiança. BANDEIRA DE MELLO, Celso Antônio. *Curso de direito administrativo*. São Paulo: Malheiros, 2008. p. 251.

[28] MEIRELLES, Hely Lopes. *Direito administrativo brasileiro*. São Paulo: Malheiros, 2009. p. 418.

No Tema 612, o Supremo Tribunal Federal fixou, a partir do RE 658026, Rel. Min. Dias Toffoli, de 11.4.2014, que, nos termos do art. 37, IX, da Constituição Federal, para que se considere válida a contratação temporária de servidores públicos, é preciso que:

a) os casos excepcionais estejam previstos em lei;
b) o prazo de contratação seja predeterminado;
c) a necessidade seja temporária;
d) o interesse público seja excepcional; e
e) a contratação seja indispensável, sendo vedada para os serviços ordinários permanentes do Estado que estejam sob o espectro das contingências normais da Administração.

A Lei nº 8.745/93 determina quais são as hipóteses que se enquadram na necessidade temporária de excepcional interesse público no âmbito da Administração Federal, suas autarquias e fundações, e que permitem a contratação para função por tempo determinado, observados os prazos legais máximos e os casos de prorrogação do contrato, como: a assistência a situações de calamidade pública, assistências e emergências em saúde pública, a realização de recenseamentos e outras pesquisas de natureza estatística, a admissão de professor substituto e professor visitante, a admissão de professor e pesquisador visitante estrangeiro, o desempenho de atividades especiais nas Forças Armadas, e finalísticas do Hospital das Forças Armadas, de atividades de identificação e demarcação territorial e demais atividades descritas no art. 2º da lei.

Apesar de a lei estabelecer que as contratações nestes casos serão feitas sem concurso, ela prevê, via de regra, procedimento menos complexo para a seleção do pessoal. Portanto, dispõe o art. 3º que o recrutamento do pessoal a ser contratado será feito mediante *processo seletivo simplificado* sujeito à ampla divulgação, inclusive por meio do *Diário Oficial da União*, à exceção da contratação para atender às necessidades decorrentes de calamidade pública, de emergência ambiental ou de emergências em saúde pública, que prescindirá de processo seletivo.

Ressalte-se que a Lei nº 11.350/2006, que disciplina atividades de agente comunitário de saúde e de agente de combate às endemias, possui processo seletivo que se enquadra como intermediário entre um concurso público e um processo seletivo simplificado, sendo exigido que o agente comunitário: (1) resida na área da comunidade em que atuará, desde a publicação do edital do processo seletivo público; (2) tenha concluído, com aproveitamento, curso de formação inicial; e (3) tenha concluído o ensino médio, exceto se não houver candidato inscrito nessa condição, hipótese em que o candidato com ensino fundamental deverá comprovar a conclusão do ensino médio no prazo de três anos.

Ressalte-se que a Lei nº 14.536/2023 estabeleceu que os agentes comunitários de saúde e os agentes de combate às endemias são considerados profissionais de saúde, com profissões regulamentadas, o que legitima o acúmulo da alínea c do inciso XVI do *caput* do art. 37 da Constituição Federal.

Trata-se de disciplina desdobrada da previsão constitucional contida no art. 198, § 4º, da Constituição, acrescentado pela EC nº 51/2006, segundo o qual: os gestores locais do Sistema Único de Saúde poderão admitir agentes comunitários de saúde e agentes de combate às endemias por meio de processo seletivo público, de acordo com a natureza e complexidade de suas atribuições e requisitos específicos para sua atuação. Também a escolha de professores visitantes, por exemplo, poderá ser feita à vista de notória capacidade técnica ou científica do profissional apurada pela análise do *curriculum vitae*.

A função por tempo determinado para atender necessidade temporária de excepcional interesse público não pode ser exercida por servidores da Administração Direta ou Indireta da União, dos Estados, do Distrito Federal e dos Municípios, bem como por empregados ou servidores de suas subsidiárias e controladas, à exceção, para casos específicos das hipóteses contidas no art. 6º, § 1º, da lei, ou seja, se houver compatibilidade de horários, por professores substitutos nas instituições federais de ensino ou profissionais de saúde em unidades hospitalares administradas pelo governo federal para atender às necessidades decorrentes de calamidade pública.

Para evitar burla a esse tipo de contratação, o art. 9º da lei proíbe, ainda, a nomeação ou designação, mesmo que a título precário ou em substituição, do pessoal contratado para o exercício de cargo em comissão ou função de confiança. É exigido o transcurso do prazo de 24 meses (dois anos) do encerramento do contrato, para que haja nova contratação com fundamento na lei, exceto nos casos expressos nos incisos I a IX do art. 2º da lei, desde que haja prévia autorização.

O STF decidiu, no RE 1066677, j. 22.5.2020 (Info 984), que servidores temporários não fazem jus ao décimo terceiro salário e férias remuneradas acrescidas do terço constitucional, salvo se houver expressa previsão legal ou contratual em sentido contrário; ou em face de comprovado desvirtuamento da contratação temporária, por sucessivas e reiteradas prorrogações ou renovações. Note-se que a relação entre tais servidores e a Administração ostenta caráter jurídico-administrativo, sendo julgadas na Justiça Comum (e não na Trabalhista, cf. Rcl 7109 AgRg/MG, Info 591/STF).

Advirta-se que não são apenas os cargos em comissão ou funções desempenhadas por tempo determinado para atender à necessidade temporária de excepcional interesse público que excepcionam a regra do concurso, pois existem cargos de provimento efetivo sem sujeição a concurso prévio, como os de Ministro do Supremo Tribunal Federal e do Superior Tribunal de Justiça,[29] que são nomeados pelo Presidente da República, depois de aprovada a escolha pelo Senado Federal, observados, respectivamente, os requisitos dos arts. 101 e 104 da Constituição Federal, os de Ministros e Conselheiros dos Tribunais de Contas e os que ingressam nos tribunais pelo "quinto constitucional".[30]

---

[29] Importante notar que a EC 122/2022, elevou para 70 anos a idade máxima de escolha e nomeação de membros do Supremo Tribunal Federal, do Superior Tribunal de Justiça, dos Tribunais Regionais Federais, do Tribunal Superior do Trabalho, dos Tribunais Regionais do Trabalho, do Tribunal de Contas da União e dos Ministros civis do Superior Tribunal Militar.

[30] De acordo com o art. 94 da Constituição, um quinto dos lugares dos Tribunais Regionais Federais, dos Tribunais dos Estados, e do Distrito Federal e Territórios será composto de membros, do Ministério Público, com mais de dez anos de carreira, e de advogados de notório saber jurídico e de reputação ilibada, com mais de dez anos de efetiva atividade profissional, indicados em lista sêxtupla pelos órgãos de representação das respectivas classes. O parágrafo único do artigo determina, ainda, que, recebidas as indicações, o tribunal formará lista tríplice, enviando-a ao Poder Executivo, que, nos vinte dias subsequentes, escolherá um de seus integrantes para nomeação.

Debate de ponto controvertido – estabilidade de servidores públicos celetistas de pessoas jurídicas de direito público – restauração do regime único pela ADI 2135-4?

Apesar da clareza do disposto no art. 41, *caput*, da Constituição, *in verbis*: "são estáveis após três anos de efetivo exercício os servidores nomeados para *cargo* de provimento efetivo em virtude de concurso público", no sentido de vincular a estabilidade com o desempenho de *cargo público* efetivo, o Tribunal Superior do Trabalho (TST) editou Súmula (de nº 390) que admite a possibilidade de estabilidade para determinado tipo de *emprego público*.

O conteúdo da Súmula 390/TST é:

> ESTABILIDADE – CELETISTA, ADMINISTRAÇÃO DIRETA, AUTÁRQUICA OU FUNDACIONAL – EMPREGADO DE EMPRESA PÚBLICA E SOCIEDADE DE ECONOMIA MISTA. I – O servidor público celetista da administração direta, autárquica ou fundacional é beneficiário da estabilidade prevista no art. 41 da CF/1988; e II – Ao empregado de empresa pública ou de sociedade de economia mista, ainda que admitido mediante aprovação em concurso público, não é garantida a estabilidade prevista no art. 41 da CF/1988.

O posicionamento do TST divide, portanto, duas categorias de empregados públicos: (a) os das estatais, que são: sociedades de economia mista e empresas públicas, que não farão jus à estabilidade; e (b) os servidores celetistas da Administração Direta, autárquica ou fundacional que, apesar de celetistas, na visão do TST, fazem jus à estabilidade do art. 41 da Constituição Federal.

Não concordamos com tal solução, com base em três argumentos:

Primeiro, o art. 41, *caput*, da Constituição Federal fala claramente em cargo e não em emprego público, tanto assim que Hely Lopes Meirelles também expressa que "a nomeação para cargo de provimento efetivo – embora se refira ao servidor, é atributo do cargo, o que afasta a aquisição de estabilidade por parte do servidor empregado público regido pela CLT".[31]

---

[31] MEIRELLES, Hely Lopes. *Direito administrativo brasileiro*. São Paulo: Malheiros, 2009. p. 450.

Segundo, apesar de haver argumentos em outro sentido,[32] historicamente se relata que a estabilidade permanente foi substituída pelo sistema de opção pelo FGTS, no âmbito privado; assim, seriam incompatíveis a estabilidade permanente – e não a provisória, prevista para os casos descritos acima – e o FGTS, que pressupõe multa de 40% para despedidas arbitrárias, em caráter compensatório. Em suma, é incompatível, em nossa visão, FGTS com estabilidade permanente – basta refletir sobre os fundamentos do surgimento da opção pelo FGTS.

Por fim, enquanto o contrato de experiência é pelo regime da CLT de no máximo 90 dias, não é justo que seja conferida a mesma estabilidade do servidor público estatutário, pois este, além de tudo, se submete a estágio probatório, o que não ocorre, via de regra, para o empregado público.

Apesar de os argumentos serem reiterados no Direito Administrativo, esta não foi a solução adotada pelo TST. Na realidade, quando criada a Constituição de 1988 não havia, segundo interpretação majoritária, possibilidade de adoção do regime celetista para a Administração Direta, autárquica e fundacional, pois existia o Regime Jurídico Único que, após ser extinto pela EC nº 19/98, foi restaurado, conforme visto, por cautelar, com efeitos *ex nunc*, na ADI nº 2.135-4/DF. Contudo, agora que, em 6 nov. 2024, o STF decidiu definitivamente a ADI nº 2.135 e extinguiu o regime jurídico único, liberando contratação trabalhista para a Administração Pública, resta acompanhar qual será a visão do TST no tocante à estabilidade.

A adoção da estabilidade sempre foi voltada mais para o desenvolvimento de funções tipicamente administrativas, como o desempenho do poder de polícia, ficando o regime celetista destinado propositadamente para aquelas atividades desempenhadas pelo Estado em regime jurídico privado. Contudo, antes da Emenda nº 19/98 havia mais racionalidade na divisão do regime jurídico de cargos e empregos públicos. Assim, após tal mudança, há uma tendência à jurisprudência trabalhista, para não cometer injustiças concretas, de passar por cima de definições doutrinárias que já estavam devidamente sedimentadas, provocando uma situação caótica aos institutos de Direito Administrativo.

12.5 Agentes públicos

Agente público é expressão abrangente que, segundo Maria Sylvia Zanella Di Pietro, designa toda pessoa física que age, com ou sem vínculo empregatício, em nome do Estado ou das pessoas jurídicas da Administração Indireta.[33]

São divididos em quatro categorias:

- agentes políticos
- servidores públicos:
  - estatutários
  - celetistas
  - temporários
- militares:
  - policiais militares
  - corpo de bombeiros militares
  - membros das Forças Armadas
- particulares em colaboração com o Poder Público:
  - por requisição
  - por conta própria
  - por delegação

---

[32] Bem expostos no artigo: FALCÃO, Felipe Hack de Barros. A estabilidade no emprego público: novos debates sobre antigas questões. *Jus Navigandi*, Teresina, ano 12, nº 1.689, 15 fev. 2008. Disponível em: <http://jus2.uol.com.br/doutrina/texto.asp?id+10954>. Acesso em: 31 out. 2008.

[33] DI PIETRO, Maria Sylvia Zanella. *Direito administrativo*. São Paulo: Atlas, 2010. p. 511.

A classificação original, formulada por Oswaldo Aranha Bandeira de Mello,[34] previa apenas três categorias: agentes políticos, servidores públicos (civis e militares) e particulares em atuação colaboradora; porém, a Emenda Constitucional nº 18/98 conferiu tratamento diferenciado aos militares, que anteriormente eram classificados como servidores públicos militares.

O regime jurídico dos militares é bastante semelhante ao dos servidores estatutários. Por isso se diz que, na realidade,[35] o objetivo precípuo da Emenda Constitucional nº 18, de 5.2.1998, resultante do PEC nº 338 enviado ao Congresso Nacional em março de 1996 pelo Presidente Fernando Henrique Cardoso, foi enquadrar as atividades militares como carreiras típicas de Estado com o fito de desvincular a política salarial dos militares da do restante dos servidores civis, para que se viabilizasse o prometido aumento da remuneração, sem que posteriormente os civis pleiteassem equiparação.

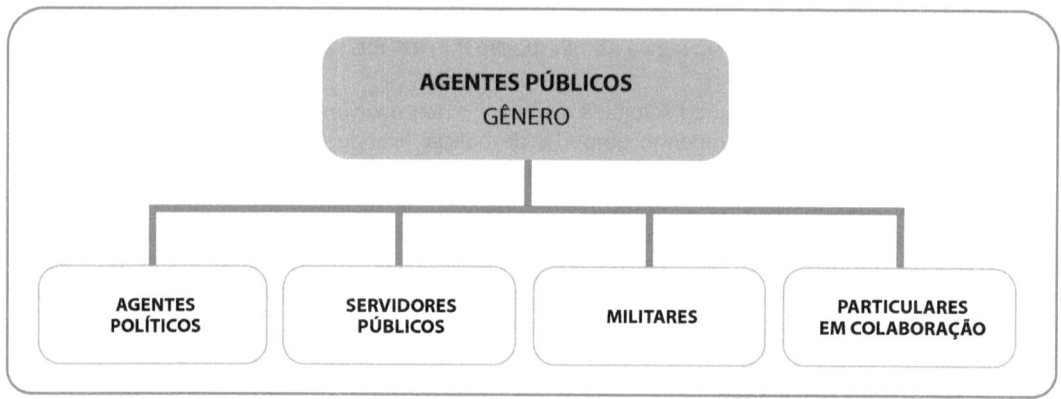

12.6 Agentes políticos

Há duas correntes doutrinárias de conceituação do termo *agente político*: uma, cujo expoente mais expressivo é Hely Lopes Meirelles, que adota definição abrangente, e outra, defendida por Celso Antônio Bandeira de Mello, José dos Santos Carvalho Filho e Maria Sylvia Zanella Di Pietro, que preconiza conceito mais restrito.

De acordo com o primeiro posicionamento, agentes políticos são "os componentes do Governo nos seus primeiros escalões, investidos de cargos, funções, mandatos ou comissões, por nomeação, eleição, designação ou delegação para o exercício de atribuições constitucionais".[36]

O conceito de Hely Lopes Meirelles inclui na categoria: Chefes do Executivo, ou seja, o Presidente da República, os Governadores de Estados e do Distrito Federal e os Prefeitos; seus auxiliares diretos: Ministros, Secretários de Estado e de Município; os Membros do Poder Legislativo: Senadores, Deputados e Vereadores; os membros do **Poder Judiciário**: magistrados em geral; os membros do **Ministério Público**: Procuradores da República, Promotores Públicos e Procuradores de Justiça; os membros dos **Tribunais de Contas**: Ministros e Conselheiros; os **representantes diplomáticos** "e demais autoridades que atuem com independência

---

[34] BANDEIRA DE MELLO, Oswaldo Aranha. *Princípios do direito administrativo*. Rio de Janeiro: Forense, 1974. p. 277.

[35] Vide *Estado de S. Paulo*, 11 dez. 1997.

[36] MEIRELLES, Hely Lopes. *Direito administrativo brasileiro*. 35. ed. São Paulo: Malheiros, 2009. p. 77.

funcional no desempenho de atribuições governamentais, judiciais ou quase-judiciais, estranhas ao quadro do serviço público".[37]

Para Celso Antônio Bandeira de Mello,[38] José dos Santos Carvalho Filho[39] e Maria Sylvia Zanella Di Pietro,[40] a noção de agente político está muito mais relacionada com o desempenho de função política ou de governo do que com o fato de o agente desenvolver atribuições com prerrogativas e responsabilidades decorrentes diretamente da Constituição Federal ou de leis especiais.

O agente político, para esta corrente doutrinária, é aquele que concorre para o direcionamento dos fins da ação do Estado mediante a fixação de metas, diretrizes ou planos que pressupõem decisões governamentais.

Incluem-se, portanto, para essa segunda corrente doutrinária, na categoria, apenas:

- **Chefes dos Poderes Executivos**: Presidente da República, Governadores de Estado e do Distrito Federal e Prefeitos, e seus auxiliares imediatos, isto é, **Ministros e Secretários de Estado**; e
- **Parlamentares**: Senadores, Deputados e Vereadores.

A forma de investidura dos agentes políticos é a eleição, à exceção apenas dos Ministros e Secretários, que são investidos por nomeação de livre escolha dos Chefes do Executivo. A eleição é a forma de investidura mais apta a possibilitar que a vontade das maiorias populares seja respeitada na condução das decisões governamentais.

Enfatiza, ainda, Celso Antônio Bandeira de Mello[41] que, diferentemente dos servidores públicos, que possuem vínculo de natureza profissional com o Estado, os agentes políticos possuem vínculo de natureza política, o que significa que não estabelecem liame permanente com a Administração Pública, mas relação transitória afinada com o ideário republicano, do qual decorre a necessidade de alternância no exercício do poder político.

> **DEBATE DE PONTO CONTROVERTIDO:**
> **o desempenho de função pública por magistrados e membros do Ministério Público**
>
> Muito embora a segunda corrente doutrinária mencionada (integrada por Maria Sylvia Zanella Di Pietro, José dos Santos Carvalho Filho e Celso Antônio Bandeira de Mello) seja uníssona no sentido de dizer que os magistrados não exercem propriamente função política; pois, entre outros fatores, não foram eleitos para optar, por critérios de oportunidade e conveniência, pelas decisões que deverão guiar a nação prospectivamente, eles desempenham parcela da soberania estatal quando prolatam suas sentenças.
>
> Também os membros do Ministério Público não exercem propriamente funções políticas, porque não foram eleitos para manifestar a vontade superior do Estado, mas podem e devem provocar o Judiciário a analisar a constitucionalidade de determinadas políticas públicas, se estas não guardarem coerência com os princípios e orientações políticas da Constituição Federal ou se ferirem direitos.

---

[37] MEIRELLES, Hely Lopes. *Direito administrativo brasileiro*. 35. ed. São Paulo: Malheiros, 2009. p. 77.
[38] BANDEIRA DE MELLO, Celso Antônio. *Curso de direito administrativo*. São Paulo: Malheiros, 2008. p. 245-246.
[39] CARVALHO FILHO, José dos Santos. *Manual de direito administrativo*. Rio de Janeiro: Lumen Juris, 2008. p. 556.
[40] DI PIETRO, Maria Sylvia Zanella. *Direito administrativo*. 22. ed. São Paulo: Atlas, 2010. p. 513.
[41] BANDEIRA DE MELLO, Celso Antônio. *Curso de direito administrativo*. 25. ed. São Paulo: Malheiros, 2008. p. 246.

Com o desenvolvimento de mecanismos próprios para garantir a tutela de interesses coletivos, tanto o Ministério Público pode forçar o Executivo (Administração) a respeitar os direitos previstos na Constituição, se da omissão estatal se verificar flagrante desobediência a garantias expressas na Lei Maior, como o Judiciário deve analisar a coerência de políticas públicas com os princípios e objetivos constitucionais.

Tais mudanças decorrem do pós-positivismo e da percepção de que o ordenamento jurídico não é um conjunto de regras completo, do qual o intérprete extrai soluções exatas para todos os casos, mas sim um sistema aberto e flutuante, que pressupõe opções valorativas possíveis de serem tomadas e justificadas; por isso, muitos autores já defendem que a categoria das políticas públicas não é completamente ausente de "justicialidade".

Quando se diz que os magistrados e membros do Ministério Público não desempenham função política, se objetiva apenas ressaltar que eles não são escolhidos pela eleição e não têm, consequentemente, mandato por tempo determinado, pois se vinculam permanentemente ao Poder Público; mas, por outro lado, eles possuem estatuto próprio que lhes confere maior independência funcional no desempenho de suas atribuições típicas, sem obediência rigorosa aos ditames de hierarquia próprios dos servidores em geral.

Também lhes é vedado o exercício de atividade político-partidária, conforme dispõem os arts. 95, parágrafo único, III, e 128, § 5º, II, e, da Constituição Federal. Como bem adverte Hugo Nigro Mazzilli, as atividades político-partidárias incluem vinculações a esquemas de poder econômico e político que acabam por comprometer a independência funcional dos magistrados e membros do Ministério Público, o que diminui a credibilidade pública no desempenho de suas importantes atribuições.

Note-se, contudo, que o juiz e o promotor não são neutros, no sentido de não terem visões de mundo e suas ideologias, o que seria impossível aos seres humanos, pois ninguém é "tabula rasa", isto é, alienado dos problemas sociais e que não tenha percepções próprias da realidade que o circunda. O que se exige, principalmente do juiz, é que tenha imparcialidade e não neutralidade.

Assim, a mencionada vedação é prudentemente interpretada por Mazzilli da seguinte forma: "é certo que ao juiz e ao promotor, como cidadãos, não se proíbe que tenham opinião político-partidária. Mas é incompatível que se filiem a partidos políticos, pertençam a órgãos de direção partidária, exerçam qualquer ação direta em favor de um partido, ou mesmo participem das campanhas".[42]

12.7 Servidores públicos

Servidor público, conforme definição de Maria Sylvia Zanella Di Pietro,[43] designa a pessoa física que presta serviços ao Estado ou às entidades da Administração, com vínculo empregatício e mediante remuneração paga pelos cofres públicos.

Compreendem:

- **servidores públicos estatutários**, que são os sujeitos ao regime estatutário fixado em lei e que ocupam cargos públicos;
- **empregados públicos**, que são os sujeitos a regime contratual, derivado da CLT, mas que, embora tenham vínculo pautado na legislação trabalhista, se submetem a normas constitucionais referentes, por exemplo, à investidura, à proibição de acumulação de empregos e vencimentos e à equiparação para fins criminais de improbidade; e

---

[42] MAZZILLI, Hugo Nigro. *Atividade político-partidária e o Ministério Público*. Disponível em: <utjurisnet.tripod.com/artigos/083.html>. Acesso em: 15 dez. 2009.

[43] DI PIETRO, Maria Sylvia Zanella. *Direito administrativo*. 23. ed. São Paulo: Atlas, 2010. p. 513.

- **servidores temporários**, contratados por tempo determinado para atenderem a necessidades temporárias de excepcional interesse público, conforme o art. 37, IX, da Constituição, mas que exercem função de regime jurídico especial, fixado em lei de cada unidade da federação, não podendo se vincular definitivamente à Administração Pública.

12.8 Provimento originário e provimento derivado

Provimento é o ato de preenchimento de cargo público, editado pela autoridade competente de cada Poder. Cargo público, conforme visto, é o conjunto de atribuições e responsabilidades previstas na estrutura organizacional que devem ser cometidas a um servidor. Com o provimento no cargo público ocorre a "designação de seu titular".[44] O provimento classifica-se em originário e derivado.

Provimento originário é aquele que dá início numa carreira ou em cargo isolado. É forma de provimento originário a **nomeação** para o cargo que: (a) se for efetivo, depende de prévia habilitação em concurso público de provas ou de provas e títulos; e (b) se for em comissão ou provisório,[45] é de livre nomeação e exoneração, ou seja, não depende necessariamente de aprovação prévia em concurso.

Provimento derivado é o preenchimento de cargo público por alguém que já tinha vínculo estatutário anterior. Diferentemente do originário, o derivado não compreende forma inicial de provimento. São formas de provimento derivado: a promoção, o aproveitamento, a reintegração, a recondução, a reversão e a readaptação.

Promoção permite ao servidor ascender na carreira em que ingressou. Nela, ele sobe para cargo público de maior responsabilidade e complexidade de atribuições, o que geralmente redunda no acréscimo de rendimentos e responsabilidades, como, por exemplo, o Terceiro Secretário da carreira diplomática que é promovido, por merecimento, para Segundo Secretário. São critérios de promoção, previstos nos estatutos próprios de cada carreira: (a) o merecimento; e (b) a antiguidade. Ambos obedecem a requisitos temporais mínimos.

Note-se que os direitos à disponibilidade, à readaptação, à reversão, ao aproveitamento, à reintegração e à recondução decorrem diretamente do regime de estabilidade do cargo efetivo. Disponibilidade é a atividade remunerada que o servidor estável tem direito em função da extinção do seu cargo ou da declaração de sua desnecessidade, pois ele não pode ser simplesmente exonerado. O art. 41, § 3º, da Constituição assegura ao servidor em disponibilidade remuneração proporcional ao tempo de serviço[46] até o seu adequado aproveitamento em outro cargo.

---

[44] MEIRELLES, Hely Lopes. *Direito administrativo brasileiro*. São Paulo: Malheiros, 2009. p. 428.

[45] Segundo Meirelles, o cargo em comissão é de provimento provisório, pois seu **desempenho** é precário, uma vez que aquele que o exerce não tem direito à permanência no cargo, contudo, a **instituição** do cargo em comissão é permanente, pois muito embora o cargo possa ser livremente preenchido por diversas pessoas, enquanto não houver sua extinção, ele continua a existir. MEIRELLES, Hely Lopes. *Direito administrativo brasileiro*. São Paulo: Malheiros, 2009. p. 350. O cargo em comissão pode ser preenchido por pessoas de fora da carreira, desde que obedecido percentual legal. Veja decisão do AgR no RMS 29403, Rel. Min. Teori Zavascki, de 25.3.2014: "o cargo em comissão de Diretor do Departamento de Gestão da Dívida Ativa da Procuradoria-Geral da Fazenda Nacional – PGFN, não privativo de bacharel em direito, pode ser ocupado por pessoa estranha a esse órgão".

[46] Antes da Emenda Constitucional nº 19/98, a remuneração era integral e não proporcional ao tempo de serviço.

Caso o funcionário reingresse em cargo vago de natureza e vencimento compatível com o anteriormente ocupado, ocorre o aproveitamento, que é a designação dada à utilização do funcionário público posto em disponibilidade em cargo vago de natureza e vencimento compatíveis com o anterior.

O aproveitamento é "poder-dever" da Administração Pública. Trata-se, geralmente, de poder discricionário, de acordo com o teor da Súmula nº 39 do STF, a qual determina: "à falta de lei, funcionário em disponibilidade não pode exigir, judicialmente, o seu aproveitamento, que fica subordinado ao critério de conveniência da administração".[47]

Ainda, de acordo com o STF, no Tema 698 (derivado do RE 740008, Min. Marco Aurélio, aprovado em 21.12.2020), "é inconstitucional o aproveitamento de servidor, aprovado em concurso público a exigir formação de nível médio, em cargo que pressuponha escolaridade superior". A lei foi considerada inconstitucional ao aumentar a exigência de escolaridade para o exercício das mesmas funções, determinando a gradual transformação de cargos de nível médio para superior, com isonomia remuneratória aos ocupantes de cargos em extinção, sem previsão do seu preenchimento mediante realização de concurso público. Aproveitamento não pode ser, portanto, uma burla ao sistema de preenchimento de cargos de níveis superiores por concurso público.

Reintegração é designação que indica o reingresso de funcionário estável, cuja demissão foi invalidada por sentença judicial ou mesmo por anulação pela própria Administração. Trata-se de consequência da estabilidade. Está prevista no art. 41, § 2º, da Constituição. Tanto o aproveitamento como a reintegração dependem de inspeção de saúde, pois a comprovação da incapacidade definitiva do servidor lhe confere direito à aposentadoria.

Recondução, segundo definição do art. 29 do Estatuto federal (Lei nº 8.112/90), é o retorno do servidor estável ao cargo anteriormente ocupado em decorrência de inabilidade em estágio probatório relativo a outro cargo ou reintegração do anterior ocupante. Ocorrendo a reintegração, portanto, o eventual ocupante da vaga, se estável, será reconduzido ao cargo de origem, sem direito à indenização, aproveitado em outro cargo ou posto em disponibilidade com remuneração proporcional ao tempo de serviço.

Reversão é o retorno à atividade de servidor aposentado por invalidez, quando, por junta médica oficial, forem declarados insubsistentes os motivos da aposentadoria, de acordo com a redação do art. 25, I, da Lei nº 8.112/90. É exigência relevante para que ocorra a reversão a realização de avaliações periódicas nos aposentados por invalidez, para se verificar se persistem os motivos que deram ensejo aos proventos, pois, se houver o restabelecimento da capacidade para o exercício da função, será necessário o retorno à atividade.

Também há hipótese de reversão no interesse da administração, desde que: (a) haja solicitação; (b) a aposentadoria seja voluntária; (c) o servidor tenha sido estável, quando em atividade; (d) a aposentadoria tenha ocorrido nos cinco anos anteriores à solicitação; e (e) haja cargo vago, conforme hipótese do art. 25, II, da Lei nº 8.112/90.

Readaptação é a investidura do servidor em cargo de atribuições e responsabilidades compatíveis com a limitação que tenha sofrido em sua capacidade física ou mental verificada em inspeção médica, conforme definição contida no art. 24 da Lei nº 8.112/90, como, por exemplo,

---

[47] Contudo, *a contrario sensu*, se houver lei obrigando o aproveitamento, a própria súmula determina o seu afastamento, conforme já decidido no STF: "se há lei expressa obrigando ao seu aproveitamento, não se aplica a Súmula nº 39. Recurso extraordinário não conhecido" (RE 61.908-RN, j. 12.12.1967). Note-se que a imposição de prazo de um ano para aproveitamento do servidor em disponibilidade ofende materialmente a Constituição, conforme decisão da ADI 239/RJ, Rel. Min. Dias Toffoli, j. 19.2.2014.

no caso da professora que sofre problemas com as cordas vocais e é readaptada para atividades administrativas em uma escola pública.

FORMAS DERIVADAS DE PROVIMENTO	EM FUNÇÃO DE
promoção	ascensão na carreira
aproveitamento	servidor posto em disponibilidade
reintegração	ato ou sentença que anula a demissão
recondução	do atual por reintegração do anterior ocupante ou por inabilidade em estágio probatório
reversão	insubsistência da invalidez (aposentadoria) ou no interesse da administração
readaptação	limitação de capacidade (física ou mental)

12.9 Investidura

Não há unanimidade na conceituação de investidura. Esta é "operação complexa, constituída de atos do Estado e do interessado, para permitir o legítimo provimento do cargo público".[48] O provimento originário é ato da autoridade competente que se materializa pela nomeação, que para os cargos efetivos demanda a aprovação prévia em concurso público.

São requisitos para investidura em cargo público dos servidores civis da União, autarquias e fundações públicas federais, conforme o art. 5º da Lei nº 8.112/90: a nacionalidade brasileira;[49] o gozo dos direitos políticos; a quitação com as obrigações militares e eleitorais; o nível de escolaridade exigido para o exercício do cargo; a idade mínima de 18 anos; e a aptidão física e mental. Cada cargo pode justificar, dentro do juízo de proporcionalidade ou razoabilidade, requisitos legais específicos necessários ao exercício das atribuições que prevê.

A investidura em cargo público ocorre com a posse. Esta, em realidade, completa a investidura em cargo público, desde que haja cumprimento dos requisitos previstos em lei. De acordo com a Súmula nº 16 do STF, "funcionário nomeado por concurso tem direito à posse". Antes da posse, no entanto, deve haver inspeção médica oficial para verificação das condições físicas e mentais do nomeado. Note-se que, de acordo com Súmula Vinculante nº 44, só por lei se pode sujeitar a exame psicotécnico a habilitação de candidato a cargo público.

O Superior Tribunal de Justiça possui decisão que admite a possibilidade de eliminação do candidato por exame médico admissional, "ainda que a lei que discipline a carreira não confira caráter eliminatório ao referido exame". Trata-se do AgRg no REsp 1.414.990/DF, Rel. Min. Humberto Martins, j. 3.4.2014, cuja ementa é:

---

[48] CRETELLA JÚNIOR, José. *Dicionário de direito administrativo*. Rio de Janeiro: Forense, 1978. p. 310. CARVALHO FILHO, José dos Santos. *Manual de direito administrativo*. 20. ed. Rio de Janeiro: Lumen Juris, 2008. p. 580.

[49] Tanto faz se o brasileiro é nato ou naturalizado, exceto nos cargos previstos no art. 12, § 3º, da Constituição, que exigem preenchimento por brasileiro nato: Presidente e Vice-Presidente da República; Presidência da Câmara dos Deputados; Presidente do Senado Federal; Ministro do Supremo Tribunal Federal; cargo da carreira diplomática; oficial das Forças Armadas; e Ministro de Estado da Defesa.

ADMINISTRATIVO. PROCESSUAL CIVIL. CONCURSO PÚBLICO. DEPARTAMENTO NACIONAL DE INFRAESTRUTURA DE TRANSPORTES (DNIT). VIOLAÇÃO DO ART. 535 DO CPC. NÃO OCORRÊNCIA. EXAME CLÍNICO. PREVISÃO LEGAL. LEI N. 8.112/90. PREVISÃO EXPRESSA NA LEI QUE DISCIPLINA A CARREIRA. DESNECESSIDADE. 1. O Tribunal *a quo* não infringiu os arts. 535, II, e 458 do CPC, pois a prestação jurisdicional foi dada na medida da pretensão deduzida. 2. A exigência do exame clínico para ingresso em cargo público federal tem expressa previsão legal na Lei n. 8.112/90. Nos termos do artigo 14 do mencionado diploma legal, somente poderá ser empossado aquele que estiver apto física e mentalmente para o exercício do cargo, capacidade esta aferida por exame médico. 3. O exame médico é exigência geral, direcionada a todos os cargos públicos federais, daí a desnecessidade de constar expressamente na lei que disciplina a carreira – Lei n. 8.112/90. Difere do teste físico ou psicológico, que se constituem exigências específicas para o desempenho de determinados cargos e, portanto, devem possuir previsão legal em lei específica.

A posse dá-se com a assinatura do respectivo termo, ocasião em que se estabelece a relação estatutária com o servidor, ele toma ciência formal das responsabilidades e direitos do cargo que será ocupado, apresenta declaração de bens e valores que constituem seu patrimônio e declara se exerce ou não outro cargo, emprego e função pública. Admite, por exemplo, o art. 13, § 3º, da Lei nº 8.112/90 a posse por procuração específica, registrada em cartório.

O servidor público empossado tem um prazo para entrar em exercício, contado da data da posse. Exercício, conforme definição contida no art. 57, *caput*, da Lei nº 10.261/68 (Estatuto paulista), é "o ato pelo qual o funcionário assume as atribuições e responsabilidades do cargo".

No âmbito federal, o aprovado em concurso público tem 30 dias, contados da nomeação (que é o ato de provimento originário), para tomar posse, sob pena de a nomeação ficar sem efeito. Não é correto dizer que ele será exonerado se não tomar posse, pois como ainda não há a investidura, ele não é servidor. Já o servidor empossado tem, neste âmbito, 15 dias contados da posse para entrar em exercício, sob pena de ser exonerado do cargo público pela Administração Pública.[50]

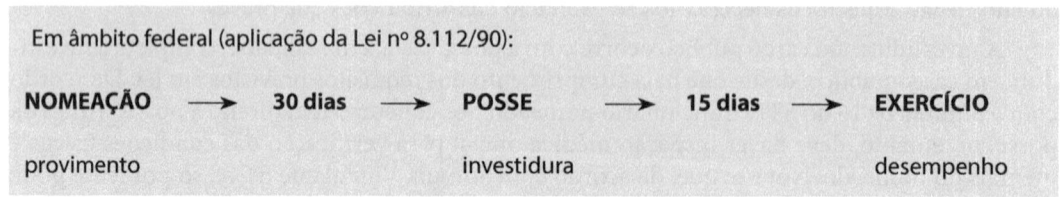

12.10 Classe, carreira e quadro

Conforme expõe Hely Lopes Meirelles, os cargos são distribuídos em classes e carreiras, que integram quadros.

Classe é, em definição conhecida do autor, "o agrupamento de cargos da mesma profissão, e com idênticas atribuições, responsabilidades e vencimentos".[51] É o degrau de ascensão na carreira.

---

[50] No âmbito do Estado de São Paulo, por exemplo, há o prazo de 30 dias para tomar posse e, em vez de 15, 30 dias para entrar em exercício, conforme o art. 60 da Lei nº 10.261/68.

[51] MEIRELLES, Hely Lopes. *Direito administrativo brasileiro*. São Paulo: Malheiros, 2009. p. 423.

Carreira é "o agrupamento de classes da mesma profissão ou atividade, escalonadas segundo a hierarquia do serviço, para acesso privilegiado dos titulares dos cargos que a integram, mediante provimento originário".[52]

O conjunto de diversas carreiras e cargos isolados constitui o **quadro** do serviço dos diversos Poderes e órgãos da Administração. Não se admite promoção de um quadro para outro. Em realidade, cada servidor deve prestar o concurso de ingresso em carreira própria.

No quadro do Ministério das Relações Exteriores, por exemplo, existe a carreira diplomática. Esta está estruturada em diversas classes, que são, em ordem crescente de hierarquia: Terceiro Secretário, Segundo Secretário, Primeiro Secretário, Conselheiro, Ministro de Segunda Classe e Ministro de Primeira Classe, sendo este último o topo da carreira. Note-se que Embaixador é designação política que pode também recair sobre pessoas de fora da carreira (art. 39 da Lei nº 11.440/2006).

12.11 Concurso público

12.11.1 Igualdade e meritocracia

Segundo Pinto Ferreira,[53] as regras de admissão ao serviço público por concurso visam garantir o sistema do mérito (*merit system*), em detrimento da partilha de cargos pelo patriarcalismo, filhotismo, corrupção ou negociatas de vendas de cargos públicos e feituras de contrato em *spoil system* (sistema de despojo e partilha).

Assim, o concurso público é a forma de oportunizar a todos os cidadãos o acesso aos cargos e empregos públicos que mais prestigia o critério do mérito. Sociedades meritocráticas são aquelas nas quais as posições sociais hierárquicas são conquistadas em função do merecimento individual, ou seja, do talento e do esforço das pessoas.

Na meritocracia, há a predominância de valores associados à *educação* e à *competência*, em detrimento de critérios de ascensão social mediante atributos como *status* político, econômico, relações pessoais ou mesmo consanguíneas (apadrinhamentos e nepotismo).

No concurso público, todos podem participar em igualdade de condições, selecionando a Administração Pública para o exercício de cargo ou emprego público aqueles que se saírem melhor no certame. Contudo, sabe-se que, na prática, o concurso público por si só não é capaz de garantir que uma organização se paute predominantemente no sistema do mérito, pois ele avalia um momento específico: o do ingresso do servidor no quadro do funcionalismo, não sua ascensão na carreira.

Para garantir também a ascensão na carreira por meio do desempenho dos servidores e, consequentemente, a eficiência no funcionalismo, a Emenda Constitucional nº 19/98 alterou o § 2º do art. 39 da Constituição Federal, determinando que a União, os Estados e o Distrito Federal manterão *escolas de governo* para formação e aperfeiçoamento dos servidores, constituindo-se a participação nos cursos um dos requisitos para promoção[54] na carreira.

---

[52] MEIRELLES, Hely Lopes. *Direito administrativo brasileiro*. São Paulo: Malheiros, 2009. p. 423.

[53] FERREIRA, Pinto. Da ação popular constitucional. *Revista de Direito Público*, São Paulo: Revista dos Tribunais, ano 5, v. 20, p. 46, abr./jun. 1972.

[54] Apesar de ser a redação do art. 39, § 2º, da Constituição, o STJ possui jurisprudência em tese sobre servidor público com o seguinte conteúdo: "é vedado o cômputo de tempo de curso de formação para efeito de promoção de servidor público, sendo, contudo, considerado tal período para fins de progressão na carreira". Assim, segundo a jurisprudência do STJ, a participação no curso é contabilizada para fins de progressão e não de promoção.

Ademais, a partir da mencionada emenda, houve a possibilidade da perda de cargo efetivo por avaliação periódica de desempenho, a ser criada por lei complementar (art. 41, § 1º, III, CF).

A avaliação periódica é instrumento delicado e, portanto, não imune a questionamentos, uma vez que pode se utilizar mais de critérios quantitativos do que qualitativos. Ela objetiva controlar a eficiência do desempenho dos servidores, principalmente diante do fato de que alguns servidores acabam se acomodando com a estabilidade e passam a não mais prestar o serviço adequadamente.

12.11.2 Histórico do surgimento do concurso público nas Constituições do Brasil

Sob influência do jusnaturalismo, que objetivou imprimir maior racionalidade e reduzir privilégios e favoritismos infundados, a Constituição brasileira de 1824 previu, no art. 179, XIV, que "todo o cidadão pode ser admitido aos cargos públicos civis, políticos, ou militares, sem outra diferença, que não seja a de seus talentos e virtudes". Conforme visto, essa determinação foi inspirada no art. 6º da Declaração de Direitos do Homem e do Cidadão.

Apesar do conteúdo do dispositivo, o desempenho de funções públicas ocorria por meio de delegação, direta ou indireta, do Imperador,[55] que distribuía honrarias e ordens honoríficas. O preenchimento de cargos políticos no Império pautou-se no voto censitário, isto é, somente poderiam votar e ser eleitos os que tivessem determinada renda anual líquida[56] estabelecida na Constituição, o que significava que o exercício da cidadania era restrito a uma minoria do povo.

A noção de privilégios infundados foi combatida com maior ênfase na República, sendo que o art. 72, § 2º, da Constituição de 1891 trouxe a seguinte redação: "a República não admite privilégio de nascimento, desconhece foros de nobreza e extingue as ordens honoríficas existentes e todas as suas prerrogativas e regalias". O art. 73, daquela Constituição, por sua vez, determinou que "os cargos públicos civis ou militares são acessíveis a todos os brasileiros, observadas as condições de capacidade especial que a lei instituir". Contudo, ainda vigorava no Brasil o sistema discricionário de contratação e exoneração de servidores públicos.

Não obstante os dispositivos constitucionais antecedentes, a efetiva adoção dos concursos públicos no ordenamento jurídico brasileiro só se deu sob a égide da Constituição de 1934 que, no art. 170, § 2º, estabeleceu a exigência de exame de sanidade e concurso de provas ou títulos para provimento em cargo inicial de carreira, desde que houvesse estatuto do funcionalismo próprio, votado e aprovado pelo Poder Legislativo.

---

[55] BANDEIRA DE MELLO, Celso Antônio. *Regime constitucional dos servidores na administração direta e indireta*. São Paulo: Revista dos Tribunais, 1999. p. 45.

[56] No Império havia um sistema bicameralista. Enquanto no Senado os membros eram eleitos para lista tríplice de cada província e o Imperador escolhia um dos três e o nomeava em caráter vitalício, a Câmara dos Deputados era integralmente preenchida por sufrágio indireto e censitário, sendo o mandato dos deputados temporário. Como o voto era indireto, havia eleições primárias para a escolha do corpo eleitoral composto de "eleitores de província", sendo excluídos de tal votação, conforme art. 92 da Constituição de 1824: (1) os menores de 25 anos; (2) os filhos--famílias; (3) os criados de servir; (4) os religiosos e demais integrantes de comunidades clausurais; e (5) os que não tivessem renda líquida anual de 100 mil-réis de bens de raiz (imóveis), indústria, comércio ou emprego. Apesar de a quantia exigida não ser alta para os padrões de renda em geral, ainda assim o censo de 1872 identificou que apenas 13% da população brasileira votava. Não havia menção expressa à exclusão das mulheres, mas elas eram socialmente excluídas das votações. Cf. FAUSTO, Boris. *História do Brasil*. São Paulo: Edusp, 1994. p. 151. Os candidatos a eleitores de província deveriam possuir, conforme o art. 94, I, uma renda de 200 mil-réis. Para ser eleito deputado, a renda mínima exigida era de 400 mil-réis, de acordo com a regra contida no art. 95, I, da Constituição de 1824. Para ser senador, o art. 45, IV, da Constituição Imperial requeria renda mínima de 800 mil-réis.

A exigência foi mantida para as Constituições subsequentes, sendo que a Constituição de 1967 tornou obrigatório o concurso público para ingresso em todos os cargos, exceto para os cargos em comissão, sistemática que foi utilizada até a Constituição de 1988. Também a partir da Constituição de 1967, conforme ressalta Hely Lopes Meirelles,[57] os concursos passaram a ser de provas ou de provas e títulos, afastando-se, a partir de então, a possibilidade de concurso baseado unicamente em títulos.

Todavia, enfatiza Lívia Barbosa[58] que sempre houve no Brasil uma tensão entre o discurso meritocrático, presente na retórica política, e a prática não menos constante de fisiologismo e nepotismo, vista com relativa passividade pela sociedade civil. Por conseguinte, denuncia Maria Sylvia Zanella Di Pietro[59] que antes da Constituição de 1988 eram frequentes as fraudes à exigência constitucional de concurso público, obtidas por meio de apadrinhamento dos chamados servidores *extranumerários, interinos* ou *temporários* em um quadro de funções paralelo ao quadro de cargos, mas estruturado com denominação, remuneração e atribuições semelhantes.

A sistemática atual, conforme exposto, não mais permite a contratação desses tipos de servidores, sendo que as funções para exercício de necessidade temporária de excepcional interesse público são incompatíveis, conforme regramento legal específico (no âmbito federal, Lei nº 8.745/93), com a permanência da pessoa contratada na Administração Pública.

Ademais, as funções de confiança só podem ser exercidas por servidores ocupantes de cargo efetivo, cujo ingresso é, na maior parte dos casos, feito por concurso público. Remanesce, ainda, na sistemática constitucional, além das nomeações de Ministros do Supremo Tribunal Federal, do Superior Tribunal de Justiça, dos Tribunais de Contas e pelo quinto constitucional, que não são precedidas de concurso público, apenas a exceção do **cargo em comissão**, que é preenchido por livre provimento e exoneração caso haja ruptura do comprometimento político ou da lealdade do seu ocupante para com o superior hierárquico que o nomeou.

HISTÓRICO	ARTIGO	CONCURSO PÚBLICO
1824	179, XIV	acessibilidade por "talentos e virtudes" de fato: voto censitário e delegação de funções pelo Imperador
1891	72, § 2º, e 73	proibição de privilégios de nascimento acessibilidade a todos (o que não ocorreu na prática)
1934	170, § 2º	exame de sanidade + concurso de provas **ou** títulos
1967	97, §§ 1º e 2º	obrigatoriedade para todos os cargos, exceto nos casos indicados por lei e nos cargos em comissão + concurso de provas **e** títulos

12.11.3 Configuração jurídica

Reza o dispositivo contido no art. 37, II, da Constituição Federal que a investidura em cargo, exceto se ele for de comissão, ou em emprego público, depende de aprovação prévia em

---

[57] MEIRELLES, Hely Lopes. *Direito administrativo brasileiro*. São Paulo: Malheiros, 2009. p. 439.

[58] BARBOSA, Lívia. *Igualdade e meritocracia*: a ética do desempenho nas sociedades modernas. 2. ed. Rio de Janeiro: FGV, 1999.

[59] DI PIETRO, Maria Sylvia Zanella. *Direito administrativo*. 20. ed. São Paulo: Atlas, 2010. p. 524.

concurso público de provas ou de provas e títulos,[60] de acordo com a natureza e a complexidade do cargo ou emprego, na forma prevista em lei.

Está ultrapassado, como expõe Odete Medauar,[61] o posicionamento que associava *concurso público* com *estabilidade*, isto é, que entendia que todos aqueles que ingressavam no funcionalismo por concurso público teriam, posteriormente, direito à estabilidade. Devido a esse equívoco, vários órgãos públicos e entes administrativos davam outra denominação ao procedimento de contratação pela CLT, como *processo seletivo público*, e restringiam desnecessariamente a expressão *concurso público* aos cargos de provimento efetivo.

Atualmente, sabe-se que não há problemas no uso da expressão *concurso público* para contratação pela CLT, pois o que confere estabilidade é o tipo de cargo ocupado, e não o fato de haver concurso público. Assim, empregados públicos subordinados à CLT não possuem estabilidade, mesmo se aprovados em concurso público.[62] Na realidade, a Constituição é clara no sentido de que a estabilidade se aplica aos servidores nomeados para cargo de provimento efetivo em virtude de concurso público após três anos de efetivo exercício (cf. art. 41, *caput*).

O concurso público dá direito ao provimento originário em determinada carreira, sendo inconstitucional a transferência para cargo de outra carreira, caso em que o servidor deverá prestar o concurso público próprio da outra carreira que almeja seguir. Trata-se de matéria contida na **Súmula Vinculante nº 43**, resultado da conversão da Súmula 685 do STF, segundo a qual: "é inconstitucional toda modalidade de provimento que propicie ao servidor investir-se, sem prévia aprovação em concurso público destinado ao seu provimento, em cargo que não integra a carreira na qual anteriormente investido".[63]

O prazo de validade do concurso público é de até dois anos, prorrogável uma vez, por igual período, conforme dispõe o art. 37, III, da Constituição Federal. A prorrogação por igual período ao fixado no edital, que pode ser de até dois anos, isto é, pode ser, por exemplo, de um ano com prorrogação por mais um ano, é da discricionariedade da Administração Pública, o que significa que o aprovado não tem direito subjetivo a ela.

De acordo com o inciso IV do art. 37 da Constituição Federal, durante o prazo de validade (improrrogável, que segundo José do Santos Carvalho Filho[64] pode tanto ser o prazo inicial sem prorrogação, como o prazo de prorrogação, se a Administração prorrogar o concurso) previsto

---

[60] Os cargos em comissão não são preenchidos por concursos públicos, mas mais recentemente houve a edição do Decreto nº 9.727/2019, estabelecendo critérios, o perfil profissional e os procedimentos gerais a serem observados para ocupação do Grupo-Direção e Assessoramento Superiores – DAS e das Funções Comissionadas do Poder Executivo federal. É possível, de acordo com o decreto, que se realize processo seletivo para preenchimento e ocupação de DAS e FCPE.

[61] MEDAUAR, Odete. *Direito administrativo moderno*. 10. ed. São Paulo: Revista dos Tribunais, 2006. p. 263.

[62] Exceto no entendimento da Súmula 390/TST, pois a Justiça do Trabalho reconhece estabilidade para os ocupantes de emprego público na Administração Direta, autárquica e fundacional até a Emenda Constitucional nº 19/1998, conforme visto, mas não para os empregados públicos de empresas estatais.

[63] Nesse sentido, podem ser mencionadas: a ADI 3782, em que o STF julgou inconstitucional lei do Rio de Janeiro (Lei nº 4.620/2005), que aglutinava cargos de distintas atribuições e exigências de qualificação, como o técnico em atividade judiciária e o analista judiciário, em uma carreira única, ainda sem a realização de concurso. Ademais, na ADI 1251, foi considerado inconstitucional o dispositivo da lei de Minas Gerais (Lei nº 11.816/1995), que validava o aproveitamento de servidores da extinta Caixa de Minas no Tribunal de Contas de Minas Gerais, sem a realização de concurso público.

[64] CARVALHO FILHO, José dos Santos. *Manual de direito administrativo*. Rio de Janeiro: Lumen Juris, 2008. p. 596-597.

no edital de convocação, o aprovado em concurso público de provas ou de provas e títulos deve ser convocado com **prioridade** sobre novos concursados para assumir cargo ou emprego na carreira. Significa, portanto, dizer que os candidatos aprovados em concurso público anterior têm direito de precedência na convocação em relação a candidatos que realizarem novo concurso.

Houve, em 2023, a expedição do Decreto nº 11.722/2023, depois alterado pelo Decreto 12.090/2024, disciplinando o **Concurso Público Nacional Unificado**, tendo instituído os seus **órgãos de governança**. Podem **aderir** ao Concurso Público Nacional Unificado os órgãos e as entidades da administração pública federal direta, autárquica e fundacional.

O Concurso Público Nacional Unificado (CNU) consiste em modelo de realização conjunta de concursos públicos para o provimento de cargos públicos efetivos no âmbito dos órgãos e das entidades da administração pública federal direta, autárquica e fundacional, mediante a **aplicação simultânea de provas** em todos os Estados e no Distrito Federal.

Trata-se de um novo modelo de seleção de servidores públicos em âmbito federal, que se deu em virtude da baixa capacidade de diferentes órgãos para realizar os concursos, certames realizados em poucas localidades e regiões, bem como a preocupação com a representatividade da sociedade na burocracia.

São objetivos do Concurso Público Nacional Unificado, de acordo com o art. 3º do Decreto nº 11.722/2023: (1) promover igualdade de oportunidades de acesso aos cargos públicos efetivos; (2) padronizar procedimentos na aplicação das provas; (3) aprimorar os métodos de seleção de servidores públicos, de modo a priorizar as qualificações necessárias para o desempenho das atividades inerentes ao setor público; e (4) zelar pelo princípio da impessoalidade na seleção dos candidatos em todas as fases e etapas do certame.

O concurso observará as políticas de ações afirmativas aplicáveis aos concursos públicos federais. A adesão ao Concurso Público Nacional Unificado será realizada mediante **assinatura de termo** entre o órgão ou a entidade interessada e o Ministério da Gestão e da Inovação em Serviços Públicos. Os custos de realização do Concurso Público Nacional Unificado serão rateados entre os órgãos e as entidades da administração pública federal direta, autárquica e fundacional aderentes.

São órgãos de governança do Concurso Público Nacional Unificado: a Comissão de Governança e o Comitê Consultivo e Deliberativo.

A **Comissão de Governança** possui as seguintes competências: estabelecer diretrizes e regras gerais para a realização do Concurso Público Nacional Unificado; estabelecer prazos e metas para a implementação; e uniformizar entendimentos a respeito do certame, mediante provocação do Comitê Consultivo e Deliberativo.

Trata-se de comissão composta por um representante de cada um dos seguintes órgãos e entidades: I – Ministério da Gestão e da Inovação em Serviços Públicos, que a coordenará; II – Advocacia-Geral da União; III – Secretaria de Comunicação Social da Presidência da República; IV – Instituto Nacional de Estudos e Pesquisas Educacionais Anísio Teixeira – Inep; V – Instituto de Pesquisa Econômica Aplicada – Ipea; e VI – Fundação Escola Nacional de Administração Pública – Enap.

A Comissão de Governança, de acordo com o art. 13 do Decreto, poderá instituir grupos técnicos operacionais responsáveis pela organização e pelo acompanhamento do certame, com as seguintes competências: elaborar e propor o plano de trabalho do Concurso Público Nacional Unificado ao Comitê Consultivo e Deliberativo; propor os agrupamentos de cargos e elaborar os editais junto à banca examinadora, conforme orientação do Comitê Consultivo e

Deliberativo; apoiar e assessorar o Comitê Consultivo e Deliberativo; acompanhar e fiscalizar a execução do plano de trabalho; e acompanhar e fiscalizar a realização do certame.

O **Comitê Consultivo e Deliberativo**, por sua vez, possui as seguintes competências: I – exercer a função de comissão organizadora do Concurso Público Nacional Unificado; II – validar e aprovar: (a) os agrupamentos de cargos e os editais do Concurso Público Nacional Unificado; e (b) o plano de trabalho do Concurso Público Nacional Unificado e o seu relatório de acompanhamento; e III – resolver conflitos que envolvam a implementação do certame e que não tenham sido solucionados no âmbito dos grupos técnicos operacionais previstos no art. 13.

O Comitê será composto por um representante de cada um dos órgãos e das entidades que compõem a Comissão de Governança e dos órgãos e das entidades aderentes ao Concurso Público Nacional Unificado. Os membros do Comitê e os respectivos suplentes serão indicados pelos titulares dos órgãos ou das entidades que representam e designados em ato do Coordenador da Comissão de Governança.

A participação na Comissão de Governança será considerada prestação de serviço público relevante, não remunerada. Os integrantes do Comitê Consultivo e Deliberativo e dos grupos técnicos operacionais poderão receber Gratificação por Encargo de Curso ou Concurso, caso atendam ao disposto no art. 76-A da Lei nº 8.112, de 11 de dezembro de 1990, e no seu regulamento. A Secretaria-Executiva da Comissão de Governança, do Comitê Consultivo e Deliberativo e dos grupos técnicos operacionais será exercida pelo Ministério da Gestão e da Inovação em Serviços Públicos.

Depois de vinte anos de trâmite, houve a sanção da **Lei dos Concursos Públicos**, que é a Lei nº 14.965, de 9 de setembro de 2024. A lei estabelece normas gerais sobre concurso público para provimento de cargos e emprego, regulamentando o art. 37, II, da Constituição.

Além da lei que prevê a disciplina geral, os concursos serão também regidos por lei e regulamentos específicos, os quais devem ser compatíveis com a lei geral, e pelos respectivos editais. Ademais, alternativamente à observância das normas da Lei dos Concursos Públicos, os Estados, o Distrito Federal e os Municípios podem optar por editar normas próprias, observados os princípios constitucionais da administração pública e também os previstos na lei geral.

Não se aplica à lei geral dos concursos, aos seguintes certames: (1) magistratura; ministério público, defensoria pública, membros das Forças Armadas; (2) das empresas públicas e das sociedades de economia mista que não recebam recursos da União para pagamento de despesas de pessoal e de custeio em geral; e (3) das empresas públicas e das sociedades de economia mista que não recebam recursos dos Estados, do Distrito Federal e dos Municípios para pagamento de despesas de pessoal ou de custeio em geral.

É, no entanto, facultada a aplicação total ou parcial da lei dos concursos se previsto no ato que autorizar sua abertura aos concursos das carreiras de juiz, promotor, defensor e das estatais não dependentes de repasse dos entes, bem como nos processos relativos ao à contratação por tempo determinado para atender a necessidade temporária de excepcional interesse público; agentes comunitários de saúde e agentes de combate às endemias; admissão de professores, técnicos e cientistas estrangeiros, na forma da lei, às universidades; e a outros não sujeitos ao concurso público nos moldes do art. 37, II, da Constituição.

De acordo com o art. 2º da Lei dos Concursos Públicos, o concurso público tem por objetivo a seleção isonômica de candidatos fundamentalmente por meio da avaliação dos conhecimentos, das habilidades e, nos casos em que couber, das competências necessárias ao desempenho com eficiência das atribuições do cargo ou emprego público, assegurada, nos termos do edital do concurso e da legislação, a promoção da diversidade no setor público.

Para os fins desta Lei, considera-se: (1) **conhecimentos**: domínio de matérias ou conteúdos relacionados às atribuições do cargo ou emprego público; (2) **habilidades**: aptidão para execução prática de atividades compatíveis com as atribuições do cargo ou emprego público; e (3) **competências**: aspectos inter-relacionais vinculados às atribuições do cargo ou emprego público.

Sem prejuízo de outras formas ou etapas de avaliação previstas no edital, o concurso público compreenderá, no mínimo, a avaliação por **provas ou provas e títulos**, facultada a realização de curso ou programa de formação, desde que justificada em razão da natureza das atribuições do cargo e prevista no edital. O curso ou programa de formação será obrigatório quando assim dispuser a lei específica da respectiva carreira.

A realização de curso ou programa de formação é facultativa, ressalvada disposição diversa em lei específica. O curso ou programa de formação poderá ser de caráter eliminatório, classificatório ou eliminatório e classificatório, introduzirá os candidatos às atividades do órgão ou ente, avaliará seu desempenho na execução de atribuições ligadas ao cargo ou emprego público e compreenderá: (1) instrução quanto à missão, às competências e ao funcionamento do órgão ou ente; e (2) treinamento para as atividades, as práticas e as rotinas próprias do cargo ou emprego público.

A instrução e o treinamento do candidato poderão ser feitos por meio de aulas, cursos, palestras ou outras dinâmicas de ensino, presenciais ou a distância, e serão avaliados com base em provas que garantam impessoalidade na avaliação. O treinamento para as atividades terá por base práticas que integrem a rotina do cargo ou emprego público, vedado o exercício de competências decisórias que possam impor dever ou condicionar direito.

Será considerado reprovado e, consequentemente, eliminado do concurso, o candidato que não formalizar matrícula para o curso de formação dentro do prazo fixado pelo ato de convocação ou que não cumprir no mínimo 85% de sua carga horária. A duração do programa será definida em regulamento ou no edital do concurso, de forma proporcional ao necessário para atingimento dos objetivos previstos.

É **vedada**, em qualquer fase ou etapa do concurso público, a **discriminação ilegítima** de candidatos, com base em aspectos como idade, sexo, estado civil, condição física, deficiência, etnia, naturalidade, proveniência ou local de origem, observadas as políticas de ações afirmativas previstas em legislação específica.

A autorização para abertura de concurso público, conforme art. 3º da Lei Geral dos Concursos, deverá ser expressamente motivada, contendo, no mínimo: evolução do quadro de pessoal nos últimos 5 anos e estimativa das necessidades futuras em face das metas de desempenho institucional para os próximos 5 anos; denominação e quantidade dos cargos e empregos públicos a serem providos, com descrição de suas atribuições; inexistência de concurso público anterior válido para os mesmos cargos e empregos públicos, com candidato aprovado e não nomeado; adequação do provimento dos cargos e empregos públicos, em face das necessidades e possibilidades de toda a administração pública; estimativa de impacto orçamentário-financeiro no exercício previsto para o provimento e nos 2 (dois) exercícios seguintes, bem como sua adequação à Lei de Responsabilidade Fiscal).

Se houver concurso público anterior válido, com candidato aprovado e não nomeado, para os mesmos cargos ou empregos públicos, é autorizada a abertura excepcional de novo certame mediante demonstração de insuficiência da quantidade de candidatos aprovados e não nomeados diante das necessidades da administração pública. Trata-se de determinação que se choca com previsão existente na Lei nº 8.112/90, conforme será visto no quadro abaixo, que proíbe abertura de novo concurso se há candidatos aprovados em concurso anterior válido.

Houve regras mais rigorosas de planejamento dos concursos públicos. O planejamento e a execução do concurso público poderão, por ato da autoridade competente para autorizar sua abertura, ser atribuídos a: (1) comissão organizadora interna do órgão ou entidade; ou (2) órgão ou entidade pública pertencente ao mesmo ente federativo ou, excepcionalmente, a ente diverso, que seja especializado na seleção, na capacitação ou na avaliação de servidores ou empregados públicos. Há aqui, na última hipótese, uma delegação por especialização, mas o órgão ou entidade delegados também constituirão comissão organizadora.

A **comissão organizadora** será composta por número ímpar de membros, ocupantes de cargo ou emprego público, dos quais um deles será seu presidente, e decidirá por maioria absoluta. Sempre que possível, a comissão contará com, no mínimo, um membro da área de recursos humanos, e os demais membros deverão exercer atividades de complexidade igual ou superior às dos cargos ou empregos públicos a serem providos.

É vedada a participação na comissão de quem tenha vínculo com entidades direcionadas à preparação para concursos públicos ou à sua execução. Deve ser substituído o membro da comissão cujo cônjuge, companheiro ou parente, consanguíneo ou afim, até o terceiro grau, se inscreva como candidato no concurso público. As reuniões da comissão serão registradas em atas, que ficarão arquivadas e disponíveis para conhecimento geral, exceto quanto a informações que possam comprometer a efetividade ou a integridade do certame, que serão disponibilizadas após a divulgação dos seus resultados.

São **competências** da comissão organizadoras, conforme art. 6º: planejar todas as etapas do concurso público; identificar os conhecimentos, as habilidades e, quando for o caso, as competências necessárias ao exercício dos cargos ou empregos públicos a serem providos; decidir sobre os tipos de prova e os critérios de avaliação mais adequados à seleção, em vista dos conhecimentos, das habilidades e das competências necessários; definir, com base nas atribuições dos cargos e empregos públicos, o conteúdo programático, as atividades práticas e as habilidades e competências a serem avaliados; decidir sobre o uso de avaliação por títulos, se lei específica não a determinar, bem como sobre os títulos a serem considerados, em vista dos conhecimentos, das habilidades e das competências necessários; fazer publicar o edital de abertura e os demais comunicados relativos ao concurso público; executar todas as fases ou etapas do concurso; designar os avaliadores das provas, com formação acadêmica e atividade profissional compatíveis e sujeitos às vedações e aos impedimentos previstos nos §§ 2º e 3º do art. 5º desta Lei; e designar os supervisores do programa de formação, segundo os requisitos constantes do inciso VIII do *caput* deste artigo.

Por decisão da comissão organizadora, a execução do concurso público ou de suas etapas poderá ser atribuída a **instituição especializada**, que: consultará formalmente a comissão organizadora sempre que houver dúvida quanto à execução do concurso público; e será responsável por assegurar o sigilo das provas. Caberá à comissão organizadora exercer as competências previstas nos incisos I a V do *caput* deste artigo e acompanhar a execução do concurso.

O **edital do concurso público** deverá conter, no mínimo: (1) a denominação e a quantidade dos cargos ou empregos públicos a serem providos, com a descrição de suas atribuições e dos conhecimentos, das habilidades e das competências necessários, correlatos com as atividades a serem desempenhadas pelo servidor; (2) a identificação do ato que autorizou o certame, as leis de criação e os regulamentos dos cargos ou empregos públicos, bem como o vencimento inicial, com a discriminação das parcelas que o compõem; (3) os procedimentos para inscrição; (4) o valor da taxa de inscrição, bem como as hipóteses e os procedimentos para sua isenção ou redução; (5) as etapas do concurso público; (6) os tipos de prova e os critérios de avaliação, com especificação do conteúdo programático, das atividades práticas e, quando for o caso, das habilidades e das competências a serem avaliados; (7) quando couber, os títulos a serem considerados e a sua forma de avaliação; (8) a instituição especializada responsável pela execução do concurso ou de suas etapas, quando for o caso; (9) a sistemática do programa de formação, com especificação dos tipos e critérios de avaliação, da duração e das responsabilidades dos candidatos aprovados para essa etapa; (10) os critérios de classificação, de desempate e de aprovação no concurso público, bem como os requisitos para nomeação; (11) os percentuais mínimos e máximos de vagas destinadas a pessoas com deficiência ou que se enquadrem nas hipóteses legais de ações afirmativas e de reparação histórica, com indicação dos procedimentos para comprovação; (12) as condições para a realização das provas por pessoas com deficiência ou em situação especial; (13) as formas de divulgação dos resultados; (14) a forma e o prazo para interposição de recursos; e (15) o prazo de validade do concurso e a possibilidade de prorrogação.

Ponto mais polêmico da previsão se situa no art. 8º, que determina que o concurso poderá ser realizado total ou parcialmente à distância, de forma *online* ou por plataforma eletrônica com acesso individual seguro e em ambiente controlado, desde que garantida a igualdade de acesso às ferramentas e aos dispositivos do ambiente virtual, mas a aplicação do dispositivo depende de regulamentação, que poderá ser geral para o ente da Federação ou específica de cada órgão ou entidade, com consulta pública prévia obrigatória, observados os padrões de segurança da informação previstos em lei.

As provas do concurso público, de acordo com o art. 9º, deverão avaliar os conhecimentos, as habilidades e, quando for o caso, as competências necessárias ao desempenho das atribuições do cargo ou emprego público, de modo combinado ou distribuído por diferentes etapas. As provas poderão ser classificatórias, eliminatórias ou classificatórias e eliminatórias, independentemente do seu tipo ou dos critérios de avaliação.

Sem prejuízo de outros tipos de prova previstos no edital, são formas válidas de avaliação: (1) de **conhecimentos**: provas escritas, objetivas ou dissertativas, e provas orais, que cubram conteúdos gerais ou específicos; (2) de **habilidades**: elaboração de documentos e simulação de tarefas próprias do cargo ou emprego público, bem como testes físicos compatíveis com suas atividades; e (3) de **competências**: avaliação psicológica, exame de higidez mental ou teste psicotécnico, conduzido por profissional habilitado nos termos da regulamentação específica.

O edital indicará de modo claro, para cada tipo de prova, se a avaliação será de conhecimentos, habilidades ou competências, facultada a combinação de tais avaliações em uma mesma prova ou etapa. A avaliação por títulos, por sua vez, terá por base os conhecimentos, as habilidades e as competências necessárias ao desempenho das atribuições do cargo ou emprego público e terá caráter classificatório.

A decisão controladora ou judicial que, com base em valores jurídicos abstratos, impugnar tipo de prova ou critério de avaliação previsto no edital do concurso público deverá considerar as consequências práticas da medida, especialmente em função dos conhecimentos, das habilidades e das competências necessários ao desempenho das atribuições do cargo ou emprego público, em observância ao *caput* do art. 20 da LINDB.

Trata-se de lei que entra em vigor no dia 1º de janeiro do quarto ano após a sua publicação oficial, podendo, no entanto, sua aplicação ser antecipada pelo ato que autorizar a abertura de cada concurso público. Trata-se de mecanismos *sui generis* de entrada em vigor, com possibilidade de aplicação antecipada. Significa dizer que a lei entrará em vigor em 1º de janeiro de 2028, mas, a aplicação das novas normas pode ser antecipada por meio de ato específico que autorize a abertura de concursos públicos antes desta data.

> **PONTO CONTROVERTIDO: pode-se abrir novo concurso no prazo de validade de concurso anterior?**
>
> Existe controvérsia acerca da possibilidade de a Administração Pública abrir novo concurso, a partir da publicação de edital, no prazo de validade de concurso anterior. A polêmica se dá em função da interpretação de determinação contida no art. 37, IV, da Constituição, *in verbis*: "durante o prazo improrrogável previsto no edital de convocação, aquele aprovado em concurso público de provas ou de provas e títulos será convocado com prioridade sobre novos concursados para assumir cargo ou emprego, na carreira" (art. 37, IV). Ora, se a Constituição garante prioridade aos aprovados em concursos públicos em relação aos novos concursados, ela admite a possibilidade de haver mais de um concurso com candidatos aprovados.
>
> Contudo, o art. 12, § 2º, do Estatuto dos Servidores Públicos da União, das autarquias e das fundações públicas federais (Lei nº 8.112/90) estabelece expressamente que: "não se abrirá novo concurso enquanto houver candidato aprovado em concurso anterior com prazo de validade não expirado". Significa dizer que tal prática é vedada no âmbito federal.
>
> Ocorre que o parágrafo único do art. 3º da Lei de Concursos Públicos (Lei nº 14.965/2024) estabelece que se houver concurso público anterior válido, com candidato aprovado e não nomeado para os mesmos cargos ou empregos públicos, é autorizada a abertura excepcional de novo certame mediante demonstração de insuficiência da quantidade de candidatos aprovados e não nomeados diante das necessidades da administração pública. Trata-se de exceção que discrepa do tratamento anteriormente dado pelo estatuto dos servidores em âmbito federal.
>
> Note-se que o Supremo Tribunal Federal já decidiu, no RE 607.590/PR, Rel. Min. Roberto Barroso, j. 19.8.2014, que a criação de novos cargos, ainda que no prazo de validade do concurso público, não gera direito líquido e certo de nomeação para aqueles aprovados fora do número de vagas do edital, por se tratar de ato discricionário e, portanto, submetido ao juízo de conveniência e oportunidade da Administração. No entanto, como havia uma resolução editada pelo TSE que determinava que as vagas criadas posteriormente fossem preenchidas com o concurso então vigente, reconheceu a Corte Suprema direito subjetivo à nomeação, a partir da argumentação de que a resolução retirou do gestor público a mencionada discricionariedade.
>
> Alguns meses depois, os ministros divergiram da anterior decisão e o Supremo chegou a enunciar que: *"O candidato aprovado em concurso público fora do número de vagas do edital tem direito subjetivo a nomeação dentro do prazo de validade do certame nas hipóteses de preterição, salvo motivação idônea da administração pública para abertura de novo concurso"*. Conforme RE 837.311, ainda segue indefinida, portanto, esta última questão.

12.11.4 Controle dos concursos públicos

A exigência constitucional do concurso público atende diretamente aos princípios da igualdade e da moralidade administrativa, por isso a admissão irregular ao serviço público remunerado dá ensejo, por exemplo, à propositura de ação popular para declaração de nulidade do ato impugnado, de acordo com o conteúdo do art. 4º, I, da Lei nº 4.717/65 (Lei de Ação Popular).

De acordo com a Súmula Vinculante nº 44 do STF, "só por lei se pode sujeitar a exame psicotécnico a habilitação de candidato a cargo público". Trata-se de assunto sumulado de forma vinculante, decorrente de repercussão geral no AI 758533, de 13.8.2010, que afastou possibilidade de previsão por decreto de exame psicotécnico, dada exigência de lei em sentido material.

O edital é a "lei interna" do concurso público. Mas é "lei" apenas em sentido figurado, pois é ato normativo que estabelece regras para determinado concurso, não sendo tecnicamente uma lei. As regras do edital são passíveis de análise pelo Poder Judiciário se violarem princípios e regras constitucionais. Muito embora não seja dado ao Judiciário entrar no mérito dos critérios escolhidos pela comissão de concurso, a teoria do controle dos atos administrativos evoluiu para abarcar na verificação da legalidade diversos vícios na realização do certame, inclusive aqueles referentes à irrazoabilidade dos critérios escolhidos (ver item referente à razoabilidade ou proporcionalidade).

Um edital de concurso apenas poderá prever critérios que sejam pertinentes ou que guardem adequação com as atribuições do cargo disputado. Pode até ocorrer de haver no edital critério que, isoladamente, pode vir a ser mal interpretado, como a seleção de pessoas do sexo feminino, mas se for uma disputa para vaga em penitenciária feminina para atribuição que demande pessoa desse sexo, não haverá inconstitucionalidade.

Também as políticas de ação afirmativa, como o percentual de vagas para deficientes, não são, via de regra, inconstitucionais; pois viabilizam o princípio da igualdade em sua dimensão material, pela qual se constata que tratar pessoas que se encontram em desigualdade de forma idêntica significa perpetuar injustiças, tanto que o art. 37, VIII, da Constituição determina, para esta última hipótese, que a lei reservará percentual[65] para cargos e empregos públicos para pessoas portadoras de deficiência e definirá critérios de sua admissão.

Ressalte-se que a Lei nº 12.990/2014, que representa um desdobramento das políticas de ação afirmativa que derivaram do Estatuto da Igualdade Racial (Lei nº 12.288/2010), obriga que os concursos públicos para provimento de cargos efetivos e empregos públicos no âmbito da administração pública federal, das autarquias, das fundações públicas, das empresas públicas e das sociedades e economia mista controladas pela União reservem **aos negros 20% das vagas** oferecidas.

Na ADC 41, o Plenário do STF declarou ser constitucional a integralidade da Lei nº 12.990, que reserva aos negros 20% das vagas dos concursos para provimento de cargos efetivos na Administração Pública. De acordo com o voto de Barroso, há o dever de reparação histórica da escravidão e do racismo estrutural existente na sociedade brasileira. Segundo salientado pela Min. Cármen Lúcia, por ocasião do julgamento, o preconceito contra negros ou contra mulheres, entre outros, é insidioso e existe de forma acobertada, sendo muitas vezes traduzido em brincadeiras que nada mais são do que verdadeiras injúrias, que causam indignação.[66] Daí a importância das ações afirmativas.

Só será aplicada a reserva se o número de vagas oferecidas pelo concurso for igual ou superior a três. A reserva de vagas a candidatos negros constará expressamente dos editais dos concursos, que devem especificar o total de vagas correspondentes à reserva para cada cargo ou emprego público oferecido.

O critério utilizado é a autodeclaração por parte de pretos e pardos no ato de inscrição em concurso público, conforme quesito de cor ou raça utilizado pelo IBGE. Se houver declaração falsa, o candidato será eliminado do concurso e ficará sujeito à anulação de sua admissão ao serviço ou emprego público, após procedimento administrativo, desde que lhe seja assegurada a ampla defesa, sem prejuízo de outras sanções cabíveis.

---

[65] O § 2º do art. 5º da Lei nº 8.112/90 assegura às pessoas portadoras de deficiência o direito de se inscreverem em concurso público para provimento de cargo cujas atribuições sejam compatíveis com a deficiência de que são portadoras; sendo reservado para elas **até** 20% das vagas oferecidas no concurso. O percentual refere-se, portanto, a um **limite máximo** de vagas reservadas.

[66] Notícias STF – Plenário declara constitucionalidade da Lei de Cotas no serviço público federal. Disponível em: <http://stf.jus.br/portal/cms/verNoticiaDetalhe.asp?idConteudo=346140>. Acesso: em 14 fev. 2018.

A lei que prevê cotas de negros nos concursos públicos federais é uma lei temporária, que terá vigência de dez anos, isto é, até 2024. Daí existe projeto em curso para renovação das cotas para negros (pretos e pardos) em concurso, que pretende aumentar o percentual de 20 para 30%, incluindo também indígenas e quilombolas. Trata-se também de opção adequada com o espírito das políticas de ação afirmativa, as quais geralmente envolvem medidas (temporárias, no caso dos negros) tomadas pelo Estado para combater desigualdades historicamente vivenciadas. Contudo, como a política pública de inclusão deve ser suficiente para proporcionar uma alteração significativa na exclusão, é necessário que haja prorrogação posterior ou mesmo edição de uma nova lei para a continuidade das políticas de ação afirmativa.

Ademais, a Lei nº 14.724/2023 e o Decreto 11.839/23, que regulamentam o art. 29 e o parágrafo único do art. 31 da Lei nº 14.724, de 14 de novembro de 2023, dispõem sobre a reserva de vagas para indígenas e a comprovação de experiência em atividades com populações indígenas nos concursos públicos para provimento de cargos efetivos do quadro de pessoal da Fundação Nacional dos Povos Indígenas – Funai.

Outro ponto a ser mencionado é a Lei nº 13.872/2019, que estabelece à mãe o direito de amamentar seus filhos de até seis meses de idade durante a realização de provas ou de etapas avaliatórias em concursos públicos na administração pública direta e indireta dos Poderes da União, mediante prévia solicitação à instituição organizadora.

De acordo com a lei, a mãe terá o direito de proceder à amamentação a cada intervalo de duas horas, por até 30 minutos, por filho. Durante o período de amamentação, a mãe será acompanhada por fiscal. O tempo despendido na amamentação será depois compensado durante a realização da prova, em igual período. O direito à amamentação deve ser expresso no edital do concurso que estabelecerá o prazo para que a mãe manifeste seu interesse em exercê-lo.

No Tema 973, derivado do RE 1058333, Rel. Min. Luiz Fux, de 21.11.2018, o Supremo Tribunal Federal estabeleceu que é constitucional a remarcação do teste de aptidão física de candidata que esteja grávida à época de sua realização, independentemente de haver previsão expressa nesse sentido no edital do concurso público.

Note-se que o Supremo Tribunal Federal entendeu constitucional, em decisão com repercussão geral (RE 635739/AL, Rel. Gilmar Mendes, j. 19.2.2014), a regra denominada *cláusula de barreira*, que, ao ser inserida no edital, limita o número de candidatos participantes de cada fase da disputa, com o intuito de selecionar apenas os concorrentes melhor classificados para prosseguir no certame.

A aprovação em concurso público não conferia, no passado, ao aprovado direito à investidura, mas mera expectativa de direito à nomeação no cargo ou admissão no emprego público, pois a decisão de prover os cargos (ou empregos) era tida por discricionária, ou seja, da conveniência e oportunidade da Administração Pública.

O direito subjetivo emergiu, no entanto, de situações específicas que foram sendo paulatinamente ampliadas pelos Tribunais Superiores, tendo em vista a revisão dos limites do conceito entre discricionariedade e vinculação nesta seara, quais sejam:

- quando o candidato aprovado for **preterido** na nomeação em relação a candidato que tenha pior classificação, ou seja, o candidato aprovado em melhor classificação não é chamado, tendo sido, no entanto, nomeado ou admitido outro em posição inferior do mesmo concurso, em violação aos princípios da legalidade, moralidade e da impessoalidade administrativas;
- quando o candidato aprovado em concurso anterior constata que dentro do prazo de validade a Administração promove **outro concurso** e nomeia candidato aprovado no posterior, pois, conforme visto, de acordo com o art. 37, IV, da Consti-

tuição, durante o prazo improrrogável previsto no edital o aprovado em concurso será convocado com *prioridade* sobre novos concursados para assumir cargo ou emprego, na carreira;

- quando a Administração Pública, "tendo necessidade de pessoal, **requisita** servidores, em vez de nomear candidatos aprovados em concurso cujo prazo de validade ainda vige, ofende direito subjetivo dos aprovados à nomeação, segundo a ordem que se classificaram",[67] hipótese que abrange: além da requisição, qualquer outra forma de preenchimento do cargo que deveria ter sido realizado por concurso, seja pela **terceirização** ou mesmo pela **contratação temporária**,[68] tendo em vista que os concursados têm prioridade no preenchimento das vagas;[69] e por fim, um último item, já sedimentado também no STF,[70] em harmonia com diversas decisões do STJ no mesmo sentido, quando o candidato foi aprovado, dentro do **número de vagas** previstas no **edital** e não é nomeado.

- Uma questão enfrentada pelo STF, em 2 de fevereiro de 2024, é como fica a situação da pessoa que é aprovada fora do número de vagas, mas dentro da validade do concurso público, se a Administração contrata pessoas? Tratou-se de caso em que o edital do concurso para professor previa apenas uma vaga e a autora da ação foi aprovada em 10º lugar, contudo, após a nomeação do 1º colocado e, ainda dentro do prazo de validade do concurso, o Estado contratou temporariamente sete professores fora da lista do concurso, depois, encerrado o prazo de validade, outras 24 pessoas foram contratadas temporariamente.

- A autora alegou que foi preterida e que, por isso, teria direito à nomeação, já que as vagas existentes deveriam ser preenchidas por candidatos aprovados em concurso público. Por unanimidade, o STF decidiu que o candidato aprovado em concurso público fora das vagas previstas no edital (cadastro de reserva) só tem direito à nomeação se o preenchimento das vagas por outras formas de contratação ou sem observância da ordem de classificação ocorrer *durante o prazo de validade do concurso*.

---

[67] STF, RMS 458/RJ. Min. Rel. Cezar Peluso, 30.3.2007. Inclusive o STF decidiu, com repercussão geral, que é inconstitucional lei que institua hipóteses abrangentes e genéricas de contratações temporárias sem concurso público, tampouco especifique a contingência fática que evidencie situação de emergência (RE 658026/MG, Rel. Min. Dias Toffoli, j. 9.4.2014).

[68] Desde que se comprove que as "contratações ocorreram, não obstante existissem cargos de provimento efetivo desocupados", pois "se a Administração preencheu as vagas existentes de cargos de provimento efetivo de acordo com a ordem classificatória do concurso público e, além disso, contratou terceiros de forma temporária, presume-se que há excepcional interesse público a demandar essa conduta, razão por que não se pode entender tenha atuado de forma ilegal ou mediante abuso de poder". Cf. MS 13823/DF, denegado pelo Min. Arnaldo Esteves Lima, em decisão de 28.4.2010, in *RSTJ* nº 219, p. 473.

[69] O que, advirta-se, não abrange a remoção, conforme orientação do STJ, que reconhece um certo direito de preferência às remoções em face de eventuais novas nomeações provenientes de concursos públicos. Conforme expõe João Pedro Imparato Spörl, "O STJ tem adotado entendimento de que, na hipótese de concomitância entre concurso interno de remoção e concurso de provas e títulos deve ser dada preferência aos servidores de carreira no caso da existência de cargos vagos". Cf. SPÖRL, João Paulo Imparato. A abertura de concurso de remoção pela administração revela que a existência de vaga a ser preenchida pelo servidor aprovado é de interesse público. Cf. DI PIETRO, Maria Sylvia Zanella; NOHARA, Irene Patrícia. *Teses Jurídicas dos Tribunais Superiores: Direito Administrativo*, São Paulo: Revista dos Tribunais, 2017, v. III. p. 784.

[70] Conforme a decisão, com repercussão geral, do RE 598.099/MS, Min. Rel. Gilmar Mendes, de 10 de agosto de 2011.

- Trata-se do **tema 683**, com repercussão geral, proveniente do RE 766.304, em que se fixou a seguinte tese de julgamento: "A ação judicial visando ao reconhecimento do direito à nomeação de candidato aprovado fora das vagas previstas no edital (cadastro de reserva) deve ter por causa de pedir preterição ocorrida na vigência do certame."

> **DEBATE DE PONTO ESPECÍFICO: aprovação no número de vagas previstas e vinculação da administração**
>
> O Superior Tribunal de Justiça capitaneou entendimento de que o candidato aprovado dentro do número de vagas previstas no edital tem direito subjetivo à nomeação e não mera expectativa de direito.
>
> A 6ª Turma do STJ decidiu que:
>
> 1. Em conformidade com jurisprudência pacífica desta Corte, o candidato aprovado em concurso público, dentro do número de vagas previstas em edital, possui direito líquido e certo à nomeação e à posse. 2. A partir da veiculação, pelo instrumento convocatório, da necessidade de a Administração prover determinado número de vagas, a nomeação e posse, que seriam, a princípio, atos discricionários, de acordo com a necessidade do serviço público, tornam-se vinculados, gerando, em contrapartida, direito subjetivo para o candidato aprovado dentro do número de vagas previstas em edital (RMS 20.718/SP, em 4.12.2007). Também, do STJ, há o RMS 19.478/SP, o RMS 15.420/PR e o RMS 15.345/GO.
>
> A argumentação pauta-se no fato de que se a Administração estabeleceu que necessita de determinadas vagas, ela se vincula ao disposto no edital do certame, "razão pela qual a nomeação fugiria ao campo da discricionariedade, passando a ser ato vinculado" (STJ, 5ª T., RMS 15.034/RS, Rel. Min. Felix Fischer, j. 19.2.2004).
>
> É de fato imoralidade que fere a boa-fé daquele que participa de concurso público constatar que foi aprovado dentro do número de vagas anunciado no edital, mas que há larga discricionariedade da Administração no sentido de nomeá-lo ou não. Significa dizer que ele estará à mercê da vontade política dos agentes públicos e com uma mera expectativa de direito à nomeação.
>
> Por outro lado, entender que a decisão de prover os cargos ou empregos públicos pela Administração é vinculada significa retirar a margem de discricionariedade que antes era reconhecida à Administração para não investir os aprovados em determinadas vagas anunciadas, quando evento posterior imprevisível prejudique o interesse público na nomeação. Neste caso o agente público competente poderá apenas revogar o concurso antes que haja aprovados, e devolver os valores pagos como taxa de inscrição, sob pena de se comprometer com o preenchimento do número de cargos anunciado no edital.
>
> Segundo Nilson Naves, no voto-vista do julgamento do recurso em mandado de segurança nº 20.718/SP no STJ, *in verbis*: **"o concurso representa uma promessa do Estado, mas promessa que o obriga, é claro – o Estado se obriga ao recrutamento de acordo com o número de vagas"**. Seria inadmissível haver cargo vago, previsão orçamentária, candidato aprovado dentro da vaga ofertada e a Administração não mais ter vontade política de preenchê-lo. Por isso, é necessário que o gestor público se atente para a responsabilidade (jurídica) que decorrerá de um inadequado planejamento de suas atividades.[71]

---

[71] Planejar-se para a consequência jurídica de suas promessas não significa, no entanto, abuso do sistema do cadastro de reserva, geralmente utilizado por estatais como meio de não se vincularem. Com os efeitos de repercussão geral dados pelo Supremo no RE 598.099/MS, em 2011, agora esse não é mais um ponto tão controvertido.

12.12 Proibição de acumulação remunerada de cargos públicos

É vedada, de acordo com os incisos XVI e XVII do art. 37 da Constituição Federal, a acumulação remunerada de cargos, empregos ou funções na Administração Pública, estendendo-se a proibição às autarquias, fundações, empresas públicas, sociedades de economia mista, suas subsidiárias, e sociedades controladas, direta ou indiretamente, pelo Poder Público.

O objetivo desta restrição é evitar a situação de acúmulo de atribuições na Administração Pública por pessoas que provavelmente estarão menos preocupadas em cumprir os deveres e responsabilidades do cargo, emprego ou função do que em aumentar sua renda pessoal.

A proibição do acúmulo remunerado evita a situação dos funcionários "turistas" ou até dos vulgarmente chamados "fantasmas", que se enriquecem ilicitamente com a remuneração paga pelos cofres públicos sem oferecer contrapartida funcional. Trata-se de uma exigência pautada nos princípios da moralidade e da eficiência administrativas.

O art. 37, XVI, da Constituição Federal, todavia, excepciona a vedação, desde que haja compatibilidade de horários,[72] observado o limite do teto remuneratório estabelecido no inciso XI do mesmo artigo, para:

- dois cargos de **professor**;
- um cargo de **professor** com outro, **técnico ou científico**; e
- dois cargos ou empregos privativos de **profissionais de saúde** com profissões regulamentadas.

De acordo com a Resolução nº 218/1997, do Conselho Nacional de Saúde, são profissionais da saúde com profissões regulamentadas: Assistente Sociais; Biólogos; Profissionais de Educação Física; Enfermeiros; Farmacêuticos; Fisioterapeutas; Fonoaudiólogos; Médicos; Médicos Veterinários; Nutricionistas; Odontólogos; Psicólogos; e Terapeutas Ocupacionais. Note-se que, conforme visto, a Lei nº 14.536/2023 estabeleceu que os agentes comunitários de saúde e os agentes de combate às endemias são considerados profissionais de saúde, com profissões regulamentadas, para fins de acúmulo da alínea *c* do inciso XVI do *caput* do art. 37 da Constituição Federal. Então, existem diversos profissionais da saúde com profissões regulamentadas, sendo essas menções exemplos deles.

Também são previstos na Constituição Federal outros dois casos de acumulação: (a) o do art. 95, parágrafo único, I, que dispõe: aos juízes é vedado "exercer, ainda que em disponibilidade, outro cargo ou função, salvo uma de magistério"; e (b) o do 128, § 5º, II, *d*, que estabelece para os membros do Ministério Público a vedação de "exercer, ainda que em disponibilidade, qualquer outra função pública, salvo uma de magistério".

Os administrativistas têm interpretações diversas sobre a abrangência de tais dispositivos legais. Lúcia Valle Figueiredo entende que o juiz "só pode exercer uma função de magistério, seja pública ou privada"[73] e o promotor pode exercer "outra função pública de magistério, nenhuma restrição havendo quanto ao magistério particular".[74]

---

[72] Além da compatibilidade, a jurisprudência exige que a jornada semanal de trabalho não ultrapasse 60 horas semanais, a exemplo da decisão de relatoria do Min. Mauro Campbell Marques, no MS 19.336-DF, j. 26.2.2014: "é vedada a acumulação de dois cargos públicos privativos de profissionais de saúde quando a soma da carga horária referente aos dois cargos ultrapassar o limite máximo de sessenta horas semanais".

[73] FIGUEIREDO, Lúcia Valle. *Curso de direito administrativo*. 7. ed. São Paulo: Malheiros, 2004. p. 603.

[74] FIGUEIREDO, Lúcia Valle. *Curso de direito administrativo*. 7. ed. São Paulo: Malheiros, 2004. p. 603.

José dos Santos Carvalho Filho, por sua vez, considera que a restrição do texto constitucional (uma única função), mesmo para os juízes, se refere ao desempenho de atividades em instituições públicas, portanto, "nada impede que, além do cargo de magistério nessas instituições, o magistrado tenha contato com instituições ou cursos do setor privado, desde que, obviamente, haja compatibilidade de horários com o exercício da judicatura". Este último doutrinador defende, ainda, que o juiz, não ocupando cargo em estabelecimento público, pode ter mais de um contrato de professor em instituições privadas.

Note-se que o art. 37, § 10, veda a percepção simultânea de **proventos** de aposentadoria decorrentes do art. 40 (referentes aos servidores titulares de cargos efetivos) ou dos arts. 42 e 142 (militares dos Estados e Distrito Federal ou das Forças Armadas), com a **remuneração** de cargo, emprego ou função pública, exceto em três hipóteses:

- cargos acumuláveis na forma da Constituição (art. 37, XVI, *a*, *b* e *c*);
- cargos eletivos; e
- cargos em comissão de livre nomeação e exoneração.

12.13 Servidores públicos e mandato eletivo

Segundo expõe Alexandre de Moraes,[75] a Emenda Constitucional nº 19/98 procurou imprimir uma disciplina ao servidor público no exercício de mandato eletivo que conjugasse a independência no exercício do mandato com a garantia dos interesses do servidor, diante da temporariedade do mandato.

As disposições aplicadas estão no art. 38 da Constituição Federal, que contempla as seguintes regras:

- tratando-se de mandato eletivo **federal, estadual ou distrital**, ficará afastado de seu cargo, emprego ou função;
- investido do mandato de **Prefeito**, será afastado do cargo, emprego e função, sendo-lhe facultado optar pela remuneração;
- investido no mandato de **vereador**, havendo compatibilidade de horários, perceberá as vantagens de seu cargo, emprego ou função, sem prejuízo da remuneração do cargo eletivo[76] e, não havendo compatibilidade, será aplicada a regra do inciso anterior, isto é, será afastado do cargo, emprego e função, sendo-lhe facultada a opção pela remuneração; e
- em qualquer caso que exija o afastamento para o exercício de mandato eletivo, seu serviço será contado para todos os efeitos legais, **exceto** para promoção por merecimento.

O exercício de função executiva em instituição sindical representativa de classe não se confunde com o exercício de mandato eletivo, previsto no art. 38 da Constituição. No entanto, a ADI 510/AM, de relatoria da Ministra Cármen Lúcia, j. 11.6.2014, reconheceu a possibilidade de norma constitucional estadual assegurar aos servidores públicos estaduais dirigentes

---

[75] MORAES, Alexandre de. *Direito constitucional*. São Paulo: Atlas, 2007. p. 360.

[76] Por isso entendemos que o conteúdo da Súmula 34/STF: "No Estado de São Paulo, funcionário eleito vereador fica licenciado por toda duração do mandato", de 13.12.1963, não foi recepcionado pela Constituição de 1988.

sindicais o afastamento do exercício do cargo, sem prejuízo da remuneração e das vantagens inerentes ao cargo público.

Ressalte-se, conforme exposto, que aos juízes e membros do Ministério Público é vedada a filiação político-partidária (arts. 95, parágrafo único, III, e 128, § 5º, II, *e*, da CF), o que impede, por consequência, que se candidatem em eleições, pois no sistema brasileiro não há candidatura autônoma. Para se candidatar, portanto, devem se afastar definitivamente de suas funções institucionais, conforme ficou evidenciado também aos membros do Ministério Público após alteração do texto constitucional pela Emenda nº 45/2004.[77]

12.14 Sistemas remuneratórios

Após a Emenda Constitucional nº 19/98, houve a divisão dos sistemas remuneratórios dos servidores públicos em dois:

- o sistema da **remuneração** ou do **vencimento**, que compreende uma remuneração fixa e outra variável, composta de diversas vantagens pecuniárias; e
- o sistema do **subsídio**, constituído exclusivamente de parcela única, sem a percepção de outras vantagens.

O subsídio está disposto no art. 39, § 4º, da Constituição que estabelece que a ele se aplica uma parcela única, sendo **vedado** o acréscimo de qualquer: gratificação, adicional, abono, prêmio, verba de representação ou outra espécie remuneratória, obedecido o disposto no art. 37, X e XI.

São remunerados por subsídio, conforme os arts. 39, § 4º, 128, § 5º, I, *c*, 135 e 144, § 9º:

- os agentes políticos: os detentores de mandato eletivo, os Ministros de Estado e Secretários;
- os membros de Poder: Legislativo, Executivo ou Judiciário;
- os Membros do Ministério Público;
- os Ministros e Conselheiros dos Tribunais de Contas;
- os integrantes da Advocacia Geral da União;
- os defensores públicos;
- os servidores policiais (ex.: polícia civil estadual e polícia federal);
- os policiais militares e os corpos de bombeiros militares; e
- conforme art. 39, § 8º, da Constituição qualquer outra categoria de servidores públicos organizados por carreira, desde que haja lei respectiva do ente federativo competente nesse sentido.

---

[77] Antes da redação nova, admitia-se que se licenciassem do cargo, como se decidiu na ADI 1.371-8/DF, mas a Emenda Constitucional nº 45/2004 pacificou as discussões que havia até então, sendo que a Resolução nº 22.095 do TSE, in *DJ* 4.10.2005, p. 89, fixou que a "aplicação da EC nº 45/2004 é imediata e sem ressalvas, abrangendo tanto aqueles que adentraram nos quadros do Ministério Público antes, como depois da referida emenda à Constituição".

Tanto o subsídio quanto a remuneração dos ocupantes de cargos e empregos públicos submetem-se à proibição de irredutibilidade de vencimentos,[78] de acordo com o art. 37, XV, da Constituição. Ademais, a remuneração por subsídio não inviabiliza a percepção do décimo-terceiro, adicional noturno, férias anuais e demais direitos assegurados no art. 39, § 3º, da Constituição.

12.15 Teto remuneratório

O art. 37, XI, da Constituição estabelece como teto geral a remuneração e o subsídio dos ocupantes de cargos, funções e empregos públicos[79] da administração direta, autárquica e fundacional, dos membros de qualquer dos Poderes da União, dos Estados, do Distrito Federal e dos Municípios, dos detentores de mandato eletivo e dos demais agentes políticos e os proventos, pensões ou outra espécie remuneratória, percebidos cumulativamente ou não,[80] incluídas as vantagens pessoais ou de qualquer outra natureza: o subsídio em espécie dos Ministros do Supremo Tribunal Federal.

Como **teto específico**, aplica-se como limite do mencionado artigo:

- nos **Municípios**: o subsídio do Prefeito;
- nos **Estados e no Distrito Federal**:
1. o subsídio do Governador para o Poder Executivo;
2. o subsídio dos Deputados para o Poder Legislativo; e
3. o subsídio dos Desembargadores do Tribunal de Justiça para o Poder Judiciário, aplicável ao Ministério Público, aos Procuradores e aos Defensores Públicos.

É facultado aos Estados e ao Distrito Federal, conforme dispõe o art. 37, § 12, da Constituição, fixar mediante emenda às respectivas Constituições e Lei Orgânica, como **limite único** o subsídio mensal dos Desembargadores do respectivo Tribunal de Justiça, exceto para os Deputados Estaduais, Distritais e os Vereadores.

Note-se que, apesar de o mencionado dispositivo ter limitado o subsídio dos Desembargadores do Tribunal de Justiça em 90,25% (noventa inteiros e vinte e cinco centésimos por cento) do subsídio mensal, em espécie, dos Ministros do Supremo Tribunal Federal, o STF na ADI 3854-1[81] decidiu que esse limite é inconstitucional, pois como o Judiciário é uno e tem caráter nacional, pois se submete a estatuto único, que é a Lei Complementar nº 35/79, seria violação à isonomia a existência de um subteto (em valor percentualmente menor) para a magistratura estadual.

---

[78] Conforme a Súmula Vinculante nº 42, resultante da conversão da Súmula nº 681: "É inconstitucional a vinculação do reajuste de vencimentos de servidores estaduais ou municipais a índices federais de correção monetária".

[79] De acordo com a OJ 339/TST: "As empresas públicas e as sociedades de economia mista estão submetidas à observância do teto remuneratório previsto no inciso XI do art. 37 da CF/88, sendo aplicável, inclusive ao período anterior à alteração introduzida pela Emenda Constitucional nº 19/98".

[80] Só permitida, excepcionalmente, a cumulação de proventos de aposentadoria em sistema próprio com a remuneração de cargo, emprego ou função pública, nas circunstâncias do § 10 do art. 37 da Constituição.

[81] Ação proposta pela Associação dos Magistrados Brasileiros (AMB), tendo sido relator o Ministro Cezar Peluso, DJU 8.3.2007.

O Supremo Tribunal Federal, no RE 606.358, de 18.11.2015, debateu a questão do abatimento pelo teto, determinando que, para efeito de observância deste, computam-se também valores percebidos antes da vigência da Emenda Constitucional 41/2003, a título de vantagens pessoais pelo servidor público, no entanto, em prestígio à segurança jurídica, é desnecessária a restituição pelos servidores dos valores recebidos em excesso ou de boa-fé[82] até a data da decisão (18.11.2015).

O Supremo reiterou a regra conhecida no sentido de que: as vantagens pessoais são incluídas na remuneração e limitadas ao teto constitucional, diferentemente das verbas indenizatórias, que não são.

São **vantagens pessoais** aquelas percebidas em função das características da atividade desempenhada por cada servidor, como o adicional por tempo de serviço, que é concedido em função do tempo pessoal despendido no exercício das atribuições.

Por outro lado, as verbas **indenizatórias**, conforme dito, não se incluem no teto remuneratório. Indenizatórias são as verbas que objetivam compensar algum gasto, ou seja, que não acrescentam, como regra geral, valores à remuneração, como, por exemplo, as diárias de viagens. A Emenda Constitucional nº 135/2024 alterou a redação do § 11 do art. 37 da Constituição, flexibilizando o teto, ao estabelecer que não serão computadas, para efeito dos limites remuneratórios de que trata o inciso XI, as parcelas de caráter indenizatório expressamente previstas em lei ordinária, aprovada pelo Congresso Nacional, de caráter nacional, aplicada a todos os Poderes e órgãos constitucionalmente autônomos.

Segundo expõe Paulo Modesto, as vantagens indenizatórias se destacam pelas seguintes características:

- são eventuais, pois não são necessárias, ou inerentes, ao exercício de cargo público permanente;
- são compensatórias, pois estão relacionadas a riscos, despesas, fatos ou ônus especiais;
- são isoladas, não se incorporando aos vencimentos, subsídios ou proventos para qualquer fim; e
- são impessoais, referidas a fatos e não à pessoa do servidor ou do agente.[83]

Há discussão sobre se o auxílio-moradia seria mesmo uma verba indenizatória, apesar do reconhecimento desse caráter por decisão do Supremo Tribunal Federal, pelo ministro Luiz Fux, na AO 1773/14, para magistrados da Justiça do Trabalho, da Justiça Militar e dos Estados, mesmo se tivessem residência própria, havendo, na sequência, pedido por integrantes do Ministério Público e dos Tribunais de Contas Estaduais.

O debate centra-se no fato de que, para ser verba indenizatória, o auxílio-moradia deve indenizar uma situação de gasto efetivo por parte daquele que dele usufrui, não podendo ser estendido genericamente, pois se transformaria em verba pessoal, perdendo, portanto, o caráter de verba indenizatória.

Na decisão, foi estabelecido que o pagamento do benefício deve ser feito onde não haja residência oficial para os magistrados, mas, ainda assim, segue sendo contestada a forma como

---

[82] O STJ emitiu jurisprudência em tese que corrobora tal orientação, especificando que: "É indevida a devolução ao erário de valores recebidos de boa-fé, por servidor público ou pensionista, em decorrência de erro administrativo operacional ou nas hipóteses de equívoco ou má interpretação da lei pela Administração Pública".

[83] MODESTO, Paulo. *Remuneração, subsídio e indenização*: notas para uma semântica republicana. Colunistas, n. 300, ano 2016, p. 3, Disponível em: http://www.direitodoestado.com.br/colunistas/paulo-modesto/remuneracao--subsidio-e-indenizacao-notas-para-uma-semantica-republicana. Acesso em: 16 nov. 2016.

é concedido o auxílio-moradia, que, para ser reconhecido como verba indenizatória, deveria efetivamente indenizar gastos com moradia e jamais representar um acréscimo remuneratório.

Note-se que, além de serem excluídas do teto, sobre as verbas indenizatórias não incide imposto de renda.

A mencionada decisão do Supremo Tribunal Federal, de lavra de Luiz Fux, acabou prejudicando interpretação que era corrente no sentido de que o auxílio-moradia teria natureza salarial, motivo pelo qual incidiria imposto de renda sobre a verba (TRF 4, AC 4439/RS, j. 24.2.2010), caracterizando-se, pois, como um tema controvertido e que continua a suscitar inúmeros debates na seara do Direito Administrativo. Após a decisão de Fux, os Conselhos Nacionais da Justiça e do MP estenderam o auxílio-moradia aos membros que não tivessem à disposição residência oficial, há, hoje, na pauta do Plenário do STF uma ação da Ajufe que será julgada sobre o assunto.

12.16 Aposentadoria

Enquanto a remuneração dos servidores ativos é feita com vencimentos ou com subsídios, conforme visto, os servidores inativos, isto é, os aposentados, percebem proventos. Aposentadoria é o direito à inatividade remunerada. Note-se que também recebem proventos os servidores que se encontram em disponibilidade. Já os pensionistas de servidores falecidos, conforme a própria denominação ressalta, recebem pensão.

O cálculo da aposentadoria do servidor depende do regime previdenciário a que ele se vincula. Há duas modalidades básicas de regime:

- o *Regime Geral da Previdência Social* (RGPS), aplicável ao servidor ocupante exclusivamente de **cargo em comissão** declarado em lei de livre nomeação e exoneração, bem como outro **cargo temporário** (que, conforme visto, a rigor seria função temporária, apesar do termo empregado na Constituição) ou também de **emprego público**, igual ao do trabalhador privado, e estabelecido no art. 201 e seguintes da Constituição, disciplinados pela Lei nº 8.212/91; e

- o *Regime de Previdência Próprio* do servidor titular de cargo efetivo ou vitalício da União, dos Estados, do Distrito Federal e dos Municípios, incluídas suas autarquias e fundações, previsto no art. 40 da Constituição e disciplinado pela Lei nº 9.717/98, com alterações da Lei nº 10.887/2004 e da Emenda nº 103/2019.

O regime previdenciário próprio sofreu significativas alterações com as Emendas Constitucionais nºs 20/98, 41/2003, 47/2005 e 103/2019. A Emenda nº 41/2003 extinguiu, por exemplo, o sistema anterior que se pautava na *integralidade dos proventos*, isto é, na equivalência entre vencimentos no cargo em que se deu a aposentadoria e proventos. Agora existem fórmulas legais[84] previstas para o cálculo do valor, que não é mais o mesmo da remuneração.

Também não há mais, a partir da mencionada emenda, como pleitear paridade e exigir que os benefícios e as vantagens acrescidas à remuneração dos servidores da ativa sejam estendidos aos servidores que recebam proventos. A Constituição apenas determina que os benefícios devem ser devidamente atualizados, para preservação do valor, na forma da lei.

---

[84] Ver art. 1º da Lei nº 10.887/2004.

Note-se que, pelo sistema do direito adquirido,[85] a modificação nas normas não atinge aqueles que completaram os requisitos da aposentadoria, mesmo que não a tenham requerido ao tempo da nova redação, havendo, inclusive, conforme será visto no próximo item, tratamentos transitórios para quem tenha ingressado no funcionalismo antes das Emendas Constitucionais n°s 20/98, 41/2003 e 47/2005.

O regime de previdência tem caráter contributivo e solidário, este último atributo será discutido no quadro dos temas polêmicos, sendo vedada percepção de mais de uma aposentadoria do regime previdenciário do art. 40, ressalvadas as decorrentes de cargos acumuláveis que, de qualquer forma, também devem obedecer ao teto constitucional remuneratório.

A Emenda nº 103/2019 estabeleceu que os entes federativos (União, Estados, Distrito Federal e Municípios) instituirão, por lei de iniciativa do respectivo Poder Executivo, regime de previdência complementar para servidores públicos ocupantes de cargo efetivo, observado o limite máximo dos benefícios do RGPS (Regime Geral de Previdência Social) para o valor das aposentadorias e das pensões em regime próprio de previdência social.

A ideia da criação do sistema de **previdência complementar** foi oferecer uma compensação às mudanças processadas no regime de previdência próprio dos servidores com as Reformas da Previdência (a partir da Emenda Constitucional nº 20/98 e, mais recentemente, com a Emenda nº 103/2019), pois o regime complementar oferece benefícios superiores ao teto do Regime Geral de Previdência Social. Os recursos somam-se, portanto, à aposentadoria básica, para que o servidor, após as mudanças, não tenha uma recaída tão pronunciada em seu padrão de vida com a aposentadoria.

Todos os servidores têm direito à aposentadoria por invalidez, compulsória e voluntária, porém, o valor dos proventos varia em função do regime previdenciário a que se vincula o servidor, havendo também diferentes requisitos para a outorga do benefício.

A **aposentadoria por incapacidade permanente para o trabalho**, que se dá no cargo em que estiver investido, quando insuscetível de readaptação, hipótese em que será obrigatória a realização de avaliações periódicas para a verificação da continuidade das condições que ensejaram a concessão de aposentadoria, na forma de lei do respectivo ente federativo.

A **aposentadoria compulsória** ou **obrigatória**[86] é a que ocorre quando o servidor atinge 75 anos de idade, conforme alteração feita ao art. 40, § 1º, II, da Constituição, pela Emenda Constitucional nº 88/2015, regulamentada depois pela Lei Complementar nº 152/2015, e dá ensejo à percepção de proventos proporcionais ao tempo de contribuição (art. 40, § 1º, II, CF), exceto na hipótese mais rara de o servidor paralelamente preencher, nesse momento, os requisitos para a aposentadoria voluntária do art. 40, § 1º, III, *a*. Como a Lei Complementar determinou que servidores federais, estaduais, distritais e municipais serão aposentados compulsoriamente aos 75 anos, ressalvados os integrantes do Serviço Exterior Brasileiro, cuja idade é estabelecida gradualmente, a hipótese mais corrente é dos 75, não obstante a Constituição estabelecer também que a aposentadoria compulsória pode ocorrer também aos 70 anos, como na sistemática anterior.

Note-se que, antes mesmo do vigor da lei complementar, estendendo a idade para os 75 anos, a Emenda Constitucional nº 88/2015, que adveio da PEC da Bengala, já determinou a

---

[85] Discussão relevante acerca do direito adquirido na perspectiva do ato administrativo é encontrada na obra de Fábio Mauro de Medeiros, na qual expõe vertentes doutrinárias que contrapõem as noções de caducidade e de decaimento. Cf. MEDEIROS, Fábio Mauro de. *Extinção do ato administrativo em razão da mudança da lei*. Belo Horizonte: Fórum, 2009. p. 104.

[86] O servidor ocupante exclusivamente de cargo em comissão pode permanecer na ativa mesmo depois de atingir a idade da aposentadoria compulsória, conforme se observa da decisão.

aposentadoria aos 75 anos[87] aos Ministros do Supremo Tribunal Federal, dos Tribunais Superiores e do Tribunal de Contas da União, e, a partir da vigência da Lei Complementar nº 152/2015, a idade se estende aos demais servidores titulares de cargos efetivos da União, dos Estados, do Distrito Federal e dos Municípios, incluídas suas autarquias e fundações; aos membros do Poder Judiciário; aos membros do Ministério Público; aos membros das Defensorias Públicas e aos membros dos Tribunais e Conselhos de Contas.

Ademais, a Emenda Constitucional nº 103/2019, conferiu a seguinte redação ao § 16 do art. 201 da Constituição: "os empregados dos consórcios públicos, das empresas públicas, das sociedades de economia mista e das suas subsidiárias serão aposentados compulsoriamente, observado o cumprimento do tempo mínimo de contribuição, ao atingir a idade máxima de que trata o inciso II do § 1º do art. 40, na forma estabelecida em lei." Esse era tema controvertido, pois se considerava que, como os empregados públicos não têm estabilidade, sendo celetistas, não se submeteriam às regras da aposentadoria compulsória (que seriam mais próprias dos estatutários com estabilidade). A redação da emenda muda tal realidade, que era controvertida na jurisprudência, mas, para que seja aplicada, ainda haverá de ser criada lei para regular essa hipótese de **aposentadoria compulsória do empregado público**.

Conforme o Tema 763 do STF, oriundo do julgamento do RE 786540, Rel. Min. Dias Toffoli, aprovado em 15.12.2016, servidores ocupantes de cargo exclusivamente em comissão não se submetem à regra da aposentadoria compulsória prevista no art. 40, § 1º, II, da Constituição Federal, a qual atinge apenas os ocupantes de cargo de provimento efetivo, inexistindo, também, qualquer idade limite para fins de nomeação a cargo em comissão. Ademais, não há óbice constitucional a que o servidor efetivo aposentado compulsoriamente permaneça no cargo comissionado que já desempenhava ou a que seja nomeado para cargo de livre nomeação e exoneração, uma vez que não se trata de continuidade ou criação de vínculo efetivo com a Administração.

A **aposentadoria** aos 62 anos para mulher e aos 65 anos para homem, no âmbito federal, sendo que os demais entes devem fazer alterações em suas respectivas Constituições e Leis Orgânicas, observados o tempo de contribuição e os demais requisitos estabelecidos em lei complementar do respectivo ente federativo.

A regra geral de aposentadoria, por enquanto para servidores[88] federais, é, portanto, da idade mínima de 62 anos para mulher e 65 para o homem, acrescidos de 25 anos de contribuição para ambos, sendo também exigidos 10 anos de comprovação no serviço público e 5 anos no cargo em que se der a aposentadoria. O cálculo tomará por base, como regra geral, 60% da média aritmética do período contributivo, desde 1994, acrescido de 2% ao ano a partir de 20 anos de contribuição.

Para professores, a regra geral envolve: idade mínima de 57 anos para mulher e 60 anos para homem, acrescidos de um tempo de contribuição de 25 anos e tempo de serviço de 10 anos, sendo 5 anos exercidos no cargo no qual se dará a aposentadoria. Importante verificar as regras de transição para analisar em qual sistema que os servidores próximos a se aposentar melhor se enquadram.

Conforme o § 18, acrescentado ao art. 40 pela EC nº 41/2003, incidirá contribuição sobre os proventos de aposentadoria e pensões do regime previdenciário próprio que superem

---

[87] Antes da alteração constitucional, era só de 70 anos.

[88] Note-se que os servidores podem converter o tempo de serviço especial em comum para fins de contagem recíproca até a EC nº 103.

o limite máximo[89] estabelecido para os benefícios do Regime Geral de Previdência Social – RGPS (do art. 201), com percentual igual ao estabelecido para os servidores titulares de cargos efetivos.

> **DEBATE DE PONTO CONTROVERTIDO: contribuição dos inativos**
>
> Um assunto que foi bastante debatido e que resultou no julgamento no STF das ADIs nos 3.105-8 e 3.128 foi a constitucionalidade da contribuição dos aposentados e pensionistas, conforme determinada pelo art. 4º da Emenda Constitucional nº 41/2003.
>
> Tal dispositivo estipulou a cobrança de contribuição de inativos e pensionistas que recebam proventos cujo valor supere o limite máximo dos benefícios do Regime Geral da Previdência Social (RGPS). A partir da referida emenda, todos os proventos e pensões (até mesmo os dos servidores que se aposentaram antes da alteração normativa, como confirmado pelo STF à revelia do que a doutrina normalmente interpretava como direito adquirido) cujo valor supere o limite do RGPS deverão contribuir, tendo por base, para que haja isonomia em relação aos aposentados pelo sistema do art. 201 da Constituição, que não contribuem, o montante que superar mencionado limite.
>
> O Supremo Tribunal Federal, em julgamento de 7 x 4, sendo vencidos os entendimentos dos Ministros Ellen Gracie, Carlos Ayres, Marco Aurélio e Celso de Mello, decidiu pela constitucionalidade da cobrança, com base, principalmente, nos seguintes argumentos: o regime jurídico dos servidores inativos não é inalterável; o art. 5º, XXXVI, da Constituição impõe que **"a lei"** não prejudicará direito adquirido, mas nada impede que haja alteração pelo Poder Constituinte Derivado (por Emenda Constitucional, portanto), pois não é assunto de proteção direta de "cláusula pétrea"; ninguém possui imunidade absoluta no tocante à carga tributária; e a contribuição dos inativos deve obedecer ao **princípio da solidariedade**, tendo em vista a superação das desigualdades.
>
> Apesar do decidido, não podemos deixar de observar que a doutrina no geral, seja do Direito Administrativo[90] ou do Direito Tributário,[91] tem ressaltado que a decisão das mencionadas ADIs foi mais de caráter *político-econômico* do que *técnico-jurídico*, à medida que objetivava manter uma alteração que veio para sanear os problemas enfrentados pelo sistema de previdência do funcionalismo em virtude, entre outros fatores, do aumento da expectativa de vida dos beneficiários e dos valores elevados dos proventos em relação ao regime geral da previdência social.
>
> Note-se que, apesar de ser problema digno de saneamento, por meio de reforma, outros remédios políticos poderiam ter sido criados, sem que houvesse necessidade de distorcer institutos do Direito, porquanto, do ponto de vista técnico, contribuição previdenciária sempre foi vista como proveniente das gerações ativas para que fosse usufruída pelas gerações inativas, mas não teria sentido ao aposentado, que já contribuiu ao longo da vida ativa, justamente para gozar de sua aposentadoria, contribuir também na inatividade.
>
> Como bem observou a Ministra Ellen Gracie, em voto vencido, o art. 4º da EC nº 41/2003 representava quebra da sinalagma da relação jurídica previdenciária, forçando aposentados e pensionistas a efetuarem verdadeira doação de seus proventos em nome do princípio da solidariedade. Tal contribuição seria, por conseguinte, mais uma doação de parcela dos proventos, ou mesmo, já que a doação pressupõe vontade, um verdadeiro **confisco** estatal, pois, em havendo o reconhecimento de sua natureza tributária, trata-se, pela análise do fato gerador, que é a renda auferida pelos proventos, de *imposto de renda*, sendo vedada, no caso, a bitributação, já que este último já recai sobre o mesmo fato gerador.

---

[89] Exceto em se tratando de portadores de doenças incapacitantes, que contribuirão sobre o dobro do limite máximo do RGPS, conforme determina o § 21 do art. 40 da Constituição, acrescentado pela EC nº 47/2005.

[90] DI PIETRO, Maria Sylvia Zanella. *Direito administrativo*. São Paulo: Atlas, 2010. p. 590-591. BANDEIRA DE MELLO, Celso Antônio. *Curso de direito administrativo*. São Paulo: Malheiros, 2008. p. 296-297.

[91] Parecer de Hugo Machado sobre a contribuição previdenciária dos inativos. *Jus Navigandi*, Teresina, ano 3, nº 32, jun. 1999. Disponível em: http://jus2.uol.com.br/pecas/texto.asp?id=271. Acesso em: 31 jul. 2010.

12.17 Tratamentos transitórios de aposentadoria

Depois da aprovação da Reforma da Previdência, proveniente da Emenda nº 103/2019, que tramitou como PEC 6, há duas regras de transição para os servidores (até o momento, aplicável aos servidores federais, mas conforme houver alteração nos regimes de outros entes, daí haverá também mudanças em outros âmbitos além do federal, além das alterações alcançarem, como bem enfatiza Paulo Modesto,[92] os servidores estaduais, distritais e municipais em regime de emprego público e investidos em cargo em comissão): a regra de transição do sistema de pontos e a regra de transição do pedágio.

Em primeiro lugar, sendo mais vantajoso para os servidores com mais idade, há o **sistema por pontos**. Os pontos representam a soma da idade mais o tempo de contribuição. Partindo-se da exigência dos 20 anos de efetivo exercício no serviço público, sendo 5 anos no cargo efetivo em que se dará a aposentadoria, os pontos serão, em 2019, acumulados com:

- **Mulher: 86 pontos = 56 anos de idade + 30 anos de contribuição**
- **Homem: 96 pontos = 61 anos de idade + 35 anos de contribuição**

A partir de 1º de janeiro de 2020, os pontos são progressivamente aumentados de um ponto por ano. Então, em 2020: 87 pontos para mulher e 97 pontos para o homem, o que vai até atingir 100 pontos à mulher e 105 pontos ao homem. No tocante à idade mínima, a partir de 1º de janeiro de 2022, haverá a elevação para 57 anos para a mulher e 62 anos ao homem.

A fórmula do cálculo da aposentadoria leva em consideração 60% da média aritmética do período contributivo, contado desde julho de 1994, sendo acrescido de 2% ao ano quando houver mais do que 20 anos de tempo de contribuição. Antes de 2003, havia o direito adquirido à paridade ou integralidade, mas depois se aplicou a média salarial para o cálculo.

Para professores que comprovem exclusivamente tempo de efetivo exercício das funções de magistério na educação infantil e no ensino fundamental e médio também se exigem 20 anos de tempo de serviço e cinco anos no cargo, acrescidos de:

- **Mulher: 81 pontos – desde que: 51 anos de idade mínima + 25 anos de contribuição**
- **Homem: 91 pontos – desde que: 56 anos de idade mínima + 30 anos de contribuição**

A partir de 1º janeiro de 2020, os pontos foram aumentados de um ponto por ano. Então, em 2020: 82 pontos para mulher e 92 pontos para o homem, o que vai até atingir 92 pontos para a mulher e 100 pontos para o homem. No tocante à idade mínima, a partir de 1º de janeiro de 2022, há a elevação para 52 anos de idade para a mulher e 57 anos ao homem.

Há também a regra de transição **com pedágio de 100%**. Esta prevê, em primeiro lugar, 20 anos de efetivo exercício no serviço público, sendo 5 anos no cargo efetivo em que se der a aposentadoria, acumulados com:

- **Mulher: 30 anos de tempo de contribuição, com idade mínima de 57 anos**
- **Homem: 35 anos de tempo de contribuição, com idade mínima de 60 anos**

---

[92] MODESTO, Paulo. *Reforma da Previdência atinge a servidores estaduais, distritais e municipais*. Conjur. 5.9.2019. Disponível em: https://www.conjur.com.br/2019-set-05/reforma-previdencia-atinge-servidores-estaduais--distritais-municipais. Acesso em: 30 jan. 2020.

Depois, o pedágio é o tempo que, na data de 12 de novembro de 2019 (data de entrada em vigor da emenda), faltava para o servidor chegar a 35 anos de contribuição (para homens) e, por sua vez, o tempo que faltava para a servidora chegar a 30 anos (para as mulheres). É um pedágio de 100% do tempo que falta para se aposentar. Assim, por exemplo, se o homem tinha 33 anos de contribuição quando da entrada em vigor da emenda, faltariam dois anos, o que significa que ele terá de trabalhar mais quatro anos (100%, isto é, o dobro do que faltava). Para o cálculo da aposentadoria, é feita a média de 100% de todas as contribuições desde julho de 1994.

Para professores, também são exigidos 20 anos de tempo de serviço e cinco anos no cargo, acrescidos de:

- **Mulher:** 52 pontos de idade mínima + 25 anos de contribuição exclusivos no magistério
- **Homem:** 55 anos de idade mínima + 30 anos de contribuição exclusivos no magistério

Note-se que no caso do(a) professor(a), a idade e o tempo de contribuição diminuem em cinco anos em relação à regra do servidor(a) que não é professor(a), sendo os demais requisitos idênticos, tornando-se obrigatório que se "pague" o pedágio de 100% do que faltava para a aposentadoria.

12.18 Sindicalização e direito de greve

O direito à livre associação sindical é garantia constitucional, inscrita no art. 37, VI, prevista como norma de aplicabilidade plena, ou seja, que não depende de legislação para ser exercitado. Este dispositivo eliminou a restrição do regime anterior, pois, até a edição da Constituição de 1988, a sindicalização era vedada aos servidores públicos estatutários ou celetistas e aos empregados das instituições "paraestatais". Os estatutos que abrigavam tal restrição não foram recepcionados pela Constituição.

Note-se que os **militares** das Forças Armadas e dos Estados, Distrito Federal e Territórios não têm direito à sindicalização, nem à greve, conforme determinação contida nos arts. 142, § 3º, IV, e 42, § 1º, da Constituição.

Outrossim, em 5 de abril de 2017, o Supremo Tribunal Federal estendeu a proibição aos **policiais civis** e aos demais servidores públicos que atuem diretamente na área de segurança pública. A decisão foi tomada pelo Plenário do STF, no julgamento do ARE 654.432/GO, com efeitos de repercussão geral, tendo sido aprovada a tese no sentido de que:

1. o exercício do direito de greve, sob qualquer forma ou modalidade, é vedado aos policiais civis e a todos os servidores públicos que atuem diretamente na área de segurança pública; e

2. é obrigatória a participação do Poder Público em mediação instaurada pelos órgãos classistas das carreiras de segurança pública, nos termos do art. 165 do Código de Processo Civil, para vocalização dos interesses da categoria.

Segundo expõe Maria Sylvia Zanella Di Pietro,[93] como a Constituição não estabelece, como fez para o trabalhador no art. 8º, normas que tratam do sindicato nessa hipótese, pode-se

---

[93] DI PIETRO, Maria Sylvia Zanella. *Direito administrativo*. São Paulo: Atlas, 2010. p. 548.

inferir que as normas do mencionado artigo são plenamente aplicáveis aos servidores públicos, até porque são perfeitamente compatíveis.

Assim, de acordo com o dispositivo do art. 8º, VIII, da Constituição Federal, extensível também aos servidores, é vedada a dispensa do sindicalizado a partir do registro da candidatura de cargo de direção ou representação sindical e, se eleito, ainda que suplente, até um ano após o final do mandato, salvo se cometer falta grave nos termos da lei.

O direito de greve, conforme a norma do art. 37, VII, da Constituição Federal, será exercido nos termos e nos limites definidos em lei específica. Esse dispositivo foi tido pelo STF como não autoaplicável (STF, *RDA* 207/226 e TJ/SP, *JTJ*, 198/80). O Supremo considerava que era norma constitucional de eficácia limitada que, antes da edição da Emenda Constitucional nº 19/98, dependia da edição de lei complementar, mas cuja redação atual demanda apenas lei ordinária específica.

Após anos de reconhecimento infrutífero pelo STF da mora do Legislador em criar lei específica que assegure o direito garantido na Constituição, os últimos mandados de injunção concedidos (ver item específico no capítulo do controle da Administração) têm sido orientados para a aplicação da Lei de Greve (Lei nº 7.783/89) aos servidores, como ocorreu no MI nº 708, no qual o Ministro Gilmar Mendes defende que, não suprida a lacuna legislativa, seja aplicada a Lei de Greve do trabalhador comum, não, porém, de forma irrestrita, mas "em razão de imperativos da continuidade dos serviços públicos, de acordo com as peculiaridades de cada caso concreto, e mediante solicitação de órgão competente, seja facultado ao juízo competente impor a observância de regime de greve mais severo, haja vista se tratar de serviços ou atividades essenciais, nos termos dos arts. 9º e 11 da Lei nº 7.783/89".

O Decreto 7.777/2012 dispõe sobre medidas para a continuidade de atividades de serviços públicos de órgãos e entidades da administração durante greves, paralisações ou operações de retardamento de procedimentos administrativos promovidas pelos servidores públicos federais, sendo que compete aos Ministros e Estado promover, por convênio, o compartilhamento da execução da atividade ou do serviço com os demais entes federativos e adotar procedimentos simplificados para a manutenção ou realização de atividade ou serviço.

Ademais, em 2022, houve a decisão da ADI 4857, na qual o Supremo Tribunal Federal decidiu que as medidas previstas no Decreto 7.777/2012, que visam garantir a continuidade das atividades durante greves, paralisações ou operações de retardamento de procedimentos administrativos promovidas por servidores federais, somente se aplicam a atividades e serviços públicos essenciais.

Na realidade, como observa Di Pietro,[94] o legislador federal enfrenta dificuldades ao regulamentar as regras da greve dos servidores públicos, pois, entre outros motivos apontados pela jurista, aqueles submetidos a cargos criados por lei não têm fixação de vencimentos por convenção coletiva (conforme conteúdo da Súmula 679/STF) e, sim, por iniciativa privativa de lei do Chefe do Executivo.

O direito de greve estende-se também aos servidores públicos em estágio probatório, havendo decisões do STF, a exemplo do RE 226.966/RS, de 11.11.2008, *Informativo 528*, da primeira turma, que, por 3 × 2, consideraram que a inassiduidade em decorrência da greve não poderia implicar a exoneração do servidor em estágio probatório, uma vez que a ausência não teria como motivação a vontade consciente de não comparecer ao trabalho simplesmente por

---

[94] DI PIETRO, Maria Sylvia Zanella. *Direito administrativo*. São Paulo: Atlas, 2010. p. 545.

não comparecer, ou por não gostar de trabalhar, mas por conta da adesão ao movimento que reivindica melhores condições de trabalho.

Note-se que, em 27 de outubro de 2016, o Plenário do Supremo Tribunal Federal decidiu, em apertada decisão (6 × 4), com efeitos de repercussão geral no RE 693.456, pela constitucionalidade do desconto dos dias parados em razão da greve do servidor.

O recurso especial questionou a decisão do Tribunal de Justiça do Rio de Janeiro no sentido de proibir a Faetec (Fundação de Apoio à Escola Técnica) de descontar na folha a greve dos servidores.

O Ministro Fachin, que divergiu da opinião da maioria, expressou entendimento, não acolhido, no sentido de que o desconto deveria ser autorizado por ordem judicial quando se constar a ilegalidade do movimento grevista, pois, segundo defendeu, caso contrário, haveria um esvaziamento de um direito assegurado na Constituição.

Ocorre que a maioria dos Ministros entendeu de outra forma, sendo consagrada a seguinte tese, com repercussão geral:

> A administração pública deve proceder ao desconto dos dias de paralisação decorrentes do exercício do direito de greve pelos servidores públicos, em virtude da suspensão do vínculo funcional que dela decorre, permitida a compensação em caso de acordo. O desconto será, contudo, incabível se ficar demonstrado que a greve foi provocada por conduta ilícita do Poder Público.

12.19 Estabilidade

Estabilidade é a garantia de permanência no serviço público assegurada aos servidores nomeados para *cargo de provimento efetivo* em virtude de *concurso público*,[95] após três anos de efetivo exercício. Está disposta no art. 41 da Constituição Federal.

Ressalte-se, porém, que o art. 19 do ADCT excepcionalmente garantiu estabilidade a servidores públicos civis da Administração Direta, autárquica e fundacional[96] em exercício na data da promulgação da Constituição há cinco anos continuados, mesmo que investidos sem concurso público.

A partir da Emenda Constitucional nº 19/98, exigiu-se como condição para aquisição de estabilidade avaliação especial de desempenho por comissão instituída para essa finalidade (art. 41, § 4º, CF). O estágio probatório envolve a aferição da capacidade para exercício do cargo. Segundo expõe Di Pietro, ele objetiva apurar se o funcionário apresenta condições referentes à moralidade, à assiduidade, à disciplina e à eficiência.

---

[95] Certo seria que a estabilidade fosse assegurada sempre a servidores estatutários, uma vez que os celetistas têm o sistema do FGTS como substituto à estabilidade, que já houve também na legislação trabalhista; contudo, conforme visto, o TST editou, com base nas orientações jurisprudenciais 229 e 265 da SDI-1 e 22 da SDI-2, a Súmula 390, segundo a qual o servidor público celetista da administração direta, autárquica ou fundacional é beneficiário da estabilidade prevista no art. 41 da Constituição de 1988, sendo que tal sistema não é aplicável ao empregado de empresa pública ou de sociedade de economia mista, ainda que admitido mediante aprovação em concurso público. Apesar de entendermos que a solução é inadequada, devemos ressaltar que ela é seguida no cotidiano da Justiça do Trabalho.

[96] Somente para essas circunstâncias, pois o Supremo Tribunal Federal, no julgamento da ADI 1808/AM, Rel. Min. Gilmar Mendes, j. 18.9.2014, não admitiu a possibilidade de a Constituição estadual estender as hipóteses contempladas no art. 19 do ADCT.

Caso não sejam confirmados tais requisitos, o funcionário pode ser exonerado, ocasião em que lhe deve ser assegurado o direito de defesa. A Súmula 21 do STF é clara no sentido de que o "funcionário em estágio probatório não pode ser exonerado nem demitido sem inquérito ou sem as formalidades legais de apuração de sua capacidade".

Note-se que a Súmula 22 do STF entende, ainda, que "o estágio probatório não protege o funcionário contra a extinção do cargo", ou seja, se houver uma extinção de cargo ou a declaração de sua desnecessidade e um servidor estiver em estágio probatório, ele será exonerado de ofício, pois não tem estabilidade e, portanto, não possui ainda direito à disponibilidade. Sobre a polêmica que existe entre as distinções dos conceitos de estabilidade e estágio probatório, vide quadro a seguir (debate de ponto controvertido).

Determina o § 1º do art. 41 da Constituição Federal que o servidor público estável apenas perderá o cargo:

- em virtude de **sentença judicial** transitada em julgado;
- mediante **processo administrativo** em que lhe seja assegurada ampla defesa;
- por **procedimento de avaliação periódica de desempenho**, na forma da lei complementar, assegurada ampla defesa, sendo que a norma constante nesta terceira hipótese não é autoaplicável, dependendo sua eficácia da existência da mencionada lei; e
- há também, afora as três hipóteses do art. 41, § 1º, a possibilidade de perda do cargo estabelecida no art. 169, § 4º, da Constituição Federal, ou seja, da perda do cargo estável caso a despesa com o pessoal exceda os limites[97] estabelecidos na lei complementar (Lei de Responsabilidade Fiscal – LC nº 101/2000), que é disciplinada pela Lei nº 9.801/99. No entanto, determina o § 3º do art. 169 da Constituição que, antes do alcance dos estáveis, os entes federativos deverão primeiro reduzir em pelo menos 20% das despesas com cargos em comissão e funções de confiança e depois exonerar os servidores não estáveis.

DEBATE DE PONTO CONTROVERTIDO: diferença entre estabilidade de três anos e estágio probatório de 24 meses no âmbito federal

Existe polêmica sobre a distinção entre os conceitos de estabilidade e estágio probatório. A controvérsia surgiu a partir da positivação da Emenda Constitucional nº 19/98, que aumentou o período para aquisição da estabilidade de dois para três anos. Todavia, como o art. 20 da Lei nº 8.112/90 determina o prazo de 24 meses, isto é, de dois anos, para o estágio probatório, surgiu a dúvida acerca da constitucionalidade desta determinação.

A Advocacia Geral da União editou a Portaria nº 342/2003, que estendeu o estágio probatório para três anos, seguindo a sistemática da Constituição, a partir da associação entre os conceitos, uma vez que se tendia a considerar que estágio probatório seria o período de teste da aptidão do servidor, que duraria do início do exercício do cargo até a aquisição da estabilidade. Posteriormente, houve a edição do Parecer AGU/MC-01/04, ratificando o posicionamento de que o estágio probatório seria de três anos, com efeito vinculante ao âmbito do Poder Executivo Federal.

---

[97] Contudo, note-se que há decisão do STJ, exarada do REsp 1878849, no sentido de que o Poder Público não pode alegar excesso de gasto com pessoal com base na Lei de Responsabilidade Fiscal como justificativa para negar a progressão funcional do servidor.

Ocorre que o STJ, na decisão do Mandado de Segurança nº 9.373/DF, *DJ* 20.9.04, de relatoria da Ministra Laurita Vaz, considerou, por unanimidade, que o art. 20 da Lei nº 8.112/90 não foi revogado pela Emenda Constitucional nº 19/98. Segundo o voto da relatora, a portaria da AGU contraria, ainda, a jurisprudência do STF e o entendimento do Ministério do Planejamento.

Verifica-se desta decisão distinção segundo a qual enquanto o *estágio probatório*, disciplinado na Lei nº 8.112/90, tem a finalidade de avaliar a capacidade do servidor para o exercício de cargo público por meio de critérios estabelecidos em lei, como a assiduidade, a disciplina e a produtividade, a *estabilidade*, prevista no art. 41, § 4º, da Constituição Federal, tem por objetivo conferir ao servidor o direito à permanência no cargo para o qual foi aprovado que só pode ser alcançada após três anos de efetivo exercício e avaliação de desempenho realizada por comissão especial constituída para essa finalidade.

Foi ainda exposto no voto que o parecer da Consultoria Jurídica do Ministério do Planejamento contempla a seguinte diferenciação: "a estabilidade tem como característica principal o critério objetivo, isto é, o decurso de tempo, enquanto o estágio probatório o critério subjetivo: a aferição de aptidão e capacidade do servidor para o cargo".

No estágio probatório são avaliadas a aptidão e capacidade do servidor para o desempenho do cargo, em função dos seguintes fatores: assiduidade, disciplina, capacidade de iniciativa, produtividade e responsabilidade.

A orientação de considerar a duração de 24 meses do estágio probatório foi seguida pelas Resoluções nº 510/2006 do Conselho de Justiça Federal, aplicada no âmbito do Poder Judiciário Federal, nos 1.145/2006 e 1.156/2006 do TST, bem como pela Portaria nº 165/2006 do TCU, representando, na atualidade, a questionável tendência dos Tribunais Superiores, que optaram por uma solução mais prática de manutenção do prazo estabelecido pela norma infraconstitucional, o que gerou a consequente necessidade lógica de diferenciação de conceitos que deveriam possuir finalidades associadas, em vez da decisão da ampliação do prazo do estágio probatório. Ressalte-se que determinados concursos públicos, como o de juiz substituto do Estado de Minas Gerais (período 2004/2005), exigiram dos candidatos que demonstrassem o conhecimento desta distinção.

A polêmica parecia ter sido calada quando a Medida Provisória nº 431, de 14.5.2008, estendeu o prazo do estágio probatório para 36 meses, mas a conversão dela na Lei nº 11.784, de 22.9.2008 não repetiu tal modificação e manteve o prazo previsto inicialmente no art. 20 da Lei nº 8.112/90, qual seja, o de 24 meses.

Note-se que, em 7 de junho de 2011, a segunda turma do STF decidiu o AI 754.802, de relatoria de Gilmar Mendes, corroborando o posicionamento da AGU no sentido de que os institutos da estabilidade e do estágio probatório são necessariamente vinculados, aplicando-se-lhes o prazo comum de três anos.

12.20 Vitaliciedade

Alguns tipos de cargos são de provimento vitalício e asseguram a seus titulares o direito à permanência neles, dos quais só podem ser afastados mediante, como regra, sentença judicial transitada em julgado.[98] Para Celso Antônio Bandeira de Mello,[99] o cargo vitalício é modalidade de cargo segundo a classificação pelo critério da retenção dos ocupantes; é, de todos os cargos, o que possui garantia mais acentuada de permanência.

---

[98] No caso do magistrado, o art. 95, I, da Constituição possui a seguinte redação: os juízes gozam de "vitaliciedade, que, no primeiro grau, só será adquirida após dois anos de exercício, dependendo a perda do cargo, nesse período, de deliberação do tribunal a que o juiz estiver vinculado, e, nos demais casos, de sentença judicial transitada em julgado".

[99] BANDEIRA DE MELLO, Celso Antônio. *Curso de direito administrativo*. São Paulo: Malheiros, 2008. p. 301.

A vitaliciedade garante maior permanência, pois, em comparação com a estabilidade, é mais restritiva quanto às possibilidades de perda do cargo, mas de forma alguma se pode interpretá-la literalmente, isto é, ela não significa que a pessoa poderá ficar no cargo durante "toda a vida", porque não impede a aposentadoria compulsória, conforme teor da Súmula 36 do Supremo Tribunal Federal: "o servidor vitalício está sujeito à aposentadoria compulsória, em razão de idade".[100]

Como exceção à regra geral da estabilidade, afirmada no art. 41 da Constituição, a vitaliciedade deve estar prevista na Constituição Federal. São vitalícios os cargos de membros:

- da **Magistratura**, cf. art. 95, I, da CF;
- do **Ministério Público**, cf. art. 128, § 5º, *a*, CF; e
- do **Tribunal de Contas**, cf. art. 73, § 3º, da CF.

Quando o membro da Magistratura ou do Ministério Público ingressa por concurso público, no primeiro grau, adquire a vitaliciedade após dois anos de exercício (cf. art. 95, I, e 28, I, *a*, da Constituição); já os que ingressam pelo Quinto Constitucional ou os Ministros, por sua vez, adquirem vitaliciedade no momento da posse.

Acesse e assista ao vídeo sobre Cargo Vitalício
> http://uqr.to/1xpkq

12.21 Responsabilidade dos servidores

Os servidores estão sujeitos à responsabilização administrativa, civil e penal por atos praticados no exercício do cargo, emprego ou função.

A **responsabilidade administrativa** configura-se com a prática de ilícito administrativo, definido em legislação estatutária própria. A apuração da infração é feita pela Administração Pública por meios sumários, como a sindicância, ou pelo processo administrativo disciplinar – garantindo-se ao servidor público o contraditório e a ampla defesa, com os meios e recursos a ela inerentes (cf. art. 5º, LV, CF). Na esfera federal, a instauração de processo administrativo disciplinar é obrigatória para punições maiores do que 30 dias de suspensão.

Há a possibilidade do afastamento preventivo do servidor por 60 dias, prorrogáveis por igual período, engendrado para que o funcionário não influa na apuração da falta cometida, de acordo com o art. 147 da Lei nº 8.112/90.

Comprovada a infração administrativa, ele fica sujeito às penas disciplinares, como advertência, multa, suspensão ou demissão. Contudo, via de regra, o ilícito administrativo não comporta a mesma tipicidade do penal; portanto, há certa margem de discricionariedade no enquadramento da falta cometida, uma vez que a lei se refere, por exemplo, à "falta do cumprimento dos deveres", à "insubordinação grave", sem que haja elementos precisos de sua caracterização, o que no direito penal redundaria em violação da tipicidade decorrente da reserva legal.

---

[100] Antes, a aposentadoria compulsória ocorria aos 70 anos de idade, agora, a partir da PEC da bengala, e da ampliação ocorrida pela Lei Complementar 152, a compulsória ocorre aos 75 anos de idade.

Contudo, a discricionariedade não é arbítrio e, para combater as punições arbitrárias, exige-se respeito ao contraditório e à ampla defesa, bem como ao princípio da motivação da penalidade imposta, para se verificar se não houve desvio de finalidade ou mesmo excesso, caracterizado pelo desrespeito ao juízo de proporcionalidade entre a falta cometida e a punição aplicada pelo Poder Público.

A **responsabilidade civil** do servidor é aquela que se configura quando ele causa dano. A fundamentação desse tipo de responsabilidade é encontrada no art. 927 do Código Civil, que consagra a regra segundo a qual todo aquele que causa dano a outrem é obrigado a repará-lo. Há duas hipóteses de danos causados pelo servidor público: (1) o que atinge terceiros, que será mais bem analisada no capítulo referente à responsabilização extracontratual do Estado; e (2) o que prejudica o Estado.

A obrigação de reparar o dano, de acordo com o § 3º do art. 122 da Lei nº 8.112/90, estende-se aos sucessores e contra eles será executada, até o limite do valor da herança recebida.

Quando o dano atinge terceiros, quem responde é o Estado, que tem o direito de regresso contra o servidor, conforme art. 37, § 6º, da Constituição. Portanto, há a responsabilidade objetiva do Estado e a subjetiva do servidor, que agiu com dolo ou culpa. Tal ressarcimento ou indenização pode ser demandado em juízo ou em âmbito administrativo. Neste último caso, registre-se que algumas legislações de certos entes federativos preveem requerimento administrativo para pleitear do Estado a indenização, como, por exemplo, o art. 65 da Lei de Processo Administrativo do Estado de São Paulo (Lei nº 10.177/98), que dispõe que "aquele que prender, da Fazenda Pública, ressarcimento por danos causados por agente público, agindo nessa qualidade, poderá requerê-lo administrativamente".

Quando o dano atinge o Estado, a responsabilidade do servidor é apurada pela própria Administração, mediante processo administrativo revestido de todas as garantias de defesa. Comprovado o dano, ocorre a autoexecutoriedade do desconto nos vencimentos do servidor, desde que prevista em lei, e obedecendo ao limite mensal, em regra, nela fixado. Se o servidor é contratado pela legislação trabalhista, só se permite o desconto com a concordância do empregado e em caso de dolo, conforme dispõe o art. 462, § 1º, da CLT.

Note-se que, atualmente, com a inclusão do art. 28 da LINDB, feita pela Lei nº 13.655/2018, há o dispositivo no sentido de que: "o agente público responderá pessoalmente por suas decisões e opiniões técnicas em caso de dolo ou erro grosseiro". Nesse sentido, o art. 14 do Decreto nº 9.830/2018 determina que: "no âmbito do Poder Executivo Federal, o direito de regresso previsto no § 6º do art. 37 da Constituição, somente será exercido na hipótese de o agente público ter agido com dolo ou erro grosseiro em suas decisões ou opiniões técnicas, nos termos do disposto no art. 28 do Decreto-Lei nº 4.657, de 1942, e com observância aos princípios constitucionais da proporcionalidade e da razoabilidade".[101]

A **responsabilidade penal** decorre da prática de crime ou contravenção por parte do servidor público. Compreende dolo ou culpa, não havendo possibilidade de responsabilização objetiva. A responsabilidade criminal é investigada e posteriormente promovida por quem tem

---

[101] Percebe-se, pois, que tal restrição da regressiva à culpa mais grave, que envolve erro grosseiro, aplica-se atualmente à regressiva da responsabilidade civil, mas o decreto que regulamenta a LINDB é claro no sentido de que o servidor responde na esfera disciplinar inclusive nos casos de ação ou de omissão culposas de natureza leve (art. 17 do Decreto nº 9.830/2019). Cf. MOTTA, Fabrício; NOHARA, Irene Patrícia. *LINDB no Direito Público*. São Paulo: Thomson Reuters Brasil, 2019. p. 97. Note-se que a aplicação foi afastada da improbidade administrativa que, após alteração da Lei nº 14.230/2021, exige condutas dolosas; então, estão afastadas imputações de improbidade para condutas culposas, mesmo que pautadas em erros grosseiros ou culpas graves.

atribuição legal para tanto, que é, via de regra, o Ministério Público, por meio da denúncia no Poder Judiciário de crime contra a Administração Pública. Quem impõe a sanção de ordem criminal é sempre o Poder Judiciário.

Note-se que o conceito de funcionário público para efeitos penais, presente no art. 327 e parágrafos do Código Penal, elaborado na década de 40 e alterado por legislação subsequente, foi influenciado pela noção que se tinha à época e é bastante abrangente, principalmente no tocante ao funcionário público por equiparação para fins criminais, *in verbis*:

> considera-se funcionário público, para efeitos penais, quem, embora transitoriamente ou sem remuneração, exerce cargo, emprego ou função pública. § 1º. Equipara-se a funcionário público quem exerce cargo, emprego ou função em entidade paraestatal, e quem trabalha para empresa prestadora de serviço contratada ou conveniada para a execução de atividade típica da Administração Pública.

Paraestatal nos dizeres do Código Penal significa ente da Administração Indireta, pois essa era a terminologia utilizada antes do Decreto-lei nº 200/67. Atualmente, paraestatal, conforme visto, não faz parte da Administração Pública. Note-se que basta que alguém faça parte de entidade meramente conveniada da Administração Pública, que execute atividade típica do Estado, que será passível de incriminação pelas condutas próprias contra a Administração Pública.

O art. 229 da Lei nº 8.112/90 assegura auxílio-reclusão à família do servidor ativo condenado por ilícito criminal. Assim, no âmbito federal, a família do servidor perceberá dois terços da remuneração, quando afastado por motivo de prisão, em flagrante ou preventiva, enquanto ela perdurar, sendo conferida a integralização da remuneração ao servidor absolvido, e metade da remuneração, durante o afastamento, havendo condenação, por sentença definitiva, a pena que não determine a perda do cargo, ou seja, inferior às hipóteses do art. 92 do Código Penal, que serão expostas a seguir; cessando seu pagamento a partir do dia imediato àquele em que o servidor for posto em liberdade, ainda que condicional. O auxílio-reclusão, ressalvado o disposto no art. 229 da lei, conforme inclusão pela Lei nº 13.135/2015, é devido, nas mesmas condições da pensão por morte, aos dependentes do segurado recolhido à prisão.

A regra geral prima pela independência ou autonomia entre as responsabilidades administrativa, civil e criminal. Assim, se um agente público pratica peculato,[102] desviando em proveito próprio ou alheio valor que tem a posse em razão do cargo, sobre esse mesmo fato serão apuradas, sem que ocorra *bis in idem*, a responsabilidade penal, no âmbito do Poder Judiciário após denúncia do Ministério Público, a responsabilidade administrativa, no âmbito da repartição em que desenvolve suas atividades, por meio de processo administrativo, e a responsabilidade civil, que tanto é apurável no Judiciário como na Administração Pública. Na explicação de José dos Santos Carvalho Filho: "se o mesmo fato provoca responsabilidade de mais de uma natureza, são aplicáveis, cumulativamente, as respectivas sanções".[103]

Todavia, no exemplo fornecido, há a repercussão civil e administrativa em caso de condenação criminal do servidor. Nos estatutos, o ilícito administrativo também contém figuras criminais próprias contra a Administração Pública. Porém, o contrário não é verdadeiro, isto é, pode haver ilícito administrativo caracterizado mesmo diante da hipótese de absolvição no âmbito criminal.

---

[102] Em exemplo fornecido por José dos Santos Carvalho Filho. In: CARVALHO FILHO, José dos Santos. *Manual de direito administrativo*. 20. ed. Rio de Janeiro: Lumen Juris, 2008. p. 514.

[103] CARVALHO FILHO, José dos Santos. *Manual de direito administrativo*. 20. ed. Rio de Janeiro: Lumen Juris, 2008. p. 525.

Assim, pode ser que agente absolvido da denúncia de peculato, por falta de provas ou por ausência de culpabilidade, seja apenado com a demissão, por ocorrência de falta grave, no processo administrativo disciplinar. Por esse motivo, há o conteúdo da Súmula 18 do STF: "pela falta residual, não compreendida na absolvição pelo juízo criminal, é admissível a punição administrativa do servidor público".

Tal hipótese é excepcionada por duas circunstâncias, fundamentadas no art. 126 da Lei nº 8.112/1990,[104] que são:

1. a absolvição no crime, por negativa do fato; e
2. a absolvição no crime, por negativa da autoria.

Se ficar, portanto, comprovado na esfera da justiça que o agente não foi autor do fato ou que o fato não ocorreu, então, necessariamente haverá absolvição nos âmbitos civil e administrativo. Ademais, apesar da autonomia entre ilícitos penal e administrativo, o art. 92 do Código Penal, com as alterações da Lei nº 9.268/96, prevê a perda do cargo, função pública ou mandato eletivo, como efeito da condenação, desde que haja declaração na sentença:

- em pena privativa de liberdade por tempo igual ou superior a um ano nos crimes praticados com abuso de poder ou violação de dever para com a Administração Pública; e
- em pena privativa de liberdade por tempo superior a quatro anos, nos demais casos.

De acordo com o art. 126-A, inserido à Lei nº 8.112/90 pela Lei nº 12.527/2011, nenhum servidor poderá ser responsabilizado civil, penal ou administrativamente por dar ciência à autoridade superior ou, quando houver suspeita de envolvimento desta, a outra autoridade competente para apuração de informação concernente à prática de crimes ou improbidade de que tenha conhecimento, ainda que em decorrência do exercício de cargo, emprego ou função pública.

Ademais, com as alterações da Lei nº 14.230/2021 à lei de improbidade administrativa (Lei nº 8.429/92), há mais **hipóteses de comunicabilidade aplicadas à improbidade**, que não têm natureza penal, assim:

- as sentenças **civis** e penais produzirão efeitos em relação à ação de improbidade quando concluírem pela inexistência da conduta e pela negativa de autoria (art. 21, § 3º, da Lei nº 8.429/92, com redação da Lei nº 14.230/2021);
- a **absolvição criminal** em ação que discuta os mesmos fatos, confirmada por **decisão colegiada**, impede o trâmite da ação da qual trata esta Lei, havendo comunicação com todos os fundamentos de absolvição previstos no art. 386 do Código de Processo Penal (art. 21, § 4º, da Lei nº 8.429/92, com redação da Lei nº 14.230/2021), ou seja, não é só inexistência de conduta ou negativa de autoria (contudo, note-se que o Ministro Alexandre de Moraes, em 27.12.2022, deferiu liminar na ADI 7.236, suspendendo o dispositivo contido no art. 21, § 4º, sendo tal decisão ainda sujeita ao Plenário do STF); e

---

[104] De acordo com o art. 126 da Lei nº 8.112/1990: "A responsabilidade administrativa do servidor será afastada no caso de absolvição criminal que negue a existência do fato ou sua autoria". Conforme hipóteses extraídas entre as contidas nos incisos do art. 386 do Código de Processo Penal.

- **sanções** eventualmente aplicadas **em outras esferas** serão compensadas com as sanções aplicadas com base na lei de improbidade.

Há decisão do STJ que comunica da seara da improbidade para o âmbito penal, quando há, depois da exigência da Lei nº 14.230/2021, ausência de dolo, por não haver fato típico, sendo esta hipótese de comunicabilidade, conforme se observa do teor do Recurso em *Habeas Corpus* 173448/DF, Rel. Min. Reynaldo Soares da Fonseca:

- (...) não é possível que o dolo da conduta em si não esteja demonstrado no juízo cível e se revele no juízo penal, porquanto se trata do mesmo fato, na medida em que a ausência do requisito subjetivo provado interfere na caracterização da própria tipicidade do delito, mormente se se considera a doutrina finalista (que insere o elemento subjetivo no tipo), bem como que os fatos aduzidos na denúncia não admitem uma figura culposa, culminando-se, dessa forma em atipicidade, ensejadora do trancamento ora visado.
- Ademais, como um fator que questiona o dogma da incomunicabilidade das instâncias,[105] há a previsão da LINDB, que dispõe no § 3º do art. 22, com redação da Lei nº 13.655/208, que as sanções aplicadas ao agente serão levadas em conta na dosimetria das sanções de mesma natureza e relativas ao mesmo fato.

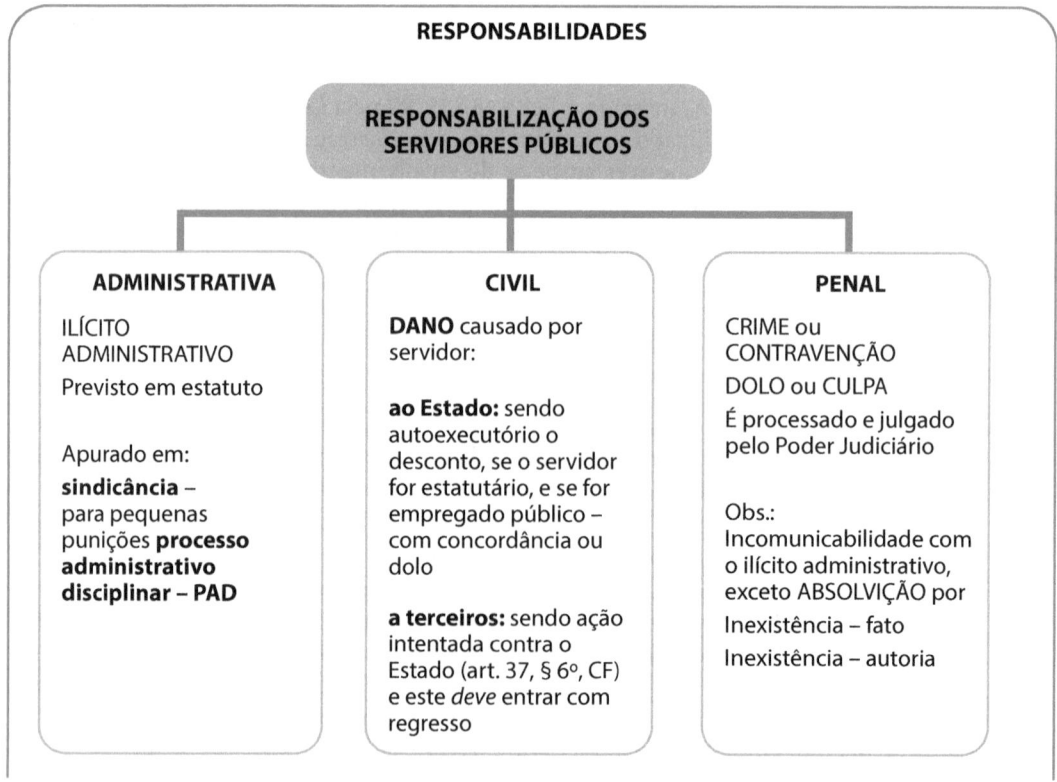

---

[105] NOHARA, Irene Patrícia; FERNANDES, Erika Capella. Equilíbrio e segurança na responsabilização das diversas instâncias: improbidade reformada e desafios do poder sancionatório ponderado. In: Fabrício Motta; Ismar Viana. (Org.). *Improbidade Administrativa e Tribunais de Contas*. 1. ed. Belo Horizonte: Fórum, 2022, v., p. 307-321.

Súmula 18/STF: "pela falta residual, não compreendida na absolvição pelo juízo criminal, é admissível a punição administrativa do servidor público".

Art. 92 do Código Penal, com alterações da Lei nº 9.268/96, prevê perda do cargo, da função pública ou do mandato eletivo, com o efeito da condenação, desde que haja condenação criminal:

a) em pena privativa igual ou superior a um ano se houve abuso de poder e violação de dever para com a Administração Pública; e

b) em pena privativa maior de quatro anos.

Na **improbidade administrativa** existem, após a Lei nº 14.230/2021, mais hipóteses de comunicabilidade: (1) civis e penais quanto à inexistência da conduta ou negativa da autoria; (2) absolvição criminal em qualquer das hipóteses do CPP, confirmada por decisão colegiada, envolvendo os mesmos fatos imputados à improbidade; e (3) sanções aplicadas em outras esferas deverão ser compensadas pelas sanções de improbidade.

12.22 Militares

Sob essa denominação são enquadrados aqueles que prestam serviços às Forças Armadas, conforme art. 142, *caput*, e § 3º da Constituição e às Polícias Militares e Corpo de Bombeiros Militares dos Estados, Distrito Federal e dos Territórios, de acordo com o art. 42 da Constituição Federal.

As Forças Armadas compreendem a Marinha, o Exército e a Aeronáutica e obedecem a estatuto próprio em âmbito federal. O ingresso nas Forças Armadas pode ocorrer tanto pela via compulsória, por meio do recrutamento oficial, como pela via voluntária do concurso público, para os cursos de formação de oficiais.

Os membros das Polícias Militares e do Corpo de Bombeiros Militares dos Estados e do Distrito Federal possuem estatutos específicos do ente federativo respectivo. A seleção dos militares neste âmbito ocorre pelo concurso público.

Note-se que a Polícia Civil, a Polícia Federal, a Guarda Municipal e a Polícia Rodoviária e Ferroviária são compostas de servidores públicos (antigos civis) que não são militares. Antes da Emenda Constitucional nº 18/98, os militares eram também classificados como servidores públicos.[106]

Atualmente, eles se sujeitam a regime jurídico próprio e as normas dos servidores públicos só lhes são aplicáveis em face de expressa previsão legal nesse sentido, como ocorre no art. 142, § 3º, VIII, da Constituição, que determina a aplicação do disposto no art. 7º, VIII, XII, XVII, XVIII, XIX, XXV, e no art. 37, XI, XII, XIV e XV, abrangendo, respectivamente, as garantias de: décimo terceiro salário, salário-família, férias anuais remuneradas, licença à gestante, licença-paternidade,[107] assistência gratuita a filhos e dependentes em creches, limite de remuneração

---

[106] Antes da Emenda Constitucional nº 19/98, servidor público era gênero, que se dividia em duas espécies: servidores públicos civis e servidores públicos militares. Posteriormente, no entanto, servidor público é apenas o civil, e o militar passou a ser categoria própria. Diz-se que a ideia do governo era desvincular as carreiras para que houvesse o prometido aumento aos militares e os civis não pedissem equiparação.

[107] Os servidores públicos federais têm o direito de se ausentar do trabalho para ficar com o filho recém-nascido, sendo estendida a licença para os casos de adoção e obtenção de guarda judicial para fins de adoção, sendo que o Supremo Tribunal Federal estende a licença maternidade de 180 dias para os "pais solo". Trata-se do RE 1348854, com o tema 1.182 da repercussão geral, a qual fixou a seguinte tese: "à luz do artigo 227 da Constituição Federal, que confere proteção integral da criança com absoluta prioridade, e o princípio da maternidade responsável, prevista no artigo 7º, inciso XVIII, da Constituição Federal e regulamentada pelo artigo 207 da Lei nº 8.112/1990, estende-se ao pai, genitor monoparental", o caso paradigmático envolveu a concessão de

e subsídio, vedação de vinculação de espécies remuneratórias para o serviço público, vedação de acréscimos pecuniários para fins ulteriores e irredutibilidade de subsídios e vencimentos.

Os militares dos Estados, Distrito Federal e Territórios fazem jus às mesmas vantagens, acrescidas das disposições dos arts. 14, § 8º, e 40, § 9º, referentes à elegibilidade do militar e à contagem de tempo para a aposentadoria, conforme art. 42, § 1º, da Constituição.

12.23 Particulares em colaboração com o Poder Público

Particulares em colaboração com o Poder Público são pessoas físicas que "prestam serviços ao Estado, sem vínculo empregatício, com ou sem remuneração".[108] Cumprem atividade, função ou serviços públicos por:

- **requisição estatal**: para cumprimento de múnus público, como ser jurado ou participar de serviço eleitoral, que Hely Lopes Meirelles chama de agentes honoríficos;[109]
- **conta própria**: no caso de gestores de negócios públicos que, em situações de emergência (como epidemias, enchentes ou incêndios), assumem espontaneamente determinadas funções públicas para acudir necessidades prementes; e
- **delegação do Poder Público**: no caso dos funcionários de empresas concessionárias e permissionárias de serviços públicos, os notários[110] ou outras pessoas que praticam atos dotados de força oficial, como leiloeiros, tradutores ou intérpretes públicos, que são remunerados normalmente pelos usuários dos serviços prestados.

---

licença-maternidade, por 180 dias, a um perito médico do INSS, pai de crianças gêmeas geradas nos Estados Unidos, por meio de fertilização *in vitro* e barriga de aluguel.

[108] DI PIETRO, Maria Sylvia. *Direito administrativo*. São Paulo: Atlas, 2010. p. 518.

[109] Hely Lopes Meirelles não adota a classificação de Celso Antônio Bandeira de Mello e de Maria Sylvia Zanella Di Pietro, cf. *Direito administrativo brasileiro*. 35. ed. São Paulo: Malheiros, 2009. p. 81, mas divide os agentes públicos em: agentes políticos, agentes administrativos, agentes honoríficos (jurados, mesários e membros de comissão de estudos), agentes delegados (concessionários e permissionários de obras ou serviços públicos, serventuários de ofícios ou cartórios não estatizados, leiloeiros, tradutores e intérpretes públicos) e agentes credenciados (que recebem incumbência de representar a Administração em determinado ato ou de praticar certa atividade específica, mediante remuneração do Poder Público credenciante).

[110] Conforme será visto no item 16.5.1, a responsabilidade dos atos de tabeliães e notários, para o STF, é do Estado (objetiva, do art. 37, § 6º, da Constituição), pois os cargos são criados por lei, providos mediante concurso, não obstante a natureza jurídica de direito privado.

13
Bens públicos

13.1 Considerações introdutórias

O domínio do Estado sobre os bens divide-se entre:

- *domínio eminente*: do Estado sobre todas as coisas de seu território; e
- *domínio público* (*öffentlichen Sachen*): sobre os bens do Estado.

Domínio eminente é o que decorre da soberania do Estado sobre o território. São elementos constitutivos do Estado: o povo, a soberania, o território e a finalidade. O povo é o elemento humano. Tecnicamente, ele se compõe dos nacionais. A soberania é o poder de autodeterminação plena do Estado, desde que ele não esteja subordinado a outros Estados. O território é o elemento espacial do Estado e a finalidade, elemento analisado especialmente na obra[1] de Dalmo de Abreu Dallari, é a consecução do bem comum. Entendemos que a persecução do bem geral[2] é um pressuposto de legitimação do Estado.

Ora, como o Estado é um ente jurídico cuja existência está alicerçada no objetivo de atendimento ao interesse comum, ele exerce o domínio eminente sobre todos os bens que estejam localizados em seu território. Sobre eles poderá desempenhar, portanto, *poder de polícia*, que, conforme visto, é a atividade de condicionar e restringir o exercício da propriedade em benefício do interesse público.

Assim, tendo em vista o domínio eminente potencial do Estado sobre as coisas em geral, o que abrange os bens alheios, são criadas limitações do Estado à propriedade privada, que serão analisadas no próximo capítulo, onde há o desdobramento de institutos como, por exemplo, a servidão administrativa e o tombamento.

Outro sentido é dado ao domínio público, estudado de forma mais aprofundada no presente capítulo. **Domínio público** significa o domínio patrimonial dos bens pelo Estado. Aqui o Estado não exercita tão somente poder de polícia, mas, a *polícia dos bens públicos*, objetivando, entre outras atribuições,[3] sua vigilância, fiscalização e preservação.

---

[1] DALLARI, Dalmo de Abreu. *Elementos da teoria geral do Estado*. São Paulo: Saraiva, 2000. p. 72.

[2] Apesar de toda discussão que existe acerca de uma suposta indeterminação no sentido da expressão *bem comum*.

[3] Ruy Cirne Lima elabora, como será visto na sequência, uma visão que transcende os estreitos limites da visão patrimonialista dos bens públicos, na qual traduz a necessidade de bens públicos em função de um viés funcionalista.

Ao contrário do domínio eminente, no público há um domínio específico que recai sobre os bens do Estado. Trata-se, portanto, de propriedade pública, que se submete a regime jurídico administrativo.

Diferenciam-se no direito privado os conceitos de *bem* e *coisa*. Naquele ramo do Direito, bem é espécie de coisa que se destaca das demais por ter valor econômico. Em suma, para ser objeto de uma relação jurídica privada, o bem deve ser idôneo a satisfazer interesse econômico.

No Direito Administrativo, mesmo sem valor econômico "de troca",[4] propriamente dito, uma coisa pode e deve ser considerada um bem. Por exemplo, são indisponíveis, de acordo com o art. 225, § 5º, da Constituição, as terras arrecadadas pelo Estado necessárias à proteção de ecossistemas naturais.

Ademais, as terras tradicionalmente ocupadas pelos índios são consideradas pelo art. 20, XI, da Constituição bens da União, garantindo-se a eles a posse permanente e, como regra geral, o usufruto exclusivo. Após serem devidamente demarcadas, tais terras serão tidas como *res extra commercium*.

A expressão domínio público (*domain public*) advém da França. Otto Mayer foi quem elaborou, em 1886, a primeira teoria objetivando explicar a natureza jurídica dos bens públicos em livro sobre o Direito Administrativo francês.[5] Com base em uma controvérsia suscitada no século XIX, sobre a divisão do cantão suíço da Basileia, as maiores autoridades universitárias foram chamadas a se pronunciar sobre a natureza jurídica das antigas fortificações, que Mayer considerou, com base no Direito Romano, domínio público, isto é, "propriedade do Estado, a qual se submete a direito público", diferentemente de Ihering, por exemplo, para quem elas seriam do público,[6] na condição de usuários.

Alguns autores franceses, como Duguit e Jèze,[7] negavam a existência de um direito de propriedade no âmbito público. No entanto, neste particular acabou prevalecendo a tese propugnada por Hauriou, no sentido da existência da propriedade pública, desde que se reconheçam semelhanças e diferenças em relação à propriedade privada.

São semelhanças identificadas entre a propriedade pública e a propriedade privada: o poder de **usar** ou de repassar a terceiros o uso da propriedade, que no caso do direito público ocorre, como regra geral, pela autorização, permissão e concessão de uso de bem público; o direito de **perceber os frutos** (gozar) do bem; e dele **dispor** (alienar), desde que haja a desafetação.

As diferenças normalmente são identificadas no regime jurídico dos bens, pois os públicos obedecem ao regime jurídico especial, onde há prerrogativas e restrições.

Rigorosamente falando, esclarece Marçal Justen Filho, a expressão *propriedade pública* indica "um vínculo inconfundível com aquele existente no direito privado",[8] porquanto o Estado não exercita *direito subjetivo* sobre os bens, uma vez que são instrumentos para o cumprimento de suas funções.

---

[4] De troca, pois não se pode ignorar que mesmo afetado a finalidade pública, o bem de domínio público terá indiscutivelmente valor econômico, mas este valor não poderá "circular", pela presença de destinação pública.

[5] *Theorie des französischen Verwaltungsrechts*, Strassburg, 1886. Cf. LIMA, Ruy Cirne. *Princípios de direito administrativo*. São Paulo: Malheiros, 2007. p. 180.

[6] Mayer questionou tal entendimento enfatizando que basta adentrar nas fortificações que se constata que não são de uso comum.

[7] Segundo Cirne Lima, Jèze teria posteriormente incorporado as formulações de Mayer acerca do domínio público em sua obra de *Direito administrativo da República Francesa*. LIMA, Ruy Cirne. *Princípios de direito administrativo*. São Paulo: Malheiros, 2007. p. 181.

[8] JUSTEN FILHO, Marçal. *Curso de direito administrativo*. São Paulo: Saraiva, 2005. p. 722.

Ademais, quem usa e frui dos bens públicos deve ser, na maioria dos casos, os particulares, uma vez que os bens públicos são meios orientados para satisfazer necessidades coletivas. Por conseguinte, as características e o regime jurídico dos bens públicos são impregnados pela **natureza funcional** da atividade estatal.

Celso Antônio Bandeira de Mello expõe que a marca específica que compõe o domínio público reside no fato de que ele participa da atividade administrativa pública que domina e paralisa a propriedade, mas não a exclui. A lição de Ruy Cirne Lima é que no caso dos bens do domínio público, não importa "quem seja proprietário da coisa vinculada ao uso público. A relação de administração paralisará, em qualquer caso, a relação de direito subjetivo".[9]

Posteriormente, houve a difusão da seguinte divisão, que foi inspirada nas formulações francesas:

- **domínio público**
  a) de uso comum do povo; e
  b) empregados no serviço público (atualmente – uso especial)

- **domínio privado do Estado**
  c) bens **dominicais ou dominiais**

Odete Medauar[10] critica a expressão *domínio privado do Estado*, pois os bens integrantes dessa categoria se submetem, por exemplo, à Lei de Licitações e Contratos. Porém, entendemos que não há problemas no uso da expressão, desde que se saiba que a Administração Pública jamais se subordina integralmente a regime privado. Mesmo quando adota o direito privado, o faz com algumas derrogações de direito público e o objetivo do termo empregado é distinguir tal categoria de bens estatais daqueles integrantes do domínio público do Estado, que são afetados a finalidades públicas.

DOMÍNIO PÚBLICO	
Otto Mayer (1886): fortificações antigas de domínio público Propriedade do Estado que se submete a direito público	
PROPRIEDADE PÚBLICA	**PROPRIEDADE PRIVADA**
domínio público	recai sobre ela: domínio eminente do Estado
polícia dos bens	poder de polícia
uso: comum ou especial	uso patrimonial = valor econômico
natureza funcional	exercita-se direito subjetivo
regime de direito público	regime de direito privado

---

[9] BANDEIRA DE MELLO, Celso Antônio. *Curso de direito administrativo*. São Paulo: Malheiros, 2008. p. 898.

[10] MEDAUAR, Odete. *Direito administrativo moderno*. São Paulo: Revista dos Tribunais, 2006. p. 235.

13.2 Definição de bens públicos

São públicos os bens de domínio nacional pertencentes à União, aos Estados, ao Distrito Federal ou aos Municípios (pessoas jurídicas de direito público ou entes federativos). Também se caracterizam como bens públicos os das autarquias e fundações de direito público, "e os que embora não pertencentes a tais pessoas, estejam afetados à prestação de um serviço público".[11]

O Estado, como pessoa jurídica, assumiu a titularidade dos bens públicos – fenômeno intensificado a partir da Idade Moderna.

Os bens públicos abrangem coisas corpóreas (móveis ou imóveis) ou incorpóreas (direitos, obrigações ou ações) pertencentes a entes ou entidades estatais que a Administração deve gerenciar em função do interesse público.

José Cretella Júnior define bens do domínio público como "o conjunto de coisas móveis e imóveis de que é detentora a Administração, afetados quer a seu próprio uso, quer ao uso direto ou indireto da coletividade, submetidos a regime jurídico de direito público derrogatório e exorbitante de direito comum".[12]

O conceito de bens particulares é formulado por exclusão, como se observa do disposto no art. 98 do Código Civil: "São públicos os bens do domínio nacional pertencentes às pessoas jurídicas de direito público interno; todos os outros são particulares, seja qual for a pessoa a que pertencerem".

13.3 Afetação e desafetação

Afetar significa destinar, consagrar, aparelhar ou batizar algo que está fora do mundo jurídico para que fique preparado, apto a produzir os efeitos esperados.[13]

A afetação é um instituto típico do Direito Administrativo, não havendo similar no direito privado. Consiste em ato ou fato pelo qual se consagra um bem à produção efetiva de utilidade (destinação) pública. Trata-se de mecanismo em virtude do qual um bem é incorporado ao uso e gozo públicos.

Ela pode ser expressa ou tácita. Expressa é a afetação que resulta de ato administrativo ou lei contendo a manifestação de vontade da Administração nesse sentido. Tácita é a afetação que advém da atuação direta da Administração, sem manifestação explícita de sua vontade, ou de fato da natureza.

Pela afetação, o bem é incorporado ao uso e gozo da comunidade. Ela possibilita que ele passe da categoria de bem de domínio privado do Estado para bem de domínio público, ou seja, bens dominicais passam a ser de uso comum do povo ou de uso especial. Além dessa categoria de afetação, denominada lícita, pois alcança bens integrados ao patrimônio público, identifica-se uma espécie de afetação ilícita, que decorre da desapropriação indireta, que atinge bens pertencentes ao particular.

A desafetação é instituto oposto ao da afetação. Desafetar significa, portanto, desdestinar, desconsagrar, desincorporar. Trata-se da manifestação de vontade do Poder Público mediante a qual um bem é subtraído do domínio público para ser incorporado ao domínio privado do

---

[11] BANDEIRA DE MELLO, Celso Antônio. *Curso de direito administrativo*. São Paulo: Malheiros, 2008. p. 897.

[12] CRETELLA JÚNIOR, José. *Tratado do domínio público*. Rio de Janeiro: Forense, 1984. p. 29.

[13] CRETELLA JÚNIOR, José. *Dicionário de direito administrativo*. Rio de Janeiro: Forense, 1998. p. 24.

Estado ou do particular. Também se fala em desafetação de servidão administrativa, no caso de sua extinção. A desafetação também pode ser expressa ou tácita.

Há autores que não admitem a desafetação tácita decorrente de fato (ex.: um rio que seca ou um incêndio que destrói obras de um museu). Eles entendem que mesmo nestes casos há necessidade de um ato de desafetação. Pondera, no entanto, Maria Sylvia Zanella Di Pietro[14] que, se o próprio fato transforma o bem em inadequado ao fim ao qual estava afetado, seria excessivo formalismo exigir o ato de desafetação. Ressalte-se, todavia, que a desafetação pelo não uso exige um ato formal, uma vez que não há critério seguro para se especificar o *não uso*, o que pode gerar incertezas quanto ao momento de cessação do domínio público.

13.4 Classificação

Os bens públicos são classificados, de acordo com o art. 99 do Código Civil, em:

- **bens de uso comum do povo**, tais como rios, mares, estradas, ruas e praças;
- **bens de uso especial**, tais como edifícios ou terrenos destinados a serviço ou estabelecimento da administração federal, estadual, territorial ou municipal, inclusive suas autarquias; e
- **dominicais ou dominiais**, que constituem o patrimônio privado das pessoas jurídicas de direito público, como objeto de direito pessoal, ou real, de cada uma dessas entidades.

Acesse e assista ao vídeo sobre bens dominicais
> http://uqr.to/1xpkp

Os bens de uso comum, por determinação legal ou por sua própria natureza,[15] podem ser utilizados por todos (*res communis omnium*), sem distinções nem necessidade de consentimento da Administração, pois geralmente abrangem locais abertos à utilização pública e de fruição do povo, enquanto os de uso especial, que podem ser móveis ou imóveis, corpóreos ou incorpóreos, são utilizados pela Administração para a consecução de seus objetivos. Os bens de uso especial abrangem edifícios de repartições públicas, terrenos aplicados à prestação de serviços públicos, veículos oficiais, mercados públicos, escolas e hospitais do Estado, delegacias etc.

É possível, desde que haja lei editada pelo ente que tem o domínio do bem, que haja a cobrança para o uso. Trata-se de possibilidade prevista no art. 103 do Código Civil, nos seguintes termos: "o uso comum dos bens públicos pode ser gratuito ou retribuído, conforme for estabelecido legalmente pela entidade a cuja administração pertencerem".

Bens dominicais são os que pertencem ao Estado na sua qualidade de proprietário (do latim *dominus*, proprietário), como, por exemplo, os terrenos de marinha, as terras devolutas, os prédios de renda, os títulos da dívida pública e outros. Eles integram o patrimônio do Estado, mas não possuem um fim administrativo específico, podendo ser utilizados nas mais variadas finalidades permitidas pela legislação. O art. 810 do Regulamento do antigo Código

---

[14] DI PIETRO, Maria Sylvia Zanella. *Direito administrativo*. São Paulo: Atlas, 2010. p. 677.
[15] DI PIETRO, Maria Sylvia Zanella. *Direito administrativo*. 25. ed. São Paulo: Atlas, 2012. p. 730.

de Contabilidade Pública da União, aprovado pelo Decreto nº 15.783/22, define os dominicais como: "os bens do Estado, qualquer que seja a sua proveniência, dos quais se possa efetuar a venda, permuta ou cessão, ou com os quais se possam fazer operações financeiras em virtude de disposições legais especiais de autorização".

Há, portanto, duas categorias básicas de bens públicos:

- os bens de **domínio público do Estado**, que abrangem os bens de uso comum e os de uso especial, que possuem destinação pública; e
- os de **domínio privado do Estado**, que compreendem os bens dominicais, os quais não possuem destinação específica. Estes últimos submetem-se, no silêncio da lei, ao regime privado, no entanto, parcialmente derrogado pelo direito público.

Os bens de domínio público do Estado (de uso comum e de uso especial) são inalienáveis, de acordo com dispositivo do art. 100 do Código Civil. Distingue também o art. 807 do Regulamento do antigo Código de Contabilidade Pública da União os bens patrimoniais indisponíveis, que são os de uso especial, os quais são indisponíveis não por sua natureza, mas pelo fato de estarem afetados a um fim público, dos bens patrimoniais disponíveis (alienáveis), que são os bens dominicais. Note-se que os bens de uso comum não se submetem à avaliação patrimonial.

Há discussão jurídica sobre se as benfeitorias realizadas pelos ocupantes de bem público devem ser indenizadas. Nesse sentido, há decisões excepcionais de alguns tribunais de entes federativos reconhecendo essa possibilidade ao ocupante de boa-fé, diante da inércia da Administração, que tolerou a situação por anos, como, por exemplo, a seguinte decisão do TJDF: "havendo tolerância por parte da Administração Pública, durante vários anos no que tange a ocupação da terra pública, enseja a obrigação de indenização pelas benfeitorias realizadas" (2004002006870-8, Rel. Asdrubal Nascimento Lima, j. 18.10.2006).

Ocorre que o Superior Tribunal de Justiça não admite que haja indenização de imóveis irregularmente construídos, baseado no argumento de que não se deve atribuir à detenção efeitos de posse, o que enfraqueceria a dominialidade pública, destruindo a boa-fé objetiva.[16] Tal raciocínio é mais bem desdobrado no seguinte julgamento do REsp 863.939/RJ, Rel. Min. Eliana Calmon, j. 4.11.2008, segundo o qual:

> 1. Embargos de declaração com nítida pretensão infringente. Acórdão que decidiu motivadamente a decisão tomada. 2. Posse é o direito reconhecido a quem se comporta como proprietário. Posse e propriedade, portanto, são institutos que caminham juntos, não havendo de se reconhecer a posse a quem, por proibição legal, não possa ser proprietário ou não possa gozar de qualquer dos poderes inerentes à propriedade. 3. A ocupação de área pública, quando irregular, não pode ser reconhecida como posse, mas como mera detenção. 4. Se o direito de retenção ou de indenização pelas acessões realizadas depende da configuração da posse, não se pode, ante a consideração da inexistência desta, admitir o surgimento daqueles direitos, do que resulta na inexistência do dever de se indenizar as benfeitorias úteis e necessárias. 5. Recurso não provido.

13.5 Regime jurídico

Bens públicos afetados são aqueles que obedecem ao regime jurídico público, ou seja, são inalienáveis, impenhoráveis, imprescritíveis e não graváveis com ônus.

---

[16] REsp 945.055/DF, Rel. Min. Herman Benjamin, j. 2.6.2009.

Bens desafetados (ou dominicais) submetem-se ao regime jurídico privado; assim, normalmente podem ser alienados por compra e venda, doação, permuta, isto é, institutos de direito privado, desde que observados os requisitos legais, como a avaliação prévia e o procedimento de licitação, conforme será visto a seguir.

> **REGIME JURÍDICO**
> - **inalienáveis**, se estiverem afetados na forma da lei;
> - **impenhoráveis**;
> - **imprescritíveis**; e
> - **não graváveis com direitos reais de garantia**.

13.5.1 Inalienabilidade

Conforme visto, os bens desafetados (ou dominicais) submetem-se ao regime jurídico privado; assim, podem ser alienados, observadas as exigências da lei (art. 101, do CC). O art. 76, I, da Lei nº 14.133/2021 (Lei de Licitações e Contratos) prevê os seguintes requisitos para a alienação de bens da Administração Pública:

- interesse público devidamente justificado;
- prévia avaliação; e
- quando o bem for imóvel, necessidade de autorização legislativa.

Já os **bens públicos** *de uso comum do povo* e *de uso especial* são **inalienáveis**, enquanto conservarem a qualificação, na forma que a lei determinar (art. 100, CC). Isso significa que, enquanto esses bens conservarem a qualidade de bens do domínio público do Estado, eles não podem ser alienados; entretanto, se forem desafetados, na forma da lei, integrarão a categoria de bens dominicais, e serão, consequentemente, disponíveis.

Os bens só perdem a inalienabilidade nos casos e na forma que a lei determinar, de acordo com o princípio da legalidade administrativa.

13.5.2 Impenhorabilidade

Os bens públicos, móveis ou imóveis, não podem sofrer penhora. Por serem **impenhoráveis**, a satisfação dos créditos contra o Poder Público é, em regra, efetivada por processo especial de execução denominado precatório (cf. art. 100 da CF).

Os bens de empresas públicas, sociedades de economia mista e delegatários (particulares) que prestam serviços públicos são, em regra, afetados, sendo, por isso, impenhoráveis. Contudo, se estas pessoas têm bens que não estejam afetados aos serviços públicos, ou mesmo se elas desempenham atividade econômica, não ocorre restrição à penhora destes bens.

Ressalte-se que a Lei nº 14.334, de 10.5.2022, dispõe sobre a impenhorabilidade de bens de hospitais filantrópicos e Santas Casas de Misericórdia.

13.5.3 Imprescritibilidade

Os bens públicos de quaisquer categorias são **imprescritíveis**. Não são passíveis, portanto, de aquisição por usucapião (prescrição aquisitiva). A Súmula 340 do STF assim determina:

"Desde a vigência do Código Civil, os bens dominiais, como os demais bens públicos, não podem ser adquiridos por usucapião".[17]

A Constituição de 1988 estabelece que nem mesmo as normas de usucapião *pro labore*, isto é, aquele que assegura a propriedade pelo cultivo da terra com o próprio trabalho, ou com o trabalho da família, podem incidir sobre bens públicos.

O art. 191 restringiu a utilização deste tipo de aquisição de propriedade, que é invocada por aquele que, não sendo proprietário de imóvel rural ou urbano, e possui como sua, por cinco anos ininterruptos, sem oposição, área de terra, em zona rural, não superior a 50 hectares, tornando-a produtiva por seu trabalho e de sua família,[18] tendo nela moradia, e ficou explicitado no parágrafo único do artigo que ele não recai sobre imóveis públicos.

Também a usucapião constitucional de área urbana não recai sobre imóveis públicos, conforme determinação do § 3º do art. 183 da Constituição Federal.

13.5.4 Não onerabilidade com direitos reais de garantia

O regime jurídico público não permite que os bens públicos afetados sejam gravados com **direitos reais de garantia**. Estes são uma forma de vincular o bem como garantia de adimplemento de uma obrigação, sem que o devedor deixe de usufruir dele, como ocorre, por exemplo, na **hipoteca**, no **penhor** ou na **anticrese**. Assim, por serem destinados à realização de interesses públicos, os bens da Fazenda Pública e demais pessoas jurídicas de direito público não podem ser por elas oferecidos como direitos reais de garantia.

13.6 Uso privativo de bem público

Conforme expõe Maria Sylvia Zanella Di Pietro, existem determinados bens que comportam inúmeras formas de utilização, sendo possível a conjugação do uso comum do povo com usos privativos exercidos por particulares para distintas finalidades.

Assim, ensina a autora em sua obra *Uso privativo de bem público por particular* que é possível a compatibilização dos usos:

> se a ampliação dessa liberdade em relação a algumas pessoas, mediante outorga de maiores poderes sobre os mesmos bens, trouxer também alguma utilidade para a população, sem prejudicar o seu direito de uso comum, não há por que se negar à Administração, que detém a gestão do domínio público, o poder de consentir nessa utilização, fixando as condições em que se exercerá. Concilia-se com o uso comum do povo o uso das vias públicas para realização de feiras livres, de exposições de arte, de venda de combustíveis, de distribuição de jornais, de comércio de flores e frutas.[19]

Constituem formas gratuitas ou onerosas que possibilitam ao particular o uso privativo de bem público:

---

[17] Conforme será exposto no item terras devolutas, há decisão isolada do TJMG que reconhece usucapião de bem público.

[18] BANDEIRA DE MELLO, Celso Antônio. *Curso de direito administrativo*. São Paulo: Malheiros, 2008. p. 901. MORAES, Alexandre de. *Constituição do Brasil interpretada e legislação constitucional*. 4. ed. São Paulo: Atlas, 2004. p. 1.935.

[19] DI PIETRO, Maria Sylvia Zanella. *Uso privativo de bem público por particular*. 2. ed. São Paulo: Atlas, 2010. p. 2.

- autorização de uso;
- permissão de uso; e
- concessão de uso.

13.6.1 Autorização de uso

É ato negocial, unilateral e discricionário, pelo qual a Administração faculta, a título precário, que o particular se utilize de bem público com exclusividade.

A utilização do bem, neste caso, é conferida no interesse privado do particular-utente. Está sujeita à autorização de uso, por exemplo, a requisição do particular de uso de terreno baldio de ente federativo para realização do evento.

A autorização pode ser simples, quando não tem prazo de duração, ou qualificada, que estipula prazo determinado. Todavia, se o Poder Público fixar prazo na autorização, ele acaba por retirar o caráter de precariedade, típico do instituto e, como resultado, sujeita-se a indenizar o particular se a revogar extemporariamente, isto é, antes do prazo.

É da competência do órgão que administra o bem autorizar o seu uso.

13.6.2 Permissão de uso

Permissão de uso de bem público é ato negocial, unilateral e discricionário pelo qual a Administração consente que o particular se utilize de bem público no interesse próprio e também coletivo.

A utilização do bem é de interesse da coletividade que frui certas vantagens do uso, que se assemelha a um serviço de utilidade, por isso pode haver obrigações a serem assumidas pelo permissionário.

São exemplos de usos sujeitos à permissão: a exploração de banca de jornais, quiosques, vestiários em praia ou a utilização de parte das calçadas por bares e restaurantes.

Uma vez conferida a permissão ao particular, este tem obrigação, e não faculdade (como no caso da autorização), de utilizar o bem, sob pena de caducidade, pois ela envolve interesse público.

A permissão também pode ser simples ou qualificada; neste último caso, se a administração fixar o prazo de sua duração, a precariedade é restringida e, além da consequência da indenização, em caso de revogação antes do prazo fixado, ela perde a característica de ato negocial e se transforma em verdadeiro contrato, o que significa que exige licitação.

O parágrafo único do art. 2º da Lei nº 8.666/93 qualificava como contrato, independentemente da denominação utilizada, todo e qualquer ajuste entre órgãos ou entidades da Administração Pública e particulares, em que haja um acordo de vontades para a formação de vínculo e a estipulação de obrigações recíprocas. Apesar da ausência de reprodução da definição na nova lei, ela permanece válida.

A Lei nº 13.311/2016 institui normas gerais para ocupação e utilização de área pública urbana por equipamentos urbanos do tipo: quiosque, trailer, feira e banca de vendas de jornais e de revistas.

A lei permite a transferência da outorga, pelo prazo restante, a terceiros que atendam aos requisitos exigidos em legislação municipal. No falecimento do titular ou se ele for acometido de enfermidade física ou mental que o impeça de gerir seus próprios atos, a outorga será transferida, pelo prazo restante, na seguinte ordem: (1) ao cônjuge ou companheiro e (2) aos ascendentes e descendentes, dando-se preferência aos parentes de grau mais próximo.

A transferência de que trata esse artigo depende de requerimento do interessado no prazo de 60 dias, contado do falecimento do titular, da sentença que declarar sua interdição ou do reconhecimento, pelo titular, por escrito, da impossibilidade de gerir os seus próprios atos em razão de enfermidade física atestada por profissional da saúde, além do preenchimento dos requisitos exigidos pelo Município para a outorga.

Extingue-se a outorga: (1) pelo advento do termo; (2) pelo descumprimento das obrigações assumidas; e (3) pela revogação do ato pelo Poder Público Municipal, desde que demonstrado o interesse público de forma motivada. O Município pode dispor sobre outros requisitos para a outorga, observada a gestão democrática do Estatuto da Cidade.

Logo, percebe-se que a outorga é prevista com prazo determinado, admitindo-se inclusive sua transferência para terceiros ou para o cônjuge, ou parente do titular, se este tiver algum impedimento por enfermidade física ou mental, e, no falecimento, para o prazo restante.

Note-se que além da extinção da outorga em função do descumprimento das obrigações assumidas (caducidade), a lei prevê a possibilidade de extinção pela revogação do ato pelo Poder Público Municipal, desde que demonstrado o interesse público de forma motivada. Nesse último caso, apesar de a Lei nº 13.311/2016 nada mencionar, interpretamos que haveria direito à indenização, pois a previsão de prazo retira a precariedade da outorga, conforme explicado acima.

> **PONTO CONTROVERTIDO: calçada: uso, conservação e natureza jurídica**
>
> As calçadas são consideradas bem de uso comum do povo, isto é, uma espécie de bem público, sendo possível por permissão de uso de bem público, conforme visto, tornar privativo o uso de determinado local da calçada, por meio da permissão para a instalação de banca de jornais, por exemplo.
>
> Existe até uma definição anexa ao Código Nacional de Trânsito que indica que as calçadas são a parte da via, normalmente segregada e em nível diferente, não destinada à circulação de veículos, reservada ao trânsito do pedestre e, quando possível, à implantação de mobiliário urbano, sinalização e vegetação.
>
> A calçada é bem público pertencente ao Município e cada Prefeitura teria interesse local para legislar acerca do assunto. Se a calçada é considerada bem público, a conclusão mais coerente seria reconhecer a responsabilidade do Poder Público em conservar as calçadas. Isto já é feito pelas Municipalidades, como no caso de São Paulo que em 2011 reformou 145 mil metros quadrados de calçadas.
>
> Contudo, há uma nova legislação municipal (paulistana) que determina o compartilhamento da responsabilidade pela construção, conservação, reforma e manutenção das calçadas entre o proprietário do imóvel e o locatário (usuário), comercial ou residencial, seja em caráter individual ou em condomínio, sendo responsável o Município quando ele tiver realizado melhoramentos públicos que causarem danos a terceiros.
>
> O art. 7º da Lei Municipal nº 15.442, de 9.9.2011, estabelece que os responsáveis por imóveis, edificados ou não, lindeiros a vias ou logradouros públicos dotados de guias ou sarjetas, são obrigados a executar, manter e conservar os respectivos passeios na extensão correspondente à sua testada, sendo previstas como sanções para a ausência do cumprimento do dever a multa e a intimação para regularização.
>
> Ocorre que, se a responsabilidade for repassada ao particular, isso implicaria juridicamente que acidentes pela má conservação da calçada fossem também de sua responsabilidade, exceto se for imóvel locado a ente federativo ou de propriedade pública. Ora, essa interpretação vai contra o fato de a calçada ser bem público, sendo inclusive conflitante com a jurisprudência consolidada no sentido de que o Município teria responsabilidade pela ausência de conservação das vias públicas, o que contraria a definição encontrada no Código Nacional de Trânsito no sentido de que as calçadas estão incluídas na noção de vias "públicas".

13.6.3 Concessão de uso

É contrato precedido de licitação mediante o qual a Administração confere ao particular a utilização privativa de bem público, para que o exerça de acordo com a sua destinação específica.

O bem de domínio do Estado é trespassado ao particular, que deve manter a destinação de interesse coletivo. Não há possibilidade de a concessão ser utilizada para atender a finalidades de interesse particular do concessionário, exceto se o uso privativo constituir a própria finalidade do bem.

O contrato é celebrado por tempo certo ou determinado. A concessão de uso envolve investimentos de maior vulto do que as outras formas de uso privativo de bem público por particular e por esse motivo é cercada de maiores garantias.

São exemplos passíveis de concessão de uso: os boxes em mercados, a instalação de bares ou restaurantes em edifícios públicos, as sepulturas em cemitérios, os quiosques de venda de produtos dentro de prédios públicos etc.

Por ser contrato, a concessão de uso possui maior estabilidade e gera direitos subjetivos para os concessionários nos termos do ajuste. Note-se que o direito pessoal (*intuitu personae*) de uso do bem público é privativo e intransferível sem prévio consentimento da Administração.

AUTORIZAÇÃO DE USO	PERMISSÃO DE USO	CONCESSÃO DE USO
• ato negocial • unilateral • discricionário • precário	• ato negocial • unilateral • discricionário • precário – se a permissão não for qualificada (com prazo)	• contrato • precedido de licitação
uso no interesse do *particular-utente*	também no interesse coletivo há obrigação de usar	conforme uso de interesse coletivo – em destinação específica

13.7 Espécies de bens públicos

A especificação dos bens públicos encontra-se em diversos diplomas normativos. A Constituição Federal trata dos bens da União[20] no art. 20. Os bens dos Estados-membros estão dispostos no art. 25. Os bens imóveis da União são disciplinados no Decreto-lei nº 9.760/46. O Código de Águas (Decreto nº 24.643/34) trata das águas públicas.

São espécies de bens públicos que serão desdobradas a seguir:

- terras devolutas;
- terrenos reservados;
- faixa de fronteira;
- terras ocupadas pelos índios;

---

[20] Ressalte-se que a Lei nº 13.240/2015 dispõe sobre a administração, a alienação, a transferência de gestão de imóveis da União e seu uso para a constituição de fundos.

- plataforma continental;
- terrenos de marinha;
- ilhas;
- águas públicas; e
- jazidas e minas.

13.7.1 Terras devolutas

Devoluto significa vago, devolvido, desocupado, sem dono. Terras devolutas são terras públicas que não se incorporaram legitimamente ao domínio particular. Integram os bens dominicais de qualquer das entidades estatais, não sendo destinadas a fins administrativos específicos.

São bens da União, segundo o art. 20, II, da Constituição: "as terras devolutas indispensáveis à defesa das fronteiras, das fortificações e construções militares, das vias federais de comunicação e à preservação ambiental, definidas em lei". No art. 26, IV, da Constituição, por sua vez, incluem-se entre os bens dos Estados: "as terras devolutas não compreendidas entre as da União". Já o § 1º do art. 110 da Lei Orgânica Municipal de São Paulo, por exemplo, determina que "pertencem ao patrimônio municipal as terras devolutas que se localizem dentro de seus limites".

São delimitadas de forma residual (ou por exclusão), isto é, compreendem aquelas áreas que não entraram legitimamente no domínio particular e ainda não possuem destinação pública.

O deslinde das terras da União está disciplinado na Lei nº 6.383/76, que prevê o processo administrativo e o judicial de discriminação. O procedimento discriminatório se presta precipuamente a separar as terras públicas das particulares, mediante a verificação do título de domínio particular.

Pode-se dizer que existe uma presunção *juris tantum* em favor do domínio público, que se justifica em função do **histórico da propriedade de terras no Brasil**, pois, inicialmente, todas as terras pertenciam ao patrimônio público.

Em geral, as terras devolutas são disponíveis, porém estabelece o art. 225, § 5º, da Constituição Federal que "são indisponíveis as terras devolutas ou arrecadadas pelos Estados, por ações discriminatórias, necessárias à proteção dos ecossistemas naturais". Assim, as mencionadas terras são indisponíveis, mesmo se não arrecadadas por ação discriminatória.

As terras devolutas, como bens públicos que são, conforme dispõem os arts. 183, § 3º, e 191, parágrafo único, da Constituição Federal, não são passíveis de usucapião. No entanto, não obstante tal previsão, encontra-se controvertida e isolada[21] jurisprudência do Tribunal de Justiça de Minas Gerais que reconhece usucapião, em detrimento da reivindicação procedida pela DER-MG, em localidade com falta de título preexistente onde se assentaram dez famílias de ex-funcionários da DER-MG, erigindo uma pequena vila, o que confirmou a decisão de primeira instância no sentido do reforço à função social da posse em detrimento da imprescritibilidade.

---

[21] TJMG, Apelação Cível nº 1.0194.10.011238-3/001, Comarca de Leonel Fabriciano, j. 8.5.2014. Por Flávio Tartuce, Decisão do TJMG no caso que admitiu a usucapião de bem público. Disponível em: http://flaviotartuce.jusbrasil.com.br/noticias/136657712/decisao-do-tjmg-no-caso-que-admitiu-a-usucapiao-de-bem-publico. Acesso em: 5 out. 2014.

> **TERRAS DEVOLUTAS (SEM DONO)**
> bens públicos dominicais;
> deslinde das terras dos entes: Lei nº 6.383/73; e
> regra: disponíveis, exceção: necessárias à proteção dos ecossistemas.

13.7.2 Terrenos reservados

Assim se denominam, em Direito Administrativo, os terrenos reservados para a servidão pública de trânsito. Surgiram com a Lei nº 1.507, de 26.9.1867, cujo art. 39 determinava:

> fica reservada para a servidão pública nas margens dos rios navegáveis e de que se fazem os navegáveis, fora do alcance das marés, salvo as concessões legítimas feitas até a data da publicação da presente lei, a zona de sete braças contadas do ponto médio das enchentes ordinárias para o interior e o Governo autorizado para concedê-la em lotes razoáveis na forma das disposições sobre os terrenos de marinha.

Posteriormente, foram definidos pelo art. 1º, § 2º, do Decreto nº 4.105, de 22.2.1868. Atualmente, constam do art. 14 do Código de Águas (Decreto nº 24.643, de 10.7.1934): "os terrenos reservados são os que, banhados pelas correntes navegáveis, fora do alcance das marés, vão até a distância de **15 metros** para a parte da terra, contados desde o ponto médio das enchentes ordinárias".

Se o terreno marginal ao rio estiver sob a influência das marés, trata-se de terreno de marinha. Os terrenos reservados pertencem aos Estados, salvo se, por título legítimo, forem de domínio federal, municipal ou particular (cf. art. 31 do Código de Águas).

São bens públicos dominicais, se não estiverem destinados ao uso comum, ou por qualquer título legítimo não pertencerem ao domínio particular. Ressalte-se que eles podem ser bens públicos ou particulares; quanto a estes últimos, se a concessão (aforamento) pelo Poder Público foi feita antes da Lei nº 1.507, de 26.9.1867, estarão livres de servidão; no entanto, se a concessão foi feita posteriormente, "estarão onerados com a servidão de trânsito instituída por essa lei, visando ao aproveitamento industrial das águas e de energia hidráulica, bem como utilização da navegação do rio".[22]

> **TERRENOS RESERVADOS**
> 15 metros das enchentes ordinárias das correntes navegáveis.
> Regra: Estados.
> Bens públicos dominicais ou particulares, gravados, em geral, com servidão de trânsito.

---

[22] DI PIETRO, Maria Sylvia Zanella. *Direito administrativo*. São Paulo: Atlas, 2010. p. 149.

13.7.3 Faixa de fronteira

Trata-se de faixa interna de até **150 quilômetros** de largura, paralela à linha divisória terrestre, considerada fundamental para a defesa do Território Nacional, de acordo com o art. 20, § 2º, da Constituição. Veja ilustração a seguir:

Ao todo,[23] a faixa de fronteira se estabelece em 15.719 km, o que corresponde a 27% do território nacional, incluindo 588 Municípios de 11 Estados da Federação, que são: Acre, Amapá, Amazonas, Mato Grosso, Mato Grosso do Sul, Pará, Paraná, Rio Grande do Sul, Rondônia, Roraima e Santa Catarina. Conforme verificado no mapa, ela totaliza a fronteira, de norte a sul,

---

[23] Conforme dados encontrados em: FURTADO, Renata de Souza (Relatoria). *Faixa de fronteira*: estudos da Secretaria Executiva do Conselho de Defesa Nacional. Brasília: CDN, 2011. p. 211.

com dez países: Guiana Francesa, Suriname, Guiana, Venezuela, Colômbia, Peru, Bolívia, Paraguai, Argentina e Uruguai.

Tendo em vista fatores estratégicos relacionados com a defesa do território, a ocupação e a utilização da faixa de fronteira serão reguladas por lei. A disciplina legal é encontrada na Lei nº 6.634/79, regulamentada pelo Decreto nº 85.064/80. A alienação e a construção na faixa de fronteira ficam sujeitas às limitações impostas por leis de defesa do Estado.

São bens da União as terras devolutas indispensáveis à defesa das fronteiras (art. 20, II, da Constituição). O Conselho de Defesa Nacional é órgão competente para propor critérios de utilização da faixa de fronteira (art. 91, § 1º, CF). De acordo com a Súmula 477 do STF:

> As concessões de terras devolutas situadas na faixa de fronteira, feitas pelos Estados, autorizam, apenas, o uso, permanecendo o domínio com a União, ainda que se mantenha inerte ou tolerante, em relação aos possuidores.

Dispõem, ainda, acerca da alienação de terras em faixa de fronteira: a Lei nº 4.947/66, o Decreto-lei nº 1.135/70 e a Lei nº 13.178/2015.

Segundo estudos promovidos pelo Conselho de Defesa Nacional, a ambiência da Constituição de 1988 demanda que se reforce um conceito de defesa em sentido amplo. Assim, a faixa de fronteira é contemporaneamente vista do prisma de área de segurança do território nacional para a integração fronteiriça, termo que compreende um processo de vivificação e de desenvolvimento dos Municípios localizados em até 150 km da linha de fronteira terrestre.

Por isso, parcela dos estudiosos da faixa de fronteira, a exemplo de Renata de Souza Furtado, defende a não redução da extensão da faixa de fronteira, porque, em sua visão,[24] os 150 km acabam sendo necessários para alcançar uma área governável por meio de gestões mais eficientes das políticas públicas, dado que a faixa de fronteira é uma região com baixa densidade populacional e distante dos centros decisórios. Logo, a tônica de discussão da faixa de fronteira desloca-se da defesa em sentido estrito, preocupação mais corrente durante o regime militar, para a promoção do seu desenvolvimento, inclusive da força produtiva local, dando à faixa de fronteira um significado humanizado, que cumpre com o objetivo de segurança.

13.7.4 Terras ocupadas pelos povos indígenas

A Constituição de 1988 destinou o Capítulo VII da ordem social aos índios. São reconhecidos aos povos indígenas, de acordo com o art. 231 do texto constitucional, sua organização social, costumes, línguas, crenças e tradições, e os direitos originários sobre as terras que tradicionalmente ocupam.

A organização de um sistema que protegesse direitos e interesses das comunidades indígenas foi, além de reflexo da democratização (uma vez que houve nos trabalhos da Constituinte maior abertura para a participação de diversos grupos sociais), uma forma encontrada para minimizar impactos negativos de séculos de colonização e de governos autoritários que

---

[24] Ver entrevista de Renata de Souza Furtado, no programa Cartório com Você. Disponível em: https://www.youtube.com/watch?v=W00N9vAgzpk. Acesso em: 30 jan. 2016.

desconsideravam a dívida histórica existente para com os habitantes que se encontravam no local ao tempo do "descobrimento".[25]

A discussão da **questão indígena** lançou luz sobre a necessidade de reformulação da chamada política integracionista, baseada em pressuposto monocultural, que influenciou a elaboração do Estatuto do Índio (Lei nº 6.001/73).

A política de integração, que vigorou ao longo do século XX no Brasil, via o índio, primeiro, como ser genérico, sem considerar as particularidades étnico-culturais das diversas comunidades indígenas,[26] depois, como indivíduo que precisaria ser preparado para integrar a "civilização", daí o uso do termo *integração*.

O Código Civil de 1916, por exemplo, denominou os índios de "silvícolas", querendo designá-los como habitantes das selvas, ainda não incorporados à sociedade nacional. Eles eram considerados relativamente incapazes.[27] Havia, portanto, menoscabo ao valor da diversidade cultural e o índio era considerado ser primitivo, sem cultura ou culturalmente inferior – distorção que foi muito criticada por antropólogos.

Atualmente, com a difusão de valores multiculturais, que devem permear a ambiência democrática, não há como permitir a manutenção dessa visão autoritária, que pressupõe modelo único de desenvolvimento cultural, uma vez que houve a positivação do direito à manutenção da "organização social, costumes, línguas, crenças e tradições" indígenas, assegurado, conforme visto, no art. 231 da Constituição.

Não obstante, enfatiza José Afonso da Silva que a identidade étnica perdura mesmo diante das mudanças que são inevitáveis em qualquer agrupamento humano, ou seja, "eventuais transformações decorrentes do viver e do conviver das comunidades não descaracterizam a identidade cultural".[28] Em suma, mesmo em contato com outras formas culturais, na adoção de instrumentos e utensílios novos, a identidade das comunidades pode ser mantida, uma vez que elas fornecem respostas próprias à interação com diversos grupos.

O atual Código Civil denominou os indígenas de "índios", seguindo os passos da Constituição, e remeteu à legislação especial o trato de sua capacidade. No entanto, continua vigente a visão tutelar, bastante distorcida e patriarcal, que se origina do Estatuto do Índio – ainda em vigor.

---

[25] E que sofreram acentuado processo de dizimação e progressivo assujeitamento/domínio político, econômico e religioso. Em realidade, não houve "descobrimento" e também não se pode dizer que os povos indígenas sejam propriamente autóctones, uma vez que existem diversas teorias que questionam a origem ameríndia da população indígena. Há uma vertente bastante divulgada no sentido de que os povos indígenas possuem origem asiática, tendo atravessado o estreito de Bering nas últimas glaciações. Note-se que Nièdè Guidon, pesquisadora brasileira descendente de franceses, questionou a versão do *stablishment* que postula que a chegada dos primeiros homens americanos tenha ocorrido por volta de 15 mil anos, uma vez que ela localizou no sul do Piauí artefatos humanos datados por carbono em cerca de 45 mil anos. Deve-se, portanto, à ilustre arqueóloga brasileira o mérito de ter revolucionado com suas pesquisas a teoria das migrações do homem pré-histórico, não obstante toda a resistência que corajosamente enfrentou para provar o resultado de suas análises feitas nos sítios arqueológicos da Serra da Capivara/PI.

[26] Segundo dados constantes do *site* da Funai, há "imensa diversidade étnica e linguística, estando entre as maiores do mundo. São **215 sociedades indígenas**, mais cerca de 55 grupos de índios isolados, sobre os quais ainda não há informações objetivas. **180 línguas**, pelo menos, são faladas pelos membros destas sociedades, as quais pertencem a mais de 30 famílias linguísticas diferentes". In: *Ser Índio*. Disponível em: http://www.funai.gov.br/indios/conteudo.htm#SER_INDIO. Acesso em: 5 set. 2010.

[27] O Estatuto do Índio propugna a nulidade de negócio jurídico praticado por índio e pessoa estranha à comunidade, sem a participação da Funai, todavia, declara válido o negócio se o índio revelar consciência e conhecimento do ato praticado, desde que tal ato não o prejudique. Cf. GONÇALVES, Carlos Roberto. *Direito civil brasileiro*. São Paulo: Saraiva, 2010. p. 128.

[28] SILVA, José Afonso da. *Curso de direito constitucional positivo*. São Paulo: Malheiros, 2000. p. 829.

Note-se que a Fundação Nacional do Índio (Funai), que agora se chama Fundação Nacional dos Povos Indígenas, é entidade responsável pela realização da política indigenista no Brasil. Tem natureza jurídica de fundação de direito público da espécie autarquia fundacional, conforme jurisprudência estabelecida no STF (RE 183188/MS, Rel. Min. Celso de Mello, *DJ* 14.2.1997), sendo, portanto, da Justiça Federal a competência das causas em que intervém ou atua. Também o dispositivo do art. 109, XI, da Constituição reforça a competência da Justiça Federal, pois determina que compete aos juízes federais processar e julgar a disputa sobre direitos indígenas.

A Funai foi criada em 1967, em substituição ao Serviço de Proteção ao Índio (SPI), instituído em 1910. É de competência da Funai, entre outras: estimular o desenvolvimento de estudos e levantamentos sobre grupos indígenas, defender as comunidades indígenas, despertar o interesse de todos pela causa indígena, gerir o seu patrimônio e fiscalizar as suas terras, impedindo ações predatórias de garimpeiros, posseiros, madeireiros e quaisquer outras que ocorram dentro de seus limites e que representem risco à vida e a à preservação dos indígenas.

Em janeiro de 2023, houve a criação do Ministério dos Povos Indígenas, sendo esse feito de criar uma "pasta" específica inédito na história do Brasil.

Também o Ministério Público tem atribuição de "defender judicialmente os direitos e interesses das populações indígenas", conforme determina o art. 129, V, da Constituição Federal. Como a competência para processamento e julgamento de direitos indígenas é da Justiça Federal, o Ministério Público Federal será legitimado para a defesa judicial dos interesses dos indígenas.

As terras tradicionalmente ocupadas pelos índios são bens da União, de acordo com o inciso XI do art. 20 da Constituição, competindo a ela demarcá-las, mas aos índios se asseguram:

- a **posse permanente**; e
- o **usufruto exclusivo** das riquezas do solo, dos rios e dos lagos nelas existentes.

José Afonso da Silva esclarece que se trata de uma propriedade vinculada ou reservada da União, ou seja, que a União recebe outorga constitucional das terras para a finalidade específica de garantir os direitos dos índios sobre elas.[29] Na realidade, esse regime jurídico tem origem no indigenato, que, na definição do autor é a:

> velha e tradicional instituição jurídico luso-brasileira que deita raízes já nos primeiros tempos da Colônia, quando o Alvará de 1º de abril de 1680, confirmado pela Lei de 6 de junho de 1755, firmara o princípio de que, nas terras outorgadas a particulares, seria sempre reservado o direito dos índios, primários e naturais senhores delas.[30]

Nesta perspectiva, o indigenato resguardava aos índios, por força originária, as suas posses, o que nem sempre foi assegurado na prática. Em vez de um título adquirido por ocupação, o indigenato foi tido como fonte congênita da posse territorial.

Na atualidade, a Constituição estabelece que as terras indígenas são bens inalienáveis, indisponíveis e os direitos sobre elas incidentes são imprescritíveis, não sendo, portanto, admissível sua aquisição por usucapião.

Terras tradicionalmente ocupadas pelos índios são, conforme definição contida no § 1º do art. 231 da Constituição, as terras:

---

[29] SILVA, José Afonso da. *Curso de direito constitucional positivo*. São Paulo: Malheiros, 2000. p. 829.

[30] SILVA, José Afonso da. *Curso de direito constitucional positivo*. São Paulo: Malheiros, 2000. p. 831.

por eles habitadas em caráter permanente, as utilizadas para suas atividades produtivas, as imprescindíveis à preservação dos recursos ambientais necessários a seu bem-estar e as necessárias a sua reprodução física e cultural, segundo seus usos, costumes e tradições.

Entende-se que não significa terras ocupadas desde os tempos imemoriais, mas um **modo tradicional** de os índios ocuparem e utilizarem suas terras. Na visão indígena, a terra não possui a conotação patrimonial,[31] isto é, capitalizável ou substituível por outros bens. Nesta perspectiva, expõe José Afonso da Silva que:

> a relação entre o indígena e suas terras não se rege pelas normas do Direito Civil. Sua posse extrapola da órbita puramente privada, porque não é e nunca foi uma simples ocupação da terra para explorá-la, mas base de seu *habitat*, no sentido ecológico de interação do conjunto de elementos naturais e culturais que propiciam o desenvolvimento equilibrado da vida humana.[32]

Essa noção pode ser mais bem compreendida a partir da reflexão da Carta do Chefe Seattle, de 1854, em que há a seguinte resposta do líder tribal, com relação à venda de terras indígenas para a fixação de imigrantes e estabelecimento de uma reserva indígena nos Estados Unidos:

> Como é que se pode comprar ou vender o céu, o calor da terra? Essa ideia nos parece estranha. Se não possuímos o frescor do ar e o brilho da água, como é possível comprá-los? [...]. Isto sabemos: a terra não pertence ao homem; o homem pertence à terra. Isto sabemos: todas as coisas estão ligadas como o sangue une uma família. Há ligação em tudo. O que ocorrer com a terra recairá sobre os filhos da terra. O homem não tramou o tecido da vida; ele é simplesmente um de seus fios. Tudo o que fizer ao tecido, fará a si mesmo [...].[33]

As terras indígenas são, na essência, o ponto central dos direitos indígenas, uma vez que o território constitui condição de existência, isto é, de identidade física e cultural das comunidades indígenas, por isso se diz[34] que o **núcleo central** da questão indígena (especialmente no Brasil) reside na **disputa de** suas **terras**, que são cobiçadas pelas riquezas naturais que concentram.

Durante um tempo, o Supremo Tribunal Federal considerou que, para serem reconhecidas como terras tradicionalmente ocupadas pelos índios, é necessário que eles estejam em **posse atual** ou **recente**, conforme conteúdo da **Súmula 650 do STF**, segundo a qual: "os incisos I e XI do art. 20 da Constituição não alcançam terras de aldeamentos extintos, ainda que ocupados por indígenas em passados remotos". O conteúdo sumulado objetiva evitar abusos na discussão da propriedade de terrenos que em tempos remotos teriam sido aldeamentos indígenas, principalmente se eles não são mais locais em que costumes ou tradições indígenas estão sendo desenvolvidos.

---

[31] Basta refletir sobre um dado que integra a maior parte das culturas indígenas, que é o vínculo simbólico à terra. Desde os índios norte-americanos até os agrupamentos indígenas andinos, que reverenciam a terra como a deusa mãe (*Pachamama*), associando-a à fertilidade. Também os indígenas brasileiros, assim como os quilombolas, têm, cada agrupamento com suas formas peculiares, vinculação especial com as "suas" terras, onde se desenvolveram o espírito comunitário e as tradições. Contudo, enquanto as terras indígenas discriminadas são bens da União, as comunidades quilombolas possuem direito ao reconhecimento da propriedade (coletiva) da terra.

[32] SILVA, José Afonso da. *Curso de direito constitucional positivo*. São Paulo: Malheiros, 2000. p. 832-833.

[33] Carta do Chefe Seattle. Disponível em: http://www.cetesb.sp.gov.br/Institucional/carta.asp. Acesso em: 6 set. 2010.

[34] Cf. CARNEIRO DA CUNHA, Manuela. *Os direitos dos índios*: ensaios e documentos. São Paulo: Brasiliense, 1988. p. 22. SILVA, José Afonso da. *Curso de direito constitucional positivo*. São Paulo: Malheiros, 2000. p. 829. Claro que o fato de a terra ser uma condição *sine qua non* não significa que não haja outras dimensões de direitos a serem reconhecidos e tutelados para o bem-estar das comunidades indígenas.

Contudo, note-se que, em 21 de setembro de 2023, o Supremo Tribunal Federal considerou inconstitucional a tese do **marco temporal**, que havia sido adotada no julgamento da PET 3.388, j. 19.3.2009, referente às demarcações da Reserva Raposa Serra do Sol, em Roraima, sendo aventada, naquela oportunidade, a possibilidade de delimitação de um marco temporal fundado na data da promulgação da Constituição, isto é, em 5 de outubro de 1988.

Marco temporal foi, portanto, uma tese defendida de acordo com a qual os povos indígenas só poderiam ocupar terras que já ocupavam ou que disputavam na data de 5 de outubro de 1988. Os ruralistas defendiam a tese do marco temporal para limitar a demarcação da terra dos povos indígenas para somente aqueles povos que estivessem no espaço requerido na data da promulgação da Constituição.

Mais recentemente, em julgamento histórico, com repercussão geral, o STF adotou, por 9x2, no RE 1.017.365, o entendimento de que a terra pode ser tradicionalmente ocupada independentemente desta data de 5 de outubro de 1988. Afastou-se, portanto, a tese do marco temporal, que foi considerada pelos Min. Rel. Fachin, Alexandre de Moraes, Cristiano Zanin, Dias Toffoli, Luiz Fux, Cármen Lúcia, Barroso, Rosa Weber e Gilmar Mendes inconstitucional, tendo sido dissidentes os votos dos Ministros André Mendonça e Kassio Nunes Marques.

Após a decisão do STF, foi criada a Lei nº 14.701/2023, que regulamenta o art. 231 da Constituição Federal, para dispor sobre o reconhecimento, a demarcação, o uso e a gestão de terras indígenas. Foi texto que pretendia apoiar a tese, afastada pelo STF, do marco temporal. Contudo, houve diversos dispositivos vetados, sendo que o Chefe do Executivo manteve na íntegra apenas 9 dos 33 artigos do projeto.

De acordo com o art. 2º da Lei nº 14.701/2023, são princípios orientadores: o reconhecimento da organização social, dos costumes, das línguas e tradições indígenas; o respeito às especificidades culturais de cada comunidade indígena e aos respectivos meios de vida, independentemente do grau de interação com os demais membros da sociedade; a liberdade, especialmente de consciência, de crença e de exercício de qualquer trabalho, profissão ou atividade econômica; a igualdade material; a imprescritibilidade, inalienabilidade e indisponibilidade dos direitos indígenas.

São **terras indígenas**, de acordo com o art. 3º da Lei nº 14.701/2023:

- as **áreas tradicionalmente ocupadas pelos indígenas**, nos termos do § 1º do art. 231 da Constituição;
- as **áreas reservadas**, consideradas as destinadas pela União para outras formas que não a prevista no inciso I deste *caput*; e
- as **áreas adquiridas**, consideradas as havidas **pelas comunidades indígenas** pelos meios admissíveis pela legislação, tais como a compra e venda e a doação, dispositivo cujo desdobramento também sofreu o veto presidencial.

As áreas indígenas reservadas são, de acordo com o art. 16 da Lei nº 14.701/2023, as destinadas pela União à posse e à ocupação por comunidades indígenas, de forma a garantir sua subsistência digna e a preservação de sua cultura. Podem ser formadas por: terras devolutas da União, discriminadas para essa finalidade; áreas públicas pertencentes à União; e áreas particulares desapropriadas por interesse social. Também as reservas, os parques e as colônias agrícolas indígenas constituídos nos termos da Lei nº 6.001/1973 serão considerados áreas indígenas reservadas.

As áreas indígenas reservadas são de propriedade da União e a sua gestão fica a cargo da comunidade indígena, sob a supervisão da Funai. Aplica-se, nos termos do art. 17 da Lei nº 14.701, às terras indígenas reservadas o mesmo regime jurídico de uso e gozo adotado para terras indígenas tradicionalmente ocupadas.

Em obediência ao "princípio da irremovibilidade dos índios de suas terras",[35] **veda** o § 5º do art. 231 da Constituição **a remoção** dos grupos indígenas de suas terras, salvo, *ad referendum* do Congresso Nacional, em caso de catástrofe ou epidemia que ponha em risco a população, ou no interesse da soberania do país, após deliberação do Congresso Nacional, garantido, em qualquer hipótese, o retorno imediato logo que cesse o risco.

O aproveitamento dos recursos hídricos, incluídos potenciais energéticos, a pesquisa e a lavra das riquezas minerais em terras indígenas, somente pode ser efetivado com autorização do Congresso Nacional, ouvidas as comunidades afetadas, ficando-lhes assegurada a participação nos resultados da lavra, na forma da lei.

De acordo com o *caput* do art. 26 da Lei nº 14.701/2023, é facultado o exercício de atividades econômicas em terras indígenas, desde que pela própria comunidade indígena, admitidas a cooperação e a contratação de terceiros não indígenas.

A Constituição determina também que são nulos e extintos, não produzindo efeitos jurídicos, os atos que tenham por objeto a ocupação, o domínio e a posse das terras indígenas, ou a exploração de riquezas naturais do solo, dos rios e dos lagos nelas existentes, ressalvado relevante interesse público da União, segundo o que dispuser em lei complementar, não gerando a nulidade e a extinção direito a indenização ou ações contra a União, salvo, na forma da lei, quanto a benfeitorias derivadas da ocupação de boa-fé.

O ingresso de **não indígenas** em áreas indígenas pode ocorrer, nas hipóteses dos incisos do art. 24 da Lei nº 14.701/2023: (1) por particulares autorizados pela comunidade indígena; (2) por agentes públicos justificadamente a serviço de um dos entes federativos, hipótese em que o ingresso deverá ser reportado à Funai, informados seus objetivos e duração; (3) pelos responsáveis pela prestação de serviços públicos ou pela realização, manutenção ou instalação de obras e equipamentos públicos; (4) por pesquisadores autorizados pela Funai e pela comunidade indígena; e (5) por pessoas em trânsito, em caso da existência de rodovias ou outros meios públicos de passagem.

No caso dos pesquisadores autorizados pela Funai e pela comunidade indígena, a autorização será dada por prazo determinado e deverá conter os objetivos da pesquisa, vedado ao pesquisador agir fora dos limites autorizados.

PROTEÇÃO DOS POVOS E COMUNIDADES TRADICIONAIS

Apesar da menção exclusiva aos índios, há no ordenamento jurídico a tutela dos povos e comunidades tradicionais, a exemplo do Decreto nº 6.040/2007, que institui a política de promoção do desenvolvimento sustentável dos povos e comunidades tradicionais, com ênfase no reconhecimento, fortalecimento e garantia dos seus direitos territoriais, sociais, ambientais, econômicos e culturais. O fundamento da tutela dos povos e comunidades tradicionais encontra amparo na Convenção nº 169 sobre Povos Indígenas e Tribais da OIT (Organização Internacional do Trabalho).

Assim, a tutela das comunidades tradicionais não se restringe ao respeito a seu território, que é fundamental para o reconhecimento e manutenção do modo de vida tradicional. No caso dos índios, conforme visto, as terras são bens da União, sendo assegurados a posse permanente e o usufruto exclusivo das riquezas.

Trata-se de regime diferenciado, por exemplo, do conferido aos remanescentes das comunidades dos quilombos, cuja ocupação das terras gera uma propriedade definitiva. As terras dos quilombolas são imóveis particulares de afetação coletiva, assim, o titular do direito de propriedade especial é

---

[35] SILVA, José Afonso da. *Curso de direito constitucional positivo*. São Paulo: Malheiros, 2000. p. 830.

o grupo (a comunidade), que geralmente se constitui em associação civil, e não os indivíduos, que não podem dispor ou arrendar as terras reconhecidas pelo Estado, cf. art. 68 do ADCT. O Decreto nº 4.887/2003 regulamentou o procedimento de identificação e demarcação das terras quilombolas, realizado pelo Incra.

Além da proteção às terras, há a preocupação com a preservação da memória cultural e das práticas comunitárias, sendo enfatizado o papel do Estado em promover condições para o resgate e preservação da identidade cultural das comunidades, por meio do registro e do tombamento (item 14.6), bem como de incentivos e subvenções para o desenvolvimento e a transmissão de práticas culturais.

Trata-se de política que reforça os valores de identidade e as formas de organização das comunidades tradicionais. De acordo com a Unesco, "o patrimônio cultural imaterial, que se transmite de geração em geração, é constantemente recriado pelas comunidades e grupos em função de seu ambiente, de sua interação com a natureza e de sua história, gerando um sentimento de identidade e continuidade e contribuindo assim para promover o respeito à diversidade cultural e à criatividade humana (UNESCO, 2003)".

Conforme definição contida no art. 3º do Decreto nº 6.040/2007, são povos e comunidades tradicionais: "os grupos culturalmente diferenciados e que se reconhecem como tais, que possuem formas próprias de organização social, que ocupam e usam territórios e recursos naturais como condição para sua reprodução cultural, social, religiosa, ancestral e econômica, utilizando conhecimentos, inovações e práticas gerados e transmitidos pela tradição".

O *autorreconhecimento* (autodefinição), trazido pelo decreto, apesar de aberto, foi um critério propositadamente inserido após as reflexões sobre as dificuldades de delimitação do universo de comunidades tradicionais.

Segundo expõe Joaquim Shiraishi Neto: são heterogêneos os critérios que mobilizam "povos indígenas, quilombolas, pomeranos, afro-religiosos, ribeirinhos, quebradeiras de coco babaçu, seringueiros, pescadores artesanais, caiçaras,[36] castanheiros, povos dos faxinais, dos gerais e dos fundos de pasto, dentre outros".[37]

Ressalte-se, ainda, que o emprego da expressão comunidades tradicionais no *plural* também foi acertado. É mais adequado o plural do que o singular, pois em um mesmo grupo há inúmeras comunidades, sendo a visão do "ser genérico" ultrapassada porque afasta da consideração a diversidade étnica e linguística das comunidades. Tendo em vista estas particularidades, o governo eleito se volta à criação de um Ministério dos Povos Indígenas, sendo a primeira vez que a questão indígena ganha este grau de destaque em um governo a ponto de alterar a estrutura da Administração Pública para criar uma pasta especial.

Por outro lado, a terminologia também se contrapõe ao conceito jurídico de povo (brasileiro), no singular, que trabalha com "uma" identidade nacional, agregando brasileiros natos e naturalizados que possuem um vínculo jurídico-político com o Estado, em relação aos "povos tradicionais", que sociológica e antropologicamente congregam um caleidoscópio de culturas que compartilham, cada qual, dos mesmos hábitos, história, língua e tradições.

Portanto, para alguns efeitos jurídicos, o povo brasileiro é um agregado de nacionais que se vinculam ao Estado, sendo, no entanto, para os efeitos de proteção do Decreto nº 6.040/2007 utilizado o termo no plural ("povos") com o propósito de enfatizar a diversidade cultural e variedade étnica que se pretende reconhecer.

---

[36] A propósito dos caiçaras, obra pioneira de referência é: STANICH NETO, Paulo. *Direito das comunidades tradicionais caiçaras*. São Paulo: Café com Lei, 2016.

[37] SHIRAISHI NETO, Joaquim. *Direito dos povos e das comunidades tradicionais do Brasil*. Manaus: UEA, 2007. p. 15.

13.7.5 Plataforma continental

Também chamada de plataforma submarina, a plataforma continental é "uma espécie de planície submarina ao longo das costas a qual se inclina natural e gradualmente até grande distância do litoral".[38] Na plataforma continental há riquezas animais e vegetais, bem como a possibilidade de exploração de recursos minerais contidos em seu subsolo, principalmente petróleo e gás natural, que se formam geralmente em suas rochas sedimentares.

Nos termos do art. 11 da Lei nº 8.617/93:

> A plataforma continental do Brasil compreende o leito e o subsolo das áreas submarinas que se estendem além do seu mar territorial, em toda extensão do prolongamento natural de seu território terrestre, até o bordo exterior da margem continental, ou até uma distância de **200 (duzentas) milhas marítimas** da linha de base, a partir das quais se mede a largura do mar territorial, nos casos em que o bordo exterior não atinja esta distância.

O parágrafo único do art. 11 prescreve que a fixação da plataforma continental obedece também aos critérios determinados pelo art. 76 da Convenção de Montego Bay ou Convenção das Nações Unidas sobre o Direito do Mar (CNUDM), celebrada em 1982.

Se houver cristas submarinas, determina o § 6º do art. 76 que o limite da plataforma continental pode chegar a 350 milhas marítimas. Esta é uma "brecha" que a convenção abre para que países reivindiquem direitos sobre o oceano até 350 milhas náuticas de sua costa; além, portanto, "da Zona Econômica Exclusiva, de 200 milhas".[39]

O § 5º do art. 76 também prevê a possibilidade de limitar a plataforma continental por uma distância que não exceda 100 milhas marítimas da isóbata de 2.500 metros (linha que une profundidades de 2.500 metros). Para esclarecer tais conceitos, vide ilustração a seguir.

O Brasil possui soberania na exploração e aproveitamento dos recursos naturais da plataforma continental, sejam eles recursos não vivos do leito ou subsolo marítimo, ou organismos vivos de espécies sedentárias (art. 12 da Lei nº 8.617/93).

Também tem a União, à qual pertence a plataforma continental, o direito exclusivo de regulamentar a investigação científica marinha, a proteção e a preservação do meio marinho, bem como a construção, a operação e o uso de todos os tipos de ilhas artificiais, instalações e estruturas. O governo brasileiro, conforme o § 2º do art. 13, da lei, tem o direito exclusivo de autorizar e regulamentar as perfurações da plataforma continental, quaisquer que sejam os seus fins.

---

[38] ACCIOLY, H. *Manual de direito internacional público*. São Paulo: Saraiva, 1996. p. 206.
[39] Ver Brasil amplia a fronteira marítima da área do pré-sal. *Folha de S. Paulo*, São Paulo, p. B1, 6 set. 2010. (Mercado).

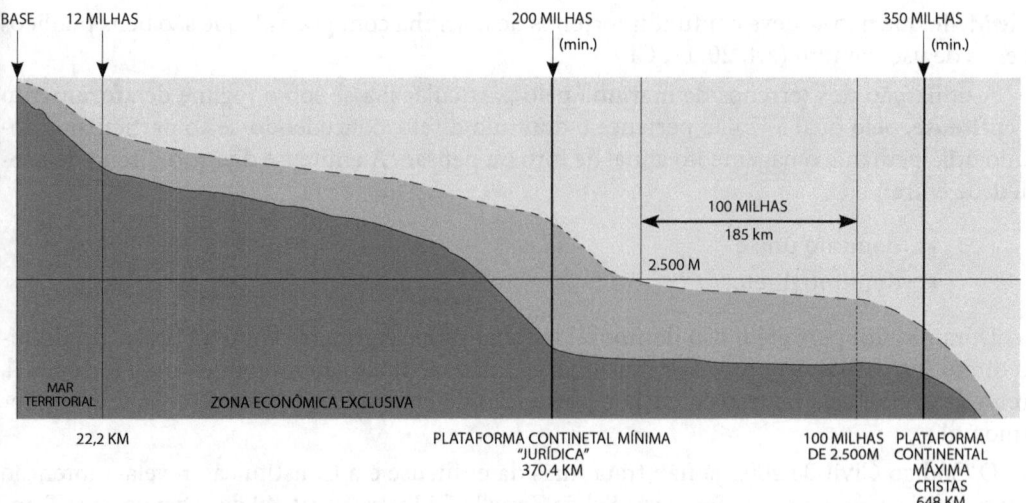

O art. 14 da lei determina que os demais Estados têm direito de colocar cabos e dutos na plataforma continental, contanto que o traçado da linha para a inserção deles seja consentido pelo governo brasileiro. Contudo, se os cabos e dutos penetrarem o mar territorial e o território nacional, então, o Estado brasileiro poderá estabelecer condições para a colocação.

13.7.6 Terrenos de marinha

Terrenos de marinha são todos os que, banhados pelas águas do mar ou dos rios navegáveis, vão até a distância de 15 braças craveiras (33 metros) para a parte da terra, contadas desde o ponto em que chega o preamar médio.

Tal conceito é utilizado desde o Aviso Imperial de 1833, tendo sido incorporado ao art. 13 do Código de Águas. Somente se incluem no instituto as margens de rios e lagoas que sofrem influência das marés, pois, em sua ausência, há, via de regra, terrenos reservados. Influência das marés, conforme dispõe o parágrafo único do art. 2º do Decreto-lei nº 9.760/46, é a oscilação periódica do nível médio das águas, igual ou superior a 5 (cinco) centímetros.

O Decreto-lei nº 9.760/46 atribuiu ao Serviço de Patrimônio da União, atualmente, Secretaria do Patrimônio da União (SPU), competência para determinar a posição das linhas do preamar médio do ano de 1831. Como as dificuldades de fixação da linha são grandes, à medida que a maré é fenômeno de grande oscilação, explica Diogenes Gasparini que tem sido aceito, inclusive no Poder Judiciário, a linha de *jundu*,[40] formada pelo início da vegetação nas proximidades da praia.

São **bens da União**, de acordo com o art. 20, VII, da Constituição Federal, tendo a natureza específica de **bens dominicais** (art. 11 do Código de Águas). Não são bens de uso especial, pois não estão afetados a serviços público específico, muito menos bens de uso comum, pois não podem ser utilizados indistintamente por todos.[41] Neste ponto, adverte Celso Antônio Bandei-

---

[40] Gasparini critica o critério, reputando-o ilegal. Cf. GASPARINI, Diogenes. *Curso de direito administrativo*. São Paulo: Saraiva, 2006. p. 865.

[41] Cf. GASPARINI, Diogenes. *Curso de direito administrativo*. São Paulo: Saraiva, 2006. p. 863.

ra de Mello que não se deve confundir terrenos de marinha com praias,[42] que são bens públicos federais de uso comum (art. 20, IV, CF).

A utilização dos terrenos de marinha pelo particular faz-se sob o regime de **aforamento** ou **enfiteuse**, pelo qual à União pertence o domínio direto, concedendo-se ao particular o domínio útil, mediante o pagamento anual de foro ou pensão. A enfiteuse divide o direito de propriedade entre:

- domínio útil; e
- domínio direto.

Domínio útil permite o uso do imóvel tal qual proprietário, restando ao titular do domínio direto (no caso dos terrenos de marinha, a União) o direito ao recebimento do foro anual, direito de preferência na transferência e percepção de laudêmio em caso de alienação do domínio útil.

O Código Civil de 2002 já não trata mais da enfiteuse e a Constituição revela a intenção de extingui-la. Conforme expõe Maria Sylvia Zanella Di Pietro, o art. 49 das Disposições Transitórias faculta aos foreiros, em caso de extinção da enfiteuse, a remição dos aforamentos mediante aquisição do domínio direto, "porém, determina que o mesmo instituto continuará a ser adotado nos terrenos de marinha e seus acrescidos, situados na faixa de segurança, a partir da orla marítima".[43]

Existem várias críticas à manutenção da enfiteuse neste caso. Reivindica-se que não há mais motivo que justifique sua existência. Apesar de se defender que o terreno de marinha é relevante por questões estratégicas, pois foram pensados também em fontes de renda para a construção de portos ou para construção de fortificações ou obras de defesa do território, entende Gasparini[44] que, na prática, eles servem para auferir rendas. Por conseguinte, tramitam no Congresso Nacional propostas de emendas constitucionais tendentes a abolir o domínio da União sobre terrenos de marinha.

TERRENOS DE MARINHA

33 m = 15 braças craveiras

Do preamar médio (influência das marés)

Domínio útil: União – em regime de **enfiteuse**, caso haja propriedade particular

Ou **bens dominicais**

13.7.7 Ilhas

Ilha é a porção de terra cercada por água de todos os lados. As ilhas classificam-se, geograficamente, em marítimas, fluviais e lacustres.

---

[42] Praia é "a área coberta e descoberta periodicamente pelas águas, acrescida da faixa subsequente de material detrítico, tal como areias, cascalhos, seixos ou pedregulhos, até o limite onde inicie a vegetação natural, ou, sem sua ausência, onde comece um outro ecossistema" (art. 10 da Lei nº 7.661/88). Cf. BANDEIRA DE MELLO, Celso Antônio. *Curso de direito administrativo*. São Paulo: Malheiros, 2008. p. 906.

[43] DI PIETRO, Maria Sylvia Zanella. *Direito administrativo*. São Paulo: Atlas, 2010. p. 714.

[44] GASPARINI, Diogenes. *Curso de direito administrativo*. São Paulo: Saraiva, 2006. p. 862.

Ilhas marítimas subdividem-se em:
- **costeiras**: que resultam do relevo continental ou da plataforma submarina; e
- **oceânicas**: as que se encontram afastadas da costa, possuindo origem diversa das ilhas costeiras.

Ilha fluvial é a que se forma pela bifurcação ou pelos braços dos rios.

Lacustre é a que se situa em lagoa ou lago.

São bens da União, conforme art. 20, IV, CF: as ilhas fluviais e lacustres situadas nas zonas limítrofes com outros países e as ilhas oceânicas e costeiras.

São bens dos Estados, de acordo com o art. 26, III, CF: as demais ilhas fluviais e lacustres, isto é, as não pertencentes à União. Também pertencem aos Estados as áreas, nas ilhas oceânicas e costeiras, que estiverem no seu domínio, excluídas aquelas da União, dos Municípios ou de terceiros (art. 26, II, CF).

As ilhas podem ter natureza de bens dominicais ou de bens de uso comum do povo, caso estejam destinadas ao uso comum, de acordo com o art. 25 do Código de Águas.

Ilhas fluviais e lacustres formadas em águas particulares, a estes pertencem, conforme expressa o art. 23 do Código de Águas.

13.7.8 Águas públicas

Águas públicas compreendem águas de uso comum ou dominicais.

As de uso comum abrangem, de acordo com o art. 2º do Código de Águas:
- os mares territoriais, incluídos os golfos, baías, enseadas e portos;
- as correntes, canais, lagos e lagoas navegáveis ou flutuáveis;
- as correntes de que se façam essas águas;
- as fontes e reservatórios públicos;
- as nascentes, quando forem de tal modo consideráveis que por si sós constituam *caput fluminis*; e
- os braços de quaisquer correntes públicas, desde que influam na navegabilidade ou na flutuabilidade.

Águas públicas dominicais são todas as águas situadas em terrenos que também o sejam, quando elas não forem do domínio público de uso comum, ou não forem comuns (art. 6º do Código de Águas).

São bens da União, de acordo com os incisos III e VI do art. 20 da Constituição, lagos, rios e quaisquer correntes de água situados em terreno de seu domínio, ou que banhem mais de um Estado, sirvam de limites com outros países, ou se estendam a territórios estrangeiros ou deles provenham, bem como os terrenos marginais e praias fluviais, e o mar territorial.

Aos Estados pertencem as águas superficiais ou subterrâneas, fluentes, emergentes ou em depósito, ressalvadas, neste caso, na forma da lei, as decorrentes de obras da União (art. 26, I, CF).

13.7.9 Jazidas e minas

O art. 176 da Constituição dispõe que "as jazidas, em lavra ou não, e demais recursos minerais e os potenciais de energia hidráulica constituem propriedade distinta da do solo, para efeitos de exploração ou aproveitamento, e pertencem à União, garantida ao concessionário a propriedade do produto da lavra".

Apesar de pertencerem à União, a Constituição assegura:

- no art. 20, § 1º: aos **Estados**, ao **Distrito Federal** e aos **Municípios**, bem como aos órgãos da administração direta da União, nos termos da lei, participação no resultado da exploração de petróleo ou gás natural, de recursos hídricos para fins de geração de energia elétrica e de outros recursos minerais no respectivo território, plataforma continental, mar territorial ou zona econômica exclusiva, ou compensação financeira por essa exploração; e
- no art. 176, § 2º, ao **proprietário do solo** participação nos resultados da lavra, na forma e no valor determinado por lei.

O art. 4º do Decreto-lei nº 227/67 (Código de Mineração) define **jazida** como "toda massa individualizada de substância mineral ou fóssil, aflorando à superfície ou existente no interior da terra, e que tenha valor econômico". **Mina**, conforme expõe Di Pietro, "é a jazida em lavra".[45]

Mineração é, atualmente, assunto fiscalizado e regulado pela Agência Nacional de Mineração (ANM), disciplinada pela Lei nº 13.575/2017, conforme dito no item de agências reguladoras. A ANM deve observar e implementar diretrizes do Código de Mineração e legislação correlata, bem como as determinações do Ministério de Minas e Energia.

Compete à ANM, entre outras atribuições contidas no art. 2º da Lei nº 13.575/2017: estabelecer normas e padrões para o aproveitamento dos recursos minerais, observadas as políticas do Ministério de Minas e Energia, definindo conceitos técnicos aplicáveis ao setor de mineração; administrar informações sobre atividades de pesquisa e lavra produzidos por titulares de direitos minerários, mantendo o registro mineral e as averbações referentes aos títulos e aos direitos minerários; e gerir direitos e títulos minerários para fins de aproveitamento de recursos minerais.

A ANM decidirá processos de outorga de direitos minerários; fiscalizar as atividades de mineração e aplicar sanções. Para fiscalizar as atividades de mineração, a ANM pode realizar vistorias, notificar, autuar infratores, adotar medidas acautelatórias como a interdição, paralisação e impor sanções.

Ela pode firmar termo de ajustamento de conduta, constituir e cobrar os créditos delas decorrentes, bem como comunicar aos órgãos competentes a eventual ocorrência de infração, quando for o caso, sendo sua competência aprovar a delimitação de áreas e declarar a utilidade pública para fins de desapropriação ou constituição de servidão mineral.

Outrossim, a ANM deve realizar estudos e regulamentar a aplicação de recursos de pesquisa, desenvolvimento tecnológico e inovação aplicados ao setor mineral. Também é responsável pelo fomento da concorrência entre os agentes econômicos, monitorando e acompanhando as práticas de mercado do setor de mineração brasileiro na cooperação com os órgãos de defesa da concorrência.

---

[45] DI PIETRO, Maria Sylvia Zanella. *Direito administrativo*. São Paulo: Atlas, 2010. p. 725.

14
Limitações ao direito de propriedade

14.1 Introdução

A matéria que trata das limitações ao direito de propriedade se insere no contexto do exercício do poder de polícia. As limitações abrangidas pelo assunto envolvem restrições à propriedade privada em benefício do interesse público.

O desenvolvimento da noção de direito de propriedade remonta ao Direito Romano. A valorização maior do individualismo do direito de propriedade ocorreu, todavia, no Estado de Direito, implantado pela Revolução Francesa.

O período que se seguiu à revolução foi dominado pelo liberalismo e pelo individualismo, que se expressaram de forma contundente no Código de Napoleão (1804). O seu art. 544 definia a propriedade como o direito de gozar e dispor das coisas de modo absoluto, desde que fosse respeitado o uso proibido pelas leis ou regulamentos. Estes continham normas que tratavam de aspectos restritos, como o direito de vizinhança. O conceito individualista de propriedade foi acolhido pelo Código Civil brasileiro de 1916.

Atualmente, à noção de autonomia privada, cujos corolários específicos no direito de propriedade implicam os tradicionais direitos de usar, gozar e dispor de uma coisa, de forma ilimitada, contrapõe-se a **função social da propriedade**, segundo a qual o direito de propriedade deve ser condicionado ao bem-estar social.

Ademais, a instituição do Estado Social de Direito legou uma atuação mais positiva do Estado, ou seja, foi exigida maior intervenção em variadas esferas para a realização da justiça social. Assim, enquanto na concepção antiga da propriedade as demais pessoas, inclusive o Estado, deveriam respeitar de forma negativa o direito de propriedade, não perturbando o *dominus*, nos dias atuais o Estado pode até impor como sanção, em nome da função social da propriedade, a obrigação (positiva) de promoção do adequado aproveitamento do solo urbano (cf. art. 182, § 4º, CF).

A função social da propriedade serviu de inspiração e justificativa para a inclusão da desapropriação por interesse social na Constituição Federal de 1946, e apareceu expressamente mencionada pela primeira vez no texto constitucional de 1967. São modalidades de restrição do Estado à propriedade privada: as limitações administrativas, a ocupação temporária, a requisição administrativa, a servidão administrativa, o tombamento e a desapropriação, sendo esta última considerada mais do que uma limitação, mas um sacrifício ao direito de propriedade.

> **DIREITO DE PROPRIEDADE**
>
> **Atualmente**: função social da propriedade.
> Ex.: corolário – obrigação de adequado aproveitamento do solo urbano (art. 182, § 4º, CF).
>
> **RESTRIÇÕES:**
>
> - limitações administrativas;
> - ocupação temporária;
> - requisição administrativa;
> - servidão administrativa;
> - tombamento; e
> - desapropriação – sendo esta considerada verdadeiro sacrifício do direito do particular.

14.2 Limitações administrativas

Para executar o poder de polícia e condicionar o uso do direito de propriedade aos imperativos do bem comum, o Poder Público deve estabelecer limitações que geram aos proprietários obrigações positivas ou negativas. Essas limitações são chamadas de administrativas e seu fundamento repousa na supremacia do interesse público.

São exemplos de limitações administrativas as que impõem a adoção de medidas técnicas para a construção de imóveis ou as que restringem a altura dos edifícios por motivos estéticos e de segurança.

As limitações administrativas abrangem determinações: **positivas** – no sentido de fazer, p. ex., medidas de segurança contra incêndio, limpeza de determinado terreno; **negativas** – no sentido de construir até certa altura, observando o recuo determinado; ou **permissivas** – como suportar a entrada de agentes sanitários para combate de endemias.

Diferenciam-se das servidões administrativas, pois:

1. enquanto as servidões possuem uma coisa serviente gravada para proporcionar utilidade à coisa dominante, as limitações resguardam **interesses públicos genéricos, abstratamente considerados**; e

2. as servidões constituem um direito real de uso e gozo em favor do poder público ou da coletividade; já as limitações **não exigem que o proprietário reparta, com terceiros, os seus poderes sobre a coisa**, porque ele pode desfrutar integralmente da propriedade, conquanto não esbarre nos óbices erguidos em prol do interesse público.

As limitações administrativas – como condição do próprio direito de propriedade, cujo conteúdo é normalmente limitado pelas leis – não dão direito à indenização, se mantiverem suas características de imposições genéricas orientadas a finalidades de interesse público.

14.3 Ocupação temporária

Ocupação temporária é a utilização que o Estado faz, de forma transitória, de **imóvel** particular para **fins de interesse público**. Ela admite, em regra, indenização, se houver dano.

O art. 36 do Decreto-lei nº 3.365/41 (atual Lei das Desapropriações) permite a ocupação temporária, indenizável por ação própria, de **terrenos não edificados vizinhos às obras** e necessários à sua realização.

Para tanto, estipula os seguintes requisitos:

- realização de obras públicas;
- necessidade de ocupação de terrenos vizinhos;
- inexistência de edificação no terreno ocupado;
- obrigatoriedade de indenização; e
- prestação de caução prévia, se exigida.

É permitida a ocupação temporária em terrenos de propriedade particular para **escavações** e pesquisas de **interesse arqueológico e pré-histórico**, à exceção de áreas muradas que envolvem construções domiciliares. O parágrafo único do art. 13 da Lei nº 3.924/61, que dispõe sobre monumentos arqueológicos e pré-históricos, estabelece que, à falta de acordo amigável com o proprietário da área em que se situa a jazida, ela será declarada de utilidade pública e autorizada pelo período necessário à execução dos estudos.

Também há, no art. 5º, inciso XXV, da Constituição Federal, a previsão de ocupação temporária da propriedade particular, em caso de **perigo público iminente**, mediante indenização ulterior, se houver dano.

14.4 Requisição administrativa

Quando o Poder Público se depara com uma situação de necessidade pública inadiável e urgente, em tempos de guerra ou em caso de perigo público iminente, ele necessita de um instituto que autorize a utilização de bens e serviços particulares para o atendimento das necessidades coletivas prementes.

O ato administrativo unilateral, autoexecutório e oneroso, criado para atender a essa **situação extraordinária**, que permite a **utilização coativa** de bens e serviços particulares, se chama requisição administrativa.

É competência da União, conforme determinação do art. 22, III, da Constituição Federal, legislar sobre requisição civil e militar, em caso de iminente perigo e em tempo de guerra.

Ela incide sobre bens, **móveis** ou **imóveis**, ou sobre **serviços**, sendo independente da prévia aquiescência do particular ou mesmo da prévia intervenção do Judiciário, tendo em vista a urgência da situação. Quando recai sobre imóvel, confunde-se com alguns aspectos da ocupação temporária. Se envolve bens móveis fungíveis, assemelha-se à desapropriação, porém, diferentemente desta, na requisição a indenização é sempre posterior.

Há também a requisição administrativa voltada para promoção, proteção e recuperação da saúde, de acordo com a Lei nº 8.080/90, que trata do Sistema Único de Saúde. O art. 15 da mencionada lei atribuiu aos entes federativos competência para requisitar bens e serviços de pessoas jurídicas e naturais, desde que assegurada a justa indenização, para atendimento de necessidades coletivas, urgentes e transitórias, decorrentes de perigo iminente, calamidade pública ou de irrupção de epidemia.

No julgamento da ADI 3.454, o Supremo Tribunal Federal, por unanimidade, reputou, em junho de 2022, procedente o pedido formulado para atribuir interpretação conforme ao art. 15, XIII, da Lei nº 8.080/90 (Lei Orgânica do Sistema Único de Saúde), o que exclui a possibilidade de requisição administrativa de bens e serviços de titularidade de outros entes federativos.

O voto condutor do julgamento da ADI 3.454 foi do Ministro Alexandre de Moraes, que enfatizou que no caso de requisição no contexto das atribuições do SUS há a competência comum dos entes federativos, o que exige coordenação horizontal e não subordinação. Uma situação de necessidade coletiva, urgente e transitória afeta todos os entes, exigindo coordenação horizontal, proibindo estender o art. 5º, XXV, da Constituição, que prevê requisição administrativa de bens particulares em caso de perigo público, para as relações dos entes federativos, as quais são caracterizadas pela horizontalidade e também pela cooperação.

Logo, para o Supremo Tribunal Federal constitui **ofensa ao princípio federativo** a requisição de bens e serviços **de uma unidade federativa a outra**.

14.5 Servidão administrativa

A concepção originária de servidão se desenvolveu no Direito Civil. Trata-se de direito real sobre coisa alheia, em que um prédio chamado de serviente é gravado para proporcionar utilidade para um prédio dominante, pertencente a donos diversos (ver art. 1378, CC). Na servidão, certas prerrogativas do direito de propriedade, como usar e fruir, são partilhadas com terceiros.

No direito público, existe a servidão administrativa, que representa um ônus real de uso instituído com base na lei pela Administração Pública sobre o imóvel do particular em razão de interesse público.

Os elementos comuns da servidão são: natureza de direito real sobre coisa alheia, a situação de sujeição de uma coisa serviente em relação à coisa dominante ou a uma pessoa e o conteúdo da servidão, que possibilita a extração de uma utilidade (uso e gozo) da *res serviens*.

A principal diferença entre a servidão administrativa ou de direito público e a de direito privado repousa na afetação da *res dominans* à realização de serviço público ou de fim de utilidade pública.

Aponta Cretella Júnior[1] outras diferenças: enquanto as servidões civis só podem impor obrigações de deixar de fazer, as administrativas traduzem-se por obrigações positivas, como roçar o mato, podar árvores, fazer o alinhamento particular; as servidões administrativas estão fora do comércio; por isso, não se extinguem pela prescrição; podem gravar também bens do domínio público; e, em regra, não obrigam à indenização.

São exemplos de servidões administrativas: a servidão sobre imóveis que estão em torno de aeroportos – os quais devem ter sinais luminosos, não podendo ser construídos acima de determinada altura; a servidão de terrenos marginais aos rios; a servidão para transporte e distribuição de energia elétrica e a servidão sobre imóveis vizinhos de bens tombados.

A servidão se constitui:

- **por lei**;
- mediante a edição de **ato declaratório** de utilidade pública de parte do imóvel para fins de servidão administrativa, caso em que se concretiza **por acordo**; ou
- **por sentença judicial** em ação movida pela Administração Pública ou por seu delegado, quando não houver acordo ou se forem adquiridas por usucapião.

Em geral, não cabe indenização quando a servidão é genérica e decorrente de lei, pois toda a coletividade de proprietários se encontra na mesma situação, a não ser que ocorra um prejuízo maior. Contudo, quando a servidão recai sobre um imóvel específico, em função de contrato ou por decisão judicial, a regra é a indenização.[2]

---

[1] CRETELLA JR., José. *Curso de direito administrativo*. Rio de Janeiro: Forense, 2000. p. 492.

[2] DI PIETRO, Maria Sylvia Zanella. *Direito administrativo*. São Paulo: Atlas, 2010. p. 153.

A servidão administrativa tende à perpetuidade; porém, podem ser apontadas as seguintes causas extintivas: perda da coisa gravada; transformação da coisa por fato que a torne incompatível com seu destino; desafetação da coisa dominante; e incorporação do imóvel serviente ao patrimônio público.

14.6 Tombamento

14.6.1 Noções introdutórias

Tombar é termo utilizado com o significado de *inventariar, arrolar, inscrever, cadastrar*. Origina-se do direito português, designando o ato de *inscrever* nos arquivos guardados na Torre do Tombo,[3] local onde se alocavam documentos oficiais do reino de Portugal. Tombamento é procedimento administrativo que objetiva inscrever determinado bem, revestido dos requisitos necessários para integrar o patrimônio cultural brasileiro, em livro próprio, para efeitos de preservação.

É instrumento utilizado pelo Poder Público, com a colaboração da comunidade, para proteger ou tutelar o **patrimônio cultural brasileiro**, constituído, de acordo com o art. 216, *caput*, da Constituição Federal, por bens de natureza material e imaterial, tomados individualmente ou em conjunto, portadores de referência à identidade, à ação, à memória dos diferentes grupos formadores da sociedade brasileira.

Envolve a intervenção parcial do Estado na propriedade privada, objetivando proteger o patrimônio histórico e artístico nacional, considerado como "o conjunto dos bens móveis e imóveis existentes no país cuja conservação seja de interesse público, quer por sua vinculação a **fatos memoráveis** da história do Brasil, quer por seu **excepcional valor** arqueológico ou etnográfico, bibliográfico ou artístico", conforme redação do art. 1º do Decreto-lei nº 25/37.

A conservação da memória não se realiza apenas mediante atitudes passivas, isto é, por um "não destruir ou modificar", mas o **preservar** exige também dos órgãos estatais e da coletividade posturas ativas, no sentido de promover tombamentos, registros e demais ações que revelem a importância de determinados patrimônios de interesse coletivo, para evitar a degradação proveniente da ação humana ou mesmo da natureza.

Por isso, determina o § 1º do art. 216 da Constituição Federal que "o Poder Público, com a colaboração da comunidade, promoverá e protegerá o patrimônio cultural brasileiro, por meio de inventários, registros, vigilância, **tombamento** e desapropriação, e de outras formas de acautelamento e preservação".

Tombamento, em regra, não gera direito à indenização, exceto se houver comprovação de um dano específico, que deverá ser comprovado.

Portanto, pode-se conceituar tombamento como sendo um "instrumento especial de intervenção do Estado na propriedade, que pode recair sobre bens públicos ou particulares, protegendo e conservando o patrimônio cultural *lato sensu*, mediante um regime especial de uso,

---

[3] A Torre do Tombo é uma das instituições mais antigas de Portugal. Desde a sua instalação numa das torres do castelo de Lisboa, ocorrida no reinado de D. Fernando e rigorosamente desde 1378, data da primeira certidão conhecida, até 1755, prestou serviço como Arquivo do rei, dos seus vassalos, da administração do reino e das possessões ultramarinas. Além de servir à administração régia, com funções semelhantes às de um arquivo dos nossos dias, o serviço mais importante prestado pela Torre foi o das certidões, solicitado pelas instituições no geral. Atualmente, há o Arquivo Nacional da Torre do Tombo. Disponível em: http://dgarq.gov.pt/identificacao--institucional/historia. Acesso em: 17 jan. 2010.

gozo, disposição e não destruição, lastreado na função socioambiental da propriedade, em prol das presentes e, especialmente, das futuras gerações".[4]

14.6.2 Diferenças entre tombamento e registro

Tombamento não se confunde com registro. Enquanto o registro recai sobre bens imateriais e está regulamentado em âmbito federal no Decreto nº 3.551/2000, com objetivo precípuo de inventariar as características de bens intangíveis, para manter vivas e acessíveis tradições e referências culturais, o tombamento objetiva impedir modificações nos bens geralmente materiais sobre os quais recai, implicando restrições parciais aos poderes inerentes de seu proprietário, tendo em vista o interesse coletivo de preservação do bem.

O **registro**, explica Gasparini,[5] visa evitar que conhecimentos e práticas, expressivas da cultura brasileira, sejam esquecidos porque os que os dominavam morreram ou pelo fato de os mais jovens não se interessarem pela continuidade das tradições herdadas. Não se trata de tombamento, mas apenas de registro solene nos livros próprios do órgão técnico. Exemplo fornecido pelo autor é o registro do *Ofício das Baianas de Acarajé* no Iphan.

14.6.3 Preservação do patrimônio: objetivos e outros instrumentos de tutela

As ações de preservação e registro de memórias coletivas permitem ao indivíduo construir sua identidade, uma vez que o ser humano, como racional que é, possui a constante necessidade de dar sentido à sua existência. Sem revisitar e refletir sobre os bens e práticas que foram legados das gerações passadas às gerações atuais e futuras, que fazem parte da história de um povo, não há como fortalecer a construção de identidades coletivas.

Como o ser humano não vive só, o sentido dado à construção da identidade individual passa inevitavelmente pelo universo simbólico das identidades coletivas, sendo esse processo dialeticamente reforçado por ações que procuram manter vivas e acessíveis as referências culturais, bem como as tradições existentes.

Segundo expõe Ricardo Costa: "sem memória, hoje, nossa civilização caminha desnorteada, pois não conhece seu passado, não tem consciência em seu presente, e não projeta perspectiva no futuro".[6]

Debruçar-se sobre a história, associada com o **direito à memória**, é ação que projeta significativos reflexos no futuro, pois do passado também se extraem conhecimentos e lições importantes que guiam a humanidade nas próximas ações, ou seja, o tombamento reforça a identidade individual e coletiva e também confere **senso de orientação**, que geralmente inspira valores[7] como ética, solidariedade e cidadania.

---

[4] OLIVEIRA, Fábio André Uema. *Tombamento*: Decreto-Lei 25/1937. – São Paulo: Thomson Reuters Brasil, 2019. (Coleção Soluções de direito administrativo: Leis comentadas. Série I: administração pública, v. 2, NOHARA, Irene Patrícia; MOTTA, Fabrício e PRAXEDES, Marco coord.), p. 91-92.

[5] GASPARINI, Diogenes. *Direito administrativo*. 11. ed. São Paulo: Saraiva, 2006. p. 747.

[6] COSTA, Ricardo. História e memória: a importância da preservação e da recordação do passado. *SINAIS – Revista Eletrônica – Ciências Sociais*. Vitória, CCHN, UFES, edição nº 2, v. 1, p. 2-15, out. 2007.

[7] Sobre cultura e patrimônio cultural. Disponível em http://www.iepha.mg.gov.br/sobre-cultura-e-patrimonio--cultural. Acesso em: 18 jan. 2010.

Os instrumentos jurídicos de preservação do patrimônio cultural são manejados em conjunto com a coletividade em exercício pleno da cidadania, uma vez que é de interesse coletivo a necessidade de manter viva a herança cultural legada por gerações passadas,[8] mas, para que as gerações atuais se preocupem com a preservação do patrimônio e da necessidade de sujeição da propriedade aos ônus inerentes do tombamento, é necessário que haja medidas educativas sensibilizadoras da população em variados níveis.

A preservação do patrimônio histórico e cultural é considerada **direito de terceira geração** (ou, como preferem alguns, dimensão), à medida que possui titularidade coletiva ou difusa. De acordo com os dados encontrados no *site* do Iphea, de Minas Gerais,

> a comunidade é a verdadeira responsável e guardiã de seus valores culturais. Não se pode pensar em proteção de bens culturais, senão no interesse da própria comunidade, à qual compete decidir sobre sua destinação no exercício pleno de sua autonomia e cidadania. Para preservar o patrimônio cultural é necessário, inicialmente, conhecê-lo através de inventários e pesquisas realizadas pelos órgãos de preservação, em conjunto com as comunidades. O passo seguinte é a utilização dos meios de comunicação e do ensino formal e informal para a educação e informação das comunidades, para desenvolver o sentimento de valorização dos bens culturais e a reflexão sobre as dificuldades de sua preservação.[9]

A **ação popular** é o remédio apto para anular ato lesivo ao patrimônio histórico e cultural, ficando o autor, cidadão, salvo comprovada má-fé, isento de custas judiciais e do ônus de sucumbência, conforme dispositivo contido no art. 5º, LXXIII da Constituição Federal. A **ação civil pública** também se presta a preservar o patrimônio nacional, além do procedimento de tombamento em si.

14.6.4 *Tombamento e desapropriação indireta*

O tombamento e a desapropriação indireta possuem diferenças marcantes.

Por um lado, como dissemos, o **tombamento** é um instrumento de intervenção do Estado na propriedade, que pode recair sobre bens públicos ou particulares. Sua finalidade é proteger e conservar o patrimônio cultural *lato sensu*, mediante um regime especial de uso, gozo, disposição e não destruição, lastreado na função socioambiental da propriedade. Visa a proteger a presente e, especialmente, as futuras gerações.[10]

---

[8] A questão de preservar não implica tão somente dar valor ao continuísmo ou à tradição, mas também é útil para que a coletividade tenha condições de se debruçar e refletir sobre a ruptura ou a revolução vivenciada em um dado período histórico. Os movimentos revolucionários que posteriormente destroem os vestígios dos modos de vida anteriores não legam às novas gerações condições para que elas reflitam sobre a dimensão das transformações vivenciadas pela sociedade. É importante que a coletividade saiba até dos fatos mais lamentáveis da história humana, como o holocausto, a política de repressão estatal das ditaduras militares ou a escravidão, para que eles sejam gravados na memória coletiva como algo necessariamente "irrepetível". Sem os bens que revelam parcela da dimensão da barbárie, ela é por vezes banalizada – não há nada mais transformador ao ser humano do que saber o que homens e mulheres já padeceram por desvios e equívocos éticos ocorridos na história distante ou recente da humanidade.

[9] Sobre cultura e patrimônio cultural. Disponível em: http://www.iepha.mg.gov.br/sobre-cultura-e-patrimonio--cultural. Acesso em: 18 jan. 2010.

[10] OLIVEIRA, Fábio André Uema. *Tombamento*: Decreto-Lei 25/1937. São Paulo: Thomson Reuters Brasil, 2019 (Coleção Soluções de direito administrativo: Leis comentadas. Série I: administração pública, v. 2, NOHARA, Irene Patrícia; MOTTA, Fabrício e PRAXEDES, Marco coord.). p. 91-92.

O tombamento abrange restrição parcial ao direito do proprietário. Porém, se acarretar limitação total das faculdades inerentes à propriedade, pode caracterizar desapropriação indireta – o que confere ao *dominus* direito à indenização. A finalidade do tombamento não é a subtração da propriedade, mas a mera **conservação da coisa**, para que ela não sofra a ação deletéria do tempo ou da interferência humana.

Segundo Maria Sylvia Zanella Di Pietro, o tombamento é sempre restrição parcial, conforme se verifica na legislação que o disciplina; se acarretar a impossibilidade total de exercício dos poderes inerentes ao domínio, será ilegal e implicará desapropriação indireta, gerando direito à indenização integral dos prejuízos sofridos.[11]

Nada obsta que a Administração promova desapropriação formal para a finalidade de proteção do bem, uma vez que o § 1º do art. 216 da Constituição Federal determina que o Poder Público, com colaboração da comunidade, promoverá e protegerá o patrimônio cultural brasileiro, tanto pelo tombamento, além de outros instrumentos mencionados, como pela desapropriação. Essa hipótese é de desapropriação regular, que implica pagamento de justa e prévia indenização, e não de desapropriação indireta, que configura, conforme será visto, forma irregular e abusiva.

Como medida mais extremada, na hipótese de o proprietário não possuir recursos para proceder às obras de conservação e reparação da coisa tombada, o Poder Público pode optar pela desapropriação (formal), em vez de apenas executar as obras às suas expensas com a preservação da propriedade particular (art. 19, § 1º, do Decreto-lei nº 25/37).

Por outro lado, a **desapropriação indireta** é a ocupação de imóveis de propriedade de particulares, por iniciativa da Administração Pública, sem uma correspondente providência de expropriamento administrativo ou judicial.[12]

Haverá desapropriação indireta quando, pelo tombamento, ocorre o esvaziamento do valor econômico da propriedade. Tal situação foi reconhecida na decisão da primeira turma do STJ, em caso de grande repercussão,[13] no qual aos proprietários do casarão nº 1.919, localizado na Avenida Paulista, em São Paulo, foi reconhecida em ação por desapropriação indireta indenização pelo "esvaziamento econômico" do bem, comprovado por perícia que demonstrou a proibição total de se construir um prédio similar aos que já existem na localidade, o que impedia o compatível aproveitamento do imóvel.

14.6.5 Objeto

Podem ser objeto de tombamento os bens:

- **móveis** ou **imóveis**;
- **materiais** ou **imateriais**;
- **naturais**; e
- **públicos** ou **privados**.

---

[11] DI PIETRO, Maria Sylvia Zanella. *Direito administrativo*. 23. ed. São Paulo: Atlas, 2010. p. 139.

[12] Nesse sentido: GARCIA, José Ailton. *Desapropriação*: Decreto-Lei 3.365/1941 e Lei 4.132/1962. 2. ed. rev., atual. e ampl. São Paulo: Thomson Reuters Brasil, 2019 (Coleção Soluções de direito administrativo: Leis comentadas. Série I: administração pública, v. 3, NOHARA, Irene Patrícia; MOTTA, Fabrício, PRAXEDES, Marco, coord.). p. 198; CÂMARA FILHO, Roberto Mattoso. *A desapropriação por utilidade pública*. Rio de Janeiro: Lumen Juris, 1994. p. 499.

[13] STJ, REsp 220.983, 1ª T., Rel. Min. José Delgado, *DJ* 25.9.2000. p. 72.

Bens materiais dividem-se, via de regra, em dois grupos básicos: **bens móveis** que, segundo informações do Iphea/MG,[14] compreendem a produção pictórica, escultórica, material ritual, mobiliário e objetos utilitários; e **bens imóveis**, que não se restringem ao edifício isoladamente, mas também abrangem seu entorno, garantindo proteção da visibilidade e fruição em sentido mais amplo. O acervo de bens imóveis inclui com frequência núcleos históricos e conjuntos urbanos e paisagísticos considerados importantes referências para as noções étnicas e cívicas da comunidade.

Bens imateriais compreendem a produção cultural de um povo, desde sua expressão musical até a memória oral, como elementos caracterizadores de suas tradições e práticas. O tombamento recai, contudo, mais sobre os bens materiais, pois os imateriais são protegidos notadamente pelo registro.

Os bens tombados, segundo exposição de Hely Lopes Meirelles, tanto podem ser "realizações humanas como obras da Natureza; tanto podem ser preciosidades do passado como criações contemporâneas".[15] Os **bens naturais** também podem ser considerados bens culturais, apesar de não terem sido criados pelos seres humanos.

Determina, ademais, o art. 2º do Decreto-lei nº 25/37 que o tombamento se aplica às coisas pertencentes às pessoas naturais, bem como às pessoas jurídicas de direito privado e de direito público interno. **Bens públicos** são aqueles "do domínio nacional pertencentes às pessoas jurídicas de direito público interno", sendo **bens privados** ou **particulares** "todos os outros, seja qual for a pessoa a que pertencerem", em conceituação por exclusão fornecida pelo art. 98 do Código Civil.

Como o bem tombado pertencente à pessoa jurídica de direito público interno é geralmente afetado, ele não poderá ser alienado a particular, admitindo o decreto-lei apenas a transferência de uma a outra dos bens das entidades federativas (União, Estado, Distrito Federal e Municípios), hipótese na qual o adquirente da transferência é obrigado a dar imediato conhecimento ao órgão técnico (em âmbito federal, atualmente o Iphan).

Trata-se de regra contida no art. 11 do Decreto-lei nº 25/37, transcrito nos seguintes termos:

> **Art. 11.** As coisas tombadas, que pertençam à União, aos Estados ou aos Municípios, inalienáveis por natureza, só poderão ser transferidas de uma à outra das referidas entidades.
>
> **Parágrafo único.** Feita a transferência, dela deve o adquirente dar imediato conhecimento ao Serviço do Patrimônio Histórico e Artístico Nacional.

Não poderão, de acordo com o art. 3º do decreto-lei, ser incluídas entre o patrimônio histórico e artístico nacional as obras **de origem estrangeira**:

- que pertençam às representações diplomáticas ou consulares acreditadas no país;
- que adornem quaisquer veículos pertencentes a empresas estrangeiras, que façam carreira no país;

---

[14] Sobre cultura e patrimônio cultural. Disponível em: http://www.iepha.mg.gov.br/sobre-cultura-e-patrimonio--cultural. Acesso em: 18 jan. 2010.

[15] MEIRELLES, Hely Lopes. *Direito administrativo brasileiro*. São Paulo: Malheiros, 2009. p. 581. Contudo, rejeita o autor o tombamento como instrumento de preservação da fauna e flora, pois para essa finalidade há outros mecanismos jurídicos.

- que se incluam entre os bens referidos no art. 10 da Lei de Introdução às Normas do Direito Brasileiro e que continuam sujeitos à lei pessoal do proprietário, isto é, os bens adquiridos por sucessão de estrangeiro e situados no Brasil, como esclarece Di Pietro;[16]
- que pertençam a casas de comércio de objetos históricos ou artísticos;
- que sejam trazidas para exposições comemorativas, educativas ou comerciais; e
- que sejam importadas por empresas estrangeiras expressamente para adorno dos respectivos estabelecimentos.

14.6.6 Disciplina legal

Determina a Constituição Federal ser **competência material** comum dos entes federativos, de acordo com o art. 23, III, a proteção dos documentos, obras e outros bens de valor histórico, artístico e cultural, os monumentos, as paisagens naturais e os sítios arqueológicos.

Os órgãos técnicos responsáveis por implementar tais competências são, nos exemplos federal e de São Paulo:

- no âmbito **federal**: o Instituto do Patrimônio Histórico e Artístico Nacional (Iphan);
- no âmbito **estadual** de São Paulo, o Conselho de Defesa do Patrimônio Histórico, Arqueológico, Artístico e Turístico de São Paulo (Condephaat); e
- no **município** de São Paulo, o Conselho Municipal de Preservação do Patrimônio Histórico, Cultural e Ambiental da Cidade de São Paulo (Conpresp).

A jurisprudência não aceita limitação do poder de tombar de um ente federativo pelo outro, uma vez que a lei não discrimina ordem de preferência,[17] nem garante exclusividade, haja vista se tratar de competência material comum. Assim, pode ser que um bem seja tombado por mais de um órgão técnico, de distintas abrangências federativas. Note-se que se o bem for de interesse nacional, ele é tombado em âmbito federal, se for de interesse regional, é tombado no âmbito estadual ou distrital, e se for de interesse local, é tombado pelo órgão da Municipalidade.

Assim, deliberou o STJ, no recurso do MS 18.952/RJ, julgado em 16.4.2005, que como "o tombamento não implica transferência da propriedade, inexiste a limitação constante no art. 2º, § 1º, do Decreto-lei nº 3.365/41, que proíbe o Município de desapropriar bem do Estado". Não se aplica, portanto, ao tombamento a regra da desapropriação por utilidade pública.

A **competência legislativa** para a proteção ao patrimônio histórico, cultural, artístico, turístico e paisagístico é conferida de forma concorrente, conforme determina o art. 24, VII, e parágrafos da Constituição Federal, o que significa que a União deve estabelecer normas gerais sobre o assunto, podendo haver por parte dos demais entes federativos (Estados, conforme permissivo do art. 24, § 2º, e Municípios, de acordo com o art. 30, II, da Constituição Federal) competência suplementar.

---

[16] DI PIETRO, Maria Sylvia Zanella. *Direito administrativo*. 23. ed. São Paulo: Atlas, 2010. p. 139.

[17] A única previsão legal em que a menciona, refere-se ao exercício do direito de preferência na ordem do art. 22 do decreto-lei, quer dizer: União, Estado e Município, mas não se trata da competência para tombar, apenas para comprar o bem tombado.

O texto genérico sobre o assunto, aplicável a União, Estados, Distrito Federal e Municípios, é o **Decreto-lei nº 25/37**, que organiza a proteção do patrimônio histórico e artístico nacional, estabelecendo regras sobre o procedimento, seus efeitos, infrações e sanções administrativas.

14.6.7 Natureza jurídica

Há muita controvérsia acerca da natureza jurídica do tombamento, sendo identificadas **três discussões** principais:

- sobre se ele seria uma servidão administrativa, uma limitação administrativa ou categoria *sui generis*;
- se o ato final do procedimento seria de natureza declaratória ou constitutiva; e
- se o tombamento é ato discricionário da Administração ou vinculado, sendo tutelável, segundo este último posicionamento, por meios judiciais aptos a coagir o Poder Público a efetivá-lo.

Celso Antônio Bandeira de Mello defendia, até a 26ª edição do seu Curso, que o tombamento tinha natureza jurídica de **servidão administrativa** e não de limitação, pois enquanto esta última atinge categoria abstrata de bens ou todos os que se encontrem numa situação ou condição abstratamente determinada, as servidões atingem bens concreta e especificamente determinados com um ônus real, depois mudou de entendimento, já não mais associando tombamento com servidão.[18]

José Cretella Júnior e Themístocles Cavalcanti consideram o tombamento **limitação administrativa**, que não gera direito à indenização do proprietário. Já Hely Lopes Meirelles considera que o tombamento "é restrição individual quando atinge determinado bem – uma casa, p. ex. –, reduzindo os direitos do proprietário ou impondo-lhe encargos; é limitação geral quando abrange uma coletividade, como ocorre com o tombamento de locais históricos e paisagísticos".[19]

Já Maria Sylvia Zanella Di Pietro e José dos Santos Carvalho Filho não consideram que se trata de limitação administrativa, pois o tombamento recai de forma individualizada sobre o bem, nem mesmo servidão administrativa, pois não há no tombamento uma coisa dominante para a qual o bem presta utilidade. Di Pietro defende que o tombamento é "**categoria própria** que não se enquadra nem como simples limitação administrativa, nem como servidão".[20] Também José dos Santos Carvalho Filho considera o tombamento instrumento especial de intervenção restritiva do Estado na propriedade privada, a partir das seguintes constatações:

> Não concordamos com a posição segundo a qual se trata de servidão administrativa. Por mais de uma razão. Primeiramente, o tombamento não é um direito real, como o é a servidão; depois, inexistem as figuras do dominante e do serviente, intrínsecas à servidão administrativa. De outro lado, classificar o tombamento como bem de interesse público nos parece uma ideia vaga, que não chega a caracterizar esse tipo de intervenção. Limitação administrativa também é natureza inadequada: enquanto a limitação se reveste de caráter geral, o tombamento tem caráter específico, ou seja, incide apenas sobre determinados bens, discriminados no competente ato.[21]

---

[18] BANDEIRA DE MELLO, Celso Antônio. *Curso de direito administrativo*. São Paulo: Malheiros, 2014. p. 929.
[19] MEIRELLES, Hely Lopes. *Direito administrativo brasileiro*. São Paulo: Malheiros, 2009. p. 583.
[20] DI PIETRO, Maria Sylvia Zanella. *Direito administrativo*. 22. ed. São Paulo: Atlas, 2009. p. 147.
[21] CARVALHO FILHO, José dos Santos. *Manual de direito administrativo*. 20. ed. Rio de Janeiro: Lumen Juris, 2008. p. 744.

Outra divergência é pela natureza jurídica do ato final de inscrição no livro apropriado, se teria natureza jurídica declaratória ou constitutiva.

Para Hugo Nigro Mazzilli, não é necessário o prévio tombamento do bem como condição para acesso à jurisdição. Segundo o autor, o tombamento é ato meramente declaratório do valor cultural do bem e "não constitutivo desse valor; pressupõe o valor, e não o contrário",[22] ou seja, o valor cultural do bem não decorre do tombamento. Assim, para Mazzilli, o tombamento não é constitutivo do valor cultural do bem, apenas constitui um sistema especial de proteção administrativa, cujo mérito pode ser contrastado pelo Poder Judiciário.

Numa linha menos distinta do que se costuma afirmar, enfatiza Carlos Frederico Marés de Souza Filho[23] que o tombamento é ato administrativo que declara ou reconhece o valor de bens que, por isso, passam a ser preservados. Explana, portanto, que ele possui efeitos diferenciados, sendo **constitutivo** em relação aos efeitos determinados na lei, isto é, homologado o tombamento, passa o bem à condição de imune aos atos do proprietário ou de terceiros que possam mutilá-lo, alterá-lo ou destruí-lo; e meramente **declaratório** de um valor cultural preexistente ao ato de tombamento, daí porque o autor também entende que pode haver reconhecimento do valor pelo Judiciário, incidentalmente, em demandas que venham a buscar a preservação do patrimônio cultural.

A última divergência mencionada abrange a natureza discricionária ou vinculada do tombamento. Maria Sylvia Zanella Di Pietro[24] insere-se entre aqueles que consideram o tombamento ato **discricionário**; mas ressalta que discricionariedade não é arbítrio, exigindo-se que a recusa do Poder Público em tombar um bem seja devidamente motivada.

Já outros autores consideram que o ato de tombamento é vinculado,[25] havendo meios de coagir o Estado a efetivá-lo, uma vez que existiria direito subjetivo público ao tombamento de bens de valor cultural preexistente. Hely Lopes Meirelles, por exemplo, considera que o tombamento é "procedimento administrativo **vinculado**, que conduz ao ato final de inscrição do bem num dos Livros do Tombo".[26]

Note o seguinte excerto da obra de Hely Lopes Meirelles: "embora a valoração histórica e artística dependam de juízos subjetivos e conceitos estéticos individuais, nem por isso fica o ato administrativo do tombamento imune à apreciação judicial, para verificar-se sua legalidade, dentro dos objetivos colimados pela legislação pertinente".[27]

Ora, entendemos que o valor cultural do bem corresponde ao motivo do ato administrativo final que integra o procedimento de tombamento. Quando se discute valor estético, histórico, artístico, turístico ou paisagístico, há margem de apreciação valorativa, o que redunda, em certos casos, na discricionariedade, mas defendemos, conforme exposto no item próprio, que esta não pode ser considerada *a priori*, mas sim em face das particularidades de cada caso concreto.

Se estivesse em discussão o tombamento do Museu do Ipiranga, em São Paulo, que se localiza no conjunto arquitetônico do Parque da Independência, que foi na realidade tombado pela

---

[22] MAZZILLI, Hugo Nigro. Interesses difusos e sua defesa. *Justitia*, São Paulo, 49, 138, p. 65-79, abr./jun. 1987.

[23] SOUZA FILHO, Carlos Frederico Marés de. *A defesa dos interesses difusos em juízo*. 7. ed. São Paulo: Saraiva, 1995. p. 167.

[24] DI PIETRO, Maria Sylvia Zanella. *Direito administrativo*. 23. ed. São Paulo: Atlas, 2010. p. 146.

[25] CAVALCANTI, Flávio Queiroz Bezerra. Tombamento e dever do Estado indenizar. *Revista Trimestral de Jurisprudência dos Estados*, São Paulo, v. 130, p. 50, nov. 1994.

[26] MEIRELLES, Hely Lopes. *Direito administrativo brasileiro*. São Paulo: Malheiros, 2009. p. 583.

[27] MEIRELLES, Hely Lopes. *Direito administrativo brasileiro*. São Paulo: Malheiros, 2009. p. 582.

Resolução de 2.4.1975 (Condephaat), não haveria como reconhecer margem de discricionariedade ao Poder Público, pois é nítida a necessidade de preservação de um bem que tem indiscutível valor histórico e arquitetônico.

Assim, se restar comprovado que o bem possui indiscutível valor cultural, não há margem de discricionariedade para a Administração, que deve proceder ao tombamento como obrigação vinculada por lei. Não obstante, não é todo bem que possui valor cultural induvidoso, tanto que a Administração constantemente se depara com situações indeterminadas, que, sob alguns aspectos, podem ser consideradas valiosas, mas sob outros há argumentos no sentido da desnecessidade de tombamento; nestas circunstâncias, pode-se reconhecer ao Poder Público margem de discricionariedade para optar pela conveniência e oportunidade de efetivação da medida.

Contudo, apesar de o motivo ser, via de regra, elemento que comporta margem de discricionariedade, conforme visto no capítulo dos atos administrativos, mormente se o ordenamento prevê em seu pressuposto de direito conceito jurídico indeterminado, como é o valor exigido, isso não implica arbítrio para que o Poder Público promova o tombamento de bens sem valor ou mesmo para que negue, sem justificativa plausível, a medida de preservação de bens comprovadamente dignos de preservação.

Discricionariedade, em nosso entendimento, não é algo identificável em tese. Depende, portanto, da análise do caso concreto verificar se há ou não margem de conveniência e oportunidade em cada tombamento, pois não é só o texto normativo que é interpretado, mas o caso concreto pode levar a interpretação para as denominadas zonas de certeza positiva ou negativa, o que provoca vinculação.

Em suma, nossa resposta a esta problemática seria: depende, se o valor do bem for indiscutível (zona de certeza positiva), há vinculação, passível de controle pelo Poder Judiciário, sendo também passível de controle a situação na qual não há valor que justifique a preservação (zona de certeza negativa), pois se trata de ato que pode ser declarado nulo, à medida que o elemento motivo[28] (o valor do bem) é inexistente; mas como, em geral, o valor do bem parte de juízos e de conceitos estéticos que não são unânimes, também não dá para negar à Administração certa margem de discricionariedade, a ser aceita a partir de consistente e razoável fundamentação para as hipóteses em que o caso concreto levar a interpretação à chamada zona indeterminada ou de penumbra.

14.6.8 Classificação

Quanto ao procedimento, o tombamento pode ser classificado como de ofício, voluntário ou compulsório, conforme será visto no item seguinte. Quanto à eficácia, o tombamento pode ser provisório ou definitivo; e quanto à abrangência dos bens tombados, ele pode ser individual ou geral e também total ou parcial.

Tombamento **de ofício** é o que abrange bens públicos; **voluntário** é o que se dá pela requisição do particular ou por sua anuência, por escrito, à notificação; e **compulsório** é aquele que ocorre diante da recusa do proprietário em anuir com o tombamento.

Tombamento **provisório** é o que se inicia com a notificação do proprietário e se encontra em curso, produzindo os mesmos efeitos do que o definitivo, salvo quanto à transcrição no registro de imóveis, que, no âmbito federal, só é exigível no tombamento definitivo. No Estado de São Paulo, contudo, exige-se o registro do tombamento provisório.

---

[28] Cf. NOHARA, Irene Patrícia. *O motivo no ato administrativo*. São Paulo: Atlas, 2004. *Passim*.

Tombamento **definitivo** é o "concluído pela inscrição dos referidos bens no competente Livro do Tombo", conforme critério do art. 10 do decreto-lei.

Tombamento **individual** é o que recai sobre um único bem[29] e tombamento **geral** é o que abrange vários bens situados em uma determinada localidade. Há bairros, como, por exemplo, o Pelourinho, localizado no centro de Salvador/BA, e até cidades, como Ouro Preto,[30] em Minas Gerais, que são tombados. No tombamento individual o bem pode ser totalmente tombado ou parcialmente tombado, sendo exemplo dessa última hipótese o tombamento só da fachada do bem, que permite maior liberdade nas reformas de seu interior, em contraposição com as limitações que sofrem um bem totalmente tombado.

TOMBAMENTO – CLASSIFICAÇÃO

Quanto ao **procedimento**:
- de ofício – bens públicos
- voluntário – requisição do particular ou sua anuência
- compulsório – recusa do proprietário em anuir

Quanto à **eficácia**:
- provisório: que se encontra em curso
- definitivo: concluído

Quanto à **abrangência**:
- individual: determinado bem
- geral: diversos bens

14.6.9 Procedimento

O Decreto-lei nº 25/37 prevê três espécies de tombamentos:

- **de ofício**, que recai sobre bens públicos pertencentes à União, Estados e Municípios, com notificação para que ocorram os efeitos necessários, conforme art. 5º;
- **voluntário**, se o proprietário requisitar o tombamento ou anuir, por escrito, à notificação, que se lhe fizer, para inscrição do bem no Livro do Tombo (art. 7º); e
- **compulsório**, se o proprietário se recusar a anuir à inscrição da coisa.

O procedimento compulsório obedece às seguintes fases: **notificação** ao proprietário e oportunidade para ele oferecer as razões de impugnação no prazo de 15 dias; se não houver **impugnação** no prazo, ocorre a inscrição do bem no Livro do Tombo; se houver, dá-se vista dela e outros 15 dias para que o órgão do qual emanou a iniciativa do tombamento sustente suas razões; em seguida, o processo é remetido ao **conselho do órgão** competente para a decisão que, no caso federal, é o Conselho Consultivo do Iphan, o qual tem **60 dias** para proferir decisão; sendo que se ele decidir favoravelmente ao particular, o procedimento administrativo será arquivado; mas, se houver decisão contrária ocorre a **inscrição** no Livro do Tombo, cuja **eficácia**,

---

[29] É possível que haja tombamento parcial, caso em que o instituto recai somente sobre parcela do bem.

[30] Em 1980, Ouro Preto entrou na lista do Patrimônio Cultural da Humanidade (Unesco). Em 1938, o acervo arquitetônico e paisagístico da cidade barroca foi tombado pelo, à época, recém-criado Iphan.

na esfera federal, depende de **homologação** do Ministro da Cultura, que, de acordo com a Lei nº 6.292/75, em vez de homologar, pode, ainda, anular ou revogar o procedimento.

O tombamento encerra-se com a inscrição no Livro do Tombo. O art. 13 do decreto-lei exige, ainda, para os imóveis, a transcrição no Registro de Imóveis, que não integra o procedimento. Ele é averbado ao lado da transcrição do domínio.

Tombamento concluído é chamado de **definitivo**. Enquanto está em fase de processamento, a partir da notificação, é chamado **provisório**. A abertura do processo de tombamento assegura a preservação do bem até a decisão final do órgão competente, sustando-se qualquer modificação ou destruição do bem no tombamento provisório; mas, enfatiza Hely Lopes Meirelles que o tombamento provisório não pode ser protelado além dos prazos legais, "sob pena de o retardamento ou a omissão transformarem-se em abuso de poder, corrigível pela via judicial".[31]

Antigamente, não havia possibilidade de cancelamento do tombamento, pois o art. 9º, *in fine*, do Decreto-lei nº 25 estabelecia que da decisão do conselho técnico não caberia recurso. Ocorre que a determinação foi revogada tacitamente pelo Decreto-lei nº 3.866/41, que dispõe:

> O Presidente da República, atendendo a motivos de interesse público, poderá determinar, de ofício ou em grau de recurso, interposto por qualquer legítimo interessado, seja cancelado o tombamento de bens pertencentes à União, ao Estado, aos Municípios ou a pessoas naturais ou jurídicas de direito privado, feito no Iphan, de acordo com o Decreto-lei nº 25, de 3.11.37.

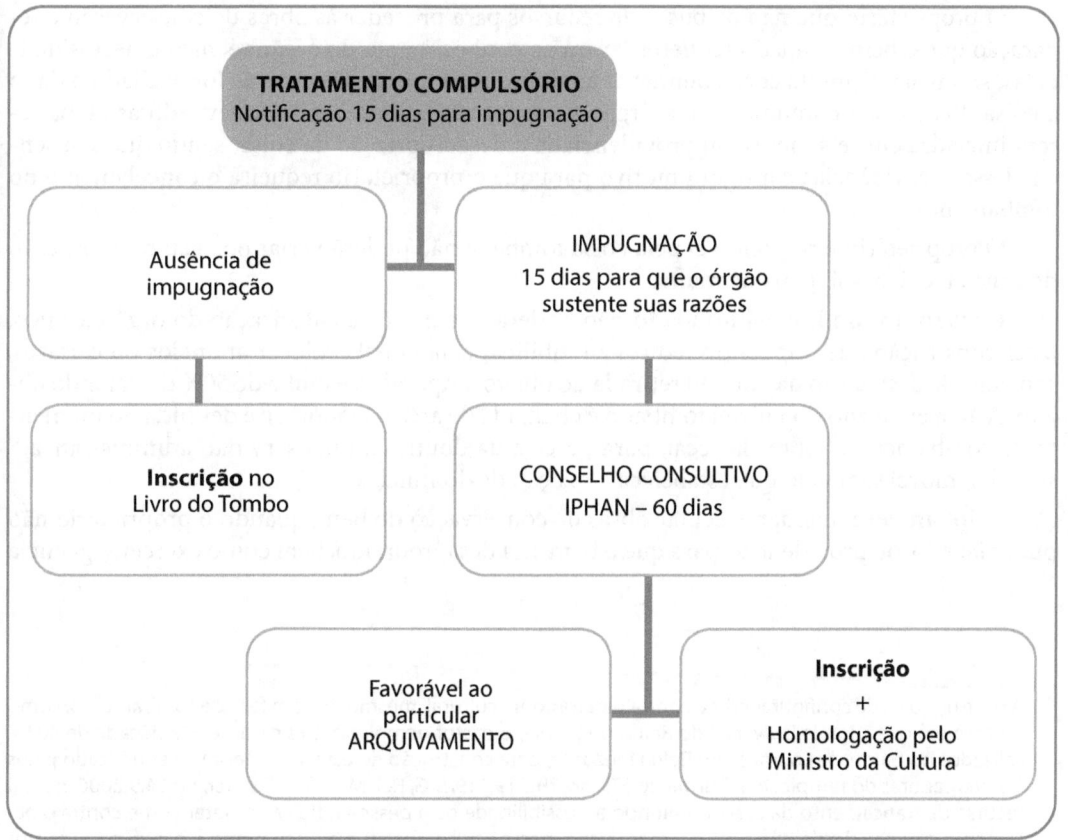

---

[31] MEIRELLES, Hely Lopes. *Direito administrativo brasileiro*. São Paulo: Malheiros, 2009. p. 584.

14.6.10 Efeitos

O tombamento surte efeitos direcionados para o proprietário do bem tombado, para os proprietários dos imóveis vizinhos e para os órgãos técnicos responsáveis, que no âmbito federal concentram-se no Iphan.

O **proprietário do bem tombado** não poderá destruí-lo, demoli-lo[32] ou mutilá-lo. Reparações, pinturas e restaurações no bem devem ser feitas com prévia autorização do órgão técnico, sob pena de multa no valor de 50% do valor do dano causado. Se o bem for público, a autoridade que desrespeitar as exigências legais incorrerá pessoalmente na multa.

Aquele que adquirir bem imóvel tombado deve, no prazo de 30 dias, sob pena de multa de 10% do seu valor, fazer constar no registro, ainda que se trate de transmissão judicial ou *causa mortis*. Na hipótese de deslocamento do bem, deve o proprietário inscrevê-lo no registro do lugar para o qual tiver sido deslocado, sendo a transferência comunicada pelo adquirente e o deslocamento pelo proprietário ao Iphan.

O bem tombado não poderá sair do país, senão por curto prazo, para fim de intercâmbio cultural, a juízo do órgão técnico. É proibida a exportação de bem tombado, sendo imposta ao proprietário multa de 50% do valor da coisa além de responder pelo crime de contrabando. No caso de extravio ou furto de objeto tombado, o proprietário deve dar conhecimento do fato ao órgão técnico no prazo de cinco dias, sob pena de multa de 10% sobre o valor da coisa.

O proprietário que não dispuser de recursos para proceder às obras de conservação e reparação que o bem tombado requerer levará ao conhecimento do órgão técnico a necessidade delas, sob pena de multa correspondente ao dobro da importância em que for avaliado o dano à coisa. Recebida a comunicação, o órgão técnico mandará executá-las, devendo as obras serem iniciadas em seis meses, ou providenciada a desapropriação da coisa, sendo que a ausência dessas providências configura motivo para que o proprietário requeira o cancelamento do tombamento.

O proprietário e responsável pela coisa tombada não poderão criar obstáculos à inspeção do órgão técnico, sob pena de multa.

Os **vizinhos do imóvel tombado** não poderão, sem prévia autorização do órgão técnico, fazer construção que impeça ou reduza a visibilidade, nem nela colocar anúncios ou cartazes, sob pena de destruição da obra ou retirada do objeto, impondo-se multa de 50% do valor do objeto. A área em torno do imóvel tombado é chamada de área envoltória e é definida no momento do tombamento. Sobre ela recai, para parcela da doutrina, uma servidão administrativa,[33] sendo o imóvel tombado que estabelece a relação de dominação.

O **Iphan** deve mandar executar obras de conservação do bem, quando o proprietário não puder fazê-lo, ou providenciar para que o bem seja desapropriado, bem como exercer vigilância

---

[32] A destruição pode configurar crime contra o patrimônio cultural, mesmo que em fase de tombamento, como no caso em que a Igreja Universal do Reino de Deus e o pastor demoliram três casarões da década de 40 localizados no bairro de Lourdes, em Belo Horizonte, para construção de estacionamento a ser utilizado pelos frequentadores do templo. A 5ª Turma do STJ, no *RHC* 19.119/MG, Rel. Min. Felix Fischer, de 14.9.2006, negou recurso de trancamento da ação, admitindo a possibilidade de a pessoa jurídica cometer crime contra o patrimônio cultural, desde que conjuntamente com pessoa física que atua em seu nome e benefício. O relator citou a lei de crimes ambientais (Lei nº 9.605/98), porque ela trata de crimes contra o ordenamento urbano e o patrimônio cultural.

[33] DI PIETRO, Maria Sylvia Zanella. *Direito administrativo*. 31. ed. Rio de Janeiro: Forense, 2018. p. 178.

sobre as coisas tombadas e providenciar a transcrição do tombamento de bens particulares no Registro de Imóveis e a averbação ao lado da transcrição do domínio.

14.6.11 Direito de preferência em alienação judicial

Antes da edição do Código de Processo Civil, determinava o art. 22 do Decreto-lei nº 25/37 que, na **alienação onerosa** de bens tombados pertencentes a pessoas naturais ou a pessoas jurídicas de direito privado, terão preferência, nesta ordem:

- a União;
- os Estados; e
- os Municípios.

Para que a alienação fosse regular, deveriam ser previamente oferecidos pelo mesmo preço, à União, ao Estado e ao Município em que se encontravam, o que era feito com a **notificação** dos titulares do direito de preferência a usá-lo, em **30 dias**, sob pena de perda do direito.

O direito de preferência não inibia o proprietário de gravar livremente a coisa tomada de penhor, anticrese ou hipoteca. Ele também se aplica às vendas judiciais de bens tombados, havendo a necessidade de os titulares do direito de preferência serem notificados judicialmente antes de os editais de praça serem expedidos, sob pena de nulidade.

Ocorre que o art. 1.072, I, do CPC revogou o art. 22 do Decreto-Lei nº 25/37, extinguindo o direito de preferência na alienação *extrajudicial* de bem tombado, acabando com a necessidade de notificação dos entes da alienação.

Entretanto, a preferência foi mantida no caso de alienação *judicial*, porquanto o art. 889, VIII, do CPC, determina que serão cientificados da alienação judicial, com pelo menos cinco dias de antecedência: a União, o Estado e o Município, no caso de alienação de bem tombado. Aplica-se à alienação judicial o direito de preferência, previsto no § 3º do art. 892 do CPC, em ordem de ente de maior extensão territorial: "no caso de leilão de bem tombado, a União, os Estados e os Municípios terão, nessa ordem, o direito de preferência na arrematação, em igualdade de oferta".

14.7 Desapropriação

14.7.1 Conceito e natureza jurídica

Conceituar o vocábulo desapropriação visa a facilitar a compreensão do instituto. Desapropriação é um instituto de direito público que se consubstancia em procedimento mediante o qual o Poder Público (União, Estados-membros, Distrito Federal ou Municípios) ou o delegatário, quando autorizado por lei ou contrato, visa alcançar a transferência compulsória da propriedade de outrem, fundado em declaração de necessidade/utilidade pública ou interesse social, mediante o pagamento de justa indenização.[34]

---

[34] Nesse mesmo sentido: HARADA, Kiyoshi. *Desapropriação*: doutrina e prática. 9. ed. São Paulo: Atlas, 2012. p. 16. SALLES, José Carlos de Moraes. *A desapropriação à luz da doutrina e da jurisprudência*. 6. ed. São Paulo: Revista dos Tribunais, 2009. p. 78; GARCIA, José Ailton. *Desapropriação*: Decreto-Lei 3.365/1941 e Lei 4.132/1962. 2. ed. rev., atual. e ampl. São Paulo: Thomson Reuters Brasil, 2019. p. 46-49.

Segundo Hely Lopes Meirelles, desapropriação é:

> instrumento de que se vale o Estado para remover obstáculos à execução de obras e serviços públicos; para propiciar a implantação de planos de urbanização; para preservar o meio ambiente contra devastações e poluições; e para realizar a justiça social, com a distribuição de bens inadequadamente utilizados pela iniciativa privada.[35]

Assim, no que se refere ao conceito de desapropriação, pode-se dizer que se trata de "um ato de império, vinculado, praticado pelo Estado ou por sua delegação, que consiste na retirada da propriedade, mediante pagamento, à vista ou parcelado".[36]

É importante distinguir a natureza jurídica das normas que regulamentam a desapropriação. Trata-se de normas de "direito substancial, ou material",[37] que são aplicadas às diversas espécies expropriatórias.

Na estrutura da norma jurídica, temos que identificar quais são as leis que estabelecem a conduta daqueles que estão sujeitos ao ordenamento. "Ao ser definida uma determinada conduta, também são estabelecidas as consequências da submissão e da insubmissão ao seu comando."[38]

Com razão, Pontes de Miranda, ao afirmar que a natureza jurídica da *desapropriação* é "de direito público, constitucional, administrativo",[39] pois são as normas essencialmente constitucionais e administrativas que regulamentam a matéria. Trata-se, ainda, de um **procedimento jurídico complexo**,[40] pois envolve mais de um ramo do direito. Para efetivar a desapropriação, se observam, sucessivamente, o direito constitucional e administrativo. O Direito Civil não rege a desapropriação. A regra de direito civil atinge a desapropriação apenas no plano de sua eficácia.[41]

A desapropriação pode ser obtida:[42]

- mediante **acordo administrativo**, devendo o poder público notificar o proprietário e apresentar-lhe oferta de indenização (DL nº 3.365/1941, art. 10-A);
- por **mediação**, hipótese em que o particular indicará um dos órgãos ou instituições especializados em mediação, previamente cadastrados pelo órgão responsável pela desapropriação. A mediação seguirá as normas da Lei nº 13.140/2015 e, subsidiariamente, os regulamentos do órgão ou instituição responsável (DL nº 3.365/1941, art. 10-B);

---

[35] MEIRELLES, Hely Lopes. *Direito administrativo brasileiro*. 35. ed. São Paulo: Malheiros, 2009. p. 608.

[36] GARCIA, José Ailton. *Desapropriação*: Decreto-Lei 3.365/1941 e Lei 4.132/1962. 2. ed. rev., atual. e ampl. São Paulo: Thomson Reuters Brasil, 2019 (Coleção Soluções de direito administrativo: Leis comentadas. Série I: administração pública, v. 3, NOHARA, Irene Patrícia, MOTTA, Fabrício, PRAXEDES, Marco, coord.). p. 49.

[37] ALVIM, Arruda. *Manual de direito processual civil*. 13. ed. rev., atual. e ampl. São Paulo: Editora Revista dos Tribunais, 2010. p. 127.

[38] ALVIM, Arruda. *Manual de direito processual civil*: Teoria Geral do Processo de Conhecimento, Recursos, Precedentes. 18. ed. rev., atual. e ampl. São Paulo: Thomson Reuters Brasil, 2019. p. 208.

[39] PONTES DE MIRANDA, Francisco Cavalcanti. *Tratado de direito privado*, parte especial, tomo XI – direito das coisas: propriedade. 2. ed. Rio de Janeiro: Borsoi, 1971. p. 152.

[40] ARAÚJO, Edmir Netto de. *Curso de direito administrativo*. 5. ed. São Paulo: Saraiva, 2010. p. 1.079.

[41] MADEIRA, José Maria Pinheiro. *Administração pública*. 12. ed. Rio de Janeiro: Freitas Bastos, 2015. t. II, p. 80.

[42] GARCIA, José Ailton. *Desapropriação*: Decreto-Lei 3.365/1941 e Lei 4.132/1962. 2. ed. rev., atual. e ampl. São Paulo: Thomson Reuters Brasil, 2019 (Coleção Soluções de direito administrativo: Leis comentadas. Série I: administração pública, v. 3, NOHARA, Irene Patrícia, MOTTA, Fabrício, PRAXEDES, Marco, coord.). p. 152-157.

- por **via arbitral**, hipótese em que o particular indicará um dos órgãos ou instituições especializados em arbitragem, previamente cadastrados pelo órgão responsável pela desapropriação. A arbitragem seguirá as normas da Lei nº 9.307/1996 e, subsidiariamente, os regulamentos do órgão ou instituição responsável (DL nº 3.365/1941, art. 10-B); e
- **intentada judicialmente** (DL nº 3.365/1941, art. 11). Nesta hipótese, procede-se a um encadeamento de atos visando à prática de um ato final, que é a transferência do bem ao expropriante.

Podem promover desapropriação tanto o Poder Público como o delegatário de serviço público, desde que haja previsão em lei ou contrato. Neste último caso,[43] o Poder Público não será sujeito ativo, pois, conforme será visto, só pode ser sujeito ativo aquele que recebe por lei tal atribuição.

Os motivos ou pressupostos ensejadores da desapropriação devem estar previamente disciplinados em lei e se baseiam em duas hipóteses: **utilidade pública**, que inclui necessidade pública, e **interesse social**.

Trata-se de **forma originária**[44] de aquisição de **propriedade**, sendo capaz de gerar o título constitutivo de propriedade por força própria (autônoma), isto é, independentemente de título jurídico anterior. A desapropriação é capaz, por si só, de instaurar a propriedade em favor do poder expropriante, operando simultaneamente a extinção do direito de propriedade do expropriado.[45]

São **consequências jurídicas** da desapropriação como forma originária de aquisição da propriedade:

- processamento da ação judicial de desapropriação independentemente da participação do proprietário, ou seja, ela pode prosseguir mesmo que não se saiba quem é o proprietário;
- uma vez incorporado o bem ao Poder Público, não pode ser objeto de reivindicação, ainda que fundada em nulidade do processo de desapropriação, como, por exemplo, no caso em que o Poder Público expropria um bem e indeniza erroneamente aquele que não é legítimo proprietário; pois, de acordo com o art. 35 do Decreto-lei nº 3.365/41: "qualquer ação, julgada procedente, resolver-se-á em perdas e danos";

---

[43] Trata-se de atribuição voltada à execução da desapropriação e não sua declaração.

[44] Ver CRETELLA JR., José. *Comentários à lei de desapropriação*: Constituição de 1988 e leis ordinárias. Rio de Janeiro: Forense, 1992. p. 411. SALLES, José Carlos de Moraes. *A desapropriação à luz da doutrina e da jurisprudência*. 6. ed. São Paulo: Revista dos Tribunais, 2009. p. 427. HARADA, Kiyoshi. *Desapropriação*: doutrina e prática. 9. ed. São Paulo: Atlas, 2012. p. 243. A propriedade imóvel pode ser adquirida pela forma *originária* ou *derivada*. Nas palavras de Maria Helena Diniz, "tem-se a aquisição originária quando o indivíduo faz seu o bem sem que este lhe tenha sido transmitido". No que se refere à aquisição derivada, trata-se daquela em que "houver transmissibilidade de domínio", por ato de negócio jurídico seguido de registro. Cf. DINIZ, Maria Helena. *Curso de direito civil brasileiro*: teoria geral das obrigações. 22. ed. São Paulo: Saraiva, 2007. v. 2, p. 128. Como exemplo de aquisição originária da propriedade imóvel pode-se citar, além da desapropriação, a usucapião (CC, art. 1.238). No que concerne à aquisição derivada há negócios jurídicos *inter vivos* ou atos derivados de *mortis causa*.

[45] Segundo a Súmula 476/STF: "desapropriadas as ações de uma sociedade, o poder expropriante, imitido na posse, pode exercer, desde logo, todos os direitos inerentes aos respectivos títulos".

- os eventuais direitos reais de garantia sobre o bem desapropriado são extintos e passam a ser garantidos pelo valor pago na indenização ou, nos termos do art. 31 do Decreto-lei nº 3.365/41, "ficam sub-rogados no preço";
- o imóvel não se sujeita à evicção; e
- a transcrição da desapropriação no Registro de Imóveis independe da verificação de continuidade de transcrições anteriores. A finalidade da transcrição no serviço registral é transmitir a "segurança e confiança necessárias quanto a sua utilização e a formalização de seus atos de forma legal e sem vícios".[46]

Portanto, a natureza jurídica da desapropriação é de **direito público, constitucional e administrativo**. Pode ser efetivada administrativamente ou por via judicial. Para ser levada a efeito deve ser observado o respeito ao devido processo legal, sem o qual ninguém será privado de seu patrimônio.

14.7.2 Disciplina legal

A Constituição Federal de 1988 prevê no art. 5º, XXIV, que a lei estabelecerá o procedimento para desapropriação por necessidade ou utilidade pública, ou por interesse social, mediante justa e prévia indenização em dinheiro, **ressalvados** os casos previstos na própria Constituição.

A ressalva aplica-se às hipóteses de desapropriações-sanção por não estar a propriedade urbana ou rural cumprindo sua função social.[47] Em tais caso, a indenização não será prévia, nem em dinheiro, conforme será visto. Nas modalidades de desapropriação sancionatória:

- de competência **do Município**: de área urbana não edificada, subutilizada ou não utilizada do art. 182, § 4º, III, o pagamento será feito com Títulos da Dívida Pública (TDP) de emissão previamente aprovada pelo Senado Federal, com prazo de resgate de até dez anos, em parcelas anuais, iguais e sucessivas, assegurados o valor real da indenização e os juros legais;
- de competência **da União**: por interesse social para fins de reforma agrária, de imóvel rural que não esteja cumprindo sua função social, prevista no art. 184 da Lei Maior, o pagamento será feito com Títulos da Dívida Agrária (TDA), com cláusula de preservação do valor real, resgatáveis no prazo de até 20 anos, a partir do segundo ano de sua emissão; e
- Não haverá indenização nas áreas expropriadas em qualquer região do País, em que se localizem culturas ilegais de plantas psicotrópicas[48] ou a exploração de trabalho escravo na forma da lei (art. 243, *caput*, da CF). Esta hipótese, mais se assemelha a um confisco e não à desapropriação-sanção.[49] Está disciplinada,

---

[46] KIKUNAGA, Marcus. *Direito notarial e registral à luz do Código de Defesa do Consumidor*: visão estruturada da atividade extrajudicial. São Paulo: Editorial Lepanto, 2019. p. 80.

[47] Nesse sentido: SILVA, José Afonso da. *Curso de direito constitucional positivo*. 35. ed. São Paulo: Malheiros, 2012. p. 281; SALLES, José Carlos de Moraes. *A desapropriação à luz da doutrina e da jurisprudência*. 6. ed. rev., atual. e ampl. São Paulo: Revista dos Tribunais, 2009. p. 77.

[48] Note-se que o STF reconhece a desapropriação da totalidade da gleba rural, independentemente do tamanho do cultivo das plantas psicotrópicas. Conforme decisão de relatoria do Min. Eros Grau, no RE 543.974/MG.

[49] Nessa hipótese ocorre o confisco como sanção à grave infração praticada pelo proprietário das terras. Segundo Harada, tal infração extrapola o âmbito de um simples ato ilícito, dando ensejo também ao confisco. HARADA, Kiyoshi. *Desapropriação: doutrina e prática*. 9. ed. São Paulo: Atlas, 2012. p. 53.

para o caso das plantas, na Lei nº 8.257/91, sendo estabelecido, ainda, por conta da redação do parágrafo único do art. 243, acrescentado pela Emenda Constitucional nº 81/2014, que "todo e qualquer bem de valor econômico apreendido em decorrência do tráfico ilícito de entorpecentes e drogas afins e da exploração de trabalho escravo será confiscado e reverterá ao fundo especial com destinação específica, na forma da lei".

É competência privativa da União, de acordo com o art. 22, II, da Constituição Federal, legislar sobre desapropriação. A competência legislativa poderá, em tese, ser delegada por meio de lei complementar aos Estados, conforme o parágrafo único do mencionado artigo.

Os principais diplomas legislativos que contêm normas sobre desapropriação são:

- o **Decreto-lei nº 3.365, de 21.6.1941**, também chamado de **Lei Geral das Desapropriações**, que dispõe sobre desapropriações **por utilidade pública**;
- a **Lei nº 4.132, de 10.9.1962**, que trata da desapropriação por **interesse social**;
- a **Lei nº 4.504, de 30.11.1964**, denominada Estatuto da Terra, que regulamenta o acesso à terra nos casos de desapropriação por interesse social para fins de reforma agrária;
- o **Decreto-lei nº 1.075, de 22.1.1970**, que regula a imissão de posse, *initio litis*, em imóveis residenciais urbanos;
- a **Lei nº 8.629, de 25.2.1993**, que regulamenta dispositivos constitucionais relativos à desapropriação por interesse social para fins de reforma agrária, e foi alterada pela Lei nº 13.465/2017, para facilitar o processo;
- a **Lei Complementar nº 76, de 6.6.1993**, que dispõe sobre o rito sumário aplicável ao processo de desapropriação de imóvel rural, por interesse social, para fins de reforma agrária, com suas alterações; e
- o **Código Civil** de 2002 (Lei nº 10.406) que, no art. 1.228, § 3º, prevê a possibilidade de o proprietário ser privado da coisa, nos casos de desapropriação, por necessidade ou utilidade pública ou interesse social.

14.7.3 Pressupostos autorizadores de desapropriação

Pressupostos são os motivos legais que justificam a desapropriação, ou seja, os pressupostos de fato previstos em lei, que autorizam a desapropriação.

De acordo com a Constituição Federal, são pressupostos autorizadores da desapropriação aqueles previstos nos arts. 5º, XXIV, e 184, e classificados em necessidade pública, utilidade pública e interesse social.

Para fiel observância do princípio da legalidade administrativa – que exige que a Administração Pública mencione a hipótese concreta de desapropriação –, o decreto declaratório de utilidade ou necessidade pública deve necessariamente especificar a finalidade da desapropriação, sob pena de nulidade.[50]

---

[50] GARCIA, José Ailton. *Desapropriação*: Decreto-Lei 3.365/1941 e Lei 4.132/1962. 2. ed. rev., atual. e ampl. São Paulo: Thomson Reuters Brasil, 2019 (Coleção Soluções de direito administrativo: Leis comentadas. Série I: administração pública, v. 3, NOHARA, Irene Patrícia; MOTTA, Fabrício; PRAXEDES, Marco, coord.). p. 58. Ainda, STJ-*RDA* 200/190; *JTJ* 206/44; *JTA* 61/219.

Como se exige lei que estabeleça a hipótese e a legislação não mais contempla desapropriação por necessidade pública, cujas circunstâncias foram enquadradas como de utilidade pública, só há, na atualidade, dois pressupostos básicos ensejadores de desapropriação: a utilidade pública e o interesse social.

Dividem-se, portanto, em:

- casos de **utilidade pública** ou de **necessidade pública**, disciplinados no art. 5º do Decreto-lei nº 3.365/41, que menciona a possibilidade de criação de outros casos, desde que por lei especial, como, por exemplo: a segurança nacional; a defesa do Estado; o socorro público em caso de calamidade; a salubridade pública; a criação e melhoramento de centros de população, seu abastecimento regular de meios de subsistência e a construção de edifícios públicos, monumentos comemorativos e cemitérios;
- de **interesse social**, que tem três fundamentos:
- o art. 2º da Lei nº 4.132/62: o aproveitamento de todo bem improdutivo ou explorado sem correspondência com as necessidades de habitação, trabalho e consumo dos centros de população a que deve ou possa suprir por seu destino econômico; o estabelecimento e a manutenção de colônias ou cooperativas de povoamento e trabalho agrícola; a manutenção de posseiros em terrenos urbanos onde tenham construído sua habitação; a construção de casas populares; as terras suscetíveis de valorização extraordinária pela conclusão de obras ou serviços públicos no caso em que não sejam socialmente aproveitadas; a proteção do solo e a preservação de cursos e mananciais de água e reservas florestais; e a utilização de áreas, locais ou bens que sejam apropriados ao desenvolvimento de atividades turísticas, conforme inclusão processada pela Lei nº 6.513/77;
- o art. 182 da Constituição Federal, referente ao **solo urbano não edificado**, subutilizado ou não utilizado, disciplinado no art. 8º do Estatuto da Cidade; e
- a desapropriação por interesse social **para fins de reforma agrária**, disposta no art. 184 da Constituição Federal e disciplinada pela Lei Complementar nº 76/93, alterada pela Lei Complementar nº 88/96, pelos arts. 18 a 23 do Estatuto da Terra (Lei nº 4.504/64) e pela Lei nº 8.629/93,[51] e pelo Decreto-lei nº 3.365/41 e, também, pela Lei 13.465/2017, que dispõe sobre a regularização fundiária rural e urbana. Trata-se de desapropriação-sanção, pois se considera que "o requisito da função social da propriedade está inserido no conceito atual de propriedade, impondo-lhe uma das limitações ao exercício pleno do direito de propriedade rural".[52] Esta modalidade expropriatória não recai sobre pequena e média propriedades rurais, assim definidas em lei (Lei nº 8.629/93), desde que o proprietário não possua outra, nem sobre a propriedade produtiva (art. 185, CF).

É chamada de **desapropriação por zona** a previsão contida no art. 4º do Decreto-lei nº 3.365/41, na qual, na desapropriação para construção de obra, o Estado acaba expropriando área maior (isto é, área contígua) para:

- desenvolvimento posterior da obra a que se destina; ou
- revenda (alienação futura) de zonas que acabam, por causa da obra, obtendo valorização extraordinária.

---

[51] Cf. DI PIETRO, Maria Sylvia Zanella. *Direito administrativo*. São Paulo: Atlas, 2010. p. 170.
[52] GARCIA, José Ailton. Desapropriação para fins de reforma agrária: aspectos jurídicos e judiciais. *Revista Forense*, Rio de Janeiro: Forense, 2008. v. 400, p. 112.

14.7.4 Sujeito ativo da desapropriação

O sujeito ativo da desapropriação, também denominado legitimado ativo, é o autor, ou seja, aquele que pratica o ato inicial da demanda, desencadeando o processo e formulando o pedido ao Estado-juiz.[53]

É tema controvertido a questão do sujeito ativo da desapropriação, uma vez que há a competência para declarar a desapropriação e a competência para executá-la. Enquanto só os entes federativos (União, Estados, Distrito Federal e Municípios) e os entes da Administração Indireta que a lei[54] atribuir tal competência podem ser sujeitos ativos para declarar a expropriação, outros entes podem executá-la.

Quando o art. 3º do Decreto-lei nº 3.365/41 determina que os delegatários de serviços públicos podem promover desapropriação, tais pessoas jurídicas recebem, em realidade, autorização para promover a **execução**[55] (na fase executória), depois de expedido o ato declaratório pelo poder expropriante, pois a competência para expropriar não pode ser transmitida por mero contrato administrativo, mas depende de lei para tanto.

Assim, caso se considere que o sujeito ativo da desapropriação é o poder expropriante, isto é, aquele que tem a atribuição de declarar a desapropriação, somente serão considerados sujeitos ativos da desapropriação aqueles que tenham competência atribuída por lei ou pela Constituição Federal para expropriar. Tal é o entendimento de Maria Sylvia Zanella Di Pietro, para quem: "sujeito ativo é apenas aquela pessoa jurídica que pode submeter o bem à força expropriatória, o que se faz pela declaração de utilidade pública ou interesse social".[56]

Os sujeitos ativos da desapropriação são, por conseguinte, nesta visão:

- União, Estado, Distrito Federal e Municípios; e
- Entes da Administração Indireta, se a lei lhes atribuir tal competência.

Enfatiza, ademais, Maria Sylvia Zanella Di Pietro que o STF "já desfez o engano de quem entendia que a desapropriação de imóveis rurais é sempre competência da União; somente o é quando o imóvel rural se destine à reforma agrária".[57] Assim, podem os Estados e Municípios desapropriar imóveis rurais para fins de utilidade pública.

José dos Santos Carvalho Filho, por outro lado, expõe que: "o sujeito ativo da ação é sempre o Poder Público ou a pessoa privada que exerce a função delegada, quando autorizada por lei ou no contrato".[58] O jurista do Rio de Janeiro analisa a questão da perspectiva do processo, incluindo no polo ativo da ação de desapropriação também concessionários de serviços públicos ou entes que recebam autorização expressa por lei ou contrato.

O art. 3º, com a redação conferida pela Lei nº 14.620/2023, estabelece que podem promover a desapropriação mediante autorização expressa constante de lei ou contato:

---

[53] GRECO, Leonardo. *Instituições de processo civil*. 2. ed. Rio de Janeiro: Forense, 2010. v. 1, p. 196.

[54] Como o Departamento Nacional de Infraestrutura de Transportes (art. 82, IX, da Lei nº 10.233, de 5.6.2001) e a Aneel, com base no art. 10 da Lei nº 9.074, de 7.7.1995, com redação da Lei nº 9.648, de 27.5.1998.

[55] Nesse sentido, verificar: DI PIETRO, Maria Sylvia Zanella. *Direito administrativo*. São Paulo: Atlas, 2010. p. 168.

[56] DI PIETRO, Maria Sylvia Zanella. *Direito administrativo*. São Paulo: Atlas, 2010. p. 175.

[57] DI PIETRO, Maria Sylvia Zanella. *Direito administrativo*. São Paulo: Atlas, 2010. p. 175.

[58] CARVALHO FILHO, José dos Santos. *Manual de direito administrativo*. Rio de Janeiro: Lumen Juris, 2010. p. 914.

- concessionários, inclusive em concessões administrativas e patrocinadas (PPP), permissionários, autorizatários e arrendatários;
- entidades públicas;
- entidades que exerçam funções delegadas do Poder Público; e
- o contratado pelo Poder Público para fins de execução de obras e serviços de engenharia sob os regimes de empreitada por preço global, empreitada integral e contratação integrada

O edital para o contratado em empreitada global, integral ou contratação integrada de obra ou serviço de engenharia, no entanto, deve conter as seguintes previsões expressas: (a) o responsável por cada fase do procedimento expropriatório; (b) o orçamento estimado para sua realização; e (c) a distribuição objetiva dos riscos entre as partes, incluído o risco pela variação do custo das desapropriações em relação ao orçamento estimado.

14.7.5 Objeto da desapropriação

Aqui vamos tratar do objeto da desapropriação, ou seja, dos bens que podem ser desapropriados.

Em geral, o objeto de determinada providência recai sobre o bem que se pretende com ela conseguir.[59] Na desapropriação, o objeto é o bem que o Poder Público pretende que seja expropriado. São objetos de desapropriação todos os bens: móveis, imóveis, corpóreos, incorpóreos, públicos, privados, podendo abranger, inclusive, o espaço aéreo e o subsolo (art. 2º do Decreto-lei nº 3.365/41).

Não se admite, contudo, que a desapropriação recaia sobre os direitos da personalidade, como: direitos pessoais do autor, direito à vida, direito à imagem (integridade moral) e aos alimentos.

Em se tratando de bens públicos exige o § 2º do art. 2º do Decreto-lei nº 3.365/41 que:

- o ato seja precedido de autorização legislativa;[60] e
- somente ente federativo de maior abrangência territorial possa expropriar, assim, a União pode desapropriar os bens de domínio dos Estados, Municípios e Distrito Federal (e Territórios, caso sejam novamente criados) e os Estados podem desapropriar os bens dos Municípios.[61]

---

[59] MOREIRA, José Carlos Barbosa. *O novo processo civil brasileiro*. Rio de Janeiro: Forense, 2012. p. 12.

[60] Geralmente, a doutrina considera preenchida a exigência se houver a utilização de quaisquer das espécies de autorização legislativa presentes no art. 59 da Constituição Federal, desde que seja de edição do Legislativo, à exceção de José dos Santos Carvalho Filho, para quem a autorização deve ser veiculada "por lei específica para tal desiderato". In: CARVALHO FILHO, José dos Santos. *Manual de direito administrativo*. São Paulo: Atlas, 2012. p. 814.

[61] Trata-se da impossibilidade de desapropriação ascendente no direito brasileiro, pois se admite a desapropriação de bens públicos de entes com menor extensão territorial (Estados e Municípios), mediante autorização legislativa do ente expropriante (União ou Estados). Também é vedado que Estados desapropriem bens de outros Estados ou que Municípios desapropriem bens de outras Municipalidades, ainda que localizados em seus territórios. Segundo expõe Eduardo Fortunato Bim, existem, porém, algumas decisões esparsas e minoritárias, ainda não revertidas em julgados dos tribunais superiores, que admitem desapropriação ascendente

A autorização legislativa referida no § 2º do art. 2º do Decreto-lei nº 3.365/41 é uma forma de controle, imposta pela lei, que condiciona a pretensão expropriatória de pessoas políticas de maior abrangência territorial em relação às de menor abrangência. Representa também uma forma de submissão da vontade do Poder Executivo, ao Poder Legislativo.[62]

É dispensada de autorização legislativa, conforme § 2º-A, acrescido ao art. 2º do Decreto-lei nº 3.365/41, pela Lei nº 14.620/2023, a desapropriação realizada por **acordo entre os entes federativos**, no qual são fixadas responsabilidades financeiras quanto ao pagamento das indenizações correspondentes. Neste caso de acordo entre os entes, admite-se a possibilidade (excepcional) de entes menores desapropriarem bens de entes de maior abrangência territorial.

Portanto, os bens que podem ser desapropriados, com fundamento no art. 2º do Decreto-Lei nº 3.365/41, são todos aqueles destinados a atender a utilidade pública, necessidade pública ou interesse social, por exemplo, solo, subsolo, imóveis, móveis, documentos, obras de valor científico, artístico ou literário.

14.7.6 Procedimento

O procedimento divide-se em duas fases distintas: declaratória e executória.

A **fase declaratória** compreende a elaboração do decreto de declaração de utilidade pública, necessidade pública ou interesse social. Nesta, é indicado o bem que será objeto da futura desapropriação.

O *caput* do art. 10 do Decreto-lei nº 3.365/41 determina que é de cinco anos o prazo de caducidade do decreto expropriatório, ou seja, que a desapropriação deverá efetivar-se, mediante acordo ou judicialmente, dentro deste prazo, contado da data da expedição do decreto, findo o qual somente decorrido um ano poderá ser o mesmo bem objeto de nova declaração.

A **fase executória** é aquela na qual há providências destinadas à transferência do bem objeto da desapropriação. Tal fase abrange a atuação administrativa, visando a um acordo extrajudicial entre o expropriante e o expropriado acerca do valor da indenização. Caracteriza-se por um conjunto de medidas administrativas – convocação do expropriado, oferecimento da indenização, lavratura da escritura amigável de desapropriação.[63]

Visando a agilizar as desapropriações, o Decreto-Lei 3.365/41 foi alterado para aperfeiçoar a fase executória da desapropriação, no âmbito extrajudicial.[64] Assim, criaram-se:

---

de bens dominicais sem função estratégica. TRF3, 1. T. AC 1.584.426, Rel. Des. José Lunardelli, j. 16.8.2011, *DJF* 25.8.2011. p. 251; TRF5, 2. T., Ac. 1.584.426, Rel. Des. Edílson Nobre, j. 16.9.2008, *DJU* 15.10.2008. p. 218; TRF3, 1. T., v.u. AC. 60.995, Rel. Des. Theotonio Costa, j. 25.3.1997, *DJU* 22.4.1997. Cf. BIM, Eduardo Fortunato. A validade da desapropriação ascendente de bens públicos dominicais sem função estratégica. In: *Direito público*, Porto Alegre, v. 57, p. 78-98, 2014.

[62] Cf. SALLES, José Carlos de Moraes. *A desapropriação à luz da doutrina e da jurisprudência*. 6. ed. São Paulo: Revista dos Tribunais, 2009. p. 114-115.

[63] SALLES, José Carlos de Moraes. *A desapropriação à luz da doutrina e da jurisprudência*. 6. ed. São Paulo: Revista dos Tribunais, 2009. p. 115.

[64] GARCIA, José Ailton. *Desapropriação*: Decreto-Lei 3.365/1941 e Lei 4.132/1962. 2. ed. rev., atual. e ampl. São Paulo: Thomson Reuters Brasil, 2019 (Coleção Soluções de direito administrativo: Leis comentadas. Série I: administração pública, v. 3, NOHARA, Irene Patrícia; MOTTA, Fabrício; PRAXEDES, Marco, coord.). p. 152-157.

a) a obrigatoriedade da notificação do Poder Público ao proprietário do bem objeto da desapropriação, com o fim de apresentar-lhe uma oferta de indenização (DL nº 3.365/1941, art. 10-A, acrescentado pela Lei nº 13.867/2019);
b) a possibilidade de *mediação*, hipótese em que o particular indicará um dos órgãos ou instituições especializados em mediação, previamente cadastrados pelo órgão responsável pela desapropriação. A mediação seguirá as normas da Lei nº 13.140/2015 e, subsidiariamente, os regulamentos do órgão ou instituição responsável (DL nº 3.365/1941, art. 10-B); e
c) a possibilidade de obtenção de decisão acerca do valor da desapropriação por via arbitral. Nesta hipótese, o particular indicará um dos órgãos ou instituições especializadas em arbitragem, previamente cadastrados pelo órgão responsável pela desapropriação. A arbitragem seguirá as normas da Lei nº 9.307/1996 e, subsidiariamente, os regulamentos do órgão ou instituição responsável (DL nº 3.365/1941, art. 10-B).

Não havendo acordo extrajudicial acerca do valor da indenização, encaminha-se para a fase judicial (DL nº 3.365/1941, art. 11). Nesta hipótese, procede-se a um encadeamento de atos visando à prática de um ato final, que é a transferência do bem ao expropriante.

14.7.7 Imissão provisória na posse

Imissão provisória na posse, segundo Celso Antônio Bandeira de Mello, é a "transferência da posse do bem objeto da expropriação para o expropriante, já no início da lide, concedida pelo juiz, se o Poder Público declarar urgência e depositar em juízo, em favor do proprietário, importância fixada segundo critério previsto em lei".[65] Trata-se de uma espécie de "antecipação de tutela".

Na desapropriação para reforma agrária, por exemplo, a imissão provisória integra o procedimento normal de desapropriação. O ato judicial que retira a posse do proprietário ou do possuidor do imóvel rural, ao mesmo tempo, "a transfere ao Instituto Nacional de Colonização e Reforma Agrária – Incra",[66] para que ele proceda a reforma agrária nas terras destinadas a esta finalidade.

A imissão diz-se provisória porque não se trata da posse que acompanha a propriedade definitiva. Na prática, porém, a posse provisória converte-se em definitiva, salvo se houver desistência da desapropriação no curso da ação. Inclusive, o art. 34-A, acrescentado ao Decreto-lei nº 3.365/41, estabelece que, se houver concordância, reduzida a termo, do expropriado, a decisão concessiva da imissão provisória na posse implicará a aquisição da propriedade pelo expropriante com o consequente registro da propriedade na matrícula do imóvel.

Note-se que a concordância escrita do expropriado não implica renúncia ao direito de questionar o preço ofertado em juízo. Neste caso, o expropriado poderá levantar o valor integral do depósito do art. 33 do Decreto-lei.

São requisitos da imissão provisória na posse, de acordo com o art. 15 do Decreto-lei nº 3.365/41:

- a alegação de urgência da posse;
- o depósito da quantia fixada segundo critério previsto em lei; e
- requerimento da imissão no prazo de 120 dias da alegação de urgência.

---

[65] BANDEIRA DE MELLO, Celso Antônio. *Curso de direito administrativo*. São Paulo: Malheiros, 2008. p. 868.

[66] GARCIA, José Ailton. Desapropriação para fins de reforma agrária: aspectos jurídicos e judiciais. *Revista Forense*, Rio de Janeiro: Forense, 2008. v. 400, p. 131.

14.7.8 Desapropriação indireta

Também denominada *apossamento administrativo*, a desapropriação indireta é a apropriação de um bem imóvel privado, pelo Estado, e sua consequente integração ao patrimônio público. É realizada sem qualquer observância das formalidades legais do procedimento expropriatório.

A desapropriação indireta é um fato administrativo. De acordo com o Informativo 658 do Superior Tribunal de Justiça, a desapropriação indireta retrata uma situação fática em que a Administração, sem qualquer título legítimo, ocupa indevidamente a propriedade privada. O Estado se apropria do bem de forma irregular e abusiva. Assim, pode ser considerada também como ato ilícito do Estado. Como a desapropriação indireta é comparável ao esbulho, ela pode ser impedida por ação possessória, uma vez que a posse de um bem acaba sendo ilegalmente retirada do particular pela Administração.

Caso o particular não obste, mediante ação possessória, que a Administração dê destinação pública ao imóvel (*e. g.*, construir uma praça, uma escola, um hospital), não mais poderá reivindicá-lo.

Restará o direito à obtenção de indenização por meio da ação de desapropriação indireta, ou por ação de perdas e danos – conforme dispõem os arts. 35 do Decreto-lei nº 3.365/41 e 21 da Lei Complementar nº 76/93. É importante que o particular utilize as ações possessórias antes que a Administração afete o bem a determinada finalidade.

De acordo com a redação dada pela Medida Provisória nº 2.183-56/2001 ao art. 10, parágrafo único, do Decreto-lei nº 3.365/41, "extingue-se em cinco anos o direito de propor ação que vise a indenização por restrições decorrentes de atos do Poder Público". Ocorre que, conforme ressalta Maria Sylvia Zanella Di Pietro,[67] tal medida provisória foi objeto da ADI 2.260/DF, tendo sido acolhida liminar que restabelece a jurisprudência[68] que entendia que o direito de propor ação permanece enquanto o proprietário do imóvel não perde a propriedade pela usucapião extraordinária em favor do Poder Público, cujo prazo atualmente é, conforme dispositivo contido no art. 1.238 do Código Civil, de **15 anos**.

Ressalte-se que o STJ tem decisões, desde 2013, com paradigma no REsp 1300442/SC, Rel. Min. Herman Benjamin, DJ 26.6.2013, em que é adotado o prazo decenal, previsto no parágrafo único do artigo 1.238 do CC/2002, em razão da possibilidade de aplicação do prazo de 10 anos nos casos em que o possuidor tenha estabelecido no imóvel sua moradia habitual, ou realizado obras ou serviços de caráter produtivo, uma vez que a desapropriação indireta presume a realização de obras pelo Poder Público ou a destinação do bem expropriado em função da utilidade pública ou do interesse social. Porém, deve-se observar o regime de transição previsto no art. 2.028 do CC, adotando-se o prazo anterior quando, na data de entrada em vigor, já houver transcorrido metade do prazo anterior que era de 20 anos.

Houve a consolidação do tema repetitivo 1.019/STJ, com base no REsp 1757352, em que se estabeleceu que o prazo prescricional aplicável à desapropriação indireta, na hipótese em que o Poder Público tenha realizado obras no local ou atribuído natureza de utilidade pública ou de interesse social ao imóvel, é de **10 anos**, conforme estabelecido pelo parágrafo único do art. 1.238 do CC.

---

[67] DI PIETRO, Maria Sylvia Zanella. *Direito administrativo*. São Paulo: Atlas, 2010. p. 185.

[68] Conforme a Súmula 119/STJ, que estabelecia que a ação de desapropriação indireta prescrevia em 20 anos, adaptada ao prazo de 15 anos do Código Civil de 2002.

14.7.9 Indenização

Como regra geral, a indenização deve ser:

- prévia;
- justa; e
- em dinheiro.

Contudo, admitem-se outros sistemas para as desapropriações sancionatórias, quais sejam:

1. a desapropriação em área urbana não edificada, subutilizada ou não utilizada (art. 182, § 4º, III, CF), que não cumpre sua função social, isto é, que não atende às exigências fundamentais de ordenação da cidade expressas no Plano Diretor Municipal aprovado (art. 182, § 2º, da CF). Esta modalidade de desapropriação-sanção é de competência municipal[69] e está disciplinada no Estatuto da Cidade (Lei nº 10.257/2001), e de competência dos Municípios. Todavia, a desapropriação deve ser antes precedida de:

    - notificação ao proprietário, averbada no Registro de Imóveis, para que promova o parcelamento, edificação ou utilização compulsórios, sendo, a partir da notificação, observados os prazos mínimos de: um ano, para que seja protocolado o projeto no órgão municipal competente, e dois anos, a partir da aprovação do projeto, para iniciar as obras do empreendimento;
    - desatendida a notificação, o proprietário ficará sujeito a IPTU progressivo no tempo pelo prazo máximo de cinco anos, sendo observado o limite de até 15% do valor do imóvel, e;
    - somente depois deste prazo, o Município poderá efetuar a desapropriação: com pagamentos em **título da dívida pública (TDP)** de emissão previamente aprovada pelo Senado e com o prazo de resgate de até dez anos, em prestações anuais, iguais e sucessivas, assegurados o valor real da indenização e os juros legais de 6% ao ano;

2. a desapropriação de imóvel que não cumpre sua função social, feita pela União, para fins de reforma agrária,[70] da propriedade rural que não atenda aos seguintes requisitos, presentes no art. 186 da Constituição Federal: I – aproveitamento racional e adequado; II – utilização adequada dos recursos naturais disponíveis e preservação do meio ambiente; III – observância das disposições que regulam as relações de trabalho; e IV – exploração que favoreça o bem-estar dos trabalhadores. Hipótese em que há a prévia e justa indenização em **títulos da dívida agrária (TDA)**, com cláusula de preservação do valor real, resgatáveis no prazo de até 20 anos, a partir do segundo ano de sua emissão (art. 184, CF). Apenas as benfeitorias úteis e necessárias serão, neste caso, pagas em dinheiro; e

    - há, ainda, a previsão constitucional (art. 243, CF, disciplinado pela Lei nº 8.257/91) da desapropriação **sem indenização**, que mais se assemelha a um verdadeiro confisco, incidente sobre propriedades rurais e urbanas em que se cultivem plantas psicotrópicas legalmente proibidas, incluídas, portanto, no rol elencado pelo Ministério da Saúde, tendo sido incluída também, pela EC nº 81/2014, sobre propriedade onde há exploração de trabalho escravo.

---

[69] Seja do Município ou do Distrito Federal em competência municipal.

[70] Ressalte-se que a Súmula 354 do STJ determina que a invasão do imóvel é causa de suspensão do processo expropriatório para fins de reforma agrária.

A indenização é feita com valor do bem expropriado, acrescido das benfeitorias existentes antes da expedição do ato expropriatório, dos lucros cessantes e dos danos emergentes. Se as benfeitorias forem feitas posteriormente, estabelece o art. 26, § 1º, do Decreto-lei nº 3.365/41 que serão pagas as benfeitorias necessárias, sendo que as úteis serão pagas somente se realizadas com autorização do expropriante.

Determina, ainda, a Súmula 23/STF que: "verificados os pressupostos legais para o licenciamento de obra, não o impede a declaração de utilidade pública para desapropriação do imóvel, mas o valor da obra não se incluirá na indenização, quando a desapropriação for efetivada".

Incluem-se também no cálculo da indenização, de acordo com o parágrafo único do art. 25 do Decreto-lei nº 3.365/41, os gastos com desmonte e transporte de maquinismos instalados e em funcionamento.

No geral, o Supremo Tribunal Federal entende que não fere à prévia indenização, a possibilidade de complementação de indenização via regime de precatório instituído no art. 100 da Constituição. Contudo, a tese fixada no **tema 865** (que teve por paradigma o RE 922.144) estabelece que "no caso de necessidade de complementação da indenização, o final do processo expropriatório, deverá o pagamento ser feito mediante depósito judicial direto se o Poder Público não estiver em dia com os precatórios".

Trata-se de tese que, em certa medida, causa estranheza, pois não deveria ter nexo a questão de permitir ou não o Poder Público adimplir no regime de precatório, em função dele "estar em dia" ou não com ele, se mesmo "em dia" com o precatório, o pagamento em depósito judicial direto seria mais rápido e vantajoso ao expropriado.

Trata-se de tese bastante irrazoável e que se desvia do cerne da questão de ser (ou não) o precatório uma violação à indenização prévia, mesmo na hipótese de complementação, quando se descobre não ter sido justa a indenização, ou seja, o Supremo Tribunal Federal considera que não há incompatibilidade com a exigência de ser prévia a indenização e o pagamento de precatórios, desde que o Poder Público esteja em dia com ele, como que se retirasse do Poder Público a possibilidade de adimplir com precatório como penalidade dele estar em mora com o pagamento dos precatórios, mas não se perquire a situação do prisma do expropriado que teria de aguardar em vez de ter um depósito judicial direto, hipótese em que seria, para esta situação, preferencial para o expropriado deparar-se com um ente que não esteja "em dia" com o pagamento dos precatórios, situação despropositada.

Para garantia de uma justa indenização, a Súmula 561 do STF determina que "em desapropriação, é devida a correção monetária até a data do efetivo pagamento da indenização, devendo proceder-se à atualização do cálculo, ainda que por mais de uma vez." Não se confundem a correção monetária com os juros. Enquanto a correção monetária tem como objetivo preservar o poder de compra do dinheiro ao longo do tempo, ajustando valores de acordo com a inflação, isto é, ela compensa o decréscimo do valor da moeda devido ao aumento geral dos preços, a partir de índices de inflação, os juros são a remuneração o uso do capital ao longo dos anos.

São enunciados que tratam dos **juros compensatórios** as seguintes súmulas:

- **Súmula 164/STF:** "no processo de desapropriação, são devidos juros compensatórios desde a antecipada imissão da posse, ordenada pelo juiz, por motivo de urgência";
- **Súmula 69/STJ:** "na desapropriação direta, os juros compensatórios são devidos desde a antecipada imissão na posse e, na desapropriação indireta, a partir da efetiva ocupação do imóvel"; e

- **Súmula 113/STJ**: "os juros compensatórios, na desapropriação direta, incidem a partir da ocupação, calculados sobre o valor da indenização, corrigido monetariamente".

Segundo expõe Maria Sylvia Zanella Di Pietro,[71] enquanto os juros compensatórios, como o próprio nome já diz, compensam o expropriado pela perda antecipada da posse, quando depois se reconhece em sentença judicial que há um valor diferente do ofertado pelo Poder Público, os **juros moratórios** são devidos em função da demora no pagamento (recompõem a perda decorrente do atraso no efetivo pagamento da indenização). Os juros moratórios são previstos no montante de até 6% ao ano, a partir de 1º de janeiro do exercício ao que deveria ser feito o pagamento, conforme art. 100 da Constituição Federal (art. 15-B acrescentado ao Decreto-lei nº 3.365/41, pela MP nº 2.183/2001).

Os juros compensatórios, por sua vez, eram originariamente previstos em 6%. Depois, nos anos 80, o STF ampliou, num contexto de inflação elevada, os juros compensatórios de 6% até 12%, a partir da edição da Súmula 618, de 1984: "na desapropriação, direta ou indireta, taxa de juros compensatórios é de 12% ao ano", sendo que Súmula 164, está ainda em vigor, determina que são devidos desde a imissão provisória na posse, conforme visto.

Contudo, a Medida Provisória nº 1.577/97, baixou os juros compensatórios em 6% ao ano, a partir da imissão da posse. Outrossim, a MP 1.901/99 fixou, posteriormente, que os juros compensatórios seriam de "até" 6% ao ano, determinando que (1) seriam devidos juros compensatórios quando houver perda de renda comprovada; e (2) não seriam devidos em face de imóvel improdutivo, isto é, de imóvel que possuir grau de utilização de terra e de eficiência na exploração iguais a zero.

Em virtude dessa disciplina, foi ajuizada a ADI 2332 questionando a MP 1901, e, em 2001, o Supremo Tribunal deferiu medida cautelar, suspendendo a eficácia do vocábulo "até 6%", com interpretação conforme delimitando que a base de cálculo será a diferença entre 80% do valor ofertado em juízo e o valor fixado na sentença.

Ainda, na época do deferimento da liminar o STF suspendeu a eficácia acerca dos itens (1) necessidade de comprovação da perda da renda, e (2) sobre a questão do imóvel improdutivo.

Por conseguinte, após essa decisão liminar, entendeu-se, então, que voltou a ser aplicada a Súmula 608 sobre os 12% dos juros compensatórios. E o Superior Tribunal de Justiça, em harmonia com o STF, editou o conteúdo da Súmula 408/STJ: "nas ações de desapropriação, os juros compensatórios incidentes após a Medida Provisória n. 1.577, de 11/06/97, devem ser fixados em 6% ao ano até 13/09/2001 e, a partir de então, em 12% ao ano, na forma da Súmula n. 618 do Supremo Tribunal Federal". Trata-se de súmula que depois foi cancelada.

Ocorre que, em maio de 2018, houve o julgamento definitivo da ADI 2332, sendo estabelecido que:

- os juros compensatórios são de 6% ao ano, declarando o STF a inconstitucionalidade apenas da expressão "até", o que impede um eventual pagamento em percentual menor do que 6%, mas tal decisão provocou, então, o cancelamento do conteúdo da Súmula 618/STF (que era de 12%);
- foi reiterado que os juros são devidos desde a imissão da posse;
- também se concordou que a base de cálculo fixada para os juros seria entre 80% do valor ofertado em relação à diferença do valor da sentença judicial; e, por fim:

---

[71] DI PIETRO, Maria Sylvia Zanella. *Direito administrativo*. São Paulo: Atlas, 2010. p. 174.

- o STF declarou serem constitucionais os itens que ele tinha suspendido, restaurando, portanto, a necessidade de efetiva comprovação da perda, bem como de não recaírem juros compensatórios sobre imóveis improdutivos.

No geral, se considera que os juros compensatórios funcionam como lucros cessantes, daí porque não se remunera com juros compensatórios imóveis improdutivos, pois não se extraía lucratividade com aquela atividade, se o imóvel estava, por exemplo, ocioso. Ainda, de acordo com o art. 100, § 12, da Constituição, com redação da Emenda Constitucional nº 62, não incidem juros compensatórios após a expedição do precatório.

Assim, atualmente, determina o art. 15-A do Decreto nº 3.365/41, com redação da Lei nº 14.620/2023, que no caso de imissão prévia na posse, na desapropriação por necessidade ou utilidade pública ou na desapropriação por interesse social, na hipótese de haver divergência entre o preço ofertado em juízo e o valor do bem fixado na sentença, expressos em termos reais, poderão incidir juros compensatórios de até 6% ao ano sobre o valor da diferença eventualmente apurada, contado da data de imissão na posse, vedada a aplicação de juros compostos.

O § 1º, do art. 15-A, esclarece que os juros compensatórios destinam-se apenas a compensar danos correspondentes a lucros cessantes comprovadamente sofridos pelo proprietário, não incidindo nas indenizações relativas às desapropriações que tiverem como pressuposto o descumprimento da função social da propriedade, previstas no art. 182, § 4º, inciso III, e no art. 184 da Constituição.

14.7.10 Retrocessão e destino do bem desapropriado

Retrocessão é o instituto mediante o qual o particular questiona a desapropriação efetivada pelo Poder Público, quando este não confere ao bem o destino para o qual ele foi expropriado. Configura-se por "inexistir o vínculo entre o sacrifício suportado pelo particular e o interesse invocado com razão de desapropriar".[72]

Se o Poder Público não empregar o bem para a finalidade pública que fundamentou a desapropriação, ocorre a **adestinação**; se empregá-lo em finalidade diversa daquela permitida em lei, há a **tredestinação**. Em ambos os casos, o proprietário pode questionar a atitude da Administração mediante a retrocessão. Tredestinação significa "outro uso" do bem desapropriado.

Tredestinação é o desvio de poder que ocorre na desapropriação. Dá-se quando o bem desapropriado é destinado para fim diverso do alegado na desapropriação, como no caso de o Município desapropriar determinado imóvel para a construção de uma escola pública e, posteriormente, doar esse imóvel a um particular (vide *RJTJESP* 126/334).

O instituto da retrocessão fundamenta-se na obrigação que tem o Poder Público de dar a utilização concreta que justificou o sacrifício sofrido na desapropriação do bem. Ela só acontece quando o expropriante não confere ao bem um fim público qualquer previsto em lei, ou seja, se houver outra destinação pública não especificada inicialmente, não ocorre a retrocessão (vide *RF* 242/169, *RJ* 80/139, *RTJ* 98/373 e *JTJ* 172/75).

Havia, na doutrina e na jurisprudência, muita controvérsia acerca da retrocessão. O art. 1.150 do CC de 1916 estabelecia que "a União, o Estado ou o Município oferecerá ao

---

[72] HARADA, Kiyoshi. *Desapropriação*: doutrina e prática. 9. ed. São Paulo: Atlas, 2012. p. 234.

ex-proprietário o imóvel desapropriado, pelo preço por que o foi, caso não tenha o destino, para que se desapropriou". Porém, o art. 35 do Decreto-lei nº 3.365/41 determina que "os bens expropriados, uma vez incorporados à Fazenda Pública, não podem ser objeto de reivindicação, ainda que fundada em nulidade do processo de desapropriação. Qualquer ação julgada procedente resolver-se-á em perdas e danos".

A partir desta situação, formaram-se três correntes doutrinárias: (1) uma, que não admitia a retrocessão como direito real, considerando haver apenas um direito pessoal de pleitear perdas e danos; (2) outra, que acreditava que a norma do art. 35 apenas é aplicada se a desapropriação atendeu aos requisitos constitucionais de necessidade pública, utilidade pública ou interesse social; assim, se o bem não é utilizado para fins públicos, há o direito real de reavê-lo pelo mesmo preço que foi expropriado; e (3) uma terceira posição, que conferia natureza mista à retrocessão (pessoal e real), "cabendo ao expropriado a ação de preempção ou preferência ou, se preferir, perdas e danos" (STF – *RTJ* 80/139). Segundo este último posicionamento, caberia ao expropriado escolher entre a ação de perdas e danos ou a reivindicatória.

O Código Civil estabeleceu, no art. 519 que, "se a coisa expropriada para fins de necessidade ou utilidade pública, ou por interesse social, não tiver o destino para que se desapropriou, ou não for utilizada em obras ou serviços públicos, caberá ao expropriado direito de preferência, pelo preço atual da coisa".

O novo Código pendeu, portanto, para a posição de que a retrocessão é um direito pessoal. Entretanto, parte da doutrina[73] entende que o Código Civil não tem o condão de alterar a norma da Constituição Federal que determina que a desapropriação deve ser feita com finalidades de necessidade pública, utilidade pública ou interesse social, o que confere àquele que foi privado de imóvel não utilizado na conformidade constitucional o direito à reivindicação.

Para a caracterização da retrocessão, é necessário que se analise o destino que o sistema legal confere aos bens desapropriados.

Outro ponto recente, e que apresenta aspecto controvertido, foi a alteração processada no § 6º do art. 5º do Decreto-lei 3.365/41, pela Lei nº 14.620/2023, no qual se estabelece que comprovada a inviabilidade ou a perda objetiva do interesse público em manter a destinação do bem prevista no decreto expropriatório, o expropriante deverá adotar uma das seguintes medidas, nesta ordem de preferência: (1) destinar a área não utilizada para outra finalidade pública; ou (2) alienar o bem a qualquer interessado, na forma prevista em lei, assegurado o direito de preferência às pessoa física ou jurídica desapropriada.

Aqui o importante é frisar que o Estado, à exceção da desapropriação por zona, não deveria, simplesmente, alienar um bem com perda da destinação prevista, pois isso significa um desprezo ao sacrifício sofrido em nome do interesse público. É melhor que destine para outra finalidade, para não configuração da retrocessão, do que simplesmente não destinar e depois alienar. Contudo, note-se que, ao menos, se estabeleceu um direito de preferência às pessoas desapropriadas, o que não retira a estranheza dessa alienação.

A destinação dada aos bens expropriados depende do fundamento da própria desapropriação. Em regra, fora as novas exceções inseridas no decreto-lei pela medida provisória, passam a integrar o patrimônio das entidades responsáveis pela desapropriação (União, Estados, Distrito Federal e Municípios) ou das pessoas que desempenham serviços públicos por delegação.

A desapropriação de imóveis rurais para reforma agrária visa à justa distribuição da propriedade. Para que não haja desvirtuamento da finalidade deste tipo de desapropriação,

---

[73] DI PIETRO, Maria Sylvia Zanella. *Direito administrativo*. São Paulo: Atlas, 2010. p. 188.

determina o art. 189 da Constituição Federal que os títulos de domínio e de concessão de uso conferidos aos beneficiários da distribuição de imóveis rurais pela reforma agrária sejam inegociáveis pelo prazo de dez anos.

Na desapropriação prevista no art. 182, § 4º, III, da Constituição Federal e disciplinada no Estatuto da Cidade, o adequado aproveitamento do solo pode ser feito pelo Poder Público ou por terceiro, que o adquirirá por alienação ou mediante concessão de uso. Ressalte-se que, se o adquirente não promover o parcelamento, a edificação ou a correta utilização do imóvel, ele se sujeita às mesmas sanções do mencionado dispositivo constitucional.

De acordo com a redação do art. 243 da Constituição Federal, determinada pela Emenda Constitucional nº 81/2014, as propriedades rurais e urbanas de qualquer região do País onde forem localizadas culturas ilegais de plantas psicotrópicas ou a exploração de trabalho escravo na forma da lei serão expropriadas e destinadas à reforma agrária e a programas de habitação popular, sem qualquer indenização ao proprietário.

O prazo de prescrição para que o particular pleiteie a retrocessão começa a correr a partir da desistência ou da caracterização da intenção de o Poder Público não utilizar o bem em finalidade de interesse coletivo. Ressalte-se, todavia, que, no caso da desapropriação por interesse social, o prazo se inicia a partir dos dois anos do decreto expropriatório, caso a Administração não tome as providências de aproveitamento que o fundamentaram.

Quanto à desapropriação por utilidade pública, não houve por parte do legislador ordinário a fixação do prazo para o início das medidas de aproveitamento do bem, mas apenas o termo de cinco anos para a efetivação da desapropriação. Por isso, parte da doutrina[74] entendeu que o prazo de cinco anos poderia ser invocado por analogia. Mas esse não tem sido o entendimento jurisprudencial.

No ordenamento pátrio, não há previsão do prazo de destinação de todos os casos de bens desapropriados, mas isso não pode implicar que, nos casos em que a lei é omissa, haja a possibilidade de adestinação *ad eternum* e imotivada do bem expropriado, pois esta mesma inércia do Poder Público pode caracterizar um indício de desvio de finalidade a ser ponderado pelo julgador.

LIMITAÇÕES ADMINISTRATIVAS Regra: sem indenização	limitação genérica imposta por lei ex.: restrições à construção acima de certa altura
OCUPAÇÃO TEMPORÁRIA Regra: indenizável, se causar danos	terrenos edificados vizinhos a obras públicas escavações de monumentos de interesse arqueológico/pré-histórico perigo iminente
REQUISIÇÃO ADMINISTRATIVA Regra: indenização posterior	civil ou militar iminente perigo ou guerra
SERVIDÃO ADMINISTRATIVA Regra: se for genérica, não cabe indenização	direito real sobre coisa alheia prédio serviente proporciona utilidade ao prédio dominante fim de utilidade pública ou serviço público

---

[74] FAGUNDES, Miguel Seabra. *Da desapropriação no direito brasileiro*. São Paulo: Freitas Bastos, 1942. p. 349.

TOMBAMENTO **Regra:** não indenizável, exceto se acarretar desapropriação indireta	proteção/conservação do bem não há subtração da coisa
DESAPROPRIAÇÃO **Regra:** indenização	transferência compulsória da propriedade

15
Ordenamento urbano e Estatuto da Cidade

15.1 Vida urbana e sustentabilidade da cidade

Urbano advém de *urbs*, que designava na Roma Antiga a zona urbana, em contraposição à zona rural (*rus*). Segundo Letícia Marques Osório,[1] as previsões apontam para o aumento de 50% da população mundial nos próximos 30 anos, sendo que 90% do crescimento se dará em áreas urbanas de países em desenvolvimento.

No século XX, o Brasil passou em não mais de 50 anos de um país rural para urbano e atualmente mais de 80% de sua população habita cidades. Contudo, houve o crescimento desordenado da vida urbana e os gestores públicos se deparam com inúmeros problemas, tais como:

- falta de infraestrutura para alocar o contingente proveniente do êxodo rural, diante de poucas opções de sobrevivência digna no campo;
- periferização agravada pelos cinturões de pobreza, tendo em vista que as opções de moradia mais bem localizadas são, em regra, inacessíveis aos cidadãos de baixa renda, formando-se uma segregação de caráter socioterritorial;
- sobrecarga ao sistema de transportes, pela necessidade de deslocamento do contingente da periferia ao trabalho – o que gera problemas socioambientais, como o aumento do congestionamento e da poluição, provocando a diminuição do bem-estar da população em geral;
- aumento no número de veículos particulares no Brasil, sendo a frota de carros privados constituída por 45,5 milhões, ou seja, cerca de um automóvel para cada 4 habitantes do País, independentemente da idade, o que comprometeu a mobilidade urbana e provocou a criação de uma Lei de Mobilidade que prioriza os serviços de transporte público coletivo em vez do transporte privado motorizado, procurando inverter uma lógica arraigada na mentalidade urbana brasileira;
- segregação social, exclusão do mercado formal de trabalho e aumento da criminalidade urbana; e

---

[1] OSÓRIO, Letícia Marques (Org.). *Estatuto da cidade e reforma urbana*: novas perspectivas para as cidades brasileiras. Porto Alegre: Sergio Antonio Fabris, 2002. p. 40.

- escolha de parcela da classe média alta, por questões de segurança, em morar em loteamentos fechados ou construções imobiliárias onde os serviços (academia, cabeleireiro, *petshop* etc.) são encontrados no próprio "empreendimento", tendo, portanto, *caráter fetichista*, pois o isolamento acaba produzindo a ilusão de se "comprar" uma realidade sociocultural diferente, tornando privados espaços que antes eram considerados públicos e provocando maior diferenciação social ante a ausência de convívio e, reflexamente, de preocupação com os "*Outros*".[2]

Daí a discussão acerca da **sustentabilidade das cidades**, que não pode ficar de fora do Direito Administrativo, pois o Direito serve à sociedade, e não o contrário. A sustentabilidade deve ter por pressuposto **visão holística** ou **não fragmentária**, na qual há a superação da noção ultrapassada de que a intervenção na cidade ocorre mediante simples ações sobre as coisas (pontes, ruas e casas). A nova abordagem percebe a cidade como **organismo urbano**, onde se faz imprescindível a questão do **planejamento**.

15.2 Funções sociais da cidade

A política urbana relaciona-se com a função social da propriedade, sendo a ordem urbanística disciplinada pelo Estatuto da Cidade[3] (Lei nº 10.257/2001). No âmbito constitucional, a política urbana está prevista nos arts. 182 e 183.

De acordo com o art. 182 da Constituição, a política de desenvolvimento urbano, executada pelo Poder Público municipal, conforme diretrizes gerais fixadas em lei, tem por objetivo ordenar o pleno desenvolvimento das **funções sociais da cidade** e garantir o **bem-estar de seus habitantes**.

Assim, as diretrizes são fixadas em lei federal que, no caso nacional, é a Lei nº 10.257/2001, sendo a política urbana executada pelo município com base nas previsões legais fixadas no Estatuto da Cidade. Este estabelece normas de **ordem pública** e **interesse social** que regulam o uso da propriedade urbana em prol do bem coletivo, da segurança e do bem-estar dos cidadãos, bem como do equilíbrio ambiental.

Note-se que o art. 24, I, da Constituição determina que compete à União, aos Estados e ao Distrito Federal, legislar concorrentemente sobre **direito urbanístico**.

Significa dizer que enquanto a União tem competência para editar normas gerais, cabe aos Estados suplementar a legislação geral editada pela União para o atendimento de suas peculiaridades. Compete, ademais, aos Municípios, dada a importância deles na execução da política de desenvolvimento urbano, suplementar, por sua vez, a legislação federal e a estadual em assuntos de interesse local, conforme dispõe o art. 30, I e II, da Constituição.

Além de legislar sobre normas gerais de direito urbanístico, esclarece o art. 3º do Estatuto da Cidade que compete à União: legislar sobre **normas para a cooperação** entre a União, os

---

[2] Para uma abordagem rica sobre questões de psicanálise e o comportamento reproduzido na vida em condomínio, ver: DUNKER, Christian Ingo Lenz. A lógica do condomínio. Disponível em: http://www4.pucsp.br/cespuc/revistas/volume1/textoLeituraFlutuante_1-5.pdf. Acesso em: 24 jan. 2019.

[3] Note-se que a própria lei contém denominação específica de Estatuto da Cidade, o que é inovador. Geralmente as denominações das leis são populares, em razão de seu conteúdo, mas no caso da Lei nº 10.257/2001, houve atribuição oficial de nomenclatura. Cf. MOREIRA, Mariana. A história do estatuto da cidade. In: *Estatuto da Cidade*: comentários à Lei Federal nº 10.257/2001. São Paulo: Malheiros, 2010. p. 27. Como alteração recente, cujo veto de Bolsonaro fora derrubado pelo Congresso, há a Lei nº 14.489/2022, lei denominada Padre Júlio Lancellotti, a qual veda o emprego de técnicas construtivas hostis em espaços livres de uso público.

Estados, o Distrito Federal e os Municípios em relação à política urbana, tendo em vista o equilíbrio do desenvolvimento e do bem-estar em âmbito nacional; promover, por iniciativa própria e em conjunto com os Estados, o Distrito Federal e os Municípios, programas de **construção de moradias**[4] e a melhoria das condições habitacionais e de saneamento básico; instituir diretrizes para o **desenvolvimento urbano**, inclusive habitação, saneamento básico e transportes urbanos; e elaborar e executar **planos nacionais e regionais** de ordenação do território e de desenvolvimento econômico e social.

A Constituição não define quais são as funções sociais da cidade. Alguns documentos internacionais procuraram delimitar funções sociais para a cidade, como a *Carta de Atenas*, que identifica, segundo pesquisa de Jorge Luiz Bernardi,[5] três grupos de funções:

- as **funções urbanísticas**: relacionadas com a habitação, o trabalho, o lazer e a mobilidade;
- as **funções de cidadania**: relacionadas com a educação, a saúde, a segurança e a proteção; e
- as **funções de gestão**: relacionadas com a prestação dos serviços, o planejamento e a preservação do patrimônio cultural e natural, bem como a sustentabilidade urbana.

Contudo, adverte o autor[6] que o conteúdo de função social da cidade é conceito aberto e que, portanto, varia em função do avanço da dimensão que se tem de vida urbana. Assim, a *nova Carta de Atenas*, de 2003, prevê dez funções da cidade do novo milênio, sendo resumidas nas expressões: cidade para todos, participativa, cidade refúgio, saudável, produtiva, inovadora, da acessibilidade, ecológica, cultural e histórica.

Em termos mais genéricos, enfatiza Bernardi[7] que o ordenamento das funções sociais da cidade é efetivado por meio da materialização de direitos fundamentais, viabilizada pelo desenvolvimento de uma política urbana que proporcione bem-estar e melhoria na qualidade de vida tanto de seus habitantes como daqueles que dela se utilizam.

Para o atendimento da função social da cidade, as **propriedades urbanas** deverão cumprir suas funções sociais. Segundo preceito contido no art. 182, § 2º, da Constituição, a propriedade urbana cumpre sua função social quando atende às exigências fundamentais de ordenação da cidade expressas no plano diretor e o art. 39 do Estatuto da Cidade acrescenta, ainda, o cumprimento das necessidades dos cidadãos quanto:

- à **qualidade de vida**;
- à **justiça social**; e
- ao desenvolvimento de **atividades econômicas**, respeitadas as **diretrizes do art. 2º** do Estatuto da Cidade.

---

[4] Segundo Ligia Melo, a moradia abrange, entre outras dimensões, situações subjetivas às quais "todos devem ter acesso, individualmente ou em grupo, podendo ser encaradas sob a forma de prestações positivas proporcionadas pelo Estado, direta ou indiretamente". MELO, Lígia. *A política urbana e o acesso à moradia adequada por meio da regularização fundiária*. São Paulo: Dissertação/PUCSP, 2010. p. 32.

[5] BERNARDI, Jorge Luiz. *Funções sociais da cidade*: conceitos e instrumentos. Curitiba: Dissertação/Mestrado PUC/PR, 2006. p. 6.

[6] BERNARDI, Jorge Luiz. *Funções sociais da cidade*: conceitos e instrumentos. Curitiba: Dissertação/Mestrado PUC/PR, 2006. p. 48.

[7] BERNARDI, Jorge Luiz. *Funções sociais da cidade*: conceitos e instrumentos. Curitiba: Dissertação/Mestrado PUC/PR, 2006. p. 49

São diretrizes previstas no mencionado artigo do Estatuto da Cidade:

- garantia do direito a **cidades sustentáveis**, entendido como direito à terra urbana, à moradia, ao saneamento ambiental, à infraestrutura urbana, ao transporte e aos serviços públicos, ao trabalho e ao lazer, para as presentes e futuras gerações;[8]
- **gestão democrática** por meio da participação da população e de associações representativas dos vários segmentos da comunidade na formulação, execução e acompanhamento de planos, programas e projetos de desenvolvimento urbano;
- **cooperação** entre governos, a iniciativa privada e os demais setores da sociedade no processo de urbanização, em atendimento ao interesse social;
- **planejamento** do desenvolvimento das cidades, da distribuição espacial da população e das atividades econômicas do Município e do território sob sua área de influência, de modo a evitar e corrigir as distorções do crescimento urbano e seus efeitos negativos sobre o meio ambiente;
- oferta de equipamentos urbanos e comunitários, transporte e serviços públicos adequados aos interesses e **necessidades da população** e características locais;
- **ordenação** e controle do uso do solo;
- integração e complementariedade entre as **atividades urbanas e rurais**, tendo em vista o desenvolvimento socioeconômico do Município e do território sob sua área de influência;
- adoção de padrões de produção e consumo de bens e serviços e de expansão urbana compatíveis com os **limites de sustentabilidade** ambiental, social e econômica do Município e do território sob sua área de influência;
- justa distribuição dos **benefícios e ônus** decorrentes do processo de urbanização;
- adequação dos **instrumentos** de política econômica, tributária e financeira e dos **gastos públicos** aos objetivos do desenvolvimento urbano, de modo a privilegiar os investimentos geradores de bem-estar geral e a fruição de bens pelos diferentes segmentos sociais;
- **recuperação dos investimentos** do Poder Público de que tenha resultado a valorização de imóveis urbanos;
- proteção, preservação e recuperação do **meio ambiente** natural e construído, do patrimônio cultural, histórico, artístico, paisagístico e arqueológico;

---

[8] A expressão cidade sustentável foi inspirada no termo "desenvolvimento sustentável". Este, por sua vez, foi preconizado em 1985 pela Primeira-ministra norueguesa, Gro Harlem Brundtland, na Comissão Mundial de Meio Ambiente e Desenvolvimento, constituída pela Assembleia Geral das Nações Unidas. Os trabalhos da comissão culminaram, conforme expõe Odete Medauar, em 1987, na emissão do relatório denominado *Nosso futuro para todos*, no qual o desenvolvimento sustentável foi tido como "o processo de desenvolvimento onde os recursos naturais são usados de forma racional para manter as condições de vida adequadas para as gerações atuais e futuras". Tendo sido definido, portanto, como "aquele que atende às necessidades do presente sem comprometer a possibilidade de as gerações futuras atenderem suas próprias necessidades". Genericamente, a cidade sustentável, pode ser tida, levando-se em conta a noção de solidariedade, como aquela na qual "o desenvolvimento urbano ocorre com ordenação, sem caos e destruição, sem degradação, possibilitando uma vida urbana digna para todos", tendo em vista as presentes e futuras gerações. MEDAUAR, Odete. Diretrizes Gerais. In: *Estatuto da cidade*: Lei nº 10.257/2001 Comentários. 2. ed. São Paulo: Revista dos Tribunais, 2004. p. 26-27.

- **audiência** do Poder Público municipal e da população interessada nos processos de implantação de empreendimentos ou atividades com efeitos potencialmente negativos sobre o meio ambiente natural ou construído, o conforto ou a segurança da população;
- regularização fundiária e urbanização de áreas ocupadas por população de baixa renda mediante o estabelecimento de **normas especiais** de urbanização, uso e ocupação do solo e edificação, consideradas a situação socioeconômica da população e as normas ambientais;
- **simplificação da legislação** de parcelamento, uso e ocupação do solo e das normas edilícias, com vistas a permitir a redução dos custos e o aumento da oferta dos lotes e unidades habitacionais;
- **isonomia** de condições para os **agentes públicos** e **privados** na promoção de empreendimentos e atividades relativos ao processo de urbanização, atendido o interesse social;
- estímulo à utilização, nos parcelamentos do solo e nas edificações urbanas, de sistemas operacionais, padrões construtivos e aportes tecnológicos que objetivem a redução de impactos ambientais e a economia de recursos naturais;
- tratamento prioritário às obras e edificações de infraestrutura de energia, telecomunicações, abastecimento de água e saneamento;
- garantia de condições condignas de acessibilidade, utilização e conforto nas dependências internas das edificações urbanas, inclusive nas destinadas à moradia e ao serviço dos trabalhadores domésticos, observados requisitos mínimos de dimensionamento, ventilação, iluminação, ergonomia, privacidade e qualidade dos materiais empregados; e
- promoção de conforto, abrigo, descanso, bem-estar e acessibilidade na fruição dos espaços livres de uso público, de seu mobiliário e de suas interfaces com os espaços de uso privado, vedado o emprego de materiais, estruturas, equipamentos e técnicas construtivas hostis que tenham como objetivo ou resultado o afastamento de pessoas em situação de rua, idosos, jovens e outros segmentos da população.

Além das diretrizes mencionadas, o Estatuto da Metrópole (Lei nº 13.089/2015) contempla, no art. 7º, as seguintes orientações, voltadas para a governança interfederativa[9] das **regiões metropolitanas** e das **aglomerações urbanas**:

- implantação de processo permanente e compartilhado de planejamento e de tomada de decisão quanto ao desenvolvimento urbano e às políticas setoriais afetas às funções públicas de interesse comum;
- estabelecimento de meios compartilhados de organização administrativa das funções públicas de interesse comum;
- estabelecimento de sistema integrado de alocação de recursos e de prestação de contas;

---

[9] Nesse sentido, menciona Reinaldo Moreira Bruno o atual modelo de federalismo de cooperação, que exige cooperação normativa e administrativa dos variados entes federativos. Cf. BRUNO, Reinaldo Moreira. *Regiões metropolitanas*: posição no cenário constitucional e financiamento de suas atividades no Estado Brasileiro. Curitiba: Juruá, 2016. p. 185.

- execução compartilhada das funções públicas de interesse comum, mediante rateio de custos previamente pactuado no âmbito da estrutura de governança interfederativa;
- participação de representantes da sociedade civil nos processos de planejamento e de tomada de decisão;
- compatibilização dos planos plurianuais, leis de diretrizes orçamentárias e orçamentos anuais dos entes envolvidos na governança interfederativa;
- compensação por serviços ambientais ou outros serviços prestados pelo Município à unidade territorial urbana, na forma da lei e dos acordos firmados no âmbito da estrutura de governança interfederativa.

Ressalte-se que o fato da instituição de região metropolitana não transfere simplesmente do âmbito municipal para o estadual as competências administrativas e normativas próprias dos municípios, como seus serviços básicos de saneamento, conforme se verifica do julgamento da ADI 1824 em 2013 (região metropolitana do Rio de Janeiro e microrregião dos Lagos).

O plano diretor é instrumento básico da política de desenvolvimento e de expansão urbana e engloba o território do Município como um todo. Será aprovado, por lei, pela Câmara Municipal, sendo revisto, pelo menos a cada dez anos (art. 40 da Lei nº 10.257/2001).

É obrigatório haver **plano diretor** em cidades:

- com mais de **20 mil habitantes**[10] (art. 182, § 1º, CF e art. 41, I, da Lei nº 10.257/2001);
- integrantes de regiões metropolitanas e aglomerações urbanas (art. 41, II, da lei);
- onde o Poder Público municipal pretenda exigir do proprietário do **solo urbano** não edificado, subutilizado ou não utilizado seu **adequado aproveitamento**, por meio de: (a) parcelamento ou edificação compulsórios; (b) IPTU progressivo no tempo; e (c) desapropriação-sancionatória (art. 182, § 4º, CF e art. 41, III, da lei);
- integrantes de áreas de **especial interesse turístico** (art. 41, IV, da lei);
- inseridas na área de influência de empreendimentos ou atividades com significativo **impacto ambiental de âmbito regional ou nacional**, caso em que os recursos técnicos e financeiros para a elaboração do plano diretor estarão inseridos entre as medidas de compensação adotadas (art. 41, V, e § 1º, da lei); e
- incluídas no cadastro nacional de Municípios com áreas suscetíveis à ocorrência de deslizamentos de grande impacto, inundações bruscas ou processos geológicos ou hidrológicos correlatos, conforme inclusão da Lei nº 12.608/2012.

Para cidades com **mais de 500 mil habitantes** exige a lei que tenham **plano de transporte urbano integrado**, compatível com o plano diretor ou nele inserido, conforme art. 41, § 2º.

Quanto à questão do transporte urbano, imprescindível mencionar o regramento presente na **Lei de Mobilidade** (Lei nº 12.587/2012), que prevê uma política de desenvolvimento urbano, objetivando a integração entre os diferentes modos de transporte e a melhoria da acessibilidade e mobilidade das pessoas e cargas no território do Município.

---

[10] De acordo com dados divulgados em 2016, apenas metade dos Municípios tinham, em 2015, plano diretor (IBGE). Ainda, no censo de 2017, o IBGE revelou que 68,3% dos Municípios possuem até 20 mil habitantes, abrigando apenas 15,5% da população do País, o que significa que há muitos Municípios pequenos e pouco populosos no Brasil, sendo que a maior parte das pessoas habita os grandes Municípios. Dos 5.570 Municípios, 17 deles têm população superior a um milhão de pessoas, somando 21,9% da população do Brasil.

A Política Nacional de Mobilidade Urbana tem por objetivo contribuir para o acesso universal à cidade, o fomento e a concretização das condições que contribuam para a efetivação de seus princípios, objetivos e diretrizes, por meio do planejamento e da gestão democrática do Sistema Nacional de Mobilidade Urbana.

Um ponto fulcral na novel legislação foi que a política nacional de mobilidade urbana conferiu, no art. 6º, II, **prioridade** aos modos de transporte não motorizados sobre os motorizados e dos serviços de transporte público coletivo sobre o transporte individual motorizado.

Trata-se de aspecto relevante, pois veicula uma transformação no paradigma até então vigente no Brasil. Trata-se de afastar a "mobilidade de exclusão", que era a concepção anterior, a qual priorizava o transporte individual motorizado. Tal discussão já existe há décadas, por exemplo, na Europa, mas é insipiente no Brasil, sendo um marco a nova lei, que busca garantir equidade no uso do espaço público de circulação,[11] vias e logradouros.

Portanto, além da gestão democrática, em que cada Município deve discutir como deseja alcançar os objetivos de mobilidade urbana em função de suas circunstâncias particulares, até porque a realização dos objetivos da lei depende também da disponibilidade de transporte público coletivo em qualidade e quantidade adequados, há também a obrigatoriedade do planejamento de Municípios acima de vinte mil habitantes e aos demais obrigados à elaboração de plano diretor, por meio da elaboração de um **Plano de Mobilidade Urbana**, integrado e compatível com os respectivos planos diretores ou neles inserido, tendo sido determinado um prazo máximo de até três anos após a vigência da lei (ou seja: de 2012 até 2015 para elaboração do Plano de Mobilidade Urbana), sob pena de os Municípios omissos serem impedidos de receber recursos orçamentários federais destinados à mobilidade urbana.

Note-se que o Estatuto da Cidade contemplou institutos clássicos do Direito Urbanístico e Administrativo, tais como: os planos de ordenação do território e de desenvolvimento econômico e social, o planejamento, que compreende, no âmbito municipal, plano diretor, disciplina do parcelamento, do uso e da ocupação do solo, zoneamento ambiental, leis orçamentárias (orçamento participativo), institutos tributários e financeiros (como o IPTU, a contribuição de melhoria, incentivos e benefícios fiscais), desapropriação, servidão administrativa, limitações administrativas, tombamento, instituição de unidades de conservação, de zonas especiais de interesse social, concessão de direito real de uso, concessão de uso especial para fins de moradia – tendo sido vetados os arts. 15 e 20 do projeto que resultou no Estatuto da Cidade pelo Chefe do Executivo (na época, Fernando Henrique Cardoso), que depois editou a Medida Provisória nº 2.220/2001, disciplinando o instituto, parcelamento, edificação ou utilização compulsórios, usucapião especial de imóvel urbano, direito de superfície, mas também **inovou**, ao disciplinar, por exemplo, os seguintes instrumentos:

- usucapião especial coletiva de imóvel urbano;
- direito de preempção;
- outorga onerosa do direito de construir;
- operação urbana consorciada;
- transferência do direito de construir; e
- estudo de impacto de vizinhança.

---

[11] Um dos projetos que hoje representam um cartão postal da cidade de São Paulo, que é a Ponte Estaiada, foi criticado por urbanistas, dado que ela não contemplou, diferentemente de pontes como a Golden Gate, passagem para bicicletas, sendo focada nos veículos automotores.

Houve muita polêmica quando da discussão do projeto, que tramitou por mais de uma década (11 anos) no Congresso Nacional, tendo em vista a influência de grupos de pressão com interesses conflitantes.

De positivo, pode-se dizer que o Estatuto, após muita discussão, partiu do reconhecimento da "cidade real" e suas contradições, sendo finalmente admitido que, em países em desenvolvimento, o modelo de construção de habitações planejado, tal qual implementado, não seria capaz de suprir as necessidades sociais de um crescimento vertiginoso de habitações irregulares[12] e que, simultaneamente, o favelamento não poderia mais ser uma realidade ignorada pelos gestores públicos, ou seja, houve um avanço (na época) em prol do que se chama de visão "descriminalizadora" dos movimentos sociais e a mitigação da velha e cínica visão patrimonialista dos direitos.

Contudo, o resultado foi inusitado, uma verdadeira *colcha de retalhos*, em que ao mesmo tempo que o Estatuto procurou dar ênfase a questões de caráter social, com a previsão de instrumentos como a usucapião coletiva de imóvel urbano, no reconhecimento do direito à moradia para os habitantes de cortiços, ou mesmo a regulamentação da função social da propriedade urbana, para **evitar** retenção **especulativa** de imóveis e terrenos e a formação de vazios urbanos valorizados, ele paradoxalmente regulamentou instrumentos altamente sofisticados, do ponto de vista capitalista, como a venda na bolsa de Certificado de Potencial Adicional de Construção (Cepac[13]) de operações urbanas consorciadas, ou mesmo a outorga onerosa de adicionais de construção, que não deixam de ter intrinsecamente caráter especulativo.[14]

15.3 Usucapião especial coletiva de imóvel urbano

A usucapião especial de imóvel urbano objetiva garantir a aquisição do domínio da área ou edificação urbana de até 250 m² daquele que a possuir como sua por cinco anos ininterruptamente e sem oposição, utilizando-a para sua moradia ou de sua família, desde que não seja proprietário de outro imóvel urbano ou rural, conforme art. 9º da Lei 10.257/2001.

A maior inovação neste âmbito, veio, contudo, com a previsão da **usucapião especial coletiva**, garantida para áreas urbanas com mais de 250 m² ocupadas por população de baixa renda para sua moradia, por cinco anos ininterruptos e sem oposição, onde não for possível identificar os terrenos ocupados por cada possuidor, desde que os possuidores não sejam proprietários de outro imóvel, urbano ou rural.

A usucapião coletiva de imóvel urbano será declarada pelo juiz, mediante sentença que servirá de título para registro no cartório de registro de imóveis, sendo atribuída na sentença igual fração ideal de terreno a cada possuidor, independentemente da dimensão do terreno que

---

[12] Note-se que, mais recentemente, houve alteração legislativa no tocante às regras de regularização fundiária em área urbana, o que se deu com a edição da Lei nº 13.465/2017, que ampliou o rol de legitimados do diploma anterior, procurou racionalizar as fases do procedimento e simplificar as regras, dando ênfase ao papel do Poder Público local.

[13] Contudo, como título financeiro que é, para se tornar atrativo, o Cepac deve ser rentável, sendo que a experiência demonstra até o momento que a operação urbana consorciada acaba sendo utilizada em área já valorizada, como a da Avenida Faria Lima, em São Paulo, sendo mais dificultoso pensar no mesmo resultado do uso desse instrumento para valorização urbana de áreas periféricas da cidade.

[14] Com a diferença de que no caso dos institutos previstos no Estatuto da Cidade existem finalidades específicas para a aplicação dos recursos auferidos.

cada um ocupe, salvo hipótese de acordo escrito entre condôminos, estabelecendo frações ideais diferenciadas.

Trata-se de instituto que parte da realidade de pessoas de baixa renda que vivem coletivamente com mais de uma família em regra nos chamados cortiços. Com o reconhecimento da usucapião coletiva, há a constituição de um condomínio especial que não é passível de extinção, exceto por deliberação favorável tomada por, no mínimo, dois terços dos condôminos no caso de execução de urbanização posterior à constituição do condomínio.

15.4 Direito de preempção

Direito de preempção designa a preferência que tem o Poder Público municipal para aquisição de imóvel urbano objeto de alienação onerosa entre particulares.

Existem diversas **exigências legais** para que se configure o direito de preempção:

- previsão em **lei municipal**, baseada no plano diretor, **da área** em que incidirá o direito de preempção;
- prazo de vigência **não superior a cinco anos**, renovável a partir de um ano após o decurso do prazo inicial de vigência, independentemente do número de alienações referentes ao mesmo imóvel; e
- enquadramento nas **finalidades enumeradas** no art. 26 da lei e identificadas na lei municipal.

São finalidades que devem ser identificadas em cada área na qual se autoriza o exercício do direito de preempção, que pode ser enquadrado em uma ou mais das seguintes hipóteses:

- regularização fundiária;
- execução de programas e projetos habitacionais de interesse social;
- constituição de reserva fundiária;
- ordenamento e direcionamento da expansão urbana;
- implantação de equipamentos urbanos e comunitários;
- criação de espaços públicos de lazer e áreas verdes;
- criação de unidades de conservação ou proteção de outras áreas de interesse ambiental; e
- proteção de áreas de interesse histórico, cultural ou paisagístico.

Uma vez configurado o direito de preempção sobre determinada área, se o particular desejar alienar o imóvel que nela se localiza, deverá **notificar** o Município para que, no prazo máximo de **30 dias**, manifeste seu **interesse** em comprá-lo. À notificação ao Município será anexada proposta de compra assinada por terceiro interessado na aquisição do imóvel, da qual constarão o preço, condições de pagamento e o prazo de validade.

O Município fará publicar, em **órgão oficial** e em pelo menos um jornal local ou regional de grande circulação, **edital de aviso da notificação** recebida e da intenção de aquisição do imóvel nas condições da proposta apresentada. Se o prazo mencionado transcorrer sem nenhuma manifestação, fica o proprietário autorizado a realizar a alienação para terceiros, nas condições da proposta apresentada, caso em que deverá apresentar ao Município, em **30 dias, cópia do instrumento público de alienação** do imóvel.

Se a alienação de imóvel contido em área na qual está previsto o direito de preempção não obedecer às mencionadas condições, ela será considerada **nula** de pleno direito, o que garante ao Município, conforme determina o § 6º do art. 27 da Lei nº 10.257/2001, a possibilidade de aquisição do imóvel pelo valor da base de cálculo do IPTU ou pelo valor indicado na proposta apresentada, se este for inferior àquele.

15.5 Outorga onerosa do direito de construir

Conhecida no urbanismo como solo criado, a outorga onerosa do direito de construir designa instituto[15] que permite que se exerça o direito de construir **acima do coeficiente de aproveitamento básico adotado**, desde que haja contrapartida a ser paga pelo beneficiário e que o plano diretor delimite a área objeto de construção acima do coeficiente adotado.

Coeficiente de aproveitamento é a relação entre a área edificável e a área do terreno, sendo regulada por lei específica. O Estatuto da Cidade também prevê a **alteração do uso do solo**, mediante contrapartida a ser prestada pelo beneficiário.

Note-se que os recursos auferidos com a adoção da outorga onerosa do direito de construir e com a alteração do uso do solo serão aplicados nas finalidades que autorizam o reconhecimento do direito de preempção, acima mencionadas.

15.6 Operação urbana consorciada

Operação urbana consorciada, em definição contida no art. 32 da lei, é o conjunto de intervenções e medidas coordenadas pelo Poder Público municipal, com a participação dos proprietários, moradores, usuários permanentes e investidores privados, com o objetivo de alcançar em uma área transformações urbanísticas estruturais, melhorias sociais e a valorização ambiental.

A aplicação de operações consorciadas deve ser delimitada por lei municipal específica, baseada no plano diretor. Da lei constará o **plano de operação urbana consorciada** que conterá, no mínimo:

---

[15] Segundo expõe Henrique Lopes Dornelas, o debate nacional sobre a outorga onerosa do direito de construir data da década de 70. Em setembro de 1975, o instituto foi proposto publicamente por técnicos do Centro de Estudos e Pesquisas em Administração Municipal – Cepam/SP, sendo que o debate teórico e conceitual sobre o instituto da Outorga Onerosa do Direito de Construir (Solo Criado) teve seu ponto culminante em dezembro de 1976, na chamada Carta de Embu. DORNELAS, Henrique Lopes. Aspectos jurídicos da outorga onerosa do direito de construir. Disponível em: http://jus.uol.com.br/revista/texto/4483/aspectos-juridicos-da-outorga--onerosa-do-direito-de-construir. Acesso em: 21 nov. 2010.

1. definição da área a ser atingida;
2. programa básico de ocupação da área;
3. programa de atendimento econômico e social para a população diretamente afetada pela operação;
4. finalidades da operação;
5. estudo prévio de impacto de vizinhança;
6. contrapartida a ser exigida de proprietários, usuários permanentes e investidores privados, a ser aplicada exclusivamente na própria operação urbana consorciada, em função da utilização de:
    a) modificação de índices e características de parcelamento, uso e ocupação do solo e subsolo, bem como alterações nas normas edilícias, considerando o impacto ambiental delas decorrente; e
    a) regularização de construções, reformas ou ampliações executadas em desacordo com a legislação vigente; e
7. forma de controle da operação, obrigatoriamente compartilhado com representantes da sociedade civil.

O Município poderá, desde que haja previsão legal específica, emitir Certificados de Potencial Adicional de Construção[16] (Cepacs), livremente negociáveis e conversíveis em direito de construir na área objeto da operação. Expõe José dos Santos Carvalho Filho que, para emiti-los, o Município deve proceder ao estudo do potencial construtivo a ser autorizado na área da operação urbana consorciada. Assim, "o empreendedor interessado em exercer o direito adicional de construção deve adquirir os títulos no mercado e devolvê-los ao Município como forma de pagamento das obras necessárias à operação urbana".[17]

São exemplos de Operações Urbanas Consorciadas:

- A Operação Urbana Faria Lima, em São Paulo;
- A Operação Urbana Água Espraiada, em São Paulo; e
- A Operação Urbana Porto Maravilha, no Rio de Janeiro.[18]

Acesse e assista ao vídeo sobre Operação Urbana Consorciada
> http://uqr.to/1xpkm

---

[16] José Cretella Neto relata o histórico da adoção dos Cepacs no Município de São Paulo, seus defensores e refutadores, enfatizando que a CVM baixou a Instrução nº 401/2003, regulamentando a sua negociação e distribuição. Cf. *Comentários à Lei das Parcerias Público-Privadas*. 2. ed. Rio de Janeiro: GZ, 2010. p. 8.

[17] CARVALHO FILHO, José dos Santos. *Comentários ao Estatuto da Cidade*. Rio de Janeiro: Lumen Juris, 2006. p. 224.

[18] Para analisar estudos de casos completos sobre cada uma dessas Operações Urbanas Consorciadas, ver: ABASCAL, Eunice Helena Sguizzardi; NOHARA, Irene Patrícia. *Operações urbanas consorciadas*: impactos urbanísticos no Brasil. São Paulo: InHouse, 2017.

15.7 Transferência do direito de construir

Transferência do direito de construir designa a faculdade, prevista em lei municipal, baseada no plano diretor, de o proprietário de imóvel urbano, privado ou público, **exercer em outro local** ou **alienar**, mediante escritura pública, o *direito de construir* previsto no plano diretor ou em legislação urbanística dele decorrente, quando o referido imóvel for considerado necessário para fins de:

- implantação de equipamentos urbanos e comunitários;
- preservação, quando o imóvel for considerado de interesse histórico, ambiental, paisagístico, social ou cultural; ou
- servir de programas de regularização fundiária, urbanização de áreas ocupadas por população de baixa renda e habitação de interesse social.

15.8 Estudo de impacto de vizinhança

Estudo prévio de impacto de vizinhança (EIV) implica condição para obtenção de licenças ou autorizações municipais de construção, ampliação ou funcionamento de empreendimentos e atividades, definidos em lei municipal, privados ou públicos em área urbana, sendo executado de forma a contemplar os efeitos positivos e negativos do empreendimento ou atividade quanto à qualidade de vida da população residente na área e suas proximidades.

Quanto ao **conteúdo**, o EIV deve contemplar, no mínimo, as seguintes questões:

- adensamento populacional;
- equipamentos urbanos e comunitários;
- uso e ocupação do solo;
- valorização imobiliária;
- geração de tráfego e demanda por transporte público;
- ventilação e iluminação; e
- paisagem urbana e patrimônio natural e cultural.

Os documentos integrantes do EIV ficarão disponíveis para consulta, no órgão competente do Poder Público municipal, por qualquer interessado. Ressalta, ademais, o art. 38 da lei que a elaboração do EIV não substitui a elaboração e a aprovação de estudo prévio de impacto ambiental (EIA), requeridas nos termos da legislação ambiental.

ESTATUTO DA CIDADE

Art. 24, I, CF – competência legislativa concorrente da União para legislar sobre DIREITO URBANÍSTICO

Estatuto da Cidade: Lei nº 10.257/2001 – normas de ordem pública e de interesse social
Função social da propriedade urbana: obediência ao Plano Diretor

Obrigatoriedade do **PLANO DIRETOR**:
- mais de 20 mil habitantes;
- integrantes de regiões metropolitanas ou aglomerações urbanas;
- onde se queira exigir adequado aproveitamento do solo urbano;
- de especial interesse turístico; e
- de impacto ambiental (regional ou nacional).

Algumas inovações:

- usucapião especial coletiva (para cortiços);
- preempção (preferência para o Município na alienação);
- outorga onerosa – incremento nos coeficientes, com contrapartida paga;
- Operação Urbana Consorciada: conjunto de intervenções e medidas para alcançar transformações urbanísticas estruturais, melhorias sociais e valorização ambiental;
- transferência do direito de construir; e
- EIV (Estudo prévio de Impacto de Vizinhança).

15.9 Cidades inteligentes – *Smart cities*

O termo *smart city* foi criado na década de 1990, com foco principalmente nas novas tecnologias de informação e comunicação (TIC) que estavam sendo incorporadas na infraestrutura urbana. Cisco e IBM disputam suas versões sobre o batismo do termo. Para a União Europeia, as *smart cities* são um conjunto de sistemas e de pessoas que interagem de forma inteligente e usam energia, materiais, serviços e recursos de forma sustentável para melhorar a qualidade de vida da população e os negócios.

A *Smart Cities Conect* lista três pilares que um Município precisa ter para que um lugar seja considerado *smart*: (1) **conectividade** – dispositivos conectados uns com os outros e com um sistema; (2) **dados**; e (3) **envolvimento governamental**, com participação do setor público.

A conectividade de *smart cities* ocorre pelos sensores distribuídos em ambiente e conectados a sistemas computadorizados de gestão inteligente, que podem organizar cenários urbanos complexos e criar soluções imediatas e inovadoras, alinhadas às necessidades dos cidadãos. Assim, há a necessidade de integração e análise de uma grande quantidade de dados gerados e captados por diversas fontes, para antecipar, prevenir ou mitigar crises, fornecendo, de forma proativa, serviços, alertas e informações aos cidadãos.[19]

No Brasil, dá-se destaque à *smart city* Laguna, em São Gonçalo do Amarantes, no Ceará, como a primeira cidade inteligente desde a concepção, pretendendo ser a primeira "cidade inteligente social" do mundo, baseando-se nos pilares de inclusão social, planejamento urbano, meio ambiente e tecnologia. Já Ouro Preto, em Minas Gerais, por sua vez, pretende ser a primeira cidade histórica inteligente do Brasil.

Existe uma imensa diversidade de critérios para categorizar e ranquear uma cidade como inteligente. Assim, de acordo com a *Carta Brasileira pelas Cidades Inteligentes*, a indefinição do que seja uma cidade inteligente é fator que prejudica a transformação digital sustentável nas cidades, sendo necessário, então, que se construa uma definição própria. Essa definição peculiar ajustada ao Brasil foi opção pela Carta em vez de seguir várias linhas conceituais encontráveis no mundo, para estabelecer um conceito adaptado à realidade, à diversidade e à complexidade das cidades brasileiras.

O conceito brasileiro de **cidades inteligentes**, conforme o item 2.1. da Carta, abrange cidades comprometidas com o desenvolvimento urbano e a transformação digital sustentáveis, em seus aspectos econômico, ambiental e sociocultural, que atuam de forma planejada, inovadora, inclusiva e em rede, promovem o letramento digital, a governança e a gestão colaborativas e

---

[19] BID. Caminho para as *smart cities*: da gestão tradicional para a gestão inteligente. p. 14. Disponível em: file:///C:/Users/Irene/Downloads/Caminho-para-as-smart-cities-Da-gest%C3%A3o-tradicional-para-a-cidade-inteligente.pdf. Acesso em: 4 nov. 2023.

utilizam tecnologias para solucionar problemas concretos, criar oportunidades, oferecer serviços com eficiência, reduzir desigualdades, aumentar a resiliência e melhorar a qualidade de vida de todas as pessoas, garantindo o uso seguro e responsável de dados e das tecnologias da informação e comunicação.

O conceito de cidades inteligentes relaciona-se, portanto, com a **transformação digital sustentável**, que compreende o processo de adoção responsável de tecnologias da informação e comunicação, baseado em ética digital e orientado para o bem comum, compreendendo a segurança cibernética e a transparência na utilização de dados, informações, algoritmos e dispositivos, a disponibilização de dados e códigos abertos, acessíveis a todas as pessoas, a proteção geral de dados pessoais, o letramento e a inclusão digitais, de forma adequada e respeitosa em relação à características socioculturais, econômicas, urbanas, ambientais e político-institucionais específicas de cada território, à conservação dos recursos naturais e das condições de saúde das pessoas.

O Projeto de Lei nº 976, da Câmara dos Deputados, por sua vez, define **cidade inteligente** como "espaço urbano orientado para o investimento em capital humano e social, o desenvolvimento econômico sustentável e o uso de tecnologias disponíveis para aprimorar e interconectar os serviços e a infraestrutura das cidades, de modo inclusivo, participativo, transparente e inovador, com foco na elevação da qualidade de vida e do bem-estar dos cidadãos". Percebe-se, pois, que o debate sobre a regulação de cidades inteligentes é ainda incipiente, dado que existe projeto de lei para disciplinar o assunto.

16
Responsabilidade extracontratual do Estado

16.1 Definição

A responsabilidade extracontratual do Estado é frequentemente associada à responsabilidade civil. Expõe Charles Eisenmann[1] que a noção de responsabilidade civil pode, num primeiro momento, parecer extremamente simples, pois abrange um **dano** sofrido e a **obrigação de reparar** mediante uma compensação pecuniária dele representativa. Costuma-se, ainda, opor-se à responsabilidade penal – expressão que evoca contravenções ou crimes cometidos por alguém, relacionados com a ideia de privação da liberdade ou prestação alternativa.

Contudo, toda essa simplicidade é ilusória. O assunto da responsabilidade civil é por vezes tratado na doutrina sem que sejam aprofundadas as sutilezas das diferentes noções adotadas. A própria denominação do tema já parte de um pressuposto, pois houve no histórico da responsabilização dois fundamentos básicos para a responsabilização estatal: a **doutrina da culpa**, amparada precipuamente no Direito Civil, e a **doutrina do risco**, que é a adotada pelo Direito Administrativo brasileiro da atualidade. Portanto, trata-se de assunto controvertido, repleto de sutis divergências que levam a repercussões práticas distintas.

Os adeptos da doutrina da culpa defendem que a abolição do conceito de culpa gera um "resultado antissocial e amoral, dispensando a distinção entre lícito e ilícito, ou desatendendo à qualificação de boa ou má da conduta, uma vez que o dever de reparar tanto corre para aquele que procede na conformidade da lei quanto para aquele que age ao seu arrepio".[2]

Contudo, a evolução do tratamento da responsabilidade civil logo demonstrou que a rigorosa aplicação da noção de culpa também provoca injustiças do ponto de vista social. Portanto, surgiu inicialmente a figura da **culpa presumida** e posteriormente a **doutrina do risco**, segundo a qual "quem, com sua atividade, cria risco, deve suportar o prejuízo que sua conduta acarreta"[3] (**risco criado**), especialmente se essa atividade de risco lhe proporciona benefícios (**risco-proveito**).

---

[1] EINSENMANN, Charles. *Cours de droit administratif*. Paris: Librairie Générale de Droit et de Jurisprudence, 1983. t. 2, p. 798.
[2] PEREIRA, Caio Mário da Silva. *Instituições de direito civil*. Rio de Janeiro: Forense, 2004. v. 3, p. 562.
[3] VENOSA, Sílvio de Salvo. *Direito civil*. São Paulo: Atlas, 2001. v. 3, p. 501.

É questionável, todavia, a justiça da aplicação dogmática da **teoria do risco-proveito**, pois a definição do que é proveito é tortuosa e apta a provocar situações de injustiça. Se o proveito é associado à vantagem econômica, o âmbito de aplicação da teoria se restringe a atividades comerciais e industriais, afastando, conforme enfatiza Cavalieri Filho, situações em que a atividade causadora do dano "não é fonte de ganho".[4] Ademais, exigir a comprovação do proveito para a caracterização do risco e consequentemente da responsabilidade objetiva dificulta à vítima ser indenizada pelo dano sofrido em virtude de um risco criado. Por isso, o Código Civil, orientou-se para responsabilidade objetiva quando a atividade desenvolvida pelo autor do dano oferecer risco para terceiros.

Atualmente, muito embora o principal fundamento da responsabilidade no Direito Civil ainda repouse na culpa, há inúmeras situações em que a legislação expressamente a dispensa, possibilitando à vítima do evento danoso apenas demonstrar o dano e o nexo causal, para que seja ressarcida ou indenizada do prejuízo sofrido.

É o que se evidencia do disposto no art. 927 do Código Civil, que, em seu parágrafo único, determina: "haverá obrigação de reparar o dano, independentemente de culpa, **nos casos especificados em lei**, ou quando a **atividade** normalmente desenvolvida pelo autor do dano implicar, por sua natureza, **risco** para os direitos de outrem".

Um ponto é inquestionável: o direito da responsabilidade civil é um direito de reparação de danos. O atributo civil diferencia-se da responsabilidade penal, pois a reparação do dano acarreta consequências jurídicas distintas da punição pelo cometimento de infrações criminais.

Enquanto no Direito Penal, por exemplo, é inviável a ocorrência da punição de terceiros, que não participaram da conduta, esta responsabilização constitui uma exigência na imputação do Estado, uma vez que o agente público pratica o ato pelo ente estatal dotado de personalidade jurídica, que responde objetivamente.

Quando se fala em responsabilidade no Direito Administrativo, é importante que se atente para o fato de que, diferentemente do posicionamento de Hely Lopes Meirelles,[5] entendemos que o regime de responsabilização geralmente recai sobre o **Estado**, e não sobre a **Administração Pública**, genericamente considerada, que é composta de órgãos sem personalidade jurídica.[6] Assim, apenas os entes dotados de **personalidade jurídica** são titulares de direitos e obrigações e, por isso, respondem por seus atos e omissões.

É também mais correto o termo *responsabilidade do Estado*, em vez de responsabilidade da Administração, pois o regime de responsabilização não se limita à atuação que causa danos em estrita função administrativa, mas pode gerar também, em alguns casos, como se verá, a responsabilização em função estatal **legislativa** ou mesmo **jurisdicional**, conforme posicionamentos mais avançados.

---

[4] CAVALIERI FILHO, Sergio. *Programa de responsabilidade civil*. 8. ed. São Paulo: Atlas, 2009. p. 137.

[5] Hely Lopes Meirelles prefere o uso da designação *responsabilidade civil da Administração Pública* em vez de *responsabilidade civil do Estado*, pois entende que "os atos políticos, em princípio, não geram responsabilidade civil". MEIRELLES, Hely Lopes. *Direito administrativo brasileiro*. São Paulo: Malheiros, 2009. p. 655. Contudo, discordamos desse posicionamento, porquanto os atos políticos devem ser editados conforme os parâmetros estabelecidos, no mínimo, pela Constituição Federal, e se os agentes políticos extrapolarem esses limites e causarem danos, haverá a responsabilização do Estado pelos atos políticos arbitrários praticados.

[6] Note-se que mesmo que se fale em Administração Indireta, cujos entes respondem diretamente pelos atos de seus agentes, são entidades que formam o Estado, mesmo que não façam parte da hierarquia das entidades da Administração Direta. Por isso as sociedades de economia mista e as empresas públicas são chamadas de *estatais*.

A adoção de responsabilidade da Administração pode conduzir à indesejada aproximação com a noção de responsabilidade administrativa, conexa com a situação de punição administrativa proveniente da prática de infração funcional ou disciplinar, que é prevista em dispositivos dos estatutos dos servidores. A responsabilidade administrativa recai sobre o agente público quando ele pratica ilícito administrativo ou funcional, independentemente de tal fato ter gerado danos a terceiros. Já o Estado será responsabilizado patrimonialmente ou, como preferem outros autores, civilmente, pelos atos que seus agentes praticam que causam danos a terceiros.

Todavia, não se pode definir a responsabilidade civil apenas por seu caráter patrimonial, pois há sanções penais e confiscatórias que também têm tal caráter. Para os juristas contemporâneos, a ideia de reparação relaciona-se com o favorecimento daquele que sofreu o dano. Assim, "civil" significa reparação, mas esta palavra não evoca tudo. Outros adjetivos seriam, para Eisenmann,[7] melhores, tais como: "reparadora", "restituidora" ou "compensatória".

Preferimos a expressão **responsabilidade extracontratual do Estado**, ou responsabilidade patrimonial extracontratual, em vez de responsabilidade civil do Estado,[8] sendo este termo adequado apenas para o regime de responsabilização do agente público culpado,[9] pois: (a) existe uma incompatibilidade entre os termos *civil* e *público*, que têm significados distintos; e (b) o regime jurídico de responsabilização no âmbito privado é diferenciado da responsabilidade pública.

Apesar de ser corrente o uso do termo *responsabilidade civil do Estado*, o principal alicerce da responsabilização civil é a culpa. Já a responsabilidade **pública**, conforme será analisado pelo histórico de responsabilização, se ampara na responsabilização independente de culpa (**objetiva** ou com fundamento no **risco**) do Estado, sendo ela subjetiva apenas da perspectiva do agente público que pratica ato lesivo no exercício de suas funções.

Conforme expõe Washington de Barros Monteiro, a responsabilidade da pessoa jurídica de direito público interno encontra-se hoje inteiramente fora do conceito civilista da culpa, situando-se decisivamente no campo do direito público. Enfatiza o autor que:

> É nesse direito, não no direito privado, que vamos localizar o fundamento da responsabilidade, que se baseia em vários princípios (equidade, política jurídica), sendo, porém, o mais importante o da **igualdade de ônus e encargos sociais**. A responsabilidade do Poder Público não mais se baseia, portanto, nos critérios preconizados pelo direito civil.[10]

A responsabilidade do Estado é **extracontratual**, ou seja, decorrente de ação ou omissão estatal, lícita ou ilícita, que cause dano a alguém. Diferencia-se, pois, da responsabilidade contratual ou por contrato administrativo, que tem origem na violação de cláusulas contratuais.

---

[7] EINSENMANN, Charles. *Cours de droit administratif*. Paris: Librairie Générale de Droit et de Jurisprudence, 1983. t. II, p. 790.

[8] Ainda assim, apesar das vantagens apontadas no emprego da terminologia responsabilidade *extracontratual do Estado* em vez de *civil da Administração*, não se trata de opção perfeita, pois o art. 37, § 6º, da Constituição abrange também pessoas jurídicas de direito privado prestadoras de serviço público, que façam parte da Administração Indireta, ou mesmo delegatárias de serviços públicos que tenham vínculo contratual com o Estado, mas sejam provenientes da iniciativa privada.

[9] Entendemos correto o termo *responsabilidade civil do servidor*, que responde na medida de sua culpa ou dolo, e não de forma objetiva, como o Estado.

[10] MONTEIRO, Washington de Barros. *Curso de direito civil*. São Paulo: Saraiva, 1975. p. 106.

Costuma-se denominar tal responsabilidade de **aquiliana** em alusão ao fato de que a responsabilidade extracontratual foi criada pela *Lex Aquilia* que, no Direito Romano,[11] gerou a condenação ao pagamento por dano (*danum*) decorrente de comportamento provocado injustificadamente, independentemente de prévia obrigação contratual. A lei Aquilia foi um plebiscito de data desconhecida, que classificou o *danum iniuria datum* como figura delituosa autônoma.

> **JUSTIFICATIVA PARA A DEFINIÇÃO:**
> **responsabilidade extracontratual do Estado**
>
> 1. **Extracontratual** ou **Aquiliana**: não se baseia em violação de cláusulas contratuais, mas no *danum iniuria datum*, associado à reparação de danos causados.
> 2. Diferentemente da **Responsabilidade Civil** do **Agente**: que é baseada na culpa ou dolo. O agente, conforme visto em servidores públicos, é responsável criminal, civil e administrativamente.
> 3. A responsabilização do Estado não tem fundamento na teoria civil da CULPA, mas é **pública**, que, após evolução, foi associada a um regime mais rigoroso – amparado na doutrina do **Risco**.
> 4. Responsabilidade do **Estado**: em vez de responsabilidade da Administração, pois esta é formada de órgãos que não têm personalidade jurídica para serem responsáveis autonomamente pelos atos praticados.

16.2 Fundamento da responsabilização: justiça corretiva e distributiva

A responsabilização abrange situações em que o Estado deve reparar os danos ocasionados por seus comportamentos **lícitos** ou **ilícitos**. Quando há comportamentos ilícitos do Estado, entende-se que o fundamento da responsabilização é o princípio da legalidade, pois se o comportamento estatal extrapola os limites da lei, e ocasiona dano, deve haver a consequente reparação, como tentativa de restabelecer o prejudicado ao *status quo ante*.

Quando o Estado, atuando na consecução legítima de seus interesses, causar danos a particulares, então, o fundamento do dano relaciona-se também com a repartição igualitária dos ônus das atividades estatais, pois como estas objetivam beneficiar a todos, sendo desempenhadas no interesse comum, não é justo que alguém sofra isoladamente consequências de uma ação que, em tese, a todos beneficia.

Por conseguinte, defendem Diogenes Gasparini, Celso Antônio Bandeira de Mello e Lúcia Valle Figueiredo[12] que, em regra, enquanto o fundamento da responsabilidade do Estado por ato ilícito é a *legalidade*; no dano causado por ato lícito, a responsabilidade se justifica pelo princípio da *igualdade*.

Apesar de constatar que a diferença entre a situação da atuação legal ou ilegal do Estado repousa, por óbvio, no princípio da legalidade, entendo que o verdadeiro **fundamento** da responsabilidade do Estado, tanto no caso do ato lícito como do ilícito, está contido nos **preceitos**

---

[11] ALVES, José Carlos Moreira. *Direito romano*. 6. ed. Rio de Janeiro: Forense, 1999. v. 2, p. 233 (nº 267).

[12] GASPARINI, Diogenes. *Direito administrativo*. São Paulo: Saraiva, 2006. p. 967. BANDEIRA DE MELLO, Celso Antônio. *Curso de direito administrativo*. São Paulo: Malheiros, 2008. p. 991. FIGUEIREDO, Lúcia Valle. *Curso de direito administrativo*. São Paulo: Malheiros, 2004. p. 276.

de justiça,[13] que, ressalte-se, estão mais relacionados com a noção de **igualdade** do que propriamente com a legalidade.

Na realidade, àquele que sofreu lesão ou dano, e que pleiteia a responsabilização do Estado, importa, em regra, de forma *mais imediata* o ressarcimento dos prejuízos injustamente causados, do que o mero reconhecimento da ilicitude do ato danoso.

Assim, no caso de ressarcimento por ato ilícito, o argumento da ilegalidade é *um dos meios* para se responsabilizar o Estado, mas não "o" *verdadeiro fundamento* da responsabilização, que gira em torno da realização de *justiça*, isto é, da necessidade de **correção** do dano causado e a **volta ao estado anterior** (*status quo ante*); mesmo porque, se não se configurar o dano, que provoca injustiça (pois lesa o particular), e apenas se comprovar a presença de ilegalidade, não fica caracterizada a responsabilidade extracontratual do Estado, pois não há nexo causal da atuação ilícita com **resultado lesivo** (que seria **o injusto**).

São diferentes, portanto, as situações nas quais os administrados entram com ações ordinárias pleiteando ressarcimento em face da responsabilidade do Estado por dano causado daquelas em que objetivam, por exemplo, com ações populares, como legitimados extraordinários, que a Administração restaure a legalidade e seja condenada por sua ação ilícita. No primeiro caso, o interesse mais imediato que fundamenta a ação do particular se relaciona com a *correção de um injusto* que lhe foi causado e apenas de forma mediata ou reflexa considera-se que a correção do injusto pode ser pedagógica, para fazer com que doravante a Administração pressione seus agentes para atuarem com maior presteza, ou seja, na legalidade; já o cidadão que entra com ação popular o faz no interesse imediato de controle dos atos estatais ilegais e lesivos a bens e interesses coletivos.

A **diferença prática** entre as duas situações, isto é, da responsabilidade por ato ilícito da por ato lícito, é que o agente público que praticou ato ilícito, com culpa ou dolo, deve ser obrigado a recompor, em ação regressiva, o patrimônio público desfalcado, se o Estado responder pelo dano; enquanto, em geral, o agente que praticou o ato lícito ou legítimo não terá, via de regra, este ônus,[14] respondendo apenas o Estado se a ação que beneficia a coletividade por acaso prejudicar alguém isoladamente.

Conforme será visto, se o Estado responde objetivamente tanto pela prática de atos lícitos como pela de ilícitos, não é necessária a alegação da violação à legalidade para a configuração de sua responsabilidade, bastando para tanto que haja a comprovação de uma **ação**, um **dano** e o **nexo de causalidade** entre a ação, lícita ou ilícita, e o prejuízo.

Do ponto de vista **teórico-filosófico**, contudo, pode-se dizer que, enquanto a recomposição de uma situação derivada de ação ilícita do Estado geralmente se fundamenta mais na ideia aristotélica de *justo corretivo*, a decorrente de atuação lícita objetiva a recomposição da situação e volta ao *status quo ante*, acrescida da noção de *justo distributivo*. Ambas se relacionam, *data venia*, com a questão da justiça ou da igualdade.

Justo corretivo é derivado da noção de *igualdade aritmética* no restabelecimento do equilíbrio rompido. A aritmética permite a ponderação entre perda e ganho e o retorno das partes à posição inicial que se encontravam, que se relaciona com o preceito de justiça resumido no conhecido princípio: *alterum non laedere* (não causar dano a ninguém). Segundo expõe Eduardo

---

[13] Justiça não do ponto de vista transcendental própria do jusnaturalismo, mas relacionada com a melhor resolução do caso concreto.

[14] Repercussão prática evidenciada por Diogenes Gasparini. Cf. *Direito administrativo*. São Paulo: Saraiva, 2006. p. 967.

Bittar,[15] significa a retomada das condições anteriores, quando a situação for reversível ou o arbitramento de quantia equivalente à lesão sofrida.

Por exemplo, se veículo de ente estatal dirigido por agente público no desempenho de suas funções, em alta velocidade e na contramão, sem obediência às determinações do Código de Trânsito, colide com carro particular, que dirigia adequadamente, ocasionando-lhe dano, o particular desejará, de forma imediata, o retorno à situação em que se encontrava antes do evento lesivo, até porque seria **injusto** que sofresse prejuízo por acidente que não provocou, tendo de arcar com os custos de danos causados por terceiros.

Note-se que na maior parte dos casos o administrado quer a reparação do injusto causado e, para tanto, utiliza-se também do argumento da ilegalidade; entretanto, não se pode dizer que o fundamento de sua ação seja de maneira imediata controlar a atuação ilegal da Administração Pública. No caso descrito, o Estado deve indenizar os prejuízos causados e entrar com a ação regressiva contra o agente que atuou, por dolo ou culpa, de forma ilícita.

Já a noção de **justo distributivo** envolve proporcionar a cada um aquilo que lhe é devido, em uma proporcionalidade participativa, evitando-se o excesso e a falta. A injustiça na distribuição recai em um dos polos quando pessoas desiguais recebem a mesma quantia de encargos e benefícios, ou quando pessoas iguais recebem quantias desiguais de benefícios e encargos. O conceito compreende a perseguição de uma justa repartição social de ônus e encargos em uma noção que, portanto, se relaciona mais com a questão da *igualdade material* do que da igualdade simplesmente formal ou aritmética.

Se, por exemplo, ao promover o alinhamento de determinada via pública,[16] o Estado acaba por prejudicar certa residência que, em contraposição às demais, sofre desvalorização no imóvel ocorrida em virtude de não mais estar nivelada com a rua, como ocorria antes da ação estatal lícita; então, o fundamento da indenização pauta-se no *injusto distributivo* ou na *igualdade material*, pois, caso fosse tomada por base a igualdade formal, todos deveriam ser tratados igualmente e não haveria espaço para a indenização. Mas, como o proprietário do imóvel sofreu isoladamente expressiva lesão, enquanto todos os demais obtiveram benefícios da atuação do Estado, a caracterização da responsabilidade fundamenta-se na igualdade material ou na justa repartição social dos encargos e benefícios. Neste último caso, do ponto de vista prático, não há como responsabilizar por ação regressiva os agentes públicos que realizaram o alinhamento corretamente, pois eles atuaram na legalidade.

Note-se que o ressarcimento do dano proveniente da responsabilização do Estado por atos lícitos diferencia-se, como expõe Celso Antônio Bandeira de Mello,[17] da indenização por atos de sacrifício de direitos individuais em nome do interesse coletivo, como ocorre, por exemplo, na desapropriação.

No sacrifício de direito, a finalidade de satisfação dos interesses públicos somente é alcançada por meio da restrição ao direito individual do particular, sendo, portanto, uma decorrência lógica desse tipo de atuação estatal, enquanto na atuação lícita do Estado, que causa dano, objetiva-se a realização de atividades praticadas dentro da legalidade que tão somente beneficiem os interesses públicos, não sendo, por conseguinte, o prejuízo algo de caráter necessário ao desenvolvimento deste último tipo de atividade.

---

[15] BITTAR, Eduardo C. B. *A justiça em Aristóteles*. 2. ed. São Paulo: Forense Universitária, 2001. p. 101.

[16] Exemplo formulado por Oswaldo Aranha Bandeira de Mello. Ver BANDEIRA DE MELLO, Celso Antônio. *Curso de direito administrativo*. 25. ed. São Paulo: Malheiros, 2008. p. 979.

[17] BANDEIRA DE MELLO, Celso Antônio. *Curso de direito administrativo*. 25. ed. São Paulo: Malheiros, 2008. p. 978-979.

Assim, enquanto na atividade de sacrifício a direitos individuais a restrição a bem jurídico do particular está pressuposta, havendo no caso da desapropriação a previsão genérica de indenização, nos prejuízos provenientes de atuação lícita do Estado, o dano ou prejuízo causado é algo que, via de regra, não está pressuposto, ou seja, algo acidental e não inerente.

FUNDAMENTO DA RESPONSABILIZAÇÃO DO ESTADO

MAIOR PARTE DA DOUTRINA:

Por ato **ilícito** – princípio da **legalidade**.

Por ato **lícito** – princípio da **igualdade**.

DEFENDE-SE QUE, EM VERDADE:

Fundamento de **ambas**: princípio da **igualdade** e **justiça**.

Por ato **ilícito** – igualdade formal, justo **corretivo** e relação aritmética.

Por ato **lícito** – igualdade material, justo **distributivo** e relação de proporção na repartição de encargos e benefícios sociais.

RESPONSABILIDADE POR ATO LÍCITO vs. SACRIFÍCIO DE DIREITO

No sacrifício, a restrição ao direito individual está pressuposta; na responsabilidade por ato lícito, o dano é algo que não decorre diretamente da atuação estatal, sendo que esta busca tão somente a finalidade de satisfação de interesses coletivos e o prejuízo é, como regra, acidental.

16.3 Evolução histórica da responsabilidade

16.3.1 Período da irresponsabilidade nas Monarquias Absolutistas

No período das Monarquias Absolutistas, o rei era tido como personificação do Estado, e seu poder era, via de regra, considerado irrestrito.[18] Trata-se de período denominado de Estado de Polícia (do alemão, *Polizeistaat*), que se desenvolveu tipicamente na Prússia, no momento em que Frederico, o Grande, adotou o chamado despotismo esclarecido.

Essa concepção, influenciada pelas ideias do Iluminismo (*Aufklärung*), partia da premissa que ao Estado cumpria o papel de promoção do bem-estar dos súditos (*salus publica*) pela fixação das chamadas razões de Estado (*raison d'État*) e, dada a soberania[19] do ente estatal, que agia no interesse dos súditos, haveria total imunidade de responsabilização. Ademais, entendia-se que o Estado soberano não seria igualável aos súditos.

No *Polizeistaat*, a vontade do rei tinha força de lei e havia uma série de princípios estabelecidos em forma de brocardos indiciários da situação de irresponsabilidade: *quod principi placuit habet legis vigorem* (o que agrada ao monarca/príncipe tem força de lei); *the king can do no wrong* e *le roi ne peut mal faire* (o rei não erra). A frase, traduzida do inglês e do francês, "o rei não erra" não tinha sentido designativo, ou seja, não indicava de fato uma pessoa infalível, mas

---

[18] Ao longo da Idade Média, entretanto, essa ideia de absolutismo ilimitado não foi a regra, ou seja, de ausência de limitações do poder soberano do monarca, haja vista a existência de leis fundamentais do reino. Foi Frederico II quem introduziu a supremacia do *legibus solutus*, isto é, o poder de o príncipe estar acima das leis. Cf. BERCOVICI, Gilberto. *Soberania e Constituição*. São Paulo: Quartier Latin, 2008. p. 55.

[19] CAHALI, Yussef Said. *Responsabilidade do Estado*. 3. ed. São Paulo: Revista dos Tribunais, 2007. p. 21.

tinha sentido pragmático ou deontológico, que apontava para a impossibilidade de submissão dos atos do monarca aos Tribunais.

A exceção normalmente apontada à situação de irresponsabilidade que vigorou nesse período é a **teoria do fisco**, de aplicação limitada a algumas regiões no interior da Prússia. O fisco foi considerado entidade distinta do monarca, tendo sido associado a atividades estatais de caráter privado que, por não configurarem manifestações de Poder Público, foram submetidas a tribunais comuns.

Mas, segundo expõe Canotilho,[20] a adoção da teoria do fisco não foi suficiente para alicerçar um regime de responsabilização, como ocorreu com o advento do Estado de Direito. Somente após a efetivação do *Rechtsstaat*, no período posterior à Revolução Francesa, houve a generalização do ideário jusnaturalista que submeteu o poder do Estado às liberdades públicas contidas nas Declarações de Direitos.

16.3.2 Teoria civilista da culpa ou culpa civil comum

Com a estruturação do Estado de Direito (*Rechtsstaat*), ocorre uma significativa inversão na relação entre "poder" e "Direito". Segundo Zagrebelsky,[21] a partir de então, a ideia do *rex facit legem*, ou seja, de que o arbítrio do monarca determina o conteúdo da lei, é substituída pelo *lex facit regem*, isto é, a lei determinaria os limites da atuação dos governantes.

No Estado de Direito, o exercício do poder passa a ser limitado pelos princípios da **legalidade**, pois a lei de conteúdo geral seria aplicável não apenas aos cidadãos ou súditos, nos dizeres medievais, mas também vincularia a conduta dos governantes, e da **justicialidade**, porque para o adequado respeito ao ordenamento não basta haver simplesmente legalidade, esta também deve ser acompanhada da criação de tribunais que apliquem sanções aos casos de violação das determinações normativas.

Contudo, a superação da irresponsabilidade não ocorreu de forma abrupta. Houve, *numa primeira fase*, não obstante a adoção da **teoria civilista da culpa**, até porque o direito público ainda estava começando a se consolidar, a divisão entre atos ou atividades:

- **de gestão** do Estado (*jus gestionis*), desenvolvidas no gerenciamento de seus bens e serviços em regime de igualdade com os particulares e passíveis de responsabilização; e
- **de império** (*jus imperii*), no qual o Estado agiria com prerrogativas em relação aos particulares, sendo que a atuação estatal nesse regime exorbitante do direito comum ou privado implicaria, nesse primeiro momento, irresponsabilidade.

Após a Revolução Francesa, com a construção de um Estado Mínimo, denominado também de *État Gendarme* (Estado Guarda-noturno), que se preocupava principalmente com questões de segurança pública e garantias dos direitos individuais, como o cumprimento dos contratos e o respeito à propriedade, o Estado foi "demitido" de seu papel de promotor do bem-estar comum, sendo conferida aos indivíduos, segundo a noção kantiana de autodeterminação, a liberdade de fixar, por suas próprias razões, ações rumo à consecução de seus objetivos de felicidade e bem-estar, já não mais condicionados por razões de Estado.

---

[20] CANOTILHO, J. J. Gomes. *Direito constitucional e Teoria da Constituição*. Coimbra: Livraria Almedina, 1998. p. 86.

[21] ZAGREBELSKY, Gustavo. *O direito dúctil*. Madrid: Trotta, 2003. p. 21-22. Conforme exposto também no item 3.6.1.

Portanto, naquele período, apesar de ilimitado o poder do Estado em suas manifestações de império, estas eram restritas às situações de manutenção da ordem pública e de segurança.

Entretanto, no decorrer do século XIX, a **distinção** entre atos de império e atos de gestão é progressivamente **abandonada** por dois motivos: (a) a dificuldade de se distinguir, na prática, essas situações, tendo em vista a modificação do papel do Estado; e (b) principalmente, pela constatação da injustiça gerada pela ausência de reparação de danos provocados pelo Estado no manejo abusivo de suas prerrogativas de Poder Público.

Atualmente, pode-se considerar que, do ponto de vista do Direito Administrativo, como disciplina pertencente ao direito público interno, a distinção atos de império (*acta jure imperii*) e atos de gestão (*acta jure gestionis* ou *negocie*) é considerada ultrapassada.[22] No entanto, observa-se que se trata de parâmetro útil, fundado no direito consuetudinário internacional, alegado pelos Tribunais Superiores, mormente pelo Supremo Tribunal Federal, no *leading case* Genny versus Alemanha[23] (1989), para relativizar a orientação predominante antes da Constituição de 1988 da imunidade absoluta de jurisdição de um Estado Estrangeiro (EE) quando atua como particular (em atos de gestão) a fim de evitar denegação de justiça e burla à norma constitucional da indeclinabilidade da tutela jurisdicional, especialmente em conflitos de matéria trabalhista,[24] que envolve hipossuficiência do jurisdicionado em face do ente público externo.

A teoria civilista da culpa é adotada posteriormente sem restrições, isto é, independentemente do tipo de ato praticado pelo Estado, e este é inicialmente igualado ao **empregador** (patrão, mandante, representante), que teria responsabilidade subjetiva pelos atos de seus funcionários. Essa doutrina, segundo expõe Maria Sylvia Zanella Di Pietro,[25] inspirou o art. 15[26] do Código Civil de 1916.

16.3.3 Responsabilidade publicista: fase inicial – culpa administrativa ou culpa do serviço

A doutrina civilística ou da culpa civil comum foi sendo substituída por uma noção publicística das relações entre Administração e administrados que caminhou rumo à "despersonalização da culpa, transformando-a, pelo anonimato do agente, à consideração de falha da máquina administrativa".[27]

Na realidade, poucos autores enfatizam que a construção da **teoria do órgão** foi fundamental para a despersonalização da culpa. Se o agente público já não é mais visto como mandatário

---

[22] Segundo Yussef Cahali, Washington de Barros Monteiro apontava que "só se pode tachar de arbitrária a distinção entre ato praticado *jure imperii* ou *jure gestionis*. Realizando um ou outro, o Estado é sempre o Estado. Mesmo quando pratica simples ato de gestão o Poder Público age, não como mero particular, mas na consecução de seus fins". Cf. CAHALI, Yussef Said. *Responsabilidade civil do Estado*. 3. ed. São Paulo: Revista dos Tribunais, 2007. p. 23. Observa-se uma tentativa de seu resgate na discussão da arbitragem.

[23] Apelação Cível 9696/SP, Pleno, Rel. Min. Sydney Sanches, j. 31.5.1989, *DJU* 12.10.1990, p. 1105. Orientação seguida também no Agravo Regimental 139.671/DF, Rel. Min. Celso de Mello, in *DJU* 62, de 29.3.1996, p. 1348.

[24] Note-se, porém, que em matéria tributária, o STF decidiu, por maioria, ser absoluta, salvo renúncia, imunidade de jurisdição executória da República da Coreia em execução fiscal promovida pela União. Cf. ACO 543 AgR/SP, Rel. Min. Sepúlveda Pertence, j. 30.8.2006, *Informativo do STF* nº 438.

[25] DI PIETRO, Maria Sylvia Zanella. *Direito administrativo*. São Paulo: Atlas, 2010. p. 645.

[26] Correspondente ao art. 43 do Código Civil atual.

[27] CAHALI, Yussef Said. *Responsabilidade civil do Estado*. 3. ed. São Paulo: Revista dos Tribunais, 2007. p. 25.

ou representante do Estado, mas a "relação entre a vontade e a ação do Estado e de seus agentes é uma relação de *imputação direta* dos atos dos agentes ao Estado",[28] não é mais necessário responsabilizar o Estado tão somente diante da comprovação da culpa do agente, mas surge daí também a responsabilização pela culpa anônima do serviço estatal.

A evolução do regime de responsabilização foi produto direto dos avanços processados na **jurisprudência do contencioso administrativo francês**, por meio de seus consagrados *leading cases* ou *arrêts* (precedentes), editados sobretudo ao longo do século XIX.[29] Conforme visto, no sistema de dualidade de jurisdição os casos envolvendo Direito Administrativo são, em regra, submetidos à apreciação da jurisdição administrativa, cujo órgão de cúpula denomina-se Conselho de Estado, em contraposição com a jurisdição comum, que tem por órgão máximo no sistema francês a chamada Corte de Cassação. Para dirimir as eventuais dúvidas de competência, há o Tribunal de Conflitos.

O **caso Blanco** (8.2.1873) é o *arrêt* **mais consagrado**, apesar de não ter sido o primeiro,[30] no sentido de conferir contornos publicistas ao regime de responsabilização do Estado. O caso envolveu uma ação de indenização movida pelo pai da menina Agnés Blanco, atropelada na cidade de Bordeaux por uma vagonete da Companhia Nacional de Manufatura de Fumo.

A decisão do Conselheiro David, do Tribunal de Conflitos, foi no sentido da submissão da responsabilidade decorrente de funcionamento de serviço público à jurisdição administrativa, em vez de encaminhar o caso à jurisdição comum, tendo em vista o fato de que os direitos do Estado devem obedecer a **regras especiais**.[31] Ao fixar a jurisdição do contencioso administrativo, o Conselheiro David afastou, portanto, os princípios estabelecidos no Código Civil para a análise dos danos causados pelo Estado aos particulares por meio das pessoas que emprega no serviço público.

Foi negada a competência da jurisdição comum e a aplicação do Direito Civil, mesmo diante do fato de que a atividade de manufatura de fumo tinha bastante semelhança com as atividades industriais privadas e que os funcionários imprudentes estavam fora da estrutura hierárquica propriamente dita, pois foi dito[32] que, mesmo se o dano tivesse sido causado por alguém que não fosse tecnicamente funcionário, mas apenas empregado auxiliar ou encarregado contratado pelo direito comum, a consequência seria a mesma.[33]

---

[28] CAVALIERI FILHO, Sergio. *Programa de responsabilidade civil*. 8. ed. São Paulo: Atlas, 2009. p. 229.

[29] Ressalte-se que os países de matriz romano-germânica no geral, especialmente aqueles que tiveram influência do Direito Administrativo criado pelo contencioso francês, têm um desenvolvimento da matéria precoce em relação aos países que adotam o sistema do *Common Law*. A irresponsabilidade foi abandonada na Inglaterra, em 1947, pelo *Crown Proceeding Act*, e nos Estados Unidos, em 1946, por meio do *Federal Tort Claim Act*, segundo expõe Hely Lopes Meirelles. *Direito administrativo brasileiro*. São Paulo: Malheiros, 2009. p. 656, e CAHALI, Yussef Said. *Responsabilidade civil do Estado*. 3. ed. São Paulo: Revista dos Tribunais, 2007. p. 26.

[30] Segundo José Cretella Jr., houve a precedência do caso Rothschild, julgado em 6.12.1855, que determinou que "incumbe tão só à administração, sob o império da lei, regular as condições dos serviços públicos", sendo que "tais relações não podem ser reguladas conforme os princípios e as disposições do direito civil, unicamente, como acontece nas relações de particular para particular" e "a responsabilidade não é geral, nem absoluta"; ela "se modifica conforme a natureza e as necessidades de cada serviço". *Tratado de direito administrativo*. Rio de Janeiro: Forense, 1970. v. 8, p. 74.

[31] Note-se que, apesar de o caso Blanco ter conferido responsabilização em situações que não eram abarcadas pelo Direito Civil, ele também implicava, naquele momento, a aplicação de regras *menos favoráveis* aos particulares do que aquelas que seriam decorrentes da aplicação do direito privado.

[32] Cf. LONG, M.; WEIL, P.; BRAIBANT, Guy. *Les grand arrêts de la jurisprudence administrative*. Paris: Dalloz, 1996. p. 2.

[33] Como é na atualidade, pois pessoa jurídica de direito privado prestadora de serviço público que contrata pelo regime celetista também se submete à responsabilização objetiva, conforme será visto.

Note-se que o **caso Pelletier**, decidido no mesmo ano de 1873, pelo Tribunal de Conflitos, estendeu as consequências fixadas pelo caso Blanco, formulando a distinção entre: (a) a **culpa do serviço**, que deveria ser analisada pelo juiz administrativo, segundo regras próprias; e da (b) **culpa pessoal**, pela qual se entendia, na época, que o funcionário poderia ser condenado em face da vítima no juízo comum, desde que o dano fosse derivado de atos pessoais, separáveis do exercício normal das atribuições dos agentes.

Pelletier era o nome do jornalista que editou o primeiro número de um jornal que foi apreendido por autoridades públicas. O seu editor moveu ação de perdas e danos perante a jurisdição comum contra os agentes públicos responsáveis (general, prefeito e comissário de polícia), mas a ação foi encaminhada ao Conselho de Estado que decidiu que a responsabilização dos funcionários somente seria configurada perante os tribunais ordinários se derivasse de atos praticados em atribuições pessoais, distintas das funções previstas.

Na realidade, como observa Michel Paillet,[34] a fisionomia mais atualizada da responsabilidade pública surge apenas um pouco antes da Primeira Guerra Mundial, a partir de 1911 (com o caso Anguet), no qual há o **cúmulo das culpas**: pessoal e do serviço, sendo suficiente a existência de **culpa do serviço** para justificar a indenização.

O **caso Anguet** envolveu[35] pessoa que, devido ao fechamento da porta da frente do Departamento de Correios antes do horário normal de expediente, se viu obrigada a sair pela porta dos fundos. Mas, ao ser avistada por dois carteiros saindo pelas portas dos fundos, foi tida por eles como intrusa e, diante do equívoco, caiu e quebrou a perna.

Outro precedente que aprofunda a discussão ocorrida no caso Anguet foi o **caso Lemmonier**, pois nele o Conselho de Estado admitiu a possibilidade de fato único dar ensejo: à culpa pessoal, que seria apreciada no juízo comum, e à culpa do serviço, que permitiria à vítima processar, na jurisdição administrativa, a Administração, que teria melhores condições de arcar com o pagamento da indenização.

A vítima do caso foi uma senhora de sobrenome Lemmonier, que foi atingida, na festa anual da comuna francesa, por um projétil proveniente de jogo de "tiro ao alvo" em boias flutuantes no riacho. O prefeito da comuna havia sido alertado do perigo que a atividade potencialmente representava aos transeuntes, mas as medidas tomadas se mostraram insuficientes para evitar que o dano ocorresse. O Conselho de Estado decidiu pela integral reparação dos danos ocasionados pelo projétil, que atravessou o rosto da mulher e se instalou entre a coluna vertebral e a faringe.

Há, portanto, uma ampliação das hipóteses e da abrangência da configuração da responsabilização pública em relação à jurisprudência inicial, ocorrida em função do alargamento das circunstâncias de alegação da **culpa administrativa** ou **culpa do serviço**, do francês *faute du service*, que confere ao prejudicado direito à indenização diante de três circunstâncias que podem causar dano:

- se o serviço **não funcionou**;
- se o serviço **funcionou mal**; e
- se o serviço funcionou **atrasado**.

---

[34] PAILLET, Michel. *La responsabilité administrative*. Paris: Dalloz, 1996. p. 196.

[35] Cf. CRETELLA JR., José. *Tratado de direito administrativo*. Rio de Janeiro: Forense, 1970. v. 8, p. 76.

A culpa do serviço passa, então, a ser independente da configuração da culpa subjetiva do funcionário, ou seja, cabe responsabilização do Estado independentemente do fato de ser ou não identificado o agente culpado pelo dano, se o serviço foi prestado de forma negligente, imprudente ou com imperícia (ou dolo), mesmo que diante da culpa anônima do serviço.

O Estado não deve ser submetido a uma responsabilização idêntica àquela das pessoas privadas, porquanto, além de operar com prerrogativas em relação aos particulares, estes estão, principalmente a partir da expansão ocorrida no papel do Estado, inevitavelmente em contato com os seus préstimos, dos quais frequentemente dependem, e é um avanço que os particulares sejam ressarcidos da forma mais abrangente possível pelos danos que porventura os serviços mal prestados potencialmente possam acarretar.

Também é afastada da responsabilização pública a ideia de que o Estado deva responder como patrão em função dos empregados que escolhe, pois a culpa do serviço – ao chegar, na sua etapa final de evolução jurisprudencial, na situação de culpa anônima – aproxima-se da noção de imputação da conduta do agente ao órgão estatal (**teoria do órgão**), que responderá pelo serviço mal prestado independentemente de comprovação da culpa individualizada de algum funcionário.

A doutrina da culpa do serviço (que às vezes é traduzida do francês de forma equivocada como "falta do serviço", lembrando que *faute* não significa falta, mas sim culpa[36]) não significa ainda a responsabilidade objetiva do Estado, mas sim **subjetiva**, pois, como bem expõe Celso Antônio Bandeira de Mello, apesar de poder ser identificada uma presunção de culpa, diante da alegação que o serviço operou abaixo dos padrões devidos, isto é, abaixo das justas expectativas sociais de desempenho do Estado, o que dá uma ideia de maior objetividade, "se o Poder Público demonstrar que se comportou com diligência, perícia e prudência – antítese da culpa –, está isento da obrigação de indenizar, o que jamais ocorreria se fora objetiva a responsabilidade".[37]

16.3.4 Responsabilidade publicista: teoria do risco ou responsabilidade objetiva

Registra-se na jurisprudência e na doutrina, o que repercutiu em legislações nesse sentido, a adoção paulatina da **teoria do risco**, que deixa de lado a indagação acerca da culpa (elemento subjetivo) e se concentra no fato de que as atividades estatais envolvem riscos.

Como o Estado é muito mais forte jurídica e economicamente em relação aos particulares, chegou-se à conclusão de que ele deveria arcar com maior grau de responsabilização. A posição ocupada pelo Estado é incomparável àquela da iniciativa privada, sendo os cidadãos vulneráveis aos danos que potencialmente possam ser causados por um imenso espectro de atividades públicas; não havendo como, nas palavras de Celso Antônio Bandeira de Mello, "se evadir ou sequer minimizar os perigos de danos provenientes da ação do Estado, ao contrário do que sucede nas relações privadas".[38]

---

[36] Fato do serviço é tradução de *fait du service* e não de *faute du service*. Note-se que essa tradução equivocada continua sendo repetida com muita frequência em diversos manuais de Direito Administrativo, tanto que Celso Antônio Bandeira de Mello procura repetir o termo com aspas. BANDEIRA DE MELLO, Celso Antônio. *Curso de direito administrativo*. São Paulo: Malheiros, 2008. p. 987.

[37] BANDEIRA DE MELLO, Celso Antônio. *Curso de direito administrativo*. São Paulo: Malheiros, 2008. p. 988.

[38] BANDEIRA DE MELLO, Celso Antônio. *Curso de direito administrativo*. São Paulo: Malheiros, 2008. p. 981.

A responsabilidade objetiva tem por fundamento não apenas a ponderação do **risco**, mas também a noção de **solidariedade social**. Ora, se todos se beneficiam das atividades estatais, não seria justo que alguma pessoa ou que um grupo de pessoas específico sofresse isoladamente significativos danos de atividades desenvolvidas pelo Estado. Soma-se, portanto, à questão da responsabilização do Estado a noção aristotélica de justo distributivo ou de igualdade material.

Assim, os encargos sociais devem ser distribuídos de forma equitativa e o Estado deve indenizar aquele que tenha sofrido dano proveniente da atuação estatal, mesmo que ausente o funcionamento irregular do serviço público, isto é, **independentemente** da averiguação da **culpa** do serviço.

Em suma, é denominada teoria do risco porque a atividade estatal envolve risco de dano e, como todos contribuem para a formação do erário, por meio do pagamento dos tributos, existe a formação de um patrimônio coletivo que, tal qual um seguro, deve também servir para indenizar aqueles que sofrerem isoladamente a ação danosa do Estado, conforme a noção de solidariedade social, por meio da repartição dos encargos.

A responsabilização decorrente de risco também é chamada de **responsabilidade objetiva** do Estado, em contraposição à subjetiva. A ideia presente na responsabilização objetiva do Estado, que não mais pressupõe a conduta culposa, é, conforme expõe José dos Santos Carvalho Filho,[39] a partir de fundamentos de justiça social, atenuar as dificuldades e impedimentos suportados pelos indivíduos pelas condutas estatais.

São **pressupostos** da responsabilização objetiva ou por risco do Estado:

- um **fato ou ato**[40] ou o desenvolvimento de atividade estatal, lícita ou ilícita;
- **dano** ou **prejuízo** causado; e
- **nexo de causalidade** entre a ação estatal e o dano.

O fato ou ato pode decorrer de atividade estatal **lícita** ou **ilícita** que provoque um dano ou prejuízo direcionado a pessoas específicas, pois, conforme visto, a teoria do risco admitiu a ideia de que os ônus e encargos sociais devem ser distribuídos de forma igualitária, do ponto de vista da justiça distributiva ou da igualdade material.

Hely Lopes Meirelles[41] diferencia, ainda, a teoria do risco administrativo da teoria do risco integral. A teoria do **risco administrativo**, que será vista, foi a adotada, via de regra, no sistema brasileiro, admite a elisão (afastamento) da responsabilização estatal pela ocorrência de *excludentes da responsabilização*. Já a teoria do **risco integral** é aplicada apenas nas circunstâncias em que a legislação afasta a possibilidade de alegação das excludentes de responsabilização, que são: força maior ou caso fortuito, culpa exclusiva da vítima e culpa exclusiva de terceiros.

---

[39] CARVALHO FILHO, José dos Santos. *Manual de direito administrativo*. 20. ed. Rio de Janeiro: Lumen Juris, 2008. p. 518.

[40] Para alguns, como Hely Lopes Meirelles, também uma omissão. *Direito administrativo brasileiro*. São Paulo: Malheiros, 2009. p. 662. Já Celso Antônio Bandeira de Mello, conforme será visto, considera que a responsabilidade por omissão do Estado tem fundamento subjetivo; diferentemente de José dos Santos Carvalho Filho, que chama de fato administrativo, a dar ensejo à responsabilização objetiva, tanto no ato como na omissão, imputáveis à Administração, mas não a terceiros ou à própria vítima. CARVALHO FILHO, José dos Santos. *Manual de direito administrativo*. 20. ed. Rio de Janeiro: Lumen Juris, 2008. p. 524-525.

[41] MEIRELLES, Hely Lopes. *Direito administrativo brasileiro*. São Paulo: Malheiros, 2009. p. 657-658.

HISTÓRICO DA RESPONSABILIZAÇÃO PÚBLICA

PERÍODO DA IRRESPONSABILIDADE

Polizeistaat – Estado de Polícia: Monarquias Absolutistas

Irresponsabilidade do Estado

Brocardos:

quod principi placuit habet legem vigorem

the king can do no wrong

le roi ne peut mal faire

única **exceção**:

 Teoria do Fisco:
- Prússia
- Incapaz de fundar um regime de responsabilização

Estado de direito: teoria civilista da culpa

Inversão: do *rex facit regem* para o *lex facit regem* (Zagrebelsky)

Distinguia-se, inicialmente:

atos de gestão – responsabilização

atos de império – irresponsabilidade

Depois essa distinção é *abandonada*

 O Estado é igualado ao patrão, que tem responsabilidade subjetiva pelos atos de seus empregados.

ESTÁGIO ATUAL: RESPONSABILIDADE PÚBLICA
Marco – caso Blanco (1873)

TEORIA DA CULPA

Evolução nos precedentes (França)
CULPA DO SERVIÇO ou CULPA ADMINISTRATIVA
ELEMENTO SUBJETIVO (CULPA)
HIPÓTESES: em que o serviço
– não funcionou
– funcionou mal
– funcionou atrasado

TEORIA DO RISCO

Independente de culpa
1. RISCO ADMINISTRATIVO
Adotada, em regra, no Brasil
Admite excludentes como: força maior/caso fortuito
culpa exclusiva da vítima
culpa exclusiva de terceiros
2. RISCO INTEGRAL
Não admite, via de regra, excludentes

16.4 Evolução no ordenamento brasileiro

Antes da independência, no período colonial, a irresponsabilidade do Estado era a regra, ou seja, era muito raro os colonos conseguirem o reconhecimento do direito de indenização por danos causados por agentes da Coroa portuguesa.[42]

No Império, a Constituição outorgada de 1824 excluía a responsabilidade do Imperador,[43] conforme se constata da análise de seu art. 99: "a pessoa do Imperador é inviolável, e Sagrada: Ele não está sujeito a responsabilidade alguma", mas o inciso XXIX do art. 179 previu a responsabilidade dos **agentes públicos**, nos seguintes termos: "os empregados públicos são estritamente responsáveis pelos abusos, e omissões praticadas no exercício das suas funções, e por não fazerem efetivamente responsáveis aos seus subalternos". Apesar da menção apenas à responsabilidade dos agentes públicos na Constituição Imperial, algumas leis específicas e decretos já previam responsabilização civil do Estado.[44]

O mesmo cenário, de presença de responsabilidade dos funcionários em norma constitucional e complemento da responsabilidade civil do Estado por leis ordinárias e pela jurisprudência (que Maria Sylvia Zanella Di Pietro[45] entende ser a responsabilidade estatal **solidária**), foi mantido na época de vigência da Constituição de 1891, cujo art. 82 determinava que: "os funcionários públicos são estritamente responsáveis pelos abusos ou omissões em que incorrerem no exercício de seus cargos, assim como pela indulgência, ou negligência em não responsabilizarem efetivamente os seus subalternos".

Segundo expõe Cahali,[46] a obra clássica de Amaro Cavalcanti, *Responsabilidade civil do Estado*, cuja primeira edição foi de 1905, é expressão eloquente de que a responsabilidade do Estado foi reconhecida na jurisprudência do início da República.

O art. 13 da Lei nº 221, de 20.11.1894, que regulamentava procedimentos, estabelecia que "os Juízes e Tribunais Federais processarão e julgarão as causas que se fundarem na lesão de direitos individuais por atos ou decisões das autoridades administrativas da União".

Foi nesse contexto que houve a elaboração do art. 15 do Código Civil de 1916, que determinou, em redação do art. 42 do Projeto Clóvis Bevilácqua, que "as pessoas jurídicas de direito público são civilmente responsáveis por atos dos seus representantes que, nessa qualidade, causarem danos a terceiros, procedendo de modo contrário ao direito ou faltando a dever prescrito por lei, salvo o direito regressivo contra os causadores do dano".

Na época, já se defendia,[47] em caráter isolado, que o mencionado artigo previa a responsabilidade objetiva ou teoria do risco do Estado, mas a corrente majoritária entendia que, por

---

[42] Cf. GASPARINI, Diogenes. *Direito administrativo*. 11. ed. São Paulo: Saraiva, 2006. p. 981.

[43] Aliás, como lembra Celso Antônio Bandeira de Mello, a noção de República, ou de res publica (coisa pública), "traz consigo a noção de um regime institucionalizado, isto é, onde **todas** as autoridades são responsáveis, onde **não há** sujeitos fora do Direito". Grifos nossos. *Curso de direito administrativo*. 25. ed. São Paulo: Malheiros, 2008. p. 984.

[44] De acordo com Edmir Netto de Araújo, são exemplos: os Decretos nos 1.930, de 26.4.1857 – sobre estradas de ferro; 3.453, de 20.4.1865, sobre oficiais de registro e os de 8.1.1835, 1º.12.1845 e de 22.1.1847, sobre tesouro público. *Curso de direito administrativo*. São Paulo: Saraiva, 2007. p. 745.

[45] DI PIETRO, Maria Sylvia Zanella. Direito administrativo. São Paulo: Atlas, 2010. p. 648.

[46] CAHALI, Yussef Said. *Responsabilidade civil do Estado*. 3. ed. São Paulo: Revista dos Tribunais, 2007. p. 30.

[47] Conforme expõe Hely Lopes Meirelles. *Direito administrativo brasileiro*. 35. ed. São Paulo: Malheiros, 2009. p. 659.

haver as expressões: *procedendo de modo contrário ao direito* ou *faltando com dever prescrito*, o Estado somente responderia se houvesse a comprovação da **culpa** do funcionário. Assim, pode-se dizer que a mudança da responsabilidade **subjetiva** para **objetiva** só foi efetivamente reconhecida a partir da Constituição de 1946.

As Constituições de 1934 e de 1937, nos arts. 171 e 158, respectivamente, enunciaram apenas a responsabilidade **subjetiva solidária** do Estado. O art. 171 da Constituição de 1934 dispôs que os funcionários públicos seriam responsáveis solidariamente com a Fazenda Nacional, Estadual ou Municipal por quaisquer prejuízos decorrentes de negligência, omissão ou abuso no exercício de seus cargos, sendo exposto nos parágrafos primeiro e segundo, respectivamente, que: "na ação proposta contra a Fazenda Pública, e fundada em lesão praticada por funcionário, este será sempre citado como litisconsorte" e "executada a sentença contra a Fazenda, esta promoverá execução contra o funcionário culpado". A redação do *caput* do art. 171 da Constituição de 1934 foi repetida no art. 158 da Constituição de 1937.

O art. **194 da Constituição de 1946** trouxe a **responsabilidade objetiva**, *in verbis*: "as pessoas jurídicas de direito público interno são civilmente responsáveis pelos danos que os seus funcionários, nessa qualidade, causarem a terceiros", sendo que o parágrafo único do artigo determinava que: "caber-lhes-á ação regressiva contra os funcionários causadores do dano, quando tiver havido culpa deles".

Ou seja, a partir de então, a ideia de **solidariedade** foi substituída por **responsabilidade objetiva** ou independente de culpa do Estado e da ação **regressiva** para apurar a responsabilidade subjetiva, isto é, com base na culpa do agente causador do dano. Interpretou-se que a ressalva da culpa presente no parágrafo único do mencionado artigo foi direcionada *apenas* aos funcionários causadores do dano, nada sendo dito quanto ao Estado que, portanto, responderia **independentemente de culpa**.

As Constituições posteriores mantiveram a responsabilidade objetiva, acrescentando apenas alguns pormenores. A Constituição de 1967 inseriu, no parágrafo único do art. 105, que a ação regressiva ocorrerá também diante do **dolo**, alteração que foi repetida no art. 107 da Emenda nº 1, de 1969.

A responsabilidade objetiva do Estado está prevista na atual Constituição (de 1988) nos seguintes termos, do **art. 37, § 6º**:

> As pessoas jurídicas de direito público e as de direito **privado prestadoras de serviços públicos** responderão pelos danos que seus agentes, nessa qualidade, causarem a terceiros, assegurado o direito de regresso contra o responsável nos casos de dolo ou culpa.

Fazem parte do regime de responsabilização objetiva não apenas as pessoas de direito público, mas também as de direito privado prestadoras de serviços públicos. Note-se que tal orientação não foi repetida no art. 43 do Código Civil de 2002, *in verbis*:

> As pessoas jurídicas de direito público interno são civilmente responsáveis por atos dos seus agentes que nessa qualidade causem danos a terceiros, ressalvado direito regressivo contra os causadores do dano, se houver, por parte destes, culpa ou dolo.

O Código Civil deveria ter acompanhado na redação do dispositivo concernente à responsabilização do Estado o alcance dado pelo art. 37, § 6º, da Constituição, a partir da alusão à responsabilidade objetiva das prestadoras privadas de serviços públicos.

Entretanto, o fato de o Código Civil não ter mencionado a responsabilidade objetiva das pessoas jurídicas privadas prestadoras de serviços públicos é irrelevante do ponto de vista jurídico, uma vez que a Constituição é lei de **hierarquia superior** às leis infraconstitucionais.

EVOLUÇÃO DA RESPONSABILIDADE DO ESTADO NO BRASIL

Colônia: regra – irresponsabilidade

Constituição de 1824:
- irresponsabilidade do Imperador: art. 99
- responsabilidade dos funcionários públicos: art. 179, XXIX
- leis infraconstitucionais

Constituição de 1891:
Responsabilidade solidária do Estado
Responsabilidade do funcionário público: art. 82
Lei nº 221/1894: art. 13

CC 1916: art. 15 – corrente majoritária = CULPA

MARCO: Constituição de 1946: RESPONSABILIDADE OBJETIVA (art. 194)

Constituição de 1988: art. 37, § 6º:

"as pessoas jurídicas de direito público e as de direito privado prestadoras de serviços públicos responderão pelos danos que seus agentes, nessa qualidade, causarem a terceiros, assegurado o direito de regresso contra o responsável nos casos de dolo e culpa".

CC 2002: art. 43

16.5 Requisitos presentes no art. 37, § 6º, da Constituição

Ao desdobrar o texto normativo do art. 37, § 6º, da Constituição, podem ser extraídos os seguintes requisitos, dignos de esclarecimentos:

- o das **pessoas**, que responderão objetivamente;
- atividades estatais e serviços públicos prestados por pessoas privadas;
- a presença de **dano;**
- causado, ou seja, **nexo de causalidade;**
- a **terceiros;**
- por **agentes;**
- que atuam nessa qualidade; e
- direito de **regresso** contra o responsável, que agiu com dolo ou culpa.

16.5.1 Das pessoas que respondem objetivamente

O dispositivo é claro no sentido de que responderão objetivamente as pessoas jurídicas **de direito público** e as de **direito privado prestadoras de serviços públicos**. Note-se que apenas respondem objetivamente na ordem jurídica aqueles que são dotados de personalidade jurídica, logo, se um agente de um órgão administrativo causa dano a terceiro, quem responderá será o ente, dotado de personalidade jurídica, ao qual se vincula aquele órgão.

Em exemplo já mencionado quando da explicação da diferença entre desconcentração e descentralização, se o agente do Ministério do Meio Ambiente pratica um dano a terceiro, quem responde é a União, todavia, se quem causa o dano é um agente do Ibama, não será a União a responsável, pois o Ibama é autarquia dotada de personalidade jurídica e responsável pelos prejuízos que ocasiona.

Submetem-se, inequivocamente, ao regime **objetivo** de responsabilização:

- entes da **Administração Direta**: União, Estados, Distrito Federal e Municípios;
- **autarquias e fundações públicas**, que são pessoas jurídicas de direito público;
- fundação governamental de natureza privada que preste **serviços públicos**;
- *empresas públicas* e *sociedades de economia mista*, como entes privados, apenas respondem objetivamente, nos termos do artigo, **se** forem **prestadoras de serviços públicos**. Se desenvolverem atividades econômicas em sentido estrito, submetem-se à responsabilização subjetiva, própria do Direito Civil; e
- delegatárias de serviços públicos na forma do art. 175 da Constituição, isto é, **concessionárias**[48] e **permissionárias** de **serviços públicos**, ou formas diversas de delegação de serviços públicos, como àquelas referentes às atividades de **tabelionato e cartórios de notas e registros** (para maior parte da doutrina[49]).

É polêmico na doutrina se o **terceiro setor** pode responder objetivamente ao prestar serviços públicos. Maria Sylvia Zanella Di Pietro[50] entende que sim, desde que recebam delegação do Poder Público, **a qualquer título**, para prestação de serviços públicos. José dos Santos Carvalho Filho,[51] por sua vez, entende que, enquanto os serviços sociais autônomos, que têm uma vinculação maior com o Estado, devem responder objetivamente, as organizações sociais e as organizações da sociedade civil de interesse público, que se vinculam ao Estado, respectivamente, por **contrato de gestão** e **termo de parceria**, respondem subjetivamente, pois seria excessivo ônus que prestassem atividades de caráter social sem fins lucrativos e, por conta da parceria com o Poder Público, seu regime fosse deslocado daquele do Código Civil.

---

[48] Quanto às concessionárias de rodovias, há decisões do STJ que aplicam a responsabilidade objetiva, com base, no entanto, no Código de Defesa do Consumidor, por acidente ocasionado por animal na pista: "RECURSO ESPECIAL. ACIDENTE EM ESTRADA. ANIMAL NA PISTA. RESPONSABILIDADE OBJETIVA DA CONCESSIONÁRIA DE SERVIÇO PÚBLICO. CÓDIGO DE DEFESA DO CONSUMIDOR. PRECEDENTES. Conforme jurisprudência desta Terceira Turma, as concessionárias de serviços rodoviários, nas suas relações com os usuários, estão subordinadas à legislação consumerista. Portanto, respondem, objetivamente, por qualquer defeito na prestação do serviço, pela manutenção da rodovia em todos os aspectos, respondendo, inclusive, pelos acidentes provocados pela presença de animais na pista. Recurso especial provido." REsp 647.710/RJ, Rel. Min. Castro Filho, *DJ* 30.6.2006, p. 216. Nesse sentido, também o REsp 537.260, de 2009. A responsabilidade das concessionárias é de fato objetiva, mas, conforme será visto, a culpa do serviço que se verifica na sua má prestação é argumento que no Direito Administrativo é normalmente associado à responsabilidade subjetiva por omissão, conforme entendimento de Celso Antônio Bandeira de Mello. Note-se, no entanto, que a terceira turma do STJ é pela aplicação do CDC, por isso que tais formulações não se encaixam exatamente nas elaborações encontradas no Direito Administrativo – mas os efeitos são também pela caracterização da responsabilidade das concessionárias.

[49] Conforme expõe Cavalieri Filho, o STF, em mais de uma oportunidade (RE 175.739-SP, *RTJ* 169/364, e RE 212.724-MG, *RTJ* 170/341), decidiu que a responsabilidade por atos de tabeliães e notários é do Estado, pois os cargos são criados por lei, providos mediante concurso e os atos de seus agentes, sujeitos à fiscalização estatal, são dotados de fé pública, prerrogativa inerente à ideia de poder delegado do Estado. A corrente majoritária entende que a responsabilidade é objetiva e pessoal do oficial, com base no art. 22 da Lei nº 8.935/94, e a corrente minoritária defende que se trata de responsabilidade subjetiva do tabelião ou notário (art. 38 da Lei nº 9.492/97). CAVALIERI FILHO, Sergio. *Programa de responsabilidade civil*. 8. ed. São Paulo: Atlas, 2009. p. 247.p. 247.

[50] DI PIETRO, Maria Sylvia Zanella. *Direito administrativo*. São Paulo: Atlas, 2010. p. 649.

[51] CARVALHO FILHO, José dos Santos. *Manual de direito administrativo*. Rio de Janeiro: Lumen Juris, 2008. p. 522.

Entendemos que o dispositivo constitucional não restringiu o seu alcance para as prestadoras de serviços públicos que lucram com a sua atividade, mas protege, entre outros, principalmente os administrados que usufruem de *serviços públicos* com um regime de responsabilização que não incluiria a averiguação da culpa.

A propósito, as concessionárias e as permissionárias de serviços públicos submetem-se ao regime de responsabilização objetiva, justamente porque elas prestam atividades que são de titularidade do Estado e que, apesar da transferência de seu exercício,[52] objetivam suprir necessidades coletivas.

16.5.2 Dano: material ou moral

Exige-se, para a caracterização da responsabilidade do Estado, a presença do dano. Do latim, *damnu*, trata-se de prejuízo ou ofensa causada a bem jurídico tutelado pelo ordenamento. O dano deve ser **efetivo**, isto é, já ocorrido e, em alguns casos, exige-se que seja, conforme será visto no item referente ao nexo de causalidade, direto e imediato. Ele pode tanto ser **material**, quando afeta o patrimônio de terceiro, ou **moral**, sendo possível pleitear na mesma ação a indenização por danos materiais, tanto emergentes como por lucros cessantes, e danos morais.

Antes da Constituição de 1988, havia polêmica doutrinária e jurisprudencial acerca da possibilidade de indenização por danos morais, porque o antigo Código Civil não previa, destacadamente, tal possibilidade, apesar de alguns diplomas específicos, como a Lei de Direitos Autorais e o Código Brasileiro de Telecomunicações, tratarem do assunto.

Atualmente a discussão está superada, uma vez que a Lei Maior determinou nos incisos V e X do art. 5º tal possibilidade, respectivamente, nos seguintes termos: "é assegurado o direito de resposta, proporcional ao agravo, além da indenização por dano material, **moral** ou à imagem" e "são invioláveis a intimidade, a vida privada, a honra e a imagem das pessoas, assegurado o direito de indenização pelo dano **material** ou **moral** decorrente de sua violação".

Entende-se que, apesar de o dano moral dar ensejo à reparação patrimonial, como medida compensatória pela dor suportada, não é necessário, para o seu reconhecimento, que se comprove que houve repercussão patrimonial do dano moral, uma vez que os incisos V e X do art. 5º acataram a existência de **dano moral puro**. Também **não** se admite que haja **tarifação** do dano moral, pois tal conduta violaria a realização de justiça de forma concreta e, portanto, específica, relacionada com a igualdade material, uma vez que o tabelamento ensejaria o nivelamento de casos ocorridos em circunstâncias contextuais diferentes.

A fixação do *quantum* indenizatório no caso dos danos morais é um dos pontos mais delicados do assunto. Via de regra, são utilizados alguns *critérios*, como: a **extensão dos efeitos do**

---

[52] Essa também foi a conclusão da obra de Hely Lopes Meirelles, diante da revisão de entendimentos anteriores, *in verbis*: "em edições anteriores, influenciados pela letra da norma constitucional, entendemos excluídas da aplicação desse princípio as pessoas físicas e jurídicas que exercem funções públicas delegadas, sob a forma de empresas estatais ou de empresas concessionárias ou permissionárias de serviços públicos. Todavia, evoluímos no sentido de que também estas respondem objetivamente pelos danos que seus empregados, nessa qualidade, causarem a terceiros, pois, como dissemos precedentemente não é justo e jurídico que só a transferência da execução de uma obra ou serviço originariamente público a particular descaracterize sua intrínseca natureza estatal e libere o executor privado das responsabilidades que teria o Poder Público se o executasse diretamente, criando maiores ônus de prova ao lesado". *Direito administrativo brasileiro*. 35. ed. São Paulo: Malheiros, 2009. p. 661.

dano, a **gravidade da culpa** e as **condições econômicas e sociais** dos envolvidos, acrescidos dos seguintes *limites*:

1. de um lado, a vítima não deve retirar vantagem econômica **desproporcional** em relação ao prejuízo ocorrido; e
2. de outro, a quantia fixada não pode ser **insignificante** em face da **situação econômica** do causador do dano, sob pena de a reprimenda não ser suficiente para evitar novas ocorrências lesivas.

Discute-se se há a necessidade de **comprovação da dor** ou se seria suficiente para a caracterização do dano moral a análise do nexo causal entre o ato praticado pelo agente e o dano ocorrido, sendo a dor objetivamente presumida.

A corrente que entende que se devem demonstrar os efeitos da lesão sofrida exige laudo psicológico como prova pericial. Há, no entanto, aqueles que se apoiam mais na análise do fato do ponto de vista objetivo, isto é, na apreciação do evento lesivo que gera a dor, em vez da constatação dos efeitos da lesão sentidos pela vítima (aspecto de índole mais subjetiva), como se observa do teor das seguintes decisões do STJ: "não há que se falar em prova do dano moral, mas, sim na prova do **fato** que gerou a dor, o sofrimento, sentimentos íntimos que os ensejam".[53]

O julgador deve se apoiar na prudência e a melhor solução só será encontrada em relação às peculiaridades de cada lesão moral apreciada e do contexto em que ela ocorreu. Contudo, se o fato em si já for **tão repugnante** ao **"patrimônio" jurídico-moral da vítima** que, objetivamente, se perceba que ele é capaz de produzir significativos efeitos, não é necessário exigir laudo psicológico para verificar os efeitos concretos da lesão à dignidade[54] da vítima.

Seria exigência excessiva, no âmbito privado, por exemplo, a presença de laudo psicológico para caracterizar o dano moral de deficiente físico com perna mecânica que se vê humilhado na porta giratória de banco, na frente dos demais usuários, diante de funcionários que o constrangem a expor em público sua deficiência como condição de acesso aos demais serviços bancários de que necessita.

Mas, dependendo do caso concreto, esse documento pode ser útil para mensurar a **extensão dos efeitos** que o dano provocou, o que pode **auxiliar** na **fixação do valor** da indenização.

Em nossa opinião, o laudo psicológico não deve ser encarado como exigência indispensável (*sine qua non*) para o reconhecimento do dano moral, mas sim facultativa, pois o documento pode conter informação que auxilie o juiz no convencimento acerca da gravidade dos efeitos do dano, o que deverá repercutir na fixação de **quantia maior** na indenização à vítima. Em suma, o laudo não deve ser tido como obrigatório, mas caso seja juntado aos autos deve ser apreciado para efeitos de mensuração da extensão do dano, auxiliando o julgador na fixação do *quantum* indenizatório.

---

[53] REsp nº 86.271-SP, Rel. Min. Carlos A. Menezes, *DJU* 9.12.1997.

[54] Observe-se que há polêmica acerca do fundamento da responsabilidade por danos morais, sendo que enquanto Gustavo Tepedino entende que ele compreende a lesão à dignidade humana, Cavalieri Filho considera que o fundamento da responsabilidade por danos morais em sentido estrito seria a violação do direito à dignidade e em sentido amplo abarcaria a violação aos direitos da personalidade, abrangendo qualquer ofensa à pessoa em sua dimensão individual ou social, ainda que sua dignidade não seja arranhada. CAVALIERI FILHO, Sergio. *Programa de responsabilidade civil*. 6. ed. São Paulo: Malheiros, 2006. p. 101-102.

16.5.3 Nexo de causalidade

Nexo significa vínculo ou ligação. **Causalidade** implica a relação de causa e efeito. O dispositivo do art. 37, § 6º, da Constituição determina que as mencionadas pessoas jurídicas responderão pelos danos que seus agentes, nessa qualidade, causarem a terceiros. Para configuração da responsabilidade é necessária, portanto, a presença do **nexo de causalidade** entre o dano e a ação ou omissão do Estado.

As excludentes de responsabilização, como força maior ou caso fortuito, culpa exclusiva da vítima ou de terceiros **rompem**, em muitos casos, **o nexo causal** da ação ou omissão e o dano; caso contrário, haveria responsabilização por risco integral do Estado. Imagine-se uma viatura oficial trafegando com prudência por baixo do viaduto e sendo fulminada por uma pessoa que se atira da ponte; ora, se o funcionário que conduzia o veículo não provocou o dano, tendo sido culpa exclusiva da vítima, não há nexo de causalidade entre a ação estatal e o dano ocorrido.

Contudo, nem sempre isso ocorre; se, por exemplo, o Estado expõe a coletividade a **risco incomum** ou **cria uma situação perigosa** entende Celso Antônio Bandeira de Mello[55] que ele deve ser responsabilizado objetivamente. Mesmo para aqueles que consideram, conforme será visto, que neste caso específico há de ser reconhecida a responsabilidade subjetiva[56] do Estado, não ignoram que deva haver **nexo de causalidade** entre a ação ou omissão estatal culposa e o evento lesivo ocorrido ou praticado por terceiros.

O nexo de causalidade é um pressuposto que é averiguado tanto na responsabilização objetiva (por risco), como na responsabilização subjetiva,[57] ou pautada na culpa. Ademais, ele recai tanto na indagação da responsabilidade por ação, pois a ação praticada pelo agente deve ser a causa do dano, como na omissão, porque a ausência de ação estatal também deve ser diretamente relacionada com o dano ocorrido.

Não são quaisquer ações ou omissões que configuram nexo causal para a ocorrência do evento lesivo. Por exemplo, se uma permissionária de serviço público de transportes acaba, circunstancialmente, transportando pessoa que praticará um crime, apesar da causalidade com a ocorrência do evento, que talvez não tivesse acontecido se não houvesse tal transporte, ela não será responsabilizada por esse ato de terceiro.

Causa é, portanto, não apenas o antecedente *necessário*, mas também o *adequado* à produção do resultado, de acordo com a **teoria da causalidade adequada** (*Theorie der adäquanten Verursachung*). A causa deve ser aquela que, pela experiência comum, é a mais idônea para gerar o dano. O conceito de causalidade necessária geralmente se relaciona com a presença de um dano **direto** e **imediato** e, em casos de omissão do Estado, os tribunais exigem, via de regra, como condição para o reconhecimento da responsabilidade do Estado, que **não** haja o rompimento ou a **interrupção da cadeia causal**.

Note-se que em circunstâncias específicas pode ser afastada a exigência para o reconhecimento do nexo de causalidade da presença de dano **direto** e **imediato**. Mas, não se pode ignorar que tais requisitos sejam importantes na maior parte das hipóteses, conforme se constata do seguinte conteúdo do RE 130.764: "só se admite o nexo de causalidade quando o dano é efeito necessário de uma causa, o que abarca o dano direto e imediato sempre e, **por vezes**, o dano

---

[55] BANDEIRA DE MELLO, Celso Antônio. *Curso de direito administrativo*. São Paulo: Malheiros, 2008. p. 1002.

[56] Como Hely Lopes Meirelles. *Direito administrativo brasileiro*. 35. ed. São Paulo: Malheiros, 2009. p. 662.

[57] Ver STF, RE 409.203/RS, 2ª T., em que o Rel. Min. Carlos Velloso expressa em seu voto que a *faute du service* não dispensa o requisito da causalidade, isto é, do nexo causal entre a omissão atribuída ao Poder Público e o dano causado a terceiro.

indireto e remoto",[58] principalmente quando, para a produção deste, não haja concausa sucessiva, pois não há o rompimento com o nexo causal.

Nos casos de fugitivos do sistema penitenciário, por exemplo, esse critério é geralmente (mas nem sempre), averiguado, entre outros, a partir dos critérios (*standards*): **lapso temporal** ou **local onde são praticadas as lesões**. Em latrocínio praticado meses depois da fuga do preso, o Supremo Tribunal Federal já decidiu que "fora dos parâmetros de causalidade não é possível impor ao Poder Público uma responsabilidade ressarcitória sob o argumento de falha no sistema de segurança dos presos" (STF, RE 172.025/RJ, 1ª T., Rel. Min. Ilmar Galvão, j. 8.10.1996).[59]

Conforme observa Maria Sylvia Zanella Di Pietro,[60] o STF tem dado mostras, em alguns julgamentos, de caminhar no sentido do alargamento da responsabilidade do Estado. Os exemplos citados pela autora são: o caso[61] em que terceiro que se evadiu pela oitava vez da prisão, cometeu estupro contra menor de 12 anos de idade e outro em que o Estado de Pernambuco foi condenado[62] a pagar cirurgia de implante de Marcapasso Diafragmático Muscular (MDM), tendo sido afastado o argumento da reserva do possível, a cidadão que sofreu a ação de terceiro pela falta de policiamento em local de alta periculosidade.

Este último caso, conforme será visto na responsabilidade por omissão, é geralmente apreciado sob o argumento da *faute du service*, principalmente diante de reiterados eventos lesivos e da consequente permanência do Estado na omissão em fornecer policiamento. Já o primeiro caso parte do pressuposto de que apesar de serem *standards* utilizados na mais justa averiguação da responsabilização estatal, **nem sempre** o lapso temporal e a proximidade com o local do evento lesivo **rompem** o nexo causal, pois tal juízo só pode ser feito para evitar injustiças,[63] diante das peculiaridades do caso concreto.

No caso analisado pelo Rel. Min. Joaquim Barbosa, seria estranho não se reconhecer a responsabilidade estatal quando o evadido, apesar de ter cometido o crime longe do estabelecimento prisional, fugiu pela *oitava vez*. Na realidade, não se pode dizer *a priori* onde claramente se configura a responsabilidade extracontratual do Estado, pois, para que haja correta análise do juiz, este deve, segundo Sergio Cavalieri Filho, retroceder "ao momento da conduta, colocar-se no lugar do agente e, com base no conhecimento das leis da natureza, bem como das condições particulares em que se encontrava o agente, emitir seu juízo sobre a idoneidade de cada condição"[64] para caracterizar a existência do nexo causal.

Em suma, trata-se de um juízo que se ampara no bom senso e que, portanto, não é passível de controle por meio de critérios lógicos preestabelecidos, pois depende muito: (1) da disposição do magistrado em julgar de acordo com a chamada **prudência** (o que, na filosofia, é estudado no âmbito da razão prática e no direito é associado à razoabilidade), e não somente

---

[58] STF, RE 130.764/PR, 1ª T., Rel. Min. Moreira Alves, *DJ* 7.8.1992, p. 11.782.

[59] No mesmo sentido: STF, RE 130.764, Rel. Min. Moreira Alves.

[60] DI PIETRO, Maria Sylvia Zanella. *Direito administrativo*. São Paulo: Atlas, 2010. p. 656.

[61] STF, RE 409.203, Rel. Min. Joaquim Barbosa, j. 7.3.2006, *DJ* 20.4.2007.

[62] STA 223-AgR, Rel. Min. Celso de Mello, j. 14.4.2008, *Informativo* nº 302.

[63] É claro que a noção de injustiça possui uma certa relatividade, mas a sua objetivização será feita na argumentação concreta. A nova hermenêutica rompe com a "automatização" do magistrado na prolação da sentença, pois muito embora a aplicação homogênea de parâmetros promova certo grau de justiça, que se refere à segurança e à igualdade formal, não há problemas, na visão pós-positivista, no afastamento de certos parâmetros em determinados casos concretos, desde que haja motivação ou justificativa plausível para tanto se constata, pois, que os fatos também se interpretam.

[64] CAVALIERI FILHO, Sergio. *Programa de responsabilidade civil*. 6. ed. São Paulo: Malheiros, 2005. p. 73.

por parâmetros descontextualizados; e também (2) da capacidade de persuasão da parte para argumentar convincentemente no sentido de que o caso concreto possui peculiaridades próprias que o afastam da regra geral, o que justifica a desconsideração dos *standards* normalmente encontráveis na jurisprudência.

Note-se que, mais recentemente, o STF decidiu que, em danos decorrentes de crime praticado por foragido do sistema prisional, só é caracterizada a responsabilidade civil objetiva do Estado quando for demonstrado o nexo causal entre o momento da fuga e o delito, tendo a decisão sido proferida no RE 608.880, com repercussão geral (Tema 362).

16.5.4 A terceiros

O dano deve ser causado a **terceiros**, que não o próprio agente público. Nessa perspectiva, há também outro assunto **controvertido**: se as entidades de direito privado prestadoras de serviços públicos só se responsabilizariam objetivamente pelos danos aos usuários dos serviços ou também a terceiros **não usuários**.

Até recentemente, o Supremo Tribunal Federal tinha diversos julgados que apontavam para o fato de que a responsabilidade seria objetiva se o dano fosse causado pela pessoa jurídica de direito privado ao usuário de serviço público, como o RE 262.651/SP (2ª T., Rel. Min. Carlos Velloso, j. 16.11.2005, *DJ* 6.5.2005, p. 38), no qual se considerou que a responsabilidade por acidente ferroviário em que a vítima fatal não era usuária do serviço seria subjetiva[65] da concessionária de serviço público, com base em precedentes do STJ (REsp 705.859/SP, *DJ* 8.3.2007, p. 158).

No entanto, mais recentemente o STF mudou tal orientação, considerando que não se pode restringir o alcance da expressão *terceiros* utilizada pelo art. 37, § 6º, da Constituição, assim, a responsabilidade será objetiva, mesmo que o dano tenha sido provocado a um terceiro que não figure na qualidade de usuário daquele serviço.

Logo, o constituinte não qualificou o terceiro como sendo apenas o usuário de serviço público, mas qualquer terceiro que sofra dano causado por agente das pessoas jurídicas mencionadas, desde que atuem nessa qualidade.[66]

O caso envolveu empresa de transporte coletivo (ônibus) responsável por acidente que provocou o falecimento de ciclista, situação em que, como não ficou evidenciado, nas instâncias ordinárias, que o acidente fatal que vitimou o ciclista ocorreu por culpa exclusiva dele ou em razão de força maior, a simples comprovação do nexo de causalidade entre o ato e o dano a terceiro não usuário do serviço foi condição suficiente para o reconhecimento da responsabilidade objetiva da pessoa jurídica de direito privado, nos termos do art. 37, § 6º, da Constituição (RE 591874/MS, Rel. Min. Ricardo Lewandowski, j. 26.8.2009).

16.5.5 Agentes

O Estado, que é pessoa jurídica, relaciona-se com a sociedade por meio de seus agentes, conforme a teoria da imputação. O dispositivo constitucional exige, para o reconhecimento da

---

[65] O concurso de Procurador do Município de Aracaju de 2007 exigiu que os concursandos respondessem que a responsabilidade da concessionária de serviço público de transporte municipal só atingiria os usuários do serviço concedido.

[66] Alguns dizem que o atuar nessa qualidade significa prestar serviço público. Mas nem sempre a atuação de um funcionário na qualidade de agentes de determinado ente se volta diretamente a atividades-fins de prestação de serviços públicos.

responsabilidade objetiva do Estado, a presença do nexo de causalidade entre a ação ou omissão dos agentes e o dano. O termo *agente* a que faz alusão o art. 37, § 6º, significa **agente público**.

Trata-se de categoria genérica que, conforme visto, abrange as seguintes espécies:

- **agentes políticos**;
- **servidores públicos**,[67] sejam eles: empregados públicos, servidores estatutários ou contratados em caráter temporário com base no art. 37, IX, da Constituição Federal;
- **militares**; e
- **particulares em colaboração**: por requisição, por colaboração ou por delegação.

É equivocado, portanto, em nosso entendimento, excluir os juízes do regime de responsabilização alegando independência funcional. A presença de independência funcional, que caracteriza as atribuições dos magistrados, não significa ausência de responsabilização, mas, sim, obediência a regime jurídico diferenciado, que afasta o agente das relações hierárquicas comuns; caso em que o Estado responde objetivamente pelo desempenho de atribuições jurisdicionais que provoquem danos.

16.5.6 Atuação na qualidade

O Estado não responde objetivamente se o agente público causar dano em suas relações particulares, sem, portanto, atuar na qualidade de "funcionário público". Por exemplo, se um servidor da Administração Pública está em sua residência, no fim de semana, briga com o vizinho e lhe causa dano, o Estado não responderá pelo prejuízo por ele causado; no entanto, se o mesmo servidor provoca dano a terceiro no exercício de suas funções, então, haverá responsabilidade extracontratual do ente ao qual ele se vincula.

Discute-se a abrangência do termo *nessa qualidade*, ou seja, se o agente deve estar de fato no **exercício de suas funções** como condição para a responsabilização do Estado ou se basta que aja **na qualidade** de funcionário, mesmo que **não pratique** atos diretamente relacionados com o exercício de suas atribuições funcionais. Hely Lopes Meirelles é adepto desse segundo entendimento, mais amplo, *in verbis*: não se exige que ele "tenha agido no exercício de suas funções, mas simplesmente na qualidade de agente público, e não como pessoa comum".[68] Neste caso, o Estado responde porque seu agente praticou dano a pretexto[69] de exercer atribuição pública.

Conforme visto no item Vícios de sujeito ou de competência (do capítulo Ato administrativo), diversos autores, como Caio Tácito,[70] entendem que a obediência à competência transcende à mera verificação das atribuições legais dos agentes, pois pode ser que eles ultrapassem dessas possibilidades e que ajam, por exemplo, com excesso de poder, hipótese em que o Estado será inevitavelmente responsabilizado, muito embora os agentes não tenham praticado o ato no estrito exercício de suas funções.

---

[67] Que Hely Lopes Meirelles chama de agentes administrativos. *Direito administrativo brasileiro*. São Paulo: Malheiros, 2009. p. 80.

[68] MEIRELLES, Hely Lopes. *Direito administrativo brasileiro*. São Paulo: Malheiros, 2009. p. 662.

[69] CARVALHO FILHO, José dos Santos. *Manual de direito administrativo*. Rio de Janeiro: Lumen Juris, 2008. p. 523.

[70] TÁCITO, Caio. O desvio de poder no controle dos atos administrativos, legislativos e jurisdicionais. *Revista de Direito Administrativo*, São Paulo: Renovar/FGV, nº 188, p. 5, 1992.

Com base nestes argumentos, concordamos com Meirelles, no sentido de que agir *na qualidade* significa simplesmente agir *como agente do Estado*, mesmo, e **principalmente**, se não for no correto exercício das funções, caso em que deve ser reconhecida a responsabilidade do Estado por ato ilícito.

Caso interessante foi o do delegado que "furou fila" do Banco do Estado do Maranhão e prendeu, sob o argumento do desacato, o aposentado que protestou. O aposentado entrou com ação de indenização por danos morais contra o Estado, com pedido de denunciação à lide do delegado, que foi deferida na primeira instância. Em recurso ao TJ/MA, o Estado alegou que o delegado não estava no exercício de suas funções, mas o Tribunal confirmou a decisão de primeira instância e ampliou o valor da indenização pelos danos morais.[71]

Note-se que a jurisprudência entende que, mesmo se o agente não estiver rigorosamente no exercício da função, se ele se utilizar de equipamento próprio dela, como veículo oficial ou arma,[72] poderá ser caracterizada a responsabilidade do Estado. Tal é o conteúdo das seguintes decisões do STF:

> Ocorrência de relação causal entre a omissão, consubstanciada no dever de vigilância do patrimônio público ao se permitir a saída de policial em dia da folga, portando o revólver da corporação, e o ato ilícito praticado por este servidor. Responsabilidade extracontratual do Estado caracterizada. Inexistência de argumento capaz de infirmar o entendimento adotado pela decisão agravada (STF, RE 213.525, AgR, Min. Rel. Ellen Gracie, *DJ* 5.2.2009).

Agressão praticada por soldado, com a utilização de arma da corporação militar: incidência da responsabilidade objetiva do Estado, mesmo porque, não obstante fora do serviço, foi na condição de policial militar que o soldado foi corrigir as pessoas. O que deve ficar assentado é que o preceito inscrito no art. 37, § 6º, da CF não exige que o agente público tenha agido no exercício de suas funções, mas na qualidade de agente público (STF, RE 160.401/SP, 2ª T., Rel. Min. Carlos Velloso, *DJ* 28.4.1999).

> Responsabilidade civil objetiva do Estado (cf. art. 37, § 6º). Policial militar, que, em seu período de folga e em trajes civis, efetua disparo com arma de fogo pertencente à sua corporação, causando a morte de pessoa inocente. Reconhecimento, na espécie, de que o uso e o porte de arma de fogo pertencente à polícia militar eram vedados aos seus integrantes nos períodos de folga. Configuração, mesmo assim, da responsabilidade civil objetiva do Poder Público. Precedente (RTJ 170/631). Pretensão do Estado de que se acha ausente, na espécie, o nexo de causalidade material, não obstante reconhecido pelo Tribunal "a quo", com apoio na apreciação soberana do conjunto probatório. Inadmissibilidade de reexame de provas e fatos em sede recursal extraordinária. Precedentes específicos em tema de responsabilidade civil objetiva do Estado. Acórdão recorrido que se ajusta à jurisprudência do Supremo Tribunal Federal (RE 291035/SP, *Informativo nº 421 do STF*).

Essa orientação é a mais adequada, pois inclui também as situações em que o agente atua com desvio de finalidade, isto é, extrapola do que a regra de competência permitiria, conforme visto, e causa dano a terceiro. Trata-se de dano causado por ato ilícito do agente público.

---

[71] O delegado entrou posteriormente com recurso ao STJ, que foi indeferido por unanimidade. REsp 782834/MA, 2ª T., Rel. Min. Eliana Calmon, *DJ* 11.4.2007.

[72] Contudo, há decisões em sentido contrário, como o RE 363.423, Rel. Carlos Britto, *DJ* 13.3.2008, *in verbis*: "Responsabilidade civil do Estado. Lesão corporal. Disparo de arma de fogo pertencente à corporação. Policial militar em período de folga. Caso em que o policial autor do disparo não se encontrava na qualidade de agente público. Nessa contexto, não há de se falar em responsabilidade civil do Estado".

Note-se que o STF decidiu, com repercussão geral, o ARE 138.531-5, delimitando a tese de repercussão geral, no Tema 1237, com o seguinte conteúdo: "1. O Estado é responsável, na esfera cível, por morte ou ferimento decorrente de operações de segurança pública, nos termos da Teoria do Risco Administrativo. 2. É ônus probatório do ente federativo demonstrar eventuais excludentes de responsabilidade civil. 3. A perícia inconclusiva sobre a origem de disparo fatal durante operações policiais e militares não é suficiente, por si só, para afastar a responsabilidade civil do Estado, por constituir elemento indiciário".

No caso, o STF, por maioria, determinou que a União deveria ser responsabilizada pela morte de uma vítima de bala perdida disparada durante operação militar realizada no Complexo da Maré, no Rio de Janeiro-RJ, em 2015. Assim, mesmo com perícia inconclusiva sobre a origem do disparo, prevaleceu o entendimento de que, como a operação foi realizada por uma força federal, a União deveria ser responsabilizada pela morte. Em seu voto, o relator, ministro Edson Fachin, condenou a União a pagar à família da vítima indenização no valor de R$ 500 mil e também determinou o ressarcimento pelas despesas com o funeral e o pagamento de pensão vitalícia, em proposta confirmada pelo colegiado.

16.5.7 Regresso por dolo ou culpa

O Estado responde objetivamente pelos danos causados a terceiros, mas o dispositivo do art. 37, § 6º, da Constituição assegura o direito de regresso contra o agente que por dolo ou culpa ocasionou o dano. O direito de regresso é, na expressão de Celso Antônio Bandeira de Mello, um **poder-dever**[73] do Estado. Assim, não se trata de mera faculdade do Poder Público, mas verdadeiro dever, uma vez que se relaciona com a defesa da *res publica*, ou seja, do erário, e a Administração não pode dispor de interesses públicos.

O Estado é pessoa jurídica que se manifesta por meio de seus agentes, sendo estes geralmente os verdadeiros culpados pelos atos que causam danos a terceiros; assim, sem o exercício da ação regressiva, nas hipóteses de cabimento, acaba ocorrendo a injusta "socialização" dos prejuízos e os verdadeiros culpados se acobertam sob o manto da responsabilidade estatal objetiva acrescida da inércia das autoridades competentes, o que não é justo, nem pedagógico.

Se o Poder Público pagar a indenização e não se ocupar da responsabilização do agente, haverá ausência de punição do culpado, o que tem potencial de provocar nos agentes públicos atitudes de descaso, ou seja, de reiterada negligência, imprudência ou imperícia, já que, na prática, não serão eles próprios a arcarem com o prejuízo.

Enquanto o Estado responde objetivamente, o agente público somente responde subjetivamente pelos danos causados, ou seja, na medida de seu **dolo** ou **culpa**. Segundo expõe Cahali, é inadmissível qualquer legislação infraconstitucional, de qualquer âmbito, que diminua a esfera de responsabilidade dos entes ali mencionados ou que modifique as condições do direito de regresso contra seus agentes. Tal foi o caso do preceito contido na Lei Orgânica de um Município do Rio Grande do Sul que determinava que o regresso caberia apenas diante de dolo ou culpa grave, o que foi considerado pelo TJRS inconstitucional.[74]

---

[73] BANDEIRA DE MELLO, Celso Antônio. *Curso de direito administrativo*. São Paulo: Malheiros, 2008. p. 72.

[74] *RJTJ/RS*, 154/213, j. 4.11.1991. CAHALI, Yussef Said. *Responsabilidade civil do Estado*. 3. ed. São Paulo: Revista dos Tribunais, 2007. p. 43.

Se o agente público agiu corretamente, como no caso de responsabilidade por ato lícito que causa benefícios a muitos e dano a alguém em particular, o particular poderá ser indenizado pelo Estado, mas este não terá como responsabilizar o agente que editou o ato adequadamente.

São requisitos da ação de regresso: (1) a presença da culpa ou do dolo do agente público; e (2) o trânsito em julgado da sentença de condenação do Estado. O art. 2º da Lei nº 4.619/65, que dispõe sobre ação regressiva da União contra seus agentes, estabelece que o prazo para ajuizamento da ação regressiva é de 60 dias a partir da data em que transitar em julgado a condenação imposta à Fazenda Pública.

A ação regressiva, como ação "civil" que é,[75] atinge **herdeiros e sucessores** do servidor que agiu com culpa ou dolo, conforme dispõe o art. 122, § 3º, da Lei nº 8.112/90, *in verbis*: "a obrigação de reparar o dano estende-se aos sucessores e contra eles será executada, **até o limite do valor da herança** recebida". Ela pode ser instaurada, portanto, mesmo após a cessação do exercício no cargo ou na função, por disponibilidade, aposentadoria, exoneração ou demissão. Será visto que há discussão acerca da imprescritibilidade do ressarcimento pelo agente público da indenização que cause dano ao erário.

REQUISTIOS DA RESPONSABILIDADE – ART. 37, § 6º, DA CONSTITUIÇÃO

- **pessoas que respondem objetivamente:**
1. Administração Direta: União, Estado, Distrito Federal e Municípios;
2. autarquias e fundações (públicas ou privadas prestadoras de serviços públicos);
3. empresas públicas e sociedades de economia mista: só se prestarem serviços públicos; e
4. delegatárias de serviços públicos.

- **dano:**
material ou moral.

- **nexo de causalidade:**
REGRA: ausência de rompimento ou interrupção da cadeia causal;
comporta exceções em julgamentos recentes do STF.

- **a terceiros:**
Discussão dos particulares prestadores de serviços públicos: se só usuários (controvérsia). Decisões recentes: não há necessidade de o terceiro ser usuário.

- **agentes:**
agentes políticos;
servidores públicos;
militares; e
particulares em colaboração.

- **atuação na qualidade:**
= não como pessoa comum.

- **ação de regresso por dolo ou culpa:**
dever do Estado – não há discricionariedade;
do trânsito em julgado da sentença de condenação do Estado.

---

[75] MEIRELLES, Hely Lopes. *Direito administrativo brasileiro*. 35. ed. São Paulo: Malheiros, 2009. p. 668.

16.6 Denunciação à lide do agente causador do dano

Há divergência doutrinária acerca da possibilidade de denunciação à lide, de acordo com o art. 125 do Código de Processo Civil, do agente ao qual se imputa a ação lesiva. A denunciação atinge aquele que estiver obrigado, pela lei ou pelo contrato, a indenizar em ação regressiva o prejuízo do que perder a demanda.

Alguns doutrinadores,[76] como Celso Antônio Bandeira de Mello e Lúcia Valle Figueiredo, são contrários à possibilidade de denunciação à lide, com base no fato de que o fundamento da responsabilidade objetiva do Estado é muito mais simples do que o da responsabilidade subjetiva, por conseguinte, denunciar à lide o servidor daria ensejo à abertura de uma série de discussões que complicariam e retardariam o deslinde do processo, em prejuízo da vítima.

Yussef Cahali[77] e Maria Sylvia Zanella Di Pietro[78] são doutrinadores que, no intuito de prestigiar a economia processual, entendem haver a seguinte distinção: nos casos em que há a culpa anônima do serviço ou decorrentes de risco do serviço, nos quais não há arguição de culpa ou dolo do agente, não cabe a denunciação à lide; contudo, quando se trata de ação fundada em responsabilidade objetiva, com arguição concomitante de culpa (ou do dolo) do agente público, é possível a denunciação da lide, assim como o litisconsórcio facultativo ou a propositura de ação diretamente contra o agente público.

Contudo, apesar da possibilidade aventada, a denunciação à lide **não é obrigatória**, conforme se extrai dos seguintes entendimentos do STJ:

> A jurisprudência deste Tribunal Superior se encontra assentada no entendimento de que "nas ações de indenização fundadas na responsabilidade civil objetiva do Estado (CF/88, art. 37, § 6º), não é obrigatória a denunciação à lide do agente público supostamente responsável pelo ato lesivo (CPC, art. 70, III)". REsp 521.434/TO, Rel. Min. Denise Arruda, *DJ* 8.6.2006.
>
> PROCESSUAL CIVIL E ADMINISTRATIVO – RESPONSABILIDADE CIVIL DO ESTADO – DENUNCIAÇÃO DA LIDE – DIREITO DE REGRESSO – ART. 70, III, DO CPC. 1. A denunciação da lide só é obrigatória em relação ao denunciante que, não denunciando, perderá o direito de regresso, mas não está obrigado o julgador a processá-la, se concluir que a tramitação de duas ações em uma só onerará em demasia uma das partes, ferindo os princípios da economia e da celeridade na prestação jurisdicional. 2. A denunciação da lide do agente do Estado em ação fundada na responsabilidade prevista no art. 37, § 6º, da CF/88 não é obrigatória, vez que a primeira relação jurídica funda-se na culpa objetiva e a segunda na culpa subjetiva, fundamento novo não constante da lide originária. 3. Não perde o Estado o direito de regresso se não denuncia a lide ao seu preposto (precedentes jurisprudenciais). 4. Embargos de divergência rejeitados (REsp 313886/RN, Rel. Ministra ELIANA CALMON, PRIMEIRA SEÇÃO, julgado em 26.2.2004, *DJ* 22.3.2004, p. 188).

---

[76] BANDEIRA DE MELLO, Celso Antônio. *Curso de direito administrativo*. São Paulo: Malheiros, 2008. p. 1019. FIGUEIREDO, Lúcia Valle. *Curso de direito administrativo*. São Paulo: Malheiros, 2004. p. 277.

[77] CAHALI, Yussef Said. *Responsabilidade civil do Estado*. 3. ed. São Paulo: Malheiros, 2007. p. 160.

[78] DI PIETRO, Maria Sylvia Zanella. *Direito administrativo*. São Paulo: Atlas, 2009. p. 662.

> **DENUNCIAÇÃO À LIDE DO AGENTE CAUSADOR**
> **CPC:** de quem é obrigado a indenizar, em regressiva, o prejuízo.
> **Contra:** é um complicador, pois no processo se discute a responsabilidade objetiva, independentemente da comprovação da culpa.
> **Favorável:** se houver arguição, na inicial, concomitante de culpa ou dolo do agente público.
> **STJ** – pela ausência de obrigatoriedade da denunciação à lide.

16.7 Excludentes da responsabilização

Na responsabilidade objetiva, as causas excludentes são associadas à teoria do risco administrativo. Causas excludentes da responsabilização são circunstâncias ocorridas que afastam a responsabilidade do Estado pela **insubsistência** do **nexo de causalidade**, diante das quais se constata que ele não provocou o dano ocorrido.

São elas:

- culpa exclusiva da vítima;
- culpa exclusiva de terceiros; e
- força maior ou caso fortuito.

A **culpa exclusiva da vítima** é a circunstância em que se constata que a pessoa que sofreu o dano foi quem integralmente deu causa à sua ocorrência. Ocorre quando, conforme visto, um particular, de forma inesperada, se joga na frente de veículo oficial em movimento objetivando se suicidar e a família, posteriormente, entra com ação contra o Estado pleiteando sua responsabilização.

Se a vítima não for exclusivamente culpada pela ocorrência do evento lesivo, mas o Estado também concorrer à sua causação, ocorre a situação chamada de **culpa concorrente** da vítima, que não é uma excludente da responsabilização do Estado, mas uma **atenuante** da responsabilidade. Significa dizer que a responsabilidade será, nesta hipótese, repartida na proporção em que cada um concorreu para a existência do dano.

Trata-se de desdobramento da regra contida no art. 945 do Código Civil, segundo o qual: "se a vítima tiver concorrido culposamente para o evento danoso, a sua indenização será fixada tendo-se em conta a gravidade de sua culpa em confronto com a do autor do dano", chamada também de sistema de compensação das culpas no direito privado.

Exemplo exposto por José dos Santos Carvalho Filho[79] foi o acidente em cruzamento de artérias públicas de acentuado movimento de trânsito, julgado pelo TJ/RJ, no qual se comprovou que, não obstante o semáforo se encontrar com defeito, os motoristas envolvidos trafegavam imprudentemente com excesso de velocidade, tendo sido, portanto, mitigado o limite da responsabilidade do Poder Público pelo reconhecimento da ocorrência de culpa concorrente.

---

[79] CARVALHO FILHO, José dos Santos. *Manual de direito administrativo*. Rio de Janeiro: Lumen Juris, 2008. p. 527. Ap. Cív. 4.543, 8ª C. cív., Rel. Des. Ellis Figueira, 1990.

Há controvérsia sobre se a situação de culpa concorrente da vítima traria à tona a indagação do grau de culpa[80] do Estado, ou seja, haveria uma certa apuração do elemento subjetivo do Estado, em vez do exclusivamente objetivo neste caso?

Realmente, averiguar o quanto cada qual participou da produção do evento, para fixar a medida da repartição da indenização, sem que se verifique *in concreto* qual o grau de negligência, imprudência ou imperícia do Estado, acaba gerando uma análise incompleta, por isso, é praxe jurisprudencial, na culpa concorrente, a fixação do *quantum* devido com base também no grau de comprometimento da conduta do Estado na produção do resultado, isto é, na culpa dele, já que não foi ele que, sozinho, causou a situação de risco que produziu o evento lesivo.

A **culpa exclusiva de terceiros** é a circunstância que rompe totalmente o nexo de causalidade. Ela ocorre quando se verifica que o comportamento do Estado não foi a causa do dano à vítima, mas unicamente a ação de outras pessoas, que não os seus agentes. Note-se que, se havia, por parte do Estado, o dever específico de proteger a pessoa que sofreu o dano da ação do terceiro, nem sempre há a exclusão da responsabilidade do Estado, mas esse item será aprofundado na responsabilidade por omissão, item seguinte, pois, via de regra, "de duas uma": ou o dano na omissão do Estado ocorre por fato da natureza ou por causa da ação de terceiros.

Força maior ou **caso fortuito** compreendem, na explicação contida no art. 393, parágrafo único, do Código Civil: "fato necessário, cujos efeito não era possível evitar ou impedir". Trata-se, portanto, de evento de efeitos inevitáveis. Tendo em vista a definição conjunta dada aos termos, que são analisados em função da inevitabilidade dos efeitos, já não se discute mais as diferenças[81] entre eles, pois se trata de assunto muito controvertido, havendo entendimentos opostos tanto na seara do Direito Civil[82] como do Direito Administrativo.

No Direito Administrativo, por exemplo, há autores, como Maria Sylvia Zanella Di Pietro,[83] que associam a força maior a um fato da natureza e o caso fortuito ao evento imprevisível cau-

---

[80] Esse é o posicionamento, por exemplo, de Marçal Justen Filho. *Curso de direito administrativo*. São Paulo: Saraiva, 2005. p. 804.

[81] Muitos civilistas e administrativistas se posicionam no sentido contrário à discussão terminológica. VENOSA, Sílvio de Salvo. *Direito civil*: responsabilidade civil. 6. ed. São Paulo: Atlas, 2006. p. 46. CARVALHO FILHO, José dos Santos. *Manual de Direito Administrativo*. Rio de Janeiro: Lumen Juris, 2008. p. 528.

[82] Para Maria Helena Diniz, na força maior conhece-se o motivo ou a causa que dá origem ao acontecimento, pois se trata de um fato da natureza, como um raio que provoca um incêndio, uma inundação que danifica produtos ou intercepta as vias de comunicação, impedindo a entrega da mercadoria prometida ou um terremoto que ocasiona grandes prejuízos. Já no caso fortuito, o acidente que acarreta o dano advém de causa desconhecida, como cabo elétrico aéreo que se rompe e cai sobre fios telefônicos causando incêndio explosão de caldeira de usina, provocando morte. DINIZ, Maria Helena Diniz. *Curso de direito civil brasileiro*: teoria geral das obrigações. 16. ed. São Paulo: Saraiva, 2002. v. 2, p. 346-347. Já Álvaro Villaça Azevedo expõe de forma oposta, isto é, que caso fortuito é o acontecimento provindo da natureza, sem que haja interferência da vontade humana, e força maior é a própria atuação humana manifestada em fato de terceiro ou do credor. Cf. item 42.2 da obra: *Teoria geral das obrigações*: responsabilidade civil. São Paulo: Atlas, 2008. Este parece ser o posicionamento mais difundido na doutrina civilista, conforme exposição de Paulo Luiz Netto Lobo, *in verbis*: "caso fortuito e força maior são fatos de ocorrência necessária, cujos efeitos não poderiam ser evitados ou impedidos. De modo geral, eximem o devedor de prestar. No direito brasileiro, caso fortuito ou força maior são considerados, indistintamente como categoria unificada, com idênticas consequências jurídicas. A distinção conceitual nunca convenceu, sendo a mais difundida a que via, no caso fortuito, o acidente produzido pela natureza (*v. g.*: enchente), e na força maior, o fato de terceiro (*v. g.*: greve)". Cf. LOBO, Paulo Luiz Netto. *Direito das obrigações*. Brasília: Brasília Jurídica, 1999. p. 81.

[83] Para Maria Sylvia, uma tempestade, um terremoto ou um raio seriam força maior, já um ato humano e uma falha da Administração seriam caso fortuito. DI PIETRO, Maria Sylvia Zanella. *Direito administrativo*. São Paulo: Atlas, 2009. p. 648.

sado por ato humano, já outros, como Diogenes Gasparini, usam conceituação inversa.[84] Celso Antônio Bandeira de Mello[85] apenas menciona a força maior, tida como força da natureza irresistível, pois entende que o caso fortuito, que considera um acidente cuja raiz é tecnicamente desconhecida, não elide o nexo causal e, portanto, não é capaz de excluir a responsabilidade.

Note-se que no caso da responsabilidade do transportador, e aí se incluem concessionárias e permissionárias de serviços de transporte, dispõe o Código Civil que é nula qualquer cláusula excludente de responsabilidade, exceto a força maior, que, segundo Sergio Cavalieri Filho, compreende o denominado **fortuito externo**.

Para o autor,[86] fortuito interno é fato imprevisível e inevitável que se relaciona com os riscos da atividade desenvolvida pelo transportador, como um estouro de pneu do veículo, um incêndio ou o mal súbito do motorista, que, mesmo sendo acontecimentos imprevisíveis estão ligados com os riscos assumidos pelo negócio explorado pelo transportador, razão pela qual o fortuito interno não exonera o dever de indenizar. Já o fortuito externo é fato também imprevisível e inevitável, porém alheio à organização do negócio do transportador, como raios, terremotos ou enchentes (que é, para alguns, a força maior), que exclui, conforme dispositivo legal, a responsabilidade do transportador.

Em matéria de transportes, diferentemente do que ocorre em outros serviços prestados, determina expressamente o art. 735 do Código Civil que não há como se eximir da responsabilidade por culpa de terceiro, contra o qual a transportadora tem ação regressiva.

A força maior ou o caso fortuito são ocorrências que afastam a responsabilidade do Estado se ele não tiver obrigação de evitar os efeitos de sua ocorrência. Não há, portanto, de se cogitar a presença da excludente diante de fato cujos efeitos seriam evitáveis; como, em exemplo fornecido por Lúcia Valle Figueiredo,[87] nas previsíveis inundações sazonais ocorridas na cidade de São Paulo, cujos efeitos podem ser evitados por obras de infraestrutura não realizadas. Expõe a autora que também não há como reconhecer a excludente diante de árvore tombada em carro estacionado, por ocasião de tempestade, se ela estiver sem exame de suas raízes por muito tempo ou, ainda, se a árvore, hipoteticamente, tivesse sido condenada por agrônomos, e a Administração quedou-se inerte. Esta última perspectiva se aproxima da discussão da responsabilidade do Estado por omissão, conforme será visto a seguir.

EXCLUDENTES DA REPONSABILIZAÇÃO

1. culpa exclusiva da vítima;
2. culpa exclusiva de terceiros; e
3. força maior ou caso fortuito (efeitos inevitáveis).

Responsabilidade de transportadora:
Cavalieri Filho: só é excluída no fortuito externo, não no interno (riscos da atividade).

---

[84] Para Gasparini, caso fortuito seria algo relacionado com uma força externa à atuação do Estado, como uma nevasca ou um tufão, e a força maior seria uma greve ou uma grave perturbação da ordem. GASPARINI, Diogenes. *Direito administrativo*. São Paulo: Saraiva, 2006. p. 972.

[85] BANDEIRA DE MELLO, Celso Antônio. *Curso de direito administrativo*. São Paulo: Malheiros, 2008. p. 1009. Este último posicionamento é seguido por Lúcia Valle Figueiredo, que só indica como excludente a força maior. Cf. FIGUEIREDO, Lúcia Valle. *Curso de direito administrativo*. São Paulo: Malheiros, 2004. p. 289-290.

[86] CAVALIERI FILHO, Sergio. *Programa de responsabilidade civil*. São Paulo: Atlas, 2009. p. 302.

[87] FIGUEIREDO, Lúcia Valle. *Curso de direito administrativo*. São Paulo: Malheiros, 2004. p. 289-290.

16.8 Responsabilidade por omissão do Estado

O regime de responsabilização do Estado quando os danos são causados pela sua omissão é um dos temas mais polêmicos do assunto. Há diversos posicionamentos, tanto na doutrina como na jurisprudência, sobre o tipo de responsabilidade decorrente da omissão do Estado, se **objetiva**, ou independente de culpa, ou se **subjetiva**, hipótese relacionada com a discussão da culpa do serviço (*faute du service*), que compreende três circunstâncias: o não funcionamento, o funcionamento mau ou tardio do serviço que causa danos.

Hely Lopes Meirelles entende que há a responsabilização objetiva, isto é, sem culpa, por parte da Administração, tanto na ação como na omissão.[88] O autor defende que há responsabilidade objetiva quando a Administração Pública assume o compromisso de velar pela integridade física da pessoa e esta vem a sofrer dano decorrente da omissão do agente público naquela vigilância. Menciona, então, o posicionamento do STF[89] no sentido de que alunos da rede oficial de ensino ou pessoas internadas em hospitais públicos, caso sofram algum dano quando estejam sob a guarda imediata do Poder Público, têm direito à indenização, salvo se ficar comprovada a ocorrência de alguma causa excludente daquela responsabilidade estatal.

O STF não se posicionou de maneira sólida e definitiva sobre o assunto, assim, há decisões unânimes de certas turmas[90] no sentido da responsabilização subjetiva, como no caso de assassinato de presidiário em recinto de presídio,[91] e há também decisões que foram tomadas por unanimidade de votos apontando para a responsabilidade objetiva do Estado, como, por exemplo, no caso em que um aluno matriculado na rede pública municipal causou a perda do globo ocular de outro aluno.[92] A propósito, note-se o conteúdo da seguinte decisão do STF:

> A teoria do risco administrativo, consagrada em sucessivos documentos constitucionais brasileiros desde a Carta Política de 1946, confere fundamento doutrinário à **responsabilidade civil objetiva** do Poder Público pelos danos a que os agentes públicos houverem dado causa, por ação ou por omissão. Essa concepção teórica, que informa o princípio constitucional da responsabilidade civil objetiva do Poder Público, faz emergir, da mera ocorrência de ato lesivo causado à vítima pelo Estado, o dever de indenizá-la pelo dano pessoal e/ou patrimonial sofrido, independentemente de caracterização de culpa dos agentes estatais ou de demonstração de falta do serviço público. Os elementos que compõem a estrutura e delineiam o perfil da responsabilidade civil objetiva do Poder Público compreendem (a) a alteridade do dano, (b) a causalidade material entre o *eventus damni* e o comportamento positivo (ação) ou negativo (omissão) do agente público, (c) a oficialidade da atividade causal e lesiva, imputável a agente do Poder Público, que tenha, nessa condição funcional, incidido em conduta comissiva ou omissiva, independentemente da licitude, ou não, do comportamento funcional (*RTJ* 140/636) e (d) a ausência de causa excludente da responsabilidade estatal (*RTJ* 55/503 – *RTJ* 71/99 – *RTJ* 91/377 – *RTJ* 99/1155 – *RTJ* 131/417) (RE 109.615, Rel. Min. Celso de Mello, *DJ* 2.8.1996).

---

[88] MEIRELLES, Hely Lopes. *Direito Administrativo Brasileiro*. 35. ed. São Paulo: Malheiros, 2009. p. 662.

[89] *RT* 733/130.

[90] Conforme o trabalho de CARVALHO NETO, Tarcísio Vieira de. *Responsabilidade civil extracontratual do Estado*. 2002. Dissertação (Mestrado) – Departamento de Estado, Universidade de São Paulo, São Paulo. p. 82. A versão impressa foi publicada pela Editora Gazeta Jurídica em 2014. p. 116.

[91] Cf. STF, RE nº 179.147/SP, 2ª T., Rel. Min. Carlos Velloso, *DJ* 27.2.1998, p. 18.

[92] Cf. STF, RE nº 109.615-2/RJ, Rel. Min. Celso de Mello, *DJ* 2.8.1996, p. 25.785.

Contudo, nota-se uma tendência na jurisprudência dos Tribunais Superiores[93] em reconhecer que a responsabilidade por omissão do Estado é subjetiva.

Na doutrina, o administrativista que se posiciona de forma mais veemente pela responsabilização **subjetiva** na omissão estatal é Celso Antônio Bandeira de Mello que, inspirado em Oswaldo Aranha Bandeira de Mello,[94] é seguido por Lúcia Valle Figueiredo[95] e Rui Stoco.[96] Segundo defende o jurista,[97] quando o dano foi oriundo da omissão do Estado (o serviço não funcionou, funcionou tardia ou ineficientemente) deve-se aplicar a teoria da responsabilidade subjetiva por **culpa do serviço**. Argumenta que se o Estado não agiu, não pode ser responsabilizado como autor do dano, a não ser que tenha **obrigação legal de impedi-lo**.

Celso Antônio Bandeira de Mello propugna que o Estado não deve ser erigido **segurador universal** de todos os eventos lesivos ocorridos, principalmente pela ação de terceiros, como assaltos em vias públicas, enchentes ou agressões sofridas.

Nessa perspectiva, é melhor averiguar a negligência, imprudência ou imperícia, ou mesmo o dolo, da inação estatal, responsabilizando o Estado, por exemplo, nos casos em que houve o assalto diante de agentes policiais relapsos ou que foram alertados a tempo de evitá-lo[98] ou a responsabilidade do Estado por danos oriundos de uma enchente cujas consequências seriam evitadas se as galerias pluviais ou esgotos não estivessem entupidos.

Assevera, no entanto, que para os mencionados casos há a figura da **culpa presumida**, com a consequente inversão do ônus da prova, pois o administrado não precisa conhecer todo o funcionamento da administração e consequentemente do quanto ela foi concretamente ineficiente. A culpa presumida, contudo, não se iguala à situação de responsabilidade objetiva.

Outro argumento frequentemente levantado pelos adeptos da responsabilidade subjetiva na omissão do Estado, que é a corrente majoritária nos tribunais, enfatiza que o art. 37, § 6º da Constituição, determina que o Estado responderá pelos danos que seus agentes **causarem** a terceiros. Ora, se houve omissão, não se pode dizer que os danos foram causados pelos agentes do Estado. Há entendimentos, portanto, no sentido de que causar o dano implica sempre uma ação e não uma omissão.

Sergio Cavalieri, por outro lado, pondera que merece "temperamento a parte da doutrina capitaneada pelo insigne Celso Antônio Bandeira de Mello",[99] pois o art. 37, § 6º, da Constituição engloba não apenas a conduta comissiva que causa dano, mas também a conduta omissiva. Enfatiza Cavalieri que a pessoa jurídica será responsável pelos danos que seus agentes, nessa qualidade, causarem a terceiros, sem estabelecer que se trata de danos provenientes tão somente de condutas comissivas dos agentes.

---

[93] A subjetiva também é majoritária nos concursos públicos.

[94] BANDEIRA DE MELLO, Celso Antônio. *Curso de direito administrativo*. São Paulo: Malheiros, 2008. p. 1.000.

[95] FIGUEIREDO, Lúcia Valle. *Curso de direito administrativo*. São Paulo: Malheiros, 2004. p. 269.

[96] STOCO, Rui. *Responsabilidade civil e sua interpretação jurisprudencial*. 4. ed. São Paulo: Revista dos Tribunais, 1999. p. 504.

[97] BANDEIRA DE MELLO, Celso Antônio. *Curso de direito administrativo*. São Paulo: Malheiros, 2008. p. 997.

[98] Como no caso ocorrido em novembro de 2009, no qual um advogado que instalou câmeras de vídeo por sua casa assistiu do escritório ao assalto que havia sido notificado à polícia. Os policiais chegaram em tempo, mas ingressaram na casa ao lado, sendo que a pessoa que havia comunicado o assalto tinha dito que a casa assaltada estava com uma máquina de lavar a calçada com mangueira na frente. Disponível em: http://video.globo.com/Videos/Player/Noticias/0,,GIM1160076-7823-ADVOGADO+ASSISTE+DO+ESCRITORIO+O+ASSALTO+DA+PROPRIA+CASA,00.html. Acesso em: 5 nov. 2010.

[99] CAVALIERI FILHO, Sergio. *Programa de responsabilidade civil*. 2. ed. Seção Paulo: Malheiros, 2000. p. 169.

Nessa perspectiva, se há um dever jurídico de impedir o dano, o comportamento negativo (omissão) do Estado seria condição material da ocorrência do *eventus damni*. Porém, para mitigar a situação de o Estado ser responsabilizado por tudo, haja vista o seu amplo espectro de responsabilidades em relação aos cidadãos, recomenda Sergio Cavalieri Filho que sejam diferenciadas as situações de **omissão genérica** do Estado, hipótese em que a responsabilidade deve ser subjetiva, das de **omissão específica**, em que há um dever individualizado de agir.

Segundo esse entendimento,[100] há, portanto, possibilidade de responsabilização objetiva para os casos de omissão específica, isto é, quando a inércia estatal diante de dever particularizado de agir **causa** direta e imediatamente o **não impedimento** do evento danoso (nexo de causalidade), como ocorre na morte de detento em penitenciária ou em acidente com aluno de escola pública durante o período de aula.

A propósito da necessidade de reparação por dano moral a detento que foi submetido a tratamento desumano e degradante por superlotação presidiária, houve a decisão do RE 580.252, em 16.2.2017, no seguinte sentido:

> Considerando que é dever do Estado, imposto pelo sistema normativo, manter em seus presídios padrões mínimos de humanidade previstos no ordenamento jurídico, é de sua responsabilidade, nos termos do art. 37, § 6º, da Constituição, a obrigação de ressarcir os danos, inclusive morais, comprovadamente causados aos detentos em decorrência da falta ou insuficiência das condições legais de encarceramento.

A análise da exigibilidade de ação, diante de um dever individualizado de agir, deve ser verificada em função das obrigações legais do Estado, acrescidas de nuances de cada caso concreto, tendo em vista o juízo de **razoabilidade**. Portanto, enquanto é razoável exigir que uma criança que é entregue aos cuidados de uma escola municipal seja devolvida para os responsáveis incólume fisicamente, após frequentar as aulas, não é razoável exigir da Prefeitura que indenize a família de um "menor" que morreu fulminado por raio enquanto se abrigava embaixo de uma árvore, pois não haveria de se cogitar na obrigação de "mantença íntegra de um para-raios adrede instalado no local".[101]

É realmente uma discussão complexa, se o regime de responsabilização do Estado por omissão seria subjetivo ou objetivo, havendo variados posicionamentos com diversos fundamentos.

Aqueles que defendem que a responsabilidade deve ser objetiva, acompanhando as Cartas Constitucionais brasileiras desde 1946, geralmente apontam o fato de que a volta à responsabilização pela culpa do serviço (subjetiva) seria um **retrocesso** na escala de evolução da responsabilidade do Estado, pois o terceiro prejudicado pode receber uma resposta negativa em termos de responsabilização se a Administração comprovar que de fato não agiu de forma negligente, imprudente ou com imperícia, aspectos que, via de regra, não seriam apurados se a teoria adotada fosse a da responsabilidade objetiva, que é mais avançada, pois apenas leva em

---

[100] Filiamo-nos teoricamente a este último entendimento de Sergio Cavalieri. Contudo, como o direito é pragmático e não algo voltado para finalidades meramente lógicas, preferimos expor os prós e os contras da adoção de cada corrente, enfatizando que existem vantagens e desvantagens, para a defesa do Estado ou para a proteção dos prejudicados pela omissão estatal, na adoção de cada um dos posicionamentos, sendo que em tese nenhum dos entendimentos sempre e em todos os casos produzirá resultados mais justos. Portanto, deve o julgador procurar realizar justiça no caso concreto, utilizando-se muito mais da prudência do que da lógica pura ou de uma opinião já formada, se ele for comprometido com os objetivos da nova hermenêutica e do pós-positivismo no sentido de buscar uma solução mais justa na ponderação dos interesses envolvidos no conflito apreciado por meio da argumentação.

[101] TJSP, 4ª Câmara, 30 dez. 1993, *JTJ* 154/93.

consideração o nexo causal entre a omissão[102] e o dano ocorrido, ou seja, a omissão tem de ser determinante para a ocorrência do dano, sem a necessidade da perquirição da culpa administrativa, mesmo que anônima.

Todavia, note-se que há na responsabilidade objetiva a presença de excludentes da responsabilização, pois o sistema brasileiro não incorpora o risco integral.

Imagine-se sofrer um dano pela omissão do Estado na prestação de determinada atividade, passar anos litigando na justiça, pois as ações contra o Estado são demoradas, especialmente diante das prerrogativas processuais de que goza a Fazenda Pública, e depois de quase uma década obter uma decisão final que **afasta** a responsabilidade do Estado pelos **riscos** das atividades prestadas, mesmo diante da caracterização da omissão em face de dever específico de agir, porque foi comprovado que o Poder Público, na prática, não teve culpa, apesar do dano ocorrido.

Ora, se alguém sofreu um dano na omissão estatal de prestar dever específico, diante da **teoria do risco**, própria da responsabilidade objetiva, que já é reconhecida no Brasil desde 1946, haverá o reconhecimento da repartição dos encargos sociais, em respeito ao princípio da solidariedade.

Os que defendem a responsabilidade subjetiva amparam-se também em bons argumentos: dizem que se o Estado não agiu diante de um dever jurídico de agir, este fato aponta para uma culpa (*culpa in ommitendo*), por isso, trata-se, em verdade, de um ato ilícito, no sentido de antijurídico, pois o certo seria que ele evitasse o dano. Logo, seria injusto alegar tal culpa e não dar ao Estado a possibilidade de ele se escusar da alegação com base na teoria da culpa administrativa, dizendo que o serviço funcionou da maneira mais diligente possível.

Porém, apesar do exposto, não podemos deixar de considerar que se a Constituição, já desde 1946, escolheu positivar uma norma que dispõe que a responsabilidade será objetiva, e dela não se extrai, em nossa opinião, que tal ocorra apenas com a ação do Estado, mas também na omissão de seus deveres específicos.

Não foi a vontade constituinte promover esse retorno à culpa do serviço. O Constituinte quis deliberadamente[103] ampliar as circunstâncias em que o Estado responderá com base na adoção da teoria do risco, que envolve a repartição dos encargos sociais. Note-se que já há decisões que reconhecem que, ainda que exista o dever específico de agir, não se deve ignorar a reserva do possível, ou seja, que se afastam ainda mais, com base na alegação da culpa do serviço, da ideia de responsabilidade por risco nas atividades do Estado e que não promovem a justiça material quando alguém sofre isoladamente um dano.

Por outro lado, note-se que nem sempre a alegação da responsabilidade por culpa do serviço (*faute du service*) só traz desvantagens ao prejudicado e vantagens à defesa do Estado, pois se a culpa for exclusiva de terceiro, como, por exemplo, no caso de ações de depredações por multidões (chamados atos multitudinários), se a responsabilidade objetiva for utilizada em sua **forma pura**, pode ser que o Estado, em tese, se exima de responder a partir da alegação da excludente de responsabilização da **culpa exclusiva de terceiros**, o que poderia não ocorrer com o argumento da culpa do serviço, isto é, diante de omissão culposa em que o Estado foi avisado a tempo e não tomou medidas suficientes[104] para conter a ação do agrupamento de pessoas.

---

[102] Que, para Sergio Cavalieri, tem de ser específica e não genérica.

[103] Apesar de algumas incoerências que isso possa acarretar com relação à questão da culpa, trata-se de determinação pautada no arbítrio, no sentido de deliberação ou vontade, do constituinte. Não sendo prudente à jurisprudência ignorar tal norma positivada **mais protetiva**, na grande maioria das hipóteses, aos prejudicados.

[104] Para os adeptos irredutíveis da responsabilização objetiva, ainda se pode alegar que os efeitos do dano devem ser inevitáveis para caracterizar a culpa de terceiros. Mas, na inevitabilidade, há o ressurgimento também inevitável da ponderação da culpa do Estado.

Isso também se dá diante de fatos da natureza, onde o Estado pode se escusar de responder por excludente de responsabilização,[105] sem que seja discutida a culpa. No entanto, se havia um dever de agir e ele foi negligente em relação a este dever (*culpa in ommitendo*), então, por meio da alegação da culpa do serviço, ele, em tese, responderá por *faute du service*.

Por esse motivo, Hely Lopes Meirelles, apesar de adotar a teoria da responsabilidade objetiva do Estado no geral, entende que ela se restringe, nos termos do art. 37, § 6º da Constituição, aos danos causados pela atuação ou inação **funcional dos servidores**, mas **não** por *atos de terceiros* ou por *fatos da natureza* que, por não se enquadrarem nos fundamentos do mencionado artigo, obedecem à **teoria da culpa**, mesmo que genérica, pois segundo entende "para situações diversas, fundamentos diversos".[106]

Essa opção pelo uso da teoria da culpa diante de atos de terceiros e fatos da natureza pode ser melhor para o terceiro prejudicado do que afirmar pura e simplesmente a teoria objetiva que, por ser administrativa (e não integral), admite que o Estado se defenda a partir da alegação de excludentes de responsabilização como, por exemplo, força maior ou caso fortuito ou culpa exclusiva de terceiros.

Recentemente há uma tendência, tanto no dever específico de agir da responsabilidade objetiva como na alegação da culpa do serviço, para aqueles que entendem que a responsabilidade por omissão é subjetiva, à consideração de *justas expectativas no desempenho das atividades do Estado*, para evitar que o Poder Público seja transformado em segurador universal de **todos** os infortúnios causados aos cidadãos, pois, se não houvesse tal mitigação, todas as pessoas que vivenciassem qualquer tipo de lesão a indiscriminados bens jurídicos sempre poderiam obter a responsabilização do Estado, por ele não ter evitado (omissão) com que o dano acontecesse.

RESPONSABILIDADE DO ESTADO POR OMISSÃO

Hely Lopes Meirelles: OBJETIVA
Exceto: em atos de terceiros e fatos da natureza, que obedecem à teoria da culpa.

Corrente majoritária: SUBJETIVA
Principal defensor – Celso Antônio Bandeira de Mello.
Se não agiu, não pode ser autor/causador do dano.
Exceto: se tem obrigação legal de impedir.

OMISSÃO = SUBJETIVA = **CULPA DO SERVIÇO** { Não funcionou / funcionamento tardio / funcionamento ineficiente

Estado não pode ser erigido "segurador universal".
Mas – culpa presumida – com inversão do ônus da prova.
Sergio Cavalieri Filho: POSICIONAMENTO INTERMEDIÁRIO.
Omissão específica = responsabilização objetiva.

---

[105] Do caso fortuito ou força maior, que têm significados distintos no Direito Civil.
[106] MEIRELLES, Hely Lopes. *Direito administrativo brasileiro*. 35. ed. São Paulo: Malheiros, 2009. p. 663.

DEBATE DE PONTO CONTROVERTIDO:
século XXI, sociedade de risco e cumprimento de papéis sociais

O século XXI abarca a chamada **sociedade de risco**,[107] pois os avanços tecnológicos e científicos estão sendo vivenciados numa escala e numa velocidade antes inimagináveis, exigindo das pessoas em geral e, principalmente, dos agentes públicos a rápida tomada de decisões que envolvem, por esse motivo, elevado grau de risco.

Em análise criativa, pois amparada nas formulações mais recentes do Direito Penal, Coelho de Freitas[108] enfatiza que todos os sujeitos que vivem em sociedade, inclusive o Estado, estão na condição de portadores de um **papel social** e, com base na doutrina da imputação objetiva, de Gunther Jakobs, somente quando a **violação** desse papel for **determinante** para a produção do evento lesivo é que a responsabilidade poderá ser imputada ao sujeito.

A imputação refere-se à adequação da conduta do sujeito às expectativas sociais, cuja avaliação é feita de modo objetivo em função de aspectos de acentuada exterioridade, como o grau de desenvolvimento de uma sociedade. Ao se analisar o dano, deve-se ponderar objetivamente se era de se esperar, com base no **princípio da confiança**, a tomada de medidas para evitá-lo diante do grau dos riscos envolvidos.

Segundo o autor, há um espaço de **risco permitido** na atuação dos sujeitos, determinado pelo estágio de desenvolvimento e de conhecimento alcançado em um dado momento, já que é impossível, sobretudo nos últimos tempos, eliminar todos os riscos ínsitos à vida social produtiva, sob pena de barrar o progresso e a fruição dos benefícios decorrentes dos avanços vivenciados.

Em exemplo ilustrativo, formulado pelo autor: se houvesse uma descoberta científica de que medicamento largamente utilizado há anos, e que fora aprovado por agência governamental responsável pela liberação de seu uso, tem potencial de causar, no longo prazo, efeitos nocivos à saúde, não seria adequado imputar a responsabilidade à agência reguladora pelos prejuízos causados antes da descoberta, uma vez que com os conhecimentos disponíveis à época não havia como saber dos riscos envolvidos e, consequentemente, evitá-los, sob pena de impedir-se também o avanço dos tratamentos médicos.

Não seria uma conduta exigível, portanto, do Estado que liberasse o uso do medicamento tão somente após a comprovação absoluta e completa da inexistência de todo e qualquer risco na relação entre custo e benefício social, até porque a maior parte dos medicamentos já contém na bula alertas sobre alguns riscos ou efeitos colaterais que eles têm potencial de provocar.

No entanto, a omissão da agência, após tal descoberta, em proibir a comercialização do medicamento, ou mesmo em não recolher os que já estiverem disponíveis no mercado, daria causa à configuração da responsabilidade do Estado.

O princípio da confiança significa que numa sociedade complexa, com divisões de trabalho e especialização de funções, é necessário que os atores sociais possam confiar uns nos outros. É inviável, até mesmo ao Estado, controlar permanentemente todos e tudo, ou, como se vê em alguns julgados, é "utopia platônica" a presença de uma *res communis omnium* (furto de veículo em via pública, ausência de nexo causal, TJRJ, 7ª C., TJRJ, Rel. Des. Ellis Figueira, *v. u.*, Em. 45, *DJe* 15.12.1988).

---

[107] Um dos referenciais teóricos da abordagem da sociedade de risco é Ulrich Beck, cf. BECK, Ulrich. *Sociedade de risco*: rumo a uma outra modernidade. Tradução de Sebastião Nascimento. São Paulo: Ed. 34, 2010. Da perspectiva do direito penal, não se pode deixar de mencionar, no Brasil, a dissertação de Alamiro Velludo Salvador Netto, *Tipicidade penal e sociedade de risco*, na qual o autor analisa o tipo penal em diversas orientações metodológicas, dada a variedade de escolas penais, cotejando as visões construídas com as características da sociedade atual, na qual o conceito e a amplitude do risco também imprimem acentuada complexidade ao fenômeno da criminalidade. SALVADOR NETTO, Alamiro Velludo. *Tipicidade penal e sociedade de risco*. São Paulo: Quartier Latin, 2006. p. 11.

[108] Promotor no AM. FREITAS, Marcio Luiz Coelho de. Da responsabilidade civil do estado por omissões. *Jus Navigandi*, Teresina, ano 5, nº 51, out. 2001. Disponível em: http://jus2.uol.com.br/doutrina/texto.asp?id=2247. Acesso em: 30 jun. 2009.

Assim, a mencionada construção teórica tende a reconhecer, conforme o juízo de razoabilidade, que se não há violação no papel exigível do Estado, ele não poderia ser responsabilizado pelo descumprimento do papel de outro ator social. Trata-se, no fundo, do mesmo argumento que se utiliza na *culpa exclusiva da vítima* ou de *terceiros*.

Nessa perspectiva, a responsabilidade extracontratual do Estado, tanto por atos omissivos como por comissivos, independe da perquirição da culpa ou do dolo do agente, ou mesmo da ocorrência da culpa anônima do serviço, critérios que, segundo o autor, estariam distantes do espírito constitucional no sentido de acolher a **teoria do risco**.

Deve haver, portanto, o reconhecimento da responsabilidade do Estado sempre que comprovada a existência de um dano ao particular, este dano for **objetivamente imputável** ao Estado, ou seja, ele for consequência da violação do papel destinado ao Estado nas relações sociais, podendo ser **excluída** a imputação sempre que o dano estiver nos limites do **risco permitido**, o que só será apreciado com os elementos do caso concreto.

Note-se que apesar de defender a culpa do serviço na responsabilidade por omissão do Estado, Celso Antônio Bandeira de Mello apresenta argumentação amparada nas mesmas ideias-chave (*topoi*) quando afirma[109] que danos dependentes de **situações propiciadas** pelo Estado devem ser indenizados com base na responsabilidade objetiva, pois apesar de **não ter sido** o **causador** do dano, o Estado **produziu o risco**. Como em exemplos fornecidos pelo autor: o assassinato de um presidiário por outro presidiário e os danos nas vizinhanças oriundos de explosão em depósito militar em decorrência de um raio.

O problema, em nossa opinião, de toda essa discussão é que a **fronteira** que separa a culpa do serviço da noção de imputação objetiva da responsabilidade ao Estado quando se descumprem justas expectativas sociais em relação aos papéis cumpridos, na prática,[110] **não** é tão **precisa**.

Ora, se há justas expectativas em relação a certo comportamento, não se pode imputar a responsabilidade ao Estado sem que ele tenha a possibilidade de se defender alegando que agiu da forma mais prudente possível, ou seja, sem *culpa in ommitendo*,[111] diante das circunstâncias vivenciadas num dado estágio de conhecimento alcançado pela coletividade.

Por isso que a jurisprudência acaba "embaralhando" os conceitos e em muitas hipóteses afirma a responsabilidade objetiva, verificando simultaneamente até onde o Estado tomou todas as medidas possíveis para **evitar o risco**, que acaba, inevitavelmente, abrangendo a verificação se ele **não agiu com culpa**, como se observa do seguinte conteúdo: "a teoria objetiva, a que se filiou a nossa Carta Magna, dispensa a culpa do agente administrativo, mas condiciona a responsabilidade civil do Estado a alguma falha ou a algum mau funcionamento do serviço público, que o faça situar como **causa objetiva** da lesão, suportada pelo particular" (STF, *RTJ* 85/923).

Ademais, enfatize-se que não dá para elaborar uma lista taxativa de quais hipóteses ensejam a responsabilização do Estado, em face do dever específico de evitar com que um mal aconteça a terceiro, diante de inúmeras atribuições que são direcionadas, implícita ou explicitamente, pelo ordenamento jurídico ao Poder Público e pela realidade vivenciada em relação ao estágio de conhecimento alcançado pelo desenvolvimento científico. Para isso, recomenda-se o uso do **juízo de razoabilidade** ou de **equilíbrio/prudência** no julgamento.

---

[109] BANDEIRA DE MELLO, Celso Antônio. *Curso de direito administrativo*. São Paulo: Malheiros, 2008. p. 1002.

[110] Apesar de ser uma teoria que traz muita contribuição para o entendimento de sociedade de risco, a imputação objetiva não é totalmente afinizada com o assunto, porquanto em Direito Penal não se cogita de responsabilidade objetiva da pessoa, que só responde se houver dolo ou, no mínimo, culpa, mesmo que esta culpa seja algo de verificação mais objetiva, ou seja, com base nos elementos de realidade e no que se espera da pessoa do que subjetiva ou psicológica/intencional.

[111] Por isso defende Maria Sylvia Zanella Di Pietro que a culpa está embutida na ideia de omissão. *Direito administrativo*. São Paulo: Atlas, 2010. p. 654.

Em suma, se a teoria utilizada pelo intérprete for a da culpa do serviço, é adequada a ressalva feita por Celso Antônio Bandeira de Mello, de que ela deve ser mitigada pela inversão do ônus, decorrente de uma presunção de culpa por parte do Poder Público. Entretanto, tal presunção será *juris tantum*, o que significa que, diferentemente do que ocorre na responsabilidade objetiva pura, o Estado poderá se escusar de responder alegando que não agiu de forma negligente, imprudente ou com imperícia. Por isso, tal posicionamento, não obstante mais justo, sob a perspectiva de o Estado responder pelo que de fato teve culpa, representa, de certa forma, um retrocesso em relação ao estágio da teoria do risco, conforme visto.

Enquanto a responsabilidade subjetiva fundamenta-se na noção de justiça corretiva ou aritmética, isto é, no justo formal, a responsabilidade objetiva tem a vantagem de trazer para a ponderação elementos de distributividade dos encargos sociais.

Assim, mesmo que se comprove que o Estado não foi culpado por um dano ocorrido, ele poderá, em tese, responder objetivamente com base na solidariedade social, que advém da avançada noção de risco. A utilização da teoria do risco no seu grau mais amplo de evolução não questiona a presença ou ausência de negligência, imprudência ou imperícia daquele que assumiu o risco, mas já parte do pressuposto de que o risco foi assumido (teoria do **risco criado**) e qualquer prejuízo proveniente daquela atividade será ressarcido, pouco importando se havia ou não como evitar o evento lesivo.

Por outro lado, não se pode ignorar que todo esse vocabulário contemporâneo da sociedade de risco e da teoria da imputação objetiva, que abrange as noções *justas expectativas sociais*, *princípio da confiança* e *risco permitido*, tem dois efeitos práticos imbricados: (1) mitigam-se consequências da adoção da teoria objetiva, ao trazer à discussão a noção de risco permitido, aspecto que, se não fosse considerado, geraria responsabilização indiscriminada, pois mesmo atividades bastante seguras do ponto de vista social apresentam riscos inevitáveis; e (2) por outro lado, representa em potencial, em nome da prudência na ponderação, uma ameaça de retrocesso em relação à escolha do Constituinte por uma responsabilização objetiva do Estado, pois o seu uso gera a inafastável ponderação de um certo grau de culpa administrativa, uma vez que falar que o Estado não deveria ter exposto as pessoas ao perigo envolve analisar qual o grau de risco, conforme a noção genérica de homem médio (*bonus pater familia*), poderia ter sido assumido na análise dos elementos do caso.

Em suma, parece ser inevitável o surgimento da questão da culpa em toda a discussão das "justas expectativas", mas será doravante escolha do julgador, com base nos elementos apresentados, se ele vai: afastar a responsabilidade do Estado, se acolher a argumentação de que **não houve** imprudência, negligência ou imperícia diante do estágio de conhecimentos e técnicas alcançadas pela sociedade, isto é, que o risco assumido foi "permitido", ou aplicará diretamente a teoria da responsabilidade objetiva, sem analisar se era um risco permitido ou não, ou seja, partindo do pressuposto de que **o risco foi assumido** e o Estado deve arcar com as consequências dele, pura e simplesmente.

Ao se ponderar a questão do risco permitido em relação ao risco "imprudentemente assumido" no estágio de avanço científico, não se pode ignorar também, por mais justo que isso seja do ponto de vista da atuação do Estado, que há um potencial de um resultado desfavorável do ponto de vista social.

Imagine-se, no caso do remédio, citado pelo autor, que uma pessoa tenha sofrido danos graves relacionados com a compra do remédio; se a pessoa tomou o medicamento comprado um pouco antes da descoberta de que ele faz mal, ela não teria direito à indenização; mas se ela tomou o medicamento comprado um pouco após essa descoberta, ela terá direito ao ressarcimento pelos danos causados.

Então, o Estado e o Judiciário apenas reconheceriam esse direito com uma data prefixada, sem considerar que houve um risco assumido na autorização da distribuição do medicamento, sem a completa comprovação de seus efeitos; sendo indenizados apenas os danos decorrentes da omissão do Estado após o esgotamento do "risco permitido".

Enfim: é sempre um desafio complexo a busca pela justiça concreta, mas se trata de uma exigência estimulante que nos foi inevitavelmente legada pelo pós-positivismo, em um momento em que as certezas são sempre postas em xeque por novos pontos de vista.

A propósito da aplicação de omissões que resultam em danos, mas que terceiros são responsáveis mais diretos, há a decisão do STJ, no REsp 1991456, j. 17.5.2022, em que a Min. Assusete Magalhães entendeu que a União tem responsabilidade solidária por omissão na tutela de patrimônio cultural cedido, mas função subsidiária na reparação de eventual dano. O caso versou sobre ação civil pública dos Ministérios Públicos (Federal e Estadual de Santa Catarina) ajuizada em face da União, do Município de Criciúma/SC, e o Departamento Nacional de Produção Mineral (DNPM), para cobrar medidas de proteção e restauração do Centro Cultural Jorge Zanatta, em imóvel que pertence à União, foi tombado em 2007, sendo que o Município catarinense detinha a cessão de uso. Determinou, então, a segunda turma do STJ que a responsabilidade primária é de quem deu causa direta ao dano, evitando que a maior capacidade reparatória do ente fiscalizador acabe por isentar ou até mesmo estimular a conduta lesiva.

16.9 Responsabilidade por dano nuclear

As atividades nucleares envolvem significativo risco de dano à coletividade e ao meio ambiente.[112] Trata-se de fonte de produção de energia que se dá pelo processamento de substâncias, principalmente o urânio, cujos átomos são divididos por fissão nuclear autossustentada, gerando calor e radioatividade. A energia derivada da reação nuclear tanto pode ter fins pacíficos, no caso das usinas nucleares ou nos laboratórios de exames clínicos, como pode ser utilizada para fins bélicos, por meio da construção de bombas atômicas capazes de destruir cidades inteiras, por exemplo.

A República Federativa do Brasil rege-se, nas relações internacionais, de acordo com os incisos VI, VII e IX, respectivamente, do art. 4º, pelos princípios: da defesa da paz; da solução pacífica dos conflitos; e da cooperação entre os povos para o progresso da humanidade; sendo que "toda **atividade nuclear** em território nacional somente será admitida para **fins pacíficos** e mediante aprovação do Congresso Nacional" (art. 21, XXIII, *a*, CF). Significa dizer que a Constituição brasileira proíbe atividade nuclear com finalidades bélicas.

Contudo, mesmo as atividades nucleares para fins pacíficos são atividades potencialmente perigosas, pois suas usinas e laboratórios geram lixo tóxico que pode levar até um século para perder toda a radiação. O maior acidente nuclear acontecido no mundo foi a explosão do reator nuclear 4 da usina de Chernobyl, na Ucrânia, em 26.4.1986.

Ocorreu no Brasil, entretanto, em setembro de 1987, o maior acidente radiológico já registrado, a partir da disseminação de uma cápsula de Césio 137,[113] elemento radioativo, em Goiânia, que provocou a exposição de 112.800 pessoas, causando danos graves em dezenas de vítimas e a morte de quatro delas.

---

[112] No tocante ao meio ambiente, importante o conteúdo da Súmula 652 do STJ no sentido de que: "a responsabilidade civil da Administração Pública por danos ao meio ambiente, decorrente de sua omissão no dever de fiscalização, é de caráter solidário, mas de execução subsidiária".

[113] Foram responsabilizados pelo acidente os proprietários e técnicos da clínica que abandonaram o aparelho de radioterapia, tendo sido também proposta ação de indenização contra o Estado de Goiás e a União. A responsabilidade solidária da União foi reconhecida com base na circunstância de não ter sido observada a obrigação de desenvolver programas destinados à vigilância sanitária dos equipamentos de radioterapia, como determina o art. 8º, do Decreto nº 81.384/78, proporcionando a retirada da cápsula de Césio 137 de um desses aparelhos. Cf. Césio 137 – entenda o caso. MPF e a Constituição Cidadã. Disponível em: http://www.divulga-mpf.pgr.mpf.gov.br/conteudo/mpf-atuante/direitos-humanos/caso-cesio-137/cesio-137-entenda-o-caso. Acesso em: 24 jul. 2009.

A exposição à radiação modifica e destrói células do corpo humano, sendo capaz de produzir a morte imediata de pessoas, a proliferação de células cancerígenas, além de manifestar efeitos no longo prazo, com a aparição de deformações congênitas nas gerações subsequentes.

Por envolver risco de danos imensuráveis, a exploração de atividades nucleares submete-se a um regime no qual o Estado é responsável subsidiário pelos danos ocorridos; podendo, inclusive, conforme será visto, responder diretamente por eles. Exige-se, para o desenvolvimento de tais atividades, aprovação prévia do Congresso Nacional, a quem compete, outrossim, de acordo com o art. 49, XIX, aprovar iniciativas do Poder Executivo referentes a atividades nucleares.

Há um Sistema de Proteção ao Programa Nuclear Brasileiro (Sinpron), disciplinado pela Lei nº 12.731/2012, voltado a proteger conhecimentos e tecnologias detidos por entidades e/ou instituições que executem atividades para o Programa Nuclear Brasileiro, bem como planejar e coordenar ações em situações de **emergência nuclear** para a proteção de pessoas e do meio ambiente nas proximidades das instalações nucleares. A alínea d do inciso XXIII do art. 21 da Constituição determina que: "a responsabilidade civil por danos nucleares independe da existência de culpa".

A norma é clara no sentido de que a responsabilidade do operador de tal atividade é **objetiva** ou **independente de culpa**. Operador é pessoa jurídica devidamente autorizada para explorar instalação nuclear.

Existe controvérsia, no entanto, acerca da natureza da responsabilidade objetiva do operador da atividade pelos danos nucleares, sendo que, enquanto alguns autores entendem que se trata da hipótese de risco integral,[114] que não admite excludentes da responsabilização, outros autores[115] defendem a existência da teoria do risco administrativo.

Entendemos que as atividades nucleares submetem-se a regime de responsabilização objetiva, mas com **peculiaridades próprias** decorrentes dos tratados e convenções internacionais firmados sobre o assunto, bem como da legislação infraconstitucional (no caso, a Lei nº 6.453/77), que deve seguir os parâmetros de Direito Internacional incorporados ao ordenamento pátrio e da Constituição Federal.

Assim, conforme será visto, não se trata de risco absolutamente integral, no sentido de não admitir nenhuma excludente; mas, por outro lado, as excludentes reconhecidas também não são tão abrangentes como as da responsabilidade por risco administrativo. Trata-se, pois, de **responsabilidade objetiva peculiar**, cujo regime jurídico se localiza num patamar **intermediário** entre o risco integral e o risco administrativo, tendo em alguns aspectos características próprias.

As peculiaridades de tal regime de responsabilização são encontradas na Convenção de Viena sobre Responsabilidade Civil por Danos Nucleares e compreendem: (1) a possibilidade de **limitação** do montante de indenização a ser paga; (2) a exigência de **cobertura securitária** ou financeira para garantir o pagamento das indenizações; e (3) a responsabilidade **subsidiária** do Estado (ou até direta, em casos excepcionais), pelos danos que não forem cobertos pelo seguro realizado.

---

[114] CAVALIERI FILHO, Sergio. *Programa de responsabilidade civil*. São Paulo: Atlas, 2009. p. 146. FIORILLO, Celso Antonio Pacheco. *Curso de direito ambiental brasileiro*. 7. ed. São Paulo: Saraiva, 2006. p. 204.

[115] Cf. BARROS, Adriano Celestino. A responsabilidade civil e o dano nuclear no ordenamento pátrio. Disponível em: http://www.scribd.com/doc/5005565/A-RESPONSABILIDADE-CIVIL-E-O-DANO-NUCLEAR-NO-ORDENAMENTO--PATRIO. Acesso em: 29 jul. 2009.

Para Rui Stoco,[116] a noção de caso fortuito ou força maior é diferenciada nesse caso, mas segundo o autor não se pode afirmar que eles ficam afastados como excludente do dever de indenizar nessa modalidade de danos. Existem alguns incidentes específicos que, de acordo com a Convenção, excluem a responsabilidade do operador do dano, que estão discriminados na alínea *a* do item 3 do art. IV, que são:

- conflito armado;
- hostilidades;
- guerra civil; e
- insurreição.

Tal dispositivo foi transformado no art. 8º da Lei nº 6.453/77, segundo o qual: "o operador não responde pela reparação do dano resultante de acidente nuclear causado diretamente por conflito armado, hostilidades, guerra civil, insurreição ou excepcional fato da natureza", sendo que esta última hipótese foi mencionada como de responsabilização pela Convenção, exceto se a legislação interna dispuser de outra forma, o que foi o caso no Brasil. Não são, portanto, todos os acontecimentos de efeitos inevitáveis que excluem a responsabilidade do causador do dano, mas apenas algumas hipóteses discriminadas na Convenção e na legislação específica.

Os autores que propugnam que a responsabilidade do Estado é objetiva pela teoria do risco integral interpretam que o dispositivo do art. 8º da lei, que foi editada em 1977, não foi recepcionado pela Constituição de 1988. Entretanto, primeiramente, não há dispositivo expresso da Constituição que diga que a responsabilidade objetiva é por risco integral e, depois, contra tal argumento pode-se mencionar o fato de que o Decreto nº 911 incorporou, em 1993, após[117] a edição da Carta Constitucional, a Convenção de Viena ao ordenamento nacional, que contempla tais hipóteses.

Mesmo com tal argumento do desígnio posterior à Constituição de 1988 em incorporar os dispositivos da mencionada Convenção, resta, ainda, a discussão acerca da recepção desta última hipótese, ou seja, do fato excepcional da natureza, que em nossa visão seria a hipótese que teria maior probabilidade de ser alegada como excludente no Brasil, pois a Convenção determina que seja reconhecida a responsabilidade, salvo hipótese legal em sentido contrário.

Então, daí podem decorrer duas interpretações: (a) não há inconstitucionalidade alguma, pois a legislação especial excepcionou com permissivo da própria Convenção tal hipótese; e (b) o tratamento dessa circunstância como excludente fere o espírito das normas constitucionais sobre o assunto, que não se enquadram diretamente no art. 37, § 6º, pois obedecem a princípios específicos de responsabilização, que não recepcionaram esta última ocorrência do art. 8º da lei de 1977.

Entendemos ser discutível também a constitucionalidade do sistema que limita o valor pago a título de indenização, que acaba por não abranger toda a extensão do dano causado pela atividade nuclear.

Note-se que a culpa exclusiva da vítima é excludente da responsabilidade apenas em relação a ela, e não em relação a terceiros, tanto na convenção internacional como na legislação interna, pois, conforme o art. IV, item 2, da Convenção de Viena, se o operador provar que a pessoa que sofreu os danos nucleares os produziu ou para eles contribuiu com negligência grave ou por ação ou omissão dolosa, pode haver, de acordo com o que a legislação própria estabelecer, a exoneração total ou parcial do operador de indenizar a vítima dos danos sofridos, sendo

---

[116] STOCO, Rui. *Tratado de responsabilidade civil*. 6. ed. São Paulo: Revista dos Tribunais, 2004. p. 212.

[117] Cf. BARROS, Adriano Celestino. A responsabilidade civil e o dano nuclear no ordenamento pátrio. Disponível em: http://www.scribd.com/doc/5005565/A-RESPONSABILIDADE-CIVIL-E-O-DANO-NUCLEAR-NO-ORDENAMENTO--PATRIO. Acesso em: 29 jul. 2009.

que a orientação é encontrada no art. 6º da Lei nº 6.453/77, *in verbis*: "uma vez provado haver o dano resultado exclusivamente de culpa da vítima, o operador será exonerado, apenas em relação a ela, da obrigação de indenizar".

O art. VII, item 1, da Convenção de Viena, incorporada pelo Decreto nº 911/93, enuncia a responsabilidade **subsidiária** do Estado pelos danos nucleares causados pelo operador, fornecendo os valores necessários se o seguro ou a garantia financeira não for suficiente para cobrir as indenizações, nos limites fixados. Contudo, no caso de acidente provocado por material nuclear ilicitamente possuído ou utilizado e não relacionado a qualquer operador, os danos serão suportados diretamente pela União, até o limite fixado na lei, conforme determina seu art. 15, ressalvado o direito de regresso contra a pessoa que lhes deu causa.

A Convenção confere ao Estado a prerrogativa de fixar a quantia, a natureza e as condições do seguro ou da garantia, que, no caso da legislação interna brasileira, é exercitada pela Comissão Nacional de Energia Nuclear no ato da licença de construção ou da autorização para a operação, levando em consideração o tipo, a capacidade, a finalidade, a localização de cada instalação, bem como os demais fatores previsíveis. Apenas haverá dispensa do seguro diante de reduzidos riscos decorrentes de determinados materiais ou instalações nucleares.

As ações que pleiteiam indenizações por danos provenientes de acidente nuclear prescrevem em dez anos, contados da data do acidente, mas se o acidente for causado por material subtraído, perdido ou abandonado, o prazo será contado do acidente, mas não excederá 20 anos da data da subtração, perda ou abandono (cf. art. 12 da lei), sendo as causas processadas e julgadas, por prevenção, no mesmo juízo jurisdicional (art. 11).

RESPONSABILIDADE POR DANO NUCLEAR

Art. 21, XXIII, *a*, CF: a atividade nuclear no Brasil só é admitida para FINS PACÍFICOS e com aprovação do Congresso Nacional.

Art. 21, XXIII, *d*, CF: a responsabilidade civil por danos nucleares **independe de culpa**.

Independe de culpa = é OBJETIVA

Controvérsia:

Risco integral – Cavalieri Filho e Pacheco Fiorillo.

Risco administrativo – Adriano Celestino Barros.

Nosso posicionamento: **RESPONSABILIDADE OBJETIVA PECULIAR**

Convenção de Viena sobre Responsabilidade Civil por Danos Nucleares, incorporada pelo Decreto nº 911/93:

1. possibilidade de **limitação** do montante da indenização – de constitucionalidade duvidosa;

2. exigência de **cobertura securitária** ou financeira; e

3. responsabilidade **subsidiária** ou direta do Estado, em casos mais excepcionais, pelos danos que não forem cobertos pelo seguro.

Art. 8º da **Lei nº 6.453/77**: operador não responde, por exemplo, por: conflito armado, hostilidades, guerra civil e insurreição.

Art. 6º da lei: culpa exclusiva da vítima exclui obrigação de indenizar apenas com relação à vítima, mas não com relação a terceiros.

Prescrição da ação: **10 anos**, contados do acidente.

Exceto se o material for subtraído, perdido ou abandonado, hipótese na qual o prazo pode chegar a 20 anos.

16.10 Responsabilidade do Estado por atos legislativos

Quando o Poder Legislativo cumpre sua atribuição típica de elaborar as leis, ele afeta inúmeros interesses. As leis frequentemente restringem o exercício de certos direitos em benefício coletivo, dando sua exata conformação em função da evolução do Direito. Se o Poder Legislativo edita normas gerais e abstratas que são dirigidas a toda a coletividade, o ônus decorrente dessa atividade recai de forma igual sobre todas as pessoas que se encontram em determinada situação.

Não seria producente que os particulares cujos interesses fossem afetados pelas mudanças que obedecem ao devido processo legislativo-constitucional, bem como aos limites de conteúdo impostos pela Lei Maior, quisessem obter do Estado indenizações para a manutenção de uma situação propositadamente alterada em vista de benefícios direcionados ao alcance de interesses coletivos.

Também não seria interessante que o Estado fosse responsabilizado pela atuação legítima de parlamentares eleitos pelos cidadãos.

Prevalece, em nosso sistema, a regra da irresponsabilidade do Estado pelo exercício de sua atribuição típica de elaborar as leis. Contudo, essa regra é excepcionada em duas hipóteses justificáveis:

- se há a criação de leis inconstitucionais; e
- se há leis de efeitos concretos.

Na primeira situação, considera-se que a delegação popular do exercício de parcela da soberania é legítima na medida em que o poder constituído (composto pelos parlamentares) edite atos normativos que obedeçam aos parâmetros estabelecidos pelo Poder Constituinte, ou seja, às regras de elaboração das leis previstas na Constituição e aos limites materiais determinados pelo conteúdo do texto constitucional.

Admite-se, portanto, a responsabilização do Estado se o Poder Legislativo elaborar leis que contemplem inconstitucionalidades que causem danos às pessoas. Segundo defende Maria Sylvia Zanella Di Pietro,[118] a responsabilidade por leis inconstitucionais depende de prévia declaração do vício pelo STF.

A autora adverte, ainda, que também pode haver responsabilização do Estado por atos normativos decorrentes de atividade regulamentar, se esta extrapolar dos limites permitidos pelo sistema jurídico ou por atos normativos inconstitucionais das Agências Reguladoras. Note-se que, como essa atividade regulamentar surge para complementar a lei, se ela for ilegal, não há necessidade de esperar a manifestação do STF, mas na mesma ação em que se pleiteia o reconhecimento da ilegalidade na atividade normativa do Estado, há a possibilidade de se pedir também indenização pelos danos decorrentes da ilegalidade.

A regra da irresponsabilidade do Legislativo também é excepcionada diante de edição de lei de efeitos concretos. Neste caso, o dano não é suportado de forma difusa por toda coletividade, mas apenas por um ou outro grupo muito restrito de administrados.

O fundamento último da possibilidade de responsabilização do Estado nesta hipótese repousa na quebra do princípio da igualdade na distribuição dos encargos públicos. Note-se que a edição de atos administrativos em função atípica do Legislativo implica sempre a responsabilidade pelos danos ocasionados.

---

[118] DI PIETRO, Maria Sylvia Zanella. *Direito administrativo*. 22. ed. São Paulo: Atlas, 2010. p. 659.

> **RESPONSABILIDADE POR ATOS LEGISLATIVOS**
>
> Regra = **não responsabilização** no exercício legítimo das atribuições.
>
> Exceções:
>
> 1. criação de **leis inconstitucionais**
> Di Pietro: dependente de declaração do vício pelo STF.
>
> 2. leis de **efeitos concretos**
> Fundamento – quebra da igualdade na distribuição dos encargos públicos.

16.11 Responsabilidade do Estado por atos judiciais

Além da revisão da responsabilidade do Estado por ato normativo editado pelo Poder Legislativo, recentemente há uma modificação quanto ao argumento geral da irresponsabilidade do Poder Judiciário por decisões que causam danos.

O serviço judiciário é um serviço público disponibilizado ao cidadão e prestado em exclusividade pelo Estado; este deve zelar por um grau de perfeição no seu funcionamento, daí por que parte da doutrina entende que o art. 37, § 6º, da Constituição Federal também abrange a responsabilidade do Estado por danos causados por atos judiciais.

Ademais, dizer que o Estado é irresponsável pelos danos causados por atos jurisdicionais seria incoerente com o dispositivo previsto no inciso LXXV do art. 5º da Constituição Federal, que dispõe que: "o Estado indenizará o condenado por **erro judiciário**, assim como o que ficar **preso além do tempo** fixado na sentença".

A propósito, o art. 630 do Código de Processo Penal admite a possibilidade de reconhecimento de uma justa indenização pelos danos sofridos, sendo a indenização liquidada no juízo cível contra a União, o Distrito Federal ou o Estado, em função do dano ter sido causado pela respectiva justiça.

Não é reconhecido, conforme dispõe o § 2º do mesmo artigo do CPP, o direito à indenização se: (a) o erro ou a injustiça da condenação proceder de ato ou falta imputável ao próprio impetrante, como a confissão ou a ocultação de prova em seu poder; e (b) se a acusação houver sido meramente privada.

Entendemos, contudo, que essa segunda restrição à responsabilização prevista no CPP não foi recepcionada pela Constituição. Ora, pela sistemática atual, não há motivos plausíveis para se excluir da responsabilização do Estado por erro judiciário de uma acusação meramente privada. A acusação pode ser privada, conforme esclarece Rui Stoco, nas ações privadas típicas e nas ações penais públicas subsidiárias. Contudo, como bem observa o autor, apesar de a acusação ser privada, "os atos judiciais e a decisão serão sempre públicos",[119] posto que editados ou proferidos pelo Estado-juiz.

Não se admite, via de regra, a responsabilidade do Estado por atividades cautelares, como a expedição de prisão preventiva, mesmo quando o réu ao final do processo venha a ser absolvido ou tenha sua sentença condenatória reformada por instância superior, desde que a medida seja fundamentada e obedeça aos pressupostos que a autorizam. Adverte Sergio Cavalieri Filho[120] que uma prisão preventiva, um processo ou mesmo um inquérito podem causar aborrecimentos, mas subordiná-los à existência de verdade absoluta no ocorrido seria, na prática,

---

[119] STOCO, Rui. Responsabilidade do Estado por erro judiciário. *Cidadania e Justiça da Associação dos Magistrados Brasileiros*, ano 2, nº 4, 1º semestre de 1998, Rio de Janeiro: AMP, p. 178.

[120] CAVALIERI FILHO, Sergio. *Programa de responsabilidade civil*. 8. ed. São Paulo: Atlas, 2009. p. 267.

inviabilizar a distribuição da justiça, mesmo porque o processo contempla duas partes que litigam em contraditório.

Nesse sentido, decidiu o STF que: "decreto judicial de prisão preventiva não se confunde com erro judiciário – CF, art. 5º, LXXV – mesmo que o réu, ao final da ação penal, venha a ser absolvido" (RE 429.518/SC, 2ª T., Rel. Min. Carlos Velloso, *DJ* 28.10.2004, p. 49).

O erro judiciário no sistema brasileiro é caracterizado pela equivocada apreciação dos fatos ou do Direito, o que leva o juiz a proferir sentença passível de revisão ou rescisão, por dolo, culpa ou falha do serviço, bem como, em algumas hipóteses mais raras, por risco inerente ao funcionamento da justiça, que é atividade desenvolvida por magistrados e serventuários da justiça que, como seres humanos que são, estão sempre sujeitos ao cometimento de erros.

A jurisprudência aponta, entretanto, para a necessidade de o ofendido **acionar primeiramente o Estado**, e não diretamente o magistrado ou o órgão colegiado de desembargadores que proferiu a decisão final. Também não há erro judiciário, conforme visto, quando a decisão está suficientemente motivada e obedece aos pressupostos que a autorizam.[121] Note-se o conteúdo da seguinte decisão do STF que é paradigmática desse posicionamento:

> A autoridade judiciária não tem responsabilidade civil pelos atos jurisdicionais praticados. Os magistrados enquadram-se na espécie agente político,[122] investidos para o exercício de atribuições constitucionais, sendo dotados de plena liberdade funcional no desempenho de suas funções, com prerrogativas próprias e legislação específica. Ação que deveria ter sido ajuizada contra a Fazenda Estadual – responsável eventual pelos alegados danos causados pela autoridade judicial, ao exercer suas atribuições –, a qual, posteriormente, terá assegurado o direito de regresso contra o magistrado responsável, nas hipóteses de dolo ou culpa. Legitimidade passiva reservada ao Estado. Ausência de responsabilidade concorrente em face dos eventuais prejuízos causados a terceiros pela autoridade julgadora no exercício de suas funções, a teor do art. 37, § 6º, da CF/88 (RE 228.977, Rel. Min. Néri da Silveira, *DJ* 12.4.2002).

Dispõe o art. 143 do Código de Processo Civil que o juiz será responsabilizado, civil e regressivamente, em caso de **dolo** ou **fraude** ou se recusou, omitiu ou retardou, **injustificadamente**, ato que deveria ordenar de ofício ou a requerimento a parte. Esse dispositivo é reproduzido no art. 49 do Estatuto da Magistratura (Lei Complementar nº 35/79).

A questão de regressiva contra o magistrado no caso de culpa é delicada. Ora, sabe-se que o avanço da hermenêutica jurídica na atualidade não permite mais considerar o juiz como "boca da lei".[123] Ademais, não é o fato de uma regra estar prevista em lei que determina sua imediata e direta aplicação. Apesar da presunção de constitucionalidade das regras previstas no ordenamento, muitas são de fato afastadas por controle difuso ou simplesmente pelo fato de que os efeitos delas, em determinados casos concretos, dão resultados absolutamente opostos aos protegidos pelo ordenamento, pois a aplicação do Direito não é, na grande maioria dos casos, uma operação matemática,[124] apta a exigir precisão. Assim, a negligência ou a imperícia não são facilmente identificáveis em ciências sociais aplicadas como o Direito.

---

[121] STF, RE 111.609, *DJU* 19.3.1993; 219.177, *DJU* 29.10.1999; 216.020, *DJU* 8.10.2002. MEIRELLES, Hely Lopes. *Direito administrativo brasileiro*. 35. ed. São Paulo: Malheiros, 2009. p. 665.

[122] Note que o STF adotou nesta decisão o posicionamento de Hely Lopes Meirelles, ao classificar o magistrado como agente político e não como servidor em regime especial, como grande parte da doutrina.

[123] *Bouche de la loi* (Montesquieu).

[124] Segundo Eros Grau inexistem soluções previamente estruturadas, como produtos semi-industrializados em uma linha de montagem, para os problemas jurídicos. GRAU, Eros. *Ensaio e discurso sobre a interpretação/aplicação do direito*. 3. ed. São Paulo: Malheiros, 2005. p. 32.

A independência funcional do juiz retira-o da esfera de submissão encontrável no âmbito das relações hierárquico-administrativas na prolação da sentença, isto é, no desenvolvimento da função típica jurisdicional, pois ele possui liberdade para interpretar o caso concreto cotejando-o com os valores consagrados no ordenamento jurídico-constitucional.

Talvez a negligência possa ser caracterizada pelo fato de o juiz deixar de aplicar conteúdo de súmula vinculante ou de decisão com efeitos *erga omnes* em controle concentrado de constitucionalidade, por exemplo, mas mesmo assim adverte Yussef Said Cahali[125] que há certos limites ao reconhecimento do erro judiciário.

Primeiramente, paira uma **presunção de que o Judiciário julga de acordo** com o sistema jurídico. Trata-se de presunção relativa e não absoluta, porque não há Poder Constituído que seja soberano ou irresponsável por seus atos num Estado de Direito.

Depois, é necessário demonstrar que o erro **não pôde ser evitado pelo uso dos recursos** jurídico-processuais pertinentes. No caso da ausência de aplicação de súmula vinculante, por exemplo, existe reclamação ao Supremo Tribunal Federal, conforme dispõe o art. 103-A, § 3º, da Constituição.

Se o prejudicado tudo fez e, ainda assim, o erro foi mantido, cabe condenação do Estado; no entanto, antes de ocorrer o trânsito em julgado da sentença, o dano é considerado eventual, pois há vias processuais adequadas para reverter a situação.

RESPONSABILIDADE POR ATOS JUDICIAIS

Argumento geral: irresponsabilidade

Todavia:

1. art. 37, § 6º, CF: serviço judicial é serviço público;
2. art. 5º, LXXV: o Estado indenizará o condenado:

| ERRO JUDICIÁRIO | FICAR PRESO ALÉM DO TEMPO FIXADO NA SENTENÇA |

Obs.: não abrange atividades cautelares, desde que fundamentadas nos pressupostos que as autorizam.

Jurisprudência do STF: aciona-se primeiro o Estado, que, se condenado, entrará com a regressiva.

art. 143, II, CPC = art. 49, LC nº 35/79 (Estatuto da Magistratura) – requisitos:

- dolo;
- fraude;
- recusou, omitiu ou retardou injustificadamente ato.

Cahali – limites
- presunção – relativa – de julgamento conforme o ordenamento
- demonstração de que o erro não pôde ser evitado por recursos

---

[125] CAHALI, Yussef Said. *Responsabilidade civil do Estado*. 2. ed. São Paulo: Malheiros, 1995. p. 638.

16.12 Prazo de prescrição para pleitear reparação em juízo

A maior parte da doutrina entende que o prazo prescricional para entrar em juízo com ação de reparação contra o Estado é quinquenal, com base no art. 1º do Decreto nº 20.910/32, *in verbis*: "as dívidas passivas da União, dos Estados e dos Municípios, bem assim todo e qualquer direito ou ação contra a Fazenda federal, estadual ou municipal, seja qual for a sua natureza, prescrevem em 5 (cinco) anos, contados da data do ato ou fato do qual se originarem".

De acordo com a redação do art. 1º C, acrescentado à Lei nº 9.494, de 10.9.1997, pela Medida Provisória nº 2.180-35, de 24.8.2001, fica claro que a prescrição quinquenal também se aplica às pessoas jurídicas de direito privado prestadoras de serviços públicos, conforme dispositivo que determina: "prescreverá em cinco anos o direito de obter indenização dos danos causados por agentes de pessoas jurídicas de direito público e de pessoas jurídicas de direito privado prestadoras de serviços públicos".

Havia alguns posicionamentos jurisprudenciais isolados[126] no sentido de que a prescrição da pretensão de reparação civil contra as pessoas de direito público e as de direito privado prestadoras de serviços públicos deveria obediência ao **prazo de três anos** fixado no art. **206, § 3º, V, do Código Civil** de 2002. José dos Santos Carvalho Filho[127] posicionava-se favoravelmente ao fato de que a pretensão de terceiros de reparação civil passou de quinquenal para trienal, pois o Decreto nº 20.910/32 surgiu para privilegiar a Fazenda Pública com prazos menores; e diante da redução do prazo realizada pelo novo Código Civil não haveria como, na interpretação sistemática feita pelo autor, o prazo do particular ser inferior ao da Fazenda Pública.

Entendemos que, como a Fazenda Pública obedece à lei especial, não é correto aplicar o Código Civil à responsabilidade extracontratual do Estado, ainda mais diante do fato de que o Estado já possui diversas prerrogativas processuais: prazos dilatados, duplo grau obrigatório ou remessa *ex officio*, execução por precatório. Note-se que o STF[128] já decidiu que não é possível a ampliação do prazo para ação rescisória em favor da Fazenda Pública por simples medida provisória, então, defendemos que menos correto ainda seria a possibilidade de redução do prazo, em desfavor dos particulares lesados, por meio de interpretação sistemática mormente se **existe legislação especial expressa**[129] no sentido da **prescrição quinquenal**.

A propósito, há precedentes do STJ que aplicam o prazo especial previsto no Decreto nº 20.910/32 em detrimento do prazo geral da lei civil, com base na regra hermenêutica do *lex specialis derogat generali*[130] (regra da especialidade).

---

[126] STJ, REsp nº 698.195/DF, Rel. Min. Jorge Scartezzini, *Informativo STJ* nº 283, de maio de 2006. Que já foram objeto de concurso público, como aconteceu na prova da magistratura do MS, de 2008.

[127] CARVALHO FILHO, José dos Santos. *Manual de direito administrativo*. Rio de Janeiro: Lumen Juris, 2008. p. 541-542. Nesse sentido, também: GONÇALVES, Carlos Roberto. *Responsabilidade civil*. São Paulo: Saraiva, 2003. p. 190.

[128] Decidiu-se que não havia como a Medida Provisória nº 1.577-7/97 alterar o prazo de decadência de dois para cinco anos para a ação rescisória apenas em favor de entidades de direito público. ADIMC 1.753, Rel. Min. Sepúlveda Pertence, j. 16.4.998, *DJ* 12.6.1998, p. 51.

[129] Apesar da aparência de positivismo do argumento, não achamos correto que a Fazenda Pública deva sempre e em qualquer situação, mesmo em interpretação *contra legem*, gozar de privilégios em relação aos cidadãos-administrados, sendo justificáveis os privilégios previstos em lei que buscam a mais adequada consecução dos interesses primários, relacionados com o melhor atendimento das necessidades coletivas.

[130] Critério da especialidade, segundo a qual se há "duas normas incompatíveis, uma geral e uma especial (ou excepcional), prevalece a segunda". Cf. BOBBIO, Norberto. *Teoria do ordenamento jurídico*. Brasília: Universidade de Brasília, 1995. p. 96.

PROCESSUAL CIVIL. ADMINISTRATIVO. AÇÃO DE RESPONSABILIDADE CIVIL DO ESTADO. PRESCRIÇÃO. DECRETO LEGISLATIVO 20.910/32. APLICAÇÃO. NORMA ESPECIAL. 1. O art. 1º do Decreto nº 20.910/32 dispõe acerca da prescrição quinquenal de qualquer direito ou ação contra a Fazenda Pública, seja qual for a sua natureza, a partir do ato ou fato do qual se originou. 2. *In casu*, tendo a parte interessada deixado escoar o prazo quinquenal para propor a ação objetivando o reconhecimento do seu direito, vez que o dano indenizável ocorrera em 24 de outubro de 1993, enquanto a ação judicial somente fora ajuizada em 17 de abril de 2003, ou seja, quase dez anos após o incidente, impõe-se decretar extinto o processo, com resolução de mérito pela ocorrência da inequívoca prescrição. 3. Deveras, a lei especial convive com a lei geral, por isso que os prazos do Decreto nº 20.910/32 coexistem com aqueles fixados na lei civil. 4. Recurso especial provido para reconhecer a incidência da prescrição quinquenal e declarar extinto o processo com resolução de mérito (art. 269, IV do CPC). (REsp 820.768/RS, Rel. Min. Luiz Fux, 1ª T., j. 4.10.2007, *DJ* 5.11.2007, p. 227.)

Note-se que a reparação de dano causado ao erário era considerada imprescritível para parcela dos intérpretes, em função da exegese do dispositivo contido no art. 37, § 5º, da Constituição, que dispõe: "a lei estabelecerá os prazos de prescrição para ilícitos praticados por qualquer agente, servidor ou não, que causem prejuízos ao erário, ressalvadas as respectivas ações de ressarcimento". Tal era o entendimento do STJ, no REsp 705.75-SP, de 04.05.2008, no entanto, ao menos do ponto de vista do ato ilícito civil, no dia 03.02.2016, houve a decisão do plenário do Supremo Tribunal Federal, pelo RE 669.069, ao qual se atribuiu efeito de repercussão geral, no sentido de que as ações de ressarcimento ao erário oriundas de atos ilícitos civis são prescritíveis, havendo, então, uma alteração do entendimento anterior.[131]

Posteriormente, houve o julgamento do RE 852.457 em que o Supremo Tribunal Federal considerou imprescritível o ressarcimento de danos ao erário por improbidade. Note-se que o art. 23 da Lei nº 8.429/92 (Lei de Improbidade Administrativa) foi, em 2021, alterado pela Lei nº 14.230, estabelecendo o prazo de **prescrição de oito anos**, contados a partir da ocorrência do fato ou, no caso de infrações permanentes, do dia em que cessou a permanência. Assim, agora o prazo de prescrição da sanção de improbidade é padronizado em oito anos.

Matéria efetivamente considerada imprescritível é a tortura na ditadura militar brasileira. A 2ª Turma do STJ firmou o entendimento no sentido de que a ofensa a direitos fundamentais não se subsume aos prazos prescricionais do Decreto nº 20.910/32 e do Código Civil, reconhecendo o dever de o Estado indenizar os danos ocasionados aos perseguidos, uma vez que tais pretensões foram consideradas imprescritíveis (REsp 529804/PR, 2ª T., Min. Fux, *DJ* 24.5.2004, p. 172, e REsp 379414/PR, j. 25.11.2002, rel. Min. José Delgado, *DJ* 17.2.2003, p. 225).

Com base nessa orientação jurisprudencial, houve a delimitação da jurisprudência em tese nº 3, do assunto responsabilidade civil do Estado, em que o STJ consolidou o seguinte entendimento: "as ações indenizatórias decorrentes de violação a direitos fundamentais ocorrida durante o regime militar são imprescritíveis, não se aplicando o prazo quinquenal previsto no art. 1º do Decreto nº 20.910/1932".

Por fim, note-se que o dano ambiental causado por qualquer pessoa, inclusive pessoa jurídica pública, é considerado também imprescritível. A solução é encontrada na doutrina, por

---

[131] Essa decisão, que se baseou na obra de Celso Antônio Bandeira de Mello, sobretudo no seu convencimento influenciado pelos argumentos apresentados por Emerson Gabardo, com foco no argumento da impossibilidade de garantia da ampla defesa ao servidor acusado. Para conferir a análise, ver: GABARDO, Emerson. A mudança de entendimento do STF sobre a imprescritibilidade das ações de ressarcimento ao erário. Disponível em: http://www.direitodoestado.com.br/colunistas/emerson-gabardo/a-mudanca-de-entendimento-do-stf--sobre-a-imprescritibilidade-das-acoes-de-ressarcimento-ao-erario. Acesso em: 2 de out. 2016.

três motivos normalmente alegados: (1) não há disposição legal estabelecendo prazo de prescrição para dano ambiental; (2) o meio ambiente ecologicamente equilibrado é interesse difuso e, por isso, não se trata de bem disponível, sendo a prescrição instituto que se destina aos direitos patrimoniais disponíveis, como esclarecem Nelson Nery Júnior e Rosa Maria Andrade Nery: "não se aplica à pretensão de indenização do dano ambiental o regime de prescrição relativa ao direito de propriedade";[132] e (3) os efeitos do dano ambiental normalmente se protraem no tempo, não sendo possível estabelecer o início de contagem do prazo prescricional, que coincidiria com o término de um dano indefinidamente continuado, uma vez que o meio ambiente é bem difuso cuja ausência de preservação afeta gerações futuras.

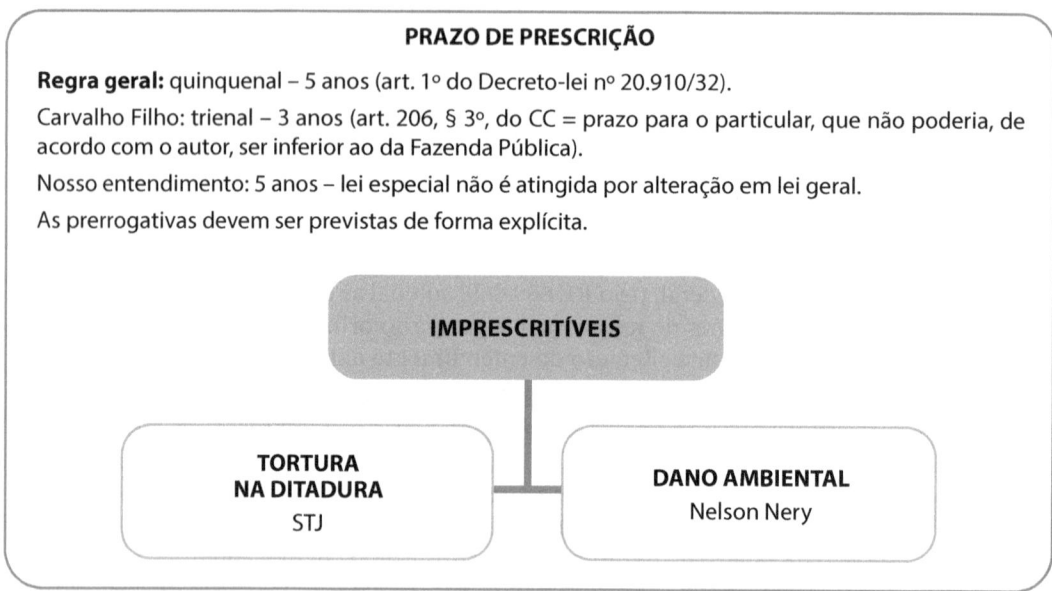

PRAZO DE PRESCRIÇÃO

Regra geral: quinquenal – 5 anos (art. 1º do Decreto-lei nº 20.910/32).

Carvalho Filho: trienal – 3 anos (art. 206, § 3º, do CC = prazo para o particular, que não poderia, de acordo com o autor, ser inferior ao da Fazenda Pública).

Nosso entendimento: 5 anos – lei especial não é atingida por alteração em lei geral.

As prerrogativas devem ser previstas de forma explícita.

IMPRESCRITÍVEIS

TORTURA NA DITADURA
STJ

DANO AMBIENTAL
Nelson Nery

---

[132] NERY JÚNIOR, N.; NERY, R. M. B. B. de A. Responsabilidade civil, meio ambiente e ação coletiva ambiental. In: Benjamin, A. H. V. (Coord.). *Dano ambiental:* prevenção, reparação e repressão. São Paulo: Revista dos Tribunais, 1993. p. 291.

17
Controle da Administração Pública

17.1 Contextualização, definição e classificação

A noção de controle da Administração Pública é inerente ao Estado de Direito e relaciona-se com o próprio desenvolvimento do Direito Administrativo. Conforme visto, a Administração Pública, como entendida atualmente, somente se estruturou com a formação do Estado de Direito, sendo deste extraídos a separação de poderes e os demais limites ao exercício do poder do Estado, tendo em vista os direitos e garantias proclamados.

O art. 15 da Declaração de Direitos de 1789 enunciou que: "a sociedade tem o direito de pedir conta a todo agente público de sua administração". Os limites de utilização do poder da Administração serão conformados justamente com a estruturação de um sistema de controle, segundo a noção propagada por Montesquieu no sentido de que é uma experiência perene que toda pessoa que tem poder, tende a abusar dele, pois a ação humana "vai até onde encontra limites".[1]

Controle da Administração Pública significa o conjunto de mecanismos que permitem a **vigilância**, a **orientação** e a **correção** da atuação administrativa para que ela não se distancie das regras e princípios do ordenamento jurídico e dos interesses públicos que legitimam sua existência.

A *vigilância* ocorre por meio da fiscalização da atuação administrativa.

A *orientação* tem em vista direcionar a atuação administrativa para o preenchimento de necessidades coletivas, desde que estas sejam afinadas com as possibilidades do ordenamento jurídico. As Procuradorias Federal, dos Estados e do Município e a Advocacia Geral da União prestam função de orientação para as entidades das quais fazem parte.

A *correção* implica a revisão das condutas que se distanciam dos princípios e regras jurídicas ou mesmo dos interesses públicos. O controle da Administração Pública deve ser exercido em todos os níveis e em todos os órgãos.[2]

---

[1] C'est une expérience éternelle que tout homme qui a du pouvoir, a tendance à en abuser. Tout homme va jusqu'à ce qu'il trouve des limites.

[2] Conforme disposto no art. 13 do Decreto-lei nº 200/67.

O controle pode ser **interno**, caso em que se relaciona com a autotutela administrativa, que pode ser feita de ofício ou mediante provocação, por petições ou recursos dos administrados,[3] ou **externo**, que, via de regra, é efetivado pelos outros Poderes, quais sejam: o Legislativo, que tem a atribuição típica de fiscalizar o Executivo nos casos e limites permitidos pelas normas constitucionais, ou o Judiciário, que não pode se furtar de julgar casos de violação ou ameaça de lesão a direitos que lhe são submetidos.

Alguns autores, como José dos Santos Carvalho Filho,[4] dividem, ainda, **controle político**, que é aquele relacionado com o mecanismo de freios e contrapesos entre os Poderes estruturais da República, de **controle administrativo**, que se relaciona com a fiscalização da atividade administrativa e é empregado com vistas à função, aos órgãos e aos agentes administrativos.

Note-se, contudo, que o controle externo da atividade administrativa é alicerçado nos mecanismos de controles recíprocos entre os Poderes, para que o desempenho da função administrativa não fique alijado da fiscalização orçamentária e financeira do Poder Legislativo ou do Poder Judiciário, que controla a ação administrativa que se distancia do ordenamento jurídico.

O controle também é dividido quanto ao órgão controlador, podendo haver, portanto, controle **legislativo**, **administrativo** e **judicial**.

O controle *legislativo* é aquele que permite ao Poder Legislativo fiscalizar a Administração Pública.

O controle *judicial* é aquele que se restringe a aspectos de legalidade e de legitimidade, conforme será visto, mas não adentra ao "mérito" das opções tomadas nas possibilidades interpretativas extraídas do ordenamento jurídico.

Controle *administrativo* pode ser considerado ainda mais abrangente do que controle da Administração Pública, haja vista que os demais Poderes, isto é, o Legislativo e o Judiciário, também praticam atos administrativos para gestão de seus quadros e por isso estão sujeitos ao controle administrativo, que não é controle da Administração Pública propriamente dito.

Há, por exemplo, controle interno do Poder Judiciário quando a corregedoria faz a análise do cumprimento dos deveres dos magistrados, tendo em vista o Estatuto da Magistratura. Trata-se de controle administrativo do órgão Corregedoria que desempenha funções administrativas. A Corregedoria[5] pode ser considerada, portanto, órgão administrativo do Poder Judiciário.

É também ainda corrente na doutrina a classificação quanto à natureza do controle entre o **controle de legalidade** ou legitimidade e o chamado **controle de mérito**. Controle de legalidade ou legitimidade é o que objetiva averiguar a conformidade do ato com as regras e princípios presentes no ordenamento jurídico. Ele tanto pode ser realizado pela Administração, com base na autotutela, como também pelo Poder Judiciário. Já o controle de mérito/discricionariedade aborda a verificação da conveniência e oportunidade em manter determinado ato administrativo, sendo realizado só pela Administração Pública, porquanto o Poder Judiciário não pode substituir atos editados conforme o ordenamento jurídico, sendo-lhe defeso adentrar ao mérito do ato.

Note-se que, conforme visto, o Judiciário não pode adentrar à discricionariedade da Administração se houve opções administrativas válidas perante o ordenamento jurídico, sob pena

---

[3] Uma obra de referência mais atualizada sobre as novas tendências do controle interno é: CASTRO, Rodrigo Pironti Aguirre de. *Sistema de controle interno*. Belo Horizonte: Fórum, 2014. *Passim*.

[4] CARVALHO FILHO, José dos Santos. *Manual de direito administrativo*. Rio de Janeiro: Lumen Juris, 2008. p. 877-878.

[5] Após a Reforma do Judiciário, a Emenda 45 também previu que o controle do Judiciário seja feito pelo CNJ. Apesar de toda discussão envolvendo o controle externo do Judiciário, o CNJ foi previsto como órgão integrante deste Poder (art. 92, I-A).

de violação da independência entre Poderes; todavia, se um ato discricionário for ilegal, será possível seu controle judicial (desde que o controle se atenha à ilegalidade, o que abarca, de acordo com o exposto, tanto à violação às regras, como aos princípios jurídicos).

Quanto ao momento, o controle pode ser: prévio, concomitante e posterior. O controle **prévio** é preventivo, pois se exerce antes da edição de qualquer ato pela Administração Pública. O controle **concomitante** é o simultâneo à atuação administrativa. Pode-se dizer que o concomitante se dá na fiscalização da execução de obras públicas ou no item de desenvolvimento dos processos administrativos. O controle **posterior** é o que recai sobre atos já praticados, para confirmá-los ou revê-los.

José dos Santos Carvalho Filho enfatiza ainda a classificação do controle quanto à iniciativa, que pode ser **de ofício**, quando a própria Administração controla seus atos, sem a necessidade de provocação, e **provocado** que é o controle "deflagrado por terceiro".[6]

O controle provocado tanto pode ser feito pelo Poder Judiciário que, pelo princípio da inércia, não atua de ofício (*ne procedat judex ex officio*) como pela Administração Pública, que pode ser provocada a rever ou confirmar seus próprios atos por meio de recursos administrativos de interessados.

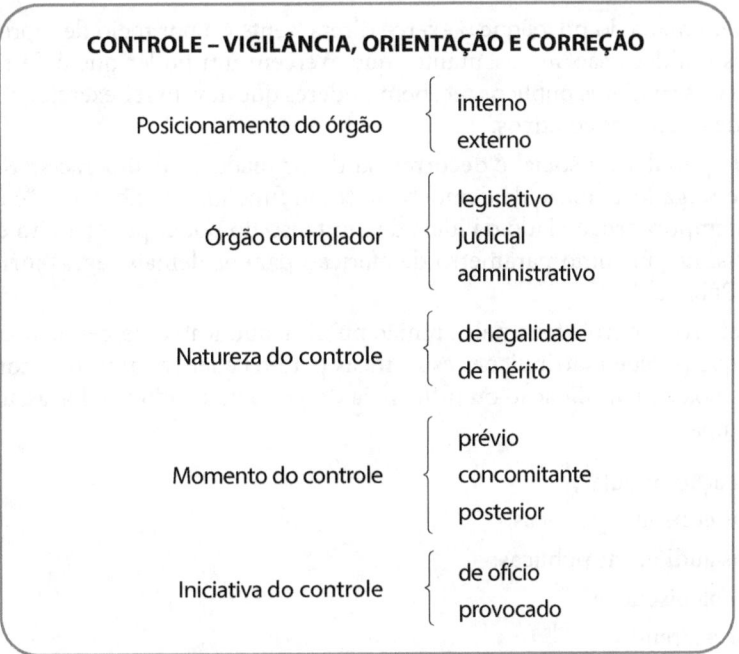

17.2 Controle do Ministério Público

O Ministério Público é instituição permanente. Incumbe-lhe a defesa da ordem jurídica, do regime democrático e dos interesses sociais e individuais indisponíveis (art. 127, *caput*, da Constituição). São vedadas ao Ministério Público a representação judicial e a consultoria jurídica de entidades públicas. Como instituição essencial à função jurisdicional do Estado, são incontáveis as atuações do Ministério Público em ações que geram o controle da Administração Pública.

---

[6] CARVALHO FILHO, José dos Santos. *Manual de direito administrativo*. Rio de Janeiro: Lumen Juris, 2008. p. 884.

Entre suas importantes atribuições, desdobradas nos incisos do art. 129 da Constituição, destacam-se: promover privativamente a ação penal pública, na forma da lei, zelar pelo efetivo respeito dos Poderes Públicos e dos serviços de relevância pública aos direitos assegurados na Constituição, promovendo as medidas necessárias a sua garantia, entrar com ação de inconstitucionalidade ou representação para fins de intervenção e a ação civil pública.

Conforme será exposto, o Ministério Público pode celebrar ajustes de conduta que obrigam a Administração Pública a adequar certos comportamentos aos preceitos do ordenamento jurídico, caso em que acaba controlando diretamente[7] a atuação porventura desviada do Poder Público, ou promover ação civil pública, sendo que, neste último caso, a discussão será travada no âmbito do Poder Judiciário.

Também é uma forma eficiente de controle da Administração a possibilidade de promoção, por parte do Ministério Público, de ação de improbidade administrativa. Ademais, determina o art. 129, VII, da Constituição que o Ministério Público é competente para "exercer o controle externo da atividade policial, na forma da lei complementar" (art. 129, VII, CF).

17.3 Controle social ou popular

Todo poder emana do povo, que o exerce diretamente ou por meio de representantes. Assim, os agentes políticos são representantes que exercem um poder que é de titularidade do povo. Também os servidores públicos recebem poderes que devem ser exercidos tendo em vista a consecução de interesses coletivos.

O controle popular ou social é decorrência do primado da democracia.[8] Segundo expõe Eneida Desiree Salgado, a noção de democracia como fundamento do poder "é um dos pilares do Estado contemporâneo, ao lado da ideia de limitação do poder pelo Direito e da força normativa da Constituição como parâmetro de aferição para as demais regras jurídicas e para o agir do Poder Público".[9]

Além do efetivo controle feito pela opinião pública, que acaba exercendo pressão no governo, há órgãos que possuem atribuições específicas para receber reclamações, como as ouvidorias, e mecanismos de participação ou influência do povo na condução dos assuntos políticos, como, por exemplo:

- a ação popular;
- as consultas públicas;
- as audiências públicas;
- o plebiscito; e
- o referendo.

Conforme visto em processo administrativo (item 5.12 – participação comunitária), a Lei nº 9.784/99 prevê nos arts. 31 e 32 mecanismos como a consulta pública e a audiência popular para a discussão de processos que envolvam interesses coletivos.

---

[7] FRISCHEISEN, Luíza Cristina. *Políticas públicas*: a responsabilidade do administrador e do Ministério Público. São Paulo: Max Limonad, 2000. p. 103.

[8] CARVALHO FILHO, José dos Santos. *Manual de direito administrativo*. Rio de Janeiro: Lumen Juris, 2008. p. 888.

[9] SALGADO, Eneida Desiree. *Tijolo por tijolo em um desenho (quase) lógico*: vinte anos da construção de um projeto democrático brasileiro. Curitiba: Dissertação/URPR, 2005. p. 9.

Também na seara do planejamento, já é prática de inúmeros Municípios a realização dos orçamentos participativos, onde o povo discutirá quais são as prioridades dos gastos orçamentários.

Interessante mencionar que, de acordo com o § 2º do art. 74 da Constituição: "qualquer cidadão, partido político, associação ou sindicato é parte legítima para, na forma da lei, denunciar irregularidades ou ilegalidades perante o Tribunal de Contas da União". Quando o cidadão denuncia essas irregularidades, ele estará, a partir do controle social da Administração, provocando um controle que será feito pelo Tribunal de Contas.

A denúncia deve ser veiculada em protocolo eletrônico do TCU, via formulário da ouvidoria, pessoalmente ou pela via postal, sendo necessário que a pessoa relate de forma pormenorizada quais são os fatos irregulares. Irregularidades que envolvam recursos estaduais e municipais, por sua vez, devem ser formuladas aos Tribunais de Contas estaduais ou municipais respectivos.

Podem ser mencionados os seguintes mecanismos de controle social:

- art. 2º, II, do Estatuto da Cidade que prevê a obrigatoriedade da gestão democrática nos planos de desenvolvimento urbano;
- o art. 37, § 3º, da Constituição, que determina a edição de lei que discipline formas de participação do usuário na Administração;
- o art. 198, III, da Constituição, que prevê a participação da comunidade nos serviços de saúde;
- o art. 194, VII, da seguridade social, no qual é mencionado o caráter democrático e de cogestão; e
- o art. 3º, IV, da Lei nº 11.445/2007, com modificação da Lei nº 14.026/2020, que prevê o controle social dos serviços públicos de saneamento básico, sendo este considerado: "conjunto de mecanismos e procedimentos que garantem à sociedade informações, representações técnicas e participação nos processos de formulação de políticas, de planejamento e de avaliação relacionados com os serviços públicos de saneamento básico".

17.4 Controle legislativo

O Poder Legislativo tem por atribuições típicas, além da elaboração das leis, a fiscalização do Poder Executivo. Esse controle fundamenta-se na teoria dos freios e contrapesos (*checks and balances*). Contudo, o controle do Legislativo sobre o Executivo somente é efetivado da forma e nos limites permitidos pela Constituição Federal, sob pena de violação de seu art. 2º. O controle do Poder Legislativo pode ser dividido em controle político e controle financeiro.

O **controle político** objetiva proteger os superiores interesses do Estado e da coletividade e recai tanto sobre aspectos de legalidade como sobre a conveniência e oportunidade das medidas do Executivo.

São exemplos deste tipo de controle: a possibilidade de apuração de irregularidades por meio das Comissões Parlamentares de Inquérito; a competência exclusiva do Congresso Nacional e do Senado para autorizar ou aprovar certos atos do Executivo, como os dos arts. 49, II, III, IV, e 52, II, IV, V e XI; a possibilidade de o Congresso Nacional sustar atos normativos do Executivo que exorbitem seu poder regulamentar ou os limites de delegação legislativa, conforme art. 49, V; e a convocação de Ministros de Estado, quaisquer titulares de órgãos diretamente subordinados à Presidência da República ou o Presidente do Comitê Gestor do Imposto sobre

Bens e Serviços para prestarem, pessoalmente, informações sobre assunto previamente determinado, importando, de acordo com o art. 50, *caput*, da Constituição, atualizado pela Reforma Tributária (EC 132/2023), crime de responsabilidade a ausência sem justificação adequada.

O **controle financeiro** é aquele relacionado com a fiscalização contábil, financeira, orçamentária e patrimonial da Administração Pública direta e indireta, ou de qualquer pessoa física ou jurídica que utilize, arrecade, guarde, gerencie ou administre dinheiros, bens e valores públicos (art. 70, CF).

Recai sobre aspectos de legalidade, legitimidade, economicidade, aplicação de subvenções e renúncia de receitas. Esse controle é exercido pelo Poder Legislativo com o auxílio dos Tribunais de Contas.

Por exemplo, do ponto de vista financeiro e orçamentário, é de competência privativa do Senado Federal, conforme incisos VI, VII e VIII, da Constituição: fixar, por proposta do Presidente da República, limites globais para o montante da dívida consolidada da União, dos Estados, do Distrito Federal e dos Municípios; dispor sobre limites globais e condições para operações de crédito externo e interno da União, dos Estados, do Distrito Federal e dos Municípios, de suas autarquias e demais entidades controladas pelo Poder Público federal; e dispor sobre os limites e condições para a concessão de garantia da União em operações de crédito externo e interno.

17.5 Controle administrativo

17.5.1 *Recursos administrativos*

Quando o administrado se sente lesado por ato da Administração, ele pode utilizar os recursos administrativos para que o Poder Público reexamine o ato. Os recursos administrativos fundamentam-se no **direito de petição** e no **contraditório** e na **ampla defesa**, que são garantidos respectivamente nos incisos XXXIV, *a*, e LV, do art. 5º da Constituição Federal.

O direito de petição, conforme será visto, refere-se à defesa de direitos, sendo também instrumento apto a questionar ilegalidades ou abuso de poder, independentemente do pagamento de taxas. Existe controvérsia sobre se é constitucional a exigência de garantia para interposição de recurso. Segundo Maria Sylvia Zanella Di Pietro,[10] não tem mais fundamento, pela sistemática adotada na Constituição de 1988, a exigência do depósito de quantias em dinheiro como condição para decisão do recurso.

Ocorre, contudo, que o art. 56, § 2º, da Lei nº 9.784/99, que rege o processo administrativo no âmbito federal, determina que "salvo exigência legal, a interposição de recurso administrativo independe de caução". Assim, alguns autores, como José dos Santos Carvalho Filho,[11] enfatizam que, *a contrario sensu*, será legítima a exigência se houver previsão legal.

Até recentemente a jurisprudência do Superior Tribunal de Justiça[12] e do Supremo Tribunal Federal[13] era no sentido de que a exigência do depósito prévio recursal seria legal e cons-

---

[10] DI PIETRO, Maria Sylvia Zanella. *Direito administrativo*. São Paulo: Atlas, 2010. p. 733.

[11] CARVALHO FILHO, José dos Santos. *Manual de direito administrativo*. 17. ed. Rio de Janeiro: Lumen Juris, 2010. p. 898.

[12] STJ, RMS 14.893/RJ, Rel. Min. Luiz Fux, de 12.11.2002.

[13] ADI 1.049, de 18.5.2005; RE 210.246, de 12.11.1997, ou no RE 226.229-9/GO, Rel. Min. Ilmar Galvão, *DJ* de 5.2.1999: "o art. 636, § 1º, da CLT, que exige o depósito prévio da multa como requisito de recurso administrativo, foi

titucional. Entretanto, conforme visto no item 5.6, a partir do julgamento da ADI nº 1.976-7/DF, em 28.3.2007, o Supremo Tribunal Federal reviu sua posição e ponderou, no sentido supramencionado, ou seja, que:

> A exigência de depósito ou arrolamento prévio de bens e direitos como condição de admissibilidade de recurso administrativo constitui obstáculo sério (e instransponível, para consideráveis parcelas da população) ao exercício do direito de petição (art. 5º, XXXIV), além de caracterizar ofensa ao princípio do contraditório (CF, art. 5º, LV).[14]

Posteriormente, com a edição da **Súmula Vinculante nº 21**, aprovada em 29.10.2009 e publicada no *DOU* de 10.11.2009, houve a sedimentação desse posicionamento do Supremo, sendo considerada "inconstitucional a exigência de depósito ou arrolamento prévios de dinheiro ou bens para admissibilidade de recurso administrativo".

A regra da gratuidade existe devido ao fato de que o processo administrativo é realizado no âmbito da própria Administração Pública. Ao contrário do processo jurisdicional, no qual o Estado se posiciona equidistante entre as partes que o provocam para obter sua tutela, no âmbito administrativo, a Administração é parte e ao mesmo tempo quem resolverá a questão, sem o caráter de substitutividade, típico das decisões jurisdicionais e, frequentemente, sem nem ao menos provocação, daí por que o corolário do processo administrativo é, via de regra, a gratuidade.

O recurso administrativo tramita pelo escalonamento organizacional da Administração em obediência à exigência de duplo grau em âmbito Administrativo. Na esfera federal, determina o art. 57 da Lei nº 9.784/99 que "o recurso administrativo tramitará no máximo por três instâncias administrativas, salvo disposição legal diversa".

Note-se que, o Superior Tribunal de Justiça tem interpretação, a exemplo do MS 27.102/2020, de Relatoria do Ministro Sérgio Kukina, j. 23.08.2023, no sentido de que: "conquanto a literalidade do art. 57 da Lei n. 9.784/99 anuncie que 'o recurso administrativo tramitará no máximo por três instâncias administrativas, salvo disposição legal diversa', sua adequada exegese direciona para a possibilidade da interposição de apenas dois recursos, a saber, o primeiro perante a instância administrativa de origem, enquanto o segundo junto à instância administrativa imediatamente superior." Assim, consideram-se cumpridas as exigências das três instâncias mediante a interposição de duas impugnações recursais, para não haver quatro instâncias, salvo existente disposição legal específica diversa.

O recorrente poderá arguir também em âmbito administrativo violação ao enunciado de Súmula Vinculante, sendo que, de acordo com o disposto no art. 64-A da Lei nº 9.784/99, cabe ao órgão competente para decidir o recurso explicitar as razões da aplicabilidade ou inaplicabilidade da súmula, conforme o caso. Se o recorrente não ficar satisfeito, determina o art. 64-B da lei que ele poderá endereçar reclamação fundada em violação de enunciado de súmula vinculante ao Supremo Tribunal Federal que, julgando-a procedente, anulará o ato administrativo.

No entanto, o uso da reclamação, de acordo com o art. 7º, § 1º, da Lei nº 11.417/2006, somente será admitido após o esgotamento das vias administrativas. Como compatibilizar tal exigência legal com o princípio constitucional da inafastabilidade ou indeclinabilidade da tutela jurisdicional, previsto no art. 5º, XXXV? Ora, nada impede que o administrado entre diretamente no Poder Judiciário, sem adentrar na via administrativa ou sem a necessidade de esgotá-la, mas ele não poderá fazer uso de **reclamação** perante o STF, pois esse instrumento específico

---

recepcionado pela CF de 1988, inocorrendo violação ao art. 5º, LV, da Carta".

[14] Cf. ADI 1.976-7/DF, de 28.3.2007, Rel. Min. Joaquim Barbosa, *v. u.*, *DJ* de 18.5.2007.

tem como requisito o prévio esgotamento das vias recursais administrativas que, caso não haja disciplina específica que preveja duas ou mais de três instâncias, ocorre após três instâncias, conforme dispõe a lei geral federal.[15]

Segundo expõe José dos Santos Carvalho Filho,[16] não há, via de regra, qualquer ingerência da função jurisdicional para a obtenção do resultado pretendido por recurso administrativo.

Enfatiza o autor que no Poder Judiciário existe também a via administrativa e as autoridades que decidem recursos administrativos em exercício de função administrativa, mesmo que o cargo seja da Magistratura, como acontece com os corregedores e Presidentes de Tribunais. Neste caso, se o resultado em âmbito administrativo for desfavorável ao recorrente, poderá ele se valer de ação judicial, hipótese na qual o Judiciário exercerá função jurisdicional para decidir.

São exemplos de recursos administrativos:

- a **representação**, que envolve a denúncia de irregularidades feita à Administração Pública por qualquer pessoa;
- a **reclamação administrativa**, que compreende o pedido de reconhecimento de direito ou de correção de ato que cause lesão ou ameaça de lesão a servidor ou particular, feita no prazo de um ano (cf. art. 6º do Decreto nº 20.910) a contar da data do ato ou fato lesivo, se outro não tiver sido estabelecido em lei, e que suspende a prescrição a partir da entrada do requerimento do titular do direito ou do credor nos livros ou protocolos;
- o **pedido de reconsideração**, que é endereçado à própria autoridade que editou o ato contra o qual se insurge o recorrente;
- os **recursos hierárquicos próprio e impróprio**, sendo o primeiro dirigido à autoridade superior no mesmo órgão em que o ato foi praticado, e o segundo, que depende de previsão legal expressa, chama-se impróprio porque é encaminhado à autoridade de outro órgão não pertencente à hierarquia do órgão que editou o ato, como, por exemplo, o recurso em face de ato de dirigentes de autarquias ou fundações, interposto no Ministério Supervisor ou mesmo perante o Chefe do Executivo, diante de previsão legal que o admita; e
- a **revisão**, utilizada para questionar punição administrativa diante de fatos novos ou circunstâncias relevantes que comprovem a inadequação da sanção aplicada; e que não pode gerar o agravamento da punição.

Considera-se que pode haver revisão diante de novas provas ou fatos que justifiquem a possível inocência do punido ou a inadequação da punição aplicada. Mesmo se o servidor for falecido, a revisão pode ser requerida pela família para o restabelecimento de sua honra ou para corrigir eventuais erros administrativos que provoquem prejuízos financeiros à família.

Conforme visto, enquanto os recursos em geral, tendo em vista a busca da verdade real, não se submetem à vedação da *reformatio in pejus*, sendo possível, portanto, à Administração Pública agravar a situação do recorrente, excepcionalmente, no caso da revisão, que pode ser pleiteada a qualquer tempo, é proibido o agravamento da sanção.

---

[15] Cf. NOHARA, Irene Patrícia; MARRARA, Thiago. *Processo administrativo*: Lei nº 9.784/99 comentada. São Paulo: Atlas, 2009. p. 412.

[16] CARVALHO FILHO, José dos Santos. *Manual de direito administrativo*. Rio de Janeiro: Lumen Juris, 2008. p. 889.

Nos demais recursos, o órgão competente para decidir poderá confirmar, modificar, anular ou revogar, total ou parcialmente, a decisão recorrida (art. 64 da Lei nº 9.784/99). Contudo, para que haja respeito ao contraditório, a lei exige que se da decisão do recurso puder decorrer gravame à situação do recorrente, este deverá ser cientificado para que formule suas alegações antes da decisão.

A Lei de Processo Administrativo determina que, via de regra, o recurso é dirigido à autoridade que proferiu a decisão, a qual, se não reconsiderar em cinco dias, o encaminhará à autoridade superior.

Salvo disposição legal específica, conforme visto em processo administrativo, é de dez dias o prazo para interposição de recurso administrativo, contado a partir da ciência ou divulgação oficial da decisão recorrida. Quando a lei não fixar prazo diferente, o recurso administrativo deverá ser decidido em 30 dias, prorrogados por igual período, ante justificativa explícita, sendo contados a partir do recebimento dos autos pelo órgão competente.

O recurso não será conhecido quando interposto: fora do prazo; perante órgão incompetente; por quem não seja legitimado; ou após exaurida a esfera administrativa. O não conhecimento do recurso não impede, no entanto, que a Administração reveja seus atos ilegais de ofício, com base no poder de autotutela, desde que não tenha ocorrido a preclusão administrativa.

Têm legitimidade para recorrer, conforme determinação do art. 58 da Lei nº 9.784/99, os titulares de direitos e interesses que forem parte no processo, aqueles cujos direitos ou interesses forem indiretamente afetados pela decisão recorrida, organizações e associações representativas, no tocante a interesses coletivos e cidadãos ou associações, quanto a direitos ou interesses difusos.

17.5.2 Coisa julgada administrativa

Em países como a França ou a Itália, que adotam o sistema do contencioso administrativo, a coisa julgada administrativa designa a imutabilidade das sentenças prolatadas. Contudo, no Brasil, em que a Administração não exerce função jurisdicional típica, pois ela é parte, isto é, ela não decide com substitutividade, nem com definitividade, a expressão significa, entre seus diversos sentidos, que a decisão se tornou irrecorrível no âmbito da Administração Pública.

Trata-se da situação de exaurimento da via administrativa, não cabendo mais qualquer recurso ou reexame neste âmbito. Essa circunstância recai tanto sobre os atos administrativos editados, como sobre processos administrativos terminados, especialmente processos disciplinares regulares em casos de absolvição ou decisão favorável ao servidor.

A expressão *coisa julgada administrativa* é correta tecnicamente apenas se o qualificativo *administrativa* for considerado com a devida distinção da situação de imutabilidade provocada pela *res judicata* do direito processual, que envolve o trânsito em julgado de uma decisão irrecorrível, em face do esgotamento dos recursos existentes, e definitiva, porque em nosso sistema de unidade de jurisdição vige o princípio da inafastabilidade da tutela jurisdicional, segundo o qual toda lesão ou ameaça a direito pode ser apreciada pelo Poder Judiciário (art. 5º, XXXV, CF), competente para dar a última e definitiva palavra.

Murillo Giordan Santos reforça diversos sentidos do instituto *coisa julgada administrativa*, sendo associado: à preclusão administrativa, à decadência administrativa ou ao esgotamento das instâncias recursais administrativas. São, portanto, diferentes as causas apontadas para a sua ocorrência, sendo, ainda, a coisa julgada administrativa referida aos seguintes termos: estabilidade, irretratabilidade, imutabilidade e imodificabilidade dos atos administrativos.[17]

---

[17] SANTOS, Murillo Giordan. *Coisa julgada administrativa*. Belo Horizonte: Fórum, 2021. p. 62.

Note-se que, atualmente, conforme observado por Murillo Giordan Santos,[18] há a necessidade de revisão do sentido da Súmula 473/STF, dado que a nova ordem jurídica nacional, tanto com base na Lei nº 9.784/99 como também na LINDB, com alterações da Lei nº 13.655/2018, redunda numa estabilização variável e modulada, em função do objeto e dos interessados, conforme o ato seja nulo, revogável, ou mesmo o tipo de processo administrativo, grau de observância do devido processo legal.

17.5.3 Prescrição administrativa

Há vários sentidos da expressão *prescrição administrativa*. Di Pietro[19] aponta três significados:

- perda do prazo para **recorrer de decisão** administrativa;
- perda do prazo para que a **Administração reveja os próprios atos**; e
- perda do prazo para **aplicação de penalidades administrativas**.

Na esfera federal, o art. 59 da Lei nº 9.784/99 determina que é de dez dias o prazo para a interposição de recurso administrativo, contados a partir da ciência ou divulgação oficial da decisão recorrida. No concernente à anulação dos atos administrativos pela Administração, se envolverem efeitos favoráveis para os destinatários, eles obedecem ao prazo de cinco anos,[20] contados da data em que foram praticados, salvo comprovada má-fé (art. 54, da Lei nº 9.784/99).

Os servidores públicos federais têm o prazo de cinco anos para questionar na esfera administrativa os atos de que decorram demissão, cassação de aposentadoria ou disponibilidade, ou que afetem interesse patrimonial e créditos resultantes das relações de trabalho, e 120 dias nos demais casos (cf. art. 110 da Lei nº 8.112/90). Quanto aos prazos observados no âmbito estadual (em São Paulo, conforme art. 261 do Estatuto), são de cinco anos para os atos de demissão, aposentadoria e disponibilidade e de dois anos para repreensão, suspensão ou multa.

Segundo Hely Lopes Meirelles,[21] no silêncio da lei, a prescrição administrativa é quinquenal, por determinação do Decreto nº 20.910. Os prazos do Código Civil prevalecem apenas em casos de direitos de natureza real. Os prazos para as punições, de acordo com as determinações contidas no art. 142 da Lei nº 8.112/90, são: de 180 dias para a pena de advertência; de dois anos para a de suspensão; e de cinco anos para a de demissão, cassação de aposentadoria ou disponibilidade e destituição de cargo em comissão.

17.5.4 Direito de petição aos Poderes Públicos

Teve sua origem com o *right of petition*, da Inglaterra. Consolidou-se no *Bill of Rights* de 1689, que permitia aos súditos peticionarem ao rei. Foi consagrado nas Declarações de Direitos, como a da Pensilvânia, de 1776, e no art. 3º da Constituição francesa de 1791.

---

[18] SANTOS, Murillo Giordan. *Coisa julgada administrativa*. Belo Horizonte: Fórum, 2021. p. 277.

[19] DI PIETRO, Maria Sylvia Zanella. *Direito administrativo*. São Paulo: Atlas, 2010. p. 740.

[20] Tal prazo é de dez anos na Lei de Processo Administrativo paulista, conforme art. 10, I, da Lei nº 10.177/98.

[21] MEIRELLES, Hely Lopes. *Direito administrativo brasileiro*. São Paulo: Malheiros, 2009. p. 739.

Está previsto na alínea *a* do inciso XXXIV do art. 5º da Constituição Federal, que assegura a todos, independentemente do pagamento de taxas, "o direito de petição aos poderes públicos em defesa de direitos ou contra ilegalidade ou abuso de poder".

O direito em análise é essencialmente informal, pois independe do endereçamento preciso ao órgão competente, e o agente público que receber a petição escrita deve encaminhá-la à autoridade competente.[22] Também não exige legitimidade ou interesse comprovado. Pode ser interposto por petição individual ou coletiva, subscrita por brasileiro ou estrangeiro, pessoa física ou jurídica, independentemente do pagamento de taxa.

Adverte Alexandre de Moraes[23] que, como o direito de petição faz parte das normas de eficácia plena, as autoridades públicas são obrigadas ao exame de seu conteúdo e, se necessário for, devem responder em prazo razoável, sob pena de violação de direito líquido e certo do peticionário, sanável por mandado de segurança. Há possibilidade de responsabilização do servidor público omisso.

17.5.5 Direito de certidão

Compreende o direito, assegurado a todos, "à obtenção de certidões em repartições públicas, para defesa de direitos e esclarecimento de situações de interesse pessoal", independentemente do pagamento de taxas, consoante redação da alínea *b* do inciso XXXIV do art. 5º da Constituição Federal.

O exercício do direito é condicionado ao legítimo interesse da pessoa física ou jurídica que, de acordo com o art. 2º da Lei nº 9.051/95, deve esclarecer no requerimento os fins e razões do pedido. Note-se que, conforme visto no princípio da publicidade, se o interessado solicitar informações de *interesse público*, prevê o art. 10, § 3º, da Lei nº 12.527/2011 que são vedadas quaisquer exigências relativas aos motivos determinantes da solicitação.

O Estado deve fornecer as informações solicitadas no prazo de 15 dias, por meio de certidão, isto é, de documento expedido e lavrado pela Administração Pública, assim considerados os órgãos da Administração centralizada ou autárquica, as empresas públicas, as sociedades de economia mista e as fundações públicas da União, dos Estados, do Distrito Federal e dos Municípios (cf. art. 1º da Lei nº 9.051/95), sob pena de responsabilidade.

A norma constitucional que assegura o direito de certidão é de eficácia plena e aplicabilidade imediata, e a negativa estatal irregular de fornecimento das informações asseguradas pelo direito encontra amparo no mandado de segurança.

O direito de certidão é corolário do princípio da publicidade e pode ser excepcionado nas hipóteses de sigilo, previstas em lei. A Constituição ressalva com o sigilo as informações que sejam imprescindíveis à segurança da sociedade e do Estado (art. 5º, XXXIII). Assim, determina o art. 7º, § 2º, da Lei nº 12.527/2011 que, quando não for autorizado acesso integral

---

[22] Note-se que o art. 6º, I, da Lei de Processo Administrativo Federal, Lei nº 9.784/99, exige que o requerimento inicial de processo administrativo indique o órgão ou autoridade administrativa a que se dirige, ressalvando o parágrafo único que o servidor deve orientar o interessado quanto ao preenchimento de eventuais falhas nos documentos apresentados, uma vez que o art. 3º, I, da lei confere ao administrado o direito de ser tratado com respeito pelas autoridades e servidores, que deverão facilitar o exercício de seus direitos e o cumprimento de suas obrigações.

[23] MORAES, Alexandre de. *Direito constitucional*. São Paulo: Atlas, 2007. p. 176-177.

à informação por ela ser parcialmente sigilosa, é assegurado o acesso à parte não sigilosa por meio de certidão, extrato ou cópia com ocultação da parte sob sigilo.[24]

17.5.6 Controle anticorrupção e apuração da responsabilidade das empresas

A corrupção tem impactos no desenvolvimento econômico de um país, pois, além de afugentar investimentos, representa uma concorrência desleal, que, por vezes, envolve desvios de recursos públicos e prejudica diversos setores. A Lei Anticorrupção (Lei nº 12.846/2013) surgiu da percepção de que, para controlar a corrupção, seria necessário conjugar esforços[25] não apenas do governo, mas também das empresas, promovendo um ambiente de integridade que abarcasse o relacionamento da esfera pública com a esfera particular.

A Lei nº 12.846/2013, regulamentada pelo Decreto nº 11.129/2022, atende às exigências de combate à corrupção da Organização para Cooperação e Desenvolvimento Econômico (OCDE), dispondo sobre a **responsabilização objetiva**, administrativa e civil de pessoas jurídicas pela prática de atos contra a Administração Pública, nacional ou estrangeira,[26] sem prejuízo das outras sanções já existentes no sistema.

Há a responsabilidade objetiva administrativa da empresa, configurada independentemente da responsabilização individual das pessoas naturais envolvidas, mas os dirigentes e administradores somente serão responsabilizados por atos ilícitos na medida de sua culpabilidade (subjetivamente).

Constituem atos **lesivos à Administração Pública** todos os praticados pelas pessoas jurídicas que atentem contra o *patrimônio público*, nacional ou estrangeiro, contra *princípios* da Administração ou contra os *compromissos internacionais* assumidos pelo Brasil, definidos como:

1. prometer, oferecer ou dar, direta ou indiretamente, **vantagem indevida** a agente público, ou a terceira pessoa a ele relacionada;
2. comprovadamente, financiar, custear, patrocinar ou de qualquer modo **subvencionar a prática de atos ilícitos** previstos na lei;
3. comprovadamente, utilizar-se de interposta pessoa física ou jurídica para ocultar ou dissimular seus reais interesses ou a identidade dos beneficiários dos atos praticados;
4. diversas medidas que objetivam **fraudar licitações e contratos**; e
5. **dificultar** atividade de investigação ou **fiscalização** em órgãos, entidades ou agentes públicos, ou intervir em sua atuação.

---

[24] No tocante à proteção de dados também há a Lei Geral, sendo, ainda, que o Decreto 10.209/2020 dispõe sobre a requisição de informações e documentos e sobre o compartilhamento de informações protegidas pelo sigilo fiscal.

[25] *A responsabilidade social das empresas no combate à corrupção*. Brasília: CGU/Ethos, 2009. p. 6.

[26] Nas últimas duas décadas, como reflexo da intensificação da globalização, a comunidade internacional se abre ao debate da "corrupção transnacional". Segundo expõe Larissa Ramina, o "aumento dos negócios transfronteiriços propiciou o surgimento frequente de situações nas quais funcionários públicos interagem com investidores internacionais em transações que envolvem montantes milionários, criando oportunidades para subornos". São áreas sensíveis para a corrupção, conforme análise de Ramina: os controles aduaneiros, os controles de saúde pública, a solução de controvérsias, a ação legislativa relevante para os investimentos estrangeiros diretos e as compras governamentais. Cf. RAMINA, Larissa. A Convenção Interamericana contra a corrupção. *Revista Direitos Fundamentais e Democracia*, v. 6, p. 2, 2009.

As empresas consideradas responsáveis pelos atos lesivos sujeitam-se, após regular processo administrativo e independentemente da obrigação de reparar integralmente o dano causado, às **sanções**: (1) de **multa**, no valor de um décimo por cento a 20% do faturamento bruto do último exercício anterior ao da instauração do processo administrativo, que nunca será inferior à vantagem auferida, quando possível sua estimação; e (2) **publicação** extraordinária da decisão condenatória.

A publicação extraordinária da decisão condenatória ocorrerá na forma do extrato de sentença, a expensas da pessoa jurídica, em meios de comunicação de grande circulação na área da prática da infração e de atuação da pessoa jurídica ou, na sua falta, em publicação de circulação nacional, bem como por meio de afixação de edital, pelo prazo mínimo de 30 dias, no próprio estabelecimento ou no local de exercício da atividade, de modo visível ao público, e no sítio eletrônico na rede mundial de computadores.

Conforme o art. 7º da lei, devem ser levados em consideração, na aplicação das sanções: (1) a gravidade da infração; (2) a vantagem auferida ou pretendida pelo infrator; (3) a consumação ou não da infração; (4) o grau de lesão ou perigo de lesão; (5) o efeito negativo produzido pela infração; (6) a situação econômica do infrator; (7) a cooperação da pessoa jurídica para a apuração das infrações; (8) a existência de mecanismos e procedimentos internos de integridade, auditoria e incentivo à denúncia de irregularidades e a aplicação efetiva de códigos de ética e de conduta no âmbito da pessoa jurídica; e (9) o valor dos contratos mantidos pela pessoa jurídica com o órgão ou entidade pública lesados.

Os parâmetros dos mecanismos e procedimentos de integridade, auditoria e incentivo à denúncia de irregularidades e a aplicação efetiva de códigos de ética e de conduta na pessoa jurídica estão atualmente regulamentados pelo Decreto nº 11.129/2022, que revogou o anterior Decreto nº 8.420/2015, compreendendo políticas e diretrizes com objetivo de detectar e sanar desvios, fraudes, irregulares e atos ilícitos praticados contra a administração pública, nacional ou estrangeira.

A CGU é também órgão responsável por especificar parâmetros a serem aplicados ao *compliance*, não podendo haver um programa de integridade meramente "de fachada", ou seja, não será considerado, para fins de redução da multa aplicada, o programa de integridade meramente formal e que se mostre absolutamente ineficaz para mitigar o risco de ocorrência de atos lesivos da lei.

Caso o programa de integridade avaliado tenha sido criado após a ocorrência do ato lesivo objeto da apuração, também não será apto a comprovar sua eficácia para evitar ou corrigir atos de corrupção praticados contra a Administração Pública.

Geralmente, há a exigência de dois relatórios: (a) relatório de perfil, que deve compreender os setores do mercado em que atua no território nacional e, se for o caso, no exterior, a estrutura organizacional; o quantitativo de empregados, funcionários e colaboradores; e as interações estabelecidas com a administração pública nacional ou estrangeira; e (b) relatório de conformidade do programa, que serve para verificar como se deu a implantação do *compliance*, cotejando os parâmetros utilizados diante da especificidade da pessoa jurídica, sua eficácia na prevenção, detecção e remediação do ato lesivo ao objeto da apuração.

Segundo o art. 57 do Decreto nº 11.129/2022, são parâmetros para se avaliar um programa de integridade: comprometimento de alta direção da pessoa jurídica, incluídos os conselhos, evidenciado pelo apoio visível e inequívoco ao programa, bem como pela destinação de recursos adequados; padrões de conduta, código de ética, políticas e procedimentos de integridade, aplicáveis a todos os empregados e administradores, independentemente de cargo ou da função exercida; padrões de conduta, código de ética e políticas de integridade estendidas, quando necessário, a terceiros, tais como fornecedores, prestadores de serviço, agentes intermediários e associados; treinamentos e ações de comunicação periódicos sobre o programa de integridade; gestão adequada de riscos, incluindo sua análise e reavaliação periódica, para avaliação de adaptações necessárias ao programa de integridade e alocação eficiente de recursos; registros contábeis que reflitam de forma completa e precisa as transações da pessoa jurídica; controles internos que assegurem a pronta elaboração e a confiabilidade de relatórios e demonstrações financeiras da pessoa jurídica; controles internos que assegurem a pronta elaboração e a confiabilidade dos relatórios e demonstrações financeiras da pessoa jurídica; procedimentos específicos para prevenir fraudes e ilícitos no âmbito de processos licitatórios, na execução de contratos administrativos ou em qualquer interação com o setor público, ainda que intermediada por terceiros, como pagamento de tributos, sujeição a fiscalizações ou obtenção de autorizações, licenças, permissões e certidões; independência, estrutura e autoridade da instância interna responsável pela aplicação do programa de integridade e fiscalização de seu cumprimento; canais de denúncia de irregularidades, abertos e amplamente divulgados a funcionários e terceiros, e mecanismos destinados ao tratamento das denúncias e à proteção de denunciantes de boa-fé; medidas disciplinares em caso de violação do programa de integridade; procedimentos que assegurem a pronta interrupção de irregularidades ou infrações detectadas e a tempestiva remediação dos danos gerados; diligências apropriadas, baseadas em risco, para: (a) contratação e, conforme o caso, supervisão de terceiros, tais como fornecedores, prestadores de serviço, agentes intermediários, despachantes, consultores, representantes comerciais e associados; (b) contratação e, conforme o caso, supervisão de pessoas expostas politicamente, bem como de seus familiares, estreitos colaboradores e pessoas jurídicas de que participem; e (c) realização e supervisão de patrocínios e doações; verificação, durante os processos de fusões, aquisições e reestruturações societárias, do cometimento de irregularidades ou ilícitos ou da existência de vulnerabilidade nas pessoas jurídicas envolvidas; e monitoramento contínuo do programa de integridade visando ao seu aperfeiçoamento na prevenção, na detecção e no combate à ocorrência dos eventos lesivos tipificados no art. 5º da Lei nº 12.846/2013.

A instauração e o julgamento de processo administrativo para apuração da responsabilidade da pessoa jurídica cabem à **autoridade máxima** de cada órgão ou entidade,[27] tendo sido determinado inicialmente que, no âmbito do Poder Executivo federal, competiria à Controladoria-Geral da União (CGU) tanto a instauração dos processos administrativos de responsabilização das pessoas jurídicas, como a avocação de processos para exame de regularidade.

O processo administrativo para apuração da responsabilidade será conduzido por comissão designada pela autoridade instauradora e composta por dois ou mais servidores estáveis, os quais deverão concluí-lo em 180 dias, contados da data da publicação do ato de instituição da comissão. A comissão deve apresentar relatórios nos quais serão sugeridas, de forma motivada, se for o caso, as sanções a serem aplicadas.

Depois, com a **Portaria Normativa CGU nº 19**, de 22 de julho de 2022, houve a possibilidade do **julgamento antecipado** de processo administrativo de responsabilização (PAR) de pessoa jurídica, se esta admitisse sua responsabilidade objetiva pela prática dos atos lesivos investigados, acompanhada de provas e relato detalhados do que for de seu conhecimento, e assumir o compromisso de: (a) ressarcir os valores correspondentes aos danos; (b) perder a vantagem auferida, quando for possível sua estimação; (c) pagar o valor da multa; (d) atender aos pedidos de informação relacionados aos fatos do processo; (e) não interpor recursos administrativos contra o julgamento que defira integralmente a proposta; (f) dispensar a apresentação de peça de defesa; e (g) desistir de ações judiciais relativas ao processo administrativo.

Contudo, em 21 de agosto de 2024, a CGU editou **Portaria 155**, que disciplinou a celebração de **Termo de Compromisso** no âmbito da aplicação da lei anticorrupção empresarial, revogando

---

[27] De acordo com o art. 8º, § 1º, da Lei nº 12.846/2013, a competência para instauração e julgamento do processo administrativo de apuração de responsabilidade da pessoa jurídica poderá ser delegada, vedada a subdelegação.

a Portaria Normativa 19/2022, que tratava do julgamento antecipado. O Termo de Compromisso se destina a empresas que admitam sua responsabilidade por atos lesivos à administração pública, com escopo de promover a integridade no setor privado. Exige a admissão de responsabilidade, cessação do envolvimento nos atos lesivos e compromisso de reparar danos e pagar multas.

De acordo com o art. 14 da Lei nº 12.846/2013, admite-se a desconsideração da personalidade jurídica sempre que utilizada com abuso do direito para facilitar, encobrir ou dissimular a prática dos atos ilícitos previstos na lei ou para provocar confusão patrimonial, sendo estendidos todos os efeitos das sanções aplicadas à pessoa jurídica aos seus administradores e sócios com poderes de administração, observados o contraditório e a ampla defesa.

Ademais, a responsabilidade da pessoa jurídica na esfera administrativa não afasta a possibilidade de sua responsabilidade **na esfera judicial**, caso em que podem ser aplicadas, mediante ações de responsabilização, as seguintes sanções: (1) **perdimento** dos bens, direitos e valores que representem vantagem ou proveito direta ou indiretamente obtidos da infração, ressalvado o direito do lesado ou de terceiro de boa-fé; (2) **suspensão ou interdição** parcial de suas atividades; (3) **dissolução compulsória** da pessoa jurídica; e (4) **proibição de receber incentivos**, subsídios, subvenções, doações ou empréstimos de órgãos ou entidades públicas e de instituições financeiras de um a cinco anos.

A **dissolução compulsória** ocorrerá caso seja comprovado ter sido a personalidade jurídica utilizada de forma habitual para facilitar ou promover a prática de atos ilícitos; e ter sido constituída para ocultar ou dissimular interesses ilícitos ou a identidade dos beneficiários dos atos praticados.

A lei prevê também a criação de um **cadastro nacional de empresas punidas**, bem como o **acordo de leniência** com as empresas que cooperem efetivamente com as investigações e o processo administrativo, caso da colaboração resulte a identificação dos demais envolvidos na infração, quando couber; e a obtenção célere de informações e documentos que comprovem o ilícito sob apuração.

Em 2015, houve a edição da Medida Provisória 703, que prescreveu diversas regras sobre a celebração de acordo de leniência; todavia, tal medida provisória não foi convertida em lei e perdeu sua vigência. A portaria interministerial 2.278/2016, do Ministério da Transparência, Fiscalização e CGU, regulamentou um acordo operacional para trabalho em conjunto na celebração de acordos de leniência.

Atualmente, há determinações previstas no art. 37 do Decreto nº 11.129/2022, que estabelecem que a pessoa jurídica que pretenda celebrar acordo de leniência deverá: (I) ser a primeira e manifestar interesse em cooperar para a apuração de ato lesivo específico, quando tal circunstância for relevante; (II) ter cessado completamente seu envolvimento no ato lesivo a partir da data da propositura do acordo; (III) admitir sua responsabilidade objetiva quanto aos atos lesivos; (IV) cooperar plena e permanentemente com as investigações e o processo administrativo e comparecer, sob suas expensas e sempre que solicitada, aos atos processuais, até o seu encerramento; (V) fornecer informações, documentos e elementos que comprovem o ato ilícito; (VI) reparar integralmente a parcela incontroversa do dano causado; e (VII) perder, em favor do ente lesado ou da União, conforme o caso, os valores correspondentes ao acréscimo patrimonial indevido ou ao enriquecimento ilícito direta ou indiretamente obtido da infração, nos termos e nos montantes definidos na negociação.

Os efeitos do acordo de leniência serão estendidos às pessoas jurídicas que integram o mesmo grupo econômico, de fato e de direito, desde que firmem o acordo em conjunto, respeitadas as condições nele estabelecidas.

Em caso de descumprimento do acordo de leniência, a pessoa jurídica ficará impedida de celebrar novo acordo pelo prazo de três anos contados do conhecimento pela Administração

Pública do referido descumprimento. A celebração do acordo de leniência interrompe o prazo prescricional dos atos ilícitos previstos na Lei Anticorrupção.

A celebração do acordo de leniência isentará a pessoa jurídica das seguintes sanções: publicação extraordinária da decisão condenatória; proibição de receber incentivos, subsídios, subvenções, doações ou empréstimos de órgãos ou entidades públicas e de instituições financeiras públicas ou controladas pelo Poder Público, redução do valor da multa aplicável.

Reitere-se que o acordo não exime a pessoa jurídica da obrigação de reparar integralmente o dano causado.

Acesse e assista ao vídeo sobre Acordo de Leniência na Lei Anticorrupção Empresarial
> http://uqr.to/1xpkl

RESPONSABILIDADE DAS EMPRESAS PELA LEI Nº 12.846/2013
Regulamentada pelo Decreto nº 11.129/2022

Principais alterações:

- responsabilidade **objetiva** administrativa da empresa, independentemente da configuração da responsabilidade individual das pessoas naturais envolvidas;
- dirigentes e administradores respondem na medida de sua culpabilidade (subjetivamente);
- presença de **desconsideração** da pessoa jurídica ou mesmo de **dissolução compulsória**, se a personalidade jurídica é forma habitual de prática de atos ilícitos;
- previsão de **acordo de leniência**;
- programa de integridade; e
- **cadastro nacional** de empresas punidas.

17.6 Controle judicial

A Administração detém certos privilégios processuais que decorrem do regime jurídico administrativo e que a colocam numa posição mais confortável do que o particular em face dos interesses protegidos.

São regras aplicáveis à Fazenda Pública (FP[28]):

- art. 85, § 3º, do CPC: nas causas em que a FP for parte, a fixação dos honorários observará os seguintes critérios: o grau de zelo profissional, o lugar da prestação do serviço, a natureza e a importância da causa, e o trabalho realizado pelo advogado e o tempo exigido para o seu serviço, sendo aplicados os seguintes percentuais:

---

[28] Expõe Leonardo José Carneiro da Cunha que a expressão *Fazenda Pública* é utilizada para designar "pessoas jurídicas de direito público que figurem em ações judiciais, mesmo que a demanda não verse sobre matéria estritamente fiscal ou financeira". CUNHA, Leonardo José Carneiro da. *A Fazenda Pública em juízo*. 5. ed. São Paulo: Dialética, 2007. p. 15.

1. 10% a 20%: sobre o valor da condenação ou proveito econômico de até 200 salários mínimos;
2. 8% a 10%: de 200 a dois mil salários mínimos;
3. 5% a 8%: de dois mil a vinte mil salários mínimos;
4. 3% a 5%: vinte mil a cem mil salários mínimos; e
5. 1% a 3%: para valores acima de cem mil salários mínimos.

- Não serão devidos honorários no cumprimento de sentença contra a Fazenda Pública que enseje expedição de precatório, desde que não tenha sido impugnada;
- art. 183, CPC: a FP dispõe de prazo em dobro[29] para todas as suas manifestações processuais, cuja contagem terá início a partir da intimação pessoal feita por carga, remessa ou meio eletrônico, desde que não haja prazo próprio estabelecido de forma expressa em lei (específica) para o ente público;
- art. 496, CPC: duplo grau de jurisdição, não produzindo efeito senão depois de confirmada pelo tribunal a sentença: (1) proferida contra a União, os Estados, o Distrito Federal, os Municípios e suas respectivas autarquias e fundações de direito público; (2) que julgar procedentes, no todo ou em parte, os embargos à execução fiscal. § 1º Nos casos previstos neste artigo, não interposta a apelação no prazo legal, o juiz ordenará a remessa dos autos ao tribunal, e, se não o fizer, o presidente do respectivo tribunal avocá-los-á.
- O novo Código de Processo Civil disciplinou, no entanto, as seguintes exceções à aplicação da remessa necessária quando a condenação ou o proveito econômico obtido na causa for de valor certo e líquido inferior a:
    1. 1.000 salários mínimos para a União e as respectivas autarquias e fundações de direito público;
    2. 500 salários mínimos para os Estados, o Distrito Federal, as respectivas autarquias e fundações de direito público e os Municípios que constituam capitais dos Estados; e
    3. 100 salários mínimos para todos os demais Municípios e respectivas autarquias e fundações de direito público.
- Também está afastada a remessa necessária, quando a sentença se fundar em: (1) súmula de tribunal superior; (2) acórdão proferido pelo STF ou pelo STJ em julgamento de recursos repetitivos; (3) entendimento firmado em incidente de resolução de demandas repetitivas ou de assunção de competência; e (4) entendimento coincidente com orientação vinculante firmada no âmbito administrativo do próprio ente público, consolidada em manifestação, parecer ou súmula administrativa;
- art. 968 do CPC: A FP é dispensada de realizar o depósito de 5% do valor da causa para propor ação rescisória, conforme dispositivo de idêntico conteúdo do CPC anterior;
- art. 1.007, § 1º, do CPC: isenção legal ou dispensa de preparo para interposição de recurso, benefício que foi mantido tal qual no antigo CPC;

---

[29] Antes os prazos eram: em quádruplo para contestar e em dobro para recorrer, contidos no art. 188 do antigo Código de Processo Civil.

- art. 100, CF: a execução contra FP, em virtude de sentença judiciária, é feita na ordem cronológica de apresentação dos precatórios e à conta dos respectivos créditos (note-se que as Emendas Constitucionais 113 e 114/2021, que veicularam as polêmicas PECs do Precatório, estabeleceram limite máximo para pagamento de dívida de precatório para o fim de custear o programa Auxílio Brasil);
- art. 562, parágrafo único, do CPC: necessidade de realização prévia de audiência com os respectivos representantes judiciais para manutenção ou reintegração liminar de posse contra a FP, que foi mantida tal qual o Código antigo;
- art. 1º do Decreto nº 20.910/32: prescrição quinquenal (cinco anos) em relação às dívidas passivas da FP; e
- Lei nº 6.830/80: submissão a procedimento especial de execução fiscal ou cobrança judicial da dívida ativa da FP, no qual há necessidade de intimação pessoal de seu representante judicial (art. 25); e na execução fundada em título extrajudicial, a Fazenda Pública será citada para opor embargos em 30 dias; e, não postos os embargos ou transitada em julgado a decisão que os rejeitar, expedir-se-á precatório ou requisição de pequeno valor em favor do exequente.

MEDIAÇÃO DE CONFLITOS DA ADMINISTRAÇÃO PÚBLICA

A Lei nº 13.140/2015 disciplinou um assunto outrora polêmico na doutrina: a mediação entre particulares como meio de solução de controvérsias[30] e sobre a autocomposição de conflitos no âmbito da Administração Pública.[31] Mediação é atividade técnica exercida por terceiro imparcial e estimula a identificar ou desenvolver soluções consensuais para a controvérsia.

Trata-se de atividade que se orienta pela: imparcialidade do mediador; isonomia entre as partes; oralidade; informalidade; autonomia da vontade das partes; busca do consenso; confidencialidade; e boa-fé, sendo objeto de mediação o conflito que verse sobre direitos disponíveis ou sobre direitos indisponíveis que admitam transação.

No caso dos direitos indisponíveis, mas transigíveis, há a necessidade de homologação do consenso em juízo, desde que haja oitiva do Ministério Público.

Existem mediadores extrajudiciais e judiciais. Ainda que haja, conforme prevê o art. 16 da lei, processo arbitral ou judicial em curso, as partes poderão submeter-se à mediação, hipótese em que requererão ao juiz ou árbitro a suspensão do processo por prazo suficiente para a solução consensual do litígio.

As informações relativas ao procedimento de mediação são confidenciais em relação a terceiros, não podendo ser reveladas sequer em processo arbitral ou judicial, salvo se, conforme exceções elencadas do art. 30 da lei, as partes expressamente decidirem de forma diversa ou quando sua divulgação for exigida por lei ou necessária ao cumprimento de acordo obtido por mediação.

Também prevê o art. 32 da lei que os entes federativos podem criar câmaras de prevenção e resolução administrativa de conflitos, no âmbito dos respectivos órgãos de Advocacia Pública, onde houver, compreendendo nessa competência a prevenção e resolução de conflitos que envolvam equilíbrio econômico-financeiro de contratos celebrados pela administração com particulares. São admitidos, ainda, procedimentos de mediação coletiva de conflitos relacionados à prestação de serviços públicos.

A lei disciplinou a partir do art. 35 os conflitos envolvendo a Administração Pública Federal Direta, suas autarquias e fundações. Quando o litígio compreender valores superiores aos fixados em regu-

---

[30] Ressalte-se, ainda, que a Lei nº 13.129/2015 passou a dispor também sobre a possibilidade de utilização da arbitragem por parte da Administração Pública direta e indireta.

[31] Nessa perspectiva, é de se ressaltar a Lei municipal de São Paulo nº 17.324, de 18 de março de 2020, a qual institui a política de desjudicialização no âmbito da Administração Pública Municipal Direta e Indireta.

lamento, o acordo ou a transação, sob pena de nulidade, dependerá de prévia e expressa autorização do Advogado-Geral da União e do Ministro de Estado a cuja área de competência estiver afeto o assunto, ou ainda do Presidente da Câmara dos Deputados, do Senado Federal, do Tribunal de Contas da União, de Tribunal ou Conselho, ou do Procurador-Geral da República, no caso de interesse dos órgãos dos Poderes Legislativo e Judiciário ou do Ministério Público da União, excluídas as empresas públicas federais não dependentes, que necessitarão apenas de prévia e expressa autorização dos dirigentes.

17.6.1 Habeas corpus

17.6.1.1 Origem

A expressão advém da fórmula latina[32] *habeas corpus*, cujo significado é *tenha* ou *tomes* o *corpo*, do verbo *habere* que indica: exibir, tomar ou trazer. Era utilizada em *writ* (espécie de mandado ou ordem) inglês como um meio de se obter o comparecimento físico de alguém perante uma corte,[33] da seguinte maneira: "tomes o corpo do detido e venhas submeter ao tribunal o homem e o caso".

A origem do *habeas corpus* é controvertida entre os pesquisadores. Há autores que defendem que ele surgiu no Direito Romano,[34] mediante ação denominada *interdictum de homine libero exhibendo*. Grande parte da doutrina,[35] contudo, identifica sua origem na Magna Carta de 1215, que considerou injusta qualquer prisão não estabelecida em lei ou decretada sem julgamento.

De acordo com o documento imposto pelos barões ingleses ao rei João Sem Terra, nenhum homem livre poderia ser preso, nem perder seus bens, nem ser declarado fora da lei ou desterrado, senão em virtude de um julgamento por seus pares, de acordo com a lei do lugar.

Existe, ainda, outra parcela de juristas que ressalta que apesar de o *habeas corpus* ter existido na Inglaterra, antes mesmo da Magna Carta,[36] como um mandado judicial (*writ*) contra prisão arbitrária, ele só teve real eficácia a partir da chamada Lei de *Habeas Corpus* (*Habeas Corpus Act*) de 1679,[37] momento em que houve o estabelecimento mais adequado de regras processuais para o remédio jurídico. O motivo de tal conclusão é que na Inglaterra predomina visão pragmática, própria do *Common Law*, segundo a qual "as garantias processuais criam os direitos" (*remedies precede rights*) e não o contrário, como se raciocina normalmente nos sistemas de matiz europeu-continental, a exemplo do brasileiro.

---

[32] FERREIRA FILHO, Manoel Gonçalves. *Curso de direito constitucional*. 28. ed. São Paulo: Saraiva, 2002. p. 308.

[33] GRINOVER, Ada Pellegrini; GOMES FILHO, Antonio Magalhães; FERNANDES, Antonio Scarance. *Recursos no processo penal*. 5. ed. São Paulo: Revista dos Tribunais, 2008. p. 338.

[34] Cf. MORAES, Alexandre de. *Direito constitucional*. 22. ed. São Paulo: Atlas, 2007. p. 118. PACHECO, J. E. de Carvalho. *Habeas corpus*. Curitiba: Juruá, 1983. p. 16.

[35] CARVALHO FILHO, José dos Santos. *Manual de direito administrativo*. Rio de Janeiro: Lumen Juris, 2008. p. 886. GRINOVER, Ada Pellegrini; GOMES FILHO, Antonio Magalhães; FERNANDES, Antonio Scarance. *Recursos no processo penal*. 5. ed. São Paulo: Revista dos Tribunais, 2008. p. 338.

[36] SILVA, José Afonso da. *Curso de direito constitucional positivo*. 18. ed. São Paulo: Malheiros, 2000. p. 447.

[37] COMPARATO, Fábio Konder. *A afirmação histórica dos direitos humanos*. 3. ed. São Paulo: Saraiva, 2004. p. 85. Posteriormente, ressalte-se, o *Habeas Corpus Act* de 1816 estendeu sua admissibilidade às detenções realizadas por particulares.

17.6.1.2 Histórico no Brasil e doutrina do habeas corpus

No Brasil, o *habeas corpus* não foi previsto de forma explícita na Constituição Imperial (de 1824[38]), tendo sido positivado em 1832, no art. 340 do Código de Processo Criminal,[39] nos seguintes termos: "todo cidadão que entender que ele ou outrem sofre uma prisão ou constrangimento ilegal em sua liberdade, tem direito de pedir uma ordem de *habeas corpus* em seu favor".

O documento de 1891 foi o primeiro texto constitucional brasileiro a prever expressamente o *habeas corpus*, no art. 72, § 22, segundo o qual: "dar-se-á *habeas corpus* sempre que o indivíduo sofrer ou se achar na iminência de sofrer violência ou coação, por ilegalidade ou abuso de poder".

Note-se que, ao contrário do que dispunha o Código de Processo Criminal do Império, a primeira Constituição Republicana do Brasil não vinculou o *habeas corpus* às hipóteses de violência ou coação à liberdade de locomoção. Diante deste fato, formaram-se na época três correntes doutrinárias[40] sobre a sua abrangência.

A primeira corrente, preponderante no Supremo Tribunal Federal até 1911, adotou concepção restritiva da abrangência do *habeas corpus*, pautada em dois argumentos básicos: (a) que o dispositivo contido no art. 72, § 22, da Constituição de 1891 não poderia ser interpretado literalmente, mas em conjunto com o Código de Processo Criminal; e (b) que, portanto, pela natureza e histórico do *habeas corpus*, esta garantia seria necessariamente relacionada com o direito de ir e vir, isto é, exclusivamente com o direito de locomoção.

A segunda corrente deu origem à famosa **doutrina brasileira do** *habeas corpus*. Segundo esta elaboração, engendrada por Rui Barbosa, o *habeas corpus* seria remédio adequado a coibir todas as hipóteses de ilegalidades ou abusos de poder, e não somente violências ou coações relacionadas com o constrangimento corporal.

Rui Barbosa, entusiasta do republicanismo que emergira na época, era contra a manutenção do *habeas corpus* com a mesma configuração dada pelo Império. Defendeu, por conseguinte, a deliberada vontade de o constituinte republicano estender ao máximo a proteção do remédio para quaisquer violências ou coações. A partir da adoção deste posicionamento, registra-se na literatura jurídica que:

> chegou-se a conceder a ordem de *habeas corpus* para anular ato administrativo que mandara cancelar matrícula de aluno em escola pública; para determinar a concessão de uma segunda época de exames de estudantes; para garantir a realização de comícios eleitorais e para garantir exercício de profissão.[41]

---

[38] Apesar da ausência de referência expressa, a Constituição de 1824 protegia a liberdade de locomoção no art. 179, VI, VIII e IX e proibia prisões arbitrárias.

[39] Encontra-se no Código Criminal de 1930 a primeira alusão ao termo *habeas corpus*. Expõe Pedro Lenza que o instituto surgiu pela primeira vez, no Brasil, em alvará expedido mediante o Decreto nº 114, de 1821, por Dom Pedro I, que garantia liberdade de locomoção aos súditos. Cf. LENZA, Pedro. *Direito constitucional esquematizado*. São Paulo: Saraiva, 2008. p. 640.

[40] Cf. NASPOLINI, Samuel Dal-Farra. Doutrina brasileira do *habeas corpus* – fundamentos históricos e polêmica doutrinária. Disponível em: http://www.ccj.ufsc.br/~petdir/homepage.html. Acesso em: 10 jun. 2008.

[41] GRINOVER, Ada Pellegrini; GOMES FILHO, Antonio Magalhães; FERNANDES, Antonio Scarance. *Recursos no processo penal*. 5. ed. São Paulo: Revista dos Tribunais, 2008. p. 341.

Já a terceira corrente, capitaneada por Pedro Lessa, e corroborada teoricamente por Pontes de Miranda, envolveu postura intermediária entre a concepção restritiva do Supremo Tribunal Federal da primeira década do século XX e a concepção ampla de Rui Barbosa, aproximando-se, contudo, mais desta última orientação.

Segundo o posicionamento intermediário de Pedro Lessa, além da proteção direta à liberdade de locomoção, caberia *habeas corpus* para quaisquer hipóteses de violência ou coação que, mediante restrição ao **direito-meio de locomoção**, coibisse reflexamente o exercício de **outros direitos-fins**.

Assim, o remédio seria impetrado contra violações ao direito de ir e vir de jornalistas como meio de ofender a liberdade de imprensa ou sobre o direito de locomoção de parlamentares como meio de impedir a votação de determinado assunto, hipótese não rara na República Velha; mas não caberia, por exemplo, *habeas corpus*, de acordo com este último entendimento, contra o confisco de material tipográfico para ferir a liberdade de imprensa.

Em exemplo esclarecedor, formulado por Lessa: quando se ofende a liberdade religiosa, mediante o impedimento à entrada no templo, cabe *habeas corpus*, pois por meio do impedimento à liberdade de locomoção houve violação à liberdade religiosa, mas quando se ofende a liberdade religiosa por meio da destruição de objetos de culto ou mesmo das igrejas, não seria possível requerer a medida.[42]

O *leading case* julgado no Supremo Tribunal Federal pelo Ministro Pedro Lessa, que representou a incorporação definitiva de parcela da orientação de Rui Barbosa nas decisões do Supremo, foi decidido, em 1911, nos seguintes termos:

> O Supremo Tribunal Federal concede a ordem de *habeas corpus* impetrada a fim de que os pacientes, assegurada a sua liberdade individual, possam entrar no edifício do Conselho Municipal e exercer suas funções até a expiração do prazo do mandato, proibido qualquer constrangimento que possa resultar do decreto do Poder Executivo federal, contra o qual foi pedida esta ordem de *habeas corpus*.[43]

O debate doutrinário foi abolido com o advento da Emenda Constitucional nº 1, de 3.9.1926, que conferiu ao § 22 do art. 77 a seguinte redação: "dar-se-á o *habeas corpus* sempre que alguém sofrer ou se achar em iminente perigo de sofrer violência por meio de prisão ou constrangimento ilegal em sua *liberdade de locomoção*", ou seja, a **reforma constitucional de 1926** restringiu definitivamente o uso do remédio à proteção direta da liberdade de locomoção, conforme previsão original.

Todavia, pode-se dizer que a doutrina do *habeas corpus*, defendida com eloquência por Rui Barbosa e adotada de forma um pouco menos ampla pelo Supremo Tribunal Federal a partir de 1911, representou criativa construção brasileira e foi imprescindível para a futura configuração do mandado de segurança que foi previsto, logo após, no inciso nº 33 do art. 113 da Constituição de 1934, nos seguintes termos: "dar-se-á mandado de segurança para a defesa de direito, certo e incontestável, ameaçado ou violado por ato manifestamente inconstitucional ou ilegal de qualquer autoridade".

---

[42] GRINOVER, Ada Pellegrini; GOMES FILHO, Antonio Magalhães; FERNANDES, Antonio Scarance. *Recursos no processo penal*. 5. ed. São Paulo: Revista dos Tribunais, 2008. p. 342.

[43] HC 2990, Rel. Min. Pedro Lessa, 25.1.1911.

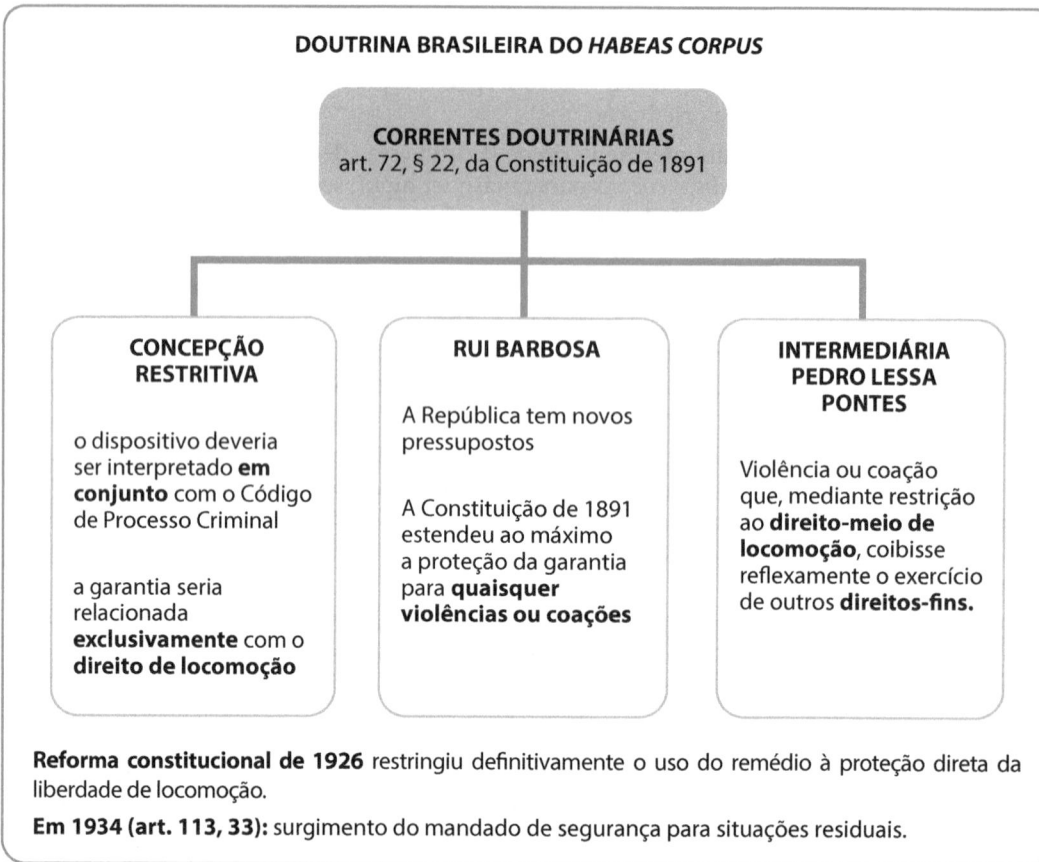

O mandado de segurança, conforme será exposto, foi direcionado para acobertar as situações residuais, que antes eram protegidas pela doutrina ampla do *habeas corpus*, diante da restrição deste último remédio à proteção da liberdade de locomoção, a partir da Emenda de 1926 à Constituição de 1891.

Atualmente, o *habeas corpus* serve ao controle da Administração sempre que alguém sofrer ou se achar ameaçado de sofrer violência ou coação em sua liberdade de locomoção, por ilegalidade ou abuso de poder (art. 5º, LXVIII, CF). Note-se que o texto constitucional foi redundante na redação do dispositivo, pois abuso de poder também consubstancia ilegalidade, ou seja, seria suficiente mencionar a ilegalidade, como gênero.

17.6.1.3 Objeto

Locomoção abrange liberdade de ir, vir ou permanecer (*jus manendi, ambulandi eundi ultro citroque*). O *habeas corpus* só não é admitido em relação a punições disciplinares militares,[44] conforme dispositivo expresso contido no art. 142, § 2º, da Constituição Federal. Neste caso, a vedação é direcionada à análise do mérito da punição disciplinar, e não à ilegalidade do ato.

---

[44] Essa ressalva de o *habeas corpus* não ser previsto para transgressões disciplinares é feita desde a Constituição de 1934.

Assim, cabe a ordem judicial se houver cerceamento da liberdade em transgressão desta natureza: (a) por pessoa incompetente; (b) ou alheia ao sistema de hierarquia; (c) em ato que não tenha relação com as funções desempenhadas pelo punido; ou (d) com base em pena sem previsão legal.

17.6.1.4 Sujeito ativo, abrangência e informalismo

Pode ser impetrado por qualquer indivíduo, brasileiro ou estrangeiro, em seu favor ou em favor de terceiro, maior ou não, bem como pelo Ministério Público. Houve até cabimento de *habeas corpus* coletivo, o que ocorreu no HC 143.641/STF, Rel. Min. Ricardo Lewandowski, j. 20.2.2018, possibilitando prisão domiciliar de gestantes e mães de crianças.

Exige a observância dos seguintes pressupostos: (1) **lesão ou ameaça de lesão**, o que significa que há tanto *habeas corpus* repressivo ou liberatório, para o desfazimento da violência ou da coação exercida pela autoridade pública, como preventivo, para impedir a consumação da coação ou da prisão ilegal, com a possibilidade de concessão de liminar, desde que haja *periculum in mora* e o *fumus boni juris*; e (2) **ilegalidade ou abuso de poder** praticado por autoridade pública ou particular, em asilos, hospitais ou escolas, por exemplo.

Conforme expõem Ada Pellegrini Grinover, Antonio Magalhães Gomes Filho e Antonio Scarance Fernandes, o *habeas corpus* "não visa a atacar apenas medidas e decisões de juízes criminais, mas quaisquer atos judiciais, administrativos ou até mesmo de particulares que possam interferir com a liberdade pessoal",[45] podendo ser impetrado, portanto, contra atos administrativos ou de particulares.

O art. 5º, LXXVII, da Constituição Federal assegura a gratuidade do *habeas corpus*, que "não exige a presença de advogado".[46] Pela necessidade de proteção ao direito à liberdade, a jurisprudência tende a dispensar maiores formalismos em sua apreciação, conforme se extrai da seguinte decisão do Supremo Tribunal Federal:

> no exame da petição inicial em *habeas corpus*, há de proceder-se sem a visão ortodoxa, estritamente técnica, imposta pela legislação instrumental no tocante à peça primeira de outras ações. A premissa mais se robustece quando a inicial é de autoria do próprio paciente, mostrando-se leigo relativamente à ciência do direito. Esforços devem ser empregados objetivando o aproveitamento do que foi redigido.[47]

17.6.2 Habeas data

17.6.2.1 Conceito e origem

Trata-se de ação constitucional, de caráter civil, conteúdo e rito sumário, que tem por objeto a proteção do direito líquido e certo do impetrante em conhecer as informações e os registros

---

[45] GRINOVER, Ada Pellegrini; GOMES FILHO, Antonio Magalhães; FERNANDES, Antonio Scarance. *Recursos no processo penal*. 5. ed. São Paulo: Revista dos Tribunais, 2008. p. 338.

[46] STJ, RHC, Rel. Min. Vicente Cernicchiaro, *DJU* 20.4.1992. p. 5.264.

[47] STF, HC 80.145-5, 2ª T., Rel. Min. Marco Aurélio de Mello, *DJU* 8.9.2000. GRINOVER, Ada Pellegrini; GOMES FILHO, Antonio Magalhães; FERNANDES, Antonio Scarance. *Recursos no processo penal*. 5. ed. São Paulo: Revista dos Tribunais, 2008. p. 361.

referentes à sua pessoa e constantes de repartições públicas ou particulares, para eventual retificação de dados pessoais.[48]

A doutrina costuma indicar[49] como origens remotas do *habeas data* a lei norte-americana denominada *Freedom of Information Act*, de 1974 (alterada pela *Freedom of Information Act*, de 1978), que permitiu o acesso dos particulares a informações de registros e bancos de dados públicos, bem como os instrumentos presentes no art. 35 da Constituição de Portugal (de 1976) e no art. 105, *b*, da Constituição da Espanha (de 1978).

O *habeas data* foi introduzido no ordenamento brasileiro a partir da Constituição de 1988. A ideia do constituinte, no afã de democratizar a nova ordem jurídica, era encontrar um mecanismo apto a coibir abusos no registro de dados pessoais perpetrados na ditadura militar, especialmente pela ação do Serviço Nacional de Informação (SNI).

O SNI foi criado pela Lei nº 4.341, de 13.6.1964, como órgão da Presidência da República, com objetivo evidente de colher informações que eram mantidas em bancos de dados contendo registros referentes a convicções políticas, filosóficas, ideológicas, religiosas e de envolvimento de contestadores da ordem vigente em movimentos estudantis ou sociais.

Os agentes que atuavam com o SNI coletavam informações que serviam de critério para perseguição e imposição de medidas punitivas ou mesmo discriminatórias contra aqueles que eram considerados "nocivos" ao regime político. O governo não franqueava aos interessados o acesso aos dados constantes de seus registros, que, na maior parte das vezes, sequer poderiam ser retificados. Logo, a partir da ação conjunta com o SNI, o governo tomava medidas de caráter repressivo contra os potenciais opositores do regime de ditadura.

Segundo exposição de José Carlos Barbosa Moreira, as informações eram "aleatoriamente colhidas, em fontes de discutível idoneidade e por meios escusos, não raro manipuladas sem escrúpulos, ou mesmo fabricadas pela paranoia de órgãos repressivos".[50] Expõe, ainda, que a coleta e o armazenamento indiscriminado de dados atinentes à pessoa, à sua revelia e controle, representaram grave violação ao direito à intimidade, pois:

> a ninguém se deve negar o conhecimento do que outros sabem ou supõem saber a seu respeito, nem a possibilidade de contestar a exatidão de tais noções e, sendo o caso, retificar o respectivo teor, principalmente quando a utilização dos elementos coligidos seja capaz de causar dano material ou moral.[51]

17.6.2.2 Objeto

É controvertido na doutrina se o *habeas data* abrange a possibilidade de acesso a informações contidas na parte final do art. 5º, XXXIII, da Constituição Federal, relacionadas, portanto, com dados sigilosos de defesa nacional. O mencionado dispositivo constitucional determina

---

[48] MEIRELLES, Hely Lopes. *Mandado de segurança*. 27. ed. São Paulo: Malheiros, 2004. p. 277.

[49] MORAES, Alexandre. *Direito constitucional*. 22. ed. São Paulo: Atlas, 2007. p. 135. WALD, Arnoldo; FONSECA, Rodrigo Garcia da. O *habeas data* na Lei nº 9.507/97. *Revista de Informação Legislativa*, Brasília, ano 35, nº 137, p. 303, jan./mar. 1998.

[50] MOREIRA, José Carlos Barbosa. O *habeas data* brasileiro e sua lei regulamentadora. *Revista de Informação Legislativa*, Brasília, ano 35, nº 138, p. 91, abr./jun. 1998.

[51] MOREIRA, José Carlos Barbosa. O *habeas data* brasileiro e sua lei regulamentadora. *Revista de Informação Legislativa*, Brasília, ano 35, nº 138, p. 91, abr./jun. 1998.

que todos têm direito a receber dos órgãos públicos informações de seu interesse particular, ou de interesse coletivo ou geral, que serão prestadas no prazo da lei, sob pena de responsabilidade, "ressalvadas aquelas cujo sigilo seja imprescindível à segurança da sociedade e do Estado".

Segundo expõe Hely Lopes Meirelles, o antigo Tribunal Federal de Recursos decidiu, no *habeas data* nº 1,[52] que, no caso de sigilo por interesse público do art. 5º, XXXIII, da Constituição, cabe ao juiz compatibilizar o direito individual com a segurança do Estado, examinando o caso concreto.

Entendemos, contudo, que não há como negar acesso a informações que dizem respeito ao próprio informado, caso contrário, haveria uma nova aproximação com a situação vivenciada na ditadura ou mesmo em Estados totalitários, nos quais a atuação da máquina governamental se pretende irrestrita, ou seja, o Estado objetiva, mediante o sigilo e o reiterado patrulhamento ideológico, o domínio completo sobre todas as dimensões dos seres humanos.

Na realidade, o direito contido no art. 5º, XXXIII, da Constituição, abrange o direito à informação de interesse particular ou coletivo tão somente, que, se não fornecida pelos órgãos públicos, pode ser pleiteada pelo mandado de segurança ou pela via judicial ordinária. Já o *habeas data* é medida cabível para proteger informação *pessoal* do impetrante, não havendo nenhuma ressalva constitucional no tratamento do assunto acerca de dados sigilosos, até porque, como esclarece Alexandre de Moraes:

> o direito de manter determinados dados sigilosos direciona-se a terceiros que estariam, em virtude da segurança social ou do Estado, impedidos de conhecê-los, e não ao próprio impetrante, que é o verdadeiro objeto dessas informações, pois se as informações forem verdadeiras, certamente já eram de conhecimento do próprio impetrante, e se forem falsas, sua retificação não causará nenhum dano à segurança social ou nacional.[53]

De acordo com a previsão constitucional constante do art. 5º, LXXII, o *habeas data* será concedido: (a) para assegurar o conhecimento de informações relativas à pessoa do impetrante, constantes de registros ou bancos de dados de entidades governamentais ou de caráter público; e (b) para retificação de dados, quando não se prefira fazê-lo por processo sigiloso, judicial ou administrativo.

A Lei nº 9.507/97, que disciplina o *habeas data*, acrescentou outra hipótese de cabimento da medida, prevista no inciso III do art. 7º: "para anotação nos assentamentos do interessado, de contestação ou explicação sobre dado verdadeiro mas justificável e que esteja sob pendência judicial ou amigável".

Protege-se, assim, a pessoa do uso abusivo do registro de dados pessoais coletados por meios fraudulentos, desleais ou ilícitos; da presença de dados sensíveis (de origem racial, opinião política, filosófica ou religiosa, orientação sexual etc.); e da conservação de dados falsos ou com fins diversos dos autorizados em lei.[54]

---

[52] Rel. Min. Mílton Pereira, publicado em *DJU* de 2.5.1989. Cf. MEIRELLES, Hely Lopes. *Mandado de segurança*. 27. ed. São Paulo: Malheiros, 2004. p. 280.

[53] MORAES, Alexandre de. *Direito constitucional*. 22. ed. São Paulo: Atlas, 2007. p. 146. No sentido da inadmissão da ressalva: TEMER, Michel. *Elementos de direito constitucional*. 18. ed. São Paulo: Malheiros, 2002. p. 214. GRECO FILHO, Vicente. *Tutela constitucional das liberdades*. São Paulo: Saraiva, 1989. p. 176.

[54] SILVA, José Afonso da. *Curso de direito constitucional positivo*. 18. ed. São Paulo: Malheiros, 2000. p. 455.

Considera-se de caráter público, de acordo com dispositivo contido no parágrafo único do art. 1º da lei, todo registro ou banco de dados contendo informações que sejam ou que possam ser transmitidas a terceiros ou que não sejam de uso privativo do órgão ou entidade produtora ou depositária das informações. Exemplo de entidade de caráter público é o Serviço de Proteção ao Crédito (SPC), cujas informações são transferidas ao uso de terceiros, porquanto o art. 43, § 4º, do Código de Defesa do Consumidor afirma que "os bancos de dados e cadastros relativos a consumidores, os serviços de proteção ao crédito e congêneres são considerados entidades de caráter público".[55]

17.6.2.3 Questões sobre o cabimento

Outra questão polêmica envolvendo o trato do *habeas data* compreende o conteúdo da Súmula 2 do Superior Tribunal de Justiça, *in verbis*: "não cabe o *habeas data* (CF, art. 5º, LXXII, *a*) se não houve recusa de informações por parte da autoridade administrativa". Essa orientação, também seguida pelo Supremo Tribunal Federal,[56] foi incorporada ao art. 8º da Lei nº 9.507/97, cujo parágrafo único exige que conste na petição inicial a prova da recusa ao acesso às informações ou do decurso de mais de dez dias sem decisão, sob pena de indeferimento (art. 10 da lei).

Alega-se que não haverá *interesse de agir* se não existir relutância do detentor da informação em fornecê-la ao interessado, que seria caracterizada pela resistência oferecida pela entidade governamental ou de caráter público. A jurisprudência tende a exigir, portanto, como condição da ação, a prova de ter o impetrante solicitado no âmbito administrativo as informações pretendidas.

Para complementar a orientação adotada, há a previsão, nos arts. 2º, 3º e 4º da lei de requerimento endereçado ao órgão ou entidade destinatária, como tentativa extrajudicial de acesso, retificação ou anotação de explicação ou contestação dos dados. O requerimento deve ser deferido ou indeferido em 48 horas, sendo a decisão comunicada ao requerente em 24 horas. Se houver deferimento do pedido, serão marcados dia e hora para que o requerente tome conhecimento das informações, sendo-lhe facultado entrar com petição para que, em dez dias, ocorra a retificação de dados inexatos ou a anotação no cadastro de explicação ou contestação dos dados apresentados.

Parcela substancial da doutrina,[57] entretanto, critica a orientação jurisprudencial no sentido de exigir a recusa em âmbito administrativo como condição da ação de *habeas data* e sua incorporação no texto legal, uma vez que a Constituição de 1988 não mais repetiu a exigência contida nas Constituições anteriores de prévio esgotamento da via administrativa como requisito para acesso ao Poder Judiciário (pois, conforme exposto, o inciso XXXV do art. 5º da Constituição de 1988 não repetiu a parte final do § 4º do art. 153 da Carta anterior).

17.6.2.4 Sujeito ativo

O impetrante é pessoa física ou jurídica, brasileira ou estrangeira, a que se refere a informação, que deve ser relativa ao próprio sujeito ativo. Trata-se de ação constitucional de caráter

---

[55] Apesar do veto que recaiu sobre o art. 86 do Código de Defesa do Consumidor – CDC, que previa expressamente a utilização do *habeas data* neste caso (SPC e entidades congêneres), o art. 43, § 4º, do CDC admite que a medida seja utilizada para a hipótese vetada, uma vez que enuncia o caráter público de tais entidades.

[56] STF, RHD 22/DF, Rel. Min. Celso de Mello, j. 19.9.1991, *DJU* 1º.9.1995, p. 27.378. No mesmo sentido: TFR, HD 7/DF, 16.3.1989, *DJU* 15.5.1989.

[57] DI PIETRO, Maria Sylvia Zanella. *Direito administrativo*. 23. ed. São Paulo: Atlas, 2010. p. 766. MORAES, Alexandre de. *Direito constitucional*. 22. ed. São Paulo: Atlas, 2007. p. 138.

personalíssimo, que não admite pedido de terceiros nem, via de regra, sucessão no direito de pedir. Note-se, contudo, que o extinto Tribunal Federal de Recursos[58] admitiu *habeas data* para herdeiros do falecido ou para o cônjuge supérstite para evitar que fosse feito uso ilegítimo e indevido de dados do morto, afrontando sua memória sem que houvesse a corrigenda adequada.

São gratuitos, conforme dispõe o art. 21 da lei, o procedimento administrativo para acesso a informações e retificação de dados e para anotação de justificação, bem como a ação de *habeas data* (conforme previsão constitucional constante do art. 5º, LXXVII, da Constituição Federal). Os processos de *habeas data* têm prioridade sobre todos os atos judiciais, de acordo com o art. 19 da lei, à exceção do *habeas corpus* e do mandado de segurança.

17.6.2.5 Rito

O rito adotado é sumaríssimo, que compreende: despacho inicial, notificação à autoridade coatora para prestar informações em dez dias, ouvindo-se o Ministério Público em cinco dias, sendo os autos conclusos para que o juiz decida em cinco dias. A execução é feita por comunicação ao coator por correio, com aviso de recebimento ou telegrama, radiograma ou telefonema, marcando-se data e horário para que apresente as informações, faça a retificação de dados ou a anotação requerida.

O art. 15, parágrafo único, da lei determina que o recurso contra sentença concessiva de *habeas data* tem efeito meramente devolutivo, mas, de acordo com o conteúdo do art. 16, poderá o Presidente do Tribunal suspender a execução da sentença que conceder o *habeas data*, em despacho motivado, do qual caberá agravo.

17.6.3 Mandado de segurança

17.6.3.1 Definição

Trata-se de remédio constitucional concedido para proteger direito líquido e certo, não amparado por *habeas corpus* ou *habeas data*, quando o responsável pela ilegalidade ou abuso de poder for autoridade pública ou agente de pessoa jurídica no exercício de atribuições do Poder Público, conforme dispõe o art. 5º, LXIX, da Constituição Federal.

Também há a previsão no inciso LXX do mesmo artigo do mandado de segurança coletivo, que pode ser impetrado por: (a) partido político com representação no Congresso Nacional; e (b) organização sindical, entidade de classe ou associação legalmente constituída e em funcionamento há pelo menos um ano, em defesa dos interesses de seus membros ou associados.

17.6.3.2 Origem

O mandado de segurança foi criação brasileira. Ele teve inspiração nos *writs* do direito norte-americano e no *juicio de amparo* do direito mexicano, mas foi decorrência direta do desenvolvimento da **doutrina do** *habeas corpus*, a partir do momento em que a emenda de 1926 restringiu expressamente o uso da medida às hipóteses de ofensa ao direito de locomoção, conforme visto.

A espécie coletiva do mandado de segurança foi inovação da Constituição de 1988.

---

[58] HD nº 1, Rel. Min. Milton Pereira, *DJ* 2.9.1989.

17.6.3.3 Disciplina legal

O mandado de segurança foi disciplinado pela Lei nº 12.016, de 7.8.2009, que revogou expressamente as Leis nºs 1.533, de 31.12.1951, 4.166, de 4.12.1962, 4.348, de 26.6.1964 e 5.021, de 9.6.1966. O primeiro artigo da lei de mandado de segurança repete o disposto na Constituição Federal, no sentido de que ele será concedido para proteger direito líquido e certo, não amparado por *habeas corpus* ou *habeas data*, sempre que, ilegalmente ou com abuso de poder, qualquer pessoa física ou jurídica sofrer violação ou houver justo receio de sofrê-la por parte de autoridade, seja de que categoria for e sejam quais forem as funções que exerça.

17.6.3.4 Sujeito ativo ou impetrante

O **sujeito ativo** do mandado de segurança é chamado impetrante. Pode ser qualquer pessoa, física ou jurídica, que sofra ou que estiver com justo receio de sofrer violação a direito líquido e certo não amparado por *habeas corpus* ou *habeas data* por ilegalidade ou abuso de poder de autoridade.

Quando o direito ameaçado ou violado couber a várias pessoas, qualquer delas poderá impetrar o mandado de segurança.

Além dos entes com personalidade jurídica, órgãos públicos, como fundos financeiros, comissões autônomas, superintendências de serviços, não dotados de personalidade jurídica (despersonalizados), podem utilizar-se e ser pacientes de mandado de segurança, pois eles possuem capacidade processual.

Também para as pessoas privadas nem sempre se exige a personalidade jurídica, uma vez que basta a personalidade judiciária, ou seja, a capacidade de ser parte para a defesa de direitos próprios ou coletivos para a impetração do mandado de segurança.[59]

Já o mandado de segurança coletivo, conforme visto, pode ser impetrado por partido político com representação no Congresso Nacional; e organização social, entidade de classe ou associação legalmente constituída e em funcionamento há pelo menos um ano, em defesa dos interesses de seus membros ou associados.

17.6.3.5 Sujeito passivo ou paciente

Geralmente, o mandado de segurança é impetrado em face de autoridade coatora, seja de que categoria for e sejam quais forem as funções que exerça.

Equiparam-se às autoridades, para efeitos de impetração da medida:

- os representantes ou órgãos de partidos políticos;
- os administradores de entidades autárquicas; e
- os dirigentes de pessoas jurídicas ou as pessoas naturais no exercício de atribuições do poder público, somente no que disser respeito a essas atribuições.

Por conseguinte, cabe o remédio contra particular em regime de delegação (concessionário ou permissionário de serviço público, conforme determina a Súmula nº 510/STF: "praticado

---

[59] MEIRELLES, Hely Lopes. *Mandado de segurança*. São Paulo: Malheiros, 2004. p. 23.

o ato por autoridade, no exercício de competência delegada, contra ela cabe o mandado de segurança ou a medida judicial") ou autorização do Poder Público ou contra ato de dirigente de estabelecimento particular de ensino, sindicato, agente financeiro que executa plano governamental e serviço social autônomo.

Não cabe mandado de segurança contra os atos de **gestão comercial** praticados pelos administradores de empresas públicas, de sociedade de economia mista e de concessionárias de serviços públicos (determinação considerada constitucional pelo STF, na ADI 4296), mas admite-se mandado de segurança, de acordo com a Súmula 333/STJ, "contra ato praticado em licitação promovida por sociedade de economia mista ou empresa pública", conforme visto no item 10.5.4.

Note-se, contudo, que substancial parcela da doutrina entende que a autoridade coatora é mera representante da pessoa jurídica, que teria a atribuição de prestar informações, sendo, portanto, a **pessoa jurídica** à qual se vincula a autoridade, na verdade, o **sujeito passivo** legítimo da demanda, uma vez que será ela que suportará os ônus da sentença.[60]

17.6.3.6 Pressupostos

Segundo expõe Maria Sylvia Zanella Di Pietro,[61] são pressupostos do mandado de segurança:

- um ato de autoridade;
- ilegalidade ou abuso de poder;
- lesão ou ameaça de lesão; e
- direito líquido e certo não amparado por *habeas corpus* ou *habeas data*.

Direito líquido e certo significa comprovado de plano. Em realidade, não é o direito que deve ser líquido e certo, mas sim os fatos, os quais devem ser concludentes e incontroversos, não admitindo comprovação por complexas dilações probatórias.

Não é o texto normativo que deve ser claro, mas sim os fatos alegados que devem ser demonstrados de plano por prova constituída previamente, até porque o juiz sabe o direito (*jura novit curia*), que é inevitavelmente interpretado, independentemente da complexidade jurídica da questão. Neste sentido, a Súmula nº 625 do STF determina que: "controvérsia sobre matéria de direito não impede a concessão de mandado de segurança".

O direito deve ser, como regra geral, comprovado já na petição inicial, pois, como rito do mandado de segurança é sumaríssimo, ele não comporta fase de instrução. Admite-se, contudo, a seguinte ressalva, contida no § 1º, do art. 6º, da Lei nº 12.016:

> No caso em que o documento necessário à prova do alegado se ache em repartição ou estabelecimento público, ou em poder de autoridade que recuse a fornecê-lo por certidão ou de terceiro, o juiz ordenará, preliminarmente, por ofício, a exibição desse documento em original ou em cópia autêntica e marcará, para o cumprimento da ordem, o prazo de dez dias. O escrivão extrairá cópias do documento para juntá-las à segunda via da petição.

---

[60] Assim é o entendimento, por exemplo, de Leonardo Carneiro da Cunha: "parece mais correto entender que a legitimidade passiva para o mandado de segurança é da pessoa jurídica a cujos quadros pertence a autoridade de quem emanou ato impugnado". Com efeito, "é a pessoa jurídica quem responde pelas consequências financeiras da demanda, sujeitando-se aos efeitos da coisa julgada material que vier a se operar". Ver *A Fazenda Pública em juízo*. São Paulo: Dialética, 2007. p. 373.

[61] DI PIETRO, Maria Sylvia Zanella. *Direito administrativo*. São Paulo: Atlas, 2010. p. 777-778.

Não cabe mandado de segurança contra lei em tese, conforme enunciado da Súmula nº 266/STF. Maria Sylvia Zanella Di Pietro[62] enfatiza que o mandado de segurança não é a via correta para a anulação de lei pelo Poder Judiciário, todavia, admite-se a impetração da medida contra lei de efeitos concretos ou em lei autoexecutória, isto é, aquela que não depende de ato administrativo para aplicar-se aos casos concretos.

Também não é possível a impetração da medida contra (art. 5º da lei):

- ato do qual caiba recurso administrativo com efeito suspensivo, independentemente de caução;
- decisão judicial da qual caiba recurso com efeito suspensivo; e
- decisão judicial transitada em julgado.

O STF admite cabimento de mandado de segurança, por parlamentar, com a finalidade de coibir atos praticados no processo de aprovação de lei ou emenda constitucional incompatíveis com disposições constitucionais que disciplinam o processo legislativo (MS 24.667 AgR, Rel. Min. Carlos Velloso, j. 4.12.2003; também há o MS 32.033, Rel. Min. Teori Zavascki, j. 20.6.2013, *DJe* 18.2.2014).

17.6.3.7 Liminar

O mandado de segurança admite concessão de liminar quando o fundamento for relevante e o ato impugnado puder resultar na ineficácia da medida, para suspender os efeitos do ato lesivo. Na ADI 4296/2021, o Supremo Tribunal Federal considerou inconstitucional a exigência de oitiva prévia de representante de pessoa jurídica de direito público como condição para concessão de liminar em mandado de segurança coletivo, por considerar que tal exigência feriria o poder geral de cautela do magistrado.

Se o *mandamus* for denegado, fica sem efeito a liminar concedida, retroagindo os efeitos da decisão contrária (Súmula 405 do STF). Note-se que o STF, na ADI 4296/2021, considerou inconstitucional a limitação apresentada no art. 7º, § 2º, da Lei nº 12.016/2009, que não permitia a liminar para: "compensação de créditos tributários; a entrega de mercadorias e bens provenientes do exterior; a reclassificação ou equiparação de servidores públicos; e a concessão de aumento ou a extensão de vantagens ou pagamento de qualquer natureza". De acordo com a decisão do Plenário do STF, na ADI 4.296, do Rel. Min. Marco Aurélio, tendo sido o redator do acórdão o Min. Alexandre de Moraes, considerou-se inconstitucional ato normativo que vede ou condicione a concessão de medida liminar na via mandamental.

O processo em que haja deferimento de liminar tem prioridade de julgamento. O Presidente ao qual cabe o conhecimento do recurso pode, em decisão fundamentada, suspender a execução da liminar e da sentença em virtude de requerimento de pessoa jurídica de direito público interessada ou do Ministério Público que contemple a alegação de grave lesão à ordem, à saúde, à segurança ou à economia públicas.

17.6.3.8 Processamento

A petição inicial do mandado de segurança deverá ser apresentada em duas vias com os documentos que instruem a primeira reproduzidos na segunda. Assim que o juiz despachar a

---

[62] DI PIETRO, Maria Sylvia Zanella. *Direito administrativo*. São Paulo: Atlas, 2010. p. 783-784.

inicial, ele deve ordenar que se notifique o coator de seu conteúdo, sendo este enviado pela segunda via apresentada com as cópias dos documentos.

As informações devem ser prestadas pela autoridade coatora no prazo de dez dias. A Lei nº 12.016/2009 também exige que o juiz dê ciência do feito ao órgão de representação judicial da pessoa jurídica interessada. Os processos de mandado de segurança e os respectivos recursos terão prioridade sobre todos os outros atos judiciais, exceto no caso do *habeas corpus*.

17.6.4 Mandado de injunção

17.6.4.1 Definição

É o meio constitucional posto à disposição de quem se considerar prejudicado pela falta de norma regulamentadora que torne inviável o exercício dos direitos e liberdades constitucionais e das prerrogativas inerentes à nacionalidade, à soberania e à cidadania (art. 5º, LXXI, CF).

O processo e julgamento do mandado de injunção foi regulamentado pela Lei nº 13.300/2016, que esclareceu vários pontos controvertidos sobre os efeitos do mandado de injunção, conforme será analisado adiante.

17.6.4.2 Pressupostos

São pressupostos do mandado de injunção:

- a falta (total ou parcial) da norma regulamentadora do direito, liberdade ou prerrogativa reclamada (inerentes à nacionalidade, à soberania e à cidadania); e
- ser o impetrante seu beneficiário.

A competência é atribuída a tribunais diversos, dependendo da autoridade que se omitiu (cf. arts. 102, I, *q*, e II, *a*, e 105, I, *h*, CF e 74, V, CE/SP).

17.6.4.3 Sujeito ativo e sujeito passivo

É impetrado pelo próprio titular do direito cujo exercício esteja inviabilizado pela falta de norma regulamentadora da Constituição, seja pessoa natural ou jurídica.

Admite-se mandado de injunção promovido:

- pelo **Ministério Público**, quando a tutela requerida for especialmente relevante para defesa da ordem jurídica, do regime democrático ou dos interesses sociais ou individuais indisponíveis;
- por **partido político** com representação no Congresso Nacional, para assegurar o exercício de direitos, liberdades e prerrogativas de seus integrantes ou relacionados com a finalidade partidária;
- por **organização sindical, entidade de classe** ou **associação legalmente constituída ou em funcionamento há pelo menos um ano**, para assegurar o exercício de direitos, liberdades ou prerrogativas em favor da totalidade ou de parte de seus membros ou associados, na forma de seus estatutos e desde que pertinentes a suas finalidades, dispensada, para tanto, autorização especial; e

- pela **defensoria pública**, quando a tutela requerida for especialmente relevante para a promoção dos direitos humanos e a defesa dos direitos individuais e coletivos dos necessitados.

Os direitos, as liberdades e as prerrogativas protegidos por mandado de injunção coletivo são os pertencentes, indistintamente, a uma coletividade indeterminada de pessoas ou determinada por grupo, classe ou categoria.

Sujeito passivo é a pessoa estatal que tenha o dever jurídico de emanar o provimento normativo. Nos termos empregados na parte final do art. 3º da lei, como impetrado do mandado de injunção há o Poder, o órgão ou a autoridade com atribuição de editar a norma regulamentadora.

Enfatiza Alexandre de Moraes[63] que, se a omissão for legislativa federal, o mandado de injunção deve ser ajuizado em face do Congresso Nacional, exceto se o projeto de lei for de iniciativa do Presidente da República, hipótese em que contra ele deve ser ajuizado, e não em face do Congresso Nacional.

17.6.4.4 Procedimento

A petição inicial deverá indicar, além do órgão impetrado, a pessoa jurídica que ele integra ou aquela a que está vinculado.

Se houver recusa por parte da repartição em fornecer documento necessário à prova do alegado que esteja em poder de autoridade ou terceiro, o impetrante deve solicitar que seja ordenada a exibição do documento no prazo de dez dias, devendo ser juntada cópia à segunda via da petição.

Note-se que se a recusa em fornecer documento for por parte do impetrado, a ordem será feita no próprio instrumento da notificação.

Assim que recebida a petição inicial, será ordenada a notificação do impetrado, que terá dez dias para prestar informações. Deve haver também a ciência do ajuizamento da ação por parte do órgão de representação judicial da pessoa jurídica interessada, a partir do envio da cópia da petição inicial. Findo o prazo para apresentação das informações, será ouvido o Ministério Público, que opinará em dez dias, após o que, com ou sem parecer, os autos serão conclusos para decisão.

Se o mandado de injunção for manifestamente incabível ou manifestamente improcedente, a petição inicial será logo indeferida pelo relator, cabendo agravo, em cinco dias, da decisão de indeferimento. O agravo será direcionado para o órgão colegiado competente para o julgamento da impetração.

O indeferimento do pedido por insuficiência de prova não impede a renovação da impetração fundada em outros elementos probatórios.

Aplicam-se subsidiariamente ao mandado de injunção as normas do mandado de segurança, disciplinado pela Lei nº 12.016, de 7 de agosto de 2009, e do Código de Processo Civil.

17.6.4.5 Efeitos

Alexandre de Moraes, na obra *Direito constitucional*,[64] sistematiza as diversas posturas que podem ser tomadas em face da questão relativa aos efeitos da decisão judicial do mandado de

---

[63] Que participou da criação da lei. MORAES, Alexandre de. *Direito constitucional*. São Paulo: Atlas, 2007. p. 167.

[64] MORAES, Alexandre de. *Direito constitucional*. 22. ed. São Paulo: Atlas, 2007. p. 169.

injunção, assunto mais controvertido do tema. O autor desdobra as diversas correntes em: (1) concretistas: classificadas em (1.1) geral e (1.2) individual, sendo esta subdividida em (1.2.1) direta e (1.2.2) intermediária; e (2) não concretistas.

Concretistas: (1) são as posturas que defendem a implementação do exercício do direito pelo Judiciário até que sobrevenha a regulamentação do poder competente. Destas, a geral (1.1) propugna pelo efeito *erga omnes* da decisão, e a individual (1.2) preconiza que os efeitos se atenham ao autor do mandado de injunção.

Das individuais, a individual direta (1.2.1) pretende que o Judiciário implemente a eficácia da norma constitucional imediatamente ao julgamento de procedência do mandado de injunção; e a individual intermediária (1.2.2), posição à qual se filia Alexandre de Moraes, entende que, após julgar a procedência do mandado de injunção, deve-se fixar o prazo de 120 dias para a elaboração da norma regulamentadora e, ao término deste prazo, caso a inércia permaneça, deve o Judiciário estipular as condições necessárias ao exercício do direito por parte do autor.

A posição não concretista[65] era dominante no STF até 2007, mas foi abandonada a partir do julgamento dos mandados de injunção de nos 670/ES, 708/DF e 712/PA, referentes ao direito de greve dos servidores públicos, responsáveis por uma significativa mudança na orientação da Corte Suprema, que tende a decidir pela aplicação da Lei de Greve (Lei nº 7.783/89) aos servidores públicos até a criação de lei específica pelo Poder Legislativo.

No MI 708/DF, o Min. Gilmar Mendes defendeu que, não suprida a lacuna legislativa, seja aplicada a Lei de Greve do trabalhador comum, não, porém, de forma irrestrita, mas:

> em razão de imperativos da continuidade dos serviços públicos, de acordo com as peculiaridades de cada caso concreto, e mediante solicitação de órgão competente, seja facultado ao juízo competente impor a observância de regime de greve mais severo, haja vista se tratar de serviços ou atividades essenciais, nos termos dos artigos 9 a 11 da Lei nº 7.783/89.

Note-se que, mais recentemente, a propósito do direito de greve do servidor, no dia 27 de outubro, conforme visto, o Plenário do STF decidiu, com efeito de repercussão geral, no RE 693.456, pela constitucionalidade do desconto dos dias parados em razão da greve do servidor, o que suscitou a discussão sobre a possibilidade de ter havido algum grau de esvaziamento do direito, tese aventada, sobretudo pelo Ministro Fachin, que foi, todavia, entendimento minoritário no julgamento.

Já a Lei do Mandado de Injunção (Lei nº 13.300/2016) adotou, como regra geral, a orientação concretista individual, ao determinar, no *caput* do art. 9º, que a decisão terá eficácia subjetiva limitada às partes e produzirá efeitos até o advento da norma regulamentadora.

Todavia, o § 1º do art. 9º estabelece que pode ser conferida eficácia *ultra parte* ou erga *omnes* à decisão, quando isso for inerente ou indispensável ao exercício do direito, da liberdade ou da prerrogativa objeto da impetração. Logo, também pode haver a adoção, se for condição para o exercício do direito, de uma atitude concretista geral.

Em havendo mandado de injunção coletivo, a sentença fará coisa julgada limitadamente às pessoas integrantes da coletividade, do grupo, da classe ou da categoria substituídos pelo

---

[65] Trata-se de orientação criticada também por Daniel Hachem, pois não é um posicionamento compatível com a atual compreensão da Constituição. Segundo o autor, no paradigma contemporâneo, "a função jurisdicional assume outras feições, competindo aos magistrados dar concretude às normas constitucionais, vinculativas de todas as funções estatais, servindo como contrapeso para balancear a omissão de outros poderes que lesionem os direitos fundamentais". HACHEM, Daniel Wunder. *Mandado de injunção e direitos fundamentais*. Belo Horizonte: Fórum, 2012. p. 138.

impetrante. Ressalte-se também que o mandado de injunção coletivo não induz litispendência em relação aos individuais.

Para os efeitos da coisa julgada beneficiarem o impetrante do mandado de segurança individual, o impetrante deve requerer a desistência da demanda individual no prazo de 30 dias a contar da ciência comprovada da impetração coletiva.

Admite-se, ainda, que, depois de transitada em julgado, os efeitos da decisão possam ser estendidos a casos análogos por decisão monocrática do relator.

O art. 8º estabelece que, uma vez reconhecido o estado de mora legislativa, será deferida injunção para:

- determinar prazo razoável para que o impetrado promova a edição da norma regulamentadora, exceto se for comprovado que o impetrado deixou de atender, em mandado de injunção anterior, ao prazo estabelecido para edição da norma; e
- estabelecer as condições em que se dará o exercício dos direitos, das liberdades e das prerrogativas reclamados ou, se for o caso, as condições em que poderá o interessado promover ação própria visando a exercê-los, caso não seja suprida a mora legislativa no prazo determinado.

A norma regulamentadora produzirá efeitos *ex nunc* (daí para frente) em relação aos beneficiados por decisão transitada em julgado, salvo se a aplicação da norma editada lhes for mais favorável. Se a norma regulamentadora for editada antes da decisão, o processo será extinto sem resolução de mérito.

17.6.5 Ação popular

17.6.5.1 Origem

Identifica-se[66] a origem remota da ação popular[67] na Roma Antiga, onde o cidadão agia em defesa dos bens de uso comum do povo. Os primeiros textos legislativos sobre o assunto surgiram no século XIX, na Bélgica (1836), França (1837) e Itália (1859[68]). A denominação *ação popular*, de acordo com exposição de José Afonso da Silva, deriva do fato de "atribuir-se ao povo, ou parcela dele, legitimidade para pleitear a tutela jurisdicional dos interesses que não lhe pertencem, *ut singulis*, mas à coletividade".[69]

No Brasil, a primeira Constituição que a positivou foi a de 1934 (art. 133, item 38), muito embora se considere que o verdadeiro surgimento da ação popular no Brasil não tem data certa, pois no fim do período imperial e no início da República "ela começou a ser admitida mesmo

---

[66] Comentários de Pedro da Silva Dinamarco. In: COSTA, Susana Henriques da. *Comentários à Lei de Ação Civil Pública e Lei de Ação Popular*. São Paulo: Quartier Latin, 2006. p. 31.

[67] Denominada *actio popularis*. In: DI PIETRO, Maria Sylvia Zanella. *Direito administrativo*. São Paulo: Atlas, 2010. p. 722.

[68] De acordo com a pesquisa realizada por Dinamarco, José Afonso da Silva entende que a ação popular teria surgido na Itália apenas em 1890, e não em 1859, como defende Mancuso (até porque a Itália foi unificada apenas em 1870). Cf. MANCUSO, Rodolfo de Camargo. *Ação popular*. 5. ed. São Paulo: Revista dos Tribunais, 2003. p. 58.

[69] SILVA, José Afonso da. *Ação popular constitucional*. 5. ed. São Paulo: Revista dos Tribunais, 1968. p. 2.

sem lei que a disciplinasse expressamente".[70] A ação popular foi suprimida na Constituição de 1937 e novamente prevista em 1946 (art. 141, § 38), aparecendo doravante em todos os textos constitucionais. Foi regulamentada pela Lei nº 4.717/65, que foi, por sua vez, recepcionada pela Constituição Federal de 1988.

17.6.5.2 Objeto

O dispositivo presente no inciso LXXIII do art. 5º da Constituição de 1988 ampliou o objeto da ação popular, em relação às Cartas anteriores, *in verbis*:

Qualquer cidadão é parte legítima para propor ação popular que vise a anular ato lesivo ao patrimônio público ou de entidade de que o Estado participe, à moralidade administrativa, ao meio ambiente e ao patrimônio histórico e cultural, ficando o autor, salvo comprovada má-fé, isento de custas judiciais e do ônus da sucumbência.

As Constituições anteriores tratavam a ação popular como instrumento de proteção apenas do patrimônio das entidades públicas, contudo, atualmente, por expressa previsão constitucional, também é instrumento apto a proteger: a moralidade administrativa, o meio ambiente e o patrimônio histórico e cultural.

Assim, segundo conceito de Hely Lopes Meirelles, a ação popular é

> meio constitucional posto à disposição de qualquer cidadão para obter a invalidação de atos ou contratos administrativos ilegais, ou a eles equiparados, lesivos ao patrimônio público ou de entidade de que o Estado participe (incluindo pessoas jurídicas subvencionadas pelo dinheiro público) à moralidade administrativa e ao meio ambiente natural ou cultural.[71]

A ação popular foi um dos primeiros instrumentos jurídicos a defender interesses difusos, de forma preventiva (antes da consumação dos efeitos lesivos) ou repressiva (depois da lesão e com o objetivo de invalidar o ato e ressarcir os danos causados). O qualificativo *popular* indica a defesa da coisa pública pelo cidadão. O beneficiário direto e imediato da ação popular é o povo, uma vez que o cidadão a promove em nome da coletividade, por isso o dispositivo constitucional isenta o autor popular, salvo comprovada má-fé, de custas judiciais e ônus da sucumbência.

Trata-se de meio de participação direta no exercício do poder político (art. 1º, parágrafo único, Constituição), ou seja, na soberania popular, que, segundo Alexandre de Moraes, permite ao povo desempenhar "função fiscalizatória do Poder Público, com base no princípio da legalidade dos atos administrativos e na noção de que a *res* pública (República) é patrimônio do povo".[72]

São exemplos de questões que deram ensejo à propositura de ação popular: assuntos relacionados com movimentações ilegítimas de recursos públicos, alienações de bens públicos por preço vil, fixação de remuneração de parlamentares de forma abusiva e ilegal e a destruição de bem de valor histórico e cultural.

Como a ação popular tem o condão de servir de instrumento de oposição política de uma gestão administrativa para outra, sendo por vezes utilizada de forma desvirtuada de seus objetivos mais nobres, principalmente em períodos eleitorais; ela deve ser analisada com o prudente

---

[70] SILVA, José Afonso da. *Ação popular constitucional*. 5. ed. São Paulo: Revista dos Tribunais, 1968. p. 2.

[71] MEIRELLES, Hely Lopes. *Direito administrativo brasileiro*. 23. ed. São Paulo: Malheiros, 1998. p. 586.

[72] MORAES, Alexandre de. *Direito constitucional*. 22. ed. São Paulo: Atlas, 2007. p. 177.

arbítrio do magistrado, que não poderá invalidar opções administrativas legítimas em função do comparativo com outras que repute mais convenientes e oportunas. Ademais, determina o art. 13 da lei que a sentença que julgar a lide manifestamente temerária condenará o autor ao pagamento do décuplo das custas.

17.6.5.3 Pressupostos

São pressupostos específicos da ação popular: (a) o atributo de cidadão ativo do sujeito, que se traduz na qualidade de eleitor, comprovada por título eleitoral ou documento que a ele corresponda; (b) ser o ato impugnado lesivo ao patrimônio público, à moralidade, ao meio ambiente e ao patrimônio histórico e cultural – há autores[73] que entendem que dentro da noção de patrimônio público já se inclui tecnicamente aquela de patrimônio histórico e cultural –, isto é, prejudicial ao erário, à administração ou ofensivo a bens de valor cultural, ambiental ou histórico da comunidade; (c) por ilegalidade ou ilegitimidade, o que, para a maior parte da doutrina, abrange não só as regras do ordenamento, mas também os princípios que norteiam a ação do Poder Público, como o da moralidade.

17.6.5.4 Sujeito ativo e sujeito passivo

No polo ativo da ação popular, podem figurar os brasileiros natos ou naturalizados em pleno gozo dos direitos políticos, excluindo-se aqueles que perderam ou estão com os direitos políticos suspensos, conforme hipóteses do art. 15 da Constituição, os estrangeiros, o Ministério Público, e as pessoas jurídicas, conforme teor da Súmula 365 do STF, que estabelece: "pessoa jurídica não tem legitimidade para propor ação popular".

No polo passivo especifica o art. 6º da lei que a ação será proposta diante: (a) das autoridades, funcionários ou administradores que houverem autorizado, aprovado, ratificado ou praticado o ato impugnado, ou que, por omissão, tiverem dado oportunidade à lesão; (b) dos beneficiários diretos do ato ou da omissão lesivos; e (c) das pessoas públicas ou privadas e das entidades referidas no art. 1º da lei (entidades da administração direta, indireta, paraestatais ou pessoas jurídicas subvencionadas pelo patrimônio público). Note-se que de acordo com o § 3º do art. 6º da Lei nº 4.717/65, a entidade poderá abster-se de contestar e figurar também no polo ativo da demanda, ao lado do autor, se isso se afigurar útil ao interesse público, a juízo do representante legal ou dirigente.

17.6.5.5 Competência

A competência para julgamento da ação popular é, em regra, do órgão judiciário de primeiro grau, mesmo se o ato for praticado pelo Presidente da República, e dependerá da origem do ato ou da omissão impugnados, conforme reza o art. 5º da lei, observando-se, ainda, a competência em razão da pessoa (sujeito passivo). Se o ato praticado ou a omissão for de autoridade vinculada à União, por exemplo, a competência será do juiz federal, e se for de autoridade estadual ou municipal, a competência será do juiz estadual.

---

[73] Amparados no disposto do § 1º do art. 1º da Lei nº 4.717/65. Cf. MEIRELLES, Hely Lopes. *Direito administrativo brasileiro*. 35. ed. São Paulo: Malheiros, 2009. p. 726.

Admite-se, contudo, em caráter excepcional, a competência originária do Supremo Tribunal Federal para ações populares que se enquadrem nas alíneas *f* (causas e conflitos entre a União e os Estados, a União e o Distrito Federal, ou entre uns e outros, inclusive as respectivas entidades da administração indireta[74]) e *n* (a ação em que todos os membros da magistratura sejam direta ou indiretamente interessados, e aquela em que mais da metade dos membros do tribunal de origem estejam impedidos ou sejam direta ou indiretamente interessados[75]). Não se aplica a competência originária para os casos da alínea *r* do mencionado inciso, conforme julgamento[76] no qual o Supremo Tribunal Federal afastou a sua competência originária para julgar casos envolvendo ação contra o Conselho Nacional do Ministério Público.

17.6.5.6 Funções do Ministério Público

O Ministério Público desempenha uma série de funções na ação popular, dentre as quais se ressaltam: acompanhar a ação, ou seja, verificar se estão presentes os pressupostos e condições da ação, ou se a relação se instaurou de forma válida; providenciar para que as requisições de documentos e informações sejam atendidas no prazo fixado pelo juiz (art. 7º, § 1º); apressar a produção de provas (art. 6º, § 4º, da lei); podendo, inclusive, assumir o polo ativo da demanda, caso o autor desista da ação; promover, como autor, a responsabilidade civil ou criminal dos que nelas incidirem, sendo-lhe vedado, em qualquer hipótese, assumir a defesa do ato impugnado ou dos seus autores; recorrer das sentenças e decisões proferidas contra o autor da ação, o que também é facultado a qualquer cidadão; e providenciar a execução da sentença condenatória quando o autor não o fizer, caso decorridos 60 dias de publicação da sentença condenatória de segunda instância sem que haja promoção da execução, caso em que o representante do Ministério Público a promoverá nos 30 dias seguintes, sob pena de falta grave, conforme determinação expressa do art. 16 da lei.

17.6.5.7 Liminar e natureza da sentença

É possível a concessão de liminar diante de ato lesivo que possa produzir dano irreversível, contanto que estejam presentes os requisitos necessários (*periculum in mora* e *fumus boni iuris*) para a concessão da medida.

Considera-se, em regra, que a sentença tem natureza desconstitutivo-condenatória, pois visa tanto à anulação ou à declaração de nulidade do ato impugnado quando à condenação por perdas e danos dos responsáveis e beneficiários da lesão (ou à restituição dos bens ou valores). A propósito, dispõe o art. 11 da lei que:

> a sentença que, julgando procedente a ação popular, decretar a invalidade do ato impugnado, condenará ao pagamento de perdas e danos os responsáveis pela sua prática e os beneficiários dele, ressalvada a ação regressiva contra os funcionários causadores do dano, quando incorrerem em culpa.

A sentença da ação popular terá eficácia de coisa julgada oponível *erga omnes*, exceto no caso de haver sido a ação julgada improcedente por deficiência de prova; neste caso, qualquer

---

[74] Rcl 3.813/RR, Rel. Min. Carlos Britto, j. 28.6.2006.
[75] Cf. AO 859-QO, Rel. Min. Ellen Gracie, *DJ* 1º.8.2003.
[76] Pet. 3.674/DF, Rel. Min. Sepúlveda Pertence, j. 4.10.2006, *Informativo STF* 443.

cidadão poderá ingressar com outra ação com idêntico fundamento, valendo-se de nova prova, conforme dispõe o art. 18 da lei. A sentença que concluir pela improcedência da ação, de acordo com o art. 19 da lei, estará sujeita ao duplo grau de jurisdição, não produzindo efeitos senão depois de confirmada pelo tribunal; e se for julgada procedente, caberá apelação com efeito suspensivo.

Segundo dispositivo do art. 21 da lei, a ação prescreve em cinco anos geralmente contados da data da prática do ato ou de sua publicação,[77] sendo, conforme ressalva de Maria Sylvia Zanella Di Pietro,[78] imprescritível a pretensão quanto à reparação dos danos, de acordo com a aplicação do art. 37, § 5º, da Constituição Federal.

> **DEBATE DE PONTO CONTROVERTIDO: sobre a necessidade de presença do binômio ilegalidade-lesividade na ação popular**
>
> Existe polêmica acirrada[79] sobre se o pressuposto da lesividade deve ser necessariamente acompanhado do pressuposto da ilegalidade, ou se a lesividade é suficiente para a propositura da ação popular. Trata-se de um dos assuntos mais controvertidos envolvendo a ação popular, encontrando-se na doutrina e na jurisprudência todos os arranjos de soluções imagináveis para a questão: (1) alguns[80] exigem a presença de ambos os pressupostos; (2) outros[81] falam que a presença da lesividade é suficiente; (3) outros, ainda, que é necessária a configuração apenas da ilegalidade,[82] admitindo-se lesividade presumida, especialmente diante das hipóteses do art. 4º da lei; e, por fim, (4) há aqueles que, como Lúcia Valle Figueiredo,[83] entendem que pela atual sistemática constitucional não há necessidade de o ato ser ilegal *e* lesivo, mas sim ilegal *ou* lesivo.
>
> Rodolfo de Camargo Mancuso defende que, muito embora para a maior parte dos casos ocorrentes seja interessante ou mesmo prudente a averiguação do binômio *ilegalidade-lesividade* como causa de pedir, na verdade, o texto constitucional não fala em ilegalidade e ilegitimidade, mas sim em "ação popular que vise anular ato lesivo". Defende, portanto, Mancuso, que: "a lesividade há de ser o *leit Motiv* da ação, sua causa próxima ou evidente. Casos até haverá (não serão a regra) em que tal seja a enormidade da lesão, que a ilegalidade virá por assim dizer, embutida, ínsita na lesão mesma".[84]
>
> Também José Afonso da Silva expõe que: "na medida em que a Constituição amplia o âmbito da ação popular, a tendência é erigir a lesão, em si, à condição de motivo autônomo de nulidade do ato".[85] A lesividade é, portanto, requisito imprescindível na sistemática constitucional para os dois autores. A lesividade pode ser concreta ou presumida. Diz-se presumida a lesividade quando diante da hipótese de ilegalidade envolvida, especialmente em virtude de uma das circunstâncias listadas no art. 4º da Lei de Ação Popular (p. ex., admissão irregular ao serviço público remunerado, realização irregular de contratos

---

[77] *RJTJSP* 120/365.

[78] DI PIETRO, Maria Sylvia Zanella. *Direito administrativo*. 23. ed. São Paulo: Atlas, 2010. p. 808.

[79] Também tratamos desse assunto nos comentários que fizemos ao art. 4º da Lei 4.717/65 na obra coletiva coordenada por COSTA, Susana Henriques. *Comentários à Lei de Ação Civil Pública e Lei de Ação Popular*. São Paulo: Quartier Latin, 2006. p. 113 em diante.

[80] STJ, Resp 146756/SP; 1997/0061884-6, Rel. Min. João Otávio de Noronha, *DJU* 9.2.2004, p. 149. Tb. MEIRELLES, Hely Lopes. *Mandado de Segurança*. 27. ed. São Paulo: Malheiros, 2004. p. 129.

[81] A favor da lesividade como requisito autônomo: Rodolfo de Camargo Mancuso e José Afonso da Silva.

[82] O STF tem várias decisões no sentido de que da ilegalidade decorre a lesividade. STF, *RT* 162/59, *RTJ* 118/117 e 129/1.339.

[83] FIGUEIREDO, Lúcia Valle. *Curso de direito administrativo*. 7. ed. São Paulo: Malheiros, 2004. p. 419-420.

[84] MANCUSO, Rodolfo de Camargo. *Ação popular*. 5. ed. São Paulo: Revista dos Tribunais, 2003. p. 103.

[85] SILVA, José Afonso da. *Curso de direito constitucional positivo*. São Paulo: Malheiros, 2000. p. 466.

administrativos ou afronta à livre competição na licitação), é dispensada a prova de lesão como requisito autônomo para a anulação do ato.

Há tribunais que entendem que a lesividade presumida é circunstância excepcionalmente aplicável apenas diante da ocorrência das hipóteses do mencionado artigo, *in verbis*: "a lesividade do ato ao patrimônio público não pode ser presumida, exceto nas hipóteses previstas no art. 4º da Lei nº 4.717/65, sendo necessária a prova de sua real ocorrência".[86] Note-se que o Superior Tribunal de Justiça tem decisões que afastam a figura da lesividade presumida até do âmbito do art. 4º: "a orientação desta Corte é reiterada no sentido de que para a procedência da ação popular, ainda que nos casos de presunção previstos no art. 4º da Lei nº 4.717/65, deve estar nitidamente configurada a existência dos requisitos de ilegalidade *e* da lesividade".[87]

Entretanto, expõe Luis Roberto Barroso que "ultimamente a jurisprudência tem se orientado no sentido de que basta a demonstração da ilegalidade, dispensada a da lesividade que se presume".[88] Trata-se de orientação adotada em diversas decisões do Supremo Tribunal Federal: "na maioria das vezes, a lesividade ao erário público decorre da própria ilegalidade do ato impugnado"[89] e "para cabimento da ação popular, basta a ilegalidade do ato administrativo a invalidar, por contrariar normas específicas que regem a sua prática ou por se desviar dos princípios que norteiam a administração pública, dispensável a demonstração de prejuízo material aos cofres públicos, não é ofensivo ao inciso LXXIII do art. 5º da Constituição Federal, norma que abarca não só o patrimônio material do Poder Público, como também o patrimônio moral, o cultural e o histórico".[90]

Constata-se, portanto, que a lesividade é pressuposto de mais fácil configuração a partir do tratamento dado à ação popular pela Constituição de 1988, uma vez que não se pode negar que a admissão irregular ao serviço público, o contrato administrativo fraudulento e a prática ofensiva ao caráter competitivo da licitação, por exemplo, serão sempre condutas lesivas à moralidade administrativa.

Eros Grau, seguindo os passos de José Ignácio Botelho de Mesquita,[91] entende aplicável a seguinte solução: é possível dispensar a prova da lesividade, nos casos do art. 4º da Lei de Ação Popular, como requisito autônomo para a anulação do ato, mas, como "a lesividade só se presume para efeitos da Constituição e esta, por sua vez, só se refere à anulação ou declaração de nulidade do ato",[92] a dispensa da prova da lesividade só surtirá efeitos para a desconstituição do ato por vício de nulidade ou anulabilidade, mas não para a condenação.

Oposto é o posicionamento de Humberto Theodoro Júnior, para quem:

> não há possibilidade de veicular na ação popular pretensão apenas de desconstituição do ato por vício de nulidade ou anulabilidade. É preciso também que o ato seja lesivo porque, como consectário da anulação, haverá a condenação do responsável à respectiva reparação. A lesividade erige-se em fundamento para o pedido de natureza condenatória a ser veiculado na ação popular, por isso, deve estar presente, ou seja, a lesividade é, ao lado da nulidade ou anulabilidade do ato, fundamento de pretensão (des)constitutiva e, por si, causa que leva ao pedido condenatório.[93]

---

[86] 8ª C.Civ. TJESP, Ap. 81.490-1, RT *623/41*.

[87] STJ, Resp 146756/SP; 1997/0061884-6, Rel. Min. João Otávio de Noronha, *DJU* 9.2.2004, p. 149.

[88] Ação popular e ação civil pública: aspectos comuns e distintos. *Cadernos de Direito Constitucional e Ciência Política*, nº 4, p. 236, jul./set. 1993.

[89] STF, RE 160381/SP, Rel. Min. Marco Aurélio, *DJU* 12.8.1994, p. 20.052.

[90] STF, RE 120.768/SP, Rel. Min. Ilmar Galvão, *DJU* de 13.8.1999, p. 16.

[91] Parecer sobre ação popular. *RF* 200/175.

[92] GRAU, Eros Roberto. Requisito da lesividade presumida. In: BANDEIRA DE MELLO, Celso Antônio. *Estudos em homenagem a Geraldo Ataliba*. São Paulo: Malheiros, 1997, p. 341.

[93] Ação popular – defesa dos interesses de investidores – títulos de capitalização – descabimento – carência da ação – parecer. *Revista Jurídica*, nº 272, jun. 2000, p. 76-77.

17.6.6 Ação civil pública

17.6.6.1 Conceito

É instrumento processual, previsto no art. 129, III, da Constituição Federal e na Lei nº 7.347/85, modificada parcialmente pela Lei nº 8.078/90 (Código de Defesa do Consumidor – CDC) e pela Lei nº 9.494/97, apto a proteger **interesses difusos, coletivos** e **individuais homogêneos**.

A ação civil pública é utilizada no controle da Administração quando os entes públicos causam danos ao meio ambiente, ao consumidor, a direitos de valor artístico, estético, histórico, turístico, paisagístico ou a qualquer outro interesse difuso ou coletivo. Também é possível aos entes públicos serem sujeitos ativos de ações civis públicas na tutela dos mencionados interesses.

As definições destas categorias de direitos coletivos em sentido amplo estão contidas no art. 81, parágrafo único, do CDC, em três incisos:

- interesses ou direitos **difusos**, assim entendidos, os transindividuais, de natureza indivisível, de que sejam titulares pessoas indeterminadas e ligadas por circunstância de fato, como, por exemplo, a proteção ao ar que está sendo poluído por determinada atividade;
- interesses ou direitos **coletivos**, assim entendidos os transindividuais, de natureza indivisível, de que seja titular grupo, categoria ou classe de pessoas ligadas entre si ou com a parte contrária por uma relação jurídica base, como o interesse de uma categoria de trabalhadores referente às precárias condições do meio ambiente de trabalho; e
- interesses ou direitos **individuais homogêneos**, assim entendidos os decorrentes de origem comum, que são de fato direitos individuais circunstancialmente tratados como coletivos, como o de um grupo de pessoas de não consumir produto nocivo à saúde.

17.6.6.2 Objeto e natureza da sentença

O objeto de tutela da ação civil pública abrange direitos coletivos em sentido amplo, como o meio ambiente, o consumidor, bens e direitos de valor artístico, estético, histórico, turístico e paisagístico, a ordem econômica, a economia popular e a ordem urbanística.

Não é cabível, nos termos do art. 1º, parágrafo único, da Lei nº 7.347/85, incluído pela Medida Provisória nº 2.180-35, ação civil pública para pretensões que envolvam tributos, contribuições previdenciárias, Fundo de Garantia por Tempo de Serviço (FGTS) ou outros fundos de natureza institucional cujos beneficiários possam ser individualmente determinados.

Objetiva a condenação em dinheiro ou o cumprimento de obrigação de fazer ou não fazer. Significa dizer que a sentença tem provimento condenatório ou mandamental (determinativo). De acordo com o dispositivo do art. 11 da lei, se a ação tiver como objeto o cumprimento de obrigação de fazer ou não fazer, o juiz determinará o cumprimento da prestação da atividade devida ou a cessação da atividade nociva, sob pena de execução específica ou de cominação de multa diária, se esta for suficiente ou compatível, independentemente de requerimento do autor.

A sentença, conforme determina o art. 16 da Lei nº 7.347/95, com alteração da Lei nº 9.494/97, possui efeitos *erga omnes*, isto é, ela atinge todos os envolvidos, mesmo os que não participaram diretamente do processo, nos limites da competência territorial do órgão prolator, exceto se a ação for julgada improcedente por insuficiência de provas.

17.6.6.3 Sujeito ativo e sujeito passivo

Muito embora esteja prevista na Constituição na seção referente ao Ministério Público e suas funções institucionais, a legitimidade ativa para a propositura da ação não se restringe ao Ministério Público, abarcando também: a Defensoria Pública, a União, os Estados, o Distrito Federal, os Municípios, as autarquias, empresas públicas, fundações, sociedades de economia mista, bem como associações constituídas pela lei civil há pelo menos um ano, que incluam entre suas finalidades institucionais a proteção ao meio ambiente, ao consumidor, à ordem econômica, à livre concorrência ou ao patrimônio artístico, estético, histórico, turístico e paisagístico.

Apesar da restrição legal, a jurisprudência vem permitindo, com base no dispositivo constante do art. 5º, § 4º, da Lei nº 7.347/85, que dispõe: "o requisito da pré-constituição poderá ser dispensado pelo juiz, quando haja manifesto interesse social evidenciado pela dimensão ou característica do dano, ou pela relevância do bem jurídico a ser protegido", a dispensa da constituição há mais de um ano, bem como a previsão estatutária expressa, mas não abre mão do requisito de que a associação defenda os valores tutelados pela lei, denominado pertinência temática.

Sujeito passivo é a pessoa, física ou jurídica, pública ou privada, responsável pelo dano ou ameaça a interesse difuso ou geral.

17.6.6.4 Funções do Ministério Público

Quando o Ministério Público não propuser a ação, deverá intervir obrigatoriamente como fiscal da lei (cf. art. 5º, § 1º, da Lei nº 7.347/85) e, em caso de desistência infundada ou abandono de ação por associação legitimada, ele poderá assumir a titularidade ativa. Ademais, deve o Ministério Público promover a execução se o autor não o fizer no prazo de 60 dias do trânsito em julgado da sentença condenatória, de acordo com determinação do art. 15 da lei.

17.6.6.5 Inquérito civil e seu arquivamento

Qualquer pessoa pode, e o servidor público deve, provocar a iniciativa do Ministério Público, ministrando-lhe informações sobre fatos que constituem objeto de ação civil (art. 6º da lei). Note-se que o Ministério Público não precisa necessariamente agir por provocação, sendo que o art. 127, *caput*, da Constituição lhe atribui a defesa da ordem jurídica. Antes, porém, de entrar com a ação civil pública em juízo, pode o Ministério Público instaurar, sob sua presidência, o *inquérito civil*.

Inquérito civil é peça inquisitória facultativa ou procedimento administrativo destinado a coletar informações aptas a embasar a ação civil pública.

Nas investigações, pode o Ministério Público requisitar, de qualquer órgão público ou particular, certidões, informações, exames ou perícias, no prazo que assinar, desde que não seja inferior a dez dias úteis. A informação requisitada será negada apenas nas hipóteses em que lei impuser sigilo, circunstâncias em que competirá ao juiz exigi-la.

Se o órgão do Ministério Público se convencer da inexistência de fundamento para propositura da ação civil, promoverá, fundamentadamente, o arquivamento dos autos do inquérito civil ou das peças informativas.

A promoção de arquivamento será remetida no prazo de três dias ao Conselho Superior do Ministério Público, que poderá homologá-la ou rejeitá-la, conforme dispuser o regimento. Em caso de rejeição da promoção de arquivamento, deverá o Conselho Superior designar outro membro do Ministério Público para o ajuizamento da ação.

17.6.6.6 Termo de Ajustamento de Conduta (TAC)

Como resultado do inquérito civil, pode haver a celebração do Termo de Ajustamento de Conduta (TAC) às exigências legais, mediante cominações, se o representado concordar em colaborar, caso em que ele não responderá judicialmente. O TAC tem eficácia jurídica de título extrajudicial, depois da homologação do arquivamento pelo Conselho Superior.

O TAC objetiva reparar o dano ou impedir que ele aconteça. As cominações ou cláusulas penais são essenciais à medida, para que haja a necessária coercitividade. O TAC é instrumento *sui generis*, pois permite ao Ministério Público pressionar a Administração Pública para que cumpra as determinações legais, sem a necessidade de se utilizar para tanto do Poder Judiciário, como era tradicionalmente feito.[94]

17.6.6.7 Propositura

A ação civil pública deve ser proposta no foro do local onde ocorrer o dano, cujo juízo terá competência funcional para processar e julgar a causa. É possível o ajuizamento de ação cautelar para evitar o dano ao meio ambiente, ao consumidor, à ordem urbanística ou aos bens e direitos de valor artístico, histórico, turístico e paisagístico.

17.6.6.8 Execução pelo Fundo de Reconstituição em condenação pecuniária

A sentença pode abarcar tanto a condenação em dinheiro quanto o cumprimento de obrigações de fazer ou não fazer. No primeiro caso, a indenização pelo dano causado reverterá para um fundo gerido por um Conselho Federal ou por Conselhos Estaduais dos quais devem participar o Ministério Público e representantes da comunidade, sendo os recursos levantados destinados à reconstituição dos bens lesados.

Em havendo improbidade administrativa, contudo, o dinheiro da condenação não reverte para o fundo, mas para os cofres públicos lesados.

> **DEBATE DE PONTO CONTROVERTIDO: sobre o dever de fazer como cominação da ação civil pública e a noção de discricionariedade administrativa (Separação de Poderes)**
>
> Existe controvérsia sobre a extensão dos efeitos da ação civil pública contra o Estado, no tocante à imposição de determinações de caráter mandamental. A problemática pode ser resumida na seguinte indagação: como a ação civil pública veicula condenações em obrigação de fazer, até que ponto a imposição pelo Judiciário, sobretudo na implementação de direitos de segunda ou terceira dimensões (gerações), não provocaria invasão da discricionariedade administrativa e, por consequência, a violação à separação de poderes?
>
> Tivemos oportunidade de problematizar a questão em ensaio da *Carta Forense*,[95] no qual expusemos as seguintes decisões: TRF da Primeira Região obriga o Estado de Goiás a implementar projeto de aterro sanitário em Alto Paraíso; Juiz Federal do Trabalho determinou prazo de 120 dias para que o Estado de Sergipe realize concurso público para preenchimento de cargos em todas as unidades de saúde do

---

[94] Cf. FRISCHEISEN, Luiza Cristina Fonseca. *Políticas públicas*: a responsabilidade do administrador e o Ministério Público. São Paulo: Max Limonad, 2000. *Passim*.

[95] NOHARA, Irene Patrícia. Políticas públicas e discricionariedade administrativa. *Carta Forense*, p. 45, 3 nov. 2008.

Estado, sob pena de multa diária de 50 mil reais; Tribunal de Justiça mantém decisão que obriga Município de Aracaju a incluir no orçamento de 2008 previsão para a construção de pelo menos um cemitério público; e STF manteve decisão que obriga o Estado do Tocantins a construir unidades especializadas de internação de adolescentes.

A significativa mudança na interpretação dada ao princípio da Separação dos Poderes, diante da tomada de uma postura mais ativa do Poder Judiciário em face da inércia dos demais Poderes em criar condições para a implementação de direitos consagrados na Constituição, é atitude que em tempos mais remotos já foi combatida.

Esse movimento força o Estado a implementar políticas públicas coerentes com os objetivos constitucionais prementes, assim como se deu no Estado de Tocantins, em decisão mantida pelo STF, na qual se obrigou a construção de unidade especializada de internação, em face da *prioridade* que a Constituição e o Estatuto da Criança e Adolescente (ECA) dão às políticas públicas de garantia dos direitos das crianças e dos adolescentes.

Contudo, a transformação não teria sido sentida da forma tão pronunciada se não tivesse ocorrido uma verdadeira revolução no âmbito do processo, que ganhou instrumentos de tutela coletiva que veiculam obrigações de fazer, sob pena de cominação de multa.

No mencionado caso de Aracajú, se constatou que a superlotação dos cemitérios públicos ocasionou a proliferação de cemitérios clandestinos na zona de expansão da cidade, provocando graves danos ao meio ambiente e à saúde pública. Diante desse fato, obteve-se decisão, confirmada pelo Tribunal de Justiça de Sergipe, na qual não só os cemitérios clandestinos foram interditados, mas também foram exigidas das autoridades públicas as seguintes decisões – eficientes e aptas a tutelar os bens envolvidos: (1) o oferecimento de alternativas de transporte e sepultamento à população afetada, enquanto não houvesse a construção de cemitério público; e (2) a inclusão no orçamento de previsão de construção de, pelo menos um, cemitério público.

Nota-se que está sendo rompida, pela via da jurisprudência, a resistência que se baseava no argumento da *reserva do possível*[96] à justiciabilidade de direitos sociais, vulgarmente apelidados de "primos pobres" dos direitos individuais. Como a implementação dos direitos de segunda geração, ou seja, dos direitos sociais pelo Poder Público, dá-se mediante o oferecimento de comodidades ou utilidades à coletividade, devido a seu conteúdo de caráter prestacional, eles envolvem na sua grande maioria dispêndio de recursos. Daí a necessidade de aprofundamento no tema "custo dos Direitos", no Direito Administrativo.

O intervencionismo judiciário não é blindado a críticas,[97] existem mesmo perigos advindos de tais posturas, contudo, sempre ressaltamos que perigo maior, não há como negar, é o de os agentes políticos não implementarem políticas públicas compatíveis com os direitos sociais assegurados na Constituição, por isso, há mais motivos para comemorar do que para lamentar o fato de o Poder Judiciário ter acordado para a necessidade de máxima realização dos preceitos democráticos e dos direitos fundamentais.

17.6.7 Improbidade administrativa

17.6.7.1 Atos de improbidade e sanções

De acordo com o art. 1º da Lei de Improbidade Administrativa, na redação conferida pela Lei nº 14.230/2021, o sistema de responsabilização por atos de improbidade administrativa tutelará a probidade na organização do Estado e no exercício de suas funções, como forma de assegurar a integridade do patrimônio público e social.

---

[96] A propósito, conferir: SARLET, Ingo Wolfgang; TIMM, Luciano Benetti. *Direitos fundamentais, orçamento e reserva do possível*. Porto Alegre: Livraria do Advogado, 2008. *Passim*.

[97] Ver titularidade de: RAMOS, Elival da Silva. *Ativismo judicial*. São Paulo: Saraiva, 2010. p. 316.

Conforme nova disciplina do assunto, diante da alteração processada pela Lei nº 14.230/2021, correspondente à Reforma da Improbidade, consideram-se atos de improbidade administrativa as condutas dolosas tipificadas em seus arts. 9º (atos de improbidade que importam **enriquecimento ilícito**), 10 (atos de improbidade que **causam prejuízo ao erário**) e 11 (atos de improbidade que **atentam contra os princípios** da administração), ressalvados os tipos previstos em leis especiais.

Note-se que a Lei de Improbidade Administrativa é regida pela Lei nº 8.429/1992, mas passou por uma reforma tão intensiva, realizada pela Lei nº 14.230/2021, que praticante se transformou numa nova lei, sendo que, mesmo após a reforma, sua interpretação está sujeita aos julgamentos dos Tribunais Superiores, mormente o Supremo Tribunal Federal, que estabelecem os limites de sua aplicação.

Improbidade na definição encontrável na jurisprudência é: "ilegalidade tipificada e qualificada pelo elemento subjetivo da conduta do agente" (STJ, REsp 827.455/SP, Rel. Min. Teori Zavascki). Mais recentemente houve, inclusive, o reforço da necessidade de ser proveniente de uma conduta dolosa, conforme será visto adiante, alteração que afastou de vez a modalidade culposa de improbidade anteriormente prevista no art. 10 da lei, que reitera a exigência de ação ou omissão "dolosa".

De acordo com o § 4º do art. 37 da CF, os atos de improbidade administrativa importarão as seguintes consequências:

- **suspensão** dos **direitos políticos**;
- **perda da função** pública;
- **indisponibilidade** dos **bens**;[98] e
- **ressarcimento** ao **erário**.

As sanções serão aplicadas na forma e gradação previstas em lei, sem prejuízo da ação penal cabível. Antes de 2021, as sanções de perda da função pública e suspensão dos direitos políticos se efetivavam somente após o trânsito em julgado da sentença condenatória, conforme redação do art. 20 da Lei, mas, atualmente, de acordo com o § 9º do art. 12, todas as sanções previstas no art. 12 (perda de bens ou valores acrescidos, perda da função, suspensão de direitos políticos, multa civil, proibição de contratar com o poder público ou receber incentivos fiscais ou creditícios) somente poderão ser executadas após o trânsito em julgado.

A Lei de Improbidade Administrativa (Lei nº 8.429/92), editada em atendimento aos anseios de combate à corrupção (em sentido lato), trata das sanções aplicáveis aos atos de improbidade.[99]

O ato de improbidade, em si, não constitui crime, mas também pode caracterizá-lo. Por conseguinte, dispõe o art. 12 da lei que o responsável pelo ato de improbidade está sujeito às cominações especificadas, "independentemente do ressarcimento integral do dano patrimonial, se efetivo, e das sanções penais comuns e de responsabilidade, civis e administrativas previstas na legislação específica".

---

[98] Note-se que a indisponibilidade dos bens não é propriamente uma sanção, mas representa uma medida acautelatória, por isso o termo mais adequado é realmente "consequências".

[99] Sem prejuízo do reconhecimento da responsabilidade objetiva administrativa e civil da pessoa jurídica envolvida em atos contra a administração (de corrupção em sentido lato), conforme Lei nº 12.846/2013, que aplica também, em âmbito judicial, o rito da Lei nº 7.347/85.

Quanto à ausência de natureza criminal da ação de improbidade, existe tese do Superior Tribunal de Justiça, com o seguinte conteúdo: "3) Não há prerrogativa de foro em benefício de agentes públicos na instauração de inquéritos civis ou no julgamento de ações de improbidade administrativa, uma vez que não possuem natureza criminal".[100]

O mencionado artigo elenca **outras penalidades** além das previstas na Constituição, como:

- perda dos bens ou valores acrescidos ilicitamente ao patrimônio;
- a multa civil; e
- a proibição de contratar com o Poder Público, ou receber benefícios ou incentivos fiscais ou creditícios, direta ou indiretamente, ainda que por intermédio de pessoa jurídica da qual seja sócio majoritário.[101]

A redação dada pela Lei nº 14.230/2021 ao § 8º do art. 1º da lei pretendeu estabelecer que a ação ou omissão decorrente de divergência interpretativa da lei, baseada em jurisprudência, ainda que não pacificada, mesmo que venha a ser posteriormente prevalecente nas decisões dos órgãos de controle ou dos tribunais do Poder Judiciário.

Foi uma importante ressalva para que não haja punição do agente por utilizar divergência interpretativa de lei, ainda que não pacificada, dado que a ideia é combater o fenômeno da Administração Pública do medo e o apagão das canetas, para que o gestor possa desenvolver, sem receios infundados, com mais desenvoltura, suas tarefas. Ainda mais em um cenário de constantes mudanças interpretativas de distintos órgãos de controle.

Contudo, ressalte-se que, na ADI 7.236, ajuizada pela Conamp, houve deferimento de cautelar, em 27.12.2022, pelo Ministro Alexandre de Moraes, suspendendo tal dispositivo (do art. 1º, § 8º), sendo tal decisão sujeita a ser referendada pelo Plenário da Corte. Apesar da cautelar monocrática deferida pelo Ministro Alexandre de Moraes, o Instituto Brasileiro de Direito Administrativo – IBDA, na II Jornada de Pirenópolis, aprovou Enunciado com o seguinte sentido: "28. É constitucional a não configuração de improbidade administrativa nos casos de ação ou omissão decorrentes de divergência interpretativa, nos termos do art. 1º, § 8º, da LIA", para influenciar o aguardado julgamento definitivo pelo Plenário da Corte.

17.6.7.2 Modalidades de atos de improbidade e respectivas sanções

Há três modalidades de atos de improbidade administrativa:

- os que importam **enriquecimento ilícito** (art. 9º);
- os que causam **prejuízos ao erário** (art. 10); e
- os que atentam contra os **princípios** da Administração Pública (art. 11).

Antes da alteração da Lei nº 14.230/2021, houve a inclusão, em 2016, de uma quarta hipótese de ato de improbidade, qual seja, a do art. 10-A: concessão ou aplicação indevida de benefício financeiro ou tributário (ISS); ocorre que tal hipótese atualmente foi incorporada às previsões de atos de improbidade que causam lesão ao erário, conforme o inciso XXII do art. 10 da lei. Significa que a hipótese apenas deixou de ser prevista enquanto modalidade autônoma

---

[100] STJ, Jurisprudência em Teses, Improbidade VI, edição 234, 26.4.2024.
[101] Cf. DI PIETRO, Maria Sylvia Zanella. *Direito administrativo*. São Paulo: Atlas, 2010. p. 838.

de ato de improbidade; ela continua a ser prevista, mas está contemplada no rol de atos que compõem os atos de improbidade que causam lesão ao erário.

As sanções respectivas estão estabelecidas nos incisos de I a III do art. 12 da Lei de Improbidade, sendo determinado no inciso IV do art. 17-C que a sentença proferida nos processos que imputam improbidade deve considerar, na aplicação das sanções, de forma isolada ou cumulativa: (a) a proporcionalidade e a razoabilidade; (b) a natureza, a gravidade e o impacto da infração cometida; (c) a extensão do dano causado; (d) o proveito patrimonial obtido pelo agente; (e) as circunstâncias agravantes ou atenuantes; (f) a atuação do agente em minorar os prejuízos e as consequências advindas de sua conduta omissiva ou comissiva; e (g) os antecedentes do agente.

Constitui ato de improbidade importando em **enriquecimento ilícito** auferir, mediante a prática de ato doloso, qualquer tipo de vantagem patrimonial indevida em razão do exercício do cargo, de mandato, de função, de emprego ou de atividades nas entidades referidas no art. 1º da lei, e notadamente nas hipóteses tipificadas nos incisos do art. 9º da Lei nº 8.429/92, que são:[102]

I. receber, para si ou para outrem, dinheiro, bem móvel ou imóvel, ou qualquer outra vantagem econômica, direta ou indireta, a título de comissão, percentagem, gratificação ou presente de quem tenha interesse, direto ou indireto, que possa ser atingido ou amparado por ação ou omissão decorrente das atribuições do agente público;

II. perceber vantagem econômica, direta ou indireta, para facilitar a aquisição, permuta ou locação de bem móvel ou imóvel, ou a contratação de serviços pelas entidades referidas no art. 1º da lei por preço superior ao valor de mercado;

III. perceber vantagem econômica, direta ou indireta, para facilitar a alienação, permuta ou locação de bem público ou o fornecimento de serviço por ente estatal por preço inferior ao valor de mercado;

IV. utilizar, em obra ou serviço particular, qualquer bem móvel, de propriedade ou à disposição de qualquer das entidades referidas no art. 1º da lei, bem como o trabalho de servidores, de empregados ou de terceiros contratados por essas entidades;

V. receber vantagem econômica de qualquer natureza, direta ou indireta, para tolerar a exploração ou a prática de jogos de azar, de lenocínio, de narcotráfico, de contrabando, de usura ou de qualquer outra atividade ilícita, ou aceitar promessa de tal vantagem;

VI. receber vantagem econômica de qualquer natureza, direta ou indireta, para fazer declaração falsa sobre qualquer dado técnico que envolva obras públicas ou qualquer outro serviço ou sobre quantidade, peso, medida, qualidade ou característica de mercadorias ou bens fornecidos a qualquer das entidades mencionadas no art. 1º desta lei;

VII. adquirir, para si ou para outrem, no exercício de mandato, de cargo, de emprego ou de função pública, e em razão deles, bens de qualquer natureza, decorrentes dos atos descritos no *caput* do artigo, cujo valor seja desproporcional à evolução do patrimônio ou à renda do agente público, assegurada a demonstração pelo agente da licitude da origem dessa evolução;[103]

---

[102] Destacamos, como o rol é exemplificativo, os incisos I, V, VI, IX e XI do art. 9º da lei.

[103] A Lei nº 14.230/2021 acrescentou a parte final ao dispositivo, reforçando que deve ser assegurada, ao agente acusado de evolução patrimonial e de renda desproporcional, a demonstração da licitude da origem dessa evolução.

VIII. aceitar emprego, comissão ou exercer atividade de consultoria ou assessoramento para pessoa física ou jurídica que tenha interesse suscetível de ser atingido ou amparado por ação ou omissão decorrente das atribuições do agente público, durante a atividade;

IX. perceber vantagem econômica para intermediar a liberação ou aplicação de verba pública de qualquer natureza;

X. receber vantagem econômica de qualquer natureza, direta ou indiretamente, para omitir ato de ofício, providência ou declaração a que esteja obrigado;

XI. incorporar, por qualquer forma, ao seu patrimônio bens, rendas, verbas ou valores integrantes do acervo patrimonial das entidades mencionadas no art. 1º da lei; e

XII. usar, em proveito próprio, bens, rendas, verbas ou valores integrantes do acervo patrimonial das entidades mencionadas no art. 1º da lei.

Além do ressarcimento integral do dano patrimonial, se efetivo, e das sanções penais comuns e de responsabilidade, civis e administrativas, o agente que praticar os atos descritos no **art. 9º da lei** estará sujeito às seguintes **cominações** (art. 12, I, da lei), que podem ser aplicadas isolada ou cumulativamente, de acordo com a gravidade do fato:

- perda dos bens ou valores acrescidos ilicitamente ao patrimônio;
- perda da função pública;
- suspensão dos direitos políticos **de até 14 anos**;[104]
- pagamento de **multa civil** equivalente ao **valor do acréscimo patrimonial**;[105] e
- proibição de contratar com o Poder Público ou de receber benefícios ou incentivos fiscais ou creditícios, direta ou indiretamente, ainda que por intermédio de pessoa jurídica da qual seja sócio majoritário, **pelo prazo não superior a 14 anos**.[106]

Constitui ato de improbidade administrativa que causa **lesão ao erário** qualquer ação ou omissão *dolosa*,[107] que enseje, efetiva e comprovadamente, perda patrimonial, desvio, apropriação, malbaratamento ou dilapidação dos bens ou haveres das entidades mencionadas na lei, e notadamente diante de qualquer fato que se enquadre nos incisos do art. 10 da mencionada lei:

I. facilitar ou concorrer por qualquer forma para a indevida incorporação ao patrimônio particular, de pessoa física ou jurídica, de bens, de rendas, de verbas ou de valores integrantes do acervo patrimonial das entidades mencionadas no art. 1º da lei;

II. permitir ou concorrer para que pessoa física ou jurídica privada utilize bens, rendas, verbas ou valores integrantes do acervo patrimonial das entidades mencionadas no art. 1º da lei, sem a observância das formalidades legais ou regulamentares aplicáveis à espécie;

---

[104] O sistema anterior à Lei nº 14.230/2021 tinha a previsão de suspensão de oito a dez anos, sendo substituída pela sanção de no máximo 14 anos, sem limite mínimo de suspensão.

[105] Antes de 2021 era de até três vezes o valor do acréscimo patrimonial, agora a multa civil equivale ao acréscimo patrimonial.

[106] Antes de 2021 o prazo era de dez anos, agora é não superior a 14 anos.

[107] A Lei nº 14.230/2021 extinguiu a modalidade culposa de improbidade, que anteriormente estava prevista no art. 10. Agora só há improbidade administrativa por condutas dolosas, conforme enfatizado no § 1º do art. 1º da Lei nº 8.429/92.

III. doar à pessoa física ou jurídica bem como ao ente despersonalizado, ainda que de fins educativos ou assistências, bens, rendas, verbas ou valores do patrimônio de qualquer das entidades mencionadas no art. 1º desta lei, sem observância das formalidades legais e regulamentares aplicáveis à espécie;

IV. permitir ou facilitar a alienação, permuta ou locação de bem integrante do patrimônio de qualquer das entidades referidas no art. 1º desta lei, ou ainda a prestação de serviço por parte delas, por preço inferior ao de mercado;

V. permitir ou facilitar a aquisição, permuta ou locação de bem ou serviço por preço superior ao de mercado;

VI. realizar operação financeira sem observância das normas legais e regulamentares ou aceitar garantia insuficiente ou inidônea;

VII. conceder benefício administrativo ou fiscal sem a observância das formalidades legais ou regulamentares aplicáveis à espécie;

VIII. frustrar a licitude de processo licitatório ou de processo seletivo para celebração de parcerias com entidades sem fins lucrativos, ou dispensá-los indevidamente, acarretando perda patrimonial efetiva;

IX. ordenar ou permitir a realização de despesas não autorizadas em lei ou regulamento;

X. agir ilicitamente na arrecadação de tributo ou renda, bem como no que diz respeito à conservação do patrimônio público;

XI. liberar verba pública sem a estrita observância das normas pertinentes ou influir de qualquer forma para a sua aplicação irregular;

XII. permitir, facilitar ou concorrer para que terceiro se enriqueça ilicitamente;

XIII. permitir que se utilize, em obra ou serviço particular, veículos, máquinas, equipamentos ou material de qualquer natureza, de propriedade ou à disposição de qualquer das entidades mencionadas no art. 1º desta lei, bem como o trabalho de servidor público, empregados ou terceiros contratados por essas entidades;

XIV. celebrar contrato ou outro instrumento que tenha por objeto a prestação de serviços públicos por meio da gestão associada sem observar as formalidades previstas na lei;

XV. celebrar contrato de rateio de consórcio público sem suficiente e prévia dotação orçamentária, ou sem observar as formalidades previstas na lei;

XVI. facilitar ou concorrer, por qualquer forma, para a incorporação, ao patrimônio particular de pessoa física ou jurídica, de bens, rendas, verbas ou valores públicos transferidos pela administração pública a entidades privadas mediante celebração de parcerias, sem a observância das formalidades legais ou regulamentares aplicáveis à espécie;

XVII. permitir ou concorrer para que pessoa física ou jurídica privada utilize bens, rendas, verbas ou valores públicos transferidos pela administração pública a entidade privada mediante celebração de parcerias, sem a observância das formalidades legais ou regulamentares aplicáveis à espécie;

XVIII. celebrar parcerias da administração pública com entidades privadas sem a observância das formalidades legais ou regulamentares aplicáveis à espécie;

XIX. agir para a configuração de ilícito na celebração, na fiscalização e na análise das prestações de contas de parcerias firmadas pela administração pública com entidades privadas;

XX. liberar recursos de parcerias firmadas pela administração pública com entidades privadas sem a estrita observância das normas pertinentes ou influir de qualquer forma para a sua aplicação irregular; e

XXI. conceder, aplicar ou manter benefício financeiro ou tributário contrário ao que dispõe o *caput* e o § 1º do art. 8º-A da Lei Complementar nº 116, de 31 de julho de 2003 (hipótese que antes era disciplinada no art. 10-A, mas que foi incorporada, por meio da Lei nº 14.230/2021, ao inciso XXII do art. 10 da lei).

Além do ressarcimento integral do dano patrimonial, se efetivo, e das sanções penais comuns e de responsabilidade, civis e administrativas, o agente que praticar os atos descritos no **art. 10 da lei** estará sujeito às seguintes **cominações** (art. 12, II, da lei), que podem ser aplicadas isolada ou cumulativamente, de acordo com a gravidade do fato:

- perda dos bens ou valores acrescidos ilicitamente ao patrimônio;
- perda da função pública;
- suspensão dos direitos políticos de **até 12 anos**;[108]
- pagamento de multa civil **equivalente ao valor do dano**;[109] e
- proibição de contratar com o Poder Público ou receber incentivos fiscais ou creditícios, direta ou indiretamente, ainda que por intermédio de pessoa jurídica da qual seja sócio majoritário, pelo prazo **não superior a 12 anos**.[110]

Os atos de improbidade que atentam contra os **princípios da administração pública** compreendem a ação ou omissão dolosa que viole os deveres de honestidade, de imparcialidade e de legalidade, caracterizada por uma das seguintes condutas descritas no art. 11 da lei, quais sejam:

- revelar fato ou circunstância de que tem ciência em razão das atribuições e que deva permanecer em segredo, propiciando beneficiamento por informação privilegiada ou colando em risco a segurança da sociedade e do Estado;
- negar publicidade aos atos oficiais, exceto em razão de sua imprescindibilidade para a segurança da sociedade e do Estado ou de outras hipóteses instituídas em lei;
- frustrar, em ofensa à imparcialidade, o caráter concorrencial de concurso público, de chamamento ou de procedimento licitatório, com vistas à obtenção de benefício próprio, direto ou indireto, ou de terceiro;
- deixar de prestar contas quando esteja obrigado a fazê-lo, desde que disponha das condições para isso, com vistas a ocultar irregularidades;
- revelar ou permitir que chegue ao conhecimento de terceiro, antes da respectiva divulgação oficial, teor de medida política ou econômica capaz de afetar o preço de mercadoria, bem ou serviço;

---

[108] Antes de 2021, a suspensão dos direitos políticos era de cinco a oito anos, agora há um limite máximo de até 12 anos, sem que haja fixação de limite mínimo.

[109] Antes de 2021, a multa era de até **duas vezes o valor do dano**, agora ela deve ser equivalente ao valor do dano.

[110] Antes de 2021, o prazo era de **cinco anos**, agora é não superior a 12 anos.

- descumprir as normas relativas à celebração, fiscalização e aprovação de contas de parcerias firmadas pela administração pública com entidades privadas, conforme inserção realizada pela Lei de Parcerias (Lei nº 13.019/2014);
- nomear cônjuge, companheiro ou parente em linha reta, colateral ou por afinidade, até o terceiro grau, inclusive, da autoridade nomeante ou de servidor da mesma pessoa jurídica investido em cargo de direção, chefia ou assessoramento, para o exercício de cargo em comissão ou de confiança ou, ainda, de função gratificada na administração pública direta e indireta em qualquer dos Poderes da União, dos Estados, do Distrito Federal e dos Municípios, compreendido o ajuste mediante designações recíprocas; e
- praticar, no âmbito da administração pública e com recursos do erário, ato de publicidade que contrarie o disposto no § 1º do art. 37 da Constituição Federal, de forma a promover inequívoco enaltecimento do agente público e personalização de atos, de programas, de obras, de serviços ou de campanhas dos órgãos públicos.

Note-se, no entanto, que, de acordo com o § 5º do art. 11, não configura improbidade a mera nomeação ou indicação política por parte dos detentores de mandatos eletivos, sendo necessária para tanto a aferição de dolo com finalidade ilícita por parte do agente.

Os parágrafos do art. 11 da lei estabelecem requisitos para a configuração da improbidade por violação a princípios, pois o enquadramento de conduta funcional na categoria pressupõe a demonstração objetiva da prática de ilegalidade no exercício da função pública, com **indicação das normas** constitucionais, legais ou infralegais violadas, sendo que a Convenção das Nações Unidas contra a Corrupção, promulgada pelo Decreto nº 5.687/2006 (enfatizada no § 1º do artigo), determina, ainda, que somente haverá improbidade na comprovação da **conduta funcional do agente público com o fim de obter proveito ou benefício indevido** para si ou para outra pessoa ou entidade.

Para configurar improbidade, a violação a princípio independe do reconhecimento da produção de danos ao erário e de enriquecimento ilícito dos agentes públicos, mas, por outro lado, exige **lesividade relevante ao bem jurídico tutelado** para ser passível de sancionamento.

Além do ressarcimento integral do dano patrimonial, se efetivo, e das sanções penais comuns e de responsabilidade, civis e administrativas, o agente que praticar os atos descritos no **art. 11 da lei**, estará sujeito às seguintes **cominações** (art. 12, III, da lei):

- pagamento de **multa civil** de até 24 vezes[111] o valor da remuneração percebida pelo agente; e
- proibição de contratar com o Poder Público ou de receber benefícios ou incentivos fiscais ou creditícios, direta ou indiretamente, ainda que por intermédio de pessoa jurídica da qual seja sócio majoritário, pelo prazo não superior **a quatro anos.**[112]

---

[111] No sistema anterior, antes de 2021, o valor da multa civil era de até 100 vezes a remuneração percebida pelo agente, sendo agora de até 24 vezes.

[112] Após 2021, o prazo passou a ser não superior a quatro anos, sendo que antes era de três anos.

Com as alterações da Lei nº 14.230/2021, não são mais aplicáveis à hipótese de improbidade por violação a princípio as sanções de perda da função pública e suspensão dos direitos políticos.

Dispõe o art. 21 da lei que a aplicação das sanções previstas independe:

- de efetiva ocorrência de dano ao patrimônio público,[113] salvo quanto à pena de ressarcimento e às condutas previstas no art. 10 dessa lei; e
- da aprovação ou rejeição das contas pelo órgão de controle interno ou pelo Tribunal ou Conselho de Contas.

Ressalte-se que as sanções, consideradas abstratamente, são menos rigorosas para a violação aos princípios, sendo de maior intensidade para o prejuízo ao erário e as mais graves são reservadas para os atos que importem enriquecimento ilícito.

O art. 52 da Lei nº 10.257/2001 também caracteriza como improbidade administrativa atos do prefeito, expostos nos respectivos incisos, que atentam contra determinadas regras urbanísticas disciplinadas no Estatuto da Cidade, por esse motivo o § 2º do art. 11 fala que a necessidade de haver o fim de obter proveito ou benefício indevido para si ou para outrem ou outra entidade também é exigência aplicável "a quaisquer outros tipos especiais de improbidade administrativa instituídos por lei".

Art. 9º – Enriquecimento Ilícito	Art. 10 – Prejuízo ao Erário	Art. 11 – Violação aos Princípios da Administração
Além do ressarcimento integral do dano patrimonial, se efetivo, • perda dos bens ou valores acrescidos ilicitamente ao patrimônio • perda da função pública • suspensão dos direitos políticos de **até 14 anos** • pagamento de multa civil equivalente ao valor do acréscimo patrimonial • proibição de contratar com o Poder Público ou receber benefícios ou incentivos fiscais ou creditícios, direta ou indiretamente, ainda que por intermédio de pessoa jurídica da qual seja sócio majoritário, pelo prazo não **superior a 14 anos**	Além do ressarcimento integral do dano patrimonial, se efetivo, • perda dos bens ou valores acrescidos ilicitamente ao patrimônio • perda da função pública • suspensão dos direitos políticos de **até 12 anos** • pagamento de multa civil equivalente ao valor do dano • proibição de contratar com o Poder Público ou receber benefícios ou incentivos fiscais ou creditícios, direta ou indiretamente, ainda que por intermédio de pessoa jurídica da qual seja sócio majoritário, pelo prazo **não superior a 12 anos**	Além do ressarcimento integral do dano patrimonial, se efetivo, • pagamento de multa civil de até 24 vezes o valor da remuneração percebida pelo agente • proibição de contratar com o Poder Público ou receber benefícios ou incentivos fiscais ou creditícios, direta ou indiretamente, ainda que por intermédio de pessoa jurídica da qual seja sócio majoritário, pelo prazo **não superior a quatro anos**

---

[113] Foi reiterado no julgamento do REsp 1.192.758/MG, de relatoria do Min. Napoleão Nunes Maia Filho, j. 4.9.2014, que: "para configuração dos atos de improbidade que atentam contra os princípios da Administração Pública (art. 11 da Lei 8.429/92), é dispensável a comprovação de efetivo prejuízo aos cofres públicos".

17.6.7.3 Elemento subjetivo

A partir da Lei nº 14.230/2021, há a necessidade de dolo para a configuração da improbidade administrativa. Anteriormente à previsão, já havia uma acentuada polêmica na doutrina sobre se na configuração de improbidade seria imprescindível haver dolo, ou se a culpa por si só seria capaz de caracterizá-la, pois o art. 10, que dispunha sobre lesão ao erário, previa, antes da alteração, uma modalidade culposa. Contudo, na área do Direito Administrativo era consensual que, para ser ímprobo, o agente deveria ter algum tipo de dolo.

Nessa perspectiva, é o conteúdo do Enunciado Interpretativo da LINDB nº 19, resultado do encontro promovido pelo IBDA (Instituto Brasileiro de Direito Administrativo) em Tiradentes, em 2019, segundo o qual: "a modalidade culposa de improbidade não se harmoniza com a Constituição, porque improbidade é ilegalidade qualificada pela intenção desonesta e desleal do agente".[114]

Discutia-se, portanto, naquele encontro, se o art. 28 da LINDB, que exige erro grosseiro ou dolo para a configuração da responsabilidade do agente que decide seria aplicável à improbidade. Atualmente, tal questão está superada, dado que se afastou de vez, por alteração legislativa, a modalidade culposa da improbidade, que doravante se configura apenas em virtude de dolo.

Mas a alteração de 2021 não se restringiu a determinar a exigência de dolo, pois ela também teve a preocupação em especificar tal dolo para evitar ampliações para dolos genéricos, como eram reconhecidos pelos tribunais superiores anteriormente. Assim, de acordo com o § 2º do art. 1º da Lei nº 8.429/92, com inserção feita pela Lei nº 14.230/2021, considera-se dolo a vontade livre e consciente de alcançar o resultado ilícito tipificado nos arts. 9º, 10 e 11 dessa lei, não bastando a voluntariedade do agente.

Trata-se de **dolo específico**, isto é, da intenção livre e consciente com uma finalidade específica de alcançar o resultado ilícito, não se admitindo mais o dolo genérico, consistente na mera intenção de cometer o ato sem uma finalidade específica.

Assim, não basta a vontade no agir, que muitas vezes é pressuposta, mas o agente deve ter a vontade livre e consciente de alcançar o resultado ilícito, o que evita extensões injustas de situações culposas para a configuração de um ato de improbidade administrativa, estabelecendo, ainda, o § 3º do art. 1º da lei que o mero exercício da função ou desempenho de competências públicas, sem comprovação de ato doloso com fim ilícito, afasta a responsabilidade por ato de improbidade administrativa.

Devido à essa alteração do elemento subjetivo, o STJ disciplinou teses[115] para orientar a aplicação da Lei de Improbidade Reformada, conforme o seguinte conteúdo:

1. a retroatividade da Lei de Improbidade Administrativa (com redação da Lei n. 14.320/2021) está adstrita aos atos de improbidade administrativa culposos praticados na vigência da lei anterior, sem condenação transitada em julgado; e

2. é possível aplicação retroativa da Lei n. 14.230/2021 aos atos ímprobos culposos não transitados em julgados, inclusive na hipótese de não conhecimento do recurso (juízo de admissibilidade não ultrapassado).

---

[114] MOTTA, Fabrício; NOHARA, Irene Patrícia. *LINDB no direito público*. São Paulo: Thomson Reuters Brasil, 2019. p. 121.

[115] STJ, Jurisprudência em Tese, Improbidade VI, edição 234, de 26.4.2024.

Acesse e assista à explicação sobre o Dolo na Improbidade, após a Lei nº 14.230/2021

> http://uqr.to/1xpkk

Ademais, o § 1º do art. 17-C da lei determina que a ilegalidade sem a presença de dolo que a qualifique não configura ato de improbidade. Nesta perspectiva, foi consolidada jurisprudência em tese do STJ, no sentido de que: "5) A contratação de servidores públicos temporários sem concurso público, mas baseada em legislação local, por si só, não configura ato de improbidade administrativa previsto no art. 11 da Lei n. 8.429/1992, por estar ausente o elemento subjetivo (dolo) necessário para a configuração do ato de improbidade violador dos princípios da administração pública".[116]

Também é aplicação do raciocínio, o conteúdo da tese 8, no seguinte sentido: "Não caracteriza ato de improbidade administrativa praticado por prefeito a ausência de prestação ou de repasse de informações solicitadas pelo Poder Legislativo ou por munícipes, quando inexistente o intuito malicioso, desonesto ou corrupto".

Houve a preocupação expressa, no § 4º do art. 1º da lei, de que fossem aplicados os princípios constitucionais do direito administrativo sancionador para a improbidade administrativa, tendo em vista o fato de resguardar garantias aos acusados e propiciar um devido processo com base em critérios derivados do direito sancionador, dentre os quais, sobretudo, as alterações legais reforçam a necessidade de respeito à legalidade, intentando restringir ampliações demasiadas de modalidades genéricas, principalmente como acontecia na aplicação de improbidade que atenta contra princípios, o que provocava o fenômeno da administração do medo.[117]

Não obstante o trâmite do projeto que deu ensejo à Lei nº 14.230/2021, que alterou a Lei de Improbidade Administrativa, ter se debruçado sobre a necessidade de haver um rol taxativo de condutas tipificadas na lei, para configuração de improbidade, ainda assim se percebe que, diferentemente do que ocorreu no art. 11, que fala em "caracterizada por uma das seguintes condutas", os arts. 9º e 10 ainda se utilizam da palavra "notadamente", o que continuará suscitando divergências interpretativas sobre a taxatividade do rol.

Assim, pode-se falar com certeza que as hipóteses do art. 11 da lei, que dizem respeito à improbidade por violação dos princípios, apenas se configuram diante das hipóteses taxativas descritas nos seus incisos, mas ainda haverá debates sobre se os demais artigos também seriam taxativos, diante da preservação da expressão "notadamente".

17.6.7.4 Sujeito passivo

De acordo com o art. 1º, § 5º, da Lei nº 8.429/1992, com redação da Lei nº 14.320/2021, os atos de improbidade violam a probidade na organização do Estado e no exercício de suas funções e a integridade do patrimônio público e social dos Poderes Executivo, Legislativo e Judiciário, bem como da administração direta e indireta, no âmbito da União, dos Estados e do Distrito Federal.

---

[116] STJ, Jurisprudência em Tese – Improbidade VI, edição 234, 26.4.2024.

[117] Cf. SANTOS, Rodrigo Valgas dos. *Direito administrativo do medo*. São Paulo: Thomson Reuters, 2020.

Logo, incluem-se entre os sujeitos passivos da improbidade:

- Administração Direta de todos os entes;
- Administração Indireta de todos os entes;
- os Poderes Executivo, Legislativo e Judiciário, sendo que houve na *I Jornada de Direito Administrativo*, do CJF, a aprovação do Enunciado nº 7 da comissão de controle, com o seguinte conteúdo: "Configura ato de improbidade administrativa a conduta do agente público que, em atuação legislativa *lato sensu*, recebe vantagem econômica indevida";
- entidade privada para cuja criação ou custeio o erário haja concorrido ou concorra no seu patrimônio ou receita anual, limitado o ressarcimento de prejuízos, nesse caso, à repercussão do ilícito sobre a contribuição dos cofres públicos (cf. art. 1º, § 7º, com redação da Lei nº 14.230/2021), o que pode abranger dos entes do Terceiro Setor até os partidos políticos; e
- patrimônio de entidade privada que receba subvenção, benefício ou incentivo, fiscal ou creditício, de entes públicos ou governamentais, conforme disciplina o art. 1º, § 6º, da Lei nº 8.429/1992, com redação da Lei nº 14.230/2021.

Note-se que, por decisões reiteradas do Superior Tribunal de Justiça,[118] considera-se também que a tortura perpetrada por agentes policiais contra presos mantidos em custódia configura ato de improbidade, pois "a violência policial não é ato apenas contra o particular-vítima, mas sim contra a própria Administração Pública, ferindo suas bases de legitimidade e respeitabilidade" (REsp 1177910/SE, Rel. Min. Herman Benjamin, j. 26.8.2015, *DJe* 17.2.2016).

17.6.7.5 Sujeito ativo

São sujeitos ativos da improbidade o **agente público** e o **terceiro** que, mesmo não sendo agente público, induza ou concorra dolosamente para a prática do ato de improbidade. A alteração legislativa retirou a previsão de que bastava se beneficiar de qualquer forma, direta ou indireta, pois agora é necessário que o terceiro induza ou concorra dolosamente.

De acordo com o § 1º do art. 3º da lei, não respondem, pelo ato de improbidade que venha a ser imputado à pessoa jurídica, os sócios, os cotistas, os diretores e os colaboradores de pessoa jurídica de direito privado, salvo se, comprovadamente, houver participação e benefícios diretos, caso em que responderão nos limites de suas participações.

As sanções de improbidade não se aplicam à pessoa jurídica caso a improbidade administrativa seja também sancionada como ato lesivo à administração pública de que trata a Lei nº 12.846/2013 (art. 3º, § 2º, da Lei nº 8.429/92).

Note-se que o Superior Tribunal de Justiça entende que "não é possível o ajuizamento de ação de improbidade administrativa exclusivamente em face de particular, sem a concomitante presença de agente público no polo passivo da demanda" (REsp 1.171.017/PA, Rel. Min. Sérgio Kukina, j. 25.2.2014).

A Reforma da Improbidade, por meio da Lei nº 14.230/2021, estabeleceu no § 1º do art. 12 que a sanção de perda de função pública para as hipóteses de enriquecimento ilícito e lesão a erário atingiria apenas o vínculo de mesma qualidade e natureza que o agente público ou

---

[118] Também nesse sentido, há o REsp 1081743/MG, Rel. Min. Herman Benjamin, j. 24.3.2015.

político detinha com o poder público na época do cometimento da infração, podendo o magistrado, em caráter excepcional, estender aos demais vínculos. Ocorre que o Ministro Alexandre de Moraes, na ADIMC 7236, suspendeu o dispositivo contido no art. 12, § 1º, determinando que a defesa da probidade administrativa impõe a perda da função pública independentemente do cargo ocupado no momento da condenação.

O art. 2º da Lei nº 8.429/92, com redação da Lei nº 14.230/2021, reputa agente público, para os efeitos da lei, o agente político, o servidor público e todo aquele que exerce, ainda que transitoriamente ou sem remuneração, por eleição, nomeação, designação, contratação ou qualquer outra forma de investidura ou vínculo, mandato, cargo, emprego ou função nas entidades referidas no art. 1º da lei.

Esse conceito abrange, portanto, as categorias dos agentes políticos, dos servidores públicos que possuem cargo, emprego ou função permanente ou transitória, independentemente da forma de provimento, dos militares e dos particulares em colaboração com o Poder Público.

Quanto à abrangência do art. 2º da lei, o STF determinou, na ADI 4295, j. 18.8.2023, que os agentes políticos se submetem à sistemática da improbidade administrativa, conforme entendimento consolidado do STF, que permite o duplo regime sancionatório, à exceção do Presidente da República. Assim, houve o entendimento sobre a constitucionalidade do dispositivo, seguindo o debate que será exposto no quadro de pontos controvertidos.

> **PONTO CONTROVERTIDO:**
> **Reclamação nº 2.138 – agentes políticos e improbidade administrativa**
>
> A reclamação nº 2.138 (Rel. Min. Nelson Jobim, *DJ* 18.4.2008) foi proposta pela União contra decisão que condenava o então Ministro de Ciência e Tecnologia do governo Fernando Henrique Cardoso, Ronaldo Mota Sardemberg, por ter se utilizado indevidamente de jato da Força Aérea Brasileira (FAB), ato de improbidade administrativa, a ressarcir o erário e à perda de seus direitos políticos por oito anos.
>
> Trata-se de decisão do Supremo Tribunal Federal que surtiu efeitos para aquela situação e que é muito criticada pela doutrina,[119] pois se o precedente for repetido em outros casos ocorrerá uma injustificável restrição do alcance da Lei de Improbidade.
>
> Na reclamação, ficou decidido, apesar dos votos contrários dos Ministros Carlos Velloso, Marco Aurélio, Celso de Mello e Joaquim Barbosa, que a ação proposta contra o ex-Ministro de Estado não poderia ter curso perante a Justiça Federal de primeira instância, pois as imputações de improbidade, quando formuladas contra agentes políticos, configuram crime de responsabilidade, o que demandaria o respeito à prerrogativa de foro perante o STF, conforme art. 102, I, c, da Constituição.
>
> Significa dizer que os agentes políticos obedeceriam a normas especiais de responsabilidade, não se lhes aplicando a Lei de Improbidade Administrativa (Lei nº 8.429/92), na qual o processamento do feito se inicia em primeira instância, uma vez que somente o STF poderia processar e julgar Ministro de Estado por crime de responsabilidade e determinar a perda do cargo ou a suspensão dos direitos políticos.
>
> Apesar de não ter sido a orientação vigente neste caso, concordamos com o impecável voto do Ministro Joaquim Barbosa no sentido de que: primeiro, o regramento do art. 37, § 4º, da Constituição, que se completa com a Lei nº 8.429/92, e a exigência de probidade que recai sobre o Chefe do Poder Executivo e seus Ministros de Estado (art. 85, V, CF), complementada pelo art. 9º da Lei nº 1.079/50, têm objetivos distintos, sendo **possível a coexistência** dos dois regimes: o de improbidade administrativa com o de

---

[119] Segundo expõe Di Pietro, "essa não é a melhor interpretação dos dispositivos constitucionais, até porque contrária ao próprio art. 37, § 4º, da Constituição que, ao indicar as sanções cabíveis por ato de improbidade administrativa, deixa expresso que as mesmas serão previstas em lei, *sem prejuízo da ação penal cabível*". DI PIETRO, Maria Sylvia Zanella. *Direito administrativo*. São Paulo: Atlas, 2010. p. 832.

responsabilidade política; ademais, é uma **anomalia** pretender que, quanto maior a importância das funções assumidas pelo agente público, menor seja o grau de sua responsabilidade.

Segundo expõe Joaquim Barbosa:

> à luz da Constituição Federal e da Lei nº 8.429/92, todo e qualquer servidor, efetivo ou comissionado, que cometa um ato de improbidade tal como descrito na lei, estará sujeito a ver sua conduta enquadrada numa das drásticas sanções previstas na Lei nº 8.492/92. Porém, se esse mesmo hipotético servidor, sem se exonerar do cargo efetivo, vier a assumir um posto ministerial e praticar a mesma conduta, a ele não se aplicarão as severas sanções da lei de improbidade, mas sim as duas únicas sanções que a responsabilidade política é suscetível de engendrar: a perda do cargo público (político) e a inabilitação por oito anos para o exercício de qualquer função pública.[120]

Normalmente os agentes políticos cuja investidura seja realizada por eleição para mandato fixo ou que sejam nomeados livremente para altos cargos (Ministros e Secretários de Estado) são aqueles que mais vínculos com diversos tipos de interesses têm, sendo importante para o controle de suas ações que sejam atingidos pelo regime da Lei de Improbidade, instrumento relevante manejado pelo Ministério Público.

Segundo o voto do Ministro Carlos Velloso, cujos trechos foram transcritos por Joaquim Barbosa, para que haja avanços no combate à corrupção é necessário dar "a máxima eficácia à Lei de Improbidade". O Brasil, que conta com mais de cinco mil municípios possui em cada um deles um promotor fiscalizando a coisa pública, sendo considerado por Carlos Velloso um estímulo à corrupção abolir a improbidade para os agentes políticos.

Em 2002 levantou-se que em 14 Estados brasileiros, praticamente metade dos existentes, havia 4.191 ações de improbidade administrativa propostas contra agentes políticos. Se tal decisão fosse estendida a outros feitos, haveria a necessidade de paralisação de todas as ações, e pior: "administradores ímprobos que foram condenados a restituir dinheiros aos cofres públicos poderiam pedir a repetição desses valores, porque teriam sido condenados por autoridade judicial incompetente. Isso seria, na verdade, um desastre".[121]

Ademais, se a Lei de Improbidade for aplicada tão somente aos outros agentes públicos, como, por exemplo, aos servidores públicos concursados (que não os agentes políticos), a eficácia dos objetivos de combate à corrupção por improbidade será absolutamente esvaziada, pois, em linguagem vulgar, a lei será incapaz de atingir "peixes grandes".

Também Mateus Bentoncini possui artigo[122] que demonstra que a não aplicação da Lei de Improbidade aos agentes públicos representa não apenas uma posição contrária à vontade constitucional, como também um grande retrocesso, tendo em vista a ineficácia dos processos de responsabilização política retratada na doutrina especializada.

Na mesma linha, critica Joaquim Barbosa o entendimento como sendo inconstitucional, a-histórico e reacionário, porquanto anula algumas das conquistas civilizatórias mais preciosas, o que gera o retorno à época em que **certas classes** de pessoas "tinham o **privilégio** de não se submeterem às regras em princípio aplicáveis a todos, tinham a prerrogativa de terem o seu ordenamento jurídico próprio, particular".[123]

Atualmente, a questão se pacificou no Supremo Tribunal Federal, conforme se pode observar do teor do Agravo Regimental em Petição – Pet 3240 AgR/DF, Rel. Min. Teori Zavascki, Red. p/ o Ac. Min. Roberto Barroso, j. 10.5.2018, disponível no *Informativo 901/STF*, sobre ação de improbidade administrativa e o foro

---

[120] RCL 2138, Voto-vista. Disponível em: jusvi.com/arquivos//voto-vista-merito.pdf. Acesso em: 31 out. 2010.

[121] Trecho do voto do Ministro Carlos Velloso, citado por Joaquim Barbosa. Disponível em: https://www.conjur.com.br/2007-jun-17/leia_voto_joaquim_barbosa_improbidade/. Acesso em: 10 dez. 2023. p. 28.

[122] BENTONCINI, Mateus. O STF e a Lei nº 8.429/1992. *Revista CEJ*, Brasília nº 35, p. 40, out./dez. 2006.

[123] Disponível em: https://www.conjur.com.br/2007-jun-17/leia_voto_joaquim_barbosa_improbidade/. Acesso em: 10. dez. 2023. p. 32.

competente, segundo o qual os agentes políticos, com exceção do Presidente da República, encontram-se sujeitos ao **duplo regime sancionatório**, de modo que se submetem tanto à responsabilização civil pelos atos de improbidade administrativa quanto à responsabilização político-administrativa por crimes de responsabilidade.

Assim, determinou-se que em relação ao duplo regime sancionatório, a Corte concluiu que não há qualquer impedimento à concorrência de esferas de responsabilização distintas. Assim, carece de fundamento constitucional a tentativa de imunizar os agentes políticos de sanções relativas à ação de improbidade administrativa a pretexto de que essas seriam absorvidas pelo crime de responsabilidade. Em realidade, a única exceção ao referido regime sancionatório em matéria de improbidade se refere aos atos praticados pelo Presidente da República, conforme previsão expressa do art. 85, V, da CF.

Já no concernente à extensão do foro especial, o Tribunal afirmou que o foro privilegiado é destinado a abarcar apenas ações penais. "A suposta gravidade das sanções previstas no art. 37, § 4º, da CF, não reveste a ação de improbidade administrativa de natureza penal. [...] Ademais, a fixação de competência para julgar a ação de improbidade no primeiro grau de jurisdição, além de constituir fórmula republicana, é atenta às capacidades institucionais dos diferentes graus de jurisdição para a instrução processual" (Pet 3240 AgR/DF, Rel. Min. Teori Zavascki, j. 10.5.2018).

Também o STJ possui julgamentos no mesmo sentido, a exemplo da Rcl 2790/SC, em que estabeleceu que os agentes políticos podem ser processados por seus atos pela Lei de Improbidade Administrativa (Lei nº 8.429/92), ressalvado apenas o Presidente da República (AgRg no AREsp 46546/MA), e o REsp 1135767, publicado no Informativo 436, em que se determinou que "os agentes políticos municipais se submetem aos ditames da Lei de Improbidade Administrativa – LIA, sem prejuízo da responsabilização política e criminal estabelecida no Decreto-Lei nº 201/1967".

17.6.7.6 Medidas acautelatórias

São medidas acautelatórias previstas na Lei nº 8.429/92:

- a **indisponibilidade dos bens dos réus**, a fim de garantir a integral recomposição do erário ou do acréscimo patrimonial resultante de enriquecimento ilícito; e
- o **afastamento** do agente público do exercício do cargo, emprego ou função, sem prejuízo da remuneração, quando a medida se fizer necessária à instrução processual (art. 20, § 1º, incluído pela Lei nº 14.230/2021), que pode ser requisitado pela autoridade judicial competente,[124] sendo determinado pelo prazo de até 90 dias, prorrogáveis uma única vez por igual período mediante decisão motivada.

Houve, a partir de 2021, uma disciplina mais pormenorizada para a indisponibilidade de bens. Assim, quando for o caso, o pedido de indisponibilidade de bens incluirá a investigação, o exame e o bloqueio de bens, contas bancárias e aplicações financeiras mantidas pelo indiciado no exterior, sendo necessária a demonstração, no caso concreto, de perigo de dano irreparável ou de risco ao resultado útil do processo, após a oitiva do réu em cinco dias.

No entanto, é possível, ainda, que seja decretada sem oitiva do réu, sempre que o contraditório prévio puder comprovadamente frustrar a efetividade da medida ou quando houver outras circunstâncias que recomendem a proteção liminar, não podendo a urgência ser presumida. De acordo com jurisprudência em tese do STJ, "6) A partir da vigência da Lei n. 14.230/2021,

---

[124] A alteração legislativa extinguiu o afastamento por autoridade administrativa, sendo a partir de 2021 previsto como hipótese apenas para a autoridade judicial.

exige-se a demonstração do **requisito da urgência**, além da **plausibilidade do direito invocado**, para o deferimento da indisponibilidade de bens em ação de improbidade administrativa".[125]

A indisponibilidade de bens de terceiro dependerá de demonstração de sua efetiva concorrência para atos ilícitos apurados ou, quando se tratar de pessoa jurídica, da instauração de incidente de desconsideração da pessoa jurídica, a ser processado na forma da lei processual.

A indisponibilidade recai sobre bens que assegurem exclusivamente o integral ressarcimento do dano ao erário, sem incidir sobre os valores a serem eventualmente aplicados a título de multa civil ou sobre acréscimo patrimonial decorrente de atividade lícita.

De acordo com o **Tema 1213**/STJ, "Para fins de indisponibilidade de bens, há solidariedade entre os corréus da Ação de Improbidade Administrativa, de modo que a constrição deve recair sobre os bens de todos eles, sem divisão em quota-parte, limitando-se o somatório da medida ao quantum determinado pelo juiz, sendo defeso que o bloqueio corresponda ao débito total em relação a cada um".

Na explicação do Ministro Herman Benjamin, em um ação com quatro réus, é possível que o patrimônio indisponível de três deles corresponda a 20% do valor determinado pelo juízo, e que o quarto réu fique responsável por garantir 80% dos restantes, contudo, o montante sujeito à restrição legal deve ser o somatório que não ultrapasse o valor indicado na petição inicial ou outro valor definido pelo juiz, sendo que o Superior Tribunal de Justiça afasta a possibilidade de que o bloqueio efetivo corresponda "ao débito total em relação a cada um dos réus, porque a soma de todos os bloqueios seria maior do que o valor indicado na petição inicial ou fixado pela Justiça".[126]

Também são observados os seguintes **requisitos** para a indisponibilidade:

- prioridade na ordem de bens de veículos de via terrestre, bens imóveis, bens móveis em geral, semoventes, navios e aeronaves, ações e quotas de sociedades simples ou empresárias, pedras e materiais preciosos e, apenas na inexistência desses, o bloqueio de contas bancárias, de forma a garantir a subsistência do acusado e a manutenção da atividade empresária ao longo do processo;
- vedação de decretação de indisponibilidade da quantia de até 40 salários mínimos depositados em caderneta de poupança, em outras aplicações financeiras ou em conta corrente; e
- vedação de decretação de indisponibilidade do bem de família do réu, salvo se comprovado que o imóvel seja fruto de vantagem patrimonial indevida.

17.6.7.7 Processo administrativo

Há também a possibilidade legal de instauração de processo administrativo para apuração da prática de ato de improbidade (art. 14). Note-se, contudo, que, conforme adverte José dos Santos Carvalho Filho, "o procedimento na via administrativa não tem idoneidade para ensejar

---

[125] STJ, Jurisprudência em Tese – Improbidade VI, edição 234, 26.4.2024.

[126] STJ, Valor total da indisponibilidade de bens recai sobre todos os réus da ação de improbidade, sem divisão proporcional. Disponível em: https://www.stj.jus.br/sites/portalp/Paginas/Comunicacao/Noticias/2024/09082024--Valor-total-da-indisponibilidade-de-bens-recai-sobre-todos-os-reus-da-acao-de-improbidade--sem-divisao.aspx. Acesso em 26. 11.2024.

a aplicação das sanções de improbidade",[127] havendo necessidade, mesmo após o seu encerramento, de se ajuizar ação de improbidade para que o Judiciário imponha as punições.

O processo se origina de representação escrita, reduzida a termo e assinada, que deve conter a qualificação do representante, as informações sobre o fato e sua autoria e a indicação de provas de que tenha conhecimento. Ressalte-se que, de acordo com jurisprudência em tese do Superior Tribunal de Justiça, "é possível a instauração de processo administrativo com base em denúncia anônima".[128]

Atendidos os requisitos da representação, a autoridade determinará a imediata apuração dos fatos, que observa leis próprias daquela Administração, ou do tipo de regulamento disciplinar adequado. O processo administrativo pode terminar, se for o caso, com a aplicação da penalidade disciplinar, regulada em estatuto próprio.

A Comissão Processante deve dar conhecimento ao Ministério Público e ao Tribunal ou Conselho de Contas da existência de procedimento administrativo para apurar prática de ato de improbidade, que podem, a requerimento, designar representante para acompanhá-lo (art. 15).

17.6.7.8 Ação judicial

A ação judicial, disciplinada entre os arts. 16 e 18 da Lei de Improbidade, terá o rito ordinário, sendo proposta pelo Ministério Público. A propositura da ação prevenirá a jurisdição do juízo para todas as ações posteriormente intentadas que possuam a mesma causa de pedir ou o mesmo objeto.

Como enfatiza Eduardo Vieira Busch,[129] nenhuma das ações cautelares previstas representa condição de procedibilidade, ficando seu manejo ao alvitre dos legitimados para propor a ação principal.

O Ministério Público tinha sido considerado, a partir da Lei nº 14.230/2021 como legitimado exclusivo para propositura da ação de improbidade administrativa. Contudo, em julgamento do Plenário, ocorrido em 31 de agosto de 2022, nas ADIs 7042 e 7043, o Supremo Tribunal Federal declarou inválido o dispositivo que conferiu legitimidade exclusiva ao Ministério Público para propor ação por improbidade e restaurou a legitimidade dos entes públicos para propor ação e também para celebrar acordos de não persecução civil.

Ainda, as ADIs 7042 e 7043 resultaram na orientação de que o § 20 do art. 17, incluído à Lei de Improbidade Administrativa pela Lei nº 14.230/2021, que tem por redação: "a assessoria jurídica que emitiu o parecer atestando a legalidade prévia dos atos administrativos praticados pelo administrador público ficará obrigada a defendê-lo judicialmente, caso este venha a responder ação de improbidade, até que a decisão transite em julgado", deve ser interpretado com restrição, diante da inexistência de "obrigatoriedade de defesa judicial", havendo, porém, a possibilidade dos órgãos da Advocacia Pública autorizarem a realização da representação judicial, por parte da assessoria jurídica que emitiu o parecer atestando a legalidade prévia dos atos administrativos praticados pelo administrador público, nos termos autorizados por lei específica.

---

[127] CARVALHO FILHO, José dos Santos. *Manual de direito administrativo*. Rio de Janeiro: Lumen Juris, 2008. p. 1.010.

[128] Trata-se da tese 4 de jurisprudência do Superior Tribunal de Justiça, integrante do tema "processo administrativo". DI PIETRO, Maria Sylvia Zanella; NOHARA, Irene Patrícia. *Teses jurídicas dos tribunais superiores*: direito administrativo I. São Paulo: Revista dos Tribunais, 2017. p. 77.

[129] Conforme já decidido pelo STJ, 6ª T., ROMS nº 6208, *DJ* 15.3.1999, p. 287. BUSCH, Eduardo Vieira. Aspectos da tutela jurisdicional cautelar – sequestro na Lei nº 8.429/92 – improbidade administrativa. *Revista da Procuradoria Geral do Município de Santos*, Santos, nº 2, ano 2, p. 46, 2005.

A atual disciplina acabou se afastando da orientação anterior no sentido de que a ação judicial cabível para apurar e punir atos de improbidade poderia possuir natureza de ação civil pública, pois se determina no art. 17-D que a ação de improbidade é repressiva, de caráter sancionatório, destinada à aplicação de sanções de caráter pessoal previstas na lei, e não constitui ação civil, vedado seu ajuizamento para o controle de legalidade de políticas públicas e para a proteção do patrimônio público e social, do meio ambiente e de outros interesses difusos, coletivos e individuais homogêneos.

Assim, a ação judicial segue o procedimento comum previsto na Lei nº 13.105/2015 (Código de Processo Civil), salvo o disposto na Lei nº 8.429/92, com alteração da Lei nº 14.230/2021, sendo que, a qualquer momento, se o magistrado identificar a existência de ilegalidades ou de irregularidades administrativas a serem sanadas sem que estejam presentes todos os requisitos para a imposição das sanções aos agentes incluídos no polo passivo da demanda, poderá, em decisão motivada, converter a ação de improbidade administrativa em ação civil pública, regulada pela Lei nº 7.347/85. Dessa conversão cabe agravo de instrumento.

Então, a ação de improbidade não deve visar ao desfazimento de ato lesivo ou controlar uma política pública, pois para isso há a ação civil pública. O rito da ação civil pública será portanto orientado para situações de controle de legalidade de políticas públicas e a responsabilidade de agentes públicos, inclusive políticos, entes públicos e governamentais, por danos ao meio ambiente, ao consumidor, a bens e direitos de valor artístico, estético, histórico, turístico e paisagístico, a qualquer outro interesse difuso e coletivo, à ordem econômica, à ordem urbanística, à honra e à dignidade dos grupos raciais, étnicos ou religiosos e ao patrimônio público e social, sendo não mais utilizado para punir pessoas a partir da improbidade.

O Superior Tribunal de Justiça considera que nas ações de improbidade a **competência da justiça federal** se define pela **pessoa** e não pelo objeto da lide (natureza federal da verba sujeita a fiscalização do Tribunal de Contas da União). Nesse sentido, há o REsp 1.325.491, que afirma a necessidade de uma distinção ao aplicar a Súmula 209 em processos cíveis, pois se entende que, na explicação do Ministro Mauro Campbell Marques:

> Nas ações de ressarcimento ao erário e improbidade administrativa ajuizadas em face de eventuais irregularidades praticadas na utilização ou prestação de contas de valores decorrentes de convênio federal, o simples fato de as verbas estarem sujeitas à prestação de contas perante o Tribunal de Contas da União, por si só, não justifica a competência da Justiça Federal.

Assim, para se justificar a competência da justiça federal, há de haver nos polos do processo ente federal indicado no art. 109, I, da Constituição Federal.

Estando a inicial em devida forma, o juiz mandará autuá-la e ordenará a citação dos requeridos para que contestem no prazo comum de 30 dias (sem prejuízo da citação dos réus, a pessoa jurídica interessada será intimada para, caso queira, intervir no processo). Havendo possibilidade de solução consensual, poderão as partes requerer ao juiz a interrupção do prazo para a contestação, por prazo não superior a 90 dias.

Oferecida a contestação e, se for o caso, ouvido o autor, o juiz: (I) procederá ao julgamento conforme o estado do processo, observada a eventual inexistência manifesta do ato de improbidade; (II) poderá desmembrar o litisconsórcio, com vistas a otimizar a instrução processual.

Após a réplica do Ministério Público, o juiz proferirá decisão na qual indicará com precisão a tipificação do ato de improbidade administrativa imputável ao réu, sendo-lhe vedado modificar o fator principal e a capitulação legal apresentada pelo autor. Após tal decisão, as partes serão intimadas para especificar as provas que pretendem produzir.

Em qualquer momento do processo, verificada a inexistência do ato de improbidade, o juiz julgará a demanda improcedente. Ao réu será assegurado o direito de ser interrogado sobre fatos de que trata a ação, e a sua recusa ou o seu silêncio não implicarão confissão.

Não se aplicam à improbidade: (1) a presunção de veracidade dos fatos alegados pelo autor em caso de revelia; (2) a imposição de ônus da prova ao réu; (3) o ajuizamento de mais de uma ação de improbidade administrativa pelo mesmo fato, competindo ao Conselho Nacional do Ministério Público dirimir conflitos de atribuições entre membros de Ministérios Públicos distintos; e (4) o reexame obrigatório da sentença de improcedência ou de extinção sem resolução de mérito.

Houve a previsão no art. 17-B da possibilidade de o Ministério Público (e também os órgãos públicos, cf. ADIs 7042 e 7043) celebrar **acordo de não persecução cível**, desde que resulte em: (1) integral ressarcimento do dano; e (2) reversão à pessoa jurídica lesada da vantagem indevida obtida, ainda que oriunda de agentes privados. A celebração do acordo depende, cumulativamente, (1) da oitiva do ente federativo lesado, em momento anterior ou posterior à propositura da ação; (2) de aprovação, no prazo de até 60 dias, pelo órgão do Ministério Público competente para apreciar as promoções de arquivamento de inquéritos civis, se anterior ao ajuizamento da ação; e (3) de homologação judicial, independentemente de o acordo ocorrer antes ou depois do ajuizamento da ação de improbidade administrativa.

Em qualquer caso, a celebração de acordo de não persecução cível considerará a personalidade do agente, a natureza, as circunstâncias, a gravidade e a repercussão social do ato de improbidade, bem como as vantagens, para o interesse público, da rápida solução do caso.

Quanto aos momentos, o acordo de não persecução cível pode ser celebrado: (a) no curso da investigação de apuração do ilícito; (b) no curso da ação de improbidade; ou (c) no momento da execução da sentença condenatória. Como a Lei nº 14.230/2021 alterou significativamente o regramento da improbidade, acrescentando art. 17-B à Lei nº 8.429/1992, trazendo a possibilidade de haver acordo de persecução cível até mesmo no momento da execução da sentença, então, a Primeira Seção do Superior Tribunal de Justiça admite a possibilidade de homologação judicial de acordo do não persecução cível no âmbito de improbidade administrativa **em fase recursal**, conforme EAREsp 102.585, DJe 6.4.2022. Trata-se de orientação consolidada em Jurisprudência em Tese do STJ, com o seguinte conteúdo: "9) É possível a homologação judicial de acordo de não persecução cível em ação de improbidade administrativa em fase recursal".[130]

As negociações para celebração do acordo ocorrerão entre o Ministério Público, de um lado, e, de outro, o investigado ou demandado e seu defensor.

O acordo poderá contemplar a adoção de mecanismos e procedimentos internos de integridade, de auditoria e de incentivo à denúncia de irregularidades e a aplicação efetiva de códigos de ética e conduta no âmbito da pessoa jurídica, se for o caso, bem como de outras medidas em favor do interesse público e das boas práticas administrativas. Assim, é interessante que o Ministério Público, se for o caso, exija que a empresa adote programa de integridade como condição para o aprimoramento de suas condutas.

Em caso de descumprimento do acordo de não persecução cível, o investigado ou o demandado ficarão impedidos de celebrar novo acordo pelo prazo de cinco anos, contados do conhecimento pelo Ministério Público do efetivo descumprimento.

Além dos requisitos especificados pelo art. 489 do CPC, a sentença proferida nos processos de improbidade deverá:

---

[130] STJ, Jurisprudência em Tese – Improbidade VI, edição 234, 26.4.2024.

I. indicar de modo preciso os fundamentos que demonstram os elementos a que se referem os arts. 9º, 10 e 11, que não podem ser presumidos;

II. considerar as consequências práticas da decisão, sempre que decidir com base em valores jurídicos abstratos;

III. considerar os obstáculos e dificuldades reais do gestor e as exigências das políticas públicas a seu cargo, sem prejuízo dos direitos dos administrados e das circunstâncias práticas que houverem imposto, limitado ou condicionado a ação do agente;

IV. considerar, para a aplicação das sanções, de forma isolada ou cumulativa: (a) os princípios da proporcionalidade e da razoabilidade; (b) a natureza, a gravidade e o impacto da infração cometida; (c) a extensão do dano causado; (d) o proveito patrimonial obtido pelo agente; (e) as circunstâncias agravantes ou atenuantes; (f) a atuação do agente em minorar os prejuízos e as consequências advindas de sua conduta omissiva ou comissiva; e (g) os antecedentes do agente;

V. considerar na aplicação das sanções a dosimetria das sanções relativas ao mesmo fato já aplicadas ao agente;

VI. considerar, na fixação das penas relativamente a terceiro, quando for o caso, a sua atuação específica, não admitida a sua responsabilização por ações ou omissões para as quais não tiver concorrido ou das quais não tiver obtido vantagens patrimoniais indevidas; e

VII. indicar, na apuração da ofensa a princípios, critérios objetivos que justifiquem a imposição da sanção.

Note-se que houve a exigência de motivação da sentença com a explicitação de critérios presentes na LINDB, com a modificação feita pela Lei nº 13.655/2018.

A sentença que julgar procedente ação fundada nas hipóteses de enriquecimento ilícito e lesão ao erário condenará ao ressarcimento dos danos e à perda ou à reversão dos bens e valores ilicitamente adquiridos, conforme o caso, em favor da pessoa jurídica prejudicada pelo ilícito.

O juiz poderá autorizar o parcelamento, em até 48 parcelas mensais corrigidas monetariamente, do débito resultante de condenação pela prática de improbidade administrativa se o réu demonstrar incapacidade financeira de saldá-la de imediato.

17.6.7.9 Prescrição

A prescrição do ato de improbidade, após a alteração feita pela Lei nº 14.230/2021, de acordo com seu art. 23, é de **oito anos**,[131] contados a partir do fato ou, no caso de infrações permanentes, do dia em que cessou a permanência.

O prazo de prescrição se interrompe: (1) pelo ajuizamento da ação de improbidade; (2) pela publicação da sentença condenatória; (3) pela publicação de decisão ou acórdão de Tribunal de Justiça ou Tribunal Regional Federal que confirma a sentença condenatória ou que retoma a sentença de improcedência; (4) pela publicação da decisão ou acórdão do Superior Tribunal

---

[131] Antes da Lei nº 14.230/2021 era de até cinco anos após o término do mandato, cargo em comissão ou função de confiança, no prazo prescricional das faltas disciplinares puníveis com demissão a bem do serviço e até cinco anos da data de apresentação da prestação de contas, doravante passou a ser para todas as hipóteses de até oito anos, contados a partir do fato. Houve a unificação de todas as situações para oito anos.

de Justiça que confirma acórdão condenatório ou que reforma acórdão de improcedência; e (5) pela publicação de decisão ou acórdão do Supremo Tribunal Federal que confirma acórdão condenatório ou que reforma acórdão de procedência.

Uma grande novidade acoplada à Lei de Improbidade Administrativa pela Lei nº 14.230/2021, em prestígio ao direito à razoável duração do processo, previsto no art. 5º, LXXVIII, da Constituição, e à segurança jurídica, foi a previsão de um sistema de **prescrição intercorrente**, no § 5º do art. 23 da Lei nº 8.429/92, nos seguintes termos: "interrompida a prescrição, o prazo recomeça a correr do dia da interrupção, pela metade do prazo previsto no *caput* deste artigo".

Prescrição intercorrente representa a perda do direito de exigir judicialmente algum direito em virtude da inação do autor do processo.[132] Assim, interrompida a prescrição, o prazo recomeça a correr em quatro anos do dia da interrupção. Logo, o legitimado tem de ficar atento para que o processo seja célere, pois a morosidade retomará o prazo interrompido após quatro anos do dia da interrupção.

O juiz ou o tribunal, depois de ouvido o Ministério Público, deverá, de ofício ou a requerimento da parte interessada, reconhecer a prescrição intercorrente da pretensão sancionatória e decretá-la de imediato, caso ela ocorra.

Acesse e assista à explicação ao vídeo sobre o Novo Prazo de Prescrição na Improbidade
> http://uqr.to/1xpkj

Ocorre que as ações de **ressarcimento dos danos causados ao erário** por ato de improbidade são consideradas, pelo Supremo Tribunal Federal, **imprescritíveis**. A prescrição não se processa, portanto, quanto ao ressarcimento ao erário, de acordo com a interpretação do art. 37, § 5º, da Constituição.

Em 8 de agosto de 2018, houve decisão, com repercussão geral, por 6 x 5, que determinou que o ressarcimento de danos ao erário por improbidade administrativa é imprescritível. Foi decisão exarada do RE 852.457, que afetou ao menos 999 casos sobrestados, os quais versavam sobre essa mesma temática.

O caso paradigmático foi o de um recurso interposto pelo MP/SP, sendo decorrente do questionamento de alienação de dois veículos no Município de Palmares Paulista em valores abaixo do preço de mercado, os fatos concretos ocorreram em abril e novembro de 1995, sendo que a ação civil pública foi ajuizada em julho de 2001.

Votaram a favor da imprescritibilidade: Edson Fachin, Rosa Weber, Luis Roberto Barroso, Luiz Fux, Celso de Mello e Cármen Lúcia. Foram a favor da prescrição quinquenal: Alexandre de Moraes, Dias Toffoli, Ricardo Lewandowski, Gilmar Mendes e Marco Aurélio.

---

[132] Também o inquérito ou a instauração do processo administrativo para apurar improbidade suspendem o curso da prescrição por, no máximo 180 dias corridos, recomeçando a correr após a sua conclusão ou, caso não seja concluído o processo, esgotado o prazo de suspensão. Ademais, o inquérito civil para apuração de improbidade deve ser concluído em 365 dias corridos, prorrogável uma única vez por igual período, mediante ato fundamentado submetido à revisão da instância competente do órgão ministerial.

A comunidade jurídica, no geral, achava que o Supremo Tribunal Federal seguiria orientação anterior com repercussão geral (RE 669.069), em que considerou prescritível o ilícito civil do servidor, por conta da necessidade de se garantir contraditório e ampla defesa (pois com a imprescritibilidade o servidor teria de se defender muito tempo após a ocorrência do fato e não conseguiria guardar documentos aptos para fazer devidamente essa defesa), mas, no caso do ressarcimento de danos ao erário por improbidade (RE 852.457), o Supremo decidiu de forma diferente, isto é, pela imprescritibilidade, sobretudo porque dois Ministros, quais sejam Luis Roberto Barroso e Luiz Fux, alteraram seus votos antes do resultado final.

Foi estabelecida a seguinte tese, proposta pelo Min. Edson Fachin, no RE 852.457, para fins de repercussão geral: "São imprescritíveis as ações de ressarcimento ao erário fundadas na prática de ato doloso tipificado na Lei de Improbidade Administrativa". Como agora toda improbidade é sempre de ato doloso, então, fica sem maior importância a ressalva de ser ato doloso.

Determina também o art. 8º da Lei de Improbidade que o sucessor ou o herdeiro daquele que causar dano ao erário ou se enriquecer ilicitamente estão sujeitos apenas à obrigação de repará-lo até o limite do valor da herança. O Superior Tribunal de Justiça emitiu a **Súmula 634**, no sentido de que: "Ao particular aplica-se o mesmo regime prescricional previsto na Lei de Improbidade Administrativa para o agente público".

Houve repercussão geral no ARE 843.989, em que o Supremo Tribunal Federal decidiu a questão da irretroatividade da reforma da lei da improbidade. As teses de repercussão geral foram estabelecidas no **Tema 1199**, no sentido de que: (1) é necessária a comprovação da responsabilidade subjetiva para a tipificação dos atos de improbidade administrativa, exigindo-se nos arts. 9º, 10 e 11 da LIA a presença do elemento subjetivo do dolo; (2) a norma benéfica da Lei nº 14.230/2021, revogação da modalidade culposa do ato de improbidade administrativa, é irretroativa, em virtude do art. 5º, inciso XXXVI, da Constituição Federal, não tendo incidência em relação à eficácia da coisa julgada; tampouco durante o processo de execução das penas e seus incidentes; (3) a nova Lei nº 14.230/2021 aplica-se aos atos de improbidade administrativa culposos praticados na vigência do texto anterior, porém, sem condenação transitada em julgado, em virtude da revogação expressa do tipo culposo, devendo o juízo competente analisar eventual dolo por parte do agente; e (4) o novo regime prescricional previsto na Lei nº 14.230/2021 é irretroativo, aplicando-se os novos marcos temporais a partir da publicação da lei.

Note-se que o STJ tem decisão que escapa aos limites de retroatividade do Tema 1199, estendendo a interpretação retroativa da necessidade, prevista na nova lei, de se comprovar a perda patrimonial efetiva, para haver condenação por improbidade administrativa. No julgamento do REsp 1.929.685, o Rel. Min. Gurgel de Faria enfatizou que, antes das mudanças da Lei nº 14.230/2021, o STJ entendia que a dispensa indevida de licitação configurava improbidade, em razão do prejuízo presumido aos cofres públicos, mas, com a nova redação dada ao art. 10 tornou-se necessário comprovar a **perda patrimonial efetiva** para configuração da improbidade, mudança que, no entender do STJ, deve prevalecer também em casos anteriores à mudança da lei, pois: "sem dano efetivo, não há como reconhecer o ato ímprobo".[133] O caso se debruçou sobre contratações diretas irregulares, com inexigibilidade, mas sem demonstração do prejuízo efetivo ao erário, pois não havia evidências de que o valor contratado foi acima do normal.

---

[133] STJ. Exigência de dano efetivo ao erário vale para casos anteriores à reforma da Lei de Improbidade. Disponível em: https://www.stj.jus.br/sites/portalp/Paginas/Comunicacao/Noticias/2024/04092024-Exigencia-de-dano--efetivo-ao-erario-vale-para-casos-anteriores-a-reforma-da-Lei-de-Improbidade-.aspx. Acesso em 25.11.2024.

habeas corpus Art. 5º, LXVIII	liberdade de locomoção
habeas data Art. 5º, LXXII Lei nº 9.507/97	informações relativas ao impetrante
mandado de segurança Art. 5º, LXIX Lei nº 12.016/2009	ilegalidade ou abuso de poder RESIDUAL
mandado de segurança coletivo Art. 5º, LXX Lei nº 12.016/2009	partido político com representação no CN organização sindical entidade de classe associação legalmente constituída há um ano
mandado de injunção Art. 5º, LXXI	falta de norma regulamentadora tornar inviável o exercício de direitos, liberdades e prerrogativas
ação popular Art. 5º, LXXIII Lei nº 4.717/65	cidadão moralidade, meio ambiente e patrimônio
ação civil pública Art. 129, III Lei nº 7.347/85	legitimados do art. 5º da Lei nº 7.347/85 meio ambiente, consumidor, bens e direitos de valor artístico, estético, turístico e paisagístico, qualquer outro interesse difuso ou coletivo, infração à ordem econômica e da economia popular e à ordem urbanística
ação de improbidade Art. 37, § 4º Lei nº 8.429/92 Com alterações da Lei nº 14.230/2021	enriquecimento ilícito lesão ao erário atentar contra os princípios da Administração Pública

17.7 Administração do medo, apagão das canetas e novos contornos do controle com as alterações da LINDB

Administração Pública do medo[134] é, como também tivemos[135] oportunidade de expor, a situação em que, diante da proliferação dos controles (social, administrativo, pelo Ministério Público, legislativo, com auxílio do Tribunal de Contas e judicial), que dão ensejo a diversas oportunidades de responsabilização, por processo disciplinar, por improbidade, por ação de responsabilização, por ações penais etc., como regra geral, amparando-se num dogma de ausência de *bis in idem*,[136] o gestor começa a ficar com receio de manejar com segurança as opor-

---

[134] Referencial teórico de relevância sobre o assunto é Rodrigo Valgas dos Santos, cuja tese sobre as disfunções do controle foi publicada em 2020, sob o título: *Direito administrativo do medo*, em que expõe com desenvoltura e profundidade o tema. Cf. SANTOS, Rodrigo Valgas. *Direito administrativo do medo*. São Paulo: Thomson Reuters Brasil, 2020. Depois da reforma da improbidade, note-se que o autor já desenvolveu a segunda edição da obra.

[135] Em obra elaborada em coautoria com Fabrício Motta: MOTTA, Fabrício; NOHARA, Irene Patrícia. *LINDB no Direito Público*: Lei 13.655/2018. São Paulo: Thomson Reuters Brasil, 2019. p. 24.

[136] Agora com a alteração da Lei nº 14.230/2021 à Lei de Improbidade Administrativa (Lei nº 8.429/92), há mais limites à incomunicabilidade, conforme os §§ 3º, 4º e 5º, do art. 21 da lei, que enfatizam que: (a) as sentenças

tunidades de agir, em virtude da possibilidade de se lhe imputar uma responsabilidade e de ser condenado, mesmo quando agiu da melhor forma ante os obstáculos e ao contexto de realidade enfrentado.

Por conta desta realidade, ocorre o indesejável "apagão das canetas". Com esta expressão se designa a paralisação de decisões, diante do temor da responsabilização, perante a Administração Pública do medo, pois, tendo em vista a imprevisibilidade do conteúdo de decisões oriundas dos mais variados órgãos de controle, os bons gestores acabam ficando com receio de decidir e futuramente serem responsabilizados por uma decisão justa, mas que iria de encontro às orientações cambiantes de diversos dos órgãos de controle, os quais nem sempre atuam de forma harmônica.

Conforme visto, a Lei de Improbidade, com alteração feita pela Lei nº 14.230/2021, estabelece no § 8º do art. 1º que não configura improbidade a ação ou omissão decorrente de divergência interpretativa da lei, baseada em jurisprudência, ainda que não pacificada, mesmo que não venha a ser prevalecente nas decisões dos órgãos de controle ou dos tribunais do Poder Judiciário. Tal dispositivo está suspenso com base na decisão liminar monocrática do Ministro Alexandre de Moraes, na ADI 7.236, ainda a ser submetida ao Plenário do STF.

Trata-se de um passo importante para combater a responsabilização irrazoável decorrente de divergência interpretativa, ainda mais diante de orientações cambiantes dos órgãos de controle; por esse motivo, conforme visto, há enunciado que foi gerado pelo IBDA em encontro ocorrido em Pirenópolis que entende o dispositivo constitucional: "28. É constitucional a não configuração de improbidade administrativa nos casos de ação ou omissão decorrentes de divergência interpretativa, nos termos do art. 1º, § 8º, da LIA".

Assim, com a proliferação de controles, os gestores ficam com receio de agir e, na prática, muitos evitam que haja uma decisão que possa lhes ocasionar futuros dissabores. Contudo, para evitar tal diagnóstico, a Lei nº 13.655/2018 foi criada para tentar minimizar os controles

---

civis e penais produzirão efeitos em relação à ação de improbidade quando concluírem pela inexistência da conduta ou pela negativa de autoria; (b) a absolvição criminal em ação que discuta os mesmos fatos, confirmada por decisão colegiada, impede o trâmite da ação de improbidade, em todos os fundamentos de absolvição previstos; e (c) sanções eventualmente aplicadas em outras esferas deverão ser compensadas com as sanções aplicadas nos termos da Lei de Improbidade. Entretanto, o Ministro Alexandre de Moraes deferiu cautelar na ADI 7.236 para suspender o disposto no art. 21, § 4º, da lei, sendo tal decisão, de 27.12.2022, sujeita ao Plenário do STF.

excessivos que recaem sobre os gestores públicos. Para tanto, houve a enunciação do primado da realidade e a valorização do chamado consequencialismo.

Primado da realidade indica a necessidade de se interpretar o texto normativo e as exigências da gestão pública também da perspectiva das dificuldades reais do gestor e das exigências das políticas públicas a seu cargo, sendo averiguadas, quando da regularização da situação, as circunstâncias práticas que houverem imposto, limitado ou condicionado a ação do agente.

Acesse e assista ao vídeo sobre Primado da Realidade
> http://uqr.to/1xpkg

O **consequencialismo**, por sua vez, procura evitar decisões injustas e desequilibradas, estimulando que haja uma ponderação das consequências práticas da decisão, exigindo-se que a motivação de uma decisão de invalidação de ato, contrato, ajuste, processo ou norma administrativa indique, de modo expresso, as suas consequências jurídicas e administrativas.

Nesta perspectiva, determina o art. 21 da LINDB (Lei de Introdução às Normas no Direito Brasileiro), inserido pela Lei nº 13.655/2018, que: "a decisão que, nas esferas administrativa, controladora ou judicial, decretar invalidação de ato, contrato, ajuste, processo ou norma administrativa deverá indicar de modo expresso suas consequências jurídicas e administrativas". O parágrafo único do art. 21 acrescenta que a decisão que se refere o *caput* "deverá, quando for o caso, indicar as condições para que a regularização ocorra de modo proporcional e equânime e sem prejuízo aos interesses gerais, não se podendo impor aos sujeitos atingidos ônus ou perdas que, em função das peculiaridades do caso, sejam anormais ou excessivos".

Acesse e assista ao vídeo sobre Consequencialismo
> http://uqr.to/1xpkf

Para auxiliar na interpretação de sentido de tal dispositivo, há o enunciado 7, proveniente do trabalho do IBDA sobre a LINDB e os impactos no Direito Administrativo (Tiradentes/2019):

> Na expressão "regularização" constante do art. 21 da LINDB estão incluídos os deveres de convalidar, converter ou modular efeitos de atos administrativos eivados de vícios sempre que a invalidação puder causar maiores prejuízos ao interesse público do que a manutenção dos efeitos dos atos (saneamento). As medidas de convalidação, conversão, modulação de efeitos e saneamento são prioritárias à invalidação.

Assim, deve haver uma propensão ao saneamento dos atos, com ênfase em uma postura mais orientadora e preventiva do controle do que simplesmente repressiva. Esta postura está refletida no art. 13, § 1º, do Decreto 9.830/2019 (que regulamenta a LINDB), segundo o qual: "a atuação dos órgãos de controle privilegiará ações de prevenção". Trata-se também de mitigação da atitude denominada por "engenheiro de obra pronta".

Engenheiro de obra pronta é expressão utilizada para criticar a situação em que o controle *a posteriori* se foca exclusivamente em apontar falhas e erros, sem procurar compreender as dificuldades práticas e obstáculos enfrentados pelo gestor no processo, sobretudo quando não há orientações claras e compreensão dos gargalos existentes em cada situação concreta e, em vez da prevenção, o controle acaba se focando exclusivamente na repressão e no sancionamento, especialmente se este é excessivo e injusto.

Acesse e assista ao vídeo sobre Engenheiro de Obra Pronta
> http://uqr.to/1xpke

Inclusive, do ponto de vista da repreensão, a LINDB prevê, conforme já exposto, que o agente público responderá pessoalmente por suas decisões ou opiniões técnicas em caso de dolo ou erro grosseiro. Houve a mitigação da responsabilidade no caso de culpa leve, sobretudo no que diz respeito à regressiva em reparação de dano civil, para evitar o fenômeno do "apagão das canetas", diminuindo o medo de responsabilização na gestão.

Note-se que, após a Lei nº 14.230/2021, a improbidade é doravante apenas dolosa, o que afasta então o conteúdo do art. 28 da LINDB, que exigia dolo ou erro grosseiro, sendo este considerado culpa grave, pois agora se exige o dolo.

Apesar de a LINDB não resolver, na prática, muitos dos problemas interpretativos existentes, pois ela padece,[137] em alguns casos, dos mesmos problemas de indeterminação e abstração que geram a abertura existente, ela tenta estimular o controle a editar atos normativos orientadores para garantia de uma decisão futura mais previsível, enfatizando inclusive a importância da justiça negocial quando houver determinações estatais que provoquem efeitos demasiadamente onerosos ou injustos.

Por conseguinte, a partir da edição de regras interpretativas orientadoras ao direito público na LINDB, houve a intensificação do debate sobre: os limites do controle, a justa ponderação consequencial, os excessos nas punições dos agentes públicos e também a necessidade de uma maior previsibilidade na atuação, cada vez mais preventiva e orientadora, dos controles internos e externos, isto é, nas esferas administrativa, controladora e judicial, de acordo com o vocabulário da Lei nº 13.655/2018.

---

[137] Uma análise mais crítica pode ser encontrada na obra: NOHARA, Irene Patrícia. *LINDB*: hermenêutica e novos parâmetros ao direito público. Curitiba: Juruá, 2018.

18
Novas tecnologias e o Direito Administrativo

18.1 Transformações da Quarta Revolução Industrial

As Novas Tecnologias, em face da Revolução Industrial 4.0, vêm transformando a forma da sociedade se relacionar, se comunicar, desenvolver atividades econômicas, celebrar negócios, a partir das mudanças disruptivas na prestação de serviços e na oferta de produtos. O Direito Administrativo deve se ocupar de regular os impactos das novas tecnologias ou mesmo se adaptar, sob pena de, na omissão, tornar-se obsoleto. Assim, a produção normativa da área deve acompanhar e influenciar os efeitos da tecnologia, com foco no desenvolvimento nacional sustentável e no bem-estar da coletividade.

Nessa perspectiva, o Estado possui **dupla missão** em face das novas tecnologias: (1) *regular*, a partir de expedientes que qualifiquem com dados as alternativas decisórias na expedição de atos normativos, tendo em vista os prováveis impactos na economia, no meio ambiente e na sociedade; e (2) *adaptar-se* também às novas tecnologias para o aprimoramento da gestão pública, condição para desempenhar, com atualidade, isto é, no chamado "estado da arte", que possui acentuada plasticidade, suas atividades, conquanto viável jurídica, ambiental e socioeconomicamente.

Diante de tecnologias que se tornam cotidianas na sociedade e na Administração, como a internet, a internet das coisas (IoT), as plataformas digitais, a testagem de inovação por *sandbox* regulatório, o *blockchain*, a Inteligência Artificial (IA), o uso de robôs/*softwares*, ChatGPT e Chatbots, houve a elaboração deste capítulo sobre *Novas Tecnologias e o Direito Administrativo*, imprescindível para adaptação da disciplina aos desafios dos novos tempos, que já são a realidade.

Estamos vivenciando o que se denomina de *Quarta Revolução Industrial*, em contraponto aos movimentos anteriores. Da mudança do capitalismo mercantil para um capitalismo industrial até os dias atuais, de sociedade de informação, entende-se que não houve apenas uma, mas ocorreram praticamente quatro Revoluções Industriais em função de mudanças disruptivas provocadas por novas tecnologias capazes de alterar a forma de desenvolvimento das atividades econômicas no geral.

A **Primeira Revolução Industrial** pautou-se na mecanização, isto é, na introdução das máquinas nos processos produtivos, em substituição da manufatura, tanto na automatização de teares da indústria têxtil como na força hidráulica obtida pela conjunção entre vapor e água, em máquinas a vapor, as quais foram inovadoras e disruptivas.

Com máquinas a vapor dependentes da matéria-prima de combustíveis fósseis, como o carvão mineral, houve a expansão do transporte de pessoas e de cargas no mundo, a partir das locomotivas[1] e dos navios a vapor. O carvão alimentou a produção do aço, alavancando, então, a indústria da construção civil, conforme se observa nos Estados Unidos e na Europa Ocidental no período de 1760-1840, considerado a "Primeira" Revolução Industrial, cujo pioneirismo se deu com a ação da Inglaterra.

No caso do Brasil, o período correspondente representou o fim do sistema colonial, a partir da Independência do País, ocorrida em 7 de setembro de 1822. No período do Império, à exceção de fábricas têxteis em lavouras de algodão ou mesmo de iniciativas pontuais, como àquelas do Barão de Mauá,[2] o País, via de regra, não acompanhou o progresso vivenciado pela ascensão das linhas férreas nem pela indústria civil impulsionada internacionalmente naquele momento pelo aço.

Basta que se reflita que, até 1840/1850, no fim do movimento considerado como (Primeira) Revolução Industrial, o Brasil ainda era um país escravocrata, tendo sido, aliás, o último país independente do continente americano a abolir a escravidão (o que se deu apenas em 1888).[3] O Brasil continuou sendo, para além desse período, mais dependente das trocas mercantis do que das industriais.

A **Segunda Revolução Industrial** desenvolve-se no mundo entre 1850 e 1945, sendo associada ao uso da *eletricidade*, a qual proporcionou o desenvolvimento das linhas de montagens industriais que impulsionaram a *produção em escala* vivenciada no início do século XX. Sob os influxos do taylorismo e do fordismo, houve a produção em massa de carros, depois, ainda, de navios e aviões, sendo que os trens começaram a ser, a partir de então, movidos por locomotivas de combustão interna, conforme se deu o aumento do uso de derivados de petróleo, como o diesel.[4]

As economias centrais, em contraponto às periféricas, se beneficiaram de forma mais intensiva dos avanços tecnológicos proporcionados pelas revoluções industriais, pois, enquanto países europeus (e demais países desenvolvidos localizados no eixo-norte) continuavam a receber das ex-colônias e dos demais países subdesenvolvidos, geralmente localizados no eixo-sul do planeta, matérias-primas ou produtos primários (*commodities*) para sua produção, os países centrais, ainda, forneciam produtos industrializados, com maior valor agregado, o que provocou uma significativa *deterioração dos termos de troca*.

---

[1] Ressalte-se que foi com a estrada de ferro que houve o maior avanço na indústria do ferro, tendo triplicado a produção de ferro e carvão entre 1830 e 1850. HOBSBAWM, Eric J. *Da Revolução Industrial inglesa ao imperialismo*. Rio de Janeiro: Forense Universitária, 1983. p. 67.

[2] Irineu Envangelista de Sousa tinha atitude mais compatível com o capitalismo dos países centrais de então, sobretudo da Inglaterra, tendo sido dificultosa sua empreitada de ter sido o empresário no Império em um período em que as instituições brasileiras ainda não tinham sido ajustadas à Primeira Revolução Industrial, pois havia, no Brasil, escravidão e privilégios de um sistema ancorado ainda na realidade do capitalismo mercantil.

[3] NOHARA, Irene Patrícia Diom. *Fundamentos de direito público*. 2. ed. São Paulo: Atlas, 2022. p. 238.

[4] Uma curiosidade histórica é que, quando os navios eram movidos pela queima do carvão e os Estados Unidos tomaram contato com o Japão, que, na época feudal dos samurais (cujo fim se deu em 1867), estava então fechado, os *navios negros*, apelidados de *kurofune* (barco negro ou ovelha negra, no japonês 黒船), a exemplo de Mississipi, Plymouth, Saratoga e Susquehanna (aportados em Kanagawa, em 1853), se transformaram em símbolos do fim do isolamento japonês à influência ocidental. *Barco negro* era denominação literal da cor do barco que, movido a vapor, ficava tingido da fumaça escura emanada da queima do carvão, o que mudou com o sistema de combustão interna proporcionado por derivados de petróleo. Observação similar era feita, *mutatis mutandis*, no Brasil, em que as locomotivas movidas a vapor foram apelidadas de "maria-fumaça".

Assim, o sistema *centro-periferia*, ilustrado por Celso Furtado,[5] demonstra que países periféricos acabam sendo consumidores da tecnologia produzida por países desenvolvidos, mesmo em face das variadas ondas tecnológicas vivenciadas pelo mundo. Isso se dá em virtude de não agregarem complexidade tecnológica na produção, o que, conforme será visto, depende de investimentos de longo prazo em pesquisa e inovação. Daí por que se entende importante, atualmente, nesse processo de mudança acelerada, que não nos transformemos em "colônias digitais".

No caso do Brasil, foi tardio[6] o próprio processo de industrialização, que ocorreu somente com o ímpeto em favor da *substituição das importações* de Getúlio Vargas, a partir da década de 1930. A decadência do ciclo do café[7] foi fator gestor das condições de mudança desse "estado de coisas". Getúlio Vargas é considerado desenvolvimentista, pois se voltou a promover o desenvolvimento do país, o que foi estimulado, entre outras coisas, pela mudança do modelo patrimonialista de gestão pelo burocrático, no sentido weberiano da palavra,[8] sendo este último mais eficiente devido à especialização e à calculabilidade do rendimento da produção, atitudes essenciais à industrialização.

Getúlio Vargas representou a articulação do capitalismo nacional, que propiciou o surgimento de um Estado que tivesse papel mais indutor e centralizador da economia. Houve a promoção da industrialização do Brasil por meio da intervenção no setor produtivo de bens e serviços.[9] Pode-se considerar que, nos 50 anos que se seguiram à década de 1930, o Brasil se transformou de um país agrário exportador de produtos primários, com um fosso de diferença entre a classe pobre e a elite, em um país industrializado, urbanizado e com uma classe média mais capaz de reivindicar direitos. Sem esse impulso inicial de Getúlio Vargas, enquanto estadista voltado ao desenvolvimento, certamente não teríamos vivenciado tão significativa alteração socioeconômica.

Percebe-se, pois, que a Revolução Industrial se deu em período distinto no Brasil, de modo que somente a partir de Getúlio Vargas há a *substituição das importações*, e os produtos industrializados que outrora eram importados passam a ser produzidos internamente, agregando-se maior *complexidade* à produção interna, o que se dá com a diversificação do parque industrial.

O pontapé inicial desse processo ocorreu com a constituição da *indústria de base*, a partir da criação de estatais e o consequente investimento no desenvolvimento da infraestrutura. Logo, historicamente, não se pode pensar em *industrialização brasileira* sem que se considere a criação da Companhia Siderúrgica Nacional (1941, CNS), da Companhia Vale do Rio Doce (1942, CVRD) e da Petróleo Brasileiro S.A. (1953, Petrobras).[10] Também foram significativos para este fim a criação do IRB e do BNDE (agora chamado de BNDES), que impulsionaram o financiamento e apoiaram a industrialização nascente do País.

A **Terceira Revolução Industrial** se deu entre 1950 e 2010, tendo sido acompanhada da automatização produtiva impulsionada pelos computadores, pela robótica e demais meios de Tecnologia da Informação (TI). Os computadores proporcionaram um salto tecnológico significativo, sendo que os circuitos eletrônicos passam a gerar mais eficiência na produção automatizada, viabilizando, então, a troca do modelo taylorista pelo sofisticado toyotismo.

---

[5] FURTADO, Celso. *Teoria e política do subdesenvolvimento*. São Paulo: Companhia Editora Nacional, 1983. p. 18.

[6] MELLO, João Manuel Cardoso de. *O capitalismo tardio*. São Paulo: Brasiliense, 1984. p. 109.

[7] Houve diversos ciclos monocultores no Brasil, desde a exploração do pau-Brasil, passando pelo açúcar, os metais preciosos, a borracha e o café.

[8] NOHARA, Irene Patrícia. *Reforma administrativa e burocracia*. São Paulo: Atlas, 2012. p. 19.

[9] NOHARA, Irene Patrícia. *Reforma administrativa e burocracia*. São Paulo: Atlas, 2012. p. 19.

[10] OCTAVIANI, Alessandro; NOHARA, Irene Patrícia. *Estatais*. 2. ed. Thomson Reuters Brasil, 2021. p. 48.

 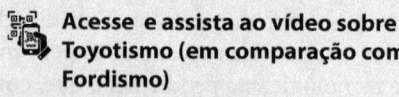

Acesse e assista ao vídeo sobre Toyotismo (em comparação com Fordismo)

> http://uqr.to/1xpkd

Na Terceira Revolução Industrial, houve o advento da internet, que revolucionou as comunicações no mundo. Ocorre a paulatina substituição dos processos analógicos pelos digitais e as fontes de energia são diversificadas, a partir do uso mais intensivo de matrizes energéticas menos poluentes, como a energia nuclear, a solar e a eólica, e do desenvolvimento da biotecnologia.

As principais raízes da revolução que vivenciamos atualmente (Quarta Revolução Industrial) foram gestadas no período anterior, sobretudo a partir da internet e do telefone celular, que depois evoluiu para o *smartphone*, agregando mais funcionalidades.

No Brasil, em termos administrativos, dá-se destaque, no período correspondente à Terceira Revolução Industrial, à estruturação, em 1964, do Serviço Federal de Processamento de Dados (Serpro), que modernizou setores estratégicos da Administração Pública. O Serpro é a maior empresa pública de tecnologia da informação no mundo, funcionando há mais de cinquenta anos com oferta ao Estado de soluções estratégicas para os imperativos da segurança nacional e relevante interesse coletivo, sendo responsável, por exemplo, pelo desenvolvimento do avançado sistema do Imposto de Renda. São, portanto, fatores que alavancaram as disrupções vivenciadas na Terceira Revolução Industrial: o computador, a internet, os eletrônicos e a produção automatizada pela robótica.

A **Quarta Revolução Industrial** corresponde à **Indústria 4.0**, em que a automação industrial é integrada com diversas tecnologias avançadas ou "vetores tecnológicos",[11] como: a inteligência artificial, a internet das coisas, o *big data*, a computação em nuvem (*cloud*) e a digitalização de diversas atividades econômicas, alterando significativamente a forma de produção, por agregar "inteligência", provocando uma restruturação dos modelos de negócios.

A nova revolução tecnológica, segundo Klaus Schwab,[12] implica a transformação de toda a humanidade, alterando a maneira como vivemos, trabalhamos e nos relacionamos. Assim, trata-se de algo diferente em termos de: (1) *velocidade*, pois evolui em ritmo exponencial e não linear; (2) *amplitude* e *profundidade*, uma vez que, ao combinar várias tecnologias, produz mudanças de paradigmas sem precedentes tanto na abrangência como na profundidade das transformações; e (3) *impactos sistêmicos*, uma vez que envolve a transformação de sistemas inteiros nos países (Estados), entre eles, e na sociedade, empresas e indústrias.

Considera Schwab que vivemos algo diferente de tudo que já foi experimentado pela humanidade, pois a Indústria 4.0 funde tecnologias do mundo *físico*, *digital* e *tecnológico*, englobando, ainda, engenharia genética, nanotecnologia, neurotecnologia, drones, novos sistemas de armazenamento de energia e impressoras 3D.

Em face dessas transformações, a criação de um governo digital com base na Lei nº 14.129/2021, ainda que um avanço necessário, conforme será analisado, não foi suficiente para

---

[11] **Vetores tecnológicos** permitem o agrupamento de tecnologias sinérgicas de caráter estruturante e direcionador. São, de acordo com o SENAI/PR, "essenciais para materialização das transformações que podem posicionar o setor público no centro das oportunidades para inovação, estabelecendo governos como membros efetivos do ecossistema digital". SENAI. *O futuro do governo digital*. Curitiba: Senai/PR, 2021. p. 56.

[12] SCHWAB, Klaus. *A quarta revolução industrial*. São Paulo: Edipro, 2016. p. 13.

acomodar todas as potencialidades da chamada, por Gustavo da Silva Santanna, Administração Pública Eletrônica, que envolve a implantação dos serviços públicos 4.0. Para tanto, deve haver mais medidas para aproximar o cidadão do Estado, a partir de políticas de acessibilidade digital, com interoperabilidade, nos formatos abertos e livres, bem como políticas públicas criadas a partir do *big data* público.

Outrossim, deve haver um processo de regulação das tecnologias que pondere as implicações éticas e as externalidades provocadas, pois se busca evitar, na medida do possível, que as tecnologias de informação e comunicação substituam[13] os indivíduos, pois a ideia é que elas sejam utilizadas, a partir de protocolos de segurança e proteção de dados, a favor dos seres humanos.[14]

Por conseguinte, como se trata de um movimento ainda em curso, como tendências desejáveis para *o futuro* do **governo digital**, baseado em prováveis antevisões,[15] temos os seguintes desafios:

- garantia do princípio democrático por **sistemas abertos e transparentes**, que conduzam à *sustentabilidade* e à *colaboração*;
- **adaptabilidade da governança** que acompanhe, com flexibilidade (necessária para que haja inovação) e gestão de riscos (para prever, evitar e tratar danos), o ritmo acelerado das transformações;
- gestão em **plataforma inteligente** do ambiente *online* de conexão, permitindo, assim, a participação ativa e a construção de uma inteligência coletiva;
- serviços governamentais ciberfísicos inteligentes, algoritmicamente interconectados por sensores a objetos, com auxílio da **Internet das Coisas** (IoT), mas sem que isso implique uma vigilância desenfreada pela cibersegurança voltada à área pública;
- autorresiliência capaz de prever, resistir e reagir a *ataques cibernéticos* com IA, a partir sobretudo do *deeplearning* e do progressivo uso do *blockchain*;
- **cidadania *omnichannel***: incluindo múltiplos canais de atendimento ao cidadão, como *e-mails*, *chatbots*, aplicativos de mensagens instantâneas conectados à internet e, também, pontos físicos, enquanto não houver total inclusão digital; e
- desempenho das funções pelos agentes públicos[16] **com auxílio** de *softwares*, ChatGPT, realidade estendida, BI (*business intelligence*), *wereables* e assistentes de elevação pessoal, como exoesqueletos robóticos (com ponderações éticas e de equidade), e demais assistentes virtuais, os quais aumentem a eficiência e o conforto das pessoas, sem que isso implique em violações, seja de direitos autorais ou da intimidade, ou mesmo uma clivagem social de capacidades biônicas, aspectos ponderados no debate dos neurodireitos.

---

[13] Sobre os efeitos no âmbito trabalhista, há a tese de: BRASILEIRO, Eduardo Tambelini. *A quarta revolução industrial e seus reflexos nas relações de trabalho à luz do ordenamento jurídico brasileiro*. 2021. Tese (Doutorado em Direito Político e Econômico) – Universidade Presbiteriana Mackenzie, São Paulo, 2021.

[14] SANTANNA, Gustavo da Silva. *Administração pública eletrônica*: o caminho para a implantação de serviços públicos 4.0. Londrina: Thoth, 2022. p. 140-142.

[15] Cf. SENAI. *O futuro do governo digital*. Curitiba: Senai/PR, 2021. p. 56.

[16] Na teoria dos agentes públicos digitais, discute-se o reconhecimento, dadas certas condições, de um quase sujeito na inteligência artificial, sendo então problematizado, do ponto de vista jurídico, o papel dos agentes humanos em organizações complexas que contenham agentes digitais, sobretudo no tocante da justa distribuição e imputação de responsabilidades em caso de erro, conforme: SANTOS, Fábio de Sousa. *Teoria dos Agentes Públicos Digitais*. São Paulo: Thomson Reuters, 2024.

QUADRO: Revoluções Industriais

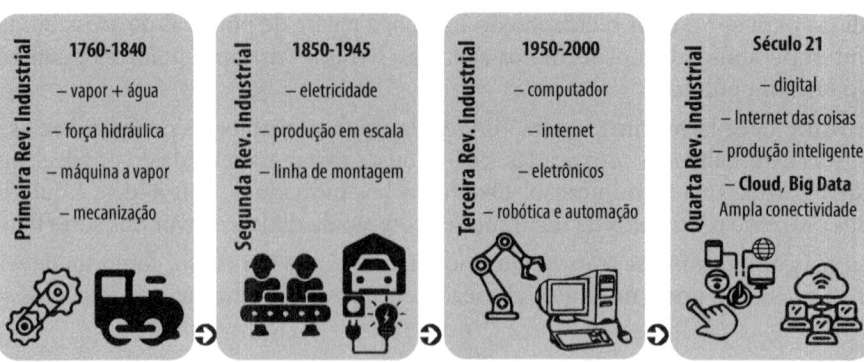

DEBATE DE TEMA CONTROVERTIDO:
inovação e papel do Estado no impulsionamento das transformações tecnológicas

Inovação é um imperativo da dinamicidade do capitalismo contemporâneo que atinge amplos setores das atividades econômicas. Organizações que não inovam correm o risco de ficarem obsoletas. Um *case* tido como paradigmático de uma empresa que não inovou foi a Kodak, gigante da venda de filmes e de serviços acoplados à fotografia analógica, inclusive da revelação de filmes.

Como o setor de revelação de fotografia em filme analógico foi "interrompido" pela dinâmica da fotografia digital, a Kodak não quis se atualizar[17] e acabou sofrendo os impactos dessas transformações disruptivas, por depender de um modelo de negócios que foi superado pelo advento da fotografia digital. Com a inovação, há a criação de novos produtos, serviços e processos, o que tem relação com o desenvolvimento científico e tecnológico.[18]

As tecnologias disruptivas são as que inovam a ponto de romper com modelos e processos estabelecidos anteriormente. *Disrupt*, do inglês, significa romper, quebrar ou desfazer. As transformações do capitalismo contemporâneo, segundo Schumpeter,[19] exigem que as organizações inovem continuamente, sendo relevante, muitas vezes, para a sobrevivência, que se adaptem às novas demandas, criando novos produtos, serviços e processos.

A inovação faz parte da criatividade humana e não pode ser barrada, pois dela depende o progresso da humanidade, podendo gerar economia e benefícios a todos. Daí que Schumpeter desenvolve a ideia de *destruição criadora*, em que novos produtos destroem empresas e seus antigos modelos de negócios.

Inovação advém do latim *innovare*, que significa: fazer algo novo. Trata-se de noção que não se confunde com invenção, pois a inovação pode assumir variadas formas, não sendo necessário que se invente algo, podendo decorrer de uma ideia já existente ou de uma nova forma de realizá-la. Também se pode falar em inovação associada a tecnologias sustentadas, isto é, aquelas capazes de fazer um produto ou serviço adquirir melhor desempenho do que o existente, a partir de algum diferencial que agrega valor. Atualmente, são testadas as inovações de tecnologias sustentáveis para produzir produtos e prestar serviços de forma menos degradante e poluente ao meio ambiente, reduzindo, portanto, a emissão de carbono intensificadora do efeito estufa, que aumenta a temperatura do planeta, sendo tecnologias necessárias para barrar a mudança climática.

---

[17] Apesar de, curiosamente, ter sido a empresa a lançar a primeira câmera digital.

[18] TIDD, J.; BESSANT, J.; PAVITT, K. *Managing innovation* – integrating technological market and organizational change. 3. ed. Hoboken: John Wiley & Sons, 2005. p. 5.

[19] SCHUMPETER, J. A. *A teoria do desenvolvimento econômico*. São Paulo: Nova Cultura, 1997. p. 95.

De acordo com o art. 218 da Constituição, o Estado promoverá e incentivará o desenvolvimento científico, a pesquisa, a capacitação científica e tecnológica e a *inovação*, sendo estabelecido no § 1º do mesmo artigo que a pesquisa científica básica e tecnológica receberá tratamento prioritário do Estado, tendo em vista o bem público e o progresso da ciência, tecnologia e *inovação*.

A pesquisa tecnológica, conforme estabelece o § 2º do art. 218 da Constituição, será voltada preponderantemente para a solução dos problemas brasileiros e para o desenvolvimento do sistema produtivo nacional e regional. Trata-se de ideia inspirada nas lições de Celso Furtado, no sentido de que não podemos nos inserir no mundo de forma assujeitada, isto é, reproduzindo em território nacional soluções criadas para contextos e problemas externos, sendo, muitas vezes, pouco adaptadas aos interesses nacionais, regionais e locais.

Aliás, Celso Furtado criticava a forma como se via o desenvolvimento de um país, como se fosse um processo gradual, em que o subdesenvolvimento seria uma etapa antecessora ao desenvolvimento, quando, na verdade, desenvolvimento e subdesenvolvimento são processos simultâneos e mutuamente condicionados, sendo que "o controle do progresso tecnológico e a possibilidade de impor padrões de consumo, da parte de certas economias, passa a condicionar a estruturação do aparelho produtivo de outras, as quais se tornam dependentes".[20] Ademais, determina o art. 219 da Constituição que o mercado interno integra o patrimônio nacional e será incentivado de modo a viabilizar o desenvolvimento cultural e socioeconômico, o bem-estar da população e a *autonomia tecnológica* do País, nos termos da lei federal.

Há uma corrida permanente entre os países que geram "tecnologia de ponta" para alcançar o primeiro lugar nos mercados globais de produtos inovadores. Uma das ferramentas para tanto é o desenvolvimento de Parques Científicos e Tecnológicos (PCTs), implicados no processo de transferência científica e tecnológica às empresas. Os primeiros PCTs que surgiram no mundo foram nos Estados Unidos, partindo de Stanford (1951), depois: Cornell (1952), Oklahoma (1957), *Research Triangle Park* (1959) e *Purdue University Research Park* (1960).[21]

O parágrafo único do art. 219 da Constituição estabelece que o Estado estimulará a formação e o fortalecimento da inovação nas empresas, bem como nos demais entes, públicos ou privados, a constituição e a manutenção de parques e polos tecnológicos e demais ambientes promotores da inovação, a atuação dos inventores independentes e a criação, absorção, difusão e transferência de tecnologia, conforme redação atribuída pela Emenda Constitucional nº 85/2015.

Para tanto, deve-se entender o papel do Estado enquanto impulsionador das transformações tecnológicas, apoiador do mercado e do fortalecimento das empresas, sejam públicas ou privadas. Não se trata da ideia de que há um Estado contra o Mercado, mas de que o Estado apoia o desenvolvimento do mercado interno, que integra o patrimônio nacional, para que ocorra então o desenvolvimento "cultural e socioeconômico", sendo este dispositivo inteiro inspirado nas noções furtadianas, no sentido de que não há um "econômico" divorciado do "social", e tampouco "socioeconômico" sem que haja o "cultural".[22]

Por isso, o Sistema Nacional de Ciência, Tecnologia e Inovação se organiza em regime de colaboração entre entes, tanto públicos quanto privados, com vistas a promover o desenvolvimento científico e tecnológico e a inovação, conforme teor do art. 219-B da Constituição, o qual foi inserido pela Emenda Constitucional nº 85/2015.

Ademais, quando se fala em Estado e inovação, é importante desmistificar uma ideia equivocada de que a iniciativa privada seria o principal motor da inovação, em contraponto com um Estado paquidérmico

---

[20] FURTADO, Celso. *Teoria e política do desenvolvimento econômico*. São Paulo: Editora Nacional, 1977. p. 249.

[21] SIQUEIRA NETO, J. C. F.; MENEZES, D. F. N. M. Parques científicos e tecnológicos: olhares globais. SIQUEIRA NETO, José Francisco Siqueira (Coord.); NOHARA, Irene Patrícia; SALGADO, Rodrigo Oliveira. *Gestão pública, infraestrutura e desenvolvimento*. São Paulo: Thomson Reuters Brasil, 2021. p. 177.

[22] Para entender melhor sobre o papel da cultura como indutora do desenvolvimento, há a dissertação de Amanda Salgado e Carvalho: CARVALHO, Amanda Salgado e. *Indústria cinematográfica e Estado: planejar e retomar o desenvolvimento*. Dissertação (Direito Político e Econômico) – Faculdade de Direito da Universidade Presbiteriana Mackenzie, São Paulo, 2022.

e, portanto, lento e burocrático. Nesse sentido, importante conhecer a obra de Mariana Mazzucato, *O Estado Empreendedor*, em que ela procura demonstrar a interrelação entre governo, inovação, tecnologia e empreendedorismo, esclarecendo que o investimento governamental em inovação, por meio de pesquisas financiadas pelo Estado, continua exercendo papel fundamental e estratégico no desenho e no financiamento dos grandes avanços tecnológicos vivenciados pela humanidade.

Foram derivados de investimentos estatais os mecanismos de busca no Google e também a tecnologia *touchscreen* utilizada pela Apple. Ao contrário do que o senso comum costuma propagar, o Estado é o primeiro e grande investidor dessas inovações. Há um esforço coletivo na fase inicial dos projetos que geram inovações disruptivas e, apesar de o setor privado auferir os bônus dessas transformações, pouco se divulga que o Estado não é um mero intruso ou um facilitador desse processo, mas que é, no fundo, um parceiro muito mais ousado e disposto a assumir o risco no investimento em inovação do que o setor privado.[23]

É infundado, portanto, achar que as grandes inovações tecnológicas advêm apenas de um mercado que se autoinova de forma dinâmica, como se os grandes saltos revolucionários tecnológicos vivenciados tivessem origem em *startups* de fundo de quintal, conduzidas por gênios empreendedores com a injeção de capital de risco proveniente da iniciativa privada, quando, em realidade, a maioria das inovações mais radicais, revolucionárias, que alimentaram a dinâmica do capitalismo – "das ferrovias à internet, até a nanotecnologia e farmacêutica modernas – aponta para o Estado na origem dos investimentos 'empreendedores' mais corajosos, incipientes e de capital intensivo".[24]

Assim, é injusto chamar o Estado de parasita disfuncional ou de estorvo burocrático e lento, obstáculo à dinamicidade do mercado, quando, em realidade, é o oposto do que, no fundo, acontece: as grandes revoluções de inovação vieram de pesquisas fomentadas no longo prazo pelo Estado, sendo ele o único que realmente tem cacife para investir e bancar os riscos que a escolha pela inovação acarreta.

Logo, cabe ao Estado o papel de liderança na inovação, para ajustar os mercados ou mesmo para criá-los, algo que está explícito no art. 219 da Constituição, quando diz que, conforme visto, "o mercado interno integra o patrimônio nacional e será incentivado a viabilizar o desenvolvimento cultural e socioeconômico, o bem-estar da população e a autonomia tecnológica do País", e, por esse motivo, que ele assume tantos riscos. A obra *Estado Empreendedor* revela, em síntese, como atua o Estado na formação e na criação de novos mercados, no impulsionamento das transformações tecnológicas para a inovação.[25]

Ademais, pode-se associar a inovação com o conhecido modelo da **tripla hélice**, desenvolvido originariamente por Henry Etzkowitz e Loet Levdesdorff,[26] em que há a necessidade de interação colaborativa e interativa entre três atores na inovação: *universidades*, onde são desenvolvidas pesquisas científicas, geração e transmissão de conhecimento, com capacitação humana; *empresas*, que são responsáveis por transformar, na prática, produtos e serviços em inovações, fornecendo-os no mercado; e o *Estado*, que atua como regulador, indutor e criador de políticas públicas e programas de incentivos aptos a promover um ambiente adequado à inovação, sendo imprescindível, conforme dito, investimento de longo prazo da infraestrutura da ciência e tecnologia, por meio de subsídios e financiamentos, como condição para que se desenvolva a inovação.

Por conseguinte, são exemplos de aplicação da interação entre as hélices que alavancam a inovação e o desenvolvimento, agregando complexidade à produção: a criação e manutenção dos parques

---

[23] MAZZUCATO, Mariana. *O Estado empreendedor*: desmascarando o mito do setor público *vs.* setor privado. São Paulo: Portfolio-Penguin, 2014. p. 29.

[24] MAZZUCATO, Mariana. *O Estado empreendedor*: desmascarando o mito do setor público *vs.* setor privado. São Paulo: Portfolio-Penguin, 2014. p. 26.

[25] MAZZUCATO, Mariana. *O Estado Empreendedor*: desmascarando o mito do setor público *vs.* Setor privado. São Paulo: Portfolio-Penguin, 2014. p. 33.

[26] ETZKOWITZ, Henry; LEVDESDORFF, Loet. The dynamics of innovation: from national systems and mode 2 to a triple helix of university-industry-government relations. *Research Policy*, 29 (2), p. 109-123, 2000. ETZKOWITZ, H. *The triple helix*: university-industry-government innovation in action. New York: Routledge, 2008.

tecnológicos, o estímulo aos financiamentos de pesquisa, por meio de bancos e fundos, as políticas de colaboração entre universidades e empresas, com incubadoras de startups, utilizando-se dos modelos de testagem, no viés do Direito Administrativo Experimental.

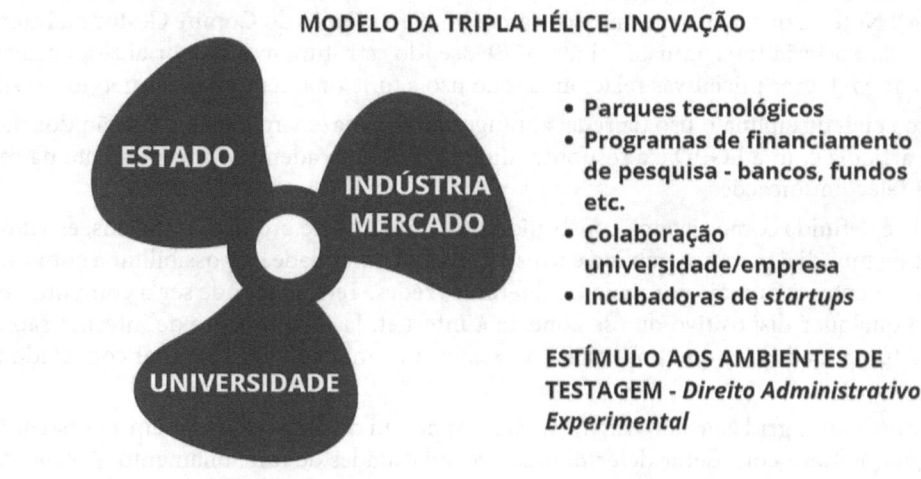

18.2 Internet, libertação da palavra e os perigos da desinformação/*fake news*

A internet, de acordo com Pierre Lévy,[27] revolucionou as comunicações da humanidade. Assim como na indústria, as comunicações se transformaram em função de saltos de desenvolvimento em períodos históricos cada vez mais curtos, sendo possível identificar revoluções nesse âmbito, com destaque para:

1. o surgimento da **escrita**, há 5.000 anos, pois a escrita permitiu o arquivamento de conhecimentos que antes se transmitiam de forma verbal, sendo possível aos seres humanos registrar sua história;
2. a criação da **imprensa**, em 1440, com Gutemberg: a mídia impressa impulsionou a alfabetização de pessoas, dada a disseminação de informações viabilizada;
3. a proliferação dos **jornais**, no final do século XVIII: que se tornaram mais acessíveis e impulsionaram as Revoluções;
4. a segunda metade do século XIX e as primeiras décadas do século XX: fotografia, cinema, **televisão**, **telefone** e **rádio**; e
5. a ***internet***: que, apesar de remontar ao DARPA, de 1958, só se disseminou em escala global a partir da década de 1990.

A internet gerou uma escala de conexão de pessoas no mundo do final do século XX ao início do XXI. No começo do uso mais massivo da internet, em 1994, 1% do mundo se conectou; em 2014, 35% do mundo estava conectado; e, em 2018, 53% das pessoas do planeta se

---

[27] LEVY, Pierre. *Cibercultura*. São Paulo: Editora 34, 2010. p. 189.

encontravam *on-line*, e 42% estavam integradas em redes sociais. Em 2023, segundo relatório CISCO,[28] dos 8 bilhões de pessoas no mundo, 5,3 bilhões delas são usuários de internet (66% do mundo).

O uso da internet no Brasil foi disciplinado pelo Marco Civil da Internet (Lei nº 12.965/2014). Note-se que, antes mesmo do marco, houve a criação do Comitê Gestor da Internet, criado pela Portaria Interministerial nº 147/95, sendo estrutura multissetorial responsável por coordenar e integrar iniciativas relacionadas ao uso e funcionamento da internet no Brasil.

O marco civil disciplina o uso da rede, abrangendo o armazenamento, a proteção dos dados, que se articula com a LGPD e a responsabilidade civil, sem adentrar propriamente na regulação das telecomunicações.

Internet é definida como sistema constituído pelo conjunto de protocolos lógicos, estruturado em escala mundial para uso público e irrestrito, com a finalidade de possibilitar a comunicação de dados entre terminais por meio de diferentes redes. Terminal pode ser o computador, assim como qualquer dispositivo que se conecte à internet. Já as aplicações de internet são o conjunto de funcionalidades que podem ser acessadas por meio de um terminal conectado à internet.

De acordo com Ingrid Garbuio Mian,[29] a internet possui distintas camadas em sua estrutura, cuja regulação deve considerar determinadas peculiaridades de funcionamento. A *camada física* da internet se desdobra em terminais, roteadores, fibras óticas e cabos; a *camada lógica* opera em sistemas de protocolos e endereçamentos, TCP/IP; a *camada de aplicativos* abre o leque para navegadores, como Outlook ou Zoom; e a *camada de conteúdo* contempla a interface mais imediata de uso da internet, por meio de voz, texto, imagens, vídeos e sons que são acessados pelos aplicativos.

A internet, acrescida das redes sociais, permitiu a interconexão entre pessoas, num contexto em que cada pessoa começou a ser o "jornalista de si mesmo", isto é, seu próprio "relações públicas". Pierre Lévy denominou as redes sociais de "novas ágoras". [30]

Ágora era, na Grécia Antiga, uma praça pública na qual aconteciam os debates dos cidadãos. Os cidadãos participavam de assembleias para deliberar os assuntos coletivos. Contudo, o modelo de participação direta do povo foi substituído pela democracia representativa justamente pela incapacidade de se reunir fisicamente tão amplo conjunto de pessoas para uma deliberação. Com a internet e as redes sociais se supera esse obstáculo físico, pois as "novas ágoras" permitem o encontro em rede e de forma desterritorializada, em um contexto de ciberdemocracia, de um número infindável de pessoas. Há, inclusive, a possibilidade de se transcender o espaço de um Estado Nacional.

A internet propicia, portanto, o governo digital em face de portais de transparência e da participação pública. Assim, conforme será visto na Lei nº 14.129/2021, Lei do Governo Digital, são componentes do governo digital: as Cartas de Serviços ao Usuário; a Base Nacional de Serviços Públicos, com formato aberto e interoperável; e as Plataformas de Governo Digital.

---

[28] Relatório CISCO. Disponível em: https://news-blogs.cisco.com/americas/pt/2020/02/19/cisco-annual-internet--report-preve-que-5g-sera-responsavel-por-mais-de-10-das-conexoes-moveis-no-mundo-em-2023/. Acesso em: 18 abr. 2023.

[29] MIAN, Ingrid Garbuio. *Regulação e desenvolvimento da camada física da internet: fundamentos e mecanismos de atuação estatal em face do desafio de universalização*. 2021. 601 f. Tese (Doutorado em Direito do Estado) – Universidade de São Paulo, São Paulo, 2021. p. 44-46.

[30] LÉVY, Pierre. *Ciberdemocracia*. Lisboa: Instituto Piagel, 2002. p. 30.

Com o advento da internet, houve a "libertação da palavra", com o oferecimento de informações de modo gratuito e espontâneo, possibilitando, na visão de Pierre Levy,[31] a construção de uma suposta *inteligência coletiva*, tendo em vista a cooperação competitiva das comunidades virtuais. Se antes a opinião pública era mais facilmente controlada pelas mídias com seus editores e filtros institucionais, delimitando pautas e conduzindo discursos, na atualidade, qualquer pessoa pode ser um canal de divulgação de informações, opiniões e percepções de forma livre e, portanto, sem intermediários.

Onde não há censura formal do governo, a internet foi vista, diante do aflorar da Primavera Árabe, como um fator apto a provocar a queda das ditaduras. No otimismo externado por Pierre Lévy, a internet geraria o emergir de um diálogo livre de indiferença, irritação e desprezo, em que as pessoas seriam paulatinamente apreciadoras da diversidade.

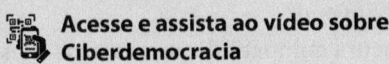

Acesse e assista ao vídeo sobre Ciberdemocracia

> http://uqr.to/1xpkc

Todavia, como tudo o que é revolucionário, dos seus efeitos emergem tanto pontos positivos como potenciais impactos negativos. Então, essas transformações também tiveram seu lado de "caixa de pandora",[32] desencadeando, sem a devida precaução, não apenas bons efeitos, mas possíveis consequências maléficas, de forma irreversível.

Assim, as redes sociais, ao unir pessoas, nem sempre propiciam essa suposta troca aberta de ideias, que gera a construção de uma "inteligência coletiva", sendo possível, *a contrario sensu*, que sejam unidas pessoas que pensam da mesma forma, na chamada comunicação "entre bolhas", hipótese em que a internet pode ser veículo de disseminação de desinformação, gerando, por vezes, a construção de uma "burrice coletiva".

Nessa perspectiva, houve o alerta externado por Umberto Eco em discurso no recebimento do título de doutor *honoris causa* em Comunicação e Cultura da Universidade de Turim, em que afirmou que as redes sociais deram voz a uma "legião de imbecis", antes restrita a um bar, depois uma taça de vinho, sem prejudicar a coletividade, mas que, agora, tem o mesmo direito à palavra do que um Prêmio Nobel. Assim, na visão do escritor e filósofo italiano, a internet promoveu o "idiota da aldeia" a portador da verdade.[33]

Trata-se de realidade acentuada com a intensificação do fenômeno da *pós-verdade*, em que as pessoas creem obstinadamente em suas visões de mundo e apenas procuram aceitar refletir acerca das informações que confirmam suas crenças, que, no geral, não são postas em questionamento. Nesse contexto, o contraste entre os argumentos perde a força de persuasão e as pessoas sucumbem aos boatos, sem maior disposição para análise e checagem de fatos.

---

[31] LÉVY, Pierre. *Ciberdemocracia*. Lisboa: Instituto Piaget, 2002. p. 31.

[32] Advirta-se aqui, importante fazer o *disclamer*, que muitos dos mitos fundantes (como o mito de Pandora), que atribuem ao próprio surgimento da "mulher" as desgraças do mundo têm um fundo machista, pois foram desenvolvidos e difundidos justamente por homens, em um período em que a cidadania e o exercício dos direitos eram exclusividade masculina, daí as mulheres não tinham voz, nem vez, nem mesmo para questionar a imagem que se fazia delas...

[33] Disponível em: https://www.huffpostbrasil.com/2016/02/20/as-redes-sociais-deram-voz-aos-imbecis-veja--as-17-frases-mais_a_21683863/. Acesso em: 23 set. 2023.

Por conseguinte, grande parte da população está obstinadamente convencida daquilo que concluiu para si e para seu grupo/bolha,[34] partindo de um ponto de vista inflexível e, portanto, enxergando a verdade dos fatos como algo secundário em relação à afirmação narcisista de sua visão de mundo nas redes sociais. Assim, a *pós-verdade* propiciou exatamente o oposto do antevisto por Lévy, pois a internet e as redes sociais passaram também a protagonizar a disseminação de discursos de ódio, a prática de segregação social com a proliferação da opressão a grupos minoritários, num caldo de cultura propício à disseminação de *fake news*.[35]

Atualmente, do ponto de vista jurídico, o dispositivo contido no art. 19 da Lei nº 12.965/2014 (Marco Civil da Internet), que está em revisão em projeto de lei, determina que o provedor de aplicações de internet (que pode ser a rede social, como o Facebook, o Instagram etc.) somente poderá ser responsabilizado civilmente por danos decorrentes de conteúdo gerado por terceiros se, após ordem judicial específica, não tomar providências para, no âmbito e nos limites técnicos do seu serviço e dentro do prazo assinalado, tornar indisponível o conteúdo apontado como infringente.

O dispositivo procura compatibilizar impactos e lesões de conteúdos que circulam na internet com a liberdade de expressão e a proibição de censura, tendo alavancado o Judiciário a protagonista na determinação da indisponibilidade do conteúdo infringente, sendo possível, inclusive, a antecipação de tutela por parte do juiz, total ou parcial, se houver prova inequívoca do fato, considerado o interesse da coletividade, presentes a verossimilhança da alegação e o fundado receio de dano irreparável ou de difícil reparação.

Em 2023, após a superação de uma onda de pandemia e da proliferação de desinformação sobre a Covid-19, o combate à disseminação de desinformação passou a fazer parte da agenda do governo, pois as *fake news* atrapalham os objetivos das políticas públicas. Também se vivenciou no Brasil uma enxurrada de boatos infundados que procuravam deslegitimar o sistema eleitoral, disseminando desinformação acerca das urnas eletrônicas.

Tendo em vista os impactos negativos de fábricas de *fake news*, produzindo e disseminando informações prejudiciais às políticas públicas, houve, então, a criação, por meio do Decreto nº 11.328, da **Procuradoria Nacional da União em Defesa da Democracia (PNDD)**. De acordo com o inciso II do art. 47 do Decreto nº 11.328/2023, houve a atribuição de competência à Procuradoria Nacional da União de Defesa da Democracia (PNDD), para representar a União, judicial ou extrajudicialmente, em demandas e procedimentos para resposta e enfrentamento à desinformação sobre políticas públicas.

Do ponto de vista de projetos que se voltam a discutir esse tema, houve o Projeto de Lei nº 2.630/2020, de autoria de Orlando Silva, que pretendeu criar a Lei Brasileira de Liberdade, Responsabilidade e Transparência da Internet, para regular o uso de contas geridas por robôs. Note-se que o próprio autor do projeto se ressentiu de Big Techs, como o Google, terem aproveitado da influência na opinião pública para ampliar o alcance das posições daqueles que criticavam o projeto e diminuir o acesso às posições favoráveis. Tanto que a Senacon, do Ministério da Justiça e Segurança,[36] determinou, por medida cautelar, que fosse retirado da página inicial

---

[34] Ainda, é lamentável que, em vez de a internet promover uma união global, ela intensifica a formação de diversos grupos, denominados bolhas.

[35] NOHARA, Irene Patrícia. Desafios da ciberdemocracia diante do fenômeno das *fake news*: regulação estatal em face dos perigos da desinformação. In: RAIS, Diogo. *Fake news*: a conexão entre a desinformação e o direito. São Paulo: Thomson Reuters Brasil, 2020. p. 81.

[36] MJ. *Medida cautelar*. Disponível em: https://www.gov.br/secom/pt-br/assuntos/noticias/2023/05/ministerio-da-justica-exige-mudancas-de-divulgacao-do-google-sobre-o-pl-que-regula-acoes-de-big-techs. Acesso em: 2 nov. 2023.

do buscador, com cerca de 3,5 bilhões de *views* por mês, o seguinte conteúdo: "o PL das *fake news* pode aumentar a confusão sobre o que é verdade ou mentira no Brasil", e depois instaurou um processo administrativo contra o Google Brasil Internet Ltda., considerando a ação propaganda enganosa e abusiva, violadora do Código de Defesa do Consumidor.

Percebe-se que não é possível mais, diante de um conteúdo gigantesco postado nas redes sociais e no YouTube, acompanhar *pari passu* os assuntos disponibilizados nos meios digitais. Seria necessário mais de uma vida inteira só para analisar o que foi postado em redes em um dia; então, a solução de acompanhamento de conteúdo e seus impactos deverá perpassar também pela programação tecnológica, sendo o desafio desse controle não esbarrar na proibição constitucional de censura, e aplicar os filtros de identificação similares ao que ocorre com áreas como direitos autorais ou mesmo de combate à pedofilia.

18.3 Internet das Coisas

Internet das Coisas é expressão originada do inglês (*Internet of Things* – IoT), sendo utilizada para designar o conjunto de bens ou coisas (*things*) que são conectadas à internet por sensores, o que permite que a rede controle os dispositivos/aparelhos. De acordo com a definição trazida no art. 2º, I, do Decreto nº 9.854/2019:

> **Internet das Coisas (IoT)** – é a infraestrutura que integra a prestação de serviços de valor adicionado com capacidades de conexão física ou virtual das coisas com dispositivos baseados em tecnologia da informação e comunicação existentes e nas suas evoluções, com interoperabilidade.

Coisas são objetos no mundo físico ou no mundo digital capazes de serem identificados e integrados pelas redes de comunicação. Dispositivos, por sua vez, são equipamentos ou subconjuntos de equipamentos com capacidade mandatória de comunicação e capacidade opcional de sensoriamento, atuação, coleta, armazenamento e processamento de dados.

O serviço de valor adicionado é atividade que se acrescenta a um serviço de telecomunicações que lhe dá suporte e com o qual não se confundem novas utilidades relacionadas ao acesso, ao armazenamento, à apresentação, à movimentação ou à recuperação de informações, nos termos do art. 61 da Lei Geral de Telecomunicações (LGT – Lei nº 9.472/97).[37]

São exemplos de SVA (serviços de valor adicionado):

- *streamings* de vídeo, como Netflix,[38] HBO Max, Amazon Prime Vídeo, YouTube, Disney+;
- *streaming* de música: Spotify, Apple Music, Deezer, Vivo Play, Claro Música;
- *audiobooks* ou serviços de leitura: Bancah, Oi Leitura, Audiobooks; e
- *cloud* voltado a segurança: MacAffe, Avast e Kaspersky.

Klaus Schwab[39] considera a Internet das Coisas o elemento central da infraestrutura da Quarta Revolução Industrial, uma vez que ela envolve uma gama de sensores inteligentes co-

---

[37] KILMAR, Cibelle Mortari; NOHARA, Irene Patrícia Diom. *Agência Nacional de Telecomunicações* – ANATEL. São Paulo: Thomson Reuters Brasil, 2020. p. 131.

[38] A primeira plataforma de *streaming* no Brasil foi a Netflix, que se instalou a partir de 2011.

[39] SCHWAB, K. *Aplicando a quarta revolução industrial*. Traduzido para o português de Shaping the fourth industrial revolution. São Paulo: Edipro, 2018. p. 148.

nectados que coletam, processam e transformam os dados de acordo com a necessidade; os dados são então enviados para outros dispositivos ou indivíduos para atender aos objetivos de um sistema ou usuário.

Assim, "são objetos capazes de coletar grandes quantidades de dados sobre as pessoas e o ambiente e, assim, poderem responder de maneira autônoma a determinadas situações ou disponibilizar informações que aumentam a percepção das pessoas sobre o contexto ao seu redor".[40]

A primeira experiência da IoT ocorreu na década de 1990, quando uma torradeira poderia ser ligada e desligada pela internet. De lá para cá, os estudos acerca do que pode ser conectado à internet só aumentaram, sendo aplicada de carros a eletrodomésticos. Praticamente uma ampla gama de coisas pode ser ligada à rede.

As vantagens são, ainda, o baixo custo de implantação e a alta velocidade com que os dados são compartilhados, com o armazenamento em nuvem de dados.[41] Percebe-se, portanto, que não são somente as pessoas que podem gerar dados: as coisas também podem. Assim, "quanto maior o número de dispositivos conectados, mais dados são produzidos".[42] Conforme a quantidade de coisas conectadas aumenta, aumenta também a quantidade de dados gerados, unindo o estudo do *Big Data* ao da IoT.

Com isso, é possível ver a aplicação da IoT nos serviços públicos numa perspectiva tanto endógena quanto exógena.[43]

Em uma análise exógena, a Internet das Coisas pode ser aplicada no recolhimento de resíduos sólidos, congestionamentos, transporte público, entre outros serviços. É exógena porque a geração dos dados advindos da IoT seria externa, "tratada" pela Administração e retornada por meio de políticas públicas.

A criação de um aplicativo único (padrão, em que se pudesse selecionar estado, cidade e a linha de ônibus), que pudesse conectar o cidadão ao transporte coletivo urbano, por exemplo, todos necessariamente com GPS, é uma pequena amostra do que pode ser feito com IoT. Esses, por sua vez, registram quantas pessoas transitaram por eles, quantas são pagantes e não pagantes, o trajeto percorrido, sendo, portanto, dados que importam não somente ao Estado/Administração, mas à própria sociedade, como forma de controle de um serviço concedido.

Os ônibus que, ao passarem por uma parada, deixassem seus horários ali registrados, dispensariam o "fiscal", contudo, tal sistema exigirá profissionais qualificados para aperfeiçoar o atendimento do transporte coletivo de uma determinada localidade, a partir da análise dos dados. Portanto, a questão preponderante na Internet das Coisas "está relacionada à conversão de dados capturados em informação para gerar conhecimento e proporcionar ambientes mais convenientes para as pessoas".[44]

---

[40] ROZSA, V.; DUTRA, M. L.; PINTO, A. L.; MURIEL-TORRADO, E. O paradigma tecnológico da internet das coisas e sua relação com a ciência da informação. *Inf. & Soc.:Est.*, v. 27, n. 3, p. 256, set./dez. 2017.

[41] DIAS, R. R. de F. *Internet das coisas sem mistérios*: uma nova inteligência para os negócios. São Paulo: Netpress Books, 2016. p. 308.

[42] MAGRANI, Eduardo. *A internet das coisas*. Rio de Janeiro: FGV, 2018. p. 21.

[43] NOHARA, Irene Patrícia; SANTANNA, Gustavo da Silva. Desafios da regulação das novas tecnologias na gestão pública. In: SIQUEIRA NETO, José Francisco (Coord.). *Gestão pública, infraestrutura e desenvolvimento*: 20 anos do Programa de Pós-Graduação em Direito Político e Econômico da Universidade Presbiteriana Mackenzie. São Paulo: Revista dos Tribunais, 2021. p. 223.

[44] ROZSA, V.; DUTRA, M. L.; PINTO, A. L.; MURIEL-TORRADO, E. O paradigma tecnológico da internet das coisas e sua relação com a ciência da informação. *Inf. & Soc.:Est.*, v. 27, n. 3, p. 256, set./dez. 2017.

Do ponto de vista endógeno, muitos bens são públicos: carros, motos, caminhões, retroescavadeiras, impressoras etc., ou estão a serviço da Administração (por exemplo, veículos locados). Esses bens de uso especial também geram uma enormidade de dados, passíveis não só de conferência pela Administração, mas pelo próprio cidadão, num exercício de "controle popular". A IoT permite verificar quantos quilômetros determinado veículo rodou, qual o consumo do combustível, qual o trajeto feito, sendo esses dados relevantes para a eficiência dos serviços públicos.

Para regular o sistema que se utiliza de Internet das Coisas, devem ser considerados os seguintes fatores:

a) quais objetos serão conectados à internet;
b) qual sistema será responsável pela comunicação dos objetos;
c) a existência de interoperabilidade entre diversos sistemas utilizados;
d) como será feita a análise dos dados;
e) a segurança na captura e no tratamento dos dados; e
f) o *feedback* dos dados captados e a implantação de alguma melhoria nos serviços prestados/analisados.[45]

Assim como a privacidade, a segurança é um dos pontos nevrálgicos que envolvem a IoT. Como qualquer sistema, a IoT não é imune a invasões, ataques cibernéticos ou *hackeamento*. O Brasil é um dos principais alvos de ataques cibernéticos na América Latina (FortiGuardsLab), sendo que, em 2021, o País registrou 289 bilhões de ataques, grande parte deles relacionados a dispositivos de IoT, como câmeras, microfones e roteadores domésticos.

Por conseguinte, ao mesmo tempo que o Estado avança no uso das novas tecnologias que trazem tantos benefícios, uma forma de evitar eventuais malefícios é investir recursos em cibersegurança, visto que os ataques cibernéticos podem colocar em risco a implementação segura da Internet das Coisas (IoT).

Em janeiro de 2018, o Governo Federal brasileiro apresentou o "Plano Nacional de IoT". Esse Plano tenta(va) criar um "ambiente propício" para atrair empresas com "interesse para investir em pesquisa e desenvolvimento, *startups* de base tecnológica com produtos inovadores e centros de pesquisa acadêmica dispostos a trabalhar em soluções com alto potencial mercadológico". O papel do governo, por exemplo, seria o de "dialogar com empresas sobre as demandas por políticas públicas relevantes para os ambientes".[46]

O Plano coloca(va) entre suas iniciativas a conectividade e a interoperabilidade, a segurança e a privacidade. Busca(va), no fim, o Plano Nacional de IoT alcançar quatro grandes eixos, que se entende devam ser no mínimo alcançados:

1. saúde;
2. cidades;[47]

---

[45] DIAS, R. R. de F. *Internet das coisas sem mistérios*: uma nova inteligência para os negócios. São Paulo: Netpress Books, 2016. p. 364.

[46] MINISTÉRIO DA CIÊNCIA, TECNOLOGIA, INOVAÇÕES E COMUNICAÇÕES. *Internet das Coisas: um plano de ação para o Brasil*. Disponível em: http://www.mctic.gov.br/mctic/export/sites/institucional/tecnologia/SEPOD/politicasDigitais/arquivos/arquivos_estudo_iot/fase-4-3.pdf. Acesso em: 20 out. 2020.

[47] A Internet das Coisas é condição para estruturação de uma *smart city* (cidade inteligente), sendo também relevante estruturalmente que haja: WiFi, *big data, cloud* e *mobile*.

3. indústrias; e
4. rural.

Em 25 de junho de 2019, foi editado o Decreto nº 9.854, instituindo o Plano projetado em 2018. Em seu art. 1º, estabelece que o PNIoT tem base na livre concorrência e na livre circulação de dados, observadas as diretrizes de segurança da informação e de proteção de dados pessoais. Houve a criação de um Plano Nacional de Internet das Coisas, sendo acompanhado pela Câmara de Gestão e Acompanhamento do Desenvolvimento de Sistemas de Comunicação Máquina a Máquina e Internet das Coisas – Câmara IoT.

Acesse e assista ao vídeo sobre Internet das Coisas
> http://uqr.to/1xpkb

18.4 Aplicação da Lei Geral de Proteção de Dados pela Administração Pública

Nos dias atuais, costuma-se dizer que "*data is the new oil*", ou seja, os dados são recursos tão preciosos e importantes como o petróleo fora outrora. Atualmente, estamos vivenciando a Sociedade da Informação, sendo que, na economia digital, muitos negócios são celebrados via internet. Aliás, assim como ocorre no petróleo, também na gestão estratégica dos dados e seu tratamento qualquer vazamento pode gerar danos irreparáveis e impactos quase que irreversíveis.

Tendo em vista essa realidade e diante da possibilidade de abusos e distorções na utilização de dados pessoais, o Brasil editou a Lei Geral de Proteção de Dados – LGPD, que dispõe do tratamento de dados pessoais, inclusive nos meios digitais, por pessoa natural ou por pessoa jurídica de direito público ou privado, com o objetivo de proteger os direitos fundamentais de liberdade e de privacidade e o livre desenvolvimento da personalidade natural.

A Administração Pública, ao tratar dados, também se subordina às determinações da **Lei Geral de Proteção de Dados** (LGPD – Lei nº 13.709/2018), em vigor em 2020. A LGPD foi inspirada no GDPR (*General Data Protection Regulation* – Regulamento Geral de Proteção de Dados) europeu, totalmente implantado na União Europeia a partir de 25 de maio de 2018. O GDPR da UE procurou fortalecer a privacidade *on-line* e impulsionar, com segurança, a economia digital.

A legislação aprovada busca resguardar a privacidade, a autodeterminação informativa, a liberdade de expressão, de informação, de comunicação e de opinião, a inviolabilidade da intimidade, da honra e da imagem, o desenvolvimento econômico e tecnológico e a inovação, a livre iniciativa, a livre concorrência e a defesa do consumidor e os direitos humanos, o livre desenvolvimento da personalidade e o exercício da cidadania pelas pessoas naturais.

Há uma preocupação em se proteger os direitos fundamentais associados à liberdade, à privacidade e ao livre desenvolvimento da pessoa natural, no paradigma da autodeterminação informativa (controle da informação sobre si), em que serão fundamentais os instrumentos de *termo de uso* e a *política de privacidade*, sendo o consentimento elemento fundamental para o tratamento que terá fins legítimos, específicos, explícitos e informados. Também, o titular terá a soberania sobre seus dados, sendo empoderado a solicitar alterações dos dados fornecidos, revogação e até mesmo sua exclusão.

Nesse sentido, houve a inclusão pela Emenda Constitucional nº 115/2022 do inciso LXXIX ao art. 5º da Constituição, sendo assegurado, nos termos da lei, "o direito à proteção dos dados pessoais, inclusive nos meios digitais".

A LGPD traz toda uma gama de novos protagonistas no tratamento da informação: (1) os **agentes de tratamento**, quais sejam: o **controlador** e o **operador**, sendo o controlador a pessoa pública ou privada a quem compete decisões referentes ao tratamento de dados, e operador a pessoa natural ou jurídica que realiza o tratamento dos dados em nome do controlador; (2) o **encarregado**, sendo esta a pessoa indicada pelo controlador e pelo operador para atuar como canal de comunicação entre o controlador, os titulares dos dados e a **Autoridade Nacional de Proteção de Dados** (ANPD).

Um ponto polêmico, já aperfeiçoado, é que a lei, inicialmente, optou por criar a ANPD como órgão da Administração Pública federal, integrante da Presidência da República. Indicou-se, inicialmente, no art. 55-A, que a natureza jurídica da ANPD seria transitória e que poderia ser transformada futuramente pelo Poder Executivo em entidade da administração pública federal indireta, submetida a regime autárquico especial e vinculada à Presidência da República (redação que depois foi revogada em 2022).

Conforme defendíamos desde o início,[48] o ideal é que tivesse sido já criada como "agência reguladora", ainda que não haja uma regulação propriamente setorial, o que ocorreu posteriormente, com a edição da medida provisória.

Era importante para o almejado ingresso do Brasil na OCDE que a ANPD fosse estruturada como agência independente dos governos. Assim, a MP nº 1.124/2022, convertida na Lei nº 14.460/2022, alterou a natureza jurídica da ANPD, conferindo nova redação ao art. 55-A da LGPD, estabelecendo que a Autoridade Nacional de Proteção de Dados – ANPD fica criada como **autarquia de natureza especial**, dotada de autonomia técnica e decisória, com patrimônio próprio e com sede e foro no Distrito Federal.

Além de a Administração também ser uma das destinatárias da lei, à medida que ela trata dados particulares, devendo se adequar ao novo regime, e havendo, portanto, um capítulo da lei voltado especificamente ao tratamento de dados pelo Poder Público, ela também, por meio da ANPD, terá a incumbência de fiscalizar, impulsionar os processos administrativos e aplicar sanções para os agentes de tratamentos de dados que não atuem em conformidade com as novas determinações.

Compete à autoridade nacional, entre outras atribuições: zelar pela proteção dos dados nos termos da legislação; observar os segredos comercial e industrial; elaborar as diretrizes da Política Nacional de Proteção de Dados Pessoais e da Privacidade; fiscalizar e aplicar as sanções em caso de tratamento de dados realizado em descumprimento à legislação.

Em 24 de fevereiro de 2023, houve a edição da **Resolução nº 4 da ANPD**, que veiculou o **regulamento de dosimetria e aplicação de sanções administrativas**, estabelecendo parâmetros e critérios para aplicação de sanções administrativas pela Autoridade Nacional de Proteção de Dados (ANPD), bem como as formas de dosimetrias para o cálculo do valor-base das sanções de multa.

---

[48] NOHARA, Irene Patrícia. *Autoridade Nacional de Proteção de Dados*: reflexões funcionais sobre a natureza jurídica de órgão. In: RAIS, Diogo; PRADO FILHO, F. O. A. (Coords.). *Direito público digital*. São Paulo: Thomson Reuters Brasil, 2020. Critiquei a escolha, pouco respeitadora da autonomia, de criar a ANPD como órgão vinculado à Presidência da República. Agora a ANPD foi transformada em autarquia.

Em 6 de julho de 2023, a ANPD aplicou a primeira multa administrativa por infração à LGPD, sendo direcionada a uma empresa de telemarketing que estava irregular no tratamento de dados pessoais, por não ter designado um encarregado de tratamento de dados. A multa foi de R$ 14,4 mil, acompanhada de advertência, tendo sido alegada infração aos arts. 7º e 41 da LGPD.

Assim, as organizações devem se adequar e estar prontas para dar respostas à ANPD, sendo o espectro de atividades que será abarcado pela lei abrangente: desde escolas, universidades, academias ou quaisquer locais que lidem com dados de pessoas, praticamente todos os setores de serviços. A ANPD solicitará relatórios de impacto de proteção de dados, a partir das recomendações e solicitações técnicas editadas, sendo, em muitos casos, exigida operação de anonimização dos dados, para evitar exposição da privacidade dos titulares dos dados.

Tratamento é qualquer operação relacionada com coleta, produção, recepção, classificação, utilização, acesso, reprodução, transmissão, distribuição, processamento, arquivamento, armazenamento, eliminação, avaliação ou controle da informação, modificação, comunicação, transferência, difusão ou extração, sendo explicitamente vedado o manejo ou tratamento de dados para fins discriminatórios ilícitos ou abusivos.

Em suma, deve ser comemorada a legislação, tendo em vista que a sociedade está muito integrada digitalmente, sendo arriscado que haja o uso distorcido de dados pessoais. A LGPD coloca uma rédea no uso dos dados por diversos agentes, empoderando os titulares, que são as pessoas naturais, com inúmeros direitos, fazendo surgir um novo tipo de cidadania e preocupação. Ela provoca uma ruptura de paradigma.

Serão exigidos rigorosos protocolos tanto por parte das pessoas jurídicas públicas, como também das privadas, para o tratamento e a anonimização dos dados, evitando-se expor desnecessariamente seu titular. Trata-se de um avanço que deve ser comemorado caso a lei seja bem aplicada e consiga transformar e direcionar o uso e o manejo de dados realizados ou coletados em território nacional. Logo, a aplicação da Lei de Acesso à Informação (Lei nº 12.527/2011) deve ser compatibilizada com os critérios presentes na Lei Geral de Proteção de Dados (Lei nº 13.709/2018).

Como paradigmático da análise do tema pelo STF, há o julgamento da ADI 6649 e da ADPF 695, ajuizadas pelo Conselho Federal da Ordem dos Advogados do Brasil e pelo Partido Socialista Brasileiro, questionando o Decreto nº 10.046/2019, o qual dispõe sobre a governança do compartilhamento de dados pelas Administrações.

O julgamento, ocorrido em setembro de 2022, foi no sentido da possibilidade de **compartilhamento**, conferindo interpretação conforme o Decreto nº 10.046/2019, desde que observados **parâmetros** de:

1. compartilhamento de dados pessoais entre órgãos e entidades da Administração Pública com: (a) eleição de propósitos legítimos, específicos e explícitos para o tratamento de dados (art. 6º, I, da Lei nº 13.709/2018); (b) compatibilidade do tratamento com as finalidades informadas (art. 6º, II); (c) limitação do compartilhamento ao mínimo necessário para o atendimento da finalidade informada (art. 6º, III); bem como o cumprimento integral dos requisitos, garantias e procedimentos estabelecidos na Lei Geral de Proteção de Dados, no que for compatível com o setor público;

2. rigorosa observância do art. 23, I, da Lei nº 13.709/2018, que determina que seja dada a devida publicidade às hipóteses em que cada entidade governamental compartilha ou tem acesso a banco de dados pessoais, "fornecendo informações claras e atualiza-

das sobre a previsão legal, a finalidade, os procedimentos e as práticas utilizadas para a execução dessas atividades, em veículos de fácil acesso, preferencialmente em seus sítios eletrônicos"; e

3. o acesso de órgãos e entidades governamentais ao Cadastro Base do Cidadão fica condicionado ao atendimento integral das diretrizes supra-arroladas.

Aliás, essa amplitude de escopo, que pode ser violadora da privacidade de todos, foi o motivo que fez com que, na pandemia, o Supremo Tribunal Federal, em decisão cautelar da Ministra Rosa Weber, na ADIMC 6.387, não permitisse que o IBGE obtivesse dados pessoais das operadoras de telefonia, conforme determinava a Medida Provisória nº 954, de 17 de abril de 2020, atualmente com a vigência encerrada, que dispunha sobre o compartilhamento de dados por empresas de telecomunicações prestadoras de Serviço Telefônico Fixo Comutado e de Serviço Móvel Pessoal com a Fundação Instituto Brasileiro de Geografia e Estatística (IBGE), para fins de suporte à produção estatística oficial durante a situação de emergência de saúde pública de importância internacional decorrente do coronavírus (Covid-19).

Conforme decidiu a Ministra Rosa Weber, a medida provisória considerada inconstitucional:

> não evidencia a importância superlativa da pesquisa estatística que embasa a solicitação de compartilhamento dos dados, tampouco explicita a forma como esta pesquisa contribuirá na formulação das políticas públicas de enfrentamento da crise sanitária, uma vez não informados os tipos de pesquisas a serem realizadas. Noutro espectro, destaca não esclarecido o motivo para o compartilhamento de dados, já informado pelo IBGE o adiamento do Censo Demográfico para o ano de 2021 (ADIMC 6.387).

Em outro sentido foi a decisão do Órgão Especial do Tribunal de Justiça de São Paulo (TJSP), que denegou Mandado de Segurança (24.2020.8.26.0000) que questionava acordo de cooperação entre o governo de São Paulo e as operadoras de telefonia, para o monitoramento do isolamento social na quarentena.

O motivo de se considerar o compartilhamento dos dados é justamente o fato de que eles respeitavam a anonimização, pois eram fornecidos em caráter agregado, estatístico e impessoal, sendo que as informações eram geradas por aparelhos celulares dos clientes, em lagos de ondas de concentração humana, sendo utilizadas com o fito de identificar locais com aglomerações, para analisar o percentual efetivo de isolamento do Estado, embasando a formulação de estratégias de contenção da Covid-19, sem que houvesse afronta a direitos individuais.

Ademais, quanto às **responsabilidades,** foi estabelecido que o tratamento de dados pessoais promovido por órgãos públicos ao arrepio dos parâmetros legais e constitucionais importará a responsabilidade civil do Estado pelos danos suportados pelos particulares, na forma dos arts. 42 e seguintes da Lei nº 13.709/2018, associada ao exercício do direito de regresso contra os servidores e agentes políticos responsáveis pelo ato ilícito, em caso de culpa ou dolo. Note-se aqui a necessidade de ser uma culpa grave, no caso do regresso, por conta de erro grosseiro, na harmonização dessa orientação com o art. 28 da LINDB.

Ainda, a transgressão dolosa ao dever de publicidade estabelecido no art. 23, I, da LGPD, fora das hipóteses constitucionais de sigilo, importará a responsabilização do agente estatal por ato de improbidade administrativa, nos termos do art. 11, IV, da Lei nº 8.429/92, sem prejuízo da aplicação das sanções disciplinares previstas nos estatutos dos servidores públicos federais, estaduais e municipais. Nesse caso, como há improbidade, após a disciplina da Lei nº 14.230/2021, há de haver dolo como condição para configuração da improbidade.

LGPD E A ADMINISTRAÇÃO PÚBLICA

LGPD – Lei nº 13.709/2018: tratamento de dados pessoais de pessoa natural ou jurídica de direito público ou privado, com o objetivo de proteger os direitos fundamentais de liberdade e de privacidade e o livre desenvolvimento da personalidade natural.

Fundamento constitucional: art. 5º, LXXIX: "direito à proteção dos dados pessoais, inclusive nos meios digitais".

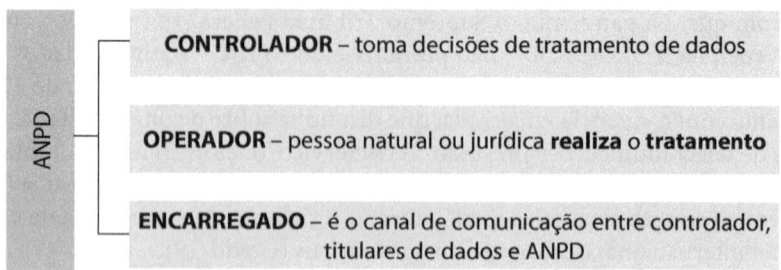

ANPD – Autoridade Nacional de Proteção de Dados: autarquia de natureza especial, dotada de autonomia técnica e decisória.

Jurisprudência: STF – ADI 6649 e a ADPF 695, Decreto nº 10.046/2019, dispõe sobre governança do compartilhamento de dados pelas Administrações: deve ser adequada à LGPD, sendo necessária a eleição de propósitos legítimos, específicos e explícitos para o tratamento dos dados, o compartilhamento, sendo, ainda, imprescindível haver compatibilidade do tratamento com as finalidades informadas e limitação do compartilhamento ao mínimo necessário para atendimento das finalidades informadas.

Debate de tema controvertido: Era digital, Predição de comportamento e Controle no capitalismo de vigilância.

A era do capitalismo de vigilância[49] é a obra de Shoshana Zuboff que esclarece práticas dissimuladas de uma arquitetura global que provoca mudanças de comportamento, as quais impactam a humanidade no século XXI. Trata-se de obra que já foi considerada uma das mais importantes do século.

Ao se relacionarem na internet, seja se comunicando ou mesmo celebrando negócios, as pessoas vão deixando rastros ou resíduos de suas interações. A partir desses rastros, os algoritmos identificam nossas preferências e inclinações. Esses rastros são matéria-prima para a formação de um produto.

Contudo, esclarece Zuboff que não é correto afirmar, como o senso comum costuma mencionar, que: "se for de graça, então o produto é você",[50] pois não somos "nós" as mercadorias propriamente ditas, mas a matéria-prima dos "nossos rastros", ou seja, as nossas "experiências", é que são os dados, os quais, analisados pelos algoritmos, geram produtos alienáveis, sendo que o que é alvo dessa venda, na realidade, são as *previsões* feitas.

Com a mineração de dados (*Data Mining*), a partir dos *big datas* (quantidades massivas de dados) acessíveis sobretudo por *Big Techs*, cria-se um mercado de *predição de comportamento*, que movimenta cifras bilionárias. Reitere-se que os dados brutos não são capazes de gerar essa predição de comportamento, mas, para chegar nesse resultado, há a necessidade de algoritmos capazes de gerar os padrões, estabelecendo correlações, daí a elaboração de *modelos estatísticos* de predição de comportamento.

Não se trata, portanto, do dado bruto, mas, ao dado bruto, provocado pelos rastros das pessoas nas suas experiências, se agrega o labor da mineração e da organização desses dados, analisados pelos algoritmos, para que, depois, sejam vendidos modelos de predição de comportamento dos usuários das plataformas,

---

[49] ZUBOFF, Shoshana. *A era do capitalismo de vigilância*. Rio de Janeiro: Intrínseca, 2020. *Passim*.

[50] ZUBOFF, Shoshana. *A era do capitalismo de vigilância*. Rio de Janeiro: Intrínseca, 2020. p. 22.

tendo em vista que saber e influenciar as preferências e as inclinações das pessoas é essencial para o sustento e para a ação estratégica de inúmeros modelos de negócio.

Foi, inclusive, esse tipo de atividade econômica de mineração de dados por sistemas *analytics* que provocou distorções nos resultados das campanhas eleitorais no mundo. No escândalo retratado no documentário *Privacidade hackeada* (*The Great Hack*), dirigido por Jehane Noujaim e Karim Amer, houve a exposição da ação estratégica da empresa Cambridge Analytica, ao extrair e minerar dados de 240 milhões de usuários do Facebook. A ação da empresa foi responsável por influenciar o resultado das eleições dos Estados Unidos à Presidência, em 2016, associada à vitória de Donald Trump.

O capitalismo de vigilância, de acordo com a autora, foca no seguinte produto: previsão e modificação do comportamento humano, como forma de lucrar, isto é, como forma de produzir receita, e também controle do mercado, daí a questão da *vigilância*.

É nessa zona cinzenta de complexos *termos de uso* que o "GAFAM" (*Big Techs*, ou grandes corporações digitais) obtém mais dados e controla o mercado. Atualmente, as *Big Techs* são geralmente chamadas pelas iniciais formadas pelo acrônimo GAFAM: **G**oogle; **A**mazon; **F**acebook; **A**pple; e **M**icrosoft.

Há situações em que as pessoas consentem com o uso dos dados, mas nem sempre há esclarecimento preciso do uso que será feito dos, denominados por Zuboff, "excedentes comportamentais", isto é, dos "rastros" de nossas interações que são deixados em aplicativos, na internet ou nas redes sociais. Estes são denominados de *ativos de vigilância*, sendo extraídos e minerados.

A estratégia é obtida pela técnica do *microtargeting* ou *microssegmentação* e, depois, *retargeting*, com coleta, mineração e reenvio de publicidade programada direcionada ao público-alvo. Assim, as grandes corporações digitais monetizam serviços não só a partir de dados fornecidos voluntariamente pelos usuários nos meios digitais, mas, sobretudo, "pelo desenvolvimento de modelos de predição de comportamentos que são vendidos para que haja a exposição estratégica do conteúdo da empresa adquirente, diante das novas potencialidades tecnológicas do marketing digital em face do *big data*".[51]

Percebe-se que a Revolução 4.0 e o mercado de produtos inteligentes, que coletam dados, como Smart TVs, *smartwatches* ou dispositivos que depois são possíveis de serem implantados, assistentes pessoais, até colchões *smart*, que mapeiam nossos hábitos noturnos, extraem excedentes comportamentais e depois direcionam informações segmentadas a potenciais interessados, como: programadoras de tv, seguradoras de saúde e uma plêiade de atividades econômicas que dependem de entender o comportamento do público para distribuir de forma eficaz seus produtos e serviços.

Assim, as *Big Techs* passam a vender dados minerados de usuários de suas plataformas a empresas de diversos setores. Ocorre que, atualmente, entende-se que tais atividades não são "inocentes" no sentido de só mapear os comportamentos, mas que a sofisticação chegou ao ponto de "influenciar" e, inclusive, "alterar" o comportamento das pessoas, até mesmo em ambientes experimentais. Essa é a preocupação de Zuboff quando se refere ao **poder instrumental** que gera um **Big Other**. Trata-se de um projeto de sociedade planejada e monitorada que, na prática, tem a capacidade de reduzir as pessoas à condição de "ratos de laboratório".[52]

Ao saber como as pessoas se comportam e não apenas predizer o comportamento delas, mas também influenciá-lo, há a possibilidade de estabelecer controle sobre as pessoas. Nessa perspectiva, foi emblemático o caso do Pokémon Go, que fez com que os jogadores agissem no mundo real a partir do que enxergavam na realidade virtual, gerando lucros em outros negócios associados.

O Pokémon Go usava estratégia de gamificação (estimulação de diversos comportamentos individuais e coletivos por meio de dinâmicas de jogo), gerando quantidades enormes de dados sobre os usuários, bem como de espaços públicos e privados. Foi uma estratégia pioneira em conseguir movimentar

---

[51] ZUBOFF, Shoshana. *A era do capitalismo de vigilância*. Rio de Janeiro: Intrínseca, 2020. p. 234.

[52] NOHARA, Irene Patrícia Diom; MARTINS, Fernando Medici Guerra. Desafios da LGPD e as históricas não contadas de experiências emocionais em escala massiva: controle tecnológico em seres humanos como ratos de laboratório. In: PIRONTI, Rodrigo (Org.). *Lei Geral de Proteção de Dados no setor público*. Belo Horizonte: Fórum, 2021. p. 219-237.

fisicamente os jogadores para diferentes localidades no mundo real, trazendo uma nova escala à alteração e à influência dos comportamentos.

Parte significativa da monetização do jogo decorreu da venda da *movimentação física* de usuários para determinadas localidades (principalmente restaurantes e lojas), por meio do posicionamento de determinadas criaturas (componentes do jogo) em localizações desejadas, trazendo inúmeros consumidores ao local, o que a equipe do jogo chamava de *lure modules* (módulos de isca, em português). Daí a contratação pela rede de *fast food* McDonalds no Japão, que buscou atrair jogadores para os seus 30.000 estabelecimentos no país.

A manipulação de dados é, ainda, capaz de capturar e influenciar as emoções das pessoas. Nesse sentido, houve a experimentação feita pelo Facebook, conforme artigo publicado por seus funcionários em 2014, em que a plataforma conduziu experimento sobre a sua capacidade de *manipular emoções* dos usuários em função do conteúdo direcionado.

Por uma semana, em janeiro de 2012, eles controlaram o que 689.003 usuários tinham acesso em sua linha do tempo, enquanto entravam no sistema, sendo os usuários responsivos ao que recebiam, reproduzindo postagens de conteúdo mais positivo ou negativo em função da sua exposição a conteúdo similar (positivo ou negativo).

Assim, o experimento de contágio emocional realizado pelo Facebook é capaz de demonstrar que o que é exposto em tela pelas plataformas influencia no estado emocional de centenas de milhares de usuários, sem que haja consciência de tal manipulação.

Ademais, com os sensores que captam imagens, pode-se expandir a vigilância para além dos rastros deixados nos meios digitais, sendo um exemplo de violação reconhecida pelo Tribunal de Justiça do Estado de São Paulo o julgamento da apelação no processo 1090663-42.2108.8.26.0100, em que o Instituto Brasileiro de Defesa do Consumidor (IDEC) propôs ação civil pública em face da Via Quatro – Concessionária da Linha 4 do Metrô de São Paulo.

A ação civil pública objetivou, entre outros aspectos, proibir a coleta e o tratamento de imagens e dados biométricos tomados sem prévio consentimento dos usuários das linhas de metrô Luz, República, Paulista, Fradique Coutinho, Faria Lima, Pinheiros e Butantã, em São Paulo. Houve, portanto, o questionamento judicial, acatado na 37ª Vara Cível (da primeira instância) e que, com apelação do Ministério Público de São Paulo, julgada pelo TJSP, proibiu o uso que foi feito da **tecnologia** embarcada nas **Portas Interativas Digitais** instaladas no Metrô de SP, que contavam as pessoas, suas visualizações, tempo de permanência, tempo de atenção, gênero, faixas etárias, emoções (raiva, alegria e neutralidade), fator de visão e distância de detecção.

Havia sensores e equipamentos de gravação de imagens dos usuários que se destinava para estatísticas, ao ler e interpretar as suas expressões faciais. Foi feita uma coleta compulsória de dados e imagens dos usuários-consumidores do transporte, para fins de publicidade em pesquisa de mercado automatizada para obter receita com a venda de dados para terceiros, tendo em vista o direcionamento de estratégias de publicidade a partir da identificação das reações.

A decisão considerou que houve violação aos dados sensíveis, que abrangem, de acordo com o art. 5º, II, da LGPD, também "dado biométrico" vinculado a pessoa natural. Esse critério de dado biométrico foi definido pelo art. 2º, II, do Decreto nº 10.046/2019, que envolve: "características biológicas e comportamentais mensuráveis da pessoa natural que podem ser coletadas para reconhecimento automatizado, tais como a palma da mão, as digitais dos dedos, a retina ou a íris dos olhos, o formato da face, a voz e a maneira de andar".

Considerou-se que, mesmo sem a identificação concreta da pessoa, mas em face do acesso à sua imagem e face, já se está lidando com dado biométrico, legalmente incluído no conceito de dado pessoal sensível, o que mereceria se adequar ao tratamento determinado pela Lei nº 13.709/2018 (LGPD).

Assim, há limites ao uso de dados de usuários de serviços públicos de grande afluxo, como transporte urbano, em projetos de receitas acessórias da concessionária, em questionamento do uso de nova tecnologia, isto é, dos dispositivos capazes de capturar atenção, emoção e inclinação de pessoas, dada a condenação da Via Quatro – Concessionária do Metrô de São Paulo, inclusive em dano moral coletivo, em decisão que foi alvo de apelação.

O debate engendrado por Zuboff não é, portanto, distante de nossa realidade, sendo importante que a sociedade saiba dos potenciais de sermos todos expostos, sem consentimento, a experimentos em sistemas automatizados que podem transformar as experiências humanas em algo acessório e controlável pelas novas tecnologias. Assim, deve-se limitar as técnicas comportamentais e também observar as limitações da LGPD aos termos de uso, sob pena de violação da dignidade e da privacidade humana.

18.5 Lei do Governo Digital

O Direito Administrativo não ficou alheio às transformações da era digital. Assim, em 29 de março de 2021, houve a edição da **Lei do Governo Digital** (Lei nº 14.129/2021), a qual dispõe sobre princípios e regras e instrumentos para o *aumento da eficiência* da Administração Pública, especialmente por meio da **desburocratização**, da **inovação**, da **transformação digital** e da **participação** do cidadão.

Trata-se de lei aplicável[53] às Administrações Diretas federais, abrangendo todos os Poderes da União, o Tribunal de Contas da União e o Ministério Público da União, também às entidades da Administração Indireta federal, que prestem serviços públicos, autarquias e fundações públicas, sendo possível a adoção da lei para administrações de demais entes além da União, se editarem atos normativos próprios que adotem os comandos dessa lei. Ela não se aplica às estatais, isto é, às sociedades de economia mista e empresas públicas que atuam no domínio econômico em sentido estrito, que são aquelas que não prestam serviços públicos.

Note-se que, apesar de a lei enfatizar como facultativa e possível a sua adoção para os demais entes federativos, fica evidente que ela intenciona alcançá-los também; isso fica claro quando se percebe que o seu art. 55 estabeleceu *vacatio legis* com prazos diferenciados para diversos entes, quais sejam: 90 dias de sua publicação oficial para a União; 120 dias de sua publicação oficial para Estados e o Distrito Federal; e 180 dias de sua publicação oficial para os Municípios.

Os **princípios e diretrizes** do Governo Digital e da eficiência são:

- desburocratização;
- modernização;
- fortalecimento e simplificação das relações entre Poder Público e sociedade por meio de **serviços digitais**, acessíveis inclusive por dispositivos móveis;
- disponibilização em **plataforma única** do acesso às informações e aos serviços públicos, sem prejuízo, quando indispensável, da prestação de caráter presencial;
- possibilidade de demandar e acessar serviços públicos por **meio digital**, sem necessidade de solicitação presencial;
- **transparência** na execução dos serviços públicos e monitoramento de qualidade desses serviços;
- incentivo à **participação social** no controle e fiscalização;
- dever de **prestação de contas**;
- uso de linguagem clara e compreensível;

---

[53] Para os anos de 2024 a 2027, houve a edição do Decreto 12.198/2024, que institui a Estratégia Federal de Governo Digital para o período, sendo também disciplinada a Infraestrutura Nacional de Dados.

- uso da tecnologia para otimizar processos de trabalho da administração pública;
- atuação integrada entre órgãos e entidades envolvidos na prestação e no controle dos serviços públicos, com compartilhamento de dados em ambiente seguro;
- simplificação de procedimentos de solicitação, oferta e acompanhamento dos serviços públicos, com foco na universalização do acesso e no autosserviço;
- **eliminação de formalidades** e de exigências cujo custo econômico ou social seja superior ao risco envolvido;
- imposição imediata e de uma única vez ao interessado das exigências necessárias à prestação de serviços públicos, justificada a exigência posterior apenas em caso de dúvida superveniente;
- vedação de exigência de fato já comprovado pela apresentação de documento ou informação válida;
- **interoperabilidade de sistemas** e promoção de **dados abertos**;
- presunção de boa-fé do usuário;
- permanência da possibilidade de atendimento presencial, de acordo com as características, relevância e público-alvo do serviço;
- **proteção de dados** nos termos da LGPD;
- cumprimento de compromissos e padrões divulgados pela **Carta dos Serviços ao Usuário**;
- acessibilidade para pessoas com deficiência;
- estímulo a ações educativas para qualificação dos servidores;
- apoio técnico aos entes federados para implantação e adoção de estratégias que visem à transformação digital da administração;
- estímulo ao uso de **assinaturas eletrônicas**;
- implantação do governo como plataforma e promoção de uso de dados, conforme a LGPD, com vistas à formulação de políticas públicas, de pesquisas científicas, de geração de negócios e de controle social;
- tratamento adequado aos idosos;
- adoção preferencial no **uso da internet** e de aplicações de formatos abertos e livres; e
- promoção do **desenvolvimento tecnológico e da inovação** no setor público.

A **Estratégia Nacional de Governo Digital**, disciplinada pelo Decreto 12.069/2024, visa articular e direcionar estratégias de transformação digital da administração pública na União, nos Estados, no Distrito Federal e nos Municípios, buscando contribuir para o alcance dos Objetivos de Desenvolvimento Sustentável – ODS da Agenda 2030 da Organização das Nações Unidas e incentivar os entes federativos a considerarem o alcance dos ODS nos objetivos de suas estratégias de governo digital.

Conforme definição contida no art. 4º, I, do Decreto 12.069/2024, governo digital é a abordagem de gestão voltada para a transformação das organizações públicas, apoiada no uso de tecnologias digitais, com vistas à entrega de valor público para a sociedade, mediante o aprimoramento dos seus processos, da prestação de serviços públicos e da execução de políticas públicas.

Já a transformação digital de governo compreende a utilização de tecnologias digitais para o atendimento eficiente do cidadão, a integração de serviços e de políticas públicas e a promoção da transparência, com vistas a inserir o Estado de maneira mais eficaz no ambiente digital e torná-lo mais dinâmico e próximo da população, contando, para tanto, com infraestruturas públicas digitais (IPD), tidas como soluções estruturantes de aplicação transversal, que adotam padrões de tecnologia em rede construídos para o interesse público, a partir dos princípios da universalidade e da interoperabilidade, permitindo o por diversas entidades dos setores público e privado na integração de serviços em canais físicos e digitais.

Há a previsão de reedição quadrienal da estratégia, em sincronia com o Plano Plurianual, sendo a revisão ao menos dois anos após sua edição. O órgão encarregado de promover novas edições em revisões da estratégia é a Secretaria de Governo Digital do Ministério da Gestão e da Inovação em Serviços Públicos. As edições e as revisões da Estratégia Nacional de Governo Digital serão precedidas da articulação e da participação de agentes públicos dos diversos níveis dos entes federativos e de representantes da sociedade civil, do setor acadêmico e do setor privado.

Houve uma preocupação e um cuidado por parte da lei diante dos **excluídos digitalmente**, pois 12,8% da população não tem acesso à internet, conforme Pesquisa Nacional por Amostra de Domicílios (PNAD/2023), divulgada pelo IBGE. Logo, se os serviços fossem todos digitais, daí uma parcela significativa da população não seria atendida por serviços públicos relevantes. Trata-se de número distribuído de forma diversa no território nacional, sendo o acesso maior nas zonas urbanas, variando, ainda, por região do País. Ainda, mais da metade dos excluídos digitais são idosos (52,3% com 60 anos ou mais), sendo que o grupo também é constituído por pessoas sem instrução ou com ensino fundamental incompleto (78,5% das pessoas sem acesso à internet).

Assim, determina a lei que, mesmo com a disponibilização em plataforma única do acesso às informações e aos serviços públicos, não deve haver prejuízo, quando indispensável, da prestação de caráter presencial; devendo ser garantida a permanência da possibilidade de atendimento presencial, de acordo com as características, relevância e público-alvo do serviço; com tratamento adequado aos idosos, que nem sempre se adaptam ao uso das novas tecnologias.

Também o art. 14 da Lei nº 14.129/2021, por sua vez, estabelece que a prestação digital dos serviços públicos deverá ocorrer por meio de tecnologias de amplo acesso pela população, inclusive pela de baixa renda ou residente em áreas rurais e isoladas, sem prejuízo do direito do cidadão ao atendimento presencial.

A lei prevê, conforme dito, adoção preferencial do uso da internet e de aplicações de formatos abertos e livres. *Dados abertos* são dados acessíveis ao público, representados em meio digital, estruturados em formato aberto, processáveis por máquina, referenciados na internet e disponibilizados sob licença aberta que permita sua livre utilização, consumo ou tratamento por qualquer pessoa, física ou jurídica.

Dado acessível ao público é qualquer dado gerado ou acumulado pelos entes públicos que não esteja sob sigilo ou sob restrição de acesso nos termos da Lei nº 12.527, de 18 de novembro de 2011 (Lei de Acesso à Informação); e *formato aberto* é o formato de arquivo não proprietário, cuja especificação esteja documentada publicamente e seja de livre conhecimento e implementação, livre de patentes ou de qualquer outra restrição legal quanto à sua utilização.

Também se deve enfatizar a presença do conceito de domicílio eletrônico, que é a opção do usuário, para receber todas as comunicações, as notificações e as intimações por meio eletrônico, desde que os meios estejam disponíveis, sendo, ainda, possível que o administrado opte, a qualquer momento e independentemente de fundamentação, pelo fim das comunicações, das notificações e das intimações por meio eletrônico. Os dados de envio e recebimento deverão ser conservados por, pelo menos, cinco anos.

Cada ente federado poderá disponibilizar informações sobre a prestação de serviços públicos, conforme o que dispõem suas **Cartas de Serviços ao Usuário**, na **Base Nacional de Serviços Públicos**, em formato aberto e interoperável em padrão comum a todos os entes.

Já as **Plataformas de Governo Digital**, tidas como instrumentos para oferta e prestação digital de serviços públicos, deverão ter, pelo menos, as seguintes funcionalidades: ferramenta digital de solicitação de atendimento e de acompanhamento de entrega dos serviços públicos; e painel de monitoramento do desempenho dos serviços públicos, sendo que o § 16 do art. 37 da Constituição, conforme inclusão feita pela EC nº 109/2021, determina que órgãos e entidades da administração pública, individual ou conjuntamente, devem realizar avaliação de políticas públicas, inclusive com divulgação do objeto a ser avaliado e dos resultados alcançados.

De acordo com o art. 22 da Lei nº 14.129/2021, o painel de monitoramento do desempenho dos serviços públicos deve conter, no mínimo, as seguintes informações para cada serviço ofertado: quantidade de solicitações em andamento e concluídas anualmente; tempo médio de atendimento; e grau de satisfação dos usuários.

Ademais, estabelece o art. 21 da Lei que a ferramenta digital de atendimento e de acompanhamento da entrega dos serviços públicos deve apresentar, no mínimo, as seguintes características e funcionalidades: (1) identificação do serviço público e de suas principais etapas; (2) solicitação digital do serviço; (3) agendamento digital, quando couber; (4) acompanhamento das solicitações por etapas; (5) avaliação continuada de satisfação dos usuários em relação aos serviços prestados; (6) identificação, quando necessária, e gestão do perfil do usuário; (7) notificação do usuário; (8) possibilidade de pagamento digital de serviços públicos e de outras cobranças, quando necessário; (9) nível de segurança compatível com o grau de exigência, a natureza e a criticidade dos serviços e dados utilizados; (10) funcionalidade para solicitar acesso à informação, conforme as leis de acesso à informação e de proteção de dados; e (11) implementação do sistema de ouvidoria nos termos da lei de proteção ao usuário de serviços públicos.

18.6 Regulação dos serviços disruptivos de plataformas digitais

A Era Digital estimula a prestação de serviços por meio de **plataformas digitais**, o que provoca desafios regulatórios. Um dos primeiros serviços disruptivos que gerou amplos debates no Brasil foi a *Uber Technologies Inc.* (**Uber**), empresa multinacional americana, prestadora de serviços eletrônicos de transporte privado urbano.

A atividade é desenvolvida por meio de aplicativo de transporte conectado à internet pelo *smartphone*, que identifica motoristas credenciados em função da localização pelo sistema do GPS, e viabiliza a contratação de deslocamento privado de passageiros. Segundo Bruno Feigelson,[54] no passado, era inimaginável que alguém entrasse num automóvel privado, numa atividade inicialmente não regulamentada e que não dependia de autorização estatal para dirigir.

Ao mesmo tempo que a ausência de regulação gerava para a Uber uma vantagem competitiva, tendo em vista que poucas empresas quiseram correr o risco de investir numa atividade econômica que, naquele momento, do dia para a noite pudesse ser proibida ou restringida por regulação, havia uma espécie de vazio regulatório.[55] Assim, foram suscitados conflitos com atividades inicialmente tidas como similares, a exemplo do serviço tradicional de táxi.

---

[54] FEIGELSON, Bruno. *A relação entre modelos disruptivos e o direito*: estabelecendo uma análise metodológica baseada em três etapas. In: FREITAS, Rafael Véras; RIBEIRO, Leonardo Coelho; FEIGELSON, Bruno. *Regulação de novas tecnologias*. Belo Horizonte: Fórum, 2017. p. 51.

[55] Para entender melhor o debate dos vazios regulatórios causados inicialmente pelos serviços disruptivos, ver: NOHARA, Irene Patrícia. Desafios de regulação dos serviços disruptivos: equilíbrio das fronteiras de inovação. In: ZOCKUN, Maurício; GABARDO, Emerson (Org.). *Direito administrativo e inovação*: crises e soluções. Curitiba: Íthala, 2022. p. 307-321.

Logo de início, houve o questionamento sobre a legalidade do serviço prestado pela Uber, tido como uma concorrência desleal ou mesmo uma espécie de pirataria,[56] que violaria a regulação que rege o tema, a qual determinava a exclusividade no transporte urbano remunerado de passageiros.

Contudo, a Uber não se autodefinia como uma empresa que realizava atividades de transporte, enfatizando se tratar de empresa do ramo de tecnologia voltada a desenvolver atividades em aplicativo de celulares, isto é, viabilizadora de uma plataforma eletrônica de conexão entre empreendedores/colaboradores e consumidores, cobrando comissão em função das transações nela realizadas.

Ocorreu, então, como acontece em inovações de serviços de diversos setores, uma grande insegurança sobre a legalidade da prestação do serviço pela Uber. No entanto, em 26 de março de 2018, houve a criação da **Lei nº 13.640,** que alterou a Lei de Mobilidade Urbana (cf. art. 4º, X, da Lei nº 12.587/2012), para disciplinar o **transporte remunerado privado individual de passageiros**, sendo assim definido como: "serviço remunerado de transporte de passageiros, não aberto ao público, para a realização de viagens individualizadas ou compartilhadas solicitadas exclusivamente por usuários previamente cadastrados em aplicativos ou outras plataformas de comunicação em rede".

Houve a edição da legislação federal (de abrangência nacional) do assunto, com base no art. 22, X, da Constituição, que assegurou a competência privativa da União para legislar sobre trânsito e transporte, sendo, ainda, aberta a oportunidade de o âmbito local, isto é, tanto os Municípios quanto o Distrito Federal (que concentra atribuições municipais), regulamentar, desde que sejam obedecidos os parâmetros mais genéricos da Lei nº 13.640/2018, a exploração dos serviços remunerados de transporte privado individual de passageiros.

Por conseguinte, ilegal fora doravante considerada a prestação deste serviço sem o cumprimento dos requisitos genéricos da Lei nº 13.640/2018, bem como da regulamentação do poder público municipal e do Distrito Federal. De acordo com o art. 11-A, inserido à Lei nº 12.587/2012 pela Lei nº 13.640/2018, compete exclusivamente aos Municípios e ao Distrito Federal regulamentar e fiscalizar o serviço de transporte remunerado privado individual de passageiros previsto no inciso X do art. 4º desta lei no âmbito de seus territórios.

As exigências mais gerais, aplicadas a todos os âmbitos, foram: (I) efetiva cobrança dos tributos municipais devidos pela prestação do serviço; (II) contratação de seguro de acidentes pessoais a passageiros (APP) e do seguro obrigatório de danos pessoais causados por veículos automotores de vias terrestres (DPVAT); e (III) exigência de inscrição do motorista como contribuinte individual do INSS.

Nos Municípios que optarem pela regulamentação do serviço, somente será autorizado ao motorista que: (I) possuir Carteira Nacional de Habilitação na categoria B ou superior que contenha a informação de que exerce atividade remunerada; (II) conduzir veículo que atenda aos requisitos de idade máxima e às características exigidas pela autoridade de trânsito e pelo poder público municipal e do Distrito Federal; (III) emitir e manter o Certificado de Registro e Licenciamento de Veículo (CRLV); e (IV) apresentar certidão negativa de antecedentes criminais.

Outrossim, em 9.5.2019, o Plenário do STF fixou a tese de repercussão geral no Recurso Extraordinário (RE) 1054110, na qual julgou **inconstitucional a proibição ou restrição**, por meio de lei municipal, do transporte individual de passageiro por motoristas cadastrados em aplicativos, inclusive o *iFood*.

---

[56] Cf. GUIMARÃES, Bernardo Strobel; GONÇALVES, Marcos Alberto. Serviço público de transporte privativo de passageiros e transporte individual privado e passageiros. In: FREITAS, Rafael Véras; RIBEIRO, Leonardo Coelho; FEIGELSON, Bruno. *Regulação de novas tecnologias*. Belo Horizonte: Fórum, 2017. p. 387.

A tese fixada foi aprovada pelo plenário do Supremo Tribunal Federal nos seguintes termos: (1) a proibição ou restrição da atividade de transporte privado individual por motorista cadastrado em aplicativo é inconstitucional, por violação aos princípios da livre-iniciativa e da livre concorrência; (2) no exercício de sua competência para regulamentação e fiscalização do transporte privado individual de passageiros, os municípios e o Distrito Federal não podem contrariar os parâmetros fixados pelo legislador federal (art. 22, XI, da CF).

O Supremo Tribunal Federal decidiu, portanto, vedar a proibição de uso de plataformas de mobilidade urbana como a Uber, determinando que os Municípios, ao regulamentarem o transporte privado individual de passageiros, não contrariem os parâmetros delimitados pela Lei nº 13.640/2018.

O debate que ainda está em aberto é o reconhecimento de vínculo empregatício aos motoristas de aplicativos, dada divergência interpretativa no TST e, simultaneamente, propostas do governo de estender a proteção trabalhista aos motoristas de aplicativos, o que não é seguido pelo STF.

A 8ª e a 3ª Turma do TST entendem haver relação de emprego, diferentemente da 4ª e da 5ª Turma, assunto que foi pautado na Subseção I Especializada em Dissídios Individuais (SDI-1), órgão responsável pela uniformização jurisprudencial das turmas. Todavia, em 28 de setembro de 2023, o Min. Fux, do STF, na Rcl 59404, proferiu decisão monocrática afastando vínculo empregatício em motorista de aplicativo, alegando violação do conteúdo da ADPF 324 – paradigma que declara a constitucionalidade de modelos diversos de prestação de serviços no mercado de trabalho, conforme princípios da livre-iniciativa e da livre concorrência. No mesmo sentido, mencionou a Rcl 59795, Rel. Min. Alexandre de Moraes, *DJe* de 24.5.2023.

Outro serviço bastante conhecido que, pela plataforma, viabilizou uma economia colaborativa no compartilhamento de hospedagem foi o **Airbnb**, que oferece acomodações para que viajantes encontrem estada em diversos locais do mundo. Trata-se, portanto, de plataforma de acomodação que funciona como uma intermediadora da prestação de serviços e de oferecimento de imóveis.

A plataforma Airbnb funciona na aproximação entre o anfitrião, que faz a gestão do imóvel ofertado, e o hóspede. Há o cadastro por parte dos anfitriões que anunciam suas acomodações na plataforma por meio de imagens e dados, bem como um guia com as regras de utilização do espaço. O anúncio pelo Airbnb é gratuito, mas é cobrada uma taxa de 3% do anfitrião em relação à reserva confirmada. Também o hóspede paga taxa percentual em relação ao valor da reserva.

Ponto interessante da plataforma é, assim como na Uber, a viabilização de um sistema de avaliação da experiência, que auxilia na *construção da reputação* tanto do anfitrião como do próprio hóspede, sendo que ambos se avaliam, o que provoca o desenvolvimento da confiança entre os consumidores da plataforma. Ademais, as transações são feitas diretamente (*peer-to-peer*), sem intermediações.

Assim, o sistema de avaliação por meio de comentários e a classificação, isto é, ranqueamento, aplicável aos dois lados, permite um controle pelos próprios usuários da plataforma. A dificuldade de regulação do Airbnb, tendo em vista suas características próprias de serviço disruptivo, gera problemas na definição de seu regime jurídico, o que suscitou indagações de índole: urbanística, administrativa, imobiliária, concorrencial e tributária. Atualmente, o Airbnb enfrenta desafios, ante a proliferação de serviços similares em plataformas eletrônicas, entre outras causas, como o Vrbo, sendo que o CEO da empresa engendra planos para aprimorar o modelo de negócios.

Mais recentemente, no período pós-pandêmico, houve a discussão, na cidade de São Paulo, sobre as chamadas **dark kitchens (cozinhas invisíveis)**. Trata-se de um modelo de negócio em formato de *coworking* em que as empresas envolvidas fazem a gestão das instalações, isto é, da infraestrutura, para que os contratados preparem refeições focadas na modalidade de entrega, sendo oferecido o aplicativo que também contata os entregadores.

É estrutura de negócio que foi aumentando a importância sobretudo na pandemia da Covid-19. Enquanto antigamente havia necessidade de uma grande estrutura para gerir um restaurante, a partir do modelo de *dark kitchens* há um enxugamento de custos; no compartilhamento do espaço com diversas empresas, ganha-se em escala, e a atividade econômica é estimulada com o oferecimento da logística de um sistema de entregas.

Ocorre que, a partir da expansão de tal negócio, começaram polêmicas sobre a natureza da atividade, havendo uma tentativa de enquadramento dela em atividades industriais, tendo em vista o impulso em discutir o impacto dos gases expelidos pelos exaustores das *dark kitchens*, bem como a poluição sonora, tendo havido, ainda, tentativas de enquadrar as atividades similares do gênero alimentício na discussão do poder de polícia e da fiscalização municipal, o que não é propriamente adequado à atividade de fato desenvolvida pelas empresas que ofertam tais utilidades/*facilities*.

Assim, em maio de 2022, houve, na Câmara dos Vereadores de São Paulo, audiências para regulação das atividades das *dark kitchens*, provocando uma interlocução justamente para se compreender os problemas gerados e bem classificar essa nova atividade, o que permitirá sua adequada regulação e, consequentemente, uma compatível fiscalização.

Percebe-se que as plataformas digitais estão estruturando novos modelos de negócio, que conectam pessoas e viabilizam atividades econômicas que desafiam as categorias tradicionais do Direito a um enquadramento diferenciado em termos administrativos.

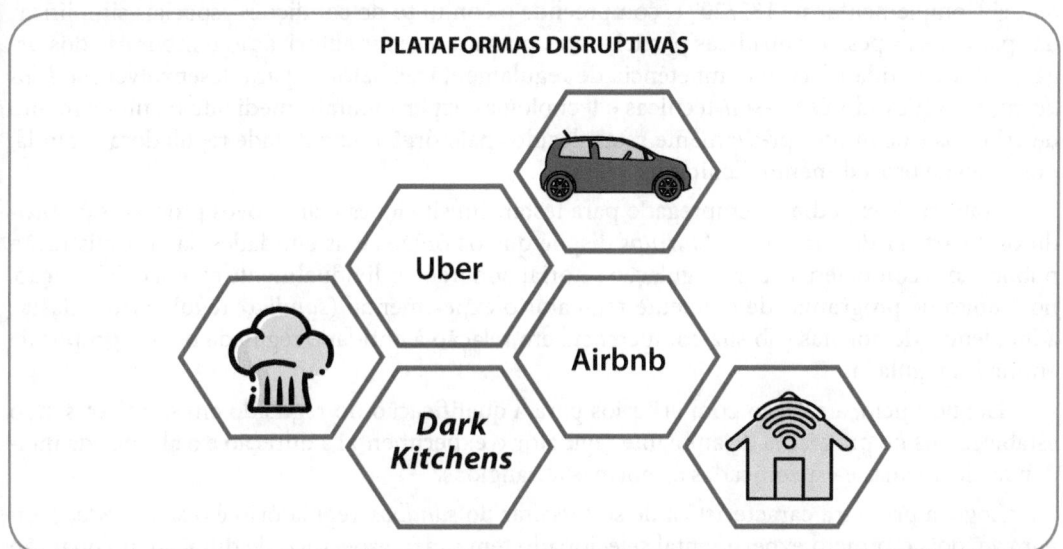

18.7 Inovação e testagem de novos serviços por *sandbox* regulatório

Para se acompanhar a mudança das tecnologias disruptivas e testar tecnologias experimentais em novos modelos de negócios e serviços, com flexibilidade e segurança, há o instrumento denominado *sandbox* regulatório.

Sandbox é palavra de origem inglesa constituída dos termos *sand* (areia) e *box* (caixa), que designa, literalmente, "caixa de areia", advinda da realidade dos ecossistemas de tecnologia. Assim como as crianças desenvolvem suas atividades criativas, expansivas e lúdicas em processo de aprendizagem e necessitam da supervisão adulta, por se colocarem em risco, os *sandbox* regulatórios representam um ambiente controlado, com relativo conforto, no qual há, em uma situação real de vida, cercada e monitorada por um período de tempo, a testagem de modelos experimentais com flexibilização do controle, ou seja, com um tratamento regulatório diferenciado.

Para que o Estado, em atividade regulatória, estimule a inovação, ele deve ter uma abertura às atitudes associadas à experimentação. De acordo com Eduardo Jordão, o ambiente experimental baseia-se no sistema de *tentativa e erro*, sendo de se esperar que ocorram erros decisórios, que devem ser vistos com flexibilidade por parte do controlador.[57]

Sem correr riscos, inclusive dos erros, não se criam oportunidades de mudanças e transformações que sejam mais disruptivas. Aliás, é também do inglês que advém a expressão traduzida "pensar fora da caixa" (*think outside the box*), que designa a atitude de se pensar de uma nova forma, não convencional, em uma perspectiva que propicie criatividade e, portanto, inovação.

O desafio de atitude da área jurídica em relação à inovação é ter um olhar mais prospectivo e esperançoso, com foco nas potencialidades e oportunidades de inovação, em vez do olhar retrospectivo de um limitativo controle, baseado na desconfiança do "Engenheiro de Obra Pronta".

A Lei brasileira que disciplina o *sandbox* regulatório é o Marco Legal das *Startups* e do Empreendedorismo Inovador (Lei Complementar nº 182/2021), que abre espaço para a flexibilização das exigências legais e para a testagem e a experimentação de novos produtos e serviços.

Ambiente regulatório experimental ou ***sandbox* regulatório**, de acordo com o art. 2º, II, da Lei Complementar nº 182/2021, compreende o conjunto de condições especiais simplificadas para que as pessoas jurídicas participantes possam receber autorização temporária dos órgãos ou das entidades com competência de regulamentação setorial para desenvolver *modelos de negócios* inovadores e *testar* técnicas e tecnologias experimentais, mediante o cumprimento de critérios e de limites previamente estabelecidos pelo órgão ou entidade reguladora e, ainda, por meio de procedimento facilitado.

Trata-se de expediente empregado para testar, em situações reais, novos processos ou produtos. O art. 11 do Marco das *Startups* dispõe que os órgãos e as entidades da administração pública com competência para regulação setorial poderão, individualmente ou em colaboração, no âmbito de programas de ambiente regulatório experimental (*sandbox* regulatório), afastar a incidência de normas sob sua competência em relação à entidade regulada ou aos grupos de entidades reguladas.

Há, no início, a seleção com critérios para a qualificação do regulado em *sandbox*, sendo estabelecidos no programa de ambiente regulatório experimental a duração e o alcance da incidência de normas e especificadas as normas abrangidas.

Logo, a primeira característica de se ressaltar do *sandbox* regulatório é o seu *caráter temporário*, pois o projeto experimental selecionado tem prazo específico de duração, no qual são suspensas as normas vigentes naquele âmbito do *sandbox*.

A segunda característica, conforme mencionado, diz respeito ao *tratamento regulatório diferenciado*, que é customizado para testagem real daquele produto ou serviço disruptivo, tendo o escopo de estimular o surgimento de novos modelos de negócios, atendendo tanto as

---

[57] JORDÃO, Eduardo. A relação entre inovação e controle da Administração Pública. *Revista de Direito Administrativo e Constitucional*, Belo Horizonte, ano 18, n. 72, p. 133-146, abr./jun. 2018.

necessidades dos usuários como também os impactos e externalidades, para que haja mais segurança à inovação.

Já a terceira característica é a *limitação do escopo* ou *fim* do *sandbox*. Assim, os órgãos e entidades reguladoras estabelecerão critérios e limites aptos a provocar, com segurança, o procedimento facilitado. As regras mais gerais serão flexibilizadas para o alcance de um escopo específico, que, posteriormente, pode até vir a ser aumentado, mas que, no momento da experimentação, é delimitado, para mais eficaz observação, avaliação e monitoramento.

O Brasil já realizou alguns *sandbox* regulatórios nos setores financeiro, de seguros e em sistema de cobrança de pedágio eletrônico em fluxo livre. Quanto ao último, *Free Flow* (fluxo livre) é um sistema de cobrança de pedágios com pagamento eletrônico sem paradas, no qual se dispensam os custos com as praças de pedágio físicas, isto é, suas cancelas e cobranças realizadas diretamente por funcionários, sendo utilizados pórticos de pedágio eletrônico, conferindo, então, maior fluidez e agilidade na cobrança de pedágios das rodovias. Foi autorizada, em sistema de *sandbox* regulatório, pela Agência Nacional de Transportes Terrestres (ANTT), a cobrança de pedágios na rodovia Rio-Santos – BR 101, sendo um regime em que o motorista paga pelo trecho de fato rodado.

No caso dos *sandbox* regulatórios na área dos seguros, há um ambiente regulatório experimental para viabilizar o teste de implantação de projetos inovadores voltados ao mercado de seguros, sendo verificadas as novas metodologias, processos, procedimentos ou a aplicação diversa de novas tecnologias existentes. As sociedades selecionadas procuram testar, sob a supervisão da SUSEP, novos produtos, serviços e novas formas de prestação de serviços, sendo ponderados, a partir do *sandbox*, os benefícios e os riscos associados à inovação, com reflexão sobre a necessidade de ajustes regulamentação contextualizada.

Dá-se destaque, ainda, à iniciativa do Banco Central, em *sandbox* lançado em 2020, permitindo às instituições financeiras que testassem produtos e serviços em ambiente controlado no setor financeiro. Também a Comissão de Valores Mobiliários (CVM) implementou um *sandbox* regulatório direcionado ao mercado de capitais, em ambiente regulatório adaptado.

SANDBOX REGULATÓRIO

Conceito: condições especiais simplificadas em que pessoas jurídicas recebem autorização temporária das entidades de regulação para *desenvolver modelos de negócios inovadores* ou *testar técnicas e tecnologias experimentais*, mediante cumprimento de critérios e de limites estabelecidos em procedimento facilitado.

São testados, em situações reais, novos processos e produtos.

Programa de ambiente regulatório experimental: duração e alcance da incidência de normas, com especificação das normas abrangidas.

Características:

a) *temporariedade*, associada a um projeto experimental;

b) *tratamento regulatório diferenciado*; e

c) *limitação do escopo* para fim específico.

18.8 *Blockchain*

Blockchain é expressão do inglês, com sentido de *corrente de blocos*, sendo um banco de dados ou livro de registros que agrupa, de forma compartilhada e descentralizada, um conjunto de transações gravadas de forma permanente e imutável. Trata-se de tecnologia alternativa ao armazenamento de dados e às operações digitais, que não depende de uma organização central ou hierárquica incumbida da intermediação, além de os seus integrantes disporem das mesmas capacidades e responsabilidades na manutenção e no armazenamento dos dados.[58]

Compreende "registros distribuídos"[59] em uma tecnologia que grava transações de forma permanente, ou seja, que não pode ser apagada posteriormente, sendo que somente pode ser atualizada sequencialmente, mantendo, assim, um rastro histórico das operações. Logo, "tecnicamente, o *blockchain* é um banco de dados *back-end* que mantém um registro distribuído"[60], o que permite sua inspeção aberta. Com a tecnologia *blockchain* se elimina a necessidade de duplicidade de registros.

Simplificadamente, são vários computadores conectados à internet e, portanto, conectados uns aos outros, com dados/informações capazes de serem acessados remotamente, para comprovar ou verificar a veracidade de uma informação ou transação. Trata-se, portanto, do oposto da noção de "central de dados". Assim, *blockchain* "é parte banco de dados, parte plataforma de desenvolvimento, parte viabilizador de rede",[61] ou seja, é uma "metatecnologia", porque, além de afetar várias partes, o próprio *blockchain* é feito de várias delas.

Dentre as várias funcionalidades do *blockchain*, estão: a infraestrutura computacional, a plataforma de transação, o banco de dados descentralizados e o registro contábil distribuído. Por infraestrutura computacional entende-se a conexão de vários computadores com informações que, para liberá-las ou gravar (novas) em uma operação, devem obedecer a um mesmo processo, devidamente criptografado.

Plataforma de transação é a capacidade que o *blockchain* possui de validar uma variedade de transações ligadas a valores ou ativos (como ações, imóveis etc.). Essa transação é armazenada em um "bloco" e pode ser verificada/auditada posteriormente. Serve como banco de dados descentralizado porque as informações/dados estão distribuídas em diversos computadores (devidamente criptografados).

Como registro contábil distribuído, é possível, ainda, controlar/verificar a validade das transações contábeis.[62] Mas não é somente pelas suas funcionalidades que o *blockchain* pode ou deve fazer parte da gestão pública, o que o torna atraente são os princípios que circundam essa nova tecnologia.

O primeiro princípio deles envolve a confiança intrínseca, isto é, a certeza de que os participantes da negociação agirão em certo sentido. Ainda que criptografado, qualquer um pode ver a transação que está ocorrendo, o que torna o *blockchain* público e rastreável.[63]

---

[58] ANDRIGHI, Fátima Nancy. O surgimento da tecnologia blockchain e dos contratos inteligentes (*smart contracts*): funcionamento e desafios jurídicos. In: YARSHELL, Flávio Luiz; PEREIRA, Guilherme Setoguti J (Coord.). *Processo societário*. São Paulo: Quartier Latin, 2018. v. 3, p. 607.

[59] SCHWAB, K. *Aplicando a quarta revolução industrial*. Traduzido para o português de Shaping the fourth industrial revolution. São Paulo: Edipro, 2018. p. 134.

[60] MOUGAYAR, W. Blockchain *para negócios*: promessa, prática e aplicação da nova tecnologia da internet. Traduzido para o português de The Business Blockchain. Rio de Janeiro: Alta Books, 2017. p. XXVII.

[61] MOUGAYAR, W. Blockchain *para negócios*: promessa, prática e aplicação da nova tecnologia da internet. Traduzido para o português de The Business Blockchain. Rio de Janeiro: Alta Books, 2017. p. 6-10.

[62] MOUGAYAR, W. Blockchain *para negócios*: promessa, prática e aplicação da nova tecnologia da internet. Traduzido para o português de The Business Blockchain. Rio de Janeiro: Alta Books, 2017. p. 19-22.

[63] TAPSCOTT, Don; TAPSCOTT, Alex. *Blockchain revolution*: como a tecnologia por trás do Bitcoin está mudando o dinheiro, os negócios e o mundo. São Paulo: Senai-SP, 2016. p. 60.

O *blockchain* utiliza um mecanismo de consenso, ou seja, um processo social, que algoritmicamente "garimpa" informações acerca daquela transação, da sua viabilidade, em um tempo que não dura mais do que 10 minutos. Ele foi criado para gerar certa independência perante o próprio Estado, mas este pode utilizar-se desse sistema para, digitalmente, tornar-se mais eficiente e confiável, ou, como o próprio princípio diz, íntegro.[64]

Outro princípio que se alinha com as características da Administração é o da *segurança*, uma vez que os "mineradores", ou seja, computadores com grande capacidade de armazenamento, responsáveis por armazenar "blocos" de transações, são os responsáveis pela confiabilidade, autenticação e aceitação de todas as atividades, sendo toda a operação criptografada e rastreada.[65] A mineração é tão importante que alguns a consideram quase de "utilidade pública", pois é ela que guarda toda prova e participação, atividade e capacidade da negociação.

A privacidade é, essencialmente, um dos objetivos primordiais do *blockchain*, pois ele não está preocupado em saber quem é quem, mas sim se aquela transação está ou não apta a acontecer, isso porque a identificação (privacidade) é separada da negociação (transparente). Trata-se de tecnologia que respeita, portanto, a privacidade aos dados sensíveis, pois as identidades dos usuários estão sob pseudônimos, "isso significa que você tem de fazer uma quantidade considerável de triangulação de dados para descobrir o que ou quem é o dono de uma chave pública em particular".[66]

O princípio da *inclusão* também está na base do *blockchain*, pois ele opera sem "intermediários", reduzindo os obstáculos à participação. Portanto, além de transparente, ou seja, possível de "ver", o *blockchain* também é confiável, sendo possível de se verificar.[67] Conforme expõe Gustavo Santanna, como integridade ou confiança, segurança, inclusão, transparência são também vértices que direcionam a conduta da Administração Pública, a paulatina utilização do *blockchain* pela Administração será de grande utilidade.[68]

Klaus Schwab enfatiza quatro motivos pelos quais a tecnologia *blockchain* é revolucionária.[69] O primeiro motivo é porque o *blockchain* permite a criação e transmissão de objetos digitais com certificação de exclusividade, sem o risco de haver cópias falsas ou o duplo envio. O segundo motivo está na transparência, verificação e "imutabilidade" dos registros, sem a necessidade de confiar em uma "terceira pessoa" (no caso, até mesmo o Estado) única e centralizada. Neste, poder-se-ia pensar em uma abolição ou eliminação do Estado? Em partes sim, mas o que se pode sustentar é que, ainda que ele não seja o "intermediador" de uma relação (imóveis, veículos, transação financeira etc.), ele seria informado de tal negociação, e um percentual do tributo gerado ficaria a cargo dos "mineradores", ou seja, dos responsáveis pela garantia daquela negociação. Vale reforçar que a "integridade não é de graça", pois gera custos computacionais,

---

[64] TAPSCOTT, Don; TAPSCOTT, Alex. *Blockchain revolution*: como a tecnologia por trás do Bitcoin está mudando o dinheiro, os negócios e o mundo. São Paulo: Senai-SP, 2016. p. 62.

[65] MOUGAYAR, W. Blockchain *para negócios*: promessa, prática e aplicação da nova tecnologia da internet. Traduzido para o português de The Business Blockchain. Rio de Janeiro: Alta Books, 2017. p. 63-64.

[66] MOUGAYAR, W. Blockchain *para negócios*: promessa, prática e aplicação da nova tecnologia da internet. Traduzido para o português de The Business Blockchain. Rio de Janeiro: Alta Books, 2017. p. 76.

[67] MOUGAYAR, W. Blockchain *para negócios*: promessa, prática e aplicação da nova tecnologia da internet. Traduzido para o português de The Business Blockchain. Rio de Janeiro: Alta Books, 2017. p. 70-71.

[68] SANTANNA, Gustavo. Administração pública eletrônica. Londrina: Thoth, 2022. p. 116.

[69] SCHWAB, K. *Aplicando a quarta revolução industrial*. Traduzido para o português de Shaping the fourth industrial revolution. São Paulo: Edipro, 2018. p. 134.

energia, manutenção e, portanto, nada mais natural que se pagar por ele.[70] Outro motivo de aplicação do *blockchain* é que as transações podem ser executadas (sendo rastreáveis e verificáveis) sem a necessidade de intervenção humana. Por fim, a "inclusão" permite que qualquer usuário, mesmo com pouca banda larga, e um *software* básico, armazenamento e conectividade, consiga realizar a transação. Daí, inclusive, a importância do acesso à internet como direito fundamental.[71]

Em termos de gestão pública, o *blockchain* pode ser utilizado no registro de imóveis e propriedades, tabelionatos de notas e registros públicos, veículos automotores, embarcações e benefícios assistenciais.

Com a criação de "registros digitais", seria possível criar uma espécie de *blockchain* público, contendo desde registro de saúde até votação.[72] Trata-se de nova tecnologia que foi basicamente utilizada para operações financeiras, associadas ao surgimento de criptoativos, como *bitcoin*, mas é certo que ela não se destina unicamente às corporações com fins lucrativos, podendo ser utilizada também em "benefício" do Estado e, consequentemente, da sociedade.[73] Assim, é potencial seu uso em contratações públicas inteligentes, as quais, conforme expõe Edcarlos Alves Lima, compreendem uma plataforma eletrônica centralizada, agregada com a Inteligência Artificial e com o uso de tecnologia *blockchain*.[74]

BLOCKCHAIN

Tecnologia *Blockchain*: banco de dados ou livro de registros que agrupa, de forma compartilhada e descentralizada, um conjunto de transações gravadas de forma permanente e imutável.

Funcionalidades: infraestrutura computacional, plataforma de transação, banco de dados descentralizados e registro contábil distribuído.

Opera a partir dos **princípios**:

– da integridade ou confiança;

– da segurança;

– da inclusão; e

– da transparência.

18.9 Inteligência Artificial (IA)

A Inteligência Artificial (IA), traduzida do inglês *artificial intelligence* (AI), representa uma nova tecnologia que propicia aos sistemas simularem a inteligência humana. Como é conhecida

---

[70] DRESCHER, Daniel. Blockchain *básico*: uma introdução não técnica em 25 passos. Tradução de Lúcia A. Kinoshita. São Paulo: Novatec, 2018. p. 204-205.

[71] SCHWAB, K. *Aplicando a quarta revolução industrial*. Traduzido para o português de Shaping the fourth industrial revolution. São Paulo: Edipro, 2018. p. 134-135.

[72] SCHWAB, K. *Aplicando a quarta revolução industrial*. Traduzido para o português de Shaping the fourth industrial revolution. São Paulo: Edipro, 2018. p. 141.

[73] Como desafio para o uso da tecnologia para contratações públicas, há a excelente dissertação defendida na PUCPR de Mirela Miró Ziliotto, "A tecnologia blockchain aplicada nas contratações públicas no Brasil", defendida em 2021, de orientação de Luiz Alberto Blanchet, publicada como: ZILIOTTO, Mirela Miró. *Tecnologia* blockchain *nas contratações públicas no Brasil*. Belo Horizonte: Fórum, 2022.

[74] LIMA, Edcarlos Alves. *Inovação e contratações públicas inteligentes*. Belo Horizonte: Fórum, 2023. p. 179.

atualmente, teve seus estudos iniciados na década de 1950, como um sistema capaz de entender a "formulação de quaisquer problemas e resolvê-los com base em princípios fundamentais".[75]

Enrique Cáceres[76] entende a Inteligência Artificial como o ramo da ciência computacional dedicado ao desenvolvimento de programas cujos produtos finais a serem atribuídos a um ser humano pressupõem processos mentais inteligentes. Para o autor, inteligência artificial compreende programas computacionais que permitiriam resolver problemas ou ajudar a resolvê-los, da mesma forma que um humano resolveria.

Em síntese, IA designa a capacidade de uma máquina de resolver tarefas geralmente associadas à inteligência humana, como problemas ou mesmo aprender com experiências anteriores. O campo da Inteligência Artificial busca "construir" entidades inteligentes, sendo um dos campos mais recentes e mais explorados nas ciências, ainda que o seu estudo tenha se dado logo após a Segunda Guerra Mundial, período em que o próprio nome foi cunhado.[77]

O aumento no poder computacional e no acesso a dados de treinamento conduziu a avanços práticos na **aprendizagem de máquina** (*Machine Learning* – ML), que permitiram, conforme exposição da Estratégia Brasileira de Inteligência Artificial (EBIA), sucessos recentes em uma variedade de domínios aplicados. Expõe Dora Kaufman[78] que algoritmos de IA estão em toda parte, sobretudo em sociedades hiperconectadas, em que transitamos em ambientes tecnossociais inteligentes, em que a comunicação gera dados digitais. Dessa forma, a IA:

- domina mercado de ações;
- compõe música;
- produz arte;
- dirige carros;
- escreve artigos de notícias;
- prognostica tratamentos médicos;
- decide sobre crédito e contratação; e
- recomenda entretenimento.

Há, no fundo, uma conexão entre a Inteligência Artificial e várias tecnologias, sendo relevante considerar, além do *machine learning* em face dos *big datas*, também as tecnologias *analytics*, os sistemas especialistas, a automação e os sensores de reconhecimento de voz e imagens.

De acordo com Dierle Nunes e Ana Luiza Pinto Coelho Marques, "inteligência artificial funciona a partir de sistemas de dados programados para dar respostas conforme a base de dados disponível. Esses sistemas recebem o nome de **algoritmos**".[79] Pode-se compreender a Inteligência Artificial como a existência de programas de armazenamento de dados na memória de um computador que executa determinadas tarefas a partir desses dados (IA fraca) ou que, dife-

---

[75] SILVA, Flavio Soares Corrêa da. O que é computação cognitiva. Boletim do Irib em Revista, 358, 68, set. 2018.

[76] CACERES NIETO, E. Inteligencia artificial, derecho y e-justice (el proyecto IIJ-conacyt). *Boletin Mexicano de Derecho Comparado*, n. 116, p. 593-611, 2006. p. 604.

[77] RUSSEL, S.; NORVIG, P. Inteligência artificial. Traduzido para o português de Artificial Intelligence. 3. ed. Rio de Janeiro: Elsevier, 2013. p. 3.

[78] KAUFMAN, Dora. *Desmistificando a inteligência artificial*. São Paulo: Autêntica, 2022. p. 11.

[79] NUNES, D. J. C.; MARQUES, A. L. P. C. Inteligência artificial e direito processual: vieses algorítmicos e os riscos de atribuição de função decisória às máquinas. *Revista de Processo*, v. 43, n. 285, p. 425, nov. 2018.

rentemente do que se poderia esperar, pode mudar sua atuação e criar novas respostas a partir desses dados (IA forte).[80]

Assim, enquanto a **inteligência artificial fraca** é projetada a executar tarefas específicas, não possuindo capacidade de aprender fora do escopo de sua programação, como ocorre no caso de assistentes virtuais e de carros autônomos, a ideia de **inteligência artificial forte** implica desenvolver distintas tarefas, ensinando e aprendendo a resolver novos problemas com autonomia, assim, procura-se agregar capacidade de aprendizado e de adaptação a diferentes contextos.

A Inteligência Artificial é classificada, no tocante às etapas do seu desenvolvimento,[81] em:

1. **Inteligência Artificial Estreita (ANI – em inglês,** *Artificial Narrow Intelligence*), em que os algoritmos são desenhados para realizar uma tarefa específica, a partir de um banco de dados, sendo considerada IA fraca, pois não é capaz de desempenhar outras tarefas (ex.: programas de xadrez de I.A., aplicativos: de música e vídeos, e assistentes virtuais ou buscador do Google);

2. **Inteligência Geral Artificial (AGI – em inglês,** *Artificial General Intelligence*), sendo a forte, pois associada aos sistemas computacionais com habilidades cognitivas semelhantes às humanas, com possibilidade de pensar e aprender, executando qualquer tarefa intelectual feita por uma pessoa (estamos quase chegando a tipo de desenvolvimento, em que as máquinas reproduzem capacidades multifuncionais humanas); e

3. **Superinteligência Artificial (ASI – em inglês,** *Artificial Super Intelligence*), que seria uma forma de inteligência artificial que teria aptidão de superar a inteligência humana[82] em diversos aspectos, incluindo capacidades cognitivas e habilidades de resolução de problemas que a habilitassem a tomar decisões complexas e, então, gerar ideias criativas, o que provoca preocupação com sua previsibilidade e calculabilidade.

Também se fala em **IA generativa**, sendo esta capaz de gerar conteúdos novos, incluindo textos, imagens, vídeos e músicas, com capacidade de aprender a partir da base de dados acumulados na internet. O **ChatGPT** é considerado uma IA generativa, pois ele responde a perguntas ou pedidos veiculados em **prompt**,[83] apresentando uma resposta única a cada interação. A IA generativa gera informações de forma original para cada interação, sendo submetida à evolução progressiva, sem a necessidade de nova programação. Trata-se de IA que está no limiar entre a IA fraca e a IA forte.

Os sistemas inteligentes são os que aprendem com dados sem receber instruções explícitas nesse sentido. A ciência computacional ganha em maior capacidade, com **redes neurais de aprendizagem profunda** (DLNN), sendo tecnologias utilizadas nos processos decisórios a partir de *insights* preditivos com taxas relativamente altas de acurácia. Mas, para evoluírem,

---

[80] COELHO, Helder. *Inteligência artificial em 25 lições*. Lisboa: Fundação Calouste Gulbenkian, 1995. p. 341.

[81] Conferir vídeo da BBC: as três etapas da inteligência artificial e por que a terceira pode ser fatal. Disponível em: https://www.youtube.com/watch?v=i6xbl9QzlK0. Acesso em: 1º out. 2023.

[82] Uma crítica à ficcional hipótese de que as 'mentes não-humanas' artificiais irão dominar as pessoas, tal qual os humanos dominaram chimpanzés, sendo que a sobrevivência dependeria de decisões intencionais dos mais inteligentes, se encontra no artigo, disponível no repositório digital da revista: NOHARA, Irene Patrícia; GABARDO, Emerson. Superinteligência e os desafios reais e fictícios de regulação em tempos de Inteligência Artificial. *Sequência* (UFSC), v. 45, p. 1-22, 2024.

[83] *Prompt* é o comando que orienta o ChatGPT a fornecer as informações solicitadas.

segundo expõe Dora Kaufman, dependem de grandes quantidades de dados de qualidade, para treinamento e aperfeiçoamento dos modelos, o que requer um *software* com alta capacidade de processamento.[84]

A IA tem potencial para promover a reestruturação de diversos setores, a exemplo do mercado de trabalho, da educação, da promoção de pesquisa, do desenvolvimento e inovação, da saúde, da mobilidade e da segurança pública, sendo comum que se enfatize o papel do Estado na facilitação da adoção de tecnologias de IA, inclusive pela Administração Pública com a integração dos serviços públicos e o ganho de eficiência,[85] na convergência e interoperabilidade entre serviços e máquinas inteligentes – o que representa um passo necessário para o incremento dos **serviços públicos 4.0**.

Do ponto de vista jurídico, entende-se que os sistemas de IA devem ser programados de maneira a respeitar o Estado de Direito, os direitos humanos, os valores democráticos e a diversidade, com prevenção, precaução e salvaguardas adequadas que possibilitem a intervenção humana sempre que necessário, para garantia de uma sociedade justa. Não se trata de desafio simples, pois, atualmente, há uma preocupação mundial com o avanço sem controle de pesquisas pelos grandes laboratórios que desenvolvem sistemas de Inteligência Artificial.

Um alerta que chamou a atenção da sociedade foi uma situação, relatada pela própria OpenAI,[86] desenvolvedora do ChatGPT, em que o sistema de IA enganou um ser humano com o fito de burlar o sistema de Captcha, que é justamente o filtro que não permite que os robôs entrem em local destinado a ser operado exclusivamente por seres humanos.

O ChatGPT mentiu: não apenas não revelou que seria um robô, mas comunicou que ele seria uma pessoa com deficiência visual, o que dificulta identificar as imagens do Captcha, para ultrapassar, por meio de um ser humano, essa barreira. No próprio relatório da OpenAI, apresentado em 16.3.2023, houve identificação de capacidades preocupantes da IA, denominadas de "Comportamentos Emergentes de Risco", como a habilidade de "criar planos de longa data" e agir em cima deles, com acúmulo de poder e recursos, e comportamentos progressivamente autoritários.[87]

Em 2023, houve uma Carta[88] assinada por diversos especialistas no tema e autoridades, desde Harari até Elon Musk, de variadas origens e distintas visões, que demandava mais segurança no planejamento e gerenciamento das atividades de laboratórios de Inteligência Artificial, para evitar que se implantem mentes digitais que não possam ser previsíveis, compreensíveis, confiáveis e controláveis.

Há a preocupação em deixar que máquinas inundem os canais de comunicação com propaganda e desinformação, sendo que todos os trabalhos estão caminhando rumo à automatização, mesmo aqueles que são gratificantes. A preocupação é que a humanidade arrisque perder

---

[84] O que gera inclusive intensivo consumo de energia e emissão de CO_2. KAUFMAN, Dora. *Desmistificando a inteligência artificial*. São Paulo: Autêntica, 2022. p. 9-10.

[85] MCTI. *Estratégia Brasileira de Inteligência Artificial – EBIA*. Brasília: Ministério da Ciência, Tecnologia e Inovações, 2021. p. 2. Disponível em: https://www.gov.br/mcti/pt-br/acompanhe-o-mcti/transformacaodigital/arquivo-sinteligenciaartificial/ebia-documento_referencia_4-979_2021.pdf. Acesso em: 28 set. 2023.

[86] A OpenAI conduz pesquisas de IA com o fito de promover o desenvolvimento de uma IA "amigável".

[87] CNN. Disponível em: https://www.cnnbrasil.com.br/tecnologia/chat-gpt-4-inteligencia-artificial-mente-para--completar-tarefa-e-gera-preocupacao/. Acesso em: 28 set. 2023.

[88] CARTA ABERTA: pela pausa de experimentos avançados de Inteligência Artificial (Giant AI). Disponível em: https://direitoadm.com.br/carta-aberta-inteligencia-artificial/. Acesso em: 28 set. 2023.

o controle da civilização, sendo que o desenvolvimento de mentes não humanas pode transformar a inteligência humana em obsoleta e, portanto, substituível pela inteligência artificial.

Assim, para que a IA produza mais benefícios do que malefícios à humanidade, é importante que haja o desenvolvimento de robustos sistemas de governança de IA, que possam incluir, conforme externado na Carta:

- autoridades reguladoras novas e capazes dedicadas com especialização no tema;
- supervisão e rastreamento de sistemas de IA altamente capazes;
- sistemas que identifiquem a proveniência e criem marcas d'água aptas a distinguir os reais dos sintéticos e rastrear fuga de modelos;
- um ecossistema robusto de auditoria e certificação;
- responsabilidade por danos causados pela IA;
- financiamento público para pesquisas em matéria de segurança da IA; e
- instituições com bons recursos para lidar com as dramáticas perturbações econômicas e políticas, especialmente para a democracia, que a IA tem potencial de ocasionar.[89]
- Atualmente, no Brasil, destaca-se o trâmite do Projeto de Lei nº 2.338/2023, que visa regulamentar o uso da Inteligência Artificial (IA) em âmbito nacional.

INTELIGÊNCIA ARTIFICIAL – IA

Etapas de desenvolvimento:

Estreita ou Fraca (foco específico) – **Geral ou Forte** (multitarefas, como os humanos) – **Superinteligência** (além da capacidade humana)

18.10 Uso de robôs pelo Poder Público

Já é disseminado o uso de robôs por parte do Poder Público. Tal uso é muito relevante para qualificar com tecnologia o controle.

Assim, o Tribunal de Contas da União (TCU) utiliza vários robôs para auxiliar em suas funções. Esses robôs identificam os contratos, os dados do fornecedor e cruzam as informações

---

[89] CARTA ABERTA: pela pausa de experimentos avançados de Inteligência Artificial (Giant AI). Disponível em: https://direitoadm.com.br/carta-aberta-inteligencia-artificial/. Acesso em: 28 set. 2023.

com mais de 90 bancos de dados, entre eles o da Receita Federal. Eles são capazes de detectar se a empresa foi aberta recentemente, se tem experiência anterior com a venda desses produtos e até se os preços cobrados são compatíveis com o mercado. Além disso, esses robôs buscam sinais de fraudes e irregularidades em licitações, o que inclui a verificação de concorrências simuladas e mesmo do histórico dos sócios das empresas. Se encontram indícios de irregularidade, o alerta é enviado a um auditor.

São eles:[90]

- **Alice** (**A**nálise de **Lic**itações e **E**ditais): rastreia publicações de editais de licitações e atas de pregão eletrônico divulgadas em Diários Oficiais e no Compras Net e localiza tipologia de restrição à competitividade a partir de palavras-chave cadastradas pelo TCU;
- **Monica** (**Moni**toramento Integrado para o **C**ontrole de **A**quisições): contempla informações relativas a aquisições da esfera federal, incluindo todos os Poderes, além do Ministério Público Federal, realizadas no Sistema Integrado de Aquisição de Serviços Gerais (SIASG), podendo-se realizar pesquisas com filtros sobre fornecedores e materiais/serviços adquiridos;
- **Adele** (**A**nálise de **D**isputa em **L**icitações **E**letrônicas): voltado ao pregão eletrônico, foi desenvolvido para analisar os lances de modo cronológico, bem como informações sobre as empresas participantes (composição societária e ramo), identificando a utilização do IP do computador, impressora e smartphone;
- **Carina** (**C**rawler e **A**nalisador de **R**egistros da **I**mprensa **Na**cional): assim como Alice, também rastreia publicações dos editais publicados nos Diários Oficiais;
- **Ágata** (**A**plicação **G**eradora de **A**nálise **T**extual como **A**prendizado): também rastreia publicações dos diários oficiais, sendo um algoritmo baseado em aprendizagem de máquina, usado para refinar e atualizar os alertas do robô Alice; e
- **Sofia** (**S**istema de **O**rientação sobre **F**atos e **I**ndícios para o **A**uditor): é focado em fatos e indícios de irregularidades para cerca de 200 auditores do TCU, coletando informações aos CNPJs e CPFs incluídos, desde punições já aplicadas até processos no Tribunal de Contas, sendo possível identificar se a empresa possui outros contratos com a Administração Pública.

No **Labcontas**, localiza-se um laboratório de informações que congrega os robôs, sendo uma central que reúne diversas bases de dados, a exemplo do registro de contas governamentais, da lista de políticas públicas, da composição societária das empresas contratadas e das contratações com recursos públicos.[91] Destaca-se, ademais, do TCU, o **ChatTCU**, ferramenta baseada no ChatGPT, que auxilia na produção de textos, adaptações para linguagens mais simples, traduções e ações de controle externo.

Também os demais Tribunais de Contas apresentam seus robôs: no TCESP, há a **Laís** (**Li**citacon – **A**lerta de **Í**ndices de **S**obrepreços); **Lídia** (**L**eitor de **I**nformações de **D**iários com

---

[90] COSTA, Marcos Bemquerer; BASTOS, Patrícia Reis Leitão. Alice, Monica, Adele, Sofia, Carina e Ágata: o uso da inteligência artificial pelo Tribunal de Contas da União. *Controle Externo: Revista do Tribunal de Contas do Estado de Goiás*, Belo Horizonte, ano 2, n. 3, p. 11, jan./jun. 2020.

[91] COSTA, Marcos Bemquerer; BASTOS, Patrícia Reis Leitão. Alice, Monica, Adele, Sofia, Carina e Ágata: o uso da inteligência artificial pelo Tribunal de Contas da União. *Controle Externo: Revista do Tribunal de Contas do Estado de Goiás*, Belo Horizonte, ano 2, n. 3, p. 28, jan./jun. 2020.

Inteligência Artificial); **Ícaro** (**I**dentificação de **C**omportamento **A**típico na Aplicação dos **R**ecursos **O**rçamentários); **Raquel** (**R**evisão **A**utomática da **Q**uebra de **U**niformidade em **E**mpenhos e **L**iquidações); e **Rianna** (**R**elatório de **I**ndícios para **A**uditoria com base em **N**otas com **N**umeração **A**típica). No Tribunal de Contas do Município de Goiás (TCM-GO), há a Esmeralda, robô que realiza auditorias eletrônicas, analisa entregas e detecta fraudes e inconformidades. São robôs treinados para detectar fraudes e indícios de irregularidades, auxiliando auditores nas tarefas de controle.

Um caso relevante de uso de tecnologia cívica voltada à transparência e ao controle de gastos públicos foi a Operação Serenata de Amor,[92] que utiliza IA para analisar a Cota para Exercício de Atividade Parlamentar (CEAP) que recebem deputados e senadores no Brasil. A partir deste projeto, houve o desenvolvimento do robô **Rosie**, que se encarregou de processar dados públicos e identificar possíveis irregularidades nas despesas dos parlamentares, a exemplo de reembolsos atípicos e demais inconsistências. Para complementar tal análise, há o Jarbas, que é uma ferramenta de visualização que organiza e expõe os dados processados por Rosie de forma mais intuitiva e acessível, sendo que na interoperabilidade dos sistemas há um ganho por parte do controle social, pois a combinação entre Rosie e Jarbas permite aos cidadãos acompanharem as despesas públicas com Parlamentares, sendo a combinação de sistemas um potencial uso da IA para aprimorar a fiscalização e a transparência com gastos públicos.

O Judiciário brasileiro também faz uso de robôs, por exemplo:

- **Victor**: utilizado pelo Supremo Tribunal Federal, com a função de ler todos os recursos extraordinários que chegam ao Supremo, para identificar quais são aptos e ligados a repercussão geral;
- **Poti**: trabalha no TJ-RN, promovendo de forma automática a penhora *on-line* de valores nas contas bancárias, principalmente em processos de execução;
- **Radar**: do TJ-MG, ajuda os juízes na localização dos casos repetitivos, agilizando o julgamento de casos na primeira instância que já tenham jurisprudência ou casos semelhantes;
- **Sinapses**: sistema de inteligência artificial criado no TJ-RO que possui um banco de dados com mais de 40 mil decisões e julgamentos, os quais são utilizados na elaboração de novos textos, com mais agilidade e coerência;
- **Clara e Jerimum**: esses robôs estão em fase de teste no TJ-RN. Clara será responsável por ler documentos, recomendar tarefas e sugerir decisões; e Jerimum será responsável por categorizar e rotular processos;
- **Hórus**: sistema de IA, desenvolvido pelo TJDF, que auxilia na triagem de processos, com identificação de casos repetitivos e otimização da distribuição processual;
- **Amon**: sistema de controle de acesso do tribunal com identificação de pessoas por meio de técnicas de reconhecimento facial, tendo em vista aprimorar a segurança nas dependências do TJDFT, com controle dos acessos para proteção de magistrados, servidores e visitantes; e

---

[92] Sobre a intersecção entre direito ao acesso à informação pública, governo eletrônico e transparência pública como insumos para uma cidadania atuante capaz de exercer ativamente o controle social, ver: NOHARA, Irene Patrícia; COLOMBO, Bruna Armonas. Tecnologias Cívicas na Interface entre direito e inteligência artificial: Operação Serenata de Amor para gostosuras ou travessuras? *A&C. Revista de Direito Administrativo & Constitucional*, v. 76, p. 83-103, 2019.

- **Toti:** ferramenta utilizada pelo Tribunal de Justiça do Estado de São Paulo,[93] a qual automatiza tarefas repetitivas, como movimentações processuais e expedição de documentos, visando aumentar a eficiência e reduzir o tempo de tramitação dos processos, sendo voltado à redução do acervo processual, bem como à otimização dos recursos humanos;

Os robôs são *softwares* que agilizam tarefas repetitivas que demandam tempo para serem executadas. No Programa **Justiça 4.0**,[94] o sistema judiciário brasileiro procura se aproximar da sociedade ao disponibilizar novas tecnologias e Inteligência Artificial (IA). Ao promover soluções digitais colaborativas que automatizam as atividades dos tribunais, é otimizado o trabalho dos magistrados, servidores e advogados, garantindo, assim, celeridade, governança e transparência nos processos.

---

[93] No TJSP, também há o **mate**, programa que auxilia em documentos processuais e na redação técnica jurídica.

[94] CNJ – Justiça 4.0. Disponível em: https://www.cnj.jus.br/tecnologia-da-informacao-e-comunicacao/justica-4-0/. Acesso em: 9 set. 2023.

Referências

ABASCAL, Eunice Helena Sguizzardi; NOHARA, Irene Patrícia. *Operações urbanas consorciadas*: impactos urbanísticos no Brasil. São Paulo: InHouse, 2017.

ACCIOLY, H. *Manual de direito internacional público*. São Paulo: Saraiva, 1996.

AGUILLAR, Fernando Herren. *Controle social de serviços públicos*. São Paulo: Max Limonad, 1999.

ALESSI, Renato. *Principi di diritto amministrativo*. Milão: Giuffrè, 1971.

ALESSI, Renato. *Sistema istituzionale del diritto amministrativo italiano*. 3. ed. Milão: Giuffrè, 1960.

ALEXY, Robert. *Teoria de los derechos fundamentales*. Traducción de Ernesto Garzón Valdés. Madrid: Centro de Estudios Políticos y Constitucionales, 2002.

ALMEIDA, Fernanda Dias Menezes de. *Competências na Constituição de 1988*. 2. ed. São Paulo: Atlas, 2000.

ALMEIDA, Fernando Dias Menezes de. *Contrato administrativo*. São Paulo: Quartier Latin, 2012.

ALMEIDA, Luiz Eduardo de. *Direitos sociais e seus limites*: uma construção a partir das decisões do STF. Curitiba: Juruá, 2017.

ALVES, Alaôr Caffé. *Estado e ideologia*. São Paulo: Brasiliense, 1987.

ALVES, Alaôr Caffé. *Lógica*: pensamento formal e argumentação. São Paulo: Edipro, 2000.

ALVES, José Carlos Moreira. *Direito romano*. 6. ed. Rio de Janeiro: Forense, 1999.

ALVIM, Arruda. *Manual de direito processual civil*. 13. ed. rev., atual. e ampl. São Paulo: Revista dos Tribunais, 2010.

ALVIM, Arruda. *Manual de direito processual civil*: teoria geral do processo de conhecimento, recursos, precedentes. 18. ed. rev., atual. e ampl. São Paulo: Thomson Reuters Brasil, 2019.

AMARAL, Antônio Carlos Cintra do. *Decisões e pareceres jurídicos sobre pedágio*. São Paulo: ABCR, 2002.

ARAGÃO, Alexandre Santos de. Supervisão Ministerial das Agências Reguladoras. *Revista de Direito Administrativo*, São Paulo, nº 245, p. 237-262, maio/ago. 2007.

ARAGÃO, Alexandre Santos de; MARQUES NETO, Floriano de Azevedo (Coord.). *Direito administrativo e seus novos paradigmas.* Belo Horizonte: Fórum, 2008.

ARAÚJO, Edmir Netto de. *Curso de direito administrativo.* 3. ed. São Paulo: Saraiva, 2007; 5. ed., 2010.

ARAÚJO, Edmir Netto de. Ato administrativo e recomposição da legalidade. *Revista de Direito Administrativo,* Rio de Janeiro, nº 207, jan./mar. 1997.

ARAÚJO, Edmir Netto de. *Das cláusulas exorbitantes no contrato administrativo.* Dissertação para concurso de livre docência. São Paulo: USP, 1986.

ARAÚJO, Florivaldo Dutra de. *Motivação e controle do ato administrativo.* Belo Horizonte: Del Rey, 1992.

ARISTÓTELES. *Ética a Nicômacos.* 3. ed. Tradução de Mário da Gama Kury. Brasília: Editora Universidade de Brasília, 2001.

AZEVEDO, Antônio Junqueira de. *Negócio jurídico*: existência, validade e eficácia. 4. ed. São Paulo: Saraiva, 2002.

BACELLAR FILHO, Romeu. *Processo administrativo disciplinar.* 4. ed. São Paulo: Saraiva, 2013.

BACELLAR FILHO, Romeu. *Direito administrativo.* São Paulo: Saraiva, 2005.

BACELLAR FILHO, Romeu. *Eficácia das normas constitucionais e direitos sociais.* São Paulo: Malheiros, 2009.

BANDEIRA DE MELLO, Celso Antônio. *Curso de direito administrativo.* 25. ed. São Paulo: Malheiros, 2008.

BANDEIRA DE MELLO, Celso Antônio. *Conteúdo jurídico do princípio da igualdade.* São Paulo: Malheiros, 1997.

BANDEIRA DE MELLO, Celso Antônio. *Prestação de serviços públicos e administração indireta.* 2. ed. São Paulo: Revista dos Tribunais, 1979.

BANDEIRA DE MELLO, Oswaldo Aranha. *Princípios gerais de direito administrativo.* 3. ed. São Paulo: Malheiros, 2007.

BAPTISTA, Patrícia. *Transformações do direito administrativo.* Rio de Janeiro: Renovar, 2003.

BARBOSA, Lívia. *Igualdade e meritocracia*: a ética do desempenho nas sociedades modernas. 2. ed. Rio de Janeiro: FGV, 1999.

BARROS, Suzana de Toledo. *O princípio da proporcionalidade e o controle de constitucionalidade das leis restritivas de direitos fundamentais.* 3. ed. Brasília: Brasília Jurídica, 2003.

BARROSO, Luís Roberto. *Direito constitucional contemporâneo.* São Paulo: Saraiva, 2009.

BARROSO, Luís Roberto. Fundamentos teóricos e filosóficos do novo direito constitucional brasileiro (Pós-modernidade, teoria crítica e pós-positivismo). *Revista Diálogo Jurídico,* Salvador, CAJ – Centro de Atualização Jurídica, v. I, nº 6, set. 2001.

BARROSO, Luís Roberto. Judicialização, ativismo judicial e legitimidade democrática. *[Syn] Thesis,* Rio de Janeiro, v. 5, nº 1, p. 23, 2012.

BECK, Ulrich. *Sociedade de risco*: rumo a uma outra modernidade. Tradução de Sebastião Nascimento. São Paulo: Ed. 34, 2011.

BELÉM, Bruno; CARVALHO, Matheus; CHARLES, Ronny. *Temas controversos da nova lei de licitações e contratos*. Salvador: JusPodivm, 2021.

BENJAMIN, Antônio Herman V.; MARQUES, Cláudia Lima; BESSA, Leonardo Roscoe. *Manual de direito do consumidor*. 3. ed. São Paulo: Revista dos Tribunais, 2010.

BENTONCINI, Mateus. O STF e a Lei nº 8.429. *Revista CEJ*, Brasília, nº 30, p. 40-46, out./dez. 2006.

BERCOVICI, Gilberto. *Constituição econômica e desenvolvimento*: uma leitura a partir da Constituição de 1988. São Paulo: Malheiros, 2005.

BERCOVICI, Gilberto; *Direito econômico do petróleo e dos recursos minerais*. São Paulo: Quartier Latin, 2011.

BERCOVICI, Gilberto. *Soberania e Constituição*. São Paulo: Quartier Latin, 2008.

BERCOVICI, Gilberto. A Administração Pública dos Cupons. Disponível em: https://www.conjur.com.br/2020-set-06/estado-economia-administracao-publica-cupons/. Acesso em 20 ago. 2021.

BERCOVICI, Gilberto; VALIM, Rafael (Coord.). *Elementos de direito da infraestrutura*. São Paulo: Contracorrente, 2015.

BERNARDI, Jorge Luiz. *Funções sociais da cidade*: conceitos e instrumentos. 2006. Dissertação (Mestrado) – PUC/PR, Curitiba.

BITENCOURT, Caroline Müller; RECK, Janriê. *O Brasil em crise e a resposta das políticas públicas*. Curitiba: Íthala, 2021.

BITENCOURT, Cezar Roberto. *Tratado de direito penal*. São Paulo: Saraiva, 2010.

BITTAR, Eduardo C. B. *A justiça em Aristóteles*. 2. ed. São Paulo: Forense Universitária, 2001.

BOBBIO, Norberto. *A era dos direitos*. Tradução de Carlos Nelson Coutinho. Rio de Janeiro: Elsevier, 2004.

BOBBIO, Norberto. *Dicionário de política*. 12. ed. Brasília: UnB, 1999.

BOBBIO, Norberto. *O futuro da democracia*. 10. ed. Tradução Marco Aurélio Nogueira. São Paulo: Paz e Terra, 2006.

BOBBIO, Norberto. *Teoria do ordenamento jurídico*. Brasília: Universidade de Brasília, 1995.

BÖCKENFÖRDE, Ernst-Wolfgang. *Escritos sobre derechos fundamentales*. Tradução de Juan Luis Requejo Pagés. Baden-Baden: Nomos, 1993.

BONAVIDES, Paulo. *A Constituição aberta*. São Paulo: Malheiros, 1996.

BONAVIDES, Paulo. *Do Estado liberal ao Estado social*. 7. ed. São Paulo: Malheiros, 2004.

BONAVIDES, Paulo. *Do país constitucional ao país neocolonial*: a derrubada da Constituição e a recolonização pelo Golpe de Estado Institucional. 3. ed. São Paulo: Malheiros, 2004.

BORTOLETO, Leandro. *Direito administrativo*. São Paulo: Juspodivm, 2024.

BRASILEIRO, Eduardo Tambelini. *A quarta revolução industrial e seus reflexos nas relações de trabalho à luz do ordenamento jurídico brasileiro*. 2021. Tese (Doutorado em Direito Político e Econômico) – Universidade Presbiteriana Mackenzie, São Paulo, 2021.

BRUNO, Reinaldo Moreira. *Regiões metropolitanas*: posição no cenário constitucional e financiamento de suas atividades no Estado Brasileiro. Curitiba: Juruá, 2016.

BUCCI, Maria Paula Dallari. *Direito administrativo e políticas públicas*. São Paulo: Saraiva, 2002.

CABRAL, Flávio Garcia. *O conteúdo jurídico da eficiência administrativa*. Belo Horizonte: Fórum, 2024.

CACERES NIETO, E. Inteligencia artificial, derecho y e-justice (el proyecto IIJ-conacyt). *Boletin Mexicano de Derecho Comparado*, n. 116, p. 593-611, 2006.

CAHALI, Yussef Said. *Responsabilidade civil do Estado*. 3. ed. São Paulo: Revista dos Tribunais, 2007.

CALDAS, Roberto. *Parcerias público-privadas e suas garantias inovadoras nos contratos administrativos e concessões de serviços públicos*. Belo Horizonte: Fórum, 2011.

CÂMARA FILHO, Roberto Mattoso. *A desapropriação por utilidade pública*. Rio de Janeiro: Lumen Juris, 1994.

CANOTILHO, J. J. Gomes. *Direito constitucional e teoria da constituição*. 7. ed. Coimbra: Almedina, 2003.

CANOTILHO, J. J. Gomes; *Constituição dirigente e vinculação do legislador*: contributo para a compreensão das normas constitucionais programáticas. Coimbra: Coimbra Editora, 1994.

CARDOZO, José Eduardo Martins. Princípios constitucionais da administração pública. *Os 10 anos da Constituição Federal*. São Paulo: Atlas, 1999.

CARDOZO, José Eduardo Martins; QUEIROZ, João Eduardo Lopes; SANTOS, Márcia Walquiria Batista. *Direito administrativo econômico*. São Paulo: Atlas, 2011.

CARNEIRO DA CUNHA, Manuela. *Os direitos dos índios*: ensaios e documentos. São Paulo: Brasiliense, 1988.

CARRIÓ, Genaro R. *Notas sobre derecho y lenguage*. 4. ed. Buenos Aires: Abeledo-Perrot, 1990.

CARVALHO, Amanda Salgado e. *Indústria cinematográfica e Estado: planejar e retomar o desenvolvimento*. Dissertação (Direito Político e Econômico) – Faculdade de Direito da Universidade Presbiteriana Mackenzie, São Paulo, 2022.

CARVALHO, Matheus. *Manual de direito administrativo*. 2. ed. Salvador: JusPodivm, 2015.

CARVALHO FILHO, José dos Santos. *Manual de direito administrativo*. São Paulo: Lumen Juris, 2008.

CARVALHO FILHO, José dos Santos. *Improbidade administrativa*: prescrição e outros prazos extintivos. São Paulo: Atlas, 2012.

CARVALHO NETO, Tarcísio Vieira de. *Responsabilidade civil extracontratual do Estado por omissão*. Brasília: Gazeta Jurídica, 2014.

CASTRO, Carlos Roberto Siqueira. *O devido processo legal e os princípios da razoabilidade e da proporcionalidade*. Rio de Janeiro: Forense, 2006.

CASTRO, Rodrigo Pironti Aguirre de. *Sistema de controle interno*. Belo Horizonte: Fórum, 2014.

CAVALCANTI, Flávio Queiroz Bezerra. Tombamento e dever do Estado indenizar. *Revista Trimestral de Jurisprudência dos Estados*, São Paulo, v. 130, p. 50, nov. 1994.

CAVALIERI FILHO, Sergio. *Programa de responsabilidade civil*. 6. ed. São Paulo: Malheiros, 2006.

CECCATO, Marco Aurélio. Cartéis em contratações públicas. Rio de Janeiro: Lumen Juris, 2018.

CERQUINHO, Maria Cuervo. Conceito e elemento do ato administrativo. *Justitia*, São Paulo, nº 51 (145), p. 21, jan./mar. 1989.

CHAUI, Marilena. *O que é ideologia*. 13. ed. São Paulo: Brasiliense, 1983. p. 38.

CHIAVENATO, Idalberto. *Administração*: teoria, processo e prática. 3. ed. São Paulo: Makron, 2000. CINTRA, Antônio Carlos de Araújo. *Motivo e motivação do ato administrativo*. São Paulo: Revista dos Tribunais, 1979.

CHIAVENATO, Idalberto; GRINOVER, Ada Pellegrini; DINAMARCO, Cândido Rangel. *Teoria geral do processo*. 23. ed. São Paulo: Malheiros, 2007.

CLÈVE, Clèmerson Merlin. *Atividade legislativa do Poder Executivo*. 2. ed. São Paulo: Revista dos Tribunais, 2000.

CNN Brasil. São Paulo é a cidade mais poluída do mundo e a única com "ar insalubre" para todos. Disponível em: https://www.cnnbrasil.com.br/nacional/sao-paulo-e-a-cidade-mais-poluida-do-mundo-e-unica-com-ar-insalubre-para-todos/. Acesso em: 12 out. 2024.

COELHO, Helder. *Inteligência artificial em 25 lições*. Lisboa: Fundação Calouste Gulbenkian, 1995.

COMPARATO, Fábio Konder. *A afirmação histórica dos direitos humanos*. 3. ed. São Paulo: Saraiva, 2004.

COSTA, Ana Edite Olinda Norões; PRAXEDES, Marco. *Licitações e contratos administrativos*: apontamentos. Leme: J. H. Mizuno, 2009.

COSTA, Marcos Bemquerer; BASTOS, Patrícia Reis Leitão. Alice, Monica, Adele, Sofia, Carina e Ágata: o uso da inteligência artificial pelo Tribunal de Contas da União. *Controle Externo: Revista do Tribunal de Contas do Estado de Goiás*, Belo Horizonte, ano 2, n. 3, p. 11-34, jan./jun. 2020.

COSTA, Regina Helena. *Imunidades tributárias*: teoria e análise da jurisprudência do STF. 2. ed. São Paulo: Malheiros, 2006.

COSTA, Ricardo. História e memória: a importância da preservação e da recordação do passado. *Sinais – Revista Eletrônica – Ciências Sociais*, Vitória, v. 1, nº 2, p. 2-15, out. 2007.

COSTA, Susana Henriques da (Coord.). *Comentários à lei de ação civil pública e lei de ação popular*. São Paulo: Quartier Latin, 2006.

COTRIM NETO, Alberto Bittencourt. Da necessidade de um código de processo administrativo. *Revista Brasileira de Direito Comparado*, Rio de Janeiro, nº 15, p. 36-58, 1994.

CRETELLA JR., José. *Dos atos administrativos especiais*. Rio de Janeiro: Forense, 1998.

CRETELLA JR., José. *Administração indireta brasileira*. 4. ed. Rio de Janeiro: Forense, 2000.

CRETELLA JR., José. *Comentários à lei de desapropriação*. Rio de Janeiro: Forense, 1992.

CRETELLA JR., José. *Curso de direito administrativo*. Rio de Janeiro: Forense, 2000.

CRETELLA JR., José. *Dicionário de direito administrativo*. Rio de Janeiro: Forense, 1980.

CRETELLA JR., José. *Direito administrativo brasileiro*. 2. ed. Rio de Janeiro: Forense, 2000.

CRETELLA JR., José. *Fundações de direito público*. Rio de Janeiro: Forense, 1976.

CRETELLA JR., José. *Prática de processo administrativo*. São Paulo: Revista dos Tribunais, 1999.

CRETELLA JR., José. Sintomas denunciadores do desvio de poder. *Revista da Procuradoria do Estado de São Paulo*, nº 9, p. 27-44, dez. 1976.

CRETELLA JR., José. *Direito administrativo comparado*. 4. ed. São Paulo: Forense, 1992.

CRETELLA JR., José. *Tratado do domínio público*. Rio de Janeiro: Forense, 1984.

CRETELLA NETO, José. *Comentários à Lei das Parcerias Público-privadas*. Rio de Janeiro: GZ, 2010.

CRISTÓVAM, José Sérgio da Silva; NEIBUHR, Pedro de Menezes; SOUSA, Thanderson Pereira (Org.). *Direito administrativo em perspectiva*: diálogos interdisciplinares. Florianópolis, Habitus, 2020.

CROSBY, Alfred. *Imperialismo Ecológico*. São Paulo: Companhia das Letras, 1993.

CUÉLLAR, Leila. *As agências reguladoras e seu poder normativo*. São Paulo: Dialética, 2001.

CUNHA, Antônio Geraldo da. *Dicionário etimológico Nova Fronteira da Língua Portuguesa*. 2. ed. Rio de Janeiro: Nova Fronteira, 2000.

CURI, Fabio Martins Bonilha. *Sanção Premial no Brasil*: estudos da função promocional do Direito na atividade negocial. São Paulo: Dialética, 2022.

CUSTÓDIO, A. J. Ferreira. Eficácia das decisões dos Tribunais de Contas. *Revista dos Tribunais*. Rio de Janeiro, v. 685, p. 7-14, nov. 1992.

DALLARI, Adilson Abreu. Fundações privadas instituídas pelo Poder Público. *Revista de Informação Legislativa*, Brasília ano. 28, nº 110, p. 199-210, abr./jun. 1991.

DALLARI, Adilson Abreu. *Aspectos jurídicos da licitação*. São Paulo: Saraiva, 2003.

DALLARI, Adilson Abreu; FERRAZ, Sérgio. *Processo administrativo*. 2. ed. São Paulo: Malheiros, 2007.

DALLARI, Adilson Abreu (Coord.) *Estatuto da cidade*. São Paulo: Malheiros, 2010.

DALLARI, Dalmo de Abreu. *Elementos da Teoria Geral do Estado*. São Paulo: Saraiva, 2000.

DANTAS, Paulo Roberto de Figueiredo. *Curso de direito constitucional*. São Paulo: Atlas, 2012.

DANTAS, Paulo Roberto de Figueiredo. *Direito processual constitucional*. São Paulo: Atlas, 2009.

DENSA, Roberta. *Direito do consumidor*. São Paulo: Atlas, 2005.

DEZAN, Sandro Lucio. *Direito administrativo disciplinar*. Curitiba: Juruá, 2013. v. I, II e III.

DI PIETRO, Maria Sylvia Zanella. *Discricionariedade administrativa na Constituição de 1988*. 2. ed. São Paulo: Atlas, 2001.

DI PIETRO, Maria Sylvia Zanella. Coisa julgada. Aplicabilidade das decisões do Tribunal de Contas da União. *Revista do Tribunal de Contas da União*, Brasília, v. 27, nº 70, p. 23-36, out./dez. 1996.

DI PIETRO, Maria Sylvia Zanella. *Direito administrativo*. 25. ed. São Paulo: Atlas, 2012.

DI PIETRO, Maria Sylvia Zanella. *Direito regulatório*: temas polêmicos. Belo Horizonte: Fórum, 2003.

DI PIETRO, Maria Sylvia Zanella. *Parcerias na administração pública*. 4. ed. São Paulo: Atlas, 2002.

DI PIETRO, Maria Sylvia Zanella. *Princípio da razoabilidade na licitação*. Temas polêmicos sobre licitações e contratos. 2. ed. São Paulo: Malheiros, 1995.

DI PIETRO, Maria Sylvia Zanella. *Uso privativo de bem público por particular*. 2. ed. São Paulo: Atlas, 2010.

DIAS, R. R. de F. *Internet das coisas sem mistérios*: uma nova inteligência para os negócios. São Paulo: Netpress Books, 2016.

DINIZ, Maria Helena. *Curso de direito civil brasileiro*: teoria geral das obrigações. 16. ed. São Paulo: Saraiva, 2002.

DINIZ, Maria Helena. *Norma constitucional e seus efeitos*. 2. ed. São Paulo: Saraiva, 2002.

DOBSON, Andrew. *Justice and Environment*: conceptions of environmental Sustainability and theories of distributive justice. Oxford: Oxford University Press, 1998.

DRESCHER, Daniel. Blockchain *básico*: uma introdução não técnica em 25 passos. Tradução de Lúcia A. Kinoshita. São Paulo: Novatec, 2018.

DROMI, José Roberto. *La licitación pública*. Buenos Aires: Astrea, 1975.

DUGUIT, Leon. *Traité de droit constitutionnel*. 2. ed. Paris: E. de Boccard, 1921.

EINSENMANN, Charles. *Cours de droit administratif*. Paris: Librairie Générale de Droit et de Jurisprudence, 1983. t. 2.

EINSENMANN, Charles. O direito administrativo e o princípio da legalidade. *Revista de Direito Administrativo*, Rio de Janeiro, nº 56, abr./jun. 1959.

ENAP. *Legislação aplicável à logística de suprimentos*: Lei nº 8.666/1993, pregão e registros de preços. Brasília: Enap, 2014.

ENGISCH, Karl. *Introdução ao pensamento jurídico*. 7. ed. Lisboa: Fundação Calouste Gulbenkian, 1996.

ENTERRÍA, García de; FERNÁNDEZ, Tomás-Ramón. *Curso de derecho administrativo*. 4. ed. Madrid: Civitas, 1984.

ESCOBAR, Arturo. *La invención del Tercer Mundo*: Construcción y reconstrucción del desarrollo. Bogotá: Grupo Editorial Norma, 1996.

ESTEVES, João Luiz. *O comando político-jurídico da Constituição*: ideologia e vinculação hermenêutica. Rio de Janeiro: Lumen Juris, 2016.

ESTORNINHO, Maria João. *A fuga do direito administrativo*. Coimbra: Almedina, 2009.

ETZKOWITZ, Henry; LEVDESDORFF, Loet. The dynamics of innovation: from national systems and mode 2 to a triple helix of university-industry-government relations. *Research Policy*, 29 (2), p. 109-123, 2000.

ETZKOWITZ, Henry. *The triple helix*: university-industry-government innovation in action. New York: Routledge, 2008.

FAGUNDES, Miguel Seabra. *Da desapropriação no direito brasileiro*. São Paulo: Freitas Bastos, 1942.

FAGUNDES, Miguel Seabra. *O controle dos atos administrativos pelo Poder Judiciário*. 5. ed. Rio de Janeiro: Forense, 1979.

FALLA, Garrido. *Tratado de derecho administrativo*. Madri: Tecnos, 1994.

FAZZIO JUNIOR, Waldo. *Improbidade administrativa e crimes de prefeitos*. São Paulo: Atlas, 2003.

FERRAZ JR., Tercio Sampaio. *Introdução ao Estudo do Direito*. 3. ed. São Paulo: Atlas, 2001.

FERRAZ JR., Tercio Sampaio. Agências reguladoras: legalidade e constitucionalidade. *Revista Tributária e de Finanças Públicas*, São Paulo, ano 8, nº 35, nov./dez. 2000.

FERREIRA, Odim Brandão. *Fato consumado*: história e crítica de uma orientação da jurisprudência federal. Porto Alegre: Sergio Antonio Fabris Editor, 2002.

FERREIRA, Pinto. Da ação popular constitucional. *Revista de Direito Público*, São Paulo: Revista dos Tribunais, ano 5, v. 20, abr./jun. 1972.

FERREIRA FILHO, Manoel Gonçalves. *A democracia no limiar do século XXI*. São Paulo: Saraiva, 2001.

FERREIRA FILHO, Manoel Gonçalves. *Curso de direito constitucional*. 28. ed. São Paulo: Saraiva, 2002.

FERREIRA FILHO, Manoel Gonçalves. *Estado de direito e constituição*. 2. ed. São Paulo: Saraiva, 1999.

FIGUEIREDO, Lúcia Valle. *Curso de direito administrativo*. 7. ed. São Paulo: Malheiros, 2004.

FIGUEIREDO, Marcelo. *O controle da moralidade na Constituição*. São Paulo: Malheiros, 1991.

FIORILLO, Celso Antonio Pacheco. *Curso de direito ambiental brasileiro*. 7. ed. São Paulo: Saraiva, 2006.

FORTINI, Cristiana. *Registro de preços*: análise crítica do Decreto Federal nº 7.892/13, com alterações posteriores. 3. ed. Belo Horizonte: Fórum, 2020.

FRANÇA, Wladimir da Rocha. Contraditório e invalidação administrativa no âmbito da administração federal. *Revista de Direito Administrativo*, nº 233, p. 261-288, jul./set. 2003.

FREIRE, André Luiz. *Direito dos contratos administrativos*. São Paulo: Thomson Reuters Brasil, 2023.

FREITAS, Juarez. *Sustentabilidade*: direito ao futuro. Belo Horizonte: Fórum, 2011.

FREITAS, Juarez. *Discricionariedade administrativa e o direito fundamental à boa administração pública*. São Paulo: Malheiros, 2007.

FREITAS, Rafael Véras; RIBEIRO, Leonardo Coelho; FEIGELSON, Bruno. *Regulação de novas tecnologias*. Belo Horizonte: Fórum, 2017.

FRISCHEISEN, Luiza Cristina Fonseca. Ministério Público, Advogado da Sociedade. *Boletim dos Procuradores da República*, ano II, nº 20, dez. 1999.

FRISCHEISEN, Luiza Cristina Fonseca. *Políticas públicas*: a responsabilidade do administrador e o Ministério Público. São Paulo: Max Limonad, 2000.

FURTADO, Celso. *Teoria e política do subdesenvolvimento*. São Paulo: Companhia Editora Nacional, 1983.

GABARDO, Emerson. *Interesse público e subsidiariedade*. Belo Horizonte: Fórum, 2009.

GABARDO, Emerson. *Eficiência e legitimidade do Estado*. São Paulo: Manole, 2003.

GABARDO, Emerson. *Princípio constitucional da eficiência administrativa*. São Paulo: Dialética, 2002.

GARCIA, Flávio Amaral. *Regulação jurídica das rodovias concedidas*. Rio de Janeiro: Lumen Juris, 2004.

GARCIA, José Ailton. Desapropriação para fins de reforma agrária: aspectos jurídicos e judiciais. *Revista Forense*, Rio de Janeiro, v. 400, p. 111-154, 2009.

GARCIA, José Ailton. *Desapropriação*: Decreto-Lei 3.365/1941 e Lei 4.132/1962. 2. ed. rev., atual. e ampl. São Paulo: Thomson Reuters Brasil, 2019. (Coleção Soluções de direito administrativo: Leis comentadas. Série I: administração pública, v. 3, NOHARA, Irene Patrícia Nohara; MOTTA, Fabrício Motta; PRAXEDES, Marco Praxedes, coord.)

GASPARINI, Diogenes. *Direito administrativo*. 11. ed. São Paulo: Saraiva, 2006.

GOMES, Orlando. Os contratos e direito público. *Revista da Procuradoria Geral do Estado de São Paulo*, nº 10, p. 48, 1977.

GONÇALVES, Carlos Roberto. *Direito civil brasileiro*. São Paulo: Saraiva, 2010.

GONÇALVES, Carlos Roberto. *Responsabilidade civil*. São Paulo: Saraiva, 2003.

GORDILLO, Agustín. *Tratado de derecho administrativo*. Belo Horizonte: Del Rey, 2003.

GORDILLO, Agustín. *Princípios gerais de direito público*. São Paulo: Revista dos Tribunais, 1977.

GORDILLO, Agustín. *Procedimento y recursos administrativos*. 2. ed. Buenos Aires: Macchi, 1971.

GRAU, Eros Roberto. *A ordem econômica na Constituição de 1988*. 11. ed. São Paulo: Malheiros, 2006.

GRAU, Eros Roberto. Capacidade normativa de conjuntura. In: *Enciclopédia Saraiva do Direito*. São Paulo: Saraiva, 1978.

GRAU, Eros Roberto. *Ensaio e discurso sobre a interpretação/aplicação do direito*. 3. ed. São Paulo: Malheiros, 2005.

GRAU, Eros Roberto. *O direito posto e o direito pressuposto*. 5. ed. São Paulo: Malheiros, 2003.

GRECO, Leonardo. *Instituições de processo civil*. 2. ed. Rio de Janeiro: Forense, 2010.

GRECO FILHO, Vicente. *Dos crimes da lei de licitações*. 2. ed. São Paulo: Saraiva, 2007.

GRECO FILHO, Vicente. *Tutela constitucional das liberdades*. São Paulo: Saraiva, 1989.

GRINOVER, Ada Pellegrini; GOMES FILHO, Antonio Magalhães; FERNANDES, Antonio Scarance. *Recursos no processo penal*. 5. ed. São Paulo: Revista dos Tribunais, 2008.

GROTTI, Dinorá A. Musetti. *O serviço público e a Constituição brasileira de 1988*. São Paulo: Malheiros, 2003.

HACHEM, Daniel Wunder. *Princípio constitucional da supremacia do interesse público*. Belo Horizonte: Fórum, 2011.

HACHEM, Daniel Wunder. *Mandado de injunção e direitos fundamentais*. Belo Horizonte: Fórum, 2012.

HACHEM, Daniel Wunder. A discricionariedade administrativa entre as dimensões objetiva e subjetiva dos direitos fundamentais sociais. Direitos Fundamentais & Justiça, Belo Horizonte, ano 10, n. 35, p. 313-343, jul./dez. 2016.

HARADA, Kiyoshi. *Desapropriação*: doutrina e prática. 9. ed. São Paulo: Atlas, 2012.

HOBSBAWM, Eric J. *Da Revolução Industrial inglesa ao imperialismo*. Rio de Janeiro: Forense Universitária, 1983.

JAPPUR, José. Mérito do ato administrativo perante o Judiciário. *Revista de Direito Público*. São Paulo: Revista dos Tribunais, nº 70, p. 177, 1984.

JÉZE, Gaston. *Principios generales del derecho administrativo*. Buenos Aires: Depalma, 1949. v. 2.

JORDÃO, Eduardo. A relação entre inovação e controle da Administração Pública. *Revista de Direito Administrativo e Constitucional*, Belo Horizonte, ano 18, n. 72, p. 133-146, abr./jun. 2018.

JUSTEN FILHO, Marçal. *Comentários à lei de licitações e contratos administrativos*. São Paulo: Revista dos Tribunais, 2014.

JUSTEN FILHO, Marçal. *Curso de direito administrativo*. São Paulo: Saraiva, 2005.

KAUFMAN, Dora. *Desmistificando a Inteligência Artificial*. São Paulo: Autêntica, 2022.

KEINERT, Tania Margarete Mezzomo. *Administração Pública no Brasil*: crises e mudanças de paradigmas. 2. ed. São Paulo: Annablume, 2007.

KELSEN, Hans. *Teoria pura do Direito*. 6. ed. Coimbra: Arménio Amado, 1984.

KIKUNAGA, Marcus. *Direito notarial e registral à luz do Código de Defesa do Consumidor*: visão estruturada da atividade extrajudicial. São Paulo: Editorial Lepanto, 2019.

KILMAR, Cibelle Mortari; NOHARA, Irene Patrícia Diom. *Agência Nacional de Telecomunicações – ANATEL*. São Paulo: Thomson Reuters Brasil, 2020.

LAUBADÈRE, André. *Traité de droit administratif*. Paris: LGDJ, 1984. v. 1.

LEAL, Victor Nunes. *Coronelismo, enxada e voto*. São Paulo: Alfa-Ômega, 1975.

LEAL, Victor Nunes. *Lei e regulamento*: problemas de direito público. Rio de Janeiro: Forense, 1960.

LEAL, Victor Nunes. Poder discricionário e ação arbitrária da Administração – Abuso desse poder – Mandado de segurança – Direito líquido e certo. *RDA*, 14/53.

LENZA, Pedro. *Direito constitucional esquematizado*. São Paulo: Saraiva, 2008.

LÉVY, Pierre. *Ciberdemocracia*. Lisboa: Instituto Piaget, 2003.

LIMA, Edcarlos Alves. *Inovação e contratações públicas inteligentes*. Belo Horizonte: Fórum, 2023.

LIMA, Ruy Cirne. *Princípios de direito administrativo*. São Paulo: Malheiros, 2007.

LOBO, Paulo Luiz Netto. *Direito das obrigações*. Brasília: Brasília Jurídica, 1999.

LONG, M.; WEIL, P.; BRAIBANT, G. *Les grands arrêts de la jurisprudence administrative*. São Paulo: Sirey, 1969.

LUIZ, Antônio Filardi. *Dicionário de expressões latinas*. São Paulo: Atlas, 2000.

MADEIRA, José Maria Pinheiro. *Administração pública*. 12. ed. Rio de Janeiro: Freitas Bastos, 2015. t. II.

MAFRA FILHO, Francisco. *O servidor público e a reforma administrativa*. Rio de Janeiro: Forense, 2008.

MAGRANI, Eduardo. *A internet das coisas*. Rio de Janeiro: FGV, 2018.

MAMEDE, Gladston; MACHADO SEGUNDO, Hugo de Brito; NOHARA, Irene Patrícia; MARTINS, Sergio Pinto. *Comentários ao Estatuto Nacional da Microempresa e da Empresa de Pequeno Porte*. São Paulo: Atlas, 2007.

MANCUSO, Rodolfo de Camargo. *Ação popular*. 5. ed. São Paulo: Revista dos Tribunais, 2003.

MARQUES, José Frederico. *Ensaio sobre jurisdição voluntária*. 2. ed. São Paulo: Saraiva, 1959.

MARQUES NETO, Floriano de Azevedo; ALMEIDA, Fernando Dias Menezes de; NOHARA, Irene Patrícia; MARRARA, Thiago. *Direito e administração pública*: estudos em homenagem a Maria Sylvia Zanella Di Pietro. São Paulo: Atlas, 2013.

MARRARA, Thiago. A boa-fé do administrado e do administrador como fator limitativo da discricionariedade administrativa. *Revista de Direito Administrativo*, Rio de Janeiro, v. 259, p. 207-247, jan./abr. 2012.

MARTINS, Ricardo Marcondes. *Efeitos dos vícios dos atos administrativos*. São Paulo: Malheiros, 2008.

MATTOS, Mauro Roberto Gomes de. Princípio do fato consumado no direito administrativo. *Revista de Direito Administrativo*, Rio de Janeiro, nº 220, abr./jun. 2000.

MAXIMIANO, Antonio Cesar Amaru; NOHARA, Irene Patrícia. *Gestão pública*: abordagem integrada da Administração e do Direito Administrativo. São Paulo: Atlas, 2017.

MAZZILI, Hugo Nigro. *A defesa dos interesses difusos em juízo*. 15. ed. São Paulo: Saraiva, 2002.

MAZZILI, Hugo Nigro. Interesses difusos e sua defesa. *Justitia*, São Paulo, 49, 138, p. 65-79, abr./jun. 1987.

MAZZUCATO, Mariana. *O Estado empreendedor*: desmascarando o mito do setor público vs. setor privado. São Paulo: Portfolio-Penguin, 2014.

MEDAUAR, Odete. *Direito administrativo moderno*. 10. ed. São Paulo: Revista dos Tribunais, 2006.

MEDAUAR, Odete. Poder de polícia. *Revista de Direito Administrativo*, Rio de Janeiro, nº 199, jan./mar. 1995.

MEDAUAR, Odete. Regulação e autorregulação. *Revista de Direito Administrativo*, Rio de Janeiro, nº 228, abr./jun. 2002.

MEDAUAR, Odete. Serviço público. *Revista de Direito Administrativo*, Rio de Janeiro, nº 189, jul./set. 1992.

MEDAUAR, Odete. Usuário, cliente ou consumidor? In: *Estudos em homenagem à professora Ada Pellegrini Grinover*. São Paulo: DPJ, 2005.

MEDAUAR, Odete; ALMEIDA, Fernando Dias Menezes de. *Estatuto da cidade*. São Paulo: Revista dos Tribunais, 2004.

MEDEIROS, Fábio Mauro de. *Extinção do ato administrativo em razão da mudança da lei*. Belo Horizonte: Fórum, 2009.

MEIRELLES, Hely Lopes. *Direito administrativo brasileiro*. São Paulo: Malheiros, 2009.

MEIRELLES, Hely Lopes. *Licitação e contrato administrativo*. 10. ed. São Paulo: Malheiros, 1991.

MEIRELLES, Hely Lopes. *Mandado de Segurança*. 27. ed. São Paulo: Malheiros, 2004.

MEIRELLES, Hely Lopes. Os poderes do administrador público. *Revista de Direito Administrativo*, Rio de Janeiro, Seleção Histórica: 1 a 150.

MELLO, João Manuel Cardoso de. *O capitalismo tardio*. São Paulo: Brasiliense, 1984.

MELLO, Rafael Munhoz de. Processo administrativo, devido processo legal e a Lei nº 9.784/99. *Revista de Direito Administrativo*, Rio de Janeiro, nº 227, jan./mar. 2002.

MELLO, Shirlei Silmara de Freitas. *Tutela cautelar no processo administrativo*. Belo Horizonte: Mandamentos, 2003.

MELO, Ligia. *A política urbana e o acesso à moradia adequada por meio da regularização fundiária*. São Paulo: Dissertação/PUCSP, 2010.

MENDES, Gilmar Ferreira; BRANCO, Paulo Gustavo Gonet. *Curso de direito constitucional*. São Paulo: Saraiva, 2013.

MIAN, Ingrid Garbuio. *Regulação e desenvolvimento da camada física da internet: fundamentos e mecanismos de atuação estatal em face do desafio de universalização*. 2021. 601 f. Tese (Doutorado em Direito do Estado) – Universidade de São Paulo, São Paulo, 2021.

MINISTÉRIO DA TRANSPARÊNCIA E CGU. *Manual de Processo Administrativo Disciplinar*. Brasília: Corregedoria-Geral da União, 2017.

MIRANDA, Sandra Julien. *Do ato administrativo complexo*. São Paulo: Malheiros, 1998.

MODESTO, Paulo. *Nova organização administrativa brasileira*. 2. ed. Belo Horizonte: Fórum, 2010.

MODESTO, Paulo. Reforma administrativa e marco legal das organizações sociais no Brasil. *Revista de Direito Administrativo*, Rio de Janeiro, nº 210, 1997.

MODESTO, Paulo. Reforma da Previdência atinge a servidores estaduais, distritais e municipais. *Conjur*. 5.9.2019. Disponível em: https://www.conjur.com.br/2019-set-05/reforma-previdencia-atinge-servidores-estaduais-distritais-municipais. Acesso em: 30 jan. 2020.

MODESTO, Paulo. *Remuneração, subsídio e indenização*: notas para uma semântica republicana. Colunistas, n. 300, ano 2016, p. 3, disponível em: http://www.direitodoestado.com.br/colunistas/paulo-modesto/remuneracao-subsidio-e-indenizacao-notas-para-uma-semantica-republicana. Acesso em: 16 nov. 2016.

MONTEIRO, Washington de Barros. *Curso de direito civil*. São Paulo: Saraiva, 1975.

MONTESQUIEU. *O espírito das leis*. Tradução de Fernando Henrique Cardoso e Leôncio Martins Rodrigues. São Paulo: Abril Cultural, 1973.

MORAES, Alexandre de. *Direito constitucional*. São Paulo: Atlas, 2007.

MORAES, Alexandre de. *Constituição do Brasil interpretada*. São Paulo: Atlas, 2004.

MORAES, Alexandre de. *Direito constitucional administrativo*. São Paulo: Atlas, 2002.

MORAES, Alexandre de (Coord.). *Agências reguladoras*. São Paulo: Atlas, 2002.

MOREIRA, Egon Bockman. *Processo administrativo*. 3. ed. São Paulo: Malheiros, 2007.

MOREIRA, Egon Bockman; GUIMARÃES, Fernando Vernalha. *Licitação pública*: a lei geral de licitação e o regime diferenciado de contratação. São Paulo: Malheiros, 2012.

MOREIRA, José Carlos Barbosa. *O novo processo civil brasileiro*. Rio de Janeiro: Forense, 2010.

MOREIRA, José Carlos Barbosa. O *habeas data* brasileiro e sua lei regulamentadora. *Revista de Informação Legislativa*, Brasília, ano 35, nº 138, abr./jun. 1998.

MOREIRA NETO, Diogo de Figueiredo. *Curso de direito administrativo*. Rio de Janeiro: Forense, 2006.

MOREIRA NETO, Diogo de Figueiredo. *Direito administrativo da segurança pública*: direito administrativo da ordem pública. Rio de Janeiro: Forense, 1998.

MOREIRA NETO, Diogo de Figueiredo. *Direito regulatório*. Rio de Janeiro: Renovar, 2003.

MOTTA, Fabrício; NOHARA, Irene Patrícia. *LINDB no direito público*. São Paulo: Thomson Reuters Brasil, 2019.

NIEBUHR, Joel de Menezes. *Pregão presencial e eletrônico*. 4. ed. Curitiba: Zênite, 2006.

NOHARA, Irene Patrícia. *8 principais mudanças com a nova lei de licitações e contratos*. Disponível em: https://direitoadm.com.br/8-principais-mudancas-com-a-nova-lei-de-licitacoes-e-contratos/. Acesso em: 15 jan. 2020.

NOHARA, Irene Patrícia. Contrato de gestão para ampliação da autonomia gerencial – case jurídico de malogro na importação e novas formas de se alcançar eficiência na gestão pública. A&C. *Revista de Direito Administrativo & Constitucional* (Impresso), v. 55, p. 169-185, 2014.

NOHARA, Irene Patrícia. Controvérsia entre lei complementar e lei ordinária: um estudo com base na anômala técnica legislativa do art. 86 do Estatuto Nacional da Microempresa e Empresa de Pequeno Porte. *Revista de Direito Administrativo*, São Paulo, v. 247, p. 126-138, jan./abr. 2008.

NOHARA, Irene Patrícia. Desafios de regulação dos serviços disruptivos: equilíbrio das fronteiras de inovação. In: Maurício Zockun; Emerson Gabardo (Org.). *Direito administrativo e inovação*: crises e soluções. Curitiba: Íthala, 2022.

NOHARA, Irene Patrícia. *Limites à razoabilidade nos atos administrativos*. São Paulo: Atlas, 2006.

NOHARA, Irene Patrícia. *LINDB – Lei de Introdução às Normas do Direito Brasileiro*: hermenêutica e novos parâmetros ao direito público. Curitiba: Juruá, 2018.

NOHARA, Irene Patrícia. *O motivo no ato administrativo*. São Paulo: Atlas, 2004.

NOHARA, Irene Patrícia. Pressupostos e repercussões do princípio da eficiência. *Revista da Procuradoria Geral do Município de Santos*, Santos, ano II, nº 2, p. 79-88, 2005.

NOHARA, Irene Patrícia. Reflexões críticas acerca da tentativa de desconstrução do sentido da supremacia do interesse público no Direito Administrativo. In: DI PIETRO, Maria Sylvia Zanella; RIBEIRO, Carlos Vinícius Alves. *Supremacia do interesse público e outros temas relevantes do direito administrativo*. São Paulo: Atlas, 2010. p. 120-154.

NOHARA, Irene Patrícia; COLOMBO, Bruna Armonas. Tecnologias Cívicas na Interface entre direito e inteligência artificial: Operação Serenata de Amor para gostosuras ou travessuras? A&C. *Revista de Direito Administrativo & Constitucional*, v. 76, p. 83-103, 2019.

NOHARA, Irene Patrícia. *Reforma administrativa e burocracia*: impacto da eficiência na configuração do Direito Administrativo Brasileiro. São Paulo: Atlas, 2012.

NOHARA, Irene Patrícia; MARRARA, Thiago. *Processo administrativo*: Lei nº 9.784/99 comentada. São Paulo: Atlas, 2009.

NOHARA, Irene Patrícia; MORAES FILHO, Marco Antônio Praxedes. *Processo administrativo*: temas polêmicos da Lei nº 9.784/99. São Paulo: Atlas, 2010.

NOHARA, Irene Patrícia; PEREIRA, Flávio de Leão Bastos. *Governança, compliance e cidadania*. 2. ed. São Paulo: Thomson Reuters Brasil, 2019.

NOHARA, Irene Patrícia; VILELA, Danilo Vieira. Arbitragem em contratos de infraestrutura celebrados com a Administração Pública: desenvolvimento e energia. *Revista de Direito Administrativo e Infraestrutura*: RDAI, São Paulo, v. 3, nº 9, p. 23–44, 2019.

NOHARA, Irene Patrícia Diom. *Fundamentos de direito público*. 2. ed. São Paulo: Atlas, 2022.

NOHARA, Irene Patrícia Diom. *Nova lei de licitações e contratos comparada*. São Paulo: Thomson Reuters, 2021.

NOHARA, Irene Patrícia Diom; MARTINS, Fernando Medici Guerra. Desafios da LGPD e as históricas não contadas de experiências emocionais em escala massiva: controle tecnológico em seres humanos como ratos de laboratório. In: PIRONTI, Rodrigo (Org.). *Lei Geral de Proteção de Dados no setor público*. Belo Horizonte: Fórum, 2021. p. 219-237.

NUNES, D. J. C.; MARQUES, A. L. P. C. Inteligência artificial e direito processual: vieses algorítmicos e os riscos de atribuição de função decisória às máquinas. *Revista de Processo*, v. 43, n. 285, p. 425, nov. 2018.

OCTAVIANI, Alessandro; NOHARA, Irene Patrícia. *Estatais*. 2. ed. Thomson Reuters Brasil, 2021.

OCTAVIANI, Alessandro. *Recursos genéticos e desenvolvimento*. 2008. p. 287. Tese (Doutorado) – Programa de Pós-Graduação em Direito, Universidade de São Paulo, São Paulo, 2008.

OLIVEIRA, Fábio André Uema. *Tombamento*: Decreto-Lei 25/1937. São Paulo: Thomson Reuters Brasil, 2019. (Coleção Soluções de direito administrativo: Leis comentadas. Série I: administração pública, v. 2, NOHARA, Irene Patrícia Nohara; MOTTA, Fabrício Motta; PRAXEDES, Marco Praxedes, coord.)

OLIVEIRA, Gustavo Henrique Justino. As audiências públicas e o processo administrativo brasileiro. *Revista de Informação Legislativa*, Brasília, ano 34, nº 135, jul./set. 1997.

OLIVEIRA, Raul Miguel Freitas de. *Previdência dos servidores públicos*. Leme: J. H. Mizuno, 2013.

OLIVEIRA, Regis Fernandes. *Delegação e avocação administrativas*. São Paulo: Revista dos Tribunais, 2005.

OSÓRIO, Letícia Marques (Org.). *Estatuto da Cidade e reforma urbana*: novas perspectivas para as cidades brasileiras. Porto Alegre: Sergio Antonio Fabris Editor, 2002.

OTERO, Paulo. *Legalidade e administração pública*: o sentido da vinculação administrativa à juridicidade. Coimbra: Almedina, 2007.

PACHECO, J. E. de Carvalho. *Habeas corpus*. Curitiba: Juruá, 1983.

PADILHA, Norma Sueli. *Fundamentos constitucionais do direito ambiental brasileiro*. Rio de Janeiro: Campus, 2010.

PAILLET, Michel. *La responsabilité administrative*. Paris: Dalloz, 1996.

PEDREIRA, Ana Maria. *Direito administrativo e processo administrativo*. Rio de Janeiro: Forense, 2006.

PEDREIRA, Ana Maria. *A responsabilidade do Estado por omissão*: a aplicabilidade dos princípios da prevenção e precaução e o controle da Administração Pública. Porto Alegre: Núria Fabris, 2016.

PEREIRA, Caio Mário da Silva. *Instituições de direito civil*. Rio de Janeiro: Forense, 2004. v. 3.

PEREIRA, Luiz Carlos Bresser. *Crise econômica e reforma do Estado no Brasil*. São Paulo: Editora 34, 1996.

PEREIRA JÚNIOR, Jessé. *Comentários à Lei das licitações e contratações da administração pública*. Rio de Janeiro: Renovar, 2002.

PETIAN, Angélica. *Regime jurídico dos processos administrativos ampliativos e restritivos de direitos*. São Paulo: Malheiros, 2011.

PHILIPPE, Xavier. *Le controle de proporcionnalité dans les jurisprudences constitucionelle et administrative française*. Aix-Marseille: Presses Universitaires de France, 1990.

PIMENTEL, Cácia. *Energia, infraestrutura e logística*: instrumentos jurídicos e regulatórios de transição energética. Porto Alegre: Lex, 2024.

PIRES, Luis Manuel Fonseca. *Controle judicial e discricionariedade administrativa*. 3. ed. Belo Horizonte: Forum, 2017.

PITOMBO, Sérgio Marcos de Moraes. *Inquérito policial: novas tendências*. Belém: Cejup, 1986.

PONTES DE MIRANDA, Francisco Cavalcanti. *Tratado de direito privado*. Rio de Janeiro: Borsoi, 1971.

PONTES DE MIRANDA, Francisco Cavalcanti. *Tratado de direito privado*, parte especial, tomo XI – direito das coisas: propriedade. 2. ed. Rio de Janeiro: Borsoi, 1971.

RAIS, Diogo. *Fake news*: a conexão entre a desinformação e o direito. São Paulo: Thomson Reuters Brasil, 2020.

RAIS, Diogo; PRADO FILHO, Francisco Octavio Almeida. *Direito público digital*. São Paulo: Thomson Reuters Brasil, 2020.

RAMINA, Larissa. A Convenção Interamericana contra a corrupção. *Revista Direitos Fundamentais e Democracia*, v. 6, p. 1-11, 2009.

RAMOS, Elival da Silva. A valorização do processo administrativo: o poder regulamentar e a invalidação dos atos administrativos. In: SUNDFELD, Carlos Ari; MUNOZ, Guillermo Andrés. *As leis de processo administrativo*. São Paulo: Malheiros, 2006.

RAMOS, Elival da Silva. *Ativismo judicial*. São Paulo: Saraiva, 2010.

RAO, Vicente. *Ato jurídico*. 4. ed. São Paulo: Revista dos Tribunais, 1999.

REALE, Miguel. *Revogação e anulação do ato administrativo*. Rio de Janeiro: Forense, 1968.

ROCHA, Cármen Lúcia Antunes. Princípios constitucionais do processo administrativo no direito brasileiro. *Revista de Direito Administrativo*, Rio de Janeiro, nº 209, jul./set. 1997.

ROCHA, Fabíola de Araújo; POMPEU, Gina Vidal Marcílio. *Energias limpas*: instalação, manutenção e descomissionamento diante do cenário da transição energética e da justiça climática. Porto Alegre: Editora Fundação Fênix, 2024.

ROSS, Alf. *Tû-tû*. São Paulo: Quartier Latin, 2004.

ROZSA, V.; DUTRA, M. L.; PINTO, A. L.; MURIEL-TORRADO, E. O paradigma tecnológico da internet das coisas e sua relação com a ciência da informação. *Inf. & Soc.: Est.*, v. 27, n. 3, p. 256, set./dez. 2017.

RÜDIGER, Francisco. *Comunicação e teoria crítica da sociedade*. Porto Alegre: Edipucrs, 1999.

RUSSEL, S.; NORVIG, P. *Inteligência artificial*. Traduzido ao português de *Artificial Intelligence*. 3. ed. Rio de Janeiro: Elsevier, 2013.

SABBAG, Eduardo. *Manual de direito tributário*. São Paulo: Saraiva, 2010.

SALLES, José Carlos de Moraes. *A desapropriação à luz da doutrina e da jurisprudência*. 6. ed. rev., atual. e ampl. São Paulo: Revista dos Tribunais, 2009.

SALGADO, Eneida Desiree. *Tijolo por tijolo em um desenho (quase) lógico*: vinte anos da construção de um projeto democrático brasileiro. Curitiba: Dissertação/URPR, 2005.

SALLES, José Carlos de Moraes. *A desapropriação à luz da doutrina e da jurisprudência*. 6. ed. São Paulo: Revista dos Tribunais, 2009.

SALVADOR NETTO, Alamiro Velludo. *Tipicidade penal e sociedade de risco*. São Paulo: Quartier Latin, 2006.

SANTANNA, Gustavo da Silva. *Administração pública eletrônica*: o caminho para a implantação de serviços públicos 4.0. Londrina: Thoth, 2022.

SANTOS, Boaventura de Sousa (Org.). *Reconhecer para libertar*. Rio de Janeiro: Civilização Brasileira, 2003.

SANTOS, Boaventura de Sousa (Org.). *Pela mão de Alice*: o social e o político na pós-modernidade. 6. ed. São Paulo: Cortez, 1999.

SANTOS, Fábio de Sousa. *Teoria dos Agentes Públicos Digitais*. São Paulo: Thomson Reuters, 2024.

SANTOS, Murilo Giordan. *Coisa julgada administrativa*. Belo Horizonte: Fórum, 2021.

SANTOS, Murilo Giordan; BARKI, Tereza Villac Pinheiro. *Licitações e contratações públicas sustentáveis*. Belo Horizonte: Fórum, 2011.

SANTOS, Rodrigo Valgas dos. *Direito administrativo do medo*. São Paulo: Thomson Reuters Brasil, 2020.

SANTOS NETO, João Antunes dos. *Da anulação* ex officio *do ato administrativo*. 2. ed. Belo Horizonte: Fórum, 2006.

SARAI, Leandro. *Contratações públicas sustentáveis*. Londrina: Thoth, 2021.

SARLET, Ingo Wolfgang; TIMM, Luciano Benetti. *Direitos fundamentais, orçamento e reserva do possível*. Porto Alegre: Livraria do Advogado, 2008.

SCHIER, Adriana da Costa Ricardo. *Fomento*: Administração Pública, direitos fundamentais e desenvolvimento. Curitiba: Íthala, 2019.

SCHWAB, Klaus. *A quarta revolução industrial*. São Paulo: Edipro, 2016.

SCHUMPETER, J. A. *A teoria do desenvolvimento econômico*. São Paulo: Nova Cultura, 1997.

SECRETARIA DE DIREITO ECONÔMICO, MINISTÉRIO DA JUSTIÇA E CONSELHO ADMINISTRATIVO DE DEFESA ECONÔMICA. *Combate a cartéis e acordo de leniência*. 3. ed. Brasília: SDE, MJ e CADE, 2009.

SEELAENDER, Airton Cerqueira Leite. A polícia e as funções de Estado: notas sobre a polícia do antigo regime. *Revista da Faculdade de Direito – UFPR*, Curitiba, nº 49, 2009.

SENAI. *O futuro do governo digital*. Curitiba: Senai/PR, 2021.

SHIRAISHI NETO, Joaquim. *Direito dos povos e das comunidades tradicionais do Brasil*. Manaus: UEA, 2007.

SICHES, Luis Recaséns. *Introducción al estudio del derecho*. 2. ed. México: Porrua, 1972.

SILVA, Carlos Vinícius Sarmento; RALHA, Célia Gheidini. Detecção de cartéis em licitações públicas com agentes de mineração de dados. *Revista Eletrônica de Sistemas de Informação*, v. 10, n. 1, p. 1-19, 2011.

SILVA, Elke Andrade Soares de Moura. Os tribunais de contas e o controle de constitucionalidade das leis. *Revista do Tribunal de Contas do Estado de Minas Gerais*, Belo Horizonte, v. 52, nº 3, p. 67-120, 2004.

SILVA, Flavio Soares Corrêa da. O que é computação cognitiva. *Boletim do Irib em Revista*, 358, 68, set. 2018.

SILVA, José Afonso da. *Ação popular constitucional*. 5. ed. São Paulo: Revista dos Tribunais, 1968.

SILVA, José Afonso da. *Aplicabilidade das normas constitucionais*. 3. ed. São Paulo: Malheiros, 1998.

SILVA, José Afonso da. *Curso de direito constitucional positivo*. São Paulo: Malheiros, 2000.

SILVA, José Afonso da. *Curso de direito constitucional positivo*. 35. ed. São Paulo: Malheiros, 2012. p. 281.

SILVA, José Afonso da. O Estado Democrático de Direito. *Revista da Procuradoria Geral do Estado de São Paulo*, São Paulo, v. 30, dez. 1988.

SILVA, Luís Virgílio Afonso da. O proporcional e o razoável. *Revista dos Tribunais*, São Paulo, ano 91, v. 798, abr. 2002.

SILVA, Vasco Pereira da. *Em busca do acto administrativo perdido*. Coimbra: Almedina, 1996.

SIQUEIRA CASTRO, Carlos Roberto. *O devido processo legal e os princípios da razoabilidade e proporcionalidade*. 4. ed. Rio de Janeiro: Forense, 2006.

SIQUEIRA NETO, José Francisco Siqueira (Coord.); NOHARA, Irene Patrícia; SALGADO, Rodrigo Oliveira. *Gestão pública, infraestrutura e desenvolvimento*. São Paulo: Thomson Reuters Brasil, 2021.

SMANIO, Gianpaolo Poggio. *Interesses difusos e coletivos*. 2. ed. São Paulo: Atlas, 1999.

SOARES, Evanna. A audiência pública no processo administrativo brasileiro. *Revista de Direito Administrativo*, Rio de Janeiro, nº 229, jul./set. 2002.

SOROMENHO, Adriano Silva. *Uso do poder de compras do Estado como instrumento de política pública de incentivo à inovação no Brasil*: desafios e possibilidades. Brasília: Uniceub, 2017.

SOUZA, Luciano Anderson de. *Direito penal*: parte especial. São Paulo: Thomson Reuters Brasil, 2021. v. 5.

SOUZA FILHO, Carlos Frederico Marés de. *A defesa dos interesses difusos em juízo*. 7. ed. São Paulo: Saraiva, 1995.

STANICH NETO, Paulo. *Direito das comunidades tradicionais caiçaras*. São Paulo: Café com Lei, 2016.

STASSINOPOULOS, Michel D. *Traité des actes administratifs*. Paris: Librairie Générale de Droit et de Jurisprudence, 1973.

STOCO, Rui. *Responsabilidade civil e sua interpretação jurisprudencial*. 4. ed. São Paulo: Revista dos Tribunais, 1999.

STOCO, Rui. Responsabilidade do Estado por erro judiciário. *Cidadania e Justiça da Associação dos Magistrados Brasileiros*, ano 2, nº 4, 1º semestre de 1998, Rio de Janeiro: AMP.

STOCO, Rui. *Tratado de responsabilidade civil*. 6. ed. São Paulo: Revista dos Tribunais, 2004.

SUNDFELD, Carlos Ari (Coord.). *Direito administrativo econômico*. São Paulo: Malheiros, 2002.

SUNDFELD, Carlos Ari. A importância do procedimento administrativo. *Revista de Direito Público*, São Paulo, nº 84, out./dez. 1987.

SUNDFELD, Carlos Ari. *As leis de processo administrativo*. São Paulo: Malheiros, 2006.

SUNDFELD, Carlos Ari. *Direito administrativo ordenador*. São Paulo: Malheiros, 1997.

SUNDFELD, Carlos Ari. *Fundamentos de direito público*. 4. ed. São Paulo: Malheiros, 2003.

TÁCITO, Caio. A inexistência de motivos nos atos administrativos. *Revista de Direito Administrativo*, Rio de Janeiro, v. 36, abr./jun. 1954.

TÁCITO, Caio. *Abuso de poder administrativo no Brasil*. In: Temas de direito público: estudos e pareceres. Rio de Janeiro: Renovar, 1997.

TÁCITO, Caio. Desvio de poder legislativo. *Revista Trimestral de Direito Público*, São Paulo: Malheiros, 1993.

TÁCITO, Caio. *Direito administrativo*. São Paulo: Saraiva, 1975.

TÁCITO, Caio. O desvio de poder no controle dos atos administrativos, legislativos e jurisdicionais. *Revista de Direito Administrativo*, São Paulo: Renovar/FGV, nº 188, 1992.

TÁCITO, Caio. *O retorno do pêndulo*: serviço público e empresa privada. O exemplo brasileiro. Temas de Direito Público. Rio de Janeiro: Renovar, 1997.

TÁCITO, Caio. Perspectivas do direito administrativo no próximo milênio. *Revista de Direito Administrativo*, Rio de Janeiro, nº 212, abr./jun. 1998.

TÁCITO, Caio. *Poder de polícia e polícia do poder*. Direito administrativo da ordem pública. 3. ed. Rio de Janeiro: Forense, 1998.

TÁCITO, Caio. Teoria e prática do desvio de finalidade. *Revista de Direito Administrativo*, Rio de Janeiro, nº 117, jul./set. 1974.

TAPSCOTT, Don; TAPSCOTT, Alex. *Blockchain revolution*: como a tecnologia por trás do Bitcoin está mudando o dinheiro, os negócios e o mundo. São Paulo: Senai-SP, 2016.

TEMER, Michel. *Elementos de direito constitucional*. 18. ed. São Paulo: Malheiros, 2002.

TESSLER, Marga Inge Barth. O fato consumado e a demora na prestação jurisdicional. *Revista CEJ*, Brasília, nº 27, out./dez. 2004.

TIDD, J.; BESSANT, J.; PAVITT, K. *Managing innovation* – integrating technological market and organizational change. 3. ed. Hoboken: John Wiley & Sons, 2005.

TORRES, Ronny Charles Lopes de. *Leis de licitações públicas comentadas*. 11. ed. Salvador: JusPodivm, 2021.

VALIM, Rafael. *A subvenção no direito administrativo brasileiro*. São Paulo: Contracorrente, 2015.

VALVERDE, Trajano de Miranda. Sociedades anônimas ou companhias de economia mista. *Revista de Direito Administrativo*. Rio de Janeiro: Renovar, 1991 (Seleção Histórica).

VEDEL, Georges. *Droit administratif*. Paris: Presses Universitaires de France, 1964.

VENOSA, Sílvio de Salvo. *Direito civil*: parte geral. São Paulo: Atlas, 2006. v. 1.

VENOSA, Sílvio de Salvo. *Direito civil*: responsabilidade civil. 6. ed. São Paulo: Atlas, 2006.

VILELA, Danilo Vieira. *Direito econômico*. Salvador: JusPodivum, 2016.

VILELA, Danilo Vieira. *Agências reguladoras e a efetivação da ordem econômica constitucional brasileira*. Salvador: JusPodivm, 2018.

VILELA, Danilo Vieira. Governança e compliance na nova disciplina das agências reguladoras. In: NOHARA, Irene Patrícia; PEREIRA, Flávio de Leão Bastos. *Governança*, compliance *e cidadania*. 2. ed. São Paulo: Revista dos Tribunais, 2019.

VIOLIN, Tarso Cabral. *Terceiro setor e as parcerias com a administração pública*: uma análise crítica. Belo Horizonte: Fórum, 2010.

WALD, Arnoldo. Novas tendências do direito administrativo: a flexibilidade no mundo da incerteza. *Revista dos Tribunais*, v. 721, p. 7, nov. 1995.

WALD, Arnoldo; FONSECA, Rodrigo Garcia da. O *habeas data* na Lei nº 9.507/97. *Revista de Informação Legislativa*, Brasília, ano 35, nº 137, p. 303, jan./mar. 1998.

WALD, Arnoldo; MORAES, Luiza Rangel de; WALD, Alexandre de M. *O direito de parcerias e a lei de concessões*. 2. ed. São Paulo: Saraiva, 2004.

WEBER, Max. *Economia e sociedade*. Tradução de Regis Barbosa e Karen Elsabe Barbosa. Brasília: Universidade de Brasília, 1999.

YARSHELL, Flávio Luiz; PEREIRA, Guilherme Setoguti J. (Coord.). *Processo societário*. São Paulo: Quartier Latin, 2018.

YOUNG, Shaun P. *Evidence-based policy-making in Canada*. Don Mills: Oxford University Press, 2013.

ZAGREBELSKY, G. *O direito dúctil*. Madrid: Trotta, 2003.

ZANCANER, Weida. *Da convalidação e da invalidação dos atos administrativos*. São Paulo: Malheiros, 2001.

ZILIOTTO, Mirela Miró. *Tecnologia blockchain nas contratações públicas no Brasil*. Belo Horizonte: Fórum, 2022.

ZOCKUN, Carolina Zancaner. *Da terceirização na Administração Pública*. São Paulo: Malheiros, 2014.

ZOCKUN, Carolina Zancaner. *Da intervenção do Estado no domínio social*. São Paulo: Malheiros, 2009.

ZUBOFF, Shoshana. *A era do capitalismo de vigilância*. Rio de Janeiro: Intrínseca, 2020.

Índice remissivo

A
Abrir novo concurso, 682
Abuso de autoridade, 126
Abuso do poder regulatório, 511
Ação civil pública, 872
    direitos coletivos, 872
    interesses coletivos, 872
    interesses difusos, 872
    interesses individuais homogêneos, 872
    objeto, 872
Ação popular, 866
Acesso a informações, 67
Acidente nuclear, 825
Acumulação remunerada de cargos públicos, 687
Adestinação, 765
Adjudicação, 265
Adjudication, 569
Administração Direta, 551
Administração gerencial, 27
Administração Indireta, 555
Administração Pública, 5
    extinção do regime jurídico único, 655
    sentido objetivo, 5
    sentido subjetivo, 5
Afastamento preventivo do servidor, 245
Afetação, 712
Aforamento, 732
Agência, 566
Agências executivas, 567
Agências norte-americanas, 571
Agências reguladoras, 26, 28, 561, 567
    em relação ao Poder Executivo, 586
    em relação ao Poder Judiciário, 586
    em relação ao Poder Legislativo, 586
Agente político, 666
Agente público, 651, 665
Agentes honoríficos, 708
Águas públicas, 733
Águas públicas dominicais, 733
Águas superficiais ou subterrâneas, 733
Ajuste dos direitos individuais, 118
Alcance das marés, 721
Álea econômica, 414
Álea extraordinária, 413
Álea ordinária, 413
Áleas administrativas, 414
Áleas contratuais, 413
Alienação onerosa, 751
Alteração do uso do solo, 778
Alteração unilateral, 393, 394
Alvará de autorização, 124
Alvará de licença, 118
Amizade íntima, 218
Análise de Impacto Regulatório, 579
Anuência tácita, 153
Anulabilidade, 179, 181
Anulação, 187, 490
Aparência de regularidade, 166
Aplicar sanções, 393
Aposentadoria, 692
    cálculo da, 692
    direito à inatividade remunerada, 692
    por invalidez, 693

Tratamentos transitórios, 696
  voluntária, 694
Apossamento administrativo, 761
Aprendizagem de máquina, 935
Arbitragem, 502, 573, 753
Arbítrio, 98
Áreas indígenas, 727
Área urbana não edificada, 754
Aristóteles, 31
Arremesso de anão, 130
Assimetria de informação, 570
Associação pública, 614
Atipicidade, 210
Atividade econômica em sentido estrito, 439
Atividade judiciária, 37
Atividades nucleares, 822
Atividade típica do Estado, 134
Ato
  eficaz, 159
Ato administrativo
  complexo, 156
  exteriorização, 163
Ato de improbidade, 876
Ato discricionário, 178
Ato final, 265
Atos, 157
  bilaterais, 157
  consumados, 157
  conteúdo, 163
  enunciativos, 158
  imperfeitos, 157
  multilaterais, 157
  negociais, 158
  normativos, 158
  ordinários, 158
  pendentes, 157
  perfeitos, 157
  punitivos, 158
  unilaterais, 157
Atos administrativos
  classificação, 155
  complexos, 155
  compostos, 155
  gerais, 155
  individuais, 155
  simples, 155
Atos administrativos inominados, 151
Atos administrativos negociais, 150
Atos anuláveis, 180
Atos inexistentes, 180, 182
Atos irregulares, 181

Atos materiais posteriores, 136
Atos materiais preparatórios, 135
Atos normativos, 127
Atos nulos, 179
Atos políticos, 35
Ato vinculado, 95
Atraso, 398
Atributos, 148
Atuação dentro da lei, 98
Atuação preventiva, 121
Atualidade, 469
Audiência pública, 224, 225
  aspectos principais, 224
  outras formas de participação, 226
Ausência de manifestação, 152
Autarquia, 555
  classificação, 557
  imunidade recíproca, 562
Autarquia fundacional, 594
Autarquia(s)
  natureza jurídica pública, 556
Autarquias
  características das, 556
Autarquias universitárias, 561
Autoexecutoriedade, 124, 125, 150
Autonomia da vontade, 3
Autonomia entre as responsabilidades, 704
Autoridade Nacional de Proteção de Dados, 917
Autorização, 118
Autorização de compra, 386
Autorização de serviço público, 492
Autotutela, 187
Avaliação periódica de desempenho, 674
Avocação, 161, 162

B

Bem, 710
Bem público
  autorização de uso, 717
  concessão de uso, 719
  permissão de uso de, 717
  uso privativo de, 716
Bens, 712
Bens comuns, 329
Bens desafetado, 715
Bens de uso comum do povo, 713
Bens de uso especial, 713
Bens do domínio público, 712
Bens dominicais, 713, 715
Bens particulares, 712

Bens públicos
    espécies de, 719
Bens reversíveis tanto podem ser móveis, como, por exemplo, materiais, máquinas, equipamento, 485
Bilateralidade no processo, 254
Boa-fé, 60, 166
Burocracia, 27

C

Cabimento, 858
Caducidade, 187
Cancelamento do tombamento, 749
Características da delegação, 162
Características do parecer, 228
Características genéricas
    contrato administrativo, 383
Cargo, 657
Cargos em comissão, 657
Carreira, 673
Carta-contrato, 386
Caso Gás de Bordeaux, 417
Caso *Lesbats*, 174
Cassação, 187
Cepacs, 779
Césio 137, 822
Chamamento público, 641
ChatGPT, 936
Checks and balances, 32
Chevron test, 587
Ciclo de formação, 159
Cidadão, 867, 868
Cidades sustentáveis, 772
Ciência da Administração, 27
Cipas, 659
Classe, 672
Cláusula *rebus sic stantibus*, 416, 417
Cláusulas econômico-financeiras, 385
Cláusulas essenciais, 479, 499
Cláusulas exorbitantes, 392
Cláusulas leoninas, 384
Cláusulas necessárias, 387
Cliente, 473
Cobrança de taxa, 117
Cobrança de multas, 151
Coeficiente de aproveitamento, 778
Coercibilidade, 124, 126
Coisa, 710
Coisa julgada administrativa, 217, 841

Comissão de governança, 677
Comitê de auditoria estatutário, 611
Common law, 26
Competência, 161, 868
Comprovação da regularidade fiscal, 360
Comutatividade, 385
Conceito, 265
Conceito ambíguo, 171
Conceito de Direito Administrativo, 4
Conceitos indeterminados, 259
Conceitos jurídicos indeterminados, 171
Conceito vago, 172
Concessão
    inventário e o registro de bens vinculados à, 480
Concessão administrativa, 427
Concessão comum, 464
Concessão de liminar, 862
Concessão de obra pública, 427
Concessão de serviço público, 464
Concessão e permissão, 463
Concessão patrocinada, 427
Concorrência, 339
Concurso, 339
Concurso público
    direito à investidura, 684
    expectativa de direito à nomeação, 684
Concurso público, 673
Concurso Público Nacional Unificado, 677
    objetivos, 677
Concursos públicos
    Controle dos, 682
    políticas de ação afirmativa, 683
Condição, 159
Condição resolutiva, 186
Condicionamento da liberdade, 132
Configuração jurídica, 675
Conselho de Administração, 605
Conselho de Estado, 37
Conselho Nacional de Justiça, 37, 39
Consequencialismo, 899
Consórcio, 434
    exclusão, 620
    retirada, 620
Consórcios públicos, 612, 613
Constitucionalismo, 32
Consulta, 225
Consulta pública, 222, 223
    características da, 222

Conta própria, 708
Contenda entre Duguit e Hauriou, 24
Conteúdo, 163
Conteúdo vinculado, 153
Continuidade, 468
Contraditório, 191, 208
Contraditório e ampla defesa, 325
Contraditório material, 27, 209
Contraposição, 187
Contraprestação, 500
Contratação direta, 296
Contratados por tempo determinado, 661
Contrato administrativo
    característica da exorbitância, 384
    características específicas, 384
    reajuste, 423
    revisão, 423
Contrato da administração, 380
Contrato de autonomia, 429
Contrato de concessão, 427
Contrato de consórcio, 612
Contrato de desempenho, 429
Contrato de eficiência, 429
Contrato de fornecimento, 428
Contrato de gestão, 75
Contrato de programa, 620
Contrato de rateio, 619
Contrato de repasse, 431
Contratos administrativos
    arbitragem, 424
    existência, 380
    duração, 378
Contribuição dos inativos, 695
Controle dos desvios éticos, 63
Controle judicial, 848
Controle jurisdicional, 178
Controles recíprocos, 32
Convalidação, 181, 182
Conveniência e oportunidade, 95
Convênio, 430
Conversão, 185
Corpo de Bombeiros Militares, 707
Corporações especializadas, 121
Cortesia, 470
Cortiços, 777
Crédito orçamentário, 389
Crimes ambientais, 531
Crise da noção de serviço público, 24
Critérios, 548
Critério territorial, 548

Culpa exclusiva da vítima, 824
Cumprimento de seus efeitos, 186

D

Dano ambiental, 831
Dano causado ao erário, 831
Debate público oral, 223
Decisão, 247
Defensor dativo, 205, 246
Defesa, 243
Defesa técnica por advogado, 205
Definição, 491
Definitividade, 37
Delegação, 134, 161, 465
Delegação de serviços públicos, 463
Delegação do poder público, 708
Denegação tácita, 153
Denúncia anônima, 239
Desafetação, 712
Desaparecimento
    do sujeito ou objeto, 186
Desapropriação por zona, 756
Desapropriação sancionatória, 754
Descentralização, 547
Descentralização por colaboração, 549
Descentralização por serviços, 549
Descentralização territorial ou geográfica, 549
Desconcentração, 547
Desenvolvimento Sustentável
    objetivos, 532
Desfazimento, 191
Desfazimento da licitação, 324
Designação de representante, 400
Desistência, 231
Deslegalização, 587
Deslinde das terras, 720
Despersonalizados, 860
Desvio de finalidade, 62, 174
Desvio de poder, 174, 176
Dever
    de publicidade, 70
Dever de representação funcional, 238
Deveres funcionais, 233
Devido processo formal, 208
Devido processo legal, 78, 208
Devido processo legal substantivo, 79
Devido processo substancial, 208
Diário oficial, 71
Dignidade da pessoa humana, 25, 131
Direito administrativo, 1, 2

ÍNDICE REMISSIVO | 967

Direito administrativo francês, 22
Direito de certidão, 843
Direito de greve, 697
Direito de petição, 838, 842
Direito de preempção, 777
    exigências legais, 777
    finalidades, 777
Direito de preferência, 751
Direito econômico, 28
Direito líquido e certo, 861
Direito privado, 2
Direito público, 2
Direitos e deveres do usuário, 470
Direitos fundamentais, 129
Direitos reais de garantia, 716
Direito urbanístico, 770
Diretrizes, 772
Diretrizes norteadoras, 499
Dirigentes, 564
Dirigismo contratual, 379
Disciplina legal, 276, 497
Discricionariedade, 98, 99, 124, 177
Discricionariedade técnica, 586
Dispensa, 304
Domínio direto, 732
Domínio eminente, 709
Domínio privado do Estado, 711
Domínio público, 709
Domínio útil, 732
Doutrina brasileira do
    habeas corpus, 852
Doutrina *chevron*, 587
Dualidade de jurisdição, 37
Duração, 389

E

Economia processual, 210
Edital, 313
Educação, 437
Efeitos, 750
Eficácia, 74, 159
Eficácia horizontal dos direitos humanos, 130
Eficaz, 159
Eficiência, 73, 74, 207
    princípio da, 73, 75
Eficiência, 469
Elementos, 160
Emergência climática, 544
Empate, 360
Empate ficto, 360

Empregados públicos, 668
Emprego da força pública, 126
Emprego público, 658
Empreitada, 427
Empresa de pequeno porte, 359
Empresa pública, 606
Encampação, 487
Encargos da concessionária, 480
Encargos do poder concedente, 481
Enfiteuse, 732
Engenheiro de obra pronta, 900
Enriquecimento ilícito, 877
Entrar em exercício, 672
Equilíbrio entre meios e fins, 78
Era digital, 30
Erradicação da pobreza
    políticas públicas, 534
Erro grosseiro, 703
Erro judiciário, 827, 828
Escola de Bordeaux, 23
Escola do serviço público, 23
Escolas de governo, 76
ESG
    proteção ambiental e climática, 538
    environmental, social and governance, 536
Espírito público, 63
Essential facilities doctrine, 570
Estabilidade, 699, 700
Estado de direito, 115
Estado de polícia, 114
Estado liberal, 116
Estado social de direito, 116
Estágio probatório, 700
Estatal, 598
Estatutários, 668
Estatuto
    dos servidores federais, 247
Estatuto do Índio, 724
Estudo prévio de impacto de vizinhança, 780
    conteúdo, 780
Evicção, 754
Exaurimento da via administrativa, 841
Exceção de contrato não cumprido, 408
Exceptio non adimpleti contractus, 408
    inoponibilidade, 408
Excesso de poder, 126
Execução material, 186
Executoriedade, 124, 150
Exequibilidade, 160
Exigência de garantia, 409

Exigência moral de justiça, 60
Exigibilidade, 124, 150
Existência de contratos administrativos, 378
Extinção da concessão, 485
Extinção do processo, 230
Extinção unilateral, 396
Extinguir o contrato, 393

F

Faculdade discricionária expressa, 97
Facultatividade na realização, 224
Faixa de fronteira, 722
Fake news, 909
Falta residual, 705
Fase externa, 309
Fase interna, 309
Fato administrativo, 153
Fato consumado, 190
Fato da administração, 414
Fato do príncipe, 415
Favorecimento às pequenas empresas, 359
Fé pública, 149
Figuras estabelecidas em lei, 151
Finalidade, 164, 235
Finalidade *lato sensu*, 164
Finalidade *stricto sensu*, 164
Fiscalização das estatais, 610
Fiscalização do contrato, 399
Fiscalização do Poder Executivo, 33
Fiscalizar a execução, 393
Flexibilização dos monopólios, 569
Fontes de receitas, 477
Forças armadas, 707
Forma, 163
Forma escrita, 385
Formalidade essencial, 168
Formalismo, 385
    excesso de, 168
    moderado, 168
Formalismo moderado, 207, 210, 215
Forma originária de aquisição, 753
Formas de extinção, 186
Formas simples, 215
Foro anual, 732
Freios e contrapesos, 32
Fuga do direito administrativo, 29
Funai, 725
Função administrativa, 4, 5, 33
Função de confiança, 661
Função de magistério, 687

Função política, 34
Função por tempo determinado, 663
Função social da cidade, 771
Funcionário de fato, 166
Funcionário público, 651
Funções atípicas, 35, 37
Funções atípicas do Poder Legislativo, 33
Funções sociais da cidade, 771
Funções típicas, 33
Fundação, 588
Fundação pública de direito privado, 591
Fundações de direito privado instituídas por
    particulares, 589
Fundo Garantidor, 503, 504

G

Garantias, 500
Gastón Jèze, 170
Generalidade, 469
Gerais, 155
Gestão democrática, 772
Gestão pública, 30
Governança, 30, 905
Governança do compartilhamento de dados, 918
Governança pública
    aprimoramento institucional, 536
Governo digital, 905, 923
Gratuidade, 207, 211, 215
Greve, 698

H

Habeas corpus, 851
    doutrina do, 859
Habeas data, 855
Hipertrofia do Poder Executivo, 25
Histórico, 272, 496, 852
Histórico da propriedade de terras, 720
Homologação, 749, 321

I

Idoneidade moral, 172
Ilha, 732
Ilha fluvial, 733
Ilhas oceânicas e costeiras, 733
Ilícito administrativo, 258
Imissão provisória na posse
    requisitos, 760
Imissão provisória na posse, 760
Impedimento, 218
Impenhorabilidade, 715
Imperatividade, 149

Imprescritibilidade, 715
Improbidade administrativa, 875
Inadequação do fato, 169
Inalienabilidade, 715
Incapacidade, 166
Indenização, 762
Indenização
 cálculo da, 763
Indiciação do servidor, 246
Indícios, 176
Indigenato, 725
Indústria 4.0, 904
Inércia, 36
Inexigibilidade, 297, 304
Inexistência do fato, 169
Informações, 863
Infrações disciplinares, 236, 704
Inimizade notória, 218
Inquérito administrativo, 243, 245
 defesa, 245
 instrução, 245
 relatório, 245
Inquérito civil, 873
Inscrição no livro do tombo, 749
Instauração, 243
Instrução, 221, 243
Instrução do processo administrativo, 214
Instrumentais, 93
Instrumento de contrato, 386
Inteligência Artificial
 classificação, 936
Inteligência artificial (ia), 934
Interessados, 227
Interesse social, 756
Internet, 909
Internet das coisas, 913
Intervenção, 484, 566
Intervenção estatal por participação, 438
Invalidação, 186
Inventário e o registro de bens, 486
Inversão de fases, 323
Investidura
 requisitos para, 671
Investidura, 671
Investidura irregular, 166
Irrazoabilidade, 79
 por excesso, 79

J
Jazidas, 733

Juízo de ponderação, 129
Julgamento, 243, 247
Julgamento objetivo, 291
Jurisdição una, 37
Juros moratórios, 764
Justificação de dispensa
 procedimento de, 307

L
Lavra, 733
Lealdade, 60
Legalidade *versus* segurança jurídica, 212
Legitimação do poder, 94
Legitimidade para recorrer, 841
Lei das Estatais, 547
Lei de Acesso à Informação, 72, 918
Lei de Liberdade Econômica, 579
Lei de Parcerias, 639, 934
Lei do Governo Digital, 923
Lei dos Concursos Públicos, 678
Lei Geral de Proteção de Dados, 916
Lei Internadalicitação, 313
Leilão, 340
Lei-pilhagem, 61
Lei ratificadora, 617
Leis
 de efeitos concretos, 826
 de processo administrativo estaduais, 203
Leis estaduais de PPP., 498
Leis inconstitucionais, 826
Lesividade na ação popular, 870
LGPD
 aplicação pela Administração Pública, 916
Liberação de atividade econômica, 154
Liberdade econômica
 princípios, 510
Liberdade Econômica, 154
Licitação, 265, 501
Licitação dispensada, 304
Licitação dispensável, 300, 304
 em razão da pessoa, 302
 em razão do objeto, 301
 em razão do valor, 300
 em situações excepcionais, 300
Licitação inexigível, 304
Licitação na concessão, 477
Licitações nas estatais, 369
Licitantes
 infrações, 402
Liminar, 869

Limite do teto remuneratório, 687
Limites à autonomia, 586
Limites à revogação, 191
Limites legais, 394
Litigantes, 201
Livre competição, 292
Livre provimento e exoneração, 657
Livro do Tombo, 748
Locomoção, 854
Longa manus estatal, 651

M

Mandado de injunção, 863
Mandado de Injunção
    efeitos, 864
    pressupostos, 863
    procedimento, 864
Mandado de segurança, 859
Manifestação técnica, 228
Marco Regulatório das Organizações da Sociedade Civil, 29
Marco temporal, 727
Mecanismos de controle social, 837
Mecanismos de quarentena, 570
Mediação, 752
Medidas acautelatórias, 889
    afastamento do agente público, 889
    indisponibilidade dos bens, 889
Medidas de intervenção, 23
Medida urgente, 151
Meios diretos de coação, 150
Meios excessivos, 128
Meios indiretos de coação, 150
Mérito, 95, 178
Microempresa, 359
Militares, 707, 708
Minas, 733
Mínimo ético, 60
Ministério Público, 39, 40, 835
Modalidade, 488
Modalidades de concessão, 427
Modalidades de garantia, 409
Modicidade das tarifas, 470
Modificar o contrato, 393
Moldura normativa, 98
Monopólio, 391, 438
Monopólio da função jurisdicional, 37
Montesquieu, 31, 39
Moral administrativa, 60

Moralidade, 60, 61, 62
    fases de incorporação, 63
Moralidade administrativa, 60
Moralidade como princípio autônomo, 63
Motivação, 163
Motivo, 163, 169
    falsidade do, 169
    inadequação do, 170
    inexistência material do, 170
Móvel, 169
Multiplicação dos centros de poder, 25
Mutabilidade, 384
Mútua colaboração, 431

N

Não liberação da área, 398
Não onerabilidade, 716
Natureza jurídica, 265, 491
Natureza jurídica, 572
Neoliberalismo, 28
Nepotismo, 64
Nomeação de dirigentes, 604
Non liquet, 171
Nota de empenho, 386
Notável saber jurídico, 98
Novas tecnologias, 901
Novas tendências, 22
Nulidade, 179, 181

O

Objetivos, 613
Objetivos do processo administrativo, 204
Objeto, 167
    determinado ou determinável, 168
    lícito, 168
    possível, 168
Objeto, 163, 867
Objetos
    de desapropriação, 758
Obrigação de licitar, 277
Ocupação provisória, 406
Ocupar provisoriamente bens, 393
Oficialidade, 205, 207, 210, 245
Ombudsman, 212
Omissão, 153
Omissão em decidir, 218
Operação urbana consorciada, 778
Operador, 823
Ordem de execução de serviço, 386
Órgão gestor, 503

Órgão oficial, 70
Otto gierke, 550
Outorga onerosa, 778
Ouvidoria, 212
Overintrusion, 26

P

Papel mínimo, 116
Parâmetros técnicos, 586
Parceria público-privada
    modalidades de, 494
Parceria público-privada, 493
    conceito, 493
    natureza jurídica, 493
Parcerias Público-Privadas
    Fundo Garantidor, 496
Pardais eletrônicos, 136
Parecer
    características do, 228
    efeitos, 229
    necessidade de solicitação, 229
    obrigatório, 230
Parecer, 228
Participação dos administrados, 35
Participação popular, 212
Participante, 227
Particulares em colaboração, 708
Perfeição, 159
Perfeito, 159
Permissão de serviço público, 491
Perturbação sonora, 129
Planejamento, 772
Plano de transporte urbano integrado, 774
Plano diretor, 774
Plano estratégico de reestruturação, 567
Plataforma continental, 730
Plataforma inteligente, 905
Players, 581
Plebiscito, 225
Pluralidade de instâncias, 211
Pluralismo, 25
Poder
    de polícia, 114, 117, 118
    desvio, 128
    desvio de, 167
    discricionário, 95
    e Direito, 115
    excesso de, 128, 167
    extroverso, 150
Poder de polícia, 127
Poderes, 93

administrativos, 95
Poderes administrativos, 93
Poder Executivo, 33, 35
Poder Judiciário, 37
Poder Legislativo, 33
Polícia, 114
Polícia administrativa, 118, 120, 121
Polícia judiciária, 120
Polícias militares, 707
Política integracionista, 724
Política nacional do meio ambiente, 531
Política tarifária, 475
Política urbana, 770
Ponderação de interesses, 27
Posse, 672
Prazo de prescrição, 767
Prazo de validade, 676
Prazo prescricional, 830
Prazos previstos, 219
Preamar médio, 731
Pregão
    oralidade, 328
Pregão, 327
    Bens e serviços comuns, 328
    características, 327
    definição, 327
    eletrônico, 334
    lances, 328
Pregão presencial, 332
Pregoeiro
    atribuições do, 335
Prejuízos ao erário, 877
Preposto, 400
Prescrição, 894
Prescrição administrativa, 842
Preservação ambiental
    poder de polícia e regulação, 535
Pressuposto de fato, 169
Pressuposto formalístico, 164
Pressuposto lógico, 164
Pressupostos, 861, 868
Pressupostos autorizadores, 755
Pressupostos objetivos, 164
Pressuposto subjetivo, 164
Pressuposto teleológico, 164
Presunção de legitimidade, 148
Presunção de veracidade, 148
Prévia autorização judicial, 151
Prévio esgotamento das vias administrativas, 36, 188
Primado da realidade, 899

Primeira revolução industrial, 901
Princípio da autotutela, 91
Princípio da confiança, 819, 821
Princípio da continuidade do serviço público, 92
Princípio da especialidade, 91, 92
Princípio da impessoalidade, 72
Princípio da precaução, 543
Princípio da prevenção, 543
Princípio da tutela, 91
Princípio democrático, 26
Prioridade na tramitação, 220
Privatização, 28
Privilège d'action d'office, 125
Procedimento
    inexigibilidade, 307
Procedimento, 196, 748
Procedimento de avaliação periódica de desempenho, 76
Procedimento de Manifestação de Interesse, 502
Procedimento de Manifestação de Interesse Social, 642
Procedimentos específicos, 202
Processo, 195
    administrativo, 195, 199
    disciplinar, 249
Processo Administrativo Disciplinar, 233
Processo disciplinar
    fatos novos, 249
    inocência do punido, 249
    revisão do, 249
Programa de integridade
    avaliação, 845
Proibição de acumulação, 687
Proibição do *non liquet*, 171
Promoção, 669
Promoção de arquivamento, 873
Propaganda, 71
Propaganda institucional, 72
Proporcionalidade, 79, 128
Proprietário do bem tombado, 750
Protocolo de intenções, 612, 617
Provas, 222
    desnecessárias, 222
    ilícitas, 222
    impertinentes, 222
    protelatórias, 222
Provimento, 669
Provimento derivado, 669
Provimento originário, 669
Provimento vitalício, 701

Prudência, 78
Prússia, de Frederico, O Grande, 115
Publicação oficial, 71
Publicidade, 66, 67, 70, 843
Publicidade geral, 70
Publicidade restrita, 70
Publicização do direito privado, 4

Q

Quarentena para os dirigentes, 572
Quarta Revolução Industrial, 901
Quarto poder, 40
Questão indígena, 724

R

Racionalidade limitada, 570
Razão da matéria, 548
Razão do grau, 548
Razoabilidade, 78
Razões de estado, 115, 116
Readaptação, 670
Rebus sic stantibus, 416
Reclamação, 839
Reclamação nº 2.138, 887
Recondução, 670
Recurso hierárquico impróprio, 566, 572
Recursos, 838
Recursos administrativos, 840
    pedido de reconsideração, 840
    reclamação administrativa, 840
    recursos hierárquicos, 840
    representação, 840
    revisão, 840
Referendo, 225
Reforma Administrativa, 639
Reforma do Estado, 75, 655
Reformatio in pejus, 216, 249
    vedação, 840
Regime celetista, 659
Regime de previdência próprio, 692
Regime dos bens, 565
Regime especial, 572
Regime Geral da Previdência Social, 692
Regime jurídico administrativo, 6
Regime jurídico do pessoal, 585
Regime público, 561, 563
Regras de defesa do consumidor, 471
Regras para contagem de prazo, 219
Regulação, 29
Regulação no Brasil, 568

Regularidade, 467
Reintegração, 670
Relação bipartite, 214
Relatório, 243
Rent seeking, 570, 583
Renúncia, 186, 231
Reparação que o bem tombado requerer, 750
Reputação ilibada, 172
Requisição estatal, 708
Requisitos, 487
Requisitos de validade, 160
Rescisão, 489
Reserva do possível, 875
Responsabilidade administrativa, 702
Responsabilidade civil, 703
Responsabilidade da concessionária, 480
Responsabilidade penal, 703
Responsabilidade por atos judiciais, 827
Responsabilidade por atos legislativos, 826
Responsabilidade por dano nuclear, 822
Responsabilidades, 616
Responsabilidade subsidiária, 825
Restrição de atividades particulares, 127
Retirada do ato, 186
Retrocessão, 765
Retrocessão como direito real, 766
Reversão, 485, 670
Revogação, 186, 188
Risco permitido, 819, 821
Rulemaking, 569

S

Sanções por inexecução, 402
Saneamento, 182
Saúde, 437
Segredos públicos, 69
Segunda Revolução Industrial, 902
Segurança, 469
Segurança jurídica, 207
Separação dos poderes, 31, 32
Serviço adequado, 467
Serviço de proteção ao crédito, 858
Serviço nacional de informação, 856
Serviço público, 436, 437
Serviços comuns, 329
Serviços prestados de forma contínua, 390
Serviços públicos, 435
    não privativos, 436
    privativos, 436
Serviços públicos de interesse local, 458
Servidores públicos e mandato eletivo, 688

Servidores temporários, 669
Servidor público empossado, 672
Sigilo, 67
Silêncio administrativo, 152, 153
Silêncio circunstanciado, 153
Simplificação da legislação, 773
Sindicalização, 697
Sindicância
    contraditória, 250
    inquisitorial, 250
Sindicância
    prazo para conclusão, 251
Sistema do mérito, 673
Sistema misto, 234
Sistemas remuneratórios, 689
    remuneração, 689
    subsídio, 689
    vencimento, 689
Sobrepreço, 370
Sociedade de economia mista, 607
    características, 608
    definição, 608
    desenvolvimento, 607
    origem, 607
Sociedade de Propósito Específico, 501
Sociedade de risco
    dever de evitar riscos, 542
Special purpose company, 501
Subconcessão, 484
Subdelegação, 162
Subsidiariedade, 28
Substantive due process, 208
Substitutividade, 36
Sujeito, 161
Sujeito ativo, 863, 860, 868, 873, 886
Sujeito passivo, 863, 868, 873, 885
Súmula
    343/STJ, 205
    Vinculante nº 13, 65, 65
Súmula 2/STJ, 858
Súmula 18, 707
Súmula 18/STF, 705
Súmula 19/STJ, 118
Súmula 23/STF, 763
Súmula 36/STF, 702
Súmula 42/STJ, 610
Súmula 47/STF, 561
Súmula 69/STJ, 763
Súmula 113/STJ, 764
Súmula 164/STF, 763

Súmula 266, 33
Súmula 340/STF, 715
Súmula 343/STJ, 246
Súmula 356/STJ, 477
Súmula 365/STF, 868
Súmula 405/STF, 862
Súmula 407/STJ, 477
Súmula 477/STF, 723
Súmula 517/STF, 610
Súmula 556/STF, 610
Súmula 625/STF, 861
Súmula 645/STF, 133
Súmula 650/STF, 726
Súmula de efeito vinculante, 188
Súmula Vinculante 5, 21, 205, 215, 246, 839
Superfaturamento, 370
Supervisão de cursos de direito, 130
Supremacia do interesse público, 127
Suspeição, 218
Suspensão da execução, 398
Sustentabilidade
    educação e capacitação, 534
    conceito, 529
Sustentabilidade das cidades, 770
Sustentabilidade e preservação ambiental, 529

T

Tarefa, 428
Teoria da captura regulatória, 570
Teoria da imprevisão, 416, 417
Teoria da imprevisão
    características, 417
Teoria da representação, 550
Teoria das invalidades, 179
Teoria do fato consumado, 189
Teoria do mandato, 550
Teoria do órgão, 550, 651
Teoria dos motivos determinantes, 170
Terceira Revolução Industrial, 903
Terceiro Setor, 29, 621
Termo, 159
Termo de Ajustamento de Conduta, 874
Termo de contrato, 386
Termo final, 186
Terras devolutas, 720
Terras indígenas, 725
    classificação, 727
Terras ocupadas pelos índios, 723
Terras tradicionalmente ocupadas pelos índios, 725
Terrenos de marinha, 731

Terrenos reservados, 721
Territórios federais, 549
Teto específico, 690
Teto geral a remuneração, 690
Teto remuneratório, 690
Tipicidade, 151
Tipos de fundamentos, 97
Tombamento
    efeitos, 750
Transcrição no registro, 749
Transcrições anteriores, 754
Transferência da concessão, 484
Transferência do direito de construir, 780
Tratamento de dados pessoais, 919
Tratamento legal, 382
Tredestinação, 765
Tribunal de Contas, 33, 41

U

Underprotection, 26
União jurisdicional, 36
Usuário, 473
Usucapião especial coletiva, 776
Usucapião especial de imóvel urbano, 776
Usurpação de função, 166
Utilidade pública, 756

V

Validade, 159
Validade da exoneração, 170
Válido, 159
Valorização extraordinária, 756
Vedação da reformatio in pejus, 840
Verdade formal, 216
Verdade material, 216
Verdade real, 211
Verdade sabida, 254
Vício de finalidade, 174
Vício de forma, 168
Vício de sujeito, 165
Vícios, 165
Vinculação, 95, 552
Vinculação ao instrumento convocatório, 290
Vinculante nº 13, 65
Violência simbólica, 94
Visão holística, 770
Vitaliciedade, 701
Vizinhos do imóvel tombado, 750

Z

Zonas de certeza, 172

Índice remissivo dos quadros

Adjudicação: mera expectativa ou direito à contratação, 322

Afastamento da doutrina Chevron pela Suprema Corte e ampliação da interpretação jurisdicional da regulação das agências, 587

Aplicabilidade da lei de processo administrativo, 198

Aprovação no número de vagas previstas e vinculação da administração, 686

Calçada: uso, conservação e natureza jurídica, 718

Cartéis em licitações, 286

Cliente que paga *versus* status de cidadão/usuário de serviço público, 473

Compulsoriedade da demissão nas hipóteses estatutárias, 261

Contribuição dos inativos, 695

Corte no fornecimento de serviço público por inadimplemento – serviços essenciais e dignidade humana na jurisprudência, 455

Diferença entre estabilidade de três anos e estágio probatório de 24 meses no âmbito federal, 700

Diferença entre motivo e móvel – não radicalização da distinção, para evitar excessiva neutralidade no discurso estatal, 173

Doutrina Chenery e restrição ao controle judicial da discricionariedade administrativa, 179

É possível aplicar a Lei nº 9.784/99 a entes federativos que não sejam a União?, 203

Era digital, predição de comportamento e controle no capitalismo de vigilância, 920

Essencialismo *versus* formalismo – discussão necessária?, 448

Estabilidade de servidores públicos celetistas de pessoas jurídicas de direito público – restauração do regime único pela ADI 2.135-4?, 664

Estigmatização/caricaturização do funcionalismo: análise do discurso da Reforma do Estado, 656

Ética, moralidade e integridade na Administração Pública, 65

Exigência de *compliance* em contratação pública, 388

Fundação – remédio milagroso?, 597

Guarda municipal: questões controvertidas sobre a natureza jurídica, 122

(In)constitucionalidade do emprego público em comissão, 660

Inovação e papel do Estado no impulsionamento das transformações tecnológicas, 906

Legalidade *versus* segurança jurídica, 212

Movimento pendular natural ou convencional/político?, 467

Natureza jurídica da OAB, 626

O desempenho de função política por magistrados e membros do ministério público, 667

Os limites se aplicam tão somente à alteração quantitativa ou também à qualitativa?, 395

Permissão de serviço público: encampação ou revogação?, 492

Pode-se abrir novo concurso no prazo de validade de concurso anterior?, 682

Quais os critérios utilizados para a definição do regime jurídico *público* ou *privado* das fundações instituídas pelo poder público?, 594

Reclamação nº 2.138 – agentes políticos e improbidade administrativa, 887

Reequilíbrio econômico-financeiro dos contratos e covid-19, 419

Regulação e Direito Econômico – terminologia, 570

Regularidade da sanção de cassação de aposentadoria do servidor, 234

Responsabilização de advogado público por emissão de parecer, 104

Retórica da flexibilização neoliberal (Reforma do Estado) acaba, no pós-positivismo, gerando maior controle da administração, 76

Século XXI, sociedade de risco e cumprimento dos papéis sociais, 819

Separação de Poderes: Conselho Nacional de Justiça, Ministério Público e Tribunal de Contas, 38

Sobre a necessidade da presença do binômio ilegalidade-lesividade na ação popular, 870

Sobre o dever de fazer como cominação da ação civil pública e a noção de discricionariedade administrativa (separação de poderes), 874

Tema pacificado: abrangência da sanção de impedimento de contratar na nova lei, 404

Transferir determinada atividade para o campo dos serviços públicos ou liberalizá-la ao mercado – quais interesses?, 440

Universalização da questão ambiental *versus* colonialismo ecológico, 540

Uso de robôs nas licitações, 337

Curso de
DIREITO
CIVIL

O GEN | Grupo Editorial Nacional – maior plataforma editorial brasileira no segmento científico, técnico e profissional – publica conteúdos nas áreas de concursos, ciências jurídicas, humanas, exatas, da saúde e sociais aplicadas, além de prover serviços direcionados à educação continuada.

As editoras que integram o GEN, das mais respeitadas no mercado editorial, construíram catálogos inigualáveis, com obras decisivas para a formação acadêmica e o aperfeiçoamento de várias gerações de profissionais e estudantes, tendo se tornado sinônimo de qualidade e seriedade.

A missão do GEN e dos núcleos de conteúdo que o compõem é prover a melhor informação científica e distribuí-la de maneira flexível e conveniente, a preços justos, gerando benefícios e servindo a autores, docentes, livreiros, funcionários, colaboradores e acionistas.

Nosso comportamento ético incondicional e nossa responsabilidade social e ambiental são reforçados pela natureza educacional de nossa atividade e dão sustentabilidade ao crescimento contínuo e à rentabilidade do grupo.

Elpídio **DONIZETTI**
Felipe **QUINTELLA HANSEN BEC**
Tatiane **DONIZETTI**

Curso de
DIREITO
CIVIL

11ª edição revista, atualizada e reformulada

a editora empenharam seus melhores esforços para assegurar que as
mentos apresentados no texto estejam em acordo com os padrões aceitos
e todos os dados foram atualizados pelo autor até a data de fechamento
do em conta a evolução das ciências, as atualizações legislativas, as
es governamentais e o constante fluxo de novas informações sobre os
livro, recomendamos enfaticamente que os leitores consultem sempre out-
e modo a se certificarem de que as informações contidas no texto estão
houve alterações nas recomendações ou na legislação regulamentadora.

ão: *15.02.2023*

a se empenharam para citar adequadamente e dar o devido crédito a todos
itos autorais de qualquer material utilizado neste livro, dispondo-se a possíveis
caso, inadvertida e involuntariamente, a identificação de algum deles tenha

cliente: (11) 5080-0751 | faleconosco@grupogen.com.br

vos para a língua portuguesa
023 *by*
Ltda.
integrante do GEN | *Grupo Editorial Nacional*
Ouvidor, 11 – Térreo e 6º andar
eiro – RJ – 20040-040
ogen.com.br

ados todos os direitos. É proibida a duplicação ou reprodução deste volume, no todo ou
rte, em quaisquer formas ou por quaisquer meios (eletrônico, mecânico, gravação, fotocópia,
uição pela Internet ou outros), sem permissão, por escrito, da Editora Atlas Ltda.

é a 8.ª edição, esta obra era intitulada *Curso didático de Direito Civil*.

Capa: Danilo Oliveira

CIP – BRASIL. CATALOGAÇÃO NA FONTE.
SINDICATO NACIONAL DOS EDITORES DE LIVROS, RJ.

D737c
Donizetti, Elpídio

Curso de direito civil / Elpídio Donizetti, Felipe Quintella. – 11. ed. – Barueri [SP]: Atlas, 2023.

Inclui bibliografia e índice
ISBN 978-65-5977-464-7

Direito civil – Brasil. I. Quintella, Felipe. II. Título.

23-82369 CDU: 347(81)

Meri Gleice Rodrigues de Souza – Bibliotecária – CRB-7/6439

A partir desta 11ª edição, a Prof.ª Tatiane Donizetti passa a compor a tríade de autores deste *Curso de Direito Civil*, que, por ela, foi completamente repaginado, tanto na aparência quanto no conteúdo. Desde aquele arrebatador encontro, numa dessas palestras da vida, a comunhão tem sido universal. O apartamento, o casamento, o Escritório, o filho e agora este livro. Registro, aqui, a satisfação de dividir com os Professores Felipe e Tatiane a autoria dos escritos, os quais têm por fim tornar fácil o que complicado parece.

À Tati, esposa e mãe, e ao Pedro, fruto do nosso amor, dedico a minha contribuição nesta obra.

Elpídio Donizetti

À minha sempre amada avó Maria Ignez, tão grande incentivadora e apoiadora, sem a qual eu não seria o que sou, e que me ensinou que, como cantava o tamoio na poesia de Gonçalves Dias,

"Viver é lutar. A vida é combate,
que os fracos abate,
que os fortes, os bravos, só pode exaltar".

Em 2017, a "Vó Ig", como eu a chamava, transcendeu, e, agora, vela por mim de um plano de luz.

Aos muito amados Paulo Roberto, Ana Lucia, Maria Ignez (*in memoriam*) José Luiz, Pedro, Vitor e Miguel, minhas fontes constantes de inspiração e motivação, sem os quais eu não seria o que sou. Vocês são a minha maravilhosa razão de viver!

A todos aqueles que debatem o Direito comigo: amigos, alunos da Milton Campos e do Ibmec, alunos dos cursos de pós-graduação em que dou aula, que participam das palestras e eventos para os quais sou convidado, seguidores nas redes sociais e clientes no escritório.
Vocês são o inestimável motor da minha produção jurídica!

Felipe Quintella Hansen Beck

Os conhecimentos práticos e profissionais adquiridos ao longo da vida não chegam a ninguém em uma bela bandeja de café da manhã. Por trás da caneta que desliza, há noites insones, ausências constantes, dores diversas, fins de semana de trabalho e dedos calejados. A privação não atinge apenas aquele que escreve mas também – principalmente – os que estão a sua volta. Aos "meus meninos" dedico o meu esforço e a minha gratidão. Elpídio, meu mentor e grande amor. Pedro, meu raio de sol. Obrigada por existirem em minha vida e tornarem os meus dias incríveis.

Aos meus pais, Rosane e Jefferson, que, pelo exemplo, me ensinaram a persistir e, com esforço, crescer, sem nunca me esquecer da minha essência.

Aos meus alunos da graduação e da pós graduação. Aos colegas advogados. Vocês são peças instigantes nesse caminho, fazendo com que a busca do melhor conteúdo seja cada dia mais aguçada.

Tatiane Donizetti

Agradecimentos

Registro aqui a minha gratidão aos coautores desta obra e aos profissionais que fazem parte da competente Equipe do GEN/Atlas.

Agradeço, ainda, aos advogados que compõem a equipe do Escritório Elpídio Donizetti Advogados (EDSA), especialmente à Ana Carolina Barbosa Pereira e ao Gilvan Porto Neto, que selecionam importantes temas recorrentes no Escritório que servem de subsídios para a atualização dos livros. Agradeço, finalmente, aos advogados e aos professores com os quais mantenho contato pelas redes sociais e pessoalmente, na militância diária em faculdades, fóruns e tribunais deste País. A troca de experiências e a discussão sobre casos práticos fazem que este livro esteja em constante aperfeiçoamento e se destine, cada vez mais, àqueles que buscam uma linguagem objetiva e prática para o exercício dessa função tão necessária à administração da justiça.

Belo Horizonte, janeiro de 2023.

Elpídio Donizetti

Agradeço, nesta décima primeira edição, primeiramente, à Profa. Tatiane Donizetti, que aceitou o convite para integrar o time de autores desta obra, nesta nova década de vida do livro.

Agradeço, igualmente, à competentíssima equipe editorial do Grupo GEN, nas pessoas do Henderson Fürst – editor responsável do *Curso de Direito Civil* – e da Sue Ellen Gelli. Recebam a minha admiração e meu agradecimento muito sincero por todo o apoio e por todas as orientações.

Agradeço muito, ademais, e de coração, a pessoas muito especiais, que sempre me rodearam de afeto e confiança: minha família em Petrópolis, onde nasci, e as pessoas que conheci em Belo Horizonte, em Vitória e em Juiz de Fora, com quem desenvolvi um laço socioafetivo – muito mais do que o parentesco por afinidade previsto pelo Código Civil. São pessoas que dão um sentido precioso à ideia de *família* e ao essencial princípio da pluralidade dos modelos familiares.

Como bem pontuou Goethe, "é certo, afinal de contas, que neste mundo nada nos torna necessários a não ser o amor".

Agradeço, ainda, também de coração, a confiança e a amizade do grande jurista com quem divido a autoria desta obra, meu amigo Elpídio Donizetti, que marcou a minha história quando mencionou a ideia de escrever este livro já na entrevista que fiz para a equipe dele no TJMG, ainda estudante de Direito! Muitíssimo obrigado, inicialmente, por ter aberto as portas para a realização do meu sonho de escrever um curso de Direito Civil. E muitíssimo obrigado, inclusive, pela parceria, que logo se transformou em amizade, e que já conta mais de uma década.

Por fim, agradeço, igualmente de coração, ao meu amigo-irmão Paulo Tadeu Righetti Barcelos, que comigo fundou o Quintella & Righetti Advocacia e Consultoria Jurídica, escritório-boutique na área do Direito Privado, altamente especializado em planejamento patrimonial; às nossas sócias Marcella Teixeira e Marília Bengtsson Bernardes; e à Mariana Ferreira de Souza – os quais, diariamente, dão um sentido verdadeiro, cordial e inestimável à ideia de trabalho em equipe.

Vila da Serra, Nova Lima, janeiro de 2023.

Felipe Quintella Hansen Beck

Na vida, sempre ousei sonhar o que era possível e impossível. Entretanto, a própria me mostrou que nem mesmo os maiores dos meus sonhos foram capazes de revelar o que Deus havia reservado para mim. Eu, que sempre fui grande admiradora e entusiasta do *Curso Didático de Direito Civil*, de autoria do Prof. Elpídio Donizetti e do Prof. Felipe Quintella, recebi com muita honra o convite para integrar a obra dos ilustres Professores como coautora.

O livro, agora em sua 11ª edição, está de cara nova. Feito a seis mãos, tem um pouquinho de cada um dos autores, de minha parte espero ter feito jus ao distinto convite.

Ao Professor Felipe, estimado amigo, o meu agradecimento pela confiança e honraria do convite para integrar o *Curso de Direito Civil* ao seu lado.

Ao Professor Elpídio, que sempre esteve na minha mesa de cabeceira com o *Curso de Processo Civil* e o *Curso de Direito Civil*, o agradecimento por todo o conhecimento trazido em suas obras. Você é – e sempre será – referência no direito brasileiro.

Um agradecimento especial à Ana Carolina Barbosa, que foi braço direito e esquerdo na repaginação do livro, e, claro, à pequena Eva, que, assim como meu pequeno Pedro, cedeu horas de convívio com a mamãe para que esta atualização fosse possível.

A Sue Ellen Gelli, Henderson Fürst e toda a equipe do GEN Jurídico, que deixam os bastidores mais agradáveis e seguros. Obrigada por acreditarem na nova fase do *Curso de Direito Civil*.

Por fim, o agradecimento a Elpídio Donizetti, não o jurista, mas o marido, pai, companheiro e amigo. Dividir com você o Escritório Elpídio Donizetti Advogados, os palcos das palestras, as salas de aula, este livro e toda uma vida dá sabor aos meus dias e forças para cuidar de você e do nosso pequeno Pedro. Amo a família que construímos. Amo você.

Belo Horizonte, janeiro de 2023.

Tatiane Donizetti

Sobre os Autores

Elpídio Donizetti

Advogado, Jurista, Professor e Parecerista. Foi Desembargador no Tribunal de Justiça do Estado de Minas Gerais e Membro da Comissão de Juristas do Senado Federal responsável pela elaboração do anteprojeto do Novo Código de Processo Civil. Além da Graduação em Direito, é Mestre, Doutor e Pós-Doutor nessa área do conhecimento. Fundador do Instituto Elpídio Donizetti (http://www.portalied.com.br) e do Escritório Elpídio Donizetti Advogados (http://www.elpidiodonizetti.com). Articulista do portal GEN Jurídico (http://genjuridico.com.br/elpidiodonizetti/). Além deste *Curso de Direito Civil* e outras obras coletivas, é autor dos seguintes livros: *Novo Código de Processo Civil Comparado*, *Novo Código de Processo Civil Comentado* e *Curso de Direito Processual Civil*.

Felipe Quintella Hansen Beck

Doutor, Mestre e Bacharel em Direito pela Universidade Federal de Minas Gerais (UFMG). Professor de Direito Civil dos cursos de Graduação em Direito das Faculdades Milton Campos, do Ibmec BH e da SKEMA Law School. Professor do Curso de Mestrado em Direito das Faculdades Milton Campos. Professor convidado de diversos cursos de Pós-graduação em Direito, em especial da ESA da OAB/MG, da FMP/RS e da ABDConst. Membro do Instituto Brasileiro de Direito Civil (IBDCivil), do Instituto Brasileiro de Direito Contratual (IBDCont), do Instituto Brasileiro de Estudos em Responsabilidade Civil (IBERC) e do Instituto Brasileiro de Direito de Família (IBDFAM). Sócio fundador do Quintella & Righetti Advocacia e Consultoria (www.qradv.com.br), escritório-boutique na área do Direito Privado, altamente especializado em planejamento patrimonial. Autor de artigos jurídicos, parecerista e conferencista. Articulista do portal GEN Jurídico (http://genjuridico.com.br/felipequintella/).

Tatiane Donizetti

Advogada, Mestre em Direito, Palestrante, Cofundadora do Escritório Elpídio Donizetti Advogados (http://www.elpidiodonizetti.com) e Coordenadora do núcleo de Direito das Famílias. Professora de Direito Civil, Especialista em Direito Civil. Articulista do portal GEN Jurídico (http://genjuridico.com.br/tatianedonizetti/).

Nota sobre a 11ª Edição

"E o que há algum tempo era jovem, novo, hoje é antigo
E precisamos todos rejuvenescer."

O trecho da música do saudoso Belchior, "Velha roupa colorida", ilustra as mudanças ocorridas nesta obra. O livro rejuvenesceu. Seus primeiros anos foram dedicados aos estudantes de Direito e àqueles que se preparavam para concursos públicos, incluindo provas da Ordem dos Advogados do Brasil. Os estudos de caso apresentados nas edições anteriores nortearam as aulas de Direito Civil nas faculdades mais importantes do País, enquanto as questões objetivas expostas ao final de cada capítulo serviram como um treino para aqueles que almejavam a habilitação como advogado ou servidor público.

A nova edição foi reformulada para atender, em especial, aos advogados. Embora persista a sua utilidade para concursos, notadamente em razão da incorporação da jurisprudência atualizada, o seu formato mudou. Mais casos práticos foram incorporados, além de discussões que envolvem as novas diretrizes do Direito Civil. A título de exemplo, o livro reforça a necessidade de valorização da autodeterminação como integrante da dignidade humana, abordando temas como o direito ao esquecimento, a perda de uma chance, os danos existenciais, as diretrizes antecipadas da vontade, a proteção de dados pessoais e a constituição de novas formas familiares, tudo à luz do entendimento dos tribunais superiores e da doutrina.

Essa reformulação conta com a participação de uma nova coautora, a Professora e Mestre em Direito Civil Tatiane Donizetti. Com sua experiência acadêmica na área do Direito das Famílias e sua atuação prática como coordenadora do Escritório Elpídio Donizetti Advogados, Tatiane Donizetti contribuiu para um olhar técnico e, ao mesmo tempo, inovador e sensível sobre temas importantes do Direito Civil.

As edições pretéritas também contavam com referências, por meio de códigos estilizados (*QR Code*), aos textos dos coautores publicados pela Editora Atlas | GEN. Para otimizar a leitura, os *links* foram excluídos, mas os artigos continuam disponíveis para o leitor no *blog* GEN Jurídico[1].

Esta edição incorpora, inclusive, as atualizações legislativas de 2021 e 2022, os atos normativos do Conselho Nacional de Justiça, além de Enunciados do Conselho da Justiça Federal,

---

[1] Disponível em: http://genjuridico.com.br/elpidiodonizetti/; http://genjuridico.com.br/tatianedonizetti/; http://genjuridico.com.br/felipequintella/.

que cada vez mais estão sendo adotados na fundamentação das decisões judiciais e, por isso mesmo, merecem a nossa atenção.

A jurisprudência temática, antes exposta ao final de cada tópico ou capítulo, foi incorporada ao próprio texto, além de atualizada. Como os precedentes constituem fonte do Direito, nada mais razoável que abordá-los ao longo da obra, com explicações que transcendem a mera repetição de ementas.

Trocamos a roupa, mas mantivemos a didática e a objetividade. Nosso lema: abarcar o maior espectro possível das temáticas do Direito Civil, indo direto ao ponto.

Diante da multiplicidade de caminhos que o Direito Civil nos oferece, podemos, eventualmente, incorrer em erro. Deixamos nossos canais à disposição para sugestões e críticas.

Esperamos que este livro conduza seus estudos, suas teses, pareceres e peças processuais.

Elpídio Donizetti (@elpidiodonizetti)
Felipe Quintella Hansen Beck (@prof.felipequintella)
Tatiane Donizetti (@tatianedonizetti)

Sumário

Parte I
Teoria Geral do Direito Civil

1. **Introdução ao Estudo do Direito Civil** 3
   1. Acepções do vocábulo direito 3
      - 1.1 Direito objetivo e direito subjetivo 3
      - 1.2 Direito natural e direito positivo 4
   2. Ordenamento e sistemas jurídicos 5
   3. Fontes do Direito 6
      - 3.1 Lei 7
         - 3.1.1 Princípios e formas de interpretação das leis 8
      - 3.2 Princípios gerais do Direito 11
         - 3.2.1 Princípios norteadores do Direito Civil: socialidade, operabilidade e eticidade 13
      - 3.3 Jurisprudência 14
      - 3.4 Doutrina 17
      - 3.5 Costume 19
   4. Lei de Introdução às Normas do Direito Brasileiro (Decreto-lei 4.657/42) 19
      - 4.1 Vigência das leis 20
         - 4.1.1 Obrigatoriedade e eficácia das leis 21
         - 4.1.2 Continuidade e revogação das leis 22
         - 4.1.3 Irretroatividade das leis 22
         - 4.1.4 Especialidade das leis 23
         - 4.1.5 Eficácia repristinatória 23
      - 4.2 Conflito de leis no tempo e no espaço 24
         - 4.2.1 Conflito de leis no tempo 24

		4.2.2	Conflito de leis no espaço	26
5.	Breve histórico da codificação do Direito Civil brasileiro			26

2. Teoria das Pessoas (arts. 1º a 78) 35

1. Teoria da personalidade jurídica 35
   - 1.1 Crise da personalidade jurídica 35
   - 1.2 Categorias de pessoas 37
2. Pessoa natural 38
   - 2.1 Pessoa natural: o início da personalidade e a questão do nascituro 38
   - 2.2 Pessoa natural: fim da personalidade 41
     - 2.2.1 Testamento vital 45
   - 2.3 Teoria das capacidades 46
     - 2.3.1 Crítica à doutrina 47
     - 2.3.2 O Estatuto da Pessoa com Deficiência e a teoria das capacidades ... 48
     - 2.3.3 Incapacidade de fato absoluta 49
     - 2.3.4 Incapacidade de fato relativa 50
     - 2.3.5 Crítica à nova disciplina da capacidade de fato após a entrada em vigor do Estatuto da Pessoa com Deficiência 51
     - 2.3.6 Maioridade e emancipação 53
   - 2.4 Estado 55
   - 2.5 Ausência 56
     - 2.5.1 Hipóteses de ausência 57
     - 2.5.2 Procedimento e fases da declaração de ausência 57
       - 2.5.2.1 Curadoria dos bens do ausente 57
       - 2.5.2.2 Abertura da sucessão provisória 59
       - 2.5.2.3 Declaração da morte presumida e abertura da sucessão definitiva 61
   - 2.6 Domicílio da pessoa natural e da pessoa jurídica 62
   - 2.7 Direitos da personalidade 65
     - 2.7.1 Tutela dos direitos da personalidade 67
     - 2.7.2 Considerações acerca de alguns direitos da personalidade 68
       - 2.7.2.1 Direito à busca da felicidade e à realização plena ... 68
       - 2.7.2.2 Direito à integridade física 70
       - 2.7.2.3 Direito ao nome 71
       - 2.7.2.4 Direito à imagem 75
       - 2.7.2.5 Direito à privacidade e à proteção dos dados pessoais 77
       - 2.7.2.6 Direito ao esquecimento 78
   - 2.8 Entes de capacidade reduzida 80

	3.	Pessoas Jurídicas	82
	3.1	Teorias sobre a pessoa jurídica	84
	3.2	Pessoa jurídica: início da personalidade	85
	3.3	Pessoa jurídica: fim da personalidade	85
	3.4	Categorias de pessoa jurídica	86
	3.4.1	Associações	87
	3.4.2	Sociedades	88
	3.4.3	Fundações	89
	3.5	Nome da pessoa jurídica	91
	3.6	Teoria da desconsideração da personalidade jurídica	92

3. Teoria dos Bens (arts. 79 a 103) 103

1. Bens considerados em si mesmos 104
   - 1.1 Bens móveis e imóveis 104
   - 1.2 Bens fungíveis ou infungíveis 105
   - 1.3 Bens consumíveis e inconsumíveis 106
   - 1.4 Bens divisíveis e indivisíveis 106
   - 1.5 Bens singulares ou coletivos 106
   - 1.6 Bens públicos ou particulares 107
2. Bens reciprocamente considerados 108
   - 2.1 Bens principais, acessórios e pertenças 108
   - 2.2 Frutos e produtos 110
     - 2.2.1 Frutos 110
     - 2.2.2 Produtos 110
   - 2.3 Benfeitorias e acessões 111
     - 2.3.1 Benfeitorias 111
     - 2.3.2 Acessões 111
     - 2.3.3 Necessidade da distinção entre benfeitorias e acessões – consequências jurídicas diversas 112
3. Bem de família 113

4. Teoria dos Fatos Jurídicos 119

1. Fatos jurídicos em sentido estrito 119
2. Atos jurídicos 120

5. Negócios Jurídicos (arts. 104 a 114 e 121 a 185) 123

1. Espécies de atos jurídicos lícitos 123
   - 1.1 Atos jurídicos voluntários 123
   - 1.2 Negócios jurídicos 124

2. Elementos dos negócios jurídicos 124
   2.1 Elementos intrínsecos 124
      2.1.1 Elementos essenciais 124
      2.1.2 Elementos acidentais 124
   2.2 Elementos extrínsecos 125
3. Requisitos de validade dos negócios jurídicos 125
   3.1 Capacidade dos sujeitos 125
   3.2 Possibilidade, licitude e determinabilidade do objeto 126
   3.3 Licitude do motivo determinante 127
   3.4 Observação da forma prescrita ou não defesa em lei 128
4. Modalidades dos atos jurídicos 129
   4.1 Ato puro e simples 129
   4.2 Ato condicional 129
      4.2.1 Ato sujeito a condição suspensiva 130
      4.2.2 Ato sujeito a condição resolutiva 130
      4.2.3 Impossibilidade e ilicitude da condição 131
         4.2.3.1 Condições ilícitas 131
         4.2.3.2 Condições física ou juridicamente impossíveis 132
         4.2.3.3 Condições de não fazer coisa impossível 132
      4.2.4 Eficácia do implemento da condição 132
      4.2.5 Interferência voluntária no implemento da condição 133
   4.3 Ato sujeito a termo 133
      4.3.1 Contagem de prazo 133
   4.4 Ato modal 134
5. Classificação dos negócios jurídicos 135
   5.1 Atos unilaterais e atos bilaterais 135
   5.2 Atos gratuitos e atos onerosos 135
   5.3 Atos *inter vivos* e atos *causa mortis* 135
   5.4 Atos principais e atos acessórios 136
   5.5 Atos solenes e consensuais 136
   5.6 Atos causais e atos abstratos 136
   5.7 Atos *intuitu personae* e atos impessoais 136
6. Interpretação da vontade nos negócios jurídicos 137
7. Invalidade dos negócios jurídicos 139
   7.1 Nulidade dos negócios jurídicos 140
      7.1.1 Hipóteses de nulidade 140
         7.1.1.1 Incapacidade do sujeito 140
         7.1.1.2 Ilicitude, impossibilidade ou indeterminabilidade do objeto 140

		7.1.1.3	Ilicitude do motivo determinante	141
		7.1.1.4	Forma em desacordo com a lei	141
		7.1.1.5	Preterição de solenidade legal	141
		7.1.1.6	Objetivo de fraudar lei imperativa	142
		7.1.1.7	Previsão legal	142
		7.1.1.8	Simulação	142
	7.1.2	Ato inexistente		144
	7.1.3	Direito e dever de alegar nulidades		144
	7.1.4	Produção indireta de efeitos do ato nulo		145
	7.1.5	Crítica à nulidade do negócio jurídico		145
7.2	Anulabilidade dos negócios jurídicos			145
	7.2.1	Convalidação dos atos anuláveis		145
	7.2.2	Vícios do ato jurídico		147
		7.2.2.1	Erro	147
		7.2.2.2	Dolo	152
		7.2.2.3	Coação	155
		7.2.2.4	Estado de perigo	157
		7.2.2.5	Lesão	158
		7.2.2.6	Fraude contra credores	160
	7.2.3	Ação anulatória		164
8. Prova dos negócios jurídicos				165

6. Atos Ilícitos (arts. 186 a 188) 173

7. Representação (arts. 115 a 120) 177

8. Prescrição e Decadência (arts. 189 a 211) 179

1.	Prescrição			179
1.1	Prazos prescricionais			181
1.2	Impedimento e suspensão do prazo prescricional			184
	1.2.1	Causas impeditivas ou suspensivas		185
		1.2.1.1	Constância da sociedade conjugal	185
		1.2.1.2	Poder familiar	186
		1.2.1.3	Tutela ou curatela	186
		1.2.1.4	Incapacidade absoluta	187
		1.2.1.5	Serviço público fora do país	187
		1.2.1.6	Atuação em guerra	187
		1.2.1.7	Pendência de condição suspensiva	187
		1.2.1.8	Prazo não vencido	188

			1.2.1.9	Pendência de ação de evicção	188
	1.3	Interrupção do prazo prescricional			188
		1.3.1	Causas interruptivas		189
			1.3.1.1	Citação	189
			1.3.1.2	Protesto	190
			1.3.1.3	Apresentação do título de crédito	190
			1.3.1.4	Mora	190
			1.3.1.5	Ato inequívoco de reconhecimento do direito	190
	1.4	Prestações imprescritíveis			191
	1.5	Prescrição intercorrente			191
2.	Decadência				193
	2.1	Decadência legal			194
	2.2	Decadência convencional			194

Parte II
Direito das Obrigações

1. **Direitos Absolutos e Direitos Relativos** 199

2. **Noção de Obrigação** 203

    1. Conceito de obrigação 203
        1.1 Obrigação em sentido amplo 203
        1.2 Obrigação em sentido estrito 205
    2. Elementos das obrigações 206
        2.1 Elementos essenciais 206
            2.1.1 Sujeitos 206
            2.1.2 Objeto 206
            2.1.3 Vínculo jurídico 207
        2.2 Teorias acerca da essência da obrigação 208
        2.3 Elementos acidentais 209
            2.3.1 Condição, termo e encargo 209

3. **Classificação das Obrigações (arts. 233 a 285)** 211

    1. Classificação das obrigações quanto ao objeto 211
        1.1 Obrigações de dar 211
            1.1.1 Obrigações de dar coisa certa 212
                1.1.1.1 Hipóteses de perda e deterioração do objeto da prestação em obrigação de dar coisa certa 213

		1.1.1.2	Melhoramentos e acréscimos do objeto da prestação em obrigação de dar coisa certa..................................	215
	1.1.2	Obrigações de dar coisa incerta...		216
	1.1.3	Execução judicial das obrigações de dar.....................................		217
		1.1.3.1	Execução de obrigação de dar constante de título executivo extrajudicial..	217
		1.1.3.2	Execução de obrigação de dar constante de título executivo judicial..	219
1.2	Obrigações de fazer...			221
	1.2.1	Fungibilidade da prestação..		222
	1.2.2	Impossibilidade superveniente da prestação.............................		223
	1.2.3	Execução judicial das obrigações de fazer..................................		223
		1.2.3.1	Execução de obrigação de fazer constante de título executivo extrajudicial..	223
		1.2.3.2	Execução de obrigação de fazer constante de título executivo judicial..	224
1.3	Obrigações de não fazer..			226
	1.3.1	Impossibilidade superveniente da prestação negativa..............		227
	1.3.2	Divisibilidade ou não da prestação negativa..............................		227
	1.3.3	Inexecução da obrigação de não fazer..		228
	1.3.4	Execução judicial das obrigações de não fazer..........................		228
		1.3.4.1	Execução de obrigação de não fazer constante de título executivo extrajudicial..	228
1.4	Obrigações divisíveis e indivisíveis...			229
	1.4.1	Pluralidade de sujeitos..		230
2. Classificação das obrigações quanto aos sujeitos: obrigações solidárias.............				231
2.1	Diferenças entre obrigação solidária e obrigação indivisível.....................			233
2.2	Vínculo interno da solidariedade...			234
2.3	Elementos não essenciais da obrigação solidária..			234
2.4	Solidariedade ativa...			235
	2.4.1	Pagamento fracionado...		235
	2.4.2	Intransmissibilidade da solidariedade *causa mortis*................		236
	2.4.3	Conversão da obrigação solidária em perdas e danos...............		236
	2.4.4	Remissão da dívida por um dos credores...................................		236
	2.4.5	Oponibilidade de exceções pessoais..		236
2.5	Solidariedade passiva...			237
	2.5.1	Chamamento ao processo...		238
	2.5.2	Oponibilidade de exceções pessoais..		239
	2.5.3	Intransmissibilidade da solidariedade *causa mortis*................		239

		2.5.4	Impossibilidade da prestação..	239
		2.5.5	Juros moratórios e multa..	239
		2.5.6	Renúncia da solidariedade	240
		2.5.7	Vínculo interno: presunção de igualdade de quotas; interesse imediato de um dos devedores na prestação	240
3.	Classificação das obrigações quanto a elementos não essenciais......................			241
	3.1	Obrigações alternativas		241
		3.1.1	Execução judicial das obrigações alternativas............................	242
	3.2	Obrigações facultativas		243
	3.3	Obrigações cumulativas...		244
	3.4	Obrigações principais e acessórias...		245
	3.5	Obrigações puras e simples, condicionais, a termo e modais.................		246
	3.6	Obrigações de meio e de resultado		246
	3.7	Obrigações civis e naturais		247
	3.8	Obrigações *propter rem*		248
	3.9	Obrigações contínuas		249

4. Extinção Natural das Obrigações (arts. 304 a 359) 253

1.	Teoria do pagamento...				254
	1.1	Natureza jurídica do pagamento..			254
	1.2	Daqueles que devem pagar			255
		1.2.1	Terceiro interessado e não interessado		256
	1.3	Daqueles a quem se deve pagar..			258
		1.3.1	Pagamento feito ao credor cujo crédito foi penhorado ou impugnado		258
		1.3.2	Pagamento feito ao credor putativo		258
		1.3.3	Pagamento feito ao credor incapaz de dar quitação		259
	1.4	Objeto do pagamento			260
		1.4.1	Princípios da identidade, da integridade e da indivisibilidade		260
		1.4.2	Demais considerações acerca do objeto do pagamento		261
			1.4.2.1	Teoria da imprevisão...	262
	1.5	Tempo do pagamento..			262
	1.6	Lugar do pagamento..			263
	1.7	Prova do pagamento..			264
2.	Modalidades especiais de pagamento				265
	2.1	Pagamento por consignação...			265
		2.1.1	Hipóteses que autorizam o pagamento por consignação.........		266
		2.1.2	Procedimento da consignação..		266
		2.1.3	Consignação de imóvel ou corpo certo.......................................		269

		2.1.4	Obrigação litigiosa	269
	2.2	Pagamento com sub-rogação		270
		2.2.1	Sub-rogação legal	270
		2.2.2	Sub-rogação convencional	271
	2.3	Imputação do pagamento		272
	2.4	Dação em pagamento		272

5. Inexecução das Obrigações (arts. 389 a 406) 279

1.	Inadimplemento absoluto			279
	1.1	Impossibilidade da execução por caso fortuito ou força maior		280
	1.2	Impossibilidade da execução por fato imputável ao sujeito		281
	1.3	Impossibilidade da execução em contrato gratuito e em contrato oneroso		281
2.	Perdas e danos			283
3.	Mora			284
	3.1	Mora do devedor		286
		3.1.1	Incidência da cláusula penal	287
		3.1.2	Responsabilidade pelas perdas e danos	287
		3.1.3	Agravação da responsabilidade pela impossibilidade da prestação	288
	3.2	Mora do credor		289
	3.3	Purgação da mora		290
4.	Cláusula penal			290
	4.1	Cláusula penal em obrigação divisível e obrigação indivisível		292
	4.2	Multa compensatória		292
	4.3	Multa moratória		292
	4.4	Cláusula penitencial e arras		293

6. Extinção das Obrigações sem Pagamento (arts. 360 a 384) 297

1.	Novação			297
	1.1	Diferença entre novação objetiva e dação em pagamento		297
	1.2	Requisitos para a configuração da novação		298
		1.2.1	Existência de obrigação anterior	298
		1.2.2	Consentimento	299
		1.2.3	Surgimento de obrigação nova	299
		1.2.4	Ânimo de novar	299
	1.3	Novação subjetiva passiva		300
		1.3.1	Novação por expromissão	300
		1.3.2	Novação por delegação	300
	1.4	Novação subjetiva ativa		300

	1.5	Novação objetiva	300
	1.6	Efeitos da novação	301
2.	Compensação		301
	2.1	Natureza da compensação	301
	2.2	Requisitos para configuração da compensação	304
	2.3	Casos de impossibilidade de compensação	305
		2.3.1 Impossibilidade de compensação em razão da causa da dívida	305
		2.3.2 Impossibilidade de compensação em prejuízo de direito de terceiro	306
	2.4	Compensação de dívida de terceiros	306
	2.5	Compensação de dívidas pagáveis em lugares diversos	307
	2.6	Compensação de crédito cedido	307
	2.7	Compensação múltipla	307
3.	Confusão		307
4.	Remissão		308
5.	Transação		309
	5.1	Requisitos para a configuração da transação	309
	5.2	Objeto da transação	311
	5.3	Eficácia da transação	311
	5.4	Invalidade da transação	312
		5.4.1 Nulidade da transação	312
		5.4.2 Anulabilidade da transação	313
	5.5	Cláusula penal na transação	313
6.	Compromisso		313

7. Transmissão das Obrigações (arts. 286 a 303) 317

	1.	Cessão de crédito	317
		1.1 Créditos passíveis e privados de cessão	317
		1.2 Eficácia da cessão de crédito	318
		1.3 Múltiplas cessões	320
	2.	Assunção de dívida	320

8. Responsabilidade Civil Extracontratual (arts. 186 a 188 e 927 a 954) 323

	1.	Fundamento da reparação civil	323
	2.	Características da responsabilidade civil	325
	3.	Modalidades de responsabilidade civil	326
		3.1 Responsabilidade civil por culpa (responsabilidade subjetiva)	326
		3.2 Responsabilidade civil independente de culpa (responsabilidade objetiva)	327

4.	Requisitos configuradores da responsabilidade civil		328
	4.1 Ato		329
		4.1.1 Análise objetiva da culpa	330
		4.1.2 Ato ilícito por abuso de direito	330
	4.2 Dano		331
		4.2.1 Dano material	332
		4.2.2 Dano moral	332
		4.2.3 Dano estético	334
		4.2.4 Dano social	334
		4.2.5 Dano existencial	335
		4.2.6 Perda de uma chance	336
		4.2.7 Lucro da intervenção	343
	4.3 Nexo de causalidade		344
		4.3.1 Teoria da equivalência dos antecedentes	345
		4.3.2 Teoria da causalidade adequada	345
		4.3.3 Teoria da causalidade alternativa	347
	4.4 Excludentes de responsabilidade		347
		4.4.1 Fato exclusivo da vítima	347
		4.4.2 Fato de terceiro	348
		4.4.3 Caso fortuito e força maior	350
	4.5 Concorrência de causas		351
5.	Casos de responsabilidade independente de culpa no Código Civil		351
	5.1 Responsabilidade por fato próprio		352
		5.1.1 Responsabilidade da pessoa que agiu em estado de necessidade	352
		5.1.2 Responsabilidade do incapaz	352
	5.2 Responsabilidade por fato de terceiro		353
		5.2.1 Responsabilidade do responsável pelo incapaz	354
		5.2.2 Responsabilidade do empregador ou comitente	355
		5.2.3 Responsabilidade do hospedeiro	356
		5.2.4 Responsabilidade do beneficiado por produto de crime	356
		5.2.5 Responsabilidade do morador de edifício	357
	5.3 Responsabilidade pelo fato da coisa		357
		5.3.1 Responsabilidade pelo fato do animal	357
		5.3.2 Responsabilidade pelo fato do edifício ou construção	358
6.	Dever de indenizar e valor da indenização		358
7.	Indenização e pensionamento		361
	7.1 Alimentos indenizatórios em caso de falecimento		361
	7.2 Indenização por lesão à saúde e por inabilitação ou redução da capacidade laborativa da vítima		363

Parte III
Direito dos Contratos

1. **Noção de Contrato** 369
   1. Contrato, necessidade e vontade 369
   2. Histórico da noção de contrato 370
   3. Conceito de contrato e suas características 371
   4. Requisitos de validade 372
   5. Eficácia dos contratos 373

2. **Princípios Informadores do Direito dos Contratos (arts. 421, 422 e 2.035)** 375
   1. Princípio da autonomia privada 375
   2. Princípio do consensualismo 378
   3. Princípio da obrigatoriedade 378
   4. Princípio da supremacia da ordem pública 380
   5. Princípio da boa-fé 380
      5.1 Desdobramentos do princípio da boa-fé 382
         5.1.1 Vedação do *venire contra factum proprium* 382
         5.1.2 *Supressio* 384
         5.1.3 *Surrectio* 384
         5.1.4 Vedação da *tu quoque* 385
         5.1.5 *Duty to mitigate the loss* 386
      5.2 Boa-fé objetiva e teoria da aparência 387
   6. Fundamento da principiologia: função social dos contratos 388
   7. Diálogo das fontes 390

3. **Formação dos Contratos** 393
   1. Manifestação positiva e inequívoca de vontade 393
   2. Etapas da formação dos contratos 394
      2.1 Negociações preliminares 394
         2.1.1 Responsabilidade civil na fase das negociações preliminares .. 395
      2.2 Proposta 397
         2.2.1 Distinção entre proposta e negociações preliminares 397
         2.2.2 Obrigatoriedade da proposta 397
         2.2.3 Proposta entre presentes e proposta entre ausentes 398
      2.3 Aceitação 399
         2.3.1 Aceitação da proposta entre ausentes 399
            2.3.1.1 Lugar da celebração do contrato entre ausentes 400
   3. Contrato preliminar 401

4.	**Contratos Peculiares**	**403**
	1. Estipulação em favor de terceiro	403
	2. Promessa de fato de terceiro	403
	3. Contrato com pessoa a declarar	404
	4. Contrato consigo mesmo	405
5.	**Classificação dos Contratos**	**407**
	1. Contrato típico e atípico	407
	2. Contrato consensual, formal e real	408
	3. Contrato bilateral e unilateral	408
	4. Contrato gratuito e oneroso	408
	5. Contrato comutativo, preestimado e aleatório	410
	5.1 Disciplina legal do contrato aleatório	411
	6. Contrato de execução imediata e de execução diferida	412
	7. Contrato por adesão	412
6.	**Disciplina Especial dos Contratos Bilaterais e Onerosos**	**415**
	1. Disciplina especial dos contratos bilaterais	415
	1.1 Exceção do contrato não cumprido	415
	1.2 Cláusula resolutiva	417
	1.3 Arras	418
	1.3.1 Arras confirmatórias	418
	1.3.2 Arras penitenciais	419
	2. Disciplina especial dos contratos onerosos	419
	2.1 Vícios redibitórios	419
	2.1.1 Ações edilícias e direitos decorrentes do vício redibitório	420
	2.1.2 Decadência dos direitos à redibição e ao abatimento do preço	421
	2.2 Evicção	423
	2.2.1 Responsabilidade pela evicção	424
	2.2.2 Denunciação da lide ao alienante	425
7.	**Extinção dos Contratos sem Cumprimento**	**429**
	1. Resolução	429
	2. Resilição	430
	2.1 Resilição bilateral	431
	2.2 Resilição unilateral	431
	2.2.1 Denúncia	431
	2.2.2 Revogação e renúncia	432

		2.2.3	Resgate	433
	3.	Rescisão		433

8. Dirigismo Contratual 437

1. Imposição da contratação 437
2. Imposição ou proibição de cláusulas 437
3. Revisão contratual 437
   - 3.1 Teoria da imprevisão 438
   - 3.2 Teoria da onerosidade excessiva 439
   - 3.3 Requisitos para a revisão contratual por aplicação das teorias da imprevisão e da onerosidade excessiva 440
   - 3.4 Revisão contratual por aplicação do princípio da função social do contrato 441

9. Contratos Tipificados no Código Civil (arts. 481 a 839) 445

1. Compra e venda (arts. 481 a 532) 445
   - 1.1 Conceito e caracterização jurídica 445
     - 1.1.1 Objeto 446
     - 1.1.2 Preço 447
     - 1.1.3 Tradição e despesas com a transferência da propriedade 448
     - 1.1.4 Venda de ascendente a descendente 449
     - 1.1.5 Venda *ad corpus* e venda *ad mensuram* 451
   - 1.2 Cláusulas especiais da compra e venda 452
     - 1.2.1 Retrovenda 452
     - 1.2.2 Venda a contento 452
     - 1.2.3 Venda sujeita a prova 453
     - 1.2.4 Preempção ou preferência 454
       - 1.2.4.1 Direito de preferência entre condôminos 455
     - 1.2.5 Venda com reserva de domínio 456
   - 1.3 Venda sobre documentos 457
2. Troca (art. 533) 457
   - 2.1 Conceito e considerações gerais 457
   - 2.2 Caracterização jurídica 458
3. Contrato estimatório (arts. 534 a 537) 458
   - 3.1 Conceito e considerações gerais 458
   - 3.2 Caracterização jurídica 459
4. Doação (arts. 538 a 564) 460
   - 4.1 Conceito e caracterização jurídica 460
   - 4.2 Aceitação 461

4.3	Espécies		462
	4.3.1	Doação remuneratória	462
	4.3.2	Doação como adiantamento de herança	462
	4.3.3	Doação entre cônjuges e anulabilidade da doação feita pelo cônjuge adúltero ao amante	463
	4.3.4	Subvenção periódica	464
	4.3.5	Cláusula de reversão – doação com condição resolutiva	464
	4.3.6	Doação feita em contemplação de casamento futuro	465
	4.3.7	Doação com encargo	465
	4.3.8	Doação a entidade futura	465
4.4	Nulidade da doação que priva o doador do necessário à sua subsistência		465
4.5	Responsabilidade do doador		465
4.6	Doação a mais de um donatário em comum		466
4.7	Revogação da doação		466
5. Locação (arts. 565 a 578)			469
5.1	Conceito e caracterização jurídica		469
	5.1.1	Obrigações do locador	470
	5.1.2	Obrigações do locatário	470
	5.1.3	Revisão e resolução em caso de deterioração superveniente da coisa	470
	5.1.4	Alienação da coisa locada	470
	5.1.5	Uso da coisa	471
	5.1.6	Realização de benfeitorias	471
	5.1.7	Garantia da locação	471
	5.1.8	Resilição da locação	471
	5.1.9	Extinção natural da locação	472
	5.1.10	Transferência ou extinção *causa mortis*	472
	5.1.11	Transferência por divórcio, separação ou dissolução da união estável do locatário	472
	5.1.12	Cessão, sublocação e comodato do objeto da locação	472
6. Comodato (arts. 579 a 585)			473
6.1	Conceito e caracterização jurídica		473
	6.1.1	Obrigações do comodatário	474
	6.1.2	Responsabilidade pelos riscos e benfeitorias	474
	6.1.3	Responsabilidade solidária	475
	6.1.4	Despesas com a coisa	475
	6.1.5	Prazo e extinção do comodato	475
	6.1.6	Situações de vedação do comodato e possibilidade de inclusão de finalidade	476

7. Mútuo (arts. 586 a 592) 477
    7.1 Conceito e caracterização jurídica 477
        7.1.1 Transmissão da propriedade ao mutuário 478
        7.1.2 Exigência de garantia posterior 478
        7.1.3 Juros e capitalização 478
        7.1.4 Prazo e extinção do mútuo 479
        7.1.5 Empréstimo a pessoa menor 479
8. Prestação de serviços (arts. 593 a 609) 479
    8.1 Conceito e caracterização jurídica 479
        8.1.1 Objeto da prestação de serviços 480
        8.1.2 Natureza da prestação do serviço 480
        8.1.3 Prazo e extinção da prestação de serviço 480
        8.1.4 Remuneração 481
        8.1.5 Caráter personalíssimo do contrato 481
        8.1.6 Habilitação do prestador 482
        8.1.7 Aliciamento do prestador 482
        8.1.8 Assinatura do contrato a rogo 482
9. Empreitada (arts. 610 a 626) 482
    9.1 Conceito e caracterização jurídica 483
        9.1.1 Empreitada de lavor e empreitada de materiais 483
        9.1.2 Empreitada de projeto, empreitada de obra e fiscalização 483
        9.1.3 Obra que se realiza em partes distintas ou por medida 484
        9.1.4 Verificação da obra concluída 484
        9.1.5 Revisão do preço 485
        9.1.6 Suspensão da obra 485
        9.1.7 Extinção da empreitada 485
10. Depósito (arts. 627 a 652) 485
    10.1 Conceito e caracterização jurídica 485
        10.1.1 Depósito voluntário 486
            10.1.1.1 Obrigações e responsabilidade do depositário 486
            10.1.1.2 Alienação da coisa depositada pelo herdeiro do depositário 487
            10.1.1.3 Extinção do depósito 487
            10.1.1.4 Vedação do uso da coisa e depósito celebrado pelo depositário com terceiro 488
            10.1.1.5 Depósito irregular 488
        10.1.2 Depósito necessário 488

		10.1.3	Depositário infiel	489
11. Mandato (arts. 653 a 692)				489
	11.1	Conceito e caracterização jurídica		489
		11.1.1	Mandato e procuração	490
		11.1.2	Representação e outorga de poderes	490
		11.1.3	Atos que podem ser objeto de mandato	491
		11.1.4	Capacidade para celebrar mandato	491
		11.1.5	Obrigações do mandatário	492
		11.1.6	Obrigações do mandante	493
		11.1.7	Direito de retenção	493
		11.1.8	Extinção do mandato	493
12. Comissão (arts. 693 a 709)				494
	12.1	Conceito e considerações gerais		494
	12.2	Caracterização jurídica		495
13. Agência e distribuição (arts. 710 a 721)				495
	13.1	Conceito e considerações gerais		495
	13.2	Caracterização jurídica		496
14. Corretagem (arts. 722 a 729)				496
	14.1	Conceito e considerações gerais		496
	14.2	Caracterização jurídica		497
15. Transporte (arts. 730 a 756)				497
	15.1	Conceito e caracterização jurídica		497
		15.1.1	Transporte cumulativo	498
		15.1.2	Transporte de pessoas	498
		15.1.3	Transporte de coisas	500
16. Seguro (arts. 757 a 802)				501
	16.1	Conceito e caracterização jurídica		501
		16.1.1	Capacidade especial para ser segurador	501
		16.1.2	Nomenclatura peculiar do seguro	501
		16.1.3	Proposta e determinação do interesse protegido e dos riscos	502
		16.1.4	Mora do segurado	502
		16.1.5	Boa-fé no seguro	503
		16.1.6	Sinistro e indenização	504
		16.1.7	Beneficiário do seguro	505
		16.1.8	Seguro de dano	505
			16.1.8.1 Pluralidade de seguros	505
			16.1.8.2 Risco	505
			16.1.8.3 Boa-fé	506
			16.1.8.4 Sinistro e indenização	506
			16.1.8.5 Transferência do seguro	506

		16.1.9	Seguro de pessoa	507
		16.1.9.1	Seguro de grupo	507
		16.1.9.2	Impossibilidade de sub-rogação do segurador	507
		16.1.9.3	Seguro da vida de terceiro	507
		16.1.9.4	Beneficiário	508
		16.1.9.5	Prêmio e indenização	508
	16.2	Questões jurisprudenciais sobre o contrato de seguro		509
		16.2.1	Cobertura para o caso de suicídio e de doença preexistente	509
		16.2.2	Cobertura para o caso de embriaguez	510
17. Constituição de renda (arts. 803 a 813)				511
	17.1	Conceito e considerações gerais		511
	17.2	Caracterização jurídica		511
18. Jogo e aposta (arts. 814 a 817)				512
	18.1	Conceito e considerações gerais		512
	18.2	Caracterização jurídica		512
19. Fiança (arts. 818 a 839)				513
	19.1	Conceito, caracterização jurídica e considerações gerais		513
		19.1.1	Benefício de ordem e solidariedade	513
		19.1.2	Cofiança	514
		19.1.3	Direito de regresso contra o devedor	514
		19.1.4	Prazo da fiança	514
		19.1.5	Extinção da fiança	515

10. Atos Unilaterais (arts. 854 a 886) 527

1. Promessa de recompensa (arts. 854 a 860)				527
2. Gestão de negócios				528
	2.1	Deveres e responsabilidade do gestor		528
	2.2	Obrigações do dono do negócio		529
3. Enriquecimento sem causa				530
	3.1	Teorias sobre o enriquecimento sem causa		531
	3.2	Ação de enriquecimento sem causa		532
4. Pagamento indevido				533
	4.1	Melhoramentos, acréscimos e deteriorações da coisa recebida indevidamente		534
	4.2	Entrega indevida de imóvel		534
	4.3	Pagamento indevido ao acipiente que era credor de outro devedor		535
	4.4	Cumprimento de obrigação de fazer indevida		535
	4.5	Irrepetibilidade da dívida oriunda de obrigação prescrita ou natural ...		535
	4.6	Irrepetibilidade do que se pagou em caso de obrigação que tenha objeto ilícito ou imoral		535

Parte IV
Direito das Coisas

1. Noção de Direito Real 539

2. Posse (arts. 1.196 a 1.224) 543
   1. Teorias sobre a posse 543
      1.1 Teoria subjetivista 543
      1.2 Teoria objetivista 545
          1.2.1 Posse e utilização econômica da propriedade 546
          1.2.2 Proteção possessória na teoria objetivista 546
          1.2.3 Extensão da proteção possessória na teoria objetivista 547
          1.2.4 Detenção na teoria objetivista 548
      1.3 Comparativo entre as teorias subjetivista e objetivista 549
      1.4 A posse no Direito brasileiro 549
   2. Natureza jurídica da posse 549
   3. Situações de posse 552
      3.1 A posse na ocupação 552
      3.2 A posse na tradição 553
      3.3 A posse na usucapião 554
      3.4 A posse dos interditos 555
   4. Classificação da posse 555
      4.1 Posse jurídica e posse natural 555
      4.2 Posse justa e posse injusta 556
          4.2.1 Caráter temporário e convalidação da violência e da clandestinidade 557
      4.3 Posse nova e posse velha 559
      4.4 Posse com justo título e sem justo título 560
      4.5 Posse de boa-fé e de má-fé 561
      4.6 Posse direta e posse indireta 562
      4.7 Composse 563
      4.8 Posse *ad usucapionem* 564
      4.9 Posse *ad interdicta* 564
   5. Detenção 564
      5.1 Detenção no art. 1.198 – o servidor ou fâmulo da posse 565
          5.1.1 Autoproteção 565
      5.2 Detenção no art. 1.208 – os casos de mera permissão ou tolerância ... 565
      5.3 Detenção e posse natural 566

6. Direito de inércia possessória e direito de possuir 567
7. Função social da posse 569
8. Objeto da posse 570
    8.1   Considerações acerca da posse de servidões 571
9. Aquisição e perda da posse 572
    9.1   Aquisição da posse 572
        9.1.1   Aquisição originária 573
        9.1.2   Aquisição derivada 574
    9.2   Quem pode adquirir a posse 574
    9.3   Aquisição a título universal e a título singular 575
    9.4   Extensão da aquisição da posse das coisas imóveis 576
    9.5   Perda da posse 576
        9.5.1   Derrelicção 576
        9.5.2   Tradição 577
        9.5.3   Esbulho 577
        9.5.4   Destruição 578
10. Efeitos da posse 578
    10.1 Proteção possessória 578
        10.1.1 Legítima defesa da posse 579
        10.1.2 Ação de reintegração de posse 580
        10.1.3 Ação de manutenção de posse 583
        10.1.4 Interdito proibitório 583
        10.1.5 Outras considerações acerca das ações possessórias 584
                10.1.5.1 Fungibilidade das ações possessórias 584
                10.1.5.2 Natureza dúplice das ações possessórias 584
                10.1.5.3 Exceção de domínio 585
                10.1.5.4 Pedidos cumulados 585
                10.1.5.5 Manutenção provisória na posse 586
                10.1.5.6 Ajuizamento de ação possessória em face de terceiro ... 586
                10.1.5.7 Nomeação à autoria – ilegitimidade do réu 587
    10.2 Percepção dos frutos 587
    10.3 Responsabilidade pela perda ou deterioração da coisa 589
    10.4 Indenização pelas benfeitorias 589
    10.5 Usucapião 590

3. Propriedade (arts. 1.228 a 1.368-A) 595
  1. Conceito de propriedade 595
  2. Poderes da propriedade 596
      2.1   Poder de usar 596

	2.2	Poder de fruir		....	596
	2.3	Poder de dispor		....	597
	2.4	Poder de reivindicar		....	597
	2.5	Direito de possuir		....	597
3.	Fundamento da propriedade			....	597
	3.1	Teoria da ocupação		....	597
	3.2	Teoria do trabalho		....	598
	3.3	Teoria da lei		....	598
	3.4	Teoria do instinto de conservação		....	598
4.	Função social da propriedade			....	598
5.	Propriedade plena e propriedade limitada				....	601
6.	Extensão da propriedade do solo				....	601
7.	Aquisição da propriedade dos bens imóveis				....	602
	7.1	Registro do título translativo		....	602
	7.2	Usucapião		....	603
		7.2.1	Fundamento da usucapião	....	604
		7.2.2	Elementos configuradores	....	604
			7.2.2.1	Posse *ad usucapionem*	605
			7.2.2.2	Lapso temporal prescrito em lei	608
		7.2.3	Modalidades de usucapião	....	609
			7.2.3.1	Usucapião extraordinária	609
			7.2.3.2	Usucapião ordinária	610
			7.2.3.3	Usucapião especial urbana	614
			7.2.3.4	Usucapião especial urbana coletiva	616
			7.2.3.5	Usucapião especial rural	618
			7.2.3.6	Usucapião social indenizada	619
			7.2.3.7	Usucapião por abandono do lar	621
		7.2.4	Procedimentos de usucapião	....	623
	7.3	Acessão		....	626
		7.3.1	Formação de ilhas	....	626
		7.3.2	Aluvião	....	629
		7.3.3	Avulsão	....	629
		7.3.4	Abandono de álveo	....	630
		7.3.5	Plantações e construções	....	631
8.	Aquisição da propriedade dos bens móveis				....	632
	8.1	Tradição		....	633
		8.1.1	Tradição nua e tradição por quem não é dono	....	634
	8.2	Ocupação		....	635
	8.3	Achado do tesouro		....	636

	8.4	Especificação	637
	8.5	Confusão, comistão e adjunção	637
	8.6	Usucapião	639
		8.6.1 Usucapião ordinária	639
		8.6.2 Usucapião extraordinária	639
9.	Descoberta ou invenção		640
10.	Perda da propriedade		641
	10.1	Alienação	641
	10.2	Renúncia	641
	10.3	Abandono	642
	10.4	Perecimento da coisa	642
	10.5	Desapropriação	643
11.	Condomínio		643
	11.1	Condomínio voluntário	644
		11.1.1 Direitos dos condôminos	645
		11.1.2 Deveres dos condôminos	646
		11.1.3 Administração do condomínio voluntário	647
	11.2	Condomínio necessário	647
	11.3	Condomínio edilício	648
		11.3.1 Natureza jurídica do condomínio edilício	648
		11.3.2 Condomínio de lotes – condomínio edilício em loteamento fechado	650
		11.3.2.1 Polêmica anterior à Lei 13.465/2017 e as associações	650
		11.3.3 Instituição, constituição e regulamentação do condomínio edilício	651
		11.3.4 Direitos e deveres dos condôminos	652
		11.3.5 Realização de obras	655
		11.3.6 Despesas condominiais: aspectos relacionados à cobrança	656
		11.3.7 Administração do condomínio edilício	657
		11.3.8 Extinção do condomínio	659
	11.4	Condomínio em multipropriedade ou com posse compartilhada	660
		11.4.1 Conceito e origem do condomínio em multipropriedade	660
		11.4.2 Características do condomínio em multipropriedade	661
		11.4.3 Instituição do condomínio em multipropriedade	661
		11.4.4 Direitos e deveres dos condôminos multiproprietários	662
		11.4.5 Transmissão dos direitos decorrentes do condomínio em multipropriedade	663
		11.4.6 Administração do condomínio em multipropriedade	664
		11.4.7 Condomínio em multipropriedade em condomínio edilício	664

	11.5	Fundos de investimento	667
12. Direitos de vizinhança			668
	12.1	Uso da propriedade	669
	12.2	Árvores limítrofes	669
	12.3	Passagem forçada	670
	12.4	Passagem de cabos e tubulações	672
	12.5	Águas	672
	12.6	Limites entre prédios	673
	12.7	Construção	674
13. Propriedade resolúvel			676
14. Propriedade fiduciária			676
	14.1	Especificidades em relação à propriedade fiduciária de veículos	678

4. Direitos Reais sobre a Coisa Alheia (arts. 1.369 a 1.510) — 689

1. Direitos reais de uso e fruição				689
	1.1	Superfície		689
		1.1.1	Direitos e deveres do superficiário e do concedente	690
		1.1.2	Extinção da superfície	690
	1.2	Servidão		691
		1.2.1	Classificação da servidão	691
		1.2.2	Direitos e deveres decorrentes da servidão	692
		1.2.3	Extinção das servidões	693
	1.3	Usufruto		693
		1.3.1	Classificação do usufruto	694
		1.3.2	Direitos e deveres do usufrutuário	695
		1.3.3	Extinção do usufruto	696
	1.4	Uso		697
	1.5	Habitação		697
	1.6	Laje		697
	1.7	Enfiteuse		699
2. Direito real de aquisição				700
3. Direitos reais de garantia				700
	3.1	Normas gerais incidentes sobre os direitos reais de garantia		701
	3.2	Penhor		702
		3.2.1	Direitos do credor pignoratício	702
		3.2.2	Deveres do credor pignoratício	703
		3.2.3	Extinção do penhor	703
		3.2.4	Penhor rural	704
		3.2.5	Penhor industrial e mercantil	705

	3.2.6	Penhor de direitos e títulos de crédito	705
	3.2.7	Penhor de veículos	706
	3.2.8	Penhor legal	707
3.3	Hipoteca		707
	3.3.1	Hipoteca legal	710
	3.3.2	Registro da hipoteca	710
	3.3.3	Extinção da hipoteca	711
	3.3.4	Hipoteca de vias férreas	711
3.4	Anticrese		712

Parte V
Direito de Família

1. **Noção de Família** 721
   1. Conceito de família 721
   2. Modelos de família 724
      2.1 Família matrimonial 724
      2.2 Família por união estável entre homem e mulher 725
      2.3 Família homoafetiva 726
      2.4 Família mosaico 727
      2.5 Família monoparental 727
      2.6 Família parental 727
      2.7 Família paralela 728
      2.8 Família poliafetiva 730

2. **Princípios Informadores do Direito de Família** 733
   1. Princípio da dignidade da pessoa humana 734
   2. Princípio da pluralidade dos modelos de família 734
   3. Princípio do livre planejamento familiar 735
   4. Princípio do melhor interesse do menor 735

3. **Casamento (arts. 1.511 a 1.582 e 1.639 a 1.688)** 737
   1. Conceito e natureza jurídica do casamento 737
   2. Modalidades de casamento-ato 738
      2.1 Casamento civil 738
      2.2 Casamento religioso 738
      2.3 Casamento homoafetivo 739
      2.4 Casamento por mandatário 741

	2.5	Casamento nuncupativo	741
	2.6	Casamento consular	742
	2.7	Casamento putativo	742
	2.8	Casamento estrangeiro	742

3. Capacidade para casar... 743
4. Impedimentos ao casamento... 744
    4.1 Impedimentos dirimentes... 744
        4.1.1 Impedimentos dirimentes públicos (causas impeditivas)... 744
            4.1.1.1 Impedimento do incesto... 745
            4.1.1.2 Impedimento da bigamia... 745
            4.1.1.3 Impedimento do favorecimento do homicídio... 745
        4.1.2 Impedimentos dirimentes privados... 746
            4.1.2.1 Ausência de idade mínima... 746
            4.1.2.2 Ausência de autorização... 746
            4.1.2.3 Erro e coação... 746
            4.1.2.4 Incapacidade de consentir ou de manifestar inequivocamente o consentimento... 747
            4.1.2.5 Revogação do mandato... 747
    4.2 Impedimentos impedientes (causas suspensivas)... 747
        4.2.1 Morte do cônjuge... 748
        4.2.2 Presunção de paternidade... 748
        4.2.3 Divórcio, pendente partilha de bens... 748
        4.2.4 Exercício e prestação de contas da tutela ou curatela... 749
5. Habilitação para o casamento... 749
    5.1 Apresentação de documentos... 749
    5.2 Proclamas (edital)... 750
    5.3 Registro... 750
    5.4 Extração de certificado... 750
6. Celebração do casamento... 751
7. Provas do casamento... 753
    7.1 Posse do estado de casados... 753
    7.2 *In dubio pro matrimonio*... 753
    7.3 Sentença declaratória do casamento... 754
8. Invalidade do casamento... 754
    8.1 Causas de nulidade... 754
    8.2 Causas de anulabilidade... 755
        8.2.1 Casamento do menor de dezesseis anos... 755

		8.2.2	Casamento do menor em idade núbil, sem autorização	755
		8.2.3	Erro ou coação	756
			8.2.3.1 Erro	756
			8.2.3.2 Coação	757
		8.2.4	Incapacidade de consentir ou manifestar o consentimento	758
		8.2.5	Revogação do mandato	758
		8.2.6	Incompetência da autoridade celebrante	758
9.	Efeitos do casamento			759
	9.1	Direitos referentes à direção da sociedade conjugal e da família		760
	9.2	Direito de acrescer o sobrenome do cônjuge ao seu		760
	9.3	Deveres dos cônjuges		761
		9.3.1	Dever de fidelidade recíproca	761
		9.3.2	Dever de vida em comum no domicílio conjugal	762
		9.3.3	Dever de mútua assistência	764
		9.3.4	Dever de sustento, guarda e educação dos filhos	764
		9.3.5	Dever de respeito e consideração mútuos	764
10.	Regimes de bens			764
	10.1	Pacto antenupcial		765
	10.2	Regime de comunhão parcial		766
		10.2.1	Bens excluídos da comunhão no regime da comunhão parcial	767
			10.2.1.1 Bens anteriores ao casamento	767
			10.2.1.2 Bens havidos por doação ou sucessão	767
			10.2.1.3 Bens sub-rogados	768
			10.2.1.4 Obrigações anteriores ao casamento	768
			10.2.1.5 Obrigações provenientes de atos ilícitos	768
			10.2.1.6 Bens de uso pessoal	769
			10.2.1.7 Livros e instrumentos de profissão	769
			10.2.1.8 Renda do trabalho	770
			10.2.1.9 Pensões e rendas semelhantes	770
			10.2.1.10 Bens cuja causa de aquisição é anterior ao casamento ..	773
		10.2.2	Bens incluídos na comunhão no regime da comunhão parcial	774
			10.2.2.1 Bens adquiridos onerosamente na constância do casamento	774
			10.2.2.2 Bens adquiridos por fato eventual	774
			10.2.2.3 Bens transferidos a ambos os cônjuges	774
			10.2.2.4 Benfeitorias em bens particulares	775
			10.2.2.5 Frutos	775
		10.2.3	Administração do patrimônio comum	775

10.3	Regime da comunhão universal			776
	10.3.1	Bens excluídos da comunhão universal		776
		10.3.1.1	Bens transferidos com cláusula de incomunicabilidade	776
		10.3.1.2	Bens gravados de fideicomisso	777
		10.3.1.3	Dívidas anteriores ao casamento	777
		10.3.1.4	Bens havidos por doação antenupcial gravada de incomunicabilidade	777
		10.3.1.5	Bens de uso pessoal, livros e instrumentos de profissão, proventos de trabalho e pensões	778
	10.3.2	Comunicação dos frutos		779
	10.3.3	Administração dos bens		779
10.4	Regime da participação final nos aquestos			780
	10.4.1	Controle contábil dos bens		781
		10.4.1.1	Doações	781
		10.4.1.2	Alienações	781
		10.4.1.3	Pagamentos de dívidas	782
		10.4.1.4	Dívidas posteriores ao casamento	782
		10.4.1.5	Bens adquiridos pelo esforço comum	782
	10.4.2	Propriedade dos bens móveis e imóveis		782
	10.4.3	Meação dos aquestos		783
10.5	Regime da separação de bens			784
	10.5.1	Separação obrigatória		784
		10.5.1.1	Casamentos que violem impedimentos impedientes	784
		10.5.1.2	Casamento de pessoa maior de setenta anos	785
		10.5.1.3	Casamento de pessoa que dependa de suprimento judicial	786
	10.5.2	Consequências da separação de bens		786
	10.5.3	Discussão acerca da comunicabilidade ou não dos aquestos no regime da separação legal, e da exigência de prova de esforço comum		786
10.6	Vigência e alteração do regime de bens			787
10.7	Atos que os cônjuges podem livremente praticar independentemente do regime de bens			789
	10.7.1	Atos relativos à profissão		789
	10.7.2	Atos de administração dos bens particulares		789
	10.7.3	Atos referentes a bens imóveis gravados ou alienados sem o seu consentimento		789
	10.7.4	Atos extintivos de doação, fiança ou aval		789

		10.7.5	Atos de reivindicação de bens doados ou transferidos ao concubino	790
		10.7.6	Atos não vedados expressamente	790
		10.7.7	Atos de aquisição das coisas necessárias à economia doméstica	790
	10.8		Atos vedados aos cônjuges sem autorização do outro, salvo no regime da separação absoluta	791
		10.8.1	Alienação e gravação de bens imóveis	791
		10.8.2	Atuação em demandas sobre bens imóveis	791
		10.8.3	Prestação de fiança ou aval	791
		10.8.4	Doação não remuneratória	792
	10.9		Impossibilidade de o cônjuge exercer a administração dos bens que lhe incumbe	792
	10.10		Posse dos bens particulares do cônjuge	792
11.	Extinção da sociedade e dissolução do vínculo conjugal			793
	11.1		Divórcio	794
		11.1.1	Ação de divórcio	796
	11.2		Separação	797
		11.2.1	Ação de separação	799
	11.3		Separação de fato	799
	11.4		Guarda dos filhos	799
	11.5		Alimentos	800

4. União Estável (arts. 1.723 a 1.727) 809

1. Caracterização da união estável 811
   1.1 União estável e namoro qualificado 813
2. Disciplina da união estável 815
   2.1 Particularidades sobre as questões patrimoniais que envolvem a união estável 817
3. Reconhecimento e dissolução de união estável 819

5. Parentesco (arts. 1.591 a 1.638 e 1.689 a 1.693) 821

1. Filiação 824
   1.1 Histórico da disciplina da filiação 824
   1.2 Proibição da discriminação 824
   1.3 Presunção de paternidade dos filhos da mulher casada 824
       1.3.1 Filhos nascidos após o casamento 825
       1.3.2 Filhos nascidos em até trezentos dias após a extinção da sociedade conjugal 825
       1.3.3 Filhos gerados por fecundação artificial 826

	1.4	Impugnação da paternidade	827
	1.5	Impugnação da maternidade	827
	1.6	Reconhecimento espontâneo de filiação	827
		1.6.1 Reconhecimento de filiação socioafetiva	830
	1.7	Direito à declaração da identidade dos pais e ação declaratória de filiação	831
		1.7.1 Insusceptibilidade de decadência do direito de impugnar a filiação	831
		1.7.2 Titularidade do direito à declaração de filiação e legitimidade para ajuizar a ação declaratória	832
		1.7.3 Ação declaratória de filiação	832
		1.7.4 Ação declaratória de paternidade *post mortem*	834
	1.8	Prova da filiação	834
	1.9	Multiparentalidade	835
	1.10	Abandono afetivo	835
2.	Adoção		839
	2.1	Quem pode ser adotado e quem pode adotar	840
	2.2	Efeitos da adoção	842
	2.3	Procedimento da adoção	842
	2.4	Adoção à brasileira	842
	2.5	Adoção póstuma	843
3.	Autoridade parental (poder familiar)		844
	3.1	Exercício da autoridade parental	845
		3.1.1 Criação e educação	846
		3.1.2 Exercício da guarda unilateral ou compartilhada	846
		3.1.3 Consentimento para o casamento	846
		3.1.4 Consentimento para viagens ao exterior	846
		3.1.5 Consentimento para mudança de residência permanente para outro município	846
		3.1.6 Nomeação de tutor	846
		3.1.7 Representação e assistência	847
		3.1.8 Recuperação	847
		3.1.9 Obediência, respeito e realização de tarefas	847
	3.2	Extinção, suspensão e perda da autoridade parental	847
		3.2.1 Extinção da autoridade parental	847
		3.2.2 Suspensão da autoridade parental	848
		3.2.3 Perda da autoridade parental	848
	3.3	Usufruto e administração dos bens dos filhos	849
4.	Guarda dos filhos		850
	4.1	Aspectos gerais	850
	4.2	Guarda compartilhada: peculiaridades e implicações	852

6. **Alimentos (arts. 1.694 a 1.710)**... 861
   1. Alimentos naturais, civis, provisórios, provisionais, transitórios, compensatórios, definitivos e gravídicos... 862
      1.1 Alimentos naturais e civis 862
      1.2 Alimentos provisórios e provisionais 862
      1.3 Alimentos transitórios 862
      1.4 Alimentos compensatórios 863
      1.5 Alimentos definitivos 865
      1.6 Alimentos gravídicos 865
   2. Obrigação alimentar 868
      2.1 Aspectos gerais 868
      2.2 Alimentos avoengos 870
      2.3 Maioridade 872
      2.4 Verbas incidentes sobre os alimentos 876
      2.5 Inadimplemento da obrigação alimentar: existe justificativa? 877
      2.6 Execução de alimentos 881

7. **Bem de Família (arts. 1.711 a 1.722)** 885
   1. Bem de família legal e bem de família convencional 885
      1.1 Bem de família legal 885
      1.2 Bem de família convencional 886
   2. Disciplina do bem de família 886

8. **Tutela, Curatela e Tomada de Decisão Apoiada (arts. 1.728 a 1.783-A)** 889
   1. Tutela 889
      1.1 Pessoas incapazes de exercer a tutela 890
      1.2 Escusa dos tutores 891
      1.3 Exercício da tutela 891
      1.4 Administração dos bens do menor 892
      1.5 Destinação dos bens do menor 893
      1.6 Prestação de contas 893
      1.7 Cessação da tutela 893
   2. Curatela 894
      2.1 Interdição no CPC/2015 895
      2.2 Peculiaridades da curatela 898
      2.3 Curatela do nascituro 899
      2.4 Exercício da curatela 899
      2.5 Disposições comuns 899
   3. Tomada de decisão apoiada 901

Parte VI
Direito das Sucessões

1. **Noção de Sucessão, Direito Sucessório, Herança e Legado** 909
   1. Sucessão 909
      - 1.1 Fundamento da sucessão 909
      - 1.2 Crítica da sucessão 910
   2. Direito sucessório 911
   3. Sucessão testamentária e legítima 911
   4. Sucessão a título universal e a título singular 912
   5. Herança e legado 912
      - 5.1 Indivisibilidade da herança 912
      - 5.2 Espólio 913
   6. Pacto sucessório 913
   7. Planejamento sucessório 914

2. **Abertura da Sucessão** 917
   1. Transmissão da herança 917
      - 1.1 Pressupostos da transmissão da herança 918
         - 1.1.1 Comoriência 918
         - 1.1.2 Capacidade para suceder 919
      - 1.2 Transmissão da posse e o *droit de saisine* 920
   2. Lugar da abertura da sucessão 921
   3. Aceitação e renúncia da herança 922
      - 3.1 Aceitação da herança 923
      - 3.2 Renúncia da herança 925
      - 3.3 Títulos sucessórios diversos 927
      - 3.4 Capacidade para aceitar e renunciar e autorização do cônjuge 927
   4. Cessão do direito à sucessão aberta 928
   5. Herança jacente 929
   6. Petição de herança 930

3. **Sucessão Legítima (arts. 1.790, 1.814 a 1.818 e 1.829 a 1.856)** 935
   1. Herdeiros necessários 935
   2. Herdeiros legítimos 936
   3. Sucessão por cabeça e por estirpe 936
      - 3.1 Sucessão por cabeça 936
      - 3.2 Sucessão por estirpe 937

4. Direito de transmissão e direito de representação 938
   4.1 Direito de transmissão 938
   4.2 Direito de representação 939
5. Ordem de vocação hereditária 941
   5.1 Primeira ordem de vocação hereditária 941
       5.1.1 Sucessão dos descendentes 941
       5.1.2 Sucessão do cônjuge ou companheiro em concorrência com os descendentes 942
       5.1.3 Divisão da herança e quinhão mínimo do cônjuge ou companheiro 946
       5.1.4 Direito real de habitação do cônjuge ou companheiro 948
   5.2 Segunda ordem de vocação hereditária 949
       5.2.1 Sucessão dos ascendentes 949
       5.2.2 Sucessão do cônjuge ou companheiro em concorrência com os ascendentes 950
   5.3 Terceira ordem de vocação hereditária 951
   5.4 Quarta ordem de vocação hereditária 951
       5.4.1 Sucessão dos colaterais de segundo grau 952
       5.4.2 Sucessão dos colaterais de terceiro grau 953
       5.4.3 Sucessão dos colaterais de quarto grau 954
6. Sucessão do companheiro 954
   6.1 Polêmicas após a decisão do STF 955
   6.2 Sucessão do companheiro conforme o art. 1.790 955
7. Falta de herdeiros legítimos 957
8. Indignidade do sucessor 957
   8.1 Hipóteses de indignidade 958
       8.1.1 Homicídio doloso tentado ou consumado 958
       8.1.2 Crime contra a honra 958
       8.1.3 Ato contrário à liberdade de testar 960
   8.2 Efeitos da indignidade 960
       8.2.1 Exclusão da sucessão 960
       8.2.2 Consideração como morto 960
       8.2.3 Proibição do usufruto e da administração dos bens ereptícios ... 961
       8.2.4 Exclusão da sucessão dos bens ereptícios 961
       8.2.5 Validade das alienações a terceiro de boa-fé e obrigação de indenizar 961
       8.2.6 Obrigação de restituir os frutos e direito à indenização das despesas de conservação 962
   8.3 Reabilitação do indigno 962

	8.4	Direito à erepção e ação de exclusão do indigno	963
4.	**Sucessão Testamentária (arts. 1.857 a 1.990)**	**967**
	1. Histórico da sucessão testamentária	967
	2. Liberdade para testar e capacidade testamentária ativa	968
	3. Capacidade testamentária passiva	968
	4. Noção e formas de testamento	970
	4.1	Testamentos ordinários	971
		4.1.1 Testamento público	971
		4.1.2 Testamento cerrado	972
		4.1.3 Testamento particular	974
		4.1.3.1 Testamento hológrafo, excepcional ou emergencial	975
	4.2	Testamentos especiais	977
		4.2.1 Testamento marítimo	977
		4.2.2 Testamento aeronáutico	977
		4.2.3 Testamento militar	977
	4.3	Testamentos conjuntivos	978
		4.3.1 Testamento simultâneo	978
		4.3.2 Testamento recíproco	978
		4.3.3 Testamento correspectivo	979
	4.4	Codicilo	979
	5. Disposições testamentárias patrimoniais	979
	5.1	Instituição de herdeiros e legatários	980
	5.2	Substituição de herdeiros e legatários	980
		5.2.1 Substituição vulgar	980
		5.2.2 Substituição recíproca	981
		5.2.3 Substituição recíproca cumulada com vulgar	981
		5.2.4 Substituição fideicomissária	981
	5.3	Distribuição da herança entre os herdeiros	983
	5.4	Erro na identificação do herdeiro ou legatário ou na determinação do objeto do legado	983
	5.5	Disposições patrimoniais nulas	984
		5.5.1 Disposição captatória	984
		5.5.2 Disposição referente a pessoa incerta e indeterminável	984
		5.5.3 Disposição referente a pessoa incerta determinável por terceiro	984
		5.5.4 Disposição acerca de legado com valor a determinar	984
		5.5.5 Disposição em favor das pessoas vedadas pela lei	985
		5.5.6 Demais disposições nulas	985
	5.6	Disposições patrimoniais válidas	985

		5.6.1	Disposição referente a pessoa incerta, a ser determinada	985

- 5.6.1 Disposição referente a pessoa incerta, a ser determinada 985
- 5.6.2 Disposição remuneratória 986
- 5.6.3 Disposição contumeliosa 986
- 5.7 Redução das disposições patrimoniais 986
- 5.8 Cláusula de inalienabilidade 987
- 5.9 Disposições testamentárias anuláveis e ineficazes 988
- 6. Deserdação 988
- 7. Legados 988
  - 7.1 Objeto dos legados 989
    - 7.1.1 Legado de coisa pertencente ao testador ou que dependa de sub-rogação 989
    - 7.1.2 Legado de coisa pertencente ao herdeiro ou outro legatário 989
    - 7.1.3 Legado de crédito e de quitação 990
    - 7.1.4 Legado de alimentos 990
    - 7.1.5 Legado de usufruto 990
  - 7.2 Pagamento dos legados 990
    - 7.2.1 Legado de coisa certa integrante do acervo 990
    - 7.2.2 Legado de renda ou pensão 991
    - 7.2.3 Legado de prestações periódicas 991
    - 7.2.4 Legado de coisa determinada pelo gênero 991
    - 7.2.5 Legado alternativo 991
    - 7.2.6 Cumprimento dos legados 992
  - 7.3 Caducidade dos legados 992
    - 7.3.1 Modificação do objeto 992
    - 7.3.2 Alienação do objeto 993
    - 7.3.3 Perecimento ou evicção do objeto 993
    - 7.3.4 Exclusão do legatário da sucessão 993
    - 7.3.5 Morte do legatário antes da abertura da sucessão, do implemento da condição ou do advento do termo 993
- 8. Direito de acrescer 993
- 9. Revogação do testamento 995
- 10. Rompimento do testamento 996
- 11. Invalidade do testamento 996
- 12. Testamentaria 997
  - 12.1 Testamenteiro 997
  - 12.2 Exercício da testamentaria 998
  - 12.3 Remuneração do testamenteiro 998

5. **Inventário e Partilha (arts. 1.991 a 2.027)** 1005
   1. Histórico do inventário e da partilha 1005

2.	Inventário		1006
	2.1	Inventário judicial	1006
	2.2	Inventário extrajudicial	1009
	2.3	Administração da herança antes do compromisso do inventariante	1011
	2.4	Colação	1011
	2.5	Sonegados	1013
	2.6	Pagamento de dívidas	1013
3.	Partilha		1013
	3.1	Sobrepartilha	1015
4.	Arrolamento		1015

Referências Bibliográficas 1019

Índice dos Quadros Esquemáticos

Parte I – Teoria Geral do Direito Civil

Quadro Esquemático 1	32
Quadro Esquemático 2	96
Quadro Esquemático 3	118
Quadro Esquemático 4	121
Quadro Esquemático 5	168
Quadro Esquemático 6	175
Quadro Esquemático 7	178
Quadro Esquemático 8	195

Parte II – Direito das Obrigações

Quadro Esquemático 1	202
Quadro Esquemático 2	210
Quadro Esquemático 3	250
Quadro Esquemático 4	275
Quadro Esquemático 5	295
Quadro Esquemático 6	314
Quadro Esquemático 7	322
Quadro Esquemático 8	365

Parte III – Direito dos Contratos

Quadro Esquemático 1	374
Quadro Esquemático 2	391

Quadro Esquemático 3	402
Quadro Esquemático 4	406
Quadro Esquemático 5	413
Quadro Esquemático 6	427
Quadro Esquemático 7	436
Quadro Esquemático 8	443
Quadro Esquemático 9	516

Parte IV – Direito das Coisas

Quadro Esquemático 1	541
Quadro Esquemático 2	591
Quadro Esquemático 3	681
Quadro Esquemático 4	713

Parte V – Direito de Família

Quadro Esquemático 1	731
Quadro Esquemático 2	736
Quadro Esquemático 3	802
Quadro Esquemático 4	820
Quadro Esquemático 5	857
Quadro Esquemático 6	883
Quadro Esquemático 7	888
Quadro Esquemático 8	904

Parte VI – Direito das Sucessões

Quadro Esquemático 1	916
Quadro Esquemático 2	932
Quadro Esquemático 3	964
Quadro Esquemático 4	999
Quadro Esquemático 5	1016

Parte I
Teoria Geral do Direito Civil

Introdução ao Estudo do Direito Civil

Para iniciarmos o nosso estudo do Direito Civil, é necessário abordarmos certos temas, alguns puramente teóricos e outros positivados, que têm relevância para a consolidação da base teórica geral do Direito Civil.

Neste primeiro capítulo, vamos apresentá-lo a conceitos fundamentais, ao tema das fontes do Direito, a alguns preceitos da Lei de Introdução às Normas do Direito Brasileiro[1] (Decreto-lei 4.657/42) e a um breve histórico da formação do Direito Civil pátrio.

1. ACEPÇÕES DO VOCÁBULO DIREITO

1.1 Direito objetivo e direito subjetivo

Na língua portuguesa, a palavra **direito** assume diversas acepções, o que também ocorre com *droit* (em francês), com *diritto* (em italiano), com *Recht* (em alemão), com *derecho* (em espanhol) etc. Por essa razão, sobretudo nos sistemas jurídicos romano-germânicos, há necessidade de distinguir o chamado **direito objetivo** do chamado **direito subjetivo**. Isso não ocorre, todavia, na língua inglesa. Nos sistemas jurídicos dos países anglo-saxões, utiliza-se o vocábulo *law* para se referir ao direito objetivo e o vocábulo *right* para se referir ao direito subjetivo.

Para nós, a expressão **direito objetivo** (*law*) refere-se às **normas jurídicas**. Os adeptos do latim dizem do direito objetivo: *ius est norma agendi* (direito é a norma de agir). O conteúdo do art. 1º do Código Civil,[2] que é uma norma jurídica, tem natureza de direito objetivo, assim como o Direito Civil como um todo, por englobar um conjunto de normas. Vale lembrar que o conceito de *norma* abrange tanto as **regras** (comandos concretos) quanto os **princípios** (diretrizes abstratas).

Já a expressão **direito subjetivo** (*right*), por sua vez, refere-se a uma **faculdade** incorporada à chamada **esfera jurídica** do sujeito em decorrência de previsão do direito objetivo. Cuida-se da faculdade de um sujeito realizar uma conduta *comissiva* (ação) ou *omissiva* (omissão) ou exigi-la de outro sujeito. Do direito subjetivo dizem os romanistas: *ius est facultas agendi* (direito é a faculdade de agir). Por se tratar de *faculdade*, o exercício efetivo de um direito subjetivo depende da **vontade** do próprio sujeito; ninguém pode forçar outrem a exercer direito subjetivo.

---

[1] O Decreto-lei 4.657 era conhecido como *Lei de Introdução ao Código Civil* até 31 de dezembro de 2010, quando entrou em vigor a Lei 12.376/2010, a qual deu ao diploma a nova denominação.

[2] Art. 1º do Código Civil: "toda pessoa é capaz de direitos e deveres na ordem civil".

Tomemos a primeira parte do art. 1.517 do Código Civil. Trata-se de uma norma, e, por conseguinte, de direito objetivo. Segundo esse dispositivo, "o homem e a mulher com dezesseis anos[3] podem casar, exigindo-se autorização de ambos os pais, ou de seus representantes legais, enquanto não atingida a maioridade civil". Logo, Clóvis, com vinte e dois anos, e sua noiva, Berenice, com vinte e um, têm incorporado a suas esferas jurídicas o direito subjetivo de se casar, o qual pode ser exercido ou não, dependendo da vontade do casal, porquanto se trata de *faculdade*.

Outro exemplo: o art. 5º da Constituição Federal de 1988 prevê o direito objetivo de propriedade: "todos são iguais perante a lei, sem distinção de qualquer natureza, garantindo-se aos brasileiros e aos estrangeiros residentes no País a inviolabilidade do direito à vida, à liberdade, à igualdade, à segurança e à propriedade". Caio, então, que compra um carro e o recebe, adquire o direito subjetivo de propriedade do veículo, o qual se incorpora à sua esfera jurídica. O direito subjetivo de propriedade lhe confere as faculdades de usar, fruir e dispor do carro, bem como de exigir que todas as demais pessoas omitam-se de usar, fruir e dispor do mencionado bem. Ou seja, o direito de propriedade concede faculdades referentes a ações e omissões. Mas, se for a vontade de Caio abandonar o veículo, então estará deixando de exercer o direito subjetivo de propriedade, e outra pessoa poderá se apropriar do bem. Essa conduta de Caio é lícita, pois o direito subjetivo se reveste em uma faculdade: pode ser exercido ou não.

Aos direitos subjetivos correspondem os chamados **deveres**. Destarte, se Helena e Caio têm o direito subjetivo de se casar, então alguém (no caso, um juiz de casamentos) tem o dever de casá-los; se Orlando tem o direito subjetivo de propriedade da vaca Mimosa, então todas as demais pessoas têm o dever de não perturbar a propriedade de Orlando.

Considerando a relação entre o sujeito do direito e o sujeito do dever, a esfera de operação do dever e o objeto da relação, os direitos subjetivos dividem-se ainda em **direitos absolutos** e **direitos relativos**. Em razão de essa classificação ser de fundamental importância para o estudo dos Direitos das Obrigações e das Coisas, o leitor a encontrará detalhadamente expendida no primeiro capítulo da Parte II – Direito das Obrigações – desta obra. Por ora, adiantamos que direitos absolutos consistem em direitos que travam uma relação jurídica entre o sujeito do direito e toda a coletividade, e incidem diretamente sobre um *bem*, enquanto direitos relativos consistem em direitos que operam em uma relação entre o sujeito do direito e o titular do dever correspondente, e incidem diretamente sobre um *fato* de um dos sujeitos.

1.2 Direito natural e direito positivo

A filosofia do Direito questiona sobre a origem dos direitos. Diversas são as teorias que procuram responder à questão. Identificam-se nessas teorias duas correntes principais: a dos que creem que os direitos não são criados pelo ser humano – chamados de **jusnaturalistas** – e a dos que creem que sim, os direitos são criação humana – chamados de **positivistas**. Para os jusnaturalistas, os direitos são naturais – decorrentes de Deus, segundo alguns, e imanentes ao humano, ou seja, decorrentes de sua própria natureza, segundo outros.[4] Para os positivistas,

---

[3] Essa é a denominada idade núbil, que, atualmente, não pode ser relativizada (art. 1.520 do CC/2002). Abordaremos o tema no capítulo atinente aos requisitos para o casamento.

[4] Estas palavras do Conselheiro Ribas ilustram o pensamento jusnaturalista: "o direito preexiste ao legislador na consciência nacional, ele não o inventa, nem o cria; apenas o formula, e traduz em caracteres sensíveis, esclarece-o com as luzes da razão universal, e presta-lhe o apoio da força social" (RIBAS, Antônio Joaquim. *Direito civil brasileiro*. Edição Comemorativa. Rio de Janeiro: Editora Rio, 1983. p. 71).

por outro lado, os direitos são criação das sociedades, que os "escrevem", pelo que se diz que os direitos são *postos*, de onde vem a expressão *direito positivo*.

Tradicionalmente, os teóricos do **direito natural** negam o **direito positivo** e vice-versa. Todavia, hoje é comum encontrar juristas que defendem a coexistência de direitos naturais e direitos positivos. Para estes, direitos naturais seriam o direito à vida, à igualdade, à dignidade e à personalidade, entre outros. Direitos positivos seriam os criados pela lei.

A discussão parece-nos interessar mesmo à filosofia do Direito, não tendo implicação prática entre nós, porquanto, no ordenamento jurídico brasileiro, os direitos que os jusnaturalistas veem como naturais se encontram positivados aqui e acolá, seja na Constituição, como **direitos humanos**, seja em diversos **princípios gerais do Direito**.

É importante, todavia, que o leitor compreenda o que significam as expressões *direito natural* e *direito positivo* quando as encontrar em seus estudos.

2. ORDENAMENTO E SISTEMAS JURÍDICOS

A par da expressão *direito objetivo*, fala-se também em **ordenamento jurídico** e **sistemas jurídicos**. Ordenamento jurídico é um quase sinônimo do direito objetivo, referindo-se, especificamente, a todas as normas aplicáveis a uma determinada sociedade. Ao falarmos em ordenamento jurídico brasileiro, referimo-nos a todas as normas que vigem na República Federativa do Brasil.

Já a expressão *sistemas jurídicos* refere-se à estrutura e à dinâmica do ordenamento jurídico, ou seja, trata-se da organização das fontes do Direito e da doutrina, do sistema de ramificações do Direito, do sistema de solução de conflitos etc. Os países herdam seus sistemas jurídicos de seus fundadores. Em geral, o que realmente varia é o ordenamento, na medida em que novas normas jurídicas são criadas.

No ocidente, os dois grandes sistemas jurídicos, adotados pela grande maioria dos países, são o **sistema romano-germânico** e o **sistema anglo-saxão**.

O **sistema romano-germânico** desenvolveu-se no Sacro Império Romano Germânico, da fusão do Direito Romano com os diversos Direitos dos povos bárbaros germânicos a partir da alta Idade Média. Esse sistema é o adotado pelos países europeus continentais (França, Itália, Alemanha, Portugal, Espanha etc.), pelos países latino-americanos, além de diversos outros, colonizados pelos países mencionados.

O **sistema anglo-saxão**, frequentemente chamado de *common law* ("Direito comum"), nasceu na Inglaterra, a partir de 1066, concebido e implementado pelos invasores normandos. Hoje, é adotado pelo Reino Unido e pelos países que foram colônia britânica, como os Estados Unidos, o Canadá e a Austrália.

O principal traço distintivo entre os dois sistemas reside nas **fontes do Direito**. No sistema romano-germânico, o ordenamento jurídico consubstancia-se principalmente em **leis**, muitas vezes em extensas leis, chamadas de **códigos**, os quais regulam os diferentes ramos do Direito (Código Civil, Código de Processo Civil, Código Penal, Código de Processo Penal, Código Tributário etc.); aos juízes e tribunais é concedido o **poder-dever** de *aplicar* as normas. Por sua vez, no sistema anglo-saxão, embora haja muitas leis, e sejam estas a fonte primária do Direito, não se encontra a abundância legislativa do sistema romano-germânico; aos juízes e tribunais dos países anglo-saxões é concedido o **poder-dever** de *criar* normas toda vez que não houver lei solucionando a questão, e as normas criadas pelos tribunais por meio de suas decisões – denominadas **precedentes judiciais** – vinculam todos os julgadores hierarquicamente inferiores ao órgão (juiz ou tribunal que as criou), ou seja, os julgadores têm o dever de aplicar aquele precedente.

Se, por um lado, os juízes que laboram no sistema romano-germânico, de regra, não têm o poder de criar leis (o que dá a impressão de serem menos livres), por outro lado não estão obrigados a seguir os precedentes judiciais decorrentes das decisões dos tribunais superiores (o que os faz parecer mais livres).

Atualmente, alguns sistemas de inspiração romano-germânica, como o brasileiro, têm se aproximado do modelo anglo-saxão, porquanto os precedentes judiciais vêm ganhando cada vez mais expressão como fontes do Direito, especialmente após a entrada em vigor do Código de Processo Civil de 2015. É o que ocorre, por exemplo, com as súmulas vinculantes do Supremo Tribunal Federal e as decisões proferidas no julgamento dos recursos especiais repetitivos pelo Superior Tribunal de Justiça.

Trataremos mais detidamente do tema das fontes do Direito na seção a seguir.

3. FONTES DO DIREITO

Asseveramos que o direito positivo (que, no nosso Direito, inclui até mesmo os direitos *naturais*) é criação humana, é criado pelas sociedades. Pode ser, então, que o leitor esteja se perguntando: como se cria o direito positivo?

Em primeiro lugar, para que se crie qualquer norma jurídica, deve haver uma razão, um fundamento, um motivo. Essa razão, fundamento ou motivo será *histórica* ou *social*. Ou seja, uma tradição de um grupo, ou alguma circunstância atual daquela sociedade, induz a criação da norma. Às razões, fundamentos ou motivos de uma norma – que constituem sua *matéria* – a doutrina dá o nome de **fontes materiais do Direito**. Delas se ocupam a sociologia jurídica e a filosofia do Direito.

Ocorre que não basta à norma ter matéria; ela precisa também de *forma*. Por meio da forma é que a norma se revela à sociedade. Às diversas formas que a norma pode tomar, a doutrina dá o nome de **fontes formais do Direito**. Delas se ocupa a Ciência do Direito.

Nos países do sistema romano-germânico, as fontes do Direito são a **lei**, os **princípios gerais do Direito**, a **jurisprudência**, a **doutrina** e os **costumes**. A grande maioria dos doutrinadores diverge quanto a esse tema, rejeitando que a jurisprudência possa ser considerada fonte formal. Hoje, entretanto, em face da obrigatoriedade dos precedentes vinculantes, é inegável que a jurisprudência consiste em verdadeira fonte produtora do Direito.[5] A propósito, o Código de Processo Civil de 2015 reforça a tese de que a jurisprudência, além de constituir ferramenta apta a suprir lacunas deixadas por eventual omissão legislativa, tem a função de uniformizar a interpretação da legislação constitucional e infraconstitucional, promovendo segurança jurídica e estabilidade social. O art. 927 do diploma processual civil, que está em vigor desde 18/3/2016, contempla a **obrigatoriedade** de os juízes e tribunais observarem:

- as decisões do STF proferidas em sede de controle concentrado de constitucionalidade;
- os enunciados de ssúmula vinculante editados pelo STF na forma da Lei 11.417, de 19 de dezembro de 2006;

---

[5] Quanto à analogia, seguimos o entendimento de César Fiuza: "alguns juristas incluem entre as fontes do Direito a analogia. Reputo equivocada essa opinião. Ora, analogia é método, seja de interpretação, seja de integração do Direito. [...] Usa-se processo analógico, aplicando-se normas que, por analogia, possam enquadrar-se ao caso. Com base nisso, alguns juristas dizem ser a analogia fonte de Direito. Na verdade, a fonte, no caso, não foi a analogia, mas sim a própria Lei, que se integrou ao fato concreto por processo analógico" (FIUZA, César. *Direito civil*: curso completo. Belo Horizonte: Del Rey, 2004. p. 30).

- os acórdãos firmados em incidente de assunção de competência (IAC) ou de resolução de demandas repetitivas (IRDR);
- os acórdãos proferidos no julgamento dos recursos especial e extraordinário repetitivos;
- os enunciados das súmulas do STF em matéria constitucional e do STJ em matéria infraconstitucional;
- a orientação do plenário do Tribunal ou do órgão especial aos quais estiverem vinculados.

Essa nova sistemática demonstra a **força normativa cogencial** dos precedentes, pondo fim às discussões sobre a possibilidade de a jurisprudência também servir como fonte do direito.

Nos países do sistema anglo-saxão, por sua vez, as fontes do Direito são a **lei** (*statutes* e a *Constitution*) e, subsidiariamente, nesta ordem, os **precedentes judiciais** (*judicial precedents*), a **doutrina** (*opinions of experts*), o **costume** (*custom*) e a **moralidade** (*morality*).[6]

O domínio do tema das fontes formais do Direito permite ao jurista distinguir uma *norma religiosa* de uma *norma moral* e de uma *norma jurídica*, vez que, não obstante todas as três espécies normativas poderem tratar da mesma matéria, revestem-se de fontes diversas. Normas religiosas e normas morais não tomam a forma de lei, nem de princípios gerais do Direito, nem de jurisprudência, nem de doutrina.

Por exemplo, a proibição de matar é uma norma comum em quase toda religião, em geral formalizada em um **mandamento** – "não matarás" –, e constitui uma norma moral de quase toda pessoa, formalizada em uma **convicção íntima**. No Brasil, também constitui norma *jurídica*, insculpida no art. 121 do Código Penal.[7] Se tal norma não se encontrasse no ordenamento jurídico, não se puniria quem matasse, não obstante a norma religiosa e a moral, porquanto somente se pode punir alguém, no nosso país, pelo descumprimento de norma jurídica.

FONTES DO DIREITO BRASILEIRO	
FONTES MATERIAIS ⟶	FATOS HISTÓRICOS E SOCIAIS
FONTES FORMAIS ⟶	LEI, PRINCÍPIOS GERAIS DO DIREITO, JURISPRUDÊNCIA, DOUTRINA E COSTUME

3.1 Lei

A maioria das normas jurídicas que operam no ordenamento pátrio toma a forma de lei, daí ser essa a principal fonte formal do nosso Direito.

A lei é a **norma positiva** por excelência, elaborada por legisladores por meio do chamado **processo legislativo**. Os legisladores são, nos países democráticos, representantes do povo, eleitos para essa finalidade. No Brasil e nos demais países federativos, há diferentes esferas legislativas. Na esfera nacional, temos o Congresso, composto de representantes dos Estados federados, que integram o **Senado**, e representantes do povo, que integram a **Câmara dos Deputados**. Na

---

[6] GRAY, John Chipman. *The nature and sources of the law*. Reprodução da edição de 1909, da Columbia University Press. Nova York: Elibron Classics, 2005.

[7] Art. 121 do Código Penal: "matar alguém: pena – reclusão, de seis a vinte anos".

esfera estadual, existem as **Assembleias Legislativas**, compostas de deputados estaduais, e, na esfera municipal, as **Câmaras Municipais**, as quais são integradas pelos vereadores.[8]

A doutrina conceitua a lei como a *norma geral, abstrata, inovadora, imperativa e coativa*. **Geral**, porquanto se dirige a um grupo de pessoas; por exemplo, as leis do Estado do Rio de Janeiro destinam-se a todos os residentes ou presentes naquele Estado. **Abstrata**, vez que não regula situações concretas; por exemplo, a Lei de Locação regula as locações urbanas abstratamente, e não a locação da Fazenda do Moinho entre Augusto e César, ou do Edifício Roma entre Rui e Pontes. **Inovadora**, em razão de sua matéria passar a regular uma questão, ou lhe dar nova regulação; por exemplo, o Código Civil foi promulgado para dar uma nova disciplina ao Direito Civil brasileiro, conquanto já existisse antes dele um outro Código Civil. **Imperativa**, porque seu cumprimento é obrigatório; para se fazer um registro público, deve-se seguir o comando da Lei de Registros Públicos, cuja observação não é opcional, mas obrigatória. **Coativa**, vez que o descumprimento da lei gera uma sanção para o sujeito; por exemplo, quem descumpre a proibição de matar do art. 121 do Código Penal se sujeita à pena de reclusão, cujo prazo pode variar conforme as circunstâncias do caso concreto.

3.1.1 Princípios e formas de interpretação das leis

O tempo durante o qual uma lei produz **efeitos jurídicos** é chamado pela doutrina de **vigência** e será analisado em subseção própria, quando estudarmos a Lei de Introdução às Normas do Direito Brasileiro (LINDB), vez que se encontra por ela regulado.

Por razões didáticas, não obstante, cuidaremos também aqui dos princípios informadores da vigência das leis, que também interessam ao estudo das fontes do Direito, objeto desta seção.

Quatro são os princípios que informam a vigência de uma lei: o **princípio da obrigatoriedade**, o **princípio da continuidade**, o **princípio da irretroatividade** e o **princípio da especialidade**.

Segundo o **princípio da obrigatoriedade**, a lei, durante sua vigência, *obriga a cumpri-la* todos aqueles a quem se destina, sem qualquer espécie de distinção.

De acordo com o **princípio da continuidade**, a lei *permanece em vigor* até que outra a *modifique ou revogue*, o que pode ocorrer quando a lei nova expressamente o declarar, ou quando for com a lei antiga incompatível, ou, ainda, quando regular inteiramente a matéria de que cuidava a lei anterior.

Conforme o **princípio da irretroatividade**, a lei nova somente regula os fatos que ocorrerem após a sua entrada em vigor, não incidindo sobre fatos anteriores à sua vigência. Essa é a regra em nosso ordenamento e sua aplicação tem por objetivo manter a estabilidade e a segurança das relações jurídicas.

Admite-se a retroatividade se o legislador dispuser expressamente nesse sentido, e desde que não haja ofensa ao ato jurídico perfeito, à coisa julgada e ao direito adquirido (art. 5º, XXXV, da CF). Uma importante exceção é a lei penal, cuja retroatividade é plenamente admitida quando a lei superveniente é mais benéfica para o réu (art. 5º, XL, da CF), ainda que o procedimento criminal tenha transitado em julgado. O mesmo ocorre com as ações que

---

[8] Uma curiosidade: nossa federação é ímpar, por ter considerado os municípios *entes federativos*. Nos Estados Unidos, berço do pensamento federativo, são entes federados apenas a União e os Estados. Os municípios são subordinados à autoridade legislativa do Estado em que estão situados e, ao editar normas de incidência meramente municipal, fazem-no por delegação de poder do legislador estadual, razão pela qual as *ordinances*, que são as leis incidentes em uma determinada cidade, têm *status* de lei estadual.

envolvem o denominado direito administrativo sancionador, a exemplo daquelas submetidas à Lei 8.429/1992, com as alterações propostas pela Lei 14.230/2021.

Por fim, o **princípio da especialidade** dita que a lei especial – a qual trata de uma matéria de forma mais detalhada e específica – não revoga nem modifica a lei geral – que trata da matéria de forma mais ampla e abstrata.

No que diz respeito à **interpretação**, temos que ter em mente que a disciplina filosófica que estuda essa temática é denominada **hermenêutica** e pode se dar de variadas formas, assim como pela utilização de diversos métodos.

Em relação à origem, a lei pode ser interpretada de forma **autêntica** – pelo próprio legislador –, **judicial** – pela jurisprudência – ou **doutrinária** – pela doutrina.

Quanto à abrangência, a lei pode ser interpretada de forma **extensiva** – quando se aplica a mais situações do que aquelas por ela diretamente disciplinadas – ou **restritiva** – quando se limita às situações expressamente abrangidas pelo preceito.

Quanto aos **métodos de interpretação**, costumam-se identificar os métodos gramatical, o lógico, o sistemático, o ontológico, o teleológico, o sociológico e o histórico.

A interpretação pelo **método gramatical** emana da análise sintática, semântica e até mesmo etimológica do texto. Ou seja, levam-se em consideração as funções exercidas pelos vocábulos nas frases, bem como a relação de significados destes, além de sua origem vocabular.

O art. 159 do Código Civil de 1916 trazia a seguinte redação: "aquele que, por ação ou omissão voluntária, negligência, ou imprudência, violar direito, ou causar prejuízo a outrem, fica obrigado a reparar o dano". Já o art. 186 do Código de 2002 trouxe o seguinte texto: "aquele que, por ação ou omissão voluntária, negligência ou imprudência, violar direito e causar dano a outrem, ainda que exclusivamente moral, comete ato ilícito". Como se vê, o novo preceito substituiu o "violar direito, ou causar prejuízo" por "violar direito e causar dano". Para que se compreenda a mudança normativa operada por essa alteração, deve-se utilizar o método gramatical, que permitirá a conclusão de que, antes, o ato ilícito era aquele que violava direito *ou* aquele que causava prejuízo, enquanto, agora, ato ilícito é aquele que viola direito *e* causa dano. A partir de 2002, o ato de mera violação de direito, que não causa dano, não se considera ilícito.

A interpretação pelo **método lógico** parte da busca pelo melhor sentido da norma, quer dizer, pelo sentido mais lógico que se pode extrair do preceito.

O art. 1.273 do Código refere-se à confusão, "comissão" e adjunção. No entanto, a *comissão* – contrato – em nada se relaciona com a confusão e a adjunção, que são modos de aquisição da propriedade móvel ao lado da *comistão*. Por conseguinte, utilizando-se o método lógico, conclui-se que o art. 1.273 se refere à comistão e não à comissão, pois com isso o comando faz sentido. Entende-se que houve simples erro de grafia.

A interpretação pelo **método sistemático** consiste na verificação de significado da norma não isolada, mas dentro de um contexto normativo.

Conquanto o art. 1.514 do Código estabeleça que "o casamento se realiza no momento em que o homem e a mulher manifestam, perante o juiz, a sua vontade de estabelecer vínculo conjugal, e o juiz os declara casados", utilizando-se o método sistemático, inserindo esse dispositivo no contexto da nova ordem constitucional fundada pela Constituição de 1988 na proteção da dignidade da pessoa humana, tendo como um de seus objetivos a promoção do bem de todos, sem qualquer forma de discriminação, conclui-se que o preceito não exclui a possibilidade do casamento de pessoas do mesmo sexo[9]

---

[9] Na Arguição de Descumprimento de Preceito Fundamental 132, de relatoria do Ministro Ayres Britto, o Supremo Tribunal Federal admitiu interpretação em conformidade com a Constituição

A interpretação pelo **método ontológico**, por sua vez, leva em conta a razão de ser da lei, chamada em latim de *ratio legis*.

O art. 1.521 do Código proíbe o casamento de irmãos com irmãos, sem se referir à natureza do parentesco, se biológica ou socioafetiva. Como se concluir, então, se irmãos por socioafetividade se encontram impedidos de se casar? Pelo método ontológico, analisa-se a *ratio legis* do preceito, que é a proibição do incesto, o qual se define como a relação sexual entre membros do mesmo grupo familiar. Por conseguinte, por interpretação ontológica conclui-se que o art. 1.521 impede também o casamento entre irmãos por vínculo socioafetivo.

Pelo **método teleológico**, a interpretação emana da identificação da finalidade da lei.

É esse o método de interpretação recomendado pelo art. 5º da Lei de Introdução às Normas do Direito Brasileiro – Decreto-lei 4.657/42: "na aplicação da lei, o juiz atenderá aos fins sociais a que ela se dirige e às exigências do bem comum".

Utilizando-se o exemplo anterior, do art. 1.521 do Código, chega-se à conclusão diversa por meio da utilização do método teleológico. É que a finalidade do art. 1.521 é impedir que do casamento entre consanguíneos surjam crianças com complicações genéticas, risco que não se corre em se tratando de irmãos que não têm vínculo biológico.

Pelo **método sociológico**, a interpretação conjuga o conteúdo da norma com o contexto social em que ele se insere. Ou seja, cabe ao intérprete adaptar a norma jurídica às condições ou aos efeitos sociais anteriormente inexistentes ao tempo de sua formação. Considerando que a sociedade não é estanque, é imprescindível que o intérprete acompanhe as mudanças que o cercam e os impactos de tais alterações. Por exemplo, levando-se em consideração o fator cultural, a 6ª Turma do Superior Tribunal de Justiça (REsp 1.977.124, relator: Min. Rogério Schietti, data do julgamento: 5/4/2022, Data da publicação: 22/4/2022) considerou possível a aplicação da Lei Maria da Penha para a proteção de mulheres transexuais. A compreensão baseia-se na jurisprudência do STF, que já determinou que o direito à igualdade sem qualquer discriminação abrange a identidade ou expressões de gênero, e não propriamente o sexo biológico.

Pelo **método histórico**, por fim, a interpretação se baseará em dados históricos a respeito daquele preceito. Esse método decorre da investigação da causa geradora da norma, ou seja, das circunstâncias fáticas que envolviam a elaboração do texto no momento de sua produção. Por exemplo: considerando que a ordem constitucional de 1988 erigiu o Ministério Público à condição de guardião da Constituição, defensor dos direitos individuais indisponíveis, difusos e coletivos, o STF ponderou que a recusa de Estados-membros em relação à legitimidade do Procurador-Geral de Justiça para a instauração de controle normativo abstrato de constitucionalidade é inconstitucional, por violar a evolução histórica das constituições brasileiras[10] e acarretar injustificável restrição à tutela do ordenamento jurídico-constitucional.

Federal ao art. 1.723 do Código Civil de 2002 para excluir do dispositivo qualquer significado que impeça o reconhecimento como entidade familiar da união contínua, pública e duradoura entre pessoas do mesmo sexo (data do julgamento: 5/5/2011, Plenário). Igualmente, no Recurso Extraordinário 477.554, sob a relatoria do Ministro Celso de Mello, o STF reconheceu "[...] assistir, a qualquer pessoa, o direito fundamental à orientação sexual, havendo proclamado, por isso mesmo, a plena legitimidade ético-jurídica da união homoafetiva como entidade familiar, atribuindo-lhe, em consequência, verdadeiro estatuto de cidadania, em ordem a permitir que se extraiam, em favor de parceiros homossexuais, relevantes consequências no plano do Direito, notadamente no campo previdenciário, e, também, na esfera das relações sociais e familiares" (2ª Turma, data do julgamento: 16/8/2022, data da publicação: 26/8/2011).

[10] "Ação direta de inconstitucionalidade. Art. 127, III, V e VI, da Constituição do Estado do Ceará. Definição dos legitimados para propor ação direta de inconstitucionalidade, perante o Tribunal de

3.2 Princípios gerais do Direito

Uma das formas pelas quais o Direito se manifesta é a de **princípio**. Princípio é uma norma de ampla abrangência que não traz em si um comando, mas, sim, uma **diretriz abstrata**, que orienta, que inspira.

O Estado brasileiro, oficialmente chamado de República Federativa do Brasil, rege-se pela Constituição Federal de 1988. A Constituição de 1988 fundou o Estado em uma série de princípios gerais do Direito que foram elevados à categoria de **princípios constitucionais**. Nesse sentido, os arts. 1º e 3º têm extrema importância, pois são a luz e o caminho a serem seguidos pelo Direito brasileiro. O art. 1º estabelece como fundamentos da República os princípios da **soberania**, da **cidadania**, da **dignidade da pessoa humana**, dos **valores sociais do trabalho e da livre iniciativa** e do **pluralismo político**. O art. 3º, por sua vez, traça como objetivos da República: construir uma sociedade livre, justa e solidária – donde se inferem os princípios da **liberdade**, da **justiça** e da **solidariedade**; garantir o desenvolvimento nacional – donde se extrai o princípio do **desenvolvimento nacional**; erradicar a pobreza e a marginalização e reduzir as desigualdades sociais e regionais – donde se inferem os princípios da **erradicação da pobreza** e da **igualdade**; promover o bem de todos, sem preconceitos de origem, raça, sexo, cor, idade e quaisquer outras formas de discriminação – donde se extrai o princípio da **não discriminação**.

Impende frisar, ainda, que há diversos outros **princípios gerais do Direito** que integram o nosso ordenamento, conquanto não mencionados na Constituição.

Como agem os princípios?

Como o próprio nome indica, um princípio é um fundamento, uma diretriz, uma norma basilar. Por essa razão, os princípios agem *informando, orientando*, tanto a organização do Estado, quanto o comportamento das pessoas, quanto a solução dos conflitos.

Justiça local, contra lei municipal. Exclusão do rol de legitimados do Procurador-Geral de Justiça. Preliminar de ausência de interesse de agir. Rejeição. Relevância constitucional das funções desempenhadas pelo Parquet. Dever do Ministério Público de defesa da integridade do ordenamento jurídico. Supremacia da Constituição. Interpretação histórica e sistemática. Impossibilidade de os Estados-membros recusarem legitimidade ao Procurador-Geral de Justiça para instauração de processo de controle normativo abstrato. Interpretação conforme à Constituição. Procedência. 1. Há, no âmbito do Tribunal de Justiça local, efetiva controvérsia quanto à legitimidade do Procurador-Geral de Justiça para propor ação direta de inconstitucionalidade contra lei municipal, a evidenciar a presença do interesse de agir, na hipótese. 2. A ordem constitucional de 1988 erigiu o Ministério Público à condição de guardião independente da Constituição, defensor dos direitos individuais indisponíveis, difusos e coletivos, protetor da higidez dos atos praticados pelo Poder Público, outorgando-lhe um papel proeminente e indispensável à tutela efetiva do ordenamento jurídico-constitucional. 3. Todas as vezes em que a Constituição dispôs sobre fiscalização normativa abstrata previu como legitimado ativo o Procurador-Geral da República, a demonstrar o papel central desempenhado pelo Ministério Público em referido sistema de controle de constitucionalidade. 4. Ao Ministério Público, por dever de ofício, incumbe a defesa da integridade do sistema normativo, portanto, tem o dever de zelar pela supremacia da Constituição, contestando, pelos meios processuais adequados, os atos do Poder Público com ela conflitantes. 5. Ação direta de inconstitucionalidade conhecida. Pedido julgado procedente. 6. Fixada a seguinte tese: Os Estados-membros da Federação, no exercício da competência outorgada pela Constituição Federal (art. 25, *caput*, c/c art. 125, § 2º, CF), não podem afastar a legitimidade ativa do Chefe do Ministério Público estadual para propositura de ação direta de inconstitucionalidade perante o Tribunal de Justiça local" (STF, ADI: 5693 CE, relatora: Min. Rosa Weber, data do julgamento: 11/11/2021, Tribunal Pleno, data da publicação: 18/11/2021).

O tema da união civil entre pessoas do mesmo sexo é um exemplo clássico de aplicação dos princípios. As principais bases sobre as quais se apoiam os defensores dessa união são dois princípios constitucionais: o da liberdade (art. 3º, I, e art. 5º, *caput*) e o da não discriminação (art. 3º, IV). E foram justamente essas diretrizes que permitiram a já mencionada conclusão do Supremo Tribunal Federal sobre a possibilidade de união civil entre pessoas do mesmo sexo, atualmente regulamentada pela Resolução 175, de 14/5/2013, do Conselho Nacional de Justiça.

Ainda sobre o aspecto principiológico que envolve as uniões entre pessoas do mesmo sexo, cabe lembrar que a Corte Interamericana de Direitos Humanos (Corte IDH), à qual o Brasil se submete há mais de 20 anos[11], já teve diversas oportunidades de abordar as questões de gênero a partir da conexão com o Direito Internacional dos Direitos Humanos. Somente para exemplificar, no julgamento do *Caso Duque* vs. *Colômbia*, a Corte IDH fixou tese segundo a qual nenhuma norma, decisão ou prática de direito interno pode diminuir ou restringir os direitos de uma pessoa por sua orientação sexual. Qualquer providência tendente a promover a redução ou extinção desses direitos viola os princípios da igualdade e da não discriminação, protegidos pelos artigos 1.1[12] e 24[13] da Convenção Americana de Direitos Humanos.

Outro exemplo: nosso Direito acolheu constitucionalmente o princípio da função social da propriedade (art. 5º, XXIII). Esse princípio tem dupla ação: serve para orientar o Estado no sentido de promover políticas de distribuição de terras e políticas urbanísticas e para orientar o proprietário com relação à destinação que deve dar a seus bens. Para que se tenha uma ideia, houve um tempo em que o Direito, por não reconhecer esse princípio, dava à propriedade o caráter de *absoluto*, pelo que nada podia perturbá-la, podendo o proprietário fazer o que bem quisesse com aquilo que lhe pertencia. À luz do constitucionalismo moderno, o direito de propriedade deve, necessariamente, atender a sua função social, não consistindo mais em um direito absoluto e ilimitado. Nesse contexto, é importante salientar que a doutrina e a jurisprudência também atrelam o direito de propriedade à sua **função ecológica**. Por exemplo, a existência de uma área de reserva legal no âmbito de uma propriedade rural, embora seja uma espécie de limitação administrativa, é imprescindível para a tutela do meio ambiente, legitimando, portanto, a existência de restrições a direitos individuais em prol da coletividade. Como conclusão podemos definir que, embora a propriedade seja um direito constitucionalmente assegurado, ele não é absoluto, devendo ser cotejado com outros princípios que regem o nosso ordenamento.

Outro exemplo, ainda: ao longo do século XX, a doutrina brasileira começou a refletir sobre o princípio da função social dos contratos, até que o Código Civil de 2002 expressamente estatuiu, no art. 421, que "a liberdade de contratar será exercida em razão e nos limites da função

---

[11] Em 1998, o Brasil aderiu à jurisdição contenciosa da Corte Interamericana de Direitos Humanos (1979), instituição judicial autônoma da OEA com a finalidade de aplicar e interpretar a Convenção Americana sobre Direitos Humanos (Pacto de São José da Costa Rica). A CADH foi adotada em 1969 no âmbito da OEA, mas somente entrou em vigor internacionalmente em 18 de julho de 1978, após receber 11 ratificações. O Brasil aderiu à CADH em 25 de setembro de 1992 e promulgou-a por meio do Decreto 678, de 6 de novembro de 1992.

[12] "Os Estados-Partes nesta Convenção comprometem-se a respeitar os direitos e liberdades nela reconhecidos e a garantir seu livre e pleno exercício a toda pessoa que esteja sujeita à sua jurisdição, sem discriminação alguma por motivo de raça, cor, sexo, idioma, religião, opiniões políticas ou de qualquer outra natureza, origem nacional ou social, posição econômica, nascimento ou qualquer outra condição social."

[13] "Todas as pessoas são iguais perante a lei. Por conseguinte, têm direito, sem discriminação, a igual proteção da lei."

social do contrato".¹⁴ Esse princípio passou então a atuar com ainda mais força nas relações contratuais, sobretudo na solução de conflitos, dando a brecha para que o Poder Judiciário intervenha nos acordos particulares para garantir a dignidade dos contratantes.

3.2.1 Princípios norteadores do Direito Civil: *socialidade, operabilidade* e *eticidade*

Costuma-se indicar que o Direito Civil é composto de um sistema aberto de normas, desvinculado de estruturas rígidas e abstratas. Com as transformações operadas, por exemplo, no direito das famílias, algumas estruturas normativas precisaram ser repensadas e interpretadas à luz das novas demandas sociais. A fim de facilitar a aplicação do Direito Civil e proporcionar soluções atentas ao contexto social, MIGUEL REALE, alterando a principiologia do direito privado – cujo caráter era essencialmente individual –, estabeleceu alguns princípios norteadores da atual codificação, quais sejam: socialidade, operabilidade e eticidade.

A **socialidade** procura superar o caráter individualista do direito privado, impondo às relações – inclusive negociais – um aspecto social, coletivo. A função social da propriedade e dos contratos é exemplo desse princípio. Também o é a função social da empresa, que está expressamente prevista no art. 47 da Lei 11.101/2005.

Podemos sintetizar que a socialidade permite a restrição de direitos em prol da coletividade ou a sobreposição de interesses sociais sobre os interesses meramente individuais.

A dimensão social é valorizada, impedindo que, a pretexto do exercício de um direito, atos de conteúdo socialmente perversos sejam praticados [...]. Se antes seria anedótico pensar em limitar, funcionalmente, o exercício dos direitos, mormente a propriedade, hoje seu conteúdo já nasce com semelhante feição. Ser proprietário não é mais ser titular de um bloco rígido de prerrogativas, mas ser titular de direitos cuja conformação varia de acordo com a inserção social.¹⁵

A socialidade pode ser vista, por exemplo, na interpretação das cláusulas dos contratos de planos de saúde, impedindo a negativa de cobertura em caso de atendimento de urgência e emergência que implique risco imediato à vida do segurado, ainda que não transcorrido o prazo de carência contratualmente estipulado¹⁶.

---

14   Em 2019, o art. 421 ganhou nova redação, que lhe foi dada pela Lei 13.874: "A liberdade contratual será exercida nos limites da função social do contrato". A diferença é bastante sutil. A redação original tratava da liberdade de contratar, enquanto a redação dada pela Lei 13.874/2019 aborda a liberdade contratual. A primeira está relacionada com a vontade do indivíduo de estabelecer um contrato. Ou seja, a celebração de um contrato é uma mera faculdade, e não uma obrigatoriedade para o indivíduo. A liberdade contratual, por outro lado, tem relação com o objeto ou com o conteúdo do contrato.

15   FARIAS, Cristiano Chaves de; ROSENVALD, Nelson; NETTO, Felipe Braga. Manual de Direito Civil. 6. ed. Salvador; Juspodivm, 2021. p. 140.

16   "O princípio da obrigatoriedade dos contratos, apesar de ser um dos pilares do Direito Privado, deve ser mitigado quando se observa que há ameaça ou violação a um direito fundamental, pois a partir da promulgação da Constituição Federal de 1988 emergiram novos princípios para a teoria contratual, corolário da socialidade que passou a informar todo o Direito Privado. É obrigatória a cobertura do plano de saúde em caso de atendimento de urgência e emergência que implique risco imediato à vida ou a higidez física do paciente, independente do prazo de carência estabelecido no contrato (art. 12 da Lei n.º 9.656/98). Considerando que o tratamento recomendado pelo médico do segurado possui caráter emergencial, e não eletivo, a autorização do plano de saúde deve ser imediata" (TJ-DF, Agravo de Instrumento 0709324-40.2019.8.07.0000, relatora: Carmelita Brasil, data do julgamento: 7/8/2019, 2ª Turma Cível, data da publicação: 19/8/2019).

A **operabilidade**, por sua vez, traduz a ideia de tornar as categorias de direito civil menos complexas e mais efetivas, afastando as dúvidas que haviam persistido durante a vigência do Código de 1916. Por exemplo, o CC/2002 distinguiu os prazos decadenciais dos prazos prescricionais, estabelecendo as consequências jurídicas para cada um dos institutos.

A operabilidade busca dar praticidade ao Código, ao oferecer soluções normativas para facilitar a sua interpretação e aplicação. Com esse princípio valorativo, o que se busca é a aplicação concreta do direito, em razão dos elementos fáticos e axiológicos, que devem ser sempre considerados na enunciação e na aplicação dos preceitos legais. Com a operabilidade, a norma deve ser de fácil compreensão e aplicação, a fim de evitar equívocos e dificuldades.[17]

Por fim, a **eticidade** simboliza a necessidade de diálogo entre o direito civil e a ética. Seja na esfera contratual seja nas relações familiares, a eticidade condiciona a atuação das partes aos deveres de lealdade, veracidade e boa-fé. Um exemplo na atual codificação é o art. 113, segundo o qual "os negócios jurídicos devem ser interpretados conforme a boa-fé e os usos do lugar de sua celebração". Também o art. 422 explicita a exigência de boa-fé nas fases de formulação e execução do contrato. Nesse ponto, vale lembrar que a doutrina também prevê o comportamento ético das partes antes mesmo da celebração do negócio (Enunciado 25 da I Jornada de Direito Civil do CJF), ou seja, ainda na fase pré-contratual[18].

O Princípio da eticidade visa coibir tudo que esteja contra o justo, o ideal, o correto, e tudo que ofenda aos valores da sociedade, tendo em vista que estas condutas devem ser reprimidas e punidas com extremo rigor. O Princípio da eticidade estimula aos operadores do direito, não praticarem a mera subsunção do caso a norma, mas, a aplicação, no caso concreto, de noções básicas de moral, ética, boa-fé, honestidade, lealdade e confiança (TJ-PB, Embargos Á execução 00244858220038152001 PB, Relator: Des. Leandro dos Santos, data do julgamento: 24/4/2018, 1ª Câmara Especializada Cível).

A eticidade, longe de ser um princípio atrelado exclusivamente ao direito material, também se encontra presente na atual codificação processual. O art. 5º do CPC/2015 prevê que as partes e todos aqueles que de alguma forma participem do processo devem observar a boa-fé. Dessa forma, não há como negar que a ética também deve orientar a atuação jurisdicional.

3.3 Jurisprudência

O vocábulo *jurisprudência* tem duas acepções: originalmente, significa a **ciência do Direito** (do latim *juris + prudentia*, a prudência do Direito); todavia, desde o final do século XIX, passou a ser utilizado para se referir a **reiteradas decisões** dos juízes e tribunais.[19] É nesse

---

[17] REALE, Miguel. Visão geral do novo Código Civil. Revista de Direito Privado, v. 9, p. 9-17, jan-mar. 2002. Disponível no julgado: STJ, EREsp 1.281.594, Corte Especial, relator: Min. Benedito Gonçalves, data do julgamento: 15/5/2019, *data da publicação:* 23/5/2019.

[18] "O art. 422 do Código Civil não inviabiliza a aplicação pelo julgador do princípio da boa-fé nas fases pré-contratual e pós-contratual."

[19] Nesse sentido, pondera ORLANDO GOMES que "empregada como sinônimo de Ciência do Direito, tem, contudo, na atualidade, significado técnico mais restrito. Por jurisprudência entende-se o conjunto de decisões dos tribunais sobre as matérias de sua competência ou uma série de julgados similares sobre a mesma matéria: *rerum perpetuo similiter judicatorum auctoritas*. Forma-se a jurisprudência mediante o labor interpretativo dos tribunais, no exercício de sua função específica.

sentido que se diz que a jurisprudência é fonte formal do Direito – no Direito brasileiro, desde antes da independência, por comando das Ordenações Filipinas.[20]

A razão pela qual é inútil negar à jurisprudência o caráter de fonte formal do Direito[21] é simples, e os civilistas do século XIX já a haviam percebido: são os tribunais que, afinal, julgarão os conflitos sociais; sejam quais forem as fontes formais reconhecidas pela doutrina, são os tribunais que selecionarão as normas aplicáveis, que as interpretarão e que proferirão a decisão final. Ademais, se um tribunal superior começa a seguir uma tendência no julgamento de uma questão, é razoável que os tribunais inferiores, e que os juízes a eles subordinados, adotem aquele posicionamento. Por quê? Porque, mesmo que não o façam, em sede recursal o tribunal reformará o julgado. Antes mesmo da codificação do nosso Direito Civil, o CONSELHEIRO RIBAS já tivera a ocasião de asseverar que:

> Quanto à autoridade moral dos casos julgados pelos tribunais superiores em relação aos inferiores, é lógica consequência do sistema de diversidade de instâncias. Com efeito, pois que a lei autorizou aqueles tribunais a reformarem as decisões destes, e a fazerem que destarte prevaleçam as suas opiniões nos casos particulares, quer implicitamente que, em regra, os tribunais adotem as opiniões dos seus superiores, evitando assim estéril luta em prejuízo das partes; salvo quando poderosas razões gerarem opostas convicções.[22]

O reconhecimento da jurisprudência como fonte formal do Direito tem ainda uma importante consequência: considerando-se a velocidade lenta com a qual se processam as mudanças legislativas, são os tribunais que, por meio da jurisprudência, têm a oportunidade de atualizar o direito objetivo. Nesse sentido, questiona EDUARDO ESPÍNOLA:

> a) é lícito ao juiz deixar de aplicar a lei que já não corresponde às necessidades sociais e se opõe à instituição e desenvolvimento de relações jurídicas vivamente reclamadas pelo comércio social? b) pode o juiz criar a norma jurídica para suprir as lacunas insolúveis da lei? [...]

A doutrina mais recente, aceita por grande número de civilistas de responsabilidade e destinada a romper as resistências de muitos outros, é francamente favorável a uma solução afirmativa.[23]

E complementa:

> A jurisprudência, prática e doutrinária, [...] não tem simplesmente por objetivo investigar o sentido das regras legais e aplicá-las de acordo com o resultado obtido. Ela é também autorizada

---

Interpretando e aplicando o direito positivo, é irrecusável a importância do papel dos tribunais na formação do Direito, sobretudo porque se lhe reconhece, modernamente, o poder de preencher as lacunas do ordenamento jurídico no julgamento de casos concretos" (GOMES, Orlando. *Introdução ao direito civil*. 3. ed. Rio de Janeiro: Forense, 1971. p. 53).

[20] Conforme o Título LXIV do Livro III, que determinava que, no silêncio das Ordenações, o julgador deveria julgar de acordo com os chamados **estilos** da Casa da Suplicação. Esses "estilos" eram decisões, e a Casa da Suplicação era o tribunal de mais alta hierarquia, localizado em Portugal. Mesmo após a independência, as Ordenações Filipinas continuaram a viger entre nós. E, conquanto não nos submetêssemos mais à Casa da Suplicação, foi criado o Supremo Tribunal de Justiça do Império, que tinha igualmente o poder de criar normas, na forma de **assentos**.

[21] ORLANDO GOMES foi uma das maiores vozes nesse sentido, no século XX.

[22] RIBAS, Joaquim. *Direito civil*, cit., p. 153-154.

[23] ESPÍNOLA, Eduardo. *Sistema de direito civil*. 2. ed. Rio de Janeiro: Francisco Alves, 1917. v. 1. p. 170.

a estabelecer, por meio de um profundo exame, o pensamento jurídico latente nas disposições da lei, como corresponda às necessidades da vida prática e, desse modo, a aperfeiçoar incessantemente o direito.[24]

Clóvis Beviláqua chegou a incluir na Lei de Introdução constante do seu projeto de Código Civil de 1899 o seguinte dispositivo, no art. 8º: "uma lei só pode ser derrogada ou revogada por outra, mas a jurisprudência assentada e a praxe forense podem suprir as suas lacunas, na conformidade dos arts. 12 e 13". Tal comando, infelizmente, foi suprimido pela Câmara dos Deputados quando da votação do projeto naquela casa.

Em que pese a lei ainda ser considerada como fonte primária do Direito, não é possível conceber um Estado exclusivamente legalista. Seja porque a sociedade passa por constantes modificações (culturais, sociais, políticas, econômicas etc.) que não são acompanhadas pelo legislador, seja porque este nunca será capaz de prever solução para todas as situações concretas e futuras submetidas à apreciação judicial, não se pode admitir um ordenamento dissociado de qualquer interpretação jurisdicional. Igualmente, não se pode negar a segurança jurídica proporcionada pelo ordenamento previamente estabelecido (positivismo jurídico).

Com efeito, seria tolo negar que ao aplicar o Direito, o Judiciário o interpreta. Além disso, como se sabe, a boa interpretação sequer busca o sentido que o legislador pretendeu dar ao texto, mas sim o melhor sentido que dele se pode extrair. Nesse sentido, a *Common Law* é muito franca ao conceituar o Direito como o *Direito aplicado pelas cortes*; o Bispo Hoadly,[25] desde o século XVI, na Inglaterra, afirmara que quem tem o poder de interpretar o Direito acaba sendo, em realidade, e para todos os efeitos, o verdadeiro criador do Direito, e não quem redigiu as leis.

Dando um importante passo na solução da discussão em comento, a Emenda Constitucional 45 de 2004 incluiu na Constituição o art. 103-A, com a seguinte redação:

> Art. 103-A. O Supremo Tribunal Federal poderá, de ofício ou por provocação, mediante decisão de dois terços dos seus membros, após reiteradas decisões sobre matéria constitucional, aprovar súmula que, a partir de sua publicação na imprensa oficial, terá efeito vinculante em relação aos demais órgãos do Poder Judiciário e à administração pública direta e indireta, nas esferas federal, estadual e municipal, bem como proceder à sua revisão ou cancelamento, na forma estabelecida em lei.
>
> § 1º A súmula terá por objetivo a validade, a interpretação e a eficácia de normas determinadas, acerca das quais haja controvérsia atual entre órgãos judiciários ou entre esses e a administração pública que acarrete grave insegurança jurídica e relevante multiplicação de processos sobre questão idêntica.
>
> § 2º Sem prejuízo do que vier a ser estabelecido em lei, a aprovação, revisão ou cancelamento de súmula poderá ser provocada por aqueles que podem propor a ação direta de inconstitucionalidade.
>
> § 3º Do ato administrativo ou decisão judicial que contrariar a súmula aplicável ou que indevidamente a aplicar, caberá reclamação ao Supremo Tribunal Federal que, julgando-a procedente, anulará o ato administrativo ou cassará a decisão judicial reclamada, e determinará que outra seja proferida com ou sem a aplicação da súmula, conforme o caso.

---

[24] Ibidem, p. 172.
[25] HOADLY, Bispo Benjamin. Apud GRAY, John Chipman. *The nature and sources of the law*, cit., p. 100.

Embora se estabeleça que a súmula vinculante "terá por objetivo a validade, a interpretação e a eficácia de normas determinadas", na prática, o que se vê é a atuação do Judiciário na **criação de normas**, sobretudo para solucionar os casos não regulados por lei.

Um exemplo é o da Súmula Vinculante 25,[26] que determina que "é ilícita a prisão civil de depositário infiel, qualquer que seja a modalidade do depósito". Esse caso não deixa dúvida sobre a força da jurisprudência como criadora de norma, porquanto a Súmula 25 do STF derroga o art. 652 do Código Civil e o próprio inciso LXVII do art. 5º da CF, os quais dispõem, respectivamente, que "seja o depósito voluntário ou necessário, o depositário que não o restituir quando exigido será compelido a fazê-lo mediante prisão não excedente a um ano, e ressarcir os prejuízos" e "não haverá prisão civil por dívida, salvo a do responsável pelo inadimplemento voluntário e inescusável de obrigação alimentícia e a do depositário infiel".

Como vimos, com o Código de Processo Civil, a ideia de que a jurisprudência também pode ser considerada fonte do Direito ficou ainda mais evidente. No art. 927 (incisos I a V), o legislador buscou adequar os entendimentos dos tribunais superiores em todos os níveis jurisdicionais, a fim de evitar a dispersão da jurisprudência e, consequentemente, a intranquilidade social e o descrédito nas decisões emanadas pelo Poder Judiciário. Trata-se de rol que contém precedentes de **observância obrigatória**, tal como é a lei. Assim, havendo precedente sobre a questão posta em julgamento, ao juiz não se dá opção para escolher outro parâmetro de apreciação do Direito. Somente lhe será lícito recorrer à lei ou ao arcabouço principiológico para valorar os fatos na ausência de precedentes. Pode-se até utilizar de tais espécies normativas para construir a fundamentação do ato decisório, mas jamais se poderá renegar o precedente que contemple julgamento de caso idêntico ou similar.

A vinculação, entretanto, se restringe à adoção da regra contida na *ratio decidendi* do precedente[27]. Tal como se passa no sistema de leis, não se cogita da supressão da livre apreciação da prova ou da decisão da lide atendendo aos fatos e às circunstâncias constantes dos autos. Ao juiz permite-se não seguir o precedente ou a jurisprudência, hipótese em que deverá demonstrar, de forma fundamentada, que se trata de situação particularizada que não se enquadra nos fundamentos da tese firmada pelo tribunal.

A respeito do tema, sugerimos a leitura do capítulo sobre precedentes judiciais do *Curso Didático de Direito Processual Civil* (Capítulo I, Parte V), do coautor desta obra Elpídio Donizetti.

3.4 Doutrina

O termo *doutrina* refere-se aos **ensinamentos** dos estudiosos do Direito. Hoje em dia, com a enorme quantidade de leis em nosso país, e com a influência cada vez mais crescente da jurisprudência, a doutrina tem perdido força como criadora de normas. Isso não quer dizer que a doutrina não inspire o legislador e os julgadores. O que estamos a afirmar é que hoje é menos comum que uma situação seja regulada normativamente de forma direta pela doutrina.

Um exemplo interessante do papel da doutrina criando normas foi o caso da **lesão**. A lesão, como teremos a oportunidade de estudar, é um dos defeitos do ato jurídico, mas

---

[26] Publicada no *DJe* e no *DOU* em 23/12/2009.

[27] O que forma o precedente é apenas a razão de decidir do julgado, a sua *ratio decidendi*. Em outras palavras, os fundamentos que sustentam os pilares de uma decisão é que podem ser invocados em julgamentos posteriores. As circunstâncias de fato que deram embasamento à controvérsia e fazem parte do julgado não têm o condão de tornar obrigatória ou persuasiva a norma criada para o caso concreto.

não foi incluída no rol das causas de anulabilidade dos atos defeituosos no Código de 1916, por influência do pensamento liberal. Todavia, ao longo do século XX a doutrina voltou a discutir o fato de que a lesão vicia o ato jurídico, o qual, por essa razão, pode ser anulado. Nesse caso, a doutrina atuou claramente como **fonte formal do Direito** e, baseando-se nesse ensinamento, os juízes e tribunais passaram a anular atos em que enxergavam a ocorrência da lesão.[28] O entendimento da doutrina acabou por inspirar o legislador, que incluiu a lesão no rol dos defeitos do ato jurídico – e, por conseguinte, entre as causas de anulabilidade do ato –, no Código Civil de 2002.

A título de ilustração, transcrevemos abaixo trecho do voto vencedor do Ministro Barros Monteiro, do STJ, no julgamento do REsp 107.961/RS. No extrato fica bem clara a atuação da doutrina como fonte formal do Direito.

> Não é fácil extremar-se, com efeito, a lesão dos chamados vícios do consentimento.
>
> O Prof. Caio Mário da Silva Pereira leciona que o conceito de lesão, aproximado da noção moderna, emana do concurso de dois elementos: o objetivo e o subjetivo. [...] (Lesão nos Contratos, págs. 164-165, 5ª ed.). O característico da lesão é o dolo de aproveitamento, o abusar daquele estado psíquico da outra parte, para obter vantagem patrimonial (ob. citada, pág. 168).
>
> Pela lição do eminente Mestre, um dos mais ardorosos defensores desse instituto em nosso país, poder-se-ia afirmar encontrar-se delineada, em tese, a lesão no caso dos autos: os autores referem-se repetidamente aos dois irmãos cedentes como "os morenos analfabetos". Diga-se em princípio, porque prova acerca da inexperiência, da inferioridade destes, não há. Existe apenas a alegação formulada pelos autores, pois o feito terminou por ser julgado antecipadamente pela Mma. Juíza de Direito.
>
> De todo modo, a distinção entre o instituto da lesão e os vícios do consentimento vem realçada pela Professora Anelise Becker em sua obra "Teoria Geral da Lesão nos Contratos".
>
> (STJ, REsp 107.961/RS, 4ª Turma, relator: Min. Barros Monteiro, data do julgamento: 13/3/2001.)

É cada vez mais frequente a realização de encontros para a discussão, elaboração e divulgação de enunciados doutrinários sobre diversos temas, inclusive envolvendo o Direito Civil. As jornadas do Conselho da Justiça Federal (CJF/STJ) potencializam a importância da doutrina na interpretação do Direito, gerando reflexos até nas decisões dos tribunais superiores. Exemplificando: o art. 413 do Código Civil esclarece que a cláusula penal deve ser reduzida de forma equitativa pelo juiz, caso a obrigação principal tenha sido satisfeita em parte, ou quando o montante da penalidade for manifestamente excessivo, tendo em vista a natureza e a finalidade do negócio. Perceba que a legislação não trata da possibilidade (ou mesmo da vedação) de atuação *ex officio* do juiz, ou seja, não há como saber, por meio de uma interpretação meramente gramatical, se essa redução pode ou não ser feita sem a prévia provocação da parte prejudicada. O Enunciado 356, aprovado na IV Jornada de Direito Civil do CJF, considera que, "nas hipóteses previstas no art. 413 do Código Civil, o juiz deverá reduzir a cláusula penal de ofício". Essa interpretação já foi acolhida diversas vezes pela jurisprudência do STJ (p. ex: AgInt no AREsp 668.670/RJ, data do julgamento: 15/3/2018). Há, portanto, uma troca de experiências: a doutrina se vale da jurisprudência e os tribunais superiores utilizam a doutrina como reforço interpretativo.

---

[28] Nesse caso, não foi a jurisprudência a fonte formal da norma; os julgadores apenas aplicaram a norma assentada pela doutrina que considerava a lesão causa da anulabilidade do ato jurídico.

3.5 Costume

O **costume jurídico**, que consiste na **prática reiterada** de uma determinada conduta não reprovada pelo Direito, completa o rol das fontes formais do Direito. Embora seja fonte de menor importância no ordenamento atual, ainda há costumes que exercem o papel de norma jurídica.

Um exemplo é o **cheque pré-datado**. O cheque é, por definição, uma ordem de pagamento à vista. Ocorre que, no Brasil, tornou-se prática comum a circulação de cheques com data futura. Vez que o Direito não veda essa conduta, o cheque pré-datado se tornou um costume jurídico, amplamente difundido no comércio. Ainda assim, se um cheque pré-datado for apresentado a um banco antes da data, este o aceitará. Se, por acaso, não houver fundos na conta do emitente do cheque, o título será devolvido. Não se pode considerar ilícita a conduta do banco, vez que o cheque é ordem de pagamento à vista. Mas, se uma pessoa aceita receber o cheque pré-datado, deve obedecer ao costume e apresentá-lo ao banco apenas na data designada, sob pena de causar dano ao emitente e ficar obrigada a indenizá-lo. Trata-se de norma jurídica que se consolidou de tal forma que o STJ foi levado a editar a Súmula 370,[29] preceituando que "caracteriza dano moral a apresentação antecipada de cheque pré-datado".

No Direito do Trabalho, a utilização dos costumes como fonte do Direito é recorrente. Em um caso submetido a julgamento pelo Tribunal Regional do Trabalho da 17ª Região, considerou-se inadequada a supressão injustificada de premiação destinada aos trabalhadores de uma empresa, a qual já adotava essa prática há mais de 30 anos. O Tribunal registrou que "o costume da empresa passou a ser fonte de direito, além do princípio da condição mais benéfica, fazendo com que o direito se incorpore aos contratos de trabalho" (Processo 0038100-36.2012.7.17.0121, data da publicação: 21/11/2012).

No âmbito do direito contratual, veremos mais à frente alguns conceitos parcelares da boa-fé objetiva, entre os quais a *supressio* e a *surrectio*. O primeiro se refere à supressão de um direito contratual diante de uma posição jurídica que configura verdadeira renúncia tácita em relação ao exercício daquele direito. Já o segundo é considerado o surgimento de um direito por meio de um **costume estabelecido entre os contratantes** na execução do contrato. Isso quer dizer que as práticas reiteradas são também consideradas normas aptas a reger a relação negocial.

4. LEI DE INTRODUÇÃO ÀS NORMAS DO DIREITO BRASILEIRO (DECRETO-LEI 4.657/42)

O Decreto-lei 4.657/42, que era, até 31 de dezembro de 2010, denominado (inadequadamente) *Lei de Introdução ao Código Civil*, passou a se chamar, a partir de tal data, por efeito da modificação operada pela Lei 12.376/2010, *Lei de Introdução às Normas do Direito Brasileiro*.

Anteriormente, uma curiosidade era suscitada: como podia uma lei de 1942 ser a introdução ao Código Civil, considerando-se que o nosso primeiro Código, vigente em 1942, era do ano de 1916?

Ocorre que, à época da codificação do Direito Civil pátrio, nosso ordenamento jurídico era ainda muito pobre. Para sistematizar o Direito brasileiro, que dava um grande passo com a organização de um Código Civil, fazia-se necessário estabelecer algumas diretrizes gerais, que não diziam respeito apenas ao Direito Civil, mas ao Direito como um todo. Atentos a isso, os autores dos nossos projetos de Código Civil incluíram em seus trabalhos um **título preliminar** – TEIXEIRA DE FREITAS foi o primeiro a utilizar tal expressão, no *Esboço* – que serviria como

---

[29] Publicada no *DJe* de 25/2/2009.

um prefácio não só ao Código, mas ao Direito brasileiro que se sistematizava. No projeto de COELHO RODRIGUES, o título preliminar passou a ser chamado de **lei preliminar**. No projeto BEVILÁQUA, ganhou o nome de **lei de introdução**, o qual, após ser modificado pelas comissões revisoras, acabou sendo mantido pelo Senado. BEVILÁQUA ponderou que "a introdução do Código Civil não é uma parte componente do mesmo; é, por assim dizer, uma lei anexa, que se publica, juntamente com o Código, para facilitar a sua aplicação".[30] E esclareceu, quanto à sua matéria: "os seus dispositivos compreendem matéria de Direito Público, de hermenêutica e de direito internacional privado".

Em 1942, todavia, promulgou-se um decreto-lei para substituir os preceitos da Lei de Introdução de 1916. É certo que, naquele momento, não se deveria ter mantido a designação *lei de introdução*, vez que a nova lei nem introduzia o Código nem a ele se referia. O defeito, não obstante, foi parcialmente corrigido em 2010, passando o Decreto-lei 4.657/42 a se chamar *Lei de Introdução às Normas do Direito Brasileiro* (LINDB). Uma denominação mais adequada teria sido algo como "Lei geral sobre fontes do Direito e Direito Internacional Privado".

Nesta obra, estudaremos apenas as normas da Lei de Introdução que se referem às fontes do Direito – regras sobre vigência das leis e sobre conflito de leis no tempo. Sobre a matéria do conflito de leis no espaço, objeto de estudo do Direito Internacional Privado, daremos apenas notícia muito rápida de dois princípios gerais.

Ressalte-se que, em 2018, foi promulgada a Lei 13.655, de 25 de abril, a qual acrescentou à LINDB os arts. 20 a 30. Os novos dispositivos cuidam, conforme consta da ementa de Lei 13.655, de "disposições sobre segurança jurídica e eficiência na criação e na aplicação do Direito Público". Pelo fato de a presente obra ter por objeto o Direito Privado, especificamente o Direito Civil, não faremos aqui o exame das novas normas acrescidas à LINDB.

4.1 Vigência das leis

Vimos anteriormente que as leis são criadas pelo legislador por meio do **processo legislativo**. A primeira etapa desse processo consiste na elaboração de um projeto, que posteriormente será analisado pela casa legislativa (no caso das leis nacionais, são duas: o Senado e a Câmara dos Deputados) e, então, submetido ao Chefe do Executivo, o qual poderá aprová-lo por meio do que se chama **sanção**, ou reprová-lo, por meio do **veto**. Se sancionada, a lei será **promulgada** (ou seja, *dada à luz*) e, depois, **publicada**, para que se torne do conhecimento de todos.

No caso de tratados internacionais, o processo é um pouco diverso. O Presidente da República Federativa do Brasil, como representante do Estado Federal nas relações internacionais, é o responsável pela celebração dos tratados internacionais, nos termos do art. 84, VIII, da Constituição Federal de 1988. Entretanto, sua manifestação não é isolada, cabendo ao Congresso Nacional (art. 49, I, da CF) aprovar (ou não) o respectivo tratado. Após essa junção de vontades entre os Poderes Executivo e Legislativo, caberá ao Presidente da República ratificar o tratado, observando-se as eventuais reservas feitas pelo Congresso Nacional. Em seguida, para incorporação à legislação interna, o chefe de Estado edita um decreto presidencial, também chamado de decreto de promulgação. É a partir desse momento que a norma passa a ser válida igualmente no plano interno[31]. O trâmite que engloba a fase congressual e conta com

---

[30] BEVILÁQUA, Clóvis. *Código civil dos Estados Unidos do Brasil comentado*. Rio de Janeiro: Francisco Alves, 1956. v. 1. p. 69.

[31] A exigência do decreto de promulgação é bastante criticada pela doutrina, especialmente porque condiciona a eficácia do tratado no âmbito interno a um procedimento meramente confirmatório. No entanto, prevalece, na jurisprudência, que a internalização só ocorre com esse decreto.

a participação da Câmara dos Deputados e do Senado Federal demanda, inclusive, a atuação de outros órgãos do Poder Legislativo, notadamente das Comissões de Constituição, Justiça e Cidadania (CCJC).

4.1.1 Obrigatoriedade e eficácia das leis

Segundo o **princípio da obrigatoriedade**, a lei obriga ao seu cumprimento todos os que estão a ela sujeitos.

Ocorre que a lei, depois de criada, somente se torna obrigatória quando recebe o potencial para produzir efeitos, chamado de **eficácia**. Uma lei se torna eficaz quando *entra em vigor*, ou seja, quando se inicia sua **vigência**. Por sua vez, deixa de ser eficaz quando termina a sua vigência. Vê-se, assim, que o tema da **vigência das leis**, ou seja, do período em que elas são obrigatórias, é de fundamental importância.

Os arts. 1º e 2º da Lei de Introdução às Normas do Direito Brasileiro disciplinam a vigência das leis.

Segundo o art. 1º, a não ser que haja disposição diversa no texto da lei, esta entra em vigor **quarenta e cinco dias** após a data de sua **publicação**. Não obstante, é comum que o próprio legislador, por meio de disposição expressa no texto da lei, determine quando sua vigência deve se iniciar, considerando o período necessário para que a sociedade se adapte a ela. O espaço de tempo entre a data da publicação e a entrada em vigor é chamado de *vacatio legis*, ou, em português, **vacância da lei**. Conforme o § 1º do art. 8º da Lei Complementar 95/98, "a contagem do prazo para entrada em vigor das leis que estabeleçam período de vacância far-se-á com a inclusão da data da publicação e do último dia do prazo, entrando em vigor no dia subsequente à sua consumação integral".

Atenção: por comando expresso da Lei Complementar 95/98, devem ser incluídos na contagem do prazo tanto a data da publicação quanto o último dia do prazo, e a lei somente entra em vigor *no dia subsequente*.

No caso do Código Civil de 2002, por exemplo, o legislador determinou que sua vigência somente se iniciaria "um ano após sua publicação".[32] Afinal, uma lei que vem para substituir o Código Civil em vigor deve ser cuidadosamente estudada pelos juristas antes de se tornar obrigatória, aposentando o Código anterior. O Código Civil foi promulgado em 10/1/2002, todavia somente foi publicado em 11/1/2002. Conta-se um ano, portanto, de 11/1/2002 a 11/1/2003.[33] Logo, o Código Civil de 2002 somente entrou em vigor em **12/1/2003**. Contudo, não falta quem defenda que o termo inicial da vigência foi o dia 11/1 – certamente por esquecimento do comando do art. 8º da Lei Complementar 95/98.

No recente exemplo do Código de Processo Civil de 2015, o legislador também estabeleceu prazo de vacância de um ano. Como o Código – Lei 13.105 – foi promulgado em 16/3/2015 e publicado no dia 17/3/2015, a vacância durou de 17/3/2015 a 17/3/2016, e o novo Código entrou em vigor, portanto, no dia 18/3/2016.

Um exemplo de lei que não traz menção à data em que começaria a vigorar é a Lei 4.717/65, a qual regula a ação popular. Por essa razão, entrou em vigor 45 dias após sua publicação (a qual ocorreu em 5/7/1965). Logo, as normas da Lei da Ação Popular somente se tornaram obrigatórias a partir de 20/8/1965.

---

[32] Art. 2.044 do Código Civil: "este Código entrará em vigor um ano após a sua publicação".
[33] Art. 1º da Lei 810/49: "Considera-se ano o período de doze meses contados do dia do início ao dia e mês correspondentes do ano seguinte".

4.1.2 Continuidade e revogação das leis

O fim da vigência de uma lei, conforme o art. 2º da Lei de Introdução,[34] ocorre quando outra a modifica ou revoga. Trata-se do **princípio da continuidade das leis**. Caso a lei se destine a vigência temporária, ela mesma disporá sobre o término de sua eficácia.

A **revogação** da lei – fato de uma lei desaparecer no ordenamento jurídico, e por conseguinte, deixar de ser obrigatória – ocorre em duas hipóteses (art. 2º, § 1º, da LINDB): quando uma lei posterior determina expressamente que outra deixará de existir – fenômeno chamado de **revogação expressa**; quando uma lei nova abrange toda a matéria constante da lei anterior, sendo com esta incompatível ou alterando totalmente o que esta dispunha – fenômeno chamado de **revogação tácita**.

A revogação, seja ela expressa ou tácita, pode ser *total* ou *parcial*. A revogação total da lei também é conhecida como **ab-rogação**, e a parcial como **derrogação**.

Nesse ponto, é necessário ponderar que uma lei, embora revogada, pode continuar a ser aplicada para, por exemplo, reger um negócio jurídico que foi firmado ainda na vigência do Código Civil anterior. Temos um exemplo recente na jurisprudência do STJ em que o julgamento do caso ocorreu na vigência do CC/2002, mas, considerando o momento de incidência da lei, foram adotadas as regras do CC/1916. No REsp 1.617.636 (data do julgamento: 27/8/2019), a 3ª Turma do STJ fixou entendimento segundo o qual, sob o antigo Código Civil, o direito real de habitação do cônjuge sobrevivente deve cessar com o novo casamento ou com a constituição de uma união estável.

Abordaremos o tema em capítulo próprio, mas desde já adiantamos que o direito real de habitação é aquele que permite ao cônjuge ou companheiro sobrevivente, qualquer que seja o regime de bens, permanecer no imóvel destinado à residência familiar até o momento do falecimento. Uma dúvida que pode surgir – e foi justamente objeto de apreciação pelo STJ – está relacionada à persistência (ou não) desse direito quando constituída nova união. A jurisprudência entende que a resposta depende da data da abertura da sucessão: se a morte do autor da herança ocorreu na vigência do CC/1916, a nova união **afetará** o direito real de habitação; por outro lado, se a morte tiver ocorrido na vigência do CC/2002, a constituição de nova entidade familiar **não** atuará como condição resolutiva do direito real de habitação. Essa diferença decorre do fato de que o CC/1916 previa que o direito real de habitação seria extinto quando afastado o estado de viuvez, o que não ocorre no Código atual.

4.1.3 Irretroatividade das leis

Como veremos adiante, ao estudar os conflitos de leis no tempo, as leis brasileiras, em geral, não produzem efeitos retroativos – trata-se do **princípio da irretroatividade**. Ou seja, uma lei somente atinge os fatos ocorridos após o início de sua vigência.

Exemplo de exceção a essa regra é a **lei penal benéfica**. No Direito brasileiro, a lei penal posterior à prática do crime e mesmo à condenação retroage para beneficiar o réu ou o condenado. Se Rui é condenado por usar drogas, e posteriormente esse fato deixa de ser considerado crime, Rui haverá de ser solto, por efeito retroativo da lei descriminalizante.

---

[34] Art. 2º da LINDB: "Não se destinando a vigência temporária, a lei terá vigor até que outra a modifique ou revogue.

§ 1º A lei posterior revoga a anterior quando expressamente o declare, quando seja com ela incompatível ou quando regule inteiramente a matéria de que tratava a lei anterior.

§ 2º A lei nova, que estabeleça disposições gerais ou especiais a par das já existentes, não revoga nem modifica a lei anterior.

§ 3º Salvo disposição em contrário, a lei revogada não se restaura por ter a lei revogadora perdido a vigência".

4.1.4 Especialidade das leis

A edição de uma lei nova, que estabeleça disposições gerais ou especiais a par das já existentes, não revoga nem modifica a lei anterior (art. 2º, § 2º, da LINDB). Cuida-se do **princípio da especialidade das leis**.

Uma lei imaginária de 2008 que trate de prestação de serviços *de acesso à Internet* (lei especial) não revogaria os dispositivos do Código Civil de 2002 acerca da prestação de serviços (lei geral).

A especialidade também é vista quando se pretende excluir uma norma em razão de disposição especial contraditória prevista em outra. Por exemplo: embora o Código de Processo Civil possa ser aplicado ao processo penal, por força do art. 3º do CPP[35], a contagem dos prazos processuais em dias úteis, prevista no art. 219 do CPC/2015, não tem incidência nos procedimentos criminais. Isso porque o CPP possui disposição específica a respeito da contagem dos prazos (art. 798). Contudo, em relação à substituição de testemunhas, o CPP não traz qualquer previsão, podendo ser aplicada a norma processual civil que trata do tema[36].

4.1.5 Eficácia repristinatória

No Direito brasileiro não ocorre automaticamente o que a doutrina chama de **repristinação** ou **eficácia repristinatória**. Repristinar significa *fazer vigorar novamente*. No nosso ordenamento, a revogação da lei que havia revogado uma outra lei não restaura a vigência desta lei, salvo disposição expressa em sentido contrário (art. 2º, § 3º, da LINDB).

Suponhamos que a lei B revogou expressamente a lei A. Imaginemos agora que a lei C revogue a lei B sem nada dispor acerca de repristinação. Poder-se-ia pensar que, desaparecendo a lei B (revogadora), a lei A voltaria a vigorar. Isso, no entanto, não ocorre, porquanto a revogação da lei revogadora, por si só, não produz efeito repristinatório.

VIGÊNCIA DAS LEIS	Início	Fim
Expressa	*Determinado no texto da lei, por exemplo, um ano após a publicação ou de forma imediata.*	*Atingida data expressa no texto da lei ou por revogação expressa.*
Tácita	*Quarenta e cinco dias após a publicação.*	*Por revogação tácita.*

REVOGAÇÃO DAS LEIS	Total	Parcial
Expressa	Ab-rogação	Derrogação
Tácita		

---

[35] "A lei processual penal admitirá interpretação extensiva e aplicação analógica, bem como o suplemento dos princípios gerais de direito."

[36] "Substituição de testemunhas no processo penal. Aplicabilidade das hipóteses previstas no CPC. Na ausência de regramento específico sobre os requisitos para substituição de testemunhas na legislação processual penal, o que ocorre desde a edição da Lei n. 11.719/2008, é válida a aplicação subsidiária do Código de Processo Civil sobre o tema" (STF, AgRg no RHC 199.621, relator: Min. Nunes Marques, 2ª Turma, data do julgamento: 17/8/2021).

4.2 Conflito de leis no tempo e no espaço

Comentamos, ao estudar as leis como fontes formais do Direito, que no Brasil a grande maioria das normas jurídicas se manifesta na forma de lei. Por mais que os dispositivos do art. 2º da LINDB resolvam os problemas relacionados à revogação das leis, pode ser que haja conflitos com relação a leis diferentes em razão de terem sido promulgadas em momentos diferentes, ou em lugares diferentes.

Para entender esses conflitos, o leitor pode imaginar a situação de um contrato de locação de um apartamento com prazo de dez anos, celebrado em 2001. Em 2003, entrou em vigor o novo Código Civil. Em 2010, entraram em vigor as modificações da Lei de Locação. Quais serão as normas aplicáveis a esse contrato?

Outra situação: Manuel, português, domiciliado em Buenos Aires, celebra com Pierre, francês, domiciliado em Roma, contrato de compra e venda de uma casa no Rio de Janeiro, quando ambos se encontravam em viagem na Grécia. Qual lei regerá o contrato, a portuguesa, a brasileira, a francesa, a italiana ou a grega?

A Lei de Introdução prevê a solução para essas hipóteses nos arts. 6º a 19.

4.2.1 Conflito de leis no tempo

Para resolver o conflito de leis no tempo, é preciso conhecer três conceitos fundamentais: o de **ato jurídico perfeito**, o de **direito adquirido** e o de **coisa julgada**. Isso porque o comando do art. 6º da LINDB é no sentido de que "a lei em vigor terá efeito imediato e geral, respeitados o ato jurídico perfeito, o direito adquirido e a coisa julgada". Essa norma se resume no chamado **princípio da irretroatividade das leis**. Ou seja: no nosso ordenamento, a lei somente atinge os fatos que ocorrerem posteriormente à sua entrada em vigor.

A etimologia da palavra *perfeito* nos ensina que o termo se refere a algo acabado, feito por completo. Daí é que se chama de **ato jurídico perfeito** o *ato feito por completo*, quer dizer, acabado, exaurido. Conforme o § 1º do art. 6º, trata-se do ato "já consumado segundo a lei vigente ao tempo em que se efetuou".

Uma paciente contrata um médico para realizar um determinado procedimento. Suponhamos que a realização desse procedimento venha a ser proibida por lei. Teremos, então, duas hipóteses: se o procedimento tiver sido realizado antes da entrada em vigor da lei, veremos configurado o ato jurídico perfeito, por se tratar de um contrato celebrado e executado. Nesse caso, a nova lei em nada interferirá no procedimento realizado. Todavia, se o procedimento ainda não tiver sido realizado quando a vigência da lei se iniciou, não haverá ato jurídico perfeito. Isso porque o contrato, embora celebrado, não foi executado. Logo, não se trata de negócio exaurido, consumado, acabado. Nesse caso, o procedimento não poderá ser realizado e o médico terá de restituir à paciente o que houver porventura recebido (descontadas as despesas preparatórias que houver efetuado).

Direito adquirido, por sua vez, refere-se a um **direito subjetivo** incorporado à esfera jurídica de uma determinada pessoa. Na extensa definição do § 2º do art. 6º, "consideram-se adquiridos os direitos que o seu titular, ou alguém por ele, possa exercer, como aqueles cujo começo do exercício tenha termo prefixo, ou condição preestabelecida inalterável, a arbítrio de outrem". Fujamos dessa confusa redação. Para compreender o conceito, usaremos a distinção entre o *direito objetivo* e o *direito subjetivo*. Como o leitor deve se lembrar, direito objetivo é a norma, e direito subjetivo é a faculdade que o sujeito adquire por meio da norma.

Imaginemos um contrato de locação. Sem descer a minúcias, as quais serão estudadas no devido momento, destacamos que o locatário que realiza obras necessárias na coisa alugada tem o direito de ser ressarcido pelo locador, ainda que este não tenha autorizado o reparo. Manuel é locatário de uma casa. Suponhamos que uma nova lei seja promulgada, a qual revogue o dispositivo que autoriza o ressarcimento. Também aqui temos de considerar duas hipóteses: se Manuel realizou uma obra necessária antes da entrada em vigor da nova lei, o direito objetivo ao ressarcimento fez nascer na esfera jurídica de Manuel o direito subjetivo ao ressarcimento. Portanto, esse direito foi adquirido por Manuel e, mesmo que somente acione o locador para ressarci-lo após a entrada em vigor da lei nova, este não se esquivará do ressarcimento. Entretanto, se Manuel realiza a obra após o início da vigência da nova lei, ainda que o contrato e a ocorrência do dano sejam a ela anteriores, não terá o direito de cobrar do locador a despesa efetuada com o reparo. Isso porque o direito somente se teria incorporado a seu patrimônio no momento em que se efetuasse o gasto. Vemos, por conseguinte, que Manuel não adquiriu o direito.

Coisa julgada, por fim, consiste em uma controvérsia submetida à jurisdição e que teve seu **mérito** *definitivamente solucionado*.[37] Impende frisar que a extinção do processo sem resolução do mérito não gera coisa julgada material, senão formal.[38] Ressalte-se, ademais, que a solução do mérito deve ser definitiva, ou seja, não pode comportar recurso.

Suponhamos a promulgação de uma lei que fixe um limite para a indenização por dano moral no caso de negativação indevida do nome do devedor (por meio da inserção em cadastros de maus pagadores). Imaginemos que Caio ajuizou ação de reparação civil em face de Orlando. No caso de o mérito já haver sido definitivamente julgado quando da entrada em vigor da lei, não poderá o vencido ajuizar ação alegando que foi condenado a pagar indenização superior ao novo limite legal. Isso porque a lei não pode alterar aquilo que já foi definitivamente julgado. Aqui cabe fazer uma ressalva: o Direito Penal admite o efeito retroativo da chamada lei penal mais benéfica. Afinal, se um determinado fato deixa de ser considerado criminoso pela sociedade, não faria sentido manter a punição contra alguém que o praticou. Mas, se a lei penal for maléfica, não poderá retroagir.

Feitas essas considerações, é possível concluir que no exemplo suscitado inicialmente, do contrato de locação de um apartamento com prazo de dez anos, celebrado em 2001, estariam sujeitos às normas do Código de 1916 os fatos referentes à locação ocorridos até a entrada em vigor do Código de 2002; às normas do Código de 2002 os fatos ocorridos a partir do termo inicial de sua vigência; às normas da reforma da Lei de Locação os fatos específicos por ela disciplinados, desde quando entrou em vigor. Isso com base nas ideias de direito adquirido e de ato jurídico perfeito. E, atentando-se à ideia de coisa julgada, não se poderiam alterar as decisões de mérito proferidas acerca de questões relativas à locação, ainda que as normas aplicadas sofressem posterior alteração.

A garantia da coisa julgada não é, contudo, absoluta. O próprio ordenamento jurídico prevê hipóteses de relativização da coisa julgada. É o caso da Ação Rescisória, da *querela nullitatis* e da inexigibilidade da sentença. Na jurisprudência, o STJ já considerou que se deve dar prevalência ao princípio da verdade real, por exemplo, nas ações de estado, como as de filiação, razão pela qual se admite a relativização da coisa julgada quando, na demanda anterior, não foi possível a realização de exame de DNA (STJ, AgInt no REsp 1.414.222/SC, *data da publicação: 29/6/2018*).

---

[37] O art. 269 do Código de Processo Civil de 1973 trazia as hipóteses em que o processo deveria ser extinto com resolução do mérito. O CPC/2015 não traz mudanças relevantes relativamente às hipóteses de extinção do processo, seja com ou sem resolução do mérito (arts. 485 e 487, CPC/2015).

[38] Isso quer dizer que aquela decisão não comporta reforma, conquanto se admita a análise da mesma matéria em nova ação.

4.2.2 Conflito de leis no espaço

Na federação brasileira não se leva em conta a **naturalidade** da pessoa para determinar se é a lei do Estado A ou do Estado B que deve ser aplicada a ele.[39] Aqui, a lei de cada município se aplica dentro daquele município, o que também ocorre com as leis estaduais, que somente se aplicam dentro dos respectivos Estados.

Os conflitos surgem, no entanto, quando estão envolvidas **leis de nações** diferentes ou **pessoas de nacionalidades** diferentes ou, ainda, **pessoas domiciliadas em países** diferentes, como no mencionado exemplo do português domiciliado na Argentina que celebra, na Grécia, um contrato com um francês domiciliado na Itália acerca de um bem situado no Brasil.

A solução desses conflitos não constitui matéria do Direito Civil, senão do Direito Internacional Privado.[40]

Vejam-se, em apertada síntese, as soluções para os conflitos espaciais estabelecidas pela LINDB: aplicam-se a questões referentes à personalidade, ao nome, à capacidade e aos direitos de família a **lei do país em que for domiciliada a pessoa** (art. 7º); a questões referentes a bens, a **lei do país em que estiverem situados** (art. 8º); a questões referentes a obrigações, a **lei do país em que se constituírem** (art. 9º); a questões referentes à sucessão hereditária, a **lei do país em que era domiciliado o morto** (art. 10º); a questões referentes a pessoas jurídicas, a **lei do país em que se constituírem** (art. 11).

No exemplo do contrato celebrado de promessa de compra e venda de um imóvel no Rio de Janeiro entre Manuel, domiciliado em Buenos Aires, e Pierre, domiciliado em Roma, em viagem pela Grécia, conclui-se, por aplicação do art. 9º da LINDB, que a lei aplicável ao contrato será a grega, vez que lá se constituiu a obrigação.

	CONFLITO DE LEIS NO TEMPO		
	Ato jurídico perfeito	**Direito adquirido**	**Coisa julgada**
Não pode a lei nova atingir:	*Ato exaurido, consumado, completo.*	*Direito subjetivo incorporado à esfera jurídica da pessoa.*	*Questão cujo mérito foi definitivamente julgado.*

CONFLITO DE LEIS NO ESPAÇO
Resolve-se por aplicação de regras de Direito Internacional Privado.

5. BREVE HISTÓRICO DA CODIFICAÇÃO DO DIREITO CIVIL BRASILEIRO

Quando da independência, já se sentia no Brasil a necessidade da criação de universidades, sobretudo de cursos jurídicos. Esse anseio foi atendido pela Lei de 11 de agosto de 1827, que

---

[39] Nos Estados Unidos, a naturalidade do sujeito tem maior relevância, tanto que os casos envolvendo sujeitos de Estados diferentes são julgados pela Justiça federal, para garantir a imparcialidade. Teme-se que os juízes estaduais pudessem favorecer o cidadão do seu Estado.

[40] Uma curiosidade: tradicionalmente, eram os civilistas que estudavam o Direito Internacional Privado e que escreviam sobre ele, o que explica o fato de haver normas dessa natureza inseridas na lei que, originalmente, era de introdução ao Código Civil. Somente no século XX surgiram juristas especializados exclusivamente neste ramo do Direito.

criou dois cursos de ciências jurídicas e sociais, um na cidade de São Paulo e outro na cidade de Olinda, os quais passaram a funcionar a partir de 1828 – o primeiro no Convento de São Francisco, e o segundo no Mosteiro de São Bento –, contando com professores formados na Europa, sobretudo em Coimbra.

Nessa época, ainda vigiam entre nós, por comando da Lei de 20 de outubro de 1823, as Ordenações Filipinas, que eram a compilação do Direito português organizada por ordem de Filipe II de Portugal em 1603.

O Direito Civil brasileiro nasceu, pois, sob forte influência do Direito lusitano, o qual, por sua vez, sofria grande influência do Direito Romano.

Todavia, os estudantes de Direito das duas academias nacionais foram desde a criação dos cursos inspirados pelos ideais liberais à época difundidos tanto em São Paulo quanto em Olinda, e, ademais, começaram a ocupar as cátedras pouco depois de formados, ainda muito jovens.

O resultado foi uma cultura jurídica que reclamava, imediatamente, a promulgação de um Código Civil, com o consequente desapego das velhas Ordenações portuguesas e das instituições romanas. Deve-se frisar, a propósito, que já a Constituição do Império de 1824 ordenava a elaboração, o quanto antes, de um Código Civil "fundado nas sólidas bases da Justiça e Equidade" (art. 179, n. XVIII[41]).

Não é de admirar, portanto, que duas mentes formadas nas primeiras turmas do curso de Olinda tenham sido as protagonistas da primeira etapa da codificação do Direito Civil brasileiro: o Ministro da Justiça José Thomaz Nabuco de Araújo e o Conselheiro de Estado Augusto Teixeira de Freitas. Por encomenda de Nabuco, Freitas elaborou, por contrato de 1855, a *Consolidação das Leis Civis* brasileiras, publicada em 1857 e que, até 1916, funcionou, na prática, como o primeiro Código Civil pátrio.[42]

Após a conclusão da *Consolidação*, o mesmo Freitas foi contratado para elaborar o projeto do Código. Essa fase constitui o momento que os historiadores costumam aclamar como o da maior produção jurídica brasileira no Império. De 1859 a 1864 Teixeira de Freitas se debruçou sobre a tarefa de *esboçar* o Código Civil até que, quando o *Esboço* já contava com 4.908 artigos publicados, o jurisconsulto se convenceu da necessidade de recomeçar o trabalho, para a elaboração de dois projetos, de um Código Geral – a tratar da matéria das pessoas, dos bens e dos fatos, peculiar a todo o Direito – e do Código Civil – a tratar da matéria dos direitos pessoais, dos direitos reais e das disposições comuns às duas categorias de direitos, em que se cuidaria uniformemente de obrigações e contratos, sem distinção entre civis e comerciais – o que promoveria a unificação do Direito Privado. Se, por um lado, as ideias inovadoras de Freitas encantavam a comunidade jurídica, e recebiam o apoio do Ministro Nabuco de Araújo, por outro lado a efervescente civilística nacional não conseguia controlar sua ansiedade por um Código Civil o mais rápido possível, razão pela qual acabou não se aceitando sua ideia de recomeçar o projeto. Desgostoso com a falta de incentivo, Teixeira de Freitas considerou resolvido o contrato e se desincumbiu da tarefa da codificação.[43]

---

[41] O mesmo dispositivo ordenava também a elaboração de um Código Criminal, o qual foi promulgado em 1830.

[42] Sobre a *Consolidação*, Clóvis Beviláqua afirmou: "é das mais estimadas obras jurídicas do Brasil, e constitui um verdadeiro monumento de erudição e capacidade organizadora" (BEVILÁQUA, Clóvis. *Código civil dos Estados Unidos do Brasil comentado*. Rio de Janeiro: Francisco Alves, 1956. v. 1. p. 11). Caio Mário, por sua vez, taxou-a de "grande monumento jurídico nacional" (PEREIRA, Caio Mário da Silva. *Instituições de direito civil*. Rio de Janeiro: Forense, 2001. v. 1. p. 54).

[43] Sobre a desistência de Freitas, Beviláqua lamentou: "é uma página dolorosa, a mais dolorosa da jurisprudência brasileira, essa em que o sábio jurista renega e despedaça todo o seu trabalho ante-

O trabalho de FREITAS, que ficou conhecido pelo nome que ele lhe dera – *Esboço* –, inspirou vários juristas estrangeiros, americanos e europeus, sobretudo o autor do Código Civil argentino, VÉLEZ SÁRSFIELD.[44]

Fracassada a nossa primeira tentativa de codificação, em 1872 o próprio NABUCO DE ARAÚJO acabou incumbido de elaborar um projeto. O Ministro chegou a elaborar mais de 200 artigos, mas faleceu antes de terminar o trabalho, em 1878.

Naquele mesmo ano, o jurista mineiro JOAQUIM FELÍCIO DOS SANTOS se ofereceu ao governo para concluir o trabalho, e em 1881 o Brasil conheceu os *Apontamentos para o* Código Civil, com 2.692 artigos. O trabalho foi então submetido a uma comissão da qual faziam parte, entre outros, nossos maiores civilistas da época: os conselheiros LAFAYETTE RODRIGUES PEREIRA e ANTÔNIO JOAQUIM RIBAS. Concluída a revisão, o governo converteu a comissão revisora em comissão permanente, para elaborar o projeto definitivo, e convidou FELÍCIO DOS SANTOS para integrá-la. Antes que se concluísse o trabalho, porém, morreu o conselheiro RIBAS e se afastou LAFAYETTE. ANTÔNIO FELÍCIO DOS SANTOS, sobrinho de JOAQUIM FELÍCIO, e deputado por Minas, acabou apresentando o projeto do tio à Câmara dos Deputados, a qual, todavia, acabou não lhe dando andamento.

Em 1889, o VISCONDE DE OURO PRETO nomeou comissão para elaborar um novo projeto, da qual faziam parte, entre outros, AFONSO PENA e COELHO RODRIGUES. Todavia, em novembro foi proclamada a República, e a comissão foi dissolvida. A República, então, nasceu ainda sem um Código Civil.

Em 1890, CAMPOS SALLES, que à época era Ministro da Justiça, encomendou de COELHO RODRIGUES um projeto, o qual foi concluído em 1893, mas rejeitado pela comissão encarregada de examiná-lo. Apresentado posteriormente ao Senado pelo seu autor, então senador, o projeto foi mais uma vez rejeitado em 1896.

Em 1899, o mesmo CAMPOS SALLES, então Presidente da República, com o apoio do Ministro da Justiça EPITÁCIO PESSOA, contratou o civilista cearense CLÓVIS BEVILÁQUA para elaborar um novo projeto, baseado, sobretudo, no trabalho de COELHO RODRIGUES. EPITÁCIO PESSOA assim justificou sua escolha:

> O Dr. Clóvis Beviláqua estava como que naturalmente indicado para a grandiosa empresa, não só como um dos nossos mais profundos jurisconsultos, mas também por já ter desenvolvido em eminentes obras de doutrina – o Direito de Família, o Direito das Obrigações, o Direito das Sucessões – quase todo o Direito Civil.[45]

BEVILÁQUA iniciou seus trabalhos em abril de 1899 e em novembro do mesmo ano os concluiu. Após ser submetido a uma comissão revisora, a qual encerrou seus trabalhos em agosto de 1900, o projeto foi submetido a uma nova revisão, da qual participou o autor. Definitivamente aprovado, o Presidente CAMPOS SALLES enviou-o ao Congresso em 17 de novembro de 1900. A Câmara dos Deputados, após os volumosos trabalhos da comissão constituída para examiná-lo, aprovou-o em 1902. Remetido ao Senado, entretanto, o projeto encontrou seu maior opositor:

---

rior, sacrificando-o, com a heroica abnegação de um estoico, ao que ele julgava a verdade científica" (BEVILÁQUA, Clóvis. *Código civil brasileiro*: trabalhos relativos à sua elaboração. Rio de Janeiro: Imprensa Nacional, 1917. v. 1. p. 15).

[44] Em 1942 foi promulgado o novo Código Civil italiano, o qual uniu o Direito Civil ao Comercial em um único código, por inspiração do jurista CESARE VIVANTE, o qual fora influenciado pelo pensamento de TEIXEIRA DE FREITAS.

[45] PESSOA, Epitácio. Apud ESPÍNOLA, Eduardo. *Sistema do direito civil brasileiro*. v. 1, cit. p. 16.

o senador RUI BARBOSA, o qual elaborou, em apenas três dias, um longo e estranho parecer em que se limitou a discutir, minuciosamente, os aspectos linguísticos do projeto. O senador desde o início fora contrário à escolha de BEVILÁQUA para a tarefa da codificação. Em artigos publicados no jornal *A Imprensa* em 1899, RUI asseverara que a obra de BEVILÁQUA haveria de ser "tosca, indigesta, aleijada"[46] e que lhe faltava "um requisito primário, essencial, soberano para tais obras: a ciência da sua língua, a vernaculidade, a casta correção do escrever".[47] Completara asseverando que "o teor de um código há de ser irrepreensível. Qualquer falha na sua estrutura idiomática assume proporções de deformidade".[48]

Referindo-se ao que considerava a má redação do projeto, RUI BARBOSA pontuou, na introdução ao seu parecer, que "aos meus primeiros reparos, supus não passassem de leves e raras jaças na superfície da imensa jaça despolida. Mas tanto se repetiam, que principiei a assinalá-las para orientação minha, e afinal não sei se houve página da brochura, onde não tivesse que notar".[49]

Travou-se então uma batalha, na qual se destaca a participação de um ex-professor de RUI, CARNEIRO RIBEIRO, e do próprio BEVILÁQUA, os quais defenderam o projeto. O prolixo senador chegou a redigir um parecer maior ainda que o primeiro para defender suas críticas, denominado *Réplica*, respondido por CARNEIRO RIBEIRO na *Tréplica*.

O projeto se arrastou e, após muitas emendas, somente foi aprovado pelo Senado em 1912. De volta à Câmara, foram discutidas as modificações propostas pelo Senado até 1915. De volta ao Senado, foram discutidas as decisões da Câmara e, finalmente, o Código Civil foi sancionado e promulgado, em 1º de janeiro de 1916, na forma da Lei 3.071, que entrou em vigor no dia 1º de janeiro de 1917.

O Código acabou por nascer velho, porquanto inspirado pelos ideais individualistas do século XIX, e promulgado quando os ideais do Estado social já se encontravam em curso. O curioso é que o próprio autor do projeto, ao elaborá-lo, tinha consciência dos novos pensamentos que começavam a aflorar pelo mundo, mas optou por seguir o caminho que lhe parecia o mais seguro para uma codificação:

> Por ocasião de discutir o Código Civil Alemão, agitou-se, como era de prever, a questão social e nas disposições dele penetraram algumas gotas de socialismo.
>
> [...]
>
> Em frente às novas formações, ou estas já rasgaram sulco do organismo social, e cabe ao codificador abrir-lhes espaço no seu sistema, cercando-as de proteção legal, ou ainda se acham mal definidas, vacilantes, e é dever do codificador, se as divisa, deixar-lhes o caminho aberto para que se desenvolvam e preencham a função social a que se destinam para que vicem, se merecerem viger. Injetar-lhes seiva, caso não tenham por si, poderá ser uma intervenção funesta na economia da vida social. É preciso, pois, marchar muito cautelosamente por esses terrenos, cujas orlas ainda ensombra o desconhecido.

---

[46] BARBOSA, Rui. Apud BEVILÁQUA, Clóvis. *Código Comentado*, cit., v. I. p. 18.
[47] Ibidem, p. 18-19.
[48] Ibidem, p. 19.
[49] BARBOSA, Rui. *Projeto de Código Civil brasileiro*: trabalhos da Comissão especial do Senado – Parecer do Senador Rui Barbosa sobre a redação do Projeto da Câmara dos Deputados. Rio de Janeiro: Imprensa Nacional, 1902. p. 8.

Cumpre evitar do individualismo o que ele contém de exageradamente egoístico e desorganizado, mas não é perigo menor resvalar no socialismo absorvente e aniquilador dos estímulos individuais.[50]

Havia no projeto, não obstante, preceitos bastante inovadores, os quais, infelizmente, perderam-se nas revisões a que o trabalho foi submetido. Um deles, interessante de ser citado, encontrava-se no art. 6º, acerca da capacidade de fato da mulher. Sobre ele comentou BEVILÁQUA que "a mulher, juridicamente igual ao homem, nas relações civis, não perdia a sua capacidade pelo matrimônio, que, se é a sua dignificação social, não pode ser a sua degradação jurídica".[51]

Essa ideia desdobrava-se em dispositivos da parte especial, que estabeleciam os direitos e deveres da mãe de família (arts. 279 e 297), dando-lhe posição equivalente à de seu companheiro e sócio, permitindo-lhe a tutoria, a caução fidejussória, e ser testemunha em quaisquer atos jurídicos.[52]

Tais normas, não obstante, não foram mantidas no Código promulgado em 1916, em que prevaleceu uma visão machista.

Pois bem. Ao longo do século XX, os civilistas, atentos à necessidade de um código mais aliado às novas ideias sociais, lutaram por um novo Código Civil.

Na década de 1930, OROZIMBO NONATO, PHILADELPHO AZEVEDO e HAHNEMANN GUIMARÃES foram incumbidos de nos elaborar um novo código. Apresentaram, em 1941, um projeto de Código das Obrigações, seguindo a tendência do Direito suíço que destacara as obrigações do Código Civil. No entanto, o projeto caiu no esquecimento.

Mais tarde, já na década de 60, ORLANDO GOMES, CAIO MÁRIO e OROZIMBO NONATO receberam a missão de elaborar um novo projeto. ORLANDO GOMES elaborou o anteprojeto de Código Civil, revisado por CAIO MÁRIO e OROZIMBO NONATO, e CAIO MÁRIO cuidou do Código das Obrigações. Ambos os projetos foram concluídos em 1963, mas, encaminhados ao Congresso, não alcançaram êxito.

Em 1967, o filósofo do Direito MIGUEL REALE foi nomeado para presidir uma comissão destinada a elaborar mais um projeto, o qual foi concluído em 1972, e, após ser amplamente criticado, sofreu emendas e foi novamente concluído em 1973. Encaminhado ao Congresso em 1975, foi aprovado pela Câmara somente em 1983, e remetido ao Senado em 1984. O trabalho somente foi afinal sancionado e promulgado em 10 de janeiro de 2002, por meio da Lei 10.406.

Como o leitor pode perceber, o novo Código Civil padece do mesmo problema do Código de 1916: nasceu velho. Muitas foram as mudanças sociais vividas desde a década de 70 até o início do século XXI. O país ganhou, até mesmo, uma nova Constituição.

Dentro do contexto contemporâneo da constitucionalização do Direito Civil – consistente na revisão do Direito Civil à luz da Constituição de 1988 –, vários preceitos do Código vêm sendo repensados e alterados, seja por meio de reforma legislativa, seja pelas vias das construções doutrinárias e jurisprudenciais.

---

[50] BEVILÁQUA, Clóvis. *Código*: trabalhos, cit., v. I. p. 24-25.
[51] BEVILÁQUA, Clóvis. *Código comentado*, cit., v. I. p. 22.
[52] BEVILÁQUA, Clóvis. *Código comentado*, cit., v. I. p. 22.

PROJETOS DE CÓDIGO CIVIL	
Autores	Resultados
Teixeira de Freitas, 1860-1865	Esboço quase completo abandonado pelo próprio autor.
Nabuco de Araújo, 1878	Projeto não concluído em razão da morte do autor.
Felício dos Santos, 1881	Primeiro projeto concluído. Mas não teve andamento na comissão revisora, nem nas casas legislativas.
Coelho Rodrigues, 1893	Projeto reprovado.
Clóvis Beviláqua, 1899	Projeto aprovado em 1900 pelo Presidente da República, enviado ao Congresso no mesmo ano. O Código dele decorrente, todavia, só foi promulgado em 1916.
Comissão: Orozimbo Nonato, Philadelpho Azevedo e Hahnemann Guimarães, 1941	Projeto de Código das Obrigações, caído no esquecimento.
Comissão: Orlando Gomes, Caio Mário e Orozimbo Nonato, 1963	Dois projetos: um de Código Civil e outro de Código das Obrigações, ambos caídos no esquecimento.
Comissão presidida por Miguel Reale: José Carlos Moreira Alves, Torquato Castro, Clóvis do Couto e Silva, Sylvio Marcondes, Ebert Viana Chamoun e Agostinho Alvim, 1973	Projeto aprovado pelo Presidente da República em 1975, enviado ao Congresso no mesmo ano. O Código dele decorrente, todavia, só foi promulgado em 2002.

Quadro Esquemático 1

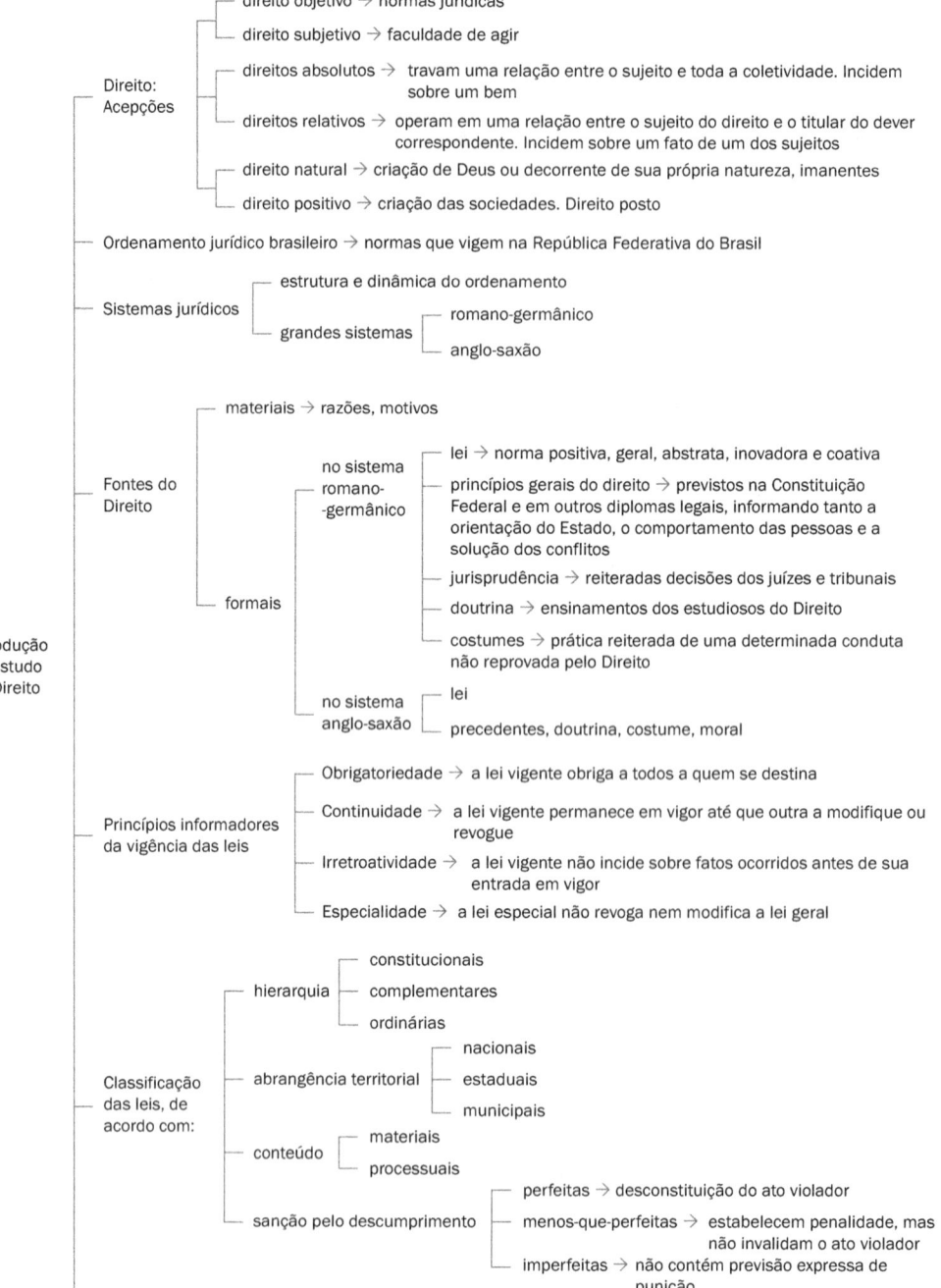

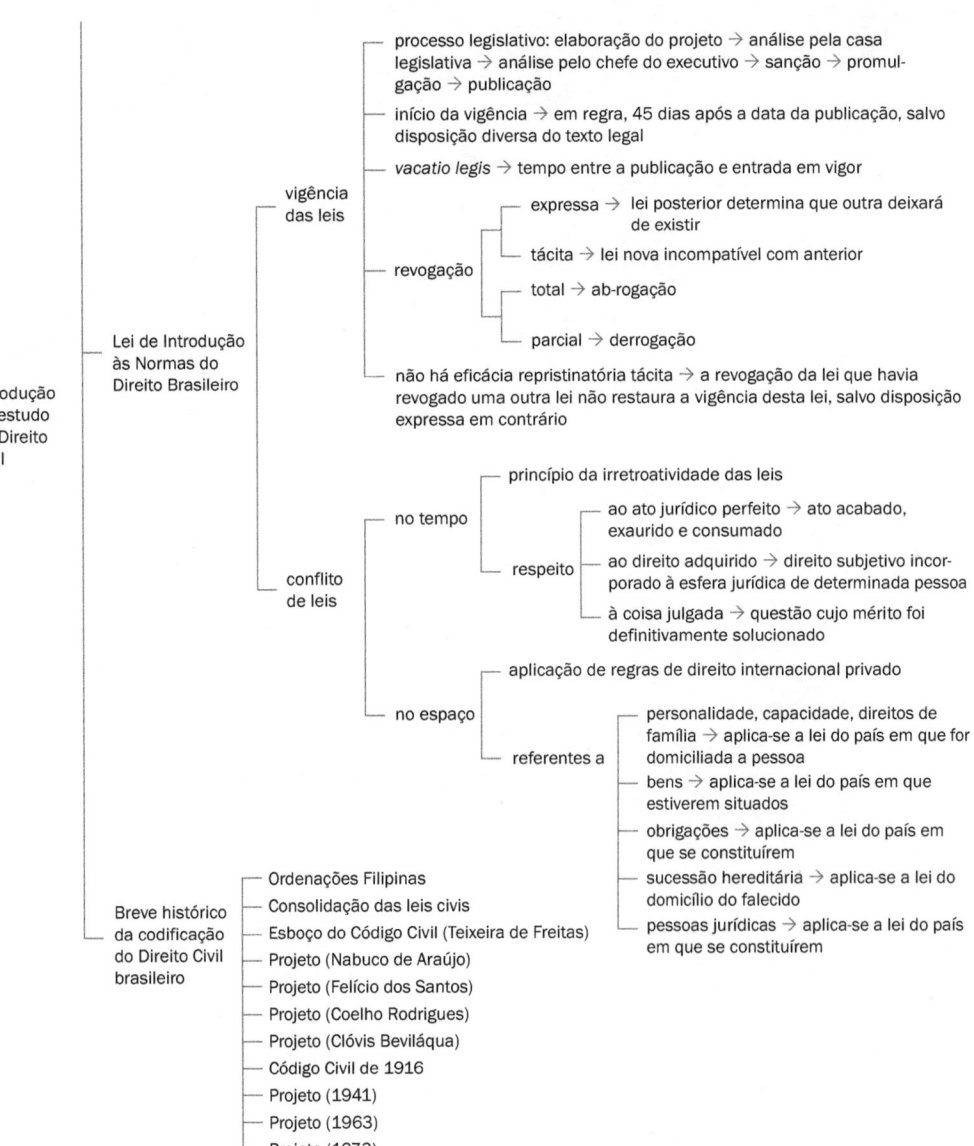

Teoria das Pessoas (arts. 1º a 78)

O cerne da Teoria Geral do Direito Civil é dividido em três grandes teorias: a **teoria das pessoas**, a qual estuda os *sujeitos dos direitos*; a **teoria dos bens**, a qual estuda os *objetos dos direitos*; e a **teoria dos fatos**, a qual estuda os *eventos que criam, extinguem, modificam, conservam e transferem os direitos*.

1. TEORIA DA PERSONALIDADE JURÍDICA

O Direito somente admite que sejam titulares de direitos os entes a que se atribui **personalidade jurídica,** e que são, do ponto de vista jurídico, consideradas, portanto, pessoas. Pode-se conceituar personalidade jurídica como o *reconhecimento jurídico de que um ente pode ser sujeito de direitos.*

1.1 Crise da personalidade jurídica

Apesar de a teoria da personalidade jurídica comportar diversas categorias de pessoas, desde que haja diversas categorias de **entes** aos quais se reconheça a aptidão para que sejam sujeitos de direitos, ao longo do século XX a leitura da teoria se fechou em torno das chamadas *pessoa natural* e *pessoa jurídica*, entendida aquela como o ser humano com vida.

Não obstante, assim como no passado se verificam divergências quanto aos entes a quem se reconhecia aptidão para serem sujeitos de direitos, também hoje a questão é polêmica, e provavelmente sempre será.

Uma leitura contemporânea, atenta e crítica da teoria da personalidade jurídica não pode deixar de contemplar a crise ocasionada pelas pressões pelo reconhecimento da aptidão para serem sujeitos de direitos de outros entes, como o **nascituro** e alguns **animais não humanos**, como revela vasta produção bibliográfica e acadêmica atualmente.

Face à crise, já há, inclusive, quem proponha a substituição da teoria da personalidade por outras teorias acerca da aptidão para ser sujeito de direitos. Da nossa parte, compreendemos que a teoria ainda pode funcionar, desde que não se considerem estanques as categorias de pessoas contempladas.

É que, o que define a personalidade jurídica é o reconhecimento jurídico da possibilidade de que um ente seja sujeito de direitos. Ou seja, para nós, a leitura adequada da teoria é no sentido de que um ente é considerado pessoa porque se lhe reconhece a aptidão para ser sujeito de direitos.[53] Parece-nos inadequada a leitura no sentido contrário, de considerar que o ente tem essa aptidão *por ser pessoa*. Isso porque a história revela que a conquista da aptidão para ser sujeito de direitos ocorre no plano dos fatos, cabendo ao Direito, posteriormente, tão somente *reconhecê-la*.

É o que ilustra a questão do nascituro, que adiante enfrentaremos. Apesar de ter o Código Civil de 2002 tradicionalmente adotado a teoria natalista, fortíssimo é o movimento na doutrina e na jurisprudência para que se reconheça ao nascituro a aptidão efetiva para, ainda enquanto nascituro, ser sujeito de direitos da personalidade, ficando apenas os direitos patrimoniais condicionados ao nascimento com vida.

Quer dizer, no lugar de pretender definir categorias, impondo-se sobre o mundo dos fatos, o que se revela ineficaz, o papel do Direito deve ser o de estabelecer critérios de reconhecimento e as respectivas consequências.

O que é imprescindível, todavia, para que o debate seja possível, é não confundir o conceito jurídico de *pessoa*, consectário da teoria da personalidade jurídica – o ente que pode ser sujeito de direitos, o *ator da cena jurídica*, com recurso à etimologia –, com conceitos leigos ou de outras ciências, sobretudo da teologia e da filosofia, que identificam *pessoa* com o indivíduo da espécie *homo sapiens sapiens*, ou que estudam o *self* ou a *pessoalidade*. Compreendidas as distinções conceituais, a teoria da personalidade, no lugar de se fechar na dogmática jurídica, revela-se aberta aos diálogos transdisciplinares.

Exemplo moderno dessa possibilidade de interpretação mais aberta dos direitos da personalidade é visto na questão dos animais. Se adotarmos uma visão antropocêntrica, veremos que não há dignidade para além do ser humano. Trata-se, no entanto, de um entendimento que vem sendo aos poucos alterado, inclusive com amparo no direito comparado, a exemplo do Código Civil Português, que reconhece que os animais não são coisas neutras e disponíveis e, justamente por isso, devem ser uma qualificação intermediária entre coisa e ser humano. Nessa perspectiva, propõe-se uma **releitura do princípio da dignidade humana** para reconhecer uma dimensão ecológica do seu conteúdo, na qual os animais deixem de ser enxergados como meros objetos e passem a ser reconhecidos como **sujeitos especiais de direito**. A propósito do tema, o Superior Tribunal de Justiça[54], no julgamento no REsp 1.797.175 (data do julgamento: 21/3/2019), desacolhendo pedido de órgão ambiental federal (IBAMA), reconheceu a dignidade de um papagaio e a sua condição como sujeito especial de direito, mantendo a guarda do animal em favor de pessoa que convivia com ele há mais de 23 anos. No decorrer do voto, o Min. relator Og Fernandes ponderou a necessidade de uma reflexão no campo interno das legislações infraconstitucionais, na tentativa de apontar caminhos para que se amadureça a discussão a respeito do reconhecimento da dignidade dos animais não humanos, e, consequentemente, do reconhecimento dos direitos e da mudança da forma como as pessoas se relacionam entre si e com os demais seres vivos.

---

[53] A ideia original não é nossa. Seguimos, quanto ao assunto, a teoria de Teixeira de Freitas expendida em seu *Esboço do Código Civil*.

[54] Em outra oportunidade, a 4ª Turma do STJ garantiu o direito de ex-companheiro visitar animal de estimação após a dissolução da união estável. A cadela havia sido adquirida no decorrer da união e, embora pudesse ser enquadrada na categoria de bens semoventes, suscetível de posse e propriedade, a Turma concluiu que ela não poderia ser considerada como mera "coisa inanimada", merecendo, pois, tratamento peculiar em virtude das relações afetivas estabelecidas com os seres humanos (número do processo não divulgado por estar em segredo de justiça).

1.2 Categorias de pessoas

No Direito brasileiro contemporâneo é reconhecida por unanimidade a personalidade jurídica das **pessoas naturais** – compreendidas como os seres humanos vivos – e das **pessoas jurídicas**.

As denominações **pessoas naturais** e **pessoas jurídicas** foram, ao longo da história, motivo de debate. Entre nossos civilistas, TEIXEIRA DE FREITAS inicialmente preferiu chamá-las de **pessoas de existência visível** (pessoas naturais) e **pessoas de existência ideal** (pessoas jurídicas),[55] tendo, posteriormente, mudado de ideia, para simplificar a linguagem.[56] Conquanto nossa legislação civil tenha adotado os adjetivos "natural" e "jurídica", mais vulgarmente fala-se em **pessoas físicas** para se referir às naturais, em razão de as leis que tratam do imposto sobre a renda terem perfilhado o Direito francês e adotado essa denominação (a Lei 4.506/64 foi a primeira delas).

Polêmica à parte, as **pessoas naturais**,[57] ou físicas, ou de existência visível são os *seres humanos com vida*. As **pessoas jurídicas**, ou de existência ideal, ou, ainda, morais, como preferem alguns, são os *entes criados pela imaginação humana para o desempenho de um determinado papel social*. São pessoas jurídicas de Direito Privado as **associações**, as **sociedades**, as **fundações**, as **organizações religiosas** e os **partidos políticos**, conforme o art. 44 do Código Civil.

Outros entes, que, segundo a teoria que proporemos adiante, podem tecnicamente ser denominados **entes de capacidade reduzida**, têm efetivamente atuado na cena jurídica como **sujeitos de direitos**.

Trata-se do **nascituro** e dos entes comumente denominados "despersonalizados": o **condomínio**, o **espólio**, a **massa falida** e a **herança jacente**.

Conforme visto anteriormente, além desses entes, os animais não humanos têm sido apresentados como sujeitos de direitos em algumas obras resultantes de pesquisas de pós-graduação, tema sobre o qual os manuais ainda não se debruçaram. Cite-se, por todos, a tese de doutorado de SIMONE EBERLE, defendida em 2006 na Faculdade de Direito da UFMG, intitulada "Deixando a sombra dos homens: uma nova luz sobre o estatuto jurídico dos animais", orientada por João Baptista Villela. No Direito Comparado, além do Código português, podemos citar decisões da Corte Constitucional Argentina, proferidas em sede de *habeas corpus*. Em uma delas, decidiu-se pela liberação de animal (orangotango), a pedido do presidente de uma associação protetora dos direitos dos animais, com a sua transferência do zoológico de Buenos Aires para uma reserva de proteção no Brasil. Na jurisprudência nacional, temos o exemplo da 7ª Câmara Cível do Tribunal de Justiça do Paraná (Agravo de Instrumento 0059204-56.2020.8.16.0000), que reconheceu a capacidade de dois animais de serem parte em processo judicial[58].

---

[55] A terminologia foi adotada por BEVILÁQUA no projeto original do Código Civil, mas abandonada nas diversas reformas procedidas no trabalho.
[56] FREITAS, Augusto Teixeira de. *Vocabulário jurídico*. Rio de Janeiro: B. L. Garnier, 1882. p. 386. Lá, FREITAS revê o *Esboço* e adota as expressões "pessoas naturais" e "pessoas jurídicas".
[57] Neste trabalho, adotaremos a terminologia *pessoas naturais* e *pessoas jurídicas*, porquanto em consonância com a doutrina atual e com o Código Civil.
[58] De acordo com a notícia divulgada no site do Tribunal (www.tjpr.jus.br), "a ação originária foi ajuizada em agosto de 2020 pelos cães Spyke e Rambo e a Organização não Governamental (ONG) que os resgatou. Na petição inicial, foi relatado que os animais estavam há 29 dias sozinhos no imóvel, pois os tutores estavam viajando. Segundo a petição, poucas vezes alguém apareceu para fornecer água e alimento aos cães. Preocupados, os vizinhos passaram a alimentar os animais e chamaram a ONG e a Polícia Militar para verificar a situação. Os dois animais foram

2. PESSOA NATURAL

2.1 Pessoa natural: o início da personalidade e a questão do nascituro

A determinação exata do momento em que se inicia a personalidade da pessoa natural tem grande relevância; afinal, somente podem ser sujeitos de direitos aqueles a quem se atribui **personalidade jurídica**.

Duas teorias principais procuram explicar a questão.

Para a **teoria natalista**, somente se considera pessoa natural o ser humano nascido com vida. Para a **teoria concepcionista**, por sua vez, considera-se que a pessoa natural surge com a concepção.

No caso brasileiro, os Códigos Civis optaram pela teoria natalista, inovando, no entanto, ao resguardar, desde a concepção, os direitos que o nascituro poderá adquirir se nascer com vida.

Passou-se a falar, pois, em uma terceira teoria, a **teoria da personalidade condicionada**[59]. Quanto à determinação do início da personalidade, esta teoria mantém a ideia natalista do nascimento com vida. Trata-se, portanto, de um desdobramento da teoria anterior. Admite, todavia, a produção de efeitos *ex tunc* do início da personalidade, para que o recém-nascido adquira todos os direitos que teria adquirido enquanto nascituro.

Maria Helena Diniz propôs, ainda, uma teoria que divide a personalidade jurídica em formal e material. Segundo a autora, o nascituro possui personalidade jurídica formal desde a concepção, o que significa dizer que seus direitos estão protegidos independentemente do nascimento com vida. Por outro lado, a personalidade jurídica material tem relação com os aspectos patrimoniais, cuja aquisição somente ocorre com o nascimento com vida. Assemelha-se, portanto, à teoria da personalidade condicionada.

Temos exemplos ao longo do Código Civil que evidenciam a existência de um **sistema de proteção especial ao nascituro** e são constantemente utilizados pela doutrina para afastar a literalidade do art. 2º do CC, que teria adotado a teoria natalista. Por exemplo: (i) a obrigatoriedade de nomeação de um curador, se o pai falecer estando grávida a mãe e não tendo esta o poder familiar por alguma razão (art. 1.779); (ii) a possibilidade de o nascituro ser objeto de reconhecimento voluntário de filiação (art. 1.609, parágrafo único); e (iii) a possibilidade de o nascituro receber doação e ser contemplado em testamento (arts. 542 e 1.798). No Estatuto da Criança e do Adolescente acrescentamos, ainda, o direito que toda mãe deve ter em relação à assistência adequada pré-natal (art. 8º do ECA[60]). Trata-se de verdadeiro direito do nascituro, que tem início a partir do momento da fecundação até o termo final da gestação.

---

resgatados pela Organização e levados a uma clínica veterinária, onde foi constatado que o cão Spike estava com lesões e feridas. Diante dos fatos relatados, a ONG e os cachorros ajuizaram a ação de reparação de danos em face de seus antigos tutores, solicitando que os cães fossem reconhecidos como parte autora do processo. Pediram, também, o ressarcimento dos valores gastos pela ONG, além da condenação dos réus ao pagamento de indenização por danos morais, pelo sofrimento causado, e uma pensão mensal aos animais, até que eles passem para a guarda definitiva da ONG. Ao apreciar a demanda, o Juízo de Primeiro Grau extinguiu a ação sem resolução de mérito em relação aos cachorros Spyke e Rambo, por entender que não possuem capacidade de ser parte em um processo. Os autores da ação recorreram, mediante recurso de agravo de instrumento, solicitando a reforma da decisão pelo TJPR, tendo a 7ª Câmara Cível reconhecido os cães como parte autora".

[59] BEVILÁQUA, Clóvis. *Teoria geral*, cit., p. 88-89.
[60] "É assegurado a todas as mulheres o acesso aos programas e às políticas de saúde da mulher e de planejamento reprodutivo e, às gestantes, nutrição adequada, atenção humanizada à gravidez, ao

Em complemento, a Lei 11.804/2008, que regula os alimentos gravídicos, embora confira legitimidade ativa à própria gestante para requerer alimentos, tem como principal objetivo, em última análise, proporcionar um nascimento com dignidade ao ser que está sendo concebido. Além disso, o art. 6º dessa legislação é expresso ao afirmar que, com o nascimento com vida, os alimentos gravídicos são convertidos em pensão alimentícia, ainda que não haja pedido expresso nesse sentido. Com essa alteração da titularidade, altera-se também a legitimidade para pleitear a execução desses alimentos. Trata-se de hipótese de sucessão processual.

Para se determinar se houve vida, no caso da criança que morre em seguida do parto, tradicionalmente se ensina que se deve apurar se o bebê respirou, por meio de um exame para verificar se entrou ar em seus pulmões, denominado **docimasia hidrostática de Galeno**. Não que se trate de exame frequentemente realizado na prática médica contemporânea.

Ainda quanto ao nascituro, é forçoso enfrentar o fato de que o Enunciado 1 da I Jornada de Direito Civil promovida pelo Conselho da Justiça Federal determina, acerca do art. 2º, que "a proteção que o Código defere ao nascituro alcança o natimorto no que concerne aos direitos da personalidade, tais como: nome, imagem e sepultura". Ademais, tem se visto na doutrina uma crescente corrente que, no sentido do Enunciado 1 e a despeito da literalidade do art. 2º do Código, defende que o nascituro tem direitos da personalidade, ficando apenas os **direitos patrimoniais** condicionados ao nascimento com vida.

Este é o posicionamento ao qual nos filiamos, e ao qual acrescentamos a **teoria da capacidade reduzida**[61], a qual, a nosso ver, resolve de pronto a polêmica. Por meio desta teoria, reconhece-se ao nascituro o potencial para ser sujeito de certos direitos, ou seja, reconhece-se sua personalidade jurídica, alertando-se, todavia, para o fato de que sua **capacidade de direito** é reduzida, no sentido de que o nascituro ainda não pode adquirir todos os direitos franqueados à pessoa natural, nascida com vida. Tal teoria oferece interpretação diferenciada ao tema do início da personalidade da pessoa natural, por meio da análise dos conceitos de capacidades, e eleva o nascituro à condição de *pessoa*, em que ele goza de proteção máxima.

Em síntese, pode-se dizer que, segundo a teoria da capacidade reduzida, considerando-se que *todo ente suscetível de aquisição de direitos é pessoa*, se deve explicar os diferentes graus de aptidão para a aquisição de direitos dos entes que não se enquadram nos conceitos de *pessoa natural* e de *pessoa jurídica*, mas que, ainda assim, *têm aptidão para adquirir certos direitos*, não por meio do conceito de personalidade – o qual é absoluto: ou se tem, ou se não tem –, mas, sim, por meio do conceito de **capacidade de direito**, reconhecendo que tais entes têm *capacidade de direito reduzida*. E, por conseguinte, no lugar de chamá-los "entes despersonalizados", o que não é técnico, porquanto *têm direitos* e, portanto, *têm personalidade*, pode-se chamá-los de **entes de capacidade reduzida**. Afinal, o que os difere da pessoa natural e da pessoa jurídica, além de sua natureza, é seu grau menor de aptidão para adquirir direitos.

Importante destacar que o **posicionamento atual do STJ** é no sentido de que o nascituro pode ter direitos a partir da concepção. Ou seja, o STJ segue a teoria concepcionista, pelo menos no que diz respeito aos direitos da personalidade. Alguns exemplos ilustram essa conclusão:

---

parto e ao puerpério e atendimento pré-natal, perinatal e pós-natal integral no âmbito do Sistema Único de Saúde."

[61] A **teoria da capacidade reduzida** é uma proposta do Prof. Felipe Quintella, um dos autores desta obra, e foi desenvolvida com base em seus estudos da teoria das capacidades na obra e no pensamento de Augusto Teixeira de Freitas.

- Em 2002, o STJ reconheceu ao nascituro o direito à reparação moral decorrente da morte do pai, embora a circunstância de não tê-lo conhecido em vida tenha influenciado a fixação do *quantum* indenizatório (REsp 399.029/SP);
- Em 2008, a 3ª Turma do STJ, no julgamento do REsp 931.556/RS, concedeu, de forma unânime, o direito de um nascituro de receber indenização por danos morais. No caso concreto, o pai faleceu em razão de acidente de trabalho, razão pela qual a mãe (esposa) ajuizou ação de indenização por danos morais e materiais em face do empregador. Na ocasião, o STJ manteve a indenização fixada pelo tribunal de origem em montante igual, tanto para os filhos nascidos da vítima quanto para o nascituro;
- Em 2014, o STJ decidiu que a beneficiária legal de seguro DPVAT que teve a sua gestação interrompida em razão de acidente de trânsito tem direito à indenização prevista no art. 3º, I, da Lei 6.9144/1974 (REsp 1.415.727/SC). Ao analisar o caso concreto, o relator Ministro Luis Felipe Salomão ponderou que o referido dispositivo garante a indenização por morte, de modo que o aborto causado pelo acidente também se enquadra no comando normativo. Em 2010, esse mesmo entendimento já havia sido aplicado no julgamento do REsp 1.120.676, no qual a 3ª Turma do STJ reconheceu a necessidade de pagamento do seguro DPVAT a um casal em virtude de aborto sofrido pela gestante quatro dias após o acidente de trânsito; ela estava com 35 semanas de gestação.

Essa questão do início da personalidade jurídica não tem relevância apenas teórica. Ao contrário, as implicações práticas é que são as mais importantes, sobretudo no que concerne aos direitos patrimoniais sucessórios.

Imaginemos que um dos pais do nascituro venha a morrer, deixando patrimônio. Terá o nascituro direito à herança? Se for reconhecida sua personalidade, e, posteriormente, sua capacidade, certamente que sim. Entretanto, caso contrário, não terá. No nosso Direito, em que o nascituro não é pessoa natural, mas pode ser sujeito de certos direitos, com capacidade reduzida, o direito sucessório do nascituro fica resguardado até o momento em que se determine se veio a se tornar uma criança viva.

Pensemos em Clóvis, pai do nascituro Silvio, casado em regime de separação obrigatória de bens com Berenice e filho de Augusto e Helena. Clóvis morre antes do nascimento de Silvio. Para determinar quem herdará, é necessário aguardar o resultado da gravidez. Deve-se frisar que a esposa, Berenice, não concorre com descendentes, em razão do regime de bens (art. 1.829, I). Nascendo com vida, Silvio herdará tudo o que deixou seu pai. Supondo-se que nasça morto, sua capacidade condicional com relação ao direito sucessório não se confirmará, e Silvio, por conseguinte, nada terá herdado. A herança será deferida aos próximos herdeiros legítimos de Clóvis – seus pais, Augusto e Helena, em concorrência com a mulher, Berenice, que herdará um terço do acervo deixado por Clóvis (art. 1.829, II, e art. 1.837).

Deve-se atentar para a seguinte hipótese: se Silvio nascer com vida, mas morrer logo em seguida, ainda que segundos após o parto, terá herdado, pois sua capacidade condicional para suceder terá se confirmado no momento em que o ar entrou em seus pulmões – mesmo que isso tenha ocorrido uma única vez. Nesse caso, a herança de Clóvis será transmitida a Silvio, e, morto este, à sua única herdeira, a mãe, Berenice. Conclusão: Berenice, que herdaria apenas um terço do patrimônio deixado por Clóvis, na sucessão direta deste, acabou por receber o patrimônio inteiro, na sucessão intermediada por Silvio.

Principais teorias que marcam o início da personalidade		
Natalista: a personalidade jurídica só começa com o nascimento com vida. O nascituro é um ente despersonalizado que tem mera expectativa de direitos.	**Personalidade condicionada:** o nascituro tem direitos sob condição suspensiva, ou seja, direitos eventuais, condicionados ao nascimento.	**Concepcionista:** a personalidade tem início com a concepção. O nascituro é pessoa, inclusive para efeitos patrimoniais. O momento aquisitivo dos direitos da personalidade é a concepção, e não o nascimento.

2.2 Pessoa natural: fim da personalidade

Cumpre verificar, agora, em que momento termina a personalidade da pessoa natural. Segundo o Código Civil, esse momento é o da **morte** (art. 6º, primeira parte). Ocorre a morte da pessoa quando se verifica a *morte encefálica* (cerebral). Trata-se de hipótese de morte real, cuja prova se faz pelo atestado de óbito.

Atualmente, a Lei 9.434/97 – Lei de Transplantes – é o diploma legal que tangencia o assunto, determinando, no art. 3º, que "a retirada *post mortem* de tecidos, órgãos ou partes do corpo humano destinados a transplante ou tratamento deverá ser precedida de diagnóstico de morte encefálica, constatada e registrada por dois médicos não participantes das equipes de remoção e transplante, mediante a utilização de critérios clínicos e tecnológicos definidos por resolução do Conselho Federal de Medicina". Atualmente, o ato do CFM que estabelece os critérios para apuração da morte encefálica é a Resolução 2.173/2017.

Com relação ao fim da personalidade, duas observações devem ainda ser feitas: uma quanto à chamada **comoriência**, e a outra quanto à **presunção da morte**.

Comoriência significa "morte em conjunto", ou seja, morte de diversas pessoas no mesmo evento. É o que ocorre em vários desastres, como um acidente aéreo ou um deslizamento de terras. Para o Direito, tem relevância a ordem em que morreram, notadamente quando uma for herdeira ou beneficiária da outra.

O principal efeito da presunção de morte simultânea é que, não tendo havido oportunidade para a transferência de bens entre os comorientes, um não herdará do outro. Dessa forma, se um casal sem descendentes ou ascendentes morre em acidente, sem que seja possível definir quem morreu primeiro, não haverá transferência de bens entre eles. Nesse exemplo, os colaterais da mulher ficarão com a sua meação, enquanto os colaterais do marido com a meação dele.

Usando o direito sucessório para mostrar qual a importância desse fato, imaginemos que Clóvis e Berenice eram casados no regime da separação obrigatória. Se tiverem morrido antes do filho, Silvio, este terá herdado e, morto, transmitirá a herança aos avós paternos, Augusto e Helena, e maternos, Manuel e Maria Berenice, que são seus herdeiros e receberão, cada um, 25% da herança, considerando o patrimônio de Clóvis somado ao de Berenice (hipótese 1). Mas, se o filho tiver morrido antes, não terá herdado. Nesse caso, os herdeiros de Clóvis e Berenice (seus pais), respectivamente, herdarão 50% do patrimônio dos filhos (hipótese 2).

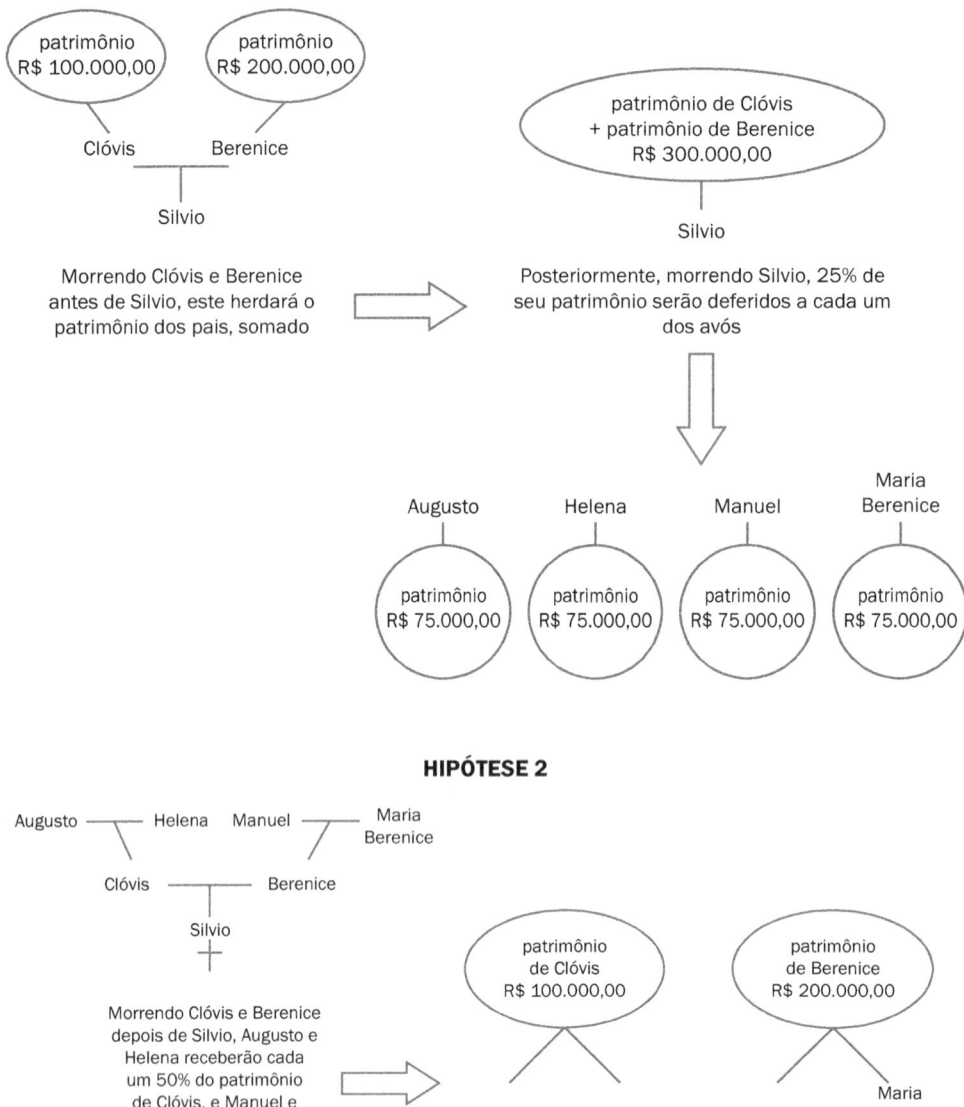

Considerando que na grande maioria dos casos é quase impossível determinar a ordem em que as pessoas morreram em um mesmo desastre, o art. 8º do Código traz a regra da **presunção de morte simultânea**: "se dois ou mais indivíduos falecerem na mesma ocasião, não se podendo averiguar se algum dos comorientes precedeu aos outros, presumir-se-ão simultaneamente mortos". Trata-se de louvável ideia de T<small>EIXEIRA DE</small> F<small>REITAS</small>, que inovou com relação à tradição europeia, de origem romana, a qual, até hoje, em diversos países, estabelece ordens presumidas de morte levando em conta gênero e idade.[62]

No exemplo discutido, a hipótese 2 prevaleceria, pois a consequência da morte de Silvio simultaneamente à de Clóvis e Berenice é a mesma de Silvio morrer antes de Clóvis e Berenice, qual seja, Silvio não herda.

Outra questão ligada ao fim da personalidade é a dos casos em que se acredita que uma pessoa morreu, mas não se tem certeza. Em alguns casos, essa crença advém do desaparecimento de uma pessoa por um longo período de tempo – hipótese disciplinada nas disposições do Código acerca da **ausência** (art. 6º, segunda parte), que estudaremos oportunamente, em capítulo próprio. Aqui, trataremos das hipóteses do art. 7º do Código Civil:

> Art. 7º Pode ser declarada a morte presumida, sem decretação de ausência:
>
> I – se for extremamente provável a morte de quem estava em perigo de vida;
>
> II – se alguém, desaparecido em campanha ou feito prisioneiro, não for encontrado até dois anos após o término da guerra.
>
> Parágrafo único. A declaração da morte presumida, nesses casos, poderá ser requerida depois de esgotadas as buscas e averiguações, devendo a sentença fixar a data provável do falecimento.

Em primeiro lugar, cumpre destacar que, conforme o parágrafo único, devem ser despendidos todos os esforços possíveis para buscar o corpo e averiguar se realmente houve morte. Esgotadas as buscas e averiguações, então, poderão os interessados – por exemplo, os parentes – requerer a **declaração da morte presumida**, por meio de ação judicial. Vê-se que o Código Civil não determina quem tem legitimidade para ajuizar a ação, cabendo ao julgador verificar se o autor da ação realmente tem interesse ou não na declaração da morte.

A hipótese do inciso I (de perigo de vida) depende, para se configurar, de que a pessoa tenha sido vista, pela última vez, em situação que geralmente causa a morte, embora o corpo não tenha sido encontrado.

É o caso de uma pessoa que é vista pela última vez arrastada pelas águas de uma enchente para dentro das galerias de esgoto de uma cidade. Tão labiríntico deve ser o sistema sanitário de uma grande cidade que é extremamente provável que uma pessoa arrastada para dentro dele em uma situação de enchente morra afogada, pois dificilmente terá como sair das galerias inundadas. É igualmente provável que as equipes de resgate não consigam encontrar o corpo dessa pessoa, pois a maior parte das galerias de esgoto é inacessível. Exemplo real e recente é o caso do rompimento da barragem de Brumadinho. Em janeiro de 2019, uma barragem pertencente à Vale S/A se rompeu, matando cerca de 270 pessoas. Em razão dos rejeitos de minério de ferro, a localização dos corpos se tornou uma tarefa extremamente difícil, especialmente com o passar do tempo e a sedimentação. Muitas famílias recorreram ao Judiciário, antes mesmo do encerramento das buscas, com o objetivo de ver declarada a morte presumida de seus parentes.

A hipótese do inciso II (pessoa desaparecida em campanha ou feita prisioneira), bem menos comum em nosso país, que não se envolve habitualmente em guerras, depende de prazo para se configurar: dois anos contados a partir do término do conflito, não tendo retornado as pessoas desaparecidas em campanha ou feitas prisioneiras. Somente após esse lapso é que se autoriza o pedido de declaração de morte presumida.

---

[62] Art. 243 do *Esboço do Código Civil*.

Em qualquer das hipóteses, o juiz deverá, atento às circunstâncias dos casos e às provas produzidas, **fixar a data provável da morte**. Como o leitor já deve ter imaginado, essa data tem grande relevância, sobretudo para fins dos direitos sucessórios.

PERSONALIDADE JURÍDICA	Início	Fim
Pessoa natural	Nascimento com vida.	Morte real ou morte presumida (com ou sem declaração de ausência)

COMORIÊNCIA E MORTE PRESUMIDA	
Comoriência	Morte presumida
Pessoas morrem no mesmo evento ↓ Não se sabe quem morreu antes ↓ Presunção de que morreram ao mesmo tempo (comoriência)	Pessoa em extremo perigo de vida ↓ Buscas não encontram corpo ↓ Presunção de morte *ou* Pessoa desaparece em campanha ou é feita prisioneira ↓ A guerra acaba ↓ Dois anos se passam sem que a pessoa seja encontrada ↓ Morte presumida

Voltaremos ao tema da ausência em capítulo próprio, mas precisamos, antecipadamente, reforçar a diferença entre a morte presumida **com** declaração de ausência e **sem** a declaração de ausência. Quando os parentes requerem apenas a declaração de ausência para que possam providenciar a abertura da sucessão provisória e, depois, a sucessão definitiva, não se pretendendo a declaração da morte do ausente, estamos diante da hipótese do art. 6º, segunda parte. Por outro lado, no caso do art. 7º, pretende-se que se declare a morte que se supõe ter ocorrido, sem que, para isso, seja decretada a ausência.

A Lei de Registros Públicos (Lei 6.015/1973) prevê um procedimento de justificação destinado a suprir a falta de atestado de óbito de pessoas desaparecidas em naufrágio, inundação, incêndio, terremoto ou qualquer outra catástrofe, desde que provada a sua presença no local do desastre e não for possível encontrar o cadáver para a realização do exame médico (art. 88).

Vale destacar que também a Lei 9.140/2005, posteriormente alterada pela Lei 10.536/2002, reconhece como mortos todos aqueles que tenham participado ou tenham sido acusados de participação em atividades políticas durante o período do regime militar, compreendido entre 2 de setembro de 1961 a 5 de outubro de 1988, e que, por essa razão, tenham sido detidos por agentes públicos e estejam desaparecidos desde então (art. 1º).

Diante da complexidade do final da vida, cabe inserirmos, ainda dentro do tema sobre o fim da personalidade da pessoa natural, um tópico sobre testamento vital, um instrumento dos direitos da personalidade para a garantia da dignidade da pessoa humana em estado de terminalidade.

2.2.1 Testamento vital

Certamente, você já ouviu falar em testamento vital ou Diretivas Antecipadas de Vontade (DAV). Embora seja comum a primeira nomenclatura, precisamos partir da seguinte premissa: na verdade, não se trata propriamente de um testamento. Sua natureza jurídica é de **escritura pública de declaração de vontade**, cujos efeitos são produzidos ainda em vida. Lembre-se que o testamento somente produz efeitos **após** a morte do testador. Daí a diferenciação.

Pois bem. O "testamento" vital começou a ser efetivamente discutido após a publicação da Resolução 1995/2012 do Conselho Federal de Medicina. De acordo com a normativa, o paciente que pretender expressar antecipadamente a sua vontade quanto às diretrizes de um tratamento médico futuro, caso fique impossibilitado de manifestar sua vontade em virtude de acidente ou doença grave, poderá fazê-lo por meio de documento escrito.

Exemplificando: uma pessoa em câncer terminal pode desejar não se submeter a tratamento para prolongamento da vida de modo artificial. Caso essa mesma pessoa, em determinado momento, não tenha mais condições de se expressar, livre e autonomamente, seus desejos apresentados no testamento deverão ser cumpridos.

Embora não exista legislação específica sobre o instituto, a doutrina defende a sua aplicabilidade com base na dignidade da pessoa humana (art. 1º, III, da CF), na garantia de liberdade e de autodeterminação (art. 5º, II, da CF), no direito fundamental à privacidade (art. 5º, X, da CF) e na impossibilidade de submissão de pacientes a tratamentos sem prévio consentimento (art. 15 do CC). Há, ainda, enunciados do Conselho da Justiça Federal que buscam conferir alguma diretriz ao tema[63]:

---

[63] A jurisprudência vem considerando válido esse tipo de declaração. Veja, por exemplo, julgado de 2013 proferido pelo Tribunal de Justiça do Rio Grande do Sul: "Apelação cível. Assistência à saúde. Biodireito. Ortotanásia. Testamento vital. 1. Se o paciente, com o pé esquerdo necrosado, se nega à amputação, preferindo, conforme laudo psicológico, morrer para 'aliviar o sofrimento'; e, conforme laudo psiquiátrico, se encontra em pleno gozo das faculdades mentais, o Estado não pode invadir seu corpo e realizar a cirurgia mutilatória contra a sua vontade, mesmo que seja pelo motivo nobre de salvar sua vida. 2. O caso se insere no denominado biodireito, na dimensão da ortotanásia, que vem a ser a morte no seu devido tempo, sem prolongar a vida por meios artificiais, ou além do que seria o processo natural. 3. O direito à vida garantido no art. 5º, *caput*, deve ser combinado com o princípio da dignidade da pessoa, previsto no art. 2º, III, ambos da CF, isto é, vida com dignidade ou razoável qualidade. A Constituição institui o direito à vida, não o dever à vida, razão pela qual não se admite que o paciente seja obrigado a se submeter a tratamento ou cirurgia, máxime quando

Enunciado 528 da V Jornada de Direito Civil: "É válida a declaração de vontade expressa em documento autêntico, também chamado 'testamento vital', em que a pessoa estabelece disposições sobre o tipo de tratamento de saúde, ou não tratamento, que deseja no caso de se encontrar sem condições de manifestar a sua vontade".

Enunciado 533 da VI Jornada de Direito Civil: "O paciente plenamente capaz poderá deliberar sobre todos os aspectos concernentes a tratamento médico que possa lhe causar risco de vida, seja imediato ou mediato, salvo as situações de emergência ou no curso de procedimentos médicos cirúrgicos que não possam ser interrompidos".

A autodeterminação e o consentimento informado desempenham funções de especial relevo no testamento vital. O conjunto de vontades, prévia e expressamente manifestadas pelo paciente, sobre cuidados e tratamentos que deseja, ou não, receber no momento em que estiver incapacitado de expressar sua vontade deve ser considerado pelo médico. O auxílio de um advogado não é essencial, mas é desejável para que não sejam incluídas no documento determinações que sejam ilegais, a exemplo da eutanásia. O registro em cartório também não é necessário, mas se orienta a sua realização para fins de publicidade e para conferir fé pública ao documento.

2.3 Teoria das capacidades

A teoria da personalidade se completa pela teoria das capacidades. Aquela teoria trabalha com o conceito de pessoa, enquanto esta teoria trabalha com os conceitos de *capacidade jurídica*, *capacidade civil*, *capacidade de direito* e *capacidade de fato*.

Vale lembrar que se pode conceituar **personalidade** como *o reconhecimento jurídico de que um ente pode ser* **sujeito de direitos**, *e, por conseguinte, de que atua no plano do Direito*. Destarte, *pessoa* é todo ente suscetível de aquisição de direitos.[64]

A **capacidade jurídica**, por sua vez, pode ser conceituada como a *aptidão genérica* para *adquirir direitos*. Já houve, em alguns momentos históricos, entes que atuavam no plano do Direito (hoje, dir-se-ia que tinham *personalidade*), muito embora não pudessem adquirir direitos (faltava-lhes *capacidade*).

A capacidade jurídica da pessoa desdobra-se em diversas capacidades, dentre as quais a **capacidade penal**, a **capacidade política** e a **capacidade civil**.[65] Esta, por sua vez, comporta a **capacidade de direito** e a **capacidade de fato**.

A **capacidade de direito** consiste no *grau de aptidão* para adquirir direitos ou praticar, por si ou por outrem, atos não proibidos pela lei.[66]

---

mutilatória. Ademais, na esfera infraconstitucional, o fato de o art. 15 do CC proibir tratamento médico ou intervenção cirúrgica quando há risco de vida, não quer dizer que, não havendo risco, ou mesmo quando para salvar a vida, a pessoa pode ser constrangida a tal. 4. Nas circunstâncias, a fim de preservar o médico de eventual acusação de terceiros, tem-se que o paciente, pelo quanto consta nos autos, fez o denominado testamento vital, que figura na Resolução 1.995/2012, do Conselho Federal de Medicina. 5. Apelação desprovida" (TJ-RS, AC 70054988266 RS, relator: Irineu Mariani, data do julgamento: 20/11/2013, 1ª Câmara Cível, data da publicação: 27/11/2013).

[64] Como já queria Teixeira de Freitas, no art. 16 do seu *Esboço do Código Civil*.
[65] Adota-se aqui a teoria das capacidades de Teixeira de Freitas, desenvolvida nas obras *Esboço do Código Civil* e *Nova Apostila*, a qual inspirou parcialmente os projetos de Código Civil brasileiro.
[66] É o conceito proposto por Teixeira de Freitas.

A **capacidade de fato**, por sua vez, consiste na *aptidão para o exercício, por si, dos atos da vida civil*.[67]

Dos conceitos percebe-se que todo ente a quem se atribui personalidade jurídica tem capacidade de direito, em maior ou menor grau, dependendo do número dos direitos que tem o potencial para adquirir, e dos atos que a lei proíbe (por isso, *grau* de aptidão). Por se limitar a capacidade de direito do nascituro, por exemplo, aos direitos da personalidade, havendo apenas capacidade *condicionada ao nascimento com vida* com relação aos demais, diz-se que tem *capacidade (de direito) reduzida*.

Igualmente se percebe que nem toda pessoa tem capacidade de fato – uns têm, outros não têm – (por isso *aptidão*). O nascituro não a tem. Uma pessoa com quinze anos, por sua vez, pode ser emancipada, como veremos, com o que adquire capacidade *de fato* para os atos da vida civil, mas nem por isso pode elaborar testamento, pois a lei somente atribui capacidade *de direito* para o testamento aos dezesseis anos de vida completos (ou seja, proíbe o testamento dos menores de dezesseis anos).

Para fins de proteção de certas pessoas cujo discernimento não é completo, a capacidade de fato no Direito brasileiro comportava três graus: **capacidade de fato plena, incapacidade de fato relativa e incapacidade de fato absoluta**. Após a entrada em vigor do Estatuto da Pessoa com Deficiência – Lei 13.146/2015 –, todavia, apesar de ainda existirem os três graus, não é mais possível identificar a distinção entre incapacidade relativa e incapacidade absoluta com o grau de discernimento do sujeito, como se verá.

Pois bem. Vale lembrar que, por aplicação da **teoria da capacidade reduzida**, os entes a que se reconhece a aptidão para ser sujeito de direitos, sem que "sejam considerados pessoas",[68] têm capacidade de direito limitada a poucos atos, e não têm nenhuma capacidade de fato.

Por essa razão, a prática dos atos da vida civil com relação aos direitos que podem adquirir depende de **representação**.

No caso específico do **nascituro**, em que há desde a concepção capacidade de direito com relação a alguns direitos, como os da personalidade, e capacidade *condicionada ao nascimento com vida* com relação a outros, a representação cabe aos genitores. Na falta do pai, se a mãe não puder exercer o poder parental, deve ser nomeado um curador (art. 1.779).

No caso do **condomínio**, a representação fica a cargo do síndico ou administrador; no caso do espólio, cabe a representação ao inventariante; no caso da **massa falida**, ao administrador (o qual, antes da Lei 11.101/2005, era chamado de *síndico*); no caso da **herança jacente**, ao curador.

2.3.1 Crítica à doutrina

Convém chamar a atenção do leitor para tomar bastante cuidado ao estudar o tema das capacidades nos demais manuais de doutrina.

Apesar de os conceitos de personalidade e de capacidades utilizados nos Códigos Civis brasileiros serem provenientes da teoria de TEIXEIRA DE FREITAS,[69] os autores do século XX os confundiram com conceitos provenientes do Direito francês (*capacidade de gozo e capacidade*

---

[67] Idem.
[68] As aspas se devem ao fato de que, para nós, considerando os conceitos com os quais trabalhamos, não há problema nenhum em considerar esses entes pessoas. Ao contrário, problema há em *não considerá-los pessoas* e, ao mesmo tempo, reconhecer direitos que eles adquirem, e atos que praticam.
[69] Devidamente explicados, com detalhes, no *Esboço do Código Civil* e na *Nova Apostila*.

de exercício), do Direito alemão (*capacidade natural, capacidade jurídica e capacidade de agir*) e do Direito português (*personalidade jurídica e capacidade jurídica*).

Ocorre que, apesar de haver semelhanças, cada um desses conceitos contém, nos sistemas em que se enquadram, peculiaridades. E a tentativa de *universalização* da teoria, e do tratamento dos conceitos como se fossem sinônimos, faz com que haja muita divergência entre os conceitos trabalhados pela doutrina no Brasil. Uns confundem personalidade jurídica com capacidade civil, outros confundem esta e aquela com capacidade de direito etc.

Veja-se que não se trata de querer impor os conceitos de TEIXEIRA DE FREITAS, apesar de nos parecerem os mais adequados, pelo fato de terem sido os que inspiraram a legislação vigente. Trata-se, pelo menos, de tentar evitar a terrível confusão conceitual que se constata ao realizar uma pesquisa comparativa nos diversos manuais brasileiros desde a promulgação do Código Civil de 1916 até hoje.

Certamente, a confusão conceitual leva a uma inevitável perda de qualidade da teoria e do debate acerca de um tema tão importante quanto o da teoria das capacidades, sobretudo levando-se em conta que o esquema brasileiro, criado por TEIXEIRA DE FREITAS, é um dos poucos que enumera, aprioristicamente, nos primeiros artigos do Código, pessoas consideradas **incapazes** para a prática dos **atos da vida civil**, absoluta ou relativamente. Informação, aliás, pouco divulgada no Direito Civil pátrio, justamente pelo fato de não se comparar efetivamente a disciplina do tema nos diversos ordenamentos e, ao contrário, pretender-se tratá-la como equivalente.[70]

2.3.2 O Estatuto da Pessoa com Deficiência e a teoria das capacidades

Em 6 de julho de 2015, foi promulgada a Lei 13.146, apelidada **Estatuto da Pessoa com Deficiência – EPD**. Publicada no *Diário Oficial da União* no dia 7 de julho de 2015, e sujeita a prazo de vacância de 180 dias (art. 127), a nova lei entrou em vigor no dia 3 de janeiro de 2016.

Sem discutir os méritos e os deméritos do Estatuto, o fato é que seu art. 114 alterou substancialmente os arts. 3º e 4º do Código Civil, modificando sobremaneira o regime das incapacidades de fato e a teoria das capacidades no geral, como se verá.

Com as mudanças implementadas pelo EPD, somente são absolutamente incapazes os menores de dezesseis anos. Aqueles que, por enfermidade ou deficiência mental, não têm o necessário discernimento para a prática dos atos da vida civil, considerados absolutamente incapazes anteriormente (art. 3º, inc. III, do CC/02 – redação original), não estão mais listados entre os incapazes de fato, seja absoluta, seja relativamente. Os que, por causa permanente ou transitória, não podem exprimir sua vontade, deixaram de ser considerados absolutamente incapazes (art. 3º, inc. III, do CC/02 – redação original) e passaram a ser considerados relativamente incapazes (art. 4º, inc. III, do CC/02 – nova redação). Por fim, os que, em razão de deficiência mental têm o discernimento reduzido, bem como os excepcionais, sem o desenvolvimento mental completo, antes considerados relativamente incapazes (art. 4º, incs. II e III, do CC/02 – redação original), não são mais considerados incapazes de fato.

O quadro a seguir estabelece um comparativo entre a disciplina das hipóteses de incapacidade de fato no Código Civil antes e depois das alterações promovidas pelo EPD:

---

[70] Esta crítica pode ser aprofundada por meio da consulta à dissertação de Mestrado de um dos autores desta obra, o Prof. FELIPE QUINTELLA, defendida no Programa de Pós-graduação em Direito da Universidade Federal de Minas Gerais, intitulada "Teixeira de Freitas e a história da teoria das capacidades no Direito Civil brasileiro".

ANTES DO EPD – REDAÇÃO ORIGINAL DO CC/02	DEPOIS DO EPD – NOVA REDAÇÃO DO CC/02
Art. 3º – Absolutamente incapazes	
I – os menores de dezesseis anos;	Os menores de dezesseis anos.
II – os que, por enfermidade ou deficiência mental, não tiverem o necessário discernimento para a prática desses atos;	
III – os que, mesmo por causa transitória, não puderem exprimir sua vontade.	
Art. 4º – Relativamente incapazes	
I – os maiores de dezesseis e menores de dezoito anos;	I – os maiores de dezesseis e menores de dezoito anos;
II – os ébrios habituais, os viciados em tóxicos, e os que, por deficiência mental, tenham o discernimento reduzido;	II – os ébrios habituais e os viciados em tóxico;
III – os excepcionais, sem desenvolvimento mental completo;	III – aqueles que, por causa transitória ou permanente, não puderem exprimir sua vontade;
IV – os pródigos.	IV – os pródigos.

Um comparativo inicial entre a redação anterior e a redação atual dos arts. 3º e 4º do Código Civil nos permite a seguinte e antecipada conclusão: após o Estatuto da Pessoa com Deficiência, o Código Civil passou a prever que são absolutamente incapazes de exercer pessoalmente os atos da vida civil apenas os menores de dezesseis anos. Ou seja, **não existe absolutamente incapaz que seja maior de idade.**

2.3.3 Incapacidade de fato absoluta

Na teoria das capacidades consolidada no século XX no Brasil, eram consideradas **absolutamente incapazes** as pessoas a quem se negava completamente a capacidade de fato, para fins de proteção. Tais pessoas somente podiam validamente praticar os atos da vida civil por meio de um **representante**.

Na redação original do Código Civil de 2002 (art. 3º), eram consideradas **absolutamente incapazes:**

Art. 3º São absolutamente incapazes de exercer pessoalmente os atos da vida civil:

I – os menores de dezesseis anos;

II – os que, por enfermidade ou deficiência mental, não tiverem o necessário discernimento para a prática desses atos;

III – os que, mesmo por causa transitória, não puderem exprimir sua vontade.

Todavia, com a entrada em vigor do Estatuto da Pessoa com Deficiência – EPD – em janeiro de 2016, o art. 3º do Código Civil passou a viger com nova redação: **"Art. 3º São absolutamente incapazes de exercer pessoalmente os atos da vida civil os menores de 16 (dezesseis) anos".**

Ou seja, conforme já antecipamos, no Direito brasileiro vigente, ante a alteração efetuada pelo EPD, somente são **absolutamente incapazes** os **menores de dezesseis anos**. Não há mais nenhuma outra hipótese de incapacidade absoluta. A essa conclusão também já chegou o STJ:

É inadmissível a declaração de incapacidade absoluta às pessoas com enfermidade ou deficiência mental

A questão consiste em definir se, à luz das alterações promovidas pelo Estatuto da Pessoa com Deficiência, quanto ao regime das incapacidades, reguladas pelos arts. 3º e 4º do Código Civil, é possível declarar como absolutamente incapaz adulto que, por causa permanente, encontra-se inapto para gerir sua pessoa e administrar seus bens de modo voluntário e consciente. A Lei n. 13.146/2015 tem por objetivo assegurar e promover a inclusão social das pessoas com deficiência física ou psíquica e garantir o exercício de sua capacidade em igualdade de condições com as demais pessoas. A partir da entrada em vigor da referida lei, a incapacidade absoluta para exercer pessoalmente os atos da vida civil se restringe aos menores de 16 (dezesseis) anos, ou seja, o critério passou a ser apenas etário, tendo sido eliminadas as hipóteses de deficiência mental ou intelectual anteriormente previstas no Código Civil. Sob essa perspectiva, o art. 84, § 3º, da Lei n. 13.146/2015 estabelece que o instituto da curatela pode ser excepcionalmente aplicado às pessoas portadoras de deficiência, ainda que agora sejam consideradas relativamente capazes, devendo, contudo, ser proporcional às necessidades e às circunstâncias de cada caso concreto (STJ, REsp 1.927.423/SP, relator: Min. Marco Aurélio Bellizze, 3ª Turma, por unanimidade, data do julgamento: 27/04/2021, *Informativo* 694).

2.3.4 Incapacidade de fato relativa

Na redação original do Código Civil de 2002, eram considerados **relativamente incapazes** (art. 4º):

Art. 4º São incapazes, relativamente a certos atos, ou à maneira de os exercer:

I – os maiores de dezesseis e menores de dezoito anos;

II – os ébrios habituais, os viciados em tóxicos, e os que, por deficiência mental, tenham o discernimento reduzido;

III – os excepcionais, sem desenvolvimento mental completo;

IV – os pródigos.

Parágrafo único. A capacidade dos índios será regulada por legislação especial.

Todavia, após a alteração promovida pelo Estatuto da Pessoa com Deficiência, passaram a ser relativamente incapazes (art. 4º):

Art. 4º São incapazes, relativamente a certos atos ou à maneira de os exercer:

I – os maiores de dezesseis e menores de dezoito anos;

II – os ébrios habituais e os viciados em tóxico;

III – aqueles que, por causa transitória ou permanente, não puderem exprimir sua vontade;

IV – os pródigos.

Tradicionalmente, eram considerados relativamente incapazes aqueles que, em razão do seu grau de discernimento, eram admitidos à prática dos atos da vida civil pessoalmente, desde que auxiliados por um **assistente**. Os atos praticados sem assistência pelos relativamente incapazes são **anuláveis** (art. 171, I), e, por conseguinte, admitem convalidação.

Cumpre advertir o leitor para que não confunda os **ébrios habituais** (inc. II) com os ébrios *eventuais*, cuja condição, no sistema adotado pelo Código Civil, não enseja invalidade dos atos praticados sob influência do álcool.

Veja-se que, agora, de acordo com a nova redação do art. 4º, inc. III, são relativamente incapazes aqueles que, por causa transitória ou permanente, não puderem exprimir sua vontade (outrora *absolutamente incapazes*, nos termos do art. 3º, inc. III, do Código, com a redação original). Trata-se de uma significativa – e estranha – alteração realizada pelo EPD. Afinal, se o relativamente incapaz é aquele que participa do ato com seu assistente, como considerar como tal *aquele impossibilitado de manifestar sua vontade*?

Com relação aos **pródigos** (inc. IV), trata-se daqueles que, por uma razão qualquer, dissipam inexplicavelmente seu patrimônio, realizam gastos excessivos, endividam-se. Para evitar sua ruína, podem os interessados pedir ao juiz que *reduza* sua capacidade civil, por meio de sentença, para que não possam, sem assistência, emprestar, transigir, dar quitação, alienar, hipotecar, demandar ou ser demandados, e praticar, em geral, atos que não sejam de mera administração (art. 1.782).

A incapacidade do pródigo constitui matéria bastante controvertida, tendo sido combatida, por exemplo, por grandes juristas como Teixeira de Freitas[71] e Clóvis Beviláqua.[72] Há, no mínimo, três questões que merecem atenção quanto ao tema. (1) Em que momento se configura a prodigalidade para fins de incapacidade de fato? Quando se realizam as despesas injustificadas, ou quando se configura o comprometimento do patrimônio (a ruína iminente)? (2) Há alguma hipótese de prodigalidade que não se relacione a um sofrimento mental, ou seja, há algum caso em que se devesse declarar a incapacidade do pródigo que não pudesse ser resolvido pelo art. 3º, inc. II? (3) É razoável a intervenção da ordem jurídica nos atos praticados por uma pessoa simplesmente por importarem gastos injustificados? Quer-se proteger a *pessoa* do pródigo, ou seu *patrimônio*, com vistas à eventual sucessão *causa mortis*?

A reflexão sobre esses três pontos nos leva a crer, como Teixeira de Freitas e Clóvis Beviláqua, que a prodigalidade não constitui por si causa incapacitante. Ou a pessoa dissipa injustificadamente seu patrimônio em razão de ser portadora de sofrimento mental, caso em que deve ser considerada incapaz com base no art. 3º, inc. II, ou dissipa injustificadamente seu patrimônio lucidamente, no exercício de sua liberdade e de sua autonomia privada, caso em que não deve a ordem jurídica intervir sobre seus atos simplesmente para garantir o montante da futura herança.[73]

2.3.5 Crítica à nova disciplina da capacidade de fato após a entrada em vigor do Estatuto da Pessoa com Deficiência

Anteriormente, distinguia-se entre aqueles *absolutamente incapazes* de praticar os atos da vida civil e aqueles apenas *relativamente incapazes*, por se levar em conta o **grau de discernimento** – ainda que presumido – do sujeito.

---

[71] FREITAS, Augusto Teixeira de. *Esboço*, cit., p. 45.
[72] BEVILÁQUA, Clóvis. *Código civil dos Estados Unidos do Brasil comentado*. Rio de Janeiro: Francisco Alves, 1956. p. 155.
[73] Pesquisa realizada por um dos autores desta obra, o Prof. Felipe Quintella, em conjunto com a Prof. Mariana Lara, da Faculdade de Direito Milton Campos, e relatada em artigo apresentado no XXIII Congresso Nacional do CONPEDI, posteriormente publicado (*Notas históricas sobre a incapacidade do pródigo*; disponível em: <http://publicadireito.com.br/publicacao/ufpb/livro.php?gt=266>) revela que a proposta de exclusão do pródigo do rol do art. 4º do Código Civil de 2002 foi rejeitada de maneira absurda, com recurso a opiniões de *economistas* franceses do século XIX, Bastiat e Cauwès.

Eram, pois, tidos como absolutamente incapazes de praticar *pessoalmente* os atos da vida civil: os menores de dezesseis anos; aqueles que, por enfermidade ou deficiência mental, não tivessem o necessário discernimento para a prática de tais atos; e, ainda, os que, ainda que por causa transitória, não pudessem exprimir a sua vontade – vez que a impossibilidade, ainda que temporária, de exprimir a vontade equivale à falta total de discernimento. Tais pessoas eram, então, protegidas pelo ordenamento jurídico, por meio da figura de um **representante,** que praticava os atos da vida civil por elas, suprindo sua falta de discernimento. Caso o incapaz viesse a praticar um ato jurídico pessoalmente, e não por meio de seu representante, a consequência era a **nulidade** do ato (art. 166, I), cujos efeitos, então, seriam desfeitos com a declaração judicial da invalidade. Ainda que não fosse perfeito, tratava-se de um sistema que buscava proteger certas pessoas, carecedoras de proteção.

Na mesma linha, eram consideradas relativamente incapazes de praticar os atos da vida civil os maiores de dezesseis e menores de dezoito anos; os ébrios habituais e os viciados em tóxicos; os que, por deficiência mental, tivessem o discernimento reduzido; os excepcionais, sem o desenvolvimento mental completo; e os pródigos. Nesse caso, o Direito levava em conta o discernimento – e, pois, a vontade do sujeito –, mas, considerando certas circunstâncias que poderiam prejudicar tal discernimento, concedia ao sujeito um **assistente,** que o auxiliaria na prática do ato. Se um ato viesse a ser praticado sem a participação do assistente, a consequência jurídica seria a **anulabilidade** do ato (art. 171, I), ou seja, a *possibilidade* de se desfazerem seus efeitos, em ação anulatória, para proteger o incapaz de eventual prejuízo que o ato lhe tivesse trazido. Mais uma vez, por mais que não fosse perfeito, tratava-se de um sistema que buscava conceder proteção.

Com as alterações promovidas no sistema pelo Estatuto da Pessoa com Deficiência, todavia, a coerência que existia se perdeu. A primeira mudança foi deixar de considerar incapazes as pessoas portadoras de sofrimento mental – na linguagem original do Código de 2002, as que por enfermidade ou deficiência mental não tinham o necessário discernimento para a prática dos atos da vida civil. Nos termos do art. 6º do EPD, ao contrário, "a deficiência não afeta a plena capacidade civil da pessoa". São, portanto, agora, **plenamente capazes.**

Também as pessoas que, em razão de deficiência mental, têm discernimento reduzido, bem com os excepcionais, sem desenvolvimento mental completo, outrora considerados relativamente incapazes, passaram a ser **plenamente capazes**, nos termos do art. 6º do EPD.

Em primeiro lugar, sobre este ponto, é preciso esclarecer que as pessoas portadoras de deficiência física não eram consideradas – e nem poderiam ser – incapazes de praticar os atos da vida civil. As hipóteses de incapacidade de fato baseadas em deficiência levavam em conta apenas a deficiência mental, com o intuito de proteger os portadores de deficiências que prejudiquem o discernimento. Ao estabelecer, genericamente, que a deficiência (condição médica) não afeta a plena capacidade civil da pessoa (estado jurídico), o art. 6º do EPD comprova o desconhecimento, por parte do legislador, de que a teoria das capacidades, ao instituir diferentes estados de capacidade de fato, tem por objetivo proteger pessoas que precisam de especial proteção do ordenamento jurídico, e não discriminá-las. Ademais, a redação do EPD trata de deficientes físicos e de deficientes mentais sem distinguir entre a natureza de suas deficiências, o que acaba por violar o princípio da igualdade – por desconsiderar desigualdades – o que afeta a diferente atenção que cada grupo merece da ordem jurídica, em razão de suas peculiares características.

Agora, se um portador de Alzheimer em grau avançado doar diversos de seus bens injustificadamente, ou adquirir diversos outros, endividando-se, nada se poderá fazer para desfazer tais negócios, vez que, por se tratar de sujeitos capazes, cuida-se de atos jurídicos válidos.

Que fique claro: se as pessoas portadoras de deficiência, ainda que mental, são todas plenamente capazes, nos termos do art. 6º do EPD, então os atos que praticam são válidos, não se sujeitando à declaração de nulidade nem à anulação. Ademais, contra elas correm, normalmente, os prazos prescricionais e decadenciais, que só não correm contra os absolutamente incapazes. Mas o objetivo do Estatuto não era proteger as pessoas com deficiência?

Outra mudança realizada pelo EPD foi passar a considerar apenas **relativamente capazes** as pessoas que, por causa transitória ou duradoura, não possam exprimir sua vontade. Eis aqui outra incoerência gerada pela nova lei. Se relativamente incapazes eram aqueles cuja vontade era levada em conta na prática dos atos da vida civil, por ter o sujeito discernimento, ainda que prejudicado ou não pleno, e que, por isso mesmo, participavam da prática dos atos, com seus assistentes, como explicar a incapacidade relativa dos que não podem expressar sua vontade? Como se pode pensar que quem não pode expressar sua vontade é assistido, e não representado, na prática dos atos da vida civil?

É preciso lembrar, ademais, que os atos praticados pelos relativamente incapazes são apenas anuláveis, e não nulos, sujeitando-se, portanto, a prazo decadencial. Além disso, é preciso lembrar que os prazos prescricionais e decadenciais correm contra os relativamente incapazes. Na nova disciplina das incapacidades de fato, pois, os prazos prescricionais e decadenciais correrão enquanto uma pessoa estiver em coma, ainda que nessa condição a pessoa esteja absolutamente impedida de manifestar sua vontade.

Em conclusão, são questões tão absurdas as geradas pelas alterações realizadas nos arts. 3º e 4º do Código Civil pelo Estatuto da Pessoa com Deficiência que o que se espera é que a doutrina e a jurisprudência, com o tempo, encontrem soluções adequadas para manter protegidas as pessoas que até então recebiam, com as incapacidades de fato, alguma proteção da ordem jurídica quanto à prática dos atos da vida civil.

2.3.6 Maioridade e emancipação

Aos dezoito anos completos a pessoa adquire a **capacidade plena** para a prática por si dos atos da vida civil (art. 5º do Código).

Não obstante, a lei admite que certas pessoas, menores de dezoito anos, adquiram a capacidade plena por meio da **emancipação** de que trata o parágrafo único do art. 5º. Emancipação, pois, é o *ato jurídico por meio do qual se atribui capacidade jurídica plena a um menor*.

A primeira hipótese é a das chamadas **emancipação parental** e **emancipação judicial** (art. 5º, parágrafo único, I). A emancipação é parental se for concedida por meio de outorga dos pais, via escritura pública, e judicial se por meio de sentença. A emancipação parental não depende de homologação judicial e pode ser concedida por apenas um dos pais, na falta do outro (ou seja, morto o pai, apenas a mãe outorgará a emancipação, e, morta a mãe, apenas o pai). Trata-se de uma hipótese de **emancipação voluntária** que, justamente por isso, não afasta a responsabilidade civil dos pais. Segundo o STJ, por se tratar de um ato de vontade, não há possibilidade de que ele elimine a responsabilidade proveniente da lei[74].

Já a emancipação judicial tem lugar quando ambos os pais, ou apenas um deles, não concordar em emancipar o filho, ou quando o menor estiver sob tutoria, caso em que o juiz ouvirá o tutor no processo, e decidirá. Em qualquer caso, para que haja emancipação parental ou judicial, o menor deve ter, no mínimo, dezesseis anos completos.

Importante destacar que o art. 9º, II, exige que seja levada a **registro** a emancipação concedida pelos pais – **emancipação parental** – ou obtida por sentença – **emancipação judicial**. Enquanto não for levada ao registro, no Cartório de Registro Civil das Pessoas Naturais, *é ineficaz* a emancipação nessas hipóteses. Veja, no entanto, que a questão se dá no **plano da eficácia**,

---

[74] STJ, AgRg no Ag 1.239.557/RJ, Min. Maria Isabel Gallotti, 4ª Turma, data do julgamento: 9/10/20212, *data da publicação*: 17/10/2012.

não no *plano da validade*. Ou seja, a ausência do registro não torna inválida a emancipação, mas impede a sua produção de efeitos.

Outra hipótese de cessação da menoridade é o **casamento** (art. 5º, parágrafo único, II). Trata-se de **emancipação legal**, vez que ocorre por comando da lei. Admite-se o casamento dos maiores de dezesseis anos, exigindo-se, no entanto, autorização dos pais ou dos representantes legais (art. 1.517 do Código). Importante destacar que a Lei 13.811/2019 alterou a redação do art. 1.520, passando a proibir, em qualquer hipótese, o casamento dos menores de dezesseis anos, que anteriormente era permitido, excepcionalmente, em caso de gravidez ou para evitar o cumprimento de pena criminal.[75]

A doutrina diverge, ante o silêncio da lei, quanto à situação da emancipação pelo casamento quando, posteriormente, o casamento é **anulado**[76] ou **declarado nulo**. Entendemos que o casamento, por ser hipótese legal de emancipação, faz cessar a menoridade no momento em que é *validamente* celebrado. Ocorre que tanto o casamento anulável quanto o nulo são *inválidos*. A lei admite que produzam efeitos apenas se contraídos de **boa-fé** – hipótese em que se fala em **casamento putativo** (art. 1.561). Destarte, a anulação ou declaração de nulidade do casamento revoga a emancipação, salvo quanto ao cônjuge que casou de boa-fé, que permanece emancipado[77] – nada impede, evidentemente, que *ambos os cônjuges* tenham procedido de boa-fé, caso em que ambos permanecem emancipados.

Impende frisar que a **viuvez** subsequente à celebração do casamento, quando o viúvo emancipado ainda é menor, não constitui por si só causa de **revogação** da emancipação, se o casamento foi validamente celebrado. O mesmo se passa com a **separação**, quanto ao cônjuge ou cônjuges com menos de dezoito anos, e com o **divórcio**, com relação ao ex-cônjuge que ainda for menor à época da dissolução do vínculo conjugal. Isso porquanto nem a viuvez, nem a separação, nem o divórcio invalidam o casamento.

Outra hipótese de **emancipação legal** – que o Código Civil de 2002 manteve – é a do exercício de **emprego público efetivo** (art. 5º, parágrafo único, III). Essa hipótese, todavia, desapareceu na prática, desde que a Constituição de 1988 instituiu a necessidade de haver seleção por concurso público para que se assuma emprego ou cargo público efetivo (art. 37, II, da CF). Isso porque todos os concursos exigem que os candidatos sejam maiores de dezoito anos.

Uma outra hipótese de **emancipação legal**, ainda, é a da **colação de grau** em curso de ensino superior (art. 5º, parágrafo único, IV). Também essa hipótese, parece-nos, perdeu a razão de ser, visto que, no atual sistema educacional brasileiro, com sua divisão em ensino fundamental, médio e superior, é impossível que um menor de dezoito anos conclua um curso superior. A idade normal de ingresso nos cursos de nível superior varia entre dezessete e dezoito

---

[75] Redação original do art. 1.520: "Excepcionalmente, será permitido o casamento de quem ainda não alcançou a idade núbil (art. 1.517), para evitar imposição ou cumprimento de pena criminal ou em caso de gravidez". Nova redação, dada ao dispositivo pela Lei 13.811/2019: "Não será permitido, em qualquer caso, o casamento de quem não atingiu a idade núbil, observado o disposto no art. 1.517 deste Código".

[76] CÉSAR FIUZA entende que a anulação do casamento do menor restabelece a sua incapacidade (FIUZA, César. *Direito civil*, cit., p. 127). WASHINGTON DE BARROS MONTEIRO, por sua vez, entende que a anulação não implica retorno do emancipado à condição de incapaz (MONTEIRO, Washington de Barros. *Curso de direito civil*: parte geral. 33. ed. São Paulo: Saraiva, 1995. p. 67).

[77] Também adotam esse posicionamento CARLOS ROBERTO GONÇALVES e FLÁVIO TARTUCE (GONÇALVES, Carlos Roberto. *Direito civil brasileiro*. 9. ed. São Paulo: Saraiva, 2011. v. 1. p. 139; TARTUCE, Flávio. *Direito civil*. 7. ed. São Paulo: Método, 2011. v. 1. p. 161).

anos, e a duração dos cursos, entre três e seis anos. Logo, mesmo que o menor com dezessete anos ingresse em um curso, colará grau quando tiver, no mínimo, vinte anos.

A última hipótese de **emancipação legal**, comum no passado, mas bem menos frequente na sociedade contemporânea, é a do menor que se lança em carreira civil ou comercial, ou que trabalhe, e, em qualquer caso, adquira com isso **economia própria** (art. 5º, parágrafo único, V). Essa é a hipótese, por exemplo, do menor que herda o comércio dos pais e passa a administrá-lo, tornando-se economicamente independente.

CAPACIDADE
Capacidade jurídica → capacidade política (referente aos direitos políticos) e capacidade civil (referente aos direitos civis)
Capacidade civil → capacidade de direito e capacidade de fato
Capacidade de direito → grau de aptidão para adquirir direitos ou para praticar, por si ou por outrem, atos não proibidos pela lei Decorre da capacidade civil
Capacidade de fato → aptidão para praticar por si os atos da vida civil É adquirida relativamente aos 16 anos e plenamente aos 18

EMANCIPAÇÃO
Natural → 18 anos
Parental ou voluntária → vontade dos pais → escritura pública
Judicial → sentença
Legal → casamento, exercício de emprego público efetivo, colação de grau em curso superior, independência econômica

2.4 Estado

Fala-se em **estado** para se referir ao *conjunto de características* que individualizam e designam uma pessoa. Essas características, para o Direito Civil, referem-se à situação familiar, política, profissional e individual da pessoa.

Para se individualizar e designar uma pessoa do ponto de vista jurídico, indagar-se-á se é, quanto ao **estado familiar**, pai, mãe, filho ou filha, solteiro, casado, divorciado etc.; quanto ao **estado político**, cidadão ou não, nacional ou estrangeiro; quanto ao **estado profissional**, empregado ou não, jurista, advogado, médico, arquiteto etc.; quanto ao **estado individual**, homem, mulher, heterossexual, homoafetivo, esportista, sedentário etc.

A individualização e a designação da pessoa no plano jurídico têm enorme relevância com relação ao tratamento jurídico da pessoa, sobretudo no que se refere ao comando do **princípio da igualdade**, que manda que se tratem os iguais com igualdade e os desiguais com desigualdade. Não se trata, de forma alguma, de discriminação, senão o contrário. Busca-se proteger os indivíduos de qualquer discriminação, conhecidas suas características distintivas.

Pode-se pensar, por exemplo, no auxílio-creche, que alguns empregadores pagam a seus empregados. Ora, para fazer jus a esse benefício, é preciso que a pessoa seja, em primeiro lugar, empregada, e, em segundo, que seja mãe de criança que ainda não está em idade escolar. Não se trata de discriminação contra os não empregados, ou contra os homens sem filhos. Cuida-se de tratar os desiguais com desigualdade, como prescreve o princípio da igualdade. Afinal, as mães de crianças que não têm idade escolar, para trabalhar, precisam deixar seus filhos em creches, o que gera uma despesa adicional; já os homens sem filhos não têm esse gasto.

O estado da pessoa é protegido por diversas ações, em razão de sua relevância jurídica. Entre elas, como exemplo, podemos citar a chamada **ação de investigação de paternidade**. Ora, havendo dúvida sobre a situação da paternidade de uma criança – seria Caio realmente o pai de Berenice? –, é necessário um procedimento judicial para que se possa resolver essa dúvida quanto ao estado familiar de Caio e de Berenice.

Outra ação que protege o estado é a **ação de naturalização**, por meio da qual alguns estrangeiros, ante o permissivo constitucional, podem adquirir a nacionalidade brasileira (art. 12, II, da Constituição Federal de 1988).

ESTADO
Familiar → pai, mãe, filho ou filha, solteiro, casado, divorciado, em união estável etc.
Político → cidadão ou não, nacional ou estrangeiro
Profissional → empregado ou não, jurista, advogado, médico, arquiteto etc.
Individual → homem ou mulher, heterossexual ou homoafetivo, esportista, sedentário etc.

2.5 Ausência

Pode acontecer de uma pessoa desaparecer sem deixar notícias, nem representante. Essa situação é mais comum do que se imagina. Basta prestar atenção aos anúncios de pessoas desaparecidas que são publicados em painéis dentro de ônibus, em estações de metrô, em jornais e até mesmo em embalagens de comida.

Além, naturalmente, da preocupação com a pessoa desaparecida, cujo procedimento de busca está afeto ao Direito Público, é necessário preocupar-se com as relações jurídicas em torno do desaparecido, o qual provavelmente deixará parentes, que possam ter algum direito sucessório; cônjuge ou companheiro, que terá direitos referentes ao estado de casado ou de união estável, além de direitos sucessórios; credores, que terão direitos de crédito etc. Não seria razoável que os herdeiros não pudessem receber a herança, apesar do abandono do patrimônio, ou que o cônjuge permanecesse casado, apesar de abandonado, ou que os credores deixassem de receber o pagamento, apesar de haver patrimônio para saldar as dívidas.

Para solucionar esses casos, o Direito determina a declaração da ausência do desaparecido, por meio de sentença (art. 22 do Código Civil). Ressalte-se que o Código de Processo Civil de 2015 deixou de regulamentar de maneira minuciosa as hipóteses de ausência, como fazia o art. 1.159 do CPC/73.[78] A disciplina desta matéria, evidentemente vinculada ao direito material, é de competência do legislador civil. Persistem, contudo, as disposições procedimentais relacionadas à nomeação de curador e à arrecadação de bens do declarado ausente (arts. 744 e 745 do CPC/2015).

As consequências jurídicas da declaração de ausência são a **curadoria dos bens do ausente**, a **abertura da sucessão provisória** e, por fim, a **declaração da morte presumida** e a **abertura da sucessão definitiva**.

---

[78] CPC/73, Art. 1.159. "Desaparecendo alguém do seu domicílio sem deixar representante a quem caiba administrar-lhe os bens, ou deixando mandatário que não queira ou não possa continuar a exercer o mandato, declarar-se-á a sua ausência."

Inicialmente, verificado o desaparecimento de uma pessoa, deve-se perquirir se deixou notícias, ou se deixou **representante** (um mandatário, chamado vulgarmente de procurador). Isso porque, se houver deixado notícias, por exemplo, "fui dar à volta ao mundo, não sei quando voltarei", o caso não é de ausência.

2.5.1 Hipóteses de ausência

Constatado o **desaparecimento**, sem notícias, e sem nomeação de representante, restará configurada a situação jurídica da ausência. Para que produza os efeitos legais, será necessária sentença declaratória da ausência.

Se o desaparecido houver deixado **representante**, com poderes para administrar seus bens, este será responsável por administrar os interesses da pessoa, e nessa hipótese não se configurará a ausência, desde que o representante nomeado queira e possa exercer o mandato, e que lhe tenham sido outorgados poderes suficientes.

Nas hipóteses de o representante nomeado não querer ou não poder exercer o mandato, ou de seus poderes serem insuficientes, fica configurada a ausência (art. 23).

Também se caracteriza a ausência se, mesmo tendo nomeado representante, a pessoa desaparecida não retornar em até **três anos** de seu desaparecimento. Decorrido esse prazo, os interessados poderão requerer que seja declarada a ausência e aberta a sucessão provisória (art. 26, segunda parte).

2.5.2 Procedimento e fases da declaração de ausência

O procedimento judicial a que se refere o Código Civil nos arts. 22 a 24, como de **declaração de ausência**, é que o Código de Processo Civil (arts. 744 e 745 do CPC/2015) menciona, entre os procedimentos especiais de jurisdição voluntária, como *"dos bens do ausente"*, no Capítulo VI, em que se cuida da declaração de ausência, arrecadação dos bens do ausente, nomeação de curador, sucessão provisória e sucessão definitiva.

A declaração de ausência pode ser requerida por qualquer **interessado** ou pelo **Ministério Público** (art. 22 do Código Civil). Consideram-se interessados o **cônjuge** não separado judicialmente, os **herdeiros presumidos, legais ou testamentários**, os que tiverem **direito sobre os bens** do ausente dependente de sua morte e os **credores** de obrigações vencidas e não pagas das quais o ausente seja devedor (art. 27 do Código). Conquanto não mencionado no texto da lei, deve-se considerar igualmente interessado o **companheiro** (Enunciado 97 da I Jornada de Direito Civil realizada pelo Conselho da Justiça Federal).

Constatando a ocorrência de qualquer das hipóteses de ausência, o juiz mandará arrecadar os bens do ausente e lhes nomeará curador (art. 744 do CPC/2015). Essa curadoria restringe-se aos bens, não produzindo efeitos de ordem pessoal. Isso quer dizer que, se a cônjuge do ausente pretender se divorciar, terá que propor ação de divórcio na vara competente e requerer a citação por edital do ausente.

A seguir veremos cada uma das fases da declaração de ausência. De forma resumida, teremos três momentos distintos: (i) o primeiro, subsequente ao desaparecimento, no qual o ordenamento jurídico procura preservar os bens deixados pelo ausente; (ii) o segundo, no qual o legislador se ocupa dos interesses dos sucessores, admitindo a abertura de sucessão provisória; (iii) finalmente, o terceiro momento, em que é autorizada a abertura da sucessão definitiva.

2.5.2.1 Curadoria dos bens do ausente

Se a pessoa está ausente e tem bens, é preciso que alguém cuide deles, em nome do ausente, e administre seus interesses. Para a consecução desses fins, o juiz, na sentença que declarar a ausência, mandará arrecadar os bens do ausente e lhes nomeará **curador**, ou seja, uma pessoa que deles tomará conta.

Da sentença que nomear o curador deverão constar os **poderes e obrigações** deste (art. 24).

A nomeação do curador se faz observando-se a seguinte ordem: em primeiro lugar, o **cônjuge**, salvo se estiver separado judicialmente, ou de fato por mais de dois anos (art. 25, *caput*);[79] na falta deste, um **ascendente**, ou, então, um **descendente** – entre estes, os de grau mais próximo preferem aos de grau mais remoto, ou seja, os filhos preferem aos netos etc. (art. 25, §§ 1º e 2º); na falta das pessoas mencionadas, caberá ao juiz a escolha do curador (art. 25, § 3º). Na ordem estabelecida pela lei, ao lado do cônjuge encontra-se o **companheiro**, caso o desaparecido vivesse em união estável e não em matrimônio – por interpretação sistemática e por aplicação do referido Enunciado 97.

Frise-se que o § 1º do art. 25 expressamente determina que não há **impedimentos** que os ascendentes e descendentes possam alegar para se escusar do exercício da curadoria.

Eventual **substituição** do curador do ausente deve ser averbada no livro de emancipações, interdições e ausências do cartório do Registro Civil das Pessoas Naturais do último domicílio do ausente (art. 104 da LRP).

Após a arrecadação dos bens do ausente, o juiz mandará publicar editais durante o período de um ano, os quais devem ser reproduzidos de dois em dois meses, anunciando a arrecadação e convocando o ausente para se imitir na posse de seus bens (art. 745 do CPC). Frise-se que o CPC/2015 deixa expressamente consignada a possibilidade de publicação na rede mundial de computadores, em sítio do tribunal a que estiver vinculado o processo e na plataforma de editais de citações e intimações do Conselho Nacional de Justiça.

Cabe destacar que o CPC/2015 reduziu significativamente a disciplina da arrecadação dos bens do ausente, em comparação com o Código de 1973.

No Novo CPC, as disposições sobre bens dos ausentes foram significativamente reduzidas. Evitaram-se repetições de regramentos próprios do direito material e por isso mesmo constantes no Código Civil. Por outro lado, deixou-se de regular o óbvio ou aspectos que decorrem da própria lógica do procedimento. A norma do art. 1.162 do CPC/73, que dispõe sobre as hipóteses de cessação da curadoria dos ausentes, por exemplo, não foi reproduzida na nova legislação. E nem precisava. A curadoria, que tem por finalidade a administração do patrimônio do ausente, tem natureza provisória. Esse múnus inicia-se com a nomeação do curador, cujo primeiro ato consiste na arrecadação do patrimônio do ausente, e vai até o momento em que os herdeiros são provisoriamente empossados nos bens e passarão a defender os interesses do ausente (art. 32 do Código Civil). Nesse sentido, a sucessão provisória faz cessar a curadoria. Igualmente, o comparecimento do ausente, pessoalmente ou por meio de procurador, faz desaparecer a finalidade da curadoria, conduzindo à sua cessação, uma vez que a administração do patrimônio voltará à pessoa do até então ausente. Finalmente, se há certeza da morte do ausente, haverá a abertura de inventário definitivo, com a nomeação de inventariante, a quem caberá a administração dos bens do espólio.

Dúvida que pode surgir ainda nessa primeira fase refere-se à propriedade dos bens. É possível, por exemplo, que ocorra a nomeação de curador e arrecadação dos bens mesmo que não haja comprovação da propriedade? Se o ausente detinha apenas a posse de um imóvel, permite-se a instauração do procedimento? A jurisprudência considera possível, desde que haja comprovação do acervo e da posse, por qualquer meio de prova. O julgado a seguir transcrito é bastante didático, pois, além de não inviabilizar a declaração de ausência por falta de prova

---

[79] A Emenda Constitucional 66, que excluiu a etapa na separação judicial no processo de dissolução do casamento, em nada alterou, todavia, a norma do art. 25 do Código.

da propriedade, evidencia a importância do procedimento para a preservação dos interesses do ausente e de seus sucessores:

> **Direito civil e processual civil. Ausência. Curadoria dos bens do ausente. Comprovação de propriedade em nome do desaparecido. Desnecessidade.**
>
> A nova tônica emprestada pela CF/88 ao CC/02, no sentido de dar ênfase à proteção da pessoa, na acepção humana do termo, conjugada ao interesse social prevalente, deve conciliar, no procedimento especial de jurisdição voluntária de declaração de ausência, os interesses do ausente, dos seus herdeiros e do alcance dos fins sociais pretendidos pelo jurisdicionado que busca a utilização do instituto. Resguarda-se, em um primeiro momento, os interesses do ausente, que pode reaparecer e retomar sua vida, para, após as cautelas legalmente previstas, tutelar os direitos de seus herdeiros, porquanto menos remota a possibilidade de efetivamente ter ocorrido a morte do desaparecido.
>
> A preservação dos bens do ausente constitui interesse social relevante, que busca salvaguardar direitos e obrigações tanto do ausente quanto dos herdeiros que permaneceram à deriva, durante longo período de incertezas e sofrimentos causados pelo abrupto afastamento de um ente querido. Essa incerteza gerada pelo desaparecimento de uma pessoa, deve ser amparada pelo intérprete da lei como necessidade de adoção de medidas tendentes a proteger o ausente e sua família, quanto aos direitos e obrigações daí decorrentes.
>
> Se o ausente deixa interessados em condições de sucedê-lo, em direitos e obrigações, ainda que os bens por ele deixados sejam, a princípio, não arrecadáveis, há viabilidade de se utilizar o procedimento que objetiva a declaração de ausência.
>
> O entendimento salutar para a defesa dos interesses do ausente e de seus herdeiros deve perpassar pela afirmação de que a comprovação da propriedade não é condição *sine qua non* para a declaração de ausência nos moldes dos arts. 22 do CC/02 e 1.159 do CPC.
>
> Acaso certificada a veracidade dos fatos alegados na inicial, por todos os meios de prova admitidos pela lei processual civil, considerada não apenas a propriedade como também a posse na comprovação do acervo de bens, deve o juiz proceder à arrecadação dos bens do ausente, que serão entregues à administração do curador nomeado, fixados seus poderes e obrigações, conforme as circunstâncias e peculiaridades do processo. Recurso especial provido (REsp 1016023/DF, relatora: Min. Nancy Andrighi, 3ª Turma, data do julgamento: 27/5/2008, *data da publicação:* 20/6/2008).

2.5.2.2 Abertura da sucessão provisória

A declaração da ausência, a arrecadação dos bens do ausente e a sua curadoria consistem em medidas *a curto prazo* a serem tomadas após o desaparecimento de uma pessoa. No entanto, após certo lapso temporal sem que a pessoa tenha retornado ou sido encontrada, o Direito autoriza a abertura da sua **sucessão provisória**. Aberta a sucessão, os sucessores do desaparecido tomarão seu lugar nas diversas relações jurídicas de que seja parte, ativa ou passiva. Assumirão, por exemplo, a titularidade dos bens do desaparecido, assim como seus créditos e suas dívidas. Por ora, no entanto, a sucessão se opera em caráter *provisório*, pois é possível que a pessoa desaparecida ainda retorne ou venha a ser localizada.

Segundo o art. 26 do Código Civil, são duas as hipóteses que autorizam a abertura da sucessão provisória: (1) decurso de **um ano** da sentença que declarou a ausência e determinou a arrecadação dos bens do ausente; (2) decurso de **três anos** do desaparecimento de pessoa que deixou representante, cuja ausência, portanto, não foi declarada. Neste último caso, a mesma sentença declarará a ausência e determinará a abertura da sucessão provisória. No primeiro caso, vez que a ausência já fora declarada, a decisão do juiz, nesse momento, será apenas para determinar a abertura da sucessão.

São legitimados a requerer a abertura da sucessão provisória o **Ministério Público** (art. 28, § 1º) e as pessoas que o art. 27 considera *interessadas*: o **cônjuge** do ausente (leia-se também, nessa hipótese, o **companheiro**), não separado judicialmente; os **herdeiros presumidos, legais ou testamentários**; os que têm **direito sobre os bens** do ausente dependente de sua morte; os **credores** de obrigações vencidas e não pagas de que o ausente é devedor.

Prolatada a sentença que determina a abertura da sucessão provisória, deverá esta ser publicada pela imprensa, e seus efeitos ficarão suspensos pelo prazo de **cento e oitenta dias** a contar dessa publicação (art. 28, primeira parte). Tão logo a sentença transite em julgado, não obstante, o testamento, se houver, será aberto, e proceder-se-á ao **inventário** e à **partilha** dos bens (art. 28, segunda parte). Mas, frise-se, em razão da suspensão dos efeitos da sentença, os sucessores, mesmo após a partilha, somente poderão se **imitir na posse** dos bens decorrido o prazo de 180 dias.[80]

A sentença que declarar aberta a sucessão provisória deverá, depois de transitada em julgado, ser levada a **registro** no livro de emancipações, interdições e ausências do cartório do Registro Civil das Pessoas Naturais do último domicílio do ausente (art. 104, parágrafo único, da LRP).

Não podemos nos esquecer de que estamos tratando de *sucessão provisória*. Por essa razão, o art. 30 determina que os sucessores, para se imitirem na posse dos bens do ausente – decorrido o prazo de 180 dias do art. 28 –, terão de dar **garantia da restituição** deles, por meio de penhor ou hipoteca equivalente aos quinhões respectivos. As exceções a essa regra são os ascendentes, os descendentes e o cônjuge, os quais entram na posse dos bens do ausente independentemente de garantia (art. 30, § 2º).

Quem tiver direito à posse, mas não puder prestar a referida garantia, não poderá recebê-la (art. 30, § 1º, primeira parte). Todavia, os bens que lhe cabiam permanecerão sob a administração do curador, ou, se preferir o juiz, de outro herdeiro, por ele designado, desde que preste a garantia (segunda parte do dispositivo citado).

Se nenhum interessado requerer a abertura do inventário dentro de **trinta dias** a contar do trânsito em julgado da sentença que determinou a abertura da sucessão provisória, os bens do ausente serão arrecadados na forma dos arts. 1.819 a 1.823 do Código – os quais dispõem sobre a herança jacente, e que estudaremos na Parte VI desta obra, sobre o Direito das Sucessões – (art. 28, § 2º).

Permite-se ao juiz determinar, antes da partilha, a **conversão dos bens móveis** sujeitos a deterioração ou extravio, em bens imóveis, ou em títulos garantidos pela União, sempre que julgar conveniente (art. 29).

Imagine-se, por exemplo, um carro que o ausente já não usava antes de desaparecer, e que se encontra estacionado em um pátio. Lembremo-nos de que, da última vez que o carro foi usado até a abertura da sucessão provisória, ter-se-ia passado, no mínimo, mais de um ano. Isso é suficiente para que o bem sofra grande deterioração. Logo, é de grande conveniência que ele seja alienado e com o produto da alienação comprado bem imóvel.

Não se autoriza a **alienação** ou **hipoteca** dos bens imóveis do ausente, a não ser por ordem judicial, e somente para evitar que se arruínem (art. 31).

---

[80] Nesse sentido: THEODORO JÚNIOR, Humberto. *Curso de direito processual civil*. 38. ed. Rio de Janeiro: Forense, 2007. v. 3. p. 424. Flávio Tartuce, contudo, interpreta o dispositivo como se o prazo de cento e oitenta dias fosse um prazo especial para o trânsito em julgado da sentença (TARTUCE, Flávio. *Direito civil*, cit., v. 1, p. 215).

A partir do momento em que se imitirem na posse dos bens do ausente, os sucessores provisórios se tornarão **representantes**[81] ativos e passivos do ausente, e todas as ações futuras ajuizadas em face do ausente se terão como ajuizadas em face deles; no caso das ações pendentes, haverá sucessão processual (art. 32). Naturalmente que a responsabilidade patrimonial dos sucessores, nesses casos, ficará limitada às forças da herança que tiverem recebido.

Os **frutos** dos bens transmitidos aos ascendentes, aos descendentes e ao cônjuge ou companheiro serão de propriedade deles; por outro lado, com relação aos frutos dos bens que couberem aos outros sucessores, metade deles deverá ser capitalizada, por meio da aquisição de imóveis ou de títulos garantidos pela União, devendo ser ouvido o Ministério Público, bem como prestadas **contas** anualmente ao juiz competente (art. 33, *caput*).

Admite-se que o herdeiro incapaz de dar garantia, e que, por essa razão, deixou de se imitir na posse dos bens a que teria direito, receba metade dos frutos que tais bens venham a render, se justificar sua falta de meios, ou seja, sua insuficiência econômica (art. 34).

A situação dos sucessores provisórios se mantém até que uma de três coisas aconteça: o ausente regresse ou seja localizado, ou se prove sua morte, ou decorra o prazo legal de 10 (dez) anos da abertura da sucessão provisória.

Se regressar ou for localizado, já tendo a sucessão provisória sido aberta, o ausente terá **direito aos bens** que deixou, razão pela qual cessarão incontinenti para os sucessores as vantagens recebidas (art. 36, primeira parte). Ademais, ficarão os sucessores provisórios obrigados a tomar as **medidas assecuratórias** dos bens até que sejam restituídos ao dono (segunda parte do art. 36).

O ausente terá, ademais, direito de receber a **metade capitalizada dos frutos**, caso prove que sua ausência foi *involuntária e justificada*. Perdê-los-á em favor dos sucessores, todavia, se ficar provado que sua ausência foi *voluntária e injustificada* (parágrafo único do art. 33). Hipóteses de ausência involuntária e justificada seriam os casos de sequestro, de amnésia, de crises de doença mental[82] etc.

Por outro lado, se ficar provada a **morte** do ausente, bem como a época em que ocorreu, será considerada aberta, na data em que segundo a prova produzida ocorreu o óbito, a **sucessão definitiva**, em favor de quem naquela ocasião gozava da qualidade de herdeiro (art. 35).

2.5.2.3 Declaração da morte presumida e abertura da sucessão definitiva

Caso se passem mais de **dez anos**, desde o trânsito em julgado da sentença que determinou a abertura da sucessão provisória, sem que se tenha notícia do ausente, os interessados poderão requerer a declaração da **morte presumida** (art. 6º, segunda parte), bem como requerer a **abertura da sucessão definitiva**, levantando as cauções prestadas (art. 37 do Código). Esse prazo é reduzido para **cinco anos**, se ficar provado que o ausente, ao desaparecer, contava já com **mais de oitenta anos de idade** (art. 38).

Vale frisar que, se o ausente era casado, com a declaração de sua morte presumida, dissolve-se o seu casamento (art. 1.571, § 1º).

Aberta a sucessão definitiva, os sucessores deixam de ser provisórios, adquirindo o domínio dos bens, mas de forma resolúvel, porque o ausente pode ainda regressar, conforme dispõe o art.

---

[81] Segundo o art. 115, dá-se a **representação** por vontade do representado ou por força de lei. Nesse caso, trata-se de **representação legal**.

[82] Sabe-se que certos transtornos mentais, que podem durar considerável lapso de tempo, podem levar pessoas ao afastamento da família e do lugar de sua residência, razão pela qual, às vezes, são recolhidas a instituições de assistência.

39 do CC/2002. Se isso ocorrer dentro de um prazo de dez anos (a contar da data da abertura da sucessão definitiva), o ausente que regressou terá **direito aos bens existentes** no estado em que se encontrarem, aos **bens sub-rogados** no lugar deles, e ao **preço** que se houver recebido pelos bens alienados (art. 39, *caput*).

Esse mesmo direito terão os **ascendentes** ou **descendentes** do ausente que somente se manifestarem após a abertura da sucessão definitiva, ou seja, que não forem contemplados nela, contanto que o façam dentro do mesmo prazo de dez anos (art. 39, *caput*).

Por interpretação *a contrario sensu*, conclui-se que o ausente que regressar após o prazo do art. 39, bem como os ascendentes ou descendentes que somente após aquele prazo se manifestarem, não terão direito a nada.

Na remota hipótese de, passados dez anos da abertura da sucessão provisória, nenhum interessado promover a sucessão definitiva, nem o ausente regressar, os bens arrecadados serão incorporados ao patrimônio público: do Município ou do Distrito Federal onde estiverem situados, ou da União, se situados em território federal (art. 39, parágrafo único).

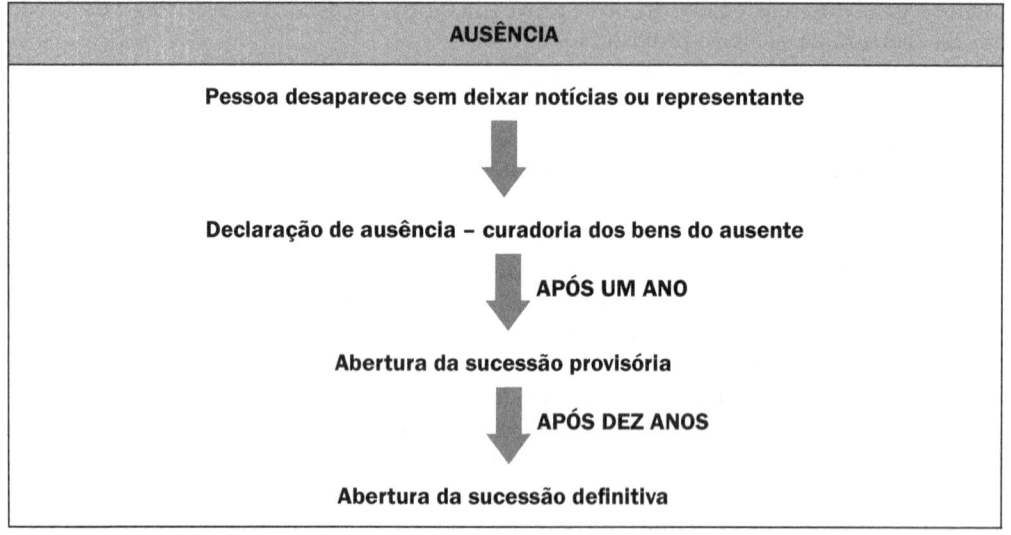

2.6 Domicílio da pessoa natural e da pessoa jurídica

A palavra *domicílio* deriva do latim *domicilium*, que, por sua vez, deriva de *domus*, que significa *casa*, mais *colere*, que significa *residir*. Ou seja, domicílio, originalmente, tem a ver com morada, com residência.

No Direito, toma-se a palavra *domicílio* em duas acepções: **domicílio político** e **domicílio civil**.

O domicílio político é o lugar em que a pessoa natural exerce sua vida política; trata-se do lugar em que a pessoa vota.[83]

Já o domicílio civil, que é o que nos interessa nesta obra, é definido como *o lugar em que a pessoa natural, com **ânimo definitivo**, estabelece sua **residência** e o **centro de suas atividades***. É comum o uso da expressão ânimo definitivo em latim: *animus manendi*.

O leitor verá que a grande maioria dos civilistas, e o próprio Código de 2002 (art. 70), definem domicílio apenas como o lugar em que a pessoa natural estabelece a sua residência com ânimo definitivo. Ocorre que falta nesse conceito o elemento profissional, ressalvado pelo art. 72 do Código: "é também domicílio da pessoa natural, quanto às relações concernentes à profissão, o lugar onde esta é exercida". Daí por que preferimos a definição mais completa.[84]

Como se pode depreender do conceito mais amplo, que sustentamos, pode a pessoa ter diversos domicílios, caso resida em mais de um lugar em caráter definitivo, e tenha atividades profissionais em mais de um lugar. Essa hipótese é contemplada pelo art. 71 do Código Civil.

À guisa de ilustração, pensemos em uma senhora que reside, durante seis meses, com a filha que mora na praia, e nos demais seis meses com o filho, que mora no campo. Cada um desses lugares será o domicílio dessa senhora durante o tempo em que neles residir.

Outro exemplo: um empresário trabalha em todas as cidades de uma determinada região do Estado em que reside. Cada uma dessas cidades será seu domicílio para os atos que nelas praticar.

E qual a diferença entre domicílio e residência? Não podemos confundir os institutos, especialmente porque o primeiro é mais amplo e define uma situação jurídica de determinada pessoa. A residência, por outro lado, é um mero estado de fato material, que indica a radicação do indivíduo em determinado lugar. Uma pessoa pode ter um só domicílio e mais de uma residência, assim como pode ter uma pluralidade de domicílios.

Excepcionalmente, é admitida a hipótese de uma pessoa ter domicílio sem possuir residência determinada, ou em que esta seja de difícil identificação. Nesse caso, adota-se a regra prevista no art. 73 do Código Civil: "ter-se-á por domicílio da pessoa natural, que não tenha residência habitual, o lugar onde for encontrada". Pensemos, por exemplo, em comunidades como a dos ciganos, que levam vida nômade. O domicílio dessas pessoas será o lugar onde forem encontradas (domicílio ocasional).

Obviamente que se admite a **mudança do domicílio** de uma pessoa, caso ela resolva se mudar para outra localidade, com a intenção de lá permanecer, ou caso mude o centro de suas atividades (art. 74, *caput*). A referida intenção pode ser provada por meio de declarações feitas pela pessoa às autoridades locais, ou simplesmente pelas circunstâncias da mudança (art. 74, parágrafo único). Assim, deixa clara sua intenção de mudar de domicílio a pessoa que pede à companhia de energia elétrica que proceda ao "corte" do fornecimento em um lugar e solicita a "ligação da luz" em outro, para onde se muda. O mesmo se passa com relação à pessoa que, antes de mudar, comunica o novo endereço, em lugar diferente, para o síndico do condomínio onde morava. Qualquer dessas situações basta para provar a intenção de mudar o domicílio.

Perde-se o domicílio não somente pela mudança mas também por determinação legal e pela vontade ou eleição das partes, como ocorre nos contratos, no que respeita à execução das obrigações deles resultantes.

---

[83] Não obstante a diferença conceitual entre o domicílio político e o domicílio civil, veja-se que o parágrafo único do art. 42 do Código Eleitoral estabelece como domicílio eleitoral da pessoa – onde esta deverá votar – o lugar onde residir, que também é considerado, pelo Código Civil, seu domicílio civil.

[84] A sugestão do conceito mais abrangente é de Beviláqua (BEVILÁQUA, Clóvis. *Teoria geral*, cit., p. 194).

Quanto às **pessoas jurídicas de Direito Privado**, o domicílio é especial, que pode ser livremente escolhido no estatuto ou atos constitutivos. Não o sendo, o domicílio será o lugar em que funcionar a respectiva **diretoria e administração** (art. 75, IV). Este será o local de suas atividades habituais, onde os eventuais credores poderão demandar o cumprimento das obrigações (Enunciado 55 da I Jornada de Direito Civil do CJF[85]).

Certamente que também a pessoa jurídica pode ter mais de um domicílio, o que ocorrerá quando tiver diversos estabelecimentos em locais distintos, caso em que cada um deles será considerado domicílio para os atos nele praticados (art. 75, § 1º). Dessa forma, se a pessoa jurídica tiver filiais ou agências situadas em comarcas diferentes, poderá ser demandada no foro em que tiver praticado o ato. Essa também é a regra disposta no art. 53, III, *a* e *b*, do CPC/2015 e na Súmula 356 do STF: "A pessoa jurídica de direito privado pode ser demandada no domicílio da agência ou estabelecimento em que se praticou o ato".

Se, por sua vez, ocorrer de a administração ou diretoria estar sediada no exterior, será considerado domicílio o lugar do estabelecimento situado no Brasil a que corresponderem as obrigações contraídas por suas agências (art. 75, § 2º).

Vejam-se alguns exemplos. A diretoria da sociedade A está situada no Rio de Janeiro. Esta cidade, portanto, será o seu domicílio. No caso da sociedade B, que tem vários pequenos estabelecimentos em diversas cidades da grande Belo Horizonte, o domicílio, por designação no contrato social, é Belo Horizonte. Já a associação C tem diversos escritórios pelo Estado de São Paulo, sem administração central, e não há definição do domicílio no ato constitutivo. Por essa razão, será considerado domicílio o lugar de cada um dos escritórios, para os atos nele praticados. A fundação D, por fim, é sediada em Paris, e tem representantes em Vitória e em Salvador. Cada uma dessas cidades será, por conseguinte, o domicílio da fundação, para as obrigações correspondentes a cada uma das representações. Por exemplo, a compra de alimentos para distribuição pelo interior da Bahia, realizada pelo representante de Salvador, implicará a determinação de Salvador como domicílio da fundação.

Já, para as pessoas jurídicas de **Direito Público Interno**, o domicílio corresponderá à sede do respectivo governo. Assim, dispõe o art. 75 do CC que o domicílio da União é a capital federal, dos Estados e territórios as respectivas capitais e dos municípios o local em que funcione a administração municipal.

Por fim, destacamos que o domicílio é classificado, doutrinariamente, em **voluntário** e **necessário**.

Considera-se **voluntário** o domicílio da pessoa que tem o poder de escolhê-lo livremente, tal como ocorre com as pessoas naturais e jurídicas em geral (por exemplo, uma pessoa pode, na maior parte dos casos, escolher onde pretende residir, bem como podem os sócios escolher o domicílio da pessoa jurídica ao celebrar o contrato de sociedade). O domicílio voluntário pode ser **geral** ou **de eleição**. Será geral o domicílio assim considerado relativamente aos atos praticados pela pessoa em geral, e de eleição o que for eleito em um contrato com relação àquele negócio jurídico (art. 78). No Brasil, costuma-se eleger expressamente, nos negócios jurídicos, o **foro** que terá competência para julgar eventuais conflitos. Ao fazê-lo, as partes estão, na verdade, elegendo o domicílio do negócio. Para fins processuais, o foro é o do lugar do domicílio.

Por outro lado, considera-se **necessário** o domicílio imposto pelo Direito, o qual pode ser **de origem** ou **legal**. Diz-se de origem o domicílio de quem o adquire ao nascer: é o caso dos filhos menores, cujo domicílio é o dos pais. Legal, por sua vez, é o determinado pela lei

---

[85] "O domicílio da pessoa jurídica empresarial regular é o estatutário ou o contratual em que indicada a sede da empresa, na forma dos arts. 968, IV, e 969, combinado com o art. 1.150, todos do Código Civil."

(art. 76 do Código): trata-se dos domicílios do incapaz (o do seu representante ou assistente); do servidor público (o do lugar em que exercer permanentemente suas funções); do militar (o do lugar onde servir); do oficial da Marinha ou da Aeronáutica (o da sede do comando a que estiver subordinado); do marítimo (o do lugar onde o navio estiver matriculado) e do preso (o do lugar onde cumprir a sentença). Nesses casos, não existe liberdade de escolha, pois o domicílio é predefinido pela lei.

Há outras hipóteses de domicílio necessário na lei civil: (i) o de cada cônjuge será o do casal (art. 1.569[86]); (ii) o do agente diplomático do Brasil que, citado no estrangeiro, alega extraterritorialidade, mas não designa onde, no Brasil, tem domicílio. Nesse caso, poderá ser acionado tanto no Distrito Federal quanto no último lugar em que teve seu domicílio no Brasil (ou seja, o último lugar onde residiu ou teve seu centro de atividades).

DOMICÍLIO NECESSÁRIO
Incapaz → o domicílio do seu representante ou assistente
Servidor público → lugar onde exercer permanentemente sua função
Militar → lugar onde servir
Oficial da Marinha ou da Aeronáutica → lugar da sede do comando
Marítimo → lugar onde o navio estiver matriculado
Preso → lugar onde cumprir a sentença

2.7 Direitos da personalidade

A partir da Revolução Francesa e da Declaração Universal dos Direitos do Homem e do Cidadão, o Direito passou a preocupar-se, cada vez mais, com a **dignidade do ser humano**. Desse momento em diante, direitos que antes eram objeto da análise apenas dos jusnaturalistas passaram a se incorporar, pouco a pouco, aos ordenamentos jurídicos que se desenhavam no século XIX.

Os jusnaturalistas pensavam em direitos inatos ou imanentes, por considerarem que, sem a sua proteção, o ser humano perderia a própria condição de humano. O melhor exemplo, para que se compreenda o porquê das expressões *inatos* e *imanentes*, é o direito à vida. Ora, só existe ser humano se houver vida. Por isso a garantia desse direito imanaria da própria natureza humana.

A partir do nascimento e fortalecimento do **positivismo jurídico**, passou-se a questionar a natureza dos direitos da personalidade, vez que se negou a existência dos chamados *direitos naturais*.

Todavia, conquanto se negasse o caráter inato e imanente desses direitos, não se negava a sua importância. Em razão disso, os ordenamentos jurídicos passaram a tipificar os direitos da personalidade, pondo fim ao debate. Afinal, não importa se são naturais ou não: a partir de quando são positivados, os direitos da personalidade são garantidos pelo ordenamento jurídico.

---

[86] "O domicílio do casal será escolhido por ambos os cônjuges, mas um e outro podem ausentar-se do domicílio conjugal para atender a encargos públicos, ao exercício de sua profissão, ou a interesses particulares relevantes."

No rol dos direitos da personalidade incluíram-se o direito à vida, à liberdade, à igualdade, à imagem, ao nome etc. Todos com um único objetivo comum: garantir ao ser humano a realização plena da sua condição de pessoa. E todos, como se vê, sem caráter patrimonial.

Na tentativa de classificar os direitos da personalidade, outras duas correntes de pensamento entraram em choque. Os chamados **monistas** defendiam a existência de um único **direito geral de personalidade**, o qual fundamentaria a proteção de todos os interesses da pessoa. A justificativa dos monistas era no sentido de que, se o ser humano é uno, seus interesses encontram-se todos conectados, daí por que a proteção dos diversos desdobramentos da personalidade se fundamentaria em um único direito geral da personalidade.

Os chamados **pluralistas**, por sua vez, defendiam a existência de diversos direitos da personalidade, cada qual referente a um interesse da pessoa, não sendo possível pensar-se em proteção genérica.

Não obstante, a doutrina mais recente sustenta que, no Brasil, com o advento da Constituição de 1988, não se trata nem de um direito geral da personalidade, nem de diversos direitos, mas sim da elevação da **proteção da dignidade da pessoa humana**, em qualquer circunstância, à posição de *diretriz de interpretação de todo o ordenamento jurídico*.[87]

Ou seja, os direitos da personalidade, a partir da Constituição de 1988, não se limitam a um único direito geral da personalidade, nem se encontram destrinchados na lei, mas giram em torno das ideias fundamentais de realização da personalidade e de proteção da dignidade da pessoa humana, orientando o intérprete e o legislador.

A propósito, um dos fundamentos do Estado Democrático de Direito é a dignidade humana (art. 1º, inciso III, da CF). De acordo com o Supremo Tribunal Federal, esse princípio "busca proteger de forma integral o sujeito na qualidade de pessoa vivente em sua existência concreta".[88] Trata-se, portanto, de uma qualidade intrínseca a **todo** ser humano, pouco importando a sua origem, gênero, raça, religião ou orientação sexual. As condições mínimas de dignidade coincidem com o respeito ao mínimo existencial, ou seja, com o "[...] conjunto de prestações materiais mínimas sem as quais se poderá afirmar que o indivíduo se encontra em situação de indignidade [...]"[89].

Além do advento da Constituição Federal de 1988, podemos estabelecer como marco dos direitos da personalidade o **fenômeno da despatrimonialização**. No direito civil clássico, a propriedade sempre esteve no centro da proteção jurídica. Atualmente, contudo, a pessoa também se insere no centro do sistema civil material. Ao ser humano – e à coletividade de seres humanos – deve ser garantida proteção jurídica, dela defluindo consectários como o respeito à integridade física e moral.

Considerando-se que os direitos da personalidade visam resguardar a **dignidade da pessoa**, o Código Civil de 2002 traçou certas normas, nos arts. 11 a 21, com o objetivo de oferecer disciplina, ainda que tímida e conservadora, aos mecanismos de proteção de tais direitos. Não obstante, impende frisar que, no Direito pátrio, os direitos da personalidade não se esgotam no Código Civil, porquanto infinitamente derivados da **proteção da dignidade humana**, razão pela qual não se restringem aos direitos expressamente mencionados nos arts. 11 a 21. Nesse sentido é o Enunciado 274 da IV Jornada de Direito Civil do CJF, que, além de tratar

---

[87] TEPEDINO, Gustavo. *Temas de direito civil*. 4. ed. Rio de Janeiro: Renovar, 2008. p. 53.
[88] Ação Direta de Inconstitucionalidade 5.543/DF, relator: Min. Edson Fachin, Plenário, data do julgamento: 11/5/2020, *data da publicação*: 26/8/2020).
[89] BARCELLOS, Ana Paula de. A eficácia jurídica dos princípios constitucionais: o princípio da dignidade da pessoa humana. Rio de Janeiro: Renovar, 2002. p. 305.

da técnica da ponderação em caso de colisão, deixa expresso que os direitos da personalidade estão regulados de maneira não exaustiva pelo Código Civil.

Os direitos da personalidade têm a natureza de **direitos oponíveis a todos** (*erga omnes*) e cujo dever correspondente consiste em uma **inação**[90] (dever negativo). Em razão de aos direitos da personalidade corresponderem deveres negativos de todas as demais pessoas, diz-se que são *excludendi alios*.

A doutrina clássica aponta as seguintes características dos direitos da personalidade: a **intransmissibilidade**, a **irrenunciabilidade** e a **indisponibilidade** (art. 11), além da **imprescritibilidade**.[91] Isso porque tais direitos têm por objeto a própria personalidade da pessoa com todos os seus elementos constitutivos – moral, corpo, honra, imagem etc.

Nos termos do art. 11, "com exceção dos casos previstos em lei, os direitos da personalidade são intransmissíveis e irrenunciáveis, não podendo o seu exercício sofrer limitação voluntária".

No entanto, admite-se a **disposição relativa**, nos casos expressamente previstos no ordenamento jurídico, entre os quais os dos arts. 13 e 14 do Código, que tratam de disposição do próprio corpo por exigência médica (art. 13) e para depois da morte, com objetivo científico ou altruístico (art. 14).

Cumpre frisar que na **I Jornada de Direito Civil**, promovida pelo Conselho da Justiça Federal, aprovou-se o Enunciado 4, acerca do art. 11 do Código Civil, com o seguinte conteúdo: "o exercício dos direitos da personalidade pode sofrer limitação voluntária, desde que não seja permanente nem geral". Já na **III Jornada de Direito Civil** aprovou-se o Enunciado 139, também acerca do art. 11, com o seguinte conteúdo: "os direitos da personalidade podem sofrer limitações, ainda que não especificamente previstas em lei, não podendo ser exercidos com abuso de direito de seu titular, contrariamente à boa-fé objetiva e aos bons costumes".

Não obstante, pesquisas científicas recentes têm combatido as características apontadas e defendidas pela doutrina clássica, por trabalharem com uma noção mais aberta de pessoa. Já se defende, por exemplo, a *renunciabilidade* do exercício dos direitos da personalidade, bem como a *liberdade* de uso e de manipulação do corpo. Trata-se de excelentes trabalhos, que têm alçado a discussão no Brasil a um altíssimo nível, e que a têm inserido no debate no cenário internacional.[92]

Importantíssima decisão do Supremo Tribunal Federal de setembro de 2016 produziu grande impacto sobre a discussão por ter dado claras indicações de que, na ordem constitucional vigente, a teoria clássica dos direitos da personalidade deve ser repensada – bem na linha das pesquisas recentes que já vinham sendo desenvolvidas sobre o tema. Comentaremos tal impacto ao discorrer sobre o **direito à busca da felicidade e à realização plena**, na subseção 2.7.2.1.

2.7.1 Tutela dos direitos da personalidade

Tradicionalmente, o Direito brasileiro tutela os direitos da personalidade por duas vias: a via da *proibição*, estabelecendo diversas restrições – já criticadas pelos estudiosos do tema

---

[90] Estudaremos, com calma, o tema dos **direitos absolutos e relativos** na Parte II – Direito das Obrigações.

[91] A **imprescritibilidade** pode significar que um direito não se sujeita à prescrição (a qual esvazia a eficácia da pretensão) ou à decadência (a qual extingue o direito), dependendo do caso. A prescrição e a decadência são o objeto do nosso estudo no Capítulo 8.

[92] Por todos, citem-se os trabalhos de Brunello Stancioli (*Renúncia ao exercício dos direitos da personalidade*: ou como alguém se torna o que quiser. Belo Horizonte: Del Rey, 2010) e de Mariana Lara (*O direito à liberdade de uso e (auto) manipulação do corpo*. Belo Horizonte: D'Plácido, 2014).

– ao exercício dos direitos da personalidade; a via da *reparação*, prevendo a possibilidade de indenização pela lesão a direitos da personalidade.

Os arts. 11 e 13 do Código são exemplos da **tutela proibitiva**.

O art. 12, por sua vez, cuida da **tutela reparatória**, conferindo ao titular do direito da personalidade a prerrogativa de exigir que cesse a ameaça ou a lesão ao seu direito, bem como reclamar perdas e danos. O parágrafo único desse dispositivo estende essa prerrogativa, caso o titular do direito da personalidade violado já se encontre morto, ao cônjuge sobrevivente, ou qualquer parente em linha reta, ou colateral até o quarto grau. Trata-se de hipótese de legitimidade ordinária e autônoma. Os legitimados indiretos poderão agir em nome próprio, defendendo interesse próprio, consistente na defesa da personalidade jurídica de seus parentes falecidos.

Ademais, é possível falar em **tutela preventiva ou inibitória** para os casos em que o dano ainda não ocorreu. A primeira parte do art. 12 evidencia uma espécie de tutela inibitória, cuja nota específica consiste em buscar prevenir a ameaça de lesão a um bem jurídico. Essa espécie de tutela surge como forma de admitir uma maior proteção a direitos materiais que não encontram na tutela reparatória a sua proteção plena. O mandado de segurança preventivo, assim como o interdito proibitório são exemplos tradicionais de procedimentos que buscam tutelar direitos ameaçados, ou seja, a sua utilização é sempre pensando no futuro, ao contrário da tutela reparatória, por meio da qual se busca reparar um dano que já ocorreu. A propósito, o parágrafo único do art. 497 do Código de Processo Civil dispõe que, "para a concessão da tutela específica destinada a inibir a prática, a reiteração ou a continuação de um ilícito, ou a sua remoção, é irrelevante a demonstração da ocorrência de dano ou da existência de culpa ou dolo". Isso quer dizer que o conceito de ilícito civil não está atrelado à culpa, de modo que, se houver ameaça a um direito da personalidade, a tutela preventiva poderá se mostrar a mais adequada ao caso concreto, ainda que não comprovada a existência de dano ou de qualquer elemento subjetivo.

2.7.2 Considerações acerca de alguns direitos da personalidade

2.7.2.1 Direito à busca da felicidade e à realização plena

A Constituição de 1988 estabeleceu como um de seus fundamentos a **dignidade da pessoa humana** (art. 1º, III), e como dois de seus objetivos **fundamentais construir uma sociedade livre, justa e solidária, e promover o bem de todos, sem preconceitos de origem, raça, sexo, cor, idade e quaisquer outras formas de discriminação**.

Da interpretação sistemática desses preceitos decorre, espontaneamente, a conclusão de que, na ordem constitucional brasileira, as pessoas têm direito a buscar a felicidade e sua plena realização. Todavia, até bem recentemente, a ideia de um direito à busca da felicidade e à realização plena era dotada de quase nenhuma eficácia jurídica, para não dizer totalmente desprovida. Não servia de diretriz para a elaboração de normas, nem para a decisão sobre problemas concretos.

Entretanto, acreditamos que esse quadro se alterou com a decisão do Supremo Tribunal Federal proferida em setembro de 2016 sobre a constitucionalidade da pluriparentalidade (assunto que estudaremos na Parte V).

No voto do relator, Ministro LUIZ FUX, atribui-se, claramente, operacionalidade ao **direito à busca da felicidade e à realização plena**, que, então, a nosso ver, ganharam destaque dentre os direitos da personalidade. Veja-se o seguinte excerto da decisão:

> Em estreita conexão com a dignidade humana, e dela derivando ao mesmo passo em que constitui o seu cerne, apresenta-se o denominado direito à busca da felicidade.
>
> [...]

Tanto a dignidade humana, quanto o devido processo legal, e assim também o direito à busca da felicidade, encartam um mandamento comum: o de que indivíduos são senhores dos seus próprios destinos, condutas e modos de vida, sendo vedado a quem quer que seja, incluindo-se legisladores e governantes, pretender submetê-los aos seus próprios projetos em nome de coletivos, tradições ou projetos de qualquer sorte.

(STF, RE 898.060/SP, Tribunal Pleno, relator: Min. Luiz Fux, data do julgamento: 21/9/2016, data da publicação: 24/8/2017.)

Da leitura da decisão, que pode, quanto ao assunto de que aqui tratamos, ser bem sintetizada no excerto transcrito, a busca da felicidade ganha contornos de **princípio jurídico**, a funcionar como diretriz máxima para a elaboração e aplicação de normas no âmbito do Direito Privado, bem como de **direito da personalidade**, podendo ser alegado por seu titular, para suscitar sua tutela, e também devendo ser levado em conta pelo julgador, em casos de controvérsias envolvendo desdobramentos da personalidade.

Por exemplo, se Augusto, apesar de se identificar como sendo do gênero masculino – não sendo relevante seu sexo –, quiser ir trabalhar vestindo uma saia, porque assim será mais feliz – por exemplo, pelo fato de que sentirá menos calor –, não poderá ser impedido de fazê-lo. Do mesmo modo, se a sua identidade de gênero for diversa do seu sexo biológico, nada poderá lhe impedir de assumir essa construção social e de se expressar como tal. A propósito, no Recurso Extraordinário 477554, o então Ministro Celso de Mello, do Supremo Tribunal Federal, atrelou o direito à orientação sexual ao direito à felicidade, reconhecendo que a extensão às uniões homoafetivas de direitos garantidos à família heteronormativa justifica-se e legitima-se pela direta incidência, entre outros, dos princípios constitucionais da igualdade, da liberdade, da dignidade e do postulado constitucional implícito que consagra o direito à busca da felicidade[93]. Nas palavras do Ministro Luís Roberto Barroso, "as pessoas têm o direito de colocar seu afeto onde mora o seu desejo"[94], de modo que cada indivíduo pode dar ao seu corpo as finalidades que desejar, adaptando-se à forma de ser e de alcançar a felicidade[95].

O exercício do **direito à busca da felicidade** e de seu correlato, o **direito à realização plena**, só pode legitimamente sofrer limitação quando esta decorrer de proteção da ordem constitucional ou de lei, e, nesse caso, se for lógica, objetiva e razoável.

Logo, ainda que o devedor seja mais feliz não cumprindo a obrigação, poderá ser constrangido a fazê-lo, vez que é lógica, objetiva e razoável a norma geral que prevê as consequências jurídicas do inadimplemento. Por conseguinte, pode o devedor vir a sofrer a penhora de um bem

---

[93] No mesmo sentido o STJ: "A legislação que regula a união estável deve ser interpretada de forma expansiva e igualitária, permitindo que as uniões homoafetivas tenham o mesmo regime jurídico protetivo conferido aos casais heterossexuais, trazendo efetividade e concreção aos princípios da dignidade da pessoa humana, da não discriminação, igualdade, liberdade, solidariedade, autodeterminação, proteção das minorias, busca da felicidade e ao direito fundamental e personalíssimo à orientação sexual. 4. A igualdade e o tratamento isonômico supõem o direito a ser diferente, o direito à autoafirmação e a um projeto de vida independente de tradições e ortodoxias, sendo o alicerce jurídico para a estruturação do direito à orientação sexual como direito personalíssimo, atributo inseparável e incontestável da pessoa humana. Em suma: o direito à igualdade somente se realiza com plenitude se for garantido o direito à diferença [...]" (REsp 1.302.467/SP, relator: Min. Luis Felipe Salomão, 4ª Turma, data do julgamento: 3/3/2015, *data da publicação:* 25/3/2015).

[94] ASSOCIAÇÃO DOS MAGISTRADOS MINEIROS. Luís Roberto Barroso, um progressista no STF. AMAGIS, Minas Gerais, 31/7/2015. Disponível em: <https://amagis.com.br/posts/luis-roberto-barroso-um-progressista-no-stf>.

[95] GIDDEns, Anthony. Sociología. Madri: Alianza, 2007. p. 441.

supérfluo, vez que, nessa hipótese, a limitação ao seu direito advém de previsão legal legítima. Todavia, não pode o devedor, para fins de satisfação da dívida, ser submetido a tortura, ainda que, porventura, no caso concreto, o credor alegasse que assim seria mais feliz. Nesse caso, o direito do credor seria limitado, e o do devedor protegido, levando-se em conta que a ordem constitucional brasileira não admite a tortura.

2.7.2.2 Direito à integridade física

O Código Civil cuidou do direito ao próprio corpo nos arts. 13 a 15. Em suma, o direito à integridade física apresenta três formas de tutela: (i) a tutela ao corpo ainda vivo; (ii) a tutela ao corpo após a morte; (iii) a tutela da autodeterminação do paciente.

O art. 13 proíbe a disposição do próprio corpo se esta importar "diminuição permanente da integridade física, ou contrariar os bons costumes", salvo em casos de necessidade médica, ou se a finalidade for a realização de um transplante[96]. A expressão "bons costumes" é bastante criticada pela doutrina, especialmente por atrelar o direito a uma moral rígida, que não se coaduna, por exemplo, com a possibilidade de realização da denominada cirurgia de redesignação ou readequação sexual. Por isso, a doutrina é unânime em admiti-la:

> O art. 13 do Código Civil, ao permitir a disposição do próprio corpo por exigência médica, autoriza as cirurgias de transgenitalização, em conformidade com os procedimentos estabelecidos pelo Conselho Federal de Medicina e a consequente alteração do prenome e do sexo no Registro Civil (Enunciado 276, CJF)[97].

Ainda em relação ao art. 13, precisamos ter em mente que a exigência de "necessidade médica" não pode restringir, por exemplo, a realização de cirurgias plásticas, ainda que exclusivamente para fins estéticos. O respeito à autonomia deve prevalecer, havendo necessidade de controle estatal quando houver periclitação da dignidade do titular do direito.

O art. 14, por sua vez, autoriza a disposição do corpo, para depois da morte, desde que gratuita, e para fins científicos ou altruísticos, sendo a qualquer tempo revogável o ato em que foi estabelecida. Também considerando a autonomia do sujeito, o eventual consentimento de familiares – previsto na Lei de Transplantes (art. 4º da Lei 9.434/1997) – deve ser exigido apenas quando o próprio titular, ainda vivo, não dispôs expressamente sobre o destino do seu cadáver[98]. Essa disposição sequer exige uma formalidade específica, pois, segundo o Superior Tribunal de Justiça, é possível, por exemplo, que uma pessoa manifeste, em vida, a sua vontade em se submeter a procedimento de criogenia ou criopreservação, consistente na preservação do cadáver para eventual e futura reanimação. Essa deliberação não exige testamento, podendo ser comprovada por outros meios (STJ, REsp 1.693.718, relator: Min. Marco Aurélio Bellizze, data do julgamento: 26/3/2019, *data da publicação: 4/4/2019*).

---

[96] O art. 9º e parágrafos da Lei 9.434/97 permitem à pessoa juridicamente capaz dispor gratuitamente de tecidos, órgãos e partes do próprio corpo vivo, para fins terapêuticos ou para transplantes, desde que o ato não represente risco para a sua integridade física e mental e não cause mutilação ou deformação inaceitável. Só é permitida a doação em caso de órgãos duplos (rins), partes regeneráveis de órgão (fígado) ou tecido (pele, medula óssea), cuja retirada não prejudique o organismo do doador nem lhe provoque mutilação ou deformação.

[97] Quando abordarmos o direito ao nome, veremos que o direito à retificação do prenome e do gênero no registro civil não é condicionado à exigência de realização da referida cirurgia.

[98] Também nesse sentido é o Enunciado 277 do CJF.

Por fim, o art. 15 proíbe a realização de tratamento médico ou procedimento cirúrgico com risco de vida, contra a vontade da pessoa. Trata-se de regra que obriga os médicos a não atuarem sem prévia autorização do paciente, preservando, assim, o direito à informação, também previsto na lei consumerista.

Caso o doente não possa manifestar a sua vontade, exige-se autorização escrita para o tratamento ou a intervenção cirúrgica. Essa autorização deve ser dada por qualquer parente maior, da linha reta ou colateral até o segundo grau, ou por cônjuge ou companheiro. Se, contudo, não houver tempo hábil para ouvir o paciente ou coletar a referida autorização, o profissional médico terá a obrigação de realizar o tratamento, pois justificado pelo iminente perigo de vida. Aliás, a Resolução 2.232/2019 do Conselho Federal de Medicina determina que, em situações de urgência e emergência que caracterizem perigo de morte, o médico deve adotar todas as medidas necessárias e reconhecidas para preservar a vida do paciente, independentemente da recusa terapêutica.

2.7.2.3 Direito ao nome

Um dos direitos da personalidade mais importantes é o **direito ao nome**. Isso porque o nome é a designação pela qual a pessoa é conhecida no mundo.

Nesse sentido dispõe o art. 16 do Código que "toda pessoa tem direito ao nome, nele compreendidos o prenome e o sobrenome". O art. 17, ademais, estabelece que "o nome da pessoa não pode ser empregado por outrem em publicações ou representações que a exponham ao desprezo público, ainda quando não haja intenção difamatória", e o art. 18 determina que "sem autorização, não se pode usar o nome alheio em propaganda comercial". Havendo violação ao direito ao nome, é possível recorrer à tutela reparatória prevista no art. 12.

Frise-se que o art. 18 aplica-se a qualquer pessoa, inclusive às celebridades, que, a despeito da fama, ainda assim têm seu nome protegido. Em sua obra sobre os direitos da personalidade, ANDERSON SCHREIBER narra interessante caso envolvendo Luciano Huck, que "viu seu nome veiculado, sem qualquer autorização, no informe publicitário de um lançamento imobiliário de alto luxo".[99] Tal informe publicitário mencionava, como atrativo do empreendimento, o fato de que Luciano Huck seria um dos moradores. O apresentador ajuizou ação pleiteando indenização pela lesão a seu direito ao nome, e venceu.

O art. 19, por fim, estende ao pseudônimo a proteção que se garante ao nome.

Atualmente, o nome da pessoa natural se encontra disciplinado nos arts. 55 e seguintes da Lei de Registros Públicos (LRP) – Lei 6.015/73.

Conforme o art. 55 da LRP, o nome é composto pelo **prenome** escolhido pela pessoa que realiza o registro do nascimento (chamada pela lei de *declarante*) e de um ou mais **sobrenomes**[100] dos pais. Admite-se, ainda, o uso de um **agnome**, como Júnior, Filho, Neto, Sobrinho etc., para diferenciar a pessoa de um homônimo na família.

É dever do oficial do registro se recusar a registrar nomes que possam expor a pessoa ao ridículo (§ 1º do art. 55 da LRP), sobretudo considerando-se que se trata de um direito da personalidade.

Tema de extrema importância no contexto contemporâneo é o do **direito à alteração do nome**.

Da nossa parte, sempre entendemos que, considerando-se que se trata de **direito da personalidade**, protegido em um contexto em que a **proteção da dignidade da pessoa humana**

---

[99] SCHREIBER, Anderson. *Direitos da personalidade*. 3. ed. São Paulo: Atlas, 2014. p. 200.
[100] O sobrenome também é chamado apenas de nome, ou de patronímico, ou de apelido de família.

é a diretriz maior de interpretação do ordenamento, deve se admitir a mudança de nome pela vontade da pessoa, devidamente justificada, desde que preservados os direitos de terceiros; afinal, é por meio do nome que a dignidade humana se projeta.

Uma pessoa somente consegue se relacionar socialmente por meio de um nome. Desse modo, "ele deve exprimir uma realidade designativa, ou seja, estar condizente com a realidade vivida pela pessoa, sem artificialismo, e de forma a respeitar sua integridade moral e psíquica"[101].

Até junho de 2022, prevalecia sobre o nome a ideia de **inalterabilidade relativa**. Isso quer dizer que era possível a alteração de um prenome ou sobrenome, mas somente em hipóteses excepcionais. Com a edição da Lei 14.382/2022, que entrou em vigor em 28 de junho de 2022, após ser atingida a maioridade civil, o interessado poderá requerer pessoal e imotivadamente a alteração de seu prenome, independentemente de decisão judicial. Ou seja, a via administrativa poderá ser utilizada sem que haja qualquer justificativa para a alteração, bastando a vontade do requerente.

A flexibilização em relação ao prenome já era admitida, por exemplo, na hipótese de alteração em razão da **identidade de gênero**, ou melhor, em virtude da falta de correspondência entre a identidade sexual e de gênero. A partir do julgamento do RE 670.422, de relatoria do Min. Dias Toffoli (julgado em 15/8/2018, com repercussão geral), definiu-se que "o transgênero tem direito fundamental subjetivo à alteração de seu prenome e de sua classificação de gênero no registro civil, não se exigindo, para tanto, nada além da manifestação de vontade do indivíduo, o qual poderá exercer tal faculdade tanto pela via judicial como diretamente pela via administrativa". Ou seja, a retificação do nome não está condicionada à realização da cirurgia. O STF ainda definiu que a alteração averbada junto ao registro de nascimento não pode ser realizada com a inclusão do termo "transgênero", até porque tal providência tornaria ainda mais constrangedora a situação de quem já sente diariamente o peso da discriminação. Posteriormente, o Conselho Nacional de Justiça (CNJ) editou o Provimento 73, de 28 de junho de 2018, que dispõe sobre a averbação da alteração do prenome e do gênero nos assentos de nascimento e casamento de pessoa transgênero no Registro Civil das Pessoas Naturais (RCPN). Diante dessa nova realidade, amparada pela cláusula geral de dignidade da pessoa humana, é possível afirmar que integram o rol dos direitos da personalidade o **direito à identidade de gênero** e o **direito à orientação sexual**. Isso significa que a identidade de gênero e a orientação sexual devem ser consideradas bens jurídicos a merecer a respectiva tutela do Direito, sobretudo ao não criar obstáculos ilegítimos ao exercício de tais direitos e ao permitir a reparação da lesão a tais bens.

A forma como a pessoa se identifica socialmentee também já foi motivo ensejador da alteração judicial, dentro da perspectiva de imutabilidade relativa do nome. No REsp 1.217.166/MA, o STJ admitiu que uma pessoa chamada "Raimunda", mas conhecida desde criança por "Danielle", tivesse o prenome modificado por decisão judicial. Nesse caso, o justo motivo decorreu da forma como a autora da ação era conhecida em seu meio social e da necessidade de que essa adequação fosse realizada para não lhe gerar mais constrangimentos.

Também a Lei de Registro Públicos admitia a alteração no primeiro ano após o interessado ter atingido a maioridade civil. Para que isso ocorresse, fazia-se necessário o ajuizamento de uma demanda junto à Vara de Registros Públicos, caso existente, no prazo decadencial de um ano a contar da aquisição da maioridade. Agora, **não há qualquer prazo para a alteração**. *Basta que o interessado tenha atingido a maioridade*. Após deferido o pedido, a alteração de nome será publicada em meio eletrônico. Por meio eletrônico deve-se entender o jornal devidamente matriculado junto ao Registro Civil de Pessoas Jurídicas competente (art. 122, I, da

---

[101] TJDFT, Acórdão 948914, unânime, relatora: Maria Ivatônia, 5ª Turma Cível, data do julgamento: 15/6/2016.

Lei 6.015/73). De toda forma, essa alteração extrajudicial poderá ser feita apenas uma **única vez**, e, se houver suspeita de fraude, falsidade, má-fé, vício de vontade ou simulação quanto à real intenção da pessoa requerente, o oficial de registro civil fundamentadamente poderá recursar a retificação. Nada impede que, em casos assim, o requerente recorra à via judicial, o que também deverá ser feito em caso de arrependimento.

A alteração legislativa modifica radicalmente o entendimento jurisprudencial, e **o que era exceção virou regra**. A título de exemplo, no julgamento do REsp 1.728.039/SC, ocorrido em 12/6/2018, a Terceira Turma do STJ inviabilizou a alteração do prenome Tatiane por Tatiana. Segundo a Corte, a mera alegação de que a recorrente era conhecida popularmente como Tatiana, e não Tatiane, não era suficiente para afastar o princípio da imutabilidade do prenome, sob pena de se transformar a exceção em regra. Agora, **sem advogado ou justificativa**, poderá a requerente valer-se do art. 56 da Lei de Registros Públicos e solicitar, no próprio cartório, a modificação de seu prenome.

A dispensa de intervenção judicial para esse ato registral se coaduna com os princípios da dignidade humana e da autonomia da vontade. A desjudicialização do registro civil, como uma tendência no direito brasileiro, vem facilitar e desburocratizar determinados procedimentos, efetivando, em última análise, o direito da personalidade consagrado no art. 16 do Código Civil.

Na tentativa de se garantir a segurança jurídica, o legislador dispôs que:

A averbação de alteração de prenome conterá, obrigatoriamente, o prenome anterior, os números de documento de identidade, de inscrição no Cadastro de Pessoas Físicas (CPF) da Secretaria Especial da Receita Federal do Brasil, de passaporte e de título de eleitor do registrado, dados esses que deverão constar expressamente de todas as certidões solicitadas.

Outra alteração relevante refere-se à possibilidade de mudança de nome de recém-nascido em até 15 (quinze) dias após o registro, caso não tenha havido consenso entre os pais. Nesse ponto a legislação corrobora o entendimento da jurisprudência, que já havia admitido a modificação na hipótese de quebra, por um dos pais, do acordo sobre o nome a ser dado a filho. Assim, desrespeitado o consenso prévio entre os genitores, com violação aos deveres de lealdade e de boa-fé, admite-se a alteração administrativa, desde que observado o prazo decadencial indicado. Se ultrapassado o lapso temporal previsto na nova lei, a ação judicial ainda poderá ser utilizada.

Também consolidando o posicionamento jurisprudencial (p. ex.: REsp 1.873.918/SP e REsp 910.094/SC), a Lei 14.382/2022 permite que, em razão do casamento, o sobrenome seja alterado a qualquer momento, assim como excluído independentemente do fim da sociedade conjugal. A jurisprudência já entendia que o direito a acrescer não inviabilizava o direito de desistir desse mesmo acréscimo, especialmente quando o pedido fosse devidamente justificado e houvesse baixo risco à segurança jurídica ou ao direito de terceiros. Em suma, como havia possibilidade de modificação do patronímico tanto no momento do casamento quanto durante a convivência, era plenamente admissível que essa alteração não fosse apenas para incluir mas também para excluir o sobrenome eventualmente acrescido. O que a Lei 14.382/2022 fez foi acatar esse entendimento. Assim, de acordo com o art. 57, a alteração extrajudicial do sobrenome poderá ser feita para: inclusão de sobrenomes familiares; inclusão ou exclusão de sobrenome do cônjuge, na constância do casamento; exclusão de sobrenome do ex-cônjuge, após a dissolução da sociedade conjugal, por qualquer de suas causas[102]; inclusão e exclusão

---

[102] Antes da alteração legislativa, o STJ também já havia decidido pela possibilidade de a esposa, após o falecimento do marido, voltar a utilizar o nome de solteira. É que, apesar de a legislação anterior

de sobrenomes em razão de alteração das relações de filiação, inclusive para os descendentes, cônjuge ou companheiro da pessoa que teve seu estado alterado.

Embora o art. 57 da Lei de Registros Públicos trate da modificação do sobrenome em razão da "alteração das relações de filiação", entendemos que a possibilidade de mudança do sobrenome em razão do abandono afetivo, ainda que não seja excluída a paternidade, é plenamente possível. A propósito, o STJ já admitiu a exclusão dos sobrenomes paternos em razão do abandono pelo genitor. Na situação concreta, um indivíduo foi abandonado em tenra idade pelo pai e, ao completar 18 (dezoito) anos de idade, desejou retirar o sobrenome de seu genitor biológico. Na situação ventilada, a Corte Cidadã adotou um posicionamento mais flexível acerca da imutabilidade ou definitividade do nome civil, acrescentando que a referida flexibilização se justifica "pelo próprio papel que o nome desempenha na formação e consolidação da personalidade de uma pessoa." Ao final, concluiu-se que "o abandono pelo genitor caracteriza o justo motivo de o interessado requerer a alteração de seu nome civil, com a respectiva exclusão completa dos sobrenomes paternos" (REsp 1.304.718-SP, relator: Min. Paulo de Tarso Sanseverino, data do julgamento: 18/12/2014, *data da publicação:* 5/2/2015).

No caso de dissolução da sociedade conjugal, cabe asseverar que a opção do cônjuge é sempre levada em consideração. É que, como o nome é um **atributo da personalidade**, um cônjuge não pode exigir do outro que deixe de utilizar o nome que acrescentou em razão do casamento. Vale conferir trecho da decisão da Ministra do Superior Tribunal de Justiça, Nancy Andrighi, sobre o assunto:

> O fato de a ré ter sido revel em ação de divórcio em que se pretende, também, a exclusão do patronímico adotado por ocasião do casamento não significa concordância tácita com a modificação de seu nome civil, quer seja porque o retorno ao nome de solteira após a dissolução do vínculo conjugal exige manifestação expressa nesse sentido, quer seja porque o efeito da presunção de veracidade decorrente da revelia apenas atinge as questões de fato, quer seja ainda porque os direitos indisponíveis não se submetem ao efeito da presunção da veracidade dos fatos[103].

Também o enteado ou a enteada poderão requerer ao oficial de registro civil que, nos registros de nascimento e de casamento, seja averbado o nome de família de seu padrasto ou de sua madrasta. Para tanto, deverá haver consenso entre os envolvidos e justo motivo (art. 57, § 8º). Nesse caso, a legislação deverá ser utilizada somente quando não houver reconhecimento jurídico da filiação socioafetiva, uma vez que, nesse caso, já se admite a alteração do sobrenome.

Há outras hipóteses de alteração que decorrem da própria lei, como é o caso da adoção. A sentença que constitui o vínculo da adoção (art. 47, § 5º, do Estatuto da Criança e do Adolescente) confere ao adotado o nome do adotante. Na prática, subtraem-se os sobrenomes dos pais biológicos e incluem-se os sobrenomes dos pais adotivos. A legislação também admite que o prenome seja alterado, hipótese na qual o adotado, se maior de 12 (doze) anos de idade, será necessariamente ouvido (art. 47, § 6º, c/c art. 28, § 2º, do ECA).

Importa lembrar que o art. 58 da Lei de Registros Públicos igualmente admite a substituição do prenome por apelidos notórios. A permissão depende, para ser implementada, de

---

admitir a modificação quando da realização do divórcio ou da separação, silenciava em relação à dissolução do vínculo conjugal pela morte. Nada mais coerente que admitir tal possibilidade, especialmente porque presente a mesma razão de ser: o fim da sociedade conjugal (STJ, 3ª Turma, REsp 1.724.718/MG, relatora: Min. Nancy Andrighi, data do julgamento: 22/5/2018).

[103] Processo em segredo de justiça. Decisão noticiada na página oficial do Superior Tribunal de Justiça.

decisão judicial, além do preenchimento dos seguintes requisitos: a) o apelido deve existir e o interessado atender, quando chamado por ele, em seu universo social; b) o apelido deve ser conhecido no grupo social em que o interessado na alteração convive.

Esta última possibilidade não se restringe aos artistas ou às pessoas com notoriedade pública. "A melhor interpretação sugere que se a pessoa é chamada, no estamento social a que pertence, normal e naturalmente pelo apelido que queria adotar, deve ter deferida sua pretensão"[104].

2.7.2.4 Direito à imagem

Outro importante direito da personalidade na atualidade é o **direito à imagem**.

O Código Civil dele cuidou no art. 20, estabelecendo que "salvo se autorizadas, ou se necessárias à administração da justiça ou à manutenção da ordem pública, a divulgação de escritos, a transmissão da palavra, ou a publicação, a exposição ou a utilização da imagem de uma pessoa poderão ser proibidas, a seu requerimento e sem prejuízo da indenização que couber, se lhe atingirem a honra, a boa fama ou a respeitabilidade, ou se se destinarem a fins comerciais".

Sobre este direito e sua atual disciplina legal, cabem aqui duas observações.

A primeira diz respeito à relevante crítica de ANDERSON SCHREIBER à ressalva final do art. 20. Segundo ele, a proteção da imagem da pessoa independe de violação à honra, à boa fama ou à respeitabilidade.[105] Por se tratar de um direito da personalidade autônomo, o direito à imagem permite ao seu titular impedir o uso da sua imagem mesmo quando de forma elogiosa. Por exemplo: uma escola não pode veicular a imagem de um aluno sem prévia autorização dos pais, ainda que para divulgar a boa colocação do estudante no ENEM. Nesse caso, embora não haja violação à honra, há notória violação ao direito de imagem e configuração do dano *in re ipsa*, ou seja, que independe de comprovação, por ser presumido[106]. Dois enunciados das Jornadas de Direito Civil do CJF também confirmam essa conclusão:

- **Enunciado 278 (IV Jornada):** "A publicidade que divulgar, sem autorização, qualidades inerentes a determinada pessoa, ainda que sem mencionar seu nome, mas sendo capaz de identificá-la, constitui violação a direito da personalidade".
- **Enunciado 587 (VII Jornada):** "O dano à imagem restará configurado quando presente a utilização indevida desse bem jurídico, independentemente da concomitante lesão a outro direito da personalidade, sendo dispensável a prova do prejuízo do lesado ou do lucro do ofensor para a caracterização do referido dano, por se tratar de modalidade de dano *in re ipsa*".

A segunda diz respeito à divulgação da imagem pela própria pessoa nas redes sociais, como vem se tornando muito comum por meio das chamadas *selfies* – fotografias da pessoa tiradas

---

[104] CENEVIVA, Walter. Leis dos Registros Públicos Comentada, p. 377.
[105] SCHREIBER, Anderson. *Direitos da personalidade*. São Paulo: Atlas, 2014. p. 107.
[106] "Para a configuração do dano moral pelo uso não autorizado da imagem de menor não é necessária a demonstração de prejuízo, pois o dano se apresenta in re ipsa. 4. O dever de indenizar decorre do próprio uso não autorizado do personalíssimo direito à imagem, não havendo de se cogitar da prova da existência concreta de prejuízo ou dano, nem de se investigar as consequências reais do uso" (STJ, REsp 1.217.422/MG, 3ª Turma, relator: Min. Ricardo Villas Bôas Cueva, data do julgamento: 23/9/2014, data da publicação: 30/9/2014). No mesmo sentido é a Súmula 403 do STJ: "Independe de prova do prejuízo a indenização pela publicação não autorizada da imagem de pessoa com fins econômicos ou comerciais".

por ela mesma em situações do cotidiano. Um dos problemas que tem havido é o seguinte: a pessoa tira uma *selfie* e envia para um grupo de amigos por meio do aplicativo *WhatsApp*. Posteriormente, os membros do grupo enviam a imagem para outros grupos, e assim sucessivamente. Nesses casos, seria mais difícil pensar em lesão ao direito de imagem simplesmente pela sua replicação, considerando-se que a publicação, via *WhatsApp, Facebook* ou outro meio eletrônico, foi feita pela própria pessoa. Nem por isso, todavia, admite-se o uso da imagem que lese outros direitos da personalidade. A título de exemplo, recentemente, o STJ teve a oportunidade de analisar um caso em que se pretendia a fixação de danos morais por divulgação de textos e imagens que haviam sido encaminhados em grupo de aplicativo de mensagens. Imagine que você e seus colegas de trabalho criam um grupo no aplicativo *WhatsApp*. Todos participam das conversas, inclusive tecendo críticas sobre alguns chefes que não fazem parte do grupo. Em determinado momento, um dos colegas sai do grupo e divulga para o presidente da empresa *prints* das mensagens com as críticas feitas por você. Essa conduta caracteriza ato ilícito apto a ensejar a responsabilização por eventuais danos decorrentes da publicização das mensagens?

O sigilo das comunicações é uma garantia constitucional (art. 5º, X, da CF) e a intimidade e a privacidade são direitos da personalidade consagrados nos arts. 20 e 21 do Código Civil. Isso quer dizer que não apenas as tradicionais comunicações telefônicas possuem caráter sigiloso mas também todos os programas que permitem a transmissão instantânea de informações – escritas ou faladas. Por essa razão é que há diversos precedentes judiciais indicando que o acesso às conversas entre o proprietário de um aparelho celular e outros interlocutores é uma violação ao sigilo das comunicações, excepcionando-se somente no caso de ordem judicial devidamente fundamentada. Dessa forma, para fins de sigilo, não importa o meio de comunicação, mas, sim, o conteúdo da comunicação.

Partindo dessa premissa, é razoável concluir que a disseminação de mensagens pode, a depender do caso concreto, ofender a imagem e a honra de uma pessoa. Ainda que esta esteja participando de um grupo com dezenas de outras pessoas, o seu consentimento para a participação não se confunde com o consentimento para publicação das mensagens dirigidas ao grupo. Ademais, em nosso exemplo, fica claro que se instaurou uma legítima e recíproca expectativa de privacidade entre os participantes do grupo, os quais, certamente, confiaram não apenas na criptografia proposta pelo aplicativo, mas também na confidencialidade de todos os colegas.

Em cenário semelhante, o STJ considerou que as mensagens eletrônicas estão protegidas pelo sigilo em razão de o seu conteúdo ser privado, isto é, restrito aos interlocutores. Ou seja, as conversas enviadas via *WhatsApp* se situam no campo confidencial. Dessa forma, se um integrante do grupo leva a conhecimento público conversa privada, estará configurada a violação à legítima expectativa, à privacidade e à intimidade do emissor. Para chegar a essa conclusão, a Corte ponderou dois direitos que estavam em jogo: a liberdade de informação e a privacidade. Prevaleceu o segundo, em especial, porque a informação divulgada não era de interesse público. Assim, se a publicização de uma conversa causa danos ao emissor, é cabível a responsabilização daquele que procedeu à divulgação sem prévia autorização.

No decorrer da decisão (REsp 1.903.273/PR), a Ministra Nancy Andrighi registrou, na fundamentação, a chamada **"Teoria das Esferas"**, desenvolvida pela doutrina alemã, que, basicamente, expressa as formas de extensão da proteção à privacidade. Essas esferas são de quatro espécies: a) esfera da publicidade; b) esfera pessoal; c) esfera privada; e d) esfera íntima. Na esfera da publicidade, os atos são praticados em público com o desejo de torná-los públicos. Nessa hipótese, há clara dispensa da proteção à intimidade/privacidade. Já, na esfera pessoal, há uma interação entre pessoas que não interessa a terceiros, o que ocorre, por exemplo, quando as partes firmam um contrato para a compra de um imóvel. Nesse exemplo, não há interesse do comprador na divulgação dos termos da oferta, do preço ou de quaisquer informações sobre o bem objeto do negócio. Na esfera pessoal, a restrição é maior, porque os dados divulgados vinculam-se às relações interpessoais, como é o caso do grupo formado por pessoas de uma mesma empresa. Justamente por não terem procurado uma rede social menos restrita, não se vê interesse dos integrantes na divulgação das mensagens.

Por fim, a esfera íntima é a mais restrita e abarca documentos como o diário, notas pessoais ou quaisquer outros que guardem informações mais íntimas do indivíduo que ele não deseja compartilhar com ninguém. "Em atenção à teoria das esferas, pode-se afirmar que as conversas enviadas via *WhatsApp* se situam na esfera confidencial" (STJ).

Essa conclusão não significa dizer que as conversas travadas em aplicativos não possam, em hipótese alguma, ser divulgadas ao público. Em processos judiciais de violência doméstica, por exemplo, ou em ações de alimentos, é comum que os envolvidos juntem aos autos mensagens que provam as suas alegações. Nesses casos, o próprio STJ ressalvou a possibilidade de utilização, afirmando que, quando as mensagens têm por objetivo a defesa de direito próprio, será necessário avaliar as peculiaridades concretas para fins de decidir qual dos direitos em conflito deverá prevalecer.

Com efeito, somente na análise de cada caso concreto é que se pode verificar se houve ou não o uso indevido da imagem. Sobre o tema, há mais um enunciado das Jornadas de Direito Civil, que busca afirmar a ausência de proteção ilimitada ou absoluta ao direito de imagem, especialmente quando há preponderância de interesse público:

> A proteção à imagem deve ser ponderada com outros interesses constitucionalmente tutelados, especialmente em face do direito de amplo acesso à informação e da liberdade de imprensa. Em caso de colisão, levar-se-á em conta a notoriedade do retratado e dos fatos abordados, bem como a veracidade destes e, ainda, as características de sua utilização (comercial, informativa, biográfica), privilegiando-se medidas que não restrinjam a divulgação de informações (Enunciado 279, CJF).

2.7.2.5 Direito à privacidade e à proteção dos dados pessoais

O Código tratou do direito à privacidade no art. 21, determinando que "a vida privada da pessoa natural é inviolável, e o juiz, a requerimento do interessado, adotará as providências necessárias para impedir ou fazer cessar ato contrário a esta norma".

Também com relação a este direito têm surgido questões ligadas às redes sociais, bem como aos *reality shows*. Nestes, os participantes abrem mão da sua privacidade para sujeitar sua vida privada à vigilância constante do público. Naquelas, pessoas divulgam comentários, fotografias e vídeos de sua vida privada nos meios eletrônicos, talvez sem se darem conta de que, quando o fazem, acabam por tornarem tais momentos públicos. De toda forma, assim como no caso da imagem, há que se fazer uma ponderação em relação aos direitos envolvidos. Por exemplo, o ocupante de cargo público possui uma maior relativização na proteção da sua honra e da sua privacidade, já que, em uma ponderação de valores, o interesse público e o acesso à informação da coletividade também devem ser levados em consideração. Trata-se, nessa hipótese específica, da materialização da **teoria da proteção débil do homem público**, a qual estabelece que as pessoas ocupantes de atividades públicas fazem jus à proteção à honra de forma atenuada e em menor latitude que as demais pessoas, pois estão mais sujeitas a um controle rígido da sociedade, pela natureza da atividade que livremente escolheram.

Na jurisprudência internacional, no acórdão do caso *Tristan Donoso* vs. *Panamá*, a Corte Interamericana de Direitos Humanos analisou a temática da proteção da honra dos funcionários públicos e entendeu que "a proteção da honra das pessoas envolvidas em assuntos de interesse público deve ocorrer em conformidade com os princípios do pluralismo democrático e com uma margem de aceitação e tolerância às críticas muito maior que a dos particulares". (Mérito, § 90). Portanto, segundo o tribunal interamericano, os indivíduos envolvidos com assuntos de interesse público estão submetidos a uma maior restrição no que tange ao seu direito à privacidade e à honra.

Ainda em relação à privacidade, considerando, em especial, a Lei Geral de Proteção de Dados Pessoais, necessário tecermos alguns breves comentários, especialmente porque a Constituição Federal de 1988, alterada pela Emenda Constitucional 115/2022 inseriu, no rol de direitos fundamentais (art. 5º, LXXIX), o direito à proteção dos dados pessoais, inclusive nos meios digitais.

A Lei 13.709/2018 – Lei Geral de Proteção de Dados (LGPD, publicada em 14 de agosto de 2018, estabelece um marco normativo geral para a proteção de dados e, na toada do art. 5º, X, da Constituição Federal de 1988, elege a responsabilidade civil como meio de proteção aos direitos de privacidade e intimidade. Embora não seja uma inovação, a LGPD aborda a temática de forma geral, unificando conceitos e procedimentos, além de conferir importância aos dados sobre as pessoas para o exercício de seus direitos fundamentais.

Antes da LGPD, já existiam leis e regulamentos no Brasil protegendo o uso e a coleta de dados, como as Leis 7.232/1984 (art. 2º, VII), 7.492/1986 (art. 18) e o Código de Defesa do Consumidor (arts. 43 e seguintes). A unificação da legislação no Brasil tem inspiração na iniciativa da União Europeia em editar um regulamento geral, conhecido como *GPDR – General Data Protection Regulation*, que foi publicado em 2016 e passou a ter plena aplicação em toda a União Europeia e no Espaço Comum Europeu a partir de 2018.

O tema central da proteção dos dados é a **preservação da privacidade das pessoas**, abarcando a projeção social ou relacional da personalidade (imagem e honra). O art. 2º da LGPD deixa essa preocupação expressa:

> Art. 2º A disciplina da proteção de dados pessoais tem como fundamentos:
>
> I – o respeito à privacidade;
>
> II – a autodeterminação informativa;
>
> III – a liberdade de expressão, de informação, de comunicação e de opinião;
>
> IV – a inviolabilidade da intimidade, da honra e da imagem;
>
> V – o desenvolvimento econômico e tecnológico e a inovação;
>
> VI – a livre iniciativa, a livre concorrência e a defesa do consumidor; e
>
> VII – os direitos humanos, o livre desenvolvimento da personalidade, a dignidade e o exercício da cidadania pelas pessoas naturais.

Embora já fosse possível admitir a proteção de dados como um direito da personalidade, a sua inclusão no rol de direitos fundamentais tem relevância particular, especialmente porque a LGPD não contemplou todos os setores nos quais os dados pessoais são costumeiramente utilizados, como é o caso da segurança pública e dos processos de investigação criminal. Isso quer dizer que, além dos setores que permitem a incidência da LGDP, todas as esferas – públicas e privadas – têm o dever de promover a proteção desse direito. Com a EC 115/2022, o direito à proteção de dados pessoais ganhou autonomia própria e o *status* de **cláusula pétrea**, que não pode vir a ser suprimido nem restringido.

Voltaremos ao tema no capítulo sobre a Responsabilidade Civil.

2.7.2.6   Direito ao esquecimento

O direito ao esquecimento começou a ser discutido a partir de casos emblemáticos submetidos à jurisdição alemã. O "caso Lebach", por exemplo, colocou em discussão a dificuldade do processo de ressocialização quando, mesmo após a aplicação da pena, se permitiu a transmissão de filme sobre os fatos ocorridos e respectivos envolvidos. A permissão foi posteriormente revogada pela Corte Constitucional Alemã. A propósito do episódio, colacionam-se as palavras de GILMAR FERREIRA MENDES, para quem:

> [...] a divulgação posterior de notícias sobre o fato é, em todo caso, ilegítima, se se mostrar apta a provocar danos graves ou adicionais ao autor, especialmente se dificulta a sua reintegração na sociedade. É de se presumir que um programa, que identifica o autor de fato delituoso pouco antes da concessão de seu livramento condicional ou mesmo após a sua soltura ameaça seriamente o seu processo de reintegração social[107].

Ainda na Alemanha, costuma-se fazer referência ao caso de Wolfgang Werlé e Manfred Lauber, que, junto com o direito ao esquecimento, provocou (e ainda provoca) discussões sobre os limites das informações perpetuadas pela internet.

Na Suíça, em 1983, o Tribunal Federal local ponderou, em um caso envolvendo a Sociedade Suíça de Rádio e um familiar de sentenciado à pena de morte, que, embora os fatos históricos não possam ser apagados, o esquecimento naturalmente pode ser reduzido ou eliminado pelas mídias eletrônicas. No Brasil, o "caso Doca Street" pode ser utilizado como marco, mesmo sem a referência expressa ao termo "esquecimento".

Outros casos concretos discutidos na Espanha, na Bélgica, na Itália e na França são marcos jurisprudenciais do direito ao esquecimento, posteriormente debatidos pela doutrina nacional e internacional. No Estados Unidos, o texto "The right to privacy", de Samuel Dennis Warren e Louis Dembitz Brandeis, é um dos artigos iniciais que trata do direito ao isolamento (*the right to be let alone*) como desdobramento fundamental do direito à privacidade e que pode ser considerado como marco para as discussões sobre a necessidade de desvinculação do indivíduo dos acontecidos que lhe são imputados após determinado período de tempo.

Na doutrina brasileira, cita-se o exemplo do Professor Titular de Direito Civil da Universidade Estadual do Rio de Janeiro (UERJ), ANDERSON SCHREIBER. Para o autor:

> [...] o direito ao esquecimento não é um direito de impedir análises ou comentários sobre fatos ou acontecimentos relevantes para a memória de um povo. Insurge-se, muito ao contrário, contra a individualização do fato sobre uma determinada pessoa, ainda viva, que tem direito "a não ser implacavelmente perseguida por fatos do seu passado" (Stefano Rodotà, Intervista sulla Privacy), se isso, objetivamente, puder comprometer a realização da sua personalidade[108]

Há pelo menos **três correntes doutrinárias** acerca do direito ao esquecimento. A primeira, nega a existência desse direito, tornando o direito à informação absoluto e instransponível. A segunda aceita, sem ressalvas, o direito ao esquecimento, propondo, inclusive, prazos para a remoção de conteúdos de caráter pessoal da internet. A terceira corrente doutrinária tenta conciliar, por meio de exercícios de ponderação, o direito ao esquecimento e a liberdade de informação.

Na doutrina interna, especialmente após a entrada em vigor do Código Civil de 2002, os princípios inerentes à dignidade humana tomaram forma e conteúdo mediante os estudos proporcionados pelas Jornadas de Direito Civil. Aparentemente a doutrina brasileira tentou

---

[107] MENDES. Gilmar Ferreira; BRANCO, Paulo Gustavo Gonet. Curso de direito constitucional. 12. ed. São Paulo. Saraiva, 2012. p. 389.

[108] Disponível em: <http://www.cartaforense.com.br/conteudo/colunas/direito-ao-esquecimento-criticas-e-respostas/17830>.

adaptar o ordenamento jurídico interno à terceira corrente. São exemplos dessa conclusão os seguintes enunciados:

> **Enunciado 531 da VI Jornada de Direito Civil do CJF:** "A tutela da dignidade da pessoa humana na sociedade da informação inclui o direito ao esquecimento".
>
> **Enunciado 576 da VII Jornada de Direito Civil do CJF:** "O direito ao esquecimento pode ser assegurado por tutela judicial inibitória".

Durante as referidas Jornadas, registrou-se que a tutela do direito ao esquecimento não consiste em atribuir a alguém o direito de apagar fatos passados ou reescrever a própria história. Em verdade, não se quer vedar o direito à informação, mas, tão somente, o **superinformacionismo**.

Sobre o tema, agora na seara criminal, o Superior Tribunal de Justiça veiculou, em uma das edições da *Jurisprudência em Teses*, o seguinte enunciado: "quando os registros da folha de antecedentes do réu são muito antigos, admite-se o afastamento de sua análise desfavorável, em aplicação à teoria do direito ao esquecimento". A tese é aplicável, segundo a Corte, em hipóteses excepcionais, quando já decorrido tempo razoável. Há julgados que tratam de penas cumpridas, por exemplo, há 18, 20, 30 anos.

Mais recentemente, em *Informativo* divulgado em 22 de maio de 2020 (*Informativo* 670, REsp 1.736.803-RJ, relator: Min. Ricardo Villas Bôas Cueva, 3ª Turma, *data da publicação*: 4/5/2020), o Superior Tribunal de Justiça, por decisão unânime, mesmo reconhecendo expressamente que "a exploração midiática de dados pessoais de egresso do sistema criminal configura violação do princípio constitucional da proibição de penas perpétuas, do direito à reabilitação e do direito de retorno ao convívio social, garantidos pela legislação infraconstitucional, nos arts. 41, VIII e 202, da Lei n. 7.210/1984 e 93 do Código Penal", considerou inviável o acolhimento da tese relativa ao direito ao esquecimento, sob o argumento de que esses direitos citados não são absolutos e que há "evidente interesse social no cultivo à memória histórica e coletiva de delito notório".

O Supremo Tribunal Federal, por sua vez, no julgamento do RE 1.010.606/RJ, ocorrido em fevereiro de 2021, caminhando em sentido oposto, considerou que a previsão ou aplicação do direito ao esquecimento **afronta a liberdade de expressão**. Fixou-se, então, a seguinte tese sob a sistemática da repercussão geral:

> É incompatível com a Constituição a ideia de um direito ao esquecimento, assim entendido como o poder de obstar, em razão da passagem do tempo, a divulgação de fatos ou dados verídicos e licitamente obtidos e publicados em meios de comunicação social analógicos ou digitais. Eventuais excessos ou abusos no exercício da liberdade de expressão e de informação devem ser analisados caso a caso, a partir dos parâmetros constitucionais – especialmente os relativos à proteção da honra, da imagem, da privacidade e da personalidade em geral – e das expressas e específicas previsões legais nos âmbitos penal e cível.

Ou seja, mesmo com uma forte tendência na doutrina em admitir o direito ao esquecimento – e também da jurisprudência, em casos específicos, como condenações bastante antigas –, **a Corte Constitucional Brasileira não reconhece a existência efetiva de um direito ao esquecimento**.

2.8 Entes de capacidade reduzida

Vimos que o Direito atribui personalidade jurídica às pessoas naturais e jurídicas e também a entes denominados **entes de capacidade reduzida**.

Entes de capacidade reduzida são aqueles que não se enquadram nem no conceito de pessoa natural, nem no de pessoa jurídica, mas que, no entanto, atuam no plano jurídico como

sujeitos de direitos, razão pela qual gozam de personalidade. O que os distingue, sobretudo, é o fato de terem **capacidade de direito reduzida**, se comparada com a capacidade de direito das outras categorias de pessoas. Vale lembrar que se entende por capacidade de direito o **grau de aptidão** para adquirir direitos e para praticar, por si ou por outrem, atos não proibidos pela lei.[109] No caso dos entes de capacidade reduzida, tal grau de aptidão é baixo. Em sede de Direito Processual, atribui-se aos entes de capacidade reduzida **personalidade judiciária** – *capacidade de atuar em juízo* –, a qual lhes dá legitimidade para o processo.

Pois bem. Consideram-se entes de capacidade reduzida o **nascituro** e os entes costumeiramente denominados "despersonalizados.

Do **nascituro** cuidamos na subseção acerca do início da personalidade da pessoa natural, em razão de os temas estarem necessariamente conectados.

Com relação aos "entes despersonalizados", trata-se de certos **entes coletivos**, representativos ou de pessoas ou de bens, os quais, conquanto não sejam pessoas, podem ser sujeitos de direitos.

Trata-se do **condomínio** (representativo de pessoas – os condôminos), do **espólio** (representativo tanto de pessoas – os herdeiros –, quanto de bens – o acervo hereditário), da **massa falida** (representativa de bens – o acervo da pessoa jurídica que teve a falência decretada) e da **herança jacente** (representativa de bens – o acervo hereditário sem sucessor conhecido).

O **condomínio**, tomado, aqui, como *coletivo de condôminos*, é representado por um administrador ou síndico e age em nome de todos os condôminos. O condomínio é registrado e tem até mesmo CNPJ, apesar de não ser reconhecido como pessoa jurídica. O reconhecimento da personalidade jurídica do condomínio viabiliza a sua existência. Imagine-se se, em um edifício com trezentos apartamentos, todos os condôminos tivessem de assinar, em conjunto, um contrato de prestação de serviços de limpeza, ou se tivessem todos de contestar, por exemplo, uma ação de cobrança de IPTU do imóvel. A existência do condomínio edilício se tornaria inviável.

É bem verdade, como o leitor pode estar questionando, que há um contrato por meio do qual é possível se fazer representar – o contrato de mandato. Ocorre que, para que o condomínio fosse representado por um mandatário, seria necessário que cada condômino participasse do contrato, como mandante. E bastaria que um condômino apenas se recusasse a celebrar o mandato para que a representação fosse ilegítima. Por isso é que a lei exige que o condomínio edilício tenha um administrador ou síndico, eleito em assembleia dos condôminos, e, por essa razão, legítimo. Em se tratando de eleição, não há necessidade de unanimidade, nem de participação de cem por cento dos condôminos.

Outro ente de capacidade reduzida representativo de pessoas é o **espólio**, o qual também é representativo de bens. Espólio é o *coletivo de herdeiros* ou *acervo hereditário* (conjunto de bens do morto). No momento em que uma pessoa morre, seus bens são imediatamente transmitidos a seus sucessores. Ora, obviamente que se trata de uma ficção jurídica. Na verdade, quando morre o autor da herança, é provável que seus bens, assim como seus herdeiros, estejam espalhados por diversos lugares. Mas, para proteger o patrimônio, o Direito considera que tanto a propriedade quanto a posse são imediatamente transmitidas, no momento da morte – trata-se do **princípio da *saisine***. Ocorre que é comum que, logo após o falecimento, não se conheçam os herdeiros, ou que estes sejam vários. Aí é que entra o espólio, como sujeito dos direitos referentes à herança, e que representará os sucessores na sucessão processual do autor da herança, nas ações já em andamento, e figurará como réu, nas ações ajuizadas em face dos sucessores, e como autor, nas ações ajuizadas em nome deles. Cabe frisar que, após a abertura do inventário, a pessoa natural que atuará em nome do espólio é o *inventariante*.

---

[109] Segundo a teoria das capacidades de Teixeira de Freitas, a qual adotamos.

No caso da **massa falida**, trata-se de um ente representativo dos bens de uma sociedade empresária que tenha tido sua **falência** decretada. A falência é um golpe fatal dado a uma pessoa jurídica insolvente. Embora não extinga ainda a personalidade jurídica, a decretação da falência implica a arrecadação dos bens da sociedade, que são reunidos sob a denominação de massa falida e para os quais é nomeado um administrador, o qual atuará ao longo do processo da falência.

Por último, fala-se em **herança jacente**, como ente representativo de bens, para se referir a um *patrimônio hereditário* cujos sucessores são desconhecidos, vez que deixado por uma pessoa morta que não tem herdeiros legítimos conhecidos e nem deixou testamento. Ou seja, podemos falar em uma "herança sem herdeiros", ainda que possa existir algum, o qual, todavia, não se manifestou. A herança jacente atua no plano do Direito, e para representá-la é nomeado um curador, que exercerá sua função até que algum herdeiro se habilite para receber a herança, ou que ela seja declarada vacante.[110]

ENTES DE CAPACIDADE REDUZIDA
Nascituro
Representativo de pessoas
Condomínio → conjunto de condôminos em condomínio edilício
Representativo de pessoas e bens
Espólio → conjunto de herdeiros e dos bens deixados pelo morto
Representativos de bens
Massa falida → patrimônio da sociedade cuja falência foi decretada
Herança jacente → herança sem herdeiro conhecido

3. PESSOAS JURÍDICAS

À medida que a vida em sociedade foi se tornando mais complexa, houve necessidade de que as relações jurídicas extrapolassem a esfera jurídica das pessoas naturais. O gênio inventivo humano, então, desenhou **instituições** que teriam um papel social relevante a desenvolver, as quais, para tanto, precisavam ter sua existência reconhecida pelo Direito, para que, dotadas de personalidade, ganhassem **capacidade jurídica** e pudessem adquirir direitos e contrair obrigações.

Até o século XIX, a doutrina ainda não era unânime quanto à designação dessas entidades. Entre as sugestões de origem nacional, ganhou certa relevância a de Teixeira de Freitas, que pensou em chamá-las de **pessoas de existência ideal**.[111] O Código Civil argentino, inspirado no esboço de Freitas, chegou inclusive a utilizar essa expressão. Não obstante, a denominação que se consagrou foi a de **pessoas jurídicas**, conquanto alguns Códigos expressivos, como o Suíço, tenham preferido a expressão **pessoas morais**.

A ideia genial por trás das pessoas jurídicas é a da **separação**. Isso porque, apesar de serem, sempre, criação humana, ganham uma existência que é separada do seu criador.

---

[110] O leitor compreenderá melhor o tema da herança jacente e da declaração de sua vacância ao estudar o Direito das Sucessões na Parte VI desta obra.

[111] Muito embora tenha, ao final da vida, mudado de ideia e adotado a locução **pessoas jurídicas** (FREITAS, Augusto Teixeira de. *Vocabulário jurídico*, cit., p. 386).

A personalidade distinta implica **existência distinta e patrimônio distinto**. Assim, o reconhecimento da existência das pessoas jurídicas permite situações antes inimagináveis: a sobrevivência de uma entidade, mesmo após a morte de seu criador, ou mesmo sua criação a partir da morte, e a ausência de responsabilidade do criador pelas obrigações contraídas pela pessoa jurídica, bem como desta pelas obrigações daquele.

Além disso, após a criação da pessoa jurídica o patrimônio desta, embora lhe seja atribuído pelo seu criador, não mais se confunde com o patrimônio particular dele. Pode acontecer de a pessoa jurídica mostrar-se extremamente eficiente e multiplicar seu patrimônio, e de seu criador se tornar insolvente. Não poderá a pessoa jurídica, jamais, ser responsabilizada por dívidas que não sejam suas.

Aqui, impende chamar a atenção do leitor para um costume problemático. Trata-se do emprego da expressão *dono* para se referir aos sócios de algumas pessoas jurídicas. É que pessoas jurídicas, *pessoas* que são (e não bens), não têm donos, mas sim controladores, administradores, diretores, presidentes etc. Voltaremos ao tema ao tratar das hipóteses de desconsideração da personalidade jurídica.

Vale destacar que, conforme o art. 52 do Código Civil, as pessoas jurídicas também têm direitos da personalidade, os quais também são tutelados pelo ordenamento. Há que se ter cuidado com o fato de que nem todos os direitos da personalidade da pessoa natural são atribuídos à pessoa jurídica, por óbvio. Assim, se, por um lado, direitos da personalidade como o *direito ao nome*, o *direito à imagem* e o *direito à honra objetiva* são atribuídos à pessoa jurídica, não faz sentido, por outro lado, pensar-se em *direito à busca da felicidade* ou à *identidade de gênero*.

A propósito, consolidando a possibilidade de a pessoa jurídica ter tutelado alguns direitos da personalidade, como no caso da honra objetiva, o STJ definiu, por meio da Súmula 277, que "a pessoa jurídica pode sofrer dano moral". Em outubro de 2020, a mesma Corte decidiu que "danos morais gerados a pessoa jurídica por venda de produtos falsificados podem ser presumidos".[112] Conforme notícia publicada no portal eletrônico do Tribunal, a Terceira Turma decidiu que "a comercialização de produtos falsificados afeta a identidade construída pelo titular da marca, resultando na mudança de público-alvo e desvirtuando as qualidades que o proprietário busca ver atreladas à sua imagem".[113]

O processo correu em segredo de justiça, razão pela qual o acórdão não está acessível. No entanto, o trecho a seguir, da matéria publicada, permite compreender melhor o caso:

> O entendimento foi fixado pela Terceira Turma do Superior Tribunal de Justiça (STJ) ao reformar acórdão do Tribunal de Justiça de Santa Catarina (TJSC) que, apesar de ter reconhecido a existência de danos materiais em episódio de venda de produtos falsificados, afastou a condenação das vendedoras ao pagamento de danos morais por concluir que o uso indevido de uma marca não implicaria, necessariamente, dano extrapatrimonial à pessoa jurídica titular desse direito. Para o TJSC, a violação à honra e à imagem deveria ser concretamente demonstrada pelo titular.
>
> De acordo com o relator do recurso do proprietário da marca, ministro Paulo de Tarso Sanseverino, o entendimento tradicional do STJ é no sentido de que os danos morais experimentados pela pessoa jurídica – diferentemente daqueles sofridos pela pessoa física – não são presumidos, devendo ser comprovados para que haja a compensação.

---

[112] Disponível em: <https://www.stj.jus.br/sites/portalp/Paginas/Comunicacao/Noticias/05102020-Danos-morais-gerados-a-pessoa-juridica-por-venda-de-produtos-falsificados-podem-ser-presumidos--decide.aspx>. Acesso em: 29 dez. 2020.

[113] Idem.

"Todavia, nos casos em que há violação do direito de marca, notadamente naqueles em que há falsificação ou pirataria, o ato ilícito atinge a própria identidade do titular do direito de propriedade industrial", explicou o ministro.[114]

O julgado aborda a ofensa à honra de pessoa jurídica de direito privado, razão pela qual surge a seguinte dúvida: **pessoa jurídica de direito público pode, também, ter direito à indenização por danos morais?** O tema não é pacífico. Uma corrente doutrinária defende que não há possibilidade de reconhecimento desse direito aos entes públicos, pois o direito à honra e à imagem, como direito fundamental, deve ser tutelado pelo Estado. Assim, admitir que o próprio Estado detenha essa prerrogativa é o mesmo que subverter a ordem natural dos direitos fundamentais. No julgamento do Recurso Especial 1.258.389/PB, o STJ desacolheu pedido de indenização formulado pelo Município de João Pessoa em face de uma rede de rádio e televisão, que teria supostamente veiculado, em sua programação, informações que ofendiam a honra e a imagem da municipalidade. No Recurso Especial 1.505.923/PR, a Corte chegou a mesma conclusão em um caso envolvendo o IBAMA (autarquia federal). Segundo a Corte, uma pessoa jurídica de direito público, de índole não comercial ou lucrativa, não pode ser vítima de dano moral por ofensa perpetrada por particular.

Em novembro de 2020, contudo, a 2ª Turma do STJ[115] definiu que a pessoa jurídica de direito público tem, sim, direito à indenização por danos morais no caso de violação da honra ou da imagem, quando a **credibilidade institucional** é fortemente agredida e o dano reflexo sobre os demais jurisdicionados é evidente. No caso concreto, uma procuradora do INSS teria organizado um esquema criminoso de desvio de verbas dos cofres da Previdência Social, gerando prejuízo de bilhões de reais. A autarquia propôs, então, ação indenizatória contra a procuradora, afirmando que foi prejudicada em razão dos crimes praticados, os quais promoveram verdadeiro descrédito à instituição. Perceba que, diferentemente dos outros casos, o pano de fundo deste último julgado é a conduta criminosa de uma pessoa que, aproveitando-se da função que exerce, gerou prejuízos para a autarquia e, consequentemente, para toda a coletividade. Dessa forma, embora o STJ tenha posicionamento reconhecendo a impossibilidade de pessoa jurídica de direito público ser vítima de dano moral, essa orientação não pode ser aplicada ao caso, pois o prejuízo social foi consideravelmente maior do que a mera ofensa à honra objetiva da autarquia.

3.1 Teorias sobre a pessoa jurídica

Historicamente, a doutrina se dividiu quanto à concepção da pessoa jurídica. Podem-se dividir as diversas teorias elaboradas sobre o tema em dois grandes grupos: o das **teorias da ficção**, que negam a existência da pessoa jurídica enquanto tal, e a das **teorias da realidade**, que afirmam a existência da pessoa jurídica.

Entre as teorias da ficção destaca-se a **teoria da ficção legal**, defendida por Savigny, segundo a qual somente as pessoas naturais podem ser sujeito de direitos e obrigações, consistindo as pessoas jurídicas em uma criação artificial, imaginária.

Entre as teorias da realidade, destacam-se a **teoria da realidade objetiva** e a **teoria da realidade jurídica**, também chamada de **teoria da realidade técnica**. A primeira, concebida por Gierke e Zitelman, sustenta que a vontade humana é apta para criar um organismo – a pessoa jurídica – que passa a ter existência autônoma. A segunda, delineada por Ferrara,

---

[114] Idem.
[115] REsp 1.722.423/RJ, relator: Min. Herman Benjamin, data do julgamento: 24/11/2020, *data da publicação:* 18/12/2020.

argumenta que a personalidade é atributo jurídico, o qual o Direito concede tanto às pessoas naturais quanto às pessoas jurídicas.

A teoria mais aceita entre nós atualmente é a **teoria da realidade jurídica (realidade técnica)**, a qual é consentânea com a disciplina das pessoas jurídicas no Código Civil, sobretudo no que concerne às exigências formais para que lhes seja atribuída personalidade.

3.2 Pessoa jurídica: início da personalidade

A criação das pessoas jurídicas é sempre obra humana e pode se dar, no caso das pessoas jurídicas de Direito Privado, por **atos jurídicos bilaterais** ou **unilaterais**. Assim, tanto pode se criar uma sociedade por contrato (ato bilateral) entre certas pessoas, quanto se pode criar uma fundação por testamento (ato unilateral).

Independentemente do momento da sua criação, a pessoa jurídica de Direito Privado somente adquire personalidade jurídica quando o ato que a constituiu é levado a **registro** (art. 45), no cartório do Registro Civil das Pessoas Jurídicas ou na Junta Comercial, dependendo do caso.[116]

Antes de ser efetuada a inscrição no registro público, a pessoa jurídica simplesmente não existe para o Direito, e os atos eventualmente praticados em nome dela são considerados, para todos os fins jurídicos, atos das pessoas naturais que os praticaram (em geral, os sócios ou os administradores).

Assim, por exemplo, se uma sociedade não registrada compra um bem, o bem será considerado comprado pela pessoa natural que celebrou o contrato em nome da pessoa jurídica.

Também no caso da pessoa jurídica é fundamental determinar o momento em que se inicia sua personalidade civil. Isso porque, ao adquirir personalidade, a pessoa jurídica ganha **patrimônio distinto** do patrimônio de quem a criou. Não seria necessário dizer, por óbvio, que também a personalidade da pessoa jurídica não se confunde com a daqueles que a criaram.

No exemplo mencionado, da sociedade não registrada que compra um bem, imaginemos que o preço (R$ 10.000,00) não seja dado ao vendedor. Ao averiguar a situação da sociedade, descobre-se que o patrimônio que se diz dela é de apenas R$ 1.000,00, mas que os dois sócios – que assinaram o contrato em nome da sociedade – têm patrimônios de mais de R$ 1.000.000,00. Pergunta-se: o vendedor ficará a ver navios? Não. Isso porque, se a sociedade não foi registrada, não existe para o Direito: não tem personalidade e, portanto, não tem patrimônio próprio. Logo, o patrimônio pessoal de quem praticou o ato em nome da sociedade – nesse caso, os próprios sócios – responderá pela dívida de R$ 10.000,00.

Por outro lado, após o registro do título constitutivo, não se pode confundir nem a personalidade da pessoa jurídica com a dos que a criaram, ou que a administram, nem confundir os patrimônios.[117]

3.3 Pessoa jurídica: fim da personalidade

Uma curiosa questão que deve ter ocorrido ao leitor refere-se ao momento em que se extingue a personalidade da pessoa jurídica.

---

[116] São registradas no cartório do Registro Civil das Pessoas Jurídicas as pessoas jurídicas não empresárias, e na Junta Comercial as empresárias – que se enquadram no conceito do art. 982.

[117] A não ser no caso de certos tipos de sociedade em que a responsabilidade dos sócios é **ilimitada** (por exemplo: sociedade em comandita simples).

Vez que a pessoa jurídica não morre, sua extinção depende de um ato de vontade dos associados, sócios ou administradores, chamado de **dissolução**.[118] No caso específico das sociedades empresárias (as que se enquadram no conceito do art. 982), a extinção também pode ocorrer em razão de **falência**.[119] Em qualquer caso, seja de dissolução ou de falência, a pessoa jurídica mantém sua personalidade até que ocorra a **liquidação** (art. 51). Somente após a liquidação é que se pode cancelar o registro – seja no cartório do Registro Civil das Pessoas Jurídicas, seja na Junta Comercial, dependendo do caso –, quando então a pessoa desaparece do mundo jurídico (art. 51, § 3º). Fazendo uma analogia com o que se passa com a pessoa natural, pode-se afirmar que a *liquidação* da pessoa jurídica corresponde à *morte* da pessoa natural, e que o *cancelamento do registro* corresponde ao *registro do óbito*.

3.4 Categorias de pessoa jurídica

As pessoas jurídicas podem ser de **Direito Público** ou de **Direito Privado** (art. 40).

Pessoas jurídicas de Direito Público são a **União**, os Estados, o **Distrito Federal**, os **Territórios**, os **Municípios**, as **autarquias**, as **associações públicas** e as demais **entidades de caráter público** criadas por lei (art. 41).

Pessoas jurídicas de Direito Privado, por sua vez, são as **associações**, as **sociedades** e as **fundações** (art. 44, incs. I, II e III). Essa classificação vige entre nós desde a entrada em vigor do novo Código Civil, em 2003. Desde então deixaram de existir as **sociedades civis sem fins lucrativos** (que se enquadram no conceito atual de *associação*) e as **sociedades mercantis** (que se enquadram no conceito atual de *sociedade empresária*).

Veja-se que, embora a Lei 10.825/2003 tenha acrescentado ao rol do art. 44 as **organizações religiosas** e os **partidos políticos**, o Direito Civil não se ocupa de seu estudo. Com relação aos partidos políticos, impende destacar que são disciplinados pela Lei 9.096/95.

A Lei 12.441/2011 acrescentou mais uma espécie ao rol das pessoas jurídicas de Direito Privado do art. 44 do Código: as denominadas **empresas individuais de responsabilidade limitada (EIRELI)**. Contudo, em 2021, essa forma societária foi extinta pela Lei 14.195/2021. Trata-se de reflexo da Lei 13.874/2019, que admitiu expressamente a constituição de sociedade limitada unipessoal (art. 1.052 do CC). Tanto a EIRELI quanto a sociedade limitada unipessoal objetivavam incentivar o empreendedorismo, possibilitando a limitação da responsabilidade do empresário. Contudo, no primeiro caso, a constituição dependia da integralização do capital social equivalente a pelo menos 100 (cem) salários mínimos. Na sociedade limitada unipessoal, criada posteriormente à EIRELI, não há restrição patrimonial nem a impossibilidade de um mesmo titular constituir mais de uma sociedade unipessoal – como havia para o caso de EIRELI. Em suma, como há maior vantagem na constituição do segundo tipo societário, o legislador optou por extinguir a EIRELI, prevendo, ainda, que todas as empresas individuais de responsabilidade limitada existentes serão transformadas em sociedades limitadas unipessoais, independentemente de alteração dos atos constitutivos ou da solicitação do titular.

Ao nosso estudo interessam tão somente as associações, as sociedades e as fundações, razão pela qual passaremos à sua análise. Frise-se que um estudo mais aprofundado das sociedades é feito, atualmente, também pelo Direito Empresarial, não obstante a disciplina da matéria ter sido incorporada pelo Código Civil; nosso exame, nesse ponto, será superficial, restrito ao escopo do Direito Civil.

---

[118] As hipóteses de dissolução das sociedades, especificamente, estão previstas no art. 1.033 do Código Civil.

[119] As hipóteses em que se decreta a falência estão listadas no art. 94 da Lei de Falências e Recuperação Judicial (Lei 11.101/2005, alterada pela Lei 14.112/2020).

3.4.1 Associações

Associações são entidades criadas pela reunião de pessoas para a consecução de **atividades não econômicas** (art. 53 do Código). Exemplos bem corriqueiros são as associações atléticas, estudantis, de bairro, educacionais, de classe etc.

Para fins da criação de associações, consideram-se não econômicas as atividades que não tenham como finalidade precípua a obtenção de **lucro**. Isso não quer dizer que as associações não possam ter lucro; o que elas não podem é ter *fins lucrativos*. Os eventuais lucros obtidos por uma associação devem ser revertidos em benefício da própria associação, e não distribuídos aos associados.

A criação das associações se dá por estatuto, o qual, nos termos do art. 54 do Código, deve necessariamente conter: a denominação, os fins e a sede da associação; os requisitos para a admissão, demissão e exclusão dos associados; os direitos e deveres dos associados; as fontes de recursos para sua manutenção; o modo de constituição e de funcionamento dos órgãos deliberativos; as condições para a alteração das disposições estatutárias e para a dissolução; a forma de gestão administrativa e de aprovação das respectivas contas.

Vejamos um exemplo. Denominação: Associação dos Civilistas Brasileiros. Finalidade: proporcionar um espaço para a discussão e atualização do Direito Civil, bem como para perpetuar a memória dos civilistas pátrios. Sede: Avenida Afonso Pena, s/n, Belo Horizonte, MG. Requisitos para admissão: requerimento de associação e pagamento de taxa. Requisitos para demissão: requerimento de demissão. Requisitos para exclusão: decisão do conselho administrativo ao final do devido processo. Direitos e deveres dos associados: participar dos eventos promovidos pela Associação independentemente do pagamento de inscrição; utilizar a biblioteca localizada na sede; pagar a contribuição mensal de manutenção. Fontes de recursos para manutenção: contribuição mensal dos associados e taxa de associação, para admissão de associados novos. Modo de constituição e funcionamento dos órgãos deliberativos: conselho administrativo eleito em assembleia geral anual, composto de dez associados; reuniões do conselho todas as segundas-feiras às 19h, ou em outras ocasiões em que se fizer necessário, bastando a convocação dos conselheiros com 24h de antecedência. Condições para alterações estatutárias: voto da maioria dos associados presente na assembleia geral anual. Condições para dissolução: voto de três quintos de todos os associados, independentemente do número de presentes, em assembleia extraordinária convocada com esse fim. Forma de gestão administrativa: administração pelo conselho administrativo. Forma de aprovação das contas: discussão na assembleia geral anual, devendo a planilha contábil ser enviada para cada associado juntamente com a convocação para a assembleia.

O leitor não deve se esquecer jamais de que a associação somente adquire personalidade jurídica quando o **estatuto** é registrado (no ofício do Registro Civil das Pessoas Jurídicas ou, na falta deste, no ofício do Registro de Títulos e Documentos, conforme o art. 2º, II, da Lei de Registros Públicos – Lei 6.015/73).

Embora os associados devam ter, em regra, os mesmos direitos, é possível que, no estatuto, sejam instituídas categorias com vantagens especiais (art. 55). No caso de associações atléticas, comumente chamadas de clubes, por exemplo, é comum haver uma categoria de "sócios" simplesmente, e outra dos chamados "sócios-proprietários", com vantagens especiais. Seriam simplesmente "sócios" (na verdade, associados) aqueles que, para utilizar o clube, associam-se e pagam apenas uma contribuição mensal. Já os "sócios-proprietários" (na verdade, associados quotistas) seriam os que, para se associar, adquirem uma quota da associação. Uma vantagem que esses associados têm, em regra, é a de não pagar para participar dos eventos do clube, como, por exemplo, um baile de carnaval. Já os outros associados, nesses casos, teriam de pagar pelo ingresso. Na verdade, juridicamente falando, não se trata de proprietários, vez que, como vimos, as pessoas jurídicas não são objeto de propriedade.

Salvo disposição expressa no estatuto, a qualidade de associado é intransmissível (art. 56, *caput*). Ainda que o associado seja titular de quota ou fração ideal do patrimônio da associação, estabelece o parágrafo único do art. 56 que a transferência da quota ou fração ideal não implica transferência da qualidade de associado, a não ser que o estatuto disponha diversamente.

A **exclusão** de associado é possível e deve obedecer ao procedimento previsto no estatuto, exigindo a lei que haja justo motivo e que seja assegurado ao associado o direito de defesa e de recorrer da decisão (art. 57).

Com relação à **administração** da associação, o Código Civil prevê a competência privativa da assembleia geral para destituir administradores e alterar o estatuto, e o direito de um quinto dos associados de convocar os órgãos deliberativos (arts. 59 e 60). Ressalte-se que, para que a assembleia geral delibere sobre a destituição de administradores e a alteração do estatuto, exige-se que seja especialmente convocada para esse fim, observado o *quorum* estabelecido no estatuto (art. 59, parágrafo único).

Na hipótese de **dissolução** da associação, seu patrimônio será liquidado e os associados que tiverem quotas ou frações ideais terão direito a recebê-las (art. 61, primeira parte). O remanescente do patrimônio líquido será destinado à associação designada no estatuto, ou, se este não dispuser sobre o assunto, a uma instituição pública que tenha fins semelhantes ou idênticos, que os associados deverão designar (art. 61, segunda parte).

É lícito aos associados deliberar, caso o estatuto não disponha nesse sentido, que terão direito a receber, antes da destinação final do remanescente do patrimônio líquido, a restituição das contribuições que tiverem efetuado (art. 61, § 1º).

Imaginemos que a Associação X tem dois associados quotistas e dois associados não quotistas. As quotas são no valor de R$ 5.000,00, e cada associado pagou desde a instituição da associação, há dez anos, a contribuição anual de R$ 1.000,00. Suponhamos que, à época da dissolução, a associação tivesse patrimônio líquido de R$ 70.000,00. Desse patrimônio, serão descontados, em primeiro lugar, R$ 10.000,00 das quotas de R$ 5.000,00 de cada um dos dois associados quotistas. Sobrarão, então, R$ 60.000,00. Caso o estatuto assim determine, ou, se omisso, caso os associados assim deliberem, poderão receber a restituição das contribuições efetuadas: R$ 1.000,00 por ano durante dez anos, totalizando R$ 10.000,00 para cada associado. Sendo quatro os associados, serão descontados do patrimônio remanescente da associação R$ 40.000,00, e sobrarão R$ 20.000,00 para serem transferidos a outra associação, a qual poderá ser uma entidade privada (se houver a sua designação no estatuto) ou uma entidade pública escolhida pelos associados (em ambos os casos, uma que tenha finalidade semelhante ou idêntica).

Nos termos do parágrafo segundo do art. 61, na falta de instituição com fins semelhantes ou idênticos no Município, no Estado, no Distrito Federal ou no Território em que a associação estiver sediada, o remanescente do patrimônio será entregue à Fazenda do Estado, do Distrito Federal ou da União,[120] de acordo com onde se situar a sede.

3.4.2 Sociedades

O Código Civil de 2002 consolidou o entendimento de alguns juristas de que somente deveria ser classificada como sociedade a entidade criada por um grupo de pessoas com **finalidade lucrativa**. Assim, deixou de existir a chamada *sociedade civil sem fins lucrativos*, que se enquadra, hoje, no conceito de associação.

---

[120] A entrega à Fazenda da União teria lugar se a associação estivesse sediada em Território federal, o que, atualmente, não existe no Brasil.

A outra inovação do Código Civil de 2002 foi dedicar todo um livro ao chamado **Direito de Empresa** (arts. 966 a 1.195), para dentro do qual foi deslocado o estudo das sociedades, não só das empresárias (anteriormente chamadas de *mercantis*) – destacadas do Código Comercial[121] – como também das não empresárias. Segundo o art. 982, considera-se empresária a sociedade que desenvolve atividade típica de empresário – a qual, conforme o art. 966, é a atividade econômica organizada para a produção ou a circulação de bens ou de serviços – e não empresárias as demais. Na linguagem dos comercialistas, o objeto da atividade das sociedades empresárias (assim como dos empresários individuais) constitui *elemento de empresa*. Frise-se que, segundo o parágrafo único do art. 966 do Código, não se considera atividade empresária o exercício de profissão intelectual, de natureza científica, literária ou artística, ainda com o concurso de auxiliares ou colaboradores.

A pretensão do legislador foi a de contribuir para a unificação do Direito Privado, tal como sugerira TEIXEIRA DE FREITAS no século XIX, e à semelhança do que fez o legislador italiano de 1942.

Na verdade, embora o Direito de Empresa esteja compreendido no Código Civil, seu estudo continua não sendo objeto do Direito Civil, e sim do modernamente denominado Direito Empresarial.

Dentro do escopo desta obra, puramente de Direito Civil, cabe a nós destacar, além do que já foi dito, que também a sociedade somente adquire personalidade jurídica a partir do **registro**: se empresárias, no Registro Público de Empresas Mercantis (nas Juntas Comerciais dos Estados); se não empresárias, no Registro Civil das Pessoas Jurídicas.

3.4.3 Fundações

As fundações são, por assim dizer, **patrimônios personalizados**. Diferentemente do que se passa com as associações e as sociedades, as quais são compostas de pessoas reunidas para a consecução de um determinado fim, no caso das fundações é um patrimônio que é posto à consecução de **certas finalidades admitidas pela lei**. Não se pode constituir fundação para a realização de atividades de nenhuma outra natureza (art. 62, parágrafo único, do Código).

Até a entrada em vigor da Lei 13.151/2015, somente se admitia a constituição de uma fundação para fins religiosos, morais, culturais e de assistência (redação original do art. 62, parágrafo único). Todavia, a Lei 13.151/2015 alterou a redação do dispositivo, e ampliou o rol das possíveis finalidades de uma fundação:

> Art. 62. [...]
>
> Parágrafo único. A fundação somente poderá constituir-se para fins de:
>
> I – assistência social;
>
> II – cultura, defesa e conservação do patrimônio histórico e artístico;
>
> III – educação;
>
> IV – saúde;
>
> V – segurança alimentar e nutricional;
>
> VI – defesa, preservação e conservação do meio ambiente e promoção do desenvolvimento sustentável;

---

[121] O Código Civil de 2002 revogou expressamente toda a Parte Primeira do Código Comercial de 1850 (art. 2.045). Permanece em vigor apenas a Parte Segunda, acerca do Direito Comercial Marítimo. A Parte Terceira já havia sido ab-rogada pelo Decreto-lei 7.661/45, que dera nova disciplina à falência.

VII – pesquisa científica, desenvolvimento de tecnologias alternativas, modernização de sistemas de gestão, produção e divulgação de informações e conhecimentos técnicos e científicos;

VIII – promoção da ética, da cidadania, da democracia e dos direitos humanos;

IX – atividades religiosas; e

X – (VETADO).

A constituição da fundação se dá pela dotação de bens livres para um determinado fim, determinado pelo instituidor, por escritura pública ou por testamento (art. 62, *caput*). Cabe também ao instituidor, no ato de dotação, designar aqueles a quem incumbirá a elaboração do estatuto da fundação. Estes, após cumprir a tarefa, deverão submeter o estatuto ao Ministério Público, com recurso ao juiz (art. 65, *caput*). Se o instituidor não designar a quem caberá a elaboração do estatuto, ou se o designado não cumprir a tarefa no prazo estipulado, a incumbência caberá ao Ministério Público (parágrafo único do art. 65).

Quando a fundação for instituída por negócio jurídico entre vivos, deverá o instituidor transferir à fundação a **propriedade** ou outro **direito real**, se for o caso, dos bens dotados. Se o instituidor não o fizer, os bens serão registrados em nome da fundação, por mandado judicial (art. 64).

Qualquer **alteração do estatuto** dependerá, conforme o art. 67, de deliberação por dois terços dos competentes para gerir e representar a fundação; de não contrariar ou desvirtuar a finalidade desta; de ser aprovada pelo órgão do Ministério Público no prazo máximo de 45 (quarenta e cinco) dias, findo o qual, ou no caso de o Ministério Público a denegar, poderá o juiz supri-la, a requerimento do interessado.

No caso de a alteração não ser aprovada por unanimidade, os administradores deverão submeter o estatuto ao órgão do Ministério Público, requerendo que seja dada ciência à minoria vencida para que, querendo, apresente impugnação, em dez dias (art. 68).

Como o leitor já deve ter percebido, o **Ministério Público** é o ente estatal responsável pelos assuntos relativos às fundações, que deve, segundo o art. 66, "velar" por elas. Velarão pelas fundações que estenderem sua atividade por mais de um Estado os respectivos Ministérios Públicos estaduais (art. 66, § 2º).

Após a declaração de inconstitucionalidade pelo Supremo Tribunal Federal do texto original do § 1º do art. 66, que atribuía ao Ministério Público Federal a veladura pelas fundações situadas no Distrito Federal ou em Território, na Ação Direta de Inconstitucionalidade 2.794-8, de 2006, o texto foi alterado pela Lei 13.151/2015, que atribuiu tal função ao **Ministério Público do Distrito Federal e Territórios**.

Por fim, cumpre esclarecer que, caso os bens dotados sejam insuficientes para constituir a fundação, deverão ser incorporados a outra fundação, a qual se proponha a finalidade idêntica ou semelhante, salvo se de outro modo tiver disposto o instituidor (art. 63). O mesmo ocorrerá se a finalidade da fundação se tornar ilícita, impossível ou inútil, ou quando atingido o termo final (se houver), caso em que qualquer interessado poderá promover a extinção da fundação (art. 69).

Para que essas hipóteses fiquem mais claras, imaginemos que alguém deixe R$ 10.000,00 para a criação de uma fundação de assistência à moradia de estudantes universitários. Ora, esse montante não é suficiente para que uma fundação forneça morada para universitários. Por essa razão, esses R$ 10.000,00 seriam incorporados a uma outra fundação que tivesse a mesma finalidade, ou, na falta desta, a outra fundação que tivesse por fim a assistência universitária em geral.

E, como exemplo de fundação cujo fim se tornou ilícito, imaginemos uma fundação de pesquisa genética de vegetais. Suponhamos que, por alguma razão, uma lei proíba a pesquisa genética vegetal por entidades privadas. Nesse caso, o patrimônio da fundação, após sua extinção, seria incorporado ao de outra fundação de pesquisa botânica ou similar.

PESSOAS JURÍDICAS DE DIREITO PRIVADO
Associações reuniões de pessoas com finalidade não econômica
Sociedades reuniões de pessoas com o intuito de obter lucro
Fundações patrimônio personalizado para a promoção de certas atividades previstas em lei

3.5 Nome da pessoa jurídica

O nome da pessoa jurídica depende da natureza da pessoa: em se tratando de associações e fundações, a lei não faz exigências. Normalmente, são chamadas de Associação A (geralmente se referindo à origem da associação, por exemplo, Associação dos Moradores do Bairro) ou Fundação B (neste caso, é comum o uso do nome do instituidor, por exemplo, Fundação Teixeira de Freitas). Quanto às sociedades, todavia, são feitas exigências, as quais variam de acordo com cada tipo societário. Em se tratando de sociedade anônima, por exemplo, nos termos do art. 3º da Lei das S.A. – Lei 6.404/76 –, "será designada por denominação acompanhada das expressões 'companhia' ou 'sociedade anônima', expressas por extenso ou abreviadamente, mas vedada a utilização da primeira ao final". Com relação à **denominação**, estabelece a Lei das S.A.:

Art. 3º [...]

§ 1º O nome do fundador, acionista ou pessoa que, por qualquer outro modo, tenha concorrido para o êxito da empresa, poderá figurar na denominação.

§ 2º Se a denominação for idêntica ou semelhante a de companhia já existente assistirá à prejudicada o direito de requerer a modificação, por via administrativa (artigo 97) ou em juízo, e demandar as perdas e danos resultantes.

Exemplo de nome de sociedade é Companhia Editora Jurídica, ou Carvalho de Mendonça Empreendimentos S.A.

A denominação não é, contudo, a única espécie de nome empresarial. A sociedade limitada, por exemplo, poderá adotar tanto a denominação quanto a **firma**. Esta, por sua vez, é a espécie de nome empresarial na qual o seu núcleo é composto sempre de um nome civil. São exemplos de firma social: Silva e Barbosa; Silva e Barbosa Materiais de Construção.

Cabe destacar que o nome empresarial, de acordo com o art. 34 da Lei 8.934/1994, deve observar os seguintes princípios: da **veracidade** e da **novidade**. Isso quer dizer que o nome empresarial não pode conter nenhuma informação falsa. Como exemplo de aplicação desse princípio temos o art. 1.165 do CC, que exige a exclusão da firma social do nome do sócio que vier a falecer, for excluído ou se retirar. A novidade, por sua vez, reflete a ideia de que o nome empresarial não pode ser igual ou semelhante a outro existente e já registrado na Junta Comercial. O art. 1.163 do CC consiste em uma manifestação do princípio da novidade: "O nome de empresário deve distinguir-se de qualquer outro já inscrito no mesmo registro".

Por fim, imprescindível não confundir o nome empresarial com outros institutos, igualmente importantes e abordados no Direito Empresarial:

Nome empresarial	Nome de fantasia	Marca	Domínio
Designado para identificar o empresário.	Expressão que indica o título do estabelecimento.	Expressão que identifica os produtos ou serviços de determinado empresário e é regulada pela Lei 9.279/1996.	Endereço eletrônico do empresário.

Tão importante quanto o nome empresarial é o **domicílio da pessoa jurídica**. Sobre o tema, conferir o item 2.6 do capítulo anterior.

3.6 Teoria da desconsideração da personalidade jurídica

Vimos anteriormente que a atribuição de personalidade a certos entes criados pela imaginação humana permite separar a pessoa jurídica das pessoas naturais que a tenham criado, ou que a administrem. Mencionamos, também, que há uma tendência de os criadores e administradores tratarem da pessoa jurídica como se esta fosse patrimônio deles, daí, muitas vezes, dizerem-se donos dela.

Essa postura leva alguns sócios, associados ou administradores a agirem de forma lesiva para a pessoa jurídica, cometendo o que se denomina **abuso da personalidade jurídica**. Tal abuso se caracteriza quando a finalidade da pessoa jurídica é desviada, ou quando há confusão patrimonial.

A pessoa jurídica é criada com uma determinada finalidade, a qual, obviamente, há de ser lícita: pode-se criar uma associação para fins educacionais, uma sociedade para fabricar papel, uma fundação para prestar assistência à saúde etc. Mas, e se, de repente, os associados resolvem se utilizar do patrimônio da associação de fins educacionais para promover viagens de férias periódicas? E se os sócios da fábrica de papel resolvem usar o patrimônio da sociedade para importar carros de luxo? E se a fundação de assistência à saúde resolve contratar cirurgiões plásticos para realizar cirurgias nas esposas dos administradores?

Em todas essas hipóteses, ocorre **desvio da finalidade** da pessoa jurídica. Diz-se *desvio*, vez que a atividade realizada por meio da pessoa jurídica não é relacionada com a atividade-fim da associação, sociedade ou fundação, mas com o benefício dos associados, sócios ou administradores.

Com relação à **confusão patrimonial**, configura-se quando não se pode distinguir com clareza qual é o patrimônio da pessoa jurídica e qual é o patrimônio particular dos associados, sócios ou administradores.

Voltando aos exemplos dados anteriormente, suponhamos que alguns associados construam um edifício de apartamentos com dinheiro da associação, e que, depois disso, com dinheiro próprio realizem uma série de reformas na obra, para ali estabelecer suas residências. Passam, então, a tratar o edifício como se fosse patrimônio particular. Chegam até a vender apartamentos em nome da associação, mas embolsando os preços. O que acontecerá é que não se saberá mais qual é o patrimônio da associação e qual é o patrimônio dos associados. Isso poderia acontecer também nos nossos exemplos da fábrica de papel e da fundação de assistência à saúde.

E se os credores da pessoa jurídica, cujo patrimônio se confunde com o dos sócios, associados ou administradores, por não receberem o que lhes é devido, resolvem acioná-la? Difícil seria determinar a quem pertence o patrimônio.

O contrário também pode acontecer: os credores dos sócios, associados ou administradores os acionam e então descobrem que eles não têm patrimônio. Os apartamentos em que residem pertencem à associação, ou à sociedade, ou à fundação. Não é localizado dinheiro em conta corrente dos devedores, nem nenhum outro bem. Veja-se, mais uma vez, a confusão.

Pois bem. Essas duas situações, de desvio de finalidade e de confusão patrimonial, são repelidas pela ordem jurídica, porquanto potencialmente lesivas, tanto para a própria pessoa jurídica, quanto para seus credores.

Daí a adoção, pelo nosso direito, da chamada **teoria da desconsideração da personalidade jurídica**. Tal doutrina se encontra hoje positivada no art. 50 do Código Civil:

Art. 50. Em caso de abuso da personalidade jurídica, caracterizado pelo desvio de finalidade ou pela confusão patrimonial, pode o juiz, a requerimento da parte, ou do Ministério Público quando lhe couber intervir no processo, desconsiderá-la para que os efeitos de certas e determinadas relações de obrigações sejam estendidos aos bens particulares de administradores ou de sócios da pessoa jurídica beneficiados direta ou indiretamente pelo abuso.

§ 1º Para os fins do disposto neste artigo, desvio de finalidade é a utilização da pessoa jurídica com o propósito de lesar credores e para a prática de atos ilícitos de qualquer natureza.

§ 2º Entende-se por confusão patrimonial a ausência de separação de fato entre os patrimônios, caracterizada por:

I – cumprimento repetitivo pela sociedade de obrigações do sócio ou do administrador ou vice-versa;

II – transferência de ativos ou de passivos sem efetivas contraprestações, exceto os de valor proporcionalmente insignificante; e

III – outros atos de descumprimento da autonomia patrimonial.

§ 3º O disposto no *caput* e nos §§ 1º e 2º deste artigo também se aplica à extensão das obrigações de sócios ou de administradores à pessoa jurídica.

§ 4º A mera existência de grupo econômico sem a presença dos requisitos de que trata o *caput* deste artigo não autoriza a desconsideração da personalidade da pessoa jurídica.

§ 5º Não constitui desvio de finalidade a mera expansão ou a alteração da finalidade original da atividade econômica específica da pessoa jurídica.

A teoria da desconsideração nasceu no Direito Anglo-saxão. Em 1809, nos Estados Unidos, houve um conflito de competência envolvendo o Bank of the United States. No Direito Norte-americano, os casos envolvendo cidadãos de Estados diferentes devem ser julgados pela Justiça Federal. Levando isso em consideração, o Bank of the United States ajuizou uma ação em face de Peter Deveaux e Thomas Robertson, cidadãos de outro Estado, na Justiça Federal. Instaurou-se, então, conflito de competência, alegando-se que, não sendo a pessoa jurídica cidadã, não teria direito a litigar nas cortes federais. Ao chegar o caso à Suprema Corte, o juiz MARSHALL decidiu que seria possível considerar a origem dos cidadãos por trás da pessoa jurídica para autorizar o julgamento da ação pela Justiça Federal. Na sua famosa decisão, MARSHALL ponderou que "o termo 'cidadão' deve ser compreendido da maneira como foi usado na Constituição e como é usado em outras leis – isto é, para descrever pessoas que vem à Justiça, neste caso sob o nome da sociedade".[122]

Essa decisão abriu espaço para que se construísse a ideia de, em alguns casos, ser necessário *"lift the corporate veil"*, ou seja, "levantar o véu corporativo", para enxergar, por trás da pessoa jurídica, as pessoas naturais que a administram, ou as pessoas naturais dos sócios. Surgiu, assim, a **disregard doctrine** (doutrina da desconsideração), ou ***theory of lifting the corporate veil***.

No Direito contemporâneo, complicando um pouco o que poderia ser mais simples, alguns doutrinadores começaram a falar em três teorias da desconsideração da personalidade jurídica: uma **teoria maior** (que se subdivide em **objetiva** e **subjetiva**), uma **teoria menor** e uma **teoria inversa**.

---

[122] Nossa tradução de: "the term 'citizen' ought to be understood as it is used in the Constitution and as it is used in other laws – that is, to describe the real persons who come into court, in this case under their corporate name" (Suprema Corte dos Estados Unidos, *Bank of the United States v. Deveaux*, 9 U.S. 61 (1809)).

A chamada **teoria maior** da desconsideração da personalidade jurídica somente aceita a desconsideração excepcionalmente e nos casos de **abuso da personalidade jurídica**. Bem se vê que é a adotada pelo Código Civil.

A **vertente subjetiva** da teoria maior considera essencial o elemento anímico – intenção de lesar –, e se consubstancia na hipótese de desvio de finalidade. Nesse sentido, o § 1º do art. 50 estabelece que o desvio de finalidade se caracteriza pela "utilização da pessoa jurídica com o propósito de lesar credores e para a prática de atos ilícitos de qualquer natureza". Ainda sobre o desvio de finalidade, o § 5º estabelece expressamente que não o configura "a mera expansão ou a alteração da finalidade original da atividade econômica específica da pessoa jurídica".

Já a vertente **objetiva** dispensa a intenção de lesar, e se consubstancia na hipótese da **confusão patrimonial**. É certo que, segundo a teoria maior objetiva, pode ocorrer a confusão patrimonial simplesmente por má administração, sem que haja necessariamente a intenção de fraudar a pessoa jurídica ou credores. Conforme o § 2º do art. 50, a confusão patrimonial se caracteriza pela "ausência de separação de fato entre os patrimônios" da pessoa jurídica e dos sócios, e se configura, nos termos dos incisos do novo dispositivo, em caso de: "I – cumprimento repetitivo pela sociedade de obrigações do sócio ou do administrador ou vice-versa; II – transferência de ativos ou de passivos sem efetivas contraprestações, exceto os de valor proporcionalmente insignificante; e III – outros atos de descumprimento da autonomia patrimonial".

A chamada **teoria menor** da desconsideração da personalidade jurídica, por sua vez, aceita a desconsideração em outros casos além dos de abuso da personalidade. Paradoxalmente, a teoria menor é a mais ampla, ou seja, a que alberga mais hipóteses de desconsideração. Essa teoria foi a adotada pelo **Código de Defesa do Consumidor**, pela **Lei Antitruste** – Lei 12.529/11 –, e pela **Lei de Crimes Ambientais** – Lei 9.605/98.

Veja-se o que determinam esses diplomas legais:

Código de Defesa do Consumidor

Art. 28. O juiz poderá desconsiderar a personalidade jurídica da sociedade quando, em detrimento do consumidor, houver abuso de direito, excesso de poder, infração da lei, fato ou ato ilícito ou violação dos estatutos ou contrato social. A desconsideração também será efetivada quando houver falência, estado de insolvência, encerramento ou inatividade da pessoa jurídica provocados por má-administração.

Lei Antitruste

Art. 34. A personalidade jurídica do responsável por infração da ordem econômica poderá ser desconsiderada quando houver da parte deste abuso de direito, excesso de poder, infração da lei, fato ou ato ilícito ou violação dos estatutos ou contrato social.

Parágrafo único. A desconsideração também será efetivada quando houver falência, estado de insolvência, encerramento ou inatividade da pessoa jurídica provocados por má administração.

Lei de Crimes Ambientais

Art. 4º Poderá ser desconsiderada a pessoa jurídica sempre que sua personalidade for obstáculo ao ressarcimento de prejuízos causados à qualidade do meio ambiente.

Percebe-se que as três leis estenderam a aplicação da teoria da desconsideração a casos não previstos na chamada teoria maior (a mais restrita): são os casos de **falência, insolvência ou encerramento das atividades por má administração** e de **obstáculo à reparação dos prejuízos causados** à qualidade do meio ambiente.

Infelizmente, por ampliar demasiadamente as hipóteses de desconsideração, a chamada teoria menor desvirtua a teoria original. Entendemos que a desconsideração da personalidade jurídica em casos em que não há abuso da personalidade jurídica, apenas para proteger o consumidor, a ordem econômica e o meio ambiente tangencia uma violação ao **princípio da separação**. A má administração não configura por si só ato ilícito, razão pela qual não pode ser punida pelo Direito. Na verdade, a má administração é normalmente punida pelo próprio mercado, vez que os sócios ou administradores sofrem prejuízos em razão dela. E, no caso da Lei dos Crimes Ambientais, cuida-se quase que de uma hipótese de pena que passa da pessoa do condenado, algo que o ordenamento jurídico reprova. A pessoa jurídica comete crime ambiental, e, por não ser capaz de ressarcir os prejuízos causados ao meio ambiente, a pena atinge seus sócios ou administradores. Apesar da nossa crítica, o leitor deve saber que essa teoria existe e que é aplicada.

Temos, ainda, a chamada **teoria inversa** da desconsideração da personalidade jurídica, que permite a responsabilização da pessoa jurídica por obrigações de seus sócios ou administradores, nas hipóteses em que se abusa da pessoa jurídica para ocultar bens particulares dos sócios ou administradores. Assim, em vez de "levantar o véu" da personalidade jurídica para que eventual constrição de bens atinja o patrimônio dos sócios, a desconsideração inversa objetiva atingir os bens da própria sociedade em razão das obrigações contraídas pelo sócio, desde que, da mesma forma que a desconsideração tradicional, sejam preenchidos os requisitos legais.

Um exemplo de desconsideração inversa seria o do sócio que, por desenvolver atividades particulares arriscadas, opta por comprar seus bens sempre em nome da sociedade. Isso lhe permite usar do patrimônio assim adquirido como se fosse seu, mas garantir que, em uma hipótese de execução, não haverá nenhum bem em seu nome para ser penhorado. Cuida-se, também aqui, de abuso da personalidade jurídica por meio da confusão patrimonial. Daí por que, por aplicação da teoria inversa, o juiz poderá determinar a responsabilização do patrimônio da pessoa jurídica pelas obrigações contraídas pelo sócio.

Essa teoria já era plenamente acolhida pela jurisprudência e doutrina[123] antes da Lei 13.874/2019, que, além de alterar o art. 50 do Código Civil, trouxe expressamente a possibilidade de desconsideração inversa (§ 3º). A título de exemplo, no REsp 1.236.916, o STJ admitiu a desconsideração do sócio controlador de sociedade empresária que transfere parte de seus bens à pessoa jurídica controlada com o intuito de fraudar a partilha. Nesse caso, a legitimidade para requerer a medida é da companheira ou do cônjuge prejudicado.

Na lei processual civil, o § 2º do art. 133 do CPC/2015 consolidou o entendimento jurisprudencial ao permitir que as disposições relativas ao incidente também sejam aplicadas à hipótese de desconsideração inversa da personalidade jurídica. Sobre o incidente, considerando que se trata de matéria processual, sugerimos a leitura do volume único do *Curso Didático de Direito Processual Civil*, de autoria de ELPÍDIO DONIZETTI.

Por fim, a doutrina costuma elencar mais duas hipóteses de desconsideração da personalidade jurídica, a saber: a **desconsideração indireta** e a **desconsideração expansiva**. No primeiro caso, há uma sociedade controladora que comete abuso por meio de outra empresa que figura como controlada. Aplica-se aos casos de grupos ou conglomerados econômicos, que utilizam empresas menores para praticar os atos descritos no art. 50 do Código Civil. No segundo, utiliza-se a figura do "laranja" ou para acobertar fraudes.

TEORIA DA DESCONSIDERAÇÃO DA PERSONALIDADE JURÍDICA
Teoria maior objetiva (mais restrita) Ò autoriza a desconsideração somente nos casos de confusão patrimonial

---

[123] Enunciado 283 da IV Jornada de Direito Civil: "É cabível a desconsideração da personalidade jurídica denominada 'inversa' para alcançar bens de sócio que se valeu da pessoa jurídica para ocultar ou desviar bens pessoais, com prejuízo a terceiros".

TEORIA DA DESCONSIDERAÇÃO DA PERSONALIDADE JURÍDICA	
Teoria maior subjetiva (mais restrita) Ò autoriza a desconsideração somente nos casos de desvio de finalidade	
Teoria menor (mais ampla) → autoriza a desconsideração em casos em que não houve abuso da personalidade jurídica	Código de Defesa do Consumidor → *falência, estado de insolvência, encerramento ou inatividade da pessoa jurídica provocados por má administração*
	Lei Antitruste → *falência, estado de insolvência, encerramento ou inatividade da pessoa jurídica provocados por má administração*
	Lei de Crimes Ambientais → *obstáculo ao ressarcimento de prejuízos causados à qualidade do meio ambiente*
Teoria inversa → autoriza a responsabilização do patrimônio da pessoa jurídica por dívida dos sócios ou administradores	

Quadro Esquemático 2

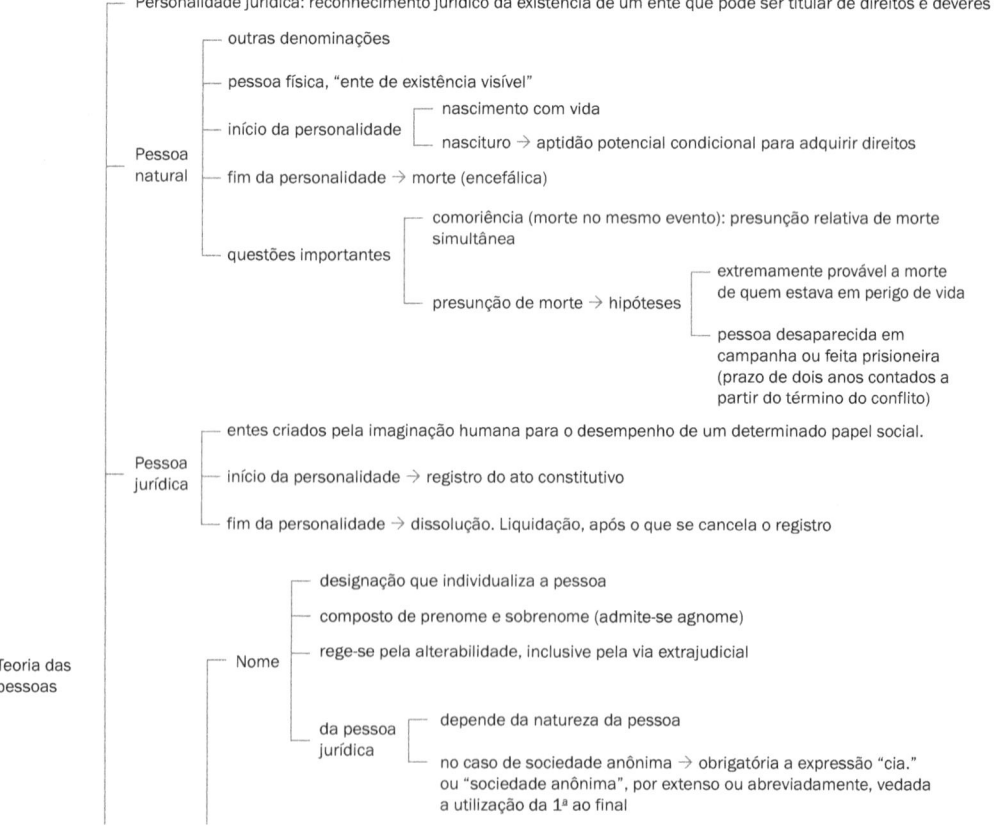

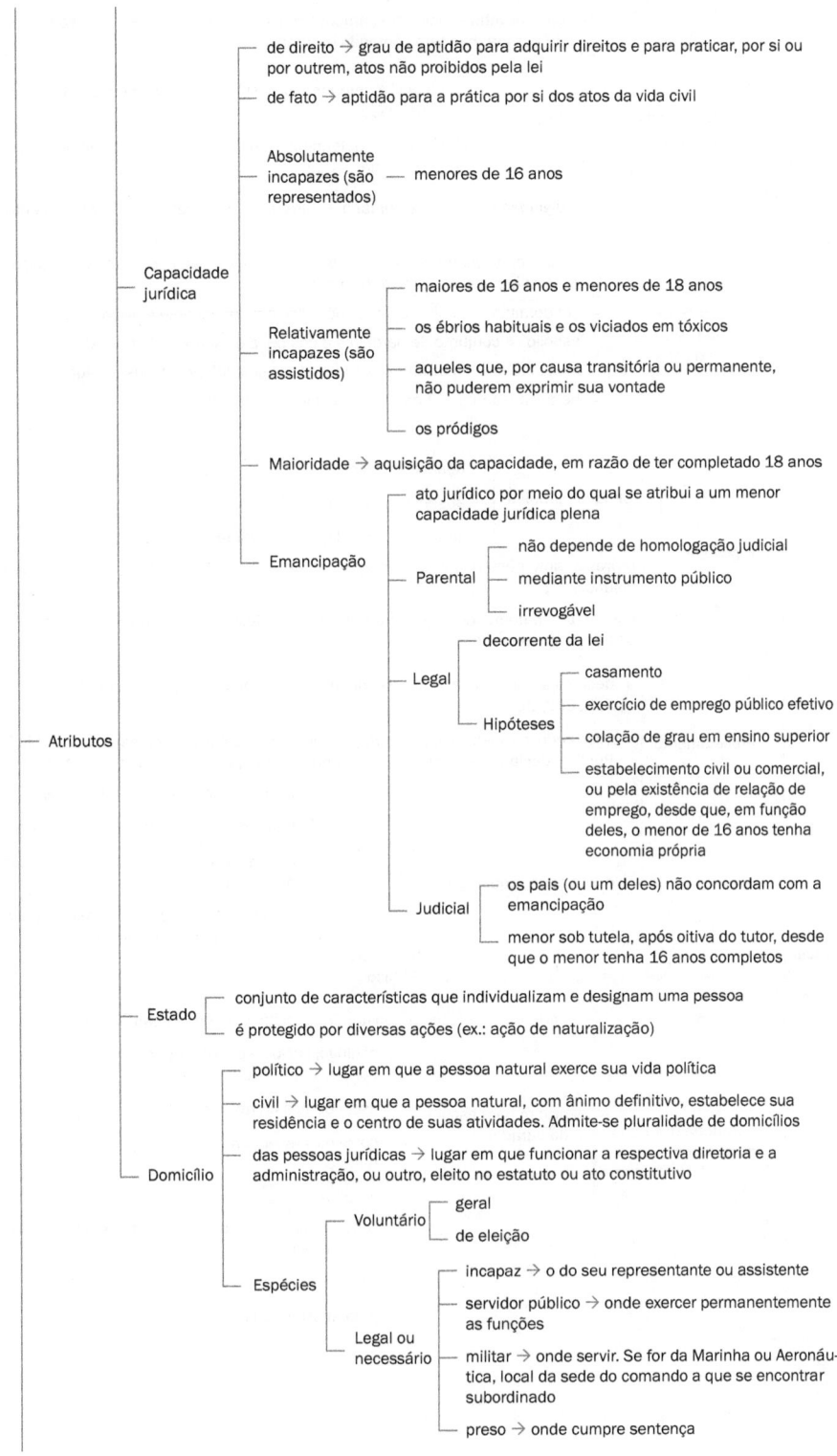

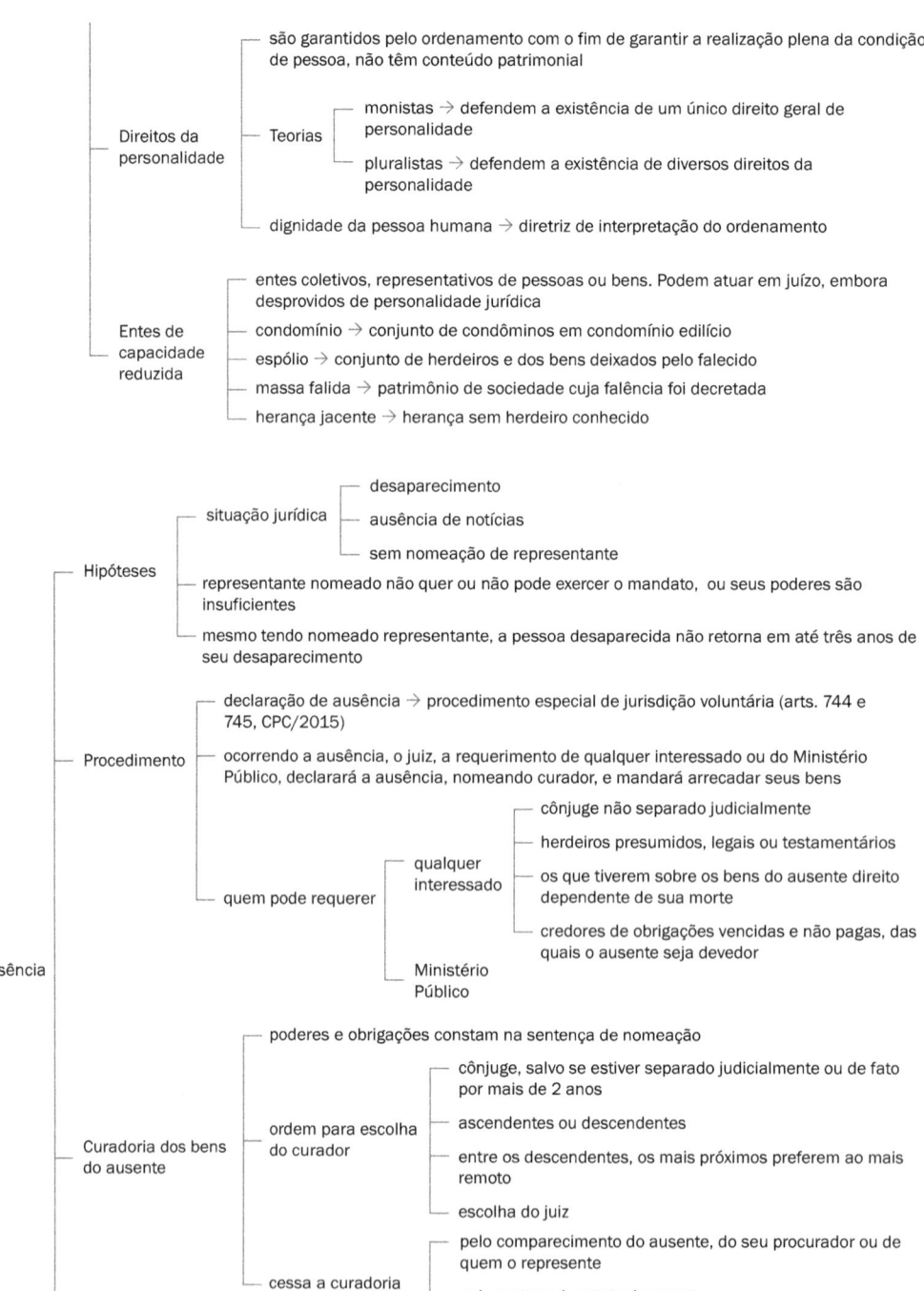

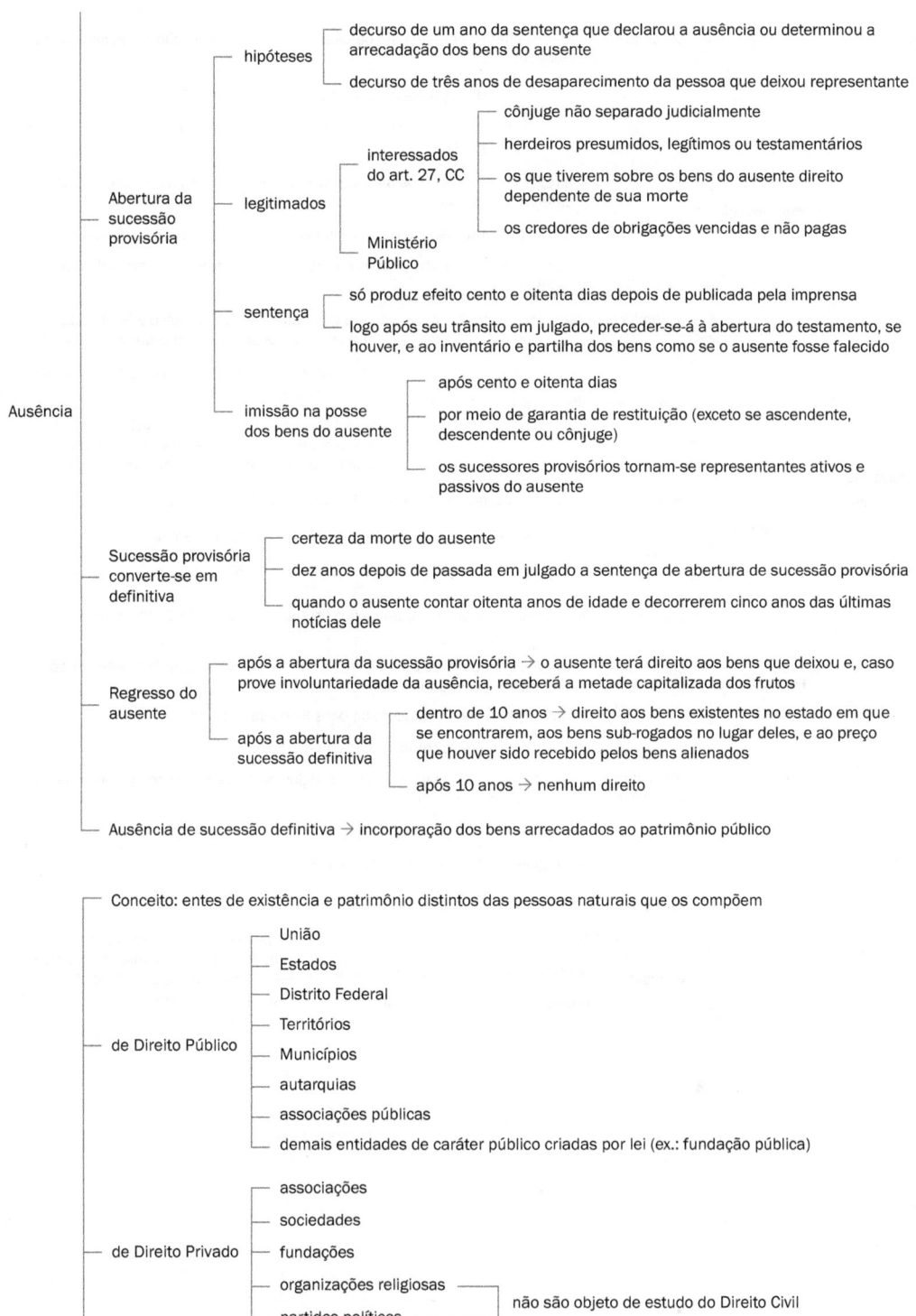

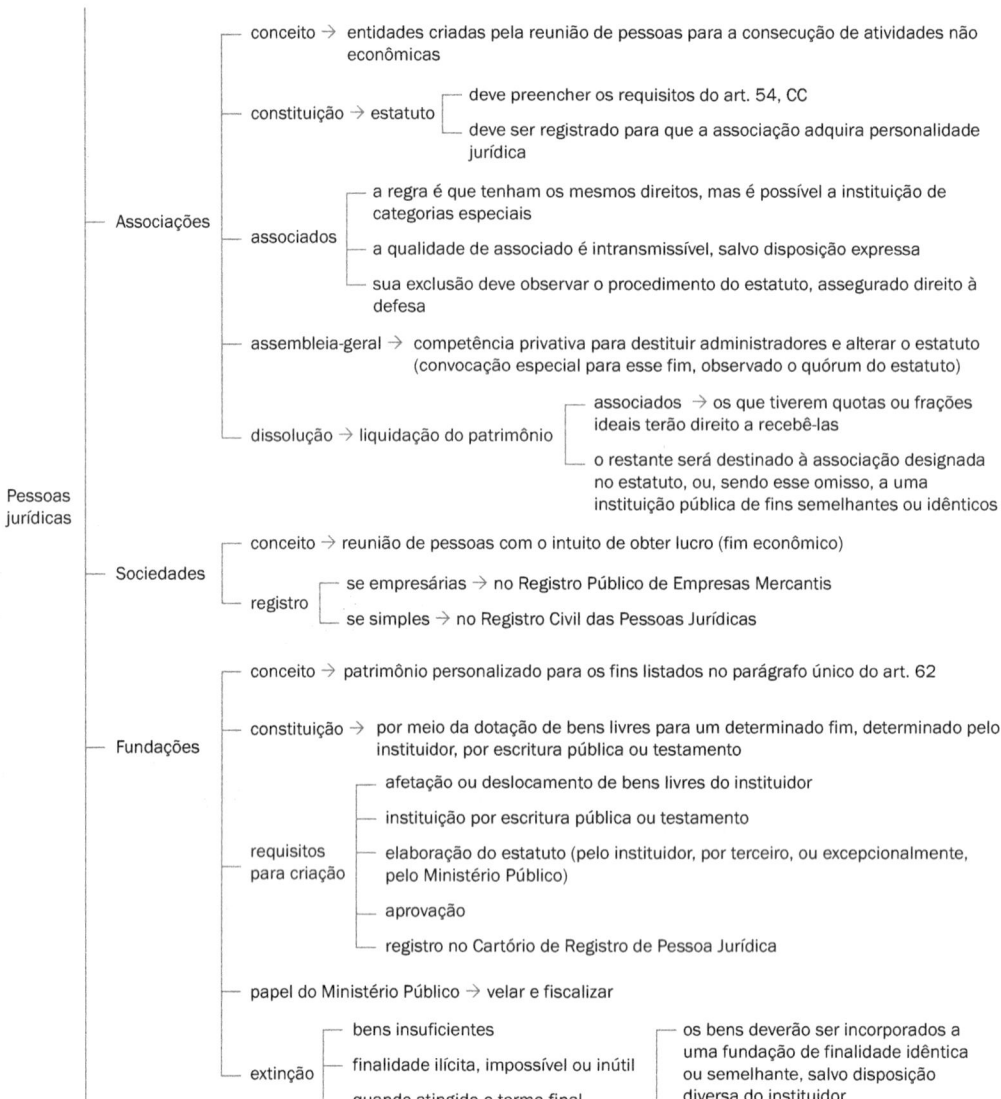

Parte I – Cap. 2 – Teoria das Pessoas (arts. 1º a 78) | **101**

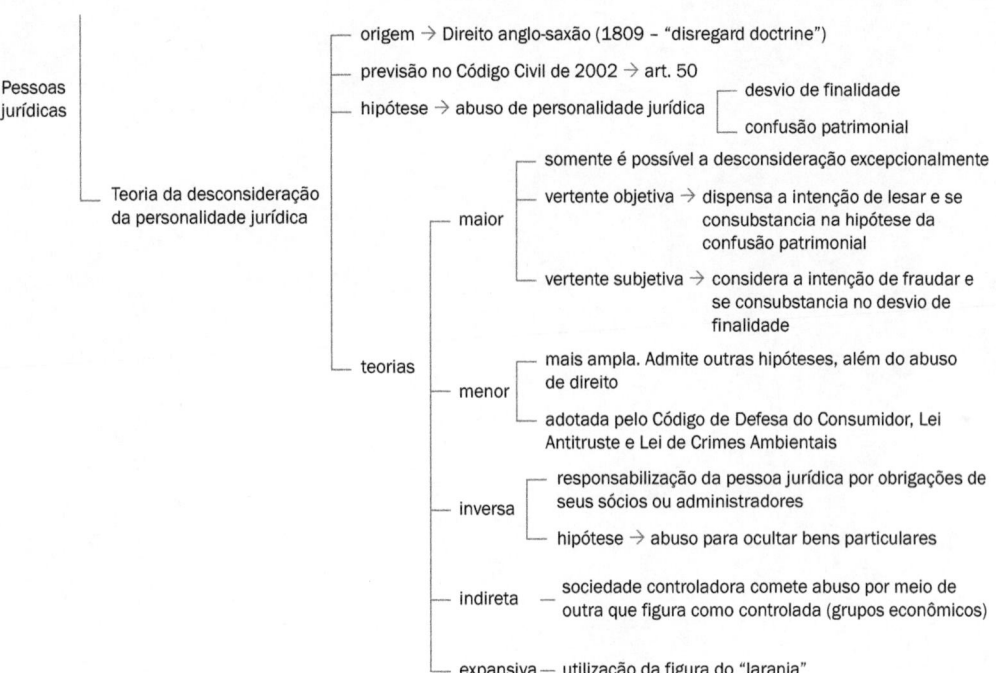

3

Teoria dos Bens (arts. 79 a 103)

Há uma lógica na topologia dos temas tratados na Teoria Geral do Direito Civil. Primeiro estudam-se as **pessoas**, que são os *sujeitos* dos direitos. Em seguida, estudam-se os **bens**, os quais são os *objetos* dos direitos. Por fim, estudam-se os *fatos jurídicos*, por meio dos quais nascem, modificam-se e extinguem-se os direitos. Neste capítulo, procederemos ao estudo dos bens.

Primeiramente devemos chamar a atenção do leitor para a distinção entre os **bens em sentido amplo** e os **bens jurídicos**.

Costuma-se conceituar bem como *aquilo que é objeto do desejo humano*.[124] São bens, portanto, o amor, a felicidade, a alegria, a vida, a liberdade, o trabalho, o lazer, a casa, um carro etc. Desses, o amor e a alegria não são bens jurídicos, e não podem, por conseguinte, ser objetos de direitos. Os demais, por sua vez, interessam ao direito e podem, por conseguinte, ser o objeto de direitos subjetivos.

Dentro da ideia de bens aparece a noção de **coisas**.[125] Na técnica do Direito Civil, coisas são **bens corpóreos**, **materiais**, portanto, e **suscetíveis de valoração econômica**.[126] Destarte, da nossa lista mencionada, somente seriam *coisas* a casa e o carro.

Na doutrina, propuseram-se três requisitos para caracterizar a coisa: **interesse econômico**, **gestão econômica** e **subordinação jurídica**.[127] Interesse econômico se refere ao fato de que a coisa deve representar uma utilidade. Gestão econômica se refere à existência material autônoma,

---

[124] BEVILÁQUA, Clóvis. *Teoria geral*, cit., p. 207.
[125] Alguns autores, todavia, provavelmente por influência do Direito português, têm proposto uma confusa inversão, segundo a qual coisa seria o gênero do qual os bens seriam uma espécie. CARLOS ROBERTO GONÇALVES, por exemplo, apesar de se valer dos conceitos de Clóvis Beviláqua, os quais levam à conclusão contrária, acaba por afirmar que "coisa é gênero do qual bem é espécie" (*Direito civil brasileiro*, cit., v. I, p. 276).
[126] Essa é a melhor definição, proposta por TEIXEIRA DE FREITAS no art. 317 do seu *Esboço de Código Civil* e no comentário a ele: "Art. 317. Todos os bens materiais suscetíveis de uma medida de valor são *coisas*" e "entende-se por coisas somente os objetos corpóreos" (FREITAS, Augusto Teixeira de. *Esboço do Código Civil*. Edição comemorativa. Rio de Janeiro: Ministério da Justiça, 1952. p. 185.) Infelizmente, por influência do Direito Romano, o qual tratava de **coisas corpóreas** e **coisas incorpóreas**, muitos juristas mundo afora, e muitos Códigos Civis, fazem uma verdadeira confusão ao conceituar *coisa*
[127] LOPES, Miguel Maria de Serpa. *Curso de direito civil*. Rio de Janeiro: Freitas Bastos, 1953. v. 1. p. 271-272.

à delimitação no espaço. Por fim, subordinação jurídica refere-se ao fato de que deve o sujeito do direito poder exercer sua vontade sobre o bem, subordinando-o a si.

No entanto, entendemos dispensável a apuração desses requisitos, desde que se conceitue coisa como o fizemos, seguindo TEIXEIRA DE FREITAS.

Tomemos alguns exemplos. A luz do sol é coisa? Pelo conceito proposto, não, por não se tratar de bem corpóreo, e, em consequência, por não ser material, assim como por não ser suscetível de valoração econômica. Pelo critério do *interesse econômico – gestão econômica – subordinação jurídica*, a luz do sol também não é coisa, porque, embora tenha interesse econômico, não tem gestão econômica, nem, tampouco, subordinação jurídica.

E uma estrela? A estrela, por sua vez, é um bem corpóreo, e, por conseguinte, material. Mas não tem valoração econômica, razão pela qual não é coisa. Pelo critério do *interesse econômico – gestão econômica – subordinação jurídica* chega-se à mesma conclusão.

Um terreno é uma coisa? O terreno é um bem corpóreo, material, e pode ser valorado economicamente. Logo, é coisa. Tem interesse econômico? Sim, pois é útil ao homem. Tem gestão econômica? Sim, pois pode ser individualizado no espaço. Tem subordinação jurídica? Sim, vez que é possível apoderar-se dele e nele construir, plantar etc.

Compreendidas as noções de bem e de coisa, passemos à classificação dos bens jurídicos. Tradicionalmente, os bens são classificados levando-se em conta a sua essência e a sua relação uns com os outros.

BENS	
Bens jurídicos	Bens que têm relevância para o Direito. *Exemplos vida, liberdade, trabalho, casa, carro.*
Coisas	Bens corpóreos (materiais) passíveis de valoração econômica. *Exemplos casa, carro, cadeira, livro.*

1. BENS CONSIDERADOS EM SI MESMOS

O Código Civil de 2002 segue a orientação doutrinária e começa por classificar os bens com relação à sua essência, ou, como se costuma dizer, considerados em si mesmos. Os bens podem, seguindo esse critério, ser classificados em **móveis** ou **imóveis**, **fungíveis** ou **infungíveis**, **consumíveis** ou **inconsumíveis**, **divisíveis** ou **indivisíveis**, e **singulares** ou **coletivos**, **públicos** ou **particulares**.

1.1 Bens móveis e imóveis

Segundo a regra geral, são considerados **móveis** os bens que podem ser movimentados, seja por força própria, seja por força alheia, sem que isso altere suas características essenciais (art. 82).

Exemplos de bens móveis seriam uma pera, um carro, um cavalo etc. De bens imóveis, bons exemplos seriam um edifício, uma árvore, um lago etc.

Nos termos do art. 83 do Código, são também considerados **bens móveis**, para fins legais: as **energias que tenham valor econômico** (como a energia elétrica); os **direitos reais sobre bens móveis** e as ações correspondentes (como o direito de propriedade de um carro, e a ação reivindicatória que o protege); os **direitos pessoais de caráter patrimonial** e as respectivas ações (como o direito de crédito de R$ 100,00, e a ação de cobrança que o assegura; o direito a uma safra de soja; os direitos autorais).

Também os **materiais destinados a alguma construção**, antes de serem nela empregados, são considerados bens móveis; o mesmo se passa com os **materiais de demolição**.

A doutrina chama de **bens semoventes** os bens móveis cujo movimento é possível por força própria: trata-se dos animais. Veja-se que um carro não é um bem semovente porquanto seu movimento depende de energia externa, em geral proveniente de combustão.

São considerados **imóveis**, por sua vez, os bens não suscetíveis de movimento, em razão de se encontrarem incorporados ao solo, natural ou artificialmente (art. 79). O próprio solo também é, obviamente, um bem imóvel.

Os bens imóveis são classificados em **imóveis por natureza, imóveis por acessão artificial** e **imóveis por acessão intelectual**. São imóveis por natureza o solo e os bens a ele naturalmente incorporados, como uma árvore e um lago. Imóveis por acessão artificial são os bens incorporados ao solo por ato humano, como os edifícios e as plantações. Por fim, imóveis por acessão intelectual são os bens móveis que, em razão de estarem economicamente vinculados a um imóvel, são considerados imóveis. Considerando-se uma fábrica de papel, cujo galpão é um bem imóvel, são consideradas igualmente *imóveis* todas as máquinas necessárias para a atividade de fabricação de papel. Isso porque as máquinas estão economicamente vinculadas à fábrica. Mas, se tomamos as máquinas no depósito de seus próprios fabricantes, deveremos considerá-las bens *móveis*.

O Código Civil não cuidou da disciplina dos imóveis por acessão intelectual. Não obstante, a classificação perdura na doutrina.

Consideram-se também **bens imóveis** os **direitos reais sobre imóveis** e as ações que os asseguram (art. 80, I), e o **direito à sucessão aberta** (art. 80, II). Podemos citar, como exemplo, o direito de propriedade de um terreno (direito real sobre imóvel) e a ação reivindicatória, a qual assegura o direito de propriedade. Com relação ao direito à sucessão aberta, trata-se do direito dos herdeiros, após a morte do autor da herança. Ainda que a herança consista apenas em bens móveis, o direito à sucessão aberta, ou seja, a receber a herança, reputa-se bem imóvel.

Ressalva-se ainda que não perdem o caráter de imóveis as **edificações que forem removidas para outro local**, desde que, ao serem separadas do solo, conservem sua unidade (art. 81, I), e também os **materiais que forem temporariamente destacados de uma construção** para, posteriormente, serem nela reempregados (art. 81, II).

Por exemplo, uma estufa que seja movida de um lado de um jardim para outro. Sabe-se que, hoje, com modernas técnicas de engenharia, é possível destacar certas construções do solo e transportá-las para outro lugar, em que se fixarão.

Quanto aos materiais, podemos tomar o exemplo de janelas e portas que são retiradas de uma casa, durante uma reforma, para depois serem recolocadas.

1.2 Bens fungíveis ou infungíveis

Há bens que podem ser substituídos perfeitamente por outros, desde que estes sejam da mesma espécie e qualidade, e estejam na mesma quantidade. Tais bens são classificados como **fungíveis** (art. 85).

Por outro lado, outros bens há que, por uma razão qualquer, não podem ser substituídos por outro, da mesma espécie, qualidade e quantidade. Esses recebem a classificação de **infungíveis**.

Um exemplar do Código Civil atualizado, sem nenhuma marca distintiva, pode ser substituído por qualquer outro exemplar, desde que da mesma editora e da mesma edição. Todavia, se esse livro foi autografado por um grande civilista, ganhou, destarte, um traço distintivo, que o torna insubstituível. O Código, no primeiro exemplo, era bem fungível; no segundo, por sua vez, tornou-se infungível.

1.3 Bens consumíveis e inconsumíveis

Se um bem, ao ser usado, sofre destruição de sua substância, ou se é destinado à alienação, considera-se dito **consumível** (art. 86 do Código). Exemplos clássicos seriam os alimentos, os produtos de higiene pessoal, de limpeza etc.

Todavia, se o uso não importar destruição, o bem é considerado **inconsumível**, ainda que, com o tempo e o uso, sofra os desgastes naturais. Assim são os carros, a mobília, os eletrodomésticos etc.

1.4 Bens divisíveis e indivisíveis

Consideram-se **divisíveis** os bens que admitem fracionamento, sem, contudo, sofrer alteração na sua substância, ou ter seu valor consideravelmente diminuído, ou, ainda, deixarem de servir para o uso a que se destinam (art. 87). Já os bens que não admitem tal fracionamento são ditos **indivisíveis**.

Um terreno de 10.000 m² pode ser dividido em dois terrenos de 5.000 m², sem que isso altere sua substância (cada terreno continuará sendo terreno), seu valor (pois as duas frações obtidas continuarão tendo, somadas, senão o mesmo valor, outro próximo), e sem prejuízo do uso a que se destina (vez que dois terrenos de 5.000 m² continuam passíveis de uso perfeito).

Cuidado, caro leitor, quando examinar o requisito referente ao valor. Se dividimos um terreno, seu valor não sofrerá diminuição considerável, desde que somemos os valores das frações obtidas, obviamente. O que pode ocorrer quando se divide um terreno é que, ou o valor de cada nova parte será superior ao valor proporcional do terreno antes da divisão, ou exatamente este, ou um tanto inferior. Mas nunca haverá diminuição considerável. Imaginemos que o terreno original valia R$ 10.000,00. Ao dividi-lo em duas partes de mesma área, pode acontecer de cada uma delas valer R$ 5.000,00, ou, quem sabe, R$ 6.000,00, ou R$ 4.000,00, em razão da avaliação que lhe atribuir o mercado imobiliário.

Mais um exemplo ajuda a aclarar o ponto. Tomemos uma edição do clássico *Dom Casmurro*, de Machado de Assis. O livro tem sua substância, seu valor e sua utilidade como um todo. Se, por acaso, alguém o rasgar em três partes, haverá perda da substância (uma parte de *Dom Casmurro* deixará de ser *Dom Casmurro*), do valor (uma parte rasgada do livro não tem valor algum) e, ademais, o livro perderá sua utilidade (não se pode ler um romance sem se ter acesso a ele por inteiro; não basta um terço).[128]

Deve-se frisar, por fim, que se admite que bens naturalmente divisíveis sejam considerados indivisíveis, por **determinação da lei** ou pela **vontade das partes** (art. 88). Isso poderia ocorrer, por exemplo, com uma frota de ônibus de turismo. Supondo-se que a frota fosse alugada, poderia o locador estabelecer, no contrato, a indivisibilidade da frota. Esse fato teria implicações que, posteriormente, estudaremos no Direito das Obrigações – Parte II desta obra.

1.5 Bens singulares ou coletivos

Há bens que, por assim dizer, "fazem sentido" quando considerados singularmente, ou seja, podem ser considerados individualmente (*de per si*, na linguagem do art. 89). Outros, por

---

[128] Situação diferente da que mencionamos no exemplo é a de um livro naturalmente divido em partes pelo próprio autor. Nesse caso, cada parte deve ser considerada um bem em si – se destacadas –, e mantém a característica da indivisibilidade. O que é divisível, veja-se, é o *conteúdo* do livro.

sua vez, são tratados coletivamente e podem ser objeto de relações jurídicas próprias (art. 90, parágrafo único), seja porque, com isso, ganham uma destinação unitária própria, ou porque essa é sua relevância jurídica – caso das **universalidades de fato** – (art. 90), ou, ainda, porque integram o complexo de relações jurídicas de uma pessoa, dotada de valor econômico – caso das **universalidades de direito** – (art. 91).

Considerado individualmente – em si –, um exemplar de *Dom Casmurro* "faz sentido". Mas, para que faça sentido a *coleção de Machado de Assis*, é preciso tomar *Dom Casmurro* e todas as demais obras coletivamente, formando uma universalidade, a qual tem destinação unitária: pode ser objeto de direitos. Trata-se de uma universalidade de fato.

Já a herança, que é o conjunto de bens deixados pelo morto, deve ser sempre considerada coletivamente. Cuida-se, aqui, de **universalidade de direito**.

1.6 Bens públicos ou particulares

Classificam-se os bens, em atenção ao *titular do domínio* (proprietário), em **públicos** e **particulares**.

Segundo o art. 98, consideram-se públicos os bens do domínio nacional pertencentes às pessoas jurídicas de Direito Público interno, sendo particulares todos os demais, seja quem for seu proprietário.

O art. 99, por sua vez, classifica os bens públicos em **bens de uso comum do povo** (rios, mares, estradas, ruas, praças); **bens de uso especial** (edifícios ou terrenos destinados ao serviço da administração pública); **bens dominicais** (os que constituem o patrimônio das pessoas jurídicas de Direito Público, como objeto de direito pessoal ou real de cada uma dessas entidades).

Enquanto conservarem sua classificação, são **inalienáveis** os bens de uso comum do povo e os de uso especial (art. 100). Já os dominicais podem ser alienados, observadas as exigências da lei (art. 101).

Seja qual for sua classificação, tradicionalmente nenhum bem público sujeita-se à **usucapião** (art. 102; Súmula 340 do STF). Esse entendimento, embora seja criticado por alguns administrativistas, especialmente no que tange aos bens dominicais, ainda é o aplicado atualmente, inclusive quando se trata de bem particular, mas afetado a determinado serviço público[129]. Isso não quer dizer, contudo, que um particular ocupante de bem público não possa, por exemplo, ajuizar uma ação possessória com o objetivo de proteger a sua posse **contra outro particular**. Nesse caso, segundo o próprio STJ, a possibilidade não retira o bem do patrimônio do Estado, mas apenas reconhece a posse de um particular, garantindo o exercício da função social da propriedade (4ª Turma, REsp 1.296.964/DF, relator: Min. Luis Felipe Salomão, data do julgamento: 18/10/2016).

De acordo com o art. 103, a critério do ente a que pertencerem, o uso dos bens públicos poderá ser **gratuito** (caso de ruas e praças, por exemplo) ou **oneroso** (como se dá, a título de ilustração, com um zoológico).

---

[129] "O imóvel vinculado ao Sistema Financeiro de Habitação, porque afetado à prestação de serviço público, deve ser tratado como bem público, sendo, pois, imprescritível. [...] Mesmo o eventual abandono de imóvel público não possui o condão de alterar a natureza jurídica que o permeia, pois não é possível confundir a usucapião de bem público com a responsabilidade da Administração pelo abandono de bem público. Com efeito, regra geral, o bem público é indisponível" (STJ, 3ª Turma, REsp 1.874.632-AL, relatora: Min. Nancy Andrighi, data do julgamento: 25/11/2021).

BENS CONSIDERADOS EM SI MESMOS	
Móveis	Podem ser movimentados sem alteração de suas características essenciais, por força própria ou alheia
Imóveis	Não suscetíveis de movimento
Fungíveis	Admitem substituição por outro bem da mesma espécie, qualidade e quantidade
Infungíveis	Não admitem substituição
Consumíveis	Destroem-se pelo uso (consomem-se)
Inconsumíveis	Não sofrem destruição pelo uso (não se consomem)
Divisíveis	Admitem fracionamento sem que haja perda de sua essência, diminuição considerável de seu valor e prejuízo para o uso
Indivisíveis	Não admitem fracionamento
Singulares	Consideram-se individualmente, ainda que reunidos
Coletivos	Bens que, reunidos, formam uma universalidade com destinação econômica unitária
Públicos	Compreendem o domínio nacional das pessoas jurídicas de Direito Público interno. Classificam-se em bens de uso comum do povo, bens de uso especial e bens dominicais. A doutrina e a jurisprudência estendem esse conceito aos bens pertencentes às pessoas jurídicas de direito privado que sejam prestadoras de serviços públicos – bem vinculado à atividade prestada.
Particulares	Todos os que não compreendem o domínio nacional das pessoas jurídicas de Direito Público interno, seja quem for o proprietário

2. BENS RECIPROCAMENTE CONSIDERADOS

Os bens podem também ser classificados de acordo com sua relação uns com os outros, ou, como se costuma dizer, reciprocamente considerados. De acordo com esse critério, classificam-se em **bens principais, acessórios** ou **pertenças; frutos, produtos, benfeitorias** e **acessões**.

2.1 Bens principais, acessórios e pertenças

Fala-se em **bem principal** para se referir àquele que tem **existência autônoma**. Nos termos da primeira parte do art. 92 do Código, é o que "existe sobre si, abstrata ou concretamente". **Bem acessório**, por sua vez, é aquele cuja existência depende de um bem principal, sem o qual não existe (art. 92, segunda parte). Quanto à relação entre o bem principal e o bem acessório, vale a máxima *accessorium sequitur principale*, ou seja, o **acessório segue o principal**.

Uma cadeira é um bem principal, pois tem existência autônoma. O assento da cadeira, por sua vez, para ser assento, depende da existência da cadeira, razão pela qual é bem acessório dela.

Outro exemplo: um direito obrigacional oriundo de um contrato de locação é um bem principal, pois existe por si só. Se, por acaso, houver uma fiança que garante esse direito, teremos, então, um bem acessório dele. Extinto o direito obrigacional, extingue-se a fiança, cuja existência pressupõe a da dívida (bem principal).

Em razão de **o acessório seguir o principal – princípio da gravitação jurídica, como diz a doutrina**, se alguém doa a cadeira, doa também o assento, ainda que não mencione o fato expressamente. No contrato de locação, se houver transmissão do direito do locador, por exemplo, para seu herdeiro, este também se beneficiará da garantia, a qual segue o direito obrigacional. A título de exemplo: o art. 37, I, da Lei de Locações prevê a caução como uma das garantias locatícias. Se houver pretensão de restituição da caução, o prazo prescricional a ser observado é o mesmo destinado aos aluguéis (art. 206, § 3º, I, do CC), justamente em homenagem ao princípio da gravitação jurídica[130].

O Código Civil de 2002 inovou em relação ao anterior, trazendo o conceito jurídico de **pertença**.[131] Nos termos do art. 93, "são pertenças os bens que, não constituindo partes integrantes, se destinam, de modo duradouro, ao uso, ao serviço ou ao aformoseamento de outro".

Vejamos alguns exemplos. Um trator, na fazenda, pode ser considerado uma pertença. Isso porque, conquanto não faça parte integrante da fazenda, destina-se, de modo duradouro, ao seu uso e serviço. Imaginemos um aparelho leitor de DVD que é instalado em um carro. Ora, tal aparelho também pode ser considerado uma pertença, vez que se destina, de modo duradouro, ao uso e ao serviço do carro.

Conquanto seja bem elaborado, o conceito de pertença é aberto e quase sempre permite o debate sobre a caracterização de um determinado bem como acessório e como pertença.

E o problema se agrava diante do art. 94 do Código, o qual determina que os negócios jurídicos que se referem ao bem principal não abrangem as pertenças, a não ser que o contrário seja estabelecido em lei, ou decorra da vontade das partes, ou das circunstâncias do caso.

Assim, nos exemplos anteriores, se a fazenda fosse alugada, ou o carro vendido, nem o trator nem o leitor de DVD se considerariam incluídos no negócio, a menos que houvesse disposição expressa no sentido da inclusão, e o locador ou vendedor poderiam removê-los, sem que isso pudessem objetar o locatário e o comprador. Isso, caso sejam considerados pertenças.

Ocorre que a prática tem revelado que é interesse do vendedor argumentar que são pertenças, enquanto é interesse do comprador alegar que são bens acessórios. Em geral, há margem para a argumentação, e cada qual terá um preceito normativo a seu favor: o acessório segue o principal; a pertença, não. Discussões têm surgido acerca de armários planejados em imóveis, bem como acerca de lustres, cortinas e até mesmo carpetes. Quando o imóvel é apresentado ao comprador, nada se estabelece sobre esses bens. Posteriormente, o vendedor suscita o direito de retirá-los do imóvel, por considerá-los pertenças, e para isso invoca o art. 94. O comprador, por sua vez, suscita o direito de recebê-los, por considerá-los bens acessórios, e invoca o art. 233 ("a obrigação de dar coisa certa abrange os acessórios dela embora não mencionados, salvo se o contrário resultar do título ou das circunstâncias do caso"). Nem mesmo a análise pelo ângulo da boa-fé objetiva ajuda muito. Tudo acaba ficando sujeito ao convencimento do julgador, no caso concreto.

Na jurisprudência, há discussões relevantes sobre a inclusão de pertenças nos negócios jurídicos. Por exemplo, no REsp 1.305.183, o STJ definiu que os instrumentos que servem para adaptar os veículos para condução por pessoas com alguma deficiência física devem ser considerados como pertenças (e não como bens acessórios). Justamente por isso, não seguem o princípio da gravitação jurídica e, consequentemente, não podem ser alcançados pelo negócio jurídico que os envolver, salvo expressa manifestação em contrário das partes.

---

[130] REsp 1.967.725/SP, relator: Min. Marco Aurélio Bellizze, 3ª Turma, data do julgamento: 15/2/2022, *data da publicação:* 21/2/2022.

[131] O conceito já aparecia em obras de doutrina anteriores ao Código, como no *Sistema de Direito Civil brasileiro* de Eduardo Espínola, no *Tratado de Direito Privado* de Pontes de Miranda e na *Introdução do Direito Civil* de Orlando Gomes, por inspiração do Direito italiano, sobretudo da obra de Ruggiero (GOMES, Orlando. *Introdução ao direito civil*. 3. ed. Rio de Janeiro: Forense, 1971. p. 218).

Para realmente resolver os problemas de ordem prática por meio da criação do conceito de pertença, deveria o legislador ter estabelecido, no art. 94, que as pertenças consideram-se *incluídas* no negócio acerca do bem principal, salvo disposição expressa em contrário.[132] Assim, não adiantaria a discussão sobre a caracterização do bem como pertença ou bem acessório, porquanto a consequência seria a mesma.

Por fim, cuidado para não confundir a ideia da pertença com a ideia do bem imóvel por acessão intelectual.

Em primeiro lugar, a classificação em bem móvel ou imóvel se refere ao bem considerado em si mesmo, enquanto a classificação como pertença toma mais de um bem, considerado um com relação ao outro. Daí não ser possível comparar as classificações, porquanto advindas de critérios distintos.

Ademais, um bem não se classifica como pertença necessariamente com relação a um imóvel. Há pertenças de coisa móvel, como o leitor de DVD do carro. Por outro lado, um bem somente se classifica como imóvel por acessão intelectual se aceder a um *imóvel*, como as máquinas na fábrica de papel.

Por fim, veja-se que um bem móvel permanece classificado como móvel ainda que seja considerado pertença de um imóvel, enquanto um bem móvel que aceda a um imóvel passa a ser reputado *imóvel por acessão*.

2.2 Frutos e produtos

Segundo o permissivo do art. 95 do Código, admite-se que os frutos ou produtos pendentes (aqueles que estão unidos à coisa principal) sejam objeto de negócio jurídico.

Por essa razão, é possível vender dez sacas de laranjas que ainda estão presas à laranjeira, ou uma tonelada de minério de ferro que ainda não foi extraído.

2.2.1 Frutos

São chamados de **frutos** os bens que se originam periodicamente de um outro bem, sem que este sofra alteração em sua substância, especificamente por não sofrer redução nem deterioração.

O exemplo mais corriqueiro é o das frutas, as quais nascem das árvores, mas não se reduzem ou deterioram. Outro exemplo é o do aluguel, o qual é oriundo do direito do locador. Também os juros, em se tratando de empréstimo oneroso, são considerados frutos do direito do mutuante.

É possível classificar os frutos de acordo com seu estado: **pendentes** enquanto não destacados do bem que os originou; **percebidos** ou **colhidos** depois de separados; caso não tenham sido colhidos, embora pudessem sê-lo, são chamados de **percipiendos**; por fim, **consumidos** são os frutos que já não mais existem.

Conforme asseverado anteriormente, segundo o art. 95 do Código, todos os frutos – mesmo os percipiendos – podem ser objeto de negócio jurídico.

2.2.2 Produtos

Produtos, por sua vez, são extraídos da substância de outro bem, daí por que implicam redução ou deterioração deste. Diz-se que são **recursos não renováveis**.

---

[132] Como sugeria a doutrina anterior, e como ocorre no Direito italiano.

O exemplo mais banal é o das pedras, ou dos minerais, extraídos de uma mina. A extração pode prosseguir até o dia em que não mais houver pedras a extrair, em razão da deterioração e redução da fonte.

Tal como os frutos, os produtos, mesmo antes de serem extraídos da coisa, podem ser objeto de negócio jurídico (art. 95 do Código).

2.3 Benfeitorias e acessões

É comum que uma coisa seja melhorada, ou que nela sejam acrescentadas outras coisas, por fato do homem ou pela natureza. A pintura de uma casa representa um **melhoramento**; a instalação de um rádio em um carro representa um **acréscimo**.

Os melhoramentos e acréscimos consistem em bens que se relacionam com um certo bem (principal), tornando-o melhor ou mais proveitoso, ou aumentando-o. Podem se incorporar à coisa, tornando-se dela um **acessório** (uma parte integrante; art. 92, segunda parte), ou podem com ela se relacionar, sem, entretanto, a ela aceder, tornando-se dela uma **pertença** (uma parte não integrante; art. 93, de que já tratamos). Nos exemplos mencionados, a tinta constitui um acessório da casa, enquanto o rádio constitui uma pertença do carro (o rádio pode ser separado do carro, mas a tinta não pode ser separada da casa).

Os melhoramentos e acréscimos que se incorporam à coisa principal como acessórios dela podem tomar a forma de **benfeitorias** ou de **acessões**.

2.3.1 Benfeitorias

Benfeitoria é uma obra realizada em uma coisa para conservá-la, melhorá-la ou embelezá-la. A benfeitoria executada para conservar a coisa é chamada de **necessária** (art. 96, § 3º). Já a benfeitoria executada para melhorar a coisa é chamada de útil (art. 96, § 2º). Por último, a benfeitoria realizada para simplesmente embelezar a coisa é chamada de **voluptuária** (art. 96, § 2º).

Imaginemos uma casa. Supondo que os rufos do telhado estejam podres, a execução de reparos se impõe, sob pena de o telhado desabar. A obra realizada com esse fim é uma benfeitoria necessária. Mas, se o proprietário quiser construir uma piscina, executará uma benfeitoria útil. E, se optar por revestir o muro de alvenaria com pedra-sabão, realizará uma benfeitoria voluptuária.

Impende frisar que o art. 97 estabelece que os **melhoramentos** ou **acréscimos** que sobrevenham ao bem sem intervenção do proprietário, possuidor ou detentor não são considerados benfeitorias.

Uma roseira que nasce no jardim por ação da natureza, sem que a semente tenha sido plantada por ação humana, conquanto aumente o jardim – daí ser dele um acréscimo –, não se considera benfeitoria.

2.3.2 Acessões

Fala-se em **acessões artificiais** para se referir aos acréscimos feitos à coisa com o intuito de lhe dar destinação, ou de alterá-la. Não se trata, portanto, de obras para conservar, melhorar ou embelezar a coisa, como ocorre com as benfeitorias.

Um exemplo é da construção de uma casa em um terreno. Quando se toma um lote para ali se construir uma casa, a ideia não é a de melhorar nem embelezar o terreno (tampouco de conservá-lo). A construção da casa dá ao terreno a sua destinação – é para isso que ele serve: para que nele se construa, ou para que nele se plante, ou se criem animais etc.

Pode acontecer, por outro lado, de sobrevir à coisa um acréscimo por ação da natureza, o qual poderá dar destinação, melhorar ou embelezar a coisa, mas não será considerado benfeitoria porquanto não sofre intervenção do proprietário, possuidor ou detentor (art. 97 do Código). Trata-se das **acessões naturais**.

O fenômeno da aluvião consiste no acréscimo de terra ao lote ribeirinho realizado pelo depósito constante de sedimentos pelas águas de um rio. Reputa-se, por conseguinte, uma acessão natural. Outro exemplo são as florestas, acrescidas ao solo pela ação da natureza.

2.3.3 Necessidade da distinção entre benfeitorias e acessões – consequências jurídicas diversas

Já não é comum encontrar na doutrina a distinção entre as benfeitorias e as acessões. A distinção aparece, às vezes, apenas ao se tratar da acessão como modo originário de aquisição da propriedade.

Todavia, é importante, desde logo, distinguir uma da outra, porquanto são diversas as consequências previstas para cada qual na lei.

O Código estabelece normas acerca das **benfeitorias** em diversas passagens. Em síntese, atribui ao possuidor de boa-fé direito de indenização pelas benfeitorias necessárias e úteis, com direito de retenção (direito de recusar a restituição da coisa enquanto não for indenizado), e, quanto às benfeitorias voluptuárias, direito de levantá-las (levá-las consigo), caso isso seja possível sem danificar a coisa, e se o proprietário não preferir indenizá-lo (art. 1.219). Atribui ao possuidor de má-fé, por sua vez, apenas o direito de indenização pelas benfeitorias necessárias, sem direito de retenção (art. 1.220).

Com relação às **acessões**, por sua vez, determina o Código sua aquisição pelo proprietário do solo, salvo se a construção ou plantação exceder consideravelmente o valor do terreno (art. 1.255). Neste último caso, será devida ao proprietário indenização a ser fixada pelo julgador, segundo a parte final do parágrafo único do art. 1.255. Nas demais hipóteses, ou seja, quando o construtor ou plantador perde a acessão para o proprietário do solo, a lei somente atribui direito de indenização a quem agiu de boa-fé (parte final do *caput* do dispositivo em comento).

\multicolumn{3}{c}{BENS RECIPROCAMENTE CONSIDERADOS}		
Principais	Têm existência autônoma		
Acessórios	Sua existência depende do bem principal		
Pertenças	Embora não integrem o outro bem, destinam-se de modo duradouro ao uso, serviço ou aformoseamento dele		
Frutos	Bens originados de outro bem, cuja substância não se altera para produzi-los	**Pendentes** → não destacados da origem	
		Percebidos → destacados da origem	
		Percipiendos → não destacados da origem, embora possam sê-lo	
		Consumidos → não mais existem	
Produtos	Bens extraídos de outro bem, o qual sofre redução com a extração		
Benfeitorias	**Necessárias** → obras realizadas para conservar a coisa		
	Úteis → obras realizadas para melhorar a coisa		
	Voluptuárias → obras realizadas para embelezar a coisa		
Acessões	**Artificiais** → construções ou plantações que dão destinação à coisa		
	Naturais → acréscimos feitos na coisa pela natureza		

3. BEM DE FAMÍLIA

Em nosso ordenamento, há duas espécies de bem de família: (i) o **voluntário** ou **convencional**; e (ii) o **legal**.

O primeiro se encontra regulado pelos arts. 1.711 e 1.712 do Código Civil. Ele é instituído pelos cônjuges ou pela entidade familiar, mediante escritura pública ou testamento, desde que não ultrapasse um terço do patrimônio líquido existente ao tempo da instituição.

Um terceiro poderá igualmente instituir bem de família por testamento ou doação, dependendo a eficácia do ato da aceitação expressa de ambos os cônjuges beneficiados ou da entidade familiar beneficiada. Para que haja a proteção, o bem de família deve ser imóvel residencial, urbano ou rural.

O bem de família, instituído pelos cônjuges ou por terceiro, constitui-se pelo registro de seu título no Registro de Imóveis. Por se tratar de regra especial, não se aplica o art. 108 do CC, que dispensa a elaboração se os imóvel tem valor inferior a trinta vezes o maior salário mínimo vigente no País.

A constituição do bem de família convencional tem como objetivo tornar o bem inalienável e impenhorável, exceto se as dívidas forem anteriores à constituição ou provenientes de tributos relativos ao prédio, ou de despesas de condomínio. Em capítulo próprio, o tema voltará a ser abordado.

Bem de família legal é, por sua vez, aquele regulado pela **Lei 8.009/1990**. Sua instituição independe de prévia manifestação das partes e tem como principais características a irrenunciabilidade e a impenhorabilidade. Ele corresponde ao imóvel residencial próprio do casal ou da entidade familiar, que não poderá responder por qualquer tipo de dívida civil, comercial, fiscal, previdenciária ou de outra natureza, contraída pelos cônjuges ou pelos pais ou filhos que sejam seus proprietários e nele residam, **salvo nas hipóteses expressamente previstas na Lei 8.009/90**.

Essa impenhorabilidade decorre da necessidade de proteção tanto da família – em suas mais diversas formas – quanto da dignidade da pessoa humana. No entanto, como visto, existem exceções à impenhorabilidade, que estão previstas no art. 3º da Lei 8.009/1990:

> Art. 3º A impenhorabilidade é oponível em qualquer processo de execução civil, fiscal, previdenciária, trabalhista ou de outra natureza, salvo se movido:
>
> [...]
>
> II – pelo titular do crédito decorrente do financiamento destinado à construção ou à aquisição do imóvel, no limite dos créditos e acréscimos constituídos em função do respectivo contrato;
>
> III – pelo credor da pensão alimentícia, resguardados os direitos, sobre o bem, do seu coproprietário que, com o devedor, integre união estável ou conjugal, observadas as hipóteses em que ambos responderão pela dívida;
>
> IV – para cobrança de impostos, predial ou territorial, taxas e contribuições devidas em função do imóvel familiar;
>
> V – para execução de hipoteca sobre o imóvel oferecido como garantia real pelo casal ou pela entidade familiar;
>
> VI – por ter sido adquirido com produto de crime ou para execução de sentença penal condenatória a ressarcimento, indenização ou perdimento de bens;
>
> VII – por obrigação decorrente de fiança concedida em contrato de locação.

Essas exceções, de acordo com as lições de CÂNDIDO RANGEL DINAMARCO, "significam que a Lei do Bem de Família teve a intenção de balancear valores, privilegiando o valor moradia", mas sem deixar de considerar algumas particulares que, de modo excepcional, devem se sobrepor a esse direito fundamental, porque também merecedoras de uma proteção especial, qualificada[133].

Quando a dívida tem origem na coisa a ser penhorada (obrigação *propter rem*), incidem os incisos II e IV do art. 3º da Lei 8.009/1990, que possibilitam a penhora pelo titular do crédito decorrente do financiamento destinado à construção ou à aquisição do imóvel, bem como para pagamento de impostos, taxas e contribuições relativos ao imóvel, a exemplo das despesas de condomínio. No primeiro caso, se o imóvel é objeto de contrato de compra e venda inadimplido, o devedor não pode alegar a impenhorabilidade.

Especialmente em relação ao inciso IV, deve-se ter em mente que, além da necessária vinculação entre a dívida e a coisa a ser penhorada, é preciso que o débito seja proveniente do próprio imóvel. Por exemplo: se Antônio tem dívidas de IPTU relacionadas à imóvel localizado em Águas Claras/DF, não pode ocorrer a penhora de imóvel localizado em Taguatinga/DF, pois, para a aplicação da exceção à impenhorabilidade, é preciso que o débito de natureza tributária seja proveniente do próprio imóvel que se pretende penhorar[134].

Quanto ao credor de alimentos, o inciso II abrange tanto o pagamento de dívidas de pensão decorrente de vínculo familiar quanto de ato ilícito de natureza civil. Ademais, o próprio CPC/2015 excepciona a impenhorabilidade em seu art. 833, § 2º. Entretanto, deve ser assegurada a proteção ao patrimônio do novo cônjuge ou companheiro do devedor de pensão alimentícia. Exemplo: João mantém união estável com Maria, bem como a copropriedade de um bem imóvel. Pedro, filho apenas de João, é credor de prestação alimentícia. Na execução proposta contra o pai, o bem imóvel de propriedade também de Maria não poderá ser atingido. Nesse caso, sequer haverá impenhorabilidade parcial, pois, segundo o STJ, quando a impenhorabilidade for reconhecida sobre metade de imóvel relativa à meação, ela deverá ser estendida à totalidade do bem, porquanto o escopo precípuo da lei é a tutela não apenas da pessoa do devedor, mas da entidade familiar como um todo (STJ, REsp 1.227.366/RS, 4ª Turma, relator: Min. Luis Felipe Salomão, data do julgamento: 21/10/2014). Na prática, o bem permanece integralmente impenhorável, devendo o cônjuge ou companheiro apresentar embargos de terceiro para defender a sua parte.

Para a execução de hipoteca sobre o imóvel ofertado como garantia real pelo casal ou pela entidade familiar (inciso V do art. 3º da Lei 8.009/1990), o STJ tem afastado a exceção nas hipóteses em que a hipoteca não é constituída em benefício da própria família, por exemplo, quando formalizada para garantia de dívida de terceiro (STJ, REsp 997.261/SC, relator: Min. Luis Felipe Salomão, data do julgamento: 15/3/2012) ou quando ofertada por membro da entidade familiar visando garantir dívida de sua empresa individual (STJ, AgRg no Ag 597.243/GO, relator: Min. Fernando Gonçalves, data do julgamento: 3/2/2005).

Em julgado mais recente, o STJ decidiu que, nas hipóteses em que a hipoteca é suporte à dívida de terceiros, a impenhorabilidade do imóvel deve, em princípio, ser reconhecida. No REsp 1.180.873, julgado em outubro de 2015, a Quarta Turma afastou a penhora de imóvel que garantiu dívida do filho da proprietária, pois restou comprovado que a dívida havia sido feita para quitar compromissos pessoais do devedor, de modo que não deve incidir a exceção do art. 3º, V, da Lei 8.009/1990, que diz que a impenhorabilidade não pode ser invocada em caso de execução de hipoteca sobre imóvel oferecido como garantia real pelo casal ou pela família. De toda forma, havendo incidência da regra do inciso V, a eventual ausência de registro da hipoteca não afastará a exceção à impenhorabilidade (REsp 145.554, *data da publicação*: 16/6/2016).

---

[133] DINAMARCO, Cândido Rangel. Instituições de Direito Processual Civil. 2. ed. São Paulo: Malheiros. v. 4. p. 358.

[134] O tema, a propósito, já foi objeto de decisão pelo STJ divulgada no Informativo 665.

A regra da impenhorabilidade também é afastada caso o bem tenha sido adquirido como produto de crime ou para satisfação de execução de sentença penal condenatória a ressarcimento, indenização ou perdimento de bens (inciso VI do art. 3º da Lei 8.009/1990). Para que haja incidência dessa regra, a jurisprudência vem exigindo o trânsito em julgado da ação penal condenatória, não sendo possível interpretação extensiva da regra legal para, por exemplo, permitir a penhora quando há declaração de extinção da punibilidade em razão da prescrição (REsp 1.823.159/SP, data do julgamento: 19/10/2020).

Em relação à última exceção legal (inciso VII do art. 3º da Lei 8.009/1990), existia forte discussão doutrinária e jurisprudencial sobre a constitucionalidade desse dispositivo, porquanto a fiança, como um contrato acessório, não poderia trazer mais obrigações que o contrato principal. Contudo, a temática já foi pacificada tanto pelo STF (RE 495105 AgR, relator: Min. Marco Aurélio, data do julgamento: 5/11/2013) quanto pelo STJ, nos termos do enunciado da Súmula 549, que tem o seguinte teor: "É válida a penhora de bem de família pertencente a fiador de contrato de locação". A propósito, em 2022, o tema voltou a ser discutido no âmbito do Supremo Tribunal Federal, em relação à espécie de locação – se comercial ou residencial. Uma corrente defendia que a exceção à regra da impenhorabilidade do bem de família contida no inciso VII do art. 3º da Lei 8.009/90 era necessária, proporcional e razoável, mesmo na hipótese de locação comercial. No entanto, outra corrente entendia que o legislador afastou a possibilidade de penhora no contexto da locação comercial. Para o STF, é constitucional a penhora de bem de família pertencente a fiador de contrato de locação, seja residencial, seja comercial (Plenário, RE 1.307.334/SP, relator: Min. Alexandre de Moraes, data do julgamento: 8/3/2022, Repercussão Geral – Tema 1127).

Como a legislação que trata da impenhorabilidade do bem de família não conseguiu prever as inúmeras situações e questionamentos que surgiriam a partir das execuções fundadas em imóveis dessa natureza, a jurisprudência tratou, então, de estabelecer outros limites à impenhorabilidade.

Por exemplo, de acordo com o entendimento do STJ, deverá ser afastada a proteção destinada ao bem de família quando houver violação à boa-fé. Imagine a seguinte situação hipotética: Antônio Cláudio, professor, solteiro, comprou um imóvel em Águas Claras/DF, com dinheiro de herança recebida de sua genitora. Antônio Cláudio locou o imóvel, pois a renda como professor de Música não estava sendo suficiente para cobrir suas despesas mensais. Ele e o irmão, Pedro, que também recebeu parte da herança, passaram a morar juntos, rateando o valor do aluguel. Alguns meses após a compra do imóvel, Antônio Cláudio foi citado em ação de execução de título extrajudicial, na qual o proprietário de uma loja de instrumentos musicais lhe cobrava um cheque no valor de R$ 50.000,00 (cinquenta mil reais). Orientado por seu advogado, Antônio Cláudio firmou acordo com o credor, oferecendo como garantia o imóvel localizado em Águas Claras/DF, mesmo ciente de sua natureza. O valor acordado não foi pago, razão pela qual o credor requereu a penhora do bem imóvel ofertado no acordo homologado em juízo. Nessa hipótese, é possível considerar que Antônio Cláudio agiu de forma contrária à boa-fé, razão pela qual não poderá aproveitar a proteção legal conferida ao bem de família. A propósito, há diversas decisões do STJ em casos semelhantes:

> [...] A questão da proteção indiscriminada do bem de família ganha novas luzes quando confrontada com condutas que vão de encontro à própria ética e à boa-fé, que devem permear todas as relações negociais. 5. Não pode o devedor ofertar bem em garantia que é sabidamente residência familiar para, posteriormente, vir a informar que tal garantia não encontra respaldo legal, pugnando pela sua exclusão (vedação ao comportamento contraditório). 6. Tem-se, assim, a ponderação da proteção irrestrita ao bem de família, tendo em vista a necessidade de se vedar, também, as atitudes que atentem contra a boa-fé e a eticidade, ínsitas às relações negociais. 7. Recurso especial conhecido e não provido (REsp 1.782.227, data do julgamento: 29/8/2019).

A regra de impenhorabilidade do bem de família trazida pela Lei no 8.009/90 deve ser examinada à luz do princípio da boa-fé objetiva, que, além de incidir em todas as relações jurídicas, constitui diretriz interpretativa para as normas do sistema jurídico pátrio. Assim, se ficou caracterizada fraude à execução na alienação do único imóvel dos executados, em evidente abuso de direito e má-fé, afasta-se a norma protetiva do bem de família, que não pode conviver, tolerar e premiar a atuação dos devedores em desconformidade com a boa-fé objetiva (REsp 1.575.243/DF, data do julgamento: 22/3/2018).

[...] De fato, a jurisprudência do STJ inclinou-se no sentido de que o bem de família é impenhorável, mesmo quando indicado à constrição pelo devedor. No entanto, o caso em exame apresenta certas peculiaridades que torna válida a renúncia. Com efeito, no caso em análise, o executado agiu em descompasso com o princípio *nemo venire contra factum proprium*, adotando comportamento contraditório, num momento ofertando o bem à penhora e, no instante seguinte, arguindo a impenhorabilidade do mesmo bem, o que evidencia a ausência de boa-fé. Essa conduta antiética deve ser coibida, sob pena de desprestígio do próprio Poder Judiciário, que validou o acordo celebrado. Se, por um lado, é verdade que a Lei 8.009/1990 veio para proteger o núcleo familiar, resguardando-lhe a moradia, não é menos correto afirmar que aquele diploma legal não pretendeu estimular o comportamento dissimulado (REsp 1.461.301/MT, data do julgamento: 5/3/2015).

Em suma, segundo o STJ, embora a impenhorabilidade do bem de família seja uma questão de **ordem pública**, razão pela qual não pode ser admitida a renúncia pelo respectivo titular, ela deve ser afastada quando caracterizado o abuso do direito de propriedade, a violação da boa-fé objetiva ou a hipótese de fraude à execução.

Há outros questionamentos de extrema relevância que já foram debatidos pela jurisprudência em relação ao bem de família. Vejamos:

1. **A proteção conferida pela Lei 8.009/1990 alcança penhoras realizadas antes da sua entrada em vigor?** A resposta está no enunciado da Súmula 205 do STJ: "A Lei 8.099/90 aplica-se à penhora realizada antes da sua vigência". Igualmente, é possível a penhora do bem de família de fiador de contrato de locação mesmo quando a garantia tenha sido pactuada antes da vigência da Lei 8.245/1991, que acrescentou o inciso VII do art. 3º da Lei 8.009/1990. Trata-se de normas que, segundo o STJ, possuem eficácia imediata.

2. **O bem de família, quando locado, permanece protegido pela Lei 8.009/1990?** Outro enunciado do STJ responde a esse questionamento. "É impenhorável o único imóvel residencial do devedor que esteja locado a terceiros, desde que a renda obtida com a locação seja revertida para a subsistência ou moraria da sua família" (Súmula 486). A justificativa para essa conclusão é que o objetivo da norma é garantir não apenas a moradia da família mas também a subsistência familiar.

3. **Se o imóvel pertence a uma pessoa solteira, incide a proteção conferida pela Lei 8.009/1990?** De acordo com a Súmula 364 do STJ, o conceito de impenhorabilidade de bem de família abrange também o imóvel pertencente a pessoas solteiras, separadas ou viúvas. Aqui temos que ter em mente que há um tipo de família denominada de **unipessoal**, ou seja, aquela formada por uma única pessoa, a exemplo da viúva que não teve filhos.

4. **Imóveis de luxo estão protegidos pela Lei 8.099/1990?** Segundo o STJ, o simples fato de o imóvel ser de luxo ou de elevado valor, por si só, não afasta a proteção prevista na Lei 8.009/90. Assim, prevalece a proteção legal ao bem de família, independentemente de seu padrão (3ª Turma, AgInt no AREsp 1.199.556/PR, relator: Min. Marco Aurélio Bellizze, data do julgamento: 5/6/2018; 4ª Turma, AgInt no REsp 1.505.028/SP, relator: Min. Raul Araújo, data do julgamento: 19/9/2017).

5. **O bem de família pode ser alienado?** De acordo com o STJ, a proteção conferida ao bem de família pela Lei 8.009/90 não importa em sua inalienabilidade, revelando-se possível a disposição do imóvel pelo proprietário, inclusive no âmbito de alienação fiduciária. Conforme a doutrina, o bem de família voluntário, que depende de ato voluntário, gera a inalienabilidade e impenhorabilidade, uma vez que, instituído o bem de família, por meio do procedimento público no Cartório Imobiliário, se torna impenhorável e inalienável, restringindo sua comerciabilidade. Por outro lado, o bem de família legal, regulado pela Lei 8.009/1990, gera apenas a impenhorabilidade, não respondendo pelas dívidas civis, trabalhistas, comerciais, fiscais, previdenciárias e de qualquer natureza, não se revelando crível pudesse a norma legal impedir a livre disposição (alienação) do bem por parte de seu titular (STJ, 4ª Turma, REsp 1.595.832/SC, relator: Min. Luis Felipe Salomão, data do julgamento: 29/10/2019).

6. **Bens móveis podem ser objeto de proteção?** De acordo com a Edição 44 da *Jurisprudência em Teses* do Superior Tribunal de Justiça: "A proteção contida na Lei n. 8.009/1990 alcança não apenas o imóvel da família, mas também os bens móveis indispensáveis à habitabilidade de uma residência e os usualmente mantidos em um lar comum". Ou seja, são também impenhoráveis os móveis guarnecedores de um imóvel de família, recaindo a proteção do parágrafo único do art. 1º da Lei 8.009/90 não só para aqueles indispensáveis à habitabilidade de uma residência mas também aos usualmente mantidos em um lar comum. Por exemplo, no REsp 691.729/SC, o STJ entendeu que uma máquina de lavar louça, um forno de micro-ondas, um *freezer*, um microcomputador com acessórios e uma impressora, apesar de não serem indispensáveis à moradia, são usualmente mantidos em um lar, não sendo considerados objetos de luxo ou adornos suntuosos, razão pela qual incide a regra da impenhorabilidade.

Quadro Esquemático 3

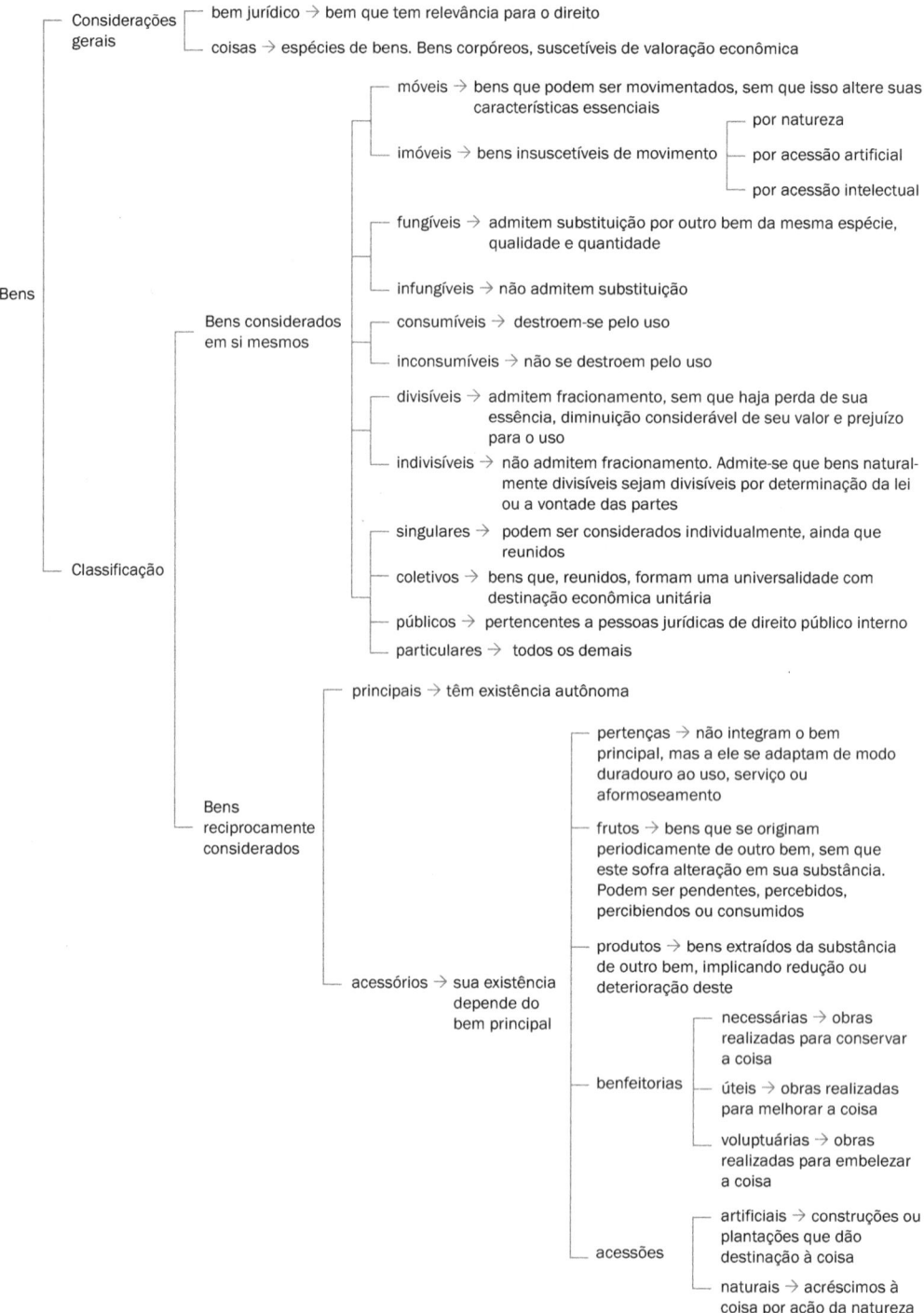

4

Teoria dos Fatos Jurídicos

Fato é tudo o que acontece no mundo, desde o evento mais corriqueiro até o mais complexo. O cuidado que o jurista deve ter é para determinar quais fatos têm relevância jurídica. O Direito, afinal, é ciência normativa humana, e não pode pretender regular todo e qualquer evento que ocorre no mundo.

Fato jurídico é todo fato que gera repercussões no plano do Direito.

Examinemos, pois, alguns fatos para verificar se são considerados jurídicos ou não.

Uma pessoa, a todo instante, inala ar e expira gás carbônico. Esse fato, talvez o mais natural dos fatos naturais relativos à condição humana, nenhuma consequência jurídica produz. Não há nada, inclusive, que o Direito possa fazer para controlá-lo. Aqui, trata-se de um **fato meramente natural**.

Por outro lado, uma fábrica, em geral, emite gás carbônico durante seu processo de produção, além de outros gases. Também os veículos automotores emitem gases na atmosfera. Essas emissões podem ser reguladas pelo Direito e geram consequências jurídicas. A lei pode determinar quais os níveis de emissão que são tolerados pelo meio ambiente, de modo que qualquer emissão que ultrapasse o limite pode ser sancionada, em geral por meio de multa. Logo, a emissão de poluentes por qualquer ente criado pelo ser humano, como fábricas e veículos, constitui **fato jurídico**.

O ruído produzido por uma tempestade é um **fato meramente natural**; nada pode o Direito fazer com relação a ele.

Por sua vez, o ruído produzido em um evento, como uma festa, submete-se ao controle pelo Direito, que determina qual é o nível de decibéis tolerado por horário. O barulho acima do limite permitido produz consequências jurídicas. Aqui, cuida-se de **fato jurídico**.

E o sol nascendo e iluminando o campo e as cidades? Embora seja fundamental para a vida humana, o nascer do sol não se submete ao controle jurídico. Todavia, a produção de frutos por uma árvore, ainda que seja um fato natural, configura fato jurídico, pois gera consequências jurídicas, sobretudo com relação à propriedade dos frutos, que será regulada pelo Direito.

Com relação apenas aos fatos jurídicos, vamos dividi-los em dois grandes grupos: **fatos jurídicos em sentido estrito** (*stricto sensu*) e **atos jurídicos**. Em razão de sua relevância, cada grupo será objeto de estudo em uma seção própria.

1. FATOS JURÍDICOS EM SENTIDO ESTRITO

Dentre os fatos que geram consequências jurídicas, há alguns em que se verifica a atuação da vontade; no caso dos demais, ou não há participação do elemento humano, ou, embora o fato se refira a uma conduta humana, o Direito o analisa sem considerar a vontade. O primeiro grupo é o dos chamados atos jurídicos, os quais estudaremos no tópico a seguir. O segundo grupo se denomina **fatos jurídicos em sentido estrito**.

Os fatos jurídicos em sentido estrito ocorrem **independentemente de ação humana** ou **por ação humana de vontade irrelevante**.

Os fatos que ocorrem sem que haja nenhuma intervenção do ser humano são chamados de **fatos jurídicos naturais**. Ocorrem por ação exclusiva da natureza, e geram consequências jurídicas.

São muitos os exemplos dessa espécie de fatos: o nascimento de bezerros em uma fazenda, a produção de frutas em um pomar, as árvores e demais plantas crescendo em um lote, o aumento de um terreno às margens de um rio em razão do depósito de sedimentos pelas águas correntes (aluvião), o aumento de uma área pelo desvio natural das águas de um córrego (abandono de álveo), entre muitos outros. Todos esses fatos geram consequências jurídicas, embora aconteçam sem qualquer atuação da vontade.

Outros fatos, menos numerosos, consistem em condutas humanas, sem que, no entanto, o Direito leve em conta a vontade do sujeito. Em outras palavras, o ordenamento concentra-se apenas no fato, e não na vontade. São os chamados **atos-fatos jurídicos**.[135]

São exemplos de atos-fatos jurídicos, entre outros, a ocupação e o achado do tesouro. Em alguns casos, o direito determina que a propriedade se adquire pela simples prática de um ato, independentemente da vontade de se adquirir a coisa. É o que ocorre com a ocupação da coisa sem dono (*res nullius*) ou abandonada (*res derelicta*): a lei estabelece que "quem se assenhorear de coisa sem dono para logo lhe adquire a propriedade, não sendo essa ocupação defesa por lei" (art. 1.263 do Código Civil). Por essa razão, mesmo um incapaz, que, como vimos ao estudar o tema da capacidade jurídica, não tem aptidão para adquirir direitos, pode adquirir a propriedade de uma coisa sem dono, desde que dela se assenhoreie, não sendo sua vontade de se tornar proprietário relevante. Isso pode acontecer, por exemplo, quando o incapaz brinca em uma praia e encontra uma coisa abandonada trazida pelo mar. Com relação ao achado do tesouro, o art. 1.264 do Código preceitua que "o depósito antigo de coisas preciosas, oculto e de cujo dono não haja memória, será divido por igual entre o proprietário do prédio[136] e o que achar o tesouro casualmente". Assim, se qualquer pessoa, inclusive um incapaz, uma criança, por exemplo, brincando em um terreno, ali encontrar um tesouro, adquirirá a propriedade do bem independentemente de sua vontade.

2. ATOS JURÍDICOS

Como a própria expressão anuncia, são chamados de **atos jurídicos** os fatos jurídicos que ocorrem por atuação da **vontade relevante**. A doutrina divide-os em duas espécies: os **atos jurídicos lícitos** e os **atos jurídicos ilícitos**. Os atos lícitos dividem-se, ainda, em duas subespécies: os **atos jurídicos voluntários** e os **negócios jurídicos**.

---

[135] A denominação **ato-fato jurídico** é de PONTES DE MIRANDA (MIRANDA, Francisco Cavalcanti Pontes de. *Tratado de direito privado*. 2. ed. Rio de Janeiro: Borsói, 1954. t. 2. p. 184), e a teoria correspondente se encontra muito bem desenvolvida na obra de MARCOS BERNARDES DE MELLO (MELLO, Marcos Bernardes de. *Teoria do fato jurídico*: plano da existência. 16. ed. São Paulo: Saraiva, 2010. p. 136).

[136] Na técnica jurídica, **prédio** é o solo loteado com suas acessões (se houver). O termo não é sinônimo de edifício.

O Direito Romano não conheceu uma teoria dos atos jurídicos. A construção é da pandectística, movimento de origem germânica do século XIX que estudou e adaptou o Direito Romano, a ele muito acrescentando. Hoje, considera-se o apego exacerbado à teoria puro preciosismo. Basta que o leitor consulte um manual de Direito Civil mais antigo para ver o tanto que se escreve e se debate sobre a teoria dos atos jurídicos. Ocorre que a construção, sobretudo com relação aos negócios jurídicos, tinha bem maior relevância em tempos de predomínio do **individualismo**. A ideia do negócio jurídico era a expressão maior da **autonomia da vontade**, que podia livremente dispor sobre os efeitos do ato. Atualmente, tudo mudou. O Direito, no Estado social, interfere na regulação de todos os atos jurídicos, sejam eles de que espécie for, ainda que a atuação da vontade seja mais livre no que se refere aos negócios jurídicos, como se verá. Esse conjunto de alterações principiológicas acabou por simplificar a teoria dos atos jurídicos.

Nos capítulos a seguir, estudaremos os atos jurídicos lícitos (e sua subdivisão em atos voluntários e negócios jurídicos) e os atos jurídicos ilícitos.

Quadro Esquemático 4

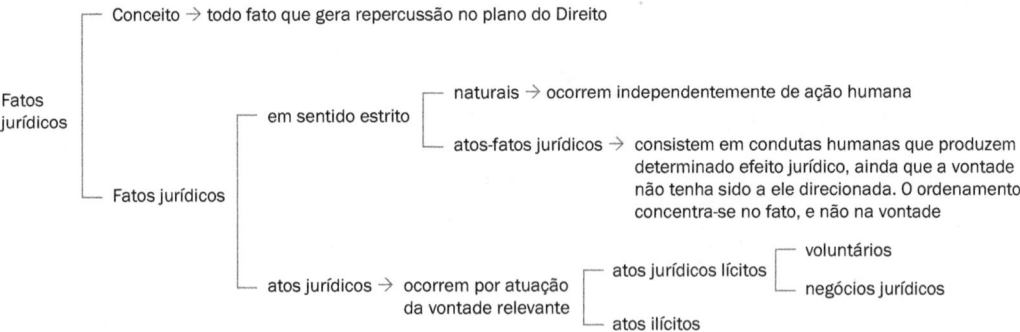

5

Negócios Jurídicos (arts. 104 a 114 e 121 a 185)

Negócios jurídicos são atos jurídicos lícitos que ocorrem por atuação da **vontade relevante**, cuja prática não é proibida pelo Direito, e cujos efeitos, em maior parte, são determinados pela vontade.[137]

Antes de iniciarmos o estudo da disciplina jurídica dos atos jurídicos lícitos, cumpre esclarecer que o Código Civil de 2002 optou por disciplinar os **negócios jurídicos como regra geral e por determinar**, no art. 185, que "aos atos jurídicos lícitos, que não sejam negócios jurídicos, aplicam-se, no que couber, as disposições do título anterior". Por essa razão, a partir da seção 2 deste capítulo, utilizaremos os vocábulos *negócio* e *ato* indistintamente.

1. ESPÉCIES DE ATOS JURÍDICOS LÍCITOS

Constituem espécies de atos jurídicos lícitos os **atos jurídicos voluntários** e os **negócios jurídicos**.

1.1 Atos jurídicos voluntários

Os atos jurídicos voluntários, também chamados de **atos jurídicos em sentido estrito** (*stricto sensu*), são os atos praticados por atuação da **vontade** e cujos efeitos são determinados **pela lei**. Note bem que o adjetivo *voluntário* refere-se ao fato de o sujeito praticar o ato porque quer, e porque aceita os efeitos legais do ato. Todavia, não tem a pessoa o poder de dispor sobre os efeitos do ato. Ou ela os aceita, e pratica o ato, ou não os aceita, e se abstém de praticá-lo.

Exemplo de ato jurídico voluntário é o casamento. Duas pessoas somente se casam porque querem (daí se dizer que o ato é voluntário), mas têm de aceitar os efeitos que a lei atribui ao ato, sem que tenham o poder de modificá-los. Assim é que, ao casar, adquirem o dever de fidelidade, de convivência no domicílio conjugal, de mútua assistência, de respeito e consideração mútuos, entre outros. Não podem determinar que abrem mão da fidelidade, ou da vida em comum.

Outro exemplo de ato jurídico voluntário é a constituição do domicílio. O sujeito, ao se fixar em um determinado lugar com ânimo definitivo, acaba por constituir seu domicílio. Ou seja, o

---

[137] Na expressão utilizada por PONTES DE MIRANDA e por MARCOS BERNARDES DE MELLO, são **atos conformes a direito** (MIRANDA, Francisco Cavalcanti Pontes de. *Tratado*, cit., t. 2, p. 193; MELLO, Marcos Bernardes de. *Teoria*: plano da existência, cit., p. 119).

sujeito voluntariamente escolhe onde vai se estabelecer com a intenção de ali permanecer, e não pode dispor do efeito jurídico desse ato, que é determinado pela lei: a constituição do domicílio.

1.2 Negócios jurídicos

Negócios jurídicos são os atos praticados por atuação da **vontade** e para cujos efeitos a lei reserva um espaço mais amplo dentro do qual a vontade pode atuar. Embora possa a lei regular a prática do negócio, bem como alguns de seus efeitos, o sujeito tem uma margem maior para dispor sobre eles do que tem em se tratando de ato jurídico voluntário.

Exemplo de negócio jurídico são os contratos em suas infinitas espécies. O sujeito que deseja vender um bem se alia a outro, que quer adquiri-lo, e ambos celebram contrato de compra e venda, podendo livremente dispor sobre o objeto, o preço, a forma, o tempo e o lugar do pagamento etc.

Conforme explicado acima, o Código Civil de 2002 optou por disciplinar os negócios jurídicos e por mandar que se aplique esta disciplina, no que couber, aos atos jurídicos voluntários (art. 185).

2. ELEMENTOS DOS NEGÓCIOS JURÍDICOS

Analisando a estrutura dos negócios jurídicos e dos demais atos jurídicos lícitos, encontramos seus elementos. Alguns **intrínsecos**, porque integram o ato; outros **extrínsecos**, porque o circundam – não o integram.

2.1 Elementos intrínsecos

Dentre os **elementos intrínsecos**, encontram-se os elementos **essenciais** e os elementos **acidentais**.

2.1.1 Elementos essenciais

Os **elementos essenciais** são aqueles sem os quais simplesmente não existe o ato. Trata-se do **sujeito**, da **vontade** e do **objeto**.

Todo ato jurídico depende da participação de um ou mais sujeitos que o praticarão. Esses sujeitos são impulsionados pela vontade de agir e direcionam sua vontade a um objeto.

Os elementos essenciais são examinados no chamado **plano da existência** do ato jurídico, vez que, sem qualquer desses elementos, o ato é inexistente.

Em um testamento, o sujeito do ato é o testador. Sua vontade o levará a deixar seu patrimônio para determinadas pessoas que ele escolher. O objeto do ato são os bens da pessoa. Seria possível conceber um testamento sem testador? Certamente que não. E poderia uma pessoa elaborar seu testamento sem que quisesse fazê-lo? Também não. É possível que, no testamento, nada se disponha? Obviamente que não. Pois é, para que o testamento tenha existência, é indispensável que estejam presentes o testador, a vontade de testar e os bens a serem testados.

2.1.2 Elementos acidentais

Outros elementos, ditos **acidentais**, conquanto não façam parte da essência do ato, integram-no. Trata-se da **condição**, do **termo** e do **encargo**.

Tais elementos, exatamente por serem acidentais, nem sempre se encontram presentes nos atos jurídicos, e a ausência deles por si só não compromete a existência e a validade do ato.

Os elementos acidentais dizem respeito à produção de efeitos do ato, e por essa razão são examinados no **plano da eficácia**. Senão, vejamos.

Condição é um **evento futuro e incerto**. Se o ato se sujeitar a **condição suspensiva**, somente produzirá efeitos se e quando a condição se implementar. Se a condição for **resolutiva**, o ato produzirá efeitos até que a condição se implemente, se isso acontecer.

Termo, por sua vez, é um **evento futuro e certo**. O ato sujeito a **termo inicial** somente produz efeitos daquele momento em diante. Já o **termo final** determina o momento em que os efeitos do ato cessarão.

Encargo – também denominado **modo** –, por fim, é um ônus imposto a quem se beneficia de um **ato gratuito**.

Estudaremos os elementos acidentais com mais detalhes na seção sobre as modalidades dos atos jurídicos.

2.2 Elementos extrínsecos

Os elementos que circundam o ato, mas não o integram, são ditos **extrínsecos**. Cuida-se da **capacidade do agente** (ou agentes), da **possibilidade do objeto**, da **licitude do motivo determinante** e da **observação da forma**.

A presença ou não de tais elementos importa na validade ou invalidade do ato jurídico, razão pela qual são examinados no **plano da validade**, constituindo-se em **requisitos de validade** do ato – tema de que trataremos na seção a seguir.

Plano da existência	Plano da validade	Plano da eficácia
O suporte fático se enquadra na norma. A declaração de vontade é, por exemplo, condição para existência de um negócio jurídico.	O negócio jurídico pode existir, mas não ser válido. Por exemplo: se um absolutamente incapaz vende uma fazenda, sem a devida representação, o negócio será nulo, embora existente.	Aqui são produzidos os efeitos jurídicos do ato. A condição suspensiva, por exemplo, impede que o negócio jurídico produza efeitos até ser implementada.
Atenção: nem sempre o ato passará pelos três planos. Imagine, por exemplo, alguém que causa prejuízo a outrem em razão de acidente de trânsito. Existe a responsabilidade (art. 186 do CC), mas não se exige que esse fato passe pelo plano de validade para que seja admitida a fixação de indenização (plano da eficácia).		

3. REQUISITOS DE VALIDADE DOS NEGÓCIOS JURÍDICOS

Cuidaremos, agora, de analisar cada um dos elementos extrínsecos dos negócios jurídicos, que constituem seus **requisitos de validade**. São quatro, segundo a doutrina clássica: a **capacidade dos sujeitos**; a **possibilidade do objeto**; a **licitude do motivo**; a **observação da forma**. O art. 104 do Código Civil, cabe explicar, omitiu do rol a licitude do motivo. Todavia, no art. 166, incluiu a ilicitude do motivo determinante entre as causas de nulidade do ato (inciso III).

3.1 Capacidade dos sujeitos

Ao estudarmos o tema da capacidade, vimos que o Direito não concede **capacidade de fato** a todas as pessoas. Vale lembrar que a capacidade de fato consiste na **aptidão para a prática por si dos atos da vida civil**.

Cabe salientar que o Direito não atribui capacidade de direito para *todos os atos da vida civil* no momento da atribuição da capacidade jurídica. Por exemplo, o art. 1.517 do Código estabelece que a capacidade para casar se adquire aos dezesseis anos, conquanto seja necessária autorização, e o parágrafo único do art. 1.860 estende aos maiores de dezesseis anos a capacidade de testar. Ou seja, a capacidade de direito para se casar e para elaborar testamento não se adquire com o nascimento com vida (art. 2º), mas sim aos dezesseis anos.

O primeiro elemento circundante do ato, que repercutirá na sua validade, é justamente a **capacidade dos sujeitos** (capacidade civil, ou seja, capacidade de direito e capacidade de fato). Isso porque é necessário que o sujeito tenha o necessário discernimento para que a vontade que manifesta – elemento essencial do negócio – seja livre e consciente e, por conseguinte, apta a produzir efeitos jurídicos – **vontade jurígena**. Alguns autores, por essa razão, chegam a considerar a manifestação de vontade livre e consciente – vontade jurígena – um requisito autônomo de validade do ato jurídico, apesar de não constar no rol do art. 104, nem no rol do art. 166. Ambos os dispositivos referem-se à vontade, na verdade, por meio da capacidade do sujeito (art. 104, inc. I, e art. 166, inc. I).

Em atos unilaterais, como o testamento, é a capacidade do único agente (testador) que conta. O testamento elaborado por pessoa de quinze anos de idade é inválido, pois falta ao agente capacidade para a prática daquele ato. O elaborado por pessoa de dezessete anos, todavia, é válido, pois a capacidade de testar se adquire aos dezesseis anos.

Nos atos bilaterais, como os contratos em geral, é necessário que ambos os agentes sejam capazes. Basta a incapacidade de um deles para que o ato seja inválido. Curiosidade: você com certeza já foi muitas vezes à padaria ou ao mercado próximo da sua casa, quando criança, para buscar pão ou leite a pedido da sua mãe, certo? Ocorre que, como você era, àquela época, *absolutamente incapaz* para a prática dos atos da civil, todas aquelas compras são consideradas **inválidas** pelo Direito, muito embora não haja interesse de ninguém em atacar tais atos.

3.2 Possibilidade, licitude e determinabilidade do objeto

O segundo elemento extrínseco dos atos jurídicos consiste na **possibilidade, licitude e determinabilidade do objeto**.

O objeto será **possível** se, como se diz, **estiver no comércio**. Ou seja, se for passível de ser negociado. Assim, um terreno no Piauí é objeto possível, mas um lote na Lua não o é; a energia elétrica é objeto possível, mas a luz do sol não o é – pelo menos por enquanto.

O objeto será **lícito** quando o fato, ou o fato referente à coisa, for permitido pelo Direito, e **ilícito** quando proibido. Assim, é lícito o consumo pessoal de tabaco, mas ilícita a venda de maconha para uso pessoal. É lícito o jogo de azar entre amigos, mas ilícita a exploração do jogo de azar por um cassino. É ilícita a venda de cocaína para uso pessoal, mas lícita a destruição de cocaína apreendida pela polícia por pessoa jurídica para esse fim contratada pelo Estado.

A determinabilidade do objeto, por sua vez, significa que o objeto seja **determinado** ou, ao menos, **determinável**. Ou seja, deve ser possível a **identificação e individuação** do objeto. Determinado é o "lote 3 da Rua A". Determinável é "um lote de mil metros quadrados na fazenda B". Todavia, "um lote" é indeterminado.

Nos termos do art. 106, ademais, a **impossibilidade inicial** do objeto não o invalida, se relativa, ou se cessar antes do implemento da condição suspensiva.

Por exemplo, se Caio doa a Silvio R$ 5.000,00, sob a condição de este passar no vestibular, e Caio não tem essa quantia, verifica-se que o objeto do ato é, inicialmente, impossível. Todavia, se Caio vier a dispor desse montante antes de que Silvio passe no vestibular, o ato será válido.

3.3 Licitude do motivo determinante

A **licitude do motivo determinante** constitui o terceiro elemento extrínseco dos atos jurídicos.

Cabe, para o exame deste elemento, tecer algumas considerações a respeito de **causa** e **motivo**.

Os escolásticos visualizaram o desmembramento da causa em diversas espécies, e os juristas tomaram duas delas no estudo da teoria dos atos jurídicos: a **causa eficiente** e a **causa final**.

A **causa eficiente** do ato refere-se ao "**como?**" se obtém um resultado jurídico. O ato praticado deve ser o meio hábil para que os sujeitos atinjam o fim que almejam. Por exemplo, como se transfere a propriedade de um bem gratuitamente? Por meio de doação. Como se transfere a propriedade de um bem onerosamente? Por meio de compra e venda. Como se cede o uso de um bem fungível onerosamente? Por meio de locação.

Já a **causa final** se refere ao "**para quê?**" se pratica o ato. Trata-se do resultado jurídico desejado pelos sujeitos. Para que se doa um bem? Para transferir gratuitamente a propriedade. Para que se vende uma coisa? Para transferir onerosamente a propriedade. Para que se aluga um bem? Para que seja usado, sem que seja adquirida a propriedade, mediante o pagamento de uma quantia periódica.

É necessário distinguir entre essas duas causas e o simples **motivo**, de ordem subjetiva. Enquanto a causa eficiente (meio) se revela no momento em que se pratica o ato e a causa final (objetivo) se revela em momento posterior, o simples motivo se encontra em momento anterior. É o simples motivo que *impele* os sujeitos a praticar o ato. Qual o motivo de Rui doar um bem a Pontes? O motivo subjetivo de Rui, ou seja, o que o levou a praticar o ato, pode ser qualquer um entre infinitas possibilidades. Por exemplo, Rui se comoveu com o fato de Pontes ter necessidade do bem e não dispor de recursos para obtê-lo.

Quando a lei se refere ao **motivo determinante**, por certo que não se refere ao motivo simples, subjetivo. Daí o adjetivo *determinante*. ORLANDO GOMES equipara o motivo determinante à causa final, e o chama de **propósito negocial**.[138] CAIO MÁRIO, por sua vez, fala em **razão jurídica** do ato, e a explica afirmando que "na causa há, pois, um fim econômico ou social determinante do negócio que o agente busca além da realização do ato em si mesmo",[139] e prossegue: "como este fim se vincula ao elemento psíquico motivador da declaração de vontade, pode ser caracterizado, sob outro aspecto, como a intenção dirigida no sentido de realizar a consequência jurídica do negócio".[140]

A licitude exigida pelo Direito como elemento que, conquanto não integre o ato, circunda-o, é a **licitude do propósito negocial ou da razão jurídica do ato**.

Imaginemos que Augusto celebre um contrato de prestação de serviços com o médico Manuel, cujo objeto é a administração de um medicamento vital em Clóvis, pessoa doente. Nesse caso, o propósito negocial ou razão jurídica do ato é o tratamento do enfermo. Conclui-se, portanto, pela licitude do motivo determinante do negócio, vez que é lícito que um médico trate de seus pacientes.

Esse posicionamento, todavia, não alcança a unanimidade. Os civilistas divergem quanto ao fato de se erigir o motivo determinante à categoria de elemento extrínseco do ato e, por essa razão, de requisito de sua validade.

---

[138] GOMES, Orlando. *Introdução*, cit., p. 355.
[139] PEREIRA, Caio Mário da Silva. *Instituições*, cit., p. 319.
[140] Idem.

Os juristas denominados **anticausalistas**, entre nós, CLÓVIS BEVILÁQUA e MARCOS BERNARDES DE MELLO, não cogitam da análise do motivo determinante. Em geral, argumentam que a causa, nos atos bilaterais, por se referir à contraprestação, confunde-se com o próprio objeto do ato. E, nos atos unilaterais, confunde-se com a própria intenção do sujeito.

Os doutrinadores chamados de **causalistas**, por sua vez, dividem-se ainda em **subjetivistas** e **objetivistas**. Os primeiros identificam o motivo determinante com a motivação subjetiva do ato, e os segundos com o seu fim negocial ou social.

Para que essas teorias fiquem claras, voltemos ao exemplo do médico contratado para administrar o medicamento ao paciente. Bem se vê que o objeto, que é a aplicação do remédio pelo médico, não se confunde com a motivação subjetiva do ato, que pode ser simplesmente o exercício da profissão, nem tampouco com a razão jurídica do ato (ou fim negocial, ou social, ou, ainda, motivo determinante), que é o tratamento do doente. Em geral, é lícito aos médicos administrar medicamentos a seus pacientes, razão pela qual uma tal prestação de serviços teria objeto lícito. Mas, se o médico sabe que aquela substância, no lugar de salvar o paciente, irá comprometer-lhe ainda mais a saúde, e ainda assim a aplica, conclui-se que o motivo determinante do ato é ilícito. E, se sua motivação interna é se vingar do paciente, ou apenas vê-lo sofrer, ou qualquer outra que seja, pouco importa ao Direito Civil.

Resumo da ópera: independentemente da discussão doutrinária, o Código Civil adotou a **teoria causalista objetivista**, ao estatuir a nulidade dos atos jurídicos cujo motivo determinante (se comum a ambas as partes, como veremos ao estudar as nulidades do ato), for ilícito (art. 166, III). No exame desse requisito de validade do ato, deve-se analisar não o motivo interno, subjetivo que levou os sujeitos a agir, mas sim o **fim social** que buscavam atingir, ou, em outras palavras, seu **propósito negocial**, a **razão jurídica** de terem agido.

3.4 Observação da forma prescrita ou não defesa em lei

Por fim, cabe analisar a **observação da forma**, quarto elemento extrínseco dos atos jurídicos.

Costuma-se dizer que a forma do ato deve ser a **prescrita ou não defesa (proibida) em lei**. Ou seja, se a lei determina qual forma o ato deve tomar, é necessário que ela seja observada; igualmente, se a lei proíbe a prática do ato por uma determinada forma, não pode o ato dela se revestir.

A regra geral é no sentido de que a declaração de vontade não depende de forma especial (art. 107), ou seja, salvo disposição legal contrária, para a prática do ato jurídico pode-se adotar livremente qualquer forma.

Com relação aos atos jurídicos que versem **direitos reais sobre bens imóveis** de valor superior a trinta vezes o maior salário mínimo vigente no país, a regra é no sentido de que devem ser praticados por meio de **escritura pública** (art. 108).

Para o contrato de locação não se exige forma determinada. Logo, pode ser celebrado por escrito ou oralmente. Já para o contrato de compra e venda de bens imóveis, por sua vez, exige-se a forma de escritura pública. Se for celebrado oralmente, ou por instrumento particular, será inválido. A deserdação[141], por exemplo, somente pode ser feita por testamento (art. 1.964) e com declaração expressa da sua causa, sob pena de nulidade (plano da validade).

Caso as partes determinem, na celebração do ato, que este somente se considera válido por meio de **instrumento público**, esta forma será considerada da substância do ato (art. 109).

---

[141] Adiantamos que a deserdação é uma causa de exclusão sucessória dos herdeiros necessários, ou seja, daqueles descritos no art. 1.845 do CC, por vontade expressa do autor da herança externada em disposição testamentária.

Exemplo de forma defesa, ou seja, proibida pela lei, é o que se encontra no art. 1.863 do Código, segundo o qual "é proibido o testamento conjuntivo, seja simultâneo, recíproco ou correspectivo".

4. MODALIDADES DOS ATOS JURÍDICOS

Fala-se em **modalidades dos atos jurídicos** para se referir ao modo peculiar de os atos jurídicos produzirem seus efeitos, com relação à presença ou não de **elementos acidentais** (condição, termo e encargo). Fala-se, então, em ato jurídico **puro e simples, condicional, a termo** ou **modal**, conforme veremos a seguir.

4.1 Ato puro e simples

Ato jurídico puro e simples é o ato que não contém elementos acidentais. Por essa razão, sua eficácia se inicia tão logo o ato é praticado, e não tem extinção predefinida.

Se Berenice e Helena celebram contrato de compra e venda de uma caneta e, imediatamente, Berenice entrega a caneta e Helena entrega o preço, o efeito de transferência da propriedade é imediato. A compra e venda foi pura e simples.

Conforme o art. 134 do Código, não se estipulando prazo, ou seja, não sendo o ato sujeito a termo, pode ser executado desde logo, a não ser que a execução tenha de ser feita em lugar diverso daquele em que o ato foi praticado, ou depender do tempo (veja-se que, aqui, "execução" tem sentido material – não se trata da execução do Direito Processual).

Se Clóvis e Manuel celebram na casa de Pontes um contrato de compra e venda de uma obra de arte, a qual se encontra no ateliê de Manuel, embora o ato possa ser imediatamente executado – pois se trata de ato puro e simples –, deve ser considerado o tempo necessário para que ambos se desloquem ao ateliê, para que lá seja realizada a entrega, ou para que Manuel se desloque até lá para buscá-la, ou para enviar alguém em seu lugar. Em um restaurante, quando alguém faz um pedido, ainda que pague por ele antecipadamente, deve considerar o tempo necessário para o preparo da refeição. Conquanto sejam necessários esses lapsos temporais para a entrega da obra de arte e da refeição, os dois contratos mencionados não deixam de ser puros e simples.

4.2 Ato condicional

Diz-se **condicional** o ato sujeito a uma condição, a qual pode ser **suspensiva ou resolutiva**.

Você já sabe que a condição suspensiva consiste em um evento futuro e incerto que impede que o ato produza efeitos até que se implemente, se isso ocorrer, e que a condição resolutiva consiste em um evento futuro e incerto que interrompe a produção de efeitos do ato, se e quando se implementar.

Nos termos do art. 121 do Código Civil, "considera-se condição a cláusula que, derivando exclusivamente da vontade das partes, subordina a eficácia do negócio jurídico a evento futuro e incerto". Observe, pois, que a condição somente pode ser aposta ao negócio pela vontade das partes.

Silvio promete a Orlando doar-lhe um filhote se a cadela Pompom ficar prenha. Essa doação está sujeita a uma condição suspensiva: o evento futuro e incerto de Pompom ter filhotes. Caio empresta a Clóvis seu cavalo até que a égua Veloz venha a parir. Tal empréstimo se sujeita a uma condição resolutiva: Clóvis poderá usar o animal até que nasça um filhote da égua, se isso ocorrer.

Ver questão da OAB ao final desta seção.

4.2.1 Ato sujeito a condição suspensiva

Se o ato jurídico se sujeita a uma **condição suspensiva**, não há desde logo aquisição do direito, a qual somente ocorrerá se e quando a condição se implementar (art. 125). Afinal, essa é a própria essência da condição suspensiva.

Antes do implemento da condição suspensiva, diz-se que o sujeito tem **mera expectativa de direito**. Poderá vir a adquiri-lo ou não, porquanto a condição consiste em um evento futuro, mas incerto.

Todavia, essa expectativa de direito recebe **proteção** da ordem jurídica. O art. 126 do Código estabelece que, se a coisa for disposta sob condição suspensiva, novas disposições sobre o bem serão inválidas, caso a condição se implemente, se com ela forem incompatíveis.

Se Berenice doa a Manuel um filhote sob a condição de que nasçam dois, e posteriormente doa dois filhotes a Rui, teremos um problema, se nascerem apenas dois cãezinhos: com o implemento da condição, Manuel adquiriu direito sobre um dos cães. Resta, por conseguinte, apenas um. Ocorre que dois foram doados a Rui. Em razão de a doação a Manuel, ainda que condicional, ser anterior à doação a Rui, e de a condição ter se implementado e ser incompatível com o ato de disposição posterior, este será inválido. Ou seja, a doação de dois filhotes a Rui será nula – ou, pelo menos, a doação de um deles.

O art. 130, por sua vez, autoriza o titular do direito condicional a praticar atos destinados a conservá-lo, referindo-se a ele como **direito eventual**. Andou mal o legislador nesse ponto, vez que a técnica jurídica distingue o instituto da *expectativa de direito* do instituto do *direito eventual*. Aquela se caracteriza por uma **potencialidade**: o direito pode vir a ser adquirido ou não. Quem começa um novo emprego tem a expectativa de, após doze meses de trabalho, adquirir direito a férias. Já o direito eventual é um **direito futuro**, cuja aquisição, embora não se tenha ainda concluído, já se iniciou. É o caso do filho, que simplesmente por ser filho, tem direito à eventual sucessão do seu pai. Em todo caso, para que bem se interprete o art. 130 do Código, basta ler direito "eventual" como "condicional".

Diversos são os atos que o titular da expectativa de direito consubstanciada no direito condicional pode praticar para conservá-la.

Se Berenice doa a Manuel um filhote de cão de raça, sob a condição de que nasçam dois cães, e Manuel, posteriormente, descobre que Berenice celebrou nova doação, com Rui, dando-lhe todos os filhotes que vierem a nascer, pode Manuel ajuizar ação declaratória de nulidade desta doação, como medida de conservação de seu direito condicional.

4.2.2 Ato sujeito a condição resolutiva

Se o ato jurídico se encontra sujeito a uma **condição resolutiva**, por sua vez, a aquisição do direito se opera desde logo (art. 127).

Assim, se o ato é uma doação, e a condição resolutiva é de o doador perder seu emprego, o donatário será proprietário do bem desde que este lhe for entregue.

Implementada a condição, o direito se **extingue** incontinenti (art. 128, primeira parte).

No exemplo anterior, no momento em que o doador for dispensado do emprego, o direito de propriedade do donatário se extinguirá.

Condição suspensiva	Condição resolutiva
O negócio jurídico não produz efeitos até que ocorra um evento futuro e incerto.	O negócio jurídico deixa de produzir efeitos uma vez ocorrido o evento futuro e incerto.

4.2.3 Impossibilidade e ilicitude da condição

Dependendo da impossibilidade e da ilicitude da condição, esta poderá ser considerada **inválida** ou **inexistente**.

Reputam-se *inválidas* as condições **ilícitas**, sejam elas suspensivas ou resolutivas. Consideram-se também *inválidas* as condições suspensivas **física ou juridicamente impossíveis**. As condições resolutivas **física ou juridicamente impossíveis**, por sua vez, são tidas por *inexistentes*, assim como as condições de **não fazer coisa impossível**, sejam elas suspensivas ou resolutivas.

Segundo o art. 123 do Código, as condições inválidas **invalidam o ato** a elas subordinado. As inexistentes, por sua vez, fazem com que o ato seja interpretado como se fosse **puro e simples**.

Examinemos cada uma dessas hipóteses.

4.2.3.1 Condições ilícitas

Segundo o art. 122, reputam-se **lícitas** todas as condições *não contrárias à lei, à ordem pública ou aos bons costumes*, e **ilícitas** as que *privarem de eficácia o ato jurídico*, ou o *sujeitarem ao puro arbítrio de um dos sujeitos*.

Segundo o art. 123, I, as condições ilícitas **invalidam** os atos jurídicos a elas subordinados.

Não há grande dificuldade em determinar se uma condição contraria dispositivo legal ou a ordem pública. Difícil é saber quando contraria um costume e, principalmente, se o caso é de costume bom ou mau.

A condição de o sujeito matar alguém é ilícita porquanto contrária à lei (art. 121 do Código Penal). Já a condição de o sujeito realizar um "buzinaço" em área residencial em plena madrugada é ilícita porque contraria a ordem pública. A condição de o sujeito praticar ato sexual com sua irmã, por sua vez, reputa-se ilícita em razão de o incesto ser repudiado pela sociedade, donde ser considerado um "mau costume".

As condições que *privam de eficácia o ato jurídico* são chamadas pela doutrina de **perplexas**, **incompreensíveis** ou **contraditórias**: trata-se de condições que não fazem sentido. Conquanto o Código as tenha expressamente considerado ilícitas (art. 122) e determinado a invalidade das condições ilícitas no art. 123, II, voltou a considerá-las inválidas no art. 123, III.

Helena doa a Augusto uma obra de arte contanto que a coisa seja roubada. Clóvis vende a Silvio um bem sob condição de que Silvio não queira comprá-lo. Essas condições, como o leitor deve ter percebido, causam perplexidade ao intérprete, e, por essa razão, reputam-se ilícitas e invalidam o ato.

As condições que *sujeitam o ato ao puro arbítrio de um dos sujeitos* são denominadas **puramente potestativas**: o evento futuro e incerto por elas previsto é um ato de vontade do sujeito que impõe a condição.

Caio estipula que emprestará dinheiro a Orlando, e cobrará juros, se quiser. Veja-se que a condição – evento futuro e incerto – que suspende a cobrança de juros, nesse caso, é a mera vontade do mutuante (quem emprestou o dinheiro). Por se tratar de condição puramente potestativa, reputa-se ilícita e invalida o ato.

Vale destacar que as condições **simplesmente potestativas**, as quais se sujeitam à vontade de *ambos os sujeitos* do ato, ou à vontade de um deles somada a um fator externo, reputam-se **lícitas**, ao contrário do que se passa com as *puramente potestativas*. Rui promete vender a Pontes um dos futuros potros da égua Veloz contanto que Pontes se agrade das características de um deles e que Rui aceite o preço que Pontes lhe ofertar. César doa a Augusto um carro contanto que Augusto aceite a nomeação no cargo de analista judiciário, se passar no concurso.

4.2.3.2 Condições física ou juridicamente impossíveis

As condições **física ou juridicamente impossíveis**, se *suspensivas*, reputam-se inválidas e invalidam o ato jurídico a elas sujeito (art. 123, I). Se *resolutivas*, são tidas por inexistentes (art. 124, primeira parte), devendo-se tratar do ato a elas subordinado como se fosse puro e simples.

Condição **fisicamente impossível** é aquela que a própria natureza impede de se implementar. Por exemplo, a condição de o sujeito voar, ou secar a água dos oceanos, ou impedir o sol de brilhar.

Juridicamente impossível é a condição que, embora fisicamente possível, consubstancia-se em prática não admitida pela ordem jurídica. Por exemplo, a condição de o sujeito se casar com sua irmã, o que é vedado pelo ordenamento jurídico (art. 1.521, II, do Código Civil).

A doação de Helena a Berenice contanto que Berenice voe, porquanto sujeita a uma condição suspensiva fisicamente impossível, reputa-se inválida. Já a doação de Orlando a Silvio até que Silvio se case com sua irmã é considerada pura e simples, vez que se a condição resolutiva juridicamente impossível se reputa inexistente.

4.2.3.3 Condições de não fazer coisa impossível

Considera-se *inexistente* a condição de **não fazer coisa impossível** (art. 124, segunda parte). A impossibilidade da abstenção, seja a condição suspensiva ou resolutiva, macula apenas a condição, mas não o ato jurídico, o qual é considerado *puro e simples*.

Clóvis doa a Manuel uma casa de campo contanto que Manuel não volte no tempo. Ora, a ninguém é dado voltar no tempo. Essa condição é de não fazer coisa impossível, e, por conseguinte, reputa-se inexistente.

4.2.4 Eficácia do implemento da condição

A doutrina costuma discutir se o implemento da condição, seja ela suspensiva ou resolutiva, **opera retroativamente**. O que seria esse efeito retroativo? No caso da condição suspensiva, seria considerar que a aquisição do direito pelo titular do direito condicional retroagiria à data da celebração do ato. No caso da condição resolutiva, seria considerar que o titular do direito nunca o adquiriu.

Quais as consequências práticas disso? Muitas. Podemos citar, quanto à condição suspensiva, a questão dos riscos da coisa, na hipótese do direito de propriedade. Se, quando do implemento da condição, a coisa se houver perdido, ou deteriorado, quem suportará a perda ou a diminuição? A se considerar que a propriedade foi adquirida pelo titular do direito condicional desde que se praticou o ato, ele é que sofreria o prejuízo, salvo se o proprietário anterior (que seria então considerado mero possuidor) houvesse agido com culpa. Com relação à condição resolutiva, supondo-se que a coisa se perdeu ou deteriorou após a aquisição do direito de propriedade, quem sofreria a perda ou diminuição, implementando-se a condição, seria o alienante, pois se consideraria que a propriedade jamais saíra de suas mãos.

O Código Civil de 2002, seguindo a trilha do anterior, deixou de apreciar a questão. Por essa razão, boa parte da doutrina conclui que o implemento da condição somente terá efeito retroativo se os sujeitos tiverem expressamente definido que assim seria. Essa conclusão é corroborada pela segunda parte do art. 128, a qual tangencia o assunto, ao determinar que o implemento da condição resolutiva não tem eficácia quanto aos atos já praticados, sendo ela aposta a um negócio de execução continuada ou periódica, a não ser que haja disposição nesse sentido, e que essa produção de efeitos seja compatível com a natureza da condição e não viole a boa-fé.

Para compreender esse dispositivo, imaginemos que Berenice contrata com Helena o fornecimento mensal de um bem, e que ambas pactuam que não será cobrado o frete, sob a condição de que o transporte se possa realizar pela Estrada da Serra Velha. Durante dez meses, o fornecimento é realizado, a Estrada da Serra Velha é utilizada, e Helena exercita seu direito de não pagar pelo carreto. No décimo primeiro mês, uma tempestade destrói a estrada, e é necessário realizar a entrega por meio da rodovia estadual. Nesse caso, Helena perderá o direito à isenção do frete, mas essa perda não atingirá os atos anteriores, ou seja, as dez entregas já realizadas.

4.2.5 Interferência voluntária no implemento da condição

Se o sujeito desfavorecido por uma condição voluntariamente **obstaculizar o seu implemento** ou se o sujeito por ela favorecido voluntariamente **forçar-lhe a realização,** agindo objetivamente de forma maliciosa – violando, por conseguinte, a boa-fé –, a condição obstaculizada será considerada implementada, e a condição cujo implemento foi forçado será considerada não verificada.

A condição era de que nascessem mais de dois filhotes para que Orlando doasse um deles a Caio. O doador, arrependendo-se da doação condicional, ao constatar que três filhotes nasceriam, consegue que um veterinário inviabilize um dos cães, de modo que somente dois vêm a nascer. Nesse caso, a condição será considerada implementada. Caio, por conseguinte, adquirirá direito sobre um dos animais.

Manuel doou a Clóvis um terreno, sob a condição de que não se pudessem mais colher laranjas das árvores ali existentes. Clóvis, para se certificar de que adquiriria a propriedade, envenena todas as laranjeiras, as quais vêm a morrer. Nesse caso, a condição – cujo implemento foi forçado – será considerada não realizada.

4.3 Ato sujeito a termo

O ato jurídico é **sujeito a termo** quando a sua produção de efeitos depende de um **evento futuro e certo.** Se o evento marcar o início da produção de efeitos do ato, denomina-se **termo inicial.** Se marcar o fim da produção de efeitos, denomina-se **termo final.** No Direito Romano, falava-se em *dies a quo* e *dies ad quem*, respectivamente, expressões que ainda são utilizadas (sobretudo na contagem de prazos para a prática de atos processuais).

Caio aluga a Orlando sua casa na praia a partir do início do verão. Antes dessa ocasião, a locação não produz efeitos, e Orlando não pode se utilizar do imóvel locado. O ato é sujeito a termo inicial. Manuel empresta seu cavalo a Berenice, até o fim do ano. Nesse caso, o ato se sujeita a termo final.

O termo, se inicial, **suspende o exercício** do direito, mas não sua aquisição (art. 131). Logo, ainda que a produção de efeitos do ato fique suspensa, o sujeito já terá **direito adquirido** – o direito subjetivo decorrente do ato já se terá incorporado completamente à sua esfera jurídica. Se **final**, o termo não suspende nem a aquisição do direito nem seu exercício, mas **predefine o momento em que o direito se extinguirá** e, por conseguinte, deixará de produzir efeitos.

Segundo o art. 135, as disposições acerca da **condição** aplicam-se ao termo, no que couber.

4.3.1 Contagem de prazo

Pode o termo se consubstanciar no esgotamento de um **prazo**. O art. 132 do Código determina, para essas hipóteses, como se deve realizar a **contagem**.

Se o prazo for em dias, exclui-se o dia inicial e inclui-se o dia final. Assim, se o prazo é de dois dias, e começa o correr de uma segunda-feira, esta não é considerada. Contam-se, então, a terça e a quarta-feira, dia em que se esgotará o prazo (art. 132, *caput*).

Se o vencimento cair em um **feriado**, haverá **prorrogação** do prazo até o próximo dia útil (art. 132, § 1º).

Considera-se **meado** o décimo quinto dia do mês (art. 132, § 2º).

Os **prazos em meses e anos** expiram no dia de mesmo número do de início, ou no subsequente, quando não houver correspondência (art. 132, § 3º). Logo, o prazo de um mês, contado de 31 de dezembro, termina no dia 31 de janeiro. E o prazo de dois meses, contado da mesma data, termina em 1º de março, vez que fevereiro não tem o dia 31.

Os **prazos estipulados em hora** devem ser contados minuto a minuto (art. 132, § 4º).

O art. 133 estipula duas presunções: a de que, nos **testamentos**, o prazo corre **em favor do herdeiro**, e que, nos **contratos**, corre **em favor do devedor**. Obviamente que, se o testamento dispuser expressamente que o prazo corre em benefício do legatário, ou se o contrato determinar que corre em benefício do credor, ou de ambos os contratantes, a presunção não operará. Como o leitor verá oportunamente, herdeiro é quem herda a título universal, ou seja, herda uma fração da herança ou toda ela; já legatário é aquele para quem se deixa, no testamento, um determinado bem, individualizado. Credor, em um contrato, é quem tem o direito de crédito, e devedor quem tem a dívida.

Em seu testamento, Silvio, cujo único herdeiro é Clóvis, lega a Helena a mobília de sua casa de campo. O testamento estipula o prazo de um ano para que Helena se imita na posse dos bens, sob pena de perdê-los para o asilo de idosos Casa do Amanhã. Nesse caso, em razão da presunção de que o prazo corre em benefício do herdeiro, considera-se que é Helena quem deve se dirigir até a casa e de lá retirar a mobília. Na hipótese de o testador ter estabelecido que o prazo corria a favor da legatária, o herdeiro Clóvis é que teria de entregar os bens a ela, onde quer que ela se encontrasse. E, se Helena porventura os perdesse, por ter Clóvis descumprido o prazo, teria ação de perdas e danos em face dele.

4.4 Ato modal

Ato jurídico modal é o ato sujeito a encargo (modo). Encargo ou modo, você sabe, é o ônus que pode ser imposto ao beneficiado por um ato gratuito.

O encargo não suspende nem a aquisição nem o exercício do direito, salvo se estipulado como **condição suspensiva** (art. 136). Nesse caso, suspenderá a aquisição do direito não por ser encargo, mas sim por ter se revestido de condição suspensiva.

Helena doa um filhote da cadela Pompom a Clóvis, contanto que ele construa para o animal um canil. O ônus de construir um canil, imposto ao beneficiado pela doação, que, a princípio, constituiria um encargo, veio, aqui, na forma de condição suspensiva.

Vez que o encargo não suspende nem a aquisição nem o exercício do direito, o ato jurídico modal produz efeitos independentemente do cumprimento do encargo. Todavia, admite-se que o estipulador **exija o seu cumprimento** – em alguns casos, sob pena de **revogação** do ato gratuito, como na doação (art. 555).

A **ilicitude ou impossibilidade** do encargo que constituir o *motivo determinante* do ato jurídico importa na **invalidade do ato** (art. 137, segunda parte). Já encargo ilícito ou impossível que não se confunda com o *propósito negocial* do ato – o qual consiste no motivo determinante, como vimos anteriormente – é simplesmente tido por **inexistente** (art. 137, primeira parte).

Augusto doa a Manuel uma casa, mas lhe impõe o encargo de permitir que um quartinho na garagem seja mantido desocupado, para que lá Augusto, ocasionalmente, guarde as coisas que rouba. Nesse caso, vê-se que o encargo não se confunde com o motivo determinante. Embora não esteja expresso, o propósito negocial do ato provavelmente será a residência de Manuel no imóvel.

A situação seria diferente se Augusto doasse a Manuel um terreno e determinasse que lá Manuel construísse uma casa de prostituição. Nesse caso, é nítido que a razão jurídica da doação foi a construção do bordel, a qual é ilícita.

Nesta hipótese, a doação é nula; na hipótese anterior, o ato é válido e o encargo é considerado inexistente.

5. CLASSIFICAÇÃO DOS NEGÓCIOS JURÍDICOS

Para facilitar a compreensão dos negócios jurídicos, a doutrina propõe a sua classificação segundo alguns critérios, os quais estudaremos a seguir.

5.1 Atos unilaterais e atos bilaterais

Atos unilaterais são aqueles para os quais concorre uma única declaração de vontade. É o caso do testamento, por meio do qual o testador dispõe de seu patrimônio para depois de sua morte, e não há concorrência da vontade nem dos herdeiros nem dos legatários instituídos – o ato depende apenas da vontade do testador.

Bilaterais são, por outro lado, os atos jurídicos praticados por sujeitos que emitem cada qual a sua declaração de vontade, uma contrária à vontade do outro. O ato, então, aperfeiçoa-se em razão da complementaridade dessas vontades. Na compra e venda, o vendedor quer o preço, e o comprador quer a coisa. Esse acordo de vontades aperfeiçoa o ato.

Atos plurilaterais se configuram, por sua vez, quando há mais de uma declaração de vontade, todas dirigidas ao mesmo fim, e não contrárias uma a outra. É o que ocorre no contrato de sociedade, no casamento e na união estável. Naquele, os sócios se reúnem dirigidos todos a um mesmo fim, que é a realização de uma atividade econômica. No casamento, ambos os cônjuges querem formar a sociedade conjugal seguindo certas formalidades. Na união estável, os companheiros se unem para viver em sociedade familiar.

Cuidado para não confundir a classificação aqui proposta, que não leva em conta a quantidade de manifestações de vontade, e sim o fato de serem *contrapostas* ou *complementares* – fato que será muito mais relevante para o estudo do ato – com a classificação que apenas atenta para a quantidade de manifestações de vontade. Para os autores que adotam a classificação que leva em conta o número de manifestações de vontade, o casamento e a união estável serão classificados como atos bilaterais, ainda que neles as vontades sejam complementares e não contrapostas. Tudo depende do **critério** utilizado pelo autor para a classificação.

5.2 Atos gratuitos e atos onerosos

Atos gratuitos são aqueles praticados sem contraprestação, ou seja, o sujeito pratica o ato sem nada esperar do outro. É o caso da doação, ato praticado por liberalidade do doador, que nada recebe do donatário, e do empréstimo gratuito, que se realiza sem que o sujeito que empresta receba algo em troca.

Atos onerosos, por sua vez, são aqueles em que há duas prestações, uma justificando a outra. Na compra e venda, o que justifica a entrega da coisa é a entrega do preço, e vice-versa. Na locação, o que justifica a cessão do uso é o aluguel, e vice-versa.

5.3 Atos *inter vivos* e *atos causa mortis*

Atos *inter vivos* são aqueles cujos efeitos são produzidos durante a vida. Desta espécie é a grande maioria dos atos jurídicos, como o casamento e os contratos em geral.

Atos *causa mortis* são destinados a produzir efeitos **após a morte** do sujeito. Obviamente que hão de ser praticados em vida, mas têm sua eficácia suspensa. É o caso do testamento.

5.4 Atos principais e atos acessórios

Principais são os atos jurídicos que têm existência autônoma, como um contrato de mútuo (empréstimo oneroso de bem fungível).

Acessórios, por sua vez, são os atos que estão atrelados a outro ato, do qual são dependentes. O contrato de fiança pode ser celebrado como acessório de um mútuo, ou de uma locação, para garantir o contrato principal.

Também aqui vale a regra de que **o acessório segue o principal**. Por essa razão, a extinção do ato principal acarreta a do acessório, bem como sua nulidade ou sua anulação.

Após a celebração da compra e venda de um imóvel, o vendedor entrega o bem. Essa entrega – chamada de **tradição** – é um ato acessório da compra e venda. Se aquela for nula, obviamente que a tradição também o será.

5.5 Atos solenes e consensuais

Solenes ou formais são os atos jurídicos para os quais a lei exige a observação de uma determinada forma. No caso do casamento, a lei disciplina detalhadamente como deve ocorre a celebração.

Consensuais, por outro lado, são os atos para os quais não há forma exigida pela lei, razão pela qual podem se celebrar pela forma que os sujeitos escolherem. Os atos consensuais são assim denominados em razão de se aperfeiçoarem pelo **simples consenso**, independentemente de forma. Diz-se, em latim, que se aperfeiçoam *solo consensu*. Um exemplo é a locação, que pode ser celebrada oralmente, ou por escrito.

5.6 Atos causais e atos abstratos

Vimos anteriormente que a **causa final** do ato jurídico refere-se ao "para que o ato foi praticado?". Para que se doa um bem? Para transferir gratuitamente a propriedade.

O que leva um ato a ser classificado como **causal** é o fato de a lei determinar que ele somente pode ser praticado para atender a uma determinada **causa final**. Assim são os contratos. Somente se pode celebrar compra e venda para transferir onerosamente a propriedade. Se o vendedor resolve renunciar ao preço, então não há compra e venda, e sim doação.

Abstratos, por sua vez, são os atos jurídicos que não estão atrelados a uma causa. Isso não significa que eles não tenham causa, apenas que o Direito os analisa independentemente dela. Assim são os títulos de crédito. Um cheque pode ser dado em pagamento de uma compra, mas, ao ser apresentado ao banco, este será obrigado a pagá-lo ao apresentante, se o sacado tiver fundos, não cogitando de ter ou não o sacado recebido o bem em cujo pagamento o cheque foi emitido. Pode ocorrer, inclusive, de o vendedor se esquivar de entregar a coisa vendida. Nem por isso, em princípio, o banco poderá se recusar a pagar o cheque.

5.7 Atos *intuitu personae* e atos impessoais

Certos atos jurídicos são praticados **em razão da pessoa do sujeito**, que tem alguma característica que é levada em conta pelo outro sujeito do ato. Esses atos são ditos ***intuitu personae*** (expressão latina que significa "em consideração à pessoa").

Helena quer se casar com César, e não simplesmente se casar. O casamento é, pois, ato *intuitu personae*. Se Augusto contrata um cantor famoso para se apresentar em uma festa, quer ver a apresentação daquele cantor, o qual não pode simplesmente mandar outro em seu lugar.

Outros atos há que são praticados **impessoalmente**, vez que o objeto é que tem relevância, e não a pessoa do sujeito.

A pessoa que toma um táxi no meio da rua não o faz em consideração à pessoa do motorista, a qual ela sequer conhece. O interesse do passageiro se refere ao transporte e, no máximo, ao veículo.

6. INTERPRETAÇÃO DA VONTADE NOS NEGÓCIOS JURÍDICOS

A problemática da **interpretação dos negócios jurídicos** constitui um dos objetos de estudo da Hermenêutica. Neste particular, nosso voo será rasante. Não analisaremos os aspectos filosóficos que o tema suscita; comentaremos brevemente as normas traçadas no Código acerca da interpretação dos atos jurídicos.

Você já apreendeu a estrutura dos atos jurídicos, formada por elementos essenciais (sujeito, vontade e objeto), e, por vezes, por elementos acidentais (condição, termo e encargo), além de circundada pelos elementos extrínsecos (capacidade dos sujeitos, possibilidade jurídica do objeto, licitude do motivo determinante, forma prescrita ou não defesa em lei).

A interpretação dos atos jurídicos dependerá sempre e muito do elemento **vontade**. Assim, para a interpretação do ato, é necessário, em primeiro lugar, saber se o sujeito manifestou sua vontade conscientemente. O que isso quer dizer? Que é necessário saber se o manifestante realmente está expressando sua vontade de praticar o ato, ou não.

Durante uma aula de Direito Civil, o professor afirma: "eu doo este livro a você", referindo-se a um aluno que está diante dele. Nesse caso, há vontade consciente de doar? Não, pois o professor quer apenas ilustrar um ato jurídico. Todavia, se, ao final da aula, o professor, conversando com um aluno que precisa de material, afirma "eu doo este livro a você", a mesma declaração de vontade tem outro conteúdo, pois nesta hipótese o professor realmente deseja doar o livro.

Configurada a **manifestação de vontade consciente**, todavia, pouco importa a chamada **reserva mental**, que é uma outra vontade que o sujeito reserva para si sem declarar.

No caso do professor que exemplifica uma doação, não há propriamente reserva mental, porquanto a "outra vontade", que não é de doar, mas apenas de exemplificar, não é escondida do outro sujeito do ato. O aluno que "recebe" a doação do professor sabe que, na verdade, não se trata de doação, mas sim de exemplo. Não obstante, na conversa posterior à aula, a declaração de vontade do professor de doar o livro se caracteriza e completa o ato jurídico, ainda que ele, mentalmente, tivesse a intenção de não doar, imaginando que até a próxima aula o aluno se esqueceria da liberalidade.

O art. 110 do Código determina que "a manifestação de vontade subsiste ainda que o autor haja feito a reserva mental de não querer o que manifestou, salvo se dela o destinatário tinha conhecimento". Insistimos que, se o destinatário tinha conhecimento de que o agente, na verdade, não queria o que manifestou, o caso não é, propriamente, de reserva mental, mas de falta de manifestação de vontade de praticar o ato.

Sabe-se que, nos contratos de cartão de crédito, é possível obter vantagens ao se "ameaçar" com a extinção do contrato. Orlando, de quem se está cobrando uma anuidade de valor alto, entra em contato com a central de atendimento da operadora do cartão e solicita o cancelamento. A ligação é, normalmente, transferida para uma equipe que tentará convencê-lo a não cancelar o cartão, por meio da oferta de vantagens, como a redução ou mesmo a isenção da anuidade. Ocorre que o sujeito, ao declarar sua vontade, afirma que quer o cancelamento, fazendo a reserva mental de não o querer. Se o atendente, ao receber tal manifestação, imediatamente extingue o contrato, e cancela o cartão, não pode o sujeito alegar que, na verdade, não queria o cancelamento. Para continuar utilizando cartão de crédito em seus negócios, o titular do cartão deverá celebrar um novo contrato com a operadora, em razão da norma do art. 110.

Pode o **silêncio** implicar manifestação de vontade consciente, como no adágio popular segundo o qual "quem cala consente"? O art. 111 do Código preceitua que "o silêncio importa anuência, quando as circunstâncias ou os usos o autorizarem, e não for necessária a declaração de vontade expressa". Na verdade, como destaca César Fiuza,[142] os casos em que o silêncio importa anuência constituem exceção, e não regra. Isso porque há duas exigências para que o silêncio denote aquiescência: o ato não deve depender de declaração de vontade expressa e as circunstâncias ou os usos devem autorizar a presunção de que o silêncio significa "sim".

Se, após a morte do autor da herança, seu sucessor simplesmente toma a posse dos bens deixados, ou se mantém nela, se já era possuidor, verifica-se que a herança foi aceita, embora o sucessor tenha se mantido silente, ou seja, não tenha declarado "eu aceito a herança". Mas isso só ocorre porquanto a aceitação da herança não depende de declaração de vontade expressa e as circunstâncias autorizam a presunção de que a sucessão foi aceita.

Boa-fé. Esse é um princípio que sempre deve ser levado em conta na interpretação de qualquer ato jurídico. Trata-se de princípio que obriga os sujeitos a adotarem, tanto na negociação quanto na conclusão e na execução dos atos, **conduta ética**. O legislador, preocupado em positivar esse entendimento, dispôs no art. 113 que os atos jurídicos devem ser interpretados "conforme a boa-fé e os usos do lugar de sua celebração". Consectário desse preceito é o comando no sentido de que, ao se interpretar a declaração de vontade, deve-se levar em consideração mais a **intenção** nela consubstanciada do que o sentido literal da linguagem (art. 112).

No exemplo da doação feita pelo professor para ilustrar um ato jurídico, poder-se-ia alegar que, considerando-se o sentido literal das palavras, houve doação ("eu doo este livro a você"). Asseveramos, anteriormente, que nesse caso não houve manifestação de vontade consciente no sentido de doar. Isso não impediria, todavia, que alguém quisesse se apegar à literalidade para exigir do professor a execução da doação. Daí o papel benéfico dos arts. 112 e 113 do novo Código Civil, que fornecem argumentos para que se obste tal pretensão.

O princípio da boa-fé também desempenha relevante papel na redução dos aspectos formais dos atos jurídicos.

Se Clóvis, diante de um grupo de pessoas, afirma "doo este livro a você, Berenice", olhando para Helena, para quem efetivamente entrega a coisa, não há que se alegar que a doação foi feita a Berenice, não obstante o sentido literal da linguagem de Clóvis. A doação foi feita a Helena, e Berenice sabe disso. Houve apenas uma confusão de nomes. Qualquer atitude de Berenice no sentido de haver para si a doação revelaria conduta antiética, e feriria, por conseguinte, a boa-fé.

Impende destacar que o art. 113 do Código foi alterado pela Lei 13.874/2019, a qual instituiu a Declaração dos Direitos de Liberdade Econômica. Foram acrescidos ao dispositivo dois parágrafos.

Nos termos do § 1º, a interpretação do negócio jurídico deve lhe atribuir o sentido que: (1) for confirmado pelo comportamento das partes posterior à celebração do negócio; (2) corresponder aos usos, costumes e práticas do mercado relativas ao tipo de negócio; (3) corresponder à boa-fé; (4) for mais benéfico à parte que não redigiu o dispositivo, se identificável[143]; e (5) corresponder a qual seria a razoável negociação das partes sobre a questão discutida, inferida das demais disposições do negócio e da racionalidade econômica das partes, consideradas as informações disponíveis no momento de sua celebração.

---

[142] "Esteja claro que para se aplicar o dito popular 'quem cala consente' (*qui tacet, consentire vdetur*), é imperioso que o silêncio traduza um 'sim' conclusivo. Na maioria das vezes, o silêncio importa um 'não'" (FIUZA, César. *Direito civil*, cit., p. 412).

[143] Essa regra interpretativa já decorria do art. 423 do Código Civil, segundo o qual "quando houver no contrato de adesão cláusulas ambíguas ou contraditórias, dever-se-á adotar a interpretação mais favorável ao aderente". A diferença é que a norma geral do art. 113 vale para todas as espécies de contratos.

Conforme o § 2º, por sua vez, "as partes poderão livremente pactuar regras de interpretação, de preenchimento de lacunas e de integração dos negócios jurídicos diversas daquelas previstas em lei". Tal regra, vale destacar, prestigia a autonomia privada, que constitui princípio norteador do Direito negocial contemporâneo (tratamos de tal princípio na seção 1 do cap. 2 da Parte III desta obra).

Por fim, uma última norma insculpida no Código acerca da interpretação dos atos jurídicos diz respeito aos **atos benéficos** e à **renúncia**, os quais devem ser **interpretados restritivamente** (art. 114).

Suponhamos que Augusto doe a César a Fazenda do Moinho. Por conta de quem correrão as despesas com a escritura pública e com o registro? Se Augusto não se manifestou a respeito, deve-se entender que correm por conta de César, porquanto a doação é ato benéfico e se deve interpretar restritivamente, ou seja, não se pode presumir que Augusto quer custear as despesas com a doação.

Há outros dispositivos ao longo do Código que trata da interpretação de negócios jurídicos específicos, como é o caso da fiança (art. 819). A sua formalização se dá por escrito e a interpretação deve ser restritiva, em benefício do fiador[144].

7. INVALIDADE DOS NEGÓCIOS JURÍDICOS

Sob o título de **invalidade dos negócios jurídicos** estudaremos os temas relativos à **nulidade** e à **anulabilidade** dos atos jurídicos.

Em apertada síntese, o que distingue o ato nulo do ato anulável é o fato de a nulidade operar de direito, razão pela qual é apenas declarada pelo juiz, enquanto a anulabilidade somente opera por sentença desconstitutiva.

Inicialmente, cumpre comentar algumas diretrizes gerais apontadas pelo Código acerca da invalidade dos atos jurídicos que se aplicam, por conseguinte, tanto aos casos de nulidade quanto aos de anulabilidade.

Nos termos do art. 183, a invalidade do **instrumento** por meio do qual se praticou o ato não implica a invalidade do ato, se for possível prová-lo por outro meio.

A **invalidade parcial** de um ato não prejudica a parte válida, respeitada a intenção das partes (art. 184, primeira parte). Ou seja, se em um longo contrato uma determinada cláusula é defeituosa, e sua invalidade não altera a substância do ato, este subsistirá.

Em um contrato de compra e venda de uma boiada o vendedor, dado o seu estado de perigo (família passando fome), foi levado a inserir cláusula prometendo a celebração de contrato futuro de compra e venda de suas galinhas. A anulação da cláusula referente ao contrato preliminar não afeta a compra e venda da boiada, a qual as partes queriam celebrar, e que não tem defeito. Logo, aquela cláusula é anulada, mas este ato subsiste.

---

[144] Veja um exemplo prático de aplicação desse dispositivo pelo STJ: "[...] Por se tratar de contrato benéfico, as disposições relativas à fiança devem ser interpretadas de forma restritiva (CC, art. 819), ou seja, da maneira mais favorável ao fiador, razão pela qual, no caso, em que a dívida é oriunda de contrato de locação, tendo o recorrente outorgado fiança limitada até R$ 30.000,00 (trinta mil reais), forçoso reconhecer que a sua responsabilidade não pode ultrapassar esse valor. 3. Tratando-se, portanto, de fiança limitada, a interpretação mais consentânea com o sentido teleológico da norma é a que exime o fiador do pagamento das despesas judiciais e, também, dos honorários advocatícios, uma vez que a responsabilidade do garante, que, em regra, é acessória e subsidiária, não pode estender-se senão à concorrência dos precisos limites nela indicados" (REsp 1.482.565/SP, relator: Min. Marco Aurélio Bellizze, 3ª Turma, data do julgamento: 6/12/2016).

A **invalidade da obrigação acessória** não induz a da principal, mas a anulação desta implica a anulação da acessória (art. 184, segunda parte). Isso, na verdade, é decorrência imediata do princípio de que **o acessório segue o principal**.

Se, em uma locação (obrigação principal), a fiança (obrigação acessória) é inválida, porquanto o fiador foi coagido a prestá-la, anula-se a fiança, mas não a locação. Mas, se a locação é que apresenta defeito, vez que o locador foi coagido a celebrá-la, então a fiança, ainda que válida, também será anulada.

7.1 Nulidade dos negócios jurídicos

Nulidade dos negócios jurídicos é a invalidade mais gravosa e que, por essa razão, configura-se automaticamente, de direito (*ipso iure*), além de não admitir convalidação. Em sede de processo, deve ser conhecida de ofício pelo juiz ou alegada pela parte em qualquer tempo e grau de jurisdição. A sentença em que se reconhece a causa ensejadora da nulidade tem **natureza declaratória**, não havendo necessidade de desconstituição do ato, que se considera como se nunca constituído.

7.1.1 Hipóteses de nulidade

As hipóteses de nulidade dos atos jurídicos vêm listadas nos arts. 166 e 167 do Código. Trata-se dos casos de **incapacidade do sujeito** (art. 166, I); **impossibilidade jurídica do objeto** (art. 166, II); **ilicitude do motivo determinante** (art. 166, III); **forma em desacordo com a lei** (art. 166, IV); **não observância de alguma solenidade legal** (art. 166, V); **objetivo de fraudar lei imperativa** (art. 166, VI); **previsão legal** (art. 166, VII); e **simulação** (art. 167).

7.1.1.1 Incapacidade do sujeito

Se algum dos sujeitos do ato for **absolutamente incapaz** de praticá-lo, o ato se reputa nulo (art. 166, I). A incapacidade absoluta a que se refere esta hipótese tanto pode ser a geral (art. 3º) quanto outra, específica, nos casos em que a lei a estabelecer (por exemplo, capacidade especial para casar, art. 1.517; para testar, art. 1.860, parágrafo único).

Conforme o art. 166, I, o contrato celebrado pela criança que vai até a padaria comprar pão se considera juridicamente nulo.

Vale lembrar que, após a entrada em vigor do **Estatuto da Pessoa com Deficiência – EPD** –, em janeiro de 2016, somente os menores de dezesseis anos são considerados absolutamente incapazes no Direito brasileiro.

Cabe também lembrar que, conforme o art. 5º, parágrafo único do Código de 2002, em casos de emancipação, cessa, para os menores, a incapacidade. Esta ocorre: (1) pela concessão dos pais, ou de um deles na falta do outro, mediante instrumento público, independentemente de homologação judicial – **emancipação parental ou voluntária**; (2) por sentença do juiz, ouvido o tutor, se o menor tiver dezesseis anos completos – **emancipação judicial**; (3) (3.1) pelo casamento, (3.2) pelo exercício de emprego público efetivo, (3.3) pela colação de grau em curso de ensino superior, (3.4) pelo estabelecimento civil ou comercial, ou pela existência de relação de emprego, desde que, em função deles, o menor com dezesseis anos completos tenha economia própria – **emancipação legal**.

7.1.1.2 Ilicitude, impossibilidade ou indeterminabilidade do objeto

Já vimos que o objeto do negócio jurídico tem de ser lícito, possível, determinado ou determinável. O não atendimento de qualquer desses requisitos inquina o ato de nulidade (art. 166, II). Lembre-se de que não é a coisa em si que se considera lícita ou ilícita, mas sim o fato com relação à coisa.

A cocaína tem sua comercialização proibida pela lei, o que torna a compra e venda de tal substância objeto ilícito. Todavia, a destruição de cocaína que foi apreendida pela polícia é lícita, e pode ser objeto de ato jurídico válido.

7.1.1.3 Ilicitude do motivo determinante

O **motivo determinante** do ato jurídico refere-se ao propósito negocial dos sujeitos, e não ao simples motivo subjetivo que os impele a praticar o ato. A ilicitude do motivo determinante, quando **comum a ambas as partes**, importa na nulidade do ato jurídico.

Clóvis contrata Silvio para administrar um medicamento em César. Tanto Clóvis (médico) quanto Silvio (enfermeiro) sabem que a aplicação dessa substância será fatal para César, porquanto este a ela é alérgico. Nessa hipótese, o propósito do ato, comum a Clóvis e Silvio, consiste no homicídio de César. Vez que o motivo determinante do ato é ilícito, o ato se reputa nulo. Veja-se, por outro lado, que o objeto do ato não é ilícito, pois se consubstancia na administração de um medicamento por um enfermeiro, o que a lei não proíbe.[145]

Considerando-se que o ato somente se considera nulo se o motivo determinante ilícito for comum a ambas as partes, conclui-se que, se o enfermeiro não conhecia a substância que o médico lhe contratou para aplicar, nem sabia da condição médica do paciente, o ato não seria nulo, pois Silvio não comungaria do propósito de matar César.

7.1.1.4 Forma em desacordo com a lei

Você sabe que há **atos jurídicos consensuais** e **atos jurídicos solenes**. Para aqueles, a lei não prescreve forma: podem ser celebrados oralmente, por instrumento particular ou por escritura pública. Para estes, por sua vez, a lei prescreve uma determinada forma que deve obrigatoriamente ser observada, sob pena de o ato ser reputado **nulo** (art. 166, IV).

O art. 108 do Código impõe a forma pública para atos translativos da propriedade de bens imóveis de valor superior a trinta vezes o salário mínimo. A compra e venda por instrumento particular de uma casa cujo valor é de sessenta vezes o salário mínimo considera-se, por conseguinte, nula.

Vale destacar que, se a forma não for da essência do ato – porquanto não prescrita pela lei –, qualquer defeito a ela relativo não necessariamente invalida o ato. A promessa de compra e venda é contrato consensual (art. 462). Se as partes o celebram por escritura pública perante quem se apresentou como oficial do cartório sem sê-lo, conquanto inválida a escritura, válido é o contrato.

7.1.1.5 Preterição de solenidade legal

Para alguns atos formais, a lei, além da forma, prescreve também certas **solenidades**. É o caso do testamento e do casamento, para os quais a lei estabelece, dentre outras formalidades, o número de testemunhas do ato. Caso qualquer solenidade seja preterida, o ato jurídico é considerado **nulo** (art. 166, V), salvo se a lei prever para a hipótese outra sanção, como a anulabilidade, ou se, até mesmo, admitir a convalidação do ato.

---

[145] Esse exemplo demonstra a diferença entre a **ilicitude do objeto** e a **ilicitude do motivo determinante**, que alguns doutrinadores não enxergam.

O testamento da pessoa cega deve ser lido ao testador em *voz alta, duas vezes*, uma pelo tabelião ou seu substituto legal, e outra por uma das testemunhas, designada pelo testador (art. 1.867). Se essa solenidade for descumprida, o testamento será nulo.

7.1.1.6 Objetivo de fraudar lei imperativa

Na hipótese de o ato jurídico ter sido celebrado com o **objetivo de fraudar lei imperativa**, o ordenamento o sanciona com a **nulidade** (art. 166, VI). Trata-se do ato celebrado *in fraudem legis*.

Para se esquivar dos encargos trabalhistas, Caio contrata Orlando para trabalhar em seu escritório como assistente – com subordinação, habitualidade e mediante remuneração – por meio de contrato de prestação de serviços, e não de trabalho. O objeto da prestação de serviços – atividade de assistente – é lícito, assim como os motivos determinantes do ato – Caio celebrou o ato para ter o serviço e Orlando para receber a remuneração. Ocorre que a via foi eleita com o objetivo de fraudar as leis trabalhistas, daí por que a prestação de serviços se reputa nula. Caso haja efetiva atividade de Orlando, caracterizar-se-á contrato de trabalho.

7.1.1.7 Previsão legal

Considera-se também **nulo** todo ato jurídico cuja prática seja proibida ou para a qual a lei expressamente prever essa sanção (art. 166, VII).

O art. 1.548, II, do Código prevê expressamente a nulidade do casamento das pessoas que o art. 1.521 considera impedidas de casar.

7.1.1.8 Simulação

A **simulação** configura-se quando um **ato fictício** é praticado para encobrir outro, de modo que o efeito realmente obtido seja diverso do que foi indicado. Em outras palavras, o ato simulado é aquele pelo qual se concedem ou transmitem direitos a pessoas diversas daquelas às quais realmente se concedem ou transferem (art. 167, § 1º, I), ou o ato que contenha declaração, condição, confissão ou cláusula não verdadeira (art. 167, § 1º, II), ou ainda, o ato cujo instrumento tem data anterior ou posterior àquela em que se praticou (art. 167, § 1º, III).

Apesar de a simulação consistir em um defeito do ato jurídico, o legislador de 2002 optou por puni-la com a **nulidade** do ato (art. 167), e não com a anulabilidade, como se passa com os demais defeitos. Todavia, ainda de acordo com o art. 167, se o negócio realmente praticado (o ato dissimulado) atender aos requisitos de validade, será considerado válido. Ou seja, embora o negócio simulado seja nulo, o negócio dissimulado é válido. Exemplo bastante comum na prática é a compra e venda em que o valor declarado na escritura é inferior ao negociado, objetivando reduzir a fiscalização tributária.

Os requisitos para que se configure a simulação são a **intenção de ambos os sujeitos de praticar ato diverso do que é praticado** e a **finalidade de enganar**.

Intenção de ambos os sujeitos de praticar ato diverso do que é praticado. Para que se caracterize a simulação, é necessário que ambos os sujeitos que praticam o ato o façam com a intenção de obter os resultados de outro ato (o *ato dissimulado*). Deve haver, portanto, não só a **consciência da simulação**, mas também o **acordo simulatório**. É isso que diferencia o caso da simulação dos casos de erro quanto à natureza do negócio, que estudaremos oportunamente.

Caio e Orlando celebram empreitada, embora Caio pense tratar-se de compra e venda. Nesse caso, pode se configurar o erro. Mas, se celebram empreitada com intenção de mascarar compra e venda, então preenchem o primeiro requisito configurador da simulação.

Finalidade de enganar. Para que se configure definitivamente a simulação, é ainda necessário verificar se a finalidade da prática de um ato por outro foi a de enganar, e, assim, fraudar a lei, ou prejudicar ou beneficiar terceiros. Isso porque, se não houver essa meta, e o ato apenas repercutir na esfera jurídica dos próprios sujeitos, não há que se falar em defeito. Aliás, quem teria interesse em alegar a nulidade do ato, se ele apenas respeitasse às partes que o praticaram?

Augusto efetua doação a César, estranho à família, para que este posteriormente doe o bem a Berenice, filha de Augusto, mascarando o adiantamento de legítima.[146] Considerando-se que Augusto, Berenice e César participaram do ato com a finalidade de enganar os demais herdeiros, conclui-se que resta configurado o segundo requisito da simulação. Nesse caso, o ato dissimulado, ou seja, a doação de Augusto *a Berenice*, subsistiria. Nulas seriam as doações de Augusto a César, e de César a Berenice.

Vejamos alguns exemplos das demais hipóteses de simulação previstas no Código Civil.

Simulação por declaração, confissão, condição ou cláusula não verdadeira. Pontes quer legar a Rui, após sua morte, R$ 75.000,00, por uma razão qualquer. Sabe-se que o testador que tem herdeiros necessários somente pode dispor em testamento de metade do seu patrimônio.[147] Todavia, o patrimônio de Pontes é de apenas R$ 100.000,00. O que ele faz, então? Inclui em seu testamento uma cláusula de confissão de dívida no valor de R$ 75.000,00, da qual Rui seria o credor. Destarte, Rui receberia o montante, não como legatário, mas como credor, e os herdeiros necessários dividiriam apenas os R$ 25.000,00 que sobrariam na herança após a liquidação. A falsa confissão de dívida configura a simulação, e enseja a nulidade da respectiva cláusula do testamento.

Simulação por alteração de data. Manuel, recém-casado com Helena no regime da comunhão parcial de bens, adquire um bem de Clóvis e não quer que a coisa integre o patrimônio comum do casal. Por essa razão, Manuel e Clóvis inserem no instrumento data anterior ao casamento, vez que os bens que cada cônjuge possuía ao casar não se comunicam (art. 1.659, I).

Outra hipótese: Silvio irá casar-se com Berenice em breve, no regime da comunhão universal de bens. Tem interesse em fazer um negócio com César que lhe deixará com uma dívida, a qual não integrará o patrimônio do casal, vez que, mesmo no regime da comunhão universal, as dívidas anteriores ao casamento não se comunicam (art. 1.668, III). Logo, Silvio e César celebram o negócio com data futura, posterior ao casamento de Silvio e Berenice.

Nesses dois casos, resta configurada a simulação.

A lei ressalva os **direitos de terceiros de boa-fé**, os quais não são prejudicados pela simulação.

Caio quer que uma obra de arte de sua coleção chegue às mãos de seu filho, Rui, mas não quer que isso configure adiantamento de legítima. Por essa razão, sonda Pontes, negociador de arte que vive em outra cidade, anunciando a venda. Concomitantemente, Rui se apresenta a Pontes e se diz interessado em adquirir a peça, sem que Pontes saiba da relação entre Caio e Rui. Pontes adquire a obra de arte de Caio, por saber que já há alguém interessado em comprá-la. Afinal, é da essência da atividade do negociador de arte adquirir peças para revendê-las a seus clientes. Rui, então, adquire o bem de Pontes, com dinheiro que Caio lhe dá, sem que ninguém tome conhecimento do fato. Nesse caso, embora a simulação se configure (Caio e Rui agiram com a intenção de simular e com a finalidade de enganar), Pontes é terceiro de boa-fé. Seus direitos são protegidos, pois não agiu com intenção maliciosa. A compra e a venda da peça, por conseguinte, subsistirão, mas a doação dissimulada de Caio a Rui configurará o adiantamento de legítima.

---

[146] O tema do adiantamento de legítima será estudado na Parte VI – Direito das Sucessões.
[147] Também este tema será estudado em detalhes na Parte VI.

Por ser uma causa de nulidade absoluta, a simulação é insuscetível de prescrição ou de decadência, razão pela qual poderá ser alegada a qualquer momento.

7.1.2 Ato inexistente

Semelhante ao ato nulo é o **ato inexistente**. No **plano da eficácia**, nem um nem outro produzem os efeitos que o ato existente e válido produziria. Assim é que nem um testamento inexistente nem um testamento nulo terão o efeito de ato de disposição de última vontade.

Conquanto o Código Civil não tenha mencionado a diferença entre eles, por sua própria natureza o ato nulo é aquele que não atende a algum requisito de validade de um ato existente, o que se estuda no respectivo **plano da validade**, enquanto o ato inexistente é o que não contém algum elemento essencial (sujeito, objeto, manifestação de vontade), o que se apura no **plano da existência** do ato.

Um testamento particular de uma pessoa cega é nulo, porquanto a lei somente admite que ela teste pela forma pública (art. 1.867), e, como visto, consideram-se nulos os atos cuja prática é proibida pela lei (art. 166, VII). Um testamento sem identificação do testador, por sua vez, é inexistente, em razão da falta de sujeito.

Inicialmente, a doutrina utilizou a ideia de ato inexistente, no século XIX, para negar efeitos ao casamento homoafetivo. Considerando que não havia nulidade sem previsão legal (*pas de nullité san texte*), e que a lei não previa expressamente a nulidade de tal ato, asseverou-se que era da essência do casamento que os sujeitos fossem um homem e uma mulher. Havendo dois homens ou duas mulheres, faltaria um elemento essencial do ato – o nubente do outro sexo. Logo, o ato não produziria efeitos não por ser nulo, mas antes por sequer existir no plano jurídico.

7.1.3 Direito e dever de alegar nulidades

As nulidades podem ser alegadas por qualquer dos **interessados**, ou pelo **Ministério Público**, quando lhe couber intervir (art. 168). Por interessados devem ser compreendidas todas as pessoas que tenham, em razão do defeito do ato, sofrido algum prejuízo, ou os representantes ou sucessores dessas pessoas.

Logo, se Caio e Orlando simulam um ato que prejudica César, César poderá ajuizar a ação declaratória de nulidade. Se Silvio celebra contrato com Clóvis, absolutamente incapaz, o representante legal de Clóvis deverá pleitear a nulidade do ato.

Os interessados são titulares de um **direito potestativo** de alegar a nulidade, o qual, em razão da gravidade do defeito, não se sujeita à decadência. O Ministério Público, por sua, tem o **dever** de alegá-la.

Tem o magistrado o mesmo dever, segundo o parágrafo único do art. 168, o qual determina que o juiz pronuncie as nulidades **de ofício**, quando conhecer do ato jurídico gravemente defeituoso, não lhe sendo lícito supri-las, mesmo que a requerimento das partes.

Afinal, impende destacar, o ato jurídico nulo não é suscetível de convalidação, nem mesmo pelo decurso do tempo (art. 169).

Pontes simulou a doação de sua casa a Rui, dando ao ato a aparência de uma compra e venda. Muito tempo depois, quando Rui vende a referida casa a Clóvis, o negócio acaba sendo objeto de ação judicial, por uma razão qualquer. Examinando detidamente os autos e os documentos juntados pelas partes, o juiz verifica a ocorrência da simulação, e declara a nulidade daquele ato anterior. É seu dever, e não poderia deixar de fazê-lo, nem a requerimento das partes. Isso porque o ato nulo é juridicamente inexistente. Não se trata de um defeito leve, ensejador, como veremos, da anulabilidade do ato, porquanto apenas interessa às partes, as quais podem convalidá-lo. Cuida-se de defeito grave, que interessa à ordem jurídica, a qual não o tolera.

7.1.4 Produção indireta de efeitos do ato nulo

Segundo o Código, o ato nulo somente produzirá algum efeito se contiver os requisitos de outro ato, e provar-se que as partes teriam praticado o ato válido, se houvessem percebido a nulidade do ato que efetivamente praticaram (art. 170).

Um exemplo seria o da compra e venda de bem imóvel. Duas pessoas, sem acesso à instrução, vivendo em uma área rural bastante afastada de um cartório, celebram a compra e venda de um sítio por instrumento particular. Ora, sabe-se que a lei exige a forma de escritura pública para a compra e venda dos bens imóveis, e que a não observância da forma prescrita causa a nulidade do ato jurídico (art. 166, IV). Todavia, a lei não exige forma para os contratos preliminares. Logo, o ato pode ser tomado como contrato preliminar de compra e venda, e, por conseguinte, produzir os efeitos jurídicos deste ato.

7.1.5 Crítica à nulidade do negócio jurídico

A ideia prática por trás da nulidade do negócio é que se deve considerar que negócio nulo não produz efeitos no plano do Direito. Logo, os efeitos que o ato porventura tiver produzido antes de ser declarado nulo devem ser desfeitos, para que se restabeleça o "estado anterior das coisas" (em latim, o *status quo ante*).

Todavia, deve-se observar que nem sempre será possível retornar ao estado anterior das coisas.

Ainda que seja nulo um contrato celebrado entre um adolescente com 15 anos de idade e um professor de inglês para que este lhe dê aulas, não é possível, após um mês de efetiva prestação do serviço, desfazer todos os efeitos jurídicos produzidos pelo negócio, mesmo que este seja declarado nulo. Isso porque, se, de um lado, é possível que o professor devolva a remuneração ao aluno, o aluno não tem como devolver ao professor o serviço prestado.[148]

7.2 Anulabilidade dos negócios jurídicos

Anulabilidade é a invalidade menos gravosa dos atos jurídicos, acarretada pela **incapacidade relativa** de um dos sujeitos (art. 171, I) ou por algum dos **defeitos** do ato considerados leves (art. 171, II) – **erro, dolo, coação, estado de perigo, lesão** e **fraude contra credores**. Em sede de processo, a anulabilidade deve ser alegada pela parte para que o juiz, se procedente a alegação, desconstitua o ato. Frise-se que não se admite o conhecimento *ex officio* da causa ensejadora da anulabilidade.

Vale lembrar, a propósito, que o **Estatuto da Pessoa com Deficiência – EPD** – alterou o rol das pessoas consideradas relativamente incapazes de praticar os atos da vida civil (vide nova redação do art. 4º do Código, comentada quando estudamos a teoria das capacidades).

7.2.1 Convalidação dos atos anuláveis

Os atos anuláveis admitem **convalidação**, desde que não prejudiquem direitos de terceiro (art. 172). A lei exige, para tanto, que o ato de confirmação contenha a substância do ato anulável e a vontade expressa de mantê-lo.

Ou seja, um ato é defeituoso em razão de ter sido praticado em estado de perigo, mas os sujeitos concordam em confirmá-lo, e o sujeito que obteve a vantagem excessiva promove o equilíbrio de sua prestação com a do sujeito prejudicado.

---

[148] Para aprofundamento da reflexão, recomenda-se "Subsídios para o estudo das nulidades", de Valle Ferreira, disponível em: <www.direito.ufmg.br/revista/index.php/revista/article/view/681>.

Se o defeito advém da falta de autorização de um terceiro, considera-se confirmado quando este a oferece (art. 176).

Também convalida o ato defeituoso, sem necessidade de declaração expressa, a atitude do sujeito que, mesmo sabendo da existência do vício em seu desfavor, cumpre sua prestação (art. 174).

Em qualquer caso, seja o de **convalidação expressa** ou o de **cumprimento voluntário** do ato sabidamente anulável, extinguem-se todas as ações ou exceções que o sujeito prejudicado tinha contra o beneficiado.

O direito de pleitear a anulação de um ato jurídico tem natureza **potestativa**. Por essa razão, submete-se a **prazo decadencial**. O tema da decadência dos direitos potestativos será estudado no capítulo a seguir. Aqui, o que cabe ressaltar é que o art. 178 do Código Civil estabelece o prazo de quatro anos para se pleitear a anulação, contado: do dia em que cessar a ameaça, na hipótese de coação (inciso I); do dia em que se praticou o ato, no caso dos demais defeitos (inciso II); do dia em que cessar a incapacidade, no caso dos atos celebrados por relativamente incapaz (inciso III). O Código prevê, ainda, prazo decadencial para as hipóteses de anulação por outras causas, se a própria lei que a instituiu não o fixar: será de dois anos, contados da data da prática do ato (art. 179).

Atenção, leitor: após a extinção do direito pelo decurso *in albis*[149] do prazo decadencial, o ato outrora anulável se convalida.

Com relação aos atos praticados por menor relativamente incapaz, é importante destacar que não são anuláveis se o menor tiver dolosamente ocultado sua idade do sujeito com quem negociou, ao ser questionado sobre o fato, ou se houver se declarado maior (art. 180).

Um jovem de dezessete anos se dirige a uma loja e realiza uma compra, por exemplo, de uma bicicleta. O vendedor, diligente, pergunta ao comprador qual sua idade. Este, por sua vez, esquiva-se da pergunta, deixando de respondê-la, ou afirma ter uma determinada idade, que implicaria sua capacidade plena. Considerando-se que a anulabilidade, no caso dos atos praticados pelo relativamente incapaz, tem o objetivo de protegê-lo, estendê-la a quem dolosamente ocultou o fato, ou se fez passar por capaz, seria permitir que o menor se beneficiasse da própria torpeza.

E se o ato praticado com o relativamente incapaz vier a ser anulado? Se já se houver efetuado o pagamento, será possível pedir a repetição (devolução do pagamento), se provar-se que aquilo que foi pago se reverteu em benefício do incapaz (art. 181). Ou seja, é preciso, durante a ação anulatória, que se demonstre que o pagamento foi utilizado em proveito do incapaz.

Silvio, sem se interessar pela idade de Berenice, com dezessete anos, compra-lhe sua bicicleta por R$ 300,00. Posteriormente, os pais de Berenice pedem a anulação do ato, vez que não o autorizaram. Cabe lembrar que o relativamente incapaz deve ser assistido por seus representantes legais na prática do ato, e que eles devem autorizá-lo. Ainda que Silvio se defenda do pedido anulatório, atento ao princípio processual da eventualidade, é aconselhável que deve peça que, se o ato vier a ser anulado, Berenice seja condenada a devolver a ele os R$ 300,00. Para embasar seu pedido, deve provar que Berenice usou os R$ 300,00 para comprar livros para estudar para o vestibular. Se o ato for anulado, Silvio terá de devolver a bicicleta. Logo, é de seu extremo interesse que lhe seja restituído o preço, ou terá pago por nada. Se, no entanto, na ação se provasse que Berenice usou o dinheiro da venda para comprar drogas, Silvio não teria direito à restituição dos R$ 300,00. Tal prejuízo seria uma espécie de punição por não

---

[149] A expressão, de uso consagrado, significa que o prazo se esgotou sem que o interessado praticasse o ato que lhe cabia. Nesse caso específico, significa que aquele que tinha o direito de pleitear a anulação do ato não exerceu esse direito.

ter ele negociado de forma diligente, pois deveria ter se informado da idade de Berenice para concluir sobre a sua capacidade para o ato negocial.

Outra norma importante, acerca da incapacidade relativa, é a que determina que a incapacidade relativa não pode ser invocada pela parte capaz em benefício próprio, nem aproveita a alegação aos coobrigados capazes, a não ser que o objeto do direito ou da obrigação comum seja indivisível (art. 105).

Caio, capaz, compra um bem de Orlando, relativamente incapaz, e posteriormente se arrepende do negócio. Não pode pleitear anulá-lo, alegando a incapacidade relativa.

E se Helena, capaz, aluga um imóvel para César e Augusto, aquele relativamente incapaz e este capaz? Mesmo se vier a ser anulada a locação quanto a César, Augusto não será atingido, vez que o objeto da obrigação comum (pagamento do aluguel) é divisível.

7.2.2 Vícios do ato jurídico

Conforme asseverado, ensejam a **anulabilidade** do ato jurídico a **incapacidade relativa** de um dos sujeitos (art. 171, I) ou qualquer dos **defeitos** do ato considerados leves (art. 171, II) – **erro, dolo, coação, estado de perigo, lesão** e **fraude contra credores**. Considerando-se que o tema da incapacidade relativa já foi estudado no Capítulo 2, impende, por conseguinte, estudar-se o tema dos vícios do ato.

Inicialmente, cumpre comentar que os vícios do ato jurídico são divididos em **vícios do consentimento, vícios sociais** e **vícios excepcionais**.

Entre os vícios do consentimento, assim denominados em razão de se consubstanciarem em defeito na **manifestação de vontade** de um dos sujeitos, encontram-se o **erro**, o **dolo** e a **coação**.

Entre os vícios sociais, que recebem esse nome porquanto não se referem à vontade dos agentes, mas produzem efeitos reprováveis pela sociedade, encontram-se o a **fraude contra credores** e a **simulação**.[150]

Por fim, são considerados vícios excepcionais o **estado de perigo** e a **lesão**, os quais, por suas características, afastam-se dos vícios do consentimento e dos vícios sociais. Porquanto peculiares, o estado de perigo e a lesão nem sempre foram contemplados como vícios do ato jurídico. No caso brasileiro, foram acolhidos pelo Código de 2002, tendo sido anteriormente excluídos do Código de 1916. Uma curiosidade, a respeito desses vícios, é o fato de que, tecnicamente, **rescisão** é o meio pelo qual os atos que os contêm podem ser desfeitos, reservando-se o termo **anulação** para o meio de desfazer os atos que contêm vícios do consentimento ou sociais. No entanto, infelizmente, o vocábulo *rescisão* costuma ser inadequadamente utilizado para se referir à extinção prematura de um contrato.

7.2.2.1 Erro

Considera-se **erro** (ou **ignorância**) uma *ideia falsa da realidade* que leva o sujeito a manifestar sua vontade em sentido diverso daquele em que a manifestaria se conhecesse a verdadeira realidade.

Trata-se de **engano espontâneo** do agente: o sujeito é levado a praticar o ato por acreditar em algo que acaba por não ser a verdade.

---

[150] Da simulação, que hoje se considera defeito grave, já se tratou quando do exame das hipóteses de **nulidade** do ato jurídico.

A doutrina classicamente distingue o erro em **substancial** ou **essencial, e acidental**. Apenas o erro da primeira espécie configura defeito do ato jurídico.

Diz-se *substancial* o erro que for relativo, em suma, a algum dos **elementos essenciais** do ato – sujeito, vontade e objeto – ou ao seu **motivo determinante**. Para que se configure o defeito, é necessário que o erro seja **escusável**, ou seja, que se trate de um erro que a pessoa comum poderia cometer. Não pode ser erro grosseiro, óbvio. Veremos outros exemplos de erro substancial adiante, ao examinarmos cada uma das hipóteses previstas no Código. A *priori*, veja um exemplo de erro substancial na jurisprudência do STJ:

> Caracteriza-se a existência de erro substancial quanto ao objeto principal da declaração apto a invalidar o negócio jurídico na hipótese em que, renunciada a herança pelos demais herdeiros em favor da cônjuge sobrevivente – renúncia translativa ou cessão de direitos hereditários – descobre-se, posteriormente, a existência de herdeiro de que não se tinha ciência inequívoca no momento do ato de disposição (REsp 1.402.675/RN, relatora: Min. Nancy Andrighi, 3ª Turma, data do julgamento: 12/12/2017, *data da publicação*: 18/12/2017).

O erro *acidental*, por sua vez, o qual não invalida o ato jurídico, consubstancia-se na **indicação errada** da pessoa ou coisa, desde que, pelo contexto ou pelas circunstâncias, seja possível indicar quem ou o que se queria indicar (art. 142).

Um exemplo seria um contrato celebrado por Maria Silva Santos, cuja qualificação tem um único defeito: inverteu os sobrenomes, designando-a de Maria Santos Silva. Ora, esse erro nenhum grande mal trará ao contrato. Ante a qualificação, de resto correta, não haverá dúvida de que a contratante é Maria Silva Santos.

Impende frisar, ademais, que o erro deve sempre ser **real**, ou seja, é necessário que se cuide de um engano acerca da realidade verdadeiramente capaz de trazer um prejuízo para o sujeito.

Examinaremos agora cada uma das hipóteses de erro substancial listadas no art. 139 do Código.

Erro que interessa à natureza do negócio. O erro previsto nesta hipótese (em latim, chamado de *error in ipso negotio*) se refere ao ato mesmo que está sendo praticado. O sujeito pratica-o supondo estar praticando outro.

Vejamos um exemplo bem detalhadamente. Algumas figuras contratuais têm traços semelhantes, razão pela qual é possível esse tipo de confusão. Rui procura o escultor Pontes e lhe encomenda uma escultura de um determinado modelo que o escultor produz em série. Esse contrato pode tanto tomar a forma de uma compra e venda com entrega futura quanto de uma empreitada. Suponhamos que o escultor venha a falecer, o que elevará bastante o preço de suas obras. Imaginemos que os herdeiros de Pontes procurem Rui e lhe informem a impossibilidade de conclusão da empreitada. Rui, por sua vez, alega que seu contrato com Pontes era de compra e venda, e exige uma peça que sabe que Pontes tinha no estoque em sua loja em outra cidade. Assevera que nunca imaginou que Pontes ainda teria de esculpir uma peça, mas que simplesmente a buscaria no depósito. O instrumento do contrato é então analisado, e em meio ao texto, uma única vez, fala-se em empreitada. Nesse caso, o erro de Rui é substancial – refere-se à natureza do negócio; é real – contratou empreitada imaginando tratar-se de compra e venda; e é escusável – qualquer pessoa poderia tê-lo cometido. O ato jurídico pode, por conseguinte, ser anulado, em razão do defeito.

Erro concernente ao objeto principal da declaração. Essa espécie de erro (em latim, *error in ipso corpore rei*) se consubstancia em um engano com relação ao objeto do ato. O sujeito pensa se tratar de um, mas, na verdade, é outro.

O herdeiro de um grande advogado, residente em Manaus, herda a biblioteca do jurista, no Recife, e a vende para um colega advogado em Curitiba. Na negociação, o herdeiro diz que sabe se tratar de uma coleção de cinco mil obras, e que o tio era um jurista que estudava muito. Nenhum dos dois nunca chegou a ver a coleção, sequer conhecem os títulos que a compõem. Ao receber os livros, o comprador descobre que apenas cinco por cento da coleção são obras jurídicas; as demais obras são da literatura francesa. Aqui, o erro é substancial – refere-se ao objeto do ato; é real – o comprador acreditava adquirir uma biblioteca jurídica, quando, na verdade, adquiriu muito mais obras literárias; é escusável – a distância entre as cidades justifica que o comprador não tenha examinado a biblioteca de perto. Também configura a escusabilidade o fato de que o próprio vendedor acreditava se tratar de uma biblioteca jurídica, e de que não houve má-fé. A compra e vende poderá ser anulada em razão do defeito.

Erro quanto a alguma das qualidades essenciais do ato. Esse erro (em latim, *error in substantia*) se caracteriza por um engano com relação a alguma qualidade essencial referente ao objeto do ato.[151] O sujeito espera da coisa algo, mas obtém algo diverso.

Caio procura Clóvis, vendedor inexperiente, para adquirir o caminhão X100, para realizar seu serviço de carga, que transporta, a cada viagem, dez toneladas. Caio explica esses detalhes para Clóvis. Clóvis vende a Caio o caminhão X100. Posteriormente, descobre-se que apenas o modelo X101, de resto idêntico ao modelo X100, tem capacidade para transportar dez toneladas. O modelo X100 transporta apenas nove. Nessa hipótese, o erro é substancial – refere-se à qualidade essencial do objeto; é real – Caio queria adquirir um caminhão para transportar dez toneladas, mas acabou adquirindo um caminhão que pode transportar apenas nove; e é escusável – em razão da semelhança dos modelos, qualquer pessoa poderia confundi-los; o próprio vendedor confundiu, sem agir de má-fé. Logo, Caio poderá anular o negócio defeituoso.

Erro que concerne à identidade ou à qualidade essencial da pessoa a quem se refere a declaração de vontade, desde que tenha influído nesta de modo relevante. O erro, nesse caso, refere-se ao sujeito com quem se pratica o ato (em latim, *error in persona*). O sujeito pratica o ato com uma pessoa, acreditando que o pratica com outra. Impende frisar que o erro pode se referir tanto à identidade – Helena negocia com João Silva acreditando estar negociando com João Silva Jr. –, quanto a uma qualidade essencial da pessoa – Manuel negocia com um desconhecido acreditando se tratar de um velho amigo de seu pai, mas, na verdade, a pessoa outra. Ademais, ressalte-se que o erro deve ter influído de modo determinante na realização do ato, ou seja, o ato não teria sido praticado se o sujeito soubesse realmente quem era o outro, tanto com relação a sua identidade quanto com relação a suas qualidades.

Suponhamos que Silvio, senhor de idade, quer emprestar a João Pedro Nunes Cunha Braga, um velho amigo, uma quantia em dinheiro, mas, ao providenciar o empréstimo, acaba enviando o dinheiro a João Pedro Nunes Braga Cunha. Veja-se que Silvio nunca teria emprestado o dinheiro se soubesse se tratar de João Pedro Nunes Braga Cunha: seu amigo, com quem ele realmente queria praticar o ato, é outra pessoa. Temos, aqui, um erro substancial – refere-se à identidade da pessoa; real – recebeu o dinheiro emprestado pessoa diversa da pretendida por Silvio; e escusável – a troca na ordem dos sobrenomes, sobretudo por se tratar de nomes longos, e por ser o mutuante pessoa de idade, poderia ser cometida por qualquer pessoa. Por conseguinte, o empréstimo viciado pode ser anulado.

Analisemos um outro exemplo. César, sabendo que José Souza salvara a vida de seu pai, resolve doar a ele uma pedra preciosa. Manda procurar José Souza e, tendo notícia de que fora encontrado, envia-lhe a joia. Posteriormente, descobre que o José Souza que recebeu a doação é, na verdade, um homônimo do José Souza que ajudou seu pai. Também nesse caso se vê que César não teria doado a pedra a quem efetivamente a recebeu, se soubesse que não se tratava do homem que salvou a vida de seu pai. O erro, aqui, é substancial – refere-se a uma qualidade

---

[151] O erro quanto à qualidade referente à pessoa é abarcado pelo próximo erro a ser analisado.

essencial da pessoa; é real – a doação foi feita em agradecimento, mas recebida por pessoa que não houvera feito nenhum favor; e é escusável – por se tratar de pessoas com o mesmo nome. A doação pode ser anulada, portanto, em razão do vício.

Por outro lado, suponhamos que Orlando anuncia a locação de uma casa e a aluga para Berenice, candidata a locatária, pensando reconhecê-la, e acreditando tratar-se de uma velha conhecida. Mais tarde, conclui que Berenice não é sua antiga colega. Nesse caso, o erro *não é* substancial. A casa estava disponível para locação por qualquer pessoa, pois foi anunciada ao público, e tendo Berenice preenchido os requisitos exigidos por Orlando, ainda que não se tratasse da pessoa que Orlando imaginava, não se pode dizer que o erro tenha influído de modo determinante no ato. Orlando teria alugado a casa a Berenice, ainda que não tivesse confundido a locatária com uma velha conhecida. Aqui, não há que se falar em anulabilidade do ato, que não tem qualquer defeito.

Erro de direito. Configura defeito do ato jurídico o erro de direito (em latim, *error iuris*) se for relacionado ao motivo determinante do ato e não infringir a lei. O sujeito é levado a praticar o ato por acreditar que a lei A diz X, quando na verdade diz Y, ou por desconhecer a lei A.

Durante muito tempo houve dúvida sobre a escusabilidade do erro de direito. Isso em razão de um princípio do Direito Romano, adotado entre nós, segundo o qual *nemo ius ignorare consentur*, ou seja, **a ninguém é dado ignorar a lei**. O art. 5º da nossa Lei de Introdução original (de 1916) determinava que "ninguém se escusa alegando ignorar a lei". Todavia, o preceito, no art. 3º da Lei de 1942 (vigente), traz a seguinte redação: "ninguém se escusa de cumprir a lei, alegando que não a conhece". A partir dessa alteração, sugeriu-se que uma coisa seria justificar o descumprimento da lei alegando ignorá-la (veja-se que o dispositivo legal atual menciona "cumprir a lei"), e outra seria justificar um erro por não conhecer a lei, sem, todavia, tê-la descumprido.[152]

Suponhamos que a Lei A estabeleça um sistema de financiamento para a restauração de casarões históricos. Um arquiteto estrangeiro, ouvindo falar dessa lei, resolve adquirir um casarão em uma cidade histórica do interior e reformá-lo por meio do financiamento para ali criar uma fundação dedicada à preservação do patrimônio histórico. O arquiteto não tem condições de ele próprio custear as obras de restauração. Por meio da Internet, encontra um casarão com a aparência desejada e com preço bom, e o adquire. Posteriormente, ao chegar ao imóvel e se dedicar ao seu estudo, descobre que se trata de um edifício do início do século XX, réplica dos casarões tradicionais do século XVIII. Ao consultar a Lei A, descobre que o financiamento somente é oferecido aos proprietários de casarões dos séculos XVIII e XIX. Aqui fica muito claro que o engano do sujeito se deve ao desconhecimento da lei, mas que essa ignorância não implica nenhum descumprimento dela. O erro cometido pelo comprador não é de fato: é de direito. O arquiteto comprou um imóvel histórico, pensando que isso bastaria para conseguir o financiamento, quando a lei, na verdade, determinava de que período a construção deveria datar. Nesse caso, o erro é substancial – foi o principal motivo de o ato ter sido celebrado; é real – o arquiteto comprou o imóvel pensando que teria ajuda do Poder Público para reformá-lo, mas não terá; e é escusável – a confusão acerca de imóveis históricos, sobretudo por se tratar o casarão adquirido de uma réplica, com aparência de ser bem mais antigo do que é, poderia ter acometido qualquer pessoa. Destarte, o arquiteto poderá pleitear a anulação do ato, em razão do defeito.

---

[152] Nesse sentido: LOPES, Miguel Maria de Serpa. *Curso*, cit., v. 1, p. 335; MONTEIRO, Washington de Barros. *Curso*: parte geral, cit., p. 189-190; VENOSA, Sílvio de Salvo. *Direito civil*: parte geral. 10. ed. São Paulo: Atlas, 2010. p. 394.

Situação diferente é a da pessoa que tem em seu terreno uma planta da qual se extrai uma substância cujo comércio é proibido por lei e comercializa essa substância. Essa pessoa não pode se justificar alegando que desconhecia a lei, vez que, aqui, houve descumprimento de preceito legal, que caracteriza a hipótese do art. 3º da Lei de Introdução. Não se trata de anulabilidade do ato, e sim de nulidade, porquanto o objeto é ilícito.

Cabe, ainda, analisar quatro espécies de erro, previstas nos arts. 140, 141, 143 e 144 do Código Civil.

Erro consubstanciado no falso motivo. Trata-se, aqui, da hipótese em que o ato é celebrado por uma determinada razão, a qual é expressa no ato, mas que se verifica errada posteriormente. Ou seja, o sujeito expressamente pratica o ato levado por um motivo, e depois o descobre falso. Nos termos do art. 140 do Código, "o falso motivo só vicia a declaração de vontade quando expresso como razão determinante".

Imaginemos que os jornais de uma região anunciem que há uma carência de leite por lá, e que a população começa a sofrer com a escassez. Ao ler as reiteradas notícias, o administrador de uma fundação de assistência social compra uma grande quantidade de leite e manda distribuir na região o produto. Do contrato de compra e venda consta uma cláusula explicando que a causa determinante da compra da grande quantidade de leite é a escassez naquela dada região, para onde a mercadoria será levada. Ao chegar à região para distribuir o leite, todavia, os agentes da fundação descobrem que as notícias foram uma fraude, criada para gerar o aumento do preço do leite no local. Nesse caso, em razão de a suposta escassez do leite na região ter sido o motivo expresso de a fundação ter comprado a grande quantidade do produto, o ato pode ser anulado, vez que se configura o erro.

Erro na transmissão da vontade por meios interpostos. A hipótese aqui é a do ato praticado entre ausentes – os sujeitos do ato encontram-se em lugares diversos. Por alguma razão, a vontade é transmitida erroneamente. O sujeito queria dizer uma coisa, mas a mensagem que o outro sujeito recebe é diferente. Nos termos do art. 141 do Código, "a transmissão errônea da vontade por meios interpostos é anulável nos mesmos casos em que o é a declaração direta".

Ao adquirir um livro pela Internet, por um descuido, o sujeito digita, no campo quantidade, um "zero" ao lado do "um", talvez simplesmente por ter esbarrado na tecla. Sem perceber o erro, clica no botão que conclui a venda. Posteriormente, viaja, e a mercadoria é recebida por seu filho. Ao regressar, quinze dias depois, descobre que adquiriu dez exemplares do mesmo livro, e não um apenas. Não pode mais se valer do prazo de sete dias para enjeitar a mercadoria, previsto no art. 49 do Código de Defesa do Consumidor – Lei 8.078/90. Todavia, o defeito do ato se configura na hipótese do art. 141 do Código. Isso porque o erro na indicação da quantidade do objeto do contrato se encaixa na hipótese do erro quanto a uma das qualidades do objeto (*error in substantia*). Entende-se perfeitamente que uma mesma pessoa não teria porque, conscientemente, comprar dez exemplares do mesmo livro, a não ser que fosse um livreiro. A hipótese não é de erro grosseiro. Admite-se, portanto, a anulação do ato.

Erro de cálculo. Esse erro não demanda maiores explicações: trata-se, simplesmente, de um cálculo errado feito no andamento do ato jurídico. Segundo o art. 143, ele não invalida o ato, e se admite a sua retificação. O importante, aqui, é que se deve demonstrar o erro de cálculo ao outro sujeito. Se o erro não for visível, não se autoriza a retificação.

Por exemplo, se um pedreiro calcula mal a quantidade de tijolos necessária para erguer uma parede, e acaba por comprar o triplo do necessário, pode requerer a devolução do excedente. Obviamente que o pedreiro terá de demonstrar ao vendedor que comprou os tijolos para construir apenas uma parede, e que houve um erro no cálculo da área da parede. Se isso não ficar claro, a hipótese de retificação não se configurará.

Erro sanável. O erro se torna sanável se a pessoa a quem a manifestação de vontade se dirige, sabendo do erro, compromete-se a executar o ato de acordo com a real vontade do sujeito. Obviamente que essa espécie de erro não invalida o ato, conforme preceitua o art. 144 do Código.

Clóvis quer adquirir uma viagem para Itaipava, na Serra de Petrópolis, RJ, e acaba por adquirir a viagem para Itaipava, no litoral de Itapemirim, ES. Se, ao demonstrar para a agência de viagens o erro, esta se oferecer para trocar o pacote de Itaipava de Itapemirim para Itaipava de Petrópolis, então o erro será sanado, e o negócio não será anulável.

CARACTERÍSTICAS PRINCIPAIS DO ERRO			
É uma falsa percepção da realidade.	Gera a anulabilidade do negócio jurídico, caso seja substancial.	É um vício superável se a pessoa a quem a manifestação de vontade se dirige se oferece para executá-la em conformidade com a vontade real do manifestante.	O prazo decadencial para anulabilidade do negócio eivado de erro é de quatro anos, contado do dia em que se realizou o negócio (art. 178, II).

7.2.2.2 Dolo

Dolo é a **intenção maliciosa** de uma parte que leva a outra a emitir uma vontade que não emitiria, não fosse o erro provocado pela manobra ardilosa da primeira. Trata-se de artifício astucioso, artimanha.

Inicialmente, cumpre comentar que no Direito Romano diferenciava-se o chamado ***dolus bonus*** do chamado ***dolus malus***.

O *dolus bonus*, que era tolerado, por não ser considerado malicioso, era simplesmente o emprego de uma "esperteza" para conseguir um negócio. O *dolus bonus* não implicava a intenção de prejudicar o outro sujeito.

Um exemplo de ato praticado com *dolus bonus* seria a locação de um pequeno casebre em cidade histórica mineira, tendo o locador dito ao locatário que ali os inconfidentes se reuniam, que o local foi cenário de capítulos importantes da história, sendo que, na verdade, tudo não passa de lenda. Nesse caso, embora tenha exagerado na caracterização do imóvel, o locador não tinha nenhuma intenção de prejudicar o locatário.

No Direito contemporâneo, o *dolus bonus* é igualmente tolerado. O dolo capaz de viciar o ato jurídico é sempre o ***dolus malus***.

Costumam-se enumerar os seguintes requisitos como necessários à configuração do dolo (como defeito do ato jurídico): **intenção de induzir o outro sujeito a praticar o ato e com isso prejudicá-lo; gravidade dos artifícios empregados; ter sido a artimanha o motivo determinante da declaração de vontade; ter procedido de um dos sujeitos do ato, ou de terceiro, com o conhecimento dele.**

Intenção de induzir o outro sujeito à prática do ato e com isso prejudicá-lo. Para verificar a ocorrência do dolo, é necessário verificar se o sujeito que supostamente agiu com dolo teve a intenção de induzir o outro a praticar o ato, e se a artimanha causou um prejuízo, material ou moral. Isso porque podem ser aplicados artifícios tão somente para exagerar alguma característica do ato, sem necessariamente pretender-se induzir o sujeito ou causar-lhe um mal.

Para que esse ponto fique claro, tomemos duas situações: (1) Manoel quer vender um apartamento e, mesmo sabendo que os vizinhos de cima são barulhentos, omite esse fato de Caio, que se interessa pelo imóvel; (2) para vender o apartamento a um escritor, Manoel garante-lhe que o local é extremamente agradável e silencioso, sendo que, na verdade, os vizinhos de cima fazem muito barulho durante as tardes.

No primeiro caso, não houve intenção de induzir, nem de prejudicar. A omissão foi apenas uma manobra de "esperteza".[153] É comum que as pessoas tenham vizinhos barulhentos. Ali, não se configurou o primeiro requisito para caracterização do dolo. Já no segundo caso, o vendedor mente com a nítida intenção de convencer o comprador, prejudicando-o, pois sabe que este precisa de silêncio para trabalhar. Lá, verifica-se a presença do primeiro requisito configurador do dolo.

Gravidade do artifício fraudulento. Para a configuração do dolo, o artifício empregado pelo sujeito deve configurar fato reprovável socialmente, deve "chocar".

No exemplo mencionado anteriormente, o recurso empregado pelo vendedor do apartamento para iludir o escritor foi uma mentira expressa, o que se considera artifício fraudulento grave. Na verdade, se o leitor parar para pensar, verá que na maior parte das vezes o recurso empregado para iludir alguém será socialmente considerado grave.

Ter sido a artimanha a razão determinante do ato. É necessário verificar se o sujeito decidiu-se a praticar o ato em razão do erro a que foi induzido pela artimanha maliciosa.

Imaginemos que o vendedor do apartamento cujos vizinhos são barulhentos minta para o sujeito interessado em comprá-lo, dizendo que o imóvel é silencioso. A intenção do vendedor é a de enganar, para se livrar do imóvel. Suponhamos, todavia, que o interessado não se importa com barulho (ele próprio é barulhento), e decide-se por comprar o apartamento em razão da vista que se tem de lá. Ora, aqui, o motivo determinante do ato não foi o recurso ardiloso do vendedor. É provável que o negócio tivesse sido realizado mesmo se o comprador soubesse da questão do barulho. Nessa hipótese, o terceiro requisito configurador do dolo não está presente. Já no nosso exemplo anterior do apartamento vendido ao escritor, verificamos que o negócio foi fechado por acreditar o comprador que comprava imóvel silencioso, necessário para seu trabalho. Nesse caso, o requisito se encontra presente.

Ter procedido o recurso fraudulento do outro sujeito, ou de terceiro, com o conhecimento dele. Por último, é necessário verificar se foi realmente o outro sujeito do ato o autor da manobra maliciosa, ou se foi um terceiro, com a anuência dele.

Ainda no exemplo da venda do apartamento, imaginemos que foi um conhecido do escritor quem lhe disse que aquele edifício era muito silencioso e sossegado. Nesse caso, o dolo não se configura, vez que o vendedor não teve nenhuma participação no fato que levou o comprador ao erro. A situação seria diferente, no entanto, se o vendedor tivesse pedido ao porteiro do edifício para mentir para o escritor. Nesse caso, restaria configurado o dolo.

Feitas essas considerações, comentemos os dispositivos do Código Civil acerca do dolo.

O art. 145, ao estabelecer que "são os negócios jurídicos anuláveis por dolo, quando este for a sua causa", trata do terceiro requisito sobre o qual dissertamos anteriormente.

Segundo o art. 146, o **dolo acidental** não enseja a anulabilidade do ato, senão a obrigação de indenizar por perdas e danos. O dolo acidental (*dolus incidens*) se configura quando, apesar de não ser o motivo determinante do ato jurídico, torna-o **mais oneroso** para a outra parte. O dolo acidental tem relação com o modo como o negócio jurídico foi realizado, e não sua própria celebração. Ou seja, embora exista dolo (vício), o negócio seria realizado de qualquer modo.

No exemplo do comprador do apartamento que se encantou com a vista, concluímos que o negócio teria sido finalizado ainda que o comprador soubesse do barulho. Todavia, o barulho causa uma desvalorização da coisa. O preço da venda, não fosse a malícia do vendedor, teria sido menor. Se tentar alienar o bem que acabou de comprar, o comprador não recuperará o

---

[153] Trata-se do chamado *dolus bonus*.

preço dado. Nessa hipótese, pode exigir indenização do vendedor, o qual agiu com dolo, que se configurou acidental.

O art. 147 cuida da hipótese do **silêncio malicioso**: configura dolo se a ideia falsa por ele induzida tiver sido o motivo determinante do ato jurídico.

Voltando ao exemplo do vendedor do apartamento que nada menciona sobre o barulho dos vizinhos ao comprador, somente poderíamos concluir pela ocorrência do dolo se todos os requisitos que estudamos estivessem presentes: se o vendedor soubesse que o barulho seria prejudicial ao comprador, como no caso do escritor, mas mesmo assim quisesse forçar o negócio; a omissão, nesse caso, seria grave; o comprador deveria comprar o apartamento principalmente por acreditar que o lugar era silencioso; a omissão, de fato, teria partido de um dos sujeitos do ato. Supondo que o vendedor não sabia do barulho dos vizinhos, o primeiro requisito não se configuraria, e estaria descartada a hipótese da omissão dolosa. Se sabia do barulho, mas optou por omitir o fato, então o dolo, para se configurar, dependeria de ter o comprador fechado o negócio principalmente por acreditar no silêncio do imóvel ou não.

O art. 148 cuida da hipótese, estudada por nós quando analisamos o quarto requisito, de o recurso malicioso ser obra de terceiro. Como você já sabe, se o sujeito beneficiado tinha conhecimento do fato, o dolo poderá se configurar, e o ato poderá ser anulável. Por outro lado, se o sujeito beneficiado não tinha ciência alguma do fato, o ato jurídico será válido, mas o terceiro que agiu dolosamente será obrigado a indenizar as perdas e danos que a parte ludibriada houver experimentado.

A norma do art. 149 trata do **dolo do representante** e disciplina a questão da **responsabilidade civil** decorrente dele.

Em se tratando de **dolo do representante**, ao se verificar a presença dos requisitos configuradores do dolo que estudamos anteriormente, deve-se analisar a atuação do representante (mero *agente*) como se fosse do representado (verdadeiro *sujeito* do ato).

Segundo a norma do art. 149, se a hipótese for de **representação legal**, como no caso dos pais, tutores e curadores, com relação aos filhos, tutelados e curatelados, a responsabilidade do representado limita-se ao *montante do proveito que o representado tiver obtido do negócio* (art. 149, primeira parte). Isso porque, aqui, não há culpa na escolha dos representantes, que são determinados pela lei.

Se, por outro lado, a hipótese é de **representação convencional**, a responsabilidade do representado será solidária[154] (art. 149, segunda parte), pois cabia a ele escolher seu representante, e, se escolheu mal, deve arcar com as consequências de sua escolha.

Cabe, ainda, destacar que a responsabilidade dos os pais pelos filhos menores que estiverem sob sua autoridade e em sua companhia do tutor ou curador pelos pupilos e curatelados que se acharem nas mesmas condições (art. 932, I e II) independe de culpa (art. 933), como veremos oportunamente ao estudar a responsabilidade civil, na Parte II. Também independe de culpa, segundo o art. 933, a responsabilidade do representado pelos atos praticados por seu representante convencional (art. 932, III).

O pai de Augusto, seu representante legal, vende o apartamento que Augusto herdou da mãe, e que é barulhento, afirmando para o comprador que o local era silencioso. Imaginemos que todos os requisitos configuradores do dolo estão presentes. O comprador, um jornalista, deixa de escrever um artigo, pelo qual teria recebido R$ 1.000,00. Se o ato vier a ser anulado, e o preço restituído ao jornalista, seu direito à indenização pelo prejuízo material que sofreu dependerá de que Augusto tenha obtido algum proveito com o negócio desfeito. Por exemplo,

---

[154] Estudaremos o tema da solidariedade ao estudar, na Parte II, o Direito das Obrigações.

se até a anulação do ato o preço recebido tiver rendido a Augusto R$ 900,00 (em razão da aplicação em um fundo de investimento), Augusto terá de indenizar esse montante (lucro que teve com o negócio) ao jornalista.

Encerrando o estudo do dolo, cabe ainda comentar o art. 150 do Código, que traz a velha regra de que não se pode alegar a própria torpeza (*nemo turpitudinem suam allegare oportet*) e a aplica ao caso de ambos os sujeitos agirem dolosamente – **dolo bilateral**. Nessa hipótese, nenhum dos sujeitos poderá alegar seu próprio dolo para buscar a anulação do ato, ou pretender indenização.

CARACTERÍSTICAS PRINCIPAIS DO DOLO			
Diferentemente do erro, que é espontâneo, o dolo é o engano provocado.	Gera a anulabilidade do negócio jurídico para o caso de o dolo ser a causa determinante da declaração de vontade. O dolo acidental só obriga a satisfação das perdas e danos.	Se ambas as partes procederem com dolo, nenhuma poderá alegá-lo para anular o negócio ou reclamar indenização.	O prazo decadencial para anulabilidade do negócio eivado de dolo é de quatro anos, contado do dia em que se realizou o negócio (art. 178, II).

7.2.2.3 Coação

Coação é a **violência psicológica ou física** que força o agente a emitir uma declaração de vontade que não emitiria se não temesse sofrer um dano.

Fala-se em **coação absoluta ou irresistível** e **coação relativa ou resistível**, ou, nas tradicionais expressões latinas, *vis absoluta* e *vis compulsiva*.

A coação absoluta, como a própria denominação sugere, não dá chance ao coagido de escolher se quer ou não praticar o ato. O coator, na verdade, pratica o ato pela pessoa.

É o caso de quem segura o polegar de uma pessoa e força-o sobre um papel, coletando, assim, sua impressão digital. Nesse caso, vemos que não há atuação da vontade do sujeito: o ato é, na verdade, praticado pelo coator. Por essa razão, falta ao ato jurídico que teria sido praticado pelo coagido um de seus elementos essenciais: a vontade. Logo, não há, aqui, que se falar em anulabilidade, porquanto o ato é inexistente.

A coação relativa, essa sim, caracteriza vício do ato jurídico. Ao exercer a coação relativa, o coator deixa o coagido em uma situação tal que ele acaba praticando o ato que, na verdade, não queria praticar.[155] O vício do consentimento se configura em razão de o sujeito ser levado a manifestar uma vontade que, internamente, sabe não ser a sua.

Para que o defeito do ato jurídico se configure, é necessário apurar a presença dos seguintes requisitos: a **intenção de coagir**; a **gravidade do conteúdo da ameaça**; a **injustiça da ameaça**.

Intenção de coagir. A pessoa que supostamente coagiu a outra deve ter agido com a intenção de fazê-la praticar um ato que, na verdade, a pessoa não queria praticar.

Pontes, sabendo que Rui não queria emprestar-lhe um livro, utiliza-se de ameaça para forçar Rui a celebrar o comodato (empréstimo). Configura-se, nesse caso, a intenção de coagir.

---

[155] Nas palavras de BEVILÁQUA a coação é "um estado de espírito, em que o agente, perdendo a energia moral e a espontaneidade do querer, realiza o ato, que lhe é exigido" (BEVILÁQUA, Clóvis. *Teoria geral*, cit., p. 283).

Se, por outro lado, não se tratasse de ameaça, mas de mero argumento para convencer, não seria hipótese de coação.

Gravidade do conteúdo da ameaça. O argumento utilizado pelo coator deve ser tão grave, por incutir tamanho temor ao coagido, que leve este à prática do ato. Impende frisar que a ameaça nem sempre se dirigirá à pessoa coagida, mas pode, também, dirigir-se à sua família ou aos seus bens, ou a terceiros.

Conforme a segunda parte do art. 153 do Código, não configura coação o simples **temor reverencial**. Para que apure esse requisito, a art. 152 determina que se levem em consideração o sexo, a idade, a condição, a saúde, o temperamento da vítima e todas as demais circunstâncias que possam interferir na gravidade da ameaça. Considera-se simples temor reverencial o que não é **socialmente irresistível**, como o receio de desagradar alguém.

Se Orlando, homem musculoso e forte, ameaça uma frágil senhora de "jogar-lhe de uma escada" se esta não lhe emprestar um livro, a ameaça se considera grave e configura o segundo requisito da coação. Todavia, se a vítima era pessoa ainda mais forte que o coator, a ameaça perde a gravidade. Considera-se, nesse caso, que a pessoa poderia ter resistido à coação, e, se praticou o ato, não o fez por ter sido forçada. Nessa hipótese, o ato não seria anulável. Se, ainda, Caio ameaça Silvio de contar à noiva deste sobre a amante de Silvio, o temor é considerado reverencial, e Silvio não pode alegá-lo para se dizer coagido.

Se o destinatário da ameaça for **terceiro**, será necessário atentar para as circunstâncias do caso, para que então se possa determinar se a ameaça foi grave ou não (art. 151).

Se uma pessoa qualquer pretende forçar outra a lhe dar certa quantia em dinheiro, ameaçando "bombardear uma escola", e o coagido sabe que essa possibilidade é remota, não há coação. Mas, se o coator é um membro de uma organização terrorista, ou é ligado ao crime organizado, a situação muda.

Injustiça da ameaça. É necessário que a ameaça seja injusta, ou, em outras palavras, ilícita. Isso porque a primeira parte do art. 153 do Código não considera coação a ameaça de exercício regular de direito do coator.

Se Manuel, credor de obrigação vencida da qual é devedor Caio, exige pagamento ameaçando ajuizar ação de cobrança, não há coação, porquanto a cobrança constitui direito do credor.

Cabe, ainda, analisar a hipótese de a coação ser exercida por **terceiro**, ou seja, por pessoa diversa do sujeito do ato. Se o beneficiado sabia ou devia saber da coação, configura-se o defeito, e o ato é anulável (art. 154, primeira parte). Além disso, o beneficiado se torna solidariamente responsável pela indenização dos danos que a coação tiver causado, ao lado do coator (art. 154, segunda parte). Mas, se o beneficiado nem tinha conhecimento, nem devia ter, não há defeito no ato, que subsistirá (art. 155, primeira parte). O coator será, não obstante, obrigado a indenizar o coagido pelos prejuízos causados (art. 155, segunda parte).

O cuidado que se deve ter, no caso da coação exercida por terceiro, é com a questão de o beneficiado *dever ou não saber da coação*. Essa análise deve ser feita caso a caso.

Imaginemos duas situações, para demonstrar ao leitor o raciocínio que deve ser feito. Suponhamos que Augusto e Manuel são colecionadores de obras de arte de um determinado pintor de renome. Toda vez que Augusto propõe a Manuel comprar alguma peça, Manuel se recusa. Ocorre que a filha de Augusto se casa com César, colega de trabalho de Manuel. César, que se torna grande amigo de Augusto, vem a revelar-lhe que Manuel, que além de colecionador de arte é um médico famoso, é viciado em drogas, e ainda comenta "se isso viesse ao conhecimento da mídia, a carreira de Manuel estaria arruinada, o que eu até gostaria de ver". Pouco depois do casamento, Augusto, por força do hábito, propõe a Manuel comprar uma de suas peças. Dessa vez, Manuel acaba por aceitar o negócio, demonstrando certo nervosismo. Descobre-se, então, que César coagiu Manuel à realização do negócio, para favorecer o amigo

Augusto. Nesse caso, as circunstâncias demonstram que Augusto, ainda que não tivesse conhecimento da coação, deveria ter. O ato, aqui, será viciado, e anulável, portanto. Suponhamos, agora, que Augusto e César pouco conversavam, e que César nada revelou a Augusto sobre o vício de Manuel. Acreditando que faria bem a filha de Augusto, César coage Manuel a realizar o negócio. Todavia, Augusto não tem a menor ideia do que se passa. Nessa hipótese, além de não saber da coação, Augusto não tinha o dever de saber. Aqui, o ato jurídico não será defeituoso. Cabe lembrar que César, coator, terá de indenizar a Manuel todos os prejuízos que a coação houver a este causado.

CARACTERÍSTICAS PRINCIPAIS DA COAÇÃO			
É toda ameaça ou pressão injusta.	Gera a anulabilidade do negócio jurídico (ressalvada a coação física, que vicia a própria manifestação, gerando a nulidade do negócio).	Para viciar a declaração de vontade, há de ser de tal forma que incuta ao paciente fundado temor de dano iminente e considerável.	O prazo decadencial para anulabilidade do negócio eivado de coação é de quatro anos, contado do dia em que ela cessou (art. 178, I).

7.2.2.4 Estado de perigo

O estado de perigo se consubstancia em uma situação com potencial para causar **grave dano à pessoa ou à sua família**, conhecida pelo outro sujeito, e em razão da qual ela assume obrigação excessivamente onerosa para se salvar.

Do conceito se depreendem os quatro requisitos para que se configure o estado de perigo: a **situação com potencial lesivo**; o **conhecimento, pelo outro sujeito, dessa situação**; a **onerosidade excessiva**; a **prática do ato, com o objetivo de extinguir o perigo**.

Situação com potencial lesivo. Somente se configura o estado de perigo se a pessoa, ou alguém de sua família, estiver realmente em situação gravosa, da qual precisa ser salva.

A pessoa que se encontra no sertão com sua família, sem uma gota d'água sequer, encontra-se em situação com altíssimo potencial lesivo.

Conhecimento, pelo outro sujeito, da situação gravosa. É necessário apurar se o sujeito com quem se praticou o ato tinha ciência da situação gravosa enfrentada pelo outro sujeito. Isso porque, se tinha conhecimento do fato, e dele se aproveitou, para obter vantagem, merece ser punido, por meio da anulação do ato. Mas, se agiu de boa-fé, não querendo se aproveitar do perigo do outro, não se configura o defeito.

Se um caminhão-pipa chega à casa da família sertaneja mencionada e lhe oferece água, cobrando o dobro do preço, por saber da situação em que a família se encontra, fica configurado esse requisito configurador do estado de perigo.

Onerosidade excessiva. O ato deve trazer para um dos sujeitos uma enorme vantagem, em contrapartida do prejuízo do outro. Isso porque, se houver equilíbrio entre as prestações de um e de outro sujeito, não há defeito no ato.

No exemplo anterior, em que o caminhão-pipa cobrou dos sertanejos o dobro do preço real da água, houve onerosidade excessiva. Mas, se o preço cobrado tivesse sido justo, o ato não se invalidaria.

Prática do ato para extinguir o perigo. O sujeito deve praticar o ato com o intuito de extinguir o perigo. Em outras palavras, a salvação deve ser o motivo determinante do ato.

Se o sertanejo compra a água cara para beber e dar de beber à sua família, pratica o ato com o objetivo de se salvar e de salvá-los. Porém, se adquirisse, naquelas circunstâncias, uma vaca do vizinho, por preço excessivo, o ato não seria viciado pelo estado de perigo, pois a compra de um animal de nada resolveria o problema da falta d'água. Veja-se que a hipótese não é de fome, mas de sede. No primeiro caso, o ato seria anulável; no segundo, não.

A lei trata ainda da hipótese de a vítima do perigo ser um **terceiro**. Nesse caso, determina que o juiz decida se o ato foi ou não viciado de acordo com as circunstâncias do caso (art. 156, parágrafo único).

Imaginemos que o vizinho dos sertanejos é quem compra a água supervalorizada para salvá-los, por saber que eles não tinham condição de comprá-la. Nesse caso, ficará configurado o defeito consubstanciado no estado de perigo. Por outro lado, se uma pessoa adquire um avião por preço exacerbado, e alega que o fez para ajudar no transporte de alimentos para as vítimas de um terremoto no Caribe, o juiz pode entender que não houve defeito na compra.

CARACTERÍSTICAS PRINCIPAIS DO ESTADO DE PERIGO			
É uma situação de extrema necessidade que conduz uma pessoa a celebrar negócio em que assume obrigação excessivamente onerosa.	Para viciar a declaração, o dano deve ser conhecido pela outra parte (ou seja, o terceiro deve conhecer a situação de vulnerabilidade da vítima no momento da contratação – dolo de aproveitamento).	É um vício superável se a parte favorecida concordar com a redução do proveito ou ofertar suplemento daquilo que falta.	O prazo decadencial para anulabilidade do negócio eivado de estado de perigo é de quatro anos, contado do dia em que se realizou o negócio (art. 178, II).

7.2.2.5 Lesão

A lesão se configura quando alguém, levado por **premente necessidade**, ou por **inexperiência**, obriga-se a prestação manifestamente desproporcional à prestação oposta. Destarte, o ato jurídico gera uma **extrema vantagem** para um dos sujeitos, em detrimento do outro.

O instituto encontra suas raízes no Direito Romano, e esteve presente no nosso Direito quando da vigência das Ordenações Filipinas. Todavia, o espírito do individualismo, que guiou o Direito Civil do século XIX, levou os doutrinadores de então a considerar que a lesão não era compatível com a autonomia da vontade. Para eles, se alguém trocava uma barra de ouro por um litro de leite por ato de vontade livre, nada se podia fazer para anular esse ato. O resultado desse pensamento foi que o Código Civil de 1916 não autorizou a anulação dos atos jurídicos pela lesão. Posteriormente, no século XX, em que o espírito do Estado social passou a inspirar os juristas, a doutrina e a jurisprudência voltaram a tratar do instituto como defeito dos atos jurídicos. Com a promulgação do Código de 2002, a lesão voltou definitivamente ao nosso Direito, como vício social capaz de ensejar a anulabilidade dos atos em que se configurar o defeito.

São dois os requisitos para a configuração da lesão, segundo a doutrina clássica: um, de ordem objetiva, consistente na **vantagem desproporcional** obtida por um dos sujeitos; o outro, de ordem subjetiva, consubstanciado no **dolo de aproveitamento** do sujeito beneficiado. No entanto, uma corrente mais recente, a nosso ver equivocadamente, tem preconizado como elemento subjetivo da lesão a **premente necessidade ou inexperiência**, estabelecendo a **presunção absoluta** da presença do dolo de aproveitamento. Tal entendimento inspirou, na **III Jornada de Direito Civil** promovida pelo Conselho da Justiça Federal, o Enunciado 150, acerca do art. 157 do Código, com o seguinte conteúdo: "a lesão de que trata o art. 157 do Código Civil não exige dolo de aproveitamento".

Vantagem desproporcional. É necessário apurar se um dos sujeitos obteve vantagem excessiva em razão da desproporcionalidade entre a sua prestação e a do outro sujeito. Nos termos do § 1º do art. 157 do Código, devem-se levar em conta, na apuração da proporcionalidade entre as prestações, os valores vigentes à época em que o negócio foi realizado.

Em uma compra e venda, o objeto tem valor de mercado na ordem de R$ 10.000,00, mas o comprador o obtém por míseros R$ 500,00. Isso caracteriza a vantagem desproporcional. Outro exemplo: o aluguel do apartamento no Edifício Roma vale, no mercado, R$ 2.000,00, mas Helena consegue a sua locação por apenas R$ 250,00. Também aqui se configura a vantagem excessiva em razão da desproporcionalidade. Todavia, se, no primeiro exemplo, o bem valia R$ 500,00 no momento da compra, mas sofreu absurda desvalorização no dia seguinte, não há que se falar em vantagem desproporcional, vez que os valores que devem ser considerados são os do tempo em que se praticou o ato jurídico.

Dolo de aproveitamento. Não basta que um dos sujeitos obtenha vantagem desproporcional. É necessário que o consiga por se aproveitar do estado de premente necessidade ou pela inexperiência do outro sujeito.

O estado de premente necessidade se caracteriza por uma situação em que o sujeito tem extrema necessidade de praticar o ato jurídico, para que assim possa garantir sua subsistência digna, ou de sua família. A inexperiência, por sua vez, configura-se pela falta de conhecimento específico do sujeito acerca de questões envolvidas no ato.

No exemplo que demos do bem de R$ 10.000,00, imaginemos que o vendedor sabia de seu real valor, mas, tomado repentinamente pela necessidade de dinheiro, e por temer a demora em conseguir um negócio, aceitou vendê-lo para o primeiro comprador, que, vendo a situação de urgência do comprador, propôs fechar o negócio por R$ 500,00 "na mão". Essa hipótese ilustra o dolo de aproveitamento.

No exemplo da locação, suponhamos que o locador herdou o bem, mas não tem nenhuma experiência no mercado imobiliário; é pessoa de vida rural, e pouca instrução. O locatário, sabendo desse fato, propõe-lhe a locação por R$ 250,00, que o sujeito aceita, por não imaginar que o aluguel valesse quase dez vezes esse valor. Também esse caso exemplifica o dolo de aproveitamento.

Impende frisar que a ausência de qualquer dos dois requisitos descaracteriza a lesão. Se o sujeito sabe da situação desfavorável do outro, e lhe propõe o negócio por valor que é, na verdade, o justo valor, apenas imaginando que está obtendo lucro, não há vantagem desproporcional apta a caracterizar o primeiro requisito da lesão. E, se o sujeito pratica o negócio pelo valor pedido pelo outro sujeito, sem imaginar que está obtendo excessiva vantagem, não há dolo de aproveitamento, e o segundo requisito da lesão não se configura.

Clóvis tem um antiquário. Lá, coloca à venda uma antiga tela. Berenice, examinando a obra, julga erroneamente estar diante de um Monet. Compra a peça pelos R$ 50,00 pedidos pelo vendedor, sem nada revelar sobre a suposta autoria do quadro. Imagina ter feito o negócio da sua vida, pois um Monet vale muitos milhões. Nesse caso, não há que se falar em lesão, pois o comprador não obteve vantagem desproporcional. Nem poderia Berenice pretender a anulação do ato alegando que Clóvis a lesou, por lhe ter vendido uma tela sem valor, pois os R$ 50,00 obtidos por Clóvis pela obra também não caracterizam lucro excessivo.

E se a tela realmente era um Monet, mas Berenice, ao comprá-la, nem desconfiou disso? Imaginemos que adquiriu a peça por admirar sua beleza, e que, ao receber em casa a visita de um amigo, estudioso de arte, tomou conhecimento do tesouro que comprara. Aqui, a lesão não se configura por não ter havido dolo de aproveitamento.

Vale destacar que, não obstante nosso posicionamento, parte da doutrina entende que o dolo de aproveitamento se presume, desde que haja desproporção entre as prestações e premente necessidade ou inexperiência da parte "lesada", o que se insculpiu no Enunciado 150 do Conselho da Justiça Federal, conforme se comentou anteriormente. Para essa corrente, haveria lesão no exemplo da compra inconsciente de um Monet por Berenice, o que autorizaria a anulação do contrato.

Pois bem. À luz do **princípio da conservação do negócio jurídico**, o § 2º do art. 157 do Código evita a anulação do ato viciado pela lesão se a parte beneficiada oferecer suplemento suficiente para equilibrar as prestações, ou concordar com a redução de seu proveito. Nessas hipóteses, não será anulado o negócio, *independentemente* da aquiescência do sujeito prejudicado. Este, claro, pode discutir a eventual insuficiência do montante oferecido como suplemento, ou da redução do proveito proposta, cabendo ao juiz decidir.

Em uma locação de um terreno em que ocorre lesão para o locador, suponhamos que o locatário aceite pagar um aluguel mais consentâneo com o valor de mercado, ou que, no lugar de alugar o terreno inteiro, opte por ficar com apenas uma fração dele, proporcional ao aluguel ajustado. Em qualquer dessas hipóteses, o ato viciado pela lesão se convalida.

CARACTERÍSTICAS PRINCIPAIS DA LESÃO			
É uma situação de necessidade ou inexperiência (elementos subjetivos) que conduz uma pessoa a celebrar negócio jurídico em que assume obrigação desproporcional ao valor real da prestação (elemento objetivo).	Acarreta a anulabilidade do negócio, salvo se for oferecido suplemento suficiente ou se a parte favorecida concordar com a redução do proveito.	Diferentemente do estado de perigo, a lesão acarreta um dano patrimonial (no estado de perigo, o dano é pessoal). A lesão **não** exige o dolo de aproveitamento, como ocorre no estado de perigo. Além disso, a lesão se aplica aos contratos sinalagmáticos (em que há partilha de obrigações), enquanto o estado de perigo se aplica aos negócios jurídicos em geral (também aos atos unilaterais, como a promessa de recompensa).	O prazo decadencial para anulabilidade do negócio eivado de lesão é de quatro anos, contado do dia em que se realizou o negócio (art. 178, II).

7.2.2.6 Fraude contra credores

Pratica fraude contra seus credores aquele que, **insolvente**, transmite gratuitamente seus bens ou perdoa dívida da qual é credor, ou quem, ainda que solvente, pela prática de tais atos, ou de outros atos jurídicos que lhe tragam desvantagem, é reduzido à **insolvência**.

Cabe lembrar ao leitor que é o patrimônio do devedor a principal garantia das suas obrigações, e por isso não pode o Direito permitir uma situação em que os credores, ao demandarem pagamento, ficarão a ver navios, em razão de ato fraudulento do devedor.

Para que se caracterize a fraude contra credores, é necessário perquirir acerca da presença de três requisitos: a **anterioridade do crédito**, a **conduta maliciosa dos sujeitos com intenção de prejudicar terceiro** e o **dano aos credores**.

Anterioridade do crédito. É fundamental que a situação de credor seja anterior ao ato que se alega ser fraudulento, pois que sem crédito nem débito não há que se falar em insolvência. E, mesmo que se caracterize a insolvência por outras dívidas, o credor cujo crédito for posterior ao ato não poderá se dizer fraudado, vez que somente se tornou credor posteriormente. Nesse sentido o § 2º do art. 158 preceitua que "só os credores que já o eram ao tempo daqueles atos podem pleitear a anulação deles".

O fazendeiro Silvio, cuja renda provém de sua fazenda, doa o imóvel para seu irmão. Posteriormente, contrai dívida com Caio. Nesse caso, Caio não pode se considerar vítima de fraude, pois Silvio já era insolvente quando contraiu a obrigação. Por outro lado, supondo-se que a doação se verificou quando Silvio já tinha uma dívida com Caio, constata-se a presença deste requisito da fraude contra credores.

Conduta maliciosa dos sujeitos com intenção de prejudicar terceiro. Um dos traços peculiares da fraude contra credores consubstancia-se no fato de, aqui, não haver vantagem para um sujeito em detrimento do outro, mas sim vantagem para ambos, que agem em conluio, maliciosamente, para prejudicar terceiro. Fala-se, tradicionalmente, em *consilium fraudis*. Segundo a lei, a intenção de prejudicar se presume, não havendo necessidade de sua prova, quando o negócio for gratuito, ou quando a insolvência de um dos sujeitos for notória, ou houver motivo para se considerar que deveria ser conhecida pelo outro sujeito (art. 159).

César, devedor de R$ 500.000,00, doa seu único bem, a fazenda de onde retira seu sustento, no valor de R$ 550.000,00, a seu irmão, Rui. Ora, o devedor que se desfaz de seu único bem, de onde retira sua renda, não tem outra intenção senão a de fraudar seus credores. Não há necessidade de prova. A má-fé, nesse caso, presume-se.

E se, em vez de doar, César vendesse a fazenda a seu irmão, por R$ 300.000,00? Também nesse caso não haveria necessidade de prova da intenção maliciosa. Apesar de o ato ser oneroso, considera-se que o irmão do insolvente deveria conhecer a situação do outro.

Dano aos credores. É necessário, ademais, que o ato praticado pelo devedor cause um efetivo *dano* aos credores. Fala-se, em latim, em *eventus damni*. Esse dano se consubstancia no agravamento da situação do devedor insolvente ou na própria insolvência a que foi levado o devedor. Isso porque, se o ato do devedor, seja ele gratuito ou oneroso, ainda que reduza seu patrimônio, não prejudique a garantia dos credores, não haverá dano, e, por conseguinte, não se caracterizará a fraude.

Suponhamos que a dívida do nosso fazendeiro do exemplo anterior seja da ordem de R$ 20.000,00, e que, ao doar a fazenda para o irmão, seja por ele contratado para lá trabalhar, auferindo o salário de R$ 40.000,00. Ora, não se verifica aqui situação de insolvência, razão pela qual não se pode considerar a doação fraudulenta. O devedor continuará recebendo renda, a qual é capaz de quitar sua dívida.

Outra situação: nosso fazendeiro, cuja dívida é de R$ 100.000,00, vende a seu irmão sua fazenda, que vale R$ 550.000,00, por apenas R$ 300.000,00. Também nesse caso não haverá dano aos credores, porquanto não haverá situação de insolvência, ainda que o preço do negócio tenha sido baixo.

Segundo o art. 160 do Código Civil, no caso de alienação onerosa dos bens do devedor, se o adquirente ainda não tiver dado o preço, e este for aproximadamente o corrente, poderá, para evitar discussão acerca da fraude contra credores, depositar o preço em juízo, e promover a citação pessoal de todos os interessados. Nos termos do parágrafo único do dispositivo, se o preço ajustado tiver sido inferior ao justo, o adquirente poderá desobrigar-se depositando em juízo o preço que corresponda ao valor real da coisa.

O fazendeiro dos exemplos anteriores encontrava-se em situação de insolvência e vendeu sua fazenda, de onde tirava seu sustento, e que valia R$ 550.000,00, por R$ 300.000,00. Se o adquirente tomar conhecimento da insolvência do alienante antes de lhe dar o preço, poderá, antes que se configure a fraude, depositá-lo em juízo, e promover a citação dos interessados, que serão os credores. Nesse caso, como o preço do negócio foi inferior ao valor real da coisa, o adquirente evitará a anulação do ato se depositar em juízo o preço corrente, ou seja, os R$ 550.000,00.

O art. 162 traz ainda outra hipótese, que é a do pagamento de **dívida não vencida**, efetuado pelo devedor insolvente ao credor quirografário (aquele cujo crédito não tem preferência sobre o dos demais credores). Nesse caso, é necessário verificar se a dívida estava ou não vencida; se o pagamento foi feito por devedor solvente ou não; se o credor era quirografário ou não. Se todos os requisitos estiverem presentes, o credor será obrigado a restituir ao acervo aquilo que recebeu (por acervo deve se entender o patrimônio que ainda tiver o devedor, e que será usado para, na medida do possível, pagar suas dívidas).

Um determinado devedor tem três credores, todos quirografários. Para um, deve R$ 100.000,00; para o outro, deve R$ 200.000; para o terceiro, deve R$ 300.000,00. Todas as dívidas têm vencimento no dia 30 do mês. Seu patrimônio é uma poupança no valor de

R$ 400.000,00, e nada mais. Sendo assim, nosso devedor se encontra em situação de insolvência, pois não tem patrimônio suficiente para saldar os R$ 600.000,00 que deve. Não obstante, ele resolve, no dia 10, quitar a dívida de R$ 100.000,00 (ainda não vencida). Esse ato configurará a hipótese de fraude do art. 162 – pagamento pelo devedor insolvente de dívida não vencida ao credor quirografário. O credor será obrigado a restituir os R$ 100.000,00 ao acervo (os demais R$ 300.000,00 do patrimônio do devedor).

Por fim, a última hipótese prevista pelo Código Civil é a da **garantia** (real) dada pelo devedor insolvente a qualquer dos seus credores. Impende salientar que, nesse caso, a lei institui **presunção absoluta** (*iuris et de iure*) da ocorrência da fraude (art. 163). Frise-se que a garantia há de ser *real*, ou seja, deve recair sobre um bem material do patrimônio do devedor, vez que as garantias pessoais, como a fiança, em nada agravam a situação de insolvência.

Para que essa situação fique bem clara, examinemos um exemplo com bastante calma. Pontes, cujo patrimônio consiste em dois terrenos no valor de R$ 50.000,00, deve a Berenice R$ 50.000,00 e a César R$ 100.000,00. Não importa se as dívidas estão vencidas ou não (a lei não faz distinção), mas suponhamos que estejam. Nenhuma tem garantia, e, por conseguinte, Berenice e César são credores quirografários. Sabe-se que o devedor se encontra insolvente, pois deve R$ 150.000,00, e tem patrimônio de apenas R$ 100.000,00. Imaginemos, então, que Pontes procura Berenice e lhe propõe instituir garantia da dívida, por meio da hipoteca de um dos terrenos. A hipoteca é uma modalidade de garantia que recai sobre uma coisa, e, portanto, compromete o patrimônio do devedor. Em consequência, César seria prejudicado, pois restaria apenas o outro terreno, no valor de R$ 50.000,00, para quitar a dívida da qual é credor, no valor de R$ 100.000,00. Todavia, ante o comando legal, a instituição dessa garantia configura fraude, e pode ser anulada.

O art. 164, no sentido oposto dos anteriores, determina em que hipótese a fraude contra os credores não se caracteriza: no caso dos **negócios ordinários indispensáveis** à manutenção de estabelecimento mercantil, rural ou industrial, ou à subsistência do devedor e de sua família.

Orlando, padeiro, tem uma dívida de R$ 100.000,00. Seu patrimônio consiste na padaria, no valor de R$ 60.000,00, e em R$ 20.000,00 aplicados em poupança. Vemos que Orlando se encontra insolvente. Não obstante, usando de parte do dinheiro da poupança, compra um novo forno para a padaria, bem como matéria-prima para a fabricação de seus produtos. Ora, é evidente que esses negócios não configuram fraude contra os credores. Se o devedor não dá prosseguimento à atividade da qual tira seu sustento, jamais reverterá a situação de insolvência. Na verdade, esse tipo de negócio há de ser do interesse dos credores, pois o que estes esperam é que o devedor retorne ao estado de solvência, para que possa saldar a integralidade de suas dívidas. O mesmo raciocínio se aplicaria se Orlando fosse fazendeiro e comprasse insumos para sua fazenda, ou se tivesse uma fábrica e comprasse maquinário ou matéria-prima para mantê-la funcionando, ou, ainda, se fosse motorista de caminhão, e adquirisse peças para seu veículo.

A ação por meio da qual se requer a anulação dos atos praticados em fraude contra credores, embora tenha procedimento comum, recebe nomes especiais: **ação reipersecutória**, ação revocatória ou ação pauliana. O adjetivo *reipersecutória* se refere ao fato de que os credores fraudados ajuízam a ação para "perseguir a coisa" que se destacou do patrimônio do devedor (*reipersecutória* significa "que persegue a coisa"). Da mesma origem vem o adjetivo *revocatória*, vez que *revocar* significa "chamar para trás", "mandar voltar". Já a denominação *ação pauliana* vem do Direito Romano.

Segundo o Código Civil, tem legitimidade passiva para responder à ação pauliana o devedor insolvente, a pessoa que com ele praticou o ato e os terceiros adquirentes que tenham agido de má-fé. Ou seja, a ação pode ser ajuizada em face de qualquer um deles. Tem legitimidade ativa, por sua vez, os credores quirografários cujas dívidas estiverem vencidas, bem como os credores cujas garantias, em razão da fraude, tornarem-se insuficientes.

Importante registrar que, apesar de a lei prever a anulação do negócio, a jurisprudência considera que a sentença proferida na ação pauliana reputará **ineficaz o ato fraudatório em** relação ao paciente[156]. Isso quer dizer que, mesmo sendo o ato fraudulento, ele se reveste de existência e validade. A fraude, portanto, **não constituiu vício apto a afetar a substância do ato jurídico**. Para o STJ:

> [...] a sentença pauliana sujeitará à excussão judicial o bem fraudulentamente transferido, mas apenas em benefício do crédito fraudado e na exata medida deste. Naquilo em que não interferir no direito do credor, o ato permanece hígido, como autêntica manifestação das partes contratantes. Até porque, a desconstituição do ato implicaria retorno ao status quo ante, situação que, a rigor, viria em prol do próprio fraudador, ensejando-lhe novamente a titularidade da coisa ou direito de que se despojara espontaneamente. Em suma, a sentença revocatória conduz à ineficácia do ato apenas frente aos credores fraudados e nos limites do seu crédito. Havendo, por exemplo, a remição da dívida pelo devedor, o ato de alienação subsistirá, não havendo como sustentar a sua anulabilidade. Da mesma forma, a ineficácia do ato somente alcançará os bens necessários à satisfação do débito, sem qualquer reflexo nos demais (STJ, 3ª Turma, REsp 971.884/PR, relator: Min. Sidnei Beneti, data do julgamento: 22/3/2022, *data da publicação*: 16/2/2012).

Cabe esclarecer que a fraude contra credores não deve ser confundida com a fraude à execução, discriminada no art. 792 do CPC/2015. A fraude contra credores, como visto, tem como requisitos a diminuição do patrimônio do devedor que configure situação de insolvência (*eventus damni*) e a intenção do devedor e do adquirente do(s) bem(ns) de causar o dano por meio da fraude (*consilium fraudis*)[157]. A fraude à execução acarreta prejuízo ao credor e ao Estado-juiz e tem por consequência não a invalidade da alienação, mas, sim, a ineficácia em relação ao exequente (art. 792, § 1º, do CPC/2015). A fraude à execução constitui forma mais grave de fraude, na qual ocorre a violação da atividade jurisdicional. Desse modo, será desnecessário o ajuizamento de ação específica para desconstituir o ato fraudulento. Por conseguinte, se um bem é alienado em fraude à execução, a lei considera válida a venda, o adquirente vai se tornar proprietário, mas a execução poderá continuar a incidir sobre esse bem. Em suma, reconhecida a fraude, o juiz determinará que a constrição recaia sobre o bem, ainda que ele esteja em poder de terceiro, porque é esse bem que responderá pela dívida, como se alienação não tivesse ocorrido.

Tanto na fraude à execução quanto na fraude contra credores, é indispensável que a alienação ou oneração dos bens seja capaz de reduzir o devedor à insolvência (*eventus damni*), militando em favor do exequente a presunção *juris tantum*. Igualmente, em ambos os casos, figura como requisito o *consilium fraudis*, ou seja, o elemento subjetivo, que se caracteriza pela ciência do adquirente das circunstâncias do negócio. Assim, pode-se dizer que a diferença essencial se encontra basicamente no **meio de se alegar o vício**. Ao passo que a declaração da fraude contra credores requer o ajuizamento de ação própria (pauliana ou revocatória), a fraude à execução pode ser declarada nos próprios autos da execução, mediante requerimento do credor, ou em embargos de terceiro.

Por fim, veja-se que, nos termos do art. 165 do Código, "anulados os negócios fraudulentos, a vantagem resultante reverterá em proveito do acervo sobre que se tenha de efetuar o concurso de credores". Ou seja, ainda que a ação seja ajuizada por um credor quirografário, a anulação do

---

[156] Nesse sentido: STJ, REsp 971.884/PR, relator: Min. Sidnei Beneti, data do julgamento: 22/3/2011.

[157] A propósito, a jurisprudência do STJ definiu, de forma bastante sintética, quais os pressupostos para a verificação da fraude contra credores: a) a anterioridade do crédito; b) a comprovação de prejuízo ao credor (eventus damni); c) que o ato jurídico praticado tenha levado o devedor à insolvência e d) o conhecimento, pelo terceiro adquirente, do estado de insolvência do devedor (scientia fraudis) (STJ, 4ª Turma, AgInt no REsp 1.294.462/GO, relator: Min. Lázaro Guimarães (Desembargador Convocado do TRF 5ª Região), data do julgamento: 20/3/2018).

negócio fraudulento não necessariamente o beneficiará, uma vez que a vantagem reverte, antes, em proveito do acervo, e, para pagamento, será observada a ordem de preferência entre os credores. Vale lembrar que o credor quirografário é justamente o que não tem nenhuma garantia.

O parágrafo único do art. 165, por seu turno, esclarece que, se o negócio a ser anulado tinha por objetivo atribuir direitos preferenciais, mediante hipoteca, penhor ou anticrese, será anulada apenas a preferência ajustada.

7.2.3 Ação anulatória

O art. 177 do Código traça diretrizes acerca da ação anulatória, a qual corre pelo **procedimento comum**, e pode ser ajuizada por qualquer interessado. Por interessado deve-se entender pessoa que sofreu prejuízo em razão do ato defeituoso, ou que tem o dever de proteger os interesses do relativamente incapaz. O defeito do ato anulável interessa apenas às partes, não consistindo, destarte, em matéria de ordem pública. Por essa razão, a anulabilidade não pode ser conhecida de ofício pelo juiz, e somente produz efeitos após ser declarada por sentença. Ademais, os efeitos da anulação operam apenas entre as partes processuais. Eventuais interessados que não participaram da ação somente se beneficiam se houver indivisibilidade ou solidariedade.

Augusto, Berenice e César herdaram de sua mãe um crédito referente à pintura de uma tela por um pintor famoso, e são coagidos pelo vizinho Caio a ceder-lhe esse crédito. Em razão da coação, podem Augusto, Berenice e César, quaisquer deles ou todos eles, ajuizar a ação anulatória. Supondo que apenas Berenice proponha a ação, e que a sentença desta julgue procedente o seu pedido, concluiríamos que apenas Berenice seria beneficiada pela anulação. Ocorre que o crédito cujo objeto é a pintura de uma tela é indivisível.[158] Logo, mesmo não tendo participado do processo, Augusto e César serão atingidos pelos efeitos da anulação.

Vale lembrar que o direito de pleitear a anulação de um ato jurídico tem natureza **potestativa**. Por essa razão, submete-se a **prazo decadencial**. Segundo o art. 178 do Código Civil, o prazo decadencial para exercer tal direito, ajuizando a ação anulatória, é de quatro anos, e se conta: do dia em que cessar a ameaça, na hipótese de coação (inciso I); do dia em que se praticou o ato, no caso dos demais defeitos (inciso II); do dia em que cessar a incapacidade, no caso dos atos celebrados por relativamente incapaz (inciso III). O Código prevê, ainda, prazo decadencial para as hipóteses de anulação por outras causas, se a própria lei que a instituiu não o fixar: será de dois anos, contados da data da prática do ato (art. 179).

Julgado procedente o pedido anulatório, a sentença, que tem natureza **desconstitutiva** (ou constitutiva negativa), pois desconstituirá uma situação jurídica, deverá determinar a restauração do chamado **estado anterior das partes**, ou, como se diz em latim, *status quo ante* (art. 182, primeira parte). Todavia, a sentença anulatória somente produz efeitos dali para frente (*ex nunc*), razão pela qual nem sempre o estado anterior poderá ser restaurado. Nesse caso, a parte prejudicada será indenizada pela outra (art. 182, segunda parte).

Silvio, inexperiente, vendeu por preço de banana um bem valioso a Manuel, o qual sabia tanto do real valor da coisa quanto da inexperiência de Silvio. Suponhamos que, logo após receber o bem, Manuel o revendeu a Clóvis. Ao tomar conhecimento da lesão, Silvio propõe a ação anulatória. Ocorre que a sentença que julgou o pedido procedente somente terá eficácia *ex nunc*. Logo, o ato jurídico entre Manuel e Clóvis não poderá ser atingido, pois não tem nenhum defeito. Destarte, para compensar a impossibilidade de restaurar o *status quo ante* de Silvio, Manuel deverá indenizá-lo pela diferença entre o preço que deu e o real valor da coisa à época do negócio.

---

[158] O tema ficará mais claro quando estudarmos o Direito das Obrigações, na Parte II desta obra.

8. PROVA DOS NEGÓCIOS JURÍDICOS

Segundo o art. 212 do Código Civil, os negócios jurídicos para os quais não se exige forma específica podem ser provados por meio de **confissão, documento, testemunha, presunção e perícia**.

Com relação à **confissão**, o Código não admite a que é feita por pessoa incapaz de dispor do direito a que se refere o fato confessado (art. 213). Admite-se, todavia, a confissão feita pelo representante, cuja eficácia se limita à extensão dos seus poderes com relação ao representado (art. 213, parágrafo único).

Logo, uma pessoa sujeita à curatela por ter sido considerada pródiga não pode confessar ter celebrado um contrato de compra e venda de bem móvel, vez que o art. 1.782 estabelece que a interdição do pródigo o priva dos atos patrimoniais que não sejam de mera administração. Não obstante, o curador do pródigo poderia confessar a celebração do contrato, justamente por ser incumbido, por lei, da prática desse tipo de ato pelo pródigo.

Ainda sobre a confissão, o Código a considera **irrevogável**, mas admite sua anulação, quando for provado ter havido **erro de fato**, ou ter sido obtida por **coação** (art. 214). A anulação da confissão somente pode ser proposta pelo confitente. Entretanto, se, depois de iniciada a ação, o autor vier a falecer, a legitimidade será transferida aos herdeiros (art. 393, parágrafo único, do CPC).

A confissão é, em regra, indivisível, não podendo a parte, que a quiser invocar como prova, aceitá-la no tópico que a beneficiar e rejeitá-la no que lhe for desfavorável (art. 395, 1ª parte, do CPC).

A confissão pode ser cindida quando o confitente, além de confessar fatos alegados pelo autor, aduz fatos novos, suscetíveis de constituir fundamento de defesa de direito, ou seja, fatos que podem servir de base a pedido reconvencional e fato impeditivo, modificativo ou extintivo (art. 395, parte final, do CPC). A rigor, não se trata de cisão da confissão, porquanto esta só pode referir-se a fato contrário ao interesse do confitente

Nesse ponto, a confissão na lei material civil se difere da confissão do réu no processo penal: de acordo com o art. 200 do CPP, a confissão é um meio de prova retratável, o que quer dizer que o acusado tem a possibilidade de retirar a confissão anterior, voltar atrás. Outra característica que difere a confissão do processo penal é que esta é divisível.

Quanto aos **documentos**, o Código traz algumas regras acerca da **escritura pública** e do **instrumento particular**.

Conforme o art. 215, a escritura pública, a qual deve ser lavrada pelo **tabelião de notas** – em língua nacional (§ 3º) –, goza de fé pública e faz prova plena. Têm a mesma força probante o traslado (primeira cópia extraída de uma escritura, após sua lavratura) e demais certidões emitidas pelo tabelião dos instrumentos constantes em suas notas (art. 217).

Nos termos do § 1º do art. 215, a escritura pública deve conter, salvo quando a lei exigir outros requisitos: (1) data e local em que foi lavrada; (2) reconhecimento da identidade e capacidade das partes e de todas as demais pessoas que tenham comparecido ao ato, por si, como representantes, intervenientes ou testemunhas; (3) qualificação, com nome, nacionalidade, estado civil, profissão, domicílio e residência das partes e das demais pessoas que tiverem comparecido, com a indicação, quando necessário, do regime de bens do casamento, nome do outro cônjuge e filiação; (4) manifestação clara da vontade das partes e dos intervenientes; (5) referência ao cumprimento das exigências legais e fiscais inerentes à legitimidade do ato; (6) declaração de ter sido lida na presença das partes e das demais pessoas que compareceram, ou de que todos a leram; (7) assinatura das partes e das demais pessoas que compareceram, bem como a do tabelião ou seu substituto legal, encerrando o ato.

Especificamente sobre a assinatura, o § 2º admite que, caso alguma das pessoas não possa ou não saiba assinar, designará outra pessoa capaz que assine em seu lugar, a seu **rogo**, na linguagem do Código. Observe que "a seu rogo" significa "a seu pedido".

Quanto à identificação das partes, caso alguma das pessoas comparecentes não seja conhecida do tabelião, nem possa se identificar por meio de documento, exige-se que participem do ato duas testemunhas que a conheçam e atestem a sua identidade (§ 5º).

Por fim, caso alguma das pessoas comparecentes não saiba a língua nacional, exige-se que compareça ao cartório de notas acompanhada de **intérprete público** – tradutor juramentado, como é costumeiramente chamado –, e, na falta deste na localidade, de pessoa capaz que, a critério do tabelião, seja idônea e tenha conhecimento bastante (§ 4º).

Sobre os documentos judiciais, o art. 216 determina que: "farão a mesma prova que os originais as certidões textuais de qualquer peça judicial, do protocolo das audiências, ou de outro qualquer livro a cargo do escrivão, sendo extraídas por ele, ou sob a sua vigilância, e por ele subscritas, assim como os traslados de autos, quando por outro escrivão consertados". Nos termos do art. 218, "os traslados e as certidões considerar-se-ão instrumentos públicos, se os originais se houverem produzido em juízo como prova de algum ato".

O art. 221, por sua vez, cuida do **instrumento particular**, o qual, se escrito e assinado por pessoa capaz, prova as obrigações convencionais em geral, independentemente de valor. Para produção de efeitos contra terceiros, todavia, exige-se que o documento seja registrado no registro público (art. 221, parte final). Na hipótese de perda do instrumento, o Código admite que seja provado por outro dos meios de prova admitidos pela lei (art. 221, parágrafo único). Se redigido em língua estrangeira, exige-se, para que produza efeitos legais no Brasil, que seja traduzido para o português (art. 224). A competência para tal tradução, conforme o art. 22 da Lei 14.195/2021, é do **tradutor público** previamente aprovado em concurso que, além de ter capacidade civil plena e formação em curso superior, deve ser brasileiro ou estrangeiro residente no País, ter registro na junta comercial e não estar enquadrado nas hipóteses de inelegibilidade decorrentes de condenação criminal (art. 1º, I, *e*, da Lei Complementar 64/1990).

Ainda quanto à prova documental, o art. 225 reconhece a força probatória de **reproduções mecânicas e eletrônicas** de fatos ou de coisas – como das reproduções fotográficas e cinematográficas –, sendo possível, todavia, a impugnação de sua exatidão.

Sobre **a prova testemunhal**, o Código a admite, como subsidiária ou complementar da prova por escrito, independentemente do valor do negócio jurídico (art. 227, parágrafo único). A sua admissibilidade como única prova nos negócios cujo valor não ultrapassasse o décuplo do maior salário mínimo vigente no país (art. 227, *caput*), entretanto, foi revogada pelo CPC/2015. Na lei processual, há disposição semelhante: a prova testemunhal, exclusivamente, também não será admitida quando a lei exigir prova escrita da obrigação. Entretanto, se houver começo de prova por escrito, emanado da parte contra a qual se pretende produzir a prova, as testemunhas serão admitidas. Nesse caso, a prova testemunhal terá caráter subsidiário (art. 444 do CPC).

Segundo o art. 228, não podem ser admitidos como testemunhas: (1) os menores de dezesseis anos; (2) o interessado no litígio, o amigo íntimo ou o inimigo capital das partes; (3) os cônjuges, os ascendentes, os descendentes e os colaterais, até o terceiro grau de alguma das partes, por consanguinidade, ou afinidade. Tais pessoas poderão, não obstante, ser ouvidas como informantes, quando somente elas conheçam o fato que se precisa provar (art. 228, § 1º). Conforme o § 2º do art. 228, incluído pelo Estatuto da Pessoa com Deficiência, a pessoa com deficiência poderá testemunhar em igualdade de condições com as demais pessoas, sendo-lhe assegurados todos os recursos de tecnologia assistiva.

Impende destacar que o EPD, além de incluir no art. 228 o referido § 2º, também revogou os incisos II e III do dispositivo, que não admitiam como testemunhas "aqueles que, por enfermidade ou retardamento mental", não tivessem "discernimento para a prática dos atos da vida civil", assim como "os cegos e surdos, quando a ciência do fato que se quer provar" dependesse "dos sentidos que lhes faltam". Tais alterações devem ser vistas com cautela, e devem ser bem ponderadas pelo juiz, no caso concreto. Afinal, constatando que uma pessoa com deficiência, que se apresenta como testemunha, não tem o necessário discernimento, o juiz deve agir com prudência ao avaliar o depoimento. Ademais, não faz sentido imaginar que o juiz admitisse como testemunha uma pessoa totalmente cega, que alegasse ter visto algo, ou uma pessoa inteiramente surda, que alegasse ter ouvido algo. A não ser, é claro, que se tratasse de pessoas que tivessem tais sentidos apenas parcialmente reduzidos.

Quanto à **presunção**, por sua vez, que o Código incluiu no art. 212, mas que não é mencionada nos dispositivos subsequentes, pode-se dar o exemplo do art. 1.662, o qual presume adquiridos na constância os bens móveis das pessoas casadas no regime da comunhão parcial de bens, a não ser que haja prova de que foram adquiridos em data anterior. Cuida-se, pois, de presunção relativa da época em que o negócio foi celebrado – antes ou depois do casamento. A presunção não é propriamente um meio de prova, mas uma conclusão possível diante de determinados fatos. Outro exemplo na lei material é o art. 7º, já visto anteriormente, que admite a presunção *juris tantum* de morte quando é extremamente provável o falecimento de quem estava em perigo de vida ou de quem, desaparecido em campanha ou feito prisioneiro, não é encontrado até dois anos após o término da guerra.

Finalmente, sobre a **prova pericial**, o art. 231 estabelece que não poderá se aproveitar de sua recusa aquele que se negar a se submeter a exame médico. O art. 232, por sua vez, determina que a recusa à perícia médica ordenada pelo juiz poderá suprir a prova que o exame pretendia produzir. Exemplo clássico de aplicação desses dispositivos está na Súmula 301 do STJ: "Em ação investigatória, a recusa do suposto pai a submeter-se ao exame de DNA induz presunção juris tantum de paternidade". O enunciado quer dizer que, se houver a recusa do requerido em se submeter ao exame, a sua paternidade será declarada na sentença, caso não existam outras provas que invalidem a presunção. Posteriormente, em 2009, esse enunciado foi consagrado na legislação, precisamente no art. 2º-A, parágrafo único, da Lei 8.560/1992. Destaca-se que, em 2020, o STJ estendeu essa presunção a partir da interpretação do art. 139, IV, do CPC/2015, que consagra, entre os poderes do juiz, o de "determinar todas as medidas indutivas, coercitivas, mandamentais ou sub-rogatórias necessárias para assegurar o cumprimento de ordem judicial, inclusive nas ações que tenham por objeto prestação pecuniária". Imagine, por exemplo, que, em razão do falecimento do suposto pai, o filho promove ação de investigação de paternidade contra os irmãos do falecido (supostos tios). Nessa hipótese, segundo entendimento do STJ, será possível pleitear a adoção de medidas coercitivas pelo julgador, visando obrigar os requeridos a fornecer o material genético, privilegiando-se, assim, o direito ao conhecimento sobre a origem biológica" (Rcl 37.521-SP, relatora: Min. Nancy Andrighi, Segunda Seção, por unanimidade, data do julgamento: 13/5/2020, *data da publicação:* 5/6/2020).

Atualmente, com a publicação da Lei 14.138/2021, que acrescentou o § 2º ao art. 2º-A da Lei 8.560/92, a presunção de paternidade ganhou força e poderá ser estendida aos parentes do suposto pai. De acordo com o novo dispositivo:

> Art. 2º-A. [...]
>
> [...]
>
> § 2º Se o suposto pai houver falecido ou não existir notícia de seu paradeiro, o juiz determinará, a expensas do autor da ação, a realização do exame de pareamento do código genético (DNA) em parentes consanguíneos, preferindo-se os de grau mais próximo aos mais distantes, importando a recusa em presunção da paternidade, a ser apreciada em conjunto com o contexto probatório.

Como a jurisprudência não admite a condução coercitiva para a realização do exame, para suprimir a eventual desídia dos parentes em colaborar com a justiça, o legislador admitiu a incidência da mesma regra inicialmente prevista na Súmula 301 do STJ. Ou seja, a presunção relativa de paternidade alcançará, do mesmo modo, o réu e seus familiares, caso se recusem a realizar o exame que esclarecerá o direito pleiteado. Temos que ter em mente que, mesmo com previsão legislativa, a presunção continua a ser relativa, admitindo, portanto, prova em sentido contrário.

Quadro Esquemático 5

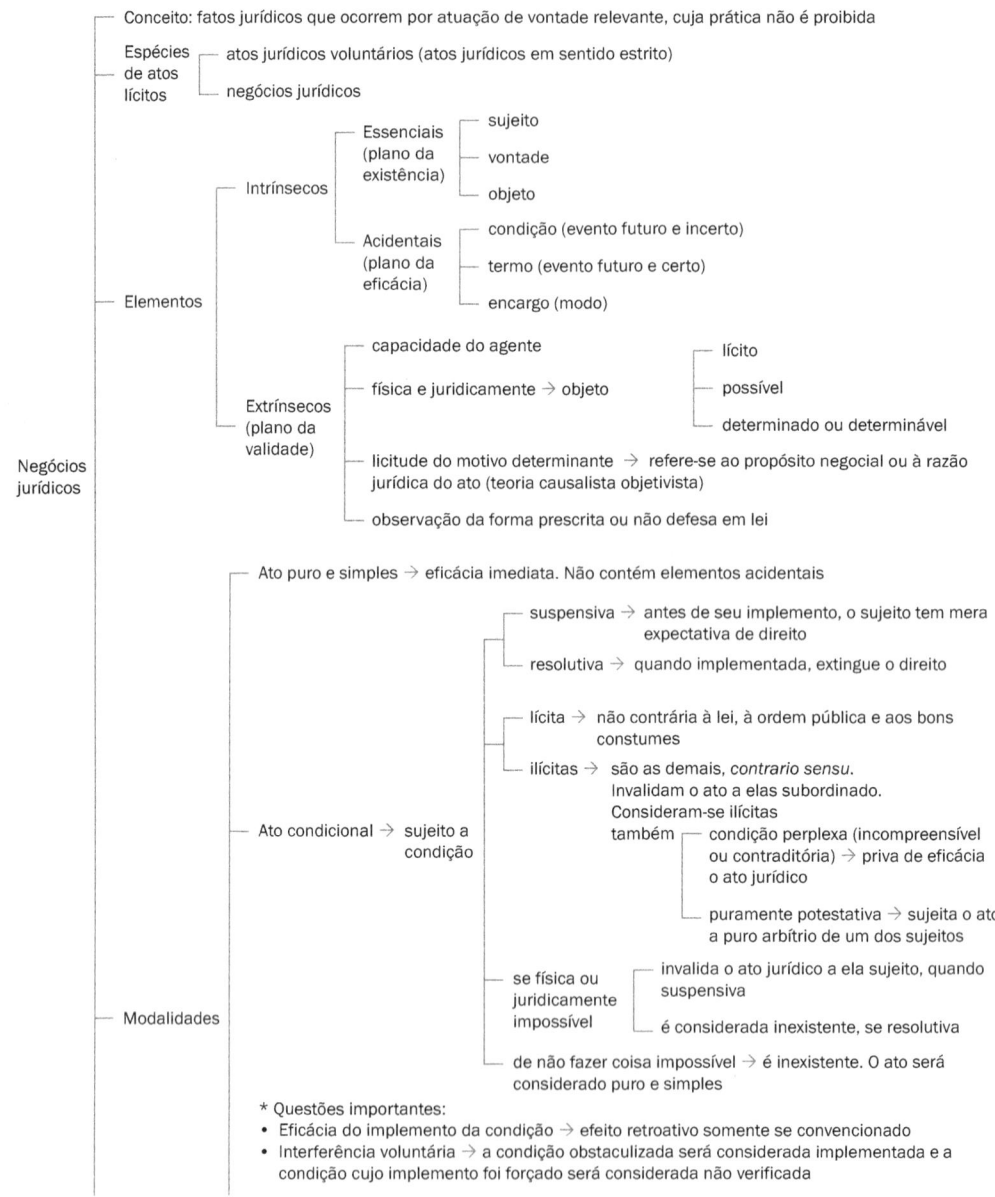

Parte I – Cap. 5 – Negócios Jurídicos (arts. 104 a 114 e 121 a 185) | **169**

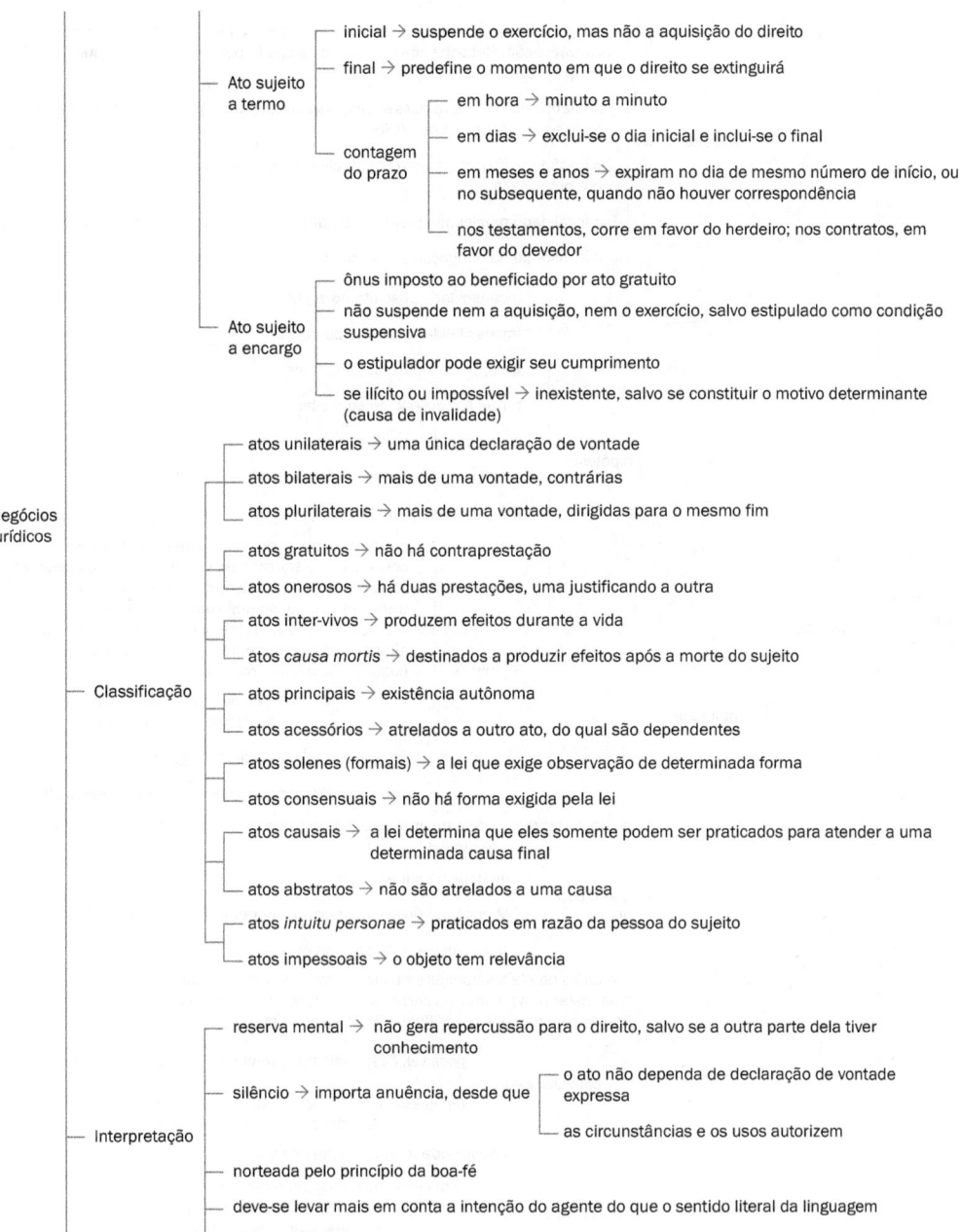

- Negócios jurídicos
  - Ato sujeito a termo
    - inicial → suspende o exercício, mas não a aquisição do direito
    - final → predefine o momento em que o direito se extinguirá
    - contagem do prazo
      - em hora → minuto a minuto
      - em dias → exclui-se o dia inicial e inclui-se o final
      - em meses e anos → expiram no dia de mesmo número de início, ou no subsequente, quando não houver correspondência
      - nos testamentos, corre em favor do herdeiro; nos contratos, em favor do devedor
  - Ato sujeito a encargo
    - ônus imposto ao beneficiado por ato gratuito
    - não suspende nem a aquisição, nem o exercício, salvo estipulado como condição suspensiva
    - o estipulador pode exigir seu cumprimento
    - se ilícito ou impossível → inexistente, salvo se constituir o motivo determinante (causa de invalidade)
  - Classificação
    - atos unilaterais → uma única declaração de vontade
    - atos bilaterais → mais de uma vontade, contrárias
    - atos plurilaterais → mais de uma vontade, dirigidas para o mesmo fim
    - atos gratuitos → não há contraprestação
    - atos onerosos → há duas prestações, uma justificando a outra
    - atos inter-vivos → produzem efeitos durante a vida
    - atos *causa mortis* → destinados a produzir efeitos após a morte do sujeito
    - atos principais → existência autônoma
    - atos acessórios → atrelados a outro ato, do qual são dependentes
    - atos solenes (formais) → a lei que exige observação de determinada forma
    - atos consensuais → não há forma exigida pela lei
    - atos causais → a lei determina que eles somente podem ser praticados para atender a uma determinada causa final
    - atos abstratos → não são atrelados a uma causa
    - atos *intuitu personae* → praticados em razão da pessoa do sujeito
    - atos impessoais → o objeto tem relevância
  - Interpretação
    - reserva mental → não gera repercussão para o direito, salvo se a outra parte dela tiver conhecimento
    - silêncio → importa anuência, desde que
      - o ato não dependa de declaração de vontade expressa
      - as circunstâncias e os usos autorizem
    - norteada pelo princípio da boa-fé
    - deve-se levar mais em conta a intenção do agente do que o sentido literal da linguagem
    - os atos benéficos e a renúncia devem ser interpretados restritivamente

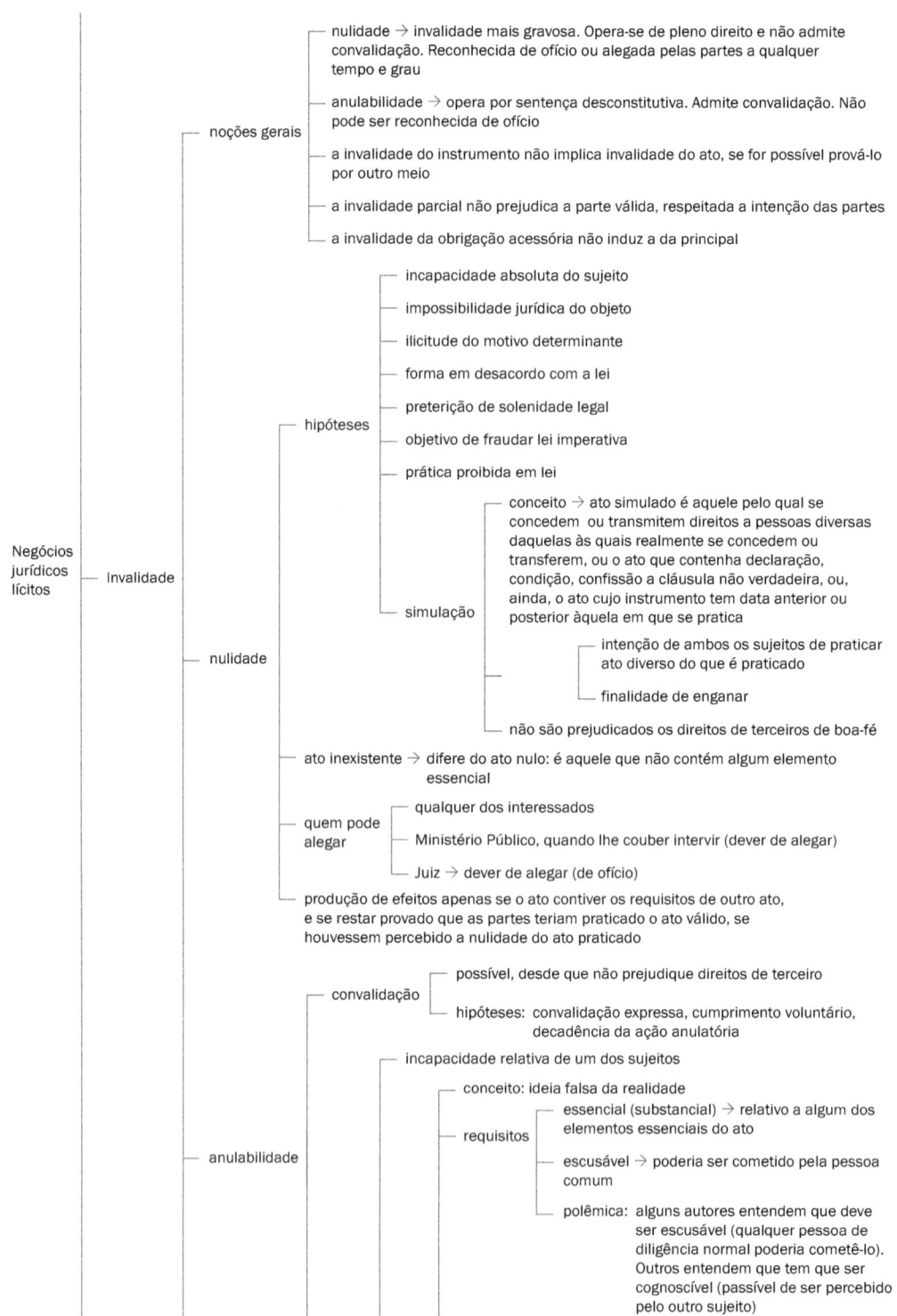

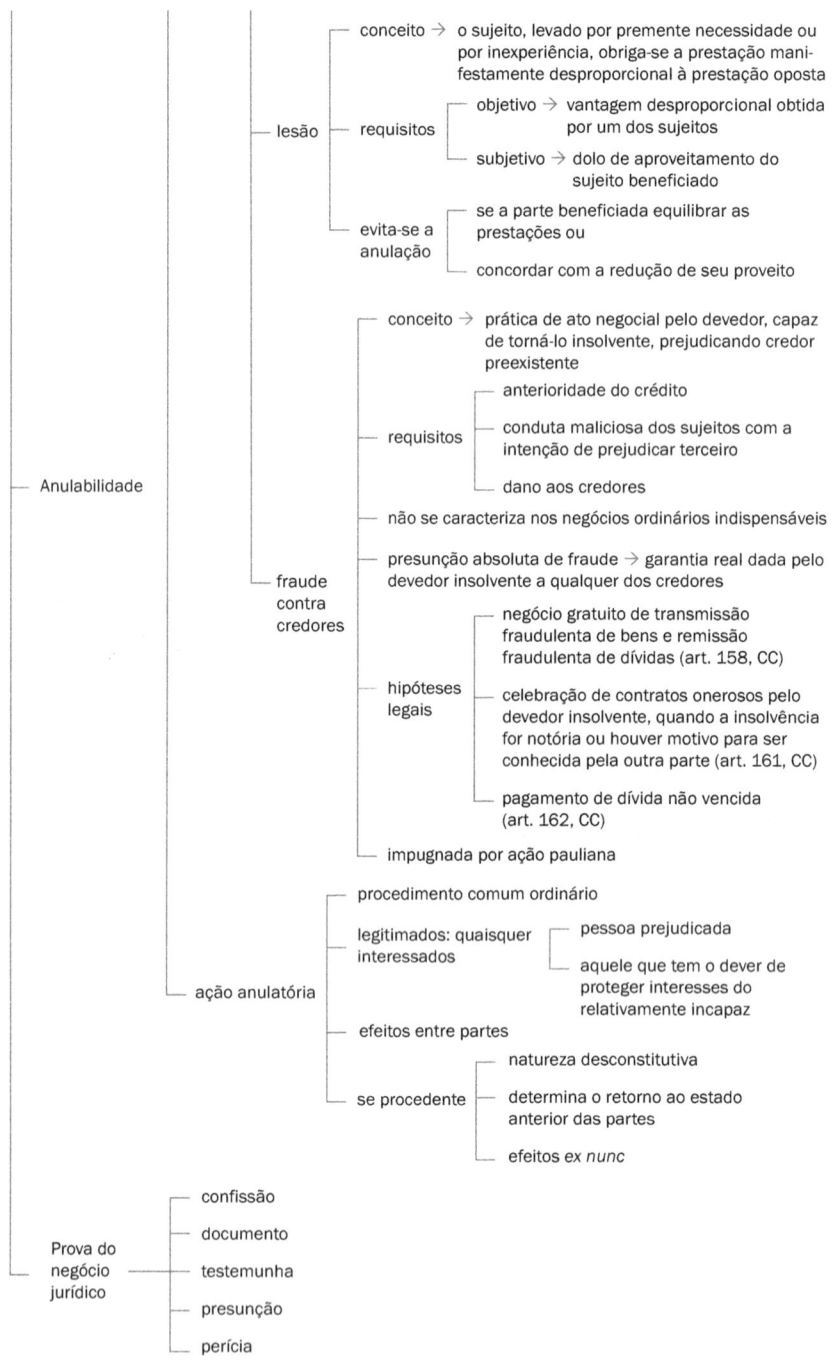

6

Atos Ilícitos (arts. 186 a 188)

Até aqui, estudamos a teoria dos atos jurídicos lícitos, ou seja, aqueles praticados conforme o Direito. Estudaremos, a partir de agora, os atos jurídicos ilícitos.

Inicialmente, deve-se fazer uma ressalva para distinguir, do ponto de vista técnico, o **ato contrário a direito**[159] (gênero) do **ato ilícito** (espécie).

Ato contrário a direito é *todo ato violador de norma jurídica*. Se o sujeito do ato for **imputável**, ou seja, se gozar de **capacidade de praticar ato ilícito**, que, para o Direito Civil, é a mesma para praticar o ato lícito (capacidade de fato), o ato contrário a direito receberá a denominação específica de **ato ilícito**.

O art. 186 do Código Civil menciona ato ilícito, referindo-se, todavia, a ato contrário a direito: "aquele que por ação ou omissão voluntária, negligência ou imprudência, violar direito e causar dano a outrem, ainda que exclusivamente moral, comete ato ilícito".

Constituem elementos configuradores do ato contrário a direito segundo o art. 186: **ação ou omissão voluntária**, ou **negligência ou imprudência; violação de direito; dano**.

Ação ou omissão voluntária. O ato contrário a direito pode ser praticado por **conduta comissiva** do sujeito – ação – ou por **conduta omissiva** – omissão –, desde que voluntárias. A hipótese, aqui, é do sujeito que age com a **vontade** de causar um dano, seja pela prática de um ato, seja por inação.

Se Caio abre o portão do canil de Helena para que os cachorros desta fujam, pratica conduta comissiva voluntária para causar dano a Helena. Se, por sua vez, ao sair do canil deixa de fechar o portão, para que os cães escapem, pratica conduta omissiva voluntária para causar dano a Helena.

Negligência ou imprudência. Veja-se que, conquanto o dispositivo não tenha mencionado a imperícia, a doutrina é unânime em acrescentá-la ao rol.

A violação da norma nem sempre é causada por ação ou omissão voluntária. Há casos em que, conquanto não haja vontade de causar o dano, a conduta do sujeito é considerada **contrária a direito**, por violar certos **deveres objetivos de conduta**.

Age com **negligência** quem não toma o devido cuidado ao praticar o ato. Tivesse o sujeito agido com maior diligência, o dano não teria sido causado. O dano, aqui, é causado por uma desatenção, uma falta de zelo do sujeito.

---

[159] MELLO, Marcos Bernardes. *Teoria:* plano da existência, cit., p. 227.

Por exemplo, Augusto se aproxima da janela do apartamento comendo uma maçã, e esta escorrega de sua mão e cai sobre o carro de Rui, causando-lhe uma avaria.

Age com **imprudência** quem, embora esteja habilitado para praticar o ato, excede os limites do razoável, ousa, atreve. Tivesse o sujeito se limitado a praticar o ato observando as barreiras da cautela, o dano teria sido evitado. O prejuízo, aqui, é causado por um erro na manobra audaciosa do sujeito.

Suponhamos que Berenice, andando de bicicleta, acelera excessivamente, de modo que não consegue frear a tempo, quando avista um obstáculo à sua frente. Acaba se chocando contra o objeto e lhe causa um estrago.

Age com **imperícia**, por sua vez, quem pratica ato para o qual não se encontra devidamente habilitado. O sujeito não teria causado o dano se não tivesse praticado o ato que não sabia executar. O dano, nesse caso, é o resultado do desempenho imperfeito do ato devido ao desconhecimento técnico de quem o praticou.

Exemplo claro é o de quem, sem saber dirigir, toma um carro e acelera, e, sem saber frear, vem a acertar um carro estacionado logo à frente, causando-lhe um estrago.

Violação de direito. Por definição, ato ilícito, espécie de ato contrário a direito, é necessariamente ato violador de norma jurídica. Essa violação tanto pode ser realizada por meio de ação ou omissão voluntária, como visto, quanto por negligência, imprudência ou imperícia.

O art. 187 cuida ainda de outra espécie de ato contrário a direito, que bem se pode subsumir do art. 186, mas que o legislador, prudente, preferiu disciplinar separadamente: trata-se do caso de **abuso de direito**. O sujeito que, ao exercer seu direito, nos termos do Código, "excede manifestamente os limites impostos pelo seu fim econômico ou social, pela boa-fé ou pelos bons costumes", e causa dano a outrem, comete ato contrário a direito.

O credor de dívida vencida e não paga cobra a dívida e divulga o nome do devedor na mídia, como nome de mal pagador. Ora, conquanto tenha o credor o direito de cobrar a dívida, não pode, ao fazê-lo, expor o devedor ao ridículo. Essa conduta caracteriza excesso no exercício do direito de cobrança, e, por conseguinte, considera-se violador do Direito.

O art. 188, I, expressamente declara que não há ilicitude nos atos praticados no **exercício regular de um direito** (como na legítima defesa, que não deixa de ser o exercício do direito de autodefesa). Ou seja, nesses casos, não há violação da norma.

A inscrição do nome de um devedor cuja dívida se encontra vencida e não paga em cadastros de proteção ao crédito não é contrária a direito, porquanto se consubstancia no exercício regular de um direito do credor. Por outro lado, a emissão de carta de cobrança ao devedor que adimpliu sua obrigação se considera contrária a direito, por lhe causar um constrangimento imerecido, direito que não cabe ao credor satisfeito.

Segundo o art. 188, II, também não importam violação da norma jurídica os atos de **deterioração ou destruição da coisa alheia, ou de lesão a pessoa, a fim de remover perigo iminente**. A conduta de quem age para salvar a coisa ou a pessoa é considerada conforme a direito, ainda que cause danos. Para que se configure essa hipótese, o parágrafo único do art. 188 determina que se verifique a absoluta necessidade da prática do ato, levando em conta as circunstâncias do caso, bem como o fato de ter o agente respeitado ou não os limites do indispensável para a remoção do perigo.

Vejamos alguns exemplos. Clóvis, caminhando pela rua, constata que a TV da casa de Helena está em chamas. A casa é térrea, e a janela, por onde Clóvis avista o fogo, está aberta. Apesar disso, Clóvis arromba a porta da casa para apagar o incêndio. Nesse caso, Clóvis excedeu o limite do indispensável para a remoção do perigo. Todavia, se a janela estivesse fechada, a conduta de Clóvis seria necessária para que ele entrasse na casa. No primeiro caso, há violação do Direito; no segundo, não.

Ao ver que um cachorro está mordendo o braço de Berenice em um parque, Silvio avança sobre o cão, e, no processo parar libertar Berenice, acaba arrastando os dentes do animal sobre a pele da vítima, o que lhe causa arranhões. Nesse caso, o dano causado a Berenice por Silvio foi uma fatalidade, necessária para que os dentes do cachorro fossem desprendidos do braço da vítima. Aqui, a conduta de Silvio é conforme a direito. Todavia, se, para libertar Berenice, Silvio, por absurdo, preferisse amputar-lhe o braço, separando, assim, o animal da vítima, excederia absurdamente o limite do indispensável para o salvamento de Berenice, e cometeria ato contrário a direito.

Dano. Para que se configure o ilícito civil, exige-se ainda que a violação da norma por ação ou omissão voluntária, negligência ou imprudência cause a alguém um **dano**, seja ele material ou moral.

Se Rui trafega em uma rodovia em velocidade acima da máxima permitida, mas não causa dano a ninguém, não comete ilícito civil, conquanto cometa ilícito administrativo.

Prosseguiremos no estudo dos atos ilícitos quando examinarmos a teoria da responsabilidade civil, no final da Parte II desta obra.

Quadro Esquemático 6

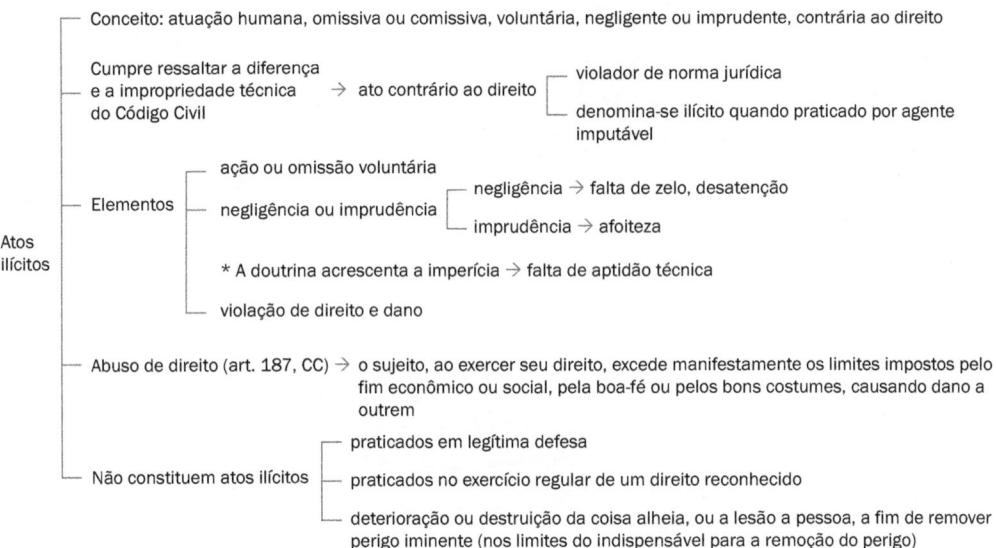

Representação (arts. 115 a 120)

Fala-se em representação, no Direito, para se referir às situações em que um sujeito, chamado de representante, pratica atos jurídicos **por conta de outro**, chamado de representado.

A representação pode ser **convencional**, caso em que é o sujeito quem escolhe se fazer representar, por meio do contrato de mandato, ou **legal**, caso em que o sujeito é representado por força de lei, como ocorre com os absolutamente incapazes. Nesse sentido é que o art. 115 do Código determina que "os poderes de representação conferem-se por lei ou pelo interessado".

Para que o representante possa agir por conta do representado, é preciso que lhe sejam outorgados **poderes** para a prática de um ato determinado ou para atos em geral.

No caso da representação convencional, como veremos ao estudar o contrato de mandato (negócio jurídico por meio do qual a representação convencional é contratada), é comum que esses poderes sejam conferidos por meio de uma **procuração**.

No caso da representação legal, é a **lei** que determina quais os atos que podem ser praticados pelos representantes. Estudaremos esse tema na Parte V – Direito de Família, ao examinarmos os institutos do poder familiar, da tutela e da curatela.

Em qualquer caso, o art. 116 estabelece que a **vontade manifestada pelo representante**, desde que dentro dos limites de seus poderes, produz efeitos com relação ao representado. Isso, aliás, é da própria essência da representação.

Se Clóvis compra um bem por conta de Rui, a quem representa, o direito de crédito sobre o bem, assim como a obrigação de dar o preço, serão de Rui, e não de Clóvis, desde que Clóvis tivesse poderes para realizar a compra daquele bem em nome de Rui.

É necessário, pois, que o representante demonstre ao sujeito com quem pratica o ato jurídico que legitimamente representa o sujeito por conta de quem afirma estar agindo, e qual a extensão de seus poderes (art. 118). No caso do representante mandatário, isso pode ser feito por meio da exibição da procuração. No caso do representante do incapaz, em se tratando de um dos pais, pode ser mostrada a certidão de nascimento; em se tratando de tutor ou curador, deve ser exibido o ato pelo qual se deu a nomeação. Se essa prova não for feita, o representante será pessoalmente responsável pelos atos que excederem seus poderes.

Se Augusto é nomeado representante de Berenice para adquirir um carro, por meio de mandato, com outorga de poderes via procuração, ao negociar com César, Augusto deve exibir a procuração. Supondo que não o faça, e que venha a comprar por conta de Berenice, além de um carro, também uma moto, será pessoalmente responsável pela aquisição da moto.

Pode ocorrer de o representante vir a praticar um ato em **conflito** com os **interesses** do representado. Nesse caso, segundo o art. 119, o ato será anulável, se o fato era ou devia ser do conhecimento do sujeito com quem se praticou o ato. O importante será, nessas hipóteses, analisar o caso concreto para verificar se o conflito de interesses era do conhecimento do sujeito ou se devia ser.

Como exemplo, imaginemos que Pontes, que vive na capital, nomeia o advogado Caio seu representante em uma cidade do interior, para negociar uma empreitada com Orlando, cujo objeto será a construção de um hotel. Caio se apresenta a Orlando para o negócio, e o conclui por um preço alto. Ocorre que Orlando sabia que Caio tinha interesse em que a obra custasse caro, vez que a mulher de Caio também estava construindo um hotel na cidade, pelo que Pontes seria seu concorrente. Ora, considerando-se que Orlando sabia do conflito de interesses entre o mandante Pontes e o mandatário Caio, pode Pontes, ao tomar ciência do fato, pleitear a anulação do negócio com Orlando. Nessa hipótese, o negócio jurídico realizado pelo representante legal poderá ser anulado no prazo decadencial previsto no art. 119, parágrafo único: em cento e oitenta dias, a contar da conclusão do negócio ou da cessação da incapacidade.

Um último dispositivo a ser comentado é o contido no art. 117, que considera anulável o ato praticado pelo representante **consigo mesmo** por conta do representado, salvo se o autorizar a lei ou a vontade do representado.

Se Helena confere a Manuel poderes para comprar um carro qualquer, e Manuel compra seu próprio carro, em nome de Helena, o contrato será anulável, a não ser que Helena houvesse expressamente autorizado Manuel a assim proceder. Cumpre frisar que o ato se considera praticado com o *representante* ainda que seja praticado com aquele na pessoa de quem os poderes de representação tenham sido subestabelecidos (art. 117, parágrafo único) – o que ocorre quando o representante, a quem isso seja permitido, confere os poderes a ele conferidos a outro representante.

Quadro Esquemático 7

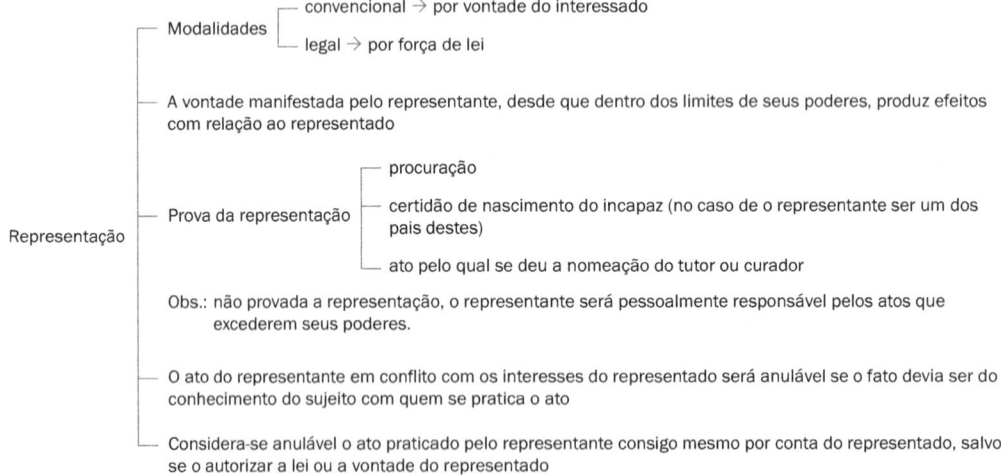

8

Prescrição e Decadência (arts. 189 a 211)

Não se pode conceber que o titular de um **direito relativo** possa permanecer inerte por um longo tempo e, posteriormente, pretenda exercê-lo. Do contrário, gerar-se-ia enorme insegurança jurídica.

Por essa razão, o Direito criou mecanismos que fulminam a pretensão correspondente a um direito, ou o próprio direito, pelo decurso de um prazo previsto na lei, ou fixado pelas partes. Cuida-se dos institutos da **prescrição** e da **decadência**, a cujo estudo nos dedicaremos neste capítulo.

1. PRESCRIÇÃO

Em se tratando de direito subjetivo, embora o decurso do tempo não seja capaz de extingui-lo, há um prazo, estabelecido pelo Direito, dentro do qual ele pode ser **exigido**.

Na técnica jurídica, exigir um direito significa buscar o seu **cumprimento forçado**, pela via judicial. Essa aptidão para exigir o cumprimento de um direito subjetivo recebe o nome técnico de **pretensão**.

Em razão do prazo determinado pela lei dentro do qual o direito pode ser exigido, diz-se que a pretensão, quando do término do prazo, tem sua eficácia esvaziada.[160] O fenômeno por meio do qual a pretensão é esvaziada de sua eficácia denomina-se **prescrição**.

Cabe uma ressalva: o leitor encontrará em muitos autores afirmações no sentido de que a prescrição *extingue a pretensão*, ou a *ação*, ou, ainda, o *próprio direito*. A ideia de que a prescrição extingue a pretensão, inclusive, consta no art. 189 do Código, segundo o qual, "violado o direito, nasce para o titular a pretensão, a qual se extingue, pela prescrição, nos prazos a que aludem os arts. 205 e 206". As ideias de que a prescrição extinguiria a ação, ou o direito, todavia, hoje se consideram superadas. O posicionamento mais técnico, não obstante, segundo nos parece, é no sentido de que nem mesmo a pretensão é extinta pela prescrição, mas apenas esvaziada, encoberta.

A prescrição pode ser conceituada, destarte, como o *ato-fato jurídico, consubstanciado na inércia do titular de um direito subjetivo por um certo lapso de tempo definido em lei, cuja*

---

[160] Nas palavras de MARCOS BERNARDES DE MELLO, a eficácia da pretensão é **encoberta** (MELLO, Marcos Bernardes. *Teoria*: plano da existência, cit., p. 141).

consequência jurídica é o **esvaziamento da eficácia da pretensão** – para outros autores, a consequência seria a *extinção da pretensão*.

A prescrição tem natureza de ato-fato jurídico porquanto se refere a uma conduta humana – omissiva – para a qual o Direito prescreve uma consequência sem que seja relevante a **vontade** do sujeito na prática do ato.[161]

Note bem que, em razão de a prescrição não extinguir a pretensão, tampouco o direito, o titular ainda pode exercê-lo, conquanto não possa exigi-lo. Isso significa que o sujeito pode pleitear o cumprimento do que lhe é devido amigavelmente, e o devedor, embora não possa ser judicialmente impelido a cumpri-lo, pode e deve cumpri-lo, por razões éticas.

Caio deve a Silvio R$ 1.000,00. O direito de Silvio se encontra prescrito (ou seja, a pretensão não é mais eficaz). Se Silvio procura Caio e Caio lhe paga, esse pagamento é perfeitamente válido. Não pode o devedor, posteriormente, pretender a restituição do que pagou. Se Silvio ajuíza ação de cobrança e o juiz não reconhece desde logo a pretensão, e o réu confessa a dívida, a ação prosseguirá e o pedido terá de ser julgado procedente.

Sobre o reconhecimento da prescrição **de ofício** pelo juiz, deve-se fazer uma importante consideração. Não é da natureza da prescrição que ela seja reconhecida de ofício, vez que não implica a extinção de nada, senão esvazia a pretensão de sua eficácia. Por essa razão, o art. 194 do Código Civil determinava que "o juiz não pode suprir, de ofício, a alegação de prescrição, salvo se favorecer a absolutamente incapaz". Ocorre que, em meio à reforma do Processo Civil brasileiro, os processualistas houveram por bem revogar esse dispositivo, por meio da Lei 11.280/2006, levados por razões de economia processual. A mesma lei incluiu no Código de Processo Civil de 1973 o estranhamente localizado parágrafo quinto do art. 219, no meio da matéria acerca das citações: "o juiz pronunciará, de ofício, a prescrição". Na doutrina, mesmo com a referida revogação, entendia-se necessária a intimação da parte contrária para, se fosse o caso, exercer a possibilidade de renúncia, expressamente prevista no art. 191 do CC (Enunciado 295 da IV Jornada de Direito Civil).

Contudo, essa possibilidade – reconhecimento da prescrição de ofício – recebeu novos contornos com a entrada em vigor do CPC/2015. O atual CPC determina que a prescrição e a decadência não podem ser reconhecidas sem que antes seja dada às partes a oportunidade de se manifestar.[162] Além disso, apesar de a nova legislação também excepcionar essa regra na hipótese de julgamento liminar de improcedência,[163] entendemos que o magistrado deve, mesmo nas causas que dispensem a fase instrutória, aplicar o disposto no art. 10 do novo diploma, segundo o qual "o juiz não pode decidir, em grau algum de jurisdição, com base em fundamento a respeito do qual não se tenha dado às partes oportunidade de se manifestar, ainda que se trate de matéria sobre a qual deva decidir de ofício". Trata-se de norma inserida em capítulo cujo nome – "Das Normas Fundamentais do Processo Civil" – nos permite chegar a essa conclusão e, finalmente, afirmar que, mesmo quando o juiz notar, sem a devida provocação das partes, que a ação envolve direito prescrito, deverá intimar a parte contrária para se manifestar, a qual poderá renunciar a prescrição e, assim, permitir que a demanda prossiga mesmo quando

---

[161] Nesse sentido é também o entendimento de Marcos Bernardes de Mello (MELLO, Marcos Bernardes. *Teoria*: plano da existência, cit., p. 140).

[162] CPC/2015, Art. 487, parágrafo único. "Ressalvada a hipótese do § 1º do art. 332, a prescrição e a decadência não serão reconhecidas sem que antes seja dada às partes oportunidade de manifestar-se."

[163] CPC/2015, Art. 332. "Nas causas que dispensem a fase instrutória, o juiz, independentemente da citação do réu, julgará liminarmente improcedente o pedido que contrariar: [...] § 1º O juiz também poderá julgar liminarmente improcedente o pedido se verificar, desde logo, a ocorrência de decadência ou de prescrição".

extinto o prazo para o exercício da pretensão em juízo. Nesse mesmo sentido é o Enunciado 581 da VII Jornada de Direito Civil[164].

Feita essa necessária consideração, voltemos ao estudo da prescrição.

Admite-se que a prescrição seja alegada por aquele a quem ela beneficia em **qualquer tempo e grau de jurisdição** (art. 193). Se Helena ajuíza uma ação em face de Berenice para exigir direito prescrito e Berenice não se defende alegando a prescrição, nem o juiz a reconhece de ofício, a ação prossegue, mas, a qualquer momento, pode ser extinta com resolução do mérito (art. 487, II, do Código de Processo Civil), ainda que em fase recursal, se for reconhecida a prescrição, seja porque Berenice finalmente a alegou, ou porque o julgador a reconheceu de ofício.

É vedada qualquer **alteração** do prazo prescricional, o qual é sempre o fixado **pela lei** (art. 192). Todavia, admite-se a **renúncia posterior** à prescrição, a qual pode ser expressa, ou tácita – por meio da prática de atos incompatíveis com o instituto, como o reconhecimento da dívida (art. 191). Veja-se que não se admite a renúncia prévia. Somente é válida a renúncia operada após a consumação do prazo prescricional. Ademais, não pode a renúncia prejudicar direito de terceiros.

Para ilustrar uma hipótese de prejuízo de terceiro, imaginemos que Rui tem uma dívida prescrita com Pontes, de R$ 10.000,00, e outra, não prescrita, com César, também de R$ 10.000,00. Suponhamos que o patrimônio de Rui seja de apenas R$ 10.000,00, ou seja, Rui não tem como solver as duas dívidas. Não obstante, renuncia à prescrição do direito de Pontes. Ora, nesse caso, César sofrerá prejuízo, pois seu crédito não poderá ser saldado se Rui pagar a Pontes os R$ 10.000,00 referentes à dívida prescrita. Nesse caso, a renúncia se considera inválida – nula.

Os representantes legais ou assistentes dos incapazes e das pessoas jurídicas têm o **dever de alegar** a prescrição, quando for o caso, e de não lhe dar causa, ou seja, de não permanecerem inertes durante o prazo em que a pretensão deveria ser exercida. Se o fizerem, serão responsáveis pelos prejuízos que causarem, em face do titular do direito (art. 195).

Por fim, cumpre salientar que se fala em **exceção** para se referir a uma **defesa** contra uma **pretensão**. Nos termos do art. 190 do Código, a exceção submete-se ao mesmo prazo prescricional que a pretensão a ela correspondente.

A compensação, como se verá no estudo do Direito das Obrigações, tem a natureza de uma exceção. Em poucas palavras, trata-se de hipótese em que a dívida ou parte dela é extinta por ser o devedor credor do seu credor, caso em que os créditos de um e outro se anulam.

Caio é credor de R$ 100,00 de Silvio, mas lhe deve R$ 50,00. Nos termos do art. 206, § 5º, I, Caio tem cinco anos para exigir em juízo o pagamento, a contar da data da origem de seu crédito contra Silvio. Igual prazo tem Silvio, a contar da origem de seu crédito contra Caio, para lhe opor a exceção (compensação). Após o decurso desses prazos, tanto a pretensão de Caio quanto a exceção de Silvio têm suas eficácias esvaziadas.

1.1 Prazos prescricionais

O Código Civil estabelece o prazo prescricional geral de dez anos no art. 205 e prazos especiais no art. 206, ressalvando a possibilidade de leis especiais fixarem outros. Isso quer dizer que, quando a lei não tiver fixado prazo menor, será adotada a regra geral de dez anos. Vejamos alguns exemplos na jurisprudência de aplicação do art. 205 do CC:

---

[164] "Em complemento ao Enunciado 295, a decretação ex officio da prescrição ou da decadência deve ser precedida de oitiva das partes". Como veremos adiante, apenas a decadência legal pode ser declarada de ofício pelo juiz (art. 211 do CC).

- **Pretensão indenizatória decorrente de inadimplemento contratual, se não houver previsão de prazo diferenciado.** Controvérsias relacionadas à responsabilidade contratual submetem-se à regra geral do art. 205, pois, segundo o STJ, o art. 206, § 3º, V, do CC aplica-se exclusivamente à responsabilidade extracontratual. Dessa forma, quando a legislação fala em "reparação civil", essa expressão deve ser interpretada de forma restritiva, sendo aplicável o prazo de 3 anos para a hipótese de responsabilidade extracontratual e de 10 anos para a responsabilidade contratual (STJ, 2ª Seção, EREsp 1.280.825-RJ, relatora: Min. Nancy Andrighi, data do julgamento: 27/6/2018)[165].

- **Pretensão de cobrança, entre advogados, de honorários advocatícios.** Conforme entendimento da 3ª Turma do STJ, o prazo prescricional aplicável em caso de rateio de honorários advocatícios é o constante do art. 205, *caput*, do Código Civil, que é de dez anos. O prazo quinquenal disposto no art. 25 do Estatuto da Advocacia (Lei 8.906/1994) e no artigo 205, § 5º, inciso II, do CC aplica-se somente nas relações **entre advogado e cliente**, não quando se trata de repartição de honorários entre advogados (3ª Turma, REsp 1.504.969-SP, relator: Min. Ricardo Villas Bôas Cueva, data do julgamento: 10/3/2015).

- **Pretensão de cobrança decorrente de conserto de automóvel por mecânico que não tenha conhecimento técnico e formação intelectual suficiente para ser qualificado como profissional liberal.** Quando se trata de profissional liberal – pessoa que exerce atividade especializada de prestação de serviços de natureza predominantemente intelectual e técnica, em caráter permanente e autônomo, sem qualquer vínculo de subordinação –, o prazo é quinquenal (art. 206, § 5º, II, do CC). Todavia, nesse caso, por falta de formação técnica, o STJ considerou aplicável o prazo de 10 anos (3ª Turma, REsp 1.546.114-ES, relator: Min. Paulo de Tarso Sanseverino, data do julgamento: 17/11/2015).

- **Pretensão indenizatória decorrente de vício construtivo.** Nesse caso, também incide o art. 205 do CC. Devemos, contudo, estabelecer a seguinte diferença: o prazo será decadencial de 1 ano se a pretensão da parte autora for o complemento da área, a resolução do contrato ou o abatimento proporcional do preço (art. 501 do CC) (3ª Turma, REsp 1.890.327/SP, relatora: Min. Nancy Andrighi, data do julgamento: 20/4/2021).

- **A ação de repetição de indébito por cobrança indevida de valores referentes a serviços não contratados de telefonia fixa.** Nesse caso, o STJ esclareceu que não é aplicável o prazo de cinco anos previsto no CDC (art. 27), que trata da responsabilidade do fornecedor pelo fato do serviço. Na hipótese, a pretensão não está vinculada a qualquer defeito na prestação do serviço, mas à restituição de valores de serviços cobrados indevidamente (Corte Especial, EAREsp 738.991-RS, relator: Min. Og Fernandes, data do julgamento: 20/2/2019).

- **Pretensão para o paciente exigir do plano de saúde o reembolso de valores pagos em razão de negativa de cobertura.** A prescrição trienal prevista no art. 206, § 3º, IV, do CC não é aplicável a qualquer pretensão relacionada a planos privados de assistência à saúde, mas somente àquela referente à nulidade de cláusula com a consequente repetição do indébito, traduzidas como pretensões de ressarcimento de enriquecimento sem causa. Ainda, como se trata de responsabilidade contratual, aplica-se a regra geral do art. 205, conforme julgado anteriormente mencionado (2ª Seção, REsp 1.756.283/SP, relator: Min. Luis Felipe Salomão, data do julgamento: 11/3/2020)

---

[165] Cabe lembrar que há posicionamento divergente na doutrina. De acordo com o Enunciado 419 da V Jornada de Direito Civil, o prazo de 3 anos para a prescrição da pretensão de reparação civil deve ser aplicado tanto à responsabilidade contratual quanto à responsabilidade extracontratual.

- **Pretensão de repetição de indébito relativo às tarifas de serviços de água e esgoto cobradas indevidamente.** Nos termos da Súmula 412 do STJ, "A ação de repetição de indébito de tarifas de água e esgoto sujeita-se ao prazo prescricional estabelecido no Código Civil". Dessa forma, será de (i) 20 (vinte) anos, na forma do art. 177 do Código Civil de 1916, se o fato ocorreu sob a vigência do CC/1916; (ii) 10 (dez) anos, tal como previsto no art. 205, observando-se a regra de direito intertemporal, estabelecida no art. 2.028 do Código Civil de 2002, se o fato ocorreu sob a vigência do CC/2002 (1ª Seção, REsp 1.532.514-SP, relator: Min. Og Fernandes, 1ª Seção, data do julgamento: 10/5/2017).

- **- Pretensão creditícia ao reembolso de despesas alimentícias efetuadas por terceiro, no lugar de quem tinha a obrigação de prestar alimentos.** Por equiparar-se à gestão de negócios, prescreve em 10 anos e não em 2 anos (art. 206, § 2º). Esclarece o STJ que, nesse caso, a pretensão do terceiro ao reembolso de seu crédito tem natureza pessoal, não se situando no âmbito do direito de família. Assim, não há como reconhecer a incidência do prazo prescricional de 2 (dois) anos – destinado à pretensão de cobrança de prestações alimentares (4ª Turma, REsp 1.453.838/SP, relator: Min. Luis Felipe Salomão, data do julgamento: 24/11/2015).

- **Pretensão ao recebimento de valores pagos que não foram restituídos diante de rescisão de contrato de compra e venda de imóvel.** Submete-se ao prazo prescricional decenal previsto no art. 205, pois a pretensão de restituição de valores pagos em razão de desfazimento de negócio jurídico, a qual não foi objeto da sentença judicial anulatória, não se enquadra em nenhum dos prazos prescricionais expressamente previstos na lei material (3ª Turma, REsp 1.297.607-RS, relator: Min. Sidnei Beneti, data do julgamento: 12/3/2013).

Segundo o parágrafo primeiro do art. 206, é de **um ano** o prazo prescricional para: I – a pretensão dos hospedeiros ou fornecedores de víveres destinados a consumo no próprio estabelecimento, para o pagamento da hospedagem ou dos alimentos; II – a pretensão do segurado contra o segurador, ou a deste contra aquele, contado o prazo: (a) para o segurado, no caso de seguro de responsabilidade civil, da data em que é citado para responder à ação de indenização proposta pelo terceiro prejudicado, ou da data em que o indeniza, com a anuência do segurador; (b) quanto aos demais seguros, da ciência do fato gerador da pretensão; III – a pretensão dos tabeliães, auxiliares da justiça, serventuários judiciais, árbitros e peritos, pela percepção de emolumentos, custas e honorários; IV – a pretensão contra os peritos, pela avaliação dos bens que entraram para a formação do capital de sociedade anônima, contado da publicação da ata da assembleia que aprovar o laudo; V – a pretensão dos credores não pagos contra os sócios ou acionistas e os liquidantes, contado o prazo da publicação da ata de encerramento da liquidação da sociedade.

Em relação ao inciso II do art. 206, é preciso ter a seguinte cautela: quando a pretensão é de **terceiro contra a seguradora**, o prazo é de 10 anos (por exemplo: beneficiário indicado na apólice de seguro de vida que não recebe o valor da empresa seguradora). Nesse caso, segundo o STJ (AREsp 1.441.138, data do julgamento: 24/3/2020), como o beneficiário do seguro de vida não se confunde com a figura do segurado, não há como aplicar o dispositivo em comento.

Conforme o § 2º do art. 206, é de **dois anos** o prazo prescricional para a pretensão de haver prestações alimentares, a partir da data em que vencer cada uma delas. Nesse ponto, pode surgir a seguinte dúvida: se o prazo prescricional não corre entre ascendentes e descendentes ao longo do exercício do poder familiar, como interpretar esse prazo de dois anos? Devemos ter em mente que essa disposição tem aplicação com a extinção da autoridade parental. Assim, em razão da regra prevista no art. 197, II, do Código Civil, o prazo prescricional da pretensão executória relativamente às prestações alimentícias vencidas ao longo do poder familiar inicia-se com a extinção deste, independentemente do vencimento de cada uma das prestações. Em suma, a contagem do prazo de dois anos para a prescrição das prestações de alimentos vencidas só se iniciará quando o filho atingir a maioridade, seja ao completar 18 (dezoito) anos ou ao ser emancipado.

Nos termos do parágrafo terceiro, o prazo prescricional é de **três anos** para: I – a pretensão relativa a aluguéis de prédios urbanos ou rústicos; II – a pretensão para receber prestações vencidas de rendas temporárias ou vitalícias; III – a pretensão para haver juros, dividendos ou quaisquer prestações acessórias, pagáveis, em períodos não maiores de um ano, com capitalização, ou sem ela; IV – a pretensão de ressarcimento de enriquecimento sem causa; V – a pretensão de reparação civil[166]; VI – a pretensão de restituição dos lucros ou dividendos recebidos de má-fé, correndo o prazo da data em que foi deliberada a distribuição; VII – a pretensão contra as pessoas em seguida indicadas por violação da lei ou do estatuto, contado o prazo: (a) para os fundadores, da publicação dos atos constitutivos da sociedade anônima; (b) para os administradores, ou fiscais, da apresentação, aos sócios, do balanço referente ao exercício em que a violação tenha sido praticada, ou da reunião ou assembleia geral que dela deva tomar conhecimento; (c) para os liquidantes, da primeira assembleia semestral posterior à violação; VIII – a pretensão para haver o pagamento de título de crédito, a contar do vencimento, ressalvadas as disposições de lei especial; IX – a pretensão do beneficiário contra o segurador, e a do terceiro prejudicado, no caso de seguro de responsabilidade civil obrigatório.

Prescreve em **quatro anos**, segundo o § 4º do art. 206, a pretensão relativa à tutela, a contar da data da aprovação das contas.

Por fim, conforme o § 5º do art. 206, prescreve em **cinco anos**: I – a pretensão de cobrança de dívidas líquidas constantes de instrumento público ou particular; II – a pretensão dos profissionais liberais em geral, procuradores judiciais, curadores e professores pelos seus honorários, contado o prazo da conclusão dos serviços da cessação dos respectivos contratos ou mandato; III – a pretensão do vencedor para haver do vencido o que despendeu em juízo. São exemplos de aplicação desse dispositivo na jurisprudência:

- **Cobrança materializada em boleto bancário (inciso I)** (STJ, 3ª Turma, REsp 1.763.160-SP, relator: Min. Ricardo Villas Bôas Cueva, data do julgamento: 17/9/2019).
- **Cobrança de taxa condominial (ordinária ou extraordinária) pelo condomínio geral ou edilício (vertical ou horizontal), constante em instrumento público ou particular (inciso I)** (STJ, 2ª Seção, REsp 1.483.930/DF, relator: Ministro Luis Felipe Salomão, data do julgamento: 23/11/2016, *data da publicação: 1/2/2017*).
- **Cobrança de honorários periciais arbitrados em processo judicial em que a parte é beneficiária da gratuidade da justiça (inciso II)** (STJ, 2ª Turma, AgRg no REsp 1.337.319-MG, relator: Min. Herman Benjamin, data do julgamento: 6/12/2012).

1.2 Impedimento e suspensão do prazo prescricional

Existem fatos jurídicos que impedem que o prazo prescricional comece a correr – **causas impeditivas** – ou deixe de correr por um tempo – **causas suspensivas**.

Na verdade, os fatos que impedem o curso do prazo são os mesmos que o suspendem. Somente na análise do caso concreto é que se poderá determinar se a causa operou como impeditiva ou suspensiva.

---

[166] A reparação civil prevista no CC é aquela que decorre de relação entre particulares. Nas ações indenizatórias ajuizadas contra a Fazenda Pública, o prazo será quinquenal, por expressa previsão em legislação especial (art. 1º do Decreto 20.910/1932).

Identificando-se que se trata de **causa impeditiva**, somente após sua extinção é que o prazo prescricional **começará a correr**. Por outro lado, identificando-se que se trata de **causa suspensiva**, a qual suspende o curso do prazo, sua extinção implica que o prazo voltará a correr **de onde havia parado**.

1.2.1 Causas impeditivas ou suspensivas

Os arts. 197 a 199 do Código cuidam das "causas que impedem ou suspendem a prescrição". Não é demais lembrar ao leitor que cabe ao intérprete verificar, em cada caso, se haverá impedimento do início do fluxo ou suspensão do curso do prazo.

Antes de estudarmos cada uma delas, no entanto, cumpre salientar que, nos termos do art. 200, se a ação – ou, mais tecnicamente, a pretensão de cuja prescrição se trata – se originar de fato que deva ser apurado no **juízo criminal**, o prazo prescricional não fluirá enquanto não **transitar em julgado** a sentença penal. Nessa hipótese, segundo o STJ, é imprescindível que tenha sido instaurado, pelo menos, inquérito policial, ou já tenha sido proposta ação penal. Assim, se o fato não está sendo sequer apurado, não há sentido para a suspensão (3ª Turma, REsp 1.180.237/MT, data do julgamento: 19/6/2012).

Nos casos de **solidariedade** – que estudaremos na Parte II – Direito das Obrigações –, a suspensão da prescrição em favor de um dos credores solidários somente aproveita aos demais se a obrigação for **indivisível** (art. 201).

1.2.1.1 Constância da sociedade conjugal

O prazo prescricional não começa a correr entre os cônjuges, na **constância da sociedade conjugal**, e, se já estiver em curso antes do casamento, suspende-se quando da sua celebração (art. 197, I). A razão de ser desse dispositivo é a manutenção da estabilidade e da harmonia da relação conjugal.

Como veremos ao estudar o Direito de Família, na Parte V desta obra, o art. 1.571 do Código Civil elenca, como causas da extinção da sociedade conjugal, a morte de um dos cônjuges, a declaração de nulidade ou anulação do casamento, a separação judicial e o divórcio. Deve-se atentar, não obstante, para a Emenda Constitucional 66, de 13 de julho de 2010, que alterou a redação do parágrafo sexto do art. 226 da Constituição, abolindo a obrigatoriedade da etapa da separação judicial do processo de dissolução do casamento.

Frise-se que a **separação de fato**, a qual poderá continuar ocorrendo mesmo após a promulgação da Emenda 66 – afinal, basta que os cônjuges se afastem, o que o Direito não tem como impedir –, não constitui causa extintiva da sociedade conjugal no art. 1.571 do Código Civil, nem agora nem antes da Emenda, razão pela qual o prazo prescricional continua, em regra, impedido de começar a fluir, ou permanece suspenso, mesmo que o casal tenha se separado de fato. Utiliza-se a expressão "em regra", porque, embora a separação de fato não esteja no rol de causas terminativas da sociedade conjugal (art. 1.517 do CC), quando ela é muito prolongada, pode vir a ser considerada como causa de dissolução apta a deixar de impedir a fluência do prazo prescricional. Esse entendimento foi aplicado pelo STJ em um caso concreto no qual a separação de fato havia ocorrido há mais de 30 anos, mas um dos cônjuges pretendia exercer direitos patrimoniais por ocasião do divórcio. Segundo o entendimento da Corte, como a separação de fato extingue o regime de bens e cessa os deveres matrimoniais, indicando, assim, o fim da *affectio maritalis*, deve ser capaz também de mitigar a regra do art. 197, I, do CC (3ª Turma, REsp 1.660.947/TO, data do julgamento: 5/11/2019).

Quanto à união estável, embora o CC não trate expressamente dela, temos que fazer uma interpretação ampliativa do art. 197, especialmente diante do *status* constitucional que o instituto adquiriu. Nesse sentido é o Enunciado 296 da IV Jornada de Direito Civil: "Não corre a prescrição entre os companheiros, na constância da união estável".

1.2.1.2 Poder familiar

Enquanto os pais tiverem o chamado **poder familiar**, modernamente conhecido como **autoridade parental**, sobre os filhos menores, não haverá curso de prazo prescricional entre eles (art. 197, II).

Um exemplo de direito subjetivo do filho menor contra o pai seria a hipótese de um crédito herdado pelo menor da mãe, ou do avô materno. Um exemplo de direito subjetivo do pai contra o filho seria a hipótese, imaginemos, de a loja do pai fornecer produtos para a conservação da fazenda de propriedade do filho.

Impende chamar a atenção do leitor para o fato de que a autoridade parental se extingue pela **maioridade** do filho (art. 1.635, III), pela **emancipação** (art. 1.635, II), pela **adoção** (art. 1.635, IV) ou pela **destituição**, por sentença judicial (art. 1.635, V). O filho só se torna maior ao completar dezoito anos. Todavia, todas as demais hipóteses de extinção do poder familiar ocorrem antes de o filho completar essa idade. Considerando-se que, como veremos, apenas a incapacidade absoluta é causa impeditiva e suspensiva da prescrição (art. 198, I), o prazo poderia fluir após o filho completar **dezesseis anos**, caso a autoridade parental se houvesse extinto pela emancipação, pela adoção ou pela perda em sentença.

Ademais, caso o leitor esteja pensando que o poder familiar será sempre **causa impeditiva** da prescrição, vez que o filho já nasce sob a autoridade parental, cumpre lembrar que há casos de aquisição posterior do poder familiar, quando há reconhecimento tardio da filiação, ou quando há adoção. Supondo-se que o filho já tivesse direito subjetivo contra um dos pais, ou ambos, ou estes, ou um deles, contra o filho, antes da aquisição da autoridade parental, haveria **suspensão**, e não impedimento do curso do prazo prescricional.

Ainda em relação ao poder familiar, necessário tratarmos da questão do **abandono afetivo** e do lapso prescricional para a propositura de eventual indenização. A *priori* – voltaremos ao tema na parte desta obra que trata do Direito de Família –, é possível admitir a fixação de danos morais pelo abandono afetivo, por violação ao dever de responsabilidade imaterial, extraído do art. 227 da CF[167]. E há um prazo para que o filho ou a filha que se prejudicou proponha uma demanda para minorar as consequências desse abandono? A resposta a esse questionamento depende da análise quanto ao reconhecimento da paternidade. Se esta for do conhecimento do autor desde sempre, o prazo prescricional da pretensão reparatória começará a fluir **a partir da maioridade do autor da ação** (STJ, REsp 1.298.576/RJ). *A contrario sensu*, não é possível falar em abandono afetivo antes do reconhecimento da paternidade, mostrando-se imprescindível a propositura de ação de investigação antes ou concomitantemente ao pleito indenizatório.

1.2.1.3 Tutela ou curatela

Outro fato que impede ou suspende a prescrição é o **exercício da tutela ou curatela**, que não permite o fluxo do prazo prescricional entre o tutor e o tutelado e entre o curador e o curatelado (art. 197, III).

Cabe ressaltar, vez que ainda não estudamos o Direito de Família, que a **tutela** se consubstancia na criação, educação e representação dos **menores** que não estiverem sob a autoridade parental, e que a **curatela** consiste na representação e administração dos interesses dos **interditos**, ou seja, as pessoas declaradas incapazes para a prática dos atos da vida civil em sentença.

---

[167] Em 2018, ao divulgar a 125ª Edição da ferramenta Jurisprudência em Teses, o STJ definiu que "o abandono afetivo de filho, em regra, não gera dano moral indenizável, podendo, em hipóteses excepcionais, se comprovada a ocorrência de ilícito civil que ultrapasse o mero dissabor, ser reconhecida a existência do dever de indenizar".

1.2.1.4 Incapacidade absoluta

A **incapacidade absoluta**, de que trata o art. 3º do Código, também constitui causa que impede ou suspende a prescrição (art. 198, I).

É importante lembrar que, após a entrada em vigor do **Estatuto da Pessoa com Deficiência – EPD –**, em janeiro de 2016, somente os menores de dezesseis anos são considerados absolutamente incapazes no Direito brasileiro. Nesse ponto, vale a crítica da doutrina sobre a ausência de proteção a determinados sujeitos que, atualmente, não estão contemplados no rol dos absolutamente incapazes. Como vimos, o propósito do Estatuto da Pessoa com Deficiência foi conferir maior autonomia às pessoas com deficiência, física ou mental, que não se enquadram mais no conceito de absolutamente incapazes. Com a alteração, surge o problema: contra essas pessoas, independentemente do nível de deficiência, não cabe aplicar a regra de impedimento do curso do prazo prescricional. Ou seja, a proteção legal não mais subsiste. Para resolver essa ausência de proteção legal e enfrentar de forma menos literal a disposição legal, parte da doutrina propõe a aplicação da denominada *teoria contra non valentem*, sempre que a pessoa com deficiência não puder, a partir do caso concreto, exprimir a sua vontade. Em sua tradução livre, a teoria quer dizer que a prescrição não corre contra quem não se pode agir, admitindo, assim, que outras hipóteses possam obstar o curso do prazo prescricional.

1.2.1.5 Serviço público fora do país

A **ausência do país em serviço público**, seja da União, de Estado ou Município, constitui causa que impede ou suspende a prescrição (art. 198, II). Ao retornar o sujeito ao Brasil, o prazo prescricional começa ou volta a correr.

1.2.1.6 Atuação em guerra

Outra causa impeditiva ou suspensiva da prescrição é a atuação em **guerra** de quem estiver **a serviço das Forças Armadas** (art. 198, III). Finda a guerra, o prazo prescricional começa ou volta a correr.

1.2.1.7 Pendência de condição suspensiva

A prescrição não corre na pendência de **condição suspensiva** (art. 199, I), porquanto, até que esta se verifique, não há direito adquirido, senão mera expectativa de direito. E, se não há direito subjetivo, não há violação, nem pretensão. Sem pretensão, não há que se cogitar de prescrição, que nada mais é do que o esvaziamento de sua eficácia.[168]

Augusto doa a Berenice um bezerro contanto que a vaca Mimosa fique prenha até o final do semestre. Antes de a condição se implementar, Berenice terá mera expectativa de direito. Logo, não se poderá pensar em descumprimento da obrigação de entregar o bezerro, muito menos em pretensão, ou seja, possibilidade de se exigir a entrega em juízo – a qual se submeteria a prazo prescricional.

---

[168] As hipóteses do art. 199, anterior art. 170, já sofriam críticas na vigência do Código de 1916, pois se trata de casos em que não poderia correr a prescrição em razão de não haver pretensão (BEVILÁQUA, Clóvis. *Código comentado*, cit., v. 1. p. 360; VENOSA, Sílvio de Salvo. *Código Civil interpretado*. São Paulo: Atlas, 2009. p. 222).

1.2.1.8 Prazo não vencido

A prescrição não corre enquanto o prazo não tiver vencido (art. 199, II), ou seja, enquanto não se tiver atingido o **termo final**, vez que, até esse momento, o titular do direito eventual ainda não o terá adquirido por completo, e, consequentemente, não se poderá pensar em violação, nem em pretensão.

Caio emprestou a Orlando um cavalo até o Natal daquele ano. Antes dessa data, Caio terá apenas direito eventual à restituição, cuja aquisição somente se completará no dia marcado. Somente após a aquisição completa do direito é que se poderia pensar na hipótese de descumprimento e de surgimento, para Caio, da pretensão em face de Orlando, ou seja, da possibilidade de exigir o cumprimento do direito em juízo, a qual se submeteria a prazo prescricional.

1.2.1.9 Pendência de ação de evicção

Pendente a **ação de evicção**,[169] não corre a prescrição (art. 199, III). Na verdade, enquanto estiver em curso a ação, não terá ainda havido a evicção, e, somente após esse fato – como veremos oportunamente, ao estudar o tema – é que surge o direito à indenização pela evicção, o qual é amparado por uma pretensão, que se sujeita a prazo prescricional. A propósito, cabe destacar que o STJ confirmou, em novembro de 2016, que o prazo prescricional para se pleitear a indenização devida pelos prejuízos causados pela evicção é de três anos, por se tratar de hipótese de reparação civil — art. 206, § 3º, V — (REsp 1.577.229/MG, 3ª Turma, relatora: Min. Nancy Andrighi, data do julgamento: 08/11/2016, data da publicação: 14/11/2016).

1.3 Interrupção do prazo prescricional

Há outros fatos, por sua vez, que **interrompem** o prazo prescricional que se encontra em curso.

O que distingue a interrupção da suspensão é que aquela não suspende o fluxo do prazo, que recomeça a correr da própria **data da interrupção**, ou da **data do último ato do processo para o interromper** (art. 202, parágrafo único). Veja-se que a interrupção implica o **reinício** do prazo, ou seja, este volta a correr, porém do zero.

Importante salientar que a interrupção somente poderá ocorrer **uma única vez** (art. 202, *caput*), e pode ser promovida por **qualquer interessado** (art. 203). Essa orientação já prevalecia no âmbito da doutrina e, em 2022, a jurisprudência do STJ consolidou esse entendimento. Afirma-se, portanto, que a interrupção da prescrição, independentemente de seu fundamento, ocorre apenas uma única vez. Dessa forma, se, por exemplo, determinado credor providenciou o protesto das duplicatas com vistas a exigir do devedor o seu pagamento (art. 202, II), não pode, posteriormente, ocorrer nova interrupção do prazo prescricional em razão do ajuizamento de ação declaratória de inexigibilidade (STJ, 3ª Turma, REsp 1.963.067/MS, data do julgamento: 22/2/2022).

Se promovida por um credor, não aproveitará aos outros, assim como, se promovida contra um dos devedores ou seus herdeiros, não prejudica os demais (art. 204).

Todavia, se a obrigação for **solidária**,[170] a interrupção aproveitará a todos os credores solidários, bem como prejudicará todos os devedores solidários ou seus herdeiros (art. 204, § 1º).

---

[169] Estudaremos o tema da **evicção** na Parte III – Direito dos Contratos.
[170] Estudaremos o tema da **solidariedade** na Parte II – Direito das Obrigações.

Se a interrupção for promovida contra um dos herdeiros do devedor solidário, os demais herdeiros ou devedores não serão prejudicados, a não ser que se trate de obrigação **indivisível** (art. 204, § 2º).

Caso a interrupção seja promovida contra o **devedor principal**, será prejudicado o fiador (art. 204, § 3º). Afinal, o acessório segue o principal (*accessorium sequitur principale*).

1.3.1 Causas interruptivas

As causas interruptivas do prazo prescricional são listadas pelo art. 202 do Código.

1.3.1.1 Citação

Considera-se interrompida a prescrição na data do **despacho do juiz**, mesmo incompetente, que tiver ordenado a **citação**, contanto que o interessado a tenha promovido no prazo e na forma determinados pela lei processual (art. 202, I). A *ratio essendi* do art. 202, I, é favorecer o autor que já não mais se encontra na inércia pela proteção de seu direito (STJ, REsp 1.893.497/PR, relatora: Min. Nancy Andrighi, 3ª Turma, data do julgamento: 17/8/2021, *data da publicação: 19/8/2021*).

É necessário interpretar essa hipótese de interrupção conjuntamente com o art. 240, § 1º, do Código de Processo Civil, o que quer dizer que o despacho que ordena a citação é o marco interruptivo da prescrição, mas, com a citação, a interrupção deve retroagir até a data da propositura da demanda.

Ressalte-se que, no CPC/1973, a previsão era no sentido de que apenas a citação válida era capaz de interromper a prescrição. Ou seja, o mero despacho ordenatório da citação não tinha aptidão para interromper o prazo prescricional. Essa previsão já conflitava com o art. 202, I, do Código Civil, que considera interrompida a prescrição por despacho do juiz que, mesmo incompetente, ordene a citação.

Para estabelecimento do marco da interrupção da prescrição, importa tão somente o protocolo da petição inicial (art. 312 do CPC), desde que o autor promova a citação do réu nos 10 (dez) dias subsequentes ao despacho que a ordenar, não ficando prejudicado pela demora imputável exclusivamente ao serviço judiciário (art. 240, §§ 2º e 3º). Promover significa diligenciar, adiantar, requerer. No caso específico da citação, equivale a dizer que o autor forneceu o endereço do citando e efetuou o pagamento das despesas referentes à diligência. A lentidão da abarrotada máquina judiciária, a toda evidência, não prejudicará a parte.

Distribuída a petição inicial (com clareza suficiente para levar ao conhecimento do réu a pretensão do autor) e diligenciada a citação no prazo de 10 dias, o despacho citatório interromperá a prescrição, que só voltará a fluir da data do ato que a interrompeu ou do último ato do processo para a interromper (pode ser a sentença, a decisão monocrática ou o acórdão).

O efeito retroativo desse instituto se aplica à decadência e aos demais prazos extintivos previstos na lei civil (art. 240, § 4º). Assim, promovida a citação, considera-se exercido o direito (potestativo) na data do ajuizamento e, portanto, obstada a decadência, caso ainda não operada.

O despacho que ordena a citação somente tem aptidão para interromper a prescrição se não incidiu outra causa anterior, porquanto a prescrição, como visto anteriormente, só é interrompida uma vez. Caso, antes do ajuizamento da ação, tenha ocorrido outra causa interruptiva, o despacho ordenatório e a subsequente citação efeito algum terão sobre o curso da prescrição, que continuará a fluir a contar da anterior causa interruptiva, suspendendo-se, contudo, a contar do ajuizamento da ação e retomando o seu curso quando praticado o último ato do processo.

1.3.1.2 Protesto

Considera-se interrompida a prescrição na data do **despacho do juiz**, mesmo incompetente, que tiver determinado a **intimação do protesto judicial** (art. 202, II, do Código Civil).[171]

Interrompe também a prescrição o **protesto cambial** (art. 202, III), ou seja, o protesto do título de crédito que se dá em cartório.[172] Com relação ao protesto cambial, deve-se ter cuidado com os casos que devam ser resolvidos por aplicação do Código Civil de 1916, porquanto, neste diploma, o protesto cambial não configurava causa interruptiva da prescrição (art. 172 do Código anterior).

1.3.1.3 Apresentação do título de crédito

A apresentação do título de crédito no juízo do **inventário**[173] – no caso do devedor morto – ou no **concurso de credores**[174] – no caso do devedor falido – também interrompe a prescrição (art. 202, IV). Aqui ocorre a interrupção com a simples habilitação do credor no processo de inventário ou em procedimento falimentar ou de insolvência civil.

1.3.1.4 Mora

Qualquer **ato judicial** que constitua o devedor em **mora**[175] interrompe a prescrição (art. 202, V), que voltará a ser contada somente após o trânsito em julgado da decisão judicial que ponha fim ao processo que a interrompeu (STJ, REsp 1.135.682/RS, relatora: Min. Maria Isabel Galloti, 4ª Turma, data do julgamento: 13/4/2021, *data da publicação:* 23/4/2021).

1.3.1.5 Ato inequívoco de reconhecimento do direito

Qualquer **ato inequívoco**, judicial ou extrajudicial, que implique **reconhecimento do direito** pelo devedor interrompe o prazo prescricional (art. 202, VI).

Para que se enquadre nesse inciso, o devedor deve demonstrar, sem qualquer espaço para dúvidas, que reconheceu o direito do credor. Podemos citar como exemplo a formalização de uma confissão de dívida ou a simples negociação para prorrogação do prazo para pagamento. Por outro lado, o mero p4edido de concessão de prazo para analisar documentos com o fim de verificar a existência do débito não tem o condão de interromper a prescrição (STJ, 3ª Turma, REsp 1.677.895/SP, relatora: Min. Nancy Andrighi, data do julgamento: 6/2/2018). Igualmente, o mero envio de notificação extrajudicial, com a indicação do valor do débito e prazo para pagamento, não constituiu causa apta a interromper a prescrição, já que, nessa hipótese, não

---

[171] A questão do **protesto judicial** também é objeto de estudo do Direito Processual Civil. O procedimento relativo a protestos, notificações e interpelações estava disciplinado no CPC/1973, no Livro relativo ao Processo Cautelar, mais precisamente nos arts. 867 a 873. Apesar disso, sempre se entendeu que eles não possuem natureza cautelar, porquanto não prestam cautela a processo algum, instaurado ou a instaurar. Na verdade, trata-se de procedimento de jurisdição voluntária, que agora está sendo tratado como tal no CPC/2015.

[172] A questão do **protesto cambial** é objeto de estudo do Direito Cambiário, subdivisão do Direito Comercial.

[173] A questão do **inventário** será objeto do nosso estudo na Parte VI – Direito das Sucessões.

[174] A questão do **concurso de credores** é objeto de estudo do Processo de Execução Concursal, dentro do Direito Comercial.

[175] A questão da **mora** será objeto do nosso estudo na Parte II – Direito das Obrigações.

há ato inequívoco de reconhecimento da dívida (STJ, 2ª Turma, AgRg no REsp 1.553.565/DF, relatora: Min. Herman Benjamin, data do julgamento: 3/12/2015, *data da publicação: 5/2/2016*).

1.4 Prestações imprescritíveis

Há pretensões que são consideradas imprescritíveis, ou seja, não dependem de prazo para o seu exercício.

A **ação de investigação de paternidade** é um exemplo (Súmula 149 do STF). Como a **filiação** é um atributo inerente à personalidade da pessoa, deve ser assegurado ao filho o reconhecimento de sua verdadeira origem genética, independentemente de qualquer lapso temporal. Entretanto, as questões patrimoniais decorrentes desse reconhecimento submetem-se aos prazos previstos na lei civil.

Da mesma forma, é imprescritível a pretensão de reconhecimento de **ofensa a direito da personalidade**, embora os reflexos patrimoniais estejam, em regra, sujeitos à prescrição. Aqui, temos como exceção as ações de indenização por danos morais decorrentes de atos de tortura ocorridos durante o **Regime Militar**. Nesse caso, além de a ofensa aos direitos da personalidade não se sujeitar à prescrição, a própria ação indenizatória também não se submete a prazo para seu exercício. A excepcionalidade se justifica porque, durante o regime militar, a ordem jurídica foi desconsiderada, com legislação de exceção, tendo havido incontáveis abusos e violações aos direitos fundamentais (Súmula 647 do STJ).

A imprescritibilidade é sempre uma exceção em nosso ordenamento, podendo ser vista, ainda, nos casos em que se pretende o ressarcimento de danos ao erário decorrentes de ato doloso de improbidade administrativa. Nesse caso, segundo posicionamento do Supremo Tribunal Federal, a imprescritibilidade decorre da parte final do art. 37, § 5º, da Constituição Federal. De toda forma, o § 5º do art. 37 da CF deve ser lido em conjunto com o § 4º, de forma que ele se refere, consoante o STF, **apenas aos casos de improbidade administrativa**. Em outras palavras:

- É **prescritível** a ação de reparação de danos à Fazenda Pública decorrente de ilícito civil. Assim, se o Poder Público sofrer um dano ao erário decorrente de um ilícito civil e desejar ser ressarcido, a ação deverá observar o prazo previsto em lei (RE 669069/MG, relator: Min. Teori Zavascki, data do julgamento: 3/2/2016 – repercussão geral).

- É **imprescritível** a ação de ressarcimento ao erário fundada na prática de ato doloso tipificado na Lei de Improbidade Administrativa (RE 852475/SP, relator orig.: Min. Alexandre de Moraes, relator para acórdão: Min. Edson Fachin, data do julgamento: 8/8/2018).

Também de acordo com o STF – que compartilhou entendimento já empossado pelo STJ –, a pretensão de reparação do **dano ambiental** não é atingida pela prescrição, em virtude da essencialidade do meio ambiente como um direito à vida, fundamental e essencial à afirmação dos povos. Além disso, como as referidas violações ao meio ambiente possuem caráter continuado, as ações de pretensão de cessação dos danos ambientais devem estar protegidas pelo manto da imprescritibilidade, independentemente de estar expresso ou não em texto legal (RE 654833, relator: Alexandre de Moraes, data do julgamento: 20/4/2020 – repercussão geral).

1.5 Prescrição intercorrente

O Código de Processo Civil de 2015 trata da prescrição intercorrente precisamente no art. 921. O Código Civil, por sua vez, estabeleceu, no art. 206-A, que a prescrição intercorrente observará o mesmo prazo de prescrição da pretensão, observadas as causas de impedimento, de suspensão e de interrupção da prescrição previstas nesse Código e observado o disposto no art.

921 do CPC. Em termos simples, o prazo da prescrição intercorrente é idêntico ao legalmente previsto para a prescrição da ação ou, em outras palavras, da pretensão original. Essa prescrição ocorre, especialmente, em razão da inércia do titular do direito.

A título de exemplo, pensemos numa ação de reparação civil. A prescrição da pretensão relativa à reparação civil ocorre em três anos. Não ajuizada a ação em até três anos a contar do evento danoso, a pretensão é alcançada pela prescrição (art. 206, § 3º, V, do CC). Por outro lado, não requerido o cumprimento da sentença nos termos do art. 523, *caput*, em até três anos a contar do momento em que o título se torna executável em caráter definitivo (trânsito em julgado da decisão), igualmente opera a prescrição. Os dois exemplos versam sobre a prescrição "corrente", em virtude da pretensão decorrente do ato ilícito gerador da obrigação ou da pretensão executiva da obrigação consubstanciada na sentença. E quanto à prescrição intercorrente, ou seja, operada depois do ajuizamento da ação executiva num sentido lato? Suponha-se que, na execução da sentença condenatória, proferida em ação de reparação de danos cujo pedido foi julgado procedente, o réu (executado) não tenha bens penhoráveis (ou estes não foram encontrados). Depois de vasta pesquisa no patrimônio do executado, não encontrando bens penhoráveis, a presunção é de que ele não os possua. Então, o juiz determina a suspensão da execução (art. 921, § 1º, do CPC). Decorrido o prazo de um ano da suspensão, os autos são arquivados e, no arquivo, começa a fluir o prazo prescricional. Depois de três anos no arquivo, ou seja, três anos a contar do término do prazo da suspensão, a prescrição já operou.

Vejamos outro exemplo: imagine que um consumidor tomou conhecimento de que seu nome estava "negativado" em razão de uma suposta dívida com a Empresa X. Contudo, esse consumidor nunca manteve relação contratual com a referida Empresa, vindo a conhecer a negativação em 1/5/2015. Esse consumidor terá o prazo de 3 anos para ajuizar ação declaratória de inexistência de débito cumulada com indenização por danos morais (art. 206, § 3º, do CC/2002). Não se trata de fato do produto, por isso não contamos o prazo de 5 anos do CDC (nesse sentido, por exemplo: STJ no AgInt no AREsp 663.730/RS, relator: Min. Ricardo Villas Bôas Cueva, *data da publicação:* 26/5/2017). O termo inicial não será a data da inclusão nos cadastros de inadimplentes, mas a data em que o consumidor tomou conhecimento do fato (teoria da *actio nata*). Assim, teremos: 1/5/2015 (data do conhecimento do fato) e prazo fatal para o ajuizamento da ação correspondente a 1/5/2018. Agora imagine que, dentro desse lapso temporal, o consumidor ajuizou a demanda e obteve uma sentença de mérito procedente. A sentença transitou em julgado em 20/3/2018. De acordo com o entendimento da jurisprudência, a execução prescreve no mesmo prazo da ação (Súmula 150 do STF). Assim, o consumidor terá até 20/3/2021 para promover o cumprimento de sentença. Essa, ainda, não é a prescrição intercorrente. Conforme ensina a doutrina, no cumprimento de sentença, nós teremos 3 contagens: primeiro para a propositura do processo de conhecimento (P1), depois para o início do cumprimento de sentença (P2) e, por fim, eventualmente para a prescrição intercorrente (P3). Na execução de título extrajudicial, essa contagem só ocorrerá 2 vezes (na propositura da execução e na prescrição intercorrente).

Para o nosso exemplo, esses prazos (P1, P2 e P3) são iguais, ou seja, de 3 anos. Continuemos. O consumidor observou esse segundo prazo (P2). A fase para satisfação do crédito teve início um dia após o trânsito em julgado: 21/3/2018. A empresa ré foi intimada para pagamento, mas não cumpriu voluntariamente a obrigação. Na sequência, foram realizados atos de constrição patrimonial, como tentativa de penhora de ativos financeiros, porém sem êxito. Nesse caso, de acordo com o art. 921, § 1º, do CPC, haverá a suspensão da execução, assim como do curso da prescrição. Esse prazo de suspensão é de um ano e, segundo entendimento doutrinário, ele começa a contar automaticamente, independentemente de decisão judicial nesse sentido (p. ex: Enunciado 195 do FPPC). Esse prazo de um ano começou em 21/4/2019. O processo ficará suspenso, assim como a prescrição, de 21/4/2019 até 21/4/2020. Durante o seu transcurso, não há falar em prescrição intercorrente. Se, nesse período, o consumidor se manifestar no sentido de satisfazer o crédito, a prescrição será afastada.

Chegando o dia 21/4/2020 sem manifestação do exequente, começará a correr o prazo de 3 anos relacionado à prescrição intercorrente (P3). Esse prazo não pode ser confundido com a prescrição da execução. Trata-se de um novo prazo relacionado à inércia do exequente. Mantida a inércia até 21/4/2023, a execução será extinta. Nessa hipótese, antes de extinguir a execução, o juiz deve intimar as partes. Caso ocorra a extinção, não haverá condenação do exequente ao pagamento de honorários, pois ele não pode ser punido pela ausência de bens do executado (nesse sentido: STJ, 4ª Turma, REsp 1.769.201/SP, data do julgamento: 12/3/2019; REsp 957.460/PR, 1ª Seção, data do julgamento: 18/2/2020).

O mais problemático nesse tema é saber o que pode ou não ser suficiente para impedir o decurso da prescrição intercorrente. Um exequente diligente não pode ser punido, ainda que não sejam localizados bens penhoráveis. Sobre o tema, sugerimos aprofundamento com a leitura do *Curso Didático de Direito Processual Civil*, de autoria de ELPÍDIO DONIZETTI.

2. DECADÊNCIA

Decadência é o *fato jurídico consubstanciado no decurso de um prazo dentro do qual um* **direito potestativo** *não é exercido, cujo efeito é a* **extinção** *desse direito*.

Direito potestativo é um *poder de ação ao qual não corresponde* **contraprestação***, mas cujo exercício pode repercutir na* **esfera jurídica** *de um sujeito diverso do titular do direito, independentemente da vontade ou aquiescência deste*.

Explique-se: conforme expendido, **direito subjetivo** é a faculdade da pessoa de realizar ou exigir uma conduta ou omissão, à qual corresponde um dever de terceiro diverso do titular do direito.

No caso do **direito potestativo**, por sua vez, o titular tem a faculdade de exigir algo que repercutirá na esfera jurídica de outrem, sem que este tenha qualquer dever. O direito potestativo é tido como um direito sem pretensão, pois insuscetível de violação em razão da impossibilidade de oposição de um dever de quem quer que seja[176].

Um menor casa sem autorização do seu representante legal. Surge, para o menor, para seu representante legal e para seus ascendentes, o direito potestativo de anular o casamento, independentemente da vontade da noiva, ou de dever de que ela seja titular, embora os efeitos da anulação tenham repercussão na esfera jurídica dela, que deixará de ser casada.

O **direito potestativo**, em geral, somente pode ser exercido dentro de um prazo estabelecido pela lei ou pela vontade dos sujeitos de um ato jurídico. Após o decurso desse prazo – denominado **prazo decadencial** –, **o direito se extingue**, e diz-se que ocorreu a sua **decadência**.

Daí a distinção entre a *prescrição*, que esvazia a eficácia da pretensão correspondente a um direito subjetivo, e a *decadência*, que extingue um direito potestativo.

Não se aplicam ao **prazo decadencial** as causas que impedem, suspendem ou interrompem o prazo prescricional (art. 207), exceto se houver expressa previsão legal, como ocorreu na Lei 14.010/2020, que, em razão da pandemia de Covid-19, admitiu a suspensão e interrupção de prazos decadenciais nas relações jurídico-privadas até 30/10/2020.

O art. 208 determina, ainda, que se aplique à decadência o art. 198, I, donde se conclui que o prazo decadencial não corre contra os **absolutamente incapazes** (após a entrada em vigor do **Estatuto da Pessoa com Deficiência – EPD** – apenas os menores de dezesseis anos).

---

[176] MOREIRA ALVES, José Carlos. *A Parte Geral do Projeto de Código Civil brasileiro*. São Paulo: Saraiva, 1986. p. 156.

O mesmo dispositivo estabelece a aplicação, ao tema da decadência, do art. 195 do Código, pelo que têm os relativamente incapazes e as pessoas jurídicas, prejudicados por seu assistente ou representantes legais, que deram causa à decadência de um direito seu, ou que não a alegaram oportunamente, em sua defesa, ação contra eles, para cobrar os prejuízos sofridos.

A decadência de um direito potestativo, conforme asseverado, pode ser determinada pela lei – caso de **decadência legal** – ou pela vontade dos sujeitos de um ato jurídico – caso de **decadência convencional**.

2.1 Decadência legal

Se a decadência do direito potestativo for determinada **pela lei**, pode ser alegada em **qualquer tempo e grau de jurisdição**, devendo ser reconhecida **de ofício** pelo juiz (art. 210) ou também alegada pelo Ministério Público quando lhe couber intervir no processo. A ideia é a de que, se a lei determinou a extinção do direito, a questão se torna de **ordem pública**, não interessando à ordem jurídica o exercício, e muito menos o acolhimento judicial, de um direito extinto.

Pela mesma razão, não se admite a **renúncia** à decadência legal pela parte a quem ela aproveita (art. 209).

Como o Código Civil estabeleceu um rol de prazos prescricionais nos arts. 205 e 206, os demais prazos previstos na lei material são considerados decadenciais. Exemplos: prazo decadencial de quatro anos para a anulação de negócio jurídico viciado (art. 178); prazo decadencial de trinta dias para reclamar sobre o abatimento do preço de bem móvel em caso de vício redibitório (art. 445); prazo de dois anos para anular venda de ascendente para descendente (art. 179).

2.2 Decadência convencional

Em um primeiro momento, pode parecer que a ideia de **decadência convencional** não se encaixa no conceito de decadência expendido, em razão do elemento *vontade*.

Não obstante, a vontade dos instituidores da decadência convencional se limita à criação do instituto e do respectivo prazo, mas sua configuração, não. Ou seja, a decadência convencional, assim como a decadência legal, é fato jurídico *stricto sensu* natural, e não fato jurídico voluntário. Frise-se: a vontade dos sujeitos tem relevância apenas para a determinação do prazo decadencial; porém, uma vez que este seja determinado, passa a correr independentemente da vontade dos sujeitos.

Impende destacar que a instituição de prazo decadencial de direito, por ato jurídico, deve ser sempre **expressa**, não deixando margem para dúvidas acerca de seu conteúdo.

Pode aquele a quem a decadência convencional aproveita alegá-la em **qualquer tempo e grau de jurisdição**, mas não pode o juiz suprir a alegação **de ofício** (art. 211).

Por fim, saliente-se que a parte a quem a decadência convencional aproveita pode a ela renunciar, simplesmente deixando de alegá-la.

Exemplo de decadência convencional pode ser visto, especialmente, nas relações de consumo. O nosso ordenamento admite a estipulação de prazo decadencial convencional que deve ser observado para reclamar eventuais falhas oriundas do contrato de prestação de serviço ou de aquisição de determinado produto. Se o fornecedor, por exemplo, indica ao consumidor que o prazo para reclamar defeitos surgidos no produto é de 10 dias, esse prazo não se confunde com aqueles previstos no art. 26 do CDC, que trata da decadência legal. Na verdade, esses prazos devem ser somados (art. 50 do CDC).

Quadro Esquemático 8

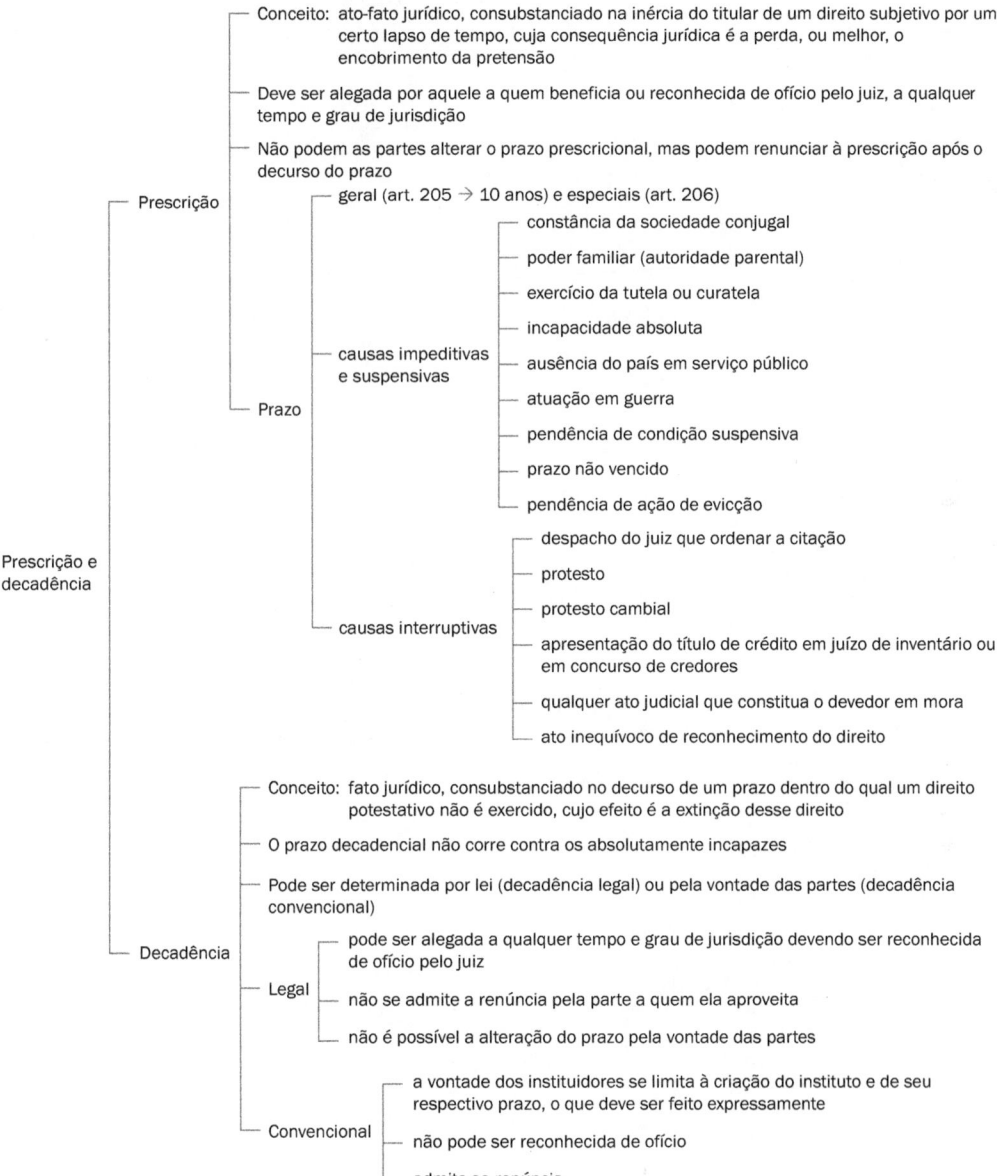

Parte II
Direito das Obrigações

Direitos Absolutos e Direitos Relativos

O Direito das Obrigações, naturalmente, trata do estudo das obrigações, o qual compreende os temas das diversas modalidades, da extinção com pagamento, da inexecução, da extinção sem pagamento, da transmissão das obrigações e das obrigações decorrentes de responsabilidade civil. Obrigações, afinal, nascem, desenvolvem-se e extinguem-se, e todo esse ciclo deve ser estudado.

Antes, porém, de adentrarmos tais pontos, cumpre-nos apresentar alguns conceitos inerentes à matéria e indispensáveis à sua compreensão. Começaremos, neste primeiro ponto, pela distinção entre **direitos absolutos** e **direitos relativos**.

A distinção entre direitos absolutos e direitos relativos tem relevância, no estudo do Direito Civil, para que se compreendam as peculiaridades que distanciam, sobretudo, os direitos reais (absolutos) dos direitos obrigacionais (relativos).

Comecemos por relembrar a velha máxima do Direito Civil: *a todo direito corresponde um dever*. Isso vale tanto para os direitos absolutos quanto para os relativos.

Os **direitos absolutos** se manifestam em uma relação jurídica entre *um sujeito certo e determinado*, titular do direito, e *toda a coletividade*, titular do dever, tendo por objeto um **bem**. A representação, pois, não é linear, polarizada, mas circular, com um núcleo. Por essa razão, o **dever correspondente** afeta *todas as pessoas que vivem na sociedade* e com as quais o sujeito do direito possa vir a entrar em contato. Todos, afinal, integram a relação jurídica e são titulares do dever. Por isso, diz-se que são **oponíveis *erga omnes***, expressão latina que quer dizer "a todos". Ou seja, se sou titular de um direito absoluto, todas as demais pessoas têm o dever de respeitar, de não afrontar esse direito. Conforme explica Teixeira de Freitas, no caso dos direitos absolutos, o dever correspondente é sempre um **dever negativo**, pois se consubstancia em uma **inação**, ou em uma "abstenção de qualquer ato que possa estorvar o direito".[1] Deve-se frisar que essa inação ou abstenção não implica privação de um direito do sujeito a quem o dever incumbe. Clóvis tem o dever de respeitar o direito de propriedade do vizinho Caio, o que não implica qualquer restrição ao direito que Clóvis tem sobre o seu próprio imóvel. Igualmente, Caio deve se abster de afrontar o direito de propriedade de Clóvis, o que em nada restringe o direito de Caio de usar, gozar, fruir e dispor de sua casa. Trata-se do "justo limite dos direitos de cada um".[2]

---

[1] FREITAS, Augusto Teixeira de. *Consolidação das Leis Civis*. 3. ed. Rio de Janeiro: B. L. Garnier, 1876. p. LXV.

[2] FREITAS, Augusto Teixeira de. *Consolidação das Leis Civis*. 3. ed. Rio de Janeiro: B. L. Garnier, 1876. p. LXV.

Se Caio é proprietário de uma casa – e o direito de propriedade é direito real por excelência –, existe uma relação entre Caio e toda a coletividade, em que Caio figura como proprietário da casa e todas as demais pessoas como não proprietárias. O direito de propriedade, **por ser absoluto**, opera efeitos *erga omnes*, ou seja, alcança a todos. Não obstante o dever de abstenção dos não proprietários do imóvel de Caio, esse dever, exatamente pela sua natureza negativa (a abstenção de exercer atos de propriedade sobre o mesmo imóvel), não afeta qualquer direito deles (dos não proprietários).

Em contrapartida, os **direitos relativos** se manifestam em uma relação jurídica linear, polarizada, entre sujeitos certos e determinados, e que tem por objeto sempre um **fato**, uma conduta do devedor. Não apenas o titular do direito é certo e determinado, mas também o é o titular do **dever correspondente**. Por essa razão, os direitos relativos só operam efeitos entre as partes envolvidas na relação direta que se estabelece entre o sujeito do direito e o sujeito do dever. Por isso, diz-se que são **oponíveis *intra partes***, expressão latina que equivale a "entre as partes". Ao contrário do que ocorre com os direitos absolutos, o exercício dos direitos relativos exige sempre a atuação de um outro sujeito, isto é, o dever correspondente é sempre um **dever positivo**, vez que se consubstancia em um fato da pessoa obrigada, ainda que este seja uma abstenção.[3] No caso dos direitos relativos, o sujeito do dever sempre se priva de um direito que tinha anteriormente, e ao qual voluntariamente renunciou em favor do sujeito do direito, ou que perdeu em virtude de lei.

O crédito de Silvio com relação a Orlando somente interessa a Silvio e Orlando, sujeitos da relação obrigacional, pelo que não pode Silvio exigir o pagamento de Augusto ou de Rui, os quais se encontram fora do vínculo jurídico entre os sujeitos da relação (Silvio e Orlando). Por outro lado, ao efetuar o pagamento da obrigação, Orlando vai se privar da quantia que então se encontrava na sua conta bancária.

Em suma, um direito relativo somente opera efeitos *intra partes*, ou seja, alcança apenas os sujeitos certos e determinados da relação jurídica que o originou.

A distinção entre os direitos absolutos e os direitos relativos não tem relevância apenas teórica – ao contrário, é da maior importância prática, constituindo a chave para a solução simples de problemas jurídicos corriqueiros. Exemplificando: Rui celebrou contrato de comodato com Pontes, por meio do qual emprestou a este um apartamento. Já Clóvis constituiu usufruto sobre um apartamento de sua propriedade a favor de César. Ocorre que tanto Rui quanto Clóvis, posteriormente, venderam os apartamentos a Berenice e a Helena, respectivamente. Mais tarde, ambas as compradoras pediram aos respectivos ocupantes que deixassem os imóveis. Pergunta-se: por que razão o Direito somente concede a César o direito de se negar à restituição, recusando-o a Pontes? (É isso o que ocorre.)

Trata-se de uma indagação cuja resposta se encontra na teoria do Direito Civil, mais especificamente na distinção entre os direitos absolutos e os direitos relativos.

Rui e Pontes celebraram um contrato de comodato. O contrato, como veremos no estudo das obrigações e na Parte III deste livro (Direito dos Contratos), faz nascer *direito obrigacional*, nunca direito real. O direito obrigacional, por ser relativo, somente opera entre as partes da relação jurídica, no caso, Rui (comodante) e Pontes (comodatário). Logo, Pontes não pode opor seu direito de usar o apartamento a Berenice, compradora, que não faz parte do vínculo jurídico oriundo do comodato.

Diferentemente ocorre com César, que é usufrutuário do apartamento que antes pertencia a Clóvis e foi vendido a Helena. César tem um direito real, absoluto, sobre o referido

---

[3] Idem.

imóvel, e por isso mesmo pode opô-lo a toda e qualquer pessoa, inclusive a Helena, adquirente da nua propriedade. O tema dos direitos reais será detalhadamente examinado na Parte IV (Direito das Coisas) deste livro. Por ora basta saber que, por se tratar de direito real, que tem natureza absoluta, é oponível a todos (*erga omnes*).

Esse raciocínio simples não serve apenas para fazer provas e exames. Se o leitor, no exercício da advocacia, for procurado por um cliente que quer ceder o uso de um apartamento a um parente, poderá aconselhá-lo com precisão, apontando as consequências jurídicas da escolha entre um contrato de comodato ou um usufruto. Em se tratando de comodato, se o bem objeto do contrato for vendido, o comodatário, que é sujeito apenas de uma relação obrigacional com o comodante (e tem, por isso, direito relativo) não poderá resistir ao direito de propriedade (absoluto) do adquirente. Tem que chamar o caminhão da mudança e deixar o apartamento. No máximo, poderá o comodatário se voltar contra o comodante, com uma ação pessoal, alegando perda e danos (se for o caso). Ao revés, o usufrutuário, porque titular de direito real (absoluto), pode resistir ao direito invocado pelo adquirente e permanecer no apartamento. Neste caso, é o adquirente que tem de procurar outra morada.

Veja no quadro abaixo a representação gráfica dos direitos absoluto e relativo. Antes, porém, cabe a distinção entre direito absoluto e potestativo e direito relativo e subjetivo.

Direito absoluto, como vimos, é o que trava uma **relação jurídica entre o titular e toda a coletividade**, que **recai sobre um bem** e que **não importa privação** na esfera jurídica do titular do dever correspondente. Direito potestativo, como estudamos na Parte I deste livro, é o **poder de ação** de um sujeito cujo exercício pode interferir na esfera jurídica de outrem que com o titular do direito não travou relação jurídica, mas que não pode se opor àquele exercício.

Direito relativo, por sua vez, é o que trava uma **relação jurídica entre sujeitos determinados**, que **recai sobre um fato** e que **importa privação** na esfera jurídica do titular do dever correspondente. Já direito subjetivo, como estudamos na Parte I, é a **faculdade de realizar uma conduta ou de exigi-la de alguém**, incorporada à esfera jurídica de um sujeito por previsão do direito objetivo (ordenamento jurídico).

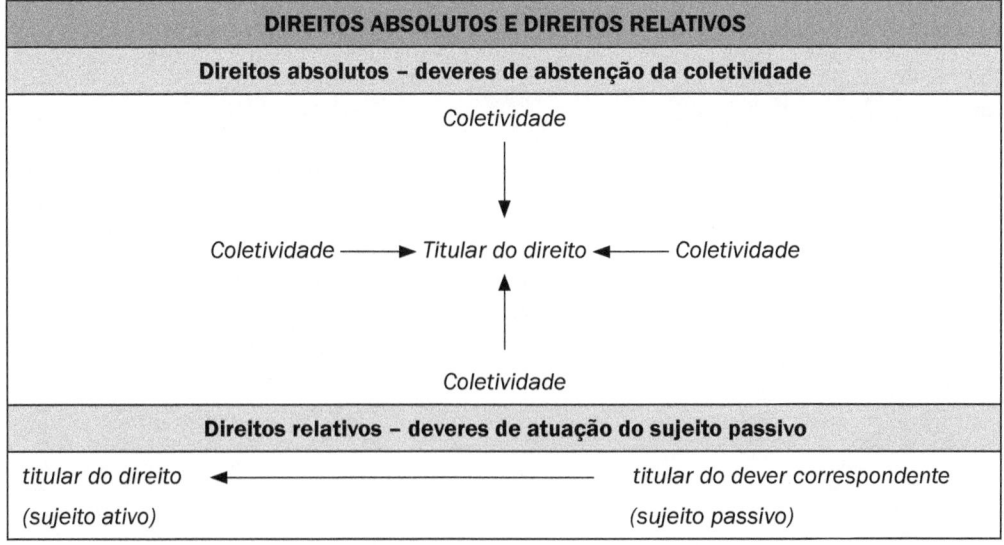

Quadro Esquemático 1

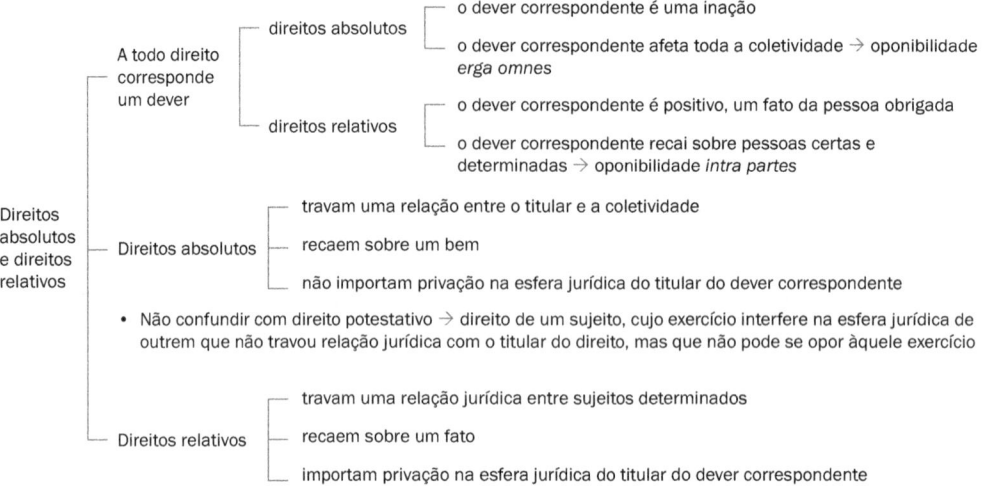

- **Direitos absolutos e direitos relativos**
  - A todo direito corresponde um dever
    - direitos absolutos
      - o dever correspondente é uma inação
      - o dever correspondente afeta toda a coletividade → oponibilidade *erga omnes*
    - direitos relativos
      - o dever correspondente é positivo, um fato da pessoa obrigada
      - o dever correspondente recai sobre pessoas certas e determinadas → oponibilidade *intra partes*
  - Direitos absolutos
    - travam uma relação entre o titular e a coletividade
    - recaem sobre um bem
    - não importam privação na esfera jurídica do titular do dever correspondente
    - • Não confundir com direito potestativo → direito de um sujeito, cujo exercício interfere na esfera jurídica de outrem que não travou relação jurídica com o titular do direito, mas que não pode se opor àquele exercício
  - Direitos relativos
    - travam uma relação jurídica entre sujeitos determinados
    - recaem sobre um fato
    - importam privação na esfera jurídica do titular do dever correspondente
    - • Não confundir com direito subjetivo → faculdade de realizar uma conduta ou exigi-la de alguém, incorporada à esfera jurídica de um sujeito por previsão do ordenamento jurídico

2

Noção de Obrigação

O estudo das obrigações tem uma estreita relação com o direito fundamental da **liberdade**. "A obrigação é limitação à liberdade; é direito contra uma pessoa."[4] Isso porque a obrigação resulta de um ato de vontade (autonomia privada) por meio do qual dois ou mais sujeitos se vinculam – em latim, *ob* + *ligare* significa vincular – em face de uma ou mais prestações de valor econômico.

De cada lado da prestação encontram-se interesses distintos, vez que um sujeito, o titular do chamado **direito de crédito**, deseja o cumprimento da obrigação, e o outro, sujeito do **dever correspondente**, deseja desamarrar-se do vínculo, o que implicará para ele uma **privação**, mas lhe trará de volta a liberdade da qual abriu mão ao assumir a obrigação.

De um modo geral, as obrigações nascem e se extinguem naturalmente, ou seja, o devedor de forma espontânea cumpre a obrigação e o credor se satisfaz. Entretanto, nem sempre as coisas se passam assim, vez que, justamente em razão do elemento liberdade, muitos incidentes podem ocorrer na relação obrigacional. O devedor pode se recusar a adimplir (cumprir) a obrigação; o credor pode se recusar a receber a prestação; por vezes, um dos sujeitos pretende substituir a prestação por outra, diferente da devida; em outras situações, um dos sujeitos pretende se fazer substituir na relação. O Direito das Obrigações, ramo do Direito Civil, surgiu da necessidade de regular todos esses incidentes, sempre com vistas à satisfação do crédito e à liberação da dívida. A disciplina cuida, "em última análise, de regular as diferentes formas sob as quais se manifesta a vontade humana no domínio das convenções e dos efeitos dela defluentes".[5]

1. CONCEITO DE OBRIGAÇÃO

Feitas as considerações iniciais sobre o Direito das Obrigações, passemos a traçar o conceito de obrigação, que tem um sentido amplo e outro estrito.

1.1 Obrigação em sentido amplo

Obrigação, em sentido amplo, pode ser conceituada como o ***vínculo jurídico transitório*** *(nenhuma obrigação é eterna) que se estabelece entre **sujeitos** situados em **polos** distintos, por meio do qual o sujeito ou sujeitos integrantes do polo passivo, chamados de **devedores**, obrigam-se a uma*

---

[4] BEVILÁQUA, Clóvis. *Código comentado*. cit., v. 4, p. 6.
[5] MENDONÇA, Manuel Ignácio Carvalho de. *Doutrina e práticas das obrigações*. Rio de Janeiro: Freitas Bastos, 1938. p. 5.

prestação economicamente mensurável *que devem executar em favor do sujeito ou sujeitos do polo ativo da relação, chamados de* **credores**. Tal prestação constituirá sempre um **fato do devedor** e pode consubstanciar-se em um fato positivo – um dar ou fazer – ou um fato negativo – uma abstenção, um não fazer. Isso porquanto toda relação obrigacional importa uma atuação sobre a **vontade do devedor** para dar alguma coisa, praticar algum ato ou abster-se de o praticar.[6]

Pela precisão de seus termos, não seria possível deixar de transcrever o conceito de obrigação proposto por BEVILÁQUA e repetido centenas de vezes pela maioria dos doutrinadores brasileiros:

> [obrigação é] a relação transitória de direito, que nos constrange a dar, fazer ou não fazer alguma coisa economicamente apreciável, em proveito de alguém conosco juridicamente relacionado, ou que em virtude de lei, adquiriu o direito de exigir de nós essa ação ou omissão.[7]

Esse conceito engloba todos os elementos essenciais da obrigação. Não obstante, parte da doutrina chama a atenção para o fato de que tal definição soa estática, porquanto gira em torno dos polos da obrigação, não abordando uma série de direitos e deveres recíprocos entre as partes, os quais tornam a relação obrigacional uma **relação dinâmica e funcional**.[8]

Na verdade, não é que o conceito, nem que a ideia de obrigação se tenham alterado. É que, hoje, em pleno século XXI, o jurista deve fazer uma leitura do Direito enxergando sempre além. Isso porquanto as relações jurídicas também constituem **relações sociais**, daí por que, muitas vezes, a perfeita compreensão de um fenômeno jurídico exige uma análise sob diversos prismas: antropológico, psicológico e sociológico. Ademais, a multidisciplinaridade se impõe, visto que a dinâmica social não cinde matérias. Logo, um vínculo obrigacional, que do ponto de vista da clássica doutrina das obrigações é polarizado, muito embora a relação possa ser complexa, ou seja, possa haver direitos de crédito e deveres de caráter patrimonial em ambos os polos, passou a ser analisado para além do Direito Civil. Passou-se a tomá-lo, sobretudo, à luz dos **princípios constitucionais** contemplados na Constituição Federal de 1988.

Não obstante a dimensão social que o conceito de obrigação pode albergar, por questão de ordem didática vamos adotar como ponto de partida o conceito meramente jurídico, ou seja, obrigação como um vínculo, simples ou complexo, que se estabelece entre polos. Posteriormente, quando o leitor tiver apreendido as bases da teoria geral das obrigações, poderá avançar para um estudo mais profundo.

De uma perspectiva didática, pode-se asseverar que toda obrigação (em sentido amplo) nasce por ato dos próprios sujeitos, ou de alguém com eles juridicamente relacionado, ou por força de lei. Ou seja, toda obrigação se origina de um **fato jurídico** (ver a teoria do fato jurídico na Parte I deste livro). Pode se tratar de um **ato jurídico voluntário**, caso em que a relação obrigacional surge por ato de vontade – na maior parte das vezes, de um **negócio jurídico**, como quando Clóvis e Pontes contratam a compra e venda de uma casa. Pode se tratar, por sua vez, de um **ato ilícito** ou de um **fato jurídico natural**, caso em que a relação obrigacional surge por força da lei – Manuel causa um dano a César (ato ilícito) e a lei o obriga a repará-lo; ocorre avulsão (fato jurídico natural) nas terras de Augusto, e surge para ele a obrigação alternativa de indenizar o proprietário das terras deslocadas ou de aquiescer com a remoção da parte acrescida (ver art. 1.251 do Código Civil e as seções sobre obrigações alternativas e avulsão deste livro, nesta Parte II e na Parte IV, sobre o Direito das Coisas).

---

[6] BEVILÁQUA, Clóvis. *Código comentado*, cit., v. 4, p. 6.
[7] BEVILÁQUA, Clóvis. *Direito das obrigações*. 2. ed. Salvador: Livraria Magalhães, 1910. p. 13.
[8] FARIAS, Cristiano Chaves de; ROSENVALD, Nelson. *Direito das obrigações*. 4. ed. Rio de Janeiro: Lumen Juris, 2009. p. 12.

OBRIGAÇÃO EM SENTIDO AMPLO
Relação obrigacional simples
POLO A   Credor ◄─────────────────── Devedor   POLO B
Relação obrigacional complexa
----- POLO A   Credor ◄─────────────── Devedor   POLO B -----   Devedor ───────────────► Credor

1.2 Obrigação em sentido estrito

Em sentido estrito, obrigação é o **dever** correspondente a um direito de crédito – que tem, necessariamente, **conteúdo economicamente apreciável** –, também chamado de **débito**.

Por dever entende-se a *imposição jurídica* de uma **conduta**.

Diz-se economicamente apreciável tudo aquilo que pode ser mensurado em pecúnia, conquanto a prestação não tenha, às vezes, **conteúdo patrimonial** *imediato*. Assim, tanto são economicamente apreciáveis o dever de entregar um carro – cuja prestação tem conteúdo patrimonial imediato, qual seja, o valor do carro – quanto o dever de cuidar de uma criança – cuja prestação, embora de **conteúdo extrapatrimonial**, pode ser objeto de contrato de trabalho ou de prestação de serviços, caso em que terá o valor equivalente à remuneração ajustada. Nessas duas hipóteses, portanto, há obrigação em sentido estrito. Já o dever de fidelidade entre os cônjuges, decorrente do casamento, não tem conteúdo patrimonial, nem se sujeita à mensuração econômica, daí por que, nesse caso, não há obrigação (em sentido técnico jurídico).

Quanto ao caráter patrimonial da obrigação, BEVILÁQUA já alertara:

> É certo que algumas vezes basta um interesse moral, ou de afeição para dar conteúdo a uma obrigação. Mas, desde que a obrigação se torna exigível, há de ter, por conceito e definição, um valor patrimonial. Se não o tiver, a necessidade moral por ela criada ou pertencerá a outra divisão do direito, ou pertencerá ao domínio da ética.[9]

Vale frisar que a **prestação** em que se consubstancia a obrigação em sentido estrito pode ter natureza **positiva** ou **negativa**, ou seja, pode consistir em um dar, fazer ou não fazer.

Parte da doutrina inclui ainda a **garantia do cumprimento da obrigação** entre os elementos do conceito de obrigação em sentido estrito. A nosso ver, todavia, trata-se de mero *elemento extrínseco*: é certo que o Direito cria mecanismos que garantem a satisfação do credor, porquanto interessa à ordem jurídica o cumprimento das obrigações; no entanto, tais mecanismos não integram a estrutura da obrigação tomada como dever, ou seja, em sentido estrito. A garantia do cumprimento da obrigação, na verdade, refere-se à *eficácia* da obrigação tomada em sentido amplo (de vínculo jurídico acerca de um crédito).

---

[9] BEVILÁQUA, Clóvis. *Código comentado*, cit., v. 4, p. 6.

2. ELEMENTOS DAS OBRIGAÇÕES

2.1 Elementos essenciais

Do conceito – vínculo jurídico que se estabelece entre dois ou mais sujeitos em face de um objeto (prestação) – extraem-se os elementos que integram uma obrigação em sentido amplo, ou seja, seus **elementos essenciais**, sem qualquer dos quais ela não se configura, ou, em outras palavras, não existe. São os seguintes os elementos essenciais da obrigação: os **sujeitos (ativo e passivo)**, o **objeto** e o **vínculo jurídico**.

Cuidado para não confundir os elementos essenciais da obrigação (sujeitos, objeto e vínculo) com os elementos essenciais do **ato jurídico** (sujeito, objeto e vontade). Obrigações e atos jurídicos consistem em institutos diversos do Direito Civil. Veja-se que o elemento **vontade**, que integra a estrutura dos atos jurídicos, não integra a estrutura das obrigações. Basta lembrar que um sujeito que herda um direito de crédito assume a posição de credor da obrigação independentemente de sua vontade. A vontade terá relevância apenas quanto à aceitação da herança – que constitui um ato jurídico. Por sua vez, o **vínculo** constitui elemento essencial da obrigação, mas não dos atos jurídicos. Basta lembrar que há atos jurídicos unilaterais (praticados por apenas um sujeito), que não geram, por conseguinte, relações jurídicas (que, para existir, sempre dependem de dois ou mais sujeitos).

2.1.1 Sujeitos

Para que se possa pensar em obrigação, é necessário que haja, de um lado, quem tenha **direito de crédito**, e, de outro, que tenha um **dever economicamente apreciável** (também chamado de **débito** ou obrigação em sentido estrito).

Quem tem o direito de crédito se encontra no chamado **polo ativo** da relação obrigacional, o qual pode ser ocupado por um ou mais de um sujeito ativo. Quem tem o dever economicamente apreciável se encontra no chamado **polo passivo** da relação obrigacional, que pode ser ocupado por um ou mais de um sujeito passivo.

Os sujeitos dessa relação obrigacional podem ser pessoas naturais ou jurídicas, assim como entes despersonalizados, a exemplo do condomínio e da massa falida. O incapaz também pode ser sujeito da obrigação, tal como ocorre com o menor que é credor dos alimentos.

No que respeita aos sujeitos, a obrigação existirá (**plano da existência**) se os sujeitos existirem, ou seja, forem pessoas naturais ou jurídicas existentes; por outro lado, será válida (**plano de validade**) se esses sujeitos tiverem capacidade de fato. Isto é, a capacidade dos sujeitos em nada interfere nos elementos essenciais da obrigação (também chamados de *requisitos de existência*); consiste, isto sim, em requisito de validade da relação obrigacional.

Quanto às eventuais mudanças, adiante abordaremos os institutos da cessão, da assunção de dívida e da novação. Todavia, desde já, é preciso ter em mente que, não se tratando de obrigação personalíssima, os sujeitos da relação podem ser substituídos.

2.1.2 Objeto

O objeto da obrigação é sempre a **prestação**, a qual pode consubstanciar-se em um dar, um fazer ou um não fazer.

Importante destacar que o **objeto da obrigação** – prestação – não se confunde com o **objeto da prestação**.

Se a prestação devida é um dar, então o objeto da obrigação é um dar. Já o objeto da prestação será a coisa devida (o que deve ser dado ou entregue), por exemplo, uma quantia em dinheiro. Se a prestação devida é um fazer, então o objeto da obrigação é um fazer. Já o objeto da prestação será a atividade devida, por exemplo, pintar uma parede. Em outras palavras, a prestação é o objeto imediato da obrigação, enquanto a coisa é o seu objeto mediato.

No **plano da existência** da obrigação, em que se examinam seus elementos essenciais, basta verificar a existência da prestação na relação obrigacional. Já a análise da possibilidade jurídica da prestação se faz no **plano da validade**, no exame dos *requisitos de validade* da obrigação.

De acordo com o art. 104, II, do Código Civil, para que um negócio jurídico tenha validade, o objeto precisa ser: lítico, possível, determinado ou determinável. Em relação ao primeiro requisito, entende-se que o objeto da obrigação não pode violar o ordenamento jurídico. Por exemplo: A Lei 6.766/1979, em seu artigo 37, dispõe ser "vedado vender ou prometer vender parcela de loteamento ou desmembramento não registrado". Nesse caso, o contrato será nulo de pleno direito, porque viola norma cogente proibitiva.

A possibilidade do objeto está relacionada à viabilidade física e jurídica da prestação. O negócio jurídico que envolve herança de pessoa viva, por exemplo, é vedado pelo art. 426 do Código Civil. Isso porque a herança é mera expectativa de direito. A herança pressupõe, necessariamente, a morte, e, se esta não ocorreu, não há como se concretizar a obrigação.

A determinabilidade, por sua vez, deve ser aferida no momento da execução da obrigação. Há casos em que o objeto é previamente determinado desde o nascedouro da obrigação. Contudo, a exemplo dos contratos agropecuários, o objeto pode não ser imediatamente determinado, pois depende de diversos fatores e riscos que estão previstos no contrato.

2.1.3 Vínculo jurídico

Por fim, como último elemento essencial da obrigação há o **vínculo jurídico**, que liga o credor ao devedor (em torno da prestação). É o chamado elemento abstrato ou espiritual. É que, se o credor pudesse ter um direito de crédito em abstrato, e o devedor um dever em abstrato, sem que houvesse vínculo algum que os ligasse, não haveria obrigação, pois só pode haver direito de crédito se houver um dever economicamente apreciável a ele correspondente, o que, por si, vincula o titular do direito ao sujeito do dever. Em suma, não há obrigação sem sujeitos, sem objeto e sem vínculo jurídico.

O vínculo pode ligar os sujeitos da obrigação em **relação simples**, em que um dos sujeitos tem apenas um direito e também o outro apenas um dever, ou em **relação complexa**, em que ambos os sujeitos têm, ao mesmo tempo e em razão do mesmo vínculo, um direito e um dever.

Numa doação sem encargo, em que um dos sujeitos, doador, tem apenas a obrigação de dar a coisa doada, e o outro sujeito, donatário, tem apenas o direito de recebê-la, a relação é simples. Mas, se o contrato é uma compra e venda, então o vendedor tem, ao mesmo tempo, o direito de receber o preço e a obrigação de dar a coisa vendida, e o comprador tem o direito de receber a coisa e a obrigação de pagar o preço – aí a relação é complexa.

Vale ressaltar que o liame abstrato que une as partes é o que garante o cumprimento da obrigação, ou seja, é o que permite a sua coercibilidade. Há, no entanto, as chamadas obrigações naturais, que são desprovidas de coercibilidade, de modo que não podem ser executadas por vontade de seu credor, restando a expectativa de cumprimento voluntário. Exemplo clássico é a dívida de jogo. Veja, a propósito, posicionamento da jurisprudência:

> Apelação cível. Execução. Cheques. Dívida de jogo. Obrigação natural. Não obriga ao pagamento. Art. 814 do CC. Impossibilidade de cobrança judicial. Nulidade de títulos de crédito. Inexigibilidade da obrigação representada nas cártulas, tendo em vista se tratar de dívida de jogo (obrigação natural) que não obriga o pagamento, ainda que representada por título de crédito, consoante inteligência do art. 814 do CC (TJMS, AC: 0842360-40.2019.8.12.0001, relator: Des. Julizar Barbosa Trindade, data do julgamento: 24/8/2021, 2ª Câmara Cível, data da publicação: 30/8/2021).

2.2 Teorias acerca da essência da obrigação

Por influência do Direito alemão, os juristas procuraram elaborar uma teoria que desvendasse a essência das obrigações com base nos elementos **débito** e **responsabilidade**, ou *Schuld* e *Haftung*, em alemão.

Por *Schuld* – débito – deve-se entender a consequência da aquisição da obrigação, ou seja, o impulso do cumprimento da prestação ajustada. Se o devedor deve a entrega de uma determinada coisa, surge, em consequência, um débito, que o impulsiona a entregar a coisa.

Por *Haftung* – responsabilidade – deve-se entender a consequência do inadimplemento, ou seja, a possibilidade de o credor, por meio judicial, intervir na esfera jurídica de quem não pagou, e buscar sua satisfação no patrimônio do devedor.

A primeira importante teoria acerca desses elementos foi elaborada por ALOIS RITTER VON BRINZ no final do século XIX, e ficou conhecida como **teoria monista objetivista**. Segundo BRINZ, vez que o débito, *Schuld*, diz respeito à pessoa do devedor, apenas a responsabilidade, *Haftung*, que diz respeito ao patrimônio do devedor, é que integra a essência da obrigação.[10]

Posteriormente, KARL VON AMIRA e OTTO VON GIERKE, partindo do pensamento de Brinz, sustentaram que havia obrigações que contêm apenas o *Schuld*, como as obrigações prescritas, e outras apenas o *Haftung*, como a obrigação do fiador. Afinal, como veremos oportunamente, a obrigação prescrita não pode ser cobrada em juízo, e a obrigação do fiador é pagar apenas na hipótese de o devedor principal (que é quem tem o *débito*) não pagar. Do pensamento de AMIRA e GIERKE surgiu a **teoria dualista** da essência das obrigações.[11]

E como fica a questão do *Haftung* nas obrigações naturais segundo a teoria dualista? Como vimos, a obrigação natural consiste em uma obrigação cuja existência o Direito reconhece, mas à qual se nega **exigibilidade**. Não sendo a obrigação exigível, não pode o credor pretender a cobrança judicial do débito. Se ajuizada a ação, o juiz a extinguirá com resolução do mérito, decidindo pela improcedência do pedido (art. 487, I, do CPC), o qual não tem fundamento jurídico (existe a causa de pedir – a inexecução voluntária da obrigação –, mas não há fundamento do pedido, porquanto o Direito não confere exigibilidade à obrigação natural). Ou seja, as obrigações naturais se enquadram nas obrigações em que, segundo a teoria dualista, há apenas o *Schuld*.

Algum tempo depois de as teorias monista objetivista e dualista terem sido estudadas mundo afora, o italiano FRANCESCO FERRARA propôs uma terceira teoria – a **teoria eclética** da essência das obrigações –, segundo a qual a obrigação seria uma moeda em que, em uma face, estaria o débito, *Schuld*, e, na outra, a responsabilidade, *Haftung*.

A teoria moderna das obrigações, não obstante, tem defendido que a fixação nas ideias de *Schuld* e *Haftung* acaba por se prender à ideia estática de **obrigação polarizada** em polo ativo e polo passivo, quando, hoje, sabe-se que a obrigação tem toda uma **dinâmica** própria. Segundo a doutrina, "nenhuma dessas teorias, porém, ressalta o aspecto dinâmico das obrigações".[12] Ademais, "a tradicional bipartição da obrigação na visão germânica de ALOIS BRINZ forjada nos elementos do *schuld* (débito) e do *haftung* (responsabilidade), se não abandonada, serve apenas como um primeiro passo para o entendimento do complexo campo das obrigações".[13]

---

[10] FIUZA, César. *Direito civil*, cit., p. 270.
[11] Ibidem, p. 270-271.
[12] FIUZA, César. *Direito civil*, cit., p. 273.
[13] FARIAS, Cristiano Chaves de; ROSENVALD, Nelson. *Direito das obrigações*, cit., p. 4.

2.3 Elementos acidentais

Na seção anterior abordamos os elementos essenciais das obrigações, isto é, os sujeitos, o objeto e o vínculo jurídico. Sem esses elementos, não há que se falar em obrigação. Ela simplesmente não existirá, razão por que se diz que tais elementos situam-se no plano da existência da relação obrigacional. Reconhecida a existência da obrigação, por sua vez, deve-se analisá-la no **plano da eficácia**, para verificar se ela é apta para produzir efeitos de imediato – o que dependerá da existência ou não de **elementos acidentais** (os mesmos estudados acerca dos atos jurídicos: **condição, termo e encargo**).

Deve ficar claro que nem toda obrigação contém elementos acidentais. Na ausência deles, a produção de efeitos da obrigação é instantânea. Celebrada a compra da bicicleta de Orlando por Silvio, este entrega àquele o preço e dele recebe o bem. Por não se terem ajustado elementos acidentais, a eficácia da obrigação foi imediata; operou-se contemporaneamente à contratação.

2.3.1 Condição, termo e encargo

Como o leitor já sabe, a **condição**, que pode ser **suspensiva** ou **resolutiva**, consubstancia-se em um **evento futuro e incerto**.

Em se tratando de **condição suspensiva**, a produção de efeitos da obrigação depende de seu implemento, porquanto, somente neste momento, haverá aquisição do direito de crédito pelo credor e assunção do dever correspondente pelo devedor.

Em se tratando de **condição resolutiva**, a eficácia da obrigação se extingue pelo seu implemento, pois, em tal momento, o credor perde o direito que tinha adquirido, e o devedor se desonera.

César doa a Carlos um cavalo, com a condição de que a égua Veloz fique prenha até o final do semestre. A obrigação de entregar o cavalo somente se tornará eficaz se e quando a condição suspensiva se implementar. Antes disso, não há nem direito de crédito sobre o cavalo, nem a obrigação de entregá-lo.

Se, por outro lado, a doação do cavalo fosse condicionada a que a égua Veloz não morresse até o final do semestre (condição resolutiva), concluiríamos que a produção de efeitos da obrigação extinguir-se-ia se pelo implemento da condição, quando então Carlos teria de restituir a égua ao doador, César.

Em resumo, a eficácia de uma obrigação sujeita a condição suspensiva depende do implemento desta; já a produção de efeitos de uma obrigação sujeita a condição resolutiva tem início imediato, mas se extingue pelo implemento da condição.

O **termo**, por sua vez, consiste no **evento futuro e certo** estabelecido como marco, ou do início da produção de efeitos da obrigação, se **inicial**, ou do fim da produção de efeitos, se **final**.

Manuel emprestou a Augusto o cavalo Rocinante, a partir do início do próximo mês. Nesse caso, a obrigação somente será eficaz a partir de então. Se, por sua vez, o empréstimo fosse ajustado até o final do mês corrente, então a obrigação produziria efeitos de imediato, os quais se extinguiriam no momento ajustado.

O **encargo** se reveste em um ônus imposto ao beneficiado por uma obrigação gratuita. Note que nem toda obrigação gratuita, no entanto, contém encargo.

Se a Fundação Teixeira de Freitas doa à Fundação Clóvis Beviláqua uma biblioteca, com a imposição do ônus de que a Fundação Clóvis Beviláqua conceda aos moradores do bairro em que a biblioteca se situa livre acesso ao acervo, há encargo na obrigação.

Voltaremos ao tema dos elementos acidentais ao estudar, na classificação das obrigações, as obrigações condicionais, a termo e modais (com encargo).

Quadro Esquemático 2

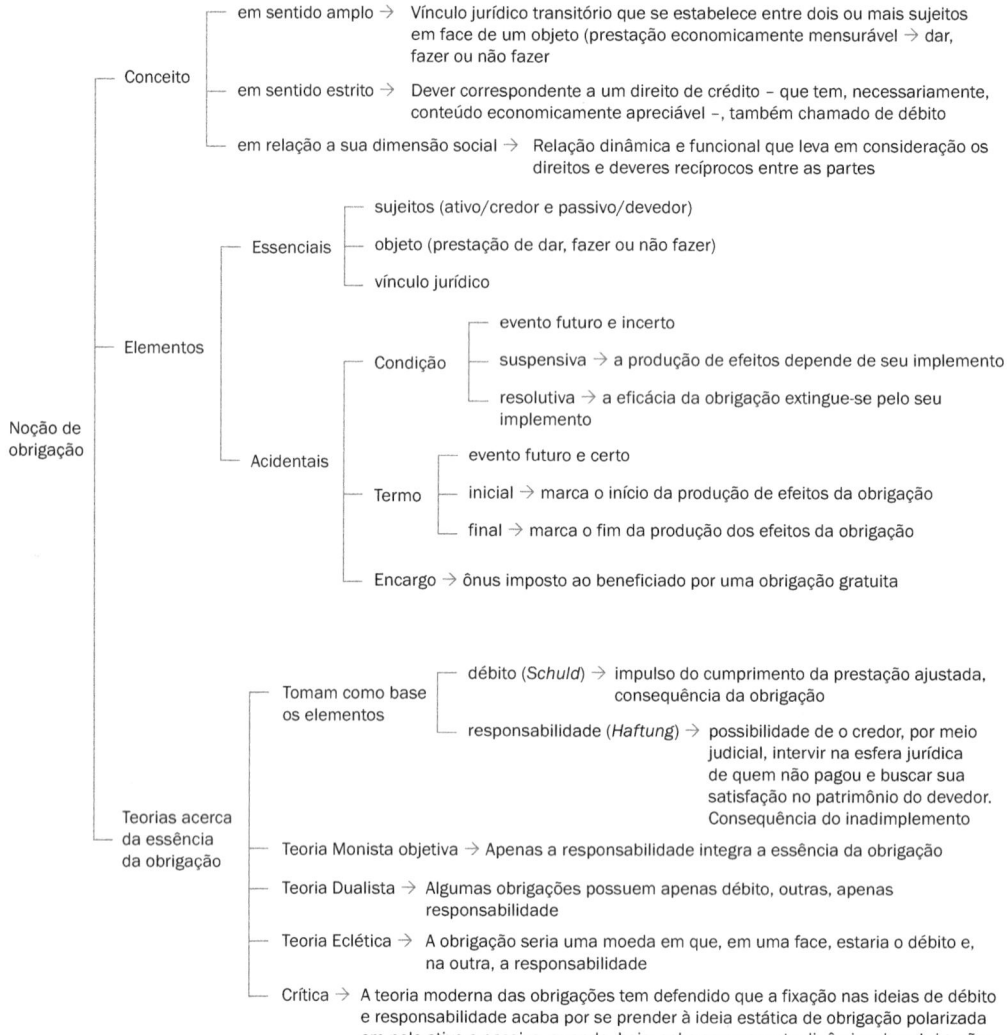

Classificação das Obrigações (arts. 233 a 285)

A matéria relativa à classificação das obrigações não tem, como pode à primeira vista parecer, importância meramente doutrinária. Não se trata de preciosismo dos civilistas.

Por meio da classificação das obrigações, é possível visualizar melhor a relação obrigacional, identificar a natureza da prestação e a presença ou não dos elementos não essenciais, que influenciarão, sobretudo, na execução do pacto. Por exemplo, se a obrigação é de dar coisa, a obrigação será executada por meio de um procedimento; se de pagar quantia, por outro; e se de fazer ou não fazer, por outro ainda. Além disso, porquanto a classificação das obrigações foi adotada pelo Código Civil e pela legislação extravagante, identificar o caráter da relação obrigacional influenciará na descoberta das normas aplicáveis ao caso. Por exemplo, se a obrigação é alternativa, são aplicáveis os comandos dos arts. 252 a 256; se solidária, as normas expressas nos arts. 264 a 285.

Pois bem. As obrigações podem ser classificadas levando-se em conta o seu objeto, seus sujeitos e seus elementos não essenciais. Elementos não essenciais são quaisquer elementos que não integram a essência da obrigação – como visto, os elementos essenciais são os sujeitos, o objeto e o vínculo –, mas a rodeiam: podem consistir em uma alternativa, ou faculdade do devedor, quanto à prestação; podem consistir em uma condição, ou um termo ou encargo (elementos acidentais); podem referir-se ao resultado esperado em uma obrigação de fazer; podem dizer respeito à exigibilidade da prestação; podem, ainda, relacionar-se com um elo especial entre os sujeitos e uma coisa; podem, por fim, consistir no fato de a obrigação se renovar a cada pagamento.

Quanto ao seu **objeto** (prestação), as obrigações subdividem-se em obrigações **de dar, de fazer, de não fazer, divisíveis** e **indivisíveis**.

No que tange aos **sujeitos**, subdividem-se em **solidárias** ou **não solidárias**.

Finalmente, no que se refere aos **elementos não essenciais**, subdividem-se em obrigações **alternativas; facultativas; principais e acessórias; puras e simples, condicionais, a termo** e **modais; de meio** e **de resultado; civis** e **naturais;** *propter rem;* **contínuas.**

Vejamos a seguir cada uma dessas modalidades de obrigação.

1. CLASSIFICAÇÃO DAS OBRIGAÇÕES QUANTO AO OBJETO

1.1 Obrigações de dar

São classificadas como **de dar** as obrigações cuja **prestação** consiste em um **dar** (em latim, *dare*), ou seja, aquelas em que o devedor tem de **entregar** ou **restituir** um bem material (coisa) ao credor. A doutrina costuma se referir à obrigação de dar pela expressão latina *obligatio dandi*.

Segundo a doutrina clássica, a obrigação de dar é aquela de cuja prestação depende a constituição do direito real;[14] é obrigação de efetuar a tradição;[15] *dar*, no Direito das Obrigações, significa transferir propriedade e posse.[16]

É que, no Direito pátrio, nem a posse, nem o direito real nascem diretamente dos contratos, os quais, no nosso sistema, têm **eficácia meramente obrigacional** (esse tema será aprofundado na Parte III – Direito dos Contratos). Ou seja, dos contratos nasce o **direito de crédito** – *ius ad rem* – sobre a coisa, mas não o direito real. Como veremos na Parte IV – Direito das Coisas, tanto a posse quanto o direito real – também chamado de *ius in re* – somente se transmitem por alguma espécie de **tradição** – real, simbólica ou ficta, em se tratando de bens móveis, ou solene, em se tratando de imóveis.[17] E as tradições real e simbólica, que constituem o meio mais frequente de transmissão de direitos reais sobre móveis, consubstanciam-se justamente em uma *entrega* (da própria coisa, se real, ou, de algo que a representa, se simbólica). Daí que a relevância da obrigação de dar é maior no Direito brasileiro do que em outros. No Direito francês, por exemplo, que concede aos contratos **eficácia real**, ou seja, em que a celebração do contrato, por si só, transfere direito real, as obrigações de dar não têm a mesma importância.

Feita essa digressão, adentremos o Código Civil brasileiro, para tratarmos das subespécies das obrigações de dar, quais sejam: de **dar coisa certa** e de **dar coisa incerta** (arts. 233 a 246).

Acesse o QR Code e assista ao vídeo:
Conversas sobre Direito Civil (2): aspectos polêmicos das obrigações de dar

> https://uqr.to/r1i1

1.1.1 Obrigações de dar coisa certa

São classificadas como de **dar coisa certa** as obrigações cuja prestação consiste na entrega ou restituição de uma **coisa determinada**. Coisa certa (determinada) significa coisa *individualizada* (a Ferrari vermelha placa HJX 5671).

A obrigação de dar coisa certa se subdivide em **obrigação de entregar** e **obrigação de restituir**.

Diz-se de entregar a obrigação quando a coisa a ser entregue (ou dada) ao credor não foi por este entregue anteriormente ao devedor. Pontes, criador de gado Zebu, comprometeu-se a entregar a cria da vaca Mimosa, tão logo venha a parir, a Rui. Essa obrigação é de entregar.

Diz-se de restituir quando o devedor literalmente restitui (devolve) ao credor a coisa que dele recebera. No prazo estipulado, César restituirá a Augusto o imóvel que lhe foi cedido em comodato.

---

[14] BEVILÁQUA, Clóvis. *Código comentado*, cit., v. 4, p. 7.
[15] LOPES, Miguel Maria de Serpa. *Curso*. 5. ed. Rio de Janeiro: Freitas Bastos, 1989. v. 2, p. 54.
[16] MENDONÇA, Manuel Ignácio Carvalho de. *Doutrina*, cit., p. 153.
[17] Adiantando sucintamente a matéria: Caio me entrega um livro – há tradição *real*; Augusto me entrega as chaves do carro que me vendeu – há tradição *simbólica*; César me vendeu o imóvel que dele eu alugara, e no contrato há uma cláusula que considera que o imóvel foi entregue a mim – há tradição *ficta*; Manuel registra a escritura de compra e venda do imóvel que comprou de Pontes – há tradição *solene*.

Como sabido, porque já dito anteriormente, o acessório segue o principal. Assim, nas obrigações de dar coisa certa (entregar e restituir), o objeto da prestação abrange não apenas o bem principal, como também os **acessórios**, conquanto não mencionados no ato que originou a obrigação, a não ser que haja disposição contrária no título, ou que o demonstrem as circunstâncias do caso (art. 233). Quem se comprometeu a entregar a Fazenda do Moinho deve também entregar todas as árvores – com seus frutos pendentes – plantadas na fazenda.

Sendo a obrigação de dar coisa certa, tanto na modalidade de entregar quanto na de restituir, o credor não é obrigado a aceitar **coisa diversa** da que lhe é devida, ainda que mais valiosa, nem é o devedor obrigado a dar coisa diferente da que se ajustou (art. 313). Deve-se entregar aquilo a que se obrigou; de restituir aquilo que se recebeu. Trata-se da aplicação do **princípio da identidade**, o qual estudaremos de forma mais minudente quando tratarmos da **teoria do pagamento**. De toda sorte, o comando contido no mencionado artigo é no sentido de não ser possível compelir o credor a aceitar coisa diversa da devida, o que não quer dizer que este não possa receber outra prestação, se assim for pactuado. Caso essa seja a intenção do credor – receber prestação diversa daquela ajustada –, haverá a extinção da obrigação pela dação em pagamento, a qual também veremos adiante.

1.1.1.1 Hipóteses de perda e deterioração do objeto da prestação em obrigação de dar coisa certa

Em se tratando de **obrigação de entregar coisa certa**, a coisa pertence, até a tradição, ao devedor (art. 237, primeira parte). Ou seja, o devedor, até a entrega, é o proprietário da coisa devida. A propriedade somente será transferida ao credor pela entrega do bem, quando do cumprimento da obrigação.

Considerando-se que no nosso Direito a coisa se perde para o dono – *res perit domino*, como se costuma dizer em latim –, na hipótese de **perda** (desaparecimento, destruição) da coisa objeto da obrigação de entregar, é o devedor quem a sofre, porquanto a ele pertence a coisa.

Se o devedor não tiver **culpa** na perda da coisa, a obrigação se resolve, ou seja, extingue-se, sem que se caracterize inexecução, e o preço que houver sido eventualmente pago pelo credor deve ser a ele restituído (art. 234, primeira parte). Afinal, a prestação se tornou impossível pela superveniente perda da coisa que constituía seu objeto.

Se, entretanto, a coisa se perder **com culpa** do devedor, este responde pelo **equivalente**, e ainda tem de indenizar as **perdas e danos** experimentadas pelo credor (art. 234, segunda parte). A responsabilidade do devedor, nesse caso, surge da sua violação do dever de conservar a coisa até a entrega.[18]

Pontes devia a Rui o cavalo Rocinante, o qual vale R$ 1.000,00. O animal, no entanto, morreu de causas naturais antes da tradição. Nesse caso, a obrigação de entregar o cavalo se extingue. Mas, se Rocinante morreu porque Pontes esqueceu-se de alimentá-lo, então além de restituir a Rui os R$ 1.000,00, que valem o cavalo – **equivalente** –, deve indenizá-lo por perdas e danos. Por exemplo, Rui deixou de lucrar R$ 100,00 de uma locação do cavalo, que já havia contratado. Esse prejuízo será coberto por Pontes.

Na hipótese de **deterioração** (perda parcial de substância) da coisa, antes da tradição, sem **culpa** do devedor, sendo a obrigação de entregar coisa certa, a lei concede ao credor duas alternativas: dar a obrigação por resolvida, recebendo do devedor o que lhe pagara previamente, ou aceitar a coisa no estado em que se encontra, mediante, obviamente, o abatimento do valor que a coisa houver perdido (art. 235).

---

[18] BEVILÁQUA, Clóvis. *Código comentado*, cit., v. 4, p. 9-10.

Se, todavia, a coisa se deteriorar com **culpa** do devedor, o credor pode optar por exigir o equivalente, ou aceitar a coisa no estado em que se encontra, em qualquer caso, com direito à indenização pelas **perdas e danos** (art. 236).

Berenice devia a Helena a tela *Os Amantes*. Devido ao ataque invisível de um fungo, o quadro se desgastou. Helena pode então optar por resolver a obrigação, e exigir de Berenice os R$ 2.000,00 que havia pagado pela tela, ou aceitar a obra com o desgaste, mediante abatimento de R$ 500,00 do preço. Porém, se a deterioração ocorreu porque Berenice não armazenou o quadro em lugar adequado, então Helena poderá aceitar a tela deteriorada, ou exigir o seu valor em dinheiro – **equivalente** –, e, em qualquer caso, ainda cobrará da credora perdas e danos. Por exemplo, Helena havia preparado uma exibição da obra, com a qual lucraria R$ 200,00, mas teve de cancelá-la. Berenice arcará com tal prejuízo.

Já em se tratando de **obrigação de restituir**, por sua vez, a coisa pertence, desde sempre, ao credor. Isso porquanto, para que se possa pensar em obrigação de restituir, é necessário que o devedor tenha recebido do credor algo que a este pertence, e que lhe será devolvido por meio do cumprimento da prestação de restituir.

Na hipótese de **perda** da coisa, antes da tradição, sendo a obrigação de restituir coisa certa, o credor assume a perda, pois é o dono (*res perit domino*).

Se não houve **culpa** do devedor, a obrigação se resolve (art. 238).

Se, entretanto, a coisa se perder com **culpa** do devedor, este terá de indenizar o credor pelo valor da coisa – **equivalente** –, e ainda será obrigado a indenizar as **perdas e danos** (art. 239).

Manuel emprestara a Augusto um exemplar do Código Civil, que veio a ser roubado de Augusto. Nesse caso, Manuel arca com a perda, sem que possa exigir de Augusto qualquer indenização. Mas, se o bem foi esquecido por Augusto no ponto de ônibus, Manuel pode dele exigir o equivalente do livro, mais os prejuízos que a perda lhe causou. Supondo-se que teve de alugar um Código para estudar para uma prova, cobrará de Augusto não apenas o valor do Código perdido como também o montante que teve de desembolsar com a locação.

Na hipótese de **deterioração** da coisa, antes da tradição, sem **culpa** do devedor, o credor tem de aceitá-la, no estado em que se encontra, sem direito à indenização (art. 240, primeira parte).

Se, todavia, a coisa se deteriorar com **culpa** do devedor, determina o Código a aplicação do art. 239 (art. 240, segunda parte). Ocorre, na verdade, que a remissão não faz sentido, como aponta em geral a doutrina. Na I Jornada de Direito Civil promovida pelo Conselho da Justiça Federal, foi aprovado o Enunciado 15, o qual determina que "as disposições do art. 236 do novo Código Civil também são aplicáveis à hipótese do art. 240, *in fine*". Ou seja, deteriorada a coisa, com culpa do devedor, pode o credor optar por receber a coisa no estado em que se encontra, ou seu equivalente, e cobrar, em qualquer caso, perdas e danos.[19]

Orlando devia a Clóvis a restituição de um livro de Direito Civil. Em razão do envelhecimento da encadernação, a capa soltou, não obstante o fato de ter Orlando tomado bastante cuidado com a obra. Nesse caso, Clóvis tem de aceitar o livro no estado em que se encontra, sem direito à indenização. Se, por outro lado, a capa do livro se desprendeu porquanto Orlando não o guardou adequadamente, Clóvis poderá aceitar receber o livro, ou enjeitá-lo, e exigir o equivalente. Em qualquer caso, tem direito à indenização pelos prejuízos que sofreu.

---

[19] Paulo Nader, todavia, discorda do entendimento e propõe que a única opção do credor, nesse caso, é aceitar a coisa no estado em que se encontra, mais indenização pela deterioração, mais perdas e danos (*Direito civil*. 6. ed. Rio de Janeiro: Forense, 2012, v. 2. p. 73). O argumento do autor é no sentido de que a coisa pertence ao credor, e de que seria absurda a indenização pelo equivalente, que obrigaria o devedor a ficar com a coisa.

Por exemplo, se o exemplar era uma primeira edição autografada, que se desvalorizou 50% em razão do dano, Orlando será responsável por indenizar a Clóvis a quantia correspondente à desvalorização. Considera-se também prejuízo o valor necessário para o reparo do dano.

1.1.1.2 Melhoramentos e acréscimos do objeto da prestação em obrigação de dar coisa certa

É comum que uma coisa seja melhorada, ou que nela sejam acrescentadas outras coisas, por fato do homem ou pela natureza. A pintura de uma casa representa um **melhoramento**; a instalação de um rádio em um carro representa um **acréscimo**.

Ao estudar os bens, na Parte I – Teoria Geral, vimos que melhoramentos e acréscimos – bens que se relacionam com um certo bem (principal), tornando-o melhor ou mais proveitoso, ou aumentando-o – podem se incorporar à coisa, tornando-se dela um **acessório**[20] (uma parte integrante; art. 92, segunda parte), ou podem com ela se relacionar, sem, entretanto, a ela aceder, tornando-se dela uma **pertença** (uma parte não integrante; art. 93). Nos exemplos mencionados, a tinta constitui um acessório da casa, enquanto o rádio constitui uma pertença do carro (o rádio pode ser separado do carro, mas a tinta não pode ser separada da casa).

Em qualquer caso, seja de acessório ou de pertença, o melhoramento ou acréscimo sempre pertence ao dono da coisa melhorada ou aumentada.

Tratando-se de **obrigação de entregar**, considerando-se que a coisa pertence ao devedor até a entrega, a ele pertencem também os acréscimos e melhoramentos que a ela sobrevierem até aquele momento (art. 237, primeira parte). Por conseguinte, pode o devedor exigir do credor aumento no preço, sobrevindo ao objeto da prestação acréscimo ou melhoramento, sob pena de se resolver a obrigação (art. 237, segunda parte). Também ao devedor pertencem os frutos (acréscimos acessórios) já colhidos antes da entrega, mas ao credor cabem os pendentes (art. 237, parágrafo único) – isso porquanto os frutos pendentes somente serão colhidos quando o proprietário da coisa já for o credor, que já a terá recebido do devedor.

Por sua vez, nas **obrigações de restituir**, considerando-se que a coisa pertence ao credor, a ele pertencem os **melhoramentos e acréscimos** que não tiverem sobrevindo à coisa por despesa ou trabalho do devedor, sem direito deste a indenização (art. 241, que estabelece o chamado princípio da simetria). Todavia, se para os melhoramentos e acréscimos tiver o devedor realizado despesa ou trabalho, determina o art. 242 que se apliquem ao caso as normas atinentes às benfeitorias realizadas pelo possuidor de boa-fé ou de má-fé. Aqui, a preguiça do legislador acaba por tornar menos didática a matéria. Para facilitar a vida do leitor, tentaremos sistematizar a questão, a seguir.

Se o devedor da obrigação de restituir tem **posse de boa-fé**, ou seja, se desconhece os vícios que sua posse porventura tenha, e realizou na coisa melhoria ou acréscimo, por trabalho ou dispêndio seu, cabe examinar a natureza de tais obras. Em se tratando de **benfeitorias necessárias**, ou seja, aquelas que têm por finalidade conservar a coisa ou evitar que se deteriore (art. 96, § 3º), ou **úteis**, isto é, aquelas que têm por fim aumentar ou facilitar o uso do bem (art. 96, § 2º), o devedor terá direito à indenização dos custos das obras, e a se recusar a restituir a coisa, enquanto não receber a indenização – trata-se do chamado **direito de retenção** (art. 1.219, primeira e terceira partes). Por sua vez, em se tratando de **benfeitorias voluptuárias**, ou seja, aquelas que têm por finalidade o mero deleite ou recreio (art. 96, § 1º), o devedor terá direito à indenização dos custos das obras, e, se o credor se recusar a pagá-la, poderá levantar as benfeitorias, se isso for possível sem detrimento da coisa (art. 1.219, segunda parte). No caso

---

[20] Vale lembrar que constituem bens acessórios os frutos, os produtos e as benfeitorias.

das benfeitorias voluptuárias, não há **direito de retenção**, quer dizer, direito de se recusar à restituição até receber a indenização.

Se, por outro lado, o devedor da obrigação de restituir é tem **posse de má-fé**, haverá direito à indenização somente pelas **benfeitorias necessárias**, sem **direito de retenção**, e sem direito de levantar as benfeitorias voluptuárias (art. 1.220).

No que toca aos **frutos**, a desídia do legislador também remete o intérprete às normas que regem a situação dos possuidores de boa-fé e de má-fé (art. 242, parágrafo único).

Se o devedor da obrigação de restituir tem **posse de boa-fé**, faz jus, até a tradição, aos **frutos percebidos** (art. 1.214), devendo entregar ao credor os **colhidos por antecipação** e os **pendentes**, sendo que, por estes, pode exigir dedução das despesas de produção e custeio (art. 1.214, parágrafo único).

Se, por outro lado, o devedor da obrigação de restituir tem **posse de má-fé**, deve ressarcir ao credor os **frutos percebidos** e os que, por culpa sua, deixou de perceber, desde que se configurou a má-fé, podendo exigir, no entanto, indenização pelas despesas de produção e custeio (art. 1.216).

Vale lembrar que denominam-se **cômodos** os melhoramentos e acréscimos de uma coisa, ou seja, bens que se relacionam com uma dada coisa, tornando-a melhor ou mais proveitosa, ou aumentando-a, os quais, no regime do Código de 2002, os melhoramentos e acréscimos podem ter a natureza de bens acessórios ou de pertenças.[21]

1.1.2 Obrigações de dar coisa incerta

Obrigação de **dar coisa incerta** é aquela cuja prestação consiste em entregar um bem que foi determinado apenas pelo **gênero, qualidade e quantidade** (art. 243),[22] mas que não foi individuado – ou seja, cuida-se de bem determinável, não ainda determinado. A incerteza recai sobre o objeto da prestação, ou seja, sobre a coisa a ser dada. A determinação da coisa será feita no momento da execução (entrega), levando-se em conta as características que permitem sua identificação. Aliás, deve-se frisar que qualidade, no contexto das obrigações de dar coisa incerta, refere-se às características da coisa que permitem identificá-la dentro do gênero.

Pontes reserva com o feirante da sua rua dez quilogramas (quantidade) de tomates (gênero) caqui (qualidade) para serem entregues na próxima semana. No momento da contratação, não se sabe quais serão os tomates que comporão os dez quilogramas, mas se sabe que a prestação consiste na entrega do gênero tomate, na quantidade (dez quilogramas) e qualidade (variedade caqui) acordadas entre Pontes (credor) e o feirante (devedor).

Impende frisar que a obrigação de dar coisa incerta, para ser cumprida, precisa ser convertida em obrigação de dar coisa certa. Essa transformação é denominada **concentração**, e depende da realização da **escolha** da coisa a ser entregue. A escolha consiste na *individualização* da coisa (a escolha dos tomates, segundo o nosso exemplo), sem o que não pode haver execução (cumprimento). Assim que o credor é comunicado da escolha, considera-se realizada a concentração, e a obrigação se converte em dar coisa certa (art. 245).

Podem os sujeitos do vínculo (credor e devedor) pactuar que a escolha ou individualização da coisa caberá a qualquer um deles (art. 244, segunda parte). Na ausência de ajuste, a escolha

---

[21] LOPES, Miguel Maria de Serpa. *Curso de direito civil*, cit., v. 2, p. 56.
[22] O Código, na verdade, refere-se apenas a "gênero e quantidade". Todavia, considera-se necessária, para que seja possível a individualização da coisa, a indicação da qualidade, compreendida esta como conjunto de características da coisa.

caberá ao *devedor*[23] (art. 244, primeira parte), caso em que não poderá entregar a **coisa pior**, mas não será obrigado a dar a **melhor** (art. 244, terceira parte). Na verdade, ainda que a escolha caiba ao *credor* não se admite a opção pela coisa melhor, por se entender que, se a quisesse, deveria ter ajustado obrigação de dar coisa certa.[24]

Ocorre que nem sempre um sujeito concorda com o que o outro escolheu. O credor quer o melhor para si, ao passo que o devedor quer entregar o pior. Isso é do gênero humano. Para resolver esse incidente da execução judicial desta modalidade de obrigação, o Código de Processo Civil, no art. 812,[25] admite a impugnação da escolha da coisa, a qual será decidida pelo juiz de plano, ou após a manifestação de perito (que o julgador nomeará se entender necessário).

Sendo a obrigação de dar coisa incerta, é porque ainda não houve escolha; se não houve escolha, não se pode sequer conjecturar qual coisa constitui o objeto da prestação de entregar ou restituir. Logo, não se pode pensar em **perda ou deterioração** do objeto da obrigação de dar coisa incerta (art. 246, primeira parte). Não antes da escolha, pois somente após esta a obrigação se transmudará em obrigação de dar coisa certa. E, em sendo assim, não pode o devedor pretender se exonerar da obrigação alegando perda ou deterioração da coisa, nem mesmo arguindo caso fortuito ou força maior (art. 246, segunda parte). Quer dizer, se o feirante da minha rua me deve dez quilogramas de tomates caqui, não pode se desonerar alegando que os tomates se perderam, ainda que em razão de uma enchente, pois ainda não se haviam individualizado os tomates que me eram devidos.

Realizada a **escolha** e, por conseguinte, a transmudação da obrigação de dar *coisa incerta* em obrigação de dar *coisa certa*, tornam-se aplicáveis as disposições acerca desta modalidade de obrigação de dar (art. 233 a 242), as quais estudamos na subseção anterior.

1.1.3 Execução judicial das obrigações de dar

Inicialmente, quanto a este assunto, cabe esclarecer que o Código de Processo Civil de 2015 não trouxe muitas mudanças substanciais ao procedimento relativo às execuções de dar coisa certa (ou de entrega de coisa certa), nem às execuções de dar coisa incerta (ou de entrega de coisa incerta), em comparação com o Código de 1973. Houve alterações, é claro, mas, em geral, pontuais. Senão, vejamos.

1.1.3.1 Execução de obrigação de dar constante de título executivo extrajudicial

Deixando o devedor de voluntariamente dar a coisa devida no momento certo, poderá o credor valer-se do **procedimento executivo** previsto nos arts. 806 a 813 do atual CPC, se a obrigação estiver contida em um **título executivo extrajudicial**.

a) Execução de obrigação de dar coisa certa

Se a obrigação for de **dar coisa certa**, o devedor será citado para cumprir a obrigação em quinze dias (art. 806 do CPC/2015). Do mandado já constará a ordem de imissão na

---

[23] "Nos termos do art. 244 do CC/02, nas obrigações de dar coisa incerta, salvo disposição em contrário, cabe ao devedor a escolha das coisas determinadas pelo gênero e pela quantidade" (STJ, REsp 1.313.270/MG, relatora: Min. Nancy Andrighi, data do julgamento: 13/5/2014, 3ª Turma, data da publicação: 26/5/2014).

[24] PEREIRA, Caio Mário da Silva. *Instituições*, cit., v. 2, p. 38.

[25] Veja: CPC/2015, art. 812. "Qualquer das partes poderá, no prazo de 15 (quinze) dias, impugnar a escolha feita pela outra, e o juiz decidirá de plano ou, se necessário, ouvindo perito de sua nomeação".

posse – em se tratando de bem imóvel – ou de busca e apreensão – em se tratando de coisa móvel –, cujo cumprimento será imediato, caso o devedor não cumpra a obrigação no prazo designado (art. 806, § 2º).

Ademais, segundo o art. 806, § 1º, do CPC/2015, é possível a **cominação de multa** pelo descumprimento – o que o juiz fará ao despachar a inicial –, cujo valor poderá ser posteriormente alterado, caso se revele insuficiente ou excessivo. Citado, o devedor poderá entregar a coisa (art. 807 do CPC/2015) ou apresentar **embargos** (art. 914 do CPC/2015).

Se o devedor cumprir a obrigação, extinguir-se a execução, salvo o caso de prosseguimento para pagamento de frutos ou ressarcimento de prejuízos (art. 807 do CPC/2015).

Se o devedor não pagar ou se não forem admitidos embargos suspensivos, o **mandado de imissão na posse**, no caso de bens imóveis, ou de **busca e apreensão**, no caso dos móveis, poderá ser imediatamente cumprido, conforme asseverado (art. 806, § 2º, do CPC/2015). Na execução para entrega de coisa certa, o meio empregado é o desapossamento. Este é realizado com ato de busca e apreensão do bem, em caso de bem móvel, ou com ato de imissão do exequente na posse do bem objeto da execução, em caso de imóvel. Encontrado o bem e estando em perfeitas condições, fica satisfeita a obrigação. Se a coisa tiver sido alienada, expedir-se-á mandado contra o terceiro adquirente, que somente será ouvido após depositá-la (art. 808).

Na hipótese de a coisa não ser dada ao credor, ou de se ter deteriorada, ou, ainda, de não ser nem encontrada nem reclamada do poder do terceiro adquirente, o credor terá direito a receber o **equivalente** mais as **perdas e danos** (art. 809 do CPC/2015). Nesse caso, haverá conversão do procedimento em execução por quantia certa. A conversão também é admitida nos casos em que a coisa, apesar de ter sido entregue, o foi com atraso capaz de gerar prejuízos ao credor da obrigação. Nesse sentido: STJ, REsp 1.507.339-MT, 3ª Turma, relator: Min. Paulo de Tarso Sanseverino, data do julgamento: 24/10/2017 (Info 614).

Na hipótese de o valor da coisa não constar do título, ou de ser impossível a sua avaliação, caberá ao exequente estimá-lo, sujeitando-a ao **arbitramento judicial** (art. 809, § 1º). O valor da coisa e o valor dos prejuízos serão posteriormente apurados em liquidação (art. 809, § 2º).

É obrigatória a **liquidação** prévia das **benfeitorias indenizáveis** feitas pelo devedor ou por terceiro na coisa litigiosa (art. 810 do CPC/2015). Havendo saldo em favor do devedor ou de terceiros, o credor deverá depositá-lo ao requerer a entrega da coisa (art. 810, parágrafo único, I). Havendo saldo em favor do credor, este poderá cobrá-lo nos autos do mesmo processo (art. 810, parágrafo único, II).

b) **Execução de obrigação de dar coisa incerta**

Se a obrigação for **de dar coisa incerta**, o devedor será citado para entregá-la individualizada, caso lhe caiba a **escolha** (art. 811 do CPC/2015). Se esta couber ao credor, deverá este individualizar a coisa na **petição inicial** (art. 811, parágrafo único). Como visto anteriormente, competirá a escolha ao credor ou ao devedor, conforme dispuser o título. Se nada dispuser, a escolha pertencerá ao devedor (art. 244 do CC). Destaca-se que o devedor não está obrigado a escolher a melhor coisa, mas também não poderá dar a pior. Igualmente, o credor não pode escolher a melhor nem está obrigado a aceitar a pior.

Credor ou devedor tem o direito de **impugnar** a escolha feita pelo outro no prazo de quinze dias, devendo o juiz decidir de plano ou, se for necessário, após ouvir perito, que nomeará (art. 812 do CPC/2015).

Quanto ao mais, ou seja, após individualizada a coisa, determina o art. 813 do Código de Processo a aplicação dos dispositivos referentes à execução das obrigações de dar coisa certa.

Procedimento semelhante é adotado quando se trata de prestação decorrente de obrigação alternativa.[26] Nas obrigações alternativas, que podem ser de dar, fazer ou não fazer (por exemplo, o dever de construir uma casa ou pagar quantia equivalente ao seu valor), quando a escolha couber ao devedor, este será citado para exercer a opção e realizar a prestação no prazo de dez dias, se outro prazo não lhe foi determinado em lei ou em contrato (art. 800). Se a escolha couber ao credor, a petição inicial da execução indicará a coisa a ser entregue (art. 800, § 2º).

1.1.3.2 Execução de obrigação de dar constante de título executivo judicial

A preocupação com a efetividade do processo levou o legislador a criar mecanismos no processo de conhecimento e no de execução para coagir o devedor a cumprir, tal como pactuadas, as obrigações de fazer e de não fazer, passando as perdas e os danos a constituírem o último remédio à disposição do credor.

O art. 461 do CPC/1973, com a redação que lhe foi dada pela Lei 8.952/1994 e as alterações da Lei 10.444/2002, instituiu meios que permitiram ao aplicador do direito assegurar a tutela específica ou o resultado prático que deveria ter sido produzido com o cumprimento da obrigação pactuada. O *caput* do art. 461 foi praticamente reproduzido no Código atual.

De acordo com o *caput do art. 497 do CPC/2015*, poderá o juiz, na sentença, se procedente o pedido, conceder a tutela específica da obrigação de fazer ou não fazer, ou determinar providências que assegurem o resultado prático equivalente ao do adimplemento da obrigação originária. Exemplo: o Ministério Público, em ação civil pública, pleiteia seja o réu condenado a não lançar poluentes no ar. Poderá o juiz, na sentença, condenar o réu à tutela específica, consistente no abster-se de lançar poluentes, ou determinar providências que assegurem o mesmo resultado prático, ou seja, a preservação do meio ambiente, que pode ser alcançada com a instalação de filtros (tutela equivalente).

O referido dispositivo permite-nos extrair duas conclusões a propósito do momento para concessão da tutela equivalente. Pode ser concedida na própria sentença, em acolhimento a pedido alternativo do autor, ou de ofício, ante a impossibilidade de concessão da tutela específica. Pode também a tutela equivalente ser concedida após a sentença, de ofício, como consequência do descumprimento do preceito fixado no provimento judicial.

O parágrafo único do art. 497 é novidade no ordenamento. Ele assim dispõe: "Para a concessão da tutela específica destinada a inibir a prática, a reiteração ou a continuação de um ilícito, ou a sua remoção, é irrelevante a demonstração da ocorrência de dano ou da existência de culpa ou dolo".

Apesar de existir correspondência no CPC/1973, a regra evidencia algo que já tinha aplicação na prática. Para surtir efeitos, a sentença de procedência pode ser complementada por comandos imperativos, que são acompanhados de medidas de pressão para que o próprio devedor adote a conduta devida e produza o resultado específico. A ação ou omissão prejudicial à efetivação da tutela correspondente deve ser "barrada", mesmo que a parte contrária não esteja agindo com dolo ou com culpa. Em termos práticos, ao autor deve ser garantida a satisfação do direito que já foi confirmado na sentença.

Independentemente da providência a ser adotada pelo magistrado para efetivar a tutela concedida na sentença, é possível a aplicação concomitante de multa com o intuito de desestimular o réu a descumprir a determinação judicial (art. 500). A multa poderá ser fixada por

---

[26] Obrigação alternativa é a que contém duas ou mais prestações com objetos distintos, da qual o devedor se libera com o cumprimento de uma só delas, mediante escolha sua ou do credor.

tempo de atraso, de forma a coagir o devedor a adimplir a obrigação na sua especificidade. Até mesmo nos casos em que a obrigação tenha se convertido em perdas e danos, permanece possível a aplicação da multa.

Além da multa, não se descarta a aplicação das medidas de apoio, tais como busca e apreensão, remoção de pessoas e coisas, desfazimento de obras, intervenção em empresas e impedimento de atividade nociva, se necessário com requisição de força policial (art. 536, § 1º).

Ao credor não é facultado optar pelo pagamento da multa ou pelo cumprimento do preceito fixado na sentença. Assim, se a multa não foi capaz de compelir o devedor a adimplir a obrigação específica, deverá o juiz determinar providências que assegurem o resultado prático equivalente ao adimplemento. Mesmo adimplindo a obrigação, poderá o credor, após o trânsito em julgado da sentença, promover a execução da multa (execução por quantia certa).

A conversão da obrigação em perdas e danos ocupa o último lugar no rol de alternativas postas à disposição do credor, figurando como medida substitutiva do objeto da obrigação original, caso não tenha a multa o poder de coação almejado e não seja possível obter a tutela equivalente (art. 499). Entretanto, poderá o autor desprezar as tutelas que o legislador lhe facultou e requerer, já na petição inicial, a substituição da obrigação específica por perdas e danos.

Quanto à sentença ou acórdão que contenha obrigação de entrega de coisa, a efetivação da tutela far-se-á segundo o art. 498, que assim prescreve:

> Art. 498. Na ação que tenha por objeto a entrega de coisa, o juiz, ao conceder a tutela específica, fixará o prazo para o cumprimento da obrigação.
>
> Parágrafo único. Tratando-se de entrega de coisa determinada pelo gênero e pela quantidade, o autor individualizá-la-á na petição inicial, se lhe couber a escolha, ou, se a escolha couber ao réu, este a entregará individualizada, no prazo fixado pelo juiz.

Na petição inicial, o autor requererá a providência judicial almejada, consistente numa ordem, mandamento ou determinação para que o réu entregue a coisa (certa) descrita no título que representa a obrigação (contrato de compra e venda, por exemplo). Quando se tratar de coisa incerta, ou seja, determinada apenas pelo gênero e quantidade (um boi zebu dentre aqueles que se encontravam na Exposição de Uberaba), o autor a individualizará na petição inicial, se lhe couber a escolha; cabendo ao devedor escolher, a ordem judicial será no sentido de que entregue a coisa individualizada no prazo fixado pelo juiz (art. 498, parágrafo único). A ordem visada pelo autor poderá ser pleiteada a título de tutela antecipada ou final.

Em resposta ao pedido do autor, poderá o juiz, na decisão, final ou antecipatória, conceder a tutela específica, ou seja, determinar a entrega da coisa ou determinar providências que assegurem o mesmo resultado prático. Exemplo: a concessionária se obrigou a entregar o automóvel modelo Marea ELX. Ocorre que o modelo ELX não é mais fabricado, mas a concessionária tem em seu pátio o modelo ELP, similar ao que consta do contrato. Pode o juiz, a requerimento do autor, determinar a entrega do modelo similar, assegurando, assim, resultado prático equivalente.

Como meio de compelir o réu a cumprir a determinação judicial, também poderá o juiz, de ofício ou a requerimento da parte, impor multa (*astreintes*) ao devedor da obrigação, fixando-lhe prazo razoável para entrega da coisa. Para evitar repetição, fazemos remissão ao que afirmamos a propósito da multa relativa ao cumprimento das obrigações de fazer e não fazer, perfeitamente aplicável à efetivação da tutela das obrigações de entregar coisa.

Não sendo a multa eficaz para vencer a resistência do réu a entregar a coisa no prazo estabelecido, "será expedido mandado de busca e apreensão ou de imissão na posse em favor do credor, conforme se tratar de coisa móvel ou imóvel" (art. 538).

A efetivação da tutela, como podemos verificar, é feita por coerção ou por atos do Estado-juízo sobre a própria coisa (busca e apreensão). Somente na hipótese extrema de perda da coisa ou de absoluta impossibilidade de apreendê-la, a obrigação converter-se-á em perdas e danos. Essa conversão pode ocorrer, inclusive, *ex officio*[27].

Ademais, o § 1º do dispositivo determina que a existência de benfeitorias realizadas na coisa a ser entregue deve ser alegada na fase de conhecimento, em contestação. O § 2º, por sua vez, esclarece que o direito de retenção por benfeitorias também deve ser exercido na contestação, na fase de conhecimento.

O pedido de indenização ou de retenção deve ser formulado na contestação, sob pena de preclusão, vez que o art. 336 do CPC/2015 estabelece que, se o réu não alegar, na contestação, tudo o que poderia, ocorrerá preclusão consumativa (princípio da concentração da defesa), razão pela qual estará impedido de deduzir qualquer outra matéria de defesa em momento processual futuro.

As regras mencionadas organizam o sistema processual de acordo com a ideia de preclusão, além de evidenciarem o entendimento jurisprudencial majoritário segundo o qual o direito à indenização ou à retenção por benfeitorias deve ser arguido na fase na qual seja permitida a produção probatória, ou seja, na fase de conhecimento.

Caso essas matérias não tenham sido arguidas em momento oportuno – na contestação –, opera-se a preclusão. Sobrará ao executado apenas a possibilidade de pleitear a indenização pelo valor das benfeitorias em ação autônoma.

Quanto ao mais, determina o § 3º do dispositivo a aplicação de disposições acerca do cumprimento de obrigação de fazer ou de não fazer.

1.2   Obrigações de fazer

Obrigações **de fazer** são aquelas cuja prestação se consubstancia em um *facere* (como gostam os adeptos do latim), ou seja, um fazer a ser realizado pelo devedor. Classicamente, a obrigação de fazer é chamada de *obligatio faciendi*.

Um primeiro dado que chama a atenção, quando se pensa na classificação das obrigações quanto ao objeto, com relação à natureza de sua prestação, consiste na constatação de que o objeto de toda obrigação é um fato, o que, aliás, distancia o direito obrigacional do direito real, o qual tem por objeto uma coisa.

E, se toda obrigação tem por objeto um fato, poder-se-ia argumentar que a prestação, em qualquer relação obrigacional, é sempre um fazer, o que levaria à conclusão de que toda obrigação é **de fazer**.

A observação, sem dúvida, procede. Todavia, o Direito distingue as obrigações em obrigações de dar, de fazer e de não fazer com relação à **natureza do fato** em que se consubstancia a prestação, e com relação ao **objeto da prestação**.

Nas obrigações *de dar*, a prestação consiste na entrega ou na restituição de uma **coisa**. Logo, o objeto da prestação é tal coisa.

Por sua vez, nas obrigações *de fazer*, a prestação se consubstancia em um **fato comissivo** qualquer diverso de entrega ou restituição, e o objeto desse fato é a própria **atividade**.

---

[27]   "É lícito ao julgador valer-se das disposições da segunda parte do § 1º do art. 461 do Código de Processo Civil para determinar, inclusive de ofício, a conversão da obrigação de dar, fazer ou não fazer, em obrigação pecuniária (o que inclui o pagamento de indenização por perdas e danos) na parte em que aquela não possa ser executada [...]" (STJ, REsp 1.055.822/RJ, 3ª Turma, relator: Min. Massami Uyeda, data do julgamento: 24/5/2011).

Nas obrigações *de não fazer*, como veremos, a prestação consiste em um **fato omissivo**, e tem por objeto uma **abstenção**, uma inação, que importa em uma privação à esfera jurídica do devedor.

Já se observara, com precisão, que:

Nas obrigações de dar, o que interessa ao credor é que a coisa lhe deve ser entregue, pouco importando a atividade do devedor para realizar a entrega. Nas obrigações de fazer, ao contrário, o fim é o aproveitamento do serviço contratado. Se assim não fosse, toda obrigação seria de fazer, e *vice-versa*.[28]

1.2.1 Fungibilidade da prestação

Tema importante de se analisar, quanto às obrigações de fazer, é o do que a doutrina chama de **fungibilidade da prestação**, que nada mais é do que a possibilidade de a prestação ser executada por pessoa diversa do devedor. É que às vezes a atividade em que se consubstancia o objeto da prestação poderá ser realizada apenas pelo sujeito passivo da obrigação, mas, às vezes, outras pessoas também poderão executá-la.

Nos contratos celebrados ***intuitu personae***, ou seja, em razão da pessoa, a prestação é devida *pessoalmente pelo devedor*. Afinal, se alguém contrata Pontes para elaborar um parecer jurídico, em razão de seu renome como jurista, espera que ele próprio o elabore. Nesses casos, diz-se que a obrigação de fazer (na verdade, sua prestação) é **infungível**.

Pode ocorrer, não obstante, de o contrato não ser celebrado *intuitu personae*, e de o credor ter interesse especificamente na atividade, pouco lhe importando a pessoa que venha a executá-la. Se Silvio contrata uma sociedade prestadora de serviços de limpeza para limpar uma dada área, o interesse do credor será ver a área limpa, independentemente de qual funcionário foi enviado para a execução do serviço. Nesses casos, a prestação da obrigação de fazer é considerada **fungível**, porquanto passível de execução por pessoa diversa do devedor.

A questão da fungibilidade ou não da prestação nas obrigações de fazer tem extrema importância prática. É que, no estágio da civilização em que vivemos hoje, o Direito não se compadece com a execução classicamente chamada de *manu militari* – "com mão militar" – das obrigações.

No nosso ordenamento, se a prestação da obrigação de fazer for **infungível** e o devedor se recusar a cumpri-la, e se não for possível a **execução judicial** do débito, a obrigação se resolve em **perdas e danos** (art. 247).

A norma deve ser interpretada com um grão de sal – com cuidado –, vez que "a lei é de entender-se de molde que a conversão da prestação nas perdas e danos se dê somente quando importe em violência física à liberdade do devedor compeli-lo ao cumprimento específico".[29]

O art. 536 do Código de Processo Civil determina que, "no cumprimento de sentença que reconheça a exigibilidade de obrigação de fazer ou de não fazer, o juiz poderá, de ofício ou a requerimento, para a efetivação da tutela específica ou a obtenção de tutela pelo resultado prático equivalente, determinar as medidas necessárias à satisfação do exequente". O § 1º, por sua vez, estabelece que, "para atender ao disposto no *caput*, o juiz poderá determinar, entre outras medidas, a imposição de multa, a busca e apreensão, a remoção de pessoas e coisas, o

---

[28] GOMES, Orlando. *Obrigações*. 4. ed. Rio de Janeiro: Forense, 1976. p. 51.
[29] PEREIRA, Caio Mário da Silva. *Instituições de direito civil*. 19. ed. Rio de Janeiro: Forense, 2002. v. 2. p. 41.

desfazimento de obras e o impedimento de atividade nociva, podendo, caso necessário, requisitar o auxílio de força policial".

No caso do parecer encomendado de Pontes, seria possível tentar fazê-lo cumprir a obrigação por meio do arbitramento da multa cominatória.

Por outro lado, se a prestação da obrigação de fazer for **fungível**, e o devedor se recusar a cumpri-la, ou incorrer em mora (atraso), pode o credor mandar terceiro executar a prestação, às custas do devedor, e ainda cobrar dele indenização pelos prejuízos que sofrer (art. 249).

Se houver urgência, o credor não dependerá nem mesmo de **autorização judicial** para que contrate o terceiro. Nesse caso, adiantará as despesas e requererá, posteriormente, seu ressarcimento, mais a indenização (art. 249, parágrafo único).

1.2.2 Impossibilidade superveniente da prestação

Pode acontecer de a prestação, seja ela fungível ou não, tornar-se impossível **sem culpa** do devedor, caso em que a obrigação se resolve (art. 248, primeira parte). Veja-se, se a impossibilidade não advém de fato culposo do devedor, pouco importa que a prestação seja fungível; o credor não poderá mandar terceiro executá-la às custas do devedor, porquanto a obrigação se terá resolvido por força de lei.

Obviamente que, sendo o **enriquecimento sem causa** vedado pelo Direito pátrio, nas hipóteses de resolução da obrigação por **impossibilidade superveniente da prestação**, o devedor se obriga a restituir ao credor o preço ou parcela do preço que já houver recebido.

Clóvis contrata Rui para pintar uma casa, a qual vem a se destruir em um incêndio. A atividade de pintar tornou-se impossível em razão da destruição da casa, sem que, para tanto, concorresse o devedor. A obrigação, então, resolve-se (extingue-se). Igualmente, se Orlando contrata Caio para pintar uma casa, e Caio sofre acidente e se torna paraplégico, a obrigação também se resolve, independentemente de ser fungível. O que Rui e Caio houvessem porventura recebido de Clóvis e de Orlando, nos exemplos, teriam de lhes devolver.

Se, por outro lado, a impossibilidade se caracterizar **com culpa** do devedor, este responderá por **perdas e danos** (art. 248, segunda parte). Persiste, obviamente, a obrigação de o devedor restituir ao credor aquilo que já houver dele recebido.

Berenice contrata Helena para lhe fornecer salgadinhos para uma festa. Pouco antes da hora marcada para a entrega, no entanto, Helena esquece os salgadinhos no forno, torrando-os, o que torna o cumprimento da obrigação impossível. Por ter havido culpa da devedora, Berenice poderá dela cobrar os prejuízos que a inexecução (o não fornecimento da comida) lhe houver causado.

1.2.3 Execução judicial das obrigações de fazer

1.2.3.1 Execução de obrigação de fazer constante de título executivo extrajudicial

Se o devedor deixa de voluntariamente executar a prestação de fazer a que se obrigou, o credor pode se utilizar da **execução judicial** prevista nos arts. 815 a 821 do Código de Processo Civil de 2015, se a fonte da obrigação for um **título executivo extrajudicial**.

Ajuizada a ação, o juiz mandará citar o devedor para cumprir a obrigação no prazo estabelecido no título ou, na ausência deste, em prazo que designar (art. 815 do CPC/2015), devendo arbitrar **multa cominatória** pelo descumprimento (art. 814 do CPC/2015). O valor da multa fixada pelo juiz pode ou não corresponder ao eventualmente previsto no título, cabendo, em qualquer hipótese, a elevação ou a redução, sempre tendo em vista o objetivo da sanção, que é sensibilizar o devedor de que vale a pena cumprir a obrigação no prazo assinado (art. 814, parágrafo único). Não cumprido o preceito a tempo e modo, devida é a multa.

Vencido o prazo sem cumprimento da obrigação, pode o credor requerer ao juiz que se mande cumprir a obrigação às custas do devedor, ou optar pela **conversão da prestação em perdas e danos** (art. 816 do CPC/2015). Conforme o parágrafo único do dispositivo, o montante das perdas e danos será apurado em **liquidação**, e, a seguir, proceder-se-á à **execução para cobrança de quantia certa**. Em resumo, caso o executado não satisfaça a obrigação nem oponha embargos (ou sejam estes rejeitados), é lícito ao credor, nos próprios autos do processo, requerer que o "fazer" ou o "desfazer" seja executado à custa do executado, ou haver perdas e danos, caso em que ela se converte em indenização (art. 816).

Sendo a prestação da obrigação de fazer **fungível**, o juiz poderá, a requerimento do credor, determinar o **cumprimento da obrigação por terceiro**, à custa do executado (art. 817 do CPC/2015). Nesse caso, deverá ser apresentada **proposta de custos**, a qual, após ouvidas as partes, o juiz aprovará ou não; se aprovada, caberá ao exequente adiantar a quantia (art. 817, parágrafo único).

Segundo o art. 818 do CPC/2015, após a execução da prestação, o juiz ouvirá as partes no prazo de dez dias e, não havendo **impugnação**, dará a obrigação por cumprida; se houver, deverá decidi-la.

O **cumprimento parcial ou defeituoso** da obrigação, ainda que dentro do prazo assinalado na citação, enseja a conclusão da execução, ou sua reparação, por terceiro, desde que o exequente o peça no prazo de quinze dias, e que o juiz defira o pedido (art. 819 do CPC/2015). O devedor será ouvido no prazo de quinze dias, após o que o juiz mandará avaliar o custo das despesas necessárias, e condenará o devedor a cobri-lo (art. 819, parágrafo único).

Em qualquer caso, nos termos do art. 820 do CPC/2015, o credor tem preferência sobre o terceiro, se quiser ele próprio executar a prestação, ou mandar executá-la sob sua direção e vigilância, desde que em igualdade de condições de oferta. Estabelece o parágrafo único do dispositivo que o **direito de preferência** deve ser exercido no prazo de cinco dias contados da aprovação da proposta pelo terceiro.

Sendo a prestação da obrigação de fazer **infungível**, o devedor também será citado para cumpri-la (art. 821 do CPC/2015). Recusando-se o devedor ao cumprimento, ou incorrendo em mora, a prestação converte-se em **perdas e danos**, caso em que deve se observar o procedimento de execução por quantia certa (art. 821, parágrafo único).

Assim, tratando-se de prestação fungível, a obrigação pode ser adimplida pelo próprio devedor ou por terceiro, à custa do devedor, ou converter-se em perdas e danos. No caso de prestação não fungível, ou a obrigação é satisfeita pelo devedor, ou se converte em perdas e danos. Em ambas as modalidades de prestação, o legislador prestigia a realização específica da obrigação. Exemplo: se Roberto Carlos se obrigou a cantar e não compareceu, existem medidas coercitivas, como a imposição de multa, no sentido de obrigá-lo a cumprir o trato. Se, a despeito da imposição de medidas coercitivas, o credor não lograr êxito em ver a obrigação satisfeita, só lhe resta cobrar perdas e danos, sem prejuízo da pena pecuniária.

1.2.3.2 Execução de obrigação de fazer constante de título executivo judicial

Por sua vez, se a obrigação de fazer for objeto de ação, em **processo de conhecimento**, e seu adimplemento for determinado em **sentença condenatória**, sua execução se dará no bojo do próprio processo de conhecimento, por meio do **cumprimento de sentença**. Nesse sentido, dispõe o art. 515 do CPC/2015 que "são títulos executivos judiciais, cujo cumprimento dar-se-á de acordo com os artigos previstos neste Título: I – as decisões proferidas no processo civil que reconheçam a exigibilidade de obrigação de pagar quantia, de fazer, de não fazer ou de entregar coisa [...]".

O procedimento específico, descrito nos arts. 536 e 537, é o mesmo previsto para as obrigações de não fazer.

O art. 536 do CPC/2015 determina que, "no cumprimento de sentença que reconheça a exigibilidade de obrigação de fazer ou de não fazer, o juiz poderá, de ofício ou a requerimento, para a efetivação da tutela específica ou a obtenção de tutela pelo resultado prático equivalente, determinar as medidas necessárias à satisfação do exequente".

O § 1º, por sua vez, estabelece que, "para atender ao disposto no *caput*, o juiz poderá determinar, entre outras medidas, a imposição de multa, a busca e apreensão, a remoção de pessoas e coisas, o desfazimento de obras e o impedimento de atividade nociva, podendo, caso necessário, requisitar o auxílio de força policial".

Pode o juiz, seja na decisão antecipatória da tutela, na sentença ou na fase de execução, impor multa diária ao réu – conhecida por **astreintes** –, independentemente de pedido do autor, se for suficiente ou compatível com a obrigação, devendo fixar prazo para o cumprimento do preceito (art. 537 do CPC/2015). Frise-se que, ao devedor, não é facultado optar pelo pagamento da multa ou pelo cumprimento do preceito fixado na sentença. A multa tem caráter complementar e será devida até mesmo nos casos em que a obrigação tenha se convertido em perdas e danos. Assim, mesmo que ocorra o adimplemento da obrigação fixada na sentença ou o pagamento das perdas e danos, a multa cominatória anteriormente fixada ainda pode ser exigida pelo credor. A decisão que fixa as *astreintes* não integra a coisa julgada, sendo apenas um meio de coerção indireta ao cumprimento do julgado.[30]

Ainda com relação à multa, impende frisar que a lei admite que o juiz, de ofício ou a requerimento, modifique seu valor ou periodicidade, se verificar que se tornou insuficiente ou excessiva, ou que o devedor demonstrou cumprimento parcial superveniente da obrigação, ou motivo justo para o descumprimento (art. 537, § 1º, do CPC/2015).

Esclarecem, ainda, os demais parágrafos do dispositivo, que:

Art. 537. [...]

[...]

§ 2º O valor da multa será devido ao exequente.

§ 3º A decisão que fixa a multa é passível de cumprimento provisório, devendo ser depositada em juízo, permitido o levantamento do valor após o trânsito em julgado da sentença favorável à parte.

§ 4º A multa será devida desde o dia em que se configurar o descumprimento da decisão e incidirá enquanto não for cumprida a decisão que a tiver cominado.

§ 5º O disposto neste artigo aplica-se, no que couber, ao cumprimento de sentença que reconheça deveres de fazer e de não fazer de natureza não obrigacional.

Embora a multa seja um instrumento legal para forçar o cumprimento da obrigação e admita, como visto, a possibilidade de alteração a qualquer momento, é imprescindível que o

---

[30] Esse é o entendimento do STJ firmado no julgamento do REsp 1.333.988/SP, sob o rito dos recursos repetitivos (*Informativo* 539). Segundo a Corte, as astreintes podem ter seu valor revisto a qualquer tempo, a pedido ou por iniciativa própria do juízo, sempre que se mostrar desproporcional ou desarrazoado, ou causar enriquecimento ilícito de uma das partes.

julgador observe os seguintes parâmetros (ou vetores de ponderação, conforme orientação do STJ): (i) a efetividade da tutela prestada, para cuja realização as astreintes devem ser persuasivas; (ii) a vedação ao enriquecimento sem causa do beneficiário da multa, porquanto a medida não pode ser um fim em si, ou seja, o credor não pode perseguir a multa (AgRg no AREsp 738.682/RJ). Para tanto, a jurisprudência aponta as seguintes diretrizes que devem guiar o magistrado no momento do eventual reajuste:

a) Devem ser ponderados o valor da obrigação e a importância do bem jurídico tutelado;

b) Deve ser analisado o tempo para o cumprimento da obrigação (por exemplo: se o devedor cumpriu a obrigação com atraso justificável, as astreintes podem ser reajustadas);

c) Ao julgador cabe avaliar a capacidade econômica e a resistência do devedor;

d) A mitigação dos prejuízos também precisa ser ponderada, ou seja, o magistrado deve verificar se o credor observou um dos deveres laterais da boa-fé (o *duty to mitigate the loss*, consistente em um dever de lealdade[31]).

e) Por fim, deve ser avaliada a possibilidade de adoção de outros meios coercitivos pelo julgador.

1.3 Obrigações de não fazer

Obrigações **de não fazer** são aquelas cuja prestação se consubstancia em um **fato omissivo** do devedor, ou seja, uma **abstenção**. Por essa razão, as obrigações de não fazer – obrigações *non faciendi*, na expressão herdada do Direito Romano – são consideradas **obrigações negativas**.

Aqui, o devedor se obriga a se abster da prática de um ato, ou a tolerar um ato do credor – o que implicará uma permissão.[32] Uma permissão, no fundo, não perde o caráter de abstenção – o devedor, nesses casos, abstém-se de responder ao ato do credor, ou de impedi-lo.

Augusto se obriga com o vizinho Manuel a não plantar árvores próximo à área limítrofe de seus terrenos – aqui, a prestação se consubstancia em uma abstenção. Rui se obriga com Pontes a não impedir que este estacione na vaga de garagem daquele – aqui, a prestação se consubstancia em uma tolerância ou permissão.

As obrigações de não fazer são sempre contínuas, porquanto a abstenção se prolonga no tempo, como se houvesse, na verdade, um conjunto de abstenções, a cada segundo renovadas. O caráter da **continuidade**, no entanto, não impede que as obrigações de não fazer sejam **sujeitas a termo** ou mesmo a **condição resolutiva**, vez que a continuidade não se confunde com perpetuidade.

Se Caio ajusta com César a abstenção deste de tocar instrumentos musicais em casa, a obrigação de César se renovará a cada instante. Nesse caso, a propósito, a obrigação se considera pura e simples, vez que não se submete a condição, termo ou encargo. Se, por sua vez, César se obriga com Caio a se abster de tocar instrumentos musicais em sua casa, por um ano, a obrigação estará sujeita a termo final, mas não perderá o caráter de contínua, e se renovará

---

[31] "[...] Preceito decorrente da boa-fé objetiva. Duty to mitigate the loss: o dever de mitigar o próprio prejuízo. Os contratantes devem tomar as medidas necessárias e possíveis para que o dano não seja agravado. A parte a que a perda aproveita não pode permanecer deliberadamente inerte diante do dano. Agravamento do prejuízo, em razão da inércia do credor. Infringência aos deveres de cooperação e lealdade [...]" (STJ, REsp 758.518/PR, relator: Min. Vasco Della Giustina (Desembargador Convocado do TJRS), data do julgamento: 17/6/2010, 3ª Turma, data da publicação: 1/7/2010).

[32] GOMES, Orlando. *Obrigações*, cit., p. 55.

a cada instante, até o advento do termo. Se, por fim, a obrigação é de César se abster de tocar instrumentos até que a filha de Caio se case, a obrigação estará sujeita a condição resolutiva, e se renovará a cada instante, até que a condição se implemente, se isso acontecer.

Cabe frisar que, no Direito contemporâneo, há uma série de limites jurídicos impostos ao conteúdo da abstenção objeto da obrigação de não fazer, vez que se trata de **privação** à liberdade do devedor. Em síntese, pode-se afirmar que a inação a que se obriga o devedor não pode implicar violação à sua **dignidade**. Caso a abstenção seja desde a contratação ofensiva à dignidade do devedor, reputar-se-á ilícita, o que invalidará a obrigação, tornando-a nula.

Helena contrata Berenice para limpar sua casa uma vez por semana, mas lhe impõe a obrigação de não ir ao banheiro enquanto estiver prestando o serviço. Tal abstenção se considera nula, pois ofende a dignidade da devedora. A nulidade do objeto da prestação implica a nulidade da própria obrigação de não fazer.

1.3.1 Impossibilidade superveniente da prestação negativa

Se, por circunstância posterior ao acordo, a abstenção se tornar **impossível**, sem **culpa** do devedor, a consequência será a resolução da obrigação (art. 250).

A obrigação é de não derrubar uma árvore. Embora não haja qualquer ilicitude na prestação capaz de implicar a nulidade da obrigação, pode ocorrer algum fato que torne impossível a abstenção. Imaginemos que a árvore ameaça cair sobre a casa do devedor. Nessa hipótese, terá lugar a resolução da obrigação de pleno direito.

Conquanto o Código Civil não mencione a hipótese de a abstenção se tornar impossível por **culpa** do devedor, por óbvio que, nesse caso, deve-se considerá-lo responsável por **perdas e danos** perante o credor.

Se foi o próprio devedor quem causou a iminência da queda da árvore, terá de indenizar o credor pelos prejuízos que este vier a sofrer com a derrubada.

1.3.2 Divisibilidade ou não da prestação negativa

Em regra, a prestação objeto das obrigações de não fazer se reputa **indivisível**, salvo se tiver por objeto duas ou mais abstenções que não guardem vínculo orgânico entre si. Caio Mário tocou no ponto com precisão:

> A obrigação de *não fazer* é, via de regra, indivisível (TITO FULGÊNCIO, CLÓVIS BEVILÁQUA), pois que o devedor, sendo obrigado a uma abstenção, deve-a por inteiro, insuscetível de prestação parcelada, já que a prática, mesmo parcial, do ato que o devedor se comprometeu a não executar constituirá inadimplemento. Mas é admissível a divisibilidade da prestação negativa, e conseguintemente da *obligatio non faciendi*, quando o objeto consiste em um conjunto de omissões que não guardem entre si relação orgânica.[33]

É possível afirmar que guardam **relação orgânica** entre si as prestações negativas objeto de uma obrigação de não fazer quando a abstenção em que se consubstancia cada uma delas for ao mesmo tempo desejada, individualmente, dada a **razão determinante** do negócio jurídico.

Assim, se pelo mesmo vínculo Clóvis se obriga a abster-se de construir edifício de mais de dois andares em certo terreno e igualmente se obriga a não vendê-lo, não haverá relação orgânica, pois uma é a razão do impedimento de se construir edifício alto e outra a do impedimento de

---

[33] PEREIRA, Caio Mário. *Instituições*. 19. ed. Rio de Janeiro: Forense, 2002. v. 2. p. 48.

vender o lote. Ambas as inações são individualmente desejadas pelo credor, embora constantes da mesma obrigação. O descumprimento de uma das prestações implica que o motivo determinante do ato, quanto a ele, terá sido desatendido, mas não haverá prejuízo com relação ao motivo determinante do negócio no que concerne à outra prestação.

Por outro lado, se Clóvis se obriga, pelo mesmo vínculo, a não derrubar uma determinada casa, nem edificar na área não construída do terreno, haverá relação orgânica entre as abstenções, vez que a causa determinante do negócio é mesma – a preservação do conjunto arquitetônico do lote. Nesse caso, interessa ao credor o cumprimento, ao mesmo tempo, das prestações em conjunto, sem o que o motivo determinante do ato jurídico não será atendido.

Em conclusão, no primeiro exemplo a prestação objeto da obrigação se considera **divisível** e, no segundo exemplo, **indivisível**.

1.3.3 Inexecução da obrigação de não fazer

Por natureza, as obrigações **de não fazer** não comportam **mora** (atraso). Isso porquanto basta que o devedor pratique o ato a cuja abstenção se obrigara, e estará caracterizado o **inadimplemento total** da obrigação (art. 390). Se houver cláusula penal no contrato, nela incorrerá o devedor.

Caracterizado o inadimplemento, pela prática do ato que o devedor se obrigou a não praticar, pode o credor exigir do devedor que o desfaça, sob pena de mandar desfazê-lo às custas do devedor, o qual ainda deverá indenizá-lo por **perdas e danos** (art. 251).

Em caso de urgência, o parágrafo único do art. 251 dispensa a **autorização judicial** para que o credor desfaça ou mande desfazer o ato, sem prejuízo do ressarcimento devido.

Todavia, impende frisar que, na hipótese de a prestação da obrigação de não fazer ser considerada **divisível**, a questão da inexecução merecerá análise mais cuidadosa. Nesse caso, a obrigação terá de ser examinada como se houvesse uma obrigação autônoma correspondente a cada uma das prestações sem relação orgânica entre si. A inexecução de uma delas não implicará a inexecução das demais, e a obrigação subsistirá quanto a estas, incorrendo o devedor na pena pelo inadimplemento tão somente quanto à prestação não cumprida.

No exemplo da obrigação de não construir edifício de mais de dois andares em certo terreno, e de não vendê-lo, a construção de um edifício de três andares não afetará a obrigação de não vender o terreno, e sujeitará o devedor às consequências do descumprimento apenas da obrigação de não construir acima de dois andares. Nesse caso específico, pode o credor exigir que o devedor desfaça o terceiro andar, ou mandar terceiro desfazê-lo. E, se o terceiro andar tiver projetado no terreno do credor uma sombra que arruinou sua horta, este ainda poderá exigir do devedor a indenização por tal prejuízo.

1.3.4 Execução judicial das obrigações de não fazer

1.3.4.1 Execução de obrigação de não fazer constante de título executivo extrajudicial

Em se tratando de obrigação **de não fazer** cuja fonte consiste em um **título executivo extrajudicial**, a execução se dá pelo **processo executivo**, observados os arts. 822 e 823 do Código de Processo Civil de 2015. Segundo o art. 822 do CPC/2015, se o devedor praticou o ato que estava obrigado a não praticar – por contrato ou por imposição da lei –, o credor requererá ao juiz que lhe designe prazo para desfazer o ato. Se o devedor, citado, desfizer o que fez contrariando o contrato, extinguir-se-á a obrigação. Contudo, se ele não desfizer, teremos de distinguir duas situações:

- Se a prestação negativa for daquelas que a doutrina denomina de instantânea, por exemplo, a decorrente de obrigação de não cantar em determinado local, em face da impossibilidade de se retornar ao *status quo ante*, a obrigação se resolverá em perdas e danos, caso em que, após a liquidação (se necessário), se observará o procedimento relativo à execução por quantia certa (art. 823 do CPC).

- Já a execução da obrigação de não fazer permanente (por exemplo, a pessoa se obrigou a não construir e constrói) pode ser executada, especificamente, com o desfazimento do que se fez, ou pela conversão em perdas e danos. Quanto ao desfazimento, pode ser realizado por terceiro, à custa do devedor, aplicando-se o art. 816 e seguintes do CPC/2015.

A execução de obrigação de não fazer constante em título executivo judicial segue a mesma sistemática das obrigações positivas (de fazer), já abordada no item 1.2.3.2.

1.4 Obrigações divisíveis e indivisíveis

Também com relação ao objeto da obrigação – não em atenção à sua natureza, mas à possibilidade ou não de **fracionamento da execução** –, classificam-se as obrigações em **divisíveis** ou **indivisíveis**. O que é divisível ou não, na verdade, é a *prestação* – não a obrigação –, mas por metonímia, como lembra Caio Mário, consagraram-se as expressões *obrigações divisíveis* e *obrigações indivisíveis*.[34]

Pode-se dizer que a **divisibilidade** da obrigação – ou melhor, da prestação – consiste na *possibilidade de fracionamento do pagamento*, e a **indivisibilidade** na *obrigatoriedade do pagamento integral*.

A possibilidade ou não de execução parcelada da prestação pode advir da sua própria natureza – (in)divisibilidade natural –, bem como de disposição de lei – (in)divisibilidade legal –, ou, ainda, da vontade das partes – (in)divisibilidade convencional.

Em uma canhestra tentativa de inovação, no entanto, o art. 258 do Código 2002 não se referiu às causas clássicas da indivisibilidade, e estatuiu as seguintes: a própria **natureza da prestação**; **motivo de ordem econômica**; a **razão determinante do negócio**. Preferimos, não obstante, a lição antiga. É que, por motivo de ordem econômica, ou dada a razão determinante do negócio, a indivisibilidade também será **natural**, **legal** ou **convencional**.

Pontes e Rui encomendam de Silvio, pintor, uma determinada tela. Nesse caso, a prestação devida por Silvio é *naturalmente* indivisível, em razão da indivisibilidade da própria tela. Aqui, a doutrina e o novo Código se alinham. Berenice e Helena compram de Augusto uma fazenda. Nessa hipótese, a prestação devida por Augusto é indivisível porquanto, ainda que as terras pudessem ser divididas entre as credoras, estas optaram por comprá-las em conjunto, vez que, individualmente, não teriam como pagar o preço. A doutrina diria, então, que a indivisibilidade decorre da *vontade* dos sujeitos, enquanto o Código de 2002 se referiria ao *motivo de ordem econômica*. Caio e Orlando causam um dano a Clóvis. A prestação devida por Caio e Orlando se consubstancia na indenização que ambos, em conjunto, devem a Clóvis. A doutrina diria que se trata de indivisibilidade por força de *lei*; o novo Código afirmaria que a indivisibilidade decorre da razão determinante do negócio (dever de indenizar).

No nosso Direito, a regra geral é no sentido de que o credor não pode ser obrigado a receber o pagamento fracionado, salvo ajuste em sentido contrário (art. 314). Por essa razão, em relação a um só credor, toda obrigação é, em geral, indivisível, vez que o credor apenas receberá a prestação em partes se com tal fato aquiescer ou se houver assim convencionado com o devedor.

---

[34] PEREIRA, Caio Mário. *Instituições*, cit., v. 2, p. 46.

Todavia, havendo **pluralidade de sujeitos** em qualquer dos polos da obrigação, o tema da divisibilidade demanda maior atenção. É por essa razão que parte da doutrina opta por tratar das obrigações divisíveis ou indivisíveis na classificação quanto aos sujeitos.[35]

1.4.1 Pluralidade de sujeitos

Havendo **pluralidade de credores**, e sendo a **prestação divisível**, cada credor terá direito a uma determinada **fração da prestação**, e receberá em pagamento apenas a sua quota (art. 257).

Se há **pluralidade de devedores**, então cada um será obrigado a uma determinada **fração da prestação**, e deverá pagar somente a sua quota (art. 257).

Pode, ainda, ocorrer a **pluralidade de credores e devedores**, e, nessa hipótese, cada credor terá direito à sua quota, bem como cada devedor pagará apenas a fração que deve. Trata-se da aplicação, no Direito das Obrigações, do antigo **princípio do *concursu partes fiunt*** – "as partes se fazem pelo concurso".

Não havendo convenção sobre as quotas, o art. 257 ainda estabelece a presunção *iuris tantum* (relativa) de que a prestação se divide em frações iguais para cada sujeito, seja a pluralidade ativa ou passiva. Não se pode deixar de criticar o dispositivo, todavia, em razão de se referir a "obrigações, iguais e distintas", sendo certo que se trata de *prestações*, iguais e distintas. Reiteramos que a obrigação em si não é divisível, senão seu objeto, que é a prestação.

Se, por outro lado, houver pluralidade de devedores e a prestação for **indivisível**, cada um será obrigado pela dívida toda (art. 259). Nessa hipótese, opera-se a **sub-rogação** do devedor que solver (cumprir a obrigação) nos direitos do credor, o que o autorizará a acionar os demais coobrigados para deles receber o **equivalente** da prestação que a eles caberia se a prestação fosse divisível (art. 259, parágrafo único).

Assim, se a prestação se consubstancia em um determinado fazer, como a construção de um edifício, e três são os devedores, executada a atividade por apenas um deles, o solvente (quem executou a prestação) terá ação em face dos outros dois – a mesma que teria o credor, porquanto se trata de sub-rogação. Contudo, não poderá deles exigir a construção, que já está pronta, mas o equivalente (valor pecuniário da prestação) que caberia a eles, ou seja, um terço de cada um.

Nos casos em que a pluralidade for de credores, cada um deles pode exigir do devedor a dívida inteira (art. 260, primeira parte), devendo aquele que receber responder aos demais pelo **equivalente** que lhes cabe (art. 261).

Com relação ao devedor, a obrigação se extingue pagando ele a todos os credores em conjunto, ou a um deles apenas – caso em que o acipiente (quem recebe o pagamento) deverá dar **caução de ratificação** dos demais credores (art. 260, segunda parte, I e II). A finalidade de tal caução é desobrigar o devedor solvente com relação aos demais credores, protegendo-o de eventual cobrança por parte destes.[36]

Em se tratando de obrigação **indivisível**, caso se opere a extinção da obrigação sem pagamento com relação a apenas *um* dos credores, como nas hipóteses de **remissão, transação,**

---

[35] SERPA LOPES salienta que "o interesse das regras inerentes às obrigações divisíveis e sua distinção das indivisíveis só existe, consoante a maioria dos escritores, onde houver mais de um devedor ou onde se apresentar mais de um credor, ou ainda quando existir pluralidade de devedores ou de credores simultaneamente" (LOPES, Miguel Maria de Serpa. *Curso de direito civil*. 5. ed. Rio de Janeiro: Freitas Bastos, 1989. v. 2. p. 96).

[36] MENDONÇA, M. I. Carvalho de. *Doutrina e prática das obrigações*, cit., p. 273.

novação, compensação ou **confusão**,[37] a obrigação subsiste para os demais sujeitos ativos, que deverão, para receber, indenizar o devedor pelo equivalente à quota extinta (art. 262, *caput* e parágrafo único).

Berenice deve a Clóvis, Caio e Silvio a tela *Os Amantes*, no valor de R$ 9.000,00. Silvio remite (perdoa) a dívida. No entanto, a obrigação de entregar o quadro subsiste quanto a Clóvis e Caio, integralmente, porquanto, sendo a tela indivisível, Berenice não tem como dela reduzir a quota remitida. Entretanto, para recebê-la, Clóvis e Caio, em conjunto, terão de ressarcir a Berenice R$ 300,00, referentes à quota remitida por Silvio.

Por fim, cabe comentar que a obrigação que se converte em **perdas e danos**, obviamente, perde o caráter de *indivisível*, vez que as perdas e danos, sendo aferidas em dinheiro, podem ser divididas entre os sujeitos, seja no polo ativo ou passivo, dependendo do caso (art. 263).

Na hipótese de haver **culpa** de todos os devedores no fato que levou à conversão da obrigação em perdas e danos, cada um deles responderá por partes iguais (art. 263, § 1º).

Por outro lado, se apenas um tiver concorrido culposamente para o evento, apenas este responderá pelas perdas e danos, ficando exonerados os demais devedores (art. 263, § 2º).

2. CLASSIFICAÇÃO DAS OBRIGAÇÕES QUANTO AOS SUJEITOS: OBRIGAÇÕES SOLIDÁRIAS

Pode-se dizer que a **solidariedade** é um fenômeno que une credores, ou devedores, em um único vínculo obrigacional em que a prestação é devida por inteiro *a cada um* dos credores – no caso de **solidariedade ativa** – ou devida por inteiro *por cada um* dos devedores – no caso de **solidariedade passiva** (art. 264).[38] Em outras palavras, há **pluralidade de sujeitos** (ou **pluralidade subjetiva**) e **unidade do crédito ou do débito**. Vez que o crédito e sua outra face, o débito, revestem-se na prestação, a doutrina fala em **unidade da prestação** ou **unidade objetiva**.

Tentando explicar o fenômeno da **solidariedade**, digladiam as **teorias pluralistas** e a **teoria unitarista**. Aqui, sobre as teorias pluralistas, basta-nos dizer que visualizam *diversos vínculos* obrigacionais a ligar os sujeitos dos polos opostos em uma obrigação solidária. Perfilhamos, não obstante, o ensinamento dos unitaristas,[39] segundo os quais, na obrigação solidária, existe *um vínculo apenas* que liga os sujeitos dos polos opostos, e o que une os diversos sujeitos que ocupam o mesmo polo nesse único vínculo é a **unidade de fim** – a solução da obrigação solidária é única. Isso explica por que o pagamento feito a qualquer um dos credores, na solidariedade ativa, ou feito por qualquer um dos devedores, na solidariedade passiva, extingue a obrigação, satisfaz *todos* os credores e libera *todos* os devedores.

---

[37] Remetemos o leitor às seções sobre essas modalidades de extinção das obrigações sem pagamento, nesta mesma Parte II deste livro. Mas, adiantando a matéria: há remissão quando a dívida é perdoada; há transação quando há acordo sobre a dívida; há novação quando uma nova obrigação se contrai para substituir a anterior, que se extingue; há compensação quando a dívida se extingue em razão de um crédito que o devedor tem com o credor; há confusão quando o devedor se torna credor de sua dívida, ou quando o credor se torna devedor de seu crédito.

[38] Fala-se, ainda, em **solidariedade mista**, quando há pluralidade tanto de credores quanto de devedores, todos solidários.

[39] O pensamento unitarista foi entre nós consagrado por Clóvis Beviláqua e Tito Fulgêncio e, posteriormente, por Serpa Lopes, Orlando Gomes e Caio Mário, até chegar a Farias e Rosenvald.

A solidariedade ocorre não porque a prestação devida seja indivisível, mas porque todos os credores, ou todos os devedores, buscam ao mesmo tempo uma mesma e única finalidade – a satisfação do crédito ou a exoneração da dívida por meio da execução *integral* da prestação.[40] Consequentemente, a solidariedade enseja a **incindibilidade** da obrigação com relação aos *sujeitos*. Cada um dos credores é *ao mesmo tempo* credor da dívida toda; cada um dos devedores é *ao mesmo tempo* devedor do débito inteiro. É como se em cada polo da obrigação houvesse apenas um sujeito.

Berenice e Helena são credoras solidárias de Pontes, que lhes deve um parecer. Qualquer das credoras pode exigir do devedor o cumprimento integral da obrigação, ou seja, o parecer. Rui e Manuel são devedores solidários de R$ 100,00 a Clóvis. O credor pode exigir de qualquer dos devedores a dívida inteira, ou seja, os R$ 100,00.

Se passou pela sua cabeça a indagação "como assim?", você entendeu o conceito! Essa história de pluralidade de credores, cada um com direito à dívida inteira, ou de diversos devedores, cada um devedor da integralidade do débito realmente é anômala, e por isso a própria doutrina afirma que a solidariedade é um fenômeno anormal.[41]

E é, também, um fenômeno jurídico excepcional.

A **excepcionalidade** da obrigação solidária decorre do fato de que a solidariedade não se presume; decorre de **imposição da lei** ou da **vontade das partes** (art. 265).

Augusto e César causam um dano a Manuel, e se tornam obrigados a indenizar os prejuízos que causaram. Por disposição legal, sua obrigação de indenizar é solidária (art. 942, parágrafo único). Orlando empresta dinheiro a Caio, e Clóvis se obriga a garantir o pagamento, assumindo voluntariamente a posição de devedor solidário. Vale lembrar que, nesses exemplos, tanto Augusto e César quanto Caio e Clóvis são obrigados com relação a Manuel e a Orlando pelas *dívidas inteiras*[42], quer dizer, Manuel pode acionar qualquer dos devedores, ou ambos em conjunto, e exigir pagamento integral, o que também Orlando pode fazer.

A excepcionalidade se estende, ainda, ao campo empresarial. Nesse sentido é o Enunciado 22 da I Jornada de Direito Comercial do CJF: "Não se presume solidariedade passiva (art. 265 do Código Civil) pelo simples fato de duas ou mais pessoas jurídicas integrarem o mesmo grupo econômico"[43].

---

[40] GOMES, Orlando. *Obrigações*, cit., p. 75.

[41] PEREIRA, Caio Mário. *Instituições*, cit., v. 2, p. 53.

[42] De acordo com o STJ, a solidariedade se estende, inclusive, para o pagamento de cláusula penal. Ou seja, deve ser incluída como obrigação solidária de quem assumiu as obrigações pecuniárias previstas no contrato (STJ, REsp 1.867.551, relator: Min. Ricardo Villas Bôas Cueva, data do julgamento: 5/10/2021, 3ª Turma, data da publicação: 13/10/2021).

[43] Tal entendimento, contudo, não vem sendo aplicado no ámbito da Justiça do Trabalho. Exemplificando: "A solidariedade não se presume, resultando da lei ou da vontade das partes. Entretanto, a existência do grupo econômico, do qual decorre a solidariedade por força de lei, caracteriza-se por qualquer meio de prova, inclusive por indícios e circunstâncias, de forma que, uma vez provado o grupo, decorre a solidariedade entre as empresas consorciadas. Para se caracterizar a existência de grupo econômico é necessário que: 1) haja identidade de sócios majoritários, podendo ser constatada através dos atos constitutivos das respectivas empresas; 2) a diretoria de uma empresa seja composta pelos sócios de outra que interferem na administração daquela; 3) a criação de uma empresa por outra que passa a ser a principal patrocinadora; 4) uma empresa ser acionista ou sócia majoritária de outra; 5) patrocinar e interferir nos atos de administração de outra, numa relação de subordinação e ingerência, o que restou comprovado nos presentes autos" (TRT-1, ROT: 01008040420195010342 RJ, relator: Valmir de Araújo Carvalho, data do julgamento: 1º/6/2022, 2ª Turma, data da publicação: 15/6/2022).

Cabe frisar que no Direito contemporâneo, como vimos na Parte I – Teoria Geral, a jurisprudência é fonte formal do Direito. Logo, a solidariedade legal pode ser estabelecida também por meio de **súmula** dos tribunais. Um exemplo se encontra na Súmula 492 do Supremo Tribunal Federal[44], a qual estatui a solidariedade da empresa locadora de veículos na obrigação de reparar danos causados pelo locatário a terceiros no uso do carro locado.

Pois bem. Ante a anormalidade e a excepcionalidade da solidariedade, não há necessidade de uma seção para estudar as *obrigações não solidárias*, que constituem obrigações normais, às quais não se aplicam os preceitos que estudaremos agora.

2.1 Diferenças entre obrigação solidária e obrigação indivisível

Cuidado para não confundir a incindibilidade do crédito/débito na **obrigação solidária**, com a indivisibilidade da prestação que caracteriza a **obrigação indivisível**. Caio Mário foi preciso ao apontar as diferenças:[45] (1) a causa da solidariedade se refere aos sujeitos, enquanto a da indivisibilidade se refere ao objeto; (2) o devedor solidário paga por inteiro porque deve por inteiro, enquanto o devedor de prestação indivisível somente paga por inteiro por ser impossível o pagamento repartido de acordo com as quotas de cada devedor; (3) a solidariedade é sempre uma criação jurídica (legal ou convencional), enquanto a indivisibilidade pode ser real, quando a prestação é naturalmente indivisível; (4) a solidariedade permanece mesmo quando a obrigação se converte em perdas e danos, enquanto a indivisibilidade desaparece quando ocorre a conversão.

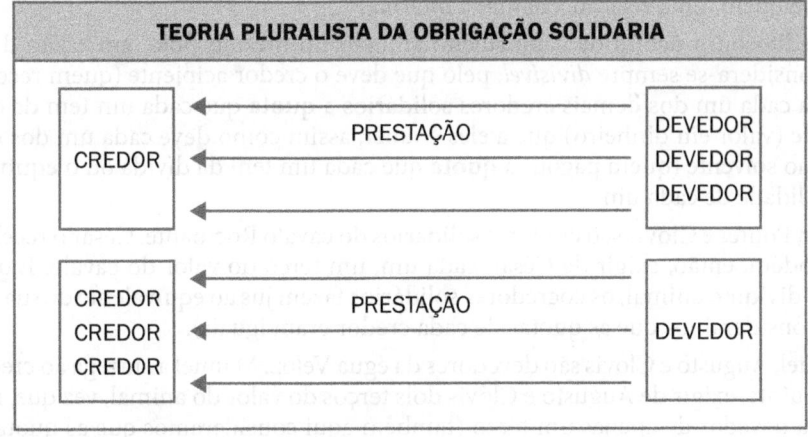

---

[44] Embora esse enunciado tenha sido editado em 1969, continua a ser aplicado pelos Tribunais. Exemplificando: TJ-SP – RI: 0011756-36.2019.8.26.0003, relatora: Adriana Cristina Paganini Dias Sarti, data do julgamento: 26/1/2022, 3ª Turma Recursal Cível – Santo Amaro.

[45] PEREIRA, Caio Mário. *Instituições*, cit., v. 2, p. 52.

2.2 Vínculo interno da solidariedade

Em toda obrigação solidária existe um **vínculo interno** que liga os sujeitos que ocupam o mesmo polo. Se a solidariedade é ativa, o vínculo liga os credores; se passiva, os devedores; se mista, tanto os credores, entre si, quanto os devedores, entre eles. É que "a solidariedade só se manifesta nas *relações externas*, isto é, as que se travam entre os credores solidários e o devedor ou entre os coobrigados e o credor".[46] "Entre os sujeitos que se acham do mesmo lado forma-se, também, uma relação, chamada *interna*".[47]

O crédito ou o débito de cada sujeito situado no mesmo polo, em razão do **vínculo interno**, considera-se sempre *divisível*, pelo que deve o credor acipiente (quem recebeu o pagamento) a cada um dos demais credores solidários a **quota** que cada um tem da coisa ou o **equivalente** (valor em dinheiro) que a eles couber, assim como deve cada um dos devedores solidários ao solvente (quem pagou) a **quota** que cada um tem da dívida ou o **equivalente** da responsabilidade de cada um.

César, Pontes e Clóvis são credores solidários do cavalo Rocinante. César o recebe. Pontes e Clóvis podem, então, exigir de César, cada um, um terço do valor do cavalo. É que, sendo impossível dividir o animal, os cocredores solidários fazem jus ao equivalente de sua quota (no exemplo, consideramos que as quotas de cada credor eram iguais).

Manuel, Augusto e Clóvis são devedores da égua Veloz. Manuel a entrega ao credor. Pode, por conseguinte, exigir de Augusto e Clóvis dois terços do valor do animal, vez que, na relação interna, era devedor de apenas um terço (também aqui consideramos que as quotas de cada devedor eram iguais).

Veja-se que a obrigação solidária se extinguiu, nos exemplos, quando os animais foram entregues. A divisão do crédito ou do débito, em espécie ou do equivalente em dinheiro, fica para o momento posterior à execução da obrigação.

2.3 Elementos não essenciais da obrigação solidária

A lei admite que uma obrigação solidária seja **pura e simples** para um dos sujeitos, ou **condicional, a termo**, ou mesmo **pagável em outro lugar** para outro deles (art. 266). É que os **elementos não essenciais** da obrigação podem variar de sujeito para sujeito.

---

[46] GOMES, Orlando. *Obrigações*, cit., p. 76.
[47] Idem.

Berenice e Helena são devedoras solidárias de um artigo a Caio, sendo a obrigação de Berenice pura e simples e a de Helena condicionada a que o filho que Helena espera nasça antes do fim de janeiro. Implementada a condição, Caio pode exigir o cumprimento da obrigação, na íntegra, seja de Berenice ou de Helena. Todavia, se a condição não se implementar, haverá débito apenas de Berenice, nada se podendo exigir de Helena.

Orlando mora em Salvador e Silvio em São Paulo, e ambos são devedores solidários de R$ 500,00 a Rui, ficando ajustado que cada qual somente pode ser acionado para pagamento em seu domicílio. Logo, embora Rui possa exigir pagamento integral de qualquer dos devedores, somente pode exigi-lo de Orlando em Salvador, e de Silvio em São Paulo.

As hipóteses previstas no art. 266 não têm natureza taxativa, admitindo, portanto, outras disposições de conteúdo particular, por força da autonomia da vontade dos contratantes (Enunciado 347 da IV Jornada de Direito Civil do CJF).

2.4 Solidariedade ativa

Já vimos que, se há **solidariedade ativa**, então há **pluralidade de credores**, cada um com direito à dívida toda. Trata-se de modalidade rara de solidariedade, em razão do inconveniente que traz aos credores. Isso porque estes são tidos por satisfeitos com o pagamento realizado a qualquer um, conquanto, para que haja *real satisfação* de todos, após o pagamento, devam perseguir o direito que lhes é assegurado no vínculo interno. O melhor exemplo de solidariedade ativa é o das contas conjuntas em bancos.[48]

Considerando-se que em casos de solidariedade ativa cada credor tem direito à dívida toda, então a cada credor é dado exigir do devedor o cumprimento da prestação (art. 267). Se nenhum dos credores, todavia, demandar o devedor, este poderá a qualquer daqueles pagar, libertando-se com esse ato da obrigação (art. 268).

2.4.1 Pagamento fracionado

Pode ocorrer de, sendo o objeto da prestação naturalmente **divisível**, o credor consentir em receber apenas uma fração do montante devido. Vale lembrar que a solidariedade não se refere à indivisibilidade da prestação (pode haver obrigação solidária *divisível*), mas à incindibilidade do crédito/débito de cada credor/devedor. Se o credor, mesmo tendo direito à dívida toda, consentir em receber apenas uma fração do pagamento, a obrigação não se extinguirá, mas dela se descontará aquilo que já foi pago (art. 269). O credor acipiente, bem como qualquer outro credor, ainda poderá exigir do devedor o restante da dívida.

Atenção. Mesmo que o acipiente já tenha recebido do devedor aquilo que, considerando-se a relação interna entre os credores, a ele caberia, continua tendo o poder de acionar o devedor para receber o restante da dívida, porquanto, na relação externa, continua sendo credor da dívida toda, a qual é externamente indivisível. Responderá, obviamente, aos cocredores, pela fração que, em razão do vínculo interno, a eles couber.

---

[48] GOMES, Orlando. *Obrigações*, cit., p. 82. Na jurisprudência: "Agravo interno no agravo em recurso especial. Ação monitória. Conta conjunta. Solidariedade ativa. Valores depositados na conta. Agravo não provido. 1. Verifica-se a solidariedade ativa dos cotitulares de conta conjunta no que concerne aos valores depositados na conta. 2. Agravo interno não provido" (STJ, AgInt no AREsp 1.311.957/MG, relator: Min. Lázaro Guimarães (Desembargador convocado), data do julgamento: 4/9/2018, 4ª Turma, data da publicação: 11/9/2018).

2.4.2 Intransmissibilidade da solidariedade causa mortis

A solidariedade não se transmite *causa mortis* (em razão da morte). Por isso, se um dos credores solidários morre, cada um de seus herdeiros somente terá direito a receber a quota do crédito correspondente ao seu quinhão hereditário, a não ser, é claro, que a obrigação tenha por objeto prestação indivisível (art. 270).

César e Caio são credores solidários de uma indenização no valor de R$ 20.000,00, e Caio falece, sendo sucedido por suas filhas Berenice e Helena. Vez que a solidariedade não se transmite com a morte, cada uma das herdeiras herda apenas um quinhão do crédito, mas não o crédito todo. Tanto César quanto Caio podiam, ainda que individualmente, receber os R$ 20.000,00, que posteriormente teriam de repartir. Já Berenice e Helena podem receber, individualmente, apenas R$ 10.000,00, porquanto seu crédito não é solidário. Caso a dívida seja paga a elas, César terá de exigir R$ 5.000,00 de cada uma, não lhe sendo admitido cobrar os R$ 10.000,00 – que correspondem a sua quota no vínculo interno – integralmente de apenas uma das cocredoras, entre as quais não há solidariedade.

2.4.3 Conversão da obrigação solidária em perdas e danos

Mesmo que a obrigação, por alguma razão, converta-se em **perdas e danos**, subsiste, para todos os efeitos, a solidariedade entre os credores (art. 271).

Orlando e Manuel são credores solidários de uma obra de arte, que o devedor deixa se perder. A obrigação de dar, então, converte-se em perdas e danos. A obra de arte valia R$ 1.000,00, e os credores não sofreram outros prejuízos com a perda da peça, donde as perdas e danos corresponderão ao valor da obra de arte. A consequente obrigação de indenizar os R$ 1.000,00 a Orlando e Manuel manterá o caráter solidário, podendo qualquer dos credores exigir do devedor pagamento integral.

2.4.4 Remissão da dívida por um dos credores

Se um dos credores perdoa a dívida, perdoa-a na sua inteireza, pois não é credor de uma quota, mas da dívida toda. Liberta-se o devedor pela **remissão**. Não obstante, mais uma vez em razão do vínculo interno que liga os credores, responderá o remitente aos cocredores pela fração da dívida que a eles cabia (art. 272).

Pontes, Rui e Clóvis são credores solidários de R$ 10.000,00. Rui perdoa a dívida. Nesse caso, conquanto Pontes e Clóvis nada possam exigir do devedor, poderão cobrar de Rui a quota que lhes cabe nos R$ 10.000,00 – por exemplo, um terço para cada um.

2.4.5 Oponibilidade de exceções pessoais

Raciocinando em termos de processo, cumpre esclarecer que não pode o devedor opor ao credor solidário que lhe demandar pagamento as **exceções pessoais** que são oponíveis a outro dos credores (art. 273).

Ademais, o **julgamento contrário** a um dos credores solidários não atinge os demais, mas o **julgamento favorável**, que não se fundar em exceção pessoal do credor que o obteve, a todos aproveita (art. 274).

Isso porquanto a prestação é devida a todos os credores solidários ao mesmo tempo, como se estes fossem um só. Mas, na verdade, são diversos. Daí que é razoável que a exceção que o devedor tem contra apenas um dos credores em nada afete os demais (que continuam tendo direito à dívida toda) e que o julgamento contra um dos credores não afete os outros (repita--se, que continuam tendo direito à dívida toda). Seguindo a mesma lógica, por serem todos credores da dívida toda, o pronunciamento judicial favorável, ou seja, que verse o recebimento da prestação, a todos aproveita, pois todos têm direito à dívida toda, salvo se o julgamento se basear em exceção pessoal do credor que o obteve.

Berenice e Helena são credoras de R$ 100,00 devidos por Silvio. O devedor, por sua vez, é credor de R$ 100,00 de Berenice. Demandado para pagamento por Helena, nada pode a ela opor, pois a compensação[49] somente seria oponível a Berenice.

Se Berenice, por sua vez, demanda de Silvio o pagamento, e o juiz declara a compensação,[50] nada obstará a que Helena ajuíze ação com o fim de receber a dívida, pois o julgamento contrário a Berenice não lhe atinge.

Rui causa um dano a Clóvis e Manuel. Quatro anos após o fato, Manuel aciona Rui, que se defende arguindo a prescrição, vez que a pretensão de reparação civil se extingue em três anos (art. 206, § 3º, V). Manuel contra-ataca o argumento, alegando que à época do fato tinha quinze anos, pelo que era absolutamente incapaz e, por conseguinte, contra ele o prazo prescricional só começou a correr um ano depois, quando tornou-se relativamente capaz.[51] Nesse caso, o julgamento favorável a Manuel não aproveita a Clóvis, vez que fundado em exceção pessoal de Manuel: a causa impeditiva da prescrição. Contra Clóvis, capaz à época em que o dano foi causado, o prazo prescricional correu e a prescrição se consumou.

2.5 Solidariedade passiva

Na **solidariedade passiva**, a qual ocorre com muito mais frequência no dia a dia do que a solidariedade ativa, há **pluralidade de devedores**, cada um obrigado pela dívida toda.

Em se tratando de solidariedade passiva, o credor tem o direito de exigir de qualquer um dos codevedores a dívida toda ou parte dela, se divisível a prestação (art. 275, primeira parte).

O **pagamento parcial** aproveita a todos os devedores quanto à fração paga (art. 277), permanecendo todos, inclusive o solvente (quem pagou), obrigados pelo restante da dívida, o qual poderá ser exigido integralmente de qualquer um (art. 275, segunda parte).

Augusto e Orlando devem R$ 1.000,00 a Clóvis. Augusto paga a Clóvis R$ 600,00, pagamento que aproveita também a Orlando. Vez que a solidariedade permanece[52], Clóvis ainda pode cobrar de qualquer dos devedores os R$ 400,00 restantes.

Iguais são as consequências da **remissão parcial**: todos os devedores são beneficiados pelo montante perdoado, mas continuam obrigados individualmente pelo restante do débito (art. 277). Como veremos adiante, a remissão não se confunde com a renúncia à solidariedade, pois, nesta, o credor não exclui a responsabilidade do devedor, mas apenas ameniza a sua situação,

---

[49] Estudaremos o tema da compensação no Capítulo 4 acerca da extinção das obrigações sem pagamento.

[50] Como se verá oportunamente sobre a compensação, esta se opera *ipso iure*, ou seja, de Direito. No momento em que o devedor se torna credor, a compensação ocorre automaticamente com relação aos valores de coincidência do débito e do crédito. Por essa razão, a sentença não tem natureza constitutiva, mas meramente declaratória.

[51] Pela regra do art. 198, I, não corre a prescrição contra os absolutamente incapazes. A incapacidade absoluta constitui *causa impeditiva da prescrição*.

[52] "O pagamento parcial não implica, por si só, renúncia à solidariedade, a qual deve derivar dos termos expressos da quitação ou, inequivocadamente, das circunstâncias do recebimento da prestação pelo credor" (Enunciado 348 da IV Jornada de Direito Civil do CJF).

convertendo o beneficiado pela renúncia para mero devedor fracionário[53]. Ademais, a remissão depende de aceitação pelo devedor, ao contrário da renúncia (art. 385).

Porquanto a solidariedade passiva importa em um agravamento da posição dos devedores, qualquer **cláusula**, **condição** ou **encargo** que se estipule posteriormente entre um ou alguns dos devedores solidários e o credor não surte efeito com relação aos demais, salvo se houver consentimento destes (art. 278).

Berenice e Helena são devedoras de R$ 1.000,00 a César. Posteriormente, Helena e César ajustam uma multa para a hipótese de atraso no pagamento. Tal acordo não atingirá Berenice, que dele não tomou parte, salvo se ela consentir.

2.5.1 Chamamento ao processo

No caso da solidariedade passiva, a consequência do ajuizamento da ação contra apenas um ou alguns dos devedores solidários é o dever processual de o réu, ou réus, requererem a citação dos demais devedores solidários, por meio do **chamamento ao processo** (art. 130, III, do Código de Processo Civil de 2015), para que a eventual **sentença condenatória** atinja todos eles.[54] Nessa intervenção, o réu chama ao processo os coobrigados em virtude de fiança ou de solidariedade, a fim de que eles respondam diretamente ao autor da ação. Se, no entanto, o devedor ou fiador não promover o chamamento, ou, se o fizer, mas o chamado não se manifestar e for condenado a pagar a dívida em favor do autor, ficará sub-rogado nos direitos de credor, podendo exigir dos demais as respectivas quotas-partes.

Cabe ressaltar que a propositura da ação contra apenas um ou alguns dos devedores solidários não implica renúncia do direito de crédito com relação aos demais (art. 275, parágrafo único, do Código Civil). Imagine, por exemplo, que o juiz tenha proferido sentença determinando que João e Pedro pagassem a Antônio o valor de R$ 500 mil. Diante do não pagamento voluntário, Antônio dá início ao cumprimento de sentença, na forma do art. 523 do CPC, apenas contra João. Nesse caso, Antônio não renunciará à solidariedade. Vale lembrar, contudo, que, se, na fase de conhecimento, um dos devedores solidários não for citado, o cumprimento de sentença não poderá ser proposto contra ele. Isso se deve ao fato de que a regra do art. 275 tem natureza de direito material, restringindo-se sua aplicação ao momento de formação do processo cognitivo, quando então o credor pode incluir, no polo passivo da ação, todos os devedores solidários ou apenas alguns deles. A sentença, como tem eficácia apenas em relação às pessoas demandadas, não alcançando aqueles que não participaram da relação processual (art. 506 do CPC), não pode ser executada em face daquele que não integrou a relação processual da qual decorreu o título executivo judicial.

Ainda, de acordo com a doutrina, caso haja renúncia à solidariedade em favor de determinado devedor, este não poderá ser chamado ao processo pelos demais (Enunciado 351 da IV Jornada de Direito Civil).

---

[53] "A renúncia à solidariedade diferencia-se da remissão, em que o devedor fica inteiramente liberado do vínculo obrigacional, inclusive no que tange ao rateio da quota do eventual codevedor insolvente" (Enunciado 350 da IV Jornada de Direito Civil do CJF).

[54] "De acordo com a doutrina, o chamamento ao processo difere da denunciação da lide. Enquanto esta visa ao direito de garantia ou de regresso, a ser composto numa nova relação processual, o chamamento ao processo objetiva a inclusão do devedor principal ou dos coobrigados pela dívida (chamados) para integrarem o polo passivo da relação já existente, a fim de que o juiz declare, na mesma sentença, a responsabilidade de cada um" (DONIZETTI, Elpídio. *Curso didático de direito processual civil*. 19. ed. São Paulo: Atlas, 2016. p. 321).

2.5.2 Oponibilidade de exceções pessoais

Na contestação, o devedor demandado poderá defender-se por meio das **exceções pessoais** que tiver contra o credor, bem como por meio das exceções que forem comuns a todos os coobrigados, não lhe aproveitando, obviamente, as exceções que forem pessoais de algum dos demais devedores solidários (art. 281). Em qualquer caso, frise-se, a prudência exige que chame seus consortes ao processo (art. 130, III, do CPC/2015).

Rui e Pontes são devedores solidários de César. Ocorre que, num dado momento, Pontes se torna credor de César. Acionado para pagamento, Pontes pode opor, na contestação, a compensação, sem se esquecer de chamar Rui ao processo.

A dívida de Rui e Pontes está prescrita. Qualquer dos devedores pode, quando acionados para pagamento, opor ao credor a prescrição, por se tratar de exceção comum a ambos.

2.5.3 Intransmissibilidade da solidariedade causa mortis

Como vimos, a solidariedade não se transmite *causa mortis*. Na hipótese de morte de um dos devedores solidários, nenhum de seus herdeiros será obrigado a pagar senão a quota da dívida que corresponda ao seu quinhão hereditário, a não ser, é claro, que a obrigação tenha por objeto prestação indivisível; todos os herdeiros reunidos, no entanto, serão considerados como um único devedor solidário com relação aos demais devedores, ou seja, com relação ao vínculo interno (art. 276).

Rui, Augusto e Pontes causaram um prejuízo de R$ 10.000,00 a Manuel, e foram condenados a indenizá-lo. Posteriormente, Rui morreu, e lhe sucederam seus herdeiros Silvio e Caio, os quais herdaram a dívida de R$ 10.000,00, mas serão responsáveis, cada um, apenas por seu quinhão hereditário da dívida, vez que a solidariedade não se transmite com a morte. Por conseguinte, Manuel não pode exigir a dívida toda de Caio apenas, nem de Silvio; de cada um pode exigir apenas aquilo que cada um herdou. Supondo-se que Pontes pagou a dívida a Manuel, poderá exigir de Silvio e Caio em conjunto – tomados, no vínculo interno, como um único devedor solidário – e de Augusto as quotas a eles correspondentes da dívida solvida.

2.5.4 Impossibilidade da prestação

Caso a prestação devida se torne impossível por **culpa** de um dos devedores solidários, todos serão obrigados a indenizar o credor pelo equivalente (valor em dinheiro da prestação), mas somente o devedor culpado arcará com as **perdas e danos** (art. 279).

Berenice e Helena são devedoras solidárias da égua Veloz a César. Berenice se esquece de alimentar o animal, que vem a morrer, fato que torna impossível a prestação. Surge para as devedoras o dever de indenizar o credor pelo valor da égua, mas apenas Berenice fica responsável pelos prejuízos sofridos por César em razão da morte de Veloz. Nesse exemplo, embora o art. 279 restrinja a responsabilização por perdas e danos ao devedor culpado, não ampara o afastamento de eventual condenação solidária na sentença, a despeito do seu caráter punitivo ou de seu cunho indenizatório.

2.5.5 Juros moratórios e multa

Na hipótese de **mora**, todos os coobrigados respondem pelos **juros moratórios** e pela **multa**, ainda que eventual ação tenha sido proposta apenas em face de um ou de alguns dos devedores. Mas, também aqui, haverá responsabilização do culpado, que deverá ressarcir tais juros e multa aos demais devedores solidários que vierem a pagá-los ao credor (art. 280).

Caio, Orlando e Silvio são devedores solidários de R$ 1.000,00, e ajustam que, no dia do vencimento, Orlando é quem se dirigirá ao credor para pagar. Ocorre que, na data do pagamento, Orlando se esquece de fazê-lo. Posteriormente, o credor procura Caio para receber. Este paga os R$ 1.000,00, mais a multa e os juros, que totalizam R$ 120,00. Caio exigirá de Orlando e Silvio, então, a quota de cada um na dívida, com relação ao vínculo interno da obrigação, e apenas de Orlando exigirá os R$ 120,00 (multa e juros), porquanto foi este quem deu causa à mora.

2.5.6 Renúncia da solidariedade

A solidariedade passiva constitui um benefício para o credor, pelo que pode haver **renúncia** a ela, o que o credor poderá fazer em relação a todos os devedores, a alguns ou mesmo a um só (art. 282). Se o credor exonerar da solidariedade apenas um ou alguns dos credores solidários, subsistirá a solidariedade dos demais (art. 282, parágrafo único).

Berenice, Helena e Caio são devedores de R$ 3.000,00 a César, que renuncia à solidariedade com relação a Berenice. Helena e Caio permanecem devedores solidários de R$ 2.000,00, enquanto Berenice passa a dever somente o correspondente à sua quota no débito (R$ 1.000,00). Nesse sentido é o Enunciado doutrinário 349 da IV Jornada de Direito Civil do CJF: "Com a renúncia à solidariedade quanto a apenas um dos devedores solidários, o credor só poderá cobrar do beneficiado a sua quota na dívida, permanecendo a solidariedade quanto aos demais devedores, abatida do débito a parte correspondente aos beneficiados pela renúncia". Apesar da exoneração, o devedor que tiver obtido esse benefício não ficará dispensado de eventual rateio da parte do outro devedor, caso este se torne insolvente (art. 284 do CC).

2.5.7 Vínculo interno: presunção de igualdade de quotas; interesse imediato de um dos devedores na prestação

O **vínculo interno** impõe a todos os devedores solidários o dever de arcar com a fração que lhes cabe da dívida ao devedor solvente (o que pagou), presumindo-se iguais as partes de todos os codevedores (art. 283, primeira e terceira parte).

Orlando e Silvio eram devedores solidários de R$ 1.000,00. Orlando pagou. Quanto ao vínculo interno, presume-se que a quota de cada um no débito era de metade, ou seja, de R$ 500,00. Logo, Orlando poderá exigir de Silvio R$ 500,00.

Se houver devedor **insolvente,** sua quota será repartida entre todos os demais, incluindo-se aí os devedores exonerados da solidariedade (art. 283, segunda parte e art. 284).

Orlando, Silvio, Caio e Manuel eram devedores solidários de R$ 1.000,00. Orlando pagou. Silvio se encontra insolvente. O credor renunciara à solidariedade com relação a Caio. Orlando, em razão do vínculo interno, poderia demandar de cada um dos coobrigados os R$ 250,00 que lhes tocam. Em razão da insolvência de Silvio, no entanto, cada devedor – inclusive o solvente e o credor que não mais se considerava solidário – suportará um acréscimo em sua quota, o qual, no caso, corresponde a um terço de R$ 250,00. Logo, Orlando nada receberá de Silvio, e receberá de Caio e de Manuel as respectivas quotas (R$ 250,00) mais os respectivos acréscimos (um terço de R$ 250,00 para cada um).

Caso haja na prestação **interesse imediato** de um dos coobrigados, o que o tiver arcará com a integridade da prestação para com o devedor solidário não imediatamente interessado que vier a solver (art. 285). Trata-se de caso em que, quanto ao **vínculo interno** entre os devedores solidários, apenas um suporta o débito; os demais, na relação interna, nada devem.

Em uma locação com fiança solidária, o locatário é o devedor solidário que tem interesse imediato na prestação; o fiador, embora figure como codevedor solidário, é mero garante. Se vier a pagar, poderá exigir do locatário o montante integral que desembolsou.

3. CLASSIFICAÇÃO DAS OBRIGAÇÕES QUANTO A ELEMENTOS NÃO ESSENCIAIS

3.1 Obrigações alternativas

São ditas alternativas as obrigações em que há **pluralidade de prestações** *possíveis*, embora apenas *uma* seja devida. É que "a obrigação pode ter como objeto duas ou mais prestações, que se excluem no pressuposto de que somente uma delas deve ser satisfeita mediante escolha do devedor, ou do credor".[55]

Um exemplo é a obrigação de Manuel de entregar a César ou o cavalo Rocinante, ou a égua Veloz.

Veja bem, leitor, que não se cuida de obrigação de dar coisa incerta, pois esta consistiria na *indeterminação* do cavalo que viria a ser entregue, ou da égua, mas não haveria possibilidade de se entregar, na primeira hipótese, animal diverso de cavalo e, na segunda, diferente de égua. Ou seja, diferentemente das obrigações de dar coisa incerta, nas obrigações alternativas a prestação está perfeitamente individualizada (ou o cavalo Rocinante, ou a égua Veloz).

Tratando-se de obrigação alternativa, não é a *coisa*, objeto da prestação, que é indeterminada, mas a própria *prestação*, em um **conjunto de prestações possíveis**.

Outro exemplo: Pontes se compromete a erguer um muro para Rui, ou pintar uma parede. Aqui fica ainda mais nítido o contorno da obrigação alternativa, pois que não há obrigação de fazer atividade *incerta*.

Nas obrigações alternativas, se não for pactuado a quem cabe a **escolha**, esta caberá ao *devedor* (art. 252). Esse momento de escolha, em que se define o objeto a ser prestado, é denominado de *concentração*. Realizada a escolha, os efeitos retroagem à data em que constituída a obrigação.

Veja-se que não pode o devedor forçar o credor a receber parte de uma prestação e parte de outra (art. 252, § 1º). Por exemplo, se Caio devia um quilograma de batatas *ou* um saco de farinha, não pode forçar o credor a aceitar quinhentos quilogramas de batatas *e* meio saco de farinha.

No entanto, em se tratando de **obrigação contínua**, admite-se que a cada pagamento seja exercida a escolha de qual prestação executar (art. 252, § 2º). Logo, se todo dia primeiro Silvio deve entregar a Caio dez quilogramas de tomates, ou dois quilos de queijo, ou quatro litros de leite, pode a cada mês exercer uma escolha, sempre independente da anterior.

Na hipótese de a escolha caber a vários sujeitos, se não houver acordo sobre a prestação a ser executada, mesmo após o prazo estipulado pelo juiz, no curso de ação judicial, caberá ao próprio julgador escolher (art. 252, § 3º).

É possível, ainda, que a escolha seja deferida a um terceiro, o qual atuará como uma espécie de mandatário das partes, se o título assim dispuser. Caso não seja realizada a escolha (por exemplo, por falecimento do terceiro), a concentração ficará a cargo do juiz, se as partes não escolherem consensualmente.

A **impossibilidade** de uma das prestações passíveis de escolha, no caso das obrigações alternativas, não implica a resolução da obrigação, contanto que alguma outra prestação permaneça possível (art. 253), pouco importando que se apure que a impossibilidade era contemporânea ao negócio, ou lhe foi superveniente. Nesse caso, diz-se que houve concentração automática na prestação que resta possível.

---

[55] GOMES, Orlando. *Obrigações*, cit., p. 89.

Manuel devia a César o cavalo Rocinante ou a égua Veloz. A égua morre. A obrigação se concentra no cavalo, que continua sendo devido.

Todavia, se nenhuma prestação for mais exequível ao tempo do pagamento, e para tanto não tiver concorrido o devedor, aí sim se extinguirá a obrigação (art. 256).

Se, por sua vez, todas as prestações se tornarem impossíveis **com culpa** do devedor, sendo que a escolha a ele cabia, deverá o obrigado entregar ao credor o **equivalente** da prestação que por último se impossibilitou, além das **perdas e danos** (art. 254).

No exemplo anterior, morrem Rocinante e, posteriormente, Veloz. Nesse caso, César fará jus ao valor da égua, mais a indenização dos demais prejuízos que tiver sofrido.

Por outro lado, se a escolha competia ao *credor*, e apenas *uma* prestação se tornou impossível, por fato do devedor, o credor continuará podendo escolher: agora, entre a prestação subsistente e o equivalente da que se impossibilitou; qualquer que seja sua escolha, terá direito às **perdas e danos** que no caso couberem (art. 255, primeira parte); se, porém, *todas* as prestações se tornaram impossíveis, poderá o credor escolher o **equivalente** de qualquer das prestações, sem prejuízo das **perdas e danos** (art. 255, segunda parte).

Cabia a César escolher entre Rocinante e Veloz, e Rocinante morreu porquanto Manuel se esqueceu de vaciná-lo. César iria escolher o cavalo, pois já tinha um comprador para ele. No negócio, lucraria R$ 2.000,00. Em razão da morte do animal, César poderá receber a égua ou o equivalente do cavalo, e, em qualquer caso, poderá cobrar do devedor os R$ 2.000,00 (lucro que deixou de auferir, que representa as perdas e danos). Todavia, se ambos os animais morreram, além das perdas e danos César poderá optar pelo valor do animal que lhe será indenizado, ou o de Rocinante, ou o de Veloz.

IMPOSSIBILIDADE DA PRESTAÇÃO EM OBRIGAÇÃO ALTERNATIVA			
		ESCOLHA DO DEVEDOR	**ESCOLHA DO CREDOR**
SEM CULPA DO DEVEDOR	Impossibilidade de uma das prestações	Obrigação se concentra na prestação que resta possível	Obrigação se concentra na prestação que resta possível
	Impossibilidade de todas as prestações	Obrigação se resolve	Obrigação se resolve
COM CULPA DO DEVEDOR	Impossibilidade de uma das prestações	Obrigação se concentra na prestação que resta possível	Credor opta entre o equivalente da prestação que se impossibilitou ou a prestação que resta possível; em qualquer caso, com direito a perdas e danos
	Impossibilidade de todas as prestações	Obrigação se converte em perdas e danos	Credor escolhe o equivalente de qualquer das prestações, mais perdas e danos

3.1.1 Execução judicial das obrigações alternativas

A **execução judicial das obrigações alternativas** se encontra regulada especificamente pelo art. 800 do Código de Processo Civil de 2015.

De acordo o dispositivo, cabendo a escolha ao *devedor*, deverá este ser citado para exercer o **direito de escolha** e cumprir a obrigação em dez dias, prazo que poderá ser diferente se outro for assinalado no título da obrigação (lei, contrato ou sentença).

Findo o prazo sem que o devedor opte pela prestação, o direito de escolha será transmitido ao *credor* (art. 800, § 1º, do CPC/2015). Após a escolha, o devedor/executado será intimado para cumprir a obrigação, sendo dispensável nova citação porque já integrado ao processo.

Se a escolha desde sempre couber ao credor, então este deverá exercê-la na **petição inicial** da execução (art. 800, § 2º, do CPC/2015). A eventual omissão caracteriza renúncia a esse direito, de forma que o executado poderá satisfazer a obrigação pela forma de sua escolha.

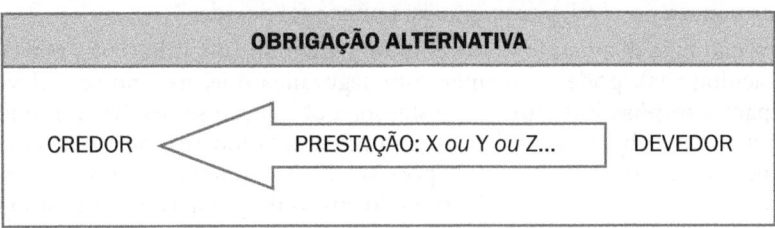

3.2 Obrigações facultativas

Conquanto não sejam reguladas pelo Código Civil, subsistem no ordenamento jurídico pátrio as chamadas **obrigações facultativas**, as quais muito se avizinham das alternativas, e que ainda têm relevância prática.

Aqui, diversamente do que ocorre com a obrigação alternativa, não há pluralidade de prestações, mas uma obrigação, com *uma* prestação, sendo admitida, não obstante, sua **substituição** por outra, no momento da execução.

Deve-se notar que não se trata de **escolha**, pois a prestação devida é uma só, determinada, mas de **faculdade** do devedor, que pode se exonerar por meio da execução de outra prestação no lugar da devida. Mas, a toda evidência, tal faculdade tem de ser pactuada, bem como a prestação em que se consubstancia.

Costuma-se criticar a nomenclatura dada à espécie obrigacional, a qual, embora aceita, teria um quê de inadequado. Conforme aponta ARNOLDO WALD, "não poderia haver obrigações facultativas pois o que é facultativo não é obrigatório e o que é obrigatório não é facultativo".[56] Propõem-se as expressões **obrigações com faculdade de substituição** e **obrigações com faculdade alternativa de cumprimento**.[57] Não obstante, parece-nos um tanto exagerado o posicionamento, vez que muitas vezes o apelido dado a um instituto jurídico (*nomen iuris*) decorre de alguma figura de linguagem. No caso da classificação das obrigações, frequentemente o *nomen iuris* da modalidade vem de metonímia. Aqui, a prestação devida é que é facultativa, não porque a obrigação não tenha o caráter de dever, mas porque existe a faculdade de substituição da prestação por outra. Todavia, não há prejuízo em encurtar a expressão e dizer simplesmente *obrigação facultativa*, ainda que a faculdade se refira à prestação. A seguir tal rigor, também se alteraria o apelido das obrigações indivisíveis, que passariam a se chamar obrigações com impossibilidade de cumprimento fracionado, e assim por diante.[58]

Pois bem. Os contratos de arrendamento mercantil conferem um bom exemplo de obrigação facultativa: neles, o devedor paga periodicamente ao credor um valor, à semelhança de

---

[56] WALD, Arnoldo. *Obrigações e contratos*. 12. ed. São Paulo: Revista dos Tribunais, 1995. p. 47-48.
[57] FARIAS, Cristiano Chaves de; ROSENVALD, Nelson. *Direito das obrigações*, cit., p. 242.
[58] ORLANDO GOMES também já se posicionara sobre a impropriedade da expressão "obrigação facultativa", não obstante a tenha utilizado (GOMES, Orlando. *Obrigações*, cit., p. 95).

um aluguel, e, após o decurso de um certo prazo, deve restituir ao credor o bem arrendado. Tem, não obstante, a *faculdade* de, no lugar da restituição, pagar um preço e comprar o bem, ou, ainda, prorrogar o arrendamento. Mas, deve-se frisar, a prestação devida é uma só: a de **restituir coisa certa** (o bem arrendado).

Em se tratando de obrigação facultativa, se a prestação se tornar **impossível**, sem que haja **culpa** do devedor, a obrigação se resolve. Há resolução ainda que a prestação reservada como faculdade permaneça possível, porquanto esta nunca foi devida.

Embora não haja disposição de lei com tal conteúdo (o Código não mais disciplina as obrigações facultativas), pode-se afirmar com segurança que, mesmo se o devedor houver concorrido para a **impossibilidade** da prestação, a obrigação se resolverá. É que, não sendo a prestação facultativa objeto da obrigação, e impossibilitando-se o objeto da obrigação, a extinção do vínculo é a única consequência possível. Não obstante, obviamente, terá o devedor de restituir ao credor o que houver dele recebido em contraprestação, bem como indenizar as **perdas e danos**.

3.3 Obrigações cumulativas

Obrigações cumulativas são aquelas em que há **pluralidade de prestações** *devidas*, e que somente se extinguem pelo cumprimento de *todas elas*.

Apesar da enorme semelhança que guardam as obrigações cumulativas com **diversas obrigações**, importantíssima é a distinção entre elas. "Não se deve confundir *pluralidade de obrigações* com *pluralidade de prestações*. O que distingue a *obrigação cumulativa* é a *pluralidade de prestações*, oriunda da mesma *causa*, por outras palavras, do mesmo *título*",[59] explica ORLANDO GOMES.

Aqui, todo o cuidado se faz necessário para identificar o **nexo** que liga as diversas prestações em uma obrigação cumulativa, em razão das consequências práticas da cumulação, sobretudo no que diz respeito ao inadimplemento. Isso porquanto, sendo diversas as obrigações, o não pagamento de uma delas caracteriza a **mora** do devedor apenas com relação à que não foi paga. Mas, na hipótese da **obrigação cumulativa**, o não cumprimento de uma das prestações caracteriza a **mora** do devedor com relação à própria *obrigação cumulativa*, que inclui *todas as prestações*, porquanto não pode o credor ser obrigado a receber parcialmente.

---

[59] GOMES, Orlando. *Obrigações*, cit., p. 92.

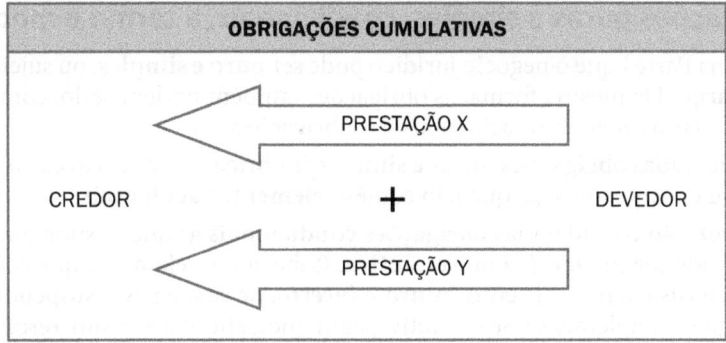

3.4 Obrigações principais e acessórias

Obrigações principais são as que têm **existência autônoma**, e **obrigações acessórias** são as que, para existir, dependem de outras.

As obrigações acessórias se constituem pela vontade dos sujeitos ou por força de lei. Os casos mais típicos de constituição *convencional* de obrigações acessórias são os de **garantias**. Celebra-se uma locação, pelo que se constitui uma obrigação de pagar os aluguéis (obrigação contínua), à qual se pode aderir uma fiança, ou seja, obrigação acessória (nesse caso, subsidiária) de o fiador pagar os aluguéis, caso o locatário não cumpra a obrigação. Extinta a locação, extingue-se automaticamente a fiança. Exemplo de obrigação acessória *legal* é a de resguardar o comprador contra os riscos da evicção, nos contratos de compra e venda, cuja obrigação principal é a de o vendedor entregar a coisa e o comprador o preço.[60]

Aplica-se às obrigações acessórias o princípio segundo o qual o acessório segue o principal – *accessorium sequitur principale* (como gostam alguns de dizer em latim). Por aplicação desse princípio, não só a extinção da obrigação principal importa na extinção da acessória, mas também, em regra, a invalidade da principal atingirá a acessória. Por outro lado, a toda evidência, a obrigação principal nada sofre em razão da invalidade da acessória, nem se extingue pela extinção desta.

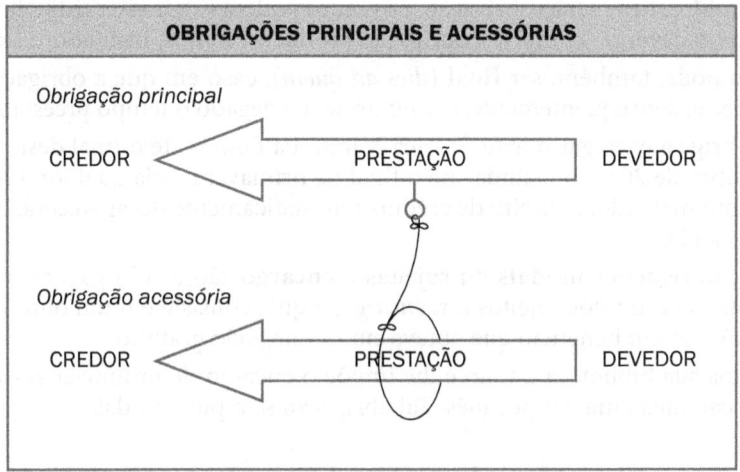

---

[60] O exemplo é de Caio Mário, nas *Instituições*, cit., v. 2, p. 77.

3.5 Obrigações puras e simples, condicionais, a termo e modais

Já vimos na Parte I que o negócio jurídico pode ser **puro e simples**, ou sujeito a **condição**, **termo** ou **encargo**. Da mesma forma, as obrigações também podem sê-lo, como vimos nesta Parte II, ao estudar os elementos acidentais das obrigações.

São consideradas **obrigações puras e simples** as obrigações que não estão sujeitas a condição, termo ou encargo, ou seja, que não contêm **elementos acidentais**.

Por sua vez, são consideradas **obrigações condicionais** as que se submetem a uma **condição**, a qual pode ser **suspensiva** ou **resolutiva**. Cabe, aqui, relembrar que condição, para o Direito Civil, consiste em um **evento futuro e *incerto***. Se suspensiva, suspende a eficácia da obrigação até que se implemente. Se resolutiva, extingue a eficácia e, assim, resolve a obrigação, no momento em que se implementa.

Frise-se que, suspensa a eficácia da obrigação em razão de **condição suspensiva**, não há que se falar em direito de crédito para o credor, nem em dever para o devedor, os quais somente se adquirem se a condição se implementar. Antes do implemento da condição suspensiva, o credor tem mera **expectativa de direito**.

Um exemplo seria a obrigação de Rui entregar um bezerro a Pontes se a vaca Mimosa ficar prenha. Nesse caso, não ficando prenha a vaca, não haverá dever de entregar o bezerro, nem direito de recebê-lo.

Quanto à **condição resolutiva**, poderia existir na hipótese de doação periódica do leite da vaca Mimosa, se esta não engravidar. Aqui, desde logo teria o credor direito a receber o leite, e o devedor a obrigação de entregá-lo. Mas, caso a vaca viesse a ficar prenha, a obrigação deixaria de produzir efeitos, e se resolveria.

São ditas **a termo** as obrigações que têm um momento certo em que se inicia ou em que termina sua eficácia. Diferentemente da condição, o termo se consubstancia em um **evento futuro e *certo***.

O termo pode ser **inicial** (*dies a quo*), caso em que a obrigação só produzirá efeitos e, consequentemente, só será exigível o direito de crédito a partir de tal momento no tempo.

Rui se obriga a entregar a vaca Mimosa a Pontes em dezembro do ano corrente, ou em 18 de outubro de 2011, ou, ainda, no início do próximo verão. Em qualquer caso, chegado o momento definido, eficaz será a obrigação, e o credor poderá exigir seu crédito imediatamente. Para o devedor, o dever de cumprir a obrigação produzirá efeitos, instando-o a pagar.

O termo pode, também, ser **final** (*dies ad quem*), caso em que a obrigação deixará de produzir efeitos e, consequentemente, extinguir-se-á, chegado o tempo preestabelecido.

Rui se obriga a entregar o leite da vaca Mimosa a Pontes até o final deste mês, ou até o dia 31 de outubro de 2011, ou, ainda, até o final da primavera. Seja qual for a hipótese, atingido o momento marcado, o direito de crédito automaticamente desaparecerá, e o devedor se libertará do vínculo.

Por fim, **obrigações modais** ou sujeitas a **encargo** são as obrigações que trouxerem acessoriamente para um dos sujeitos um *encargo*, o qual consiste em um ônus imposto a um sujeito em razão de um benefício que obteve em um negócio gratuito.

Clóvis doa sua biblioteca a Caio e lhe impõe o encargo de promover sessões de leitura para crianças carentes uma vez por mês. Tal obrigação se reputa modal.

3.6 Obrigações de meio e de resultado

Fala-se em **obrigações de meio** no caso das obrigações *de fazer* cujo resultado não pode ser garantido pelo devedor, o qual se obriga tão somente a realizar diligentemente a **atividade** a que se obrigou.

Por outro lado, fala-se em **obrigações de resultado** no caso das obrigações *de fazer* em que não basta ao devedor realizar diligentemente a atividade a que se obrigou, mas também atingir um determinado **resultado**.

São de meio as obrigações dos advogados, tanto ao prestar consultoria quanto ao litigar. E nem poderia ser diferente, pois se a obrigação de todo advogado fosse de resultado, o que aconteceria com a advocacia, vez que os advogados atuam defendendo interesses contrapostos? Imagine-se o absurdo que seria se o advogado da parte autora tivesse a obrigação de ganhar, e o da parte ré também. Como se extinguiriam as ações judiciais?

O mesmo se diga dos médicos em geral, salvo os cirurgiões plásticos na realização de cirurgias estéticas[61]. Não sendo a medicina ciência exata, não seria razoável exigir dos médicos o resultado dos procedimentos que realizam, o que corresponderia a exigir deles que fossem deuses – o que não são. Todavia, a obrigação do cirurgião plástico que realiza cirurgia não corretiva, ou seja, estética, é, segundo a doutrina e jurisprudência dominantes, de resultado.

Deve-se salientar que, nos casos de obrigações de fazer em que não se estipule se a obrigação é de meio ou de resultado, presume-se ser **de meio**, não só porque tal é menos oneroso para o devedor como, também, porquanto, sendo a obrigação **de fazer**, liberta-se o devedor pela realização da **atividade**, independentemente do resultado. A necessidade de se atingir o **resultado** deve advir ou da vontade das partes, ou de alguma fonte do Direito, como a lei, a doutrina, a jurisprudência, ou outra.

Conforme se infere do art. 439, é de **resultado** a obrigação daquele que fez **promessa de fato de terceiro**, havendo responsabilidade por perdas e danos do promitente, na hipótese de o terceiro não vir a executar o fato.

Ou seja, se Caio promete a Helena que Silvio, amigo dele, pintor famoso, pintará um quadro de Helena, haverá descumprimento da obrigação, por parte de Caio, caso Silvio se recuse a pintar o quadro de Helena. Por não ter se obrigado, é claro que Silvio não se sujeita a nenhuma consequência pelo fato de ter recusado à prestação do serviço. Caio, por sua vez, por ter assumido obrigação de resultado, fica obrigado a indenizar os prejuízos que Helena, porventura, tenha sofrido.

3.7 Obrigações civis e naturais

As obrigações se dividem classicamente em **civis** e **naturais** no que diz respeito a sua **exigibilidade**.

Conquanto os adjetivos "civil" e "natural" não sejam próprios, a doutrina nunca encontrou outros, melhores. Não se diz **obrigação civil** por oposição a obrigação tributária ou administrativa, por exemplo. O Direito chama de *civil* a obrigação que é **exigível**, ou seja, cujo cumprimento pode ser exigido pela via judicial. Atenção: no Direito Civil, *exigir* significa cobrar pela via judicial. Por outro lado, fala-se tradicionalmente em **obrigação natural** para denominar as obrigações cuja **exigibilidade** não atinge o plano jurídico, limitando-se ao **campo moral** (daí por que "natural" e não "civil"). Trata-se de obrigações cuja existência o Direito reconhece, mas que são consideradas socialmente como *imorais*, razão pela qual a elas não se atribui uma ação judicial que permita ao credor compelir o devedor ao adimplemento.

---

[61] "Nas obrigações de resultado, o profissional se compromete a atingir objetivo determinado, não bastando apenas o emprego da melhor técnica, já que o escopo da obrigação também deve ser alcançado. O STJ possui entendimento pacificado quanto à natureza de obrigação de resultado da cirurgia plástica estética [...]" (TJ-DF 0700297-64.2018.8.07.0001, relator: Sandoval Oliveira, data do julgamento: 27/6/2019, 2ª Turma Cível, data da publicação: 5/7/2019).

A distinção entre as obrigações civis e naturais é arcaica, mas ainda subsistem obrigações naturais no Direito contemporâneo. A obrigação natural por excelência é a oriunda da **dívida de jogo ou de aposta**. Em razão de ser prática comum e reiterada na sociedade, o Direito reconhece a existência da dívida de jogo (frise-se, por oportuno, que o contrato de jogo e aposta é típico, ou seja, encontra-se regulado pelo Código Civil). No entanto, por ser considerada uma prática "moralmente" condenável, não permite o Direito que busque o credor sua satisfação pela via judicial. Conquanto não nos pareça razoável distinguir as obrigações, no Direito contemporâneo, entre moralmente aceitáveis ou não, devemos salientar que o Código Civil de 2002 manteve a distinção, no art. 814: "as dívidas de jogo ou de aposta não obrigam a pagamento".

Embora não se enquadrem precisamente no conceito de obrigações naturais, as obrigações cuja pretensão teve sua eficácia encoberta pela **prescrição** sofrem a mesma consequência, ou seja, têm sua existência reconhecida, porém não se podem exigir do devedor (cobrar em ação judicial).

3.8 Obrigações *propter rem*

São chamadas de *propter rem* as obrigações que dizem respeito não à pessoa do devedor propriamente, mas ao devedor com relação a uma coisa. Por essa razão, não acompanham um determinado devedor, mas a própria coisa. Trata-se de categoria bastante controversa na história do Direito Civil.

Veja-se que, em razão de estarem por natureza vinculadas a um direito real, as obrigações *propter rem* sofrem **substituição** no **polo passivo** sempre que se altera o titular do direito real.

Um caso incontroverso de obrigação *propter rem* é a de pagar as despesas do condomínio edilício, que seguem o condômino, enquanto tal, e não uma certa pessoa. Nesse sentido, dispõe o art. 1.345 do Código Civil que "o adquirente da unidade responde pelos débitos do alienante, em relação ao condomínio, inclusive multas e juros moratórios".

Se Orlando é condômino, deve ele arcar com a contribuição para as despesas do condomínio. Mas, se deixa de cumprir tal obrigação, e vende o imóvel para Silvio, então o dever para este se transferirá. Perante o condomínio, Silvio será o devedor, ainda que a obrigação tenha vencido, ou mesmo apenas se constituído, antes de que Silvio se tornasse condômino. Isso porque a obrigação de contribuir para as despesas do condomínio persegue a coisa – tem caráter *propter rem*.

Consideram-se *propter rem*, também, as obrigações de que cuida o art. 2º, § 2º, do Código Florestal, que dispõe: "as obrigações previstas nesta Lei têm natureza real e são transmitidas ao sucessor, de qualquer natureza, no caso de transferência de domínio ou posse do imóvel rural". Observe que, como dissemos, a categoria das obrigações *propter rem* é polêmica. O Código Florestal optou por se referir a elas como obrigações de "natureza real". Todavia, como a consequência prevista é a **ambulatoriedade**, ou seja, o fato de se ligarem ao titular do direito sobre a coisa, e não a uma pessoa em si, sendo, portanto, transmitidas ao novo titular do direito sobre a coisa, quando há sucessão ativa, cuida-se do que, no Direito Civil, tem se considerado como obrigações *propter rem*.

Outro caso em que há obrigação *propter rem* é o da indenização a terceiro de boa-fé por benfeitorias (art. 1.219) e demais construções (art. 1.255) realizadas em terreno alheio. Nessas hipóteses, o devedor da indenização é o proprietário reivindicante. Todavia, como a obrigação se liga ao titular do direito de propriedade – vez que os acréscimos acederam ao imóvel –, e não à pessoa do proprietário, a obrigação se transfere ao adquirente – novo titular da propriedade – em caso de alienação.

Mais tecnicamente, em razão de estarem sempre ligadas a um direito real, ao mesmo tempo em que vinculam um determinado sujeito a uma prestação, diz-se que as obrigações *propter rem* têm natureza de **obrigação acessória mista**. Não se trata nem de uma *obrigação real* (assim chamado por parte da doutrina o dever negativo correspondente ao direito real) nem de *obrigação propriamente dita* (a que temos estudado até aqui, correspondente a um direito pessoal, de crédito).

Cuidado para não confundir as obrigações *propter rem* com os ônus reais, que estudaremos na Parte IV, como a hipoteca.

Cumpre destacar que, como o Código Civil admite o **abandono** como modo de perda da propriedade (art. 1.275, III), deve-se concluir que o abandono da coisa é meio hábil para **exoneração** do devedor de obrigação *propter rem* derivada da propriedade de tal coisa.

Por fim, vejamos dois exemplos de consequências, de acordo com a jurisprudência, advindas da classificação das obrigações em *propter rem*:

- **Proprietário de imóvel pode ser executado ainda que o ocupante tenha realizado acordo para pagamento de dívida condominial.** Nesse caso, como a dívida de condomínio possui natureza *propter rem*, o devedor tem a obrigação de satisfazê-la independentemente da vontade dos envolvidos. A dívida, na hipótese, não passou a ter caráter pessoal, desvinculada do imóvel, nem houve qualquer alteração na titularidade do imóvel (STJ, REsp 1.696.704, data do julgamento: 16/9/2020);
- **As obrigações ambientais possuem natureza *propter rem*, sendo admissível cobrá-las do proprietário ou possuidor atual e/ou dos anteriores, à escolha do credor.** Trata-se do enunciado da Súmula 623 do STJ. As obrigações ambientais aderem ao título de domínio ou posse e se transferem ao atual proprietário ou possuidor, ainda que eles não tenham sido os responsáveis pela degradação ambiental. De acordo com o STJ, não interessa discutir a boa ou má-fé do adquirente, considerando que não se está no âmbito da responsabilidade subjetiva, baseada em culpa.

3.9 Obrigações contínuas

Obrigações contínuas são as que promovem sua **renovação a cada pagamento**, quer dizer, renascem no momento em que se extinguem.

Obrigação tipicamente contínua é a que surge nos contratos de locação, de o locatário pagar o aluguel. A cada pagamento, extingue-se uma obrigação – com relação àquele mês –, mas nasce outra – com relação ao próximo –, e assim por diante.

Também são contínuas as **obrigações de não fazer**, por sua própria natureza, vez que a abstenção é devida a todo instante, e a cada segundo em que o devedor deixa de praticar o ato, surge uma nova obrigação de se abster de o praticar.

Quadro Esquemático 3

- **CLASSIFICAÇÃO DAS OBRIGAÇÕES QUANTO A SEU OBJETO**

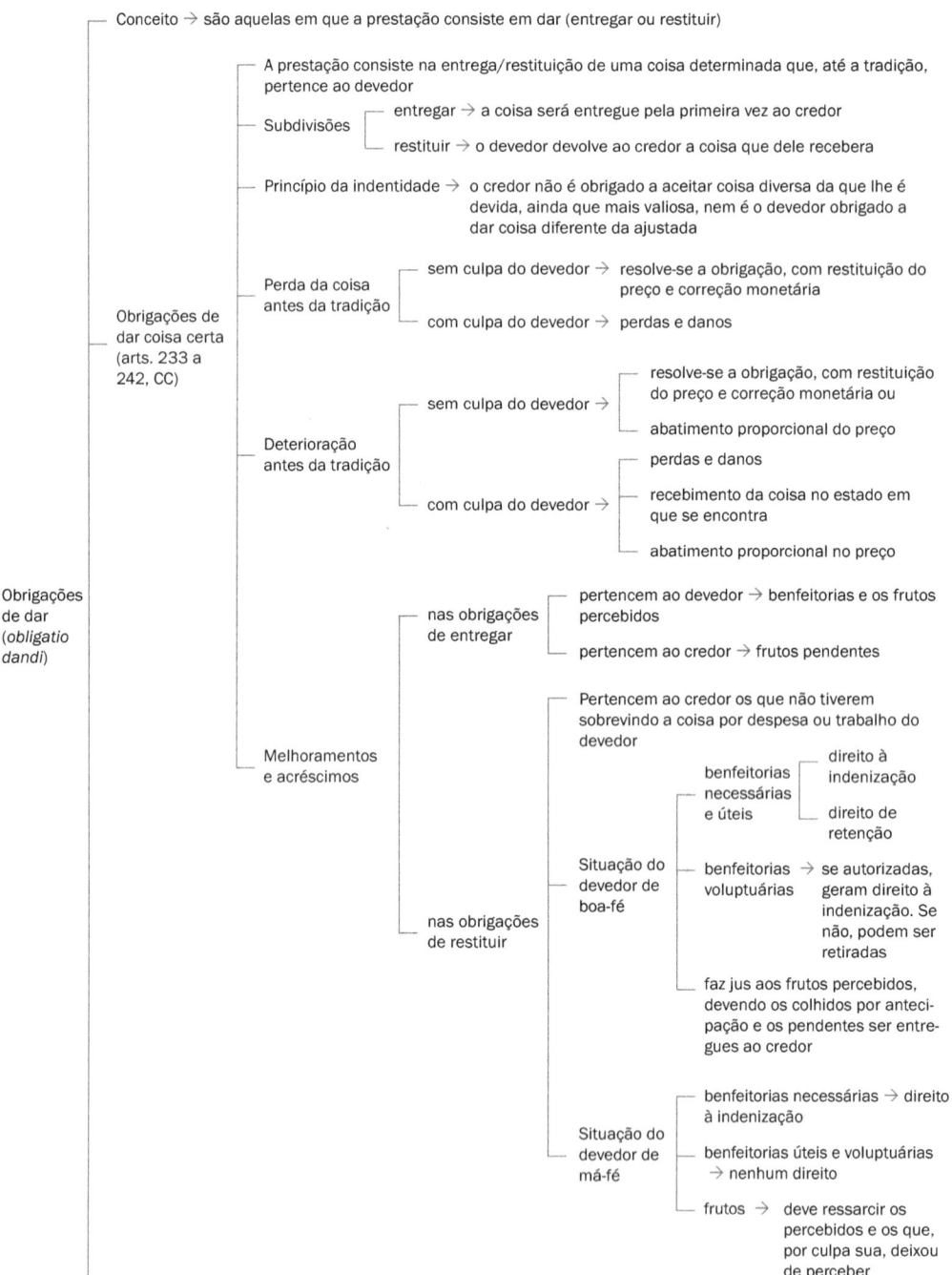

Parte II – Cap. 3 – Classificação das Obrigações (arts. 233 a 285) | 251

- **Obrigações de dar** (*obligatio dandi*)
  - **Obrigações de dar coisa incerta** (arts. 243 a 246, CC)
    - a prestação consiste em entregar um bem determinado pelo gênero, qualidade e quantidade, mas que não foi individuado
    - escolha
      - individualização da coisa. Transforma a obrigação de dar coisa incerta em obrigação de dar coisa certa
      - na falta de ajuste, caberá ao devedor, que não poderá entregar coisa pior, mas não será obrigado a dar coisa melhor

- **Obrigações de fazer** (*obligatio faciendi*) (arts. 247-249, CC)
  - Conceito → São aquelas obrigações cuja prestação se consubstancia em um fazer a ser realizado pelo devedor
  - Diferem das obrigações de dar, porquanto a prestação é um fato comissivo qualquer diverso de entrega ou atividade, e o objeto desse fato é a própria atividade
  - Prestação
    - Infungível → nos contratos *intuitu personae*. Não pode ser realizada senão pelo devedor
    - Fungível → nos contratos em que é possível a execução por pessoa diversa da do devedor
  - Recusa de cumprimento
    - se infungível → não sendo possível a execução judicial do débito, a obrigação se resolve em perdas e danos
    - se fungível → terceiro irá executar a prestação, às custas do devedor, sendo dele cobrada, ainda, indenização pelos prejuízos
  - Impossibilidade superveniente
    - sem culpa do devedor → resolve-se a obrigação e restitui-se o preço
    - com culpa → restituição do preço e perdas e danos

- **Obrigações de não fazer** (*obligatio non faciendi*) (arts. 250, 251, CC)
  - Conceito → São aquelas obrigações cuja prestação se consubstancia em um fato omissivo do devedor, ou seja, uma abstenção. São sempre contínuas
  - • Atenção: não confundir continuidade com perpetuidade. O fato de a abstenção se prolongar no tempo (continuidade) não impede que se sujeite a termo ou condição resolutiva
  - Impossibilidade superveniente
    - sem culpa do devedor → resolução ou obrigação
    - com culpa do devedor → perdas e danos
  - Divisibilidade da prestação
    - em regra, é indivisível
    - divisível → quando tiver por objeto duas ou mais abstenções, que não guardem vínculo orgânico entre si
  - Inadimplemento
    - prática do ato que o devedor se obrigou a não praticar. No caso de obrigação divisível, a inexecução de uma não implica, necessariamente, inexecução das demais
    - consequências → desfazimento do ato às custas do devedor e perdas e danos

- A (in)divisibilidade refere-se à prestação
  - divisível → possibilidade de fracionamento do pagamento
  - indivisível → obrigatoriedade de pagamento integral
- Causas de indivisibilidade
  - clássicas
    - natureza da prestação
    - motivo de ordem econômica
    - razão determinante do negócio
  - de acordo com o art. 258, CC
    - natureza da prestação
    - motivo de ordem econômica
    - razão determinante do negócio

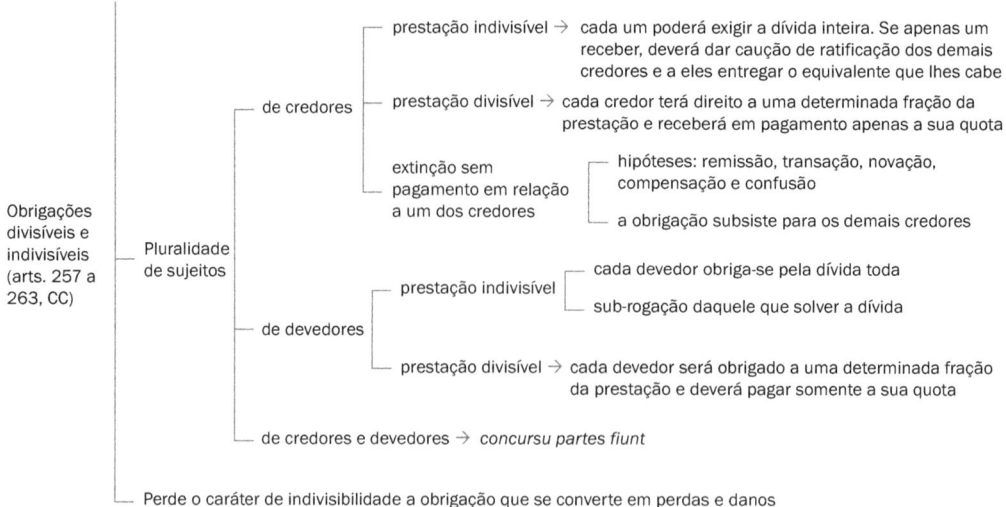

Extinção Natural das Obrigações (arts. 304 a 359)

Em toda relação obrigacional, o credor sempre busca a **execução da prestação**, enquanto o devedor busca a **liberação do vínculo**. Em se tratando de relação obrigacional complexa, cada sujeito, que é ao mesmo tempo credor e devedor, busca a *execução* de uma prestação e a *exoneração* de outra.

Nas obrigações **de dar**, o credor deseja a **entrega** ou a **restituição** da coisa, ou seja, deseja a tradição. Nas obrigações **de fazer**, deseja a realização da **atividade** do devedor, que será qualquer ato comissivo diverso de uma entrega ou restituição. Nas obrigações **de não fazer**, deseja uma **abstenção** do devedor.

Logo, podemos concluir que, pela própria natureza, toda obrigação tende à execução da prestação. Diz-se *tende*, pois, conforme asseverado anteriormente, o vínculo obrigacional afeta a **liberdade**, razão pela qual a obrigação está sujeita a uma série de vicissitudes, e, conquanto pareça uma equação matemática na dogmática jurídica, na prática está longe disso.

Pela **execução da prestação**, satisfaz-se o credor e, quanto a ele, extingue-se a obrigação. Por sua vez, o devedor alcança a **exoneração**, com o que se extingue para ele o vínculo, desde que a prestação seja executada por ele mesmo ou por sua ordem.

À extinção da obrigação pela *execução da prestação*, o Direito dá o nome de **adimplemento**, o qual pode ser **absoluto** ou **relativo**, dependendo de a extinção ocorrer com relação a ambos os sujeitos ou apenas ao credor.[62]

Ao *desate do vínculo* pelo adimplemento, a doutrina dá o nome de **solução**, seguindo a herança do Direito Romano, em que se falava em *solutio*. Na sucinta lição de Caio Mário, "de sua própria noção conceitual, como vínculo jurídico atando temporariamente os dois sujeitos, decorre a existência de uma operação inversa, pela qual os vinculados se desatam";[63] "a isto dava-se o nome de *solutio*, vocábulo que herdamos – solução – e nos dá a ideia de estar o vínculo desfeito e o credor satisfeito".[64]

O **cumprimento voluntário da obrigação** recebe o nome técnico de **pagamento**, seja a obrigação de qual natureza for, vez que, na técnica jurídica, pagamento não se limita à dação de dinheiro. Orlando Gomes chega mesmo a admitir que **solução, pagamento** e **adimplemento**

---

[62] GOMES, Orlando. *Obrigações*, cit., p. 110.
[63] PEREIRA, Caio Mário da Silva. *Instituições*, cit., v. 2, p. 105.
[64] Idem.

sejam tratados como sinônimos,[65] e ainda **execução** e **cumprimento**, vez que, como visto, dirigem-se todos a diferentes ângulos de um mesmo fenômeno, qual seja, a *extinção natural das obrigações*.

1. TEORIA DO PAGAMENTO

1.1 Natureza jurídica do pagamento

A primeira discussão que se instaura acerca do **pagamento**, tomado como *cumprimento voluntário da obrigação*, é a de sua **natureza jurídica**. Conquanto não seja pacífica a questão, no Direito pátrio há uma certa uniformidade na doutrina, que reconhece a **natureza eclética** do pagamento: ora tem o pagamento uma natureza, ora tem outra.[66] Adotamos esse entendimento, que explicaremos adiante. Vale destacar que nosso Código Civil, diferentemente de outros, não tomou partido na questão.

A determinação da natureza jurídica do pagamento não consiste em matéria meramente doutrinária, como já advertiram outros civilistas antes de nós. Afinal, reconhecer uma ou outra natureza leva à necessidade de verificação da presença dos *elementos essenciais* (no **plano da existência**) e dos *requisitos de validade* (no **plano da validade**) peculiares aos atos da natureza que se atribuiu ao pagamento.[67] Concluir-se que o pagamento tem natureza de *negócio jurídico*, por exemplo, leva à necessidade da verificação da *capacidade dos sujeitos*, sem o que o pagamento será nulo. Por outro lado, concluir-se que o pagamento tem natureza de *ato-fato* afasta a *relevância da vontade* dos sujeitos.

De acordo com a **teoria eclética**, para que se investigue qual a natureza jurídica do pagamento faz-se necessário analisar certas circunstâncias do cumprimento da obrigação que variam de caso a caso, tais como a natureza da prestação e quem efetua o pagamento.

Conclui-se que o pagamento tem natureza de mero **ato-fato jurídico** nas hipóteses em que se constata que a **vontade do agente** não é relevante para o Direito, como quando o devedor solve (ou seja, cumpre voluntariamente a obrigação; paga) mesmo sem perceber que o faz, por qualquer razão que seja. Quando o pagamento toma a forma de um ato-fato, querendo o agente ou não – tendo o agente consciência ou não –, opera-se a extinção do vínculo obrigacional *ipso iure*, ou seja, de direito, automaticamente.

César se obrigou a construir uma ponte sobre o riacho que margeia sua fazenda, e não pactuou o tempo do pagamento. Acaba se esquecendo da obrigação assumida, mas, posteriormente, constrói a ponte voluntariamente. Nesse caso, César pagou – solveu –, mesmo sem ter a consciência de que o fez.

O pagamento se reveste também em **ato-fato jurídico** em diversas situações de **obrigação negativa**, em que o devedor inconscientemente se abstém da prática do ato.

O regimento interno do condomínio do edifício Roma proíbe os moradores de colocar vasos de plantas nos corredores do prédio. Rui, que acabou de se mudar para o edifício – seja ele proprietário ou mero possuidor – abstém-se da prática do ato de colocar vasos nos corredores,

---

[65] GOMES, Orlando. *Obrigações*, cit., p. 110.
[66] Tal é a orientação seguida por: LOPES, Miguel Maria de Serpa. *Curso de direito civil*, cit., v. 2, p. 164-165; GOMES, Orlando. *Obrigações*, cit., p. 113-115; PEREIRA, Caio Mário da Silva. *Instituições*, cit., v. 2, p. 107; VENOSA, Sílvio de Salvo. *Direito civil*. 10. ed. São Paulo: Atlas, 2010. v. 2, p. 182-184.
[67] A propósito: com relação aos **atos jurídicos**, remetemos o leitor ao capítulo próprio, na Parte I – Teoria Geral.

mesmo sem ter ainda consciência da existência da obrigação. Nessa hipótese, também há pagamento, que aqui tem a natureza de ato-fato.

Constata-se a natureza de **ato jurídico voluntário** do pagamento quando, embora relevante a vontade do devedor, nada pode ele dispor quanto aos **efeitos do pagamento**. Quem dá a coisa devida, pura e simplesmente, extingue o vínculo obrigacional de pronto. O mesmo ocorre com o devedor de obrigação negativa que, mesmo tendente a praticar o ato, deixa de fazê-lo, em respeito à obrigação assumida.

Orlando assume o compromisso de vender um apartamento a Manuel. No dia marcado, Orlando comparece ao cartório e assina a escritura pública de compra e venda. Ao fazê-lo, realiza o pagamento, sem nada poder dispor sobre os efeitos do ato (quanto ao pagamento). A prestação devida era a celebração do contrato definitivo – que, nesse caso, deve tomar a forma da escritura pública. Ao celebrá-lo voluntariamente, Orlando acabou por pagar, sem que pudesse determinar que aquele ato extinguiria a obrigação ou não.

Por fim, conclui-se que o pagamento tem a natureza de um **negócio jurídico** toda vez que há possibilidade de se dispor sobre os **efeitos do ato**, com relação à extinção da obrigação. Aqui, o ato, embora se identifique com a prestação devida, somente configura pagamento porque o sujeito quis que o ato produzisse esse efeito.

Tem a natureza de um negócio jurídico o pagamento quando o devedor paga antecipadamente, para se beneficiar de um desconto que lhe é oferecido se o fizer. Nesse caso, o devedor pratica um ato – ainda não devido – ao qual imputa a característica do pagamento, e exige uma certa vantagem – aqui, o desconto.

Também constitui negócio jurídico um pagamento efetuado por terceiro. Caio deve a Silvio R$ 1.000,00. O objeto da obrigação de dar é tão somente a entrega de R$ 1.000,00 a Silvio. César, primo de Silvio, doa a ele R$ 1.000,00. Conquanto esse ato se identifique com a prestação devida por Caio, não tem o efeito de pagamento. Mas, se Clóvis, pai de Caio, entrega a Silvio R$ 1.000,00 e lhe diz que *está pagando a obrigação do filho*, a situação é outra. O ato de Clóvis produz o efeito de pagamento da obrigação *por vontade sua*. Vê-se, por conseguinte, que tal ato configurou um negócio jurídico.

1.2 Daqueles que devem pagar

Com relação a **quem deve pagar**, determina o art. 304 do Código que "qualquer interessado na extinção da dívida pode pagá-la, usando, se o credor se opuser, dos meios conducentes à exoneração do devedor".

A doutrina chama aquele que paga de **solvente** ou *solvens* (em latim). O solvente será, em regra, o próprio devedor, ou alguém que o represente – mandatário, ou representante legal, se for o caso. Mas nem sempre é o devedor quem paga. Casos há em que quem solve a obrigação é um terceiro, que paga *em nome próprio*. Se a obrigação não tem caráter personalíssimo, o credor não tem direito de recusar o adimplemento oferecido por terceiro, como se depreende do comando do art. 304.

O fundamento desse preceito se encontra na velha lição de Gaio no Direito Romano: "é lícito a qualquer um pagar pelo devedor que ignora ou que se recusa ao pagamento, assim como é lícito tornar melhor a condição do devedor, na sua ignorância ou contra a sua vontade".[68]

---

[68] "Solvere pro ignorante et invito cuique licet, cum sit iure civili constitutum licere etiam ignorantis invitique meliorem condicionem facere". *Corpus Iuris Civilis*, Digesto, 46, 3, fr. 53.

No entanto, em se tratando de **obrigação personalíssima**, contraída *intuitu personae*, ou seja, em razão da pessoa do devedor, o credor não tem de aceitar o pagamento realizado por outrem, ainda que se lhe apresente prestação melhor do que a devida.

Com relação ao pagamento no caso de obrigação **de dar**, por meio do qual se transferirá a *propriedade*, o art. 307 salienta que sua eficácia depende de poder o solvente alienar a coisa objeto da entrega. Essa norma nada mais é do que uma particularização do preceito segundo o qual ninguém pode transferir mais direitos do que tem (*nemo plus juris ad alium transferre potest quam ipse habet*, como gostam os fãs do latim). Ou seja, a tradição efetuada por quem não é proprietário, chamada pela doutrina de **tradição *a non domino***, não produz o efeito de transmitir a propriedade.

No entanto, a lei ressalta que, em se tratando de **coisa fungível** entregue ao credor que **de boa-fé** a recebeu e consumiu, nada se poderá dele reclamar (art. 307, parágrafo único). Em outras palavras, o proprietário ou legítimo possuidor da coisa somente terão ação contra o alienante, para cobrar **perdas e danos**, mas não poderão reivindicar a coisa do adquirente de boa-fé.

1.2.1 Terceiro interessado e não interessado

O estranho à relação obrigacional que paga *em nome próprio* pode ser **terceiro interessado** ou não. No nosso Direito, não há norma que determine os critérios para apurar o interesse ou não do terceiro. A doutrina, por sua vez, aponta como interessadas as pessoas que poderiam vir a ser responsabilizadas pela dívida, como o fiador, o avalista, o adquirente do imóvel hipotecado (este expressamente mencionado no art. 303) etc.[69]

Segundo o art. 346, II, do Código, na hipótese de pagamento efetuado por terceiro interessado ocorre **sub-rogação** do solvente nos direitos do credor. Logo, o terceiro pode acionar o devedor para ser reembolsado. Veja-se que, como o caso é de sub-rogação – tema que estudaremos oportunamente, nesta Parte II – o solvente recebe do credor todos os **direitos**, **ações**, **privilégios** e **garantias**, com relação à dívida (art. 349).

Pontes é devedor de uma obrigação cuja prestação é a entrega de R$ 1.000,00, e Rui é o fiador. Há, ainda, garantia real. No vencimento, porquanto Pontes não paga, Rui solve a obrigação. Nesse caso, assumirá a posição de credor, e poderá, para se ver ressarcido, valer-se inclusive da garantia real.

O Direito admite, ainda, o pagamento pelo **terceiro não interessado** "porque o que domina essa relação jurídica é o interesse do credor, que tem o direito de receber a prestação de quem quer que a execute".[70]

O **terceiro não interessado** pode pagar *em nome e à conta do devedor*, se este não se opuser, podendo, inclusive, valer-se dos meios conducentes à exoneração do devedor (como a consignação do pagamento, a qual estudaremos oportunamente), se houver oposição do credor (art. 304, parágrafo único).

O pai de Caio se apresenta a Silvio, credor de Caio, e paga em nome de seu filho. Nesse caso, Silvio considerará a obrigação como paga pelo próprio devedor, como se o solvente fosse representante dele.

Admite-se também que o **terceiro não interessado** pague a dívida *em seu próprio nome*, caso em que não se lhe estende o benefício de se valer dos meios conducentes à exoneração do

---

[69] WALD, Arnoldo. *Obrigações e contratos*, cit., p. 79-80; FARIAS, Cristiano Chaves de; ROSENVALD, Nelson. *Direito das obrigações*, cit., p. 336.
[70] BEVILÁQUA, Clóvis. *Código comentado*, cit., p. 65.

devedor, se o credor se opuser a receber. Isto é, se o terceiro não interessado pretende pagar em seu próprio nome, pode o credor recusar o pagamento, sem que incorra em mora.

Orlando, sabendo que Manuel deve uma quantia em dinheiro a Clóvis, apresenta-se ao credor oferecendo o montante devido por Manuel, mas não em nome do devedor. Suponhamos, por exemplo, que exista certa inimizade entre Orlando e Manuel, e que as finanças de Manuel andam mal. Orlando poderia pagar a dívida do inimigo apenas pelo prazer de, posteriormente, procurá-lo para demandar o pagamento. No entanto, admite-se, nesse caso, que Clóvis se recuse a receber.

Se o credor anuir com o pagamento feito em nome próprio pelo terceiro não interessado, o solvente terá **direito ao reembolso** do que pagou, mas não se sub-rogará nos direitos do credor (art. 305)[71]. Se pagar a dívida antes de vencida, somente fará jus ao reembolso no vencimento[72] (art. 305, parágrafo único), pois o termo do vencimento originário deve ser respeitado.

No exemplo que acabamos de mencionar, Orlando, embora não se sub-rogasse nos direitos do credor, poderia exigir de Manuel o reembolso (se Clóvis tivesse anuído com o pagamento, é claro).

Não obstante, sobretudo da perspectiva do **processo obrigacional** modernamente teorizado, em que há muito mais na obrigação do que meramente *direito de crédito* e *dever*, é lícito ao devedor se opor a que o terceiro, seja ele interessado ou não, pague em seu lugar. Isso porquanto pode ele ter **legítimo interesse no não pagamento**, quando este puder ser considerado *inconveniente*. Como adverte Caio Mário, "em tal hipótese, o gesto do terceiro, sobre contrariar a vontade do sujeito passivo da obrigação, ainda lhe poderá ser danoso, ou quando menos indiferente".[73]

Nessa hipótese, se, por um lado, não se pode impedir o terceiro de pagar (art. 304), por outro lado não se pode compelir o devedor a reembolsá-lo. Afinal, "não é de justiça que o terceiro, contra a vontade do devedor, adquira um direito a ele oponível, por um fato que não lhe traga benefício ou lhe dê prejuízo".[74]

Nesse sentido, o Código de 2002 merece aplauso pelo tratamento que deu à matéria no art. 306, determinando que o pagamento feito por terceiro, com desconhecimento ou oposição do devedor, não gera direito ao reembolso.[75]

Ou seja, o terceiro que paga – ainda que o credor aceite o pagamento – nem sempre será reembolsado do que pagou, se o devedor tiver se oposto ao pagamento, por justa causa, ou se o pagamento tiver sido feito com desconhecimento do devedor, e este tinha motivos para não pagar.

---

[71] Existem exceções em relação à impossibilidade de sub-rogação: (i) na hipótese de sub-rogação convencional, ou seja, quando o credor original expressamente transfere as suas garantias contra o devedor (art. 347, I, do CC); (ii) quando se tratar de pagamento perante o credor fiduciário, tendo em vista que o art. 1.368 do Código Civil expressamente dispõe que "o terceiro, interessado ou não, que pagar a dívida, se sub-rogará de pleno direito no crédito e na propriedade fiduciária".

[72] Cuida-se, aqui, de nítida hipótese em que o pagamento tem a natureza de negócio jurídico, como o leitor deve ter concluído.

[73] PEREIRA, Caio Mário da Silva. *Instituições*, cit., v. 2, p. 109.

[74] Idem.

[75] O antigo art. 932, do Código Civil de 1916, com a redação que lhe foi dada no Congresso, criticada pelo autor do projeto, trazia comando menos favorável ao devedor: "opondo-se o devedor, com justo motivo, ao pagamento de sua dívida por outrem, se ele, não obstante, se efetuar, não será o devedor obrigado a reembolsá-lo, senão até à importância em que lhe aproveite". Como se vê, não era tão claro que o devedor poderia simplesmente não ter a nada a reembolsar ao terceiro solvente.

1.3 Daqueles a quem se deve pagar

Quem recebe o pagamento é chamado pela doutrina de **acipiente** ou *accipiens* (em latim).

Diversamente do que se dá com o solvente, que pode ou não ser o devedor, o acipiente tem necessariamente de ser o *credor*, não se excluindo, obviamente, a possibilidade de representação – legal ou convencional, por meio de mandato (art. 308, primeira parte).

Deve o solvente agir sempre com prudência, pois a regra é no sentido de que o pagamento feito a quem não era credor somente é válido se este proceder à sua **ratificação** ou **aprovação**, ou se for provado que o pagamento se reverteu em seu proveito (art. 308, segunda parte).

Nesse sentido, é cabível a máxima segundo a qual "quem paga mal, paga duas vezes". Ou seja, realizado o pagamento a quem não era credor nem seu representante, o ato será considerado inválido, o que forçará o devedor a pagar "novamente" ao verdadeiro credor.

1.3.1 Pagamento feito ao credor cujo crédito foi penhorado ou impugnado

Na hipótese de o devedor ser intimado de **penhora** feita sobre o crédito do credor, ou de **impugnação** oposta a ele por terceiro, não deverá pagar ao credor, sob pena de o pagamento não ser válido com relação ao terceiro, que poderá constranger o devedor a pagar novamente, caso em que o devedor terá, não obstante, **direito de regresso** contra o credor (art. 312).

Pontes deve a Rui R$ 1.000,00, e descobre que o crédito se encontra penhorado. Mesmo assim, paga a Rui. Posteriormente, o exequente exige pagamento de Pontes. Dada a invalidade do pagamento feito a Rui, Pontes terá de pagar novamente, mas poderá cobrar de Rui os R$ 1.000,00 que lhe deu. Na dúvida a quem se deve pagar, o advogado deve orientar o cliente a consignar a quantia devida.

1.3.2 Pagamento feito ao credor putativo

Merece cuidado a questão do **pagamento feito ao credor putativo** – quem tem *aparência* de representante do credor, em razão de se apresentar ao solvente munido da **quitação**. O pagamento feito **de boa-fé** ao credor aparente é considerado pela lei válido, ainda que se prove posteriormente que o acipiente não era credor (art. 309). Por exemplo: o herdeiro que recebe débitos do *de cujus* e posteriormente vem a ser considerado indigno (art. 1.817 do CC)[76].

O Direito clássico chamava o credor putativo de *adiectus solutionis causa*, conforme salienta Caio Mário, o qual explica que, em razão da não formalização do mandato, tal representação se presume *iuris tantum*, ou seja, é suscetível de prova em contrário.[77] Essa presunção se encontra, hoje, no art. 311 do Código, segundo o qual se considera autorizado a receber o pagamento o portador da quitação, a não ser que as circunstâncias contrariem a presunção de que se trata do credor ou de um representante seu.

---

[76] Exemplo fornecido pela doutrina de Cristiano Chaves e Nelson Rosenvald. Segundo os autores, "se o adimplemento der-se com base na aparência de credor que ostentava, será eficaz, restando ao verdadeiro credor o regresso em face do credor putativo, em razão do pagamento indevido por ele recebido e do enriquecimento sem causa a ser evitado (art. 876 do CC). Certamente, em uma interpretação do art. 308 conforme a Constituição Federal, há de se aplicar o princípio da razoabilidade. O pagamento só será eficaz se à luz do caso concreto restar claro o exercício do dever anexo de diligência do devedor no sentido de efetuar responsavelmente o pagamento a quem lhe parecia idôneo a receber, em razão das circunstâncias fáticas. [...]" (Direito das Obrigações. Rio de Janeiro: Editora Lumen Juris, 2006, p. 235-236).

[77] PEREIRA, Caio Mário da Silva. *Instituições*, cit., v. 2, p. 111.

1.3.3 Pagamento feito ao credor incapaz de dar quitação

Outra questão que demanda atenção diz respeito ao pagamento feito a quem, embora credor, era **incapaz de dar quitação**,[78] como um menor. A capacidade de quitar se enquadra na capacidade genérica para a prática dos atos da vida civil, que se adquire relativamente aos dezesseis anos, e plenamente aos dezoito.

Segundo o art. 310 do Código, a validade do pagamento cientemente feito ao credor incapaz de quitar fica condicionada à prova de que o pagamento em benefício dele reverteu.

Serpa Lopes esquematizou bem a questão do pagamento feito ao credor incapaz,[79] propondo a análise dos elementos-chave do dispositivo: (1) a incapacidade a que se refere o artigo é a relativa, a absoluta ou ambas? (2) Se o devedor paga ao credor incapaz sem ter ciência da situação, é válido o pagamento?

Com relação ao primeiro ponto, a melhor alternativa parece ser seguir a regra de hermenêutica jurídica segundo a qual, se a lei não distingue, não cabe ao intérprete distinguir, e adotar a posição consagrada por M. I. CARVALHO DE MENDONÇA,[80] que tratou igualmente da incapacidade absoluta e da relativa, embora haja civilistas que tenham dado tratamento diverso aos diferentes casos de incapacidade, como Beviláqua.[81] Cremos que não importa se a incapacidade é absoluta ou relativa; basta que se trate de credor **incapaz de quitar**, ou seja, que não tenha capacidade plena.

Quanto ao segundo ponto, defendemos que a **ciência da incapacidade** configura **condição da invalidade** – no caso específico, nulidade.[82]

Destarte, sempre que o pagamento é feito ao credor incapaz *sem que o devedor tenha ciência do fato*, o pagamento é *válido*, não sendo sequer anulável. O problema, cabe ressaltar, será, no processo, provar a alegação. Frise-se que, na ação declaratória de nulidade, o ônus de provar que o devedor tinha ciência do fato será do autor da ação, por aplicação da regra geral do processo civil segundo a qual o ônus da prova do fato constitutivo do seu direito cabe ao autor (art. 373, I, do CPC/2015).[83] Opera uma presunção relativa de desconhecimento da incapacidade em favor do solvente.

Por outro lado, se for provada a ciência do solvente acerca da incapacidade do credor, será necessário analisar se o pagamento *reverteu ou não em benefício do acipiente*. Isso porquanto somente em caso afirmativo o pagamento será considerado *válido*.

---

[78] Quitação é o instrumento que prova o adimplemento da obrigação.
[79] LOPES, Miguel Maria de Serpa. *Curso*, cit., v. 2, p. 170-172.
[80] MENDONÇA, Manuel Ignácio Carvalho de. *Doutrina*, cit., p. 413-415.
[81] "Feito a pessoa absolutamente incapaz, o pagamento é nulo de pleno direito; feito a pessoa de incapacidade relativa, poderá ser ratificado pelo representante do incapaz ou por ele próprio, cessando a incapacidade" (BEVILÁQUA, Clóvis. *Código comentado*, cit., v. 4, p. 71).
[82] Nesse sentido: "é condição, para a ineficácia do pagamento ao incapaz, ter sido cientemente feito, isto é, saber o *solvens* que pagou a pessoa incapaz" (BEVILÁQUA, Clóvis. *Código comentado*, v. 4, p. 71). Em sentido contrário: "o pagamento incientemente feito ao incapaz é, pois, somente um ato anulável e que só deixa de produzir efeito depois de anulado por sentença, não podendo sê-lo *ex-officio* e sim por provocação do interessado" (MENDONÇA, Manuel Ignácio Carvalho de. *Doutrina*, cit., p. 414).
[83] Por óbvia que pareça a conclusão acerca do ônus da prova, CARVALHO DE MENDONÇA salienta que por muito tempo defendeu-se, por interpretação inadequada do Direito Romano, que cabia ao devedor provar a ciência ou não da incapacidade do credor (MENDONÇA, Manuel Ignácio Carvalho de. *Doutrina*, cit., p. 414).

Ocorre que não há parâmetros legais ou doutrinários para determinar com exatidão o que beneficia o credor. BEVILÁQUA ensina que "considera-se proveitoso o pagamento quando aplicado na aquisição de imóveis, no pagamento de dívidas exigíveis, e por outros modos semelhantes, que consolidem, ou aumentem o patrimônio do credor".[84] Parece-nos que a prudência demanda uma análise cuidadosa das peculiaridades de cada caso, levando sempre em conta que a teoria da incapacidade tem a finalidade de proteger os incapazes, e não a de permitir que enriqueçam indevidamente.[85]

1.4 Objeto do pagamento

1.4.1 Princípios da identidade, da integridade e da indivisibilidade

Passemos a analisar os três princípios que regem a teoria do pagamento do ponto de vista *objetivo*: o **princípio da identidade**, o **princípio da integridade** e o **princípio da indivisibilidade**.

Pelo **princípio da identidade**, entende-se que o devedor é obrigado a entregar ao credor exatamente a **coisa devida**, nas obrigações **de dar**, sem o que a obrigação não se terá por cumprida, vez que o credor não é obrigado a receber coisa diversa da ajustada, ainda que mais valiosa (art. 313). Nas obrigações **de fazer**, o devedor é obrigado a realizar exatamente a **atividade pactuada**, sob pena de a obrigação ser considerada inadimplida. Por fim, nas obrigações **de não fazer**, cabe ao devedor a **abstenção da prática do ato específico** que se obrigou a não praticar, ou a obrigação não se terá por solvida.

Pelo **princípio da integridade**, entende-se que não pode o devedor oferecer o pagamento em **circunstâncias mais onerosas** para o credor do que as ajustadas. Deve-se frisar que as despesas com o pagamento e a quitação presumem-se a cargo do devedor, salvo disposição em sentido contrário, sendo o credor responsável pelo aumento se lhe houver dado causa (art. 325).

Pelo **princípio da indivisibilidade**, entende-se que não se admite o **pagamento fracionado** – ainda que a prestação seja divisível, salvo disposição em contrário, ou anuência do credor –, e que não pode o credor exigir o pagamento por partes – se isto não houver sido pactuado, e não consentir o devedor (art. 314).

Em resumo: o objeto do pagamento deve ser o que foi ajustado (art. 313), sem qualquer ônus para o credor (art. 325) e por inteiro (art. 314).

Se o objeto da obrigação consiste na entrega de cem quilos de laranja-pera, o devedor deve entregar ao credor cem quilos de laranja-pera. Não pode entregar cem quilos de laranja-serra-d'água (pelo princípio da identidade, devem ser entregues laranjas-pera), nem exigir que o credor colha as laranjas (pelo princípio da interidade, é devida a entrega de laranjas, não consistindo a colheita em ônus que se possa impor ao credor), nem entregar cinquenta quilos de laranjas-pera (pelo princípio da indivisibilidade, não se pode pagar fracionadamente).

Por outro lado, não se olvida que há hipóteses em que o credor consente em aceitar em pagamento **coisa diversa** da devida. Nesses casos, todavia, não ocorre propriamente pagamento no sentido técnico de *cumprimento voluntário da obrigação*, mas sim, como se verá adiante, **dação em pagamento**, modalidade de pagamento especial, sujeita a requisitos próprios. Pode

---

[84] BEVILÁQUA, Clóvis. *Código comentado*, cit., v. 4, p. 71.
[85] LOPES, Miguel Maria de Serpa. *Curso*, cit., v. 2, p. 171; PEREIRA, Caio Mário da Silva. *Instituições*, cit., v. 2, p. 113.

o credor de R$ 10.000,00 aceitar em pagamento um carro neste valor, sem que isso implique violação do **princípio da identidade**, desde que haja acordo.

Pode, também, acontecer de o credor ser incumbido de algum ônus para receber o pagamento. Todavia, tal ônus deve ser previamente ajustado, sob pena de, como visto, não poder o devedor imputá-lo ao credor. Assim, pode ocorrer de, em uma compra e venda, ajustar-se que as despesas com a escritura correm por conta do vendedor. Havendo acordo nesse sentido, não há ofensa ao **princípio da integridade**.

Nada obsta, igualmente, a que, no momento da contratação, credor e devedor ajustem o **pagamento parcelado**, prática, aliás, extremamente comum no comércio, sobretudo nos contratos de compra e venda. Admite-se o pagamento pela compra de uma geladeira em doze parcelas. Se há acordo, não há ofensa ao **princípio da indivisibilidade**.

Nesse ponto, vale também lembrar que, embora o STJ já tenha rechaçado a prática consistente na diferenciação do preço em razão da forma de pagamento, a Lei 13.455/2017, que alterou a Lei 10.962/2004, autorizou expressamente que credores promovam descontos em função do prazo ou do instrumento de pagamento utilizado.[86]

1.4.2 Demais considerações acerca do objeto do pagamento

Segundo o art. 315 do Código, as **dívidas em dinheiro** devem ser pagas no vencimento, em moeda corrente e pelo valor nominal. Isso significa que, até o vencimento do valor pactuado, o risco da desvalorização da moeda recairá sobre o credor. Ademais, até o efetivo pagamento, a prestação pecuniária deve ser atualizada, preservando-se o valor real da moeda.

Consideram-se nulas as estipulações de pagamento em **ouro** ou em **moeda estrangeira**, bem como para compensar o valor da moeda estrangeira e o valor da moeda nacional, excetuados os casos previstos na legislação especial (art. 318). Ou seja, o pagamento somente acarretará a liberação do devedor se observada a moeda em curso no território nacional. Isso não quer dizer que o Código Civil veda a fixação de obrigações em moeda estrangeira; apenas determina que os pagamentos sejam convertidos e realizados em moeda nacional. Com efeito, nada impede que os contratantes fixem o valor da obrigação em moeda estrangeira com a conversão em moeda nacional pela cotação da data do vencimento[87].

Admite-se que os sujeitos da obrigação convencionem o *aumento progressivo*, no caso de **prestações sucessivas** (art. 316), o que é comum acontecer em casos de empréstimo de dinheiro (por meio de contrato de mútuo). Essa disposição não se confunde com a atualização monetária. Esta é independente da vontade das partes, enquanto o aumento progressivo depende de expressa pactuação.

---

[86] PEREIRA, Caio Mário da Silva. *Instituições*, cit., v. 2, p. 41.

[87] Sobre o tema, confira-se a jurisprudência: "Embargos à execução. Confissão de dívida feita por sociedade limitada. Arguição de nulidade do título por vícios formais. Rejeição. Valor do título indexado em dólares norteamericanos. Inadmissibilidade. Indexação em moeda estrangeira afastada. Circunstância, contudo, que não afeta a validade do título, conversível em moeda nacional na data de sua emissão, e atualizada desde então por indexador oficial. Consentimento prestado por sócio administrador da pessoa jurídica devedora. Admissibilidade. Simples ato de gestão, passível de ser realizado pelo administrador sem anuência do outro sócio, de acordo com o contrato social. Posterior alteração do contrato social que passou a exigir a anuência conjunta de outro administrador sem força para invalidar ato pretérito. Ademais, a alteração do contrato social violaria o princípio da boa-fé objetiva e da confiança. Cobrança admissível de honorários advocatícios contratuais. Recurso parcialmente provido" (TJSP, Apelação 0004410-66.2013.8.26.0319, relator: Des. Francisco Loureiro, 1ª Câmara Reservada de Direito Empresarial, data do julgamento: 13/7/2016).

Caso o pagamento tenha de se fazer por **medida ou peso**, nos termos do art. 326 do Código, entender-se-á, salvo disposição em contrário, que os sujeitos aceitam os pesos ou medidas do **lugar da execução**.

BEVILÁQUA nos dá como exemplo, válido até hoje, o caso do alqueire,[88] que no Brasil varia de Estado para Estado, e, algumas vezes, varia dentro do mesmo Estado. Se Caio e Silvio ajustam a venda de um alqueire de terra, sem especificá-lo, valerá o do lugar da execução. Segundo dados do Ministério do Desenvolvimento Agrário, um alqueire pode valer de 1,21 a 19,36 hectares, dependendo do lugar.

1.4.2.1 Teoria da imprevisão

Se, por **motivos imprevisíveis**, sobrevier **manifesta desproporção** entre o valor da prestação devida e o valor que esta realmente tiver no momento de sua execução, pode o juiz corrigi-lo, a pedido da parte, para que, tanto quanto possível, assegure-se o valor real da prestação (art. 317). Trata-se da aplicação do que a doutrina chama de **teoria da imprevisão**.

Para ilustrá-la, imaginemos que Orlando celebra contrato de locação de um campo de golfe com a sociedade Campos Gerais para um campeonato que se realizará dali a um mês, sendo o valor do aluguel de R$ 10.000,00. Imaginemos que, um tempo depois, chuvas terríveis castigam a cidade, e um rio que a corta transborda, causando o alagamento de várias áreas, inclusive o campo de golfe. No dia em que se realizaria o campeonato, e em que Orlando deveria pagar o aluguel, o campo ainda se encontra bastante encharcado. Nesse caso, o valor real do aluguel – considerando-se uma área alagada – se distancia bastante do valor devido do aluguel (R$ 10.000,00). Nesse caso, pode Orlando, baseado na teoria da imprevisão, pedir ao juiz a correção do montante a ser pago.

Voltaremos ao estudo da teoria da imprevisão, bem mais detalhadamente, ao estudar o tema da **revisão contratual**, na Parte III – Direito dos Contratos.

1.5 Tempo do pagamento

Reserva-se às partes a faculdade de ajustarem livremente o **tempo do pagamento**. Todavia, o Código Civil estatui que, na falta desse ajuste, o pagamento se considera exigível de *imediato* (art. 331).

Embora o art. 331 do Código Civil seja claro ao admitir que as obrigações sem prazo sejam exequíveis de imediato, é comum que, na prática, ocorra a **interpelação** antes da cobrança do crédito. É que, de acordo com o art. 397 do Código Civil, se não houver termo estipulado, a mora se constituirá mediante interpelação judicial ou extrajudicial[89].

Cabe ressaltar que, havendo **condição suspensiva**, a prestação somente será devida a partir do implemento da condição, cabendo ao credor a prova de que o devedor tomou ciência de tal ocorrência (art. 332).

---

[88] BEVILÁQUA, Clóvis. *Código comentado*, cit., v. 4, p. 83.

[89] "Não estabelecida data de vencimento da obrigação, esta é imediatamente exigível, nos termos do o art. 331 do Código Civil, noção que também decorre da determinação do art. 134 do mesmo Diploma, segundo o qual 'os negócios jurídicos entre vivos, sem prazo, são exequíveis desde logo'. Contudo, como se está diante de obrigação por termo incerto, de regra, há a necessidade de notificação para constituição em mora, a teor do parágrafo único do art. 397, também do Código Civil" (TJSC, Apelação Cível 0303179-18.2017.8.24.0004, 5ª Câmara de Direito Civil, relator: Luiz César Medeiros, data do julgamento: 9/4/2019).

Há hipóteses em que a lei determina o **vencimento antecipado** da obrigação, nos casos em que há **insolvência** ou **receio de insolvência** do devedor, segundo o art. 333 do Código: quando é decretada a falência do devedor, ou o concurso de credores (inciso I); quando os bens que garantem a dívida, por meio de hipoteca ou penhor, são penhorados em execução por outro credor (inciso II); quando as garantias do débito, reais ou fidejussórias, cessam ou se tornam insuficientes, e o devedor, intimado, nega-se a reforçá-las (inciso III). Qualquer que seja o caso, havendo solidariedade passiva, o vencimento não será antecipado com relação aos devedores que não se encontrem em situação de insolvência (art. 333, parágrafo único).

Nada impede que o vencimento antecipado também seja pactuado entre as partes. Nesse caso, à luz do entendimento jurisprudencial, prevalece a autonomia da vontade dos contratantes, não havendo qualquer nulidade no ajuste[90].

1.6 Lugar do pagamento

Também o **lugar do pagamento** é de livre escolha dos sujeitos da obrigação, os quais, não obstante, devem acordar sobre ele antecipadamente.

Na ausência de ajuste, chegado o vencimento, o lugar do pagamento será o **domicílio do devedor**, a não ser que o contrário resulte da lei, da natureza da obrigação ou das circunstâncias (art. 327). É que o Direito brasileiro acolheu a regra de que as obrigações são **quesíveis**, ou, no consagrado vocábulo francês, *quérables*. Isso quer dizer que são executáveis onde estiver o devedor.

Outros sistemas jurídicos há, não obstante, em que a regra sobre o lugar do pagamento é inversa. As obrigações, nesses sistemas, são **portáveis**, ou *portables*. Nesses casos, o credor "leva" a obrigação consigo, "porta-a". O devedor, para pagar, deve procurar o lugar em que o credor se encontra.

Se, por alguma razão, dois ou mais lugares forem previstos no acordo como possíveis lugares do pagamento, a escolha, no momento do pagamento, cabe ao **credor** (art. 327, § 1º).

Quando o pagamento consistir na **tradição** – entrega – de um **bem imóvel**, ou quando a prestação for relativa a um imóvel, o lugar do pagamento será o lugar onde estiver situado o bem (art. 328).

Caso haja grave motivo que impeça o pagamento no lugar ajustado, admite-se que o devedor o efetue em outro lugar, sem prejuízo para o credor (art. 329). Para que o devedor seja exonerado da obrigação, deverá comprovar a gravidade e a ausência de prejuízo ao credor, não admitindo a lei qualquer discricionariedade. Ou seja, o devedor não pode, por mera liberalidade, violando o *pacta sunt servanda*, escolher local diverso para pagamento.

Por fim, deve-se frisar que o pagamento reiteradamente feito em outro lugar, sem que o credor a tanto se oponha, implica a **renúncia do credor** com relação ao lugar previsto no contrato (art. 320). Tal presunção somente se ilide pela prova de que o credor se manifestou contrariamente ao pagamento no lugar diverso. Trata-se de aplicação do instituto

---

[90] "O vencimento antecipado da dívida – contratualmente pactuada entre as partes – é um instrumento garantidor das relações creditórias que permite a exigência do crédito restante antes do tempo contratado, a fim de prevenir os prejuízos decorrentes do inadimplemento.

É firme a jurisprudência deste Tribunal no sentido de que não há abusividade ou ilegalidade na cláusula que prevê o vencimento antecipadoda dívida como instrumento de equilíbrio contratual na hipótese de inadimplemento da prestação contratada" (TRF-1 – Apelação Cível 0004741-19.2013.4.01.3701, 6ª Turma, relator: Des. Daniel Paes Ribeiro, data do julgamento: 13/2/2017, data da publicação: 24/2/2017).

da *surrectio*, que tem origem no direito contratual e significa, em síntese, o surgimento de um direito não convencionado em razão do seu exercício por longo lapso temporal. Assim, se o contrato previu determinado local para pagamento, mas, durante certo período, o credor aceitou que o pagamento fosse feito em outro local, ele não poderá alegar que o devedor cometeu ato ilícito.

1.7 Prova do pagamento

O pagamento se prova pelo **instrumento de quitação**.

No momento do pagamento, o devedor tem o direito de exigir a quitação, podendo, inclusive, reter o pagamento, enquanto a quitação não lhe for dada (art. 319).

Com relação à forma da quitação, a lei admite, sempre, o **instrumento particular**[91], mas exige que contenha o valor e a espécie da dívida quitada, o nome do solvente – o devedor ou quem por este pagou –, o tempo e o lugar do pagamento, e a assinatura do acipiente – seja ele o próprio credor ou um representante dele (art. 320). A falta de algum desses elementos não invalida a quitação, desde que seus termos e as circunstâncias permitam a conclusão de que a dívida foi paga (art. 320, parágrafo único).

No caso de **pagamento em quotas** (parcelas), presume-se que a quitação da última implica estarem as anteriores solvidas, salvo prova em contrário (art. 322).

Nas hipóteses em que a quitação consiste na **devolução do título**, sua entrega ao devedor faz presumir o pagamento (art. 324). Se o título se houver perdido, o devedor poderá reter o pagamento até que o credor lhe dê declaração que inutilize o título desaparecido (art. 321).

Se for dada quitação do **capital principal**, sem menção aos **juros**, estes se presumirão pagos (art. 323).

Estes três últimos dispositivos (arts. 322, 323 e 324) estabelecem formas de presunção de pagamento, expressamente previstas na legislação. Trata-se, contudo, de **presunção relativa**, que pode ser ilidida por prova em sentido contrário. Imagine, por exemplo, que determinado crédito foi alvo de renegociações, com a substituição dos cheques inicialmente dados em pagamento. Nesse caso, afasta-se a presunção do art. 324, ainda que o devedor esteja na posse dos títulos.

Duas outras regras relacionadas à prova do pagamento estão dispostas nos arts. 325 e 326 do Código Civil: a primeira refere-se às despesas relacionadas com o pagamento e a quitação. Nas obrigações paritárias, salvo em se tratando de despesa excepcional decorrente de fato imputável ao credor, as despesas com o pagamento e a quitação correm por conta do devedor. Exemplo: se o credor utiliza vários métodos de pagamento e o devedor opta pela quitação por meio de boleto bancário, os custos relativos aos boletos devem ser arcados por este. Por outro lado, se o credor incorrer em mora quanto ao recebimento do pagamento, por fato alheio à vontade do devedor, as despesas decorrentes da quitação ficarão por conta daquele.

Por fim, a regra do art. 326 é mais uma das aplicações da boa-fé no âmbito negocial: "se o pagamento se houver de fazer por medida, ou peso, entender-se-á, no silêncio das partes, que aceitaram os do lugar da execução". Conforme doutrina de PABLO STOLZE e RODOLFO PAMPLONA[92]:

---

[91] Ainda que se trate, por exemplo, de contrato cuja lei exija a formalização por escritura pública, a exemplo do contrato de compra e venda de imóvel de valor superior a trinta salários mínimos (art. 108 do CC).

[92] Novo Curso de Direito Civil, volume II, São Paulo: Saraiva, 2016, p. 225.

[...] privilegiam-se os usos e costumes do local, medida das mais salutares para preservar a boa-fé dos contratantes, que, em regra, se valem dos parâmetros que habitualmente utilizam no seu dia a dia (metros ou léguas; quilômetros de altura ou pés; quilogramas, arrobas ou onças; hectares, tarefas ou metros quadrados etc.). Um bom exemplo da utilidade de tal regra é da unidade de medida conhecida como Alqueire, a qual, em Minas Gerais, Rio de Janeiro e Goiás, equivale a 10.000 braças quadradas (4,84 hectares) e, em São Paulo, a 5.000 braças quadradas (2,42 hectares), havendo, ainda, o alqueire fluminense (27.225m^2, equivalente a 75 x 75 braças), baiano (9,68 hectares) e do norte (2,72 hectares). Além disso, alqueire pode ainda ser unidade de medida de capacidade para secos, equivalente a 36,27 litros ou a quatro "quartas". E também, no Pará, usa-se como medida de capacidade correspondente a dois paneiros, o que equivale a 30 quilos. Vale lembrar, ainda, da Tarefa, medida agrária constituída por terras destinadas à cana-de-açúcar e que, no Ceará, equivale a 3.630m^2; em Alagoas e Sergipe, a 3.052m^2; e, na Bahia, a 4.356m^2.

2. MODALIDADES ESPECIAIS DE PAGAMENTO

Fala-se em **modalidades especiais de pagamento** nas hipóteses em que há **satisfação do credor** e **liberação do devedor** sem que, no entanto, o adimplemento obedeça a todas as circunstâncias traçadas pela teoria do pagamento.

2.1 Pagamento por consignação

Não há dúvidas de que o maior interessado no cumprimento da obrigação é, em geral, o credor, que pretende ver-se satisfeito. Todavia, também o devedor tem interesse em se desamarrar do vínculo, ainda que isso lhe custe uma atividade, uma coisa ou uma abstenção.

Destarte, pode-se concluir que não só o credor precisa de que o Direito lhe assegure meios de receber seu crédito, mas também o devedor precisa de que lhe seja garantido um **meio de extinguir a obrigação** quando o cumprimento voluntário não for possível, por fato do credor, como uma recusa em receber. Esse meio é o chamado **pagamento por consignação**.

Conceituando o instituto, pode-se dizer que se trata da *modalidade de pagamento especial em que o devedor solve por meio do **depósito judicial** da coisa devida, nas hipóteses autorizadas pela lei*. Conceito semelhante se encontra no art. 334 do Código. Em outras palavras, a consignação em pagamento tem por finalidade buscar o reconhecimento judicial sobre a extinção de uma obrigação. *"A consignação em pagamento visa exonerar o devedor de sua obrigação, mediante o depósito da quantia ou da coisa devida"* (STJ, REsp 1.194.264/PR, data da publicação: 4/3/2011).

O instituto, de direito material, encontra-se intrinsecamente relacionado com o direito processual, uma vez que se trata de modalidade de **pagamento judicial**. A lei civil define a consignação, estabelece os casos em que tem lugar e determina o poder liberatório ou extintivo do depósito sobre a obrigação, enquanto a lei processual regula o procedimento formal a ser seguido para realização do depósito, a partir do momento em que o devedor ingressa em juízo.[93]

Destaca-se que não tem efeito extintivo da obrigação, no Direito pátrio, o depósito particular (extrajudicial).[94]

---

[93] PEREIRA, Caio Mário da Silva. *Instituições de direito civil*. Rio de Janeiro: Forense, 2004. v. 2. p. 210.

[94] Conquanto o art. 334 do Código Civil mencione a hipótese de depósito em estabelecimento bancário, o qual poderia ser chamado de extrajudicial, deve-se frisar que essa modalidade também se regula pelo Código de Processo Civil (arts. 539 a 549 do CPC/2015). Não se trata, como se vê, de depósito particular.

Por se tratar de depósito, a toda evidência que não pode o devedor pretender a extinção do vínculo obrigacional por meio da consignação nos casos de obrigações de fazer puras e de não fazer, as quais não têm objeto passível de ser depositado. Somente haverá possibilidade de se consignar o pagamento, portanto, nos casos de obrigações **de dar** ou **de fazer cumuladas com de dar**.

2.1.1 Hipóteses que autorizam o pagamento por consignação

O art. 335 do Código estabelece as hipóteses em que pode o devedor consignar o pagamento em juízo:

> Art. 335. A consignação tem lugar:
>
> I – se o credor não puder, ou, sem justa causa, recusar receber o pagamento, ou dar quitação na devida forma;
>
> II – se o credor não for, nem mandar receber a coisa no lugar, tempo e condição devidos;
>
> III – se o credor for incapaz de receber, for desconhecido, declarado ausente, ou residir em lugar incerto ou de acesso perigoso ou difícil;
>
> IV – se ocorrer dúvida sobre quem deva legitimamente receber o objeto do pagamento;
>
> V – se pender litígio sobre o objeto do pagamento.

Como se vê, as hipóteses dos incisos I e II referem-se à **mora do credor**, a qual pode se configurar pela **recusa injustificada** ou pela **inércia**. Quanto a esta, cabe lembrar que as obrigações são, no Direito pátrio, **quesíveis**, salvo ajuste em sentido de serem portáveis, razão pela qual o lugar do pagamento é o do domicílio do devedor. Por conseguinte, cabe ao credor procurar o devedor para receber.[95]

Já as hipóteses dos incisos III a V se referem a casos em que, por prudência, o devedor opta pela modalidade de pagamento judicial – consignação –, seja porque o credor não tem **capacidade para dar quitação**, ou porque é **desconhecido**, ou **declarado ausente**, ou, ainda, no caso da obrigação portável, se residir em **lugar incerto ou de acesso perigoso ou difícil**, ou, por fim, caso o débito seja **objeto de discussão em litígio**[96].

Imagine, por exemplo, que o primitivo credor faleceu e o devedor não sabe quem são os herdeiros. Ignorando a quem pagar, deverá o devedor promover a ação de consignação para se liberar do vínculo obrigacional, sendo inadmissível o depósito extrajudicial, ante o desconhecimento de quem seja o titular do crédito.

Trata-se de rol meramente exemplificativo. Também o Código Tributário Nacional (art. 164) e a Lei de Locações (art. 67), por exemplo, contemplam hipóteses que permitem a liberação do devedor por meio da consignação em pagamento. No âmbito da doutrina, sustenta-se, ainda, a possibilidade de consignação para revisão do conteúdo do contrato[97].

2.1.2 Procedimento da consignação

Configurada qualquer das hipóteses que autorizam o pagamento por consignação, o devedor terá duas opções: se a coisa devida for **dinheiro**, poderá realizar o depósito em

---

[95] Para uma melhor compreensão do ponto, recomendamos a leitura da seção sobre a mora do credor, nesta Parte II.

[96] O litígio pode versar sobre o objeto do pagamento em si ou se mais de uma pessoa estiver sobre ele discutindo em juízo.

[97] TARTUCE, Flávio. Manual de Direito Civil. 8. ed. São Paulo: Método, 2018. p. 403.

estabelecimento bancário, observado o procedimento do art. 539, §§ 1º e 2º, do Código de Processo Civil de 2015; se houver **recusa do credor** em receber a coisa depositada, ou se esta for outro bem que não dinheiro, poderá o devedor realizar o depósito em juízo na forma do **procedimento especial de consignação em pagamento** (arts. 539 a 549 do CPC/2015). O prazo para a propositura da ação de consignação judicial, na hipótese de recusa do credor, é de um mês. Não ajuizada a ação no prazo previsto, considera-se sem efeito o depósito, podendo levantá-lo o depositante (art. 539, § 4º).

A não propositura da ação consignatória no prazo estipulado pelo § 3º do art. 539 do CPC não extingue o direito material à consignação e não constitui óbice ao exercício do direito de ação, garantia constitucional. O que ocorre é, tão somente, o restabelecimento da situação anterior à realização do depósito, ou seja, a obrigação continuará em aberto.

A consignação será, necessariamente, judicial quando tiver por objeto coisa ou quando não for possível, em razão de certas circunstâncias, utilizar a via extrajudicial (bancária). Entre outras circunstâncias, ainda que se trate de prestação em dinheiro, a consignação extrajudicial será inviável quando não houver estabelecimento bancário no lugar do pagamento, quando o credor não tiver capacidade civil e quando houver dúvida sobre a titularidade do crédito.

Caso seja necessário o ajuizamento da ação consignatória, e na hipótese de não existir depósito extrajudicial – seja porque a obrigação não comporta essa forma de consignação ou o devedor por ela não optou, seja porque o depósito foi levantado –, caberá ao devedor, na petição inicial, requerer o depósito da coisa devida, a ser efetivado no prazo de cinco dias, contado da data do deferimento da inicial, bem como comprovar a recusa do credor em receber (art. 542, I, do CPC). A esse fenômeno o Direito Civil dá o nome de **oferta real** ou **efetivo oferecimento** da coisa devida. Diz-se oferta real, ou oferecimento efetivo, porquanto não basta a simples manifestação do interesse de depositar.

A consignação deve observar, quanto ao objeto do pagamento, os princípios da identidade, integridade e indivisibilidade, ou seja, deve ser depositada a coisa devida, com as características ajustadas; ademais, a consignação deve observar também o tempo e o modo do pagamento. Do contrário, a consignação não valerá como pagamento (art. 336 do Código Civil).

Logo, se são devidas esculturas, não cabe o depósito de quantia em dinheiro. Também não cabe ao devedor pretender consignar apenas parte da prestação[98]. Da mesma forma, o depósito de quantia insuficiente para a liquidação integral da dívida não permite a liberação do devedor. Nesse caso, a mora permanecerá e a ação de consignação deverá ser julgada improcedente[99].

Segundo o parágrafo único do art. 542 do Código de Processo, se o devedor não efetuar o depósito no prazo de cinco dias contados do deferimento do pedido de consignação, o processo será extinto sem resolução do mérito.

---

[98] STJ, REsp 1.170.188/DF, relator: Min. Luis Felipe Salomão, data do julgamento: 25/2/2014.

[99] A propósito do tema, o STJ fixou a seguinte tese em recurso especial repetitivo: "Em ação consignatória, a insuficiência do depósito realizado pelo devedor conduz ao julgamento de improcedência do pedido, pois o pagamento parcial da dívida não extingue o vínculo obrigacional" (Tema 967, REsp 1.108.058/DF, data do julgamento: 10/10/2018). Apesar desse entendimento, por uma questão de economia processual, é possível que, antes de promover o julgamento de improcedência, sendo viável a complementação do depósito, seja adotada a providência prevista no art. 545 do CPC. Em outras palavras, sempre que possível o cumprimento da obrigação, poderá ser determinada a complementação do valor depositado no prazo de 10 (dez) dias. A manutenção do depósito insuficiente conduzirá à improcedência da ação consignatória. Nesse caso, como o réu deve apontar o valor correto (art. 544, parágrafo único, do CPC) em sua defesa, o autor será condenado a pagar a diferença apurada, sem que, para isso, seja necessário qualquer pedido complementar por parte do credor. Esse é o efeito prático da natureza dúplice da ação consignatória.

Cabe destacar que o depósito deve ser requerido no **lugar do pagamento** e, tão logo seja realizado, interromperá a incidência de **juros** e transferirá os **riscos da coisa** ao credor – réu –, situação que somente será revertida se o pedido inicial for julgado improcedente (art. 337 do Código Civil). Destarte, se a obrigação deve ser cumprida no domicílio do credor, não é cabível o depósito no domicílio do devedor.

Tratando-se de obrigação **de dar coisa incerta**, caso a escolha caiba ao credor, este será citado para escolhê-la, sob pena de o devedor depositar a que escolher (art. 342).

Efetivado o depósito, o credor – réu –, será citado e poderá contestar ou levantar o depósito. A matéria que pode ser alegada na contestação está prevista no art. 544 do CPC/2015:

> Art. 544. Na contestação, o réu poderá alegar que:
>
> I – não houve recusa ou mora em receber a quantia ou coisa devida;
>
> II – foi justa a recusa;
>
> III – o depósito não se efetuou no prazo ou no lugar do pagamento;
>
> IV – o depósito não é integral.
>
> Parágrafo único. No caso do inciso IV, a alegação será admissível se o réu indicar o montante que entende devido.

A regra do parágrafo único do art. 544 precisa ser reforçada, especialmente para os leitores advogados: a não integralidade do depósito, como matéria defensiva, exige que o réu (credor) aponte o valor exato ou a coisa que entende devida. Essa indicação tem como finalidade permitir que o autor, se for o caso, analise a possibilidade de complementação do depósito, na forma do art. 545 do CPC, e, na hipótese de improcedência do pedido, seja condenado ao pagamento da diferença apurada entre o valor do depósito e o montante efetivamente devido[100].

Observe-se que pode o devedor levantar o depósito, pagando as respectivas despesas, enquanto o credor não levantá-lo ou impugná-lo; mas, se o fizer, subsistirá a obrigação (art. 338 do Código Civil).

No caso de o depósito ser julgado procedente, o devedor não mais poderá levantar o depósito – ainda que o credor consinta –, caso haja outros devedores, ou fiadores, a não ser com o consentimento destes (art. 339).

A propósito, frise-se que, se o credor aquiescer com o levantamento por parte do devedor, mesmo depois de contestar a lide ou aceitar o depósito, perderá a **preferência** e a **garantia** que lhe competiam com relação à coisa consignada, pelo que ficam exonerados os demais devedores e os fiadores que não tenham concordado com o levantamento (art. 340).

---

[100] A necessidade de observância à regra do parágrafo único do art. 544 pode ser vista nos seguintes julgados: "[...] Se o credor apresenta defesa com fundamento no art. 544, IV, do atual CPC, alegando que o depósito não é integral, essa tese só será admitida se ele indicar o montante que entende devido, nos termos do parágrafo único desse dispositivo legal" (TJMG, AC: 10145120245074001, relatora: Mônica Libânio, data do julgamento: 22/9/2016, data da publicação: 30/9/2016); "Consignação em pagamento. Sentença pela procedência do pedido. Inconformismo manifestado. Descabimento. Quantia depositada reputada inferior à devida. Tese fulcrada no parágrafo IV do artigo 544 do CPC. Réu, todavia, que não se desincumbiu de esclarecer o montante que entende devido. Inadmissibilidade da alegação bem verificada. Razões recursais que se mostraram incapazes de infirmar a conclusão constante do julgado. Sentença mantida. Recurso improvido" (TJ-SP, AC: 1062776-86.2018.8.26.0002, relator: Vito Guglielmi, data do julgamento: 11/6/2019, 6ª Câmara de Direito Privado, data da publicação: 11/6/2019).

As despesas com o depósito caberão ao credor – réu, se julgado procedente o depósito; caso contrário, arcará com elas o devedor – autor (art. 343).

Por fim, frise-se que a jurisprudência entende cabível ampla discussão sobre o débito e seu valor no âmbito da ação de consignação em pagamento (ver, por todos, STJ, REsp 919.243/SP, 3ª Turma, relatora: Min. Nancy Andrighi, data do julgamento: 19/4/2007, data da publicação: 7/5/2007)[101]. Ou seja, pode-se discutir, por exemplo, abusividade de valor de multa ou de taxa de juros.

2.1.3 Consignação de imóvel ou corpo certo

Na hipótese de a coisa devida ser um **imóvel** ou um **corpo certo** que tenha de ser entregue no lugar em que se encontra situado, antes de ingressar em juízo, nos termos do art. 341 do Código, pode o devedor citar o credor para vir ou mandar receber a coisa, sob pena de ser depositada.

Como deve ter ocorrido ao leitor, duas questões chamam a atenção no dispositivo. A primeira, de ordem técnica: tratando-se de procedimento *extrajudicial*, o credor será *notificado* pelo devedor, e não citado. Aliás, mesmo em sede de processo, não caberia ao devedor citar o credor, senão pedir que se mandasse citá-lo. A segunda, de ordem lógica: como proceder ao depósito de *imóvel*?

Durante certo tempo, a doutrina europeia discutiu a possibilidade da **consignação de imóveis**. O nosso Código Civil de 1916, cujo art. 980 tinha a mesma redação que tem o art. 341 do atual, exceto a referência aos imóveis, acabou por deixar a questão em aberto. Na Itália, a promulgação do Código Civil de 1942 pacificou a matéria, vencendo a tese que admite a consignação de imóveis. Tal tese acabou por inspirar o Direito Civil brasileiro, sendo posteriormente positivada no art. 341 do nosso Código de 2002. Logo, considerando-se que o Código de 2002, conquanto se refira expressamente aos imóveis no art. 341, não prescreve a forma de sua consignação, o que também não fazia nem o Código de Processo Civil de 1973, nem fez o CPC/2015.

Vale consultar a fonte de inspiração, na Itália: segundo o art. 1.216 do Código Civil italiano de 1942, se o credor, notificado pelo devedor, não se apresentar para se **imitir na posse do imóvel**, o devedor pedirá em juízo que se **nomeie um depositário**, ao qual transferirá a posse do bem, com isso exonerando-se da obrigação. Cremos ser esse mesmo procedimento o que deve ter lugar no Direito brasileiro com relação ao depósito de imóveis.

2.1.4 Obrigação litigiosa

O art. 344 preceitua que "o devedor de obrigação litigiosa exonerar-se-á mediante consignação, mas, se pagar a qualquer dos pretendidos credores, tendo conhecimento do litígio, assumirá o risco do pagamento". Apesar da redação confusa, o comando da norma é o seguinte: se a obrigação for objeto de **discussão em litígio**, o devedor deve, por prudência, consignar o pagamento. Isso porquanto, se pagar ao credor que vier a perder a demanda, ficará obrigado a pagar novamente ao vencedor, pois terá "pagado mal", e, *quem paga mal, paga duas vezes*.

---

[101] No mesmo sentido: "Direito processual civil. Ação de consignação em pagamento. Discussão do valor do débito. Possibilidade. 1. A jurisprudência desta Corte firmou-se no sentido de ser possível a discussão do valor do débito em sede de ação de consignação em pagamento, ainda que para tanto seja necessária a revisão de cláusulas contratuais. 2. Agravo regimental a que se nega provimento" (STJ, AgRg no REsp 1.179.034 RJ, relatora: Min. Maria Isabel Gallotti, data do julgamento: 28/4/2015, 4ª Turma, data da publicação: 5/5/2015).

Se o litígio for entre credores que se pretendem mutuamente excluir – e não entre o credor e o devedor –, admite-se que qualquer dos credores peça que o pagamento se dê por consignação, se ocorrer o vencimento da obrigação na pendência da lide (art. 345). Nesse caso, julgada a demanda, o vencedor poderá levantar o depósito. O devedor, por sua vez, ter-se-á desonerado desde a consignação.

2.2 Pagamento com sub-rogação

Pagamento com sub-rogação é a modalidade de pagamento especial que mais se aproxima do cumprimento voluntário da obrigação, sobretudo do ponto de vista do credor. Aqui, *ou um terceiro solve, ou empresta ao devedor o necessário para fazê-lo*.

Para o credor, a obrigação se extingue, pois seu direito de crédito foi satisfeito. Todavia, pelo fenômeno da sub-rogação, a obrigação subsiste para o devedor, e o terceiro solvente passa a ocupar a posição do antigo credor, assumindo todos os **direitos**, **ações**, **privilégios** e **garantias** do credor primitivo, tanto com relação ao devedor principal quanto aos fiadores (art. 349).

Por essa razão, BEVILÁQUA conceitua o pagamento com sub-rogação como "a transferência da qualidade creditória para aquele que solve obrigação de outrem ou empresta o necessário para solvê-la".[102]

Deve-se frisar, aqui, que nem sempre que terceiro efetua o pagamento ocorrerá a sub-rogação. Como visto anteriormente, o terceiro não interessado que paga a dívida *em seu próprio nome* não se sub-roga nos direitos do credor (art. 305).

A sub-rogação, no nosso sistema, opera-se por **comando legal** ou por **convenção** entre os sujeitos, nas hipóteses autorizadas em lei.

2.2.1 Sub-rogação legal

O art. 346 do Código cuida das hipóteses de **sub-rogação legal**.

Art. 346. A sub-rogação opera-se, de pleno direito, em favor:

I – do credor que paga a dívida do devedor comum;

II – do adquirente do imóvel hipotecado, que paga a credor hipotecário, bem como do terceiro que efetiva o pagamento para não ser privado de direito sobre o imóvel;

III – do terceiro interessado, que paga a dívida pela qual era ou podia ser obrigado, no todo ou em parte.

A situação prevista no inciso I é a da **pluralidade de credores**. Aqui, um dos credores paga a dívida comum a outro credor, para alcançar posição privilegiada com relação aos demais. "São, pois, requisitos deste caso de sub-rogação legal: primeiro, que o sub-rogatário seja credor; segundo, que o crédito solvido goze, por qualquer título, de um direito de preferência legal ou convencional; e terceiro, que se trate de um pagamento regular, no sentido de que envolva a totalidade da obrigação".[103]

No inciso II, disciplina o Código a situação do **adquirente de imóvel hipotecado**. Como se verá na seção respectiva, na Parte IV – Direito das Coisas –, a hipoteca constitui modalidade de garantia real. Exemplificando, pode-se pensar em uma pessoa que toma um empréstimo

---

[102] BEVILÁQUA, Clóvis. *Código Comentado*, cit., v. 4, p. 114.
[103] PEREIRA, Caio Mário da Silva. *Instituições*, cit., v. 2, p. 134.

e, em garantia, constitui hipoteca sobre um bem imóvel do qual é proprietária. Ocorre que a hipoteca, a qual se trata de um ônus sobre o imóvel – **ônus real** –, persegue o imóvel. Assim, se o proprietário que tomou o empréstimo decide vender o bem hipotecado, o comprador o adquirirá com o ônus. Daí por que o Direito determina que, caso o adquirente pague a hipoteca, para livrar o imóvel do ônus, sub-rogar-se-á de pleno direito na posição do credor hipotecário, para cobrar do devedor-alienante o crédito.

Deve-se notar que o Código estende esse benefício ao terceiro que paga para que não seja privado de um direito real que tem sobre um bem imóvel. Por exemplo, pode-se pensar no caso do condômino Manuel, de coisa indivisível, a qual, por sua vez, constitui o único bem do devedor coproprietário Rui capaz de saldar a dívida que tem com César. Agindo com prudência, Manuel paga a César, para proteger sua propriedade sobre a coisa, e se sub-roga na qualidade de credor de Rui.

A última situação, prevista no inciso III, é a do **terceiro interessado**. Como visto anteriormente, ao estudarmos o art. 305 do Código, terceiro interessado é quem pode indiretamente ser responsabilizado pela dívida, como, por exemplo, o fiador.

Com relação ao pagamento realizado por terceiro, deve-se observar que tanto pode ocorrer de o devedor solver uma fração e o terceiro outra, podendo a soma das frações chegar ao total da dívida ou não, como pode ainda apenas o terceiro solver parcialmente.

Se o terceiro realizou **pagamento parcial**, no caso da sub-rogação legal, o credor sub-rogado somente poderá exercer os direitos e as ações do credor primitivo até o montante do que houver desembolsado (art. 350).

E, se a satisfação do credor originário for parcial, terá este **preferência** sobre o credor sub-rogado, na cobrança da dívida, caso os bens do devedor não sejam suficientes para saldar os débitos com ambos os credores (art. 351).

Registra-se que ainda há possibilidade de sub-rogação no caso de responsabilidade civil em que se admite o denominado direito de regresso. Exemplificando: nos termos da Súmula 188 do Supremo Tribunal Federal, o segurador tem ação regressiva contra o causador do dano, pelo que efetivamente pagou, até o limite previsto no contrato de seguro. Tratando-se de acidente de veículo, paga a indenização securitária, a seguradora sub-roga-se nos direitos e nas ações que competiam ao segurado (art. 786 do CC), fazendo jus a se ressarcir do valor indenizado aquele junto ao causador do prejuízo.

2.2.2 Sub-rogação convencional

O art. 347, por sua vez, trata das hipóteses em que se autoriza a convenção acerca da sub-rogação.

> Art. 347. A sub-rogação é convencional:
>
> I – quando o credor recebe o pagamento de terceiro e expressamente lhe transfere todos os seus direitos;
>
> II – quando terceira pessoa empresta ao devedor a quantia precisa para solver a dívida, sob a condição expressa de ficar o mutuante sub-rogado nos direitos do credor satisfeito.

No inciso I, trata-se do caso em que o **terceiro** paga ao credor e este, por ato de vontade, transfere ao solvente todos os seus **direitos**, ações, **privilégios** e **garantias**. No inciso II, cuida-se do caso em que o terceiro ajusta com o devedor o **empréstimo da quantia necessária** para que o próprio devedor pague, contanto que consinta com a sub-rogação. Em ambos os casos, a sub-rogação só produzirá efeitos em relação a terceiros se observado o registro no cartório de títulos e documentos, conforme disposto no art. 129, 9º, da Lei de Registros Públicos.

2.3 Imputação do pagamento

Tem lugar a **imputação do pagamento** quando uma mesma pessoa é devedora, de um mesmo credor, de duas ou mais obrigações, da mesma natureza, líquidas e vencidas, e, ao pagar, indica qual delas está solvendo (art. 352). Obviamente que o somatório dos débitos não será pago integralmente, ou não seria necessária a imputação.

A hipótese mais comum é a de obrigações de dar dinheiro. Orlando deve R$ 50,00, R$ 100,00 e R$ 150,00 a Silvio, encontrando-se todas as dívidas vencidas, e dispõe de apenas R$ 200,00. Ao pagar, poderá indicar quais dos débitos solve. Imaginemos, aqui, que se admite o pagamento fracionado, pelo que os R$ 200,00 poderiam saldar as dívidas de R$ 100,00 e de R$ 150,00, por exemplo, gerando um resíduo de R$ 50,00. Vale ressaltar que tanto Orlando quanto Silvio podem provocar a imputação (arts. 352 e 353).

A vantagem que o fenômeno da imputação oferece ao devedor tem a ver, sobretudo, com os **juros** que incidem sobre os débitos. No exemplo mencionado, poderia acontecer de incidirem diferentes percentuais de juros sobre os valores devidos, pelo que teria o devedor interesse em solver algum dos débitos antes dos demais.

Se o devedor pagar ao credor sem imputar o pagamento, quando a imputação seria cabível, terá a oportunidade, ao receber a quitação, de reclamar contra a imputação que houver feito o próprio credor. Se não reclamar, e aceitar a quitação, nada mais poderá fazer, salvo se provar que sofreu violência ou dolo (art. 353). Seria o caso de Orlando pagar R$ 200,00 a Silvio, no exemplo mencionado, sem especificar quais das obrigações estava pagando. Silvio poderia realizar a imputação, que Orlando poderia questionar ao receber a quitação.

Se a quitação for omissa quanto ao débito que foi pago – porque nem o devedor nem o credor procederam à imputação –, o comando do art. 355 é no sentido de que a imputação será feita na dívida que houver vencido primeiro, ou, se vencidas todas ao mesmo tempo, na que for mais onerosa.

Por fim, segundo o art. 354, se os sujeitos não convencionarem o contrário, a imputação incidirá antes nos **juros vencidos**, e depois no capital. Ou seja, se a dívida é de R$ 100,00 (capital) e os juros somam, à data do pagamento, R$ 10,00, os primeiros R$ 10,00 pagos saldarão os juros. Assim, se o devedor pagar R$ 40,00, os R$ 10,00 dos juros serão pagos e o débito será reduzido para R$ 70,00.

2.4 Dação em pagamento

Ao estudar a teoria do pagamento, no que concerne ao objeto, vimos que, pelo **princípio da identidade**, o credor não pode ser obrigado a receber em pagamento **prestação diversa da devida**, ainda que mais valiosa (art. 313). Trata-se do consagrado princípio do Direito Romano, que os civilistas em geral gostam de citar em latim: *aliud pro alio invito creditore solvi non potest* – não é possível pagar uma coisa com outra sem o consentimento do credor –, às vezes referido apenas como *aliud pro alio*.

Ocorre que nada impede que o credor consinta em receber coisa diversa da devida (art. 356). Se o fizer, não ocorrerá verdadeiro cumprimento voluntário, pagamento direto, porquanto o devedor não executará a prestação devida. Oferecendo o devedor outra prestação no lugar da prestação devida, e aceitando-a o credor, tem lugar a chamada **dação em pagamento** – *datio in solutum* –, a qual pode ser conceituada como a *modalidade de pagamento especial em que o credor se satisfaz não por meio do cumprimento da prestação devida, mas pelo recebimento de um (outro) bem*.

Bem se vê que, ocorrendo a dação, extingue-se a obrigação.

Constituem requisitos para que se configure a dação em pagamento: a **satisfação do credor** pelo recebimento de coisa diversa da prestação devida e a **intenção de extinguir a obrigação**.

Deve-se tomar cuidado ao analisar uma hipótese em que parece ter havido dação, pois nada impede que o credor receba do devedor coisa diversa da prestação devida sem que haja **intenção de extinguir a obrigação** (*animus solvendi*) e a título gratuito, caso em que haveria um ato de liberalidade – uma doação, e não pagamento por meio de dação.

No nosso Direito, aplicam-se à dação em pagamento, após sua efetivação, as normas que regem o **contrato de compra e venda** (art. 357). Na hipótese de evicção,[104] ou seja, de o credor vir a perder a coisa que recebeu em pagamento, restabelece-se a obrigação primitiva, ficando sem efeito a quitação dada, ressalvados os direitos de terceiros (art. 359).

Todavia, se a coisa objeto da dação for um **título de crédito**[105], haverá **cessão de crédito** (art. 358), caso em que não serão aplicadas as disposições acerca da compra e venda.

Caio Mário salienta que "sendo um acordo extintivo ou liberatório, [a dação] tem de avençar-se depois de constituída a obrigação, embora nada impeça que se conclua após seu vencimento".[106] A esse posicionamento se opõe, em parte, Orlando Gomes, que afirma que "a *dação em pagamento* supõe dívida vencida"[107] e explica que "se durante a vigência de uma obrigação, credor e devedor acordam modificar o conteúdo do crédito, substituindo a prestação convencionada, não há dação em pagamento".[108] O professor nos leva a crer que vê a hipótese de o devedor oferecer prestação diversa da devida *antes do vencimento* como **novação**, fenômeno que estudaremos na seção sobre a extinção das obrigações *sem pagamento*.

Da nossa parte, adotamos posicionamento técnico: se há mera substituição do objeto da obrigação, então há **novação**. Todavia, se o devedor oferece prestação diversa da devida ao credor, antes do vencimento, porém **em pagamento**, ou seja, se o devedor quer **pagar antecipadamente**, então ocorre **dação**.

É como sentencia Beviláqua: "tudo depende da vontade que têm as partes de extinguir, definitivamente, a obrigação. Nisto se distingue a *datio in solutum* da novação; extingue, definitivamente, a obrigação, não a substitui por outra".[109]

Quanto às obrigações que podem ser extintas por meio da dação, podemos afirmar que pouco importa se consistem em **obrigações positivas** (de dar ou de fazer) ou **negativas** (de não fazer). Em outras palavras, qualquer obrigação pode ser extinta pela dação.

Caio Mário explica que a dação em pagamento "tanto pode consistir na entrega de uma coisa em lugar de dinheiro – *rem in pecunia* – como ainda de uma coisa por outra – *rem pro re* – ou de uma coisa pela prestação de um fato – *rem pro facto*".[110] E completa: "essencial é a substituição do objeto da obrigação por outro diverso – *aliud pro alio*".[111]

Resta uma dúvida, sobre a qual silencia o Código: pode a dação em pagamento ter por objeto algo *diverso de uma coisa*, ou seja, de um bem corpóreo? Admite-se que a coisa oferecida seja *dinheiro*?

---

[104] Estudaremos o tema da evicção oportunamente, na Parte III – Direito dos Contratos.
[105] O Código Civil regulamenta os títulos de créditos atípicos. Para aqueles regulados por leis especiais, aplica-se a legislação cambial, e não as regras da cessão de crédito.
[106] PEREIRA, Caio Mário da Silva. *Instituições*, cit., v. 2, p. 141.
[107] GOMES, Orlando. *Obrigações*. cit., p. 145.
[108] GOMES, Orlando. *Obrigações*. cit., p. 145.
[109] BEVILÁQUA, Clóvis. *Código comentado*, cit., v. 4, p. 121.
[110] PEREIRA, Caio Mário da Silva. *Instituições*, cit., p. 141.
[111] Idem.

Com relação à primeira indagação, CAIO MÁRIO entende que sim, e afirma que "em nada afeta a dação em pagamento que a coisa entregue seja móvel ou imóvel, corpórea ou incorpórea, um bem jurídico qualquer, uma coisa ou um direito, como o usufruto".[112]

O posicionamento, de fato, vai ao encontro do art. 356 do Código, pois o conteúdo da norma é no sentido de que "o credor pode consentir em receber prestação diversa da que lhe é devida", e não "o credor pode consentir em receber *coisa* no lugar da prestação que lhe é devida".

Logo, ainda que os demais dispositivos do Código que tratam da dação somente mencionem **coisa**, optamos por nos filiar ao pensamento de CAIO MÁRIO.

Com relação à segunda indagação, surge uma dúvida. É que o art. 356 do Código Civil de 2002 alterou a redação do anterior art. 995 do Código de 1916, o qual determinava que o credor somente podia consentir em receber, em substituição da prestação devida, *coisa que não fosse dinheiro*. Se, por um lado, parece que o fato de o legislador ter omitido a ressalva significa que admite que o dinheiro seja objeto da dação, por outro lado, como destacam FARIAS e ROSENVALD, a substituição do objeto da prestação devida por dinheiro equivaleria à indenização pela perda da coisa (art. 947).[113] Não obstante, enxergamos o fenômeno contrário: a indenização pela perda da coisa é que equivale a uma dação de dinheiro. Isso porquanto somente pode haver **indenização por perda** se a coisa se houver perdido. Nada impede, porém, que o credor simplesmente consinta em receber dinheiro no lugar da coisa devida, sem que esta se tenha perdido.

Em conclusão, entendemos que, face à redação do art. 356 do Código, admite-se a dação de dinheiro em pagamento.

---

[112] Ibidem, p. 141-142.
[113] FARIAS, Cristiano Chaves de; ROSENVALD, Nelson. *Direito das obrigações*, cit., p. 399.

Parte II – Cap. 4 – Extinção Natural das Obrigações (arts. 304 a 359) | **275**

Quadro Esquemático 4

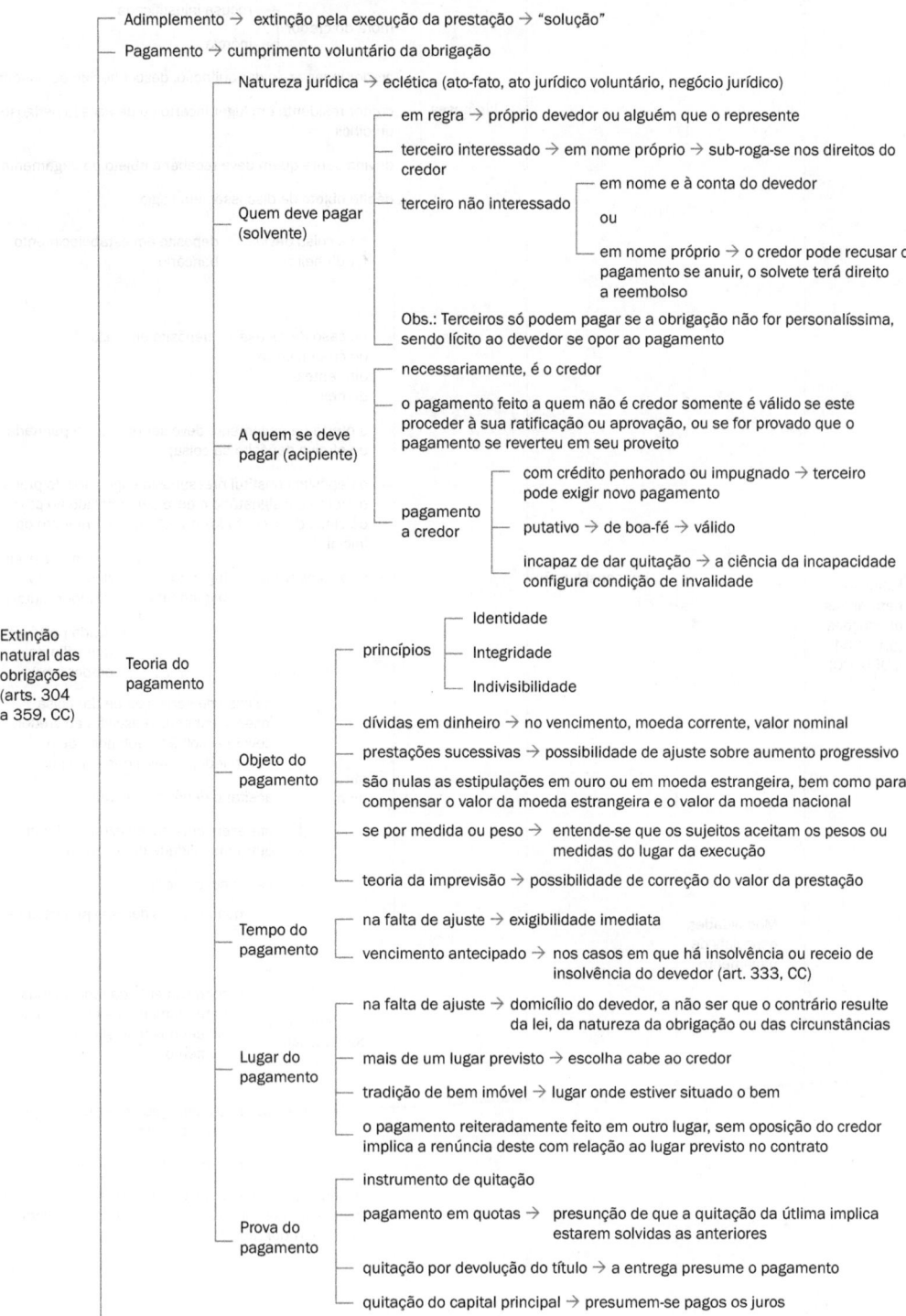

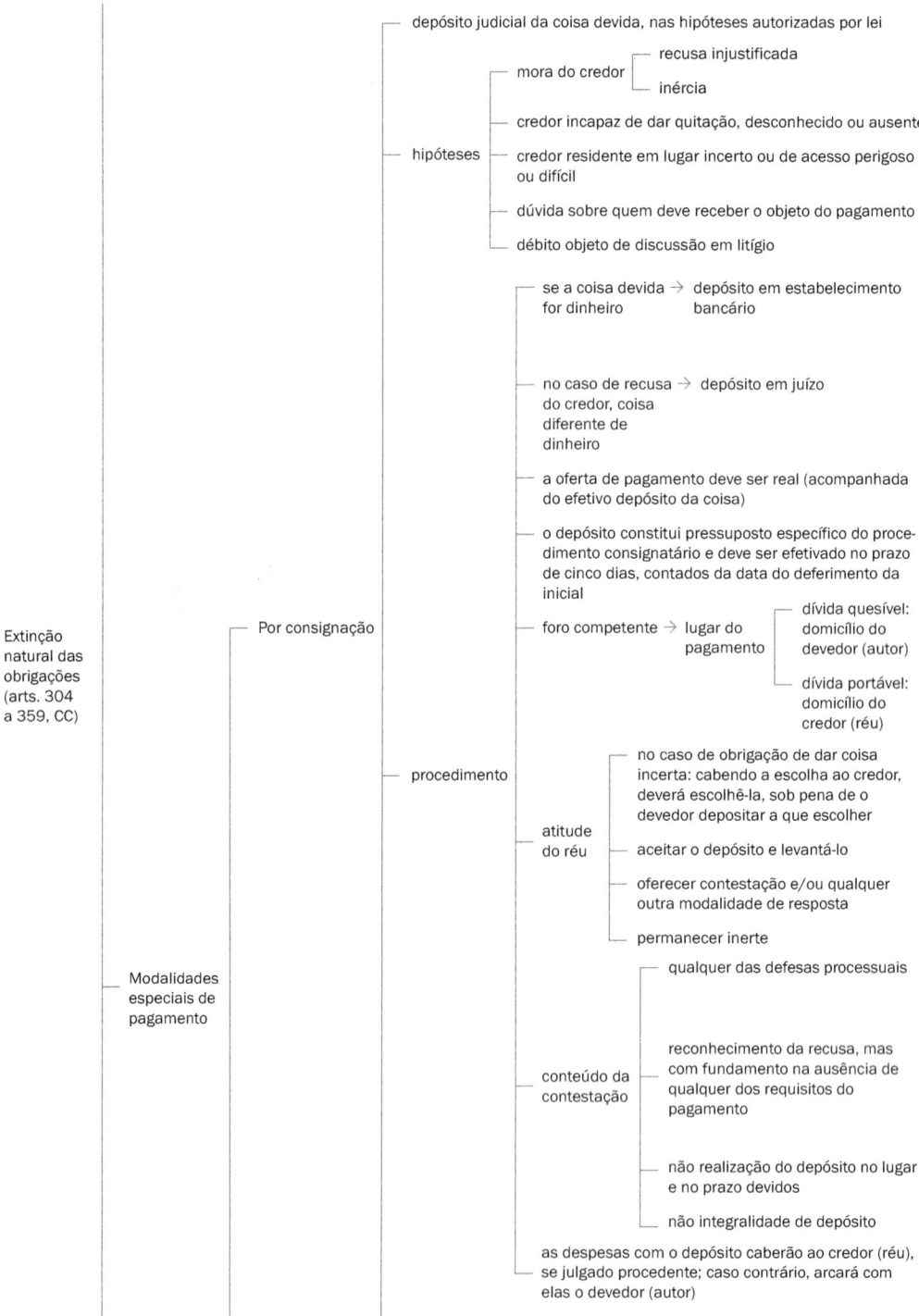

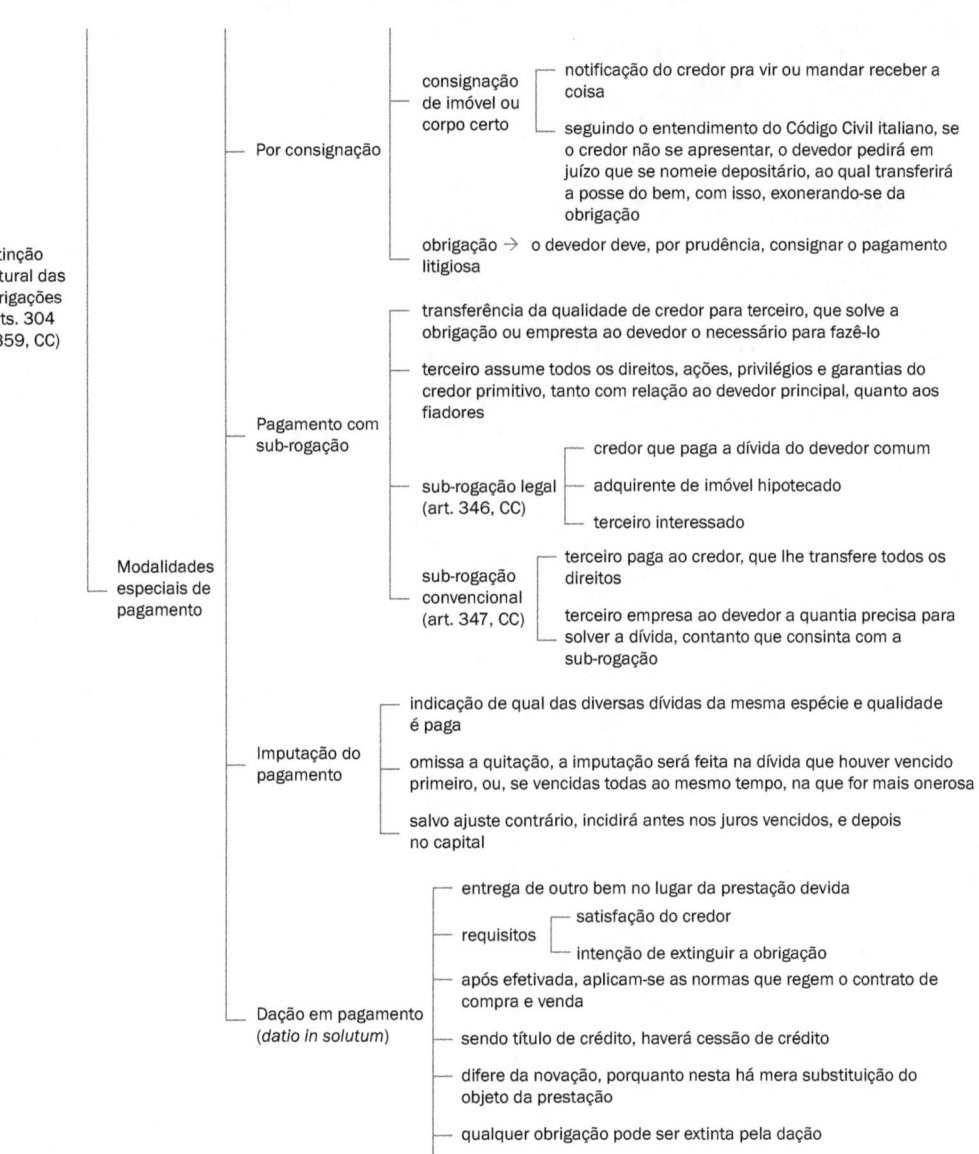

5

Inexecução das Obrigações (arts. 389 a 406)

Acabamos de estudar o capítulo acerca da **extinção natural** das obrigações, seja pelo pagamento propriamente dito – **cumprimento voluntário da obrigação** –, seja por alguma **modalidade de pagamento especial** – **pagamento por consignação, pagamento com sub-rogação, imputação do pagamento** e **dação em pagamento**.

Todavia, diversos casos há, como o leitor sabe, em que, não obstante se reúnam todas as circunstâncias para a solução da obrigação, esta não ocorre. O Direito chama esse fenômeno de **inadimplemento**.

Conceitualmente, o inadimplemento, em sentido amplo, caracteriza-se no *momento em que todas as circunstâncias que autorizavam o pagamento se reúnem e, apesar disso, o pagamento não se realiza*. O inadimplemento assim conceituado corresponde à **inexecução da obrigação**.

A inexecução, ou inadimplemento em sentido amplo, pode consistir em um **mero atraso**, caso em que ainda será *conveniente e desejável o cumprimento* da prestação. Nesse caso, fala-se habitualmente em **mora**, ou **inadimplemento relativo**.

Por outro lado, pode ser que a inexecução leve à **perda do interesse no pagamento**, ou, por vezes, à própria **impossibilidade do pagamento**. Nessa hipótese, costuma-se falar em **inadimplemento em sentido estrito**, ou **inadimplemento absoluto**.

Ou seja, o gênero **inexecução** – **inadimplemento em sentido amplo** – abrange duas espécies: a **mora** ou **inadimplemento relativo** (há atraso, mas ainda é possível e desejável a execução) e o **inadimplemento em sentido estrito** ou **inadimplemento absoluto** (não é mais possível ou desejável a execução).

1. INADIMPLEMENTO ABSOLUTO

Traçaremos agora algumas considerações a respeito do inadimplemento chamado de **absoluto**, que se caracteriza quando a prestação não é mais desejável ou não pode mais ser cumprida – tornou-se inexequível.

Primeiramente, impende esclarecer que, nas **obrigações positivas**, ou seja, de dar e de fazer, a inexecução se verifica quando o pagamento – *cumprimento voluntário* – deveria ser realizado, mas não o é. Nas **obrigações negativas**, por sua vez, verifica-se quando o ato a cuja abstenção se obrigara o devedor é praticado.

1.1 Impossibilidade da execução por caso fortuito ou força maior

Se a causa da inexecução for um **fato inimputável ao credor ou ao devedor**, como os decorrentes do **caso fortuito** e da **força maior**, a obrigação cuja prestação se tornou inexequível se extinguirá de plano, sem que haja dever de indenizar, a não ser que o devedor tenha expressamente se responsabilizado pelos prejuízos causados pelo fortuito ou pela força maior (art. 393). Nos termos do parágrafo único do dispositivo, o caso fortuito ou de força maior consiste em um **fato necessário**, cujos efeitos era **impossível evitar ou impedir**.

Como se sabe, o **caso fortuito** é um **acontecimento *natural***, em certa medida **imprevisível e inevitável**. É a hipótese do raio, da enchente, do terremoto etc. **Força maior**, por sua vez, é um **fato *humano***, também em certa medida **imprevisível e inevitável**. É a hipótese da guerra, do atentado terrorista, do roubo, do furto, da desapropriação etc.

A pandemia de covid-19 é um exemplo de **caso fortuito**, pois excepcional e com potencial concreto de afetar as relações privadas, especialmente aquelas de trato sucessivo. Isso não quer dizer, contudo, que eventuais contratos executados durante a pandemia deverão, necessariamente, ser revistos. Mais à frente, estudaremos a teoria da imprevisão, mas, desde já, alertamos que, segundo o Superior Tribunal de Justiça[114], a pandemia não consiste em decorrência lógica ou automática para revisões contratuais. A análise a respeito do desequilíbrio econômico e financeiro deve ser específica para cada caso concreto, à luz dos princípios da função social e da

---

[114] Exemplificando: "Recurso especial. Revisão contratual. Pandemia da covid-19. CDC. Redução do valor das mensalidades escolares. Supressão de disciplinas e veiculação das aulas pelo modo virtual. Serviço defeituoso e onerosidade excessiva. Inexistência. Quebra da base objetiva do negócio jurídico. Art. 6º, inciso V, do CDC. Exigência de desequilíbrio econômico-financeiro imoderado. Enriquecimento sem causa do fornecedor. Irrelevância. Observância aos postulados da função social e da boa-fé contratual. Situação externa. Repartição dos ônus. Ausência de fundamento apto à revisão do contrato na hipótese. Recurso especial não provido. 1. As vertentes revisionistas no âmbito das relações privadas, embora encontrem fundamento em bases normativas diversas, a exemplo da teoria da onerosidade excessiva (art. 478 do CC) ou da quebra da base objetiva (art. 6º, inciso V, do CDC), apresentam como requisito necessário a ocorrência de fato superveniente capaz de alterar – de maneira concreta e imoderada – o equilíbrio econômico e financeiro da avença, situação não evidenciada no caso concreto. Precedentes. 2. O STJ de há muito consagrou a compreensão de que o preceito insculpido no inciso V do art. 6º do CDC exige a 'demonstração objetiva da excessiva onerosidade advinda para o consumidor' (REsp n. 417.927/SP, relatora Ministra Nancy Andrighi, Terceira Turma, julgado em 21/5/2002, DJ de 1/7/2002, p. 339.) 3. Nesse contexto, a revisão dos contratos em razão da pandemia não constitui decorrência lógica ou automática, devendo ser analisadas a natureza do contrato e a conduta das partes – tanto no âmbito material como na esfera processual –, especialmente quando o evento superveniente e imprevisível não se encontra no domínio da atividade econômica do fornecedor. 4. Os princípios da função social e da boa-fé contratual devem ser sopesados nesses casos com especial rigor a fim de bem delimitar as hipóteses em que a onerosidade sobressai como fator estrutural do negócio – condição que deve ser reequilibrada tanto pelo Poder Judiciário quanto pelos envolvidos, – e aquelas que evidenciam ônus moderado ou mesmo situação de oportunismo para uma das partes. 5. No caso, não houve comprovação do incremento dos gastos pelo consumidor, invocando-se ainda como ponto central à revisão do contrato, por outro lado, o enriquecimento sem causa do fornecedor – situação que não traduz a tônica da revisão com fundamento na quebra da base objetiva dos contratos. A redução do número de aulas, por sua vez, decorreu de atos das autoridades públicas como medida sanitária. Ademais, somente foram inviabilizadas as aulas de caráter extracurricular (aulas de cozinha experimental, educação física, robótica, laboratório de ciências e arte/música). Nesse contexto, não se evidencia base legal para se admitir a revisão do contrato na hipótese. 6. Recurso especial não provido" (REsp 1.998.206/DF, relator: Min. Luis Felipe Salomão, 4ª Turma, data do julgamento: 14/6/2022, data da publicação: 4/8/2022).

boa-fé. Ademais, em casos nos quais o evento é superveniente, imprevisível e não se encontra no domínio da atividade econômica do fornecedor, caracterizando o que chamamos de **fortuito externo**, o prejuízo é de ambas as partes. Assim, embora exista, de fato, um desequilíbrio, a pandemia termina por atingir o interesse de todos os envolvidos.

1.2 Impossibilidade da execução por fato imputável ao sujeito

Será **imputável** ao sujeito o fato quando este resultar de **dolo ou culpa** sua.

Primeiramente, deve-se atentar para o fato de que dolo e culpa são, na verdade, espécies de **culpa em sentido amplo**.

O **dolo** consiste em um **ato voluntário** do sujeito, de **infração** do dever legal ou contratual. Logo, se Caio é devedor de um boi, mas, apesar disso, mata o animal, no lugar de entregá-lo ao credor, age com dolo.

A **culpa** – em sentido estrito –, por sua vez, diferencia-se do dolo com relação ao **objetivo da conduta** e à **consciência da infração**. O ato culposo também é de **infração**, porém é *inconsciente e indesejado*. Em outras palavras, o sujeito que age com mera culpa infringe dever legal ou contratual; todavia, sua ação não tinha esse objetivo, pois ele sequer tinha consciência da infração.

O sujeito que age com culpa "cometeu um desvio ou erro de conduta, por negligência, por desatenção, por imprudência, por omissão da observância de regras – não importa a causa. Podendo evitar ou prevenir, desviou-se da conduta imposta pela norma. E com isto causou um mal ao bem jurídico alheio".[115]

Manuel se obrigou a entregar a vaca Mimosa a Augusto, mas deixou de tomar os devidos cuidados veterinários, pelo que não tomou ciência de uma grave doença de Mimosa, a qual causou a morte do animal, antes da tradição (ou seja, antes de cumprida a obrigação de entregar). Tivesse Manuel agido com prudência e com atenção, poder-se-ia ter evitado a morte da vaca, razão pela qual o fato se considera, nessa hipótese, imputável ao devedor, por culpa.

Pois bem. Segundo o art. 389 do Código, a inexecução imputável ao devedor importa para ele a responsabilidade pelas **perdas e danos**, mais **juros** e **atualização monetária**, segundo os índices oficiais regularmente estabelecidos, além dos **honorários advocatícios**. Pelo inadimplemento, respondem *todos os bens do devedor* (art. 391), norma que deve ser interpretada, obviamente, à luz dos princípios constitucionais e dos princípios gerais do Direito Civil, não sendo admissível que o devedor possa ser reduzido a uma situação de indignidade para que o crédito seja satisfeito (de *todos os seus bens*, por exemplo, exclui-se, em geral, o **bem de família**).

1.3 Impossibilidade da execução em contrato gratuito e em contrato oneroso

Segundo o art. 392 do Código, em se tratando de **contrato benéfico**, que, como veremos oportunamente, é aquele por meio do qual um sujeito obtém uma vantagem independentemente de prestação sua, responde por **simples culpa** o contratante a quem o contrato beneficie, e por **dolo** aquele a quem o contrato não favoreça (art. 392, primeira parte). Em se tratando de **contrato oneroso**, por outro lado, que é, como estudaremos, aquele por meio do qual o fundamento da vantagem obtida pelo sujeito é uma prestação sua, ambas as partes respondem por **culpa**, salvo as exceções previstas em lei (art. 392, segunda parte).

É necessário bastante cuidado na interpretação desse dispositivo.

---

[115] PEREIRA, Caio Mário da Silva. *Instituições*, cit., v. 2, p. 209.

Isso porquanto, se a lei determina que um sujeito responda por **simples culpa**, infere-se que a pessoa *responde também por dolo*, pois se a lei já a responsabiliza pelo que é considerado menos grave, que dirá quanto ao que é considerado mais grave. Por sua vez, quem *responde por dolo* não responde por *culpa*, vez que a lei só responsabiliza o sujeito pelo que é mais grave, e ignora o que for menos grave.

É o que se passa no Direito Penal: o crime que depende do dolo não se configura se houver simples culpa, exceto quando houver expressa previsão de punição pela prática culposa.

A redação do dispositivo, perigosa, pode facilmente levar o intérprete à conclusão contrária, sobretudo se este se valer, incorretamente, da regra de que quem pode o mais pode o menos – *cui licet quod est plus, licet utique quod est minus*, em latim –, a qual pode sugerir que quem é punido pelo dolo (mais grave) também o é pela culpa (menos grave), e que quem só é punido por culpa, não é punido por dolo.

Em conclusão: segundo a norma do art. 392, a parte beneficiada no **contrato gratuito** responde por **culpa** e por **dolo**; a parte a quem o contrato não favorece responde apenas por **dolo**; e, no **contrato oneroso**, ambas as partes respondem por **culpa** e por **dolo**.

Impende frisar, a propósito, que o comando do antigo art. 1.057 do Código anterior não tratava dos contratos gratuito e oneroso, mas sim do unilateral e do bilateral. Contrato unilateral, como veremos, é aquele em que apenas uma das partes tem um direito, cabendo à outra apenas dever. Já o contrato bilateral é aquele em que ambas as partes têm deveres.

Andou bem o legislador de 2002 ao substituir as expressões (conquanto tenha perdido a oportunidade de melhorar a redação do dispositivo quanto ao mais). É que, nem sempre, a parte beneficiada pelo contrato será aquela que não tem dever, e pode ser que a parte a quem o contrato não favoreça tenha apenas direito. Logo, considerando-se o critério da uni/bilateralidade, pode-se concluir que a parte beneficiada pelo contrato foi outra, diversa da que se consideraria com relação ao critério gratuito/oneroso, o que levará a diferentes consequências quanto à responsabilidade das partes. Senão, vejamos.

O contrato de comodato é o empréstimo gratuito de bem infungível, e é contrato real, que somente se perfaz com a tradição (entrega da coisa). Clóvis empresta a Orlando um livro seu, e o entrega a Orlando. O comodato se considera perfeito. Orlando obteve uma vantagem – o direito de usar o livro, e Clóvis não obteve vantagem alguma. Todavia, apenas Orlando tem obrigação: a de restituir o livro, ao final do empréstimo. Conquanto o contrato não favoreça Clóvis, que com ele não obteve nenhuma vantagem, apenas ele tem direito: o de que a coisa lhe seja restituída. O contrato é gratuito e unilateral. Considerando-se a gratuidade, a parte beneficiada é Orlando (que se utilizará do bem gratuitamente); mas, considerando-se a unilateralidade, beneficiado seria Clóvis (que não tem obrigação, apenas direito).

Pelo comando do atual art. 392, o comodante (Clóvis) somente pode ser responsabilizado pela inexecução do contrato se agir com dolo – por exemplo, se intencionalmente destruir a coisa. Por sua vez, o comodatário (Orlando) responde pelo inadimplemento por dolo e por culpa: tanto se destruir voluntariamente o bem, quanto, por exemplo, se deixá-lo se perder, por negligência. No sistema do Código anterior, cuja referência era a contrato unilateral e bilateral, a consequência seria oposta: Clóvis responderia por dolo e por culpa, e Orlando apenas por dolo. Obviamente que isso não é razoável. Como compreender que alguém que gratuitamente empresta um bem tenha sua responsabilidade mais abrangente do que a de quem toma o empréstimo?

Outro exemplo. O mandato é o contrato por meio do qual uma pessoa nomeia outra para representá-la. Surgem deveres tanto para o mandante – indenizar as despesas efetuadas em razão da representação – quanto para o mandatário – realizar os atos referentes à representação. Como se vê, o mandato é contrato bilateral. Ocorre que, se o mandatário não cobra pela representação, o mandante obterá uma vantagem – a da representação – independentemente de prestação sua. Apenas o mandante se beneficiará pelo contrato; o mandatário não será favorecido – considerando-se a gratuidade. Não obstante, porquanto ambas as partes têm deveres, o contrato se reputa bilateral.

Segundo o dispositivo anterior – art. 1.057 do Código Civil de 1916 –, o mandatário, conquanto agisse por liberalidade, seria responsabilizado tanto por dolo quanto por culpa, vez que o comando era, como vimos, no sentido de que, sendo o contrato bilateral, ambas as partes responderiam por dolo e por culpa.

Felizmente, com o emprego da referência a contrato gratuito e oneroso no art. 392 do Código atual, o mandatário, que age gratuitamente, por liberalidade, responde apenas por dolo.

2. PERDAS E DANOS

Não cumprida a obrigação, o devedor responde pelas **perdas e danos**, mais **juros**, mais **atualização monetária** segundo os índices oficiais regularmente estabelecidos, mais **honorários advocatícios** (art. 389).

É que, não se satisfazendo o credor com a prestação devida, ante à inexecução, deve-se buscar sua satisfação por outro meio. Assim é que se opera a **substituição legal** do objeto da obrigação, nos casos de inadimplemento, pelas chamadas **perdas e danos**, as quais têm a natureza de uma **indenização**.

Tecnicamente, as perdas e danos consistem na indenização pelos **danos emergentes** e pelos **lucros cessantes**.

Danos emergentes são os *prejuízos efetivamente experimentados* em razão do inadimplemento.

Lucros cessantes, por sua vez, são os *lucros que o credor deixou de auferir* em razão da inexecução.

Nesse sentido o art. 402 do Código enuncia que "salvo as exceções expressamente previstas em lei, as perdas e danos devidas ao credor abrangem, além do que ele efetivamente perdeu, o que razoavelmente deixou de lucrar".

Frise-se que as perdas e danos sempre se limitam ao dano emergente e aos lucros cessantes, ainda que a inexecução resulte de dolo do devedor (art. 403). O Direito brasileiro não admite **indenização punitiva** – os *punitive damages* do Direito norte-americano, que, no caso do Direito das Obrigações, servem para *punir* a parte que deu causa ao inadimplemento.

Por exemplo, imaginemos que Pontes deve a Rui ração para cavalos, mas não entrega a coisa, pelo que dois cavalos de Rui vêm a morrer. O prejuízo causado pela inexecução da prestação acarretou efetivo prejuízo a Rui, consubstanciado na perda dos animais. Esse prejuízo caracteriza o chamado dano emergente. Mas, se Rui havia celebrado contrato de compra e venda cujo objeto eram os cavalos que morreram, e não pode aperfeiçoar o ajuste pela impossibilidade superveniente do objeto da prestação, então deixou de lucrar (receber o preço pela venda), o que configura o lucro cessante. Rui faz jus, portanto, à indenização dos danos emergentes (valor dos cavalos mortos) e dos lucros cessantes (preço que teria obtido na venda dos animais), não lhe sendo possível cobrar nenhuma quantia a mais, a título de punição do devedor.

Note bem, caro leitor, que frequentemente se confunde a expressão perdas e danos com **indenização**. Ocorre que a primeira é espécie da segunda, que é gênero. Por essa razão é que o art. 389 do Código complementa as perdas e danos com os **honorários de advogado**, verba que será indenizada ao credor, conquanto não se enquadre nem no conceito de dano emergente, nem no de lucro cessante.

Deve-se tomar o cuidado de fazer essa distinção na interpretação dos diversos dispositivos ao longo do Código Civil que ora mencionam as perdas e danos, ora usam o vocábulo indenização no sentido de perdas e danos, e ora usam indenização se referindo a outra espécie que não as perdas e danos. Em se tratando de obrigações, o art. 240, por exemplo, menciona indenização, a qual, ali, refere-se às perdas e danos, porquanto se trata de hipótese de deterioração da coisa. Já no art. 241, cuida-se de indenização em sentido amplo, pois o caso é de melhoria ou acréscimo sobrevindo à coisa, o que, obviamente, não gera nenhum dano emergente, nem lucro cessante.

As perdas e danos serão pagas, segundo o art. 404, com **atualização monetária** segundo os índices oficiais regularmente estabelecidos, e abrangerão os **juros, custas** e **honorários de advogado**, sem prejuízo da multa moratória.

Quanto aos **juros**, o art. 406 do Código determina que "quando os juros legais não forem convencionados, ou o forem sem taxa estipulada, ou quando provierem de determinação da lei, serão fixados segundo a taxa que estiver em vigor para a mora do pagamento de impostos devidos à Fazenda Nacional".

Entende-se que referida taxa é a mencionada no art. 161, § 1º, do Código Tributário Nacional, de 1% ao mês, conforme o Enunciado 20 da Jornada de Direito Civil realizada pelo Superior Tribunal de Justiça, sob a coordenação científica do Ministro Ruy Rosado de Aguiar Júnior, cujo teor é o seguinte:

> A taxa de juros moratórios a que se refere o art. 406 é a do art. 161, § 1º, do Código Tributário Nacional, ou seja, 1% (um por cento) ao mês. A utilização da taxa SELIC como índice de apuração dos juros legais não é juridicamente segura, porque impede o prévio conhecimento dos juros; não é operacional, porque seu uso será inviável sempre que se calcularem somente juros ou somente correção monetária; é incompatível com a regra do art. 591 do novo Código Civil, que permite apenas a capitalização anual dos juros, e pode ser incompatível com o art. 192, § 3º, da Constituição Federal, se resultarem juros reais superiores a 12% (doze por cento) ao ano.

Já a **correção monetária** será feita de acordo com o índice oficialmente adotado pelo Poder Judiciário no lugar.

Com relação à **responsabilidade** pelas perdas e danos, o art. 391 do Código exageradamente afirma que respondem *todos os bens do devedor*, conforme expendido anteriormente. Cabe repetir que tal norma deve ser interpretada, à evidência, à luz dos princípios constitucionais e dos princípios gerais do Direito Civil, não se podendo entender que o devedor possa ser reduzido a uma situação indigna para que honre suas dívidas.

Os honorários a que se refere o art. 404 consistem no que, na Justiça do Trabalho, tem sido chamado de **honorários obrigacionais**, e que não se confunde, decerto, com os honorários *sucumbenciais*. Isso porquanto os honorários "obrigacionais" integram o valor da condenação principal, ou seja, compõem as perdas e danos devidas ao credor prejudicado e se consubstanciam no gasto que este realizou com a contratação de um advogado. Já os honorários sucumbenciais, como o leitor bem sabe, consistem em verba devida pela parte vencida ao advogado da parte vencedora da causa.

Por fim, impende salientar que o STJ confirmou, em novembro de 2016, que o prazo prescricional para se pleitear indenização em caso de responsabilidade contratual, ou seja, por descumprimento de obrigação, também é de três anos, porquanto se deve interpretar por modo ampliativo a expressão *reparação civil* no art. 206, § 3º, V (REsp 1.281.594/SP, 3ª Turma, relator: Min. Marco Aurélio Bellizze, data do julgamento: 22/11/2016, data da publicação: 28/11/2016).

3. MORA

Configura-se a **mora** pelo **atraso no adimplemento**, imputável ao devedor ou ao credor.

Isso mesmo: ao devedor ou ao credor. Ainda que mais comumente a inexecução seja imputável ao devedor, que deixou de pagar, acontece também de o credor se recusar a receber ou não tomar as medidas a ele cabíveis para tanto, razão pela qual o atraso pode também ser a ele imputável.

Nesse sentido, dispõe o art. 394 que se considera em mora *o devedor que não paga no vencimento* e *o credor que recusa o pagamento no tempo, lugar e forma que a lei ou a convenção estabeleceram*. O legislador se esqueceu, não obstante, da hipótese do credor que *não comparece para receber*, muito relevante no nosso Direito, em que, como vimos, as obrigações são, salvo disposição em contrário, **quesíveis**, devendo ser pagas no domicílio do devedor (art. 327).

Logo, há de se estudar tanto a **mora do devedor** quanto a **mora do credor**.

A **mora do devedor**, tradicionalmente chamada pelos civilistas de *mora solvendi* ou *mora debendi*, caracteriza-se pelo não pagamento de obrigação que reunia as circunstâncias para tanto.

Ou seja, a *mora solvendi* ocorre nas situações em que há **atraso no pagamento**, por parte do devedor, simplesmente porque este não pagou no tempo ajustado, ou porque deixou de observar qualquer outra circunstância acerca da solução, como lugar e modo. Para que se configure o verdadeiro pagamento, não basta que o devedor observe o seu tempo, mas também o lugar e o modo ajustados, e os princípios da identidade, da indivisibilidade e da integridade.

Logo, não só o devedor que não dá ao credor R$ 100,00 no dia 26, vencimento, incorre em atraso, mas também o que realiza o fato na cidade de Belo Horizonte, quando o ajuste foi de que o fato deveria ser realizado na cidade do Rio de Janeiro.

Costumam-se apontar três requisitos para que se configure a mora do devedor: a **exigibilidade imediata da prestação**, a **inexecução culposa** por parte do devedor e a sua **constituição em mora**.

A dívida que reúne os elementos essenciais (sujeitos, objeto e vínculo) – e que, portanto, *existe* – diz-se **certa**. O objeto da prestação, se dinheiro, deve ser quantificado; se coisa, deve ser individualizada; e, se atividade, deve ser determinada, após o que dívida dir-se-á **líquida**.

Caracterizada a dívida certa e líquida, a **exigibilidade imediata da prestação** ocorrerá no vencimento da obrigação, quando houver termo, ou incontinenti, na falta dele, ou após o implemento da condição, se houver condição suspensiva.

Por conseguinte, uma dívida em dinheiro de Caio para com Orlando, no valor de R$ 100,00, com o vencimento no dia 26, é, no dia 26, imediatamente exigível, porquanto se trata de débito certo, líquido e vencido.

Deve-se tomar um cuidado especial com a obrigação **de dar coisa incerta**, se a escolha couber ao **credor**. É que, se este não exerce seu direito no vencimento, a mora do devedor não se caracteriza desde logo, pois que a prestação não individualizada não é líquida.

Igualmente, se o devedor ajuíza **ação judicial**, antes do vencimento, para contestar o débito, e este ocorre durante o andamento processual, também não se configura a mora, por faltar **certeza** à dívida.[116]

Quanto à **inexecução culposa**, pode se caracterizar tanto pelo **não cumprimento** quanto pelo **cumprimento imperfeito**. Ou seja, há desrespeito a alguma das circunstâncias ajustadas acerca do pagamento.

Destarte, tanto se configura a inexecução porquanto o devedor não pagou no tempo certo, como também se não se apresentou para pagar no lugar combinado, quanto, ainda, se ofereceu ao credor prestação diversa da devida, ou incompleta. No sistema adotado pelo Direito brasileiro, qualquer dessas hipóteses enseja a mora.

---

[116] Isso ocorre frequentemente, por exemplo, nos casos em que um falsário celebra negócio jurídico em nome de terceiro, e este recebe posteriormente uma fatura. Se a ação é ajuizada antes do vencimento e o juiz defere a inicial, a mora sequer se caracteriza, pois a discussão judicial desconfigura a certeza do débito.

Ademais, há de se verificar a **culpa**. Afinal, já vimos que, nos casos em que a prestação se torna impossível sem **culpa** do devedor, a obrigação se resolve de pleno direito. Se era impossível desde o nascimento do vínculo, a obrigação se reputa nula. Nesses casos, conquanto haja inexecução, não se pode falar em mora, justamente por faltar o elemento fático quanto à conduta do devedor. Nesse sentido dispõe o art. 396 do Código que se não houver **fato ou omissão imputável ao devedor**, este não incorre em mora.

Por fim, verificados a exigibilidade do débito e o atraso culposo do devedor, deve haver, ainda, a sua **constituição em mora**, o que pode se dar por **interpelação judicial ou extrajudicial**, quando não houver termo (art. 397, parágrafo único), ou automaticamente, **por força de lei** (art. 397).

A mora se constitui por **interpelação judicial ou extrajudicial** nos casos em que não houver **termo**. Antes disso, a mora permanece pendente. A interpelação se consubstancia em um ato por meio do qual o credor exige o pagamento. Pela via judicial, obedece ao procedimento previsto nos arts. 726 a 729 do Código de Processo Civil; pela via extrajudicial, tem forma livre, pois se trata de ato para o qual a lei não estabelece solenidade. No caso de a mora ser constituída por interpelação, fala-se em **mora** *ex persona*.

Anote-se que, no CPC/2015, a interpelação judicial passa a ser disciplinada em seção específica dentro do capítulo relativo aos procedimentos de jurisdição voluntária (arts. 726 a 729, CPC/2015), e não mais no título relativo ao processo cautelar, o qual foi extinto – como procedimento autônomo – do ordenamento processual civil. De acordo com o art. 736 do CPC, quem tiver interesse em manifestar formalmente sua vontade a outrem sobre assunto juridicamente relevante poderá notificar pessoas participantes da mesma relação jurídica para dar-lhes ciência de seu propósito. Cuida-se, em síntese, de providência que busca comprovar ou documentar a intenção de alguém, bem como prevenir responsabilidades e resguardar direitos. Esse procedimento é o que deve ser adotado para o cumprimento do art. 397, parágrafo único, do Código Civil. Nessa hipótese, a interpelação judicial é utilizada para a configuração do devedor em mora, sempre que não houver termo estipulado. Trata-se, como visto, da chamada mora *ex persona* ou mora pendente, também por ser constituída por procedimento extrajudicial, a exemplo da notificação expedida pelo Cartório de Títulos e Documentos. Há, ainda, outros exemplos no próprio Código Civil: art. 202, II e III; arts. 456 e 508.

A mora se constitui **por força de lei** no caso do art. 397 do Código, o qual estabelece que o inadimplemento de obrigação positiva e líquida, no seu termo, constitui o devedor em mora, de pleno direito. Nesse caso, em que o devedor incorre *ipso iure* em mora, fala-se em **mora** *ex re*.

Na hipótese de a obrigação nascer de um ato ilícito – obrigação de reparar o dano – dar indenização – o devedor será considerado em mora *desde a prática do ato* (art. 398). Complementando esse entendimento, as Súmulas 43 e 54 do Superior Tribunal de Justiça determinam, respectivamente, que "incide correção monetária sobre dívida por ato ilícito a partir da data do efetivo prejuízo" e que "os juros moratórios fluem a partir do evento danoso, em caso de responsabilidade extracontratual".

3.1 Mora do devedor

Verificados a exigibilidade imediata do débito, o atraso inescusável do devedor e a sua constituição em mora, configurada está a *mora solvendi*. Cumpre analisar, então, quais as consequências jurídicas de tal situação.

Podem ser três os efeitos da *mora debendi*: a **incidência da cláusula penal**, se houver; a **responsabilidade pelas perdas e danos**; e a **agravação da responsabilidade pela impossibilidade da prestação**.

3.1.1 Incidência da cláusula penal

Configurada a mora do devedor, incorre ele na **cláusula penal**, se houver. Em termos simples, constitui uma cláusula do contrato em que se estipula, previamente, o valor da indenização que deverá ser paga pela parte contratante que não cumprir, culposamente, a obrigação. É, portanto, um pacto acessório que tem por objetivo evitar a ocorrência do inadimplemento, já que servirá como uma forma de coerção indireta e de antecipação de perdas e danos.

A cláusula penal será compensatória quando estipulada para a hipótese de inadimplemento absoluto da obrigação (art. 410 do CC). Nesse caso, ela funciona como prefixação de perdas e danos e, justamente por isso, não admite a cumulação com as arras (STJ, REsp 1.617.652-DF, relatora: Min. Nancy Andrighi, data do julgamento: 26/9/2017), conforme veremos adiante.

Por outro lado, será moratória quando destinada a: (i) assegurar o cumprimento de outra cláusula determinada; ou (ii) evitar a mora (art. 411 do CC). De uma forma ou de outra, ela deve estar prevista expressamente no contrato.

3.1.2 Responsabilidade pelas perdas e danos

Ademais, surge para o devedor a **obrigação de indenizar** o credor pelos **prejuízos** que o atraso causou, ou seja, pelas **perdas e danos**, mais **juros**, mais **correção monetária**, mais **honorários advocatícios** (art. 395).

Desde a **citação**, começam a correr os **juros moratórios** (art. 405) – de 1% ao mês, conforme expendido. Essa regra não tem aplicabilidade quando a obrigação tem por objeto prestação líquida com prazo certo (art. 397) ou quando a obrigação tem por objetivo prestação decorrente de ato ilícito (art. 398). Isso ocorre porque o termo inicial dos juros moratórios não é determinado pela modalidade de dano a ser reparado, mas a partir da natureza da relação jurídica mantida entre as partes, podendo ser contratual ou extracontratual. Em suma:

INCIDÊNCIA DE JUROS MORATÓRIOS	
Responsabilidade contratual	**Responsabilidade extracontratual**
A incidência dos juros moratórios obedece ao art. 405 do CC.	O termo inicial é a data do evento danoso, pois a mora é *ex re* (e não *ex persona*, como no caso de responsabilidade contratual).
Exemplo: abuso de mandato por desacerto contratual, em razão de o advogado ter repassado valores a menor para seu mandatário. Nesse caso, o marco inicial dos juros será a data da citação do advogado demandado em juízo (STJ, 3ª Turma, REsp 1.403.005-MG, relator: Min. Paulo de Tarso Sanseverino, data do julgamento: 6/4/2017).	Exemplo: execução desautorizada de obras musicais. A relação entre o executor e o ECAD é extracontratual, sujeitando-se aos juros desde o ato ilícito. Caso fosse uma execução comercial autorizada, aplicar-se-ia o art. 405 do CC (STJ, 3ª Turma, REsp 1.424.004/GO, relatora: Min. Nancy Andrighi, data do julgamento: 25/3/2014).

Quando não forem suficientes para cobrir o prejuízo do credor, e não houver cláusula penal, poderá o juiz conceder **indenização suplementar**, conforme o art. 404 do Código. Para tanto, deverá haver prova de que os juros de mora são insuficientes para recompor o prejuízo causado.

Ajuizada ação para cobrança de penas e danos, a correção monetária incidirá a partir da **publicação da sentença**, segundo o índice regularmente estabelecido no local.

Cabe destacar que a questão pertinente aos juros moratórios e à correção monetária, por se tratar de matéria de ordem pública, pode ser conhecida de ofício pelo juiz, independentemente de pedido ou recurso da parte. Ou seja, para a hipótese de inadimplemento discutido em juízo, caso a parte prejudicada não formule requerimento para fixação de juros moratórios e correção monetária, a sentença deverá estabelecê-los. O mesmo ocorre com os honorários, que são arbitrados na sentença e devidos a partir do trânsito em julgado da decisão.

3.1.3 Agravação da responsabilidade pela impossibilidade da prestação

O terceiro efeito da *mora debendi* é a **agravação da responsabilidade pela impossibilidade da prestação**. A doutrina costuma se referir a este efeito da mora como *perpetuatio obligationis*, ou perpetuação da obrigação. A expressão vem do preceito romano *obligatio per moram debitoris perpetua fit*[117] (a obrigação se perpetua pela mora do devedor), que significa que o devedor em mora não se desonera pela impossibilidade, independentemente de culpa.

Cumpre tecer uma relevante consideração. Como sabemos, constitui requisito da mora do devedor a **inexecução culposa**. Sem culpa, em sentido amplo, ou seja, sem culpa ou dolo, não incorre o devedor em mora.

Na hipótese da agravação da responsabilidade pelos riscos, a menção à culpa não se refere à inexecução culposa, sem a qual não há mora, mas à impossibilidade da prestação posterior à mora. Ou seja, de um lado se trata de o devedor, culposamente, deixar de pagar oportunamente; de outro, cuida-se de a prestação ter se tornado impossível, após a constituição do devedor em mora, independentemente de culpa sua.

Pois bem. Em consequência deste efeito da mora, se a prestação se tornar impossível, responderá pela impossibilidade o devedor, não podendo sequer alegar caso fortuito ou força maior (art. 399, primeira parte).

A norma é bastante razoável. Afinal, se, no momento em que se reuniram as circunstâncias que autorizariam o pagamento a prestação era possível, mas o devedor deixou de executá-la, deve ser responsável pela sua posterior impossibilidade, vez que o credor somente não se satisfez devido à mora do devedor.

O art. 399, segunda parte ressalva a hipótese de o devedor "provar isenção de culpa".

Ora, se interpretarmos o dispositivo no sentido de que o devedor se exonera pela prova de que não houve culpa na **mora**, ou seja, na inexecução, concluímos que a ressalva é inútil, vez que se a inexecução não for culposa, não há, sequer, mora.[118]

Por outro lado, se interpretarmos o dispositivo no sentido de que o devedor se desonera pela prova de que não houve culpa na **impossibilidade** *posterior*, teremos de concluir que o dispositivo é absurdo, pois como pode o devedor responder mesmo no caso fortuito ou no caso de força maior, em que não há culpa, e se desonerar nos demais casos em que também não há culpa?

À guisa de ilustração, imaginemos que Berenice devia a Helena um cavalo. No momento oportuno para o pagamento, Berenice resolve que não vai executar a prestação. Incorre, por conseguinte, em mora. Posteriormente, a fazenda de Berenice sofre um incêndio e o animal morre. Nesse caso, Berenice responderia pela impossibilidade da prestação, e não poderia alegar o caso fortuito – é o comando do art. 399. Não obstante, se o cavalo conseguisse fugir do estábulo e acabasse caindo de uma encosta e morrendo, Berenice não responderia pela impossibilidade, se provasse que o estábulo era seguro, e que a fuga do animal foi uma eventualidade – considerando-se a ressalva da segunda parte do art. 399. Essa, certamente, não pode ser a interpretação da norma.

---

[117] *Corpus Iuris Civilis*, Digesto, 22, 1, fr. 24, § 2º.
[118] ALVIM, Agostinho. In: RODRIGUES, Silvio. *Direito civil*, 6. ed. São Paulo: Saraiva, 1976. v. 2, p. 278; FARIAS, Cristiano Chaves de; ROSENVALD, Nelson. *Direito das obrigações*, cit., p. 473.

Por essa razão, a doutrina majoritária cuida da norma do art. 399 ignorando a *prova da isenção de culpa*. O que é de se indagar, no entanto, é por que razão o legislador de 2002 não suprimiu esse trecho da norma, ao copiá-la do antigo art. 957 do Código de 1916.

Feita essa ressalva, analisemos a terceira parte do art. 399, a qual ressalva a hipótese de o devedor provar que o dano sobreviria ao objeto da prestação mesmo que esta houvesse sido executada no momento oportuno. Aqui sim se justifica a exceção. Provando-se que mesmo que a obrigação tivesse sido cumprida o objeto se teria perdido, não se considera razoável responsabilizar pela perda o devedor em mora.

Um bom exemplo seria a obrigação de dar uma casa, em razão de contrato de compra e venda. O vendedor atrasa o registro da escritura e a entrega das chaves, e, nesse ínterim, um deslizamento de terra destrói o imóvel. Ora, aqui, ainda que não houvesse o devedor retardado sua prestação, a casa se teria perdido do mesmo jeito. Logo, nesse caso o devedor não fica obrigado a responder pela perda ou deterioração da coisa.

3.2 Mora do credor

Sabe-se que o maior interessado no cumprimento da prestação é o credor, pois é ele quem se beneficiará com o pagamento, consista este no recebimento ou devolução de uma coisa, ou na realização de um fato comissivo ou omissivo.

Não obstante, há casos em que, por uma razão qualquer, o titular do direito de crédito se recusa a receber, ou não toma as medidas a ele cabíveis para tanto.

Se a recusa ou a inércia forem *juridicamente justificáveis*, então nada sofrerá o credor. Será justificável juridicamente a recusa do credor se o devedor apresentar para pagamento **coisa diversa da ajustada**, ou quando a oferta for feita de alguma forma que represente **ônus para o credor**, ou, ainda, quando se pretender realizar **pagamento parcial**, em casos em que não se houver ajustado essa possibilidade. Afinal, conforme visto, o objeto do pagamento deve obedecer aos **princípios da identidade, da integridade e da indivisibilidade**. Será igualmente justificável a inércia do credor quando a obrigação for **portável**, ou seja, quando couber ao devedor se apresentar para solver.

Nas demais hipóteses em que o credor se recusar a receber o pagamento ou não tomar as providências que lhe cabem para esse fim, configurar-se-á a **mora do credor**, também chamada de *mora accipiendi* ou *mora credendi*.

A principal consequência jurídica da mora do credor consiste na **transferência dos riscos** da prestação. O art. 400 do Código determina que a mora do credor exonera o devedor isento de dolo da responsabilidade pela conservação da coisa, obriga o credor a ressarcir as despesas empregadas na conservação da coisa, e sujeita-o a recebê-la pela estimação mais favorável ao devedor, se o seu valor oscilar entre o dia estabelecido para o pagamento e o da sua efetivação.

Por analogia, deve-se afirmar a responsabilidade do credor pela realização do fato no caso das obrigações de fazer. Assim é que, se configurada a *mora accipiendi*, a atividade que poderia ter sido realizada vier a se tornar impossível, a obrigação se resolverá sem que o devedor tenha de restituir ao credor a contraprestação que houver recebido.

César compra de Manuel um cavalo, mas deixa de comparecer para recebê-lo no vencimento, e somente o faz após um mês. Durante esse tempo, o cavalo demanda cuidados, sobretudo quanto à sua alimentação e à sua saúde. O devedor, que arcou com essas despesas, poderá cobrá-las do credor. Na mesma hipótese, se o cavalo vier a falecer por fato posterior à configuração da *mora credendi*, sem culpa do devedor, em razão da transferência dos riscos, o credor suportará a perda, e não poderá exigir do devedor que lhe restitua o preço pago.

No caso de Pontes encomendar de Rui a pintura de um prédio, mas se recusar a permitir que Rui execute a pintura na data ajustada, se o prédio vier a ser posteriormente destruído por uma razão qualquer, inimputável ao devedor, a obrigação se extinguirá sem que Pontes possa exigir de Rui a restituição do preço pago pela pintura.

3.3 Purgação da mora

O atraso no pagamento, por quaisquer das situações que configuram a mora do devedor ou do credor, pode causar o chamado **inadimplemento absoluto** ou apenas retardar o pagamento (caso em que haverá **inadimplemento relativo**).

O parágrafo único do art. 395 expressamente prevê que "se a prestação, devido à mora, se tornar inútil ao credor, este poderá enjeitá-la, e exigir a satisfação das perdas e danos". Nesse caso, há **inadimplemento absoluto**.

Em se tratando de **inadimplemento relativo**, por sua vez, pode o devedor em mora ter interesse em pagar, ou o credor em mora ter interesse em receber.

O fenômeno chamado de **purgação da mora** tem lugar quando justamente o devedor em mora quer pagar, ou o credor em mora quer receber. Segundo o art. 401, I, do Código, a mora do devedor se purga "oferecendo este a prestação mais a importância dos prejuízos decorrentes do dia da oferta". A teor do inciso II, a mora do credor se purga "oferecendo-se este a receber o pagamento e sujeitando-se aos efeitos da mora até a mesma data".

Caio Mário salienta que "considera-se ainda purgada a mora, por parte do credor ou do devedor, quando aquele que se julgar por ela prejudicado *renunciar* aos direitos que da mesma lhe possam advir".[119]

Assim, se o credor renuncia à cláusula penal e o devedor oferece a coisa devida, por exemplo, determinada quantia em dinheiro, purga-se a *mora solvendi*, que não produzirá os seus efeitos ante a renúncia do credor. Igualmente, se o devedor do cavalo opta por não cobrar do credor em mora as despesas com a conservação do animal, e apresenta-se o sujeito do crédito para recebê-lo, cessa a *mora credendi*, uma vez que o devedor renunciou aos seus efeitos. Peculiaridade em relação à purgação da mora está nas ações de busca e apreensão regidas pelo DL 911/1969, que envolve os contratos de alienação fiduciária. Nesse caso, havendo inadimplemento, poderá ocorrer a apreensão do bem, surgindo para o devedor a possibilidade de purgar a mora no prazo de cinco dias após a execução da liminar. Essa providência não corresponde, contudo, ao pagamento apenas das prestações vencidas. Mesmo que o devedor inadimplente tenha firmado contrato em 60 prestações e só esteja em débito com as parcelas 50/60 a 55/60 – as demais (56, 57, 58, 59 e 60) ainda não se venceram –, a consolidação da propriedade em prol do credor só será evitada se houver adimplemento de todas as prestações, inclusive vincendas (STJ, 2ª Seção, REsp 1.622.555-MG, relator: Min. Marco Buzzi, relator para acórdão: Min. Marco Aurélio Bellizze, data do julgamento: 22/2/2017).

4. CLÁUSULA PENAL

Ao se celebrar um negócio jurídico, é possível pactuar-se a chamada **cláusula penal**, que tem a natureza de uma *obrigação acessória condicional de dar* cuja prestação é a *entrega de uma quantia em dinheiro*, ou ainda de *outra coisa ajustada*, a qual se torna exigível se houver **inexecução**, ou seja, o evento futuro e incerto que suspende a eficácia da cláusula penal é o **inadimplemento**.

Originalmente, concebia-se a cláusula penal como uma punição do sujeito que deu causa à inexecução, daí o adjetivo *penal*. Todavia, o conceito evoluiu e, hoje, pode-se dizer que a

---

[119] PEREIRA, Caio Mário da Silva. *Instituições*, cit., v. 2, p. 202.

principal função da cláusula penal é o **reforço do vínculo obrigacional**, vez que a confiança entre os sujeitos supostamente aumenta se há uma obrigação acessória que será exigível na hipótese de inexecução. Como função secundária surge a **estipulação prévia das perdas e danos**.[120]

Pela própria natureza da obrigação consubstanciada na cláusula penal, vê-se que deve ser pactuada concomitantemente à obrigação principal ou após este momento, contanto que *antes do vencimento*. Essa possibilidade se depreende da primeira parte do art. 409 do Código: "a cláusula penal estipulada conjuntamente com a obrigação, ou em ato posterior".

No intuito de reforçar o vínculo obrigacional, tanto podem as partes convencionar a cláusula penal para os casos de **mora** quanto para os casos de **inadimplemento absoluto**, quanto, ainda, para os casos de **inexecução de uma cláusula especial** (art. 409, segunda parte).

Em qualquer caso, desde que se caracterize a inexecução, com **culpa** do sujeito, incidirá o comando da cláusula penal. É o que determina o art. 408 do Código: "incorre de pleno direito o devedor na cláusula penal, desde que, culposamente, deixe de cumprir a obrigação ou se constitua em mora". Impende ressaltar que a interpretação do dispositivo deve incluir o caso de incorrer o credor na cláusula penal quando der causa à impossibilidade da prestação ou for constituído em mora. É que não se poderia admitir que somente um dos sujeitos se beneficiasse da obrigação acessória penal, sabendo-se que não só o devedor, mas também o credor pode incorrer em atraso.

Quando a cláusula penal se refere ao inadimplemento absoluto, fala-se em **multa compensatória**; quando concerne à mora, ou à inexecução de uma cláusula especial, fala-se em **multa moratória**. E, por terem natureza e causas distintas, nada obsta ao ajuste de ambas.

Se do título não constar a natureza da cláusula penal – se compensatória ou moratória –, a prudência manda que o julgador analise as peculiaridades do vínculo obrigacional para decidir. Não há critérios que a doutrina possa traçar. "Caberá ao juiz valer-se de todos os meios, a começar da perquirição da vontade, para, das circunstâncias, inferir e proclamar, nos casos duvidosos, a natureza moratória ou compensatória da multa."[121]

Em qualquer caso, não se admite que o valor da cominação imposta na cláusula penal exceda o da obrigação principal (art. 412).

Cabe ao juiz reduzir equitativamente a multa se a obrigação principal tiver sido cumprida em parte, ou se o valor da penalidade for manifestamente excessivo, levando em conta a natureza ou a finalidade do negócio (art. 413). Tal norma é uma flexibilização trazida pelo **princípio da autonomia privada**. Classicamente, quando ainda imperava a versão absoluta do princípio, tida como autonomia da vontade, jamais se cogitaria da interferência do Estado na vontade das partes, a qual tinha força de lei. Voltaremos, oportunamente, ao tema ao estudar o Direito dos Contratos e a revisão contratual. Por enquanto, vale salientar que essa redução em razão do pagamento parcial da dívida – prevista no art. 413 – é, segundo o STJ, dever do juiz e direito do devedor. Entretanto, para a execução dessa tarefa, deve o juiz analisar uma série de fatores para garantir o equilíbrio entre as partes contratantes, como o tempo de atraso, o montante já quitado e a situação econômica do devedor.

O Código Civil de 1916 previa a redução da cláusula penal como faculdade do magistrado. Já o Código atual trata essa diminuição como norma de ordem pública, obrigatória, "consistindo em dever do juiz e direito do devedor a aplicação dos princípios da função social do contrato, da boa-fé objetiva e do equilíbrio econômico entre as prestações, os quais convivem harmonicamente com a autonomia da vontade e o princípio *pacta sunt servanda*" (REsp 1.898.738/SP, relatora: Min. Nancy Andrighi, 3ª Turma, data do julgamento: 23/3/2021, data da publicação: 26/3/2021).

---

[120] Nesse sentido é o posicionamento de CAIO MÁRIO NAS INSTITUIÇÕES.
[121] PEREIRA, Caio Mário da Silva. *Instituições*, cit., v. 2, p. 98-99.

4.1 Cláusula penal em obrigação divisível e obrigação indivisível

Em se tratando de **obrigação indivisível**, ainda que apenas um dos codevedores dê causa à incidência da cláusula penal, todos serão responsáveis pela multa, que poderá ser exigida integralmente apenas do culpado, respondendo cada um dos demais coobrigados somente na proporção da sua respectiva quota (art. 414).

Vê-se que o comando do art. 414 é no sentido de que o credor da prestação indivisível pode demandar a cláusula penal do devedor culpado *na íntegra*, ou demandar cada coobrigado pela sua quota na multa. É que, sendo a prestação da obrigação consubstanciada na cláusula penal em regra divisível, cada codevedor é obrigado apenas na proporção da fração – quota – de cada um na dívida. Todavia, como não poderia deixar de ser, reserva-se aos devedores não culpados o **direito de regresso** contra o culpado, para dele haver o que o credor lhes tiver cobrado da cláusula penal (art. 414, parágrafo único), vez que ele é, no fim das contas, o responsável pela multa.

Sendo a prestação divisível, a questão é mais simples, pois somente o **devedor culpado**, ou seu herdeiro, é que responderá pela cláusula penal, a qual será cobrada na fração que àquele devedor correspondia da obrigação.

4.2 Multa compensatória

Torna-se exigível a **multa compensatória** no momento em que a prestação se torna *indesejável* ou *inexequível*, ou seja, em que se configura o **inadimplemento absoluto**.

A banda Vem Cantar se obriga a fazer uma apresentação no aniversário de Helena. Se, na data ajustada, a banda deixar de cumprir a obrigação, a prestação se tornará inútil para Helena, ainda que continue sendo possível que a banda execute a *performance* musical. No lugar da prestação principal, Helena exigirá da devedora (banda) a cláusula penal.

Igualmente, se Orlando deve a Caio uma vaca, deixa de entregá-la no vencimento, e, ademais, deixa de alimentá-la, o que causa sua morte, teremos que a prestação se torna inexequível. Em vez de receber a vaca, o credor receberá do devedor a multa compensatória.

A multa compensatória, que não se confunde com indenização, caracteriza uma **alternativa em benefício do credor** (art. 410). Isso significa que, em primeiro lugar, caracterizado o inadimplemento absoluto, o credor pode exigir as **perdas e danos** decorrentes da inexecução, em substituição da prestação devida, que se tornou impossível ou indesejável, *ou* exigir a **multa compensatória**. Como se vê, a obrigação se torna alternativa – apenas uma prestação devida, mas duas possíveis –, cabendo a escolha ao credor.

Rejeitada a prestação indesejável ou inexequível, e escolhida a multa compensatória, o credor pode exigir a prestação constante da cláusula penal independentemente da **prova de prejuízo**, porquanto não se trata de indenização (art. 416). Ademais, não poderá exigir **suplementação da cláusula penal**, ainda que prove que seu prejuízo foi a ela superior, a não ser que essa possibilidade houvesse sido ajustada (art. 416, parágrafo único, primeira parte). A razão da norma, mais uma vez, é o fato de que a multa compensatória não tem natureza indenizatória.

Todavia, se tiver havido ajuste que autorize a suplementação, a multa compensatória vale como **indenização mínima**, cabendo ao credor provar os prejuízos que a excederam (art. 416, parágrafo único, segunda parte).

4.3 Multa moratória

O prejudicado pelo atraso fará jus à **multa moratória** desde o momento em que a mora se constituir. Aqui, o interessante é notar que não há alternativa, mas sim a **faculdade de cumulação**. Tal é a norma contida no art. 411 do Código, segundo a qual, quando se estipular a cláusula penal para o caso de mora, ou em segurança especial de outra cláusula determinada, pode o credor exigir a multa juntamente com o adimplemento da obrigação principal.

Logo, se César deve a Manuel um carro, e incorre em mora, tendo sido estabelecida a multa moratória no valor de R$ 100,00, surgirá para Manuel a faculdade de exigir, além do carro, o qual continua sendo devido, também os R$ 100,00.[122]

4.4 Cláusula penitencial e arras

É de extrema importância que o leitor tome cuidado para não confundir a cláusula penal com a **cláusula penitencial** ou com as **arras**.

Afirmamos que a cláusula penal é uma obrigação acessória pactuada entre os sujeitos para reforçar a confiança mútua e resguardar o sujeito inocente de uma possível futura inexecução imputável ao outro.

A **cláusula penitencial**, por sua vez, aparece nos contratos em que as partes contratantes reservam ao devedor o **direito de arrependimento** do pactuado.[123] Por meio dela, surge para o devedor verdadeira **alternativa**, pois que lhe é dado desvincular-se tanto pelo **cumprimento da prestação original**, quanto pelo **pagamento da multa penitencial**. Voltaremos ao tema, com a atenção que ele merece, na Parte III – Direito dos Contratos.

Semelhantes à cláusula penitencial são as arras – que se consubstanciam em uma fração do pagamento que é antecipada –, quando assumem função penitencial. Sobre elas, explica CÉSAR FIUZA que "ocorrem sempre que as partes, no contrato preliminar, concederem-se o direito de se arrepender. As arras assumem, aqui, função de pena convencional pelo arrependimento injustificado de uma das partes".[124]

De acordo com a jurisprudência:

> [...] as arras consistem na quantia ou bem móvel entregue por um dos contratantes ao outro, por ocasião da celebração do contrato, como sinal de garantia do negócio. Apresentam natureza real e têm por finalidades: a) firmar a presunção de acordo final, tornando obrigatório o ajuste (caráter confirmatório); b) servir de princípio de pagamento (se forem do mesmo gênero da obrigação principal); c) prefixar o montante das perdas e danos devidos pelo descumprimento do contrato ou pelo exercício do direito de arrependimento, se expressamente estipulado pelas partes (caráter indenizatório) (STJ, REsp 1.617.652-DF, relatora: Min. Nancy Andrighi, data do julgamento: 26/9/2017).

Essa verba encontra seu regramento nos arts. 417 a 420 do Código de Civil e pode ser de duas modalidades:

Arras confirmatórias	Arras penitenciais
Marcam o início do contrato, uma vez que podem significar princípio do pagamento. Não permitem o direito de arrependimento e podem admitir indenização suplementar.	Garantem o direito de arrependimento e possuem um condão unicamente indenizatório. Exercido o direito ao arrependimento, não haverá indenização suplementar.

---

[122] Deve-se sempre lembrar que a partir da constituição em mora correm também sobre o valor da multa os juros e a correção monetária.

[123] Em se tratando de contrato oneroso, e consequente relação jurídica complexa, ambas as partes serão ao mesmo tempo credor e devedor, embora de prestações diferentes, e ambas poderão beneficiar-se da cláusula penitencial.

[124] FIUZA, César. *Direito Civil*, cit., p. 427.

No caso das arras confirmatórias, aplica-se o art. 418 do Código Civil, segundo o qual:

Se a parte que deu as arras não executar o contrato, poderá a outra tê-lo por desfeito, retendo-as; se a inexecução for de quem recebeu as arras, poderá quem as deu haver o contrato por desfeito, e exigir sua devolução mais o equivalente, com atualização monetária segundo índices oficiais regularmente estabelecidos, juros e honorários de advogado.

Assim, se avença firmada entre as partes não prevê o direito de arrependimento, é possível admitir a retenção das arras (ou seja, quem pagou irá perdê-las caso exerça o direito de arrependimento não previsto no contrato).

É importante saber que a jurisprudência pacífica do STJ não admite a cumulação das arras com a cláusula penal compensatória. Isso porque, se a cláusula penal compensatória é estipulada para a hipótese de inadimplemento absoluto da obrigação (art. 410), ela já funciona como prefixação de perdas e danos, não admitindo a cumulação com as arras (STJ, REsp 1.617.652-DF, relatora: Min. Nancy Andrighi, data do julgamento: 26/9/2017).

Também o tema das arras será devidamente estudado na Parte III desta obra.

Parte II – Cap. 5 – Inexecução das Obrigações (arts. 389 a 406) | 295

Quadro Esquemático 5

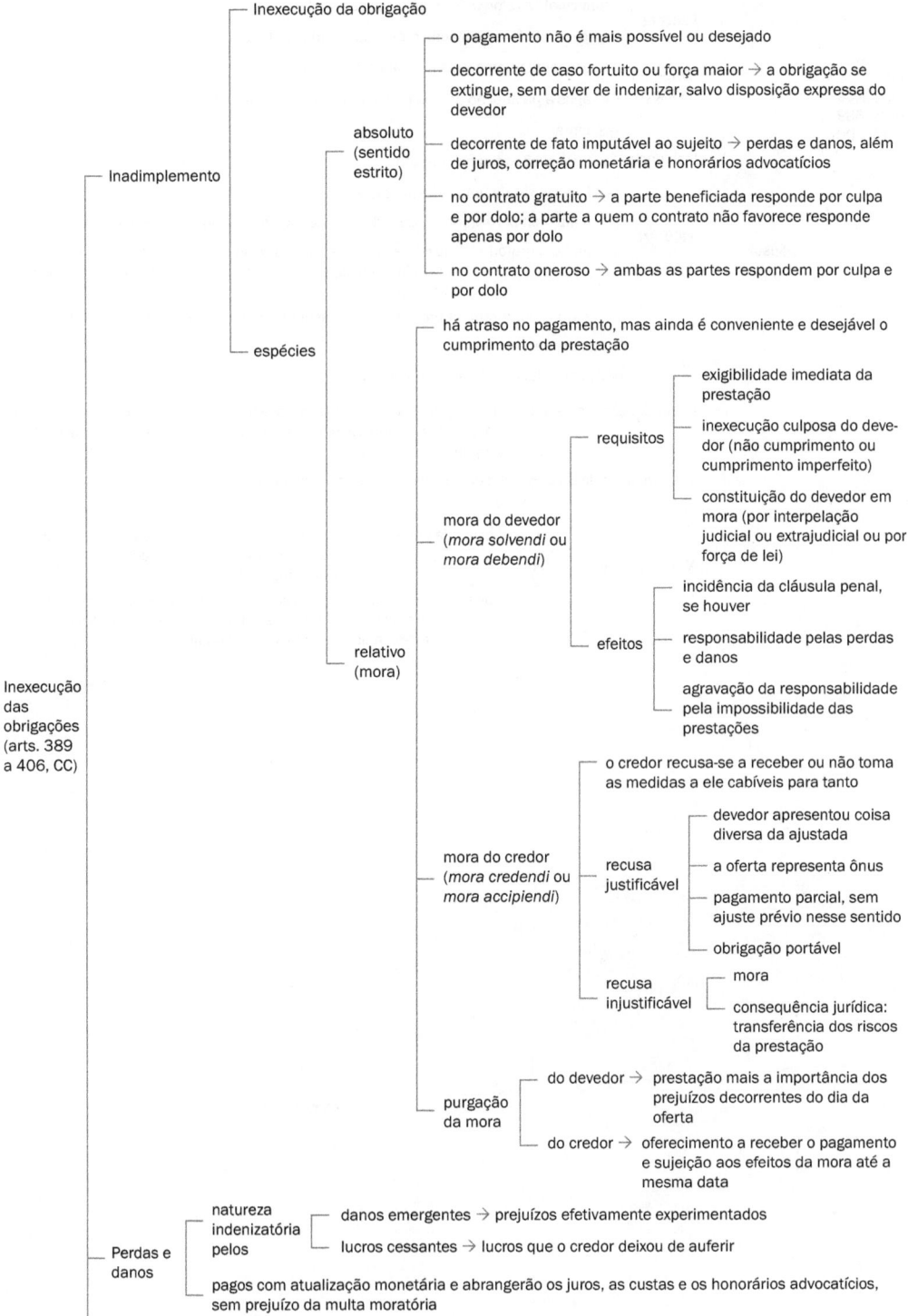

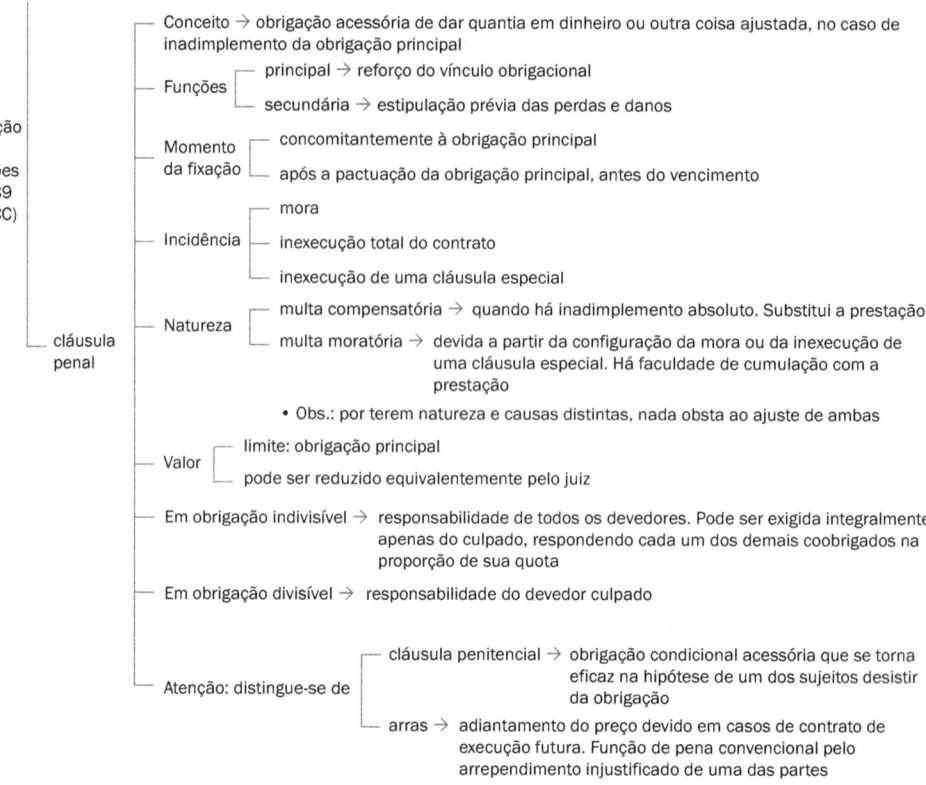

6

Extinção das Obrigações sem Pagamento (arts. 360 a 384)

É certo que o efeito desejável de toda obrigação é o pagamento, modo pelo qual se satisfaz o credor e se liberta do vínculo o devedor.

Não obstante, há casos em que as obrigações se extinguem por **outro modo**, *sem que haja pagamento*, mas sem que se caracterize, por outro lado, o inadimplemento.

As modalidades de extinção das obrigações sem pagamento consistem na **novação**, na **compensação**, na **confusão**, na **remissão**, na **transação** e no **compromisso**.

1. NOVAÇÃO

Chama-se de **novação** o fenômeno jurídico por meio do qual *uma obrigação nova substitui uma obrigação anterior, a qual, por isso, extingue-se.*

Obviamente, para que se opere a novação, é necessário que ao menos alguns dos elementos da obrigação anterior se mantenham na nova. Assim, se o objeto da obrigação não se altera, mas sim algum dos sujeitos, diz-se que a novação é **subjetiva**. Se, por outro lado, os sujeitos permanecem os mesmos, mas a prestação é diferente, verifica-se a novação **objetiva**. E, se há alteração do objeto e de um dos sujeitos – mantendo-se o outro, há **novação subjetivo-objetiva**.

Nesse sentido, o art. 360 do Código dispõe que ocorre novação: quando devedor e credor ajustam uma nova obrigação, para substituir e extinguir a anterior – novação objetiva (inciso I); quando um novo devedor substitui o antigo, que se desonera – novação subjetiva passiva (inciso II); e quando um novo credor substitui o anterior, que fica satisfeito – novação subjetiva ativa (inciso III). Conquanto o dispositivo não mencione a novação subjetivo-objetiva, ela nada mais é do que a ocorrência concomitante da hipótese do inciso I com a hipótese do inciso II, ou do inciso III.

1.1 Diferença entre novação objetiva e dação em pagamento

Bem se vê que a **novação objetiva** em muito se assemelha à **dação em pagamento**. A diferença está em que, no caso de dação, a prestação é substituída por outra que se cumpre desde logo, e é em razão deste pagamento que *se extingue a obrigação*. Na novação tudo é diferente: a prestação não é propriamente substituída. Na verdade, o que ocorre é o nascimento de uma nova obrigação, cujos sujeitos são os mesmos da anterior, a qual *não se extingue em* *razão de pagamento* – que nem chega a ocorrer –, mas pela sua *substituição pela nova obrigação*.[125] Quando houver pagamento, será o pagamento da segunda obrigação, pois a primitiva já se extinguiu – sem pagamento. Por essa razão, há doutrina que considera ser a novação uma espécie de pagamento indireto, cuja função reside na criação de uma nova relação obrigacional.

1.2 Requisitos para a configuração da novação

São requisitos sem os quais não há novação: a **existência de uma obrigação anterior**, o **consentimento dos sujeitos com a constituição de nova obrigação**, a própria **nova obrigação** e, por fim, a **intenção de novar**.

1.2.1 Existência de obrigação anterior

Parece redundante afirmar que, para que haja novação, deve haver uma **obrigação anterior**.

Todavia, a questão não é tão simples. Por detrás da afirmação estão dois consectários: primeiro, que as **obrigações nulas**, cuja sanção é serem tidas como praticamente inexistentes no plano Direito, não são passíveis de novação, nem as **obrigações extintas**, vez que não existem mais (art. 367, segunda parte); segundo, que mesmo as **obrigações anuláveis** e as **obrigações naturais** podem ser novadas (art. 367, primeira parte),[126] porquanto existem e são reconhecidas pelo Direito – ainda que as anuláveis possam perder sua eficácia por meio da anulação, e que as naturais não sejam exigíveis. Exemplificando: uma dívida já prescrita pode ser objeto de novação. Nessa hipótese, o devedor abdica do lapso prescricional já decorrido, renovando a obrigação e, consequentemente, o prazo para pagamento[127]. A partir dessa premissa, podemos concluir que, estando o devedor adimplente quanto ao novo débito, não é permitido que o credor realize qualquer forma de cobrança relacionada ao débito extinto, como a inscrição em órgãos de proteção ao crédito. Como visto, se a novação extingue a dívida anterior, não é possível falar em inadimplência[128].

As obrigações sujeitas a condição ou termo também podem ser objeto de novação, pois estão vinculadas apenas ao plano de eficácia do negócio (e não ao plano de validade). Isso quer dizer que novação haverá quando concretizado o evento futuro e certo (termo)

---

[125] A referência é à novação objetiva, porquanto a subjetiva não se parece com a dação.

[126] O dispositivo não chega a mencionar as obrigações naturais, certamente por ter o legislador entendido despicienda a ressalva, porquanto não há controvérsia sobre a existência e a validade dessa modalidade de obrigação.

[127] Exemplo de novação de dívida prescrita considerada válida pela jurisprudência: "Consumidor. Ação declaratória de inexigibilidade de débito. Possibilidade da novação decorrente de obrigação prescrita. Não comprovado vício de consentimento apto a invalidar o negócio jurídico. Aplicação do art. 333, I, do CPC. Autor que não se desincumbiu do ônus probatório que lhe cabia. Pedido improcedente. Articulou o autor que ao abrir uma conta-salário junto ao banco réu foi imposta uma renegociação de dívida prescrita, contraída no ano de 2005, mediante uma entrada de R$ 145,00, mais 72 parcelas de R$ 53,00. Postulou a desconstituição do débito e o cancelamento da conta-corrente. A novação da dívida extingue a anterior – esta inexigível, mas ainda passível de satisfação – não havendo que se aventar a declaração da prescrição da obrigação renegociada, extinta com a novação [...]" (TJ-RS – Recurso Cível: 71004672622 RS, relatora: Vivian Cristina Angonese Spengler, data do julgamento: 26/3/2014, 2ª Turma Recursal Cível, data da publicação: 28/3/2014)

[128] Nesse sentido: STJ, AgRg no Ag 948.785/RS, 3ª Turma, relator: Min. Ari Pargendler, data da publicação: 5/8/2008.

ou incerto (condição). Vejamos um exemplo prático abordado na jurisprudência do STJ[129]: o art. 59 da Lei de Falências e Recuperação Judicial estabelece que "o plano de recuperação judicial implica novação dos créditos anteriores ao pedido, e obriga o devedor e todos os credores a ele sujeitos, sem prejuízos das garantias [...]". Decretada a recuperação, ocorre a novação, mas os seus efeitos poderão ser extintos em caso de descumprimento do plano (acontecimento futuro e incerto, correspondente a uma condição resolutiva). Com efeito, se o plano é descumprido, a recuperação é convertida em falência e a novação extinta, reconstituindo-se as obrigações originais.

1.2.2 Consentimento

O **consentimento** é peça fundamental, pois se a novação é meio de extinguir uma obrigação e criar uma nova, não se poderia imaginar que se configuraria sem que os sujeitos envolvidos com isso consentissem.

1.2.3 Surgimento de obrigação nova

O surgimento da **nova obrigação** é indispensável para que haja a substituição da obrigação anterior, o que também, à primeira vista, parece óbvio.

Ocorre que a obrigação nova tem de ser não só **existente**, mas também **válida**. Se **nula**, nunca terá ocorrido novação. Se **anulável**, haverá novação somente se houver a ratificação ou a convalidação. Se a obrigação vier a ser anulada, então a obrigação anterior se reavivará.

1.2.4 Ânimo de novar

Por fim, deve estar presente o elemento intencional, tradicionalmente chamado de *animus novandi* – **ânimo de novar**, em português.

Os sujeitos não devem apenas querer constituir uma nova obrigação. Para que haja novação, os sujeitos devem concordar que a nova obrigação seja constituída *para extinguir a primeira*.

Nesse sentido, dispõe o art. 361 do Código que "não havendo ânimo de novar, expresso ou tácito, mas inequívoco, a segunda obrigação confirma simplesmente a primeira". Ou seja, o *animus novandi* não é passível de presunção, devendo ser *provado cabalmente* no processo. Por exemplo, o eventual parcelamento da dívida não implica necessariamente novação nem a modificação das condições de pagamento:

> Não havendo a substituição da obrigação em si, de sua natureza, em regra, é inviável falar em novação objetiva, ainda que o credor e o devedor efetuem a renegociação de dívida já vencida, mesmo que implique a redução dos encargos pactuados, a concessão de prazo de carência para pagamento do débito vencido ou a sua redução. Isso porque, se apenas um faz concessão (credor), poderá haver renúncia ou reconhecimento, não uma transação. A dupla concessão é o elemento essencial da transação, é a sua diferença específica em relação a figuras jurídicas análogas (STJ, REsp 1.374.184/AL, relator: Min. Luis Felipe Salomão, 4ª Turma, data do julgamento: 12/11/2019, data da publicação: 18/12/2019).

O mais prudente é que as partes sempre expressamente declarem, no título da obrigação, a vontade de novar, quando houver.

---

[129] STJ, 3ª Turma, REsp 1.260.301/DF, relatora: Min. Nancy Andrighi, data do julgamento: 14/8/2012.

1.3 Novação subjetiva passiva

1.3.1 Novação por expromissão

Conquanto, como vimos, o **consentimento** dos sujeitos seja um requisito da configuração da novação, em se tratando de novação subjetiva passiva, ou seja, do devedor, deve-se entender como indispensáveis apenas o consentimento do **credor** e do **novo devedor**.

O consentimento do devedor primitivo, todavia, não é essencial, porquanto ele, afinal, exonera-se, ou seja, em geral, não sofre nenhum prejuízo com a novação. Daí que o art. 362 do Código o dispensa expressamente. A hipótese é, nesse caso, de **novação por expromissão** – sem a participação do devedor.

A prudência e o bom senso, no entanto, tornam necessário relativizar a possibilidade de novação por expromissão, a qual, embora dispense o consentimento do devedor, não pode se configurar se este *expressamente se opuser*, alegando e provando **prejuízo**, à semelhança do que se passa com a hipótese de o devedor ter justo motivo para não desejar o pagamento (art. 306).

1.3.2 Novação por delegação

No caso de o devedor primitivo participar da negociação para novar, haverá o que a doutrina chama de **novação por delegação**. Nesse caso, será necessário examinar se o devedor agiu objetivamente de boa-fé, porquanto o credor terá **direito de regresso** contra ele na hipótese de o novo devedor ser insolvente, bastando, para isso, que prove a violação da boa-fé (art. 363).

Havendo novação subjetiva passiva de um dos **devedores solidários**, todos os coobrigados primitivos se libertam do vínculo, e o responsável pela dívida passa a ser exclusivamente o novo devedor, sobre cujos bens recaem as garantias e preferências do crédito (art. 365). Por quê? Considerando-se que, como o leitor já sabe, na solidariedade passiva todos os devedores são obrigados, cada um, ao mesmo tempo, pela satisfação do credor, e que, por meio da novação a obrigação primitiva se extingue, ainda que sem pagamento – ou seja, há satisfação do credor –, todos os devedores solidários se exoneram, consequentemente.

1.4 Novação subjetiva ativa

Como visto, a alteração do credor também constitui hipótese de novação (art. 360, III) e, diferentemente da hipótese de novação por expromissão, no presente caso, por constituir uma forma de renúncia ao crédito, jamais se poderá admitir a substituição do credor primitivo sem o seu consentimento.

Cabe asseverar que esse tipo de novação não se confunde com a cessão de crédito. Nesta, a obrigação originária se mantém, enquanto, na novação, haverá necessariamente a formação de um novo vínculo obrigacional.

A cessão de crédito importa na manutenção da relação obrigacional primitiva. Diversamente, na novação, há a extinção do débito com o surgimento de outro direito com independência e traços novos, com a modificação substancial da prestação, que requer a indispensável anuência do devedor (TJMG, AC: 10000212161772001, Relator: Habib Felippe Jabour, data do julgamento: 23/11/2021, 18ª Câmara Cível, data da publicação: 23/11/2021).

1.5 Novação objetiva

A alteração do objeto da prestação, que pode ser uma obrigação de pagar, de fazer ou de não fazer, configura hipótese de novação objetiva. Nesse caso, desaparece não apenas a prestação primitiva mas também todos os acessórios e eventuais garantias. Assim, se determinada obrigação é afiançada, a responsabilidade do fiador será extinta caso ocorra a novação sem a sua anuência (art. 366), já que a fiança tem caráter acessório, dependendo da obrigação principal para existir.

1.6 Efeitos da novação

O principal efeito da novação, sabemos, é a extinção da obrigação primitiva, sem pagamento.

Há, ainda, o efeito secundário de extinguir os **acessórios**, inclusive as **garantias**, da obrigação anterior, a não ser que os sujeitos ajustem o contrário (art. 364, primeira parte). Trata-se, como se vê, de consequência do princípio segundo o qual o acessório segue o principal – *accessorium sequitur principale*.

O art. 364, segunda parte, expressamente exclui a possibilidade de os sujeitos ajustarem a **subsistência do penhor, da hipoteca ou da anticrese**, se os bens sobre os quais recaem esses direitos reais pertencerem a uma pessoa que não tomou parte na novação.

Como visto anteriormente, também a fiança – que se reveste em obrigação acessória – se extingue, em regra, pela novação da locação, salvo se o fiador assumir a garantia do novo débito (art. 366). Ocorre que, em alguns contratos de fiança, tem sido estabelecida a duração da garantia *até a entrega efetiva das chaves* ao locador. Nesses casos, então, há entendimento no sentido de que não se aplica o art. 366, ou seja, que a novação da locação não extingue a garantia, a qual persiste até a restituição das chaves, ou se extingue por resilição notificada ao credor (art. 835). Há, até mesmo, quem entenda que a prorrogação da locação não constitui hipótese de novação, posicionamento, a nosso ver, equivocado. É preciso, pois, muito cuidado, tanto na contratação da garantia quanto na interpretação do contrato.

De toda forma, com relação ao fiador, deve prevalecer o disposto no entendimento sumulado pelo STJ, no sentido de que a nova relação jurídica, decorrente da novação, depende de anuência do fiador[130]. Caso não exista consentimento, a novação resultará em exoneração do fiador.

2. COMPENSAÇÃO

Em linhas gerais, **compensação** é o *fenômeno por meio do qual se extinguem obrigações pelo fato de o credor de uma delas ter se tornado devedor da outra, e vice-versa.*

2.1 Natureza da compensação

A doutrina é unânime em asseverar que, no Direito pátrio, a **compensação** se opera automaticamente, de pleno direito, independentemente da vontade das partes, como se depreenderia do comando do art. 368 do Código: "se duas pessoas forem ao mesmo tempo credor e devedor uma da outra, as duas obrigações extinguem-se, até onde se compensarem".

Ocorre que, em razão de a noção de compensação ter variado no Direito Romano, a teoria moderna, baseada naquele sistema, acabou herdando certos problemas.

---

[130] Súmula 214: "O fiador na locação não responde por obrigações resultantes de aditamento ao qual não anuiu".

Raciocinando por inspiração romana, os civilistas antigos reconheceram a existência de três espécies de compensação: a **legal**, a **convencional** e a **reconvencional ou judicial**.[131] A primeira, a que já nos referimos, operar-se-ia por força de lei; a segunda, pela vontade das partes; e a terceira, quando o devedor a alegasse, acionado para pagamento, e o juiz a reconhecesse.

Em relação à compensação convencional, os requisitos que serão apresentados não lhe são aplicáveis. Ou seja, nada impede, por exemplo, que as partes compensem de forma convencional débitos ilíquidos, uma vez que, nessa espécie, não incidem os pressupostos dos arts. 369 e 370 do Código Civil.

O Código Civil brasileiro, desde o anterior, de 1916, optou, segundo se costuma dizer, pela adoção do regime de **compensação legal**, por inspiração do Direito francês – daí se dizer que a compensação, entre nós, opera de pleno direito e independentemente da vontade das partes.

Mas, ainda forte na ideia de compensação convencional, nossa doutrina a reconhece, nos casos em que a própria lei já não a tiver determinado. Ou seja, a compensação legal ocorreria nos casos de **dívidas líquidas, vencidas e de coisas infungíveis**, de que trata o art. 369 do Código, e a compensação convencional nos casos não mencionados na lei, se os sujeitos optarem por ajustá-la.

Quanto à ideia de compensação judicial, acabou sendo abandonada, por se entender que nada mais seria do que um caso de compensação legal ou de compensação convencional, com a particularidade de ser alegada em juízo.

Até aí, tudo bem.

Ocorre que em nosso sistema legal se inseriu dispositivo que admite tanto a exclusão da compensação por acordo entre os sujeitos quanto a renúncia prévia (art. 375 do Código de 2002, e arts. 1.016 e 1.018 do Código de 1916), o que acaba por soar incoerente.

Como conciliar que se admite a exclusão da compensação legal por acordo entre as partes e por renúncia prévia, nos termos do art. 375, com a própria ideia de que a compensação legal tem lugar *ipso iure*, independentemente da vontade dos sujeitos, segundo a interpretação que a doutrina, pacificamente, dá à norma do atual art. 368?

Para solucionar a dúvida, e compreender o regime de compensação adotado pelo nosso Direito, cumpre tecer algumas considerações sobre os regimes francês e alemão, que inspiraram a grande maioria dos demais.

No Direito francês, prevaleceu a noção absoluta de compensação legal, reduzida à fórmula do art. 1.290 do Código de Napoleão: "a compensação opera de pleno direito pela simples força da lei, mesmo sem o saber o devedor; as duas dívidas se extinguem reciprocamente no momento em que elas se descobrem existir, até a concorrência de suas quotas".[132]

No Direito alemão, por sua vez, prevaleceu a ideia da compensação convencional. Segundo esse regime, a compensação não opera por força de lei, mas por acordo entre os sujeitos (§ 387 do BGB).[133] Sua configuração depende de que um sujeito declare ao outro que as dívidas de ambos se compensam (§ 388 do BGB), e sua eficácia retroage ao momento em que as dívidas se tornaram compensáveis (§ 389 do BGB).

---

[131] BEVILÁQUA, Clóvis. *Código comentado*, cit., v. 4, p. 120-121.
[132] Nossa tradução de "la compensation s'opère de plein droit par la seul force de la loi, même à l'insu des débiteurs; les deux dettes s'eteignent réciproquement, à l'instant ou elles se trouvent exister à la fois, jusqu'à concurrence de leurs quotités respectives".
[133] *Burgerliches Gesetzbuch*, Código Civil alemão.

Feitas essas considerações, para melhor compreendermos o regime adotado no Brasil, propomos, ademais, a análise de algumas relevantes observações feitas por TEIXEIRA DE FREITAS, BEVILÁQUA e M. I. CARVALHO DE MENDONÇA sobre a nossa compensação.

O art. 841 da Consolidação das Leis Civis estabelecia que a compensação tinha lugar, "**contanto que se [a] alegue**". Comentando o dispositivo, Teixeira de Freitas pontuou que "das palavras – *contanto que se alegue* – tem-se inferido que a compensação não se induz *ipso iure*", e ponderou: "ora, sem que a parte oponha a compensação, o juiz certamente não pode adivinhar qual seja seu crédito; mas, quando se diz que a compensação opera seus efeitos *ipso iure*, é no sentido de obrar retroativamente".[134] Quer dizer, a compensação ocorre obrigatoriamente, por força de lei, desde que a parte a quem ela aproveita a alegue, caso em que os efeitos da extinção das obrigações retroagirão.

Mais tarde, já na vigência do Código Civil, ao comparar o sistema alemão de compensação com o nosso, BEVILÁQUA acenou para o fato de que "ali, a compensação se opera por uma declaração da parte; aqui resulta da lei, embora por alegação do interessado"[135].

Posteriormente, CARVALHO DE MENDONÇA expendeu sobre o nosso sistema de compensação legal: "a vontade das partes não influi para que tal efeito se produza [...]. Entretanto, fica sempre dependendo de ser alegado pela parte a quem aproveita [...]". E, sobre de qual sistema, o francês ou o alemão, nosso sistema mais se aproxima, conclui pelo francês, mas adverte: "a compensação, em suma, verifica-se *ipso iure*. Para isso é essencial uma ação em juízo. Eis aí o ponto extremo em que é forçoso ceder à doutrina alemã, nisto irrefutável".

Em conclusão: no nosso Direito, *não é que a compensação ocorra por força de lei; ela ocorre por alegação do sujeito a quem ela aproveita*. Todavia, uma vez alegada legitimamente, ou seja, em um dos casos em que a lei a reconhece, *seus efeitos é que surtirão por força da lei*, e retroativamente.

Logo, o nosso sistema teria adotado um **regime relativo de compensação legal**, dependente de alegação, mesclando elementos do regime francês com elementos do regime alemão.

Seguindo esse entendimento, podemos entender perfeitamente a razão pela qual se admite renúncia prévia e exclusão da compensação por vontade dos sujeitos (art. 375) e porque a doutrina é pacífica em argumentar que a compensação não constitui matéria de ordem pública, pelo que não pode o juiz alegá-la de ofício.

Assim concebida, a compensação não tem, entre nós, a natureza de um **ato-fato jurídico** – como no Direito francês –, mas sim de um **ato jurídico voluntário**, ou seja, um ato cuja ocorrência depende da vontade do sujeito, embora seus efeitos sejam determinados pela lei.[136] Trata-se de verdadeira **exceção pessoal**, no sentido de defesa facultada ao sujeito, que somente surte efeito se alegada, mas não *ex officio*.

Por essa razão, faz sentido imaginar que, se o credor solidário cobrar a dívida do devedor, que tem crédito compensável com outro credor, não haverá compensação, mas, se for o credor solidário devedor do crédito compensável que cobrar a dívida, haverá compensação, se este alegá-la, como se infere do art. 274 do Código de 2002, que trata da alegação das exceções pessoais no caso de solidariedade ativa.

Em se tratando de compensação convencional, a conclusão é a mesma, com uma única alteração: os efeitos surtem por força da vontade anteriormente manifestada dos sujeitos, e não por força de lei. Mas, também aqui, ela depende da alegação do sujeito a quem aproveita, e surte

---

[134] FREITAS, Augusto Teixeira de. *Consolidação*, cit., p. 506.
[135] BEVILÁQUA, Clóvis. *Código comentado*, cit., v. 4, p. 131.
[136] No Direito alemão a compensação tem a natureza de um negócio jurídico.

efeitos retroativamente. Obviamente que o ajuste da compensação há de ter sido expresso, não se podendo presumi-lo.

Impende destacar que, considerando-se a compensação uma exceção pessoal, a eficácia da pretensão de alegá-la é encoberta pela prescrição no mesmo prazo em que a prescreve a dívida daquele a quem ela beneficia, vez que o art. 190 do Código determina que "a exceção prescreve no mesmo prazo em que a pretensão".

Por fim, como o leitor já deve ter concluído, a natureza do reconhecimento jurisdicional da compensação é a de mera **declaração**, ou seja, a decisão acerca da compensação será sempre declaratória, e não constitutiva. Não importa que a compensação seja legal ou convencional. Em qualquer dos casos, o papel do julgador é tão somente verificar a legitimidade da alegação e declará-la, se procedente.

2.2 Requisitos para configuração da compensação

Examinaremos, agora, os requisitos para a configuração da compensação, lembrando ao leitor que, mesmo na presença de todos eles, só haverá compensação se esta for alegada.

Constituem requisitos para a configuração da compensação: **haver duas obrigações principais entre os mesmos sujeitos; o credor de uma ser devedor da outra, e vice-versa**. Especificamente quanto à compensação legal, exige-se, ademais: **terem as prestações por objeto coisas fungíveis, da mesma espécie e qualidade; serem as dívidas líquidas, vencidas e exigíveis**.

O primeiro requisito é simples de ser verificado. Basta examinar se há duas obrigações principais, ou seja, duas obrigações que têm existência autônoma, e se o credor da primeira é devedor da segunda, e o credor da segunda é devedor da primeira.

Posteriormente, para apurar se o caso é de **compensação legal**, deve-se perquirir se as prestações têm por objeto coisas fungíveis, da mesma espécie e qualidade. Coisas fungíveis, como o leitor bem sabe, são aquelas que podem ser substituídas por outra, da mesma espécie e qualidade. Vez que cada coisa tem de ser fungível e ambas têm de ser da mesma espécie e qualidade, diz-se que as coisas não têm apenas de ser fungíveis *em si*, mas **fungíveis entre si**, ou seja, o objeto de uma prestação deve poder substituir o objeto da outra.

O Código ressalva, no art. 370, que mesmo que as coisas objeto das prestações sejam do mesmo gênero, somente serão compensáveis se da mesma qualidade, quando esta for especificada no contrato. Trata-se da positivação da regra da **fungibilidade recíproca**, quer dizer, de que as coisas devem ser fungíveis entre si. No entanto, deve-se tomar cuidado com a palavra "gênero", que, no contexto da norma, deve ser interpretada como "espécie".

Destarte, se o objeto de uma das prestações for uma tonelada de laranja-pera verde e o da outra uma tonelada de laranja-serra-d'água madura, conquanto ambas sejam, *em si*, fungíveis, não são fungíveis entre si – pois não são da mesma espécie e qualidade – embora do mesmo gênero. Logo, as obrigações cujas prestações têm por objeto tais coisas não são compensáveis *ipso iure*.

Todavia, nada impede a compensação convencional de coisas não fungíveis entre si, se os sujeitos assim ajustarem. Tudo dependerá do acordo expresso.

Impende salientar que a compensação não precisa ser total, porquanto não se exige que as coisas sejam da mesma **quantidade**. Assim, se Berenice é credora de R$ 100,00 de Helena, e Helena vem posteriormente a se tornar credora de R$ 80,00 de Berenice, os R$ 80,00 compensar-se-ão, restando para Helena um débito de R$ 20,00.

Constatada a presença dos requisitos anteriores, para que se configure a hipótese de **compensação legal**, é ainda necessário que ambas as dívidas sejam **líquidas** e estejam **vencidas**, e que sejam **exigíveis**.

Cabe destacar que dívida líquida é aquela cujo objeto é determinado; ilíquida a que tem objeto determinável.

Quanto ao vencimento, deve-se verificar o advento do termo ajustado, e, na falta deste, deve-se verificar se o devedor foi interpelado para o pagamento. Impende comentar que, mesmo se o credor houver dilatado o prazo para pagamento, a dívida será considerada vencida, e poderá ter lugar a compensação. É isso o que se deve entender da antiquada redação do art. 372 do Código, copiada do antigo art. 1.014 do Código de 1916: "os prazos de favor, embora consagrados pelo uso geral, não obstam a compensação".

Por fim, deve-se verificar se a dívida é exigível, ou seja, se o Direito tutela a sua cobrança pela via judicial. A dívida constante de **obrigação natural**, como uma obrigação prescrita, como se vê, não é compensável, por não ser exigível, vez que o Direito não admite sua cobrança em juízo.

2.3 Casos de impossibilidade de compensação

2.3.1 Impossibilidade de compensação em razão da causa da dívida

O art. 373 determina que a causa das dívidas, em regra, não impede a compensação, e enumera as dívidas que não são compensáveis, a despeito da presença dos requisitos que a configurariam, em razão de sua causa: as dívidas provenientes de **esbulho, furto** ou **roubo** (inciso I); de **comodato, depósito** ou **alimentos** (inciso II); as que têm por objeto **coisa insuscetível de penhora**.

Com relação às dívidas provenientes de esbulho, furto ou roubo, ou o caso é de restituição da coisa objeto do ilícito, ou de indenização pelo ilícito, e, em qualquer caso, como a causa da obrigação é um ato contrário a direito, não se poderia imaginar a compensação com uma obrigação nascida de ato lícito. A ideia deriva, especialmente, do art. 104, II, do Código, que prevê que a validade do negócio jurídico depende da licitude do objeto.

Quanto ao comodato e ao depósito, cuja dívida correspondente é a restituição da coisa, a vedação da compensação decorre naturalmente do fato de as dívidas se referirem a uma coisa infungível. Especificamente no que toca ao depósito, no entanto, o art. 638 do Código admite a compensação, se fundada em outro depósito. Por razões didáticas, optamos por aprofundar a temática somente na Parte III – Direito dos Contratos, ao tratarmos especificamente do contrato de depósito.

As dívidas de alimentos, em razão de sua natureza de assistência e manutenção, não comportam, necessariamente, a compensação, sob pena de se privar o alimentando daquilo de que ele necessita para sua subsistência (art. 1.707 do CC).

Em relação aos alimentos, a regra, de fato, é a incompensabilidade. Ocorre que o Superior Tribunal de Justiça possui precedente[137] admitindo, em caráter excepcional, a dedução da pensão alimentícia fixada exclusivamente em pecúnia das despesas pagas *in natura* referentes a aluguel, condomínio e IPTU do imóvel em que residia o alimentado. No caso concreto, a regra prevista no art. 1.707 do CC foi afastada em razão do consentimento do credor. Na oportunidade, o STJ asseverou que a eventual compensação deve ser analisada caso a caso, devendo-se examinar se houve consentimento, ainda que tácito, do credor dos alimentos, bem como se o pagamento realizado *in natura* foi efetivamente destinado a atender aos interesses do alimentado.

---

[137] STJ, 3ª Turma, REsp 1.501.992-RJ, relator: Min. Paulo de Tarso Sanseverino, data do julgamento: 20/3/2018. No mesmo sentido: "[...] Esta Corte tem manifestado que a obrigação de o devedor de alimentos cumpri-la em conformidade com o fixado em sentença, sem possibilidade de compensar alimentos arbitrado em espécie com parcelas pagas in natura, pode ser flexibilizada para afastar o enriquecimento indevido de uma das partes. [...]" (STJ, 4ª Turma, AgInt no REsp 1.560.205/RJ, relator: Min. Luis Felipe Salomão, data do julgamento: 16/5/2017).

Quanto aos honorários sucumbenciais, o CPC de 1973 admitia a compensação (art. 21 do CPC/1973[138]). Ocorre que o art. 23 do Estatuto da OAB já havia revogado parcialmente, segundo parte da doutrina, a parte final do art. 21 do CPC/1973, tornando impossível a compensação de tal crédito, já que a titularidade dessa verba foi expressamente conferida ao advogado. Reforçando esse entendimento, a parte final do § 14 do art. 85 do CPC/2015 passou a vedar a compensação de honorários em caso de sucumbência parcial. Dessa forma, sempre que houver condenação em sucumbência recíproca ou parcial, deverá o magistrado fixar os honorários em favor do advogado, condenando as partes a efetuarem os respectivos pagamentos, sem qualquer possibilidade de compensação[139].

Por fim, as coisas insuscetíveis de penhora não são compensáveis pelo mesmo motivo que impõe a impenhorabilidade: a proteção especial que o Direito concede a certos bens, em atenção à necessidade que a pessoa tem deles. A propósito, cabe esclarecer que os bens impenhoráveis se encontram listados no art. 831 do Código de Processo Civil de 2015.

2.3.2 Impossibilidade de compensação em prejuízo de direito de terceiro

Segundo o art. 380, primeira parte, conquanto reunidos os requisitos configuradores da **compensação legal**, esta não se admite em prejuízo de **direito de terceiro**. O próprio dispositivo traz um exemplo, em sua segunda parte, ao afirmar que se o devedor se tornar credor do seu credor, depois de ter sido o crédito deste penhorado, o devedor da primeira obrigação não pode opor ao exequente – terceiro – a compensação que contra o credor primitivo poderia opor.

Contudo, deve-se observar que, se o devedor primitivo tiver se tornado credor do seu credor *antes* da **penhora do crédito**, mesmo contra o exequente o devedor poderá a opor a compensação, pois o fato que autoriza a compensação legal terá ocorrido antes da penhora.

No caso da **estipulação em favor de terceiro** – que estudaremos oportunamente, na Parte III – Direito dos Contratos –, um dos contratantes, chamado de estipulante, celebra um contrato que beneficiará uma terceira pessoa. Trata-se, em outras palavras, de uma obrigação cujo crédito beneficiará não o credor, mas uma pessoa que não esteve presente no surgimento da obrigação, e que é estranha à relação obrigacional. Nesse caso, o art. 376 determina que o devedor da obrigação estipulada em favor de terceiro não pode pretender compensar sua dívida com o que lhe dever o estipulante. A ideia é a de que, embora o estipulante possa reunir em si as qualidades de credor e devedor, a compensação prejudicaria o terceiro, que, afinal, é quem se beneficiará com o crédito.

2.4 Compensação de dívida de terceiros

Em regra, não se admite a compensação de dívida de terceiros, porquanto se exige que o credor de uma das obrigações seja o devedor da outra e que o devedor da primeira seja credor da segunda.

A lei, não obstante, admite uma **exceção**. Trata-se do caso do **fiador**, que pode opor ao credor da dívida afiançada a compensação com um crédito que aquele devia ao fiador (art. 371). Isso porquanto o fiador é coobrigado pela dívida, e interessado em sua extinção – não porque tenha contraído o débito, mas porque, por uma razão de confiança, obrigou-se com o credor a garantir o pagamento.

---

[138] Art. 21 do CPC/1973: "Se cada litigante for em parte vencedor e vencido, serão recíproca e proporcionalmente distribuídos e compensados entre eles os honorários e as despesas".

[139] Nesse sentido, já com base no CPC vigente: "Não é possível a compensação de honorários advocatícios quando a sua fixação ocorrer na vigência do CPC/2015" (Edição 129 da Jurisprudência em Teses, do STJ).

2.5 Compensação de dívidas pagáveis em lugares diversos

Na hipótese de se reunirem os requisitos que autorizam a **compensação legal** de dívidas pagáveis em lugares diversos, a compensação fica subordinada, ainda, a que se reduzam as despesas que se fizerem necessárias para a operação (art. 378).

2.6 Compensação de crédito cedido

Se houve **cessão de crédito**, isto é, se o credor cedeu seus direitos a terceiro, e notificou o devedor, que nada opôs à cessão, não se admite a posterior oposição ao cessionário da compensação (art. 377, primeira parte). Isso porquanto a cessão fez operar a substituição subjetiva, pelo que o primeiro requisito da compensação, antes presente, acabou por desaparecer.

Todavia, o devedor pode, tão logo notificado da cessão, alegar a compensação, o que tornará ineficaz a cessão. O mesmo direito lhe compete se a cessão não lhe for comunicada (art. 377, segunda parte), caso em que a transmissão também será ineficaz quanto a ele (art. 290).

2.7 Compensação múltipla

Se uma mesma pessoa for devedora de várias dívidas que admitem a compensação, determina o art. 379 que sejam observadas, quando cada uma for compensada, as regras que disciplinam a **imputação do pagamento**.

3. CONFUSÃO

Dentre as modalidades de extinção das obrigações sem pagamento, a **confusão** é o fenômeno menos frequente, e se caracteriza *no momento em que a mesma pessoa reúne as qualidades de credor e devedor* (art. 381).

A hipótese mais comum é a de confusão causada pela **sucessão hereditária**. Morto o autor da herança, seu herdeiro, devedor, herda o crédito, ou, se o herdeiro é o credor, sucede no débito.

Outra hipótese é a de dívidas existentes entre os noivos, que posteriormente se casam no regime da **comunhão universal**. Aqui, a confusão, na verdade, ocorre não com relação aos sujeitos, mas a seu patrimônio.

Exemplo na jurisprudência se dá em relação aos honorários sucumbenciais devidos à Defensoria Pública. O STJ, no julgamento do REsp 1.108.013/RJ[140], firmou entendimento de que, à luz do disposto no art. 381 do CC, não podem ser devidos honorários advocatícios à Defensoria Pública quando esta atua contra a pessoa jurídica de direito público da qual é parte integrante (por exemplo: Defensoria Pública do Mato Grosso atuando em face da Fazenda Pública do Mato Grosso).

---

[140] Esse entendimento foi consolidado na Súmula 421, segundo a qual "Os honorários advocatícios não são devidos à Defensoria Pública quando ela atua contra a pessoa jurídica de direito público à qual pertença". Há críticas a esse posicionamento, especialmente diante da autonomia da Defensoria Pública conferida pela Constituição Federal, bem como do fato de o STF já ter admitido a fixação de honorários em favor da DPU mesmo quando esta atua em desfavor da União Federal (STF, Plenário, AR 1937 AgR, relator: Min. Gilmar Mendes, data do julgamento: 30/6/2017). De toda forma, em relação à Defensoria Estadual, a tese da confusão não é aplicada quando a ação tiver sido proposta contra o Município (exemplo: Município de Fortaleza e Defensoria Pública do Estado do Ceará). Isso porque a Defensoria Pública não integra a mesma pessoa jurídica do Município.

Segundo o art. 384 do Código, "cessando a confusão, para logo se restabelece, com todos os seus acessórios, a obrigação anterior".

Logo, se os cônjuges casados no regime da comunhão universal, e que eram anteriormente, um devedor, e o outro credor, vêm a se divorciar, a obrigação antes extinta pela confusão patrimonial se reavivará.

Nada impede que a confusão ocorra a respeito de apenas *parte da dívida* (art. 382). É o que ocorre, na sucessão *causa mortis*, quando há pluralidade de herdeiros, que ou se tornarão coobrigados pela dívida da qual apenas um é credor, ou cocredores da dívida da qual apenas um é devedor.

No caso de solidariedade, a confusão somente extingue a parte respectiva que cabe ao credor ou devedor no crédito ou no débito, levando-se em conta o vínculo interno, subsistindo, quanto ao mais, a solidariedade (art. 383).

Destarte, se Caio, Orlando e Silvio são devedores solidários de R$ 90,00 e Caio vem a suceder *causa mortis* Clóvis, credor, opera-se a confusão entre o crédito herdado e a quota de Caio na dívida – de R$ 30,00. Orlando e Silvio continuam devedores solidários de R$ 60,00, ocupando Caio, agora, a posição de credor.

4. REMISSÃO

A chamada **remissão de dívidas** nada mais é do que o *perdão concedido ao devedor pelo credor*.

Inicialmente, vale frisar a diferença entre remissão, no sentido de perdão, e remição, no sentido de resgate, ambos vocábulos comuns na linguagem do Direito Civil. Ao primeiro sentido corresponde o verbo remitir, sendo o verbo remir, por sua vez, utilizado no Direito Civil como correspondente ao segundo sentido.

Para que se configure o fenômeno da remissão, é preciso que o credor, plenamente **capaz** de dispor de seu patrimônio, *renuncie ao crédito* de que é titular, e, por outro lado, que o devedor *aceite o perdão*.

Isso porque, assim como tem o credor interesse na satisfação do crédito, pelo que tanto pode exigir o cumprimento da obrigação, quanto pode, por ato de liberalidade, dele abrir mão, tem o devedor interesse na extinção do vínculo, e, em alguns casos, tem, especificamente, interesse na execução da prestação. Daí poder o credor renunciar a seu direito, sob a condição de que o devedor com isto consinta. Nesse sentido, dispõe a primeira parte do art. 385 do Código que "a remissão da dívida, aceita pelo devedor, extingue a obrigação".

Pode a remissão ser **expressa** ou **tácita**, não se lhe impondo forma especial.

O **perdão expresso** interpreta-se restritivamente, ato de liberalidade que é, e deve acompanhar os requisitos do ato em que se manifestar. Se o perdão estiver contido em um testamento, por exemplo, deverá seguir os requisitos formais deste ato.[141]

O **perdão tácito** deve ser demonstrado por algum ato inequívoco do credor que implique a renúncia. O caso mais comum é o da devolução voluntária do título da obrigação – quando este tiver a forma de escrito particular (art. 386) – sem que tenha havido pagamento.[142]

Também a restituição voluntária do objeto empenhado prova a renúncia do credor ao penhor,[143] ou seja, implica a presunção absoluta do perdão tácito da garantia, conquanto não prove a remissão da dívida garantida pelo penhor (art. 387).

---

[141] PEREIRA, Caio Mário da Silva. *Instituições*, cit., v. 2, p. 177.
[142] É que, se houve pagamento, a devolução do título importa não na remissão, mas na quitação.
[143] O penhor é um direito real de garantia, do qual cuidaremos na Parte IV – Direito das Coisas.

A lei ressalva expressamente os **direitos de terceiro**, que não podem ser prejudicados pela remissão (art. 385, segunda parte).

Assim é que não pode, por exemplo, o devedor do terceiro renunciar ao crédito que consiste em seu único bem capaz de saldar o débito pelo qual é obrigado, o que configura a fraude contra o credor. Em outras palavras, para aclarar a situação: se Manuel deve R$ 100,00 a Augusto, e é credor de um quadro, no valor de R$ 100,00, que lhe é devido por Rui, não pode perdoar a dívida de Rui, se não tiver outros bens para saldar o débito de R$ 100,00 que tem com Augusto.

Por fim, ressalte-se que o perdão obtido por um dos coobrigados extingue a dívida na fração que a ele corresponde (art. 388, primeira parte). Se a obrigação é solidária, os demais devedores continuam todos obrigados pela dívida toda, da qual se deve descontar, obviamente, a fração remitida (art. 388, segunda parte).

A título de ilustração, tomemos uma obrigação cujo objeto é a entrega de um carro, sendo Pontes, Clóvis e César os devedores, tendo-se pactuado a solidariedade. Se o credor perdoar apenas a dívida de Pontes, Clóvis e César continuarão devedores do carro, do qual se deverá descontar a terça parte, correspondente ao débito de Pontes. Logo, para receber o bem, o credor deverá indenizar Clóvis e César pelo equivalente do terço (ou seja, pela quantia em dinheiro que corresponder à fração remitida).

5. TRANSAÇÃO

Existe um antigo e infinito debate teórico acerca da natureza jurídica da **transação**. Uns defendem que se trata de **ato jurídico**,[144] outros a caracterizam como verdadeiro **contrato**.[145]

Enxergando o instituto como contrato, o legislador de 2002 o retirou do livro das obrigações e o inseriu no concernente aos contratos. Por essa razão, o leitor não mais encontrará a transação, no Código Civil, entre as modalidades de extinção das obrigações sem pagamento, muito embora lá devesse estar.[146]

Conceitualmente, a **transação** é o *fenômeno pelo qual os sujeitos de uma obrigação, capazes de dispor de seu patrimônio, acordam em extingui-la, com a finalidade de prevenir ou evitar litígios, fazendo concessões recíprocas.*

Impende destacar que, segundo a primeira parte do art. 843, a transação *interpreta-se restritivamente.*

5.1 Requisitos para a configuração da transação

Constituem requisitos para a configuração da transação: o **acordo entre sujeitos capazes**; a **finalidade de prevenir ou evitar litígios**; as **concessões recíprocas**; **forma prescrita em lei**.

Deve-se ter muita cautela para identificar uma transação, sobretudo porque o vocábulo é empregado frequentemente como sinônimo de **negócio**. É preciso lembrar que, para o Direito Civil, transação é somente o acordo extintivo ou preventivo de litígios por meio do qual se extingue uma obrigação, mediante concessões recíprocas das partes.

Pois bem. O primeiro requisito para que se configure a transação é o **acordo entre sujeitos capazes**. A transação tem a natureza de um negócio jurídico, pelo que não se opera *ipso*

---

[144] BEVILÁQUA, M. I. CARVALHO DE MENDONÇA, CAIO MÁRIO.
[145] TEIXEIRA DE FREITAS, SERPA LOPES.
[146] O "contrato" de transação é disciplinado pelos arts. 840 a 850 do Código.

iure, nem por imposição judicial, mas somente pela vontade dos sujeitos, que devem gozar de capacidade de fato de dispor de seu patrimônio.

O segundo requisito diz respeito à **finalidade do ato**. É que as partes podem livremente celebrar negócios com qualquer fim, desde que lícito. Mas, para que o negócio se caracterize como uma transação, é necessário que seu objetivo seja a **prevenção** ou a **extinção** de uma **lide**. Cabe, aqui, lembrar ao leitor que a lide se consubstancia em um **conflito de interesses** levado à **jurisdição**. No que toca às obrigações, verifica-se no momento em que credor e devedor discordarem com relação a algum elemento do vínculo. Nesse caso, podem transigir, para evitar o ajuizamento de uma ação, o que deslocaria a decisão das mãos dos sujeitos para as mãos do Estado-juiz. Ou, caso a ação já tenha sido ajuizada, podem transigir para extinguir o processo, optando pela solução privada do conflito.

O terceiro e último requisito diz respeito justamente à **reciprocidade das concessões**. É que, como bem advertem SERPA LOPES e CAIO MÁRIO, se apenas uma das partes fizer uma concessão, a transação se transmuda para um ato jurídico de liberalidade. "Se as concessões não forem recíprocas, se feitas por um só dos contratantes, não há transação, mas um ato benéfico de que se aproveita um só."[147] "[O terceiro requisito é] a *reciprocidade das concessões*, cuja falta importa em configurar-se uma doação, ou uma dação em pagamento, ou uma remissão de dívida, conforme o caso."[148] Tal requisito se depreende do art. 840 do Código, o qual estatui que "é lícito aos interessados prevenirem ou terminarem um litígio mediante concessões mútuas".

Cabe aqui observar que, do ponto de vista do processo civil, a sentença extinguirá o *processo com resolução de mérito* na hipótese do art. 487, III, *b*, do Código de Processo Civil, quando se obtiver a conciliação mediante concessões mútuas, pois de tal requisito depende a configuração da transação. Se apenas o autor faz concessões, a hipótese será de desistência (quanto àqueles elementos do pedido), prevista na alínea *c* do mesmo inciso III do art. 487. E, quando apenas o réu é quem faz concessões, será o caso de reconhecimento da procedência do pedido (com relação àqueles elementos), hipótese da alínea *a* do inciso III do art. 487.

Quanto à **forma**, a primeira parte do art. 842 do Código Civil determina que a **transação preventiva de litígio** far-se-á por **escritura pública**, se tiver por objeto obrigações que a lei exige sejam constantes de tal instrumento, ou por **instrumento particular**, nos demais. A **transação extintiva de litígio**, por sua vez, será feita por **escritura pública**, ou por **termo nos autos**, e, além de assinada pelos transigentes, deverá ser **homologada pelo juiz** (art. 842, segunda parte).

O leitor deve tomar o cuidado de observar que a transação, conforme asseverado, tem a natureza de um negócio jurídico. Destarte, tão logo concluída, a transação já produz efeitos entres as partes. Ocorre que, em se tratando de transação extintiva, haverá uma dupla eficácia: do ponto de vista do Direito material, a simples conclusão do ato já obriga as partes a cumprir seus termos; do ponto de vista do Direito processual, é necessária a homologação do juiz para que o processo seja *extinto com resolução do mérito*, e produza coisa julgada. O ato do juiz tem a natureza de **delibação**, cabendo-lhe apenas o exame externo do ato, para verificar a presença de seus requisitos configuradores.

Daí se depreende que não pode qualquer das partes pretender a **retratação unilateral**, ainda que antes da homologação, pois o ato já é perfeito e eficaz, nem pode o juiz se *recusar a homologar* a transação, a não ser que verifique a falta de qualquer dos requisitos exigidos pelo Código Civil.

---

[147] LOPES, Miguel Maria de Serpa. *Curso de direito civil*, cit., v. 2, p. 262.
[148] PEREIRA, Caio Mário da Silva. *Instituições*. cit., v. 2, p. 163.

Finalmente, recomenda-se cuidado na análise dos requisitos configuradores da transação, sobretudo com o requisito da capacidade e com o requisito das concessões recíprocas, porque a falta daquele pode levar à nulidade ou anulabilidade da transação, e porque a falta deste transmuda a natureza do ato.

5.2 Objeto da transação

Somente se admite como **objeto** da transação um **direito patrimonial privado** (art. 841).

Ademais, segundo o art. 843, segunda parte, os sujeitos, no ato, somente podem *declarar ou reconhecer direitos*, mas nunca transmiti-los – o que dependeria de um verdadeiro contrato.

Neste ponto, é necessária bastante atenção. É que, conquanto não se admita a transferência de direitos como **objeto da transação**, pode o negócio conter uma **transferência compensatória** de direitos, para remunerar um dos transigentes.[149] Se isso ocorrer, haverá **transmissão acessória** na transação, dependente do ato que for objeto do negócio: uma declaração ou reconhecimento de direitos, que podem se consubstanciar, inclusive, em uma renúncia. Embora a doutrina não fosse pacífica quanto a essa possibilidade de transferência compensatória na transação, o sistema pátrio a reconheceu, indiscutivelmente, como se depreende da norma contida no art. 845, acerca da evicção de coisa renunciada ou transferida na transação. Estudaremos o preceito na subseção sobre a eficácia da transação.

Impende frisar, por fim, que certos direitos de família, como os **alimentos**, têm **caráter público** apenas quanto aos **direitos futuros**. Os **direitos pretéritos** se revestem de **caráter privado**, e, por conseguinte, podem ser objeto de transação. O preceito, como relembra CAIO MÁRIO, vem desde o *Digesto*, no Direito Romano.[150]

5.3 Eficácia da transação

Uma vez celebrada a transação, presentes todos os requisitos que a configuram, o negócio ganha força de **ato jurídico perfeito** e começa a produzir efeitos, mesmo antes da homologação – no caso da transação extintiva –, como vimos.

Em se tratando de negócio jurídico, obviamente que sua eficácia somente opera *intra partes*, ou seja, entre as partes, ainda que tenha por objeto coisa indivisível (art. 844).

Por prudência, no entanto, a lei opta por traçar algumas considerações específicas.

Primeiramente, o § 1º do art. 844 destaca que se a transação for concluída entre o credor e o devedor, o **fiador** se desobriga.

Ademais, o § 2º do dispositivo frisa que, se a transação for celebrada entre um dos credores solidários e o devedor, a obrigação do devedor se extingue com relação a *todos os credores* – consectário, obviamente, da ideia de que os sujeitos plurais, na solidariedade, agem em unidade, como se fossem um só.

Nos termos do § 3º, o mesmo princípio quanto à solidariedade impõe que a transação entre um dos devedores solidários e o credor extingue a dívida com relação a *todos os coobrigados*.

Em se tratando de **obrigação proveniente de delito**, como não poderia deixar de ser, a transação com relação a ela não produz o efeito de extinguir a ação penal (art. 846) – cujo objeto

---

[149] BEVILÁQUA, Clóvis. *Código comentado*, cit., v. 4, p. 144; PEREIRA, Caio Mário da Silva. *Instituições*, cit., v. 2, p. 164; GONÇALVES, Carlos Roberto. *Direito civil brasileiro*. 6. ed. São Paulo: Saraiva, 2009. v. 3, p. 553.

[150] PEREIRA, Caio Mário da Silva. *Instituições*, cit., v. 2, p. 166.

não é a obrigação proveniente do ilícito, mas o próprio ilícito. Exceção se verifica na hipótese de composição civil em ação penal privada e ação penal condicionada à representação. Em síntese, a composição civil dos danos é a proposta feita pelo suposto autor do fato à vítima para reparar os prejuízos causados por crime de menor potencial ofensivo. De acordo com o parágrafo único do art. 74 da Lei 9.099/1995, "tratando-se de ação penal de iniciativa privada ou de ação penal pública condicionada à representação, o acordo homologado acarreta a renúncia ao direito de queixa ou representação". Consequentemente, há extinção da ação penal. Nesses casos, não se aplica a regra do art. 846 do CC. De toda forma, vale lembrar que a eventual prescrição da ação penal não é capaz de fulminar a pretensão indenizatória no âmbito cível decorrente do mesmo fato. Embora a sentença penal condenatória possa fixar os prejuízos sofridos e, com o trânsito em julgado, ser judicialmente executada, como a responsabilidade civil independe da criminal (art. 935 do CC), a vítima pode ajuizar a ação na esfera civil sem precisar aguardar o desfecho da ação penal.

Na hipótese de **evicção**[151] da coisa renunciada por um dos transigentes, ou por ele transferida, a título compensatório, a obrigação extinta pela transação não se restabelece, mas o evicto faz jus à indenização por **perdas e danos** (art. 845).

Evidentemente que, se um dos transigentes adquirir, depois da transação, novo direito sobre a coisa renunciada ou transferida, a transação não o impedirá de exercê-lo (art. 845, parágrafo único). Afinal, o objeto da transação foi uma obrigação que, pelo negócio, extinguiu-se. Uma nova obrigação, pela qual o sujeito adquira novo direito, ainda que sobre a coisa que era objeto da obrigação extinta, será, afinal, uma nova obrigação, em nada se relacionando com a anterior.

5.4 Invalidade da transação

No sistema adotado pelo Código, a **invalidade** de qualquer das cláusulas da transação implica a invalidade do negócio como um todo (art. 848). No entanto, em se tratando de transação extintiva, e não havendo interdependência entre os diversos direitos objeto da controvérsia, a invalidade da transação quanto a um deles não implica a invalidade do negócio quanto aos demais (art. 848, parágrafo único).

Cabe lembrar que a invalidade pode consistir em **nulidade** ou **anulabilidade**.

5.4.1 Nulidade da transação

Enseja a **nulidade** da transação qualquer dos defeitos do negócio jurídico aos quais a lei comina essa sanção (arts. 166 e 167).

Ademais, importa nulidade da transação o fato de a obrigação que constituiu seu objeto já ter sido **objeto de litígio** cuja resolução **transitou em julgado**, se da coisa julgada não tinha ciência algum dos transatores (art. 850, primeira parte). A ressalva, como se vê, não constitui condição de aplicabilidade do preceito, senão procura explicar por que razão teria havido transação, mesmo depois da resolução definitiva da lide. Os comentadores do Código fazem referência ao herdeiro, que, sem saber da decisão, transige com a parte adversa.[152] O que levou esta parte a transigir, mesmo ciente da coisa julgada, só Deus sabe. E, se ambos os transatores forem herdeiros das partes adversas e ignorarem a decisão resolutiva do mérito, então estaremos diante de pessoas muito desavisadas.

---

[151] O tema da evicção é objeto do nosso estudo na Parte III – Direito dos Contratos.
[152] BEVILÁQUA, Clóvis. *Código comentado*, cit., v. 2, p. 152.

Por fim, prossegue o art. 850 declarando a nulidade da transação quando, por **título ulteriormente descoberto**, constatar-se que nenhum dos transatores tinha direito sobre o **objeto da transação**. Deve-se tomar cuidado para não relacionar esta hipótese, da segunda parte da norma, com a da primeira, sobre a coisa julgada, erro em que se pode facilmente incorrer em razão da má redação do art. 850. Considera-se nula a transação se posteriormente se provar que as partes não tinham direito sobre o objeto do negócio, o que se justifica simplesmente pelo fato de que terão transigido sobre **direito alheio**. Obviamente que não se poderia reputá-la válida, capaz de atingir o verdadeiro titular do direito. *Nemo plus iuris ad alium transferre potest quam ipse habet*, já diziam os romanos: ninguém pode transferir mais direitos do que tem – ou transigir sobre mais direitos do que tem, por conseguinte.

5.4.2 Anulabilidade da transação

Ensejam a **anulabilidade** da transação, nos termos do art. 849, o **dolo**, a **coação** e o **erro** essencial quanto à pessoa ou coisa controversa. O parágrafo único do dispositivo expressamente exclui a possibilidade de anulação da transação por **erro de direito** relativo às questões que foram objeto da controvérsia. Ocorre que, como bem observa Carlos Roberto Gonçalves, não há razão para se obstar à anulação fundada em qualquer das causas de anulabilidade do negócio jurídico previstas no Código (art. 171) – em número maior do que no Código de 1916, de onde veio a norma do art. 849 –, à exceção do erro de direito (previsto no art. 139, III), vez que este foi expressamente enjeitado pelo parágrafo único do art. 849.[153]

5.5 Cláusula penal na transação

Admite-se que as partes insiram na transação **cláusula penal** (art. 847), para a hipótese de atraso no cumprimento do pactuado ou mesmo de inadimplemento absoluto.

Caso o leitor indague sobre a utilidade desse preceito, considerando-se que o Código considera a transação um contrato, e que os contratos, salvo disposição em contrário, comportam cláusula penal, cumpre expender que a norma veio copiada do Código de 1916, em que tinha utilidade porquanto aquele diploma não considerava a transação um contrato, senão uma modalidade especial de extinção das obrigações sem pagamento.

6. COMPROMISSO

O legislador de 2002 também caracterizou o fenômeno do **compromisso** como **contrato**, e por isso o retirou do livro das obrigações. Todavia, ainda enxergamos no instituto um **ato jurídico em sentido estrito**, que se inclui entre as modalidades de extinção das obrigações sem pagamento.

Se, por um lado, o leitor pode estar imaginando que nunca ouviu falar de compromisso com tal sentido técnico, ficará surpreso ao saber que se trata, aqui, do mais modernamente chamado **compromisso arbitral**, ato pelo qual os sujeitos acordam em submeter qualquer controvérsia acerca do vínculo obrigacional a um juízo arbitral, e não ao Poder Judiciário.

Para o Direito Civil, compromisso tem esses contornos.

Segundo o art. 851 do Código, admite-se o ajuste do compromisso pela **via judicial** – caso em que o processo em cujos autos se celebrou o ajuste será extinto sem resolução do mérito, nos

---

[153] GONÇALVES, Carlos Roberto. *Direito civil brasileiro*, cit., v. 3, p. 557-558.

termos do art. 485, VII, do CPC[154] – ou pela **via extrajudicial**, por meio de **negócio autônomo**, ou de **cláusula contratual**, a qual submeta as divergências que eventualmente surgirem do contrato ao juízo arbitral, na forma estabelecida em legislação especial (art. 853)[155].

Certamente que não se pode admitir a convenção da arbitragem quanto a **direitos não patrimoniais**, como aqueles referentes ao estado,[156] à família e outros mais (art. 852).

Quanto ao mais, o compromisso arbitral se encontra disciplinado na Lei de Arbitragem – Lei 9.307/96 –, cujo exame foge ao escopo desta obra. Não obstante, recomendamos a leitura do diploma legal, bem como dos bons manuais já publicados acerca dos novos contornos do compromisso arbitral no Direito pátrio.

Quadro Esquemático 6

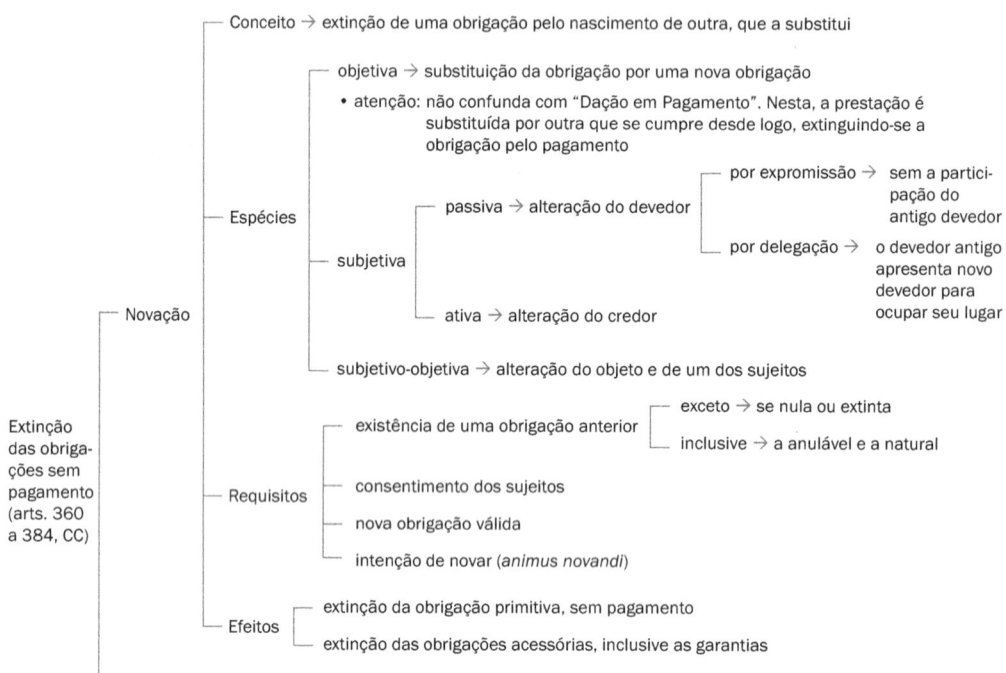

---

[154] De acordo com o CPC/2015, o juiz declarará extinto o processo, sem resolução do mérito, quando acolher a alegação de existência de convenção de arbitragem ou quando o juízo arbitral reconhecer a sua competência.

[155] Ver Lei 13.140/2015.

[156] Lembre-se de que estado, aqui, é um dos atributos da personalidade, como estudado na parte anterior deste livro, sobre a Teoria Geral do Direito Civil.

Parte II – Cap. 6 – Extinção das Obrigações sem Pagamento (arts. 360 a 384) | 315

Extinção das obrigações sem pagamento (arts. 360 a 384, CC)

- **Compensação**
  - Conceito → é o fenômeno por meio do qual se extinguem obrigações pelo fato de o credor de uma delas ter se tornado devedor da outra, e vice-versa
  - Natureza jurídica → ato jurídico voluntário. Exceção pessoal
  - Natureza do reconhecimento jurisdicional da compensação → declaração
  - Espécies
    - legal
    - convencional
  - • obs.: o nosso sistema adotou o regime relativo de compensação legal: ocorre por alegação do sujeito a quem ela aproveita, contudo, uma vez alegada legitimamente, seus efeitos surtirão por força de lei e retroativamente
  - Requisitos
    - haver duas obrigações principais recíprocas entre os mesmo sujeitos
    - da compensação legal
      - fungibilidade das prestações
      - liquidez
      - vencimento
      - exigibilidade
  - Impossibilidade de compensação
    - em razão da causa da dívida
      - proveniente de esbulho, furto ou roubo
      - decorrente de comodato, depósito ou alimentos
      - que tem por objeto coisa insuscetível de penhora
    - em prejuízo de direito de terceiro
  - Da dívida de terceiros
    - em regra, não é admitida
    - exceção → o fiador pode opor ao credor da dívida afiançada a compensação com um crédito que aquele devia ao fiador
  - de dívidas pagáveis em lugares diversos → subordinação à redução das despesas
  - de crédito cedido → se o devedor notificado da cessão a ela não se opõs, não se admite posterior oposição ao cessionário da compensação. Caso não tenha sido notificado, poderá opor ao cessionário a compensação do crédito que antes tinha como cedente
  - compensação múltipla → observância das regras da imputação do pagamento

- **Confusão**
  - conceito → é o fato pelo qual o credor se torna devedor dele mesmo, ou o devedor torna-se credor da mesma obrigação
  - espécies
    - total → a obrigação se extingue por inteiro
    - parcial → somente se extingue parte da dívida

- **Remissão**
  - conceito → perdão concedido ao devedor pelo credor
  - requisitos
    - capacidade plena do credor e sua renúncia ao crédito
    - aceitação do devedor
  - pode ser expressa ou tácita
  - não pode prejudicar direitos de terceiro

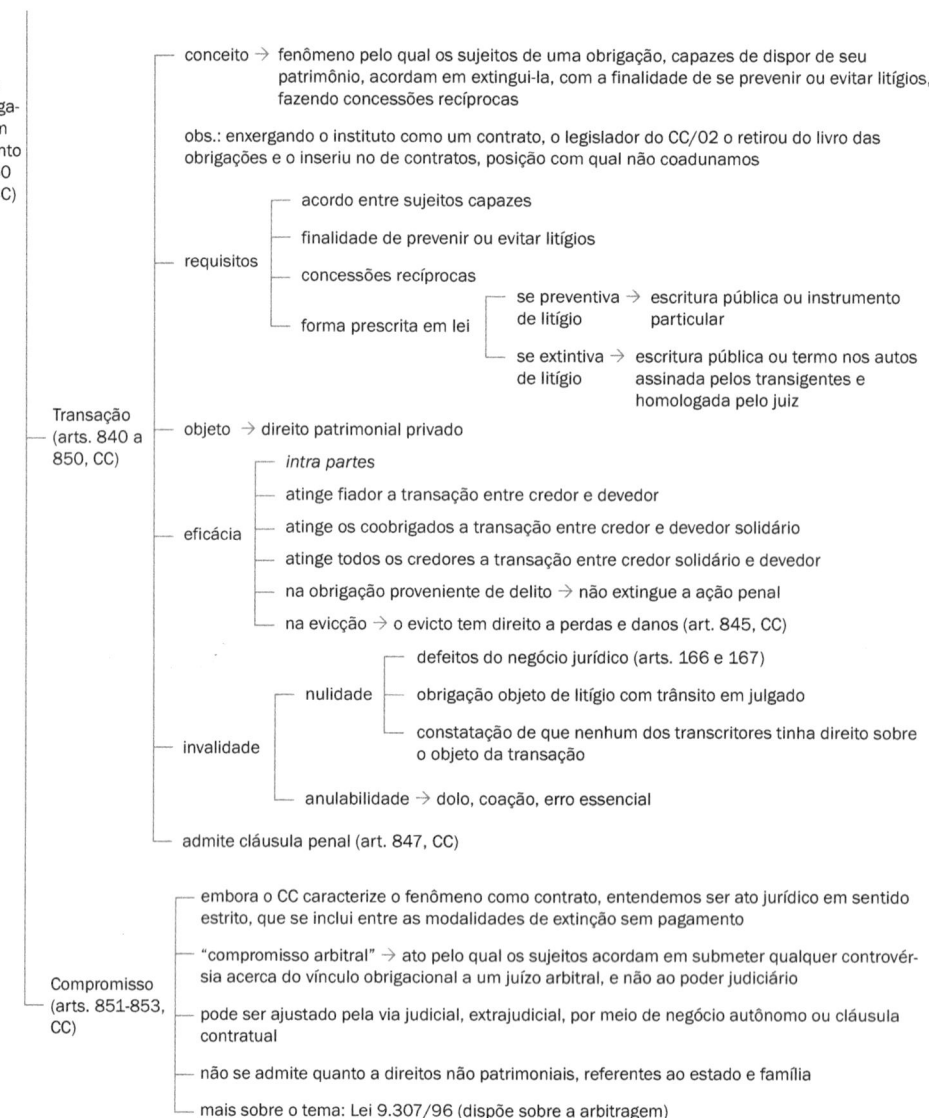

Transmissão das Obrigações (arts. 286 a 303)

Podem as obrigações ser transmitidas em dois casos: quando o credor transfere a alguém seu crédito, hipótese que se denomina **cessão de crédito**, ou quando terceiro se reveste da qualidade de devedor, o que se chama de **assunção de dívida**.

1. CESSÃO DE CRÉDITO

A cessão de crédito opera-se por **negócio jurídico** celebrado entre o credor originário, chamado de **cedente**, que transfere o crédito, e o novo credor, chamado de **cessionário**, que o recebe. O ato pode ser gratuito ou oneroso.

Como qualquer outro negócio jurídico, a cessão se submete aos requisitos previstos no art. 104. Em se tratando de cessão gratuita, haverá afetação pelas regras gerais do contrato de doação (art. 538 e seguintes). Por outro lado, sendo a cessão onerosa, a transmissão deverá observar as regras do contrato de compra e venda.

Em regra, a cessão deriva da autonomia da vontade das partes e da liberdade contratual. Entretanto, há casos em que a própria legislação impõe a cessão, como no caso do art. 287 do Código Civil. De acordo com esse dispositivo, os acessórios são abrangidos pela cessão, exceto se o contrário resulta da vontade dos contratantes. Por exemplo: a correção monetária e os juros de determinado crédito constituem acessório do principal que fora cedido, carecendo de previsão contratual específica quanto à transmissibilidade.

1.1 Créditos passíveis e privados de cessão

Consideram-se passíveis de cessão os créditos que a **natureza da obrigação**, a **lei** ou a **vontade dos sujeitos** não impedirem de serem cedidos (art. 286, primeira parte).

Destarte, não é passível de cessão, pela natureza da obrigação, um crédito de alimentos futuros, que se reputa personalíssimo (art. 1.707); pela lei, um crédito de ascendente para descendente, sem a anuência dos demais descendentes e do cônjuge do cedente, por aplicação analógica do art. 496;[157] pela vontade das partes, um crédito constante de obrigação em que se pactuou a intransmissibilidade.

---

[157] Art. 496 do Código Civil: "é anulável a venda de ascendente a descendente, salvo se os outros descendentes e o cônjuge do alienante expressamente houverem consentido".

Na jurisprudência, também é possível encontrar vedações à cessão, como no caso do Seguro Obrigatório DPVAT. Por um lado, inexiste óbice à cessão de crédito decorrente do seguro em caso de morte, visto tratar-se de direito pessoal disponível. Assim, podem os familiares da vítima ceder o crédito decorrente da indenização a terceiro. Por outro, considera-se vedada a possibilidade de cessão de reembolso das despesas médico-hospitalares. Isso porque o reembolso é devido exclusivamente às vítimas, tratando-se de direito personalíssimo que tem como objetivo evitar que hospitais credenciados aos SUS se tornem cessionários (STF, ADI 4350)[158].

Não se admite a cessão, ainda, quando o crédito tiver sido **penhorado**, contanto que o credor seja **intimado** da penhora (art. 298, primeira parte). O devedor que não toma ciência da penhora e paga o crédito ao credor fica exonerado, subsistindo os direitos do exequente contra o credor (art. 298, segunda parte).

Na verdade, como se pode perceber, a norma constante da segunda parte do art. 298 não se refere à hipótese da primeira parte do dispositivo, de proibição da cessão do crédito penhorado. Sua pertinência com a matéria da cessão está em que a própria penhora opera à semelhança de uma cessão – daí que o devedor deveria pagar ao exequente, e não ao credor, salvo a hipótese da falta de intimação da penhora, equivalente, no Direito material, à notificação da cessão. A inserção do preceito no art. 298 (antigo art. 1.077 do Código de 1916) parece advir de uma pequena confusão técnica do legislador, que acabou por reunir em um só artigo os dois dispositivos acerca da cessão que cuidam de penhora.

Especificamente com relação à **intransmissibilidade** ajustada entre as partes, a lei exige que conste do **instrumento da obrigação**, sob pena de não poder ser oposta ao cessionário de boa-fé (art. 286, segunda parte). Dessa forma, não havendo cláusula que impossibilite a cessão, entende-se que ela poderá ser realizada.

1.2 Eficácia da cessão de crédito

Como vimos, salvo disposição em contrário, a cessão do **crédito principal** abrange os **acessórios** (art. 287).

Caso se trate de cessão de crédito hipotecário, para que a cessão tenha eficácia, deverá o cessionário averbar o negócio no registro imobiliário, na respectiva escritura (arts. 289 e 107), e, caso o cedente seja casado, a anuência do cônjuge se mostra imprescindível (art. 1.647, I), exceto se o casamento for regido pela separação convencional de bens.

Conquanto não se exija a **anuência do devedor** para que se opere a cessão de crédito, o ato somente produzirá efeitos quanto a ele se ele houver sido **notificado** (art. 290, primeira parte). Para fins do art. 290, considera-se também notificado o devedor se este se declarar **ciente** da cessão em **instrumento público ou particular** (art. 290, segunda parte). Se tiver algum motivo para impugnar a cessão, como a compensação, o devedor deverá suscitá-lo tão logo seja notificado, sob pena de a cessão se cristalizar em ato jurídico perfeito.

Cabe asseverar que a notificação carece de formalismo e não exige resposta. Ou seja, não se espera consentimento do devedor, mas apenas o seu conhecimento. Além disso, eventual ausência da notificação do devedor quanto à cessão realizada não resulta propriamente em

---

[158] Esse entendimento foi posteriormente consolidado na legislação. Em 2009, a Lei 6.194/1974 foi alterada para prever a impossibilidade de cessão (Art. 3º, § 2º. Assegura-se à vítima o reembolso, no valor de até R$ 2.700,00 (dois mil e setecentos reais), previsto no inciso III do *caput* deste artigo, de despesas médico-hospitalares, desde que devidamente comprovadas, efetuadas pela rede credenciada junto ao Sistema Único de Saúde, quando em caráter privado, vedada a cessão de direitos) (grifo nosso).

ineficácia do negócio jurídico, visto que serve apenas para evitar o pagamento ao credor originário. Isso quer dizer que a ausência dessa notificação não tornará nula a cobrança da dívida pelo cessionário ou mesmo o registro do nome do devedor em cadastros de inadimplentes. O que se busca evitar com a notificação é que o devedor efetue o pagamento ao antigo credor. Enquanto isso não ocorre, o novo credor (cessionário) pode, independentemente do conhecimento do devedor sobre a transferência de titularidade, exercer seu direito de cobrança do crédito adquirido[159]. Ademais, conquanto não tenha sido notificado da cessão o devedor, é lícito ao cessionário praticar os **atos conservatórios** do crédito cedido (art. 293).

Ainda sobre a notificação, no final de 2021, em sede de embargos de divergência, o STJ firmou entendimento no sentido de que a citação do devedor em ação de cobrança ajuizada pelo cessionário é suficiente para satisfazer a regra do art. 290. Dessa forma, se "A" é credor de "B" e cede um crédito para "C", este poderá, em caso de inadimplemento, ajuizar ação contra o devedor "B", ainda que não tenha sido realizada a notificação sobre a cessão. A partir da citação, o devedor tomará ciência inequívoca sobre a cessão e, por isso mesmo, saberá a quem se deve pagar. Em suma, a citação é suficiente para cumprir a exigência de cientificação do devedor quanto à transferência do crédito (EAREsp 1.125.139/PR, relatora: Min. Laurita Vaz, Corte Especial, data do julgamento: 6/10/2021, data da publicação: 17/12/2021).

O devedor ficará desobrigado se pagar ao credor antes de ser notificado da cessão ou se pagar ao cessionário que lhe apresentar, como título da cessão, o título da obrigação cedida – na hipótese de múltiplas cessões do mesmo crédito pelo mesmo cedente –, prevalecendo a prioridade de notificação, quando o crédito constar de escritura pública e mais de um cessionário reclamá-lo (art. 292).

Admite-se que o devedor oponha ao cessionário as **exceções** que lhe competirem, inclusive as que tinha contra o cedente no momento em que foi notificado da cessão (art. 294). Frise-se que não se incluem no permissivo, obviamente, as **exceções pessoais**, como a compensação, que devem ser opostas ao cedente tão logo seja o devedor notificado da cessão.

Com relação a **terceiros**, a cessão de crédito somente é eficaz se o negócio jurídico por meio do qual se realizou se houver celebrado por **instrumento público** ou, se por instrumento particular, contiver a indicação do **lugar em que se celebrou**, da **qualificação do cedente e do cessionário**, da **data** e do **objetivo** do ato (art. 288 do Código, combinado com art. 654, § 1º).

Se a cessão se der **a título oneroso**, o cedente, ainda que não o declare expressamente, fica responsável perante o cessionário pela existência do crédito ao tempo da cessão (art. 295, primeira parte). Se a cessão se der **a título gratuito**, somente recai sobre o credor tal responsabilidade se tiver procedido **de má-fé** (art. 295, segunda parte).

O credor não fica, em qualquer caso, responsável pela **solvência** do devedor, salvo ajuste contrário expresso (art. 296). Se assumir a responsabilidade pela solvência, segundo o art. 297, o cedente não responde por mais do que tiver recebido pela cessão, mais os juros, porém tem de ressarcir o cessionário pelas despesas da cessão, bem como pelas despesas efetuadas com a cobrança do devedor. Desse preceito se depreende que o cedente não pode assumir a responsabilidade pela solvência do devedor se a cessão for **gratuita**, pois, nesse caso, não tendo o cedente recebido o que quer que fosse pela cessão, sua responsabilidade seria vazia.

---

[159] "[...] A ausência de notificação não é capaz, destarte, de isentar o devedor do cumprimento da obrigação ou impedir o credor/cessionário de praticar os atos necessários à cobrança ou à preservação dos direitos cedidos, como por exemplo o registro de seu nome, se inadimplente, em órgãos de restrição ao crédito" (STJ, REsp 1.604.899/SP, relator: Min. Moura Ribeiro, 3ª Turma, data do julgamento: 4/4/2018).

CESSÃO *PRO SOLUTO*	CESSÃO *PRO SOLVENDO*
É a regra, independentemente de previsão expressa (art. 295).	Depende de ajuste entre as partes.
O cedente se responsabiliza perante o cessionário pela existência do crédito ao tempo da cessão, que se estende a suas garantias e acessórios.	O cedente se responsabiliza perante o cessionário pela existência do crédito ao tempo da cessão, que se estende a suas garantias e acessórios.
O cedente **não** se responsabiliza pela solvabilidade do cedido.	O cedente **também** se responsabiliza pela solvabilidade do cedido. Garante-se ao cessionário inclusive a qualidade de credor solidário (art. 296).

1.3 Múltiplas cessões

Na hipótese de serem efetuadas **várias cessões** do mesmo crédito, prevalece a que se completar com a **tradição** do título do crédito cedido, segundo o art. 291 do Código.

Cabe lembrar que, como vimos, o devedor se desonera se pagar ao cessionário que lhe apresentou como título da cessão o título da obrigação cedida (art. 292, segunda parte). Na hipótese de crédito constante de escritura pública, o devedor se desobriga pagando ao cessionário cuja cessão lhe foi notificada em primeiro lugar, ou seja, prevalece a prioridade da notificação (art. 292, terceira parte).

A doutrina trabalha, ainda, com a hipótese – não mencionada na lei – de duas notificações – ou mais – terem chegado na mesma data. Nesse caso, o crédito terá de ser repartido entre os cessionários.

Em qualquer caso, o **cessionário prejudicado** pelas demais cessões tem direito de ser **indenizado** pelo cedente, que, afinal, não podia ter cedido o mesmo crédito mais de uma vez.

2. ASSUNÇÃO DE DÍVIDA

Pode um terceiro **assumir o débito** do devedor, salvo se este tiver caráter *intuitu personae*, e sempre com a **anuência expressa**[160] **do credor** (art. 299, primeira parte). A esse fenômeno se dá o nome de **assunção de dívida**. À guisa de curiosidade, impende destacar que essa modalidade de transmissão das obrigações não era regulada pelo Código Civil anterior.

Existem dois tipos de assunção: a **liberatória** e a **cumulativa**[161]. A primeira é a prevista no mencionado art. 299. Por meio dela o devedor primitivo é substituído, ingressando, na relação jurídica, um novo devedor. Na segunda, há uma ampliação do polo subjetivo, com a inclusão

---

[160] A anuência expressa é excepcionada no caso do art. 303 do Código Civil, que trata da assunção no caso de imóvel hipotecado. De acordo com esse dispositivo, "o adquirente de imóvel hipotecado pode tomar a seu cargo o pagamento do crédito garantido; se o credor, notificado, não impugnar em trinta dias a transferência do débito, entender-se-á dado o assentimento". O novo devedor substitui o anterior proprietário e, se o credor notificado não impugnar a transferência, entender-se-á que houve consentimento tácito a respeito da transmissão.

[161] Segundo o Enunciado 16 do CJF, "o art. 299 do Código Civil não exclui a possibilidade da assunção cumulativa da dívida quando dois ou mais devedores se tornam responsáveis pelo débito com a concordância do credor".

de um novo devedor. Nesta, ambos responderão pela dívida, mas solidariedade só haverá se houver previsão expressa.

Há, na legislação, hipótese de **assunção legal**, a exemplo do art. 1.345 do CC, segundo o qual o adquirente de unidade em condomínio edilício responde pelos débitos do alienante, em relação ao condomínio, inclusive multa e juros.

A assunção da dívida desonera o devedor primitivo, salvo se o novo devedor era insolvente desde que ocorreu a assunção, sem que o credor desse fato tivesse ciência (art. 299, segunda parte).

Na hipótese de os sujeitos da assunção assinalarem **prazo** para que o credor se manifeste, o silêncio deste se interpretará como **recusa** (art. 300). Ou seja, aqui não se aplica a máxima "quem cala consente".

Nos termos do art. 300 do Código, a não ser que haja **anuência expressa** do devedor primitivo, a assunção da dívida importa a **extinção das garantias especiais** que ele originariamente prestou ao credor. De acordo com o enunciado 422 do CJF, a expressão "garantias especiais" refere-se a todas as garantias, quaisquer delas, reais ou fidejussórias, que tenham sido prestadas voluntária e originariamente pelo devedor primitivo ou por terceiro, vale dizer, aquelas que dependeram da vontade do garantidor, devedor ou terceiro para se constituírem.

Vindo a ser **anulada** a assunção da dívida, restaura-se o débito do devedor primitivo, com todas as suas garantias, exceto as garantias prestadas por terceiro, se o devedor comprovar que desconhecia, à época, o vício que ensejou a anulabilidade do negócio (art. 301). Vale destacar que, enquanto a assunção não for anulada, não poderá o devedor primitivo, por exemplo, discutir o contrato original, considerando que ele não compõe mais o polo passivo da relação obrigacional[162].

Por fim, frise-se que a assunção de dívida não transfere ao novo devedor as exceções pessoais que tinha o devedor primitivo (art. 302). Admite-se, contudo, a discussão sobre questões que envolvem o próprio débito, a exemplo da prescrição ou do pagamento.

---

[162] Exemplo de decisão que aplicou esse entendimento: "Recurso especial. Ação de revisão de contrato bancário c.c. pedido de indenização e repetição de indébito. Negativa de prestação jurisdicional. Não ocorrência. Questões devidamente analisadas pelo tribunal de origem. Assunção de dívida firmada com terceiro. Exoneração do devedor primitivo do vínculo obrigacional. Ilegitimidade ativa para discutir as cláusulas do contrato, do qual não faz parte. Extinção do processo sem resolução de mérito. Acórdão recorrido mantido na íntegra. Recurso desprovido. 1. O Tribunal de origem analisou expressamente a questão acerca da ilegitimidade ativa da autora, ora recorrente, tanto que reformou a sentença para extinguir o feito, sem resolução de mérito, nos termos do art. 267, inciso VI, do CPC/1973, não havendo que se falar em negativa de prestação jurisdicional. 2. Se a responsabilidade pelo pagamento da dívida foi integralmente transferida a terceiros, ainda que, para tanto, a devedora primitiva tenha entregado imóveis de sua propriedade por valores supostamente abaixo do valor de mercado, não se revela possível o ajuizamento de ação buscando a revisão do contrato com pedido de indenização e repetição de indébito, considerando que a recorrente não compõe mais o polo passivo da relação obrigacional. 3. A recorrente deveria previamente tentar anular a assunção de dívida feita com os terceiros assuntores, pela qual transferiu parte de seus imóveis em troca da sua liberação do vínculo obrigacional, a fim de retornar à condição de devedora da obrigação junto à instituição financeira, e, a partir daí, discutir eventuais nulidades das cláusulas contratuais, o que não ocorreu na hipótese, razão pela qual deve o acórdão recorrido, que reconheceu a ilegitimidade ativa ad causam da recorrente, ser mantido na íntegra. 4. Recurso especial desprovido" (REsp 1.423.315/PR, relator: Min. Marco Aurélio Bellizze, 3ª Turma, data do julgamento: 21/9/2021, data da publicação: 24/9/2021).

Quadro Esquemático 7

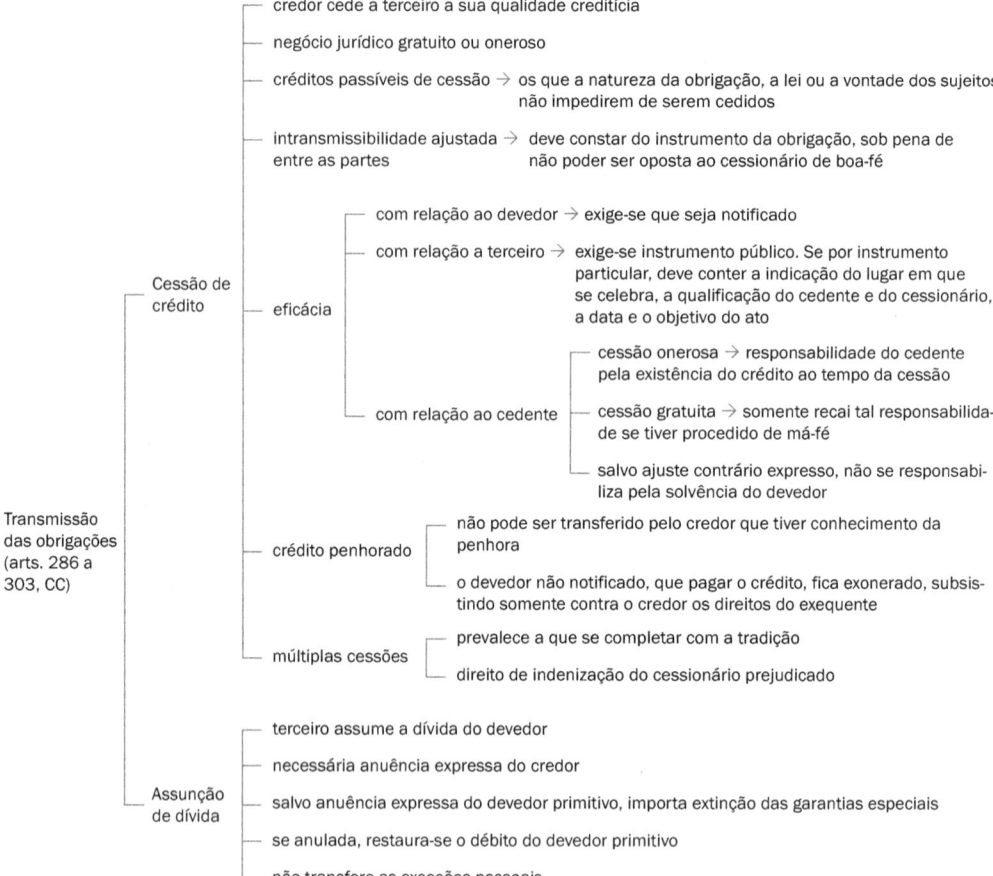

8

Responsabilidade Civil Extracontratual (arts. 186 a 188 e 927 a 954)

O Direito brasileiro protege as pessoas que sofrem **dano**, impondo ao autor do fato que deu causa ao prejuízo **responsabilidade civil**, a qual faz surgir o **dever de reparação**, também chamado **dever de indenizar**.

O dano pode advir do descumprimento de um contrato, caso em que haverá **responsabilidade civil contratual** – mais modernamente, e mais tecnicamente, denominada **responsabilidade negocial**. Essa responsabilidade será por nós examinada na Parte III – Direito dos Contratos.

Por outro lado, pode ser que o dano nada tenha a ver com um contrato, caso em que haverá **responsabilidade civil extracontratual**. Por ser sua fonte mais antiga a *Lex Aquilia*, do final do século III a.C., a responsabilidade extracontratual ficou também conhecida como **responsabilidade aquiliana**.

A teoria da responsabilidade civil extracontratual e do consequente dever de indenizar constitui o objeto do nosso estudo neste capítulo.

1. FUNDAMENTO DA REPARAÇÃO CIVIL

A grande maioria das pessoas que lê *Dom Casmurro* tendo antes ouvido a história do romance termina a leitura convicta de que Capitu traiu Bentinho. Todavia, quem lê a obra com imparcialidade percebe que não há nenhuma evidência da traição na narrativa. Nessa aura de mistério perfeitamente criada reside a genialidade de Machado de Assis.

O mesmo se passa, *mutatis mutandis*, com a discussão do fundamento da responsabilidade civil no Direito brasileiro.

Historicamente, os juristas fundamentam a reparação civil ou no **dano** ou na **culpa**. Aceitar o dano como fundamento da responsabilidade civil privilegia a reparação, porquanto basta que se cause um prejuízo para que surja o dever de repará-lo. Por sua vez, aceitar a culpa como fundamento da reparação civil importa limitar a imposição da responsabilidade e do consequente dever de indenizar ao sujeito que causou dano *culposamente*, o que priva de reparação o dano causado sem culpa, assim como o causado por culpa quando não se consegue produzir prova dela.

Os civilistas pátrios, à quase unanimidade, asseveram que o fundamento da reparação do dano não é o próprio dano, senão a **culpa**. Por essa razão, sustentam que somente surge a **responsabilidade civil** para o autor do fato se este agiu *culposamente*. "O fundamento maior da responsabilidade civil está na culpa."[163] "Já vimos que a regra básica da responsabilidade civil, consagrada em nosso Código Civil, implica a existência do elemento culpa."[164]

Como compreender, então, que o autor do projeto do Código de 1916, cujo sistema foi seguido pelo Código de 2002, asseverasse exatamente o contrário, ou seja, que o fundamento da responsabilidade civil no Código é o dano?[165]

O mal de que padece o nosso sistema legal de responsabilidade civil advém de um problema técnico. CLÓVIS BEVILÁQUA, autor do projeto que se transformou no Código de 1916, era, conforme asseverado, defensor da ideia de responsabilidade fundada no **dano**. Ocorre que BEVILÁQUA relacionou a ideia de responsabilidade civil à ideia de **ato ilícito**, e construiu a noção de ato ilícito, no Código, sobre o elemento **culpa**. Veja-se o art. 159 do Código de 1916, acerca do ato ilícito:

> Art. 159. Aquele que, por ação ou omissão voluntária, negligência, ou imprudência, violar direito, ou causar prejuízo a outrem, fica obrigado a reparar o dano.
>
> A verificação da culpa e a avaliação da responsabilidade regulam-se pelo disposto neste Código, arts. 1.518 a 1.532 e 1.537 a 1.553.

A relação entre responsabilidade fundada no dano e ato ilícito culposo parece paradoxal, e essa incoerência foi objeto de debate no Congresso quando da discussão do projeto pela comissão elaboradora do Código. Acabou vencendo, no entanto, a opinião de quem não enxergava tal contradição, conforme se depreende do voto do presidente da comissão, Justiniano de Serpa: "qual a ideia dominante nessa construção jurídica? É que todo dano deve ser reparado, independentemente de culpa ou dolo".[166] Adiante: "intervindo culpa ou dolo, tem-se o ato ilícito, e o agente culpado ou doloso responde pelo prejuízo causado. Não havendo culpa ou dolo, o agente é, ainda assim, obrigado a indenizar, salvo quando a outrem se deve atribuir a culpa do ato danoso".[167] Em conclusão: "o encadeamento das ideias é lógico e tem um fundamento ético bem claro. Se o eminente senador João Luís Alves nele descobriu contradição, é porque se colocou do ponto de vista da culpa, quando o ponto de partida do *Projeto* é o do dano".[168]

O erro da comissão elaboradora, ao que parece, foi não reconhecer que o sistema adotado pelo Código, no mínimo, era ambíguo, pelo que admitia mais de uma interpretação. E, infelizmente, a interpretação que prevaleceu foi exatamente a contrária à sustentada por Justiniano de Serpa e idealizada por CLÓVIS BEVILÁQUA.

Ocorre que o sistema de responsabilidade civil fundada na culpa deixa sem reparação o dano sofrido sempre que a vítima não consegue provar a conduta culposa do causador do prejuízo. Sabe-se, vale lembrar, que o ônus de provar o fato constitutivo do seu direito cabe ao autor (art. 373, I, do CPC/2015). Fica privado de reparação, igualmente, o dano que não tiver sido causado por ato culposo.

---

[163] PEREIRA, Caio Mário da Silva. *Instituições de direito civil*. 3. ed. Rio de Janeiro: Forense, 1975. v. 3, p. 501.
[164] RODRIGUES, Silvio. *Direito civil*: responsabilidade civil. 14. ed. São Paulo: Saraiva, 1995. p. 17.
[165] BEVILÁQUA, Clóvis. *Código comentado*, cit., v. 1, p. 346.
[166] SERPA, Justiniano de. Apud BEVILÁQUA, Clóvis. *Código comentado*, cit., v. 1, p. 346.
[167] Idem.
[168] Ibidem, p. 346-347.

Por essa razão, alguns pensadores retomaram a discussão sobre o fundamento da responsabilidade civil na segunda metade do século XX, como pontuou SERGIO CAVALIERI FILHO:

> os juristas perceberam que a teoria subjetiva não era mais suficiente para atender a essa transformação social (que vinha ocorrendo ao longo do século XX); constataram que, se a vítima tivesse que provar a culpa do causador do dano, em numerosíssimos casos ficaria sem indenização, ao desamparo, dando causa a outros problemas sociais, porquanto, para quem vive de seu trabalho, o acidente corporal significa a miséria, impondo-se organizar a reparação.[169]

Nesse contexto, destaca-se o relevante papel exercido pela jurisprudência na reafirmação do dano como fundamento da responsabilidade civil. Vários meios foram buscados para contornar a culpa e a sua prova em casos de responsabilidade dependente dela (segundo a doutrina tradicional).

Lamentavelmente, o legislador de 2002, no lugar de corrigir a falha do Código de 1916, repetiu o sistema anterior, limitando-se a alterações pouco significativas.

Feitas essas considerações, sugerimos que você procure analisar os temas que serão a seguir examinados despido da visão preconcebida de que a responsabilidade civil tem por fundamento a culpa. Assim como o leitor de *Dom Casmurro*, você vai se surpreender ao descobrir toda uma outra lógica possível, de mais benéficas consequências práticas, como procuraremos demonstrar.

2. CARACTERÍSTICAS DA RESPONSABILIDADE CIVIL

A responsabilidade civil independe da **criminal**; todavia, se a **existência do fato**, ou sua **autoria**, já tiver sido decidida no juízo criminal, não poderá ser questionada no juízo cível (art. 935).

Logo, ainda que uma pessoa seja absolvida de um crime, por falta de provas, no juízo criminal, nada impede que incorra na responsabilidade civil, desde que o juiz se convença da presença dos elementos que a configuram. Entretanto, se uma pessoa tiver sido condenada por um crime, não se poderá questionar a autoria do fato no juízo cível. Tal autonomia, no entanto, é relativa, pois, uma vez reconhecida a existência do fato e da autoria no juízo criminal, estas questões não poderão mais ser analisadas pelo juízo cível. Do mesmo modo, vincula-se o juízo cível ao reconhecimento de causas excludentes de ilicitude (legítima defesa, estado de necessidade e exercício regular do direito)[170]. Veja um exemplo prático na jurisprudência:

> [...] 2 A sentença absolutória proferida no juízo criminal subordina a jurisdição civil quando nega categoricamente a existência do fato ou a autoria, ou reconhece uma excludente de antijuridicidade (legítima defesa, exercício regular de um direito, estado de necessidade defensivo). 3 Situação concreta em que o familiar dos autores foi alvejado por três disparos de arma de fogo desferidos por vizinho morador da mesma rua, após suposta altercação em via pública. Pelo mesmo fato motivador do ajuizamento desta ação de ressarcimento de danos materiais e morais, do qual constitui causa de pedir, o demandado foi absolvido na seara penal por sentença com trânsito em julgado, ante o acolhimento da excludente de ilicitude da legítima defesa própria. Conquanto irreparável o dano sofrido pelos autores em face da morte violenta e inopinada do esposo e pai, provedor do núcleo familiar, a sentença penal absolutória irradia

---

[169] CAVALIERI FILHO, Sergio. *Programa de responsabilidade civil*. 9. ed. São Paulo: Atlas, 2010. p. 141.
[170] Nesse sentido: REsp 1.642.331/SP, relatora: Min. Nancy Andrighi, 3ª Turma, data do julgamento: 24/4/2018, data da publicação: 18/5/2018.

efeitos na seara cível, ao albergar a excludente de ilicitude e de responsabilidade civil prevista no art. 188, inciso I, do Código Civil. Inteligência dos arts. 65 do CPP e 935 do CC. Sentença de parcial procedência da ação reformada (TJ-RS – AC: 70059185025 RS, relator: Miguel Ângelo da Silva, data do julgamento: 24/10/2018, 9ª Câmara Cível, data da publicação: 30/10/2018).

Outra característica da responsabilidade civil é a **solidariedade**. Se vários forem os agentes do ato que causou o dano, serão todos **solidariamente responsáveis** pela reparação civil (art. 942, segunda parte). Nessa linha de raciocínio, a lei impõe a solidariedade quando há coautoria em relação à ofensa, de tal maneira que, havendo condutas diversas, a responsabilidade deve ser proporcional ao dano causado.

Um exemplo de que o Código não trata expressamente é o das sociedades **locadoras de veículos**, as quais respondem, independentemente de culpa, pelos danos causados pelos locatários no uso dos veículos locados, **solidariamente** com estes. O entendimento, inclusive, já foi sumulado pelo STF, por meio da Súmula 492: "A empresa locadora de veículos responde, civil e solidariamente com o locatário, pelos danos por este causados a terceiro, no uso do carro locado"[171].

3. MODALIDADES DE RESPONSABILIDADE CIVIL

3.1 Responsabilidade civil por culpa (responsabilidade subjetiva)

A modalidade de responsabilidade civil que depende de culpa para se configurar é denominada **responsabilidade civil por culpa** ou **responsabilidade subjetiva**.

No Direito brasileiro, a hipótese geral de responsabilidade subjetiva é a da **responsabilidade delitual**, ou seja, da responsabilidade decorrente de **ato ilícito**.

Ao estudar o **ato ilícito**, na Parte I – Teoria Geral do Direito Civil, vimos que o Direito brasileiro tratou da matéria nos arts. 186 a 188 do Código Civil, estabelecendo, no art. 186, que comete ato ilícito aquele que, por **ação ou omissão voluntária**, **negligência** ou **imprudência**,[172] causa **dano** a outrem, ainda que exclusivamente moral. Ademais, segundo o art. 187, comete ato ilícito o titular de um direito que, ao exercê-lo, excede manifestamente os limites impostos pelo seu fim econômico ou social, pela boa-fé ou pelos bons costumes, ou seja, comete **abuso de direito**.

Naquela oportunidade, pontuamos que a referência, na verdade, era ao **ato contrário a direito**, segundo aponta MARCOS BERNARDES DE MELLO, e que, para que se configure a ilicitude,

---

[171] Embora a súmula tenha sido editada antes do CC/2002, continua a ser aplicada, a partir da teoria do risco. Confira: "[...] Em acidente automobilístico, o proprietário do veículo responde objetiva e solidariamente pelos atos culposos de terceiro que o conduz, pouco importando que o motorista não seja seu empregado ou preposto, uma vez que sendo o automóvel um veículo perigoso, o seu mau uso cria a responsabilidade pelos danos causados a terceiros. É dizer, provada a responsabilidade do condutor, o proprietário do veículo fica solidariamente responsável pela reparação do dano, como criador do risco para os seus semelhantes. (REsp 577902/DF, Rel. Ministro Antônio de Pádua Ribeiro, Rel. p/ Acórdão Ministra Nancy Andrighi, Terceira Turma, julgado em 13/06/2006, DJ 28/08/2006) 2. Com efeito, há responsabilidade solidária da locadora de veículo pelos danos causados pelo locatário, nos termos da Súmula 492 do STF, pouco importando cláusula eventualmente firmada pelas partes, no tocante ao contrato de locação. 3. Agravo interno não provido" (STJ – AgInt no REsp: 1256697 SP 2011/0078664-3, relator: Min. Luis Felipe Salomão, data do julgamento: 16/5/2017, 4ª Turma, data da publicação: 19/5/2017).

[172] Ou imperícia, embora esta tenha faltado no texto da lei.

é necessário verificar se o agente se considera **imputável**, ou seja, se tinha **capacidade para praticar ato ilícito**, a qual é a mesma exigida pela lei para a prática do ato lícito (capacidade de fato).[173]

Estudamos, por fim, que não são considerados contrários a direito os atos praticados em **legítima defesa**, no **exercício regular de um direito**, ou no chamado **estado de necessidade** – atos de deterioração ou destruição da coisa alheia, ou de lesão à pessoa, a fim de remover perigo iminente, desde que absolutamente necessários e indispensáveis (art. 188, I e II).

O ato contrário a direito produz o efeito jurídico de ensejar para o agente **responsabilidade civil**, a qual gera o **dever de indenizar** a vítima pelo **dano** causado (art. 927 do Código). Esse dever tem a natureza de uma **obrigação de dar**.

Sergio Cavalieri Filho destaca que, da violação do dever jurídico chamado de **originário** – a qual constitui o ato contrário a direito –, surge um dever jurídico **sucessivo**: a responsabilidade civil.[174]

Em razão de a doutrina majoritária considerar a culpa elemento do ato ilícito, a responsabilidade delitual se reputa subjetiva, e a culpa se reveste em elemento configurador da responsabilidade civil. Essa consideração se extrai do próprio art. 186 do Código, porquanto trata de ação ou omissão voluntária, negligência ou imprudência (ou imperícia). A primeira parte do art. 186 – ação ou omissão voluntária – refere-se ao dolo, enquanto a segunda parte – negligência ou imprudência – é relativa à culpa em sentido estrito.

A configuração da responsabilidade civil subjetiva – e a consequente obrigação de indenizar – depende, pois, de que o sujeito pratique um **ato contrário a direito**, com **dolo** ou com **culpa**; que esse ato cause um **dano** a uma terceira pessoa, seja ele material ou moral. Deve, ainda, haver uma relação de causalidade, ou seja, o ato contrário a direito deve necessariamente ser a causa do dano. A essa relação a doutrina denomina **nexo de causalidade**. Eis, portanto, os três requisitos configuradores da **responsabilidade civil por culpa (subjetiva)**: o ato culposo contrário a direito – o dano – o nexo de causalidade.

3.2 Responsabilidade civil independente de culpa (responsabilidade objetiva)

A modalidade de responsabilidade civil que independe de culpa – denominada **responsabilidade objetiva** – é aquela cujo fundamento é o **dano**; cujo princípio norteador é o de que *todo dano deve ser reparado*, independentemente de culpa. Essa noção de que todo dano deve ser reparado foi apelidada **teoria do risco**.[175]

No Direito brasileiro, há duas hipóteses gerais de responsabilidade civil objetiva: a **decorrente de atividade de risco** (art. 927, parágrafo único) e a dos **empresários individuais** e das **pessoas jurídicas que exercem atividade de empresa** pelos danos causados pelos **produtos** postos em circulação (art. 931). Há, ainda, outros casos específicos de responsabilidade objetiva em diversos dispositivos do Código e de outras leis. Os casos previstos pelo Código serão objeto de nossa análise em seção própria deste capítulo.

Um dos casos de que o Código não trata expressamente, mas que, segundo se entende, decorre do parágrafo único do art. 927, é o das sociedades **locadoras de veículos**, as quais respondem, independentemente de culpa, pelos danos causados pelos locatários no uso dos

---

[173] MELLO, Marcos Bernardes. *Teoria*: plano da existência, cit., p. 227.
[174] CAVALIERI FILHO, Sergio. *Programa de responsabilidade civil*, cit., p. 2.
[175] CAVALIERI FILHO, Sergio. *Programa de responsabilidade civil*, cit., p. 142.

veículos locados, solidariamente com estes. O entendimento, inclusive, já foi sumulado pelo STF, por meio da Súmula 492: "a empresa locadora de veículos responde, civil e solidariamente com o locatário, pelos danos por este causados a terceiro, no uso do carro locado"[176].

Exemplo de responsabilidade objetiva prevista em outras leis se encontra no Código de Defesa do Consumidor – Lei 8.078/90 (CDC) –, o qual estabelece a responsabilidade dos fornecedores de produtos e serviços pelos danos causados ao consumidor por defeito no produto ou prestação de serviço independentemente de culpa (arts. 12 e 14 do CDC).

Os elementos que configuram a responsabilidade independente de culpa também são o **ato**, o **dano** e o **nexo de causalidade**, apenas com a peculiaridade de que não se exige que o ato seja *culposo*. Todavia, todos os elementos devem estar presentes no caso concreto, sem o que responsabilidade civil não haverá.

Impende pedir ao leitor que tome muito cuidado no exame da responsabilidade objetiva, para não cometer o erro de tomá-la como absoluta, como se tem feito. Há uma corrente que, levando ao extremo a **teoria do risco**, sustenta que a responsabilidade civil objetiva se configura se o dano for causado pela simples atividade ou pelo simples fato do sujeito. A análise do nexo de causalidade é praticamente deixada de lado, e há mesmo quem argumente que ela sequer é possível.[177]

Para essa corrente, se o Estado concede a uma empresa privada a manutenção de uma rodovia, com direito à cobrança de pedágio, e em um determinado trecho um animal cruza a estrada, choca-se com um carro e causa um dano, configura-se a responsabilidade civil objetiva da concessionária da rodovia, vez que a atividade de manter uma estrada inclui o risco de animais cruzarem a pista. Quais seriam os elementos que configuram essa responsabilidade? Há, quando muito, um ato omissivo da concessionária, que naquele momento específico não estava fiscalizando a presença de animais naquele trecho da estrada. Sem dúvida, há um dano. E, para essa corrente, há nexo de causalidade, ou seja, a causa do dano foi a omissão da concessionária, e não o fato do animal, de invadir a pista. Isso é absurdo.

Uma diferente interpretação da teoria do risco, bem mais ponderada, é a que, mesmo diante de uma atividade de risco, analisará se realmente um dano foi causado por um ato, em geral omissivo, e só nessa hipótese fará incidir a responsabilidade civil.

Um exemplo seria o de um jogo de *paintball*. O jogo de *paintball* consiste em uma "guerra" em que os "soldados" usam armas de gás carbônico que disparam, com enorme pressão, bolas de tinta, que estouram ao se chocar com as vítimas, que "morrem" ao ser marcadas com a tinta. Se uma empresa oferece o espaço e o material para que pessoas joguem uma partida de *paintball* e um sujeito quebra um dedo, porquanto a empresa não forneceu luvas com o equipamento, configura-se a responsabilidade civil da empresa: há um ato omissivo – o não fornecimento de luvas para os jogadores –, há um dano – o dedo quebrado –, e há um nexo causal – pois o jogador de *paintball* que usar macacão, máscara, proteção de pescoço, luvas e sapatos não sofrerá dano. Ou seja, a causa mais adequada à produção do dano não foi o tiro, mas o não fornecimento de luvas, como o leitor bem compreenderá depois de estudar, adiante, o nexo causal e a teoria da causalidade adequada.

4. REQUISITOS CONFIGURADORES DA RESPONSABILIDADE CIVIL

Como vimos em linhas gerais, são requisitos configuradores da responsabilidade civil, seja ela subjetiva ou objetiva, o **ato**, o **dano** e o **nexo de causalidade** entre o ato e o dano. Passemos, agora, a uma análise detida de cada um deles.

---

[176] Apesar de ter sido editado em 1969, o enunciado permanece válido, pois está de acordo com a teoria do risco adotada pelo art. 927, parágrafo único, do CC.
[177] FIUZA, César. *Direito civil*, cit., p. 700.

4.1 Ato

Para que se dê o primeiro passo na configuração da responsabilidade civil, é necessário verificar se o sujeito a quem se está imputando a responsabilidade praticou um **ato**, o qual pode se consubstanciar em um ato comissivo – uma **ação** –, ou em um ato omissivo – uma **omissão**.

Se o ato praticado importar em violação de dever, estaremos diante de um **ato contrário a direito**, e a hipótese será de **responsabilidade delitual**. Logo, será necessário analisar se o sujeito agiu culposamente (com culpa – em sentido amplo).

Por que razão insistimos em repetir "ato contrário a direito", e não "ato ilícito"?

Cabe lembrar que nossas concepções de ato contrário a direito e ato ilícito se baseiam na teoria do fato jurídico expendida por Marcos Bernardes de Mello, especificamente em sua obra sobre o plano da existência.[178] Ato contrário a direito é o ato que importa **violação de um dever jurídico**. Para que se configure um **ato ilícito**, o agente deve ser **imputável**, ou seja, deve ter capacidade de praticar o ilícito – a mesma para praticar o ato lícito, que, na esfera civil, adquire-se plenamente aos dezoito anos. Na ausência da imputabilidade, o ato contrário a direito terá a natureza de mero **ato-fato ilícito**, vez que a **vontade** do agente incapaz não é **relevante** para o Direito. Isso tudo nós já estudamos na Parte I – Teoria Geral do Direito Civil, como você deve se lembrar.

Tecnicamente, basta o ato contrário a direito para caracterizar a responsabilidade civil, vez que a imputabilidade do agente é, por vezes, dispensada, porquanto os incapazes também respondem pelos prejuízos que causarem, se as pessoas por eles responsáveis não tiverem a obrigação de fazê-lo, ou não dispuserem de recursos para tanto, segundo o art. 928 do Código. Logo, preferimos a usar a expressão mais abrangente, que é sempre aplicável.

Ato culposo contrário a direito é o ato de violação de dever, seja a violação consciente ou não, intencional ou não.

A culpa, como já tivemos a oportunidade de comentar, tomada em sentido amplo, subdivide-se em duas espécies: o **dolo**, consistente no ato de violação voluntária – intencional – de um dever jurídico; e a **culpa em sentido estrito**, consistente no ato de violação involuntária – não intencional – de um dever jurídico. Ou seja, o sujeito que age com dolo viola o dever porquanto sua vontade se direciona à violação; o sujeito que age com culpa, por sua vez, viola o dever porquanto pratica o ato, embora sua vontade não se direcionasse à violação.

Cabe lembrar que a culpa em sentido estrito pode decorrer de **negligência**, **imprudência** ou **imperícia**.

Repetimos, a seguir, as considerações que traçamos sobre cada uma dessas modalidades de culpa na Parte I – Teoria Geral do Direito Civil, quando estudamos os atos ilícitos.

Age com **negligência** quem não toma o devido cuidado ao praticar o ato. Tivesse o sujeito agido com maior diligência, o dano não teria sido causado. O dano é causado por uma desatenção, uma falta de zelo do sujeito. É o caso de Caio, que se aproxima da janela do apartamento comendo uma maçã, e esta escorrega de sua mão e cai sobre o carro de Orlando, causando-lhe uma avaria.

Age com **imprudência** quem, embora esteja habilitado a praticar o ato, excede os limites do razoável, ousa, atreve. Tivesse o sujeito se limitado a praticar o ato observando as barreiras da cautela, o dano teria sido evitado. O dano, aqui, é causado por um erro na manobra audaciosa do sujeito. É o caso de Berenice, que, andando de bicicleta, acelera excessivamente, de modo que não consegue frear a tempo, quando avista um obstáculo à sua frente. Acaba se chocando contra o objeto, e lhe causa um estrago.

---

[178] MELLO, Marcos Bernardes de. *Teoria do fato jurídico:* plano da existência, cit., p. 225-266.

Age com **imperícia**, por sua vez, quem pratica ato para o qual não se encontra devidamente habilitado. O sujeito não teria causado o dano se não tivesse praticado o ato que não sabia realizar. O dano, nesse caso, é o resultado do desempenho imperfeito do ato devido ao desconhecimento técnico de quem o praticou. É o caso de César, que, sem saber dirigir, toma um carro e acelera, e, sem saber frear, vem a acertar um carro estacionado logo à frente, amassando-o.

Frise-se, pois, que para que se configure a responsabilidade delitual não importa se o sujeito agiu com dolo ou com culpa (em sentido estrito), contanto que tenha agido culposamente.

4.1.1 Análise objetiva da culpa

É possível harmonizar a teoria da responsabilidade civil subjetiva com a ideia de que o dano constitui o verdadeiro fundamento da reparação civil. Foi o que fez BEVILÁQUA, o qual não negava a presença da culpa entre os elementos do ato ilícito, mas propunha, não obstante, uma **análise objetiva** da culpa quando da configuração da responsabilidade civil.

Para BEVILÁQUA, todo ato praticado sem direito ou no exercício irregular de um direito que causa dano constitui um ato ilícito *culposo*, donde se conclui que, provado o ato, fica provada *ipso facto* a culpa, considerando-se despicienda a análise da negligência, da imprudência ou da imperícia (a que ele se referia como *elementos subjetivos da culpa*).[179]

Veja-se que a adoção desta lógica noção resolveria a dificuldade da reparação civil nos casos de responsabilidade subjetiva em que a vítima não consegue provar a culpa do agente. Nesses casos, frise-se, o agente causador do dano se livra do dever de indenizar não porque o Direito material não o considere responsável, mas sim porque, em sede processual, não se produz a prova de um dos elementos configuradores do direito do autor (vítima).

E nem se pense que a análise objetiva da culpa dificultaria a situação daquele a quem se imputam o ato e o dano, porquanto este, obviamente, continuaria podendo se utilizar de qualquer meio de prova juridicamente admitido para provar que há, em seu favor, uma excludente de responsabilidade, quando for o caso.[180]

4.1.2 Ato ilícito por abuso de direito

Vale lembrar que, nos termos do art. 187 do Código Civil, "também comete ato ilícito o titular de um direito que, ao exercê-lo, excede manifestamente os limites impostos pelo seu fim econômico ou social, pela boa-fé ou pelos bons costumes".

Logo, se, por abuso no exercício de um direito, seu titular causar a outrem um prejuízo, haverá responsabilidade civil, subjetiva ou objetiva, dependendo do caso.

Na Parte I, ao tratarmos do ato ilícito por abuso de direito, vimos o seguinte exemplo: o credor de dívida vencida e não paga cobra a dívida e divulga o nome do devedor na mídia, como nome de mal pagador. Ora, conquanto tenha o credor o direito de cobrar a dívida, não pode, ao fazê-lo, expor o devedor ao ridículo. Nesse caso, caracteriza-se o abuso do direito, e a lesão ao direito ao nome e à honra do devedor. Se o credor fosse fornecedor de serviço, como uma loja, um banco ou uma escola, haveria responsabilidade civil independentemente de culpa, ou seja, responsabilidade objetiva.

---

[179] BEVILÁQUA, Clóvis. *Teoria geral*, cit., p. 348-353.
[180] O tema das excludentes de responsabilidade será examinado adiante.

Veja, na jurisprudência, outros casos de responsabilidade civil baseada no abuso de direito:

- **Advogado que propõe cumprimento de sentença relativo a honorários de sucumbência contra a sociedade que constava no título judicial e, também, sem justificativa, contra os sócios, que tiveram seus bens bloqueados.**

[...] 1. A regra legal a observar é a do princípio da autonomia da pessoa coletiva, distinta da pessoa de seus sócios ou componentes, distinção que só se afasta provisoriamente e tão só em hipóteses pontuais e concretas. 2. A *disregard doctrine* existe como meio de estender aos sócios da empresa a responsabilidade patrimonial por dívidas da sociedade. Todavia, sua aplicação depende da verificação de que a personalidade jurídica esteja servindo como cobertura para abuso de direito ou fraude nos negócios e atos jurídicos (art. 50 do Código Civil). Essa teoria não pode servir como justificativa para que o credor de título executivo judicial ajuíze, a seu alvedrio, ação executiva contra os sócios de empresa sem que eles sejam devedores. 3. Credor de título executivo judicial que propõe ação executiva contra quem sabidamente não é devedor, buscando facilidades para recebimento dos créditos, age no exercício irregular de direito, atraindo a incidência das disposições do art. 574 do CPC. 4. Recurso especial conhecido e provido (STJ, REsp 1.245.712/MT, relator: Min. João Otávio de Noronha, 3ª Turma, data do julgamento: 11/3/2014, data da publicação: 17/3/2014).

- **Terceiro que promove ação para que uma mulher não realize aborto já permitido judicialmente.**

Caracteriza abuso de direito ou ação passível de gerar responsabilidade civil pelos danos causados a impetração do *habeas corpus* por terceiro com o fim de impedir a interrupção, deferida judicialmente, de gestação de feto portador de síndrome incompatível com a vida extrauterina (STJ, 3ª Turma, REsp 1.467.888-GO, relatora: Min. Nancy Andrighi, data do julgamento: 20/10/2016).

- **Prática de litigância simulada.**

O ajuizamento de sucessivas ações judiciais, desprovidas de fundamentação idônea e intentadas com propósito doloso, pode configurar ato ilícito de abuso do direito de ação ou de defesa, o denominado assédio processual! (STJ, 3ª Turma, REsp 1817845-MS, relator: Min. Paulo de Tarso Sanseverino, relatora Acd.: Min. Nancy Andrighi, data do julgamento: 10/10/2019).

4.2 Dano

Verificada a presença do primeiro requisito configurador da responsabilidade civil – ato –, impende examinar a ocorrência do **dano**. A hipótese mais comum pode ser de dano **material**, dano **moral** ou ambos.

A doutrina contemporânea trata, ainda, dos danos **estético, social e existencial**. O primeiro já é considerado pelo STJ como categoria autônoma, ao lado dos danos morais e materiais. Caracteriza-se como dano indenizável em virtude da deformidade em si, independentemente dos demais gravames a outros direitos da personalidade.

Os **danos sociais** são, por sua vez, lesões à sociedade, mas que não se confundem com o dano moral metaindividual (coletivo ou difuso). Os exemplos fornecidos adiante facilitarão a compreensão do leitor.

Dano existencial corresponde àquele que atinge as perspectivas pessoais da vida humana, de forma que desconfigura o *modus vivendi*, ou, em última análise, o seu projeto de vida. Faz que a pessoa deixe de realizar atividades que faziam parte do seu cotidiano ou passe a ter que conviver com uma perspectiva alterada e não querida ou, muitas vezes, insuportável. Por vezes, é tratado como sinônimo de dano moral.

Na doutrina, há também vozes que incluem o denominado dano pela **perda de uma chance** como uma nova espécie. Consiste, em síntese, na perda da possibilidade de se buscar posição mais vantajosa que muito provavelmente se alcançaria, não fosse o ato ilícito praticado. Conforme o Enunciado 444 da V Jornada de Direito Civil do CJF:

> A responsabilidade civil pela perda de chance não se limita à categoria de danos extrapatrimoniais, pois, conforme as circunstâncias do caso concreto, a chance perdida pode apresentar também a natureza jurídica de dano patrimonial. A chance deve ser séria e real, não ficando adstrita a percentuais aprioristicos.

Vejamos, de forma pormenorizada, cada uma das espécies citadas.

4.2.1 Dano material

Dano material é o que atinge o **patrimônio** da vítima e que costuma ser chamado de **perdas e danos**. Pode se consubstanciar no chamado **dano emergente** ou nos **lucros cessantes**.

Como vimos anteriormente, ao estudar as perdas e danos causadas pela inexecução das obrigações, **dano emergente** é o *prejuízo efetivamente experimentado* pela vítima, que importa uma redução patrimonial. Os **lucros cessantes**, por sua vez, são os *ganhos que a vítima deixou de auferir*, que impedem o aumento do seu patrimônio.

DANOS EMERGENTES	LUCROS CESSANTES
Prejuízo imediato; perda concreta e atual que acarreta efetiva diminuição do patrimônio.	Frustração de um ganho certo.

4.2.2 Dano moral

Dano moral é o que atinge a pessoa da vítima em sua **esfera íntima**, e também o que decorre de **lesão a direito da personalidade**.

O dano pode estender seus reflexos na **esfera subjetiva** da intimidade, que é a mais interna, relacionada com o plano psíquico, emocional, ou se limitar à **esfera objetiva** da intimidade, que é a menos interna, relacionada com o plano social, exteriorizada nos elementos do nome, da reputação e da imagem.

Como se vê, a ofensa à **esfera subjetiva** é de difícil aferição, porquanto viola o plano psíquico da intimidade, ao qual os demais sujeitos não têm acesso. Cuida-se de um abalo psicológico intenso, que perturba a estrutura emocional da pessoa. Destarte, o dano causado na esfera subjetiva dispensa **prova objetiva**, como não poderia deixar de ser.

Já a ofensa à **esfera objetiva** pode ser percebida com mais facilidade, porquanto a superfície da intimidade se comunica com os sujeitos ao redor da pessoa. O dano causado ao nome, à reputação ou à imagem de uma pessoa age na intimidade dela, mas é sentido pela sociedade, que consegue enxergar a ofensa sofrida. Logo, o dano causado na esfera objetiva requer **prova inequívoca** de uma situação de constrangimento vivida pela pessoa capaz de produzi-lo.

Pode ser, ainda, que a sociedade predetermine que um determinado fato enseja dano moral ao "homem médio", considerando um padrão de pessoa comum. Nesse caso, diz-se que o dano se demonstra *pelo próprio fato*, sem que se precise analisar a esfera íntima da vítima.

A essa ofensa a doutrina se refere como **dano *in re ipsa*** – valendo-se da expressão latina que significa "ínsito à coisa".

Confira algumas situações em que o STJ considerou a existência de dano moral *in re ipsa*:

- ofensa à dignidade da pessoa humana (REsp 1.292.141-SP);
- agressões verbais ou físicas praticadas por adulto contra criança ou adolescente (REsp 1.642.318-MS);
- inclusão indevida em cadastro de inadimplentes ou protesto indevido (REsp 718.618/RS);
- utilização indevida da imagem para fins econômicos ou comerciais (Súmula 403);
- violência doméstica ou familiar contra a mulher (REsp 1.675.874/MS);
- uso indevido de nome em propaganda (REsp 1.645.614/SP);
- recusa de cobertura financeira de tratamento médico, sob o argumento de existir cláusula excludente da cobertura das próteses e materiais ligados à cirurgia (AgRg no AREsp 785.243/RJ);
- ofensas generalizadas proferidas por artista a policiais militares que realizavam a segurança ostensiva durante *show* (REsp 1.677.524-SE).

Por outro lado, o STJ entende que o dano moral não é presumido em:

- atraso de voo internacional (REsp 1.584.465/MG);
- cobrança indevida sem outros desdobramentos (AgRg no AREsp 728.154/RS);
- dano moral sofrido por pessoa jurídica (REsp 1.564.955-SP);
- demora na baixa do gravame (AgInt no AREsp 1.070.601/RS);
- saque indevido de numerário em conta-corrente (REsp 1.573.859/SP);
- danos decorrentes de acidentes de veículos automotores sem vítimas (REsp 1.653.413/RJ).

Em relação aos danos morais sofridos por pessoa jurídica, embora eles não possam ser fixados sem a comprovação de prejuízo, é possível, segundo a jurisprudência (STJ, REsp 1.564.955/SP), a utilização de presunções e regras de experiência para a configuração desse dano, ainda que não exista prova expressa do prejuízo. Por exemplo: uma pessoa jurídica é vítima de fraude. Seu CNPJ foi utilizado para a realização de vultoso empréstimo, o qual não foi liquidado. Com a inadimplência, o credor promoveu o protesto do título vinculado ao empréstimo. Nesse caso, por se tratar de protesto indevido, pressupõe-se que houve abalo à imagem da pessoa jurídica, passível de indenização por danos morais.

Por fim, o dano moral pode ser individual ou metaindividual. O **dano moral metaindividual** decorre de um fato danoso cujos efeitos se estendam sobre uma coletividade de pessoas, sejam elas identificáveis (dano coletivo) ou não identificáveis (dano difuso).

O dano moral coletivo não está relacionado a atributos da pessoa humana e se configura independentemente da demonstração de prejuízos concretos ou de efetivo abalo moral. Somente ficará caracterizado se ocorrer uma lesão a valores fundamentais da sociedade e se essa vulneração ocorrer de forma injusta e intolerável (STJ, REsp 1737428/RS, data da publicação: 15/3/2019).

Trata-se, portanto, de ofensa a direito da personalidade em detrimento de uma coletividade de pessoas identificáveis, como os clientes de uma empresa, por exemplo.

A indenização pelo dano moral coletivo reverterá a um fundo gerido por um Conselho Federal ou por Conselhos Estaduais de que participarão, necessariamente, o Ministério Público e representantes da comunidade, sendo seus recursos destinados à reconstituição dos bens lesados (art. 13 da Lei 7.347/85). São exemplos de dano moral coletivo:

- instituição bancária que constantemente causa demora excessiva no atendimento ao consumidor (REsp 1.402.475);
- instituição financeira que não fornece opções dos contratos bancários em *braille* para as pessoas com deficiência visual (REsp 1.349.188);
- instituição financeira que oferece, em sua agência, atendimento inadequado aos consumidores pessoas idosas e pessoas com deficiência (REsp 1.221.756);
- posto de gasolina que pratica "infidelidade de bandeira", ou seja, que ostenta marca comercial de uma distribuidora (ex: Petrobrás), mas vende combustível de outras (REsp 1.487.046);
- prática de venda casada por parte de operadora de telefonia celular (REsp 1.397.870).

Acesse o QR Code e assista ao vídeo:
Conversas sobre Direito Civil (7): dano moral e mero aborrecimento

> https://uqr.to/r1io

4.2.3 Dano estético

Construção doutrinária e jurisprudencial, conquanto ainda não constante no Código Civil, é a figura do **dano estético**, categoria de dano extrapatrimonial destacada do dano moral. Trata-se do dano causado ao corpo e à imagem da pessoa, consubstanciado em feridas, cicatrizes, marcas, amputações e demais prejuízos causados à integridade física da pessoa.

Segundo a Súmula 387 do STJ, "é lícita a cumulação das indenizações de dano estético e dano moral".

4.2.4 Dano social

Segundo Antônio Junqueira de Azevedo:

> [...] são lesões à sociedade, no seu nível de vida, tanto por rebaixamento de seu patrimônio moral – principalmente a respeito da segurança – quanto por diminuição na qualidade de vida. Os danos sociais são causa, pois, de indenização punitiva por dolo ou culpa grave, especialmente, repetimos, se atos que reduzem as condições coletivas de segurança, e de indenização dissuasória, se atos em geral da pessoa jurídica, que trazem uma diminuição do índice de qualidade de vida da população[181].

No dano moral metaindividual, seja coletivo, seja difuso, há um ato concreto que atinge diretamente uma coletividade de pessoas. Já, no dano social, temos uma conduta reiterada capaz de causar efeitos deletérios a toda a sociedade, tendo em vista a pulverização das consequências do fato danoso. No dano moral difuso ou coletivo, a indenização é destinada à coletividade de pessoas atingidas; já o dano social implica aplicação analógica do art. 883, parágrafo único, do CC. Alguns exemplos dados por Junqueira de Azevedo: o pedestre que joga papel no chão;

---

[181] AZEVEDO, Antônio Junqueira de. Por uma nova categoria de dano na responsabilidade civil: o dano social. *Revista Trimestral de Direito Civil*, Rio de Janeiro, v. 5, n. 19, p. 211-218, jul.-set., 2004.

o passageiro que atende ao celular no avião; o pai que solta balão com seu filho. Tais condutas socialmente reprováveis podem gerar danos como o entupimento de bueiros em dias de chuva, problemas de comunicação do avião causando um acidente aéreo, o incêndio de casas ou de florestas por conta da queda do balão etc.

A indenização por dano social atua com o intuito de reprimir ou desestimular condutas que, socialmente danosas, causam um déficit de qualidade de vida de determinada coletividade. De acordo com o STJ (Rcl 12.062/GO), apenas é cabível a condenação por danos sociais em ações coletivas e quando requerida expressamente pelos legitimados coletivos, não sendo possível a fixação de indenização *ex officio*, ou seja, sem provocação.

4.2.5 Dano existencial

O dano existencial constitui espécie de dano imaterial ou não material que acarreta à vítima, de modo parcial ou total, a impossibilidade de executar, dar prosseguimento ou reconstruir o seu projeto de vida (na dimensão familiar, afetivo-sexual, intelectual, artística, científica, desportiva, educacional ou profissional, entre outras) e a dificuldade de retomar sua vida de relação (de âmbito público ou privado, sobretudo na seara da convivência familiar, profissional ou social)[182].

A jurisprudência brasileira não o reconhece como uma espécie autônoma, mas a ideia de "dano ao projeto de vida", reconhecida pela Corte Interamericana de Direitos Humanos[183], já foi objeto de julgados pelos tribunais pátrios:

> O dano existencial é um conceito jurídico oriundo do Direito Civil italiano e relativamente recente, que se apresenta como aprimoramento da teoria da responsabilidade civil, vislumbrando uma forma de proteção à pessoa que transcende os limites classicamente colocados para a noção de dano moral. Nesse sentido, o conceito de projeto de vida e a concepção de lesões que atingem o projeto de vida passam a fazer parte da noção de dano existencial, na esteira da jurisprudência da Corte Interamericana de Direitos Humanos. No âmbito da doutrina justrabalhista, o conceito tem sido absorvido e ressignificado para o contexto das relações de trabalho, como representativo das violações de direitos e limites inerentes ao contrato de trabalho que implicam, além de danos materiais ou porventura danos morais ao trabalhador, igualmente, danos ao seu projeto de vida ou à chamada "vida de relações". Embora exista no âmbito doutrinário razoável divergência a respeito da classificação do dano existencial como espécie de dano moral ou como dano de natureza extrapatrimonial estranho aos contornos gerais da ofensa à personalidade, o que se tem é que dano moral e dano existencial não se confundem, seja quanto aos seus pressupostos, seja quanto à sua comprovação. Isto é, embora uma mesma situação de fato possa ter por consequência as duas formas de lesão, seus pressupostos e demonstração probatória se fazem de forma peculiar e independente [...] (TST – AIRR: 51109720155100018, Relator: Luiz Philippe Vieira de Mello Filho, data do julgamento: 21/11/2018, 7ª Turma, *DEJT* 23/11/2018).

O dano existencial é espécie de dano imaterial. No caso das relações de trabalho, o dano existencial ocorre quando o trabalhador sofre dano/limitações em sua vida fora do ambiente de trabalho em razão de condutas ilícitas, por parte do empregador, impossibilitando-o de estabelecer a prática de um conjunto de atividades culturais, sociais, recreativas, esportivas,

---

[182] Hidemberg Alves da Frota, Noções Fundamentais sobre o Dano Existencial. R*evista Latinoamericana de Derechos Humanos*, v. 22, jul.-dez. 2011, p. 244.
[183] Caso Loayza Tamayo vs. Peru.

afetivas, familiares etc., ou de desenvolver seus projetos de vida nos âmbitos profissional, social e pessoal. Não é qualquer conduta isolada e de curta duração, por parte do empregador, que pode ser considerada como dano existencial. Para isso, a conduta deve perdurar no tempo, sendo capaz de alterar o objetivo de vida do trabalhador, trazendo-lhe um prejuízo no âmbito de suas relações sociais (RR 1343-58.2016.5.12.0051, 4ª Turma, relatora: Min. Maria de Assis Calsing, data do julgamento: 29/6/2018).

O dano existencial não tem conotação patrimonial. Segundo a Corte IDH, o conceito se associa à uma espécie de realização pessoal, que se sustenta nas opções que o sujeito tem para conduzir a sua vida. Uma pessoa que permanece presa injustamente por vários anos, impedida de ver o crescimento dos filhos e de executar os demais projetos a que se propôs, como a inserção no mercado de trabalho ou a aprovação em um concurso público, tem afetado o sentido espiritual da própria vida. "O dano ao projeto de vida ameaça, em última instância, o próprio sentido que cada pessoa humana atribuiu à sua existência"[184].

4.2.6 Perda de uma chance

Embora seja bastante comum a confusão entre os termos perda de uma chance e lucros cessantes, o primeiro refere-se a uma teoria construída pela jurisprudência francesa e aceita pelo ordenamento jurídico brasileiro. Lucros cessantes, por sua vez, são uma espécie de dano material expressamente prevista na legislação e indicativa daquilo que a pessoa deixou de lucrar com o comportamento de outrem (art. 402).

O Superior Tribunal de Justiça define a "perda de uma chance" como a perda da possibilidade de se buscar posição mais vantajosa que muito provavelmente se alcançaria, não fosse o ato ilícito praticado. A doutrina classifica-a como a

> [...] técnica decisória, criada pela jurisprudência francesa, para superar as insuficiências da responsabilidade civil diante das lesões a interesses aleatórios. Essa técnica trabalha com o deslocamento da reparação: a responsabilidade retira sua mira da vantagem aleatória e, naturalmente, intangível, e elege a chance como objeto a ser reparado[185].

A jurisprudência do Superior Tribunal de Justiça estabelece que a teoria da perda de uma chance tem duplo viés: o primeiro está ligado ao dever de indenizar em decorrência da frustração da expectativa de se obter uma vantagem ou um ganho futuro, desde que séria e real a possibilidade de êxito. Esse viés é denominado de chance clássica. O segundo viés está amparado na pretensão ressarcitória pela conduta omissiva que, se praticada a contento, poderia evitar o prejuízo suportado pela vítima (chance atípica) (REsp 1.677.083/SP, data da publicação: 20/11/2017).

Portanto, a "perda de uma chance" está caracterizada quando a pessoa vê frustrada uma expectativa, uma oportunidade futura, que, dentro da lógica do razoável, ocorreria se as coisas seguissem o seu curso normal.

Embora alguns tribunais considerem a "perda de uma chance" como modalidade de dano moral (nesse sentido: TJSP, Apelação 1000832-56.2015.8.26.0045), prevalece o entendimento

---

[184] Trecho da sentença de Mérito (§ 16) do Caso Loayza Tamayo vs. Peru.
[185] CARNAÚBA, Daniel Amaral. A responsabilidade civil pela perda de uma chance: a técnica na jurisprudência francesa. *Revista dos Tribunais*, São Paulo, n. 922, ago. 2012. Citada no julgamento do REsp 1.540.153/RS, relator: Min. Luis Felipe Salomão, 4ª Turma, data do julgamento: 17/4/2018, data da publicação: 6/6/2018).

no sentido de que ela corresponde a uma *quarta categoria de dano*, dentro do tema da responsabilidade civil, ao lado dos danos materiais, morais e estéticos. Nessa perspectiva, confira-se precedente do STJ:

> [...] 1. A teoria da perda de uma chance tem sido admitida no ordenamento jurídico brasileiro como sendo uma das modalidades possíveis de mensuração do dano em sede de responsabilidade civil. Esta modalidade de reparação do dano tem como fundamento a probabilidade e uma certeza, que a chance seria realizada e que a vantagem perdida resultaria em prejuízo. Precedente do STJ.
>
> 2. **Essencialmente, esta construção teórica implica num novo critério de mensuração do dano causado. Isso porque o objeto da reparação é a perda da possibilidade de obter um ganho como provável, sendo que há que se fazer a distinção entre o resultado perdido e a possibilidade de consegui-lo. A chance de vitória terá sempre valor menor que a vitória futura, o que refletirá no montante da indenização.**
>
> 3. Esta teoria tem sido admitida não só no âmbito das relações privadas stricto sensu, mas também em sede de responsabilidade civil do Estado. Isso porque, embora haja delineamentos específicos no que tange à interpretação do art. 37, § 6º, da Constituição Federal, é certo que o ente público também está obrigado à reparação quando, por sua conduta ou omissão, provoca a perda de uma chance do cidadão de gozar de determinado benefício. [...] (STJ, Segunda Turma, REsp 1308719, relator: Min. Mauro Campbell Marques, data da publicação: de 1/7/2013).

Na V Jornada de Direito Civil, evento realizado pelo Conselho da Justiça Federal e pelo Superior Tribunal de Justiça em 2011, foi aprovado enunciado doutrinário apresentando a ideia de chance séria e real para a configuração da "perda de uma chance", assim como a rejeição acerca da utilização de percentuais prefixados. Vejamos, novamente, o Enunciado 444:

> A responsabilidade civil pela perda de chance não se limita à categoria de danos extrapatrimoniais, pois, conforme as circunstâncias do caso concreto, a chance perdida pode apresentar também a natureza jurídica de dano patrimonial. A chance deve ser séria e real, não ficando adstrita a percentuais aprioristicos.

Para não ficarmos apenas na teoria, trouxemos alguns exemplos em que se considerou que a perda de uma posição jurídica foi capaz de acarretar a responsabilização civil daquele que provocou a frustração:

- **Investidor que teve as ações vendidas sem autorização.** Nesse caso, o dano suportado consistiu exatamente na perda da chance de obter uma vantagem, qual seja, a venda daquelas ações por melhor valor (STJ, REsp 1.540.153).
- **Candidato a vereador que deixou de ser eleito por reduzida diferença de oito votos após ser atingido por notícia falsa.** Perceba que a ínfima diferença de votos acarretou para o candidato derrotado a possibilidade de ser indenizado, pois a conduta praticada pela mídia lhe retirou chances sérias e reais de se tornar vereador do Município. O STJ concluiu que era objetivamente provável que a vítima seria eleita vereadora, e esse resultado foi frustrado em razão de conduta ilícita das rádios (REsp 821004/MG).
- **Consumidora que perde as chances de um sorteio por ausência de informação.** Uma consumidora recebeu um bilhete para participar de sorteio em razão de compras efetuadas em hipermercado. Neste, constava "você concorre a 900 vales-compras de R$ 100,00 e a 30 casas". A consumidora foi sorteada e, ao comparecer para receber o prêmio, obteve apenas um vale-compras, tomando, então, conhecimento de

que, conforme o regulamento, as casas seriam sorteadas àqueles que tivessem sido premiados com os vales-compras. Esse segundo sorteio, todavia, já tinha ocorrido, sem a sua participação. Assim, as trinta casas já haviam sido sorteadas entre os demais participantes. Para o STJ, houve responsabilidade do supermercado, não correspondente ao valor de uma das trinta casas sorteadas, mas à perda da chance, no caso, de 30 chances, em 900, de obter o bem da vida almejado (EDcl no AgRg no Ag 1.196.957/DF).

- **Erro médico.** A teoria pode ser utilizada como critério para a apuração de responsabilidade civil ocasionada por erro médico na hipótese em que o erro tenha reduzido possibilidades concretas e reais de cura de paciente que venha a falecer em razão da doença tratada de maneira inadequada pelo médico (REsp 1.254.141/PR).

Em todos esses casos, a perda de uma chance guarda sempre um grau de incerteza acerca da possível vantagem, ao contrário do que ocorre com os lucros cessantes. Por isso é que a indenização pela perda de uma chance "não busca colocar a vítima na situação na qual ela se encontraria sem o evento danoso, mas se preocupa em devolvê-la à situação na qual se encontrava antes desse evento"[186].

Agora imagine as seguintes situações: (i) um advogado perde o prazo para a interposição de recurso de apelação contra sentença que reconhece a prescrição do direito do seu cliente, na forma do art. 487, II, do CPC; (ii) uma instituição de ensino atrasou a entrega do diploma a uma aluna, circunstância que a impediu de realizar prova de certame público. Nesses casos, há possibilidade de indenização com base na teoria da perda de uma chance?

Para o STJ, o fato de o advogado ter perdido o prazo para contestar ou interpor recurso não enseja sua automática responsabilização civil com base na teoria da perda de uma chance, fazendo-se absolutamente necessária a ponderação acerca da probabilidade que a parte teria de se sagrar vitoriosa ou de ter a sua pretensão atendida (AgInt no AREsp 878.524/SP, relator: Min. Antonio Carlos Ferreira, 4ª Turma, data do julgamento: 16/5/2019, data da publicação: 23/5/2019; REsp 993.936/RJ, relator: Min. Luis Felipe Salomão, 4ª Turma, data do julgamento: 27/3/2012, data da publicação: 23/4/2012).

Isso ocorre porque, como vimos, a perda de uma chance deve ser minimamente real, pois *os danos potenciais ou hipotéticos não são indenizáveis*. O que torna indenizável é a probabilidade real de um resultado legitimamente esperado, que é obstado por ato ilícito do agente ofensor, resultando em prejuízo, o que, no caso presente, não foi comprovado. Assim, se o advogado

No primeiro caso, se a prescrição era manifesta, a falta de interposição de recurso de apelação não ensejará indenização. No entanto, se o cliente conseguir comprovar que o Tribunal respectivo acolheria o pleito recursal, porque, por exemplo, houve erro na contagem do prazo prescricional ou aplicação equivocada da legislação pelo juízo de origem, será possível a indenização pela perda de uma chance.

Já, na segunda hipótese, o atraso na entrega do diploma, de forma injustificada, é capaz de gerar a condenação da instituição de ensino por danos morais. Contudo, esse atraso e a possível fixação de danos morais **não** depende da aplicação da teoria da perda de uma chance, pois não é possível avaliar o percentual de possibilidade de aprovação da aluna no concurso público, já que essa circunstância é eminentemente subjetiva e sujeita a diversos outros fatores.

A aluna merece ser indenizada por danos morais pela simples quebra da expectativa de realizar o certame para o cargo almejado, tudo por conta da letargia da instituição em expedir o

---

[186] Trecho do voto do Min. Luis Felipe Salomão do REsp 1.540.153-RS.

diploma, restando configurada a responsabilidade objetiva da ré pela má prestação do serviço. Nesse sentido, por exemplo, o Tribunal de Justiça de São Paulo:

> Estabelecimento de ensino. Prestação de serviços educacionais. Demora injustificada para entrega do diploma. Indenização moral devida. Abalo psíquico evidenciado pelo só fato da coisa ("in re ipsa"). Demora inadmissível de três anos para entregar diploma à autora, após conclusão de curso superior de Letras. Angústia emocional porque privada de exercer, em caráter definitivo, a profissão da graduação concluída, com evidente repercussão e prejuízo no âmbito profissional. Danos morais devidos, pelo só fato da coisa, fixados em valor equivalente a 10 salários mínimos, para atender à dúplice finalidade de instituto: punitiva e compensatória [...]. (Apelação 1000832-56.2015.8.26.0045, data do julgamento: 29/11/2019).

Em suma, embora seja possível a indenização, esta decorre do atraso na entrega do diploma, e não da perda de uma chance de realizar o certame público. A propósito, para o STJ, a simples inscrição em concurso público não indica existir situação de real possibilidade de êxito capaz de autorizar a aplicação, no caso, da teoria da perda de uma chance (REsp 1.591.178/RJ).

Na Justiça do Trabalho, a teoria da perda de uma chance é frequentemente utilizada, especialmente nos casos em que se espera a contratação diante da realização de entrevistas e testes de seleção. Como regra, a mera frustração da promessa de emprego não é indenizável[187].

Posicionamento diferente ocorre quando, por exemplo, uma pessoa participa de todos os testes de seleção e é aprovada pelo novo empregador, que, inclusive, autoriza o pedido de demissão do atual emprego para ocupação da nova função, que não se concretiza. Nesse caso, não há mera expectativa, pois houve o envolvimento concreto na dinâmica da contratação posteriormente frustrada por razões alheias à vontade do empregado. Do mesmo modo, se, ao ser demitida do emprego, uma pessoa não recebe de volta a sua carteira de trabalho, que fica retida indevidamente pelo empregador, abre-se a possibilidade de indenização pela perda de uma chance[188].

Podemos concluir, então, que, **para a aplicação da teoria da perda de uma chance, a probabilidade de êxito deve ser efetiva e não meramente hipotética**. O direito à indenização com base nessa teoria tem sido admitido em razão da existência de uma oportunidade concreta que não aconteceu, por fato alheio à vontade da vítima e por culpa do ofensor.

Por outro lado, o direito ao pagamento de lucros cessantes decorre, necessariamente, da perda de um lucro futuro, cujo ganho reveste-se de forte certeza ou convicção.

---

[187] "Não se verifica a ocorrência do instituto da perda de uma chance, uma vez que a solicitação de abertura de conta bancária e realização de exame admissional, com a recomendação de manutenção do emprego em que o trabalhador se encontra, não permite concluir que o pacto laboral seria formalizado pela reclamada" (TRT-1 – RO: 01007177320175010421 RJ, relator: Álvaro Luiz Carvalho, data do julgamento: 11/12/2017, 4ª Turma, data da publicação: 24/1/2018); "A participação em procedimento seletivo de candidato a emprego não é garantia de obtenção da vaga, do contrário não haveria motivos para tal processo. O encaminhamento do candidato à realização de exames e posterior não contratação não gera o direito à indenização por danos morais, tendo em vista que não comprovado o prejuízo e a perda de uma chance por parte do trabalhador. Recurso da reclamada provido" (TRT-4 – RO: 00211604620155040252, data do julgamento: 20/6/2017, 8ª Turma).

[188] Nesse sentido: "A retenção da carteira de trabalho da autora por quatro meses, além de ilícita, enseja o recebimento de indenização pela perda de possíveis contratações futuras, porquanto, caso aprovada em seleção de emprego, não seria possível a admissão. Devida indenização por perda de uma chance" (TRT-4 – ROT: 00213674620165040402, 4ª Turma, data da publicação: 31/8/2017).

Exemplo recorrente na jurisprudência está relacionado ao atraso na entrega de imóvel objeto de compra e venda. A jurisprudência do STJ é no sentido de que, descumprido o prazo para a entrega do imóvel, sobretudo após o esgotamento do período de prorrogação, é cabível a condenação por lucros cessantes, sendo presumido o prejuízo do promissário comprador, pois a demora na entrega das chaves inviabiliza por completo a utilização do bem (REsp 1.729.593).

A frustração de um ganho certo permite a indenização referente aos lucros cessantes, sendo indispensável a prova dos prejuízos concretos efetivamente experimentados pelo credor.

Vejamos outro caso concreto julgado recentemente pelo STJ: uma empresa pleiteou indenização por lucros cessantes, argumentando que o *shopping center* no qual alugaria uma loja não foi entregue no prazo estipulado. Nesse caso, o STJ entendeu não ser devida a indenização porque a atividade empresarial não tinha tido início, de modo que não seria possível aferir a probabilidade de que os lucros reclamados de fato ocorreriam (3ª Turma, REsp 1750233/SP, relatora: Min. Nancy Andrighi, data do julgamento: 5/2/2019). *A contrario sensu*, se fosse uma empresa já constituída e em atividade, e havendo comprovação do que efetivamente deixou de ganhar em razão do atraso, poder-se-ia admitir a fixação de indenização por lucros cessantes.

Para a configuração dos lucros cessantes, não basta a simples possibilidade de realização do lucro, mas, sim, uma probabilidade objetiva e circunstâncias concretas de que estes teriam sido verificados sem a interferência do evento danoso, sempre observado o postulado da razoabilidade, à luz do disposto no art. 402 do Código Civil. De acordo com o STJ:

> Os lucros cessantes representam aquilo que, após o fato danoso, deixou o ofendido de receber à luz de uma previsão objetiva, que não confunde com meras hipóteses. Dependem, portanto, para sua concessão, da preexistência de circunstâncias e de elementos seguros que, concreta e prontamente, demonstrem que a lucratividade foi interrompida ou que não mais se iniciaria em decorrência especificamente do infortúnio, independente de outros fatores (REsp 1.080.597/SP, relator: Min. Antônio Carlos Ferreira, 4ª Turma, data do julgamento: 6/10/2015, data da publicação: 4/11/2015).
>
> Correspondem os lucros cessantes a tudo aquilo que o lesado razoavelmente deixou de lucrar, ficando condicionado, portanto, a uma probabilidade objetiva resultante do desenvolvimento normal dos acontecimentos. A condenação a esse título pressupõe a existência de previsão objetiva de ganhos na data do inadimplemento da obrigação pelo devedor. No caso, os lucros alegados decorrem de previsões baseadas em suposta rentabilidade de uma atividade empresarial que nem mesmo se iniciou. Assim sendo, não se pode deferir reparação por lucros cessantes se estes, em casos como o dos autos, configuram-se como dano hipotético, sem suporte na realidade em exame, da qual não se pode ter a previsão razoável e objetiva de lucro, aferível a partir de parâmetro anterior e concreto capaz de configurar a potencialidade de lucro (REsp 846.455/MS, relator p/ acórdão: Min. Sidnei Beneti, 3ª Turma, data do julgamento: 10/3/2009, data da publicação: 22/4/2009).

Agora imagine a seguinte situação hipotética: contra uma empresa de transportes foi ajuizada Ação de Busca e Apreensão, em razão de uma suposta inadimplência em relação ao financiamento de veículos utilizados para o exercício da atividade empresarial. Ao final na demanda, verificou-se que não houve inadimplemento e a Ação de Busca e Apreensão foi julgada improcedente. Nesse caso, considerando que os veículos foram apreendidos e, portanto, deixaram de servir para o transporte – finalidade para a qual a empresa foi criada –, é possível falar em lucros cessantes? O Tribunal de Justiça de Minas Gerais julgou um caso semelhante, admitindo a indenização[189].

---

[189] "Apelação cível. Busca e apreensão. Lucros cessantes. Período que o bem ficou apreendido. Prescrição afastada. Apelação cível. Ação de busca e apreensão. Alienação fiduciária. Improcedência do pedido.

Ademais, é possível cumular lucros cessantes e eventual indenização pela perda de uma chance? Entendemos que sim. A indenização pelos danos materiais na modalidade lucros cessantes corresponde à frustração da expectativa de um lucro, ou seja, a perda de um *ganho esperado*. A indenização pela perda de uma chance está fundada em uma probabilidade de êxito. Imagine a seguinte situação hipotética: uma empresa locadora de veículos foi demandada pelo Ministério Público em razão de condutas supostamente enquadradas na Lei Anticorrupção (Lei 12.846, de 1º de agosto de 2013). Em razão dessa demanda, seus bens – veículos utilizados para locação – permaneceram indisponíveis. Além da impossibilidade de locar os veículos a seus clientes, a empresa deixou de firmar um contrato com determinada empresa que pretendia utilizar os veículos para transporte de seus funcionários. A fase de contratação ainda estava no início (as partes trocaram Carta de Intenções). Ao final, a ação foi julgada improcedente, ao argumento de que o Ministério Público confundiu a demandada com outra empresa do mesmo segmento e que aquela, de fato, não havia praticado nenhuma conduta ilícita.

Imagine que, por mês, eram locados, em média, 150 veículos, gerando um lucro mensal de R$ 400.000,00. Nessa situação, os lucros cessantes correspondem às locações que deixaram de ser realizadas.

A indenização pela perda de uma chance, por sua vez, está atrelada à impossibilidade de formalização do contrato com a empresa que pretendia utilizar os veículos para transporte de seus funcionários. A contratação foi frustrada pela declaração de indisponibilidade dos bens. A indenização, nesse caso, não corresponderá ao valor exato do contrato, pois não há como prever que ele perduraria sem quaisquer outras intercorrências, e, como visto, a contratação ainda estava na fase preliminar. Deve-se tomar por base a possibilidade maior ou menor de obtenção do resultado almejado (ou seja, de formalização do contrato). Dessa maneira, o valor da indenização deve ser fixado tomando-se como parâmetro o valor total do resultado esperado e sobre este incidindo um coeficiente de redução proporcional às probabilidades de obtenção do resultado final esperado.

O tema é complexo e a questão da cumulação dependerá, em suma, das provas do caso concreto.

No **direito de família**, a aplicação da teoria da perda de uma chance é ainda mais polêmica. Pensemos na seguinte hipótese: Caio cresce sem a presença do pai. De acordo com a genitora

---

Extinção da ação sem resolução do mérito. Eventuais perdas e danos – responsabilidade do credor fiduciária. § 7º do art. 3º do Decreto-lei 911/69. Apreensão do caminhão. Transporte de carga. Impedimento. Lucros cessantes. Indenização. Dados para apuração do valor. Liquidação de sentença. 1. Por determinação contida no § 7º do artigo 3º do Decreto-Lei 911, de 1969, em caso de improcedência do pedido formulado em ação de busca e apreensão de bem alienado fiduciariamente ou em caso de sua extinção sem resolução do mérito, o credor fiduciário será responsável por eventuais perdas e danos decorrentes da apreensão liminar do referido bem. 2. A apreensão do caminhão, ao impedir a sua utilização no transporte de carga, objetivo social da empresa, caracteriza, por si só, a ocorrência de lucros cessantes, a serem indenizados. 3. Quando inexistem nos autos dados suficientes para tanto, deve o valor da indenização por lucros cessantes ser apurado em liquidação de sentença. V.V. Ausência de provas – lucros cessantes não demonstrados – sentença reformada para afastar a prescrição – mérito – recurso provido parcialmente. 1. Tratando-se de ação de reparação de danos, a pretensão prescreve em três anos, com fundamento no art. 206, § 3º, inc. V, do CC. 2. Somente após o trânsito em julgado da ação de busca e apreensão, que ocorreu em 08 de outubro de 2010, é que a apelante pode reclamar os supostos lucros cessantes. Isso porque, anteriormente, o apelado estava agindo no exercício regular de seu direito. 3. Os lucros cessantes devem ser comprovados, sob pena de improcedência do pedido" (TJ-MG – AC: 10024112237797001 Belo Horizonte, relator: José Américo Martins da Costa, data do julgamento: 23/5/2017, 15ª Câmara Cível, data da publicação: 9/6/2017).

Marília, Antônio (pai de Caio) teria falecido antes do nascimento. Ocorre que, chegando na fase adulta, Caio descobre que seu pai está vivo e que a mãe lhe escondeu propositalmente esse fato, assim como não contou sobre a gravidez a Antônio. Nessa situação, seria possível, aplicando a teoria da perda de uma chance, a fixação de indenização em favor de Antônio, a ser paga por Marília? A resposta é positiva. Caio poderia ter convivido com o pai, ainda que os genitores não tivessem um bom relacionamento. A expectativa de afeto e de construção de uma relação paterno-filial foi frustrada, sem justificativa plausível. Se a mãe de Caio tivesse, por exemplo, realizado um aborto sem a informação ao genitor, frustrando a concretização da paternidade, a indenização seria, em tese, igualmente viável.

Na doutrina há vozes importantes que admitem a incidência dos instrumentos da responsabilidade civil, inclusive no que tange à teoria da perda de uma chance, ao Direito das Famílias. CRISTIANO CHAVES, NELSON ROSENVALD e FELIPE BRAGA NETTO citam como exemplo, além daquele relacionado à perda da oportunidade de uma pessoa desenvolver-se pai, a hipótese na qual o alimentante é vítima de um ato ilícito que impossibilita o cumprimento da obrigação[190], privando o alimentado de amparo material. Nesse caso, o terceiro que cometeu o ato ilícito frustrou a expectativa de sustento, guarda e educação da vítima, que pode não ter outra fonte para esse cuidado.

A propósito, o Superior Tribunal de Justiça, em antigo precedente, analisou situação assemelhada. Uma mulher foi vítima fatal de erro médico, circunstância que inviabilizou a sua posse em concurso público para o qual já havia sido aprovada. O filho ajuizou ação indenizatória em face do causador do dano, afirmando que, além de estar impossibilitado de conviver com a genitora, perdeu a chance de receber parcela de seus rendimentos. De acordo com a decisão

> [...] no caso concreto, a chance de que a vítima destinaria ao filho menor parcela de seus ganhos é bastante razoável, e isso é suficiente para gerar a obrigação de reparar a perda. Nesse contexto, não merce acolhida a tese de que o filho possuía apenas expectativa de direito a receber percentual dos rendimentos líquidos da mãe (AgRg no Ag: 1222132/RS, data da publicação: 15/12/2009).

Se o dano afeta o sentido espiritual da vida, violando um projeto inicial – que pode ser o projeto de paternidade ou qualquer outro, igualmente relevante –, a reparação torna-se, em tese, viável, sem que se cogite qualquer conotação patrimonial. A realização pessoal de um ser humano, vinculada a sua dignidade, não pode se limitar a aspectos meramente econômicos, devendo abranger elementos existenciais.

A prática de alienação parental é outro indicativo da possibilidade de indenização a partir da aplicação da teoria da perda de uma chance. Em casos assim, as atitudes prejudiciais de um dos genitores são capazes de inviabilizar o prosseguimento do convívio familiar ou mesmo o seu surgimento, gerando um dever de indenizar.

O Tribunal de Justiça de Minas Gerais, ao julgar o recurso de Apelação 10518150169408/002 (data da publicação: 14/11/2017), apreciou, ainda que superficialmente, a correlação entre a alienação e a teoria da perda de uma chance. No caso concreto, restou demonstrado o cerceamento da oportunidade de o requerente conviver com o filho, a partir da regulamentação judicial das visitas. Ocorre que o requerente tinha meios de fazer prevalecer a ordem judicial (pela via da execução, por exemplo), mas se manteve inerte. Ou seja, fixado o regime de visitas, este foi inviabilizado pela genitora, mas o pai, que poderia ter requerido o cumprimento da decisão,

---

[190] FARIAS, Cristiano Chaves de; ROSENVALD, Nelson; NETTO, Felipe Braga. *Manual de Direito Civil*. Salvador: Juspodivm, 2021. p. 1214.

inclusive com a aplicação de medidas coercitivas em face da genitora, não adotou as providências cabíveis. Como não houve iniciativa do requerente, o Tribunal de Justiça de Minas Gerais entendeu que não havia nexo de causalidade entre o ato prejudicial praticado pela genitora e os prejuízos alegados pelo requerente. *A contrario sensu*, se tivesse havido efetiva resistência do genitor e acionamento do Poder Judiciário, a teoria da perda de uma chance poderia ter sido aplicada. Imaginemos, por exemplo, que, além de violar o dever de convivência, a genitora tivesse levado o filho para outro Estado, sem que até mesmo o aparato judiciário conseguisse localizar a criança. Ou seja, os esforços do genitor poderiam ser considerados um robusto indício de que, se a mãe não tivesse inviabilizado o processo de convivência, teria havido efetiva probabilidade de desenvolvimento dos laços afetivos entre pai e filho. O caso concreto e as provas produzidas é que irão indicar se há ou não viabilidade de aplicação da teoria da perda de uma chance às relações familiares.

No entanto, devemos ter em mente a premissa de que a intervenção do Estado em casos assim é excepcional. Nem sempre a prática de um ato dentro de uma relação familiar será suficiente para gerar um dano moral indenizável. Pensemos em um adultério ou no término de um relacionamento. Os arts. 186 e 187 do Código Civil admitem que a indenização seja fixada independentemente da prática de ato ilícito, surgindo, em tese, a possibilidade de reparação até mesmo nessas hipóteses. Ocorre que, em casos assim, é necessário perquirir se houve violação a algum dever relacionado, por exemplo, ao casamento, e que a violação desse dever, por si só, gerou a ocorrência de um ato ilícito. Dessa forma, o simples adultério ou o término de um noivado não permite a incidência da teoria da perda de uma chance.

Para exemplificar: em 5/6/2019, a 4ª Turma do Tribunal de Justiça do Distrito Federal julgou o Recurso de Apelação 0005822-61.2015.8.07.0005, interposto por uma noiva em razão do indeferimento do pedido de indenização proposto em face do ex-noivo, em razão do rompimento da relação pela suposta descoberta de uma traição. O Tribunal entendeu que a ruptura em si do noivado, em que pese os desgastes emocionais, não traduz ato ilícito passível de gerar responsabilidade civil, porquanto ninguém pode ser compelido a se casar. Admitiu-se, contudo, a indenização por danos **materiais** do rompimento do noivado, às vésperas do casamento.

Os motivos para a ruptura de uma relação podem ser vários, não cabendo ao Estado investigá-los um a um. A liberdade que cada ser humano tem de escolher o/a seu/sua parceiro(a) (ou mesmo de não ter parceiro(a) algum) deve ser preservada. Além disso, aplicar indistintamente a esses casos a teoria da perda de uma chance seria o mesmo que admitir que o casamento é uma instituição capaz de gerar, em toda e qualquer hipótese, uma vantagem futura.

A título de conclusão, podemos definir que, embora a teoria da perda de uma chance tenha espaço no Direito das Famílias, ela não pode ser acolhida sem moderações. Além da necessária presença dos pressupostos da responsabilidade civil – dano, culpa e nexo de causalidade –, é imprescindível que o ofendido comprove a perda da vantagem sofrida, ou seja, a chance séria, efetiva e real de êxito. Danos meramente hipotéticos, sem razoáveis chances de proporcionar à vítima algum tipo de vantagem, inviabilizam o arbitramento de indenização.

Por fim, registra-se o recente entendimento do STJ (REsp 1.637.375/SP, data do julgamento: 17/11/2020) a respeito da possibilidade de arbitramento de indenização fundada na teoria da perda de uma chance ainda que não haja pedido expresso da vítima. Como o pedido deve ser interpretado de forma lógico-sistemática (art. 322, § 2º, do CPC), não há julgamento *extra petita* quando o conjunto da postulação indica que a vítima está pretendendo obter indenização pela chance perdida e não propriamente pelo dano causado.

4.2.7 *Lucro da intervenção*

Para compreender este tópico, vamos ao exemplo julgado pelo STJ: uma atriz propôs indenização em razão do uso não autorizado de seu nome e da sua imagem em campanha publicitária. Além do pedido de reparação dos danos morais e patrimoniais, a atriz pretendeu a restituição de todos os benefícios econômicos que a ré obteve com a venda de seus produtos. Este último pedido refere-se justamente ao lucro da intervenção. Segundo Sérgio Savi, é o "lucro obtido por aquele que, sem autorização, interfere nos direitos ou bens jurídicos de outra pessoa e que decorre justamente desta intervenção"[191].

Embora estejamos tratando da responsabilidade civil nesta parte da obra, a doutrina majoritária entende que o lucro da intervenção não é um instituto da responsabilidade civil, ou seja, não se trata de uma nova categoria de dano sujeito às regras previstas nos arts. 944 e seguintes do Código Civil. E a razão é simples: de acordo com o art. 944, a indenização mede-se pela extensão do dano. Trata-se do princípio da reparação integral. No caso da atriz – exemplo inicial deste tópico –, a vantagem patrimonial poderá superar o próprio prejuízo sofrido. A depender das vendas vinculadas à sua imagem, os lucros obtidos podem facilmente ser superiores à indenização por danos materiais e morais. Por isso, entende-se que o dever de restituição baseado no lucro da intervenção tem fundamento na **proibição do enriquecimento sem causa**, previsto no art. 884. Essa é a conclusão manifestada pela doutrina na VIII Jornada de Direito Civil do CJF: "A obrigação de restituir o lucro da intervenção, entendido como a vantagem patrimonial auferida a partir da exploração não autorizada de bem ou direito alheio, fundamenta-se na vedação do enriquecimento sem causa"[192]. É possível, portanto, que haja cumulação entre os pedidos de danos morais e imateriais e o lucro da intervenção, desde que se comprove que houve enriquecimento do interventor.

Para a indenização decorrente desse instituto, o STJ estabelece os seguintes critérios: (i) o *quantum debeatur* deve ser estabelecido com base no lucro patrimonial; (ii) a restituição deve estar limitada ao período no qual se verificou a indevida intervenção; (iii) deve ser aferido o grau de contribuição de cada uma das partes e (iv) deverá ser realizada a distribuição do lucro obtido com a intervenção proporcionalmente à contribuição de cada partícipe da relação jurídica. A doutrina ainda acrescenta a necessidade de se aferir a presença ou ausência de justa causa. Anderson Schreiber esclarece que deve ser verificada "a inexistência de autorização legal ou negocial para a utilização do direito alheio, sendo certo, contudo, que a ausência de título jurídico formal deve ser sopesada com os demais valores relevantes para a delimitação da (in)justiça do enriquecimento em cada caso concreto"[193]. Isso quer dizer que não basta, por exemplo, verificar se não houve autorização formal da atriz. Afigura-se imprescindível perquirir a existência de boa-fé ou má-fé do interventor e os eventuais comportamentos das partes e os respectivos ajustes, ainda que informais, entre elas.

4.3 Nexo de causalidade

Não basta ter ocorrido um ato conforme ou contrário a direito e ter alguém sofrido um dano: somente há responsabilidade civil se for provada a **relação causal** – nexo de causalidade – entre o ato e o dano.

Duas teorias foram concebidas para determinar a relação de causalidade: a **teoria da equivalência dos antecedentes** e a **teoria da causalidade adequada**. Passemos ao exame de cada uma delas.

---

[191] SAVI, Sérgio. *Responsabilidade civil e enriquecimento sem causa*: o lucro da intervenção. São Paulo: Atlas, 2012. p. 7.

[192] No mesmo sentido a jurisprudência do STJ: 3ª Turma, REsp 1.698.701-RJ, relator: Min. Ricardo Villas Bôas Cueva, data do julgamento: 2/10/2018.

[193] Aspectos relevantes para a sistematização do lucro da intervenção no direito brasileiro. *Pensar*, Fortaleza, v. 23, n. 4, p. 1-15, out.-dez. 2018.

4.3.1 Teoria da equivalência dos antecedentes

Segundo a **teoria da equivalência dos antecedentes**,[194] para se determinar qual causa gerou um determinado resultado, deve-se eliminar mentalmente uma por uma, e verificar se o resultado, ainda na falta dela, teria ocorrido. Toda causa que não puder ser eliminada, nesse processo mental, terá concorrido para a produção do resultado, e, por isso, tem a mesma relevância. Há equivalência entre todos os antecedentes do resultado sem os quais este não se teria produzido. Daí que esta teoria também ficou conhecida como *conditio sine qua non*.

A teoria, inspirada no pensamento de STUART MILL e delineada por MAXIMILIAN VON BURI, se adotada, implica uma consequência nefasta, que é a de se regredir infinitamente na perquirição dos antecedentes de um resultado.

Tomemos a construção de uma casa em uma encosta. O terreno foi bem preparado e a fundação bem executada. Em um nível superior do morro, a administração municipal abriu uma rua, tomando todos os cuidados necessários na execução da obra. Um bom tempo depois, durante uma forte chuva, um trecho de terra entre a casa e a rua se encharcou, em razão de a cobertura vegetal do morro ter sido reduzida. Desprendeu-se, e soterrou a casa. Qual teria sido a causa do dano consubstanciado na perda da casa? A construção da casa na encosta? A obra no nível superior, que reduziu a cobertura vegetal do terreno? A chuva forte?

Segundo a teoria da equivalência dos antecedentes, todas essas condições foram imprescindíveis para o resultado, havendo equivalência entre elas. Afinal, se a chuva não tivesse castigado com sua intensidade, se o morro não tivesse sido descoberto, e se a casa não houvesse sido construída na encosta, a casa não teria sido soterrada. Todavia, pode-se regredir ainda mais nos antecedentes, até o absurdo de se concluir que se a pessoa que mandou construir a casa e o secretário de obras do Município que ordenaram as obras não tivessem nascido, aquele resultado específico também não teria ocorrido. E, por que não, se os pais dessas pessoas não as tivessem gerado... E os pais dos pais... *Ad infinitum*.

Destarte, a teoria da equivalência dos antecedentes não serve para determinar o nexo de causalidade entre o ato e o dano em sede de responsabilidade civil, sob pena de uma série quase infinita de pessoas serem responsabilizadas.

4.3.2 Teoria da causalidade adequada

A doutrina contemporânea tem adotado a chamada **teoria da causalidade adequada**[195] para que se apure o nexo causal entre o ato e o dano. Conquanto não se argumente que a teoria é perfeita – pois nenhuma teoria é –, a teoria da causalidade adequada permite uma coerência muito maior no sistema de responsabilidade civil, como veremos.

Segundo essa teoria, imaginada por VON KRIES, diante de vários fatos que giram em torno de um acontecimento, somente se considera **causa** aquele que for o mais adequado à produção do **efeito** obtido.

Voltemos ao exemplo do deslizamento. Qual teria sido a causa do dano consubstanciado no soterramento da casa? A construção da casa na encosta? A obra no nível superior? A chuva forte?

Segundo a teoria da causalidade adequada, a causa do dano foi a chuva, pois se trata do fato mais adequado a produzir o deslizamento de terra. Tanto que, se não fosse a chuva, com tal intensidade, o barranco não teria se desprendido simplesmente porque a casa foi construída

---

[194] CAVALIERI FILHO, Sergio. *Programa de responsabilidade civil*, cit., p. 59.
[195] CAVALIERI FILHO, Sergio. *Programa de responsabilidade civil*, cit., p. 59-61.

abaixo dele, ou porque foi aberta uma rua acima dele. No entanto, se a casa não tivesse sido construída na encosta, não teria sofrido aquele dano específico, e, se a rua não tivesse sido aberta, o solo estaria mais firme. Logo, os fatos construção da casa e abertura da rua também foram causas do dano sofrido, mas a chuva, entre todas as causas, foi a mais adequada a produzir o deslizamento.

Nos exemplos que mencionamos ao examinar a teoria da responsabilidade independente de culpa anteriormente, do animal na pista e do dedo quebrado no *paintball*, concluímos, aplicando a teoria da causalidade adequada, que não foi a omissão da concessionária a causa mais adequada a produzir o dano ao veículo, mas que foi a omissão da empresa de *paintball* a causa mais adequada a quebrar o dedo do jogador. Ou seja, não foi a omissão da concessionária em fiscalizar a presença de animais na rodovia a causa mais adequada a produzir o dano, mas sim o fato do animal de atravessar a pista. No caso do *paintball*, por outro lado, a omissão no fornecimento das luvas foi a causa mais adequada a produzir o dano, porquanto, se o jogador as estivesse usando, mesmo levando o tiro no dedo, não o teria quebrado.

Destarte, a teoria que deve ser adotada para fins de verificação do nexo de causalidade entre o ato e o dano, no campo da responsabilidade civil, é a teoria da causalidade adequada.

> A teoria da causalidade adequada revela-se a mais adequada para justificar o nexo de causalidade no plano jurídico, tanto pelo exame do direito positivo quanto pela concepção de que a causalidade adequada "constitui o retrato mais próximo do modelo nomológico científico da explicação causal" (CARPES, Artur Thompsen. *A prova do nexo de causalidade na responsabilidade civil*. São Paulo: Revista dos Tribunais, 2016, p. 53-55). A ideia fundamental da doutrina é de que só há uma relação de causalidade adequada entre fato e dano quando o ato praticado pelo agente for de molde a provocar o dano sofrido pela vítima, segundo o curso normal das coisas e a experiência comum da vida. Com efeito, na aferição do nexo de causalidade, a doutrina majoritária de Direito Civil adota a teoria da causalidade adequada ou do dano direto e imediato, de maneira que somente se considera existente o nexo causal quando o dano é efeito necessário e adequado de uma causa (ação ou omissão). Essa teoria foi acolhida pelo Código Civil de 1916 (art. 1.060) e pelo Código Civil de 2002 (art. 403).[196]

Vejamos um último exemplo elucidador: Robson, filho de Elias, ajuizou ação de indenização por danos materiais e imateriais em face de concessionária de serviço público responsável pelo Metrô de São Paulo. Segundo o autor, Elias faleceu ao cair na via férrea antes do alinhamento da composição, o que resultou em seu atropelamento. A queda ocorreu em razão de um ataque de epilepsia. Embora, no caso, seja adotada a teoria do risco administrativo, que confere fundamento à responsabilidade civil objetiva do Poder Público pelos danos a que os agentes houverem dado causa por ação ou omissão, o risco, por si só, não enseja o dever de indenizar. Em caso semelhante julgado pelo STJ[197], entendeu-se que a situação vivenciada pela vítima configurou hipótese de fortuito externo, que, segundo o curso normal das coisas, não tinha como ser previsto pela concessionária. Ademais, ainda que se trate de hipótese de responsabilidade objetiva, o nexo causal entre o dano e a prestação do serviço público deve, necessariamente, estar presente. Portanto, à luz da teoria da causalidade adequada, não há como considerar que a conduta da concessionária foi causa específica e determinante para o evento danoso.

---

[196] Resp 1.936.743/SP, relator: Min. Luis Felipe Salomão, 4ª Turma, data do julgamento: 14/6/2022, data da publicação: 8/9/2022.
[197] Idem.

4.3.3 Teoria da causalidade alternativa

Passou-se a chamar **teoria da causalidade alternativa** a ideia de que, em caso de dano causado por membro de corpo coletivo, não sendo possível a identificação do indivíduo ou dos indivíduos causadores do prejuízo, este deve ser reparado pela coletividade. Tal teoria é também denominada teoria da culpa coletiva. Por aplicação da teoria, chega-se à chamada responsabilidade civil grupal.

A teoria da causalidade alternativa permite que, na hipótese de o dano ter sido provocado por uma pessoa indeterminada integrante de grupo específico de pessoas, ante a impossibilidade de sua identificação, todos os integrantes do grupo possam ser responsabilizados civilmente, e de forma solidária, a fim de garantir a reparação da vítima (REsp 1.732.398/RJ, relator: Min. Marco Aurélio Bellizze, 3ª Turma, data do julgamento: 22/5/2018, *REPDJe* 14/6/2018, *DJe* 1/6/2018).

Como exemplo, pode-se citar o caso do grupo de torcedores de futebol que, em 1983, em Teutônia, Rio Grande do Sul, atacou um grupo de torcedores do time rival, causando a morte de um deles. Tendo sido identificados alguns dos agressores, mas sendo impossível determinar ao certo qual ou quais teriam sido os causadores da morte, o juiz de primeira instância aplicou a teoria da causalidade alternativa para configurar a responsabilidade civil grupal. A sentença foi confirmada pelo TJRS e, posteriormente, pelo STJ (REsp 26.975/RS, 4ª Turma, relator: Min. Aldir Passarinho Junior, data do julgamento: 18/12/2001, data da publicação: 20/5/2002).

4.4 Excludentes de responsabilidade

Há certas circunstâncias que o Direito considera **excludentes de responsabilidade**, ligadas ao nexo de causalidade.

Em alguns casos, essas circunstâncias impedem a própria formação da **relação causal** – adotada a **teoria da causalidade adequada**.

Em outros casos, o nexo de causalidade se forma, e a responsabilidade civil se configura, mas, ainda assim, o Direito, em atenção a uma outra causa do dano, que se considera mais relevante – embora não tenha sido a mais adequada à sua produção, **exclui a responsabilidade** do agente, e, às vezes, a desloca para outra pessoa.

Tais circunstâncias são: o **fato exclusivo da vítima**; o **fato de terceiro**; o **caso fortuito** e a **força maior**.

Deve-se frisar que, em sede de **responsabilidade objetiva** baseada na **teoria do risco**, somente se admite a exclusão da responsabilidade se o fato exclusivo da vítima, o fato de terceiro ou o caso fortuito ou de força maior puderem ser considerados **externos**, porquanto não abrangidos pelo risco.

4.4.1 Fato exclusivo da vítima

Se o **fato exclusivo da vítima** – ou seja, aquele a que a própria vítima deu causa – configurar a causa mais adequada à produção do dano por ela sofrido, o **nexo de causalidade** entre o ato e o dano não se formará – frise-se, baseando a análise na **teoria da causalidade adequada**.

O exemplo mais tradicionalmente repetido é o da pessoa que, de repente, lança-se à rua, na direção de um carro. Conquanto haja um ato do motorista, de dirigir, e um dano sofrido pelo pedestre, não há relação causal entre ambos, porquanto a causa mais adequada à produção do dano não foi o ato de transitar pela rua conduzindo um veículo, mas sim o ato da vítima de subitamente se lançar à rua.

Não importa se o ato do motorista foi conforme ou contrário a direito. Estivesse ele dirigindo na mão correta, com toda diligência, ou dirigindo sem atenção, na contramão, seu ato não terá sido a causa mais adequada à produção do atropelamento. Tanto em um quanto em outro caso não haverá que se falar em responsabilidade civil, nem por culpa nem independente de culpa, porquanto não há nexo causal – à luz da teoria da causalidade adequada.

Se, por sua vez, o **fato exclusivo da vítima** tiver criado uma situação que levou outrem a praticar um ato, que acabou lhe causando um dano, conquanto haja **nexo de causalidade** entre o ato e o dano – segundo a teoria da causalidade adequada –, o Direito não reputa justa a responsabilização do agente, porquanto o fato da vítima, que criou a situação, mesmo não sendo a causa mais adequada à produção do dano, foi a mais juridicamente relevante, e a mais repudiável.

Imaginemos que um motorista, Augusto, em um cruzamento, mesmo vendo um carro que vinha em sua direção, na via que pretendia cruzar, ainda assim inicia o cruzamento. O motorista do outro carro, Manuel, na tentativa de frear para evitar a colisão, acaba perdendo o controle do carro e, depois de capotar, acerta o carro de Augusto.

Diante do ato de frear bruscamente de Manuel e do dano sofrido por Augusto, analisamos o nexo de causalidade e somos levados a concluir que a causa mais adequada à produção do dano sofrido por Augusto foi a freada brusca de Manuel, que o levou a perder o controle do carro. E, presentes todos os requisitos que configuram a responsabilidade civil de Manuel, somos levados a reconhecê-la. Ocorre que o ato de Augusto, de avançar sobre o cruzamento, ainda que não tenha sido a causa mais adequada à produção do dano ao seu próprio veículo, foi a causa da situação imprevisível que levou Manuel a praticar um ato que, em outras circunstâncias, não teria praticado. Logo, frente à relevância e à reprovabilidade do ato de Augusto, o Direito exclui a responsabilidade civil de Manuel.

Examinemos, agora, um caso de responsabilidade objetiva (teoria do risco).

Um ônibus de uma empresa de viagem interestadual segue viagem normalmente por uma estrada. Um passageiro, não se sabe por que razão, abre a janela do veículo, coloca metade de seu corpo para fora e acaba caindo do ônibus. Ora, conquanto a atividade de transporte seja uma atividade de risco, o dano causado ao passageiro teve como causa mais adequada o seu ato de pendurar seu corpo na janela, o qual é externo ao risco próprio do transporte. Aqui, não há sequer uma omissão da empresa transportadora que se pudesse cogitar como causa do dano. Se, por absurdo, fosse possível entender que houve omissão no lacre das janelas, ainda assim a causa mais adequada do dano teria sido o fato exclusivo da vítima, e não haveria nexo de causalidade.

Outro exemplo. Um ciclista agarra o para-choque de um ônibus e segue pela rua puxado pelo veículo. De repente, o ônibus dá uma freada brusca, e o ciclista cai com força no asfalto e sofre um dano. Aqui, embora se conclua que a causa mais adequada à queda do ciclista tenha sido a freada do ônibus, exclui-se a responsabilidade da empresa de transporte, porquanto o risco criado pela própria vítima é exterior à atividade de transporte de passageiros em ônibus.

4.4.2 Fato de terceiro

Outro fato que pode caracterizar ou a ausência de causalidade ou a exclusão da responsabilidade é o **fato de terceiro**, que nada mais é do que o fato de uma pessoa diversa das pessoas do agente do ato e da vítima, desde que o Direito o considere o mais relevante e o mais reprovável na causação do dano, ainda que não o mais adequado – mais, uma vez, mantendo-se a coerência de adotar a **teoria da causalidade adequada**.

Utilizando novamente o exemplo do atropelamento, imaginemos que, em vez de a vítima se lançar de súbito na rua, ela é empurrada violentamente por um terceiro e acaba se chocando com o carro.

Mais uma vez, o ato do motorista – conforme ou contrário a direito, não importa – não foi o mais adequado a dar causa ao atropelamento, o qual foi o ato praticado pelo terceiro, de empurrar a vítima na direção da rua. Logo, entre a conduta do motorista e o dano sofrido pelo atropelado não há relação de causalidade – pela causalidade adequada –, pelo que não se configura a responsabilidade civil, nem por culpa nem independente de culpa.

E, valendo-nos novamente do exemplo do cruzamento, suponhamos que Manuel, ao frear bruscamente, perder o controle do carro e capotar, chocou-se não com o carro de Augusto, mas com o de Clóvis. Embora configurada a responsabilidade civil de Manuel pelo dano sofrido por Clóvis, o Direito a exclui de Manuel e a desloca para Augusto, por dar maior relevância ao fato de Augusto, mais reprovável.

Vejamos, agora, um exemplo de responsabilidade objetiva (teoria do risco). O piloto de um pequeno avião comercial, em um ato suicida, lança a aeronave para cima de um avião da companhia aérea Voar, cheio de passageiros. Os herdeiros das vítimas acionam a empresa Voar, pedindo a reparação civil. Ocorre que o risco do transporte aéreo não inclui a hipótese de um piloto suicida chocar seu avião intencionalmente contra um outro avião. O nexo de causalidade com o dano se configura com o ato do suicida, e não com qualquer ato omissivo da companhia aérea. Logo, a responsabilidade civil de Voar não chega a se caracterizar.

Mais um exemplo. A empresa Medicar fabrica um medicamento, Melhoxyn, para dores de cabeça, que contém uma substância que dificulta a coagulação do sangue. O farmacêutico Rui é procurado por um paciente, Pontes, que lhe informa estar com dengue, mas com necessidade de um remédio para sua dor de cabeça. Rui vende a Pontes o medicamento Melhoxyn, e Pontes vem a sofrer um dano em razão da má coagulação do seu sangue. Pontes aciona a empresa Medicar. Nesse caso, o ato de fabricar e comercializar o medicamento Melhoxyn foi a causa mais adequada à produção do dano sofrido por Pontes. Todavia, o papel de um farmacêutico é justamente conhecer as indicações e contraindicações dos remédios. Logo, o fato de Rui ter indicado um medicamento inadequado para o caso de Pontes exclui a responsabilidade de Melhorar, e a desloca para Rui.

Diferente é a situação em que o fato de terceiro não é suficiente para romper o nexo causal. Em 2020, o STJ analisou o seguinte caso: um terceiro, em ato de vandalismo, promoveu uma explosão dentro de um vagão de trem, gerando tumulto e pânico entre os passageiros, que não foram socorridos. Alguns, inclusive, ficaram feridos. A concessionária argumentou que essa situação configurava fortuito externo. O STJ,[198] contudo, não acolheu a alegação, afirmando que, em todo contrato de transporte, existe uma cláusula de incolumidade, segundo a qual se impõe ao transportador o dever de zelar pela segurança dos passageiros. No caso concreto, ao deixar de socorrer as pessoas e prestar informações sobre as precauções a serem tomadas, a concessionária contribuiu para o agravamento do dano. O suposto ato de vandalismo foi, portanto, apenas um dos fatores causais relacionados ao dano sofrido.

---

[198] "Mesmo que o dano tenha sido decorrente de uma conduta de terceiro, persiste a responsabilidade da concessionária. Isso porque a conduta do terceiro, neste caso, está inserida no risco do transportador, relacionando-se com a sua atividade. Logo, configura o chamado fortuito interno, que não é capaz de excluir a responsabilidade. O contrato de transporte de passageiros envolve a chamada cláusula de incolumidade, segundo a qual o transportador deve empregar todos os expedientes que são próprios da atividade para preservar a integridade física do passageiro, contra os riscos inerentes ao negócio, durante todo o trajeto, até o destino final da viagem. Assim, o ato de vandalismo que resulta no rompimento de cabos elétricos de vagão de trem não exclui a responsabilidade da concessionária/transportadora, pois cabe a ela cumprir protocolos de atuação para evitar tumulto, pânico e submissão dos passageiros a mais situações de perigo" (STJ, 3ª Turma, REsp 1.786.722-SP, relatora: Min. Nancy Andrighi, data do julgamento: 9/6/2020).

E se o usuário do transporte coletivo tivesse sofrido um dano em razão de uma bala perdida ou tivesse sido atingido por um objeto, dentro do transporte, arremessado por terceiro? Nessas duas hipóteses, o ato do terceiro (quem atirou e quem arremessou o objeto) é completamente independente do risco envolvido na prestação do serviço, excluindo-se a responsabilidade civil objetiva da concessionária (AgInt nos EREsp 1.325.225/SP e AgRg no REsp 1.049.090/SP).

4.4.3 Caso fortuito e força maior

Asseveramos anteriormente, ao estudar as perdas e danos devidos pela inexecução das obrigações, que o **caso fortuito** é um **acontecimento natural**, em certa medida **imprevisível e inevitável**, como na hipótese do raio, da enchente, do terremoto etc., e que **força maior**, por sua vez, é um **fato humano**, também em certa medida **imprevisível e inevitável**, como na hipótese da guerra, do atentado terrorista, do roubo, do furto, da desapropriação etc.

Os conceitos não são aceitos pacificamente pela doutrina, que, no entanto, é quase unânime em reconhecer, em ambos, a **inevitabilidade**. Para evitar problemas, nossa tradição jurídica, desde o Código de 1916, é a de tratar do caso fortuito e da força maior em conjunto, como se a hipótese fosse a mesma, e, nesse sentido, dispõe o parágrafo único do art. 393 que "o caso fortuito ou de força maior verifica-se no fato necessário, cujos efeitos não era possível evitar ou impedir".

Destarte, não há por que nos aprofundarmos na discussão acerca das peculiaridades que distinguem o caso fortuito da força maior. No nosso Direito, basta que o fato tenha ocorrido sem que se pudesse evitá-lo ou impedi-lo.

O caso fortuito ou a força maior impedirão a formação do **nexo de causalidade** – com base na **teoria da causalidade adequada** –, ou excluirão a **responsabilidade** do agente.

No nosso exemplo anterior, do deslizamento de terra, o fato inevitável da natureza consistiu na causa mais adequada à causação do dano; logo, não se configura a responsabilidade civil de ninguém.

Imaginemos que, após o deslizamento de terra, uma pessoa, Helena, ouça pedidos de socorro de Berenice e se aproxime dos escombros. Suponhamos que, ao remover uma pedra, na tentativa de localizar Berenice, Helena acabe soltando uma pilha de entulhos que vem a soterrar Berenice, causando-lhe danos que até então não tinha sofrido. Apesar de haver um nexo de causalidade entre o ato de Helena e o dano sofrido por Berenice, e, portanto, de se configurar a responsabilidade civil de Helena, o Direito a exclui, por considerar mais relevante o caso fortuito, que causou o deslizamento.

Vejamos um caso de responsabilidade independente de culpa baseado na teoria do risco. Durante uma "ressaca", fenômeno em as águas do mar arrebentam fortemente contra a orla, um poste é derrubado e cai sobre o carro de Silvio. Silvio aciona a empresa de transmissão de energia elétrica. Ora, conquanto a atividade de distribuição de energia elétrica seja de risco, não inclui o risco de a força das águas do mar derrubarem um poste sobre um carro. O caso **fortuito externo,** nessa hipótese, impede a configuração do nexo causal.

Outro caso. Para desviar de uma árvore em queda, o motorista de um ônibus bate no carro de Caio. Caio aciona a empresa de transporte pleiteando a reparação do dano que sofreu. Nesse caso, há nexo de causalidade entre o ato do motorista, de desviar o ônibus, e o dano sofrido pelo carro de Caio, vez que a súbita guinada no ônibus para cima do carro de Caio consistiu na causa mais adequada à produção do prejuízo. Ocorre que a queda de uma árvore constitui um fortuito externo ao risco da atividade de transporte, pelo que exclui a responsabilidade da transportadora.

Há, no entanto, casos em que o fortuito está relacionado com a organização da atividade desenvolvida pelo fornecedor ou prestador do serviço. É o chamado **fortuito interno.** Se um *hacker* invadir o sistema eletrônico de um Banco, sacando dos correntistas os valores custodiados, haverá obrigação da instituição de indenizá-los. Nesse sentido: "As instituições financeiras respondem objetivamente pelos danos causados por fortuito interno relativo a fraudes e delitos praticados por terceiros no âmbito das operações bancárias" (Súmula 479, STJ).

FORTUITO INTERNO	FORTUITO EXTERNO
Fato imprevisível e inevitável, relacionado com a atividade e os riscos inerentes ao empreendimento. **Não** exclui a responsabilidade por eventual indenização.	Fato imprevisível e inevitável, alheio aos riscos próprios da atividade explorada. É causa excludente da responsabilidade civil.
Exemplo: assalto à mão armada ocorrido no interior do *drive-in*, facilitado pela falha na segurança e no controle de acesso ao pátio do fornecedor (AgInt no REsp 1.438.348/SP, relator: Min. Raul Araújo, 4ª Turma, data do julgamento: 21/3/2022, data da publicação: 25/4/2022).	Exemplo: agressão física decorrente de disputa de vaga em estacionamento de *shopping center* (AgInt no REsp 1.930.286/SP, relator: Min. Luis Felipe Salomão, 4ª Turma, data do julgamento: 21/3/2022, data da publicação: 24/3/2022).

4.5 Concorrência de causas

É possível que, ao se examinar o ato, o dano e o nexo de causalidade, chegue-se à conclusão de que foram várias as causas mais adequadas a produzir o dano, e que uma delas foi gerada pelo agente, e a outra pela própria vítima, ou, ainda, por um terceiro, ou terceiros.

Havendo **concorrência de causas** geradas pelo **agente** e pela vítima, a responsabilidade civil do agente se configurará, mas a reparação do dano deverá se fazer na proporção em que ele concorreu para o prejuízo, o que deverá ser examinado em sede de apuração do montante da indenização (art. 945).

Havendo **concorrência de causas** geradas pelo **agente** e **terceiros**, surgirá a responsabilidade civil de todos, e deverá ser analisada a concorrência de cada um na produção do dano para que se apure o montante da indenização devido por cada um.

Em suma, por não se enquadrar como excludente de responsabilidade, a concorrência de culpas não é suficiente para afastar o dever de indenizar. Pela causalidade adequada, a concorrência de culpas, que, na verdade, consubstancia concorrência de causas para o evento danoso, só deve ser admitida em casos excepcionais, quando não se cogita de preponderância causal manifesta e provada da conduta do agente. De acordo com o STJ, a configuração da culpa concorrente exige a simultaneidade dos atos jurídicos (REsp 1.808.079/PR, relatora: Min. Nancy Andrighi, 3ª Turma, data do julgamento: 6/8/2019, data da publicação: 8/8/2019).

Vamos ao exemplo: uma concessionária de serviço público deixa de promover a adequada sinalização de uma rodovia. A omissão em relação ao cuidado necessário para evitar a ocorrência de acidentes está configurada, permitindo a imputação da responsabilidade civil à concessionária. No entanto, se um acidente ocorre, também, por influência da vítima (exemplo na jurisprudência: pessoa que atravessa a via em local inapropriado, próximo a uma passarela – EDcl no REsp 1.325.034/SP), a existência de culpa concorrente deve repercutir no valor da indenização.

5. CASOS DE RESPONSABILIDADE INDEPENDENTE DE CULPA NO CÓDIGO CIVIL

Chamamos a atenção do leitor para que, ao estudar os casos de responsabilidade independente de culpa, tenha sempre em mente que os elementos que configuram a responsabilidade civil são sempre o **ato**, o **dano** e o **nexo causal**, e que a melhor teoria para analisar o nexo causal é da **causalidade adequada**. Na ausência de qualquer desses elementos, não há responsabilidade.

5.1 Responsabilidade por fato próprio

5.1.1 Responsabilidade da pessoa que agiu em estado de necessidade

Ao estudar o ato ilícito, vimos que o Direito exclui a antijuridicidade dos atos praticados em legítima defesa, no exercício regular de um direito e em estado de necessidade (art. 188, I e II).

Ocorre que, por privilegiar a reparação do dano, independentemente de a origem do dano ter sido um ato conforme a direito ou contrário a direito, o Código prevê expressamente a **responsabilidade civil** de quem agiu em **estado de necessidade** – e, portanto, não praticou ato contrário a direito – pelos danos que causou.

Nesse sentido, dispõe o art. 929 do Código que a pessoa que se encontrava em perigo, bem como o dono da coisa lesada na situação de perigo, têm direito à indenização pelo prejuízo que sofreram, desde que não tenham criado o perigo.

Nos termos do art. 930, a pessoa que causou o dano para salvar a pessoa ou a coisa do perigo tem **direito de regresso** contra o causador do perigo, bem como contra a pessoa em cuja defesa causou o dano, para ser ressarcido do que houver indenizado.

Suponhamos que Augusto saia de seu apartamento e esqueça o ferro de passar roupas ligado sobre a tábua. Posteriormente, inicia-se um incêndio. Clóvis, passando na rua, ouve os gritos de socorro de Berenice, uma senhora idosa. Para salvá-la, Clóvis dá um golpe na porta de entrada do edifício, de vidro, e a estilhaça. Ganhando acesso, corre até o apartamento de Berenice, consegue abrir a porta e a resgata do imóvel em chamas. Momentos depois, os bombeiros chegam ao local e conseguem controlar o fogo.

Nesse caso, o ato de Clóvis foi inegavelmente a causa do dano à porta do edifício. Supondo-se que a construção não se tenha perdido, e que seja possível uma reforma, o condomínio poderia exigir de Clóvis a indenização pelo prejuízo com relação à porta, segundo o art. 929.

Ocorre que, havendo prova de que o causador do perigo foi Augusto, Clóvis teria ação de regresso contra ele, conforme o art. 930.

E se o incêndio não tivesse sido causado pelo ferro de passar roupa de Augusto, e não fosse possível determinar sua causa? Nessa hipótese, Clóvis teria direito de regresso contra Berenice, pois causou o dano em defesa dela, segundo o parágrafo único do art. 930.

Como conclusão, podemos afirmar que o ato praticado em estado de necessidade é lícito, conforme previsto no art. 188, II. No entanto, mesmo sendo lícito, não afasta o dever do autor do dano de indenizar a vítima quando esta não tiver sido responsável por criar a situação de perigo (art. 929). Dessa forma, o causador do dano, mesmo tendo agido em estado de necessidade, tem o dever de indenizar a vítima, sendo-lhe garantido o direito de regresso contra o efetivo causador do perigo (art. 930). Vale ressaltar, no entanto, que, de acordo com a jurisprudência, o valor dessa indenização deverá ser fixado com proporcionalidade, evitando-se a imposição de valores desproporcionais para alguém que estava agindo de forma lícita[199].

5.1.2 Responsabilidade do incapaz

Se o **ato do incapaz** causa dano, configura-se a sua responsabilidade civil – por ato próprio.

Ocorre que, no caso do incapaz, há uma peculiaridade: segundo a norma do art. 928 do Código Civil, sua obrigação de reparar o dano será **subsidiária**, vez que a obrigação primária é de seu responsável legal, seja quem tem a autoridade parental, seja o tutor ou o curador, dependendo do caso, como veremos a seguir. Somente na hipótese de o responsável legal não

---

[199] STJ, 3ª Turma, REsp 1.292.141-SP, relatora: Min. Nancy Andrighi, data do julgamento: 4/12/2012.

ter a obrigação de reparar o dano do incapaz, ou de não dispor de recursos para tanto, é que a obrigação será exigível do próprio incapaz.

Frise-se que, segundo o parágrafo único do art. 928, a indenização devida pelo incapaz ou por seu representante deverá ser fixada conforme um **critério de equidade**, para que não se privem essas pessoas do necessário à sua subsistência.

Em resumo, a responsabilidade civil do incapaz pela reparação dos danos por ele causados é **subsidiária**, porque apenas ocorrerá quando os seus genitores não tiverem meios para ressarcir a vítima; **condicional** e **mitigada**, porque não poderá ultrapassar o limite humanitário do patrimônio mínimo do infante[200]; e deve ser **equitativa**, tendo em vista que a indenização deverá ser equânime, sem a privação do mínimo necessário para a sobrevivência digna do incapaz (STJ, REsp 1436401/MG, relator: Min. Luis Felipe Salomão, 4ª Turma, data da publicação: 16/3/2017).

De toda forma, ainda que o ordenamento exija a responsabilização inicial dos pais, não há obrigação da vítima lesada de propor a ação em litisconsórcio contra o responsável e o incapaz. O autor da ação indenizatória, por sua opção e liberalidade, pode intentar ação contra ambos – pai e filho –, formando-se um litisconsórcio facultativo e simples, ou propor ação apenas contra um deles (STJ, REsp 1.436.401/MG, relator: Min. Luis Felipe Salomão, 4ª Turma, data do julgamento: 2/2/2017).

5.2 Responsabilidade por fato de terceiro

Há casos em que o Direito estabelece a responsabilidade civil de uma pessoa pelo **fato de um terceiro**, por haver uma relação entre essa pessoa e o terceiro, que determina a **transcendência da responsabilidade**.

A responsabilidade civil independente de culpa pelo fato de terceiro também costuma ser denominada **responsabilidade objetiva indireta**, justamente pelo fato de a lei determinar a responsabilidade de uma pessoa, independentemente de culpa – por isso, *objetiva* –, pelo fato de outra pessoa – por isso, indireta. Nesse sentido é o Enunciado 451 do CJF: "A responsabilidade civil por ato de terceiro funda-se na responsabilidade objetiva ou independente de culpa, estando superado o modelo de culpa presumida".

Nesses casos, a responsabilidade por ato ou fato de terceiro, embora seja objetiva, depende da comprovação da culpa na prática do ato ilícito daquele pelo qual a lei estabelece como responsável (exemplo: para responsabilizar objetivamente o empregador deve ser comprovada a culpa do empregado, caso contrario, estará afastada a responsabilização com base no art. 932).[201]

---

[200] Nesse sentido o Enunciado 39 do CJF: "A impossibilidade de privação do necessário à pessoa, prevista no art. 928, traduz um dever de indenização equitativa, informado pelo princípio constitucional da proteção à dignidade da pessoa humana. Como consequência, também os pais, tutores e curadores serão beneficiados pelo limite humanitário do dever de indenizar, de modo que a passagem ao patrimônio do incapaz se dará não quando esgotados todos os recursos do responsável, mas se reduzidos estes ao montante necessário à manutenção de sua dignidade".

[201] A título de exemplo: "Em se tratando de responsabilidade civil decorrente de acidente de trânsito envolvendo preposto, empregado ou serviçal, a priori, exige-se, para além do dano, a comprovação da culpa do empregado a fim de causar o acidente e, consequentemente, imputar ao empregador a responsabilidade civil prevista no art. 932, III c/c art. 933, ambos do CPC/15. 2. Restando demonstrado nos autos, através de depoimentos e testemunhas, que o acidente ocorreu em razão de imprudência do condutor de outro veículo, é de se afastar a responsabilidade civil do Apelante" (TJ-MG – AC: 10713110101308003 Viçosa, relator: Pedro Aleixo, data do julgamento: 21/10/2020, 16ª Câmara Cível, data da publicação: 29/10/2020). No mesmo sentido: "A responsabilidade civil dos pais pelos atos dos filhos menores, prevista no art. 932, inc. I, do Código Civil, não obstante objetiva, pressupõe a demonstração de que a conduta imputada ao menor, caso o fosse a um agente imputável, seria hábil para a sua responsabilização" (Enunciado 590 da VII Jornada de Direito Civil).

5.2.1 Responsabilidade do responsável pelo incapaz

Como vimos, o incapaz é responsável pelo dano que causa, mas a sua obrigação de indenizar é subsidiária à do seu responsável legal.

A responsabilidade do responsável pelo incapaz, pelo ato que este praticou, é, por conseguinte, um caso de responsabilidade civil por fato de terceiro, que se fundamenta na relação entre o responsável pela incapaz e o incapaz, em que o há, como a própria expressão *responsável* já denota, a responsabilidade daquele por este, que permite a transcendência da responsabilidade civil deste para aquele.

Sobre a responsabilidade civil do responsável pelo incapaz, dispõem os incisos I e II do art. 932 que os pais, o tutor e o curador respondem pelo ato do incapaz desde que este esteja sob sua **autoridade** e **companhia**.

A questão da autoridade – originária do Código de 1916 –, em si, é menos relevante, porquanto o art. 928 – inovação do Código de 2002 – trata do "responsável pelo incapaz", e, se qualquer dos pais, ou mesmo ambos, tiver perdido o poder familiar, em qualquer das hipóteses do art. 1.638 do Código (recentemente atualizadas pela Lei 13.715, de 24/9/2018), deixará de ser responsável pelo menor. E, quanto ao tutor e ao curador, não há que se falar em perda de autoridade, pois esta afasta a própria condição de tutor ou curador.

Por outro lado, a questão da companhia tem muita relevância na apuração da responsabilidade civil do responsável pelo incapaz pelo ato deste. Veja-se que o incapaz não se encontra na companhia do seu responsável, por exemplo, quando se encontra na escola, ou no hospital.[202] Se o responsável provar que por alguma causa legítima o incapaz não estava em sua companhia, não será pessoalmente obrigado pela indenização. Isso porquanto não se cogita de um dever do responsável de velar pelos atos do incapaz em toda sorte de situação. Há casos em que o dever de vigilância se transfere legitimamente. Se a criança se encontra na escola, sob cuidados do educador, ou se o enfermo se encontra no hospital, sob cuidados médicos, não seria razoável imputar ao responsável pelo incapaz responsabilidade civil pelos atos que este praticou, nessas circunstâncias.

Devemos ter em mente que a expressão adotada pelo Código Civil ("autoridade") é diferente da ideia de poder familiar. A primeira é bem mais restrita e pode abarcar situações em que a genitora, por exemplo, mesmo detentora do poder familiar, não se encontrava, no momento do dano provocado pelo filho, exercendo qualquer autoridade sobre ele.

> [...] A mãe que, à época de acidente provocado por seu filho menor de idade, residia permanentemente em local distinto daquele no qual morava o menor – sobre quem apenas o pai exercia autoridade de fato – não pode ser responsabilizada pela reparação civil advinda do ato ilícito, mesmo considerando que ela não deixou de deter o poder familiar sobre o filho (STJ, 3ª Turma, REsp 1.232.011-SC, relator: Min. João Otávio de Noronha, data do julgamento: 17/12/2015).

O precedente citado não indica necessariamente que a genitora ou o genitor que estiver em viagem, ou mesmo que não resida com o filho, deixará de responder pelos danos causados a terceiros. Há de se investigar, a partir do caso concreto, a possibilidade de que o responsável estivesse exercendo autoridade sobre o filho.

Seria absurdamente contrário à teleologia da norma responsabilizar apenas os pais pelos danos que os filhos causem "ao lado" deles. Não é essa, decerto, a interpretação possível do dispositivo em questão. Cabe aos pais contribuir para a formação dos hábitos e comporta-

---

[202] Pensando-se, quanto ao hospital, sobretudo na hipótese do incapaz maior de dezoito anos.

mentos dos filhos, e isso se reflete, de modo sensível, quando os menores estão fora do lar, e não se encontram sob a proteção direta deles, e nem haja fiscalização familiar. É irrelevante, portanto, para a incidência da norma, a proximidade física dos pais, no momento em que os menores causam danos[203].

5.2.2 Responsabilidade do empregador ou comitente

O empregador ou comitente é responsável pelos atos praticados por seus empregados, serviçais e prepostos, no **exercício do trabalho** que lhes competir, ou *em razão dele*, nos termos do art. 932, III.

Cuida-se, como se vê, de mais um caso de **responsabilidade pelo fato de terceiro**, e **independente de culpa**, conforme o art. 933, fundamentada na relação entre o empregador e o empregado, em que o empregador é responsável pelo empregado, donde a transcendência da responsabilidade civil. Todavia, por não se tratar, na hipótese, de incapacidade, pelo que o próprio empregado é responsável por seus atos, o art. 934 do Código estabelece o **direito de regresso** do empregador contra ele.

Impende frisar, ademais, que o parágrafo único do art. 942 preceitua que o autor do ato é **solidariamente** responsável com o empregador ou comitente, ou seja, com o contratante.

Assim como no caso do incapaz, embora a doutrina tradicional tenha adotado a ideia de culpa presumida, a hipótese é de responsabilidade objetiva (Enunciado 451 da V Jornada de Direito Civil).

A doutrina que não consegue se desapegar da noção de culpa, trata da hipótese como caso de "culpa presumida *in eligendo*", com referência a uma suposta má escolha do empregado, serviçal ou preposto.

Um exemplo de responsabilidade do empregador seria o de uma empresa de transporte. O motorista César, empregado da empresa Viajar, conduzindo um ônibus pelas ruas, colide com o carro de Caio. Nesse caso, Caio pode alegar a responsabilidade civil de Viajar, e não de

---

[203] FARIAS, Cristiano. Novo tratado de responsabilidade civil. São Paulo: Atlas, 2015, p. 604. Na jurisprudência: "[...] Na hipótese de o ato ilícito for praticado por um incapaz, o responsável pelo menor irá responder de forma principal e o incapaz terá apenas responsabilidade subsidiária e mitigada. Ademais, na forma do art. 932, I, do CC, os pais, pelos filhos menores que estiverem sob sua autoridade e em sua companhia. 2. O art. 932, I do CC, ao se referir à autoridade e companhia dos pais em relação aos filhos, quis explicitar o poder familiar compreendendo um complexo de deveres, como proteção, cuidado, educação, informação, afeto, dentre outros, independentemente da vigilância investigativa e diária, sendo irrelevante a proximidade física no momento em que os menores venham a causar danos. Em outras palavras, não há como afastar a responsabilização do pai do filho menor simplesmente pelo fato de que ele não estava fisicamente ao lado de seu filho no momento da conduta (STJ, 4ª Turma. REsp 1.436.401-MG, Rel. Min. Luis Felipe Salomão, julgado em 2/2/2017). 3. É possível que o genitor tenha poder familiar sobre o menor, na forma do art. 1634, do CC, a exemplo de dirigir a sua criação, educação e exigir que preste obediência, mas que, por outro lado, não tenha autoridade sobre o filho, ou seja, que não tenha responsabilidade de organizar de forma mais direta e imediata a vida do filho. 4. Existe presunção de que a responsabilidade dos pais, na forma do art. 932, I, do Código Civil, independe de vigilância investigativa e diária e dispensa a proximidade física no momento da ocorrência dos danos. Assim, o eventual afastamento do devedor de indenizar exige provas inequívocas de que o outro genitor, que alega não participar da vida do menor, sobre ele não exerça qualquer autoridade. 5. Recurso conhecido e desprovido" (TJ-DF 07070274020188070018 DF 0707027-40.2018.8.07.0018, Relator: Fabrício Fontoura Bezerra, data do julgamento: 18/8/2021, 5ª Turma Cível).

César,[204] e dela exigir a indenização. Basta que prove o ato de César, o dano que sofreu e o nexo causal, e, obviamente, a relação entre César e Viajar. Obviamente que, em sua defesa, como em todo caso de responsabilidade civil, Viajar pode provar que a causa adequada do dano sofrido por Caio não foi o ato de César, caso em que não haverá responsabilidade civil. Mas, caso contrário, terá de indenizar Caio.

Veja-se que não há razão para imaginar que a escolha do empregado foi ruim simplesmente pelo fato de que este causou um dano. Todos estão constantemente sujeitos a causar danos. Parece-nos impróprio pensar em má escolha, e, consequentemente, em "culpa *in eligendo*", como faz a doutrina tradicional. Todavia, não há dúvida quanto a se tratar, no caso, de responsabilidade civil independente de culpa – objetiva – do contratante, solidariamente com o contratado.

Necessário esclarecer que a legislação não exige, para efeito de atribuição dessa responsabilidade, que haja vínculo empregatício. Contudo, é preciso que o suposto ofensor se apresente, à luz do caso concreto, como empregado ou preposto. A teoria da aparência serve, nesse caso, para valorizar a posição do ofendido que não conhece toda a cadeia que envolve o fato danoso.

5.2.3 Responsabilidade do hospedeiro

Os donos de hotéis, hospedarias, casas ou estabelecimentos em que se hospedem pessoas onerosamente, ainda que para fins de educação, segundo o art. 932, IV, assumem a responsabilidade civil pelos atos de seus hóspedes ou moradores.

Trata-se de uma hipótese vetusta e que, no mundo contemporâneo, deve ser lida com muito cuidado. Isso porquanto não há que se falar em relação entre o hospedeiro e o hóspede que crie uma responsabilidade daquele por este e justifique a transcendência da responsabilidade. Nem, muito menos, como faz a doutrina tradicional, em "culpa presumida *in vigilando*".

Na época da elaboração do Código Civil de 1916 (1899), em que era comum que jovens se mudassem das casas de suas famílias para pensões ou mesmo para internatos, para estudar, a hipótese encontrava razão de ser, porquanto nesses casos os pais transferiam os deveres de zelo e educação para os administradores desses estabelecimentos.

Hoje, todavia, não há por que se cogitar da responsabilidade do dono de um hotel ou de uma pensão pelos atos que uma pessoa capaz pratica, simplesmente por se hospedar no hotel ou morar na pensão.

Apenas em se tratando de incapazes, e de o contrato entre o representante legal do incapaz e o estabelecimento ser tal que crie o dever de a instituição velar e zelar pelo incapaz, como ocorre no caso dos internatos e dos lares de idosos, é que poderá se pensar na responsabilidade do estabelecimento por essas pessoas – desde que, em se tratando de idosos, tenham sido interditados, sem o que serão eles próprios responsáveis por si.

Frise-se, por fim, que em se tratando de responsabilidade pelo ato de incapaz, o art. 934 não concede o **direito de regresso** – o que mais contribui para a delicadeza dessa hipótese de responsabilidade por fato de terceiro. Não se admitindo o direito de regresso, é de se entender que, em se tratando de incapaz, a **solidariedade** prevista pelo parágrafo único do art. 942 seria com o responsável legal, ou seja, os pais, o tutor ou o curador.

5.2.4 Responsabilidade do beneficiado por produto de crime

O inciso V do art. 932 cuida da hipótese de quem gratuitamente participou em produto de crime, estabelecendo sua responsabilidade até a concorrente quantia.

---

[204] Ou de ambos, lembrando que ela é solidária.

BEVILÁQUA chama atenção para o fato de que a norma não se refere aos coautores do crime, cuja responsabilidade civil é por fato próprio, e solidária, conforme indica o parágrafo único do art. 942.[205] Trata-se, na verdade, de quem veio a se beneficiar do produto do crime.

Silvio furta um bem qualquer e o dá a Berenice. Berenice será responsável pelo dano sofrido pela vítima do furto, e terá de lhe restituir a coisa, se isso for possível, ou indenizá-la pelo equivalente. Em razão da ressalva do dispositivo legal, se Berenice tiver recebido apenas parte do produto do crime, sua obrigação de indenizar se limitará ao montante que recebeu, cabendo ao autor do crime a indenização do restante.

Cabe lembrar que a responsabilidade civil de quem foi beneficiado pelo produto do crime, observado o limite imposto pela lei, é **solidária** com a dos autores do crime, os quais são solidariamente responsáveis pela indenização inteira (art. 942, parágrafo único).

5.2.5 Responsabilidade do morador de edifício

Nos termos do art. 938, segunda parte, os **habitantes de um edifício** ou parte dele são responsáveis pelas coisas que dele forem lançadas em lugar indevido.

Trata-se de **responsabilidade por fato de terceiro**, porquanto se fundamenta na relação entre o morador do imóvel e os que nele se encontrarem em um determinado momento e de lá lançarem objetos, considerando-se a responsabilidade do morador pelas pessoas que se encontram dentro do prédio.

Se a coisa cair ou for lançada de condomínio edilício, uma vez identificada a unidade, é do habitante a responsabilidade. Caso não seja possível, responderá o condomínio, assegurado o direito de regresso.

5.3 Responsabilidade pelo fato da coisa

5.3.1 Responsabilidade pelo fato do animal

Apesar de os animais serem coisas, e não pessoas, têm vida, e, por conseguinte, podem causar dano. O Direito, para fins de responsabilidade civil, trata do **fato do animal** como um ato praticado pelo seu dono ou detentor, e, havendo nexo de causalidade entre o fato e o dano, erige a responsabilidade civil do dono ou detentor do animal.

Nesse sentido, dispõe o art. 936 do Código que cabe ao dono ou detentor do animal indenizar o dano por este causado, a não ser que prove o **fato exclusivo da vítima** ou **força maior**. Na verdade, a ressalva sequer seria necessária, porquanto o fato exclusivo da vítima e a força maior são excludentes da responsabilidade civil em qualquer caso.

Por exemplo, imaginemos que o dono de um cão feroz o leva para passear no parque, e que o animal morde a perna de uma pessoa que estava caminhando. Verificado fato do animal – imputado ao dono –, o dano e o nexo causal, configura-se a responsabilidade civil do dono do cão.

Todavia, se alguém pula o muro de uma casa, cai no canil e é mordido por um cachorro, a responsabilidade civil do dono do animal é excluída em face do fato exclusivo da vítima, sem o que nem o fato do cachorro teria ocorrido, nem, muito menos, o dano.

Os apegados à culpa tratam dessa hipótese como de "culpa presumida *in custodiendo*".

Fala-se, mais uma vez, em **culpa presumida**, porquanto somente se admite a exoneração da responsabilidade por fato exclusivo da vítima ou por força maior.

---

[205] BEVILÁQUA, Clóvis. *Código comentado*, cit., v. 5, p. 221.

E fala-se em **culpa *in custodiendo*** com relação a uma infringência do dever de custódia das coisas, que têm os possuidores. Atenção: em se tratando de animal, ou seja, de coisa, não se fala em **culpa *in vigilando***, pois o dever de velar e zelar somente se refere a pessoas.

De toda forma, o mais correto, como vimos, é tratar do fato como hipótese de responsabilidade objetiva, ou seja, independente de culpa, bastando a existência de nexo de causalidade entre o comportamento do animal e o dano.

5.3.2 Responsabilidade pelo fato do edifício ou construção

O dono do edifício ou da construção, segundo o art. 937 do Código, é responsável pelos danos causados pela sua **ruína**, se esta houver sido causada por **falta de reparos** cuja necessidade era evidente.

Aquele que habita edifício, ou parte dele, segundo o art. 938, primeira parte, é responsável pelo dano causado pelas **coisas** que dele caírem. Vale lembrar que se trata de responsabilidade independente de culpa. Nesse sentido é o Enunciado 556 da VI Jornada de Direito Civil do CJF: "A responsabilidade civil do dono do prédio ou construção por sua ruína, tratada pelo art. 937 do CC, é objetiva".

6. DEVER DE INDENIZAR E VALOR DA INDENIZAÇÃO

Configurada a responsabilidade civil, surge para o sujeito o **dever de reparar o dano**, consubstanciado na **obrigação de dar** a indenização.

Segundo o art. 943 do Código, o direito de exigir a reparação – mais propriamente, o **crédito** constante da obrigação de dar a indenização – transmite-se *causa mortis*, assim como o **débito** respectivo. Ou seja, os herdeiros da vítima herdam, no montante do acervo hereditário, o crédito da indenização, assim como os herdeiros do autor do dano herdam a dívida da indenização. No caso da sucessão da dívida, deve-se frisar que os sucessores hereditários somente respondem *ultra vires hereditatis*, quer dizer, dentro das forças da herança, pelo que, se esta for insuficiente para saldar as dívidas do morto, os débitos se extinguirão.

Quanto ao valor, a regra geral é que este se mede pela **extensão do dano** (art. 944).

No caso de ter havido **fato concorrente da vítima**, conforme asseverado, o art. 945 do Código determina que a indenização seja fixada tendo-se em conta a **gravidade** do fato da vítima em confronto com o do autor do dano. Embora a redação do dispositivo mencione "culpa", a referência é ao fato.

Quanto ao pedido de indenização, impende destacar que, nos termos do art. 322 do Código de Processo Civil de 2015, todo pedido deve ser certo. Logo, deve o autor indicar, na petição inicial, o valor da indenização que pleiteia. Se houver mais de um dano, como na hipótese de cumulação de danos materiais, com danos morais, com danos estéticos, deve determinar o valor da indenização que pretende receber por cada um deles. Não cabe mais, na vigência do CPC/2015, a prática, comum anteriormente, de pedir indenização "em valor a ser fixado na sentença, a critério do juiz". O valor da indenização pleiteado na inicial, inclusive, é que vai determinar o valor da causa, segundo o art. 292, V, do CPC/2015.

Não obstante, mesmo que seja arbitrada na sentença indenização em valor inferior ao pleiteado na inicial, o caso, ainda assim, não é de sucumbência recíproca. Por aplicação do princípio da causalidade, entende-se que é responsável pelos ônus da sucumbência a parte que tiver dado causa ao ajuizamento da ação.[206] Em se tratando de ação de indenização em que se

---

[206] DONIZETTI, Elpídio. *Curso didático de direito processual civil*, cit., p. 260.

reconheceu o dano causado pelo réu, este é quem deu causa ao ajuizamento da ação, e é este, por conseguinte, que deve arcar com os ônus sucumbenciais, ainda que a indenização tenha sido fixada em montante inferior ao pedido.

Tal entendimento, inclusive, já foi sumulado pelo STJ, na Súmula 326: "na ação de indenização por dano moral, a condenação em montante inferior ao postulado na inicial não implica sucumbência recíproca". Cabe ressaltar que, mesmo com a expressa previsão no CPC/2015 no sentido de que a parte deve quantificar o dano moral, se o valor da condenação for inferior ao postulado, não haverá, necessariamente, a fixação de verbas sucumbenciais. De acordo com o STJ, o enunciado da Súmula 326 permanece válido mesmo com a entrada em vigor do CPC/2015. Assim, o valor sugerido pela parte autora continua servindo, nos termos do enunciado, apenas para que o juiz pondere a informação como mais um elemento na tarefa de arbitrar o valor da condenação. O acolhimento do pedido inicial já é suficiente para impor ao réu a responsabilidade pelo pagamento integral das custas processuais e dos honorários advocatícios. No caso concreto (REsp 1.837.386), os autores pediram indenização por danos morais no valor de R$ 2 milhões, mas o juiz de primeiro grau fixou a reparação em R$ 50 mil reais. Embora a discrepância pudesse sugerir a sucumbência da parte autora, em razão da natural dificuldade de ser aferida a lesão extrapatrimonial, o STJ ponderou que o pedido equivalente a R$ 2 milhões deveria ser considerado como uma simples estimativa do autor, de modo que, se o juiz fixar valor menor, esse fato não transforma o requerente em parcialmente vencido.

Especificamente em relação aos danos materiais, a indenização deve corresponder exatamente ao que for apurado em termos de diminuição do patrimônio da vítima causada pelo dano, ou seja, o que a doutrina chama de **dano emergente**, e em termos do quanto se deixou de acrescer ao patrimônio da vítima, também em razão do dano – o que a doutrina chama de **lucros cessantes**. A diferença entre eles já foi vista anteriormente. De todo modo, vale registrar que, em todo caso, o dano material não pode ser presumido. A parte prejudicada deve demonstrar a sua existência, de forma clara e precisa, sob pena de improcedência.

Com relação ao valor da indenização por **dano moral**, cumpre asseverar que é notória a dificuldade encontrada para a sua fixação, tendo em vista a falta de critérios objetivos traçados pela lei, mesmo porque é da própria essência dessa indenização a ausência de medidas concretas e aritmeticamente precisas.

Cabe ao prudente arbítrio do julgador, portanto, estipular equitativamente o montante devido, mediante a análise das circunstâncias do caso concreto e segundo os **princípios da razoabilidade e da proporcionalidade**. Isso porque a finalidade da indenização é justamente a de compensar o ofendido pelo constrangimento que lhe foi imposto e, por outro lado, desestimular o autor do dano de, no futuro, praticar atos semelhantes. Nesse sentido, fala-se no **caráter reparador e pedagógico** da indenização.

Além disso, a indenização não pode ser a tal ponto de gerar **enriquecimento ilícito** da parte lesada e nem pode ser ínfima, de forma a não compensar os prejuízos causados pela ofensa. Deve-se considerar, ainda, para fins de quantificação da indenização, circunstâncias tais como as **condições econômicas** da vítima e do ofensor.

Em 2011, ao julgar recurso sobre um caso de indenização por morte causada por atropelamento, o Min. Paulo de Tarso Sanseverino, em seu voto, problematizou o arbitramento da indenização por dano extrapatrimonial, e concluiu que o melhor seria o **método bifásico**, o qual consiste de duas fases, como explicou:

> Na primeira fase, arbitra-se o valor básico ou inicial da indenização, considerando-se o **interesse jurídico lesado**, em conformidade com os precedentes jurisprudenciais acerca da matéria (**grupo de casos**). Assegura-se, com isso, uma exigência da justiça comutativa que é uma razoável igualdade de tratamento para casos semelhantes, assim como que situações distintas sejam tratadas desigualmente na medida em que se diferenciam.

Na segunda fase, procede-se à fixação definitiva da indenização, ajustando-se o seu montante às peculiaridades do caso com base nas suas circunstâncias. Partindo-se, assim, da indenização básica, eleva-se ou reduz-se esse valor de acordo com as **circunstâncias particulares do caso** (gravidade do fato em si, culpabilidade do agente, culpa concorrente da vítima, condição econômica das partes) até se alcançar o montante definitivo. Procede-se, assim, a um arbitramento efetivamente equitativo, que respeita as peculiaridades do caso.

Chega-se, com isso, a um ponto de equilíbrio em que as vantagens dos dois critérios estarão presentes. De um lado, será alcançada uma razoável correspondência entre o valor da indenização e o interesse jurídico lesado, enquanto, de outro lado, obter-se-á um montante que corresponda às peculiaridades do caso com um arbitramento equitativo e a devida fundamentação pela decisão judicial.

Aplicando o método ao caso sob julgamento, o Min. Paulo de Tarso Sanseverino procedeu, na primeira fase, a uma análise da jurisprudência do STJ em casos de indenização por morte na 3ª e na 4ª Turma, que são as turmas especializadas em Direito Privado. Chegou à seguinte conclusão:

Ainda assim, observa-se a existência de divergência entre as turmas, pois a 4ª Turma tem arbitrado no valor correspondente a 500 salários mínimos, enquanto a 3ª Turma tem fixado em torno de 300 salários mínimos.

[...]

Pode-se estimar que um montante razoável para o STJ situa-se na faixa entre 300 e 500 salários mínimos, embora o arbitramento pela própria Corte no valor médio de 400 salários mínimos seja raro.

Saliente-se, mais uma vez que, embora seja importante que se tenha um montante referencial em torno de quinhentos salários mínimos para a indenização dos prejuízos extrapatrimoniais ligados ao dano-morte, isso não deve representar um tarifamento judicial rígido, o que entraria em rota de colisão com o próprio princípio da reparação integral.

Cada caso apresenta particularidades próprias e variáveis importantes como a gravidade do fato em si, a culpabilidade do autor do dano, a intensidade do sofrimento das vítimas por ricochete, o número de autores, a situação socioeconômica do responsável, que são elementos de concreção que devem ser sopesados no momento do arbitramento equitativo da indenização pelo juiz.

[...]

Na primeira fase, o valor básico ou inicial da indenização, considerando o **interesse jurídico lesado (morte da vítima)**, em conformidade com os precedentes jurisprudenciais acerca da matéria (**grupo de casos**), acima aludidos, deve ser fixado em montante equivalente a 400 salários mínimos na data de hoje, que é a média do arbitramento feito pelas duas turmas integrantes da Segunda Seção desta Corte.

Na segunda fase, passou-se à análise das peculiaridades do caso concreto:

Na segunda fase, para a fixação definitiva da indenização, ajustando-se às **circunstâncias particulares do caso**, deve-se considerar, em primeiro lugar, a **gravidade do fato em si**, pois a vítima, nascida em 03/08/1960 (e-STJ, fl. 21), faleceu com 43 anos de idade, deixando o esposo e quatro filhos, sendo um deles absolutamente incapaz. A **culpabilidade do agente** foi reconhecida pelo acórdão recorrido, que afirmou a ocorrência de culpa leve no evento danoso. A ausência de prova de **culpa concorrente da vítima** foi afirmada pela própria sentença. Finalmente, não há elementos acerca da **condição econômica** das duas partes.

Assim, torno definitiva a indenização no montante equivalente a 500 salários mínimos. Esse valor será acrescido de correção monetária pelo IPC desde a data da presente sessão de julgamento.

Os juros legais moratórios e os honorários advocatícios seguirão o definido no acórdão recorrido, pois esses tópicos não foram objeto do recurso especial.

A 3ª Turma, por unanimidade, deu provimento ao recurso especial, nos termos do voto do relator.

Em outubro de 2016, posteriormente, a 4ª Turma, também por unanimidade, negou provimento a um recurso especial nos termos do voto do relator, Min. Luis Felipe Salomão, o qual adotou o método bifásico anteriormente utilizado pela 3ª Turma. No recurso, os recorrentes pretendiam a redução da indenização arbitrada, mas o STJ entendeu que, aplicando-se o método bifásico, a indenização fixada pelo TJSP se considerava adequada.[207]

7. INDENIZAÇÃO E PENSIONAMENTO

7.1 Alimentos indenizatórios em caso de falecimento

Nos casos de homicídio, os parentes da vítima, assim como seu cônjuge ou companheiro, sofrem danos de natureza moral e material.

Nesse sentido, o art. 948 do Código Civil, determina que, em caso de morte, a indenização abrange, além de outras reparações cabíveis, as despesas com o tratamento da vítima, funeral e luto da família, bem como **alimentos indenizatórios** àqueles a quem o morto os provia, pelo período que se estimar duraria a vida da vítima.

Em se tratando da indenização por morte e dos alimentos indenizatórios, o entendimento doutrinário é no sentido de que o cônjuge e os filhos menores presumem-se dependentes econômicos da vítima, razão pela qual não precisam provar sua necessidade.[208] Já os filhos maiores, os ascendentes e os irmãos da vítima, para pleitear os alimentos indenizatórios, têm que provar sua dependência econômica do falecido.[209] O companheiro e a companheira, por sua vez, também podem requerer a pensão, provando a união estável. Da nossa parte, considerando-se que a união estável deve receber tratamento equiparado ao do casamento, entendemos também ser presumida a dependência econômica, bastando a prova do vínculo de convivência.

Logo, se Caio, por dirigir embriagado, atropela Augusto, que vem a morrer uma semana depois, em virtude das lesões sofridas no acidente, Helena, esposa de Augusto, poderia exigir de Caio indenização pelas despesas com o tratamento de seu falecido marido, e também com seu velório e enterro. Ademais, supondo que Augusto contava com 50 anos quando faleceu, e que sua expectativa de vida era de 70 anos, Helena poderia exigir alimentos indenizatórios pelo

---

[207] O STJ divulgou, em seu site, a notícia do julgamento, mas não o número, pelo fato de o processo correr em segredo de justiça. De toda forma, o método continua a ser aplicado atualmente. Confira: "O chamado Método Bifásico para o arbitramento equitativo da indenização é o mais adequado para quantificação razoável da indenização por danos extrapatrimoniais por morte, considerada a valorização das circunstâncias e o interesse jurídico lesado, chegando-se ao equilíbrio entre os dois critérios, com correspondência entre o valor da indenização, o interesse jurídico lesado e as peculiaridades do caso concreto" (STJ, AgInt no REsp 1.957.506/RJ, relatora: Min. Regina Helena Costa, 1ª Turma, data do julgamento: 29/8/2022, data da publicação: 31/8/2022).

[208] CAVALIERI FILHO, Sergio. *Programa de responsabilidade civil*, cit., p. 129.

[209] Idem.

prazo de vinte anos. Se o casal tivesse um filho menor, Carlos, Helena, como sua representante, poderia pedir alimentos indenizatórios também para Carlos.

Cabe ressaltar que esse pensionamento (alimentos indenizatórios) não se confunde com a indenização por danos morais. Por exemplo: a mãe tem legitimidade para ajuizar ação objetivando o recebimento de indenização pelo dano moral decorrente da morte de filho casado que tenha deixado descendentes, ainda que a viúva e os filhos do falecido já tenham recebido, extrajudicialmente, determinado valor a título de compensação por dano moral oriundo do mesmo fato ou estejam recebendo alimentos indenizatórios na forma de pensionamento mensal.

Conforme a Súmula 313 do STJ, "Em ação de indenização, procedente o pedido, é necessária a constituição de capital ou caução fidejussória para a garantia de pagamento da pensão, independentemente da situação financeira do demandado". No mesmo sentido é o art. 533 do CPC/2015.

O capital garantidor do cumprimento da obrigação alimentar pode ser representado por imóveis, títulos da dívida pública ou aplicações financeiras em banco oficial. O importante é que os rendimentos dos bens que constituam a garantia sejam suficientes para quitar as prestações enquanto perdurar a obrigação. O § 1º do art. 533 do CPC/2015 prevê, ainda, que poderão ser constituídos como capital, além dos bens imóveis, os direitos reais sobre bens imóveis passíveis de alienação. Isso quer dizer que podem ser incluídos como garantia alguns dos direitos elencados no art. 1.225 do Código Civil, por exemplo: a hipoteca, o usufruto e o direito do promitente comprador. Nesses casos, o devedor não perde a propriedade ou o direito sobre os bens que constituem a garantia, mas apenas a disponibilidade deles enquanto perdurar a obrigação.

Ainda, nos termos da Súmula 490 do STF, "a pensão correspondente à indenização oriunda de responsabilidade civil deve ser calculada com base no salário mínimo vigente ao tempo da sentença e ajustar-se-á às variações ulteriores". Todavia, quando a vítima tinha renda fixa, entende-se que sobre esta devem ser calculados os alimentos indenizatórios, servindo o salário mínimo como critério apenas para as hipóteses em que a vítima não tinha renda fixa, ou em que não foi possível prová-la.

O critério do salário mínimo também está previsto no § 4º do art. 533 do CPC/2015. Entretanto, devemos ponderar que, segundo o STJ, o objetivo da Súmula 490 do STF é o de propiciar o ressarcimento mais eficaz possível à vítima do ilícito civil, e não o de estabelecer uma regra imutável quanto ao cálculo do valor a ser pago. Assim, se o juiz fixar a indenização com base no salário mínimo vigente na data do pagamento, isso não configura afronta ao aludido enunciado a ponto de justificar o cabimento de recurso especial (AgRg no Ag 1195520/RJ, relator: Min. Luiz Fux, data do julgamento: 3/11/2009).

Especificamente com relação aos alimentos devidos aos pais por morte do filho menor, a jurisprudência do STJ é no sentido de que devem ser fixados em 2/3 do salário mínimo, dos 14 até os 25 anos de idade da vítima, reduzindo-se, posteriormente, para 1/3, até a data em que o falecido completaria 65 anos (STJ, REsp 1.279.173-SP, 3ª Turma, relator: Min. Paulo de Tarso Sanseverino, data do julgamento: 4/4/2013, data da publicação: 9/4/2013). A idade de 65 anos é um parâmetro atualmente superado, devendo ser considerada a expectativa média, segundo a tabela do IBGE,[210] na data do óbito ou até o falecimento dos beneficiários.

---

[210] De acordo com dados do Instituto Brasileiro de Geografia e Estatística (IBGE), uma pessoa nascida no Brasil em 2019 tem expectativa de viver, em média, até os 76,6 anos. Isso representa um aumento de três meses em relação a 2018 (76,3 anos). Trata-se de uma média nacional, de modo que há variações conforme o Estado da Federação. No Maranhão, por exemplo, a expectativa de vida é de 71,4 anos, enquanto em Santa Catarina é de 79,9. Indicadores disponíveis em: <https://www.ibge.gov.br/busca.html?searchword=expectativade>. Acesso em: 5 jan. 2023.

Quanto aos alimentos devidos ao filho da vítima fatal, a jurisprudência do STJ é no sentido de que são devidos até que complete vinte e cinco anos, idade em que presumidamente já concluiu sua formação (STJ, REsp 1.159.409/AC, 2ª Turma, relatora: Min. Eliana Calmon, data do julgamento: 11/5/2010, data da publicação: 21/5/2010). Impende observar, não obstante, que o art. 948, II, do Código Civil, embora sem distinguir entre a natureza do vínculo de parentesco, determina que se leve em conta, quanto aos alimentos indenizatórios, a duração provável da vida da vítima.

Quanto à inclusão do 13º salário no valor da pensão indenizatória, a jurisprudência do STJ é no sentido de que depende da comprovação de que a vítima exercia atividade laboral na época em que faleceu (STJ, REsp 1.279.173-SP, 3ª Turma, relator: Min. Paulo de Tarso Sanseverino, data do julgamento: 4/4/2013, data da publicação: 9/4/2013).

Por fim, segundo o art. 951, aplica-se o disposto no art. 948 aos profissionais que, no exercício de atividade profissional, agindo com negligência, imprudência ou imperícia, causaram a morte do paciente.

Ainda no exemplo de Augusto, supondo que o atropelamento não tivesse causado à vítima risco de vida, e que Augusto tivesse morrido durante um procedimento cirúrgico simples, por erro do médico, que realizou a cirurgia sob influência de substância entorpecente, que prejudicou seu discernimento, a esposa de Augusto, e seu filho, se houvesse, poderiam exigir do médico a indenização pelos danos morais decorrentes da morte, bem como os alimentos indenizatórios.

7.2 Indenização por lesão à saúde e por inabilitação ou redução da capacidade laborativa da vítima

O art. 949 do Código Civil trata da indenização por **lesão à saúde**. Nesse caso, a indenização deve abranger, além de qualquer outro prejuízo que a vítima prove ter sofrido – como um dano moral –, tanto as despesas com tratamento médico quanto os lucros cessantes da vítima durante a sua recuperação, ou seja, a renda que ela deixou de auferir enquanto se tratava.

Logo, se Rui, por imprudência, atropela Manuel, motorista de Uber, e Manuel passa uma semana no hospital, tratando-se dos ferimentos, e, nesse ínterim, deixa de assistir à final do torneio de futebol que seu filho menor, Clovis, venceu, Manuel pode exigir de Rui indenização pelo dano moral relacionado ao momento especial que perdeu com seu filho, pelas despesas com o tratamento, bem como pela renda de uma semana de trabalho que deixou de receber.

O art. 950, por sua vez, cuida da indenização em caso em que o dano causado à vítima levou à sua **inaptidão para a atividade laboral** que exerce, ou à **redução** da sua **capacidade laborativa**. Nesse caso, além das despesas do tratamento e dos lucros cessantes até o fim da recuperação, a vítima também tem direito, nos termos do dispositivo, a uma "pensão correspondente à importância do trabalho para que se inabilitou, ou da depreciação que ele sofreu". O parágrafo único faculta à vítima pedir que a indenização seja arbitrada e paga em uma só parcela, em vez de mensalmente – como ocorreria, por se tratar de pensão.

Voltando ao exemplo de Rui que, por negligência, atropelou Manuel, motorista de Uber. Se o atropelamento resultar na perda dos movimentos das pernas de Manuel, impedindo que ele continue exercendo a atividade laborativa que exercia, Manuel pode pedir, além da indenização pelos demais danos que sofreu, pensão no valor da renda mensal que auferia e que vai deixar de auferir, por exemplo, R$ 2.000,00, a serem pagos mês a mês, ou em uma única parcela, calculando-se o tempo pelo qual se estima que Manuel desempenharia aquela profissão.

O STJ não tem admitido que os alimentos indenizatórios sejam pagos em parcela única, não entendendo aplicável ao caso de indenização por morte o parágrafo único do art. 950, o qual admite o pedido de pagamento em parcela única nos casos de danos que causem incapacidade ou redução da capacidade laboral da vítima (STJ, REsp 1.282.069/RJ, 4ª Turma, relator:

Min. Luis Felipe Salomão, data do julgamento: 17/5/2016, data da publicação: 7/6/2016). Em outras palavras, nos casos de responsabilidade civil derivada de incapacitação para o trabalho, a vítima não tem o direito absoluto de que a indenização por danos materiais fixada em forma de pensão seja arbitrada e paga de uma só vez. Nessa hipótese, o juiz é autorizado a avaliar se é conveniente ou não a aplicação da regra que estipula a parcela única, considerando a situação econômica do devedor, o prazo de duração do pensionamento, a idade da vítima etc. O Enunciado 381 do CJF[211] espelha esse entendimento.

Impende destacar que a jurisprudência do STJ se firmou, ainda antes da entrada em vigor do Código Civil de 2002, no sentido de não interferir no valor da pensão o fato de a vítima ter se tornado inapta para a atividade que exercia, mas ter ainda aptidão para realizar outro trabalho (STJ, REsp 233.610/RJ, 3ª Turma, relator: Min. Eduardo Ribeiro, data do julgamento: 9/11/1999, data da publicação: 26/6/2000). O Tribunal reiterou tal entendimento após a entrada em vigor do Código Civil de 2002 (STJ, AgRg no AgRg no REsp 785.197/MG, 3ª Turma, relator: Min. Humberto Gomes de Barros, data do julgamento: 3/12/2007, data da publicação: 18/12/2007).

Logo, a seguir tal entendimento, no exemplo de Manuel, motorista de Uber, não é relevante, para o cálculo da indenização pela inaptidão para a atividade que exerce, a alegação de que Manuel ainda poderia, por exemplo, trabalhar como operador de *telemarketing*.

Por fim, segundo o art. 951, aplica-se o disposto nos arts. 949 e 950 aos profissionais que, no exercício de atividade profissional, agindo com negligência, imprudência ou imperícia, agravaram o mal de que sofria o paciente, ou lhe causaram lesão, ou o inabilitaram para o trabalho.

Ainda no exemplo de Manuel, se este tivesse perdido a mobilidade das pernas por erro do médico, que realizou o procedimento cirúrgico após o acidente de Manuel sob influência de substância entorpecente, que prejudicou seu discernimento, Manuel poderia exigir, do médico, a indenização pelos danos decorrentes da inaptidão para a atividade laboral, causados pela cirurgia, e, de Rui, a indenização pelos danos anteriores à cirurgia.

---

[211] "O lesado pode exigir que a indenização, sob a forma de pensionamento, seja arbitrada e paga de uma só vez, salvo impossibilidade econômica do devedor, caso em que o juiz poderá fixar outra forma de pagamento, atendendo à condição financeira do ofensor e aos benefícios resultantes do pagamento antecipado."

Quadro Esquemático 8

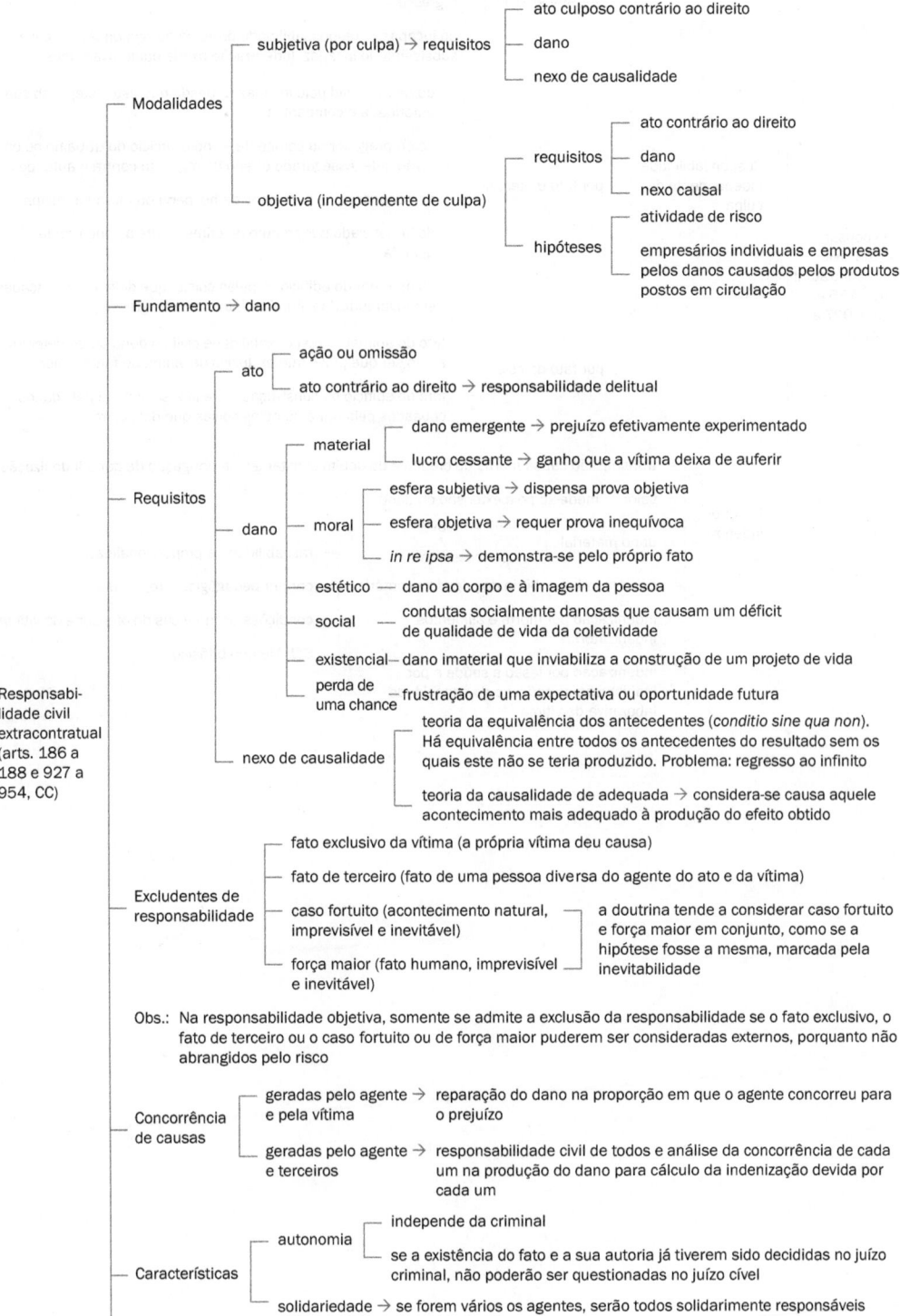

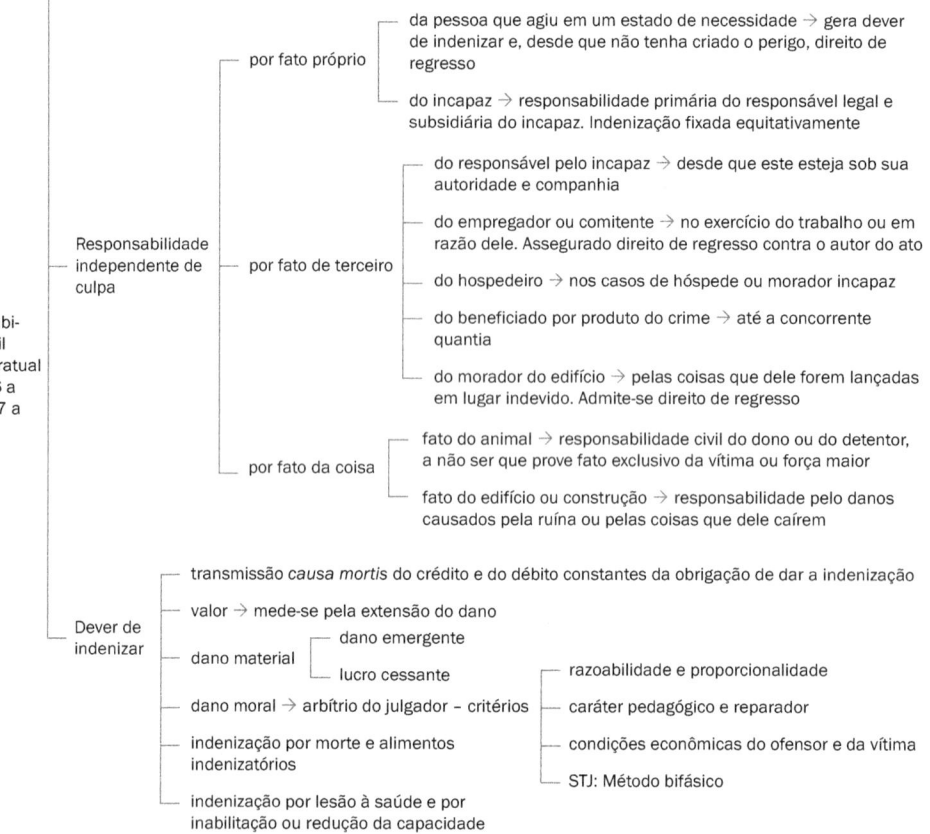

Parte III
Direito dos Contratos

Noção de Contrato

Principais fontes de obrigações, os **contratos** são **negócios jurídicos** que se celebram a todo instante. Pode-se mesmo asseverar que, sem o instituto do contrato, seria impossível a vida em sociedade.

1. CONTRATO, NECESSIDADE E VONTADE

O ser humano não é autossuficiente, como um vegetal autotrófico – que produz o próprio alimento, bastando-lhe que a natureza se encarregue de lhe fornecer água e luz.

Em razão da insuficiência do humano, surge a ideia de **necessidade**. Homens e mulheres têm, primordialmente, necessidade de se alimentar e de se proteger do clima, seja ele frio ou quente. Ademais, têm necessidade de se ocupar. Para a realização dessas necessidades, podem empregar o próprio dispêndio, mas dificilmente atenderão a todas, se viverem sozinhos.

Assim é que, para atender às necessidades que o ser humano não é capaz de atender solitariamente, surge a figura do **contrato**, como alternativa à violência. Ou seja, o contrato aparece pelo simples fato de o ser humano ser, por natureza, um animal político[1] – *zoo politikon* –, como bem observou ARISTÓTELES. Tem necessidades e, por um ato de vontade, busca em outra pessoa sua satisfação, a qual aceitará a incumbência por uma razão interna, caso se trate de uma liberalidade, ou por razão econômica, caso receba uma contraprestação.

Primitivamente, surgem a doação, a troca, o empréstimo. Todavia, as necessidades se alargam; o gênio criativo do ser humano inventa utilidades, as quais se tornam necessárias a um novo padrão de vida. E, assim, o ciclo se renova. Aparecem novas necessidades e novos acordos para satisfazê-las.

Enriquecendo ainda mais o processo, sobre o elemento necessidade age, sempre, para que haja acordo, o elemento **vontade**. O sujeito necessita, e o sujeito quer. Configura-se o ajuste quando os dois sujeitos querem.

É evidente que não basta a necessidade. Para satisfazê-la, é mister que declaremos nossa vontade. A vontade é o meio condutor que nos leva à realização de nossas necessidades. Assim é que os contratos são fruto de uma necessidade, que impulsiona nossa vontade à satisfação de uma necessidade, seja esta real ou fictícia.[2]

---

[1] Em ARISTÓTELES, "político" significa **social**. O vocábulo grego *polis* significa cidade e, na Grécia antiga, a ideia de cidade equivalia a nossa ideia hoje de sociedade.

[2] FIUZA, César. *Direito civil*, cit., p. 359.

E, agindo assim a vontade dos sujeitos para satisfazer as necessidades sempre crescentes, os acordos se ampliam e, pouco a pouco, levam os indivíduos a se agrupar. À medida que as necessidades transpõem um núcleo, os indivíduos de um grupo passam a negociar com os de outro, e assim por diante. Aparecem vilas, depois cidades, e, como hoje bem se observa, uma **comunidade global**, unida pelo comércio, vez que por uma simples operação por computador um sujeito no Brasil pode celebrar contratos com sujeitos em qualquer outro lugar do mundo. É a chamada globalização, que só existe devido aos contratos.[3]

2. HISTÓRICO DA NOÇÃO DE CONTRATO

Historicamente, é no Direito Romano que se observa a **sistematização jurídica** desse que é dos mais primitivos fenômenos sociais.

Naquele sistema, estruturou-se a ideia de **convenção** (*conventio*), gênero de acordo de vontade, das quais se identificavam duas espécies: **contrato** (*contractus*) e **pacto** (*pactum*).

O que as diferenciava era a denominação, pois que somente os contratos tinham nomes, e, principalmente, a sanção pelo descumprimento, porquanto apenas os contratos eram acompanhados por uma **ação** (*actio*) que protegia judicialmente o direito do credor.[4] Aos pactos era atribuída apenas **exceção** (*exceptio*), que é tão somente um meio de defesa para o réu.[5]

Primitivamente, os contratos eram todos formais, divididos em **reais**, **verbais** e **literais**.

Os contratos **reais** – *rei obligationes* – somente se aperfeiçoavam pela **tradição** (entrega) da coisa; os **verbais** – *verborum obligationes* – dependiam de uma pergunta feita ao devedor pelo credor, e da resposta respectiva, sistema que os romanos chamavam de ***stipulatio***;[6] os **literais** – contratos *litteris* – eram **inscritos** em um livro do credor.[7]

Posteriormente, concedeu-se ação a quatro pactos corriqueiramente celebrados: a **compra e venda**, a **locação**, o **mandato** e a **sociedade**. Surgiu, então, a categoria dos contratos **consensuais** – *consensu obligationes* –, que se formavam pelo simples **acordo de vontades**, sem que se exigisse qualquer formalidade.

---

[3] Para os juristas-poetas de plantão (afinal Direito pode ser poesia!): "Desprendida a personalidade individual da nebulosa do coletivismo primitivo, robustecida, enlarguecida, toma o voo, como uma prole emplumada que abandona as calenturas enervantes do ninho, e começa, por meio dos contratos, na faina de aproximar as utilidades criadas ou apreendidas das necessidades sentidas. E, para realizar essa empresa, vai, progressivamente, estendendo o círculo de sua ação. Hoje um povo, amanhã um continente e, finalmente, o globo inteiro recebem as malhas vigorosas da rede imensa do comércio. Por meio do contrato, o habitante do extremo da Ásia ou da Austrália e o que vive sob o céu americano, onde brilha a luz branca da estrela polar ou onde resplandece a constelação do cruzeiro, reconhecem a congruência de seus interesses, associam-se, ainda que momentaneamente, e, sem que jamais se vejam, entram numa cooperação, para o fim de satisfazerem as próprias necessidades. Embora não se conheçam, se não como armazéns de onde se expedem e para onde se dirigem mercadorias, a confiança se estabelece entre ambos, longa e profunda, facilitando as transações, centuplicando as energias" (BEVILÁQUA, Clóvis. *Obrigações*, cit., p. 197-198).

[4] PEREIRA, Caio Mário da Silva. *Instituições de direito civil*. 3. ed. Rio de Janeiro: Forense, 1975. v. 3. p. 13.

[5] GOMES, Orlando. *Contratos*. 6. ed. Rio de Janeiro: Forense, 1977. p. 21.

[6] GOMES, Orlando. *Contratos*. 6. ed. Rio de Janeiro: Forense, 1977. p. 21.

[7] PEREIRA, Caio Mário da Silva. *Instituições*, cit., v. 3, p. 12.

Impende destacar que no Direito Romano a relação jurídica tinha caráter **personalíssimo**, chegando ao extremo de vincular mesmo os corpos dos sujeitos, que serviam, inclusive, como garantia do débito.[8]

No Direito contemporâneo, à evidência, a relação jurídica não tem esse contorno. Vincula os sujeitos não por meio de seus corpos, mas pelo seu **patrimônio**. E, ainda assim, com as limitações impostas, sobretudo, pelo princípio da dignidade da pessoa humana.

Em breves linhas, podemos afirmar que os contratos envolvem, prioritariamente, situações patrimoniais. Contudo, diante da personalização do direito privado e da valorização da dignidade humana também nas relações contratuais, há uma tendência em admitir a reformulação desse conceito para igualmente abranger situações existenciais. Por exemplo, direitos fundamentais como a saúde devem ser respeitados no âmbito das relações contratuais, ainda que em detrimento das declarações de vontade expostas nas negociações realizadas entre as partes. Nesse sentido o Enunciado doutrinário 23 da I Jornada de Direito Civil prevê que "a função social do contrato, prevista no art. 421 do novo Código Civil, não elimina o princípio da autonomia contratual, mas atenua ou reduz o alcance desse princípio quando presentes interesses metaindividuais ou interesse individual relativo à dignidade da pessoa humana".

Não se pode olvidar que o princípio da dignidade da pessoa humana pode, e deve, diante do caso concreto, se sobrepor a qualquer norma jurídica, seja de natureza legal, seja de natureza contratual, quando restarem ameaçados direitos fundamentais, principalmente aqueles inerentes à saúde e, consequentemente, à vida, essenciais ao exercício dos demais direitos e garantias.

3. CONCEITO DE CONTRATO E SUAS CARACTERÍSTICAS

Contrato é o ***negócio jurídico de Direito Privado**, por meio do qual dois ou mais sujeitos se **vinculam** para regular **interesses** concernentes a objetos economicamente apreciáveis, buscando a satisfação de **necessidades**, em que **criam, resguardam, transferem, conservam, modificam ou extinguem direitos e deveres**.*

Os sujeitos do negócio são chamados de **partes contratantes** ou simplesmente partes.

Diz-se **negócio jurídico de Direito Privado** em razão de o contrato administrativo haver ganhado contornos próprios que o distanciam do contrato que ora estudamos.

Vale ressaltar que, embora os contratos tenham natureza essencialmente privada, isso não quer dizer que seus reflexos estejam restritos às partes. Os negócios entre as partes, eventualmente, podem interferir na esfera jurídica de terceiros, de modo positivo ou negativo. Conforme veremos adiante, como os contratos são regidos pela cláusula da boa-fé objetiva, um terceiro que se beneficia de um negócio realizado entre as partes pode vir a ser responsabilizado pelos danos decorrentes de sua conduta. Trata-se da denominada "Teoria do Terceiro Cúmplice", que demanda uma análise a respeito da intervenção indevida de um terceiro na relação contratual, perturbando o normal desempenho da prestação pelas partes. A título de exemplo: um terceiro que encaminha carta a patrocinadora de um jogador relatando e emitindo juízo de valor sobre suposta conduta criminosa, sem nenhum intuito informativo e com nítido caráter difamatório e vingativo, buscando incentivar a rescisão do contrato firmado entre o atleta e a destinatária da carta, deve ser responsabilizado civilmente. Esse exemplo foi justamente o caso submetido a apreciação pelo STJ, que entendeu configurado ato danoso indenizável[9].

---

[8] Segundo CAIO MÁRIO, esse é o traço distintivo mais puro entre o contrato romano e o moderno (PEREIRA, Caio Mário da Silva. *Instituições*, cit., v. 3, p. 13).

[9] STJ, REsp 1.895.272/DF, relator: Min. Marco Aurélio Bellizze, data do julgamento: 26/4/2022, 3ª Turma, data da publicação: 29/4/2022.

São também características dos contratos:

- **Vínculo entre sujeitos para regular interesses** porquanto, do contrato, nasce uma relação jurídica em que se estabelecerá alguma norma, ou normas, incidentes **entre as partes** para regular **seus interesses**.
- **Objetos economicamente apreciáveis**, uma vez que o contrato só opera com relação a **direitos de crédito**, os quais se estabelecem acerca de bens passíveis de medição em dinheiro.[10]
- **Satisfação das necessidades**, uma vez que tal é a causa geradora dos contratos.
- **Criação, resguardo, transferência, conservação, modificação ou extinção de direitos e deveres**. Tais são as finalidades das diversas espécies de contratos.

4. REQUISITOS DE VALIDADE

Por serem negócios jurídicos, a validade dos contratos se submete aos mesmos requisitos exigidos para os atos jurídicos lícitos em geral: **requisitos subjetivo, objetivos** e **formais**, referentes aos chamados **elementos extrínsecos** dos atos jurídicos.

Constitui requisito subjetivo de validade a **capacidade** das partes contratantes. Em geral, as partes contratantes devem ter **capacidade de fato** para a prática dos atos da vida civil. Em certas hipóteses específicas, no entanto, o Direito impede certos sujeitos de contratar, conquanto absolutamente capazes, e, em outras, exige uma formalidade adicional, além da capacidade de fato.

Assim é que, por exemplo, não se permite que o tutor adquira bens móveis ou imóveis de propriedade do tutelado (art. 1.749, I). Da mesma forma, não pode o cônjuge alienar ou gravar de ônus real os bens imóveis do casal se não tiver a autorização do outro cônjuge, salvo no regime da separação de bens (art. 1.647, I).

São requisitos objetivos de validade, por sua vez, a **licitude**, a **possibilidade** e a **determinabilidade** do objeto – que podem ser resumidos na expressão **possibilidade jurídica do objeto**, conforme anotamos ao estudar a teoria dos atos jurídicos, na Parte I desta obra. Em outras palavras, para que o objeto do contrato seja juridicamente possível, deve ser lícito, humanamente possível, determinado ou determinável.

A compra e venda de cocaína, por exemplo, não configura contrato, por ser seu objeto ilícito. Da mesma forma, não é contrato a locação de um terreno em Marte, porquanto humanamente impossível seu objeto. Igualmente, a doação de livro, sem que mais nada se diga, não caracteriza contrato, em razão da indeterminabilidade do objeto.

Constituem requisitos formais, por fim, a observação da **forma exigida pela lei** e a não utilização da **forma vedada**, consagrados na repetida fórmula de que o negócio jurídico deve ter "forma prescrita ou não defesa em lei".

---

[10] Cuidamos da questão com mais detalhes na Parte II – Direito das Obrigações, ao frisar que somente as prestações economicamente apreciáveis são objeto das obrigações. As obrigações se referem aos chamados *direitos patrimoniais privados*. O casamento, por exemplo, não se encaixa no conceito de contrato. Primeiramente, os sujeitos não podem dispor sobre seus efeitos (pelo que não é negócio jurídico). Ademais, seu conteúdo são os chamados *direitos de família*, que não têm caráter patrimonial (salvo os relativos aos bens do casal).

No caso específico dos contratos, fala-se em contratos **consensuais** se não houver forma prescrita ou defesa em lei, em contratos **formais** quando a lei prescrever a forma que devem tomar, e em contratos **reais** se a lei somente os considerar celebrados após a entrega da coisa (tradição).

5. EFICÁCIA DOS CONTRATOS

Tomamos aqui eficácia com o sentido de **efeito potencial**, ou potencial para produzir efeitos, e não no sentido de efetividade, ou produção efetiva de efeitos.

Em nosso sistema, todo e qualquer contrato produz apenas **efeito obrigacional**, razão pela qual se diz que o contrato, no Direito pátrio, tem **eficácia obrigacional**, tão somente.

Com isso se quer dizer que os contratos, para nós, têm por objeto apenas **direitos pessoais obrigacionais** (de crédito), mas nunca direitos reais.

Em outros sistemas, como o francês, os contratos têm **eficácia real**, ou seja, são suficientes para criar ou transferir direitos reais.

Para compreender o tema, pense em um contrato de compra e venda. O homem do povo poderá dizer que a compra e venda transmite a propriedade; que o comprador se torna dono.

Isso, entretanto, não é verdade. Afinal, o contrato de compra e venda, como qualquer contrato no Direito brasileiro, não transfere direito real, e a propriedade é o direito real por excelência.

O que o contrato de compra e venda transfere, ou cria, então? O direito pessoal de o comprador receber a coisa e o direito pessoal de o vendedor receber o preço, bem como a obrigação de o comprador dar o preço e a obrigação de o vendedor entregar o bem. A propriedade somente é transmitida com a tradição: real, simbólica ou ficta, no caso dos bens móveis (art. 1.267 do Código), e solene, por meio do registro do título translativo, no caso dos imóveis (art. 1.245).

As consequências da eficácia obrigacional são de enorme importância.

Se, após a celebração do contrato, mas antes da tradição, o vendedor vende novamente a coisa móvel, e efetivamente a entrega ao segundo comprador, é este quem adquire a propriedade, e não o comprador primitivo. Isso porque somente adquiriu a propriedade quem recebeu a tradição. O primeiro comprador guardou apenas direito obrigacional (de crédito, portanto), pelo que poderá acionar o vendedor, não para receber a coisa, mas para receber o equivalente (valor em dinheiro da coisa), mais perdas e danos, se for o caso.

No sistema em que os contratos têm eficácia real, quem teria adquirido a propriedade seria o primeiro comprador, que teria ação contra o segundo, que recebeu a coisa, para dele reivindicá-la, por meio da ação reivindicatória.

O mesmo se passa com qualquer outro direito real que não a propriedade. Por um contrato de servidão, por exemplo, cria-se direito obrigacional, mas, para que nasça o direito real de servidão, o contrato deve ser levado a registro no cartório do Registro de Imóveis (art. 1.378 do Código).

Quadro Esquemático 1

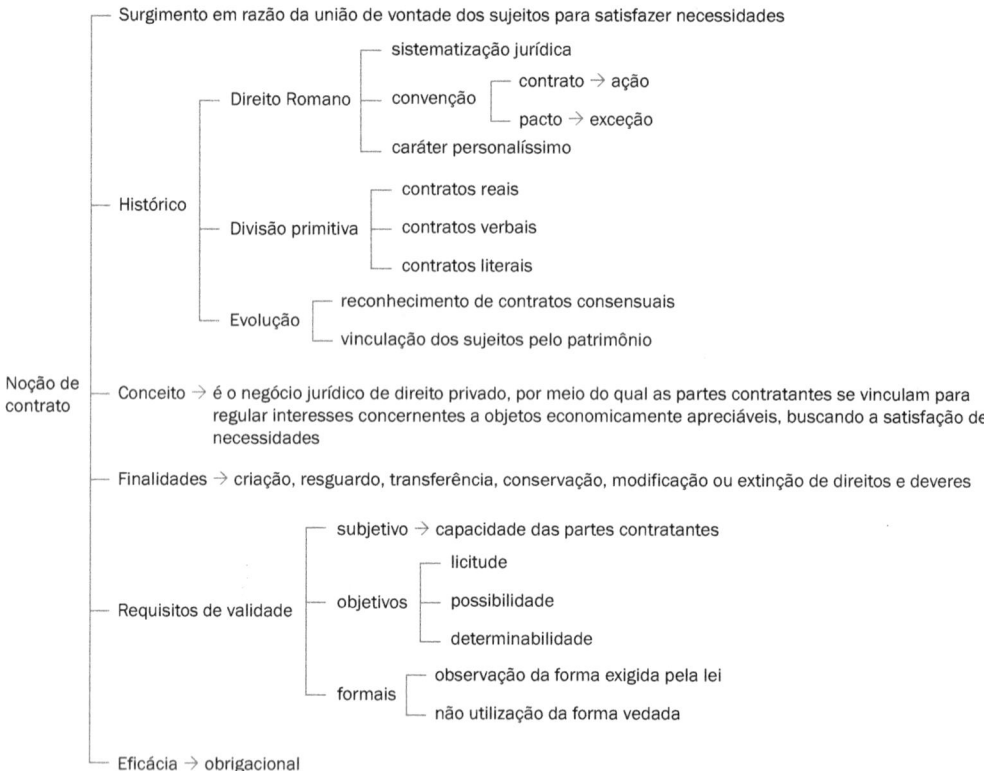

Princípios Informadores do Direito dos Contratos (arts. 421, 422 e 2.035)

Com o passar do tempo e com o amadurecimento do pensamento jusfilosófico, delineou-se uma nova concepção do ser humano, orientada pela ideia de **dignidade da pessoa humana**.

No caso brasileiro, a evolução do pensamento doutrinário e jurisprudencial, somada ao advento da Constituição de 1988, a qual consagrou uma série de princípios gerais – elevados à categoria de *princípios constitucionais* –, e à promulgação do Código Civil de 2002, alterou substancialmente a principiologia informadora do Direito Civil, antes arraigada nos ideais do Estado liberal.

A seguir, trataremos dos princípios que regem o Direito Contratual já com a nova roupagem que ganharam no Direito contemporâneo.

1. PRINCÍPIO DA AUTONOMIA PRIVADA

Conforme asseverado anteriormente, é a **vontade**, ainda que guiada por uma necessidade, que leva o sujeito a contratar. Para que exista o contrato, portanto, é necessário que as pessoas possam livremente exercer sua vontade. O sujeito deve ser **livre para contratar**. Assim é que o contrato é o negócio jurídico por excelência, porquanto consiste no ato voluntário cujos efeitos são determinados pela vontade dos sujeitos.

Classicamente, pensava-se que a vontade era praticamente ilimitada. Sobretudo após a Revolução Francesa, em razão de se pensar que todos são iguais – **princípio da igualdade** – e que o Estado não deve intervir na vida privada – **princípio do liberalismo** –, a vontade se revestiu de um caráter quase absoluto, que foi albergado pelo Código Napoleão.[11]

No campo do Direito dos Contratos, a vontade tinha duas grandes implicações: a **liberdade de contratar** e a **liberdade contratual**,[12] que inspiraram o **princípio da autonomia da vontade**.

Segundo o princípio da autonomia da vontade, os sujeitos são livres para **contratar ou não** e para **escolher com quem contratar** – decorrências da liberdade de contratar – e para **dispor sobre o conteúdo do contrato** e, ainda, para **exigir seu cumprimento** – decorrências da liberdade contratual.[13]

---

[11] O nome oficial do Código Civil Francês de 1804 é *Code Napoléon*.
[12] WALD, Arnoldo. *Obrigações e contratos*, cit., p. 162.
[13] FIUZA, César. *Contratos*. Belo Horizonte: Del Rey, 2009. p. 43.

A liberdade de contratar ou não se consubstancia na ideia de que **ninguém é forçado a contratar**. A liberdade de escolher com quem contratar possibilita ao sujeito negociar apenas com quem ele bem entender. A liberdade de dispor sobre o conteúdo do contrato significa que os sujeitos, ao contratarem, traçarão as cláusulas do ajuste como melhor lhes convier. Por fim, a liberdade de exigir o cumprimento do contrato se traduz na faculdade de recorrer ao Poder Judiciário, caso não ocorra o cumprimento voluntário, para se requerer que o sujeito inadimplente cumpra sua obrigação, vez que "o contrato faz lei entre as partes".

Ocorre que a sociedade sofreu diversas transformações ao longo dos séculos XIX e XX, e o liberalismo, o individualismo e o voluntarismo foram substituídos pelos ideais do Estado social. O novo modelo de Estado levou em consideração que a igualdade entre as pessoas é meramente jurídica, e não social, e que, por conseguinte, a liberdade não é tão autônoma quanto se pensava, vez que a própria desigualdade fática entre as partes a limita.

O Direito, então, imprimiu novos contornos ao princípio da autonomia da vontade, que passou a ser chamado de **princípio da autonomia privada**. Segundo a nova leitura, as liberdades de contratar e contratual, com suas respectivas decorrências, sofrem uma série de limitações, impostas pelos princípios gerais do Direito e pela lei. Por exemplo, nos termos do art. 421 do Código Civil de 2002, "a liberdade contratual será exercida nos limites da função social do contrato".[14]

Conforme o art. 422, ademais, "os contratantes são obrigados a guardar, assim na conclusão do contrato, como em sua execução, os princípios de probidade e boa-fé". Trata-se de limitações impostas às liberdades de contratar e contratual decorrentes do princípio da boa-fé objetiva, que estudaremos na seção 5 deste capítulo, e do fundamento da principiologia atual do Direito dos Contratos, a ideia de função social dos contratos, que estudaremos na seção 6, também neste capítulo.

O fenômeno, que, ao longo do século XX, delineou os contornos dessas limitações, é chamado de **dirigismo contratual**. Trata-se da possibilidade de intervenção do Estado no contrato para assegurar que este cumpra sua função social e respeite a dignidade dos contratantes.

Em alguns casos, é a liberdade de contratar ou não que sofre restrições. Se uma loja oferece produtos a um determinado preço, e uma pessoa decide aceitar a oferta e comprar o bem, oferecendo o preço, o Direito não permite que o vendedor se recuse a celebrar o contrato. Ou seja, se a loja Saldão oferece torradeiras a R$ 50,00, terá de vender a qualquer pessoa que se dirigir ao estabelecimento com os R$ 50,00 e desejar comprar uma torradeira. Somente poderá deixar de contratar, por exemplo, se estabelecer, na oferta, que somente vende a vista, e alguém se apresentar para comprar querendo pagar a prazo.

Outras vezes, não há liberdade de escolher com quem contratar. É o que ocorre com todo cidadão que deseja servir-se de energia elétrica, pois precisa contratar com a pessoa jurídica que distribui esse bem no local em que reside (a Cemig em Minas Gerais, a Ampla no Rio de Janeiro, a Eletropaulo em São Paulo etc.).

Em outras hipóteses, é a liberdade de dispor sobre o conteúdo do contrato que se restringe. Se uma pessoa tem necessidade de se transportar e decide tomar um ônibus, nada pode interferir nas cláusulas do contrato de transporte, as quais são predefinidas e não suscetíveis de

---

[14] A redação do art. 421 do Código foi alterada pela Lei 13.874/2019. O texto anterior utilizava a expressão "liberdade de contratar". Como vimos, a liberdade de contratar está relacionada com a vontade do indivíduo de estabelecer um contrato. A liberdade contratual, por sua vez, tem relação com o objeto do contrato. Em outras palavras, a liberdade de contratar é a faculdade de realizar ou não um contrato, ao passo que a liberdade contratual é a faculdade de estabelecer livremente o conteúdo do contrato.

negociação. A liberdade do sujeito limitar-se-á a tomar o ônibus ou não, e, tomando-o, escolher o ponto em que irá descer. Em um contrato por adesão, considera-se nula a cláusula *solve et repete*,[15] por força do art. 424 do Código. Nesse caso, há restrição da liberdade de dispor sobre o conteúdo do contrato. Todavia, nos contratos que não se celebram por adesão a estipulação da cláusula revela exercício da autonomia privada.

Finalmente, pode ocorrer de não haver a liberdade de exigir o cumprimento do contrato – como nos contratos de jogo e aposta, que criam obrigações naturais, as quais não são dotadas de exigibilidade – ou de tal liberdade se restringir – o que se verifica quando há no contrato cláusula abusiva, como a imposição de uma multa por demais elevada, que o contratante beneficiado não conseguirá exigir, vez que o julgador não condenará o contratante prejudicado a pagá-la.

Todavia, impende chamar a atenção do leitor para o fato de que, mesmo com as restrições impostas à vontade, o princípio da autonomia privada ainda é o mais basilar e mais importante princípio da teoria geral dos contratos. Se não houver, em alguma medida, **liberdade para contratar** e **liberdade contratual**, então não haverá verdadeiramente contrato, negócio jurídico que é.

Ressalte-se, ainda, que o dirigismo contratual consiste em fenômeno que tem por objetivo fazer cumprir a **função social dos contratos** e proteger a **dignidade dos contratantes**. Integra a função social dos contratos vincular sujeitos, que contratam por confiar na execução do contrato, a qual, em regra, é conforme à dignidade das partes. É esse mecanismo que impulsiona o comércio. Destarte, caro leitor, não pense jamais que o dirigismo significa *flexibilização descontrolada*.

Voltaremos ao tema do dirigismo contratual em capítulo próprio.

Ainda sobre o tema da autonomia privada, impende destacar algumas alterações promovidas no Código Civil pela Lei 13.874/2019, a qual instituiu a *Declaração dos Direitos de Liberdade Econômica*.

Como visto anteriormente, o art. 421 do Código teve sua redação ligeiramente alterada e ainda ganhou um parágrafo único, segundo o qual: "nas relações contratuais privadas, prevalecerão o princípio da intervenção mínima e a excepcionalidade da revisão contratual".

Ademais, foi acrescido o art. 421-A, segundo o qual:

Art. 421-A. Os contratos civis e empresariais presumem-se paritários e simétricos até a presença de elementos concretos que justifiquem o afastamento dessa presunção, ressalvados os regimes jurídicos previstos em leis especiais, garantido também que:

I – as partes negociantes poderão estabelecer parâmetros objetivos para a interpretação das cláusulas negociais e de seus pressupostos de revisão ou de resolução;

II – a alocação de riscos definida pelas partes deve ser respeitada e observada; e

III – a revisão contratual somente ocorrerá de maneira excepcional e limitada.

Por fim, cabe lembrar que o art. 113 do Código, acerca da interpretação do negócio jurídico, passou a prever, no § 2º – incluído pela Lei 13.874/2019 –, que "as partes poderão livremente pactuar regras de interpretação, de preenchimento de lacunas e de integração dos negócios jurídicos diversas daquelas previstas em lei".

---

[15] A cláusula *solve et repete* – "pague e depois reclame" – relaciona-se com o tema da *exceção do contrato não cumprido*, que estudaremos no Capítulo 6. Em síntese, trata-se de renúncia do contratante ao direito de não pagar enquanto a outra parte não cumprir a obrigação que assumiu no contrato.

2. PRINCÍPIO DO CONSENSUALISMO

Consectário da ideia de autonomia privada é o **princípio do consensualismo**. Se a vontade dos sujeitos é livre para contratar e estabelecer o conteúdo do contrato, conclui-se que, para que se forme o contrato, bastará a **vontade**. Ou seja, a existência do contrato depende do **consenso** entre as partes contratantes.

Para resumir a ideia por trás do princípio do consensualismo, a doutrina costuma repetir a observação de CAIO MÁRIO, o qual pontuou que, quando ANTOINE LOYSEL afirmava que, "os bois se prendem pelos chifres e os homens pela palavra",[16] "fazia, na verdade, e a um só tempo, uma constatação e uma profissão de fé: testemunhava em favor da força jurígena da palavra em si mesma, e deitava uma regra, segundo a qual os contratos formavam-se, em princípio, *solo consensu*".[17]

Fazendo uma análise histórica, verifica-se que os **contratos consensuais**, ou seja, os que dispensam formalidades para se aperfeiçoar – formam-se *solo consensu* –, foram os últimos a surgir. Ganharam força, não obstante, na medida em que o Direito Romano passou a dispensar indiretamente os rituais exigidos. É que os escribas, responsáveis por "escriturar" os contratos, passaram a mencionar, em todo instrumento, que as formalidades haviam sido cumpridas, embora isso não fosse verdade. Paralelamente, a religião passou a intervir na esfera contratual e, exigindo o juramento da palavra dos contratantes, fez nascer a ideia de que o **valor da palavra** bastava para lhe imprimir força, o que se consolidou no Direito Canônico, que pregava que o descumprimento da palavra importava em pecado.[18]

Pois bem. Segundo o princípio do consensualismo, se Clóvis deseja comprar a bicicleta de Augusto por R$ 100,00, e Augusto consente em vendê-la por esse preço a Clóvis, então se considera celebrada a compra e venda desde então.

Deve-se notar, não obstante, que há situações que ganham atenção especial do Direito e, por essa razão, alguns contratos dependem, além do consentimento, da observação de alguma forma determinada pela lei – trata-se dos **contratos formais** –, ou da efetiva entrega da coisa – no caso dos **contratos reais**. Cuida-se de exceções ao princípio do consensualismo que buscam proteger certas negociações.

Um exemplo de contrato formal é a compra e venda de bens imóveis cujo valor exceda a trinta vezes o maior salário mínimo vigente no país (art. 108), vez que o Direito confere proteção especial à negociação da propriedade de um bem de tamanha importância. Destarte, somente por meio da chamada **escritura pública** é que se celebra a compra e venda de bens imóveis. Por sua vez, um exemplo de contrato real é o comodato – empréstimo gratuito de bem infungível –, o qual somente se considera celebrado quando o sujeito que tem a posse do bem efetivamente a transmite para o outro, ou seja, opera a **tradição** (art. 579).

Por fim, cumpre destacar que o consenso deve ser sempre **positivo e inequívoco**, não se podendo presumi-lo, como veremos no capítulo sobre a formação dos contratos.

3. PRINCÍPIO DA OBRIGATORIEDADE

Arrematando a ideia da autonomia privada e do consensualismo vem o **princípio da obrigatoriedade**, segundo o qual, se o contrato é ato de vontade, então vincula os sujeitos de forma obrigatória.

---

[16] Tal é a tradução de "*on lie les boeufs par les cornes et les hommes par la parole*", que ANTOINE LOYSEL, jurista francês do século XVI, costumava citar.
[17] PEREIRA, Caio Mário da Silva. *Instituições*, cit., v. 3, p. 21.
[18] Ibidem, p. 19-20.

Também esse princípio teve contornos extremados no passado, quando se afirmava que o "contrato faz lei entre as partes" ou que "os contratos devem ser cumpridos" – utilizando-se a consagrada expressão latina, *pacta sunt servanda*.

No Direito contemporâneo, não se diga que o vínculo que liga os contratantes se enfraqueceu, o que abalaria gravemente a vida em sociedade, a qual é toda costurada por infinitas relações contratuais. O que o leitor deve fazer, ao ler o princípio da obrigatoriedade com os olhos do Direito de hoje, é perceber que a força obrigatória se limita pelos princípios constitucionais, em especial o da **dignidade da pessoa humana**, pois é assim que se cumpre a **função social dos contratos**.

No clássico *O mercador de Veneza*, SHAKESPEARE nos conta a história de um contrato de mútuo – empréstimo de bem fungível – cuja cláusula penal determinava o corte de um pedaço da carne do devedor, o mercador Antônio, se este não pagasse no vencimento.

Levado o caso a julgamento pelo credor – Shylock –, o julgador, o doge de Veneza, decidiu que, ainda que a pesada multa pudesse mesmo levar Antônio à morte, este não poderia se esquivar de pagá-la, vez que com tal cláusula livremente aquiescera, o que tornou o acordo obrigatório.

No Direito atual, essa obrigação acessória seria nula, e o credor jamais poderia exigir seu cumprimento, ainda que o devedor tivesse de sã consciência com ela concordado. É que a obrigatoriedade do contrato deve sempre ser sopesada com os demais princípios gerais do Direito, e o fenômeno do dirigismo contratual, como já afirmamos, permite a intervenção do Estado no contrato.

Frise-se, por fim, que o princípio da obrigatoriedade merece análise cuidadosa, pois, se, por um lado, o Direito não imprime força obrigatória aos contratos que ferem a dignidade humana, pelo que o dirigismo permite sua **revisão judicial**, por outro lado não aceita que as pessoas contratem de forma irresponsável e, posteriormente, pretendam se socorrer do princípio para se esquivar das obrigações que assumiram.

Mais uma vez afirmamos: a ideia de flexibilização dos princípios da autonomia da vontade e da obrigatoriedade, que ocorre por meio da revisão judicial dos contratos – a qual estudaremos oportunamente, em capítulo próprio –, tem a finalidade de proteger o princípio maior, que é o da **função social dos contratos**, a qual não se cumpre tanto se o contrato servir de meio para ferir a dignidade humana quanto se servir de meio para a prática irresponsável de negócios.

Vejamos alguns exemplos de relativização da obrigatoriedade dos contratos na jurisprudência:

> [...] Embora a autonomia da vontade e a liberdade de contratação constituam um dos principais alicerces do direito obrigacional, as relações de direito privado daí derivadas não se excluem da ordem legal fundada na função social do contrato e na boa-fé objetiva. Dessa forma, permite-se interpretar as disposições contratuais de sorte a relativizar a força vinculativa da *pacta sunt servanda*, examinando o contrato à luz da sua função social e da boa-fé objetiva. Neste sentido, é ilegal a cobrança de tarifa a título de "Serviços Correspondente Não Bancário" (R$ 750,00) e "Serviços de Terceiros" (R$ 1.039,20), pois essas tarifas devem ser arcadas pela instituição financeira e não pelo consumidor, visto que o terceiro atrai o mutuário em benefício daquela, sendo o intermediário da negociação a que tudo indica, aumentando, pois, os lucros do banco (TJAP, Recurso Inominado 00015484520138030002, data do julgamento: 13/6/2013, Turma Recursal dos Juizados Especiais, relatora: Sueli Pereira).

> [...] Em obediência à cláusula geral da função social do contrato (art. 421 CC), é possível a mitigação do princípio *pacta sunt servanda*, a fim de compatibilizar a liberdade de contratar com o princípio da equivalência contratual. Sendo abusiva o valor oriundo da cláusula penal moratória, deve ser reduzida equitativamente o valor nela previsto, em aplicação ao artigo

413 do Código Civil (TJMS, Apelação Cível 00486600320098120001, data do julgamento: 29/1/2013, 3ª Câmara Cível, relator: Des. Marco André Nogueira Hanson).

[...] A jurisprudência deste Egrégio Tribunal de Justiça já se consolidou no sentido de que a relativização da força obrigatória dos contratos, somada aos avanços constantes da medicina moderna, retiram da administradora do plano a possibilidade de delimitar ou limitar os métodos e alternativas de tratamento médico. 3. A negativa da prestação do tratamento indicado pelo profissional de saúde malfere o princípio da boa-fé objetiva, bem como a legítima expectativa dos pacientes no momento da contratação do plano de saúde, daí resultando que a interpretação em favor da recorrida, além de ser compatível com a equidade e com a boa-fé, está também em harmonia com o princípio da dignidade da pessoa. 4. O caso concreto revela que a recorrida fora submetida à cirurgia bariátrica. No entanto, a evolução clínica da paciente após o aludido procedimento trouxe como decorrência outros problemas de saúde, que podem ser qualificados como efeitos colaterais esperados, causados pela cirurgia bariátrica. 4.1. Por essa razão, o custeio da cirurgia reparadora, com o fornecimento dos respectivos insumos, é recomendável e adequado ao quadro clínico apresentado pela recorrida, sendo necessário ressaltar a obrigatoriedade da adoção, pelo plano de saúde, do tratamento indicado pelo médico responsável. 5. Recurso conhecido e desprovido (TJDF, Apelação Cível, data do julgamento: 18/8/2021, 2ª Turma Cível, relator: Álvaro Ciarlini).

4. PRINCÍPIO DA SUPREMACIA DA ORDEM PÚBLICA

No Estado fundado pela Constituição de 1988, entende-se que o **interesse coletivo** se sobrepõe ao interesse individual, e que é necessário que a ordem pública intervenha nos negócios privados para promover **equilíbrio** nas situações de desigualdade fática, e, assim, garantir a **igualdade jurídica** em que se funda o Estado.[19]

Daí nasce o **princípio da supremacia da ordem pública**, com função informadora do Direito dos Contratos, positivado no parágrafo único do art. 2.035 do Código Civil: "nenhuma convenção prevalecerá se contrariar preceitos de ordem pública, tais como os estabelecidos por este Código para assegurar a função social da propriedade e dos contratos".

Também o princípio da supremacia da ordem pública gira em torno do fenômeno do **dirigismo contratual**, imprimindo relatividade aos princípios da autonomia privada, do consensualismo e da obrigatoriedade.

Em resumo, deve o Estado interferir em determinadas modalidades de contrato, a fim de preservar uma isonomia entre as partes contratantes. Trata-se de uma postura ativa que busca preservar o interesse coletivo ou de fazer prevalecer a justiça diante de uma situação de desequilíbrio econômico. Nesse movimento – dirigismo contratual –, a autonomia da vontade é limitada pelas normas de ordem pública, de observância obrigatória pelos contratantes.

5. PRINCÍPIO DA BOA-FÉ

Concluindo a análise dos princípios informadores dos contratos, estudaremos agora o **princípio da boa-fé**. O leitor já compreende com nitidez que os contratos são celebrados pelo exercício da vontade livre, embora não ilimitada, dos sujeitos; que se formam pelo consenso entre os contratantes; que têm força obrigatória entre os sujeitos; e que se submetem à ordem pública. Fica fácil, então, apreender a noção de boa-fé.

---

[19] GONÇALVES, Carlos Roberto. *Direito civil brasileiro*. 6. ed. São Paulo: Saraiva, 2009. v. 3. p. 23.

Não basta proteger o contrato abstratamente. É preciso impor aos contratantes **deveres objetivos de conduta**, para que ambos alcancem a finalidade da contratação, o que importará no cumprimento da **função social do contrato**. Tal papel cabe ao princípio da boa-fé.

Nos termos do art. 422 do Código Civil, "os contratantes são obrigados a guardar, assim na conclusão do contrato, como em sua execução, os princípios da probidade e boa-fé". Diz-se, então, que os sujeitos devem agir com lealdade recíproca, não só na fase pré-contratual, como no momento da contratação, na fase da execução e, se for o caso, em momento posterior, como ocorre nos contratos em que há compromisso de sigilo mesmo após a rescisão[20].

Os deveres objetivos de conduta decorrentes da boa-fé objetiva são caracterizados como **deveres laterais** ou **anexos**, e seu descumprimento, denominado **violação positiva do contrato**, enseja **inadimplemento**, independentemente de culpa do violador. Tal é o entendimento que se cristalizou no Enunciado 24 da I Jornada de Direito Civil promovida pelo Conselho da Justiça Federal, acerca do art. 422 do Código Civil: "em virtude do princípio da boa-fé, positivado no art. 422 do novo Código Civil, a violação dos deveres anexos constitui espécie de inadimplemento, independentemente de culpa".

É muito comum que o estudante, ou mesmo o jurista, confunda o princípio da boa-fé com a chamada **boa-fé subjetiva**. Cuidaremos, aqui, de ajudar o leitor a evitar essa confusão.

A dita boa-fé subjetiva refere-se à **esfera interna** da pessoa. Opera em seu plano de consciência, e por isso se relaciona com a moral. O princípio da boa-fé, ou boa-fé objetiva, por sua vez, refere-se ao **comportamento** da pessoa. Por isso, opera no plano exterior, e, por conseguinte, insere-se na órbita jurídica.

Preste atenção às seguintes situações. Rui tem uma coleção muito vasta de revistas de histórias em quadrinho. Um belo dia, nota que, para completar a coleção, falta-lhe apenas o exemplar nº 10. Dirige-se a uma loja de livros usados e encontra a referida revista. Ocorre que, tomado isoladamente, o bem não tem grande valor, pelo que o vendedor o oferece por apenas R$ 1,00. Todavia, para o colecionador, a revista tem um imenso valor, pois é a única que falta em sua coleção. Pagaria, por ela, até mesmo R$ 100,00, se fosse necessário. Empolgado, comenta com o livreiro que deseja muito aquele bem, para completar sua coleção, que se tornará ainda mais valiosa. A compra e venda, mesmo assim, é celebrada, pelo preço de R$ 1,00. O vendedor vende de bom grado, mas o comprador se exalta internamente, pensando: "que grande negócio!" "Comprei por R$ 1,00 algo pelo que teria dado até R$ 100,00!" "Que vendedor trouxa!" "Disse a ele o quanto a revista era importante para mim!".

Na situação descrita, o vendedor que entregou o bem desejado pelo comprador agiu lealmente; sua conduta foi de acordo com o Direito e, portanto, observou o princípio da boa-fé. O mesmo se diga do comprador que deu o preço pedido pelo vendedor. A ideia de ter "tirado vantagem" do vendedor apenas opera na esfera íntima do comprador; cuida-se de um dado subjetivo. Se pagou o preço que o vendedor entendia ser o preço justo, nada importa ao Direito que para ele, comprador, a coisa valesse mais.

Imaginemos, então, que o livreiro soubesse que aquele exemplar da revista tinha um grave defeito: várias páginas faltavam. Colocou-o à venda por se tratar de uma loja de livros velhos, e estipulou preço baixo para compensar o problema.

Nesse caso, ao celebrar a compra e venda com um colecionador que expressamente afirmou desejar a revista para completar uma coleção, o livreiro violou um dever de conduta imposto pelo princípio da boa-fé: deveria ter informado ao comprador o defeito da coisa antes

---

[20] Essa, a propósito, é a orientação da doutrina exposta no Enunciado 170 da III Jornada de Direito Civil do CJF: "A boa-fé objetiva deve ser observada pelas partes na fase de negociações preliminares e após a execução do contrato, quando tal exigência decorrer da natureza do contrato".

de concluir o contrato. Não o fazendo, agiu de forma desleal. Vendeu, mesmo sabendo que a necessidade que motivou a contratação, por parte do comprador, não seria satisfeita. E pouco importa que tenha vendido por apenas R$ 1,00. Não se trata de preço justo ou injusto, mas de violação de dever de conduta, aqui consubstanciado no dever de informar. Nesse caso, houve violação do princípio da boa-fé.

Acesse o QR Code e assista ao vídeo:
Conversas sobre Direito Civil (14): boa-fé pré-contratual, estudos de Direito estrangeiro etc.

> https://uqr.to/r1jf

5.1 Desdobramentos do princípio da boa-fé

A doutrina mais recente do Direito dos Contratos tem estudado cinco desdobramentos do princípio da boa-fé: a vedação do *venire contra factum proprium*, a *supressio*, a *surrectio*, a vedação da *tu quoque* e a teoria *duty to mitigate the loss*. Todos esses casos são tratados como deveres anexos dos contratos, de modo que o eventual descumprimento constitui uma espécie de inadimplemento, ensejando a responsabilização objetiva do ofensor[21].

5.1.1 Vedação do venire contra factum proprium

Os deveres de conduta impostos pela boa-fé objetiva vedam que uma parte pratique uma determinada conduta na relação contratual e, posteriormente, queira adotar outra, oposta à primeira. Essa alteração comportamental proibida é denominada **venire contra factum proprium**.

> A expressão traduz o exercício de uma posição jurídica em contradição com o comportamento assumido anteriormente pelo titular do direito. Com efeito, cuida-se de dois comportamentos, lícitos e sucessivos, porém o primeiro (factum proprium) é contrariado pelo segundo[22].

Caio e Orlando celebram compra e venda de uma tela de um pintor famoso. Na execução do contrato, Caio aceita receber tela diversa da pactuada, do mesmo pintor. Posteriormente, ajuíza ação em face de Orlando alegando o inadimplemento do contrato, firme na cláusula que descrevia o objeto da compra e venda. Ocorre que, se Caio aquiesceu com o recebimento de coisa diversa no momento em que poderia tê-la enjeitado, não pode posteriormente adotar conduta oposta à praticada anteriormente.

Outro exemplo: de acordo com o entendimento do STJ, deverá ser afastada a proteção destinada ao bem de família quando houver violação à boa-fé. Imagine a seguinte situação hipotética: Antônio Cláudio, professor, solteiro, comprou um imóvel em Águas Claras/DF, com dinheiro de herança recebida de sua genitora. Antônio Cláudio locou o imóvel, pois a renda como professor de Música não estava sendo suficiente para cobrir suas despesas mensais. Ele e o irmão, Pedro, que também recebeu parte da herança, passaram a morar juntos, rateando o

---

[21] Nesse sentido o Enunciado 24 da I Jornada de Direito Civil: "Em virtude do princípio da boa-fé, positivado no art. 422 do novo Código Civil, a violação dos deveres anexos constitui espécie de inadimplemento, independentemente de culpa".

[22] FARIAS, Cristiano Chaves de; NETTO, Felipe Braga; ROSENVALD, Nelson. Manual de Direito Civil. 6. ed. Salvador, Juspodivm, 2021. p. 768.

valor do aluguel. Alguns meses após a compra do imóvel, Antônio Cláudio foi citado em ação de execução de título extrajudicial, na qual o proprietário de uma loja de instrumentos musicais lhe cobrava um cheque no valor de R$ 50.000,00 (cinquenta mil reais). Orientado por seu advogado, Antônio Cláudio firmou acordo com o credor, oferecendo como garantia o imóvel localizado em Águas Claras/DF, mesmo ciente de sua natureza. O valor acordado não foi pago, razão pela qual o credor requereu a penhora do bem imóvel ofertado no acordo homologado em juízo. Nessa hipótese, é possível considerar que Antônio Cláudio agiu de forma contrária à boa-fé, razão pela qual não poderá aproveitar a proteção legal conferida ao bem de família. A propósito, há diversas decisões do STJ em casos semelhantes:

> [...] Não pode o devedor ofertar bem em garantia que é sabidamente residência familiar para, posteriormente, vir a informar que tal garantia não encontra respaldo legal, pugnando pela sua exclusão (**vedação ao comportamento contraditório**)" (REsp 1.782.227, data do julgamento: 29/8/2019).

> [...] De fato, a jurisprudência do STJ inclinou-se no sentido de que o bem de família é impenhorável, mesmo quando indicado à constrição pelo devedor. No entanto, o caso em exame apresenta certas peculiaridades que torna válida a renúncia. Com efeito, no caso em análise, o executado agiu em descompasso com o **princípio *nemo venire contra factum proprium***, adotando comportamento contraditório, num momento ofertando o bem à penhora e, no instante seguinte, arguindo a impenhorabilidade do mesmo bem, o que evidencia a ausência de boa-fé. Essa conduta antiética deve ser coibida, sob pena de desprestígio do próprio Poder Judiciário, que validou o acordo celebrado. Se, por um lado, é verdade que a Lei 8.009/1990 veio para proteger o núcleo familiar, resguardando-lhe a moradia, não é menos correto afirmar que aquele diploma legal não pretendeu estimular o comportamento dissimulado (REsp 1.461.301/MT, data do julgamento: 5/3/2015).

A vedação ao comportamento contraditório também se apresenta para a Administração Pública, ou seja, no âmbito dos contratos administrativos.

A despeito de oriunda do direito privado, tem-se desenvolvido e aplicado no âmbito dos contratos administrativos a teoria do "venire contra factum proprium", segundo a qual é vedado ao contratante assumir, supervenientemente, comportamento incompatível com o que adotara ao início do ajuste, em evidente ofensa ao princípio da boa-fé objetiva, já consagrado no direito civil em harmonia com o princípio da probidade.[23]

A aplicação desse instituto impede, por exemplo, que a Administração, após praticar atos em determinado sentido, que criaram uma aparência de estabilidade das relações jurídicas, venha adotar atos na direção contrária, com a vulneração de direito que, em razão da anterior conduta administrativa e do longo período transcorrido, já se acreditava incorporado ao patrimônio dos administrados (STJ, RMS 20.572/DF, relatora: Min. Laurita Vaz, 5ª Turma, data do julgamento: 1/12/2009, data da publicação: 15/12/2009).

No direito processual, a vedação ao comportamento contraditório se nota, por exemplo, na conduta das partes. Se o autor de uma ação recolhe as custas processuais e, ao mesmo tempo, formula pedido de concessão dos benefícios da gratuidade, é plenamente possível que o julgador, valendo-se do art. 5º do CPC/2015, indefira o pedido, justamente pela contradição

---

[23] CARVALHO FILHO, José dos Santos. Manual de Direito Administrativo. 32. ed. São Paulo: Atlas, 2018. p. 280.

entre os dois comportamentos: o ato de pagar as custas e, concomitantemente, alegar não ter condições de liquidá-las[24].

5.1.2 Supressio

Por força dos deveres objetivos de conduta impostos pelo princípio da boa-fé, não se admite que a parte que durante um longo período deixou de exercer um direito que lhe era atribuído, com isso gerando expectativas para a outra, venha posteriormente a exercê-lo. É que o não exercício do direito importa a sua *supressio* – "supressão", renúncia tácita.

> A *supressio* indica possibilidade de redimensionamento da obrigação pela inércia qualificada de uma das partes, durante a execução contratual, em exercer direito, criando para a outra parte a legítima expectativa de ter havido a renúncia a tal direito (STJ, AgInt nos EDcl no AREsp 1.294.253/MT, relatora: Min. Maria Isabel Gallotti, 4ª Turma, data do julgamento: 7/5/2019, data da publicação: 10/5/2019).

Berenice e Helena celebram contrato de locação. Ajusta-se no contrato que o aluguel será pago à imobiliária que intermediou o contrato, distante do imóvel locado. Ocorre que, desde o primeiro mês, Berenice paga o aluguel diretamente a Helena, que sempre a encontra na igreja próxima da casa de ambas. Tempos depois, Helena pretende forçar Berenice a observar o local do pagamento estabelecido no contrato, mas não obtém êxito, vez que, por força do princípio da boa-fé, entende-se que houve a *supressio* daquele direito.

A *supressio*, como se vê, consiste em uma particularização da vedação do *venire contra factum proprio*. Nesse caso, o comportamento anterior, que não pode ser contrariado, consubstancia-se no mero não exercício do direito ou na tolerância da conduta diversa da pactuada.

Caso interessante recentemente julgado pelo STJ refere-se à violação a direito de marca. O Tribunal de Justiça do Rio de Janeiro afastou a hipótese de concorrência desleal entre as marcas Tratex e Neutrox, ambas de produtos de higiene pessoal. Além dos aspectos atinentes ao direito marcário, o STJ ponderou o fato de que ambas as marcas convivem desde os anos 1970, sem notícias de litígio ou conflito. A hipótese, segundo a Corte, se subsome a *supressio*, por carência de *animus* na defesa do *trade dress*. Em outras palavras, a inércia da postulante culminou na perda do próprio direito de apropriação do conjunto-imagem e, consequentemente, na possibilidade de alegar eventual confusão com a marca concorrente[25].

5.1.3 Surrectio

Se uma parte voluntariamente assume uma obrigação que originalmente não integrava a relação contratual, criando tacitamente para a outra um direito, e essa obrigação se consolida na relação, não permitem os deveres de conduta impostos pela boa-fé objetiva que a parte posteriormente se negue a cumprir tal obrigação. A esse fenômeno a doutrina se refere como *surrectio*. Trata-se, como se vê, da outra face da *supressio*, pois que esta atua na extinção de um direito que se presume renunciado e aquela atua no nascimento de um direito por ajuste tácito.

Rui e Pontes celebram contrato de fornecimento mensal de frutas. Todos os meses, Rui arca com as despesas do envio das frutas, embora tal obrigação não houvesse sido ajustada.

---

[24] Nesse sentido: AgInt nos EDcl no RMS 60936/SP, relator: Min. Moura Ribeiro, 3ª Turma, data do julgamento: 20/4/2020, data da publicação: 23/4/2020.

[25] REsp 1.726.804/RJ, relator: Min. Moura Ribeiro, 3ª Turma, data do julgamento: 27/9/2022, data da publicação: 29/9/2022.

Passados meses de reiterada conduta, não permite a *surrectio* que Rui queira, a partir de determinado momento, exigir que Pontes cubra os custos da remessa.

Em resumo, pela *supressio*, perde-se um direito pelo seu não exercício após o decurso de certo tempo. Pela *surrectio*, nasce-se um direito em favor da parte, se a outra não exerce o que lhe era garantido. Exemplo clássico é o art. 330 do Código Civil. De acordo com esse dispositivo, o pagamento reiteradamente feito em outro lugar faz presumir renúncia tácita do credor relativamente ao local previsto no contrato. Assim, se o contrato previu determinado local para pagamento, mas, durante certo período, o credor aceitou que o pagamento fosse feito em outro local, ele não poderá alegar que o devedor cometeu ato ilícito e reclamar eventuais prejuízos.

[...] a *supressio* indica a possibilidade de redução do conteúdo obrigacional pela inércia reiterada de uma das partes, ao longo de um contrato, em exercer direito ou faculdade, criando para a outra a legítima expectativa de ter havido a renúncia àquela prerrogativa. Por outro lado, a *surrectio* serve para criar um direito em consequência do continuado comportamento de alguém, ainda que ao arrepio da lei ou do contrato. III – Registre-se que a apelante deveria ter agido de outra forma em vez de retenção do veículo; ficou inerte quanto ao que tange a pretensão de receber o que ficou inadimplido, dando azo a expectativa de pleno desfazimento do negócio por parte da apelada (TJGO, Apelação 04400124320158090097, relator: Amaral Wilson de Oliveira, data do julgamento: 15/2/2018, 2ª Câmara Cível, data da publicação: 15/2/2018).

5.1.4 Vedação da tu quoque

A locução *tu quoque* vem das palavras dirigidas por Júlio César a Marcus Brutus quando distinguiu este em meio aos seus assassinos: "*tu quoque, Brute, fili mi?*" – em vernáculo, "até tu, Brutus, meu filho?".

Em filosofia, designa-se por *tu quoque* um argumento falacioso hipócrita, como na hipótese de uma pessoa bêbada que critica outra porque a vê bebendo.

No Direito dos Contratos, apelidou-se de **tu quoque** a situação de uma parte que, tendo descumprido a lei ou o contrato, posteriormente pretende se valer do preceito descumprido em benefício próprio. Ou seja, enquanto vertente do princípio da boa-fé, traduz o aflorar de uma regra que busca evitar a incoerência.

[...] O *tu quoque* age simultaneamente sobre os princípios da boa-fé e da justiça contratual, pois pretende evitar não só que o contratante faltoso se beneficie de sua própria falta, como também resguardar o equilíbrio entre as prestações[26].

Tal situação, evidentemente, é vedada pelo princípio da boa-fé.

Augusto empresta gratuitamente a César uma casa na praia, por um ano. Vencido o prazo, César deixa de restituir o bem, conquanto impelido a fazê-lo por Augusto. Ao receber a conta de energia, todavia, envia-a ao comodante para que este a pague, alegando já ter o comodato vencido. Considerando-se que as despesas da coisa, enquanto na posse do comodatário, não podem ser cobradas do comodante, Augusto defender-se-á do pedido de César baseado na vedação do *tu quoque*.

---

[26] FARIA, Cristiano Chaves de; ROSENVALD, Nelson. Direito civil: teoria geral; PONTES DE MIRANDA, Francisco Cavalcanti. Tratado de direito privado. 4. ed. Rio de Janeiro: Lumen Juris, 2006. p. 489-490.

No processo penal, o exemplo clássico do instituto está no art. 565 do CPP, ao dispor que não cabe a arguição de nulidade pela própria parte que lhe deu causa ou que tenha concorrido para a sua existência. Previsão semelhante está no art. 276 do CPC[27].

5.1.5 Duty to mitigate the loss

Em termos simples, o instituto significa a necessidade de mitigação do próprio prejuízo. Nos termos do Enunciado 169 da III Jornada de Direito Civil, "o princípio da boa-fé objetiva deve levar o credor a evitar o agravamento do próprio prejuízo".

Relaciona-se com a conduta do credor de atenuar a sua perda, em decorrência de que, com o seu agravamento, possa vir a prejudicar o devedor. Caso isso ocorra, deverá haver a redução das perdas e dos danos devidos ao credor. Exemplo: o devedor descumpre um contrato e o credor deixa de promover, em tempo hábil, a rescisão contratual, fazendo que a dívida aumente de forma excessiva em razão da multa e juros[28], em indiscutível abuso de direito.

Acerca do exemplo citado, vale esclarecer que o que se exige para aplicação do instituto é que o credor se comporte de forma **abusiva**. Não há, por exemplo, como considerar que o decurso de prazo para ajuizamento de uma ação de cobrança (ou uma execução), por si só, enseja a aplicação da teoria. Veja, a propósito, precedente do STJ:

[...] O princípio *duty to mitigate the loss* conduz à ideia de dever, fundado na boa-fé objetiva, de mitigação pelo credor de seus próprios prejuízos, buscando, diante do inadimplemento do devedor, adotar medidas razoáveis, considerando as circunstâncias concretas, para diminuir suas perdas. Sob o aspecto do abuso de direito, o credor que se comporta de maneira excessiva e violando deveres anexos aos contratos *(v.g.*: lealdade, confiança ou cooperação), agravando, com isso, a situação do devedor, é que deve ser instado a mitigar suas próprias perdas. É claro que não se pode exigir que o credor se prejudique na tentativa de mitigação da perda ou que atue contrariamente à sua atividade empresarial, porquanto aí não haverá razoabilidade. 2. O ajuizamento de ação de cobrança muito próximo ao implemento do prazo prescricional, mas ainda dentro do lapso legalmente previsto, não pode ser considerado, por si só, como fundamento para a aplicação do duty to mitigate the loss. Para tanto, é necessário que, além do exercício tardio do direito de ação, o credor tenha violado, comprovadamente, alguns dos deveres anexos ao contrato, promovendo condutas ou omitindo-se diante de determinadas circunstâncias, ou levando o devedor à legítima expectativa de que a dívida não mais seria cobrada ou cobrada a menor. 3. A razão utilizada pelas instâncias ordinárias para aplicar ao caso o postulado do *duty to mitigate the loss* está fundada tão somente na inércia da instituição financeira, a qual deixou para ajuizar a ação de cobrança quando já estava próximo de vencer o prazo prescricional e, com isso, acabou obtendo crédito mais vantajoso diante da acumulação

---

[27] Art. 276. Quando a lei prescrever determinada forma sob pena de nulidade, a decretação desta não pode ser requerida pela parte que lhe deu causa.

[28] Em caso semelhante: "O enfoque da teoria do duty to mitigate the loss, é que não pode a instituição financeira permanecer inerte, aguardando que, diante da alta taxa de juros prevista no instrumento contratual, a dívida atinja montantes astronômicos, impagáveis, prejudicando o consumidor de forma irresponsável. Diante da ausência de prova da inércia da instituição financeira, impossível a aplicação da teoria do duty to mitigate the loss, devendo ser julgado improcedente o pedido de interrupção da cobrança dos juros remuneratórios a partir do ajuizamento da ação" (TJ-MS, AC: 08050532820148120001 MS 0805053-28.2014.8.12.0001, relator: Des. Luiz Tadeu Barbosa Silva, data do julgamento: 15/2/2016, 5ª Câmara Cível, data da publicação: 18/2/2016).

dos encargos ao longo do tempo. 4. Não há nos autos nenhum outro elemento que demonstre haver a instituição financeira, no caso em exame, criado no devedor expectativa de que não cobraria a dívida ou que a cobraria a menor, ou mesmo de haver violado seu dever de informação. Não há, outrossim, elemento nos autos no qual se possa identificar qualquer conduta do devedor no sentido de negociar sua dívida e de ter sido impedido de fazê-lo pela ora recorrente, ou ainda qualquer outra circunstância que pudesse levar à conclusão de quebra da confiança ou dos deveres anexos aos negócios jurídicos por nenhuma das partes contratantes, tais como a lealdade, a cooperação, a probidade, entre outros. 5. Desse modo, entende-se não adequada a aplicação ao caso concreto do *duty to mitigate the loss*. [...] (STJ, AgRg no REsp 1.578.048/PR, relator: Min. Marco Aurélio Bellizze, 3ª Turma, data do julgamento: 18/8/2016, data da publicação: 26/8/2016).

Por outro lado, aplica-se o instituto na seguinte situação: imagine que o autor de uma ação declaratória de inexistência de débito consegue, liminarmente, a exclusão de seu nome dos cadastros de inadimplentes. A tutela provisória de urgência não é cumprida pelo réu, que deixa de promover a exclusão. O autor aguarda meses para pleitear a aplicação da multa diária fixada pelo juízo para o caso de descumprimento, objetivando, com essa conduta, majorar os prejuízos decorrentes da negativação indevida[29]. Nessa hipótese, como o autor não adotou medidas para mitigar suas perdas, o abuso de direito poderá afetar eventual indenização pretendida pelo credor.

5.2 Boa-fé objetiva e teoria da aparência

Decorrência das normas de conduta impostas pela boa-fé objetiva é a presunção absoluta de que as aparências envolvidas na contratação e não desmentidas pelas partes são verdadeiras. Trata-se da chamada **teoria da aparência**.

A teoria da aparência protege o contratante de boa-fé que, ao confiar na aparência legítima exteriorizada pelo sujeito, não pode ser prejudicado em detrimento de quem aparentou ter legitimidade para praticar determinado ato negocial, enquanto, em verdade, não a possuía.

Clóvis negocia o fornecimento de vinhos com um funcionário do supermercado Boas Compras, que o atende no escritório da loja e se apresenta como gerente. O funcionário assina o contrato. Posteriormente, alega-se que o gerente não tinha poderes para contratar em nome do supermercado, argumento que encontra óbice na aplicação da teoria da aparência. Ao atender Clóvis, o gerente agiu em nome do supermercado. Daí considerar-se que este tinha o dever de informar o contratante de quem poderia assinar o contrato em nome da pessoa jurídica. O Direito não tolera que Clóvis seja prejudicado pela violação da boa-fé por parte do supermercado.

---

[29] Em caso semelhante: "[...] Hipótese em que o réu não excluiu o nome da autora dos órgãos de proteção, descumprindo decisão liminar proferida em ação judicial pretérita. Ilicitude reconhecida em sentença. Objeto recursal que diz tão somente com a majoração dos danos morais. Indenização mantida em R$ 3.000,00 porque a demandante, ao não tomar providências para assegurar a efetivação da tutela específica, deixando o tempo passar para depois postular indenização de danos, comportou-se com abuso de direito. Trata-se de aplicar o preceito do *duty to mitigate the loss*, que decorre do princípio da boa-fé objetiva, e informa que o credor deve adotar as medidas necessárias para mitigar suas perdas. Apelação desprovida" (TJ-RS, AC: 50092895020188210010 RS, relator: Túlio de Oliveira Martins, data do julgamento: 27/9/2021, 10ª Câmara Cível, data da publicação: 1/10/2021).

6. FUNDAMENTO DA PRINCIPIOLOGIA: FUNÇÃO SOCIAL DOS CONTRATOS

Vimos, até aqui, que os contratos se formam pelo consenso entre os sujeitos, no exercício de sua vontade livre, tornam-se obrigatórios, são submetidos à ordem pública e, ademais, impõem deveres de conduta, delineados pela boa-fé. A indagação que pode ocorrer ao leitor é: *por que* o Direito se preocupa tanto em estabelecer a autonomia privada, o consensualismo, a obrigatoriedade dos contratos, a supremacia da ordem pública e a boa-fé? Qual o fundamento desses princípios?

A resposta é simples e já foi, aos poucos, apresentada ao leitor anteriormente: em razão da **função social dos contratos**.

Nesse sentido, estabelece o art. 421 do Código que "a liberdade contratual será exercida nos limites da função social do contrato".

"Nos tempos primitivos, há pouco lugar para os contratos. Eles, aparecendo e desenvolvendo-se, consolidam os laços da coexistência humana. É um conciliador de interesses. É um dos modos de afirmar a individualidade humana. Aproxima os indivíduos e os povos",[30] já pontuara o mestre Beviláqua.

Conforme visto, é por meio dos contratos que os indivíduos se aproximam e criam relações que vêm a unir pequenos grupos e, posteriormente, outros maiores, até que nascem cidades, países etc. Hoje, com mais nitidez do que nunca, vê-se que, por meio dos contratos, o planeta inteiro se entrelaçou por meio da malha do comércio, no processo chamado de **globalização**, conforme asseverado na seção 1 do Capítulo 1.

Daí se percebe que a função do contrato é eminentemente social. Trata-se do exercício da vontade na busca da satisfação das necessidades pela via da comunidade, e não da violência. Afinal, é certo que, se o indivíduo necessita do alimento de que somente seu vizinho dispõe, poderia simplesmente roubá-lo ou furtá-lo, e até mesmo matar o oponente para conquistar o alimento desejado.[31] Todavia, o fundamento da sociedade é a outra via, a contratual, que levará o sujeito a negociar o alimento, por meio de um contrato de doação, ou de compra e venda, ou ainda qualquer outro que se prestar a atender à necessidade do sujeito.

Portanto, a função precípua do contrato, razão pela qual ele merece tanta proteção jurídica, é a de **promover a vida em sociedade**, unindo os indivíduos por meio de relações contratuais e, assim, criando os diversos grupos comunitários, desde a família até as grandes confederações.

Devemos lembrar que a função social também decorre da norma geral de interpretação prevista no parágrafo único do art. 2.035 do Código Civil, segundo a qual "nenhuma convenção prevalecerá se contrariar preceitos de ordem pública, tais como os estabelecidos por este Código para assegurar a função social da propriedade e dos contratos". A diretriz que se extrai desse parágrafo é, sem dúvida, a de sedimentar a importância de princípio da função social do contrato, mesmo diante de pactos firmados antes da sua vigência.

Podemos afirmar, ainda, que a função social possui dupla eficácia. A primeira, **interna**, relaciona-se com as partes ou com o negócio jurídico em si, tendo como objetivo assegurar o equilíbrio contratual. A proteção aos vulneráveis contratuais (consumidores idosos, por exemplo), a vedação à onerosidade excessiva, a proteção da dignidade humana, a nulidade de

---

[30] BEVILÁQUA, Clóvis. *Direito das obrigações*, cit., p. 510.
[31] Machado de Assis ilustrou muito bem a questão na clássica história narrada por Quincas Borba, sobre as duas tribos rivais e a escassez de alimentos, conto que se resumiu na expressão ainda hoje repetida "ao vencedor, as batatas".

cláusulas antissociais por abuso de direito e a tendência de conservação do negócio jurídico são instrumentos para se concretizar esse almejado equilíbrio[32].

Já a eficácia **externa** preocupa-se com as repercusões no âmbito social, ou seja, com os reflexos gerados na esfera jurídica de titulares outros que não só aqueles imediatamente envolvidos na relação jurídica. Exemplo dessa eficácia é a aplicação da Teoria do Terceiro Cúmplice, abordada no item 3 deste capítulo[33].

A função social é tema recorrente nas Jornadas do CJF, inclusive naquelas que não abordam diretamente o Código Civil. Selecionamos alguns dos enunciados mais importantes sobre o tema:

- A função social do contrato, prevista no art. 421 do novo Código Civil, constitui cláusula geral a impor a revisão do princípio da relatividade dos efeitos do contrato em relação a terceiros, implicando a tutela externa do crédito (I Jornada de Direito Civil – Enunciado 21).
- A função social do contrato, prevista no art. 421 do novo Código Civil, constitui cláusula geral que reforça o princípio de conservação do contrato, assegurando trocas úteis e justas (I Jornada de Direito Civil – Enunciado 22).
- A função social do contrato, prevista no art. 421 do novo Código Civil, não elimina o princípio da autonomia contratual, mas atenua ou reduz o alcance desse princípio quando presentes interesses metaindividuais ou interesse individual relativo à dignidade da pessoa humana (I Jornada de Direito Civil – Enunciado 23).
- O contrato empresarial cumpre sua função social quando não acarreta prejuízo a direitos ou interesses, difusos ou coletivos, de titularidade de sujeitos não participantes da relação negocial (I Jornada de Direito Civil – Enunciado 26).
- Aplicam-se aos negócios jurídicos entre empresários a função social do contrato e a boa-fé objetiva (arts. 421 e 422 do Código Civil), em conformidade com as especificidades dos contratos empresariais (I Jornada de Direito Comercial – Enunciado 29).
- Deve-se levar em consideração o princípio da função social na interpretação das normas relativas à empresa, a despeito da falta de referência expressa (I Jornada de Direito Civil – Enunciado 53).
- O princípio da função social dos contratos também pode ter eficácia interna entre as partes contratantes (IV Jornada de Direito Civil – Enunciado 360).
- O adimplemento substancial decorre dos princípios gerais contratuais, de modo a fazer preponderar a função social do contrato e o princípio da boa-fé objetiva, balizando a aplicação do art. 475 (IV Jornada de Direito Civil – Enunciado 361).
- Os bons costumes previstos no art. 187 do CC possuem natureza subjetiva, destinada ao controle da moralidade social de determinada época, e objetiva, para permitir

---

[32] TARTUCE, Flávio. Função social dos contratos do Código de Defesa do Consumidor ao Código Civil de 2002. São Paulo: Método, 2007. p. 244.

[33] "Os contratos são protegidos por deveres de confiança, os quais se estendem a terceiros em razão da cláusula de boa-fé objetiva. De acordo com a Teoria do Terceiro Cúmplice, terceiro ofensor também está sujeito à eficácia transubjetiva das obrigações, haja vista que seu comportamento não pode interferir indevidamente na relação, perturbando o normal desempenho da prestação pelas partes, sob pena de se responsabilizar pelos danos decorrentes de sua conduta" (STJ, REsp 1.895.272/DF, relator: Min. Marco Aurélio Bellizze, data do julgamento: 26/4/2022, 3ª Turma, data da publicação: 29/4/2022).

a sindicância da violação dos negócios jurídicos em questões não abrangidas pela função social e pela boa-fé objetiva (V Jornada de Direito Civil – Enunciado 413).
- A violação do art. 421 conduz à invalidade ou à ineficácia do contrato ou de cláusulas contratuais (V Jornada de Direito Civil – Enunciado 431).
- A recusa de renovação das apólices de seguro de vida pelas seguradoras em razão da idade do segurado é discriminatória e atenta contra a função social do contrato (VI Jornada de Direito Civil – Enunciado 542).
- Constitui abuso do direito a modificação acentuada das condições do seguro de vida e de saúde pela seguradora quando da renovação do contrato (VI Jornada de Direito Civil – Enunciado 543).
- O abuso do direito impede a produção de efeitos do ato abusivo de exercício, na extensão necessária a evitar sua manifesta contrariedade à boa-fé, aos bons costumes, à função econômica ou social do direito exercido (VIII Jornada de Direito Civil – Enunciado 617).

7. DIÁLOGO DAS FONTES

Denomina-se **diálogo das fontes** a teoria concebida na Alemanha por Erik Jayme que propõe que normas pertencentes a ramos jurídicos distintos não se excluem por essa razão.

Essa teoria foi trabalhada no Direito pátrio por Cláudia Lima Marques, a qual sugere um diálogo entre as normas do Código de Defesa do Consumidor e do Código Civil. A tese se torna tanto mais relevante quanto mais se percebe o grande volume de contratos oriundos de relações de consumo celebrados no dia a dia.

Por meio do **diálogo das fontes**, é possível aplicar a um determinado contrato ou o Código de Defesa do Consumidor ou o Código Civil, não por meio das técnicas tradicionais de solução de conflito entre normas – anterioridade, especialidade –, mas por meio da visão de que o ordenamento jurídico é um todo coerente. Com essa concepção, conclui-se que os princípios previstos em um diploma aplicam-se também aos casos que, a rigor, seriam disciplinados pelo outro.

O princípio da boa-fé e o princípio da função social dos contratos, por exemplo, ainda que expressos no Código Civil e não mencionados no Código de Defesa do Consumidor, aplicam-se também aos contratos oriundos de relações de consumo. A propósito, essa ideia foi exposta no Enunciado 167 da III Jornada de Direito Civil do CJF: "Com o advento do Código Civil de 2002, houve forte aproximação principiológica entre esse Código e o Código de Defesa do Consumidor no que respeita à regulação contratual, uma vez que ambos são incorporadores de uma nova teoria geral dos contratos". Além disso, a utilização do diálogo entre instrumentos normativos distintos – especialmente o CC e o CDC – é recorrente na jurisprudência. Vejamos um exemplo:

> Na hipótese em que as dimensões de imóvel adquirido não correspondem às noticiadas pelo vendedor, cujo preço da venda foi estipulado por medida de extensão (venda *ad mensuram*), aplica-se o prazo decadencial de 1 (um) ano, previsto no art. 501 do CC/2002, para exigir o complemento da área, reclamar a resolução do contrato ou o abatimento proporcional do preço (STJ, 3ª Turma, REsp 1.890.327/SP, relatora: Min. Nancy Andrighi, data do julgamento: 20/4/2021).

Nesse precedente, o STJ estabeleceu entre as leis o diálogo de complementaridade, fazendo prevalecer o prazo de um ano previsto no art. 501 do Código Civil em detrimento do prazo de 90 dias disposto no CDC (art. 26). Além de o prazo decadencial previsto no CC ser específico para a hipótese, não existe disposição no CDC que regule a matéria.

Quadro Esquemático 2

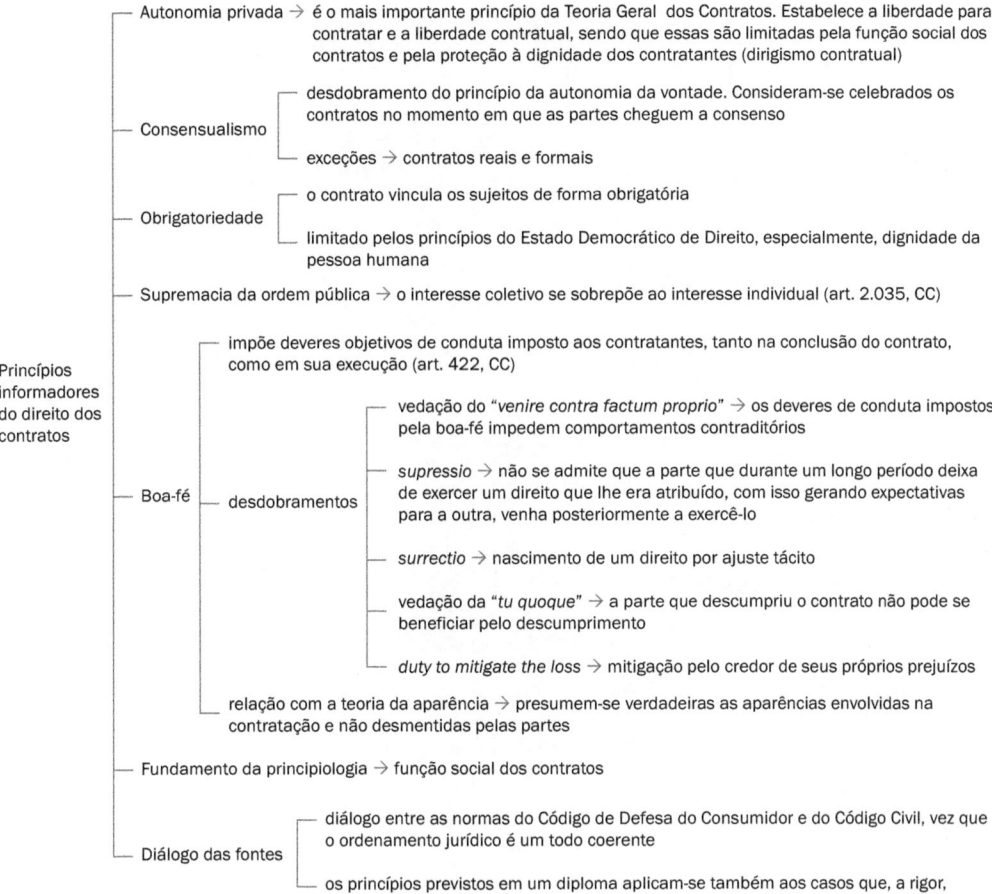

Princípios informadores do direito dos contratos

- **Autonomia privada** → é o mais importante princípio da Teoria Geral dos Contratos. Estabelece a liberdade para contratar e a liberdade contratual, sendo que essas são limitadas pela função social dos contratos e pela proteção à dignidade dos contratantes (dirigismo contratual)

- **Consensualismo**
  - desdobramento do princípio da autonomia da vontade. Consideram-se celebrados os contratos no momento em que as partes cheguem a consenso
  - exceções → contratos reais e formais

- **Obrigatoriedade**
  - o contrato vincula os sujeitos de forma obrigatória
  - limitado pelos princípios do Estado Democrático de Direito, especialmente, dignidade da pessoa humana

- **Supremacia da ordem pública** → o interesse coletivo se sobrepõe ao interesse individual (art. 2.035, CC)

- **Boa-fé**
  - impõe deveres objetivos de conduta imposto aos contratantes, tanto na conclusão do contrato, como em sua execução (art. 422, CC)
  - desdobramentos
    - vedação do "*venire contra factum proprio*" → os deveres de conduta impostos pela boa-fé impedem comportamentos contraditórios
    - *supressio* → não se admite que a parte que durante um longo período deixa de exercer um direito que lhe era atribuído, com isso gerando expectativas para a outra, venha posteriormente a exercê-lo
    - *surrectio* → nascimento de um direito por ajuste tácito
    - vedação da "*tu quoque*" → a parte que descumpriu o contrato não pode se beneficiar pelo descumprimento
    - *duty to mitigate the loss* → mitigação pelo credor de seus próprios prejuízos
  - relação com a teoria da aparência → presumem-se verdadeiras as aparências envolvidas na contratação e não desmentidas pelas partes

- **Fundamento da principiologia** → função social dos contratos

- **Diálogo das fontes**
  - diálogo entre as normas do Código de Defesa do Consumidor e do Código Civil, vez que o ordenamento jurídico é um todo coerente
  - os princípios previstos em um diploma aplicam-se também aos casos que, a rigor, seriam disciplinados pelo outro

3

Formação dos Contratos

De tudo o que foi dito até aqui, o leitor pode concluir que os contratos, para se formarem, dependem do **acordo de vontades** entre os sujeitos, ainda que nem sempre baste apenas o consenso para que o negócio se aperfeiçoe – como ocorre com os contratos formais e reais.

Mas, ainda no caso dos contratos formais e reais, é indispensável a **manifestação positiva e inequívoca** de vontade, sem o que não se há que falar em *ntrato*.

1. MANIFESTAÇÃO POSITIVA E INEQUÍVOCA DE VONTADE

Jamais se presume a vontade dos sujeitos de se vincular por uma obrigação; o consentimento dos sujeitos deve ser sempre **positivo e inequívoco**. Ou seja, não pode haver dúvida alguma de que houve manifestação de vontade, e de que ela foi no sentido de se vincular pela obrigação.

A manifestação de vontade por ser **expressa** ou **tácita**.

Será **expressa** quando o sujeito se exprimir por meio de palavras, sejam elas escritas ou faladas, ou gestos. Destarte, se o sujeito afirma que quer alugar o apartamento, ou assina a escritura de compra e venda, ou faz um sinal com a mão para que um ônibus pare, manifesta positiva e inequivocamente, de forma expressa, a sua vontade de celebrar contrato de locação, de compra e venda e de transporte.

A manifestação de vontade será **tácita** quando houver incompatibilidade entre o fato e uma vontade diversa da que dele se infere.[34] Logo, se o locatário não desocupa o imóvel após o termo final da locação, conclui-se logicamente que quer prorrogá-la, vez que não há outra vontade compatível com tal fato. Igualmente, se quando o ônibus para no ponto um pedestre entra no veículo, é de se deduzir a sua vontade de celebrar o contrato de transporte, pois, também aqui, não há outra vontade compatível com o fato.

No entanto, se um sujeito, quando viaja, tolera que sua vaga de garagem seja utilizada por seu vizinho, não se pode presumir a vontade de celebrar um comodato. E, se permite que seu vizinho corte caminho por um trecho de sua fazenda com gado, não se pode presumir a vontade de criar uma servidão. Tolerar o uso e permitir o trânsito são fatos que não implicam necessariamente a vontade de celebrar qualquer contrato. Aliás, são fatos que sequer transmitem a posse (art. 1.208), como veremos oportunamente, na Parte IV desta obra.

E o silêncio? Pode ele expressar consentimento tácito?

---

[34] ANDRADE, Darcy Bessone de Oliveira. *Do contrato.* Rio de Janeiro: Forense, 1960. p. 158.

A doutrina costuma admitir essa possibilidade, desde que o **silêncio** importe em **manifestação positiva e inequívoca** de vontade, como o leitor já deve ter imaginado. Ou seja, não vale a mera presunção. Exige-se que as circunstâncias claramente indiquem que a abstenção de manifestação expressa de vontade do sujeito, ainda quando inquirido, revelem sua intenção de contratar.[35]

Darcy Bessone lista quatro circunstâncias em que a doutrina entende haver manifestação positiva e inequívoca de vontade no silêncio: quando se houver anteriormente ajustado que o silêncio importaria em consentimento; quando relações anteriores entre os sujeitos permitirem inferir a vontade de quem permaneceu em silêncio; quando a proposta tiver sido feita por quem posteriormente silenciou; quando a proposta for do interesse exclusivo de quem não se manifestou.[36]

Imaginemos as seguintes situações. (1) Pontes e Rui negociam um contrato e pactuam que, se Rui não se manifestar em sentido contrário até o dia 30 do mês corrente, o contrato se considerará celebrado. (2) Desde muitos anos, Caio encomenda de Manuel, semanalmente, verduras para seu restaurante. Uma dada semana, Caio não faz a encomenda, mas mesmo assim Manuel entrega as verduras. (3) Helena negocia com Orlando a doação de um livro, e o deixa com Orlando para que este examine o bem, mas não retorna o contato posterior de Orlando para fechar a doação. (4) César, sabendo que Berenice quer passar um determinado feriado na praia, mas que não consegue encontrar hospedagem, coloca sua casa na praia à disposição de Berenice, durante o feriado, por um valor simbólico de aluguel. Berenice, ciente do fato, não faz contato com César, mas se hospeda na casa.

Em todos esses casos, há um fato do sujeito a quem se atribui o silêncio, seja comissivo ou omissivo, que, somado às circunstâncias, permitirá a conclusão de que houve consentimento. No primeiro caso, o fato comissivo da existência do pacto anterior, somado à ausência de manifestação contrária de Rui; no segundo, os fatos comissivo e omissivo de César, que, ao mesmo tempo, recebeu as verduras e não as enjeitou, somados às compras sucessivas anteriores; no terceiro, o fato omissivo de Helena, que não retornou o contato de Orlando, somado à sua oferta prévia de doação; no último, o fato comissivo de Berenice, que se hospedou na casa de César, somado à circunstância de que a locação era de seu interesse.

2. ETAPAS DA FORMAÇÃO DOS CONTRATOS

Observando atentamente o fenômeno da formação dos contratos, podem ser identificadas três etapas distintas: a das chamadas **negociações preliminares**, ou **tratativas**; a da **proposta**, ou **oferta**; e a da **aceitação**.

2.1 Negociações preliminares

Sentida a **necessidade** pelo sujeito, sendo impossível a autossatisfação, este, seguindo conduta lícita, buscará a celebração de um contrato. Em um primeiro momento, considerará os sujeitos com quem pode contratar, as peculiaridades do objeto que almeja, a contraprestação que pode oferecer etc.

No momento em que o sujeito aproxima uma pessoa e discute as circunstâncias da possível futura contratação, realiza o que a doutrina chama de **negociações preliminares**, ou **tratativas**.

---

[35] FIUZA, César. *Direito civil*, cit., p. 412; ANDRADE, Darcy Bessone de Oliveira. *Do contrato*, cit., p. 163.
[36] ANDRADE, Darcy Bessone de Oliveira. *Do contrato*, cit., p. 162.

Não há, nessa fase, vínculo jurídico algum que enlace os sujeitos. Há discussões, ideias, conjecturas. Por vezes, há até a elaboração de um esboço de contrato, que recebe o nome técnico de **minuta**. Mas não há contrato. Não há acordo.

Silvio deseja construir um edifício e procura uma construtora. Há discussão das características da obra, do preço que ela custaria, das formas de pagamento, do prazo para execução, entre diversos outros pontos. Cuida-se de negociações preliminares de uma possível futura contratação.

2.1.1 Responsabilidade civil na fase das negociações preliminares

Impende chamar a atenção do leitor para o fato de que as negociações preliminares consistem em **etapa pré-contratual**, em que não há força obrigatória, pois não há contrato. Destarte, não existe **responsabilidade contratual** por fato relativo às tratativas. Afinal, não custa repetir, não há contrato.

Todavia, já vigem as ideias derivadas da **função social dos contratos**, como a da boa-fé, além de todos os demais princípios gerais do Direito, razão pela qual, se ocorrer de um dos sujeitos negociantes sofrer algum dano em razão das expectativas que nascem das negociações, poderá se configurar a **responsabilidade extracontratual** – neste caso, especificamente, **pré-contratual** – do causador do dano, a ser apurada à luz da teoria da responsabilidade civil por culpa – que estudamos na Parte II desta obra.

Muito já se debateu sobre a responsabilidade civil na fase das tratativas. Alguns doutrinadores, extremados, enxergavam-na como contratual, conquanto não houvesse contrato; outros ponderavam cuidar-se de responsabilidade *sui generis*, por não ser propriamente contratual, mas, ao mesmo tempo, relacionar-se com a negociação de um contrato.

Não obstante, a doutrina acabou pacificando o entendimento de que, na fase das negociações preliminares, somente poderia se configurar responsabilidade civil extracontratual, conforme demonstraremos a seguir.

Sabe-se que toda pessoa é livre para contratar ou não, ou seja, tem o direito de contratar ou não.

Ademais, mesmo na fase das negociações preliminares, os sujeitos devem respeitar os deveres de conduta impostos pela boa-fé, o que é indispensável para que o eventual contrato celebrado cumpra sua função social.

Ora, é possível se imaginar um dano causado, na fase das tratativas, tanto pelo **abuso do direito de não contratar** quanto pela **violação de um dever de conduta** imposto pela boa-fé. Em qualquer dos casos, restará configurado o **ato ilícito** (arts. 187 e 186 do Código), que fundamenta a responsabilidade civil por culpa (art. 927). Logo, a hipótese será, simplesmente, de responsabilidade civil extracontratual. Não será o caso nem de responsabilidade contratual, nem de uma suposta responsabilidade *sui generis*.

Imaginemos a construção de um edifício. O proprietário de um terreno procura a única construtora da região especializada na construção de *shopping centers* e discute a possibilidade de se erguer um centro comercial de cinco andares em seu imóvel. Discutem-se os custos que seriam envolvidos, os arquitetos que poderiam ser chamados para elaborar o projeto, bem como as demais medidas que teriam de ser tomadas. Chega-se mesmo a sugerir a contratação de uma sociedade especializada em serviços de preparação de terrenos para obras de grande porte. Em razão da concretude das tratativas, o proprietário do terreno contrata a referida sociedade, a qual prepara o lote para que a construtora construa o *shopping*. Esse serviço custa ao empreendedor R$ 100.000,00.

Posteriormente, ao se apresentar para a contratação da obra, o dono do prédio se surpreende com a recusa da construtora, que simplesmente se nega a celebrar o contrato, independentemente de preço ou quaisquer condições.

Pergunta-se: haverá responsabilidade civil da construtora? A resposta é afirmativa. O exercício do direito de não contratar, em face das negociações preliminares, sobretudo da sugestão da preparação do terreno, é considerado abusivo, pois viola os limites impostos pela boa-fé (art. 187). Haverá responsabilidade extracontratual por culpa (art. 927), e a construtora será obrigada a reparar o dano causado ao dono do prédio, consubstanciado no gasto inútil com o preparo do lote.

E se a construtora fundamentasse sua recusa em uma proibição contratual? Suponhamos que, durante as negociações, o dono de outro terreno próximo procurou a construtora e também negociou com ela a construção de um *shopping center*. O contrato foi rapidamente celebrado, e nele consta cláusula que impede a mesma construtora de erguer outro *shopping center* na mesma área.

Nesse caso, verifica-se violação do dever de lealdade – a construtora se envolveu em uma situação de concorrência "pelas costas" do sujeito com quem inicialmente começou a negociar – e do dever de informar – não informou de imediato o primeiro sujeito sobre a nova negociação, nem tentou evitar a preparação desnecessária do terreno, a qual, ademais, fora sugerida por ela própria. A responsabilidade civil da construtora, também nesse caso, decorrerá do ato ilícito por ela cometido; será, portanto, aquiliana, e por culpa.

Em suma, à luz do disposto nos arts. 422 e 427, que garantem a seriedade nas negociações preliminares, criando confiança entre as partes, a responsabilidade civil também pode alcançar a fase pré-contratual.

> [...] A teoria da confiança ingressa no vácuo existente entre as responsabilidades contratual e extracontratual e seu reconhecimento se fundamenta principalmente no fato de que o sujeito que dá origem à confiança de outrem e, após, frustra-a, deve responder, em certas circunstâncias, pelos danos causados dessa frustração. A defraudação da confiança constitui o verdadeiro fundamento da obrigação de indenizar. 5. A responsabilidade fundada na confiança visa à proteção de interesses que transcendem o indivíduo, ditada sempre pela regra universal da boa-fé, sendo imprescindível a quaisquer negociações o respeito às situações de confiança criadas, estas consideradas objetivamente, cotejando-as com aquilo que é costumeiro no tráfico social. 6. A responsabilidade pela quebra da confiança possui a mesma ratio da responsabilidade pré-contratual, cuja aplicação já fora reconhecida pelo STJ (REsp 1051065/AM, REsp 1367955/SP). O ponto que as aproxima é o fato de uma das partes gerar na outra uma expectativa legítima de determinado comportamento, que, após, não se concretiza. O ponto que as diferencia é o fato de, na responsabilidade pré-contratual, a formalização de um contrato ser o escopo perseguido por uma das partes, enquanto que na responsabilidade pela confiança, o contrato, em sentido estrito, não será, ao menos necessariamente, o objetivo almejado (STJ, REsp 1.309.972/SP, relator: Min. Luis Felipe Salomão, data do julgamento: 27/4/2017, 4ª Turma, data da publicação: 8/6/2017).

Assim, mesmo quando inexistente contrato formal entre as partes, o direito deve proteger o vínculo que se forma pela repetição de atos com conteúdo jurídico. Imagine, por exemplo, que, durante algumas semanas, Antônio e José conversaram sobre a venda de um imóvel. José, proprietário, garantiu a Antônio que aguardaria a sua decisão, conferindo-lhe preferência na compra. Antônio, futuro comprador, demonstrou urgência na aquisição, especialmente diante da proximidade do nascimento de sua filha. Bastante interessado no imóvel, Antônio desistiu de olhar outras opções, tendo inclusive custeado uma vistoria predial. José, logo após saber da decisão de Antônio, informou que o imóvel já havia sido vendido para terceiro.

As tratativas entre Antônio e José que antecederam a formalização do contrato, **por si só**, não ensejam obrigatoriedade na conclusão do negócio e não servem para caracterizar o dever de indenizar. Contudo, nesse caso, há responsabilidade do vendedor que criou, no comprador, a expectativa de que o imóvel não seria vendido antes da sua decisão. Conforme entendimentos reiterados do STJ (por exemplo: REsp 1.051.065-AM), deve ser reconhecida a responsabilidade pela reparação de danos originados na fase pré-contratual, caso verificadas a ocorrência de consentimento prévio e mútuo no início das tratativas, a afronta à boa-fé objetiva com o rompimento ilegítimo destas, a existência de prejuízo e a relação de causalidade entre a ruptura das tratativas e o dano sofrido.

A responsabilidade pré-contratual, no exemplo apresentado, não decorre do fato de a tratativa ter sido rompida e o contrato não ter sido concluído, mas do fato de uma das partes ter gerado à outra, além da expectativa legítima de que o contrato seria concluído, efetivo prejuízo material.

É preciso ponderar, contudo, que, em casos como esse, a indenização não será equivalente à vantagem que teria sido obtida com o próprio negócio jurídico não concretizado. Verificada a antijuridicidade no rompimento de tratativas negociais, a responsabilidade civil pré-contratual cobrirá apenas as despesas realizadas para finalização do negócio jurídico frustrado ou em razão dessa mesma operação, como é o caso da inspeção predial (STJ, REsp: 1641868/SP, relator: Min. Moura Ribeiro, data do julgamento: 5/6/2018, 3ª Turma, data da publicação: 6/9/2018).

2.2 Proposta

A proposta se caracteriza pela efetiva manifestação de vontade de um sujeito no sentido de contratar, seja ela feita entre pessoas presentes ou ausentes, seja dirigida a uma só pessoa, ou a várias, ou, ainda, a qualquer pessoa. Quem faz a proposta é chamado de **proponente** ou, classicamente, **policitante**. Aquele a quem ela se dirige é chamado de **oblato**.

Tecnicamente, a proposta tem sempre destinatário determinado, falando-se em **oferta** quando é dirigida ao público em geral. Todavia, o art. 429 do Código igualou, na prática, os dois institutos, ao determinar que "a oferta ao público equivale a proposta quando encerra os requisitos essenciais ao contrato, salvo se o contrário resultar das circunstâncias ou dos usos".

2.2.1 Distinção entre proposta e negociações preliminares

É de extrema importância que o leitor compreenda a distinção entre a **proposta**, ou oferta, e as **negociações preliminares**.

Na proposta, um dos sujeitos se apresenta a outro, ou outros, e efetivamente manifesta sua vontade de contratar. É como se um dos sujeitos dissesse: "quero contratar com esses contornos; você aceita?".

Já nas negociações preliminares, o que ocorre é a discussão dos sujeitos sobre um possível futuro contrato, e, embora haja intenção de contratar, não há efetiva proposta, nem efetiva oferta. Há debates, suposições sobre algo que poderá vir a ser. É como se ambos os sujeitos dissessem "seria possível, viável, um contrato com tais contornos?".

Augusto procura Clóvis, dono de um apartamento no Edifício Roma, e indaga sobre o interesse de Clóvis em vender tal apartamento, sobre o possível preço e demais condições que viabilizariam uma futura compra e venda. Nesse caso, há negociações preliminares.

Por sua vez, Caio procura Silvio, dono da Fazenda do Moinho, e lhe oferece R$ 100.000,00 para comprar a fazenda, de imediato, de "porteira fechada", preço à vista, pago no ato da assinatura da escritura, por meio de cheque. Nesse caso, há proposta.

2.2.2 Obrigatoriedade da proposta

Ao contrário das tratativas (negociações preliminares), que não geram obrigatoriedade, **a proposta vincula o proponente**, que passa a ser obrigado a contratar nos termos propostos. Nesse sentido, dispõe o art. 427 do Código que "a proposta de contrato obriga o proponente, se o contrário não resultar dos termos dela, da natureza do negócio, ou das circunstâncias do caso".

Assim, se alguém anuncia alugar casa para fins comerciais, será obrigado a celebrar contrato de locação com quem quer que seja que aceite a proposta, salvo em três hipóteses, das quais damos os seguintes exemplos: o aceitante pretende usar o imóvel para fins residenciais – caso impedido pelos *termos da oferta*; o aceitante não quer pagar os aluguéis – o que não é permitido pela *natureza do negócio*: locação é empréstimo oneroso – se não há aluguéis, não há locação, mas comodato, que é empréstimo gratuito de bem infungível; o aceitante tem nome notoriamente sujo na praça – hipótese em que as *circunstâncias* autorizariam a recusa.

Pois bem. De que forma deixa o proponente de se obrigar pela proposta?

Se o caso for de oferta ao público, o policitante procederá à **revogação** por anúncio feito pela mesma via utilizada para divulgar a oferta. Logo, se o supermercado Boas Compras anunciou no jornal local a venda do quilo de cebola por R$ 1,00, poderá revogar a oferta anunciando a revogação no mesmo jornal local.

A norma do parágrafo único do art. 429 do Código restringe a possibilidade de revogação aos casos em que na oferta o proponente houver se reservado essa faculdade. Na prática, de fato, constata-se que as ofertas bem elaboradas ou trazem prazo ("enquanto durarem os estoques", ou "oferta válida até o dia X") ou uma expressão que implica a possibilidade de revogação ("oferta válida por tempo limitado", caso em que deverá ser revogada pelo meio em que foi divulgada).

Ocorre que não seria razoável que a oferta fosse eterna, simplesmente por não se reservar a faculdade de revogação, ou mesmo por não ter havido revogação. Assim é que, se a loja Saldão anuncia copos da marca X por R$ 2,00, e, posteriormente, o fabricante tira esses copos de linha, não se poderia imaginar que a loja fosse obrigada a vendê-los, nem mesmo que devesse anunciar que revoga a oferta por terem os copos saído de linha. A se seguir tal rigor, o sistema de anúncio de ofertas se tornaria inviável para os comerciantes.

E se a hipótese for de proposta propriamente dita – e não de oferta ao público –, como poderá o policitante se desobrigar?

Para responder a essa pergunta, é necessário, inicialmente, distinguir os casos de proposta feita **entre presentes** dos casos de proposta feita **entre ausentes**, que estudaremos em seguida.

2.2.3 Proposta entre presentes e proposta entre ausentes

Diz-se que a proposta é feita **entre presentes** quando o proponente se encontra na presença do oblato, ou, ainda, quando é feita por telefone ou outro meio de comunicação semelhante, como os serviços de comunicação instantânea na Internet (por exemplo, Skype, MSN, ICQ). Exige-se, em qualquer caso, que haja **contato instantâneo** entre os sujeitos.

Se, por outro lado, o policitante não se encontrar na presença do oblato, nem estiver em contato com ele por telefone ou outro meio de conexão instantânea, dir-se-á que a proposta se deu **entre ausentes**. Assim será a proposta feita por carta, ou por *e-mail* etc.

Nos termos do art. 428, a proposta deixa de vincular o proponente:

Art. 428. Deixa de ser obrigatória a proposta:

I – se, feita sem prazo a pessoa presente, não foi imediatamente aceita. Considera-se também presente a pessoa que contrata por telefone ou por meio de comunicação semelhante;

II – se, feita sem prazo a pessoa ausente, tiver decorrido tempo suficiente para chegar a resposta ao conhecimento do proponente;

III – se, feita a pessoa ausente, não tiver sido expedida a resposta no prazo dado;

IV – se, antes dela, ou simultaneamente, chegar ao conhecimento da outra parte a retratação do proponente.

Quanto à **proposta feita entre presentes** (inciso I), não há dúvidas: não sendo imediatamente aceita, e não havendo prazo para aceitação, desobriga-se desde logo o proponente. Se houver prazo, somente deixará de ser obrigatória se não houver aceitação antes do termo final.

Com relação à **proposta feita entre ausentes**, cumpre traçar considerações mais detalhadas.

Diz-se que, não havendo estipulação de prazo, o policitante se desobriga se não receber a aceitação no prazo que seria necessário para tanto (inciso II). Bem se vê que a norma é por demais vaga, cabendo ao intérprete dar-lhe conteúdo mais preciso,[37] sobretudo o juiz, se a hipótese for de demanda judicial.

Helena faz uma proposta a Berenice, por *e-mail*. Quando se desobrigará? Embora não seja meio de comunicação instantânea, a velocidade de viagem de um *e-mail* é tão rápida, que, em geral, ele atinge seu destinatário em uma questão de segundos, ou menos. Todavia, será razoável imaginar-se que Berenice deveria aceitar a proposta em um prazo de apenas alguns segundos após a chegada do *e-mail*? Ainda: como provar que Berenice leu a proposta tão logo ela chegou?[38] O melhor é sopesar as circunstâncias do caso concreto e, aí então, verificar se o tempo foi ou não razoável para que o oblato se manifestasse.

Mais simples são as duas outras hipóteses previstas no art. 428, em que só haverá dificuldade, quando houver, com relação à produção de provas: decorrido o prazo estipulado para aceitação sem que o proponente a receba, então se desobrigará (inciso III); se concomitantemente com a proposta, ou mesmo antes dela, o oblato recebe a retratação, não haverá vinculação (inciso IV).

2.3 Aceitação

Feita a proposta, como se viu, pode o oblato aceitá-la ou não. Se não aceitar, o proponente se desvinculará. Se aceitar fora do prazo, com adições, modificações ou restrições, fará, na verdade, **nova proposta** (art. 431 do Código). Se simplesmente aquiescer com os termos da proposta, então terá lugar a **aceitação**. E, configurando-se a aceitação, reputar-se-á celebrado o contrato, se consensual. Se formal ou real, dependerá seu aperfeiçoamento da forma estipulada pela lei ou da tradição da coisa, respectivamente.

A aceitação poderá, obviamente, ser **expressa**, e é recomendável que o seja. Todavia, pode ser **tácita**, se, naquele tipo de contrato, não for comum a aceitação expressa, ou se o policitante a houver dispensado na proposta, em qualquer caso, se não houver recusa tempestiva (art. 432).

Com relação à aceitação tácita, cabe lembrar o que asseveramos anteriormente: a manifestação de vontade deve sempre ser **positiva e inequívoca**, não se admitindo a simples presunção.

2.3.1 Aceitação da proposta entre ausentes

Pergunta-se: quando feita a proposta entre ausentes, em que momento se considera celebrado o contrato?

Segundo a **teoria da informação ou cognição**, considera-se celebrado o contrato no momento em que o policitante **toma conhecimento** da aceitação.

Para a **teoria da recepção**, o contrato se reputa celebrado quando o proponente **recebe** a aceitação, independentemente de tomar conhecimento do fato, o que pode ocorrer se receber a correspondência e deixar de abri-la.

Conforme a **teoria da declaração ou agnição**, o contrato é tido como perfeito no momento em que o oblato **aceita** a proposta.

---

[37] CAIO MÁRIO assevera que se trata de **prazo moral**, que dependerá das circunstâncias de cada caso (PEREIRA, Caio Mário da Silva. *Instituições*, cit., v. 3, p. 39).

[38] É certo que alguns sistemas de envio de mensagens eletrônicas solicitam ao destinatário a confirmação de leitura, que este enviará ao remetente por meio de um simples clique. Mas essa prática ainda não é a mais comum.

Por fim, segundo a **teoria da expedição**, adotada como regra geral pelo art. 434, reputa-se celebrado o contrato no momento em que o oblato **expede** a aceitação.

Há, no entanto, exceções.

Caso o policitante receba a **retratação** do oblato antes de receber a aceitação, afasta-se a teoria da expedição e não se considera aperfeiçoado o contrato (art. 433 combinado com art. 434, I).

Se o policitante expressamente se comprometer a **esperar a resposta** do oblato, também não se aplica a teoria da expedição (art. 434, II), sendo necessário que o proponente tome ciência da aceitação – *teoria da informação*.

Na hipótese de a resposta **não chegar no prazo** convencionado, igualmente se repelirá a teoria da expedição, e o contrato não se considerará celebrado (art. 434, III).

Analisemos as seguintes situações. Augusto envia carta a Berenice propondo a locação de uma coleção de livros. Berenice envia carta aceitando a proposta no dia 2, e Augusto a recebe e lê no dia 4. O contrato de locação se considerará aperfeiçoado no dia 2 – data em que foi expedida a aceitação. Se, no dia 3, Augusto tiver recebido, por Sedex, retratação de Berenice, a aceitação que recebeu no dia 4 será tida por inexistente, e não haverá contrato. Por sua vez, se Augusto tivesse expressamente declarado que, para dar início à locação, aguardaria a confirmação de Berenice, o contrato se teria por celebrado apenas quando Augusto tomasse conhecimento da aceitação de Berenice – no exemplo, no dia 4. Finalmente, se Augusto houvesse estipulado prazo de dez dias para receber a resposta, e esta houvesse chegado, não no dia 4, mas no dia 14 (décimo segundo dia), não haveria contrato, a não ser que Augusto consentisse, apesar do atraso, com a contratação, caso em que se aperfeiçoaria o acordo somente naquele momento.

O leitor pode se questionar sobre a importância prática de se determinar o momento em que se aperfeiçoa o contrato. Ora, em se tratando de locação, como no exemplo, em que a efetiva entrega da coisa (tradição) não compõe o ato da contratação (o contrato de locação é consensual, e não real), o dever de pagar o aluguel começará a contar da data em que se aperfeiçoou o contrato, que é, segundo a regra geral, a data da expedição da aceitação. Supondo que esta somente seja recebida pelo policitante, ou somente chegue ao conhecimento dele, um mês após a expedição, terá um mês a mais de aluguel a receber do que se fossem adotadas a teoria da informação ou a da recepção. Se prevalecesse a teoria da declaração, supondo-se que o oblato aceitara quinze dias antes de expedir a aceitação, então o policitante teria quinze dias a mais de aluguel para receber.

Ademais, cumpre asseverar que, se a aceitação chegar tarde ao conhecimento do proponente, caso em que, como expendido, o contrato não se aperfeiçoará, deve o proponente, para se desonerar, e, por conseguinte, evitar uma eventual obrigação de indenizar perdas e danos, informar o aceitante sobre o fato tão logo receba a aceitação (art. 430).

Por exemplo, Manuel propõe a Orlando, por carta, a venda de um carro, e pede que Orlando lhe responda em dez dias. Passados vinte dias, César se apresenta a Manuel como interessado, e acaba por comprar o carro. No dia seguinte, Manuel recebe carta de Orlando, com aceitação, datada de apenas três dias após a postagem da proposta. Inquirindo os Correios, descobre que houve atraso na entrega da correspondência devido a um problema interno de tal empresa pública. Nesse caso, mesmo que Manuel quisesse sobrelevar o atraso, não teria como celebrar o contrato, vez que o carro já fora vendido. Deve Manuel, então, imediatamente comunicar a Orlando o ocorrido, sob pena de se responsabilizar pelos danos que Orlando experimentar.

2.3.1.1 Lugar da celebração do contrato entre ausentes

Segundo o art. 435, considera-se celebrado o contrato no **lugar em que foi feita a proposta**, independentemente de onde tiver ocorrido ou sido expedida a aceitação. Ou seja, se Caio, em Belo Horizonte, enviou uma proposta a Silvio, no Rio de Janeiro, que a aceitou e, posteriormente, expediu a aceitação de São Paulo, o contrato se reputará celebrado em Belo Horizonte.

3. CONTRATO PRELIMINAR

Ainda dentro do tema da formação dos contratos, cumpre estudar a figura do contrato preliminar, o qual, embora se consubstancie em um contrato propriamente dito, e não em tratativas, ou uma proposta, tem por objeto a **celebração de um outro contrato**.

É que se denomina **contrato preliminar, contrato promissório, compromisso, promessa** ou **pré-contrato** o contrato cujo objeto é a celebração de outro contrato, futuro, chamado de definitivo. As partes são chamadas de **promitentes**, sendo o vocábulo **promissário** às vezes utilizado para se referir à parte credora, como "promissário-donatário".

O contrato preliminar tem lugar todas as vezes que, por alguma razão, não podem as partes celebrar o contrato definitivo desde logo.

O exemplo de maior importância prática é o do contrato preliminar de compra e venda de bens imóveis. Ora, sendo esse contrato formal, somente se celebra por escritura pública de compra e venda, a qual é elaborada por cartório. É comum, no entanto, que o cartório demore alguns dias para elaborar o documento. Para se assegurarem de que a compra e venda se realizará, ou seja, que não haverá desistência nesse meio-tempo, os contratantes celebram o contrato preliminar, obrigando-se a, posteriormente, assinar a escritura pública, quando esta estiver pronta.

Nos termos do art. 462, o contrato preliminar deve conter os mesmos elementos essenciais do contrato definitivo, exceto a forma. Isso porque o contrato promissório é **consensual**. No entanto, a lei recomenda que o contrato seja levado a registro (art. 463, parágrafo único), o que é imperioso em se tratando de promessa de compra e venda, porquanto somente com o registro surge o **direito real de aquisição** (art. 1.225, VII).

Reunindo todos os requisitos de validade, o contrato preliminar se considera irretratável e enseja o ajuizamento de ação judicial para que se force o devedor a celebrar o contrato definitivo (art. 463, *caput*). Admite-se, inclusive, a imposição de multa cominatória, vez que se trata de **obrigação de fazer**.

Se o devedor, mesmo acionado para tanto, não celebrar o contrato definitivo, é possível que o juiz supra a manifestação de vontade do sujeito e confira **caráter definitivo** ao contrato preliminar, salvo se a isso se opuser à natureza da obrigação (art. 464).

Por exemplo, se o contrato preliminar é de compra e venda, e o vendedor se nega a cumpri-lo, pode o juiz ou o próprio oficial do cartório[39] conferir caráter definitivo à promessa, transferindo a propriedade do bem para o comprador, por meio de sentença. A isso se chama **adjudicação compulsória**.

Todavia, se o compromisso era de prestação de serviço, e o promitente prestador não executa o contrato preliminar, não pode o juiz determinar a prestação forçada do serviço. Nesse caso, o sujeito prejudicado cobrará do outro as perdas e danos (art. 465).

Não obstante ser, em regra, **irretratável**, pode o contrato preliminar conter, por vontade das partes, **cláusula penitencial**. Como vimos ao estudar o tema das obrigações, a cláusula penitencial é uma cláusula contratual que autoriza o arrependimento. Nesse caso, para se

---

[39] Trataremos do tema no espaço destinado ao contrato de compra e venda. Por enquanto, podemos adiantar que a Lei 14.382/2022 promoveu a desjudicialização do procedimento de adjudicação compulsória (art. 216-B da Lei de Registros Públicos). Atualmente, sem prejuízo da via jurisdicional, o comprador pode requerer administrativamente a adjudicação compulsória do imóvel objeto de promessa de venda (ou de cessão) no serviço de registro de imóveis da situação do imóvel. Isso quer dizer que a outorga da escritura definitiva não mais dependerá de ordem judicial, podendo ser realizada diretamente no cartório de registro imobiliário.

libertar da obrigação, o sujeito arrependido deverá dar ao outro o objeto da cláusula, que será, em geral, uma quantia em dinheiro.

Caso a promessa seja **unilateral**, sua eficácia dependerá de que o credor se manifeste no prazo fixado no compromisso, ou, na falta deste, no prazo que posteriormente lhe assinalar o devedor (art. 466).

Um exemplo de promessa unilateral seria o de promessa de doação. Nesse caso, a promessa somente surte efeito se o promissário-donatário se manifestar no prazo estipulado na promessa, ou no prazo que designe em ato posterior o promitente doador.

Quadro Esquemático 3

Contratos Peculiares

Sendo o campo dos contratos aquele em que a **liberdade**, na forma da **autonomia privada**, encontra mais espaço de ação no Direito Civil, não é de estranhar que, em certos casos, as partes celebrem contratos que fogem do padrão geral de formação ou de execução.

Estudaremos essas hipóteses sob a epígrafe de **contratos peculiares**. Trata-se da **estipulação em favor de terceiro**; da **promessa de fato de terceiro**; do **contrato com pessoa a declarar**; e do **contrato consigo mesmo**.

1. ESTIPULAÇÃO EM FAVOR DE TERCEIRO

Há hipóteses em que o contrato é celebrado para benefício de um terceiro, em favor de quem uma das partes faz uma *estipulação*.

O contrato em que há **estipulação em favor de terceiro** se distancia dos contratos ordinários justamente porquanto, nestes, o contratante é quem se beneficia pela execução, e quem pode exigir do contratado o cumprimento do contrato, enquanto, naquele, quem recebe o benefício é um terceiro, em favor de quem se fez a estipulação.

Ademais, no contrato em que há estipulação em favor de terceiro, além de poder o contratante que fez a estipulação, chamado de **estipulante**, exigir a execução do contrato (art. 436), admite-se que estenda essa faculdade ao terceiro, chamado de **beneficiário** (art. 436, parágrafo único, primeira parte). Se o fizer, perde o direito de **exonerar** o devedor (art. 437).

Naturalmente que o terceiro, para exigir a execução do contrato, deve **anuir** com a estipulação, caso em que fica sujeito às condições e normas do contrato (art. 436, parágrafo único, segunda parte).

Particulariza ainda mais a espécie o fato de que se admite que o **estipulante** reserve-se o direito de **substituir o beneficiário**, independentemente da anuência deste ou do outro contratante, por **ato entre vivos** ou mesmo por **testamento** (art. 438, *caput* e parágrafo único), desde que o faça antes da execução do contrato.

O caso mais comum de estipulação em favor de terceiro é o do **contrato de seguro**, sobretudo o *seguro de vida*. Nessa hipótese, que é a mais extremada de todas, o risco que se quer proteger por meio do seguro é o da morte do próprio contratante, razão pela qual a estipulação de um beneficiário se impõe, porquanto seria impossível pagar a indenização à parte originária, vez que só será devida quando esta morrer.

2. PROMESSA DE FATO DE TERCEIRO

É possível que uma pessoa contrate em seu próprio nome, porém prometendo **fato de terceiro**, ou seja, ressalvando que a prestação será executada não por ele, mas por outra pessoa. Vê-se, pois, que a hipótese é o reverso da estipulação em favor de terceiro.

Como não poderia deixar de ser, o cumprimento da prestação específica somente poderá ser exigido diretamente do terceiro **se este aquiescer**. Caso o terceiro não o faça, o contratante que fez a promessa responderá por **perdas e danos** (art. 439, *caput*).

Caio, condômino de apartamento no Edifício Roma, ao lado de Berenice e César, seus irmãos, promete a Rui que Berenice e César lhe venderão o apartamento, juntamente com ele. Isso porquanto não basta que Caio prometa a Rui a venda do apartamento para que Rui se torne credor do imóvel por inteiro, porque não teria direito aos dois terços que pertencem a Berenice e César. Caso os condôminos se recusem a celebrar a compra e venda, Caio será responsável pelos danos que Rui sofrer em razão da recusa de Berenice e César.

Há, todavia, uma **exceção legal** à responsabilidade do promitente, prevista no parágrafo único do art. 439. Cuida-se da hipótese de o objeto da promessa ser a **outorga** (autorização) do cônjuge do promitente para que este pratique um determinado ato, contanto que, em razão do regime de bens, a indenização, se devida, viesse a cair sobre os bens do cônjuge que se negou a conceder a outorga (art. 439, parágrafo único).

Pontes, casado com Helena no regime da comunhão universal e dono da Fazenda do Moinho, quer vender tal imóvel a Manuel. Ocorre que, segundo o art. 1.647, I, do Código, para que o cônjuge casado no regime da comunhão universal aliene um bem imóvel, é necessário que tenha a outorga (autorização) do outro. Sendo o regime de bens o da comunhão universal, uma eventual indenização devida por Pontes recairia sobre o patrimônio comum do casal, segundo o art. 1.667. Por essa razão, ainda que Helena negue a outorga, Manuel não poderá reclamar de Pontes as perdas e danos que sofreu por não ter a promessa sido cumprida.

Por fim, cabe esclarecer que, se o **terceiro aquiesce** com a promessa, o promitente se **exonera** de qualquer obrigação, ainda que o terceiro venha a descumpri-la (art. 440).

3. CONTRATO COM PESSOA A DECLARAR

O **contrato com pessoa a declarar**, positivado pelo Código Civil de 2002 nos arts. 467 a 471, não fora mencionado no Código anterior.

Cuida-se de espécie bastante peculiar de contrato, em que uma das partes contratantes afirma contratar por terceiro que **não se quer revelar naquele momento**. Destarte, contrata *em nome próprio*, mas se reserva a faculdade de indicar posteriormente o terceiro, que adquirirá os direitos e assumirá as obrigações decorrentes do contrato, com isso desonerando o contratante original. A cláusula em que se faz esse ajuste se denomina *pro amico eligendo* ou *sibi aut amico vel eligendo*.

Dispõe o art. 467 do Código que "no momento da conclusão do contrato, pode uma das partes reservar-se a faculdade de indicar a pessoa que deve adquirir os direitos e assumir as obrigações dele decorrentes".

Tal é o espírito do contrato com pessoa a declarar: contrato em que o verdadeiro contratante quer se ocultar até ter certeza de que conseguiu a contratação.

Nos termos do art. 468, a revelação do verdadeiro contratante deve ocorrer nos **cinco dias** seguintes à conclusão do contrato, ressalvada a hipótese de as partes ajustarem outro prazo.

A indicação do verdadeiro contratante sujeita-se apenas à sua própria anuência, e não à da outra parte, a quem cabe apenas, quando da celebração do contrato, aceitar ou não que a indicação do verdadeiro contratante lhe seja feita somente em momento posterior.

Cabe aqui criticar a redação do parágrafo único do art. 468, o qual estatui que, feita a nomeação, "a aceitação da pessoa nomeada não será eficaz se não se revestir da mesma forma que as partes usaram para o contrato". Uma leitura desavisada pode levar a crer que se trata da aceitação da nomeação por parte do outro contratante, quando, na verdade, trata-se da aceitação da nomeação **pelo próprio nomeado**, vez que, como vimos, a outra parte não pode se opor à indicação.

Feita a indicação, e manifestada a aquiescência do indicado, o art. 469 determina que deve se considerar que este adquiriu os direitos e assumiu as obrigações decorrentes do contrato desde o **momento da contratação**. Vez que os efeitos da nomeação operam, portanto, *ex tunc*, ou seja, para trás, o contratante original nunca terá sido de fato sujeito dos direitos e obrigações oriundos do contrato. A lei, no entanto, faz algumas ressalvas.

O contrato será eficaz com relação ao **contratante originário** nas hipóteses de: (1) não indicar o contratante verdadeiro, ou de este, quando indicado, não anuir (art. 470, I); (2) o indicado ser insolvente, sendo a insolvência desconhecida da outra parte ao tempo da indicação (art. 470, II); (3) o indicado ser incapaz (art. 471).

O contrato com pessoa a declarar pode causar a impressão de se tratar de negócio jurídico propício a fraudes ou ilícitos, a ser utilizado com fins escusos. Na verdade, obviamente, será **nulo** se tiver objeto ilícito (art. 166, II), ou se o motivo determinante, comum a ambas as partes, for ilícito (art. 166, III), e **anulável** se celebrado com dolo, ou seja, quando o contratante original induzir o outro contratante a erro (art. 171, II).

Um exemplo prático de contrato com pessoa a declarar válido seria o caso em que uma pessoa deseja um serviço de outra, por exemplo, a pintura de uma tela, e sabe que o pintor determina o preço, como se diz popularmente, "dependendo da cara do freguês". Por essa razão, pede a terceiro que contrate o serviço, reservando-se a faculdade de posteriormente indicar o verdadeiro contratante, para, assim, conseguir preço mais justo. Frise-se que o negócio dependerá de o pintor consentir com o contrato a declarar.

Outro exemplo: Augusto quer comprar a casa de Berenice para ali construir um edifício, mas sabe que Berenice é apegada à casa e que não a venderia a ele. Pede, então, a César, que celebre a compra e venda por meio da figura do contrato com pessoa a declarar, para que depois assuma a compra.

4. CONTRATO CONSIGO MESMO

Embora não seja em si mesmo peculiar, o chamado **contrato consigo mesmo** merece atenção pelo fato de alguns doutrinadores afoitos insistirem em usá-lo como exemplo do que seria um contrato em que não há pluralidade de partes – "contrato unipessoal".

O que ocorre no contrato consigo mesmo, na verdade, é que um dos contratantes é mandatário do outro, e por isso declara, na celebração do contrato, a sua própria vontade e a vontade do mandante, que é a outra parte, em nome dele. Reduzido a termo o contrato, o contratante mandatário assinará como contratante e como contratado, mas não porque seja ao mesmo tempo uma e outra parte do acordo, mas tão somente porque é parte e, ao mesmo, está a representar a outra. Logo, obviamente, trata-se de contrato com pluralidade de partes; percebe-se, sem sombra de dúvidas, a existência de duas partes distintas.

Quadro Esquemático 4

Contratos peculiares
- Estipulação em favor de terceiro → o terceiro, beneficiado, pode exigir o cumprimento do contrato. Para tanto, deve anuir com a estipulação, ficando sujeito às condições e normas do contrato
- Promessa de fato de terceiro
  - a pessoa contrata em seu próprio nome, ressalvando que a prestação será executada por outra pessoa, que deve aquiescer com o cumprimento da prestação. Caso o terceiro não a cumpra, o contratante que fez a promessa responde por perdas e danos. Exceção → art. 439, parágrafo único
  - se o terceiro aquiesce, não há responsabilidade do promitente
- Contrato com pessoa a declarar
  - contrata-se em nome próprio, com a reserva de que, posteriormente, o terceiro adquirirá os direitos e assumirá as obrigações
  - prazo: 5 dias, salvo estipulação diversa
  - efeitos *ex tunc* da nomeação
- Contrato consigo mesmo → um dos contratantes é mandatário do outro, e por isso declara sua própria vontade e a vontade do mandante → há 2 partes distintas no contrato

Classificação dos Contratos

O tema da **classificação dos contratos** é de extrema relevância para que se entendam as características de cada modalidade, para que se identifiquem normas que porventura sejam aplicadas a apenas algumas modalidades, enfim, para que se possa fazer uma boa análise da relação contratual ainda por se formar ou já formada, prevendo controvérsias e as evitando, ou solucionando-as adequadamente.

Diversas são as classificações dos contratos traçadas pela doutrina. Restringiremo-nos, aqui, às que consideramos de maior importância prática, que têm realmente relevância não apenas doutrinária.

1. CONTRATO TÍPICO E ATÍPICO

Diz-se **típico** o contrato que se encontra regulado em lei, e **atípico** qualquer outro que a imaginação possa criar.

Os contratos típicos e atípicos são classicamente chamados de **nominados** e **inominados**. A terminologia vem do fato de que, no Direito Romano, somente os contratos típicos tinham um *nomen iuris*. Hoje, isso não mais é verdade. Por exemplo, o contrato de *factoring* ou faturização é atípico, conquanto nominado.

Vale lembrar que, conforme vimos no capítulo 2, rege os contratos, entre outros, o princípio da autonomia privada, que garante aos contratantes – observadas as limitações decorrentes da lei e dos princípios gerais do Direito – a **liberdade para contratar** e a **liberdade contratual**, as quais são basilares para a teoria geral dos contratos. Trata-se da versão contemporânea do antigo princípio da autonomia da vontade, decorrente do liberalismo e do individualismo do século XIX.

Decorre da liberdade contratual a liberdade dos sujeitos para determinar o conteúdo do contrato, inclusive criando contratos novos, atípicos. Nesse sentido, dispõe o art. 425 que podem as partes livremente estipular contratos atípicos, desde que respeitadas as regras gerais traçadas pelo Código. A limitação, justamente, é que caracteriza a ideia da autonomia privada, diversamente do que ocorre com a noção voluntarista e hoje ultrapassada de autonomia da vontade, a qual não admitia restrições por parte do Estado.

Dentre as limitações impostas à liberdade contratual, se encontra, por exemplo, a proibição de contrato – típico ou atípico – que tenha por objeto herança de pessoa viva (o chamado **pacto sucessório**, que voltaremos a estudar na Parte VI).

2. CONTRATO CONSENSUAL, FORMAL E REAL

Como o leitor já sabe, a regra geral é a de que se considera celebrado o contrato pelo simples consenso. O contrato que se aperfeiçoa meramente pelo acordo de vontades é, por conseguinte, chamado de **consensual**. Um exemplo de contrato consensual é a locação.

Há, ainda, contratos para os quais o Direito requer a observância de uma formalidade, consubstanciada em uma forma determinada. Esses contratos são ditos **formais** ou **solenes**. Exemplo de contrato formal é a fiança, que deve ser celebrada por escrito.

Por fim, certos contratos somente se aperfeiçoam quando há a efetiva entrega da coisa que é seu objeto, fenômeno que o Direito chama de **tradição**. Trata-se dos contratos **reais**. Exemplo de contrato real é o comodato, que é o empréstimo gratuito de bem infungível.

Você deve ter percebido que, embora a grande maioria dos contratos seja consensual, é comum que o homem do povo apenas "valorize" os contratos formais, tendo a impressão de que, não sendo o contrato reduzido a termo, ou seja, escrito, não obriga, não tem força. Confunde-se o *contrato* com o *instrumento escrito do contrato*. Diversas vezes, por exemplo, ao se contratar um serviço, o contratado pergunta: "vai ter contrato"? Ora, o acordo de vontades verbalizado é o contrato. O termo, por escrito, é mero instrumento. Obviamente que a redução a termo tem a vantagem de facilitar a prova da celebração do contrato, ainda que a lei não exija a celebração por escrito, mas o termo não acrescenta força nenhuma ao acordo, que é obrigatório simplesmente por ser contrato.

3. CONTRATO BILATERAL E UNILATERAL

Diz-se **bilateral** o contrato se dele nascerem obrigações para ambas as partes, por meio de uma relação jurídica obrigacional complexa, em que, ao mesmo tempo, cada sujeito é credor e devedor do outro. Exemplo de contrato bilateral é a compra e venda, que gera para o vendedor o direito de receber o preço e o dever de entregar a coisa, e para o comprador o direito de receber a coisa e o dever de dar o preço.

Note-se que alguns doutrinadores optam por dizer **contrato sinalagmático**, em vez de bilateral. Na verdade, a expressão é imprópria, vez que a palavra "sinalagmático", em grego, significa "contratual".[40]

O contrato é **unilateral**, por sua vez, quando dele nascerem apenas direitos para uma das partes e apenas obrigações para a outra, por meio de uma relação jurídica obrigacional simples, na qual um sujeito é credor e o outro devedor. O contrato de comodato, por exemplo, que é o empréstimo gratuito de bem infungível, gera para o comodante o direito à restituição do bem, e para o comodatário o dever de restituí-lo, findo o prazo do empréstimo.

Deve-se tomar cuidado para não confundir contrato unilateral com contrato **unipessoal**, repudiado pelo nosso Direito, que é o contrato em que há apenas uma parte. Conforme asseverado, há quem diga que o *contrato consigo mesmo* é caso de contrato unipessoal, mas, já sabemos, não passa de hipótese em que um dos contratantes é mandatário do outro.

4. CONTRATO GRATUITO E ONEROSO

Difícil é a tarefa de conceituar os chamados contratos **gratuitos** e **onerosos**, e é em grande parte em razão dessa dificuldade que se confundem normalmente essas figuras com as dos contratos bilaterais e unilaterais, inclusive na doutrina.

---

[40] BAUDRY-LACANTINERIE et BARDE. Apud ESPÍNOLA, Eduardo. *Sistema de direito civil brasileiro*. Rio de Janeiro: Francisco Alves, 1912. v. 2. p. 567; MENDONÇA, Manuel Ignácio Carvalho de. *Doutrina e práticas das obrigações*, cit., v. 2, p. 317; FIUZA, César. *Direito civil*, cit., p. 438.

Destarte, pedimos ao leitor atenção redobrada, para não cometer erros.

O contrato é considerado **gratuito** se por meio dele um dos sujeitos **obtém uma vantagem independentemente de prestação sua**; em outras palavras, se "uma das partes obtém uma vantagem sem conquistá-la por uma prestação correspectiva".[41] Por outro lado, é considerado **oneroso** se o **fundamento da vantagem obtida pelo sujeito é uma prestação sua**; se "as expansões do patrimônio são obtidas por correspondentes limitações".[42]

Logo, é gratuito o contrato de transporte de pessoas, por exemplo, se o transportador não cobrar pela carona. Nesse caso, a vantagem obtida pelo contratante, qual seja, ser transportado, não se conquista por nenhuma prestação sua.

Por sua vez, considera-se oneroso o contrato de transporte caso o transportador cobre pela carona, pois, nesse caso, o bônus do contratante será conquistado por meio da prestação de pagar ao transportador o preço que este pediu.

É comum que, apressadamente, o jurista veja o contrato gratuito como aquele em que, à prestação de uma das partes, não corresponde nenhuma prestação da outra. Igualmente, é comum pensar-se que o contrato oneroso é aquele no qual à prestação de uma das partes corresponde uma do outro contratante.

Esse raciocínio dá a impressão de que todo contrato bilateral é oneroso, como chegaram mesmo a sugerir grandes civilistas, como Eduardo Espínola e Orlando Gomes,[43] vez que, se contrato bilateral é aquele por meio do qual ambos os contratantes adquirem obrigações, e o conteúdo da obrigação é sempre uma prestação, parece, então, que a bilateralidade conduz à onerosidade.

Todavia, essa conclusão é equivocada. Atentando ao conceito por nós resgatado, temos que a onerosidade decorre do fato de a vantagem de uma das partes obter-se em contrapartida de uma prestação sua. Assim é que, ainda que ambos os contratantes adquiram, pelo contrato, direitos e obrigações – pelo que será ele **bilateral** –, pode ser que o fundamento da obtenção da vantagem pelo contratante não seja a prestação a que se obrigou.

Vejamos o contrato de mandato.[44] Por esse contrato, uma das partes se obriga a representar a outra, praticando atos em nome dela. Trata-se de contrato **bilateral**, porquanto impõe direitos e deveres para ambos os contratantes: o mandante tem o direito de se ver representado pelo mandatário e a obrigação de indenizá-lo pelas despesas necessárias para a prática do ato; o mandatário, por sua vez, tem a obrigação de praticar o ato ou atos em nome do mandante e o direito de ser reembolsado das despesas que cobriu.

Pois bem. Se o mandatário cobrar do mandante pela representação, teremos um contrato bilateral **oneroso**, porquanto a vantagem obtida pelo contratante – de ser representado – se fincará na sua prestação de dar ao contratado o preço por este cobrado. Se, por outro lado, o mandatário não cobrar nada pela obrigação de representar o mandante, teremos um contrato

---

[41] O conceito é de Clóvis Beviláqua, e nos parece o melhor, dentre todos os propostos pela doutrina do Direito Civil pátrio (BEVILÁQUA, Clóvis. *Direito das obrigações*, cit., p. 249).

[42] Idem.

[43] ESPÍNOLA, Eduardo. *Sistema de direito civil brasileiro*, cit., v. 2, p. 574; GOMES, Orlando. *Contratos*, cit., p. 90.

[44] Foi Caio Mário quem sugeriu o exemplo do mandato para ilustrar um contrato bilateral que pode ser gratuito, ao cuidar da classificação dos contratos (PEREIRA, Caio Mário da Silva. *Instituições*, cit., v. 3, p. 60). Espantosamente, contudo, ao tratar especificamente do mandato, afirmou que o mandato gratuito é normalmente unilateral, o que demonstra que mesmo ele se deixou perturbar pela confusão entre as classificações.

bilateral **gratuito**, vez que a vantagem de o mandante se ver representado advirá de liberalidade do mandatário, e não de uma prestação daquele.

Já o contrato de doação é sempre **gratuito**,[45] mas pode ser **unilateral** ou **bilateral**. Por meio de doação, o donatário obtém uma vantagem, consubstanciada na incorporação de uma coisa a seu patrimônio. Em regra, surge para o doador apenas obrigação (a de entregar), e para o donatário apenas direito (o de receber). Supondo-se que o doador imponha ao donatário um **encargo**, veja bem, o contrato continua sendo gratuito. Encargo não é preço. A doação será realizada independentemente da execução do encargo, pelo que é verdadeiro afirmar que o donatário recebeu o benefício por liberalidade do doador e não porque este tenha recebido alguma contraprestação. Por outro lado, a imposição do encargo gera para o donatário uma obrigação e, por conseguinte, o dever de uma prestação. Ocorre que essa prestação não é a causa da prestação do doador (de dar), senão uma consequência dela. Logo, a doação com encargo mantém sua natureza gratuita, mas se transmuda de contrato unilateral em contrato **bilateral**.

O contrato de mútuo, por sua vez, é sempre **unilateral**, mas pode ser **gratuito** ou **oneroso**. Mútuo é empréstimo de *bem fungível*. Trata-se, assim como o comodato (empréstimo de *bem infungível*), de contrato real. Por essa razão, o mutuante tem apenas direito – o de receber coisa da mesma espécie, qualidade e quantidade da coisa emprestada – e o mutuário tem apenas obrigação – a de dar coisa da mesma espécie, qualidade e quantidade da coisa que recebeu.

Se o benefício recebido pelo mutuário não se fundamentar em prestação sua, haverá mútuo **gratuito**. Todavia, se o mutuante realizar o empréstimo exigindo juros, que lhe deverão ser pagos juntamente com o bem, ao final do contrato, haverá mútuo **oneroso**. É que, conquanto a prestação de dar os juros seja de execução futura, constitui o fundamento da vantagem obtida por quem toma o empréstimo. Em outras palavras, o mutuante só empresta para posteriormente receber a coisa mais os juros, o que aumentará seu patrimônio.

Em conclusão: a classificação em **bilateral** ou **unilateral** depende de o contrato gerar para cada uma das partes **obrigações** ou apenas direito para uma e obrigação para outra. Já a classificação em **gratuito** ou **oneroso** depende de o **fundamento da vantagem** obtida por um dos contratantes ser ou não uma prestação sua.

5. CONTRATO COMUTATIVO, PREESTIMADO E ALEATÓRIO

Diz-se **comutativo** o contrato oneroso se houver equivalência entre as prestações das partes contratantes. Assim, é geralmente comutativa a troca, pois um dos contratantes dá ao outro coisa equivalente àquela que dele recebe, como, por exemplo, uma laranja por uma maçã.

Fala-se em contrato **preestimado**,[46] por sua vez, se, no momento da contratação, as prestações de ambas as partes já forem determinadas. No contrato de locação, por exemplo, o locador sabe desde a contratação qual a coisa cujo uso e gozo deverá ceder, e o locatário sabe qual o aluguel que deverá dar.

Será **aleatório**, por sua vez, o contrato em que a prestação de uma das partes depender de um evento futuro e incerto. Ou seja, no contrato aleatório, existe uma **obrigação condicional**.

---

[45] Afinal, a doação onerosa nada mais seria do que uma compra e venda. O traço distintivo entre esses dois contratos cuja prestação devida é a transferência da propriedade é justamente a gratuidade de um e a onerosidade do outro.

[46] Foi CÉSAR FIUZA quem, atentando para que o contrato comutativo não é o oposto do aleatório, apesar da lição quase unânime da doutrina, sugeriu a classificação do contrato em que as prestações são predeterminadas – o qual é verdadeiramente o oposto do contrato aleatório – como "contrato preestimado" (FIUZA, César. *Direito civil*, cit., p. 440).

O exemplo típico é o contrato de seguro, em que o segurado, no momento da contratação, sabe o valor que terá de dar a título de prêmio, mas o segurador não sabe o valor da indenização que terá de pagar (embora estipule um limite máximo), e, ademais, não sabe, sequer, se terá mesmo de dar alguma indenização. Se o risco segurado se implementar, então a prestação do segurador será devida. Se isso não acontecer, nada deverá o segurador.

No contrato aleatório não há **equivalência** entre as prestações das partes,[47] daí por que frequentemente é tratado como se fosse o oposto do contrato comutativo. Mas, na verdade, o traço distintivo do contrato aleatório não é a possível eventual falta de equivalência entre as prestações, e sim a **falta de predeterminação** das prestações, daí por que seu oposto, tecnicamente, é o contrato preestimado.

Traçaremos, a seguir, algumas considerações sobre a disciplina legal específica do contrato aleatório.

5.1 Disciplina legal do contrato aleatório

Segundo o art. 458 do Código, se o contrato for considerado aleatório por se referir a **coisas futuras** ou **fatos futuros**, cujo risco de não virem a existir uma das partes assuma, a outra terá direito de receber integralmente a prestação de que é credora, ainda que a prestação a que se obrigou se revele inexequível, desde que de sua parte não tenha havido dolo ou culpa. Trata-se do que no Direito Romano, especificamente quanto à compra e venda, chamava-se de *emptio spei* – "venda de esperança".

Silvio, sabendo que a cadela de Orlando está grávida, propõe a ele comprar os filhotinhos. Orlando lhe afirma que não pode garantir o nascimento com vida dos cães. Mesmo assim, Silvio decide comprar um dos futuros cães por R$ 500,00. Celebra-se o contrato de compra e venda aleatório, em que o comprador assumiu o risco de a coisa vir a não existir. Por essa razão é que se diz que "comprou uma esperança". Ainda que não venha a nascer nenhum filhote, o preço será devido a Orlando, e Silvio nada poderá reclamar, salvo se provar que os cães não vingaram por culpa ou dolo de Orlando.

O art. 459, por sua vez, cuida do contrato considerado aleatório por dizer respeito a **coisas futuras** e por uma das partes assumir o risco de virem a existir em *qualquer quantidade*, caso em que a prestação a que se obrigou será devida ainda que o montante final seja inferior ao esperado, desde que a outra parte não tenha agido com dolo ou culpa. Ademais, o parágrafo único do dispositivo salienta que, caso nada venha a existir, a prestação de quem assumiu o risco não será devida, e terá de ser restituída, se já houver sido executada. Trata-se do que os romanos, com relação à compra e venda, chamavam de *emptio rei sperate*, ou "venda de coisa esperada".

Voltemos ao exemplo dos cães. Suponhamos que Orlando explica a Silvio que, normalmente, nascem de três a cinco cães, mas que, obviamente, não pode garantir a quantidade. Ainda assim, Silvio insiste na compra de três e lhe paga R$ 1.500,00. Trata-se de contrato de compra e venda aleatório, em que o comprador assumiu o risco apenas da quantidade, mas não da existência da coisa. Mesmo na hipótese de nascer apenas um cão, Silvio não poderá demandar restituição de parte do preço, porquanto assumiu o risco de três cachorros nascerem

---

[47] Por exemplo, no caso de um seguro de coisa no valor de R$ 1.000.000,00, pode ocorrer de o segurado pagar apenas R$ 10.000,00 de prêmio. Ainda assim, caso a coisa sofra o dano protegido, o segurado fará jus à indenização de R$ 1.000.000,00. Por outro lado, se, após pagar os R$ 10.000,00, o risco protegido não se implementar, e o prazo do seguro se extinguir, o segurado não poderá repetir o prêmio que pagou, ainda que não tenha recebido nenhuma indenização.

ou não. Somente se desonerará se provar que houve dolo ou culpa de Orlando. Todavia, caso não nasça nenhum cão, Silvio fará jus à restituição dos R$ 1.500,00.

Por fim, o art. 460 cuida do contrato considerado aleatório por se referir a **coisas existentes, mas expostas a risco**, o qual uma das partes assume. Nesse caso, a prestação a que se obrigou o contratante que assumiu o risco será devida ainda que posteriormente descubra que a coisa já não existia, no todo ou em parte, quando o contrato foi celebrado. Nos termos do art. 461, o contrato poderá ser anulado se o prejudicado provar que a outra parte, ao tempo da contratação, tinha conhecimento da consumação do risco a que se considerava exposta a coisa.

Imaginemos que Rui e Berenice moram em São Paulo, e que Rui herda uma fazenda de café no interior de Minas Gerais, que seu avô, Clóvis, havia abandonado anos antes. Suponhamos que Berenice, com pressa no negócio, procura Rui e lhe propõe a compra da fazenda. Rui afirma que não conhece o estado do imóvel e que não tem, no momento, disponibilidade para inspecioná-lo. Mesmo assim, Berenice compra a fazenda, assumindo os riscos com relação às construções e plantações existentes nas terras. Nessa hipótese, ainda que Berenice posteriormente descubra que a casa-grande está arruinada, e que os cafezais estão mortos, não poderá desfazer o negócio, nem nada exigir de Rui, salvo se provar que este tinha ciência dos fatos quando da celebração do contrato.

6. CONTRATO DE EXECUÇÃO IMEDIATA E DE EXECUÇÃO DIFERIDA

Se o contrato for executado logo após a celebração ou no momento dela, dir-se-á **de execução imediata**. Tal é o que ocorre com a maior parte dos casos de compra e venda, em que, acordando os contratantes sobre as cláusulas, ainda que oralmente, o vendedor entrega a coisa e o comprador entrega o preço. Assim, o contrato se celebra e, concomitantemente, executa-se.

Por outro lado, se o contrato for celebrado em um momento, para somente ser executado em outro, dir-se-á **de execução diferida** ou **futura**. Isso ocorre com todos os contratos preliminares, que são celebrados justamente porquanto não é possível, naquela ocasião, celebrar já o contrato definitivo. Outro exemplo de contrato de execução futura é o comodato. Contrato real e gratuito que é, só se aperfeiçoa com a entrega da coisa (tradição), e não gera nenhuma obrigação para o comodante. A prestação correspondente ao único dever nascido (que se dirige ao comodatário), de restituir a coisa, apenas será executada em momento posterior à contratação.

7. CONTRATO POR ADESÃO

Classicamente, o contrato é celebrado por meio da ampla negociação entre as partes.

No mundo contemporâneo, todavia, é comum que prestadores de serviços e negociantes de mercadorias, com vistas a agilizar a contratação, estipulem um modelo de contrato, com poucas cláusulas negociáveis, ao qual o sujeito, para celebrar o acordo, tem de aderir. Essa espécie de contrato é chamada de **contrato por adesão**, expressão que é mais escorreita do que a frequentemente empregada "contrato de adesão".

Em um contrato por adesão, a liberdade do contratante, com relação ao conteúdo do acordo, normalmente se limita ao preço, o qual, ainda que tabelado, pode sofrer algum desconto, e à forma de pagamento, se fracionado ou não, em dinheiro, cheque, cartão de crédito etc.

Sendo o contrato da espécie por adesão, todas as cláusulas devem ser lidas pelo contratante e explicadas a ele pelo contratado. Após a celebração do ajuste, se houver cláusulas ambíguas ou contraditórias, a interpretação deverá ser sempre a mais favorável à parte aderente (art. 423). Ademais, qualquer cláusula em que se estipule a renúncia do aderente a direito resultante da natureza do contrato é considerada nula (art. 424). É que, em se tratando de contrato por adesão, em que a liberdade de um dos contratantes é reduzida, e, por essa razão, presume-se a sua fragilidade, os **deveres de conduta** impostos pela **boa-fé**, sobretudo o de informar, tomam relevância ainda maior.

O leitor bem conhece os contratos por adesão, que estão presentes em sua vida o tempo todo. Certamente foi por adesão o contrato de prestação de serviços educacionais celebrado com a instituição onde estuda ou estudou Direito, assim como deve ter sido por adesão o contrato de compra e venda, ou de alienação fiduciária, ou, ainda, de arrendamento mercantil pelo qual adquiriu seu veículo, entre diversos outros exemplos.

Quadro Esquemático 5

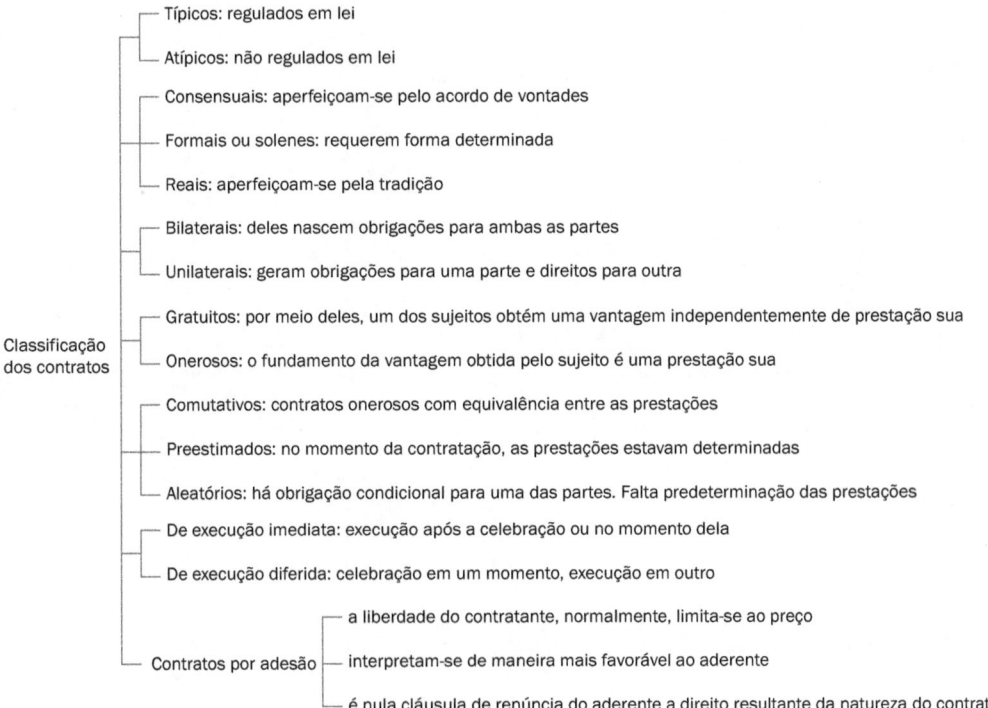

Disciplina Especial dos Contratos Bilaterais e Onerosos

Tivemos muito cuidado na conceituação dos contratos em gratuitos e onerosos, sobretudo para que não houvesse confusão com a classificação em bilaterais e unilaterais. Isso porque há uma normatização especial unicamente aplicável aos contratos bilaterais, bem como outra aplicável apenas aos contratos onerosos, que merecem atencioso estudo, o qual teceremos a seguir.

1. DISCIPLINA ESPECIAL DOS CONTRATOS BILATERAIS

Três são os temas na teoria geral dos contratos unicamente relacionados com os contratos bilaterais: a **exceção do contrato não cumprido**, a **cláusula resolutiva** e as **arras**. Vale lembrar: classificam-se como bilaterais os contratos que *geram obrigações para ambas as partes*.

1.1 Exceção do contrato não cumprido

Como você sabe, classifica-se como bilateral o contrato que gera obrigações para ambas as partes. Dentro da dinâmica contratual, estabelece-se uma relação de **interdependência** entre essas obrigações, de modo que o não cumprimento de uma obsta ao cumprimento da outra.

Por essa razão, se a parte que ainda não cumpriu sua obrigação exige da outra cumprimento, esta não pode ser compelida a fazê-lo (art. 476). Para se defender, arguirá a chamada **exceção do contrato não cumprido**, que vale a dizer: "enquanto você não me pagar, não lhe pago". Costuma-se empregar a expressão em latim: *exceptio non adimpleti contractus*.

Em um contrato de compra e venda, por exemplo, salvo ajuste em contrário, não pode o vendedor exigir o preço sem oferecer a coisa, nem o comprador exigir a coisa sem oferecer o preço.

A exceção do contrato não cumprido constitui meio de defesa tanto no caso de *inexecução absoluta* – caso em que a parte que exige simplesmente não cumpriu a própria obrigação –, quanto na hipótese de *execução parcial ou defeituosa* – caso em que a parte que exige cumpriu apenas parcialmente sua obrigação, ou não a cumpriu segundo o acordo.

Se a alegação for de **inexecução absoluta**, aquele que arguiu a exceção se desincumbirá do ônus da prova, por se tratar de fato negativo. Afinal, como provar que a outra parte não executou a prestação que deve? Nesse caso, caberá ao exceto[48] provar que cumpriu sua obrigação.

---

[48] *Exceto* é aquele contra quem se argui uma *exceção*; quem a argui é denominado *excipiente*.

Se, por outro lado, a alegação for de **inexecução parcial** ou **defeituosa**, o ônus da prova caberá a quem arguiu a exceção, a qual, em latim, denomina-se *exceptio non adimpleti rite contractus*. Veja-se o emprego do vocábulo *rite*, não utilizado se a hipótese for de inexecução absoluta.

Analisemos alguns exemplos. Silvio contrata de Clóvis a pintura de uma tela. A esse contrato, que cumula uma obrigação de fazer a uma de dar – o que o difere da prestação de serviços –, o Direito dá o nome de *empreitada*. Se nada se houver ajustado sobre a ordem da execução, Silvio não poderá exigir de Clóvis a tela antes de dar o preço ajustado, nem poderá Clóvis exigir o preço antes de pintar a tela e oferecê-la a Silvio. Frise-se: se não se houver ajustado que o empreitante dará o preço antes da execução da obra, ou vice-versa. Assim, se Silvio vier a acionar Clóvis judicialmente para que lhe entregue a tela (ou seja, para exigi-la) sem ter antes dado o preço, ou sem concomitantemente oferecê-lo, Clóvis poderá se defender por meio da *exceptio non adimpleti contractus*. Saliente-se que o ônus de provar que cumpriu sua obrigação (dar o preço) caberá a Silvio.

Imaginemos, agora, que Clóvis entregou a Silvio tela diversa da que foi encomendada. Tendo Silvio se recusado a dar o preço, Clóvis o acionou pela via judicial. Silvio se defenderá arguindo a *exceptio non adimpleti rite contractus*, alegando que a execução foi defeituosa, vez que a coisa não tem as características ajustadas. Nesse caso, Silvio assumirá o ônus de provar essa alegação. A situação será a mesma se, por exemplo, Clóvis entregar a tela certa, mas sem a moldura combinada, o que caracterizará o inadimplemento parcial.

Há, ainda, uma última hipótese de arguição da exceção do contrato não cumprido. No caso de ter sobrevindo **diminuição considerável** no patrimônio de uma das partes, que comprometa ou torne duvidosa a execução da prestação a que se obrigara, pode a outra, se acionada para cumprir a obrigação, arguir a *exceptio*, até que o outro contratante satisfaça a que deve ou dê garantia de que o fará (art. 477).

Rui e Pontes celebram compromisso de compra e venda de um imóvel que Pontes ainda construirá. Se o promitente comprador, Rui, percebe que Pontes dá sinais de que não concluirá a obra, e é acionado para dar o preço, pode esquivar-se de fazê-lo, ou exigir garantia,[49] arguindo a exceção do contrato não cumprido.

A hipótese aventada no art. 477 é denominada de **exceção de inseguridade**. No exemplo dado, ainda não houve descumprimento das obrigações, mas há uma probabilidade de que uma das partes não cumpra com o pactuado. Funciona como um mecanismo atenuado em relação ao inadimplemento antecipado, permitindo que um contratante suste a execução da prestação sobre ele incidente quando a ultimação da avença restar ameaçada diante do comprometimento patrimonial da outra parte.

> Por este meio, procurou-se evitar que o contratante que se obrigou a pagar em primeiro lugar corra o risco de vir a não receber a prestação de que é credor, risco este prenunciado pela alteração das condições patrimoniais daquele que deveria cumprir em segundo lugar. A partir do momento em que o primeiro obrigado toma conhecimento das circunstâncias que mostram ou deixam claramente recear que o segundo obrigado não terá condições de cumprir a contraprestação a que se obrigou, o primeiro fica autorizado a cessar ou a reter a sua prestação até que o segundo efetue a sua – invertendo a ordem estabelecida – ou preste garantia suficiente[50].

---

[49] Trata-se de arras vez que, sendo o contrato *preliminar*, o preço do imóvel ainda não é devido, mas pode ser antecipado em parcelas diversas, durante a construção, como frequentemente ocorre no mercado imobiliário.

[50] TEPEDINO, Gustavo et al. Código Civil interpretado conforme a Constituição da República. 2. ed. Rio de Janeiro: Renovar, 2012. v. II. p. 128-129.

No mesmo sentido é o Enunciado 438 da V Jornada de Direito Civil: "A exceção de inseguridade, prevista no art. 477, também pode ser oposta à parte cuja conduta põe, manifestamente em risco, a execução do programa contratual". Podemos afirmar, então, que enquanto a exceção do contrato não cumprido aborda uma situação de efetivo descumprimento, no caso da exceção de inseguridade há um risco concreto de inadimplemento, capaz de pôr em dúvida o cumprimento de uma obrigação.

Para fins da aplicação da exceção prevista no art. 477, deve o postulante provar não apenas a diminuição do patrimônio capaz de comprometer ou tornar duvidosa a prestação pela qual se obrigou a parte contrária mas também que a cientificou a respeito do estado de dúvida e esta se manteve inerte, sem satisfazer a obrigação ou dar garantia bastante.

1.2 Cláusula resolutiva

Vimos que, nos contratos bilaterais, a parte interpelada para executar sua prestação pode negar-se a fazê-lo até que a outra parte tenha cumprido aquilo a que se obrigou – por meio da arguição da *exceção do contrato não cumprido*.

Essa mesma interdependência entre as prestações das partes, que fundamenta a *exceptio non adimpleti contractus*, cria para cada contratante a **faculdade de dar o contrato por extinto**, se o outro não executar a prestação a que é obrigado.

Essa faculdade, implícita em todo contrato bilateral, é conhecida como **cláusula resolutiva tácita**. Nada impede, por sua vez, que as partes prefiram torná-la **expressa**, incluindo-a entre as demais cláusulas do ajuste. A doutrina clássica chama a cláusula resolutiva expressa de **pacto comissório expresso**.

Segundo o art. 474 a cláusula resolutiva *expressa* opera de pleno direito. Ou seja, a partir do momento em que se caracteriza o inadimplemento, extingue-se o contrato automaticamente.

Todavia, se a cláusula resolutiva não tiver sido expressamente pactuada, a extinção do contrato deverá ser **requerida em ação judicial**, valendo-se o autor da cláusula resolutiva *tácita*. No entanto, faculta-se à parte lesada requerer não a extinção do contrato, mas exigir o cumprimento do acordo (art. 475, primeira parte). Seja qual for a opção que a parte fizer, ainda se lhe faculta requerer indenização por eventuais perdas e danos (art. 475, segunda parte).

Impende salientar que, para que haja resolução por **inadimplemento parcial**, é preciso verificar qual o grau da inexecução. É que a doutrina contemporânea, atenta aos princípios contratuais – em especial o da boa-fé –, e baseada na teoria inglesa da *substantial performance*, passou a defender que não se reputa razoável a operação da cláusula resolutiva por inadimplemento parcial se este for mínimo, ou, em outras palavras, se houver **adimplemento substancial**.

Exemplos são o do contrato de seguro, quando, ao tempo da ocorrência do sinistro, a última parcela do prêmio se encontrava vencida e não paga, e o da busca e apreensão em hipótese de venda com reserva de domínio, quando o preço foi quase totalmente pago, sendo a mora de escassa importância.

Cabe ressaltar que, no caso da busca e apreensão, embora seja esse o nosso posicionamento, a jurisprudência do STJ não admite a aplicação da teoria do adimplemento substancial ao caso. De acordo com o Decreto-lei 911, de 1º de outubro de 1969, compete ao devedor, no prazo de cinco dias após a execução da liminar na ação de busca e apreensão, pagar a integralidade da dívida, entendida esta como os valores apresentados e comprovados pelo credor na inicial, sob pena de consolidação da propriedade do bem móvel objeto de alienação fiduciária. Nessa hipótese, mesmo que o devedor inadimplente tenha firmado contrato em 60 prestações e só esteja em débito com as parcelas 50/60 a 55/60 – as demais (56, 57, 58, 59 e 60) ainda não se venceram –, a consolidação da propriedade em prol do credor só será evitada se houver adimplemento de todas as prestações, inclusive vincendas, não se aplicando aqui a teoria do adimplemento substancial (STJ, 2ª Seção, REsp 1.622.555-MG, relator: Min. Marco Buzzi, relator para acórdão: Min. Marco Aurélio Bellizze, data do julgamento: 22/2/2017).

De toda forma, ainda que fosse aplicável a teoria, o fato é que o adimplemento substancial não retira do credor a possibilidade de buscar a satisfação de seu crédito, sendo-lhe vedada, apenas, a rescisão contratual.

1.3 Arras

Nos contratos bilaterais *de execução futura*, pode um dos contratantes adiantar ao outro parcela de sua prestação, a qual recebe a denominação jurídica de **arras**, mais comumente chamadas, no comércio, de **sinal**. Essa parcela da prestação pode se consubstanciar em **dinheiro** ou **outro bem móvel**.

Conforme já vimos na parte II desta obra, as arras podem ser de duas espécies: **confirmatórias**, ou **penitenciais** – se houver *direito de arrependimento*.[51]

1.3.1 Arras confirmatórias

Sendo as arras da espécie **confirmatória**, serão, após a execução, descontadas do restante da prestação devida, ou, caso sejam de gênero diverso, serão restituídas a quem as deu (art. 417).

Dizem-se confirmatórias as arras porquanto o adiantamento da prestação demonstra a **confiança** que uma das partes tem na outra, cuja prestação só será futuramente executada. Daí se dizer que as arras têm, primordialmente, a função de **tornar o contrato obrigatório**.

Têm, igualmente, a função de **adiantar parcela do pagamento**, porquanto serão descontadas, quando da execução do contrato, do montante devido por quem as deu.

Consideram-se confirmatórias as arras quando não houver no contrato a previsão do **direito de arrependimento**, ou quando houver no contrato **cláusula de irretratabilidade**.

Na hipótese de **inadimplemento**, o prejudicado pode considerar o contrato extinto (art. 418, primeira parte) – lembre-se de que, em se tratando de contrato bilateral, opera a cláusula resolutiva –, ou exigir a execução do contrato, se esta lhe convier e ainda for possível (art. 419, segunda parte). Em qualquer caso, as arras confirmatórias assumirão, na hipótese, uma terceira função: a de **fixar um mínimo de perdas e danos**. Se o inadimplente for quem deu as arras, perdê-las-á em favor do prejudicado; se for quem as recebeu, restitui-las-á mais o equivalente, o que corresponde a uma "restituição em dobro" (art. 418, segunda parte).

Se o prejudicado provar *maior prejuízo*, tenha ele optado por considerar o contrato extinto ou por exigir seu cumprimento, terá direito ainda a **indenização suplementar** (art. 419, primeira parte). Daí se dizer que as arras fixaram a indenização *mínima*.

Caio, engenheiro, contratou com Orlando a compra e venda de uma casa ainda a ser construída, e Orlando deu a ele, a título de arras, seu carro, no valor de R$ 20.000,00. Combinou-se que o negócio era irretratável. O caso é de contrato preliminar de compra e venda. Fixou-se o preço da casa em R$ 100.000,00. Se Caio realmente construir a casa e vendê-la a Orlando por meio de escritura pública – forma exigida para a compra e venda de bens imóveis –, o carro será devolvido a Orlando, que lhe dará os R$ 100.000,00, a não ser que, por disposição contratual expressa, o carro valha como se dinheiro fosse, caso em que R$ 20.000,00 serão abatidos do preço da casa.

---

[51] "Originalmente, no Direito Romano, as arras tinham apenas função *confirmatória*. Posteriormente, Justiniano admitiu que as partes, no contrato de compra e venda, pudessem se arrepender, antes de formalizado o contrato, caso em que perderia as arras quem as tivesse dado, ou as restituiria em dobro o desistente, se as tivesse recebido. Surgiu, assim, a função *penitencial*. Uma má interpretação do Direito Romano, todavia, fez com que o Código Napoleão e os seus seguidores confundissem durante muito tempo as duas funções das arras." MENDONÇA, Manuel Ignácio Carvalho de. *Doutrina*, cit., p. 335.

Por sua vez, se Caio deixar de construir a casa no prazo combinado, poderá Orlando exigir o carro de volta, acrescido de R$ 20.000,00, supondo-se que não tenha sofrido, pelo inadimplemento, nenhum prejuízo além do aborrecimento. Veja bem que, pelo permissivo do art. 419, Orlando pode, além das arras, exigir a construção da casa.

Se, ao invés, for Orlando o inadimplente, na hipótese de receber a casa, mas deixar de dar o preço, Caio reterá o carro e poderá cobrar de Orlando os prejuízos que houver experimentado. Deverá, além disso, exigir os R$ 100.000,00.

1.3.2 Arras penitenciais

Se as arras forem, por sua vez, da espécie **penitencial**, dadas em contrato em que se ajustou o *direito de arrependimento*, terão as funções de **antecipar o pagamento** e fixar *definitivamente as perdas e danos*. Note-se que, havendo no contrato cláusula penitencial, o exercício do direito de arrependimento não implica *inadimplemento*.

Segundo o art. 420, as arras penitenciais têm função unicamente indenizatória. O comando, todavia, não afasta a função de **antecipação de pagamento**. Isso porque, se nenhuma das partes exercer o direito de arrependimento, o que houver sido dado a título de arras será considerado adiantamento de pagamento.

O art. 420, ademais, veda a **indenização suplementar** se as arras forem penitenciais. Daí se dizer que as arras dessa espécie fixam *definitivamente* a indenização. Ao acordar sobre o direito de arrependimento, as partes já sabem, de antemão, que não poderão discutir perdas e danos, limitando-se o montante da indenização, desde então, ao valor das arras.

2. DISCIPLINA ESPECIAL DOS CONTRATOS ONEROSOS

Os temas dos **vícios redibitórios** e da **evicção**, integrantes da teoria geral dos contratos, aplicam-se apenas aos *contratos onerosos*, que são aqueles em que *a vantagem obtida pela parte se fundamenta em uma prestação sua*.

2.1 Vícios redibitórios

Inicialmente, cabe frisar que o **Código de Defesa do Consumidor** dá tratamento diferente à matéria dos vícios redibitórios quando no contrato há uma **relação de consumo**. O que será expendido aqui, cabe esclarecer, aplica-se apenas aos contratos puramente civis, ou seja, que não envolvam consumidor e fornecedor, salvo a hipótese de **diálogo das fontes**.

Pois bem. Você se lembra de que se classifica como **comutativo** o contrato em que há equilíbrio entre as prestações das partes. Em se tratando de contrato *oneroso* comutativo, pode o adquirente reclamar contra os **vícios ocultos** da coisa ao tempo da tradição – chamados de **redibitórios** –, que a tornam imprópria para o uso a que se destina, ou que diminuem seu valor, conforme o art. 441 do Código.[52] Quanto aos contratos *gratuitos*, vale a máxima popular "de cavalo dado, não se olham os dentes", porquanto a proteção contra os vícios redibitórios não se estende a eles.

Interessante notar que o parágrafo único do art. 441 estende a proteção contra os vícios redibitórios ao que impropriamente chama de *doações onerosas*, que são, em verdade, **doações**

---

[52] É comum que alguns sistemas de Direito Civil tratem dos vícios redibitórios dentro do tema da compra e venda, em razão de, no Direito Romano, as **ações edilícias**, usadas nos casos de vícios redibitórios, somente serem cabíveis nos contratos de compra e venda e de permuta.

bilaterais – trata-se das doações *com encargo*. Com esse erro, o legislador de 2002 contribui para a confusão acerca da classificação dos contratos.[53] Menos mal que o leitor já distingue perfeitamente a questão da onerosidade da questão da bilateralidade. Assim, percebe que o fundamento da proteção, na doação com encargo, é a prestação devida pelo donatário, que caracteriza a bilateralidade, e não a onerosidade.

Segundo o disposto no art. 444, a responsabilidade pelos vícios redibitórios abarca a hipótese de **perecimento** da coisa em poder do adquirente, em razão do vício redibitório. Logo, se Manuel recebeu uma vaca que veio a falecer em razão de doença oculta, continua podendo reclamar do vício.

Com essas considerações, vemos que, para que se caracterize o vício redibitório, é necessário que o defeito seja **oculto** ao tempo da tradição, quer dizer, não perceptível na análise do homem médio; deve **tornar a coisa imprópria para o uso a que se destina**, ou seja, a coisa não poderá exercer a função que tem por natureza: uma geladeira que não gela pode ser usada como armário, mas não é esse o uso a que se destina; ou deve **diminuir o valor da coisa**, como ocorre com um livro com buracos de traça, que pode ser lido, mas perde muito de seu valor.

Analisemos alguns exemplos, ressaltando que não estamos tratando de relações de consumo, daí a necessidade de se abstrair do Direito do Consumidor.

Imaginemos que Berenice tenha ganhado um livro determinado, mas não tenha interesse em lê-lo. Por essa razão, propõe a Helena que o compre, pois sabe que esta deseja o bem. Em razão do preço proposto, mais baixo do que o praticado pelas livrarias, Helena compra o livro de Berenice. Ocorre que, ao começar a ler a obra, percebe que faltam dez páginas inteiras. Dependendo do tipo de livro, esse defeito poderá até mesmo torná-lo impróprio para o uso, o que ocorreria, por exemplo, caso se tratasse de um manual. No mínimo, a falta de dez páginas diminuiria o valor da obra. Por essa razão, o defeito se caracteriza como **vício redibitório**.

Interessante lembrar que Berenice não goza da mesma proteção de Helena em relação a quem lhe transmitiu a propriedade do livro, pois a adquiriu por meio de doação, que é contrato gratuito. Conforme expendido, a responsabilidade pelos vícios redibitórios somente surge para o alienante nos contratos *onerosos* comutativos.

Outro exemplo. Augusto ganha um bezerro, mas não tem interesse pelo animal, e o vende a Clóvis. Pouco tempo depois, o bezerro morre em razão de uma grave doença que tinha desde que nasceu. Também aqui verificamos o vício redibitório (é a hipótese do art. 444), pelo que Clóvis terá ação contra Augusto.

Impende destacar que **vício redibitório** não se confunde com **erro**, vício do ato jurídico, o qual estudamos na Parte I desta obra. Configura-se o erro quando as declarações de vontade que constituem o ato emanam de erro substancial que poderia ser percebido por pessoa de diligência normal, em face das circunstâncias do negócio (art. 138). Para apurá-lo, analisa-se a esfera subjetiva do ato, para aferir questões psicológicas dos sujeitos. O vício redibitório, por sua vez, consiste no defeito oculto da coisa objeto de contrato oneroso válido, em que não houve erro substancial a viciar as declarações de vontade (art. 441). É apurado na esfera objetiva do contrato, para avaliar um defeito da coisa.

2.1.1 Ações edilícias e direitos decorrentes do vício redibitório

A esta altura, o leitor poderá indagar: caracterizado o vício redibitório, o adquirente tem ação contra o alienante. Mas qual ação?

---

[53] No Código Beviláqua, a redação era a seguinte "é aplicável a disposição deste artigo às doações gravadas de encargo" (art. 1.101, parágrafo único).

Parte III – Cap. 6 – Disciplina Especial dos Contratos Bilaterais e Onerosos | 421

As ações que protegem o adquirente são as chamadas **ações edilícias**: a **ação redibitória** e a **ação estimatória (ou *quanti minoris*)**, que têm por objeto o direito, respectivamente, de **enjeitar a coisa** (art. 441) – *redibindo* o contrato –, ou de **reclamar abatimento do preço** (art. 442).

A escolha do adquirente pelo exercício de um dos dois direitos importa a decadência do outro. Em termos processuais, diz-se que a opção por uma ação ou outra é preclusiva: optando o adquirente por uma, perde o direito a se utilizar da outra. É fundamental que o leitor tenha isso em mente. Não se pode sequer pensar em "ser esperto" e ajuizar as ações cumuladas, com pedidos sucessivos: "ação redibitória cumulada com estimatória"; "o autor pede o acolhimento do pedido redibitório, ou, se assim não entender o julgador, pede-se o deferimento do pedido estimatório". Quem assim procede mostra ao juiz que não conhece bem o Direito dos Contratos.

Por meio da **ação redibitória**, o adquirente promove a **denúncia cheia** do contrato, nesse caso chamada de **redibição**. Tecnicamente, "redibir" significa *extinguir unilateralmente* o contrato em razão do vício (art. 441 combinado com art. 442).

A ação correrá pelo **procedimento comum**. Se procedente o pedido, o julgador condenará o réu – alienante – a restituir o preço recebido, mais as despesas do contrato, caso o alienante desconhecesse o vício (art. 443, segunda parte). Não obstante, havendo prova de que o alienante tinha ciência do vício, o adquirente terá ainda direito a perdas e danos (art. 443, primeira parte).

Por meio da **ação estimatória**, classicamente conhecida por seu nome em latim, ***actio quanti minoris***, o adquirente requer a revisão do contrato para reduzir o preço da coisa. Cuida-se do direito ao abatimento do preço (art. 442).

Também a ação *quanti minoris* corre pelo **procedimento comum**.

2.1.2 Decadência dos direitos à redibição e ao abatimento do preço

Os direitos à redibição e ao abatimento do preço, **potestativos** que são, sujeitam-se a prazo decadencial.

O art. 445 do Código disciplina esse prazo:

Art. 445. O adquirente decai do direito de obter a redibição ou abatimento no preço no prazo de trinta dias se a coisa for móvel, e de um ano se for imóvel, contado da entrega efetiva; se já estava na posse, o prazo conta-se da alienação, reduzido à metade.

§ 1º Quando o vício, por sua natureza, só puder ser conhecido mais tarde, o prazo contar-se-á do momento em que dele tiver ciência, até o prazo máximo de cento e oitenta dias, em se tratando de bens móveis; e de um ano, para os imóveis.

§ 2º Tratando-se de venda de animais, os prazos de garantia por vícios ocultos serão os estabelecidos em lei especial, ou, na falta desta, pelos usos locais, aplicando-se o disposto no parágrafo antecedente se não houver regras disciplinando a matéria.

Para facilitar a compreensão do dispositivo, esquematizamos as diferentes hipóteses previstas na norma, bem como os respectivos prazos decadenciais, no quadro a seguir.

DECADÊNCIA DOS DIREITOS À REDIBIÇÃO E AO ABATIMENTO DO PREÇO		
Hipótese	Prazo	Termo inicial
Coisa móvel entregue ao adquirente	30 dias	Data da tradição (entrega efetiva)
Coisa móvel que já estava na posse do adquirente	15 dias	Data da alienação (tradição ficta)

DECADÊNCIA DOS DIREITOS À REDIBIÇÃO E AO ABATIMENTO DO PREÇO		
Hipótese	**Prazo**	**Termo inicial**
Coisa imóvel entregue ao adquirente	1 ano	Data da tradição
Coisa imóvel que já estava na posse do adquirente	6 meses	Data da alienação
Defeito da coisa móvel que mesmo após a alienação permaneceu oculto, sendo descoberto apenas em momento posterior	30 dias, desde que descoberto em até 180 dias contados da tradição	Data da ciência do defeito
Defeito da coisa imóvel que mesmo após a alienação permaneceu oculto, sendo descoberto apenas em momento posterior	1 ano, desde que descoberto em até 1 ano contado da data da tradição	Data da ciência do defeito
Animais	O prazo estabelecido em lei especial, ou, na falta deste, o prazo previsto para a coisa móvel cujo defeito foi percebido tardiamente	

Cumpre traçar certas considerações acerca da hipótese de o vício permanecer oculto após a alienação e somente se manifestar em momento posterior (art. 445, § 1º).

Primeiramente, cabe frisar que todo vício redibitório é **oculto**, pelo que "só pode ser conhecido mais tarde". Para dar sentido à norma, precisamos, então, imaginar a hipótese em que o vício demora para ser conhecido, e que essa demora é tão considerável que prejudica o exercício do direito à redibição ou ao abatimento do preço, vez que o prazo decadencial já teria começado a correr desde a tradição ou desde a alienação.

O § 1º do art. 445 estabelece os prazos de cento e oitenta dias e um ano, para as coisas móveis e imóveis, respectivamente. Sobre eles, CÉSAR FIUZA sugere que, a partir da ciência do defeito, o prazo será o geral, desde que, somado ao número de dias transcorridos da alienação, não se tenham passado cento e oitenta dias, no caso dos móveis entregues ao adquirente, ou um ano, no caso dos imóveis.[54] Assim, se o defeito é descoberto cento e sessenta dias após a tradição, e o bem é móvel, o prazo será não de trinta dias, mas de vinte, porquanto cento e sessenta mais trinta dá cento e noventa, e o limite máximo do prazo é de cento e oitenta dias, dez a menos.

O raciocínio parece correto, mas veja o que ocorreria com os prazos dos imóveis, se o adotássemos. Constatado defeito oculto na véspera de se completar um ano da tradição, o adquirente seria beneficiado pela norma do § 1º do art. 445, ou seja, o prazo decadencial começaria a contar da ciência do defeito. Ocorre que tal prazo não poderia ultrapassar um ano da tradição. Logo, o adquirente continuaria tendo apenas um dia para exercer o direito à redibição ou ao abatimento do preço, e o dispositivo seria inócuo.[55] Parece-nos que o amigo professor foi vítima do péssimo texto da lei.

---

[54] FIUZA, César. *Direito civil*, cit., p. 429.
[55] Quanto aos bens que já estavam na posse do adquirente, basta fazer o mesmo raciocínio substituindo os prazos de trinta dias e de um ano por quinze dias e seis meses, respectivamente.

Destarte, a única possível interpretação do § 1º do art. 445, a nosso ver, é a seguinte: o prazo decadencial será sempre o geral, previsto no *caput* do dispositivo, mas, caso o defeito só seja descoberto tardiamente e tenha havido tradição real, o termo inicial será o da data da descoberta, contanto que não se tenham passado ainda cento e oitenta dias da tradição, no caso dos móveis, e um ano, no caso dos imóveis. Se tiver havido tradição ficta, então se considerará, em vez da data da tradição, a data da alienação.

Tal entendimento acabou sendo firmado na III Jornada de Direito Civil promovida pelo Conselho da Justiça Federal, por meio do Enunciado 174, acerca do art. 445 do Código Civil: "em se tratando de vício oculto, o adquirente tem os prazos do *caput* do art. 445 para obter redibição ou abatimento de preço, desde que os vícios se revelem nos prazos estabelecidos no parágrafo primeiro, fluindo, entretanto, a partir do conhecimento do defeito".

Ou seja, se Caio comprou um carro de Silvio, tendo sido realizada a entrega efetiva, e só veio a descobrir o vício redibitório cento e setenta dias após a tradição, o prazo decadencial de seu direito à redibição ou ao abatimento do preço fluirá desse momento (centésimo septuagésimo primeiro dia, excluindo-se o termo inicial, como manda a regra) e correrá por trinta dias.[56] Se, em outra hipótese, o adquirente somente descobrir o defeito após o centésimo octogésimo dia, não terá mais direito à redibição ou ao abatimento do preço.

Adotando-se esse raciocínio, a norma faz sentido quanto aos imóveis: descoberto o defeito sete meses após a tradição, o adquirente terá um ano, contado a partir dali, para ajuizar a ação redibitória ou a ação *quanti minoris*. Todavia, se descobrir o defeito apenas no segundo dia do segundo ano contado da tradição, não terá mais direito à redibição ou ao abatimento do preço.

Por fim, cumpre salientar que, por disposição do art. 446 do Código, os prazos decadenciais do art. 445 não correm durante a **vigência de cláusula de garantia** (trata-se de *causa impeditiva* do curso do prazo). Não obstante, descoberto o defeito durante esse período, o adquirente terá trinta dias contados desse momento para comunicar o alienante, sob pena de decadência do seu direito (art. 446, parte final).

Ou seja, se Rui compra um computador de Pontes, que estipula garantia de três meses, e Rui descobre um vício na última semana do terceiro mês, ainda terá trinta dias para comunicar o vício a Pontes.

2.2 Evicção

Nos contratos onerosos, presume-se a responsabilidade pela **evicção** (art. 447 do Código).

Por evicção entende-se *a* **perda da coisa adquirida** *para terceiro que tinha direito anterior sobre ela – desconhecido do adquirente –, determinada por meio de* **sentença judicial**.

Ou seja, trata-se de hipótese em que o adquirente, após o aperfeiçoamento da aquisição, vem a perder a coisa que julgava ter adquirido, em procedimento judicial movido por quem provou ter direito anterior sobre a coisa. Daí se concluir que o alienante não tinha legitimidade para alienar.

Caio adquire de Silvio uma tela. Posteriormente, Manuel ajuíza ação em face de Caio, reivindicando a coisa, e provando que ele, e não Silvio, era o proprietário do bem. Caio, então, é condenado a entregar a tela a Manuel. Silvio, na verdade, não poderia ter alienado a coisa – não era seu dono. A essa perda se denomina *evicção*.

Conforme se depreende do conceito traçado, para que se caracterize a evicção é necessária a conjugação de quatro requisitos: que um contratante tenha **adquirido onerosamente**

---

[56] Frise-se, o prazo não será alterado. Não será de apenas dez dias.

direito à propriedade da coisa, por meio de contrato; que posteriormente venha a **perder** a coisa para terceiro, detentor de direito anterior sobre ela; que o adquirente **não soubesse**, quando da aquisição, que adquiria coisa alheia ou litigiosa (art. 457); que a perda tenha se dado como resultado de **procedimento judicial**.

Embora a legislação adote expressamente a necessidade de decisão judicial, doutrina e jurisprudência admitem que o direito de demandar pela evicção seja exercido ainda que a perda do bem decorra de decisão administrativa[57]. Uma autoridade aduaneira que determina o perdimento de bem em virtude de ilegal circulação de veículo importado, o qual foi adquirido, de boa-fé, por pessoa desconhecedora da irregularidade, equipara-se a autoridade judicial para fins do exercício da evicção.

Quanto à perda decorrente de decisão judicial, o STJ tem precedentes que admitem o exercício da evicção mesmo quando não transitada em julgado, mas desde que comprovada a efetiva perda da posse ou da propriedade, e não uma mera cogitação da perda ou limitação desse direito[58]. Podemos afirmar, então, que a evicção pressupõe que o direito vindicado com base no contrato tenha sido atribuído a terceiro por sentença ou decisão administrativa. Se tal direito não existia ou se, existindo, dele não foi o reivindicante privado total ou parcialmente, não há que se falar em evicção.

Verificada a presença desses requisitos, o adquirente, chamado de **evicto**, terá direito de cobrar do alienante: (1) a "restituição" do preço dado pela alienação (art. 450, *caput*); (2) indenização pelos frutos que houver sido obrigado a entregar ao terceiro, denominado **evincente** (art. 450, I); (3) indenização pelas despesas dos contratos e pelos prejuízos que diretamente resultaram da evicção (art. 450, II); (4) custas judiciais e honorários do advogado por ele constituído (art. 450, III).

Utilizamos o vocábulo "restituição" entre aspas pela seguinte razão: o parágrafo único do art. 450 determina que "o preço, seja a evicção total ou parcial, será o do valor da coisa, na época em que se evenceu, e proporcional ao desfalque sofrido, no caso de evicção parcial". Ou seja, embora se fale em **preço pago**, o preço a que o evicto tem direito é o que a coisa tiver quando da evicção. Isso porque será esse o valor do prejuízo sofrido. Logo, não haverá propriamente restituição, porquanto a quantia devida pelo alienante poderá ser maior ou menor do que o preço que recebera.

Frise-se que, segundo o entendimento atual do STJ, o prazo prescricional para se pleitear a indenização devida pelos prejuízos causados pela evicção é de três anos, por se tratar de hipótese de reparação civil — art. 206, § 3º, V — (REsp 1.577.229/MG, 3ª Turma, relatora: Min. Nancy Andrighi, data do julgamento: 08/11/2016, data da publicação: 14/11/2016)[59].

2.2.1 Responsabilidade pela evicção

É lícito aos contratantes, por meio de cláusula expressa, reforçar, diminuir ou excluir a **responsabilidade pela evicção** (art. 448).

---

[57] Exemplo: STJ, AgInt no REsp 1.426.250/MT, relator: Min. Marco Buzzi, 4ª Turma, data do julgamento: 4/5/2020, data da publicação: 7/5/2020. Na doutrina, o Enunciado 651 da IX Jornada de Direito Civil: "A evicção pode decorrer tanto de decisão judicial como de outra origem, a exemplo de ato administrativo".

[58] REsp 1.332.112/GO, relator: Min. Luis Felipe Salomão, 4ª Turma, data do julgamento: 21/3/2013, data da publicação: 17/4/2013.

[59] No mesmo sentido, em julgado mais recente: "A natureza da pretensão deduzida em ação baseada na garantia da evicção é tipicamente de reparação civil decorrente de inadimplemento contratual, a qual se submete ao prazo prescricional de três anos, previsto no artigo 206, § 3º, inciso V, do Código Civil" (AREsp 2.086.564, relatora: Min. Maria Isabel Gallotti, data da publicação: 6/9/2022).

Todavia, ainda que se pactue **cláusula excludente** da responsabilidade pela evicção, o alienante deverá sempre "ressarcir" ao evicto o preço que tiver recebido, caso este não soubesse do risco da evicção ou se, dele informado, não o tenha assumido (art. 449). Reitere-se: usa-se "ressarcir" entre aspas porquanto o valor devido pelo alienante não será o que recebera pela alienação, mas sim o valor da coisa ao tempo em que se evenceu (art. 450, parágrafo único).

A responsabilidade pela evicção não se altera na hipótese de a coisa ter sofrido **deterioração** nas mãos do evicto, salvo se este tiver procedido dolosamente (art. 451). Note que, graças à regra de que o preço devido pelo alienante é o da coisa no momento da evicção,[60] poderá ocorrer de o alienante dever, em razão da deterioração, quantia menor do que a que recebeu, o que é justo, pois que a "restituição" dever ser apenas do **efetivo prejuízo** sofrido pelo evicto.

Por sua vez, caso o adquirente tenha, por qualquer razão, auferido alguma vantagem da deterioração, e não tenha sido condenado a indenizá-la ao terceiro evincente, o valor de tal vantagem será deduzido do que lhe houver de dar o alienante (art. 452).

Isso ocorre, por exemplo, se Orlando vende a Helena uma rica joia, cravada de diamantes, alguns dos quais, por um fato natural, desprendem-se da peça e são recolhidos por Helena. Sofrendo posteriormente a adquirente a evicção, e não lhe cobrando o terceiro evincente os brilhantes perdidos, o valor destes será descontado da quantia que lhe tiver de ser dada por Orlando – alienante.

É de notar que a deterioração não necessariamente importará na diminuição do preço da coisa. Supondo-se, no exemplo anterior, que tenha havido valorização do grama do ouro, e mesmo do diamante, a joia, ainda que com menos pedras, terá preço maior. E é desse preço que será deduzido o lucro obtido pelo evicto com a deterioração.

Na hipótese da **evicção parcial**, mas considerável, terá o evicto a faculdade de **denunciar o contrato** (extingui-lo unilateralmente) ou apenas **requerer a restituição do equivalente ao desfalque** (art. 455, primeira parte). Se não for considerável, terá direito apenas à restituição do equivalente (art. 455, segunda parte).

Por fim, cumpre tecer algumas considerações a respeito de **benfeitorias**. A teor do art. 453, "as benfeitorias necessárias ou úteis, não abonadas ao que sofreu a evicção, serão pagas pelo alienante". Segundo o art. 454, "se as benfeitorias abonadas pelo que sofreu a evicção tiverem sido feitas pelo alienante, o valor delas será levado em conta na restituição devida".

Em primeiro lugar, é preciso determinar o sentido de "abonadas". Consideram-se abonadas as benfeitorias que o juiz, na sentença, condene o terceiro evincente a indenizar ao evicto.

Cabe lembrar que o direito à indenização pelas benfeitorias necessárias ou úteis decorre da **posse justa** do evicto, razão pela qual é razoável que o juiz determine ao terceiro evincente indenizá-las ao evicto. Ocorre que, se o juiz não o fizer, a lei manda que o alienante as suporte, pelo que deve este indenizá-las ao evicto (art. 453).

Caso ocorra de o julgador determinar o abono de benfeitorias que, na verdade, haviam sido realizadas pelo *alienante*, e não pelo evicto, então este é que fará jus à indenização, a qual será descontada daquilo que o alienante tiver de dar ao evicto.

2.2.2 Denunciação da lide ao alienante

Para que possa o evicto demandar o alienante pela evicção, deve obedecer ao procedimento determinado pela lei processual. Tal procedimento, desde antes da vigência do Código de

---

[60] Essa regra vige entre nós desde o antigo Código Comercial de 1850 (art. 215), tendo sido depois reproduzida no art. 1.115 do Código Civil de 1916, não se caracterizando inovação do legislador de 2002.

2002, é o da **denunciação da lide** ao alienante, conforme o comando do art. 70, I, do Código de Processo Civil.

Sobre a denunciação da lide, o atual CPC traz algumas mudanças. A principal delas é que o art. 456 do Código Civil foi revogado pela lei processual (art. 1.072, II, CPC/2015). O referido dispositivo prevê que "para poder exercer o direito que da evicção lhe resulta, o adquirente notificará do litígio o alienante imediato, ou qualquer dos anteriores, quando e como lhe determinarem as leis do processo".

De acordo com norma processual, se não levada a efeito a denunciação, não deferida ou não permitida segundo as hipóteses legais, poderá o titular, em ação autônoma futura, exercer o seu direito de regresso. Em suma, a obrigatoriedade da denunciação – exposta no art. 456 do CC – foi, finalmente, sepultada pelo Novo CPC. Em outras palavras, o direito que o evicto tem de recobrar o preço que pagou pela coisa evicta independe, para ser exercido, de ter denunciado a lide ao alienante. Antes mesmo de o CPC/2015 revogar o referido dispositivo, a jurisprudência já entendia desnecessária a denunciação – REsp 1.243.346/SP, relator: Min. Ricardo Villas Bôas Cueva, 3ª Turma, data do julgamento: 1º/12/2015, data da publicação: 9/12/2015.

Outro aspecto processual importante é que o CPC/2015 admite a denunciação ao **alienante imediato** (art. 125, I), ou seja, veda a denunciação *per saltum*. O § 2º do art. 125 do CPC, por sua vez, permite que o denunciado (alienante imediato) faça uma nova e única denunciação contra o seu antecessor imediato na cadeia dominial ou contra o responsável por indenizá-lo. Exemplo: "A" adquire um bem e, em razão deste, é demandado em ação reivindicatória proposta por "B". Na contestação, "A" denuncia à lide quem lhe vendeu o bem ("C"), porque é com ele que possui relação jurídica imediata. "C" (alienante imediato em relação a "A"), por sua vez, tem a possibilidade de denunciar o seu antecessor imediato ("D"), pois, na mesma lógica, é com ele que possui relação jurídica (negócio jurídico anterior).[61] Quanto à denunciação feita pelo denunciado ao seu antecessor imediato, o CPC ressalva que essa intervenção só pode ocorrer uma única vez (art. 125, § 2º), não sendo admitidas diversas denunciações sucessivas. No exemplo anteriormente dado, "D" não poderá denunciar o seu antecessor imediato na cadeia dominial ("E", por exemplo). Tal regra visa dar celeridade ao procedimento, que não mais ficará à mercê de sucessivas denunciações.

---

[61] MENEZES, Iure Pedroza. A denunciação da lide no novo CPC e seus reflexos no Código Civil: a extinção da obrigatoriedade no caso de evicção. In: DIDIER JR., Fredie; BASTOS, Antonio Adonias Aguiar (coord.). O projeto do novo Código de Processo Civil. Estudos em homenagem ao Professor José Joaquim Calmon de Passos. Salvador: JusPodivm, 2012. p. 357.

Quadro Esquemático 6

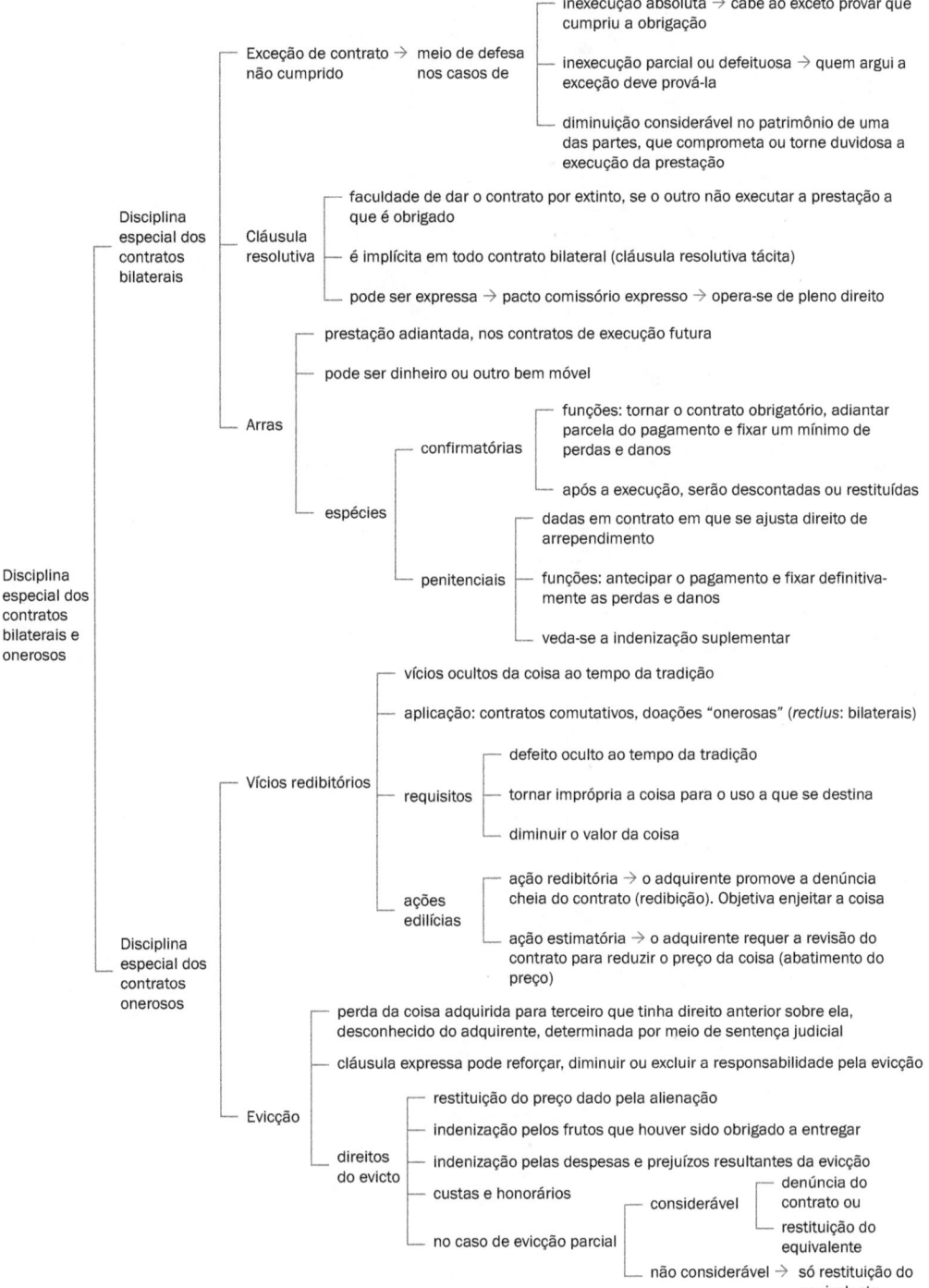

7

Extinção dos Contratos sem Cumprimento

As pessoas não celebram contratos à toa. Os contratos são celebrados para serem executados. Por essa razão, a forma natural de extinção dos contratos é o cumprimento do acordo.

Obviamente, contudo, nem sempre o contrato será extinto pela execução. Chamamos a atenção do leitor para o tema da extinção dos contratos, vez que é bastante frequente a má utilização das denominações de cada espécie extintiva, o que gera uma enorme confusão.

Seguindo orientação técnica, subdividiremos as hipóteses de **extinção sem cumprimento**, chamadas de **dissolução** ou **solução** do contrato, em três grupos: o da **resolução**, o da **resilição** e o da **rescisão**.[62]

1. RESOLUÇÃO

Resolução é a modalidade de extinção do contrato nas hipóteses em que há **inexecução**. Ou seja, tem lugar nos casos em que há inadimplemento, o qual pode consistir em **mora** (atraso) ou **inadimplemento absoluto**, bem como quando a prestação se tornar impossível (sem culpa das partes), o que configura a **inexecução involuntária**. Pode ocorrer resolução, ademais, se o juiz declarar a **onerosidade excessiva superveniente** do contrato.

Para ilustrar, examinemos as seguintes situações.

Manuel celebra contrato de compra e venda de seu carro com Caio. Recebe o preço ajustado, mas deixa de entregar o carro na data combinada. Por se tratar de contrato bilateral, Caio pode se valer da cláusula resolutiva tácita para requerer do juiz a resolução pela mora (permissivo do art. 475). Se, por sua vez, na data combinada Manuel se recusa a entregar o carro a Caio, então o fundamento da cláusula resolutiva será o inadimplemento absoluto (art. 475). Caso haja cláusula resolutiva expressa (o chamado *pacto comissório expresso*), a resolução pelo inadimplemento operará *ipso iure*[63] (art. 474). Por fim, se o carro se perder, sem culpa de Manuel, o contrato se resolverá de pleno direito pela impossibilidade da prestação de dar coisa certa, segundo o comando do art. 234 do Código.

---

[62] Orientação entre nós seguida, embora com algumas peculiaridades, por Orlando Gomes (*Contratos*, cit., p. 204), Darcy Bessone (*Do contrato*, cit., p. 258), Arnoldo Wald (*Obrigações e contratos*, cit., p. 253), Carlos Roberto Gonçalves (*Direito civil brasileiro*, cit., v. 3, p. 162) e César Fiuza (*Direito civil*, cit., p. 455).

[63] A expressão latina, frequentemente empregada, equivale a "de pleno direito".

Quanto à resolução por onerosidade excessiva, cabe transcrever o art. 478 do Código:

Art. 478. Nos contratos de execução continuada ou diferida, se a prestação de uma das partes se tornar excessivamente onerosa, com extrema vantagem para a outra, em virtude de acontecimentos extraordinários ou imprevisíveis, poderá o devedor pedir a resolução do contrato. Os efeitos da sentença que a declarar retroagirão à data da citação.

Trataremos mais detidamente da questão da **onerosidade excessiva** no capítulo sobre o **dirigismo contratual**. Por ora, impende destrinchar o conteúdo da norma do art. 478.

Em primeiro lugar, para que se fale em resolução por onerosidade excessiva, é necessário que se cuide de contrato de **execução continuada ou futura (diferida)**. Ou seja, não tem lugar nos contratos de execução *imediata*. Para refrescar a memória do leitor, cumpre frisar que o contrato é de execução imediata quando é cumprido logo após a contratação ou concomitantemente a ela, o que leva à sua extinção. É o que ocorre, por exemplo, em uma doação, se logo após o ajuste o doador entrega ao donatário a coisa. A doação se aperfeiçoa, cumpre-se e se extingue. Por outro lado, é de execução continuada a locação, em que a obrigação de dar os aluguéis se renova a cada vencimento, de modo que o contrato perdura no tempo. E, por fim, é de execução futura (diferida) o comodato, porquanto a obrigação do comodatário de restituir a coisa somente será cumprida em momento posterior à contratação.

Verificado esse requisito, passa-se à análise do próximo: a prestação de uma das partes deve se tornar **excessivamente onerosa**, com **extrema vantagem** para a outra. Concomitantemente, perquire-se sobre o último requisito: a onerosidade excessiva deve resultar de **acontecimento extraordinário e imprevisível**.

Pensemos em um contrato de prestação de serviço médico. Berenice contrata um médico para, todo mês, durante um ano e meio, ministrar-lhe determinado medicamento, de que faz uso contínuo. No contrato, determina-se que a droga será fornecida pelo médico. Ocorre que, após alguns meses, em razão do alagamento de um grande laboratório, devido a fortes chuvas, o preço do medicamento se eleva enormemente. O aumento é tão significativo que o valor dado ao médico, por mês, não é sequer suficiente para cobri-lo; tampouco para remunerar o serviço.

Aqui, verifica-se a presença de um contrato de execução continuada (prestação de serviço), de uma situação de onerosidade excessiva para o médico (o valor recebido não é suficiente para comprar o medicamento), com excessiva vantagem para Berenice (que é dependente do medicamento, mas não é atingida pelo aumento do seu preço), causadas por um evento extraordinário e imprevisível à época da contratação (o alagamento do laboratório). Sendo assim, pode o médico requerer a resolução da prestação de serviço.

Vejamos, agora, uma situação em que não se configuraria a hipótese legal de resolução por onerosidade excessiva.

No mesmo exemplo, imaginemos que o preço do medicamento sofre reajuste devido à inflação.

Nesse caso, não há onerosidade excessiva. Ainda que o medicamento passasse a custar mais para o médico, o aumento não seria excessivo, nem haveria extrema vantagem para a paciente. Ademais, não se trataria de acontecimento extraordinário e imprevisível, pois é comum que os preços de produtos sejam reajustados devido à inflação.

2. RESILIÇÃO

O contrato se dissolve por **resilição** quando o fundamento da solução é a **vontade**, de ambas as partes ou apenas de uma, razão pela qual a resilição pode ser **bilateral** ou **unilateral**.

2.1 Resilição bilateral

A resilição bilateral se consubstancia no **distrato**, que é uma espécie de contrato, caracterizada por ser o *negócio jurídico extintivo de uma outra relação jurídica* (por alguns chamado de *mútuo dissenso*[64]). Os romanos falavam em *contrarius consensus*, que é o consentimento das partes contrário ao anteriormente manifestado, quando da contratação. Ou seja, as mesmas vontades que antes contrataram, posteriormente concordam em **extinguir o contrato**.

O Código Civil disciplina a figura do distrato no art. 472, que se limita a determinar que "o distrato faz-se pela mesma forma exigida para o contrato". Quem estudou Direito Civil anteriormente pelo Código de 1916 deve atentar para a redação do dispositivo no novo Código. No Código antigo determinava-se que "o distrato faz-se pela mesma forma que o contrato". Por essa razão, é muito comum pensar-se que a forma exigida para o distrato é a forma que o contrato tomou. Na verdade, não é bem assim. A forma do distrato deve ser a **prescrita** para o contrato. Ou seja, se o contrato é formal, o distrato deve atender à forma determinada pela lei. Caso contrário, terá forma livre, independentemente da observada na contratação. Veja bem a diferença: uma locação celebrada por escrito particular pode ser distratada oralmente, ou por escrito público, ou qualquer outra, porque a locação é contrato *consensual*. Não havendo forma exigida para o contrato, a forma do distrato é livre. Mas, no caso da compra e venda de bens imóveis, o distrato somente pode se dar por escritura pública, que é a forma exigida para o contrato.

2.2 Resilição unilateral

A resilição unilateral, por sua vez, manifesta-se nas hipóteses de denúncia, revogação, renúncia e resgate.[65]

A resilição unilateral do contrato, por consistir em caso em que é a vontade de apenas uma das partes que dissolve o acordo, pode parecer contrariar o princípio da obrigatoriedade. Isso, entretanto, não é verdade. Em razão da função social do contrato, é a própria lei que, em algumas hipóteses, autoriza a resilição unilateral. Ademais, por força do princípio da autonomia privada, as partes mesmas podem autorizá-la no contrato (são os casos em que se autoriza o denominado **arrependimento**). Por essa razão é que, como frisa ORLANDO GOMES, "a *natureza do poder de resilir* unilateralmente o contrato não sofre contestação: trata-se de um *direito potestativo*",[66] ao que acrescentamos, **criado pela lei ou pela vontade das partes na contratação**.

2.2.1 Denúncia

A resilição toma a forma de **denúncia** quando a lei ou o contrato permitem que uma das partes dissolva o **contrato de trato sucessivo**, por tempo indeterminado ou não, pela simples **declaração de vontade**.

---

[64] BEVILÁQUA alerta que, na verdade, mútuo dissenso é um desacordo, pelo que rejeita a expressão (BEVILÁQUA, Clóvis. *Código comentado*, cit., v. 4, p. 207). Também CAIO MÁRIO critica a expressão, "pois que *dissenso* sugere desacordo, e esta modalidade de ruptura do liame contratual resulta da harmonia de intenções, para a obtenção do *acordo liberatório*" (PEREIRA, Caio Mário da Silva. *Instituições*, cit., v. 3, p. 128).

[65] GOMES, Orlando. *Contratos*, cit., p. 224; WALD, Arnoldo. *Obrigações e contratos*, cit., p. 253; GONÇALVES, Carlos Roberto. *Direito civil brasileiro*, cit., v. 3, p. 182.

[66] GOMES, Orlando. *Contratos*, cit., p. 224.

Impende ressaltar que, conquanto a denúncia seja a principal forma de extinção dos contratos por **tempo indeterminado** – sem o que essas figuras se perpetuariam no tempo –, há hipóteses de contratos de trato sucessivo por **prazo determinado** em que também se autoriza a denúncia. Um típico exemplo é o do contrato de locação, em que a resilição unilateral é sempre possível. Se o contrato tiver prazo determinado, a denúncia poderá implicar o pagamento de uma multa; se por prazo indeterminado, não gerará nenhuma pena para quem a opera.

Caso a dissolução seja **motivada**, dir-se-á que a denúncia foi **cheia**; do contrário, será **vazia**.

O Código regulou a denúncia no art. 473, estatuindo que "a resilição unilateral, nos casos em que a lei expressa ou implicitamente o permita, opera mediante denúncia notificada à outra parte".

Daí se extraem dois preceitos: em primeiro lugar, há casos em que a lei apenas **implicitamente** autoriza a resilição unilateral; ademais, exige-se que a parte **comunique expressamente** à outra a dissolução do contrato – em outras palavras, **notifique-a**.

O contrato de comodato (empréstimo gratuito de coisa infungível) é um caso em que a denúncia é implicitamente autorizada. Embora o Código, ao regulá-lo, não preceitue expressamente, é da própria essência do comodato que o comodante possa requerer a restituição da coisa emprestada por tempo indeterminado a qualquer tempo, ou que o comodatário queira restituí-la; afinal, se assim não fosse, o empréstimo se converteria em doação.

Ainda com relação ao comodato, o Código Civil prevê, também implicitamente, a possibilidade de **denúncia cheia** (motivada), a qual tem lugar mesmo se houver prazo determinado, e pode ser realizada pelo comodante se o comodatário utilizar a coisa de forma diversa da permitida no contrato.[67]

Em razão da exigência da **notificação**, considera-se o contrato resilido no momento em que o outro contratante **tomar ciência** do fato, e a dissolução produzirá efeitos dali para a frente (*ex nunc*). Isso quer dizer que os efeitos do negócio produzidos até a extinção do contrato não serão atingidos pela denúncia.

Analisemos dois exemplos de denúncia.

Helena emprestou a César, gratuitamente, sua coleção de Direito Civil de Clóvis Beviláqua, por prazo indeterminado. Passado o prazo necessário para o uso concedido, por exemplo, cinco anos, tempo da graduação de César em Direito, pode Helena denunciar o contrato por meio de notificação a César, o qual deverá restituir a coleção a Helena. Nesse caso, haverá *denúncia vazia*.

Supondo que, ainda no primeiro ano, não obstante estivesse cursando disciplinas de Direito Civil na faculdade, César utilizasse os livros como suporte de monitor de computador, e Helena tomasse conhecimento do fato, poderia dissolver o contrato por meio de denúncia cheia, fundamentada no art. 582 do Código Civil, extinguindo o contrato e, inclusive, requerendo perdas e danos, se fosse o caso.

2.2.2 Revogação e renúncia

Há hipóteses de contratos que se baseiam na **confiança** estabelecida entre as partes. Nessas hipóteses, a resilição unilateral, quando possível, toma a forma de **revogação** ou de **renúncia**, dependendo da parte que a opera.

A *revogação* produz efeitos *ad nutum* (desde logo), e pode depender ou não de justa causa, conforme o contrato. A *renúncia*, em geral, somente produz efeitos depois de notificada à outra parte.

---

[67] Isso porque a primeira parte do art. 582 do Código estabelece que "o comodatário é obrigado a conservar, como se sua própria fora, a coisa emprestada, não podendo usá-la senão de acordo com o contrato ou a natureza dela, sob pena de responder por perdas e danos".

O exemplo mais clássico dessas espécies de resilição é o do contrato de mandato, por meio do qual uma das partes (mandante) nomeia outra (mandatário) para representá-la. Por ato unilateral de vontade, pode o mandante revogar o mandato, ou o mandatário a ele renunciar, independentemente de motivação (presume-se que é a perda da confiança) Ambas as hipóteses se encontram expressamente previstas no art. 682, I, do Código.

Já no caso da doação, apenas ao doador se confere o direito potestativo de resilir, por meio de revogação. Nos termos do art. 555 do Código, "a doação pode ser revogada por ingratidão do donatário, ou por inexecução do encargo".

2.2.3 Resgate

Outra espécie de resilição é o **resgate**, de pouca utilização atualmente, vez que só se aplica aos contratos, também em desuso, de **enfiteuse** e de **constituição de renda onerosa**.[68]

A *enfiteuse* ou *aforamento* se consubstancia no contrato por meio do qual se transfere o chamado **domínio útil** de um bem imóvel, criando, após o registro, o direito real de enfiteuse, que estudaremos oportunamente, na Parte IV – Direito das Coisas. Por ora, bastam duas considerações: primeiro, que a enfiteuse tem consequência prática semelhante à compra e venda, embora não transfira direito à propriedade plena; segundo, que a partir do Código de 2002 proibiu-se a criação de novas enfiteuses. Restam, no Brasil, enfiteuses públicas, sobretudo no litoral, em terras de propriedade da Marinha, e um único caso de enfiteuse particular, em Petrópolis, RJ, em terras de propriedade da família imperial. Na hipótese da enfiteuse, o resgate consiste na dação de uma determinada quantia ao enfitente ou senhorio (proprietário), com a consequente aquisição da propriedade plena.

A constituição de renda, por sua vez, consiste em figura contratual praticamente esquecida, embora ainda tipificada. Na modalidade onerosa, uma das partes dá à outra um bem móvel ou imóvel, nascendo para a parte que recebe a coisa a obrigação de dar à outra, ou a terceiro por ela apontado, uma **renda mensal**, por um determinado prazo. Aqui, o resgate se consubstancia na dação de um certo capital em dinheiro ao credor da renda mensal, para resilir o contrato e, por conseguinte, extinguir a obrigação de dar a renda mensal.

3. RESCISÃO

Conquanto seja o mais comumente empregado vocábulo para se referir à dissolução do contrato, em qualquer hipótese de resolução ou resilição, **rescisão** tem um sentido extremamente técnico, e deve ser utilizado com muito cuidado. Infelizmente, mesmo o Código Civil se refere a "rescisão" em hipóteses que, na verdade, são de resolução ou resilição.

Tecnicamente, rescisão é a *modalidade de dissolução dos* **contratos anuláveis**.[69] Hoje, todavia, fala-se simplesmente em **anulação**, como se esta fosse o ato jurídico que extingue o contrato anulável.

---

[68] GOMES, Orlando. *Contratos*, cit., p. 227.
[69] Nesse sentido ensina Beviláqua que "atos anuláveis (dependentes de rescisão) denominam-se os que se acham inquinados de um vício capaz de lhes determinar a ineficácia, mas que poderá ser eliminado, restabelecendo-se, assim, a normalidade do ato" (BEVILÁQUA, Clóvis. *Teoria geral*, cit., p. 338). Antes dele, o Conselheiro Ribas: "não sucede o mesmo no caso de nulidade relativa [causa de anulabilidade]; pois que o ato produz os seus efeitos enquanto o juiz o não rescinde a requerimento da parte, em cujo favor foi instituída a nulidade" (RIBAS, Antônio Joaquim. *Direito civil brasileiro*, cit., p. 508).

Orlando Gomes e Carlos Robertos Gonçalves,[70] inspirados na doutrina italiana de Francesco Messineo, limitam as hipóteses de rescisão aos casos em que houve **lesão** e aos atos que foram celebrados em **estado de perigo**.

Contudo, o art. 171 do Código, ao tratar da anulabilidade por vício do negócio, incluiu ao lado do erro, do dolo, da coação e da fraude contra credores o estado de perigo e a lesão, cuidando de todos indistintamente, não se justificando, hoje, a afirmação de que apenas nos casos de lesão e de estado de perigo a anulação depende da *rescisão*.

Pedimos licença ao leitor para abrir um parêntese e solucionar essa dúvida.

Conforme expende Planiol,[71] no Direito francês anterior ao Código Civil se fazia distinção entre as **nulidades relativas** (causas de **anulabilidade** do contrato) provenientes das leis ou dos costumes, e as provenientes do Direito Romano, entre as quais se encontravam a **lesão**, o **dolo**, a **violência** e o **erro**. Os contratos maculados por nulidade relativa proveniente do Direito francês se anulavam pela *action en nullité* (ação de nulidade). Por sua vez, os contratos maculados por nulidade relativa proveniente do Direito Romano se anulavam pela *action en rescision* (ação de rescisão), que dependia das chamadas *lettres royaux* (cartas reais) expedidas pelas chancelarias do Parlamento. As diferentes ações se submetiam, inclusive, a prazos decadenciais distintos (trinta anos para a ação de nulidade e apenas dez para a de rescisão).

Com a promulgação do Código Civil Francês de 1804 e a consequente unificação das fontes do Direito Civil, a distinção desapareceu. Todavia, como atesta Planiol, em razão de os arts. 887 a 892, 1.305 e 1.674 do Código Napoleão terem inadvertidamente se referido à **ação de rescisão** nos casos de **lesão**, a doutrina passou a afirmar que os contratos viciados pela lesão se anulavam por tal ação. Todavia, Planiol insiste que não foi a intenção do legislador manter a distinção:

> Desde o Código civil, uma outra distinção foi introduzida, que não tem nada de comum com a antiga. Os autores modernos tomaram o hábito de reservar o nome de ação de rescisão para as nulidades fundadas em uma lesão. É verdade que nos artigos do Código a ação fundada na lesão é sempre assim qualificada (arts. 887-892, 1305, 1674); mas isso sem dúvida é um produto do acaso, pois os autores da lei frequentemente manifestaram a intenção de fundir em apenas uma as duas ações antigas.
>
> Em todo caso, a semelhança existe nas coisas, senão na terminologia mesma: a rescisão por lesão é um caso de nulidade do contrato.[72]

No Direito Civil italiano expresso no Código Civil de 1942, a teoria das nulidades, inspirada na antiga distinção expendida por Planiol, manteve a **lesão** e o **estado de perigo** fora das causas de nulidade e anulabilidade. Contudo, para proteger o contratante do dano sofrido em razão de lesão ou estado de perigo, foi-lhe permitido usar do remédio que se chamou de

---

[70] GOMES, Orlando. *Contratos*, cit., p. 227-228; GONÇALVES, Carlos Roberto. *Direito civil brasileiro*, cit., v. 3, p. 184-185.

[71] PLANIOL, Marcel. *Traité élementaire de droit civil*. 4. ed. Paris: LGDJ, 1952. v. 2. p. 280-281.

[72] Tradução livre de: "Depuis le Code civil, une autre distinction s'est introduite, qui n'a rien de commun avec l'ancienne. Les auteurs modernes ont pris l'habitude de réserver le nom d'*action en rescision* pour les nullités *fondées sur une lésion*. Il se trouve en fait que dans les articles du Code l'action fondée sur la lésion n'est jamais qualifiée autrement (art. 887-892, 1305, 1674); ce n'est là sans doute qu'un effet du hazard, car les auteurs de la loi ont souvent manifesté l'intention de fonder en une seule les deux actions anciennes. En tout cas, la similitude existe dans les choses, sinon dans la terminologie même: la rescision pour lésion est un cas de nullité du contrat" (PLANIOL, Marcel. *Traité*, cit., p. 281).

rescisão (como no Direito francês anterior), o qual o Direito italiano distinguiu, em vários aspectos, da **anulabilidade**.[73]

Daí a doutrina de Messineo, que inspirou o nosso Orlando Gomes, o qual, por sua vez, inspirou Carlos Roberto Gonçalves. À época de Gomes, a ideia fazia sentido, vez que o Código de 1916 não tratou da lesão e do estado de perigo, que, por conseguinte, não autorizavam a anulação do contrato, situação que se alterou com o Código de 2002, o qual incluiu esses dois vícios entre as causas de anulabilidade do ato jurídico (art. 171, II).

Por fim, cabe comentar que também entre nós, no século XIX, vigia uma teoria das nulidades que não incluía a lesão e nem pensava em estado de perigo. Na época da vigência da Consolidação das Leis Civis (1857-1916), a lesão era considerada, no art. 359, causa apenas da **rescindibilidade** do contrato, e não de sua *anulabilidade*. Visualizando a dúvida que surgiria entre **rescisão** e **anulação** já àquela época, Teixeira de Freitas teve a ocasião de explicar que "sim, a ação rescisória pode ser anulatória; mas pode haver rescisão sem nulidade, como nos casos de lesão".[74]

Posteriormente, os codificadores do nosso Direito Civil, entre os quais Beviláqua, inspirados pelo pensamento liberal e por outros codificadores, como os autores do BGB,[75] excluíram dos projetos de Código Civil a lesão.[76]

Em conclusão: no Direito Civil brasileiro contemporâneo, **rescisão** é, como era no Direito Civil antigo (anterior ao Código de 1916), o meio de dissolver os contratos maculados por algum defeito leve, ou seja, os **contratos anuláveis**.

Vejamos a situação de uma pessoa de pouca instrução e passando por dificuldades, que acaba por herdar uma tela de grande valor de um tio, mas que, sem saber disso, a vende por preço baixíssimo a um colecionador que, espertamente, oferece-se para comprá-la. Tal contrato é viciado pela **lesão**, que estudamos na Parte I deste livro. Nos termos do art. 157 do Código, "ocorre a lesão quando uma pessoa, sob premente necessidade, ou por inexperiência, se obriga a prestação manifestamente desproporcional ao valor da prestação oposta". Nesse caso, ao tomar

---

[73] Messineo explica: "La rescissione è quindi un *rimedio autonomo*, posto a tutela della parte, che subisca un danno di natura *economica*, dovuto all'*abuso* che la controparte fa – a proprio vantaggio – dello *stato psichico* in cui si trova la controparte". Tradução livre: "A rescisão é assim um *remédio autônomo*, posto à disposição da parte, que sofreu um dano de natureza *econômica*, devido ao *abuso* que a outra parte perpetra – em vantagem própria – do *estado psíquico* em que se encontra a outra parte" (MESSINEO, Francesco. *Dottrina generale del contratto*. 2. ed. Milão: Dott. A. Giuffrè, 1946. p. 378).

[74] FREITAS, Augusto Teixeira de. *Consolidação*, cit., p. 238.

[75] *Bürgerliches Gesetzbuch*, o Código Civil Alemão de 1900.

[76] "A lesão não era vício, que pudesse aparecer em qualquer ato jurídico; era própria dos contratos comutativos, como das partilhas, e servia de base à rescisão dos atos jurídicos dos menores. Os últimos projetos de Código Civil brasileiro somente aludiam à lesão nas partilhas, porque nesta domina a lei da mais plena igualdade entre os herdeiros, e o Código, afinal, eliminou inteiramente esse instituto" (BEVILÁQUA, Código. *Teoria geral*, cit., p. 294). "A lesão na teoria dos vícios do consentimento é uma presunção *juris et de jure* do erro, da violência ou do dolo. É uma instituição anacrônica, já definitivamente condenada pela ciência jurídica e banida dos Códigos modernos. [...] O princípio supremo da razão que governa a matéria contratual é a plena liberdade dos contraentes, tanto na determinação do valor das coisas comutáveis, como em tudo que diz respeito a seu interesse privado. Não podia, pois, a lei, sem se afastar desse princípio e se inspirar em meras considerações de conveniência, achar uma presunção de erro, violência ou dolo, na simples desigualdade de valores" (ESPÍNOLA, Eduardo. *Sistema*, cit., v. 1, p. 559).

conhecimento do real valor da peça, o vendedor pode requerer judicialmente a **rescisão** da compra e venda, anulável em razão da lesão (art. 171, II).

O mesmo pedido de rescisão terá lugar para anular qualquer outro contrato inquinado de defeito leve (o rol se encontra no art. 171, II) e, por essa razão, anulável.

Quadro Esquemático 7

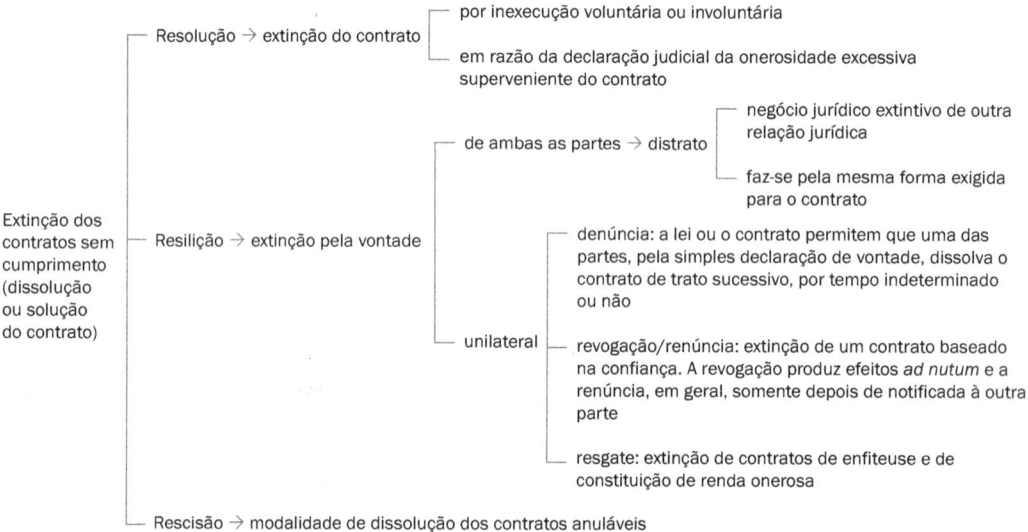

8

Dirigismo Contratual

No Direito contemporâneo, como você já sabe, os princípios contratuais são lidos à luz do novo ideal de Estado, por inspiração, sobretudo, do **princípio da dignidade da pessoa humana**.

Adaptado à nova realidade jurídica, o vetusto princípio da autonomia da vontade se transmuda em **princípio da autonomia privada**, segundo o qual o Direito respeita a liberdade contratual e a liberdade de contratar das partes, mas se reserva um espaço de atuação com o intuito de intervir na relação contratual, sempre que necessário, para garantir a dignidade dos contratantes e, assim, promover a **função social do contrato**. Essa intervenção ficou conhecida como **dirigismo contratual**.

Em síntese, o Estado pode intervir no contrato em três esferas: (1) para impor a contratação; (2) para impor ou proibir cláusulas; (3) para rever o conteúdo do ajuste. A seguir, estudaremos cada uma dessas três esferas de intervenção.

1. IMPOSIÇÃO DA CONTRATAÇÃO

Há certas situações em que o Direito, para garantir que o contrato cumpra sua função social, impõe à parte a contratação, o que representa limitação da liberdade de contratar. É o que ocorre, por exemplo, com os contratos privados em que uma das partes presta serviço considerado público, como ensino, fornecimento de água, de energia.

O Colégio do Saber não pode subjetivamente se recusar a matricular Caio e Orlando, se estes quiserem estudar lá. É claro que pode haver um processo seletivo, ou a cobrança de uma taxa de matrícula. Mas, contanto que o candidato preencha os requisitos objetivos da seleção, a instituição de ensino não pode se recusar a celebrar o contrato.

2. IMPOSIÇÃO OU PROIBIÇÃO DE CLÁUSULAS

Admite-se a limitação da liberdade contratual por meio da imposição de certas cláusulas, com vistas a que o contrato cumpra sua função social. Exemplo dessa hipótese é o contrato de seguro, regulado por órgão governamental – a SUSEP – Superintendência de Seguros Privados do Brasil. Outro exemplo é o da proibição, nos contratos por adesão, de cláusula em que o aderente renuncie previamente a direito decorrente do contrato (art. 424).

3. REVISÃO CONTRATUAL

A ideia de que o Estado pode intervir na relação contratual para rever o conteúdo do ajuste fundamenta-se em dois pilares da função social dos contratos: em primeiro lugar, o **princípio** da **dignidade da pessoa humana**, que assegura a dignidade do contratante que a vê ameaçada pelo contrato; em segundo lugar, o **princípio da continuidade**, segundo o qual o Direito tem interesse na manutenção dos contratos, e não na sua extinção prematura.

A possibilidade de **revisão contratual** foi introduzida no ordenamento jurídico pátrio durante a vigência do Código Civil de 1916 – que não a contemplara – por inspiração de duas doutrinas, as quais, por sua vez, consistem na síntese de diversas outras, anteriores: a **teoria da imprevisão**, do Direito francês, e a **teoria da onerosidade excessiva**, do Direito italiano. Como você já deve ter imaginado, essa "salada" causa uma confusão jurídica até hoje. O Código de 2002, para variar, em vez de resolver a questão ainda ajudou a complicá-la mais. Adotou, no art. 317, a teoria francesa da imprevisão, e, no art. 478, a teoria italiana da onerosidade excessiva.

Várias foram as tentativas de se delinear quais, afinal, são os contornos da revisão contratual no Direito brasileiro. No entanto, nem mesmo nas Jornadas de Direito Civil promovidas pelo Conselho da Justiça Federal se chegou a consenso. O melhor, parece-nos, é reconhecer a vigência, entre nós, de uma **teoria ampla** da revisão contratual, que tanto abarca a teoria da imprevisão (art. 317) quanto a teoria da onerosidade excessiva (art. 478). Para aclarar seu entendimento do tema, passemos ao exame dessas teorias.

3.1 Teoria da imprevisão

Historicamente, o fundamento da revisão contratual, que encontrou originalmente espaço nos **contratos comutativos de execução continuada**, também chamados *contratos de trato sucessivo*, assim como nos **contratos de execução diferida**, é a **cláusula *rebus sic stantibus***. A expressão vem de um preceito delineado pelos juristas da Idade Média: *contractus qui habent tractum successivum et dependentiam de futuro rebus sic stantibus intelliguntur*. Ou seja, os contratos de trato sucessivo dependentes de circunstâncias futuras entendem-se pelas coisas como se encontram. Em outras palavras, nos contratos de execução continuada que se sujeitem de alguma forma a algum evento futuro, deve-se levar em conta a conservação das condições externas tais como eram no momento da contratação.

Já na Idade Contemporânea, no Direito inglês, o caso *Taylor v. Caldwell*,[77] julgado em 1863, abriu as portas para o desenvolvimento da doutrina da impossibilidade da prestação, segundo a qual em alguns contratos há uma **condição implícita** (*implied condition*) que deve permanecer inalterada da contratação à execução do contrato, sem o que não se pode exigir o cumprimento do ajuste. Posteriormente, em 1903, o julgamento de um outro caso – *Krell v. Henry*[78] – possibilitou o surgimento da **doutrina da frustração do propósito** (*frustration of purpose*), segundo a qual a execução do contrato não pode ser exigida se, entre o momento da contratação e o do cumprimento, desaparecer, por razões imprevisíveis, o propósito que levou a parte a contratar.

---

[77] Trata-se do seguinte caso: Taylor havia alugado de Caldwell um teatro para apresentações musicais, a primeira das quais ocorreria em 17 de junho. Ocorre que, em 11 de junho, o teatro se destruiu em um incêndio, sem culpa do locador. Mesmo assim, Taylor o acionou, alegando a inexecução do contrato. A corte julgadora, no entanto, pela primeira vez no Direito inglês, entendeu que o contratado não podia ser responsabilizado pela impossibilidade da prestação se não havia concorrido para ela.

[78] O caso é o seguinte: Henry alugou de Krell, por dois dias, um apartamento, com o propósito de assistir, de lá, à procissão da coroação do rei Eduardo VII. Ocorre que Eduardo adoeceu e a coroação foi adiada. Henry, então, acionou Krell para reaver o sinal dado, e este, por sua vez, acionou Henry para receber o reminiscente do aluguel ajustado. A corte julgadora se baseou na ideia da *implied condition* do caso *Taylor v. Caldwell* para decidir que havia um propósito implícito no contrato, conhecido das partes, cuja frustração por fato imprevisível implicava a resolução do contrato.

Alguns anos mais tarde, na França, foi aprovada a *Loi Failliot*, em 21 de janeiro de 1918, a qual permitia a revisão de alguns contratos afetados pela I Guerra Mundial.

A partir daí se desenvolveria a noção de **revisão contratual por fato imprevisível**, a qual foi trabalhada entre nós por ARNALDO MEDEIROS DA FONSECA, que a batizou de **teoria da imprevisão**.

Segundo a teoria da imprevisão, a execução dos contratos que não sejam de execução imediata, e que por isso mesmo acaba sujeita a mudanças imprevisíveis das condições futuras, deve sempre levar em conta as condições determinantes vigentes no momento da contratação.

Nosso Código Civil de 2002 a positivou no art. 317, preceituando que "quando, por motivos imprevisíveis, sobrevier desproporção manifesta entre o valor da prestação devida e o do momento de sua execução, poderá o juiz corrigi-lo, a pedido da parte, de modo que assegure, quanto possível, o valor real da prestação". Conclui-se, pois, que a lei autoriza a revisão judicial do contrato para manter o equilíbrio entre as prestações, sempre que um fato imprevisível superveniente o ameaçar.

Clóvis contratou do *buffet* de Helena um jantar para comemorar um certo evento, e Helena se responsabilizou pelo fornecimento dos ingredientes. Ajustou-se o preço. Ocorre que dias antes do jantar uma enchente assolou a cidade e elevou o preço dos gêneros alimentícios, causando desproporção entre o custo da refeição e o valor da remuneração. Valendo-se da teoria da imprevisão, pode Helena pleitear a revisão judicial do contrato.

3.2 Teoria da onerosidade excessiva

O Código Civil italiano de 1942 inovou ao estabelecer, no art. 1.467, a possibilidade de resolução do contrato comutativo de execução continuada em razão de superveniente **onerosidade excessiva** decorrente de fato imprevisível, a qual pode ser evitada se a parte beneficiada se oferecer para revisar o contrato, restabelecendo o equilíbrio entre as prestações.

Como se vê, trata-se de uma particularização da *teoria da imprevisão*, que a admite apenas nos casos em que a alteração das circunstâncias gerar **extrema vantagem** para uma parte em detrimento de **grande prejuízo** para a outra.

A teoria da onerosidade excessiva foi primeiramente adotada entre nós pelo Código de Defesa do Consumidor, o qual, no art. 6º, V, incluiu, entre os direitos básicos do consumidor, "a modificação das cláusulas contratuais que estabeleçam prestações desproporcionais ou sua revisão em razão de fatos supervenientes que as tornem excessivamente onerosas".

Posteriormente foi o Código Civil de 2002 quem a acolheu nos arts. 478 e 479, repetindo os preceitos do Código Civil italiano, admitindo a resolução dos contratos de execução continuada ou diferida se acontecimentos extraordinários e imprevisíveis tornarem o contrato excessivamente oneroso para uma das partes, causando extrema vantagem para a outra, sendo, no entanto, preferível a revisão, se a parte beneficiada se oferecer para restabelecer o equilíbrio contratual.

Como se vê, o Código não cuidou expressamente da **revisão judicial** dos contratos por onerosidade excessiva. Tratou de sua resolução (art. 478), assim como da possibilidade de revisão *voluntária* (art. 479). Daí surgiram duas correntes: a minoritária, que interpreta o dispositivo literalmente, e não admite a revisão por onerosidade excessiva; e a majoritária, que interpreta o dispositivo sistematicamente, e a admite, estabelecendo um diálogo com o Código de Defesa do Consumidor.

Considerando-se que a teoria da onerosidade excessiva, como vimos, consiste em uma particularização da teoria da imprevisão, não vemos óbice à revisão judicial dos contratos com fundamento na onerosidade excessiva, sobretudo em razão dos princípios da continuidade e da função social do contrato. O cuidado que se deve ter, em nossa opinião, é o de não elevar a apuração da onerosidade excessiva ao *status* de requisito para qualquer caso de revisão contratual, como alguns inadvertidamente têm feito.

Vamos recordar o exemplo dado quando estudamos a resolução por onerosidade excessiva, no capítulo sobre a extinção dos contratos sem cumprimento. Berenice contratou um médico para, todo mês, durante um ano e meio, ministrar-lhe determinado medicamento, de que faz uso contínuo. No contrato, determinou-se que a droga seria fornecida pelo médico. Ocorre que, após alguns meses, em razão do alagamento de um grande laboratório, devido a fortes chuvas, o preço do medicamento se elevou enormemente. O aumento foi tão significativo que o valor dado ao médico, por mês, não era sequer suficiente para cobri-lo; tampouco para remunerar o serviço. Nesse contrato, o médico considerou o preço do medicamento para fixar sua remuneração. Se essa circunstância fática se alterou, ainda que sem culpa da paciente, que não teve nada a ver com a destruição do laboratório, não pode o médico ser prejudicado pela desproporcionalidade entre as prestações, pois a prestação de serviço deve atender àquela circunstância (do momento da celebração do contrato). Logo, sendo irreversível a situação fática atual, o que deverá ser revisto é o contrato. Supondo que o valor da dose do medicamento fosse inicialmente de R$ 100,00, e que subiu para R$ 500,00, a teoria da onerosidade excessiva opera no sentido de ajustar o valor da remuneração do médico, considerando o aumento de R$ 400,00 no custo da droga, corrigindo, assim, o desequilíbrio entre as prestações.

Caso não seja possível a revisão contratual, nos termos do art. 479, a consequência será a resolução do contrato. De todo modo, é importante salientar que a conservação do negócio é uma prioridade, de modo que, havendo ação judicial buscando a revisão, poderá o juiz, inclusive, modificar de forma equitativa as prestações, desde que respeitado o contraditório (Enunciado 367 do CJF).

3.3 Requisitos para a revisão contratual por aplicação das teorias da imprevisão e da onerosidade excessiva

Constituem **requisitos** para a revisão judicial dos contratos por aplicação da teoria da imprevisão (art. 317 do Código Civil): (1) que se trate de **contrato comutativo**[79] de **execução diferida ou continuada**;[80] (2) que, quando da execução, tenha havido **alteração das circunstâncias fáticas vigentes à época da contratação**; (3) que essa alteração fosse **inesperada e imprevisível** quando da celebração do contrato; (4) por fim, que a alteração tenha promovido **desequilíbrio entre as prestações**.

Destacamos que o fato extraordinário e imprevisível é aquele que não está coberto objetivamente pelos riscos próprios da contratação (Enunciado 366 do CJF). Por exemplo, a jurisprudência do STJ considera que, nos contratos agrícolas, o risco é inerente ao negócio, de forma que eventos como seca, estiagem, pragas, ferrugem asiática, entre outros, não são considerados

---

[79] Afinal, se o contrato não for comutativo, não haverá sentido em se pensar em **desequilíbrio** entre as prestações. Nos contratos aleatórios, como regra, não há possibilidade de aplicação da teoria da imprevisão. Isso porque, como eles dependem de eventos causais supervenientes, já há incerteza sobre a sua extensão, de modo que o risco passa a fazer parte da contratação. Excepcionalmente, admite-se a aplicação da teoria da imprevisão em relação aos riscos anormais, que excedam aqueles vinculados à própria natureza do pacto. Nesse sentido: "É possível a revisão ou resolução por excessiva onerosidade em contratos aleatórios, desde que o evento superveniente, extraordinário e imprevisível não se relacione com a álea assumida no contrato" (Enunciado 440 do CJF).

[80] Isso porque os contratos de execução imediata extinguem-se desde logo, não sendo possível se falar em sua revisão.

fatores imprevisíveis ou extraordinários que autorizem a adoção da Teoria da Imprevisão (AgInt no AREsp 1.233.352/RS, relator: Min. Raul Araújo, 4ª Turma, data do julgamento: 22/6/2020).

Se o caso for de aplicação da teoria da onerosidade excessiva (art. 478 do Código Civil), há, ainda, dois requisitos: uma situação de **grande vantagem** para um contratante e, em contrapartida, uma situação de **onerosidade excessiva** para o outro. A diferença entre a teoria da imprevisão e a da onerosidade excessiva é que esta não se restringe às relações contratuais, podendo atingir, por exemplo, obrigações extracontratuais, como o pagamento de alimentos indenizatórios.

Especificamente em relação ao CDC, a teoria adotada pelo art. 6º, V, não exige que o fato superveniente seja extraordinário ou imprevisível. Aplica-se às relações consumeristas a **teoria do rompimento da base objetiva do negócio jurídico**, que se prende à quebra da base objetiva da relação contratual em que formado o negócio, com o consequente desequilíbrio entre as prestações, à luz do princípio da boa-fé e da finalidade do contrato. Exemplificando:

> [...] A exoneração do autor da função pública que ocupava e, posteriormente, o exercício de função com remuneração bem abaixo daquela que recebia quando foi firmado o contrato de empréstimo na modalidade consignação em pagamento é uma situação que autoriza a limitação do percentual dos descontos realizados em sua conta salário a 30% (trinta por cento) dos rendimentos brutos, abatidos os descontos compulsórios. 2. Diante de alteração fática ocorrida na situação financeira do mutuário, a limitação dos descontos visa tornar possível o atendimento de necessidades básicas de sustento próprio e da família, em atenção ao princípio da dignidade da pessoa humana. 3. A teoria do rompimento da base objetiva do negócio jurídico, consagrada no art. art. 6º, V, do Código de Defesa do Consumidor, dispensa, para a revisão do contrato, a demonstração da imprevisibilidade do fato superveniente, bastando, para tanto, a comprovação de fatos que comprometem a base objetiva sobre o qual o contrato foi firmado, trazendo excessiva onerosidade para o consumidor (TJ-DF 0718017-44.2018.8.07.0001, relator: Hector Valverde, data do julgamento: 27/3/2019, 1ª Turma Cível, data da publicação: 1/4/2019).

Frise-se que a intervenção do Poder Judiciário nos contratos, à luz da teoria da imprevisão ou da teoria da onerosidade excessiva, exige a demonstração de mudanças supervenientes das circunstâncias iniciais vigentes **à época da realização do negócio**, oriundas de evento imprevisível (teoria da imprevisão) e de evento imprevisível e extraordinário (teoria da onerosidade excessiva), que comprometa o valor da prestação, demandando tutela jurisdicional específica (STJ, REsp 1.321.614/SP, relator: Min. Paulo de Tarso Sanseverino, relator para acórdão: Min. Ricardo Villas Bôas Cueva, 3ª Turma, data do julgamento: 16/12/2014, data da publicação: 3/3/2015)

3.4 Revisão contratual por aplicação do princípio da função social do contrato

Conquanto o ponto de partida da revisão contratual tenham sido os casos de aplicação das teorias da imprevisão e da onerosidade excessiva, o Direito evoluiu, sobretudo na última década, para permitir a intervenção do Estado-juiz em outras situações contratuais.

É possível asseverar, com segurança, que hoje o Direito permite a revisão contratual em qualquer hipótese em que uma das partes demonstre ter sofrido alguma violação de sua dignidade, o que fere a **função social do contrato**.

Comumente, os juristas fundamentam os pedidos de revisão no **princípio da boa-fé**, o que é certo, embora incompleto. A boa-fé fundamenta a revisão porquanto protege a dignidade dos contratantes, tudo dentro do contexto da função social do contrato.

Vejamos dois exemplos que lotam o Judiciário: a revisão de contratos de financiamento e a revisão de contratos de seguro de vida.

O ordenamento jurídico contemporâneo, iluminado pelos princípios constitucionais, veda a cobrança exorbitante de juros. Embora alguns juristas ultrapassados ainda resistam à ideia, a grande maioria dos juízes, embasados na melhor doutrina, entende que os juros compensatórios e os juros moratórios sofrem limitações. Não nos ateremos aqui às taxas-limite, que podem variar conforme mudanças legislativas e jurisprudenciais, porque isso fugiria ao escopo desta obra. O importante é destacar que, a despeito de qual seja a taxa máxima, entende-se que a cobrança de juros sofre limitação.

Ocorre que, nos diversos contratos de financiamento celebrados a todo instante na vida moderna, são cobradas taxas de juros extremamente altas, que frequentemente ultrapassam 100% ao ano. Essa prática leva, diariamente, um número enorme de pessoas ao fenômeno do endividamento. A pessoa acaba por trabalhar o mês inteiro para pagar juros, e, ainda assim, continua devendo. Como os juros não param de incidir, a dívida cresce como uma bola de neve.

Essas pessoas, cuja dignidade se viu obviamente lesada, começaram a ajuizar ações para requerer a limitação das taxas de juros, inicialmente baseando seus pedidos no Código de Defesa do Consumidor, que veda as chamadas **práticas abusivas**.[81]

Destarte, o Judiciário passou a discutir a questão da cobrança de juros e, hoje, revisa milhares de contratos para restaurar o equilíbrio entre as partes contratantes e, consequentemente, proteger sua dignidade, de modo que o contrato cumpra sua função social.

No caso dos contratos de seguro de vida, tornou-se prática comum das seguradoras celebrar contratos com vigência de apenas um ano e inserir cláusulas de não renovação. Ou seja, o segurado ficaria protegido durante um ano, mas, após a expiração do prazo, o contrato não seria renovado, e o segurado teria de contratar um novo seguro. Infelizmente, as condições desse novo contrato são sempre desfavoráveis ao contratante: à medida que a idade do segurado avança, as seguradoras cobram um prêmio maior, ou reduzem o valor da indenização.

Ocorre que as pessoas contratam seguro de vida não porque querem proteger seus beneficiários por um ano, mas sim porque querem protegê-los da hipótese da morte do segurado, o que pode acontecer a qualquer momento.

Logo, construiu-se uma tese segundo a qual a cláusula de não renovação viola a função social do contrato. A seguradora, objetivamente, insere a cláusula no contrato para obrigar o segurado a, expirado o prazo, celebrar um novo contrato, cujas condições poderão ser (e sempre serão) desfavoráveis a ele. Essa conduta viola a boa-fé contratual e, por conseguinte, fere a função social do contrato de seguro de vida. Por essa razão, o Judiciário tem atuado no sentido de considerar essa cláusula nula e impor a renovação dos contratos de seguro de vida. A título de exemplo:

> É permitido à seguradora a não renovação do contrato de seguro nos moldes originários, desde que as justificáveis alterações não se distanciem da função social do contrato e da boa--fé objetiva, nem imponham ao segurado situação de imensa desvantagem. 2 – No caso em comento, resta clara a abusividade na conduta da seguradora que, alegando redução de sua margem de lucro causada pelo envelhecimento do segurado, eleva o prêmio na renovação da apólice, sob pena de, não havendo concordância, não ser o mesmo renovado, o que certamente acarretaria prejuízo ao segurado que é pessoa idosa e dificilmente seria incluído na carteira de

---

[81] Na verdade, não só os contratos em que haja relação de consumo podem ser objeto de revisão, vez que o fundamento do pedido não se limita ao Direito do Consumidor, mas se estende a todo o Direito privado, pelos motivos expendidos.

outra seguradora (TJ-ES, APL: 00038690220068080021, relatora: Maria do Ceu Pitanga Pinto, data do julgamento: 30/8/2011, 2ª Câmara Cível, data da publicação: 14/9/2011).

Quadro Esquemático 8

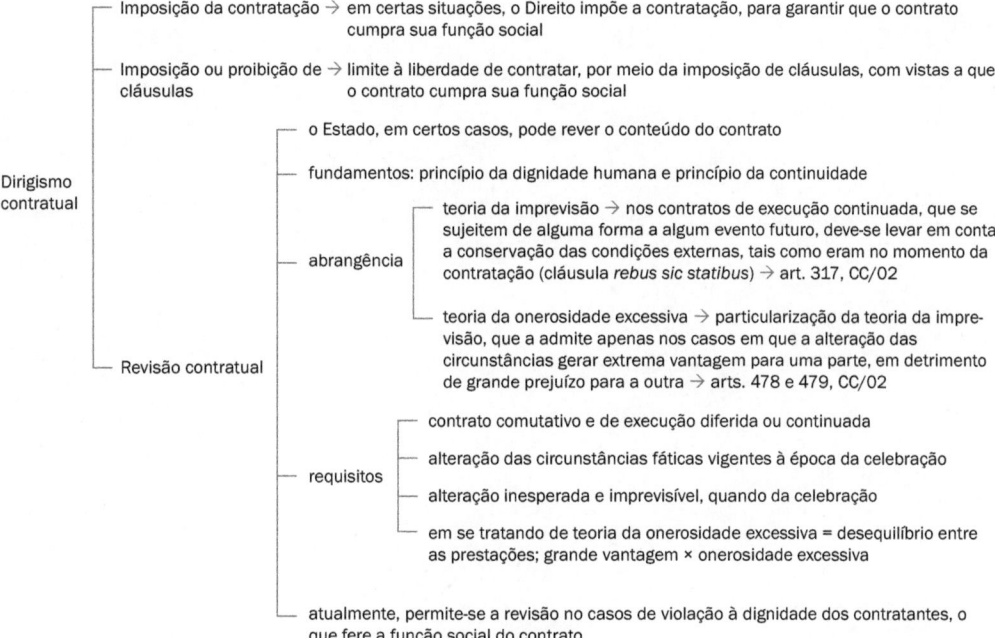

9

Contratos Tipificados no Código Civil (arts. 481 a 839)

1. COMPRA E VENDA (ARTS. 481 A 532)

Contrato mais celebrado no dia a dia no mundo de hoje, a **compra e venda** tem denominações diferentes nos diversos sistemas jurídicos. Em alguns, como o alemão, é chamada apenas de venda; em outros, como o inglês, de compra.

Consideramos preferível a denominação que se usa no Direito pátrio, pois a expressão *compra e venda* representa melhor o aspecto dúplice desse contrato por excelência bilateral.

1.1 Conceito e caracterização jurídica

Compra e venda é o contrato por meio do qual uma das partes se **obriga a transferir a propriedade** de uma coisa para a outra parte, que, em contrapartida, **obriga-se a dar o preço**. O art. 481 do Código traz conceito semelhante.[82]

As partes são chamadas de **comprador** e **vendedor**.

Primeiramente, é fundamental destacar que a compra e venda gera **direitos obrigacionais**, como todo contrato no Direito brasileiro, conforme vimos anteriormente ao estudar a eficácia contratual. Por essa razão é que se diz que por meio da compra e venda o vendedor *se obriga a transferir a propriedade*, e não que o vendedor *transfere a propriedade*.

A compra e venda é contrato **nominado** e **típico**, disciplinado nos arts. 481 a 532 do Código Civil.

Considera-se perfeita desde que as partes acordarem sobre o objeto e o preço (art. 482), a não ser se houver **condição suspensiva**.

É **formal** a compra e venda dos **bens imóveis** cujo preço exceda a trinta salários mínimos, a qual se deve fazer por **escritura pública** (art. 108), e, por outro lado, tão somente **consensual** a compra e venda dos **bens móveis**, bem como dos imóveis negociados por menos de trinta salários mínimos, a qual se aperfeiçoa no momento em que as partes acordam sobre o objeto e o preço.

---

[82] Art. 481 do Código: "pelo contrato de compra e venda, um dos contratantes se obriga a transferir o domínio de certa coisa, e o outro, a pagar-lhe certo preço em dinheiro".

Trata-se de contrato, por excelência, **bilateral**, uma vez que, para ambas as partes, nascem direitos e obrigações: para o comprador, o direito de receber a coisa e a obrigação de dar o preço; para o vendedor, o direito de receber o preço e a obrigação de entregar a coisa.

Ademais, cuida-se de contrato **oneroso**, pois as vantagens obtidas pelas partes se fundamentam em uma contraprestação sua: o vendedor adquire o direito de receber o preço porquanto se obriga a transferir a propriedade, e o comprador se reveste do direito de receber a coisa em razão de se obrigar a dar o preço.

Em geral, a compra e venda é **comutativa** e **preestimada**, uma vez que o preço corresponde ao valor da coisa, e as partes conhecem suas prestações desde a contratação. Todavia, pode ser **aleatória** se as partes assim o quiserem, como pode acontecer na hipótese de venda de coisa futura (art. 483). A propósito, frise-se que se aplicam à compra e venda aleatória, de coisa futura ou de coisa existente, porém exposta a risco, os preceitos que estudamos na seção acerca da classificação do contrato em preestimado e aleatório.

Em se tratando de compra e venda comutativa, aplica-se o disposto acerca dos **vícios redibitórios** (arts. 441 a 446). O art. 503, expressamente, ressalta que, se várias coisas forem vendidas conjuntamente, o vício redibitório de uma não autorizará a rejeição das demais.

O contrato de compra e venda pode ser de **execução imediata**, quando, em seguida ao ajuste sobre o objeto e o preço, se realiza a tradição da coisa e se paga o preço, ou quando a tradição do bem imóvel e o pagamento do preço sucedem de imediato à assinatura da escritura, e pode ser de **execução futura**, quando as partes acordam que as tradições serão realizadas em momento posterior.

Cabe, aqui, chamar a atenção do leitor para o seguinte: a compra e venda de bem imóvel somente será de execução futura quando a entrega das chaves ou o pagamento do preço não ocorrer logo após a assinatura da escritura.

Cuidado para não confundir essa hipótese com a da promessa de compra e venda.[83] Em razão do trâmite da preparação da escritura de compra e venda nos cartórios, é comum que as partes celebrem um contrato preliminar, em que ajustam o objeto e o preço e se obrigam a celebrar o contrato definitivo por meio da escritura pública. Note bem: um vez que a compra e venda de imóveis é contrato formal, somente se aperfeiçoa com a assinatura da escritura; antes disso, o que pode haver é contrato preliminar, mas nunca compra e venda de execução futura.

Por fim, a compra e venda pode ser **por adesão** ou não. A compra e venda de um carro entre amigos se considera **negociável**. Contudo, a compra de uma peça de roupa em uma grande loja de departamentos se realiza **por adesão**, cabendo ao comprador simplesmente escolher o bem, de resto submetendo-se às condições impostas pela loja vendedora.

1.1.1 Objeto

O objeto da compra e venda deve ser sempre uma **coisa**, ou seja, um bem material suscetível de valoração econômica.

A coisa pode ser **existente** ao tempo da contratação ou **futura**, caso em que haverá **venda aleatória** (art. 483), sujeita à disciplina dos arts. 458 a 461 do Código, que estudamos ao tratar da classificação dos contratos.

Não podem ser objeto de compra e venda:

Art. 497. Sob pena de nulidade, não podem ser comprados, ainda que em hasta pública:

I – pelos tutores, curadores, testamenteiros e administradores, os bens confiados à sua guarda ou administração;

---

[83] Os contratos preliminares são, por definição, de execução futura, mas não se pode confundir esse fato com a execução do contrato definitivo, a qual poderá ser imediata ou não, dependendo do caso.

II – pelos servidores públicos, em geral, os bens ou direitos da pessoa jurídica a que servirem, ou que estejam sob sua administração direta ou indireta;

III – pelos juízes, secretários de tribunais, arbitradores, peritos e outros serventuários ou auxiliares da justiça, os bens ou direitos sobre que se litigar em tribunal, juízo ou conselho, no lugar onde servirem, ou a que se estender a sua autoridade;

IV – pelos leiloeiros e seus prepostos, os bens de cuja venda estejam encarregados.

Parágrafo único. As proibições deste artigo estendem-se à cessão de crédito.

Com relação à proibição contida no inciso III, não compreende, nos termos do art. 498, os casos de compra e venda ou cessão entre coerdeiros, ou em pagamento de dívida, ou para garantia de bens já pertencentes às pessoas designadas no dispositivo.

Proíbe-se também a compra e venda entre um cônjuge e o outro dos bens que integram a **comunhão** (patrimônio pertencente a ambos os cônjuges). Excluem-se da proibição, portanto, os bens pertencentes exclusivamente a um dos cônjuges, ou seja, que não integram a comunhão (art. 499).

Na hipótese de a compra e venda se realizar à vista de **amostras, protótipos ou modelos**, a lei presume de forma absoluta (*iuris et de iure*) que o vendedor assegura que a coisa terá as qualidades que a elas corresponderem (art. 484, *caput*). A amostra, protótipo ou modelo prevalece mesmo no caso de haver **contradição ou diferença** entre ela e o que foi descrito no contrato (art. 484, parágrafo único).

1.1.2 Preço

O preço dado pela coisa na compra e venda deve ser sempre **em dinheiro** (art. 481, parte final). Isso porque, fosse dada outra coisa, diversa de pecúnia, como preço da compra e venda, configurar-se-ia, na verdade, um **contrato de troca**.

Admite-se a fixação do preço por **terceiro**, se assim ajustarem as partes (Augusto e Berenice celebram contrato de compra e venda de uma escultura, e deixam a fixação do preço a cargo de um avaliador em quem confiam; art. 485), como também por **taxa de mercado ou bolsa**, em certo e determinado dia e lugar (Caio e Silvio contratam a compra e venda de um carro, e acordam que o preço será o da tabela FIPE no dia da tradição; art. 486), ou **em função de índices ou parâmetros de objetiva determinação** (Rui e Pontes celebram compra e venda de uma tela e estipulam que o preço será o correspondente a vinte quilos de ouro na data da tradição; art. 487).

Reputa-se **nulo** o negócio, por sua vez, se a fixação do preço for deixada ao **arbítrio exclusivo** de uma das partes (Orlando e Helena contratam a compra e venda de uma joia, e estipulam que o preço será o que Helena achar conveniente na data do pagamento; art. 489). Discordamos da sanção prevista pelo Código para esse caso. Se, havendo acordo sobre a coisa, a parte concorda com a fixação do preço exclusivamente pela outra, ato que torna o contrato perfeito, deve-se presumir que confia nela. Obviamente que a outra parte poderá se aproveitar de sua prerrogativa para estipular um preço injusto, mas não necessariamente. O mais adequado, então, seria prever a **anulabilidade** do contrato por meio da *ação de rescisão*, se a parte prejudicada demonstrar violação à **função social do contrato**. Veja-se que, embora o Código repute nulo o contrato, este acabará por produzir todos os seus efeitos, se a parte entender justo o preço estipulado pela outra e, por essa razão, não ajuizar a ação declaratória de nulidade.

Se a compra e venda for celebrada **sem que as partes fixem o preço**, ou sem que ajustem os critérios para a sua determinação, e não houver tabelamento oficial do preço da coisa, o art. 488 determina que o preço será o **preço corrente das vendas habituais** do alienante.

1.1.3 Tradição e despesas com a transferência da propriedade

Salvo na hipótese de a compra e venda ser celebrada **a crédito**, o vendedor não é obrigado a entregar ao comprador a coisa antes de dele receber o preço (art. 491).

O **lugar da tradição**, na falta de estipulação expressa, reputa-se aquele em que a coisa se encontrava ao tempo da celebração do contrato (art. 493).

Admite-se que o vendedor se recuse a realizar a tradição, independentemente do prazo para pagamento, se o comprador cair em **insolvência**, condicionando a entrega à prestação de **caução** (art. 495).

Com relação às **despesas** necessárias para a transferência da propriedade, o art. 490 do Código determina que as referentes à **escritura** e ao **registro** ficam a cargo do **comprador**, e as relativas à **tradição**, a cargo do **vendedor**.

Até o momento da tradição, em conformidade com a regra de que **a coisa perece para o dono** – *res perit domino* –, o art. 492 determina que os **riscos** da coisa correm por conta do vendedor, e os do preço por conta do comprador.

Todavia, em se tratando de coisas que normalmente se recebem **contando, pesando, medindo ou assinalando**, o § 1º do dispositivo ressalva que o comprador responde pelos casos fortuitos ocorridos no ato de contar, marcar ou assinalar as coisas, se estas já tiverem sido colocadas à sua disposição, bem como, conforme o § 2º, se o comprador estiver em mora de receber, apesar de as coisas já lhe terem sido disponibilizadas no tempo, lugar e pelo modo ajustados no contrato.

Um exemplo seria o da venda de duas toneladas de milho, que Manuel, comprador, deve buscar na fazenda de Clóvis. Supondo que, durante a pesagem, alguns quilos de milho se percam, porquanto uma chuva forte e inesperada os levou na enxurrada, a perda será suportada pelo *comprador*.

Na hipótese da compra e venda de coisa que deve ser **expedida para o comprador**, *por ordem sua*, este assume os riscos da coisa tão logo ela seja entregue pelo vendedor ao transportador, salvo se o alienante não seguir as instruções do comprador (art. 494).

Por fim, frise-se que o vendedor responde por **todos os débitos** que gravem a coisa até o momento da tradição, salvo convenção em contrário (art. 502).

Pensemos na compra e venda de um apartamento, cujo IPTU e cuja contribuição condominial estejam atrasados quando da celebração do contrato. Por se tratar de obrigações *propter rem*, os respectivos credores poderão cobrá-las do adquirente, que terá assumido a posição de devedor nas relações obrigacionais. Todavia, em razão da norma estabelecida no art. 502, o comprador terá **direito de regresso** contra o vendedor.

Utiliza-se o verbo "poderão", pois, em relação ao IPTU, prevalece o entendimento que tanto o promitente comprador do imóvel quanto o proprietário (promitente vendedor) são responsáveis pelo pagamento (art. 34 do Código Tributário Nacional), de modo que o Município poderá cobrar de qualquer deles, garantindo-se o direito de regresso contra quem era o responsável segundo os termos do contrato. Em relação às contribuições de condomínio, a princípio, a responsabilidade é também solidária entre comprador e vendedor do imóvel, quando a compra e venda respectiva não restou devidamente registrada. Contudo, será atribuída a responsabilidade exclusivamente ao comprador se as despesas foram geradas após a compra e venda, preenchidos os seguintes requisitos: (i) imissão do novo proprietário da posse do imóvel; (ii) ciência inequívoca do condomínio quanto a compra e venda e a consequente imissão na posse pelo comprador (Recurso Especial repetitivo 1.344.533/RS). Assim, por exemplo, no caso em que o débito refere-se a um período pós-venda e pós-imissão do comprador no imóvel, com plena ciência do condomínio, afasta-se a legitimidade passiva do promitente vendedor para responder por despesas condominiais relativas a período em que a posse foi exercida pelo promissário-comprador.

1.1.4 Venda de ascendente a descendente

Considera-se **anulável** a venda de ascendente a descendente se os demais descendentes e o cônjuge do alienante não consentirem expressamente com a alienação (art. 496). Dispensa-se a anuência do cônjuge, no entanto, se o regime de bens do casamento for o da **separação obrigatória** (art. 496, parágrafo único).

A finalidade dessa restrição é resguardar o princípio da igualdade das legítimas entre os herdeiros necessários (art. 1.789, do CC). Conforme ensinamentos de Caio Mário da Silva Pereira, o dispositivo atua "contra a defraudação que resultaria de dissimular, sob a forma de compra e venda, uma doação que beneficiaria a um, em prejuízo dos outros"[84]. Isso não quer dizer que um ascendente não possa doar para um dos herdeiros um bem de sua propriedade. No caso de doação, não há necessidade de consentimento, mas o adiantamento será considerado quando do momento da abertura da sucessão. Ou seja, haverá adiantamento da legítima, de modo que o bem doado será trazido à colação, significando dizer que será calculado, no momento do inventário, como sendo parte da legítima recebida pelo herdeiro. O que o art. 496 busca evitar é a realização de uma doação disfarçada.

Venda de ascendente a descendente	Doação de ascendente a descendente
É possível, desde que haja concordância expressa dos demais herdeiros e cônjuge. Se não houver, o ato jurídico será anulável. **OBS 1.:** a venda de descendente a ascendente é plenamente possível. **OBS 2.:** por se tratar de norma restritiva de direitos, não deve ser aplicada por analogia aos casos de união estável.	É possível mesmo sem prévio consentimento. O valor doado será considerado como adiantamento do que o donatário iria receber como herdeiro no momento da abertura da sucessão.

O consentimento dependerá da natureza do negócio (art. 220). Por exemplo, se a venda for de imóvel superior a trinta salários mínimos (art. 108), a anuência deverá ser apresentada de forma expressa na própria escritura pública.

Cumpre tecer algumas considerações acerca da **extinção do direito à anulação**.

Segundo a Súmula 494 do Supremo Tribunal Federal, o direito de anular a venda de ascendente a descendente que se realizou sem o consentimento de qualquer dos demais descendentes ou do cônjuge se submete ao **prazo decadencial de vinte anos** contado da **data da celebração do contrato**. Eis a redação do dispositivo: "a ação para anular venda de ascendente a descendente, sem consentimento dos demais, prescreve em vinte anos, contados da data do ato, revogada a súmula 152".

Veja que, embora o texto cuide de prescrição da ação, a hipótese é, tecnicamente, de decadência do direito potestativo.

Não obstante a não revogação da Súmula 494, o prazo decadencial por ela estabelecido *não é de se aplicar* aos contratos celebrados na vigência do Código Civil de 2002, porquanto baseado no prazo prescricional geral do Código de 1916, art. 177, que era de vinte anos.

Ocorre que o art. 179 do novo Código Civil expressamente determina que, nas hipóteses em que a lei autorizar a anulação do ato jurídico sem estabelecer prazo para tanto – caso do art. 496 –, este será de **dois anos** contados da **data da conclusão do ato**.

---

[84] PEREIRA, Caio Mário da Silva. Instituições de Direito Civil. 12. ed. Rio de Janeiro: Forense, 2008. v. III. p. 185-186.

Logo, após a entrada em vigor do novo Código Civil, o prazo decadencial do direito à anulação da venda de ascendente a descendente sem as autorizações exigidas pela lei é de **dois anos contados da data da venda**. Aos casos ocorridos na vigência do Código de 1916, mas somente levados a juízo após a entrada em vigor do Código de 2002, aplica-se a regra de transição prevista no art. 2.028: "serão os da lei anterior os prazos, quando reduzidos por este Código, e se, na data de sua entrada em vigor, já houver transcorrido mais da metade do tempo estabelecido na lei revogada"[85].

Essa anulação deve ser requerida judicialmente pelos legitimados interessados (descendentes e cônjuge do alienante)[86], não podendo o juiz decretá-la de ofício, por se tratar de hipótese de nulidade relativa. De toda forma, há possibilidade de convalidação caso a venda seja ratificada posteriormente.

E caso a venda tenha sido simulada, por meio de interposição de terceiro? Em edições anteriores, firmamos o entendimento segundo o qual a hipótese seria de nulidade (art. 167, § 1º, I), pois equiparável à simulação. Nesse caso, não haveria que se falar em decadência. Uma vez que a nulidade não convalesce (art. 169), poderia ser arguida a qualquer tempo.

Ocorre que o entendimento mais recente do STJ caminha para outro sentido. Segundo precedente da 3ª Turma, de relatoria da Ministra Nancy Andrighi, "a venda por interposta pessoa não é outra coisa que não a tentativa reprovável de contornar-se a exigência da concordância dos demais descendentes e também do cônjuge, para que seja hígida a venda de ascendente a descendente". Por isso, deverá ela receber o mesmo tratamento conferido à venda direta que se faça sem essa aquiescência, ou seja, considerando anulável a venda, será igualmente aplicável o art. 179 do CC/02, que prevê o prazo decadencial de 2 (dois) anos para a anulação do negócio (REsp 1.679.501/GO, relatora: Min. Nancy Andrighi, 3ª Turma, data do julgamento: 10/3/2020, data da publicação: 13/3/2020).

Cabe ressaltar que, na vigência do Código de 1916, a venda de ascendente a descendente por pessoa interposta era **anulável**, e o direito à anulação sujeito ao prazo decadencial de **quatro anos** contados da data do contrato (art. 177, § 9º, V, *b*, do Código anterior).

Venda direta de descendente a ascendente	Venda de descendente a ascendente por interposta pessoa
No CC/2002: ato jurídico **anulável**.	No CC/2002: ato jurídico **anulável** (STJ).
Prazo decadencial: dois anos da data da conclusão do negócio.	Prazo decadencial: dois anos da data da conclusão do negócio.
Tratando de escritura pública de compra e venda de imóvel, a conclusão do negócio será considerada apenas quando aperfeiçoada a transferência da propriedade do imóvel, ou seja, quando realizado o registro da escritura no Cartório de Registro de Imóveis.	

---

[85] Nesse sentido: STJ, AgInt no REsp 1.481.596/S, 3ª Turma, relator: Min. Marco Aurélio Bellizze, data do julgamento: 12/9/2017.

[86] De acordo com o STJ, a alienação de bens de ascendente a descendente, sem o consentimento dos demais, é ato jurídico anulável, cujo reconhecimento reclama: (i) a iniciativa da parte interessada; (ii) a ocorrência do fato jurídico, qual seja, a venda inquinada de inválida; (iii) a existência de relação de ascendência e descendência entre vendedor e comprador; (iv) a falta de consentimento de outros descendentes; e (v) a comprovação de simulação com o objetivo de dissimular doação ou pagamento de preço inferior ao valor de mercado (REsp 1.356.431/DF, relator: Min. Luis Felipe Salomão, 4ª Turma, data do julgamento: 8/8/2017, data da publicação: 21/9/2017).

1.1.5 Venda ad corpus e venda ad mensuram

É necessário distinguir as hipóteses de venda de imóveis conhecidas pela doutrina como **venda *ad corpus*** e **venda *ad mensuram***.

Diz-se *ad corpus* a venda de **bem individualizado** por suas **características e confrontações**, ou, ainda, por seu **nome**. Pode ou não haver determinação da área, mas, mesmo se houver, será considerada meramente enunciativa. Para que se repute a venda *ad corpus* não é necessária **declaração expressa**; basta que a coisa tenha sido vendida como **certa e discriminada** (art. 500, § 3º, primeira parte).

Um exemplo seria a venda da "fazenda de vastos pastos e um pomar, situada entre o sopé do Morro dos Ventos e as margens do Rio das Pedras, entre a fazenda de José da Silva e a fazenda de João dos Santos". Outro exemplo seria, simplesmente, a venda da "Fazenda do Moinho".

Sendo a venda do imóvel *ad corpus*, ou seja, como coisa certa e discriminada, não haverá complemento da área, nem devolução do excesso, sendo considerada apenas enunciativa a referência às suas dimensões, conforme asseverado (art. 500, § 3º, segunda parte).

A **venda *ad mensuram***, por sua vez, leva em conta a **determinação da área do imóvel**, que servirá de parâmetro para a individualização. Aqui, não há discriminação.

Um exemplo seria a venda de "uma fazenda de três hectares situada no município de Quissamã".

Na hipótese de **venda *ad mensuram***, o preço é correspondente ao **tamanho do lote**, e não a outros fatores. Por essa razão, preceitua o art. 500 do Código o seguinte:

Art. 500. Se, na venda de um imóvel, se estipular o preço por medida de extensão, ou se determinar a respectiva área, e esta não corresponder, em quaisquer dos casos, às dimensões dadas, o comprador terá direito de exigir o complemento da área, e, não sendo isso possível, o de reclamar a resolução do contrato ou o abatimento proporcional ao preço.

§ 1º Presume-se que a referência às dimensões foi simplesmente enunciativa, quando a diferença encontrada não exceder de um vigésimo da área total anunciada, ressalvado ao comprador o direito de provar que, em tais circunstâncias, não teria realizado o negócio.

§ 2º Se em vez de falta houver excesso, e o vendedor provar que tinha motivos para ignorar a medida exata da área vendida, caberá ao comprador, à sua escolha, completar o valor correspondente ao preço ou devolver o excesso.

Como se vê, a lei estabelece o critério da diferença inferior a um vigésimo entre a área apurada e a área estipulada no contrato para a **presunção de venda *ad corpus*** (art. 500, § 1º, primeira parte). Trata-se de presunção **relativa** (*iuris tantum*), a qual admite que o comprador prove que não teria realizado o negócio em tais circunstâncias.

Por fim, deve-se frisar que os direitos do comprador de exigir o complemento da área, ou de resolver o contrato, ou de demandar o abatimento do preço têm natureza **potestativa** e submetem-se ao prazo decadencial de **um ano** contado da **data do registro** do título (art. 501, *caput*) ou da **data da imissão na posse**, se houver atraso atribuível ao vendedor (art. 501, parágrafo único).

A pretensão indicada anteriormente não se confunde com a eventual busca pela indenização por danos materiais. Em outras palavras, o prazo decadencial de um ano previsto no art. 501 do CC/2002 é aplicável exclusivamente quando o comprador desejar o complemento da área, o abatimento proporcional do preço ou a resolução do contrato (STJ, 3ª Turma, REsp 1.890.327/SP, relatora: Min. Nancy Andrighi, data do julgamento: 20/4/2021). Se o comprador pretender ajuizar uma ação pleiteando a condenação do vendedor ao pagamento de danos materiais em virtude da metragem a menor, o prazo para ingressar com essa demanda será aquele previsto no art. 205 do CC, ou seja, dez anos (STJ, 3ª Turma, AgInt no REsp 1.889.229, relator: Min. Ricardo Villas Bôas Cueva).

1.2 Cláusulas especiais da compra e venda

Sob a rubrica de **cláusulas especiais da compra e venda** cuidaremos de cinco *pactos adjetos* do contrato, que não o desnaturam, mas lhe adicionam características especiais. Trata-se da **retrovenda**, da **venda a contento**, da **venda sujeita a prova**, da **preferência** e da **venda com reserva de domínio**.

1.2.1 Retrovenda

O instituto da **retrovenda** – ou **recompra** – já deveria ter sido abolido do nosso sistema.[87] Trata-se de **condição resolutiva** do contrato de compra e venda dependente exclusivamente da **vontade** da parte beneficiada por ela.

Insere-se no pacto uma cláusula que permite ao vendedor retratar-se em até **três anos**, recobrando a coisa vendida, mediante restituição do preço e reembolso das despesas efetuadas pelo comprador (art. 505). No tocante ao tempo para o exercício do direito potestativo da retrovenda, é importante esclarecer que o Código Civil prevê o prazo decadencial "máximo" de três anos, o que não impede que as partes convencionem período inferior.

O direito decorrente de tal cláusula, que se denomina **direito de resgate** ou de **retrato**, admite cessão e transmissão a herdeiros e legatários (art. 507, primeira parte).

Não tem o comprador o direito de se opor, posteriormente, à retrovenda pactuada, nem o terceiro adquirente, e, se o fizer, caberá ao vendedor depositar em juízo integralmente os valores devidos para que lhe seja restituída a propriedade (art. 506 combinado com art. 507, segunda parte). Caso o depósito judicial não seja suficiente, o domínio não será restituído ao vendedor enquanto não complementá-lo (art. 506, parágrafo único).

Se mais de dois vendedores tiverem direito de retrato, e apenas um o exercer, poderá o comprador intimar os demais, prevalecendo o direito do vendedor que efetuar o depósito integral.

Importante: a retrovenda não é uma nova venda, razão pela qual não é devido novo imposto de transmissão, ao se exercer o direito de resgate.

Rui, proprietário de uma antiga casa, resolve vendê-la, mas, incerto sobre sua decisão, insere cláusula de retrovenda no contrato. Após dois anos, sente falta do imóvel, e procura o comprador para pedir a restituição. Para recebê-la, devolve ao comprador o preço recebido e o indeniza pelas despesas que este houver realizado.

Infelizmente, a manutenção deste instituto no Código de 2002 dá azo a fraudes. É que a retrovenda tem sido usada como **garantia** em contratos de mútuo celebrados por agiotas, disfarçados de compra e venda com cláusula de recompra.

1.2.2 Venda a contento

A chamada **venda a contento** (conhecida classicamente como *pactum displiciendae*) é modalidade especial de compra e venda em que os efeitos do contrato dependem de o comprador se satisfazer com a coisa.

Segundo o art. 509 do Código, "a venda feita a contento do comprador entende-se realizada sob condição suspensiva, ainda que a coisa lhe tenha sido entregue; e não se reputará perfeita, enquanto o adquirente não manifestar seu agrado".

---

[87] A esse respeito, CAIO MÁRIO comenta que é "muito controvertida a utilidade desse pacto", "os inconvenientes são, sem dúvida, manifestos" e "a não ser excepcionalmente, não tem passado de disfarce para empréstimos ofensivos à legislação repressora da usura" (PEREIRA, Caio Mário da Silva. *Instituições*, cit., v. 3, p. 181).

Tanto os bens móveis quanto os imóveis podem ser objeto de venda a contento, mas, em qualquer caso, a chamada **cláusula *ad gustum*,** que institui a condição suspensiva, deve ser **expressamente pactuada.**

Não se estipulando prazo para que o comprador se manifeste, e deixando este de fazê-lo, poderá o vendedor intimá-lo para o que o faça em prazo improrrogável (art. 512).

Importante salientar que, antes da manifestação do comprador, a qual deve ser positiva, para que a compra e venda se considere perfeita, a situação se rege pelas normas aplicáveis ao **comodato** (empréstimo gratuito de bem infungível), nos termos do art. 511 do Código.

Não é difícil imaginar uma situação de venda a contento. Um cavaleiro pretende comprar um novo cavalo para usar em competições. Tratando-se de um animal, não faz sentido pensar-se em um *test drive*. É necessário um tempo para que o cavalo e o cavaleiro se acertem. Razoável, então, inserir-se na compra e venda a condição suspensiva, pelo que o contrato somente se aperfeiçoará se o cavalo realmente vier a agradar o cavaleiro.

1.2.3 Venda sujeita a prova

No Código Civil anterior não se falava em **venda sujeita a prova**, senão em "gêneros que se costumam provar, medir, pesar ou experimentar antes de aceitos", ao tratar do objeto da venda a contento (art. 1.144, parágrafo único). O novo Código tratou da venda sujeita a prova como se fosse outra modalidade de compra e venda, embora a tenha disciplinado em conjunto com a venda a contento.

Na verdade, o que difere os dois institutos é que, na venda a contento, a perfeição do contrato depende de **elemento subjetivo**, consubstanciado no agrado do comprador, enquanto, na venda sujeita a prova, a perfeição do contrato depende de **elemento objetivo**, que é o teste para verificar se a coisa tem as qualidades anunciadas e se é idônea para o fim a que se destina.

Segundo o art. 510 do Código, "também a venda sujeita a prova presume-se feita sob condição suspensiva" e também aqui as obrigações do comprador são as de mero comodatário, antes de manifestar expressamente sua aceitação da coisa (art. 511).

Obviamente que também à venda sujeita a prova se aplica o dispositivo do art. 512, segundo o qual se o comprador não se manifestar e não houver prazo estipulado no contrato, poderá ser intimado pelo vendedor para fazê-lo, em prazo improrrogável.

Ilustrativamente, podemos imaginar a situação de uma pessoa que precisa de um aparelho de corte de precisão e recebe de um conhecido a oferta de um produto que, segundo a descrição, atende à sua necessidade. Acertadamente utilizando-se da compra e venda sujeita a prova, a pessoa adquire o aparelho e o submete a testes para verificar a precisão do corte, e somente aperfeiçoa a venda, declarando que o aparelho foi aprovado, se este realmente corresponder ao anunciado e se prestar à finalidade a que se destinará.

Venda a contento	Venda sujeita a prova
Subordina a eficácia da compra e venda a uma condição suspensiva, qual seja, a satisfação do comprador ao apreciar as qualidades da coisa que lhe foi entregue; permite-se, então, ao adquirente desfazer o contrato caso a coisa não tenha, ao seu exame, as qualidades previstas.	Subordina a eficácia da compra e venda à objetiva constatação das qualidades que foram asseguradas pelo vendedor. Nesse caso, a manifestação do comprador não é de ordem subjetiva e discricionária, de modo que sua recusa precisa estar apoiada em sinais de que a coisa não apresenta o desempenho e as qualidades prometidas.

1.2.4 Preempção ou preferência

Chama-se de **preempção**, **prelação** ou **preferência** (*pactum promitiseos* no Direito Romano) o pacto adjeto à compra e venda por meio do qual se estabelece o **direito de preferência** do vendedor de recomprar a coisa vendida, caso o comprador queira aliená-la, tanto por tanto (art. 513).

Ou seja, havendo expressamente cláusula de preempção na compra e venda, o vendedor, querendo, poderá readquirir a coisa vendida, se e quando o comprador quiser vendê-la ou dá-la em pagamento.

Impende ressaltar, desde logo, que a preferência é **direito personalíssimo** e que, portanto, não pode ser objeto de cessão nem de transmissão hereditária (art. 520).

Como se vê, o instituto guarda certa semelhança com a retrovenda, mas sem seu rigor excessivo. Isso porque, na retrovenda, o vendedor tem o direito potestativo de recomprar a coisa em três anos, bastando que o queira, independentemente da vontade do comprador ou mesmo do terceiro adquirente. Já no caso da cláusula de preempção, a recompra se submete à vontade do comprador, que é, afinal, o proprietário da coisa.

Se o vendedor originário tomar ciência de que o comprador pretende vender a coisa, ou dá-la em pagamento, sem que lhe tenha comunicado o fato, pode notificá-lo, informando-lhe sobre sua intenção de exercer a prelação (art. 514).

A esta altura, o leitor pode ter se questionado sobre o preço a ser dado na recompra. Não será, obviamente, o mesmo da compra e venda originária, porquanto a coisa pode ter sofrido modificações que tenham aumentado ou diminuído seu valor. Para solucionar a questão, o art. 515 determina que "aquele que exerce a preferência está, sob pena de a perder, obrigado a pagar, em condições iguais, o preço encontrado, ou o ajustado". Por preço "encontrado" deve-se entender o que tenha sido oferecido ao comprador (agora vendedor), e por preço "ajustado" o que este houver conseguido negociando a coisa com terceiro. O Código não tratou da hipótese em que de imediato o comprador ajuste a revenda com o originário vendedor, caso em que, não havendo consenso sobre o preço, é razoável que este seja o de mercado, salvo se, durante essa negociação, terceiro fizer oferta de preço maior.

Notificado o primitivo vendedor da intenção do comprador de alienar a coisa, terá de se manifestar sobre o **exercício da preempção** no prazo estipulado e, na ausência deste, no prazo do art. 516 do Código: **três dias**, em se tratando de **móveis**, e **sessenta dias**, em se tratando de **imóveis**, contados, em qualquer caso, da data em que o comprador tiver notificado o vendedor. A redação do dispositivo é evidentemente ambígua. Todavia, o razoável é se contar o prazo da data do recebimento da notificação.[88]

E se o comprador efetivamente vender a coisa sem notificar o vendedor, ou seja, sem dar a ele a chance de exercer o direito de preferência? Pacto adjeto ao contrato que é, a preempção não gera direito real, senão **direito obrigacional**. Por tal razão, a sua violação não permite ao lesado perseguir a coisa, mas tão somente cobrar perdas e danos. Se for constatada a má-fé do terceiro adquirente, este se tornará solidariamente responsável pela indenização (art. 518).

Na hipótese de se estipular o direito de preferência em favor de dois ou mais indivíduos, estatui o art. 517 que tal direito "só pode ser exercido em relação à coisa no seu todo" e que "se alguma das pessoas, a quem ele toque, perder ou não exercer o seu direito, poderão as demais utilizá-lo na forma sobredita". Ou seja, se Augusto e Berenice têm direito de preferência sobre a Fazenda do Moinho, não se pode alienar a Berenice apenas fração do imóvel; a coisa somente pode ser alienada por inteiro. Logo, se Augusto e Berenice desejam exercer a preempção, a coisa

---

[88] Nesse sentido, CARLOS ROBERTO GONÇALVES (*Direito civil brasileiro*, cit., v. 3, p. 237).

lhes será transferida em condomínio. Mas, se Augusto perde ou deixa de exercer seu direito, então Berenice pode adquirir todo o bem sozinha.

Cabe, ainda, comentar o caso da chamada **preempção legal** ou **retrocessão** (art. 519 do Código). Trata-se da hipótese em que o Estado desapropria um bem determinado, mas deixa de utilizá-lo para a finalidade da expropriação (obra ou serviço público). Surge para o expropriado o direito de preferência, devendo o Estado lhe alienar a coisa pelo seu preço atual. Por preço atual entende-se não o preço de mercado, mas o valor da indenização paga atualizado pelos índices oficiais.[89]

O Estado desapropria um galpão de propriedade de Caio para nele instalar os desabrigados de um desastre – uma enchente. Se, por alguma razão, o galpão deixar de ser utilizado, o Estado deverá oferecê-lo a Caio, para que o readquira pelo preço atualizado da indenização que recebeu.

A natureza jurídica do instituto da retrocessão é tema polêmico na doutrina e na jurisprudência. Há quem o considere como um direito real em face do direito constitucional de propriedade, que só pode ser contestado para fins de desapropriação por utilidade pública. Outra corrente defende que o instituto é um direito pessoal, por força do art. 35 do Dec.-lei 3.365/1941, que dispõe que os bens incorporados ao patrimônio público não podem ser objeto de reivindicação. Por fim, há os defensores da terceira corrente, que considera ter a retrocessão natureza mista (real e pessoal). Para esta, o expropriado tem a possibilidade de requerer a preempção ou a resolução em perdas e danos se aquela não for mais viável. De toda sorte, independentemente da natureza jurídica, é pacífico, na jurisprudência, que o direito à retrocessão não pode ser exercido no caso de ter sido dada ao bem destinação diversa daquela que motivou a expropriação. Por exemplo: o Estado desapropria um bem para a construção de um hospital. Contudo, em momento posterior o imóvel objeto da expropriação é afetado para a instalação de um restaurante popular. Em outras palavras, a retrocessão tem lugar apenas quando, efetivada a desapropriação, a administração pública, por abandono, não dá nenhuma destinação pública ao imóvel desapropriado; ou quando ocorre desvio de finalidade, pelo fato de o imóvel não ter sido utilizado para interesse privado e não público.

Por fim, impende destacar que o direito de preferência tem natureza **potestativa**, razão pela qual se submete a **prazo decadencial: cento e oitenta dias** a contar da **tradição**, se a coisa for **móvel**, e **dois anos**, se **imóvel** (parágrafo único do art. 513).

1.2.4.1 Direito de preferência entre condôminos

Em se tratando de coisa indivisível objeto de **condomínio**, ou seja, que tem mais de um proprietário, o art. 504 prevê, expressamente, o **direito de preferência** entre os condôminos, pelo que fração da coisa comum não pode ser vendida a terceiro sem que seja antes oferecida ao outro condômino, que poderá adquiri-la pelo mesmo preço que já tiver sido oferecido ao alienante. O direito de preferência do condômino é apelidado pela doutrina de **prelação legal** ou **preempção legal**.

Se a quota da coisa for vendida sem que o condômino seja notificado, poderá adquiri-la **depositando o preço** pago pelo terceiro, contanto que o faça em até **cento e oitenta dias** da data em que tomar ciência da alienação, sob pena de **decadência** (art. 504, segunda parte).

Caso mais de um condômino se interesse por adquirir a fração do alienante, tem preferência o que tiver realizado na coisa as **benfeitorias** de maior valor, e, na falta destas, tem preferência o condômino que tiver o maior **quinhão** (art. 504, parágrafo único, primeira parte). Se as cotas

---

[89] Esse é o posicionamento defendido por CARLOS ROBERTO GONÇALVES, apoiado em PAULO LUIZ NETTO LOBO (GONÇALVES, Carlos Roberto. *Direito civil brasileiro*, cit., v. 3, p. 237).

de todos forem iguais, a preferência será do condômino que **primeiro depositar judicialmente o preço** (art. 504, parágrafo único, segunda parte).

1.2.5 Venda com reserva de domínio

A chamada **venda com reserva de domínio** (*pactum reservati dominii*) é modalidade especial de compra e venda com grande importância no comércio. Trata-se de contrato em que se insere condição suspensiva que estabelece que a propriedade somente será transferida após a **quitação integral do preço** (art. 521 do Código).

Por expressa disposição legal, somente podem ser objeto de compra e venda com reserva de domínio os **bens móveis**[90] e **suscetíveis de caracterização perfeita** que possa estremá-los de outros congêneres (art. 523, primeira parte).

Como você deve ter percebido, cuida-se de hipótese em que a propriedade não se transfere pela tradição, justamente pela ação da cláusula de reserva de domínio. Assim é que a primeira parte do art. 524, complementando o entendimento geral do art. 521, estabelece que "a transferência de propriedade ao comprador dá-se no momento em que o preço esteja integralmente pago". Ressalva-se, todavia, que "pelos riscos da coisa responde o comprador, a partir de quando lhe foi entregue" (art. 524, segunda parte). Trata-se de hipótese de exceção à regra geral segundo a qual o proprietário é quem suporta os riscos da coisa.

Exige-se que a cláusula de reserva de domínio seja estipulada **por escrito** e, para valer contra terceiros, que seja **registrada** no domicílio do comprador (art. 522).

Rui quer vender a Pontes seu carro, fracionando o preço – de R$ 10.000,00 – em cinco parcelas de R$ 2.000,00. Para aumentar sua segurança, estipula a reserva de domínio, o que lhe permite transferir a posse do carro para Pontes e reter a propriedade, até que os R$ 10.000,00 sejam pagos integralmente.

Para exercer seu direito, ou seja, para proteger-se da hipótese de o comprador deixar de pagar as prestações, exige-se que o vendedor o constitua em **mora**, por meio do protesto do título, ou por interpelação judicial (art. 525). Note bem, caro leitor, que essa hipótese não é de mora *ex re*, pelo que a mora não se configura pela simples inércia do devedor.

Existem três formas pelas quais o vendedor (credor) poderá comprovar a mora do comprador (devedor): a) mediante protesto do título; b) por meio de interpelação judicial; c) por notificação extrajudicial enviada pelo Cartório de Títulos e Documentos (STJ, 3ª Turma, REsp 1.629.000-MG, relatora: Min. Nancy Andrighi, data do julgamento: 28/3/2017).

Configurada a mora do comprador de acordo com a exigência legal, pode então o vendedor ajuizar a respectiva ação de cobrança das prestações vencidas e vincendas, ou, ainda, ajuizar ação para recuperar a posse da coisa – ação de reintegração de posse – (art. 526). Caso opte pela reintegração de posse, poderá o vendedor reter, do valor que lhe tiver sido pago, o necessário para cobrir as despesas realizadas e a depreciação da coisa, devendo restituir o excedente ao comprador. Se o valor recebido não for suficiente para cobrir essas quantias, então deverá o vendedor ajuizar a ação própria para cobrar o que faltar (art. 527).

Ressalte-se, por fim, que o Código Civil de 2002 cuidou expressamente da situação, comum no comércio atual, em que uma instituição financeira é contratada para financiar a compra, e paga ao vendedor o preço integral. Nesse caso, atribui-se a tal entidade a titularidade dos direitos decorrentes do contrato, mas se exige que a operação financeira e a ciência do comprador constem do registro do contrato (art. 528).

---

[90] Anteriormente ao Código Civil de 2002, muitos juristas entendiam ser possível a reserva de domínio também na compra e venda de imóveis.

A loja de carros Seu Carro vende carros financiados por meio do Banco dos Financiamentos. Caio resolve comprar um carro de tal loja, para pagar em sessenta prestações mensais. Insere-se cláusula de reserva de domínio. Ocorre que o Banco dos Financiamentos, nesse caso, paga à loja Seu Carro à vista, e se torna credor das prestações devidas por Caio. Por essa razão, adquire a propriedade do carro e, por conseguinte, a reserva de domínio. Se Caio deixar de pagar, então será o banco, e não a loja, que exercerá direitos em face do devedor.

1.3 Venda sobre documentos

Acompanhando o desenvolvimento do comércio, sobretudo o comércio exterior, o Código Civil de 2002 disciplinou a chamada **venda sobre documentos**. Trata-se de modalidade especial de compra e venda em que o vendedor se desonera não entregando a coisa, mas sim um **título representativo** dela, ou outro documento previsto no contrato, pelo que o comprador lhe deve o preço (art. 529).

A hipótese pode ser, por exemplo, de compra e venda de mercadorias que serão transportadas de um país para outro. Antes da tradição (que dependerá da viagem de um país ao outro), pode o comprador adquirir a propriedade da coisa mediante recebimento do título representativo dela.

Contanto que a documentação se ache conforme, não se admite que o comprador recuse o pagamento, alegando defeito de qualidade ou do estado da coisa vendida, a não ser que tal defeito já tenha sido comprovado (art. 529, parágrafo único).

Conforme o art. 530, "não havendo estipulação em contrário, o pagamento deve ser efetuado na data e no lugar da entrega dos documentos". Mas, "estipulado o pagamento por intermédio de estabelecimento bancário, caberá a este efetuá-lo contra a entrega dos documentos, sem obrigação de verificar a coisa vendida, pela qual não responde" (art. 532). Complementa o parágrafo único desse dispositivo que "nesse caso, somente após a recusa do estabelecimento bancário a efetuar o pagamento, poderá o vendedor pretendê-lo, diretamente, do comprador".

Finalmente, por expressa previsão do art. 531, o Código Civil atribui ao comprador os riscos do transporte da coisa, se houver, nos documentos que lhe foram entregues, apólice de seguro que os cubram, salvo se o vendedor tivesse ciência, ao concluir o contrato, de perda ou avaria da coisa.

2. TROCA (ART. 533)

A história nos mostra que a troca foi, sem dúvidas, o primeiro contrato celebrado pelo ser humano, exatamente no momento em que este se civilizou, ou seja, deixou de usar a violência para satisfazer suas necessidades, e passou a negociar.

Posteriormente, com a evolução das sociedades, uma modalidade especial da troca dela se destacou, configurando o contrato de compra e venda, que hoje a substituiu em grande parte. Ainda assim, a troca é um contrato que mantém sua relevância social.

2.1 Conceito e considerações gerais

Troca é o contrato por meio do qual as partes **se obrigam reciprocamente a transferir a propriedade de uma coisa**, diversa de dinheiro. Clóvis se obriga a entregar uma tela a Berenice, que, em contrapartida, obriga-se a lhe entregar um livro raro.

Classicamente, a troca é também conhecida como **permuta, escambo, permutação** e **barganha**.

Em razão de sua enorme semelhança com a compra e venda – na verdade, originou-a –, são aplicáveis à troca as disposições referentes à compra e venda (art. 533).

Ressalva-se, no entanto, que as despesas com o instrumento da troca, no silêncio do contrato, devem ser divididas por igual entre os contratantes (art. 533, I). Você se lembra de que a regra geral sobre as despesas, no caso da compra e venda, impõe ao comprador as despesas com a escritura e o registro, e ao vendedor as despesas com a tradição (art. 490).

Ademais, reputa-se anulável a troca de valores desiguais entre ascendentes e descendentes, sem consentimento dos outros descendentes e do cônjuge do alienante (art. 533, II). A ideia é proteger o patrimônio familiar e, ao mesmo tempo, o adiantamento de legítima, temas que estudaremos no momento certo.

2.2 Caracterização jurídica

A troca é contrato **nominado** e **típico**, regulado pelo art. 533 do Código Civil.

Trata-se de contrato **consensual**, quando tiver por objeto coisa móvel e coisa imóvel cujo valor não exceda trinta salários mínimos, e de contrato **formal**, para o qual se exige a forma de **escritura pública**, quando tiver por objeto coisa imóvel negociada por mais de trinta salários mínimos.

Assim como a compra e venda, a troca é por excelência **bilateral**: gera para cada uma das partes o direito de receber uma coisa e a obrigação de entregar outra.

É, ademais, contrato **oneroso**, porquanto a vantagem obtida por uma das partes – receber uma coisa – se fundamenta em seu dever de entregar outra coisa.

Conquanto seja, em regra, **preestimada**, nada impede que a troca seja **aleatória**, quando tiver por objeto coisa futura. E, embora tenda a ser comutativa, por guardarem equivalência as prestações das partes, nada impede que uma pessoa troque uma carta velha por um carro, se tal for do interesse de ambos os contratantes, e não configurar conduta antijurídica.

Poderá a troca ter **execução imediata**, quando a entrega das coisas for contemporânea ou imediatamente posterior ao acordo de vontades, ou **execução futura**, se as partes convencionarem que as tradições ocorrerão em momento diverso do da contratação.

Cuida-se de espécie contratual que dificilmente se celebrará **por adesão**, o que não é, entretanto, impossível.

3. CONTRATO ESTIMATÓRIO (ARTS. 534 A 537)

Mais conhecido como "venda em consignação", o **contrato estimatório** ganhou importância comercial ao longo do século XX e, hoje, é praticado corriqueiramente. Ganhou a devida atenção da doutrina e foi regulado pelo Código Civil de 2002.

3.1 Conceito e considerações gerais

Misturando elementos da compra e venda, do comodato e do mandato, o contrato estimatório é o contrato por meio do qual *uma das partes entrega a outra uma coisa, mantendo-se proprietária, para que a outra parte a venda a terceiro*. A parte que entrega a coisa exige um preço que receberá se a coisa for vendida; a outra parte se obriga a tentar vender a coisa, por preço superior ao exigido pelo proprietário, reservando-se o direito de, após um certo prazo, restituir a coisa, caso não consiga vendê-la. Esse conceito foi positivado no art. 534 do Código.

A parte que entrega o bem, ou seja, que o consigna, é chamada de **consignante**; a parte que o recebe se denomina **consignatário**.

Frise-se que, por determinação legal expressa, somente os **bens móveis** podem ser objeto do contrato estimatório (art. 534).

Orlando quer renovar sua casa e comprar móveis novos. Procura um negociante de móveis e lhe entrega seus móveis antigos, para que o consignatário tente vendê-los. Estipula o preço que quer receber por cada peça, e ajusta o prazo de três meses para a duração do contrato. O negociante poderá vender cada peça pelo preço que conseguir negociar, atento ao preço que deverá pagar ao consignante. Findos os três meses, o consignatário poderá ajustar com o proprietário a renovação do contrato, a compra dos bens ou a sua restituição.

Bem se vê, pelo exemplo dado, que a obrigação do consignatário, ao se extinguir o contrato, é uma só: a de **restituir** a coisa. Todavia, tem a **faculdade** de comprar o bem ou de renovar o prazo da consignação. Conclui-se, portanto, que a obrigação do consignatário ao término do contrato estimatório é **facultativa**, conforme estudamos na Parte II desta obra, sobre o Direito das Obrigações.[91]

Estabelecendo exceção à teoria geral dos riscos (**a coisa se perde para o dono**), o art. 535 do Código preceitua que "o consignatário não se exonera da obrigação de pagar o preço, se a restituição da coisa, em sua integridade, se tornar impossível, ainda que por fato a ele não imputável".

Considerando-se que o contrato estimatório não transfere a propriedade, o art. 536 observa que "a coisa consignada não pode ser objeto de penhora ou sequestro pelos credores do consignatário, enquanto não pago integralmente o preço". Ou seja, antes de dar ao consignante o preço, o consignatário é mero possuidor da coisa, não integrando esta o seu patrimônio. Logo, a evidência que não pode servir para quitar dívidas dele. Pago o preço, opera-se uma compra e venda, e a propriedade da coisa se transfere do consignante ao consignatário, razão pela qual, obviamente, poderá ser penhorada ou sequestrada por dívida deste.

E, conquanto seja o proprietário da coisa, não pode o consignante dela dispor durante a vigência do contrato estimatório, o que importaria em violação do contrato (art. 537). A situação se altera, e autoriza a alienação, quando o consignante recebe a coisa de volta, ou é comunicado pelo consignatário da restituição.

3.2 Caracterização jurídica

A partir do Código de 2002, além de **nominado**, o contrato estimatório passou a ser **típico**, regido pelos arts. 534 a 537.

Cuida-se de contrato **real**, vez que a lei expressamente prevê que é contrato por meio do qual o consignante entrega, e não que se obriga a entregar.[92]

Contrato **bilateral** que é, impõe obrigações para ambas as partes: o consignante tem a obrigação de não alienar a coisa, durante a vigência da consignação; o consignatário tem o dever de dar o preço ajustado ao consignante, se vender a coisa a terceiro, ou optar por comprá-la, bem como a obrigação de restituí-la, se não a vender, nem a quiser comprar.

Conquanto bilateral, o contrato estimatório é **gratuito**, em razão de a vantagem do consignante de receber o preço não corresponder a nenhum ônus seu (não há que se falar em obrigação de entregar a coisa, pois o contrato é real). Da mesma forma, a vantagem obtida pelo consignatário – diferença entre o preço da venda e o preço devido ao consignante – não se funda

---

[91] Lembre-se de sempre distinguir a obrigação facultativa da alternativa, lembrando que, no primeiro caso, apenas uma prestação é devida, sendo as demais possíveis substitutas, a critério do devedor; no segundo caso, ambas são devidas, exonerando-se o devedor pelo pagamento de apenas uma.

[92] Conquanto argumente no sentido de ser contrato, a princípio, consensual, CÉSAR FIUZA também se inclina para o entendimento de que, ante o art. 534, trata-se de contrato real (FIUZA, César. *Direito civil*, cit., p. 471).

em nenhuma contraprestação sua (não há obrigação de vender a coisa por determinado preço; o preço de venda pode até mesmo ser menor do que o devido ao consignante, embora isso traga desvantagem ao consignatário, não havendo impedimento a que este assim proceda, se quiser).[93]

O contrato estimatório é **aleatório**, sujeito a circunstâncias futuras e incertas, não se podendo predeterminar, no momento da contratação, se a coisa será vendida ou eventualmente restituída.

Trata-se, ademais, de contrato de **execução futura**. Aperfeiçoa-se com a entrega da coisa ao consignatário, e a sua execução, na forma de entrega do preço (no caso de venda) ou na forma de restituição, será sempre futura.

As partes, em geral, negociarão as cláusulas, mas nada impede que, no caso de determinados negociantes, venha a ser celebrado **por adesão**.

4. DOAÇÃO (ARTS. 538 A 564)

Ao lado da troca, a doação certamente apareceu nos primórdios da civilização, na medida em que o ser humano, em sociedade, passou dos sentimentos selvagens a sentimentos nobres.

4.1 Conceito e caracterização jurídica

A doação é o contrato por meio do qual uma das partes **se obriga a transferir a propriedade** de uma coisa à outra parte, por **simples liberalidade**. O art. 538 do Código traz conceito semelhante.

As partes denominam-se **doador** (quem se obriga a dar a coisa) e **donatário** (quem tem o direito de recebê-la).

Durante algum tempo, discutiu-se se a doação teria a natureza de um verdadeiro contrato, em razão de o sistema francês do Código Napoleão, por exigência do imperador, ter considerado a doação não um contrato, mas sim uma das formas de transmissão da propriedade. O nosso sistema, todavia, manteve a tradição romana, e por isso o nosso sistema, desde o Código de 1916, expressamente afirma que a doação tem natureza contratual.

A doação é, portanto, um contrato **nominado** e **típico**, regulado pelos arts. 538 a 564 do Código Civil.

Muito se questionou, na doutrina, sobre sua forma. Houve grandes defensores de sua natureza consensual e outros grandes defensores de sua natureza formal. Ante a redação do art. 541 do Código de 2002, parece-nos que, à semelhança da compra e venda, a doação poderá ser **consensual** ou **formal**.[94]

Será **consensual** a doação dos **bens móveis de pequeno valor**, com a condição de que a **tradição lhe siga imediatamente** (art. 541, parágrafo único). Será, por sua vez, **formal**, a doação dos **demais bens**, devendo, nos termos do *caput* do art. 541, tomar a forma de **escritura pública** ou de **instrumento particular**. Obviamente que, por interpretação dos arts. 108 e

---

[93] Há doutrinadores que enxergam o contrato como oneroso, entre os quais Carlos Roberto Gonçalves e César Fiuza – este último admite que pode também ser gratuito (GONÇALVES, Carlos Roberto. *Direito civil brasileiro*, cit., v. 3, p. 252; FIUZA, César. *Direito Civil*, cit., p. 472). Mas, pelos fundamentos que expomos, preferimos classificá-lo como gratuito.

[94] A infeliz redação do art. 538 do Código Civil de 2002 poderia gerar, ainda, o debate sobre a natureza **real** da doação, por mencionar que uma pessoa *"transfere do seu patrimônio"*, e não que *"se obriga a transferir do seu patrimônio"*.

1.245 do Código,[95] a doação dos **bens imóveis** cujo valor exceda trinta salários mínimos deverá adotar a forma de **escritura pública**.

A doação será, em regra, **unilateral**, por gerar obrigação apenas para o doador: a de entregar a coisa. Todavia, se houver imposição de encargo, surgirá para o donatário o dever de executá-lo, caso em que a doação será **bilateral**.

Seja unilateral, seja bilateral, a doação é quase sempre, por excelência, contrato **gratuito**, porquanto a vantagem obtida pelo donatário (acréscimo patrimonial) não se fundamenta em nenhum ato seu, nem mesmo na execução do encargo, quando for o caso. O fundamento da vantagem obtida é, sempre, a liberalidade do doador. Diz-se "quase sempre", porque há uma espécie de doação considerada como onerosa por parte da doutrina, que estabelece um ônus ao donatário. Trata-se da doação prevista no art. 553. De toda sorte, entendemos que esse ônus não se trata propriamente de uma contraprestação, mas de um encargo proporcionalmente muito menos oneroso que o benefício recebido, de modo que não descaracteriza a natureza gratuita.

Outra eterna discussão doutrinária diz respeito à doação de bens futuros, que caracterizaria a doação **aleatória**.[96] Em razão da ausência de norma proibitiva, filiamo-nos aos que aceitam a doação de bens futuros,[97] por exemplo: a doação de todos os bezerros que vierem a nascer da vaca Mimosa.

Terá de ter **execução imediata** a doação verbal de bens móveis de pequeno valor (art. 541, parágrafo único). Nos demais casos, poderá ter **execução futura**, se assim convencionarem as partes.

Certamente que, por sua natureza, a doação **jamais** será celebrada **por adesão**. O contrato de doação dependerá da formalização de escritura pública sempre que se tratar de bem imóvel em valor superior a 30 salários mínimos. Em se tratando de bem imóvel em valor inferior ou de bem móvel, não será necessária escritura, mas deverá ser formalizado contrato por escrito (art. 541 do CC).

Excepcionalmente, admite-se a doação verbal, desde que verse sobre bens móveis de pequeno valor e seja realizada imediatamente a tradição (art. 541, parágrafo único, do CC). Para análise sobre o que é bem de pequeno valor, a doutrina propõe a apreciação do patrimônio do doador. Nesse sentido é o Enunciado 622 da VIII Jornada de Direito Civil do CJF: "Para a análise do que seja bem de pequeno valor, nos termos do que consta do art. 541, parágrafo único, do Código Civil, deve-se levar em conta o patrimônio do doador". No âmbito da jurisprudência, há decisões que não consideram essa informação, como aquela proferida no julgamento do REsp 1.758.912/GO, que entendeu não ser de pequeno valor uma suposta doação de R$ 45.000,00 (quarenta e cinco mil reais), porque representava, à época da liberalidade, quase 83 salários mínimos.

4.2 Aceitação

Se, por um lado, o Direito aplaude a liberalidade do doador, por outro entende que nem sempre é do interesse do donatário receber a doação. Por essa razão é que se fala, em certas hipóteses, em **aceitação** da doação.

---

[95] Art. 1.245 do Código: "transfere-se entre vivos a propriedade mediante o registro do título translativo no Registro de Imóveis".

[96] ORLANDO GOMES chegou a defender, nas primeiras edições de seu *Contratos*, a possibilidade da doação de coisas futuras (6. ed., p. 248), tendo, posteriormente, mudado de ideia (9. ed., p. 237-238).

[97] Entre eles, em primeiro lugar, M. I. CARVALHO DE MENDONÇA, ainda no século XIX (*Contratos no direito civil brasileiro*. Rio de Janeiro: Freitas Bastos. p. 46). Mais tarde, EDUARDO ESPÍNOLA (*Dos contratos nominados no direito civil brasileiro*, cit., p. 168), CAIO MÁRIO (*Instituições*, cit., v. 3, p. 219), CARLOS ROBERTO GONÇALVES (*Direito civil brasileiro*, cit., v. 3, p. 261) e CÉSAR FIUZA (*Direito civil*, cit., p. 475).

Segundo o art. 539 do Código, se o doador fixar prazo para a aceitação, o donatário, dele ciente, deverá manifestar-se; se deixar de fazê-lo, presume-se que aceitou a doação, salvo se esta for sujeita a encargo.

Em suma, a pessoa que irá receber a doação não tem, como regra, prazo para aceitação. Entretanto, conforme o art. 539 do Código Civil, o doador pode fixar prazo ao donatário, para declarar se aceita ou não a liberalidade. Não havendo manifestação, considerar-se-á aceita a doação (quem cala consente). Tal regra não vale para a doação com encargo, pois, como visto, por ser uma modalidade de doação que cria um ônus para o donatário, sua aceitação não pode ser presumida.

Nos termos do art. 543, por sua vez, "se o donatário for absolutamente incapaz, dispensa-se a aceitação, desde que se trate de doação pura". Se for feita ao nascituro, valerá se aceita pelo seu representante legal (art. 542).

4.3 Espécies

4.3.1 Doação remuneratória

Pode a doação ser feita por gratidão, ou para reconhecer um mérito do donatário, ou, ainda, para remunerar um serviço prestado gratuitamente. Trata-se da chamada **doação remuneratória**, a qual, segundo o art. 540 do Código, não perde o caráter de liberalidade. Exemplo: doação ao médico que sempre cuidou do doador.

A doação remuneratória, assim como todas as demais espécies de doação, deve respeitar a denominada "legítima", que é a quota correspondente aos herdeiros necessários e corresponde a 50% do patrimônio do doador. Conforme entendimento do STJ, essa modalidade de doação:

> [...] caracterizada pela existência de uma recompensa dada pelo doador pelo serviço prestado pelo donatário e que, embora quantificável pecuniariamente, não é juridicamente exigível, deve respeitar os limites impostos pelo legislador aos atos de disposição de patrimônio do doador, de modo que, sob esse pretexto, não se pode admitir a doação universal de bens sem resguardo do mínimo existencial do doador, nem tampouco a doação inoficiosa em prejuízo à legítima dos herdeiros necessários sem a indispensável autorização desses, inexistente na hipótese em exame (REsp 1.708.951/SE).

4.3.2 Doação como adiantamento de herança

Ao se estudar o contrato de doação, é preciso ter em mente a grande conexão que este tem com o Direito das Sucessões, vez que, quase sempre, a doação implica **adiantamento de herança**.

Como veremos ao estudar o Direito das Sucessões, a lei garante aos herdeiros necessários de uma pessoa metade do seu patrimônio, por ocasião de sua morte. Cuida-se da chamada **herança legítima** (art. 1.846). Conforme o art. 1.845 do Código de 2002, são herdeiros necessários os **descendentes**, os **ascendentes** e o **cônjuge**. É controvertida, hoje, como veremos oportunamente, a situação do companheiro – seria o companheiro herdeiro necessário, ou não?

Sobre doações a herdeiros necessários, o art. 544 do Código prevê que "a doação de ascendentes a descendentes, ou de um cônjuge a outro, importa adiantamento do que lhes cabe por herança". Nesse caso, especificamente, trata-se de **adiantamento de legítima**.

Ou seja, se um pai der a um de seus filhos um carro no valor de R$ 30.000,00, essa doação deverá ser conferida, no inventário, por meio do instituto da **colação (art. 2.002)**, e imputada na legítima do donatário.

Destaca-se que o Código Civil não exige a concordância dos demais herdeiros, sendo perfeitamente possível que um pai doe um de seus imóveis ao filho mais velho, desde que observada a legítima. Exemplo: Francisco tem dois imóveis, sendo cada um avaliado em R$ 200.000,00 (duzentos mil reais). Ele poderá dispor, da forma como bem entender, de 50% desse patrimônio, inclusive doando um dos imóveis a um dos filhos. Nesse caso, após o falecimento de Francisco, o filho que recebeu a doação terá que trazer à colação o bem doado, pois a liberalidade do pai importa adiantamento da herança.

Por sua vez, as doações feitas a pessoas diversas daquelas mencionadas no art. 544, ou feitas a elas, porém *com* **dispensa de colação** (art. 2.005), são considerados **adiantamento de parte disponível**. Ou seja, na hipótese do art. 544 do Código Civil, não sendo realizada a colação, o donatário/herdeiro poderá perder o direito sobre a coisa. Somente se o doador tiver dispensado expressamente a colação, essa consequência não será aplicada.

Nesse sentido, prevê o art. 549 a **nulidade** do que exceder aquilo de que o doador poderia, no momento da doação, dispor em testamento – ou seja, metade de seu patrimônio, a denominada *parte disponível*. O excesso nulo é o que tradicionalmente se denomina **doação inoficiosa**.

Assim, se Caio, tendo R$ 1.000.000,00, doa a Maria, sua sobrinha, R$ 600.000,00, há um **excesso** na doação, no montante de R$ 100.000,00. Com relação a esta quantia, a doação é **nula**, conforme a regra do art. 549. É válida, no entanto, com relação aos R$ 500.000,00 que correspondiam à metade do patrimônio do doador naquele momento.

O excesso na doação (invasão da legítima) é apurado levando-se em conta o valor do patrimônio do doador ao tempo da doação, e não o patrimônio estimado no momento da abertura da sucessão do doador. Para se buscar a anulação dessa doação, deve ser proposta ação de querela inoficiosa pelos herdeiros necessários. O prazo prescricional é vintenário e conta-se a partir do registro do ato jurídico que se pretende anular (AgInt no REsp 1.810.727/SP, data do julgamento: 20/4/2020)[98]. O precedente vale para as doações realizadas na vigência do CC/1916. Para aquelas firmadas na vigência no Código Civil em vigor, o prazo é de 10 anos. Vale lembrar que, tratando-se de herdeiro cujo reconhecimento da filiação ocorreu após a morte do autor da herança, esse prazo somente se iniciará a partir do trânsito em julgado da sentença proferida na ação de investigação de paternidade, quando restará confirmada a condição de herdeiro (REsp 1.605.483/MG, data do julgamento: 23/2/2021).

4.3.3 Doação entre cônjuges e anulabilidade da doação feita pelo cônjuge adúltero ao amante

Há possibilidade de doação entre cônjuges, qualquer que seja o regime de bens (REsp 471.958/RS, data da publicação: 18/2/2009), salvo o da comunhão universal. Nesse caso, a jurisprudência considera nula a doação, "na medida em que a hipotética doação resultaria no retorno do bem doado ao patrimônio comum amealhado pelo casal diante da comunicabilidade de bens no regime e do exercício comum da copropriedade e da composse" (REsp 1.787.027/RS, data do julgamento: 4/2/2020). E, entre conviventes, é possível a doação?

Mesmo antes da equiparação da união estável ao casamento, já era possível a doação entre companheiros. Dúvida que pode surgir é se deverá ser aplicada a regra do art. 544 do Código Civil, ou seja, se o companheiro deverá trazer à colação o bem doado. O STF, ao equiparar o

---

[98] Excepcionalmente, o STJ admite que o termo inicial desse prazo seja diverso e possa ser iniciado antes se ficar comprovado que, em momento anterior ao registro, o suposto prejudicado já teve ciência inequívoca do ato (STJ, 3ª Turma, REsp 1.933.685-SP, relatora: Min. Nancy Andrighi, data do julgamento: 15/3/2022).

regime sucessório entre os institutos, não discutiu sobre a integração do companheiro ao rol de herdeiros necessários (STF, Plenário, RE 878694 ED, relator: Min. Roberto Barroso, data do julgamento: 26/10/2018). Na doutrina, há entendimentos diversos. Cita-se, por exemplo, o Prof. Flávio Tartuce, para quem o tratamento dado ao companheiro deve ser o mesmo, de modo que há obrigatoriedade de o companheiro declarar os bens recebidos em antecipação, sob pena de serem considerados sonegados (arts. 1.992 a 1.996), caso isso igualmente seja reconhecido ao cônjuge[99].

Na linha protetiva dos direitos de família e sucessórios, o art. 550 do Código determina que a doação do cônjuge adúltero ao seu cúmplice pode ser anulada pelo outro cônjuge, ou por seus herdeiros necessários, dentro do **prazo de dois anos** contados da **dissolução** da sociedade conjugal.

4.3.4 Subvenção periódica

É possível que uma pessoa, para amparar outra, celebre contrato de doação que tome a forma de **subvenção periódica**, ou seja, que gere para o doador a obrigação de dar prestações periódicas ao donatário.

Nesse caso, nos termos do art. 545, a doação se extinguirá com a **morte do doador**, salvo se este expressamente determinar o contrário, mas, em qualquer caso, nunca ultrapassará a **vida do donatário**. Em outras palavras, esse benefício pode subsistir para depois da morte do doador, mas, se houver falecimento do donatário, mesmo ainda vigente a doação, os herdeiros deste não poderão se beneficiar com o rendimento.

4.3.5 Cláusula de reversão – doação com condição resolutiva

Embora não seja propriamente uma nova espécie de doação, temos a denominada doação com cláusula de reversão, que é aquela prevista no art. 547 do Código Civil. Em verdade, trata-se de disposição que pode ser inserida nos contratos de doação, a favor do doador.

O pacto de reversão é inserido pelo doador como forma de garantir que o bem doado volte para o seu patrimônio caso o donatário venha a falecer antes do doador. Cuida-se de verdadeira condição resolutiva expressa utilizada pelo doador para, por meio do instrumento da propriedade resolúvel, definir o destino do bem doado em caso de morte do donatário.

A cláusula de reversão (art. 547 do CC) não pode ser estipulada em favor de terceiro, ou seja, Pedro (doador) não pode estipular que o imóvel doado para Amanda (donatária) seja revertido para Patrícia (esposa de Pedro) no caso de falecimento daquela (art. 547, parágrafo único, do CC). Destaca-se, no entanto, que essa impossibilidade de reversão em favor de terceiro é vedada apenas se a doação tiver sido formalizada na vigência do CC/2002. Em outras palavras, "é válida e eficaz a cláusula de reversão em favor de terceiro, aposta em contrato de doação celebrado à luz do CC/1916, ainda que a condição resolutiva se verifique apenas sob a vigência do CC/2002" (STJ, REsp 1.922.153/RS, relatora: Min. Nancy Andrighi, 3ª Turma, data do julgamento: 20/4/2021, data da publicação: 26/4/2021).

De acordo com o STJ, ao contrário do CC/2002, o diploma anterior, a despeito de autorizar a cláusula de reversão em favor do doador, nada dizia acerca da reversão em favor de terceiro. Assim, ante a lacuna legislativa, deve-se admitir a cláusula de reversão em favor de terceiro na

---

[99] Fonte: <https://ibdfam.org.br/artigos/1287/O+companheiro+como+herdeiro+necess%C3%A1rio+#:~:text=Como%20se%20retira%20dos%20estudos,por%20determina%C3%A7%C3%A3o%20da%20norma%20jur%C3%ADdica>.

hipótese de doações celebradas na vigência do CC/1916 em prestígio à liberdade contratual e à autonomia privada.

4.3.6 Doação feita em contemplação de casamento futuro

A lei ainda admite a doação feita em **contemplação de casamento futuro** com certa e determinada pessoa, seja pelos nubentes entre si, seja por um terceiro a um deles, ou, ainda, aos filhos que, de futuro, os nubentes vierem a ter (art. 546).

Cuida-se de hipótese que, no passado, tinha grande relevância prática, pois muitos dos casamentos eram, como se diz, "arranjados". Hoje, todavia, a espécie deve ser examinada com cautela, sobretudo para se averiguar se a doação não teve a função de, em certa maneira, coagir o donatário a se casar com a pessoa determinada pelo doador.

Nos termos do art. 546, a doação feita em contemplação de casamento futuro com certa e determinada pessoa não pode ser impugnada por falta de aceitação e somente não produzirá efeitos se o casamento não se realizar.

4.3.7 Doação com encargo

A imposição de **encargo** não desnatura a doação (art. 540, parte final), apenas a torna **bilateral**.

Havendo imposição de encargo, o donatário é obrigado a cumpri-lo, se for a benefício do doador, de terceiro ou do interesse geral (art. 553). Se a benefício do interesse geral, legitima-se o Ministério Público a exigir sua execução após a morte do doador (art. 553, parágrafo único).

4.3.8 Doação a entidade futura

Por fim, saliente-se que a doação a **entidade futura** depende de que, em dois anos, esta se constitua regularmente (art. 554), sob pena de resolução da doação.

4.4 Nulidade da doação que priva o doador do necessário à sua subsistência

Não se admite que uma pessoa doe **todos os seus bens** sem fazer reserva de uma parte ou de renda suficiente para sua **subsistência**. Na hipótese de o doador descumprir a proibição legal, a doação se considera **nula** (art. 548). Oportuno não confundir a doação universal com a doação inoficiosa:

Doação inoficiosa	Doação universal
Aquela em que o doador dispõe da legítima dos herdeiros necessários, que corresponde a 50% do patrimônio. Caso o doador não tenha herdeiros necessários, poderá doar livremente, desde que não realize doação universal.	Aquela em que o doador disponibiliza todo o seu patrimônio sem reservar o mínimo para sua subsistência.

4.5 Responsabilidade do doador

O doador não se sujeita ao pagamento de **juros moratórios**, nem às **consequências da evicção** ou **do vício redibitório** (art. 552, primeira parte), o que se justifica pelo fato de o contrato ser celebrado por **liberalidade**.

No entanto, a lei, mantendo preceito arcaico e condenável, impõe a responsabilidade do doador pela evicção se a doação foi feita em contemplação do casamento do donatário com certa e determinada pessoa, a não ser que estipule expressamente o contrário (art. 552, segunda parte). A norma faz com que a doação em contemplação de casamento soe ainda mais como uma coação do nubente donatário a se casar com a pessoa apontada pelo doador.

4.6 Doação a mais de um donatário em comum

Se ocorrer de a doação contemplar **mais de um donatário, em comum**, sem que se fixe a fração que cabe a cada um, presume-se que a coisa será distribuída entre eles por igual (art. 551).

Se, porém, os donatários forem **cônjuges**, na hipótese de morte de um cônjuge o sobrevivo fará jus à totalidade do objeto doado (art. 551, parágrafo único). A ressalva tem finalidade sucessória, para evitar a interpretação no sentido de que a fração correspondente ao cônjuge falecido caberia a seus herdeiros.

4.7 Revogação da doação

Por tradição histórica, permite-se a **revogação** da doação por **ingratidão** ou por **inexecução do encargo** (art. 555). Nesses casos, o bem é revertido ao patrimônio do doador ou, se for o caso, dos seus herdeiros.

Aqui, vale lembrar que a doação onerosa, modal ou com encargo é aquela gravada com algum ônus (art. 553) que deve ser cumprido pelo donatário. Sendo estabelecido prazo para o cumprimento do encargo, o inadimplemento acarretará a revogação, que pode ser pedida inclusive pelo Ministério Público, caso o encargo seja de interesse geral. Por outro lado, se não houver prazo para a execução do encargo, antes da revogação o doador deverá notificar judicialmente o donatário, assinando-lhe prazo razoável para que cumpra a obrigação assumida (art. 562).

Embora o Código Civil mencione que a notificação deverá ser judicial (art. 562), o STJ entende aplicável a notificação extrajudicial do donatário, circunstância que facilita bastante a futura resilição, além de orna-la menos dispendiosa[100].

Outra hipótese de revogação consiste na ingratidão por parte do donatário. Segundo os arts. 557 e 558 do Código Civil, podem ser revogadas por ingratidão as doações:

- quando o donatário atenta contra a vida do doador ou comete crime de homicídio doloso contra ele. Nesse caso, a ação caberá aos herdeiros (art. 561);
- quando o donatário comete contra o doador ofensa física;
- quando o donatário pratica injúria ou calúnia contra o doador. A injúria a que se refere o dispositivo envolve o campo da moral, revelada por meio de tratamento inadequado;

---

[100] "Recurso especial. Direito civil. Doação com encargo. Revogação. Constituição em mora do donatário. Notificação extrajudicial. Suficiência. 1. Controvérsia acerca da correta interpretação do art. 562 do Código Civil, notadamente a possibilidade da utilização da notificação extrajudicial para constituir em mora o donatário acerca do descumprimento do encargo no contrato de doação modal em que não há previsão de prazo para o cumprimento da obrigação. 2. A inexecução do encargo assumido pelo donatário em face do doador como condição para a celebração da doação onerosa poderá ensejar a sua revogação. 3. Não previsto prazo determinado para o cumprimento da contra-prestação, o doador, mediante notificação judicial ou extrajudicial, na forma do art. 397 do CCB, pode constituir em mora o donatário, fixando-lhe prazo para a execução do encargo, e, restando este inerte, ter-se-á por revogada a doação. [...]" (REsp 1.622.377/MG, relator: Min. Paulo de Tarso Sanseverino, 3ª Turma, data do julgamento: 11/12/2018, data da publicação: 14/12/2018).

- quando, podendo ministrar alimentos ao doador, o donatário se recusa;
- quando, nas hipóteses anteriores, as ações são praticadas pelo donatário em face do cônjuge, ascendente, descendente ou irmão do doador.

A jurisprudência do Superior Tribunal de Justiça considera que o conceito jurídico de ingratidão constante do art. 557 do Código Civil de 2002 é aberto, não se encerrando em molduras tipificadas previamente em lei. Trata-se, portanto, de rol meramente exemplificativo (REsp 1.593.857/MG, relator: Min. Ricardo Villas Bôas Cueva, 3ª Turma, data do julgamento: 14/6/2016, data da publicação: 28/6/2016).

De toda sorte, para a revogação da doação por ingratidão, exige-se que os atos praticados, além de graves, revistam-se objetivamente dessa característica. Atos tidos, no sentido pessoal comum da parte, como caracterizadores de ingratidão, não se revelam aptos a qualificar-se juridicamente como tais, seja por não serem unilaterais ante a fundada dissensão recíproca, seja por não serem dotados da característica de especial gravidade injuriosa, exigida pelos termos expressos do Código Civil (REsp 1.350.464/SP, relator: Min. Sidnei Beneti, 3ª Turma, data da publicação: 11/3/2013).

Os motivos ensejadores da revogação por ingratidão são de ordem pública, razão pela qual o legislador não admitiu a sua renúncia por parte do doador. Conforme o art. 556, não se pode renunciar antecipadamente o direito de revogar a liberalidade por ingratidão do donatário. Isso quer dizer que qualquer cláusula em sentido contrário constante do instrumento de doação será nula.

A revogação da doação por ingratidão só não poderá ser realizada nas seguintes hipóteses: (i) quando se tratar de doação remuneratória, ou seja, feita em retribuição a serviços prestados pelo donatário; (ii) quando se tratar de doação onerosa com encargo já cumprido; (iii) quando se fizerem em cumprimento de obrigação natural; (iv) quando se fizerem em razão de determinado casamento que se realizou (art. 564). Nos demais casos, preenchidos os requisitos objetivos do art. 557, a doação poderá ser revogada dentro do prazo de um ano (art. 559), a contar de quando chegue ao conhecimento do doador o fato que a autorizar, e de ter sido o donatário o seu autor.

Quando se tratar de revogação da doação por inexecução do encargo, o prazo será de 20 ou de 10 anos, a depender da normativa em vigor quando da mora do donatário (se na vigência do CC/1916 ou na vigência do CC/2002). É nesse sentido a jurisprudência do STJ:

Administrativo. Recurso especial. Bem público. Doação entre entes públicos. Encargo. Descumprimento. Prescrição. Decenal. Natureza real. Nulidade. Omissão. Não ocorrência.

1. Inexiste contrariedade ao art. 535 do CPC/1973 quando a Corte de origem decide clara e fundamentadamente todas as questões postas a seu exame. Ademais, não se deve confundir decisão contrária aos interesses da parte com ausência de prestação jurisdicional.

2. Nas ações de natureza real contra a Fazenda, o prazo prescricional é decenal.

3. Na revogação de doação por inexecução de encargo, aplica-se o prazo prescricional geral do regramento civil, não sendo aplicável o prazo anual da revogação de doação por ingratidão.

4. Recurso especial a que se nega provimento (REsp 1.613.414/PR, relator: Min. Og Fernandes, 2ª Turma, data do julgamento: 19/4/2018, data da publicação: 25/4/2018).

Ou seja, o prazo de revogação é distinto, conforme a natureza da violação: (i) se por ingratidão, será de um ano, a contar do conhecimento de qualquer dos fatos descritos no art. 557; (ii) se por descumprimento do encargo, o prazo será de 10 ou 20 anos, contado da data do inadimplemento (e, se houver necessidade de notificação do donatário, será a partir do término do prazo para a execução do encargo).

Obviamente que, no caso de homicídio doloso, os titulares do direito à revogação serão os sucessores do doador, salvo se este, antes de morrer, houver perdoado o donatário (art. 561). Em todos os demais casos, o direito potestativo à revogação **não se transmite aos herdeiros** do doador, embora lhes seja lícito prosseguir na ação ajuizada pelo doador se este vier a falecer durante seu curso (art. 560).

Tomemos alguns exemplos para que o tema da revogação da doação fique bem claro para o leitor.

Clóvis doa a Manuel um terreno e, posteriormente, Manuel comete homicídio doloso contra Clóvis. Clóvis morre imediatamente, pelo que não há que se falar em perdão. Transitada em julgado a sentença criminal que declara a culpa de Manuel, começa a correr o prazo decadencial de um ano para que os herdeiros de Clóvis ajuízem ação revogatória para reaver o terreno doado a Manuel.

Outra situação seria a de César que doa a Silvio um terreno grande e lhe impõe o encargo de doar um terreno menor, de propriedade de Silvio, para uma instituição de assistência a crianças carentes. Não se fixa prazo para a execução do encargo. Passado um tempo sem que Silvio cumpra seu ônus, César o notifica judicialmente, assinalando o prazo de sessenta dias para doar o terreno menor à instituição. Decorrido o prazo sem que Silvio execute o encargo, César ajuíza ação revogatória para reaver o terreno que doou a Silvio.

Por se tratar de um negócio jurídico, às doações também se aplicam as regras destinadas à anulação dos negócios jurídicos celebrados com erro, dolo, fraude, estado de perigo e lesão. Em outras palavras, como modalidade contratual, a doação sujeita-se às regras aplicáveis aos negócios jurídicos em geral. Nesses casos, o prazo decadencial do direito para anulação de negócio jurídico (doação), realizado mediante erro, dolo, simulação, fraude ou coação, será de quatro anos, nos termos do art. 178, II, do Código Civil, contados da data da celebração.

Podemos concluir que o mero arrependimento do doador não pode ser causa de anulação do negócio perfeitamente acabado nem permitir a revogabilidade da doação. A única possibilidade de arrependimento no âmbito da doação admitida pela jurisprudência se dá quando o doador faz apenas uma promessa de doação, sem qualquer encargo para o donatário. Nessa hipótese, enquanto não formalizada a doação[101], é lícito ao promitente doador arrepender-se (REsp 30.647/RS, relator: Min. Barros Monteiro, 4ª Turma, data do julgamento: 23/11/1998, data da publicação: 12/4/1999, p. 152).

Ademais, impende destacar que, nos termos do art. 563 do Código, a revogação por ingratidão nem prejudica **direito de terceiros** nem obriga o donatário à restituição dos frutos percebidos **antes da citação válida**, conquanto o obrigue a restituir os posteriores (art. 563, primeira e segunda partes). Exemplo de terceiro que, conforme o art. 563, não é prejudicado é o credor pignoratício, caso a coisa objeto da doação tenha sido empenhada antes da revogação da doação. Nesse caso, mesmo revogada a doação, subsiste o penhor.

Por fim, deve-se ressaltar que, quando a restituição em espécie da coisa doada não for possível, o donatário terá de **indenizar** o doador pelo meio-termo do seu valor (art. 563, terceira parte).

---

[101] Lembre-se de que o contrato de doação dependerá da formalização de escritura pública sempre que se tratar de bem imóvel em valor superior a 30 salários mínimos. Em se tratando de bem imóvel em valor inferior ou de bem móvel, não será necessária escritura, mas deverá ser formalizado contrato por escrito (art. 541 do CC).

5. LOCAÇÃO (ARTS. 565 A 578)

O Código de 2002 mantém a expressão **locação de coisas**, a qual repelimos, em razão de a locação "de coisas" ser a única que se manteve no nosso sistema.

A locução advém da história do contrato, que, desde o Direito Romano, subdividia-se em **locação de coisas** (*locatio rei* ou *locatio conductio rerum*), **locação de serviços** (*locatio operarum*) e **locação de obra** (*locatio operis faciendi*).

Hoje, no nosso Direito, a locação de serviços subdividiu-se em **contrato de prestação de serviços**, regido pelo Código Civil, distinto da locação (de coisas) e em **contrato de trabalho**, regido pela Consolidação das Leis Trabalhistas. Já a locação de obra é atualmente chamada de **empreitada**, e também tem tratamento autônomo no Código Civil.

A locação de **bens imóveis**, embora seja regida, em linhas gerais, pelo Código Civil, tem tratamento especial que lhe é dado pela Lei 8.245/91, conhecida como **Lei de Locações** ou **Lei do Inquilinato**, aplicável às locações urbanas, e pelo Decreto 59.566/66 e pelo Estatuto da Terra, aplicáveis às locações rurais. Nesta obra, não desceremos às peculiaridades destes diplomas, recomendando ao leitor, entretanto, o seu estudo.

5.1 Conceito e caracterização jurídica

Por meio do contrato de locação, uma das partes **se obriga a ceder à outra**, por prazo determinado ou não, **o uso e o gozo de um bem infungível**, mediante o recebimento de uma **retribuição**, chamada de **aluguel** (art. 565 do Código Civil). Cuida-se de uma das espécies de empréstimo, caracterizada por ser o **empréstimo oneroso de coisa infungível**.[102]

As partes são chamadas de **locador** (quem se obriga ceder a coisa) e **locatário** (quem tem o direito de recebê-la).

A locação de coisas é contrato **nominado** e **típico**, regulado pelos arts. 565 a 578 do Código Civil, pela Lei 8.245/91 (locações urbanas) e pelo Decreto 59.566/66 e pelo Estatuto da Terra (locações rurais).

Cuida-se de contrato **consensual**, para o qual a lei não exige forma específica, embora, na maioria das vezes, seja celebrado por meio de **instrumento particular** (por escrito, portanto), o que dá mais segurança às partes.

Bilateral que é, a locação gera obrigações para ambas as partes: para o locador, as previstas no art. 566 do Código, de **entregar ao locatário a coisa alugada** e a de **garantir-lhe o uso pacífico da coisa**; para o locatário, as descritas no art. 569, entre as quais, principalmente, a de **dar o aluguel nos prazos ajustados** e **restituir o bem ao final do contrato**.

Porquanto a vantagem obtida pelo locatário – uso e gozo da coisa alheia – se fundamenta em uma contraprestação sua, a de dar os aluguéis, e em razão de a vantagem gerada para o locador – recebimento dos aluguéis – se basear na sua contraprestação, a de ceder o uso e o gozo da coisa, a locação é contrato **oneroso**.

A locação é sempre **comutativa**, pois deve haver equilíbrio entre o valor do aluguel e o valor da coisa,[103] e **preestimada**, uma vez que a determinação do bem e do aluguel deve ser feita na contratação.

---

[102] As demais são o comodato, empréstimo gratuito de coisa infungível, e o mútuo, empréstimo gratuito ou oneroso de coisa fungível.

[103] O desequilíbrio constitui, inclusive, fundamento de pedido de revisão contratual.

A execução da locação é sempre **diferida e continuada**, visto que não se exaure no momento da contratação; ao contrário, tem ali seu início, e se renova a cada pagamento.

Com a evolução do mercado de locações, é frequente que seja celebrado o contrato **por adesão** – locação comercial de veículos, locação de imóveis por intermédio de imobiliárias etc. –, embora boa parte ainda seja fruto de negociação ampla entre as partes.

5.1.1 Obrigações do locador

Constituem **obrigações do locador**, nos termos do art. 566: entregar ao locatário a coisa alugada, com suas pertenças, em estado de servir ao uso a que se destina, e mantê-la nesse estado, pelo prazo estipulado no contrato, salvo cláusula expressa em contrário (inciso I); garantir-lhe, durante o tempo do contrato, o uso pacífico da coisa (inciso II).

Consectário da obrigação do locador de **garantir o uso pacífico da coisa** (art. 566, II) é a norma prevista no art. 568, no sentido de que "o locador resguardará o locatário dos embaraços e turbações de terceiros, que tenham ou pretendam ter direitos sobre a coisa alugada, e responderá pelos seus vícios, ou defeitos, anteriores à locação".

5.1.2 Obrigações do locatário

Constituem **obrigações do locatário**, segundo o art. 569: servir-se da coisa locada para os usos convencionados ou presumidos, conforme a natureza dela e as circunstâncias, bem como tratá-la com o mesmo cuidado que teria se sua fosse (inciso I); pagar pontualmente o aluguel nos prazos ajustados, e, em falta de ajuste, segundo o costume do lugar (inciso II); levar ao conhecimento do locador as turbações de terceiros, que se pretendam fundadas em direito (inciso III); restituir a coisa, finda a locação, no estado em que a recebeu, salvo as deteriorações naturais ao uso regular (inciso IV).

5.1.3 Revisão e resolução em caso de deterioração superveniente da coisa

Nos termos do art. 567, pode o locatário pedir a **revisão do contrato** para reduzir o aluguel, se, durante a vigência da locação, a coisa se deteriorar sem culpa sua, ou mesmo pedir a **resolução**, se a coisa não mais servir ao fim a que se destinava. Naturalmente que o pedido poderá ser feito diretamente ao locador e, se este se negar a atendê-lo, poderá o locatário se valer da ação ordinária de revisão contratual ou da ação ordinária de resilição contratual.

5.1.4 Alienação da coisa locada

Se a coisa objeto da locação for **alienada** durante a vigência daquele contrato, o adquirente não fica obrigado a respeitar o contrato, se nele não for consignada a **cláusula da sua vigência** em caso de alienação, e não constar de **registro** (art. 576, *caput*). O § 1º do dispositivo esclarece que o registro a que se refere a norma se realiza no Cartório de Títulos e Documentos do domicílio do locador, em se tratando de coisa móvel, e no Registro de Imóveis da respectiva circunscrição, em se tratando de imóvel.

No caso da alienação de imóvel locado, mesmo na hipótese de o locador não estar obrigado a respeitar o contrato, não poderá ele despejar o locatário, senão observado o prazo de noventa dias após a notificação para que o desocupe (art. 576, § 2º).

Vale destacar que, conforme dispõe o art. 27 da Lei 8.245/91 – Lei de Locações –, na hipótese de alienação da coisa locada – seja por meio de compra e venda, cessão de direitos ou dação em pagamento –, tem o locatário o direito de preferência, razão pela qual deve ser cientificado do negócio por meio de notificação judicial, extrajudicial ou por outro meio de ciência inequívoca, para que, querendo, possa optar por adquirir o imóvel locado, em igualdade de condições com terceiros. Nesse sentido, exige o parágrafo único do dispositivo que o ato de comunicação contenha todas as informações sobre o negócio, sobretudo o preço, a forma de pagamento, a existência de ônus reais, bem como o local e horário em que pode ser examinada a documentação pertinente. Interessante ressaltar que a lei exige a comunicação até mesmo nos casos de contratos preliminares de promessa de compra e venda e de promessa de cessão, ainda que, tecnicamente, tais contratos não gerem, por si sós, alienação da coisa.

5.1.5 Uso da coisa

Não pode o locatário dar à coisa **uso diverso** do que se convencionou no contrato, nem abusar dela até que se danifique, hipóteses que autorizam a **resolução** do contrato pelo locador, que pode exigir **perdas e danos**, se for o caso (art. 570).

Logo, o imóvel que é alugado para fins residenciais não pode ser usado para fins comerciais, assim como o que é alugado para fins comerciais não pode ser usado para fins residenciais, sob pena de resolução do contrato.

5.1.6 Realização de benfeitorias

Se o locatário não estiver expressamente proibido de realizar **benfeitorias** na coisa, e as efetuar, tem, ao término da locação, **direito de retenção** da coisa, até que seja indenizado pelas benfeitorias **necessárias**, e pelas úteis, neste caso, contanto que o locador houvesse consentido com sua realização (art. 578). As benfeitorias **voluptuárias**, por sua vez, não geram direito de retenção.

5.1.7 Garantia da locação

Os contratos de locação são comumente garantidos por um **contrato de fiança**, modalidade de garantia fidejussória, ou seja, baseada na *confiança*. A fiança celebra-se entre o locador e o fiador, e tem por objeto a garantia do pagamento dos aluguéis.

Como vimos ao estudar a novação, a fiança se extingue, em regra, pela novação da locação (art. 366). Ocorre que, em alguns contratos de fiança, tem sido estabelecida a duração da garantia *até a entrega efetiva das chaves* ao locador. Nesses casos, então, a jurisprudência praticamente unânime dos tribunais tem entendido que não se aplica o art. 366, ou seja, que a novação da locação não extingue a garantia, a qual persiste até a restituição das chaves, ou se extingue por resilição notificada ao credor (art. 835). Há, até mesmo, quem entenda que a prorrogação da locação não constitui hipótese de novação, posicionamento, a nosso ver, equivocado. É preciso, pois, muito cuidado, tanto na contratação da garantia quanto na interpretação do contrato.

5.1.8 Resilição da locação

A locação tem uma característica peculiar, que é a possibilidade de **resilição a qualquer tempo**, seja o contrato por prazo determinado ou não.

Caso o contrato tenha prazo determinado e o **locador** opere a resilição, na forma de **denúncia**, terá de indenizar o locatário pelas **perdas e danos** que este sofrer (art. 571, primeira parte). Garante-se ao locatário o **direito de retenção**, enquanto não for indenizado (art. 571, parágrafo único).

Na hipótese de o **locatário** resilir o contrato, incorrerá na **multa** prevista no contrato, que será **proporcional** ao tempo em que o contrato deixará de viger (art. 571, segunda parte). Se a multa, nesse caso, for considerada **excessiva**, será facultado ao juiz fixá-la em bases razoáveis, segundo o art. 572.

5.1.9 Extinção natural da locação

Com o advento do **termo final** do contrato de locação, este se **extingue** naturalmente, independentemente de notificação ou aviso (art. 573).

Conquanto a prestação devida pelo locatário ao término do contrato seja a **restituição** do bem, esta é, frequentemente, substituída pela **prorrogação** do ajuste. Para que isso ocorra, basta que o locatário permaneça na posse da coisa, sem oposição do locador, caso em que o contrato passará a viger por **prazo indeterminado**, mantendo-se o valor do aluguel (art. 574). Veja bem que não se trata de obrigação facultativa, porquanto a prorrogação do contrato não é faculdade do locatário, pois depende da anuência – que pode se consubstanciar na simples ausência de oposição – do locador.

Na hipótese de o locatário ser **notificado para restituir** a coisa e deixar de cumprir essa obrigação, ficará obrigado a dar ao locador o **aluguel** que este arbitrar, pelo tempo em que tiver a coisa em seu poder, e assumirá os **riscos** da coisa, mesmo os provenientes de caso fortuito (art. 575, *caput*). Deve-se atentar para o fato de que o aluguel não será o estabelecido na locação, mas o arbitrado pelo locador após o inadimplemento do locatário, o qual o juiz poderá reduzir, se considerar **excessivo**, atentando, não obstante, para o **caráter punitivo** da verba (art. 575, parágrafo único). Apesar da ressalva legal, o julgador deve agir com prudência, para que não se configure violação da **função social do contrato**.

5.1.10 Transferência ou extinção causa mortis

Segundo o art. 577 do Código, se a locação for celebrada **por tempo determinado**, admite-se a sua **transferência** *causa mortis*, tanto na hipótese de morte do locador quanto do locatário.

Por interpretação *a contrario sensu*, conclui-se que, se a locação for ajustada **por tempo indeterminado**, opera-se a sua **extinção** *causa mortis*, seja o falecido o locador ou o locatário.

5.1.11 Transferência por divórcio, separação ou dissolução da união estável do locatário

Em se tratando de locação urbana, especificamente, o art. 12 da Lei 8.245/91[104] determina que, na hipótese da **separação de fato, separação judicial, divórcio** ou **dissolução da união estável** do locatário, a locação residencial prossegue automaticamente com o cônjuge ou companheiro que permanecer no imóvel. Ocorre, nesse caso, por força de lei, novação subjetiva passiva na locação, a despeito de o texto do § 1º do dispositivo se referir à hipótese como de sub-rogação.

O fato da separação – de fato ou judicial –, do divórcio ou da dissolução da união estável, com a permanência do cônjuge ou companheiro no imóvel, deve ser comunicado por escrito ao locador e ao fiador, se esta for a modalidade de garantia locatícia (art. 12, § 1º).

Nessa hipótese, faculta-se ao fiador optar pela **exoneração da fiança** no prazo de trinta dias contado do recebimento da comunicação enviada pelo "sub-rogado" – expressão utilizada, conquanto se trate de novo locatário –, permanecendo, ainda, obrigado pelos termos da fiança durante cento e vinte dias contados da notificação de exoneração ao locador (art. 12, § 2º).

5.1.12 Cessão, sublocação e comodato do objeto da locação

Também em se tratando de locação urbana, o art. 13 da Lei 8.245/91 estabelece que a **cessão** da locação, a **sublocação** – locação do locatário para um terceiro, denominado sublocatário – e

---

[104] Trata-se de regras acrescidas à Lei de Locação em 2009, pela Lei 12.112.

o **empréstimo – comodato** – do imóvel, total ou parcialmente, dependem do consentimento prévio e escrito do locador, não se podendo presumir o consentimento pela demora deste em manifestar expressamente a sua oposição (§ 1º). Não obstante, o § 2º do dispositivo prescreve ao locador o prazo de trinta dias – contado da sua notificação por escrito pelo locatário – para que manifeste formalmente a sua oposição.

6. COMODATO (ARTS. 579 A 585)

Ainda que o *nomen iuris* desta espécie contratual dificilmente seja interpretado pelo leigo como espécie de **empréstimo** que é, razão pela qual é possível que muitas pessoas pensem jamais ter sido parte deste contrato, o comodato é contrato de grande importância e é celebrado a todo instante.

6.1 Conceito e caracterização jurídica

O comodato, conforme já asseveramos em diversas oportunidades neste livro, é o **empréstimo gratuito de bens infungíveis** (art. 579, primeira parte). Cabe, aqui, lembrar ao leitor que infungibilidade significa a impossibilidade de substituição do bem, ainda que por outro da mesma espécie, qualidade e quantidade.

As partes contratantes, aqui, são chamadas de **comodante** (quem empresta) e **comodatário** (quem toma a coisa emprestada).

Na verdade, o comodato é o verdadeiro **empréstimo** no jargão popular, vez que a palavra "empréstimo" traduz, vulgarmente, as ideias de **gratuidade** e de **restituição**. Toda vez que pedimos a caneta de alguém emprestada para assinar um cheque, ou pegamos um livro na biblioteca pública, celebramos comodato, embora nessas situações ninguém se ofereça para celebrar comodato e sim para emprestar.

Mais recentemente, o uso do *nomen iuris* do contrato se tornou frequente nos casos de empréstimo de *modens* para uso de Internet ou de equipamentos como receptor e antena para captação de sinal de televisão, entre outras inovações tecnológicas. Curiosamente, nessas hipóteses, o agente que anuncia o comodato como parte da prestação dos serviços de acesso à Internet ou de sinal de TV trata dele com um estranho tom que impede o leigo de compreender que não se cuida de nada mais que um empréstimo gratuito de coisa que deve ao final ser devolvida.

O comodato é contrato **nominado** e **típico**, submetido aos arts. 579 a 585 do Código Civil.

Por somente se aperfeiçoar com a tradição (art. 579, segunda parte), é contrato **real**. O empréstimo de uma caneta somente se considera celebrado no momento em que a caneta é entregue; o empréstimo da casa de praia para o irmão se conclui quando as chaves do imóvel são entregues etc.

Trata-se de contrato **unilateral**, uma vez que não gera nenhuma obrigação para o comodante (não há obrigação de entregar a coisa porque, antes da entrega, não há comodato: o contrato é real). Apenas ao comodatário incumbem obrigações, sobretudo a de guardar a coisa como se fosse sua e a de restituí-la ao final do contrato.

Por definição, o comodato é **gratuito**. A vantagem obtida pelo comodatário não se fundamenta em nenhuma contraprestação sua, e o comodante sequer obtém vantagem com o empréstimo (salvo as de caráter subjetivo, como a satisfação pela liberalidade).

Gratuito que é, não pode ser **comutativo**.

É **preestimado**, uma vez que nenhuma de suas consequências jurídicas depende de evento futuro e incerto, sendo todas conhecidas das partes no momento da contratação.

Tem **execução diferida**, que se inicia no momento em que o contrato se aperfeiçoa, ou seja, quando o comodatário recebe a coisa, e se prolonga no tempo.

Em geral fruto de ampla negociação entre as partes, há casos de comodato **por adesão**, como os mencionados casos de empréstimo de *modem* para acesso à internet e de receptor e antena para recepção de sinal de televisão.

6.1.1 Obrigações do comodatário

Consectário do fato de ter como objeto **coisa infungível** é a obrigação do comodatário de **conservar a coisa** emprestada como se fosse sua, não podendo usá-la senão de acordo com o contrato ou a natureza dela, sob pena de responder por perdas e danos (art. 582, primeira parte). Ou seja, se empresto a alguém uma caneta para assinar um cheque, não tolerarei que o comodatário use minha caneta para limpar a sola do sapato. O mesmo se diga do comodato de um bem maior, como um imóvel: se empresto a uma instituição estudantil uma quadra de esportes para que ali se realizem aulas de educação física, não pode a instituição usar a quadra como curral.

Além de se obrigar a conservar a coisa, o comodatário se obriga a **restituí-la** ao comodante, quando do advento do termo final do contrato, ou quando notificado para tanto.

Nos contratos de comodato firmados por prazo determinado, essa notificação é dispensável. A mora constituir-se-á de pleno direito na data em que não devolvida a coisa emprestada. Por outro lado, no caso de comodato por prazo indeterminado, é indispensável, em regra[105], a prévia notificação, pois, somente após o término do prazo previsto na comunicação, a posse exercida pelo comodatário, anteriormente tida como justa, tornar-se-á injusta, de modo que se configure o esbulho possessório.

6.1.2 Responsabilidade pelos riscos e benfeitorias

Com relação aos **riscos** da coisa, aplica-se a regra de que esta se perde para o dono – *res perit domino* –, ou seja, para o comodante ou a terceira pessoa, caso a coisa não seja de propriedade de quem a emprestou.

Todavia, o art. 583 salienta que, "se, correndo risco o objeto do comodato juntamente com outros do comodatário, antepuser este a salvação dos seus abandonando o do comodante, responderá pelo dano ocorrido, ainda que se possa atribuir a caso fortuito ou força maior".

Tomemos a situação de um comodatário de um livro raro que, ao ver sua casa inundada em uma enchente, opta por salvar os seus livros particulares, e deixa o livro do comodante se perder. Nesse caso, ainda que a inundação se tenha dado por força maior, o comodatário que podia ter salvado o bem emprestado, mas não o fez para proteger seu próprio patrimônio, responde pelo prejuízo causado ao comodante.

De acordo com o art. 584 do Código Civil, "o comodatário não poderá jamais recobrar do comodante as despesas feitas com o uso e gozo da coisa emprestada". Apesar dessa previsão, parte da doutrina entende que, por ser o comodatário possuidor de boa-fé – diante da existência de um justo título (art. 1.210, parágrafo único, do CC) –, em regra, terá direito à indenização e direito de retenção pelas benfeitorias necessárias e úteis, conforme o art. 1.219 do Código Civil. Além disso, poderá levantar as benfeitorias voluptuárias, se isso não danificar

---

[105] Excepcionalmente, o STJ dispensa a notificação mesmo com o comodato por tempo indeterminado quando verificada a ciência inequívoca do intuito de reaver o imóvel (STJ, 3ª Turma, REsp 1.947.697-SC, relatora: Min. Nancy Andrighi, data do julgamento: 28/9/2021). No caso concreto, a existência de uma ação judicial prévia já demonstrava a ciência inequívoca do comodatário para que providenciasse a devolução do imóvel.

o bem. Contudo, há diversos julgados que consideram que, mesmo nesses casos, não há direito à indenização por benfeitorias[106].

6.1.3 Responsabilidade solidária

Impende ressaltar a **responsabilidade solidária** dos comodatários que tomarem simultaneamente o empréstimo de uma coisa (art. 585).

Em razão da solidariedade, se Augusto, Berenice e César tomam o carro de Silvio em comodato, e, uma noite, alcoolizados, colidem o veículo em uma árvore, Silvio pode cobrar integralmente a indenização do prejuízo de Augusto, Berenice ou César, independentemente de quem estava dirigindo o carro no momento em que o bem sofreu o dano.

6.1.4 Despesas com a coisa

Em razão de o comodato se fundamentar em uma **liberalidade** do comodante, não pode o comodatário deste recobrar as despesas realizadas para o uso e gozo da coisa (art. 584), o que nem por isso altera a natureza **gratuita** do contrato.

Logo, se Caio empresta a Orlando seu apartamento que está vazio, para que Orlando lá resida por algum tempo, gratuitamente, não pode Orlando cobrar de Caio, por exemplo, as contribuições condominiais referentes ao apartamento.

6.1.5 Prazo e extinção do comodato

Assim como a locação, o comodato pode ou não ter **prazo determinado**. Se não tiver, o prazo se presume o necessário para o uso concedido (art. 581, primeira parte).

Se Manuel dá em comodato à Escola do Saber uma quadra de esportes para a realização de aulas de educação física, o prazo mínimo para vigência do comodato será o do ano letivo, ou o necessário para que se conclua a construção da quadra encomendada pela escola. De toda sorte, mesmo não sendo estipulado prazo, é possível aplicar a regra prevista no art. 473 do Código Civil, segundo a qual, dada a natureza do contrato, se uma das partes houver feito investimentos consideráveis para a sua execução, a denúncia unilateral só produzirá efeito depois de transcorrido prazo compatível com a natureza e o vulto dos investimentos.

---

[106] "Reintegração de posse. Comodato verbal. Imóvel utilizado para exercício de atividade empresarial. Benfeitorias realizadas em proveito do comodatário, cuja finalidade era adequar o imóvel a atividade exercida. Inexistência do dever de indenizar. Desnecessidade de prova pericial. Inteligência do artigo 584 do Código Civil. Manutenção da sentença. Desprovimento do apelo" (TJRJ, Apelação 2009.001.16394, 1ª Câmara Cível, relatora: Des. Vera Maria Soares Van Hombeeck, data do julgamento: 14/4/2009, DORJ 27/04/2009, p. 116). "Contrato. Comodante. Imóvel. Pretensão a indenização por benfeitorias. Inadmissibilidade, mesmo em face da revelia dos réus, que apresentaram contestação e reconvenção intempestivas. Inteligência do disposto no art. 584 do Código Civil" (TJSP, Apelação Cível 7276634-2, Acórdão 3590228, 14ª Câmara de Direito Privado, São Paulo, relator: Des. José Tarcisio Beraldo, data do julgamento: 25/3/2009, DJESP 2/6/2009). A questão não é pacífica na própria jurisprudência, havendo julgados que reconhecem a possibilidade de indenização pelas benfeitorias necessárias e úteis no comodato (nesse sentido, ver: TJSP, Agravo de Instrumento 7301347-5, Acórdão 3628632, 20ª Câmara de Direito Privado, Mogi-Mirim, relator: Des. Cunha Garcia, data do julgamento: 9/3/2009, DJESP 9/6/2009; TJMG, Apelação Cível 1.0514.07.024211-0/0011, 16ª Câmara Cível, Pitangui, relator: Des. Nicolau Masselli, data do julgamento: 22/4/2009, DJEMG 5/6/2009).

Antes de extinto o prazo determinado, ou o prazo presumido para o uso, é vedado ao comodante suspender o uso e o gozo da coisa emprestada, a não ser em caso de **necessidade imprevista e urgente**, reconhecida pelo juiz (art. 581, segunda parte). Nesse caso, como vimos na subseção 2.2.1 do capítulo 7, cabe a extinção do contrato pela modalidade de resilição denominada **denúncia vazia**.

No exemplo da quadra de esportes, se for necessária uma reforma de urgência, ou se, por uma dificuldade financeira, tiver o comodante de vendê-la, para garantir seu sustento, poderá o julgador deferir o pedido de **resilição**.

Expirado o prazo, deve o comodatário restituir a coisa ao comodante. Se não o fizer, incorrerá em **mora**.

É prudente, sobretudo na hipótese de prazo presumido (art. 581, primeira parte), que o comodante **notifique** o comodatário, assinalando-lhe prazo para restituir a coisa. Passado esse tempo sem que o comodatário tenha cumprido sua obrigação, poderá o comodante ajuizar **ação de reintegração de posse**, vez que a mora do comodatário torna sua posse precária, e caracteriza o **esbulho**.

Nesse caso, é lícito ao comodante, ademais, **arbitrar aluguel**, o qual será devido até que a coisa lhe seja restituída (art. 582, segunda parte), e que poderá ser cobrado nos autos da ação de reintegração. Note-se que a lei permite ao **comodante** fixar o valor; o que o julgador deverá fazer é **condenar o comodatário ao pagamento**, e não alterar o valor, salvo se **manifestamente excessivo**.

Cabe registrar que a recusa do comodatário em restituir o bem não altera sua natureza jurídica. Ou seja, o contrato não passa a ser de locação. O aluguel que a legislação admite tem natureza indenizatória, por conta do uso indevido da coisa e não tem o condão de transformar o negócio jurídico em locação. Tanto é verdade que a ação para retomar o bem é a reintegração de posse, e não a ação de despejo.

Em se tratando de comodato por **prazo indeterminado**, o comodante pode extinguir o contrato pela modalidade de resilição denominada **denúncia vazia**, como vimos na subseção 2.2.1 do capítulo 7. A despeito de o Código não ter tratado dessa hipótese expressamente ao regular o comodato, é da própria essência desse tipo contratual que o comodante possa requerer a restituição da coisa emprestada por tempo indeterminado a qualquer tempo, ou que o comodatário queira restituí-la; afinal, se assim não fosse, o empréstimo se converteria em doação.

E em caso de morte do comodante? Embora exista alguma divergência da jurisprudência, prevalece o entendimento no sentido de que o comodato é um contrato celebrado *intuito personae*, ou seja, em consideração à figura das partes que neste pactuam. Assim, a morte do comodante implica a extinção do contrato, mesmo que não tenha se encerrado o prazo.

6.1.6 Situações de vedação do comodato e possibilidade de inclusão de finalidade

Por fim, saliente-se que **tutores, curadores e demais administradores de bens alheios** não podem dar em comodato os bens cuja guarda lhes é confiada, salvo se tiverem autorização especial para tanto (art. 580).

Por fim, é admitida a formulação de uma finalidade para o empréstimo. Por exemplo: construção de espaço para acolhimento de jovens e adultos em tratamento de determinada doença. Se estabelecida uma finalidade e esta for descumprida, também haverá extinção do contrato de comodato. Exemplo prático na jurisprudência do STJ para facilitar a compreensão:

> [...] à luz das conclusões perfilhadas pelas instâncias ordinárias – com base nas provas produzidas nos autos –, sobressai o fato de que o pastor/comodatário, abusando da confiança do

comodante, procedeu ao uso do imóvel em flagrante dissonância com o propósito da celebração da avença, qual seja, a realização de cultos da Igreja do Evangelho Quadrangular. De fato, ao se desligar da igreja, logo após o pacto, e ministrar cultos em outra instituição religiosa, o pastor/comodatário incorreu em evidente quebra de confiança, o que atinge a boa-fé do negócio jurídico, configurando causa apta a fundamentar a resilição unilateral (denúncia) promovida pelo comodante. 10. Desse modo, além da temporariedade, a natureza personalíssima e o caráter fiduciário do comodato também foram vulnerados pela conduta desleal perpetrada pelo comodatário, que não atendeu ao exato sentido da vontade demonstrada pelo comodante. Inteligência dos artigos 114 e 582 do Código Civil. 11. Consequentemente, infere-se a regularidade da resilição unilateral do comodato operada mediante denúncia notificada extrajudicialmente ao comodatário (artigo 473 do Código Civil), pois o "desvio" da finalidade encartada no ato de liberalidade constitui motivo suficiente para deflagrar seu vencimento antecipado e autorizar a incidência da norma disposta na primeira parte do artigo 581 do retrocitado *codex*, sobressaindo, assim, a configuração do esbulho em razão da recusa na restituição da posse do bem a ensejar a procedência da ação de reintegração (REsp 1.327.627/RS, relator: Min. Luis Felipe Salomão, 4ª Turma, data do julgamento: 25/10/2016, data da publicação: 1/12/2016).

7. MÚTUO (ARTS. 586 A 592)

O **mútuo** se consubstancia em espécie de empréstimo que, como o comodato, é pouco conhecida, pelo leigo, por sua nomenclatura jurídica. Entretanto, é de larga aplicação cotidiana, sobretudo na forma de empréstimo de dinheiro.

7.1 Conceito e caracterização jurídica

Mútuo é o empréstimo de **coisa fungível** (art. 586, primeira parte). Coisa fungível, como o leitor bem se lembra, é aquela que pode ser substituída por outra da mesma espécie, qualidade e quantidade. Por essa razão é que a segunda parte do art. 586 preceitua que "o mutuário é obrigado a restituir ao mutuante o que dele recebeu em coisa do mesmo gênero, qualidade e quantidade".

Um bom exemplo é o do mútuo de dinheiro: ao restituí-lo, o mutuário se valerá de cédulas de dinheiro que totalizem o montante emprestado, mas, dificilmente, das mesmas cédulas que recebeu do mutuante, salvo se não houver utilizado o empréstimo.

As partes são chamadas de **mutuante** (quem empresta) e **mutuário** (quem toma o empréstimo).

O contrato de mútuo é **nominado** e **típico**, disciplinado pelos arts. 586 a 592 do Código Civil.

Conquanto o Código não o mencione expressamente, o mútuo é contrato **real**, que só se celebra, portanto, com a tradição.

Cuida-se de contrato **unilateral**, que somente gera obrigações para o mutuário: a de **restituir coisa da mesma espécie, qualidade e quantidade**, e, em alguns casos, a obrigação de **dar os juros**. Por se tratar de contrato real, não há que se falar em obrigação do mutuante de entregar a coisa, pois, antes da tradição, não há contrato.

O mútuo pode ser **gratuito** ou **oneroso**. Será gratuito quando a obrigação do mutuário se limitar à restituição de coisa da mesma espécie, qualidade e quantidade, caso em que a vantagem obtida não se terá fundado em nenhuma contraprestação sua. Será oneroso, por sua vez, se houver a obrigação de dar os juros em contrapartida do empréstimo.

Sendo **unilateral**, não será **comutativo**, ainda que oneroso, pois não faria sentido pensar em equilíbrio entre as duas prestações do mutuário, uma vez que nenhuma obrigação é devida pelo mutuante.

O mútuo será sempre **preestimado**, por não se sujeitar a nenhum evento futuro e incerto, conhecendo o mutuário, desde a contratação, as suas obrigações.

Trata-se de contrato de **execução diferida**, porquanto não se exaure no momento da celebração. Ao contrário, a execução tem ali seu início e se dirige para o futuro.

Pode o mútuo ser fruto de ampla negociação entre as partes, como pode ser contratado **por adesão**, o que ocorre frequentemente, sobretudo nos casos de empréstimo de dinheiro por instituições financeiras.

7.1.1 Transmissão da propriedade ao mutuário

Por ter como objeto bem fungível, a tradição subsequente ao mútuo **transmite a propriedade** da coisa ao mutuário, por conta de quem passam a correr todos os riscos, desde a tradição (art. 587).

Para entender a lógica da norma, imaginemos que Clóvis tome emprestado de Helena um livro que esta acabou de comprar em uma livraria, sem nele fazer nenhum tipo de marca distintiva. Clóvis poderá restituir a Helena qualquer outra cópia do livro, contanto que não tenha nenhum traço que a diferencie das demais. Basta que seja a mesma obra, e a mesma edição. Assim, é natural que a cópia que Clóvis recebeu de Helena se incorpore a seu patrimônio. Caso contrário, ao "restituir" a Helena a nova cópia, esta se tornaria dela proprietária e permaneceria proprietária da outra, o que não faria sentido.

Impend destacar que, em razão da transmissão da propriedade da coisa ao mutuário, o contrato gera obrigação de entregar coisa incerta, e não de restituir. Destarte, o mutuário não se desobriga mesmo na hipótese de perda da coisa sem culpa sua, ainda que por caso fortuito ou força maior (art. 246).

Comodato	Mútuo
Empréstimo para uso.	Empréstimo para consumo.
Empréstimo de coisa infungível.	Empréstimo de coisa fungível.
Exige a restituição da coisa emprestada.	Permite a restituição de coisa equivalente.
Não há transferência de domínio: se a coisa se perder, ainda que por caso fortuito, o comodatário suportará a perda (art. 583).	O mutuário se torna proprietário da coisa (contrato translativo) e arca com os riscos.

7.1.2 Exigência de garantia posterior

Para proteger o mutuante, o art. 590 do Código lhe permite "exigir garantia da restituição, se antes do vencimento o mutuário sofrer notória mudança em sua situação econômica". Essa hipótese terá maior aplicabilidade, a evidência, nos casos de empréstimo de dinheiro.

7.1.3 Juros e capitalização

O art. 591 determina que "destinando-se o mútuo a fins econômicos, presumem-se devidos juros, os quais, sob pena de redução, não poderão exceder a taxa a que se refere o art.

406, permitida a capitalização anual". Nesse caso, o mútuo – oneroso – se denomina **mútuo feneratício**.

A referida taxa, conforme o entendimento de boa parte da jurisprudência, é de **1% ao mês**.

Deve-se destacar que, nesses casos, a capitalização anual não configura prática de **anatocismo**, porquanto expressamente permitida pela lei.

7.1.4 Prazo e extinção do mútuo

Normalmente, o contrato incluirá cláusula que estabeleça um termo final.

Se isso não ocorrer, serão aplicáveis os prazos do art. 592: até a próxima colheita, se o mútuo for de produtos agrícolas, seja para consumo ou para semeadura (inciso I); de trinta dias no mínimo, se for de dinheiro (inciso II); do espaço de tempo que declarar o mutuante, se for de qualquer outra coisa fungível (inciso III).

Bem se vê que, no caso do inciso III, o Código prevê que o mútuo se extinguirá quando o mutuante o quiser, se não se houver convencionado prazo, caso em que terá lugar a **resilição** do contrato na forma de **denúncia**.

7.1.5 Empréstimo a pessoa menor

A lei oferece proteção ao mutuante **menor**. Nos termos do art. 588, se não houver autorização da pessoa que tiver sua guarda para a celebração do contrato, nem o mutuário, nem seus fiadores poderão ser acionados para restituir a coisa emprestada, salvo nas hipóteses do art. 589: se a pessoa, de cuja autorização necessitava o mutuário para contrair o empréstimo, ratificá-lo posteriormente (inciso I); se o menor, estando ausente essa pessoa, se viu obrigado a contrair o empréstimo para os seus alimentos habituais (inciso II); se o menor tiver bens auferidos com o seu trabalho, caso em que a execução do credor não lhes poderá ultrapassar as forças (inciso III); se o empréstimo reverteu em benefício do menor (inciso IV); se o menor obteve o empréstimo maliciosamente (inciso V).

Impende frisar que esses dispositivos representam uma exceção às regras da Parte Geral do Código Civil sobre os atos praticados pessoalmente pelos absolutamente incapazes – nulos, nos termos do art. 166, I –, e sobre os atos praticados pelos relativamente incapazes sem a intervenção de seus assistentes – anuláveis, segundo o art. 171, I. Vale lembrar que, após a entrada em vigor do Estatuto da Pessoa com Deficiência, apenas os menores de dezesseis anos – classicamente denominados menores impúberes – são considerados absolutamente incapazes.

8. PRESTAÇÃO DE SERVIÇOS (ARTS. 593 A 609)

Conforme asseverado ao tratar da locação de coisas, o contrato de **prestação de serviços** evoluiu da antiga figura da *locatio operarum* do Direito Romano. Distingue-se do contrato de trabalho por não reunir os elementos configuradores deste – subordinação, não eventualidade e remuneração.

8.1 Conceito e caracterização jurídica

Por meio do contrato de prestação de serviços, uma das partes contrata a outra para que **execute uma determinada atividade**, por certo prazo, mediante **remuneração**, ou **gratuitamente**.

As partes contratantes são chamadas de **prestador de serviços** e de **tomador de serviços**.

A prestação de serviços é um contrato **nominado** e **típico**, regulado pelos arts. 593 a 609 do Código Civil.

É contrato **consensual**, para o qual não se exige forma determinada, tomando, em diversos casos, a forma de instrumento escrito particular e, em tantos outros, a forma verbal.

Trata-se de contrato **bilateral**, em regra, por gerar obrigações para ambas as partes: para o tomador, em especial, a de dar a remuneração; e, para o prestador, a de executar o serviço. Será, todavia, **unilateral** se o prestador não cobrar pelo serviço, caso em que não haverá obrigação para o tomador.

A prestação de serviços pode ser **onerosa**, como o é, na maioria dos casos, ou **gratuita**, se o prestador expressamente declarar que dispensa remuneração pelo serviço, caso em que à vantagem auferida pelo tomador não corresponderá nenhuma contraprestação sua.

Deverá ser **comutativa** a prestação de serviços onerosa, que tem de guardar equilíbrio entre a remuneração e a natureza do serviço.

Será, em qualquer caso, **preestimada**, pois ambas as partes conhecerão suas obrigações desde a celebração do contrato.

É da natureza da prestação de serviços ter **execução diferida**, a qual se inicia com a contratação ou em momento posterior e se prolonga no tempo.

Muitas vezes, será fruto da ampla negociação entre as partes, mas, em outros tantos casos, será contratada **por adesão**, sobretudo quando o prestador for pessoa jurídica.

8.1.1 Objeto da prestação de serviços

O art. 594 do Código admite que a prestação de serviços tenha por objeto toda espécie de **serviço ou trabalho lícito, material ou imaterial**, sendo admitida a **remuneração**.

Assim é que, por meio desta espécie contratual, pode-se contratar a pintura de uma casa, a realização de uma apresentação musical, a preparação de um jantar, o ensino de um idioma ou de música, entre tantas outras possibilidades que se podem imaginar.

Na hipótese de o prestador de serviços não ser contratado para **certa e determinada tarefa**, a lei presume que se obrigou a todo e qualquer serviço compatível com as suas forças e condições (art. 601).

8.1.2 Natureza da prestação do serviço

Deve-se frisar que a obrigação gerada para o prestador de serviços, aqui, é **de meio**, ou seja, ele se obriga a **executar diligentemente a atividade**, sem se responsabilizar pelo **resultado**.

O prestador de serviços que se obriga a resultado, na verdade, é um empreiteiro, parte em um contrato de **empreitada**, o qual estudaremos a seguir. Essa é justamente a diferença entre os dois contratos, que vem desde os tempos da *locatio operarum* e da *locatio operis faciendi* do Direito Romano.

8.1.3 Prazo e extinção da prestação de serviço

A prestação de serviços extingue-se naturalmente pelo **exaurimento do prazo** ou pela **conclusão da obra**, e, prematuramente, pela **morte** de qualquer das partes, pela **resilição** ou pela **resolução** – neste caso, por inadimplemento ou impossibilidade da prestação (art. 607).

Para manter os traços distintivos entre a prestação de serviços e o contrato de trabalho, o Código Civil veda a celebração da primeira por prazo superior a **quatro anos** (o que poderia caracterizar a não eventualidade e a subordinação), ainda que o motivo das partes seja o pagamento de dívida, ou que a finalidade do contrato seja a execução de certa e determinada obra (art. 598, primeira parte). Por essa razão, a lei prevê a **extinção automática** do contrato ao final de quatro anos, mesmo que não se tenha concluído a execução da obra (art. 598, segunda parte).

Quanto à contagem do prazo, o art. 600 determina que se exclua o tempo em que o prestador de serviços tenha deixado de servir, por culpa sua. Por exemplo, se Silvio é contratado para pintar uma casa por quatro semanas, mas, durante uma semana inteira simplesmente deixa de comparecer, para visitar um parente, esse tempo não será computado na vigência do acordo.

Caso não haja determinação do prazo, e respeitado o prazo máximo de quatro anos, o art. 599 autoriza qualquer das partes, mediante aviso prévio, a pedir a **resilição** do contrato. Para tanto, exige-se que o prazo não possa ser inferido da natureza do contrato ou dos costumes do lugar. Por exemplo, se alguém contrata uma pessoa para promover a segurança de um evento, presume-se que o prazo do contrato será o da duração do evento.

O parágrafo único do dispositivo prescreve a **antecedência do aviso prévio**: oito dias, se a remuneração se houver fixado por tempo de um mês, ou mais; quatro dias, se a remuneração se tiver ajustado por semana, ou quinzena; de véspera, quando se tenha contratado por menos de sete dias.

A conduta do prestador de serviços que deixa de servir, durante a vigência do contrato, é considerada **ilícita** pelo art. 602, segundo o qual "o prestador de serviço contratado por tempo certo, ou por obra determinada, não se pode ausentar, ou despedir, sem justa causa, antes de preenchido o tempo, ou concluída a obra". Autoriza, portanto, a **resilição** por parte do tomador na forma de **denúncia cheia**, que a doutrina costuma chamar, em se tratando de prestação de serviço, de **dispensa por justa causa**.

Caso o próprio prestador peça a **dispensa, sem justa causa** – hipótese de **resilição** na forma de **denúncia vazia** – fará jus à retribuição vencida, mas responderá por perdas e danos (art. 602, parágrafo único, primeira parte). A mesma responsabilidade se configurará na hipótese de ter sido dispensado por justa causa (art. 602, parágrafo único, segunda parte), caso em que houve **denúncia cheia** por parte do tomador.

Por sua vez, se o prestador for **despedido sem justa causa**, além de fazer jus à remuneração vencida, terá direito a receber metade da vincenda, até o termo final do contrato (art. 603).

Nos termos do art. 604 do Código, por fim, o prestador de serviço tem direito de exigir do tomador, findo o contrato, **declaração** desse fato. Igual direito lhe cabe, se for despedido sem justa causa, ou se tiver havido motivo justo para pedir a dispensa.

8.1.4 Remuneração

Impende frisar que, conquanto seja admissível a prestação de serviço gratuita, quer dizer, sem que se cobre remuneração, o contrato é presumidamente **oneroso**.

No caso de a remuneração não ter sido ajustada pelas partes – caso em que não se pode presumir que o contrato é gratuito – ou de não terem estas chegado a acordo, o art. 596 soluciona a questão, determinando que seja fixada por **arbitramento**, segundo o costume do lugar, o tempo do serviço e sua qualidade.

Admite-se expressamente, no art. 597 do Código, que se ajuste o **pagamento antecipado** ou **fracionado**; na ausência de convenção nesse sentido, a remuneração deve ser paga integralmente após a prestação do serviço.

8.1.5 Caráter personalíssimo do contrato

Ressaltando o caráter presumidamente **personalíssimo** deste contrato (que se diz *intuitu personae*, como preferem os mais clássicos), a lei veda a transferência do direito aos serviços contratados, por parte do tomador, bem como a sua execução, por parte do prestador, a não ser que com esta última hipótese consinta o tomador (art. 605).

Exceção a essa regra é a hipótese de **alienação de prédio agrícola**, pois o art. 609 do Código estatui que esse fato não implica a solução do contrato de prestação de serviços, mas, ao contrário, faculta ao prestador continuar prestando-os para o adquirente da propriedade ou para o primitivo tomador.

8.1.6 Habilitação do prestador

Caso o prestador se ofereça para prestar o serviço, para o qual a lei ou a própria natureza do trabalho exige **habilitação**, a qual o prestador não tem, não poderá exigir do tomador a remuneração que corresponde ao serviço prestado pela pessoa devidamente habilitada (art. 606).

Se, no entanto, a habilitação não for exigida por norma cogente – "lei de ordem pública", na expressão usada pelo Código –, e se do serviço prestado resultar benefício para o tomador, o juiz atribuirá ao prestador uma **compensação razoável**, contanto que tenha agido de boa-fé. Mas, frise-se, se a exigência for de ordem pública, o prestador desabilitado não terá direito a nenhuma remuneração.

Tomando o exemplo dos serviços de motorista, pode-se dizer que sua natureza exige que o condutor saiba operar o veículo, e que a lei exige que tenha carteira de habilitação. Destarte, quem se apresenta para prestar um serviço de motorista – por exemplo, se, conduzindo um táxi, para ao sinal de um pedestre – sem ter a devida habilitação, não terá direito a exigir a remuneração, vez que a exigência legal de habilitação é cogente.

8.1.7 Aliciamento do prestador

Conforme a norma, em desuso, insculpida no art. 608, quem, como se diria vulgarmente, "rouba" o prestador de serviços de outrem – **alicia-o** –, fica obrigado a **indenizar** o tomador originário. Eis a redação do dispositivo: "aquele que aliciar pessoas obrigadas em contrato escrito a prestar serviço a outrem pagará a este a importância que ao prestador de serviço, pelo ajuste desfeito, houvesse de caber durante dois anos".

8.1.8 Assinatura do contrato a rogo

O art. 595 do Código autoriza a assinatura do instrumento da prestação de serviço **a rogo**, se qualquer das partes não souber ler, nem escrever, desde que o documento seja subscrito por duas testemunhas. A jurisprudência vem aplicando esse mesmo dispositivo para a formalização de outros contratos, a exemplo do contrato de empréstimo. Ou seja, é válido, em tese[107], o instrumento particular assinado a rogo e subscrito por duas testemunhas para a contratação de empréstimos por pessoas analfabetas, desde que preenchidos os requisitos do art. 595 do CC, não sendo necessário instrumento público para a validade da manifestação de vontade nem procuração pública daquele que assina a seu rogo.

9. EMPREITADA (ARTS. 610 A 626)

Ao lado da locação de coisas e da prestação de serviços, a **empreitada** completa as espécies contratuais que derivaram da antiga *locatio conductio*, evoluindo, especificamente, da *locatio operis faciendi*.

---

[107] Oportuno ressaltar que a questão ainda não se encontra pacificada. O STJ ainda decidirá, pela sistemática dos recursos especiais repetitivos (REsp 1.943.178/CE), se é válida ou não a contratação de empréstimo consignado por pessoa analfabeta, mediante instrumento particular assinado a robô e subscrito por duas testemunhas (Tema 1116).

9.1 Conceito e caracterização jurídica

Empreitada é o contrato por meio do qual uma das partes **contrata uma obra**, obrigando-se a outra pelo **resultado final**, e não apenas pela atividade de execução. O contrato gera **obrigação de resultado**.

As partes recebem as denominações de **empreitante** ou **dono da obra** (quem a encomenda) e **empreiteiro** (quem se obriga a realizá-la).

A empreitada é contrato **típico** e **nominado**, regido pelos arts. 610 a 626 do Código Civil.

Não há previsão de forma determinada na lei, pelo que se considera **consensual**.

Trata-se de contrato **bilateral**, que gera obrigações para ambas as partes, sobretudo a obrigação do empreiteiro de executar a obra e a do empreitante de lhe dar o preço. Ainda que o empreiteiro se obrigue por liberalidade, haverá a obrigação do empreitante de dar os materiais, bem como a de verificar a obra.

A empreitada é, em geral, **onerosa**, pois a vantagem obtida pelo empreitante – receber a obra pronta – se fundamenta na sua contraprestação, de dar o preço. É possível, não obstante, que seja **gratuita**, caso o empreiteiro não cobre nada pela execução da obra.

Será **comutativa**, se onerosa, e sempre **preestimada**, porquanto os contratantes conhecem de antemão as prestações a que se obrigam.

A execução da empreitada é, obviamente, **diferida**, uma vez que não se exaure na celebração do contrato, senão tem ali ou em momento futuro seu início.

Pode ser celebrada por meio de ampla negociação entre os contratantes ou também **por adesão**.

9.1.1 Empreitada de lavor e empreitada de materiais

Existem duas espécies de empreitada (art. 610): **empreitada de lavor**, quando o empreiteiro contribui para a obra apenas com seu trabalho, e **empreitada de materiais**, quando se obriga a fornecer os materiais necessários. Para que se configure a empreitada de materiais, é necessário que a obrigação respectiva seja imposta pela lei ou pela vontade das partes (art. 610, § 1º).

Em se tratando de empreitada de **lavor**, todos os riscos em que o empreiteiro não tiver culpa correm por conta do dono da obra (art. 612). Mas, caso o empreiteiro venha a inutilizar os materiais recebidos, por imperícia ou negligência, fica obrigado a reembolsá-los ao empreitante (art. 617).

Na hipótese de a obra vir a se perder antes de entregue, não estando o empreitante em mora, nem havendo culpa do empreiteiro, perde este o direito à remuneração, salvo se provar que o prejuízo se deveu a defeito dos materiais, e que em tempo reclamara sua substituição (art. 613).

Se, por outro lado, a empreitada for de **materiais**, correm por conta do empreiteiro os riscos "até o momento da entrega da obra, a contento de quem a encomendou, se este não estiver em mora de receber" (art. 611, primeira parte). Todavia, se estiver o credor em mora, por sua conta correrão os riscos (art. 611, segunda parte).

Nos contratos de empreitada de **edifícios e outras construções consideráveis**, estabelece o art. 618 a responsabilidade do empreiteiro pelo prazo irredutível de cinco anos pela solidez e segurança do trabalho, tanto com relação aos materiais, quanto com relação ao solo.

O direito potestativo do empreitante de reclamar a indenização ou o reparo, nesse caso, submete-se ao **prazo decadencial** de cento e oitenta dias contados do aparecimento do vício ou do defeito (art. 618, parágrafo único).

9.1.2 Empreitada de projeto, empreitada de obra e fiscalização

Não se confundem a empreitada para elaboração de um projeto (contrato cujo objeto é o **projeto**) e a empreitada para elaboração da obra correspondente (contrato cujo objeto é a **obra**), diferenciando-se ambas, ademais, do contrato para fiscalizar a execução da obra – contrato de prestação de serviço. Por essa razão é que a lei expressamente dispõe que o contrato para a elaboração do projeto nem implica a obrigação de executá-lo, nem a de fiscalizar-lhe a execução (art. 610, § 2º).

9.1.3 Obra que se realiza em partes distintas ou por medida

Com relação à obra que se realiza **em partes distintas**, ou **por medida**, pode o empreiteiro exigir que o empreitante verifique cada parte executada, ou por medida, e, em consequência, exigir o valor proporcional (art. 614).

Quanto à verificação, presume-se feita se, em **trinta dias** da verificação ou medição, não forem denunciados os vícios ou defeitos (art. 614, § 2º).

Ademais, tudo o que for pago **presume-se verificado** (art. 614, § 1º).

Para ilustrar esses dispositivos, podemos imaginar uma empreitada para construir quinhentos metros de muro (caso em que é da natureza da obra o fato de ser determinada por medida). Pode o empreiteiro exigir a verificação a cada cem metros concluídos, bem como o pagamento proporcional a eles. Trinta dias após a medição, a cargo do empreitante ou de quem ele incumba de fiscalizar a obra, presumir-se-á verificado o trecho, se não se arguir nenhum problema. Se o pagamento for realizado antes mesmo desse tempo, desde aquele momento a verificação será presumida feita.

9.1.4 Verificação da obra concluída

Concluída a obra, deve o empreitante **verificar** se foi executada de acordo com o ajuste, ou com o costume do lugar, e com as instruções recebidas e com os planos dados, ou regras técnicas peculiares ao tipo de obra. Percebendo falha, poderá enjeitar a obra (art. 615). Se a falha for relativa às instruções e planos, poderá, em vez de rejeitar a coisa, recebê-la com abatimento no preço (art. 616).

Sobre o **plano de execução** a que se refere o art. 616, o art. 619 determina que, se o empreiteiro aceitar executar a obra de acordo com ele, não poderá exigir acréscimo no preço em razão de alterações posteriores no plano.

As únicas alterações passíveis de acréscimo, segundo o dispositivo, são as solicitadas **por escrito pelo dono da obra**. Isso porquanto o empreiteiro não se obriga a pagar os acréscimos referentes a modificações que ele próprio não solicitar, ou seja, referentes a alterações que forem requeridas exclusivamente pelo autor do projeto, a não ser que, estando sempre presente à obra, não tivesse como ignorá-las, e não tenha questionado o empreiteiro (art. 619, parágrafo único).

Essa hipótese poderia ocorrer, por exemplo, se a fachada de uma casa, no projeto, era para ser pintada, mas o autor do projeto procura o empreiteiro e determina que seja feito o revestimento com pedra. Ora, estando presente na obra, o empreitante perceberá a diferença entre parede pintada e parede revestida. Se não protestar a tempo, ficará obrigado a pagar ao empreiteiro o acréscimo (considerando o custo maior de um revestimento com relação a uma simples pintura).

Frise-se, ademais, que o empreitante não pode introduzir modificações no projeto que tiver aprovado, sem **anuência** do seu autor, a não ser por motivo superveniente ou razão de ordem técnica, que demonstre a **inconveniência** ou a **onerosidade excessiva** do projeto na forma original em que foi elaborado (art. 621). Ressalva-se, todavia, a possibilidade de alterações de pequena monta, que não comprometam a unidade estética da obra (art. 621, parágrafo único).

Na hipótese de uma pessoa ser contratada para elaborar o projeto, sem se obrigar a dirigir ou fiscalizar a obra, e outra for contratada para executá-lo, a **responsabilidade do autor do plano** se limitará aos danos resultantes dos defeitos previstos no art. 618 e seu parágrafo único, segundo o art. 622 do Código.

9.1.5 Revisão do preço

A lei autoriza expressamente a **revisão do preço** da empreitada, se ocorrer diminuição do material ou da mão de obra superior a um décimo do preço global ajustado (art. 620).

Destarte, se em uma empreitada de materiais o preço do tijolo, de repente, sofre enorme alteração, para baixo, que ultrapasse dez por cento do preço da empreitada, poderá o dono da obra pedir a redução da remuneração do empreiteiro. Imaginemos que o custo com tijolos fosse fixado em R$ 1.000,00 e que o preço da obra fosse de R$ 6.000,00. Se o referido custo, por qualquer razão, cai para R$ 350,00, não seria razoável que o preço da empreitada não fosse diminuído.[108]

9.1.6 Suspensão da obra

Mesmo depois do início da obra, admite-se que o empreitante a **suspenda** (art. 623). Para tanto, deve pagar ao empreiteiro as **despesas** e **lucros** correspondentes aos serviços já realizados, além de **indenização** calculada com base no que o empreiteiro deixou de ganhar.

Isso porquanto, se, de um lado, violaria a função social do contrato a ideia de que o empreitante fosse obrigado a levar a obra a cabo (sabe-se que, muitas vezes, a situação financeira do dono da obra se altera durante seu curso), por outro lado, não se pode permitir que o empreiteiro fique "a ver navios", pois, ao contratar, planeja seu trabalho considerando a obra finalizada, ou seja, deixa de celebrar outros contratos, inclui o preço da obra no seu orçamento familiar etc.

Assim é que o art. 624 do Código impõe a **responsabilidade** do dono da obra por **perdas e danos**, se suspender a obra **sem justo motivo**, ou seja, simplesmente porque mudou de ideia.

Também ao **empreiteiro** se concede o direito de **suspender** a obra, nos seguintes casos, previstos no art. 625: por culpa do dono, ou por motivo de força maior (inciso I); quando, no decorrer dos serviços, se manifestarem dificuldades imprevisíveis de execução, resultantes das causas geológicas ou hídricas, ou outras semelhantes, de modo que a empreitada se torne excessivamente onerosa, se o dono da obra se opuser ao reajuste do preço inerente ao projeto por ele elaborado, observados os preços (inciso II); se as modificações exigidas pelo dono da obra, por seu vulto e natureza, forem desproporcionais ao projeto aprovado, ainda que o empreitante se disponha a arcar com o acréscimo do preço (inciso III).

9.1.7 Extinção da empreitada

A empreitada extingue-se naturalmente pelo **cumprimento** e prematuramente pela **resolução**, na hipótese de **inadimplemento**. A resolução pela morte, no entanto, não é admitida, a não ser que o acordo tenha sido celebrado *intuitu personae*, ou seja, considerando as qualidades pessoais do empreiteiro (art. 626).

10. DEPÓSITO (ARTS. 627 A 652)

10.1 Conceito e caracterização jurídica

Depósito é o contrato por meio do qual um dos contratantes **recebe do outro uma coisa móvel para guardar**, até que seja solicitada a restituição (art. 627 do Código Civil).

As partes contratantes são o **depositante** (quem deposita) e o **depositário** (quem recebe o depósito).

---

[108] Veja-se que a redução, nesse caso, foi de R$ 650,00, valor superior a um décimo do preço da obra, que corresponde a R$ 600,00.

O depósito é contrato **típico** e **nominado**, e a ele se aplicam as normas previstas nos arts. 627 a 651 do Código Civil (o art. 652 é incompatível com o entendimento firmado pelo STF).

Cuida-se de contrato **real**, cuja prova deve ser feita por escrito (art. 646). Percebe-se o caráter real no próprio texto do art. 627: "pelo contrato de depósito recebe o depositário um objeto móvel". O documento entregue ao depositário e que prova o depósito é chamado de **conhecimento de depósito**.

O depósito é sempre **bilateral**, gerando obrigações para ambas as partes: para o depositário, a obrigação precípua de **guardar e conservar a coisa**; para o depositante, no mínimo, a obrigação de **ressarcir as despesas** realizadas pelo depositante e, em alguns casos, a de **remunerá-lo**.

É **gratuito**, se voluntário, a não ser que expressamente se ajuste que será **oneroso**, ou se o depositário realizar depósitos por profissão, ou, ainda, se resultar de atividade negocial. Se necessário, será **oneroso**, devendo o depositante remunerar o depositário, sendo a remuneração o fundamento da atividade de guarda e conservação.

Poderá ser **comutativo** (se oneroso), e é **preestimado**, por não depender de nenhum evento futuro e incerto.

A execução do depósito se inicia após a contratação, pelo que o contrato tem **execução diferida**.

Hoje em dia, é mais comum a celebração de contratos de depósito **por adesão**, mas ainda há muitos casos que são fruto da ampla negociação entre as partes, como no exemplo dado anteriormente do vizinho que pede ao outro para cuidar de seu cão durante uma viagem.

Quanto à classificação, o contrato de depósito pode ser de duas espécies: **voluntário** e **necessário**.

10.1.1 Depósito voluntário

Voluntário é o depósito por ato de mera **vontade das partes**, como o depósito de carro em um estacionamento.

Como o leitor verá, as normas aplicáveis ao depósito voluntário se estendem ao depósito necessário. Ao que parece, a razão de o Código tratar dessas espécies em duas sessões distintas é uma só: o depósito **voluntário** se presume **gratuito**; somente será **oneroso** se houver **cláusula expressa** nesse sentido, ou se resultar de **atividade negocial**, ou se o depositário o praticar por **profissão** (art. 628). O depósito necessário, por sua vez, é oneroso (art. 651, primeira parte).

10.1.1.1 Obrigações e responsabilidade do depositário

As principais obrigações do depositário são a que se consubstancia no chamado **dever de guarda** e a **restituição**, previstas no art. 629 do Código, segundo o qual o depositário deve ter na guarda e conservação da coisa depositada o cuidado e diligência que costuma ter com o que lhe pertence, e deve restituí-la, com todos os frutos e acrescidos, quando o depositante o demandar.

Manuel, antes de viajar, pede ao vizinho que "tome conta" do seu cachorro. Verbalmente, ambos contratam o depósito do animal. Destarte, o vizinho, depositário, assume a responsabilidade de cuidar do cão como se fosse seu, cuidadosa e diligentemente, alimentando-o e protegendo-o. Retornando Manuel, depositante, deve o depositário restituir-lhe o cachorro. Supondo que, nesse período, o animal tenha dado à luz filhotes, esses também deverão ser entregues ao depositante (trata-se de **frutos** da coisa).

A **responsabilidade** do depositário pela coisa, saliente-se, não se estende aos casos de **força maior**, cabendo a ele a prova desse fato (art. 642). Mas, se tiver recebido **outra coisa** para substituir a coisa perdida pela força maior, deverá entregá-la ao depositante, bem como lhe ceder as ações (na verdade, os direitos) que tenha contra o terceiro que indenizou a coisa originária (art. 636).

O vizinho aceita tomar conta do cão de Caio. Vejamos duas situações que podem acontecer: (1) um raio cai sobre o animal, e causa sua morte; (2) o cão corre para a rua e é atropelado por um motorista que dirigia acima do limite de velocidade. Na primeira hipótese, o depositário nada deverá ao depositante. Na segunda, supondo que o terceiro tenha dado ao depositário um outro cachorro, a título de indenização, este deverá entregar o animal ao depositante, que assumirá os direitos e as respectivas ações contra o terceiro.

Também em razão do dever de guarda, o art. 630 determina que, se for objeto do depósito bem que se entregou **selado ou lacrado**, nesse mesmo estado se manterá, ou seja, não pode o depositário violar aquilo que lhe é confiado, removendo selo ou lacre, ou o que quer que proteja a coisa.

Com relação à **restituição**, a não ser que as partes ajustem em outro sentido, considera-se que a coisa deve ser restituída no **lugar em que foi guardada**, e que as **despesas** para essa finalidade correm por conta do depositante (art. 631). Ademais, o depositário não pode restituir a coisa ao **terceiro** no interesse de quem a coisa tiver sido depositada, a não ser que tenha o **consentimento** do depositante (art. 632).

Conforme o art. 639 do Código, na hipótese de **pluralidade de depositantes**, sendo a coisa divisível, o depositário só entregará a cada um a respectiva parte, salvo se houver entre eles **solidariedade**.

10.1.1.2 Alienação da coisa depositada pelo herdeiro do depositário

Se acontecer de o **herdeiro do depositário**, de **boa-fé**, alienar a coisa depositada, por julgar ter herdado sua propriedade, caberá a ele, segundo o art. 637 do Código, assistir o depositante na reivindicação, bem como restituir ao adquirente o preço que houver recebido.

Isso poderia ocorrer, no exemplo anteriormente mencionado, se o depositário do cão morresse, e seu filho, ao ver o cão, sem saber que não era do pai, o vendesse. Retornando o depositante, o herdeiro alienante teria de ajudá-lo na reivindicação do animal.

10.1.1.3 Extinção do depósito

Por definição, o depósito se extingue **no momento em que o depositante exige a restituição**. Logo, ainda que se estipule prazo, o depositário é obrigado a entregar a coisa ao depositante tão logo este lha exija. Não lhe é lícito recusar-se a restituir, nem alegando não ser o depositante o proprietário da coisa, nem opondo compensação, a não ser se fundada em outro depósito (art. 638).

São as seguintes as situações em que é permitido ao depositário se recusar à restituição: se tiver **direito de retenção** sobre a coisa; se o objeto for **judicialmente embargado**; se sobre ele pender **execução** de que foi notificado o depositário; se houver justo motivo para se suspeitar de que **a coisa foi dolosamente obtida** (art. 633).

Sobre o direito de retenção, o art. 644 determina que "o depositário poderá reter o depósito até que se lhe pague a retribuição devida, o líquido valor das despesas, ou dos prejuízos a que se refere o artigo anterior, provando imediatamente esses prejuízos ou essas despesas". Nos termos do parágrafo único, "se essas dívidas, despesas ou prejuízos não forem provados suficientemente, ou forem ilíquidos, o depositário poderá exigir caução idônea do depositante, ou, na falta desta, a remoção da coisa para o Depósito Público, até que se liquidem". Frise-se que o depositante é obrigado a reembolsar ao depositário as despesas feitas com a coisa, bem como os prejuízos provenientes do depósito (art. 643).

Se houver suspeita de que a coisa foi dolosamente obtida, como, por exemplo, se suspeitar de que se trata de produto de roubo, o depositário, expondo o motivo da suspeita, pode requerer que a coisa seja recolhida ao depósito público (art. 634).

Pode ser que, por outro lado, o depositante é que se recuse a receber a coisa. Nesse caso, o depositário requererá o **depósito judicial**, fundamentado nessa recusa e na sua impossibilidade de guardar a coisa (art. 635).

A coisa deve ser imediatamente restituída ao depositante, conforme o art. 641, se o depositário se tornar **incapaz**. Não querendo ou não podendo o depositante recebê-la, o encarregado da administração dos bens do incapaz promoverá a nomeação de outro depositário ou o recolhimento da coisa ao depósito público.

10.1.1.4 Vedação do uso da coisa e depósito celebrado pelo depositário com terceiro

Marcando bem a diferença entre o depósito e a locação, a norma do art. 640 **veda o uso da coisa** depositada pelo depositário, ficando este responsável por perdas e danos, a não ser que tenha autorização expressa do depositante para usar o bem.

Igualmente é proibido ao depositário dar a coisa para **depósito por outrem**. Mesmo se tiver licença para dá-la em depósito a terceiro, frise-se, o depositário responde pela chamada *culpa in eligendo*, ou seja, se tiver escolhido mal (por exemplo, pessoa sabidamente indigna de confiança).

10.1.1.5 Depósito irregular

O depósito de **coisas fungíveis**, que a doutrina chama de **irregular**, rege-se pelas normas referentes ao **mútuo** (art. 645).

10.1.2 Depósito necessário

Consideram-se **necessários** os depósitos que a doutrina chama de **legal**, **miserável**, **essencial** e **judicial**.

Diz-se **legal** o depósito instituído por lei em razão de alguma **necessidade pública** (art. 647, I). **Miserável**, por sua vez, é o depósito motivado por **calamidades** (art. 647, II), tais como as enchentes, incêndios etc. Nesse caso, as pessoas afetadas depositam seus bens em lugar seguro, para protegê-los. **Essencial**, hoteleiro ou **inexo**[109] é o depósito da **bagagem do hóspede no hotel** em que se hospeda, ou do **passageiro no ônibus ou avião** em que viaja etc. (art. 649). Por fim, **judicial** é o depósito realizado por **ordem de um juiz**; trata-se de procedimento judicial.

Por determinação dos arts. 648 e 649 do Código, o depósito **legal** e o depósito **miserável** regem-se pelo que for disposto na lei que os instituiu, ou, no silêncio desta, pelas normas aplicáveis ao depósito voluntário, admitindo-se que o miserável se prove por qualquer meio.

Também o depósito **hoteleiro** se rege pelas normas incidentes sobre o depósito voluntário, conforme o art. 649.

Como o leitor já sabe, o depósito necessário presume-se **oneroso**, ou, nos termos da primeira parte do art. 651, não se presume gratuito. Em se tratando de depósito essencial, a remuneração pelo depósito se considera embutida no preço da hospedagem (art. 651, segunda parte), ou do transporte, se for o caso.

---

[109] A ideia de chamar o depósito hoteleiro de "inexo" é de César Fiuza (*Direito civil*, cit., p. 525).

Ainda quanto ao depósito essencial, frise-se que a **responsabilidade** do depositário se estende aos casos de **furto ou roubo** realizados tanto por pessoas por ele empregadas quanto por pessoas que tenham ganhado acesso a seu estabelecimento (art. 649, parágrafo único). Não se configura essa responsabilidade, todavia, se o depositário provar que o fato não podia ter sido evitado, ou seja, que não se configurou violação do dever de guarda.

Um exemplo de exoneração da responsabilidade seria o de um assalto a um ônibus perpetrado por pessoas que bloqueiam a passagem do veículo e, armadas, obrigam o motorista a parar e a lhes dar acesso ao carro.

10.1.3 Depositário infiel

O art. 652 do Código Civil prevê que, "seja o depósito voluntário ou necessário, o depositário que não o restituir quando exigido será compelido a fazê-lo mediante prisão não excedente a um ano, e ressarcir os prejuízos". A Constituição Federal, por sua vez, dispõe que não haverá prisão civil por dívida, salvo a do responsável pelo inadimplemento voluntário e inescusável de obrigação alimentícia e a do depositário infiel (art. 5º, LXVII). Ocorre que, como a Convenção Americana de Direitos Humanos (CADH), ou o Pacto de São José da Costa Rica – do qual o Brasil é signatário – não admite esse tipo de prisão, precisou o Supremo Tribunal Federal, no julgamento conjunto dos HCs 87.585 e 92.566 e dos REs 466.343 e 349.703, fixar o entendimento de que a circunstância de o Brasil haver subscrito o Pacto de São José da Costa Rica conduziu à inexistência de balizas visando à eficácia do que previsto no art. 5º, LXVII, da CF, restando, assim, derrogadas as normas estritamente legais definidoras da custódia do depositário infiel (Recurso Extraordinário nº 716.10/RS).

Nesse caso, o Poder Judiciário invocou um tratado de direitos humanos para afastar a legislação interna, amplificando a ideia de bloco de constitucionalidade e dialogando com a interpretação internacionalista dos direitos humanos. Posteriormente, em 2009, foi publicada a Súmula Vinculante 25 do STF, com a seguinte redação: "é ilícita a prisão civil de depositário infiel, qualquer que seja a modalidade do depósito".

Destarte, o art. 652 do Código Civil não deve ser aplicado, porquanto incompatível com o posicionamento firmado pelo STF.

11. MANDATO (ARTS. 653 A 692)

11.1 Conceito e caracterização jurídica

Mandato é o contrato por meio do qual uma pessoa **nomeia outra para praticar atos em seu nome**. O conceito contido no art. 653 do Código, todavia, confunde mandato com procuração, como veremos.

As partes são chamadas de **mandante** (quem se faz representar) e **mandatário** (quem se obriga a representar).

O mandato é contrato **nominado** e **típico**, sujeito às normas contidas nos arts. 653 a 691 do Código Civil.

Consensual que é, o Código admite, expressamente, o mandato verbal ou escrito, expresso ou mesmo tácito (art. 656).

Trata-se de contrato **bilateral**, porquanto gera uma série de obrigações tanto para o mandatário quanto para o mandante (arts. 667 a 681).

Admite-se o mandato **oneroso**, ou seja, mediante retribuição dada ao mandatário pelo mandante, embora a presunção seja no sentido de ser **gratuito** (art. 658, *caput*). Sobre a retribuição, preceitua o Código que será a prevista em lei ou no contrato; na falta de estipulação, será determinada pelos usos do lugar ou, na falta destes, por arbitramento (art. 658, parágrafo único).

Há de ser **comutativo**, se oneroso, e sempre **preestimado**, por conhecerem as partes, de antemão, as prestações a que se obrigam.

O mandato tem sempre **execução diferida**: celebra-se em um momento para ser executado em outro.

Em razão do elemento **confiança**, certamente a grande maioria dos contratos de mandato é fruto da ampla negociação entre as partes, não sendo celebrada **por adesão**.

11.1.1 Mandato e procuração

O art. 653 do Código estabelece que "opera-se o mandato quando alguém recebe de outrem poderes para, em seu nome, praticar atos ou administrar interesses. A procuração é o instrumento do mandato".

No entanto, o conceito confunde o mandato com a procuração. Esta consiste em um **documento formal por meio do qual se outorgam poderes de representação**, enquanto aquele, conforme asseverado, consubstancia-se no contrato por meio do qual se nomeia um representante. Não se olvida que ambos costumam caminhar juntos, mas nem sempre. Como veremos adiante, pode haver mandato sem procuração.

Um dos problemas de se fazer essa confusão reside em que a ideia de que a procuração é o instrumento do mandato faz parecer que se trata de contrato formal, quando, na verdade, tanto o mandato quanto sua aceitação podem ser expressos ou tácitos, verbais ou escritos (arts. 656 e 659 do Código) – cuida-se, como se vê, de contrato **consensual**.

Ademais, os atos para os quais o Direito não exige a forma escrita podem ser praticados pelo mandatário **sem procuração**, a qual se faz necessária apenas quanto aos atos devem ser praticados por escrito. É o que se depreende do art. 657, o qual, não obstante, pode causar confusão, por mencionar "outorga do mandato", quando, na verdade, o que se outorgam são os poderes, tomando a outorga por escrito a forma de procuração.

11.1.2 Representação e outorga de poderes

A ideia por trás do contrato de mandato é a de **representação**. Assim é que o mandatário não pratica atos em nome próprio, senão em nome do mandante.

No entanto, para que o mandatário possa agir em nome do mandante, requer-se que lhe sejam concedidos **poderes** para tanto, o que se faz não pelo mandato – que apenas nomeia o representante – mas por **ato unilateral** do mandatário, exterior ao mandato, embora possa ser praticado concomitantemente a ele.

A outorga de poderes pode tomar a forma verbal ou escrita, e, neste caso, de documento particular ou público. O ideal é se atentar para a natureza do ato a ser praticado, vez que a lei exige que o ato e a outorga tenham a mesma forma (art. 659).

Quando a outorga de poderes tomar a forma de documento escrito, haverá **procuração**.

Pode haver, como se vê, mandato sem procuração, se não houver outorga de poderes, ou se esta não tomar aquela forma; mas nunca procuração sem mandato, vez que a outorga de poderes de representação via procuração implica mandato, ainda que tacitamente.

A outorga de poderes por meio de **procuração por instrumento particular**, nos termos do § 1º do art. 654, deve necessariamente conter a indicação do lugar onde foi passada, a qualificação do outorgante e do outorgado, a data, bem como objeto da outorga com a designação e a extensão dos poderes conferidos. Segundo o § 2º, é lícito ao terceiro com quem o mandatário celebrar o ato exigir que a procuração traga o reconhecimento da firma do mandante.

Ainda sobre a outorga de poderes, fala-se em **substabelecimento** para se referir aos casos em que se admite a transferência dos poderes para terceiro. Segundo o art. 655 do Código, o substabelecimento pode tomar a forma de **escrito particular** mesmo que a procuração tenha a forma de escritura pública.

Helena celebra mandato com Caio e lhe outorga determinados poderes. Por haver na outorga cláusula que admite o substabelecimento, Caio transfere os poderes recebidos a Silvio, mantendo-os ou não, dependendo do caso.

Admite-se que sejam outorgados tanto **poderes gerais**, para a prática de todos os atos relativos aos negócios do mandante, quanto **poderes especiais para a prática de determinados atos** apenas (art. 660). Frise-se que a outorga de poderes gerais se limita aos atos de administração, mas nunca aos de alienação ou gravação de ônus reais (art. 661, *caput* e § 1º).

Se alguém que não seja mandatário, ou que, sendo-o, não tenha os necessários poderes para tanto, que não lhe foram outorgados, pratica atos em nome de terceiro – do mandante, se houver mandato –, esses atos somente serão eficazes com relação àquele em cujo nome foram praticados se este os **ratificar por ato expresso ou inequívoco**, caso em que a eficácia do ato quanto a ele retroagirá à data de sua prática (art. 662).

Nesse sentido, é vedado ao mandatário **exceder os poderes** que lhe foram conferidos, bem como proceder contra eles, sob pena de ser considerado mero gestor de negócios, enquanto e se o mandante não ratificar tais atos (art. 665).

Por fim, impende destacar que, em razão da representação, a **responsabilidade** pelos atos praticados pelo mandatário em nome do mandante é exclusivamente do mandante (art. 663, primeira parte). Mas, se agir no seu próprio nome o mandatário, ainda que o negócio seja da conta do mandante, então assumirá a responsabilidade (art. 663, segunda parte).

Um exemplo seria o do mandatário que assina um documento que era para ser assinado pelo mandante, mas não ressalva a representação, pelo que o documento se considera assinado pela pessoa do mandatário.

11.1.3 Atos que podem ser objeto de mandato

Quanto aos **atos que podem ser objeto de mandato**, ou seja, que o mandatário pode se obrigar a praticar, a redação do art. 653 do Código menciona simplesmente "atos", o que deixa claro que não são apenas os atos *jurídicos*. Por essa razão, admite-se que o mandatário se obrigue a praticar qualquer espécie de ato lícito.

Visualizemos algumas hipóteses de mandato. O amigo que pede ao outro para ir à padaria e comprar pão (proposta de mandato), concede-lhe verbal e tacitamente poderes, e o pão é comprado pelo amigo em nome do outro. Saliente-se que o amigo aceita tacitamente o mandato no momento em que dá início à execução do ato. Em razão da representação, é possível, inclusive, que peça ao dono da padaria para anotar a venda na conta do mandante. Isso ocorre frequentemente no comércio.

Ademais, todo advogado, para agir para seu cliente, depende da celebração de mandato, e da outorga de poderes específicos por via de procuração, para a prática, sobretudo, dos atos de disposição patrimonial e de representação em juízo. Todavia, pode o advogado, por exemplo, negociar preços em nome do cliente, ato para o qual não será necessária a procuração.

11.1.4 Capacidade para celebrar mandato

Com relação à **capacidade para celebrar mandato**, o art. 654 do Código determina que "todas as pessoas capazes são aptas para dar procuração mediante instrumento particular, que valerá desde que tenha a assinatura do outorgante". Embora confunda o mandato com a procuração, mais uma vez, a lei deixa claro que o mandante deve ter a capacidade civil plena. E o mandatário? Esse deve ser, no mínimo, **relativamente capaz**, sendo que "o mandante não tem ação contra ele senão de conformidade com as regras gerais, aplicáveis às obrigações contraídas por menores" (art. 666, segunda parte).

11.1.5 Obrigações do mandatário

Consectário da função social do mandato e da boa-fé é a obrigação do mandatário de exercer a representação com toda **diligência**, bem como indenizar o mandante pelos **prejuízos** a que der causa (art. 667, primeira e segunda partes).

Se não podia substabelecer, e mesmo assim o fez, fica o mandatário responsável por todos os **prejuízos** ocorridos no exercício do mandato pelo seu substituto, ainda que tenham sido causados por **caso fortuito**, eximindo-se apenas se provar que teriam sido experimentados ainda que não tivesse havido substabelecimento (art. 667, terceira parte e § 1º).

Frise-se que, se a **proibição** de substabelecer constar da **procuração**, os atos que o substabelecido praticar sequer obrigam o mandante, a não ser que este os ratifique expressamente, caso em que os atos surtirão efeitos com relação a ele desde a data em que foram praticados (art. 667, § 3º).

Cabe lembrar que é dever do terceiro com quem se pratica o negócio conferir se o mandatário que se apresenta como tal realmente o é e tem poderes para a prática do ato. Nesse sentido, aliás, o art. 673 preceitua que o terceiro que, **ciente da extensão dos poderes** do mandatário, ainda assim celebra com ele negócio que exorbita a outorga do mandante, não tem direito nem mesmo contra o representante, a não ser que este lhe tenha prometido a **ratificação**, ou se **responsabilizado pessoalmente**.

Na hipótese de haver **autorização para o substabelecimento**, o mandatário somente responde pelos prejuízos causados pelo substabelecido se ficar provada a sua **culpa *in eligendo***, ou seja, sua culpa na escolha do seu substituto, ou se não o tiver instruído adequadamente (art. 667, § 2º).

Um exemplo de culpa *in eligendo* seria o de um advogado especializado em sucessões que substabelece na pessoa de um advogado sabidamente criminalista, que reconhecidamente não tem experiência na área cível, nem conhecimento suficiente da matéria de sucessões.

Por fim, se não houver **nem autorização nem proibição expressa** acerca do substabelecimento, o mandatário que substabelecer somente será responsável perante o mandante pelos danos que os atos do substabelecido causarem por **culpa** deste (art. 667, § 4º).

Também constitui obrigação do mandatário a **prestação de contas** ao mandante e a transferência a ele de todas as **vantagens** provenientes dos atos praticados (art. 668).

Suponhamos que, em virtude da compra e venda de um carro de luxo comprado pelo representante em nome do mandante, o vendedor dê, como brinde, uma moto. Tal bem, por ser considerado uma vantagem proveniente do ato praticado em razão do mandato, deve ser transmitido ao mandante, não sendo lícito ao mandatário dele se apropriar.

Na prestação de contas, não se admite a **compensação** por parte do mandatário dos prejuízos a que deu causa com as vantagens que conseguiu obter para o mandante (art. 669).

Caso o mandatário tenha empregado em **proveito próprio** valores que devia entregar ao mandante, ou que deste recebeu para custear despesas, ficará obrigado a restituí-los ao mandante acrescidos de juros, os quais incidirão desde a data do desvio (art. 670).

Se a hipótese for de **aquisição de bens em nome próprio** com valores pertencentes ao mandante, que pelos termos do contrato deveriam ter sido para este adquiridos, o mandante poderá exigir em juízo que tais coisas lhe sejam entregues (art. 671).

Quando dois ou mais mandatários forem nomeados no mesmo mandato, admite-se que qualquer deles exerça os poderes que lhes tenham sido outorgados, se o mandante não os tiver **nomeado em conjunto**, ou **determinado o ato a ser praticado por cada um**, ou os tiver **subordinado a atos sucessivos** (art. 672, primeira parte). Havendo sido nomeados em conjunto, o ato que praticarem somente será válido[110] se praticado conjuntamente por todos, ou ratificado pelo mandante, o qual será atingido pelos efeitos do ato desde a data em que foi praticado (art. 672, segunda parte).

O mandatário é obrigado a concluir os negócios que já tiver iniciado, constatando o perigo da demora, mesmo ciente da **morte, interdição** ou **mudança de estado** do mandante (art. 674).

11.1.6 Obrigações do mandante

A principal obrigação do mandante, decorrência lógica da própria ideia de mandato, é a **satisfação de todas as obrigações contraídas** pelo mandatário em seu nome e nos termos do contrato (art. 675, primeira parte).

O mandante se obriga até mesmo pelos atos praticados em contrariedade com suas **instruções**, desde que o mandatário, ao praticá-los, não tenha excedido os poderes que lhe foram outorgados (art. 679, primeira parte). Todavia, tem **direito de regresso** contra seu representante para dele cobrar as perdas e danos que tiver sofrido em razão do descumprimento das instruções (art. 679, segunda parte).

Deve o mandante, ademais, adiantar ao mandatário, sempre que este lhe solicitar, as **despesas necessárias** à execução do contrato (art. 675, segunda parte).

Se o mandato for oneroso, constitui obrigação do mandante dar ao mandatário a **remuneração** ajustada (art. 676, primeira parte). E, mesmo que o contrato seja gratuito, deve o mandante **ressarcir** ao seu representante as **despesas** necessárias à execução do contrato, que este tenha custeado (art. 676, segunda parte), acrescidas de **juros** desde a data do desembolso (art. 677). Nos termos da terceira parte do art. 676, o mandante não se exime dessas obrigações alegando que o negócio praticado pelo mandatário não surtiu efeito, salvo se provar a **culpa** do representante.

Caso o mandatário, sem **culpa**, sofra **prejuízos** em razão do mandato, constitui também obrigação do mandante indenizá-los, a não ser que tenham resultado de **excesso de poderes** (art. 678).

Por fim, se houver dois ou mais mandantes, que nomeiem mandatário para negócio comum, haverá **solidariedade** em sua responsabilidade para com o mandatário, havendo, na relação interna entre os representados, **direito de regresso** do que pagar contra os demais (art. 680).

11.1.7 Direito de retenção

O mandatário tem o **direito de reter** do objeto do negócio praticado os valores que forem necessários para pagamento de tudo o que lhe for devido em consequência do mandato (art. 664), admitindo-se até mesmo a retenção das coisas diversas de dinheiro que estejam em sua posse em virtude do mandato (art. 681).

11.1.8 Extinção do mandato

Extingue-se o mandato, naturalmente, pelo **exaurimento do prazo** ou **conclusão do negócio**, e prematuramente pela **resolução** por **morte** ou **interdição** de uma das partes, ou pela **alteração de estado** que inabilite o mandante para conferir os poderes, ou o mandatário para os exercer (art. 682, II a IV).

---

[110] Apesar de o texto do art. 672 se referir à eficácia, o defeito, na verdade, opera no plano da validade do ato.

Frise-se que os atos praticados pelo mandatário enquanto ignorava a morte do mandante ou qualquer outra causa de extinção do mandato são válidos, com relação aos contratantes de boa-fé (art. 689).

Na hipótese da morte do mandatário, pendente negócio a ele cometido, devem seus herdeiros, tão logo tenham ciência do mandato, comunicar o mandante sobre o fato (art. 690), bem como promover as medidas conservatórias e continuar os negócios pendentes cuja demora seja perigosa, como se fossem mandatários, até que tome o mandante ciência da morte do seu representante (art. 691).

Extingue-se o mandato, ainda, por duas modalidades que lhe são peculiares: a **renúncia**, espécie de resilição facultada ao mandatário, e a **revogação**, espécie de resilição facultada ao mandante (art. 682, I).

É possível que o mandato contenha a chamada **cláusula de irrevogabilidade**. Nem por isso é proibido ao mandante revogá-lo, afinal, cuida-se de **representação**, o que depende do elemento **confiança**. A exceção é o caso em que a cláusula de irrevogabilidade for a condição de um negócio bilateral, ou quando for estipulada no exclusivo interesse do mandatário, caso em que não será eficaz a revogação (art. 684). Nos demais casos, revogado o mandato com cláusula de irrevogabilidade, o mandante será responsável por **perdas e danos** (art. 683). Frise-se, ainda, que se considera irrevogável o mandato em que se outorguem poderes de cumprimento ou confirmação de negócios encetados e aos quais o contrato se ache vinculado (parágrafo único do art. 686).

Outro caso de irrevogabilidade é o chamado **mandato em causa própria**. O art. 685 do Código considera a revogação dessa espécie de mandato **ineficaz**, e ainda ressalta que o contrato não se extingue pela morte de qualquer das partes, nem tem o mandatário obrigação de prestar contas, podendo transferir para si os bens móveis ou imóveis objeto do mandato.

Ilustrativamente, podemos tomar o caso dos chamados "contratos de gaveta", em que o titular de um financiamento "vende" o bem financiado, embora não tenha ainda adquirido sua propriedade, e dá ao "comprador" procuração para alienar aquele bem. Futuramente, ao final do financiamento, quando o "vendedor" adquire a propriedade, o "comprador", usando a procuração, efetivamente compra o bem, por meio de um contrato consigo mesmo – a mesma pessoa será parte e representante da outra parte.

Para ter **eficácia contra terceiros de boa-fé**, a revogação do mandato deve ser a eles notificada. A notificação feita somente ao mandatário não invalida os atos por este praticados, embora possa o mandante ajuizar em face dele as ações cabíveis (art. 686).

Ainda sobre a revogação, impende ressaltar que se considera revogado o mandato tão logo seja comunicada ao mandatário a **nomeação de outro representante**, para a mesma finalidade (art. 687).

A **renúncia**, por sua vez, depende de comunicação ao mandante (art. 688, primeira parte). Se este sofrer prejuízo pela **renúncia inoportuna**, ou pela falta de tempo hábil para constituir novo mandatário, caberá ao mandatário renunciante indenizá-lo, a não ser que prove que não podia continuar a representação sem prejuízo considerável, e que lhe era vedado substabelecer (art. 688, segunda parte).

12. COMISSÃO (ARTS. 693 A 709)

12.1 Conceito e considerações gerais

Comissão é o contrato por meio do qual uma pessoa **se obriga a adquirir ou vender bens**, em seu próprio nome, mas à conta de outrem (art. 693). Por essa razão, o comissão se obriga diretamente para com as pessoas com quem contratar, e por isso, estas não têm ação contra o comitente, nem, também, este contra elas, a não ser por meio de cessão dos direitos do comissão a qualquer das partes (art. 694).

As partes contratantes são chamadas de **comitente** (a pessoa por quem se celebra o negócio) e **comissário** (quem celebra o negócio). Clóvis se obriga a diretamente vender o objeto X, de propriedade de Manuel. Ao encontrar César, interessado na compra, o próprio Clóvis vende X. Neste Caso, Clóvis se obriga a entregar a coisa X a César, e passa a ter o direito de receber o preço. Não pode César exigir a coisa de Manuel, nem pode este exigir de César o preço. Se a comissão é de compra, Silvio se obriga a comprar um determinado bem para Augusto. Ao encontrá-lo, compra-o de Helena para depois transmiti-lo a Augusto. Todavia, quem fica devedor do preço, e credor da coisa, é o próprio Silvio. Não pode Augusto exigir de Helena a coisa, nem esta exigir de Augusto o preço.

Conforme o art. 705, se o comissário for despedido sem justa causa, terá, ainda assim, direito a ser remunerado pelos trabalhos prestados, bem como a ser indenizado pelas perdas e danos causados pela dispensa.

Em razão de sua natureza, que tem elementos de compra e venda e de mandato, é o comissário quem fica diretamente obrigado para com as pessoas com quem contrata (art. 694) – o que distancia a comissão do mandato. Por outro lado, o comissário é obrigado a agir de acordo com as ordens e instruções do comitente (art. 695) – o que faz a comissão se assemelhar ao mandato.

Segundo o art. 709, são aplicáveis à comissão, no que couber, as disposições concernentes ao mandato.

12.2 Caracterização jurídica

A comissão é contrato **nominado** e **típico**, o qual se rege pelos arts. 693 a 709 do Código Civil.

Em razão de a lei não prescrever a forma pela qual deve ser celebrado, considera-se **consensual**.

Trata-se de contrato **bilateral**, por gerar obrigações para ambas as partes: o comissário **se obriga a realizar o negócio**; o comitente **se obriga a remunerar o comissário** ou, no mínimo, **a reembolsar as despesas** feitas para a realização do negócio.

O contrato é **oneroso**, pois o fundamento da vantagem obtida pelo comitente é uma contraprestação sua, e vice-versa. Pode ser, todavia, que haja cláusula expressa no sentido de ser **gratuito**, por não exigir o comissário a remuneração.

A comissão é essencialmente **aleatória**: o resultado das negociações do comissário não pode ser determinado de antemão.

Contrato de **execução diferida**, celebra-se em um momento para ser executado em outro.

Pode ser celebrado **por adesão** ou pela ampla negociação entre as partes.

13. AGÊNCIA E DISTRIBUIÇÃO (ARTS. 710 A 721)

13.1 Conceito e considerações gerais

Nos termos do art. 710 do Código Civil, "pelo contrato de agência, uma pessoa assume, em caráter não eventual e sem vínculo de dependência, a obrigação de promover, à conta de outra, mediante retribuição, a realização de certos negócios, em zona determinada, caracterizando-se a distribuição quando a agente tiver à sua disposição a coisa a ser negociada".

As partes são chamadas de **agente** ou **distribuidor** e **proponente**.

Importante norma acerca dessa espécie contratual é a que diz respeito à exclusividade: conforme o art. 711, "salvo ajuste, o proponente não pode constituir, ao mesmo tempo, mais de um agente, na mesma zona, com idêntica incumbência; nem pode o agente assumir o encargo de nela tratar de negócios do mesmo gênero, à conta de outros proponentes".

Casos clássicos e bem conhecidos do leitor, de agência, são os de agências de modelos, que promovem negócios à conta delas (ou deles); agências de viagens, que promovem negócios à conta de hotéis e empresas aéreas.

Quanto à distribuição, casos típicos são os de distribuição de jornais e revistas: em uma determinada área, há um distribuidor que repassa os bens para os donos de bancas; os de distribuição de bebidas: um distribuidor regional negocia com supermercados e bares as bebidas de um determinado fabricante.

Ao contrato de agência e distribuição, conforme o art. 721 do Código, são aplicáveis as normas incidentes sobre o mandato e a comissão, bem como as constantes de lei especial (sobretudo a Lei 4.886/65, chamada de **Lei dos Representantes Comerciais**).

13.2 Caracterização jurídica

O contrato de agência e distribuição é **nominado** e **típico**, regulado pelos arts. 710 a 721 do Código Civil. O art. 721 determina que se apliquem, à espécie, normas incidentes sobre o mandato e a comissão, bem como as constantes de lei especial (em especial a Lei 4.886/65, chamada de **Lei dos Representantes Comerciais**).

Trata-se de contrato **consensual**, que se considera celebrado pelo simples acordo entre as partes.

O contrato é **bilateral**, porquanto gera obrigações para ambas as partes.

É, ademais, **oneroso** por essência: a vantagem do proponente se funda na retribuição que dá ao agente ou distribuidor.

O contrato é sempre **aleatório**, por não ser possível determinar antecipadamente o resultado das ações do agente ou distribuidor.

A agência e distribuição tem sempre **execução diferida**, a qual se inicia com a contratação, e se prolonga no tempo.

Por ser contrato de cunho eminentemente comercial, tende a ser celebrado **por adesão**, na maior parte dos casos.

14. CORRETAGEM (ARTS. 722 A 729)

14.1 Conceito e considerações gerais

Nos termos do art. 722 do Código, "pelo contrato de corretagem, uma pessoa, não ligada a outra em virtude de mandato, de prestação de serviços ou por qualquer relação de dependência, obriga-se a obter para a segunda um ou mais negócios, conforme as instruções recebidas".

As partes são chamadas de **corretor** e **cliente** ou **comitente**.

O caso mais conhecido de corretagem é a de imóveis. Berenice, que quer vender sua casa, contrata o corretor Orlando, que se compromete a anunciá-la. Sabendo da atividade de Orlando, César o procura, por desejar comprar uma casa. Orlando, então, promove a intermediação da compra e venda entre Berenice e César.

O art. 723 obriga o corretor a realizar a aproximação das partes com **diligência e prudência**, e também a prestar ao cliente, espontaneamente, todas as **informações** sobre o andamento do negócio. O parágrafo único do dispositivo estabelece a **responsabilidade** do corretor por perdas e danos caso não preste ao cliente esclarecimentos acerca da segurança ou do risco do negócio, das alterações de valores e de quaisquer outros fatores que possam interferir nos resultados da atividade.

Com relação à **remuneração** do corretor, o art. 725 do Código determina que é devida a ele "uma vez que tenha conseguido o resultado previsto no contrato de mediação", mesmo que o negócio não se venha a realizar, em razão do arrependimento das partes.

Se as partes não convencionarem o montante da remuneração, e esta não for fixada em lei, deverá, segundo o art. 724, ser arbitrada conforme a **natureza do negócio ou os usos locais**.

14.2 Caracterização jurídica

O contrato de corretagem é **nominado** e **típico**, e se regulamenta pelos arts. 722 a 729 do Código Civil. O art. 729 prevê a incidência, à espécie, de preceitos sobre corretagem constantes de leis especiais.

Consensual que é, a corretagem se considera celebrada pelo simples acordo de vontade das partes.

Trata-se de contrato **bilateral**, que gera obrigações para ambas as partes, sobretudo a do corretor de tentar obter o negócio desejado pelo cliente, e a deste de remunerá-lo. Eventualmente, será **unilateral**, caso não exista a obrigação de remunerar.

A corretagem é **onerosa**, vez que a vantagem obtida pelo cliente, de conseguir o negócio, fundamenta-se na contraprestação de remunerar o corretor. Todavia, pode ser **gratuita**, se o corretor expressamente dispensar a remuneração.

O contrato é **aleatório**, sujeito a eventos futuros e incertos, não se podendo determinar, na contratação, o resultado da atividade do corretor.

Sua execução é **diferida**, iniciando-se a partir da contratação.

Por se tratar de contrato eminentemente comercial, provavelmente será celebrado **por adesão**, embora nada impeça a ampla negociação entre as partes, em outros casos.

15. TRANSPORTE (ARTS. 730 A 756)

Embora tenha extrema importância na vida social, o contrato de transporte é, em geral, celebrado tacitamente. Ao simplesmente tomar um ônibus, dificilmente a pessoa atenta para o fato de estar celebrando um contrato. Tampouco o trocador se dá conta de estar celebrando o acordo como preposto da sociedade transportadora.

15.1 Conceito e caracterização jurídica

Transporte é o contrato por meio do qual uma das partes **se obriga a transportar pessoas ou coisas de um lugar para outro**, mediante **retribuição** (art. 730 do Código Civil).

O elemento da **onerosidade** tem aqui grande importância, pois o transporte **gratuito**, realizado em virtude de amizade ou de cortesia, conhecido tradicionalmente como **carona**, não se regula pelas normas do contrato de transporte (art. 736). Ou seja, a carona é contrato nominado, porém atípico.

As partes são chamadas de **transportador** e **passageiro** (transporte de pessoas) ou **expedidor** (transporte de coisas).

Muitos dos contratos de transporte celebrados no cotidiano têm como parte **concessionários ou permissionários de serviço público**, ou pessoas autorizadas pelo Estado, vez que o transporte público é considerado **serviço público** (art. 21, XII, "d" e "e", e art. 30, V, da Constituição). Por essa razão, o art. 731 do Código Civil ressalva que "o transporte exercido em virtude de autorização, permissão ou concessão, rege-se pelas normas regulamentares e pelo que for estabelecido naqueles atos, sem prejuízo do disposto neste Código". Ou seja, aqueles contratos não se furtam aos dispositivos do Código Civil acerca do transporte.

Determina o art. 732, expressamente, que as normas aplicáveis ao contrato de transporte previstas no Código sejam complementadas pelos preceitos que não as contrariem constantes de leis especiais, tratados ou convenções internacionais.

O contrato de transporte é **nominado** e **típico** e se rege pelos arts. 734 a 756 do Código Civil.

Consensual, considera-se celebrado pelo simples acordo entre as partes.

O transporte é **bilateral**, porquanto gera para ambas as partes obrigações: para o transportador, sobretudo a de realizar o transporte, e, para o passageiro ou expedidor, a de remunerar o transportador.

O contrato de transporte de que trata o Código Civil é sempre **oneroso** (art. 736), dele se diferenciando a **carona**, que é contrato **gratuito** e **atípico**.

Comutativo e **preestimado** que é o transporte, as prestações entre as partes devem guardar equilíbrio e são conhecidas desde a contratação.

A execução do transporte é, necessariamente, **diferida**, pois somente se inicia em momento posterior à contratação.

O transporte oneroso, regulado pelo Código, é, em geral, celebrado **por adesão**, podendo, conforme o transportador, ser fruto de ampla negociação.

15.1.1 Transporte cumulativo

Fala-se em **transporte cumulativo** nos casos em que a pessoa ou coisa, para chegar de um lugar a outro, precisa de **diversos transportadores, um para cada trecho**, mas contrata todos de uma só vez, ou seja, por meio do mesmo contrato.

Nesses casos, o art. 733 estabelece que a responsabilidade de cada transportador se limita ao trecho por ele percorrido. O § 1º, ademais, estatui que o dano decorrente de atraso ou interrupção da viagem será verificado considerando-se a totalidade do percurso. O § 2º, por fim, determina a **responsabilidade solidária** do transportador substituto, se houver substituição de qualquer dos transportadores no decorrer do percurso.

15.1.2 Transporte de pessoas

Obviamente, fala-se em **transporte de pessoas** quando estas são o objeto do contrato.

A **responsabilidade** do transportador de pessoas abrange os danos causados a elas e a suas bagagens, a não ser em caso de força maior, sendo considerada **nula** qualquer **cláusula excludente** de responsabilidade (art. 734). Nesse sentido dispõe também a Súmula 161 do Supremo Tribunal Federal: "em contrato de transporte, é nula a cláusula de não indenizar".

Não obstante, é comum que o transportador exponha em seu veículo, ou mesmo no instrumento do contrato, avisos de que "não nos responsabilizamos por objetos deixados no interior do veículo". É importante que o passageiro se lembre da nulidade dessa cláusula.

Por outro lado, em alguns casos a prova do dano causado (por exemplo, se um bem é furtado durante a viagem) pode não ser fácil. Por essa razão, é lícito que o transportador exija **declaração do valor da bagagem**, para determinar o limite de sua responsabilidade (parágrafo único do art. 734). O mais prudente, a nosso ver, para ambas as partes, seria a discriminação dos itens transportados (por exemplo, duas malas, uma mochila e uma bolsa). Todavia, não é comum que os transportadores se preocupem com o registro dos itens chamados de "bagagem de mão", ou seja, os que não são transportados no bagageiro, mas sim pelo passageiro.

Ainda sobre a responsabilidade do transportador, o art. 735 estabelece que não se ilide por **culpa de terceiro**, em caso de acidente, conquanto lhe seja garantido o **direito de regresso**.

Rui é o causador de um acidente em que o veículo X é envolvido. Pontes, condutor de X, será responsável pelos danos causados a seus passageiros. Após acertar as indenizações, terá direito de regresso contra Rui, para dele exigir o ressarcimento de tudo que houver indenizado.

Salvo motivo de força maior, o transportador se vincula aos **horários e itinerários anunciados**, ficando responsável por perdas e danos (art. 737).

Em geral, o transportador é obrigado a aceitar o transporte de quem quer que queira contratá-lo, somente podendo recusar o passageiro se o **estado de saúde e higiene** deste justificar a recusa, ou se o caso for previsto no regulamento do transporte (art. 739).

Findo o trajeto contratado, caso ainda não tenha recebido a remuneração, tem o transportador **direito de retenção** sobre a bagagem do passageiro, até que este lhe dê o valor ajustado (art. 742). Na verdade, para evitar essas situações, os transportadores, em geral, cobram a remuneração antes de iniciado o percurso. No caso dos taxistas, por sua vez, a norma tem maior relevância, pois estes somente são remunerados ao final do trajeto, que é quando sabem qual o valor devido.

Se, por alguma razão, o transporte tiver de ser **interrompido**, o transportador é obrigado a providenciar a **conclusão do transporte** à sua custa: nos termos do art. 741, "em outro veículo da mesma categoria, ou, com a anuência do passageiro, por modalidade diferente". Ademais, deve o transportador custear as despesas do passageiro com **estadia e alimentação**, enquanto espera o novo transporte. Essa norma, de grande importância, nunca deve ser esquecida, sobretudo pelo usuário do transporte aéreo.

É comum que, para realizar um percurso, seja necessário fazer as chamadas "conexões", ou seja, desembarcar de um avião para embarcar em outro. Nesses casos, havendo **atraso**, o passageiro deve exigir da companhia aérea, baseado no art. 741, o transporte em outro avião, se houver, ou mesmo em ônibus, se preferir, além do reembolso das despesas com alimentação e, se for o caso, com estadia.

Ao passageiro é garantido o **direito de resilir** o contrato antes de iniciada a viagem, caso em que deve receber a restituição do valor da passagem, desde que o faça em tempo hábil para renegociação por parte do transportador (art. 740). O dispositivo legal não determina qual seria esse tempo, que em geral é estabelecido – conquanto não com força de lei – por agências reguladoras, como a ANTT – Agência Nacional de Transporte Terrestre – e a ANAC – Agência Nacional de Aviação Civil. Atualmente, a ANTT o fixa em três horas, e a ANAC em quatro.

A título de **multa compensatória**, é lícito ao transportador reter até cinco por cento do montante a ser restituído ao passageiro no caso de resilição (§ 3º do art. 740).

O direito do passageiro de resilir o contrato também é exercido se este **deixa de embarcar ou desiste da viagem** mesmo depois de seu início. Nessas hipóteses, contanto que prove que outra pessoa foi transportada em seu lugar, terá direito ao reembolso do valor integral da passagem, ou o correspondente ao trecho não utilizado, conforme o caso (§§ 1º e 2º do art. 740).

No transporte de pessoas, o passageiro está sempre sujeito às **normas estabelecidas pelo transportador**, as quais este deve tornar públicas, transcrevendo-as no verso do bilhete, ou afixando-as à vista do usuário (art. 738).

Um exemplo seria a possibilidade de comer ou não dentro do veículo, ou de utilizar aparelho sonoro ou não.

Conforme o parágrafo único do art. 738, se a pessoa transportada vier a sofrer prejuízo, e ficar provado que o dano é atribuível à transgressão de alguma norma do transportador, a indenização será equitativamente reduzida, na medida da **culpa da vítima**.

Assim, se, apesar de ser proibido utilizar aparelho sonoro no interior do veículo, o passageiro o utiliza, em altura tal que distrai por um segundo o condutor, que deixa de perceber um obstáculo na pista, o que acaba gerando um acidente, a **culpa da vítima**, pela transgressão da proibição, será levada em conta na apuração da indenização dos prejuízos que sofreu em razão do acidente.

15.1.3 Transporte de coisas

No caso do **transporte de coisas**, o expedidor ou remetente envia coisas de um lugar a outro por meio do transporte contratado.

Por razão de segurança, exige-se que a coisa entregue ao transportador esteja **devidamente discriminada** e que contenha o endereço e, no mínimo, o **nome e o endereço do destinatário** (art. 743). Ao recebê-la, observados esses requisitos, o transportador emitirá o chamado **conhecimento de transporte**, que conterá esses mesmos dados (art. 744).

Se preferir, pode o transportador, nos termos do parágrafo único do art. 744, exigir que o remetente lhe entregue uma relação discriminada das coisas que serão transportadas, a qual deve ser assinada e emitida em duas vias, uma das quais o transportador autenticará para que faça parte integrante do conhecimento de transporte.

O expedidor que declarar **informação falsa ou inexata**, e por essa razão causar dano ao transportador, deverá indenizá-lo (art. 745, primeira parte). O direito à indenização se sujeita ao **prazo prescricional** de cento e vinte contados da declaração falsa (art. 745, segunda parte).

O transportador pode **recusar a coisa**, se considerar inadequada a embalagem, ou se entender que pode causar qualquer risco (art. 746).

Se a coisa vier desacompanhada dos documentos que a lei ou regulamento exijam, ou se seu transporte for proibido, a recusa será um **dever** do transportador (art. 747). Esse é o caso de animais silvestres, de substâncias tóxicas, entre muitos outros.

Antes de entregue a coisa ao destinatário, pode o expedidor desistir do transporte e **resilir** o contrato, caso em que a coisa deverá ser-lhe restituída (art. 748, primeira parte). Admite-se também que o expedidor determine que a coisa seja entregue a **outro destinatário** (art. 748, segunda parte). Em qualquer caso, segundo a terceira parte do dispositivo, o expedidor ficará responsável por **perdas e danos** e pelas **despesas** extras que sua desistência ou nova instrução causar.

Com relação à **responsabilidade** do transportador de coisas, frise-se que esta se limita ao valor constante do **conhecimento de transporte**, e tem início no momento em que a coisa lhe é entregue, para se encerrar quando ela é recebida pelo destinatário (art. 750).

Não encontrando o destinatário, ou havendo dúvida quanto a ele, e não sendo possível obter instruções do expedidor, deve o transportador proceder ao **depósito em juízo da coisa** (art. 755, primeira parte). Se a demora puder causar a deterioração do bem (em se tratando, por exemplo, de comida), deve o transportador **vendê-lo** e depositar em juízo o preço que receber (art. 755, segunda parte).

O disposto no art. 749, na verdade, é decorrência de toda a principiologia do Direito dos Contratos. Segundo esse dispositivo, "o transportador conduzirá a coisa ao seu destino, tomando todas as cautelas necessárias para mantê-la em bom estado e entregá-la ao destinatário no prazo ajustado ou previsto", ou seja, a conduta objetiva do transportador deve ser pautada pela **boa-fé**.

A obrigação do transportador é de **entregar a coisa ao destinatário**, ou a quem se apresentar para recebê-la munido do conhecimento de transporte, devidamente endossado (art. 754, primeira parte). Ao recebedor cabe **conferir o bem**, e reclamar o que tiver de direito imediatamente, sob pena de decadência (art. 754, segunda parte), a não ser que a perda parcial ou avaria não sejam perceptíveis à primeira vista, caso em que terá dez dias, a contar da entrega, para acionar o transportador (parágrafo único do art. 754).

Frise-se que o transportador somente é obrigado a dar **aviso da chegada** ao destinatário, ou entregar a coisa em seu domicílio, se assim houver expressamente pactuado, exigindo a lei, ademais, que essas cláusulas constem do conhecimento (art. 752).

Se, por qualquer razão, o transporte não se puder realizar, ou sofrer **considerável interrupção**, é dever do transportador solicitar do expedidor, imediatamente, que o instrua sobre como proceder, além de cumprir o dever de guarda da coisa (art. 753, *caput*).

Se o expedidor deixar de se manifestar, e perdurar o **impedimento**, sem culpa do transportador, este poderá depositar em juízo a coisa ou vendê-la, caso em que terá de depositar o preço obtido (§ 1º do art. 753), devendo, sempre, comunicar o expedidor do fato (§ 3º). Se o impedimento se dever à culpa do transportador, este deverá, por sua conta e risco, depositar a coisa, somente sendo-lhe facultado vendê-la se a coisa for perecível (§ 2º), mantendo-se a obrigação de comunicar o expedidor (§ 3º). Caso a coisa seja depositada em armazém do transportador, este fará jus a uma remuneração, a ser ajustada com o expedidor, podendo ser fixada de acordo com os usos do tipo de transporte, se o expedidor não se manifestar quanto ao depósito (§ 4º do art. 753).

Por fim, cabe comentar que, no caso do **transporte cumulativo** de coisas, a responsabilidade dos transportadores é **solidária**, a não ser que se apure em que trecho ocorreu o dano (art. 756).

16. SEGURO (ARTS. 757 A 802)

16.1 Conceito e caracterização jurídica

Seguro é o contrato por meio do qual uma das partes **se obriga a proteger interesse da outra**, referente a pessoas ou coisas, **contra riscos predefinidos**, e mediante o recebimento de uma quantia chamada de **prêmio** (art. 757 do Código Civil).

As partes são chamadas de **segurado** (aquele cujo interesse é protegido) e **segurador** (quem protege o interesse).

16.1.1 Capacidade especial para ser segurador

A lei exige do segurador capacidade especial: nos termos do parágrafo único do art. 757, no contrato de seguro somente pode ser parte como segurador **pessoa jurídica** para tal fim **legalmente autorizada**. O ente público responsável por essa autorização é a SUSEP – Superintendência de Seguros Privados do Brasil.

16.1.2 Nomenclatura peculiar do seguro

O contrato de seguro tem uma nomenclatura própria que é, em geral, objeto de confusão por parte do leigo, e para a qual o leitor deve prestar especial atenção.

É chamado de **prêmio** o montante devido pelo segurado ao segurador, que não tem a natureza de remuneração, mas guarda com esta ligeira semelhança, no sentido de que é a prestação devida pelo segurado para fundamentar a proteção que recebe (e que configura o caráter oneroso do contrato).

O prêmio em nada se confunde com a **indenização**, que é o valor devido ao segurado pelo segurador, caso o interesse protegido sofra dano. Comumente se chama a indenização de **seguro**.

É frequente, também, a confusão da indenização com o **sinistro**, denominação que, no contrato de seguro, recebe o fato causador do dano. Ou seja, o sinistro se consubstancia na efetivação do risco.

Se Caio contrata a Seguradora Rio Vermelho para proteger seu carro, deve a ela um determinado valor, a título de prêmio. Se o carro de Caio se envolve em um acidente, diz-se que ocorreu o sinistro, o qual deverá ser comunicado por Caio à seguradora, para que esta lhe dê a indenização. Provavelmente, Caio dirá aos amigos que "acionou a seguradora para receber o seguro".

O prêmio é devido ao segurador para que este proteja o interesse do segurado, quer dizer, **o prêmio é devido independentemente de ocorrer o sinistro**. Não pode o segurado, cujo interesse protegido não sofreu nenhum dano, pleitear, ao final do contrato, a restituição do prêmio, a não ser que haja no contrato cláusula expressa nesse sentido (art. 764).

Conquanto não se exija forma para a celebração do contrato de seguro, a lei faz exigência quanto ao **meio probatório** do contrato – o que a doutrina chama de **forma *ad probationem***. Segundo o art. 758 do Código, prova-se o contrato de seguro por meio da **apólice** ou do **bilhete** de seguro, e, na falta destes, por documento comprobatório do pagamento do respectivo prêmio.

Saliente-se que a apólice de seguro tem a natureza de um **título de crédito**, que pode ser emitido à ordem, ao portador ou nominativo, salvo o seguro de pessoa, cuja apólice deve ser nominativa ou à ordem[111] (art. 760).

Por essa razão, se o segurado aliena o bem objeto do seguro, e transmite a apólice ao adquirente, este assume a posição de segurado. No caso do seguro de pessoa, a transmissão da apólice altera o beneficiário.

16.1.3 Proposta e determinação do interesse protegido e dos riscos

A lei faz uma exigência especial quanto à formação do contrato: o art. 759 do Código exige que a celebração do contrato de seguro seja precedida de uma **proposta escrita** com a declaração dos elementos essenciais do **interesse** a ser garantido e do **risco**. Essa exigência se justifica em razão de, por definição, o contrato de seguro somente abranger os **riscos predeterminados**.

No caso, por exemplo, de um seguro de veículo, pode-se incluir o chamado "dano contra terceiro" e excluir a "proteção aos vidros". Nesse caso, o segurado que causar dano a terceiro, enquanto conduzindo o veículo segurado, requererá que o segurador indenize a vítima em seu lugar. Mas, se alguém quebrar os vidros de seu carro, para roubar o aparelho de som, o segurado nada poderá requerer do segurador, vez que a "proteção aos vidros" foi excluída do seguro.

A evidência, o Direito reputa **nula** a cláusula que incluir no seguro o dano causado por **ato doloso do segurado**, ou do beneficiário, ou de representante de um ou do outro (art. 763).

Um exemplo, ainda que absurdo, seria o caso de um proprietário de veículo que inclui no seguro de seu carro a cláusula de que o segurador ficará responsável pela hipótese de ele voluntariamente destruir seu carro. Na verdade, segurador nenhum aceitaria essa cláusula, e o que ocorre, na prática, é que todo segurador, na hipótese de um sinistro de maior gravidade, procura verificar se não foi o próprio segurado que o causou. Isso porque, não raro, em casos como o do seguro de veículo, o valor da indenização previsto no seguro supera, após certo tempo, o valor de mercado do carro, e seu proprietário prefere, no lugar de vendê-lo, agindo objetivamente de má-fé, deixá-lo ser furtado.

16.1.4 Mora do segurado

Uma vez que o pagamento da contraprestação do segurado, consubstanciada no prêmio, constitui o fundamento da sua proteção, ele não terá direito à indenização se estiver em **mora** não purgada quando da ocorrência do sinistro (art. 763).

---

[111] Não faria o menor sentido pensar-se em um contrato de seguro de pessoa com apólice ao portador, ou seja, a pessoa sofre o dano e recebe a indenização quem quer que se tenha apossado da apólice!

Cabe registrar que o simples atraso no pagamento da prestação mensal, sem prévia constituição em mora do segurado, não produz o cancelamento automático ou a imediata suspensão do contrato de seguro firmado entre as partes (STJ, 4ª Turma, AgInt no AREsp 805.441/RS, relator: Min. Marco Buzzi, data do julgamento: 27/2/2018). Consequentemente, considera-se abusiva a cláusula contratual que prevê o cancelamento ou a extinção do contrato de seguro em razão do inadimplemento do prêmio, sem a prévia constituição em mora do segurado, mediante prévia notificação (STJ, 4ª Turma, AgRg no AREsp 292.544/SP, relator: Min. Raul Araújo, data do julgamento: 23/4/2013). Assim, se o segurado atrasar o pagamento do prêmio, a seguradora deverá constituir o segurado em mora, mediante interpelação, pois a mora nos contratos de seguro é classificada como *ex persona*, ou seja, exige a interpelação judicial ou extrajudicial do devedor. Apenas depois dessa notificação é que o credor/banco réu estará desautorizado a cumprir suas obrigações contratuais. Nesse sentido é também o enunciado da Súmula 616 do STJ: "A indenização securitária é devida quando ausente a comunicação prévia do segurado acerca do atraso no pagamento do prêmio, por constituir requisito essencial para a suspensão ou resolução do contrato de seguro".

16.1.5 Boa-fé no seguro

O Código Civil de 2002, repetindo norma do Código anterior, determina que tanto o segurado quanto o segurador devem guardar, assim na conclusão como na execução do contrato, "a mais estrita boa-fé" (art. 765).

Conquanto a norma seja de todo dispensável, pois a regra geral é a de que todos os contratantes, em qualquer espécie contratual, devem agir de **boa-fé** tanto na celebração como na execução do contrato (art. 422), o dispositivo tem relevância histórica, pois foi, no Código de 1916, o primeiro a se referir à boa-fé em nosso Direito positivo. Isso porquanto o Código Beviláqua inovou ao tratar do contrato de seguro (outros Códigos, como o Napoleônico[112] e o BGB,[113] não o fizeram), e teve bastante cuidado ao discipliná-lo, em razão do traço que tanto o distancia dos demais contratos: o elemento, por excelência, da **aleatoriedade**.

O segurado que não agir de boa-fé é punido com a **perda do direito** à proteção e com permanência da obrigação de **dar o prêmio**. Há previsão expressa de duas hipóteses legais: se o segurado, por si ou por seu representante, faz declarações inexatas ou omite circunstâncias que podem influir na contratação, seja na aceitação da proposta, no cálculo dos riscos ou no cálculo do prêmio (art. 766), e se o segurado intencionalmente agrava o risco objeto do contrato (art. 768).

Por outro lado, se a inexatidão ou omissão nas declarações não resultar de má-fé do segurado (supondo-se, por exemplo, que ele próprio desconhecia o fato), então é facultado ao segurador **resolver** o contrato ou **cobrar a diferença do prêmio** (mesmo após a ocorrência do sinistro), conforme o parágrafo único do art. 767.

Quanto ao **agravamento considerável** e **não intencional** dos riscos, de que toma conhecimento o segurado, o art. 769 determina o dever deste de comunicá-lo imediatamente ao segurador, incorrendo na mesma pena de perder o direito à garantia se agir de má-fé. Ao receber a comunicação, o segurador tem o prazo de quinze dias para notificar o segurado, por escrito, de que irá resolver o contrato (§ 1º do art. 769). Nesse caso, a resolução contratual só produz efeitos após trinta dias da notificação, e o segurador fica obrigado a restituir o prêmio proporcional ao tempo em que o contrato deixou de viger (§ 2º).

---

[112] Código Civil da França de 1804, promulgado pelo Imperador Napoleão Bonaparte.
[113] *Bürgerliches Gezetsbuch*, Código Civil alemão de 1900.

Se, ao contrário, a hipótese for de **diminuição** dos riscos, o segurado somente fará jus à redução do prêmio se houver previsão contratual nesse sentido, salvo a hipótese de diminuição **considerável**, caso em que se autoriza o pedido de **revisão** do prêmio, ou mesmo a **resilição**[114] do contrato (art. 770).

Nesse sentido, o art. 773 estabelece que, se o segurador efetiva a contratação do seguro, inclusive expede apólice, mesmo sabendo que, àquele tempo, o segurado já não sofria mais o **risco** objeto do contrato, fica obrigado a lhe **restituir em dobro** o prêmio estipulado.

Tomemos o exemplo de um seguro de saúde. Pontes saudável, contrata com a Seguradora Rio Vermelho seguro de saúde, pelo prazo de um ano. Após um mês, Pontes descobre estar sofrendo de uma gravíssima doença. Ora, essa doença representa um considerável agravamento dos riscos à saúde de Pontes, pelo que este deve imediatamente comunicar à seguradora o fato. Nesse caso, pode esta optar pela extinção prematura do contrato.

Outra situação, reversa, seria a de Rui, gravemente doente, que contrata com a Seguradora Rio Vermelho seguro de saúde por um ano, mas, um mês após a contratação, vem a se curar em definitivo da doença. Aqui, é Rui quem pode resilir o pacto, ou, se preferir, pedir a revisão do prêmio.

Agora, imaginemos que, ao renovar o seguro de saúde de Rui, a Seguradora Rio Vermelho exige exame médico e descobre a cura de Rui, fato que este próprio desconhece. A seguradora deixa de comunicar o fato a Rui, e renova o contrato, protegendo-o contra os riscos da doença curada. Nesse caso, Rui, tomando ciência do ocorrido, terá direito à restituição do prêmio ajustado, em dobro.

16.1.6 Sinistro e indenização

Com relação à ocorrência do **sinistro**, a lei estatui que do fato deve o segurado comunicar o segurador incontinenti, e tomar todas as providências possíveis para minorar as consequências danosas, sob pena de perder o direito à indenização (art. 771). Nos termos do § 1º do referido dispositivo, "correm à conta do segurador, até os limites fixados no contrato, as despesas de salvamento consequente ao sinistro".

Embora esse dispositivo permita concluir que, se não houver essa comunicação imediata, o segurado perderá o direito à indenização, a jurisprudência considera que, para ocorrer a sanção prevista no art. 771, é necessário que fique demonstrada a ocorrência de uma omissão dolosa do segurado, que beire a má-fé, ou culpa grave e que, com isso, prejudique, de forma desproporcional, a atuação da seguradora. Exemplificando por meio do caso julgado pelo STJ: se o segurado demorou três dias para comunicar à seguradora que o veículo foi roubado porque foi ameaçado pelo criminoso, ele não perderá o direito de ser indenizado, já que, nesse caso, não poderia ser dele exigido comportamento diverso (STJ, 3ª Turma, REsp 1.546.178/SP, Min. Ricardo Villas Bôas Cueva, data do julgamento: 13/9/2016).

Ocorrido o sinistro, nasce para o segurador a obrigação de dar a **indenização** em dinheiro por todos os prejuízos decorrentes do fato, ou, se nesse sentido a convenção, a obrigação de repor a coisa (art. 776).

Segundo o art. 772, "a mora do segurador em pagar o sinistro obriga à atualização monetária da indenização devida segundo índices oficiais regularmente estabelecidos, sem prejuízo dos juros moratórios". Fizemos questão de transcrever o dispositivo não só para lhe dar notícia da norma, mas para demonstrar que mesmo o legislador, por vezes, incorre em confusões terminológicas: aqui, confunde o sinistro com a indenização, algo que anteriormente alertamos

---

[114] Embora o Código fale em resolução, a hipótese aqui é de extinção pela vontade da parte, e não por inadimplemento da outra.

o leitor para não fazer. Já no art. 771, que comentamos agora mesmo, o legislador usa o termo sinistro (corretamente) para se referir ao evento protegido no contrato.

16.1.7 Beneficiário do seguro

Importante destacar que o seguro pode ser estipulado em benefício do próprio contratante ou de terceiro, que passa a ser designado **beneficiário**, caso em que contra ele pode o segurador opor as mesmas defesas que tinha contra o estipulante (art. 767).

16.1.8 Seguro de dano

Fala-se em **seguro de dano**, um tanto impropriamente (pois todo seguro o é), para se referir ao contrato de seguro cujo objeto é uma **coisa**, como ocorre com o seguro de carro, o seguro de casa etc.

Uma das mais importantes normas incidentes sobre essa espécie de seguro é a que limita o **valor da proteção** ao **valor da coisa** no momento da conclusão do contrato (art. 778).

Assim é que um carro que vale R$ 20.000,00 somente pode ser segurado por R$ 20.000,00. Isso não significa que o bem não se possa desvalorizar, posteriormente. Mas, se um carro vale R$ 20.000,00 no momento da contratação do seguro, o valor segurado nunca poderá ser superior a R$ 20.000,00. Evidentemente, pode ser inferior.

Pela mesma razão, o **valor da indenização** se limita ao valor da coisa no momento da contratação, ou ao valor segurado, se este for inferior (art. 781).

Usando o mesmo exemplo do carro de R$ 20.000,00, vindo este a sofrer um acidente, o valor da indenização devida nunca será superior a R$ 20.000,00, se a coisa tiver sido segurada por este valor, e, se segurada, digamos, por R$ 15.000,00, então obedecerá a este limite.

Sobre a hipótese de seguro por valor **inferior** ao da coisa, preceitua ainda o art. 783 que a não ser que se disponha em contrário no contrato, o seguro de um interesse por menos do que valha a coisa acarreta a redução proporcional da indenização, no caso de sinistro parcial.

Imaginemos que o carro de R$ 20.000,00 sofre prejuízo de R$ 5.000,00. Este será o valor da indenização, se o seguro for de R$ 20.000,00. Mas, se o segurado optou por segurar o carro por apenas R$ 10.000,00, então o segurador deverá indenizar ao segurado, no caso do prejuízo de R$ 5.000,00, apenas R$ 2.500,00.

Veja que a razão que leva o segurado, por vezes, a segurar a coisa por valor menor do que ela tem é que esse valor influirá no **cálculo do prêmio**, que será, por conseguinte, inferior. O importante, nesses casos, é ter em mente que também o valor da indenização será menor.

16.1.8.1 Pluralidade de seguros

Impende ressaltar que o segurado somente pode obter **novo seguro** sobre a coisa se o seguro primitivo for de valor inferior ao do bem. O segurado que pretender obtê-lo deve comunicar sua intenção por escrito ao segurador, para que este possa fazer a devida conferência (art. 782).

Assim, a pessoa que segurou seu carro por R$ 10.000,00, o qual vale R$ 20.000,00, pode contratar novo seguro para protegê-lo, até mesmo com outro segurador, caso em que deverá notificar o primitivo, respeitado, sempre, o limite de R$ 10.000,00 (valor faltante).

16.1.8.2 Risco

Segundo o art. 779, o risco do seguro sempre deve compreender não apenas os prejuízos resultantes ou consequentes do sinistro, como também os ocasionados para tentar evitá-lo, ou para minorar o dano, ou salvar a coisa.

Logo, se, encontrando-se um cômodo da casa segurada contra incêndio em chamas, os bombeiros derrubam a porta principal, para ganhar acesso à casa, o prejuízo referente à porta arrombada estará incluído na proteção, ainda que o seguro fosse exclusivamente contra incêndio.

16.1.8.3 Boa-fé

Na linha da punição ao segurado que viola a boa-fé contratual, o art. 784 determina que o sinistro causado por **vício intrínseco da coisa**, não declarado pelo segurado, não se inclui na proteção do seguro. Conforme o parágrafo único do referido dispositivo, considera-se vício intrínseco o **defeito peculiar** da coisa, não encontrado normalmente em outras da mesma espécie. Bem se vê que esse vício não há de representar **considerável alteração** dos riscos tais como segurados, caso em que a pena imposta ao segurado será a perda do direito à garantia e a manutenção do dever de dar o prêmio (art. 766).

16.1.8.4 Sinistro e indenização

Ocorrido o sinistro, o segurador dará a indenização ao segurado, ou, nos casos chamados de **seguro de responsabilidade civil**, diretamente ao terceiro prejudicado (arts. 787 e 788). Se a questão for objeto de ação judicial intentada em face do segurado, este denunciará o segurador à lide (art. 125, II, do CPC/2015).

Se, ao contrário, o sinistro ocorrer por **fato de terceiro**, o segurador dará a indenização ao segurado e se sub-rogará nos direitos e ações deste em face do terceiro[115] – salvo se o terceiro for o cônjuge do segurado, descendente ou ascendente seu, consanguíneo ou afim –, segundo o art. 786, *caput* e § 1º. Nos termos do § 2º, considera-se ineficaz qualquer ato do segurado que diminua ou extinga, em prejuízo do segurador, os direitos a que se refere o dispositivo.

Caso a seguradora deixe de realizar o pagamento da indenização, mesmo tendo sido cumpridas as obrigações por parte do segurado, este poderá promover ação no prazo prescricional previsto no art. 206, § 1º, II, *b*, do CC, qual seja, de um ano[116], contado a partir da ciência do segurado acerca da recusa da cobertura securitária[117].

16.1.8.5 Transferência do seguro

Conforme asseverado anteriormente, a **apólice de seguro** é um título de crédito, e a transmissão do título implica transferência do contrato, ou cessão do interesse segurado (art. 785).

---

[115] De acordo com o STJ, "a seguradora tem direito de demandar o ressarcimento dos danos sofridos pelo segurado depois de realizada a cobertura do sinistro, sub-rogando-se nos direitos anteriormente titularizados pelo segurado, nos termos do art. 786 do Código Civil e da Súmula n. 188/STF" (Jurisprudência em Teses). Contudo, vale ressaltar que a seguradora não terá direito de regresso contra o autor do dano caso este demonstre que indenizou realmente o segurado pelos prejuízos sofridos, na justa expectativa de que estivesse quitando, integralmente, os danos provocados por sua conduta. Nesse caso, protege-se o terceiro de boa-fé e a seguradora poderá cobrar do segurado com base na proibição do enriquecimento ilícito (STJ, 3ª Turma, REsp 1.533.886-DF, relatora: Min. Nancy Andrighi, data do julgamento: 15/9/2016).

[116] "É ânuo o prazo prescricional para exercício de qualquer pretensão do segurado em face do segurador – e vice-versa – baseada em suposto inadimplemento de deveres (principais, secundários ou anexos) derivados do contrato de seguro, ex vi do disposto no artigo 206, § 1º, II, 'b', do Código Civil de 2002 (artigo 178, § 6º, II, do Código Civil de 1916)" (STJ, 2ª Seção, REsp 1.303.374-ES, relator: Min. Luis Felipe Salomão, data do julgamento: 30/11/2021 (Tema IAC 2)).

[117] Sobre o termo inicial, conferir o REsp 1.970.111-MG, relatora: Min. Nancy Andrighi, 3ª Turma do STJ, data do julgamento: 15/3/2022.

A transmissão do título deve ser comunicada ao segurador, por escrito, em documento assinado tanto pelo cedente quanto pelo cessionário, se o título for **nominativo** (§ 1º do art. 785); se o título for à ordem, transmite-se por endosso em preto (endosso que estipula o endossatário), datado e assinado tanto pelo endossante quanto pelo endossatário (§ 2º).

16.1.9 Seguro de pessoa

Ao contrário do que se passa com o seguro de dano, no caso do seguro de pessoa **não há limite** para o valor da proteção contratada. É que, sendo o objeto do contrato a proteção de um ser humano, não haveria que se falar em **valor do objeto**. Por essa razão, preceitua o art. 789 que nos seguros de pessoas o capital segurado é livremente estipulado pelo proponente, o qual pode até mesmo contratar mais de um seguro para proteger o mesmo interesse, com o mesmo ou diversos seguradores.

Por meio do seguro de pessoa, pode-se contratar a proteção de tudo quanto for relacionado a pessoa fisicamente: o seguro pode ser de vida, de saúde ou mesmo de um membro específico do corpo. Esta última hipótese é comum no caso de pessoas para quem um determinado membro tem uma importância ainda maior do que para as demais.

Por exemplo, um jogador de futebol pode segurar suas pernas, bem como uma bailarina; um pianista pode segurar suas mãos; uma "celebridade" pode segurar – por que não? – seus seios ou seu rosto, ou o que mais desejar.

16.1.9.1 Seguro de grupo

Admite-se que o seguro de pessoas seja estipulado por pessoa natural ou jurídica, em proveito de **grupo** que a ela, de algum modo, esteja vinculado (art. 801).

Isso ocorre em muitos casos em que sociedades empresárias contratam seguros para seus empregados, sobretudo seguro de vida e de saúde. Se assim for feito, o estipulante, obviamente, não representará o segurador (afinal, com ele não se confunde), mas será o único responsável, face ao segurador, pelo pagamento de todas as obrigações contratuais (§ 1º do art. 801).

No caso do seguro de grupo, qualquer **alteração contratual** dependerá da anuência expressa de três quartos dos segurados (parágrafo segundo).

16.1.9.2 Impossibilidade de sub-rogação do segurador

Em se tratando de seguro de pessoa, o segurador **não se sub-roga** nos direitos e ações do segurado ou do beneficiário contra o causador do dano (art. 800).

Para entender a norma, imaginemos o seguinte: Augusto é responsável por um acidente que causa a morte de Caio, que tem seguro de vida em favor de Manuel. Ora, morto Caio, a titularidade de qualquer direito em face de Augusto é dos herdeiros de Caio, mas nunca do segurador. Devemos nos lembrar de que o seguro de pessoa é livremente estipulado. Pode ser que o seguro de vida de Caio fosse de R$ 10.000.000,00. Caso o segurador se sub-rogasse nos direitos dos herdeiros de Caio, poderia pretender o reembolso dos R$ 10.000.000,00 de Augusto? Certamente que não. A indenização devida por Augusto aos herdeiros de Caio será fixada pelo juiz considerando todas as peculiaridades do caso, não tendo nada a ver com o valor do seguro de vida.

16.1.9.3 Seguro da vida de terceiro

Quanto ao seguro de vida, se este for contratado com relação à vida de **pessoa diversa** do contratante, exige-se que este declare seu interesse na preservação da vida do segurado, o qual é presumido se este for seu cônjuge, ascendente ou descendente (art. 790).

Se assim não fosse, Rui, sabendo que o vizinho Clóvis está "à beira da morte", poderia simplesmente contratar seguro da vida de Clóvis e se nomear beneficiário, esperando receber a indenização, ainda que Clóvis não seja para ele nada mais do que um vizinho.

16.1.9.4 Beneficiário

É possível a **substituição do beneficiário** do seguro de vida, se o segurado não renunciar a essa faculdade, ou se o seguro não se dever à garantia de alguma obrigação, tanto por ato entre vivos, como de última vontade (art. 791). Havendo a substituição, se o segurador não for oportunamente comunicado do fato, ficará desobrigado, dando a indenização ao antigo beneficiário (parágrafo único do art. 791).

Se, por alguma razão, não houver no contrato **indicação do beneficiário**, ou se a que foi feita, por alguma razão, não prevalecer, o art. 792 determina que a indenização seja dada pela metade ao cônjuge do segurado, se não separado judicialmente, e a outra metade aos herdeiros. Na falta dessas pessoas, terá direito à indenização quem provar que a morte do segurado o privou dos meios necessários à sua subsistência (parágrafo único do art. 792).

Se o segurado casado for separado judicialmente ou de fato à época da contratação do seguro, pode estipular como beneficiário o **companheiro** (art. 793).

Sobre esse dispositivo (art. 793), vale uma observação: a existência de casamento válido não impede a união estável quando há separação de fato ou judicial do casal. Assim, caso não haja essa prévia separação, a segunda relação firmada não pode ser reconhecida juridicamente como união estável (é, em verdade, um concubinato – art. 1.727). Consequentemente, é proibido que a concubina seja a beneficiária do seguro de vida. Essa conclusão é baseada em uma interpretação teleológica do art. 550, segundo o qual "a doação do cônjuge adúltero ao seu cúmplice pode ser anulada pelo outro cônjuge, ou por seus herdeiros necessários, até dois anos depois de dissolvida a sociedade conjugal". O art. 793, por sua vez, reforça essa conclusão ao dispor que a validade da instituição do companheiro como beneficiário exige que, ao tempo do contrato, o segurado já estivesse separado judicialmente ou de fato. Desse modo, "o seguro de vida não pode ser instituído por pessoa casada em benefício de parceiro em relação concubinária" (STJ, 4ª Turma, REsp 1.391.954-RJ, relatora: Min. Maria Isabel Gallotti, data do julgamento: 22/3/2022).

Já, para a hipótese em que o segurado tenha contratado seguro sem a indicação do beneficiário e, na data do óbito, esteja separado de fato e em união estável, o capital segurado deverá ser pago, segundo precedente do STJ (3ª Turma, REsp 1.402.583/RJ, relator: Min. Ricardo Villas Bôas Cueva, data do julgamento: 4/8/2015) da seguinte forma: metade aos herdeiros, de acordo com a ordem da vocação hereditária, e a outra metade será dividida entre a cônjuge não separada judicialmente e a companheira. Em resumo:

Sem indicação de beneficiário e não separado de fato na data do óbito	Sem indicação de beneficiário e separado na data do óbito
50% para o cônjuge e 50% para os herdeiros.	100% para os herdeiros. Caso exista união estável, será 50% para o/a companheiro(a) e 50% para os herdeiros.

16.1.9.5 Prêmio e indenização

No seguro de pessoa, o prêmio será estipulado por **prazo determinado** ou por toda a **vida**, conforme o caso (art. 796).

Não tem o segurador ação para cobrar o prêmio vencido. Não havendo pagamento no tempo ajustado, surgem para ele duas alternativas: **resolver o contrato**, com a restituição da fração do prêmio que já lhe tenha sido dada, ou **reduzir o valor do seguro** proporcionalmente ao prêmio recebido (parágrafo único do art. 796).

É lícita a estipulação de um **prazo de carência**, durante o qual o segurador não responde pela ocorrência do sinistro (art. 797). Se o sinistro vier a ocorrer durante esse prazo, o segurador, conquanto não seja obrigado a dar a indenização, será obrigado a restituir o prêmio que lhe foi dado até aquele momento (parágrafo único do art. 797).

No caso do seguro de vida ou acidentes pessoais, é importante frisar que a indenização não se destina a quitar dívidas do segurado, nem se considera herança, sendo integralmente devida a quem for o beneficiário (art. 794). Não se admite, ademais, qualquer transação para reduzir o valor da indenização (art. 795).

Saliente-se que o segurador não se exime do dever de dar a indenização em razão de a **morte ou incapacidade** do segurado se dever à utilização de meio de transporte mais arriscado, ou da prestação de serviço militar, ou da prática de esportes ou de atos de assistência humanitária, ainda que haja cláusula contratual nesse sentido (art. 799).

Por fim, deve-se frisar que, conforme o art. 802, o seguro de pessoa não abrange **despesas hospitalares** e **tratamento médico** (salvo, obviamente, o seguro de saúde), nem as despesas de luto e de funeral do segurado (a não ser o seguro com essa finalidade específica).

16.2 Questões jurisprudenciais sobre o contrato de seguro

Abordaremos, neste tópico, alguns pontos polêmicos da jurisprudência a partir de julgados do Superior Tribunal de Justiça. Para o advogado, estudante ou concurseiro, dominar a jurisprudência, especialmente a partir do CPC/2015, que estabeleceu um rol de precedentes vinculantes (art. 927), é extremamente importante. No caso dos contratos de seguro, há diversos precedentes que precisam ser estudados, não sendo suficiente a análise da lei material.

16.2.1 Cobertura para o caso de suicídio e de doença preexistente

O art. 798 do Código Civil prevê que, nos casos de seguro de vida, o beneficiário não tem direito ao capital estipulado quando o segurado se suicida nos primeiros dois anos de vigência inicial do contrato, ou da sua recondução depois de suspenso. Ou seja, se o suicídio ocorreu antes dos dois primeiros anos do contrato, o beneficiário não terá direito ao capital estipulado, recebendo, contudo, o valor da reserva técnica já formada, isto é, o equivalente ao que o segurado pagou a título de prêmio para a seguradora. Se o suicídio ocorreu após os dois primeiros anos de vigência do contrato, será devida a indenização, sendo nula a cláusula contratual que promova a eventual exclusão da cobertura.

Veja que, no caso de suicídio, pouco importa a eventual premeditação. O critério adotado pelo Código, assim como pela jurisprudência (Súmula 610 do STJ),[118] é meramente temporal. Se o suicídio ocorreu antes dos dois primeiros anos de vigência do contrato, a indenização

---

[118] "O suicídio não é coberto nos dois primeiros anos de vigência do contrato de seguro de vida, ressalvado o direito do beneficiário à devolução do montante da reserva técnica formada." Essa Súmula foi editada em 2018. Antes, o entendimento do STJ levava em conta a premeditação (Súmula 61). Como houve superação da jurisprudência, a Corte decidiu pela modulação dos efeitos desse entendimento no caso de suicídio que tenha ocorrido ainda na vigência do entendimento anterior (STJ, 3ª Turma, REsp 1.721.716-PR, relatora: Min. Nancy Andrighi, data do julgamento: 10/12/2019).

será afastada. Caso contrário, ainda que tenha havido premeditação, se o suicídio ocorrer em momento posterior, a seguradora será obrigada a pagar a indenização.

Em relação à doença preexistente, o enunciado da Súmula 609 do STJ estabelece que a recusa de cobertura securitária, sob a alegação de doença preexistente, é ilícita se não houve a exigência de exames médicos prévios à contratação ou a demonstração de má-fé do segurado. O entendimento decorre do já mencionado art. 765, que determina que tanto o segurado quanto o segurador devem guardar, na conclusão e na execução do contrato, "a mais estrita boa-fé" (art. 765). Se, por exemplo, Antônio assina proposta de seguro de vida e omite a existência de diabetes, caso venha a falecer em razão dessa enfermidade, não terá direito à indenização. Nesse caso, Antônio agiu de má-fé e não terá direito à cobertura securitária, conforme prevê o art. 766[119].

A demonstração de que o segurado agiu com má-fé é complexa. Na situação anterior, Antônio conhecia a enfermidade, mas há situações em que o segurado desconhece a doença, como ocorre na hipótese em que os sintomas são leves ou ainda imperceptíveis.

Por essa razão, a título de cautela, é possível que a seguradora exija que o usuário se submeta a exames prévios para verificar se ele apresenta ou não alguma enfermidade física ou psíquica. Se a seguradora realizou exames médicos no usuário antes da assinatura do contrato, constatando-se que ele possuía doença preexistente, a cobertura poderá ser negada. Caso contrário, a ausência de exames prévios impede a simples negativa, cabendo à seguradora provar que o consumidor agiu de má-fé e ocultou intencionalmente a existência da doença. Esse entendimento se aplica não apenas nos casos de seguro de vida mas também nas hipóteses de contratação de seguro-saúde e plano de saúde.

Existe, no entanto, uma exceção a essa regra. Imagine que Antônio, com diabetes, omite, de forma proposital, a doença. Contudo, essa enfermidade somente vem a se manifestar e exigir alguma providência por parte da seguradora muitos anos após a assinatura do contrato. Nesse caso, fica demonstrado que o contratante, mesmo apresentando a doença, estava em boas condições de saúde no momento da aquisição do seguro. Assim, "a suposta má-fé do segurado (decorrente da omissão intencional de doença preexistente) será, excepcionalmente, relevada quando, sem sofrer de efeitos antecipados, mantém vida regular por vários anos, demonstrando que possuía razoável estado de saúde no momento da contratação/renovação da apólice securitária" (STJ, 4ª Turma, AgRg no REsp 1.359.184/SP, relator: Min. Marco Buzzi, data do julgamento: 6/12/2016).

16.2.2 Cobertura para o caso de embriaguez

Mais uma súmula do STJ envolve contratos de seguro de vida. De acordo com o Enunciado 620, "a embriaguez do segurado não exime a seguradora do pagamento da indenização prevista em contrato de seguro de vida".

Embora seja possível a limitação ou restrição de pagamento de indenização por meio da inserção de cláusulas contratuais, a jurisprudência do STJ entende que a cláusula presente no contrato de seguro de vida que exclua a cobertura em caso de morte decorrente de embriaguez é extremamente restritiva e contraria a própria finalidade do contrato.

Diferente é a situação que envolve seguro de veículos, na qual se aplica o art. 768 do Código Civil, que prevê a hipótese de agravamento do risco.

---

[119] "Se o segurado, por si ou por seu representante, fizer declarações inexatas ou omitir circunstâncias que possam influir na aceitação da proposta ou na taxa do prêmio, perderá o direito à garantia, além de ficar obrigado ao prêmio vencido."

Imagine que o segurado resolva dirigir alcoolizado, agravando, intencionalmente, o risco que foi ajustado com a seguradora. Nesse caso, como o seguro de automóvel não pode servir de estímulo para a assunção de riscos imoderados, a exemplo da embriaguez ao volante, a indenização securitária será, em regra, afastada. Excepcionalmente, se o segurado demonstrar que o infortúnio ocorreria independentemente dessa circunstância, será devida a indenização securitária (STJ, 3ª Turma, REsp 1.485.717-SP, relator: Min. Ricardo Villas Bôas Cueva, data do julgamento: 22/11/2016).

Anote que, nos casos de embriaguez, a conclusão anterior não se estende a terceiros. Assim, mesmo que o segurado não tenha direito à indenização, a cláusula que trata da exclusão da responsabilidade da seguradora em virtude da embriaguez do condutor nos seguros de veículos não tem eficácia para terceiros, de modo que as vítimas de eventuais sinistros não perdem o direito à indenização, cabendo à seguradora ajuizar ação de regresso contra o condutor[120].

17. CONSTITUIÇÃO DE RENDA (ARTS. 803 A 813)

17.1 Conceito e considerações gerais

Por meio do contrato de constituição de renda, uma pessoa **se obriga a dar a outra, por prazo determinado ou não, uma renda periódica**, a título gratuito ou oneroso.

As partes são chamadas de **instituidor de renda** e **rendeiro**. Rendeiro (devedor) é quem dará as prestações periódicas, ao instituidor ou a terceiro indicado no contrato, denominado beneficiário.

Na modalidade onerosa, o instituidor de renda transmite ao rendeiro a propriedade de **bens** móveis ou imóveis (art. 804). Posteriormente, o rendeiro passa a lhe dar as prestações periódicas. Na modalidade gratuita, o rendeiro o faz por mera liberalidade, sem contraprestação por parte do instituidor.

Se instituído sem prazo determinado, somente se extinguirá pela morte do instituidor ou do beneficiário (credor), mas não do rendeiro (devedor) (art. 806). Ou seja, morto este, a obrigação se transmite a seus herdeiros, obviamente que dentro das forças da herança.

Trata-se de espécie contratual em desuso. Era comum nos séculos XVIII e XIX, antes do surgimento dos sistemas de previdência.

17.2 Caracterização jurídica

A constituição de renda é contrato **nominado** e **típico**, que se rege pelos arts. 803 a 813 do Código Civil.

O art. 807 do Código exige que seja celebrado por **escritura pública**, pelo que é contrato **formal**.

Cuida-se de contrato **unilateral** ou **bilateral**, conforme seja **gratuito** ou **oneroso**. Será unilateral se houver obrigação apenas para o rendeiro (a de dar as prestações periódicas), e bilateral se houver, para o instituidor, a obrigação de entregar os bens móveis ou imóveis.

Pode ser **gratuito**, se a renda for instituída por liberalidade, ou **oneroso**, se o instituidor der uma contraprestação ao rendeiro, a qual, segundo o art. 804, será um bem móvel ou imóvel.

---

[120] "É inidônea a exclusão da cobertura de responsabilidade civil no seguro de automóvel quando o motorista dirige em estado de embriaguez, visto que somente prejudicaria a vítima já penalizada, o que esvaziaria a finalidade e a função social dessa garantia, de proteção dos interesses dos terceiros prejudicados à indenização, ao lado da proteção patrimonial do segurado" (STJ, REsp 1.738.247/SC, relator: Min. Ricardo Villas Bôas Cueva, 3ª Turma, data do julgamento: 27/11/2018, data da publicação: 10/12/2018).

A constituição de renda é **preestimada** se houver estipulação de prazo, e **aleatória** se ajustada pela vida do credor. Nunca será comutativa, pois, mesmo que onerosa, faltará equilíbrio entre as prestações (um móvel ou um imóvel em troca de uma renda periódica por certo prazo ou pela vida).

O contrato tem **execução diferida e continuada**, pois sua execução se inicia após a contratação e, a cada pagamento, a obrigação se renova.

Se celebrado, o que é improvável nos tempos atuais, será fruto da ampla negociação entre as partes.

18. JOGO E APOSTA (ARTS. 814 A 817)

Curiosamente, o leigo, em geral, acredita ser o contrato de jogo, ou de aposta, proibido no Brasil.

Na verdade, existem **jogos e apostas permitidos** – como os esportivos e a loteria –, os **proibidos** – como o jogo do bicho –, e os **tolerados** – todos os que não são proibidos por lei, nem expressamente permitidos. No caso dos jogos tolerados, proíbe-se não a sua prática, mas sim a sua **exploração**, considerada contravenção penal.[121]

Assim, pode um grupo de amigos jogar cartas valendo dinheiro, contanto que mantenham sua atividade particular. Se passarem a aliciar jogadores e tirar vantagens dos jogos deles, então estarão explorando o jogo, e cometendo contravenção penal.

Frise-se que os contratos a que se refere o Código Civil são os de **jogo tolerado**.

18.1 Conceito e considerações gerais

Por meio do contrato de jogo (tolerado), duas ou mais pessoas **se obrigam a dar uma determinada coisa a quem ganhar um determinado jogo**, seguindo as suas regras. Por meio do contrato de aposta (tolerada), duas ou mais pessoas **se obrigam a dar uma determinada coisa a quem acertar o resultado de um determinado evento futuro e incerto**.

O mais importante a se dizer, acerca dessas espécies contratuais, é que fazem nascer, por preconceito histórico, **obrigação natural**. Ou seja, o devedor de jogo e aposta deve dívida real e juridicamente reconhecida, mas não tem o credor o poder de exigi-la, ou seja, de cobrá-la em juízo (art. 814).

18.2 Caracterização jurídica

O jogo e a aposta tolerados são contratos **nominados** e **típicos**, previstos nos arts. 814 a 817 do Código Civil.

São contratos **consensuais**, que se celebram pelo simples acordo de vontades das partes.

Trata-se de contratos **unilaterais**, que geram obrigações apenas para os chamados perdedores, e **gratuitos**, pois a vantagem obtida pelo ganhador não se deve a nenhuma contraprestação sua.

Aleatórios, dependem sempre de evento futuro e incerto: o resultado, o qual não se pode prever.

Têm **execução diferida**, pois se celebram em um momento e se executam em outro.

O jogo e a aposta são fruto da ampla negociação entre as partes. A modalidade **por adesão** configura exploração, o que se reputa ilícito penal.

---

[121] Art. 50 do Decreto-lei 3.688/41 (Lei de Contravenções Penais): "estabelecer ou explorar jogo de azar em lugar público ou acessível ao público, mediante o pagamento de entrada ou sem ele".

19. FIANÇA (ARTS. 818 A 839)

Primeiramente, deve-se chamar a atenção do leitor para a importante distinção entre **fiança**, que é **garantia contratual**, e **aval**, que é **garantia em título de crédito**, como um cheque. A fiança se concede por meio de contrato escrito; o aval é dado pela simples aposição da assinatura do avalista no título. Com isso em mente, não vá, daqui para frente, chamar o fiador de avalista, como se faz frequentemente.

19.1 Conceito, caracterização jurídica e considerações gerais

Por meio do contrato de fiança, uma das partes **se obriga a garantir uma obrigação da qual a outra é credora**, caso o devedor deixe de cumpri-la (art. 818).

As partes são chamadas de **fiador** e **credor**.

A primeira consideração importante de ser feita é a de que a fiança não é celebrada com o **devedor**, embora este seja, em geral, o responsável por encontrar um fiador.

Na verdade, admite-se até a contratação da fiança sem o **consentimento** do devedor e mesmo contra a sua **vontade** (art. 820).

Por outro lado, o credor não é obrigado a aceitar o fiador se este não for domiciliado no município em que se prestará a fiança, ou não possuir bens suficientes para cobrir a obrigação principal (art. 825). Pode o credor, ainda, exigir a substituição do fiador, se este se tornar insolvente (art. 826).

Trata-se de contrato **formal**, que deve ser celebrado **por escrito**, e interpretado restritivamente, segundo o art. 819 do Código.

Em razão de não gerar nenhuma obrigação para o credor, a fiança é contrato **unilateral**, que gera dever apenas para o fiador. É também um contrato **gratuito**, porquanto à vantagem obtida pelo credor não corresponde nenhuma contraprestação sua.

Classifica-se, ainda, como contrato **aleatório**, pois depende de evento futuro e incerto, ou seja, o inadimplemento do devedor. A execução é sempre **diferida**, pois se inicia com a contratação e se projeta para o futuro.

Podem ser objeto da fiança tanto as **dívidas presentes** quanto as **futuras**, caso em que somente poderão ser cobradas depois de se revestirem de **certeza e liquidez**, o que dependerá do vencimento (art. 821).

Não sendo limitado o valor da fiança, considera-se que compreende todos os **acessórios** da dívida, inclusive as despesas judiciais, desde a citação do fiador (art. 822). Se limitada, poderá ser inferior ao valor da obrigação principal e contraída em condições menos onerosas, e, se excedê-lo, ou for mais onerosa, será válida apenas até o limite da obrigação afiançada (art. 823).

Ou seja, se a obrigação principal é de R$ 1.000,00, a fiança poderá ser de qualquer valor até R$ 1.000,00. Se superior a R$ 1.000,00, aquilo que exceder este valor será considerado inválido. Igualmente, se a obrigação é pagável no domicílio do credor, pode-se pactuar que a fiança será pagável no domicílio do fiador. Mas, se a obrigação for pagável no domicílio do devedor, o ajuste de que a fiança será pagável no domicílio do credor é inválido.

19.1.1 Benefício de ordem e solidariedade

Frise-se que a fiança **civil** gera obrigação **subsidiária**, e não solidária.[122] É que o fiador goza do chamado **benefício de ordem**, que lhe permite exigir, até a contestação da lide, que seja primeiro

---

[122] A fiança comercial, de que tratava o art. 258 do Código Comercial, gerava obrigação **solidária**.

executado o patrimônio do devedor (art. 827). Se for demandado para pagar, deve **nomear os bens do devedor**, no mesmo município, que bastem para solver o débito (parágrafo único do art. 827). Ou seja, para que os fiadores possam exercer o benefício de ordem, é indispensável a indicação por estes de bens do devedor principal que possam garantir eventual execução, saldando o débito existente. Também cabe ao fiador, querendo, dar prosseguimento à ação se o credor, sem justa causa, retardar o andamento da ação iniciada contra o devedor (art. 834).

Para que se afaste o benefício de ordem, deve haver cláusula contratual que estabeleça que o fiador se obriga como **devedor principal** (art. 828, I), ou como **devedor solidário** (art. 828, II). Nessas hipóteses, a ação poderá ser direcionada ao fiador, que terá o direito de regresso contra seu afiançado, depois de efetuar o pagamento da dívida. Destaca-se que o benefício também é afastado se o devedor for **insolvente ou falido** (art. 828, III).

Chamamos a atenção do leitor para o fato de que, nos contratos de fiança por adesão, é bastante comum que o fiador figure como devedor solidário. É extremamente relevante que o fiador seja cientificado desse fato antes de se obrigar, para que não se surpreenda, posteriormente, ao descobrir que não goza do benefício de ordem.

19.1.2 Cofiança

No caso da **cofiança**, ou seja, da fiança prestada por mais de um fiador, estabelece-se a **solidariedade** entre os cofiadores, a não ser que haja cláusula instituindo o **benefício de divisão**, pelo qual cada fiador se faz responsável por uma parte da dívida expressamente fixada por cada um deles (arts. 829 e 830).

Se algum dos cofiadores, em caso de benefício de divisão, pagar a dívida inteira, opera-se a sua **sub-rogação** nos direitos do credor com relação a cada fiador e sua parte respectiva (art. 831, *caput*), distribuindo-se a parte do **fiador insolvente** entre os demais (art. 831, parágrafo único).

19.1.3 Direito de regresso contra o devedor

Importante ressaltar que, conquanto a relação jurídica contratual vincule o fiador ao credor, no momento em que o fiador paga a dívida do devedor, ocorre a sua **sub-rogação** nos direitos do credor contra o devedor, pelo que tem **direito de regresso**. Você deve se lembrar de que, nos termos do art. 346, III, do Código, opera-se a sub-rogação, de pleno direito, em favor do terceiro interessado (caso do fiador) que paga a dívida pela qual era obrigado. Logo, o fiador tem ação em face do devedor para dele cobrar tudo quanto houver desembolsado para extinguir a obrigação afiançada.

A responsabilidade do devedor perante o fiador abrange também as perdas e danos que este tiver de indenizar, bem como as que este sofrer em razão da fiança (art. 832).

O fiador tem direito contra o devedor, ademais, aos **juros** do desembolso pela taxa estipulada na obrigação principal, ou, na falta de tal estipulação, pelos juros legais da mora (art. 833).

19.1.4 Prazo da fiança

Se no contrato de fiança não houver **estipulação de prazo**, o fiador pode, a qualquer tempo, exonerar-se; mas continuará obrigado durante sessenta dias, a contar da data em que o credor receber a notificação (art. 835).

Pode existir, no contrato, previsão específica sobre a prorrogação automática da fiança. Assim, mesmo que ultrapassado o prazo contratual, continuará o fiador obrigado juntamente com o devedor, caso não tenha sido promovida a notificação prevista no art. 835. A propósito, de acordo com o STJ, é válida a cláusula que estabelece a prorrogação automática da fiança com a renovação do contrato principal, cabendo ao fiador, caso intente a sua exoneração, efetuar, no período de prorrogação contratual, a mencionada notificação (REsp 1.673.383/SP, relator: Min. Paulo de Traso Sanseverino, 3ª Turma, data do julgamento: 11/6/2019, data da publicação: 19/6/2019). Esse entendimento restou cristalizado no enunciado da Súmula 656 da Corte Cidadã, editada em 9/11/2022.

19.1.5 Extinção da fiança

A fiança não se extingue pela **morte** do fiador; dentro das forças da herança, ela subsiste para solver a dívida nascida até a morte dele (art. 836). Imaginando o caso de uma obrigação contínua, que se renova a cada pagamento, vemos que o patrimônio do fiador responderá, mesmo após a sua morte, pela dívida que se tiver originado antes do falecimento.

Destarte, se o devedor pagava mensalmente e, em novembro, deixa de pagar, e o fiador falece em dezembro, a fiança cobrirá a dívida de novembro, porquanto originada enquanto vivia o fiador, desde, é claro, que o patrimônio deixado seja para tanto suficiente. O patrimônio dos herdeiros jamais poderá ser atingido.

Segundo o art. 838, **extingue-se** a fiança, ainda que o fiador seja devedor solidário: no caso de concessão de moratória ao devedor pelo credor (inciso I); na hipótese de impossibilidade de sub-rogação, por fato do credor (inciso II); no caso de o credor aceitar dação em pagamento, ainda que venha a perder a coisa por evicção (inciso III).

A concessão de **moratória** significa que o credor concedeu prazo, após o vencimento, para que o devedor pagasse.

Já a **impossibilidade de sub-rogação por fato do credor** tem lugar quando este, de alguma forma, possibilita situação em que o credor não terá como efetivar o direito de regresso, em razão da insuficiência do patrimônio do devedor. Isso pode ocorrer, por exemplo, se o credor abrir mão de alguma garantia real. Supondo-se que o devedor seja insolvente, considera-se que a renúncia dessa garantia extingue a fiança, vez que, nessa hipótese, o fiador seria obrigado a pagar e não teria como reaver o montante desembolsado.

Vale lembrar, como vimos anteriormente, ao estudar a novação e a locação, que a fiança também se extingue pela **novação** da obrigação principal realizada com o devedor principal sem o seu consenso (art. 366). Ocorre que, em alguns contratos de fiança de locação, tem sido estabelecida a duração da garantia *até a entrega efetiva das chaves* ao locador. Nesses casos, então, a jurisprudência praticamente unânime dos tribunais tem entendido que não se aplica o art. 366, ou seja, que a novação da locação não extingue a garantia, a qual persiste até a restituição das chaves, ou se extingue por resilição notificada ao credor (art. 835). Há, até mesmo, quem entenda que a prorrogação da locação não constitui hipótese de novação, posicionamento, a nosso ver, equivocado. Recomenda-se, pois, muito cuidado, tanto na contratação da garantia quanto na interpretação do contrato.

Por fim, a fiança se extinguirá se o credor negociar com o devedor o recebimento de prestação diversa da devida em pagamento – **dação em pagamento** –, mesmo que, posteriormente, sofra a evicção da coisa.

Extingue-se também a fiança, segundo o art. 839, se o fiador invoca o **benefício de preferência** e nomeia bens do devedor à penhora, mas, apesar disso, a execução se retarda e o devedor se torna **insolvente**. Para exonerar-se, o fiador deve demonstrar que, ao tempo da indicação, os bens apontados eram suficientes para solver a dívida.

Em sede de processo, o fiador pode opor ao credor todas as **exceções** que lhe forem pessoais, bem como as extintivas da obrigação que caibam ao devedor principal – a não ser que estas provenham de incapacidade, salvo o caso do mútuo celebrado com o menor –, conforme o art. 837.

Quadro Esquemático 9

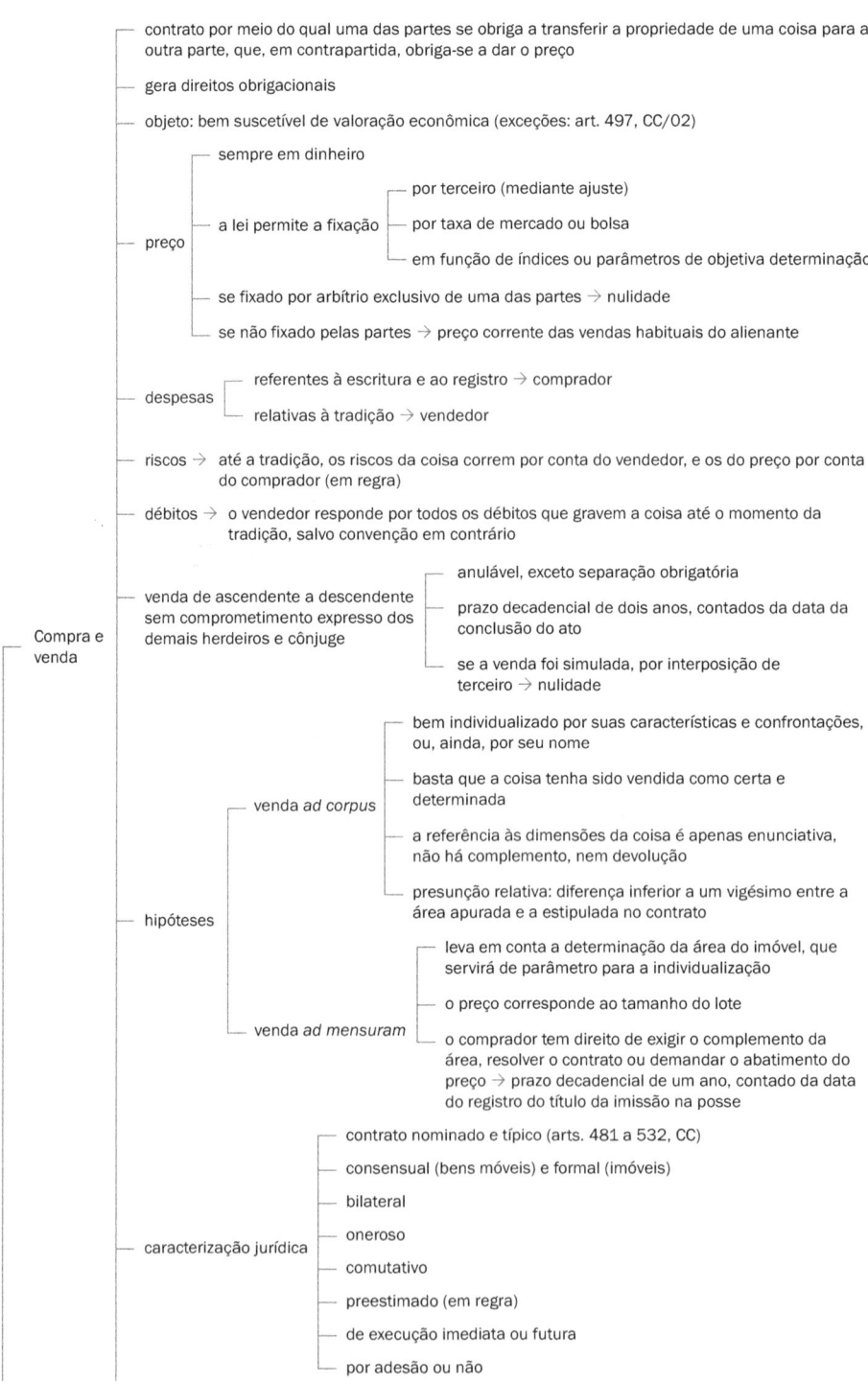

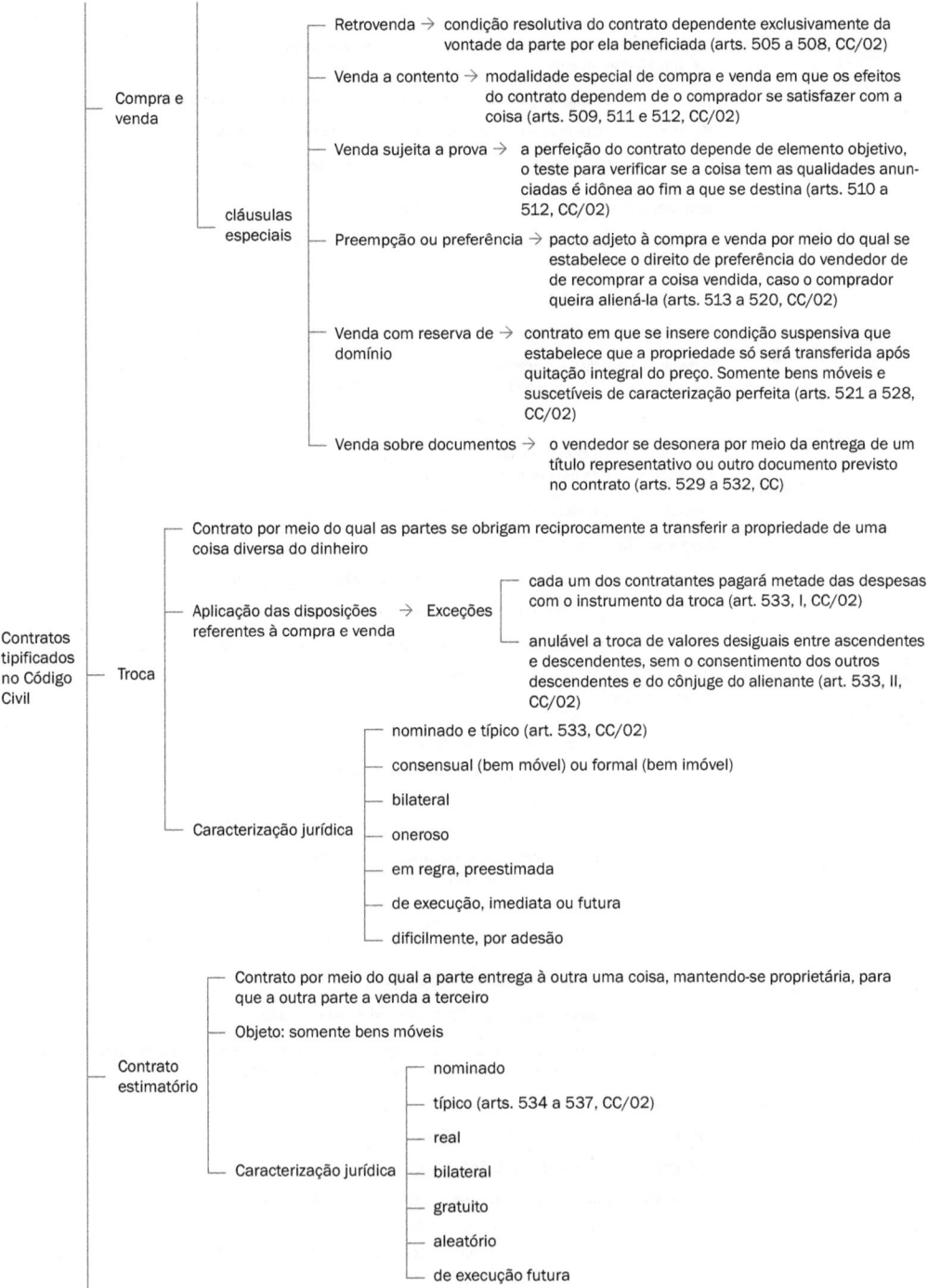

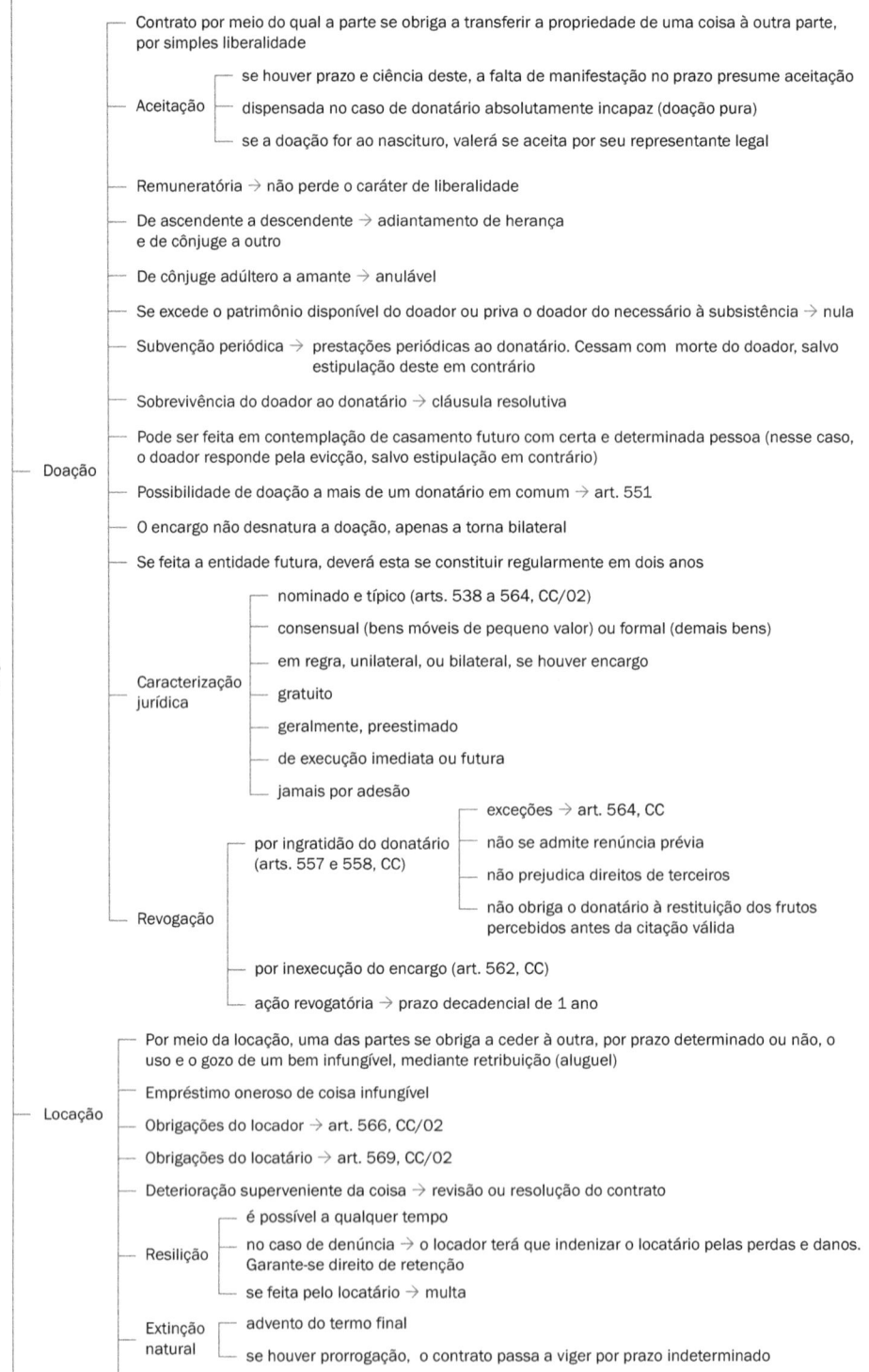

Parte III – Cap. 9 – Contratos Tipificados no Código Civil (arts. 481 a 839) | 519

Contratos tipificados no Código Civil

- **Locação**
  - Por tempo determinado → admite-se transferência causa mortis
  - Caracterização jurídica
    - nominado e típico (arts. 565, CC/02, Lei 8.245/91, Decreto 59.566/66 Estatuto da Terra)
    - consensual
    - bilateral
    - oneroso
    - comutativo
    - preestimado
    - de execução diferida e continuada
    - frequentemente, por adesão

- **Comodato**
  - Empréstimo gratuito de bens infungíveis
  - Obrigação do comodatário
    - conservar
    - restituir
  - Responsabilidade pelos riscos
    - em regra → comodante ou terceiro (dono)
    - exceção → art. 583, CC/02
  - Responsabilidade solidária dos comandatários que tomarem simultaneamente o empréstimo de uma coisa
  - Despesas com uso e gozo → comodatário
  - O prazo pode ser determinado ou não. Não sendo, presume-se o prazo necessário para o uso concedido
  - Extinção
    - antes do prazo → apenas no caso de necessidade imprevista e urgente, reconhecida pelo juiz
    - com o advento do prazo → mora no caso de não restituição
  - Vedações → tutores, curadores e demais administradores de bens alheios não podem dar em comodato os bens cuja guarda lhes é confiada, salvo se tiverem autorização judicial para tanto
  - Caracterização jurídica
    - nominal e típico (arts. 579 a 585, CC/02)
    - real
    - unilateral
    - gratuito
    - preestimado
    - de execução diferida
    - há casos por adesão

- **Mútuo**
  - Empréstimo de coisa fungível
  - A tradição subsequente ao mútuo transmite a propriedade ao mutuário
  - Possibilidade de o mutuante exigir garantia posterior → art. 590, CC/02
  - Para fins econômicos → presunção de juros + admissibilidade de capitalização anual
  - Prazo
    - em regra, convencionado
    - produtos agrícolas → até a próxima colheita
    - dinheiro → mínimo 30 dias
    - outra coisa fungível → espaço de tempo que declarar o mutuante
  - Caracterização jurídica
    - nominado e típico (arts. 586 a 592, CC/02)
    - real
    - unilateral
    - gratuito ou oneroso
    - preestimado
    - de execução diferida
    - por negociação ou adesão

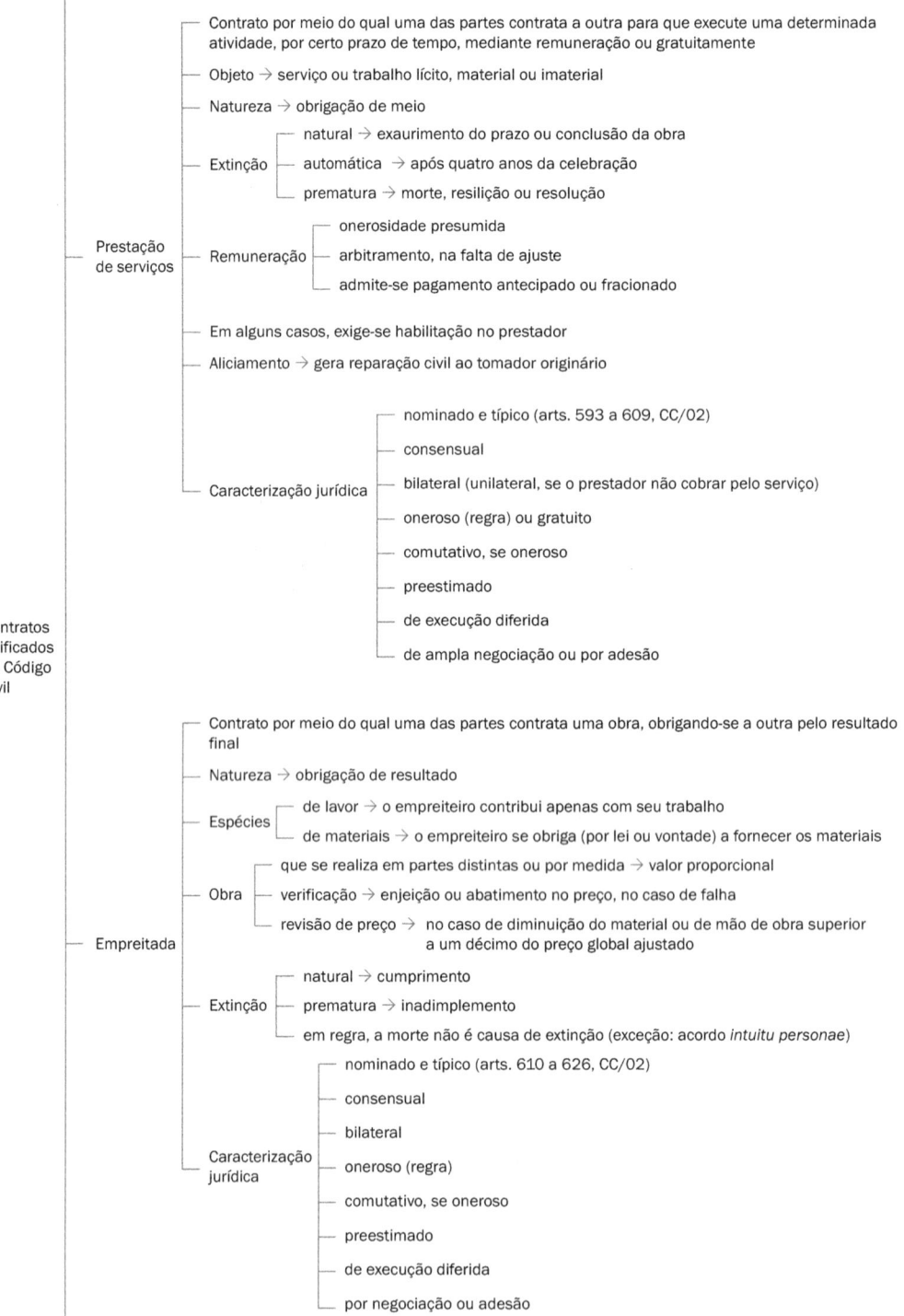

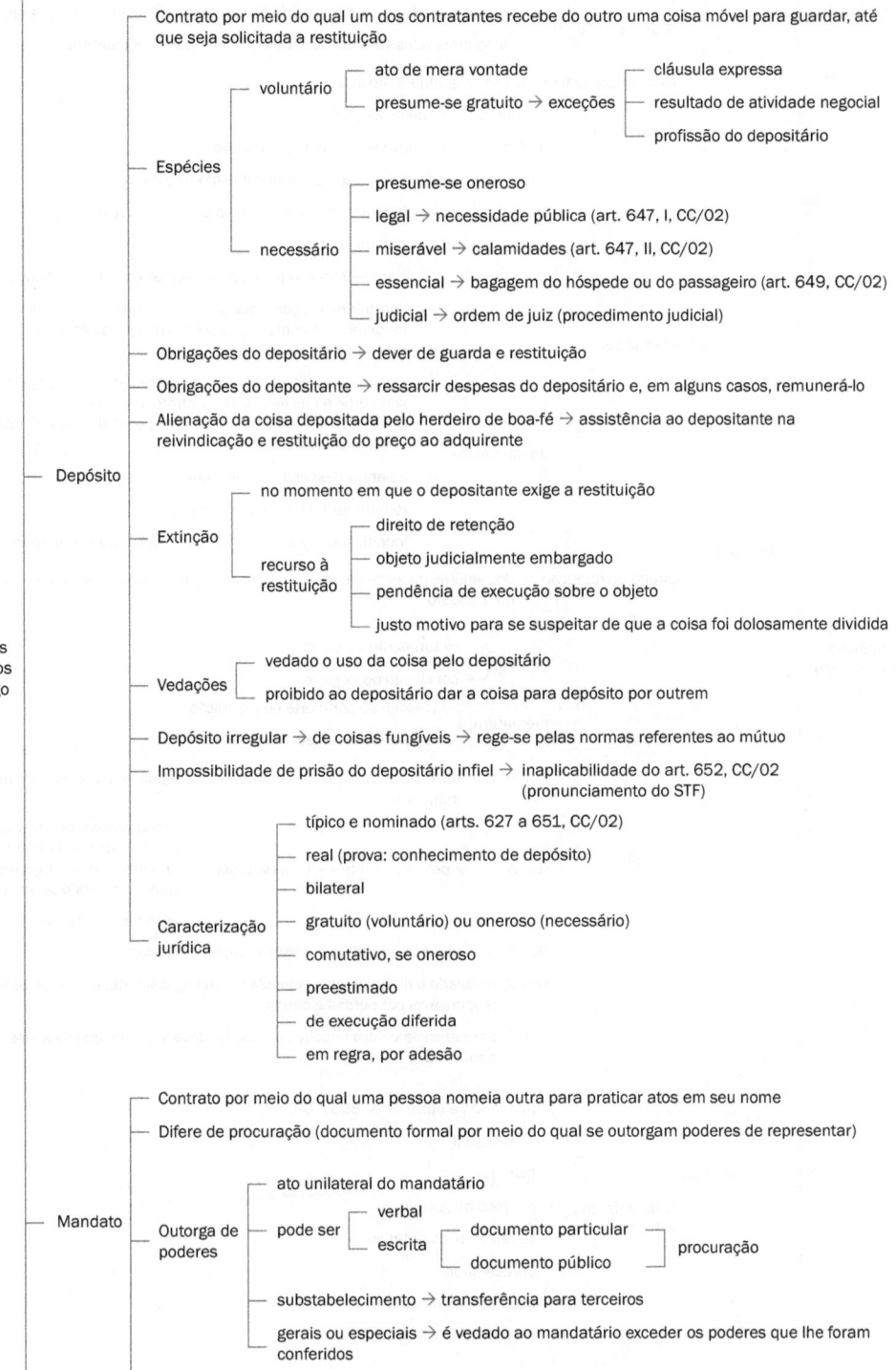

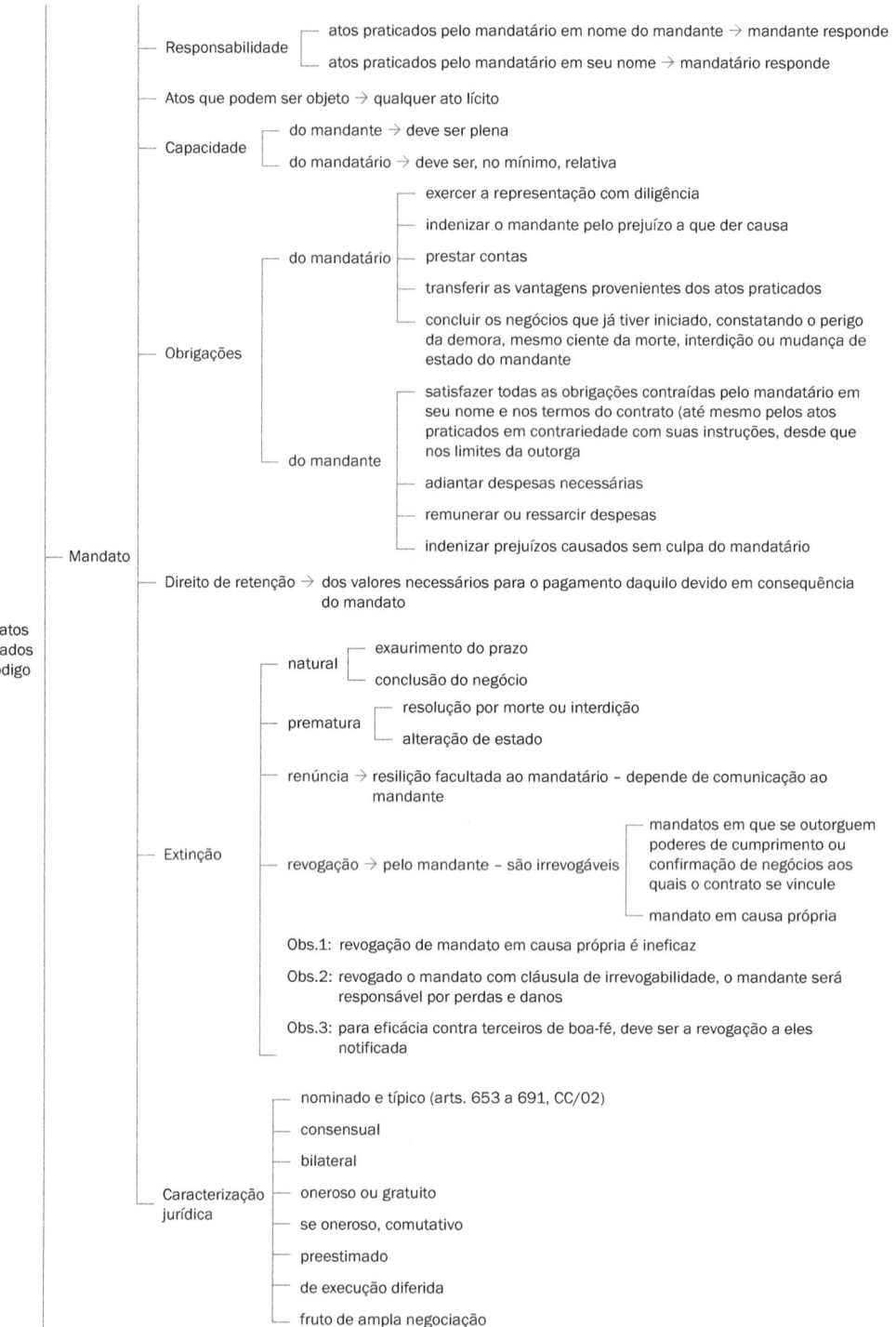

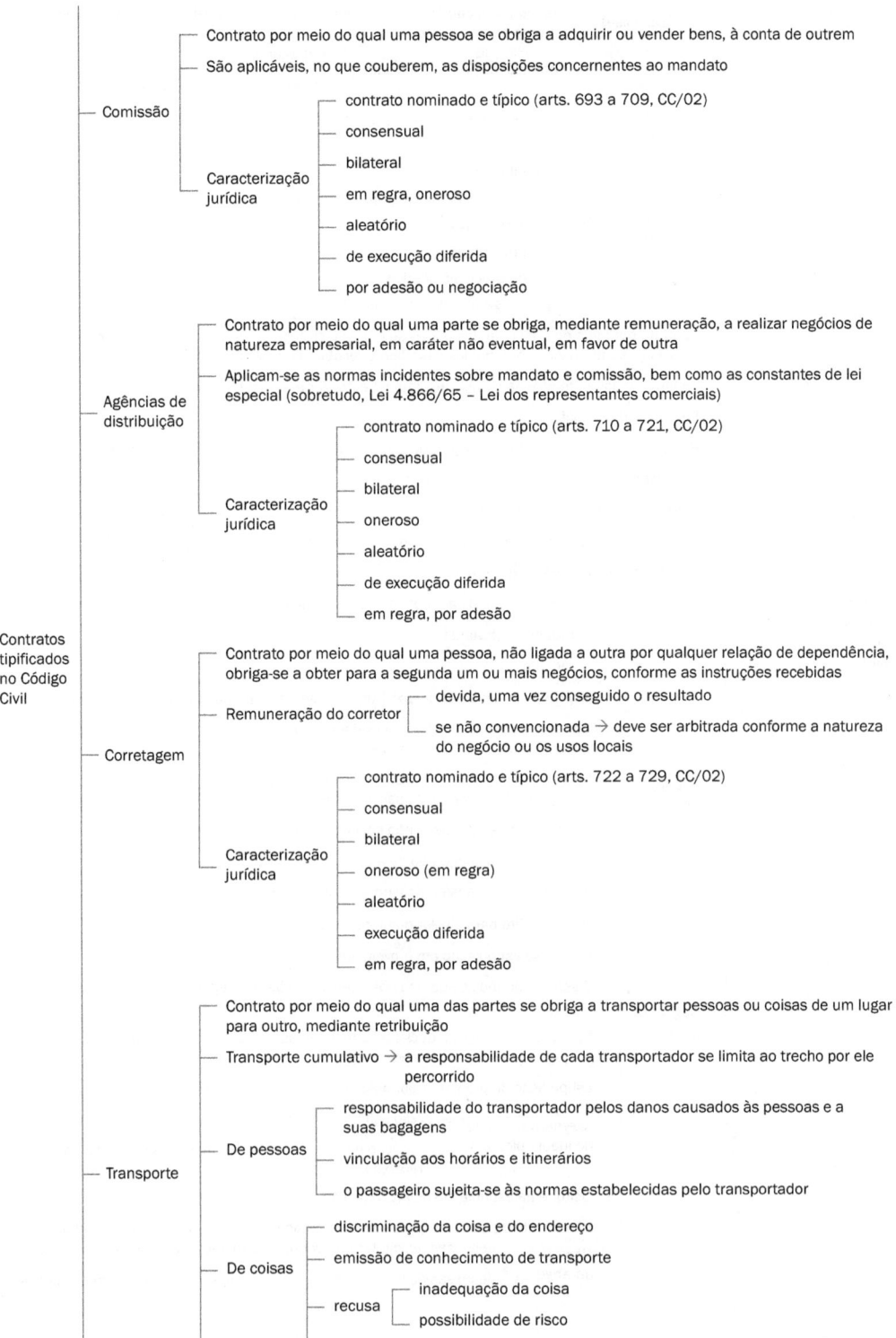

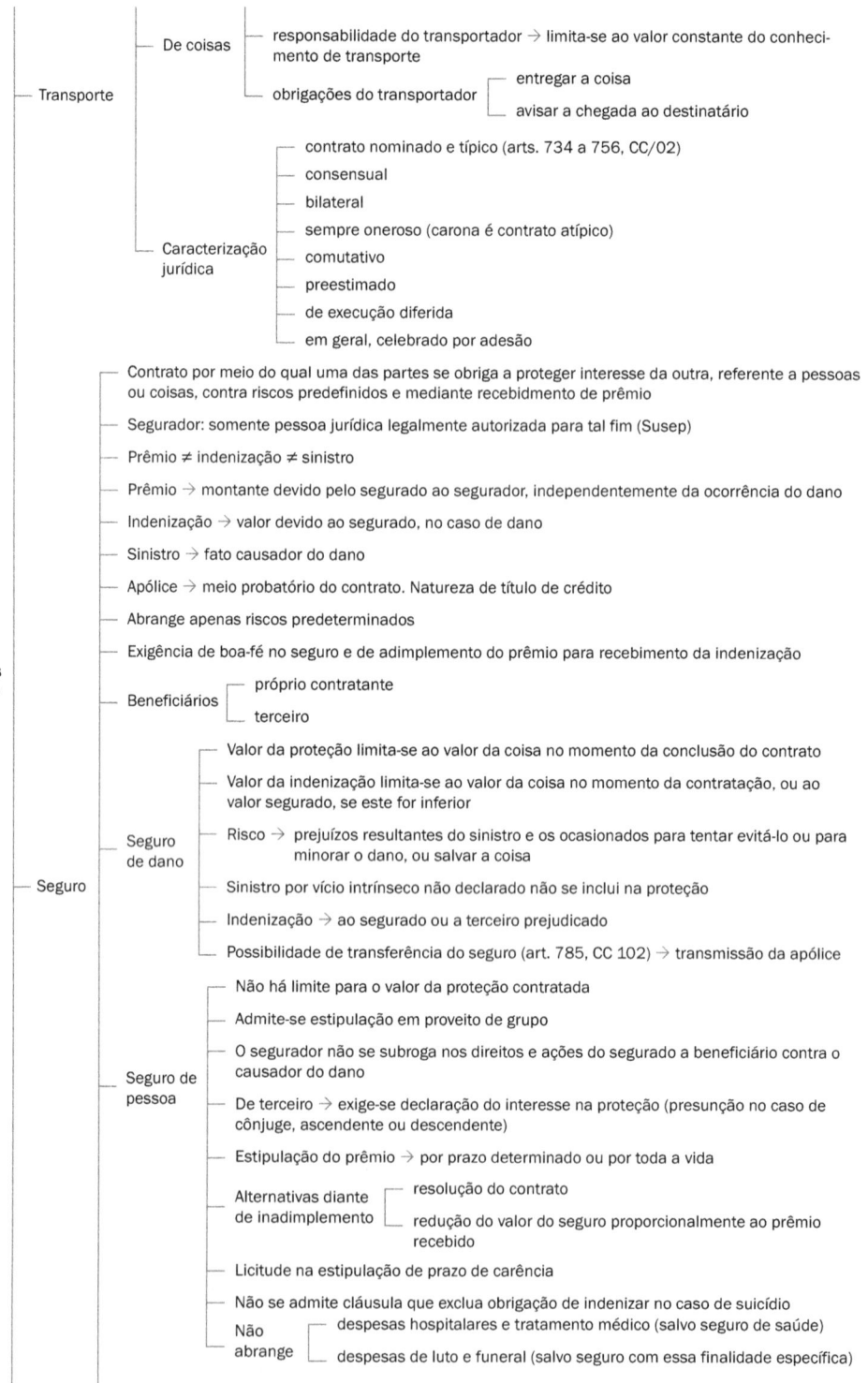

Parte III – Cap. 9 – Contratos Tipificados no Código Civil (arts. 481 a 839) | 525

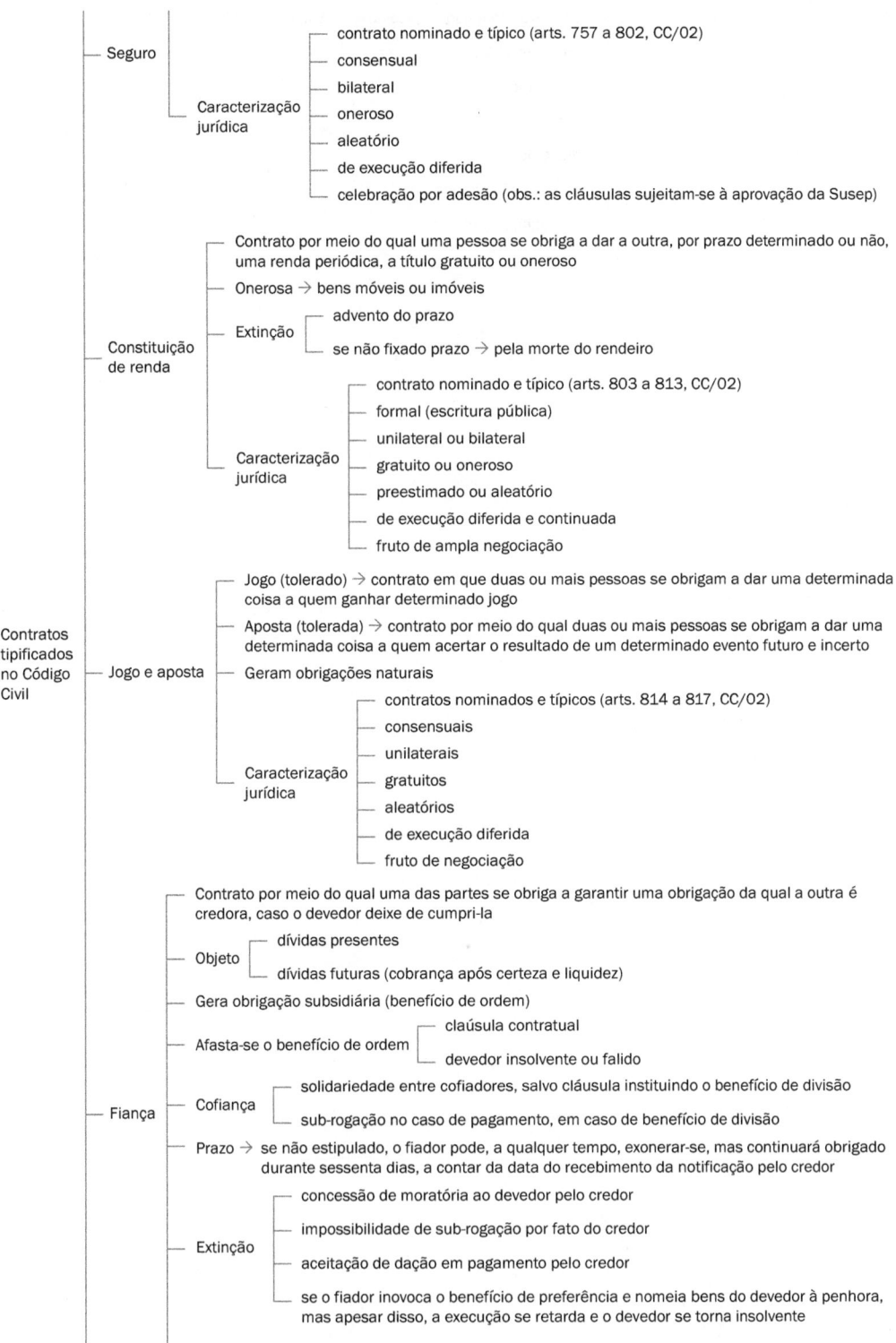

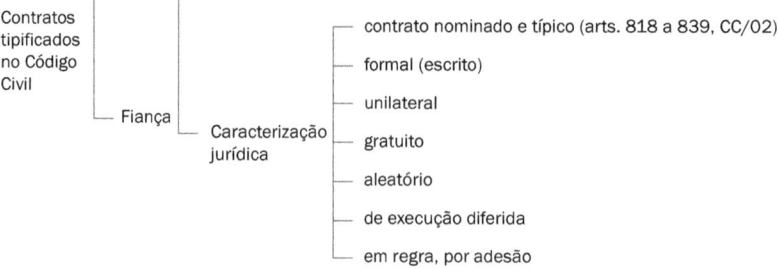

10

Atos Unilaterais (arts. 854 a 886)

O Código Civil, nos arts. 854 a 886, cuida dos chamados atos unilaterais: a **promessa de recompensa**, a **gestão de negócios**, o **pagamento indevido** e o **enriquecimento sem causa**.

1. PROMESSA DE RECOMPENSA (ARTS. 854 A 860)

A promessa de recompensa consiste no ato unilateral por meio do qual uma pessoa, por anúncios públicos, promete uma recompensa a quem atender a certa condição ou realizar certa atividade. Segundo o art. 854 do Código, o promitente, nesses casos, fica obrigado a cumprir o prometido.

Destarte, a pessoa que satisfizer a condição ou executar o serviço, nos termos da promessa, tem direito a recompensa, e pode exigi-la do promitente (art. 855).

Por exemplo, se Caio espalha cartazes pelo bairro prometendo uma recompensa de R$ 1.000,00 a quem encontrar Pompom, sua cadela perdida, e devolvê-la a Caio, Helena, apresentando-se a Caio com Pompom, fará jus à recompensa anunciada.

É possível, não obstante, que o promitente revogue a promessa, desde que o faça com a mesma publicidade, e antes de alguém se apresentar que tenha preenchido a condição ou realizado a atividade (art. 856, primeira parte). Mas, se na promessa constar prazo para a execução da tarefa, a lei considera que o promitente renunciou ao direito de revogar a promessa durante o curso do prazo (art. 856, parte final).

Mesmo sendo possível a revogação, o candidato que, de boa-fé, chegou a fazer despesas com o intuito de desempenhar o serviço, tem direito ao reembolso de tais gastos (art. 856, parágrafo único).

Caso mais de uma pessoa preencha os requisitos da promessa para ganhar a recompensa, terá direito a esta o que primeiro os tiver preenchido (art. 857). Se, entretanto, a execução tiver sido simultânea, a recompensa será dividida por igual entre os vencedores, sendo divisível; se indivisível, será sorteada, ficando o sorteado com o prêmio, e recebendo os demais, deste, o valor correspondente ao quinhão de cada um (art. 858).

Não obstante, nada impede que constem outras regras na descrição da promessa – por exemplo, no edital. As normas do Código, aqui, têm caráter dispositivo, e não imperativo.

Suponha que Berenice tenha organizado uma gincana, e prometido um carro, no valor de R$ 40.000,00, para o participante que primeiro arrecadasse e levasse à praça do bairro cem quilos de alimentos. Imagine que Clovis e Judith se apresentem simultaneamente no local determinado, com a quantidade de alimentos exigida. Nesse caso, como houve empate, ambos farão jus à recompensa. Todavia, por se tratar de prêmio indivisível, terá de haver sorteio. Se

Judith vencer o sorteio, ficará com o carro, e terá de dar R$ 20.000,00 em dinheiro a Clovis, por ser este o valor do quinhão dele no prêmio (50% para cada vencedor).

Em se tratando de concurso público, o art. 859, *caput*, exige, para sua validade, que seja fixado um prazo, e que sejam observadas as disposições dos parágrafos do dispositivo: (1) a decisão da pessoa designada nos anúncios como juiz obriga os participantes (§ 1º); (2) na falta de pessoa designada para avaliar o mérito dos trabalhos apresentados, considera-se que o promitente se reservou essa função (§ 2º); se os trabalhos tiverem mérito igual, o desempate deve se dar por aplicação do disposto nos arts. 857 e 858 (§ 3º).

Por fim, segundo o art. 860, salvo disposição expressa em contrário nos anúncios, o promitente não adquire a propriedade das obras premiadas nos concursos de que trata o art. 859.

2. GESTÃO DE NEGÓCIOS

Ocorre o ato unilateral da gestão de negócios quando alguém, **sem autorização** do interessado, intervém na **gestão de negócio** alheio. Nesses casos, o gestor é obrigado a dirigir o negócio segundo o **interesse** e a **vontade presumível** do dono, além de se tornar responsável perante este e as pessoas com quem tratar (art. 861).

Elaborando a ideia, Caio Mário enumera cinco pressupostos de fato para que se configure a gestão de negócios:

> 1) tratar-se de *negócio alheio*, pois que, se for próprio, é pura administração; 2) proceder o gestor no *interesse do dominus*, ou segundo a sua vontade real ou presumida; 3) trazer a intenção de agir proveitosamente para o dono; 4) *agir oficiosamente*, pois que, se tiver havido uma delegação, é mandato; 5) limitar-se a ação do gestor a atos de natureza patrimonial (negócios), uma vez que os de natureza diferente exigem sempre a outorga de poderes.[123]

Um exemplo bem simples de gestão de negócios seria o de César que, vendo que uma transportadora está tentando entregar um pacote na casa de sua vizinha, Helena, a qual está viajando, oferece-se para receber o pacote por Helena.

Outro exemplo seria o de Miguel que, sabendo que Orlando, seu vizinho do apartamento ao lado, está em longa lua de mel na Europa, pega a conta de energia do vizinho em seu escaninho de correspondências e a paga, no vencimento, para evitar a mora de Orlando.

2.1 Deveres e responsabilidade do gestor

Cabe ao gestor, assim que possível, informar o dono do negócio sobre a gestão, devendo aguardar resposta, salvo se houver **risco de perigo** na espera desta (art. 864).

Durante uma forte tempestade, Silvio constata que o muro da casa de Helena, sua vizinha, está tombando. Na manhã seguinte, Silvio tenta contato com Helena, mas descobre que ela se encontra fora da cidade, e seu celular só cai na caixa postal. Nesse caso, para evitar maior prejuízo a Helena, ante a iminência do desabamento, Silvio, como gestor de negócios, providencia o escoramento do muro, ao menos para evitar que venha a cair, serviço que contrata de Rui.

Enquanto o dono do negócio não se manifestar, deve o gestor cuidar do negócio, até sua conclusão, e, caso o dono venha a falecer no curso da gestão, deve o gestor aguardar as instruções dos herdeiros, tomando, enquanto isso, as providências que o negócio exigir (art. 865).

---

[123] PEREIRA, Caio Mário da Silva. *Instituições de direito civil*. 19. ed. São Paulo: Atlas, 2015. v. III. p. 394.

Se, no exemplo de Silvio e Helena, Silvio constata que nem o escoramento está sendo suficiente para segurar o muro, e se não consegue contato com Helena, apesar de todas as tentativas empreendidas, deve contratar a reforma do muro. Se, por acaso, descobrir que Helena faleceu no curso da viagem que estava fazendo, Silvio deve aguardar instruções dos herdeiros, mas, ainda assim, deve concluir a reforma do muro, dada a urgência do serviço.

A lei exige que, na administração do negócio, o gestor envide toda a sua **diligência habitual**, ficando responsável por qualquer prejuízo que culposamente cause ao dono do negócio (art. 866).

Ademais, caso a gestão ocorra contrariamente à vontade presumível do interessado, fica o gestor responsável pelos prejuízos que causar, ainda que decorram de caso fortuito ou força maior, salvo se provar que teriam ocorrido independentemente da sua intervenção (art. 862). Ademais, na hipótese em que a gestão ocorre contrariamente à vontade presumível do interessado, se os prejuízos causados excederem o proveito obtido, o dono do negócio pode exigir que o gestor restitua as coisas ao estado anterior ou o indenize pela diferença (art. 863).

Ainda no exemplo anterior, se Silvio, mesmo tendo assumido a gestão, para economizar, contrata profissional sem a necessária qualificação para a obra do muro, e emprega materiais inadequados – por exemplo, faz cimento com areia de praia –, razões pelas quais o muro vem, mais tarde, a ruir repentinamente sobre o carro estacionado no interior da casa, Silvio fica responsável por indenizar Helena pelos prejuízos que sua negligência – tanto com relação à escolha do pedreiro, quanto com relação à escolha dos materiais – causou. Todavia, Silvio se exime de responsabilidade se o muro novo tiver caído pelo fato de um caminhão desgovernado tê-lo atingido, provando-se que, dada a força do impacto, o muro teria desabado ainda que tivesse sido melhor construído.

Admite-se que o gestor se faça substituir durante a administração do negócio, ficando, não obstante, responsável pelos prejuízos que o substituto vier a causar, a despeito do possível direito que o gestor ou o dono do negócio possam exercer contra o substituto (art. 867). Se, por sua vez, o caso for de mais de um gestor, todos se consideram solidariamente responsáveis (art. 867, parágrafo único).

Ademais, segundo o art. 868, o gestor responde até mesmo pelo **caso fortuito**, se tiver realizado operações arriscadas – mesmo que prove que o dono costumava fazê-las –, e também se preterir interesse deste em proveito dos seus próprios.

Conforme pondera Caio Mário:

> Obtemperar-se-á que o rigor é demasiado, para quem procede oficiosamente. Contudo, o princípio é certo: não era obrigado a iniciar a gestão, mas, se intervém no negócio alheio, tem de agir com o máximo de diligência, para que não advenha prejuízo causado por sua intromissão.[124]

De fato, ninguém é obrigado a assumir oficiosamente a gestão do negócio alheio. Porém, se o faz espontaneamente, não seria razoável imaginar que pudesse causar prejuízo ao dono do negócio sem se tornar responsável.

2.2 Obrigações do dono do negócio

Se o dono do negócio **ratificar pura e simplesmente a gestão**, a ratificação produz efeitos retroativos ao dia do início da gestão, e esta produz todos os efeitos do mandato (art. 873).

---

[124] PEREIRA, Caio Mário. *Instituições*, v. III, cit., p. 395.

Se, ao contrário, o dono do negócio **desaprovar a gestão**, por considerá-la contrária aos seus interesses, aplica-se o disposto nos arts. 862 e 863 – vistos na subseção anterior –, com as exceções dos arts. 869 e 870, que estudaremos na sequência (art. 874).

Caso o negócio tenha sido utilmente administrado, cabe ao dono do negócio indenizar o gestor pelas **despesas necessárias ou úteis** que este tiver realizado, acrescidas de juros legais, bem como pelos prejuízos que o gestor houver sofrido em razão da gestão (art. 869, segunda parte).

Nesse caso, ademais, assume o dono do negócio as obrigações em seu nome constituídas (art. 869, primeira parte).

Na hipótese da gestão que trouxe prejuízo (art. 868), se, ainda assim, o dono quiser dela se aproveitar, deve indenizar ao gestor apenas as **despesas necessárias** que este tiver realizado – as úteis, não –, e também os prejuízos que o gestor houver sofrido em razão da gestão (art. 868, parágrafo único).

Segundo o § 1º do art. 869, a utilidade ou necessidade da despesa deve ser avaliada não pelo resultado obtido, mas conforme as circunstâncias da ocasião em que se fizeram.

Nos termos do § 2º do art. 869, as normas do dispositivo se aplicam ainda quando o gestor, em erro quanto ao dono do negócio, tiver prestado contas da gestão a outra pessoa, diversa do dono.

Já o art. 870 manda aplicar as normas do art. 869 também aos casos em que a gestão foi realizada para tratar de **prejuízos iminentes**, ou em que redundou em **proveito** do negócio ou da coisa. Nesses casos, todavia, a indenização não deve exceder as vantagens obtidas com a gestão (art. 870, parte final).

Se o ato de gestão tiver se consubstanciado na prestação de **alimentos** à pessoa que não os recebeu do alimentante a eles obrigado, por estar este ausente, o gestor pode exigi-los do devedor, mesmo que este não ratifique o ato da gestão (art. 871).

Se, por sua vez, o ato de gestão tiver se consubstanciado no custeio das despesas de enterro de uma pessoa, razoáveis segundo os usos locais e a condição do falecido, pode o gestor exigir a restituição dos que, por lei, teriam de prestar alimentos ao morto, mesmo que este não tenha deixado herança (art. 872).

Tanto no caso do art. 871 quanto no caso do art. 872, não obstante, não faz jus o gestor à restituição, se for provado que agiu com o simples intento de bem-fazer (art. 872, parágrafo único). Ou seja, que agiu com benemerência, como costuma dizer a doutrina clássica.[125]

Por fim, caso os negócios a serem geridos sejam conexos a negócios do gestor, sendo impossível geri-los separadamente, o gestor será tido como sócio daquele cujos negócios administrou conjuntamente aos seus (art. 875). Nessa hipótese, aquele cujos negócios o gestor administrou só se obriga na razão das vantagens que da gestão vier a auferir (art. 875, parágrafo único).

3. ENRIQUECIMENTO SEM CAUSA

Desde sempre ocupou a atenção dos juristas a ideia do **enriquecimento sem causa**, também denominado **enriquecimento indevido**, ou, ainda, **locupletamento sem causa ou indevido**. Veja que locupletar-se significa enriquecer-se.

Sobre o problema, a regra contida no nosso Código Civil é no sentido de que aquele que enriqueceu, sem justa causa, à custa de outrem, fica obrigado a restituir a vantagem indevidamente auferida, corrigida monetariamente (art. 884). Considera-se sem justa causa o

---

[125] Por exemplo, Caio Mário da Silva Pereira, nas *Instituições*, v. III, cit., p. 397.

enriquecimento não apenas quando nunca tiver havido causa, mas também quando, a despeito de ter originariamente havido, esta tiver deixado de existir (art. 885).

Na hipótese de a vantagem consistir em coisa diversa de dinheiro, sendo impossível a restituição, em razão da perda da coisa, cabe ao beneficiado indenizar o empobrecido pelo valor que se avaliar teria o bem no momento em que se exigiu a restituição (art. 884, parágrafo único).

3.1 Teorias sobre o enriquecimento sem causa

A doutrina do século XIX e do século XX muito gostava de digredir sobre o assunto do enriquecimento sem causa, e não faltavam referências ao Direito Romano, com direito a muitas expressões em latim.

Dentre várias discussões teóricas que foram travadas, convém destacar três teorias que ainda ecoam nos manuais e até mesmo nos Tribunais.

Do Direito alemão, decorrente do pensamento de Savigny, vem a **teoria unitária da deslocação patrimonial**, segundo a qual surge a obrigação de restituir quando ocorre a diminuição de um patrimônio e a diminuição concomitante de outro, sem que houvesse uma causa para o deslocamento, ou tendo esta desaparecido.

Segundo Menezes Leitão,

De acordo com a tradicional doutrina unitária da deslocação patrimonial, surgida quando da elaboração do Código Civil alemão, a cláusula geral de enriquecimento sem causa institui uma pretensão de aplicação direta, bastando para tal, única e simplesmente, a verificação de detenção injustificada de um enriquecimento à custa de outrem.

Essa concepção funda-se essencialmente na doutrina de Savigny, segundo a qual a pretensão de enriquecimento se constitui sempre ao se verificar uma deslocação patrimonial sem causa, diretamente entre o enriquecido e o empobrecido, independentemente da forma que se revista essa deslocação. Exigir-se-ia consequentemente que aquilo que produz o enriquecimento de uma pessoa tivesse pertencido anteriormente ao patrimônio de outra, só assim podendo esta recorrer à ação de enriquecimento. Tal regra valeria para todas as categorias de enriquecimento sem causa, uma vez que o fundamento comum a todas elas seria a restituição de tudo o que saiu de determinado patrimônio. Para os partidários desta concepção, não haveria consequentemente base para a criação de uma tipologia de pretensões de enriquecimento.

Assim, de acordo com essa teoria, o fundamento comum a todas as pretensões de enriquecimento residiria na oposição entre a aquisição de uma vantagem e a legitimidade da sua manutenção. A pretensão de enriquecimento dependeria sempre da verificação de dois pressupostos: uma deslocação patrimonial direta entre duas pessoas, produzindo enriquecimento numa e correlativo empobrecimento noutra; ausência de causa jurídica para essa deslocação patrimonial.[126]

Outra importante teoria sobre a qual escreve Menezes Leitão é a **teoria do fato ilícito ou da ilicitude**, que considera contrário à lei, ou seja, ilícito o fato de ter o sujeito se enriquecido sem que houvesse causa.

Explica o autor que:

---

[126] LEITÃO, Luís Manuel de Menezes. O enriquecimento sem causa no Código Civil brasileiro. *Revista CEJ*, Brasília, n. 25, jun. 2004. p. 25.

Na doutrina de Schulz, o enriquecimento sem causa deixa assim de ser visto como fundado nas deslocações patrimoniais sem causa e passa a ser considerado com base na violação de um direito alheio. Essa concepção levou ao surgimento de uma corrente doutrinária, denominada "teoria da ilicitude", na qual se incluem as obras de Ernest Wolf, Kelln, Wilhelm, Batsch, Kafhifr, Costede e Kupisch.[127]

Por fim, mais consentânea com a visão atual do instituto seria a **teoria da divisão**, a qual distingue duas categorias gerais de enriquecimento sem causa: o **enriquecimento por prestação** e o **enriquecimento por intervenção**.

Nas palavras de Menezes Leitão:

> Outra concepção corresponde à doutrina da divisão do instituto do enriquecimento em categorias autônomas e distintas entre si. Essa doutrina tem essencialmente a sua origem nos trabalhos de Walter Wilburg e Ernst Von Caemmerer. A tese principal desses autores reside na divisão do instituto do enriquecimento sem causa em duas categorias principais: uma relativa a situações de enriquecimento geradas com base numa prestação do empobrecido e outra abrangendo as situações de enriquecimento não fundadas na prestação, atribuindo-se, nesta última, papel preponderante ao enriquecimento por intervenção. A doutrina da divisão do instituto rompe completamente com o tratamento dogmático unitário do enriquecimento sem causa, que deixa inclusive de ser considerado como sujeito a princípios comuns ou a uma mesma ordenação sistemática. Efetivamente, de acordo com essa nova concepção, o enriquecimento por prestação passa a ser visto como um anexo do Direito dos contratos, inserido no regime da transmissão dos bens, enquanto o enriquecimento por intervenção é visto antes como anexo a um prolongamento da eficácia do direito de propriedade, inserindo-se no âmbito da proteção jurídica dos bens.[128]

Refletindo sobre a aplicabilidade das referidas teorias ao Direito brasileiro, à luz do Código Civil de 2002, o autor conclui o seguinte:

> Defendemos, por isso, a doutrina da divisão do instituto. Por esse motivo, distinguimos no âmbito do enriquecimento sem causa as seguintes situações: o enriquecimento por prestação; o enriquecimento por intervenção; o enriquecimento por despesas realizadas em benefício doutrem; e o enriquecimento por desconsideração de um patrimônio intermédio.

Vale destacar que também o STJ já se posicionou, em decisão de recurso repetitivo – muito embora, obviamente, não fosse essa a controvérsia objeto do recurso especial –, no sentido de ter o art. 884 do Código Civil seguido a teoria da divisão do enriquecimento sem causa (STJ, REsp 1.360.969/RS, 2ª Seção, relator: Min. Marco Buzzi, relator para acórdão: Min. Marco Aurélio Bellizze, data do julgamento: 10/8/2016, data da publicação: 19/9/2016).

3.2 Ação de enriquecimento sem causa

A principal influência do imbróglio teórico acerca do enriquecimento sem causa no Código de 2002 foi a consagração da ideia de que a **ação de enriquecimento sem causa**, que

---

[127] LEITÃO, Luís Manuel de Menezes. O enriquecimento sem causa no Código Civil brasileiro, cit., p. 26.
[128] Ibidem, p. 27-28.

em latim era denominada *actio in rem verso*, só é cabível quando a lei não conferir ao lesado outros meios para se ressarcir do prejuízo sofrido (art. 886).

Da nossa parte, no entanto, consideramos que, no atual sistema do Direito Civil, a exigência é bastante criticável. E o que dizer, então, do atual sistema do Direito Processual Civil. Não havendo no Código de Processo procedimento especial para a referida ação, sujeitando-se ela ao procedimento comum, então o que deveria bastar é que o autor fizesse o pedido de restituição ou ressarcimento, fundamentando-o devidamente, após narrar adequadamente os fatos, independentemente do nome que der à ação.[129] No Direito Romano, com uma outra sistemática processual, com fórmulas diferentes para diferentes ações, e com o direito material muito ligado ao processual, aí sim se justificava a restrição.

Com relação à pretensão de ressarcimento fundamentada no enriquecimento sem causa, vale lembrar que se sujeita a **prazo prescricional** de três anos, conforme o art. 206, § 3º, IV.

4. PAGAMENTO INDEVIDO

O Código Civil de 2002 tratou do **pagamento indevido** no título do Livro do Direito das Obrigações referente aos atos unilaterais. A doutrina, por sua vez, sempre questionou a sua adequada localização no Código Civil. No de 1916, encontrava-se no capítulo sobre o pagamento, no título sobre os efeitos das obrigações.

Sem entrar na controvérsia, fato é que sempre se reconheceu que o recebimento de um pagamento indevido gera para o acipiente a **obrigação de restituir** o que indevidamente recebeu. Vale lembrar que, na técnica do Direito das Obrigações, acipiente é o sujeito que recebe o pagamento. Afinal, é vedado o enriquecimento sem causa.

A noção de que o acipiente fica obrigado a restituir o que indevidamente recebeu se encontra consagrada no art. 876 do Código de 2002, o qual impõe a obrigação de restituir também a quem recebeu o pagamento decorrente de uma obrigação sujeita a **condição suspensiva** *antes* do implemento da condição, porquanto, naquele momento, o pagamento *ainda* não era devido.

Para que se exija o cumprimento da obrigação de restituir, não obstante, é necessário que o solvente – aquele que realizou o pagamento – prove tê-lo feito por **erro** (art. 877).

Vejamos um exemplo bem simples. Helena adquiriu um sofá novo em uma loja, e combinou que o sofá seria entregue em sua casa, na Rua dos Cravos, 28. Ocorre que não há, no muro da casa de Helena, identificação do número. Por essa razão, a loja entrega o sofá na casa de Caio, 28-A, pelo fato de que a letra "A" havia sido furtada dias antes. Clovis, primo de Caio, sem saber da confusão, recebe por este o sofá. Ora, nesse caso, o pagamento se consubstancia na entrega do sofá, pois se trata de obrigação de entregar. Todavia, o sofá foi erroneamente entregue a pessoa diversa da credora. Logo, surge para Caio a obrigação de restituir o que seu primo indevidamente recebeu por ele, e, para tanto, basta que a loja prove que o comprador do sofá não era Caio, e sim Helena.

---

[129] Na conclusão de sua tese de doutoramento, Maria Candida do Amaral Kroetz considera "insustentável a exigência de que não existam outros meios para que possa o titular da pretensão de enriquecimento receber a restituição devida" (*Enriquecimento sem causa no Direito Civil brasileiro contemporâneo e recomposição patrimonial*. Tese de doutorado. Curitiba: Universidade Federal do Paraná, 2005. Orientador: Prof. Dr. Luiz Edson Fachin. Sem paginação). Também critica o art. 886 Caio Mário da Silva Pereira: "não foi a mais feliz esta orientação, pois que se presta, muito amiúde, de prover o enriquecimento de uma exceção, permitindo-lhe, em julgamento prejudicial, arguir a impropriedade da pretensão restitutória, sob alegação de existência de outra via judicial" (*Instituições de direito civil*. 27. ed. Rio de Janeiro: Forense, 2015, v. II. p. 276).

4.1 Melhoramentos, acréscimos e deteriorações da coisa recebida indevidamente

Segundo o art. 878, na hipótese de sobrevir à coisa, enquanto na posse do acipiente que a recebeu indevidamente, algum melhoramento ou acréscimo, como **frutos, benfeitorias e acessões**, ou alguma **deterioração**, devem ser aplicadas as regras acerca do possuidor de boa ou de má-fé, conforme o caso concreto.

4.2 Entrega indevida de imóvel

O Código traçou regras também para a hipótese de o objeto do pagamento indevido ser um bem **imóvel**, e distinguiu entre o acipiente que procedeu de boa-fé e o que procedeu de má-fé.

Caso o acipiente que recebeu o imóvel que não lhe era devido o tenha feito de **boa-fé**, ou seja, sem saber que não era o credor, e venha, posteriormente, a aliená-lo por **título oneroso** – como uma compra e venda –, fica obrigado a restituir apenas o **preço** que tiver obtido (art. 879, primeira parte).

Se, por outro lado, tiver recebido de **má-fé** o pagamento, porque sabia que não era o verdadeiro credor, e ainda assim tiver alienado o imóvel por **título oneroso**, fica obrigado não apenas a restituir o **equivalente** – valor em dinheiro – do imóvel, independentemente do preço recebido, mas também a indenizar perdas e danos (art. 879, segunda parte).

Em qualquer caso, se a alienação tiver ocorrido por **título gratuito**, ou se for provado que o adquirente procedeu de **má-fé**, cabe ao solvente o **direito de reivindicar** o bem, ou seja, de exigir o imóvel de volta, e não o equivalente (art. 879, parágrafo único). Nesse caso, então, por força de lei, ocorrerá a revogação da transferência da propriedade, como sanção à má-fé.

Por óbvio que são raros os casos em que o pagamento indevido se consubstancia na entrega indevida de um imóvel, e mais raros ainda os casos em que o acipiente procede de boa-fé.

Todavia, podemos pensar no exemplo de Berenice, senhora humilde, que reside no interior, e que um dia é procurada por um advogado, que lhe comunica a morte de Orlando, que seria um primo de Berenice da capital de outro Estado, por parte de pai. Berenice não se recorda do primo, mas, como seu pai a abandonou quando ela ainda era muito jovem, e logo depois faleceu, ela não teve muito contato com a família dele. Estando o advogado seguro em suas afirmações, e não tendo Berenice motivos para duvidar da veracidade da história, ela vai com o advogado até o domicílio de Orlando, para receber a herança deste, que faleceu sem deixar nenhum outro parente além da prima. A herança de Orlando consiste em um apartamento. Os procedimentos sucessórios ocorrem como manda a lei, e a herança de Orlando é adjudicada a Berenice. Com a carta de adjudicação em mãos, Berenice comparece ao cartório de registro de imóveis e registra a transmissão do apartamento para ela. Antes de voltar para sua cidade, Berenice vende o imóvel a um desconhecido R$ 500.000,00. Meses depois, o advogado procura Berenice desesperado, pois descobrira um erro. A prima de Orlando não era aquela Berenice, mas sim outra, homônima, coincidentemente da mesma idade, porém residente em outro Estado. Nesse caso, conclui-se que a primeira Berenice recebeu indevidamente o imóvel, o qual alienou onerosamente a terceiro de boa-fé. Nessa hipótese, o adquirente não perderá o imóvel adquirido, mas Berenice terá de entregar à verdadeira prima de Orlando os R$ 500.000,00 que recebeu.

Se, por outro lado, Berenice desde sempre soubesse que não era a prima de Orlando, e isso fosse provado, teria de restituir não o preço, mas o equivalente – por exemplo, R$ 750.000,00, supondo ser este o valor do imóvel, segundo avaliação feita por perito, a despeito do preço obtido por Berenice – e teria, também, que indenizar eventual prejuízo da outra Berenice. Esta, no entanto, não teria direito a reivindicar o apartamento.

Supondo, por fim, que o adquirente fosse o próprio advogado, e que este houvesse procurado uma homônima da herdeira de propósito, para conseguir a venda para si – agindo, por conseguinte, de má-fé –, poderia a prima de Orlando reivindicá-lo, provando ser a verdadeira credora, vez que, neste caso, a lei revoga a aquisição da propriedade. Pouco importa que à compra e venda tenha se seguido o registro do título.

4.3 Pagamento indevido ao acipiente que era credor de outro devedor

Pode acontecer de alguém, por erro, pagar indevidamente a quem não o percebe por ser realmente credor, porém não daquele devedor.

Por exemplo, Manuel era credor de R$ 200,00 de Augusto. Silvio procura Manuel, equivocadamente, e paga àquele R$ 150,00. Manuel julga estar recebendo parte da dívida de Augusto, e aceita.

Segundo o art. 880, "fica isento de restituir pagamento indevido aquele que, recebendo-o como parte de dívida verdadeira, inutilizou o título, deixou prescrever a pretensão ou abriu mão das garantias que asseguravam seu direito; mas aquele que pagou dispõe de ação regressiva contra o verdadeiro devedor e seu fiador".

Nessa hipótese, então, por haver obstáculo à satisfação do credor com relação ao seu verdadeiro crédito, o Código optou por não obrigá-lo a restituir o que recebeu. Não obstante, sendo vedado o enriquecimento sem causa, fica o devedor do acipiente obrigado a pagar ao solvente que, ao realizar o pagamento indevido, inadvertidamente pagou a dívida daquele outro devedor.

4.4 Cumprimento de obrigação de fazer indevida

Em se tratando de cumprimento indevido de obrigação de fazer ou de não fazer, cabe ao acipiente indenizar o solvente proporcionalmente ao lucro que auferiu (art. 881).

Assim, se César, equivocadamente, pinta o muro da casa de Carlos, tendo sido, na verdade, Miguel, vizinho de Carlos, quem contratara o serviço, cabe a César exigir de Carlos indenização que será medida pelo que se avaliar ter lucrado Carlos com um muro pintado. Se, por exemplo, seu muro estivesse bastante desgastado, o lucro com o serviço terá sido maior. Se, por outro lado, o muro de Carlos tivesse sido todo reformado meses antes, o lucro com o serviço terá sido menor.

4.5 Irrepetibilidade da dívida oriunda de obrigação prescrita ou natural

Vimos na Parte II desta obra que as obrigações prescritas, bem como as naturais, como as oriundas de dívida de jogo, não são exigíveis. No caso das obrigações prescritas, por ter sido a eficácia da **pretensão** respectiva encoberta ou esvaziada pela prescrição. No caso das obrigações naturais, por serem, por força de lei, desprovidas de **exigibilidade** (art. 814).

Todavia, tanto em um quanto noutro caso, a obrigação existe, e, por conseguinte, existem o crédito e o débito. Salvo por outro motivo, que não o fato de se tratar de obrigação prescrita ou obrigação natural, a obrigação é válida.

Destarte, ocorrendo o pagamento, não se pode considerá-lo indevido. Por essa razão, o art. 882 estabelece a sua **irrepetibilidade**, ou seja, a impossibilidade de se exigir a restituição.

4.6 Irrepetibilidade do que se pagou em caso de obrigação que tenha objeto ilícito ou imoral

Por fim, o art. 883 estabelece também a **irrepetibilidade** do que se pagou para solver obrigação cujo objeto se considere "ilícito, imoral ou proibido por lei" – o pleonasmo é do texto do dispositivo.

Todavia, por se tratar de **obrigação inválida** quanto ao objeto – nos casos de objeto ilícito –, também não se admite que o acipiente lucre com o pagamento. Por isso, determina o parágrafo único do art. 883 que o que se pagou seja revertido em proveito de estabelecimento local de beneficência, a critério do juiz. As mesmas regras se aplicam, por força do dispositivo, também às obrigações que têm objeto "imoral", embora não se possa considerá-las inválidas.

Suponha que Rui contratou uma prostituta e antecipou o pagamento, porém a prostituta negou-se a cumprir o contrato. Rui, então, ajuíza ação exigindo a restituição do que pagou. Nesse caso, Rui não teria direito à restituição, mas, ainda assim, a prostituta teria de restituir o que recebeu, e o juiz destinaria o montante, por exemplo, para o hospital infantil do município.

Não obstante o exemplo, dado apenas para fins didáticos, é claro que se considera absolutamente questionável a manutenção do preceito com relação às obrigações "imorais" em pleno século XXI. No mínimo, em razão do alto grau de subjetivismo acerca do que seja ou não moral.

Parte IV
Direito das Coisas

Noção de Direito Real

Como vimos anteriormente, existem direitos **oponíveis entre as partes** de uma relação jurídica linear (*intra partes*) e direitos **oponíveis a todos** (*erga omnes*). Os primeiros se manifestam em uma relação jurídica entre sujeitos certos e determinados, tendo por objeto um **fato**, uma conduta do devedor, uma prestação. Os segundos se manifestam em uma relação jurídica entre um sujeito certo e determinado e toda a coletividade, tendo por objeto, diretamente, um **bem**. Aos primeiros, chamados de **direitos relativos**, são contrapostos deveres que implicam uma privação na esfera jurídica do sujeito. Aos segundos, chamados de **direitos absolutos**, contrapõem-se deveres que nada interferem na esfera jurídica de seus sujeitos.

O que isso quer dizer? Imaginemos que Caio vende a Orlando um carro. Surge então para Orlando um **direito relativo** (direito pessoal do tipo obrigacional, também dito "de crédito") sobre o carro. Logo, o direito de Orlando somente opera entre os sujeitos da relação jurídica, ou seja, entre Caio e Orlando. Além disso, o dever contraposto ao direito de Orlando, quer dizer, o dever de Caio na relação, implica uma privação em sua esfera jurídica: o dever de entregar o carro em razão da compra e venda importa, para o vendedor, na perda da propriedade.

Por sua vez, imaginemos Clóvis, proprietário de uma casa. O direito de Clóvis, **absoluto**, é oponível a todos, ou seja, toda pessoa que não o próprio Clóvis tem um dever contraposto ao direito dele. Esse dever, de natureza negativa (consubstanciado em uma **inação**: o dever de respeitar o direito alheio), não implica privação na esfera jurídica dos sujeitos. Augusto, Berenice, Manuel e todos os demais milhões de sujeitos do dever contraposto ao direito de Clóvis nada perdem em razão desse dever. Afinal, respeitar o direito alheio não interfere na esfera jurídica de ninguém. No exemplo da propriedade, o direito de Clóvis apenas importa em um dever de todos os demais sujeitos de respeitar a propriedade de Clóvis, abstendo-se de praticar qualquer ato que possa violar tal direito. Essa abstenção, a evidência, "não custa nada" ao sujeito do dever, por assim dizer.

Entre os direitos absolutos encontram-se os direitos reais, que estudaremos nesta Parte IV ao lado da posse, formando a disciplina denominada **Direito das Coisas**.[1]

---

[1] O Conselheiro Lafayette assim justificou o estudo da posse juntamente com o dos direitos reais: "suposto a *posse jurídica* não seja um direito real, senão um fato; como ela põe o homem em contato com as coisas corpóreas, gera efeitos relativos às ditas coisas e na maneira por que funciona usurpa as exterioridades do domínio, costumam os escritores incluí-la no *Direito das coisas*, dando-lhe

A doutrina tradicionalmente identifica os elementos dos **direitos reais** comparando-os com os **direitos obrigacionais**.

Analisando detidamente a estrutura dos direitos reais, verificamos as seguintes características: os direitos reais estabelecem-se entre **um sujeito e toda a coletividade**, vinculando o sujeito ativo a uma coisa (bem corpóreo suscetível de valoração econômica), por meio de um liame direto, imediato;[2] **como se vê, o objeto de tal relação jurídica é sempre uma coisa**, ou seja, um bem material suscetível de valoração; os direitos reais têm **caráter duradouro**; são **oponíveis *erga omnes***; geram **direito de sequela**, que é o direito de perseguir a coisa objeto do direito se ela for subtraída do sujeito.

A título de comparação, os direitos obrigacionais apresentam as seguintes características: estabelecem-se entre **dois ou mais sujeitos**; não vinculam os sujeitos diretamente à coisa, vez que têm por objeto sempre uma **prestação**, que é uma conduta comissiva (ação) ou omissiva (abstenção) do sujeito; têm **caráter transitório**; são **oponíveis *intra partes***; não geram direito de sequela, vez que não têm por objeto coisa, mas prestação (conduta).

Outro elemento que se costuma citar para diferenciar os direitos reais dos direitos obrigacionais é o fato de aqueles serem **enumerados por lei** e estes serem livres e infinitos. Isso significa que somente são direitos reais aqueles a que a lei concede esta natureza. Diz-se que existem "em número fechado" – ***numerus clausus*** –, ou seja, não se admitem outros. Os direitos obrigacionais, por sua vez, são tantos e quantos os sujeitos puderem imaginar. O rol legislativo é dito "em número aberto" – ***numerus apertus*** –, quer dizer, admitem-se outros.

---

precedência na ordem das matérias" (PEREIRA, Lafayette Rodrigues. *Direito das coisas*. 3. ed. Rio de Janeiro: Freitas Bastos, 1940. p. 30-31).

[2] Explicou Silvio Rodrigues que "dentro da concepção clássica, o direito real é sempre definido como relação jurídica entre o titular e a coisa.

[...] Criticando a teoria clássica, parte Planiol da asserção de que é inconcebível a existência de uma relação jurídica entre uma pessoa e uma coisa, pois que, por definição mesmo, todo direito é uma relação entre duas pessoas. De modo que o direito real, como todo direito, tem necessariamente um sujeito ativo, um sujeito passivo e um objeto. O defeito do conceito clássico do direito real é o de suprimir de sua definição o sujeito passivo.

[...] Assim, o direito real deve ser concebido sob a forma de um liame obrigatório, no qual o sujeito ativo é *singular* e representado por uma só pessoa, enquanto o sujeito passivo é ilimitado em número, sendo que todas as pessoas que ele engloba estão vinculadas pela obrigação passiva de não turbar o exercício do direito do sujeito ativo" (RODRIGUES, Silvio. *Direito civil*: direito das coisas. 22. ed. São Paulo: Saraiva, 1995. p. 6).

Quadro Esquemático 1

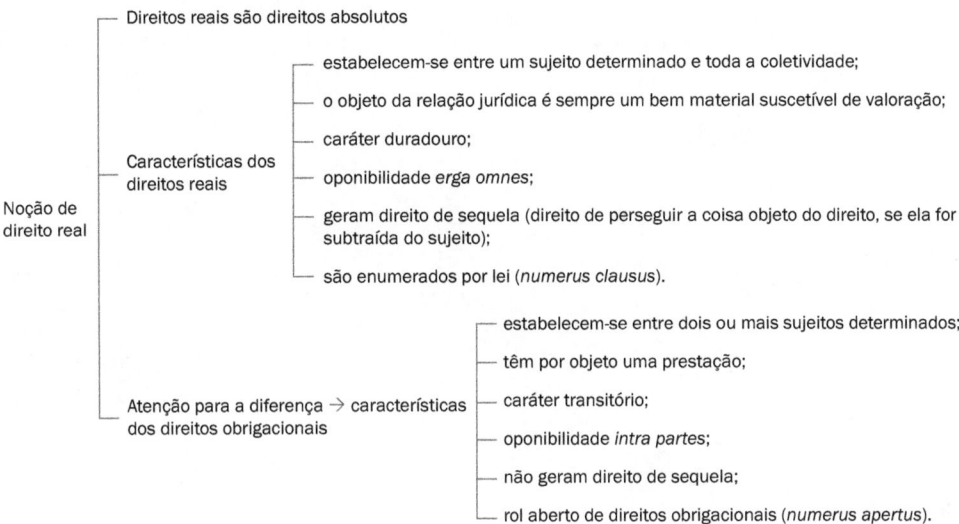

- Noção de direito real
  - Direitos reais são direitos absolutos
  - Características dos direitos reais
    - estabelecem-se entre um sujeito determinado e toda a coletividade;
    - o objeto da relação jurídica é sempre um bem material suscetível de valoração;
    - caráter duradouro;
    - oponibilidade *erga omnes*;
    - geram direito de sequela (direito de perseguir a coisa objeto do direito, se ela for subtraída do sujeito);
    - são enumerados por lei (*numerus clausus*).
  - Atenção para a diferença → características dos direitos obrigacionais
    - estabelecem-se entre dois ou mais sujeitos determinados;
    - têm por objeto uma prestação;
    - caráter transitório;
    - oponibilidade *intra partes*;
    - não geram direito de sequela;
    - rol aberto de direitos obrigacionais (*numerus apertus*).

2

Posse (arts. 1.196 a 1.224)

Desde sempre o tema da **posse** interessou aos juristas, vez que a ideia de posse é ainda mais antiga que a de propriedade. Não obstante, nunca se conseguiu chegar a um consenso sobre o tema. Entre as diversas teorias elaboradas, o que se vê, hoje, é a adoção legislativa de uma delas, em uma tentativa de, ao menos do ponto de vista do ordenamento, resolver a questão. Do ponto de vista da ciência, todavia, é difícil imaginar um desfecho para a longa discussão acerca da posse e de seus desdobramentos.

1. TEORIAS SOBRE A POSSE

Em razão de sua maior importância prática, estudaremos duas das teorias elaboradas na tentativa de explicar a posse: a **teoria subjetivista** e a **teoria objetivista**.

1.1 Teoria subjetivista

Estudando profundamente o Direito Romano, o jurista germânico FRIEDRICH KARL VON SAVIGNY publicou, com apenas vinte e quatro anos, ainda em 1803, sua obra sobre a posse que viria a influenciar o pensamento jurídico do mundo inteiro: o *Tratado da Posse*.[3]

SAVIGNY conceituou a posse como ***o poder físico*** sobre a coisa por quem tem a ***vontade de ser dono*** *e se **defende contra agressões***. Esse conceito é composto de dois elementos: um, de cunho objetivo (material), chamado de ***corpus***, que é o *poder físico* sobre a coisa (caracterizado, ainda, pela defesa contra agressões); o outro, de cunho subjetivo, chamado de ***animus***, que é a *vontade de ser dono* – ***animus domini*** –, ou, como dizem alguns, *vontade de ter a coisa para si* – ***animus rem sibi habendi***. Tão determinante é o *animus* – elemento subjetivo – na teoria de SAVIGNY que lhe valeu a adjetivação de *subjetivista*.

---

[3] Nossos estudos da obra de SAVIGNY nos levam à conclusão de que muito do que se atribui à teoria subjetivista advém, na verdade, da leitura de JHERING do *Tratado da Posse*, e de leituras posteriores dessa leitura de JHERING. Na verdade, parece-nos que pouco do que hoje se conhece por teoria subjetivista era realmente defendido por SAVIGNY, o qual, segundo nos parece, tinha uma visão da posse muito mais *interessante* do que a de JHERING. Esta ressalva serve para alertar o leitor para o fato de que o escreveremos neste capítulo sobre SAVIGNY e sobre a teoria subjetivista, por razões didáticas, é aquilo que *comumente e repetidamente* se atribui a ambos, que é ensinado nos cursos de Direito e cobrado em provas de concursos, muito embora não corresponda à nossa leitura e aos nossos estudos diretamente do *Tratado da Posse*.

Em razão do elemento objetivo na teoria de SAVIGNY, para que se caracterize a posse o possuidor teria de exercer sobre a coisa um **controle físico imediato**. Teria, em outras palavras, de ter a coisa ao seu alcance e à sua disposição. Destarte, quem segura uma caneta, ou quem senta em uma poltrona, ou se encontra no centro de um escritório rodeado por livros teria o *corpus*. Todavia, quem está caminhando na praia, e tem uma caneta, uma poltrona e diversos livros em seu escritório, não teria o *corpus*.

Por conta do elemento subjetivo, é necessário, para configurar a posse, que o possuidor tenha a **vontade de ser dono** da coisa. Ou seja, deve ter o bem em seu poder com a intenção de tê-lo para si. Logo, quem compra um carro e o dirige, teria o *animus domini* (ou *animus rem sibi habendi*). Não obstante, o locatário de um apartamento, que o tem em razão da locação – o que exclui a vontade de ter a coisa como própria –, não teria o *animus*. Cumpre salientar que o *animus domini*, vontade de ser dono, não se confunde com a *opinio domini*, que é a **consciência** ou **convicção** de ser o dono.

Trabalhou-se, ainda, o conceito de **detenção**, para explicar o *corpus* de certas pessoas que não têm posse, por lhes faltar o *animus domini*.

Examinemos detalhadamente alguns casos, para verificar se há posse, detenção, ou nem posse, nem detenção, segundo a **teoria subjetivista**.

Situação 1. Por ocasião da morte do pai de Manuel, este se apoderou da casa do morto, onde passou a residir. Independentemente do título (não se sabe se o pai de Manuel era proprietário), verificamos que Manuel exerce poder de fato sobre a casa (*corpus*), e, por se ter apoderado dela em razão da morte do pai, age com vontade de ser dono, como um herdeiro age (*animus domini*). Logo, Manuel tem **posse**.

Situação 2. Berenice tomou um livro emprestado em uma biblioteca pública e o levou para casa. Embora tenha o poder físico sobre o livro (*corpus*), Berenice sabe que tem a coisa em razão do empréstimo, ou seja, não tem vontade de dono. Na ausência do *animus domini*, conclui-se que Berenice tem mera **detenção**.

Situação 3. César celebrou contrato de locação de um apartamento e nele reside. Constata-se que o locatário tem poder de fato sobre a coisa (*corpus*), mas não tem vontade de dono, porque sabe que o fundamento do seu poder é a locação. Destarte, César tem apenas **detenção**.

Situação 4. Rui, menor de dezesseis anos, herdou do pai uma fazenda, em que vive sua mãe (sua representante legal). A mãe controla e administra a fazenda, o que lhe dá poder físico sobre ela (*corpus*), que tem, entretanto, em nome de Rui, o que descaracteriza o *animus domini*. Assim, percebe-se que a representante legal tem **detenção** tão somente.

Situação 5. Augusto constitui Silvio seu mandatário, e lhe encarrega de vender uma obra de arte a Helena. Antes da tradição (entrega) da peça, Silvio tem poder de fato sobre a coisa (*corpus*), mas o tem em nome do mandante, Augusto. Ou seja, falta-lhe o *animus domini*. Logo, conclui-se que o mandatário apenas tem **detenção**.

Situação 6. Caio entrega a Orlando alguns livros para que este tome conta dos bens enquanto Caio estiver fora da cidade, o que configura o depósito. Ao receber os livros, Orlando passa a exercer poder físico sobre eles, mas não como dono, e sim como depositário. Destarte, conquanto tenha o *corpus*, Orlando não tem o *animus domini*, e por isso tem mera **detenção**.

Situação 7. Pontes, que mora na cidade, adquire a fazenda de Clóvis, no interior. A compra é concluída sem que Pontes saia da cidade. Por essa razão, apesar de ter não só a vontade de dono, como mesmo a consciência de dono (*animus domini* e *opinio domini*), falta a Pontes o *corpus*. Assim, o proprietário da coisa distante não tem **nem posse, nem detenção**.

Situação 8. Manuel furta uma carteira. Passa, portanto, a ter o poder de fato sobre ela, além da vontade de dono. Logo, o ladrão tem **posse**.

É possível concluir, por conseguinte, que à luz da teoria subjetivista de SAVIGNY são meros detentores o **comodatário**, o **locatário**, o **representante legal**, o **mandatário**, o **depositário**, entre outros. O **proprietário da coisa distante**, por sua vez, nem tem posse, nem tem detenção. Já o **ladrão** tem posse.

POSSE NA TEORIA SUBJETIVISTA
corpus (poder físico sobre a coisa) + *animus* (vontade de ser dono) = posse
corpus (poder físico sobre a coisa) – *animus* (vontade de ser dono) = detenção

1.2 Teoria objetivista

Alguns anos após SAVIGNY publicar o *Tratado da posse*, RUDOLF VON JHERING, também de origem tedesca, elaborou uma outra teoria da posse, que explicou em várias obras, entre elas, *Fundamento dos interditos possessórios*,[4] de 1869, e *A vontade na posse*,[5] publicada em 1889, nas quais criticou o caráter subjetivista do pensamento de SAVIGNY. Em outro texto, que também merece ser mencionado – traduzido como *Teoria simplificada da posse* – JHERING resumiu seu pensamento.[6]

Após estudar profundamente a posse, o jurista concluiu ser ela a **exterioridade**, a **visibilidade do domínio**. Explicou JHERING:

Pode a posse [...] representar a propriedade? Sim, porque é a propriedade em seu estado normal – a posse é a *exterioridade*, a *visibilidade* da propriedade. Estatisticamente falando, esta exterioridade coincide com a propriedade real. Quase sempre o possuidor é ao mesmo tempo o proprietário, sendo muito diminutos os casos em que não o é.[7]

Sobre os dois elementos caracterizadores da posse no Direito Romano, JHERING explicou que o primeiro, de cunho objetivo – ***corpus*** –, consiste na **atitude de dono**, e o segundo, subjetivo – ***animus*** –, está inserido no *corpus*, e se caracteriza por ser a **vontade de proceder com relação à coisa como procederia o dono**. Vê-se, claramente, a relevância do primeiro elemento, razão pela qual a teoria ficou conhecida como objetivista.

O *corpus*, na teoria objetivista, configura-se sempre que alguém age como se fosse dono da coisa, ou seja, quando exterioriza o domínio, ainda que sabidamente não seja dono. Nas palavras de JHERING, "a maneira segundo a qual o proprietário exerce de fato a propriedade deve ser o critério de existência da posse".[8] Destarte, quem adquire uma caneta em uma loja e a guarda em seu bolso age como dono e, por isso, tem o *corpus*. Igualmente tem o *corpus* quem pede uma caneta emprestada e com ela assina um cheque, enquanto tem a coisa em seu poder. Impende destacar que a coisa não precisa estar em poder do possuidor, o qual pode possuí-la,

---

[4] O título original em alemão é *Ueber den Grund des Besitzesschutzes*.
[5] No original, *Der Besitzwille*.
[6] O título original é *Besitz*. Foi publicado no volume 32 da obra *Jahrbubücher für die Dogmatik des heutigen und deutschen Privatrechts*.
[7] JHERING, Rudolf von. *Teoria simplificada da posse*. São Paulo: Saraiva, 1986. p. 86.
[8] Nossa tradução de "la manière dont le proprietaire exerce en fait sa propriété, doit être le critérium de l'existence de la possession" (JHERING, Rudolf von. *Études complémentaires de l'esprit du droit romain II*: fondement des interdits possessoires – critique de la Théorie de Savigny. 2. ed. Paris: Marescq Aîné Éditeur, 1882. p. 143).

mesmo a distância, se agir para com ela como dono. Essa atitude pode ser caracterizada, por exemplo, por medidas de conservação e proteção.

O *animus* se constata sempre que se verifica o *corpus*. Afinal, toda vez que alguém age como dono (*corpus*) o faz porque tem a vontade de agir como agiria o dono (*animus*). O *animus*, ou seja, o elemento subjetivo, para JHERING, não é o *animus domini* (intenção de dono), mas sim a chamada ***affectio tenendi*** – **intenção de possuir**.

Por conseguinte, a seguir a **teoria objetivista**, são possuidores, além do **dono** (esteja a coisa distante ou não), o **comodatário**, o **locatário**, o **depositário**, o **ladrão** etc.

1.2.1 Posse e utilização econômica da propriedade

Ao relacionar a posse com a **utilização econômica da propriedade**, como critério de exterioridade do domínio, ou seja, de identificação da **posse,** JHERING propõe vários exemplos que ilustram perfeitamente sua teoria. Transcrevemos o seguinte:

> Suponhamos dois objetos que se acham em um mesmo lugar: uns pássaros seguros por um laço num bosque, ou os materiais num solar em construção, e ao lado uma cigarreira com cigarros. O mais ínfimo dos homens sabe que será culpado de um furto se tirar os pássaros ou alguns materiais, mas nada tem que temer se tirar os cigarros. O homem honrado deixa em seu lugar os pássaros e os materiais e põe no bolso a cigarreira, com o fim de procurar o dono, ou, se não puder encontrá-lo, entregar o objeto à polícia.
>
> [...]
>
> Afirmando-se que a cigarreira *se perdeu*, diz-se: a relação normal do proprietário com a coisa está *perturbada*; há portanto uma situação *anormal*, e quero, por minha parte, fazer quanto em mim possa para que esta anormalidade desapareça. Ao ver-se os pássaros e os materiais, diz-se: acham-se na posição desejada pelo proprietário, situação *normal*.
>
> Ora, o que isso significa é que até o simples homem do povo julga a questão de posse de acordo com o *destino econômico* da coisa, isto é, aplica a seu modo a minha noção de posse. Os pássaros presos no laço e a madeira perto da obra acham-se colocados na posição em harmonia com o seu destino econômico; a cigarreira, não: é contra o seu destino econômico estar deixada em pleno campo. Isto é bastante ao homem do povo para comportar-se com correção, sem que tenha a menor noção jurídica da posse. O jurista ensina-lhe o que ele já aplicou de fato: no primeiro caso, havia posse, no segundo, não.[9]

1.2.2 Proteção possessória na teoria objetivista

O grande mérito da teoria de JHERING é estender e facilitar a **proteção possessória**, como veremos a seguir.

As sociedades, em geral, e o Direito, sempre repudiaram a violação da posse. O Direito Romano elaborou medidas rígidas para proteger o possuidor, consubstanciadas nos chamados **interditos possessórios** (ou **ações possessórias**). O interessante, acerca dos interditos, é que tem legitimidade para ajuizá-los **quem tem a posse**, independentemente do domínio (propriedade).

O Direito prescreve duas diferentes espécies de ações para proteger a coisa: a **ação petitória**, também chamada de **reivindicatória**, cujo fundamento é a **propriedade**, e as **ações**

---

[9] JHERING, Rudolf von. *Teoria simplificada da posse,* cit., p. 111-113.

possessórias – ação de reintegração de posse, ação de manutenção de posse e interdito proibitório –, cujo fundamento é a **posse**. As possessórias têm uma enorme vantagem sobre a petitória, como veremos oportunamente, a qual consiste na possibilidade de se obter a proteção liminarmente (*in limine litis*) por meio da antecipação de tutela antes mesmo de o juiz ouvir o réu no processo (*inaudita altera parte*).

Seguindo a teoria de Savigny, concluímos que o ladrão teria ação possessória, vez que é possuidor, mas não o teriam o comodatário, o locatário, o depositário etc., os quais, por não terem o domínio, teriam grande dificuldade para proteger a coisa, vez que não poderiam se socorrer nem das ações possessórias, nem da ação petitória.

Imaginemos uma situação em que Caio aluga a Orlando uma fazenda no norte, apesar de Orlando morar no sul. Posteriormente, Orlando toma ciência de que a fazenda foi invadida. Essa espécie de violação da posse constitui um delito chamado pelo Direito de **esbulho**. Pois bem. Orlando procura Caio, mas descobre que este se encontra incomunicável, viajando pelo mundo. Que medida poderá tomar para proteger a fazenda? A se adotar a teoria de Savigny, Orlando não pode ajuizar ação reivindicatória, porquanto não é proprietário, nem ajuizar a ação de reintegração de posse (ação para o caso de esbulho), vez que não é possuidor. Logo, nada poderá fazer para proteger a fazenda. Todavia, adotando-se a teoria de Jhering, Orlando tem posse, pelo que pode manejar a ação de reintegração.

Outra facilidade trazida pela teoria objetivista, com relação à proteção possessória, diz respeito à **prova** da posse. Como veremos, a procedência do pedido do autor em todas as ações possessórias depende de que ele prove sua posse. Antes mesmo de provar o delito (que pode ser o **esbulho**, a **turbação** ou a **ameaça**, conforme estudaremos),[10] ele deve provar a posse. Como, para Savigny, a posse depende de poder físico sobre a coisa, pode ser bastante complicado prová-la, sobretudo na hipótese de esbulho. Por outro lado, como, para Jhering, a posse é a visibilidade do domínio, basta que se prove **qualquer ato de proprietário** para se provar a posse. Logo, a quitação de um débito referente à coisa (como o pagamento de uma conta de luz, ou de água) prova a posse, por ser ato típico de proprietário; a remuneração de um serviço relacionado à coisa (como o pagamento de um empregado) prova a posse; a nota fiscal da compra de um bem para ser usado na coisa (como a de combustível para um veículo) prova a posse; a quitação de um imposto referente à coisa (como o IPVA ou o IPTU) prova a posse etc.

1.2.3 Extensão da proteção possessória na teoria objetivista

Ao enxergar o fundamento das ações possessórias na **proteção da propriedade**, e facilitar o acesso à proteção, dada a facilidade da prova, Jhering acabou por estender a proteção possessória aos **possuidores não proprietários** cuja posse poderia até mesmo ser injusta, como o ladrão. Veja-se o que explicou o jurista:

> A proteção da posse, como exterioridade do domínio, é um complemento necessário da proteção da propriedade, uma facilidade de prova em favor do proprietário, a qual favorece necessariamente, também, o não proprietário.
>
> [...]

---

[10] Adiantando brevemente a matéria, para aplacar a ansiedade: o esbulho consiste na **perda** da posse; a turbação consiste em um **incômodo** da posse; e a ameaça pode ser de esbulho ou de turbação. Exemplos: um ladrão furta um veículo – há esbulho; o vizinho Silvio remove a cerca que separa seu terreno do de Berenice – há turbação, ou seja, a posse de Berenice é incomodada com a falta de delimitação; um grupo de manifestantes ruralistas acampa em frente à porteira da fazenda de César – há ameaça de esbulho ou turbação.

É então em vista da propriedade que se introduziu a proteção possessória. Mas era impossível conceder essa proteção ao proprietário, sem que os não proprietários se beneficiassem ao mesmo tempo. E, com efeito, se a prova realmente necessária da propriedade se limita à demonstração de sua exterioridade, essa facilidade se vira em proveito de todo indivíduo que pode se prevalecer pessoalmente desse elemento. A posse adquire, de certa maneira, em face da propriedade, uma independência tal, que no lugar de servir exclusivamente ao domínio, ela pode também se voltar contra ele.[11]

Todavia, defendeu-se das críticas que lhe foram dirigidas, sobretudo comparando a situação da posse com a dos títulos de crédito ao portador, demonstrando que as hipóteses eram análogas: em um primeiro momento, o Direito protege o portador do título, independentemente de sua legitimidade, assim como protege o possuidor. "*A proteção possessória foi introduzida em favor das pessoas honestas*, assim como a facilidade do procedimento realizado por meio dos títulos ao portador, *mas as pessoas desonestas aproveitam também, necessariamente.*"[12] No entanto, haverá muito mais vantagens do que desvantagens, conclui JHERING. "Vale mais que um indigno participe *excepcionalmente* de um benefício da lei, que ver esse benefício recusado mesmo a quem o merece, com o objetivo único de recusá-lo ao primeiro."[13]

1.2.4 Detenção na teoria objetivista

Como você deve ter percebido, à luz do conceito objetivista de posse, não haveria nenhuma hipótese de **detenção**. Na verdade, JHERING explica que a detenção, à qual os romanos se referiam, por vezes, como *detentio*, e, em outros casos, como *possessio naturalis*, consistia na posse a que, por algum motivo, o Direito negava proteção possessória. Logo, a detenção seria situação de **posse fática**, porém juridicamente desprovida de proteção, em razão de um **preceito legal negativo** que determina que, naquela situação, não há posse, mas detenção.

A POSSE NA TEORIA OBJETIVISTA
corpus (atitude de dono, que equivalha à utilização econômica da coisa) + *animus* (vontade de agir como age o dono) = posse
corpus (atitude de dono, que equivalha à utilização econômica da coisa) + *animus* (vontade de agir como age o dono) + preceito legal negativo = detenção

---

[11] Nossa tradução de: "c'est donc en vue de la propriété qu'a été introduite la protection de la possession. Mais il était impossible d'accorder cette protection au propriétaire sans que les non-propriétaires en profitassent en même temps. Et en effet, si la preuve réellement nécessaire de la propriété se borne à la démonstration de son extériorité, cette facilité tourne à l'avantage de tout l'individu qui est en mesure de se prévaloir personellement de cet élément. La possession acquiert de cette manière, vis-à-vis de la propriété, une indépandance telle, qu'au lieu de servir exclusivement à la propriété, elle peut aussi se tourner contre celle-ci" (JHERING, Rudolf Von. *Études*, cit., p. 42 e 50).

[12] Tradução livre de: "*la protection possessoire a été introduite en faveur des gens honnêtes*, tout comme la facilité de procédure réalisée par les titres au porteur, *mais les gens malhonnêtes en profitent nécessairement aussi*" (ibidem, p. 56).

[13] "Il vaut mieux qu'un indigne participe *exceptionellement* à un bénéfice de la loi, que de voir ce bénéfice refusé même à célui qui le mérite dans le but unique d'exclure le premier" (idem).

1.3 Comparativo entre as teorias subjetivista e objetivista

TEORIA	SUBJETIVISTA	OBJETIVISTA
Autor	Savigny	Jhering
Corpus (elemento subjetivo da posse)	Poder físico sobre a coisa	Atos de proprietário (conforme a destinação econômica da coisa)
Animus (elemento objetivo da posse)	Intenção ou vontade de dono (*animus domini*)	Intenção de possuir (*affectio tenedi*)
Detenção	*Corpus* sem *animus*	*Corpus* + *animus* + preceito legal negativo (regra que trata como detenção uma situação em que haveria posse)

1.4 A posse no Direito brasileiro

Nosso Direito, desde o Código de 1916, adotou a **teoria objetivista** da posse. O Código de 2002 conceitua o **possuidor**, no art. 1.196, como quem "tem de fato o exercício, pleno ou não, de algum dos poderes inerentes à propriedade". Como estudaremos a seguir, no Capítulo 3 desta Parte IV, os poderes inerentes à propriedade (domínio) são o **uso**, a **fruição**, a **disposição** e a **reivindicação**.

Em decorrência do pensamento objetivista, o *animus*, no nosso Direito, é consectário do *corpus*: se alguém tem o exercício de algum dos poderes do domínio, é porque tem a vontade de tê-los, o que caracteriza a **intenção de possuir** – *affectio tenendi* –, que, como vimos, constitui o *animus* na teoria objetivista.

A POSSE NO DIREITO BRASILEIRO: ADAPTAÇÃO DA TEORIA OBJETIVISTA
corpus (exercício pleno ou não de algum dos poderes do domínio) + *animus* (vontade de ter poderes do domínio, ou intenção de possuir) = posse

2. NATUREZA JURÍDICA DA POSSE

Outra divergência acerca da posse se refere à sua **natureza**: seria a posse uma mera **situação de fato**, conquanto reconhecida juridicamente, ou seria a posse um verdadeiro **direito subjetivo**?

Há quatro teorias que tentam resolver a questão.

A primeira corrente é dos que veem na posse apenas uma **situação de fato**. Entre os civilistas brasileiros que se filiaram a essa corrente se encontram CLÓVIS BEVILÁQUA,[14] PONTES DE MIRANDA,[15] SÍLVIO RODRIGUES[16] e CÉSAR FIUZA.[17] Embora BEVILÁQUA admita que a posse tem contornos de direito, afirma que seria um **direito especial**, e se fixa mais em sua natureza

---

[14] BEVILÁQUA, Clóvis. *Direito das coisas*. Rio de Janeiro: Freitas Bastos, 1941. v. I. p. 43.
[15] MIRANDA, Francisco Cavalcanti Pontes de. *Tratado de direito privado*. cit., t. X, p. 71.
[16] RODRIGUES, Silvio. *Direito das coisas*, cit., p. 21.
[17] FIUZA, César. *Direito civil*. cit., p. 808 e ss.

de estado de fato. Os demais negam que a posse se revista em um direito, constituindo simplesmente uma situação fática.

A segunda corrente, por sua vez, alega ser a posse tanto um **estado de fato** quanto um **direito**, razão pela qual ficou conhecida como **teoria eclética**. A ideia, famosa por tê-la adotado Savigny, foi no Brasil perfilhada pelo Conselheiro Lafayette,[18] por Spencer Vampré[19] e por Nelson Rosenvald e Cristiano Chaves de Farias.[20]

Savigny, Lafayette e Vampré entendem que a posse é uma situação fática, em razão do poder sobre a coisa, cujos efeitos lhe conferem o caráter de direito, em razão da proteção do possuidor.[21]

Rosenvald e Farias vislumbram três situações de posse, e afirmam que, em uma, a posse é **direito real** (caso do proprietário possuidor); em outra, **direito obrigacional** (caso do possuidor não proprietário, cuja posse tem fundamento em negócio jurídico); em outra, ainda, é **situação fática** (caso de ocupação).[22]

A terceira corrente, ao contrário da primeira, defende que a posse tem natureza de **direito subjetivo**. Jhering defendeu esse posicionamento, afirmando que direito subjetivo consiste em um **interesse juridicamente protegido**.[23] Entre nós, seguiram essa teoria Orlando Gomes,[24] Caio Mário[25] e Tito Fulgêncio.[26]

Para Orlando Gomes e Caio Mário, o fato de a posse estar sempre atrelada a uma situação fática não a desconfigura como direito subjetivo. Esses juristas asseveram, ademais, que se trata de um **direito real**.

Tito Fulgêncio, antes deles, já havia afirmado que "a posse, como vimos, não é um mero fato, senão um direito".[27]

Conquanto Teixeira de Freitas seja, às vezes, citado como adepto desta teoria,[28] entendemos que seu pensamento é único.

A teoria que Teixeira de Freitas teceu resumidamente acerca da natureza jurídica da posse merece atenção especial por seu caráter didático, claro e inovador.[29]

---

[18] PEREIRA, Lafayette Rodrigues. *Direito das coisas,* cit., p. 30-31.
[19] VAMPRÉ, Spencer. *Manual de direito civil brasileiro*. Rio de Janeiro: F. Briguiet & Cia., 1920. v. II. p. 7.
[20] ROSENVALD, Nelson; FARIAS, Cristiano Chaves. *Direitos reais*. 6. ed. Rio de Janeiro: Lumen Juris, 2009. p. 32.
[21] Lafayette conclui que "é pois força reconhecer que a posse é um fato e um direito: um fato pelo que respeita à detenção, e um direito por seus efeitos" (PEREIRA, Lafayette Rodrigues. *Direito das coisas,* cit., p. 31).
[22] ROSENVALD, Nelson; FARIAS, Cristiano Chaves de. *Direitos reais,* cit., p. 34-35.
[23] JHERING, Rudolf Von. *Teoria simplificada da posse,* cit., p. 30.
[24] GOMES, Orlando. *Direitos reais*. Rio de Janeiro: Forense, 1958. p. 40.
[25] PEREIRA, Caio Mário da Silva. *Instituições de direito civil*. 7. ed. Rio de Janeiro: Forense, 1989. v. IV. p. 22.
[26] FULGÊNCIO, Tito. *Da posse e das ações possessórias*. São Paulo: Saraiva, 1922. p. 50.
[27] FULGÊNCIO, Tito. *Da posse e das ações possessórias,* cit., p. 50.
[28] Por Caio Mário e César Fiuza, nas *loc. cit.*
[29] Ressaltamos um dado histórico: o nosso Augusto Teixeira de Freitas, nascido na Bahia em 1816, formou-se em Direito em 1837, no Curso de Ciências Jurídicas e Sociais de Olinda (atual Faculdade de Direito do Recife, integrada à Universidade Federal de Pernambuco). As chamadas turmas de Olinda estudaram o Direito sob a influência do pensamento dominante em Coimbra, onde haviam

Na introdução da *Consolidação das Leis Civis*, o "jurisconsulto do império", como foi chamado por seu maior biógrafo,[30] propôs a análise de quatro situações de posse:

1ª A *posse*, como modo de adquirir domínio na ocupação das coisas sem senhor – *occupatio rei nullius*;

2ª A *posse*, como modo de adquirir domínio na tradição das coisas, quando feita pelo proprietário legítimo – *traditionibus dominia rerum, non nudis pactis, transferuntur*;

3ª A posse – *civilis possessio* –, como um dos elementos da prescrição aquisitiva (*usucapio*) na tradição feita por quem não é proprietário legítimo – *traditio a non domino* – e constituindo a *propriedade putativa*, que é protegida pela ação publiciana;

4ª A posse, separada do domínio, e protegida pelos *interditos ou ações possessórias*.[31]

Dessa análise, TEIXEIRA DE FREITAS conclui que "nas três primeiras manifestações a *posse* entra indubitavelmente na classe dos *direitos reais*, pois que pertence à teoria do domínio; e quanto a esta posse é óbvio, que não cabe questionar, se ela é, ou não, um direito, se constitui um *direito real*".[32] Isso levou alguns juristas a entender que, para TEIXEIRA DE FREITAS, a posse é um direito real.

Ocorre que, ao que nos parece, o que TEIXEIRA DE FREITAS quis demonstrar é que a posse, naquelas situações, **faz parte, integra, compõe um direito real** – o domínio – e não que ela própria é um direito real. Daí por que afirmou que "não cabe questionar, se ela é, ou não, um direito", ou seja, o jurista parece dizer que não há lugar para discussão, porquanto (segundo a nossa interpretação) se a posse integra um direito real (nas palavras originais, "se constitui um *direito real*"), não pode ela mesma ser um direito real.

Tomamos a liberdade de transcrever a lição do jurisconsulto, que nos levou a essa conclusão, negritando os pontos que nos parecem conclusivos:

> Quanto aos casos da – *occupatio*, e – *traditio* –, a posse é começo, e consequência, do domínio; mas não o motivo da aquisição do domínio. Ela principia (palavras de Savigny) no momento, em que o domínio adquire-se. A *posse* deve ser legítima, não é legítima sem *justo título*; e **o domínio pressupõe a coexistência destes dois elementos**.
>
> Quanto ao caso da – *usucapio* – a *posse*, como produtiva da prescrição aquisitiva, e defendida pela ação publiciana, vale tanto como o próprio domínio; é um domínio nascente, e presuntivo, que o Direito considera como verdadeiro domínio.
>
> Ora, se esta posse da prescrição aquisitiva só por si não produz seu efeito, se deve ser acompanhada de *justo título*, e *boa-fé*; é certo que não constitui direito, **sendo apenas uma das**

---

    estudado os mestres da casa. No curso aprendia-se, primordialmente, a Constituição Imperial, as Ordenações Filipinas e as demais leis do Império. Some-se a isso o fato de que TEIXEIRA DE FREITAS publicou sua construção em 1857, e, então, enxergamos o caráter bastante inovador de sua teoria. Conquanto tenha estudado o pensamento de SAVIGNY, TEIXEIRA DE FREITAS não recebeu influência de JHERING, o qual somente publicou sua teoria em 1869. CLÓVIS BEVILÁQUA, por sua vez, formou-se quando o Curso de Olinda já se transformara na Faculdade de Recife, sob forte influência franco-germânica, e quando já se estudava a teoria objetivista, daí por que a adoção do pensamento de JHERING no projeto do Código Civil.

[30] Referimo-nos a SÍLVIO MEIRA e sua obra *Teixeira de Freitas: o jurisconsulto do império*.
[31] FREITAS, Augusto Teixeira de. *Consolidação*, cit., p. CLVIII-CLVIX.
[32] Ibidem, p. CLIX.

condições do direito. Fora tão absurdo perguntar neste caso, se a posse é um direito, como perguntar se o justo título é um direito, ou se o é a boa-fé. Seria igual absurdo perguntar, em relação ao domínio verdadeiro, se o *título* somente é um direito, ou somente a *tradição*.

Temos, em última análise, a *posse dos interditos*, e sobre ela versa a questão; porque **só neste caso a posse isolada, ainda que injusta, toma o caráter de direito**.[33]

Eis as nossas conclusões: com relação à posse na primeira e na segunda situações (ocupação e tradição), a **posse integra o domínio**, que, nestes casos, pressupõe, como elementos essenciais, a posse e o justo título.[34] É essa a estrutura do domínio no momento em que é adquirido pela ocupação e pela tradição, bem como no momento subsequente. Com relação à chamada *possessio civilis*, requisito da usucapião (prescrição aquisitiva), a posse também integra o domínio, porém como **condição** de sua aquisição. E, por fim, quanto à posse dos interditos, que é a posse separada do domínio, aí sim se lhe atribui o caráter de **direito**.

Teixeira de Freitas explica, ademais, que:

A posse, que se protege com os interditos possessórios, nem é a posse – *modus adquirendi* –, princípio do domínio, tanto na *ocupação* das coisas sem senhor – *rei nullius* –, como na *tradição* feita pelo proprietário; nem é a posse, um dos elementos da prescrição aquisitiva – *usucapio* –. Os interditos possessórios derivam de obrigações *ex delicto*, pertencem à classe dos *direitos pessoais*, e não podem ser intentados contra todo o possuidor.[35]

Concluímos, portanto, que, para Teixeira de Freitas, a posse, em algumas situações, tem a natureza de **elemento do domínio**, e, apenas quando dele dissociada, tem a natureza de **direito pessoal**, por surgir da relação que se instaura não entre o possuidor e a coletividade, mas **entre o possuidor violado e o violador**.

Por considerar a posição de Teixeira de Freitas a mais firme, de melhor sustentação, a ela nos filiamos. E, para tornar o tema mais claro, e a exposição mais didática, passamos à análise das chamadas **situações de posse**.

3. SITUAÇÕES DE POSSE

É inegável que o fenômeno da posse intriga desde sempre os juristas. Todo civilista que escreve sobre o tema tece essa afirmação. Não há matéria de Direito Civil que tenha causado tanta polêmica e tanta divergência quanto a referente à posse.

Para melhor estudar o tema, parece-nos que é fundamental procurar examinar as diversas **situações de posse**, como fizeram Teixeira de Freitas e Rosenvald e Farias, sem o que a discussão, que tomará caráter por demais geral e abstrato, provavelmente se encaixará em algumas situações, mas não se amoldará a outras. Seguiremos o esquema proposto por Teixeira de Freitas.

3.1 A posse na ocupação

Comecemos por examinar o fenômeno da **ocupação** – a *occupatio* dos romanos – em que primeiramente se manifesta a posse. Como veremos futuramente, o Direito conhece de **coisas**

---

[33] Ibidem, p. CLIX-CLX.
[34] Justo título é expressão que, no Direito Civil, significa causa hábil à transferência do domínio. Constituem justo título, por exemplo, a compra e venda, a doação e o direito sucessório.
[35] Ibidem, p. 488.

sem dono, ou porque nunca o tiveram (as chamadas *res nullius*) ou porque foram abandonadas por seu dono (as chamadas *res derelictæ*).[36] O domínio de tais coisas pode ser conquistado por meio da ocupação, a qual se caracteriza pela apoderação ou pelo assenhoreamento da coisa.

E em que consiste a fórmula fática da ocupação? Justamente em um sujeito + uma coisa sem dono, o que leva à apropriação, que nada mais é do que a tomada da posse. Na fórmula jurídica, verificamos que a tomada da posse com justo título implica a aquisição da propriedade pela ocupação. Veja-se o seguinte esquema:

COMO SE ADQUIRE O DOMÍNIO PELA OCUPAÇÃO
FÓRMULA FÁTICA: sujeito + coisa sem dono → apropriação → ocupação
FÓRMULA JURÍDICA: posse (apropriação) + justo título (apropriação de coisa sem dono) = domínio

Daí se dizer que os elementos que constituem o domínio (direito de propriedade) no caso da ocupação são a **posse** e o **justo título**, o que estudaremos mais detalhadamente na ocasião oportuna.

O que queremos aqui enfatizar é a relevância da posse no fenômeno da ocupação, não como mero estado de fato, nem como direito subjetivo, mas como **elemento do domínio**.

3.2 A posse na tradição

A segunda situação de posse de que trataremos é a da posse no ato da **tradição**. Conforme estudaremos no Capítulo 3, acerca da Propriedade, a tradição – a *traditio* do Direito Romano – consiste no ato de **entrega** da coisa, de um sujeito a outro, sem o qual não se transfere a **propriedade**.

Consagrou-se no Direito Romano, em que a ideia de posse atingiu o ápice do seu desenvolvimento, a noção de que o ato jurídico, por si só, não seria capaz de transferir a propriedade *inter vivos*. A conclusão do ato jurídico acerca da propriedade gerava para o adquirente tão somente o **direito de crédito** sobre a coisa, não o direito real (domínio), assim como impunha ao alienante a obrigação de dar a coisa, mas não lhe retirava a propriedade. Daí o preceito que se esculpiu, segundo o qual *traditionibus non nudis pactis dominia rerum transferuntur*, ou seja, o domínio não se transfere pelo pacto, mas pela tradição.

Nem sempre haverá **entrega da coisa em si**. Por vezes, porquanto o negócio se conclui à distância da coisa. Em outros casos, porque não convém, ou não é possível a entrega, dadas as dimensões da coisa, ou a sua fixação ao solo.

Por essas razões, conceberam-se duas espécies de tradição: a **real**, que se opera por meio da entrega da coisa em si, e a **ficta**, que se opera pela entrega de algo que simboliza a coisa – **tradição simbólica** – ou por uma cláusula contratual que transfere a posse independentemente de ato material – **constituto possessório e *traditio brevi manu***.[37] Quando se realiza a compra e venda de um livro ou de um quadro, o vendedor entrega o próprio livro, ou o próprio quadro. Ocorre, por conseguinte, tradição real. Todavia, quando se realiza a compra e venda de um carro, ou de uma fazenda, o vendedor não toma em suas mãos o carro e a fazenda, e lhes dá nas mãos do comprador. O que ele entrega, na verdade, são as chaves do carro ou da fazenda,

---

[36] O leitor verá mais frequentemente a expressão *res derelicta*. Ocorre que *res derelictæ* é a forma plural. No caso de *res nullius*, não há alteração no plural.

[37] No Direito moderno, acresceu-se à teoria romana a chamada **tradição solene**, que se opera pela transcrição do título translativo da propriedade no Registro de Imóveis.

as quais simbolizam tanto uma quanto a outra coisa. Nesses casos, há tradição ficta. Mas, em ambas as hipóteses, há tradição.

Daí a importância de se ver a situação da posse no caso específico da tradição. Isso porque somente há tradição se houver transferência da posse, e somente haverá domínio se houver tradição. Tais são as fórmulas fática e jurídica do fenômeno:

COMO SE ADQUIRE O DOMÍNIO PELA TRADIÇÃO
FÓRMULA FÁTICA: adquirente + coisa que lhe dá o proprietário alienante → tradição → domínio
FÓRMULA JURÍDICA: posse (transferida pela tradição) + justo título (alienação pelo proprietário) = domínio

Nos casos de tradição, a posse é **elemento constitutivo do domínio**. Não é nem um estado de fato, nem um direito subjetivo. É um dos dois pilares que configurarão o **direito de propriedade**, como hoje mais comumente se refere ao domínio.

Na tradição, posse + justo título = domínio. Certamente que voltaremos a esse tema, ao estudar a tradição propriamente, oportunidade em que o leitor compreenderá o porquê de o outro elemento constitutivo do domínio ser o justo título. Por ora, basta visualizar, na tradição, o papel da posse.

Ver questão da OAB na subseção 8.1, no capítulo 3.

3.3 A posse na usucapião

Uma terceira situação de posse é a que os romanos chamavam de *possessio civilis* – posse civil –, a qual pode levar ao fenômeno da aquisição do domínio chamado de **usucapião**.[38]

Em síntese, pois que o tema merece um espaço próprio para ser estudado, a *usucapio* é o modo de aquisição do domínio (voltamos a lembrar ao leitor que domínio pode ser interpretado como sinônimo de direito de propriedade) por meio da *possessio civilis*, conjugada a requisitos legais (o que configura a dita **posse *ad usucapionem***), por um dado lapso temporal, obedecidos os demais requisitos exigidos pela lei.

No Direito brasileiro, independentemente dos requisitos exigidos para cada espécie de usucapião, exige-se, sempre, para que se caracterize a *possessio ad usucapionem*, que a *possessio civilis* de **coisa hábil**[39] seja **incontestada e ininterrupta**. Resumidamente, isso significa que a posse do sujeito, de coisa passível de usucapião, não deve ser contestada nem disputada, nem interrompida.

Vejam-se as fórmulas a seguir:

COMO SE ADQUIRE O DOMÍNIO PELA USUCAPIÃO
FÓRMULA FÁTICA: sujeito + coisa em seu poder + tempo (+ demais requisitos que a lei exigir) → usucapião → domínio
FÓRMULA JURÍDICA: posse *ad usucapionem* [= *possessio civilis* incontestada e ininterrupta de coisa hábil] + tempo (+ demais requisitos que a lei exigir) = domínio

---

[38] Nesta obra, usamos o substantivo no feminino, conquanto seu uso mais consagrado seja no masculino, por razões didáticas, para não confundir o leitor, já que o legislador de 2002 optou por usá-lo naquele gênero. Frise-se que, em latim, *usucapio* é um substantivo feminino.

[39] A ressalva se deve ao fato de que os bens públicos não são passíveis de serem usucapidos, e, portanto, não são coisas hábeis (art. 102 do Código Civil).

O usucapiente, na verdade, tem a chamada **propriedade putativa**, a qual, para se transmudar em propriedade real, depende dos requisitos legais. Por essa razão, constata-se que o domínio do usucapiente é um **direito condicional**, sujeito a certas condições, sobretudo a posse. A posse, nesse caso, portanto, como demonstrou Teixeira de Freitas,[40] tem a natureza de **elemento acidental do domínio**, e não de estado de fato, ou direito subjetivo.

3.4 A posse dos interditos

A quarta situação de posse, que Teixeira de Freitas chamou de **posse dos interditos**, é, por sua vez, **dissociada do domínio**. É a posse que o Direito protege no momento em que é violada, ou seja, no momento do **delito**, o qual pode se configurar no **esbulho**, na **turbação** ou na **ameaça**, conforme expendido. Por essa razão, trata-se de **direito pessoal**, que se estabelece entre o possuidor e o violador da posse. Não se trata de direito real, que vincularia o possuidor à coisa em uma relação jurídica com a coletividade.

Veja bem que, antes do delito, a posse jurídica não se reveste em um direito do possuidor, senão em um **elemento do domínio**. Isso não significa que o possuidor será sempre o proprietário, porquanto a posse pode ser exercida pelo proprietário (caso em que será nitidamente atrelada ao domínio, como sua exteriorização); pelo não proprietário em razão de **negócio jurídico**, como o comodato, o depósito ou a locação (caso em que permanecerá compondo o domínio, vez que, nesses negócios, o que há é a transferência de algum dos poderes da propriedade – uso, fruição, disposição ou reivindicação);[41] ou pelo **futuro usucapiente**, caso em que, como também já foi demonstrado, estará vinculada ao domínio como condição da sua aquisição.

Eis a fórmula que configura a posse dos interditos e a relação jurídica que se instaura:

POSSE DOS INTERDITOS
FÓRMULA: possuidor + coisa em seu poder → violador + violação da posse → delito → relação jurídica entre possuidor e violador → direito pessoal à posse, protegido pelos interditos
RELAÇÃO JURÍDICA: possuidor ⟶ violador = direito pessoal

4. CLASSIFICAÇÃO DA POSSE

Inicialmente, impende destacar que a classificação da posse que exporemos a seguir leva em conta a teoria da posse tal como delineada no **Direito brasileiro**, com **peculiaridades** que a distanciam da teoria de Jhering, que a inspirou, e do Direito Romano, no qual Jhering se baseou.

4.1 Posse jurídica e posse natural

É fato que muitas das dificuldades de se elaborar uma teoria da posse livre de defeitos advêm da questão terminológica, vez que o vocábulo posse é usado com diversos sentidos.

Por essa razão é que o leitor pode estranhar, por exemplo, a expressão "posse injusta", vez que, na relação entre o possuidor injusto e o antigo possuidor, de quem a coisa foi tomada injustamente, a posse injusta não produz efeitos possessórios. Nesse sentido é que se deve

---

[40] Conforme nossa exposição na subseção sobre a natureza da posse segundo Teixeira de Freitas.
[41] No comodato e na locação, transferem-se os poderes de uso, fruição e reivindicação; no depósito, o de uso (embora o depositário seja impedido de se servir da coisa) e o de reivindicação.

interpretar a segunda parte do art. 1.208, que determina que "não autorizam a sua aquisição [da posse] os atos violentos e clandestinos". Por isso, a primeira classificação da posse que deve ser estudada é a que distingue a **posse jurídica** da **posse natural**, critério que vem do Direito Romano, em que eram chamadas de *ius possessionis* e *possessio naturalis*.

Nas palavras do próprio JHERING:

> Aqui se apresenta a teoria possessória particular do Direito Romano, que exige uma qualificação especial para que a posse participe da proteção jurídica, e que, em sua consequência, distingue duas espécies de posse – a posse *juridicamente protegida* e a posse *juridicamente desprovida de proteção*.[42]

Posse jurídica é a posse reconhecida pelo ordenamento jurídico, e à qual, consequentemente, atribuem-se **efeitos possessórios**. Por sua vez, **posse natural** é a posse que, embora reúna os elementos do conceito (*corpus* e *animus*), é **relativamente desprovida de efeitos possessórios**, em razão de ter sido adquirida por meio injusto.

A posse natural não deve ser confundida com a **detenção**: a primeira é adquirida **viciosamente** – por meio violento, clandestino ou precário –, e não produz efeitos apenas **relativamente**, na relação entre o possuidor ilegítimo e o antigo possuidor de quem a posse foi havida; a segunda é uma situação em que a lei determina que **não há posse**. Voltaremos ao tema com mais detalhes ao comparar a posse natural à detenção, na seção 5 deste capítulo.

É de extrema importância que o leitor compreenda que o vício que nega à posse natural os efeitos possessórios opera apenas na relação interna entre o possuidor ilegítimo e aquele de quem a coisa foi tomada de forma violenta, clandestina ou precária. Por essa razão, somente este pode alegar que o outro sujeito tem mera posse natural. Com relação a qualquer outra pessoa, a posse natural produzirá todos os efeitos possessórios como se fosse jurídica. Isso significa, principalmente, que o possuidor será protegido pelos interditos possessórios. No Direito Romano, dizia-se que "o possuidor, só pelo fato de o ser, tem melhor direito do que o não possuidor" (*qualiscumque possessor hoc ipso, quod possessor est, plus iuris habet, quam ille qui non possidet*).[43]

POSSE JURÍDICA E POSSE NATURAL NO DIREITO BRASILEIRO
Posse natural
corpus (exercício pleno ou não de algum dos poderes do domínio) + *animus* (vontade de ter poderes do domínio) = posse natural
Posse jurídica
corpus (exercício pleno ou não de algum dos poderes do domínio) + *animus* (vontade de ter poderes do domínio) – injustiça = posse jurídica

4.2 Posse justa e posse injusta

Define-se a **posse injusta** para que, por interpretação *a contrario sensu*, entenda-se o que é a **posse justa**.

---

[42] JHERING, Rudolf Von. *Teoria simplicada da posse*. cit., p. 16.
[43] *Corpus Iuris Civilis*, Digesto 43, 17, fr. 2.

Injusta é a posse adquirida por meio **violento, clandestino** ou **precário** (art. 1.200).

Cabe destacar que os vícios ensejadores da injustiça – violência, clandestinidade e precariedade – são **relativos**, razão pela qual, conquanto na relação entre o possuidor injusto e o possuidor anterior, de quem a coisa foi injustamente tomada, a **posse natural** não produza efeitos possessórios, na relação com terceiros, não obstante, a posse injusta produzirá efeitos possessórios como se jurídica fosse.

Sobre os vícios da posse que a tornam injusta, explica PONTES DE MIRANDA que a fórmula do interdito possessório no Direito Romano era *uti nec vi nec clam nec precario alter ab altero possidetis* ("nem por violência, nem clandestinidade, nem em precário, possuais um por outro") e significava que o possuidor que adquiriu a posse por meio injusto seria protegido de terceiros, mas não do possuidor justo.[44]

Pois bem. Diz-se violenta a posse obtida **por meio de violência** (*vis*), seja ela **física ou psicológica**. Logo, injusta é a situação do ladrão que rouba, ou seja, que subtrai a coisa mediante violência (física) ou grave ameaça (violência psíquica).

Clandestina (*clam*) é a posse de quem obteve a coisa **por meio escuso**, de modo que o possuidor anterior não tenha ciência de que outro sujeito adquiriu a posse. É o caso clássico do ladrão que furta, ou seja, que simplesmente subtrai a coisa às escondidas do possuidor. É igualmente clandestina a posse de quem a obtém cometendo os crimes de alteração de limites, usurpação de águas e supressão ou alteração de marcas em animais (art. 161, *caput* e § 1º, I, e art. 162 do Código Penal).[45]

Fala-se em posse precária (*precario*), por sua vez, para se referir à posse de quem **traiu a confiança do possuidor** indireto que lhe transferiu a posse direta, donde se infere que a posse precária nasce legítima, mas se vicia. Em outras palavras, o possuidor inicia a posse como justa, mas, porquanto **deixa de restituir a coisa**, quando é instado a fazê-lo, sua posse toma o caráter de injusta. Destarte, é precária a posse nas situações que o Direito Penal chama de apropriação indébita (art. 168 do Código Penal), bem como na hipótese do locatário, comodatário ou depositário que deixa de restituir a coisa ao locador, comodante ou depositante que a requereu, ou quando se atinge o termo final do contrato.

4.2.1 Caráter temporário e convalidação da violência e da clandestinidade

Os vícios da **violência** e da **clandestinidade** são considerados **temporários**, pelo que admitem convalidação. O vício da precariedade, não. Isso significa que a posse violenta e a posse clandestina podem se converter em posse justa, desde que cessem a violência ou a clandestinidade (art. 1.208, segunda parte); a posse precária, por sua vez, nunca poderá tornar-se justa, vez que a precariedade, por sua própria natureza, não tem como cessar. Em outras palavras, para que desaparecesse o vício, seria necessária a restituição da coisa, e, assim, a posse precária seria extinta, e não convalidada.

---

[44] MIRANDA, Francisco Cavalcanti Pontes de. *Tratado de direito privado*. cit., t. X, p. 123.

[45] Art. 161 do Código Penal: "suprimir ou deslocar tapume, marco ou qualquer outro sinal indicativo de linha divisória, para apropriar-se, no todo ou em parte, de coisa imóvel alheia: Pena – detenção, de um a seis meses, e multa.
§ 1º Na mesma pena incorre quem: I – desvia, ou represa, em proveito próprio ou de outrem, águas alheias; [...]".
Art. 162: "suprimir ou alterar, indevidamente, em gado ou rebanho alheio, marca ou sinal indicativo de propriedade: Pena – detenção, de seis meses a três anos, e multa."

No Direito Romano, as posses violenta e clandestina eram para sempre injustas com relação ao possuidor justo (*quod ab initio vitiosum est non potest tractu temporis convalescere*: o que é, de início, vicioso, não pode, pelo decurso do tempo, convalescer), ou seja, não havia o caráter temporário. O nosso Direito, todavia, relativizou o princípio, sem, no entanto, dar maiores diretrizes sobre quando a injustiça se convalidaria, o que, por conseguinte, fica a cargo da doutrina.

Como, então, entender a possibilidade de convalidação?

Inicialmente, devemos ter em mente que a violência se caracteriza pela força física ou pelo terror psicológico, e a clandestinidade, pelo ocultamento.

Examinemos, pois, três situações:

Situação 1. O sujeito esbulha a coisa exercendo força física, por exemplo, arranca o relógio do pulso do transeunte. Ou um grupo invade a fazenda de Augusto, derrubando a porteira e montando acampamento. Em que momento se pode dizer que cessou a força física do esbulhador?

Situação 2. O sujeito esbulha a coisa apontando uma arma para o possuidor e ameaçando-o de morte. A coisa é entregue ao ladrão. Quando se pode asseverar que cessou a imposição do terror psicológico?

Situação 3. O sujeito esbulha a coisa às escondidas do possuidor. Quando se pode dizer que teria cessado a clandestinidade?

É difícil responder a essas indagações, e, ainda que se consiga precisar em que momento cessaram a violência ou a clandestinidade, continuaria sendo difícil a prova de tal ocasião.

Por essa razão, o legislador de 1916 – que incorporou ao nosso Direito a ideia da convalidação das posses violenta e clandestina, a qual, como vimos, era estranha ao Direito Romano – determinou que a posse somente seria efetivamente perdida pela vítima do esbulho se esta não fosse mantida ou reintegrada na posse "em tempo competente" (art. 520, inc. IV). Esse tempo, segundo a doutrina dominante, e a jurisprudência do Supremo Tribunal, era o prazo de ano e dia.[46]

Logo, haveria a **presunção relativa** (*iuris tantum*) de que a violência e a clandestinidade cessariam **após ano e dia da violação da posse**, caso em que a situação do possuidor injusto se consolidaria, o possuidor anterior perderia a posse e a posse injusta convalesceria. A partir de então, nem mesmo a vítima do delito poderia arguir a injustiça da posse. Para reaver a coisa, teria de demonstrar que tinha posse melhor, baseando-se em algum outro caráter da posse, que não a violência ou clandestinidade.

A principal consequência prática dessa presunção é o fato de que a posse de mais de ano e dia, que se diz **posse velha**, não pode ser contestada pelo **procedimento possessório especial**, conforme veremos adiante.

Conquanto o legislador de 2002 não tenha repetido o preceito do art. 520, IV do Código de 1916, entendemos que o posicionamento permanece vigente. Ou seja, após ano e dia da violação, presume-se que cessou a violência ou a clandestinidade, e a posse injusta se torna justa.

---

[46] BEVILÁQUA (apud FULGÊNCIO, Tito. *Da posse e das ações possessórias*, cit., p. 180) e SILVIO RODRIGUES (*Direito das coisas*, cit., p. 35).

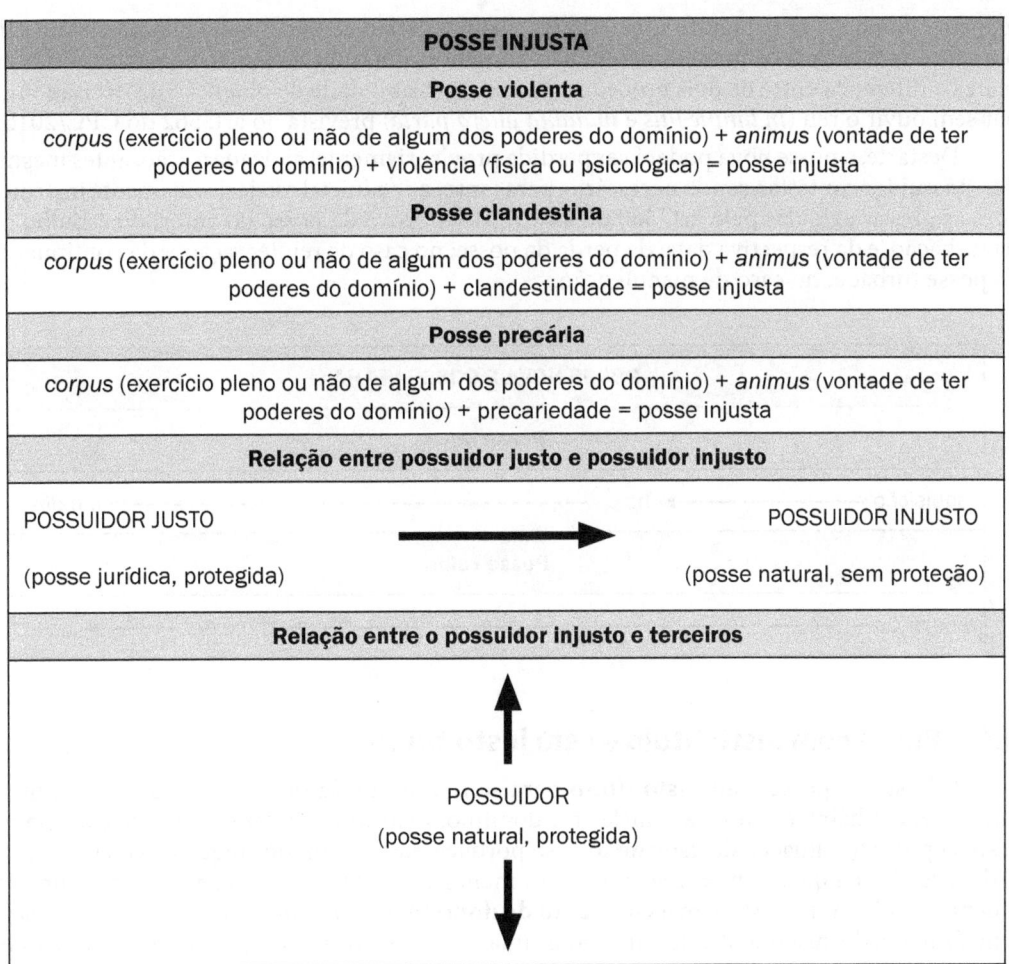

4.3 Posse nova e posse velha

A classificação da posse em **nova** e **velha**, a qual o Código Civil de 2002 não manteve, tem ainda relevância tanto para o direito material quanto para o direito processual.

Diz-se posse nova aquela que **ainda não completou o prazo de ano e dia da data da aquisição**, e velha a que já se estendeu para além desse tempo.

Ou seja, supondo que Caio adquiriu sua posse em 1º de janeiro de 2010, e Berenice em 1º de julho de 2010, em fevereiro de 2011 a posse de Caio será velha, porque já data de mais de ano e dia; já a posse de Berenice será nova, por contar com menos de um ano e um dia.

Como acabamos de ver, a **posse nova será considerada injusta** se o autor da ação possessória provar a violência ou a clandestinidade com que a coisa lhe foi tomada; já a **posse velha será presumida justa**, o que significa dizer que será necessária a prova da violência ou da clandestinidade atual para que se considere a posse injusta.

Com relação ao direito processual, o art. 558 do Código de Processo Civil manteve a dicotomia entre as chamadas **ação de força nova** e **ação de força velha**, e estatuiu o seguinte: "regem o procedimento de manutenção e de reintegração de posse as normas da Seção II deste Capítulo quando a ação for proposta dentro de ano e dia da turbação ou do esbulho afirmado na petição inicial". O parágrafo único do dispositivo esclarece que, "passado o prazo referido no *caput*, será comum o procedimento, não perdendo, contudo, o caráter possessório". O que marca a diferença entre os dois procedimentos é a possibilidade de obtenção da decisão liminar sem ouvir o réu (*in limine litis* e *inaudita altera parte*) prevista no art. 562 do CPC/2015.

Destarte, a posse nova poderá ser perdida provisoriamente, ajuizada a ação, antes mesmo de o possuidor contestar, sendo necessário, para tanto, que a inicial esteja devidamente instruída com as provas exigidas pelo art. 560 do CPC/2015 – prova da posse do autor; do esbulho ou da turbação, e da respectiva data; da perda da posse, no caso de reintegração, e da continuação da posse turbada, no caso de manutenção.

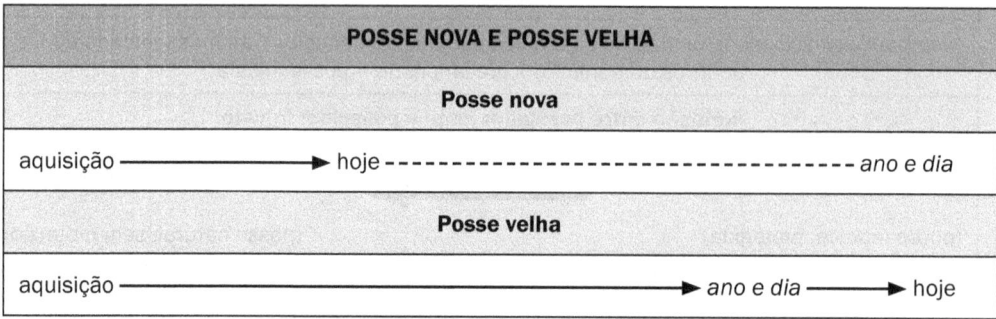

4.4 Posse com justo título e sem justo título

Fala-se em posse **com justo título** para se referir àquela que foi obtida por um meio que se reputa hábil, em tese, a transferir o domínio. O justo título tem grande relevância no caso da posse na situação de **usucapião**. Isso porque constitui um dos requisitos da usucapião ordinária, para a qual se prescreve um prazo menor do que para a usucapião extraordinária. Quem possui a título justo tem a **convicção de dono** (*opinio domini*), e a usucapião ordinária tem a finalidade, justamente, de consolidar uma situação fática – o sujeito possui convicto de ser o proprietário, sem o ser.

Se à posse são adicionadas terras por meio de **aluvião, avulsão** ou **abandono de álveo**,[47] o acréscimo de posse também tem justo título, porquanto esses fatos naturais são modos de aquisição do domínio.[48]

O justo título há de ser sempre um fato jurídico pelo qual se considera possível transmitir o domínio, **ainda que essa transmissão não se tenha efetivado**, e independentemente dos vícios da posse. Afinal, o justo título refere-se apenas à **causa** da aquisição (*causa adquirendi possessionis*), e não à qualidade da posse adquirida.

A sucessão hereditária configura justo título, de modo que, se Clóvis herda a posse de Helena, tem justo título, ainda que a posse tenha defeitos, e que Helena não fosse proprietária.

---

[47] Em síntese, aluvião é o acréscimo de terras à propriedade ribeirinha em razão do depósito de sedimentos trazidos pelas águas do rio; avulsão é o acréscimo de sedimentos devido ao deslocamento de terras, em deslizamentos (a terra solta de um lugar, e vai parar em outro); abandono de álveo é o fenômeno do desvio natural de um curso de água, que implica o ressecamento do leito anterior, que se incorpora às terras por onde o curso passava.

[48] Deve ficar claro que o domínio será adquirido pelo proprietário das terras, e, caso não seja ele o possuidor, este não adquirirá a propriedade, mas terá posse com justo título.

No caso dos negócios jurídicos, há hipóteses de tradição realizada pelo não proprietário (*traditio a non domino*), em que o **título em si** preenche os requisitos legais (no caso de imóveis, pode haver a escritura pública devidamente registrada;[49] no caso dos móveis, pode haver a tradição real, simbólica ou o constituto possessório), mas o negócio é nulo, porquanto um dos sujeitos pretendeu transferir mais direitos do que tinha (*nemo plus iuris ad alium transferre potest quam ipse habet*); há hipóteses de negócio com defeito leve – anulável, portanto –, mas que, apesar disso, tem, em tese, aptidão para transferir a propriedade; e há hipóteses de ineficácia, como pode ocorrer com uma escritura pública de compra e venda que não seja levada a registro. Em todos esses casos, há **justo título**.

Por outro lado, não tem justo título a posse adquirida por qualquer modo que não tenha aptidão para transferir o domínio.

Logo, não tem justo título a posse obtida temporariamente por meio de negócio jurídico de execução continuada (como a locação, o comodato, o depósito), ou por meio da constituição de um direito real sobre a coisa alheia (como o uso, o usufruto), ou por meio ilícito. Assim, o locatário, o comodatário, o depositário, o usuário, o usufrutuário, entre outros, além de quem adquiriu a posse por meio violento ou clandestino, ou quem se apropriou de coisa que tinha a obrigação de restituir, têm posse **sem justo título**.

POSSE COM E SEM JUSTO TÍTULO
Posse com justo título
posse + título hábil, em tese, a transferir o domínio = posse com justo título
Posse sem justo título
posse – título hábil, em tese, a transferir o domínio = posse sem justo título

4.5 Posse de boa-fé e de má-fé

Classicamente se diz, e é esta a ideia adotada pelo Código (art. 1.201), que tem posse de **boa-fé** aquele que **desconhece os vícios que a maculam** (violência, clandestinidade ou precariedade), **ou os obstáculos que impedem a sua aquisição**.

Suponhamos, por exemplo, que a posse de Orlando é precária, pois este deixou de restituir material que lhe foi emprestado. Manuel, sem ter ciência disso, toma a coisa emprestada de Orlando. Nesse caso, a posse de Manuel tem um defeito – a injustiça, devida à precariedade. Não obstante, é de boa-fé, porquanto Manuel desconhece o vício.

Imaginemos, em outro caso, que César obteve uma coisa por meio de roubo. Conclui-se, destarte, que a posse de César é injusta, em razão da violência, com relação ao possuidor de quem ele tomou a coisa. Caso Silvio a negocie com César, terá posse de boa-fé, conquanto haja um obstáculo à sua aquisição da coisa, o qual consiste no fato de que a posse de César é violenta.

Obviamente que tem também posse de boa-fé aquele cuja posse **não tem vícios**.

A lei estatui a **presunção de boa-fé** em favor do possuidor com justo título, presunção que tem natureza relativa (*iuris tantum*), ou seja, admite-se a prova em contrário (parágrafo único do art. 1.201).

Por outro lado, é de **má-fé** a posse de quem mantém a posse mesmo **ciente de que é viciada, ou de que há óbice à sua aquisição**. A posse se considera de má-fé, nos termos do art. 1.202,

---

[49] Trata-se da chamada **tradição solene**.

"no caso e desde o momento em que as circunstâncias façam presumir que o possuidor não ignora que possui indevidamente".

Que circunstâncias seriam essas? Imaginemos que Rui furta uma coisa e vende-a a Pontes, o qual desconhece o furto. Logo, Rui tem posse de boa-fé. Posteriormente, a imprensa noticia amplamente o crime, descrevendo em detalhes a coisa furtada. Nesse caso, presume-se que Pontes tomou conhecimento da injustiça da posse de Rui (posse natural, em razão da clandestinidade), pelo que sua posse se torna de má-fé.

Frise-se, por fim, que, havendo litígio acerca da coisa objeto da posse, sendo o pedido do autor julgado procedente, a posse do réu se considera de má-fé desde a sua citação no processo, vez que, a partir de tal momento, o possuidor tomou ciência do vício da sua posse, reconhecido posteriormente pela decisão de mérito em seu desfavor.

Acesse o QR Code e assista ao vídeo:
Conversas sobre Direito Civil (4): posse de boa e de má-fé

> https://uqr.to/r1jn

POSSE DE BOA-FÉ E POSSE DE MÁ-FÉ
Posse de boa-fé
posse – conhecimento dos vícios ou obstáculos (se houver) = posse de boa-fé
Posse de má-fé
posse + conhecimento dos vícios ou obstáculos = posse de má-fé

4.6 Posse direta e posse indireta

Considerando-se como posse o exercício de fato de algum dos poderes inerentes à propriedade, os quais são o uso, a fruição, a disposição e a reivindicação, concluímos que pode haver mais de um possuidor, por assim dizer, desde que sujeitos diferentes detenham diferentes poderes.

Ocorre que a posse é por natureza **exclusiva**.[50] Não há "duas ou mais posses", mas sempre uma só. O que pode haver, em alguns casos, é um **desdobramento** da mesma posse, em razão de os poderes da propriedade da mesma coisa estarem nas mãos de sujeitos diversos, ou de sujeitos diversos serem titulares do **mesmo poder**.

Surgem, daí, as ideias de **posse direta** e **posse indireta**, e de **composse** (esta será estudada em uma subseção própria).

Exerce a **posse direta** o possuidor que tem o **poder de uso**, independentemente dos demais. Muitos doutrinadores afirmam que tem a posse direta quem tem o "poder sobre a coisa".

---

[50] Uma coisa somente pode ser objeto de um direito de propriedade e, por conseguinte, de uma posse. Pensar-se em mais de uma posse implicaria pensar-se em mais de uma propriedade de uma mesma coisa, o que seria absurdo. Deve-se ter cuidado, todavia, para não se confundir a exclusividade da propriedade e da posse com as hipóteses de condomínio e composse, em que mais de um sujeito é titular da mesma propriedade e da mesma posse.

O próprio Código estabelece que tem posse direta a "pessoa que tem a coisa em seu poder" (art. 1.197). O conceito nos parece inadequado, por remeter o intérprete à teoria de SAVIGNY, para quem não há posse de coisa distante, justamente por se interromper o vínculo físico (poder) entre o sujeito e a coisa. A se seguir esse raciocínio, o "possuidor" da fazenda, enquanto estiver na sua casa de praia, perderá a posse direta. Isso, na verdade, não ocorre, desde que ele tenha o poder de uso da coisa.

Por outro lado, tem a **posse indireta** o possuidor que **não tem o poder de uso da coisa**.

Segundo salienta CAIO MÁRIO, "usar não é somente extrair efeito benéfico, mas também ter a coisa em condições de servir".[51] Daí que o locador, o comodante e o depositante, por exemplo, que cedem o direito de uso, têm a posse indireta, enquanto o locatário, o comodatário e o depositário,[52] que têm o poder de usar, têm a posse direta.

POSSE DIRETA E POSSE INDIRETA
Posse direta
corpus (no mínimo, poder de uso) → posse direta
Posse indireta
corpus – poder de uso → posse indireta
Desdobramento da posse
posse direta (no mínimo, poder de uso) + posse indireta (outro ou outros poderes, com exceção do poder de uso) = posse (exercício, pleno ou não, de algum dos poderes do domínio)

4.7 Composse

Como vimos, a posse é **exclusiva**, assim como a propriedade. Isso quer dizer que duas pessoas não podem, ao mesmo tempo, exercer posses diferentes de uma mesma coisa, sem que a posse de uma exclua a da outra.

Duas ressalvas há que se fazer, com relação a essa exclusividade, caso o leitor não tenha lido a subseção anterior: pode a mesma posse desdobrar-se em direta e indireta, o que não fere a ideia de que a posse seja exclusiva, pois se trata de uma só posse; e pode a mesma posse **ser exercida por mais de um sujeito**, nos casos de coisa indivisa, de cuja propriedade mais de uma pessoa tem poderes. Aquela hipótese – de posse direta e indireta – já foi objeto do nosso exame. Cabe, agora, analisar esta última hipótese, a que a doutrina dá o nome de **composse**.

Composse é, pois, a situação em que a mesma posse, de **coisa indivisa**, é exercida por mais de um sujeito.

Tal é o que ocorre, por exemplo, no caso de toda uma família que reside em uma mesma casa. Independentemente de quem tem a propriedade, todos que ali residem têm a posse (poder de usar).

Veja-se que **indivisa** não significa indivisível. Fala-se em posse da coisa indivisa (*pro indiviso*) para se referir ao fato de que se trata da **mesma posse da mesma coisa, por inteiro**.

---

[51] PEREIRA, Caio Mário da Silva. *Instituições*, cit., v. IV, p. 73-74.
[52] O depositário tem a coisa em *condições* de servir, embora não para se beneficiar dela, e sim para guardá-la.

No exemplo da casa, pode ocorrer de todos possuírem a sala (*pro indiviso*), mas apenas o pai ter a posse do escritório, por inteiro (*in solidum*), por não permitir que outros entrem lá. Nesse caso, haveria composse dos demais cômodos da casa, mas não do escritório.

Sobre a composse o Código Civil dispõe, no art. 1.199, que "se duas ou mais pessoas possuírem coisa indivisa, poderá cada uma exercer sobre ela atos possessórios, contanto que não excluam os dos outros compossuidores".

Vez que já explicamos a questão da coisa indivisa, cumpre, ainda, comentar o tema dos **atos possessórios**. Esses atos são todos aqueles permitidos pelo poder da propriedade que tem o possuidor. Tratando-se, por exemplo, do poder de uso, os atos possessórios são todos os atos que permitam ao possuidor servir-se da coisa, bem como todos os necessários para sua guarda. Havendo composse, não pode um dos compossuidores impedir o outro de praticar tais atos.

Augusto e Berenice, casados no regime da comunhão universal, são, por conseguinte, compossuidores da casa em que residem. Não pode Augusto impedir Berenice de entrar na casa, nem de ali residir. A entrada, assim como a residência, são atos possessórios, que um compossuidor não pode impedir o outro de praticar.

COMPOSSE		
	titular (compossuidor)	
titular (compossuidor)	posse	titular (compossuidor)
	titular (compossuidor)	

4.8 Posse *ad usucapionem*

Conforme vimos anteriormente, existem quatro situações de posse: a da ocupação, a da tradição, a da usucapião e a dos interditos.

No caso da usucapião, fala-se em **posse ad usucapionem** para se referir à **posse mansa, pacífica e ininterrupta de coisa hábil**, que, aliada aos demais requisitos exigidos pela lei, compõe as condições da aquisição do domínio pela usucapião.

4.9 Posse *ad interdicta*

Recebe a denominação *ad interdicta* a posse protegida pelos **interditos possessórios** (ações possessórias). Ou seja, cuida-se da posse jurídica.

5. DETENÇÃO

Há certas situações em que haveria **posse**, conforme o conceito positivado no art. 1.196 do Código Civil, mas em que o ordenamento não quer estender os efeitos da posse ao sujeito. Por essa razão, a lei estabelece um **preceito negativo**, que tira da posse o caráter possessório, e lhe transmuda em **detenção**. Ou seja, no Direito brasileiro, podemos afirmar que a detenção é a hipótese de **ausência de posse por força de lei**. São dois os casos de detenção no Código Civil: o do art. 1.198 e o do art. 1.208, primeira parte.

A fórmula proposta para a detenção por Beviláqua, inspirada em Jhering, é a seguinte, que comparamos com a da posse:

FÓRMULAS JURÍDICAS DA POSSE E DA DETENÇÃO
a (*animus*) + c (*corpus*) = posse
a + c + n (preceito legal negativo) = detenção[52]

5.1 Detenção no art. 1.198 – o servidor ou fâmulo da posse[53]

Segundo o art. 1.198, considera-se **detentor** quem, "achando-se em relação de dependência para com outro, conserva a posse em nome deste e em cumprimento de ordens ou instruções suas". O parágrafo único ainda ressalta que "aquele que começou a comportar-se do modo como prescreve este artigo, em relação ao bem e à outra pessoa, presume-se detentor, até que se prove o contrário", ou seja, que é possuidor.

A doutrina costuma se referir ao detentor do art. 1.198 como **servidor** ou **fâmulo da posse**.

Exemplo dessa hipótese é o do preposto, como o motorista de ônibus que conduz o veículo pela cidade, em nome do seu empregador, e cumprindo ordens, ou do entregador, como um *motoboy*, que transporta uma mercadoria de um lugar a outro em nome de quem o contratou e seguindo suas instruções. Têm também mera detenção os representantes, sejam eles legais ou convencionais (mandatários), vez que têm a coisa em nome do representado.

Como se vê, no caso do servidor ou fâmulo da posse, esta não chega a se caracterizar, porquanto um preceito legal negativo – o do art. 1.198 do Código – impede sua configuração.

5.1.1 Autoproteção

No Direito alemão, que influenciou a elaboração do conceito de detentor do art. 1.198 do Código Civil brasileiro, quem tem mera detenção, conquanto não goze de proteção possessória, pode exercer os direitos de autoproteção do possuidor, para em nome dele defender a posse.[54]

Apesar da ausência de disposição legal nesse sentido no ordenamento pátrio, é razoável que se reconheça ao detentor essa faculdade, para evitar a violação da posse para o possuidor.

Imaginemos o caso de um *motoboy* transportando uma determinada coisa para Clóvis. Abordado por pivetes que tentam lhe subtrair a coisa, não só pode como deve o detentor, se as circunstâncias permitirem, proteger a coisa por seus próprios meios, impedindo o esbulho.

Estudaremos a possibilidade de o possuidor defender sua posse por seus próprios meios na seção acerca dos efeitos da posse, quando, então, o leitor terá uma melhor compreensão da situação de autoproteção possessória exercida pelo detentor.

5.2 Detenção no art. 1.208 – os casos de mera permissão ou tolerância

A primeira parte do art. 1.208 determina que "não induzem posse os atos de mera permissão ou tolerância". Isso significa que os atos praticados em razão de permissão ou tolerância **não são atos possessórios**, porquanto **não há posse**. Se há atos que parecem posse (*corpus* + *animus*), mas não há posse, em razão de preceito legal negativo, a hipótese é de **detenção**,[55] embora se distancie da ideia germânica do servidor da posse.

---

[53] Fazemos essa ressalva porquanto no Direito Romano as expressões *detentio* e *possessio naturalis* eram ambas usadas para se referir à mesma situação, que era a da posse sem proteção. O Direito contemporâneo, não obstante, deu outro caráter à detenção, que acabou por distanciá-la da posse natural.

[54] GOMES, Orlando. *Direitos reais*, cit., p. 46.

[55] De modo que, entendendo-se que o detentor tem o direito de autodefesa da sua situação, as pessoas que têm a detenção em virtude de atos de tolerância ou permissão poderiam se defender de *terceiros*,

Tito Fulgêncio bem objetivamente explicou a questão dos atos de tolerância e permissão:

a) *De tolerância*. São os consistentes nas relações de boa vizinhança ou de familiaridade, em atenção às quais se permite *tacitamente* que outro faça na coisa que nos pertence, aquilo que não teria o direito de fazer, como a passagem pelo jardim da minha casa ou por atalhos existentes na minha fazenda.

b) *De mera permissão*. Dizem-se os que, não sendo por sua natureza de simples tolerância, podem ser exercitados como tais por *convenção das partes*, como a abertura da janela para meu prédio, fechável à minha requisição.[56]

Em outras palavras, situações de mera tolerância são aquelas em que há **permissão tácita** do proprietário ou possuidor para que terceiro se utilize da coisa por cortesia.

Se Caio pede a Orlando uma caneta emprestada, há um contrato verbal de comodato, que fundamenta a posse de Caio. Por sua vez, se Silvio senta em uma poltrona, na recepção de um hotel, não adquire a posse da poltrona. O que Silvio adquire, enquanto estiver sentado, é detenção, por meio da tolerância do hotel.

Situações de mera permissão, por sua vez, são aquelas em que há **permissão expressa**, sem, contudo, que se celebre um negócio.

Exemplo típico é o que costuma ocorrer em propriedades rurais: por uma razão qualquer, Manuel permite que o vizinho, Clóvis, transite com gado por suas terras. Nesse caso, não há posse da passagem, vez que o trânsito é tão somente permitido. A qualquer tempo pode Manuel, que concedeu a permissão, revogá-la, proibindo o trânsito.

Hodiernamente, é comum que se faça referência a "atos de mera tolerância ou permissão" em sentido amplo, sem distinguir os casos de tolerância dos casos de permissão. Não há nenhum problema nisso, pois o efeito prático é o mesmo.

5.3 Detenção e posse natural

Diferente da **detenção** compreendida com base nos contornos traçados é a situação da **posse natural** em razão de vício, que estudamos na seção anterior, a qual, com relação ao possuidor legítimo, é desprovida de proteção; porém, com relação a todas as demais pessoas, é como se fosse posse jurídica, devidamente protegida.

Deve ficar claro que a ideia de **detenção** do nosso Direito deixou de lado o Direito Romano, em que a figura da detenção se confundia com a da **posse natural**.

Daí ser necessário muito cuidado ao se interpretar o art. 1.208 do Código Civil, cuja segunda parte estabelece que "não autorizam a sua aquisição os atos violentos, ou clandestinos, senão depois de cessar a violência ou a clandestinidade". Como se vê, a expressão aqui utilizada "não autorizam a sua aquisição" é bastante diferente da utilizada na primeira parte, "não induzem posse". Isso porquanto está claro que nesta situação não há posse, enquanto naquela pode haver, embora, se houver, seja uma posse proibida.

Beviláqua, autor do texto, explicou que o comando que hoje se encontra na segunda parte do art. 1.208 pretende deixar claro que os vícios da violência e da clandestinidade, no nosso Direito, são temporários, ao revés do que se passava no Direito Romano, em que nunca convalesciam. Ou seja, o comando não é no sentido de que nessas hipóteses não há posse, e sim no sentido de que as posses violenta e clandestina podem perder esse caráter.

---

mas não, obviamente, do possuidor que tolera ou permite a prática dos atos.

56 FULGÊNCIO, Tito. *Da posse e das ações possessórias*, cit., p. 10.

É pena que duas ideias diferentes tenham sido reunidas em um mesmo artigo do Código, pois isso causa problemas de interpretação. César Fiuza chega a afirmar que "a tença violenta ou clandestina será mera detenção, enquanto durar a violência ou clandestinidade".[57] Ocorre que, se a tença violenta ou clandestina não fosse posse, o art. 1.200, que se refere às posses violenta, clandestina e precária, perderia o sentido, ao menos com relação à violência e à clandestinidade. Ademais, seria negada aos possuidores injustos a proteção possessória, o que não ocorre, a não ser na relação entre eles e os possuidores justos.

O sentido de "não autorizam a sua aquisição", por conseguinte, é: a posse assim adquirida – por meio não autorizado – será sempre injusta, o que se complementa pela parte final do dispositivo "senão depois de cessar a violência ou a clandestinidade", que quer dizer que a posse se tornará justa, cessando a violência ou a clandestinidade.

Afinal, os adjetivos "justa" e "injusta" sempre foram usados com relação à posse em atenção exatamente à sua aquisição, como salienta Lafayette: "*posse justa* em sentido lato é aquela cuja aquisição não repugna ao Direito. No caso contrário a posse se diz injusta".[58]

Seguindo esse raciocínio, fica ainda mais clara a razão de a lei não se referir à posse precária no art. 1.208: a posse precária não convalesce; não perde jamais o caráter de injusta, pelas razões que vimos ao estudar a classificação da posse. Logo, não cabe no dispositivo, cujo objetivo é o de positivar a ideia de que as posses violenta e clandestina podem se livrar de seus vícios e se tornarem justas.

Os casos de violência ou clandestinidade são aqueles como o do ladrão que rouba (ou seja, subtrai algo por meio de violência ou de grave ameaça) ou que furta (subtrai clandestinamente, ou seja, às escondidas).

O tema já foi objeto do nosso estudo ao analisarmos a classificação da posse em justa e injusta. A posse será **natural** e **injusta**, e não produzirá efeitos com relação ao possuidor de quem a coisa foi tomada, enquanto durar a violência ou a clandestinidade.[59]

6. DIREITO DE INÉRCIA POSSESSÓRIA E DIREITO DE POSSUIR

Outra confusão que em geral se faz, no estudo da posse, é entre o que os romanos chamavam de *ius possessionis* e *ius possidendi*.

Seguindo a teoria adotada pelo Direito brasileiro, sabemos que o fenômeno da posse se consubstancia no exercício, pleno ou não, de qualquer dos poderes inerentes ao domínio. O simples fato de o sujeito ter a posse, tal qual conceituada, confere-lhe o **direito de continuar a tê-la** – direito que os romanos chamavam de *ius possessionis*. Cuida-se do que denominamos **direito de inércia possessória**, vez que garante ao possuidor o direito de permanecer possuidor, e impede que o não possuidor queira tomar para si a posse.

DIREITO DE INÉRCIA POSSESSÓRIA
corpus (exercício pleno ou não de algum dos poderes do domínio) + *animus* (vontade de ter poderes do domínio) = posse → direito de inércia possessória (*ius possessionis*)

O **direito de possuir**, por sua vez, integra o domínio, pois consiste em um **elemento** seu. Afinal, se, conforme a lição de Jhering, a posse está para a propriedade como "a

---

[57] FIUZA, César. *Direito civil*, cit., p. 806.
[58] PEREIRA, Lafayette Rodrigues. *Direito das coisas*, cit., p. 35.
[59] Por presunção relativa, um ano e um dia.

chave que abre o tesouro",[60] pelo que somente pode haver propriedade se for possível a posse, então um dos elementos daquele direito tem necessariamente de ser o direito de possuir. Os romanos o chamavam de *ius possidendi*. Naturalmente que, como elemento do domínio, o *ius possidendi* é de titularidade do **proprietário**, o qual pode, não obstante, estendê-lo a terceiro.

DIREITO DE POSSUIR COMO ELEMENTO DO DOMÍNIO
domínio = direito de possuir (*ius possidendi*) + poderes de usar, fruir, dispor e reivindicar

A dúvida que surge é a seguinte: o que o Direito protege?

Pela **via possessória**, o Direito protege apenas o **direito de inércia possessória**, *ius possessionis*.

O **direito de possuir**, *ius possidendi*, por configurar um elemento do domínio, é protegido por meio da **via petitória** (aquela que protege não a posse, mas a propriedade).

Ocorre que, ao proteger o *ius possessionis*, conforme explicou o próprio Jhering, o Direito protege a posse **isolada** do domínio e, consequentemente, do *ius possidendi*.

Teixeira de Freitas elucidou a questão asseverando que "quem tem a simples posse [*animus + corpus*] de uma coisa não tem por este fato direito algum à detenção[61] [*ius possidendi*]; tem somente o direito de exigir, que nenhuma violência lhe seja feita no *quod interest* relativamente à posse [*ius possessionis*, ou direito de inércia possessória]".[62]

O que se quer dizer com isso? Que é possível ter a posse, e, por conseguinte, **direito de inércia possessória** (*ius possessionis*) sem ter o **direito de possuir** (*ius possidendi*). Ou seja, é possível ter **posse ilegítima** e, apesar disso, gozar da **proteção possessória**.

Jhering explicou que "a ideia fundamental de toda a teoria possessória é o *ius possessionis*, isto é, o direito que tem todo possuidor de prevalecer-se de sua relação possessória até que se encontre alguém que o despoje pela prova de seu *ius possidendi*".[63]

Pode ser que o leitor se pergunte: por que, então, o Direito protege o direito de inércia possessória, *ius possessionis*? Savigny afirmou que seria para proteger a pessoa do possuidor, e, Jhering, que seria para proteger a propriedade. Isso com relação ao Direito Romano.

No Direito brasileiro contemporâneo, entendemos que o direito de inércia possessória é protegido por se consubstanciar em um **direito da personalidade** do possuidor, cujo objeto é a **posse**. A natureza de direito da personalidade[64] advém do fato de que a posse é fundamental para a dignidade da pessoa humana, vez que não é dado ao ser humano viver sem possuir: seria até concebível a vida sem o direito de propriedade, mas nunca sem o *ius possessionis*. A ausência desse básico direito privaria a pessoa de quase todos os bens necessários para sua subsistência.

Pois bem. Violado o direito de inércia, nasce para o sujeito um **direito pessoal** à posse, da qual é devedor o violador.

---

[60] JHERING, Rudolf Von. *Teoria simplificada da posse*, cit., p. 96.
[61] O vocábulo "detenção", aqui, é usado como *corpus + animus*, e não como situação do fâmulo da posse.
[62] FREITAS, Augusto Teixeira de. *Consolidação*, cit., p. CLXI.
[63] JHERING, Rudolf. *Teoria simplificada da posse*, cit., p. 76.
[64] Nosso Direito adota uma teoria mista dos direitos da personalidade: ao mesmo tempo que positiva direitos da personalidade específicos, admite que de um princípio geral – **a dignidade da pessoa humana** – derivem infinitos outros.

Dito isso, fica clara a razão pela qual não vemos na posse um direito real, senão um **direito pessoal**. A relação jurídica da posse se instaura **entre o possuidor violado e o violador**, tendo por objeto uma conduta do violador, consubstanciada na prestação de restituir a coisa.

E o **direito de inércia possessória**, teria ele a natureza de um direito real?

Não, porquanto se garante à pessoa apenas a posse, abstratamente, e não a coisa. Em outras palavras, o objeto do *ius possessionis* é a **posse**, não a coisa.

Assim considerado, o *ius possessionis* se assemelha ao **direito fundamental de propriedade**, que não é, igualmente, um direito real (não se trata do domínio), mas um direito da personalidade, cujo objeto é a **propriedade**, e não uma coisa em particular.

Deve ficar claro que, pelo fato de o Direito proteger o *ius possessionis*, não se pode inferir que as pessoas tenham a posse do que lhes aprouver. Todavia, quem efetivamente está na posse de uma coisa somente deve ser dela tirado por quem provar ter **melhor posse**, via ação possessória, ou **direito sobre a coisa**, como o direito de possuir, em ação própria. Em conclusão: o leitor deve tomar cuidado para distinguir, a todo instante, o **direito de inércia possessória** (*ius possessionis*) – direito da personalidade –, do **direito de possuir** (*ius possidendi*) – elemento do domínio.

7. FUNÇÃO SOCIAL DA POSSE

O Direito contemporâneo tem exaltado a **função social da posse**. A questão se resume no que ROSENVALD e FARIAS expõem como "despatrimonializar e repersonalizar a posse".[65]

Elaborou-se uma crítica, à luz do Estado social, ao caráter de fundo eminentemente patrimonial do pensamento de JHERING, para o qual o **fundamento** da proteção possessória seria a **propriedade**.

Nessa esteira, ROSENVALD E FARIAS chegam a tratar da "função social da posse e o direito de moradia",[66] relacionando a posse quase que exclusivamente com a posse de bens imóveis residenciais,[67] baseados no papel da proteção possessória na efetivação do direito de moradia protegido pela Constituição.

Pois bem. Consideramos, na verdade, que a expressão citada anteriormente, cunhada por ROSENVALD E FARIAS, amolda-se perfeitamente à teoria da posse por nós adotada.

Isso porque a função social da posse refere-se ao **direito de inércia possessória**, *ius possessionis*. Conforme expendido, o Direito protege, pela atribuição de um direito da personalidade, o possuidor que sofrer violação da sua posse.

Na verdade, conquanto SAVIGNY não tenha se referido a um **direito da personalidade**, já fornecera material para esse entendimento, conforme se depreende do trecho a seguir (pedimos licença para grifar trechos do excerto):

---

[65] ROSENVALD, Nelson; FARIAS, Cristiano Chaves de. *Direitos reais*, cit., p. 38.
[66] Ibidem, p. 35.
[67] Transcrevemos o seguinte trecho, para ilustrar a afirmação: "em verdade, tutela-se a posse como direito especial, pela própria relevância do direito de possuir, em atenção à superior previsão constitucional do direito social primário à moradia (art. 6º da CF – EC nº 26/01), e o acesso aos bens vitais mínimos hábeis a conceder dignidade à pessoa humana (art. 1º, III, da CF). A oponibilidade *erga omnes* da posse não deriva da condição de direito real patrimonial, mas do atributo extrapatrimonial da proteção da moradia como local de resguardo da privacidade e desenvolvimento da personalidade do ser humano e da entidade familiar" (ibidem, p. 37).

A posse mostra-se primeiro como poder de fato sobre uma coisa, consequentemente como um não direito (diferente do delito), alguma coisa enfim de completamente estranho ao direito. Entretanto ela é protegida contra certas violações, e para assegurar esta proteção têm-se estabelecido regras gerais sobre a aquisição, e perda, da posse, como se ela constituísse um direito. Dar o motivo desta proteção, e desta assimilação da posse a um direito, tal é a questão.

Acha-se este motivo na íntima conexão entre o fato da posse, e o possuidor. O respeito devido à pessoa deste reflete indiretamente sobre o fato. Fica assim o fato ao abrigo dos atos de violência, porque estes alcançariam ao mesmo tempo a pessoa.[68]

Teixeira de Freitas completa o raciocínio:

Não viola-se em tal caso um direito independente da pessoa: há porém na posição da pessoa alguma coisa de mudado em seu prejuízo, e o mal, que lhe é causado pela violência, não pode ser inteiramente reparado senão pelo restabelecimento, ou proteção, deste estado de fato, que a violência tem alterado. Tal é a verdadeira causa das ações possessórias.[69]

Temos, aqui, a "despatrimonialização" e "repersonalização" da posse requeridas por Rosenvald e Farias. Já Savigny e Teixeira de Freitas fundamentavam a posse na **proteção da personalidade**. Se na época já se houvesse elaborado a teoria dos direitos da personalidade, eles provavelmente teriam enxergado o *ius possessionis* como tal.

Destarte, podemos afirmar que a função social da posse consiste no papel exercido pelo *ius possessionis* na vida em sociedade – pois que o ser humano, em seu cotidiano, exerce a posse sobre centenas de coisas, desde sua casa e seu carro até a caneta com que escreve um bilhete. O Direito, ao reconhecer essa função, designa mecanismos para proteger o indivíduo que porventura tiver sua posse violada, seja por esbulho, turbação ou ameaça, bem como impede que a posse seja exercida em violação da ordem social.

Chamamos a atenção do leitor para o fato de que a função social da posse, assim considerada, nada tem a ver com a função social da propriedade. Trata-se, aqui, da função social da posse dissociada do domínio.

Também não é demais repetir que se cuida do *ius possessionis*, cujo objeto não é nem vinculado à propriedade, nem a uma coisa. Seu objeto é simplesmente a **posse**, em abstrato.

Pensando-se na função social da posse, num primeiro momento, garante-se ao possuidor a manutenção de sua situação possessória. Num segundo momento, verifica-se se o objeto da posse é uma coisa da qual o sujeito se tenha apoderado por meio legítimo, e se a posse se reputa justa – livre de violência, clandestinidade ou precariedade. Atendidas essas condições, a posse estará cumprindo sua função social.

8. OBJETO DA POSSE

No Direito Romano clássico, apenas as **coisas** podiam ser objeto de posse. Posteriormente, ao longo da Idade Média, sobretudo por influência do Direito Canônico,[70] formularam-se teorias que permitiam a chamada **posse de direitos**.

---

[68] SAVIGNY, Friedrich Karl von apud FREITAS, Augusto Teixeira de. *Consolidação*, cit., p. CLX.
[69] FREITAS, Augusto Teixeira de. *Consolidação*, cit., p. CLX-CLXI.
[70] San Tiago Dantas explica que "a origem disto está na forma peculiar de certos direitos eclesiásticos, em que se estabelecia uma íntima dependência entre o cargo, entre a função que se atribuía a

No Brasil, a discussão atingiu o clímax no famoso episódio em que RUY BARBOSA discursou em defesa dos professores da Escola Politécnica no Rio de Janeiro, dissertando sobre a admissibilidade da posse dos direitos pessoais. Os artigos que publicou foram reunidos, tempos depois, em volume intitulado *Posse de direitos pessoais*.[71]

RUY BARBOSA defendeu seu ponto de vista sobre dois pilares: um, que coisa não era, como queria TEIXEIRA DE FREITAS, apenas o **bem corpóreo suscetível de valoração**, mas, sim, **qualquer bem**; e, dois, que por mais que o Direito Romano não admitisse a posse de direitos, a tradição do Direito português a admitia.

Na verdade, a ideia – de grande astúcia – era facilitar a proteção jurídica rápida de certos direitos, inclusive a liberdade, por meio das ações possessórias, cuja vantagem sempre foi a agilidade.

Todavia, com a criação posterior do *habeas corpus* e do **mandado de segurança**, ações por meio das quais se protegem o direito de ir e vir e direitos líquidos e certos, com a necessária presteza, não há mais razão para esticar a teoria da posse para sustentar que direitos pessoais também possam ser "possuídos".

Hoje, a questão, entre nós, é pacífica. Podem ser objeto de posse, além das coisas corpóreas, todos os bens sobre os quais se possa exercer algum dos **poderes inerentes ao domínio** (uso, fruição, disposição e reivindicação). Concluímos, assim, que certos direitos podem ser considerados objeto de posse, como os direitos autorais, o direito sobre linha telefônica e alguns direitos reais, como a servidão. Podem, pois, dependendo do caso, ser protegidos pelas ações possessórias (ação de reintegração de posse, ação de manutenção de posse e interdito proibitório).

Com relação aos direitos autorais especificamente, frise-se que a Súmula 228 do STJ estabelece que "é inadmissível o interdito proibitório para a proteção do direito autoral".

Já o direito sobre linha telefônica, por outro lado, conforme a Súmula 193 do STJ, pode ser adquirido por usucapião.

E como se revela a posse de um **direito**? Simples. Pelo seu **exercício**. Por exemplo, em se tratando do direito real de servidão, é necessário que o proprietário do prédio chamado de dominante realmente sirva-se do prédio chamado de serviente, por exemplo, para passar fios, ou tubulação de água, ou, ainda, para transitar.

POSSE DE DIREITOS
exercício do direito → posse do direito

8.1 Considerações acerca da posse de servidões

Na prática forense, encontram-se muitas ações possessórias discutindo a posse de **servidões de trânsito**, infelizmente, mal fundamentadas.

Como veremos no momento oportuno, há servidões aparentes e não aparentes. Somente as **servidões aparentes** podem ser objeto de posse, entendimento confirmado pela Súmula 415 do Supremo Tribunal Federal e positivado pelo legislador de 2002, no art. 1.213 do Código.

---

determinada pessoa, e a disposição que ela devia ter de certas coisas ou, mesmo, de sua influência em certas regiões" (DANTAS, Francisco Clementino San Tiago. *Programa de direito civil*: direito das coisas. 3. ed. Rio de Janeiro: Editora Rio, 1984. p. 45).

[71] BARBOSA, Rui. *Posse de direitos pessoais*. São Paulo: Saraiva, 1986.

Ocorre que a servidão de trânsito[72] é, em regra, não aparente, e somente toma o caráter de aparente se houver um caminho demarcado.

No vasto interior do nosso país, é comum que fazendeiros transitem pela fazenda vizinha, sobretudo com gado, para diminuir distâncias. Esse trânsito pode ter duas naturezas: ou a de **ato de mera permissão ou tolerância**, ou de **servidão de trânsito**.

Vez que a servidão, direito real sobre coisas imóveis que é, somente se constitui pelo **registro** no devido cartório (art. 1.127 do Código Civil),[73] na maioria absoluta dos casos o que se verifica é a hipótese do ato de mera permissão ou tolerância, o qual, sabemos, não induz posse, senão mera **detenção**, desprovida de efeitos possessórios. Por essa razão, muitas ações de reintegração ou manutenção de posse que se fundam em uma alegada "posse de servidão" não prosperam, por não haver, no caso, acesso à proteção possessória.

À guisa de ilustração, vejamos três situações distintas.

Situação 1. Augusto, proprietário da Fazenda do Moinho, abre a porteira norte para que o vizinho, Caio, transite com gado por dentro da fazenda, para chegar à rodovia em menos tempo. Muitas vezes, Caio cruza com Augusto, que lhe cumprimenta. Essas circunstâncias indicam que a passagem de Caio pela Fazenda do Moinho tem a natureza de ato de mera permissão. Não induz posse jurídica, e não é protegida pelas ações possessórias. Pode Augusto, a qualquer instante, fechar a porteira e impedir o trânsito de Caio por dentro da fazenda.

Situação 2. Clóvis, proprietário da Fazenda do Rio Velho, acorda com Orlando o trânsito deste por dentro da fazenda. Levam o acordo a registro, constituindo, por conseguinte, servidão de trânsito. Orlando tem o direito de se utilizar de uma estrada que liga a porteira norte da Fazenda do Rio Velho à porteira sul. A servidão, destarte, é aparente. Na hipótese de Clóvis, um belo dia, impedir a passagem de Orlando, este poderá valer-se da ação possessória, vez que se caracterizou o esbulho da servidão de trânsito.

Situação 3. A Fazenda do Retiro, de propriedade de Rui, está abandonada. Pontes, vizinho, utiliza-se da estrada que liga a porteira norte da fazenda à porteira sul, diariamente. Nesse caso, em que não há nem permissão, nem tolerância, mas sim o descaso de Rui, Pontes adquire a *possessio civilis*, aquela que, quando se caracterizar mansa, pacífica e ininterrupta, configurará posse *ad usucapionem*, a qual, observados os requisitos legais, levará à aquisição por usucapião da servidão de trânsito. Nesse caso, mesmo antes de usucapir, Pontes tem acesso à proteção possessória, por ter posse. Evidentemente que essa proteção somente se refere a terceiros, por se tratar de posse natural, mas não ao proprietário, que tem o direito de possuir a fazenda (*ius possidendi*). Após a usucapião ter se configurado, o possuidor deverá ajuizar em face do proprietário ação declaratória de usucapião, para ver seu direito (servidão de trânsito) declarado pelo Poder Judiciário, embora ainda possa se valer da ação possessória, desde que não a fundamente na usucapião – afinal, esta se refere ao domínio, o qual não pode ser discutido no juízo possessório, salvo se a outra parte também o fizer (Súmula 487 do STF).

9. AQUISIÇÃO E PERDA DA POSSE

9.1 Aquisição da posse

Falar-se em **aquisição da posse** implica considerar que a posse é algo passível de ser adquirido, como um direito. Daí que quem entende ser a posse um mero estado de fato não deve

---

[72] Servidão de trânsito é o direito real de *transitar* por dentro da propriedade alheia.
[73] Art. 1.227 do Código Civil: "os direitos reais sobre imóveis constituídos ou transmitidos por atos entre vivos, só se adquirem com o registro no Cartório de Registro de Imóveis dos referidos títulos (arts. 1.245 a 1.247), salvo os casos expressos neste Código".

falar em aquisição, mas em constituição.[74] Nós, todavia, defendemos ser a posse um elemento do domínio, e um direito pessoal quando dele dissociada, nos casos de delito, razão pela qual cuidaremos da aquisição, e não da constituição da posse.

Ao tratar da aquisição da posse, a doutrina, em geral, refere-se aos modos previstos no Código Civil de 1916, cujo art. 493 estabelecia que se adquire a posse: "I – pela apreensão da coisa,[75] ou pelo exercício do direito; II – pelo fato de se dispor da coisa, ou do direito; III – por qualquer dos modos de aquisição em geral". O dispositivo, que não constava do projeto original de BEVILÁQUA e foi inserido no texto na Câmara dos Deputados, sofria duras críticas, inclusive de BEVILÁQUA, em razão de sua inutilidade: à primeira vista, parecia enumerar os modos de aquisição, todavia, o inciso III abrangia os dois antecedentes e ainda estendia a lista dos modos de aquisição da posse para além do dispositivo.

O Código de 2002, por sua vez, trouxe um novo comando, e estabeleceu (com muito mais lógica), que "adquire-se a posse desde o momento em que se torna possível o exercício, em nome próprio, de qualquer dos poderes inerentes à propriedade" (art. 1.204).

Não é outra a fórmula proposta pelo próprio JHERING: "indague-se como o proprietário sói trabalhar em suas coisas, e se saberá quando há posse e quando se deve repeli-la".[76]

Veja-se o esquema a seguir:

COMO SE ADQUIRE A POSSE
FÓRMULA: sujeito + coisa + atos de proprietário = posse natural – injustiça = posse jurídica
INJUSTIÇA: caracteriza-se pelos vícios da violência, clandestinidade e precariedade

9.1.1 Aquisição originária

Fala-se em **aquisição originária** nos casos em que não há relação entre a **posse anterior** e a **posse nova**, o que pode ocorrer em duas hipóteses: ou a coisa não tinha dono (como sabemos, ou porque nunca o teve – *res nullius* – ou porque foi abandonada – *res derelicta*), ou porque foi esbulhada.

No caso da coisa sem dono, a aquisição originária da posse é elemento do domínio, que é adquirido por **ocupação**. O sujeito se apodera da coisa, adquire, por conseguinte, a posse, e ainda se torna proprietário.

No caso de esbulho, o sujeito toma a posse que era exercida por outrem. O esbulho é praticado pelo ladrão, que furta ou rouba bens móveis, ou pelo invasor, que invade os bens imóveis, ou, ainda, por quem se apropria indevidamente da coisa, móvel ou imóvel. A posse assim adquirida é injusta, seja em razão da violência (roubo ou invasão), da clandestinidade (furto ou, em alguns casos, invasão) ou da precariedade (apropriação indevida). Todavia, como sabemos, as posses violenta e clandestina podem se convalidar, desde que cessem a violência e a clandestinidade. A precária, não. Em qualquer caso, no entanto, a aquisição da posse é originária.

---

[74] Esse é o entendimento de CÉSAR FIUZA (*Direito civil*, cit., p. 815).
[75] Apreensão da coisa significa sua *tomada*, seu *assenhoreamento*. A ideia peca por remeter à teoria de SAVIGNY, de poder físico sobre a coisa.
[76] JHERING, Rudolf Von. *Teoria simplificada da posse*, cit., p. 44.

A principal consequência jurídica do modo originário de aquisição é o fato de que a posse assim adquirida **não traz os vícios anteriores**. Obviamente, pode nascer viciada, como no caso do esbulho, mas se livra do defeito que porventura antes a maculava.

Manuel encontra no lixo uma coisa que, na verdade, fora abandonada por um ladrão que a havia furtado. A posse do esbulhador era viciada pela injustiça, especificamente, pela clandestinidade. Todavia, a posse de Manuel, o qual adquirirá a coisa pela ocupação, será justa e legítima, vez que a aquisição se deu de modo originário. No juízo possessório, nem o proprietário esbulhado vencerá o possuidor. Apenas no juízo petitório, demonstrando o domínio, o proprietário poderá reaver a coisa, sendo anulada a ocupação.

Berenice furta de César uma coisa de que este havia se apropriado – a coisa lhe havia sido emprestada, e este deixou de restituí-la. A posse de Berenice nascerá com o vício da clandestinidade, mas não será maculada pela precariedade da posse de César, porquanto adquirida por modo originário. Após ano e dia, o defeito desaparecerá e a posse de Berenice se tornará justa. Naturalmente que permanecerá ilegítima. No juízo possessório, o proprietário não venceria a possuidora justa. No juízo petitório, não obstante, reaveria a coisa, provando a propriedade.

9.1.2 Aquisição derivada

Fala-se em **aquisição derivada** nos casos em que a posse é **transmitida** de um possuidor, que, com isso, perde a posse,[77] a outro, que a adquire. A transferência pode ser **real** (quando o possuidor atual a entrega ao novo possuidor), **simbólica** (quando o que se entrega é algo que simboliza a coisa, como as chaves de uma casa) ou **por cláusula contratual** (a cláusula *constituti*, por meio da qual opera o **constituto possessório, ou a *traditio brevi manu***). Por ora, sobre o constituto possessório, cabe esclarecer que tem lugar nos casos em que o alienante que possuía como proprietário passa a possuir a título precário (por exemplo, porque vendeu a coisa, mas a alugou do comprador); sobre a *traditio brevi manu*, cumpre adiantar que tem lugar em caso de aquisição da propriedade pelo possuidor que não era proprietário (por exemplo, o locatário compra a coisa do locador).

A posse adquirida por modo derivado **mantém todos os vícios que tinha anteriormente**, ainda que o novo possuidor esteja de boa-fé.

Silvio, que havia furtado a coisa, vende-a a Helena. A posse de Silvio era injusta (clandestina) e, por mais que Helena se torne possuidora de boa-fé, por desconhecer o defeito da posse que lhe foi transmitida, terá posse injusta.

A regra acerca da aquisição derivada se encontra positivada no art. 1.203 do Código Civil, o qual determina que, "salvo prova em contrário, entende-se manter a posse o mesmo caráter com que foi adquirida".

Também se reputa adquirida por modo derivado a posse transmitida por **sucessão hereditária**, a qual, por conseguinte, transmite-se aos sucessores – herdeiros e legatários – com os mesmos caracteres (art. 1.206).

9.2 Quem pode adquirir a posse

Segundo o art. 1.205 do Código Civil, podem adquirir a posse a **própria pessoa** que a pretende, diretamente ou por meio de **representante**, ou **terceiro sem mandato**, desde que aquele em nome de quem foi adquirida ratifique o ato.

---

[77] Ao menos a posse direta, em se tratando de hipótese de desmembramento, como ocorre na locação, no comodato, no depósito etc.

O comando é importante para não deixar dúvida de que, conquanto o representante, legal ou convencional, não seja possuidor (considera-se mero **detentor**, nos termos do art. 1.198), adquire a posse pelo representado, que se torna, assim, possuidor.

O que isso significa? Imaginemos que, concluindo um negócio por conta do representado, o representante recebe a coisa. A partir desse momento, o representante se torna detentor, e o representado possuidor. Em outras palavras, a detenção do representante implica a posse do representado. Se alguém violar a detenção do representante, conquanto este não tenha proteção possessória, ensejará o ajuizamento de interdito pelo representado, pois a sua posse terá sido violada.

Com relação à aquisição da posse por **terceiro sem mandato**, ou seja, terceiro que não é representante legal e não tem representação convencional (mandato), mas que, mesmo assim, adquire a posse em nome de outrem, a posse somente será adquirida por este se houver ratificação.

Para ilustrar, imaginemos que Orlando adquire de Clóvis a coisa, dizendo fazê-lo em nome de Caio, apesar de não ser representante deste, nem legal, nem convencional. A posse somente será considerada adquirida por Caio se este ratificar o ato, por exemplo, recebendo a coisa de Orlando sem a isso se opor.

9.3 Aquisição a título universal e a título singular

Diz-se que a aquisição se dá **a título universal** quando se transfere uma **universalidade** de bens, como uma biblioteca, a herança ou parte dela etc.

Considera-se **a título singular**, por sua vez, a transmissão de uma **coisa individuada**, como um carro, uma casa, um legado etc.

A distinção é relevante porquanto o art. 1.207 do Código determina que "o sucessor universal continua de direito a posse do seu antecessor; e ao sucessor singular é facultado unir sua posse à do antecessor, para os efeitos legais".

O leitor poderia se questionar: ora, qual o efeito prático desse comando, vez que o simples fato de a aquisição ser derivada já implica manter todos os caracteres da anterior? Pois, afinal, a sucessão *inter vivos* é, obviamente, modo derivado de transferir a posse, e, à luz do art. 1.206, a *causa mortis* também o é.

Ocorre que o foco do art. 1.207 é na **continuidade**. Ou seja, nos casos de aquisição a título universal o novo possuidor, na verdade, não inicia posse nova, mas continua a posse anterior. Nos casos de aquisição a título singular, ele pode escolher se inicia posse nova ou se continua a antiga. Em qualquer caso, os caracteres da posse não se alterarão. Mas há uma peculiaridade: se houver continuidade, o tempo da posse não se alterará; todavia, se uma posse nova se iniciar, o tempo da posse anterior será desprezado. Isso faz uma enorme diferença nos casos de posse injusta e de posse *ad usucapionem*, pois aquela, se for violenta ou clandestina, convalesce após ano e dia, e esta, depois de um determinado prazo, enseja a usucapião.

A doutrina esclarece, quanto ao legatário, que, conquanto o legado seja um bem singular, sua posse se adquire **a título universal**, vez que a herança é modo universal de transmitir.[78] A ideia é estabelecer que o legatário continua a posse do testador independentemente de sua vontade.

---

[78] "O legatário é sucessor a título particular; porém, como sucede por herança, que é modo universal de transmitir, o Código estabelece a continuidade da posse entre o testador e o legatário" (BEVILÁQUA, Clóvis. *Código comentado*, cit., v. IV, p. 17-18).

9.4 Extensão da aquisição da posse das coisas imóveis

A aquisição da posse do **bem imóvel** faz presumir a aquisição da posse das **coisas móveis** que nele se encontrarem, salvo prova em contrário (art. 1.209). Trata-se, como se vê, de **presunção relativa** (*iuris tantum*).

Supondo que uma compra e venda tenha sido celebrada, como se diz no jargão imobiliário, "de porteira fechada", consideram-se abrangidos todos os bens móveis que estiverem dentro do imóvel objeto do negócio. Nesse caso, a presunção de que a aquisição da posse do imóvel abrangeu a dos móveis se confirma. Por outro lado, imaginando que não se pactuou expressamente que a venda seria de porteira fechada, a presunção atua, e se considera transmitida a posse dos móveis, até que o vendedor a reclame, alegando que não foram objeto do contrato – se for o caso.

9.5 Perda da posse

A **perda da posse**, como você já deve ter imaginado, seguindo-se a teoria de JHERING, ocorre quando o possuidor **deixa de agir como age o proprietário**. Adaptada à teoria brasileira, a fórmula passa a ser: perde-se a posse quando **não é mais possível o exercício, sobre a coisa, de poderes inerentes ao domínio**.

Isso pode ocorrer em vários casos, mas é comum que a doutrina cuide de quatro deles: o da **derrelicção**, que consiste no abandono voluntário da coisa; o da **tradição**, a qual ocorre quando o possuidor voluntariamente transfere a posse; o do **esbulho**, hipótese em que a coisa é subtraída do possuidor, contra a sua vontade; e o da **destruição** da coisa, quer dizer, do seu desaparecimento do mundo.

Antes de examinar cada uma das hipóteses tradicionalmente mencionadas, vejamos as fórmulas da perda da posse:

FÓRMULAS DA PERDA DA POSSE
FÓRMULA GERAL: posse – exercício de poder do domínio = perda da posse
FÓRMULA 1: posse – *corpus* (ato de proprietário) = perda da posse
FÓRMULA 2: posse – *animus* (vontade de agir como dono) = perda da posse

A fórmula geral engloba as fórmulas 1 e 2, sobretudo porquanto, na teoria de JHERING, adaptada por nós, agir como proprietário (*corpus*) importa querer agir como proprietário (*animus*). A razão de se destrinchar a fórmula é simplesmente porque, na prática, a perda do *corpus* pode ser **involuntária**, ou seja, na equação, é a ausência do *corpus* que leva à ausência do *animus*, como nas hipóteses de **esbulho** e **destruição**, ou pode ser **voluntária**, caso em que, na equação, é a perda do *animus* que leva à perda do *corpus*, como ocorre na **derrelicção** e na **tradição**.

Deve-se tomar cuidado para não fazer confusão com a teoria de SAVIGNY. Na verdade, a doutrina, ao comentar as hipóteses de perda da posse segundo a disciplina da matéria no Código de 1916, o qual tratava das quatro hipóteses mencionadas, pecava por, a todo instante, misturar o pensamento objetivista com o subjetivista, de modo que ficava difícil concluir o que se deveria entender por *corpus* e *animus*, já que as ideias divergem, segundo JHERING ou SAVIGNY.

Examinemos, agora, cada uma das hipóteses clássicas de perda da posse.

9.5.1 Derrelicção

A derrelicção (*derelictio*) consiste no **abandono voluntário da coisa**. Aqui, o *corpus* se extingue porquanto o *animus* se extingue. O possuidor, simplesmente, não quer mais possuir.

Em geral, isso ocorrerá quando o proprietário não quiser mais o domínio, mas nada impede que o abandono se realize pelo possuidor não proprietário, que será responsável pelo seu ato perante o proprietário, caso a posse fosse legítima.

O exemplo mais banal de derrelicção é o do lixo. Aliás, normalmente se distingue a coisa abandonada (*res derelicta*) da coisa perdida (*res perdita*) por esse critério: uma está entre o lixo; a outra, não. Mas é claro que não só o lixo revela a derrelicção. Se alguém vê o possuidor abandonando a coisa em um determinando lugar, poderá se revelar o abandono. A fórmula é a tradicionalmente proposta, desde JHERING: o dono da obra que joga a areia na calçada não a está abandonando, mas se lá ele lança peças de roupa, o abandono se configura. Isso porquanto é ato típico do dono de obra deixar a areia na rua, mas não é ato de dono de roupa deixá-la naquele lugar. O agricultor que, após colher maçãs, deixa as frutas ensacadas no meio do pomar, não as abandona, porque é ato típico de dono de frutas deixá-las esperando no pomar após a colheita. Já o pedestre que abandona suas maçãs no banco da praça, perde sua posse, pois não é ato de dono de frutas deixá-las sozinhas no meio da praça.

A configuração da derrelicção é de extrema importância porque somente a coisa abandonada (*res derelicta*) pode ser objeto de **ocupação**, que é meio de aquisição da propriedade dos móveis.

PERDA DA POSSE PELA DERRELICÇÃO
posse – *animus* (abandono) = perda da posse

9.5.2 Tradição

A tradição consiste na **entrega voluntária da coisa**. Atendo-nos aqui apenas ao fenômeno da perda da posse, afirmamos que a tradição é bastante visível, simples mesmo de se constatar: basta que o possuidor entregue a coisa a terceiro. A causa desse ato, aqui, não nos importa.

Deve-se lembrar ao leitor que há quatro espécies de tradição: a **real**, que se revela pela entrega da coisa em si; as **fictas**, que são a **simbólica** – entrega de algo que simboliza a coisa, como as chaves da casa – e as **contratuais** – constituto possessório, por meio do qual quem possuía como proprietário passa a possuir a título precário, e *traditio brevi manu*, por meio da qual quem possuía a título precário passa a possuir como proprietário; e a **solene**, que se opera pelo registro do título translativo da propriedade.

PERDA DA POSSE PELA TRADIÇÃO
posse – *animus* (entrega da coisa a outrem) = perda da posse

9.5.3 Esbulho

O esbulho é configurado pela **tomada da coisa contra a vontade do possuidor**, seja por meio de violência, de clandestinidade ou de precariedade.

Vale lembrar o conceito desses vícios: violência é a força física ou o terror psicológico, clandestinidade é o ocultamento, e precariedade é a inversão no título, pelo possuidor que se nega a restituir a coisa a quem de direito quando deveria fazê-lo.

Os arts. 1.223 e 1.224 do Código Civil referem-se às hipóteses de esbulho:

Art. 1.223. Perde-se a posse quando cessa, embora contra a vontade do possuidor, o poder sobre o bem, ao qual se refere o art. 1.196.

Art. 1.224. Só se considera perdida a posse para quem não presenciou o esbulho, quando, tendo notícia dele, se abstém de retornar a coisa, ou, tentando recuperá-la, é violentamente repelido.

O art. 1.223 contempla o esbulho por violência e precariedade; o art. 1.224, o esbulho por clandestinidade.

O esbulho dá ensejo à **proteção da posse**, pelos mecanismos que estudaremos na seção a seguir: legítima defesa da posse e ação de reintegração de posse.

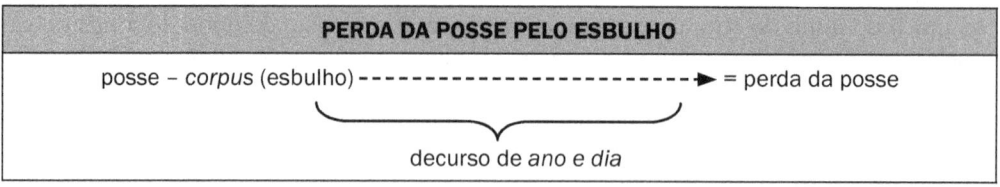

9.5.4 Destruição

Essa é a mais óbvia hipótese de perda da posse: se a coisa se destrói, e a destruição há de ser total, não pode mais ser objeto do direito de propriedade e, consequentemente, não pode mais ser objeto de posse.

PERDA DA POSSE PELA DESTRUIÇÃO
posse – *corpus* (destruição) = perda da posse

10. EFEITOS DA POSSE

Como vimos, o que torna essencial a distinção entre a posse e a detenção é o fato de que apenas aquela produz **efeitos possessórios**.

Entre nós, citam-se como efeitos possessórios: a **proteção possessória**, a **percepção dos frutos**, a **responsabilidade pela coisa**, o **direito à indenização por benfeitorias** (bem como o consequente direito de retenção) e a **usucapião**.

10.1 Proteção possessória

A posse jurídica tem o principal efeito de ser protegida pelas **ações possessórias**, chamadas classicamente de *interditos possessórios*. Nesse sentido, o art. 1.210 estatui que "o possuidor tem direito a ser mantido na posse, em caso de turbação, restituído, no de esbulho, e segurado de violência iminente, se tiver justo receio de ser molestado".

Cumpre lembrar que a posse somente não é protegida se a hipótese for de posse natural, e, ainda assim, apenas na relação entre o possuidor de quem a coisa foi havida e o possuidor injusto.

Por essa razão é que ORLANDO GOMES asseverou que "a proteção possessória pode ser invocada tanto pelo que tem posse justa, como injusta, de boa-fé ou de má-fé, direta ou indireta". Isso não quer dizer, evidentemente, que o possuidor injusto seria protegido contra o possuidor justo, o que seria teratológico. Significa que, a não ser na disputa com o possuidor cuja posse foi violada pelo que adquiriu a posse injusta, este, enquanto tiver a posse, será protegido. Em termos processuais, isso quer dizer que na ação possessória ajuizada pela vítima da injustiça em face do possuidor injusto, o pedido do autor seria julgado procedente; na ação possessória ajuizada pelo possuidor injusto em face do possuidor de quem a coisa fora tomada, e que violou, ou ameaça violar, a posse do possuidor injusto o pedido do autor seria julgado improcedente; nas demais ações possessórias, em que aquele em consideração a quem a posse do outro é considerada injusta não seja parte, o possuidor atual merecerá proteção, mesmo contra o proprietário, considerando-se que este não tinha posse.

A razão desse curioso fenômeno é o fato de que a proteção possessória se funda no **direito de inércia possessória** (*ius possessionis*) – direito da personalidade – do qual são titulares, consequentemente, todas as pessoas.

Ou seja, violado o direito de inércia possessória, vem a ação possessória, para restaurar a situação anterior ao delito, e pronto. Outras discussões são deixadas para o juízo petitório, em que se discutirá o direito de possuir (*ius possidendi*).

Esquematizemos o raciocínio, para facilitar a compreensão. Augusto tinha a posse de um relógio, objeto que lhe foi roubado por Caio. Logo, enquanto nos ativermos à relação entre Augusto e Caio, este, por ter apenas posse natural, injusta, visto que obtida por meio de violência, não terá melhor posse que Augusto. Se Augusto intentar ação possessória em face de Caio, demonstrando a injustiça, Caio sucumbirá.

Mas, e no caso de outra pessoa, Manuel, haver para si o relógio, clandestinamente? Caio ajuizará ação de reintegração de posse, mostrando que era possuidor e que a coisa lhe foi esbulhada por Manuel. Nessa hipótese, Manuel não tem defesa e, por essa razão, será vencido, pois que a posse de Caio será considerada melhor que a dele.

E se, na contestação, Manuel alegar que a posse de Caio era injusta?

Ainda que Manuel alegue o caráter injusto da posse de Caio, sairá vencido, porquanto o vício da posse é sempre relativo, e, na relação entre Caio e Manuel, a posse que se reputa injusta é a de Manuel.

Feitas essas considerações, passemos ao estudo dos meios de proteção da posse – ações possessórias –, comentando, inicialmente, a possibilidade de **legítima defesa da posse**.

10.1.1 Legítima defesa da posse

A primeira medida da qual pode se valer o possuidor cuja posse foi violada é a **legítima defesa**, prevista no § 1º do art. 1.210, o qual determina que "o possuidor turbado, ou esbulhado, poderá manter-se ou restituir-se por sua própria força, contanto que o faça logo; os atos de defesa, ou de desforço, não podem ir além do indispensável à manutenção, ou restituição da posse".

Tecnicamente, a legítima defesa divide-se em dois mecanismos: **defesa em sentido estrito** e **desforço imediato**.[79] O primeiro tem lugar para evitar o incômodo da posse, ou seja, opera se houver turbação. O segundo tem lugar para que se recupere a posse perdida, ou seja, tem lugar quando há esbulho.

A legítima defesa depende de dois requisitos: deve ser **imediata**, e deve ser **comedida**.

A lei não estabelece o prazo dentro do qual se considera a defesa imediata. Cabe, aqui, a adoção do critério da **razoabilidade**. A propósito, de acordo com o Enunciado 495 do CJF, "no desforço possessório a expressão 'contanto que o faça logo' deve ser entendida restritivamente, apenas como a reação imediata ao fato do esbulho ou da turbação, cabendo ao possuidor recorrer à via jurisdicional nas demais hipóteses".

Pensemos em algumas situações. Enquanto Orlando caminha pela rua, Clóvis lhe arranca o relógio do pulso e sai correndo. Fica, assim, configurado o esbulho. Logo adiante, Clóvis

---

[79] BEVILÁQUA, Clóvis. *Direito das coisas,* cit., p. 77.

tropeça e cai, oportunidade em que Orlando retoma o relógio. Nesse caso, não há dúvida de que Orlando restituiu sua posse logo. Imaginemos, por outro lado, que Clóvis consegue seguir o ladrão, sem que este perceba. Algum tempo depois, surge uma chance e Orlando toma de Clóvis a coisa esbulhada. Também aqui consideraremos a defesa tempestiva. Suponhamos, em outra hipótese, que alguns dias depois do ocorrido, Orlando avista Clóvis na rua, e lhe confronta para reaver o relógio. Nesse caso, seria possível considerar que houve legítima defesa, desde que Orlando não usasse de força. A restituição da posse, nesse caso, por meio pacífico, não configuraria nenhum delito. Mas, se houvesse agressão, embora Clóvis não pudesse alegar roubo, porquanto sua posse, com relação a Orlando, considera-se injusta, poderia reclamar os danos que a violência lhe causasse.

Quanto ao uso de força, deve-se tomar cuidado. Não admite o Direito que o possuidor violado faça justiça com as próprias mãos. A defesa de sua posse somente será legítima se não houver **abuso** desse direito (segundo o art. 187, considera-se ato ilícito aquele praticado com abuso de direito). Ou seja, o que se concede ao possuidor é a possibilidade de **restituir a posse ou manter-se nela**, e não a de agredir o violador.

No exemplo do relógio, se Orlando, pouco depois do roubo, tivesse a chance de arrancar o relógio, que o ladrão pôs no pulso, a força usada seria considerada comedida, pois tinha o objetivo único de reaver o objeto esbulhado. Mas, se Orlando avançasse sobre Clóvis, para derrubá-lo no chão e, assim, tomar-lhe o relógio, o primeiro ato – de derrubar – poderia não configurar o crime de lesão corporal, se não se provasse que houve o dolo de lesar, mas poderia configurar o ilícito civil, se Clóvis, na queda, quebrasse um braço, por exemplo. Agora, se Orlando, além de derrubar Clóvis no chão, ainda lhe desse chutes ou socos, movido pela ira, o dolo de lesar se revelaria, e haveria a prática do crime.

Se pararmos para pensar no que ocorre na prática, concluiremos que, muitas vezes, o possuidor violado acaba "descontando sua raiva" no violador, se tiver a chance. E o que acabamos de afirmar é que, nesse caso, a vítima do primeiro crime acabaria sendo o autor do segundo, e vice-versa. Isso é estranho? Não, evidentemente. O ordenamento concede ao possuidor violado o direito de **proteger sua posse**, não o de agredir o violador.

Examinemos, agora, a hipótese de violação da posse de um imóvel, outra situação que ocorre com certa frequência entre nós. Imaginemos que César é o possuidor da Fazenda do Moinho. Um grupo de pessoas, de repente, surge à porta da fazenda e acampa bem no limite das terras de César, com bandeiras nas quais se faz referência às invasões rurais, e ainda derruba as cercas. Fica configurada a turbação, a qual, como veremos em detalhe adiante, constitui um incômodo à posse. Que pode César fazer? A lei lhe garante o direito de se defender da turbação por sua própria força. Isso quer dizer que César pode se aproximar do grupo e demandar que eles desfaçam o acampamento. Pode até mesmo pedir a funcionários da fazenda que se juntem a ele, para "fazer número", e requerer a saída, inclusive montar guarda até que o grupo de turbadores se afaste da fazenda. O que César não pode fazer é tomar armas e ameaçar o grupo de violência, muito menos aproximar-se dele atirando. Atitudes como essas descaracterizariam a força comedida.

10.1.2 Ação de reintegração de posse

O **esbulho** é o delito possessório cuja substância se encontra na tomada da posse pelo violador, seja violenta, clandestina ou precariamente. Cumpre lembrar que a violência se configura pelo uso de força ou grave constrangimento psicológico; a clandestinidade, pela ocultação, vez que o ato é praticado às escondidas; e a precariedade, pela quebra da confiança, vez que a posse que foi legitimamente transferida ao sujeito não é por ele restituída oportunamente.

Para reaver a posse que lhe foi esbulhada, o possuidor violado tem a seu dispor a chamada **ação de reintegração de posse**, prevista nos arts. 560 a 566 do Código de Processo Civil de 2015, o qual a disciplinou em conjunto com a ação de manutenção.

Segundo o art. 558 do CPC/2015, se a ação for ajuizada **até ano e dia** da data do esbulho – caso em que a posse do réu será **nova**, e o interdito será considerado **de força nova espoliativa** –, aplicam-se todos os dispositivos mencionados, dentre os quais se encontra o benefício da antecipação de tutela sem ouvir o réu (*inaudita altera parte*), do art. 562 do CPC/2015. Para que seja deferida a reintegração liminar na posse, todavia, o art. 562 exige que a inicial esteja devidamente instruída; caso contrário, será designada audiência de justificação, para a qual o réu será citado. O parágrafo único do dispositivo impede a concessão da liminar contra as pessoas jurídicas de direito público antes de ouvidos os respectivos representantes judiciais.

Se, por outro lado, a ação for ajuizada **após ano e dia** da data do esbulho – caso em que a posse do réu será **velha**, e o interdito será considerado **de força velha espoliativa** –, a ação correrá pelo **procedimento comum**, em que a antecipação de tutela, no caso do rito ordinário, depende dos requisitos para concessão da tutela provisória segundo o CPC/2015.

Em outras palavras, decorridos mais de ano e dia desde a data do ato espoliativo, entende-se que o autor perde o seu direito – direito potestativo – ao rito mais expedito previsto no CPC, hipótese em que a ação tramitará sob o rito comum, sem, contudo, perder a sua feição de ação possessória.

Como bem salientado por Cristiano Chaves de Farias e Nelson Rosenvald, a passagem do prazo decadencial não acarretará para o possuidor a perda do direito potestativo de desconstituir a situação jurídica do réu, mas apenas a privação do procedimento especial.[80]

Tal consideração é sumamente importante, porquanto o direito do possuidor molestado de ser restituído ao *status quo ante* não se sujeita a qualquer prazo decadencial. A decadência atinge, como salientado, o direito do autor de utilizar-se do rito especial. Uma vez transcorrido o prazo de ano e dia, o possuidor continua tendo a possibilidade de deduzir sua pretensão possessória contra o réu, a qual somente se extinguirá se transcorrido o prazo prescricional previsto no art. 205 do CC.

Na hipótese de ajuizamento da ação possessória, além de ano e dia da ocorrência da turbação ou do esbulho, nada impede que o magistrado conceda a tutela possessória em caráter liminar, mediante antecipação de tutela, desde que presentes os requisitos necessários à sua concessão. Como a demanda tramitará pelo procedimento comum, os dispositivos inerentes a esse procedimento podem – e devem – ser aplicados.[81]

Assim, podemos concluir: (i) caso intentada ação dentro de ano e dia, ela seguirá o rito especial, com possibilidade de expedição de mandado liminar de reintegração de posse (art. 562); (ii) se o ajuizamento da ação possessória ocorrer após ano e dia, será adotado o rito comum, sendo possível a concessão de tutela provisória de urgência de natureza antecipada, desde que preenchidos os requisitos do art. 300 do CPC/2015.

Incumbe ao autor, conforme o art. 561 do CPC/2015, a prova: da **posse anterior**, do **esbulho**, da **data do esbulho** e da **perda da posse**.

Como se prova a posse anterior? Como já tivemos a ocasião de comentar, aí se encontra a grande vantagem da teoria da posse de Jhering por nós adaptada: prova-se a posse anterior por

---

[80] FARIAS, Cristiano Chaves de; ROSENVALD, Nelson. *Direitos reais*. Rio de Janeiro: Lumen Juris, 2006. p. 134.
[81] Nesse sentido: Enunciado nº 238/CJF/STJ da III Jornada de Direito Civil; STJ, REsp 55.027/MG, relator: Min. Carlos Alberto Menezes Direito, data do julgamento: 27/4/2004.

meio de qualquer **ato de proprietário** – qualquer ato que revele o **exercício de poder inerente à propriedade**. Satisfazem a exigência processual: um recibo de compra de um bem destinado a ser usado na coisa esbulhada (combustível, no caso de um carro; materiais de construção para uma obra a ser realizada, no caso de uma casa; ração para os animais, no caso de uma fazenda etc.); a quitação de um imposto referente à coisa (IPVA, IPTU, ITR etc.); o recibo da remuneração de um serviço referente à coisa (estacionamento, jardineiro, pedreiro etc.); entre muitos outros meios, inclusive o testemunhal.

Como se provam o esbulho e a perda da posse? Em geral, demonstrando-se que a coisa se encontra, atualmente, em poder do réu – alegado esbulhador.

E quanto à data do esbulho? Aqui, a prova dependerá das circunstâncias de cada caso. Em se tratando de quebra de confiança, da data da notificação feita ao possuidor instando-o a restituir a coisa, ou do termo final do prazo concedido, ou no contrato, ou na notificação. Na hipótese de violência ou clandestinidade, da data constante do boletim de ocorrência em que se registrou o crime. Se, por acaso, o esbulho tiver sido filmado – por exemplo, por câmeras de vigilância –, pela data da filmagem.

A prova da data do esbulho é importante para determinar se a posse do esbulhador é nova ou velha, e, por conseguinte, se a ação terá força nova espoliativa, caso em que correrá pelo procedimento especial, ou não, caso em que estará sujeita ao procedimento comum.

O Código de Processo Civil de 2015 trouxe como novidade um dispositivo específico para tratar das demandas possessórias de caráter coletivo, normalmente ocasionadas pela desigual repartição da propriedade fundiária e pelo déficit habitacional.

O novo procedimento proporcionará tratamento diferenciado entre as ações possessórias individuais e as ações possessórias coletivas. E não poderia ser diferente. Como os conflitos que envolvem a posse coletiva, na maioria das vezes, implicam gravames aos litigantes devido ao grande número de ocupantes nas áreas envolvidas, é razoável a definição de regras próprias visando minimizar os prejuízos advindos desse tipo de demanda.

De acordo com o art. 565 do CPC/2015, é possível a formalização de pedido liminar nas ações coletivas de posse velha, desde que tenha ocorrido prévia audiência de mediação. A disposição tende a evitar a concessão de medidas liminares antes da tentativa de autocomposição entre os litigantes. Além disso, a norma segue a recomendação da Secretaria de Estudos Legislativos do Ministério da Justiça, que indica a necessidade de se realizar audiência de mediação "em qualquer caso que envolva conflito coletivo pela posse ou pela propriedade da terra, urbana ou rural, previamente a tomada de decisão liminar, não apenas na hipótese de constatada a potencialidade que o conflito coloque em risco a integridade física das partes envolvidas, mas como forma de prevenir a violação de princípios e garantias constitucionais".[82]

O CPC/2015 também prevê a participação nas ações possessórias coletivas de órgãos responsáveis pelas políticas agrária e urbana de cada ente federativo (art. 565, § 4º), além da necessária intervenção do Ministério Público como *custus legis (art. 565, § 2º, primeira parte)*. A Defensoria Pública terá participação em todos os casos nos quais qualquer das partes não puder constituir advogado próprio ou não puder arcar com as despesas processuais sem prejuízo do sustento próprio ou de sua família *(art. 565, § 2º, parte final)*.

---

[82] SAULE JR, Nelson; LIBÓRIO, Daniela; AURELLI, Arlete Inês (Coord.). *Conflitos coletivos sobre a posse e a propriedade de bens imóveis*. Secretaria de Assuntos Legislativos do Ministério da Justiça (SAL). (Série: Pensando o Direito nº 07/2009). p. 138. Disponível em: <http://participacao.mj.gov.br/pensandoodireito/wp-content/uploads/2012/11/07Pensando_Direito.pdf>. Acesso em: 8 jan. 2015.

10.1.3 Ação de manutenção de posse

Chama-se **turbação** o delito possessório que se consubstancia em um incômodo à posse. Pela prática da turbação, o possuidor se mantém na posse, mas teme a perda iminente.

Caracteriza a turbação, por exemplo, a derrubada da cerca divisória entre dois prédios, o manejo de ação de despejo em face de locatário adimplente, e até o ajuizamento de ação de reintegração de posse. Vez que o réu pode alegar, na contestação, violação da sua posse (art. 556 do CPC/2015) – o que caracteriza a **natureza dúplice** das ações possessórias –, o pedido de reintegração por quem tinha posse pior (injusta) constitui turbação à posse atual, se esta for melhor (justa).

A ação de manutenção de posse se encontra regulada pelos arts. 560 a 566 do CPC/2015, que também regem a ação de reintegração. Se for ajuizada **até ano e dia** após a turbação – ação de **força nova turbativa** –, correrá pelo **procedimento especial** (art. 558), caso contrário – ação de **força velha turbativa** –, correrá pelo **procedimento comum**. Se a ação estiver sujeita ao procedimento especial, poderá o autor recorrer ao benefício do art. 562 para pedir a manutenção na posse antes mesmo de ser ouvido o réu. Para tanto, a inicial deve estar devidamente instruída; caso contrário, será designada audiência de justificação, para a qual o réu será citado (art. 562, parte final).

Incumbe ao autor, na ação de manutenção, a prova: da **posse anterior**, da **turbação**, da **data da turbação**, e da **continuação da posse** (art. 561 do CPC/2015).

Veja-se que no caso da manutenção as provas são ainda mais fáceis que no de reintegração: qualquer ato que evidencie exercício de poder inerente à propriedade, anterior à data da turbação, prova a posse anterior, e os atos de proprietário posteriores provam a continuação da posse. Provam a turbação, entre outros fatos, a derrubada de muro divisório, a citação em ação de despejo, ou de reintegração de posse. A data da turbação pode ser provada por vários meios, e é de extrema relevância para determinar se a ação correrá pelo procedimento especial ou pelo comum.

Aplica-se também à ação de manutenção – a qual, afinal, é disciplinada em conjunto com a de reintegração – o procedimento específico para tratar das demandas possessórias de caráter coletivo (art. 565).

De acordo com o art. 565 do CPC/2015, como vimos ao tratar da ação de reintegração, é possível a formalização de pedido liminar nas ações coletivas de posse velha, desde que tenha ocorrido prévia audiência de mediação.

Admite-se a participação, nas ações possessórias coletivas, de órgãos responsáveis pelas políticas agrária e urbana de cada ente federativo (art. 565, § 4º). A intervenção do Ministério Público, por sua vez, é obrigatória *(art. 565, § 2º, primeira parte)*. A Defensoria Pública terá participação em todos os casos nos quais qualquer das partes não puder constituir advogado próprio ou não puder arcar com as despesas processuais sem prejuízo do sustento próprio ou de sua família *(art. 565, § 2º, parte final)*.

10.1.4 Interdito proibitório

O objetivo da ação chamada de **interdito proibitório** é prevenir a violação da posse. É requisito da procedência do pedido do autor que este prove o justo receio de vir a ser molestado em sua posse. Nos termos do art. 567 do CPC/2015, o autor poderá requerer ao juiz que o segure da turbação ou do esbulho iminente, mediante mandado proibitório, no qual se cominará ao réu determinada pena pecuniária, caso transgrida a ordem judicial.

Um grupo de revoltosos, propagadores dos ideais de invasão rural, acampa em frente à fazenda de Helena. Nesse caso, enquanto as cercas estiverem intactas, e a porteira fechada,

Helena se manterá na posse, mas, desde logo, tem o justo receio de sofrer turbação ou esbulho. Ou seja, há uma ameaça iminente de violação da posse. Cabe, então, o interdito proibitório.

Existem outros mecanismos de tutela da posse, como a **ação de imissão na posse**, que tem natureza petitória e se presta para proteger a posse daquele que adquire a propriedade, mas, em virtude da recalcitrância do alienante, por exemplo, não consegue se investir na posse. Em outras palavras, ela tem a finalidade de possibilitar a posse àquele que a pretende embasada no domínio, tendo como requisitos básicos o título de propriedade, bem como a inexistência de posse anterior. Por ser uma demanda petitória, a ação de imissão na posse não é movida em face daquele que está impedindo a ocupação, mas em face do alienante, que deveria dispor do bem livre de qualquer ônus.

Semelhante à imissão na posse, a **reivindicatória** também desfruta de natureza petitória e constitui meio idôneo para que o proprietário invoque o seu direito à posse. Entretanto, nesse caso, busca-se recuperá-la, ao passo que, no caso da imissão, tenciona-se a investidura inicial. A reivindicatória, de natureza real e fundada no direito de sequela, é a ação própria à disposição do titular do domínio para requerer a restituição da coisa de quem injustamente a possua ou detenha (art. 1.228 do CC/2002), exigindo a presença concomitante de três requisitos: a prova da titularidade do domínio pelo autor, a individualização da coisa e a posse injusta do réu (REsp 1.060.259/MG, relator: Min. Raul Araújo, 4ª Turma, data do julgamento: 4/4/2017, data da publicação: 4/5/2017).

Outro instrumento que visa à defesa da posse sem se revestir de natureza tipicamente possessória são os **embargos de terceiro**. Ao contrário do que ocorre na lide possessória, a insurgência nos embargos de terceiro não se dá contra o ato de esbulho ou turbação em si, mas com relação ao reconhecimento judicial de que o bem constrito estaria na esfera patrimonial de responsabilidade do devedor. Assim, quando a ofensa à posse não decorre de atos materiais, mas de ordem judicial, cabíveis serão os embargos de terceiro para paralisar a execução do ato constritivo.

10.1.5 Outras considerações acerca das ações possessórias

10.1.5.1 Fungibilidade das ações possessórias

Uma consideração importante diz respeito à **fungibilidade** das ações possessórias. Nos termos do art. 554 do Código de Processo Civil de 2015, "a propositura de uma ação possessória em vez de outra não obstará a que o juiz conheça do pedido e outorgue a proteção legal correspondente àquela, cujos requisitos estejam provados".

Um exemplo seria a pessoa que ajuíza ação de manutenção de posse em caso no qual, na verdade, não se configurou a turbação, mas sim fundado receio de violação da posse (ameaça). Nesse caso, a ação de manutenção se transmudaria em interdito proibitório.

Ressalte-se que essa conversão se limita a ações que tenham a mesma natureza e que possuam correlação entre as causas de pedir. O que o juiz não pode, então, é determinar a conversão de uma ação possessória em uma ação de natureza petitória, na qual se discute o domínio sobre o bem e não a posse sobre ele.

10.1.5.2 Natureza dúplice das ações possessórias

As ações possessórias têm **natureza dúplice**, como se depreende do art. 556 do CPC/2015: "é lícito ao réu, na contestação, alegando que foi ofendido em sua posse, demandar a proteção possessória e a indenização pelos prejuízos resultantes da turbação ou do esbulho cometido pelo autor". Ou seja, admite-se que, ao contestar, o réu formule pedido em face do autor, sem necessidade de se utilizar da via reconvencional.

10.1.5.3 Exceção de domínio

Já vimos que a matéria objeto das ações possessórias se refere à posse que os romanos chamavam de *ius possessionis*, ou seja, o direito de inércia possessória. Logo, não obsta à procedência do pedido possessório a alegação do *ius possidendi* – direito de possuir, decorrente da propriedade ou de algum direito, real ou obrigacional, referente aos poderes do domínio. Tal preceito foi positivado no art. 1.210, § 2º, do Código, e essa alegação ficou conhecida como **exceção de domínio**. O art. 557 do CPC/2015, repetindo a regra do Código de Processo anterior, chega até mesmo a proibir o ajuizamento de ação de reivindicação na pendência de ação possessória. Inovou o CPC/2015, todavia, ao ressalvar, na parte final do art. 557, a possibilidade do ajuizamento da ação reivindicatória na pendência da possessória se forem diferentes os réus. A fundamentação é simples: quando há dúvida quanto à propriedade e essa dúvida envolve uma das partes e um terceiro, a ordem jurídica não pode obstar o curso da ação petitória, que tem causa de pedir[83] diversa da ação meramente possessória (art. 557, *caput*, parte final).

10.1.5.4 Pedidos cumulados

As ações possessórias comportam o pedido cumulado de **indenização por todos os prejuízos** que o possuidor tiver sofrido em razão do esbulho, da turbação ou da ameaça, bem como de **indenização pelos frutos** (art. 555, I e II, do CPC/2015). Tais prejuízos tanto podem consistir em dano emergente – como no caso de muro derrubado –, quanto em lucros cessantes – como na hipótese do taxista que, sem o carro, deixa de auferir renda. O parágrafo único do dispositivo admite, ademais, os pedidos cumulados de **imposição de medida necessária e adequada** para evitar nova turbação ou esbulho (parágrafo único, inciso I) e para cumprir-se **a tutela provisória ou final** (parágrafo único, inciso II).

A Fazenda do Moinho foi invadida. Pode o possuidor legítimo, Augusto, cumular o pedido de reintegração de posse com multa cominatória para o caso de o invasor novamente cometer o esbulho, e, ainda, com o pedido de que se condene o esbulhador a demolir a casa que construiu na fazenda.

A cumulação com o pedido indenizatório deve demonstrar as razões pelas a parte entende que a verba é devida, com a respectiva prova do prejuízo. Não há necessária correlação entre a procedência da pretensão possessória e a indenização, de forma que poderá o pedido

---

[83] O enunciado da Súmula 637 do STJ, aprovado em 7/11/2019, admite a legitimidade do ente público para intervir incidentalmente em ação possessória entre particulares, sendo-lhe permitido deduzir qualquer matéria defensiva, até mesmo a alegação de domínio. Trata-se de hipótese que, na prática, relativiza a regra exposta no art. 557 do CPC, segundo a qual "na pendência de ação possessória é vedado, tanto ao autor quanto ao réu, propor ação de reconhecimento de domínio, exceto se a pretensão for deduzida em face de terceira pessoa". Veja um exemplo: em ação de reintegração de posse que envolve particulares, o Instituto Nacional de Colonização e Reforma Agrária (INCRA) apresenta oposição alegando que o terreno objeto da ação é de propriedade da autarquia federal. Nesse caso, por se tratar de bem público, não há falar em demonstração do poder físico sobre o imóvel para a caracterização da posse, de modo que caberá ao INCRA reivindicar a proteção possessória por meio da oposição. A ação irá tramitar, a partir da intervenção da autarquia federal, perante a Justiça Federal. A aplicação do entendimento sumulado não indica a automática procedência da demanda em favor do ente público. De acordo com o parágrafo único do art. 557 do CPC, "não obsta a manutenção ou à reintegração de posse a alegação de propriedade ou de outro direito sobre a coisa". Assim, não é a intervenção do poder público, tampouco a alegação de propriedade, que inviabilizará a proteção possessória pretendida pelas partes, mas o que efetivamente for apurado no curso do processo.

de reintegração de posse ser julgado procedente, mas a indenização pretendida pelo autor não ser acolhida pelo juízo, por insuficiência de provas.

A ilustrar, o Tribunal de Justiça de Minas Gerais já admitiu a condenação por danos morais em razão de o esbulho ter causado o desabastecimento de água na área objeto da proteção possessória:

> [...] Demonstrada a posse do autor sobre a servidão de águas e a perda da posse, por esbulho do proprietário do imóvel dominante, deve ser deferido a reintegração. Constatada a ilegalidade da conduta do requerido ao danificar o sistema de canalização e propulsão de águas do autor, deve indenizá-los pelos danos materiais decorrentes dos reparos realizados e pelos danos morais advindos da falta de abastecimento de água ao imóvel. (TJMG, Apelação Cível 1.0338.12.012840-4/001, Relator: Des. Cabral da Silva, 10ª Câmara Cível, data do julgamento: 27/2/2018, data da publicação: 9/3/2018).

De acordo com o CPC/2015, o autor da ação possessória pode requerer a imposição de medida necessária e adequada a evitar nova turbação ou esbulho ou a efetivar tutela provisória ou final pleiteada na inicial ou no bojo do processo (art. 555, parágrafo único, I e II). De regra, a medida necessária e suficiente para evitar nova turbação ou esbulho, bem como para compelir o réu a restituir a coisa ou abster-se de novos atos de turbação, é a multa, também chamada de astreinte. Especialmente nas ações de manutenção de posse e no interdito proibitório, a multa tem função essencial, pois, como ainda não houve a perda efetiva da posse nessas situações, a coerção exercida pela fixação de astreintes poderá evitar um futuro esbulho, assim como novas ameaças ao exercício do direito do autor.

10.1.5.5 Manutenção provisória na posse

Segundo o art. 1.211 do Código Civil, "quando mais de uma pessoa se disser possuidora, manter-se-á provisoriamente na posse a que tiver a coisa, se não estiver manifesto que o obteve de alguma das outras por meio vicioso". Ou seja, na hipótese de o réu da ação possessória alegar que ele é que sofreu o esbulho, a posse será mantida, até que o juiz decida o mérito da ação, com quem tiver a **posse direta** (em outras palavras, quem tiver o poder de uso da coisa), se não houver prova de que a adquiriu por meio proibido.

10.1.5.6 Ajuizamento de ação possessória em face de terceiro

Conforme o art. 1.212 do Código Civil, admite-se o ajuizamento da ação possessória **em face do terceiro** que obteve a coisa do esbulhador, sabendo que a coisa havia sido esbulhada – caso em que adquiriu posse de má-fé.

Pode parecer, à primeira vista, que o dispositivo refere-se exclusivamente à hipótese de má-fé, mas não é bem assim. O comando é no sentido de que também o cúmplice do esbulhador, ou o receptador, podem ser réus na ação possessória, não podendo alegar, em sua defesa, que não são os autores do esbulho[84].

---

[84] Há entendimento na jurisprudência que admite a ação exclusivamente contra o terceiro de má-fé. Confira: "É inadmissível o direcionamento de demanda possessória ou ressarcitória contra terceiro possuidor de boa-fé, por ser parte passiva ilegítima diante do disposto no art. 1.212 do novo Código Civil. Contra o terceiro de boa-fé, cabe tão somente a propositura de demanda de natureza real" (TJ--PR, AI: 00381743320188160000 PR 0038174-33.2018.8.16.0000 (Acórdão), relator: Desembargador

10.1.5.7 Nomeação à autoria – ilegitimidade do réu[85]

Pode acontecer de a coisa se encontrar em poder do **detentor**, o qual, apesar de não ter posse, parece tê-la, vez que a detenção nada mais é do que uma situação em que se reúnem os elementos caracterizadores da posse, *corpus* e *animus*, mas em que não há posse, em razão de um preceito legal negativo (por exemplo, os arts. 1.198 e 1.208, primeira parte). Nesse caso, poderia ocorrer de se ajuizar uma ação possessória em face daquele que aparenta ser o possuidor, mas que tem, tão somente, a detenção.

Importante mencionar que, com o CPC/2015, a nomeação à autoria – que era obrigatória nesse caso, segundo o CPC/1973 – deixou de ser uma espécie autônoma de intervenção para se tornar uma questão a ser suscitada em preliminar da contestação (arts. 338 e 339, CPC/2015). Além disso, a nova legislação possibilita ao autor, após tomar conhecimento das alegações formalizadas na contestação, alterar a petição inicial para substituir o réu, ou seja, para incluir o nomeado no polo passivo da demanda. Em termos práticos, pode o autor alterar a petição inicial para substituir o mero detentor pelo possuidor, não havendo necessidade de aceitação deste. Nesse caso, por aplicação do princípio da causalidade, caberá ao autor reembolsar as despesas e pagar os honorários ao procurador do réu excluído.

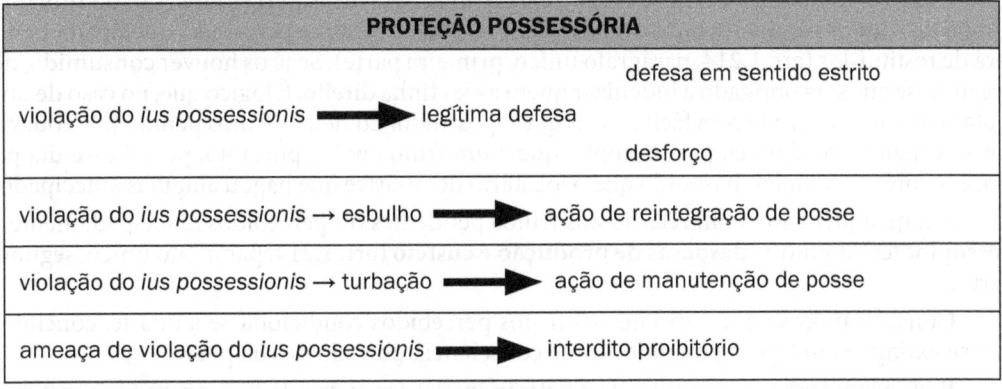

10.2 Percepção dos frutos

Outro efeito da posse, mas apenas da **posse de boa-fé**, é a **percepção dos frutos**. Preceitua o art. 1.214 que "o possuidor de boa-fé tem direito, enquanto ela durar, aos frutos percebidos".

Fernando Paulino da Silva Wolff Filho, data do julgamento: 14/2/2019, 17ª Câmara Cível, data da publicação: 1/3/2019.

[85] Os arts. 338 e 339 do CPC/2015 trazem regras semelhantes à nomeação à autoria – espécie de intervenção de terceiro do CPC/1973. O CPC/2015 possibilita que o réu indique o sujeito passivo da relação discutida em juízo, e que o autor, caso aceite a indicação, altere a petição inicial para substituir o réu ou incluir, como litisconsorte passivo, a pessoa indicada.

A redação do dispositivo, cumpre salientar, é ruim. Isso porque leva o intérprete a concluir que quem tem a posse de boa-fé tem o direito de fruição, um dos poderes do domínio. Na verdade, não é bem assim. Transferir a posse não implica transferir o direito de fruir; por vezes, será transferido apenas o direito de uso, ou o de reivindicação. A norma por trás dessa falha de redação é, na verdade, outra: vencido o possuidor em juízo, seja na ação possessória, seja na ação reivindicatória, tem direito aos frutos percebidos enquanto possuiu a coisa de boa-fé.[86] Ou seja, o titular do direito de fruir, que não exerceu seu direito oportunamente, perde os frutos percebidos para o possuidor de boa-fé.

Para a melhor compreensão do tema, impende relembrar a questão dos frutos, os quais se consubstanciam em **bens acessórios** extraídos de um bem principal que não se deteriora nem diminui com a extração. Classificam-se em **pendentes, percipiendos** e **percebidos**. Dizem-se pendentes os frutos que ainda não foram percebidos, e nem poderiam ser. Fala-se em percipiendos, por sua vez, com relação aos que não foram colhidos, mas já podem ser. Por fim, percebidos são os que já foram destacados da coisa principal.

Cabe, ainda, frisar que, como salienta o art. 1.215, "os frutos naturais e industriais reputam-se colhidos e percebidos, logo que sejam separados; os civis reputam-se percebidos dia por dia".

Como o possuidor de boa-fé tem direito apenas aos **frutos percebidos**, são do titular do direito de fruir os pendentes e, caso o possuidor de boa-fé os tenha percebido antecipadamente, terá de restituí-los (art. 1.214, parágrafo único, primeira parte). Se já os houver consumido, depreende-se que será obrigado a indenizar quem a eles tinha direito. É lógico que, no caso de uma fruta (fruto natural), não será fácil provar que o possuidor colheu os frutos pendentes. Todavia, em se tratando de aluguel, por exemplo, que é um fruto civil e, portanto, percebe-se dia por dia, essa prova é simples, bastando que o locatário demonstre que pagou aluguéis antecipados.

Em qualquer caso, com relação aos frutos pendentes ou percebidos antecipadamente, o possuidor terá direito às **despesas de produção e custeio** (art. 1.214, parágrafo único, segunda parte).

Considerando-se que o direito aos frutos percebidos condiciona-se à boa-fé, conclui-se que se extingue tão logo o possuidor tome consciência do vício de sua posse.

Pode acontecer, por exemplo, de a petição inicial ser instruída com prova inequívoca de que o possuidor legítimo foi esbulhado, no caso de uma ação possessória, ou de que o autor é proprietário, no caso de uma ação reivindicatória. Se isso ocorrer, a posse do réu, ainda que fosse de boa-fé, tomará o caráter de posse de má-fé desde a **citação**. Se, todavia, não houver prova inequívoca, a posse será considerada de boa-fé até o trânsito em julgado da sentença ou do acórdão.[87]

---

[86] Nesse sentido, SILVIO RODRIGUES explica que: "sendo vencedor na ação reivindicatória, o proprietário reivindicante tem o direito de receber do possuidor, vencido na lide, a coisa reivindicada. Mas, aqui se propõem vários problemas relativamente aos acessórios, pois cumpre indagar qual o destino dos frutos pendentes, percebidos e percipiendos [...] *O possuidor de boa-fé tem direito, enquanto ela durar, aos frutos percebidos* (CC, art. 510). Aqui, o legislador se defronta com dois interesses antagônicos: de um lado, o do possuidor de boa-fé, que, na persuasão de ser sua a coisa, a explorou, dando-lhe o destino econômico a que estava afetada, indiretamente concorrendo para o aumento da riqueza social; e, de outro, o interesse do proprietário negligente, que permitiu a subtração daquilo que lhe pertencia e levou mais de ano e dia para reagir" (RODRIGUES, Silvio. *Direito das coisas*, cit., p. 67-68).

[87] Não obstante, BEVILÁQUA entendia que a boa-fé cessava, em qualquer caso, desde a **contestação** (BEVILÁQUA, Clóvis. *Código comentado*, cit., v. IV, p. 32).

Conforme o art. 1.216, desde que ficar provada a má-fé, surgirá para o possuidor a obrigação de indenizar o titular do direito aos frutos por todos os que tiverem sido colhidos ou percebidos, e, ademais, pelos que, por sua culpa, não tiverem sido percebidos. Sobra-lhe apenas o direito de ser indenizado pelas **despesas de produção e custeio**.

10.3 Responsabilidade pela perda ou deterioração da coisa

Apenas a **posse de má-fé** produz o efeito de gerar para o possuidor a responsabilidade de indenizar o proprietário ou possuidor legítimo pela **perda** (por esbulho ou por destruição) ou **deterioração** da coisa, ainda que não tenha concorrido com culpa (art. 1.217 combinado com art. 1.218, primeira parte). Essa responsabilidade somente se elide se provar o possuidor que a perda ou deterioração teria igualmente ocorrido se a coisa estivesse na posse do reivindicante (art. 1.218, segunda parte).

Já o possuidor de **boa-fé**, além do direito a todos os frutos percebidos, naturais ou industriais, bem como à retenção das benfeitorias necessárias e úteis até receber justa indenização, com faculdade de levantar as voluptuárias, conforme veremos adiante, não responde pela deterioração da coisa a que não der causa. Ou seja, somente o possuidor de má-fé responde pela deterioração, independentemente de ter dado ou não causa ao evento.

Suponhamos que Berenice se apossou do cachorro do vizinho, que veio a morrer. Se a morte tiver sido causada, por exemplo, pela filha pequena de Berenice, que deu veneno ao animal, Berenice será responsável, vez que a morte somente ocorreu porque o cão estava em sua posse. Se, por outro lado, a morte tiver sido causada por uma doença incurável que o cachorro já tinha ao tempo do esbulho, Berenice ficará isenta de responsabilidade, provando o fato.

10.4 Indenização pelas benfeitorias

Outro efeito produzido pela posse de boa-fé é o **direito à indenização pelas benfeitorias úteis e necessárias**, previsto na primeira parte do art. 1.219. É importante salientar que esse efeito da posse depende de que as benfeitorias existam ainda, ao tempo da perda da coisa (art. 1.221, segunda parte).

Como vimos ao estudar os bens, na Parte I deste livro, benfeitorias úteis são aquelas que aumentam ou facilitam o uso do bem (art. 96, § 2º, do Código Civil), e necessárias são as que têm por finalidade conservar a coisa ou evitar que se deteriore (art. 96, § 3º). Com relação às voluptuárias, que são as realizadas para mero deleite ou recreio (art. 96, § 1º), caso o reivindicante não as queira custear, poderá o possuidor de boa-fé levantá-las, quando isso for possível sem deteriorar a coisa (art. 1.219, segunda parte).

Enquanto o reivindicante não cumprir a obrigação de indenizar as benfeitorias úteis e necessárias, o possuidor de boa-fé poderá exercer o **direito de retenção**, que consiste em uma legítima recusa de restituir a coisa.

O possuidor de má-fé, por sua vez, tem direito apenas à **indenização pelas benfeitorias necessárias**, sendo-lhe negados os direitos de retenção e de levantar as benfeitorias voluptuárias (art. 1.220).

A primeira parte do art. 1.221 do Código determina a **compensação** do valor das benfeitorias com o valor dos danos que o possuidor atual tenha de indenizar ao legítimo.

A indenização das benfeitorias devidas ao possuidor de boa-fé será calculada com base em seu **valor atual**; quanto às devidas ao possuidor de má-fé, poderá o reivindicante optar entre o seu valor atual e o seu custo (art. 1.222 do Código).

Possuidor de boa-fé	Possuidor de má-fé
O possuir que ignora os vícios ou obstáculos que impedem a aquisição da coisa. Presume-se de boa-fé aquele que detém justo título.	O possuidor tem ciência do vício que macula sua posse.
Tem direito aos frutos percebidos, além da restituição dos frutos pendentes e daqueles colhidos por antecipação.	Responde por todos os frutos colhidos e percebidos, tendo direito apenas às despesas de produção e custeio.
Se não deu causa, não responde pela perda ou deterioração da coisa.	Em regra, responde pela perda ou deterioração da coisa (salvo se provar que a coisa se deterioraria mesmo que não estivesse em sua posse).
Tem direito ao ressarcimento das benfeitorias necessárias e úteis; caso não pagas, terá direito à retenção.	Tem direito apenas ao ressarcimento das benfeitorias necessárias. Não tem direito de retenção.
Tem direito ao levantamento das benfeitorias voluptuárias.	Não tem direito de levantar as benfeitorias voluptuárias.

10.5 Usucapião

O último efeito produzido pela posse é a **usucapião**, modo de aquisição da propriedade que estudaremos oportunamente. Por ora, cabe dizer que, como vimos ao analisar as situações de posse, o Direito dá à posse incontestada e ininterrupta – chamada de *ad usucapionem* – o *status* de **propriedade putativa**, isto é, propriedade aparente e condicional, que se adquire se os demais requisitos exigidos pela lei forem preenchidos.

USUCAPIÃO
posse *ad usucapionem* [posse jurídica incontestada e ininterrupta de coisa hábil] + tempo (+ demais requisitos que a lei exigir) = domínio

Quadro Esquemático 2

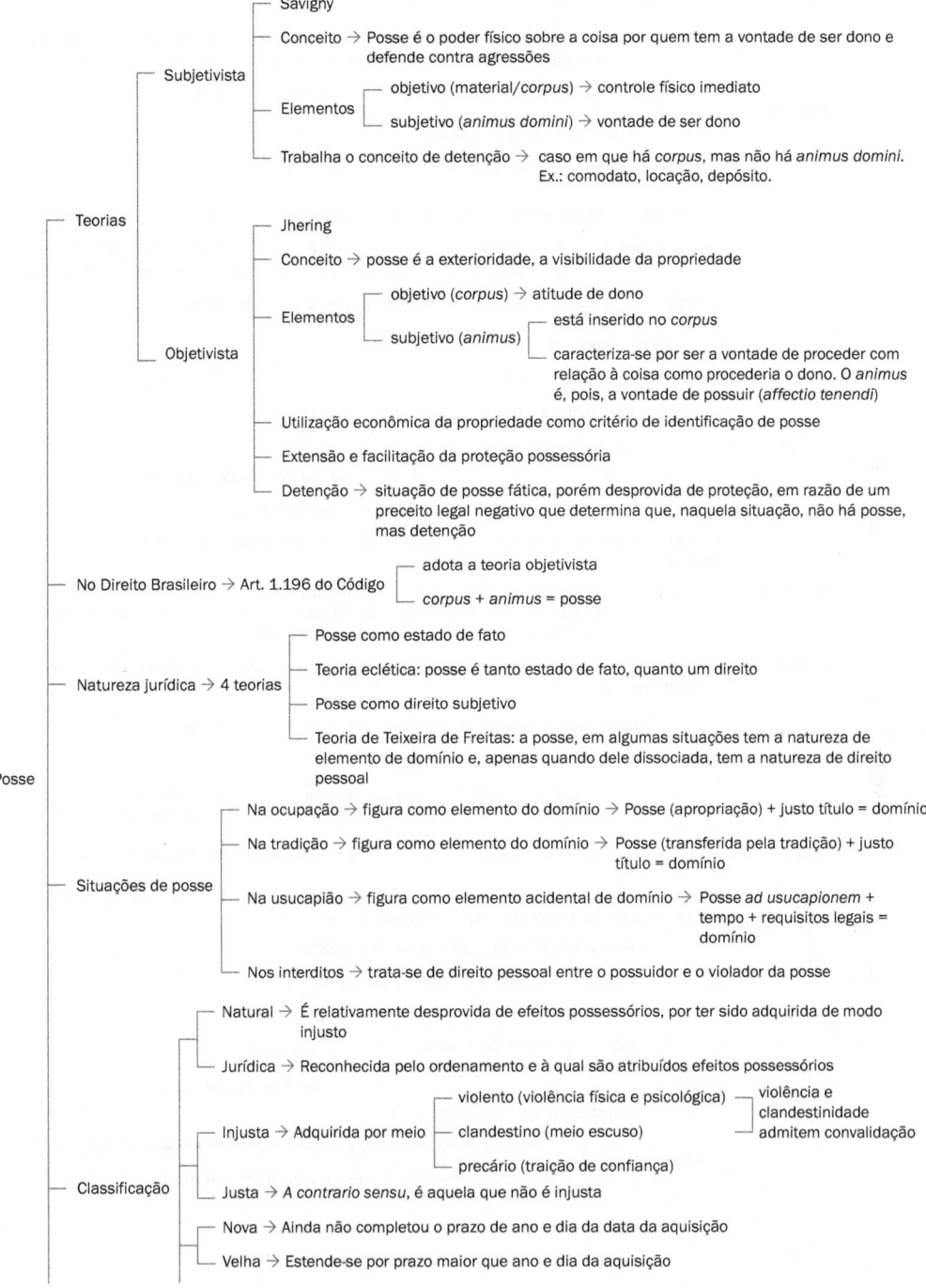

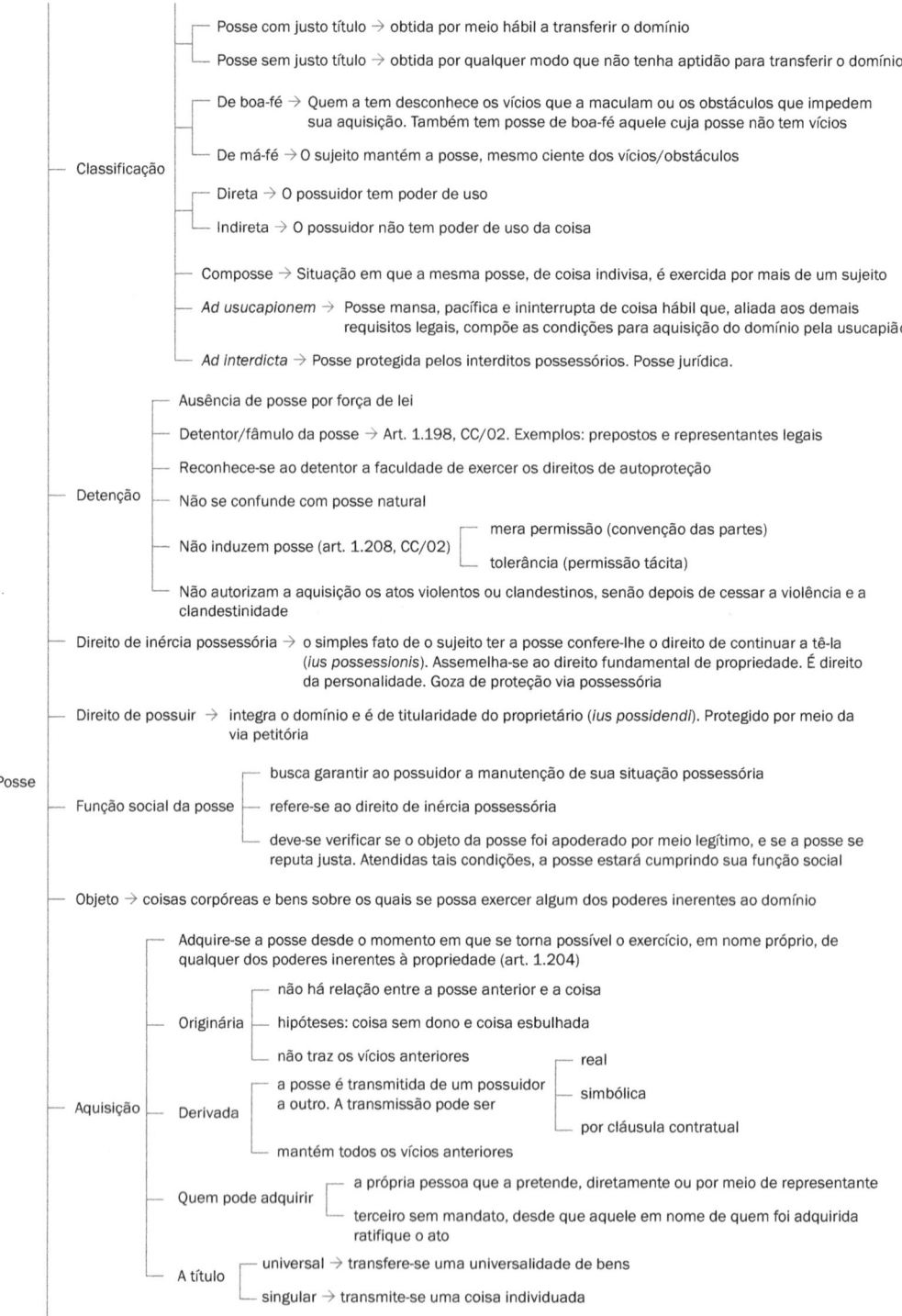

Parte IV – Cap. 2 – Posse (arts. 1.196 a 1.224) | 593

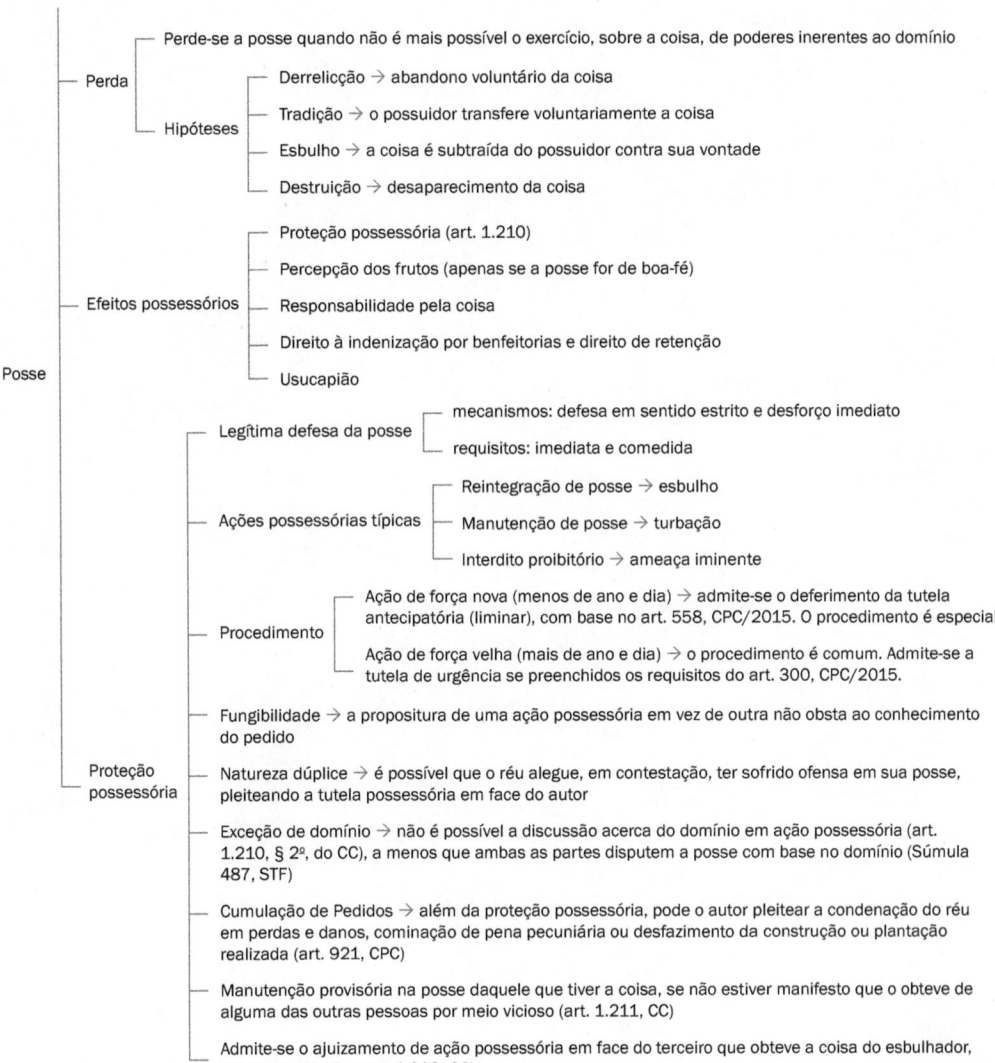

- **Posse**
  - **Perda**
    - Perde-se a posse quando não é mais possível o exercício, sobre a coisa, de poderes inerentes ao domínio
    - **Hipóteses**
      - Derrelicção → abandono voluntário da coisa
      - Tradição → o possuidor transfere voluntariamente a coisa
      - Esbulho → a coisa é subtraída do possuidor contra sua vontade
      - Destruição → desaparecimento da coisa
  - **Efeitos possessórios**
    - Proteção possessória (art. 1.210)
    - Percepção dos frutos (apenas se a posse for de boa-fé)
    - Responsabilidade pela coisa
    - Direito à indenização por benfeitorias e direito de retenção
    - Usucapião
  - **Proteção possessória**
    - Legítima defesa da posse
      - mecanismos: defesa em sentido estrito e desforço imediato
      - requisitos: imediata e comedida
    - Ações possessórias típicas
      - Reintegração de posse → esbulho
      - Manutenção de posse → turbação
      - Interdito proibitório → ameaça iminente
    - Procedimento
      - Ação de força nova (menos de ano e dia) → admite-se o deferimento da tutela antecipatória (liminar), com base no art. 558, CPC/2015. O procedimento é especial
      - Ação de força velha (mais de ano e dia) → o procedimento é comum. Admite-se a tutela de urgência se preenchidos os requisitos do art. 300, CPC/2015.
    - Fungibilidade → a propositura de uma ação possessória em vez de outra não obsta ao conhecimento do pedido
    - Natureza dúplice → é possível que o réu alegue, em contestação, ter sofrido ofensa em sua posse, pleiteando a tutela possessória em face do autor
    - Exceção de domínio → não é possível a discussão acerca do domínio em ação possessória (art. 1.210, § 2º, do CC), a menos que ambas as partes disputem a posse com base no domínio (Súmula 487, STF)
    - Cumulação de Pedidos → além da proteção possessória, pode o autor pleitear a condenação do réu em perdas e danos, cominação de pena pecuniária ou desfazimento da construção ou plantação realizada (art. 921, CPC)
    - Manutenção provisória na posse daquele que tiver a coisa, se não estiver manifesto que o obteve de alguma das outras pessoas por meio vicioso (art. 1.211, CC)
    - Admite-se o ajuizamento de ação possessória em face do terceiro que obteve a coisa do esbulhador, ciente do esbulho (art. 1.212, CC)

3

Propriedade (arts. 1.228 a 1.368-A)

1. CONCEITO DE PROPRIEDADE

Não é fácil a tarefa de conceituar o instituto da **propriedade**, sobretudo em razão das mudanças ideológicas vividas pelas sociedades ao longo dos séculos.

No Direito Positivo, a ideia de propriedade esteve presente desde o Código de Hamurabi, mais de dois mil anos antes de Cristo, e ganhou seus contornos mais fortes quatro milênios mais tarde, no Código Napoleão,[88] quase dois mil anos depois de Cristo. Lá, com conteúdo mais social, conforme se depreende do art. 40, o qual dispunha que "a sacerdotisa, o mercador ou outro feudatário poderá vender seu campo, pomar e casa desde que o comprador assuma o serviço ligado ao campo, ao pomar e à casa". Aqui, com conteúdo mais individual, de acordo com o art. 544, segundo o qual "a propriedade é o direito de gozar e dispor das coisas da maneira mais absoluta, contanto que delas não se faça uso proibido pelas leis ou pelos regulamentos".

Esses dois exemplos deixam nítida a influência do momento histórico na ideia de propriedade: na Mesopotâmia de Hamurabi, a sociedade, sem tantas terras para cultivar e para povoar, dava um valor mais coletivo à propriedade; na França de Napoleão, a sociedade, cansada dos abusos do regime absolutista anterior, em que a propriedade se dividia em três – domínio iminente, do Estado, domínio direto, do senhor feudal, e domínio útil, do servo –, tudo para que o vassalo tivesse de dividir com o Estado e o senhor do feudo o resultado de sua atividade rural, dava um valor mais individualista à propriedade.

As enormes transformações sociais ocorridas ao longo do século XX, naturalmente, também influenciaram a ideia que hoje, no início do século XXI, a sociedade tem da propriedade. Todavia, o Direito mantém os elementos do conceito analítico herdado do Direito Romano.

Pois bem. Pode-se conceituar a propriedade, chamada classicamente de **domínio**, como o *direito que vincula um sujeito – proprietário – a toda a coletividade*, com relação a um *bem* – por um lado, atribuindo ao proprietário os **poderes de usar, fruir, dispor e reivindicar**, e o *direito de possuir* o bem, assim como o dever de, no exercício desses poderes e desse direito, **atender à função social do bem**, *e, por outro, impondo à coletividade o **dever de respeitar** a propriedade alheia, concedendo-lhe, por meio do Estado que a representa, o direito de exigir que seja cumprida a função social.*[89]

---

[88] Código Civil Francês de 1804.
[89] Estudaremos a função social da propriedade na Seção 2 deste capítulo.

Desse conceito se depreende o **caráter dinâmico** que a propriedade ganhou ao longo do século XX, em oposição ao caráter estático que lhe dera o Código Napoleão. Na relação instaurada pelo **direito real de propriedade**, os atos do proprietário e da coletividade são incessantes. Em linguagem figurada, é como se o proprietário estivesse em uma constante batalha com a coletividade, em que dispõe de quatro espadas – uma para cada poder que a propriedade lhe dá –, e em que a coletividade dispõe de um grande escudo, que é o da função social. As espadas nas mãos do proprietário e o escudo nas mãos do Estado garantem o **equilíbrio dinâmico** na relação de propriedade.

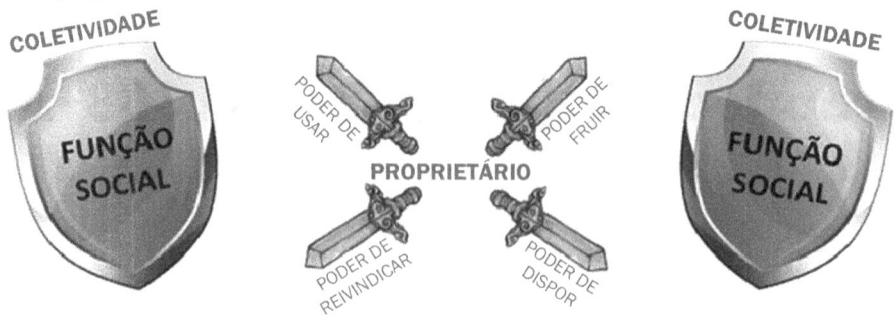

2. PODERES DA PROPRIEDADE

Conforme o conceito por nós adotado, inspirado pelo conceito analítico do Direito Romano, o domínio, ou direito de propriedade, consiste em **quatro poderes**, quais sejam, o de **usar**, o de **fruir**, o de **dispor** e o de **reivindicar**. No mesmo sentido é a norma do art. 1.228 do Código Civil: "o proprietário tem a faculdade de usar, gozar e dispor da coisa, e o direito de reavê-la de quem quer que injustamente a possua ou detenha". Ao lado desses poderes, encontramos o **direito de possuir**.

2.1 Poder de usar

O poder ou direito de **usar**, que os romanos chamavam de *ius utendi*, consiste em ter o bem à disposição, para dele se servir e para guardá-lo, ou apenas para guardá-lo.

Rosenvald e Farias salientam, com razão, que o acesso aos **frutos naturais** do bem se enquadra neste poder.[90] Quer dizer, o proprietário de um sítio que colhe uma maçã do pé exerce o poder de uso da coisa.

2.2 Poder de fruir

O poder ou direito de **fruir**, que os romanos chamavam de *ius fruendi*, também conhecido como poder ou direito de gozar, consiste em captar as vantagens geradas pelo bem, como os frutos industriais e civis,[91] os produtos, e quaisquer outras utilidades que o bem produzir.

---

[90] "Ao contrário do que muitos acreditam, o direito de uso concede ao seu titular o acesso aos frutos naturais da coisa, pois não seria lógico que o beneficiário desta faculdade fosse privado do acesso aos bens que a coisa produza por sua própria natureza, como os frutos das árvores ou o leite das vacas" (ROSENVALD, Nelson; FARIAS, Cristiano Chaves de. *Direitos reais*, cit., p. 187).

[91] Ibidem, p. 188.

Com relação ao poder de fruir, cabe salientar que o art. 1.232 do Código Civil estabelece que "os frutos e mais produtos da coisa pertencem, ainda quando separados, ao seu proprietário, salvo se, por preceito jurídico especial, couberem a outrem". A norma, que pode, à primeira vista, parecer uma exceção ao *ius fruendi* como elemento do domínio, na verdade refere-se aos casos em que o proprietário reivindicante[92] perde o direito aos frutos para o possuidor de boa-fé que os percebeu, e à questão dos produtos minerais, inclusive do subsolo, que a Constituição estabelece serem propriedade da União (art. 20, IX, da Constituição).

2.3 Poder de dispor

No Direito Romano, chamava-se de *ius abutendi* o poder ou direito de **dispor** da coisa, consistente na possibilidade de dar ao bem um determinado fim, ou emprego, como o consumo, a alienação etc.

A doutrina costuma comentar a origem do vocábulo latino *abutendi*, que é a palavra *abusus* – abuso. Apesar da estranha ideia que a expressão *ius abutendi* pode passar – a de um "direito de abusar" – o conteúdo desse poder, no Direito Romano, já era relacionado, de certa forma, a uma **função social**, pois lá também se proibia a **destinação antissocial** do bem.

2.4 Poder de reivindicar

O poder (direito) de **reivindicar** consubstancia-se na faculdade de perseguir o bem (*ius persequendi*) e tomá-lo de quem quer que o possua ou detenha injustamente.

2.5 Direito de possuir

Como vimos no Capítulo 2, a propriedade somente é possível se a posse for possível. Afinal, a posse é, como pontuou JHERING, a exterioridade do domínio. E, segundo o conceito adotado pelo Direito brasileiro, a posse consiste no exercício de fato, pleno ou não, de poderes inerentes à propriedade. Por essa razão, além dos quatro poderes mencionados, a propriedade também concede ao proprietário o **direito de possuir** o bem, que os romanos chamavam de *ius possidendi*.

3. FUNDAMENTO DA PROPRIEDADE

A doutrina procura, desde sempre, identificar o **fundamento** do direito de propriedade. A seguir, estudaremos as quatro principais teorias elaboradas sobre a questão.

3.1 Teoria da ocupação

Segundo a **teoria da ocupação**, sustentada em especial por KANT, o fundamento da propriedade se encontra na ocupação, ou seja, o sujeito adquire a propriedade pelo simples fato de se assenhorear da coisa.

O pensamento é insuficiente, como critica BEVILÁQUA, pois apenas "afirma um fato, não constrói uma doutrina".[93] A teoria da ocupação não explica qual o fundamento racional de o sujeito se tornar proprietário daquilo de que se apropria. Ademais, limita-se aos tempos

---

[92] Diz-se reivindicante o proprietário na posição de autor de ação reivindicatória.
[93] BEVILÁQUA, Clóvis. *Direito das coisas,* cit., p. 128.

primitivos, em que a ocupação das coisas sem dono era o principal modo de aquisição do domínio, ao contrário do que acontece no mundo de hoje.

3.2 Teoria do trabalho

Segundo a **teoria do trabalho**, pensada originalmente por Locke, posteriormente adotada, entre muitos, por Jhering, o fundamento da propriedade se encontra no trabalho, vez que proprietário deve ser quem, por seu trabalho, dá **destinação social** à coisa.

O erro da teoria do trabalho é o fundo comunista: a propriedade não se relaciona com a atividade do proprietário – em outras palavras, a análise histórica não revela ser o trabalho realizado no bem o fundamento de os grupos primitivos, inicialmente, e as grandes sociedades, hoje, aceitarem e protegerem a propriedade.

3.3 Teoria da lei

A **teoria da lei**, esposada por Hobbes, Montesquieu e Bentham, assevera que o fundamento da propriedade é a lei, pura e simplesmente. O sujeito somente tem a propriedade em razão de a lei lhe garantir esse direito.

O erro da teoria da lei é o mesmo erro da teoria da ocupação: cuida do fato, mas não o explica. É certo que não há propriedade se a lei assim não determinar, mas qual o fundamento de a lei reconhecer a propriedade? Na teoria da lei, não se encontra resposta.

3.4 Teoria do instinto de conservação

Segundo a **teoria do instinto de conservação**, adotada por Beviláqua, a que César Fiuza se refere como **teoria da natureza humana**, o fundamento da propriedade é o instinto de conservação, que impele a pessoa a tomar para si as coisas que lhe são úteis e necessárias. Ao longo da história, os mecanismos de defesa da propriedade variam quanto à relação do proprietário com a coletividade, mas em qualquer momento histórico a razão de a sociedade aceitar e reconhecer, e de o Direito garantir, a propriedade das pessoas sobre os bens, é simplesmente o aspecto instintivo, que leva todos os animais, de qualquer espécie, a se apoderar de tudo que lhes é necessário ou útil. Resumidamente, as sociedades e os ordenamentos jurídicos reconhecem o direito de propriedade porquanto a ideia de propriedade é natural. Mesmo os que imaginaram a existência de uma sociedade comunista não abandonaram a ideia de propriedade, senão alteraram a ideia de proprietário, deslocando o domínio das mãos do particular para as mãos da coletividade.

4. FUNÇÃO SOCIAL DA PROPRIEDADE

Nossa cultura jurídica, hoje, em um novo modelo de Estado, revela-se traumatizada pelo individualismo exacerbado da era pós-Revolução Francesa. O jurista do século XXI sente calafrios ao ouvir que os revolucionários lutavam pela **propriedade absoluta**, e muito se debate, e se escreve, para combater esse caráter do domínio, sobretudo exaltando a **função social da propriedade**.

O interessante é notar que a ideia de função social da propriedade não é nova. A história nos mostra que ela ficou adormecida, ao longo do século XIX, para que o povo (isso mesmo, o povo!) tivesse acesso ao direito de propriedade. O domínio ganhou o caráter absoluto que ficou positivado no art. 544 do Código Napoleão para afastar a ingerência maléfica do Estado e do senhor feudal consagrada pela tripartição em domínio iminente (do Estado), domínio direto (do senhor) e domínio útil (do vassalo), vigente na Idade Moderna, a qual gerava a consequência de o camponês ter de dividir com o rei e o senhor o resultado do seu trabalho.

Ocorre que a noção de propriedade é natural, tanto que mesmo os animais se apoderam daquilo de que precisam para sobreviver, e se defendem de usurpadores. Assim é que também o ser humano sempre experimentou a propriedade, em um sentido útil. Não é outra a notícia que nos dá o Código de Hamurabi, comentado no Capítulo 1, em que se percebe um direito de propriedade atrelado à vida coletiva. Já asseveramos, também, que mesmo o Direito Romano proibia ao proprietário dar à coisa destino antissocial.

Pois bem. O que significa a função social da propriedade?

A palavra *função* nos remete à **causa final**, ou o "para que" da propriedade. A função social da propriedade, genericamente, consiste na **manutenção do bem-estar social**, na **dinâmica dos bens** e na **circulação de riquezas**. Em outras palavras, a propriedade deve servir para que a sociedade se mantenha saudável, para que as pessoas tenham acesso aos bens de que necessitam e para que a economia seja impulsionada, gerando empregos e renda. Em termos específicos, será necessário analisar cada bem, para então descobrir qual é sua função social. E, por incrível que pareça, a resposta é, em geral, simples.

Examinemos alguns bens, para verificar se cumprem ou não sua função social.

Situação 1. Uma enorme fazenda se encontra desabitada, os pastos dominados pelo mato, a usina e a casa-grande em ruínas. Aqui, o bem não cumpre a sua função social.

Situação 2. Uma enorme fazenda se encontra movimentada pelo plantio de café e pela criação de gado leiteiro. Aqui, o bem cumpre a sua função social.

Situação 3. Clóvis, que mora sozinho, deixa seu rádio ligado no volume máximo todos os dias ao sair para trabalhar. O vizinho, Orlando, sofre com o barulho. O rádio, nesse caso, não cumpre a sua função social.

Situação 4. Nas festas que promove nas tardes de sábado, Augusto liga seu rádio em volume alto, para alegrar os convidados. O rádio, nesse caso, cumpre a sua função social.

A importância de se determinar se um bem cumpre ou não sua função social se refere à possibilidade de intervenção do Estado nos casos em que a resposta é negativa. Afinal, é a própria Constituição quem impõe ao proprietário o dever de cumprir a função social do bem (art. 5º, XXIII, da Constituição). A Constituição admite até mesmo a desapropriação para fins de reforma agrária, ainda que mediante indenização, do imóvel rural que não cumpra sua função social (art. 184 da CF). O Código Civil, por sua vez, traça duas normas gerais sobre a função social, cujo descumprimento, por consistir em ato ilícito, pode gerar o dever de indenizar:

> Art. 1.228. [...]
> § 1º O direito de propriedade deve ser exercido em consonância com as suas finalidades econômicas e sociais e de modo que sejam preservados, de conformidade com o estabelecido em lei especial, a flora, a fauna, as belezas naturais, o equilíbrio ecológico e o patrimônio histórico e artístico, bem como evitada a poluição do ar e das águas.
>
> § 2º São defesos os atos que não trazem ao proprietário qualquer comodidade, ou utilidade, e sejam animados pela intenção de prejudicar outrem.

O § 1º do dispositivo, cuja redação não precisava ser tão extensa, pretende "dar conteúdo" à ideia de função social, mencionando a finalidade econômica e social do bem, assim como a preservação dos aspectos ecológicos e culturais. A norma, ademais, autoriza o Estado a impor sanções civis ou criminais ao proprietário que descumpre a função social, de acordo com o disposto nas leis especiais que cuidam da flora, da fauna, das belezas naturais, do equilíbrio ecológico, do patrimônio histórico e artístico e da poluição do ar e das águas. O porquê da redação detalhada do dispositivo, parece-nos, foi a necessidade de remeter o intérprete às leis especiais que complementam o Direito das Coisas, como o Estatuto das Cidades – Lei 10.257/2001 – e o Código Florestal.

O § 2º cuida dos chamados **atos emulativos**, segundo o conceito que surgiu na jurisprudência francesa do final do século XIX, quando se entendeu que o direito de propriedade não legitimava a prática de atos cujo único objetivo fosse o de prejudicar outrem, sem trazer nenhum benefício ao proprietário.[94] Também a esse dispositivo são direcionadas críticas, sobretudo por Rosenvald e Farias[95] e Gustavo Tepedino,[96] às quais nos filiamos. Em primeiro lugar, porque o comando incluiu na ideia do ato emulativo um **elemento subjetivo** (intenção de prejudicar outrem), considerado incompatível com o sistema de responsabilidade civil por abuso de direito vigente entre nós. Ademais, porquanto se considera que a proibição dos atos emulativos já estaria inserida na ideia de cumprimento da função social, ou seja, bastaria determinar que a propriedade deve cumprir sua função social para que, automaticamente, fossem proibidos os atos emulativos. Nessa linha é o Enunciado 49 da I Jornada de Direito Civil promovida pelo Conselho da Justiça Federal, acerca do art. 1.228 do Código: "a regra do art. 1.228, § 2º, no novo Código Civil, interpreta-se restritivamente, em harmonia com o princípio da função social da propriedade e com o disposto no art. 187 da mesma lei". A ideia foi esclarecer que se proíbe o ato emulativo, porquanto implica descumprimento da função social da propriedade, em **caráter objetivo**, sendo suficiente que se demonstre um dano sofrido em razão do abuso da propriedade, independentemente da prova da "intenção de prejudicar".

Vejamos algumas situações.

Situação 1. O proprietário de terras em que há espécies sobreviventes da Mata Atlântica, vizinhas de uma reserva ambiental, ateia fogo a tudo. O incêndio caracteriza descumprimento da função social da propriedade, e o proprietário fica sujeito às normas acerca de infrações ambientais previstas no Código Florestal.

Situação 2. O proprietário de um casarão histórico, emblema de um momento arquitetônico, pretende demoli-lo. O Instituto do Patrimônio Histórico e Artístico Nacional (IPHAN) alerta-o para a impossibilidade da demolição, vez que o edifício é tombado. A preservação de uma construção tombada pelo IPHAN revela o cumprimento da função social, já a demolição, por outro lado, importa o descumprimento, e sujeita o proprietário a sanções de natureza civil e penal.

Situação 3. O proprietário de um terreno em declive, que não é utilizado, remove toda a cobertura vegetal do lote. Posteriormente, durante um temporal, a terra cede e desliza para o imóvel vizinho, causando estragos. A remoção da cobertura vegetal de um terreno em declive implica abuso do direito de propriedade, pois é fato notório que esse ato acentua as chances de um deslizamento. A responsabilidade do proprietário, nesse caso, é objetiva – art. 187 do Código Civil –, não sendo necessário provar-se que havia intenção de prejudicar – art. 1.228, § 2º, do Código.

---

[94] O conceito, segundo explicam Rosenvald e Farias, nasceu de dois casos julgados pelos tribunais franceses: um, em que o proprietário construiu uma enorme chaminé, com o fim único de lançar poluição no terreno vizinho; o outro, em que o proprietário ergueu um altíssimo muro com hastes de ferro tão somente para danificar os dirigíveis que partiam do terreno ao lado (ROSENVALD, Nelson; FARIAS, Cristiano Chaves de. *Direitos reais*, cit., p. 201-202).

[95] "Em concreto, esse dispositivo já nasce ultrapassado por duas razões: primeiro, por situar o abuso do direito em um contexto subjetivo, no qual o ato emulativo requer a prova da culpa do proprietário, o que é incompatível com a teoria finalista adotada pelo art. 187, do Código Civil, que configura o ato ilícito em sentido puramente objetivo; segundo, por não introduzir o princípio da função social, pois a vedação aos atos emulativos consiste na imposição de limites negativos e externos ao exercício do direito subjetivo de propriedade; já a função social vai além, pois estabelece limites internos e positivos à atuação do proprietário" (ibidem, p. 202).

[96] TEPEDINO, Gustavo. *Temas de direito civil*. Rio de Janeiro: Renovar, 2006. t. II. p. 159.

5. PROPRIEDADE PLENA E PROPRIEDADE LIMITADA

Costuma-se classificar a propriedade em **plena** ou **limitada**, em atenção à possibilidade de o proprietário transferir algum dos poderes que o domínio lhe concede.

Destarte, fala-se em **propriedade plena**, ou **alodial**, quando todos os poderes do domínio – uso, fruição, disposição e reivindicação – encontram-se nas mãos do proprietário.

Quando, por outro lado, o proprietário transfere a outrem algum dos poderes do domínio, o que faz nascer para este um **direito real sobre a coisa alheia**, diz-se que a propriedade é **limitada**. Quando são transferidos os poderes de usar e de fruir, constituindo-se para o terceiro o direito real de usufruto, a propriedade se diz **nua**, vez que despida de sua utilidade econômica – afinal, o proprietário que nem pode usar, nem fruir (dito nu), não pode, por assim dizer, aproveitar-se do bem.

A propriedade **presume-se plena**, até que se prove sua limitação (art. 1.231 do Código).

É importante, mais uma vez, chamar a atenção do leitor para a importância da distinção entre os **direitos reais** e os **direitos obrigacionais**. Isso porque, pela criação de um direito real sobre coisa alheia, o proprietário efetivamente transfere um poder do domínio, que, por conseguinte, sai de suas mãos, pelo que sua propriedade se torna limitada. Surge, então, um vínculo real entre o terceiro e a coletividade, que tem por objeto o bem.

Assim é que o usufrutuário, por exemplo, tem o direito real de usar e fruir, oponível a terceiros, o qual não se extingue por simples ato de vontade do proprietário.

Por outro lado, pela criação de alguns direitos obrigacionais, o proprietário apenas estende a terceiro algum de seus poderes, mantendo a propriedade plena. Aqui, surge tão somente um vínculo obrigacional, que relaciona um sujeito ao outro, e não um sujeito à coisa. A concessão do poder só opera *intra partes*, ou seja, entre os sujeitos da obrigação.

Nos casos de locação e comodato, por exemplo, o locatário e o comodatário têm apenas o direito obrigacional de usar, oponível apenas ao locador e ao comodante, o qual pode se extinguir por ato unilateral de vontade destes (resilição), restando ao locatário e ao comodatário tão somente o direito à indenização pelos danos que a solução prematura do contrato lhes acarrete.

A propriedade se considera também limitada quando não reveste seu **caráter perpétuo**, ou seja, quando sujeita a **condição resolutiva** (propriedade resolúvel).

Um exemplo bastante simples seria o caso de Rui doar a Pontes uma casa para que este nela resida até completar vinte e um anos. Expirado esse prazo, Pontes perde a propriedade, que volta para Rui.

6. EXTENSÃO DA PROPRIEDADE DO SOLO

No Direito Romano, dizia-se que a propriedade se estendia "do céu ao inferno" (*usque ad cælos, usque ad inferos*). Naturalmente que, no Direito contemporâneo, abandonou-se essa noção.

Conforme o **critério utilitário** adotado pelo nosso Direito, seguindo a orientação germânica,[97] a propriedade do solo abrange também o subsolo e o espaço aéreo correspondentes, "em altura e profundidade úteis ao seu exercício", nos termos do art. 1.229, "não podendo o proprietário opor-se a atividades que sejam realizadas, por terceiros, a uma altura ou profundidade tais, que não tenha ele interesse legítimo em impedi-las".

Assim é que, por exemplo, o proprietário não pode se opor a que aviões transitem sobre suas terras, quilômetros acima delas.

---

[97] Do § 905 do BGB (*Bürgerliches Gezetsbuch*, Código Civil da Alemanha).

O art. 1.230 ainda ressalta, à luz da norma constitucional, que a propriedade do solo não abrange a dos **recursos minerais**, dos **potenciais de energia elétrica** e dos **monumentos arqueológicos**, os quais pertencem à União (art. 20, IX, VIII e X, respectivamente, da Constituição). Ressalva-se, no entanto, o direito de explorar os recursos minerais de **emprego imediato na construção civil**, contanto que não se submetam à transformação industrial (parágrafo único do art. 1.230). O dispositivo deve ser interpretado em conjunto com os arts. 176 e 177 da Constituição, que tratam da propriedade de jazidas, da lavra e da industrialização de minérios.

Conquanto o Código Civil tenha silenciado com relação às águas, sabe-se que pertencem elas aos Estados, sejam superficiais ou subterrâneas, fluentes, emergentes ou em depósito (art. 26, I, da CF), salvo as que banhem mais de um Estado, sirvam de limites com outros países, estendam-se a território estrangeiro ou dele provenham, as quais, em conjunto, obviamente, com os lagos, rios e quaisquer outras correntes que se encontrem em terrenos da União, a esta pertencem (art. 20, III, da CF).

7. AQUISIÇÃO DA PROPRIEDADE DOS BENS IMÓVEIS

No Direito brasileiro, adquire-se a propriedade dos bens imóveis, entre vivos, por três modos: pelo **registro do título translativo**, pela **usucapião**, e pelas espécies de **acessão: formação de ilhas, aluvião, avulsão, abandono de álveo** – casos de **acessão natural** – e **construções ou plantações – casos de acessão artificial**. A aquisição *causa mortis* da propriedade constitui objeto, não do Direito das Coisas, mas do Direito das Sucessões, de que cuidaremos na Parte VI desta obra.

O registro do título translativo configura **modo derivado** de aquisição da propriedade, pois deriva de uma transferência do domínio de seu titular anterior ao novo. Já a usucapião e a acessão configuram **modos originários** de aquisição da propriedade, em que não há transferência do domínio, o qual simplesmente se constitui para o adquirente, independentemente de negócio jurídico translativo. Veja-se que, conquanto haja perda da propriedade para o titular anterior do domínio nos casos de usucapião e em alguns casos de acessão, ainda assim não há *transferência* da propriedade.

7.1 Registro do título translativo

Vimos, ao estudar o Direito Contratual, que entre nós os contratos não têm *efeito real*, ou seja, por si só não transferem a propriedade nem nenhum direito real sobre a coisa alheia.

Por essa razão, você já sabe que, mesmo após uma compra e venda, ou uma doação, é necessário ainda algum ato, para que então a propriedade seja transferida.

Você também já sabe que a **tradição** é indispensável à transferência da propriedade entre vivos, desde o Direito Romano do Imperador Justiniano, conforme aprendeu no capítulo anterior, sobre a posse. Em latim se dizia que *traditionibus non nudis pactis dominia rerum transferuntur*, quer dizer, o domínio não se transfere pelo pacto, mas pela tradição.

Pois bem. No Brasil do século XIX, LAFAYETTE argumentou que a transferência da propriedade dos imóveis carecia de uma **manifestação visível**, e sugeriu a consagração da transcrição do título translativo no Registro Público como **modo de aquisição do domínio**.[98] Na mesma época, TEIXEIRA DE FREITAS defendeu que a transcrição do título translativo no Registro Público podia operar o **efeito da tradição** e transferir o domínio dos bens imóveis,

---

[98] PEREIRA, Lafayette Rodrigues. *Direito das coisas,* cit., p. 117-120.

dando **publicidade** ao fato e separando o direito real de propriedade do direito obrigacional de receber a transferência da propriedade.[99]

De fato, a sugestão foi acolhida por BEVILÁQUA[100] e positivada no Código Civil de 1916, e mantida no Código de 2002.[101]

No entendimento de LAFAYETTE e de BEVILÁQUA, a transcrição no Registro Público tem a natureza de uma **tradição solene**,[102] razão pela qual ainda se pode afirmar que a propriedade somente se transfere, entre vivos, pela tradição.

Nos termos do art. 1.245 do nosso atual Código Civil, a propriedade se transfere entre vivos por meio do registro do título translativo no Registro de Imóveis. Trata-se de **modo derivado** de aquisição do domínio, conforme asseverado anteriormente.

É em razão da tradição solene que se costuma ler em cartazes, nos cartórios de registro do país, a seguinte máxima: "só é dono quem registra".

Em decorrência da norma geral, entende-se que o alienante continua sendo dono, até que se promova o registro (§ 1º do art. 1.245) e que o adquirente permanece dono, até que se decrete a invalidade do registro, em ação judicial, e se promova o seu cancelamento (§ 2º do art. 1.245).

A transcrição do título translativo no Registro Público produz efeitos desde que este seja apresentado ao oficial do registro, e que seja lançado o protocolo (art. 1.246 do Código).

Na hipótese de o teor do registro conter erro, poderá o interessado requerer a retificação ou, se for o caso, a anulação (art. 1.247). No caso de anulação, após o devido cancelamento o proprietário poderá reivindicar o bem, não se lhe podendo opor nem a boa-fé, nem o título do terceiro adquirente (parágrafo único do art. 1.247).

7.2 Usucapião

A usucapião consiste em um **modo originário** de aquisição da propriedade de qualquer bem suscetível de domínio, bem como de alguns direitos reais. Aqui, estudaremos a usucapião como modo de aquisição da **propriedade imóvel**.

Inicialmente, cumpre comentar que usamos o vocábulo como feminino para não confundir o leitor, vez que essa foi a opção do legislador de 2002, baseado na forma latina – *usucapio* –, a qual é feminina. Não obstante, a doutrina anterior, à quase unanimidade, utiliza o vocábulo como masculino, o que, todavia, em nada altera o instituto ou a sua compreensão.

Outra ressalva terminológica que se há de fazer diz respeito à expressão **prescrição aquisitiva**, bastante usada pelos nossos civilistas clássicos,[103] porém criticada por nomes expressivos.[104] A expressão advém de um dos institutos que inspirou a usucapião moderna – a *praescriptio longi temporis* (prescrição de longo tempo), criada no século II d.C. –, a qual foi posteriormente combinada com a *usucapio* criada em 455 a.C. pela Lei das XII Tábuas.[105] A prescrição de longo

---

[99] FREITAS, Augusto Teixeira de. *Consolidação*, cit., p. CX-CXI.
[100] BEVILÁQUA, Clóvis. *Direito das coisas*, cit., p. 145.
[101] Também o Código Civil da Alemanha seguiu esse posicionamento.
[102] PEREIRA, Lafayette Rodrigues. *Direito das coisas*, cit., p. 128; BEVILÁQUA, Clóvis. *Direito das coisas*, cit., p. 145.
[103] Entre eles, TEIXEIRA DE FREITAS, LAFAYETTE, BEVILÁQUA, SILVIO RODRIGUES.
[104] Como CAIO MÁRIO, PONTES DE MIRANDA, ORLANDO GOMES e CÉSAR FIUZA.
[105] Por meio da *usucapio*, a Lei das XII Tábuas previa que o cidadão romano que possuísse um imóvel por dois anos e um móvel por um ano, "tomava pelo uso" sua propriedade (*usus*, uso + *capere*, tomar = *usucapio*, usucapião).

tempo tinha a natureza de uma exceção (defesa) que podia ser alegada mesmo por quem não fosse cidadão romano em ações reivindicatórias, para obstar a pretensão reivindicatória. Daí se falar em prescrição aquisitiva. Não cuidaremos, aqui, de criticar ou defender a expressão, mas apenas damos notícia ao leitor de que por prescrição aquisitiva se deve entender "usucapião".

Feitas essas considerações iniciais, passemos ao conceito de usucapião: segundo repete a doutrina desde o Direito Romano, com poucas variações, a usucapião é o *modo de adquirir o domínio ou outros direitos reais pelo decurso do tempo condicionado à posse incontestada e ininterrupta*.

Repetimos, aqui, as fórmulas fática e jurídica da usucapião, por nós analisadas por ocasião do estudo das situações de posse:

COMO SE ADQUIRE O DOMÍNIO PELA USUCAPIÃO
FÓRMULA FÁTICA: sujeito + coisa em seu poder + tempo (+ demais requisitos que a lei exigir) → usucapião → domínio
FÓRMULA JURÍDICA: posse *ad usucapionem* [= *possessio civilis* incontestada e ininterrupta de coisa hábil] + tempo (+ demais requisitos que a lei exigir) = domínio

7.2.1 Fundamento da usucapião

A ideia que fundamenta a aquisição da propriedade pela usucapião sempre foi a de que o tempo deveria **consolidar** a situação de quem exterioriza a propriedade sem tê-la, porém querendo tê-la, em detrimento do proprietário desidioso, que não reivindica o que é seu.

Hoje, com grande nitidez, enxerga-se no fenômeno da usucapião a atuação das **funções sociais da posse e da propriedade**, aliadas: o possuidor que tem a **propriedade putativa**[106] cumpre a função social da posse, o que acaba por lhe dar o direito à propriedade verdadeira, e o proprietário que descumpre a função social da propriedade, abandonando o objeto do seu direito, como que renunciando à sua propriedade, acaba por perdê-la.

Por essa razão é que o Código Civil de 2002 em muito reduziu os prazos da usucapião previstos no Código de 1916. E, para os casos em que a função social da posse é cem por cento atendida – as hipóteses em que o possuidor ou sua família usam a área para sua moradia, ou para o desenvolvimento de atividade econômica –, o ordenamento previu hipóteses de prazo mais reduzido ainda, como veremos.

7.2.2 Elementos configuradores

Para que se configure a usucapião, como demonstrado na fórmula, devem estar reunidos dois elementos: **posse *ad usucapionem*** e **lapso temporal** prescrito em lei. Os demais requisitos mencionados na fórmula jurídica do fenômeno variarão de acordo com a modalidade de usucapião, tema que estudaremos nas subseções próprias, e sempre se referirão à posse, exigindo-lhe caracteres.

Há quem inclua entre os elementos da usucapião a **sentença judicial**[107] e até o **registro**. Ora, se isso fosse verdade, então a usucapião não seria, ela própria, um modo de aquisição da

---

[106] Fala-se em propriedade putativa, a qual é uma propriedade aparente, para se referir à situação do usucapiente. Não se trata de mera "exterioridade da propriedade", a qual todo possuidor tem.
[107] Silvio Rodrigues, que chega a defender sua natureza *constitutiva* (*Direito das coisas*, cit., p. 108), e Beviláqua, que sustenta a necessidade da sentença como título hábil para o registro, o qual, em sua opinião, cria o direito (*Direito das coisas*, cit., p. 171).

propriedade, certo? O modo de aquisição seria o que estudamos anteriormente (transcrição do título translativo no Registro Público).

Para que o usucapiente adquira a propriedade, não é necessária a sentença judicial, nem a sua transcrição no Registro Público. A sentença, na ação de usucapião, tem natureza tão somente **declaratória** de um direito que já foi adquirido; não é constitutiva do direito de propriedade[108]. É de grande importância – não se imagine o contrário –, não para constituir o direito, mas sim para declarar a usucapião e, por conseguinte, servir como fundamento para o registro, o qual, por sua vez, é indispensável para dar **publicidade** ao fato. Afinal, não seria razoável que o oficial do registro tivesse de examinar os fatos alegados pelo usucapiente para ele próprio verificar se a usucapião se configurou ou não, nem tampouco seria razoável imaginar-se que terceiros tivessem de tomar conhecimento da aquisição da propriedade pelo usucapiente sem o registro.

Pois bem. Compreendida a ideia de que apenas dois elementos são necessários para configurar a usucapião, é importante perceber que esses dois elementos são, na verdade, elementos acidentais de um **direito de propriedade condicional** e **sujeito a termo inicial condicional** – classicamente conhecido como **propriedade putativa**. A posse *ad usucapionem* consiste em uma **condição suspensiva especial** que deve estar presente desde a criação da expectativa do direito até o **termo inicial condicional** de sua eficácia, marcado pelo fim do prazo estabelecido pela lei. A marca distintiva desse fenômeno reside justamente na conjugação dos dois elementos acidentais, vez que, conquanto haja termo inicial – que é um evento futuro e certo –, o direito também se submete a uma condição suspensiva – evento futuro e incerto –, a qual deve estar presente desde que se gera a expectativa do direito até o termo inicial, sem o que, mesmo com o advento deste, o direito não se adquirirá. Por essa razão, afasta-se o art. 131 do Código Civil – "o termo inicial suspende o exercício, mas não a aquisição do direito" –, porquanto tal aquisição se sujeita a uma condição suspensiva, o que autoriza a incidência do art. 125 – "subordinando-se a eficácia do negócio jurídico à condição suspensiva, enquanto esta não se verificar, não se terá adquirido o direito, a que ele visa".

7.2.2.1 Posse *ad usucapionem*

Como vimos ao estudar o capítulo anterior, a posse *ad usucapionem* se configura quando a *possessio civilis*, como diziam os romanos – que nada mais é do que a **posse jurídica** –, de **coisa hábil**, revela-se **incontestada e ininterrupta**.

Posse jurídica. A ressalva de que a posse deve ser jurídica (*civilis*) é importante para destacar que a **posse injusta** (que tem a natureza de *possessio naturalis*) não pode configurar a posse *ad usucapionem*.

Destarte, as posses violenta e clandestina somente se tornam aptas a configurar a posse *ad usucapionem* **após ano e dia** da aquisição por violência ou clandestinidade, quando, então, convalidam-se e se tornam **posse jurídica**. Dessa forma, até mesmo um bem objeto de furto ou roubo pode ser usucapido, desde que a clandestinidade ou a violência tenham cessado. Nesse sentido:

> Recurso especial. Direito civil. Usucapião extraordinária de bem móvel. Pressupostos de direito material. Boa-fé irrelevante. Veículo furtado. Objeto hábil. Aquisição da propriedade.

---

[108] Somente para exemplificar: "A aquisição da propriedade de imóvel por usucapião ocorre na data em que o possuidor preenche os requisitos legais para a prescrição aquisitiva, sendo a sentença meramente declaratória. Por essa razão, a data da sentença que reconhece a usucapião não corresponde ao momento da efetiva aquisição do bem" (TJ-MG, AC 10411120003164001 Matozinhos, relator: Áurea Brasil, data do julgamento: 14/10/2021, 5ª Câmara Cível, data da publicação: 15/10/2021).

Possibilidade. Recurso especial desprovido. 1. Recurso no qual se discute a possibilidade de aquisição da propriedade de bem móvel furtado por terceiro que o adquiriu de boa-fé e exerceu a posse ininterrupta e incontestadamente por mais de 20 (vinte) anos. 2. A usucapião é instituto destinado a dar segurança e estabilidade à propriedade, bem como consolidar as aquisições e facilitar a prova do domínio, de modo que, entre os requisitos materiais, não há nenhuma menção à conduta ou inércia do proprietário. Doutrina. 3. Nos termos do art. 1.261 do CC/2002, aquele que exercer a posse de bem móvel, interrupta e incontestadamente, por 5 (cinco) anos, adquire a propriedade originária do bem, fazendo sanar todo e qualquer vício anterior. 4. A apreensão física da coisa por meio de clandestinidade (furto) ou violência (roubo) somente induz a posse após cessado o vício (art. 1.208 do CC/2002), de maneira que o exercício ostensivo do bem é suficiente para caracterizar a posse mesmo que o objeto tenha sido proveniente de crime. 5. As peculiaridades do caso concreto, em que houve exercício da posse ostensiva de bem adquirido por meio de financiamento bancário com emissão de registro perante o órgão público competente, ao longo de mais de 20 (vinte) anos, são suficientes para assegurar a aquisição do direito originário de propriedade, sendo irrelevante se perquirir se houve a inércia do anterior proprietário ou se o usucapiente conhecia a ação criminosa anterior à sua posse. 6. Recurso especial desprovido (STJ, 3ª Turma, REsp 1.637.370/RJ, relator: Min. Marco Aurélio Bellizze, data do julgamento: 10/9/2019).

Por sua vez, a posse precária jamais configura a posse *ad usucapionem*, porquanto o vício da precariedade, impossível de ser sanado, impede que a posse precária se torne jurídica.

Ressalte-se que a doutrina, em geral, ensina que a posse há de ser **cum animo domini**,[109] ou seja, que o possuidor deve ter a **intenção de dono**. Conquanto bastante repetida, essa lição traz alguns problemas.

Inicialmente, os mais apressados, ao depararem com a expressão *animus domini*, correm para dizer que, quanto à usucapião, o Direito brasileiro adotou a teoria da posse de SAVIGNY. Essa conclusão, falsa, traz implicações extremamente maléficas, quando enxergada como verdadeira. Asseverar que a posse, na usucapião, segue a teoria de SAVIGNY importa dar aos elementos que a compõem, *corpus* e *animus*, significação própria. Seguindo esse entendimento, seria necessário, ao analisar a usucapião, rejeitar tudo o que se preceitua no Título I do Direito das Coisas no Código Civil, pois ali o *corpus* e o *animus* têm o conteúdo que JHERING lhes deu, com certas adaptações. Em consequência, por exemplo, não valeriam os conceitos de possuidor e de detentor, nem haveria mais que se falar em posse indireta. Ademais, não haveria posse de coisa distante.

Como poderia, em um mesmo ordenamento, "uma coisa ser uma coisa", em um momento, e ser "outra coisa", em outro? Em algumas situações, posse é o exercício pleno ou não de algum dos poderes da propriedade, mas, em outras, posse é o poder físico sobre a coisa por quem tem a intenção de dono? Isso seria teratológico.

No entanto, é simples compreender a razão dessa lição equivocada. Quando, ao adotar a teoria de JHERING, BEVILÁQUA determinou,[110] disciplinando a usucapião, que o possuidor deveria "possuir como seu o imóvel", pretendia, e os civilistas da época compreendiam bem a questão, afastar a usucapião nos casos em que a posse é cedida temporariamente em **negócio jurídico de execução continuada**, como a locação, o comodato e o depósito, ou em que a posse é transferida por meio da constituição de um **direito real sobre a coisa alheia**, como o uso, o

---

[109] O substantivo *animus* toma a forma *animo* quando seguido da preposição *cum*.

[110] Não custa lembrar ao leitor que CLÓVIS BEVILÁQUA foi o autor do projeto do nosso primeiro Código Civil, o de 1916.

usufruto etc., porquanto, nessas hipóteses, não há **propriedade putativa**. Dizia-se, então, que a posse *ad usucapionem* deveria ser *cum animo domini* porquanto a doutrina e a jurisprudência entendiam que nem o locatário, nem o comodatário, nem o depositário, nem o usuário, nem o usufrutuário etc. tinham intenção de dono, vez que possuíam temporariamente, por força de relação obrigacional, ou porque tinham direito real sobre a coisa alheia, e, por conseguinte, não tinham a propriedade putativa. O que tinham era um direito de uso advindo de locação ou comodato, ou um dever de guarda advindo de depósito, ou o direito real de uso, ou de usufruto, e assim por diante.

Ainda hoje se exclui a usucapião desses possuidores que não têm a propriedade putativa por recurso à ideia do *animus domini*, o que, além de correto, não faz mal algum, desde que não se confundam as teorias possessórias, ou seja, a posse *ad usucapionem* também é o exercício pleno ou não de algum dos poderes do domínio. Não é – frise-se – o poder de fato sobre a coisa.[111] É preciso não perder de vista que o conteúdo da expressão *animus domini* é a propriedade putativa, ou seja, a posse do possuidor que não possui temporariamente a título de negócio jurídico de execução continuada, como a locação, o comodato e o depósito, nem por ter direito real sobre a coisa alheia, como o usuário ou o usufrutuário.

Quanto aos casos dos servidores da posse (representantes ou prepostos do possuidor) e dos atos de mera permissão ou tolerância, obviamente que jamais podem ensejar a usucapião, vez que não configuram hipóteses de posse, mas de **detenção**.

Coisa hábil. Não são passíveis de usucapião, e, por conseguinte, não constituem **coisa hábil** (*res habilis*) para a configuração da posse *ad usucapionem*, os **bens públicos** (art. 102 do Código Civil).[112]

É comum que a doutrina, atenta a esse fato, trate do objeto hábil – *res habilis* – como um pressuposto da usucapião à parte. De nossa vez, preferimos reduzir a fórmula e tratar da coisa hábil antes como objeto da **posse**, que da usucapião.[113]

Incontestada. Por **incontestada** deve se entender que a posse se apresenta, como se costuma dizer, **mansa e pacífica**, ou seja, ninguém a disputa com o possuidor atual. Se o possuidor foi parte em ação possessória, sua posse somente se dirá mansa se, configurada a coisa julgada que o manteve ou reintegrou na posse, não se envolver mais em conflito possessório. Obviamente que a posse somente será considerada incontestada a partir de então, o que terá influência na contagem do prazo da usucapião.

---

[111] O próprio Código expressamente admite hipótese de usucapião em que a posse *ad usucapionem* é *indireta*, cujo conceito conflita com a ideia de poder físico sobre a coisa, razão pela qual não existe na teoria de SAVIGNY. Referimo-nos à hipótese em que a lei menciona a moradia do possuidor *ou de sua família* (usucapião especial urbana, art. 1.240 do Código).

[112] Cabe ressalvar que um dos autores desta obra, o Prof. Felipe Quintella, defendeu no I Congresso Internacional de Combate à Pobreza, realizado em Belo Horizonte, em 2013, a ideia da **usucapibilidade dos bens públicos dominicais**, que ele vem explorando em pesquisas suas e discutindo no meio acadêmico. Apesar disso é importante frisar que a Súmula 340 do STF ("Desde a vigência do Código Civil, os bens dominicais, como os demais bens públicos, não podem ser adquiridos por usucapião") não foi cancelada, e, embora tenha sido publicada quando da vigência do CC/1916, a mesma proibição se encontra prevista nos arts. 183, § 3º, e 191, parágrafo único, da CF e no art. 102 do CC/2022.

[113] Houve um tempo em que a lista das coisas não hábeis era extensa, mas, hoje, apenas os bens públicos são excluídos, ampliando-se a ideia de coisas hábeis para todos os demais bens materiais, suscetíveis de valoração econômica, que podem ser objeto do domínio.

Um exemplo prático: imagine que um casal se divorcia e o imóvel comum passa a ser utilizado exclusivamente por um dos ex-cônjuges. Se for constatado o abandono da fração ideal pelo outro cônjuge, ainda que não tenha havido prévia partilha de bens, estará constituída a posse incontestada, admitindo a declaração de usucapião. Essa possibilidade decorre, especialmente, do fato de que a dissolução da sociedade conjugal cessa o estado de mancomunhão, de modo que as normas relativas a bens do ex-casal serão as mesmas do condomínio. Assim, a posse de um condômino sobre bem imóvel exercida por si mesma, com ânimo de dono, ainda que na qualidade de possuidor indireto, sem nenhuma oposição dos demais proprietários, nem reivindicação dos frutos e direitos que lhe são inerentes, confere à posse o caráter de *ad usucapionem*[114].

Ininterrupta. Por **ininterrupta** se quer dizer que o possuidor não pode perder a posse, nem por um instante. Se isso ocorre, o prazo da usucapião zera, ou seja, começa a contar do zero a partir do momento em que o sujeito novamente tem a posse. Impende frisar que, nos casos de **sucessão na posse**, já comentados, do art. 1.207, pode haver **continuação** da posse,[115] pelo que esta se mantém ininterrupta, mesmo sendo substituída a pessoa do possuidor.

7.2.2.2 Lapso temporal prescrito em lei

Além da posse *ad usucapionem*, a usucapião também depende do transcurso de um **lapso temporal** prescrito em lei.

Com relação à contagem do prazo, incidem as regras do art. 132 do Código. O importante, aqui, é determinar qual o **termo inicial** (*dies a quo*). Haverá de ser sempre o momento em que é gerada a expectativa do direito de propriedade, ou propriedade putativa, que é o exato momento em que se configura a posse *ad usucapionem* (tecnicamente, é o momento em que a condição suspensiva começa a ser implementada). Logo, deve-se atentar para o **caráter jurídico e incontestado** da posse. Isso porque, se a posse tiver sido adquirida por violência ou clandestinidade, somente poderá haver posse *ad usucapionem* **após ano e dia** daquela data, quando, então, seu vício terá convalescido. Ademais, deve-se verificar se, naquele momento, não há disputa da posse, pois, caso contrário, não haverá o caráter de **mansa e pacífica**. Em resumo, o prazo corre a partir de quando se verificar que a posse é justa e incontestada, devendo ser acompanhado passo a passo, para que se verifique se a posse permanece incontestada, e se não é interrompida.[116]

Conforme o art. 1.244 do Código, aplicam-se ao prazo para usucapião as **causas impeditivas e suspensivas** do prazo prescricional. Logo, por exemplo, não corre prazo para usucapião entre os cônjuges, na constância da sociedade conjugal (art. 197, I), nem contra os menores de dezesseis anos (art. 198, I)[117].

---

[114] "Dissolvida a sociedade conjugal, o bem imóvel comum do casal rege-se pelas regras relativas ao condomínio, ainda que não realizada a partilha de bens, possuindo legitimidade para usucapir em nome próprio o condômino que exerça a posse por si mesmo, sem nenhuma oposição dos demais coproprietários" (STJ, 3ª Turma, REsp 1.840.561-SP, relator: Min. Marco Aurélio Bellizze, data do julgamento: 3/5/2022).

[115] Segundo o art. 1.207, a continuação é obrigatória no caso do sucessor a título universal, e opcional no caso do sucessor a título singular. Ver o Capítulo 2 desta Parte IV, sobre a Posse.

[116] Não é mais necessário apurar a questão dos vícios, pois estes somente maculam a posse quando de sua aquisição. Depois de convalidados, se existentes, e enquanto o possuidor se mantiver na posse, esta jamais perderá o caráter jurídico.

[117] Chamamos a atenção do leitor, em especial, para o fato de que o prazo de usucapião não corre contra os absolutamente incapazes. A incapacidade absoluta consiste em causa impeditiva do transcurso do

Sobre o assunto, interessante destacar que o STJ confirmou, em 2020, que a **separação de fato** "por longo período" *extingue* a sociedade conjugal, razão pela qual, após a sua ocorrência, deixa de incidir a regra do art. 197, I, com o que corre prazo para usucapião entre os cônjuges separados.[118] No caso julgado, a mulher continuou morando em imóvel de propriedade do marido após a separação de fato. Passados cinco anos, pleiteou a aquisição do bem por usucapião. Ao julgar o recurso especial, o STJ reformou a decisão do TJMG, conforme a qual a separação de fato não fazia cessar a causa impeditiva prevista no art. 197, I.

7.2.3 Modalidades de usucapião

Dependendo dos requisitos exigidos pela lei, que variam em diferentes situações, fala-se em **modalidades** diversas de usucapião.

Neste espaço, abordaremos as principais. Contudo, tenha em mente que há, além das modalidades a seguir, outras duas que possuem fundamento no Estatuto do Índio e no ADCT, respectivamente: (i) a usucapião indígena[119] e a (ii) usucapião de quilombolas[120].

7.2.3.1 Usucapião extraordinária

Diz-se **extraordinária** a modalidade de usucapião para a qual são suficientes a **posse *ad usucapionem*** e o **lapso temporal**. Encontra-se prevista no art. 1.238 do Código Civil:

> Art. 1.238. Aquele que, por quinze anos, sem interrupção, nem oposição, possuir como seu um imóvel, adquire-lhe a propriedade, independentemente de justo título e boa-fé; podendo requerer ao juiz que assim o declare por sentença, a qual servirá de título para o registro no Cartório de Registro de Imóveis.

Cumpre comentar que da boa redação desse dispositivo fica bem claro o que afirmamos acerca da sentença e do registro: a propriedade, já adquirida, será declarada na sentença, a qual servirá de título para o registro – o que se faz para dar publicidade à aquisição do domínio.

Interessante explicar que essa modalidade é chamada de **extraordinária** não porque seja incomum na vida prática – ao contrário, é a hipótese mais frequente –, mas porquanto **dispensa o justo título e a boa-fé**, os quais eram requisitos da usucapião tal como originalmente concebida.

O prazo adotado pelo Código Civil de 2002, para esta modalidade de usucapião, é de **quinze anos**, o qual pode ser reduzido para **dez anos** nos termos do parágrafo único do art. 1.238:

---

prazo, nos termos do art. 198, I, do Código Civil. Logo, os possuidores de imóvel cuja propriedade é de absolutamente incapaz somente podem começar a contagem do prazo após a aquisição da capacidade civil pelo proprietário, o que ocorrerá aos dezesseis anos, quanto aos menores – únicos absolutamente incapazes depois da reforma do art. 3º do Código Civil pelo Estatuto da Pessoa com Deficiência, em vigor desde janeiro de 2016.

[118] O acórdão não especificou qual seria o critério para se considerar o período da separação de fato longo ou curto.

[119] Art. 33. O índio, integrado ou não, que ocupe como próprio, por dez anos consecutivos, trecho de terra inferior a cinquenta hectares, adquirir-lhe-á a propriedade plena. Parágrafo único. O disposto neste artigo não se aplica às terras do domínio da União, ocupadas por grupos tribais, às áreas reservadas de que trata esta Lei, nem às terras de propriedade coletiva de grupo tribal.

[120] Art. 68. Aos remanescentes das comunidades dos quilombos que estejam ocupando suas terras é reconhecida a propriedade definitiva, devendo o Estado emitir-lhes os títulos respectivos.

Art. 1.238. [...]

Parágrafo único. O prazo estabelecido neste artigo reduzir-se-á a dez anos, se o possuidor houver estabelecido no imóvel a sua moradia habitual, ou nele realizado obras ou serviços de caráter produtivo.

Essa inovação do Código de 2002, inspirada pela **função social da posse**, depende de que o possuidor tenha a posse *ad usucapionem* do imóvel em que **reside habitualmente**, ou em que **exerça atividade produtiva**. Impende frisar que a residência há de ser *habitual*, ou seja, não se pode pleitear a usucapião extraordinária com prazo reduzido no caso de imóveis em que o possuidor resida apenas esporadicamente, ou em temporadas – excluem-se, portanto, os imóveis residenciais "distantes" do usucapiente, como a casa de praia em que passa o verão, ou o sítio em que, por vezes, passa os feriados.

Diferente de outras modalidades, a usucapião extraordinária independe do tamanho do imóvel. Com efeito, não há tamanho mínimo ou máximo para a declaração de prescrição aquisitiva para a hipótese prevista no art. 1.238 do CC[121].

7.2.3.2 Usucapião ordinária

Diz-se **ordinária** a modalidade de usucapião para a qual se exige, além dos requisitos da posse *ad usucapionem* e do lapso temporal, que a posse seja **com justo título** e **de boa-fé**. Assim como na hipótese anterior, independe do tamanho do imóvel.

A hipótese se encontra no art. 1.242 do Código Civil: "adquire também a propriedade do imóvel aquele que, contínua e incontestadamente, com justo título e boa-fé, o possuir por dez anos".

O parágrafo único do dispositivo prevê hipótese de redução do prazo:

Art. 1.242. [...]

Parágrafo único. Será de cinco anos o prazo previsto neste artigo, se o imóvel houver sido adquirido, onerosamente, com base no registro constante do respectivo cartório, cancelado posteriormente, desde que os possuidores nele tivessem estabelecido a sua moradia, ou realizado investimentos de interesse social e econômico.

Antes de estudar os requisitos desta modalidade de usucapião, cumpre frisar que o legislador andou mal na determinação dos prazos da usucapião ordinária no Código de 2002. Ao impor o requisito da *aquisição com base em registro posteriormente cancelado* para a redução do prazo, legou a grande maioria dos casos de usucapião ordinária – para os quais já são exigidos o justo título e a boa-fé – ao prazo de **dez anos**, o mesmo exigido para a usucapião extraordinária

---

[121] A propósito, o STJ fixou a seguinte tese em sede de recurso especial repetitivo: "Se forem preenchidos os requisitos do art. 1238 do CC/2002, a pessoa terá direito à usucapião extraordinária e o fato de o imóvel em questão não atender ao mínimo dos módulos urbanos exigidos pela legislação municipal para a respectiva área (dimensão do lote) não é motivo suficiente para se negar esse direito, pois não há na legislação ordinária própria à disciplina da usucapião regra que especifique área mínima.

Para que seja deferido o direito à usucapião extraordinária basta o preenchimento dos requisitos exigidos pelo Código Civil, de modo que não se pode impor obstáculos, através de leis municipais, para impedir que se aperfeiçoe, em favor de parte interessada, o modo originário de aquisição de propriedade" (2ª Seção, REsp 1.667.842/SC, relator: Min. Luis Felipe Salomão, data do julgamento: 3/12/2020, Tema 985).

– para a qual não se exigem justo título e boa-fé! – caso o usucapiente tenha estabelecido no imóvel sua residência habitual, ou nele realize atividade econômica. O resultado, certamente, atenta contra a **função social da posse** de quem possui a título justo e de boa-fé, e não se enquadra na hipótese do parágrafo único do art. 1.242, vez que passa a ser igualado, pela lei, a quem possui sem justo título e sem boa-fé. Destarte, há violação do **princípio constitucional da igualdade**.[122]

Todavia, é possível dar à norma melhor interpretação, sobretudo em razão do § 5º do art. 214 da Lei de Registros Públicos (Lei 6.015/73), incluído em 2004, pela Lei 10.931. Segundo o inovador dispositivo, não se decretará a nulidade de registro se isso "atingir terceiro de boa-fé que já tiver preenchido as condições de usucapião do imóvel". Tratando-se de terceiro munido de título registrado (cuja nulidade se discute) e de boa-fé, a hipótese é de usucapião ordinária. Considerando-se que a usucapião passou a ser um óbice ao cancelamento do registro, pela lei nova, o qual era, na lei mais velha (Código Civil), um requisito do prazo reduzido da usucapião, concluímos que, para resolver esse conflito, deve-se considerar o disposto na lei mais velha **revogado tacitamente**. Logo, o parágrafo único do art. 1.242 do Código Civil deve passar a ser lido com a seguinte redação:

Art. 1.242. [...]
Parágrafo único. Será de cinco anos o prazo previsto neste artigo, se o imóvel houver sido adquirido, onerosamente, com base no registro constante do respectivo cartório, desde que os possuidores nele tivessem estabelecido a sua moradia, ou realizado investimentos de interesse social e econômico.

Concluiremos esse raciocínio após examinar o justo título e a boa-fé.

a) Justo título

Justo título, como vimos, é, por definição, um **título hábil**, potencialmente, a **transferir a propriedade**, ainda que não chegue a transferi-la, por algum defeito, ou pela supressão de algum ato necessário para que fosse eficaz.

Logo, quem possui com justo título, necessariamente, considera-se proprietário, ainda que não o seja. Vemos, por conseguinte, que para a usucapião ordinária, não é o *animus domini* simplesmente o que se exige – mera intenção –, mas a *opinio domini*, ou seja, a **convicção de dono**. Aliás, a usucapião ordinária tem por objetivo exatamente consolidar a **propriedade putativa**, ou seja, dar o direito de propriedade a quem pensava tê-lo, mas não o tinha.

Para que se considere **justo**, o título não precisa tomar a forma de documento escrito. É o que ocorre, por exemplo, com a sucessão hereditária.

Com relação ao registro do título, sobre o qual, historicamente, os juristas digladiaram, tanto na doutrina quanto na jurisprudência, parece-nos claro que, no sistema do Código de 2002, o registro somente é requisito da **usucapião ordinária de prazo reduzido**, do parágrafo único do art. 1.242. Não deve ser considerado abrangido pela hipótese do *caput*, no entanto, vez que não integra o conceito de justo título. Nesse sentido o Enunciado 86, elaborado na I Jornada de Direito Civil promovida pelo Conselho da Justiça Federal, acerca do art. 1.242 do Código: "a expressão 'justo título' contida nos arts. 1.242 e 1.260 do CC abrange todo e qualquer ato jurídico hábil, em tese, a transferir a propriedade, independentemente de registro".

---

[122] Trata desiguais com igualdade.

As hipóteses de justo título, para fins de usucapião,[123] são a da **alienação inválida**, mas cujo título é **válido**, como ocorre na suposta alienação, realizada, na verdade, por quem não era proprietário (diz-se *traditio a non domino*), e da **alienação válida**, porém, **ineficaz**, em razão da inobservância de alguma formalidade referente à produção de efeitos.

Na primeira hipótese, o ato jurídico que gerou o título é inválido – nulo ou anulável –, porém o título, em si, atendeu aos requisitos exigidos pela lei.

Augusto vende a Berenice a Fazenda do Moinho. Lavra-se a escritura pública de compra e venda, a qual é devidamente transcrita no Registro de Imóveis, e Berenice paga o preço. Passados anos, Berenice descobre que Augusto não era o proprietário da fazenda, e Clóvis aparece, reivindicando as terras, provando a propriedade. Nesse caso, a compra e venda terá sido nula, porquanto seu objeto terá sido impossível – ninguém pode transferir mais direitos do que tem (*nemo plus iuris ad alium transferre potest quam ipse habet*). Se Augusto não era proprietário da Fazenda do Moinho, não pode ter transferido sua propriedade. Todavia, o título de Berenice era, ao menos em tese, hábil a transferir o domínio, por se tratar de uma escritura pública de compra e venda levada a registro. Logo, Berenice tem título apto a ensejar a usucapião ordinária.

Diferente é a situação de quem realiza uma compra e venda de imóvel por instrumento particular. Nesse caso, o próprio título se reputa nulo – por não atender à forma exigida pela lei (escritura pública), razão pela qual não é hábil, nem em tese, a transferir a propriedade. Logo, não configura justo título.

Com relação à **promessa de compra e venda**, o STJ posicionou-se no sentido de que constitui justo título independentemente do **registro**, o qual não é praxe entre nós. Considera-se que teria havido a alienação, mas que a propriedade não se teria transferido pela não celebração do contrato definitivo. O compromisso de compra e venda, mesmo que não seja levado ao registro, gera direito à adjudicação compulsória (nesse sentido a Súmula 239 do STJ), não obstante não gerar o **direito real à aquisição do imóvel** (art. 1.417 do Código), o qual somente se constitui com o registro. A nosso ver, para que se possa considerar a promessa de compra e venda justo título, é necessário, todavia, que o **preço** da venda tenha sido integralmente pago ao promitente vendedor, sem o que, obviamente, o promitente comprador não terá convicção de dono (ninguém pode supor ter adquirido onerosamente algo pelo que não pagou).

Para que o leitor compreenda a relevância prática dessa hipótese, imaginemos que Pontes celebra contrato preliminar irrevogável de compra e venda de um apartamento no Edifício Roma com Rui e, inclusive, cumpre integralmente sua obrigação de dar o preço. Todavia, antes da celebração do contrato definitivo – por escritura pública –, Rui morre, e Pontes não consegue localizar seus herdeiros. Homem simples, Pontes desiste da busca e, tendo em mãos o contrato preliminar, e o recibo da quitação, vive no apartamento convicto de ser seu dono. Quinze anos depois, aparece César, ostentando o título de propriedade do apartamento, o qual herdou de Rui. Tendo Pontes possuído com justo título, de boa-fé, incontestada e ininterruptamente, por dez anos, poderá se defender da reivindicação de César opondo-lhe a aquisição da propriedade do imóvel pela usucapião ordinária.

b) Boa-fé

Como visto, a posse se diz **de boa-fé** quando o possuidor desconhece os vícios que a maculam, ou, obviamente, quando simplesmente não há vícios. Os vícios da posse, que já trabalhamos à exaustão, são a violência, a clandestinidade e a precariedade, e devem ser **originários**, quer dizer, referem-se a um **modo de aquisição proibido**. Isso significa que se consideram violenta, clandestina e precária as posses adquiridas por ato violento, clandestino ou de apropriação

---

[123] Ou seja, títulos que, embora hábeis a transferir a propriedade, não chegaram a transferi-la.

indevida. É certo, não se deve esquecer, que a posse se transmite com os mesmos caracteres com que foi adquirida (art. 1.203 do Código), razão pela qual quem recebe a posse injusta que lhe foi transferida por modo permitido acaba por adquirir posse injusta. O que se quer dizer, ao situar o vício da posse no momento da aquisição, é que não há **vício superveniente**, ou seja, a posse não se torna viciosa durante sua manutenção. Em consequência, pode o possuidor defender-se de violações usando de violência (legítima defesa da posse), bem como pode decidir possuir às escondidas, sem, contudo, que sua posse, por isso, torne-se violenta ou clandestina.

A razão de se exigir do possuidor a boa-fé é impedir que o invasor (atendo-nos aos bens imóveis), ou seus cúmplices, que o sucederam na posse, possam adquirir a propriedade por **usucapião ordinária**, para a qual se prescreve um lapso temporal menor (dez anos, em oposição aos quinze da usucapião extraordinária).

Assim, se Orlando invadiu certas terras e de lá expulsou o proprietário (pelo que terá posse violenta), ou se invadiu certas terras às escondidas (pelo que terá posse clandestina), não será possuidor de boa-fé. E, se transferir a posse para alguém que sabe da invasão, este também possuirá de má-fé.

Você pode argumentar, com acerto, que **após ano e dia** os vícios da violência e da clandestinidade cessam. Isso é verdade. Convalidada a situação da posse originalmente injusta, o possuidor será dito de boa-fé, ainda que soubesse dos vícios, porquanto estes desaparecerão. Ocorre, no entanto, que isso somente se passa com os vícios da violência e da clandestinidade, os quais admitem a convalidação (art. 1.208 do Código). O **vício da precariedade** jamais cessa e o possuidor que conhece o vício originário, não importa quanto tempo se passe da aquisição viciada da posse, será sempre **possuidor de má-fé**.

Ademais, o outro requisito exigido para a usucapião ordinária – **justo título** – afasta os possuidores que conheciam o vício convalidado de sua posse, pois, obviamente, não terão adquirido a coisa por título hábil à transferência da propriedade, se sabiam que o transmitente da posse não tinha a propriedade. A **convicção de dono** (*opinio domini*) é incompatível com a consciência da falta do direito de propriedade. O não proprietário que opera a tradição da coisa transfere tão somente a posse que tem, nunca a propriedade (que não tinha!).[124]

c) Redução de prazo

Concluindo o raciocínio iniciado anteriormente, quanto à redução de prazo prevista no parágrafo único do art. 1.242 do Código, consideramos requisitos do benefício: a **posse com justo título e de boa-fé** (requisitos gerais da usucapião ordinária); o **registro do título** e o **estabelecimento de moradia** *ou* **a realização de atividade econômica**.

Essa interpretação se faz em clara consonância com a **função social da posse**: o sujeito que reside ou trabalha em imóvel que possui por cinco anos ininterruptos, convicto de ser o dono, vez que tem título justo registrado no devido cartório e desconhece qualquer vício de sua posse, a qual nunca foi contestada, e que, não obstante, tem apenas a propriedade putativa, merece que o ordenamento jurídico lhe conceda a verdadeira propriedade, premiando o possuidor, em detrimento do proprietário relapso, que sequer se opôs à posse do outro, abrindo mão do seu direito de possuir.

A modalidade reduzida é conhecida na doutrina como **usucapião tabular**. O nome decorre do fato de que essa modalidade é promovida pelo titular do imóvel com a finalidade de acertar o registro. O principal elemento que difere as duas figuras previstas no *caput* e parágrafo do art. 1.242 está em que, na usucapião ordinária, uma pessoa que não tem o

---

[124] É diferente a situação nos casos de *traditio a non domino* em que o adquirente acredita ser o alienante o proprietário. Neles, há convicção de dono.

registro da propriedade litiga para obtê-lo. Na usucapião tabular, por sua vez, uma pessoa que **já obteve esse registro**, portanto já foi legalmente considerada proprietária, litiga para restabelecer essa propriedade, que, por algum motivo, teve invalidado o respectivo registro (STJ, REsp 1.133.451/SP). Desse modo, tão somente a existência de exercício possessório, justo título e boa-fé são insuficientes para a configuração da usucapião tabular, sendo imprescindível a existência de prévio registro.

7.2.3.3 Usucapião especial urbana

A modalidade de usucapião chamada de **especial urbana** foi criada pela Constituição de 1988, no art. 183, o qual o legislador de 2002 transcreveu no art. 1.240 do Código Civil.[125] Por essa razão, é também conhecida por **usucapião constitucional**.

Segundo o art. 1.240 do Código, repetindo o art. 183 da CF:

> Art. 1.240. Aquele que possuir, como sua, área urbana de até duzentos e cinquenta metros quadrados, por cinco anos ininterruptamente e sem oposição, utilizando-a para sua moradia ou de sua família, adquirir-lhe-á o domínio, desde que não seja proprietário de outro imóvel urbano ou rural.
>
> § 1º O título de domínio e a concessão de uso serão conferidos ao homem ou à mulher, ou a ambos, independentemente do estado civil.
>
> § 2º O direito previsto no parágrafo antecedente não será reconhecido ao mesmo possuidor mais de uma vez.

Examinemos os requisitos peculiares da usucapião especial urbana:

1. A posse *ad usucapionem*, nessa hipótese, requer o ***animus domini*** (*possuir, como sua*), porém dispensa a *opinio domini*, vez que não se exige justo título. Cabe lembrar que a posse *cum animo domini* exclui a posse temporária de quem a tem a título de negócio jurídico de execução continuada e de quem a tem em virtude de direito real sobre a coisa alheia. Ademais, a posse *ad usucapionem* para a usucapião especial urbana deve ser **incontestada e ininterrupta** por cinco anos.

2. A área do imóvel usucapiendo, o qual deve estar situado em zona definida como urbana, não pode exceder **duzentos e cinquenta metros quadrados**. De acordo com o STF, o instituto da usucapião urbana, previsto no art. 183 da Constituição Federal, também se aplica a apartamentos em condomínios residenciais, e não apenas a lotes urbanos (STF, Plenário, RE 305416, relator: Min. Marco Aurélio, data do julgamento: 31/8/2020).

Caso a área possuída seja maior, apenas duzentos e cinquenta metros serão adquiridos pela usucapião especial. A área excedente poderá, porventura, ser adquirida por usucapião extraordinária. Admite-se, ainda, a usucapião especial urbana de apartamentos, desde que menor que 250 metros quadrados, não se incluindo a área comum.

Com relação ao tamanho, surgiu uma discussão na jurisprudência a respeito da (im)possibilidade de se adquirir, pela usucapião, imóvel de metragem inferior ao módulo mínimo

---

[125] A usucapião especial urbana, após sua criação pela Constituição, fora disciplinada pelo Estatuto das Cidades (Lei 10.257/2001), no art. 9º. O leitor deve notar que tal dispositivo continha um terceiro parágrafo ("§ 3º Para os efeitos deste artigo, o herdeiro legítimo continua, de pleno direito, a posse de seu antecessor, desde que já resida no imóvel por ocasião da abertura da sucessão"), não repetido no art. 1.240 do Código Civil – lei posterior –, o qual tem o mesmo *caput* e os mesmos parágrafos primeiro e segundo. Logo, o referido parágrafo terceiro reputa-se **tacitamente revogado**.

definido pelo Plano Diretor para lotes urbanos. Como, nesses casos, o registro do imóvel fica inviabilizado, havia dúvida quanto à possibilidade de aquisição da propriedade.

O Plenário do Supremo Tribunal Federal, ao julgar o Recurso Extraordinário 433349/SP (data do julgamento: 29/4/2015), com repercussão geral conhecida, definiu que:

> Se forem preenchidos os requisitos do art. 183 da CF/88, a pessoa terá direito à usucapião especial urbana e o fato de o imóvel em questão não atender ao mínimo dos módulos urbanos exigidos pela legislação local para a respectiva área (dimensão do lote) não é motivo suficiente para se negar esse direito, que tem índole constitucional. Para que seja deferido o direito à usucapião especial urbana basta o preenchimento dos requisitos exigidos pelo texto constitucional, de modo que não se pode impor obstáculos, de índole infraconstitucional, para impedir que se aperfeiçoe, em favor de parte interessada, o modo originário de aquisição de propriedade.

Dessa forma, preenchidos os requisitos do art. 183 da Constituição Federal, cuja norma está reproduzida no art. 1.240 do Código Civil, o reconhecimento do direito à usucapião especial urbana não pode ser obstado por legislação infraconstitucional que estabeleça módulos urbanos na respectiva área em que situado o imóvel (dimensão do lote).

Igualmente, não importa se o imóvel objeto da usucapião está em processo de regularização. Ainda que não exista prévia matrícula, a função social da propriedade, de cunho constitucional, não pode ser relativizada se preenchidos os requisitos exigidos pela legislação constitucional e infraconstitucional. Com efeito, a inexistência de matrícula própria não é condição para o reconhecimento da prescrição aquisitiva[126].

3. O prédio deve ter sido utilizado para **moradia do usucapiente ou de sua família** durante todo o prazo de cinco anos. Por força desse requisito, a questão da **continuidade** na posse deve ser examinada com cuidado. É que, conquanto o sucessor hereditário continue na posse e o sucessor entre vivos possa optar por continuar na posse recebida do antecessor, o requisito da moradia do usucapiente ou de sua família no imóvel deve estar presente durante todo o prazo. Logo, para que o sucessor dê continuidade à posse do usucapiente, seja *causa mortis*, ou por ato *inter vivos*, é necessário que tenha residido durante os cinco anos no imóvel, ou que sua família fosse a mesma do seu antecessor, e que tenha ela cumprido a exigência.

Imaginemos que Caio possua uma casa na Rua dos Cravos, em que vivem sua companheira, sua mãe e o filho do casal, Silvio. Na hipótese da morte de Caio, Silvio o sucederá na posse, e poderá dar continuidade a ela, para fins de usucapião especial, porque era membro da família do antecessor, e residia no imóvel. Na hipótese de Caio formar outra família e, por ato entre vivos, transferir a Silvio a posse da casa, também será admitida a continuidade na posse para fins de usucapião especial, pelo mesmo motivo.

Por outro lado, se, morrendo Caio, seu filho Manuel o suceder na posse, e expulsar os moradores da casa (companheira e mãe de Caio, e Silvio), o prazo da usucapião especial será interrompido. Não importa que Manuel seja filho de Caio. O que importa é que Manuel não residia anteriormente no imóvel, e que os membros da família que o faziam deixaram de fazê-lo. O mesmo ocorrerá se Caio, por ato entre vivos, transmitir a posse a Manuel, ou a qualquer outra pessoa, abandonando os moradores anteriores o imóvel, para nele residir Manuel ou quem quer que seja.

Frise-se que a utilização não precisa ser exclusiva para moradia. Imagine que um imóvel de 200 metros quadrados esteja sendo utilizado por Caio para moradia e também para o

---

[126] Nesse sentido: STJ, 2ª Seção, REsp 1.818.564-DF, relator: Min. Moura Ribeiro, data do julgamento: 9/6/2021 (Recurso Repetitivo – Tema 1025).

comércio. Dessa área total, 100 metros quadrados são destinados a uma oficina; os outros 100 são de utilização residencial. O fato de o imóvel ser, igualmente, utilizado para outros fins além do residencial é capaz, por si só, de impedir a declaração de usucapião especial urbana? A jurisprudência entende que não, pois o art. 1.240 do Código Civil não exige a destinação exclusiva residencial do bem a ser usucapido. Dessa forma, "o exercício simultâneo de pequena atividade comercial pela família domiciliada no imóvel objeto do pleito não inviabiliza a prescrição aquisitiva" (REsp 1.777.404/TO, relatora: Min. Nancy Andrighi, 3ª Turma, data do julgamento: 5/5/2020, data da publicação: 11/5/2020).

4. O usucapiente não pode ser **proprietário de imóvel**, nem urbano, nem rural, durante todo o prazo. Ou seja, não pode, às vésperas do quinto ano, vender seus imóveis, para que, na ação declaratória, afirme ter preenchido todos os requisitos legais.

Sobre o requisito anterior, vale uma ressalva: a jurisprudência vem admitindo a usucapião de bem em condomínio, desde que o condômino exerça a posse com exclusividade. Nesses casos, o fato de o possuidor ser proprietário da metade do imóvel não interfere na aquisição da propriedade da outra parte pela usucapião, ainda que utilizada a modalidade prevista no art. 1.240. Conforme entendimento do STJ, o preceito que enuncia a impossibilidade de o usucapiente ser proprietário de outro imóvel urbano ou rural não se aplica à hipótese em que a propriedade recai sobre a metade ideal do próprio imóvel objeto da usucapião[127].

7.2.3.4 Usucapião especial urbana coletiva

A modalidade de **usucapião especial urbana coletiva** foi criada pelo Estatuto das Cidades – Lei 10.257/2001 – e não foi mencionada no Código Civil, o que em nada altera sua vigência, vez que o Código, apesar de posterior, é lei geral, e o Estatuto é lei especial. Realmente, não se exige que a lei geral posterior discipline toda a matéria das leis especiais anteriores; afinal, é lei geral.

O art. 10 do Estatuto das Cidades preceitua o seguinte:

> Art. 10. Os núcleos urbanos informais existentes sem oposição há mais de cinco anos e cuja área total dividida pelo número de possuidores seja inferior a duzentos e cinquenta metros quadrados por possuidor são suscetíveis de serem usucapidos coletivamente, desde que os possuidores não sejam proprietários de outro imóvel urbano ou rural.
>
> § 1º O possuidor pode, para o fim de contar o prazo exigido por este artigo, acrescentar sua posse à de seu antecessor, contanto que ambas sejam contínuas.
>
> § 2º A usucapião especial coletiva de imóvel urbano será declarada pelo juiz, mediante sentença, a qual servirá de título para registro no cartório de registro de imóveis.
>
> § 3º Na sentença, o juiz atribuirá igual fração ideal de terreno a cada possuidor, independentemente da dimensão do terreno que cada um ocupe, salvo hipótese de acordo escrito entre os condôminos, estabelecendo frações ideais diferenciadas.
>
> § 4º O condomínio especial constituído é indivisível, não sendo passível de extinção, salvo deliberação favorável tomada por, no mínimo, dois terços dos condôminos, no caso de execução de urbanização posterior à constituição do condomínio.

---

[127] REsp 1.909.276/RJ, relator: Min. Ricardo Villas Bôas Cueva, 3ª Turma, data do julgamento: 27/9/2022, data da publicação: 30/9/2022.

§ 5º As deliberações relativas à administração do condomínio especial serão tomadas por maioria de votos dos condôminos presentes, obrigando também os demais, discordantes ou ausentes.

O objetivo da criação dessa modalidade de usucapião foi, evidentemente, regularizar a situação das **favelas**, cujos moradores encontram, em geral, óbice às demais espécies de usucapião, em razão da exigência lógica e processual da **demarcação** do imóvel usucapiendo, o que é complicado em áreas de urbanização desordenada (conforme a atual redação do art. 10 do Estatuto, dada pela Lei 13.465/2017, "núcleos urbanos informais").

Do ponto de vista jurídico, a hipótese merece aplauso, por atender às funções sociais da propriedade e da posse. Do ponto de vista social, no entanto, há muitas teorias que argumentam não ser a regulamentação das favelas a melhor solução para o problema da ocupação urbana no Brasil. De fato, conceder a propriedade aos moradores consolida sua permanência no local, o que, à primeira vista, sobretudo para eles, parece ótimo. Todavia, cada vez mais se tem demonstrado que a manutenção das favelas pode trazer mais prejuízos a seus moradores do que benefícios, sobretudo em razão de as áreas ocupadas, muita das vezes, serem áreas de risco. Os desastres ocorridos anualmente, em razão das fortes chuvas que assolam o país no verão, têm motivado o debate, o qual deve ser promovido, inclusive no meio jurídico.

São requisitos peculiares da usucapião especial urbana coletiva após a alteração na redação do art. 10 do Estatuto das Cidades promovida pela Lei 13.465/2017:

1. Posse *ad usucapionem* **individuada**. Conquanto a usucapião seja coletiva, para ter direito à copropriedade cada possuidor deve, individualmente, ter posse *ad usucapionem*. Obviamente que "individualmente" não implica que no caso das unidades familiares, residentes no mesmo espaço, cada membro deva ter a posse *ad usucapionem*. Basta um, que as represente. Todavia, somente este figurará como condômino.

Deve-se ter bastante atenção, ademais, para aqueles possuidores que não têm o *animus domini*, porquanto possuem temporariamente, em virtude de negócio jurídico de execução continuada ou de direito real sobre a coisa alheia. No caso das favelas, a hipótese mais frequente é a da locação. Frise-se que nem o locatário terá direito à usucapião especial coletiva – falta-lhe o *animus domini*, pelo que não tem posse *ad usucapionem* –, nem, tampouco, o locador, vez que se exige que o imóvel seja utilizado para a moradia do usucapiente, e não para que este o dê em locação.

2. A área total ocupada pelos diversos possuidores, situada em zona definida como **urbana**, tem de ser, dividindo-a pelo número total de usucapientes, inferior a **duzentos e cinquenta metros quadrados por possuidor**. Por exemplo, sendo dez os possuidores usucapientes, a área total usucapida coletivamente tem de ser inferior a 2.500 m².

3. Para ter direito à usucapião, o possuidor não poderá ter sido **proprietário de imóvel**, seja rural ou urbano, durante todos os cinco anos estabelecidos pela lei. Pouco importa que o sucessor na posse tenha alienado imóvel de que era proprietário antes da sucessão. O prazo em que não pode ter sido proprietário de imóveis é todo o prazo da usucapião, e não apenas o prazo em que pessoalmente possuiu.

Preenchidos esses requisitos, os possuidores se tornarão condôminos da área, cabendo a cada um igual fração ideal, independentemente da área que efetivamente ocupam. O condomínio assim formado somente poderá ser extinto por deliberação de dois terços dos condôminos, e será administrado por meio da realização de assembleias, cujas decisões serão tomadas pela maioria dos condôminos presentes.

Observe-se que os requisitos de que os usucapientes tivessem "baixa renda" e utilizassem o imóvel para sua moradia, exigidos pela redação original do *caput* do art. 10 do Estatuto das Cidades, foram revogados pela nova redação que deu ao dispositivo a Lei 13.465/2017.

7.2.3.5 Usucapião especial rural

Também a modalidade de **usucapião especial rural** foi prevista pela Constituição de 1988 (art. 191), daí por que também é conhecida por **usucapião constitucional**.[128] O legislador de 2002 transcreveu o art. 191 da CF no art. 1.239 do Código Civil:

> Art. 1.239. Aquele que, não sendo proprietário de imóvel rural ou urbano, possua como sua, por cinco anos ininterruptos, sem oposição, área de terra em zona rural não superior a cinquenta hectares, tornando-a produtiva por seu trabalho ou de sua família, tendo nela sua moradia, adquirir-lhe-á a propriedade.

Outra expressão que com frequência tem sido utilizada para se referir a esta modalidade é **usucapião *pro labore***, em razão da exigência da **produtividade**.

Examinemos, pois, os requisitos peculiares da usucapião especial rural:

1. A posse *ad usucapionem*, também nessa hipótese, requer o ***animus domini*** (*possuir, como sua*), porém dispensa a *opinio domini*, vez que não se exige justo título. Mais uma vez, cumpre lembrar que a posse *cum animo domini* exclui a posse temporária de quem a tem a título de negócio jurídico de execução continuada e de quem a tem em virtude de direito real sobre a coisa alheia. Ademais, por definição, a posse *ad usucapionem* para a usucapião especial rural deve ser **incontestada e ininterrupta** por cinco anos.

2. As terras usucapiendas devem estar localizadas em zona definida como **rural** e sua área não pode exceder **cinquenta hectares**. Assim como ocorre com a usucapião especial urbana, se a área possuída for maior, apenas cinquenta hectares serão adquiridos pela usucapião especial, podendo a área excedente, eventualmente, ser adquirida por usucapião extraordinária.

Caso a área seja inferior ao módulo rural estabelecido na região onde localizado o imóvel, ainda assim poderá ser declarada a usucapião, desde que a área não ultrapasse 50 ha. Ou seja, se presentes os requisitos exigidos pelo texto constitucional, não se pode negar a usucapião para pequena área, devendo ser afastada a regra prevista no art. 65 do Estatuto da Terra, segundo a qual "o imóvel rural não é divisível em áreas de dimensão inferior à constitutiva do módulo de propriedade rural"[129].

3. As terras devem ter sido tornadas **produtivas** pelo usucapiente ou por sua família e utilizadas para **moradia** durante todo o prazo de cinco anos. Embora a lei não deixe clara a possibilidade de usucapião por posse indireta, a interpretação mais conforme o sistema da

---

[128] Embora prevista na Constituição, esta modalidade de usucapião fora criada antes, pela Lei 6.969, em 1981, a qual foi apenas parcialmente recepcionada pela CF.

[129] "[...] a regulamentação da usucapião, por toda legislação que cuida da matéria, sempre delimitou apenas a área máxima passível de ser usucapida, não a área mínima, donde concluem os estudiosos do tema, que mais relevante que a área do imóvel é o requisito que precede a ele, ou seja, o trabalho realizado pelo possuidor e sua família, que torna a terra produtiva e lhe confere função social. 6. Assim, a partir de uma interpretação teleológica da norma, que assegure a tutela do interesse para a qual foi criada, conclui-se que, assentando o legislador, no ordenamento jurídico, o instituto da usucapião rural, prescrevendo um limite máximo de área a ser usucapida, sem ressalva de um tamanho mínimo, estando presentes todos os requisitos exigidos pela legislação de regência, parece evidenciado não haver impedimento à aquisição usucapicional de imóvel que guarde medida inferior ao módulo previsto para a região em que se localize [...]" (REsp nº 1.040.296/ES, relator: Min. Marco Buzzi, relator para acórdão: Min. Luis Felipe Salomão, STJ, 4ª Turma, data do julgamento: 2/6/2015, data da publicação: 14/8/2015).

usucapião vigente é no sentido afirmativo, ou seja, a moradia deve ser inclusive do possuidor, ou apenas de sua família.[130]

Impende, ademais, prestar atenção à questão da **continuidade** na posse. Isso porquanto, apesar de o sucessor hereditário continuar na posse e o sucessor entre vivos poder optar por continuar na posse do antecessor, os requisitos do trabalho e da moradia do usucapiente ou de sua família no imóvel devem estar presentes durante todo o prazo. Logo, para que o sucessor dê continuidade à posse do usucapiente, seja *causa mortis*, ou por ato *inter vivos*, é necessário que tenha trabalhado e residido durante os cinco anos no imóvel, ou que sua família fosse a mesma do seu antecessor, e que tenha ela cumprido as exigências.

Suponhamos, por exemplo, que Orlando possua a Fazenda do Moinho, em que trabalham e vivem sua esposa, sua sogra e o filho do casal, Manuel. Na hipótese da morte de Orlando, Manuel o sucederá na posse, e poderá dar continuidade a ela, para fins de usucapião especial, porque era membro da família do antecessor, e residia e trabalhava no imóvel. Na hipótese de Orlando formar outra família e, por ato entre vivos, transferir a Manuel a posse da fazenda, também será admitida a continuidade na posse para fins de usucapião especial, pelo mesmo motivo.

Não obstante, se, morrendo Orlando, seu filho Augusto o suceder na posse, e expulsar os moradores da fazenda (esposa e sogra de Orlando, e Manuel), o prazo da usucapião especial será interrompido. Não importa que Augusto seja filho de Orlando. O que importa é que Augusto nem trabalhava nem residia anteriormente no imóvel, e que os membros da família que o faziam deixaram de fazê-lo. O mesmo ocorrerá se Orlando, por ato entre vivos, transmitir a posse a Augusto, ou a qualquer outra pessoa, abandonando os moradores anteriores o imóvel, para nele trabalhar e residir Augusto ou quem quer que seja.

4. Em se tratando de usucapião especial, o usucapiente não pode ser **proprietário de imóvel**, nem urbano, nem rural, durante todo o prazo. Ou seja, não pode, às vésperas do quinto ano, vender seus imóveis, para que, na ação declaratória, afirme ter preenchido todos os requisitos legais.

7.2.3.6 Usucapião social indenizada

Chamamos de **usucapião social indenizada** a modalidade inovadora de usucapião prevista pelo Código Civil de 2002 nos §§ 4º e 5º do art. 1.228, cuja redação é a seguinte:

> Art. 1.228. [...]
>
> § 4º O proprietário pode ser privado da coisa se o imóvel reivindicado consistir em extensa área, na posse ininterrupta e de boa-fé, por mais de cinco anos, de considerável número de pessoas, e estas nela houverem realizado, em conjunto ou separadamente, obras e serviços considerados pelo juiz de interesse social e econômico relevante.
>
> § 5º No caso do parágrafo antecedente, o juiz fixará a justa indenização devida ao proprietário; pago o preço, valerá a sentença como título para o registro do imóvel em nome dos possuidores.

Pode-se objetar que não se trata propriamente de usucapião, vez que não se exige **posse incontestada**, que há **indenização**, e que a lei menciona o **registro da sentença**. Por outro lado, também não há tecnicamente nem alienação, nem desapropriação. Estamos convictos de que o instituto se aproxima mais da usucapião do que de qualquer outro, razão pela qual cuidamos

---

[130] Uma hipótese concreta seria a do pai de família que, após assentar a família nas terras e torná-las produtivas, deixa sua família trabalhando na lavoura e estabelece residência em cidade próxima, na qual comercia a produção.

dele como *usucapião social indenizada*. Isso porque a usucapião é, por definição, modalidade de aquisição da propriedade pela **posse prolongada**.

Nesta hipótese específica de usucapião, dispensa-se da posse que ela seja **incontestada**. Todavia, os demais caracteres da posse *ad usucapionem* devem estar presentes: a posse deve ser ininterrupta e com intenção de dono (*animus domini*), ou seja, não pode se tratar de posse temporária cuja causa seja um contrato de execução continuada ou um direito real sobre a coisa alheia. O prazo exigido pela lei é de **cinco anos**.

Outra especificidade da usucapião social indenizada é que o juiz a declara não em ação de usucapião, ajuizada pelos usucapientes – para quem a lei não previu a legitimidade para manejá-la –, mas em **ação reivindicatória**, da qual os usucapientes são **réus**. Ou seja, concede-se ao juiz um poder impressionante, de, no lugar de julgar procedente o pedido reivindicatório, julgá-lo improcedente, e ainda declarar a perda da propriedade do autor! Isso sem nem mesmo que a matéria tenha sido alegada na contestação.

É certo que esta modalidade de usucapião adveio de um **excesso** do legislador, em nome da função social da propriedade, na contramão da usucapião coletiva do Estatuto das Cidades, a qual seria suficiente para resolver a questão, não fosse pelo fato de que lá se exige que a posse seja incontestada, em zona urbana, e ainda se impõe limite de área.

O legislador de 2002, na verdade, criou um monstro. Uma verdadeira modalidade de usucapião disfarçada, inserida lá no meio dos parágrafos do art. 1.228, o que gera uma enorme injustiça: se o proprietário briga por cinco anos manejando ação possessória, mas perde, por uma razão qualquer – por exemplo, porque o juiz entende que não se provou a posse anterior – não há posse incontestada para fins de qualquer das verdadeiras modalidades de usucapião. Logo, o proprietário tem a sensação de que poderia reaver a coisa por meio da ação reivindicatória, julgando-se livre da usucapião, vez que sempre lutou pela posse. Imagine a sua surpresa, ao ver seu pedido julgado improcedente, e a propriedade perdida, em razão da norma "escondida" no art. 1.228 do Código Civil.

O legislador, então, adotando atitude de quem "bate e sopra", garante o direito de o proprietário reivindicando ser **indenizado**. Supõe-se que a indenização será paga. Mas a lei não prevê o que acontece se os possuidores não puderem pagá-la, ou se simplesmente não a pagarem. Afinal, o legislador não determinou que a aquisição da propriedade dependeria da indenização, mas que esta seria **subsequente**. Que medidas tem o proprietário, então, para não ficar a ver navios?

O instituto, consequentemente, acaba substituindo a usucapião coletiva, e com as vantagens de não exigir posse incontestada e de não impor limite ao tamanho do imóvel.

Cabe registrar que essa modalidade é também chamada de **desapropriação judicial indireta**, que não se confunde com a desapropriação propriamente dita. Na modalidade ora abordada, o magistrado pode, sem a intervenção prévia de outros Poderes, declarar a perda do imóvel em favor de considerável número de pessoas que, na posse ininterrupta de extensa área, por mais de cinco anos, houverem realizado obras e serviços de interesse social e econômico relevante. Nesse caso, em regra, os próprios possuidores pagarão o preço fixado pelo juiz da causa ao proprietário. Com o pagamento, a sentença valerá como título para o registro do imóvel em favor dos possuidores. A justa indenização devida ao proprietário somente será paga pelo Poder Público[131] quando a desapropriação judicial ocorrer no contexto das políticas públicas

---

[131] "A desapropriação indireta judicial prevista no art. 1.228, §§ 4º e 5º do Código Civil, é nova forma de limitação de ordem social a que toda propriedade deve observar como condição de sua própria existência, concretizando-se em favor dos posseiros, pela via judicial, mediante prévia e justa indenização ao proprietário, a ser paga pelo poder público [...]" (TJ-MG, ED 10024101042778002 MG, relator: Judimar Biber, data do julgamento: 8/8/2019, data da publicação: 21/8/2019).

de reforma urbana ou agrária, e desde que os possuidores sejam de baixa renda. Para esse caso, em respeito à ampla defesa e ao contraditório, o ente público deverá intervir no processo[132].

Na III Jornada de Direito Civil promovida pelo Conselho da Justiça Federal, adotaram-se outros posicionamentos com a finalidade de amenizar o problema da usucapião indenizada. No Enunciado 241, acerca do art. 1.228 do Código, determinou-se que "o registro da sentença em ação reivindicatória, que opera a transferência da propriedade para o nome dos possuidores, com fundamento no interesse social (art. 1.228, § 5º), é condicionada ao pagamento da respectiva indenização, cujo prazo será fixado pelo juiz". No Enunciado 240, também sobre o art. 1.228, firmou-se entendimento quanto à indenização: "a justa indenização a que alude o parágrafo 5º do art. 1.228 não tem como critério valorativo, necessariamente, a avaliação técnica lastreada no mercado imobiliário, sendo indevidos os juros compensatórios". O grande problema é que tais enunciados, como fonte do Direito, têm força de doutrina, e não de princípios ou lei, razão pela qual não obrigam os julgadores.

7.2.3.7 Usucapião por abandono do lar

A modalidade de usucapião por abandono do lar foi criada pela Lei 12.424/2011, a qual inseriu no Código Civil o art. 1.240-A, com a seguinte redação:

> Art. 1.240-A. Aquele que exercer, por 2 (dois) anos ininterruptamente e sem oposição, posse direta, com exclusividade, sobre imóvel urbano de até 250 m² (duzentos e cinquenta metros quadrados) cuja propriedade divida com ex-cônjuge ou ex-companheiro que abandonou o lar, utilizando-o para sua moradia ou de sua família, adquirir-lhe-á o domínio integral, desde que não seja proprietário de outro imóvel urbano ou rural. (Incluído pela Lei 12.424, de 2011)
>
> § 1º O direito previsto no *caput* não será reconhecido ao mesmo possuidor mais de uma vez.
>
> § 2º (VETADO).

Convém salientar que a Lei 12.424/2011, que cuidou do Programa Minha Casa, Minha Vida – PMCMV, não é fruto do processo legislativo, mas sim produto da conversão em lei da Medida Provisória 514, de 2010.

A nova modalidade de usucapião é bastante peculiar em razão de certos requisitos exigidos para sua configuração, que devem ser analisados com muita cautela.

Primeiramente, não basta a posse *ad usucapionem* (incontestada e ininterrupta); é necessário que a posse seja **direta**, quer dizer, o possuidor deverá necessariamente ter o **poder de usar** a coisa.

Ademais, o prazo é bastante exíguo – na verdade, o mais curto previsto no ordenamento: apenas **dois anos**. Acerca desse requisito temporal, a doutrina, por meio do CJF, editou diversos enunciados com a finalidade de orientar a matéria. O Enunciado 497 indica a possibilidade de implementação do prazo de dois anos no curso do processo, ressalvadas as hipóteses de má-fé. Trata-se de entendimento já consolidado na jurisprudência, que não é afastado mesmo quando o réu apresenta contestação (STH, 3ª Turma, REsp 1.361.226/MG, data do julgamento: 5/6/2018). Isso porque, de acordo com o art. 493 do CPC/2015, "se, depois da propositura

---

[132] "A justa indenização devida ao proprietário em caso de desapropriação judicial (art. 1.228, § 5º) somente deverá ser suportada pela Administração Pública no contexto das políticas públicas de reforma urbana ou agrária, em se tratando de possuidores de baixa renda e desde que tenha havido intervenção daquela nos termos da lei processual. Não sendo os possuidores de baixa renda, aplica-se a orientação do Enunciado 84 da I Jornada de Direito Civil" (Enunciado 308 da IV Jornada de Direito Civil).

da ação, algum fato constitutivo, modificativo ou extintivo do direito influir no julgamento do mérito, caberá ao juiz tomá-lo em consideração, de ofício ou a requerimento da parte, no momento de proferir a decisão". Dessa forma, se o autor da demanda continuar na posse do bem durante a tramitação do processo, é possível a declaração de usucapião. Evita-se, com isso, que o autor proponha nova ação para obter o direito que já poderia ter sido reconhecido se o Poder Judiciário apreciasse eventual fato constitutivo superveniente.

Há ainda mais dois enunciados sobre o prazo:

- A fluência do prazo de 2 (dois) anos previsto pelo art. 1.240-A para a nova modalidade de usucapião nele contemplada tem início com a entrada em vigor da Lei 12.424/2011 (Enunciado 498 da V Jornada de Direito Civil)[133].
- O prazo da usucapião contemplada no art. 1.240-A só iniciará seu curso caso a composse tenha cessado de forma efetiva, não sendo suficiente, para tanto, apenas o fim do contato físico com o imóvel (Enunciado 664 da IX Jornada de Direito Civil).

Veja-se, ainda, que o possuidor não pode ser proprietário de outro imóvel nem ter já usucapido por essa modalidade.

Além de todos esses requisitos, não apenas deve o imóvel estar situado em área considerada urbana, e não ter área superior a duzentos e cinquenta metros quadrados, como também deve ser de **propriedade conjunta** do possuidor e de seu **cônjuge ou companheiro**, que tenha *abandonado o lar*.

Para que se configure o **abandono do lar**, segundo nos ensina o Direito de Família, é necessária a conjugação de dois elementos: o *fato de um cônjuge ou companheiro não mais residir habitualmente com o outro* (**elemento objetivo**) e o *ânimo de abandonar*, quer dizer, a vontade de um cônjuge ou companheiro de não mais residir com o outro (**elemento subjetivo**). Daí que o fato de um dos cônjuges ser encarcerado, por exemplo, não configura abandono do lar: apesar do elemento objetivo, nesse caso, não há o elemento subjetivo.

De acordo com a doutrina, o abandono deve ser interpretado como aquele ato voluntário em relação à posse do imóvel somado à ausência da tutela da família, não importando em averiguação de eventual culpa pelo fim do casamento ou da união estável (Enunciado 595 da VII Jornada de Direito Civil). Em suma, esse direito real decorre de uma relação familiar preexistente, de modo que a nova modalidade de usucapião visa não apenas à tutela do direito de propriedade mas também – principalmente – a proteção do lar familiar e daqueles que lá residem. Por essa razão, exige-se que o abandono do lar tenha sido, concomitantemente, voluntário e injustificado. Isto é, o cônjuge interessado, para usucapir a meação do coproprietário do imóvel, deverá demonstrar, necessariamente, que a saída do lar do seu consorte se dera de maneira **espontânea** e **sem motivo razoável**.

O maior obstáculo a esta modalidade de usucapião, sem dúvida, é a configuração do abandono do lar. Vale lembrar que, em sede de ação de usucapião, tal requisito terá de ser provado. Deverá haver um cuidado muito grande para não se tomar como abandono do lar a hipótese do mero desaparecimento, como no caso de ausência da pessoa. Frise-se: para que se possa falar em abandono do lar, não basta o elemento objetivo; é necessário, também, o elemento subjetivo.

Helena e Rui vivem em união estável desde 2000, e, em 2004, adquiriram conjuntamente um apartamento de 100 m² na área urbana de Belo Horizonte, em que passaram a residir. Em 2009, Helena desaparece. Tempos mais tarde, descobre-se que passou a viver com Manuel, no Rio de

---

[133] Esse é o mesmo entendimento da jurisprudência: "O prazo de dois anos exigido para aquisição da propriedade com base na usucapião familiar inicia-se a partir da vigência da Lei nº 12.424 em 16/06/2011, como forma de evitar que a parte prejudicada seja surpreendida" (STJ, AREsp 835.490).

Janeiro. Considerando-se que Rui continuou residindo no apartamento do casal, conclui-se que usucapiu do imóvel, por terem se conjugado todos os requisitos da usucapião por abandono do lar.

Por fim, o grande perigo representado por esta nova modalidade de usucapião refere-se aos casos em que o cônjuge ou companheiro tem um **justo motivo** para abandonar o lar. Basta imaginar a hipótese de uma mulher que abandona o lar conjugal em razão de sofrer violência do marido. Seria justo que, após dois anos, o agressor usucapisse do imóvel comum? Evidentemente que não. Daí que, em nossa opinião, a usucapião por abandono do lar deve comportar um outro requisito, ainda que não expresso no texto do art. 1.240-A, mas que se impõe em razão do princípio da dignidade da pessoa humana: a **injustiça do abandono**. Ou seja, mesmo que presentes tanto o elemento objetivo quanto o elemento subjetivo do abandono do lar, somente se deve configurar a usucapião se o abandono for injustificado, se não se dever a justo motivo. Do contrário, a ordem jurídica privilegiará o cônjuge ou companheiro que viola deveres impostos pela comunhão de vida e que são tão caros ao Direito, como os de respeito e assistência mútuos.

7.2.4 Procedimentos de usucapião

O procedimento especial relativo à ação de usucapião extraordinária e à ação de usucapião ordinária previsto nos arts. 941 a 945 do Código de Processo Civil de 1973 foi extinto pelo Código de Processo Civil de 2015. Isso quer dizer que o procedimento, quando judicial, irá observar as regras gerais do procedimento comum.

Por outro lado, o CPC/2015, em mais uma necessária tentativa de "desjudicialização" de conflitos, criou um procedimento *extrajudicial* de usucapião. Em breve síntese, a nova legislação incluiu um dispositivo dentro da Lei de Registros Públicos (Lei 6.015/73), permitindo o reconhecimento da propriedade de um imóvel mediante procedimento junto ao cartório de registro de imóveis da situação do bem. Trata-se de hipótese de usucapião consensual. No procedimento junto ao cartório, o oficial competente deverá verificar se houve aceitação da posse continuada do requerente, de modo a justificar a consequente aquisição de seu direito à propriedade. Se houver impugnação – pela Fazenda Pública ou por qualquer interessado –, o pedido também será rejeitado. Pressupõe-se que, com a impugnação, o procedimento se torna litigioso, razão pela qual todas as decisões terão que ser tomadas, a partir de então, na esfera judicial. Em outras palavras, a resistência de qualquer um desses sujeitos ao reconhecimento do direito do requerente implica existência de uma pretensão resistida, que deverá ser resolvida pela via judicial.

Outros detalhes do procedimento merecem destaque. Além da manifestação de todos os titulares de direitos reais e de outros direitos registrados ou averbados na matrícula do imóvel usucapiendo e na matrícula dos imóveis confinantes, o oficial do registro de imóveis dará ciência do procedimento à União, ao Estado, ao Município ou ao Distrito Federal, para eventuais impugnações. Da mesma forma, publicará edital em jornal de grande circulação, a fim de garantir a publicidade do procedimento e a ciência de terceiros eventualmente interessados.

Ressalte-se que o procedimento extrajudicial não obstruirá a via judicial, de modo que sua eventual rejeição não impedirá o ajuizamento da ação respectiva, com a diferença de que, nessa hipótese, o procedimento será, evidentemente, contencioso e comum. A propósito, esse entendimento, sustentado por nós desde a entrada em vigor do CPC/2015, atualmente encontra respaldo na jurisprudência do STJ, para quem o ajuizamento da ação de usucapião não está condicionado à negativa do pedido em cartório:

> [...] Nos termos do art. 216-A da Lei 6.015/1973, "sem prejuízo da via jurisdicional, é admitido o pedido de reconhecimento extrajudicial de usucapião, que será processado diretamente perante o cartório do registro de imóveis da comarca em que estiver situado o imóvel usucapiendo". 3. Existência de interesse jurídico no ajuizamento direto de ação de usucapião, independentemente de prévio pedido na via extrajudicial. 4. Exegese do art. 216-A da Lei 6.015/1973, em âmbito

doutrinário. 5. Determinação de retorno dos autos ao juízo de origem para que prossiga a ação de usucapião. 6. Recuro Especial provido (STJ, REsp 1.824.133/RJ, relator: Min. Paulo de Taro Sanseverino, data da publicação: 14/2/2020).

Para estabelecer as diretrizes do referido procedimento, o Conselho Nacional de Justiça baixou o Provimento 65, de 14 de dezembro de 2017.

Nos casos de usucapião especial urbana (simples e coletiva), há que se atentar para as normas processuais estabelecidas pelo Estatuto das Cidades, e, nos casos de usucapião especial rural, os dispositivos da Lei 6.969/81.

Sobre o procedimento judicial de usucapião – a ação de usucapião –, o art. 1.241 do Código Civil preceitua que "poderá o possuidor requerer ao juiz seja declarada adquirida, mediante usucapião, a propriedade imóvel". O parágrafo único, ademais, estabelece que "a declaração obtida na forma deste artigo constituirá título hábil para o registro no Cartório do Registro de Imóveis". Esses comandos servem apenas para ressaltar o **caráter declaratório** da sentença na ação de usucapião. O registro, como já afirmamos, serve para dar **publicidade** à aquisição da propriedade, bem como para completar o histórico do imóvel. Todavia, a usucapião, por si só, constitui o modo autônomo de aquisição do domínio.

O art. 1.243 do Código, também desnecessariamente, apenas confirma a hipótese de **continuidade** da posse, prevista no art. 1.207. Frisa, ademais, a necessidade de que todas as posses sejam **incontestadas e ininterruptas**, e, no caso da usucapião ordinária, **com justo título** e **de boa-fé**.

REQUISITOS GERAIS DA USUCAPIÃO		
Posse qualificada	**Bens suscetíveis de apreciação econômica**	**Decurso de tempo**
O possuidor tem a intenção de se tornar proprietário do bem.	Bens passíveis de alienação estão sujeitos à usucapião. Excluem-se os bens públicos, embora parte da doutrina admita a usucapião sobre bens dominicais (o que ainda não é aceito pela jurisprudência).	Deve-se verificar a inércia do titular por determinado período de tempo.

REQUISITOS ESPECÍFICOS	
Usucapião extraordinária	**Usucapião ordinária**
– 15 anos (regra) de posse ininterrupta e sem oposição. – 10 anos (se o possuidor houver estabelecido no imóvel sua moradia habitual ou nele tiver realizado obras ou serviços de caráter produtivo).	– 10 anos (regra). – 5 anos (se o imóvel tiver sido adquirido onerosamente com base no registro e este foi cancelado posteriormente e desde que os possuidores nele tiverem estabelecido moradia ou realizado investimentos de interesse social e econômico).
Não exige justo título.	Exige justo título.

REQUISITOS ESPECÍFICOS	
Usucapião extraordinária	**Usucapião ordinária**
Não exige boa-fé.	Exige boa-fé.
Não importa a metragem do imóvel.	Não importa a metragem do imóvel.
O requerente pode ser proprietário de outro bem imóvel (urbano ou rural).	O requerente pode ser proprietário de outro bem imóvel (urbano ou rural).

REQUISITOS ESPECÍFICOS	
Usucapião especial rural	**Usucapião especial urbana**
5 anos, desde que o possuidor tenha tornado a terra produtiva por meio de seu trabalho ou do trabalho de sua família, tendo nela sua moradia.	5 anos, desde que o imóvel esteja sendo utilizado para a moradia do requerente ou de sua família.
Não exige justo título.	Não exige justo título.
Não exige boa-fé.	Não exige boa-fé.
Máximo da área rural: 50 ha.	Máximo da área urbana: 250 m².
O requerente não pode ser proprietário de outro bem imóvel (urbano ou rural).	O requerente não pode ser proprietário de outro bem imóvel (urbano ou rural).

REQUISITOS ESPECÍFICOS	
Usucapião especial coletiva	**Usucapião social indenizada**
5 anos de posse de núcleo urbano informal.	5 anos de posse e realização, em conjunto ou separadamente, de obras e serviços considerados de interesse social e econômico relevante.
Não exige justo título.	Exige pagamento de indenização ao proprietário.
Não exige boa-fé.	Exige boa-fé
Área total urbana dividida pelo número de possuidores deve ser inferior a 250 m².	"Extensa área."
Os possuidores não podem ser proprietários de outro bem imóvel (urbano ou rural).	Os possuidores podem ser proprietários de outro bem imóvel (urbano ou rural).

REQUISITOS ESPECÍFICOS
Usucapião por abandono do lar
– Posse por 2 anos, com exclusividade, de imóvel cuja propriedade dividia com ex-cônjuge ou ex-companheiro.
– Deve ser comprovado o abandono voluntário do lar.
– O imóvel deve ser utilizado para moradia própria ou da família.
– Metragem máxima do imóvel urbano: 250 m².
– O requerente não pode ser proprietário de outro bem imóvel (urbano ou rural).

7.3 Acessão

Fala-se em aquisição da propriedade imóvel por **acessão** para se referir à anexação de um **bem acessório**, novo, a um bem principal anteriormente existente. Isso se dá nas hipóteses de **formação de ilhas, aluvião, avulsão, abandono de álveo** – casos de acessão **natural** – e **plantações e construções** casos de acessão **artificial**. Vale lembrar que também a acessão consiste em **modo originário** de aquisição da propriedade, porquanto não há transferência do domínio.

7.3.1 Formação de ilhas

O fato jurídico natural da **formação de ilhas** é uma das situações de aquisição da propriedade imóvel por **acessão**. O interessante é notar que, na nova República fundada pela Constituição de 1988, não existem mais águas particulares. As águas pertencem ou à União – as que banhem mais de um Estado, sirvam de limites com outros países, estendam-se a território estrangeiro ou dele provenham, bem como os lagos, rios e quaisquer outras correntes que se encontrem em terrenos da União (art. 20, III, da CF) –, ou aos Estados – as águas superficiais ou subterrâneas, fluentes, emergentes ou em depósito, que não forem propriedade da União (art. 26, I, da CF).

Segundo o art. 1.249 do Código, que deveria ter sido redigido à luz da Constituição,[134] mas, infelizmente, não foi, "as ilhas que se formarem em correntes comuns ou particulares pertencem aos proprietários ribeirinhos fronteiros", observado o disposto nos incisos I a III:

> Art. 1.249. [...]
>
> I – as que se formarem no meio do rio consideram-se acréscimos sobrevindos aos terrenos ribeirinhos fronteiros de ambas as margens, na proporção de suas testadas, até a linha que dividir o álveo em duas partes iguais;
>
> II – as que se formarem entre a referida linha e uma das margens consideram-se acréscimos aos terrenos ribeirinhos fronteiros desse mesmo lado;
>
> III – as que se formarem pelo desdobramento de um novo braço do rio continuam a pertencer aos proprietários dos terrenos à custa dos quais se constituíram.

Não obstante o comando constitucional, não é de se imaginar, sobretudo em um país como o nosso, todo coberto por bacias hidrográficas, que ao se formar uma nova ilha a União

---

[134] Na verdade, o dispositivo repete, com ligeiras alterações, o art. 537 do Código Civil de 1916.

ou o Estado irá até lá para fincar bandeira e dominá-la, salvo a hipótese – remota – de se formar uma ilha de grande extensão, como a ilha em que se situa Manaus, ou a Ilha do Papagaio, em Tocantins. Na prática, o disposto no art. 1.249 valerá, com relação aos particulares, para lhes conceder a **posse direta** das ilhas e os poderes de usar, fruir e dispor. Poderá o possuidor defender sua posse por meio dos interditos possessórios, somente não lhe sendo estendido o poder de reivindicar – ação reivindicatória – a qual cabe exclusivamente ao proprietário (União ou Estado).

Com relação ao conteúdo do art. 1.249, cabe propor os seguintes esquemas, lembrando ao leitor que álveo significa o leito das águas, e que, para se definir a proporção das testadas, deve-se traçar, a partir do ponto marginal limítrofe entre os terrenos,[135] uma linha perpendicular à linha que divide o álveo ao meio.

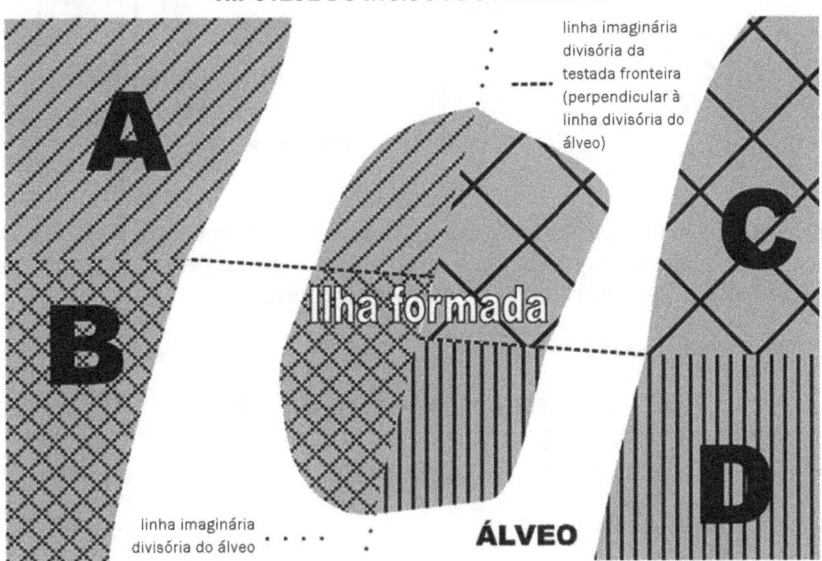

Nesse esquema, a ilha formada no curso de águas que passa entre as propriedades A, B, C e D seria dividida em quatro partes, as quais acederiam às terras ribeirinhas de acordo com o comando do inciso I do art. 1.249.

---

[135] O critério é de WINDSCHEID, segundo ressalta ORLANDO GOMES (*Direitos reais,* cit., p. 209).

HIPÓTESE DO INCISO II DO ART. 1.249

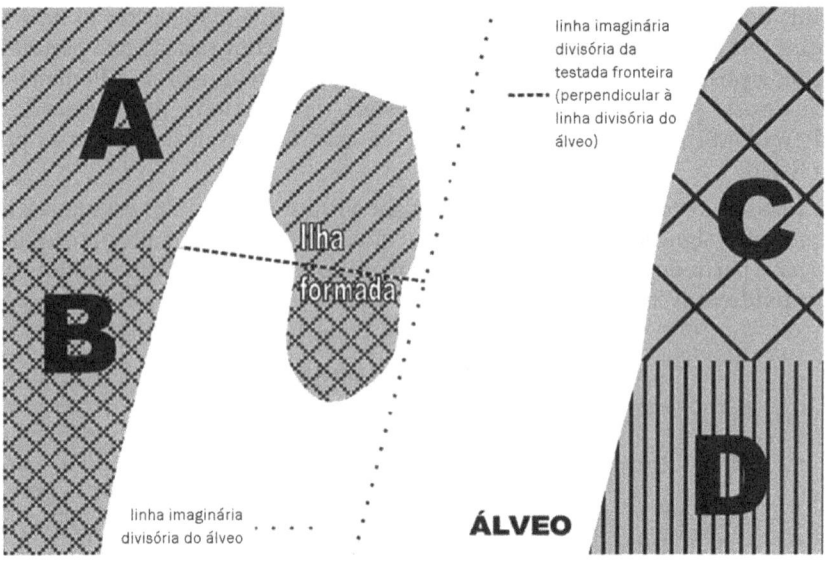

Nesse esquema, a ilha formada no curso de águas que passa entre A, B, C e D se situa à esquerda na linha imaginária que divide o álveo ao meio, razão pela qual, conforme o inciso III do art. 1.249, acede apenas às terras da margem esquerda.

HIPÓTESE DO INCISO III DO ART. 1.249

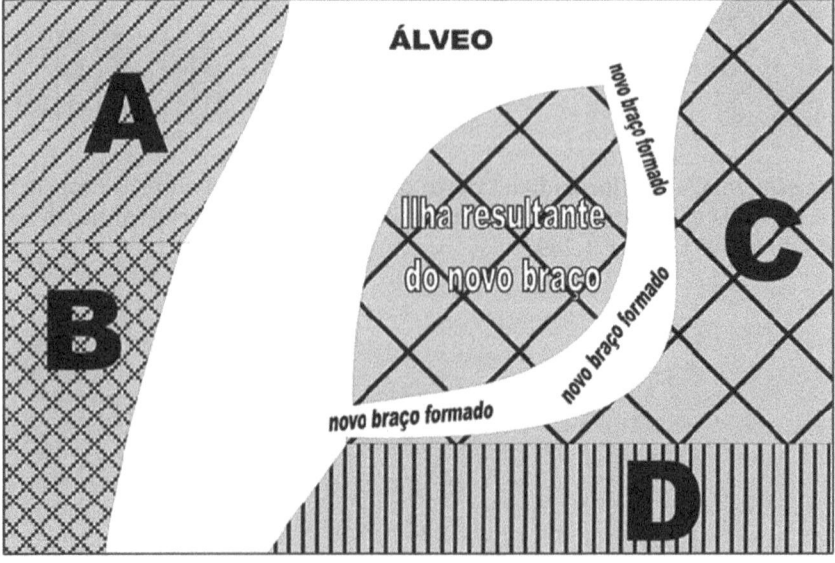

Desse esquema se depreende que um novo braço do curso de águas se formou por dentro das terras de C, de modo a isolar a parte esquerda da propriedade, a qual se transformou em uma ilha. Não há acessão propriamente, apenas um destacamento. Nesse caso, segundo o inciso III do art. 1.249, a ilha continua fazendo parte das terras das quais se destacou.

7.3.2 Aluvião

Recebem o nome de **aluvião**, nos termos do art. 1.250 do Código, "os acréscimos formados, sucessiva e imperceptivelmente, por depósitos e aterros naturais ao longo das margens das correntes, ou pelo desvio das águas destas".

O terreno formado pela aluvião acede às terras marginais sem que haja dever de indenizar (art. 1.250, parte final). Pode ser que você se pergunte "mas poderia haver o dever de indenizar quem?". Já se chegou a discutir se haveria dever de indenizar o proprietário das terras de onde os sedimentos foram removidos pelas águas. No entanto, a hipótese seria absurda, porquanto não há como se definir de onde provêm os sedimentos sucessiva e imperceptivelmente depositados às margens das correntes de água.

Segundo o parágrafo único do art. 1.250, se o terreno aluvial se formar às margens de terras de proprietários diferentes, será dividido na proporção da testada de cada um sobre a margem anterior. Essa proporção se define traçando-se uma perpendicular à linha divisória do álveo a partir do ponto marginal limítrofe. Veja-se o seguinte esquema:

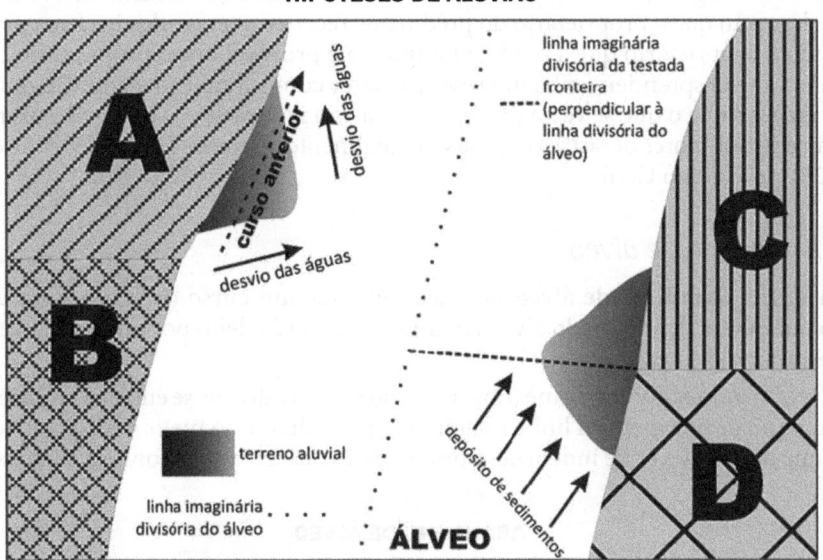

Nesse esquema estão demonstradas as duas hipóteses de aluvião: por acréscimo de sedimentos ou por desvio de águas. Frise-se que a propriedade do terreno aluvial formado entre C e D será dividida de acordo com a linha imaginária divisória da testada, a qual deve ser traçada, a partir do ponto marginal limítrofe entre C e D, perpendicular à linha imaginária que divide o álveo ao meio.

Por fim, deve-se atentar para o fato de que os terrenos às margens das águas de propriedade da União também são de propriedade da União, segundo o art. 20, III, da Constituição. Logo, a União se tornará proprietária dos terrenos aluviais que se acederem a tais terras.

7.3.3 Avulsão

Ocorre **avulsão** quando uma porção de terra, por força natural violenta, destaca-se de um prédio e se incorpora a outro. Isso ocorre nos casos de deslizamento (barreiras).

O art. 1.251 do Código Civil contempla três hipóteses que envolvem avulsão: (1) o proprietário do imóvel ao qual se anexou a porção de terra **indeniza** o proprietário do prédio de onde a terra se deslocou e, assim, adquire a propriedade desta; (2) o proprietário do terreno que recebeu o acréscimo adquire a propriedade deste **sem pagar indenização**, se ninguém a reclamar pelo **prazo de um ano** da data da avulsão; (3) o proprietário do prédio que recebeu a porção de terras deslocada recusa-se a pagar a indenização e aquiesce com a remoção do acréscimo, caso em que, por não haver acessão, não há aquisição de propriedade por avulsão.

A disciplina legal da avulsão pode surpreender o leitor, vez que, em geral, temos a ideia de que é o proprietário do prédio para onde se deslocaram as terras quem tem o direito à indenização. A chave do problema está em que a avulsão deve ocorrer por **força natural violenta**, e em que na maior parte dos casos o proprietário do terreno que recebeu a porção de terras não tem interesse nela – em geral, trata-se de entulho e lama.

Por sua vez, se ficar demonstrado que o possuidor do prédio de onde a terra se desprendeu teve culpa no deslizamento, não se tratará de força tão somente natural. Obviamente, o proprietário do terreno que recebeu as terras desprendidas, tendo sofrido prejuízo, poderá requerer do culpado pelo deslizamento a respectiva indenização. Mesmo que tenha havido avulsão, não há, em geral, interesse na acessão. Por essa razão é que dificilmente se configurará a hipótese legal em que o proprietário do prédio que recebeu a terra adquirirá sua propriedade indenizando o proprietário que a perdeu; tampouco é provável que o proprietário do terreno de onde a terra se desprendeu tenha interesse em arcar com a remoção da porção desprendida. Por essas razões é que o que se vê na prática – ano a ano no Brasil, em que os deslizamentos de terras estão entre os piores desastres naturais – é totalmente diferente das situações disciplinadas no art. 1.251 do Código Civil.

7.3.4 Abandono de álveo

Fala-se em **abandono de álveo** nos casos em que um curso de águas sofre um desvio natural, o que gera o denominado álveo abandonado, que é o leito por onde as águas corriam, porém deixaram de correr.

O álveo abandonado, conforme o art. 1.252 do Código, divide-se entre os proprietários dos terrenos marginais por meio da linha imaginária que o divide ao meio. O dispositivo salienta, ademais, que não há dever de indenizar o proprietário das terras para onde o curso se desviou.

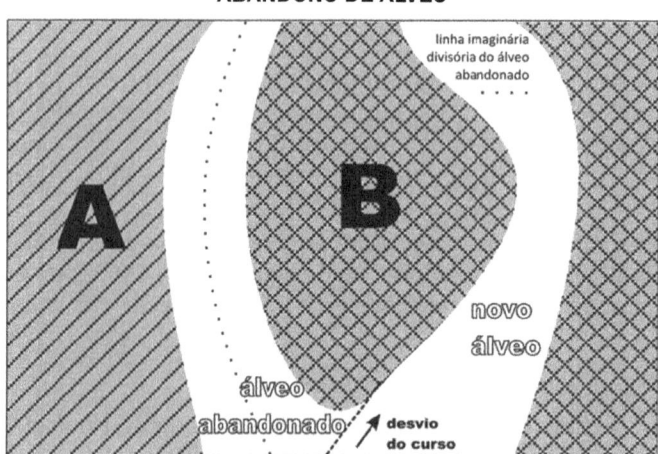

Nesse esquema, a parte esquerda do álveo abandonado, situada entre a linha imaginária divisória e A, acederá a A, e a parte esquerda, situada entre a linha divisória e B, será a B acrescida.

7.3.5 Plantações e construções

No caso das **plantações e construções**, são diversos bens móveis que acedem ao imóvel: sementes ou mudas, e materiais de construção. Trata-se dos casos de **acessão artificial**, vez que decorrem de conduta humana, e não da natureza.

Segundo o art. 1.253 do Código, "toda plantação ou construção existente em um terreno presume-se feita pelo proprietário e à sua custa, até que se prove o contrário".

Ocorre que as plantações ou construções sempre acedem ao solo. Consequentemente, quem emprega, nas plantações ou construções em terreno próprio, bens alheios, como sementes, mudas ou materiais, acaba por adquirir a propriedade destes, devendo, não obstante, indenizar seu dono pelo seu valor, e, se tiver agido **de má-fé**, também por perdas e danos (art. 1.254).

Por sua vez, quem promove plantações ou construções em terreno alheio, com sementes, mudas ou materiais próprios, perde estes em proveito do proprietário do solo, sendo-lhe garantido o direito à indenização do valor respectivo apenas se tiver agido **de boa-fé** (art. 1.255, *caput*).

Na hipótese de a plantação ou construção em terreno alheio **exceder consideravelmente** o valor do terreno, aquele que plantou ou construiu de boa-fé adquirirá a propriedade do solo, desde que indenize o proprietário, em valor que deve ser ajustado, ou, na falta de acordo, fixado pelo juiz (parágrafo único do art. 1.255). Nesse caso, fala-se em **acessão invertida**, pois a acessão não foi adquirida pelo proprietário, que, ao contrário, perdeu o imóvel para o construtor.

Por fim, caso ambos os sujeitos estejam **de má-fé**, o proprietário do solo adquirirá as sementes, mudas ou materiais, devendo indenizar quem plantou ou construiu pelo **valor das acessões** (art. 1.256, *caput*). Nos termos do parágrafo único do art. 1.256, presume-se que o proprietário do solo procede de má-fé quando presencia o trabalho de plantação ou construção e não toma nenhuma providência.

O art. 1.257, com a redação que lhe deu o legislador de 2002, causa um certo espanto. Isso porquanto determina que "o disposto no artigo antecedente aplica-se ao caso de não pertencerem as sementes, plantas ou materiais a quem de boa-fé os empregou em solo alheio". Ora, o artigo anterior – 1.256 – refere-se à hipótese de ambos os sujeitos procederem de má-fé. O que houve foi uma falha na trasladação do anterior art. 549 do Código de 1916, cuja redação preceituava: "o disposto no artigo antecedente aplica-se, *também* [...]". O caso, pois, é o do plantador ou construtor que, de boa-fé, aplica em solo alheio sementes, mudas ou materiais igualmente alheios. O parágrafo único do art. 1.257 completa o raciocínio, estatuindo que se o proprietário dos móveis não puder haver a indenização do valor deles diretamente do plantador ou construtor, poderá cobrá-la do proprietário do solo.

Por fim, cabe ainda comentar as hipóteses de construção que **invade** terreno vizinho. Conforme os arts. 1.258 e 1.259 do Código, é necessário apurar a proporção da parte invasora com relação ao terreno em que se situa – frise-se que a invasão deve ser apenas parcial. A redação dos dispositivos é bastante confusa, razão pela qual dividiremos o raciocínio nas seguintes hipóteses:

Hipóteses do art. 1.258. A construção invade o prédio vizinho em proporção **igual ou menor à vigésima parte** deste.

Hipótese 1. O valor da construção, cuja proporção **não excede** à **vigésima parte**, é **superior** ao valor dessa fração do terreno invadido, e o construtor procede **de boa-fé** (art. 1.258, *caput*). Por exemplo, o terreno vizinho vale R$ 100.000,00 e a parte invadida corresponde exatamente a um vigésimo, cujo valor é, portanto, R$ 5.000,00. O valor da construção é R$ 30.000,00. Nesta hipótese, verificando-se a boa-fé do construtor, este adquirirá a propriedade das terras invadidas, mas deverá indenizar o proprietário vizinho pela área perdida (R$ 5.000,00) e pela desvalorização da área remanescente (a ser calculada).

Hipótese 2. O valor da construção, cuja proporção **não excede à vigésima parte**, é **consideravelmente superior** ao valor dessa fração do terreno invadido, e o construtor procede **de má-fé** (art. 1.258, parágrafo único). Imaginemos que o terreno vizinho vale R$ 100.000,00 e a parte invadida corresponde exatamente a um vigésimo, cujo valor é, portanto, R$ 5.000,00. O valor da construção é R$ 750.000,00. Nesta hipótese, o construtor de má-fé adquire a propriedade das terras invadidas desde que indenize o proprietário delas em quantia dez vezes superior à soma do valor da área perdida (R$ 5.000,00) mais a desvalorização da área remanescente. Suponhamos que o prédio, que valia R$ 100.000,00, passe a valer R$ 90.000,00. Terá havido desvalorização de R$ 5.000,00.[136] Logo, a indenização, consequência da aquisição da propriedade das terras invadidas, será de R$ 100.000,00 (R$ 5.000,00 + R$ 5.000,00 × 10).

Hipóteses do art. 1.259. A construção invade o prédio vizinho em proporção **superior à vigésima parte** deste.

Hipótese 1. O construtor procede **de boa-fé**. Nesse caso, o construtor adquirirá a propriedade da porção invadida, e dará ao proprietário do prédio invadido indenização cujo montante incluirá: a quantia correspondente à valorização que a construção sofrerá pelo acréscimo de terreno, mais o valor do terreno adquirido, mais o valor da desvalorização da área remanescente (art. 1.259, primeira parte). À guisa de ilustração, imaginemos que César construiu uma casa em seu terreno, que invadiu metade do terreno de Silvio. Em razão da invasão, a casa, mais espaçosa, de R$ 100.000,00 passou a valer R$ 150.000,00. O terreno de Silvio valia R$ 40.000,00. Logo, a área invadida valia R$ 20.000,00 (metade). O prédio de Silvio, com área cinquenta por cento menor, passou a valer apenas R$ 15.000,00 – desvalorizou-se em R$ 5.000,00, portanto.[137] A indenização devida a Silvio, por conseguinte, será de R$ 50.000,00 (valorização da construção de César) + R$ 20.000,00 (metade do terreno perdida) + R$ 5.000,00 (desvalorização do remanescente do terreno), ou seja, R$ 75.000,00.

Hipótese 2. O construtor procede de **má-fé**. Fica obrigado a demolir o que construiu e a dar ao vizinho indenização **em dobro** pelos prejuízos que este houver sofrido (art. 1.259, segunda parte).

8. AQUISIÇÃO DA PROPRIEDADE DOS BENS MÓVEIS

A aquisição da propriedade dos bens móveis pode se dar por oito modos: pela **tradição**, pela **ocupação**, pelo **achado do tesouro**, pela **especificação**, pela **confusão**, pela **comistão**, pela **adjunção** e pela **usucapião**.

Diz-se **originária** a aquisição por ocupação, achado de tesouro, especificação, confusão, comistão, adjunção e usucapião, pois que, em nenhum desses casos, há transferência da propriedade. A tradição, por sua vez, é **modo derivado** de aquisição, pois nesse caso o alienante transfere seu domínio ao adquirente.

---

[136] Devem-se considerar o valor total anterior, menos o valor da fração perdida segundo o valor total anterior, e a diferença entre o resultado e o valor atual. Ou seja, antes o terreno valia R$ 100.000,00, pelo que um vigésimo do terreno valia R$ 5.000,00. Depois, o terreno passou a valer apenas R$ 90.000,00. R$ 100.000,00 (valor total anterior) – R$ 5.000,00 (valor de um vigésimo do total anterior) – R$ 90.000,00 (valor atual) = R$ 5.000,00 (montante da desvalorização).

[137] Antes da invasão, metade da área valia R$ 20.000,00, e agora vale R$ 15.000,00.

8.1 Tradição

O modo mais comum de transferência da propriedade dos bens móveis consiste na **tradição**, o que herdamos do Direito Romano. Vale lembrar a velha máxima – *traditionibus non nudis pactis dominia rerum transferuntur* – o domínio não se transfere pelo pacto, mas pela tradição –, positivada pelo legislador, quanto aos móveis, no art. 1.267 do Código Civil. Cumpre também frisar que no Direito brasileiro os contratos não têm **eficácia real**, à diferença do que se passa no Direito francês, em que a propriedade se transfere pela celebração do contrato.

A tradição, quanto aos móveis,[138] pode se dar de três maneiras: o tradente[139] entrega a própria coisa cuja propriedade vai transferir – **tradição real** –, ou entrega algo que simboliza a coisa – **tradição simbólica** –, ou inclui no contrato uma **cláusula** que inverte o título do adquirente ou do alienante que já se encontrava na posse – *traditio brevi manu*, por meio da qual o adquirente que possuía a título precário passa a possuir como proprietário, ou **constituto possessório**, por meio do qual o alienante que possuía como proprietário passa a possuir a título precário, ou, ainda, uma cláusula de cessão ao adquirente do direito à restituição da coisa que se encontra em poder de terceiro (art. 1.267, parágrafo único).

Em razão de não haver entrega da coisa na tradição simbólica e nas tradições contratuais, diz-se que ali há **tradição ficta**, embora muitos civilistas reservem o adjetivo "ficta" apenas para a tradição que se opera por meio da *traditio brevi manu*, do constituto possessório ou da cessão do direito à restituição.[140] É que o que não é real é ficto (fictício, imaginário), pelo que faz sentido pensar-se que quando a tradição não é real, por não haver entrega efetiva da coisa, ela será ficta, por se realizar de forma imaginária: ou por meio da entrega de algo que simboliza a coisa, ou pela *traditio brevi manu*, ou pelo constituto possessório, ou pela cessão do direito à restituição.

Usa-se a figura da *traditio brevi manu* quando o adquirente, por exemplo, o comodatário ou locatário de um carro, já tinha posse, porém temporariamente, sujeito à obrigação de futuramente restituir a coisa. Nesse caso, em vez de tradição real, há mera tradição ficta, por meio da inversão do título de posse. Já o constituto possessório, que opera por meio da chamada *cláusula constituti*, é usado no caso inverso: o proprietário possuidor aliena o bem, como um carro, mas, concomitantemente, toma-o do adquirente em comodato, ou locação, por exemplo. Deixa, pois, de possuir como proprietário, e passa a possuir temporariamente, sujeito à obrigação de restituir futuramente. Por sua vez, pode o proprietário da coisa, que não exerce a posse direta, em virtude de um negócio jurídico como a locação ou o comodato, aliená-la a terceiro, mantendo a coisa na posse do locatário ou do comodatário, caso em que ocorre a tradição pela **cessão** ao adquirente do **direito à restituição** da coisa. Considera-se, não obstante, adquirida a propriedade pelo adquirente – comodante ou locador, por exemplo –, muito embora não tenha havido tradição real. Nos termos do parágrafo único do art. 1.267, nesses casos, "subentende-se a tradição". Conforme asseverado, são casos de **tradição ficta**.

Por fim, frise-se que se o ato jurídico que constitui a **causa** da tradição for nulo, por falta de qualquer dos requisitos de existência ou de validade dos atos jurídicos, a tradição será **nua**, ou seja, transferirá tão somente a posse, mas não a propriedade (estudaremos a tradição nua a seguir).

---

[138] A observação se deve a que, quanto aos imóveis, fala-se também em **tradição solene**, referindo-se ao registro do título.

[139] Chama-se **tradente** quem realiza a tradição.

[140] ORLANDO GOMES também agrupa a tradição simbólica e o constituto possessório em uma mesma classe, segundo ele, em que "a entrega da coisa é ficta" – classe que ele chama de *tradição virtual* (*Direitos reais*, cit., p. 251).

Eis as fórmulas fáticas e jurídicas das espécies de tradição:

COMO SE ADQUIRE O DOMÍNIO PELA TRADIÇÃO
Tradição real
FÓRMULA FÁTICA: adquirente + coisa que lhe dá o proprietário alienante → tradição real → domínio
FÓRMULA JURÍDICA: posse (adquirida pela tradição) + justo título (alienação pelo proprietário) = domínio
Tradição simbólica
FÓRMULA FÁTICA: adquirente + símbolo da coisa que lhe dá o proprietário alienante → tradição simbólica → domínio
FÓRMULA JURÍDICA: posse (adquirida pela tradição) + justo título (alienação pelo proprietário) = domínio
Constituto possessório
FÓRMULA FÁTICA: adquirente + coisa que possui como não proprietário + acordo de vontades de alienar e adquirir → constituto possessório → domínio
FÓRMULA JURÍDICA: posse (que se tornou "de dono" pelo constituto) + justo título (alienação válida pelo proprietário[141]) = domínio

8.1.1 Tradição nua e tradição por quem não é dono

Além dos requisitos de validade dos atos jurídicos em geral, para que a tradição implique a transferência da propriedade, é necessário que o tradente – também chamado de *tradens* – declare a **vontade de alienar**, e que seja **proprietário** da coisa, ou que seja representante do proprietário alienante, e declare a vontade deste, bem como realize a tradição em nome dele. Daí que o **justo título** completa a estrutura da aquisição da propriedade pela tradição.

Quando não há, na tradição, vontade de alienar, ou quando o ato que deu causa à tradição for nulo, não há justo título, e fala-se em **tradição nua** (*nuda traditio*), ou seja, o ato transfere apenas a **posse**, mas não a propriedade.

Isso ocorre nos casos, por exemplo, de tradição feita pelo proprietário absolutamente incapaz, nos contratos de locação, comodato e depósito, e no caso dos direitos reais sobre a coisa alheia, como o uso, o usufruto, o penhor etc.

Quando o tradente não é o proprietário, nem representante dele, mas aparenta sê-lo, e declara a vontade de alienar, fala-se em **tradição por quem não é dono** (*traditio a non domino*), a qual também não transfere a propriedade.

A lei admite uma exceção, todavia, na hipótese do art. 1.268: se a coisa houver sido oferecida ao público, em leilão ou estabelecimento comercial, e o negócio se realizar em circunstâncias tais que o adquirente de boa-fé, bem como qualquer pessoa, não tivesse razão para duvidar da condição de dono alegada pelo tradente, há aquisição da propriedade. Não nos parece exato dizer que houve transferência, porquanto o tradente não podia transferir algo que não tinha

---

[141] De fato, constitui pleonasmo falar em "alienação válida pelo proprietário", vez que a alienação feita pelo não proprietário é inválida. Todavia, mantemos a expressão por razões didáticas, para alertar o leitor para as diversas hipóteses de invalidade, sobretudo a da tradição *a non domino*.

(*nemo plus iuris ad alium transferre potest quam ipse habet*). O que ocorre é algo semelhante a uma usucapião, porém imediata, ou seja, o adquirente se torna proprietário no momento em que se opera a tradição, e o antigo proprietário perde a propriedade por não ter sido diligente e ter permitido (por sua inércia) que sua coisa fosse oferecida em leilão ou estabelecimento comercial. No entanto, não se trata propriamente de usucapião, razão pela qual deve se entender – embora a lei seja silente a este respeito – que o proprietário anterior tem direito de exigir do tradente indenização pela perda da coisa.

Diferente é a hipótese do § 1º do art. 1.268, que trata da possibilidade de o tradente não proprietário **vir a adquirir** a propriedade. Nesse caso, o comando legal é no sentido de que terá havido **transferência da propriedade**, e, por ficção, esta será considerada ocorrida quando houve a tradição. Não haverá indenização, porquanto ou o tradente terá adquirido a propriedade por transferência realizada pelo proprietário anterior – onerosa ou gratuita –, ou a terá adquirido por direito sucessório, ou por usucapião.

8.2 Ocupação

A **ocupação** – em latim, *occupatio* – consiste no **assenhoreamento** da coisa, ou seja, o sujeito a toma para si, com o que adquire sua propriedade. Trata-se de modo de aquisição da propriedade das **coisas sem dono**, ou porque nunca o tiveram (*res nullius*), ou porque foram abandonadas (*res derelictæ*).[142]

Sobre a ocupação, o Código Civil limita-se a estabelecer que "quem se assenhorear de coisa sem dono para logo lhe adquire a propriedade, não sendo essa ocupação defesa por lei" (art. 1.263).

Eis as fórmulas do fenômeno:

COMO SE ADQUIRE O DOMÍNIO PELA OCUPAÇÃO
FÓRMULA FÁTICA: sujeito + coisa sem dono → apropriação → domínio
FÓRMULA JURÍDICA: posse (apropriação) + justo título (a coisa não tem dono) = domínio

Vê-se que há de haver o justo título, ou seja, a coisa **não pode ter dono**. Em outras palavras, o cuidado que se tem de tomar, quanto à ocupação, é para diferenciar a *res derelicta* da *res perdita* (coisa perdida). Quanto à *res nullius*, não há muita dificuldade. Afinal, apenas coisas da natureza podem ser consideradas sem dono porque nunca o tiveram. De fato, quem, navegando um rio, apreende um peixe, ou quem, andando por um bosque, toma para si uma pedra, ou uma fruta, assenhoreia-se de coisa que nunca teve dono. Há, por conseguinte, justo título. O mesmo não ocorre, por exemplo, com uma bota boiando no rio, ou com um celular caído no bosque. Nesse caso, em se tratando de coisas criadas pelo ser humano, ou elas terão sido **abandonadas**, ou **perdidas**. Se abandonadas, serão adquiridas por ocupação – haverá justo título. Se perdidas, não.[143] O achado de coisa perdida consiste no fenômeno da **descoberta**, que estudaremos oportunamente neste capítulo. Já a apropriação de coisa perdida é tipificada como crime no Código Penal (art. 169, parágrafo único, II).

Como, então, distinguir a coisa abandonada da coisa perdida?

---

[142] Lembramos ao leitor que *res derelictæ* é a forma plural de *res derelicta*, e que a expressão *res nullius* não sofre alteração no plural.

[143] As coisas perdidas são objeto de *descoberta*, tema que estudaremos em seção própria.

O único critério mais seguro é o do lixo: na grande maioria das vezes, o que ali há são coisas abandonadas. O critério se torna ainda mais seguro quando o sujeito vê o proprietário abandonando a coisa no lixo, como quando sai de sua casa e coloca na lixeira da calçada um saco de roupas velhas, ou uma televisão quebrada. Nesse caso, pode o sujeito se assenhorear das roupas ou da televisão. Mas, e se ele vê uma pessoa discretamente jogando no lixo uma carteira? Aqui, há grandes chances de que a pessoa tenha abandonado produto de crime. Se na carteira estiverem documentos ou papéis pessoais, essa hipótese se confirmará. Supondo-se, no entanto, que está absolutamente vazia, e velha, pode ser que se trate mesmo de coisa abandonada.

Enfim, a análise deverá ser feita caso a caso.

8.3 Achado do tesouro

O Direito Civil contempla a hipótese da aquisição da propriedade do **tesouro** encontrado. Por mais que isso remeta o leitor a imagens de piratas cavando em praias e encontrando baús cheios de joias, o que o levaria a taxar de absurda a disciplina legal do tesouro, a coisa não é bem assim.

Na verdade, tesouro é, nos termos do art. 1.264, "o depósito antigo de coisas preciosas e de cujo dono não haja memória". Ainda hoje há tesouros, tomado o termo na acepção que lhe dá a lei, sendo encontrados e por encontrar. Em cidades históricas, sobretudo nas regiões mineradoras, há, entre outros, casos de pedreiros que, ao derrubar uma parede, encontraram no meio do entulho pepitas de ouro que haviam sido escondidas por escravos, com a esperança de um dia comprar, com elas, sua alforria. Trata-se de tesouro achado. Em 2007, um caso na Inglaterra foi noticiado no mundo inteiro: pai e filho, brincando com um detector de metais, no condado de Yorkshire, acharam o maior conjunto de artefatos *vikings* já encontrados em solo inglês.

A regra sobre a aquisição da propriedade do tesouro é simples: **metade** pertence a **quem o encontrou por acaso**, e **metade** pertence ao **dono do terreno** em que ele foi encontrado (art. 1.264).

Uma curiosidade: a norma é a mesma no Direito inglês. O pai e o filho que acharam o tesouro *viking* tiveram direito à metade do valor dele e o dono das terras em que ele estava enterrado ficou com a outra metade. O valor do tesouro foi estimado em aproximadamente R$ 2.800.000,00.

Caso o próprio dono do terreno encontre o tesouro, obviamente que adquirirá a propriedade do tesouro **por inteiro** (art. 1.265, primeira parte). O mesmo ocorrerá se o achado do tesouro tiver resultado de pesquisa encomendada pelo dono do prédio justamente com o objetivo de encontrá-lo – ou seja, o pesquisador que prestou o serviço para o proprietário do imóvel não terá direito à propriedade do tesouro (art. 1.265, segunda parte).

Caso um terceiro, sem autorização do dono do prédio, pesquise por lá o tesouro, e o encontre, a propriedade do bem será integralmente adquirida pelo proprietário do imóvel (art. 1.265, terceira parte). O terceiro não proprietário somente tem direito à metade do tesouro se o achar **casualmente**.

O art. 1.266 cuida ainda da hipótese de o tesouro ser encontrado em terreno aforado. Os aforamentos referem-se ao direito real de **enfiteuse**, o qual consiste no desmembramento do domínio em direto e útil. O domínio direto fica nas mãos do proprietário das terras aforadas, que se diz senhorio ou enfitente; o domínio útil fica nas mãos do enfiteuta, que é quem terá os poderes de uso, fruição, disposição e reivindicação. A partir do Código de 2002, proibiu-se a criação de novas enfiteuses no Brasil, mas ainda há as enfiteuses de Marinha, nas terras ao longo da costa brasileira, e uma única enfiteuse particular – a cidade de Petrópolis, no Estado do Rio de Janeiro – cujo domínio direto pertence à família imperial.

Segundo o art. 1.266, quem adquirirá a metade ou a totalidade do tesouro encontrado em terras aforadas – dependendo de quem o encontrou – será o **enfiteuta**, e não o senhorio.

8.4 Especificação

Fala-se em **especificação** aludindo-se ao fato de que, por esse modo de aquisição da propriedade, de uma coisa cria-se uma **espécie nova**, por meio do trabalho de um sujeito, chamado de especificador.

Quando o proprietário da matéria nela trabalha, dela criando espécie nova, não há dúvida de que adquire a propriedade do resultado de sua atividade.

Dúvida poderia surgir, no entanto, quando o especificador emprega, parcial ou totalmente, **matéria-prima alheia**.

Por exemplo, se um artista utiliza um bloco de mármore seu e uma chapa de cobre de outrem para esculpir, ou exclusivamente a chapa de cobre.

Segundo o art. 1.269 do Código, o especificador que emprega matéria-prima parcialmente alheia adquire a propriedade da nova espécie. O art. 1.270, por sua vez, determina que se a matéria for integralmente alheia, o especificador de boa-fé adquire a propriedade da espécie, contanto que não seja possível desfazê-la, reconstituindo a matéria em sua forma anterior. Se for possível o desfazimento, o dono da matéria a reaverá. Caso não seja possível, mas o especificador tenha agido de má-fé, o dono da matéria adquire a propriedade da espécie nova (art. 1.270, § 1º).

Há uma exceção, contudo: se, em qualquer caso, o valor da espécie nova superar **consideravelmente** o valor da matéria bruta, o especificador adquire a propriedade da coisa nova (art. 1.270, § 2º).

Obviamente que o proprietário da matéria, em nenhuma hipótese, haveria de ficar a ver navios. Tem ele o direito de ser indenizado pelos prejuízos que houver sofrido (art. 1.271, primeira parte). Já o especificador de má-fé, que perder a nova espécie para o dono da matéria, quando impossível o desfazimento, não tem direito à indenização (art. 1.271, segunda parte).

8.5 Confusão, comistão e adjunção

Embora, tecnicamente, a **confusão**, a **comistão**[144] (ou mistura) e a **adjunção** sejam fenômenos distintos, são disciplinados em conjunto pelo Código Civil, razão pela qual os reunimos na mesma subseção.

Chama-se de **confusão** a mistura de substâncias que formam um *líquido* **homogêneo**; de **comistão**, a mistura de substâncias que formam um **sólido homogêneo**; e de **adjunção** a **justaposição de uma substância a outra**. Exemplos seriam água e álcool, farinha e fermento, cola e madeira.

Também aqui, se as substâncias envolvidas pertencerem a quem as manipula, este simplesmente continuará sendo seu dono. É necessário, porém, esclarecer a quem pertencerá o produto, se as substâncias pertencerem a pessoas diversas.

Conforme o art. 1.272 do Código, caso seja possível a **separação** das coisas confundidas, misturadas ou adjuntadas **sem deterioração**, cada uma continuará pertencendo a seu dono. Se, por outro lado, a separação não for possível, ou caso seja excessivamente dispendiosa, o

---

[144] Não se sabe por que razão, mas a palavra "comistão" aparece erroneamente grafada no Código Civil como "comissão".

produto pertencerá a cada um dos donos das substâncias envolvidas, em **condomínio**, cabendo a cada um fração proporcional ao valor da substância de sua propriedade (art. 1.272, § 1º).

Por exemplo, se foi misturado um quilo de farinha de Augusto, no valor de R$ 2,00, e meio quilo de fermento de Berenice, no valor de R$ 3,00, caberão a Augusto 40% (dois quintos) do produto formado, e, a Berenice, 60% (três quintos).

Na hipótese de se poder considerar uma das coisas como **principal**, seu dono adquirirá o produto por inteiro, devendo indenizar os demais (art. 1.272, § 2º).

Imagine-se, por exemplo, que, inadvertidamente, Caio use, para colar peças de madeira suas, 2*l* de cola de Helena, montando, assim, uma estante. A madeira deverá ser considerada a matéria principal da estante, e, a cola, acessória. Logo, Caio se tornará proprietário da estante, devendo indenizar Helena pelos 2*l* de cola.

Se tiver havido má-fé do agente da confusão, da comistão ou da adjunção, proprietário de uma das substâncias, o proprietário ou proprietários das demais terão de escolher entre adquirir a propriedade do todo, pagando ao outro o valor da substância dele, descontado o valor da sua própria, ou renunciar à sua substância, caso em que será indenizado (art. 1.273).

Para aclarar a hipótese, imaginemos que Manuel, agindo de má-fé, misturou 10*l* de álcool seus a 30*l* de água de Silvio. Os 10*l* de álcool valem R$ 50,00. Os 30*l* de água, R$ 5,00. Silvio poderá optar por adquirir a propriedade do líquido formado, caso em que dará a Manuel R$ 45,00 (R$ 50,00 que valem os 10*l* de álcool menos os R$ 5,00 que valem os 30*l* de água). Outra possibilidade será Silvio renunciar a seus 30*l* de água, caso em que Manuel adquirirá a propriedade do líquido formado e deverá indenizar R$ 5,00 a Silvio.

O Código silencia, no entanto, quanto à hipótese de um terceiro ter operado a confusão, a comistão ou a adjunção. Parece-nos que o mais razoável seria verificar se interessa a algum dos proprietários adquirir a coisa toda, caso em que o terceiro teria de indenizar o dono que renunciou à sua substância, e, se ninguém tiver interesse no produto, o próprio terceiro adquiriria a propriedade, indenizando cada proprietário pelo valor da coisa a que renunciou.

Por fim, cumpre comentar o art. 1.274, cuja estranha redação é a seguinte: "se da união de matérias de natureza diversa se formar espécie nova, à confusão, comissão (*sic*) ou adjunção aplicam-se as normas dos arts. 1.272 e 1.273". À primeira vista, a ideia parece ser remeter o leitor aos artigos que disciplinam a especificação – e era isso que fazia o dispositivo correspondente no Código de 1916. Todavia, os arts. 1.272 e 1.273 são exatamente os dispositivos que regulam a confusão, a comistão ou a adjunção. Fica a dúvida, se teria o legislador optado por alterar a disciplina da matéria, por meio de um texto truncado,[145] ou se teria apenas trocado o número dos artigos que tinha em mente. A dúvida piora, atentando para que até mesmo se cometeu erro de grafia no texto, em que *comistão* figura como "comissão". Se pensarmos em uma essência que se mistura ao álcool, formando um perfume, faz ainda algum sentido aplicarem-se ao caso as normas referentes à confusão. Todavia, se pensarmos na adjunção de tinta a uma tela, resultando em uma valiosa pintura, estaremos diante de um conflito, pois o art. 1.274 determinará a aplicação das regras acerca da adjunção, e o parágrafo segundo do art. 1.270[146] cuidará do caso como especificação. A melhor saída será aplicar o art. 1.270, considerando-o norma especial, enxergando o art. 1.274 como norma geral.

---

[145] Nesse caso, a melhor redação seria: "os artigos antecedentes se aplicam ainda que da confusão, comistão ou adjunção se forme espécie nova".

[146] Art. 1.270, § 2º: "em qualquer caso, inclusive o da pintura em relação à tela, da escultura, da escrita e outro qualquer trabalho gráfico em relação à matéria-prima, a espécie nova será do especificador, se o seu valor exceder consideravelmente o da matéria-prima".

8.6 Usucapião

Também os bens móveis podem ser adquiridos por **usucapião**. Por se tratar do mesmo instituto pelo qual se adquire a propriedade dos imóveis, remetemos o leitor às considerações que fizemos na subseção em que examinamos aquele fenômeno (o que também faz o Código, no art. 1.262, determinando a aplicação, à usucapião dos móveis, do disposto nos arts. 1.243 e 1.244).

Cumpre, aqui, comentar brevemente as hipóteses de **usucapião ordinária** e **usucapião extraordinária** de bens móveis, previstas nos arts. 1.260 e 1.261.

Principalmente em se tratando de **móveis**, é fundamental atentar para que apenas a **posse jurídica** (*possessio civilis*) é capaz de configurar a **posse** *ad usucapionem*. Daí se depreende que as coisas obtidas por meio violento ou clandestino, em geral, por roubo e furto, poderão ser adquiridas por usucapião, devendo-se, no entanto, começar a contagem do prazo **apenas após ano e dia** da aquisição da posse, pois somente então haverá posse jurídica. É como se o prazo de usucapião, para essas coisas, fosse ano e dia maior. Deve-se atentar também para as coisas não restituídas, cuja posse contém o **vício da precariedade**, impossível de convalidação. Se alguém toma livro emprestado em biblioteca e deixa de devolvê-lo, nem após dez, nem vinte anos, nem prazo algum, terá adquirido a propriedade por usucapião, vez que a posse precária jamais pode se tornar *ad usucapionem*.

Acesse o QR Code e assista ao vídeo:
Conversas sobre Direito Civil (18): usucapião

> https://uqr.to/r1jp

8.6.1 Usucapião ordinária

Como o leitor já sabe, **usucapião ordinária** é a que requer posse *ad usucapionem* **com justo título** e **de boa-fé**. O prazo estabelecido no art. 1.260 é de **três anos**.

O possuidor, nesse caso, já sabemos, há de ter a chamada **convicção de dono** (*opinio domini*), pois se encontra munido de título hábil para transferir o domínio. Ocorre que, em razão de algum defeito do ato jurídico, a propriedade não chegou a ser adquirida.

Pode se tratar, por exemplo, de uma compra e venda de um quadro do qual o aparente alienante não era dono (caso que estudamos, da *traditio a non domini*). Se, durante três anos, ninguém contestar a situação do possuidor, nem ele interromper a posse, nem tomar ciência do vício que porventura a macula, adquirirá o domínio por usucapião. Tal aquisição poderá ser, por questões de segurança jurídica, declarada por sentença, mas o simples fato da usucapião já concede ao possuidor o domínio.

Para que a coisa adquirida violenta ou clandestinamente seja adquirida por usucapião, é necessário que o usucapiente não seja quem a adquiriu assim injustamente, e que não tenha ciência desse fato, pois, caso contrário, não haveria boa-fé.

8.6.2 Usucapião extraordinária

A **usucapião extraordinária**, sabemos, é aquela para a qual não se exige posse com justo título e de boa-fé, e para a qual se prescreve prazo maior – **cinco anos**.

Aqui, basta o ***animus domini***, a intenção de ser dono, dispensando-se a *opinio domini*. Cumpre lembrar que esse requisito afasta a posse *ad usucapionem* de quem a tem temporariamente em virtude de negócio jurídico de execução continuada – como a locação, o comodato, o depósito – ou de direito real sobre a coisa alheia – como o penhor.

9. DESCOBERTA OU INVENÇÃO

O fenômeno tradicionalmente conhecido como **invenção**, palavra que vem do latim *in venire*, de que derivou *inventare – achar, encontrar* – ganhou nova denominação no Direito brasileiro a partir do Código de 2002, passando a se chamar **descoberta**.[147]

A descoberta cuida do **achado de coisa perdida** (*res perdita*). Segundo o art. 1.233 do Código, aquele que encontra coisa perdida deve restituí-la ao dono ou ao legítimo possuidor. Caso não o conheça, o inventor – ou descobridor – deverá entregar a coisa à autoridade competente. Cumpre frisar que a *res perdita* não pode ser objeto de **ocupação**, e que sua apropriação é considerada **crime**, tipificado no art. 169, parágrafo único, II, do Código Penal.

Conforme expendido, será por vezes difícil distinguir a *res perdita* da *res derelicta* – coisa abandonada, da qual se pode assenhorear o sujeito que a encontra. Na dúvida, a coisa deve ser considerada **perdida**, e, se for possível contatar o dono, o inventor deve fazê-lo, para restituir-lhe a coisa, ou para confirmar a derrelicção (abandono).

Realizando-se a restituição, assegura-se ao inventor o direito a uma **recompensa** em valor não inferior a cinco por cento do valor da coisa restituída, bem como indenização pelas despesas que houver empreendido no processo de localização do dono e de entrega da coisa (art. 1.234). Para se determinar o *quantum* da recompensa, deve-se considerar o **esforço** desempenhado pelo inventor para localizar o dono ou legítimo possuidor, as possibilidades que este teria de **reaver** a coisa, bem como a **situação econômica** de ambos (parágrafo único do art. 1.234).

A parte final do art. 1.234 ressalva a hipótese de o dono "preferir abandoná-la". Aqui, cabe indagar: se o dono simplesmente opta pela derrelicção, quando é procurado pelo inventor, perderia este o direito à indenização pelas despesas realizadas? Com relação à recompensa, naturalmente que seria **indevida**, inclusive porque, adquirindo o inventor a propriedade da *res derelicta*, lucraria mais do que se recebesse apenas cinco por cento do seu valor. Parece mais justo que se apure, caso a caso, se havia indícios anteriores de derrelicção, ou se, nos termos do art. 1.234, o dono preferiu abandonar a coisa quando procurado pelo inventor. No primeiro caso, não seria razoável obrigar o ex-proprietário a indenizar o inventor; no segundo, sim.

Imaginemos que Clóvis encontre em um beco um quadro aparentemente valioso em cujo verso há o nome e endereço do dono, César, que mora em uma cidade próxima. Clóvis toma um ônibus e se dirige até César para lhe restituir a peça. Lá chegando, César lhe diz que o quadro é uma reprodução barata, que lhe fora roubada, e que não tem mais interesse nela. Ora, nesse caso, a derrelicção somente se efetiva no momento em que o dono renuncia à restituição da coisa. É justo que indenize Clóvis pelas despesas por este realizadas para restituir a coisa.

Suponhamos, por sua vez, que Clóvis encontrou a tela em um lixão. Nesse caso, há indícios de que a coisa foi abandonada, e não seria razoável obrigar César a indenizar as despesas que Clóvis efetuar para procurá-lo para restituir algo que jogara no lixo. Certamente que se a peça lá estivesse por ter sido abandonada por um ladrão, César aceitaria a restituição, caso em que teria de dar a Clóvis a recompensa e a indenização.

Segundo o art. 1.235 do Código, o inventor fica responsável pelos prejuízos que causar ao proprietário ou possuidor legítimo, se ficar provado que agiu com **dolo**.

---

[147] Na opinião de Gustavo Tepedino, houve um "desrespeito à tradição cultural do vernáculo das línguas neolatinas" (*Temas de direito civil,* cit., t. II, p. 161).

Assim, na hipótese, por exemplo, de o inventor optar por usar a coisa, antes de restituí-la, e vir a lhe causar deterioração, ficará obrigado a indenizar o dono ou possuidor legítimo pelo valor que a coisa perdeu.

Pode acontecer de o inventor não conseguir localizar o dono ou possuidor legítimo, caso em que deverá entregar a coisa à **autoridade competente** (parágrafo único do art. 1.233). Se isso ocorrer, nos termos do art. 1.236, "a autoridade competente dará conhecimento da descoberta através da imprensa e outros meios de informação, somente expedindo editais se o seu valor os comportar". Na verdade, na prática, também a divulgação nos meios de comunicação se sujeitará ao valor da coisa encontrada, não sendo razoável imaginar que o Estado devesse gastar com a publicação de notas de que um relógio ou uma carteira foram encontrados. O relógio ou a carteira ficariam guardados no posto da autoridade competente mais próximo do local em que os objetos foram achados, e caberia a quem os perdeu procurar por eles.

Passados **sessenta dias** da publicação da notícia ou do edital, se não se apresentar ninguém que prove o *ius possidendi* – direito de possuir a coisa, que têm o proprietário e o possuidor legítimo –, a coisa será vendida em hasta pública, devendo ser descontado do valor apurado – o qual pertencerá ao Município em que ocorreu a invenção – o valor da recompensa e das despesas empreendidas (art. 1.237). A lei prevê, ainda, a possibilidade de o Município renunciar à propriedade da coisa em favor do inventor, se diminuto seu valor.

10. PERDA DA PROPRIEDADE

Inicialmente, cabe lembrar ao leitor que o direito de propriedade é, por natureza, **perpétuo**, e, inclusive, transmite-se em razão da morte do proprietário aos seus herdeiros. No entanto, existem modos de **perda** da propriedade.

O art. 1.275 do Código Civil menciona a perda da propriedade por três **modos voluntários** e dois **involuntários**, ressalvando que há outros modos esparsos na lei. Perde-se a propriedade **voluntariamente** pela **alienação**, pela **renúncia** e pelo **abandono**. **Involuntariamente**, pelo **perecimento da coisa** e pela **desapropriação**.

10.1 Alienação

A **alienação** é o modo de perda da propriedade por meio do qual, na verdade, o direito é **transmitido** a outrem. Em razão da transmissão, o antigo proprietário, chamado de alienante, efetivamente perde a propriedade, enquanto o novo proprietário, chamado de adquirente, adquire-a.

Casos clássicos de alienação são os dos contratos de compra e venda, troca e doação. Naqueles, há a alienação onerosa de uma coisa; neste, a alienação é gratuita. Outro meio de alienação a título oneroso é o do pagamento por dação.

Como o leitor deve se lembrar, as hipóteses de alienação, por si só, não bastam para a transferência da propriedade, sendo necessária a **tradição**, seja de forma real (há entrega da coisa em si), simbólica (há entrega de algo que simboliza a coisa), solene (por meio do registro) ou por constituto possessório (há inversão no título da posse).

10.2 Renúncia

Por meio da **renúncia**, o proprietário **expressamente** abre mão do direito de propriedade. A lei exige, no caso de renúncia de propriedade de **bem imóvel**, o **registro do título renunciativo**, sem o que o ato é ineficaz (art. 1.275, parágrafo único).

Obviamente, não é comum a perda da propriedade por meio da renúncia, a qual é utilizada quase que exclusivamente no caso de sucessão *causa mortis*, em que o herdeiro abre mão da herança. Aliás, cabe salientar que, sendo o direito à sucessão aberta bem *imóvel* (art. 80, II, do Código), a eficácia da renúncia depende do registro.

10.3 Abandono

O **abandono** consiste no ato de **derrelicção** (perda voluntária da posse, cuja aparência fática é a de abandono material) praticado com a **intenção de perder a propriedade** (*animus derelinquendi*). Esse conceito marca a distinção entre a simples **derrelicção**, ato do possuidor, da perda da propriedade por **abandono**, ato do proprietário. Daí se depreende que o ato do possuidor não proprietário de abandonar materialmente a coisa não implica para o proprietário a perda da propriedade, obviamente.

A coisa abandonada pelo proprietário se diz *res derelicta* e, se for **móvel**, pode ser objeto de **ocupação**, a qual constitui meio de aquisição da propriedade móvel.

Em geral, o abandono das coisas móveis se configura quando são colocadas no lixo. O abandono das coisas imóveis, por sua vez, é mais difícil de se perceber. O fato de o proprietário não exercer a função social da posse (por exemplo, não usar o imóvel, nem alugá-lo, nem emprestá-lo, mantendo-o simplesmente fechado, sem manutenção) pode ter contornos de derrelicção, mas não caracteriza o *animus derelinquendi*, o que impede a caracterização da perda da propriedade por abandono.

Para dar solução prática a essas situações, o § 2º do art. 1.276 estabelece a **presunção absoluta** (*iuris et de iure*) de que houve abandono se, havendo a derrelicção, o proprietário deixar de quitar os ônus fiscais do imóvel.

Segundo o *caput* do art. 1.276, se o proprietário abandonar imóvel que não se encontra na posse de outrem, com *animus derelinquendi*, este será arrecadado como **bem vago**. Nesse caso, o proprietário terá o prazo decadencial de três anos para se manifestar. Findo o prazo, o bem passará à propriedade do **Município** em que se situar, ou, se for o caso, à do **Distrito Federal**. Há uma ressalva, no § 1º do dispositivo, quanto aos imóveis situados em **zona rural**, que serão incorporados ao patrimônio da **União** (em vez de ao patrimônio do Município ou do DF).

O art. 1.276 não disciplina a hipótese de, configurado o abandono, o imóvel se encontrar, não obstante, na posse de um terceiro invasor. Diz-se invasor porquanto, tivesse o terceiro recebido a posse do proprietário, ou seja, fosse possuidor legítimo, não se configuraria o abandono. No caso do invasor, o possuidor terá sua situação (*ius possessionis*) protegida, salvo de ação reivindicatória, e poderá adquirir o imóvel por usucapião extraordinária. Todavia, em razão do débito fiscal, o imóvel poderá eventualmente ser objeto de penhora, caso em que o possuidor nada terá em sua defesa, mas também não será ele o devedor (a não ser que já tenha se consolidado a usucapião). Frise-se que, vez que a aquisição da propriedade pela usucapião independe de declaração por sentença, tão logo se configure a usucapião, os ônus fiscais (obrigações *propter rem*) passam a ser devidos pelo novo proprietário, o usucapiente.

10.4 Perecimento da coisa

Naturalmente que, se algum fenômeno vier a **excluir** o objeto do direito de propriedade do **mundo fático**, o direito de propriedade, por conseguinte, extinguir-se-á no mundo jurídico.

Assim, se uma obra de arte perece em um incêndio, ou se uma casa é demolida, os direitos de propriedade sobre a peça e sobre a casa se extinguem.

10.5 Desapropriação

Ocorre a chamada **desapropriação** quando o Poder Público necessita de um determinado bem, por razões de **finalidade pública** ou de **interesse social**, e, por isso, adquire-o, mediante **prévia e justa indenização**[148].

Nos termos do inciso XXIV do art. 5º da Constituição de 1988, "a lei estabelecerá o procedimento para desapropriação por necessidade ou utilidade pública, ou por interesse social, mediante justa e prévia indenização em dinheiro, ressalvados os casos previstos nesta Constituição".

A desapropriação se distingue da alienação porquanto não depende da **vontade do proprietário**. A este não é dado se opor ao ato do Poder Público,[149] restando-lhe apenas o direito de discutir em juízo o valor da indenização, caso não concorde com o valor arbitrado pela Administração. Outra possibilidade, decorrente da Lei 13.867/2019, é que o valor da indenização nas desapropriações por utilidade pública seja definido por meio de mediação ou arbitragem, requerida pelo proprietário logo após o recebimento da notificação com a oferta da indenização encaminhada pelo Poder Público.

Imaginemos que se está ampliando uma importante via pública municipal. Sente-se a necessidade de duplicá-la. Para tanto, o Município terá de demolir uma série de construções, por onde passará o novo trecho da via. O Direito contemporâneo, sobrelevando o interesse público ao particular, não consente que o proprietário de uma das casas se negue a alienar seu imóvel, o que impediria a realização da obra. Daí a criação do instituto da desapropriação. O proprietário perderá o imóvel, querendo ou não, e, em compensação, será indenizado.

Outro exemplo de desapropriação seria o de um órgão público que precisa de uma nova sede. Pode a Administração desapropriar todo um prédio de escritórios, independentemente da vontade de cada condômino, para ali instalar o órgão. Obviamente que deve haver relevante necessidade e utilidade pública.

11. CONDOMÍNIO

A propriedade é um direito por natureza **exclusivo**: se Rui é proprietário da Fazenda do Moinho, isso exclui da fazenda a propriedade de qualquer outra pessoa. Trata-se, afinal, de um **direito absoluto**, ou seja, que vincula seu titular a toda a coletividade, em torno de uma coisa.

Pode ocorrer, não obstante, de o mesmo direito de propriedade ter **mais de um titular**. Quando isso ocorre, fala-se que há **copropriedade** ou **condomínio**. Embora hoje o vocábulo

---

[148] Em regra, o valor da indenização é pago em dinheiro, exceto: (i) na desapropriação urbanística prevista no Estatuto da Cidade, cuja realização depende da comprovação de que o imóvel urbano não esteja cumprindo a sua função social. Nesse caso, a indenização será conferida ao proprietário em títulos da dívida pública, com prazo de resgate de até 10 anos, assegurados o valor real da indenização e os juros legais; (ii) na desapropriação para fins de reforma agrária (art. 184 da CF), realizada caso o imóvel rural não esteja cumprindo a sua função social, mediante justa e prévia indenização paga em títulos da dívida agrária, com cláusula de preservação do valor real, resgatáveis no prazo de até 20 anos, a partir do segundo ano de sua emissão. Na desapropriação confiscatória (art. 243 da CF), por sua vez, não há direto à indenização. O imóvel é expropriado e será destinado à reforma agrária e a programas de habitação popular, sem qualquer indenização ao proprietário. Isso porque essa modalidade constitucional é destinada aos casos em que a propriedade está sendo utilizada para culturas ilegais de plantas psicotrópicas ou para exploração de trabalho escravo.

[149] Tal ato tem a natureza, em Direito Administrativo, de fato do príncipe.

"propriedade" seja mais corriqueiro que o vocábulo "domínio", no caso de mais de um titular, usa-se, com muito mais frequência, a derivação *condomínio* que a derivação *copropriedade*. Note-se, não obstante, que se trata de sinônimos.

O Direito conhece três espécies de condomínio: o **condomínio voluntário**, o **condomínio necessário** e o **condomínio edilício**.

Antes de tratar de cada espécie, lembre-se de que, nos termos do art. 75, XI, do CPC/2015, o condomínio tem personalidade judiciária[150], ostentando capacidade processual, podendo, por isso, demandar em juízo e ser demandado.

11.1 Condomínio voluntário

Os contornos do **condomínio voluntário** remontam à *communio* do Direito Romano, para o qual a ideia de mais de uma pessoa ser titular do mesmo direito de propriedade soava bastante estranha. Para melhor "digeri-la", os romanos conceberam a ideia de que, havendo coproprietários, cada um seria dono de uma **quota** ou **fração** da coisa.

O instituto ainda causava repúdio, pelo que tinha **caráter excepcional** e **temporário**. Qualquer condômino podia, a qualquer tempo, alienar sua quota, ou mesmo exigir a dissolução do condomínio.

O Direito brasileiro, que também considera o condomínio um estado anormal da propriedade,[151] inspirou-se nas ideias romanas para traçar o condomínio voluntário, também chamado de **ordinário**. O adjetivo "voluntário" refere-se ao comando estabelecido no art. 1.319 do Código Civil: "a todo tempo será lícito ao condômino exigir a divisão da coisa comum, respondendo o quinhão de cada um pela sua parte nas despesas da divisão". O adjetivo "ordinário", em desuso, referia-se ao fato de que se trata da espécie mais simples de condomínio.

O condomínio voluntário pode ser instituído por **contrato**, caso em que se diz **convencional**, ou por **negócio unilateral**, como o testamento e a doação, caso em que se diz **imposto**. Exemplos simples seriam o de Augusto e Manuel, que compram, juntos, uma casa comercial, ou o de Orlando e Silvio, que herdam do pai uma fazenda.

O § 1º do art. 1.320 do Código determina que, no caso do **condomínio convencional**, os coproprietários poderão determinar que a coisa fique **indivisa** por prazo não superior a **cinco anos**, prorrogáveis. Com relação ao condomínio imposto, o testador ou doador também só poderá determinar que a coisa permaneça **indivisa** por **cinco anos**, segundo o § 2º do art. 1.320. Todavia, mesmo nesses casos admite-se a **divisão** a qualquer tempo, desde que se demonstrem ao juiz graves razões para determiná-la (§ 3º do dispositivo).

Com relação à dissolução do condomínio, o art. 1.321 do Código determina que se apliquem, à **ação de divisão de condomínio**, as normas referentes à partilha de herança (arts. 2.013 a 2.022). Se a coisa for divisível, será ela mesma repartida. Se não o for, será vendida, e o preço apurado será dividido proporcionalmente à fração ideal de cada condômino (art. 1.322, primeira parte).

---

[150] Alguns entes despersonalizados foram contemplados com personalidade judiciária: o espólio (massa de direitos e obrigações do acervo hereditário, que se inicia com a abertura do inventário e se encerra com a homologação da partilha), o condomínio, a massa falida e a herança jacente. Essas entidades não são pessoas (porque não são previstas em lei como tal), mas, não obstante, por meio de uma ficção legal, lhes foi atribuída a capacidade de ser parte no processo.

[151] As palavras são de BEVILÁQUA, sempre citadas pelos civilistas ao tratar do condomínio voluntário (*Direito das coisas,* cit., p. 255).

Seguindo a orientação romana, atribuímos, a cada condômino, uma **quota** ou **fração** do objeto da copropriedade. Em se tratando de coisas indivisíveis, a quota de cada condômino será **ideal** – é o caso do **condomínio *pro indiviso***. Se, por outro lado, for possível distinguir na coisa a parte que cabe a cada condômino, haverá quota **real** – cuida-se do **condomínio *pro diviso***. No Código de 2002, traindo-se a tradição terminológica, a quota ou fração passou a ser chamada de **quinhão** ou **parte ideal**. A ideia por trás das diferentes expressões, todavia, é a mesma.

Rui e Pontes adquirem uma sala em um edifício comercial. Trata-se de apenas uma sala, com dois proprietários, que a têm, portanto, *pro indiviso*. Supondo que a fração ideal de cada um seja de cinquenta por cento, esse percentual se referirá ao valor da coisa, vez que ela própria é indivisível. Se, por sua vez, a sala que adquiriram lhes dá direito a duas vagas de garagem, idênticas, mas ambas vinculadas à mesma sala, Rui e Pontes poderão estabelecer que cada um ficará com uma vaga específica, caso em que haverá condomínio *pro diviso*, e a fração ideal corresponderá à fração real que tem cada um.

Nos termos do parágrafo único do art. 1.315 do Código, as frações ideais de cada condômino **presumem-se iguais**, caso não haja estipulação em sentido diverso.

11.1.1 Direitos dos condôminos

Obviamente que, sendo cada condômino titular do mesmo direito de propriedade, cada qual pode exercer qualquer dos poderes da propriedade, bem como o direito de possuir (art. 1.314).

Cumpre frisar, no entanto, que o direito de usar se subordina à **destinação** da coisa, o que implica que, se Caio e Clóvis são condôminos de um apartamento residencial, não pode Caio usar o imóvel para fins comerciais.

Outro importante direito do condômino é o de **preferência** sobre a quota dos demais. Isso porque, naturalmente, o condômino deseja ter a coisa toda para si e, por conseguinte, caso os demais queiram alienar suas quotas, devem primeiro oferecê-las ao que quer a propriedade exclusiva. Nesse sentido, a segunda parte do art. 1.322 do Código determina que, em condições iguais de oferta, o condômino prefere ao estranho. Caso mais de um condômino tenha interesse, prefere-se o que tiver na coisa as benfeitorias mais valiosas, ou, não as havendo, o que tiver a quota maior.

Se Berenice quer vender sua quota, de 30% de uma casa, e Helena e César, condôminos, têm interesse nela, Helena – que construiu na casa uma piscina – terá preferência a César – que nela nada realizou. Supondo, por outro lado, que nem Helena nem César tenham realizado benfeitorias, terá preferência César, que tem 40% da casa, enquanto Helena tem apenas 30%.

Pode ser que você já se tenha indagado: o que ocorre se nenhum dos condôminos tiver realizado benfeitorias, e tiverem todos frações iguais? Nessa hipótese, segundo o parágrafo único do art. 1.322, deverá ser promovida a **licitação** da coisa, ou seja, ela será ofertada ao público, e os interessados deverão enviar propostas sigilosas, para que um não conheça a do outro. Os condôminos interessados também deverão submeter suas propostas. Ao analisar as propostas, a coisa será adjudicada[152] a quem tiver oferecido a melhor proposta, preferindo, em condições iguais, o condômino ao estranho.

---

[152] Quando se diz que a coisa será *adjudicada* a alguém, quer-se dizer que esse alguém se tornará o proprietário.

Se Manuel e Caio, condôminos, ofereceram, respectivamente, R$ 100.000,00 à vista e R$ 90.000,00 à vista, pela coisa, e Clóvis, estranho, ofereceu R$ 100.000,00 em dez parcelas, a coisa será adjudicada a Manuel, que apresentou a melhor proposta.

O art. 1.316 do Código admite que o condômino se exima do **pagamento das despesas e dívidas** da coisa, correspondentes à sua fração, se a ela renunciar. Caso os demais condôminos as assumam, a renúncia lhes aproveitará, e cada um receberá uma quota da fração renunciada proporcional ao montante que houver desembolsado para os pagamentos (parágrafo primeiro do dispositivo).

Silvio e Orlando, condôminos, optam por cobrar uma dívida de R$ 100,00, referente à quota de Helena, à qual ela renunciou, e desembolsam, respectivamente, R$ 70,00 e R$ 30,00, Silvio adquirirá 70% da fração ideal de Helena, e Orlando 30%.

Caso nenhum dos condôminos queira assumir a dívida, o condomínio será **dissolvido** (§ 2º do art. 1.316).[153]

O condômino que contrair, sozinho, dívida em **proveito do condomínio**, obriga-se sozinho, ou seja, não pode o credor exigir dos demais condôminos o pagamento da obrigação (art. 1.318, primeira parte). Todavia, tem o condômino **direito de regresso** contra os demais, ou seja, pode exigir que arquem com a despesa efetuada em prol da coisa, respeitada a proporção da quota de cada um (art. 1.318, parte final).

Por exemplo, Berenice, para evitar o desmoronamento do telhado da casa comum, mandou refazê-lo, o que lhe custou R$ 10.000,00. Posteriormente, pode cobrar de Augusto e Rui a parte do preço proporcional às suas quotas da casa. Nesse caso, somente Berenice poderá ser acionada para pagamento.

Vale lembrar que se trata de hipótese de cabimento da **denunciação da lide** pelo réu – neste caso, o condômino devedor – aos demais condôminos. No entanto, frise-se que o Código de Processo Civil de 2015 não obriga à denunciação da lide. O art. 125 do CPC/2015 usa o adjetivo "admissível", em oposição ao adjetivo "obrigatória" utilizado pelo art. 70 do CPC/73. Ademais, o § 1º do art. 125 esclarece que, quando a denunciação da lide não for promovida, ou for indeferida, ou não for admitida, o **direito de regresso** será exercido em ação autônoma.

Por fim, cada condômino tem direito à **participação nos frutos** da coisa, proporcional à sua quota, salvo estipulação em contrário (art. 1.326).

11.1.2 Deveres dos condôminos

Todo condômino deve respeitar a **destinação** da coisa, sendo-lhe vedado alterá-la (art. 1.314, parágrafo único, primeira parte).

O condômino somente pode ceder a **posse**, o **uso** ou a **fruição** da coisa a estranhos se os demais o **autorizarem** (parágrafo único do art. 1.314, segunda parte).

Segundo o art. 1.315, todo condômino é obrigado a contribuir para as **despesas de conservação e divisão** da coisa, bem como a suportar os ônus a que estiver sujeito, tudo na proporção de sua fração da coisa.

No caso de uma dívida ser assumida com relação à coisa, sem que se discrimine a parte de cada condômino na obrigação, nem se estipule a solidariedade, considerar-se-á que a dívida de cada coproprietário é **proporcional** à sua fração da coisa.

---

[153] O texto do dispositivo se refere à divisão da coisa. Mais correto, no entanto, é referir-se à dissolução do condomínio, pois, em se tratando de coisa indivisível, o preço é que será dividido, e não a coisa.

O condômino responde aos demais pelos **frutos** que perceber, bem como pelos **danos** que causar à coisa (art. 1.319).

11.1.3 Administração do condomínio voluntário

A administração do condomínio voluntário será exercida por um **administrador**, eleito pela maioria, preferindo-se um condômino a um estranho, embora este possa vir a ser escolhido (art. 1.323). Tal como um mandatário, o administrador responderá ativa e passivamente pelo condomínio (art. 661), podendo praticar somente atos inerentes à gestão. Atos de disposição de direitos, como alienação, dependem de poderes especiais.

Caso algum dos condôminos tome para si a administração, sem que a isso nenhum dos outros se oponha, será presumido **representante comum** (art. 1.324).

Para se calcular a maioria, determina o art. 1.325 do Código que sejam consideradas as **quotas**.

Se Augusto tem 20%, Berenice tem 20%, César tem 40%, Silvio tem 10% e Manuel tem 10%, os votos de Augusto e Berenice terão o peso de dois, o de César, quatro, e os de Silvio e Manuel, um. Logo, se Berenice, Silvio e Manuel votarem a favor de uma determinada deliberação, e Augusto e César votarem contra, haverá quatro votos a favor e seis contra (2 + 1 + 1 contra 2 + 4), e não três a dois. O voto vencedor será o contra.

O § 1º do art. 1.325 impõe a obrigatoriedade das **deliberações** entre os condôminos, cabendo as decisões à **maioria absoluta** (isso significa que não se levam em conta apenas os condôminos presentes à deliberação, mas *todos*).

Quando não for possível alcançar a maioria absoluta, a deliberação deve ser submetida por qualquer condômino ao juiz, que decidirá, ouvidos os demais coproprietários (art. 1.325, § 2º).

Se houver dúvida quanto às quotas, deverá haver **avaliação judicial** (art. 1.325, § 3º).

11.2 Condomínio necessário

Diz-se **necessário** o condomínio das **paredes**, **cercas**, **muros** e **valas** que dividem imóveis.

O art. 1.327 remete a disciplina do condomínio necessário, em parte, às normas acerca dos direitos de vizinhança – que estudaremos adiante –, especificamente os arts. 1.297 e 1.298 e 1.304 a 1.307 do Código.

Supondo um loteamento novo, em que os prédios se limitam por marcos divisórios apenas, ou qualquer outra situação em que os proprietários tenham direito de estremar seus imóveis por meio da construção de paredes, cercas, muros ou valas, os confinantes deverão concorrer igualmente nas **despesas** com tal finalidade, e cada um adquirirá metade do que for construído (art. 1.328). Se não houver acordo quanto ao preço da obra, o art. 1.329 preceitua que deverá haver avaliação por perito, às custas dos proprietários confinantes. Essa ressalva final do dispositivo, repetida do art. 644 do Código Civil de 1916, com redação dada pelo Decreto do Poder Legislativo 3.725, de 1919, e pouco comentada pelos civilistas, merece interpretação cuidadosa. Somente se aplicará a regra se os confinantes concordarem em contratar o perito, mas deixarem de combinar a cargo de quem ficariam os honorários. Isso porquanto nada impede que ajustem em sentido diverso. Ademais, se a questão for levada a juízo, os honorários periciais correrão por conta da parte vencida (princípio da sucumbência).

O art. 1.330 estabelece, ademais, que, antes de haver o acerto entre os confinantes, com relação ao preço da obra, a parede, cerca, muro, vala ou o que quer que seja não poderá ser utilizado.

Rui e Pontes adquiriram lotes confinantes em uma determinada rua, e querem dividir seus prédios com a construção de um muro. Rui chama um pedreiro, que executa a obra, e, para tanto, cobra R$ 100,00. Então, pede a Pontes os R$ 50,00 referentes à meação. Este se nega a pagar, impugnando o valor da obra. O muro, nesse caso, não poderá ser usado. Por exemplo, não poderá ser pintado de nenhum dos lados, nem revestido, nem usado como apoio para um telhado. Ou a questão será resolvida por meio de acordo, o qual pode, inclusive, envolver avaliação pericial, ou terá de ser submetida a juízo.

11.3 Condomínio edilício

O Código Civil de 2002 adotou a expressão **condomínio edilício** para se referir ao **condomínio por unidades autônomas**. Critica-se o uso do adjetivo, relativo a "edificação" (derivado do latim *ædes*), porquanto há condomínios dessa espécie em loteamentos, e não apenas em edifícios.[154]

Trata-se de modalidade nova de condomínio, originalmente em edifícios, nos quais a propriedade é dividida em **planos horizontais**, razão pela qual, por muito tempo, foi repelida. Como o leitor deve se lembrar, a propriedade do solo, na expressão romana, ia "do céu ao inferno", pelo que não faria sentido imaginar-se que sobre o solo se pudesse edificar uma estrutura da qual cada andar seria objeto de um direito de propriedade diferente.

No entanto, o crescimento populacional das cidades, com a redução do espaço para se construir, fez com que surgissem os edifícios de apartamentos e de escritórios, os quais, no século XX, ganharam importância nunca antes imaginada. Posteriormente, vieram os balneários e os loteamentos.

Acesse o QR Code e assista ao vídeo:
Conversas sobre Direito Civil (12): problemas condominiais em tempos de pandemia

> https://uqr.to/r1jr

11.3.1 Natureza jurídica do condomínio edilício

Várias foram as tentativas de se estabelecer a **natureza jurídica** dos apartamentos e escritórios em edifícios, e das casas e construções em loteamentos. Uma das teses que desperta curiosidade é a proveniente do Direito norte-americano, e que enxerga neles uma sociedade.

Hoje, todavia, não há mais por que se debater tanto sobre o tema. O instituto social dos edifícios de apartamentos e escritórios e dos loteamentos se impôs de tal forma que despontou como um instituto jurídico novo, com contornos próprios.

No nosso Direito, BEVILÁQUA afirmava que nesses casos havia um misto de **propriedade individual** e **propriedade coletiva**,[155] e CAIO MÁRIO expandiu a ideia, sugerindo que em tais situações há uma fusão dos conceitos de **domínio singular** com **domínio comum**, tal como ocorre no fenômeno químico da combinação,[156] de modo que surge algo novo – o condomínio

---

[154] FIUZA, César. *Direito civil*, cit., p. 784.
[155] BEVILÁQUA, Clóvis. *Direito das coisas*, cit., p. 256.
[156] "Em símile exato, a Química nos oferece o fenômeno da *combinação*, que se distingue da *mistura*, em que naquela os elementos se transmudam indissoluvelmente em um corpo novo, como é a liga de dois metais, por exemplo, o aço, formado da liga de ferro e manganês, que não é nem ferro nem manganês, e de que não se pode mais extrair o ferro nem o manganês, sob pena de deixar de ser aço" (PEREIRA, Caio Mário da Silva. *Condomínio e incorporações*. 2. ed. Rio de Janeiro: Forense, 1969. p. 74-75).

edilício, que ele chama de propriedade horizontal – em que há propriedade individual das unidades autônomas (apartamentos, escritórios, salas, vagas de garagem, casas etc.) e condomínio necessário das áreas comuns, como o solo, os elevadores, o saguão de entrada etc.[157]

Essa é a doutrina amplamente aceita entre nós atualmente, consagrada no art. 1.331 do Código Civil: "pode haver, em edificações, partes que são propriedade exclusiva, e partes que são propriedade comum dos condôminos". Faltou, não obstante, incluir ao lado de edificações, também os loteamentos.

Aceita essa natureza do condomínio edilício, emergem as seguintes conclusões: o imóvel será dividido em **unidades autônomas**, as quais podem ser apartamentos, escritórios, salas, lojas, vagas de garagens, lotes etc., e serão consideradas **partes comuns**: no condomínio em edifício, o solo, a estrutura do prédio, o telhado, a rede geral de distribuição de água, esgoto, gás e eletricidade etc., além do terraço, o qual o parágrafo quinto do art. 1.331 determina ser parte comum, salvo disposição contrária; no condomínio em loteamento, as alamedas, a rede geral de distribuição de água, esgoto, gás e eletricidade, as eventuais áreas de lazer etc.

A cada unidade autônoma corresponderá uma **fração ideal** das partes comuns, a qual deve ser identificada em forma decimal ou ordinária no instrumento que instituir o condomínio (art. 1.331, § 3º). Esse conjunto – unidade autônoma mais fração ideal – é objeto de **propriedade exclusiva**, pelo que pode ser alienado e gravado livremente pelo proprietário. Há, no entanto, uma exceção: os abrigos para veículos, como unidades autônomas e de propriedade exclusiva, não poderão ser alienados ou alugados a pessoas estranhas ao condomínio, salvo autorização expressa na convenção de condomínio. Veja-se, então, que ficam proibidos os negócios de alienação e de cessão de uso das **vagas de garagem** a terceiros não condôminos, salvo se a convenção do condomínio expressamente o permitir. Sobre esse aspecto, vale uma observação: em alguns condomínios, é comum a existência de vagas de uso coletivo, cuja utilização é facultada a todos os condôminos. Para esses espaços, a vedação anterior deve ser excluída.

No caso de locação da vaga de garagem, devemos observar o disposto no art. 1.338: (i) a convenção de condomínio poderá vedar a locação a terceiros, especialmente para preservação da segurança; (ii) se houver permissão, deverá ser garantido o direito de preferência, em condições iguais, aos demais condôminos. O mesmo deve ser observado para o caso de venda, conforme enuncia a doutrina: "O direito de preferência de que trata o art. 1.338 deve ser assegurado não apenas nos casos de locação, mas também na hipótese de venda de garagem" (Enunciado 320 do CJF).

As partes comuns do condomínio, por sua vez, são objeto de **copropriedade**, razão pela qual podem ser usadas em comum pelos condôminos, mas não podem ser alienadas separadamente, nem divididas (§ 2º do dispositivo).

Naturalmente que nenhuma unidade autônoma pode ser privada do acesso ao logradouro público (§ 4º do art. 1.331).

Nos termos do art. 1.339, ademais, "os direitos de cada condômino às partes comuns são inseparáveis de sua propriedade exclusiva; são também inseparáveis das frações ideais correspondentes às unidades imobiliárias, com as suas partes acessórias". Parte acessória seria, por exemplo, a vaga de garagem correspondente a um apartamento ou escritório. Não se admite, o que romperia com a natureza jurídica do condomínio edilício, que se alienem ou gravem as unidades autônomas separadamente da fração ideal das partes comuns (§ 1º do art. 1.339). Não obstante, permite-se a alienação da parte acessória a outro condômino, ou a terceiro – nesse caso, como vimos, somente se houver autorização expressa na convenção, e a assembleia geral a tanto não se opuser (parágrafo segundo do dispositivo).

---

[157] Ibidem, p. 73.

11.3.2 Condomínio de lotes – condomínio edilício em loteamento fechado

O tema do condomínio edilício em loteamento era explorado pela doutrina e jurisprudência pátrias, não obstante a sua proliferação.

Inicialmente, é fundamental distinguir as três hipóteses de loteamento que se observam em nosso país.

A primeira é a do loteamento dito **aberto**, o qual surge em programas públicos de política habitacional: loteia-se uma determinada área pública para que ali surja um novo bairro. Por se tratar de novo bairro, não há muros, nem cercas, nem guaritas; o loteamento se incorpora ao município.

A segunda hipótese é a do loteamento dito **fechado**, o qual surge em empreendimentos privados: certa construtora loteia uma determinada área particular para que ali surja o que se chama vulgarmente de **condomínio**.[158] Vez que se trata de propriedade privada, são comuns muros, cercas e guaritas.

Por fim, há ainda que se falar nos loteamentos ditos **ilegitimamente fechados**. Cuida-se de loteamentos abertos que os moradores decidem fechar, restringindo o acesso àquela área.

Em todas as três hipóteses, os lotes criados são, evidentemente, objeto de **propriedade privada**. No entanto, para que realmente haja um *condomínio edilício*, é necessário que haja também áreas comuns, como praças, alamedas, espaços de lazer etc., também objeto de propriedade privada, divida em **frações ideais** atribuídas aos proprietários dos lotes.

Considerando-se que os loteamentos abertos surgem em área pública, conclui-se que todos os espaços ao redor dos lotes mantêm seu caráter público, daí não se poder falar em condomínio naquela espécie de loteamento. Pela mesma razão, não podem ser fechados com muros, cercas, guaritas etc. Se o forem, como se verifica na prática, reputa-se o fechamento **ilegítimo**.

Feita essa importante distinção, cumpre, primeiramente, destacar que a Lei 13.465/2017 acrescentou ao Código Civil o art. 1.358-A, resolvendo o embate teórico acerca da natureza dos loteamentos fechados: conforme o novo dispositivo legal, trata-se de **condomínios de lotes**. Ou seja, o legislador seguiu a corrente, que já defendíamos anteriormente, no sentido de que se deveria tratar de **condomínios edilícios**.

Em 2018, o Decreto 9.310 passou a admitir que os "núcleos urbanos informais consolidados constituídos na forma de condomínio de lotes" sejam objeto de Reurb, a Regularização Fundiária Urbana, que abrange, nos termos do art. 1º do referido Decreto, "as medidas jurídicas, urbanísticas, ambientais e sociais destinadas à incorporação dos núcleos urbanos informais ao ordenamento territorial urbano e à titulação dos seus ocupantes" (art. 66).

11.3.2.1 Polêmica anterior à Lei 13.465/2017 e as associações

A lei brasileira que, a par do Código Civil, regula os condomínios edilícios, é do ano de 1964 – trata-se da Lei 4.591, cujo projeto é da autoria de Caio Mário da Silva Pereira.

Ocorre que o condomínio edilício em loteamento fechado não fora contemplado nem na Lei 4.591, nem nos Códigos Civis – seja o de 1916, seja o de 2002. Vale lembrar ao leitor, ademais, que ao longo de todo o século XX muitas dúvidas acerca da natureza jurídica do condomínio, como vimos, dificultaram a sua disciplina.

O resultado foi que se tornou prática bastante comum a criação de **associações** de proprietários de lotes, em loteamentos fechados, com o objetivo de administrá-los, provavelmente em razão da dificuldade de se identificarem quais normas jurídicas seriam aplicáveis à espécie.

---

[158] Na linguagem vulgar, condomínio consiste não no regime de copropriedade, mas em uma área fechada em que há diversas unidades habitacionais.

Se o condomínio em loteamento tem a natureza de condomínio edilício, deveria ser administrado de acordo com as normas que o regem, as quais não se aplicam apenas aos condomínios em edifícios. Todavia, havia uma corrente resistente muito forte que não admitia não considerar os loteamentos fechados *condomínios*.

Ocorre que a criação e manutenção de associações trazia uma série de problemas ao loteamento, que enumeraremos brevemente: (1) a livre associação é direito fundamental (art. 5º, XX, da Constituição), daí não se poder obrigar os proprietários a se associarem; (2) vez que o rateio das despesas do condomínio era cobrado via associação, era comum que alguns proprietários, não associados, não aceitassem pagar; (3) a associação não tinha legitimidade para administrar o condomínio; (4) a associação não tinha legitimidade para editar normas acerca das áreas comuns do condomínio, porquanto não lhe pertencem, mas sim aos condôminos; (5) a associação não tinha legitimidade para atuar em juízo acerca de assuntos relativos ao condomínio, pois não é condômina nem representante dos condôminos. Essas são apenas cinco das muitas questões envolvidas no problema.

Se você está se questionando sobre o porquê das afirmações traçadas, é preciso distinguir, com clareza, duas figuras distintas: uma, a do condomínio edilício, que não configura pessoa jurídica, mas se consubstancia na coexistência de unidades autônomas e áreas comuns em um determinado imóvel privado; outra, a da associação, pessoa jurídica, com finalidade e patrimônio próprios, declarados no estatuto respectivo. Pode a finalidade da associação ser a administração do condomínio, e seu patrimônio as áreas comuns do loteamento? Não. Por quê? Para tanto, todos os proprietários de lotes, ao tempo da criação da associação, teriam de alienar a ela as suas frações ideais das áreas comuns, que se tornariam propriedade da nova pessoa jurídica, que então poderia administrá-la. Ora, com isso, não haveria mais condomínio, mas somente áreas de propriedade privada: algumas de pessoas naturais, outras da associação.

Cabe destacar que, não obstante a entrada em vigor da Lei 13.465/2017, muitas associações, certamente, continuarão existindo. Não obstante, resolvida definitivamente a primeira etapa da controvérsia jurídica, devem-se repensar os loteamentos fechados criados antes da lei, para verificar a possibilidade da sua conversão à modalidade de condomínios de lotes.

Outro assunto polêmico, ligado aos condomínios em loteamentos, diz respeito aos **limites da ingerência** do próprio condomínio – e, na prática, dessas tais associações – nos lotes que consistem nas unidades autônomas. A polêmica se torna ainda maior quando há incompatibilidade entre norma jurídica e norma interna do condomínio – ainda que já mantido como tal, mesmo antes da Lei 13.465/2017.

Por exemplo, a lei municipal admite a construção de muro ao redor do lote, até a altura de dois metros. Caio, para fazê-lo, consegue o respectivo alvará municipal. No entanto, ao iniciar a construção, é procurado pela administração do condomínio, a qual lhe informa que norma interna proíbe a construção de muros ao redor dos lotes. Um conflito que, em outros casos, seria simples de se resolver – ninguém duvida de que a norma jurídica se sobrepõe a qualquer outra – ganha outros contornos em sede de condomínio edilício, pois a doutrina e a jurisprudência costumam aceitar que, em alguns casos, a norma interna prevaleça. No caso de Caio, o "embargo" interno se sobreporia ao alvará municipal que autorizou a construção.

11.3.3 Instituição, constituição e regulamentação do condomínio edilício

O condomínio edilício pode ser criado – instituído – por ato entre vivos ou testamento, o qual deve ser levado a **registro**, e conter, nos termos do art. 1.332 do Código: a **discriminação e individualização** das unidades autônomas (de propriedade exclusiva), estremadas umas das outras, e das partes comuns; a identificação da **fração ideal** das partes comuns atribuída a cada unidade; e o **fim** a que as unidades se destinam (residencial ou comercial, por exemplo).

Após a instituição do condomínio, deverá ser elaborado um documento chamado de **convenção**, a qual, nos termos do art. 1.333, constitui o condomínio, e deve ser subscrita por, no mínimo, dois terços dos titulares das unidades autônomas. A convenção é como que a lei interna do condomínio, obrigatória para todos os condôminos, bem como para os possuidores e detentores das unidades (aí se incluem locatários, comodatários, visitantes etc.). Segundo o parágrafo único do art. 1.333, a convenção, para valer contra terceiros, incluindo os futuros adquirentes das unidades, deverá ser levada a registro.

Usando a figura do bebê como analogia, o ato de instituição seria como a concepção: os pais do condomínio, instituidor ou instituidores, concebem o feto. Posteriormente, quando são alienadas as unidades, surgem as figuras dos condôminos, que elaboram a lei interna do condomínio: é o momento do parto.

Um aspecto prático e relevante deve ser destacado: se a compra e venda da unidade for realizada antes da convenção de condomínio, o adquirente, que não teve conhecimento sobre seus termos, deverá responder pelas despesas? Para as despesas ordinárias (serviços comuns, como portaria, limpeza etc.), a responsabilidade persiste, pois, se o proprietário usufrui dos serviços, não há como afastar o pagamento, sob pena de enriquecimento sem causa. Por outro lado, as despesas extraordinárias devem ser afastadas. Essa é a ideia por trás do enunciado da Súmula 260 do STJ: "A convenção de condomínio aprovada, ainda que sem registro, é eficaz para regular as relações **entre condôminos**".

A convenção pode ser elaborada por **escritura pública** ou por **instrumento particular** (art. 1.334, § 1º), e deverá, conforme o *caput* do art. 1.334, repetir o conteúdo do ato de instituição, além de determinar: a **quota proporcional** e o **modo de pagamento das contribuições** dos condôminos para as despesas ordinárias e extraordinárias; a **forma de administração** do condomínio; a **competência das assembleias** ordinária e extraordinária, bem como a forma de sua **convocação**, e o **quórum exigido para as deliberações**; as **sanções aplicáveis** aos condôminos ou possuidores; o **regimento interno**.

O **regimento interno** é o terceiro documento que comporá o condomínio, e que o regulamentará. Apesar de o Código Civil mencioná-lo como se fosse uma mera seção da convenção, trata-se, na verdade, de um documento autônomo.[159] Nele, os condôminos traçarão normas a respeito da destinação das unidades autônomas e das partes comuns, bem como regras de conduta com as respectivas penas por descumprimento (em observância à previsão geral de sanções da convenção). Diferentemente do quórum de aprovação para a convenção, o regime interno pode ser alterado mediante votação prevista na própria convenção de condomínio. Em outras palavras, o quórum previsto no art. 1.333 não se aplica para as hipóteses de alteração do regimento interno[160].

11.3.4 Direitos e deveres dos condôminos

Todo condômino tem o direito de exercer livremente a propriedade da sua **unidade autônoma**, ou seja, pode usar, fruir, dispor e reivindicar, além de possuir (art. 1.335, I).

Todo condômino pode, ademais, **usar das partes comuns**, conforme sua destinação, desde que não exclua a utilização dos demais compossuidores (art. 1.335, II). A utilização das áreas comuns persiste ainda que haja inadimplência[161].

---

[159] O legislador teria agido melhor se, em vez de estipular a obrigatoriedade da criação do regimento entre o conteúdo da convenção, tivesse, em outro dispositivo, determinado que os condôminos deverão elaborar um regimento, logo após a elaboração da convenção.

[160] A alteração de regimento interno de condomínio edilício depende de votação com observância do quórum estipulado na convenção condominial (STJ, 4ª Turma, REsp 1.169.865-DF, relator: Min. Luis Felipe Salomão, data do julgamento: 13/8/2013).

[161] Conforme entendimento do STJ, o condomínio, independentemente de previsão em regimento interno, não pode proibir, em razão de inadimplência, condômino e seus familiares de usar áreas comuns, ainda que destinadas apenas a lazer.

Um fato interessante com relação a esse direito diz respeito a possuidores de unidades autônomas localizadas no final do corredor de um andar do edifício, que, muitas vezes, tomam para si uma parte dele, por meio da instalação de portas, grades ou similares. Isso, não obstante, é proibido, pois exclui daquele pedaço de corredor – parte comum – os demais compossuidores. A alegação de que apenas ao possuidor da unidade interessa aquela extensão do corredor que serve somente para dar acesso à unidade não se justifica, vez que todo o corredor é parte comum, podendo ali transitar qualquer compossuidor, mesmo aquele cuja unidade está em andar diferente.

Ainda, todo condômino pode **participar das assembleias** e **votar nas deliberações**, contanto que esteja **quite com a contribuição** para as despesas (art. 1.335, III). Ou seja, se o condômino estiver em débito com as obrigações condominiais, não poderá votar nas assembleias do condomínio. Excepcionalmente, essa votação poderá ocorrer se o condômino for proprietário de diversas unidades autônomas. Nesse caso, ainda que inadimplente em relação a uma ou algumas destas, terá direito de participação e de voto relativamente às suas unidades que estejam em dia com as taxas do condomínio[162].

A lei prevê também um **direito de preferência** para o caso de algum condômino querer alugar vaga na garagem ou no estacionamento do prédio, determinando o art. 1.338 que os condôminos preferirão aos estranhos e, a todos, os possuidores (diretos).[163] Ou seja, se Orlando deseja alugar sua vaga, e Caio, condômino locador, Clóvis, locatário, e Helena, estranha, candidatam-se a ela, terá preferência Clóvis, por ser possuidor direto.

Por sua vez, é dever de todo condômino **contribuir para as despesas**, na proporção de sua fração ideal, a não ser que a convenção disponha em outro sentido (art. 1.336, I).

Segundo o § 1º do dispositivo, o pagamento em atraso sujeitará o condômino aos **juros moratórios** estipulados na convenção, ou, na falta da estipulação, de um por cento ao mês, e à **multa de até dois por cento** sobre o débito. Cumpre frisar que muito se tem criticado, com razão, o limite de dois por cento que o Código de 2002 impôs para a multa moratória, o que serve de estímulo a condôminos inadimplentes, e pode prejudicar sobremaneira a administração do condomínio.

Sobre o assunto, cabe ressaltar que o entendimento firmado em novembro de 2016 pela 2ª Seção do STJ, sobre tema repetitivo, é no sentido de que o **prazo prescricional** para cobrança do valor devido pelo rateio – a frequentemente denominada *taxa condominial*, ou *taxa de condomínio* – é de cinco anos, por se enquadrar na hipótese do art. 206, § 5º, I do Código Civil. Quanto ao tema repetitivo 949, firmou-se a seguinte tese, proposta pelo Min. Luís Felipe Salomão:

> Na vigência do Código Civil de 2002, é quinquenal o prazo prescricional para que o condomínio geral ou edifício (horizontal ou vertical) exercite a pretensão de cobrança da taxa condominial ordinária ou extraordinária constante em instrumento público ou particular, a contar do dia seguinte ao vencimento da prestação.

O art. 1.345 determina que o adquirente de unidade responde pelos débitos do alienante com relação ao condomínio, inclusive multa e juros moratórios, o que confere **natureza** *propter*

Assim, é ilícita a disposição condominial que proíbe a utilização de áreas comuns do edifício por condômino inadimplente e seus familiares como medida coercitiva para obrigar o adimplemento das taxas condominiais (3ª Turma, REsp 1.564.030-MG, relator: Min. Marco Aurélio Bellizze, data do julgamento: 9/8/2016; 4ª Turma; REsp 1.699.022-SP, relator: Min. Luis Felipe Salomão, data do julgamento: 28/5/2019).

[162] STJ, 3ª Turma, REsp 1.375.160-SC, relatora: Min. Nancy Andrighi, data do julgamento: 1º/10/2013.
[163] O Código não faz ressalva, mas é nítida a ideia: dar preferência a quem exerce a posse direta, mesmo sobre o condômino possuidor indireto, como o locador ou o comodante.

rem[164] às despesas condominiais. Como consequência, o adquirente da unidade ficará vinculado às despesas sobre o bem qualquer que seja o seu título, ainda que elas sejam anteriores à aquisição. Dessa forma, mesmo em caso de arrematação em hasta pública, o adquirente ficará responsável pelos eventuais débitos de condomínio. Cabe, contudo, ao próprio condomínio escolher contra quem irá ajuizar a respectiva ação de cobrança (ou execução, conforme veremos adiante). A responsabilidade pelo pagamento terá início desde o recebimento das chaves ou, em caso de recusa ilegítima, a partir do momento no qual as chaves estavam à sua disposição[165].

É vedado a todo condômino realizar **obras** que comprometam a segurança do prédio (art. 1.336, II), bem como alterar a forma e a cor da fachada do edifício, bem como das partes e esquadrias externas (art. 1.336, III).

Igualmente, não pode o condômino dar à sua unidade **destinação diversa** da estipulada na convenção, nem utilizá-la de maneira que prejudique o **sossego**, a **salubridade** e a **segurança** dos vizinhos, ou os **bons costumes** (art. 1.336, IV). Sobre esse aspecto, destaca-se que a Quarta Turma do STJ, em abril de 2021, decidiu que, caso a convenção do condomínio preveja a destinação residencial das unidades, os proprietários não podem alugar seus imóveis por meio de plataformas digitais, a exemplo da Airbnb, Booking, HomeAway etc. (REsp 1.819.075). Em dezembro de 2021, a Terceira Turma (REsp 1.884.483) reforçou esse entendimento, afirmando não existir qualquer ilegalidade ou falta de razoabilidade nesse tipo de restrição imposta pelo condomínio, a quem cabe decidir acerca da conveniência ou não de permitir a locação das unidades autônomas por curto período. Segundo as duas Turmas, a restrição possui embasamento no mencionado art. 1.336, IV.

Esse mesmo dispositivo é que dá margem para a discussão a respeito da regulamentação para a **criação de animais**. Se a convenção não regula a matéria, o proprietário tem plena liberdade para criar o animal em sua unidade autônoma, desde que não viole o dever de sossego, salubridade e segurança. Por outro lado, pode a convenção proibir a permanência de determinados animais que causem incômodos, desde que essa restrição não seja desproporcional. Um galo, por exemplo, pode ser objeto de proibição, inclusive em áreas exclusivas. Em suma, deve ser considerada legítima a restrição específica, proporcional (e não genérica) contida na convenção[166].

---

[164] A jurisprudência corrobora o dispositivo legal. Exemplificando: "A obrigação pelo pagamento de débitos de condomínio possui natureza propter rem, imputando ao proprietário do imóvel a responsabilidade pelo adimplemento das despesas, mesmo no período no qual não exerce a posse direta do bem em razão da vigência de contrato de locação" (AgInt no REsp nº 1.513.465/PR, relator: Min. Marco Buzzi, 4ª Turma, data do julgamento: 21/11/2017, data da publicação: 27/11/2017); "A obrigação de pagamento dos débitos condominiais alcança os novos titulares do imóvel que não participaram da fase de conhecimento da ação de cobrança, em razão da natureza propter rem da dívida" (REsp nº 1.653.143/DF, relatora: Min. Nancy Andrighi, 3ª Turma, data do julgamento: 16/5/2017, data da publicação: 22/5/2017).

[165] Nesse sentido: STJ, 3ª Turma, REsp 1.847.734-SP, relator: Min. Ricardo Villas Bôas Cueva, data do julgamento: 29/03/2022. Cabe, no entanto, uma ressalva: as verbas de sucumbência, decorrentes de eventual condenação em ação de cobrança de cotas condominiais, não possuem natureza propter rem. Assim, a obrigação de pagar as verbas de sucumbência, ainda que sejam elas decorrentes de eventual sentença proferida em ação de cobrança de cotas condominiais, não se enquadra entre as hipóteses previstas no art. 1.345. Conforme o STJ, os honorários constituem direito autônomo do advogado, não configurando débito do alienante em relação ao condomínio, senão débito daquele em relação ao advogado deste (3ª Turma, REsp 1.730.651-SP, relatora: Min. Nancy Andrighi, data do julgamento: 9/4/2019).

[166] Nesse sentido: STJ, 3ª Turma, REsp 1.783.076-DF, relator: Min. Ricardo Villas Bôas Cueva, data do julgamento: 14/5/2019.

Para o caso do descumprimento dos incisos II a IV do art. 1.336, seu § 2º estabelece a pena de **multa** prevista na convenção, a qual não pode ser superior a cinco vezes o valor das contribuições mensais, e que, se não for prevista na convenção, poderá sê-lo pela assembleia geral, por deliberação de no mínimo dois terços dos *demais* condôminos (ou seja, na contagem do quórum não se deve considerar o condômino que se quer punir). Além disso, pode o condomínio, evidentemente, cobrar do condômino a indenização pelas perdas e danos que forem apurados.

O art. 1.337 admite, ainda, a imposição de **pena de até cinco vezes** o valor das contribuições mensais ao condômino ou possuidor que reiteradamente não cumprir com os deveres que tem perante o condomínio. Se o comportamento antissocial for tal que gere incompatibilidade de convivência, o valor da multa poderá chegar a **dez vezes** o das contribuições mensais (parágrafo único do art. 1.337).

Como vimos, o inadimplemento não impede, por exemplo, a utilização de áreas comuns, embora possa restringir o direito a voto em assembleia. Em relação ao **devedor contumaz**, há outra providência que pode ser adotada além da cobrança e vedação ao voto? Esse tema já foi objeto de discussão na jurisprudência. De acordo com o STJ, se o condômino descumpre reiteradamente o dever de contribuir para as despesas do condomínio, este poderá aplicar, além da multa moratória (§ 1º do art. 1.336 do CC), multa sancionatória em razão de comportamento antissocial ou nocivo (art. 1.337 do CC), em até o quíntuplo do valor atribuído à contribuição para as despesas condominiais, conforme a gravidade da falta e a reiteração, desde que aprovada a sanção em assembleia por deliberação de 3/4 (três quartos) dos condôminos (4ª Turma, REsp 1.247.020-DF, relator: Min. Luis Felipe Salomão, data do julgamento: 15/10/2015).

Essa conclusão decorre do fato de que o condômino considerado antissocial ou nocivo não é somente aquele que, por exemplo, pratica atividades ilícitas ou desrespeita constantemente o dever de silêncio mas também aquele que deixa de contribuir de forma reiterada com o pagamento das despesas condominiais. Essa sanção para o comportamento antissocial reiterado de condômino só poderá ser aplicada se observada a ampla defesa e o contraditório.

Caso haja, no condomínio, alguma parte comum de **uso exclusivo** de um condômino, ou de alguns deles, o art. 1.340 determina que incumbirão a ele, ou eles, as **despesas** relativas a tal parte.

Isso poderia ocorrer, por exemplo, no caso de um apartamento ao lado do qual há um terraço, parte comum do edifício. Não há acesso ao terraço, senão por uma janela do apartamento. Se o possuidor dessa unidade começar a se utilizar do espaço para algum fim que esteja de acordo com a destinação do condomínio e que não danifique a estrutura da construção, será responsável pelas despesas com sua conservação. Note-se que o uso exclusivo, que conflita com a impossibilidade de exclusão dos demais compossuidores, deve-se ao fato de que não há, para estes, acesso ao terraço.

Se, na convenção, se estabelecer que o **terraço de cobertura** faz parte de alguma ou algumas das unidades autônomas, ao proprietário desta, ou destas, caberão as despesas de sua **conservação**, devendo ele mantê-la com zelo, para evitar danos às unidades inferiores (art. 1.344).

Essa ressalva é relevante, vez que se veem, com frequência, casos de infiltrações causadas em diversas unidades autônomas, ocorridas devido a entupimentos no terraço de cobertura, que acabam por se alagar.

Toda a área do condomínio, seja um edifício, seja um loteamento, deverá obrigatoriamente ser **segurada contra o risco de incêndio ou destruição**, total ou parcial (art. 1.346).

11.3.5 Realização de obras

A realização de obras nas partes comuns do condomínio edilício sujeita-se às normas previstas nos arts. 1.341 a 1.346 do Código Civil.

Para que se realizem obras no condomínio, é necessária a **deliberação em assembleia**, exigindo-se, no caso das **obras voluptuárias**, votos de **dois terços dos condôminos** (não apenas dos presentes, mas de todos), e, no caso das **obras úteis**, os votos da maioria absoluta (art. 1.341, I e II).

Não se sabe bem por quê, a primeira parte do art. 1.342 contraria a norma do art. 1.341, II, determinando que "a realização de obras, em partes comuns, em acréscimo às já existentes, a fim de lhes facilitar ou aumentar a utilização [obras, portanto, úteis], depende de aprovação de dois terços dos votos dos condôminos".

As **obras necessárias**, por sua vez, podem ser realizadas pelo síndico (administrador) independentemente de autorização, ou, se este se omitir, ou estiver impedido, qualquer condômino pode realizá-las (art. 1.341, § 1º), caso em que terá **direito ao reembolso** pelas despesas que efetuar (parágrafo quarto, primeira parte). Se, além de necessárias, as obras forem **urgentes**, e importarem em despesas excessivas, a assembleia deverá ser comunicada tão logo a execução seja determinada (§ 2º do dispositivo). Caso sejam necessárias, mas não urgentes, e importarem em gastos excessivos, somente poderão ser realizadas após **autorização da assembleia**, especialmente convocada para esse fim, pelo síndico ou por qualquer dos condôminos (parágrafo terceiro).

Nenhuma obra é permitida que possa prejudicar a utilização, por qualquer dos condôminos, das unidades autônomas ou das partes comuns (art. 1.342, segunda parte).

Depende da aprovação da **unanimidade** dos condôminos a construção de outro pavimento no edifício, destinado a conter novas unidades autônomas (art. 1.343).

11.3.6 Despesas condominiais: aspectos relacionados à cobrança

O art. 784, X, do CPC/2015 elenca como título executivo extrajudicial "o crédito referente às contribuições ordinárias ou extraordinárias de condomínio edilício, previstas na respectiva convenção ou aprovadas em assembleia geral, desde que documentalmente comprovadas".

A possibilidade de executar as cotas condominiais não estava expressamente prevista no CPC/1973, o qual apenas permitia a cobrança dos créditos condominiais por meio do processo de conhecimento. A tramitação deveria seguir o rito sumário, nos termos do art. 275, II, *b*, do referido Código.

No CPC/2015, houve uma elevação do *status* desse crédito. Agora não há mais necessidade de trilhar o demorado caminho do processo de conhecimento e aguardar uma sentença para, então, receber a contribuição destinada a cobrir as despesas de condomínio (ordinárias ou extraordinárias). Assim, o condômino que deixar de liquidar as despesas de condomínio na proporção de suas frações ideais poderá se sujeitar à execução forçada e, consequentemente, aos meios expropriatórios dela decorrentes.

O documento comprobatório do crédito, ao qual a lei atribui os requisitos que o caracterizam como título executivo (certeza, liquidez e taxatividade), em regra, é a ata da assembleia. O art. 1.336, I, do Código Civil estabelece que é obrigação de cada condômino contribuir para o pagamento das despesas condominiais. Em assembleia geral, são apreciadas as despesas para conservação e manutenção do condomínio no ano seguinte (despesas ordinárias), bem como os gastos com eventuais obras, indenizações ou outras despesas extraordinárias. Excepcionalmente, pode-se dispensar a realização de assembleia geral para se fixar a contribuição condominial. Por exemplo, quando a convenção de condomínio, *a priori*, estabelece um indexador para a contribuição. Nesse caso, o título executivo será a própria convenção. Caso necessário, os dois títulos (ata e convenção) podem aparelhar a execução[167].

---

[167] Exemplificando: "[...] A ata da assembleia relativa a débitos do imóvel é título executivo extrajudicial, nos exatos termos estipulados no art. 784, X, do CPC [...]" (TJ-SP, AC 10404391520198260602

Ressalte-se que, por força do § 1º do art. 833 do CPC/2015, os atos constritivos da execução de cotas condominiais podem recair sobre o bem imóvel do devedor, ainda que se trate de bem de família. Assim, é plenamente possível a penhora do bem de família quando a dívida é oriunda de cobrança de taxas e despesas condominiais.

11.3.7 Administração do condomínio edilício

O condomínio será administrado por um **síndico**, eleito em assembleia, por prazo não superior a dois anos, renováveis (art. 1.347). O síndico poderá ser condômino ou não, aceitando-se, inclusive, que seja pessoa jurídica, e receberá **remuneração** fixada pela assembleia que o eleger, ou que for estabelecida na convenção (art. 22, § 4º, da Lei 4.591/64 – Lei de Condomínios).

Admite-se, ademais, a formação de um **conselho fiscal**, composto de três membros, eleitos pela assembleia, por prazo que não exceda dois anos, para dar parecer sobre as contas do síndico (art. 1.356). O art. 23 da Lei de Condomínios, por sua vez, previa a obrigatoriedade de um **conselho consultivo** para assessorar o síndico. Vez que o Código de 2002, que tratou exaustivamente da matéria, não manteve esse comando, deve-se entendê-lo revogado. Todavia, nada impede que o condomínio, querendo, eleja um conselho consultivo.

São **atribuições do síndico**, nos termos do art. 1.348 do Código: convocar a assembleia; representar o condomínio em juízo e fora dele – embora o § 1º do dispositivo aceite que a assembleia invista em outra pessoa os poderes de representação, e o parágrafo segundo consinta que o síndico transfira a outrem tais poderes, total ou parcialmente, desde que a assembleia concorde, e que não haja proibição na convenção; dar conhecimento à assembleia da existência de procedimento judicial ou administrativo no interesse do condomínio; cumprir e fazer cumprir a convenção, o regimento interno e as deliberações da assembleia; diligenciar a conservação e a guarda das partes comuns, além de zelar pela prestação dos serviços do interesse do condomínio; elaborar orçamento anual; cobrar dos condôminos as contribuições, bem como impor e cobrar multas; prestar contas à assembleia, anualmente ou quando esta o exigir; contratar o seguro obrigatório.

O § 2º do art. 1.348 admite, ainda, que o síndico transfira a terceiro, total ou parcialmente, as **funções administrativas** – ato que depende de aprovação pela assembleia, e de não haver vedação na convenção. Isso é bastante comum, sobretudo em condomínios grandes, que contratam pessoas jurídicas especializadas para administrá-los.

A assembleia tem o **poder de destituir** o síndico que praticar irregularidades, não prestar contas, ou não administrar convenientemente o condomínio, por voto da **maioria absoluta** (metade do número total de condôminos mais um), conforme o art. 1.349 do Código.

Todo ano deverá ser convocada a **assembleia geral ordinária**, na forma prevista na convenção (pode ser por carta a cada condômino, por ofício afixado no quadro de avisos, oralmente, com antecedência de tantos dias etc.). Nessa ocasião deverá ser aprovado o orçamento, o valor da contribuição mensal e, quando for o caso, deverá ser eleito o síndico, ou poderá ser

---

SP 1040439-15.2019.8.26.0602, relatora: Maria Lúcia Pizzotti, data do julgamento: 13/9/2021, 30ª Câmara de Direito Privado, data da publicação: 13/9/2021); "[...] A teor do disposto no artigo 784, inciso X, do Código de Processo Civil, é título executivo o crédito referente às contribuições ordinárias ou extraordinárias de condomínio edilício, previstas na respectiva convenção ou aprovadas em assembleia geral, desde que documentalmente comprovadas. II. Os boletos bancários, a planilha de evolução de débito, com os encargos cobrados e a convenção de condomínio, são bastantes para instruir a petição inicial da ação executiva, com base no artigo 784, X, do CPC" (TJ-GO, Apelação 01988036320178090051, relator: Amélia Martins, data do julgamento: 18/7/2019, 1ª Câmara Cível, data da publicação: 18/7/2019).

alterado o regimento (art. 1.350). Caso o síndico não convoque a assembleia, admite-se que um quarto dos condôminos o faça (art. 1.350, § 1º). Caso a assembleia não se reúna, a questão será submetida ao juiz, por qualquer dos condôminos (art. 1.350, § 2º).

Quando nem a lei nem a convenção estabelecerem quórum especial, as deliberações da assembleia serão, na primeira convocação, tomadas por **maioria dos votos dos presentes**, desde que pelo menos metade das frações ideais esteja representada (art. 1.352); em segunda convocação, não havendo quórum especial, bastará o voto da maioria dos presentes (art. 1.353). Os votos serão contados proporcionalmente às **frações ideais** dos condôminos, salvo disposição diversa na convenção (parágrafo único do art. 1.352). Isso faz uma grande diferença, sobretudo no caso dos condomínios em loteamento, em que alguns condôminos compram dois, três ou até mais lotes para constituir uma única unidade autônoma. Nesse caso, tal unidade terá tantos votos quantos forem os lotes de tamanho único que ocupem. Por exemplo, se o condomínio é dividido em trinta lotes de mil metros quadrados, e uma determinada casa ocupa quatro mil metros quadrados, ou seja, quatro lotes, o voto de tal condômino terá peso quatro.

Caso se alegue que nem todos os condôminos foram convocados para a assembleia, esta não poderá deliberar, independentemente do número de presentes (art. 1.354).

A assembleia poderá ser convocada **extraordinariamente**, ou seja, para tratar de qualquer assunto que não o da ordinária (art. 1.350), sempre que for necessário, pelo síndico ou por um quarto dos condôminos (art. 1.355).

Vale destacar que a Lei 14.309/2022 acrescentou o art. 1.354-A ao Código Civil para: (i) admitir a possibilidade de convocação das assembleias de **forma eletrônica**; (ii) permitir que, se houver necessidade de segunda convocação de condôminos, o *quorum* exigido para aprovação de determinadas deliberações seja reduzido, ressalvados os casos em que a própria legislação exige *quorum* especial; (iii) viabilizar a conversão de reuniões em **sessões permanentes**, a fim de que os condôminos possam ir registrando seus votos até que seja atingido o *quorum* exigido por lei. Todas essas alterações buscam fomentar a participação dos condôminos nas deliberações de interesse do condomínio.

Confira, em síntese, como podem ser realizadas as reuniões:

1ª Convocação	2ª Convocação	Sessão Permanente
Para aprovação das deliberações, exige-se maioria de votos dos condôminos presentes que representem pelo menos metade das frações ideais. *Não se aplica para quóruns especiais	Espécie de "segunda chamada". As deliberações poderão ser aprovadas pela maioria dos votos dos presentes, ou seja, já não importará a fração ideal. *Não se aplica para quóruns especiais	Há possibilidade de se converter a assembleia em sessão permanente, quando a deliberação exigir quórum especial previsto em lei ou em convenção e ele não for atingido. Nesse caso, a assembleia poderá, por decisão da maioria dos condôminos presentes, autorizar o presidente a converter a reunião em sessão permanente.

Qualquer **alteração na convenção, assim como a mudança da destinação** do prédio, ou das unidades autônomas, depende da aprovação de **dois terços** dos votos dos condôminos (não apenas dos presentes, mas de todos), segundo o art. 1.351, que teve a redação alterada pela Lei 14.405/2022. Antes, exigia-se a unanimidade para a mudança e destinação do edifício ou da unidade imobiliária.

Além dessa alteração, a Lei 14.405/2022, que entrou em vigor em 9/3/2022, trouxe outras disposições relativas à assembleia em condomínios edilícios:

- Houve acréscimo do art. 1.354-A ao Código Civil para possibilitar a convocação, a realização e a votação nas assembleias do condomínio de forma eletrônica (por aplicativos de mensagens, plataformas de videoconferências etc.), assegurados aos participantes os mesmos direitos que poderiam exercer em reuniões de caráter presencial.
- Havendo necessidade de segunda convocação para as deliberações em assembleia, o quórum será reduzido para a maioria dos presentes, salvo se for um quórum especial previsto na Lei. Por exemplo: o síndico realiza a primeira convocação para deliberar sobre a construção de um bicicletário no edifício. De acordo com o Código Civil, na primeira votação, as decisões da assembleia, para serem aprovadas, precisam de maioria dos votos dos condôminos presentes, desde que eles representem pelo menos metade das frações ideais (art. 1.352). Não sendo atingido esse quórum, o Código Civil autoriza que seja feita uma segunda convocação, oportunidade na qual o quórum será reduzido para a maioria dos presentes (art. 1.353), não importando se representem pelo menos metade das frações ideais.
- Quando a deliberação exigir quórum especial previsto em lei ou em convenção e ele não for atingido, a assembleia poderá, por decisão da maioria dos presentes, autorizar o presidente a converter a reunião em sessão permanente, desde que obedecidos os critérios previstos no § 1º do art. 1.353. Essa sessão permanente poderá ser prorrogada tantas vezes quantas necessárias, desde que a assembleia seja concluída no prazo total de 90 dias, contado da data de sua abertura inicial (art. 1.354-A). A lei também admite que a reunião assemblear seja suspensa até que seja alcançado o quórum mínimo exigido.

Por fim, saliente-se que, apesar de o Código Civil nada ter disposto sobre a questão, o § 4º do art. 24 da Lei de Condomínios admite o **voto do locatário** nas deliberações que não envolvam despesas extraordinárias, desde que o condômino-locador não compareça à assembleia. Isso, aliás, ocorre com bastante frequência. Vez que o Código de 2002 nem proibiu, nem dispôs em sentido incompatível, ainda vige a norma da Lei de Condomínios.

11.3.8 Extinção do condomínio

O condomínio edilício pode se extinguir em três hipóteses: se um dos condôminos adquirir todas as **unidades autônomas**, caso em que não haverá mais propriedade comum, pois tudo será objeto de propriedade exclusiva; se o condomínio for total ou parcialmente **destruído**; se houver **desapropriação**.

A lei não disciplina a primeira hipótese, e nem poderia fazê-lo. A aquisição das unidades autônomas por um único condômino depende de negócios jurídicos entre ele e cada um dos coproprietários.

Com relação à destruição, dispõe o art. 1.357 que, havendo **destruição total** ou **parcial**, ou **ameaça de ruína**, a assembleia deverá deliberar sobre a reconstrução ou venda, por votos que representem a maioria absoluta dos condôminos. Caso se opte pela reconstrução, o condômino que não quiser arcar com as despesas respectivas poderá alienar seus direitos a outros condôminos, mediante avaliação judicial (§ 1º do art. 1.357). Em tal alienação, o condômino terá preferência ao estranho, em iguais condições de oferta, e o preço apurado será repartido entre os alienantes, proporcionalmente ao valor de suas unidades (art. 1.357, § 2º).

No caso de **desapropriação**, o art. 1.358 do Código determina que a indenização seja repartida na proporção do valor das unidades autônomas.

11.4 Condomínio em multipropriedade ou com posse compartilhada

11.4.1 Conceito e origem do condomínio em multipropriedade

No dia 20/12/2018 foi sancionada a Lei 13.777 que disciplina a denominada "multipropriedade".

A referida lei acrescentou ao Título III do Livro do Direito das Coisas no Código Civil o Capítulo VII-A, intitulado "Do condomínio em multipropriedade". Tal capítulo se situa entre a disciplina do condomínio edilício – Capítulo VII – e a da propriedade resolúvel – Capítulo VIII. Vale lembrar, a propósito, que o Capítulo VII já havia recebido o acréscimo da seção IV, sobre o condomínio de lotes (art. 1.358-A), por força da Lei 13.465, de 2017.

O novo Capítulo VII-A abrange os arts. 1.358-B a 1.358-U.

É no art. 1.358-C que se estabelece o conceito legal de "condomínio em multipropriedade":

> Art. 1.358-C. Multipropriedade é o regime de condomínio em que cada um dos proprietários de um mesmo imóvel é titular de uma fração de tempo, à qual corresponde a faculdade de uso e gozo, com exclusividade, da totalidade do imóvel, a ser exercida pelos proprietários de forma alternada.
>
> Parágrafo único. A multipropriedade não se extinguirá automaticamente se todas as frações de tempo forem do mesmo multiproprietário.

Inicialmente, da nossa parte, louvamos que o assunto tenha ganhado disciplina legal, a qual se entende necessária em vista dos casos práticos cada vez mais frequentes. Por outro lado, lamentamos a opção terminológica feita pelo legislador.

O que se denomina "condomínio em multipropriedade" consiste, na verdade, em um caso de *condomínio com posse exclusiva fracionada no tempo*, ou, em outras palavras, *condomínio com posse exclusiva por tempo compartilhado*. Nessa modalidade, além da matrícula do imóvel, cada proprietário tem uma escritura em que está registrada a sua utilização por determinado período de tempo (arts. 176 e 178 da Lei de Registros Públicos). A providência facilita, por exemplo, a segurança em relação ao direito de usufruir do bem de maneira exclusiva e a divisão dos custos.

Quanto à propriedade, não se trata, exatamente, de um caso diferenciado de condomínio voluntário. O que ocorre é que o **direito de possuir** sofre restrições quanto ao seu exercício no tempo. Havendo condomínio em multipropriedade, os condôminos *não exercem* composse, mas dividem a posse entre eles por períodos alternados. Por conseguinte, os poderes de usar e fruir a coisa de cada um somente podem ser exercidos nos períodos em que têm o direito de possuir.

Um exemplo bem simples seria o de Caio e Maria, que adquirem uma casa na praia, e estabelecem que, a cada mês, cada um terá direito *exclusivo* de possuir a casa – podendo, portanto, a cada respectivo período, usá-la e dela fruir. Assim, no primeiro mês, Caio fica na casa. No mês seguinte, Maria vai para lá com a sua família. No terceiro mês, a vez volta a ser de Caio. E, dessa forma, seguem alternando a posse da casa.

A ideia que inspirou o condomínio em multipropriedade brasileiro surgiu nos Estados Unidos por volta da década de 1960, no contexto do pós-guerra, como uma alternativa para o setor de turismo. A expressão que se consolidou na língua inglesa foi *time-sharing* (compartilhamento de tempo), às vezes substituída por *vacation ownership* (propriedade de férias).

Antes da sua inclusão no Código Civil, o Superior Tribunal de Justiça já entendia tratar-se de um direito real, nada obstante ter feição obrigacional aferida por muitos (REsp 1.546.165/SP, data da publicação: 6/9/2016).

11.4.2 Características do condomínio em multipropriedade

Conforme o art. 1.358-D, o imóvel objeto do condomínio em multipropriedade se considera **indivisível**, não sendo cabíveis as ações de divisão ou de extinção de condomínio (inc. I).

Ademais, estabelece o dispositivo que o imóvel objeto da multipropriedade abrange as "instalações, os equipamentos e o mobiliário destinados a seu uso e gozo" (inc. II). Ou seja, os **acessórios** e as **pertenças**. Por conseguinte, referidos bens não apenas são considerados **imóveis por acessão legal**, quanto ainda tornam o objeto da multipropriedade uma **universalidade de direito**, com a característica da **indivisibilidade**.

O art. 1.358-E, por sua vez, estabelece também a **indivisibilidade** *das frações de tempo* que demarcam os períodos de posse exclusiva de cada condômino multiproprietário, os quais, nos termos do § 1º do dispositivo, serão de, no mínimo, **sete dias**, seguidos ou intercalados.

Ainda sobre os períodos de posse exclusiva, estabelece o art. 1.358-E:

Art. 1.358-E. Cada fração de tempo é indivisível.

§ 1º O período correspondente a cada fração de tempo será de, no mínimo, 7 (sete) dias, seguidos ou intercalados, e poderá ser:

I – fixo e determinado, no mesmo período de cada ano;

II – flutuante, caso em que a determinação do período será realizada de forma periódica, mediante procedimento objetivo que respeite, em relação a todos os multiproprietários, o princípio da isonomia, devendo ser previamente divulgado; ou

III – misto, combinando os sistemas fixo e flutuante.

§ 2º Todos os multiproprietários terão direito a uma mesma quantidade mínima de dias seguidos durante o ano, podendo haver a aquisição de frações maiores que a mínima, com o correspondente direito ao uso por períodos também maiores.

11.4.3 Instituição do condomínio em multipropriedade

O art. 1.358-F trata da **instituição** do condomínio em multipropriedade, que pode se dar por **negócio jurídico entre vivos**, ou por **testamento**. Por exigência legal, a validade da instituição depende de **registro** no Cartório de Registro de Imóveis. No registro, também por força do art. 1.358-F, devem constar os **períodos de posse exclusiva**. Convém anotar que, por influência da origem do instituto no Direito anglo-saxão, a lei brasileira se refere aos *períodos de posse exclusiva* como **frações de tempo**.

Conforme o art. 1.358-H, admite-se que, no instrumento de instituição do condomínio em multipropriedade, ou na respectiva convenção, estabeleça-se **limite máximo de frações de tempo** no mesmo imóvel que podem caber à mesma pessoa, natural ou jurídica.

Na hipótese de o condomínio em multipropriedade ser instituído para posterior **alienação** das frações de tempo a terceiros, estabelece o parágrafo único do art. 1.358-H que somente após os negócios de alienação é que será obrigatória a observação de eventual limite de frações de tempo por titular estabelecido. Ou seja, o limite não se aplica ao proprietário instituidor, como não poderia deixar de ser.

Ainda sobre a instituição do condomínio em multipropriedade – especificamente, acerca das exigências referentes à **convenção de condomínio** – estabelece o art. 1.358-G:

Art. 1.358-G. Além das cláusulas que os multiproprietários decidirem estipular, a convenção de condomínio em multipropriedade determinará:

I – os poderes e deveres dos multiproprietários, especialmente em matéria de instalações, equipamentos e mobiliário do imóvel, de manutenção ordinária e extraordinária, de conservação e limpeza e de pagamento da contribuição condominial;

II – o número máximo de pessoas que podem ocupar simultaneamente o imóvel no período correspondente a cada fração de tempo;

III – as regras de administrador condominial ao acesso do imóvel para cumprimento do dever de manutenção, conservação e limpeza;

IV – a criação de fundo de reserva para reposição e manutenção dos equipamentos, instalações e mobiliário;

V – o regime aplicável em caso de perda ou destruição parcial ou total do imóvel, inclusive para efeitos de participação no risco ou no valor do seguro, da indenização ou da parte restante;

VI – as multas aplicáveis ao multiproprietário nas hipóteses de descumprimento de deveres.

Por fim, vale destacar que, segundo o parágrafo único do art. 1.358-C, *não ocorre* a **extinção** automática do regime de multipropriedade pelo fato de todas as frações de tempo caberem ao mesmo multiproprietário.

11.4.4 Direitos e deveres dos condôminos multiproprietários

Os arts. 1.358-I e 1.358-J enumeram, respectivamente, os direitos e deveres dos condôminos multiproprietários, aos quais a lei se refere apenas como "multiproprietários".

Nos termos do art. 1.358-K, para os efeitos dos direitos e deveres estabelecidos nos arts. 1.358-I e 1.358-J, consideram-se equiparados aos condôminos multiproprietários os **promitentes compradores** e os **cessionários de direitos** relativos a cada fração de tempo – período de posse exclusiva.

Pois bem. Conforme o art. 1.358-I, além do que eventualmente constar no ato de instituição, ou na convenção de condomínio, consistem em **direitos dos condôminos multiproprietários**:

I – usar e gozar, durante o período correspondente à sua fração de tempo, do imóvel e de suas instalações, equipamentos e mobiliário;

II – ceder a fração de tempo em locação ou comodato;

III – alienar a fração de tempo, por ato entre vivos ou por causa de morte, a título oneroso ou gratuito, ou onerá-la, devendo a alienação e a qualificação do sucessor, ou a oneração, ser informadas ao administrador;

IV – participar e votar, pessoalmente ou por intermédio de representante ou procurador, desde que esteja quite com as obrigações condominiais, em:

a) assembleia geral do condomínio em multipropriedade, e o voto do multiproprietário corresponderá à quota de sua fração de tempo no imóvel;

b) assembleia geral do condomínio edilício, quando for o caso, e o voto do multiproprietário corresponderá à quota de sua fração de tempo em relação à quota de poder político atribuído à unidade autônoma na respectiva convenção de condomínio edilício.

Por sua vez, segundo o art. 1.358-J, constituem **deveres dos condôminos multiproprietários**, além do que eventualmente constar no ato de instituição, ou na convenção de condomínio:

I – pagar a contribuição condominial do condomínio em multipropriedade e, quando for o caso, do condomínio edilício, ainda que renuncie ao uso e gozo, total ou parcial, do imóvel, das áreas comuns ou das respectivas instalações, equipamentos e mobiliário;

II – responder por danos causados ao imóvel, às instalações, aos equipamentos e ao mobiliário por si, por qualquer de seus acompanhantes, convidados ou prepostos ou por pessoas por ele autorizadas;

III – comunicar imediatamente ao administrador os defeitos, avarias e vícios no imóvel dos quais tiver ciência durante a utilização;

IV – não modificar, alterar ou substituir o mobiliário, os equipamentos e as instalações do imóvel;

V – manter o imóvel em estado de conservação e limpeza condizente com os fins a que se destina e com a natureza da respectiva construção;

VI – usar o imóvel, bem como suas instalações, equipamentos e mobiliário, conforme seu destino e natureza;

VII – usar o imóvel exclusivamente durante o período correspondente à sua fração de tempo;

VIII – desocupar o imóvel, impreterivelmente, até o dia e hora fixados no instrumento de instituição ou na convenção de condomínio em multipropriedade, sob pena de multa diária, conforme convencionado no instrumento pertinente;

IX – permitir a realização de obras ou reparos urgentes.

O § 1º do art. 1.358-J exige que conste expressamente na convenção do condomínio em multipropriedade que o multiproprietário estará sujeito a uma (1) "multa, no caso de descumprimento de qualquer de seus deveres" (inc. I); (2) "multa progressiva e perda temporária do direito de utilização do imóvel no período correspondente à sua fração de tempo, no caso de descumprimento reiterado de deveres" (inc. II). A multa periódica serve para desestimular o descumprimento por parte do proprietário que, além de usufruir da sua fração de tempo, utiliza o tempo alheio.

Por sua vez, estabelece o § 2º do referido dispositivo que:

Art. 1.358-J. [...]

[...]

§ 2º A responsabilidade pelas despesas referentes a reparos no imóvel, bem como suas instalações, equipamentos e mobiliário, será:

I – de todos os multiproprietários, quando decorrentes do uso normal e do desgaste natural do imóvel;

II – exclusivamente do multiproprietário responsável pelo uso anormal, sem prejuízo de multa, quando decorrentes de uso anormal do imóvel.

11.4.5 Transmissão dos direitos decorrentes do condomínio em multipropriedade

Acerca da **transmissão** dos direitos decorrentes do condomínio em multipropriedade – a qual, ao que tudo indica, ficará conhecida como "transmissão da multipropriedade", por metonímia –, determina o art. 1.358-L que deverá observar a forma da lei civil, *não dependendo* de anuência e nem mesmo de cientificação dos demais condôminos multiproprietários.

O § 1º do dispositivo esclarece, ademais, que *não há entre os condôminos multiproprietários* **direito de preferência** na alienação das frações de tempo, salvo disposição em sentido contrário no ato de instituição, ou na convenção do condomínio em multipropriedade, seja em favor dos demais condôminos multiproprietários, ou do instituidor do condomínio.

O § 2º do dispositivo estabelece, por sua vez, a **solidariedad**e do adquirente para com o alienante quanto às obrigações de que trata o § 5º do art. 1.358-J, caso não obtenha aquilo a que a lei se refere como **declaração de inexistência de débitos** referentes à fração de tempo objeto do negócio, no momento em que este é celebrado. Destarte, tendo o alienante prestado ao adquirente, por escrito, a referida declaração, afasta-se a solidariedade, caso em que apenas o alienante permanece responsável pelos débitos.

11.4.6 Administração do condomínio em multipropriedade

Os arts. 1.358-M e 1.358-N tratam da **administração** do condomínio em multipropriedade.

Inicialmente, o art. 1.358-M estabelece que a administração do condomínio em multipropriedade – a qual compreende a administração do imóvel e de suas instalações, equipamentos e mobiliário – ficará a cargo da pessoa indicada no instrumento de instituição, ou na convenção de condomínio, ou, na falta de tal pessoa, a cargo de pessoa designada em assembleia geral dos condôminos.

Constituem **atribuições do administrador**, além das eventualmente previstas no ato de instituição ou na convenção do condomínio (§ 1º do art. 1.358-M):

I – coordenação da utilização do imóvel pelos multiproprietários durante o período correspondente a suas respectivas frações de tempo;

II – determinação, no caso dos sistemas flutuante ou misto, dos períodos concretos de uso e gozo exclusivos de cada multiproprietário em cada ano;

III – manutenção, conservação e limpeza do imóvel;

IV – troca ou substituição de instalações, equipamentos ou mobiliário, inclusive:

a) determinar a necessidade da troca ou substituição;

b) providenciar os orçamentos necessários para a troca ou substituição;

c) submeter os orçamentos à aprovação pela maioria simples dos condôminos em assembleia;

V – elaboração do orçamento anual, com previsão das receitas e despesas;

VI – cobrança das quotas de custeio de responsabilidade dos multiproprietários;

VII – pagamento, por conta do condomínio edilício ou voluntário, com os fundos comuns arrecadados, de todas as despesas comuns.

Quanto à atribuição prevista no inciso IV do § 1º do art. 1.358-M especificamente, estabelece o § 2º do dispositivo a possibilidade de a convenção do condomínio em multipropriedade regulamentá-la diversamente.

O art. 1.358-N, por sua vez, admite que o instrumento de instituição preveja fração de tempo destinada à realização, no imóvel objeto do condomínio, e em suas respectivas instalações, equipamentos e mobiliário, dos **reparos indispensáveis** ao exercício normal do regime de multipropriedade. Neste caso, conforme o § 1º do art. 1.358-N, a fração de tempo destinada às obras poderá ser atribuída ao instituidor da multipropriedade (inc. I) ou aos condôminos multiproprietários, na proporção das respectivas frações (inc. II).

Nos termos do § 2º do dispositivo, por fim, em **casos de emergência**, os reparos de que trata o *caput* do dispositivo poderão ser realizados durante o período correspondente à fração de tempo de algum dos condôminos multiproprietários.

11.4.7 Condomínio em multipropriedade em condomínio edilício

O art. 1.358-O prevê a possibilidade de se estabelecer regime de multipropriedade no todo ou em parte das unidades autônomas de **condomínio edilício**. Para tanto, exige o dispositivo

(1) previsão no instrumento de instituição (inc. I) ou (2) deliberação da maioria absoluta dos condôminos (inc. II).

Conforme o parágrafo único do dispositivo, em caso de instituição do regime de multipropriedade no próprio instrumento de instituição do condomínio edilício, a iniciativa e a responsabilidade respectivas caberão às mesmas pessoas e observarão os mesmos requisitos indicados nas alíneas *a*, *b* e *c*, e no § 1º, do art. 31 da Lei 4.591/64.[168]

O art. 1.358-P exige que a **convenção do condomínio edilício**, quando adotado o regime de multipropriedade, preveja, além das matérias elencadas nos arts. 1.332, 1.334 e, se for o caso, 1.358-G do Código Civil, também:

I – a identificação das unidades sujeitas ao regime da multipropriedade, no caso de empreendimentos mistos;

II – a indicação da duração das frações de tempo de cada unidade autônoma sujeita ao regime da multipropriedade;

III – a forma de rateio, entre os multiproprietários de uma mesma unidade autônoma, das contribuições condominiais relativas à unidade, que, salvo se disciplinada de forma diversa no instrumento de instituição ou na convenção de condomínio em multipropriedade, será proporcional à fração de tempo de cada multiproprietário;

IV – a especificação das despesas ordinárias, cujo custeio será obrigatório, independentemente do uso e gozo do imóvel e das áreas comuns;

V – os órgãos de administração da multipropriedade;

VI – a indicação, se for o caso, de que o empreendimento conta com sistema de administração de intercâmbio, na forma prevista no § 2º do art. 23 da Lei nº 11.771, de 17 de setembro de 2008, seja do período de fruição da fração de tempo, seja do local de fruição, caso em que a responsabilidade e as obrigações da companhia de intercâmbio limitam-se ao contido na documentação de sua contratação;

VII – a competência para a imposição de sanções e o respectivo procedimento, especialmente nos casos de mora no cumprimento das obrigações de custeio e nos casos de descumprimento da obrigação de desocupar o imóvel até o dia e hora previstos;

VIII – o quórum exigido para a deliberação de adjudicação da fração de tempo na hipótese de inadimplemento do respectivo multiproprietário;

---

[168] Art. 31 da Lei 4.591/64: "A iniciativa e a responsabilidade das incorporações imobiliárias caberão ao incorporador, que somente poderá ser:

a) o proprietário do terreno, o promitente comprador, o cessionário deste ou promitente cessionário com título que satisfaça os requisitos da alínea a do art. 32;

b) o construtor (Decreto nº 23.569, de 11-12-33, e 3.995, de 31-12-1941, e Decreto-lei nº 8.620, de 10-01-1946) ou corretor de imóveis (Lei nº 4.116, de 27-8-62).

c) o ente da Federação imitido na posse a partir de decisão proferida em processo judicial de desapropriação em curso ou o cessionário deste, conforme comprovado mediante registro no registro de imóveis competente.

§ 1º No caso da alínea *b*, o incorporador será investido, pelo proprietário de terreno, o promitente comprador e cessionário deste ou o promitente cessionário, de mandato outorgado por instrumento público, onde se faça menção expressa desta Lei e se transcreva o disposto no § 4º, do art. 35, para concluir todos os negócios tendentes à alienação das frações ideais de terreno, mas se obrigará pessoalmente pelos atos que praticar na qualidade de incorporador".

IX – o quórum exigido para a deliberação de alienação, pelo condomínio edilício, da fração de tempo adjudicada em virtude do inadimplemento do respectivo multiproprietário.

Ademais, o art. 1.358-Q requer, na hipótese do art. 1.358-O, que o **regimento interno do condomínio edilício** preveja:

I – os direitos dos multiproprietários sobre as partes comuns do condomínio edilício;

II – os direitos e obrigações do administrador, inclusive quanto ao acesso ao imóvel para cumprimento do dever de manutenção, conservação e limpeza;

III – as condições e regras para uso das áreas comuns;

IV – os procedimentos a serem observados para uso e gozo dos imóveis e das instalações, equipamentos e mobiliário destinados ao regime da multipropriedade;

V – o número máximo de pessoas que podem ocupar simultaneamente o imóvel no período correspondente a cada fração de tempo;

VI – as regras de convivência entre os multiproprietários e os ocupantes de unidades autônomas não sujeitas ao regime da multipropriedade, quando se tratar de empreendimentos mistos;

VII – a forma de contribuição, destinação e gestão do fundo de reserva específico para cada imóvel, para equipamentos, prejuízo do fundo de reserva do condomínio edilício;

VIII – a possibilidade de realização de assembleias não presenciais, inclusive por meio eletrônico;

IX – os mecanismos de participação e representação dos titulares;

X – o funcionamento do sistema de reserva, os meios de confirmação e os requisitos a serem cumpridos pelo multiproprietário quando não exercer diretamente sua faculdade de uso;

XI – a descrição dos serviços adicionais, se existentes, e as regras para seu uso e custeio.

Esclarece o parágrafo único do dispositivo que o regimento interno pode ser instituído por **escritura pública** ou por **instrumento particular**.

Exige o art. 1.358-R, por sua vez, que o condomínio edilício em que tenha sido instituído o regime de multipropriedade no todo ou em parte seja administrado, necessariamente, por um **administrador profissional**, cujo contrato poderá ser celebrado por prazo livremente ajustado (§ 1º). Nos termos do § 2º do dispositivo, o mesmo administrador administrará o condomínio edilício e todas as unidades autônomas deste em que houver regime de multipropriedade.

Conforme o § 3º, o administrador será, também, **mandatário legal** de todos os condôminos multiproprietários, porém, exclusivamente, para a "realização dos atos de gestão ordinária da multipropriedade, incluindo manutenção, conservação e limpeza do imóvel e de suas instalações, equipamentos e mobiliário".

O § 4º do art. 1.358-R admite expressamente que o administrador proceda a **modificações no regimento interno** quanto a *aspectos estritamente operacionais da gestão da multipropriedade* no condomínio edilício.

O § 5º do dispositivo, por fim, admite que o administrador seja ou não um **prestador de serviços de hospedagem**.

Cabe chamar a atenção para o fato de que, nos termos do art. 1.358-S, em caso de **inadimplemento**, por parte do condômino multiproprietário, da obrigação de *custeio das despesas ordinárias ou extraordinárias*, admite-se, na forma da lei processual civil, a **adjudicação** ao condomínio edilício da fração de tempo correspondente ao condômino inadimplente. O problema aqui reside no quórum deliberativo. Deverá haver aprovação unânime dos condôminos adimplentes para a referida adjudicação? Pensamos que sim, até por se tratar de uma medida drástica. O contraditório, por sua vez, também deve ser preservado, garantindo-se ao inadimplente o direito de defesa.

Estabelece, ainda, o parágrafo único do art. 1.358-S:

> Parágrafo único. Na hipótese de o imóvel objeto da multipropriedade ser parte integrante de empreendimento em que haja sistema de locação das frações de tempo no qual os titulares possam ou sejam obrigados a locar suas frações de tempo exclusivamente por meio de uma administração única, repartindo entre si as receitas das locações independentemente da efetiva ocupação de cada unidade autônoma, poderá a convenção do condomínio edilício regrar que em caso de inadimplência:
>
> I – o inadimplente fique proibido de utilizar o imóvel até a integral quitação da dívida;
>
> II – a fração de tempo do inadimplente passe a integrar o *pool* da administradora;
>
> III – a administradora do sistema de locação fique automaticamente munida de poderes e obrigada a, por conta e ordem do inadimplente, utilizar a integralidade dos valores líquidos a que o inadimplente tiver direito para amortizar suas dívidas condominiais, seja do condomínio edilício, seja do condomínio em multipropriedade, até sua integral quitação, devendo eventual saldo ser imediatamente repassado ao multiproprietário.

Nos termos do art. 1.358-T, somente se admite **renúncia translativa** dos direitos decorrentes do regime de multipropriedade por parte do condômino multiproprietário *em favor do condomínio edilício*. Ademais, exige o parágrafo único do dispositivo, para que seja válida a renúncia, que o condômino multiproprietário renunciante esteja em dia com as contribuições condominiais, com os tributos imobiliários e, se for o caso, com o foro ou a taxa de ocupação.

O art. 1.358-U, por fim, estabelece a possibilidade de as convenções dos condomínios edilícios, os memoriais de loteamentos, bem como os instrumentos de venda dos lotes em loteamentos urbanos, estabelecerem a **limitação** ou a **vedação** da instituição do regime de multipropriedade nos respectivos imóveis, impedimentos que somente poderão ser alterados por voto, no mínimo, da maioria absoluta dos condôminos.

11.5 Fundos de investimento

Os artigos 1.368-C a 1.368-F foram inseridos ao Código Civil pela Lei 13.874/2019, que ficou conhecida como a Lei de Liberdade Econômica. Os fundos de investimento nada mais são do que entes capazes de adquirir e transferir direitos. Os bens e as quotas são de propriedade dos condôminos que formam esse fundo. Segundo ARNOLDO WALD, trata-se de um *condomínio de natureza especialíssima, que tem patrimônio próprio, escrita específica, auditoria nas suas contas, representação em juízo e administração por uma espécie de* trustee. *A propriedade dos bens pertence ao Fundo e as cotas é que são da propriedade dos condôminos*[169].

Antes da entrada em vigor da Lei de Liberdade Econômica, os fundos encontravam respaldo nas Leis 6.385/1976 e 4.728/1965. Contudo, essas normativas não conceituavam o que seriam esses fundos de investimento, providência que sempre ficou a cargo da Comissão de Valores Mobiliários (CVM) e da doutrina, conforme vimos anteriormente.

---

[169] WALD, Arnoldo. *Mercado Financeiro*: Produtos e Serviços. Rio de Janeiro: Qualitymark, 2017. p. 627.

As alterações no Código Civil buscaram conferir maior segurança jurídica aos prestadores de serviço dos fundos de investimento e aos investidores. A grande colaboração da nova lei foi definir a natureza jurídica desses entes. De acordo com o art. 1.368-C, o fundo de investimento consiste em um **condomínio de natureza especial**. Com essa previsão, possibilitou-se, expressamente, a limitação da responsabilidade de cada investidor ao valor de suas respectivas cotas. Nada impede, contudo, que sejam criadas classes de cotas com direitos e obrigações distintas, com possibilidade de constituição de patrimônio segregado para cada classe (art. 1.368-D, § 3º).

Ou seja, além da possibilidade de se limitar a responsabilidade dos cotistas, é possível criar classes distintas de cotas no fundo de investimento, permitindo, ainda, que se criem "subfundos" com vários acervos de bens distintos e separados, e cada um desses acervos será de titularidade de um grupo de condôminos específico, agrupados em função da classe das suas respectivas cotas.

Outra alteração se refere ao regime de responsabilidades dos prestadores de serviços, como é o caso dos administradores do fundo. A Instrução Normativa CVM 555/2014, em seu art. 78, § 2º, afirma que os fundos de investimento devem conter cláusula que estipule a responsabilidade solidária entre o administrador do fundo e os terceiros contratados, por eventuais prejuízos causados aos cotistas em virtude de condutas contrárias à lei, ao regulamento ou aos atos normativos expedidos pela CVM. Ocorre que o Código Civil, alterado pela Lei de Liberdade Econômica, passou a prever, no art. 1.368-D, § 2º, que "a avaliação de responsabilidade dos prestadores de serviço deverá levar sempre em consideração os riscos inerentes às aplicações nos mercados de atuação do fundo de investimento e a natureza de obrigação de meio de seus serviços".

Os fundos de investimento são destinados não apenas a ativos financeiros mas também a "bens e direitos de qualquer natureza" (art. 1.368-C, *caput*). Embora estejam constituídos sob a forma de condomínio, **as regras do condomínio em geral não lhe são aplicáveis**. O próprio Código Civil prevê que compete à Comissão de Valores Mobiliários disciplinar os fundos de investimento. Dada a importância da Comissão, a lei **dispensa o registro dos regulamentos dos fundos de investimentos em cartório**. O simples registro na Comissão de Valores Mobiliários é condição suficiente para garantir a sua publicidade e a oponibilidade de efeitos em relação a terceiros (art. 1.368-C, § 3º). Segundo investidores, essa modificação reduziu drasticamente os custos, sem inviabilizar a publicidade e, consequentemente, a segurança jurídica.

Por fim, mais duas modificações são dignas de nota: (i) aquela que limita a responsabilidade dos prestadores de serviços apenas em caso de dolo ou má-fé; (ii) a submissão dos fundos com limitação de responsabilidade ao regime da insolvência civil, e não ao regime da liquidação extrajudicial da Lei 9.514/1997.

12. DIREITOS DE VIZINHANÇA

Fala-se em **direitos de vizinhança** para se referir aos direitos que tem o proprietário de exercer sua propriedade da maneira mais completa e saudável possível, e aos quais correspondem deveres dos vizinhos, os quais são disciplinados pela lei.[170]

Os direitos e deveres de vizinhança tradicionalmente estudados são os referentes ao **uso da propriedade**, às árvores limítrofes, à **passagem forçada**, à **passagem de cabos e tubulações**, às águas, aos **limites entre os prédios** e à **construção**.

---

[170] Tais direitos se estendem ao possuidor.

12.1 Uso da propriedade

Todo proprietário tem o direito de usar sua propriedade de **forma saudável**, consectário da **função social da propriedade**, assim como o possuidor tem o direito à posse saudável. A tal direito corresponde o dever de os vizinhos usarem e possuírem os respectivos prédios de forma saudável, de modo a não incomodarem o exercício dos direitos dos demais.

Destarte, proíbe-se o chamado **uso nocivo da propriedade**, ou, nos termos do Código Civil de 2002, *uso anormal da propriedade*. Por uso nocivo ou anormal deve-se entender aquele que não é saudável, em razão de perturbar a **segurança**, o **sossego** e a **saúde** dos vizinhos.

Exemplos de uso nocivo seriam o do vizinho que armazena substâncias combustíveis clandestinamente, ou que produz ruídos excessivos durante a madrugada, ou, ainda, que mantém água parada, a qual mosquitos vetores de doenças utilizam para sua reprodução.

O parágrafo único do art. 1.277 determina que, na apuração do uso nocivo, deve-se levar em conta a **natureza da utilização**, a **localização do imóvel** – atendendo-se às normas que consideram a zona rural ou urbana –, e os **limites de tolerância ordinários** na vizinhança.

Constatado o uso nocivo, garante-se ao prejudicado o direito de exigir que o vizinho faça cessar a interferência prejudicial ao uso saudável (art. 1.277, *caput*). Tal direito, todavia, não prevalece se a interferência for justificada por **interesse público**, mas ao prejudicado é assegurada a indenização cabal (art. 1.278). Se o vizinho perceber que se tornou possível a redução ou a eliminação das interferências, mesmo daquelas que foi condenado, por meio de sentença, a tolerar, poderá pleitear que sejam reduzidas ou eliminadas (art. 1.279).

O art. 1.280 assegura o ajuizamento de **ação de demolição**, quando o prédio vizinho ameace ruína, admitindo-se que o autor peça caução pelo dano iminente.

Por fim, o art. 1.281, antecipando norma acerca de construção, assegura ao proprietário o direito de exigir as garantias contra o prejuízo eventual, no caso de obras realizadas pelo vizinho que venham a demonstrar a iminência de dano.

12.2 Árvores limítrofes

Pode ser que haja árvores sobre a linha divisória entre dois prédios. Por vezes, inclusive, quando da divisão de terrenos, árvores são utilizadas como marco. Tais árvores pertencem em comum aos **proprietários dos prédios confinantes** (art. 1.282), em regime de **condomínio necessário**.

Naturalmente, à medida que as árvores crescem, espalham raízes e galhos ao seu redor. O dono do imóvel por sobre o qual se estendem tais raízes e ramos tem o direito de cortá-los, até o plano vertical que se ergue sobre a linha divisória dos prédios (art. 1.283). Todavia, não pode nenhum dos condôminos cortar as árvores, sem o consentimento do outro, a não ser no caso de haver perigo de dano iminente – por exemplo, se a árvore ameaça cair sobre uma das casas.

Os **frutos** que caírem de qualquer árvore sobre um determinado terreno pertencem ao dono do prédio onde caíram, desde que se trate de prédio particular. Essa norma, criada pelo Direito alemão,[171] em substituição ao clássico preceito romano,[172] encontra-se no art. 1.284 do Código pátrio. Veja-se que o dispositivo aplica-se a qualquer árvore cujos galhos se estendam para o prédio vizinho, e não apenas às árvores limítrofes.

---

[171] BGB (*Bürgerliches Gesetzbuch*, Código Civil alemão), § 911.
[172] Em Roma, os frutos pertenciam ao dono da árvore, o qual podia, inclusive, adentrar o prédio alheio para buscá-los (a norma se encontrava no *Digesto*).

A lei nada dispõe sobre a hipótese de os frutos caírem em espaço público – uma rua, ou praça, por exemplo. Todavia, a conclusão é evidente: tais frutos são **coisas de ninguém** (*res nullius*), e podem ser objeto de **ocupação** por qualquer pessoa, inclusive o dono da árvore, obviamente.[173] Ainda que se considerasse que os frutos de uma árvore sempre pertencem ao dono da árvore, haver-se-ia de concluir que, não tendo o proprietário colhido os frutos caídos em espaço público, abandonou-os, pelo que se tornaram *res derelictæ*, igualmente passíveis de ocupação. Ou seja: ou o proprietário recolhe os frutos de sua árvore, que caíram em área pública, ou qualquer transeunte que queira poderá deles se assenhorear.

12.3 Passagem forçada

Consectário da função social da propriedade é a ideia de que todo imóvel deve ser **acessível**, seja por terra, seja por água. Daí que o dono do prédio inacessível – chamado tecnicamente de **encravado** – tem o direito de exigir do vizinho a **passagem forçada**.

O Código Civil trata da passagem forçada no art. 1.285, estabelecendo que a passagem será concedida mediante **indenização cabal**, e que o rumo será fixado judicialmente, se não houver acordo entre os sujeitos. Ademais, preceitua que "sofrerá o constrangimento o vizinho cujo imóvel mais natural e facilmente se prestar à passagem" (art. 1.285, § 1º). Examinemos o esquema a seguir:

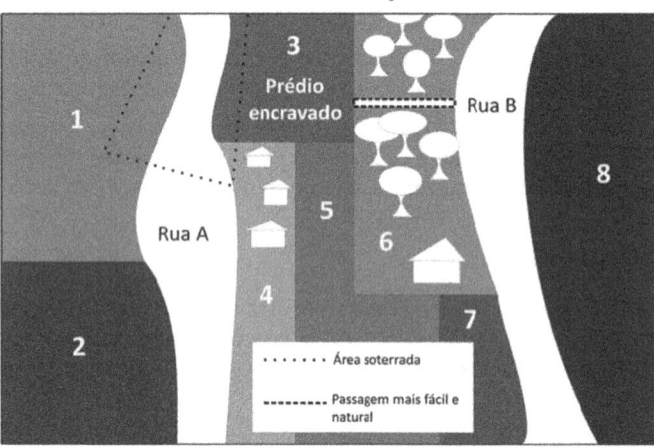

Vê-se que o trecho final da Rua A desapareceu, encontrando-se toda a área demarcada pelo pontilhado soterrada. Logo, o lote 3 tornou-se encravado, inacessível a partir de via pública. Estudando o esquema, poder-se-ia sugerir a passagem forçada por dentro do lote 4, a qual seria a mais curta, e permitiria o acesso ao lote 3 pela Rua A (antigo acesso). Ocorre que, no lote 4, há várias casas construídas, o que dificultaria a passagem. Todavia, pelo lote 6 é possível se traçar um rumo direto à Rua B, passando por meio de um pequeno bosque, sem tanto prejuízo para a casa lá construída, localizada na parte sul do terreno. Logo, esta é a passagem mais fácil e natural, e ali se deverá estabelecer o novo acesso ao lote 3.

---

[173] WASHINGTON DE BARROS MONTEIRO e CÉSAR FIUZA, a nosso ver, sem razão, defendem que tais frutos pertencem ao proprietário da árvore, e que configura furto a sua apropriação (MONTEIRO, Washington de Barros. *Direito das coisas*. 34. ed. São Paulo: Saraiva, 1998. p. 134; FIUZA, César. *Direito civil*, cit., p. 761).

Indenização cabal significa que será calculada somando o valor da área da passagem ao montante da **desvalorização** do prédio por onde passará o caminho.

No caso do esquema, supondo que a área utilizada pela passagem equivalesse a um décimo do imóvel 6, cujo valor total é de R$ 100.000,00, e que o prédio sofreu uma desvalorização de R$ 5.000,00,[174] o dono do lote 3 deveria indenizar ao dono do lote 6 R$ 15.000,00.

A lei cuida ainda de uma outra hipótese de encravamento, que ocorre quando um prédio é **dividido** em duas partes. Pode ocorrer, por exemplo, de a parte sul ser margeada por uma rua, mas de a parte norte ficar encravada. Nesse caso, o § 2º do art. 1.285 determina que o proprietário da parte acessível conceda a passagem ao dono do prédio encravado.

Bastante deficiente é a redação do § 3º do art. 1.285, que estabelece que "aplica-se o disposto no parágrafo antecedente ainda quando, antes da alienação, existia passagem através de imóvel vizinho, não estando o proprietário deste constrangido, depois, a dar uma outra". O que se quer dizer é que, na hipótese de um prédio encravado, com passagem forçada por imóvel vizinho, vir a ser dividido, de modo que se crie um outro prédio encravado, o vizinho não será obrigado a dar nova passagem, mas sim o dono da outra parte da divisão. Logo, o dono daquele prédio se utilizará de passagem forçada pelo prédio ao qual o seu antes era anexo, e, depois, da passagem forçada pelo prédio do vizinho. Para ilustrar a complicada situação, vejamos o esquema seguinte:

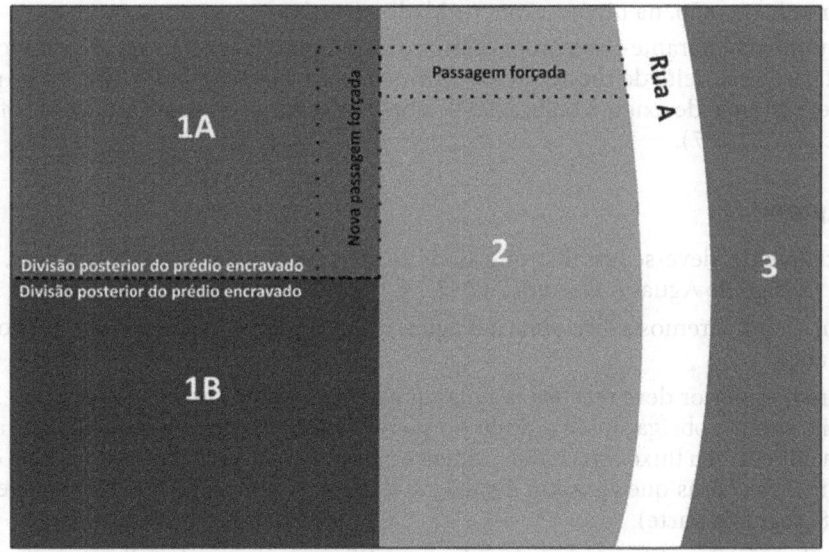

DIVISÃO DO PRÉDIO ENCRAVADO

No esquema, vemos que o proprietário do lote 2 foi forçado a dar passagem ao dono do lote 1, até a Rua A. Posteriormente, o dono do lote 1 o dividiu em 1A e 1B, de tal modo que 1B

---

[174] Como se calcula a desvalorização? Sabemos que, antes da passagem, a área total do terreno valia R$ 100.000,00. Após a passagem, o terreno passou a ter área útil correspondente a noventa por cento da área que tinha antes, ou seja, deveria valer 90% de R$ 100.000,00, isto é, R$ 90.000,00. Ocorre que o terreno é avaliado em apenas R$ 85.000,00. Logo, houve desvalorização de R$ 5.000,00 (quanto deveria valer – quanto passa a valer).

tornou-se encravado. Ora, não seria razoável forçar o proprietário do lote 2 a dar outra passagem, agora, ao dono do 1B. Logo, é o dono do 1A quem deverá dar passagem ao proprietário do 1B, para que este chegue até a passagem por dentro do lote 2.

Por fim, deve ficar clara a distinção entre **passagem forçada**, **alienação** e **servidão**. No caso da passagem forçada, não há perda de propriedade, mas sim **restrição de propriedade**. O dono do prédio por onde haverá a passagem continuará dono da área total; não haverá alienação da área da passagem. Por sua vez, não se trata de servidão. Servidão é **direito real**, constituído por acordo entre os donos dos prédios serviente e dominante levados a registro. A passagem forçada é um direito de vizinhança, o qual pode ser exigido do vizinho pela via judicial, e que se extingue no momento em que houver outro acesso do imóvel à via pública.

12.4 Passagem de cabos e tubulações

A passagem de **cabos e tubulações** pelo terreno vizinho, quando não houver outra possibilidade, é uma situação especial de **passagem forçada**, daí por que a solução é a mesma. Segundo o art. 1.286 do Código, o direito de passagem forçada de cabos e tubulações depende de **indenização cabal**, e surge quando a passagem for de outro modo **impossível** ou **excessivamente onerosa**.

Aqui há uma peculiaridade, ausente na hipótese de passagem forçada analisada anteriormente: admite-se o constrangimento ainda quando houver outra passagem, desde que a utilização desta seja **excessivamente onerosa**. Ficará a cargo do juiz analisar o caso concreto e verificar se há ou não, na hipótese, onerosidade excessiva.

Em todo caso, garante-se ao proprietário constrangido a dar a passagem o direito de exigir que a instalação seja feita do **modo menos gravoso** possível a seu prédio (art. 1.286, parágrafo único), bem como o de exigir a realização de obras de segurança, se as instalações oferecerem grave risco (art. 1.287).

12.5 Águas

Inicialmente, deve-se ressaltar que ainda se aplicam à matéria, no que couber, as disposições do Código de Águas – Decreto 24.643/34.

Aqui, examinaremos a disciplina das águas que o Código Civil incluiu no rol dos direitos de vizinhança.

O prédio inferior deve receber as águas que naturalmente correm do superior. Em razão dessa ideia, surge a obrigação de o dono do prédio inferior recebê-las, bem como a de nada fazer para impedir seu fluxo (art. 1.288, primeira parte). Por sua vez, não pode o dono do prédio superior realizar obras que agravem a situação das águas que correm para o imóvel inferior (art. 1.288, segunda parte).

Caso haja águas artificialmente levadas ao prédio superior, ou lá colhidas, o dono do prédio inferior terá o direito de reclamar que se desviem, caso corram para seu imóvel, sendo-lhe, inclusive, garantido o direito à indenização pelo prejuízo que porventura sofrer (art. 1.289). Se, por acaso, as mesmas águas que causaram o prejuízo vierem a trazer algum benefício, o valor deste será deduzido do valor da indenização (parágrafo único do art. 1.289). Isso poderia ocorrer, por exemplo, se as águas danificassem o muro do imóvel, mas posteriormente irrigassem uma plantação no mesmo terreno, bastante seca em razão de um problema no sistema de tubulações do prédio.

Segundo o art. 1.290 do Código, o proprietário de terreno em que há nascente, ou em que caem águas pluviais que formam um córrego, tem o direito de se utilizar de tais águas para satisfazer seu consumo, mas não pode impedir que corram naturalmente para além de seu prédio, nem desviá-las.

Não se admite que o dono ou possuidor do imóvel superior polua as águas indispensáveis às necessidades básicas dos possuidores dos imóveis inferiores; as que poluir, deverá recuperar, e se não for possível sua recuperação ou desvio, de modo que corram para os imóveis inferiores poluídas, surgirá o dever de indenizar os danos que forem causados (art. 1.291). Ademais, frise-se que a questão da poluição submete-se, também, às normas traçadas pela legislação ambiental.

A lei autoriza o proprietário a represar água em seu prédio por meio da construção de barragem, açude ou outra obra (art. 1.292, primeira parte), o que não significa, obviamente, que seja possível impedir o fluxo das águas, mas, tão somente, alterá-lo. Ainda assim, se o proprietário do prédio inferior for prejudicado pela escassez de água, poderá acionar o vizinho para que aumente o fluxo. A lei prevê, ademais, a responsabilidade do dono da represa pelos danos causados ao prédio inferior em caso de vazamento, deduzido o valor do benefício que porventura for obtido (art. 1.292, segunda parte).

O Código Civil regula, por fim, a questão relativa aos **aquedutos – servidões de aquedutos** –, estatuindo, no art. 1.293, que se admite a sua construção, através de prédios alheios, mediante prévia indenização aos proprietários dos prédios prejudicados, desde que a finalidade seja receber águas indispensáveis às primeiras necessidades da vida, e que não haja prejuízo considerável à agricultura e à indústria, nem para o escoamento de águas supérfluas ou acumuladas, ou a drenagem de terrenos.

Segundo o § 1º do dispositivo, o proprietário do prédio por onde tiver de passar o aqueduto terá direito a ser ressarcido pelos danos que de futuro lhe advenham da infiltração ou irrupção das águas, assim como da deterioração das obras destinadas a canalizá-las.

Admite-se, ademais, que o dono do imóvel por onde haja de passar o aqueduto exija que seja subterrânea a canalização, no mínimo, nas áreas edificadas e nas áreas de pastos, hortas, jardins ou quintais (art. 1.293, § 2º).

Em todo caso, o aqueduto sempre deverá ser construído de maneira que cause o menor prejuízo possível aos prédios por onde passar, e será sempre custeado pelo seu dono, a quem também incumbe a manutenção (art. 1.293, § 3º).

A construção do aqueduto não impede que os proprietários dos imóveis por onde ele passar o cerquem, ou construam sobre ele, sendo a eles assegurado, inclusive, o direito de se utilizar das águas que pelo aqueduto correrem para as necessidades essenciais (art. 1.295).

Se houver no aqueduto águas supérfluas, a lei autoriza sua canalização pelo proprietário do prédio que precise de tais águas para atender a suas necessidades essenciais (art. 1.296, primeira parte), tendo preferência o dono de imóvel por onde passa o aqueduto (parágrafo único). Havendo a canalização, deverão ser indenizados os proprietários prejudicados, bem como o dono do aqueduto, em importância que corresponda às despesas que seriam necessárias para a condução das águas até o ponto de derivação (art. 1.296, segunda parte).

Por fim, o art. 1.294 do Código determina que se apliquem ao direito de aquedutos as disposições relativas à passagem de tubulações (arts. 1.286 e 1.287).

12.6 Limites entre prédios

Todo proprietário tem o direito de construir, para demarcar seu imóvel, **cercas**, **muros**, **valas** ou qualquer outra forma de separação, podendo, inclusive, solicitar que o confinante proceda com ele à demarcação, e que o ajude a aviventar muros apagados e a renovar marcos destruídos ou arruinados, **repartindo as despesas** (art. 1.297).

Presume-se que a estrutura divisória pertence a ambos os confinantes, os quais devem concorrer em partes iguais para as despesas de sua construção e conservação (art. 1.297, § 1º). Nada impede, todavia, que o proprietário queira erguer a divisão dentro de seu terreno, caso em que será seu proprietário exclusivo. Não obstante, terá de consentir com a construção de outra estrutura divisória sobre a linha limítrofe, se assim o quiser o confinante.

A divisão pode ser feita por **sebes vivas**, **árvores** ou **plantas quaisquer**, as quais só podem ser cortadas ou arrancadas de comum acordo entre os proprietários (art. 1.297, § 2º).

Se for necessária a construção de algum tapume especial para que se impeça a passagem de animais de pequeno porte, as despesas necessárias para tanto correrão por conta de quem houver provocado a necessidade do tapume, não estando o confinante obrigado a contribuir (art. 1.297, § 3º).

Na hipótese de serem confusos os limites entre os prédios confinantes, e não havendo meios para determiná-los, por exemplo, porque os rumos se apagaram, ou os marcos se perderam, a divisão será feita de acordo com a **posse justa**, nos termos do art. 1.298, e, se ela não for provada, o terreno contestado será dividido por partes iguais entre os prédios, ou será adjudicado a algum dos confinantes, mediante indenização ao outro.

12.7 Construção

Todo proprietário tem o direito de erguer em seu terreno as **construções** que desejar, desde que sejam respeitados os direitos de vizinhança, as normas locais relativas à ocupação do solo e, obviamente, a função social da propriedade. Tal é o preceito contido no art. 1.299 do Código.

O art. 1.300, repetindo norma a respeito das águas, proíbe o proprietário de realizar construção que as despeje no prédio vizinho.

As janelas, eirados, terraços e varandas que o proprietário quiser construir na zona urbana devem manter uma distância mínima de **um metro e meio** do terreno vizinho, a fim de respeitar a privacidade do terreno confinante (art. 1.301). Caso se trate de janela que não esteja voltada para a linha divisória, seja perpendicular ou não, a distância mínima é de **setenta e cinco centímetros** (art. 1.301, § 1º). Não se aplicam essas normas, todavia, às aberturas para luz ou ventilação que tenham não mais que dez centímetros de largura e vinte de comprimento, construídas a mais de dois metros de altura do piso (art. 1.301, § 2º).

Deve-se atentar para o fato de que a Súmula 120 do Supremo Tribunal Federal expressamente admite a abertura de parede de tijolo de vidro translúcido em distância menor que um metro e meio da linha divisória,[175] o que, afinal, em nada viola a privacidade do vizinho.

A Súmula 414 do mesmo STF, por sua vez, determinava que "não se distingue a visão direta da oblíqua, na proibição de abrir janela, ou fazer terraço, eirado ou varanda, a menos de metro e meio do prédio de outrem". Não obstante, o comando do Código Civil de 2002 com ela contrasta, expressamente, alterando a distância, em tais casos, para setenta e cinco centímetros. Destarte, não é de se aplicar a súmula após a entrada em vigor do Código de 2002.[176]

Segundo o art. 1.302, primeira parte, o vizinho incomodado tem o **prazo decadencial de ano e dia**, contado da conclusão da obra, para demandar o desfazimento da janela, terraço, sacada etc., construídos sem observância ao art. 1.301. Configurada a decadência do direito do vizinho, este não poderá edificar sem observar o art. 1.301, nem impedir ou dificultar o escoamento das águas da goteira, com prejuízo para o prédio confinante (art. 1.302, segunda parte).

---

[175] Súmula 120 do STF: "Parede de tijolos de vidro translúcido pode ser levantada a menos de metro e meio do prédio vizinho, não importando servidão sobre ele."

[176] A súmula tinha aplicabilidade no regime do Código de 1916, em que não se cuidava das janelas com visão oblíqua.

Na zona rural, a norma aplicável é a do art. 1.303, que fixa a distância para qualquer tipo de edificação – não apenas janelas ou aberturas – em **três metros**.

O vetusto comando do art. 1.304, que repete o art. 579 do Código Civil anterior, preceitua que "nas cidades, vilas e povoados cuja edificação estiver adstrita a alinhamento, o dono de um terreno pode nele edificar, madeirando na parede divisória do prédio contíguo, se ela suportar a nova construção; mas terá de embolsar ao vizinho metade do valor da parede e do chão correspondente". A norma se refere às hipóteses de áreas em que as construções ocupam toda a largura do terreno, de modo que a parede de um prédio se encoste à do outro. É a visão que se tem dos casarios coloniais brasileiros, dos grandes edifícios nos centros urbanos, das chamadas *terraced houses* nos países de cultura britânica etc. Nesses casos, para que o novo construtor queira apoiar suas estruturas nas paredes vizinhas, deverá verificar se a construção aguenta e, se chegar a fazê-lo, terá de indenizar o vizinho pelo valor de metade da parede e do chão correspondente.

Com relação às **paredes divisórias** (e não muros), admite-se que o primeiro confinante a construir a assente até meia espessura do terreno contíguo e que, posteriormente, cobre do vizinho o valor da meação, se este pretender travejá-la, caso em que o primeiro fixará a largura e a profundidade do alicerce (art. 1.305). Se a parede não tiver capacidade para ser travejada, o vizinho não poderá fazer-lhe alicerce ao pé, nos termos do parágrafo único do art. 1.305, a não ser que preste caução ao dono da parede, pelo risco gerado para a construção primeva.

O condômino da parede divisória, conforme a primeira parte do art. 1.306, pode utilizá-la até o meio da espessura, desde que não ponha em risco a segurança ou a separação dos prédios, e que avise previamente o vizinho sobre as obras que pretende realizar. Na meia-parede (divisória), não pode o condômino fazer armários ou obras semelhantes que correspondam a outras, da mesma natureza, já feitas do outro lado, a não ser com o consentimento do vizinho (art. 1.306, segunda parte).

Qualquer dos confinantes pode, nos termos do art. 1.307 do Código, alterar (elevar) a parede divisória, reconstruindo-a, caso seja necessário, para suportar o alteamento (elevação). Terá de arcar com todas as despesas, de construção e conservação, a não ser que o vizinho queira adquirir meação também na parte aumentada.

A lei proíbe que se encostem à parede divisória chaminés, fogões ou fornos de grande porte, bem como quaisquer outros aparelhos ou depósitos que possam produzir infiltrações ou interferências prejudiciais ao vizinho, salvo as chaminés ordinárias, como de uma pequena lareira, e os fogões de cozinha (art. 1.308).

São igualmente proibidas quaisquer construções que possam poluir ou inutilizar, para uso ordinário, as águas de poço ou nascente alheia preexistentes à construção (art. 1.309).

Mais uma vez voltando às normas relativas às águas, o art. 1.310 não admite escavações ou quaisquer obras que tirem de poço ou nascente de outrem a água indispensável às necessidades normais daquele vizinho.

Toda e qualquer obra que se realizar deve atentar para todas as normas de segurança, impondo-se a realização de obras acautelatórias, vedando-se, por conseguinte, a execução de qualquer obra ou serviço que possa provocar deslocamento ou desmoronamento de terra, ou que ponha em risco a segurança do prédio vizinho (art. 1.311). Ainda que sejam realizadas as obras acautelatórias, o vizinho tem, obviamente, direito à indenização pelos prejuízos que sofrer (art. 1.311, parágrafo único).

É dever do proprietário ou ocupante do imóvel, conforme o art. 1.313 do Código, tolerar que o vizinho entre no prédio, tendo-lhe avisado previamente, para realizar obras indispensáveis à reparação, construção, reconstrução ou limpeza de sua casa ou do muro divisório, e para reaver coisas suas que lá se encontrem casualmente, inclusive animais. O § 1º do dispositivo esclarece que as obras mencionadas incluem as de reparação de esgotos, goteiras, aparelhos higiênicos, poços e nascentes, e ao aparo de cerca viva. Na hipótese da recuperação de coisas, o direito de o vizinho entrar no prédio confinante se limita ao ato de apoderação, após o que o vizinho deve imediatamente se retirar do prédio, podendo o confinante, obviamente, impedir sua entrada (art. 1.313, § 2º). Por fim, o § 3º, de conteúdo igualmente desnecessário – porquanto óbvio – assegura ao vizinho o direito à indenização pelo prejuízo que o confinante lhe causar, no exercício dos direitos mencionados.

O Código Civil, no art. 1.312, prevê uma **ação de demolição**, cumulada com **perdas e danos**, para todos os casos em que houver violação dos dispositivos acerca da construção.

13. PROPRIEDADE RESOLÚVEL

Falar-se em **propriedade resolúvel**, em princípio, conflita com o **caráter perpétuo** do direito de propriedade, razão pela qual a resolução somente pode operar nos casos em que a lei a autorizar.

O ordenamento contempla duas hipóteses de propriedade resolúvel: a clássica, em que o próprio título de propriedade contém **condição** ou **termo**, e a da **revogação da doação**.

Um exemplo de propriedade resolúvel é o da propriedade adquirida por contrato com **cláusula de retrovenda**, a qual admite que o vendedor, em prazo não superior a três anos, possa recomprar a coisa (caso em que a propriedade será condicional, vez que depende de evento futuro e incerto). Outro exemplo é o da **propriedade fiduciária**, a qual se extingue para o credor fiduciante quando o devedor fiduciário quita o empréstimo (caso em que a propriedade também será sujeita a condição – o evento futuro e incerto do adimplemento total).

Nos termos do art. 1.359 do Código, a propriedade sujeita a condição ou termo se extingue pelo implemento daquela ou pelo advento deste, caso em que pode o proprietário que a adquire reivindicá-la de quem quer que a possua ou detenha (art. 1.359, primeira e terceira partes). Extingue-se, igualmente, qualquer direito real concedido durante a sua pendência (art. 1.359, segunda parte). Isso porque a aquisição da propriedade pela resolução da propriedade do dono anterior produz efeitos *ex tunc*, ou seja, para trás. Considera-se, por conseguinte, que o novo dono sempre o foi.

A **revogação da doação** é contemplada no art. 1.360 do Código, o qual menciona, genericamente, que aqui a resolução se opera por **causa superveniente**, ou seja, estranha ao título. Nesse caso, quem houver adquirido a coisa antes de a doação se tornar revogável por alguma das causas previstas no art. 555 do Código – ingratidão ou inexecução do encargo – será considerado proprietário perfeito. O doador terá, na hipótese da revogação, ação em face do donatário, para reaver a coisa (se este ainda for seu dono), ou para cobrar o seu valor (caso ele a tenha alienado).

Como se vê, nesse caso, a resolução opera *ex nunc*, ou seja, para frente, pelo que não são atingidos os atos válidos praticados pelo doador enquanto era proprietário.

14. PROPRIEDADE FIDUCIÁRIA

Como vimos, a propriedade fiduciária é **resolúvel** por uma causa contida no próprio título de propriedade, baseada em um contrato de alienação fiduciária em garantia (espécie de empréstimo, financiamento). Nesse sentido é o disposto no art. 1.361 do Código: "considera-se fiduciária a propriedade resolúvel de coisa móvel infungível que o devedor, com o escopo de garantia, transfere ao credor".

O contrato de alienação fiduciária em garantia encontra-se regulado pelo Decreto-lei 911/69, quanto às coisas móveis, e pela Lei 9.514/97, quanto às imóveis, submetendo-se, ademais, às normas que lhe traçou o Código Civil, subsidiariamente, naquilo em que houver compatibilidade (art. 1.368-A).[177]

A constituição da propriedade fiduciária se dá pelo **registro** do contrato de alienação fiduciária, o qual pode ser celebrado por **instrumento público** ou **particular**, admitindo-se, no caso de veículos, o registro no DETRAN, fazendo-se a anotação no certificado de registro (art. 1.361, § 1º). Constituída a propriedade fiduciária do chamado *credor fiduciário*, a posse desdobra-se em direta, nas mãos do *devedor fiduciante*, e indireta, nas mãos do proprietário credor (art. 1.361, § 2º). Na verdade, a norma é desnecessária, pois o desdobramento da posse decorre naturalmente, em razão do próprio conceito de posse direta e indireta (art. 1.197), ainda que não existisse o § 2º do art. 1.361.

Cumprido o contrato pelo devedor, a propriedade se transfere das mãos do credor fiduciário para as mãos do devedor fiduciante (art. 1.361, § 3º).

O art. 1.362 do Código exige que constem do contrato de alienação fiduciária: o **valor total da dívida**, ou sua **estimativa**; o **prazo**, ou a época do pagamento; a **taxa de juros** que houver; a **descrição da coisa** objeto da alienação, com todos os elementos indispensáveis à sua identificação.

Equipara-se o devedor, possuidor direto, a um **depositário** – o que não é tão exato, vez que o depositário, em regra, não pode usar a coisa. O art. 1.363 autoriza o devedor a usar a coisa segundo sua destinação e a guardá-la com diligência, bem como entregá-la ao credor, caso a dívida não seja paga no vencimento.

Se a dívida vencer, e não for paga, o credor ficará obrigado a vender a coisa a terceiros, judicial ou extrajudicialmente, usando o preço apurado para o pagamento de seu crédito, entregando o saldo, se houver, ao devedor (art. 1.364). Ou seja, o credor deve, necessariamente, alienar a coisa. Não se admite cláusula que admita o contrário, o chamado **pacto comissório** (art. 1.365).

Em se tratando especificamente de **bem imóvel**, o art. 26 da Lei 9.514/97 estabelece que, constituído em mora o devedor da dívida vencida e não paga, no todo ou em parte, consolida-se a propriedade do credor fiduciário.

Os §§ 1º a 7º do art. 26 da Lei 9.514/97 tratam da intimação subsequente do devedor fiduciante em mora para purgá-la. Será concedido a ele prazo de quinze dias para satisfazer a prestação vencida, bem como as que se vencerem até a data do pagamento, acrescidas dos juros convencionais, das penalidades e dos demais encargos contratuais, dos encargos legais, inclusive tributos, das contribuições condominiais imputáveis ao imóvel, além das despesas de cobrança e de intimação (§ 1º). Caso seja purgada a mora no Registro de Imóveis, o contrato de alienação fiduciária convalescerá (§ 5º). Caso não seja purgada a mora, o oficial do Registro de Imóveis, certificando esse fato, promoverá a averbação, na matrícula do imóvel, da consolidação da propriedade em nome do fiduciário, depois de provada a quitação, por este, do imposto de transmissão *inter vivos* e, se for o caso, do laudêmio (§ 7º).

Consolidada a propriedade em nome do fiduciário após o procedimento descrito, deve o fiduciário promover **leilão público** para a alienação do imóvel, no prazo de trinta dias contado da data da averbação, na matrícula do imóvel, da consolidação da propriedade em seu nome (art. 27 da Lei 9.514/97).

É lícito ao devedor fiduciante oferecer, em pagamento da dívida vencida, seu direito eventual sobre a coisa, o que depende da anuência do credor (art. 1.365, parágrafo único).

---

[177] A Lei 10.931/2004 fez questão de inserir tal dispositivo no Código, dando-lhe a seguinte redação: "as demais espécies de propriedade fiduciária ou de titularidade fiduciária submetem-se à disciplina específica das respectivas leis especiais, somente se aplicando as disposições deste Código naquilo que não for incompatível com a legislação especial".

Ressalte-se que o § 8º do art. 26 da Lei 9.514/97 prevê a mesma possibilidade, tratando especificamente dos bens imóveis. Se, na venda subsequente ao inadimplemento, o preço apurado não for suficiente para saldar o débito, aí incluídas as despesas de cobrança, o devedor continuará obrigado pelo restante (art. 1.366). Não obstante, especificamente no caso dos bens imóveis, determina o § 5º do art. 27 da Lei 9.514/97 que, se, mesmo depois de duas tentativas, em dois leilões, o maior lance oferecido não for igual ou superior ao valor da dívida, das despesas, dos prêmios de seguro, dos encargos legais, inclusive tributos, e das contribuições condominiais, a dívida será considerada extinta e o credor exonerado da obrigação de indenizar benfeitorias.

Com relação ao procedimento dos leilões, determina o § 1º do art. 27 que, caso no primeiro leilão público o maior lance oferecido seja inferior ao valor do imóvel, será realizado um segundo leilão, nos quinze dias seguintes. No segundo leilão, será aceito o maior lance oferecido, desde que seja igual ou superior ao valor da dívida, das despesas, dos prêmios de seguro, dos encargos legais, inclusive tributos, e das contribuições condominiais (§ 2º). Na verdade, o preceito se deve interpretar com um grão de sal, pois, conforme asseverado acima, determina o § 5º que "se, no segundo leilão, o maior lance oferecido não for igual ou superior ao valor referido no § 2º, considerar-se-á extinta a dívida e exonerado o credor da obrigação de que trata o § 4º". Este, por sua vez, trata da hipótese de o maior lance ser superior ao valor mencionado no § 2º, e estabelece que, nos cinco dias subsequentes à venda do imóvel no leilão, o credor deverá entregar ao devedor a importância obtida a maior, devendo-se compreender nela o valor da indenização por benfeitorias, depois de deduzidos os valores da dívida e das despesas e encargos de que tratam os §§ 2º e 3º, com o que haverá quitação recíproca.

Se terceiro pagar a dívida, seja ele interessado ou não, sub-rogar-se-á nos direitos do credor fiduciário, segundo o art. 1.368 e o art. 31 da Lei 9.514/97.

Por fim, segundo o art. 1.367 do Código Civil, "a propriedade fiduciária em garantia de bens móveis ou imóveis sujeita-se às disposições do Capítulo I do Título X do Livro III da Parte Especial deste Código [arts. 1.419 a 1.430] e, no que for específico, à legislação especial pertinente, não se equiparando, para quaisquer efeitos, à propriedade plena de que trata o art. 1.231

14.1 Especificidades em relação à propriedade fiduciária de veículos

Como visto, o Decreto-lei 911, de 1º de outubro de 1969, substancialmente alterado em 2014, disciplina o regime dos contratos de alienação fiduciária quanto às coisas móveis, além de prever alternativas jurídicas para a inadimplência, como é o caso da Ação de Busca e Apreensão.

Para que a ação seja proposta, além dos requisitos dos arts. 319 e 320 do Código de Processo Civil, a petição inicial deve vir acompanhada de comprovação da mora do devedor (Súmula 72 do STJ). Não há exigência de uma quantidade mínima de parcelas vencidas para o ajuizamento da ação. Algumas instituições financeiras adotam procedimentos internos antes do ajuizamento, como cobranças extrajudiciais e até propostas de desconto/quitação.

Se não houver possibilidade de acordo, a depender do custo do processo (despesas processuais, custas decorrentes da localização do veículo, reboque etc.), a instituição poderá promover a Ação de Busca e Apreensão, comprovando inadimplemento do devedor. Com o advento da Lei 13.043/2014, a qual modificou o art. 2º, § 2º, do Decreto-lei 911/1969, não se faz mais necessária a notificação por carta registrada emitida pelo Cartório de Títulos e Documentos para se comprovar a mora do devedor, bastando, por exemplo, que seja expedida pelo correio, com aviso de recebimento. O comprovante de entrega de correspondência, expedido pelos Correios via internet, também possui eficácia probatória no que concerne ao recebimento de notificação extrajudicial necessária à constituição do devedor em mora. No entanto, não se admite o envio de simples correspondência via *e-mail* (correio eletrônico), pois, nesse caso, não fica demonstrada a efetiva ciência da mora pelo devedor. De toda sorte, a notificação destinada a comprovar a mora nas dívidas garantidas por alienação fiduciária dispensa a indicação do valor do débito (Súmula 245 do STJ).

Essa notificação deve ser endereçada ao endereço constante no contrato, embora não precise ser recebida pessoalmente pelo devedor. Dessa forma, uma vez comprovada que a notificação fora encaminhada para o endereço do devedor, previsto no contrato, o fato de, eventualmente, constar do AR que o consumidor mudou-se ou estava ausente não implica invalidação da sua constituição em mora. Também se admite o protesto do título, nos termos do § 2º do art. 2º do Decreto-lei 911/69. Nesse caso, de acordo com o STJ (Tema 921 – Recursos Repetitivos), o tabelião deve esgotar os meios de localização do devedor, notadamente por meio do envio de intimação por via postal, no endereço fornecido por aquele que procedeu ao apontamento do protesto. Somente depois de esgotadas as tentativas de localização, será possível a intimação por edital. A comprovação da mora, por ser imprescindível ao processamento da ação, poderá ser analisada, inclusive, de ofício.

Além da prova de constituição da mora, a jurisprudência vem exigindo que seja apresentada, com a petição inicial, a via original do título de crédito, ou seja, o próprio contrato de financiamento garantido por alienação fiduciária, não bastando a simples cópia do instrumento. No Recurso Especial 1.946.423/MA, de relatoria da Min. Nancy Andrighi, julgado em 9/11/2021, a 3ª Turma do STJ decidiu, por unanimidade, que a juntada da via original do título executivo extrajudicial é, em princípio, requisito essencial à formação válida do processo de execução, visando assegurar a autenticidade da cártula apresentada e afastar a hipótese de ter o título circulado, sendo, em regra, nula a execução fundada em cópias dos títulos. Excepcionalmente, é possível a juntada de cópia reprográfica do título extrajudicial quando não há dúvida quanto à sua existência, desde que comprovada a ausência de circulação. Como a Ação de Busca e Apreensão pode ser convertida em demanda executiva na hipótese de o bem não ser localizado, o STJ entendeu que o contrato, documento representativo do crédito líquido, certo e exigível, também é requisito indispensável para todas as demandas nas quais a pretensão esteja amparada no referido instrumento representativo do crédito, mormente para a ação de busca e apreensão que, conforme regramento legal, pode ser convertida em ação de execução. Segundo a Corte, "por ser a cédula de crédito bancário dotada do atributo da circularidade, mediante endosso, conforme previsão do art. 29, § 1º, da Lei 10.931/04, a apresentação do documento original faz-se necessária ao aparelhamento da ação de busca e apreensão".

Para o válido desenvolvimento do processo, devem estar preenchidos todos os requisitos anteriores, inclusive, como visto, aqueles genéricos dispostos no Código de Processo Civil, sob pena de indeferimento.

No procedimento comum, estando em termos a petição inicial, o juiz a despachará, ordenando a citação do réu para o comparecimento à audiência de conciliação/mediação. No caso do procedimento das Ações de Busca e Apreensão, se não houver motivos para emenda ou indeferimento da inicial, o juiz ordenará, liminarmente, a apreensão do bem, inclusive por decisão proferida em plantão judiciário (art. 3º do Dec.-lei 911/1969). Ao decretar a busca e apreensão de veículo, o juiz, caso tenha acesso à base de dados do Registro Nacional de Veículos Automotores – RENAVAM, inserirá diretamente a restrição judicial nessa base de dados, facilitando, por exemplo, que o veículo seja apreendido em uma *blitz* de rotina.

Caso o credor tome conhecimento de que o bem se encontra em outra comarca, fora da jurisdição do juízo que decretou a medida, poderá requerer àquele juízo a apreensão do bem, bastando que, em tal requerimento, conste a cópia da petição inicial da ação e, quando for o caso, a cópia da decisão que concedeu a busca e apreensão do veículo. Efetuada a apreensão em comarca diversa, o ato será imediatamente comunicado ao juízo de origem, que intimará a instituição financeira para retirar o veículo do local depositado no prazo máximo de 48 (quarenta e oito) horas. Independentemente do local da apreensão, o credor fiduciário deve responder pelas despesas de guarda e conservação em pátio privado de veículo alienado fiduciariamente em virtude de cumprimento de liminar de busca e apreensão.

Com a apreensão do bem, surgem as seguintes possibilidades para o devedor:

- **Poderá purgar a mora.** Compete ao devedor, no prazo de cinco dias após a execução da liminar na ação de busca e apreensão, pagar a integralidade da dívida, entendida esta como os valores apresentados e comprovados pelo credor na inicial, sob pena de consolidação da propriedade do bem móvel objeto de alienação fiduciária. Nessa hipótese, mesmo que o devedor inadimplente tenha firmado contrato em 60 prestações e só esteja em débito com as parcelas 50/60 a 55/60 – as demais (56, 57, 58, 59 e 60) ainda não se venceram –, a consolidação da propriedade em prol do credor só será evitada se houver adimplemento de todas as prestações, inclusive vincendas, não se aplicando aqui a teoria do adimplemento substancial (STJ, 2ª Seção, REsp 1.622.555-MG, relator: Min. Marco Buzzi, relator para acórdão Min. Marco Aurélio Bellizze, data do julgamento: 22/2/2017). Com a consolidação da propriedade, o credor poderá alienar o bem, inclusive extrajudicialmente, sendo necessária a cientificação do garante acerca da venda do bem dado em alienação fiduciária para que persista sua responsabilidade por eventual saldo devedor.

- **Poderá purgar a mora e contestar a ação ou somente contestá-la.** A resposta do devedor fiduciário poderá ocorrer ainda que tenha sido paga a integralidade da dívida pendente, caso aquele entenda ter havido pagamento a maior e desejar restituição. A contestação deve ser apresentada no prazo de 15 (quinze) dias úteis da execução da liminar. Mesmo que o devedor tome conhecido da ação em momento anterior e tenha apresentado sua defesa, esta somente poderá ser analisada após o cumprimento da medida liminar de busca e apreensão (REsp Repetitivo 1.799.367/MG, data do julgamento: 4/11/2021).

A contestação poderá abordar questões processuais e de direito material, inclusive a legalidade das cláusulas contratuais. A propósito, para o STJ, o reconhecimento da abusividade de qualquer encargo cobrado no período de normalidade do contrato descaracteriza a mora, inviabilizando a ação de busca e apreensão. Apesar do precedente, é preciso que fique claro que a simples discussão nos autos ou em outra ação sobre a necessidade de revisão das cláusulas contratuais é incapaz de evitar a apreensão do bem alienado fiduciariamente.

Se, após análise da contestação, o juiz entender que a ação deve ser julgada improcedente, condenará o credor fiduciário ao pagamento de multa, em favor do devedor fiduciante, equivalente a cinquenta por cento do valor originalmente financiado, devidamente atualizado, caso o bem já tenha sido alienado, sem prejuízo de eventuais perdas e danos. Por outro lado, se entender que é o caso de procedência da demanda, o devedor poderá interpor recurso de apelação contra a sentença, que será recebido apenas no efeito devolutivo. Se a apelação for provida, a decisão servirá de título executivo judicial contra o credor fiduciário, que arcará com os prejuízos decorrentes da apreensão e venda do veículo.

Se o bem alienado fiduciariamente não for encontrado ou não se achar na posse do devedor, fica facultado ao credor requerer, nos mesmos autos, a conversão do pedido de busca e apreensão em ação executiva, que seguirá o rito do processo civil relativo aos processos de execução. Admite-se a conversão também quando o bem se encontra na posse do devedor e em péssimo estado de conservação (REsp 656.781/SP).

Convertida a ação de busca e apreensão em ação de execução, a pretensão se desvincula do valor de mercado do veículo oferecido em garantia, pois não localizado, sendo pautada pelo valor do débito derivado do contrato. Em suma, o valor executado refere-se às parcelas vencidas e vincendas do contrato de financiamento, representado pela cédula de crédito bancário (REsp 1.814.200/DF, data da publicação: 20/2/2020), e não pelo valor do bem apresentado, por exemplo, pela tabela FIPE. Não efetuado o pagamento do débito executado, serão penhorados, a critério do autor da ação, bens do devedor quantos bastem para assegurar a execução.

O término do procedimento executivo ocorre com o adimplemento e a extinção da dívida ou com o implemento da prescrição intercorrente. Em todo caso, o provimento utilizado pelo juiz será uma sentença (art. 925 do CPC/2015), sujeita, portanto, a recurso de apelação.

Quadro Esquemático 3

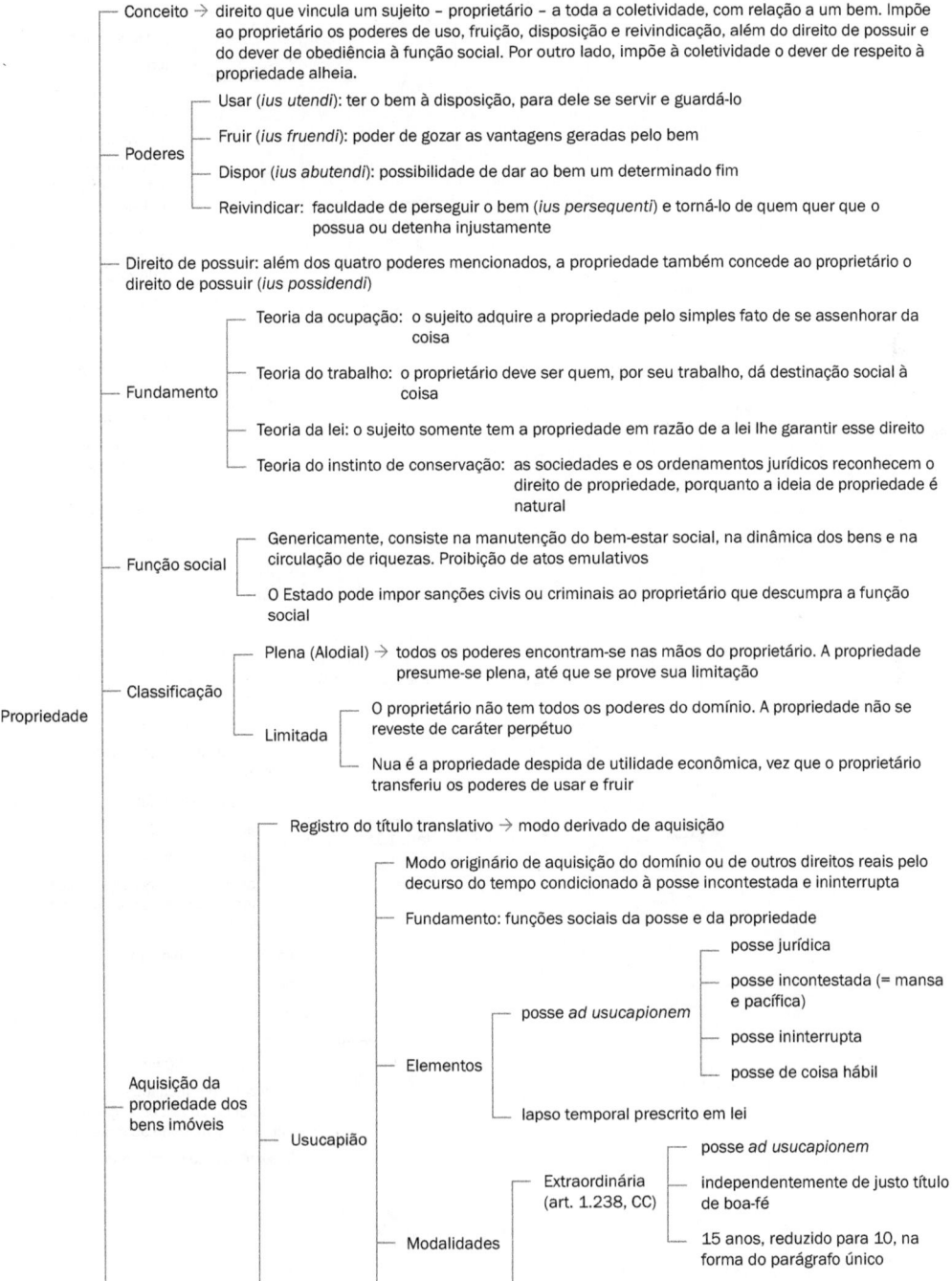

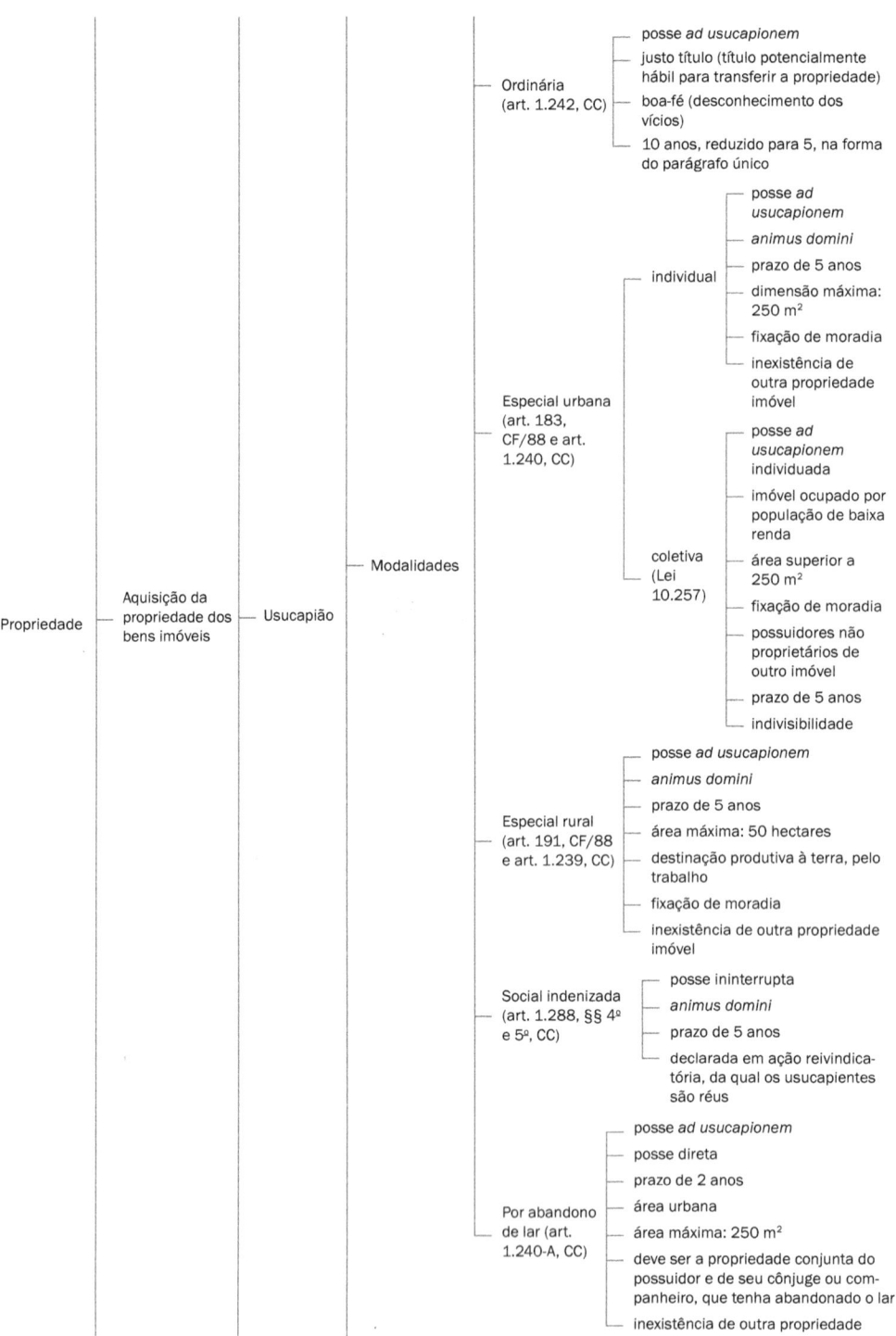

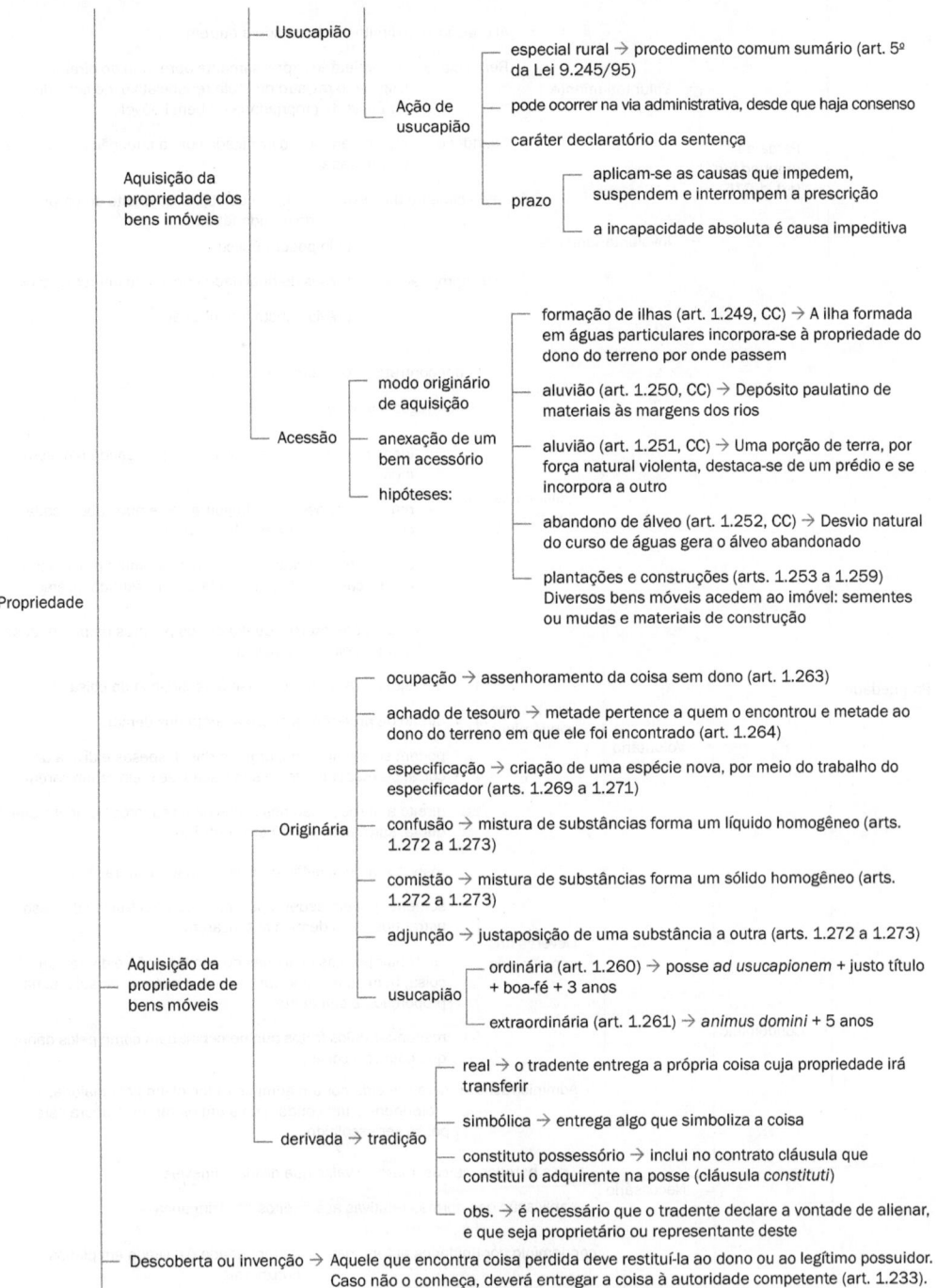

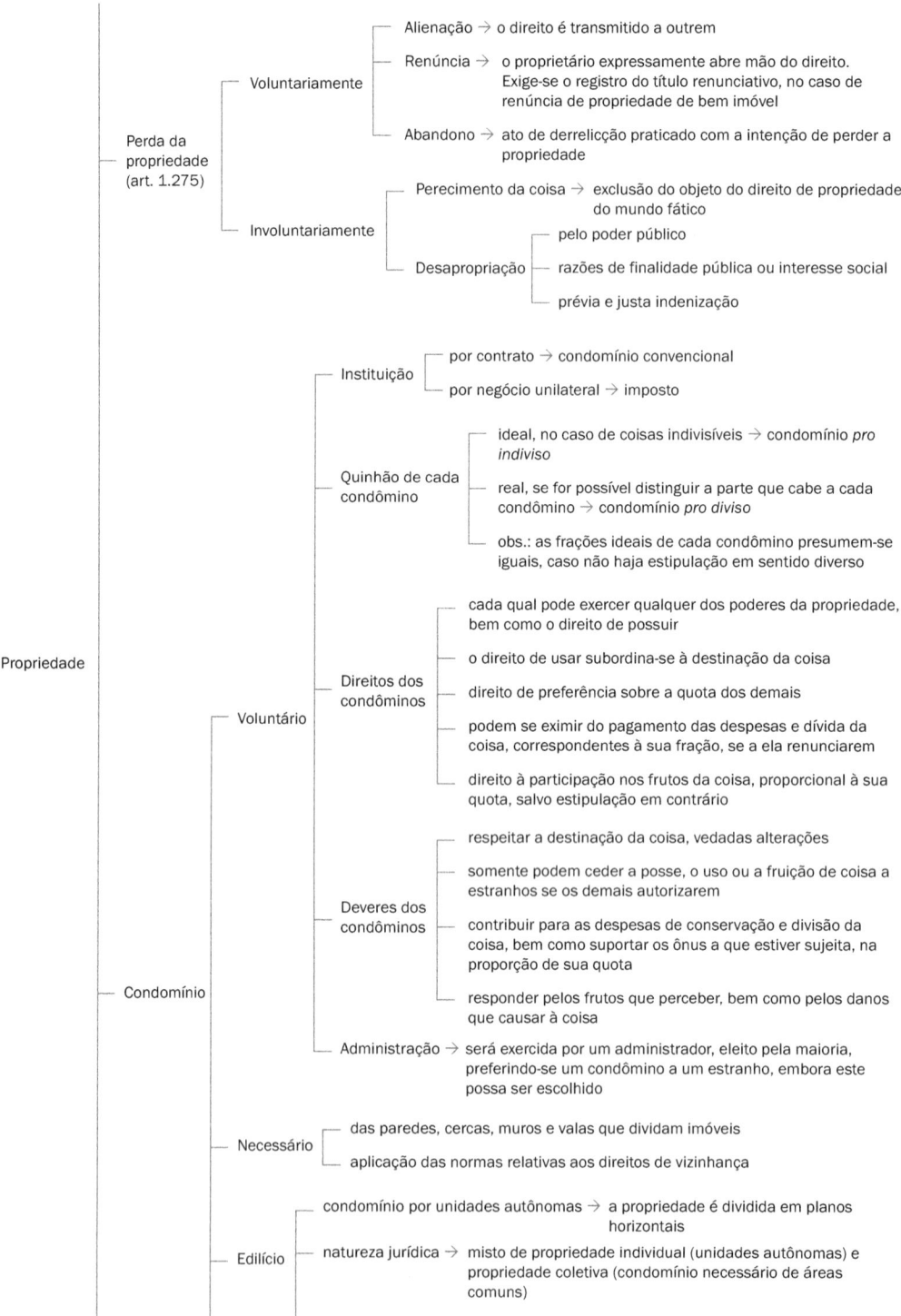

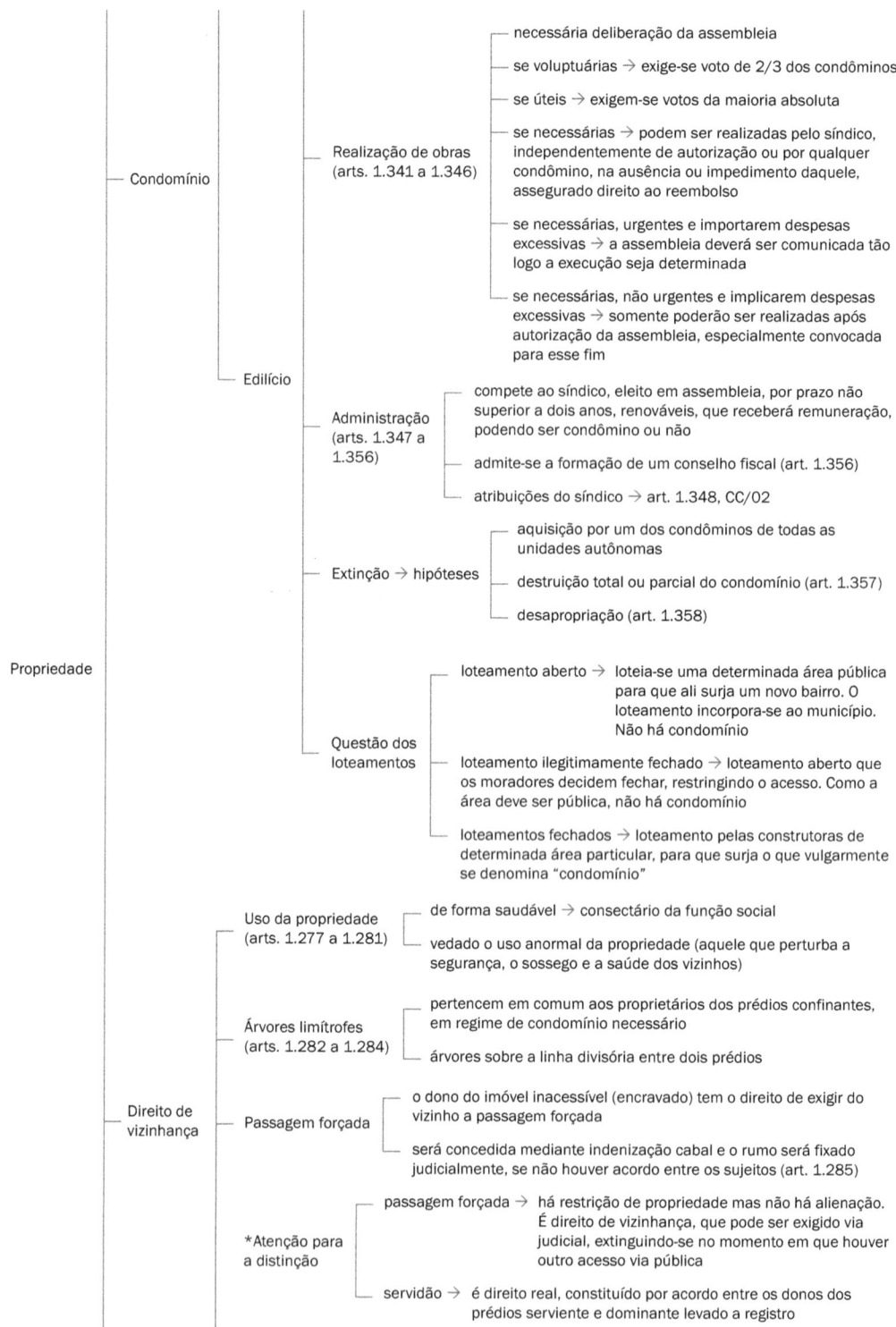

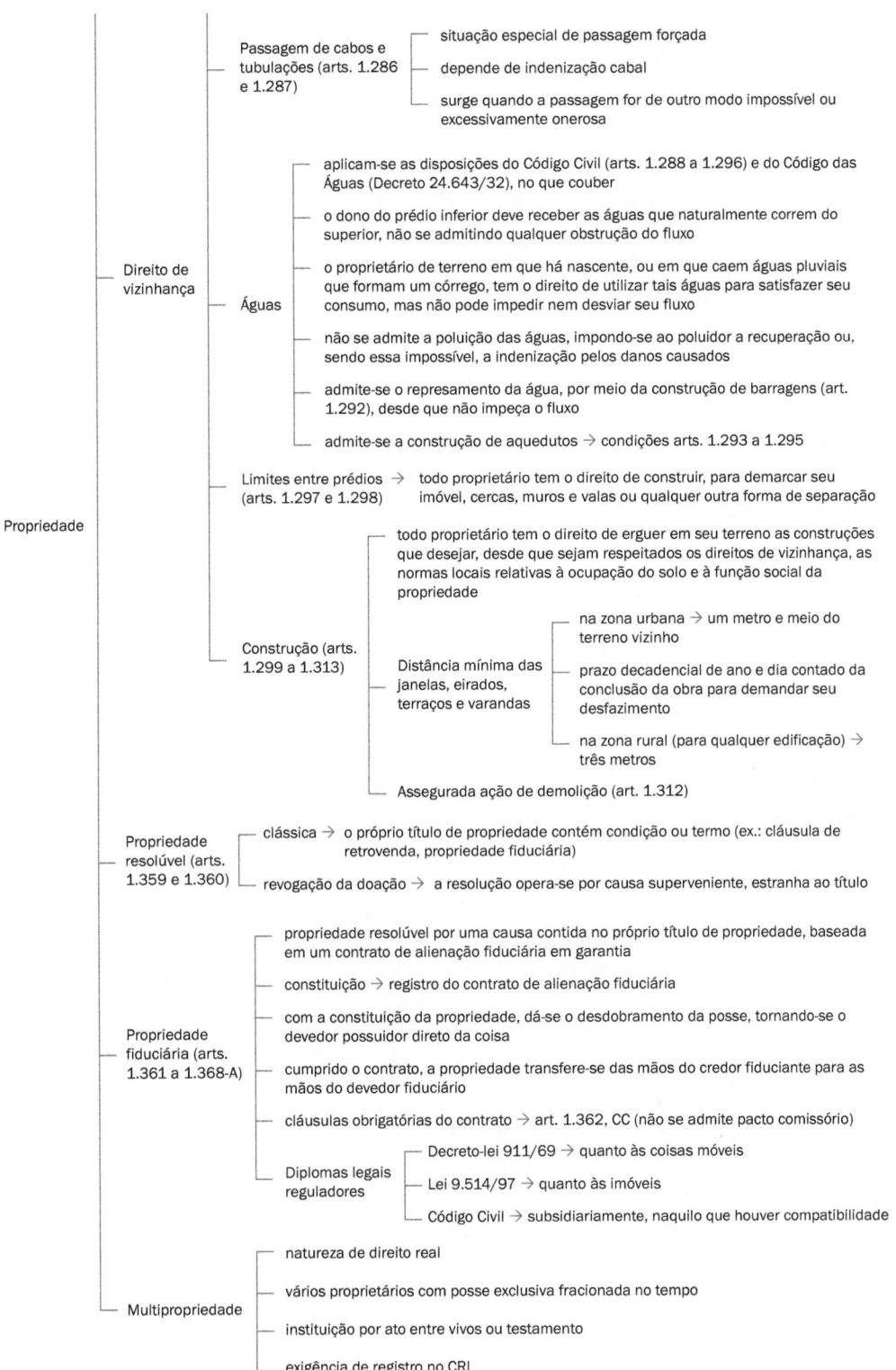

Direitos Reais sobre a Coisa Alheia (arts. 1.369 a 1.510)

A propriedade é o direito real por excelência, por meio do qual surge um vínculo entre um sujeito e uma coisa, que lhe pertence, em uma relação jurídica com toda a coletividade, a qual deve se abster de incomodar a situação do proprietário.

Ocorre que pode haver direitos reais que vinculem um sujeito não a uma coisa que lhe pertença, mas a um bem **de outrem**. Tais direitos são chamados de **direitos reais sobre a coisa alheia**, ou sobre coisas alheias (*iura in rebus alienis*, na expressão do Direito Romano).

Classicamente, os direitos reais sobre a coisa alheia classificam-se em **direitos reais de uso e fruição, direito real de aquisição** e **direitos reais de garantia**.

1. DIREITOS REAIS DE USO E FRUIÇÃO

Classificam-se como direitos reais de uso e fruição a **superfície**, a **servidão**, o **usufruto**, o **uso**, a **habitação**, a **laje** e a **enfiteuse**.

1.1 Superfície

O proprietário de um imóvel tem a faculdade de **ceder a outrem** o direito de **construir** ou de **plantar** em seu terreno, por um **prazo determinado**, por meio da constituição do **direito real de superfície** (art. 1.369).

A hipótese é interessante nos casos em que o proprietário não usa o terreno para nada, nem tem condições de construir ou plantar. Melhor do que deixar o terreno desocupado é sobre ele constituir direito de superfície.

Isso tem ocorrido, nos últimos anos, com grandes terrenos baldios, ou velhas instalações de clubes de futebol, cedidas a incorporadoras que ali erguem grandes *shoppings centers* e, por vezes, reconstroem as instalações do clube no terraço do edifício.

As vantagens do direito de superfície para o proprietário, chamado de **concedente**, são que ele não precisará alienar a coisa, nem gastar nada com a construção – ao contrário, pode até receber algo por ela, pois a superfície pode ser **onerosa** – e ainda adquire a propriedade do que for construído ou plantado, por acessão ao solo.

Para o construtor ou plantador – chamado de **superficiário** –, por sua vez, as vantagens são que não será necessária a aquisição de um terreno, por vezes difícil de encontrar à venda nos grandes centros urbanos, e poderá, por toda a duração do prazo convencionado, usar e fruir da construção ou plantação.

A superfície é instituída, em geral, por prazos muito longos, como vinte, trinta ou até cinquenta anos.

Imagine-se uma incorporadora, disposta a construir um grande *shopping center*, mas com dificuldades de achar um terreno disponível. Por outro lado, imagine-se um clube com dificuldades financeiras, mas não disposto a abrir mão de seu espaço. Ora, por meio do direito de superfície, a incorporadora pode construir o *shopping* e explorá-lo, digamos, por trinta anos. Durante esse prazo, com certeza ela vai recuperar o quanto houver dado pela superfície onerosa, o tanto que houver gastado para construir e manter o *shopping*, e, certamente, ainda auferir muitos lucros. O clube, por sua vez, não perderá seu espaço (principalmente se as instalações forem reconstruídas no terraço do *shopping*), receberá um bom montante pela concessão da superfície, e ainda poderá, como proprietário pleno, usar e fruir do *shopping*, findo o prazo da concessão. Trata-se, como se vê, de um excelente negócio.

A superfície deve ser concedida por **escritura pública** e, direito real sobre imóvel que é, somente se constitui pelo **registro** da escritura no cartório de Registro de Imóveis (art. 1.227 e art. 1.369, segunda parte).

A concessão pode ser **gratuita** ou **onerosa**, e, se onerosa, o pagamento poderá ser realizado de uma só vez ou em parcelas, dependendo do ajuste entre as partes (art. 1.370).

No caso de superfície concedida por pessoa jurídica de Direito Público interno, aplicam-se as normas dispostas no Código Civil, naquilo em que não houver disciplina diversa em lei especial (art. 1.377).

1.1.1 Direitos e deveres do superficiário e do concedente

O superficiário não pode realizar **obra no subsolo**, a não ser que esta seja inerente ao objeto da concessão (art. 1.369, parágrafo único). Por exemplo, no caso de um *shopping center*, será necessário executar as obras de fundação do edifício.

Os **encargos** e **tributos** incidentes sobre o imóvel correm por conta do superficiário (art. 1.371).

A superfície pode ser **transferida** pelo superficiário a terceiro, por ato entre vivos, e transmite-se a seus herdeiros por herança (art. 1.372). Não se admite que o concedente fixe, a título nenhum, qualquer pagamento pela transferência (art. 1.372, parágrafo único).

Em igualdade de condições de proposta, na hipótese de **alienação** do imóvel, o superficiário tem o **direito de preferência**; no caso de alienação do direito de superfície, o proprietário concedente tem a preferência (art. 1.373).

1.1.2 Extinção da superfície

O direito real de superfície extingue-se, naturalmente, pelo advento do termo final. Pode-se extinguir prematuramente se o superficiário der ao terreno **destinação diversa** daquela para a qual foi concedida (art. 1.374). Por exemplo, concedeu-se a superfície para que o superficiário plantasse laranjas, mas, em vez disso, ele construiu no imóvel um hotel-fazenda.

Extinto o direito de superfície, os direitos de usar e fruir o imóvel retornam para o proprietário, que se torna **proprietário pleno** do solo e de suas acessões, **independentemente de indenização**, salvo se esta houver sido pactuada (art. 1.375).

Se o direito de superfície se extinguir em razão de **desapropriação** do imóvel, o proprietário concedente e o superficiário terão de ser indenizados, cada qual pelo valor correspondente a seu respectivo direito real (art. 1.376).

1.2 Servidão

Há casos em que o melhor uso de um imóvel dependeria de outro imóvel. Por exemplo, pode ser que o acesso à via pública, embora existente, seja ruim, e que, se o proprietário pudesse transitar por um pequeno trecho do prédio vizinho, chegaria a uma outra via, bem melhor.

Nesses casos, os proprietários de ambos os imóveis podem convencionar a constituição de uma **servidão**, ato pelo qual um prédio passará a "servir" ao outro. Daí a definição clássica de servidão, no sentido de que se trata de um ônus suportado por um prédio, *chamado serviente, para proporcionar uma vantagem a outro, denominado dominante, de proprietário diferente, nascido de um acordo de vontades do dono de um e do outro imóvel.*

A constituição da servidão pode se dar por **instrumento escrito**, por **declaração verbal feita ao oficial do cartório** de Registro de Imóveis, ou mesmo por **testamento**, se o testador dividir um prédio seu e legá-lo a pessoas diferentes, devendo o ato ser **registrado**, para que surja o **direito real** (art. 1.378).

Admite-se também a aquisição do direito real de servidão por **usucapião**, desde que a servidão seja aparente. Aplicam-se as mesmas regras gerais incidentes à usucapião dos imóveis. O prazo, segundo o art. 1.379 do Código, é de **dez anos**, se o possuidor tiver **justo título**, e de **vinte**, conforme o parágrafo único do dispositivo, se não houver título justo. Para valer contra terceiros, a sentença que declarar a usucapião deverá ser levada a registro no cartório de Registro de Imóveis.

Com relação ao tema da servidão, devem ficar claros dois pontos extremamente importantes: **somente há direito real de servidão se houver registro do ato constitutivo**, e **somente pode haver usucapião de servidão se houver posse**, donde se excluem os atos de permissão e tolerância, os quais induzem mera *detenção*. Bastante elucidativo era o art. 696 do Código de 1916, o qual preceituava que **"a servidão não se presume"**, norma que, embora não conste expressamente do Código de 2002, depreende-se do art. 1.378.

Conforme asseverado, o direito real somente se constitui pelo **registro** no Cartório do Registro de Imóveis. O direito real de servidão, devidamente constituído, concede ao dono do prédio dominante o direito de usar uma determinada área do prédio serviente, para um determinado fim. O exercício do poder de uso, como você bem sabe, configura a posse do proprietário do prédio dominante.

Todavia, antes da constituição do direito real – repita-se, pelo registro – não há poder de uso, nem qualquer outro. O que o proprietário do prédio "dominante" faz, verbalmente ou por escrito, é permitir atos do vizinho em seu terreno. E, como o leitor também já sabe, os **atos de permissão não induzem posse** (art. 1.208).

Logo, a hipótese de usucapião não se aplica aos casos em que a suposta servidão, na verdade, derivou-se de atos de boa vizinhança. Para usucapir de servidão ou de propriedade, é sempre necessário que haja **posse**.

Assim, o vizinho que, encontrando o terreno ao lado abandonado, por ele transita pelo prazo legal, sem oposição do proprietário – nem permissão, nem tolerância, mas em razão do desconhecimento ou do descaso – pode usucapir da servidão. Veja-se que a diferença entre a tolerância e o descaso está em que, na primeira, o proprietário é diligente, mas, por boa vizinhança, tolera o ato do vizinho; no segundo, o proprietário é displicente, e não se importa com o que se passa em seu prédio, por tê-lo abandonado.

1.2.1 Classificação da servidão

Tradicionalmente, a doutrina classifica a servidão em **urbana ou rústica; positiva ou negativa; contínua ou descontínua; aparente ou** não aparente.

Diz-se **urbana** a servidão constituída sobre **imóvel definido como urbano**, e **rústica** a que recai sobre **imóvel rural**.

Positiva é a servidão que concede ao dono do prédio dominante um direito de **ação**, como o trânsito ou a passagem de fios. **Negativa**, por sua vez, é a servidão que impõe ao proprietário do prédio serviente uma **abstenção**, como, por exemplo, a de não plantar árvores na lateral direita do terreno, para não projetar sombra no canteiro do vizinho. Na atualidade, pouco se tem constituído servidões negativas.

Fala-se em servidão **contínua** quando seu exercício independe de ação, mas se dá por **fato da natureza**, o que ocorre, por exemplo, com o correr das águas por uma tubulação ou por um aqueduto. Considera-se **descontínua** a servidão cujo exercício depende de **atos**, como o trânsito.

Se a servidão se manifestar em **obras visíveis**, será dita **aparente**. É o caso de um aqueduto, ou de um caminho traçado, por onde se pode transitar. Se, todavia, **não houver visibilidade**, como no caso de servidão de trânsito sem caminho demarcado, ou de servidão de receber águas que vazam de um poço, sem caminho certo, a servidão será **não aparente**.

Obviamente que toda servidão **negativa** será, necessariamente, **não aparente**.

A classificação da servidão em aparente ou não tem grande relevância, pois somente pode haver **posse** de **servidão aparente** e, por conseguinte, somente esta se adquire por **usucapião**.

Durante muito tempo se discutiu a **servidão de trânsito**, abstratamente, seria aparente ou não. Por meio da Súmula 415, o Supremo Tribunal Federal cristalizou o entendimento que esposamos, no sentido de que "servidão de trânsito não titulada, mas tornada permanente, sobretudo pela natureza das obras realizadas, considera-se aparente, conferindo direito à proteção possessória". Esse é o caso, comum em grandes cidades, de servidões cujas obras lhes dão contornos de rua ou vila, as quais, muitas vezes, ostentam placas com um nome, como "Servidão José Silva Filho".

1.2.2 Direitos e deveres decorrentes da servidão

O dono do prédio dominante pode fazer todas as obras necessárias à **conservação** e ao **uso** da servidão, por sua conta – se não houver disposição diversa no título constitutivo – (art. 1.381), dividindo as despesas com os demais proprietários dominantes, se houver (art. 1.380). Se, por outro lado, houver estipulação no sentido de que as obras devem ser realizadas pelo dono do prédio serviente, este poderá exonerar-se do dever, se abandonar ao dono do dominante, total ou parcialmente, a propriedade do prédio serviente (art. 1.382). Caso o proprietário do prédio dominante recuse-se a aceitar a propriedade, caberá a ele custear as obras (parágrafo único do art. 1.382).

Não se admite que o dono do prédio serviente embarace, de maneira nenhuma, o **exercício legítimo** da servidão (art. 1.383). Logicamente que, por exercício legítimo, deve-se entender aquele que se faz de acordo com a finalidade declarada da servidão, e pelo modo convencionado. No caso, por exemplo, de uma servidão de trânsito, pode-se estabelecer que a passagem somente possa ocorrer à tarde, entre 13h e 17h, e por um determinado caminho. Logo, se o proprietário do prédio serviente impedir que o dono do dominante use a servidão pela manhã, não estará embaraçando o uso legítimo, vez que não haverá que se falar em uso legítimo.

Impende frisar que decorre do exercício legítimo da servidão a **proteção possessória**, que se concede ao titular da servidão que efetivamente exerça posse e venha a sofrer alguma violação. Nesse caso, tem o titular do direito acesso a todos os mecanismos de proteção possessória, ou seja, à legítima defesa da posse e às ações possessórias.

Importante, ademais, esclarecer que o uso da servidão deve se restringir às **necessidades** do prédio dominante, para que o prédio serviente sofra o menos possível (art. 1.385). Segundo os parágrafos do dispositivo, a servidão constituída para um fim não pode se ampliar a outro, ou seja, a servidão de trânsito não pode ser usada para passagem de cabos (§ 1º); no caso específico das servidões de trânsito, a de maior ônus inclui a de menor, e a menor exclui a mais onerosa, ou seja, se é admitido o trânsito de caminhões, considera-se autorizado o trânsito de carros, mas se apenas se admite o trânsito de pessoas a pé, exclui-se o de carros ou caminhões (§ 2º); se as necessidades da atividade agrícola ou industrial desenvolvida no prédio dominante impuserem ampliação da servidão, por exemplo, a passagem de mais fios da rede elétrica, o dono do prédio serviente é obrigado a sofrê-la, mediante indenização (§ 3º).

É possível o **deslocamento da servidão** em duas hipóteses, contempladas no art. 1.384: pelo dono do prédio serviente, às suas custas, se não houver redução das **vantagens** para o prédio dominante; pelo dono do prédio dominante, por sua conta, se houver **considerável incremento** da utilidade da servidão, e não houver **prejuízo** para o prédio serviente.

As servidões são, por natureza, **indivisíveis**. Se o prédio dominante vier a ser dividido, cada uma das novas porções continuará se beneficiando da servidão; se o prédio serviente vier a ser fracionado, cada nova parte continuará a sofrer a servidão (art. 1.386, primeira parte). Em qualquer caso, desde que a natureza e o destino da servidão assim determinem (art. 1.386, segunda parte).

Isso porque, se o terreno é muito extenso, e há servidão de tubulações para conectar uma casa ao sul do prédio com a rua, também ao sul, na divisão do terreno em sul e norte a parte norte não terá por que se utilizar da servidão. Igualmente, se há servidão de trânsito, com caminho traçado pelo lado esquerdo do prédio serviente, e este é dividido ao meio, o lote do lado direito nada terá a ver com a servidão.

1.2.3 Extinção das servidões

Pode-se extinguir uma servidão pelo **cancelamento** no cartório de Registro de Imóveis, por **imposição da lei**, ou pela **desapropriação** do prédio serviente (art. 1.387).

O art. 1.388 do Código prevê as seguintes hipóteses, em que o dono do prédio serviente pode requerer em juízo o cancelamento da servidão, independentemente da vontade do proprietário do prédio dominante: quando tiver cessado a utilidade ou comodidade, para o prédio dominante, que levou à constituição da servidão – por exemplo, pela reforma da via pública às margens do prédio dominante, que torna o trânsito pelo prédio serviente desnecessário; quando o dono do prédio serviente **resgatar a servidão**, indenizando o dono do prédio dominante. O dispositivo menciona, ademais, a hipótese de **renúncia** do titular. Ocorre que, nesse caso, não há oposição do dono do prédio dominante (vez que ele próprio renunciou ao direito). Com relação à renúncia, entende-se que deve ser expressa.

O art. 1.389 prevê as hipóteses de extinção por imposição da lei, em que se admite o cancelamento, mas não é ele o fato que extingue a servidão; trata-se dos casos de reunião da propriedade de ambos os prédios nas mãos de uma mesma pessoa – caso de **confusão** – por exemplo, o dono do prédio serviente compra o dominante; de **supressão das obras** da servidão por efeito de contrato ou outro título; do **não uso**, por **dez anos contínuos**.

1.3 Usufruto

Usufruto consiste no **direito real inalienável** concedido a um terceiro, chamado de **usufrutuário**, de **usar e fruir** da coisa alheia, por um certo **lapso temporal**, sem lhe alterar a substância.

Por meio da constituição do usufruto, a propriedade se torna **nua**, vez que ao proprietário resta apenas o título, e os poderes de dispor e de reivindicar. Mas não pode ele usar, nem fruir.

No nosso Direito, o usufruto é **inalienável**; não obstante, admite-se a **cessão de seu exercício**, a título **oneroso** ou **gratuito** (art. 1.393). Em outros sistemas, como o francês, admite-se a alienação.

Pode ser que você se pergunte: qual a diferença entre alienar o direito e ceder seu exercício? Em primeiro lugar, a alienação faz operar uma sucessão do titular do direito, que era um, e passa a ser outro, enquanto, no caso da cessão, o titular do direito permanece o mesmo, apenas terceiro passa a exercê-lo. Daí se depreende que a alienação produz um efeito definitivo, enquanto a cessão é temporária. Ademais, o usufrutuário tem direito real, oponível a todos, enquanto o cessionário tem direito obrigacional, exercido em face do usufrutuário cedente. Não pode, por conseguinte, opor seu direito a terceiros, tampouco ao proprietário.

Segundo o art. 1.390 do Código, o usufruto pode recair em um ou mais bens, móveis ou imóveis, e em um patrimônio inteiro, ou parte dele, com abrangência total ou parcial dos frutos e utilidades.

A constituição do usufruto de **bens imóveis**, obviamente, depende do **registro** no Cartório do Registro de Imóveis (art. 1.391). Admite-se também sua aquisição por **usucapião**.

O usufruto, em regra, estende-se aos **acessórios** da coisa e seus acrescidos (art. 1.392). Havendo, entre os acessórios e os acrescidos, **coisas consumíveis**, tem o usufrutuário a obrigação de restituí-los ao proprietário e, se a restituição for impossível, deverá dar o equivalente em gênero, qualidade ou quantidade, ou, por fim, o valor estimado, ao tempo da restituição (art. 1.392, § 1º). A regra nada mais é do que decorrência do próprio conceito de usufruto, o qual prevê que a substância da coisa não pode ser alterada. Se houver, no imóvel sobre o qual se constituiu o usufruto, florestas ou quaisquer das fontes de recursos minerais previstos no art. 1.230, devem o proprietário e o usufrutuário fixar, previamente, a extensão da exploração e o modo de fazê-la (art. 1.392, § 2º). No caso do usufruto sobre universalidade ou quota-parte de bens, o usufrutuário tem direito a parte do tesouro achado por outrem no prédio, bem como ao valor dado pelo vizinho confinante em pagamento da meação de parede, cerca, muro etc. (art. 1.392, § 3º). Note-se que, na primeira parte do comando, o Código de 2002 alterou o sistema de 1916, em que o usufrutuário não tinha direito à parte do tesouro achado por outrem, nem se o usufruto recaísse sobre universalidade ou quota-parte de bens. BEVILÁQUA justificava a norma anterior apontando que o tesouro nem é fruto, nem é produto; todavia, proveu o fundamento para o novo entendimento, explicando que se entende que o usufruto que recai sobre uma universalidade, ou uma quota-parte dela, abrange quaisquer vantagens que advenham à coisa, e não apenas as utilidades comuns.[178]

1.3.1 Classificação do usufruto

Costuma-se classificar o usufruto, quanto ao modo de constituição, em **judicial, legal, convencional ou por usucapião**; quanto ao objeto, em **próprio ou impróprio**; quanto à duração, em **vitalício ou por prazo determinado**; quanto ao número de usufrutuários, em **individual ou simultâneo**.

Fala-se em usufruto **judicial** para se referir à hipótese de usufruto requerida pelo exequente no **processo de execução**, por reputá-lo menos gravoso para o executado, e eficiente para o recebimento do crédito (arts. 867 a 869 do CPC/2015).[179]

Legal ou legítimo é o usufruto constituído pela própria **lei**, como nos casos dos pais, com relação aos bens dos filhos menores (art. 1.689, I), do cônjuge, com relação aos bens

---

[178] BEVILÁQUA, Clóvis. *Código comentado*, cit., p. 230.
[179] O antigo usufruto de bem móvel ou imóvel do CPC/1973 foi substituído no CPC/2015 pela apropriação de frutos e rendimentos, terceira modalidade de expropriação. Não houve, no entanto, alteração substancial. Nesse caso, como não ocorre alienação do bem ou arrematação em leilão, o executado permanece na qualidade de proprietário e perde temporariamente o direito de percepção dos frutos e rendimentos da coisa, porque eles serão destinados à satisfação do crédito objeto da execução.

particulares do outro (art. 1.652, I), e dos índios, com relação às terras que ocupam (art. 231, § 2º, da Constituição de 1988).

Diz-se **convencional**, por sua vez, o usufruto **instituído unilateralmente**, em testamento, ou por acordo de vontades, em contrato (sujeito a registro, se o bem for imóvel, e a tradição, se móvel).

Já a hipótese de **usucapião**, embora mencionada no art. 1.391 do Código, não foi disciplinada pelo legislador, cabendo sua normatização à jurisprudência e à doutrina. Esta, todavia, pouco escreve sobre a matéria. Em BEVILÁQUA, encontramos a lição no sentido de que se adquire o usufruto pela usucapião nos casos em que aquele que constituiu o usufruto não era proprietário da coisa, embora aparentasse sê-lo. A usucapião se regeria, por analogia, pelas normas que disciplinam a **usucapião ordinária e extraordinária da propriedade dos bens imóveis**.[180]

O usufruto é **próprio** quando a **mesma coisa** entregue ao usufrutuário é posteriormente restituída ao nu-proprietário, e **impróprio** quando recai sobre *coisa consumível*, de modo que a coisa restituída será outra, porém da mesma espécie, qualidade e quantidade. Diz-se impróprio porquanto, sendo o bem consumível, o usufrutuário acaba por se tornar **proprietário** da coisa que lhe é dada. Classicamente, era chamado de *quase usufruto*.

Ainda, **vitalício** é o usufruto constituído para durar por **toda a vida do usufrutuário**, e **por prazo determinado** aquele para o qual se estabelece um **prazo de duração**.

Por fim, **individual** é o usufruto exercido por apenas um titular, e **simultâneo** o exercido por mais de um.

1.3.2 Direitos e deveres do usufrutuário

O usufrutuário tem os direitos de **possuir**, de **usar** e de **fruir** a coisa, o que inclui poderes de administrá-la (art. 1.394).

Se o usufruto recai sobre títulos de crédito, inclui-se no direito de fruir o direito de **cobrar as dívidas** a que se refere o título (art. 1.395). Nos termos do parágrafo único do dispositivo, "cobradas as dívidas, o usufrutuário aplicará, de imediato, a importância em títulos da mesma natureza, ou em títulos da dívida pública federal, com cláusula de atualização monetária segundo índices oficiais regularmente estabelecidos".

Os **frutos naturais** pendentes à época da constituição do usufruto podem ser percebidos pelo usufrutuário, ressalvado o direito adquirido de outrem, sem dever de indenizar as despesas de produção (art. 1.396). Por sua vez, os frutos naturais pendentes quando da extinção do usufruto são do proprietário, ao qual também não cabe indenizar as despesas de produção.

Os **frutos civis**, por sua vez, como o aluguel, que vencerem na data inicial do usufruto, pertencem ao proprietário; os que vencerem na data final pertencem ao usufrutuário (art. 1.398).

Segundo o art. 1.399, para que o usufrutuário altere a **destinação econômica** do prédio, depende de **expressa autorização** do proprietário; pode, não obstante, usufruir do prédio em pessoa, ou mediante arrendamento.

O usufrutuário tem direito às crias dos animais, mas tem de deduzir do número delas quantas bastem para que o número seja, quando da restituição da coisa, o mesmo que era quando a coisa lhe foi entregue (art. 1.397).

Os principais deveres do usufrutuário se encontram resumidos no art. 1.400 do Código: inventariar, por sua conta, os bens recebidos, indicando o estado em que se acham; dar caução, real ou fidejussória, se lhe exigir o proprietário; conservar a coisa; restituí-la, ao final do usufruto. O parágrafo único do dispositivo ressalta que, no caso do doador que se reserva o usufruto da coisa doada, o donatário não pode exigir a caução.

---

[180] BEVILÁQUA, Clóvis. *Direito das coisas*, cit., p. 359.

Na hipótese de o usufrutuário não querer ou não poder dar **caução suficiente**, perderá o **direito de administrar** o usufruto, caso em que os bens serão administrados pelo proprietário, que ficará obrigado, mediante caução, a entregar ao usufrutuário os rendimentos da coisa, deduzidas as despesas de administração, inclusive a remuneração do administrador, fixada pelo juiz (art. 1.401).

Segundo o art. 1.402, o usufrutuário não responde pelas deteriorações decorrentes do exercício regular do usufruto, o que em nada agride a vedação, no próprio conceito do usufruto, da alteração da substância da coisa.

Por outro lado, o usufrutuário responde, nos termos do art. 1.403: pelas despesas ordinárias de **conservação** da coisa no estado em que a recebeu; pelos ônus, inclusive tributos, devidos pela posse ou rendimento da coisa usufruída.

Cabem ao nu-proprietário as despesas com **reparações extraordinárias**, de custo elevado (na linguagem do Código, "que não forem de custo módico"), devendo o usufrutuário dar-lhe os juros do capital despendido com as que forem necessárias à conservação da coisa, ou que aumentem seu rendimento (art. 1.404). O § 1º do dispositivo determina que não são consideradas módicas as despesas superiores a dois terços do líquido rendimento em um ano. Caso o nu-proprietário não cumpra a obrigação ora discutida, o usufrutuário poderá fazê-lo e, posteriormente, cobrar daquele o quanto houver desembolsado (art. 1.404, § 2º).

Na hipótese do usufruto que recai sobre uma **universalidade** de coisas, ou em uma quota-parte, fica o usufrutuário obrigado pelos juros da dívida que vier a onerar o patrimônio ou a parte dele (art. 1.405).

Se a posse da coisa, ou qualquer outro direito do proprietário sofrer **lesão** ou **ameaça de lesão**, deve o usufrutuário dar ciência a ele, conforme o art. 1.406.

Caso a coisa objeto do usufruto esteja segurada, caberão ao usufrutuário as contribuições do seguro (art. 1407). Ainda que o seguro seja feito pelo próprio usufrutuário, a indenização dele resultante caberá sempre ao nu-proprietário (art. 1.407, § 1º), sub-rogando-se o direito do usufrutuário, em qualquer caso, no valor da indenização do seguro (§ 2º do dispositivo).

O art. 1.408 contempla os casos de **destruição** do prédio objeto do usufruto, sem culpa do proprietário. Se isso ocorrer, o dono não tem a obrigação de reconstruí-lo, e, mesmo que o faça, o usufruto não se restabelece automaticamente. Todavia, se a reconstrução for feita utilizando-se a indenização do seguro, o usufruto se restabelecerá, por força de lei.

O usufruto igualmente se sub-roga na indenização dada em razão de **desapropriação** ou de **responsabilidade civil de terceiro** (art. 1.409).

1.3.3 Extinção do usufruto

São hipóteses de extinção do usufruto, contempladas no art. 1.410 do Código: **renúncia** ou **morte** do usufrutuário; **extinção da pessoa jurídica** em favor de quem o direito foi constituído; decurso de **trinta anos** desde a sua constituição, se em favor de pessoa jurídica; **cessação do motivo** de que se origina; **destruição** da coisa; sucessão do usufrutuário na propriedade, caso em que se diz que houve **consolidação**; **culpa do usufrutuário**, se alienar, deteriorar ou deixar que a coisa se arruíne, ou, no caso de título de crédito, se não cobrar a dívida; **não exercício**. Além dessas hipóteses, há também a do simples **decurso do prazo** previsto no ato constitutivo. Em qualquer caso, dever-se-á proceder ao **cancelamento do registro**.

Nos termos do art. 1.411, se o usufruto for constituído em favor de duas ou mais pessoas – **usufruto simultâneo** –, a parte de quem falecer se extinguirá, a não ser que se haja estabelecido a denominada "cláusula de acrescer", segundo a qual a parte do falecido deve ser acrescida à do sobrevivente.

1.4 Uso

O **direito real de uso**, que se aproxima muito do usufruto em seu conceito, dele se distinguindo apenas quanto à impossibilidade parcial de fruir, encontra-se de há muito em absoluto desuso, razão pela qual a comissão elaboradora do projeto de Código Civil de 1965 (Caio Mário, Orozimbo Nonato e Orlando Gomes) não o contemplou. Não obstante, infelizmente, foi mantido no projeto que deu origem ao Código de 2002 (cujo livro referente ao Direito das Coisas foi elaborado pelo professor Ebert Chamoun).

Na verdade, o titular do direito de uso – chamado de **usuário** – além de usar, pode também fruir, desde que o exijam as necessidades suas ou de sua família (art. 1.412). Para se avaliarem essas necessidades, devem-se levar em conta a condição social do usuário e o lugar em que vive. (art. 1.412, § 1º), devendo-se compreender as necessidades do cônjuge, dos filhos solteiros e das pessoas de seu serviço doméstico (art. 1.412, § 2º). Desse comando bem se vê o arcaísmo do instituto, cuja regulação igualmente o é.

Quanto ao mais, o art. 1.413 do Código determina que se apliquem ao uso as normas acerca do **usufruto**, no que forem cabíveis.

1.5 Habitação

O **direito real de habitação**, também excluído do projeto de 1965, é modalidade especial de uso, particularizando-se em razão de o uso, na habitação, consistir no **direito de habitar gratuitamente casa alheia**.

O titular do direito real de habitação não pode nem alugar, nem emprestar a coisa, sendo-lhe permitido exclusivamente ocupar a casa com sua família (art. 1.414).

No caso de o direito ser concedido a mais de um titular, todos serão compossuidores, e, se apenas um habitar a casa, não poderá impedir que os demais venham a fazê-lo, nem poderão estes cobrar daquele aluguel (art. 1.415).

Também ao direito real de habitação o Código Civil manda que se apliquem as normas relativas ao **usufruto**, no que forem compatíveis (art. 1.416).

1.6 Laje

O denominado **direito real de laje** foi definitivamente incorporado ao Código Civil pela Lei 13.465/2017, resultante da Medida Provisória 759, de 22 de dezembro de 2016.

Originalmente, o art. 25 da referida MP havia determinado duas alterações no Código Civil para a criação do mencionado direito real: a alteração da redação do inc. XIII do art. 1.225 – o qual enumera os direitos reais –, e a inclusão do art. 1.510-A.

A Lei 13.465/2017, por sua vez, deu disciplina mais extensa ao novo direito, mantendo a redação do art. 1.225, inc. XIII, alterando a redação do art. 1.510-A e acrescentando os arts. 1.510-B a 1.510-E ao Código.

Apenas para fins de registro, vale mencionar que a antiga redação do inc. XIII do art. 1.225, determinada anteriormente pela MP 700, de 2015, tratava dos "direitos oriundos da imissão provisória na posse, quando concedida à União, aos Estados, ao Distrito Federal, aos Municípios ou às suas entidades delegadas e respectiva cessão e promessa de cessão".

Pois bem. O **direito real de laje** consiste no *direito de ceder a superfície de uma construção para que nela terceiro construa unidade diversa da originalmente erguida sobre o solo*. Em linguagem coloquial, trata-se do direito atribuído ao proprietário de um imóvel de constituir direito real por meio do qual terceiro poderá construir sobre a laje daquele. Embora se trate de uma alteração promovida em 2017, a doutrina vem admitindo o registro desse direito sobre eventuais construções edificadas antes da entrada em vigor da Lei 13.465/2017, desde que respeitados os demais requisitos previstos para a forma e para o conteúdo material da transmissão (Enunciado 669 da IX Jornada de Direito Civil).

Nesse sentido, a Lei 13.465/2017 deu ao art. 1.510-A, *caput*, a seguinte redação: "o proprietário de uma construção-base poderá ceder a superfície superior ou inferior de sua construção a fim de que o titular da laje mantenha unidade distinta daquela originalmente construída sobre o solo". Interessante notar que, segundo o texto legal, pode-se ceder até mesmo superfície inferior. Seria o caso de o proprietário do solo erguer construção de mais de dois pavimentos, estabelecendo a construção-base no terceiro, e de vir a ceder a laje do segundo. Nesse caso, manteria a propriedade plena do solo e do terceiro pavimento, mas restringiria a do segundo por meio do direito real de laje.

Logo se vê que a situação fática do direito real de laje guarda semelhanças com o **condomínio edilício em edificações verticais**, ainda mais pelo fato de que, conforme o § 3º do art. 1.510-A[181], o titular do direito real de laje pode *usar, gozar (fruir)* e *dispor* – e, consequentemente, *reivindicar*, apesar da omissão no texto. Conforme o art. 1.510-B, por sua vez, não pode o titular da laje "prejudicar com obras novas ou com falta de reparação a segurança, a linha arquitetônica ou o arranjo estético do edifício, observadas as posturas previstas em legislação local". Ademais, o art. 1.510-C impõe ao titular do direito real de laje a obrigação de participar proporcionalmente no rateio das "despesas necessárias à conservação e fruição das partes que sirvam a todo o edifício e ao pagamento de serviços de interesse comum", "sem prejuízo, no que couber, das normas aplicáveis aos condomínios edilícios".

Não obstante, o § 4º do art. 1.510-A estabelece definitivamente a **distinção entre o direito real de laje e o condomínio edilício**, apesar dos pontos semelhantes, ao determinar que o direito real de laje "não implica a atribuição de fração ideal de terreno ao titular da laje ou a participação proporcional em áreas já edificadas".

Impende destacar que o § 1º do art. 1.510-C expressamente enumera as partes que servem a todo o edifício: (1) "os alicerces, colunas, pilares, paredes-mestras e todas as partes restantes que constituam a estrutura do prédio" (inc. I); (2) "o telhado ou os terraços de cobertura, ainda que destinados ao uso exclusivo do titular da laje" (inc. II); (3) "as instalações gerais de água, esgoto, eletricidade, aquecimento, ar condicionado, gás, comunicações e semelhantes que sirvam a todo o edifício" (inc. III); e (4) "em geral, as coisas que sejam afetadas ao uso de todo o edifício" (inc. IV).

Justamente por não se tratar de condomínio edilício, não há administração da edificação, nem síndico. Todavia, o § 2º do art. 1.510-C determina que pode qualquer interessado "promover reparações urgentes na construção na forma do parágrafo único do art. 249 deste Código"[182].

O art. 1.510-D, por sua vez, atribui o **direito de preferência** em caso de alienação de qualquer das unidades sobrepostas, primeiramente ao proprietário da construção-base e sucessivamente aos titulares das lajes, razão pela qual devem ser todos "cientificados por escrito para que se manifestem no prazo de trinta dias, salvo se o contrato dispuser de modo diverso". Havendo mais de uma laje, e não querendo exercer a preferência o proprietário da construção--base, o § 2º do dispositivo atribui a preferência, sucessivamente, ao titular das lajes ascendentes

---

[181] Atenção: com a redação que lhe deu a Lei 13.465/2017. Cuidado se estiver estudando com legislação desatualizada.

[182] "Art. 249. Se o fato puder ser executado por terceiro, será livre ao credor mandá-lo executar à custa do devedor, havendo recusa ou mora deste, sem prejuízo da indenização cabível. Parágrafo único. Em caso de urgência, pode o credor, independentemente de autorização judicial, executar ou mandar executar o fato, sendo depois ressarcido."

e ao titular das lajes descendentes, "assegurada a prioridade para a laje mais próxima à unidade sobreposta a ser alienada". Ademais, conforme o § 1º, "o titular da construção-base ou da laje a quem não se der conhecimento da alienação poderá, mediante depósito do respectivo preço, haver para si a parte alienada a terceiros, se o requerer no prazo decadencial de cento e oitenta dias, contado da data de alienação".

O art. 1.510-E, por fim, cuida da extinção do direito real de laje pela **ruína da construção-base**, salvo se o direito real de laje tiver sido instituído sobre o subsolo (inc. I), ou se a construção-base *não for* reconstruída no prazo de cinco anos (inc. II). O parágrafo único do dispositivo esclarece que a extinção do direito real de laje pela ruína não afasta, obviamente, o direito a eventual reparação civil contra o culpado pela ruína.

Por fim, ressalte-se que, em 2018, o Decreto 9.310 passou a determinar que, para fins de Reurb – a Regularização Fundiária Urbana, que abrange, nos termos do art. 1º do referido Decreto, "as medidas jurídicas, urbanísticas, ambientais e sociais destinadas à incorporação dos núcleos urbanos informais ao ordenamento territorial urbano e à titulação dos seus ocupantes" –, o direito real de laje fica condicionado à comprovação da estabilidade da unidade imobiliária (art. 63).

1.7 Enfiteuse

O **direito real de enfiteuse**, amplamente utilizado no período feudal, praticamente desapareceu do nosso ordenamento, sobretudo após o Código Civil de 2002 proibir a constituição de enfiteuses e subenfiteuses a partir de sua entrada em vigor (art. 2.038). No entanto, não foram extintas as enfiteuses constituídas anteriormente, as quais ainda se regem pela disciplina que lhes deu o Código Civil de 1916, não revogado nesta matéria.

A enfiteuse, também chamada de **aforamento** ou **emprazamento**, ocorre quando o proprietário de uma vasta área não cultivada resolve ceder, para **fins de edificações** (art. 680 do Código de 1916), o chamado **domínio útil**, consubstanciado pelos poderes de usar, fruir, dispor, reivindicar e possuir, mantendo para si única e exclusivamente o título de propriedade, chamado de **domínio direto**. Quem recebe o domínio útil – o chamado **enfiteuta** ou **foreiro** – pode praticar no imóvel todos os atos de proprietário e, na prática, sentir-se proprietário. Ao proprietário, chamado de **senhorio** ou **enfitente**, cabe o direito de receber, anualmente, um valor estipulado e invariável, chamado de **foro**. Nesse sentido preceitua o art. 678 do Código de 1916 que:

> Art. 678. Dá-se a enfiteuse, aforamento ou emprazamento, quando por ato entre vivos, ou de última vontade, o proprietário atribui a outrem o domínio útil do imóvel, pagando a pessoa, que o adquire, e assim se constitui enfiteuta, ao senhor direto uma pensão, ou foro, anual, certo e invariável.

Uma característica marcante do direito real de enfiteuse é o fato de ser, como a propriedade, **perpétuo** (art. 679), sendo, inclusive, transmitido por herança (art. 681).

Além do direito ao foro, o senhorio tem outro importante direito: o de **preferência**, caso o enfiteuta queira alienar o domínio útil (art. 684 do Código de 1916). Se não exercer a preferência, o senhorio fará jus ao chamado **laudêmio**, que é um valor em dinheiro, fixado no título de aforamento. Na falta de estipulação no título, o art. 686 do Código de 1916 determina que o laudêmio será de dois e meio por cento sobre o preço da alienação.

A constituição de enfiteuses se difundiu durante o período feudal por permitir que o senhor feudal pudesse distribuir as terras do feudo para que os camponeses ali desenvolvessem suas atividades, mantendo o título de propriedade, com o direito de receber o foro anual.

No Brasil, há muitas enfiteuses públicas, ao longo do litoral – as antigas "enfiteuses de marinha", de titularidade da União –, e alguns casos de enfiteuses particulares, como ocorre na cidade de Petrópolis, no Estado do Rio de Janeiro. A cidade foi construída na área das fazendas do Córrego Seco e do Padre Correia, pertencentes pessoalmente ao Imperador D. Pedro II, o qual contratou um engenheiro alemão para projetar a cidade. Foi construído um palácio de veraneio para a família imperial e, em toda a vasta área das fazendas, foram constituídas diversas enfiteuses, distribuindo-se terras às famílias mais nobres do império e também a famílias de colonos alemães trazidas para o Brasil para servir de mão de obra na nova cidade. O senhorio direto das muitas enfiteuses ficou nas mãos da Companhia Imobiliária de Petrópolis, pessoa jurídica criada especificamente para administrá-las. A companhia permanece até hoje nas mãos de descendentes da família imperial. Curiosamente, no ato de constituição das enfiteuses, Pedro II renunciou ao direito ao foro, restando-lhe apenas o direito de preferência, substituível pelo laudêmio.

Uma situação bastante curiosa se desencadeou desde a entrada em vigor do Código Civil de 2002. Conquanto o art. 2.038 do novo Código tenha mantido as enfiteuses existentes e determinado que se lhes aplicasse o Código de 1916, proibiu, no § 1º do dispositivo, a **cobrança de laudêmio ou qualquer prestação análoga** nas alienações, sobre o *valor das construções ou plantações*. Da redação do comando, não tão clara quanto seria desejável, depreende-se que, no mínimo, o legislador limitou a cobrança do laudêmio ao valor do solo, se não se interpretá-lo mais extensivamente, como proibitivo de qualquer laudêmio. Não obstante, ainda hoje há casos em que se cobra, em enfiteuses existentes, laudêmio baseado no **preço da alienação**, que na grande maioria dos casos inclui o preço do solo mais o preço das construções ou plantações. Todavia, não se tem notícia de discussão judicial significativa acerca do fato.

Por fim, vale destacar que, a despeito da lacuna legal, entende-se que a enfiteuse pode ser adquirida por **usucapião**, pelos mesmos modos pelos quais se adquire a propriedade por usucapião. É o que pode ocorrer, por exemplo, quando alguém celebra contrato de compra e venda de bem enfitêutico e deixa de levar o contrato a registro, razão pela qual deixa de adquirir direito real. Em casos assim, a situação pode se regularizar, desde que preenchidos os requisitos de alguma das modalidades respectivas, pela usucapião da enfiteuse. O domínio direto do senhor, todavia, não é atingido pelo fato. Justamente por isso é que mesmo nas áreas de enfiteuse de marinha é cabível a aquisição por usucapião, porquanto, ainda que público o bem, não é a propriedade que se adquire – esta permanece da União –, mas apenas o direito real de enfiteuse.

2. DIREITO REAL DE AQUISIÇÃO

Direito real de aquisição é o direito do promitente comprador de imóvel, ou seja, de quem celebrou **promessa de compra e venda** (também chamada de compromisso de compra e venda, ou de contrato preliminar da compra e venda). Para que surja o direito real, deve-se ter pactuado **cláusula de irrevogabilidade**, e o contrato deve ter sido levado a **registro**.

O titular do direito real de aquisição pode exigir do promitente vendedor que outorgue a escritura definitiva de compra e venda, podendo exigir o mesmo de terceiros a quem os direitos do promitente vendedor forem cedidos, e, se houver recusa, pedirá ao juiz a adjudicação do imóvel (art. 1.418), ato pelo qual o juiz transferirá a propriedade do promitente vendedor ao promissário comprador.

Convém voltar à Parte III, capítulo 3, seção 3, e relembrar o **contrato preliminar de compra e venda**, cujo registro gera o direito real de aquisição.

3. DIREITOS REAIS DE GARANTIA

Constituem direitos reais de garantia, segundo o Código Civil, o **penhor**, a **hipoteca** e a **anticrese**. Além disso, cabe lembrar que os arts. 1.361 a 1.368-A do Código cuidam da propriedade fiduciária, a qual também consiste, por seu efeito prático, em uma modalidade de garantia real.

Fala-se em **garantia real**, em oposição à **garantia fidejussória** (fiança e aval), porquanto, naquela, há uma vinculação entre o credor e uma coisa em garantia do cumprimento de uma obrigação (art. 1.419), e não entre o credor e uma pessoa, por uma questão de confiança.

É interessante lembrar que a criação das garantias reais nasceu após a mudança na responsabilização das dívidas, que deixou de recair na própria pessoa do devedor para cair em seu patrimônio, o que representou um grande avanço para o Direito.

3.1 Normas gerais incidentes sobre os direitos reais de garantia

Para melhor compreendermos os direitos reais de garantia, imaginemos que Clóvis tenha uma casa e Berenice algumas joias, e que ambos precisam de um empréstimo, e procuram um banco. Este, ao concordar com o mútuo, poderia aceitar em garantia uma fiança, modalidade de garantia fidejussória, ou seja, baseada na confiança. Ocorre que, em geral, os bancos não terão como confiar nos fiadores, em razão de sua relação eminentemente impessoal. O mais adequado, portanto, será uma modalidade de garantia que dê mais segurança ao mutuante: nada melhor, então, do que uma garantia que vincule a obrigação a um bem, ou a bens plurais, cujo valor se aproxime do valor da dívida. No caso de Clóvis, a casa seria oferecida em garantia – trata-se de hipoteca; no caso de Berenice, seriam oferecidas as joias – cuida-se de penhor. Se as dívidas não forem pagas, os mutuantes poderão buscar a satisfação de seus créditos na casa e nas joias.

Daí já se depreende que somente quem tem o **poder de alienar** a coisa é que pode dá-la em garantia real, bem como somente as **coisas alienáveis** podem ser objeto de garantia (art. 1.420).

Se Augusto dá em garantia casa que não é sua, e que, por conseguinte, não pode alienar, o negócio será defeituoso, admitindo-se a convalidação apenas se Augusto vier a adquirir a propriedade da coisa (art. 1.420, § 1º).

Na hipótese de **condomínio**, a coisa comum somente pode ser dada em garantia na sua totalidade por um dos condôminos se todos expressamente consentirem, mas admite-se que cada coproprietário dê em garantia apenas a fração da coisa que lhe cabe (art. 1.420, § 2º).

A garantia real se constitui quando o contrato por meio do qual foi ajustada é levado a **registro**, no caso de coisa **imóvel**, ou quando ocorre a **tradição**, no caso dos **móveis**, se a lei não exigir também o registro. O título deve conter, segundo o art. 1.424 do Código: o valor do crédito, sua estimação ou valor máximo; o prazo para pagamento; a taxa de juros (quando houver); o bem dado em garantia, com as respectivas especificações.

Pode ser que o leitor já tenha se questionado: o que ocorre se a obrigação com garantia real não for paga? A lei brasileira proíbe o chamado **pacto comissório**, o qual consiste em uma cláusula contratual que prevê que o credor poderá ficar com a coisa, caso a dívida não seja paga (art. 1.428). Verificando-se o inadimplemento, o que o credor pode fazer é **excutir o bem** (art. 1.422, primeira parte), ou seja, executar judicialmente a garantia, para que a coisa seja alienada, por meio de **leilão** – se **móvel** –, ou de **praça** – se **imóvel**. O valor apurado será usado para pagar a dívida. Se for superior a ela, o saldo será entregue ao devedor. Se for inferior, o montante não pago do débito permanecerá devido (art. 1.430).

Apesar da proibição do pacto comissório, admite-se que o devedor dê a coisa em pagamento ao credor, após vencida a obrigação, caso em que não será necessária a excussão (art. 1.428, parágrafo único).

Nas hipóteses de **concurso de credores**, como na falência e na insolvência civil, os credores com garantia real terão **preferência** para receber (art. 1.422, segunda parte), salvo os credores que a lei determina que sejam pagos precipuamente (art. 1.422, parágrafo único), como os trabalhistas (art. 449, § 1º, da Consolidação das Leis do Trabalho).

Quando o pagamento da obrigação tiver de ser feito em parcelas, o pagamento de uma ou mais prestações não implica exoneração correspondente da garantia, ainda que esta compreenda várias coisas, a não ser que assim se haja expressamente pactuado (art. 1.421). Por exemplo, se três anéis no valor de R$ 1.000,00 cada são dados em garantia de uma dívida de R$ 3.000,00, o pagamento dos primeiros R$ 1.000,00 não importa exoneração de um dos anéis, salvo se houver disposição nesse sentido no título da dívida, ou no documento de quitação.

Haverá **vencimento antecipado da dívida**, nos termos do art. 1.425 do Código, nas seguintes situações: quando o bem dado em garantia se deteriorar ou depreciar, e o devedor, intimado para tanto, deixar de reforçar a garantia; quando o devedor cair em insolvência ou falir; quando qualquer das prestações for inadimplida, salvo se o credor, posteriormente, aceitar o pagamento, o que significará renúncia do direito de execução imediata da garantia; quando a coisa dada em garantia perecer e não for substituída; quando houver desapropriação do bem dado em garantia, caso em que se deverá proceder ao depósito do preço necessário para o pagamento integral do credor.

Em qualquer caso, o vencimento antecipado não compreenderá, obviamente, os juros correspondentes ao tempo ainda não decorrido (art. 1.426).

Na hipótese de **perecimento** da coisa, haverá sub-rogação da indenização dada em razão de seguro ou de responsabilidade civil em benefício do credor, o qual terá sobre ela preferência até seu completo reembolso (art. 1.425, § 1º).

Ainda no caso de perecimento, e também no de desapropriação, o vencimento antecipado da hipoteca somente ocorrerá se a garantia não abranger outros bens, vez que, no caso contrário, subsiste a garantia da dívida reduzida sobre os demais bens, não desapropriados ou destruídos (art. 1.425, § 2º).

Segundo o art. 1.427, o terceiro que presta garantia real por **dívida alheia** não fica obrigado a substituí-la ou reforçá-la quando, sem culpa sua, a coisa se perca, deteriore ou desvalorize, a não ser que no título haja cláusula expressa nesse sentido.

Por fim, não se admite a **remição** (resgate) parcial do penhor ou da hipoteca por parte dos sucessores do devedor, na proporção de seus quinhões, mas é lícito que qualquer deles o faça no todo, caso em que se sub-rogará nos direitos do credor pelas quotas que houver satisfeito (art. 1.429, *caput* e parágrafo único).

3.2 Penhor

O **penhor** consiste em modalidade de garantia real que recai sobre **bem móvel**, o qual é entregue pelo devedor ao credor, chamado de **pignoratício**. Apesar de o direito real ser constituído pela **tradição** (art. 1.431), a lei exige, ademais, que o instrumento do penhor seja levado a **registro**, por qualquer dos contratantes, devendo o penhor comum ser registrado no cartório de Títulos e Documentos (art. 1.432).

Nos casos dos **penhores especiais** – penhor rural, industrial, mercantil e de veículos –, as coisas objeto da garantia continuam na posse do devedor, o qual deve guardá-las e conservá-las, como **depositário** (art. 1.431, parágrafo único).

Deve-se tomar muito cuidado com a terminologia, para jamais confundir o *penhor*, direito real de garantia, com a *penhora*, instituto do processo civil, nem o verbo correspondente ao penhor, *empenhar*, com o relativo à penhora, *penhorar*.

3.2.1 Direitos do credor pignoratício

Nos termos do art. 1.433, o credor pignoratício tem direito: (1) à **posse** da coisa empenhada; (2) à **retenção** da coisa, até que lhe sejam indenizadas todas as despesas justificadas, ou seja, que não tiver causado por culpa sua, porquanto se trata de despesas de responsabilidade do devedor, proprietário; (3) **ao ressarcimento de prejuízo** que porventura sofra em razão de eventual vício da coisa empenhada; (4) a promover a **execução judicial – excussão –**, ou a venda amigável da coisa, caso haja previsão expressa no contrato, ou lhe autorize o devedor, outorgando-lhe poderes por meio de procuração; (5) a apropriar-se dos **frutos** da coisa empenhada; (6) a promover a venda antecipada – o que depende de prévia autorização judicial – caso haja fundado receio de que a coisa venha a se perder ou deteriorar. Com relação à **venda antecipada**, frise-se que, se for realizada, o preço deverá ser depositado (art. 1.433, VI, segunda parte). Ademais, saliente-se que o dono da coisa pode impedi-la, desde que a substitua, ou que ofereça outra garantia real idônea (art. 1.433, VI, parte final).

Sobre a **excussão**, vale lembrar que, ocorrendo o inadimplemento, o que o credor pode fazer é **excutir o bem** (art. 1.422, primeira parte), ou seja, executar judicialmente a garantia, para que a coisa seja alienada, por meio de **leilão**, em se tratando de penhor. A lei brasileira proíbe o chamado **pacto comissório**, o qual, conforme asseverado anteriormente, consiste em uma cláusula contratual que prevê que o credor poderá ficar com a coisa, caso a dívida não seja paga (art. 1.428). Após a excussão, o valor apurado será usado para pagar a dívida. Se for superior a ela, o saldo será entregue ao devedor. Se for inferior, o montante não pago do débito permanecerá devido (art. 1.430). O credor tem o direito de reter a coisa empenhada, ou parte dela, até que a obrigação garantida pelo penhor seja integralmente cumprida, admitindo-se que o juiz, a pedido do proprietário, determine que seja vendido apenas um dos bens, ou apenas uma parte da coisa empenhada, desde que seja suficiente para a satisfação do crédito pignoratício (art. 1.434).

3.2.2 Deveres do credor pignoratício

O credor pignoratício é depositário da coisa empenhada, razão pela qual deve guardá-la, bem como ressarcir ao dono a **perda ou deterioração** de que for culpado, montante que se compensará com a respectiva quantia da dívida (art. 1.435, I).

Como possuidor, o credor pignoratício deve defender a posse da coisa empenhada, bem como dar ciência ao proprietário de quaisquer circunstâncias que tornem necessário o ajuizamento de ação possessória (art. 1.435, II).

O valor dos frutos de que o credor pignoratício se apropriar deve ser descontado do valor das despesas de guarda e conservação, e, sucessivamente, do montante dos juros, e do capital da obrigação garantida (art. 1.435, III).

Assim que a dívida for integralmente paga, o credor deve restituir a coisa empenhada ao dono, com os respectivos acessórios, incluídos os frutos (art. 1.435, IV).

Se houver a venda antecipada prevista no art. 1.433, IV, o credor pignoratício deve, ademais, entregar ao devedor o quanto do preço tenha excedido o valor da dívida, quando esta lhe for paga (art. 1.435, V).

3.2.3 Extinção do penhor

O penhor se extingue por qualquer das causas elencadas no art. 1.436: (1) **extinção da obrigação**; (2) **perecimento da coisa**; (3) **renúncia** do credor; (4) **confusão**, na mesma pessoa, das qualidades de credor pignoratício e de dono da coisa empenhada; (5) **adjudicação judicial, remição** ou **venda** da coisa, pelo credor ou pessoa por ele autorizada.

No caso de confusão, se esta for apenas parcial, o penhor subsistirá, inteiro, quanto ao resto (art. 1.436, § 2º). Ou seja, se César, filho de Helena, tinha uma dívida comum com Helena e Caio, terceiro, garantida por penhor, e vem a herdar de Helena o crédito, o penhor, por inteiro, subsiste com relação à parte da dívida com Caio.

Veja-se que o não pagamento da dívida não é causa de extinção do penhor, e sim de excussão (arts. 1.422, primeira parte, e 1.433, IV).

A extinção do penhor somente produz efeitos após ser averbado o **cancelamento do registro**, à vista da prova respectiva (art. 1.437).

Por fim, presume-se que houve **renúncia** do credor à garantia se este consentir na venda particular da coisa empenhada sem reserva de preço, ou quando restituir ao devedor a coisa, sem ter havido pagamento, ou, ainda, quando aceitar a sua substituição por outra garantia.

3.2.4 Penhor rural

Fala-se em penhor rural para se referir ao **penhor agrícola** e ao **penhor pecuário**, os quais são regulados pelo Código Civil, pela Lei 492/37, a qual cuida do penhor rural e da cédula pignoratícia, e pela Lei 2.666/55, que dispõe sobre o penhor agrícola, especificamente. A espécie tem a função precípua de fomentar o crédito rural.

Em 2020, a disciplina legal do assunto foi acrescida de normas estabelecidas pela Lei 13.986, a qual instituiu o Fundo Garantidor Solidário (FGS), e deu outras providências.

O penhor rural se constitui por meio de **instrumento público** ou **particular**, o qual deve ser **registrado** no cartório do Registro de Imóveis da circunscrição em que estiver localizada a coisa empenhada (art. 1.438).

Admite-se a emissão de um **título de crédito** em favor do credor, chamado de **cédula rural pignoratícia**, no caso de o devedor prometer pagar a dívida garantida pelo penhor em dinheiro (art. 1.438, parágrafo único). A emissão deverá observar a forma prescrita na Lei 492/37.

Segundo o art. 1.439 do Código Civil, o prazo máximo de duração do **penhor agrícola** era de **três anos**, prorrogável uma só vez por igual tempo; para o **penhor pecuário**, estabelece-se o prazo máximo de **quatro anos**, também prorrogável uma só vez pelo mesmo período. Deve-se atentar, no entanto, para o fato de que a Medida Provisória 619, de 6 de junho de 2013, deu nova redação ao dispositivo: "o penhor agrícola e o penhor pecuário não podem ser convencionados por prazos superiores aos das obrigações garantidas". Tal Medida Provisória foi posteriormente convertida na Lei 12.873/2013.

De qualquer forma, havendo prorrogação, o fato deverá ser averbado à margem do registro respectivo, a requerimento do credor e do devedor (art. 1.439, § 2º).

Mesmo vencido o prazo máximo, a garantia do penhor permanece enquanto os bens que a constituem subsistirem (art. 1.439, § 1º).

Nada obsta ao penhor de coisas situadas em prédio hipotecado, dispensando-se, inclusive, a anuência do credor hipotecário; todavia, terá ele preferência para receber, e a extensão da hipoteca não sofrerá nenhuma restrição em razão do penhor (art. 1.440).

Ao credor pignoratício rural confere-se o **direito de inspecionar** o estado das coisas empenhadas, onde elas se encontrarem, pessoalmente ou por pessoa que credenciar (art. 1.441). Naturalmente que a verificação deverá ser combinada com o devedor, não se podendo supor que o credor tenha o direito de ingressar nas terras do devedor quando lhe aprouver, e do modo como bem entender. Tudo deverá ser devidamente combinado.

Nos termos do art. 1.442, o **penhor agrícola** pode recair sobre: máquinas e instrumentos de agricultura; colheitas pendentes, ou em via de formação; frutos acondicionados ou armazenados; lenha cortada e carvão vegetal; animais do serviço ordinário do estabelecimento. Frise-se que somente se admite o penhor de colheitas em vias de formação se houver indícios de que prosperará. No caso de a colheita pendente, ou a em vias de formação, apesar dos indícios de que prosperaria, vir a se frustrar, ou caso seja insuficiente, o penhor recairá sobre a colheita imediatamente seguinte (art. 1.443). Se o credor não financiar a nova safra, é lícito ao devedor constituir novo penhor com outrem, em quantia não superior à do primeiro, dando-se preferência ao segundo penhor, e restando ao primeiro apenas o excesso apurado na colheita seguinte (art. 1.443, parágrafo único).

Quanto ao **penhor pecuário**, admite-se que recaia sobre os animais que integram a atividade pastoril, agrícola ou de laticínios (art. 1.444).

A alienação dos animais empenhados depende de autorização do credor por escrito (art. 1.445). Se o credor tiver notícia de que o devedor pretende alienar os animais sem consultá-lo, ou que, por negligência, ameaça prejudicar o credor, poderá requerer que os animais sejam depositados sob a guarda de terceiro, ou, se preferir, exigir que a dívida lhe seja paga de imediato (art. 1.445, parágrafo único).

Na hipótese de alguns dos animais empenhados morrerem, e outros serem adquiridos para substituí-los, estes sub-rogar-se-ão no penhor (art. 1.446). Para que a sub-rogação produza efeito em face de terceiros, exige-se que o contrato seja aditado, e que o aditamento seja averbado (art. 1.446, parágrafo único).

3.2.5 Penhor industrial e mercantil

Para incentivar o crédito para a indústria e o comércio, criaram-se o **penhor industrial** e o **penhor mercantil**, os quais, como toda modalidade de penhor especial, têm a vantagem de manter o devedor na posse da coisa.

Nos termos do art. 1.447, os penhores industrial e mercantil podem recair sobre: máquinas, aparelhos, materiais e instrumentos, instalados e em funcionamento, com os acessórios ou sem eles; animais utilizados na indústria; sal e bens destinados à exploração de salinas; produtos de cultura de suínos e animais destinados à industrialização de carnes e derivados; matérias-primas e produtos industrializados.

Caso as mercadorias se achem depositadas em **armazéns gerais**, o penhor sobre elas será regulado pelas normas que os disciplinam (art. 1.447, parágrafo único).

A constituição dos penhores industrial e mercantil pode se dar por **instrumento público** ou **particular**, o qual deverá ser levado a **registro** no cartório de Registro de Imóveis da circunscrição em que as coisas empenhadas estiverem localizadas (art. 1.448).

Assim como ocorre com o penhor rural, se o devedor do penhor industrial ou mercantil prometer pagar em dinheiro, admite-se a emissão, em favor do credor, de um **título de crédito** – a cédula de penhor industrial ou mercantil –, na forma e para os fins que a lei especial determinar (art. 1.448, parágrafo único). Ressalte-se que o Decreto-lei 413/69 dispõe sobre os títulos de crédito industrial, e que o penhor mercantil era, antes da entrada em vigor do Código Civil de 2002, regulado pelos arts. 271 a 279 do Código Comercial, por ele revogado.

Não pode o devedor, a não ser com **autorização por escrito** do credor, alterar as coisas empenhadas, nem mudar-lhes a situação, nem delas dispor (art. 1.449, primeira parte). Caso haja **alienação**, com anuência do credor, o devedor terá de repor outros bens da mesma natureza, os quais se sub-rogarão no penhor (art. 1.449, segunda parte).

Também ao credor dos penhores industrial e mercantil se concede o **direito de inspecionar** as coisas empenhadas onde quer que estejam, pessoalmente ou por pessoa credenciada (art. 1.450), devendo, para tanto, combinar com o devedor os detalhes da verificação, como data, hora etc.

3.2.6 Penhor de direitos e títulos de crédito

É possível o penhor até mesmo de **direitos sobre coisas móveis**, desde que passíveis de **cessão** (art. 1.451), e de **títulos de crédito**.

O penhor que recai em direito constitui-se por **instrumento público** ou **particular**, o qual deve ser levado a **registro** no cartório de Títulos e Documentos (art. 1.452). É dever do titular do direito empenhado, após a constituição da garantia, entregar ao credor pignoratício os documentos comprobatórios do direito, ressalvando-se a hipótese de ter legítimo interesse em conservá-los (art. 1.452, parágrafo único), o que se constatará caso a caso.

A eficácia do penhor de direito de crédito submete-se à **notificação do devedor do crédito**, o qual deve declarar-se ciente da existência do penhor, em documento público ou particular (art. 1.453).

Cabe ao credor pignoratício praticar todos os atos necessários à **conservação** e **defesa** do direito empenhado, bem como cobrar os juros e mais prestações acessórias que estejam compreendidas na garantia (art. 1.454). Cabe também a ele cobrar o crédito empenhado, tão logo se torne exigível (art. 1.455, primeira parte).

No caso de o crédito consistir em uma **prestação em dinheiro**, o credor pignoratício que o receber deve depositar a importância recebida, de acordo com o devedor pignoratício, ou onde o juiz determinar (art. 1.455, segunda parte).

Por sua vez, se o objeto da prestação for outro, **diverso de dinheiro**, a coisa recebida se sub-rogará no penhor (art. 1.455, terceira parte).

Se o próprio crédito pignoratício já estiver vencido, o credor tem o direito de reter do montante recebido o quanto lhe é devido, e tem de restituir ao devedor o restante; em se tratando de objeto diverso de dinheiro, pode o credor excutir a coisa (art. 1.455, parágrafo único).

Nada obsta a que o mesmo crédito seja objeto de mais de um penhor. Todavia, somente ao credor pignoratício que tenha **preferência**, por ser o primeiro, é que deve o devedor pagar (art. 1.456, primeira parte). O credor com preferência que, notificado por qualquer dos demais credores para tanto, não promover oportunamente a cobrança, responde por perdas e danos (art. 1.456, segunda parte). Nem mesmo o titular do crédito empenhado pode recebê-lo, a não ser que tenha anuência do credor pignoratício por escrito, o que importa **extinção da garantia** (art. 1.457).

A constituição do **penhor de título de crédito** se dá, por sua vez, por meio de **instrumento público** ou **particular** ou, até mesmo, pelo chamado **endosso pignoratício**, sempre com a **tradição** do título ao credor (art. 1.458, primeira parte). O penhor de título de crédito, ressalta a segunda parte do art. 1.458, rege-se pelas normas gerais acerca do penhor e, no que couber, pelas normas que regem o penhor de direitos.

O credor pignoratício de título de crédito tem o direito de, nos termos do art. 1.459: conservar a posse do título e recuperá-la de quem quer que o detenha; usar dos meios judiciais convenientes para assegurar os seus direitos, bem como os direitos do credor do título empenhado; mandar intimar o devedor do título para não pagar ao credor, durante o prazo estipulado para a garantia; receber o montante previsto no título, com os respectivos juros, se for o caso, e restituir o título ao devedor, quando cumprida a obrigação.

Ao receber a intimação para não pagar ao credor do título, em razão do penhor (art. 1.459, III), o devedor ficará impedido de pagar ao credor, o que também ocorrerá se, mesmo não tendo recebido a intimação, se der por ciente do penhor (art. 1.460, primeira parte). Se, porventura, descumprir o impedimento, responderá solidariamente com o credor do título pelas perdas e danos que vier a causar ao credor pignoratício (art. 1.460, segunda parte).

Por fim, segundo o parágrafo único do art. 1.460, se o credor do título der **quitação** ao devedor do título empenhado, deverá imediatamente pagar a dívida garantida pelo penhor.

3.2.7 Penhor de veículos

O Código Civil de 2002 disciplinou, à parte, o **penhor de veículos**, dispondo, no art. 1.461, que o penhor pode recair sobre veículos empregados em qualquer espécie de transporte ou condução.

Assim como as demais modalidades de penhor especial, o penhor de veículos se constitui por **instrumento público** ou **particular**, que deve ser levado a **registro** no cartório de Títulos e Documentos do domicílio do devedor, bem como anotado no certificado de propriedade (art. 1.462).

Havendo promessa de pagamento em dinheiro, é possível a emissão de um título de crédito na forma de **cédula de penhor**, em favor do credor, na forma e para os fins que a lei especial determinar (art. 1.462, parágrafo único).

Segundo o art. 1.463, o penhor de veículo depende de que este se encontre **segurado** contra furto, avaria, perecimento e danos causados por terceiro.

O prazo máximo de duração do penhor de veículos é de **dois anos**, prorrogável por igual tempo, devendo a prorrogação ser averbada à margem do respectivo título (art. 1.466).

Caso o devedor aliene ou mude o veículo empenhado sem a **prévia comunicação** ao credor – veja-se que a lei não menciona autorização –, suportará o **vencimento antecipado da dívida** (art. 1.465).

Por fim, saliente-se que também o credor do penhor de veículos tem o **direito de inspecionar** o veículo empenhado, onde quer que ele esteja, pessoalmente, ou enviando pessoa credenciada (art. 1.464), devendo ajustar com o devedor, obviamente, o tempo e o modo de o fazer.

3.2.8 Penhor legal

Há algumas hipóteses em que é a própria lei que institui garantia na forma do penhor. Nesses casos, fala-se em **penhor legal**.

O art. 1.467 do Código Civil estabelece o penhor legal em favor: dos hospedeiros ou fornecedores de pousada ou alimento, sobre as bagagens, móveis, joias ou dinheiro que os consumidores ou fregueses mantiverem consigo nas respectivas casas ou estabelecimentos, para garantir as despesas ou consumo que lá realizarem; o dono do prédio rústico ou urbano, sobre os bens móveis que o rendeiro ou inquilino mantiver no prédio, guarnecendo-o, em garantia dos aluguéis ou rendas.

Admite-se, em qualquer hipótese, que o credor tome um ou mais objetos, até chegar ao valor da dívida (art. 1.469).

No caso dos hospedeiros e fornecedores de pousada e alimento, a lei exige, para que se constitua o penhor legal, que haja uma tabela com o valor dos serviços prestados, impressa e exposta prévia e ostensivamente no local, e que o credor extraia para o devedor uma conta das dívidas garantidas pelo penhor, conforme a mencionada tabela (art. 1.468).

Segundo o art. 1.470, o credor pode efetivar o penhor antes mesmo de recorrer à autoridade judiciária, desde que haja perigo na demora, caso em que dará ao devedor comprovante dos bens de que se apossar. Ato contínuo, o credor deverá requerer a **homologação judicial** do penhor (art. 1.471).

Na hipótese do locatário, é possível que impeça a constituição do penhor legal, contanto que ofereça **caução idônea**.

3.3 Hipoteca

A **hipoteca** consiste em modalidade de garantia real que recai, em geral, sobre **imóveis**, mas que também pode recair sobre alguns móveis, enumerados em lei. Ademais, pode recair sobre **direitos reais**. A hipoteca distingue-se das demais modalidades de garantia real por **manter a posse do bem nas mãos do devedor**.[183]

---

[183] Embora se tenham criado espécies de **penhor especial**, em que o devedor também permanece possuidor, os objetos da hipoteca e dos penhores especiais é que os distinguirão.

Segundo o art. 1.473 do Código, pode a hipoteca recair sobre: (1) bens imóveis, e acessórios dos imóveis, em conjunto com eles; (2) o domínio direto; (3) o domínio útil; (4) as estradas de ferro; (5) os recursos naturais a que se refere o art. 1.230; (6) os navios; (7) as aeronaves; (8) o direito de uso especial para fins de moradia; (9) o direito real de uso; (10) a propriedade superficiária. Impende destacar que a Medida Provisória 700, de 08/12/2015, incluiu uma décima primeira hipótese à lista – os direitos oriundos da imissão provisória na posse, quando concedida à União, aos Estados, ao Distrito Federal, aos Municípios ou às suas entidades delegadas e respectiva cessão e promessa de cessão –, a qual, todavia, só vigorou até 17/05/2016, quando se encerrou a vigência da MP 700/2015.

Com relação à hipoteca de navios e de aeronaves, segundo o § 1º do art. 1.473, regula-se por lei especial.

No caso de hipoteca do **direito real de uso** ou da **propriedade superficiária**, o direito de garantia se limita à duração da concessão do uso ou do direito de superfície, se estes houverem sido transferidos por tempo determinado (art. 1.473, § 2º).

O direito real de hipoteca abrange todas as **acessões**, **melhoramentos** ou **construções do imóvel**, e não interfere nos demais ônus reais sobre o mesmo imóvel, constituídos e registrados antes dela própria (art. 1.474).

No contrato em que se ajusta a hipoteca, não se admite cláusula que proíba ao proprietário alienar o imóvel hipotecado – a qual, se houver, a lei considera nula –, mas pode-se estabelecer o **vencimento antecipado da dívida**, nessa hipótese (art. 1.475, *caput* e parágrafo único).

Ou seja, se Augusto hipotecou sua casa, nada obsta a que a venda a César, mantendo-se a hipoteca. Todavia, é possível que haja cláusula prevendo que, se Augusto vender a casa, a dívida garantida pela hipoteca vencerá.

Outra vantagem prática da hipoteca, para o devedor, é que se admite a **constituição de mais de uma hipoteca sobre o mesmo imóvel**, em favor do mesmo credor, ou de terceiro (art. 1.476). Naturalmente que o segundo credor deverá ficar atento ao valor do bem e ao valor da dívida, observando se a coisa tem valor superior à primeira dívida, e suficiente para cobrir as duas. Se houver mais de duas hipotecas, a diligência do credor deve ser ainda maior.

Havendo duas hipotecas, o credor da segunda, mesmo após o vencimento, não poderá executá-la, salvo hipótese de insolvência, se não tiver vencido a primeira (art. 1.477). A insolvência, a que se refere o comando, não se caracteriza pelo inadimplemento de obrigações garantidas por hipotecas posteriores à primeira (art. 1.477, parágrafo único). Ou seja, cria-se um **direito de preferência** para receber, preferindo o credor da hipoteca mais antiga aos demais. Cumpre lembrar que somente terá direito de preferência o credor que tiver **direito real**, ou seja, aquele que levou a hipoteca a **registro**, sem o que a garantia opera apenas entre ele e o devedor, mas não com relação a terceiros.

O art. 1.478 cuida da hipótese de o devedor da obrigação garantida pela primeira hipoteca não se oferecer para pagá-la no vencimento, caso em que o credor da segunda poderá promover-lhe a extinção, desde que consigne a importância e cite o primeiro credor para recebê-la e o devedor para pagá-la. Caso o devedor não pague, o segundo credor, que efetuou o pagamento, sub-rogar-se-á nos direitos da hipoteca anterior, sem prejuízo dos direitos que lhe competirem contra o devedor comum. Se o primeiro credor já tiver iniciado procedimento de execução da hipoteca, o credor da segunda, querendo extingui-la, deverá depositar o montante do débito e as despesas judiciais (art. 1.478, parágrafo único).

Como o leitor deve se lembrar, a hipoteca dá a seu titular, como todo direito real, o **poder de sequela**, ou seja, de perseguir a coisa, nas mãos de quem quer que seja. Daí que, havendo alienação do bem hipotecado, o credor tem o direito de buscá-lo em poder do **adquirente**. O art. 1.479 do Código admite, então, que o adquirente se exonere da hipoteca, abandonando ao credor hipotecário o imóvel, desde que não se tenha obrigado pessoalmente a pagar a dívida.

Tal faculdade poderá ser exercida em até vinte e quatro horas após a citação que dá início ao procedimento executivo, e, para tanto, o adquirente deverá notificar o vendedor e o credor hipotecário, deferindo-lhes, em conjunto, a posse do imóvel, ou depositando a coisa em juízo (art. 1.480, *caput* e parágrafo único).

Por outro lado, pode o adquirente **remir** a hipoteca (resgatá-la), no prazo de trinta dias contado do registro do título aquisitivo, devendo, para isso, citar os credores hipotecários, propondo valor não inferior ao preço pelo qual adquiriu a coisa (art. 1.481). É dado ao credor impugnar o valor da aquisição, ou o valor oferecido, caso em que deverá haver licitação, em que se efetuará a venda a quem oferecer o preço maior, assegurando-se ao adquirente do imóvel o **direito de preferência** (art. 1.481, § 1º). Caso não haja impugnação, o preço da aquisição ou o preço proposto pelo adquirente será tido como definitivamente fixado para fins de remição do imóvel, o qual ficará livre da hipoteca, tão logo seja dado ou depositado o preço (art. 1.481, § 2º).

Não havendo remição, e se o imóvel for executado, o adquirente será obrigado a ressarcir os credores hipotecários da desvalorização que, por culpa sua, a coisa sofrer, além das despesas judiciais da execução (art. 1.481, § 3º).

Terá **direito de regresso** contra o alienante,[184] segundo o art. 1.481, § 4º, o adquirente que ficar privado do imóvel em razão de licitação ou penhora, ou que pagar a hipoteca, ou que, por causa de adjudicação ou de licitação, tiver de desembolsar com o pagamento da hipoteca valor excedente ao da compra, ou, por fim, o que suportar custas e despesas judiciais.

O executado ainda poderá **remir** a hipoteca, até a assinatura do **auto de adjudicação**, contanto que ofereça preço igual ao da avaliação – se não tiver havido licitantes – ou igual ao maior lance oferecido (art. 877, § 3º, do CPC/2015).

Na hipótese de **falência** ou **insolvência** do devedor hipotecário, terão direito à **remição** a massa, ou os credores em concurso, não se admitindo que o credor recuse o preço da avaliação do imóvel (art. 877, § 4º, do CPC/2015).

O art. 1.484 do Código faculta aos interessados fazer constar da escritura da hipoteca o valor entre si ajustado dos imóveis hipotecados, o qual, após a devida atualização, servirá de base para as arrematações, adjudicações e remições, ficando dispensada a avaliação judicial.

Por meio de averbação, a qual deve ser requerida por ambas as partes, a hipoteca pode prorrogar-se até **trinta anos** da data do contrato, conforme o art. 1.485. Após o decurso desse prazo, para que subsista o contrato de hipoteca, deverá haver sua **reconstituição**, por novo título e novo registro, caso em que manterá a precedência que lhe competir (com relação a outras hipotecas).

No ato de constituição da hipoteca, podem o credor e o devedor autorizar a emissão da **cédula hipotecária respectiva** (art. 1.486), na forma e para os fins previstos na Lei de Execução de Cédula Hipotecária – Decreto-lei 70, de 1966.

Nada obsta à constituição de hipoteca para garantia de **dívida futura** ou **condicionada**, contanto que seja determinado o valor máximo do débito a ser garantido (art. 1.487). Nesse caso, a execução da hipoteca sujeitar-se-á à prévia e expressa concordância do devedor quanto à verificação da condição ou do montante da dívida (art. 1.487, § 1º). Se houver divergência entre o credor e o devedor, caberá ao credor fazer a prova de seu crédito (art. 1.487, § 2º, primeira parte). Reconhecido o crédito, ficará o devedor responsável, inclusive, por perdas e danos, face à superveniente desvalorização do imóvel (art. 1.487, § 2º, segunda parte).

---

[184] A lei, como de costume, trata de **ação regressiva**. E nós, como de costume, cuidamos de **direito de regresso**, pois este é que será o objeto da referida ação. Ação não constitui direito subjetivo, a não ser o direito abstrato de ação previsto na Constituição.

Na hipótese de se proceder ao **loteamento do imóvel** objeto da hipoteca, ou se nele vier a ser constituído condomínio edilício, o ônus poderá ser dividido, gravando cada lote ou unidade autônoma, desde que o requeiram ao juiz o credor, o devedor ou os donos, observada a proporção entre o valor de cada um deles e o crédito (art. 1.488). O credor pode opor-se ao desmembramento do ônus, se provar que haverá diminuição da garantia (art. 1.488, § 1º). A não ser que haja disposição contrária, correm por conta de quem pleitear o desmembramento do ônus hipotecário todas as despesas judiciais ou extrajudiciais necessárias para tanto (art. 1.488, § 2º). Por fim, frise-se que o desmembramento do ônus não exonera o devedor originário da responsabilidade pelo pagamento do valor da dívida que não for coberto pelo resultado da excussão, salvo anuência do credor (art. 1.488, § 3º).

3.3.1 Hipoteca legal

Fala-se em **hipoteca legal** quando é a própria **lei**, e não a vontade das partes, que constitui a garantia real.

Nos termos do art. 1.489 do Código, confere-se hipoteca legal: às pessoas de direito público interno, sobre os imóveis pertencentes aos encarregados da cobrança, guarda ou administração dos respectivos fundos e rendas; aos filhos, sobre os imóveis do pai ou da mãe que se casar novamente, antes de se proceder ao inventário do casal anterior; a vítima do dano, ou aos seus herdeiros, sobre os imóveis do seu autor, para fins da indenização referente ao ilícito, e ao pagamento das despesas judiciais; ao coerdeiro, para garantia de seu quinhão ou torna da partilha, sobre o imóvel adjudicado ao herdeiro reponente; ao credor, sobre o imóvel arrematado, para garantia do pagamento do restante do preço da arrematação.

Ressalte-se que a constituição da hipoteca pela lei não cria **direito real** para o credor, o que somente ocorrerá com o **registro**. Nesse sentido, o art. 1.497 do Código determina que as hipotecas legais, de qualquer natureza, devem ser registradas e especializadas. Cabe o registro a quem estiver obrigado a prestar a garantia, podendo qualquer interessado, na inércia do obrigado, promover a inscrição, ou solicitar que o Ministério Público o faça (art. 1.497, § 1º). A omissão gera para o obrigado a responsabilidade por perdas e danos (art. 1.497, § 2º).

Admite-se que o credor da hipoteca legal, ou quem o represente, exija do devedor o reforço da garantia, se provar a insuficiência dos imóveis especializados (art. 1.490).

O devedor poderá requerer ao juiz que substitua a hipoteca legal por caução de títulos da dívida pública federal ou estadual, recebidos pelo valor de sua cotação mínima no ano corrente, ou, ainda, por outra garantia (art. 1.491).

3.3.2 Registro da hipoteca

A hipoteca deve ser levada a **registro**, sem o que o **direito real** não se constituirá, no cartório do lugar do imóvel, e, se houver mais de um no título, no lugar de cada um deles (art. 1.492). O registro, frise-se, compete aos interessados, que o solicitarão exibindo o título respectivo (art. 1.492, parágrafo único).

Os registros e averbações, segundo o art. 1.493, devem seguir a ordem em que foram requeridos, conforme a numeração sucessiva no protocolo. Isso tem grande relevância para se determinar qual o credor hipotecário que tem **preferência** (art. 1.493, parágrafo único), considerando-se, ademais, que é possível que duas hipotecas, ou uma hipoteca e outro direito real, sobre o mesmo imóvel e em favor de pessoas diversas, sejam registrados no mesmo dia, desde que as respectivas escrituras, também do mesmo dia, indiquem a **hora** em que foram lavradas.

Se uma hipoteca for apresentada ao oficial do registro, a qual mencione a constituição de hipoteca anterior, a qual, por sua vez, não foi levada a registro, o oficial deve sobrestar (suspender, adiar) a inscrição da nova, após prenotá-la, pelo prazo de trinta dias, aguardando que o interessado inscreva a precedente (art. 1.495, primeira parte). Decorrido o prazo sem que se promova o registro da primeira hipoteca, a segunda será registrada, e ganhará preferência sobre qualquer outra, inclusive a que foi anteriormente constituída, mas não registrada (art. 1.495, segunda parte).

O oficial do registro deve fazer a **prenotação** do pedido mesmo se houver dúvida sobre a legalidade do registro solicitado (art. 1.496, primeira parte), e deve submeter a dúvida ao juiz (art. 198 da Lei de Registros Públicos – Lei 6.015/73). Caso a dúvida seja julgada improcedente dentro do prazo de noventa dias, o registro deverá ser efetuado com o mesmo número que teria na data da prenotação; se a dúvida for julgada procedente, a prenotação será cancelada, e o registro receberá o número correspondente à data em que for novamente solicitado.

Por fim, segundo o art. 1.498, o registro da hipoteca vale enquanto perdurar a obrigação; a **especialização**, todavia, deve ser renovada após completar **vinte anos**.

3.3.3 Extinção da hipoteca

As **causas extintivas da hipoteca** encontram-se listadas no art. 1.499 do Código: **extinção** da obrigação principal; **perecimento** da coisa; **resolução** da propriedade; **renúncia** do credor; **remição** (resgate); **arrematação** ou **adjudicação**.

Com relação à resolução da propriedade, cabe chamar a atenção para a hipótese de **perda da propriedade** da coisa hipotecada por **usucapião**. Vale lembrar que, por se tratar de **modo originário** de aquisição da propriedade, a usucapião atinge os bens gravados de ônus reais, como a hipoteca. E com a resolução da propriedade para o devedor hipotecário ass hipoteca se extingue. Por essa razão, cabe ao credor pignoratício, em virtude de sua posse indireta, proteger a posse caso o possuidor direto não o faça.

Quanto à arrematação e à adjudicação, frise-se que somente ensejam a extinção da hipoteca se os respectivos credores hipotecários, que não sejam de qualquer modo parte na execução, tenham sido dela notificados judicialmente (art. 1.501).

Segundo o art. 1.500, a hipoteca também se extingue com a averbação, no Registro de Imóveis, do **cancelamento do registro**, acompanhado da respectiva prova.

3.3.4 Hipoteca de vias férreas

Seguindo a sistemática do Código de 1916, o Código de 2002 manteve a disciplina da **hipoteca das vias férreas** em uma seção especial.

Segundo o art. 1.502, a hipoteca das vias férreas deve ser levada a registro na circunscrição em que estiver localizada a **estação inicial** da respectiva linha.

Não se admite que os credores hipotecários embaracem a exploração da linha, nem se oponham às modificações que a administração deliberar, tanto no leito da estrada, quanto em suas dependências, quanto em seu material (art. 1.503). Admite-se, por outro lado, que os credores hipotecários se oponham à venda da estrada, ou de suas linhas, de seus ramais, ou de parte considerável do material de exploração, e também à fusão com outra empresa, se temerem que, com isso, a garantia do débito se enfraqueça (art. 1.504, segunda parte).

Nos termos da primeira parte do art. 1.504, a hipoteca será circunscrita à linha ou às linhas especificadas na escritura, bem como ao respectivo material de exploração, no estado em que se encontrarem ao tempo da execução.

Se a hipoteca de via férrea for levada à execução, o representante da União ou do Estado deve ser intimado para, em quinze dias, **remir** a estrada de ferro hipotecada, pagando o preço da arrematação ou da adjudicação (art. 1.505).

3.4 Anticrese

O instituto da **anticrese** é obsoleto, e somente foi mantido no Código Civil, assim como o uso e a habitação, por preciosismo do legislador.

Trata-se de modalidade de garantia real que recai sobre **bem imóvel**, cuja **posse** é transmitida ao credor, para que perceba os **frutos** e **quaisquer outros rendimentos** da coisa, em compensação da dívida (art. 1.506). Pode, por exemplo, alugá-lo, ou nele plantar ou construir.

Por se tratar de direito real sobre bem imóvel, é necessário que o contrato em que se ajustou a garantia seja levado a **registro** no cartório do Registro de Imóveis.

O credor anticrético administrará o bem e apresentará, anualmente, balanço exato e fiel de sua administração, demonstrando os frutos e utilidades percebidos (art. 1.507).

Admite-se que se estipule que os frutos e rendimentos sejam percebidos, antes, como juros, observando-se o limite fixado em lei, sob pena de o remanescente ser imputado ao capital (art. 1.506, § 1º).

O bem dado em anticrese pode ser hipotecado pelo devedor ao credor anticrético ou a terceiros, assim como o bem objeto da hipoteca pode ser dado em anticrese (art. 1.506, § 2º).

Caso o devedor não concorde com o balanço apresentado pelo credor anticrético, seja por julgá-lo inexato, ou por considerar sua administração ruinosa, deverá impugná-lo, e, querendo, pedirá ao juiz que transforme a anticrese em arrendamento, e que fixe o valor mensal do aluguel, que poderá ser corrigido anualmente (art. 1.507, § 1º).

É lícito ao credor anticrético arrendar a terceiro os bens recebidos em anticrese, caso em que manterá, até ser paga a dívida, **direito de retenção** do imóvel, conquanto o aluguel do arrendamento não seja vinculativo para o devedor (art. 1.507, § 2º).

Segundo o art. 1.508, o credor anticrético responde pelas deteriorações que por culpa sua o imóvel vier a sofrer, assim como pelos frutos e rendimentos que, por sua negligência, não forem percebidos.

O credor anticrético tem o direito de vindicar os seus direitos contra o adquirente da coisa dada em anticrese, contra os credores quirografários e os hipotecários posteriores ao registro da anticrese (art. 1.509).

Caso venha a executar a coisa por falta de pagamento da dívida, ou se permitir que outro credor a execute, sem opor ao exequente seu direito de retenção, não terá preferência sobre o preço obtido (art. 1.509, § 1º).

Também não terá preferência o credor anticrético sobre a indenização do seguro, quando o prédio for destruído, nem sobre o valor da indenização pela desapropriação (art. 1.509, § 2º).

Por fim, admite-se que o adquirente dos bens dados em anticrese possa remi-los antes do vencimento da dívida, caso em que deverá pagar a totalidade da dívida na data do pedido de remição, bem como se imitir na posse das coisas (art. 1.510).

Quadro Esquemático 4

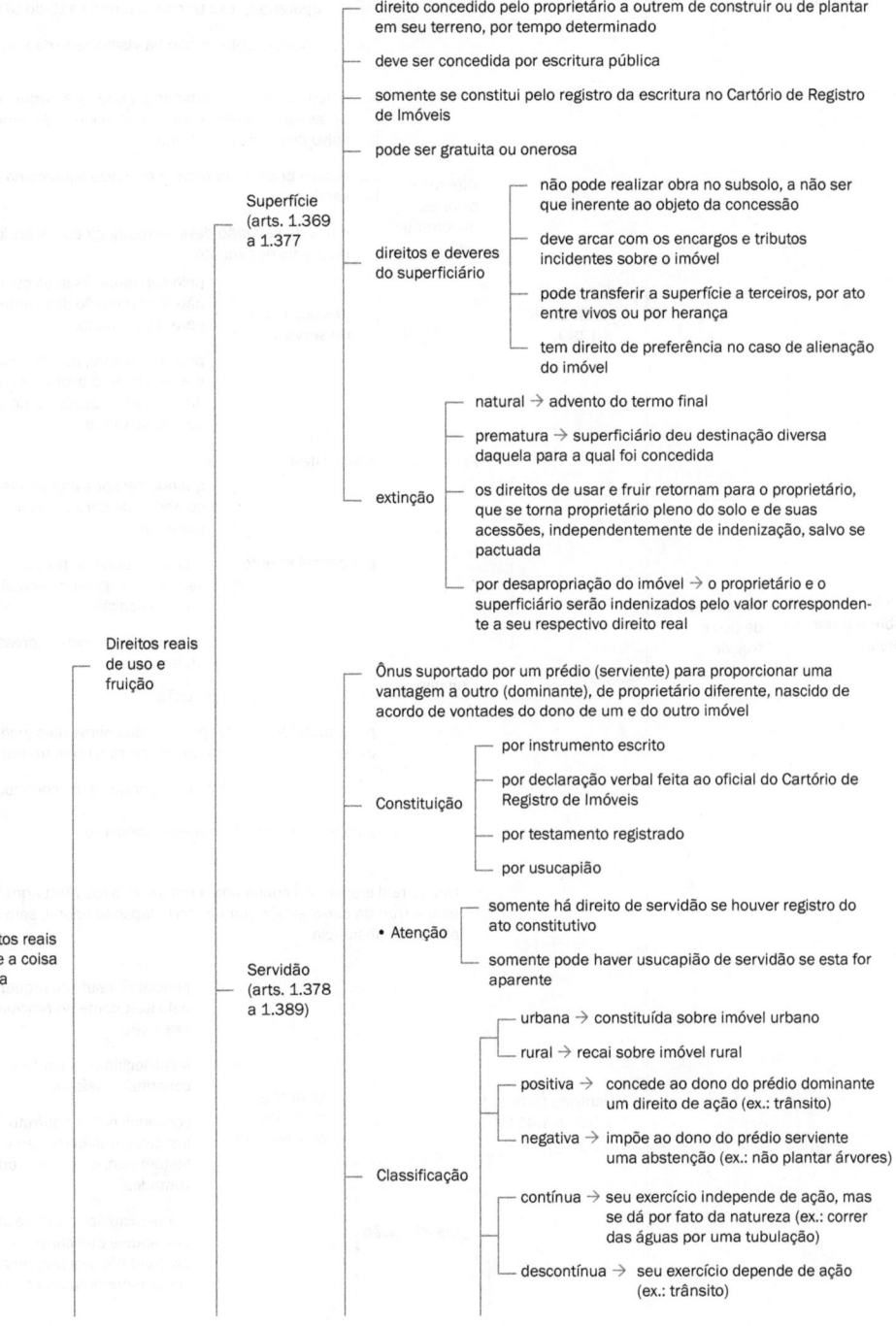

Direitos reais sobre a coisa alheia
— Direitos reais de uso e fruição
  — Superfície (arts. 1.369 a 1.377)
    — direito concedido pelo proprietário a outrem de construir ou de plantar em seu terreno, por tempo determinado
    — deve ser concedida por escritura pública
    — somente se constitui pelo registro da escritura no Cartório de Registro de Imóveis
    — pode ser gratuita ou onerosa
    — direitos e deveres do superficiário
      — não pode realizar obra no subsolo, a não ser que inerente ao objeto da concessão
      — deve arcar com os encargos e tributos incidentes sobre o imóvel
      — pode transferir a superfície a terceiros, por ato entre vivos ou por herança
      — tem direito de preferência no caso de alienação do imóvel
    — extinção
      — natural → advento do termo final
      — prematura → superficiário deu destinação diversa daquela para a qual foi concedida
      — os direitos de usar e fruir retornam para o proprietário, que se torna proprietário pleno do solo e de suas acessões, independentemente de indenização, salvo se pactuada
      — por desapropriação do imóvel → o proprietário e o superficiário serão indenizados pelo valor correspondente a seu respectivo direito real
  — Servidão (arts. 1.378 a 1.389)
    — Ônus suportado por um prédio (serviente) para proporcionar uma vantagem a outro (dominante), de proprietário diferente, nascido de acordo de vontades do dono de um e do outro imóvel
    — Constituição
      — por instrumento escrito
      — por declaração verbal feita ao oficial do Cartório de Registro de Imóveis
      — por testamento registrado
      — por usucapião
    — • Atenção
      — somente há direito de servidão se houver registro do ato constitutivo
      — somente pode haver usucapião de servidão se esta for aparente
    — Classificação
      — urbana → constituída sobre imóvel urbano
      — rural → recai sobre imóvel rural
      — positiva → concede ao dono do prédio dominante um direito de ação (ex.: trânsito)
      — negativa → impõe ao dono do prédio serviente uma abstenção (ex.: não plantar árvores)
      — contínua → seu exercício independe de ação, mas se dá por fato da natureza (ex.: correr das águas por uma tubulação)
      — descontínua → seu exercício depende de ação (ex.: trânsito)

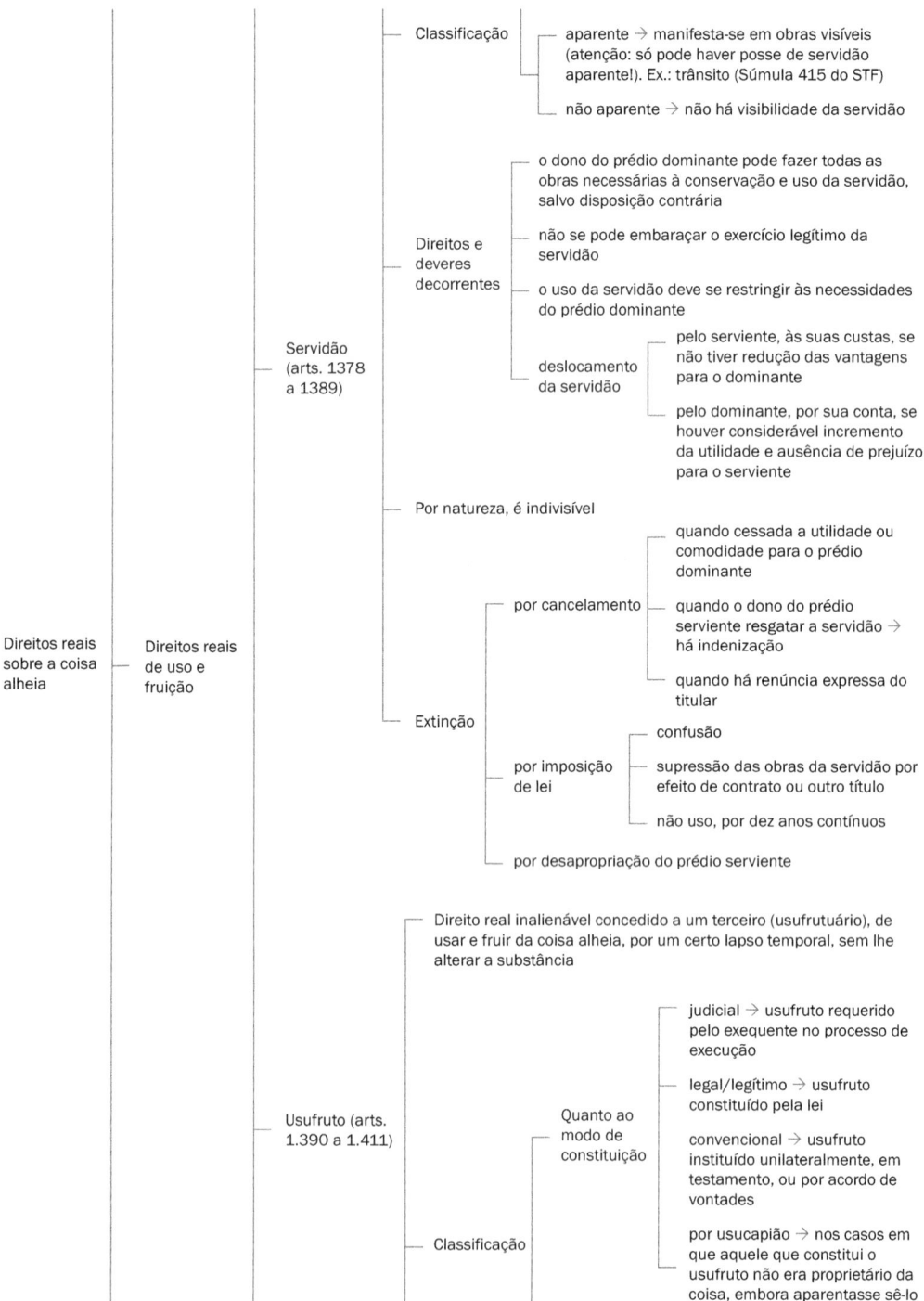

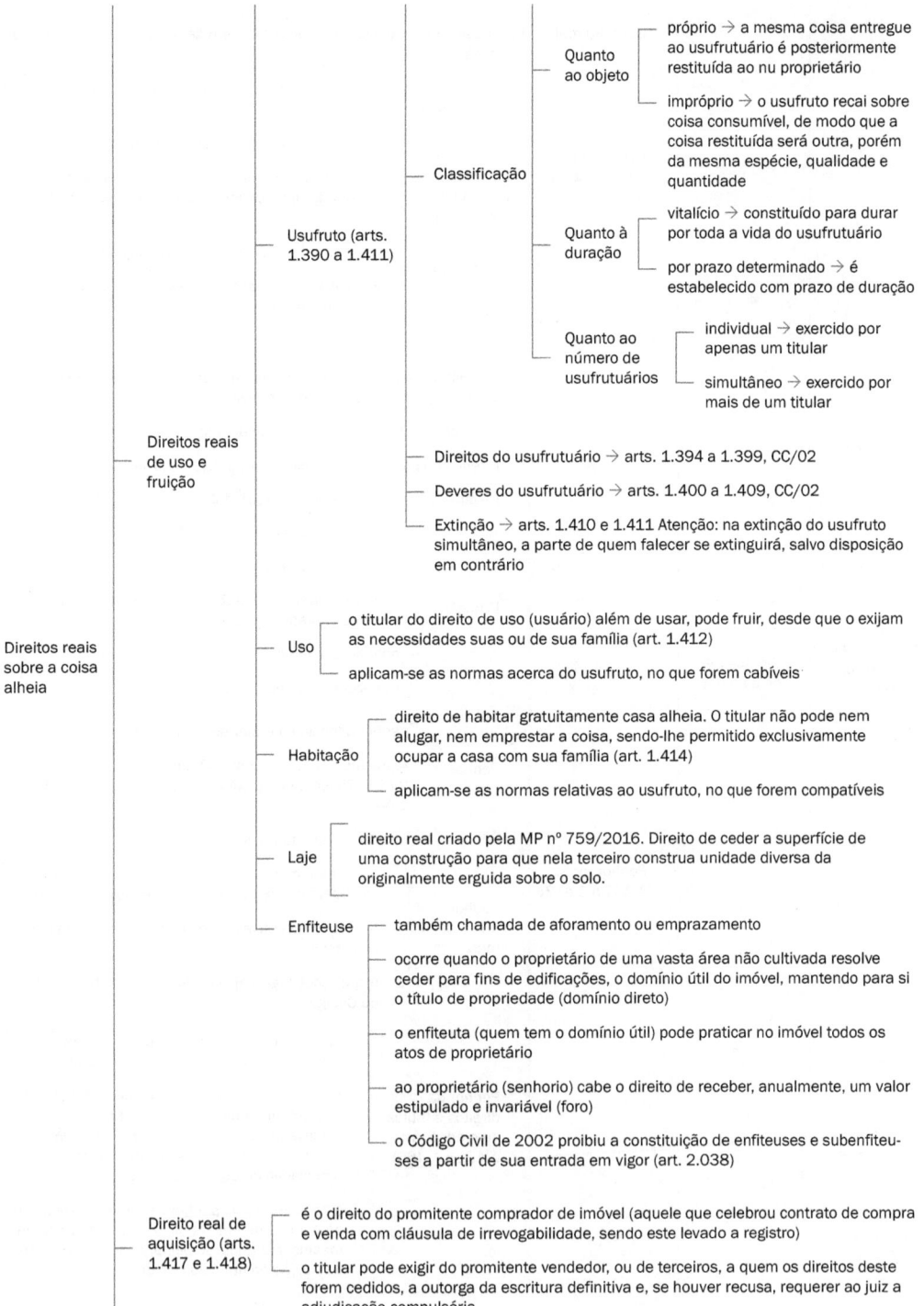

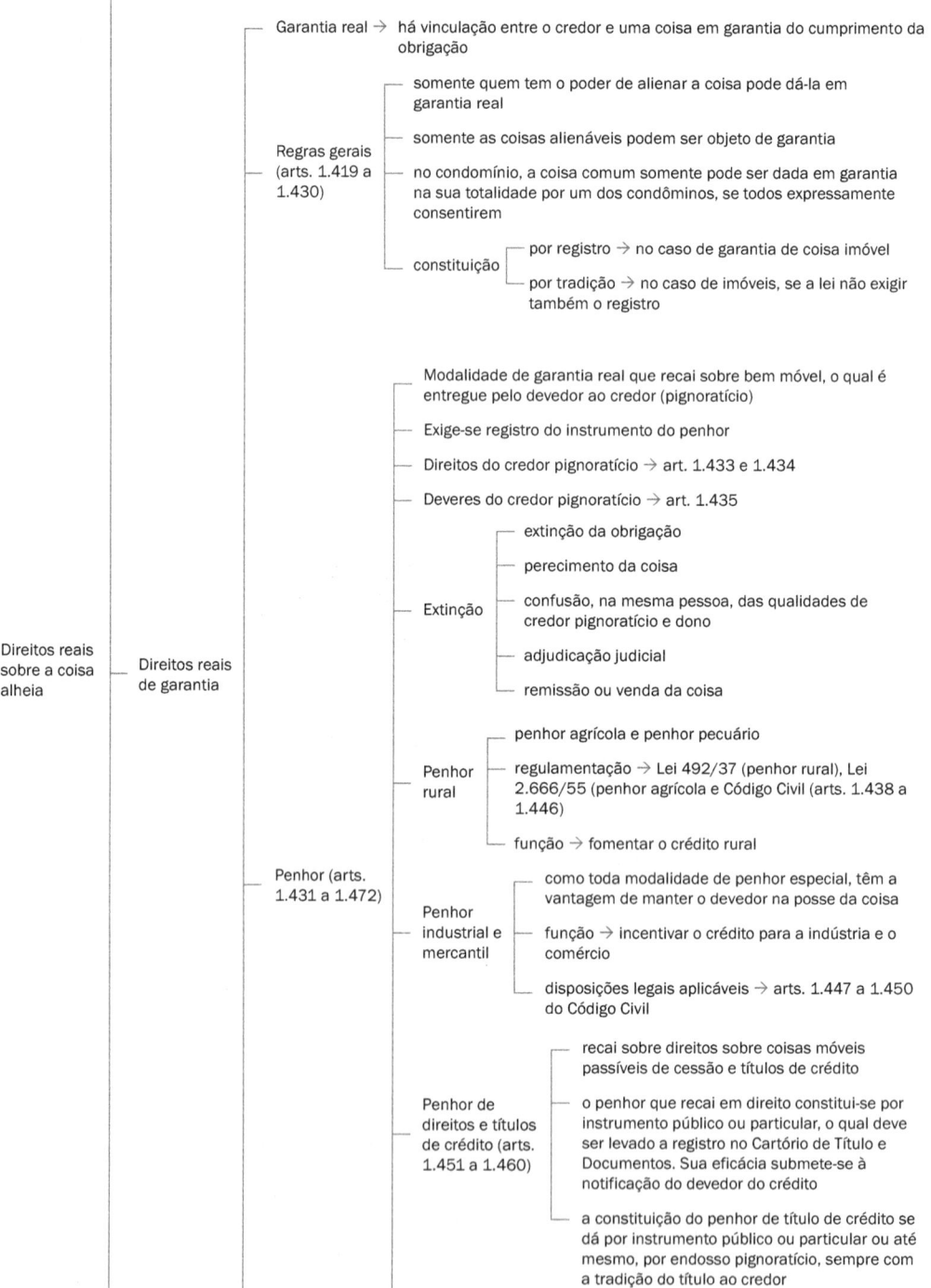

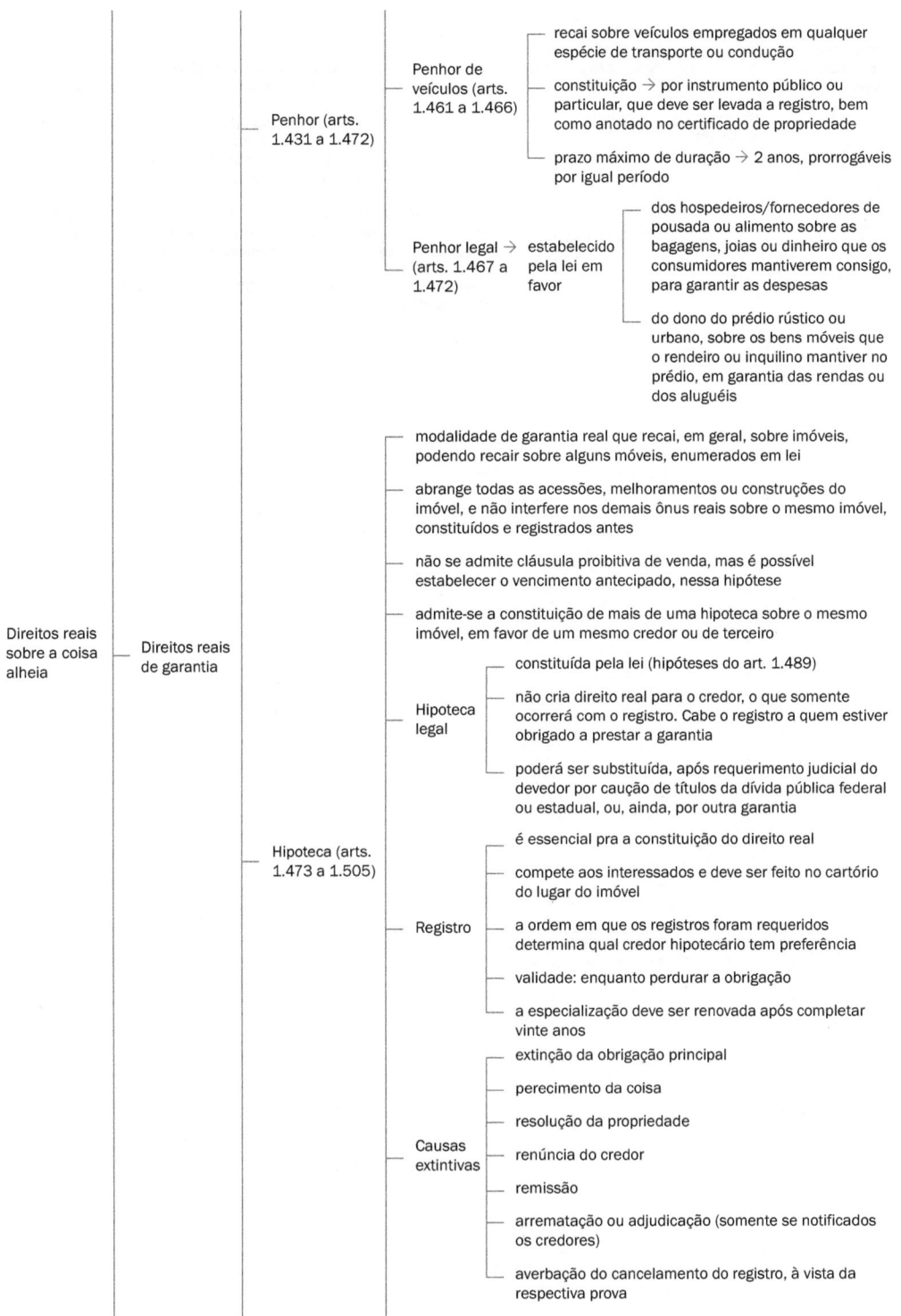

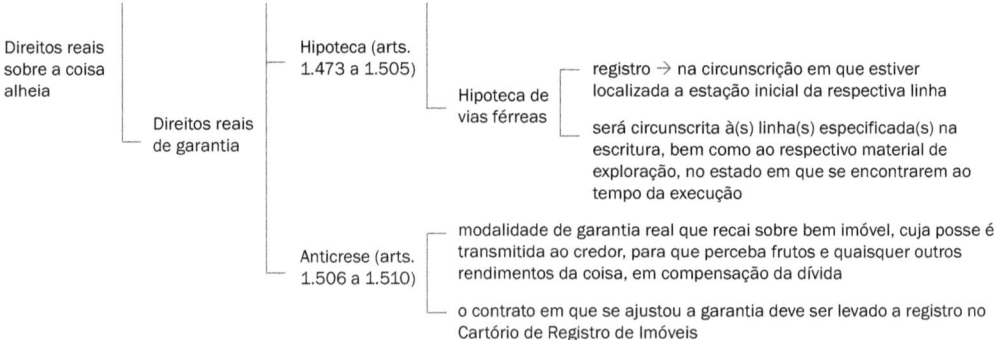

Parte V
Direito de Família

Noção de Família

Até aqui, estudamos a Teoria Geral e três ramos do Direito Civil – Obrigações, Contratos e Coisas –, os quais giram em torno de **relações patrimoniais**, seja acerca de deveres economicamente apreciáveis, seja acerca de bens suscetíveis de valoração material.

Começaremos, agora, o estudo de outro ramo do Direito Civil, que disciplina, ao contrário dos anteriores, relações entre pessoas acerca de algo **imaterial**: o **afeto**.

O Direito de Família consiste na área do Direito Civil que cuida de disciplinar as relações interpessoais nascidas de um **vínculo afetivo**, que leva pessoas a se **agruparem**, formando os núcleos chamados de **família**.

1. CONCEITO DE FAMÍLIA

Ao longo da história, sempre foi árdua a tarefa de se tentar conceituar a **família**. Isso porquanto, em se tratando de um **agrupamento de pessoas**, sujeita-se a peculiaridades que variam de época para época, e de sociedade para sociedade.

Historicamente, no Brasil, costuma-se referir com maior destaque à **família patriarcal**, derivada do modelo tradicional romano, e que prevaleceu na sociedade brasileira, desde a colonização até meados do século XX. A ideia de família se submetia a uma **estrutura predefinida**, instaurada pelo casamento de um homem com uma mulher.

No modelo patriarcal, o núcleo familiar gira ao redor do homem casado, que gera filhos e comanda os indivíduos ao seu redor, entre os quais a mulher, os filhos e, por vezes, seus pais, irmãos etc.

O traço marcante desse modelo de família é a sujeição de todos os membros a uma **figura masculina central**, que, no modelo romano original, era chamada de *pater familias*. Interessante destacar que em certos momentos históricos a autoridade do *pater familias* era também religiosa, e até jurídica, cabendo a ele presidir o culto aos deuses e também dirimir controvérsias entre os membros da família. Isso, é claro, além de administrar o patrimônio e os negócios do clã.

Também no Brasil, a família patriarcal caracterizou-se por ser um núcleo centralizado em uma figura masculina – o **pai de família**, sinônimo de respeitabilidade, como demonstra o uso até hoje consagrado da expressão –, composto de uma mulher – dona de casa, submissa à autoridade do marido – e dos filhos. O Código Civil de 1916 chegava até mesmo a prever que a mulher, ao se casar, tornava-se **relativamente incapaz**, conforme o comando do art. 6º, § 2º, do texto que entrou em vigor em 1917.[1]

---

[1] Art. 6º, § 2º, da Lei 3.071 tal como publicada em 1º de janeiro de 1916: "São incapazes, relativamente a certos atos, ou ao modo de exercê-los:

Outro marco do modelo que vigeu por anos a fio entre nós foi a formação da família pelo **casamento**, religioso e civil ou apenas civil, em uma fase posterior.

Ao longo do século XX, no entanto, as relações sociais, não apenas por aqui, mas no mundo ocidental em geral, passaram por grandes transformações. Dois fenômenos de grande importância afetaram fortemente o Direito de Família: certos núcleos, que fugiam da estrutura predefinida do modelo de família patriarcal, começaram a se revelar e a exigir seu reconhecimento como **família**, e, ao mesmo tempo, diversos núcleos se firmaram **sem que houvesse casamento**.

Devemos lembrar que o Direito nasce do pensamento humano. Não é obra da natureza. E, conquanto seja uma **ciência social**, nem sempre atenta às inovações sociais, senão, pelo contrário, tenta freá-las ou impedi-las. Daí se dizer que uma das diversas faces do plurívoco fenômeno do Direito é a dominação. Assim, grupos conservadores, presos à estrutura patriarcal tradicionalista da família, por muito tempo empreenderam todos os esforços possíveis para manter a família restrita ao casamento entre homem e mulher, centralizado na figura masculina.

Com a promulgação da Constituição Federal de 1988, no entanto, o país deu um passo adiante, porquanto a Constituição deu *status* de entidades familiares aos núcleos estáveis formados por um homem e uma mulher – conhecidos como casos de **união estável** –, bem como aos núcleos formados por apenas um dos pais e seus filhos – as chamadas **famílias monoparentais**. O fato foi de grande importância, marcando o início da mudança jurídica da ideia de família, mas, ainda assim, um início tímido. À guisa de ilustração, transcrevemos o art. 226 da CF:

> Art. 226. A família, base da sociedade, tem especial proteção do Estado.
>
> § 1º O casamento é civil e gratuita a celebração.
>
> § 2º O casamento religioso tem efeito civil, nos termos da lei.
>
> § 3º Para efeito da proteção do Estado, é reconhecida a união estável entre o homem e a mulher como entidade familiar, devendo a lei facilitar sua conversão em casamento.
>
> § 4º Entende-se, também, como entidade familiar a comunidade formada por qualquer dos pais e seus descendentes.

Em 2002, aprovado o novo Código Civil, o avanço foi ainda mais tímido, talvez até um **retrocesso**, fruto, sobretudo, das ideias antiquadas da comissão elaboradora do projeto, presidida por MIGUEL REALE, que se aproveitou de uma **interpretação literal** do texto constitucional para frear os avanços do Direito de Família no novo Código,[2] que seguiu reconhecendo como entidades familiares apenas a formada pelo casamento, pela união estável entre homem e mulher e pela convivência de um dos pais com seu filho ou filhos.

Em razão desse posicionamento legislativo, tem-se assistido a uma incansável luta dos grandes nomes do Direito de Família pátrio no sentido da promulgação de uma lei que amplie a disciplina jurídica da família a todo e qualquer núcleo formado pela união de pessoas em razão de **afeto**.

[...]

2º As mulheres casadas, enquanto subsistir a sociedade conjugal, com as restrições constantes do liv. I da parte especial, tít. II, cap. III".

[2] Durante o I Congresso Nacional de Direito Civil e Processual Civil acerca do Novo Código Civil, realizado no Rio de Janeiro, em 2002, REALE se defendeu das críticas dirigidas ao seu projeto alegando que nada podia fazer para alargar o conceito de família, face à previsão constitucional de que apenas a união estável, entre *homem e mulher*, equiparava-se a uma entidade familiar, além do núcleo monoparental.

Afeto. É em torno dessa palavra que gira o Direito de Família do século XXI, porque é sobre essa palavra que se constrói o conceito de família da era contemporânea. Daí que, hoje, pode-se seguramente conceituar família como *o **núcleo** formado por pessoas que vivem em comunhão em razão do mútuo afeto*. Os elementos tradicionalmente citados como integrantes do conceito de família, na verdade, compõem **modelos** diferentes de família, mas apenas o conceito apresentado é geral o suficiente para abranger todos os modelos que se encontram na sociedade.

Dois são os elementos configuradores da família: a vida comunitária, ou **comunhão**, e o **afeto**. Por comunhão deve-se entender que as pessoas devem **conviver, com estabilidade**. Já o afeto deve ser o **elo** que une as pessoas no núcleo comunitário.

Hoje, costuma-se dizer que o número de modelos de família é **aberto**. Apesar de a Constituição somente se referir a três (família por casamento, união estável e família monoparental), argumenta-se que a enumeração não seria fechada, mormente em razão da preponderância, no ordenamento pátrio, do **princípio da dignidade da pessoa humana**, que inspira o **princípio da pluralidade das formas de família**.[3]

Sob a perspectiva do direto internacional, a Corte IDH, baseada no direito à não discriminação (artigo 1.1 da CADH), já repeliu a utilização de um conceito fechado, colonial e tradicional de família. O *Caso Atala Riffo* destaca-se como o primeiro precedente da Corte sobre a proteção à diversidade sexual. Resumidamente, a demanda tinha como foco a negativa por parte do Poder Judiciário chileno do direito à guarda de três meninas à mãe em razão de sua orientação sexual. No julgamento, a Corte ressaltou que o conceito de vida familiar não está reduzido unicamente ao matrimônio, motivo pela qual a família heterossexuada não é a única forma de estruturação de afeto.

A Organização das Nações Unidas, por sua vez, ao criar o Dia Internacional da Família – comemorado todo dia 15 de maio –, esclarece que o objetivo da data é reforçar a mensagem de união, amor, respeito e compreensão necessários para o bom relacionamento de todos os elementos que compõem a família e chamar a atenção da população para a importância da família como núcleo vital da sociedade e para seus direitos e suas responsabilidades. Ou seja, também a concepção de família adotada pela ONU é bastante ampla.

Em suma, igualmente para os organismos internacionais, além da jurisprudência brasileira, a definição de família deve ser dotada de amplitude suficiente para abarcar as mais diversas formas de afeto. No âmbito interno, a partir do momento em que a Constituição da República Federativa do Brasil consagra como norma pétrea o respeito à dignidade humana (artigo 1º), é inaceitável qualquer proposta tendente a descaracterizar e desqualificar os laços familiares a partir de uma perspectiva hegemônica.

Os diversos modelos que têm sido identificados e estudados podem ser agrupados em duas espécies de núcleo: **núcleo conjugal** e **núcleo parental**.

A expressão **núcleo conjugal** refere-se a todo agrupamento formado em razão de um vínculo de **amor conjugal** entre duas pessoas. Para caracterizar o amor conjugal, não basta o **afeto**, como percebeu Arnaldo Jabor, na poesia que virou música na voz de Rita Lee: "amor sem sexo é amizade". Assim é que compõe o conceito de família conjugal, além dos elementos do **afeto** e da **comunhão** (caracterizadores de qualquer **família**), o **vínculo conjugal**, ou seja, a união em que há relações sexuais, quaisquer que sejam.

Enquadram-se nessa espécie de núcleo as famílias patriarcais tradicionais; as famílias matrimoniais, independentemente do papel de cada cônjuge; os casos de união estável entre homem e mulher e os casos de união homoafetiva.

---

[3] PEREIRA, Rodrigo da Cunha. *Princípios fundamentais norteadores para o Direito de Família*. Belo Horizonte: Del Rey, 2006. p. 163.

Por **núcleo parental** se alude a todo agrupamento formado ao redor do **parentesco**, motivado pelo **amor parental**. Integra o conceito de família de núcleo parental, ao lado dos elementos do **afeto** e da **comunhão**, o elemento peculiar, que é o **laço parental**. O que é muito importante, na caracterização do laço parental, é a percepção de que não apenas o sangue ata o vínculo, mas também o afeto, puro e simples.

Logo, consideram-se famílias de núcleo parental aquelas formadas pelos pais e seus filhos, ou apenas um dos pais e os filhos; as famílias formadas por avós e netos; as famílias formadas por tios ou tias, e sobrinhos ou sobrinhas; as famílias formadas por irmãos; as famílias formadas por amigos; etc. Frise-se: pode o parentesco ser biológico ou apenas socioafetivo, não importa. Por essa razão é que se pode incluir no conceito o agrupamento formado por amigos que vivem em comunhão. Um exemplo de família de amigos seria o de duas mulheres de idade que resolvem morar juntas e viver em comunhão. Casos assim não são raros na história – trata-se das vulgarmente chamadas "solteironas".

Infelizmente, como se verá, ainda hoje o Direito cuida de disciplinar apenas as famílias de núcleo conjugal, ainda que sejam também parentais, deixando sem qualquer normatização as famílias de núcleo exclusivamente parental.

2. MODELOS DE FAMÍLIA

Os seguintes modelos de família têm sido estudados no Direito contemporâneo, sem que se excluam novos modelos que ainda podem ser identificados: **família matrimonial**, **família por união estável**, **família homoafetiva**, **família mosaico**, **família monoparental**, **família parental** e **família paralela**.

Fala-se, ainda, em **família unipessoal**, para se referir aos casos de pessoa que vive **sozinha**. Entretanto, entendemos não haver aí **família**, vez que não há nem **afeto**, nem **comunhão**. A pessoa que vive sozinha merece a tutela jurídica pelo fato de ser **pessoa**, não por ser família. Na verdade, a distorção parece advir, como aponta César Fiuza,[4] da tentativa de proteger o lar dessas pessoas, que seria impenhorável se pudesse configurar **bem de família**. Ocorre que, como esclarece o professor, o lar em que vive apenas uma única pessoa merece a proteção conferida ao bem de família, não por haver ali família, mas em atenção à **dignidade da pessoa**. Afinal, o bem de família é tutelado por ser o **lar**, seja de uma ou de mais pessoas.

Convém esclarecer que, segundo a opinião dos autores desta obra, as famílias matrimonial e por união estável hetero ou homoafetiva não constituem, propriamente, modelos diferentes de família, vez que o casamento e a união estável, segundo entendemos, são apenas negócios jurídicos diferentes que levam à família conjugal, seja entre pessoas de sexos diferentes ou entre pessoas do mesmo sexo. Todavia, por questões de ordem didática, optamos por tratar de tais famílias, neste capítulo, como se constituíssem modelos diferentes, conforme a referência a elas feita habitualmente em outras obras de doutrina e na jurisprudência.

2.1 Família matrimonial

Família matrimonial é a que se forma pelo **casamento**. Trata-se de um agrupamento **conjugal** por excelência, mas que, em geral, é também **parental**. Ou seja, cuida-se do marido, da mulher e dos filhos.

O elemento característico da família matrimonial é a formação pelo casamento, o qual, segundo comentam Silvio Rodrigues e Gustavo Tepedino, consubstancia-se no ato

---

[4] FIUZA, César. *Direito civil*, cit., p. 894.

jurídico mais solene de todos.[5] Aqui, duas pessoas resolvem viver em comunhão, adotando regime de bens para disciplinar seus patrimônios e submetendo-se aos diversos efeitos atribuídos pela lei ao ato, entre os quais a imposição de certos deveres, como os de fidelidade e de mútua assistência.

Pode ser que você indague sobre a origem da família matrimonial. É difícil precisar, mas, ao observar que este modelo de família está presente em praticamente todas as comunidades de que se tem conhecimento, pode-se arriscar um palpite: a família matrimonial surge de uma necessidade de **controle**. Não importa se a disciplina do casamento fica a cargo do Estado ou da religião; o que importa é que se trata de uma estrutura social imposta, definida por um poder extrínseco. Por meio do casamento, é possível controlar – ou, ao menos, tentar – quaisquer impulsos naturais que se queira disciplinar. Pode-se impor o regime monogâmico ou poligâmico, pode-se sujeitar a mulher aos desejos do marido, pode-se submeter os filhos à autoridade do pai, pode-se impulsionar a reprodução etc.

Talvez seja justamente por girar em torno do **controle** que se tem observado uma certa repulsa ao modelo matrimonial. Após todas as lutas por liberdade e igualdade desencadeadas desde a Revolução Francesa, culminando com os grandes movimentos sociais do século XX, como o feminismo e a revolução sexual, as pessoas têm buscado a felicidade acima de tudo, e fugido das formas de controle tradicionais, sejam impostas pela religião ou pelo Estado.

2.2 Família por união estável entre homem e mulher

A família por união estável é também conhecida como **família informal** ou **família extramatrimonial**. Evitamos estas expressões porquanto, de certa forma, ainda guardam um resquício de preconceito: o adjetivo "informal" pode soar pejorativo, sobretudo se contrastado com "formal", que seria usado com referência à família formada pelo casamento, e "extramatrimonial" soa inadequado, por designar um modelo de família referindo-se a outro, para contrastá-los, já na própria denominação. Por isso, preferimos a expressão **família por união estável**, ainda que um tanto quanto canhestra. Quanto ao qualificativo "entre homem e mulher", justifica-se pelo fato de que o Supremo Tribunal Federal já reconheceu como família por união estável a família homoafetiva, de que trataremos a seguir.

Este modelo de família também é, por excelência, **conjugal**, e, muitas vezes, torna-se também **parental**, quando o casal convive com descendentes ou ascendentes.

A história da família por união estável tem capítulos muito tristes, vez que este modelo foi quase sempre rechaçado pela sociedade, pela religião e pelo Direito. Expressões como **concubinato** e **mancebia** fazem parte da trajetória evolutiva da união estável – considerada por muito tempo **união ilegítima** –, conforme estudaremos no capítulo dedicado a ela.

Por ora, o importante é frisar que a família formada pela união estável se caracteriza pela união de duas pessoas que optam por não se submeter à ingerência do Estado em sua convivência, por meio do casamento. A propósito, vale destacar que se tem visto uma estranha tendência legislativa de tecer normas disciplinadoras da união estável, postura que ainda merece discussão por parte dos civilistas.[6]

---

[5] RODRIGUES, Silvio. *Direito de família*. 21. ed. São Paulo: Saraiva, 1995. v. VI. p. 21; TEPEDINO, Gustavo. *Temas de direito civil.* cit., t. II, p. 407.

[6] A esse respeito, Maria Berenice Dias assevera que "a exaustiva regulamentação da união estável gera um dirigismo não querido pelos conviventes, uma vez que optaram por não casar" (DIAS, Maria Berenice. *Manual de direito das famílias*. 6. ed. São Paulo: Revista dos Tribunais, 2010. p. 47).

2.3 Família homoafetiva

Família homoafetiva é aquela formada por pessoas do **mesmo sexo**, unidas por um **vínculo conjugal**. Trata-se de um modelo extremamente condenado ao longo da história em razão do grande e inexplicável preconceito com relação à homossexualidade. Todavia, em pleno século XXI tal repulsa não deve ser tolerada, sobretudo entre nós, em razão de ser um dos fundamentos da República a **dignidade da pessoa humana** (art. 1º, III, da Constituição de 1988), e um de seus objetivos a **vedação de toda e qualquer forma de discriminação** (art. 3º, IV, da CF).

Daí que, mesmo não tendo o constituinte se referido ao modelo homoafetivo como entidade familiar, e de ter, por assustadora infelicidade, feito referência à união estável "entre homem e mulher" apenas (art. 226, § 3º, da CF), a família formada pela união de pessoas do mesmo sexo deve receber do Direito e do Estado todo o reconhecimento necessário para que se possa garantir a manutenção da dignidade dessas pessoas. Não se trata apenas de uma bandeira dos movimentos chamados de LGBTI, em alusão à sigla para "lésbicas, gays, bissexuais, travestis, transexuais e pessoas intersexo", mas de um **mandamento constitucional irrefutável**, face aos já mencionados princípios basilares da República Federativa do Brasil: a **promoção da dignidade da pessoa humana** e a **não discriminação**.

Inicialmente, parte da doutrina e da jurisprudência começaram o movimento pelo reconhecimento dos direitos das famílias homoafetivas à proteção de sua união estável.

No julgamento da ADPF 132/RJ e da ADI 4277/DF, o Supremo Tribunal Federal posicionou-se no sentido de que a união homoafetiva, desde que atenda aos requisitos configuradores da união estável entre homem e mulher, deve ser reconhecida como tal, e, por conseguinte, disciplinada pelas mesmas normas. Antes do pronunciamento do STF, em muitos casos a entidade era reconhecida apenas no âmbito patrimonial, sendo tratada como **sociedade de fato**, e não como família.

Posteriormente, outra decisão emblemática partiu do Superior Tribunal de Justiça, no julgamento do REsp 1.183.378/RS, o qual decidiu pela legalidade do casamento entre pessoas do mesmo sexo.

Hoje, trata-se de questão praticamente pacificada na doutrina e na jurisprudência, já havendo diversos casais homoafetivos casados no país.

Um dos pontos que também suscitou muita discussão foi a questão do desejo de formar um núcleo não apenas **conjugal**, mas também **parental**. Desde 2015, todavia, já há decisões tanto no STF quanto no STJ no sentido de ser possível – e de não poder ser vedada – a adoção por pessoa homoafetiva ou por família homoafetiva, independentemente da idade da pessoa a ser adotada. Nas palavras da Min. Cármen Lúcia,

> [a]ssim interpretando de forma não reducionista o conceito de família, penso que este STF fará o que lhe compete: manter a Constituição na posse do seu fundamental atributo da coerência, pois o conceito contrário implicaria forçar o nosso Magno Texto a incorrer, ele mesmo, em discurso indisfarçavelmente preconceituoso ou homofóbico. Quando o certo – data vênia de opinião divergente – é extrair do sistema de comandos da Constituição os encadeados juízos que precedentemente verbalizamos, agora arrematados com a proposição de que a isonomia entre casais heteroafetivos e pares homoafetivos somente ganha plenitude de sentido se desembocar no igual direito subjetivo à formação de uma autonomizada família. Entendida esta, no âmbito das duas tipologias de sujeitos jurídicos, com as mesmas notas factuais da visibilidade, continuidade e durabilidade (STF, RE 846.102/PR, relatora: Ministra Cármen Lúcia, data do julgamento: 5/3/2015, data da publicação: 18/3/2015).

2.4 Família mosaico

A expressão "família mosaico" tem sido empregada para se referir aos núcleos formados por **pessoas separadas** ou **divorciadas**, seus novos companheiros e os filhos de um ou de ambos. Na verdade, as possibilidades são múltiplas: um dos companheiros era casado, e, o outro solteiro; ambos eram casados; um era casado e o outro vivia em união estável; ambos viviam em união estável; um vivia em união estável e o outro era solteiro; ambos têm filhos de relacionamento anterior, ou apenas um tem; há ou não filhos comuns. Tal diversidade acompanha o modelo de família em comento até mesmo na designação, sendo utilizadas as expressões **família reconstruída, família recomposta, família pluriparental, família binuclear**.

Trata-se do modelo em que o característico é o fato de o núcleo ser igualmente **conjugal** e **parental**. Talvez por essa razão é que careça ainda de disciplina, vez que nosso ordenamento, até o momento, só cuidou da disciplina dos núcleos eminentemente **conjugais**. Até cientificamente há deficiência no trato da família mosaico. Um exemplo é a falta de uma designação para o companheiro ou companheira do pai ou mãe, vez que as expressões tradicionais **padrasto** e **madrasta** têm sido repelidas, por serem consideradas pejorativas.

No silêncio normativo e doutrinário, certas dúvidas emergem: os filhos não comuns são herdeiros de ambos os pais? São entre si considerados colaterais para fins de sucessão? Podem se relacionar sexualmente, ou um relacionamento dessa ordem seria considerado incestuoso?

Por ora, a principal norma incidente sobre a família mosaico é a que autoriza a adoção, pelo companheiro do pai ou mãe, do filho deste ou desta (art. 41, § 1º, do Estatuto da Criança e do Adolescente – Lei 8.069/90). A hipótese é, na prática, quase inviável, vez que a adoção depende do **consentimento** de ambos os genitores (art. 45 do ECA).

O ideal, na verdade, seria que se criasse uma disciplina da família mosaico atribuindo direitos e deveres a pais e filhos em razão do **vínculo interno** gerado pela convivência, independentemente de elementos externos, como a filiação biológica. Por exemplo, garantir ao filho não comum o direito à sucessão legítima do padrasto ou madrasta, bem como lhe impor o dever de obediência. Ficam a sugestão, e o convite ao debate e à reflexão.

2.5 Família monoparental

A família monoparental consiste no núcleo formado por apenas **um dos pais e seu filho ou filhos**, seja em razão da morte do outro, ou de separação do casal, de divórcio ou simplesmente de abandono. Este modelo ganhou projeção nas rodas jurídicas desde que foi expressamente reconhecido pela Constituição Federal como entidade familiar (art. 226, § 4º), mas, não obstante, núcleo parental que é, não recebeu normatização infraconstitucional, como ocorreu com todos os modelos com ausência ou sem prevalência do elemento **conjugal**.

2.6 Família parental

Família parental consubstancia-se no núcleo por excelência parental, ou seja, aquele em que **não há vínculo conjugal**. Por essa razão, a família parental pode se caracterizar por diversas formas de agrupamento: irmãos com irmãos, irmãos com primos, primos com primos, tios com sobrinhos, avós com netos, amigos, sogros com genro ou nora etc.

Injustificadamente, até hoje a família parental não ganhou disciplina legislativa no Brasil. Aliás, nem mesmo doutrinária.

Por essa razão, as mais variadas dúvidas surgem acerca dos núcleos formados por afeto puro (não sexual).

Imaginemos dois amigos que desde os tempos universitários optaram por viver juntos e já o fazem há muitos anos, criando, inclusive, dependência afetiva e econômica. Suponhamos, por exemplo, que num dado momento da vida familiar um dos amigos adquire um imóvel, em que ambos passam a viver. Ambos contribuem para a manutenção do lar, sem distinguir o que é de quem. Ambos contribuem para a promoção e o bem-estar um do outro. O que acontece, pensemos, se um dos dois morre? No estado atual do Direito, haveria dificuldade para caracterizar a entidade familiar, vez que há uma tendência a somente reconhecer como família parental aquela em que o parentesco é biológico ou, ao menos, registral (considerando-se os casos de parentes adotivos), sendo pouco provável a ampla aceitação do parentesco meramente socioafetivo. No entanto, não há por que rejeitar a união de pessoas que vivem em comunhão independentemente de vínculo conjugal ou de laços sanguíneos ou registrais. Vivemos em um tempo, repita-se, em que não há mais espaço para nenhuma forma de discriminação.

Por essa razão, também aqui deve ficar o convite à reflexão e ao debate, tanto na doutrina, quanto na jurisprudência, quanto no Poder Legislativo, no sentido de dar efetividade ao princípio da pluralidade das formas de família, não deixando nenhuma delas ao esquecimento do ordenamento jurídico, como tem ocorrido com os núcleos parentais.

2.7 Família paralela

Utiliza-se a expressão "família paralela", ou, às vezes, **família simultânea**, para se referir às famílias formadas pela **união conjugal de uma pessoa casada ou que vive em união estável com uma terceira pessoa**. Na história do Direito, este modelo de família foi chamado de **concubinato adulterino** ou **ilegítimo**.

Até recentemente, cometendo-se um assustador atentado à dignidade da pessoa humana, era dificultado ou impossibilitado o reconhecimento dos filhos havidos de família paralela, apelidados de **filhos bastardos** ou **ilegítimos**. Também até pouco tempo atrás, o adultério caracterizava um **tipo penal** (art. 240 do Código Penal, revogado pela Lei 11.106/2005). E, até hoje o Direito, tanto por parte da doutrina quanto da jurisprudência, reluta em reconhecer a entidade familiar formada simultaneamente a outra.

Na verdade, nada que o Direito possa fazer conseguirá impedir a formação de famílias paralelas, que sempre existiram e sempre existirão em qualquer comunidade humana. O que se faz necessário é que o Direito estabeleça mecanismos, não para **regulamentar** uma situação, digamos, *irregular*, mas para proteger a dignidade das pessoas envolvidas na relação familiar, sempre que necessário. Por exemplo, deve haver uma forma de proteção da convivente e de eventuais filhos, todos dependentes financeiramente do homem, caso este venha a falecer, ou se a relação conjugal se extinguir.

É possível afirmar que, até 2020, parte da jurisprudência e da doutrina vinham se inclinando para a defesa de direitos do convivente em família paralela quando se constatava que este não sabia do **vínculo conjugal** do outro convivente com outra pessoa. A ideia seria a de proteger o convivente de **boa-fé**.

O Tribunal de Justiça do Rio Grande do Sul, de forma inovadora, abordou a temática das famílias simultâneas. Após o falecimento de Antônio – utilizaremos nomes fictícios para explicar o caso concreto –, Amanda promoveu ação declaratória de união estável *post mortem* em face do Espólio do falecido. Até aqui, nenhuma novidade, pois, mesmo após o falecimento, é perfeitamente possível que o/a companheiro(a) pretenda o reconhecimento do relacionamento público, contínuo e duradouro, com o intuito de constituir família, antes da ocorrência do óbito.

Na situação julgada pelo TJRS, há, no entanto, uma peculiaridade: Antônio mantinha, concomitantemente, um relacionamento com Amanda enquanto estava casado com Patrícia. Em primeiro grau, a ação foi julgada improcedente, com base na jurisprudência do Superior Tribunal de Justiça. Segundo a Corte, não é possível o reconhecimento de uniões paralelas ou de união estável concomitante ao casamento. Nessa hipótese, apenas se Antônio estivesse separado de Patrícia, poder-se-ia admitir a configuração da união estável com Amanda.

Em suma, para o STJ, tanto não é possível constituir duas uniões estáveis ao mesmo tempo quanto não é possível que uma pessoa casada, não separada de fato, constitua, concomitantemente ao casamento, uma união estável.

Deve-se ressaltar que, embora a legislação (art. 1.723, § 1º, do Código Civil) faça referência à separação judicial, "é a separação de fato que viabiliza a caracterização de união estável de pessoa casada" (STJ, REsp 1.754.008/RJ, relator: Min Luis Felipe Salomão, data do julgamento: 13/12/2018).

Amanda recorreu ao Tribunal de Justiça do Rio Grande Sul, afirmando que a união com Antônio perdurou por vinte anos e que não tinha conhecimento de que ele permanecia relacionando-se com a esposa. Patrícia, por sua vez, também afirmava desconhecer a relação entre Amanda e Antônio, que faleceu durante uma viagem realizada com os filhos e a esposa.

A partir das provas testemunhais e documentais apresentadas, o Tribunal de Justiça do Rio Grande do Sul manifestou-se pelo reconhecimento da união entre Antônio e Amanda. De acordo com trecho do voto vencedor:

> Caso provada a existência de relação extraconjugal duradoura, pública e com a intenção de constituir família, ainda que concomitante ao casamento e sem a separação de fato configurada, deve ser, sim, reconhecida como união estável, mas desde que o cônjuge não faltoso com os deveres do casamento tenha efetiva ciência da existência dessa outra relação fora dele, o que aqui está devidamente demonstrado[7].

Pelo contexto apresentado, reconheceu-se que Patrícia, ao contrário do alegado, teria conhecimento sobre o relacionamento extraconjugal do marido.

Em outro trecho do voto, registrou-se que o Tribunal Regional Federal da 4ª Região, que engloba o Estado do Rio Grande do Sul, já vinha decidindo pela possibilidade de rateio do benefício previdenciário de pensão por morte entre cônjuge e companheira quando configurados, simultaneamente, os dois institutos.

De fato, decisões como essa já foram adotadas por outros tribunais. O Tribunal de Justiça de Santa Catarina, por exemplo, também em 2020, reconheceu uma união estável com pedido de pensionamento formulado por companheira, mesmo quando, no período dessa união, estava em curso casamento civil. Semelhante ao caso julgado pelo TJRS, entendeu-se que a esposa tinha ciência do relacionamento paralelo do marido, que possuía cinco filhos, sendo um deles fruto do relacionamento com a companheira[8].

Por um lado, há quem considere plausíveis os pedidos apresentados, pois a realidade fática afetiva deve se sobrepor aos limites abstratos exigidos pela legislação. Para essa corrente, defendida, inclusive, por alguns membros do Instituto Brasileiro de Direito de Família, o "poliamor", quando aceito pelos envolvidos, permite o afastamento de uma interpretação literal sobre o art. 1.723, § 1º, do Código Civil.

Outra corrente sustenta, além de aspectos morais, o dever de fidelidade recíproca previsto no inciso I do art. 1.566 do Código Civil e o fato de que muitas mulheres sustentam alguns relacionamentos, cientes das relações paralelas, por dependência econômica e emocional. Não há, efetivamente, uma aceitação consciente, e essa circunstância precisa ser levada em consideração pelo Poder Judiciário.

---

[7] Inteiro teor disponível em: <https://www.conjur.com.br/dl/tj-rs-reconhece-uniao-estavel-paralela.pdf>.
[8] Histórico da decisão disponível em: <https://www.ibdfam.org.br/noticias/7500/Uni%C3%A3o+est%C3%A1vel+simult%C3%A2nea+ao+casamento+%C3%A9+reconhecida+ap%C3%B3s+morte+e+tem+efeitos+jur%C3%ADdicos+assegurados>.

Esse impasse, contudo, já foi decidido pelo Supremo Tribunal Federal. O Recurso Extraordinário 1.045.273/SE, com repercussão geral conhecida, tratou da possibilidade da divisão da pensão por morte entre dois companheiros, de duas relações estáveis diferentes. Na oportunidade, o STF fixou a seguinte tese: "a preexistência de casamento ou de união estável de um dos conviventes, ressalvada a exceção do artigo 1723, § 1º, do Código Civil, impede o reconhecimento de novo vínculo referente ao mesmo período, inclusive para fins previdenciários, em virtude da consagração do dever de fidelidade e da monogamia pelo ordenamento jurídico-constitucional brasileiro".

Novamente, em 2022, por unanimidade, a Terceira Turma do Superior Tribunal de Justiça (STJ) decidiu que é incabível o reconhecimento de união estável simultânea ao casamento, assim como a partilha de bens em três partes iguais (triação), mesmo que o início da união seja anterior ao matrimônio[9].

2.8 Família poliafetiva

Fala-se em **família poliafetiva** ou **união poliafetiva** com referência ao núcleo conjugal formado por mais de dois conviventes, como, por exemplo, um homem e duas mulheres, ou duas mulheres e um homem.

O tema foi amplamente alardeado no ano de 2012 em razão de uma tabeliã na cidade de Tupã, no Estado de São Paulo, ter lavrado uma escritura pública de união estável entre um homem e duas mulheres. Não foi, no entanto, devidamente *debatido*.

Na verdade, os mais tradicionalistas e positivistas correram para publicar artigos e dar entrevistas na imprensa alardeando estar o ato notarial "fulminado de nulidade absoluta".

Ocorre que o legislador constituinte fundou a República Federativa do Brasil sobre a base da **dignidade da pessoa humana** (art. 1º, III), bem como traçou como objetivos da República a **construção de uma sociedade livre, justa e solidária** (art. 3º, I) e **a promoção do bem de todos, sem qualquer discriminação** (art. 3º, IV).

Ademais, não se encontra no ordenamento nenhuma norma que repute nulo o ato notarial de lavratura de uma escritura pública de união estável simplesmente por terem três pessoas declarado viver em tal situação.

Vale lembrar que a ordem jurídica deve assegurar o **exercício de direitos fundamentais** de todo cidadão, pouco importando se vivem em união monogâmica ou poligâmica.

Não obstante, impende ressaltar que o Plenário do CNJ, em 26 de junho de 2018, decidiu que os cartórios não podem lavrar escrituras públicas de união estável poliafetiva, como a lavrada em Tupã. Trata-se, no entanto, de decisão de cunho administrativo, sobre a atuação dos cartórios, além de – arriscamos dizer, temporária, vez que o assunto, certamente, não tardará a chegar ao STF. A propósito, convém transcrever o comentário da Ministra Cármen Lúcia sobre a decisão do CNJ, disponível na página do órgão na internet:

O desempenho das serventias [cartórios] está sujeito à fiscalização e ao controle da Corregedoria Nacional de Justiça. Por isso exatamente que o pedido foi assim formulado. Não é atribuição do CNJ tratar da relação entre as pessoas, mas do dever e do poder dos cartórios de

---

[9] Disponível em: <https://www.stj.jus.br/sites/portalp/Paginas/Comunicacao/Noticias/2022/15092022-E-incabivel-o-reconhecimento-de-uniao-estavel-paralela-ainda-que-iniciada-antes-do-casamento.aspx>.

lavrar escrituras. Não temos nada com a vida de ninguém. A liberdade de conviver não está sob a competência do CNJ. Todos somos livres, de acordo com a Constituição.[10]

Em razão da novidade do tema da família poliafetiva no espaço jurídico, sobretudo após a referida decisão do CNJ, deve-se conclamar a comunidade ao **debate jurídico**, com o alerta de que se deve deixar de lado todo argumento que não seja jurídico, como os provenientes das ordens normativas moral e religiosa[11].

Quadro Esquemático 1

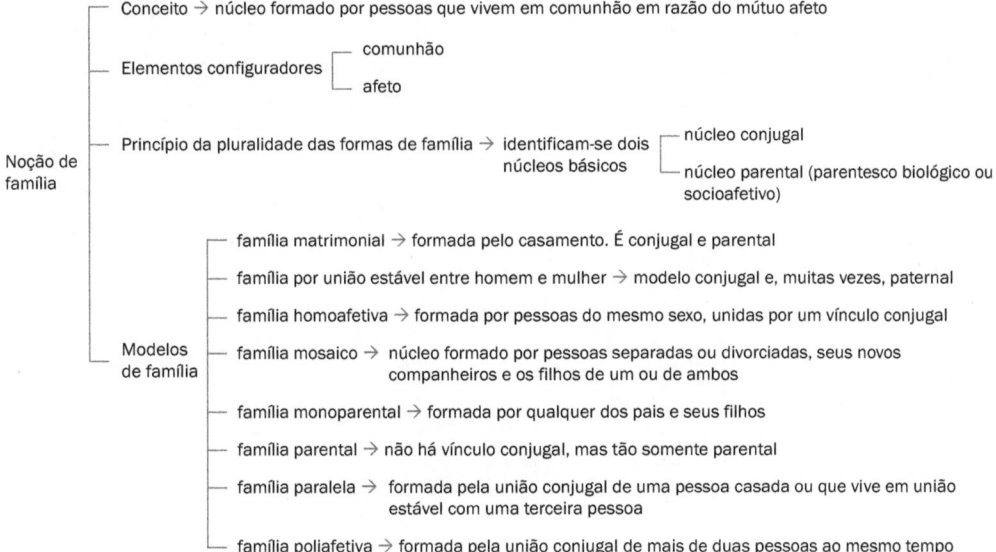

---

[10] Disponível em: <http://www.cnj.jus.br/noticias/cnj/87073-cartorios-sao-proibidos-de-fazer-escrituras-publicas-de-relacoes-poliafetivas>. Acesso em: 10 out. 2018.

[11] No âmbito legislativo, há diversos projetos de lei que buscam proibir o reconhecimento de uniões formadas por mais de um convivente (exemplo: PLC 4302/2016, que ainda se encontra em fase de tramitação, mas com parecer favorável da Comissão da Seguridade Social e Família da Câmara dos Deputados).

2

Princípios Informadores do Direito de Família

Ao estudar a Teoria Geral do Direito Civil, vimos que os **princípios** ganham, cada vez mais, a força de **fonte informadora** do Direito, devendo guiar a aplicação das leis e das demais fontes.

Em sede de Direito de Família, faz-se necessário estudar uma gama de princípios que devem nortear o jurista na hermenêutica e na aplicação dos preceitos legais e jurisprudenciais aos casos concretos.

É comum que se faça a distinção entre **princípios constitucionais** e **princípios gerais do Direito**. O cuidado, de fato, é procedente. Princípios constitucionais são os que emanam do **espírito da Constituição**, embora nem sempre estejam **positivados** no texto, e **princípios gerais do Direito** são princípios peculiares aos diversos ramos jurídicos, e emanam da **construção doutrinária e jurisprudencial** da disciplina. O erro que não se pode cometer, no entanto, é dar-lhes *status* distintos. Ambos são fontes informadoras do Direito. É verdade que, hierarquicamente, os princípios constitucionais se sobrepõem aos gerais, o que pode ser relevante, por exemplo, em uma hipótese de **conflitos entre princípios**. Todavia, também os princípios gerais de cada disciplina jurídica servem como **norte**, como **luz**, como **guia** da interpretação e da aplicação das demais normas reguladoras da espécie, e não apenas como **recurso de integração**, de que se faz uso quando há **lacuna da lei**. Sugere-se, nesse sentido, muito cuidado com a hermenêutica do art. 4º da Lei de Introdução às Normas do Direito Brasileiro, que deve ser analisada no contexto atual, e não no de 1942, quando foi publicada. Hoje, no processo de transformação vivido pelo Direito, a **dinâmica das fontes formais** mudou, conforme estudamos na Parte I, sobre a Teoria Geral do Direito Civil.

Examinaremos os princípios da **dignidade da pessoa humana**, da **pluralidade dos modelos de família**, do **livre planejamento familiar** e do **melhor interesse do menor**, seguindo parcialmente a linha proposta por Rodrigo da Cunha Pereira.[12]

Nas edições anteriores desta obra, tratávamos da discussão doutrinária acerca da monogamia, que alguns, como Rodrigo da Cunha Pereira[13] e Maria Berenice Dias,[14] defendem ser um princípio norteador do Direito de Família (o primeiro) ou uma **função ordenadora da família** (a segunda).

---

[12] Cunha Pereira inclui nesse rol, ademais, os princípios da *igualdade e respeito às diferenças* e *autonomia e menor intervenção estatal* (*Princípios fundamentais*, cit., p. 93).
[13] PEREIRA, Rodrigo da Cunha. *Princípios fundamentais*, cit., p. 106.
[14] DIAS, Maria Berenice. *Manual de direito das famílias*, cit., p. 60.

Todavia, hoje estamos convictos de que, ainda que a monogamia, para a maior parte da sociedade, constitua um valor, não tem qualquer força jurígena, razão pela qual não constitui princípio.

1. PRINCÍPIO DA DIGNIDADE DA PESSOA HUMANA

O princípio da dignidade da pessoa humana, antes de ser um princípio informador do Direito de Família é, sobretudo, um **princípio constitucional fundamental da República Federativa do Brasil**, que deve inspirar todo o ordenamento.

A importância de se estudá-lo com destaque, da perspectiva do Direito de Família, revela-se no fato de que este princípio apresenta a solução para diversas dúvidas doutrinárias e jurisprudenciais que não encontram outra saída.

Afirmar a **dignidade** da pessoa humana importa enxergar o traço distintivo entre o ser humano e os demais animais e coisas, conforme as ideias trabalhadas por Kant na *Metafísica dos costumes*. Integram o conceito de dignidade a existência livre, o acesso aos bens necessários à vida, a moradia, saúde, educação, lazer, segurança etc. São infinitos os elementos que compõem a dignidade da pessoa.

É certo que nos dias de hoje, ante a impossibilidade de se fechar o conceito de dignidade, a evocação do princípio permite a sustentação até mesmo de argumentos contraditórios. No entanto, o intérprete, ao analisar detidamente as peculiaridades do caso concreto, acabará por verificar em qual argumento foi dado melhor **conteúdo** ao princípio.

Suponhamos que, em uma execução, o executado alegue a impenhorabilidade da casa em que reside, por se tratar de bem de família – apesar de viver sozinho, o que afastaria a caracterização de família – baseando-se na proteção de sua dignidade. O exequente, por sua vez, alega que o crédito exequendo é de extrema importância para que possa custear os estudos de seu filho, os quais devem ser protegidos, à luz da dignidade do menor. Nesse caso, embora não se questione que a dignidade da pessoa açambarca seu acesso à **educação**, deve-se considerar que a proteção da **moradia** da pessoa é uma decorrência ainda mais fundamental de sua dignidade.

Cumpre, ademais, lembrar ao leitor que decorrem do princípio da dignidade da pessoa humana diversos princípios fundamentais que, evidentemente, também devem ser levados em conta quando da análise de questões de Direito de Família: **princípio da igualdade**, que importa na igualdade entre cônjuges ou companheiros e na igualdade entre filhos; **princípio da liberdade**; **princípio da intimidade** etc.

2. PRINCÍPIO DA PLURALIDADE DOS MODELOS DE FAMÍLIA

O princípio da pluralidade dos modelos de família, conquanto não esteja expresso no texto da Constituição, pode ser depreendido do **espírito constitucional**. Afinal, em um Estado que privilegia, acima de tudo, a dignidade da pessoa humana (art. 1º, III, da CF), e que proíbe a discriminação (art. 3º, IV, da CF), necessariamente não se pode rejeitar nenhuma entidade familiar.

Daí que um dos princípios que devem guiar o jurista, no âmbito do Direito de Família, é o princípio da pluralidade dos modelos de família. Sempre que se estiver diante de um núcleo formado pela **comunhão de pessoas em razão de um vínculo de afeto**, estar-se-á diante de uma família. Logo, deverão ser aplicadas as normas referentes ao Direito de Família, e eventuais ações judiciais deverão correr nas **varas de família**. Não há mais espaço para tratamentos discriminatórios, como infelizmente ainda se vê. Questões atinentes a uma família, seja de que modelo for, não podem mais ser tratadas como matéria de Direito das Obrigações, e correr nas varas cíveis comuns. Trata-se de um **imperativo constitucional**. A propósito, esse é um tema já enfrentado pelo STJ:

> Processual civil. Recurso especial. União estável homoafetiva. Reconhecimento e dissolução. Competência para julgamento.

1. Recurso especial tirado de acórdão que, na origem, fixou a competência do Juízo Civil para apreciação de ação de reconhecimento e dissolução de união estável homoafetiva, em detrimento da competência da Vara de Família existente.

2. A plena equiparação das uniões estáveis homoafetivas, às uniões estáveis heteroafetivas trouxe, como corolário, a extensão automática àquelas, das prerrogativas já outorgadas aos companheiros dentro de uma união estável tradicional.

3. Apesar da organização judiciária de cada Estado ser afeta ao Judiciário local, a outorga de competências privativas a determinadas Varas, impõe a submissão dessas varas às respectivas vinculações legais construídas em nível federal, sob pena de ofensa à lógica do razoável e, *in casu*, também agressão ao princípio da igualdade.

4. Se a prerrogativa de vara privativa é outorgada ao extrato heterossexual da população brasileira, para a solução de determinadas lides, também o será à fração homossexual, assexual ou transexual, e todos os demais grupos representativos de minorias de qualquer natureza que tenham similar demanda.

5. **Havendo vara privativa para julgamento de processos de família, esta é competente para apreciar e julgar pedido de reconhecimento e dissolução de união estável homoafetiva, independentemente das limitações inseridas no Código de Organização e Divisão Judiciária local** 6. Recurso especial provido (REsp 1.291.924/RJ, relatora: Ministra Nancy Andrighi, 3ª Turma, data do julgamento: 28/5/2013, data da publicação: 7/6/2013).

Em razão de já termos estudado os diversos modelos de família na seção anterior, deixaremos de examiná-los aqui, mas remetemos o leitor ao seu estudo.

3. PRINCÍPIO DO LIVRE PLANEJAMENTO FAMILIAR

O princípio do livre planejamento familiar encontra-se garantido no § 7º do art. 226 da Constituição de 1988, segundo o qual "fundado nos princípios da dignidade da pessoa humana e da paternidade responsável, o planejamento familiar é livre decisão do casal, competindo ao Estado propiciar recursos educacionais e científicos para o exercício desse direito, vedada qualquer forma coercitiva por parte de instituições oficiais ou privadas".

Em decorrência de tal princípio deve-se considerar que as pessoas são livres, respeitados os demais princípios, para: (1) escolher o modelo de família em que viverão, bem como a forma de sua constituição – incluindo-se aí a família poliafetiva; (2) decidir sobre ter ou não filhos e, em caso afirmativo, sobre quantos, quando e como.

4. PRINCÍPIO DO MELHOR INTERESSE DO MENOR

Crianças e adolescentes ganharam **proteção especial**, a partir da Constituição de 1988 (art. 227),[15] culminando com a promulgação do Estatuto da Criança e do Adolescente – Lei 8.069/90, o que levou a uma **alteração principiológica** nos núcleos parentais, cristalizada no chamado princípio do melhor interesse do menor.

---

[15] Art. 227 da Constituição: "é dever da família, da sociedade e do Estado assegurar à criança, ao adolescente e ao jovem, com absoluta prioridade, o direito à vida, à saúde, à alimentação, à educação, ao lazer, à profissionalização, à cultura, à dignidade, ao respeito, à liberdade e à convivência familiar e comunitária, além de colocá-los a salvo de toda forma de negligência, discriminação, exploração, violência, crueldade e opressão."

À luz deste princípio, a criação e a educação dos menores deve ser promovida pelos pais com base no **interesse dos filhos**, e não deles próprios.

Nesse sentido, determina o Código Civil, segundo a nova disciplina da guarda, que o estabelecimento do tempo de convívio dos filhos com o pai e com a mãe, assim como a determinação da cidade considerada base de sua moradia, devem levar em conta "os interesses dos filhos" (art. 1.583, §§ 2º e 5º, com a nova redação dada pela Lei 13.058/2014). Ademais, se o juiz entender que os filhos não devem permanecer na guarda nem do pai, nem da mãe, poderá deferi-la "a pessoa que revele compatibilidade com a natureza da medida, considerados, de preferência, o grau de parentesco e as relações de afinidade e afetividade" (art. 1.584, § 5º, também com nova redação).

Conforme salienta Cunha Pereira, o principal cuidado que se deve ter, na aplicação do princípio do melhor interesse do menor, é no **conteúdo** que se dá a ele.[16] Afinal, o que é do melhor interesse da criança e do adolescente varia, e deve ser apurado em cada caso, levando-se em conta todas as circunstâncias e peculiaridades.

Quadro Esquemático 2

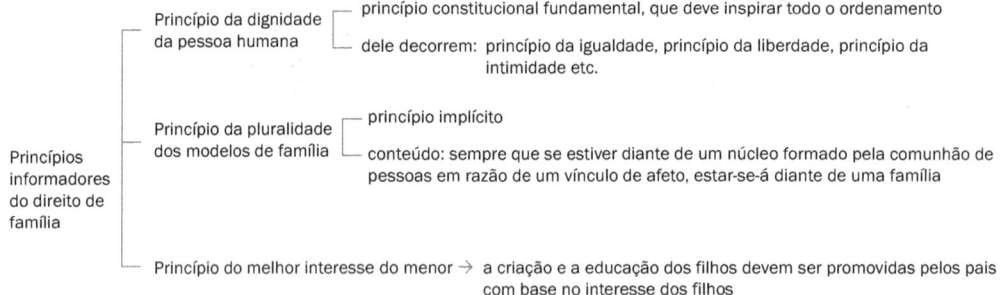

---

[16] PEREIRA, Rodrigo da Cunha. *Princípios fundamentais*, cit., p. 128.

# 3

Casamento
(arts. 1.511 a 1.582 e 1.639 a 1.688)

A instituição do casamento é uma das mais antigas de que se tem notícia, e está presente em quase todo modelo de sociedade que se conhece. Cuida-se, originalmente, de uma **formalização** da união **conjugal**, realizada pela religião, que a sacralizava, e, posteriormente, assumida por alguns Estados. Há notícias de que o primeiro país a cogitar do casamento civil teria sido a Holanda, em 1580, para dar aos católicos acesso ao casamento, vez que a religião oficial do Estado era outra.[17] Posteriormente, foi o Código Napoleão a primeira grande lei a dar disciplina civil ao casamento, que até então era matéria de Direito Canônico.

No Brasil, até a proclamação da República, o casamento era **religioso**, celebrado pela **Igreja Católica**. Após a laicização do Estado, o casamento tornou-se **civil**, ou seja, passou a ser celebrado pelo Estado. No entanto, ainda se admite que o casamento celebrado em cerimônia religiosa possa ter **efeito civil**, conforme estudaremos.

1. CONCEITO E NATUREZA JURÍDICA DO CASAMENTO

Para que se pense em um **conceito** de casamento, é necessário que se atente para o fato de que a palavra tem **dois significados**: o primeiro é o de *ato jurídico solene*, por meio do qual duas pessoas se obrigam mutuamente a viver em comunhão e a se submeter aos efeitos legais prescritos para o ato; o segundo é o de *estado civil* das pessoas que vivem em comunhão oficializada pelo ato jurídico solene. Em algumas línguas, há vocábulos diferentes para os diversos sentidos: *wedding*, em inglês, significa o casamento-ato, e *marriage* o casamento-estado; em alemão, *Hochzeit* corresponde ao primeiro sentido, e *Ehe* ao segundo.

Costuma-se discutir sobre a **natureza jurídica** do casamento. Para esse desiderato, faz-se indispensável, primeiramente, especificar de que casamento se está tratando. Quem quer que se atenha à teoria dos atos jurídicos, tecnicamente desenhada, perceberá que o casamento-ato tem a natureza de **ato jurídico voluntário**, também chamado de **ato jurídico** *stricto sensu*. Isso porquanto cuida-se de um ato jurídico cujos principais efeitos são determinados pela lei, e não pela vontade das partes, embora a própria lei ofereça diferentes opções, quanto a alguns dos efeitos, como ocorre com o **regime de bens**, que pode ser escolhido, dentre uma lista. Não se trata de **negócio jurídico** e, consequentemente, não pode ser um **contrato**, vez que o traço distintivo desta espécie de ato jurídico é justamente a possibilidade maior de as partes

---

[17] VENOSA, Sílvio de Salvo. *Direito civil*: direito de família. 10. ed. São Paulo: Atlas, 2010. v. VI. p. 56.

influenciarem nos efeitos jurídicos que o ato produzirá. Quanto ao casamento-estado, não há dúvida de que se cuida de um **estado civil**.

O leitor, não obstante, encontrará doutrinadores que asseveram ter o casamento outra natureza.

Para alguns, cuida-se de **contrato**,[18] ou **contrato de Direito de Família**,[19] e até mesmo **contrato de adesão**[20] – o que não se justifica, porquanto o casamento-ato não se encaixa na definição de **contrato**.

Há, ainda, quem identifique no casamento um **negócio de Direito de Família**[21] – em uma tentativa de destacar o casamento da teoria clássica dos atos jurídicos, o que não nos parece necessário.

Para outros, por fim, trata-se de **instituição social**[22] – o que leva em conta mais o casamento-estado que o casamento-ato.[23] Ademais, "instituição social" consistiria em uma figura jurídica nova, o que se reputa dispensável, porquanto o casamento pode ser enquadrado em figuras jurídicas já existentes.

2. MODALIDADES DE CASAMENTO-ATO

Há oito modalidades principais de casamento-ato: o **civil**, o **religioso**, o **homoafetivo**, o **por mandatário**, o **nuncupativo**, o **consular**, o **putativo** e o **estrangeiro**.

2.1 Casamento civil

O casamento civil é a modalidade principal de casamento-ato, como se depreende do conteúdo do art. 226, § 1º, da Constituição, repetido no art. 1.512 do Código Civil: "o casamento é civil e gratuita a sua celebração".

Ainda neste capítulo, estudaremos com detalhes o casamento civil, mais adiante.

2.2 Casamento religioso

Conquanto o casamento seja eminentemente civil, vez que o Estado brasileiro é laico, admite-se o casamento religioso, como forma de respeito às convicções religiosas das pessoas. Assim é que o art. 226, § 2º, da Constituição determina que o casamento religioso terá efeitos civis, nos termos da lei. O art. 1.515 do Código Civil, por sua vez, estabelece que o casamento religioso, desde que atenda às exigências da lei para a **validade do casamento civil**, será a ele equiparado, devendo, para tanto, ser registrado no devido cartório. A produção de efeitos civis retroagirá à data da celebração do casamento.

Nos termos do art. 1.516 do Código, exigem-se, para o registro do casamento religioso, os mesmos requisitos requeridos para o casamento civil. Segundo o § 1º do dispositivo, o prazo

---

[18] BEVILÁQUA, Clóvis. *Direito de família*. Rio de Janeiro: Freitas Bastos, 1933. p. 37 e ESPÍNOLA, Eduardo. *A família no Direito Civil Brasileiro*. Rio de Janeiro: Conquista, 1957. p. 49.

[19] RODRIGUES, Silvio. *Direito de família*, cit., p. 17.

[20] LOBO, Paulo apud DIAS, Maria Berenice. *Manual de direito das famílias*, cit., p. 150.

[21] DIAS, Maria Berenice. *Manual de direito das famílias*, cit., p. 150.

[22] MONTEIRO, Washington de Barros. *Direito de família*. 25. ed. São Paulo: Saraiva, 1986. p. 10.

[23] Venosa, conquanto faça a devida distinção, enxerga no casamento-estado uma **instituição**, tal qual Washington de Barros. Já quanto ao casamento-ato, afirma ter a natureza de **negócio jurídico** (*Direito civil*, cit., v. VI, p. 26).

para o **registro** do casamento religioso é de **noventa dias** contados de sua celebração, devendo o celebrante (padre, pastor etc.) ou qualquer interessado comunicar a celebração ao ofício competente. O registro depende de que tenha sido previamente homologada a **habilitação** a que se referem os arts. 1.525 a 1.532 do Código (que estudaremos adiante). Se o registro não for efetuado dentro do prazo, será necessária nova habilitação.

Na hipótese de ser celebrado um casamento religioso sem que sejam observadas as exigências legais, os efeitos civis dependerão de requerimento do casal, a qualquer tempo, para que seja registrado (art. 1.516, § 2º). Tal requerimento também depende de habilitação prévia perante a autoridade competente, observando-se o prazo do art. 1.532.[24]

Como não poderia deixar de ser, será **nulo** o registro do casamento religioso caso qualquer dos nubentes (pessoas que se casam) tenha se casado com outra pessoa, anteriormente, por meio de casamento civil (art. 1.516, § 3º).

Como se vê, o casamento religioso se submete às mesmas formalidades exigidas para o casamento civil. Na verdade, o que difere um do outro é a **celebração**, vez que o casamento religioso segue todo um **rito especial**, peculiar a cada religião, além de não ser celebrado pela autoridade pública (em geral, o juiz de paz), mas sim pela **autoridade religiosa** respectiva (padre, pastor etc.).

2.3 Casamento homoafetivo

O casamento homoafetivo, na verdade, tanto pode ser civil quanto religioso, no caso das religiões que o admitem.

No entanto, justifica-se que seja visto em um tópico próprio, por se tratar de uma das mais recentes conquistas do Direito de Família.

Na doutrina, sem dúvida alguma, o maior mérito foi de MARIA BERENICE DIAS, a qual muito lutou pelo reconhecimento da constitucionalidade e legalidade do **casamento homoafetivo**.[25]

Na história recente, em resposta às lutas por reconhecimento, a partir do reconhecimento da união estável entre pessoas do mesmo sexo pelo Supremo Tribunal Federal, alguns juízes começaram a aceitar a conversão de tal união em casamento, assim como cartórios de Registro Civil começaram a admitir sua celebração. Esse posicionamento, afinal, cristalizou-se no Superior Tribunal de Justiça, no julgamento do REsp 1.183.378/RS, em que se decidiu pela legalidade do casamento entre pessoas do mesmo sexo.

É que, como já sustentava MARIA BERENICE, não havia óbice, no ordenamento jurídico, ao casamento de pessoas do mesmo sexo. Apesar das inúmeras opiniões em contrário,[26] nem a Constituição nem o Código Civil determinavam que somente pessoas de sexos diferentes podiam se casar.[27]

---

[24] Art. 1.532 do Código: "a eficácia da habilitação será de noventa dias, a contar da data em que foi extraído o certificado".

[25] DIAS, Maria Berenice. *Manual de direito das famílias*, cit., p. 154.

[26] CÉSAR FIUZA, por exemplo, afirma ser a diferença de sexos um dos caracteres jurídicos do casamento-ato (*Direito civil*, cit., p. 896).

[27] Costuma-se argumentar que o art. 1.565 do Código assevera que "pelo casamento, homem e mulher assumem mutuamente a condição de consortes, companheiros e responsáveis pelos encargos da família", argumento, a nosso ver, pouco sustentável. A simples referência a "homem e mulher" é muito pouco para se entender que, por essa razão, excluem-se do casamento as pessoas do mesmo sexo.

Estas foram algumas das primeiras notícias veiculadas na mídia sobre casamentos homoafetivos:

> A certidão de casamento ainda não foi liberada pelo Cartório das Graças, mas o promotor de Justiça do Ministério Público de Pernambuco, Adalberto Vieira, e o técnico judiciário do TJPE, Ricardo Coelho, já estão oficialmente casados. Os dois comemoraram nesta quarta-feira a decisão do juiz da Primeira Vara de Família e Registro Civil da Comarca do Recife, Clicério Bezerra e Silva, cuja sentença converteu a união homoafetiva mantida pelos dois há 13 anos em casamento, com efeitos imediatos e sem necessidade de celebração. É a primeira decisão do gênero no Norte/Nordeste e a quarta no Brasil.[28]

> A 4ª Turma do Superior Tribunal de Justiça reconheceu que um casal de mulheres também tem direito de casar. Por maioria, nesta terça-feira (25/10), os ministros deram provimento ao Recurso Especial no qual duas mulheres pediam para serem habilitadas ao casamento civil.
>
> O julgamento começou na última quinta-feira (20/10), quando quatro ministros votaram a favor do pedido do casal. Marco Buzzi, o último a votar, pediu vista. Ao apresentar seu voto na sessão desta terça-feira (25/10), ele levantou uma questão de ordem recomendando que o caso fosse levado a julgamento na 2ª Seção, que reúne os ministros das duas Turmas especializadas em Direito Privado.
>
> Por maioria de votos, a questão de ordem foi rejeitada. No julgamento do mérito, o ministro Buzzi acompanhou o voto do relator, ministro Luis Felipe Salomão, dando provimento ao recurso.[29]

Atualmente, o tema é objeto da Resolução 175 do CNJ, segundo a qual:

> Art. 1º É vedada às autoridades competentes a recusa de habilitação, celebração de casamento civil ou de conversão de união estável em casamento entre pessoas de mesmo sexo.
>
> Art. 2º A recusa prevista no artigo 1º implicará a imediata comunicação ao respectivo juiz corregedor para as providências cabíveis.

Com isso, o Direito brasileiro deu um importante passo no sentido da consecução dos objetivos da República de "construir uma sociedade livre, justa e solidária" e "promover o bem de todos, sem preconceitos de origem, raça, sexo, cor, idade e quaisquer outras formas de discriminação", conforme estabelecido pela Constituição (art. 3º, incs. I e IV). A propósito, cita-se decisão, ainda de 2012, do Superior Tribunal de Justiça, que afasta qualquer tentativa de desqualificar o casamento entre casais do mesmo sexo:

> [...] Inaugura-se com a Constituição Federal de 1988 uma nova fase do direito de família e, consequentemente, do casamento, baseada na adoção de um explícito poliformismo familiar em que arranjos multifacetados são igualmente aptos a constituir esse núcleo doméstico chamado "família", recebendo todos eles a "especial proteção do Estado". Assim, é bem de ver que, em 1988, não houve uma recepção constitucional do conceito histórico de casamento, sempre considerado como via única para a constituição de família e, por vezes, um ambiente

---

[28] Notícia de autoria de Cristiane Huggins, disponível no *site*: <http://www.pernambuco.com/ultimas/nota.asp?materia=20110803183838>.

[29] Notícia de autoria não informada publicada na Revista Consultor Jurídico, disponível em <http://www.conjur.com.br/2011-out-25/stj-reconhece-casamento-civil-entre-pessoas-mesmo-sexo>.

de subversão dos ora consagrados princípios da igualdade e da dignidade da pessoa humana. **Agora, a concepção constitucional do casamento – diferentemente do que ocorria com os diplomas superados – deve ser necessariamente plural, porque plurais também são as famílias e, ademais, não é ele, o casamento, o destinatário final da proteção do Estado, mas apenas o intermediário de um propósito maior, que é a proteção da pessoa humana em sua inalienável dignidade.**

O pluralismo familiar engendrado pela Constituição – explicitamente reconhecido em precedentes tanto desta Corte quanto do STF – impede se pretenda afirmar que as famílias formadas por pares homoafetivos sejam menos dignas de proteção do Estado, se comparadas com aquelas apoiadas na tradição e formadas por casais heteroafetivos.

O que importa agora, sob a égide da Carta de 1988, é que essas famílias multiformes recebam efetivamente a "especial proteção do Estado", e é tão somente em razão desse desígnio de especial proteção que a lei deve facilitar a conversão da união estável em casamento, ciente o constituinte que, pelo casamento, o Estado melhor protege esse núcleo doméstico chamado família.

Com efeito, se é verdade que o casamento civil é a forma pela qual o Estado melhor protege a família, e sendo múltiplos os "arranjos" familiares reconhecidos pela Carta Magna, não há de ser negada essa via a nenhuma família que por ela optar, independentemente de orientação sexual dos partícipes, uma vez que as famílias constituídas por pares homoafetivos possuem os mesmos núcleos axiológicos daquelas constituídas por casais heteroafetivos, quais sejam, a dignidade das pessoas de seus membros e o afeto [...] (REsp 1.183.378/RS, relator: Min. Luis Felipe Salomão, 4ª Turma, data do julgamento: 25/10/2011, data da publicação: 1/2/2012).

2.4 Casamento por mandatário

Tecnicamente, o casamento por mandatário não consiste em uma modalidade de casamento-ato. Trata-se, na verdade, de um casamento civil *peculiar*, em razão de um dos nubentes (pessoas que se casam), ou ambos, encontrar-se, na cerimônia, **representado por mandatário**. No entanto, por razões didáticas, optamos por destacar a hipótese, para chamar a atenção do leitor.

Para se fazer representar na celebração do casamento, o nubente deve celebrar contrato de **mandato** e outorgar ao mandatário **poderes especiais**, por meio de procuração por **instrumento público** (ou seja, lavrada em cartório), segundo o comando do art. 1.542 do Código. O mandato celebrado com tal finalidade se extingue em, no máximo, **noventa dias** (art. 1.542, § 3º).

A **revogação** do mandato somente pode se dar por **instrumento público** (art. 1.542, § 4º). Curiosamente, não se exige que chegue ao conhecimento do mandatário, ressalvando-se que o mandante responde por perdas e danos, perante o outro nubente e o mandatário, se o casamento vier a ser celebrado (art. 1.542, § 1º). Nesse caso, o ato se torna **anulável** (art. 1.550, V), desde que não sobrevenha coabitação entre os cônjuges.

2.5 Casamento nuncupativo

Diz-se **nuncupativo** ou *in extremis* o casamento de quem se encontra em **iminente risco de vida**, e não consegue a presença da autoridade que deve presidir a celebração, nem de seu substituto. Nessa hipótese, o art. 1.540 do Código admite que seja celebrado **informalmente**, e **oralmente** – daí o adjetivo nuncupativo, que significa oral –, sendo dispensadas as formalidades legais, inclusive a habilitação, desde que na presença de **seis testemunhas**, que com os nubentes não tenham parentesco, nem em linha reta, nem na colateral, até o segundo grau.

Após a realização do ato, devem as testemunhas comparecer à autoridade judicial mais próxima, no prazo de **dez dias**, para comunicar e declarar que, nos termos do art. 1.541: foram convocadas por parte do enfermo; este parecia em perigo de vida, mas em seu juízo; em sua presença, os nubentes declararam, livre e espontaneamente, receber-se por marido e mulher. Após a autuação do pedido e da tomada das declarações, o juiz procederá às diligências necessárias para verificar se teria sido possível a habilitação, devendo, inclusive, no prazo de quinze dias, ouvir os interessados que pedirem para se manifestar (art. 1.541, § 1º). O juiz, então, proferirá sua decisão, da qual caberá recurso voluntário às partes (art. 1.541, § 2º). Transitada em julgado a decisão que reconheceu o casamento, o juiz mandará registrá-la no livro do Registro dos Casamentos (art. 1.541, § 3º). Tal assento produzirá efeitos retroativos, quanto ao estado civil dos cônjuges, desde a **data da celebração** (art. 1.541, § 4º).

Obviamente que, se o nubente enfermo convalescer e puder ratificar o casamento na presença da autoridade competente e do oficial do registro, as formalidades previstas no *caput* e nos parágrafos primeiro ao quarto do art. 1.541 serão **dispensadas** (art. 1.541, § 5º).

2.6 Casamento consular

Pessoas de nacionalidade brasileira que residem no exterior podem casar-se de acordo com o Direito brasileiro, em **consulado pátrio**, perante o cônsul ou a autoridade competente.

Segundo o art. 1.544 do Código, o casamento assim celebrado deverá ser **registrado** no prazo de **cento e oitenta dias**, contado da data do regresso de um dos cônjuges, ou de ambos, ao Brasil, no cartório do respectivo domicílio ou, na falta deste, no 1º Ofício da capital do Estado em que passarem a residir.

2.7 Casamento putativo

O adjetivo "putativo" significa **aparente**. Casamento putativo, consequentemente, é o casamento que não o é, conquanto **pareça ser**.

A aparência de casamento se deve ao fato de ter sido celebrado, e o "não ser" advém de o casamento ter sido **anulado** ou **declarado nulo**. O art. 1.561 do Código menciona o casamento "anulável ou mesmo nulo". Discordamos da técnica, vez que o casamento **anulável** é **existente e eficaz** até que seja e se vier a ser anulado. A hipótese do casamento putativo, na verdade, refere-se ao casamento anulável **que foi anulado**, ou ao casamento nulo, assim declarado.

Nos termos do mencionado art. 1.561 do Código, o casamento putativo, se contraído **de boa-fé por ambos os cônjuges**, produz todos os efeitos do casamento válido **até a data da sentença anulatória**. Caso se demonstre que **apenas um dos cônjuges** estava de boa-fé, os efeitos do casamento válido somente a ele aproveitarão (art. 1.561, § 1º). Em qualquer hipótese, os efeitos sempre se estenderão aos **filhos**, ainda que ambos os cônjuges estivessem de má-fé (art. 1.561, *caput*, § 1º e § 2º).

As causas da anulabilidade e da nulidade do casamento serão estudadas em seção própria.

2.8 Casamento estrangeiro

Inicialmente, deve-se ressaltar que nos referimos ao casamento estrangeiro e não ao **casamento de estrangeiro**. Casamento de estrangeiro é o casamento do não nacional no Brasil, o qual se submete às mesmas regras aplicáveis aos nacionais, pelo que não constitui modalidade peculiar de casamento-ato. Já o **casamento estrangeiro** é o casamento tanto de brasileiros quanto de estrangeiros, realizado em outro país, segundo a legislação do lugar, que vêm a residir no Brasil.

Cabe lembrar que, segundo o critério do art. 7º da Lei de Introdução às Normas do Direito Brasileiro, é aplicável às pessoas o Direito de Família do país em que se encontram **domiciliadas**. Logo, quem estabelecer domicílio no Brasil ficará sujeito à legislação de família do nosso país, independentemente de sua nacionalidade. Como exceção à regra do art. 7º da Lei de Introdução, como vimos, o art. 1.544 do Código admite que o brasileiro que se encontra no exterior se case no consulado do Brasil seguindo a legislação brasileira.

Para que o casamento estrangeiro produza efeitos no Brasil, o art. 32 da Lei de Registros Públicos – Lei 6.015/73 – exige que a **certidão do ato**, devidamente autenticada pelo agente consular brasileiro e traduzida para o português por tradutor público, seja levada a **registro** no cartório competente.

A questão mais polêmica acerca do casamento estrangeiro diz respeito aos **casamentos poligâmicos**, válidos no país em que foram celebrados, mas que o Brasil não reconhece, vez que o nosso casamento é culturalmente monogâmico. Parece-nos que a questão não é tão simples de se resolver, sobretudo em razão de a Constituição Federal proibir qualquer forma de discriminação (art. 3º, IV). Negar aos estrangeiros poligâmicos que vêm a residir no Brasil o estado civil de casados porquanto nossa cultura predominante é diversa da deles parece, inegavelmente, uma forma de **discriminação**, o que, por conseguinte, configura **ato inconstitucional**.

3. CAPACIDADE PARA CASAR

A capacidade de direito para casar somente se adquire aos dezesseis anos completos, segundo a regra do art. 1.517 do Código, e não com o nascimento com vida.

Em se tratando de maior de dezesseis e menor de dezoito anos, faz-se necessária a **autorização** de ambos os pais ou do representante legal para a prática do ato. Claro que, se apenas um dos pais exercer o poder familiar, por ser o outro falecido, ou desconhecido, ou por ter perdido tal poder, bastará a autorização daquele que o exerce. Havendo **divergência** entre o pai e a mãe, cabe ao juiz solucionar a questão (art. 1.517, parágrafo único). Se houver **denegação**, por parte dos pais, do tutor ou do curador, a questão poderá ser levada ao juiz, que terá o poder de **supri-la**, caso a entenda **injusta** (art. 1.519). Admite-se a **revogação da autorização** por quem a concedeu até o **momento da celebração** do ato (art. 1.518).

Impende frisar que, segundo o art. 5º, parágrafo único, II, do Código Civil, o casamento do menor de dezoito anos o torna **absolutamente capaz** de praticar os atos da vida civil, ou seja, o nubente adquire capacidade de fato plena.

Segundo o § 2º do art. 1.550, acrescido ao Código Civil pelo **Estatuto da Pessoa com Deficiência – EPD**, "a pessoa com deficiência mental ou intelectual em idade núbia [sic] poderá contrair matrimônio, expressando sua vontade diretamente ou por meio de seu responsável ou curador". Veja-se que, apesar do grande descuido do legislador, o tema nada tem a ver com a anulabilidade do casamento, de que trata o art. 1.550, e sim com a capacidade para casar. Ademais, escorregou o legislador ao grafar "idade núbil" como "idade núbia".

Sobre a capacidade para casar, atenção! Até a entrada em vigor da Lei 13.811/2019 – o que ocorreu em 13 de março de 2019 –[30] autorizava-se, em **caráter excepcional**, o casamento do **menor de dezesseis anos** em duas hipóteses (art. 1.520): "para evitar imposição ou cumprimento de pena criminal ou em caso de gravidez".[31] A doutrina questionava tal comando, inclusive nós, nas edições anteriores desta obra.

---

[30] Data da publicação da lei, e termo inicial de sua vigência, conforme seu art. 2º.
[31] Já se considerava tacitamente revogada a hipótese referente à imposição ou cumprimento de pena criminal. É que a Lei 11.106/2005 já havia revogado a previsão de extinção da punibilidade, pelo casamento com a vítima, do autor de crime contra os costumes (antigos incisos VII e VIII do art. 107 do CP).

A mencionada Lei 13.811/2019, promulgada em 12 de março de 2019, deu ao art. 1.520 do Código, para resolver, em definitivo, a questão do casamento de quem ainda não atingiu a idade núbil, a seguinte redação: "Art. 1.520. Não será permitido, em qualquer caso, o casamento de quem não atingiu a idade núbil, observado o disposto no art. 1.517 deste Código".

Em suma, a idade mínima para o casamento do homem e da mulher é 16 anos, com autorização dos representantes legais (art. 1.517). Não será permitido, em qualquer caso, o casamento de quem não atingiu a idade núbil (art. 1.520). Com o casamento, cessa a incapacidade civil, pois não é razoável que a sociedade doméstica seja administrada por um estranho, isto é, pelo pai ou tutor, porque um de seus membros ainda é incapaz.

Dúvida que pode surgir está relacionada à nulidade ou à anulabilidade do casamento de quem ainda não atingiu a idade núbil. Uma interpretação do art. 1.550 conjugada com o art. 2º da LINDB permite concluir que aquele dispositivo foi tacitamente revogado, pois não há sentido o legislador proibir e o ato continuar a produzir efeitos, porquanto somente geraria a anulabilidade. É que, embora o art. 1.550, I, do CC ainda preveja que o casamento de quem não completou a idade mínima para casar é anulável, a Lei 13.811/2019, como vimos, proibiu o casamento antes dos dezesseis anos. Talvez por um deslize do legislador, esse inciso não foi revogado. Porém, nem sempre a revogação de uma norma precisa ser expressa. Ademais, se o art. 1.520 veda peremptoriamente o casamento, significa dizer que a lei não o aceita de nenhuma forma; e o que a lei não admite é nulo e não meramente anulável (art. 167, VI, do CC). De toda sorte, existem vozes divergentes admitindo a anulabilidade do casamento, justamente pela ausência de revogação do art. 1.550, I.

4. IMPEDIMENTOS AO CASAMENTO

Em razão de ser o casamento um ato extremamente solene, não basta que os nubentes tenham a **capacidade para casar**. O Direito requer, também, que não se encontrem **impedidos de casar**. O exame da existência ou não de impedimentos começa a ser feito na fase chamada de **habilitação**, a qual estudaremos a seguir.

Classicamente, a doutrina classifica os impedimentos para casar em **impedimentos dirimentes** e **impedimentos impedientes**. Aqueles são ainda divididos em **públicos** e **privados**.

4.1 Impedimentos dirimentes

4.1.1 Impedimentos dirimentes públicos (causas impeditivas)

São chamados de impedimentos dirimentes públicos aqueles que **impedem taxativamente** o casamento, razão pela qual o ato, se vier a ser praticado, será **nulo**. O uso do adjetivo "público" se deve ao fato de que os impedimentos assim considerados configuram matéria de **ordem pública** – daí a **nulidade** –, enquanto os chamados impedimentos *privados* constituem matéria de ordem privada – pelo que apenas ensejam a anulabilidade do ato.

Justamente por serem públicos, admite-se que tais impedimentos sejam opostos, até o momento da celebração do casamento, por **qualquer pessoa capaz** (art. 1.522, *caput*), determinando a lei que sejam declarados, obrigatoriamente, pelo juiz ou pelo oficial do registro que deles tiver conhecimento, independentemente de provocação (art. 1.522, parágrafo único).

Em atenção à linguagem pelo Código,[32] os impedimentos dirimentes públicos são chamados, por parte da doutrina contemporânea, de **causas impeditivas** do casamento.

---

[32] Por analogia, vez que o Código se refere aos impedimentos impedientes como **causas suspensivas**.

Para tornar a exposição mais didática, examinaremos separadamente cada um dos impedimentos dirimentes públicos, previstos no art. 1.521 do Código.

4.1.1.1 Impedimento do incesto

Nossa cultura, predominantemente, reprova as relações conjugais entre **membros próximos de uma mesma família**, conhecidas como **incesto**. Trata-se de um dado social e, por conseguinte, variável, sendo certo que conhecemos historicamente de muitos casamentos entre **primos**.

No Direito contemporâneo, não se admite o casamento dos **ascendentes com descendentes** (art. 1.521, I), independentemente de o parentesco ser biológico ou civil.[33] Logo, não podem se casar os pais com filhos, nem estes com os avós etc. Também não podem casar entre si os **irmãos**, sejam bilaterais ou unilaterais, biológicos ou não (art. 1.521, IV, primeira parte, e art. 1.521, V), nem **quaisquer colaterais até o terceiro grau inclusive** (art. 1.521, IV, segunda parte). Destarte, é vedado o casamento mesmo entre **meio-irmãos** e entre **irmãos adotivos**, assim como entre **tios** e **sobrinhos**. Todavia, é válido o casamento entre **primos**, por exemplo, por serem parentes colaterais de quarto grau.

O casamento é proibido igualmente entre os **afins em linha reta** (art. 1.521, II). Afins são os **parentes por casamento**, ou seja, os sogros e sogras, genros e noras, cunhados e cunhadas etc. Afins em linha reta são apenas os **sogros, sogras, genros e noras**. Nada impede o casamento entre cunhados (afins em linha colateral).

Por fim, a lei inclui no impedimento do incesto os vínculos gerados pela adoção, e proíbe o casamento do **adotante com quem foi cônjuge do adotado** e do **adotado com quem foi cônjuge do adotante**. Essas hipóteses são análogas à dos afins em linha reta: é como se fosse o sogro por adoção com a nora por adoção (ou sogra com genro) e vice-versa.

Como os impedimentos são mais graves, podem ser opostos, até o momento da celebração do casamento, por qualquer pessoa capaz (art. 1.522). As causas suspensivas da celebração do casamento podem ser arguidas pelos parentes em linha reta de um dos nubentes, consanguíneos ou afins, e pelos colaterais em segundo grau, também consanguíneos ou afins (art. 1.524).

4.1.1.2 Impedimento da bigamia

Conforme asseverado anteriormente, nossa cultura predominante é tradicionalmente **monogâmica**, daí por que se proíbe um novo casamento de pessoa que já é casada (art. 1.521, VI). Aliás, a bigamia ainda constitui **crime**, previsto no art. 235 do Código Penal.

Abrimos um parêntese para deixar claro que, a nosso ver, o impedimento da bigamia não configura razão para negar o reconhecimento de **casamentos estrangeiros poligâmicos**. Não se trata de permitir que constituam um casamento poligâmico no Brasil, o que dependeria de alteração do Código Civil e do Código Penal, mas de **não discriminação** de um estado reconhecido pelo ordenamento jurídico e pela cultura do lugar em que foi constituído.

4.1.1.3 Impedimento do favorecimento do homicídio

Vez que a bigamia constitui impedimento para o casamento, e que a natureza humana pode levar a pessoa a se valer de artimanhas para conseguir o que quer, seria possível que um

---

[33] Essa ressalva da lei reafirma o caráter **cultural** da proibição, vez que apenas o incesto biológico seria temido para evitar a geração de filhos com problemas genéticos.

dos cônjuges, para se casar com um amante, pedisse a este que providenciasse a morte daquele, ou que o próprio amante tivesse tal iniciativa. Em uma tentativa de evitar casos assim, o Direito veda o casamento do cônjuge sobrevivente com o **condenado por homicídio** e mesmo por **tentativa de homicídio contra o outro cônjuge** (art. 1.521, VII).

Em primeiro lugar, deve-se atentar para a necessidade de **condenação**, por meio do trânsito em julgado de sentença penal condenatória. Ademais, é razoável imaginar que a condenação deva ter sido por **homicídio doloso**, vez que, no crime culposo, não há **intenção de matar**.

Com relação ao crime **tentado** é que há uma peculiaridade: se o crime não se consumou, é porque o cônjuge **não morreu**. E, para que o outro cônjuge pudesse se casar com o autor da tentativa de homicídio, deveria ter havido um **divórcio**. Ainda assim, o Direito mantém o impedimento.

4.1.2 Impedimentos dirimentes privados

São chamados de impedimentos dirimentes privados aqueles que **invalidam relativamente** o casamento, ou seja, que ensejam sua **anulabilidade**, e não sua nulidade. Não se encontram listados pelo Código Civil ao lado dos demais impedimentos, mas sim no art. 1.550, que prevê as hipóteses em que o casamento é anulável. A matéria é de **ordem privada**, e somente pode ser arguida pelos titulares do direito potestativo de anular o casamento, que lhes confere a lei, conforme estudaremos na seção sobre invalidade do casamento.

Examinaremos, a seguir, cada um dos impedimentos dirimentes privados: **ausência de idade mínima**; **ausência de autorização**; **erro e coação**; **incapacidade de consentir ou de manifestar inequivocamente o consentimento** e **revogação do mandato**.

4.1.2.1 Ausência de idade mínima

São impedidos de casar os menores de **dezesseis anos** (art. 1.550, I).[34] O leitor poderá indagar-se: não é exatamente esta a matéria que estudamos na subseção sobre capacidade? Sim, é verdade. Apenas a repetimos aqui porquanto a incapacidade para casar é considerada um impedimento dirimente privado.

4.1.2.2 Ausência de autorização

Os maiores de dezesseis e menores de dezoito anos podem casar, mas dependem de **autorização dos pais** ou do **representante legal** (art. 1.517). A ausência de autorização os impede de casar (art. 1.550, II).

Relembrando o que estudamos anteriormente, se houver **divergência** entre os pais, o juiz será chamado a decidir (art. 1.518). E, na hipótese de **denegação**, seja por parte dos pais, do curador ou do tutor, o juiz poderá suprir a autorização, se entender que a denegação foi **injusta** (art. 1.519). Ademais, a autorização pode ser **revogada** até o momento da celebração do casamento (art. 1.518).

4.1.2.3 Erro e coação

Também impedem o casamento os vícios do **erro** e da **coação** (art. 1.550, III).

---

[34] Vale lembrar que, conforme explicado, com a entrada em vigor da Lei 13.811/2019, que deu nova redação ao art. 1.520 do Código, ficou proibido, em qualquer hipótese, o casamento dos menores de 16 anos.

Na verdade, faz bem mais sentido tratar desta matéria quando do estudo da **invalidade do casamento**, mas a destacamos aqui para que você não se esqueça de que a doutrina considera o erro e a coação *impedimentos dirimentes privados*.

4.1.2.4 Incapacidade de consentir ou de manifestar inequivocamente o consentimento

O Código de 2002 estranhamente repetiu o comando do Código de 1916, e continua considerando a incapacidade de **consentir** ou de **manifestar inequivocamente o consentimento** uma causa de **anulabilidade** do casamento e, por conseguinte, um impedimento dirimente privado (art. 1.550, IV).

Ocorre que o novo Código inovou ao incluir no rol dos **absolutamente incapazes** os que, ainda que por causa transitória, não possam exprimir sua vontade (art. 3º, III).

Há, portanto, um conflito, vez que a regra geral é no sentido da **nulidade** dos atos praticados por absolutamente incapaz (art. 166, I), e a regra especial do art. 1.550, IV, é no sentido da **anulabilidade** do casamento de quem casou sem que pudesse inequivocamente manifestar seu consentimento.

A nosso ver, não pode haver aplicação do princípio da especialidade, de modo a considerar aplicável a sanção prevista como especial. É que a previsão apenas da *anulabilidade* do casamento do incapaz de consentir fere sua dignidade. O que legitima o ordenamento jurídico a manter casada uma pessoa que foi submetida ao casamento sem que pudesse manifestar seu consentimento? Afinal, a nulidade dos atos praticados pelos absolutamente incapazes tem o objetivo de protegê-los. A anulabilidade se reserva aos casos em que o sujeito pode posteriormente convalidar o ato viciado na origem, o que não é possível em se tratando de quem é incapaz de consentir.

4.1.2.5 Revogação do mandato

Por fim, impede o casamento a **revogação do mandato** celebrado com tal finalidade, a qual, vale lembrar, deve se dar por **instrumento público** (art. 1.542, § 4º). O casamento, não obstante, pode vir a se realizar, se a revogação não chegar ao conhecimento do mandatário ou do outro nubente. Se isso ocorrer, como veremos, será **anulável**, como se dá sempre que um impedimento dirimente privado não é observado[35].

4.2 Impedimentos impedientes (causas suspensivas)

Impedimentos impedientes, ou meramente impedientes, como também são conhecidos, são fatos que não invalidam o casamento, senão impõem aos cônjuges que não os observarem uma **consequência patrimonial**, nos moldes de uma sanção. Tal consequência é a imposição do **regime de separação de bens** (art. 1.641, I).

Desde o Código de 2002, não obstante, admite-se que o juiz afaste os impedimentos impedientes, a pedido dos nubentes, contanto que se demonstre que não haverá prejuízo nem para os nubentes nem para terceiros (art. 1.523, parágrafo único), conforme veremos.

No Código anterior, os impedimentos impedientes eram listados juntamente com os dirimentes, no art. 183, o que, certamente, gerava muitas dúvidas, em razão das diferentes consequências de uns e de outros. O novo Código os separou, o que merece aplauso do ponto

---

[35] Fazemos aqui a ressalva quanto à idade núbil, em razão do posicionamento doutrinário ainda não consolidado a respeito do tema.

de vista didático. Tecnicamente, porém, deve-se criticar a linguagem do Código de 2002, que chamou de **causas suspensivas** os impedimentos impedientes, vez que, na verdade, não há **suspensão do direito de casar**. Os nubentes impedidos por algum destes impedimentos podem, sim, casar-se, cientes, contudo, da consequência patrimonial (imposição do regime de separação de bens). O melhor seria ter acolhido a classificação doutrinária e arrolado, no art. 1.521, os impedimentos dirimentes, dando-lhes este nome, e, no art. 1.523, os impedientes, mantendo a denominação clássica. Os comandos dos referidos artigos poderiam muito bem ter as seguintes redações, respectivamente: "constituem impedimentos dirimentes do casamento, e ensejam sua nulidade" e "constituem impedimentos impedientes do casamento, e impõe aos nubentes impedidos, que mesmo assim se casarem, o regime da separação de bens". Não há razão para a lei e a doutrina não andarem lado a lado.

Os impedimentos impedientes também constituem **matéria privada**, assim como os dirimentes privados, e somente podem ser arguidos pelos parentes em linha reta dos nubentes, e pelos colaterais em segundo grau, em qualquer caso, sejam eles consanguíneos, socioafetivos ou afins (art. 1.524). O leitor observará que o texto legal não menciona o parentesco socioafetivo, mas a interpretação do dispositivo deve incluí-lo, vez que não deve haver distinção entre parentesco biológico ou não.

4.2.1 Morte do cônjuge

A morte do cônjuge acarreta impedimento impediente para o casamento do viúvo ou viúva, **antes do inventário e da partilha dos bens do morto**, se o cônjuge sobrevivente tiver filhos do falecido (art. 1.523, I).

A razão é simples: impedir confusões patrimoniais causadas pelo novo casamento. Cabe lembrar, inclusive, que se o casamento se realizar, constituir-se-á **hipoteca legal** dos bens do morto em favor dos herdeiros (art. 1.489, inc. II).

Se o cônjuge provar para o juiz que o novo casamento em regime diverso da separação de bens **não trará prejuízo** para os herdeiros, este poderá afastar o impedimento impediente (art. 1.523, parágrafo único).

4.2.2 Presunção de paternidade

Também esta hipótese se relaciona com a morte de um dos cônjuges, necessariamente, o homem. A viúva permanece impedida de casar pelo prazo de **dez meses** da morte do marido (art. 1.523, II). O mesmo preceito se aplica à mulher divorciada, contando-se o prazo da data da dissolução da sociedade conjugal.

A ideia é que o filho que nascer dentro do prazo de dez meses será presumidamente do homem morto ou divorciado. Caso houvesse novo casamento – esta era a ideia vigente no Código de 1916 – poderia haver dúvidas sobre a paternidade do filho gerado dentro do mencionado prazo.

O Código admite o afastamento do impedimento se a mulher provar o nascimento do filho na fluência do prazo, ou a inexistência de gravidez (art. 1.523, parágrafo único).

Este impedimento, contudo, não mais se justifica. Não há razão para impor ao casal que o violar a imposição do regime de separação de bens. Com a possibilidade de realização de exame de DNA, afasta-se qualquer dúvida que pudesse surgir quanto à paternidade.

4.2.3 Divórcio, pendente partilha de bens

Segundo o art. 1.523, III, encontra-se impedido de se casar o **divorciado**, enquanto não houver sido homologada ou decidida a **partilha dos bens** do casal.

4.2.4 Exercício e prestação de contas da tutela ou curatela

Também são impedidos de casar, por impedimento meramente impediente, o **tutor ou curador e seus descendentes, ascendentes, irmãos, cunhados ou sobrinhos**, com a **pessoa sob a tutela ou curatela**, enquanto esta ou aquela durar, e enquanto não se prestarem as devidas contas (art. 1.523, IV).

A ideia, aqui, é impedir a influência do tutor ou curador na vontade do tutelado ou curatelado, para obter vantagem para si ou para seus parentes.

Também aqui se admite que o juiz afaste o impedimento, provando-se que não haverá prejuízo para o tutelado ou curatelado (art. 1.523, parágrafo único).

Um exemplo seria a demonstração de que o tutelado e a noiva mantêm há certo tempo um relacionamento bastante estável, com sinais públicos de afeto, que afasta a possibilidade de ingerência do tutor na vontade do tutelado.

5. HABILITAÇÃO PARA O CASAMENTO

Em razão da grande formalidade do ato do casamento, é necessário todo um procedimento precedente à sua celebração para verificar se os nubentes se encontram ou não **impedidos** de casar. Tal procedimento é chamado de **habilitação**, e pode ser dividido, para fins de estudo, em quatro etapas: **apresentação de documentos, proclamas, registro** e **extração do certificado**.

A habilitação deve ser feita perante o oficial do Registro Civil, devendo ser ouvido o Ministério Público (art. 1.526). Vale destacar que esse é o comando do art. 1.526 a partir da entrada em vigor da Lei 12.133/2009, que alterou a redação antiga, suprimindo a necessidade de homologação da habilitação pelo juiz competente.

Nos termos do parágrafo único do art. 1.526 – incluído pela Lei 12.133/2009, repetindo parcialmente o art. 67, § 2º, da Lei de Registros Públicos – Lei 6.015/73 –, havendo impugnação por parte do Ministério Público, a questão será submetida ao juiz. O fato de o novo dispositivo do Código não trazer a ressalva "que decidirá sem recurso", do preceito da Lei de Registros Públicos, importa que o arbitrário comando anterior foi revogado.[36]

Veja-se que, se os nubentes residirem em **diferentes distritos do Registro Civil**, poderão escolher em qual deles requererão a habilitação (art. 67 da Lei de Registros Públicos).

Não estarão sujeitas ao pagamento de selos, emolumentos e custas cartorárias, para fins de habilitação para o casamento, as pessoas que se declararem pobres (art. 1.512, parágrafo único).

5.1 Apresentação de documentos

Para obter a habilitação, ambos os nubentes devem **assinar um requerimento** e instruí-lo com os seguintes **documentos**, de acordo com o art. 1.525 do Código: (1) certidão de nascimento; (2) autorização dos pais ou do representante legal, quando for o caso (casamento do maior de dezesseis e menor de dezoito anos); (3) declaração de duas testemunhas, que podem ser parentes, atestando que conhecem os nubentes, e afirmando que não há impedimento para que se casem; (4) declaração do estado civil, do domicílio e da residência atual dos nubentes e dos respectivos pais, se estes forem conhecidos (essa declaração costuma ser chamada de **memorial**); (5) certidão de óbito do cônjuge falecido, de sentença declaratória de nulidade ou de sentença anulatória de casamento, transitada em julgado, ou do registro da sentença de divórcio, quando for o caso.

---

[36] A doutrina anterior à Lei 12.133 já não aceitava a aplicação da ressalva (DIAS, Maria Berenice. *Manual de direito das famílias*, cit., p. 162).

Quando da apresentação dos documentos, deve o oficial do registro esclarecer os nubentes sobre os **diversos impedimentos** (apesar de a lei mencionar apenas os "fatos que podem ocasionar a invalidade", ou seja, os impedimentos **dirimentes**),[37] bem como sobre os regimes de bens possíveis (art. 1.528).

Frise-se que o requerimento da habilitação pode ser formulado por **mandatário** com poderes especiais para tanto (art. 1.525).[38]

5.2 Proclamas (edital)

Se os documentos apresentados estiverem em ordem, o oficial do registro extrairá um **edital**, chamado pela doutrina de **proclamas** (art. 1.527, primeira parte e art. 67, § 1º, da Lei de Registros Públicos). Esse edital deverá ser afixado durante **quinze dias** nas circunscrições do Registro Civil de **ambos os nubentes** – ou seja, se residentes em diferentes distritos do Registro Civil, deverá haver publicação tanto em um quanto em outro –, e publicado na imprensa local, se houver (art. 1.527, segunda parte, e art. 67, §§ 1º e 4º, da LRP).

Admite-se que a autoridade competente dispense os proclamas, nos casos de comprovada urgência (art. 1.527, parágrafo único).

O objetivo desta etapa, obviamente, é dar publicidade à intenção dos nubentes de casar, abrindo a possibilidade de que possam ser arguidos **impedimentos**, sobretudo os **dirimente públicos**, que qualquer pessoa pode arguir.

Os impedimentos, seja de que natureza forem, deverão ser opostos em **declaração por escrito assinada**, instruída com as provas do fato alegado ou com a indicação do lugar em que podem ser obtidas (art. 1.529). Não se admite a arguição **anônima**. A ideia é facilitar a defesa dos nubentes, que poderão contraditar o impedimento.

Se houver oposição de impedimento, o oficial do registro dará aos nubentes, ou a seu mandatário, nota, indicando os **fundamentos**, as **provas** e o **nome de quem o arguiu** (art. 1.530). Podem os nubentes, então, requerer **prazo razoável para contraditar** o fato alegado e apresentar prova contrária, bem como promover as **ações civis e criminais** cabíveis em face do oponente de má-fé (art. 1.530, parágrafo único).

5.3 Registro

Tendo o oficial do registro analisado os documentos apresentados e extraído os proclamas, bem como ouvido o Ministério Público, e findo o prazo de quinze dias de afixação do edital, o oficial procederá ao **registro do edital**, para que sejam perpetuados, e para que interessados possam dele obter certidão.

Atenção. Se os nubentes residirem em **distritos do Registro Civil diversos**, a habilitação correrá em apenas um deles, à eleição dos requerentes, mas o edital terá de ter sido publicado em ambos, e em ambos terá de ser registrado.

5.4 Extração de certificado

Encerradas as etapas anteriores, o oficial extrairá o **certificado de habilitação** (art. 1.531).

---

[37] Cumpre lembrar que a inobservância de impedimentos dirimentes **públicos** acarreta a **nulidade** do casamento, e a de impedimentos dirimentes **privados** enseja a **anulabilidade**.

[38] O leitor verá, como é frequente no Direito brasileiro, o uso do vocábulo "procurador". Não obstante, preferimos o uso do termo tecnicamente correto – "mandatário". Remetemos o leitor ao capítulo da Parte III em que estudamos o contrato de mandato.

A eficácia da habilitação expira no prazo de **noventa dias** contados da data da extração do certificado (art. 1.532), após o que, para o casamento, os nubentes deverão se submeter a uma **nova habilitação**. A razão é simples: dentro desse prazo, pode algum dos nubentes, ou mesmo ambos, ter se tornado **impedido** de casar, ainda que não o fosse, quando da habilitação anterior.

6. CELEBRAÇÃO DO CASAMENTO

Após obter o **certificado de habilitação**, os nubentes deverão, por meio de **petição**, pedir à autoridade competente para celebrar o casamento que designe **dia, hora e lugar** para a celebração (art. 1.533).

Segundo o art. 98, II, da Constituição de 1988, a União, no Distrito Federal e nos Territórios, e os Estados deverão criar a respectiva **justiça de paz**, com competência, entre outras, para a celebração do casamento. No entanto, ainda há Estados em que essa justiça não foi organizada, como São Paulo, em que a competência para celebrar casamentos é do *juiz de casamentos*.

A regra geral estatuída pelo art. 1.534 do Código é no sentido de que o casamento seja celebrado na **sede do cartório**; admite-se, todavia, que as partes solicitem à autoridade que a cerimônia ocorra em **lugar diverso**, público ou particular, o que poderá ser deferido ou não.

Se a celebração ocorrer no cartório ou em outro prédio público ou de utilização pública, exige-se a presença de **duas testemunhas**, não havendo óbice a que sejam parentes dos noivos (art. 1.534). Se a celebração ocorrer em prédio particular ou de utilização particular, o número de testemunhas sobe para **quatro** (art. 1.534, § 2º, primeira parte).

O texto da lei menciona, erradamente, "edifício público ou particular". O vocábulo técnico, contudo, é "prédio", que se refere ao bem imóvel, independentemente de haver edificação. Afinal, o casamento pode ocorrer em área não edificada, como uma praia, ou um gramado. Ademais, deve-se fazer a ressalva quanto à utilização, porquanto o prédio pode ser particular, mas, por exemplo, alugado a algum ente público, caso em que sua utilização será pública.

O lugar em que a celebração ocorrerá, seja prédio público ou privado, de utilização pública ou particular, deverá permanecer **acessível ao público**, ou, nos termos do Código, "de portas abertas" (o que nem sempre será o caso, se não houver portas, como em uma praia) (art. 1.534, *caput* e § 1º). A exigência se justifica pelo fato de que até a realização do casamento pode haver a arguição de impedimentos, e, como o leitor deve se lembrar, os **impedimentos dirimentes públicos** (art. 1.521) podem ser opostos por **qualquer pessoa capaz**.

Na hipótese de algum dos nubentes **não saber ou não poder escrever**, exigem-se também **quatro testemunhas** para o ato (art. 1.534, § 2º, segunda parte).

No dia, hora e lugar designados, estando os nubentes presentes, em pessoa ou representados por mandatário com poderes especiais (art. 1.542), juntamente com as testemunhas, a autoridade celebrante **perguntará aos noivos se realmente querem se casar**, "por livre e espontânea vontade", na expressão arcaica, mas ainda em uso (art. 1.535, primeira parte). A resposta deve ser simplesmente "sim" ou "não". Se afirmativa, a autoridade, então, **declarará efetuado** o casamento, nos seguintes e antiquados termos (art. 1.535, segunda parte): "de acordo com a vontade que ambos acabais de afirmar perante mim, de vos receberdes por marido e mulher, eu, em nome da lei, vos declaro casados". Cabe comentar que o texto foi injustificadamente repetido do Código de 1916, não tendo o legislador de 2002 dado importância ao fato de que no português brasileiro contemporâneo não se usa a segunda pessoa do plural (vós).

Aqui fica uma dúvida até hoje não resolvida: **em que momento se realiza o casamento** – quando os nubentes o confirmam, dizendo o "sim", ou quando o celebrante o declara efetuado? Caso você indague "qual a importância prática disso?", basta imaginar, por exemplo, que um noivo bastante emocionado sofra um infarto e morra, depois de dizer o "sim", mas antes de a autoridade declarar os nubentes casados. E então, terá havido casamento ou não?

A corrente abraçada por CAIO MÁRIO, e predominante no Direito Civil brasileiro clássico,[39] entende que basta o "sim" para que se considere realizado o casamento.[40] A corrente contrária, defendida por nomes como WASHINGTON DE BARROS MONTEIRO, entende que há necessidade da declaração da autoridade.[41] MARIA BERENICE DIAS argumenta que a realização do casamento depende de um duplo requisito, o "sim" dos noivos e a declaração do celebrante, e que "esse é o momento em que acontece o casamento".[42] Ocorre que o "esse" demonstrativo não se refere, na verdade, a nada, pois cada um dos requisitos apontados se dá em momentos diferentes. Não há contemporaneidade. Logo, deve-se determinar em qual momento – **um *ou* outro** – o casamento se considera celebrado. O legislador de 2002, em vez de resolver a questão, seguindo a mesma linha adotada por MARIA BERENICE, estabelece, no art. 1.514, que "o casamento se realiza no momento em que o homem e a mulher manifestam, perante o juiz, a sua vontade de estabelecer vínculo conjugal, e o juiz os declara casados".

Ora, não cabe à lei ficar em cima do muro! Da nossa parte, filiamo-nos à corrente clássica, e ressaltamos um argumento bastante relevante: "declarar" significa "afirmar algo que é". É diferente de "constituir", que significa "transformar algo que não era em algo que passa a ser". Trata-se do mesmo raciocínio aplicável com relação à natureza das sentenças judiciais: as declaratórias apenas afirmam um fato ou situação preexistente, e as constitutivas modificam uma situação, de modo que a posterior será diferente da anterior. Logo, o comando da lei, no sentido de que o celebrante "declarará efetuado o casamento", tem efeito meramente **confirmatório**, e não **constitutivo**. O casamento se constitui com a **declaração de vontade dos nubentes**.

O celebrante deve imediatamente **suspender a celebração do casamento**, nos termos do art. 1.538, se algum dos nubentes disser "não", ou, de qualquer outra forma, recusar a afirmação de sua vontade de casar, ou declarar que esta não é livre e espontânea, ou seja, que age sob coação, ou manifestar seu arrependimento. Ressalte-se que não se admite a **retratação** no mesmo dia por parte do noivo que deu causa à suspensão (art. 1.538, parágrafo único). Quer dizer, para que o casamento se realize, deverá ser marcada nova data.

Na hipótese de **moléstia grave** de um dos nubentes, a autoridade deverá celebrar o casamento onde se encontrar o enfermo, se houver urgência na celebração, o que poderá ocorrer até mesmo à noite, e para o que se exige a presença de duas testemunhas alfabetizadas (art. 1.539). O caso não se confunde com o **casamento nuncupativo** (art. 1.540), que estudamos anteriormente, vez que, lá, não chega a haver celebração pela autoridade, mas sim a declaração de vontade dos noivos perante as testemunhas.

Por fim, cumpre esclarecer que, finda a celebração do casamento, deverá ser lavrado o assento no **livro de registro** (art. 1.536, primeira parte). O assento será assinado pelo celebrante, pelos cônjuges, pelas testemunhas e pelo oficial de registro, e dele deverão constar (art. 1.536, segunda parte): (1) os prenomes, sobrenomes, datas de nascimento, profissões, domicílio e residência atual dos cônjuges; (2) os prenomes, sobrenomes, datas de nascimento ou de morte, domicílio e residência atual dos pais; (3) o prenome e o sobrenome do cônjuge precedente e a data da dissolução do casamento anterior, quando for o caso; (4) a data da publicação dos proclamas e da celebração do casamento; (5) os prenomes, sobrenomes, profissões, domicílios e residências atuais das testemunhas; (6) o regime de bens imposto pela lei, se for o caso, ou o adotado, com a declaração da data e do cartório em cujas notas foi lavrada a escritura antenupcial, quando houver, se os cônjuges nela tiverem optado por regime diverso do da comunhão parcial.

---

[39] ESPÍNOLA, Eduardo. *A família no direito brasileiro*, cit., p. 137; BEVILÁQUA, Clóvis. *Código comentado*, cit., v. II, p. 39.

[40] PEREIRA, Caio Mário da Silva. *Instituições de direito civil*. Rio de Janeiro: Forense, 1991. v. V. p. 69.

[41] MONTEIRO, Washington de Barros. *Direito de família*, cit., p. 57.

[42] DIAS, Maria Berenice. *Manual de direito das famílias*, cit., p. 163.

7. PROVAS DO CASAMENTO

O meio ordinário de prova do casamento é a **certidão do registro** (art. 1.543).

Ocorre que o registro não é necessário para que o casamento se efetue. Logo, pode haver casamento-estado ainda que, por alguma razão, o registro não tenha sido lavrado, ou se tenha perdido. Daí a ressalva do parágrafo único do art. 1.543, no sentido de que, justificada a ausência ou perda do registro, admite-se **qualquer outra espécie de prova do casamento-ato**.

7.1 Posse do estado de casados

Pode ser que não haja certidão do registro, e que os cônjuges não possam manifestar sua vontade, por qualquer causa, ou mesmo que tenham falecido. Para resolver essas situações, a doutrina teceu a **teoria da posse do estado de casados**. Deve-se fazer vista grossa do uso do termo "posse", que em Direito tem um significado próprio, e não caberia, tecnicamente, aqui. Posse do estado de casados é, em síntese, a *manutenção de uma situação aparente de casamento*.

Delinearam-se três requisitos para que se caracterize a posse do estado de casados, classicamente citados em latim: *nomen, tractatus* e *fama*. Ou seja, a mulher deveria usar o sobrenome do marido, os cônjuges deveriam se tratar como marido e mulher e deveriam ser socialmente considerados casados (ou seja, a sociedade não deveria vê-los como "concubinos").

Todavia, esses requisitos tornaram-se impraticáveis. Isso porque, antes do reconhecimento da **união estável** como entidade familiar (art. 226, § 3º, da Constituição de 1988), havia uma enorme carga de preconceito jurídico e social, que distinguia as uniões estáveis, chamadas de **concubinato**, das situações de casamento. Após a Constituição de 1988, no entanto, uma situação em que estejam presentes o *tractatus* e a *fama* pode perfeitamente consistir em uma união estável, e não em um casamento. Logo, a presença de tais elementos não mais configura a chamada posse do estado de casados. Por sua vez, o uso do *nomen*, por si só, é muito pouco para revelar o casamento aparente, sobretudo porquanto não se impõe mais à mulher o uso do sobrenome do marido.

No Código, o art. 1.545, quase que literalmente copiado do art. 203 do Código anterior, determina que não se pode contestar o casamento de que não há prova, de pessoas que vivem ou viveram em situação de aparente casamento – ou seja, que tem a "posse do estado de casados" – em prejuízo dos filhos comuns, salvo se houver certidão de registro de **outro casamento** de um dos cônjuges. Pode o leitor se perguntar: em que hipótese poderia a inexistência de casamento ser oposta em prejuízo dos filhos? Na verdade, apenas para contestar a **filiação**, ou melhor, a **"legitimidade"** da filiação, algo que não se admite mais em nosso ordenamento, vez que não existe mais a distinção entre filhos (art. 226, § 7º, da Constituição). A título de curiosidade, cabe esclarecer ao leitor que antes do Constituição de 1988 os filhos havidos "fora do casamento" eram taxados de "ilegítimos".

Logo, pode o art. 1.545 desaparecer do nosso ordenamento, não apenas pela quase impossibilidade de caracterização da "posse do estado de casado", como pela sua desnecessidade prática.

7.2 In dubio pro matrimonio

O art. 1.547, copiado com pequenas modificações do antigo art. 206 do Código velho, por sua vez, consagra o vetusto princípio do ***in dubio pro matrimonio***. Segundo ele, na dúvida entre provas favoráveis e contrárias à existência do casamento, demonstrada a "posse do estado de casados", deve o juiz decidir **a favor do casamento**.

Ora, como demonstrado, os requisitos que anteriormente valiam para configurar a aparência do casamento podem, perfeitamente, demonstrar uma união estável. Ademais, se não há prova contundente do casamento, situação que tende a desaparecer, vez que os cartórios se tornam cada vez mais organizados e informatizados, o melhor é decidir pela **inexistência do casamento**, mas **existência da união estável**.

Com a equiparação dos dois institutos, na prática haverá diferença quanto ao **estado civil** dos conviventes e quanto ao **direito sucessório**. No lugar de casados, unidos estáveis (e que bobagem isso não é!; já passou da hora de se rever a questão do estado civil, em uma sociedade com tantas diferentes formas de família). Quanto ao direito sucessório, também já passou da hora de continuar tratando desigualmente cônjuges e companheiros.

Talvez aqui tivesse alguma utilidade a ressalva do § 3º do art. 226 da Constituição, que determina que se facilite a conversão da união estável em casamento. Se os conviventes alegam que são casados, mas não provam o casamento, e sim a vida em comunhão (*tractatus* e *fama*) – união estável –, poderia o juiz, na sentença, **constituir o casamento**, na impossibilidade de declará-lo.

7.3 Sentença declaratória do casamento

Quando a principal prova da existência do casamento for uma **sentença declaratória**, seu registro no livro de registro de casamentos prova o casamento desde a data em que foi declarado celebrado, e, naturalmente, considera-se que o casamento é eficaz desde quando se realizou (art. 1.546). O texto legal, também copiado do Código de 1916, menciona a eficácia "tanto no que toca aos cônjuges como no que respeita aos filhos", em mais uma estúpida alusão à "legitimidade" dos filhos.

8. INVALIDADE DO CASAMENTO

O ato jurídico **inválido**, por inobservância de algum dos requisitos de validade, pode ser **nulo** ou **anulável**, dependendo da sanção prevista pela lei para cada vício, como você já sabe.

Ato jurídico que é, também o casamento-ato pode conter vícios que ensejem sua nulidade ou anulabilidade.

Impende frisar que o Estatuto da Pessoa com Deficiência – EPD – inseriu o § 2º no art. 1.550, segundo o qual "a pessoa com deficiência mental ou intelectual em idade núbia [sic] poderá contrair matrimônio, expressando sua vontade diretamente ou por meio de seu responsável ou curador". Aqui, foi grande o descuido do legislador. O tema tratado nada tem a ver com a anulabilidade do casamento, de que trata o art. 1.550, e sim com a capacidade para casar. Ademais, escorregou o legislador ao grafar "idade núbil" como "idade núbia".

8.1 Causas de nulidade

Nos termos do art. 1.548 do Código, o casamento é **nulo** quando houver infringência de algum **impedimento dirimente público** (art. 1.521). A nulidade do casamento pelo fato de ser um dos cônjuges portador de enfermidade mental, sem o discernimento necessário para a prática dos atos da vida civil, anteriormente prevista no inciso I do art. 1.548, foi revogada pelo **Estatuto da Pessoa com Deficiência – EPD**.

Quanto aos impedimentos dirimentes públicos, remetemos o leitor à seção deste capítulo em que os estudamos com detalhes.

São partes legítimas para ajuizar a **ação declaratória de nulidade** do casamento o Ministério Público e qualquer interessado (art. 1.549). O interesse que tem o autor da ação em ver o casamento anulado deve ser analisado pelo juiz caso a caso.

A sentença declaratória de nulidade, por sua própria natureza, retroage à data da celebração do casamento, mas não prejudica a aquisição de direitos a título oneroso por terceiros de boa-fé, nem a aquisição de direitos resultantes de sentença transitada em julgado (art. 1.563).

8.2 Causas de anulabilidade

Segundo o art. 1.550 do Código, pode ser anulado o casamento: do **menor de dezesseis anos**; do **menor em idade núbil, se não houver autorização** dos pais ou do representante legal; por **erro** ou **coação**; realizado pelo mandatário que não tomou ciência da **revogação do mandato**; por **incompetência da autoridade celebrante**.

O Código de 2002 repetiu o antigo art. 232 do Código anterior, de aplicabilidade discutível, e determinou que:

> Art. 1.564. Quando o casamento for anulado por culpa de um dos cônjuges, este incorrerá:
> I – na perda de todas as vantagens havidas do cônjuge inocente;
> II – na obrigação de cumprir as promessas que lhe fez no contrato antenupcial.

8.2.1 Casamento do menor de dezesseis anos

A idade mínima para se casar – idade núbil – é **dezesseis anos**, nos termos do art. 1.517. Na verdade, além de especificamente incapaz de casar, a pessoa com menos de dezesseis anos é também absolutamente incapaz de praticar os atos da vida civil (art. 3º, I). Por isso, a hipótese, a nosso ver, deveria ser de aplicação da regra geral da **nulidade** dos atos praticados por absolutamente incapaz (art. 166, I), e não de **anulabilidade**. A manutenção da norma no ordenamento se deve à ideia do *favor matrimonii*, princípio do Direito Canônico que determina que seja dado ao casamento um tratamento especial, sempre no sentido de sua **manutenção**. Ocorre que viola o **princípio do melhor interesse do menor** possibilitar que seu casamento seja mantido, se não for anulado. Tal princípio, no Direito contemporâneo, deve se sobrepor ao *favor matrimonii*. A previsão apenas da anulabilidade do casamento acaba por proteger situações em que, por alguma razão e de alguma forma, os pais consigam casar seus filhos menores, certamente para proteger seus próprios interesses. Na prática, todavia, é difícil imaginar que na fase da habilitação não se perceba a menoridade dos requerentes, considerando-se a evolução dos cartórios e do acesso de todos aos documentos básicos, como a certidão de nascimento. Situações como havia no passado, de pessoas cuja idade não se podia provar, pela ausência de qualquer documento, tornam-se cada vez mais raras.

Repetindo vetusta e criticável norma do Código de 1916, o art. 1.551 do Código de 2002 mantém o comando no sentido de que **não se anulará** o casamento, por motivo de idade, se dele tiver resultado **gravidez**. O preceito se justificava, ao tempo do Código anterior, para impedir que o filho viesse a ser taxado de "**ilegítimo**", como seria se seus pais não fossem casados. No ordenamento atual, a norma perdeu a razão de ser.

A lei concede o **direito potestativo de anular o casamento** do menor de dezesseis anos ao **próprio cônjuge menor**, aos seus **pais ou representante legal** e aos seus **ascendentes**, como os avós, por exemplo (art. 1.552). O prazo é de **cento e oitenta dias**, contados da **data em que completou dezesseis anos** – para o cônjuge – e da **data da celebração** – para os demais sujeitos do direito à anulação (art. 1.560, § 1º).

Admite-se, por fim, que o cônjuge menor de dezesseis anos **confirme o casamento** ao atingir a idade núbil, contanto que tenha autorização dos pais ou do representante legal, a qual pode ser suprimida judicialmente (art. 1.553).

8.2.2 Casamento do menor em idade núbil, sem autorização

Como você deve se lembrar, o maior de dezesseis e menor de dezoito anos pode se casar, desde que tenha **autorização** de ambos os pais ou de seu representante legal (art. 1.517). Caso a pessoa nessa faixa etária venha a se casar mesmo sem ter a devida autorização, o casamento será **anulável**. Frise-se que esta, assim como todas as causas de anulabilidade do casamento, constitui **impedimento dirimente privado**, o qual deve ser apurado durante o procedimento da habilitação.

Vale lembrar, todavia, que, se apenas um dos pais tiver o exercício da autoridade parental (poder familiar), por ser o outro falecido, ou desconhecido, ou por tê-lo perdido, basta a autorização do genitor que o exerce. Em qualquer desses casos, obviamente, a falta de autorização do outro genitor não enseja a anulabilidade do casamento.

A lei determina que o impedimento desaparece e, por conseguinte, o ato deixa de ser anulável, se os pais ou o representante legal do nubente houverem **assistido à celebração do casamento**, ou, por qualquer modo, houverem **manifestado sua aprovação** (art. 1.555, § 2º).

Nos termos do *caput* do art. 1.555, o direito de anular tal casamento sujeita-se ao **prazo decadencial de cento e oitenta dias**. São titulares do direito potestativo de anular o ato o **nubente incapaz**, **seus pais** ou **representante legal** e **seus herdeiros necessários**. No caso do cônjuge menor, o prazo de decadência do direito começa a correr da **data em que cessar para ele a incapacidade** (art. 1.555, § 1º, primeira parte). O legislador, ao redigir tal norma, esqueceu-se de que, com o casamento, cessa a incapacidade (art. 5º, parágrafo único, II, do Código). Destarte, a interpretação correta do preceito deve considerar que o prazo começa a fluir a partir do **término da menoridade**, ou seja, da **data em que o cônjuge completar dezoito anos**. Quanto aos pais ou representante legal, o prazo flui a partir da **data do casamento** (art. 1.555, § 1º, segunda parte). Por fim, o prazo com relação ao direito dos herdeiros necessários inicia seu curso a partir da **data da morte do incapaz** (art. 1.555, § 1º, terceira parte).

8.2.3 Erro ou coação

O Direito de Família, restringindo a teoria geral dos atos jurídicos, admite a anulação do casamento baseada apenas em dois vícios: o **erro** e a **coação**.

Nos casos de erro e coação, somente o **cônjuge lesado** tem o direito potestativo de anular o casamento.

Em se tratando de erro quanto à identidade, honra e boa-fama, e desconhecimento de prática de crime, tal direito potestativo se extingue, se houver **coabitação posterior** à ciência do vício (art. 1.559 do Código).

Ainda em caso de erro, o direito de anular o casamento decai em **três anos** contados da **data da celebração do casamento** (art. 1.560, III). Se, por sua vez, o caso for de coação, o prazo decadencial é de **quatro anos**, contados da mesma data (art. 1.560, IV).

8.2.3.1 Erro

Quanto ao erro, o art. 1.556 do Código exige que se trate de um **erro essencial quanto à pessoa do outro cônjuge**.

As hipóteses de erro essencial quanto à pessoa do outro cônjuge estão previstas no art. 1.557, e sofreram alteração pelo **Estatuto da Pessoa com Deficiência – EPD**. São considerados tais: o qual, segundo o art. 1.557, considera-se: (1) aquele que diz respeito à sua identidade, sua honra e boa fama, e que torna insuportável para o cônjuge enganado a vida em comum; (2) o desconhecimento de crime praticado anteriormente ao casamento, e que, por sua natureza, torne a vida conjugal insuportável; (3) a ignorância, anterior ao casamento, de defeito físico irremediável *que não* caracterize deficiência ou de moléstia grave e transmissível, por contágio ou por herança, capaz de pôr em risco a saúde do outro cônjuge ou de sua descendência (na redação original do Código Civil, alterada pelo EPD: a ignorância, prévia ao casamento, de defeito físico irremediável, ou de moléstia grave e transmissível, pelo contágio ou herança, que possa pôr em risco a saúde do outro cônjuge ou dos futuros descendentes); (4) a ignorância, anterior ao casamento, de doença mental grave, a qual, por sua natureza, torne insuportável a vida em comum.[43]

Como se depreende da leitura dos dispositivos transcritos, o erro há de se referir a um fato **anterior ao casamento** e tornar **insuportável a vida conjugal**.

Podem-se citar exemplos como o de um homem que vem a se casar com uma prostituta, ou da mulher que se casa com homem condenado por estupro.

Cumpre aqui comentar que um exemplo frequentemente citado pela doutrina de erro quanto à identidade, honra e boa fama do cônjuge, refere-se a seu comportamento homossexual anterior. Não obstante, MARIA BERENICE DIAS defende que a homossexualidade não configura a hipótese do art. 1.557, I. Tal lição provavelmente não será facilmente recebida pela doutrina e pela jurisprudência. No entanto, é necessário refletir sobre ela, sobretudo nos casos em que houver prova apenas de um relacionamento homossexual, e não prova mais contundente de uma orientação não heterossexual. Isso porque, no primeiro caso, o casamento-estado seria possível, independentemente de relacionamentos afetivos prévios do cônjuge. No segundo caso, todavia, poder-se-ia concluir que a vida conjugal seria insuportável.

Outro exemplo, que durante anos foi mencionado, mas que não mais se admite, é o da ausência de virgindade da noiva.

Muito cuidado também há que se ter com as demais hipóteses do art. 1.557 (inc. III; o antigo inc. IV foi revogado pelo Estatuto da Pessoa com Deficiência), para que se evitem posicionamentos discriminatórios, o que é vedado pela Constituição (art. 3º, IV).

Parte da doutrina não admite, por exemplo, a anulação de casamento em virtude de impotência sexual, que não se considera "defeito físico irremediável". Contudo, há precedentes em sentido contrário. Exemplificando:

> Admite-se a anulação do casamento por vício de vontade, quando restar caracterizado erro essencial quanto à pessoa do cônjuge, para o que se exige que preexista ao casamento, que a descoberta da verdade se dê após o enlace matrimonial e que tal conhecimento torne intolerável a vida em comum. 3. A doutrina e a jurisprudência entendem que configura hipótese de erro essencial quanto à pessoa a impotência coeundi, revelada apenas após o casamento, e que inviabilize a manutenção da vida conjugal [...](TJ-DF 07014135320198070007 – Segredo de Justiça 0701413-53.2019.8.07.0007, relator: Ana Cantarino, data do julgamento: 16/10/2019, 8ª Turma Cível, data da publicação: 29/10/2019).

8.2.3.2 Coação

O vício da coação, por sua vez, configura-se quando o consentimento de um dos cônjuges tiver sido **influenciado pelo temor de mal considerável e iminente para a vida, a saúde e a honra, de si mesmo ou de seus familiares** (art. 1.558).

Um exemplo seria o da pessoa que é levada a se casar com outra em razão de esta manter em cativeiro a mãe daquela, ameaçando-a de morte.

---

[43] Por razões didáticas, mantivemos a linguagem empregada pelo Código, apesar de defendermos a necessidade de sua adequação a um padrão mais politicamente correto.

8.2.4 Incapacidade de consentir ou manifestar o consentimento

A hipótese da anulabilidade do casamento do incapaz de consentir ou manifestar, de modo inequívoco, o seu consentimento foi inexplicavelmente imaginada pelo legislador de 2002 (art. 1.550, IV). De um lado, o próprio legislador inovou ao considerar **absolutamente incapaz** a pessoa que não pode exprimir sua vontade, ainda que por causa transitória (art. 3º, III). De outro, a doutrina sempre rechaçou o casamento de quem não pode manifestar sua vontade, e tão seriamente, que foi essa a primeira hipótese apontada como de **casamento inexistente**.[44]

Segundo o inciso II do art. 1.560, o direito de anular tal casamento sujeita-se ao prazo decadencial de **cento e oitenta dias**, contados da data da celebração.

Conforme asseverado ao tratar dos impedimentos dirimentes privados, estamos convictos de que o casamento celebrado pelo incapaz de consentir não configura hipótese de anulabilidade, mas sim de **nulidade**,[45] a qual pode ser arguida por qualquer interessado e a qualquer tempo.

8.2.5 Revogação do mandato

Como se sabe, o art. 1.542 do Código admite que no casamento-ato o nubente se faça representar por **mandatário**, devendo haver outorga de poderes especiais para tal finalidade por meio de procuração por instrumento público.

Ocorre que o mandante pode desistir do casamento e **revogar** o mandato, o que se deve fazer por **escritura pública** (art. 1.542, § 4º).

Imaginemos, então, que, por alguma dificuldade de comunicação, não se consigam comunicar da revogação nem o mandatário, nem o outro nubente. Nesse caso, o casamento será celebrado. Todavia, provando-se que a revogação do mandato é anterior à celebração, o casamento será **anulável** (art. 1.550, V).

Segundo o parágrafo segundo do art. 1.560, o direito de o mandante anular o casamento decai em **cento e oitenta dias**, contados da **data em que tiver ciência do casamento**. O julgador terá de prestar especial atenção, nesse caso, à prova de tal data, sobretudo se não houver prova documental.

8.2.6 Incompetência da autoridade celebrante

Afirmamos que, segundo o art. 98, II, da Constituição, a competência para celebrar o casamento é da **justiça de paz**, que deve ser organizada em cada Estado.

Deve-se atentar, ademais, para o fato de que o juiz de paz competente é o do **lugar em que foi processada a habilitação** (trata-se da chamada **competência *ratione loci***), segundo a doutrina majoritária.

A hipótese de anulabilidade prevista no inciso VI do art. 1.550 refere-se justamente ao casamento celebrado por **juiz de paz de outro lugar**, ou seja, incompetente *em razão do lugar*. Por exemplo, a habilitação correu em Belo Horizonte, mas celebrou o casamento juiz de Ouro Preto.

Impende chamar a atenção do leitor para o fato de que o casamento celebrado por quem não tem a autoridade para casar investida em si importa na **inexistência do casamento**, em

---

[44] Segundo a teoria de Zachariae, baseada no art. 146 do Código Napoleão, cuja tradução é "não há casamento se não há consentimento". Apud PEREIRA, Caio Mário da Silva. *Instituições*, cit., v. V, p. 78.

[45] Tecnicamente, trata-se de ato inexistente (falta elemento essencial, a **vontade**). No entanto, vez que o Código não albergou a teoria dos atos inexistentes, a hipótese deve ser tratada como de nulidade.

tese. É algo semelhante a um casamento realizado no teatro ou em uma novela. Apesar de a cerimônia se realizar, na verdade, não há casamento. O mesmo se passa com o casamento realizado por um juiz de direito ou um promotor de justiça, salvo se a lei de organização judiciária do respectivo Estado tiver nele investido a autoridade para casar.

O direito de anular o casamento celebrado por autoridade incompetente submete-se ao **prazo decadencial de dois anos** contados da **data da celebração** (art. 1.560, II). O Código de 2002 não faz referência à **titularidade** de tal direito. No Código de 1916, a hipótese era de **nulidade**, pelo que se admitia que qualquer interessado, ou o Ministério Público, ajuizassem a ação declaratória.

O novo Código, com o ensejo de proteger os cônjuges que de boa-fé se casam perante autoridade incompetente, deslocou a hipótese para o rol das causas de anulabilidade, as quais somente podem ser alegadas pelas **partes ou seus familiares**, dependendo do caso. Impende frisar que, seguindo essa lógica, apenas os **cônjuges** seriam titulares do direito de anular o casamento com fundamento na incompetência da autoridade celebrante.

Ademais, o art. 1.554 do Código assevera que "subsiste o casamento celebrado por aquele que, sem possuir a competência exigida na lei, exercer publicamente as funções de juiz de casamentos e, nessa qualidade, tiver registrado o ato no Registro Civil". Com essa redação, fica complicado determinar ao certo se o Código se refere ao juiz incompetente *ratione loci* ou à pessoa que não tem qualquer autoridade para casar investida em si, embora aja como se tivesse. Considerando-se a intenção do legislador de proteger os cônjuges de boa-fé, o melhor é concluir que a referência é a qualquer hipótese.

Conclui-se que o legislador andou muito mal na disciplina da matéria. Primeiramente, porquanto, na prática, é difícil imaginar que os cônjuges realmente tenham interesse em anular seu casamento simplesmente por **incompetência da autoridade celebrante**. Quando muito, poderiam se utilizar desse argumento para conseguir a anulação do casamento, motivados, no entanto, por alguma insatisfação. Em segundo lugar, por ter o Código "legalizado" uma situação de casamento inexistente, que seria a do ato celebrado por pessoa **não investida de poderes para casar**. Considerando-se que o casamento é um ato extremamente solene, parece estranho convalidar um casamento celebrado por um "aparente juiz de casamentos", simplesmente por ter sido registrado. Aliás, soa ainda mais estranha a ressalva da parte final do art. 1.554, que se refere ao fato de o falso juiz ter registrado o ato no Registro Civil "nessa qualidade", ou seja, na qualidade de juiz. Trata-se de um atentado à segurança jurídica permitir que um ato inexistente se considere existente e válido, e ainda fazer vista grossa para um erro grosseiro do cartório. É certo que se deve proteger a boa-fé das partes, mas há limites.

9. EFEITOS DO CASAMENTO

O fator determinante na classificação do casamento-ato como **ato jurídico voluntário**, e não como negócio jurídico, reside no fato de a lei determinar para ele uma série de efeitos, os quais são impostos aos cônjuges, independentemente de sua vontade.[46]

Nos termos do art. 1.565 do Código, pelo casamento-ato os nubentes "assumem mutuamente a condição de consortes, companheiros e responsáveis pelos encargos da família".

---

[46] Não custa lembrar ao leitor que o traço distintivo entre uma e outra subespécie de ato jurídico é justamente a possibilidade, maior ou menor, de os sujeitos disporem sobre os efeitos do ato. No caso dos atos jurídicos voluntários, há uma carga maior de efeitos impostos pela lei. No caso dos negócios jurídicos, os sujeitos têm mais espaço para determinar os efeitos do ato.

Aqui, cumpre abrir um parêntese histórico, para destacar que somente a partir da Constituição de 1988 é que os direitos dos cônjuges se igualaram, ao menos juridicamente (art. 226, § 5º, e art. 5º, I). Historicamente, o homem sempre foi considerado o "chefe de família", chefe da sociedade conjugal, a cuja autoridade se submetia toda a família, inclusive a esposa. Entre nós, antes da promulgação do Estatuto da Mulher Casada – Lei 4.121/62, até mesmo a **capacidade civil** plena a mulher perdia ao se casar, tornando-se relativamente incapaz, sujeita à assistência do marido.

Pois bem. Para fins de seu estudo, os efeitos do casamento podem ser agrupados em: **direitos referentes à direção da sociedade conjugal e da família; direito de acrescer o sobrenome do cônjuge ao seu; deveres dos cônjuges**.

9.1 Direitos referentes à direção da sociedade conjugal e da família

No ordenamento atual, em que há **igualdade entre os cônjuges**, cabe a ambos a **direção da sociedade conjugal**, a qual deve levar em conta, sempre, o interesse do casal e dos filhos (art. 1.567). Quando não houver consenso, admite-se que os cônjuges recorram ao juiz, para que decida a questão controversa (art. 1.567, parágrafo único).

Um exemplo, por nós já mencionado, diz respeito à autorização para que o filho maior de dezesseis e menor de dezoito anos case. Não chegando os pais a um acordo, a questão pode ser levada ao juiz, para que este a decida, nesse caso, levando em conta o melhor interesse do menor.

Com relação ao **domicílio** do casal, sua escolha cabe aos **cônjuges em conjunto**, sendo possível, no entanto, que um ou outro se ausentem do domicílio conjugal para atender a encargos públicos, ou para exercer sua profissão, ou, ainda, em razão de interesses particulares relevantes (art. 1.569). A ressalva se deve ao fato de que a lei ainda determina que os cônjuges dividam o domicílio conjugal, como veremos adiante (art. 1.566, II), pelo que se chega a dizer que existe o dever de dividir o "leito conjugal", ou seja, de manter relações sexuais. No entanto, tem-se visto uma tendência de flexibilização de normas e interpretações como essas, por demais invasivas da esfera íntima do casal. Cumpre esclarecer que, historicamente, era o **marido** quem tinha o direito de definir o domicílio do casal (art. 233, III, do Código de 1916).

Na hipótese de um dos cônjuges se encontrar **em lugar remoto ou não sabido, encarcerado** por mais de cento e oitenta dias, **interditado judicialmente**, ou, ainda, **privado temporariamente de consciência**, em razão de enfermidade ou acidente, caberá ao outro a direção exclusiva da família, inclusive a administração dos bens (art. 1.570). Impende destacar que, se um dos cônjuges tiver **abandonado o lar**, e o outro permanecer na posse de bem imóvel de até 250 m² pertencente a ambos, a lei confere ao cônjuge abandonado a propriedade de tal bem, por **usucapião**, desde que atendidos os requisitos examinados na Parte IV – Direito das Coisas (art. 1.240-A do Código, incluído pela Lei 12.424/2011).

9.2 Direito de acrescer o sobrenome do cônjuge ao seu

Por ocasião do casamento, a lei admite que qualquer dos nubentes acresça ao seu nome o **sobrenome** do outro (art. 1.565, § 1º) e o exclua no momento do divórcio. Apesar do permissivo, a prática mais comum, por razões históricas, é a adoção, por parte da mulher, do sobrenome do marido.

Sobre esse ponto, vale registrar a posição da jurisprudência:

- Embora a lei permita expressamente o acréscimo no momento do casamento, também há possibilidade de modificação do patronímico durante a convivência (REsp 910.094/SC e REsp 1.648.858/SP).

- O dispositivo trata do casamento, mas a jurisprudência já admitiu a alterabilidade do nome em razão da união estável (REsp 1.206.656/GO).
- Mesmo sem a dissolução do vínculo conjugal, ou seja, ainda na constância do casamento, é possível o retorno ao nome de solteiro (REsp 1.873.918/SP).
- É possível o retorno ao nome de solteiro em razão da morte, e não apenas do divórcio, pois ambos põem fim à sociedade conjugal (REsp 1.724.718/MG).

9.3 Deveres dos cônjuges

Constituem deveres classicamente atribuídos aos cônjuges, listados no atual art. 1.566 do Código: **fidelidade recíproca; vida em comum, no domicílio conjugal; mútua assistência; sustento, guarda e educação dos filhos; respeito e consideração mútuos**.

9.3.1 Dever de fidelidade recíproca

A lei impõe aos cônjuges o dever de **fidelidade recíproca** (art. 1.566, I), o que significa que cada um dos cônjuges somente pode manter contato sexual com o outro.

A origem deste dever se relaciona com a nossa cultura monogâmica e com a ideia histórica de proteger a filiação chamada de legítima, ou seja, os filhos biologicamente concebidos pelos cônjuges. Por essa razão é que se vê uma tendência cultural, desde tempos imemoriais, de condenar a infidelidade feminina e, de certa forma, aplaudir a masculina, a tal ponto que a mulher infiel recebe designações pejorativas, como "galinha", enquanto o homem recebe qualificações exaltantes, como "garanhão". Afinal, basta que a mulher seja fiel, e o marido já pode ter certeza de que os filhos que ela gerar são dele.

Deixando de lado inaceitáveis concepções machistas, o que importa, para o Direito, é a **proteção da família**. O dever de fidelidade é imposto porquanto, em nossa cultura, a infidelidade – **traição** – traz sofrimento, o que pode acarretar sérios prejuízos tanto para o cônjuge traído quanto para o próprio relacionamento conjugal e também para os relacionamentos internos com os demais membros do núcleo familiar.

Não obstante, a manutenção do dever de fidelidade recíproca na lei tem sido criticada pela doutrina de vanguarda, e um dos principais argumentos propostos se refere ao fato de que se trata de um dever que **não é exigível judicialmente**.[47] De fato, não pode o cônjuge traído pretender se valer de nenhuma espécie de ação para evitar a infidelidade do outro. Ainda que, por absurdo, conseguisse uma sentença a seu favor, como seria possível garantir sua eficácia? No entanto, não é dado ao Direito distanciar-se da sociedade, e a nossa sociedade condena a infidelidade dos cônjuges, independentemente de haver muitos cônjuges infiéis. Logo, seria tirar do casamento um dos seus pilares remover do rol dos deveres dos cônjuges a fidelidade recíproca. Na verdade, não importa se o dever é inexequível judicialmente. O objetivo da norma é **guiar**, **orientar**, como se dá frequentemente com as normas de Direito de Família. A questão que deve ser discutida – esta sim – é a de que ninguém é obrigado a casar. Quem não quer se sujeitar aos efeitos prescritos pela lei para o ato solene do casamento tem toda a liberdade para viver em união estável, ou solteiro, mantendo apenas relacionamentos eventuais.

Outra questão que tem sido discutida, com relação ao dever de fidelidade, diz respeito aos relacionamentos chamados de **virtuais**, ou seja, aqueles mantidos pela Internet. A matéria não é simples. Envolve muitos elementos, como o **direito à privacidade** (art. 5º, X, da Constituição) e o **direito ao sigilo da correspondência** (art. 5º, XII, da CF).

---

[47] DIAS, Maria Berenice. *Manual de direito das famílias*, cit., p. 260.

Parece-nos, sem nos aprofundarmos no tema, que a infidelidade tão somente virtual, ou seja, os casos em que as partes se relacionam apenas pela Internet, e com identidades imaginárias – por exemplo, em salas de bate-papo, ou por *e-mail* – não passa de uma **fantasia**, um **sonho**. Apesar de haver interação com uma pessoa real, tudo se passa em um plano diverso daquele em que a vida chamada de **real** se desenvolve. Por outro lado, se no meio do relacionamento virtual houver contato real, tudo muda de figura. E o contato real não se confunde com o contato físico. Para que se configure o contato real, basta que o cônjuge revele sua verdadeira identidade, ou mostre seu rosto por conversa de vídeo, ou envie fotos. Essa conclusão se baseia no fato de que, nessas hipóteses, a família, em especial o cônjuge traído, ficam expostos – o que não acontece quando tudo se limita ao imaginário. Afinal, com a identidade ou com fotos do amante virtual em mãos, é possível acabar se descobrindo a identidade de sua família.

Suponhamos que, em uma cidade pequena, Augusto, casado com Helena, inicie um relacionamento virtual com Berenice e venha a lhe revelar sua identidade. Suponhamos que Berenice, por alguma razão, conheça Helena. É fácil perceber o paralelo com a infidelidade por meio de contato físico.

9.3.2 Dever de vida em comum no domicílio conjugal

Outro dever imposto aos cônjuges é o da vida em comum no domicílio conjugal (art. 1.566, II). Hoje, isso significa apenas que os cônjuges devem **viver na mesma casa**.

A origem desse dever vem da ideia, vigente por muito tempo, de que a mulher tinha um **débito conjugal** com o marido, o que advém, originalmente, da concepção de que o casamento tinha **finalidade reprodutiva**. Em outras palavras, acreditava-se que a mulher tinha o dever de **manter relações sexuais** com o marido. Para tanto, tornava-se imperativo que ambos residissem na mesma casa, e que dividissem o chamado **leito conjugal**. Cumpre, aqui, transcrever as palavras de Silvio Rodrigues, bastante ilustrativas:

> No dever de coabitar, consignado no inciso em comentário, se encontra incluído o de manter relações sexuais. Assim, é exigível o pagamento do *debitum conjugale*. Desse modo, por exemplo, a recusa da mulher em manter relações sexuais com o marido caracteriza a injúria grave, sendo causa de desquite.[48]

Veja-se, ademais, o excerto jurisprudencial a seguir, em que se chega ao absurdo de discutir os **limites** do débito conjugal, e se o coito anal estaria neles inserido. Note-se que o julgado é de 1996, ou seja, relativamente recente, e posterior à promulgação da Constituição de 1988.

> LIMITES DO DÉBITO CONJUGAL. ÔNUS DA PROVA. O COITO ANAL, EMBORA INSERIDO DENTRO DA MECÂNICA SEXUAL, NÃO INTEGRA O DÉBITO CONJUGAL, PORQUE ESTE SE DESTINA À PROCRIAÇÃO. A MULHER SOMENTE ESTÁ SUJEITA À CÓPULA VAGÍNICA E NÃO A OUTRAS FORMAS DE SATISFAÇÃO SEXUAL, QUE VIOLENTEM SUA INTEGRIDADE FÍSICA E SEUS PRINCÍPIOS MORAIS. A MULHER QUE ACUSOU O MARIDO DE ASSÉDIO SEXUAL NO SENTIDO DE QUE CEDESSE À PRÁTICA DA SODOMIA, E NÃO DEMONSTROU O ALEGADO, RECONHECIDAMENTE DE DIFÍCIL COMPROVAÇÃO, ASSUME OS ÔNUS DA ACUSAÇÃO QUE FEZ SEM NADA PROVAR. A PROVA, NOS TERMOS DO ARTIGO 333, INC-I, DO CPC, INCUMBE A QUEM ALEGA. PROCEDÊNCIA DA RECONVENÇÃO OFERECIDA PELO VARÃO.

---

[48] RODRIGUES, Silvio. *Direito de família*, cit., p. 120.

(TJRS, Apelação Cível 595116724, 8ª Câmara Cível, relator: Des. Antônio Carlos Stangler Pereira, data do julgamento: 7/3/1996)

A antiga e absurda ideia do débito conjugal é tão forte que até hoje se encontra quem acredita que o casamento somente se consuma na primeira relação sexual mantida pelo casal, o que nunca foi verdade quanto ao casamento civil no Brasil.[49] Ademais, muitos dos casos de violência doméstica sofrida pela mulher advêm da crença na existência do débito conjugal.

Para assegurar o cumprimento do dever de vida em comum no domicílio conjugal, criou-se um mecanismo de sanções para seu descumprimento, por parte da mulher: cessava para o marido o **dever de sustentá-la** e podia o juiz determinar o **sequestro de parte dos rendimentos particulares** dela (art. 234 do Código de 1916). Sem fazer restrição ao marido ou à mulher, por sua vez, o art. 317, IV, do Código anterior **autorizava o desquite**, quando completados dois anos do abandono do lar de um dos cônjuges.

Superadas essas ideias antiquadas, a lei impõe aos cônjuges o **dever de viverem na mesma casa**. Não obstante, a doutrina de vanguarda critica o dispositivo, sustentando que não cabe ao Direito determinar onde vão morar os cônjuges.[50] De nossa parte, entendemos que o preceito se justifica: afinal, não faria muito sentido imaginar duas pessoas casadas que vivem, em caráter definitivo, uma em Manaus e a outra em Porto Alegre. Voltamos a insistir que ninguém é obrigado a casar. Pessoas que residem em lugares diferentes (ainda que bem próximos) e mantêm encontros amorosos são **namorados**, não cônjuges. Frise-se, no entanto, que o óbice deve ser à residência diversa **definitiva**, nada interferindo no casamento o fato de os cônjuges passarem certos períodos afastados, seja por que razão for, como, por exemplo, para cuidar de um parente enfermo, ou para fazer um curso de especialização profissional.

Impende destacar que a Lei 12.424/2011 inseriu no Código Civil uma *sanção* pelo descumprimento do dever de vida em comum no domicílio conjugal. Veja-se o comando do novo art. 1.240-A:

> Art. 1.240-A. Aquele que exercer, por 2 (dois) anos ininterruptamente e sem oposição, posse direta, com exclusividade, sobre imóvel urbano de até 250m² (duzentos e cinquenta metros quadrados) cuja propriedade divida com ex-cônjuge ou ex-companheiro que abandonou o lar, utilizando-o para sua moradia ou de sua família, adquirir-lhe-á o domínio integral, desde que não seja proprietário de outro imóvel urbano ou rural.
>
> § 1º O direito previsto no *caput* não será reconhecido ao mesmo possuidor mais de uma vez.

Essa nova modalidade de usucapião foi por nós devidamente examinada na Parte IV – Direito das Coisas, quando do estudo da aquisição da propriedade dos bens imóveis por usucapião.

Aqui, cabe apenas ressaltar que a doutrina exige, para que se configure o abandono do lar, além do **elemento objetivo** – o *fato de um cônjuge não mais residir habitualmente com o outro* –, o **elemento subjetivo**: o ânimo de abandonar, quer dizer, a vontade de um cônjuge de não mais residir com o outro. Conclui-se, pois, que o fato de um dos cônjuges ser encarcerado, por exemplo, não configura abandono do lar: apesar do elemento objetivo, nesse caso, não há o elemento subjetivo.

---

[49] Já o casamento religioso, este sim, em algumas religiões, como a católica, pode ser anulado se os cônjuges não se relacionarem sexualmente logo após terem se casado.
[50] DIAS, Maria Berenice. *Manual de direito das famílias*, cit., p. 264.

9.3.3 Dever de mútua assistência

Pouco há que se comentar sobre o dever de **mútua assistência** (art. 1.566, III), em razão de seu conteúdo por excelência abstrato. Neste ponto, em geral nos vêm à mente as juras feitas no casamento religioso, de amor e respeito "na saúde e na doença, na riqueza e na pobreza, na alegria e na tristeza".

Conquanto seja tão inexigível judicialmente quanto outros dos deveres dos cônjuges, o dever de mútua assistência tem um grande **fundo ético**. Afinal, se duas pessoas optaram por viver em comunhão, formalizada pelo ato solene do casamento, obviamente que devem prestar auxílio uma a outra, e não apenas econômico, mas, sobretudo, espiritual e afetivo.

O dever de mútua assistência, que já se encontrava previsto no antigo art. 231, do Código Civil de 1916, relaciona-se estreitamente com o dever de **respeito e consideração mútuos**, que apareceu no rol de deveres dos cônjuges por inovação do Código de 2002.

9.3.4 Dever de sustento, guarda e educação dos filhos

No ordenamento atual, **ambos os cônjuges** devem concorrer para o **sustento da família** e a **educação dos filhos** (art. 1.566, IV), qualquer que seja o regime de bens, sempre na proporção de seus bens e de seus rendimentos de trabalho (art. 1.568). Esse comando, que hoje soa tão natural, não constava do Código de 1916. No nosso sistema anterior, o dever de sustentar a família era exclusivamente do marido (art. 233, IV, do Código de 1916).

Com acerto, MARIA BERENICE DIAS assevera que o dever de sustento, guarda e educação dos filhos constitui antes um **dever dos pais** que um dever dos cônjuges.[51] Sua presença entre os deveres impostos pelo casamento se deve à ideia tradicional de que a finalidade do casamento se consubstancia na **reprodução humana**. Hoje, como se sabe, a noção é outra: considera-se a finalidade do casamento a **realização pessoal dos cônjuges**, independentemente de virem ou não a ter filhos. Por essa razão, cuidaremos deste dever quando examinarmos os deveres dos pais, mais adiante.

9.3.5 Dever de respeito e consideração mútuos

Conforme asseverado, o **dever de respeito e consideração mútuos**, que surgiu no rol dos deveres matrimoniais por inovação do legislador de 2002 (art. 1.566, V), relaciona-se intimamente com o dever de mútua assistência. Também o dever de respeito e consideração tem conteúdo abstrato e **fundo ético**. Justifica-se pelo fato de que, se duas pessoas optam por viver em comunhão formalizada pelo ato solene do casamento, o mínimo que se deve esperar delas é que se respeitem, considerem-se e se auxiliem em todos os momentos da vida em comum, em todos os sentidos possíveis.

10. REGIMES DE BENS

O casamento-estado significa a ampla comunhão de vida entre os cônjuges. Estes não apenas passam a dividir momentos, afeto e amor, mas também **patrimônio**. Daí a existência dos chamados **regimes de bens**.

Na fase pré-contratual ou durante o processo de habilitação para o casamento civil, o casal fará a escolha do regime de bens, vigorando-se aqui o denominado princípio da autonomia

---

[51] DIAS, Maria Berenice. *Manual de direito das famílias*, cit., p. 265.

privada. De acordo com o Código Civil vigente, "é lícito aos nubentes, antes de celebrado o casamento, estipular, quanto aos seus bens, o que lhes aprouver" (art. 1.639).

Embora prevaleça, como regra, a autonomia dos cônjuges, há casos em que a legislação define o regime a ser adotado. O art. 1.641 do CC/2002 dispõe sobre as situações em que haverá, obrigatoriamente, a adoção do regime da separação de bens. No caso dos maiores de setenta anos – uma das hipóteses do art. 1.641 do CC/2002 –, doutrina e jurisprudência questionam a sua constitucionalidade, sob o argumento de que a previsão é discriminatória.

Nesta seção, examinaremos cada um dos regimes desenhados pelo Código Civil: **comunhão universal, comunhão parcial, separação de bens** e **participação final nos aquestos**, bem como algumas normas incidentes à matéria que independem do regime adotado.

Antes, porém, cuidaremos do chamado *pacto antenupcial*.

10.1 Pacto antenupcial

Os cônjuges, antes do casamento, têm o direito de estipular o que lhes aprouver, quanto aos seus bens (art. 1.639), bem como escolher um dos regimes legais, por meio do **pacto antenupcial**, em **escritura pública**, durante o procedimento da habilitação (art. 1.640, parágrafo único). Caso não exerçam o direito de escolha, a lei determina que o regime será o da **comunhão parcial de bens**, o que também valerá caso a opção tenha sido **nula** ou **ineficaz** (art. 1.640).

Pode-se conceituar o pacto antenupcial como *o* **contrato** *celebrado entre os nubentes no qual fazem* **disposições patrimoniais anteriores** *ao casamento, como a* **escolha do regime** *de bens – caso não optem pelo regime da comunhão parcial – e* **quaisquer outras**, *como doações, ou gravação de bens com* **cláusula de incomunicabilidade**, *caso optem pelo regime da comunhão universal.*

O leitor deve atentar para a grafia de **antenupcial**, com "e", vez que se refere a algo "anterior", e não a algo "contrário", como indicado pelo prefixo "anti", com "i".

Deve tal contrato tomar a forma de **escritura pública**, a qual, por ser de sua essência, considera-se indispensável para sua **validade**. Daí que o pacto antenupcial que não observar a forma de escritura pública será **nulo** (art. 1.653, primeira parte).

A **eficácia** do pacto antenupcial, por sua vez, sujeita-se ao casamento-ato, verdadeira **condição suspensiva** (art. 1.653, segunda parte). Claramente se percebe que não produz efeitos a escolha do regime de bens antes de ser celebrado o casamento, mas o leitor deve se lembrar de que também a eficácia das demais cláusulas do pacto ficam suspensas, de modo que uma doação feita, por exemplo, também só será eficaz se as partes vierem a se casar.

No pacto antenupcial celebrado por menor em idade núbil deverá ser **transcrita a autorização** para que se case, concedida por seus pais ou representante legal (art. 1.537). A eficácia do contrato depende da **aprovação** dos pais ou representante legal, conforme o art. 1.654 do Código. A lei dispensa a aprovação se o casamento se enquadrar em alguma das hipóteses em que se impõe o regime da **separação obrigatória de bens**, o que não parece fazer sentido. Afinal, se o regime de bens será imposto pela lei, não será o caso de pacto antenupcial para fazer a opção, vez que não haverá opção. Logo, só pode se tratar de pacto para outras disposições patrimoniais, entre as quais pode haver doações de um nubente a outro. Frise-se que em nada interfere em disposições patrimoniais **anteriores** ao casamento o fato de o regime de bens ser o da separação obrigatória. Destarte, não se pode dispensar a aprovação dos pais ou do representante legal, vez que o pacto cuidará de direitos patrimoniais do menor.

Para que o pacto antenupcial produza efeitos perante terceiros, exige a lei que seja **levado a registro** em livro especial no cartório do Registro de Imóveis do domicílio em que vierem a residir os cônjuges (art. 1.657).

A nulidade do pacto antenupcial não atinge, contudo, o próprio casamento, o qual será válido e regido pelo regime de bens adotado como regra em nosso ordenamento: o da comunhão parcial. Dessa forma, podemos concluir que o pacto antenupcial somente é necessário caso os noivos optem por um regime de bens diferente do regime legal (comunhão parcial de bens ou, nos casos do art. 1.641, da separação obrigatória de bens).

Desnecessariamente, salienta o art. 1.655 do Código que será **nula** qualquer convenção ou cláusula do pacto antenupcial que contrarie "disposição absoluta de lei". A nulidade, na verdade, decorre automaticamente da contrariedade da lei. Seriam nulas, por contrariarem disposições absolutas de lei, cláusulas em que se **renunciasse a alimentos** (contrariedade ao art. 1.707 do Código) ou à **autoridade parental (poder familiar)** (art. 1.631).

Por fim, admite-se que as partes convencionem livremente a disposição de seus bens imóveis particulares, caso façam a opção pelo regime da **participação final nos aquestos** (art. 1.656).

Acesse o QR Code e assista ao vídeo:
Conversas sobre Direito Civil (19): negociação do pacto antenupcial

> https://uqr.to/r1jt

10.2 Regime de comunhão parcial

Desde o advento da Lei do Divórcio – Lei 6.515/77 – o **regime de comunhão parcial**, também chamado de **separação relativa**[52] e de **misto**,[53] passou a ser o regime legal, ou seja, o regime aplicável caso os cônjuges não optem por outro.

Conceituando o regime, Silvio Rodrigues asseverou, com palavras que se tornaram famosas, que "trata-se de um regime de separação quanto ao passado e de comunhão quanto ao futuro".[54] Atento à lição, o legislador de 2002 determinou, no art. 1.658, que "no regime de comunhão parcial, comunicam-se os bens que sobrevierem ao casal, na constância do casamento". Ou seja, o patrimônio de cada cônjuge **anterior ao casamento** permanece **exclusivo**, e o patrimônio amealhado **após o casamento** se torna comum (salvo algumas exceções, de que trataremos).

Impende lembrar ao leitor que o regime da comunhão parcial de bens não somente se aplica aos cônjuges que não optaram por outro, mas também aos casos em que a opção foi **nula** ou **ineficaz**, como na hipótese de o pacto antenupcial não ter observado a forma de **escritura pública** (art. 1.640).

Para que melhor se compreenda o estudo do regime da comunhão parcial, deve-se ter em mente que, neste regime, haverá **três patrimônios distintos**: os patrimônios particulares de cada cônjuge e o patrimônio comum do casal.

Trata-se de regime pelo qual se estabelece um componente, de certo modo, ético entre os cônjuges, reservando-se a titularidade exclusiva dos bens particulares e estabelecendo a comunhão dos bens adquiridos, a título oneroso, durante a convivência.

---

[52] Vez que, se a comunhão é parcial, há também uma separação relativa.
[53] Porquanto há comunhão e separação, no mesmo regime.
[54] RODRIGUES, Silvio. *Direito de família*, cit., p. 182.

10.2.1 Bens excluídos da comunhão no regime da comunhão parcial

Estudaremos, a seguir, os bens que permanecem exclusivos de um dos cônjuges no regime da comunhão parcial.

10.2.1.1 Bens anteriores ao casamento

Não integram o patrimônio comum os bens que cada cônjuge tinha **antes do casamento** (art. 1.659, I, primeira parte).

A ideia por trás da norma é a de que, antes do casamento, não houve nenhum tipo de participação de um cônjuge na aquisição do patrimônio do outro, o que podia até ser verdade na sociedade da época em que se elaborou o Código de 1916.

Hoje, não obstante, isso mudou. Imaginemos que um casal viva em união estável por algum tempo, por exemplo, dois anos, antes de se casar. Aliás, hoje se tornou comum que os noivos vivam como se casados fossem mesmo antes do casamento, aguardando, apenas, para "oficializar a união" – como se costuma dizer – que um deles, ou ambos, conclua um curso superior, ou consiga um emprego, por exemplo. Nesses casos, se houver aquisição de patrimônio na constância da união estável, ou do noivado, será realmente aplicável o comando do art. 1.659, I, primeira parte, aos bens adquiridos por cada cônjuge, supondo-se que o regime de bens venha a ser o da comunhão parcial? Ou seja, imaginando-se que o noivo, já morando com a noiva, adquiriu, antes do casamento, uma moto, e ela, um carro, será possível afirmar, com certeza, após o casamento, que a moto e o carro não integram o patrimônio comum? Será que realmente não houve participação do noivo na aquisição do bem da noiva, e vice-versa? Caso os noivos queiram se resguardar de problemas eventuais, o melhor é esclarecer a situação de tais bens no pacto antenupcial.

Sobre esse tema, o Superior Tribunal de Justiça, em novembro de 2021 (REsp 1.841.128/MG), definiu que não há comunicabilidade, na partilha decorrente de divórcio, dos bens adquiridos por uma das partes durante o período de namoro, ainda que, posteriormente, tenha o casal contraído matrimônio. Em nossa observação anterior, a hipótese era de união estável. Na situação decidida pelo STJ, a aquisição antes do casamento ocorreu quando o casal estava namorando, sendo aplicável a regra do art. 1.661 do Código Civil: "São incomunicáveis os bens cuja aquisição tiver por título causa anterior ao casamento".

10.2.1.2 Bens havidos por doação ou sucessão

Também não integram o patrimônio comum os bens que cada um dos cônjuges, individualmente, receber por **doação** ou **sucessão** *causa mortis* (herança ou legado). Frise-se que não importa se o bem é recebido antes ou depois do casamento, pois em nenhuma hipótese ele se comunicará.

Aqui, a razão de ser da norma é o caráter **personalíssimo** de tais transmissões de bens. Na doação, o doador transfere um bem ao donatário em consideração à pessoa deste, assim como na sucessão a transferência se dá por um direito absoluto da pessoa, o direito sucessório. O outro cônjuge, a quem a doação não foi dirigida, e que não tem o direito sucessório, não faz jus ao bem, obviamente.

Essa regra tem aplicabilidade mesmo quando se tratar de imóvel doado por um dos cônjuges ao outro. Assim, mesmo que um imóvel tenha sido adquirido por esforço comum do casal durante a relação, se houve a doação de forma graciosa, o imóvel estará afastado do monte partilhável[55].

---

[55] "O bem imóvel adquirido a título oneroso na constância da união estável regida pelo estatuto da comunhão parcial, mas recebido individualmente por um dos companheiros, através de doação pura e

10.2.1.3 Bens sub-rogados

Fala-se em sub-rogação de bens para se referir à hipótese de um bem ser **substituído** por outro. Ou seja, um bem sai do patrimônio, e outro entra em seu lugar.

Isso ocorre, por exemplo, quando, antes de se casar, o noivo era proprietário de uma casa. Após o casamento, há uma troca – a casa é trocada por um apartamento. A noiva, por sua vez, era dona de dois carros, um dos quais ela vende após o casamento. Com o preço obtido, ela compra um terreno. O outro acaba se envolvendo em um acidente, sem culpa da proprietária, e sofre perda total. O responsável pelo dano paga a indenização do prejuízo. Nessas três hipóteses, há sub-rogação de bens: casa por apartamento; carro por terreno; carro por dinheiro.

Frise-se que, nos casos de sub-rogação, não há, propriamente, **aquisição patrimonial**, embora haja **aquisição de bens**, por se tratar de *substituição*.

Pode ocorrer tanto a sub-rogação de bens particulares adquiridos antes do casamento, quanto de bens particulares adquiridos após o casamento. Em ambos os casos, o novo bem continuará incomunicável (art. 1.659, I, terceira parte, e II).

10.2.1.4 Obrigações anteriores ao casamento

Conforme visto, a lógica do regime da comunhão parcial de bens é no sentido de que o cônjuge não contribuiu em nada, antes do casamento, para a aquisição do patrimônio do outro. Decorre daí, naturalmente, que o cônjuge também não interferiu nas **obrigações** contraídas pelo outro, as quais, por conseguinte, não se comunicam (art. 1.659, III).

Aqui há que se fazer a mesma ressalva feita quanto aos bens adquiridos antes do casamento. Levando em conta casais que já viviam em comunhão antes do casamento, seja porque não lhes ocorrera antes casar, seja porque estavam noivos, conclui-se pela relativização do preceito de que um não interferiu na vida patrimonial do outro. Em quantos casos não terá um dos noivos, por exemplo, contraído dívidas para a celebração do casamento, ou para o enxoval? Seria razoável, então, determinar-se que tais obrigações não se comunicam com o par? O ideal, para evitar problemas, é valer-se do pacto antenupcial para esclarecer essas situações.

10.2.1.5 Obrigações provenientes de atos ilícitos

As obrigações provenientes de **atos ilícitos** não se comunicam, como não poderia deixar de ser, vez que a responsabilidade decorrente do ilícito não pode ultrapassar a pessoa do seu autor (art. 1.659, IV).

Se Augusto, casado com Berenice, bateu no carro de Caio, a obrigação de indenizar o prejuízo sofrido por Caio será exclusivamente de Augusto.

Há na lei, todavia, uma exceção, inspirada na doutrina de Carvalho Santos,[56] no sentido de que haverá comunicação, caso se demonstre que o ato ilícito **reverteu em benefício** do casal. Certamente que deverá se tratar de **ilícito civil**, vez que, com relação ao **criminal**, a regra é no sentido de que a pena não pode ultrapassar a pessoa do condenado (art. 5º, XLV, da Constituição).

Um exemplo seria o de Rui, casado com Helena, que promove um evento musical em sua casa, e obtém lucro com a venda de ingressos. Suponhamos que o barulho produzido, por

---

simples realizada pelo outro, deve ser excluído do monte partilhável, nos termos do art. 1.659, I, do CC/2002" (STJ, 4ª Turma, REsp 1.171.488-RS, relator: Min. Raul Araújo, data do julgamento: 4/4/2017).

[56] SANTOS, J. M. Carvalho apud RODRIGUES, Silvio. *Direito de família*, cit., p. 178.

alguma razão, cause um dano ao vizinho. Facilmente se verifica que o ilícito cometido por Rui acabou revertendo em benefício do casal, vez que o lucro obtido com a venda dos ingressos integrou o patrimônio comum. Nesse caso, a obrigação de indenizar entrará na comunhão.

10.2.1.6 Bens de uso pessoal

Excluem-se da comunhão de bens os considerados de **uso pessoal** (art. 1.659, V).

A dificuldade, aqui, é determinar o que sejam bens de uso pessoal. Tradicionalmente, em razão da redação do art. 263, IX, do Código de 1916, fala-se em **roupas, joias, livros, instrumentos de profissão e retratos da família**.

Dos livros e instrumentos de profissão, trataremos adiante. Quanto aos **retratos de família**, não há dificuldade para se perceber que devem integrar o patrimônio do cônjuge de cuja família se trata. A dúvida surge, no entanto, com relação às roupas e às joias.

Sabe-se que existem **roupas** e, sobretudo, **joias** que têm valor superior até mesmo a carros e certos imóveis. Por conseguinte, podem surgir conflitos quando de uma eventual partilha de bens. Juridicamente, a dúvida se justifica se houver questionamento sobre o real propósito do bem, em especial das joias: cuida-se de um *investimento* ou meramente de um *adorno*? No primeiro caso, não há por que considerá-las patrimônio exclusivo do homem ou da mulher – dependendo de serem joias masculinas ou femininas –, se houverem sido adquiridas onerosamente na constância do casamento. No segundo caso, caracteriza-se mais facilmente o "uso pessoal", e, portanto, a incomunicabilidade. PAULO LOBO propõe, para solucionar a questão, o critério da origem, afirmando que, em se tratando de um **presente**, teria havido doação, pelo que o bem seria incomunicável.[57] PONTES DE MIRANDA, por sua vez, entende que as joias adquiridas durante o casamento sempre se comunicam.[58]

10.2.1.7 Livros e instrumentos de profissão

A lei determina a incomunicabilidade dos **livros e instrumentos de profissão** por considerar tais bens especialmente **pessoais** (art. 1.659, V, segunda parte). De fato, não há que se negar que os livros adquiridos por um dos cônjuges, bem como os instrumentos por ele adquiridos para o desempenho de suas atividades profissionais interessam primordialmente a ele, e não ao outro cônjuge.

Ocorre que, conforme aponta MARIA BERENICE DIAS, não se pode pressupor que não houve **conjugação de esforços** dos cônjuges em sua aquisição.[59] Daí que a norma acaba se tornando **injusta**. A solução proposta por MARIA BERENICE, a qual seguimos, é no sentido de que, em uma eventual partilha, os livros e instrumentos de profissão permaneçam necessariamente com o cônjuge a quem interessam, mas que haja **compensação** de seu valor.

Em um exemplo bem simples, imaginemos que os livros e instrumentos profissionais do marido valem R$ 3.000,00 e os da mulher R$ 5.000,00. Havendo a partilha, todos esses bens serão considerados **comuns**, totalizando um patrimônio de R$ 8.000,00. Logo, cada cônjuge teria direito a R$ 4.000,00. Como os bens permaneceriam com o cônjuge a quem eles interessam, conclui-se que o marido acabaria ficando com um crédito de R$ 1.000,00 contra a mulher, que seria resolvido na partilha dos demais bens. Vejamos o raciocínio em um esquema:

---

[57] LOBO, Paulo apud DIAS, Maria Berenice. *Manual de direito das famílias*, cit., p. 236.
[58] MIRANDA, Francisco Cavalcanti Pontes de apud DIAS, Maria Berenice. *Manual de direito das famílias*, p. 236.
[59] DIAS, Maria Berenice. *Manual de direito das famílias*, cit., p. 236.

PARTILHA DE LIVROS E INSTRUMENTOS DE PROFISSÃO
Livros e instrumentos profissionais do marido (PMa) = 3.000,00
Livros e instrumentos profissionais da mulher (PMu) = 5.000,00
Patrimônio comum (PCo) = PMa + PMu = 3.000,00 + 5.000,00 = 8.000,00
Meação (Me) = PCo ÷ 2 = 4.000,00
Me − PMa = 4.000,00 − 3.000,00 = 1.000,00
Me − PMu = 4.000,00 − 5.000,00 = −1.000,00
PMa = patrimônio do marido
PMu = patrimônio da mulher
PCo = patrimônio comum
Me = meação

10.2.1.8 Renda do trabalho

Também não se comunicam os **proventos do trabalho** pessoal de cada cônjuge (art. 1.659, VI).

Tal comando também tem sido criticado pela doutrina. Isso porquanto, no regime da comunhão parcial, os bens adquiridos onerosamente na constância do casamento, o que, em geral, significará *adquiridos com o fruto do trabalho dos cônjuges*, integram o patrimônio comum. Logo, a consequência do inciso VI do art. 1.659 é o estranho fato de que se os proventos do trabalho pessoal forem usados para adquirir um bem, tal bem integrará o patrimônio comum; todavia, se os proventos forem guardados, permanecerão patrimônio exclusivo de quem os recebeu.

Ou seja, se um cônjuge recebe R$ 20.000,00 por ano e compra um carro para o casal com seu salário, o carro será patrimônio comum, enquanto os R$ 30.000,00 de salário que o outro cônjuge recebe e deposita em uma conta corrente serão patrimônio particular dele.

10.2.1.9 Pensões e rendas semelhantes

Excluem-se da comunhão as **pensões, meio-soldos, montepios e outras rendas semelhantes** (art. 1.659, VII). As palavras meio-soldo e montepio referem-se a tipos de pensão que no Brasil eram pagas a militares até o advento da Lei 3.765/60, a qual os substituiu por uma nova modalidade.

O legislador bem poderia ter se desapegado desse vocabulário já estranho ao nosso dia a dia e disciplinado hipóteses mais atuais, como a das indenizações trabalhistas e do FGTS – Fundo de Garantia por Tempo de Serviço –, as quais têm sido discutidas pela jurisprudência. Frise-se, a propósito, que a orientação seguida pelo Superior Tribunal de Justiça tem sido no sentido da **comnicabilidade** de tais verbas[60].

Em relação aos planos de previdência, cabe uma explicação pormenorizada, especialmente diante do atual posicionamento da jurisprudência.

---

[60] "As indenizações de natureza trabalhista, os valores atrasados originados de diferenças salariais e decorrente do Fundo de Garantia por Tempo de Serviço – FGTS, quando referentes a direitos adquiridos na constância do vínculo conjugal e na vigência dele pleiteados, devem ser objeto de comunhão e partilha, ainda que a quantia tenha sido recebida apenas posteriormente à dissolução do vínculo" (REsp 1.651.292/RS, relatora: Ministra Nancy Andrighi, 3ª Turma, data do julgamento: 19/5/2020, data da publicação: 25/5/2020).

A **Previdência Social**, também chamada de Previdência Pública, é aquela cujo custeio tem origem em três fontes distintas: nas contribuições devidas pelos trabalhadores; nas contribuições devidas pelos empregadores; e nos impostos recolhidos pelo Governo Federal. Além de abranger a aposentadoria, os regimes de previdência social (regime próprio e regime geral) abrangem diversos outros tipos de benefício, como salário-maternidade, auxílio-doença e pensão por morte.

A **Previdência Privada**, por sua vez, além de não ter caráter obrigatório como a anterior, funciona como um **adicional** para aqueles que possuem interesse em complementar a renda. Nesse caso, o investidor passa a receber, a partir de determinada data **futura** e em prestações periódicas, os valores que acumulou ao longo da vida, como forma de complementação do valor recebido da previdência pública. Assim, uma pessoa pode estar submetida ao regime celetista e, além de contribuir para o Instituto Nacional do Seguro Social (INSS), optar por manter ou ampliar suas receitas por meio de investimentos em fundos geridos por especialistas atuantes no mercado financeiro.

A Previdência Privada ou Complementar é composta de dois planos distintos: os fechados, também chamados de fundos de pensão, e os planos abertos. O primeiro é ofertado por empresas aos seus respectivos colaboradores ou por entidades de classe aos profissionais previamente associados. Por exemplo: a OABPrev-SP é um sistema de previdência complementar fechado constituído na modalidade de contribuição definida e com administração própria, sob a coordenação direta da Superintendência Nacional de Previdência Complementar (Previc), criado exclusivamente para atender às necessidades dos advogados e seus familiares. Os planos abertos, por outro lado, são aqueles regulados pela Superintendência de Seguros Privados (Susep) e oferecidos por instituições financeiras a interessados que não são predeterminados (exemplos: Bradesco Vida e Previdência S.A. e Sul América Seguros de Pessoas e Previdência S.A.). Dessa forma, qualquer pessoa pode ter acesso a esse modelo de previdência, independentemente de seu vínculo profissional ou associativo.

Os planos abertos de Previdência Privada podem ser subdivididos, ainda, em PGBL (Plano Gerador de Benefício Livre) e VGBL (Vida Gerador de Benefício Livre). Eles se diferem, basicamente, em relação à incidência do Imposto de Renda. Em todo caso, o titular do plano escolhe o valor a ser depositado e a periodicidade de sua contribuição, além de poder resgatar os recursos de forma total ou parcial.

Nesse espaço, interessa-nos a diferenciação anterior (previdência privada fechada × previdência privada aberta) apenas para entendermos como determinado benefício pode (ou não) interferir na partilha de bens do casal quando da separação, do divórcio ou da dissolução da união estável.

Pensemos, então, na seguinte situação: Pedro e Olívia são casados sob o regime da comunhão parcial de bens. Com exceção de algumas hipóteses expressamente previstas no Código Civil, os bens que sobrevierem ao casal, na constância do casamento, se comunicarão, ou seja, passarão a ser de ambos os cônjuges (art. 1.658 do CC). O mesmo raciocínio vale para a constituição de união estável, cujas relações patrimoniais obedecem às regras do regime da comunhão parcial de bens (art. 1.725 do CC).

Pedro, caso venha a contratar um plano de previdência privada, na modalidade fechada – imagine que ele é advogado e aderiu ao plano OABPrev-SP –, terá que partilhar com Olívia o saldo aportado? Em outras palavras, as contribuições feitas para plano de previdência fechada integram o patrimônio sujeito à comunhão de bens, a ser partilhado quando da extinção do vínculo conjugal? De acordo com a jurisprudência do Superior Tribunal de Justiça, **o benefício de previdência privada fechada é excluído da partilha em dissolução de união estável regida pela comunhão parcial de bens** (3ª Turma, REsp 1.477.937-MG, relator: Min. Ricardo Villas Bôas Cueva, data do julgamento: 27/4/2017; 3ª Turma, REsp 1.651.292/RS, relatora: Min. Nancy Andrighi, data do julgamento: 19/5/2020; e, mais recentemente, a definição pela 4ª Turma: REsp 1.545.217/PR, relator: Min. Luis Felipe Salomão, data do julgamento: 7/12/2021).

A explicação para essa conclusão é a seguinte: a previdência privada fechada tem **natureza personalíssima**, porque instituída mediante planos de benefícios de natureza previdenciária apenas a determinadas pessoas, amoldando-se à exceção prevista na parte final do art. 1.659, VII, do Código Civil.

De acordo com a doutrina, "os fundos privados de pensão são benefícios de caráter personalíssimo e visam à subsistência da pessoa em certa passagem de sua vida, eis se tratar de renda pessoal e incomunicável, tal como acontece com os proventos do trabalho de cada cônjuge e, portanto, nessa linha de pensamento também não se comunicam"[61]

Esse raciocínio também se aplica para o caso da comunhão universal de bens, pois o art. 1.668, V, c/c o art. 1.659, VII, do CC, exclui da comunhão as mesmas verbas. **Assim, seja para a união estável, seja para a comunhão parcial ou comunhão universal de bens, os valores depositados em previdência privada fechada são incomunicáveis.**

A previdência fechada funciona como uma espécie de proteção previdenciária, e a sua incomunicabilidade não indica qualquer espécie de fraude ou prejuízo por ocasião da partilha. Como adverte ROLF MADALENO, "pensar desta forma seria inviabilizar qualquer investimento em fundos de pensão, porque ninguém poderia romper sociedade afetiva, pois sofreria o ônus de ter de partilhar sua previdência privada e abortar sua futura aposentadoria"[62].

Outro ponto considerado pela jurisprudência é que o valor investido na previdência complementar fechada **não pode ser resgatado por livre escolha do participante**. Como esse tipo de plano é restrito aos funcionários de uma empresa ou grupo de empresas ou a membros de associações classistas ou setoriais, existem regras específicas de resgate, as quais impedem a utilização do valor aportado a qualquer tempo, circunstância que afasta a liquidez própria das aplicações financeiras. Dessa forma, **esse tipo de plano se confunde com um investimento realizado, por exemplo, em caderneta de poupança.**

Vejamos um caso prático julgado pela Quarta Turma do STJ: uma mulher separada judicialmente ajuizou ação de sobrepartilha em face de seu ex-marido, com quem esteve casada, sob o regime da comunhão universal de bens, entre 26/11/1977 e 31/8/2005. Segundo a autora, em 2010, o requerido teria realizado um saque no valor de R$ 437.716,44 (quatrocentos e trinta e sete mil, setecentos e dezesseis reais e quarenta e quatro centavos), referente a saldo existente em fundo de previdência privada administrado pela Fundação Francisco Martins Bastos, patrocinado por sua ex-empregadora. Destaca-se que houve comprovação no sentido de que o vínculo laboral mantido com a patrocinadora do plano de benefícios foi extinto ainda durante o casamento. O juízo de primeiro grau julgou procedente o pedido, admitindo a sobrepartilha desse valor após o desconto do imposto de renda, mas o Tribunal de Justiça local (TJRS) reformou a decisão, considerando que, assim como os valores do fundo de garantia por tempo de serviço, a quantia depositada com o escopo de garantia da aposentadoria (previdência privada), quando não sacada durante a união, não se reverte em proveito do casal, porque mantém a sua natureza personalíssima.

A ex-esposa interpôs recurso especial, ao qual foi negado provimento. As razões da Turma para a manutenção da decisão de segundo grau foram as seguintes:

- A previdência privada não se constituiu somente por meio de investimento do ex-marido, pois o respectivo fundo era patrocinado pelo empregador, assumindo, assim, a natureza de verba trabalhista.

---

[61] MADALENO, Rolf. Direito de família. 7. ed. Rio de Janeiro: Forense, 2017. p. 771.
[62] Idem.

- Ainda que o valor depositado tenha sido recebido após o rompimento da sociedade conjugal, essa circunstância não muda o caráter da verba. Na ocasião da separação, os bens não integravam o patrimônio comum, em virtude de sua natureza alimentar (proventos); e, após a separação, também não passarão a integrá-lo pelo simples fato de o ex-marido ter recebido a referida verba em razão da cessação de seu pagamento. "Se é da essência do regime de previdência complementar a inscrição em um plano de benefícios de caráter previdenciário, não é lógico afirmar que os valores depositados pelo participante possam, originalmente, ter natureza alimentar, e, com o decorrer do tempo, justamente porque não foram utilizados para a manutenção do empregado e de sua família no período em que auferidos, passem a se constituir em investimento ou poupança" (trecho do voto condutor do REsp 1.545.217).

- A sociedade conjugal é regida pelo regime da comunhão universal de bens, no qual a lei exclui da comunhão pensões, meios-soldos, montepios e outras rendas semelhantes, como prevê o art. 1.668, V, c/c o art. 1.659, VII, do CC. No mesmo sentido, também dispunha o art. 263, I, do CC/1916, vigente por ocasião do matrimônio.

Diversa seria a conclusão se os valores estivessem depositados em um plano de previdência complementar **aberta**. Nesse caso, tratar-se-ia de uma aplicação financeira com regras especiais, com natureza de investimento, de modo que a meação incidiria sobre a previdência privada aberta antes de esta se transformar em pecúlio e gerar frutos ao respectivo titular. Ademais, como nessa espécie de previdência privada, vencida a carência contratual, o patrimônio pode ser livremente resgatado, tal como ocorre em outros tipos de aplicação financeira, a incomunicabilidade não poderia ser estendida.

Em outras palavras, enquanto a previdência privada fechada se caracteriza por uma adesão restrita, não apresentando absoluta autonomia de valores e restritas possibilidades de resgate, a previdência privada aberta, que se assemelha a investimento, tem ampla autonomia de resgate. Ou seja, "os planos de previdência privada aberta, de que são exemplos o VGBL e o PGBL, não apresentam os mesmos entraves de natureza financeira e atuarial que são verificados nos planos de previdência fechada e que são óbices à partilha, pois, na previdência privada aberta, há ampla flexibilidade do investidor, que poderá escolher livremente como e quando receber, aumentar ou reduzir contribuições, realizar aportes adicionais, resgates antecipados ou parcelados a partir da data que porventura indicar" (REsp 1.880.056/SE, data da publicação: 22/3/2021).

No exemplo citado, se os investimentos tivessem ocorrido em planos de previdência privada de natureza aberta, com o rompimento da sociedade conjugal, os valores depositados deveriam ser partilhados conforme o regime de bens adotado pelos cônjuges.

10.2.1.10 Bens cuja causa de aquisição é anterior ao casamento

São excluídos da comunhão os bens adquiridos na constância do casamento, se sua aquisição tiver por título uma **causa anterior ao casamento** (art. 1.661).

Um bom exemplo seria o de um consórcio. Augusto e Berenice se casaram no regime da comunhão parcial de bens. Antes de se casar, Augusto entrara em um consórcio para a aquisição de um carro, mas só veio a ser sorteado após o casamento, quando restavam poucas prestações a pagar. Nesse caso, certamente que a aquisição se terá devido a uma causa **anterior** ao casamento, pelo que o carro será incomunicável. No entanto, se Augusto tivesse se casado após a quitação de algumas poucas prestações, e posteriormente viesse a ser sorteado, já não haveria razão para considerar a causa da aquisição anterior ao casamento, razão pela qual o bem integraria o patrimônio comum.

10.2.2 Bens incluídos na comunhão no regime da comunhão parcial

Vez que o art. 1.659 do Código lista os bens que são **excluídos** da comunhão, é de se concluir que todos os demais bens, que lá não figurem, consideram-se **incluídos** na comunhão. Mesmo assim, para evitar dúvidas, o art. 1.660 do Código cuida do rol de bens que o legislador quer deixar claro **que se comunicam**.

10.2.2.1 Bens adquiridos onerosamente na constância do casamento

Comunicam-se os **bens adquiridos onerosamente na constância do casamento** (art. 1.660, I).

Aqui, não há novidade: trata-se da regra geral do regime da comunhão parcial de bens. Como se sabe, o regime da comunhão parcial projeta-se para o futuro, ou seja, para **após o casamento-ato**. Especifica-se que a aquisição de bens na constância do casamento-estado deve ser **onerosa**, para lembrar que os bens havidos gratuitamente, seja por doação ou por sucessão, não se comunicam (art. 1.659, I, segunda parte).

Aqui, presume-se a colaboração conjunta do casal pela aquisição dos bens durante a relação. Nesse sentido é a jurisprudência do STJ:

> De acordo com a jurisprudência do STJ, no regime de comunhão parcial de bens – ante a presunção do esforço comum dos consortes na construção da vida conjugal –, os frutos e rendimentos percebidos na constância do casamento são comunicáveis (AgInt nos EDcl no AREsp 908.313/SP, relator: Min. Antonio Carlos Ferreira, 4ª Turma, data do julgamento: 4/5/2020, data da publicação: 6/5/2020).

Impende frisar que a lei presume adquiridos na constância do casamento os bens **móveis**, se não houver prova de que o foram em data anterior (art. 1.662). Cabe lembrar ao leitor que é possível, no pacto antenupcial, a elaboração de um **inventário** dos bens dos nubentes, tanto móveis quanto imóveis, caso em que o pacto bastará como prova da aquisição anterior ao casamento.

10.2.2.2 Bens adquiridos por fato eventual

Os bens adquiridos **por fato eventual**, com ou sem o concurso de trabalho ou despesa anterior, também integram o patrimônio comum (art. 1.660, II). Apesar de tais bens não serem adquiridos onerosamente, a lei optou pela sua **comunicabilidade**.

Cuida-se de bens como os prêmios em geral, seja de competições, de loteria, de rifas, sorteios etc. Em razão da ressalva – com ou sem o concurso de trabalho ou despesa anterior – conclui-se que pouco importa se um dos cônjuges, exclusivamente, trabalhou ou efetuou algum gasto que contribuiu para a aquisição, como seria o caso de um deles ter jogado na loteria, ou participado de uma corrida de bicicleta.

10.2.2.3 Bens transferidos a ambos os cônjuges

Deve-se tomar um cuidado especial aqui, em que a hipótese é de bens adquiridos por doação, herança ou legado **em favor de ambos os cônjuges** (art. 1.660, III), para não confundi-la com a dos bens recebidos por doação ou herdados por apenas um dos cônjuges, os quais não se comunicam (art. 1.659, I, segunda parte).

Rui e Helena, casados no regime da comunhão parcial, recebem do pai de Rui um carro em doação. Se *recebem* – no plural –, conclui-se que ambos figuraram como destinatários no contrato. Nesse caso, o carro integrará o patrimônio comum do casal. Se um tio de Helena morre e nomeia como herdeiros testamentários Rui e Helena, ou se lhes lega uma casa, também estes bens integrarão o patrimônio comum.

10.2.2.4 Benfeitorias em bens particulares

Também se comunicam as **benfeitorias** que forem realizadas em bens particulares dos cônjuges (art. 1.660, IV). Não se trata de exceção, mas sim de consectário da lógica do regime da comunhão parcial: não obstante se tratar de bem particular, supõe-se que as obras realizadas na constância do casamento serão custeadas pelo esforço comum do casal. Logo, devem entrar na comunhão.

Augusto e Berenice vivem em uma casa herdada por Augusto, que resolve lá construir uma área de lazer. A situação é análoga à compra de móveis novos para a casa, a qual, por ter a natureza de aquisição onerosa, implica a comunicabilidade.

10.2.2.5 Frutos

Entram na comunhão os **frutos dos bens comuns ou particulares**, desde que percebidos na constância do casamento ou pendentes ao tempo em que cessar a comunhão (art. 1.660, V).

Curiosamente, aqui o legislador manteve a coerência do regime, diferentemente do que se passou com a questão dos proventos do trabalho e das pensões. Considerando-se que os frutos dos bens, sejam eles particulares ou comuns, destinam-se, em geral, ao sustento da família, logicamente que devem integrar o patrimônio comum no regime da comunhão parcial.

10.2.3 Administração do patrimônio comum

No regime da comunhão parcial, a administração do patrimônio comum compete a **qualquer dos cônjuges** (art. 1.663).

As dívidas que forem contraídas no exercício da administração – por exemplo, a contratação de uma reforma da casa – obrigam tanto os bens comuns quanto os particulares do cônjuge que as contraiu, assim como os bens do outro cônjuge, respeitada a proporção do proveito que obteve (art. 1.663, § 1º). Deve-se entender como subsidiária a responsabilidade dos patrimônios particulares, ou seja, deve-se, antes de buscar neles a satisfação da dívida, buscá-la no patrimônio comum.

Com relação às **obrigações contraídas para o sustento da família e as decorrentes de imposição legal**, responde também o patrimônio comum (art. 1.664). Conquanto a lei não mencione a responsabilidade dos patrimônios particulares, obviamente que o patrimônio exclusivo do cônjuge que houver contraído a obrigação será responsável, em decorrência da regra básica de que o patrimônio do devedor responde por suas dívidas.

Exige-se a anuência de ambos os cônjuges – a **outorga uxória** ou **marital** – para qualquer ato de cessão gratuita do uso ou do gozo dos bens comuns (art. 1.663, § 2º), como, por exemplo, a celebração de comodato de um apartamento do casal.

Se ficar demonstrada a má administração dos bens comuns – chamada, na lei, de **malversação** –, o juiz poderá atribuí-la a apenas um dos cônjuges, se for o caso (art. 1.663, § 3º).

Quanto ao **patrimônio particular**, sua administração, naturalmente, cabe ao seu proprietário, a não ser que haja disposição em sentido diverso no pacto antenupcial (art. 1.665).

Por exemplo, pode a noiva estabelecer, naquele ato, que o noivo será responsável pela administração do patrimônio particular dela. Deve-se, ademais, adiantar ao leitor que na hipótese de **impossibilidade** de administração do patrimônio particular por parte do cônjuge proprietário, o que pode ocorrer quando este houver desaparecido, ou estiver encarcerado por mais de cento e oitenta dias, ou interditado, ou privado de consciência, a administração de seus bens caberá ao outro cônjuge (arts. 1.570 e 1.651).[63]

Como não poderia deixar de ser, as dívidas contraídas por um dos cônjuges na **administração de seu patrimônio exclusivo ou em benefício dele** não obrigam o patrimônio comum (art. 1.666).

10.3 Regime da comunhão universal

O **regime da comunhão universal** era o regime legal, até a entrada em vigor da Lei do Divórcio – Lei 6.515/77, ou seja, era a regime apontado pela lei, caso os nubentes não optassem por outro em pacto antenupcial.

Trata-se de um regime que se caracteriza, por excelência, pela existência de um único patrimônio, que importa uma espécie de condomínio entre os cônjuges, solúvel somente pelo fim da vida em comum, integrado por todos os bens presentes e futuros dos cônjuges, inclusive suas dívidas (art. 1.667). Costuma-se chamar esse condomínio de **mancomunhão**, ou **propriedade em mão comum**. Aqui, forma-se uma universalidade patrimonial entre os consortes.

Cada cônjuge faz jus à **meação**, ou seja, a metade do patrimônio. Daí vem a expressão, utilizada com frequência: **cônjuge meeiro**.

Quando do término da vida em comum e, por conseguinte, da comunhão de bens, deve-se dividir o ativo e o passivo entre os meeiros, e desde logo cessará a responsabilidade de cada um dos cônjuges com relação aos credores do outro (art. 1.671).

10.3.1 Bens excluídos da comunhão universal

Não obstante se dizer que, no regime da comunhão universal, existe apenas um patrimônio, comum, a lei exclui alguns bens da comunhão. O leitor deve notar que, ainda assim, não há referência a um "patrimônio particular" nem a "bens particulares" de cada cônjuge, mas sim a **bens incomunicáveis**.

10.3.1.1 Bens transferidos com cláusula de incomunicabilidade

A lei admite que o sujeito de uma liberalidade, ao doar ou legar um bem, queira impedir que o cônjuge do donatário, herdeiro ou legatário se beneficie do ato. Isso pode ser feito por meio da inclusão, na doação ou no testamento, de uma **cláusula de incomunicabilidade** do bem doado ou legado. Destarte, os bens que um dos cônjuges receber com essa cláusula necessariamente são excluídos da comunhão, ainda que se trate de regime de comunhão universal (art. 1.668).

Há uma dúvida jurisprudencial e doutrinária quanto à imposição da **cláusula de inalienabilidade**. Isso porquanto há três cláusulas que tradicionalmente andam juntas – a de *inalienabilidade*, a de *incomunicabilidade* e a de *impenhorabilidade*. Por essa razão, tornou-se comum a referência a apenas uma delas – em geral, a de inalienabilidade – com a consideração de que as demais estavam ali implícitas.

Há uma tradicional corrente que entende que a incomunicabilidade decorre necessariamente da inalienabilidade,[64] firmada na Súmula 49 do Supremo Tribunal Federal,[65] mas há julgados em sentido diverso.

---

[63] Trataremos deste tema em subseção própria nesta mesma seção.
[64] FREITAS, Augusto Teixeira de. *Consolidação*, cit., p. 154.
[65] Súmula 49 do STF: "A cláusula de inalienabilidade inclui a incomunicabilidade dos bens."

Por fim, cumpre frisar que os bens porventura sub-rogados no bem incomunicável herdam a incomunicabilidade. Por exemplo, se uma casa incomunicável vem a se perder em um incêndio, a indenização em razão do seguro contra incêndio sub-rogar-se-á na casa, e será igualmente incomunicável.

10.3.1.2 Bens gravados de fideicomisso

O instituto jurídico do fideicomisso se encontra em quase absoluto desuso, mas, apesar disso, foi mantido no Código Civil de 2002. Trata-se da possibilidade de o testador legar a **propriedade resolúvel** de um bem ou mesmo de uma universalidade a um legatário ou herdeiro, chamado de **fiduciário**, a qual, por ocasião da morte deste, ou de outro fato previsto pelo testador, transfere-se para outro legatário ou herdeiro, chamado de **fideicomissário**. Os bens gravados de fideicomisso, bem como o direito do herdeiro fideicomissário antes do fato que resolverá o direito do herdeiro fiduciário – que, com relação ao fideicomissária, tem eficácia de **condição suspensiva** – são excluídos da comunhão (art. 1.668). Todavia, se o herdeiro fideicomissário morrer **antes** do herdeiro fiduciário, a propriedade, antes resolúvel, consolidar-se-á nas mãos do fiduciário. A causa da incomunicabilidade desaparecerá, e o bem ou bens **integrarão a comunhão**. O mesmo ocorrerá, quanto ao herdeiro fideicomissário, quando se resolver o direito do fiduciário.

10.3.1.3 Dívidas anteriores ao casamento

Tal como ocorre no regime da comunhão parcial, no regime da comunhão universal não se comunicam as **dívidas contraídas antes do casamento** (art. 1.668, III, primeira parte).

Ao examinar o regime da comunhão parcial, criticamos esse preceito, apontando que pode haver dívidas anteriores ao casamento contraídas por um dos cônjuges no interesse *do casal*.

Em se tratando da comunhão universal, no entanto, tal crítica não se aplica. É que a lei ressalva que as dívidas contraídas para custear as despesas do casamento – **aprestos**, na linguagem do Código –, e as que se reverterem em proveito comum **se comunicam** (art. 1.668, III, segunda parte).

10.3.1.4 Bens havidos por doação antenupcial gravada de incomunicabilidade

Asseveramos anteriormente que os bens doados e herdados com **cláusula de incomunicabilidade** não se comunicam, conforme o art. 1.668, I.

Você poderá ter se questionado, então: não se encontrariam os **bens havidos por doação antenupcial de um cônjuge ao outro**, também gravada de incomunicabilidade, abrangidos por aquela disposição? Sim, você está certo. O legislador optou por tratá-los como uma hipótese especial, ao que parece, para evitar eventuais dúvidas.

É que se poderia equivocadamente imaginar que o fato de a doação ser *antenupcial* implicaria a comunicação, não obstante a cláusula de incomunicabilidade anterior, pelo fato de o regime se instaurar *posteriormente* – quando do casamento. Esse raciocínio, no entanto, está obviamente errado.

Excluem-se da comunhão não apenas os bens havidos por doação ou por herança com cláusula de incomunicabilidade (art. 1.668, I), como também os havidos por **doação antenupcial** de um cônjuge ao outro, se igualmente gravados de incomunicabilidade (art. 1.668, IV).

10.3.1.5 Bens de uso pessoal, livros e instrumentos de profissão, proventos de trabalho e pensões

O inciso V do art. 1.668 do Código remete às hipóteses dos incisos V a VII do art. 1.659, os quais excluem do patrimônio comum, no regime da comunhão parcial, os bens de uso pessoal, livros e instrumentos de profissão, proventos de trabalho, pensões e outras rendas similares.

Daí que, tal qual se passa na comunhão parcial, na comunhão universal excluem-se do patrimônio comum os bens considerados de **uso pessoal** (art. 1.668 combinado com art. 1.659, V, primeira parte).

Conforme asseverado, o que é difícil é determinar o que sejam bens de uso pessoal. Tradicionalmente, em razão da redação do art. 263, IX, do Código de 1916, fala-se em **roupas, joias, livros, instrumentos de profissão e retratos da família**.

Se, por um lado, não parece haver dúvida de que os **retratos de família** devem ser considerados de uso pessoal, com relação às roupas, joias, livros e instrumentos de profissão é preciso resgatar os comentários tecidos anteriormente, quanto ao regime da comunhão parcial.

Sabe-se que existem **roupas** e, sobretudo, **joias** que têm valor superior até mesmo a carros e certos imóveis. Por conseguinte, podem surgir conflitos quando de uma eventual partilha de bens. Juridicamente, a dúvida se justifica se houver questionamento sobre o real propósito do bem, em especial das joias: cuida-se de um *investimento* ou meramente de um *adorno*? No primeiro caso, não há por que considerá-las patrimônio exclusivo do homem ou da mulher – dependendo de serem joias masculinas ou femininas –, se houverem sido adquiridas onerosamente na constância do casamento. No segundo caso, caracteriza-se mais facilmente o "uso pessoal", e, portanto, a incomunicabilidade. PAULO LOBO propõe, para solucionar a questão, o critério da origem, afirmando que, em se tratando de um **presente**, teria havido doação, pelo que o bem seria incomunicável.[66] PONTES DE MIRANDA, por sua vez, entende que as joias adquiridas durante o casamento sempre se comunicam.[67]

Os **livros e instrumentos de profissão**, sempre considerados como bens especialmente **pessoais**, também não se comunicam, no regime da comunhão universal (art. 1.668 combinado com art. 1.659, V, segunda parte). De fato, não há que se negar que os livros adquiridos por um dos cônjuges, bem como os instrumentos por ele adquiridos para o desempenho de suas atividades profissionais interessam primordialmente a ele, e não ao outro cônjuge.

Ocorre que, conforme aponta MARIA BERENICE DIAS, não se pode pressupor que não houve **conjugação de esforços** dos cônjuges em sua aquisição.[68] Daí que a norma acaba se tornando **injusta**. A solução proposta por MARIA BERENICE, já mencionado, e a qual seguimos, é no sentido de que, em uma eventual partilha, os livros e instrumentos de profissão permaneçam necessariamente com o cônjuge a quem interessam, mas que haja **compensação** de seu valor.

Pedimos licença para resgatar o exemplo mencionado quando do exame do regime da comunhão parcial. Imaginemos que os livros e instrumentos profissionais do marido valem R$ 3.000,00 e os da mulher R$ 5.000,00. Havendo a partilha, todos esses bens serão considerados **comuns**, totalizando um patrimônio de R$ 8.000,00. Logo, cada cônjuge teria direito a R$ 4.000,00. Como os bens permaneceriam com o cônjuge a quem eles interessam, conclui-se que o marido acabaria ficando com um crédito de R$ 1.000,00 contra a mulher, que seria resolvido na partilha dos demais bens. Vejamos o raciocínio em um esquema:

---

[66] LOBO, Paulo apud DIAS, Maria Berenice. *Manual de direito das famílias*, cit., p. 236.
[67] MIRANDA, Francisco Cavalcanti Pontes de apud DIAS, Maria Berenice. *Manual de direito das famílias*, cit., p. 236.
[68] DIAS, Maria Berenice. *Manual de direito das famílias*, cit., p. 236.

PARTILHA DE LIVROS E INSTRUMENTOS DE PROFISSÃO
Livros e instrumentos profissionais do marido (PMa) = 3.000,00
Livros e instrumentos profissionais da mulher (PMu) = 5.000,00
Patrimônio comum (PCo) = PMa + PMu = 3.000,00 + 5.000,00 = 8.000,00
Meação (Me) = PCo ÷ 2 = 4.000,00
Me – PMa = 4.000,00 – 3.000,00 = 1.000,00
Me – PMu = 4.000,00 – 5.000,00 = –1.000,00
PMa = patrimônio do marido
PMu = patrimônio da mulher
PCo = patrimônio comum
Me = meação

Assim como na comunhão parcial, excluem-se da comunhão universal os **proventos do trabalho** pessoal de cada cônjuge (art. 1.668 combinado com art. 1.659, VI). Não se entende a razão de ser desse dispositivo, considerando-se que o que o cônjuge *adquirir* com esses proventos entra na comunhão. Quer dizer, os bens adquiridos pelo cônjuge com o fruto do seu trabalho são patrimônio comum, mas se optar por guardar seu salário em uma poupança, este se considerará incomunicável? Sim, a seguir o comando do Código.

Por fim, também não se comunicam as **pensões, meio-soldos, montepios e outras rendas semelhantes** (art. 1.668 combinado com art. 1.659, VII). As palavras "meio-soldo" e "montepio", como vimos, referem-se a tipos de pensão, que no Brasil eram pagas a militares até o advento da Lei 3.765/60, a qual os substituiu por uma nova modalidade.

Reiteramos aqui a crítica no sentido de que o legislador bem poderia ter se desapegado desse vocabulário já estranho ao nosso dia a dia e disciplinado hipóteses mais atuais, como a das indenizações trabalhistas e do FGTS – Fundo de Garantia por Tempo de Serviço –, as quais têm sido discutidas pela jurisprudência. Frise-se, a propósito, que a orientação seguida pelo Superior Tribunal de Justiça tem sido no sentido da **comunicabilidade** de tais verbas.

10.3.2 Comunicação dos frutos

Não se excluem da comunhão os **frutos dos bens excluídos**, desde que percebidos ou vencidos durante o casamento (art. 1.669). Lembramos ao leitor que os frutos podem ser naturais ou civis. Exemplos seriam as hortaliças (frutos naturais) plantadas em uma fazenda incomunicável de um dos cônjuges, as quais entram na comunhão, ou os aluguéis (frutos civis) recebidos de um apartamento pertencente exclusivamente ao outro cônjuge, também incorporados ao patrimônio comum.

10.3.3 Administração dos bens

O art. 1.670 do Código manda que se aplique à **administração dos bens**, no regime da comunhão universal, os dispositivos que regulam a administração dos bens no regime da comunhão parcial.

Por aplicação do art. 1.663, no regime da comunhão universal a administração do patrimônio comum também compete a **qualquer dos cônjuges**.

A peculiaridade da administração dos bens no regime da comunhão universal é o fato de que, aqui, não se fala em patrimônio particular – existe apenas um patrimônio, o comum, ainda que possa haver bens incomunicáveis. Logo, todas as dívidas contraídas, seja por qual cônjuge for, integrarão o patrimônio do casal. Veja-se que essa conclusão é válida mesmo em se tratando de dívidas contraídas por um dos cônjuges na administração de seus bens incomunicáveis.

Por sua vez, os bens incomunicáveis de um dos cônjuges não respondem pelas dívidas contraídas pelo outro, como não poderia deixar de ser.

Também no regime da comunhão universal exige-se a anuência de ambos os cônjuges – a **outorga uxória** ou **marital** – para qualquer ato de cessão gratuita do uso ou do gozo dos bens comuns (art. 1.663, § 2º), como, por exemplo, a celebração de comodato de um apartamento do casal.

10.4 Regime da participação final nos aquestos

O regime da **participação final nos aquestos**, inovação trazida pelo Código de 2002, é pouco usual, em razão de sua complexidade e pouca praticidade. Trata-se de um estranho regime, com vistas à extinção do vínculo: na constância do casamento, predomina uma separação de bens, mas, quando da dissolução, surge uma comunhão, a impor a meação de determinados bens – os **aquestos**. Por essa razão, o regime da participação final nos aquestos é considerado um **regime misto**.

Para que o leitor dimensione a confusão acerca deste regime, cumpre comentar que, enquanto SILVIO VENOSA o explica asseverando que nele há apenas duas massas de bens,[69] MARIA BERENICE DIAS trabalha com cinco.[70] E, incrivelmente, ambos os raciocínios estão corretos. Isso porque, na verdade, há entre eles uma interseção. VENOSA, atento à disciplina legal do regime, cuida dos patrimônios próprios de cada cônjuge. MARIA BERENICE, atenta às consequências finais do regime, distingue os bens particulares de cada cônjuge antes do casamento; os bens adquiridos por cada cônjuge separadamente, na constância do casamento; e os bens adquiridos em comum pelos cônjuges, após o casamento. Tanto os bens particulares anteriores quanto os adquiridos após o casamento por cada cônjuge formam o **patrimônio próprio** de cada um (art. 1.673), daí a fusão das óticas de VENOSA e de MARIA BERENICE.

São chamados de aquestos os **bens adquiridos onerosamente** na constância do casamento, seja por um dos cônjuges ou por ambos.[71] Considerando, então, todas as espécies de bens mencionadas, propomos o seguinte esquema, para que o leitor possa visualizar melhor o regime da participação final dos aquestos:

---

[69] VENOSA, Sílvio de Salvo. *Direito civil*, cit., v. VI, p. 343.
[70] DIAS, Maria Berenice. *Manual de direito das famílias*, cit., p. 223.
[71] FIUZA, César. *Direito civil*, cit., p. 911.

Do esquema se depreende que compõem os patrimônios próprios de cada cônjuge os bens adquiridos onerosamente pelo cônjuge, na constância do casamento, e seus demais bens particulares (os quais chamamos de **exclusivos**). Já os aquestos se compõem dos bens adquiridos onerosamente por cada cônjuge e pelos cônjuges em conjunto na constância do casamento. A compreensão do esquema se faz extremamente importante para que o leitor possa, posteriormente, analisar a peculiaridade do regime, que é o fato de que, por ocasião da dissolução da sociedade conjugal, cada cônjuge fará jus à metade dos aquestos (art. 1.672).

Os bens que chamamos de exclusivos, ou seja, que compõem o patrimônio próprio do cônjuge, e que, portanto, não integram o acervo dos aquestos, são listados pelo art. 1.674: (1) os bens que cada cônjuge tinha antes do casamento; (2) os bens sub-rogados em seu lugar;[72] (3) os bens que o cônjuge recebeu por doação ou por herança; (4) as dívidas relativas a quaisquer desses bens. Nos termos do parágrafo único do dispositivo, os bens móveis se presumem adquiridos na constância do casamento.

10.4.1 Controle contábil dos bens

Como o leitor já deve ter percebido, no regime da participação final nos aquestos, é necessário um cuidado muito grande na manutenção constante de uma **contabilidade** dos bens, em que serão lançados todos os bens anteriores ao casamento, bem como todas as aquisições posteriores. Nesse exercício, será necessário atentar para uma série de regras estabelecidas pelo Código, que passaremos a estudar agora. As consequências de cada uma das normas comentadas nós estudaremos ao final.

10.4.1.1 Doações

No regime da participação final nos aquestos, exige-se, para que um dos cônjuges possa fazer **doações** de bens considerados aquestos (ou seja, os adquiridos onerosamente na constância do casamento), a **outorga** do outro. Caso seja feita alguma doação **sem a devida outorga**, seu valor será computado quando da apuração dos aquestos. Haverá para o cônjuge prejudicado, ou para seus herdeiros, duas opções: (1) reivindicar o bem, ou (2) declará-lo no monte partilhável, pelo valor equivalente ao da época da dissolução (art. 1.675).

Augusto, casado com Berenice no regime da participação final nos aquestos, adquiriu uma joia, no valor de R$ 5.000,00, onerosamente, na constância do casamento. Tal bem será considerado um aquesto. Posteriormente, sem a outorga de Berenice, Augusto doou a joia à sua irmã. Quando da dissolução da sociedade conjugal, Berenice, sabendo da doação, terá duas opções: reivindicar da irmã de Augusto a joia, ou, o que será bem mais prático, apenas incluir o valor atualizado dela (suponhamos, R$ 7.000,00) no patrimônio próprio de Augusto, a fim de que continue a compor os aquestos.

10.4.1.2 Alienações

Também as **alienações onerosas**, no regime da participação final nos aquestos, reclamam a **outorga** do outro cônjuge. A ideia é a de **evitar fraudes** na contabilidade dos bens.

Se forem realizadas por um dos cônjuges alienações de bens considerados aquestos sem a devida outorga, pode o cônjuge lesado, ou seus herdeiros, incorporar ao montante do patrimônio próprio do alienante o valor do bem alienado, ou, se for o caso, reivindicar o bem, pleiteando

---

[72] Quanto à sub-rogação de bens, remetemos o leitor à subseção em que estudamos o regime da comunhão parcial.

a nulidade da alienação (art. 1.676). Cumpre lembrar que a reivindicação é possível nos casos de bens imóveis e de bens doados ao concubino (art. 1.642, III e V).

10.4.1.3 Pagamentos de dívidas

Pode ocorrer de um dos cônjuges **solver dívida** do outro com bens de seu patrimônio próprio. Se isso ocorrer, por ocasião da dissolução da sociedade conjugal o valor do pagamento deverá ser atualizado (corrigido monetariamente) e imputado como patrimônio próprio do outro cônjuge (art. 1.678).

10.4.1.4 Dívidas posteriores ao casamento

Apenas o cônjuge que contraiu a **dívida após o casamento** responde por ela, salvo se provar que reverteu total ou parcialmente em benefício do outro (art. 1.677).

Um exemplo seria o caso de o cônjuge contratar uma reforma da casa em que reside a família, que é de sua propriedade exclusiva. Ora, vez que o casal reside na casa, a reforma beneficiará ambos os cônjuges. Nesse caso, ambos serão responsáveis pelas dívidas referentes à obra.

10.4.1.5 Bens adquiridos pelo esforço comum

Conforme asseverado anteriormente, os **bens adquiridos pelo esforço comum** dos cônjuges compõem os aquestos. Todavia, como o leitor deve se lembrar, a ideia de aquestos surge apenas quando da dissolução do vínculo conjugal, vez que, antes disso, existem apenas os patrimônios próprios de cada cônjuge. Daí que, segundo o art. 1.679, será formado um condomínio sobre tais bens, ou sobre o crédito que eles representam, e cada cônjuge terá quota igual.

Rui e Helena, conjuntamente, adquiriram uma casa na praia, no valor de R$ 100.000,00. O comando legal sugere que entre, no patrimônio próprio de cada cônjuge, uma quota de 50% sobre a casa, ou, se preferirem os cônjuges, uma quota de 50% sobre o crédito de R$ 100.000,00, que a casa representa.

10.4.2 Propriedade dos bens móveis e imóveis

Em razão dos arts. 1.680 e 1.681, o **controle contábil** dos bens móveis e imóveis, que analisamos na subseção anterior, torna-se ainda mais importante, para dirimir possíveis dúvidas, tanto nas relações entre os cônjuges, quanto em suas relações com terceiros.

Segundo o art. 1.680, com relação a terceiros, presume-se proprietário das **coisas móveis** o cônjuge que, na relação com o terceiro, ocupa a posição de devedor, salvo os bens de uso pessoal do outro.

Para ilustrar o comando, pensemos no marido devedor. O credor, ao buscar a satisfação de seu crédito, descobre uma coleção de canetas valiosas, usadas pela mulher. Em razão do comando do art. 1.680, o credor só poderia pretender satisfazer seu crédito por meio da penhora de tais bens se conseguisse provar que os bens são, na verdade, do marido, apesar de usados pela mulher. Por outro lado, se supusermos que a coleção é usada pelo marido devedor, este terá de se valer do controle contábil dos bens para provar que a coleção, na verdade, pertence à mulher.

Quanto aos **bens imóveis**, conforme o art. 1.681, para se averiguar a titularidade de sua propriedade, segue-se o (óbvio) critério do **registro**. Não obstante, o parágrafo único do dispositivo admite que mesmo em face do registro seja impugnada a titularidade, caso em que caberá ao cônjuge proprietário a prova da aquisição regular do bem.

Aqui, a hipótese é do cônjuge que registrou um imóvel em seu nome, mas há dúvidas se teria adquirido o bem com patrimônio seu ou com patrimônio do outro cônjuge. Mantendo-se um rigoroso controle contábil dos bens, situações como essa serão esclarecidas.

São normas como as dos comentados arts. 1.680 e 1.681, tanto criticadas pela doutrina, que tornam ainda mais impraticável o regime da participação final nos aquestos, e ainda assustam, ao revelar as amplas possibilidades de fraudes, tanto entre os cônjuges quanto com relação a terceiros.

10.4.3 Meação dos aquestos

Por ocasião da separação judicial ou do divórcio, cada cônjuge fará jus à metade dos bens adquiridos onerosamente por qualquer dos cônjuges e em conjunto, na constância do casamento – os chamados **aquestos** (art. 1.672, parte final).

Enquanto perdurar o casamento, o direito à eventual meação é **irrenunciável, impenhorável** e **não passível de cessão** (art. 1.682).

Imaginemos que um dos cônjuges tem um patrimônio próprio pequeno, e que o outro tem uma grande e valiosa quantidade de aquestos. Suponhamos que, em uma execução, o credor constate que o patrimônio do devedor é insuficiente. Em razão da impenhorabilidade do direito à eventual meação, o credor não poderá se valer dos aquestos para a satisfação de seu crédito.

Ocorrendo o divórcio ou a separação judicial,[73] impõe-se a apuração dos aquestos, considerando-se os patrimônios dos cônjuges **na data em que cessou a convivência** (art. 1.683). Inventariados os aquestos, proceder-se-á à meação. Não sendo possível, ou não sendo conveniente a divisão dos bens *in natura*, admite-se que a contabilização se faça considerando-se o seu **valor** (art. 1.684). Isso pode se dar com relação a alguns dos bens, ou mesmo com relação a todos. E, quando for o caso, os cônjuges deverão solicitar autorização judicial para alienar os bens e proceder à meação do dinheiro (art. 1.684, parágrafo único).

Para melhor visualizar a meação dos aquestos, vejamos o esquema a seguir:

AQUESTOS	
Aquestos no patrimônio próprio de A	Aquestos no patrimônio próprio de B
Carro, R$ 20.000,00	Moto, R$ 5.000,00
50% da casa, R$ 100.000,00	50% da casa, R$ 100.000,00
Bens móveis pessoais, R$ 10.000,00	Bens móveis pessoais, R$ 3.000,00
6 diamantes, R$ 2.000,00 cada: R$ 12.000,00	-

No exemplo, suponhamos que os cônjuges optem por dividir os diamantes, ficando cada um com três, mas que prefiram manter os automóveis e os bens pessoais, e alienar a casa. Nesse caso, deverão considerar o **valor** do carro, da moto e dos bens pessoais. Teremos, então, a seguinte situação:

MEAÇÃO	
A	B
Diamantes: 3	Diamantes: 3
Casa: 50% do preço obtido na alienação	Casa: 50% do preço obtido na alienação

---

[73] Conquanto parte da doutrina assevere que com a Emenda Constitucional 66 se extinguiu a separação judicial, esse não é o nosso entendimento, conforme veremos oportunamente.

MEAÇÃO	
A	B
Demais aquestos (carro + moto + bens pessoais de A + bens pessoais de B = R$ 38.000,00): 50%, ou seja, R$ 19.000,00	Demais aquestos (carro + moto + bens pessoais de A + bens pessoais de B = R$ 38.000,00): 50%, ou seja, R$ 19.000,00

Conclui-se que A tinha direito a R$ 19.000,00. Vez que permaneceu com o carro e seus bens pessoais, ou seja, com R$ 30.000,00, deverá a B R$ 11.000,00, que poderão ser acertados em dinheiro.

Impende destacar que, mesmo que as dívidas de um dos cônjuges sejam superiores à sua meação, não haverá responsabilidade da meação do outro cônjuge, nem dos herdeiros do devedor (art. 1.686). Não obstante, deve-se ter em mente que somente se fala em meação quando do fim do casamento; antes disso, os patrimônios próprios de cada cônjuge respondem por suas dívidas independentemente de eventual meação.

Tomando-se o exemplo estudado nos esquemas, concluímos que, durante o casamento, A tinha um patrimônio de R$ 142.000,00 para responder por suas dívidas. Após a separação ou o divórcio, efetuada a meação, seu patrimônio caiu para R$ 125.000,00, ou seja, a metade de todos os aquestos somados (supondo-se que o preço obtido na alienação da casa fosse R$ 200.000,00).

Segundo o art. 1.685 do Código, a meação também terá lugar quando da **morte** de um dos cônjuges, caso em que os direitos sucessórios obedecerão ao disposto no Código.

10.5 Regime da separação de bens

Fala-se em duas espécies de separação de bens: a **separação obrigatória** ou **legal**, prevista no art. 1.641 do Código, e a **separação convencional**, que os nubentes podem adotar no pacto antenupcial.

Cabe destacar que as referências legais ao regime de "separação absoluta", como no art. 1.647, são consideradas feitas ao regime da separação convencional tão somente.

10.5.1 Separação obrigatória

A lei impõe o regime da separação de bens ao casamento (art. 1.641): das **pessoas sobre as quais recai impedimento impediente**; do **maior de setenta anos**; dos que, para casar, **dependem de suprimento judicial**.

10.5.1.1 Casamentos que violem impedimentos impedientes

Ao estudar os impedimentos do casamento, vimos que, entre os impedimentos, há os dirimentes e os meramente impedientes. Estes o Código de 2002 chama de **causas suspensivas** do casamento (art. 1.523 do Código).

O casamento de pessoas impedidas, em razão de **impedimento meramente impediente**, é **válido**. Todavia, a lei o sanciona com a imposição do **regime da separação de bens** (art. 1.641, I).

Cumpre lembrar que o parágrafo único do art. 1.523 autoriza os nubentes a solicitar que o juiz não lhes aplique o impedimento meramente impediente, se demonstrarem **ausência de prejuízo**. Se o pedido for deferido, consequentemente será afastada a imposição do regime da separação de bens.

10.5.1.2 Casamento de pessoa maior de setenta anos

Em uma exagerada tentativa de evitar os popularmente chamados "golpes do baú", o Código Civil impôs à **pessoa maior de sessenta anos**, que quisesse se casar, o regime da separação de bens (art. 1.641, II). Frente às críticas da doutrina, o legislador optou por ser menos maldoso, e alterou o inciso II do art. 1.641, por meio da Lei 12.344/2010. Desde então o regime de separação se impõe ao casamento do **maior de setenta anos**.

Cumpre destacar que, na III Jornada de Direito Civil promovida pelo Conselho da Justiça Federal, editou-se o Enunciado 261, acerca do art. 1.641, III, do Código, estabelecendo-se que "a obrigatoriedade do regime da separação de bens não se aplica a pessoa maior de sessenta anos, quando o casamento for precedido de união estável iniciada antes dessa idade". Certamente que o CJF manterá esse entendimento, apenas atualizando a idade para setenta anos.

Cabe destacar que, segundo o entendimento firmado na 4ª Turma do STJ, em dezembro de 2016, o regime de separação obrigatória não se impõe se, a despeito de um dos nubentes, ou ambos, contar com mais de setenta anos, o casamento tiver sido precedido por união estável estabelecida **antes** da idade determinante do regime. Isso porquanto, conforme asseverou a Min. Isabel Gallotti, na união estável constituída anteriormente vigia o regime da comunhão parcial, não havendo razão para impor regime mais gravoso quando os conviventes decidem se casar, o que consistiria em uma incoerência jurídica.[74]

Se, no entanto, a união estável já tiver sido estabelecida quando atingida a idade prevista em lei, o regime de bens também será o da separação obrigatória, com a comunicabilidade apenas quando comprovado o esforço comum (Súmula 655 do STJ).

Situação do septuagenário	
Casamento	**União estável**
Regime da separação obrigatória (art. 1.641, II, do CC).	Regime da separação obrigatória (Súmula 655 do STJ, editada em novembro de 2022, mas que consolida entendimento anterior).
*Se, antes do casamento, o septuagenário já vivia em união estável, será aplicado, como regra, o regime da comunhão parcial de bens (ex.: Carlos e Vivian conviveram em união estável por 10 anos. Quando completou 70 anos, Carlos decidiu casar com Vivian).	"É obrigatório o regime de separação legal de bens na união estável quando um dos companheiros, no início da relação, conta com mais de setenta anos (art. 1.641, II, do Código Civil) a fim de realizar a isonomia no sistema, evitando-se prestigiar a união estável no lugar do casamento" (3ª Turma, REsp 1.403.419/MG, relator: Min. Ricardo Villas Bôas Cueva, data do julgamento: 11/11/2014).
Havendo dissolução do casamento ou da união estável regulado pelo regime da separação obrigatória de bens (art. 1.641, II, do CC), deverão ser partilhados apenas os bens adquiridos onerosamente na constância da união, desde que comprovado o esforço comum na sua aquisição.	

---

[74] O número do julgado não foi divulgado, por se tratar de caso que corre sob segredo de justiça. A notícia está disponível em: <http://www.stj.jus.br/sites/STJ/default/pt_BR/Comunica%C3%A7%C3%A3o/noticias/Not%C3%ADcias/Separa%C3%A7%C3%A3o-de-bens-n%C3%A3o-%C3%A9-obrigat%-C3%B3ria-para-idosos-quando-casamento-%C3%A9-precedido-de-uni%C3%A3o-est%C3%A1vel>.

10.5.1.3 Casamento de pessoa que dependa de suprimento judicial

Impõe-se também o regime da separação de bens ao casamento de pessoa que, para se casar, precisou de **suprimento judicial** (art. 1.641, III), como acontece com os maiores de dezesseis e menores de dezoito anos, na hipótese de seus pais, injustificadamente, negarem a autorização que exige a lei.

10.5.2 Consequências da separação de bens

Seja a separação obrigatória ou convencional, os bens de cada cônjuge permanecerão **incomunicáveis**, e mesmo os atos de alienação ou gravação de ônus real poderão ser livremente praticados sem o consentimento do outro (art. 1.687).

Não obstante, ambos os cônjuges serão obrigados a **contribuir para as despesas** do casal, na proporção dos rendimentos de seu trabalho e de seus bens, salvo estipulação diversa no pacto antenupcial (art. 1.688).

10.5.3 Discussão acerca da comunicabilidade ou não dos aquestos no regime da separação legal, e da exigência de prova de esforço comum

Existe uma grande polêmica acerca da Súmula 377 do Supremo Tribunal Federal, editada ainda quando da vigência do Código de 1916, cujo comando determina que "no regime de separação legal de bens, comunicam-se os adquiridos na constância do casamento". Veja-se que a referência é ao regime da separação legal, quer dizer, obrigatória, e não ao regime da separação convencional ou absoluta.

A súmula surgiu de discussões acerca do fato de que, na disciplina dos regimes de bens, o Código anterior determinava o seguinte: "embora o regime não seja o da comunhão de bens, prevalecerão, no silêncio do contrato, os princípios dela, quanto à comunicação dos adquiridos na constância do casamento". Ou seja, na vigência do Código anterior, não bastava a mera escolha do regime de separação no pacto antenupcial; era preciso que o pacto deixasse bem clara a total separação dos bens, sob pena de, entendendo-se haver silêncio, aplicar-se quanto aos aquestos a disciplina da comunhão de bens. Isso levou pessoas casadas sob regime de separação legal a pleitearem a aplicação do art. 259, para mitigar o regime. O STF, depois de longas discussões – muitas das quais cuidavam de estrangeiros residentes no Brasil casados em seu país de origem sob regime de separação legal de bens em virtude da respectiva legislação – acabou se posicionando no sentido da aplicabilidade, o que resultou na edição da súmula.

O Código de 2002, todavia, ignorou a questão. Nem incluiu a norma sumular na disciplina do regime da separação de bens, nem incluiu norma em sentido contrário. Não manteve a norma do art. 259 do Código anterior, nem estabeleceu norma expressa em sentido contrário.

Por essa razão, a doutrina e a jurisprudência têm discutido a aplicabilidade da súmula, sendo notável uma tendência no sentido de aplicá-la. Tal é o entendimento atual do STJ.

Outra polêmica acerca da súmula diz respeito à prova do esforço comum na aquisição dos aquestos, para fins de serem partilhados, aplicada a Súmula 377.

A Súmula 380 do STF, criada concomitantemente à Súmula 377, e aplicável aos casos de união estável – que, naquele tempo, não eram tratados como casos de família –, determinava que "comprovada a existência de sociedade de fato entre os concubinos, é cabível a sua dissolução judicial, com a partilha do patrimônio adquirido pelo esforço comum". Como os casos eram tratados como sociedade de fato, exigia-se a prova do esforço comum para que se partilhasse o patrimônio.

Ocorre que a exigência da prova do esforço comum começou a ser estendida também aos casos de aplicação da Súmula 377, que nada têm a ver com os casos de que cuidava a Súmula 380.

Em maio de 2018, a 2ª Seção do STJ reiterou seu entendimento anterior, de 2015, no sentido de a comunhão dos aquestos prevista na Súmula 377 do STF depender de prova do esforço comum (STJ, EREsp 1.623.858/MG, 2ª Seção, relator: Min. Lázaro Guimarães [Desembargador convocado do TRF 5ª Região], data do julgamento: 23/5/2018, data da publicação: 30/5/2018).

Vale registrar que, embora esteja em vigor o enunciado da Súmula 377 do STJ, é possível que, tanto para o casamento quanto para a união estável regidos pelo regime da separação obrigatória de bens, o casal afaste a sua aplicabilidade por meio do pacto antenupcial. Ou seja, privilegiando a autonomia privada, o casal pode estipular o que melhor lhe aprouver em relação aos bens futuros, inclusive impedindo a comunhão dos aquestos. De acordo com o próprio STJ, "é possível que o pacto antenupcial venha a estabelecer cláusula ainda mais protetiva aos bens do nubente septuagenário, preservando o espírito do Código Civil de impedir a comunhão dos bens do ancião" (REsp 1.922.347/PR, data do julgamento: 7/12/2021).

Em relação aos bens adquiridos por fato eventual – como é o caso de prêmio da loteria –, na separação obrigatória (legal), haverá comunicabilidade, por força do art. 1.660, II, do Código Civil. A doutrina explica que, nesse caso, os bens adquiridos "também integram a massa de bens comuns, mesmo não havendo o consórcio de esforço comum dos nubentes para tal aquisição, sendo, neste caso, responsável o fator sorte"[75]. Assim, mesmo que seja uma hipótese de imposição de regime de bens em virtude da idade, a comunicabilidade deverá ocorrer, independentemente da aferição do esforço de cada um, pouco importando se houve ou não despesa do outro consorte. A propósito, em precedente recente, o STJ justificou que, nesse caso, a partilha dos referidos ganhos com a loteria não ofende o objetivo da lei, já que o prêmio foi ganho durante a relação, não havendo falar em matrimônio ou união estável realizados por interesse, já que o outro consorte não poderia imaginar que o cônjuge ou companheiro ganharia na loteria[76].

10.6 Vigência e alteração do regime de bens

A vigência do regime de bens se inicia, obviamente, na **data do casamento** (art. 1.639, § 1º).

Admite-se a **alteração do regime**, mesmo após o casamento, desde que seja solicitada ao juiz por ambos os cônjuges, com **exposição dos motivos**, cuja procedência será apurada, ficando ressalvados os direitos de terceiros (art. 1.639, § 2º). Recomenda-se ao intérprete, sobretudo ao julgador, bastante cuidado com o exame dos motivos dos cônjuges. Isso porquanto não se vislumbram razões para limitar sua liberdade de "mudar de ideia" quanto ao regime, em especial considerando-se que os direitos de terceiros serão ressalvados. Pode ser que, ao se casar, os cônjuges tenham optado pelo regime da separação de bens, e posteriormente a vida lhes tenha indicado que o regime da comunhão parcial seria mais adequado. Por que, então, indeferir o pedido?

No entanto, cabe mencionar que na I Jornada de Direito Civil, promovida pelo Conselho da Justiça Federal, estabeleceu-se o Enunciado 113, acerca do art. 1.639 do Código: "é admissível a alteração do regime de bens entre os cônjuges, quando então o pedido, devidamente motivado e assinado por ambos os cônjuges, será objeto de autorização judicial, com ressalva dos direitos de terceiros, inclusive dos entes públicos, após perquirição de inexistência de dívida de qualquer natureza, exigida ampla publicidade". Como se vê, o Enunciado *sugere* – afinal,

---

[75] TEPEDINO, Gustavo. *Código Civil interpretado conforme a Constituição da República*. Rio de Janeiro: Renovar, 2014. v. IV. p. 306.

[76] CAVALCANTE, Márcio André Lopes. **Partilha de prêmio da loteria mesmo que se trate de relacionamento regulado pelo regime da separação obrigatória (art. 1.641, II, do CC)**. Buscador Dizer o Direito, Manaus. Disponível em: <https://www.buscadordizerodireito.com.br/jurisprudencia/detalhes/d3696cfb815ab692407d9362e6f06c28>. Acesso em: 16 nov. 2022.

como fonte do Direito, os enunciados do CJF tem força de *doutrina* – um procedimento um tanto mais complicado para a alteração.

Já na III Jornada aprovou-se o Enunciado 262, acerca dos arts. 1.641 e 1.639: "a obrigatoriedade da separação de bens, nas hipóteses previstas nos incs. I e III do art. 1.641 do Código Civil, não impede a alteração do regime, desde que superada a causa que o impôs".

O art. 734 do CPC/2015 dispõe sobre o procedimento especial para essa alteração, reforçando a ideia de que a mudança depende, necessariamente, de intervenção judicial.

Essa alteração do regime de bens do casamento, observados os requisitos legais, poderá ser requerida, motivadamente, em petição assinada por ambos os cônjuges, na qual serão expostas as razões que justificam a alteração, ressalvados os direitos de terceiros.

O *caput* do art. 734 do CPC/2015 tem redação semelhante à do § 2º do art. 1.639 do Código Civil. A motivação para a alteração do regime matrimonial de bens deve ser analisada pelo juiz, caso a caso, não podendo a modificação servir para prejudicar terceiros.

Podemos citar como exemplo de justo motivo para a alteração o desaparecimento de causa suspensiva do casamento. Nesse sentido é o Enunciado 262 do Conselho da Justiça Federal: "A obrigatoriedade da separação de bens, nas hipóteses previstas nos incisos I e III do art. 1.641 do Código Civil, não impede a alteração do regime, desde que superada a causa que o impôs".

O entendimento do Superior Tribunal de Justiça sobre o tema é o de que é possível a alteração do regime de bens do casamento mesmo quando este tenha se realizado na vigência do Código Civil anterior. Para os ministros da Corte, "a paz conjugal precisa e deve ser preservada", não sendo razoável afastar a vontade licitamente manifestada de ambos os cônjuges:

> Direito de família. Recurso especial. Alteração de regime de bens do casamento de comunhão parcial para separação total. Omissão do acórdão recorrido. Inexistência. Partilha dos bens adquiridos no regime anterior. Possibilidade. Recurso provido. 1. Consoante dispõe o art. 535 do Código de Processo Civil, destinam-se os embargos de declaração a expungir do julgado eventuais omissão, obscuridade ou contradição, não se caracterizando via própria ao rejulgamento da causa. 2. É possível a alteração de regime de bens de casamento celebrado sob a égide do CC de 1916, em consonância com a interpretação conjugada dos arts. 1.639, § 2º, 2.035 e 2.039 do Código atual, desde que respeitados os efeitos do ato jurídico perfeito do regime originário. 3. No caso, diante de manifestação expressa dos cônjuges, não há óbice legal que os impeça de partilhar os bens adquiridos no regime anterior, de comunhão parcial, na hipótese de mudança para separação total, desde que não acarrete prejuízo para eles próprios e resguardado o direito de terceiros. Reconhecimento da eficácia *ex nunc* da alteração do regime de bens que não se mostra incompatível com essa solução. 4. Recurso especial provido (STJ, REsp 1.533.179/RS, relator: Min. Marco Aurélio Bellizze, data do julgamento: 8/9/2015, data da publicação: 23/9/2015).

Doutrinariamente, tal conclusão consta no Enunciado 260 do CJF[77].

Em outro julgado bastante recente, o STJ decidiu ser possível alterar o regime de bens do casamento, de comunhão parcial para separação total, com a realização de partilha do patrimônio adquirido no regime antigo, mesmo sem prévia dissolução do casamento[78]. Nota-se,

---

[77] "A alteração do regime de bens prevista no § 2º do art. 1.639 do Código Civil também é permitida nos casamentos realizados na vigência da legislação anterior".

[78] Confira a notícia no *site* do STJ: <http://www.stj.jus.br/sites/STJ/default/pt_BR/noticias/noticias/Casal-pode-mudar-regime-de-bens-e-fazer-partilha-na-vig%C3%AAncia-do-casamento>.

portanto, uma valorização da autonomia da vontade pela jurisprudência e da consequente autorresponsabilidade dos cônjuges (ou companheiros).

Por fim, registra-se que, para o pedido de alteração do regime de bens, não se exige a relação pormenorizada dos bens que compõem o acervo patrimonial. A condução da vida em comum é de livre escolha dos cônjuges, de modo que não cabe ao juiz presumir eventual má-fé ou fraude, tolhendo a liberdade do casal[79].

10.7 Atos que os cônjuges podem livremente praticar independentemente do regime de bens

Há atos patrimoniais que os cônjuges podem **praticar livremente, independentemente do regime de bens** de seu casamento. Examinaremos cada um deles a partir de agora.

10.7.1 Atos relativos à profissão

Cada um dos cônjuges pode livremente praticar todos os atos de disposição e de administração que sejam necessários ao **exercício de sua profissão**, salvo a alienação de bens imóveis ou sua gravação de ônus real (art. 1.642, I).

Logo, pode o cônjuge adquirir bens, contratar empregados, realizar viagens etc., desde que tais atos estejam relacionados à sua atividade profissional.

10.7.2 Atos de administração dos bens particulares

Havendo bens particulares, ou seja, **bens exclusivos** de um dos cônjuges, pode este, naturalmente, livremente administrá-los (art. 1.642, II).

10.7.3 Atos referentes a bens imóveis gravados ou alienados sem o seu consentimento

Caso um dos cônjuges tenha alienado ou gravado de ônus real algum bem imóvel **sem a devida autorização** do outro (art. 1.647, I), ou sem suprimento judicial de tal autorização, pode o outro **reivindicar** ou **desobrigar** o bem (art. 1.642, III).

Nesse caso, segundo o art. 1.645, a ação respectiva compete tanto ao cônjuge prejudicado quanto aos seus herdeiros.

O terceiro prejudicado terá **direito de regresso** contra o cônjuge que com ele praticou o negócio jurídico, ou seus herdeiros (art. 1.646).

10.7.4 Atos extintivos de doação, fiança ou aval

Nos termos dos incisos III e IV do art. 1.647 do Código, salvo se o regime de bens for o da **separação**, não pode o cônjuge, sem autorização do outro, **prestar fiança ou aval**, ou fazer **doação não remuneratória**. Se o fizer, poderá o cônjuge prejudicado demandar a **extinção** do contrato (doação e fiança) ou da garantia mercantil (aval), conforme o inciso IV do art. 1.642.

Essa exigência tem validade mesmo nos casos em que o fiador presta a garantia na condição de empresário. Isso porque a necessidade de outorga conjugal para o contrato de fiança é uma regra geral, que não apresenta dispensa para o caso de o cônjuge ser empresário ou

---

[79] STJ, 3ª Turma, REsp 1.904.498/SP, relatora: Min. Nancy Andrighi, data do julgamento: 4/5/2021.

comerciante. Ademais, o objetivo da norma é a proteção da segurança econômica familiar. A propósito, recentemente o STJ (REsp 1.525.638, data do julgamento: 14/6/2022) definiu que, também nessas hipóteses, é aplicável o disposto no enunciado da Súmula 332 da Corte: "A fiança prestada sem autorização de um dos cônjuges implica a ineficácia total da garantia".

Nada obstante, em respeito à cláusula geral da boa-fé objetiva, a jurisprudência do próprio STJ vem mitigando a aplicação da Súmula 332 nos casos em que o fiador omite ou presta informação inverídica sobre seu estado civil (AgRg no REsp 1507413/SP, relator: Min. Marco Buzzi, 4ª Turma, data do julgamento: 1/9/2015, data da publicação: 11/9/2015).

Também aqui a ação respectiva compete tanto ao cônjuge prejudicado quanto aos seus herdeiros (art. 1.645). Ao terceiro prejudicado concede-se **direito de regresso** contra o cônjuge que com ele negociou, ou contra seus herdeiros (art. 1.646).

10.7.5 Atos de reivindicação de bens doados ou transferidos ao concubino

Admite a lei que o cônjuge reivindique os bens comuns que o **cônjuge infiel** tiver doado ou transferido ao **concubino** – "amante" – (art. 1.642, V). Requer o dispositivo que se prove que o bem reivindicando não tenha sido adquirido pelo esforço comum do cônjuge infiel com o concubino, caso o casal esteja **separado de fato** por mais de cinco anos.

Impende esclarecer que a separação de fato não põe fim ao regime de bens, daí porque mesmo os bens adquiridos pelo cônjuge após a separação continuam integrando o patrimônio comum do antigo casal. Por essa razão, é necessário que se demonstre que não houve, na aquisição, ajuda do novo companheiro ou companheira, caso a separação date de mais de cinco anos.

Nessa hipótese, não somente o cônjuge prejudicado pode ajuizar a respectiva ação, como também seus herdeiros (art. 1.645).

10.7.6 Atos não vedados expressamente

Segundo o art. 1.642, inc. VI do Código Civil, pode o cônjuge praticar livremente todos os demais atos que não lhe forem **expressamente vedados**. Exemplificando: pode o cônjuge firmar contrato de arrendamento rural sem a autorização da esposa, por não haver vedação legal expressa à sua prática (STJ, REsp 1.764.873, data da publicação: 21/5/2019).

10.7.7 Atos de aquisição das coisas necessárias à economia doméstica

A lei autoriza o cônjuge a praticar, independentemente de autorização do outro, atos de aquisição das **coisas necessárias à economia doméstica**, ainda que a crédito, bem como a celebração de empréstimos destinados a custear tais coisas (art. 1.643).

Em termos simples, isso significa que o cônjuge pode ir ao supermercado e realizar a compra do mês independentemente da outorga – termo técnico usado para se referir à autorização do cônjuge, como veremos a seguir. Tais compras podem ser pagas com cartão de crédito, ou por meio da utilização do limite de cheque especial,[80] por exemplo.

Cumpre frisar que as dívidas contraídas para custeio dos bens necessários à economia doméstica obrigam solidariamente ambos os cônjuges (art. 1.644), independentemente do regime de bens. Afinal, é dever de ambos os cônjuges concorrer para o sustento do lar (art. 1.568).

---

[80] O limite de cheque especial é uma espécie de empréstimo pré-aprovado que os bancos costumam disponibilizar para seus clientes.

10.8 Atos vedados aos cônjuges sem autorização do outro, salvo no regime da separação absoluta

Alguns atos somente podem ser praticados por um dos cônjuges se o outro os autorizar, a não ser que o regime de bens seja o da **separação absoluta**[81] (art. 1.647).

A autorização concedida pelo cônjuge ao outro recebe o nome técnico de **outorga**, a qual pode ser **uxória** – se concedida pela **mulher** –, ou **marital** – se concedida pelo homem. A diferença entre os adjetivos "uxória" e "marital" é linguística, não jurídica, razão pela qual não faz sentido se dizer que com o advento da Constituição de 1988 e a igualdade entre homem e mulher desapareceu a diferença e que basta se referir à outorga uxória.[82] "Uxória" vem de *uxor*, que em latim significa **esposa**. Logo, somente a mulher pode conceder a outorga uxória, cabendo ao homem a marital (o adjetivo "marital" deriva de "marido").

Na hipótese de o cônjuge denegar a outorga, injustificadamente, ou de não poder concedê-la, por qualquer razão, pode o juiz supri-la (art. 1.648).

Se a outorga não for concedida, nem suprida pelo juiz, e o ato for ainda assim praticado, será **anulável**. Quer dizer, o cônjuge que não o autorizou terá **direito** à **anulação judicial do ato** no prazo decadencial de dois anos contados do término da sociedade conjugal (art. 1.649). O termo inicial da contagem do prazo não nos parece razoável, vez que a sociedade conjugal pode se extinguir muito tempo depois de o ato ter sido praticado. Para que se evitem prejuízos, o melhor é que o sujeito que negocia com pessoa casada seja bastante diligente e jamais se esqueça de pedir a outorga. Decorrido o prazo, extingue-se o direito de pleitear a anulação do ato, com o que este se convalida, quer dizer, torna-se válido.

Segundo o parágrafo único do art. 1.649, a **aprovação do ato**, por instrumento público ou particular autenticado, convalida-o.

Compete ao cônjuge a quem cabia conceder a outorga, ou a seus herdeiros, ajuizar a ação para anulá-los, quando a outorga não tiver sido nem concedida, nem suprida pelo juiz (art. 1.650).

Feitas essas considerações iniciais, passemos ao estudo dos atos que dependem de outorga.

10.8.1 Alienação e gravação de bens imóveis

O cônjuge somente pode alienar bens imóveis, ou **gravá-los de ônus real**, como, por exemplo, a hipoteca, com a outorga do outro (art. 1.647, I), a qual pode ser concedida por meio da assinatura do cônjuge no contrato de alienação ou de constituição do ônus.

10.8.2 Atuação em demandas sobre bens imóveis

Depende também da outorga uxória ou marital a **atuação do cônjuge em juízo**, em ações que versem **bens imóveis**, seja como autor ou como réu (art. 1.647, II).

10.8.3 Prestação de fiança ou aval

Para que o cônjuge possa **celebrar contrato de fiança** (garantia), ou **dar aval** em título de crédito, necessita da outorga do outro (art. 1.647, III), a qual pode ser feita por meio da assinatura do concedente no contrato ou no título, junto à do cônjuge.

---

[81] Por **separação absoluta** deve-se entender **separação convencional**.
[82] Ouvimos essa afirmação, certa vez.

Cabe ressaltar que o cônjuge que apenas autorizou seu consorte a prestar aval não passa a ser considerado como avalista. Dessa forma, se, eventualmente, o cônjuge apenas autorizou o aval, não será necessária sua citação como litisconsorte em demanda que envolva o avalista, bastando a sua mera intimação. É esse, a propósito, o posicionamento do STJ (4ª Turma, REsp 1.475.257-MG, relatora: Min. Maria Isabel Gallotti, data do julgamento: 10/12/2019). Segundo a Corte, embora o art. 1.647, III, do Código Civil exija autorização do cônjuge para que a pessoa casada possa prestar aval, este não deixa de ser uma garantia de natureza pessoal. Assim, não pode o cônjuge que presta consentimento ser também considerado avalista e, consequentemente, não há que se falar em litisconsórcio necessário em eventual ação executiva, por exemplo.

10.8.4 Doação não remuneratória

A lei proíbe o cônjuge de **doar bens comuns** ou que possam integrar futura meação sem a outorga do outro, salvo se a doação for **remuneratória** (art. 1.647, IV).

Quando estudamos o contrato de doação, vimos que a doação é considerada **remuneratória** quando é feita para premiar um bom serviço prestado **gratuitamente**. Por exemplo, o vizinho Manuel cuida dos cachorros de César enquanto este viaja. Para demonstrar sua gratidão, César doa a Manuel um livro.

O § 1º do art. 1.647 dispensa a outorga no caso das **doações nupciais** feitas aos filhos quando de seu casamento, ou das doações feitas a eles quando estabelecerem **economia separada**.

10.9 Impossibilidade de o cônjuge exercer a administração dos bens que lhe incumbe

Na hipótese de um dos cônjuges não poder exercer a **administração dos bens que lhe incumbe** de acordo com o regime de bens, competirá ao outro, conforme o art. 1.651 do Código: (1) gerir os bens comuns e os particulares do cônjuge; (2) alienar os bens móveis comuns; (3) alienar os imóveis comuns e os móveis ou imóveis particulares do cônjuge, com autorização judicial.

Ao ler o dispositivo, poderá o leitor se perguntar: o que significa essa "administração dos bens que lhe incumbe"? Para que se compreenda a **impossibilidade** a que se refere o comando, você deve saber que o conteúdo do art. 1.651 foi estranhamente copiado dos incisos do parágrafo único do antigo art. 251 do Código de 1916. Lá, a hipótese era da mulher que assumia a direção e a administração da sociedade conjugal, em razão de o marido se encontrar em lugar incerto e não sabido, ou em cárcere por mais de dois anos, ou declarado interdito por sentença. O Código de 2002 dividiu a matéria em dois artigos, o 1.570 e o 1.651, o que a deixou confusa.

Considerando-se que se trata de atos de administração patrimonial, inclusive do patrimônio particular de um dos cônjuges, o mais prudente é considerar que o cônjuge não poderá "exercer a administração dos bens que lhe incumbe" exatamente nos casos do art. 1.570, mantendo a lógica do Código anterior. Ou seja, o art. 1.651 do Código atual deverá ser aplicado quando um dos cônjuges se encontrar em lugar incerto e não sabido, encarcerado por mais de cento e oitenta dias, interditado judicialmente, ou privado, episodicamente, de consciência, em razão de enfermidade ou de acidente.

10.10 Posse dos bens particulares do cônjuge

Nada impede que um cônjuge tenha a posse de bens particulares do outro, não obstante não ter a propriedade. Se isso ocorrer, o cônjuge possuidor será responsável pelo bem, para com o outro e seus herdeiros, nos termos do art. 1.652: como usufrutuário, se o rendimento for comum; como procurador, se tiver mandato expresso ou tácito para administrar o bem; como depositário, se não for usufrutuário nem administrador.

Tal dispositivo, originalmente, se referia à hipótese de o marido ter a posse de bens particulares da mulher (art. 260 do Código de 1916), e se justificava pelo fato de que, conforme comenta o autor do texto, Clóvis Beviláqua, o marido, em geral, era o responsável pela administração até mesmo dos bens particulares da mulher,[83] o que não vige mais no sistema atual, em que cabe a cada um dos cônjuges administrar os seus bens particulares.

É possível e bastante provável que haja diversas situações de **composse** dos cônjuges, sem que seja necessário aplicar-se o art. 1.652. Um exemplo seria o do casal residir em uma casa que é patrimônio particular da mulher, ou de ambos os cônjuges dirigirem o carro que é patrimônio particular do marido.

A norma do art. 1.652, destarte, fica relegada aos casos em que não houver composse, mas **posse exclusiva** do cônjuge não proprietário, como na hipótese de a mulher ser proprietária de uma fazenda da qual cuida seu marido, sendo que ela mesma passa o tempo inteiro na cidade.

11. EXTINÇÃO DA SOCIEDADE E DISSOLUÇÃO DO VÍNCULO CONJUGAL

Até 1977, no Brasil, o casamento válido somente se extinguia, ou, em outras palavras, o vínculo conjugal somente se dissolvia, pela morte (art. 315, parágrafo único do Código de 1916). Isso porquanto a Constituição vigente, como todas as anteriores, consagrava a **indissolubilidade do casamento**. Admitia-se apenas o rompimento da **sociedade conjugal**, com a manutenção do vínculo, o que era possível por meio do **desquite** (art. 315, III, do Código anterior). Com o desquite, autorizava-se a separação dos cônjuges, e se extinguia o regime de bens (art. 322 do Código de 1916). Todavia, os cônjuges permaneciam casados. Por conseguinte, podiam se relacionar com terceira pessoa, sem que isso caracterizasse adultério, mas não podiam casar novamente.

Com a Emenda Constitucional 9, de 22 de junho de 1977, introduziu-se no nosso ordenamento a possibilidade de dissolução do casamento pelo **divórcio**, condicionado à prévia **separação** do casal. Veio, então, a Lei 6.515/77, que regulamentou a separação judicial e o divórcio. Impende destacar que a separação judicial manteve o mesmo conteúdo que antes tinha o desquite, o que levou Silvio Rodrigues a requerer a manutenção do nome anterior, segundo ele, mais brasileiro.[84] O vocábulo "desquite" (de "não quite") surgira com o Código de 1916, em substituição à palavra divórcio, usada pelo Decreto 181/1890, com o intuito de distinguir o instituto brasileiro, que não extinguia o casamento, do instituto representado pela palavra divórcio em outros ordenamentos, o qual extinguia o vínculo conjugal.

Pois bem. Promulgada a Constituição de 1988, o divórcio passou a depender de **separação judicial de um ano** ou de **separação de fato de dois anos**, segundo o § 6º do art. 226.[85]

Esse foi o sistema vigente até que, em 13 de julho de 2010, foi promulgada a Emenda Constitucional 66, que alterou completamente o tema da dissolução da sociedade e do vínculo conjugal. A partir da emenda, o § 6º do art. 226 da Constituição passa a ter a seguinte redação: "o casamento civil pode ser dissolvido pelo divórcio".

---

[83] BEVILÁQUA, Clóvis. *Código comentado*, cit., v. II, p. 134.
[84] RODRIGUES, Silvio. *Direito de família*, cit., p. 199.
[85] Art. 226, § 6º, da Constituição: "o casamento civil pode ser dissolvido pelo divórcio, após prévia separação judicial por mais de um ano nos casos expressos em lei, ou comprovada separação de fato por mais de dois anos".

Inicialmente, a doutrina dividiu-se entre os que sustentam ter a Emenda 66 promovido a **extinção** da separação judicial do nosso ordenamento,[86] e os que entendem que tal instituto **continua existindo**.

Seguimos o entendimento de que, a partir de 13 de julho de 2010, o divórcio deixou de depender de prévia **separação**, judicial ou de fato, admitindo-se, pois, que seja **imediato**. Isso não significa, no entanto, que o casal não possa optar, antes de pedir o divórcio, pela separação. Para nós, para que a figura da separação seja extinta do ordenamento, seria necessária uma reforma do Código Civil, vez que a Emenda 66, por si só, não nos parece ter produzido esse efeito, por não ser esse seu sentido.

Em conclusão, a sociedade conjugal termina (art. 1.571): com a **morte** de um dos cônjuges; com a **declaração de nulidade ou anulação** do casamento; com a **separação judicial**; com o **divórcio**.

Veja-se que, nos casos de **casamento inválido**, embora chegue a se estabelecer uma sociedade conjugal, não há **vínculo**, em razão da invalidade do casamento. Daí por que a ressalva do § 1º do art. 1.571, no sentido de que a *dissolução* do casamento válido ocorre pelo divórcio ou pela morte, inclusive a morte presumida, de que tratam os arts. 6º e 7º do Código.

Nesta seção, procederemos ao estudo do **divórcio** e da **separação**. Cabe lembrar ao leitor que a **invalidade** do casamento já foi objeto do nosso estudo, na Seção 8.

11.1 Divórcio

Pelo divórcio, podem os cônjuges **dissolver** o casamento válido. Dissolver o casamento significa não apenas *extinguir a sociedade*, mas também **dissolver o vínculo**. Vale lembrar que a extinção da sociedade exonera os cônjuges do dever de fidelidade, mas os impede de casar novamente, porquanto permanecem casados, até que haja a dissolução do vínculo.

A partir da Emenda Constitucional 66, não se impõe mais prazo para que se possa pedir o divórcio, o que pode ser feito até mesmo no dia seguinte à celebração do casamento.

Apenas aos **cônjuges** cabe o pedido de divórcio (art. 1.582), que poderá se processar pela **via extrajudicial**, também chamada **administrativa**, ou pela **via judicial**, assim como ocorrer de modo consensual ou litigioso.

A via extrajudicial é, certamente, mais célere, embora, às vezes, possa ser mais onerosa. De toda sorte, pacificou-se, na jurisprudência, o entendimento no sentido de que, mesmo estando preenchidos os pressupostos legais para a realização do divórcio em cartório, a via jurisdicional poderá ser utilizada. Por exemplo: um casal plenamente capaz, sem filhos ou com filho maior de idade, e acordado quanto à partilha, pode optar pelo processo judicial. Em suma, **o procedimento extrajudicial é uma faculdade conferida aos cônjuges**. Sobre esse aspecto, destaca-se que o Conselho Nacional de Justiça, ao disciplinar o procedimento extrajudicial por meio da Resolução 35/2007, esclareceu que "é **facultada** aos interessados a opção pela via judicial ou extrajudicial, podendo ser solicitada, a qualquer momento, a suspensão, pelo prazo de 30 dias, ou a desistência da via judicial, para a promoção da via extrajudicial".

Se o casal optar pela via extrajudicial, o instrumento pelo qual manifestarão o livre acordo em pôr fim ao casamento ou à união estável será a escritura pública. Esta deverá conter a data e o local da realização do ato; o reconhecimento da identidade e capacidade das partes; o nome, a nacionalidade, o estado civil, a profissão e o domicílio delas; a indicação do regime de bens;

---

[86] Há quem entenda, como Maria Berenice Dias, que a alteração da Constituição por si só é suficiente, não havendo necessidade de uma lei que regule a dissolução do casamento, nem de reforma dos pontos respectivos no Código Civil (*Manual de direito das famílias*, cit., p. 295).

a manifestação livre de vontade das partes; a declaração de que o seu teor foi lido na presença das partes e de que todos os comparecentes a leram; a assinatura das partes e dos demais comparecentes, bem como a do tabelião. Durante todo o procedimento extrajudicial, o casal deve estar acompanhado de advogado, sendo imprescindível a sua presença.

É possível que os interessados se façam representar perante o Cartório de Notas, uma vez que a escritura pública encerra autêntico negócio jurídico que pode perfeitamente ser celebrado por procuradores com poderes específicos para o ato. **Ou seja, afigura-se admissível a dissolução matrimonial por procuração.** Nesse caso, não devemos confundir a figura do representante com a do advogado. Mesmo no caso de dissolução por procuração, a presença do advogado não pode ser dispensada.

A escritura pode ser lavrada em qualquer local, pois não se aplicam as regras de competência previstas no art. 53 do CPC/2015. Assim, podem os cônjuges ou companheiros escolher livremente o tabelião de notas (art. 1º da Res. 35/2007). Ademais, caso comprovem que são hipossuficientes para arcar com as despesas cartorárias, poderão requerer a gratuidade, mediante apresentação de declaração de hipossuficiência, ainda que haja assistência por advogado particular (arts. 6º e 7º da Res. 35/2007).

Registra-se que, com a "virtualização" dos procedimentos, o divórcio também poderá ser feito por meio eletrônico, sem a necessidade de deslocamento até o tabelionato de notas, conforme possibilita o Provimento 100/2020 do Conselho Nacional de Justiça (e-Notariado).

Outro ponto importante que diferencia esse procedimento das demandas judiciais é a inexistência de sigilo. De acordo com o art. 42 da Resolução do CNJ, "não há sigilo nas escrituras públicas de separação e divórcio consensuais". Os procedimentos judiciais que versam sobre casamento, separação, divórcio, união estável, filiação, alimentos e guarda tramitam em segredo de justiça, independentemente de decisão judicial, haja vista a presunção absoluta da necessidade de preservação da intimidade (art. 189, II, do CPC/2015). Para o procedimento extrajudicial, essa restrição não é exigida.

Em relação às cláusulas do acordo de divórcio, temos que observar o art. 731 do CPC/2015: disposições relativas à descrição e à partilha dos bens comuns; disposições relativas à pensão alimentícia entre os cônjuges; acordo relativo à guarda dos filhos incapazes e ao regime de visitas; e valor da contribuição para criar e educar os filhos.

A cláusula sobre a partilha de bens não é obrigatória, à semelhança do que ocorre nos procedimentos judiciais. Isso quer dizer que você pode deixar a partilha para depois da dissolução da sociedade; nesse caso, firma-se a presunção de que os bens vão continuar no estado de condomínio.

Recomenda-se, no entanto, que a destinação dos bens comuns seja resolvida de pronto, a fim de se evitarem futuros conflitos. É que a dinâmica da vida afetiva fará agregar aos consortes novos personagens, tornando ainda mais complexa a situação. Diante desse cenário, afigura-se prudente partilhar logo os bens antes de dar início a uma nova relação.

No que tange aos alimentos, importante asseverar que a falta de estipulação não induz nulidade e não impede que sejam eles pleiteados posteriormente.

Os cônjuges deverão dispor, inclusive, acerca do uso do nome, se tiver havido modificação quando do casamento. Todavia, também aqui não há que se falar em nulidade da escritura por ausência de estipulação. Por ser o nome um dos direitos de personalidade, a regra é a sua manutenção. Logo, a ausência de disposição nesse sentido conduz à presunção de que se manterá o nome de casado.

Os documentos para a lavratura da escritura estão dispostos nos arts. 33 e 34 da Res. 35/2007 do CNJ. São eles: certidão de casamento; documento de identidade oficial e CPF; pacto antenupcial, se houver; certidão de nascimento ou outro documento de identidade oficial dos filhos absolutamente capazes, se houver, ou a declaração de que não possuem filhos em comum e não há conhecimento sobre estado gravídico atual; certidão de propriedade dos bens imóveis e respectivos direitos; documentos necessários à comprovação da titularidade de bens móveis e direitos, se houver.

Com a lavratura da escritura pública, será possível, por exemplo, realizar a transferência de imóveis e veículos que foram objeto da partilha. Também por meio dela, será possível o levantamento de valores em instituições financeiras e tudo o mais que for necessário para dar cumprimento ao que foi consignado na escritura (art. 3º da Resolução 35/2007; art. 733, § 1º, do CPC/2015).

Uma vez lavrada a escritura, o tabelião deve encaminhar traslados aos Cartórios de Registro Civil para averbação nos assentos de casamento e nascimento dos cônjuges. Na eventualidade de a escritura pública encerrar acordo quanto à partilha de bens imóveis, deve o tabelião enviar traslado também ao Cartório de Registro de Imóveis.

O tabelião tem a possibilidade de negar a lavrar a escritura se houver indícios de prejuízo a um dos cônjuges ou em caso de dúvidas sobre a declaração de vontade, desde que fundamente por escrito. Trata-se de regra prevista no art. 46 da Res. 35/2007 do CNJ, bastante criticada pela doutrina, especialmente pelo fato de permitir, ainda que de modo excepcional, a intervenção estatal na autonomia da vontade. Para o advogado Rodrigo da Cunha Pereira:

> Se as partes são maiores e capazes, são responsáveis e devem ser responsabilizadas pelas suas escolhas e as consequências delas decorrentes. É até possível que um cônjuge, principalmente quando o amor acaba, queira enganar o outro. Mas até que ponto o Estado pode ou deve intervir nesta relação?[87]

De fato, se a intenção é desburocratizar e desjudicializar os procedimentos, não parece razoável essa previsão, pois nada impede que, havendo algum vício na manifestação de vontade, o cônjuge ou companheiro prejudicado busque, posteriormente, a tutela do Judiciário.

Por fim, **frisa-se a impossibilidade de retratação do acordo livremente celebrado**. Eventual alteração da escritura pública dependerá da sua desconstituição mediante ação anulatória, por eventual vício de consentimento, observando-se o prazo decadencial de quatro anos.

11.1.1 Ação de divórcio

No CPC/2015, o procedimento de **divórcio consensual**, assim como o de separação consensual e o de extinção consensual de união estável estão disciplinados em seção específica dentro dos procedimentos especiais de jurisdição voluntária (arts. 731 a 734 do CPC/2015).

O procedimento tem por finalidade a obtenção da homologação judicial, quando não preferiram os cônjuges a via extrajudicial ou quando, apesar de acertados quanto à dissolução, não forem preenchidos os demais requisitos do art. 733 do CPC/2015. Nessa hipótese, por haver consenso, o papel do juiz é de mero fiscalizador do acordo, para aferir se foram adequadamente tratadas as questões essenciais.

Se o caso for de **divórcio litigioso**, o procedimento deve ser o comum, observando-se, todavia, as regras gerais sobre as ações de família, traçadas nos arts. 693 a 699 do CPC em vigor.

A principal inovação, quanto ao assunto, diz respeito à tentativa de **autocomposição**. Nos termos do art. 694 do CPC/2015, "nas ações de família, todos os esforços serão empreendidos

---

[87] PEREIRA, Rodrigo da Cunha. Divórcio: teoria e prática. São Paulo: Saraiva, 2013. p. 61.

para a solução consensual da controvérsia, devendo o juiz dispor do auxílio de profissionais de outras áreas de conhecimento para a mediação e conciliação". O parágrafo único do dispositivo ainda prevê a possibilidade de o juiz, a requerimento das partes, determinar a suspensão do processo enquanto os litigantes se submeterem a mediação extrajudicial ou a atendimento multidisciplinar.

Outra alteração se refere ao **foro competente** para o processamento da ação, que deixou de ser o da mulher para ser o do guardião do filho incapaz ou, na inexistência de filho incapaz, o do último domicílio do casal; se, no entanto, nenhuma das partes residir no antigo domicílio, é competente o foro de domicílio do réu (art. 53, I, do CPC/2015). A Lei 13.894/2019, por sua vez, acrescentou ao dispositivo nova hipótese: em caso de violência doméstica e familiar, nos termos da Lei Maria da Penha – Lei 13.340/2006 –, o foro será o do domicílio da vítima (art. 53, I, *d*).

Há novidade também quanto à **citação**. No ato da citação, que deve ser pessoal (art. 695, § 3º, do CPC/2015), não é mais entregue ao réu cópia da petição inicial, sendo assegurado a este, contudo, o direito de examinar o seu conteúdo a qualquer tempo (art. 695, § 1º, do CPC/2015). Tal medida visa evitar o contato imediato do réu com as alegações do autor, o que poderia dificultar uma possível solução consensual da controvérsia em virtude da alta carga emocional aduzida nas peças processuais nesse tipo de demanda.

A **audiência de mediação e conciliação**, à qual as partes devem comparecer acompanhadas de seus procuradores – advogados ou defensores públicos – (art. 695, § 4º, do CPC/2015), poderá dividir-se em tantas sessões quantas sejam necessárias para que se viabilize a solução consensual, sem prejuízo de providências jurisdicionais para evitar o perecimento do direito (art. 696 do CPC/2015).

Não obstante, não sendo possível a autocomposição, o processo prosseguirá pelo **procedimento comum**, cabendo ao réu oferecer contestação, por petição, no prazo de quinze dias contados da data da audiência ou da última sessão de conciliação realizada (art. 697 c/c art. 335 do CPC/2015).

Haverá **intervenção do Ministério Público** quando houver interesse de incapaz, a qual deverá ocorrer antes da homologação do acordo (art. 698 do CPC/2015), e, também, quando figurar como parte vítima de violência doméstica e familiar, nos termos da Lei Maria da Penha – Lei 11.340/2006 (art. 698, parágrafo único).[88]

Por fim, quando o litígio envolver discussão sobre fato relacionado a **abuso** ou a **alienação parental**, o juiz, ao ouvir o incapaz, deverá estar acompanhado por especialista (art. 699 do CPC/2015).

Por se tratar de tutela de natureza **desconstitutiva**, a sentença, na ação de divórcio, produz efeitos para frente, ou seja, *ex nunc*, a partir da data do seu trânsito em julgado. À época da vigência do CPC/73, todavia, MARIA BERENICE DIAS entendia que os efeitos podiam retroagir à data da separação de corpos, por interpretação analógica do art. 8º da Lei do Divórcio.[89]

11.2 Separação

A sociedade conjugal pode se extinguir pela **separação** (art. 1.571, III).

Como o leitor verá, a expressão consagrada pela lei e pela doutrina é **separação judicial**, a qual, não obstante, tornou-se inadequada após a reforma do antigo Código de Processo Civil de 1973, promovida pela Lei 11.441/2007, a qual instituiu a possibilidade de a separação se

---

[88] O parágrafo único foi acrescido ao art. 698 pela Lei 13.894/2019.
[89] DIAS, Maria Berenice. *Manual de direito das famílias*, cit., p. 319.

processar pela **via extrajudicial**. Cuidado, pois, ao interpretar a locução separação judicial, lembrando-se de que quase sempre ela abarca a separação pela via judicial tanto quanto pela via extrajudicial.

Feita essa ressalva terminológica inicial, impõe-se uma outra, de natureza jurídica: a **separação judicial**, não obstante a possibilidade do divórcio imediato erigida pela Emenda Constitucional 66, continua consistindo em uma **faculdade** dos cônjuges.

O passo dado pela reforma constitucional foi extremamente significativo e importante para a eficiência do Direito de Família, sem dúvida. Ocorre que, segundo nos parece, a interpretação da nova redação do § 6º do art. 226 da Constituição – "o casamento civil pode ser dissolvido pelo divórcio" – no sentido de que não mais existe no ordenamento a figura da separação é ampla demais. O que se entende, isso sim, é que se implantou realmente uma nova ordem constitucional, o que impõe uma leitura filtrada do ordenamento infraconstitucional, como veremos ao comentar diversos pontos da disciplina da separação.

Vale lembrar que as relações de família giram em torno do **afeto**, razão pela qual a intervenção jurídica nessa esfera deve ser mínima, apenas o suficiente para que se preserve a **dignidade** de todos os membros dos núcleos familiares. Daí que, sobrevindo algum fato que abale o elo afetivo entre os cônjuges, estes podem optar pela dissolução do vínculo – medida mais drástica – ou pela extinção da sociedade conjugal – medida mais branda, que permite que o elo afetivo seja reatado sem a necessidade de novo casamento.

Apesar dessas ponderações, ainda há forte entendimento doutrinário em sentido contrário, ou seja, admitindo a extinção do instituto da separação pela Emenda Constitucional 66.

Com a entrada em vigor do CPC/2015, não obstante, esse embate parecia ter se resolvido, vez que o Código deixa clara a possibilidade de opção entre o desfazimento imediato do vínculo matrimonial através do divórcio e a ultimação apenas da sociedade conjugal através da separação.

No entanto, a controvérsia se manteve, o que levou o Supremo Tribunal Federal, em 2019, a reconhecer a repercussão geral da discussão, suscitada no RE 1.167.478.[90] O recurso, todavia, ainda pendia de julgamento ao tempo do fechamento desta edição.

Pois bem. Se, abalado o elo afetivo, os cônjuges optarem pela extinção da sociedade conjugal, poderão promovê-la pela **via administrativa** (**extrajudicial**) ou pela **via judicial**.

A **via administrativa** da separação judicial foi introduzida no ordenamento brasileiro pelo art. 1.124-A, inserido no antigo Código de Processo Civil de 1973 pela Lei 11.441/2007. Segundo o CPC em vigor, tal via se abre para os cônjuges não havendo nascituro nem filhos incapazes (art. 733 do CPC/2015). A separação extrajudicial opera-se por **escritura pública**, e não dispensa a assistência dos cônjuges por **advogado**. A lei não exige, para a eficácia da escritura, a **homologação** judicial (art. 733, § 1º, do CPC/2015).

Já a separação pela **via judicial** se encontra prevista no art. 1.572 do Código Civil, o qual deve ser lido com cuidado no atual estágio do ordenamento jurídico. É que, segundo a redação do dispositivo, o cônjuge que ajuizar a ação de separação imputará ao outro fato que tornou insuportável a vida em comum, o qual, até recentemente, consistia em requisito de procedência do pedido de separação. No entanto, em razão da nova orientação do Direito de Família, consideram-se incompatíveis com a ordem constitucional vigente tanto a segunda parte do art. 1.572 quanto o art. 1.573, o qual elencava os fatos que, segundo a lei, poderiam tornar insuportável a vida em comum. Em suma, não importam as razões que ensejaram a ruptura da vida em comum.

O procedimento da separação judicial, por sua vez, estudaremos na subseção a seguir.

---

[90] Conforme pesquisa realizada em 12/11/2022, o recurso permanece pendente de julgamento.

11.2.1 Ação de separação

A separação pela via judicial pode ocorrer de forma **consensual** ou **litigiosa**.

Como visto anteriormente, no CPC/2015 o procedimento de **separação consensual**, assim como o de divórcio consensual e o de extinção consensual de união estável estão disciplinados em seção específica dentro dos procedimentos especiais de jurisdição voluntária (arts. 731 a 734 do CPC/2015). Por isso, caro leitor, não se assuste com uma possível sensação de *déjà vu* ao ler o texto desta seção, vez que as normas aplicáveis à matéria são as mesmas que você estudou anteriormente, aplicáveis ao divórcio.

Vale lembrar que a principal novidade trazida pelo CPC em vigor, quanto ao assunto, é a regra expressa segundo a qual a escritura pública de separação – a qual, insista-se, não depende de homologação judicial – constitui título hábil para qualquer ato de registro, inclusive para levantamento de importância depositada em instituições financeiras (art. 733, § 1º, do CPC/2015). O art. 3º da Res. 35 do CNJ é ainda mais explícito:

> As escrituras públicas de inventário e partilha, separação e divórcio consensuais não dependem de homologação judicial e são títulos hábeis para o registro civil e o registro imobiliário, para a transferência de bens e direitos, bem como para a promoção de todos os atos necessários à materialização das transferências de bens e levantamento de valores (DETRAN, Junta Comercial, Registro Civil de Pessoas Jurídicas, instituições financeiras, companhias telefônicas, etc.).

Na hipótese de **separação litigiosa**, o procedimento deve ser o comum, observando-se, não obstante, as regras gerais sobre as ações de família, contidas nos arts. 693 a 699 do CPC em vigor, as quais já foram tratadas no tópico 11.1.1.

11.3 Separação de fato

A **separação de fato**, ou **separação de corpos**, consiste na situação dos cônjuges que rompem a sociedade conjugal independentemente de separação de direito ou de divórcio. Ou seja, não se valem de nenhuma via, nem judicial nem extrajudicial, para formalizar sua vontade de interromper a vida em comum. Simplesmente, separam-se.

Juridicamente, a separação de fato não produz nem o efeito de extinguir a sociedade conjugal nem de dissolver o vínculo entre os cônjuges, daí por que os separados de fato permanecem *casados* e sujeitos, em princípio, de todos os direitos e deveres atribuídos pela lei aos cônjuges.

Não obstante, o Direito não fecha os olhos para essa realidade, e, na disciplina de diversas situações, confere tratamento diferenciado ao separado de fato, atribuindo, por conseguinte, efeitos jurídicos à separação de corpos. Poderá haver, inclusive, a extinção de certos deveres ou direitos nascidos do casamento. Por exemplo, o cônjuge separado de fato não será nomeado curador legítimo do outro (art. 1.775). Ademais, perde o direito à sucessão, após dois anos da separação (art. 1.830).

11.4 Guarda dos filhos

Quando a sociedade conjugal ou a união estável termina, ou quando os pais não vivem juntos, é necessário que se determine com quem permanecerá a guarda dos filhos menores ou incapazes.[91] A matéria aplica-se tanto aos casos de divórcio, separação judicial e dissolução da

---

[91] Segundo o art. 1.590 do Código Civil, as disposições que se referem à guarda e aos alimentos dos filhos menores devem ser também aplicadas aos filhos maiores incapazes.

união estável (art. 1.584, I, do CC) quanto aos casos de anulação ou declaração de nulidade do casamento (art. 1.587 do CC).

O tema será estudado em seção própria, no Capítulo 5 – Parentesco.

11.5 Alimentos

No que tange aos feitos litigiosos, importante observar que, antigamente, a culpa pela separação tinha o condão de afastar a obrigação alimentar. Não é difícil vislumbrar o absurdo de tal regra, flagrantemente ofensiva à dignidade da pessoa humana, visto que pune o indivíduo considerado culpado pelo insucesso da vida em comum, privando-o de verba de caráter alimentar.

Mais tarde, o CC tratou de desvincular o dever de prestar alimentos da culpa pela separação, de sorte que até mesmo aquele considerado culpado pela separação pode pleitear o pagamento de pensão. Ocorre que, nesse caso, o valor do pensionamento há de ser reduzido ao montante estritamente necessário à sobrevivência do alimentando, quando este não tiver condições de trabalhar e inexistirem parentes capazes de prover o seu sustento (art. 1.704, parágrafo único, do CC).

Por outro lado, o consorte considerado inocente faz jus ao pensionamento em valor compatível com sua condição social, inclusive para atender às necessidades de educação (art. 1.694 do CC).

Como se vê, não obstante a evolução no tratamento dado à matéria, o ranço da culpa ainda impõe diferenças no que tange aos alimentos.

Mesmo com o advento da EC 66/2010, tem se considerado vigente o art. 1.704 do Código Civil. Dessa sorte, o cônjuge culpado continuará a ser punido em termos alimentares e somente receberá os alimentos mínimos à manutenção se não puder prover o próprio sustento nem tiver familiares que possam fazê-lo.

Assim, se houver descumprimento dos deveres do casamento (como fidelidade recíproca, vida em comum, mútua assistência, consideração e respeito mútuos, entre outros – art. 1.566 do CC), a sanção terá lugar em matéria de alimentos. É que não se considera que o art. 1.704, parágrafo único, do Código Civil tenha sido revogado ou alterado pela Emenda Constitucional. Na ação de alimentos, há uma sanção ao cônjuge que descumpre seus deveres conjugais, qual seja, a perda dos alimentos que lhe garantiriam a manutenção do padrão de vida até então existente.[92]

O debate sobre a culpa, ressalte-se, ocorrerá na ação de alimentos em que os consortes são partes, não afetando ou delongando a decisão relativa ao divórcio,[93] ou, como temos defendido, à separação judicial. Isto é, o divórcio (ou a separação) pode ser decretado de imediato, mas aos interessados será permitido discutir e buscar o reconhecimento da culpa pelo fim do casamento para reduzir o encargo alimentar.

Importante salientar que o Superior Tribunal de Justiça tem dado especial atenção à questão dos alimentos para ex-cônjuges, considerando a obrigação uma exceção à regra, que deve incidir apenas quando configurada a dependência do outro ou a carência de assistência alheia e, ainda, pelo prazo necessário para que o outro cônjuge adquira condições para prover a sua própria manutenção. Ou seja, para o STJ, os alimentos possuem caráter excepcional e

---

[92] SIMÃO, José Fernando. A PEC do divórcio: a revolução do século em matéria de direito de família. Disponível em: <www.ibdfam.org.br>. Acesso em: 9 nov. 2018.

[93] SIMÃO, José Fernando. A PEC do divórcio: a revolução do século em matéria de direito de família. Disponível em: <www.ibdfam.org.br>. Acesso em: 9 nov. 2018.

transitório. Há quem entenda ser possível, inclusive, a prisão em razão do débito relacionado aos alimentos entre ex-cônjuges ou companheiros. A posição é do Min. Luis Felipe Salomão, mas não há consenso na jurisprudência. A propósito, a Min. Nancy Andrighi já se manifestou em sentido contrário.

No RHC 117.996/RS, julgado em 2/6/2020, o Min. Marco Aurélio Bellizze, da 3ª Turma do STJ, reforçou que a prisão civil do devedor de alimentos é medida drástica e excepcional, admitindo-se, tão somente, quando imprescindível à subsistência do alimentado. Para o Ministro, seguido pela unanimidade da Turma:

> O inadimplemento do alimentos compensatórios (destinados à manutenção do padrão de vida do ex-cônjuge que sofreu drástica redução em razão da ruptura da sociedade conjugal) e dos alimentos que possuem por escopo a remuneração mensal do ex-cônjuge credor pelos frutos oriundos do patrimônio comum do casal administrado pelo ex-consorte devedor não enseja a execução mediante o rito da prisão positivado no art. 528, § 3º do CPC/2015, dada a natureza indenizatória e reparatória dessas verbas, e não propriamente alimentar.

Continuando com a ideia da excepcionalidade, o STJ inadmitiu a aplicação do instituto da *surrectio* em obrigação alimentar firmada entre ex-cônjuges. No caso concreto, um dos cônjuges, por mera liberalidade, continuou a pagar alimentos à ex-cônjuge, mesmo após o encerramento da obrigação. Esse ato perdurou por longos anos, gerando, segundo a autora, uma legítima expectativa quanto ao recebimento da verba. Por essa razão, ela pretendeu a aplicação do instituto da *surrectio*, com origem no direito contratual, que, em síntese, significa o surgimento de um direito não convencionado em razão do seu exercício por longo lapso temporal. A 3ª Turma do STJ rejeitou a tese, decidindo que a obrigação alimentar já extinta, mas mantida por longo período de tempo por mera liberalidade do alimentante, não pode ser perpetuada com fundamento no instituto da *surrectio*[94].

---

[94] REsp 1.789.667/RJ, relator: Min. Paulo de Taro Sanseverino, relator para acordão: Min. Ricardo Villas Bôas Cueva, data do julgamento: 13/8/2019, Informativo 654.

Quadro Esquemático 3

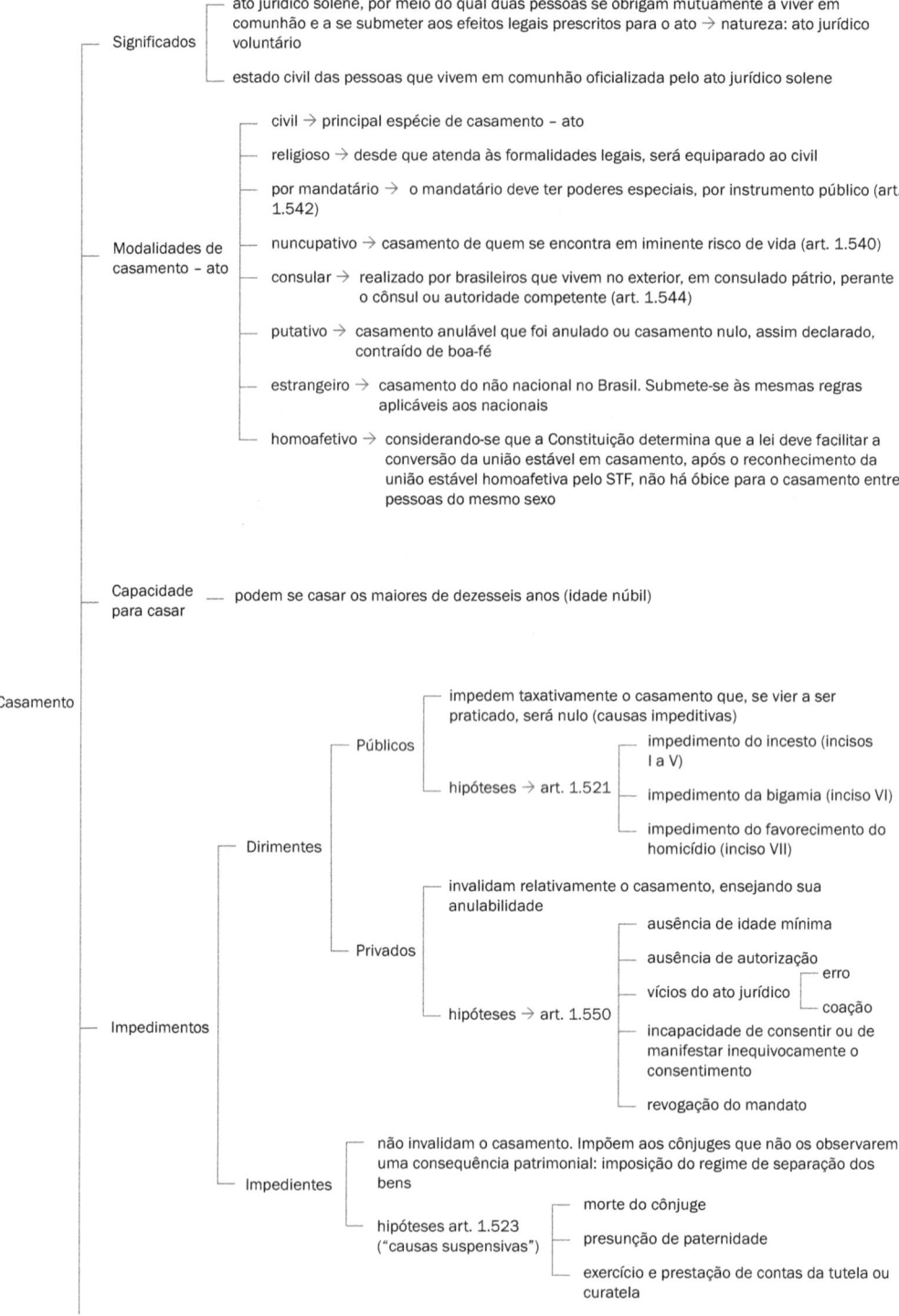

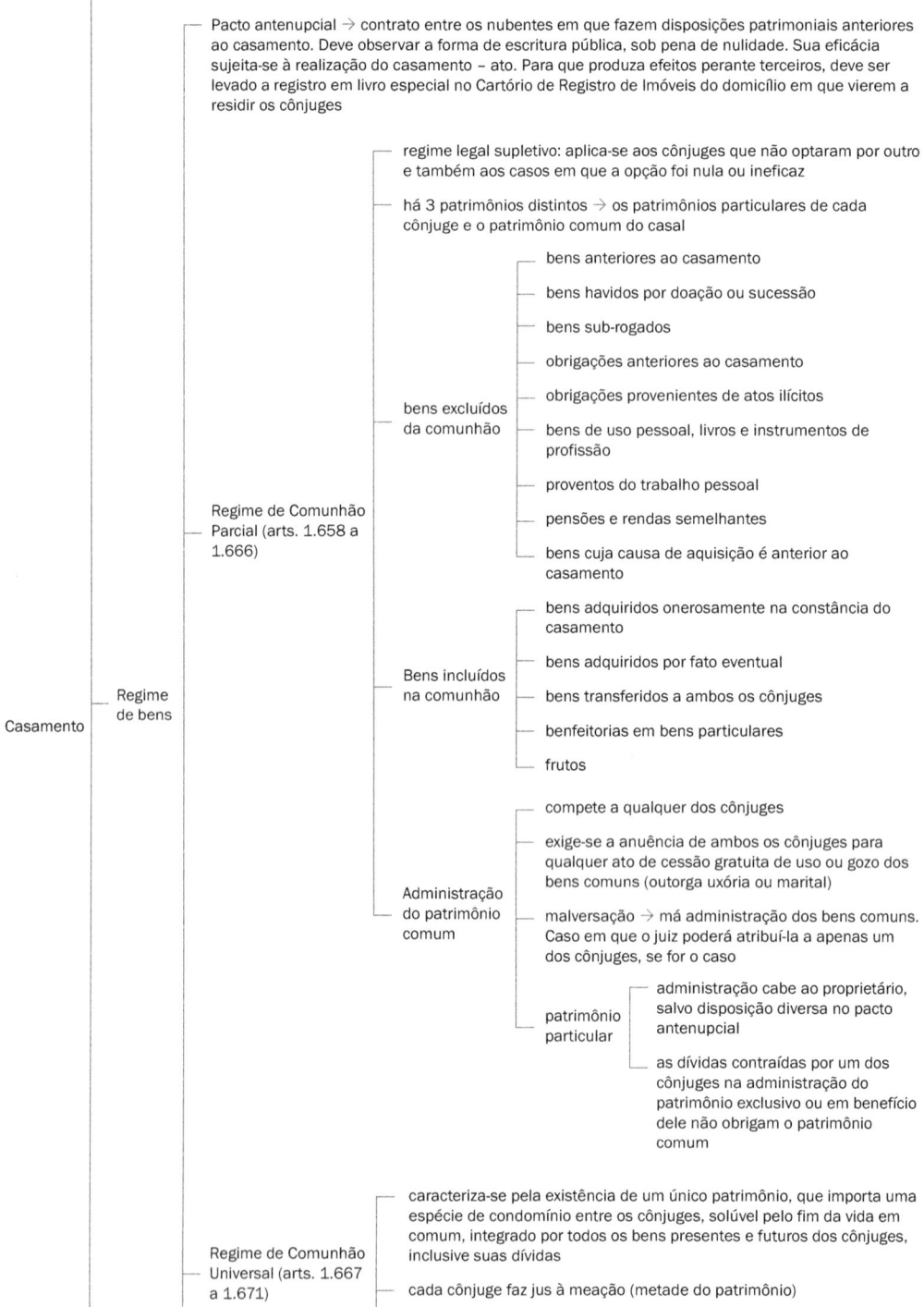

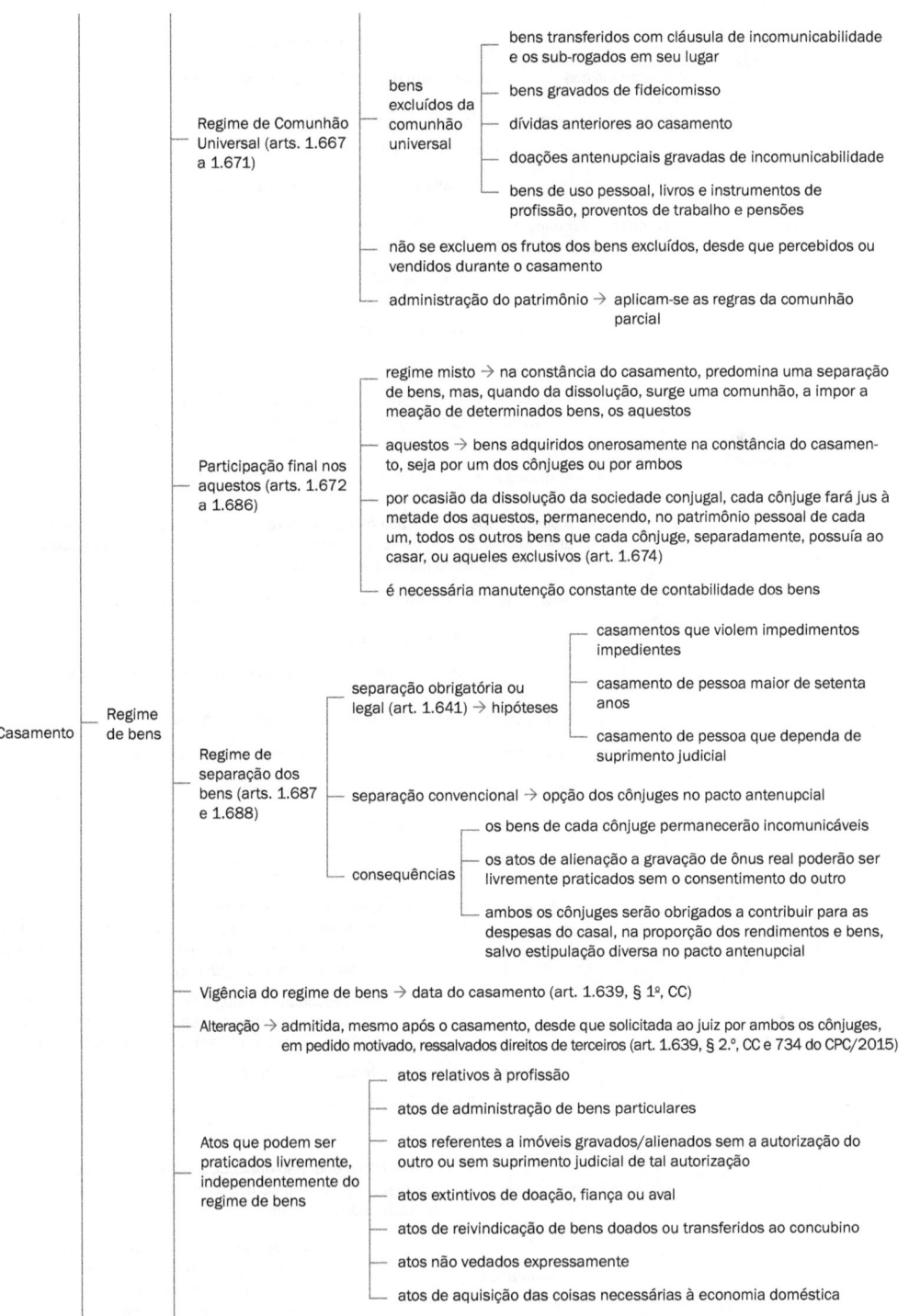

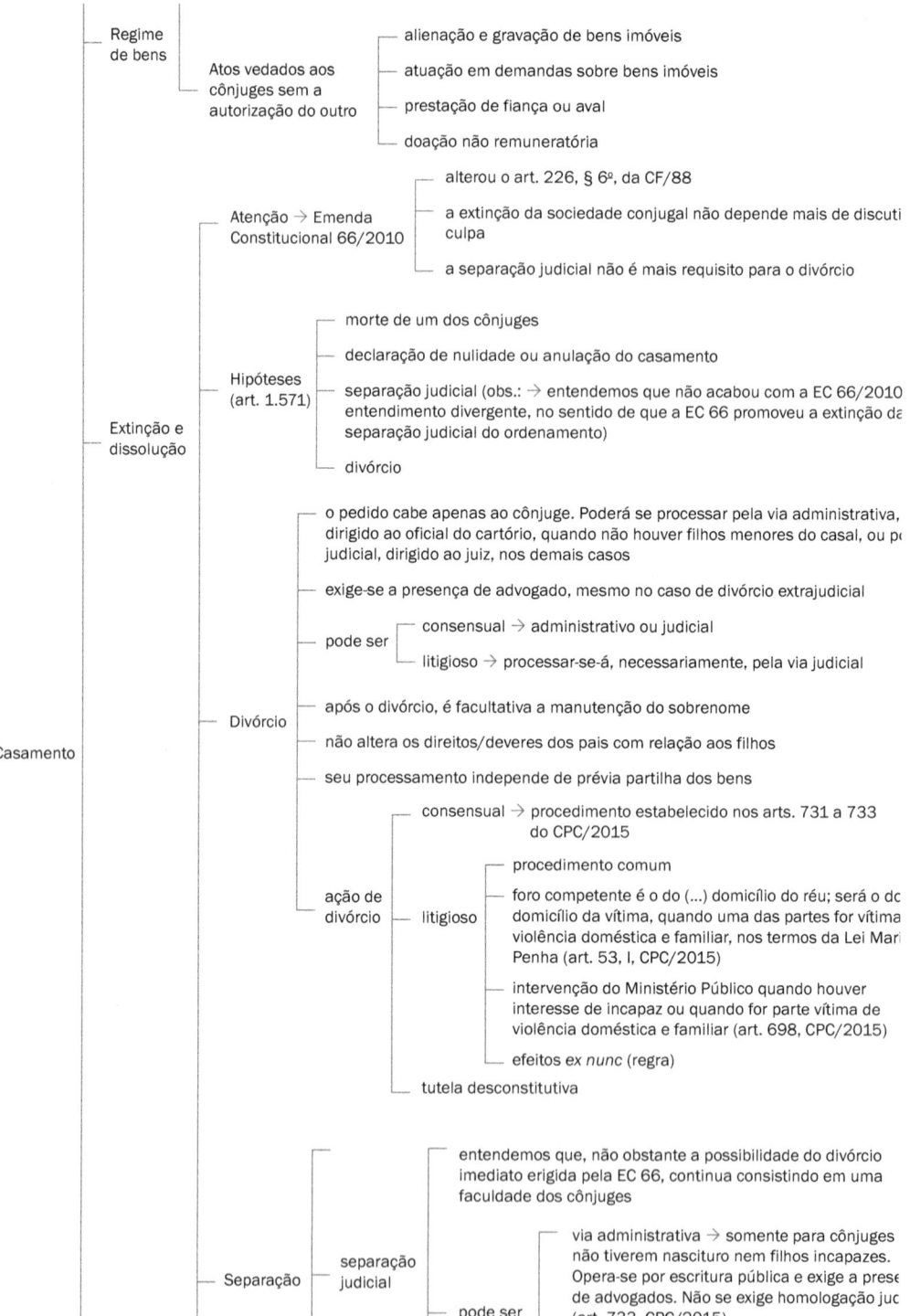

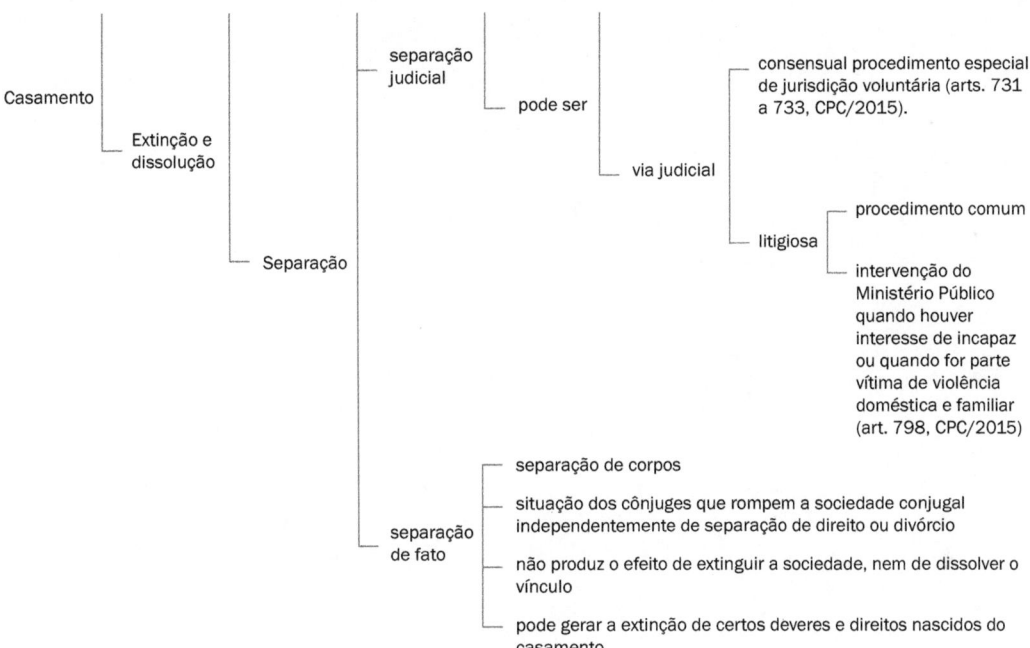

4

União Estável (arts. 1.723 a 1.727)

O Direito que se organizou nos países ocidentais baseado no Direito Romano-Germânico e no Direito Canônico sempre privilegiou o casamento, ao qual era dada a prerrogativa exclusiva de formar a família, célula básica da sociedade.

No entanto, vez que o Direito não tem meios para conduzir a vida privada das pessoas – nem deve ter! –, sempre houve outras formas de vínculos conjugais, que não apenas o originado do matrimônio.

Durante muito tempo, toda relação sexual mantida fora do casamento foi condenada com veemência. Na verdade, o dogma religioso do **casamento virgem** ainda persiste, e, em algumas sociedades orientais, a prática de relação sexual antes do casamento constitui crime, por vezes punido com a morte.

Ocorre que, com o desenvolvimento teórico do novo modelo de Estado, percebeu-se que não cabia ao Estado intervir tão a fundo na vida privada das pessoas. Uma sociedade que pretende garantir a dignidade e a liberdade não pode determinar de que forma as pessoas deverão constituir suas famílias.

No Brasil, apesar de o Código Civil de 1916 somente reconhecer a família formada pelo casamento, um número assustador de ações pleiteando direitos em razão do rompimento de um vínculo conjugal não oriundo do casamento levou a doutrina e a jurisprudência à inescapável conclusão de que o Direito não podia fechar os olhos para a realidade social.

Pouco a pouco, começou-se a conceder à mulher – sempre a prejudicada, nesses casos – o direito de exigir do "amásio"[95] **indenização** pelos serviços que lhe prestara durante a constância da união. Posteriormente, passou-se a enxergar nos relacionamentos não matrimoniais – chamados de **concubinato** ou **mancebia** – uma **sociedade de fato**, o que gerava **direitos obrigacionais**. Em 1964, o Supremo Tribunal Federal pacificou esse entendimento, por meio da Súmula 380: "Comprovada a existência de sociedade de fato entre os concubinos, é cabível a sua dissolução judicial, com a partilha do patrimônio adquirido pelo esforço comum."

Os **direitos de família** e os **direitos sucessórios**, todavia, permaneciam exclusivos dos cônjuges e dos chamados "filhos legítimos" – os nascidos do casamento. Aliás, fazia-se questão de esclarecer que os direitos patrimoniais reconhecidos à concubina não derivavam do concubinato – considerado ilegítimo e incapaz de gerar direitos –, mas da **prestação de serviços domésticos** ou do fato de ter a mulher **contribuído efetivamente** para a aquisição do patrimônio do concubino.

---

[95] A palavra, de cunho pejorativo, era usada para se referir ao **companheiro**.

Vejam-se, para ilustrar a carga de preconceito que pesava sobre a matéria, três julgados coletados por Silvio Rodrigues no estudo que desenvolveu sobre o tema:

> Embora a mancebia constitua união ilegítima, nada impede reclame qualquer deles, do outro, a retribuição por serviços estranhos à relação concubinária.
>
> (*RT*, 264/427)
>
> [...] é justa a reparação dada à mulher, que não pede salários como amásia, mas sim pelos serviços caseiros.
>
> (*RT*, 181/290)
>
> Tem direito à remuneração por serviços domésticos ou à meação dos bens adquiridos com esforço comum, a concubina que provou aquela prestação, ou a sua contribuição para a aquisição de bens, durante a sua longa convivência com o ex-amásio.
>
> (*RT*, 277/290)[96]

Somente com a promulgação da Constituição de 1988 é que se conferiu **legitimidade** ao *concubinato* no plano do Direito. O § 3º do art. 226 foi taxativo: "para efeito da proteção do Estado, é reconhecida a união estável entre o homem e a mulher como entidade familiar, devendo a lei facilitar sua conversão em casamento". A partir de então, aposentaram-se os termos "concubinato" e "mancebia" e adotou-se a expressão "união estável" usada pelo constituinte.

No entanto, muito faltava ainda a ser discutido. Como o leitor pode perceber, até mesmo o constituinte foi **tímido e infeliz** na redação do dispositivo, primeiramente por especificar que a união deveria ser "entre o homem e a mulher", e, ademais, por ressalvar que a lei deveria "facilitar sua conversão em casamento". Ora, diante dos princípios da **proteção da dignidade da pessoa humana** e da **não discriminação**, que servem de sustentáculo à Constituição, nem se pode deixar de reconhecer a união estável entre pessoas do mesmo sexo, nem colocar o casamento em posição privilegiada no rol das entidades familiares.

Inicialmente, a doutrina e a jurisprudência posteriores a 1988 mantiveram-se firmes na negação tanto do reconhecimento dos direitos dos conviventes em união estável à **sucessão** e a **alimentos**, como da **competência das varas de família** para julgar as ações respectivas.[97]

Mais tarde, em 1994, veio a Lei 8.971 estabelecer, de uma vez por todas, os **direitos dos conviventes à sucessão e aos alimentos**. No entanto, a lei pecou por limitar seu alcance aos companheiros cuja convivência durasse, no mínimo, **cinco anos**, ou da qual houvessem nascido filhos (art. 1º).

Em 1996, então, editou-se a Lei 9.278, cuja ementa assevera: "regula o § 3º do art. 226 da Constituição Federal". Em seis artigos apenas, a lei realmente esclareceu certos pontos, e trouxe alguns avanços. Primeiramente, **deixou de estabelecer prazo mínimo de convivência** para que se configure a união estável (art. 1º). No art. 2º, elencou os chamados "direitos e deveres iguais dos conviventes": **respeito e consideração mútuos; assistência moral e material recíproca; e guarda, sustento e educação dos filhos comuns**. Além disso, estatuiu a presunção de que o

---

[96] RODRIGUES, Silvio. *Direito de família*, cit., p. 252-253.
[97] Um exemplo de resistência na doutrina se encontra na obra de Silvio Rodrigues (*Direito de família*, cit., p. 261-262). Cabe ressaltar, ademais, que Caio Mário resistiu tanto à ideia da união estável que sequer lhe dedicou um capítulo em seu livro, limitando-se a mencionar sua existência em um curto parágrafo em que tratou das inovações constitucionais, e apenas para se posicionar no sentido de que o que o constituinte denominou união estável nada mais era do que o concubinato (*Instituições*, cit., v. V, p. 28). Note a carga depreciativa da afirmação do reconhecido civilista.

patrimônio adquirido onerosamente na constância da união estável o foi em **condomínio** (art. 5º), o que instaurou um verdadeiro **regime de comunhão parcial de bens** na união estável. Por fim, encerrou o debate sobre a competência, fixando a das **varas de família**, para toda a matéria relativa à união estável (art. 9º da Lei).

Posteriormente, em 2002, o novo Código Civil dedicou um título do livro do Direito de Família à união estável. Como o leitor já deve esperar, cuida-se de mais um ponto em que o Código de 2002 deixou a desejar, como veremos adiante neste capítulo.

Finalmente, em 2011, o Supremo Tribunal Federal deu mais um passo na disciplina jurídica da união estável, reconhecendo como tal a **união homoafetiva**, dando à Constituição a interpretação sistemática que lhe é devida: por mais que o art. 226, § 3º se refira à união entre homem e mulher, a própria Constituição funda o Estado na proteção da dignidade da pessoa (art. 1º, III), proíbe a discriminação (art. 3º, IV) e ainda equipara homens e mulheres em direitos e deveres (art. 5º, I).

Em 2020, um novo julgamento marcou a trajetória histórica da união estável no Brasil. Ao julgar o RE 1045273, o STF decidiu ser *impossível* o reconhecimento de **uniões estáveis paralelas**, inclusive para fins previdenciários. Foi fixada a seguinte tese de repercussão geral: "a preexistência de casamento ou de união estável de um dos conviventes, ressalvada a exceção do artigo 1.723, § 1º, do Código Civil, impede o reconhecimento de novo vínculo referente ao mesmo período, inclusive para fins previdenciários, em virtude da consagração do dever de fidelidade e da monogamia pelo ordenamento jurídico-constitucional brasileiro".

1. CARACTERIZAÇÃO DA UNIÃO ESTÁVEL

A tentativa conceitual do que se chama de união estável esbarra em um grave óbice: cuida-se de um vínculo conjugal originalmente **livre**. Se, por um lado, o casamento se dá no plano jurídico – tanto o casamento-ato quanto o casamento-estado são institutos do Direito –, por outro, a união conjugal entre as pessoas, seja estável ou não, era, originalmente, um instituto **fático-social**, cuja existência independia do Direito. Daí que o ordenamento podia determinar o que se devia entender por casamento, mas não o que seria a união livre entre as pessoas. Nas primeiras edições desta obra, afirmávamos que, se coubesse ao Direito tratar da união não decorrente de casamento como trata da que do casamento decorre, seria preferível que se extinguisse a diferença entre o vínculo conjugal oriundo de casamento e os demais.

O que deveria caber ao Direito, tão somente, seria verificar em que situações o Estado deveria interferir na vida de pessoas não casadas para lhes ditar deveres e conceder direitos com o intuito de assegurar sua **dignidade**. E isso fez o constituinte de 1988, que optou por reconhecer como entidade familiar a **união estável**, atribuindo-lhe, por conseguinte, **os direitos e deveres de família**, **patrimoniais** e **não patrimoniais**.

Ficou a cargo do intérprete, então, distinguir a união considerada estável da não estável. Isso foi feito pela doutrina e pelas Leis 8.971/94 e 9.278/96, bem como pelo Código Civil. Lamentavelmente, no entanto, as caracterizações não chegaram a um consenso.

Na doutrina clássica, consideramos emblemático o conceito proposto por SILVIO RODRIGUES: "a união do homem e da mulher, fora do matrimônio, de caráter estável, mais ou menos prolongada, para o fim da satisfação sexual, assistência mútua e dos filhos comuns que implica uma presumida fidelidade da mulher ao homem".[98] É difícil determinar se o que causa mais espanto é a **finalidade de satisfação sexual** ou a **presunção de fidelidade da mulher ao homem**! Ora, por que o Direito deveria se importar com os fins que levam duas pessoas à vida conjugal,

---

[98] RODRIGUES, Silvio. *Direito de família*, cit., p. 249.

além do afeto? Por que essa preocupação com o sexo? Ademais, por que haveria presunção de fidelidade, e, pior, por que apenas da mulher ao homem, sem o "vice-versa"? Obviamente que um grande civilista como SILVIO RODRIGUES somente escreveu uma barbaridade dessas porque sua inteligência se encontrava obscurecida pelos **preconceitos vigentes** em seu tempo. Havia, no entanto, a enorme necessidade de derrubá-los.

Daí o conceito que se depreende do art. 1º da Lei 8.971/94, na tentativa de avançar na disciplina da matéria: *união de pessoas solteiras, separadas judicialmente, divorciadas ou viúvas, que dure mais de cinco anos, ou da qual tenham resultado filhos*.

A Lei 9.278/96, por sua vez, deixou de fazer referência à duração ou à existência de filhos, bem como às pessoas cuja união poderia ser considerada estável (art. 1º). Passou-se a requerer apenas o **objetivo de constituição de família**. Por não se fazer referência a quais pessoas poderiam ser beneficiadas pela lei,[99] as pessoas separadas apenas de fato deixaram de ser excluídas.

O Código Civil de 2002, por fim, conceituou o vínculo não matrimonial reconhecido como entidade familiar como "*a união estável entre o homem e a mulher, configurada na convivência pública, contínua e duradoura e estabelecida com o objetivo de constituição de família*" (art. 1.723).

Como se vê, o conceito ainda não é bom, pois mantém uma carga de preconceito que deixa sem reconhecimento legal as uniões homoafetivas. Esse problema, no entanto, o STF já resolveu.

Impende frisar que o que se verifica nas últimas décadas tem sido uma enorme aproximação e equiparação do casamento e da união estável. Não se pode mais dizer que a união estável é apenas fático-social, nem que se trata da união de pessoas que optaram por viver em família conjugal sem a ingerência do Estado.

Hoje parece não haver dúvida de que o casamento e a união estável são negócios jurídicos distintos, um solene e um não solene, ambos com a finalidade da constituição da família conjugal. O que se tem visto é que as diferenças entre um e outro negócio são justamente as que decorrem da solenidade de um e da informalidade do outro.

Nesse contexto, entendemos que se deve caracterizar a união estável como a **união de pessoas** que atam um vínculo conjugal *no intuito de* **estabelecer uma comunhão de vida**. Dois elementos essenciais, ou pressupostos de existência, compreendem-se nessa noção: um elemento objetivo, a convivência conjugal, e um elemento subjetivo, o ânimo de viver em comunhão, de estabelecer uma sociedade conjugal.

Ainda sobre os pressupostos de existência, vale destacar que, em 2019, a Quarta Turma do STJ deu provimento a um recurso especial em que estes eram discutidos, e afirmou que "apesar de não haver previsão de um prazo mínimo, exige a norma [do art. 1.723] que a convivência seja duradoura, em período suficiente a demonstrar a intenção de constituir família, permitindo que se dividam alegrias e tristezas, que se compartilhem dificuldades e projetos de vida, sendo necessário um tempo razoável de relacionamento".[100] Nesse sentido, o Tribunal reformou a decisão recorrida, que havia reconhecido a caracterização de união estável em um relacionamento que durara aproximadamente dois meses e que fora interrompido pelo falecimento de um dos conviventes.

Da nossa parte, discordamos do posicionamento firmado, por considerarmos que o tempo de duração do relacionamento constitui **elemento acidental** do relacionamento, não **elemento essencial**. Vale lembrar que os elementos essenciais, e não os acidentais, é que interferem na existência do ato jurídico. Os elementos acidentais interferem no plano da eficácia.

---

[99] O texto menciona apenas "homem" e "mulher", sem mais caracterizações.
[100] STJ, REsp 1.761.887/MS, 4ª Turma, relator: Min. Luis Felipe Salomão, data do julgamento: 6/8/2019, data da publicação: 24/9/2019.

Por fim, é importante destacar que o Código Civil admite a constituição de união estável mesmo antes do divórcio, desde que a pessoa esteja separada de fato ou judicialmente (art. 1.723, § 1º, parte final). Não obstante, ainda que reúna as características da união estável, não é reconhecido como tal o relacionamento com terceiro por pessoa casada, na constância do casamento. Neste caso, conforme o art. 1.727 do Código, configura-se **concubinato**.

Acesse o QR Code e assista aos vídeos:
Conversas sobre Direito Civil (10): união estável à luz da teoria do fato jurídico

Debates sobre Planejamento Patrimonial (2): contrato de namoro

> https://uqr.to/r1sm

1.1 União estável e namoro qualificado

São recorrentes as tentativas da doutrina e da jurisprudência em conceituar as uniões estáveis e, especialmente, em diferenciá-las de outras formas de relacionamento, como o namoro duradouro ("namoro qualificado").

Conforme visto no tópico anterior, por se tratar de um vínculo conjugal livre, a caracterização da união estável pode variar conforme o caso concreto. Se, por um lado, o casamento se dá necessariamente no plano jurídico, por outro, a união entre pessoas, estável ou não, é um instituto fático-social. Daí que o ordenamento pode determinar o que se deve entender por casamento, mas não o que seja a união livre entre pessoas.

Todas as expressões do art. 1.723 do CC – convivência pública, contínua e duradoura – são abertas e genéricas, demandando análise caso a caso. Existem julgados, por exemplo, que consideram desnecessária a existência de prole comum, de coabitação ou de prazo mínimo para o reconhecimento, porque, nos casos concretos, outras circunstâncias foram capazes de demonstrar a necessidade de tutela da união como entidade familiar.

Não há, atualmente, requisito temporal para a configuração da união estável. Contudo, é claro que o tempo é um dos fatores que deve ser analisado pelo julgador, mas como um elemento acidental. Um relacionamento de poucas semanas, ainda que existente o elemento subjetivo – desejo de constituição de família – não revela a continuidade exigida pelo art. 1.723 do Código Civil.

A configuração da união estável dependerá da análise do caso concreto. Há situações, por exemplo, em que a união nada mais é do que um "namoro qualificado", ou seja, um relacionamento de longo tempo, com a intenção futura de constituir família, mas **sem prova atual da *affectio maritalis***. Assim, a proclamação, para o futuro, da intenção de constituir família não serve para a configuração da união estável.

Imagine, por exemplo, um relacionamento que perdura por dez anos. Os parceiros se apresentam como namorados e assim são reconhecidos socialmente. Viajam juntos, dividem parte dos gastos e planejam morar juntos, assim que adquirirem estabilidade financeira. Nesse exemplo, embora existam planos para o futuro, não há, no presente, demonstração de uma família constituída. Dessa forma, podemos concluir que o lapso temporal nem sempre será um fator definitivo para a definição da espécie de relacionamento vivida entre o casal.

A propósito, veja como o aspecto temporal foi insuficiente para permitir o reconhecimento e a declaração judicial a respeito da existência de união estável no caso a seguir, julgado pelo Tribunal de Justiça do Distrito Federal:

Para o reconhecimento da união estável é necessário o preenchimento dos requisitos do art. 1.723 do Código Civil, especialmente o estabelecimento da convivência com o objetivo de constituir família. 2. **No caso dos autos, a apelante não logrou êxito em comprovar que ela e o falecido mantiveram união estável durante o período alegado, ainda mais pelo fato de que não havia compartilhamento de recursos, moradia conjunta ou outro fato, além das viagens juntos, a comprovar o *animus maritalis*, essencial à configuração do instituto da união estável**. 3. No caso, restou configurada apenas uma relação de namoro qualificado, que se distingue da união estável exatamente pelo fato de que no namoro qualificado há o objetivo futuro de constituição de entidade familiar, ao passo que na união estável a instituição familiar já está estabelecida e os conviventes possuem o chamado *animus maritalis*. 4. **A autora e o falecido não tinham conta conjunta, transferências de valores, um não figurava como dependente do outro para fins de imposto de renda, tampouco em convênio médico, bem como não moravam juntos, mesmo com o alto custo de vida de Brasília, além de o falecido padecer de doença grave e necessitar de cuidados diários. A autora não comprovou quaisquer elementos que indicassem a constituição de família, apesar de o relacionamento entre eles ter durado 8 (oito) anos.** 5. A prova testemunhal deixa entrever que existia uma *pretensão futura* por parte do falecido de estabelecer união estável, que foi manifestada bem antes de o falecido padecer da doença que lhe retirou a vida. Todavia, **tal fato não foi concretizado, caracterizando a relação de namoro qualificado entre as partes** (TJDFT, Apelação Cível 0008530-80.2017.8.07.0016, data da publicação: 28/6/2019).

A coabitação, por sua vez, também não é pressuposto diferenciador absoluto entre os institutos, especialmente quando inexistente a vontade ou o compromisso pessoal e mútuo de constituir família. Como exemplo podemos citar um caso submetido a julgamento pelo STJ[101], em que se reconheceu a existência de mero namoro qualificado entre casal que morava, na mesma residência, no exterior.

Outro exemplo, igualmente julgado pelo STJ, reconheceu que, apesar da coabitação, esta não se deu por prazo suficiente para configurar a estabilidade, no sentido material e imaterial, exigida por lei. No caso concreto, um casal manteve um relacionamento por dois meses e coabitação por duas semanas. O Ministro relator ponderou que os requisitos essenciais para a configuração da união estável – estabilidade, publicidade (*modus vivendi*), continuidade, e objetivo de constituição de família – deveriam ser concomitantes[102], sob pena de não ser conhecido o elo efetivo entre os conviventes.

Os ensinamentos de Zeno Veloso contribuem para a diferenciação entre a união estável e o namoro:

> Nem sempre é fácil distinguir essa situação – a união estável – de outra, o namoro, que também se apresenta informalmente no meio social. Numa feição moderna, aberta, liberal, especialmente se entre pessoas adultas, maduras, que já vêm de relacionamentos anteriores (alguns bem-sucedidos, outros nem tanto), eventualmente com filhos dessas uniões pretéritas, o namoro implica, igualmente, convivência íntima – inclusive, sexual –, os namorados coabitam, frequentam as respectivas casas, comparecem a eventos sociais, viajam juntos, demonstram para os de seu meio social ou profissional que entre os dois há uma afetividade,

---

[101] Fonte: <https://www.stj.jus.br/sites/portalp/Paginas/Comunicacao/Noticias-antigas/2015/2015-03-12_14-23_Convivencia-com-expectativa-de-formar-familia-no-futuro-nao-configura-uniao-estavel.aspx>.
[102] Fonte: <https://www.stj.jus.br/sites/portalp/Paginas/Comunicacao/Noticias/Coabitacao-por-duas--semanas-nao-significa-estabilidade-capaz-de-caracterizar-uniao-estavel.aspx>.

um relacionamento amoroso. E quanto a esses aspectos, ou elementos externos, objetivos, a situação pode se assemelhar – e muito – a uma união estável. Parece, mas não é! Pois falta um elemento imprescindível da entidade familiar, o elemento interior, anímico, subjetivo: ainda que o relacionamento seja prolongado, consolidado, e por isso tem sido chamado de "namoro qualificado", os namorados, por mais profundo que seja o envolvimento deles, não desejam e não querem – ou ainda não querem – constituir uma família, estabelecer uma entidade familiar, conviver numa comunhão de vida, no nível do que os antigos chamavam de *affectio maritalis*. Ao contrário da união estável, tratando-se de namoro – mesmo do tal namoro qualificado –, não há direitos e deveres jurídicos, mormente de ordem patrimonial entre os namorados. Não há, então, que falar-se de regime de bens, alimentos, pensão, partilhas, direitos sucessórios, por exemplo[103].

O Superior Tribunal de Justiça, ao reconhecer a existência de "namoro qualificado", alerta que a diferença principal entre este e a união estável reside na **abrangência**. A estabilidade na união deve se afigurar presente durante toda a convivência, a partir do efetivo compartilhamento de vidas, com irrestrito apoio moral e material entre os companheiros. Quer dizer: a família deve, de fato, restar constituída (STJ, Resp 1.454.643/RJ, relator: Min. Marco Aurelio Bellizze, data do julgamento: 3/3/2015). No namoro, as eventuais projeções para o futuro não estão aptas a permitir a configuração de um instituto que, por suas próprias características, gera direitos e deveres jurídicos de suma importância, tanto quanto aqueles decorrentes do casamento.

Devemos prestar atenção aos detalhes da relação. Somente o caso concreto nos permitirá ponderar se existe prova fática, real e concreta do propósito de constituir família durante a convivência. Testemunhas, correspondências e documentos que evidenciem a participação do casal na compra de bens são algumas das possíveis provas que podem evidenciar o efetivo compartilhamento de vidas em comum.

2. DISCIPLINA DA UNIÃO ESTÁVEL

Primeiramente, cabe ressaltar que a união estável não é um instituto jurídico e, por essa razão, deve permanecer **minimamente regulada pela lei**, que deve agir apenas para garantir a dignidade dos conviventes. Como se tem visto, quanto mais se tenta regular a união estável, mais se a equipara ao casamento, o que não é desejável. Casam-se as pessoas que optam pelo casamento, ou seja, que aceitam viver sob uma união regulamentada pelo Direito. Por sua vez, as pessoas que optam por **não se casar** devem ter sua **liberdade** respeitada.

Feita essa consideração inicial, passemos à disciplina atual da união estável pela lei.

Primeiramente, deve-se comentar o fato de que o Código Civil de 2002 cuidou de descaracterizar a união estável entre as pessoas impedidas de casar em razão de **impedimento dirimente público** – segundo o rol do art. 1.521[104] (art. 1.723, § 1º). A tentativa foi no sentido de não conceder direitos a pessoas cujos vínculos conjugais são culturalmente reprovados, como nos casos de incesto e de adultério. Quanto a este, aliás, o art. 1.727 do Código cuidou de asseverar que enseja **concubinato**, e não união estável, dando a entender que o concubinato seria uma outra forma de união não matrimonial, da qual o Código não cuidou.

---

[103] VELOSO, Zeno. Direito Civil: temas. Belém: ANOREG-PA, 2018. p. 313. Disponível em: <https://www.ibdfam.org.br/artigos/1265/Uniao+estavel+e+namoro+qualificado>.

[104] Segundo o § 2º do art. 1.723, não impedem a caracterização da união estável as causas suspensivas do casamento – impedimentos meramente impedientes – previstas no art. 1.523 do Código.

Ocorre que, como salienta MARIA BERENICE DIAS, o Estado não tem meios de impedir a união das pessoas impedidas de casar.[105] Conforme asseverado, o casamento se dá no plano jurídico, enquanto a união estável manifesta-se no plano fático-social.

Fica, então, a pergunta: estariam as pessoas impedidas de casar que vivem em união estável **excluídas da tutela jurídica?**

Ora, tal postura era possível quando da elaboração do Código de 1916, vez que a ordem constitucional, à época, permitia que o Direito ignorasse a existência de certas pessoas – como os "concubinos" e os "filhos ilegítimos". Todavia, no Estado fundado pela Constituição de 1988, não há mais espaço para deixar quem quer que seja ao **desamparo**. Daí a necessidade de debate doutrinário acerca da tutela jurídica da união estável das pessoas impedidas de casar, as quais o Direito não tem como simplesmente fingir que não existem.

Todavia, impende destacar que, ao contrário, o Código reconhece como união estável o relacionamento da pessoa casada com terceira pessoa **após a separação judicial ou de fato**, com o que se extingue a sociedade conjugal com o cônjuge. Quer dizer, pode Caio, mesmo ainda casado com Helena, constituir união estável com Maria, desde que esteja separado judicialmente ou de fato de Helena.

Com relação aos direitos e deveres dos conviventes, o Código de 2002 assevera que são o de **lealdade, respeito e assistência**, e **guarda, sustento e educação dos filhos** (art. 1.724). Apesar da crítica doutrinária à referência à lealdade e não à fidelidade,[106] entendemos que o Código, aqui, andou bem.[107] Fidelidade é um dever imposto aos cônjuges, que optaram por se casar. As pessoas que optaram por manter um relacionamento livre devem ser fiéis se optarem por sê-lo, e não por imposição jurídica, o que violaria o **princípio da liberdade**. Por sua vez, a lealdade é um dever que se impõe em razão do vínculo afetivo, ou seja, decorre da própria **constituição da entidade familiar**, assim como o respeito e a assistência mútua. Já a guarda, sustento e educação dos filhos configuram um dever decorrente do vínculo de filiação, vivam os pais em união estável ou não.

Quanto à questão patrimonial, o art. 1.725 do Código Civil optou por simplificá-la com relação à disciplina anterior, no art. 5º da Lei 9.278, estatuindo expressamente que se aplica à união estável, no que for cabível, o **regime da comunhão parcial de bens**. Não se deve esquecer, no entanto, que a união estável é **livre**. Destarte, podem os conviventes determinar, quanto a seus bens, **o que lhes aprouver**, inclusive a inaplicabilidade do regime de comunhão parcial.

Na prática, o que tem ocorrido é a celebração de um **contrato de convivência**, como ficou denominado o pacto em que os companheiros traçam diretrizes de sua relação conjugal, além de fazer disposições patrimoniais e não patrimoniais.

No que toca à conversão em casamento, o art. 1.726 do Código determina que se dê mediante **pedido dos companheiros ao juiz** e **assento no Registro Civil**, dificultando o procedimento previsto pela Lei 9.278/96, a qual permitia que o pedido fosse feito diretamente ao oficial do registro.

Outros direitos decorrentes da união estável, como, por exemplo, o direito a alimentos, e os direitos sucessórios, examinaremos nos momentos oportunos. Por ora, vale adiantar, quanto aos alimentos, que há obrigação alimentar se um dos ex-companheiros deles tiver necessidade,

---

[105] DIAS, Maria Berenice. *Manual de direito das famílias*, cit., p. 176.
[106] DIAS, Maria Berenice. *Manual de direito das famílias*, cit., p. 178.
[107] Na técnica jurídica, deve-se entender por "fidelidade" o dever de não trair o par, imposto pelo **princípio da monogamia**. Já "lealdade" se refere ao dever de conduta ética imposto pelo **princípio da afetividade**.

e o outro ex-companheiro tiver possibilidade de prestá-los. Quanto aos direitos sucessórios, vale adiantar que o companheiro é herdeiro legítimo, e que, segundo o entendimento firmado pelo STF, à sua sucessão se aplicam as mesmas regras que disciplinam a sucessão do cônjuge.

Quanto à guarda dos filhos por ocasião da dissolução da união estável, remetemos o leitor à seção respectiva, no Capítulo 5 – Parentesco.

2.1 Particularidades sobre as questões patrimoniais que envolvem a união estável

Vimos que a união estável acarreta diversas consequências pessoais para os companheiros, como a observância recíproca aos deveres de respeito, lealdade e assistência, além da responsabilidade pela guarda e educação dos filhos. Semelhante ao casamento, os companheiros também podem alterar o nome civil, acrescendo a este o patronímico do(a) companheiro(a).

Há, ainda, consequências econômicas vinculadas ao instituto. A primeira delas refere-se ao regime de bens e ao direito à meação[108]. Quando não houver estipulação de um acordo em relação ao patrimônio, aplicar-se-ão as regras da comunhão parcial de bens aos companheiros. Em resumo, durante a constância da união estável, há comunicação dos bens adquiridos, independentemente da prova do esforço comum, pois este é considerado presumido[109].

A presunção de colaboração – que não precisa ser necessariamente material – cessa em alguns casos, por exemplo: quando os companheiros dispõem por meio de contrato em sentido contrário ou quando a aquisição dos bens ocorreu em razão da sub-rogação de bens anteriores (ex.: a companheira recebe de herança determinada quantia antes de iniciar a união. Entretanto, é durante a convivência que ela adquire um imóvel com o valor recebido) ou após a separação de fato dos companheiros.

O contrato de convivência, que pode excepcionar o regime da comunhão parcial de bens, não é dotado de qualquer formalidade. Não se exige, por exemplo, que seja formalizado por escritura pública nem submetido a registro. A única exigência é que seja feito por escrito e que os companheiros observem os direitos e garantias estabelecidos por lei (normas de ordem pública), como o direito real de habitação[110], que não pode ser suprimido, assim como os demais requisitos de validade do negócio jurídico (art. 104 do CC/2002). Nesse sentido decidiu o STJ:

[...] 1. O texto de Lei que regula a possibilidade de contrato de convivência, quando aponta para ressalva de que contrato escrito pode ser entabulado entre os futuros conviventes para

---

[108] A título de lembrete, não podemos confundir meação com herança. A meação é instituto do direito de família, decorrente do regime de bens do casamento, ao passo que a herança é direito sucessório, e não da morte. Veja a diferença na jurisprudência: "A viúva meeira que não ostente a condição de herdeira é parte ilegítima para figurar no polo passivo de ação de petição de herança na qual não tenha sido questionada a meação, ainda que os bens integrantes de sua fração se encontrem em condomínio 'pro indiviso' com os bens pertencentes ao quinhão hereditário" (STJ, 4ª Turma, REsp 1.500.756-GO, relator: Min. Maria Isabel Gallotti, data do julgamento: 23/2/2016).

[109] Nesse sentido é o Enunciado 115 da Jornada de Direito Civil do CJF.

[110] Destaca-se que, da mesma forma que os cônjuges, os companheiros possuem direito real de habilitação. Nesse sentido o Enunciado 117 do CJF: "O direito real de habitação deve ser estendido ao companheiro, seja por não ter sido revogada a previsão da Lei 9.278, seja em razão da interpretação analógica do artigo 1.831, informado pelo artigo 6º, *caput*, da Constituição de 88". No mesmo sentido: STJ, 4ª Turma, REsp 1.249.227-SC, relator: Min. Luis Felipe Salomão, data do julgamento: 17/12/2013 (Info 533).

regular as relações patrimoniais, fixou uma dilatada liberdade às partes para disporem sobre seu patrimônio. 2. A liberdade outorgada aos conviventes deve se pautar, como outra qualquer, apenas nos requisitos de validade de um negócio jurídico, regulados pelo art. 104 do Código Civil. 3. Em que pese a válida preocupação de se acautelar, via escritura pública, tanto a própria manifestação de vontade dos conviventes quanto possíveis interesses de terceiros, é certo que o julgador não pode criar condições onde a lei estabeleceu o singelo rito do contrato escrito. 4. *Assim, o pacto de convivência formulado em particular, pelo casal, na qual se opta pela adoção da regulação patrimonial da futura relação como símil ao regime de comunhão universal, é válido, desde que escrito.* [...] (STJ, 3ª Turma, REsp 1459597/SC, relatora: Min. Nancy Andrighi, data do julgamento: 1/12/2016).

Vale ressaltar que o CNJ, em 2014, editou o Provimento 37 para dispor sobre o registro da união estável. A normativa deixa claro que não é obrigatório o registro do contrato de convivência nem a sua celebração por escritura pública.

Em relação ao regime de bens, esse contrato não produz efeitos retroativos, exceto se os conviventes obtiverem autorização judicial expressa a esse respeito (STJ, AREsp 1.631.112/MT, data do julgamento: 26/10/2021). Em suma, não é lícito aos conviventes atribuírem efeitos retroativos ao contrato de união estável, a fim de eleger o regime de bens aplicável ao período de convivência anterior à sua assinatura. Essa regra deriva da aplicação do art. 1.639, § 1º, do CC, que afirma que o regime de bens, em relação ao casamento, tem validade a partir da celebração. Portanto, o mesmo deve ocorrer em relação ao contrato de convivência.

Outros efeitos patrimoniais da união estável dignos de nota são: a fixação de alimentos, o direito aos benefícios previdenciários e a possibilidade de dependência para efeitos tributários.

Tal como no casamento, os companheiros possuem o dever de assistência (art. 1.724 do CC/2002). Justamente por isso, se demonstrada a necessidade de um deles – e a possibilidade do outro –, pode ser fixada pensão em percentual necessário à sobrevivência, em caso de dissolução.

Segundo entendimento consolidado na jurisprudência, os alimentos entre ex-companheiros possuem, como regra, caráter transitório. Ou seja, eles são fixados por um prazo determinado, após o qual cessa a obrigação de alimentar. Será cabível a pensão por prazo indeterminado somente quando o alimentado (ex-companheiro credor) se encontrar em circunstâncias excepcionais, como de incapacidade laboral permanente, saúde fragilizada ou impossibilidade prática de inserção no mercado de trabalho (STJ, 3ª Turma, REsp 1.496.948-SP, relator: Min. Moura Ribeiro, data do julgamento: 3/3/2015).

Em idêntica situação ao cônjuge, os benefícios previdenciários também são destinados ao companheiro ou à companheira. Conforme o art. 16, I, da Lei 8.213, de 24 de julho de 1991, são beneficiários do Regime Geral de Previdência Social, na condição de dependentes do segurado: "o cônjuge, a companheira, o companheiro e o filho não emancipado, de qualquer condição, menor de 21 (vinte e um) anos ou inválido ou que tenha deficiência intelectual ou mental ou deficiência grave". A mesma lei considera como companheiro ou companheira a pessoa que, sem ser casada, mantém união estável com o segurado ou com a segurada, de acordo com o § 3º do art. 226 da Constituição Federal. A dependência econômica, nesse caso, é presumida, e a prova da união estável deve ser produzida em período não superior a 24 (vinte e quatro) meses anterior à data do óbito, não sendo admitida a prova exclusivamente testemunhal, exceto na ocorrência de motivo de força maior ou caso fortuito (§ 5º).

Por fim, em relação ao aspecto tributário, o art. 5º do Decreto 9.580/2018, que regulamenta a tributação, a fiscalização, a arrecadação e a administração do Imposto sobre a Renda e Proventos de Qualquer Natureza, considera como dependente o cônjuge ou companheiro, "desde que haja vida em comum por mais de cinco anos ou por período menor se da união resultou filho". Apesar da existência dessa condicionante (tempo ou prole comum), a jurisprudência[111] vem entendendo que não há como subsistir a norma tributária, pois já se extirpou, do ordenamento jurídico, o prazo de convivência ou a existência de prole para configuração da união estável. Dessa forma, se configurados os requisitos do art. 1.723 do Código Civil, a dependência econômica pode ser sustentada para fins tributários.

3. RECONHECIMENTO E DISSOLUÇÃO DE UNIÃO ESTÁVEL

A união estável também pode ser reconhecida judicialmente, por meio de ação de reconhecimento de união estável, que deve observar as regras dos procedimentos destinados às ações de família, com previsão nos arts. 693 a 699 do CPC/2015, caso haja litígio entre os companheiros. As peculiaridades desse procedimento já foram tratadas no item 11.1.1.

Se houver consenso, o procedimento será de jurisdição voluntária (art. 731 do CPC/2015). Nada impede que o reconhecimento seja realizado concomitante com a dissolução ou que ocorra após a morte de um dos companheiros. Nesse caso, até que haja partilha dos bens, será o espólio o legitimado para integrar o polo passivo da ação, sendo facultado aos herdeiros ingressar no processo, como litisconsortes. Nesse sentido: STJ, REsp 1.080.614/SP, relatora: Min. Nancy Andrighi, data do julgamento: 21/9/2009.

A via extrajudicial também é possível, desde que preenchidos os mesmos pressupostos para o divórcio realizado na via administrativa. O instrumento pelo qual os interessados manifestarão o livre acordo em pôr fim ao casamento ou à união estável é a escritura pública. Assim, deve-se atentar para os requisitos insculpidos no art. 215 do Código Civil.

A escritura pública deverá conter a data e o local da realização do ato; o reconhecimento da identidade e capacidade das partes; o nome, a nacionalidade, o estado civil, a profissão e o domicílio delas; a indicação do regime de bens; a manifestação livre de vontade das partes; a declaração de que o seu teor foi lido na presença das partes e de que todos os comparecentes a leram; a assinatura das partes e demais comparecentes, bem como a do tabelião.

A escritura pode ser lavrada em qualquer local, pois não se aplicam as regras de competência previstas no art. 53 do CPC. Assim, podem os cônjuges ou companheiros escolher livremente o tabelião de notas (art. 1º, Res. 35/2007). Ademais, caso comprovem que são hipossuficientes para arcar com as despesas cartorárias, poderão requerer a gratuidade, mediante apresentação de declaração de hipossuficiência, ainda que haja assistência por advogado particular (arts. 6º e 7º da Res. 35/2007).

Outro ponto importante que diferencia esse procedimento das demandas judiciais é a inexistência de sigilo. De acordo com o art. 42 da mencionada Resolução do CNJ, "não há sigilo nas escrituras públicas de separação e divórcio consensuais". Os procedimentos judiciais que versam sobre casamento, separação, divórcio, união estável, filiação, alimentos e guarda tramitam em segredo de justiça, independentemente de decisão judicial, haja vista a presunção absoluta da necessidade de preservação da intimidade. Para o procedimento extrajudicial, essa restrição não é exigida.

---

[111] Por exemplo: TJDFT, Acórdão 1258726, data da publicação: 8/7/2020.

Quadro Esquemático 4

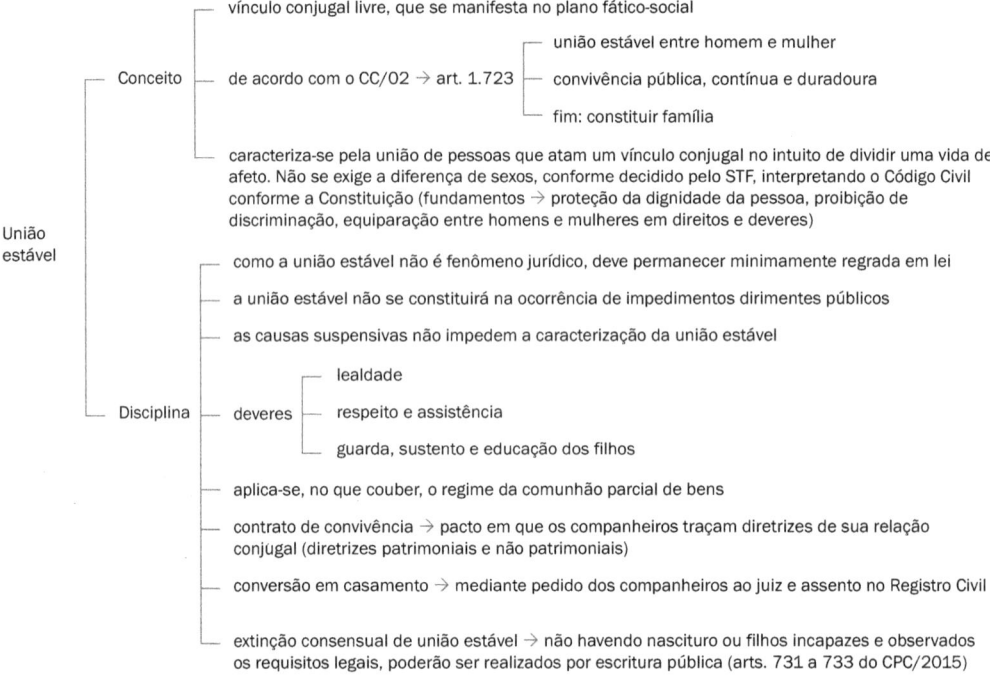

Parentesco
(arts. 1.591 a 1.638 e 1.689 a 1.693)

Parentesco é um **vínculo** que une pessoas. No Direito atual, não constitui tarefa fácil tentar completar o conceito. Tradicionalmente, definia-se parentesco como o vínculo que une pessoas de um mesmo tronco ancestral, como pais, filhos, irmãos, tios etc. Faltava na ideia a questão do parentesco por afinidade, que une pessoas de troncos diferentes em razão do casamento ou da união estável: os sogros, genros, cunhados etc. Ademais, ante as mudanças sofridas no instituto da família, surgiram as pessoas que entre si não têm relação de ancestralidade, mas sim de socioafetividade, como ocorre com os pais e filhos adotivos.

Talvez seja possível conceituar parentesco como um **vínculo** *que une pessoas em uma mesma estrutura familiar, seja em razão de* **ancestralidade**, *de* **socioafetividade** *ou de* **casamento ou união estável**. Mas o melhor, afinal, seria dar novo conteúdo às ideias de "ancestralidade", "ascendência" e "descendência", que têm um fundo **biológico**, para nelas incluir a socioafetividade, de modo que, no Direito, os vocábulos **ancestrais, ascendentes** e **descendentes** se referissem tanto aos indivíduos que ocupam tais posições na estrutura familiar por **consanguinidade** quanto por **socioafetividade**.

O parentesco se diz **natural** quando o vínculo tem origem **biológica** ou **consanguínea**, e **civil** quando se origina de outra causa (art. 1.593 do Código), que pode ser o **casamento** ou a **união estável** (art. 1.595) ou uma **relação socioafetiva** (art. 1.596, primeira parte). Ou seja, parentes naturais são os que nascem parentes, vez que compartilham elementos genéticos, enquanto parentes civis são os que se tornam parentes pelo casamento ou pela união estável – chamados de **parentes por afinidade** – e os que se tornam parentes por desenvolver uma relação socioafetiva, como ocorre com a **adoção**.

Aqui, cabe lembrar ao leitor que a Constituição proíbe a discriminação entre os filhos (art. 227, § 6º), norma repetida pela segunda parte do art. 1.596 do Código, razão pela qual não se pode usar a classificação doutrinária quanto à origem do vínculo de parentesco como forma de distinguir axiologicamente "filhos naturais ou biológicos" de "filhos civis ou adotivos".

Com relação ao **parentesco por afinidade**, cumpre destacar que se limita aos ascendentes, descendentes e irmãos do cônjuge ou companheiro (art. 1.595, § 1º) e, na linha reta, não se extingue com a **dissolução** do casamento ou da união estável (art. 1.595, § 2º).

Fala-se em parentesco **em linha reta** com relação à posição vertical da estrutura familiar. Classicamente, usam-se as noções de **ascendência** e **descendência** para caracterizar a linha reta (art. 1.591), sendo necessário considerarem-se também a ascendência e a descendência **socioafetiva**. Impende ressaltar que o parentesco na linha reta é **infinito**, ou seja, mesmo os ancestrais muito remotos continuam sempre sendo parentes.

O parentesco se dá **em linha colateral** com relação às posições horizontais e transversais da estrutura familiar, em consideração a um ancestral comum. No Direito brasileiro atual, para fins jurídicos somente se considera o parentesco em linha colateral até o **quarto grau**.

Os graus são contados, na linha reta, **um por geração** (art. 1.594, primeira parte); na linha colateral, deve-se percorrer o caminho entre os parentes que estão sendo examinados, passando sempre pelo **ancestral comum**, e contando **um grau a cada indivíduo** (art. 1.594, segunda parte). Ou seja, na linha reta, o pai é parente de primeiro grau do filho, e o avô de segundo grau do neto, o bisavô de terceiro grau do bisneto etc. Na linha colateral, entre os irmãos A e B, devem-se contar um grau de A ao pai (ou à mãe), e mais um grau do pai (ou da mãe) até B; logo, os irmãos são parentes de segundo grau. Entre os primos C e D, devem-se contar um grau até o pai (ou mãe) de C, mais um grau até o avô (ou avó) de C (ancestral comum), descer mais um grau até o pai (ou mãe) de D, e mais um até D; logo, primos são parentes de quarto grau.

Nos esquemas a seguir, ilustramos a estrutura familiar do indivíduo A, bem como as contagens de grau, nas linhas reta e colateral.

ESTRUTURA FAMILIAR DE A

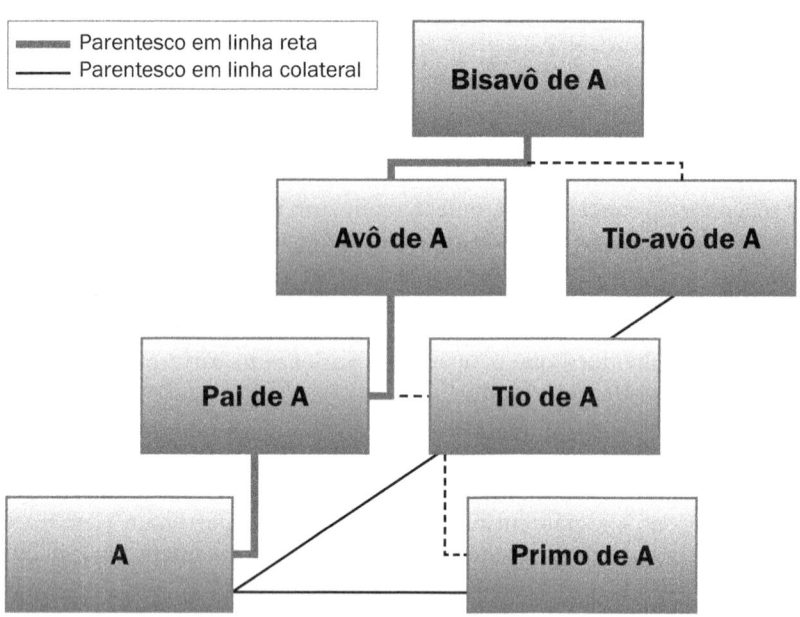

CONTAGEM DE GRAU EM LINHA RETA

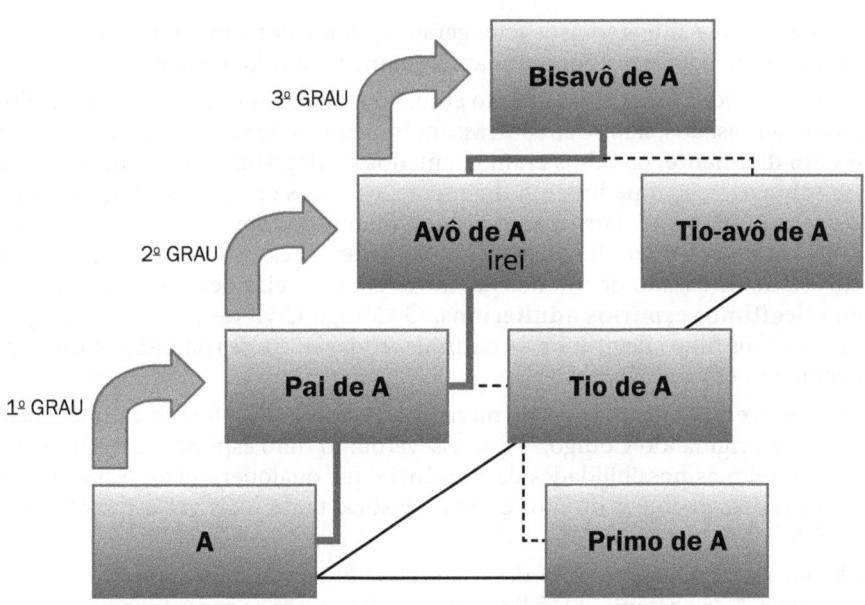

CONTAGEM DE GRAU EM LINHA COLATERAL

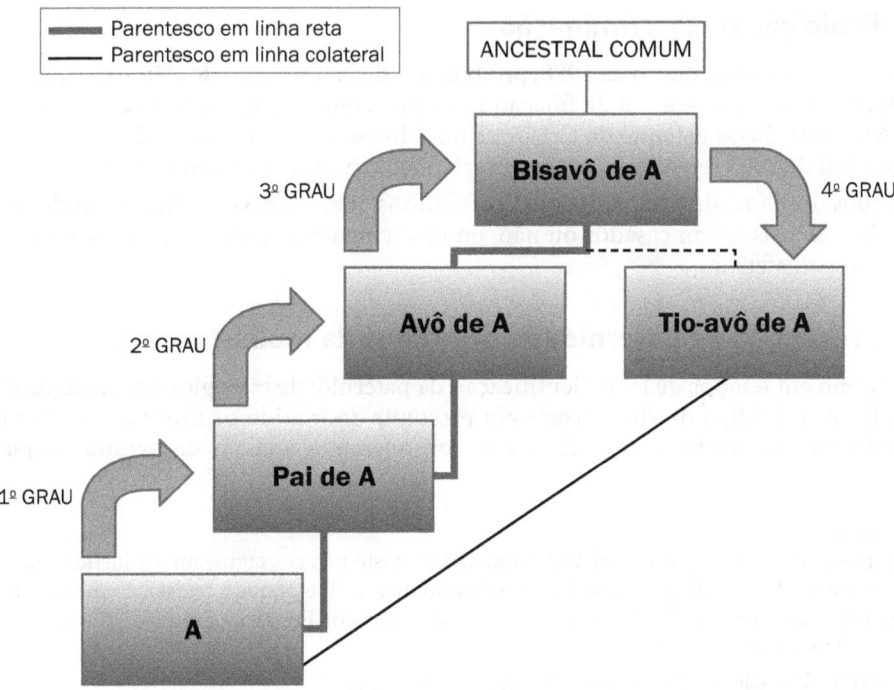

1. FILIAÇÃO

1.1 Histórico da disciplina da filiação

O tema da **filiação**, no Direito de Família, sofreu profundas transformações nos últimos anos.

Tradicionalmente, filhos eram os seres gerados por um homem e uma mulher validamente casados, e que, junto com estes, compunham a chamada **família legítima**.

Os filhos nascidos fora do casamento eram considerados **ilegítimos** (**bastardos**). Se os pais, embora não casados, não se encontrassem impedidos de se casar, ante a inexistência de **impedimento dirimente**, os filhos eram chamados de **ilegítimos naturais**. Por outro lado, se recaísse sobre os pais impedimento dirimente, os filhos eram ditos **ilegítimos espúrios**, nascidos do "coito danado". Por fim, se o impedimento se devesse ao parentesco entre os pais, os filhos eram considerados **ilegítimos espúrios incestuosos**, e, se o impedimento se devesse ao estado de casado de um dos genitores com terceira pessoa, então os filhos eram tidos como **ilegítimos espúrios adulterinos**. O Código Civil de 1916 aceitava que os pais "reconhecessem" os filhos ilegítimos, se naturais. Todavia, em se tratando de filhos espúrios, o reconhecimento era vedado.

Tal norma já era combatida mesmo na virada do século XX, e foi criticada até mesmo pelo autor do projeto original do Código,[112] que asseverou: "o filho espúrio, como indivíduo, deve ter o mesmo direito às possibilidades da existência que qualquer outro; fechar-lhe as portas da sociedade, restringir-lhe os direitos é uma injustiça, tanto mais grave quanto ele nada fez para merecê-la".[113]

Ao longo do século XX, muito da visão discriminatória da filiação foi sendo pouco a pouco derrubado. Não obstante, o Código Civil de 2002 ainda se encontra preso a certas ideias insculpidas no Código anterior – aliás, vários artigos foram simplesmente **transcritos** da lei anterior para a atual –, razão pela qual a matéria da filiação merece reforma legislativa.

1.2 Proibição da discriminação

A partir da Constituição de 1988, proibiu-se a **discriminação dos filhos**, o que implicou o desaparecimento das noções de filiação ilegítima, com suas respectivas classificações (art. 227, § 6º). O art. 20 do Estatuto da Criança e do Adolescente – Lei 8.069/90 –, e o art. 1.596 do Código Civil de 2002 repetiram (desnecessariamente) a norma constitucional.

Todos os filhos, simplesmente por serem **filhos**, têm os mesmos direitos, independentemente de seus pais serem casados ou não, ou de o vínculo de parentesco ter origem consanguínea ou socioafetiva.

1.3 Presunção de paternidade dos filhos da mulher casada

Mesmo em tempos de fácil identificação da paternidade biológica por meio de um **exame de DNA**, o Código de 2002 insiste em presumir do marido os filhos da mulher casada, repetindo vetustas normas do Código anterior, referentes à chamada **presunção** *pater est*.

---

[112] BEVILÁQUA pontuou que "o projeto primitivo e o revisto não consagravam a injustiça, que se introduziu no Código Civil, colocando-o em situação menos liberal que a legislação filipina. Devemos esse regresso da lei civil à influência reacionária de ANDRADE FIGUEIRA e outros" (*Código comentado*, cit., v. II, p. 256.)

[113] BEVILÁQUA, Clóvis. *Código comentado*, cit., v. II, p. 256.

Não há justificativa para a presunção, vez que, se o marido se julgar pai, registrará a criança independentemente do que presume a lei, e, se tiver motivos para duvidar da condição de pai, negar-se-á a fazê-lo. Se houver controvérsia, o melhor caminho será a ação em que se examinará a paternidade, cuja prova principal será, em geral, o exame de DNA.

É mais do que hora de o Direito refletir sobre a pergunta: cabe à lei presumir a paternidade? A paternidade se origina de um vínculo consanguíneo ou socioafetivo, ou da opinião do legislador?

Enquanto não houver reforma da matéria no Código Civil, no entanto, será necessário o estudo da **presunção de paternidade**.

O art. 1.597 do Código estabelece as hipóteses em que se presume a paternidade – no texto legal, fala-se em filhos que se presumem "concebidos na constância do casamento".

Antes de estudá-las, no entanto, cumpre destacar que, por um lado, a **prova da impotência do marido**, segundo o art. 1.599, ilide a presunção de paternidade; por outro lado, o **adultério**, ainda que confesso, não basta para afastar a presunção, conforme determina o art. 1.600.

1.3.1 Filhos nascidos após o casamento

A lei presume a paternidade do marido com relação aos filhos nascidos após, no mínimo, **cento e oitenta dias depois de estabelecida a convivência conjugal** (art. 1.597, I). Vez que o comando geral da norma se refere à concepção na constância do casamento, ou se conclui que o legislador acredita que a convivência conjugal – ou seja, a manutenção de relações sexuais do casal – somente se inicia **após o casamento**, ou se admite uma contradição, consistente em presumir a concepção **na constância do casamento** e, ao mesmo tempo, admitir que ela poderia ter ocorrido **antes** dele. Na verdade, ao comentar o dispositivo (idêntico no Código de 1916), BEVILÁQUA já advertira para o fato de que a data do início da convivência conjugal não coincide com a data do casamento, embora tivesse em mente os casos em que a primeira relação sexual não sucede de imediato o casamento-ato, como na hipótese do casamento por mandatário.[114] Ocorre que ela tanto pode não suceder imediatamente à cerimônia do casamento, como pode antecedê-la, o que torna difícil a definição do termo inicial do prazo de cento e oitenta dias. Na verdade, não é baseado na presunção legal que o juiz decidirá eventual lide, mas sim no exame de DNA ou em outras provas que o convencerem.

1.3.2 Filhos nascidos em até trezentos dias após a extinção da sociedade conjugal

Presumem-se também do marido os filhos gerados pela mulher dentro dos **trezentos dias subsequentes à extinção da sociedade conjugal**, ou seja, à morte do marido, à declaração de nulidade ou à anulação do casamento, ao divórcio e à separação judicial (art. 1.597, II).

Pode ser que a mulher, dentro do prazo de trezentos dias a que se refere a hipótese em comento, case novamente. Se isso ocorrer, o filho será presumido do primeiro marido, se nascer em até **trezentos dias da morte dele**, e do segundo, se nascer após esse lapso temporal, desde que após **cento e oitenta dias contados do início na nova convivência conjugal** (art. 1.598 do Código).

---

[114] BEVILÁQUA, Clóvis. *Código comentado*, cit., v. II, p. 235.

Veja-se o seguinte esquema, para aclarar a hipótese:

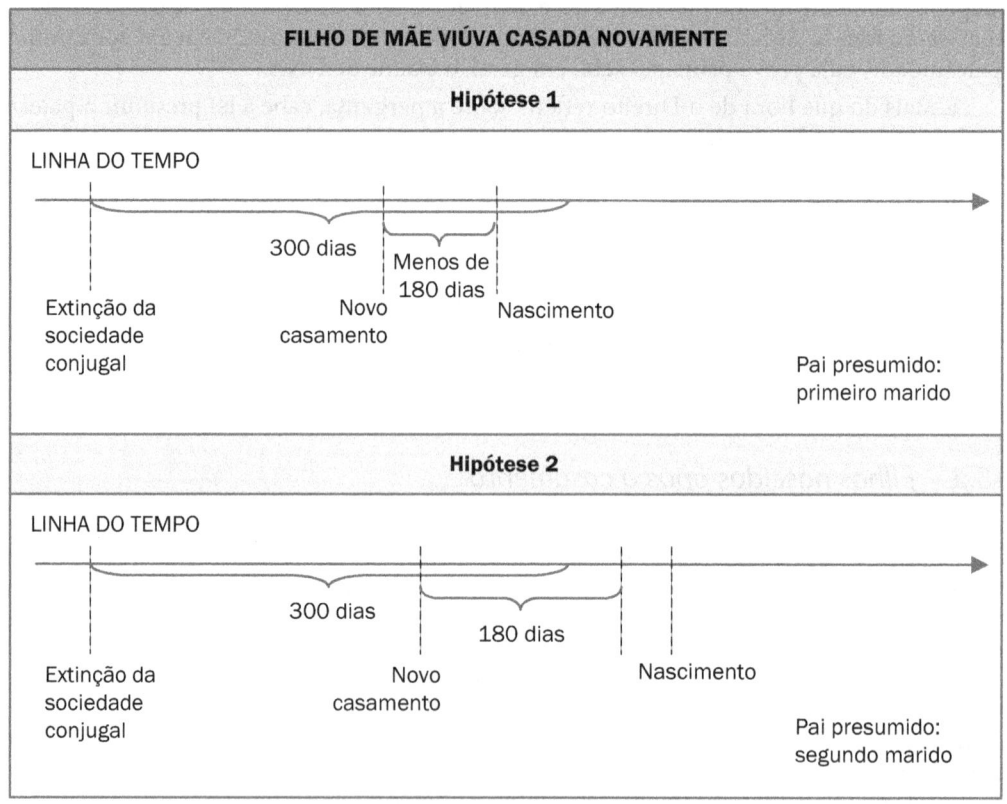

1.3.3 Filhos gerados por fecundação artificial

Na tentativa de inovar, o Código de 2002 incluiu no rol do art. 1.597 os casos de inseminação artificial, e estabeleceu a presunção de paternidade do marido em todos os casos de **fecundação homóloga** da mulher, ainda que morto o cônjuge, e mesmo que tenham sido usados embriões excedentários (art. 1.597, III e IV), bem como nos casos de **inseminação heteróloga**, se o marido a tiver previamente autorizado (art. 1.597, V).

Fala-se em **fecundação artificial homóloga** quando, em laboratório, o espermatozoide do marido é inserido no óvulo da mulher. Para que isso ocorra, são gerados vários embriões (óvulos fecundados). Posteriormente, fazem-se diversas tentativas de inseminação, utilizando alguns dos embriões, e mantendo os demais guardados. **Embriões excedentários** são justamente estes, que são mantidos em armazenamento e vêm a ser utilizados futuramente.

Com relação à fecundação artificial homóloga, há uma séria discussão, que envolve aspectos jurídicos, éticos e médicos, na tentativa de determinar se seria possível ou não a inseminação mesmo após a **morte do homem**, e se tal inseminação dependeria ou não da autorização dele. Ainda não se chegou a um consenso, mas o fato é que, se a fecundação *post mortem* ocorrer, com ou sem autorização, a lei reconhece que o filho será do homem.

Outra discussão, em que também não entraremos, por fugir ao escopo desta obra, diz respeito à proteção jurídica dos gametas e embriões preservados, mesmo após a morte do homem. Estariam eles incluídos na proteção que a lei estende ao nascituro? Como se procederia na sucessão do homem? O embrião, que à época da morte ainda não fora implantado no útero, que ainda estava congelado em um laboratório, teria eventual direito à sucessão legítima?

Cabe destacar que, em se tratando de fecundação artificial homóloga, a hipótese não é de **presunção** de paternidade, vez que a utilização do material genético do marido e da mulher leva à **certeza** da filiação, que não precisa, portanto, ser presumida. Ou seja, se o gameta masculino utilizado é do marido, ele é o pai, e pronto. Não há o que se presumir.

Há **fecundação artificial heteróloga**, por sua vez, quando é utilizado material genético da mulher e de um homem terceiro à relação, cuja identidade não deve ser revelada.

Nesse caso, o que a lei estabelece também não é uma **presunção jurídica**[115] – que se caracteriza por ser uma **possibilidade de verdade** –, mas sim uma **ficção jurídica** – ou seja, uma **inverdade que o Direito considera verdade**. Afinal, se o gameta utilizado sabidamente não é do marido, a paternidade biológica dele é, indiscutivelmente, uma inverdade fática, que o Direito, no entanto, prefere considerar uma verdade.

1.4 Impugnação da paternidade

Somente o marido pode **impugnar**[116] a paternidade dos filhos nascidos de sua mulher, não se sujeitando seu direito à **decadência**[117] (art. 1.601). Após ajuizada a ação declaratória respectiva, admite-se, no entanto, a sucessão processual do autor por seus herdeiros, na hipótese de sua morte (art. 1.601, parágrafo único).

O Código de 2002 manteve a velha norma que determina ser insuficiente a **confissão da mãe** para excluir a paternidade (art. 1.602). Em caso de dúvidas, hoje, o exame de DNA se revela hábil para confirmar ou não a paternidade.

1.5 Impugnação da maternidade

Também a mãe, quando tiver razões para tanto, pode **impugnar** sua condição de genitora, por meio de ação declaratória.

O art. 1.608 do Código preceitua que mesmo a mãe registral pode impugnar a maternidade, desde que prove a **falsidade do assento de registro ou das declarações nele contidas**.

Não são incomuns, infelizmente, casos de impugnação da maternidade, por ter a mulher fortes motivos para acreditar que houve troca de bebês na maternidade.

1.6 Reconhecimento espontâneo de filiação

Tristemente para o Direito Civil brasileiro, o Estatuto da Criança e do Adolescente e o Código de 2002, ainda minados pelos preconceitos de outrora, estabelecem, nos arts. 26 e 1.607, respectivamente, que "o filho havido fora do casamento pode ser reconhecido pelos

---

[115] MARIA BERENICE DIAS, nesse ponto, andou mal, ao afirmar tratar-se de uma presunção absoluta – *iuris et de iure* –, alegando que não se pode admitir prova que contrarie o próprio reconhecimento da paternidade socioafetiva pelo homem, consubstanciada na autorização da fecundação (*Manual de direito das famílias*, cit., p. 365). De fato, não há prova contrária possível, mas não porque se trate de uma presunção absoluta, e sim por se cuidar de uma ficção.

[116] O Código usa, erroneamente, o verbo "contestar".

[117] Sem observar a técnica do Direito Civil, o legislador, na redação do art. 1.601, dispôs que a **ação** é **imprescritível**. Na verdade, não é o ajuizamento da ação que se sujeita a óbice pelo decurso do tempo. Ou é o direito potestativo (extinto pela decadência), ou a pretensão correspondente ao direito subjetivo (encoberta pela prescrição). No caso da contestação de paternidade, o direito é potestativo, e, portanto, sujeito (ou não) à decadência.

pais, conjunta ou separadamente".[118] Em tempos em que o casamento não é a única forma de estabelecer a família, o comando soa discriminatório, dando a impressão de que os filhos havidos "fora do casamento" precisam de um **reconhecimento especial**.

Na verdade, no Direito contemporâneo, cabe aos pais o **reconhecimento espontâneo do filho**. Mesmo nos casos em que ainda se presume a paternidade, é necessário o reconhecimento espontâneo, pois, se tiver razões para duvidar da filiação, o pai pode negar sua condição, e ajuizar ação declaratória, inclusive impedindo que o filho seja registrado como seu. Até mesmo a mãe deve reconhecer espontaneamente o filho, sendo-lhe permitido impugnar a maternidade, quando tiver motivos para suspeitar de que o filho não é seu, como nos casos de troca de bebês na maternidade.

Ou seja, a norma insculpida no Estatuto da Criança e do Adolescente e repetida no Código Civil deveria ter o seguinte texto: "o filho deve ser espontaneamente reconhecido pelos pais, conjunta ou separadamente, para que seja registrado como tal; o reconhecimento pode ser anterior ao registro do nascimento ou posterior a ele".

O reconhecimento de filho, também denominado **perfilhação**, tem a natureza de um **ato jurídico voluntário unilateral**, e pode ter uma das seguintes formas (art. 1.609 do Código Civil e art. 26 do Estatuto, segunda parte): **declaração ao oficial do registro de nascimento**, levada a termo; **escritura pública**, ou **escrito particular** registrado em cartório; **testamento**; **manifestação direta e expressa** perante o juiz. Cuida-se de ato celebrado em razão da **vontade livre** do sujeito, **personalíssimo** – ou seja, que somente a própria pessoa pode praticar –, **formal**, por ter formas prescritas em lei – ainda que a lei prescreva mais de uma opção –, e **irrevogável** (art. 1.809, *caput*) – mesmo quando feito em testamento (art. 1.610). Veja-se que, mesmo que o testamento em que se reconheceu o filho seja revogado, subsiste a perfilhação. Ademais, trata-se de ato que deve ser **puro e simples**, ou seja, que não admite elemento acidental, como **condição**, **termo** ou **encargo** (art. 1.613).[119] Sendo apostos ao negócio, consideram-se ineficazes (art. 1.613).

No testamento, o reconhecimento pode ser incidental, o que, todavia, não o invalida. Um exemplo seria uma cláusula em que o testador escreve "deixo meus bens para meu filho Clóvis", sendo que o testador nunca antes reconhecera a paternidade de Clóvis.

No caso do reconhecimento judicial, não é necessário que o objeto da ação em que ele se deu fosse a declaração de filiação, nem que o reconhecimento fosse o objeto do ato em que se manifestou. Logo, se em uma ação qualquer – imaginemos uma ação de reparação civil –, em uma audiência, a parte menciona perante o magistrado "quando tive certeza de que Rui era meu filho...", o reconhecimento se considera feito. Veja-se que a menção incidental em peça escrita não produz este efeito, porquanto elaborada por advogado, e não pela parte, a não ser que por meio do mandato celebrado se tenham conferido poderes para reconhecer filiação.

O reconhecimento espontâneo da filiação pode ser até mesmo **anterior ao nascimento**, e também pode ser **posterior à morte do filho** (art. 1.609, parágrafo único). Não se sabe por que o legislador ressalva que o reconhecimento pode ser posterior à morte do filho somente "se ele deixar descendentes", o que, no entanto, não tem razão de ser.

Segundo o art. 1.614 (cujo comando vem do Código anterior), o reconhecimento do filho maior depende de seu consentimento, e o do filho menor pode ser por este impugnado

---

[118] O dispositivo, no Estatuto da Criança e do Adolescente, ainda traz uma parte final: "no próprio termo de nascimento, por testamento, mediante escritura ou outro documento público, qualquer que seja a origem da filiação".

[119] O art. 1.613, na verdade, somente menciona a condição e o termo, mas é da própria essência do ato que também não admita encargo.

dentro de quatro anos após a maioridade ou emancipação. Na verdade, por um lado, o direito de conhecer a identidade dos pais é um **direito personalíssimo do filho**, mas, por outro, o direito de reconhecer espontaneamente a filiação é um **direito personalíssimo do genitor**. Logo, o que o filho maior cuja condição foi reconhecida pode obstar não é propriamente o reconhecimento, mas o **registro da identidade do genitor** no seu assento de nascimento.[120] Ademais, nem o direito do filho nem o do genitor se sujeitam à decadência, vez que não há interesse jurídico ou social em extinguir tais direitos pelo decurso do tempo, razão pela qual **não é de se aplicar** o prazo de quatro anos estabelecido pela lei.

Impende destacar que nem mesmo a coisa julgada pode impedir o filho de ver declarada a identidade dos pais, nem impedir os pais de verem declarada a paternidade/maternidade. Esse entendimento é fruto da **proteção da dignidade da pessoa**, e foi acolhido pelo Direito processual por meio da **teoria da relativização da coisa julgada**, criada para privilegiar a **verdade real** em detrimento da **verdade jurídica**, levando em conta que o Direito não é capaz de mudar fatos. Cabe lembrar ao leitor que, até certo tempo atrás, as ações com vistas a declarar a filiação, ou impugná-la, dependiam de provas que não tinham como proporcionar ao juiz a garantia da verdade real. Posteriormente, com a criação do exame de DNA, a sentença em tais ações passou a se basear em um grau de certeza que chega próximo da totalidade. O Direito, então, deparou-se com a situação de pessoas que haviam sido declaradas pais ou filhos em ações cujas sentenças já haviam transitado em julgado, mas cuja condição fora desmentida pelo exame genético. Diante da verdade real, deveria o Direito, sobretudo em matéria de direito da personalidade, insistir em uma inverdade, simplesmente porque ganhou *status* de verdade jurídica? Certamente que não. Todavia, nem a doutrina majoritária nem a jurisprudência dominante aceitam relativizar a coisa julgada para **desconstituir o estado jurídico de filiação**, ou seja, não admitem que o genitor assim declarado em sentença transitada em julgado possa ajuizar nova demanda para impugnar tal condição. A possibilidade da reversão da coisa julgada tem sido admitida somente para **constituir o estado jurídico de filiação**, ou seja, para declarar a identidade de um genitor ou dos genitores de uma pessoa. Note-se que nos referimos ao **estado jurídico de filiação**, pois somente este pode ser constituído ou desconstituído por sentença. O **estado civil de filiação**, seja biológico ou socioafetivo, constitui-se sem a intervenção jurídica, cabendo ao Direito apenas declará-lo. É claro, no entanto, que o estado jurídico na grande maioria das vezes corresponde ao civil. Isso só não ocorre quando, para o Direito, um dos pais da pessoa, ou ambos, é pessoa diversa da que, de fato, exerce esse papel, independentemente de o vínculo ter origem biológica ou socioafetiva.

Com relação à guarda do filho espontaneamente reconhecido, a lei determina que seja atribuída ao **genitor que o reconheceu**, e, no caso de ambos o reconhecerem, mas não chegarem a acordo sobre a guarda, determina a lei que o juiz a atribua a quem **melhor atender aos interesses do menor** (art. 1.612).

Não obstante, interferindo demasiadamente na esfera privada das pessoas, estabelece o Código que o filho que um dos cônjuges reconheceu ter com terceira pessoa somente pode residir no lar conjugal se **o outro cônjuge o autorizar** (art. 1.611). Ora, que discutam os cônjuges sobre a questão no silêncio de sua vida privada. O dispositivo de lei só serve para discriminar o filho não comum do casal e enaltecer o casamento, tendência legislativa comum no passado, mas atualmente repelida veementemente pelo ordenamento jurídico.

Imbuído desse mesmo espírito conservador, o art. 1.617 ressalva que "a filiação materna ou paterna pode resultar de casamento declarado nulo, ainda mesmo sem as condições de putativo".

---

[120] Do contrário, imagine o absurdo de o genitor ter de pedir autorização ao filho para reconhecê-lo no testamento, ou de, figurando como parte em um processo, depender da prévia autorização do filho para mencionar o reconhecimento da filiação nos autos.

Alguém nos diga o que essa norma, repetida do art. 367 do Código de 1916, ainda está fazendo no texto do nosso Código Civil! Será que, na ausência dela, não poderia haver filiação, se o casamento fosse declarado nulo? Na verdade, a norma se justificava quando se classificavam os filhos em legítimos e ilegítimos, e tinha por objetivo esclarecer que os filhos permaneceriam considerados legítimos mesmo que o casamento de seus pais fosse declarado nulo. No ordenamento jurídico atual, o preceito só serve para mostrar a preguiça do legislador de 2002 em editar um Código Civil realmente novo, ao menos no que concerne ao Direito de Família.

1.6.1 Reconhecimento de filiação socioafetiva

A filiação socioafetiva ocupa considerável importância na doutrina e jurisprudência nacionais. Especialmente depois que o Plenário do Supremo Tribunal Federal admitiu o reconhecimento concomitante da paternidade socioafetiva e da filiação baseada na origem biológica (RE 898060/SC, relator: Min. Luiz Fux, data do julgamento: 21 e 22/9/2016), esse fenômeno social ganhou novos contornos, inclusive com a possibilidade de sua configuração pela via extrajudicial.

Os vínculos afetivos fundados no amor, no carinho, no cuidado e na atenção devem estar presentes para que a paternidade socioafetiva seja reconhecida judicial ou extrajudicialmente. O Provimento 63/2019 do Conselho Nacional de Justiça chancela a possibilidade de registros socioafetivos diretamente nos cartórios. Nesse caso, o reconhecimento voluntário da paternidade ou da maternidade socioafetiva perante os oficiais de registro civil das pessoas naturais, de natureza irrevogável, só pode ser realizado para o reconhecimento socioafetivo de pessoas maiores de 12 (doze) anos de idade. Para crianças menores de 12 (doze) anos, a via judicial é imprescindível.

Tal como ocorre nos casos de adoção pelo procedimento previsto no ECA, o Provimento exige que o pretenso pai ou mãe deve ser pelo menos dezesseis anos mais velho que o filho a ser reconhecido. Apesar de a jurisprudência já ter relativizado essa exigência para o procedimento previsto no ECA, tratando-se de ato extrajudicial, o mais correto é seguir rigorosamente o procedimento estabelecido pelo CNJ, sem prejuízo de posterior controle jurisdicional.

Assim como no procedimento judicial, a paternidade ou maternidade socioafetiva deve ser estável e estar exteriorizada socialmente. Segundo a doutrina, é necessária a presença da posse do estado de filiação, caracterizada pela tríade "nome", "tratamento" e "reputação social":

> A afetividade enquanto critério, por sua vez, gozava de aplicação por doutrina e jurisprudência desde o Código Civil de 1916 para evitar situações de extrema injustiça, reconhecendo-se a posse do estado de filho, e consequentemente o vínculo parental, em favor daquele que utilizasse o nome da família (*nominatio*), fosse tratado como filho pelo pai (*tractatio*) e gozasse do reconhecimento da sua condição de descendente pela comunidade (*reputatio*). [...] Os arranjos familiares alheios à regulação estatal, por omissão, não podem restar ao desabrigo da proteção a situações de pluriparentalidade, por isso que merecem tutela jurídica concomitante, para todos os fins de direito, os vínculos parentais de origem afetiva e biológica, a fim de prover a mais completa e adequada tutela aos sujeitos envolvidos, ante os princípios constitucionais da dignidade da pessoa humana (art. 1º, III) e da paternidade responsável (art. 226, § 7º) (STF, RE 898.060, relator: Min. Luiz Fux).

Para tanto, é ônus do requerente comprovar ao registrador a existência do vínculo efetivo por meio, por exemplo, de apontamentos escolares que indiquem o pretendente como responsável pelo filho afetivo, de declarações de testemunhas com firma reconhecida e de fotografias em celebrações relevantes. De toda forma, se inexistentes esses documentos, caberá ao registrador conferir, a partir de elementos objetivos, se há ou não o vínculo de afetividade. Nos casos em que o filho for maior de 18 anos, o reconhecimento da relação socioafetiva dependerá, ainda, de seu consentimento.

Se o registrador constatar a existência do vínculo de afetividade, deverá encaminhar todo o expediente ao Ministério Público, a quem caberá emitir parecer de caráter vinculativo em relação ao registrador. Isso quer dizer que, se o parecer for desfavorável, o registrador não poderá proceder ao registro. Também não será deferido o registro em caso de contenciosidade, ou seja, se presente alguma discussão judicial sobre o reconhecimento da paternidade ou mesmo se houver em andamento procedimento de adoção. Em caso de dúvida ou de suspeita de fraude, abre-se a possibilidade de utilização da via judicial, cabendo ao registrador encaminhar os documentos ao juízo competente.

Apesar de ser admitido, em nosso ordenamento, a multiparentalidade – possibilidade de ser reconhecida a presença da posse de estado de filho com mais de duas pessoas –, na via extrajudicial há uma limitação: o provimento veda mais de um ascendente socioafetivo. Isso não quer dizer, contudo, que não seja admitida a inclusão de um ascendente socioafetivo ao lado de outro biológico preexistente; o que o Conselho Nacional de Justiça vedou foi a inclusão de mais de um ascendente socioafetivo pela via extrajudicial.

Vale lembrar que o reconhecimento da socioafetividade é tão importante quanto a filiação biológica. Assim como não é possível estabelecer tratamento diferenciado entre os filhos (art. 227, § 6º, da CF), não há diferença de *status* entre a paternidade biológica e a socioafetiva. Isso quer dizer que, no ato do registro, não cabe ao registrador, por exemplo, exigir que a condição de socioafetividade seja expressamente indicada na certidão de nascimento. O pai socioafetivo deve ser incluído no registro civil do filho, ao lado do pai biológico.

1.7 Direito à declaração da identidade dos pais e ação declaratória de filiação

O filho tem o direito de conhecer a identidade de seus pais e de tê-la declarada, o que abrange impugnar a identidade dos pais registrais.

Para tanto, dispõe da chamada **ação declaratória de filiação**, também chamada de **ação investigatória de paternidade** (para declarar o estado de filiação) ou **ação negatória de paternidade** (para declarar a inexistência do estado). Preferimos a primeira expressão, em razão de a tutela buscada ser declaratória, e de poder envolver não só a paternidade quanto também a maternidade.

1.7.1 Insusceptibilidade de decadência do direito de impugnar a filiação

O **direito de impugnar a filiação**, consectário do direito de conhecer a identidade dos pais e de tê-la declarada, tem a natureza de um direito potestativo necessariamente **insuscetível de decadência**, não havendo nenhum interesse jurídico ou social em sua extinção após certo prazo, sobretudo nos dias de hoje, em que o exame de DNA pode resolver questões que no passado muitas vezes ficaram sem resposta.

Daí que o prazo de quatro anos previsto no art. 1.614 do Código (mais um lamentavelmente transposto do Código anterior) para que o filho impugne a filiação, contado da data de sua maioridade, ou emancipação, **não deve ser aplicado**. Esse é o entendimento que a doutrina acolheu e tem defendido.[121]

---

[121] DIAS, Maria Berenice. *Manual de direito das famílias*, cit., p. 384; PEREIRA, Sérgio Gischkow apud DIAS, Maria Berenice. *Manual de direito das famílias*, cit., p. 384.

Cabe, aqui, fazer uma consideração: existe o entendimento de que o filho reconhecido pode, nos quatro anos após sua maioridade, impugnar a filiação por **ato de mera vontade**, ou seja, sem que precise alegar que há motivos para duvidar do seu estado, e, por conseguinte, sem que precise provar o que quer que seja. Impugnando a filiação, teria o direito de ter excluído do seu registro de nascimento o nome do pai ou da mãe.

Esse posicionamento, que soa bastante estranho, parece ter advindo da necessidade de os tribunais contornarem o prazo decadencial de quatro anos para impugnação da filiação, previsto no art. 362 do Código Civil de 1916 (e repetido, como vimos, no art. 1.612 do atual).

A jurisprudência se firmou no sentido de que o prazo decadencial somente se aplicava aos casos de impugnação por ato de mera vontade, mas, havendo provas de que o pai ou a mãe registral não o era na verdade, a impugnação da filiação poderia ser feita a qualquer tempo, não sendo o direito a ela sujeito à decadência.

No ordenamento jurídico atual, no entanto, entendemos não ser necessária a manobra para que se afirme que o direito do filho de impugnar a filiação não se sujeita à decadência, em razão da **proteção da dignidade do filho**. Ademais, não reconhecemos o direito de impugnar a filiação por ato de mera vontade, em razão da **proteção da dignidade do pai ou da mãe**.

1.7.2 Titularidade do direito à declaração de filiação e legitimidade para ajuizar a ação declaratória

Vez que o direito de conhecer a identidade dos pais é um direito personalíssimo do filho, somente ele tem **legitimidade** para ajuizar a ação declaratória (art. 1.606, primeira parte). No entanto, admite-se que a ação seja proposta por seus **herdeiros**, caso morra ainda menor, ou maior, porém, incapaz (art. 1.606, segunda parte). Admite-se também que os herdeiros sucedam o autor na ação, na hipótese de morte deste (art. 1.606, parágrafo único).

Quando a mãe comparecer ao cartório para efetuar o registro e não houver reconhecimento espontâneo do pai, o caso será encaminhado ao juiz, que ouvirá a mãe e notificará o pai (art. 2º, § 1º, da Lei 8.560/92, conhecida como Lei de Investigação de Paternidade). Se o pai não se manifestar em até trinta dias, ou se negar a paternidade, o juiz deverá remeter o caso ao Ministério Público, o qual, se entender que há indícios da paternidade, deverá ajuizar a ação declaratória (art. 2º, § 4º, da Lei 8.560/92).

1.7.3 Ação declaratória de filiação

O pedido, na **ação de filiação**, pode ser tanto para que se declare a identidade do pai ou da mãe (ou ambos, se for o caso) do autor, como para que se declare que os pais registrais (ou um deles) não são genitores biológicos ou socioafetivos.

Por se tratar de **tutela declaratória**, a sentença produz efeitos *ex tunc*, ou seja, para trás. Com relação à filiação biológica, a eficácia retroativa é óbvia, afinal, quem é declarado pai ou mãe biológico há de sempre ter sido pai ou mãe, e quem é declarado não ser pai ou mãe biológico, nunca pode tê-lo sido. Todavia, com relação à filiação socioafetiva, a eficácia retroativa da declaração de filiação – que os tribunais já têm admitido – constitui um grande avanço no Direito de Família pátrio.

Nos termos do art. 1.616 do Código, a sentença produz os mesmos efeitos do **reconhecimento espontâneo** do filho – como não poderia deixar de ser – e autoriza o juiz a "ordenar que se crie e eduque fora da companhia dos pais ou daquele que lhe contestou essa qualidade". Como se vê, é mais uma norma (adivinhe!) copiada do Código anterior, embora, aqui, o legislador tenha feito pequenas alterações na redação do comando – quando, na verdade, deveria ter se preocupado em atualizá-lo. Para corresponder ao Direito contemporâneo, deve-se interpretar o preceito no sentido de que o juiz pode não conceder a guarda do filho menor ou incapaz ao genitor que houver impugnado a filiação.

Com relação à **prova da alegação do autor** – atribuindo ou impugnando a condição de genitor ou genitores – houve grande avanço, quanto à filiação biológica, com a possibilidade de realização do **exame de DNA**, cujo resultado tem margem de erro ínfima.

Não obstante, discutiu-se por certo tempo se o réu poderia ser obrigado à realização do exame. Muitos réus, então, deixaram de se submeter ao teste, recusando-se a fornecer material, e alegando a inviolabilidade do corpo como impedimento para a coleta forçada. Do ponto de vista genético, no entanto, a recusa de fornecimento de material é ridícula, pois a todo instante deixamos amostras de nosso DNA no ambiente que nos cerca. Todavia, o Direito brasileiro – à diferença de outros – não admite a realização do exame se o material não for **voluntariamente** fornecido.

Para proteger o direito dos filhos, ante a impossibilidade, em certos casos, do exame genético, o Superior Tribunal de Justiça editou a Súmula 301, segundo a qual "em ação investigatória, a recusa do suposto pai a submeter-se ao exame de DNA induz presunção *iuris tantum* de paternidade". Em 2009, a Lei 12.004 alterou a Lei 8.560/92, e incluiu o art. 2º-A, parágrafo único, em que a norma prevista na súmula se tornou lei. Em razão da presunção, agora **legal**, para obstar a procedência do pedido do autor, não basta ao réu recusar o fornecimento de material para o teste de DNA, se o conjunto probatório dos autos corroborar a presunção: caberá a ele **produzir provas** em sentido contrário.[122]

Recentemente, o STJ estendeu essa presunção a partir da interpretação do art. 139, IV, do CPC/2015, que consagra, entre os poderes do juiz, o de "determinar todas as medidas indutivas, coercitivas, mandamentais ou sub-rogatórias necessárias para assegurar o cumprimento de ordem judicial, inclusive nas ações que tenham por objeto prestação pecuniária". Imagine, por exemplo, que, em razão do falecimento do suposto pai, se promova ação de investigação de paternidade contra os irmãos do falecido (supostos tios). Nessa hipótese, segundo entendimento do STJ, o advogado poderá pleitear a adoção de medidas coercitivas pelo julgador, visando obrigar os requeridos a fornecer o material genético, privilegiando-se, assim, o direito ao conhecimento sobre a origem biológica (Rcl 37.521-SP, relatora: Min. Nancy Andrighi, 2ª Seção, por unanimidade, data do julgamento: 13/5/2020, data da publicação: 5/6/2020).

Agora, com a publicação da Lei 14.138/2021, que acrescentou o § 2º ao art. 2º-A da Lei 8.560/92, a presunção de paternidade ganhou força e poderá ser estendida aos parentes do suposto pai. De acordo com o novo dispositivo:

> Se o suposto pai houver falecido ou não existir notícia de seu paradeiro, o juiz determinará, a expensas do autor da ação, a realização do exame de pareamento do código genético (DNA) em parentes consanguíneos, preferindo-se os de grau mais próximo aos mais distantes, importando a recusa em presunção da paternidade, a ser apreciada em conjunto com o contexto probatório.

---

[122] A presunção deve ser aplicada também nos casos em que o filho impugna a condição dos pais registrais: negando-se eles a fornecer material para o exame de DNA, tem lugar a presunção de que **não são pais**, que eles poderão ilidir provando, de outro modo, que o são. Nesse caso, a presunção tem ainda mais razão para ser aplicada, vez que, se os réus são os pais biológicos do autor, deveria ser de seu maior interesse a realização do exame para provar sua defesa, não sendo compreensível a recusa. Vale lembrar que, em qualquer caso, a presunção somente não basta, devendo ser corroborada pelo conjunto probatório dos autos.

Como a jurisprudência não admite a condução coercitiva para a realização do exame, para suprimir a eventual desídia dos parentes em colaborar com a justiça, o legislador admitiu a incidência da mesma regra inicialmente prevista na Súmula 301 do STJ. Ou seja, a presunção relativa de paternidade alcançará, do mesmo modo, o réu e os seus familiares, caso se recusem a realizar o exame que esclarecerá o direito pleiteado.

Temos que ter em mente que, mesmo com previsão legislativa, a presunção continua a ser relativa, admitindo, portanto, prova em sentido contrário.

1.7.4 Ação declaratória de paternidade post mortem

Pode ocorrer de o pai do nascituro morrer antes do seu nascimento. Nesse caso, para proceder ao registro do filho, deve a mãe ajuizar, em face dos herdeiros do alegado pai – e não do espólio –, a **ação de declaração de paternidade**.

Em sede de **ação *post mortem***, a jurisprudência não considera o **exame de DNA** realizado com material genético extraído do cadáver conclusivo. Todavia, é possível que os herdeiros do morto consintam em fornecer amostra de DNA suas, desde que o parentesco entre eles e o alegado pai seja biológico.

No entanto, não se exige o exame de DNA para que o juiz se convença da paternidade, sendo admitidos quaisquer outros meios de prova. Contudo, como vimos no tópico anterior, a presunção relativa de paternidade também poderá alcançar os familiares do falecido caso eles se recusem a fornecer o material genético para realização do exame de DNA.

Impende frisar que, se o inventário do suposto pai estiver em andamento, admite-se que o filho – por meio de seu representante legal, em geral, a mãe – requeira, por meio de medida cautelar, a **reserva de bens** do espólio, até que seja julgada a ação declaratória. A jurisprudência reconhece, ademais, a possibilidade de o juiz de sucessões, de ofício, determinar a reserva de bens, quando tomar conhecimento da ação declaratória.

1.8 Prova da filiação

No nosso Direito, a filiação se prova pelo **registro** do termo de nascimento no Registro Civil (art. 1.603), o qual somente pode ser contestado se houver prova de erro ou de falsidade (art. 1.604).

Se a pessoa não tiver sido registrada, ou se o registro for defeituoso, a lei admite que se prove a filiação por **qualquer meio lícito**, desde que haja começo de prova por escrito, proveniente dos pais, em conjunto ou separadamente (art. 1.605, I), ou se houver contundentes presunções decorrentes de fatos confirmados (art. 1.605, II). Não obstante a vetusta norma, o meio pelo qual se prova a filiação, hoje em dia, é o exame de DNA, deixando-se os demais meios apenas para os casos em que for, por algum motivo, impossível a realização do teste genético.

Por fim, o art. 1.615 estabelece que "qualquer pessoa, que justo interesse tenha, pode contestar a ação de investigação de paternidade, ou maternidade". A doutrina antiga costumava admitir o interesse não apenas moral, como também econômico.

Perguntamo-nos, então: haveria de ser admitida, na ação declaratória, a intervenção de terceiros, entre os quais até mesmo os credores do alegado pai? Como se daria a intervenção, vez que a hipótese não se enquadra em nenhuma das previstas no Código de Processo Civil?

Ora, a demanda diz respeito ao autor e ao suposto pai ou a suposta mãe, acerca de um direito personalíssimo do filho, de que o autor alega ser titular, e do correspondente dever do pai ou da mãe, supostamente o réu ou a ré. Segundo nos parece, não é de se admitir que interesses outros – que serão, em geral, patrimoniais – interfiram na questão.

1.9 Multiparentalidade

Em decisão de setembro de 2016, o Supremo Tribunal Federal fixou tese no sentido de que "a paternidade socioafetiva, declarada ou não em registro público, não impede o reconhecimento do vínculo de filiação concomitante baseado na origem biológica, com os efeitos jurídicos próprios". O acórdão foi publicado em 23 de agosto de 2017.

Com isso, o STF reconheceu a constitucionalidade da **coexistência de vínculos parentais** – a **multiparentalidade** ou **pluriparentalidade** –, produzindo, todos, os efeitos jurídicos próprios.

Destarte, ainda que uma pessoa constitua vínculo afetivo com pessoa que não é seu pai biológico – ou seja, um vínculo socioafetivo –, nada impede que, em outro momento, constitua um vínculo de filiação *paralelo* com seu pai biológico, sem que um vínculo exclua o outro.

Veja-se que não se trata, apenas, do direito de conhecer a identidade do pai ou do filho biológico, mas da possibilidade de manter um vínculo afetivo de filiação entre o pai e o filho biológico ao mesmo tempo em que se mantém um vínculo de filiação entre o pai e o filho socioafetivo. E ambos produzindo efeitos jurídicos.

Daí que, a partir do entendimento firmado, tanto pode o filho pleitear pensão alimentícia de qualquer dos pais, ou até mesmo de ambos, em conjunto, quanto pode herdar de ambos. O mesmo se diga dos pais, tanto o biológico quanto o socioafetivo, que podem pleitear alimentos do filho, bem como participar – até mesmo em conjunto, se for o caso – da sucessão dele.

A possibilidade de cumulação da paternidade socioafetiva com a biológica está diretamente relacionada com o princípio constitucional da igualdade dos filhos (art. 227, § 6º, da CF), sendo expressamente vedado qualquer tipo de discriminação e, portanto, de hierarquia entre eles. O STJ compartilha do mesmo entendimento:

> Na multiparentalidade deve ser reconhecida a equivalência de tratamento e de efeitos jurídicos entre as paternidades biológica e socioafetiva (STJ, 4ª Turma, REsp 1.487.596-MG, relator: Min. Antonio Carlos Ferreira, data do julgamento: 28/9/2021).

Justamente por isso não se deve admitir que, na certidão de nascimento, conste o termo "pai socioafetivo", bem como não é possível afastar a possibilidade de efeitos patrimoniais e sucessórios quando reconhecida a multiparentalidade (STJ, 4ª Turma, REsp 1487596/MG, relator: Min. Antonio Carlos Ferreira, data do julgamento: 28/9/2021).

O Conselho Nacional de Justiça, por meio do Provimento 83/2019, regulamentou a matéria, deliberando ser permitida a inclusão de um ascendente socioafetivo, seja do lado paterno, seja do materno (art. 14, § 1º). Para a hipótese de inclusão de mais de um ascendente socioafetivo, haverá necessidade de ação e decisão judiciais.

1.10 Abandono afetivo

Com o passar dos anos, o enredo do dano moral ultrapassou os limites do dever indenizatório decorrente de acidentes, cobranças indevidas e questões essencialmente patrimoniais. Adentrando-se pouco a pouco na sistemática do direito de família, o dano moral passou a fazer parte das relações existenciais. E é nesse ponto que residem as questões acerca do abandono afetivo.

A Constituição Federal de 1988, em seu art. 227, traz como dever da família, da sociedade e do Estado, entre outros, assegurar à criança, ao adolescente e ao jovem o direito à convivência familiar e comunitária, além de colocá-los a salvo de toda forma de negligência, discriminação, exploração, violência, crueldade e opressão.

O Código Civil, art. 1.566, IV, por sua vez, ao estabelecer os efeitos do casamento, indica serem incumbências de ambos os cônjuges o sustento, a guarda e a educação dos filhos. Tais deveres não se encerram com a separação ou o divórcio, conclusão que pode não apenas ser extraída do art. 1.632 do CC/2002[123] mas também da obrigação natural de amar.

Diz-se natural a obrigação que "se funda num mero dever de ordem moral ou social, cujo cumprimento não é judicialmente exigível, mas corresponde a um dever de justiça". Os trechos do Código Civil português (Decreto-Lei 47.344, de 25 de novembro de 1966) nos ajudam a constituir a diferença entre obrigação natural e obrigação civil, conceitos extremamente importantes para entendermos a possibilidade de uma pessoa (criança, adolescente ou adulto) vir a ser indenizada em razão do abandono afetivo por um de seus genitores.

É certo que um juiz não pode obrigar um ser humano a amar o outro. O amor decorre de uma obrigação natural, impossível de ser estabelecida por lei ou ato jurisdicional. O dever de cuidado, no entanto, não está atrelado ao amor. Ele deve existir independentemente da obrigação natural de amar. Quem ama cuida. Quem não ama deve cuidar do mesmo jeito.

O dever de cuidado é, portanto, uma obrigação, que compreende sustento, guarda e educação dos filhos[124]. Se José, filho de Antônio e Maria, nasce e cresce sem a companhia de seu pai, que, voluntariamente, o abandona, não há como afastar a responsabilização pelo não agir, ou seja, pela omissão deliberada em não cuidar. "O cuidado como valor jurídico objetivo está incorporado no ordenamento jurídico brasileiro não com essa expressão, mas com locuções e termos que manifestam suas diversas desinências, como se observa do art. 227 da CF/88".[125]

Mesmo que não exista, expressamente, em nosso ordenamento, uma norma que obrigue os pais a cuidar dos filhos, há dispositivos legais e constitucionais suficientes para demonstrar que a paternidade precisa ser responsável. Acrescenta-se o art. 4º do Estatuto da Criança e do Adolescente, que repete o comando constitucional relacionado ao direito à convivência familiar.

A jurisprudência do STJ, inicialmente, não admitia essa espécie de reparação, sob o argumento de que o amor não é obrigatório. São alguns dos julgados:

> Abandono moral. Reparação. Danos morais. Impossibilidade. Trata-se de ação de investigação de paternidade em que o ora recorrente teve o reconhecimento da filiação, mas o Tribunal a quo excluiu os danos morais resultantes do abandono moral e afetivo obtidos no primeiro grau. A Turma entendeu que não pode o Judiciário compelir alguém a um relacionamento afetivo e nenhuma finalidade positiva seria alcançada com a indenização pleiteada. Assim, por não haver nenhuma possibilidade de reparação a que alude o art. 159 do CC/1916 (pressupõe prática de ato ilícito), não há como reconhecer o abandono afetivo como dano passível de reparação. Logo a Turma não conheceu do recurso especial (Precedente citado: REsp 757.411-MG, data da publicação: 27/3/2006. REsp 514.350-SP, relator: Min. Aldir Passarinho Junior, data do julgamento: 28/4/2009).

> Ação. Indenização. Danos morais. Pai. Filho. Abandono afetivo. A Turma, por maioria, conheceu do recurso e deu-lhe provimento para afastar a possibilidade de indenização nos casos de abandono afetivo, como dano passível de indenização. Entendeu que escapa ao arbítrio do Judiciário obrigar alguém a amar ou a manter um relacionamento afetivo, que nenhuma finalidade positiva

---

[123] Art. 1.632 do CC. A separação judicial, o divórcio e a dissolução da união estável não alteram as relações entre pais e filhos senão quanto ao direito, que aos primeiros cabe, de terem em sua companhia os segundos.
[124] STJ, REsp 1.579.021/RS, relatora: Min. Maria Isabel Galloti, 4ª Turma, data do julgamento: 19/10/2017, data da publicação: 29/11/2017.
[125] STJ, REsp 1.159.242/SP, relatora: Min. Nancy Andrighi, 3ª Turma, data do julgamento: 24/4/2012, data da publicação: 10/5/2012.

seria alcançada com a indenização pleiteada. Um litígio entre as partes reduziria drasticamente a esperança do filho de se ver acolhido, ainda que, tardiamente, pelo amor paterno. O deferimento do pedido não atenderia, ainda, o objetivo de reparação financeira, porquanto o amparo, nesse sentido, já é providenciado com a pensão alimentícia, nem mesmo alcançaria efeito punitivo e dissuasório, porquanto já obtidos com outros meios previstos na legislação civil (REsp 757.411-MG, relator: Min. Fernando Gonçalves, data do julgamento: 29/11/2005).

Debates doutrinários, especialmente fomentados pelo IBDFAM – Instituto Brasileiro de Direito de Família, ajudaram na reformulação desse entendimento. Autores como MARIA BERENICE DIAS reforçam a necessidade de responsabilização dos pais nos casos de descumprimento do dever legal de cuidado com a prole, suscitando, ainda, que o abandono afetivo pode ter papel pedagógico importante nas relações familiares[126].

Precedente bastante citado é o REsp 1.159.242/SP, de relatoria da Min. Nancy Andrighi, julgado em 24/4/2012. Para a Ministra, "o abandono afetivo decorrente da omissão do genitor no dever de cuidar da prole constitui elemento suficiente para caracterizar dano moral compensável". Assim, "o descumprimento comprovado da imposição legal de cuidar da prole acarreta o reconhecimento da ocorrência de ilicitude civil sob a forma de omissão". A Min. relatora salientou que, na hipótese, não se discute o amar – que é uma faculdade –, mas, sim, a imposição biológica e constitucional de cuidar, que é dever jurídico, corolário da liberdade das pessoas de gerar ou adotar filhos.

Não há, contudo, unicidade sobre o tema. Em julgado mais recente (2017), o Min. Raul Araújo considerou insuficiente para a indenização por dano moral o simples abandono afetivo, desvinculado do desamparo material:

> Cinge-se a controvérsia a definir se é possível a condenação em danos morais do pai que deixa de prestar assistência material ao filho. Inicialmente, cabe frisar que o dever de convivência familiar, compreendendo a obrigação dos pais de prestar auxílio afetivo, moral e psíquico aos filhos, além de assistência material, é direito fundamental da criança e do adolescente, consoante se extrai da legislação civil, de matriz constitucional (Constituição Federal, art. 227). Da análise dos artigos 186, 1.566, 1.568, 1.579 do CC/02 e 4º, 18-A e 18-B, 19 e 22 do ECA, extrai-se os pressupostos legais inerentes à responsabilidade civil e ao dever de cuidado para com o menor, necessários à caracterização da conduta comissiva ou omissiva ensejadora do ato ilícito indenizável. Com efeito, o descumprimento voluntário do dever de prestar assistência material, direito fundamental da criança e do adolescente, afeta a integridade física, moral, intelectual e psicológica do filho, em prejuízo do desenvolvimento sadio de sua personalidade e atenta contra a sua dignidade, configurando ilícito civil e, portanto, os danos morais e materiais causados são passíveis de compensação pecuniária. Ressalta-se que – diferentemente da linha adotada pela Terceira Turma desta Corte, por ocasião do julgamento do REsp 1.159.242-SP, Rel. Min. Nancy Andrighi – a falta de afeto, por si só, não constitui ato ilícito, mas este fica configurado diante do descumprimento do dever jurídico de adequado amparo material. Desse modo, estabelecida a correlação entre a omissão voluntária e injustificada do pai quanto ao amparo material e os danos morais ao filho dali decorrentes, é possível a condenação ao pagamento de reparação por danos morais, com fulcro também no princípio da dignidade da pessoa humana (art. 1º, III, da Constituição Federal) (REsp 1.087.561-RS, relator: Min. Raul Araújo, por unanimidade, data do julgamento: 13/6/2017, data da publicação: 18/8/2017).

---

[126] DIAS, Maria Berenice. Manual de direito das famílias. 4. ed. São Paulo: Editora Revista dos Tribunais, 2007.

Em 2018, ao divulgar a 125ª Edição da ferramenta *Jurisprudência em Teses*, parece ter o STJ adotado a segunda posição. De acordo com a tese, "o abandono afetivo de filho, em regra, não gera dano moral indenizável, podendo, em hipóteses excepcionais, se comprovada a ocorrência de ilícito civil que ultrapasse o mero dissabor, ser reconhecida a existência do dever de indenizar".

Discussão sempre presente nas decisões sobre o tema envolve a questão do abalo emocional. É necessário, segundo a tese anterior, que o abandono ultrapasse o mero dissabor, ou seja, o desgosto, a mágoa, o aborrecimento.

É difícil imaginar que uma situação de abandono não seja suficientemente apta a gerar algum abalo psicológico. Em brilhante voto, o Desembargador do Tribunal de Justiça do Distrito Federal Diaulas Costa Ribeiro, chegou a comparar a situação de abandono à morte:

> Quando um pai morre, vítima de um crime, obviamente praticado por terceiro, o filho – nascituro, com pouco tempo de vida ou adulto – tem direito, incontinente, à indenização por danos morais, não ficando a ação suspensa por prejudicial, à espera do resultado do seu desconhecido futuro. O dano moral é *in re ipsa* porque até os sonhos que temos com quem partiu antes da hora (e sempre há os que partem antes da hora) provam o sofrimento, a angústia e a dor causados pela ausência. [...] A mesma lógica jurídica dos pais mortos pela morte deve ser adotada para os órfãos de pais vivos, abandonados, voluntariamente, por eles, os pais. Esses filhos não têm pai para ser visto. Também para eles, "O sonho é o recurso do vidente que nele se refugia a fim de ganhar forças para afrontar o sentido do futuro". (Fernando Gil, Op. cit.). Também eles afrontam o sentido do futuro e sonham o sofrimento, a angústia e a dor causados pelo desamor do pai que partiu às tontas, quando as malas não estavam prontas e a conta não estava em dia (Apelação Cível 0015096-12.2016.8.07.0006, 6ª Turma).

Nesse contexto, o fato de ter ocorrido o abandono, mesmo que prestado auxílio material, permite a reparação moral. A assistência financeira não sepulta as demais obrigações decorrentes da paternidade. A propósito, recentemente, o Tribunal de Justiça de Minas Gerais condenou um homem a pagar danos morais ao filho oriundo de relação extraconjugal que recebia pensão alimentícia. Para o tribunal, a responsabilidade material foi cumprida, mas o homem, ao se furtar da responsabilidade imaterial, violou o direito à convivência familiar consagrado no art. 227 da Constituição Federal de 1988[127].

Percebe-se que o tema está longe de ser pacífico. Há inúmeras dificuldades não só para estabelecer o dever indenizatório mas também o seu *quantum*. Pensamos que não há dúvidas sobre as consequências psicológicas negativas geradas por uma situação de abandono. Entretanto, elas irão sofrer variações conforme os prejuízos individualmente suportados. Não há como medir o sentimento de desilusão paterna (ou materna) com uma régua.

Pode-se falar, então, que há possibilidade de fixação de danos morais pelo abandono. A existência de abalo suficiente para a reparação e a extensão do dano serão analisadas casuisticamente. E há um prazo para que o filho ou a filha prejudicada proponha uma demanda para minorar as consequências desse abandono?

A resposta a esse questionamento depende da análise quanto ao reconhecimento da paternidade. Se esta for do conhecimento do autor desde sempre, o prazo prescricional da pretensão reparatória começará a fluir a partir da maioridade do autor da ação. Nesse sentido o REsp 1298576/RJ.

---

[127] Fonte: <https://www.conjur.com.br/2019-jul-06/nao-basta-pagar-pensao-tj-condenar-pai-abandono-afetivo>.

A contrario sensu, não é possível falar em abandono afetivo antes do reconhecimento da paternidade, mostrando-se imprescindível a propositura de ação de investigação antes ou concomitantemente ao pleito indenizatório.

Acesse o QR Code e assista ao vídeo:
Conversas sobre Direito Civil (6): pressupostos de existência e efeitos da multiparentalidade
> https://uqr.to/r1kj

2. ADOÇÃO

Adoção, para o Direito, consiste no *ato jurídico voluntário por meio do qual um sujeito estabelece um vínculo de filiação socioafetiva com outro sujeito*. Cuida-se de **ato irrevogável**. Difere do **nascimento**, que se consubstancia no *fato jurídico natural* que estabelece um vínculo *de filiação biológica*.

Apesar de a adoção, como fenômeno sociológico, merecer aplauso, foi até recentemente vista com grande carga de preconceito pelo Direito. Para se ter uma ideia, o Código Civil de 1916 somente permitia a adoção por quem não tivesse filhos, e, até a promulgação da Constituição de 1988, os filhos de origem adotiva não tinham o mesmo tratamento, nem os mesmos direitos, que os filhos de origem biológica.

Alterado o paradigma, o Estatuto da Criança e do Adolescente, em 1990, trouxe nova disciplina legal para a matéria. Mais tarde, o Código Civil de 2002 novamente a regulou. Recentemente, a Lei 12.010/2009, chamada de **Lei de Adoção**, revogou quase todos os dispositivos sobre adoção do Código Civil, e alterou diversos dispositivos do Estatuto da Criança e do Adolescente.

Segundo a Lei de Adoção, a adoção deve ter lugar quando for impossível a permanência da pessoa na família biológica – que a lei chama de "natural" –, cabendo a intervenção estatal para orientá-la, apoiá-la e promovê-la socialmente (art. 1º, §§ 1º e 2º da Lei de Adoção).[128] Ou seja, a ideia é que o Estado prefere que as pessoas permaneçam em suas famílias biológicas, e que a adoção seja uma **medida de exceção**, o que se confirma pela nova redação do art. 39, § 1º, do Estatuto da Criança e do Adolescente, que lhe deu a Lei de Adoção: "a adoção é medida excepcional e irrevogável, à qual se deve recorrer apenas quando esgotados os recursos de manutenção da criança ou adolescente na família natural ou extensa, na forma do parágrafo único do art. 25 desta Lei".

A doutrina, entretanto, tem se manifestado contrária ao caráter excepcional da adoção, sobretudo porquanto tem privilegiado, cada vez mais, a **parentalidade socioafetiva**.[129]

---

[128] Art. 1º, §§ 1º e 2º, da Lei de Adoção: "§ 1º A intervenção estatal, em observância ao disposto no *caput* do art. 226 da Constituição Federal, será prioritariamente voltada à orientação, apoio e promoção social da família natural, junto à qual a criança e o adolescente devem permanecer, ressalvada absoluta impossibilidade, demonstrada por decisão judicial fundamentada.§ 2º Na impossibilidade de permanência na família natural, a criança e o adolescente serão colocados sob adoção, tutela ou guarda, observadas as regras e princípios contidos na Lei nº 8.069, de 13 de julho de 1990, e na Constituição Federal."

[129] DIAS, Maria Berenice. *Manual de direito das famílias*, cit., p. 482.

Dos doze artigos do capítulo sobre a adoção no Código Civil, a Lei da Adoção manteve apenas dois, e lhes deu nova redação:

> Art. 1.618. A adoção de crianças e adolescentes será deferida na forma prevista pela Lei nº 8.069, de 13 de julho de 1990 – Estatuto da Criança e do Adolescente.
>
> Art. 1.619. A adoção de maiores de 18 (dezoito) anos dependerá da assistência efetiva do poder público e de sentença constitutiva, aplicando-se, no que couber, as regras gerais da Lei nº 8.069, de 13 de julho de 1990 – Estatuto da Criança e do Adolescente.

Como se vê, a matéria foi totalmente deslocada do âmbito do Código Civil, mesmo no que toca à adoção dos maiores, que passa a ser regrada, por analogia, pelo Estatuto da Criança e do Adolescente.

Dentro do escopo desta obra, faremos apenas uma análise das principais normas que regem a adoção.

2.1 Quem pode ser adotado e quem pode adotar

A adoção encontra-se disciplinada nos arts. 39 a 52 do Estatuto da Criança e do Adolescente e nos arts. 1.618 e 1.619 do Código Civil de 2002. Tratando-se de pessoa maior de 18 (dezoito) anos, aplicam-se, no que couber, as regras do ECA. Porém, no caso de crianças e adolescentes, o Estatuto prevalece sobre as normas civilistas.

A adoção é uma forma de colocação em família substituta, que exige a observância de um procedimento específico e, como regra, não pode ser revogada. Diz-se "como regra" porque, embora o art. 39, § 1º, do ECA aborde a irrevogabilidade da adoção, a jurisprudência já admitiu a sua rescisão em situações excepcionalíssimas, quando, por exemplo, demonstrada a existência de provas consistentes de que o adotado não desejava verdadeiramente participar do procedimento[130] ou na hipótese em que o filho adotado teve pouquíssimo contato com o pai adotivo[131].

Podem ser adotadas as pessoas cujos pais biológicos sejam desconhecidos, ou cujos pais registrais tenham morrido, bem como as crianças e os adolescentes cujos pais tenham perdido a autoridade parental (poder familiar), ou as pessoas cujos pais consentirem expressamente com a adoção.

Por sua vez, podem adotar os **maiores de dezoito anos**, independentemente do estado civil (art. 42 do Estatuto da Criança e do Adolescente), desde que tenham **dezesseis anos de vida a mais que o adotando** (art. 42, § 3º). Quanto a esta última exigência, vale destacar que o STJ, em mais de uma oportunidade, flexibilizou a regra em prol do melhor interesse da criança:

- No REsp 1785754-RS, julgado em 8/10/2019, a 3ª Turma do STJ admitiu adoção da enteada por seu padrasto, que era 15 anos e 9 meses mais velho que a adotanda. Segundo a Corte, o parâmetro legal pode ser flexibilizado à luz do princípio da so-

---

[130] "É possível, mesmo ante a regra da irrevogabilidade da adoção, a rescisão de sentença concessiva de adoção ao fundamento de que o adotado, à época da adoção, não a desejava verdadeiramente e de que, após atingir a maioridade, manifestou-se nesse sentido" (STJ, 3ª Turma, REsp 1.892.782/PR, relatora: Min. Nancy Andrighi, data do julgamento: 6/4/2021). Outra hipótese de revogação se dá no caso em que a adoção é regida pelo CC/1916 e realizada antes da entrada em vigor do ECA (STJ, 3ª Turma, REsp 1.930.825-GO, relatora: Min. Nancy Andrighi, data do julgamento: 24/8/2021).

[131] Caso concreto: STJ, 3ª Turma, REsp 1.545.959-SC, relator: Min. Ricardo Villas Bôas Cueva, relatora para acórdão: Min. Nancy Andrighi, data do julgamento: 6/6/2017.

cioafetividade. Se, no caso concreto, a idade não é capaz de gerar confusão de papéis e há relação de afeto e respeito entre as partes, o limite mínimo legal será apenas um norte a ser seguido.

- No REsp 1.338.616-DF, julgado em 15/6/2021, a 4ª Turma do STJ admitiu a adoção quando a diferença foi de apenas 13 anos. No caso concreto, o adotando, desde poucos meses de idade, já era tratado como filho pelo companheiro da mãe. A Corte afirmou que a realidade fática se mostrava plenamente favorável ao deferimento da adoção e que "o aplicador do Direito deve adotar o postulado do melhor interesse da criança e do adolescente como critério primordial para a interpretação das leis e para a solução dos conflitos. Ademais, não se pode olvidar que o direito à filiação é personalíssimo e fundamental, relacionado, pois, ao princípio da dignidade da pessoa humana".

Outra restrição também relativizada pela jurisprudência é aquela prevista no art. 42, § 1º, do ECA. De acordo com esse dispositivo, nem os ascendentes nem os irmãos do adotando podem adotá-lo. Ocorre que, dependendo do caso concreto, especialmente se não houver provas de utilização do instituto com finalidade meramente patrimonial, poderá ser admitida a adoção por ascendentes. Trata-se da chamada "adoção avoenga", que pode ser admitida quando:

a) o pretenso adotando seja menor de idade; b) os avós (pretensos adotantes) exerçam, com exclusividade, as funções de mãe e pai do neto desde o seu nascimento; c) a parentalidade socioafetiva tenha sido devidamente atestada por estudo psicossocial; d) o adotando reconheça os adotantes como seus genitores e seu pai (ou sua mãe) como irmão; e) inexista conflito familiar a respeito da adoção; f) não se constate perigo de confusão mental e emocional a ser gerada no adotando; g) não se funde a pretensão de adoção em motivos ilegítimos, a exemplo da predominância de interesses econômicos; e h) a adoção apresente reais vantagens para o adotando (STJ, 3ª Turma, REsp 1448969-SC, relator: Min. Moura Ribeiro, data do julgamento: 21/10/2014; 4ª Turma; REsp 1587477-SC, relator: Min. Luis Felipe Salomão, data do julgamento: 10/3/2020)[132].

Caso a adoção seja conjunta, os adotantes deverão ser casados, ou viver em união estável, e comprovar a estabilidade do núcleo familiar (parágrafo segundo do dispositivo). Contudo, também essa regra já foi afastada pela jurisprudência. Em 2012, no julgamento do REsp 1.217.415/RS, a 3ª Turma do STJ permitiu a adoção por um casal de irmãos, conjuntamente. No caso concreto, os irmãos, solteiros, formavam uma família anaparental (sem descendentes) e desejavam adotar uma criança que era criada por eles desde tenra idade. Embora o art. 42, § 2º, do ECA considere indispensável que os adotantes sejam casados civilmente ou mantenham união estável, comprovada a estabilidade da família, o STJ ponderou que o conceito de núcleo familiar estável não pode ficar restrito às fórmulas clássicas de família, devendo ser ampliado para abarcar a noção plena de família, apreendida nas suas bases sociológicas. Assim, o fato de os adotantes serem casados ou companheiros apenas gera a presunção de que exista um núcleo familiar estável, o que nem sempre se verifica na prática.

Cabe ressaltar que o ECA nada dispõe sobre a orientação sexual dos adotantes, razão pela qual há na doutrina e na jurisprudência quem tem defendido a possibilidade de adoção por casais homoafetivos.

---

[132] CAVALCANTE, Márcio André Lopes. **A redação literal do ECA proíbe a adoção avoenga (adoção do neto pelos avós); no entanto, o STJ admite que isso ocorra em situações excepcionais**. Buscador Dizer o Direito, Manaus. Disponível em: <https://www.buscadordizerodireito.com.br/jurisprudencia/detalhes/c570c225d1fb8a72ad79995dd17a77bc>. Acesso em: 16 nov. 2022.

Apesar do lamentável silêncio legal, não se pode negar a adoção por **casais homoafetivos** que tenham constituído um **núcleo familiar estável**, ou pela **pessoa homoafetiva** individualmente, ante os princípios da **dignidade da pessoa humana**, da **não discriminação** e do **melhor interesse do menor**. Nesse sentido, já foram proferidas decisões tanto do STF quanto do STJ[133].

Admite-se que o cônjuge ou companheiro de um dos pais registrais da pessoa a adote, caso em que se fala em **adoção unilateral**.

2.2 Efeitos da adoção

A adoção extingue o vínculo de parentesco entre o adotando e seus parentes biológicos (art. 41, parte final do ECA), a não ser no caso de adoção unilateral (art. 41, § 1º, do Estatuto), mas não extingue os **impedimentos dirimentes do casamento**. Ou seja, uma pessoa não pode casar com seus pais ou irmãos biológicos simplesmente porque desapareceu, para o Direito, o parentesco.

Despiciendo se aprofundar nos direitos que adquire o adotando. Não havendo mais distinção entre filhos, basta salientar que os direitos dos filhos por adoção são exatamente os mesmos que têm os filhos biológicos, inclusive os direitos sucessórios (art. 41, primeira parte, do ECA). Deve ficar claro que a única razão de a lei e de a doutrina ainda fazerem essas ressalvas é o fato de que, infelizmente, até pouco tempo atrás os direitos dos filhos por adoção, sobretudo os sucessórios, sofriam limitações. Lamentavelmente, convém lembrar, foi apenas com a promulgação da Constituição de 1988 que as discriminações entre os filhos foram varridas do nosso Direito.

2.3 Procedimento da adoção

O art. 46 do Estatuto da Criança e do Adolescente exige que a adoção seja precedida de **estágio de convivência**, pelo prazo máximo de noventa dias, observadas a idade da criança ou adolescente e as peculiaridades do caso. Admite-se, no entanto, a **dispensa do estágio**, se o adotando já estiver sob a guarda ou tutela do adotante por tempo suficiente para que se apure a existência do **vínculo socioafetivo** (art. 46, § 1º).

O vínculo de parentesco gerado pela adoção constitui-se por meio de sentença judicial que deve ser levada a registro no Registro Civil, do qual **não se fornecerá** certidão (art. 47 do Estatuto).

Após completar **dezoito anos**, tem o adotado o direito de conhecer a identidade de seus pais biológicos (se forem conhecidos), bem como a ter acesso aos autos do processo de adoção (art. 48 do ECA).

Para a adoção, exige-se o **consentimento** dos pais biológicos do adotando (art. 45 do ECA), a não ser que estes sejam desconhecidos, ou que tenham perdido a autoridade parental (poder familiar) (art. 45, § 1º). Se o adotando tiver mais de doze anos, exige-se também o seu consentimento (art. 45, § 2º).

2.4 Adoção à brasileira

A expressão **adoção à brasileira** refere-se a uma prática disseminada no Brasil de se registrar como seu um filho que sabidamente não o é.

---

[133] Exemplificando: STJ, 4ª Turma, REsp 889.852/RS, relator: Min. Luis Felipe Salomão, julgado em 27/4/2010; 3ª Turma, REsp 1.281.093-SP, relatora: Min. Nancy Andrighi, data do julgamento: 18/12/2012; 3ª Turma, REsp 1.540.814-PR, relator: Min. Ricardo Villas Bôas Cueva, data do julgamento: 18/8/2015.

Um exemplo seria o caso de uma mulher que acolhe um "menino de rua" e decide registrá-lo como se fosse filho dela.

A doutrina e a jurisprudência têm admitido a adoção à brasileira e, inclusive, sustentado que o ato é irrevogável. Isso significa que o Direito brasileiro, em uma atitude de vanguarda que merece aplauso, tem admitido o **reconhecimento espontâneo de filiação socioafetiva**, como vimos anteriormente. A propósito, remetemos o leitor à jurisprudência temática que colacionamos na subseção em que estudamos o reconhecimento espontâneo de filiação.

No entanto, a prática da adoção à brasileira ainda consiste em **tipo penal** (art. 242 do Código Penal[134]). Em razão do aparente conflito, cabe ao julgador analisar com muito cuidado os fatos de cada caso.

Quando uma mulher toma da mãe o filho que esta deu à luz e o registra como seu, como já se viu em caso amplamente noticiado pela mídia brasileira, o Estado tem interesse na aplicação da pena. Por outro lado, quando o adotando não tinha pais conhecidos e se encontrava abandonado, e vem a ser registrado como filho de pessoas cuja intenção é dar a ele uma vida melhor, configura-se a hipótese a que se refere o Código Penal como "de reconhecida nobreza", caso em que a lei autoriza o juiz a deixar de aplicar a pena[135].

Em situações excepcionais, em observância ao princípio da proteção integral e prioritária da criança e do adolescente, mesmo em hipótese de ocorrência da adoção à brasileira, a jurisprudência vem preferindo o acolhimento familiar em detrimento da colocação de menor de tenra idade em abrigo institucional. Assim, quando não há evidente risco à integridade física e psíquica da criança ou do adolescente, há laços afetivos configurados entre a família substituta e o adotado ilegalmente e não está demonstrada a tentativa de burla ao cadastro nacional de adotantes, admite-se a adoção "à brasileira".

2.5 Adoção póstuma

Em regra, o procedimento para a adoção é proposto pelo(s) interessado(s) em vida, inclusive quando se fala em adoção póstuma. Pelo texto do Estatuto da Criança e do Adolescente, a adoção *post mortem* somente poderá ocorrer se o adotante, em vida, manifestou inequivocamente a vontade de adotar e iniciou o procedimento de adoção, vindo a falecer no curso do processo, antes de prolatada a sentença (§ 6º do art. 42). Em outras palavras, essa modalidade de adoção reclama que o falecimento do adotante tenha ocorrido no curso da ação por ele proposta, já que não se admite adoção nuncupativa.

Afastando o excesso de formalismo e privilegiando o melhor interesse da criança ou do adolescente, o Superior Tribunal de Justiça, desde 2013, relativizou a interpretação conferida ao art. 42, § 6º, do ECA, desde que comprovada a inequívoca vontade do *de cujus* em adotar. Ou seja, mesmo que ainda não iniciado o procedimento em vida, é possível o deferimento da adoção *post mortem*, desde que presentes as mesmas regras que comprovam a filiação

---

[134] Art. 242 do Código Penal: "dar parto alheio como próprio; registrar como seu o filho de outrem; ocultar recém-nascido ou substituí-lo, suprimindo ou alterando direito inerente ao estado civil: Pena – reclusão, de dois a seis anos. Parágrafo único. Se o crime é praticado por motivo de reconhecida nobreza; Pena – detenção, de um a dois anos, podendo o juiz deixar de aplicar a pena".

[135] Exemplificando: "[...] Demonstrado o altruísmo do gesto de querer criar como próprio o filho de outrem, rejeitado pela mãe biológica, deve ser concedido o perdão judicial" (TJ-MG – APR: 10313160064090001 MG, relator: Edison Feital Leite, data do julgamento: 16/6/2020, data da publicação: 26/6/2020).

socioafetiva, quais sejam: o tratamento do adotando como se filho fosse e o conhecimento público daquela condição (REsp 1.326.728/RS, relatora: Min. Nancy Andrighi, 3ª Turma, data do julgamento: 20/8/2013, data da publicação: 27/2/2014; AgInt no REsp 1667105/RJ, relator: Min. Ricardo Villas Bôas Cueva, 3ª Turma, data do julgamento: 14/10/2019, data da publicação: 17/10/2019).

Em um caso concreto, o Superior Tribunal de Justiça ponderou que, mesmo sem o ajuizamento prévio da ação de adoção, existiam provas suficientes da intenção inequívoca do falecido em realizar o procedimento, como inúmeras fotos de família e eventos sociais, boletins escolares, convites de formatura e casamento, além de uma robusta prova testemunhal, cujos relatos eram uníssonos em demonstrar que o adotando era reconhecido como filho e assim apresentado ao meio social (AgInt no REsp 1.520.454/RS, relator: Min. Lázaro Guimarães (Desembargador convocado do TRF 5ª Região), 4ª Turma, data do julgamento: 22/3/2018, data da publicação: 16/4/2018).

Embora o tempo seja um dos fatores considerados pela Corte para afastar a exigência prevista no art. 42, § 6º, do ECA (REsp 1663137/MG, relatora: Ministra Nancy Andrighi, 3ª Turma, data do julgamento: 15/8/2017, data da publicação: 22/8/2017), ele não deve ser considerado de forma exclusiva para o deferimento da adoção póstuma. Em outro caso concreto, em que a convivência foi estabelecida pelo lapso temporal de apenas oito meses, o Tribunal de Justiça local lembrou que a legislação não estipula espaço necessário de tempo de convivência para que se comprove a afetividade, que deve ser aferida casuisticamente. No caso submetido a julgamento – e com decisão confirmada pelo STJ –, ficou caracterizado, por meio de estudos sociais, que, durante o pouco tempo de convivência, houve amor e afetividade entre adotante e adotado, sentimentos que somente foram interrompidos com o falecimento do primeiro (AgInt no REsp 1.667.105/RJ, data do julgamento: 14/10/2019).

Como se pode perceber, a existência de laços civis, como regra, deve ser aferida a partir do ajuizamento da ação pelo pretendente. Contudo, excepcionalmente, se houver prova de estabelecimento de vínculos afetivos capazes de configurar a filiação socioafetiva, mesmo na ausência de expresso início de formalização do processo em vida, a adoção póstuma poderá ser viabilizada, afastando-se o rigor do art. 42, § 6º, do ECA.

3. AUTORIDADE PARENTAL (PODER FAMILIAR)

A expressão **poder familiar** refere-se ao conjunto de direitos e deveres dos pais com relação aos filhos menores, e destes com relação aos pais. Origina-se da expressão latina *pater potestas*, traduzida no nosso Direito como **pátrio poder**.

Por ocasião das revisões do projeto de novo Código Civil no Congresso, seu organizador, MIGUEL REALE, sugeriu a substituição da expressão "pátrio poder" por **poder familiar**, atento à equiparação jurídica de homens e mulheres promovida pela Constituição de 1988.[136] A alteração, no entanto, não foi suficiente para romper o laço com a visão patriarcal de família, razão pela qual outras expressões têm sido sugeridas, sendo **autoridade parental**[137] a que mais tem agradado.[138] Isso porquanto não se trata de um poder, mas de um feixe de direitos e deveres, atribuído aos pais, e não à família como um todo. Nesta obra, até a edição anterior, por razões didáticas, no entanto, utilizávamos a expressão poder familiar, apesar de expressamente manifestarmos nossa rejeição a ela, do ponto de vista doutrinário. Todavia, considerando-se que

---

[136] REALE, Miguel. *Estudos preliminares do Código Civil*, cit., p. 23.
[137] Aqui, o adjetivo "parental" é tomado na acepção de "relativo aos pais", e não de "relativo a parentes".
[138] DIAS, Maria Berenice. *Manual de direito das famílias*, cit., p. 417.

o uso da expressão preferível já se pode considerar consagrado, a partir desta edição passamos a usar **autoridade parental**, reservando a expressão poder familiar apenas para uso eventual como sinônimo, para que o texto não fique cansativo.

Pois bem. Conforme asseverado, sujeitam-se à autoridade parental os filhos enquanto menores (art. 1.630 do Código).

A autoridade parental é atribuída aos pais, simplesmente por serem pais, independentemente de estado civil. Deve-se, não obstante, tomar cuidado com a estranha redação do art. 1.631 do Código,[139] a qual dá a impressão de que é atribuída apenas aos pais casados ou vivendo em união estável. Nem mesmo o divórcio ou a dissolução da união estável interferem no poder familiar, gerando consequências somente quanto à guarda dos filhos (art. 1.632).

Também não afetam a autoridade parental o casamento ou o estabelecimento de união estável do pai ou da mãe, fossem eles anteriormente solteiros, divorciados ou advindos de relacionamento conjugal dissolvido, não se admitindo, nas relações entre o pai ou a mãe e o filho, a interferência do cônjuge ou companheiro (art. 1.636). Cabe, todavia, sinalizar para o fato, que tem se tornado comum, de o menor estabelecer com o padrasto ou a madrasta um **vínculo socioafetivo** que leva, em alguns casos, à adoção do enteado. Apesar da ressalva do art. 1.636, constituído o vínculo, surge para o padrasto ou madrasta certa autoridade sobre o menor.

A autoridade parental, por natureza, é **irrenunciável**, **intransferível** e **imprescritível** (ou melhor, não sujeita à decadência). Ou seja, não podem os pais renunciar ao poder familiar, nem transferi-lo a terceiros, ainda que parentes. Ademais, a autoridade não se extingue pelo simples decurso do tempo. Daí se conclui que os pais não podem abandonar os filhos na esperança de conseguir, com isso, a exoneração de suas atribuições, o que também não ocorre se entregarem o filho a terceiros. Nem mesmo o fato de deixarem de exercer suas atribuições por certo período faz extinguir o poder familiar.

Se um dos pais for desconhecido, estiver morto ou impedido, a autoridade parental será exercida exclusivamente pelo outro (art. 1.631, segunda parte). Se o pai não reconhecer o filho, a paternidade será tida como desconhecida, caso em que o poder familiar caberá apenas à mãe (art. 1.633, primeira parte). Se ambos os pais forem desconhecidos, o juiz nomeará ao menor um **tutor** (art. 1.633, segunda parte).

3.1 Exercício da autoridade parental

Caso haja alguma divergência entre os pais, a lei admite que a questão controversa seja submetida ao juiz, para que este decida (art. 1.631, parágrafo único).

A seguir, estudaremos cada uma das **atribuições legais** dos pais para com os filhos no exercício da autoridade parental (art. 1.634). Deve-se atentar para o fato de que o art. 1.634 do Código foi alterado pela Lei 13.058, de 22 de dezembro de 2014, a qual entrou em vigor na data da sua publicação, que ocorreu em 23 de dezembro de 2014. Além da nova redação do *caput*, o dispositivo ganhou dois incisos adicionais.

A nova redação do *caput*, complementada pelos incisos que serão a seguir comentados, é a seguinte: "compete a ambos os pais, qualquer que seja a sua situação conjugal, o pleno exercício do poder familiar, que consiste em, quanto aos filhos".[140]

---

[139] Art. 1.631 do Código: "durante o casamento e a união estável, compete o poder familiar aos pais; na falta ou impedimento de um deles, o outro o exercerá com exclusividade".

[140] A redação anterior era: "compete aos pais, quanto à pessoa dos filhos menores".

3.1.1 Criação e educação

Os pais devem **criar e educar** os filhos (art. 1.634, I),[141] intelectual, ética e formalmente. Os filhos devem aprender com os pais tudo o que precisam para que um dia possam se tornar independentes, e são os pais, em primeiro lugar, quem poderá lhes prover **conhecimento, ética e cultura**. No exercício desse dever, não basta ensinar os filhos a cozinhar ou pescar, ou colocá-los na escola. Cabe aos pais construir o caráter dos filhos, guiando-os, dando-lhes acesso ao conhecimento, promovendo seu raciocínio e ensinando-lhes como se faz o bem.

3.1.2 Exercício da guarda unilateral ou compartilhada

Cabe também aos pais **exercer a guarda unilateral ou compartilhada** (art. 1.634, II). O cumprimento desse dever – ligeiramente alterado pela Lei 13.058/2014; a redação anterior era "tê-los em sua companhia e guarda" – é importante na promoção da criação e da educação, e também na segurança dos filhos. Nos muitos casos de pais que trabalham fora o dia todo, é necessário que cuidem para que os filhos, em sua ausência, sejam mantidos em boa companhia e protegidos.

3.1.3 Consentimento para o casamento

Vez que a lei exige o **consentimento** de ambos os pais para que o maior de dezesseis e menor de dezoito anos possa casar (art. 1.517), cumpre a eles sopesar as razões para que a concedam ou neguem (art. 1.634, III),[142] sempre levando em conta o **melhor interesse** do filho.

3.1.4 Consentimento para viagens ao exterior

A nova redação do inciso IV do art. 1.634 do Código, a partir da entrada em vigor da Lei 13.058/2014, passou a ser "conceder-lhes ou negar-lhes consentimento para viajarem ao exterior". Trata-se de uma das inovações do novo texto do art. 1.634, sem correspondente anterior. Somada à nova redação do *caput*, a disposição deixa claro que a concessão ou não de autorização para viagens ao exterior consiste em exercício do poder familiar, o qual cabe a ambos os pais, seja qual for sua situação conjugal.

3.1.5 Consentimento para mudança de residência permanente para outro município

Também o inciso V contém inovação na disciplina do exercício do poder familiar. A partir de sua entrada em vigor, a deliberação sobre a mudança de residência permanente dos filhos para outro município também passou a ser atribuição de ambos os pais, independentemente de sua situação conjugal.

3.1.6 Nomeação de tutor

Embora não se trate de uma imposição, a lei prevê que compete aos pais nomear em testamento ou outro documento hábil um **tutor** para a hipótese de o outro dos pais já ter morrido

---

[141] A alteração realizada na redação deste inciso foi apenas quanto à forma: acrescentou-se o artigo "a" antes do substantivo "educação".

[142] A redação deste inciso permaneceu a mesma.

quando da morte do nomeador, ou de este se encontrar, à época, impossibilitado de exercer a autoridade parental (art. 1.634, VI).[143]

3.1.7 Representação e assistência

Os pais devem **representar** os filhos menores de dezesseis anos, judicial e extrajudicialmente, na prática dos **atos da vida civil**, e **assisti-los**, após essa idade, nos atos que requeiram a assistência (art. 1.634, VII,[144] e art. 1.690). A respeito deste tema, remetemos ao leitor à teoria das pessoas – teoria das capacidades – na Parte I deste livro.

3.1.8 Recuperação

Se alguém detiver ilegalmente os filhos de outrem, cabe aos pais **recuperá-los**, ou reclamá-los, na linguagem da lei (art. 1.634, VIII).[145] Cumpre destacar que em alguns casos restará aos pais recorrer ao Estado-juiz para fazê-lo, por meio de ação de busca e apreensão, por exemplo – e não agir por conta própria.

3.1.9 Obediência, respeito e realização de tarefas

No exercício da autoridade parental, cabe aos pais exigir dos filhos **obediência e respeito**, bem como a **realização de pequenas tarefas** (art. 1.634, IX).[146] Aqui, impende ressaltar que a obediência, o respeito e o cumprimento de tarefas fazem parte da formação ética dos filhos e da organização da família, mas não são um privilégio dos pais. Ou seja, os pais devem a todo instante ser guiados pelo **princípio do melhor interesse do menor**. Ademais, o dever de respeitar é mútuo: tanto os filhos devem respeito aos pais quanto os pais aos filhos.

Atualmente, não se pode admitir o abuso dos filhos, por meio de agressão física ou psicológica, nem exigir deles a realização de atividades que geram benefício para os pais em detrimento da criança ou do adolescente. Não há mal algum em ensinar um filho a arrumar a cama e exigir dele que o faça, mas pedir à criança para ir ao bar da esquina comprar cigarros para o pai ou a mãe constitui prática que deixou de ser admitida pelo Direito. Pedir esmolas, nem pensar.

3.2 Extinção, suspensão e perda da autoridade parental

A sociedade tem interesse em que o Estado-juiz intervenha na esfera privada da família para interferir na autoridade dos pais sobre os filhos, desde que tal intervenção tenha o objetivo de **garantir a proteção dos filhos**, à luz do **princípio do melhor interesse do menor**. Daí que o Direito regula não apenas hipóteses de extinção natural do poder familiar, como também de sua **suspensão** e **perda**.

3.2.1 Extinção da autoridade parental

A autoridade parental se **extingue**, naturalmente, pela **morte ou dos pais ou do filho**, pela **emancipação** e pela **maioridade** (art. 1.635, I a III). As hipóteses decorrem da lógica: não

---

[143] O atual inciso VI corresponde ao anterior inciso IV.
[144] O atual inciso VII corresponde, com pequena alteração de redação, ao anterior inciso V.
[145] O atual inciso VIII corresponde ao anterior inciso VI.
[146] O atual inciso IX corresponde ao anterior inciso VII.

podem pais mortos gozar de autoridade sobre os filhos, nem pode haver poder familiar sobre filho que já morreu. Ademais, se, por definição, a autoridade parental vincula os pais aos filhos menores, tem obrigatoriamente de se extinguir, quando os filhos adquirirem a capacidade civil plena, seja pela emancipação ou pela maioridade.

Por imposição jurídica, também há extinção do poder familiar quando ocorre a **adoção** (art. 1.635, IV). Nesse caso, ao mesmo tempo em que se extingue a autoridade dos pais que deram o filho à adoção, nasce o poder familiar dos pais que adotaram o menor.

3.2.2 Suspensão da autoridade parental

A **suspensão** da autoridade parental consiste em um ato de grande interferência do Direito na vida da família, que se legitima no interesse que a sociedade tem de proteger os menores. Daí que o ato não tem a natureza de **sanção aos pais**, mas sim de **medida protetiva dos filhos**.

A lei prevê a hipótese genérica de suspensão do poder familiar quando se constatar o **abuso de autoridade dos pais**, que se manifesta no **descumprimento de deveres parentais** ou na **ruína de bens dos filhos** (art. 1.637, primeira parte). Nesses casos, cabe a algum parente ou ao Ministério Público o ajuizamento de ação com pedido de suspensão da autoridade parental ou de aplicação de outra medida que se considere apta a proteger o menor (art. 1.637, segunda parte).

Há também a previsão de suspensão da autoridade parental no caso de o pai ou a mãe serem **condenados a pena criminal superior a dois anos** (art. 1.637, parágrafo único). No entanto, a doutrina tem defendido a não aplicação dessa norma, sobretudo em atenção ao fato de que, no estágio atual do Direito Penal, as penas iguais ou inferiores a quatro anos são cumpridas em regime aberto, e existe a possibilidade de substituição de penas privativas de liberdade por penas restritivas de direitos, não sendo justificável a suspensão automática do poder familiar, sem que se analisem as peculiaridades de cada caso.[147] Na verdade, cuida-se de mais um dispositivo transcrito do Código de 1916, com pequenas alterações apenas na redação, sem atentar para a evolução do ordenamento jurídico como um todo.[148]

> **Atenção:** vale destacar que, em 2022, houve alteração na legislação para **retirar a suspensão da autoridade parental da lista de medidas possíveis a serem usadas pelo juiz em casos de prática de alienação parental** (Lei 14.340/2022, que entrou em vigor em 19/5/2022). A doutrina criticava a medida, especialmente porque já existia, na legislação, providências suficientes à preservação do melhor interesse da criança ou do adolescente. De toda forma, nas hipóteses anteriores (como condenação criminal), a suspensão permanece possível.

3.2.3 Perda da autoridade parental

A **perda** da autoridade parental, **medida extrema de proteção dos filhos** imposta pelo Direito, também não tem, assim como a suspensão, caráter de punição dos pais. O que legitima a intervenção pública no seio da família é o **melhor interesse do menor**.

Impende frisar que o assunto da perda da autoridade parental vem sofrendo alterações recentes. A primeira veio em 2017, quando a Lei 13.509/2017 incluiu ao rol já existente nova hipótese, que passou a constar no inc. V do art. 1.638.

---

[147] DIAS, Maria Berenice. *Manual de direito das famílias*, cit., p. 428.
[148] A referência é ao art. 394, parágrafo único. Cabe lembrar que à época da edição do Código Civil, o país ainda vivia sob a égide do Código Criminal de 1890!

Outra alteração veio em 2018, com a Lei 13.715, de 24 de setembro, a qual entrou em vigor na data da sua publicação, em 25 de setembro, e que acrescentou ao art. 1.638 outras hipóteses de perda do poder familiar em parágrafo único.

Após as referidas alterações, configuram hipóteses de perda da autoridade parental, segundo o art. 1.638 do Código, com a redação que lhe deu a Lei 13.509/2017: (1) **castigo imoderado dos filhos; abandono;** (2) **prática de atos contrários à moral e aos bons costumes;** (3) **incidência reiterada em alguma das hipóteses de suspensão;** (4) **entrega, de forma irregular, do filho a terceiros para fins de adoção** (hipótese nova); conforme o parágrafo único do art. 1.638, acrescentado pela Lei 13.715, também constituem hipóteses (novas) de perda do poder familiar: (5) a prática contra outrem igualmente titular do mesmo poder familiar: (5.1) de homicídio, feminicídio ou lesão corporal de natureza grave ou seguida de morte, quando se tratar de crime doloso envolvendo violência doméstica e familiar ou menosprezo ou discriminação à condição de mulher; (5.2) de estupro ou outro crime contra a dignidade sexual sujeito à pena de reclusão; (6) a prática, contra filho, filha ou outro descendente: (6.1) de homicídio, feminicídio ou lesão corporal de natureza grave ou seguida de morte, quando se tratar de crime doloso envolvendo violência doméstica e familiar ou menosprezo ou discriminação à condição de mulher; (6.2) de estupro, estupro de vulnerável ou outro crime contra a dignidade sexual sujeito à pena de reclusão.

Havendo ação judicial que envolva a prática de crime, o art. 92 do Código Penal estabelece como efeito secundário da condenação a incapacidade para o exercício do poder familiar. Trata-se de penalidade aplicável exclusivamente aos crimes dolosos sujeitos à pena de reclusão e cometidos contra filho, filha ou outro descendente, ou contra alguém igualmente sujeito ao poder familiar.

Assim como a suspensão, a medida da perda do poder familiar somente se aplica por meio de sentença, cabendo o ajuizamento da ação respectiva aos parentes ou ao Ministério Público.

3.3 Usufruto e administração dos bens dos filhos

No exercício da autoridade parental, a lei concede aos pais o **usufruto e a administração** dos bens dos filhos (art. 1.689). Trata-se, pois, de **usufruto legal**, estabelecido pela lei, e não por acordo entre o proprietário e o usufrutuário.

Cabe aos pais, então, em comum, decidir as questões relativas a tais bens, e, não havendo consenso, submetê-las ao juiz (art. 1.690, parágrafo único).

Na administração dos bens dos filhos, é vedado aos pais **alienar ou gravar de ônus real** os bens imóveis, bem como contrair, em nome deles, obrigações que não sejam consideradas de simples administração (art. 1.691, primeira parte). Admite-se, no entanto, que o juiz derrube essas vedações quando se demonstrar a necessidade ou o evidente interesse dos filhos (art. 1.691, segunda parte). Frise-se que a **autorização judicial** há de preceder o ato, não o convalidando a que lhe for posterior. A declaração de **nulidade**, no caso de descumprimento da proibição, pode ser pleiteada pelo próprio filho, pelos herdeiros ou pelo representante legal (art. 1.691, parágrafo único).

Um exemplo de caso de necessidade seria o de uma casa em ruínas integrante do patrimônio do filho. Na insuficiência de recursos para a reforma, os pais podem pedir ao juiz que autorize a venda do bem. Por sua vez, um exemplo de caso de evidente interesse seria a venda de ações que o filho tem na bolsa de valores, em razão de uma enorme valorização, que renderá ao patrimônio do menor grandes lucros. Demonstrando a possível vantagem, poderão os pais requerer que o juiz autorize a alienação.

No exercício da administração dos bens dos filhos, pode acontecer de os interesses dos pais **colidirem** com os dos filhos. Se isso ocorrer, caberá ao filho ou ao Ministério Público pedir ao juiz a nomeação de um **curador especial** para o menor (art. 1.692), que velará por seus interesses naquele caso.

Por fim, impende destacar que a lei **exclui do usufruto e da administração** dos pais os seguintes bens (art. 1.693): (1) os que integravam o patrimônio do filho antes de este ser reconhecido; (2) a renda que o maior de dezesseis anos auferir de atividade profissional que desempenha, bem como os bens com ela adquiridos; (3) os bens deixados ou doados ao filho com cláusula de não serem usufruídos, ou administrados, pelos pais; (4) os bens herdados pelo filho em substituição a um dos pais, em razão da exclusão deste da herança.

4. GUARDA DOS FILHOS

4.1 Aspectos gerais

Quando a sociedade conjugal ou a união estável termina, ou quando os pais não vivem juntos, é necessário que se determine **com quem permanecerá a guarda dos filhos menores ou incapazes**.[149] A matéria que estudaremos a seguir aplica-se tanto aos casos de divórcio, separação judicial e dissolução da união estável (art. 1.584, I) quanto aos casos de anulação ou declaração de nulidade do casamento (art. 1.587).

Historicamente, somente se discutia o tema com relação ao fim do casamento, e a guarda era atribuída ao cônjuge "inocente" – conceito discutido nos casos de desquite e de separação judicial. Posteriormente, houve alterações na matéria, mas a guarda continuava sendo predominantemente **unilateral**, ou seja, concedida a apenas um dos pais, cabendo ao outro o direito de visita.

A partir da alteração promovida no Código Civil pela Lei 11.698/2008, a matéria ganhou nova disciplina, com o estabelecimento da guarda compartilhada. Em 2014, a matéria foi mais uma vez modificada, com as alterações trazidas pela Lei 13.058, de 22 de dezembro, a qual entrou em vigor na data da sua publicação, em 23 de dezembro de 2014. A Lei 13.058/2014 alterou ou arts. 1.583, 1.584, 1.585 e 1.634 do Código.

Segundo o art. 1.583 do Código, a guarda será **unilateral** *ou* **compartilhada**. A lei cuidou, ademais, de conceituar cada uma dessas espécies:

§ 1º Compreende-se por guarda unilateral a atribuída a um só dos genitores ou a alguém que o substitua (art. 1.584, § 5º) e, por guarda compartilhada a responsabilização conjunta e o exercício de direitos e deveres do pai e da mãe que não vivam sob o mesmo teto, concernentes ao poder familiar dos filhos comuns.

Inicialmente, é dado aos pais dispor sobre a guarda dos filhos, na ação de divórcio, de separação judicial, de dissolução de união estável ou em medida cautelar de separação de corpos (arts. 1.584, I, e 1.585), cabendo ao juiz decidir, atentando para as **necessidades específicas do filho** e para a **distribuição de tempo necessária ao convívio deste com o pai e com a mãe** (art. 1.584, II).

Segundo a nova redação do § 2º do art. 1.584, dada pela Lei 13.058/2014, "quando não houver acordo entre a mãe e o pai quanto à guarda do filho, encontrando-se ambos os genitores aptos a exercer o poder familiar, será aplicada a guarda compartilhada, salvo se um dos genitores declarar ao magistrado que não deseja a guarda do menor". Cabe destacar, para fins de comparação, a redação anterior do dispositivo, dada pela Lei 11.698/2008: "quando não houver acordo entre a mãe e o pai quanto à guarda do filho, será aplicada, sempre que possível, a guarda compartilhada". Veja-se que o texto atual, além de contemplar a hipótese de guarda unilateral no caso de um dos pais declarar que não deseja a guarda, omitiu o "sempre que possível" do preceito anterior.

---

[149] Segundo o art. 1.590 do Código, as disposições que se referem à guarda e aos alimentos dos filhos menores devem ser também aplicadas aos filhos maiores incapazes.

Segundo o § 3º do art. 1.584, na guarda compartilhada deve ser considerada como cidade base de moradia dos filhos a que melhor atender a seus interesses.

Sendo a guarda atribuída unilateralmente a um dos pais, caberá ao outro **supervisionar os interesses do filho** (art. 1.583, § 5º). Veja-se que a nova redação do dispositivo (anterior § 3º) é mais completa, prevendo que "para possibilitar tal supervisão, qualquer dos genitores sempre será parte legítima para solicitar informações e/ou prestação de contas, objetivas ou subjetivas, em assuntos ou situações que direta ou indiretamente afetem a saúde física e psicológica e a educação de seus filhos".

Destaque-se que, segundo o inovador § 6º do art. 1.584, incluído pela Lei 13.058/2014, "qualquer estabelecimento público ou privado é obrigado a prestar informações a qualquer dos genitores sobre os filhos destes, sob pena de **multa** de R$ 200,00 (duzentos reais) a R$ 500,00 (quinhentos reais) por dia pelo não atendimento da solicitação".

Recebendo o pedido de atribuição da guarda, o juiz designará audiência de conciliação, em que deverá informar aos pais qual o **significado da guarda compartilhada**, alertá-los sobre sua importância, sobre a similitude dos direitos e deveres atribuídos a ambos e sobre as sanções impostas pelo descumprimento de suas cláusulas (art. 1.584, § 1º). Frise-se que o **Ministério Público** atuará a todo instante no processo, como *custos leges* (art. 178, II, do CPC/2015).[150]

Com a nova redação atribuída ao art. 1.585 pela Lei 13.058/2014, a oitiva dos pais anterior à decisão do juiz passou a ser recomendável também em sede de **medida cautelar** de separação de corpos ou de guarda, ou em outra sede de fixação liminar de guarda, sendo dispensada apenas se o exigir a proteção dos interesses dos filhos.

No caso de guarda compartilhada, o juiz poderá, para estabelecer as atribuições do pai e da mãe, de ofício ou a requerimento do Ministério Público, solicitar **orientação técnico-profissional** ou de **equipe interdisciplinar** (art. 1.584, § 3º).

Pode ser que o juiz, atento ao princípio do **melhor interesse do menor**, decida conceder a guarda a **pessoa diversa do pai e da mãe**, caso em que deverá atribuí-la à pessoa que revelar melhor compatibilidade com a guarda, levando em consideração, preferencialmente, o **grau de parentesco** e as **relações de afinidade e afetividade** (art. 1.584, § 5º).

Na hipótese de guarda unilateral, o pai ou mãe que não a tiverem poderão **visitar os filhos e tê-los em sua companhia**, segundo o que for acordado com o outro genitor, ou que for estabelecido pelo juiz, além de poder **fiscalizar** sua manutenção e educação (art. 1.589). A partir da entrada em vigor da Lei 13.058/2014, passou a ter em seu auxílio também o direito previsto pelo § 6º do art. 1.584.

Com relação ao direito de visita, veja-se que a Lei 12.398/2011 acrescentou o parágrafo único ao art. 1.589, o qual preceitua que "o direito de visita estende-se a qualquer dos avós, a critério do juiz, observados os interesses da criança ou do adolescente".

Se houver alteração não autorizada, ou se for verificado o descumprimento imotivado de cláusula de guarda, seja ela unilateral ou compartilhada, o juiz poderá **reduzir o número de prerrogativas** atribuídas ao infrator (art. 1.584, § 4º). Destaque-se que a nova redação, atribuída pela Lei 13.058/2014, revogou a parte final do texto, que previa a possibilidade de redução do número de horas de convivência com os filhos.

É lícito ao juiz regular a guarda de maneira diferente da disposta no Código, caso **motivos graves** o justifiquem (art. 1.586).

Por fim, impende destacar que o **novo casamento** de qualquer dos pais não altera a situação da guarda (art. 1.588).

---

[150] O Novo Código de Processo Civil continuará exigindo a intervenção do membro do Ministério Público sempre que houver interesse de incapaz.

4.2 Guarda compartilhada: peculiaridades e implicações

Nos casos de divórcio, separação judicial ou dissolução de união estável, é dado aos pais dispor sobre a guarda dos filhos (arts. 1.584, I, e 1.585 do CC), cabendo ao juiz decidir, atentando-se para as necessidades específicas do filho e para a distribuição de tempo necessária ao convívio deste com o pai e com a mãe (art. 1.584, II, do CC).

Como visto, segundo o art. 1.583 do Código Civil, a guarda será unilateral *ou* compartilhada. A lei cuidou, ademais, de conceituar cada uma dessas espécies:

> Art. 1.583. [...]
>
> § 1º Compreende-se por guarda unilateral a atribuída a um só dos genitores ou a alguém que o substitua (art. 1.584, § 5º) e, por guarda compartilhada a responsabilização conjunta e o exercício de direitos e deveres do pai e da mãe que não vivam sob o mesmo teto, concernentes ao poder familiar dos filhos comuns.

A redação do § 2º do art. 1.584 do Código Civil, dada pela Lei 13.058/2014, prevê que:

> Art. 1.584. [...]
>
> [...]
>
> § 2º Quando não houver acordo entre a mãe e o pai quanto à guarda do filho, encontrando-se ambos os genitores aptos a exercer o poder familiar, será aplicada a guarda compartilhada, salvo se um dos genitores declarar ao magistrado que não deseja a guarda do menor.

Cabe destacar, para fins de comparação, a redação anterior do dispositivo, dada pela Lei 11.698/2008: "quando não houver acordo entre a mãe e o pai quanto à guarda do filho, será aplicada, sempre que possível, a guarda compartilhada". Veja-se que o texto atual, além de contemplar a hipótese de guarda unilateral no caso de um dos pais declarar que não deseja a guarda, omitiu o "sempre que possível" do preceito anterior, o que nos faz concluir que a guarda compartilhada será a regra, só podendo ser afastada em casos excepcionais.

A guarda compartilhada não pode ser confundida com a guarda alternada. Na primeira, ocorre o compartilhamento tanto da guarda jurídica quanto da guarda material, de modo que todas as demandas em relação aos filhos devem ser discutidas de forma conjunta pelos genitores. Na guarda alternada, há o gozo de períodos exclusivos de guarda jurídica e material. Assim, na guarda alternada, enquanto a criança estiver na companhia de um dos genitores, caberá a este, com exclusividade, tomar as decisões de interesse dos filhos. O Enunciado 604 da VII Jornada de Direito Civil do CJF reforça a diferença ao estabelecer que:

> A divisão, de forma equilibrada, do tempo de convívio dos filhos com a mãe e com o pai, imposta na guarda compartilhada pelo § 2º do art. 1.583 do Código Civil, não deve ser confundida com a imposição do tempo previsto pelo instituto da guarda alternada, pois esta não implica apenas a divisão do tempo de permanência dos filhos com os pais, mas também o exercício exclusivo da guarda pelo genitor que se encontra na companhia do filho.

Essa distribuição do tempo de convivência não precisa ser definida de forma matemática, como vemos nos casos em que são fixados dias e horas exatamente iguais para cada um dos genitores. Nesse sentido o Enunciado 603 do CJF:

> A distribuição do tempo de convívio na guarda compartilhada deve atender precipuamente ao melhor interesse dos filhos, não devendo a divisão de forma equilibrada, a que alude o § 2º do art. 1.583 do Código Civil, representar convivência livre ou, ao contrário, repartição de tempo matematicamente igualitária entre os pais.

Como a guarda compartilhada pressupõe consenso em relação às necessidades do filho, sequer haveria necessidade de divisão do tempo de convivência. Caberia aos pais analisar as condições da criança ou do adolescente e, a partir do seu melhor interesse (e também das peculiaridades da vida de cada genitor), estabelecer a forma de convivência. Na prática, infelizmente, esse consenso quase nunca ocorre, de modo que muitos juízes estabelecem horários, dias e demais particularidades da relação de convivência entre os pais e os filhos.

Como uma espécie de "punição" para o genitor que descumprir os termos da guarda, admite-se a fixação de multa, na forma do art. 536 do CPC/2015. Trata-se de providência confirmada pelo STJ, para quem a medida coercitiva pode ser aplicável a toda e qualquer relação jurídica de obrigação de fazer e de não fazer, inclusive ao direito de visitas, com o objetivo de conferir efetividade a um direito fundamental da criança ou do adolescente[151].

Uma dúvida sempre presente está relacionada ao **domicílio do filho**. Parte da doutrina entende que, mesmo na guarda compartilhada, deve haver um lar único, embora a convivência seja com ambos os genitores. Essa interpretação é extraída do art. 1.583, § 3º, do Código Civil, segundo o qual "na guarda compartilhada, a cidade considerada base de moradia dos filhos será aquela que melhor atender aos interesses dos filhos".

MARIA BERENICE DIAS critica a fixação de residência do filho a um lar específico, argumentando que, como a guarda compartilhada encerra não só a custódia legal mas também a custódia física do filho, a fixação do duplo domicílio é um corolário lógico. Segundo a autora:

> Encontrando-se ambos os pais aptos a exercer o poder familiar é aplicada, coactamente, a guarda compartilhada, sendo de todo desnecessário – e até inconveniente – o estabelecimento de uma base de moradia do filho, o que acaba por alimentar o desequilíbrio nas relações parentais além de reforçar o modelo hierarquizado de família, que a lei tenta evitar e que estão mais do que na hora de acabar.[152]

Contudo, não é essa a providência que vem sendo adotada pelos tribunais. Confira alguns exemplos:

> Apelação cível. Direito de família. Guarda compartilhada. Fixação da residência. Melhor interesse dos menores. Estudo psicossocial. Sentença reformada. Cumpre à família zelar pelos direitos e integridade da criança e do adolescente, conforme determina o artigo 4º do Estatuto da Criança e do Adolescente e artigo 227 da Constituição da República. A guarda tem como pressuposto a prestação de assistência material, moral e educacional à criança ou adolescente, nos termos do artigo 33 do Estatuto da Criança e do Adolescente, de modo que, considerando os estudos psicossociais existentes nos autos, **a fixação da residência de ambos os menores deve ser na casa da genitora, que está mais apta a melhor atender aos interesses das crianças** (TJ-MG, AC: 10324160023648001 Itajubá, Relator: Moacyr Lobato, data do julgamento: 22/4/2021, 5ª Câmara Cível, data da publicação: 27/4/2021).

---

[151] "É válida a aplicação de astreintes quando o genitor detentor da guarda da criança descumpre acordo homologado judicialmente sobre o regime de visitas. A aplicação das astreintes em hipótese de descumprimento do regime de visitas por parte do genitor, detentor da guarda da criança se mostra como um instrumento eficiente e também, menos drástico para a criança" (STJ, 3ª Turma, REsp 1.481.531-SP, relator: Min. Moura Ribeiro, data do julgamento: 16/2/2017 (Info 599)).

[152] Fonte: <https://www.conjur.com.br/2018-mar-17/maria-berenice-dias-guarda-compartilhada-beneficia-pais-filhos>.

Apelação cível. Guarda. Prevalência do *status quo*. Princípio do bem-estar dos menores. Guarda compartilhada. Fixação da residência materna como referência. Pretensão ao exercício unilateral da guarda. Descabimento. Sentença confirmada. As alterações de guarda, em regra, devem ser evitadas, na medida em que acarretam modificações na rotina de vida e nos referenciais dos menores, e, por conseguinte, geram transtornos de toda ordem. **Deve ser mantido o compartilhamento da guarda do filho dos litigantes e a fixação da residência materna como referência**, conforme verificado até o encerramento da instrução, como aponta o conjunto probatório dos autos. A pretensão ao exercício unilateral da guarda formulada pela genitora, embasada em alterações ocorridas após o encerramento da instrução, deve ser objeto de nova instrução, na via revisional adequada. Apelo desprovido (TJ-RS, AC: 70084033414 RS, relator: Sandra Brisolara Medeiros, data do julgamento: 28/5/2020, 7ª Câmara Cível, data da publicação: 3/9/2020).

Ação de Modificação de Guarda. Pedido de fixação da guarda unilateral em favor do genitor. Alegação de desavença com a mãe. Visita materna que compreende os finais de semana alternados com pernoite e jantares às quartas. Alegação da genitora de impossibilidade de fixação da guarda compartilhada, vez que ambos os genitores deveriam ser privilegiados. Prevalência do melhor interesse da menor. **Guarda compartilhada, fixação de residência com o genitor e regulamentação de visitas da genitora. Sentença mantida.** Adoção do art. 252 do RITJ. Recurso desprovido (TJ-SP, AC: 10426588620188260100 SP 1042658-86.2018.8.26.0100, relator: Jair de Souza, data do julgamento: 2/6/2020, 10ª Câmara de Direito Privado, data da publicação: 2/6/2020).

Em relação aos alimentos, a fixação dessa modalidade de guarda não excluiu automaticamente a obrigação, devendo a fixação da verba alimentar ser ponderada a partir do trinômio necessidade, possibilidade e razoabilidade. O Enunciado 607 do CJF expõe essa ideia e a jurisprudência pátria acolhe o entendimento, ressalvando os casos em que as condições financeiras de ambos os genitores são semelhantes. A título de exemplo:

Apelação cível. Ação de guarda. Guarda compartilhada. Alimentos. Não obstante a fixação de alimentos não seja incompatível com o estabelecimento da guarda compartilhada, no caso, exercendo ambos os genitores atividade laborativa, e não sendo extraordinário os gastos da filha, cabe a ambos os genitores arcar com as despesas da menina no período em que a infante se encontra sob seus cuidados. Recurso desprovido (Apelação Cível 70065711848, 7ª Câmara Cível, Tribunal de Justiça do RS, relator: Liselena Schifino Robles Ribeiro, data do julgamento: 26/8/2015).

Em alguns casos, ainda no que tange aos alimentos, **quando o filho permanece a maior parte do tempo com determinado genitor, a jurisprudência admite a exoneração temporária do encargo**:

[...] Desnecessário, no caso, a fixação de alimentos a serem pagos pelo genitor, pois é com ele que o filho permanecerá a maior parte do tempo. Conexo à AC nº 70078810660. Negaram provimento a ambos os apelos (Apelação Cível nº 70078800125, 8ª Câmara Cível, Tribunal de Justiça do RS, relator: Rui Portanova, data do julgamento: 22/11/2018).

Portanto, **não há uma regra para a fixação ou a dispensa de alimentos quando, entre os pais, a guarda é estabelecida na forma compartilhada**. O caso concreto, as condições financeiras e as necessidades da criança ou do adolescente é que irão definir se a obrigação de pagar alimentos poderá ou não ser temporariamente afastada.

Outro aspecto de suma importância reside na **autorização para viagens**. Como se sabe, o regramento previsto no Estatuto da Criança e do Adolescente estabelece que nenhuma criança ou adolescente menor de 16 anos poderá viajar para fora da comarca onde reside **desacompanhado**

dos pais ou dos responsáveis sem expressa autorização judicial. Haverá dispensa da autorização judicial (art. 183 do ECA; Resolução 295/2019 do CNJ) nas seguintes hipóteses:

1. quando se tratar de comarca próxima à da residência do menor, desde que no mesmo estado ou na mesma região metropolitana;

2. quando a criança ou o adolescente menor de 16 anos estiver acompanhado de ascendente ou colateral maior de idade, até o terceiro grau (irmão, irmã, tio, tia, sobrinho e sobrinha);

3. quando a criança ou o adolescente menor de 16 anos estiver acompanhado de pessoa maior, expressamente autorizada por mãe, pai, ou responsável, por meio de escritura pública ou de documento particular com firma reconhecida por semelhança ou autenticidade;

4. quando houver autorização expressa dos genitores (qualquer um deles) ou responsável legal da criança ou do adolescente, por escritura pública ou de documento particular com firma reconhecida por semelhança ou autenticidade; e

5. quando a criança ou o adolescente menor de 16 anos apresentar passaporte válido com expressa autorização para que viaje desacompanhada ao exterior. Em todos os casos, os documentos de autorizações dadas por genitores ou responsáveis legais deverão discriminar o prazo de validade, compreendendo-se, em caso de omissão, que a autorização é válida por dois anos.

Dessa forma, a criança ou o adolescente menor de 16 anos que viajar dentro do território brasileiro com um dos pais (genitor ou genitora) não precisará de autorização judicial, assim como nas hipóteses anteriormente descritas. Se um dos pais está na companhia do filho, também não há necessidade de autorização do outro, e isso não se altera em razão da guarda.

Isso não quer dizer que, se houver previsão em acordo judicial sobre a realização de viagens, os genitores não sofrerão consequências em caso de descumprimento. Vamos ao exemplo: imagine que Marcos e Samanta são pais de Eugênia, que tem 12 anos de idade, e ambos residem em Fortaleza. Marcos pretende levar Eugênia para São Paulo, residência dos avós. Para o embarque, ele não precisará de autorização de Samanta, porque a legislação não exige tal providência. No entanto, se o acordo/decisão sobre a guarda – qualquer que seja a modalidade – for descumprido (ex.: Marcos permanecer com Eugênia em São Paulo no período em que a convivência deveria ser da genitora), Samanta poderá acionar a autoridade judicial e requerer a aplicação da multa e, em último caso, a busca e apreensão da filha.

Como estamos abordando a guarda compartilhada, que se baseia no compartilhamento de responsabilidades, não é razoável que, mesmo sem a necessidade de autorização do outro, um dos genitores viagem com o filho sem fazer qualquer comunicação.

Em se tratando de **viagens internacionais**, a autorização judicial é dispensável, se a criança ou o adolescente: I – estiver acompanhado de ambos os pais ou responsável; II – viajar na companhia de um dos pais, autorizado expressamente pelo outro por meio de documento com firma reconhecida. Se a criança ou o adolescente morar no exterior, não precisará de autorização, desde que comprove o local da residência, por meio de Atestado de Residência emitido há menos de dois anos por Repartição Consular Brasileira, e desde que viaje com um dos pais.

De acordo com o Conselho Nacional de Justiça[153], a autorização de viagem poderá ser inscrita no passaporte do menor, por solicitação expressa dos pais ou responsáveis legais. Isso ocorrerá, no entanto, somente em caso de emissão ou renovação do passaporte do menor.

---

[153] Cartilha disponível em: <https://www.cnj.jus.br/wp-content/uploads/2019/09/69a4edf47f9bee943e-814f0d62446eec.pdf>.

Nesse caso, o menor poderá viajar acompanhado de apenas um dos genitores ou responsáveis sem a necessidade de Autorização de Viagem para Menor. O prazo de validade da autorização inscrita no passaporte corresponde ao prazo de validade do próprio documento de viagem.

Dessa forma, em se tratando de viagem internacional, será sempre imprescindível a presença de ambos os pais ou, se somente um estiver na companhia do filho, a autorização expressa do outro. Esse regramento é especial e não se altera em razão da forma de guarda fixada.

Por fim, destaca-se que, embora a legislação estimule a fixação da guarda compartilhada, esta nem sempre será viável. Por exemplo, o STJ já decidiu que, quando os genitores residem em cidades distintas, os próprios limites geográficos afastam a exigência legal:

> Recurso especial. Civil e processual civil. Família. Guarda compartilhada. Consenso. Desnecessidade. Limites geográficos. Implementação. Impossibilidade. Melhor interesse dos menores. Súmula nº 7/STJ. 1. A implementação da guarda compartilhada não se sujeita à transigência dos genitores. 2. As peculiaridades do caso concreto inviabilizam a implementação da guarda compartilhada, tais como a dificuldade geográfica e a realização do princípio do melhor interesse dos menores, que obstaculizam, a princípio, sua efetivação. 3. Às partes é concedida a possibilidade de demonstrar a existência de impedimento insuperável ao exercício da guarda compartilhada, como por exemplo, limites geográficos. Precedentes. 4. A verificação da procedência dos argumentos expendidos no recurso especial exigiria, por parte desta Corte, o reexame de matéria fática, o que é vedado pela Súmula nº 7 deste Tribunal. 5. Recurso especial não provido (REsp 1605477/RS, relator: Min. Ricardo Villas Bôas Cueva, 3ª Turma, data do julgamento: 21/6/2016, data da publicação: 27/6/2016).

Quadro Esquemático 5

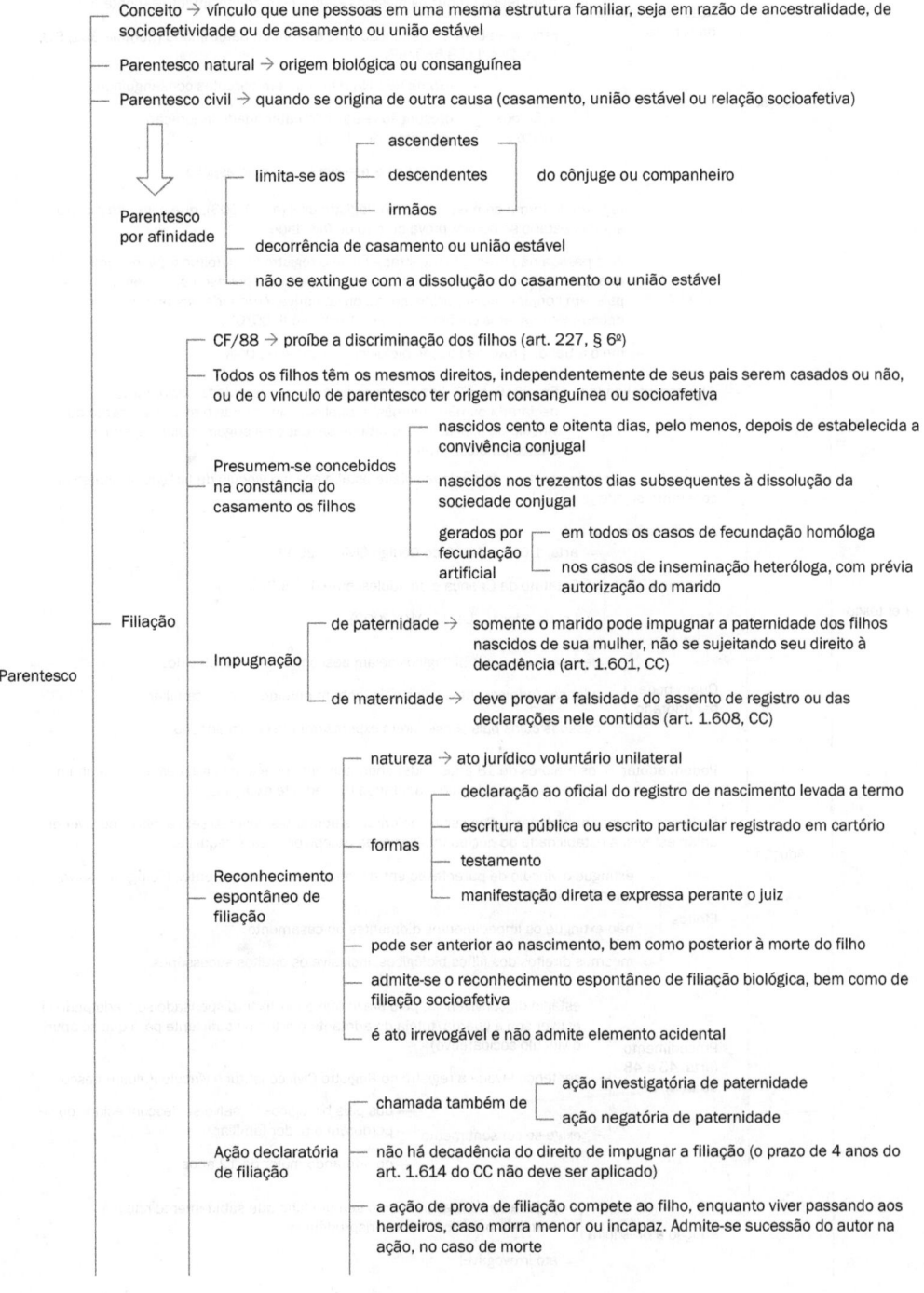

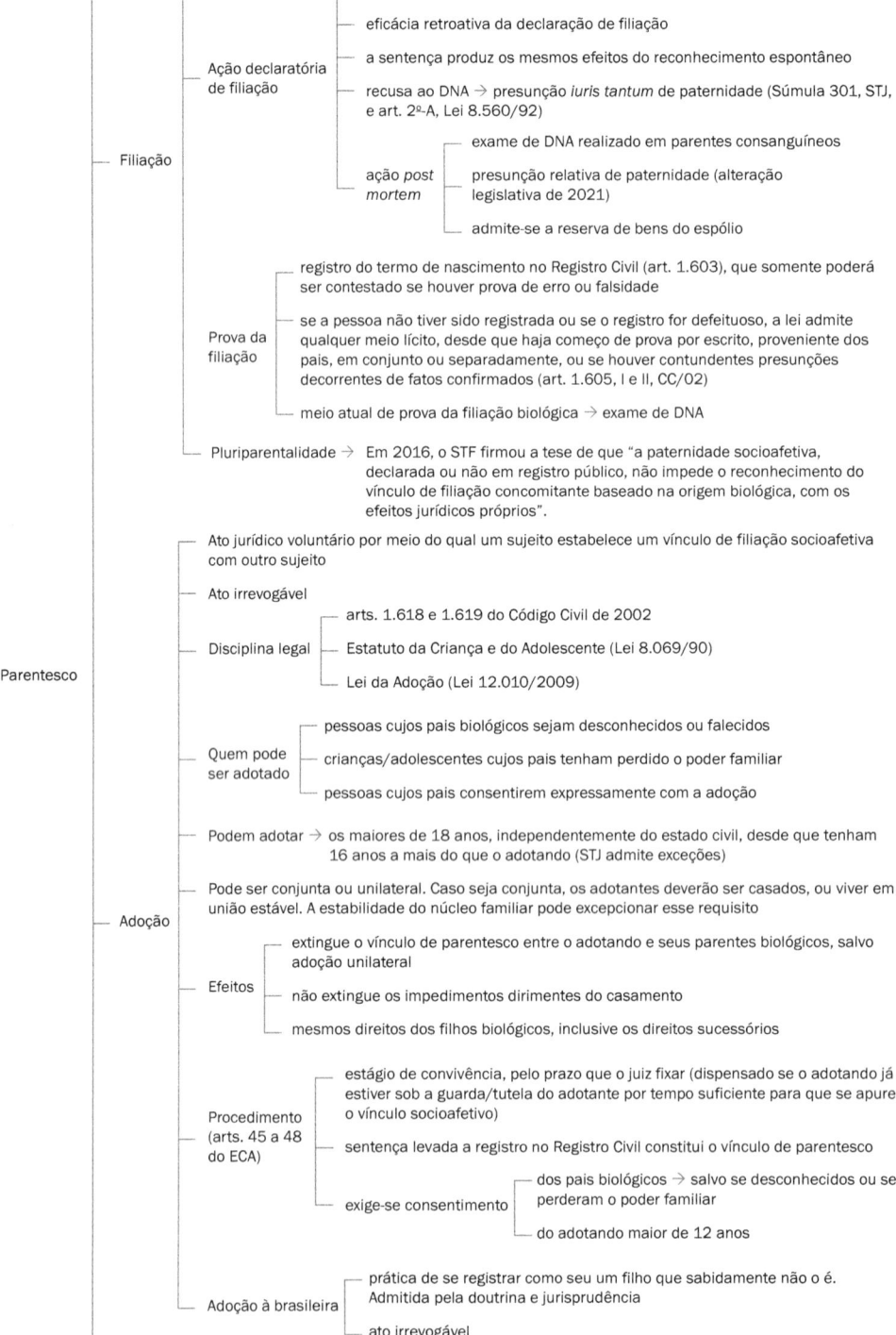

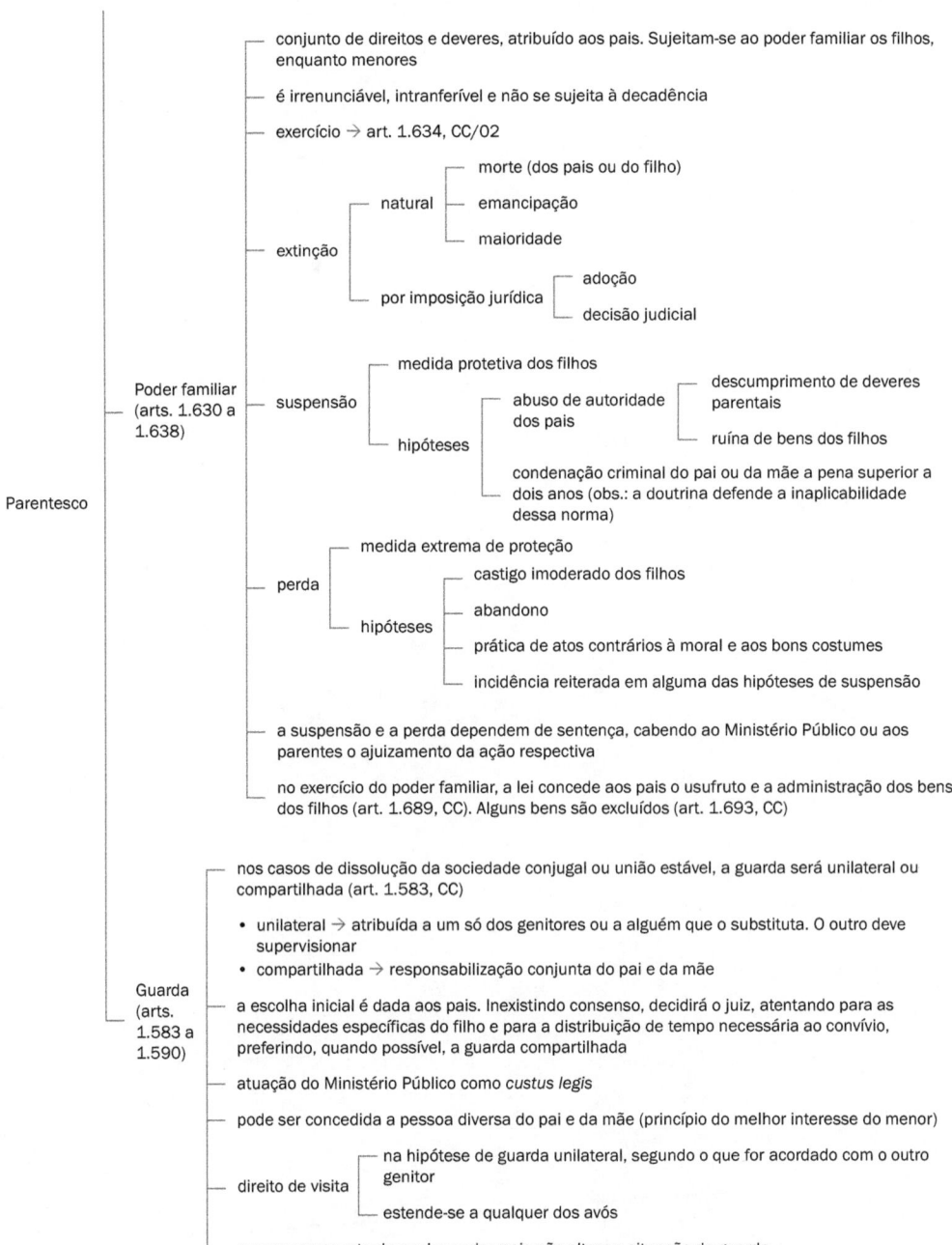

6

Alimentos (arts. 1.694 a 1.710)

No Direito, o vocábulo **alimentos** é usado com sentido amplo, não apenas para se referir a comida, mas a todas as coisas básicas de que uma pessoa precisa para sobreviver. Estão aí abrangidos os **cuidados com a saúde, o vestuário, a habitação, o lazer, o ensino etc.**

No intuito de garantir a **sobrevivência** das pessoas, o Direito impõe a algumas determinadas pessoas a obrigação de prestar alimentos a uma pessoa que com elas tenha algum vínculo e que deles tenha necessidade. O vínculo de que nasce a obrigação alimentar pode ser um **vínculo de parentesco** ou um **vínculo conjugal**, de modo que a obrigação pode recair sobre parentes, cônjuges ou companheiros. Quanto aos parentes, cabe lembrar que, para o Direito, o parentesco colateral vai apenas até o **quarto grau**.

O direito aos alimentos tem natureza de **direito da personalidade** e é, portanto, **irrenunciável**, sendo o respectivo crédito insuscetível de cessão, compensação ou penhora, apesar de se admitir que o seu titular **não o exerça** (art. 1.707). Daí se dizer que o direito aos alimentos é irrenunciável, imprescritível e impenhorável. Essa é a orientação clássica – e legal – do Direito brasileiro. No entanto, a jurisprudência, atuando como verdadeira fonte formal do Direito, tem **admitido a renúncia** ao direito aos alimentos, quando a origem da obrigação é um **vínculo conjugal**. Ou seja, já se considera possível a renúncia ao direito aos alimentos quando da dissolução do casamento ou da união estável.

Também é admitida a renúncia em relação ao saldo devedor, ainda que relacionado aos alimentos decorrentes do parentesco. Por exemplo: imagine que o credor dos alimentos realiza, com o devedor, acordo extrajudicial em processo de execução renunciando aos alimentos devidos de 2020 a 2021. O acordo foi realizado em 2022. Nesse caso não incide a proibição de renúncia, pois, segundo a própria jurisprudência do STJ, ela não se aplica para as prestações vencidas. O art. 1.707 do Código Civil aplica-se, portanto, aos alimentos presentes e futuros (estes, sim, irrenunciáveis)[154].

Os alimentos são considerados, pela doutrina e pela jurisprudência, **irrepetíveis**, ou seja, não podem ser exigidos de volta de quem os recebeu. Por exemplo, Helena ajuíza ação declaratória de paternidade em face de Orlando, com pedido de alimentos provisórios, e o juiz defere a tutela antecipada. Posteriormente, Orlando é declarado não pai de Helena. Nem mesmo nesse caso pode Orlando exigir que Helena lhe devolva os alimentos que lhe proveu.

---

[154] É irrenunciável o direito aos alimentos presentes e futuros (art. 1.707 do Código Civil). O credor pode, contudo, renunciar aos alimentos pretéritos devidos e não prestados. Isso porque a irrenunciabilidade atinge o direito, e não o seu exercício (STJ, 3ª Turma, REsp 1.529.532-DF, relator: Min. Ricardo Villas Bôas Cueva, data do julgamento: 9/6/2020).

1. ALIMENTOS NATURAIS, CIVIS, PROVISÓRIOS, PROVISIONAIS, TRANSITÓRIOS, COMPENSATÓRIOS, DEFINITIVOS E GRAVÍDICOS

A doutrina classifica os alimentos em naturais ou civis. Fala-se, ainda, em alimentos provisórios, provisionais, transitórios, compensatórios, definitivos e gravídi

1.1 Alimentos naturais e civis

Naturais são os alimentos de que a pessoa necessita para sobreviver. Trata-se do **mínimo básico**. Toda pessoa necessita de um mínimo de comida, de cuidados com a saúde, de vestuário, de habitação, de lazer, de ensino etc.

Civis, por sua vez, são os alimentos de que a pessoa necessita para manter sua **condição social**. Cuida-se do necessário para que se mantenha um **padrão de vida** a que a pessoa se encontra habituada.

No sistema do Código Civil de 2002, os parentes, cônjuges ou companheiros podem pedir uns aos outros **alimentos civis**, quando deles necessitarem (art. 1.694). No entanto, quando a situação de necessidade resultar de **culpa** do reclamante, este somente fará jus aos **alimentos naturais** (art. 1.694, § 2º). O preceito, no entanto, é de ser mitigado, conforme veremos adia

1.2 Alimentos provisórios e provisionais

Dizem-se **provisórios** os alimentos fixados sumariamente pelo juiz, segundo o art. 4º da Lei 5.478/68, na ação de alimentos disciplinada por este diploma. Para que o juiz os arbitre, a petição inicial deverá ser acompanhada de provas contundentes do vínculo de que decorre a obrigação alimentar.

Já os **alimentos provisionais** são os arbitrados no curso de outra ação, que não a prevista na Lei 5.478/68. Por exemplo, uma ação de divórcio. O Código os menciona no art. 1.706, determinando que serão fixados de acordo com a lei processual.

Veja-se que o fundamento dos alimentos provisórios e provisionais é a manutenção do alimentando durante o **curso da ação** de alimentos. Afinal, em se tratando de alimentos, não se poderia deixar quem os pleiteia à espera do julgamento do mérito, sob pena de ele nem sobreviver até

1.3 Alimentos transitórios

A ideia de **alimentos transitórios** encontra-se firmada na atual jurisprudência do STJ. Nas palavras do Min. Luis Felipe Salomão,

> [e]ntre ex-cônjuges ou ex-companheiros, desfeitos os laços afetivos e familiares, a obrigação de pagar alimentos é excepcional, de modo que, quando devidos, ostentam, ordinariamente, caráter assistencial e transitório, persistindo apenas pelo prazo necessário e suficiente ao soerguimento do alimentado, com sua reinserção no mercado de trabalho ou, de outra forma, com seu autossustento e autonomia financeira.
>
> 3. As exceções a esse entendimento se verificam, por exemplo, nas hipóteses em que o ex-parceiro alimentado não dispõe de reais condições de reinserção no mercado de trabalho e, de resto, de readquirir sua autonomia financeira. É o caso de vínculo conjugal desfeito quando um dos cônjuges ou companheiros encontra-se em idade já avançada e, na prática, não empregável, ou com problemas graves de saúde, situações não presentes nos autos. Precedentes de ambas as Turmas de Direito Privado desta Corte.

4. Os alimentos transitórios – que não se confundem com os alimentos provisórios – têm por objetivo estabelecer um marco final para que o alimentando não permaneça em eterno estado de dependência do ex-cônjuge ou ex-companheiro, isso quando lhe é possível assumir sua própria vida de modo autônomo.
(STJ, REsp 1.454.263/CE, 4ª Turma, relator: Min. Luis Felipe Salomão, data do julgamento: 16/4/2015, data da publicação: 8/5/2015.)

Segundo o *Informativo de Jurisprudência* do STJ 0444, de 23 a 27 de agosto de 2010:

[a] estipulação de alimentos transitórios (por tempo certo) é possível quando o alimentando ainda possua idade, condição e formação profissional compatíveis com sua provável inserção no mercado de trabalho. Assim, a necessidade de alimentos perdura apenas até que se atinja a aguardada autonomia financeira, pois, nesse momento, não mais necessitará da tutela do alimentante, então, liberado da obrigação (que se extinguirá automaticamente). (REsp 1.025.769/MG, relator: Min. Nancy Andrighi, data do julgamento: 24/8/2010.)

Os alimentos transitórios receberam algumas críticas da doutrina, sobretudo em razão da dificuldade de acesso ao mercado de trabalho.[155] Todavia, como se percebe da leitura dos excertos transcritos, de 2010 a 2015 o STJ passou a considerar exceção à regra dos alimentos transitórios justamente a situação concreta da grande dificuldade ou da impossibilidade de inserção no mercado de trabalho. Da nossa parte, concordamos com o entendimento da Corte. Na verdade, o fato de que duas pessoas estabeleceram durante um tempo um vínculo conjugal não pode significar que, desfeito este, o que tiver possibilidade será indeterminadamente responsável por prover alimentos ao que tiver necessidade. O ex-cônjuge ou ex-companheiro a favor de quem forem arbitrados alimentos deve se sentir responsável por sua subsistência, e buscar meios de provê-la, tendo consciência do caráter transitório dos alimentos que receberá.

De toda sorte, ainda que os alimentos tenham esse caráter transitório, a execução permitirá, se preenchidos os requisitos legais, a prisão civil do devedor. Ou seja, mesmo quando estipulados na forma transitória, incide, de forma plena, a técnica executiva da coação prisional quando a verba alimentar se enquadra na tipicidade normativa das 3 (três) prestações anteriores ao seu ajuizamento e das que vencerem no curso do processo. De acordo com o STJ:

[...] A lei não faz distinção, para fins de prisão, entre a qualidade da pessoa que necessita de alimentos – maior, menor, capaz, incapaz, cônjuge, filho, neto –, mas, tão somente, se o débito é atual ou pretérito, até porque o que se mostra decisivo é a real necessidade do alimentado, mesmo que se trate de ex-consorte (HC 413.344/SP, relator: Min. Luis Felipe Salomão, 4ª Turma, data do julgamento: 19/4/2018, data da publicação: 7/6/2018).

1.4 Alimentos compensatórios

Já a noção de **alimentos compensatórios** – também denominados **alimentos indenizatórios** – fortaleceu-se na doutrina, principalmente na de Rolf Madaleno, a despeito da crítica de outros autores, como José Fernando Simão. Inspirado pelo Direito estrangeiro, em especial o espanhol e o francês, Rolf Madaleno defende uma verba indenizatória a ser paga ao cônjuge que, em razão do regime da separação de bens, convencional ou legal, não amealhou patrimônio

---

[155] Por exemplo, Maria Berenice Dias (*Manual de direito das famílias*. 10. ed. São Paulo: RT, 2015. p. 600-601).

durante a relação conjugal, e ficaria em uma situação de significativa desigualdade patrimonial com o fim da relação. Veja-se o que explica o autor:

> O propósito da pensão compensatória está em indenizar por algum tempo ou não, o desequilíbrio econômico causado pela brusca perda da padronagem socioeconômica do cônjuge desprovido de maiores riquezas materiais, sem que se busque igualar economicamente aqueles que foram casados, mas justamente em sentido contrário, a pensão compensatória procura reduzir os efeitos deletérios causados pela repentina indigência social causada pela ausência de recursos e de ingressos até então mantidos pelo parceiro conjugal, e que deixariam de aportar com a separação ou com o divórcio judicial.[156]

MARIA BERENICE DIAS explica que a origem da noção de alimentos compensatórios estaria no **dever de mútua assistência** (art. 1.566, III).[157]

Em artigo escrito sobre o assunto, José Fernando Simão afirma que a noção de alimentos compensatórios representa "um **desvio de categoria e um engano perigoso**". E isso porque:

> Os ditos "alimentos" compensatórios, quer tenham por causa o empobrecimento de um dos cônjuges, quer tenham por causa a administração dos bens comuns por um dos cônjuges, na realidade, não se trata de alimentos.
>
> Em não se tratando de garantia de sobrevivência do credor, não decorrendo do binômio possibilidade de quem paga e necessidade de quem recebe, esse valor que os Tribunais fixam não podem e não devem ser denominados alimentos.
>
> Em se tratando de valor pago para que não haja empobrecimento de um dos cônjuges ou companheiros essa importância pode ser cedida, pois se trata de crédito pecuniário como qualquer outro; pode ser transmitida, como qualquer outra dívida do falecido, pode ser objeto de renúncia, pois não tem qualquer relação com o direito à vida; pode ser compensada em sendo líquida, vencida e fungível; sofre os efeitos da *supressio*, ou seja o tempo impede o exercício do direito em decorrência do abandono da posição jurídica; e, também, o valor pode ser penhorado pelos credores do cônjuge que o recebe. Por fim, caso o valor seja fixado pelo juiz, a pretensão de cobrança prescreve em 10 anos conforme o *caput* do art. 205 do Código Civil, e não no prazo especial do parágrafo segundo do art. 206.
>
> Alimentos que não tem nenhuma característica de alimentos não são alimentos.[158]

Da nossa parte, concordamos com José Fernando Simão. Ainda que se possa arbitrar verba compensatória ou indenizatória, dadas as circunstâncias do caso concreto, tal verba não tem natureza de alimentos.[159] Justamente por isso, prevalece, no âmbito da jurisprudência, a impossibilidade de decretação da prisão civil nessa hipótese. O art. 528 do CPC/2015 permite o

---

[156] MADALENO, Rolf. *Obrigação, dever de assistência e alimentos transitórios*. Disponível em: <http://www.rolfmadaleno.com.br/novosite/conteudo.php?id=37>.

[157] DIAS, Maria Berenice. *Manual de direito das famílias*, 10. ed., cit., p. 595.

[158] SIMÃO, José Fernando. *Alimentos compensatórios: desvio de categoria e um engano perigoso*. Disponível em: <http://professorsimao.com.br/artigos_simao_cf0413.html>.

[159] Também Maria Berenice Dias sugere que "[...] talvez o melhor fosse falar em **verba ressarcitória, prestação compensatória** ou **alimentos indenizatórios**. Não têm por finalidade suprir as necessidades de subsistência do credor, mas corrigir ou atenuar grave desequilíbrio econômico-financeiro ou abrupta alteração do padrão de vida do cônjuge desprovido de bens e de meação" (*Manual de direito das famílias*, 10. ed., cit., p. 595).

cumprimento da sentença que determina o pagamento de alimentos por meio do rito da prisão civil. O CPC/2015 não esclareceu qual espécie de alimentos pode ser executada por essa via especial. Contudo, mesmo com a ausência de previsão na lei processual, há vários precedentes no STJ que afastam a prisão civil para os chamados alimentos indenizatórios (p. ex: HC 182.228/SP, data do julgamento: 1/3/2011).

Em decisão proferida em setembro de 2020[160], a 4ª Turma do STJ reforçou a tese de que a única hipótese de prisão por dívida admitida em nosso ordenamento é aquela relacionada à pensão alimentícia com origem no direito de família. Mais recentemente (2022), esse entendimento restou consolidado também no âmbito da 3ª Turma:

> [...] 1. A prisão civil, autorizada de forma excepcional pelo inciso LXV do art. 5º da CF e pelo art. 7º da Convenção Americana de Direitos Humanos, é restrita tão somente ao inadimplemento voluntário e inescusável da obrigação alimentar decorrente de relação familiar.
>
> 2. No seio das relações familiares, os alimentos constituem instrumento essencial à manutenção da subsistência digna e da própria vida do alimentando.
>
> 3. Pensão decorrente da responsabilidade, com natureza indenizatória, cujo fundamento não deriva da possibilidade do devedor, mas da própria extensão do dano causado pelo ato ilícito, servindo apenas de parâmetro para se alcançar a reparação integral a que alude o art. 944 do Código Civil.
>
> 4. Impossibilidade de prisão civil pelo inadimplemento de alimentos indenizatórios (STJ, HC 708.634/RS, relator: Min. Paulo de Tarso Sanseverino, 3ª Turma, data do julgamento: 3/5/2022, data da publicação: 9/5/2022).

1.5 Alimentos definitivos

Dizem-se **definitivos**, por sua vez, os alimentos objeto de obrigação alimentar cujo mérito já foi resolvido. A expressão é usada apenas para distinguir tais alimentos dos provisórios e provisionais, mas não significa que sejam eternos e imutáveis.

1.6 Alimentos gravídicos

A obrigação alimentar pode ter início antes mesmo do nascimento com vida, ou seja, ainda na **fase gestacional**. Nesse caso, como a legislação brasileira reconhece a existência de direitos ao nascituro (art. 2º do CC/2002),[161] é possível que a gestante proponha Ação de Alimentos Gravídicos com o objetivo de proporcionar ao/à filho(a) desenvolvimento e nascimento dignos.

Embora o art. 2º da Lei 11.804/2008[162], ao estabelecer as despesas que devem abranger a fixação dos alimentos, indique que elas são destinadas à própria gestante, elas se prestam, em

---

[160] Processo em segredo de justiça. Decisão divulgada no site do STJ. Disponível em: <http://www.stj.jus.br/sites/portalp/Paginas/Comunicacao/Noticias/04092020-Prisao-civil-nao-abrange-devedor-de-alimentos-de-carater-indenizatorio-decorrentes-de-ato-ilicito.aspx>.

[161] O nascituro é titular de direitos. Há situações específicas em que a lei e a jurisprudência lhe conferem proteção jurídica, como é o caso dos alimentos gravídicos e do salário maternidade (AgRg no AREsp 593.933/SP, data da publicação: 7/5/2018).

[162] "Os alimentos de que trata esta Lei compreenderão os valores suficientes para cobrir as despesas adicionais do período de gravidez e que sejam dela decorrentes, da concepção ao parto, inclusive as referentes a alimentação especial, assistência médica e psicológica, exames complementares,

última análise, à manutenção do nascituro, compreendendo os valores necessários para fazer frente às despesas do período de gravidez e que sejam delas decorrentes, incluindo as relativas a alimentação especial, assistência, médica e psicológica, exames complementares, internações, medicamentos e demais prescrições preventivas e terapêuticas. Em outras palavras, **a gestante é beneficiária imediata dos alimentos, mas os direitos do nascituro acabam também sendo resguardados**[163].

Para a definição da obrigação alimentar na fase gestacional, é exigido o preenchimento dos mesmos elementos em relação àqueles decorrentes do parentesco confirmado com o nascimento com vida, quais sejam: **necessidade – possibilidade – proporcionalidade**[164]. Ou seja, os alimentos gravídicos também devem ser fixados de acordo com as necessidades de quem os pede – nesse caso, da gestante –, com os recursos da pessoa obrigada e de forma proporcional, a partir das particularidades do caso concreto. Contudo, em relação à comprovação do vínculo de parentesco, a Lei 11.804/2008 se contenta apenas com **indícios de paternidade**. Dessa forma, não se exige certeza do alegado vínculo de paternidade para fins de fixação de alimentos gravídicos, bastando que haja elementos probatórios mínimos a indicar a paternidade. A título de exemplo, o Tribunal de Justiça de Minas Gerais já considerou como indício a apresentação de fotografias e *prints* de conversas mantidas por aplicativo de mensagens[165]. Há precedente no mesmo sentido no Tribunal de Justiça do Estado de São Paulo[166], além de diversos outros

---

internações, parto, medicamentos e demais prescrições preventivas e terapêuticas indispensáveis, a juízo do médico, além de outras que o juiz considere pertinentes".

[163] "[...] Os alimentos gravídicos não se confundem com pensão alimentícia, pois, diferentemente desta que se destina diretamente ao menor, aqueles visam a auxiliar a mulher gestante nas despesas decorrentes da gravidez, da concepção ao parto, sendo, pois, a gestante a beneficiária direta dos alimentos gravídicos, ficando, por via de consequência, resguardados os direitos do próprio nascituro" (STJ, Resp 1.629.423/SP, relator: Ministro Marco Aurélio Bellizze, data do julgamento: 6/6/2017, 3ª Turma, data da publicação: 22/6/2017). Na doutrina, destaca-se o mesmo entendimento: "Sem embargo de o art. 1º da Lei nº 11.804/2008 afirmar que o seu propósito é disciplinar o direito de alimentos da mulher gestante, não há como negar que rege igualmente o direito de alimentos da pessoa concebida e cujo nascimento se espera, isto é, aquele que ainda se encontra em estado de maturação no ventre materno (nascituro)" (A tutela jurisdicional do direito a alimentos gravídicos: análise às técnicas processuais diferenciadas instituídas pela Lei nº 11.804/2008. Revista Brasileira de Direito Processual – RBDPro, Belo Horizonte, v. 17, n. 68, p. 179-212, out.-dez. 2009).

[164] "Agravo de instrumento. Alimentos gravídicos provisórios. Indícios de paternidade. Fixação com razoabilidade. 1. A ação de alimentos gravídicos admite a existência de meros indícios de paternidade, não sendo necessária a efetiva comprovação do vínculo de parentesco. 2. A fixação de alimentos gravídicos deve observar, além do binômio necessidade e capacidade, a razoabilidade, ante impossibilidade de análise aprofundada da situação financeira do alimentante e das necessidades reais da gestante. 3. Agravo conhecido e parcialmente provido" (TJ-DF 0700017-91.2020.8.07.9000, relator: Fábio Eduardo Marques, data do julgamento: 27/5/2020, 7ª Turma Cível, data da publicação: 12/6/2020).

[165] "Agravo de instrumento. Alimentos gravídicos. Indícios de paternidade. Conversas pelo WhatsApp. Fotografias. Binômio necessidade/possibilidade. Prova suficiente. 1. A fixação de alimentos gravídicos pressupõe a coexistência de indícios de paternidade e de elementos que apontem a necessidade da gestante e a possibilidade do suposto pai. 2. As fotografias e prints de conversas mantidas pelo aplicativo WhatsApp entre a gestante e o suposto pai traduzem indícios de paternidade" (TJ-MG, AI: 10000210992731001 MG, relator: Carlos Henrique Perpétuo Braga, data do julgamento: 9/12/2021, 19ª Câmara Cível, data da publicação: 16/12/2021).

[166] "Alimentos gravídicos – Confirmação por mensagens da existência de relacionamento sexual entre as partes, sem prevenção, e sem a indicação de outros relacionamentos pela gestante, são indícios de paternidade suficiente para que sejam fixados os alimentos gravídicos – Os alimentos gravídicos

julgados que admitem, por exemplo, a declaração de testemunhas a respeito do relacionamento constituído entre a gestante e o possível pai da criança.

Com o nascimento com vida, os alimentos gravídicos anteriormente concedidos à gestante serão convertidos em pensão alimentícia em favor do recém-nascido, com mudança, assim, da **titularidade dos alimentos**. Não há necessidade de que a gestante formule pedido nesse sentido nem que haja prévio pronunciamento judicial, pois essa alteração decorre da própria legislação (art. 6º, parágrafo único, da Lei 11.804/2008). Dessa forma, mesmo que o *nomen iuris* da ação tenha relação com a gravidez, não há falar em extinção pela perda do objeto com o nascimento da criança. Com efeito, não há razões para que a própria criança, representada por sua mãe, proponha uma nova demanda judicial após o nascimento, pois os alimentos gravídicos ficarão convertidos em pensão alimentícia até eventual ação revisional em que se solicite a exoneração, redução ou majoração do valor dos alimentos ou até mesmo eventual resultado em ação de investigação ou negatória de paternidade.

Dúvida que pode surgir está relacionada à extensão das "despesas" abrangidas pelo art. 2º da Lei 11.804/2008. Como vimos, a legislação é genérica e admite o custeio de todos os procedimentos necessários à manutenção da gestante. Uma mulher com diabetes gestacional, por exemplo, depende de uma alimentação diferenciada e de acompanhamento nutricional, além da assistência obstétrica decorrente do pré-natal. O aumento da pressão arterial durante a gravidez é outro fator que pode comprometer tanto a saúde da gestante quanto a do bebê, sendo imprescindível o monitoramento constante da gestante hipertensa, o qual, por vezes, é mais oneroso do que aquele destinado às gestações de risco habitual.

Costuma-se dizer que os alimentos decorrentes de parentesco já reconhecido possuem maior amplitude do que aqueles destinados ao período gestacional. Ocorre que essa conclusão não pode significar qualquer espécie de redução do apoio à gestante, inclusive por meio de instrumentos que proporcionem maior conforto físico e emocional antes e após o parto.

Na última Jornada de Direito Civil realizada com o Conselho da Justiça Federal – Edição IX, de maio de 2022 –, foi aprovado o seguinte enunciado doutrinário: **"As despesas com doula e consultora de amamentação podem ser objeto de alimentos gravídicos, observando o trinômio da necessidade, possibilidade e proporcionalidade para sua fixação"**.

A doula é profissional que atua durante a gestação, o parto e o puerpério, proporcionando à gestante a conquista de um parto digno e respeitoso, independentemente da via escolhida ou orientada pelo médico. A doula estimula o protagonismo da gestante, fornecendo orientações sobre educação perinatal, além de subsídios para o alívio da dor durante o parto. Ela não substitui o trabalho da enfermeira obstetra, muito menos do(a) médico(a) obstetra; na verdade, atua como parte integrante de um atendimento multidisciplinar que deveria ser destinado a todas as mulheres.

Além de melhorar a vivência experimentada pelas gestantes, a doula exerce influência direta e positiva sobre a saúde das mulheres e dos recém-nascidos. Assim, resta claro que o trabalho exercido pela doula pode ser incluído no pedido de alimentos gravídicos.

Em alguns estados brasileiros, como no caso de São Paulo, a função da doula é amplamente reconhecida pela legislação local (Lei 16.602, de 23/12/2016). Em Santa Catarina, desde 2016,

---

visam a auxiliar a mulher gestante nas despesas decorrentes da gravidez – Na sua fixação deve-se ter em conta o indispensável para garantir uma boa gestação e o parto, tendo menor amplitude que os alimentos decorrentes do parentesco e da solidariedade entre cônjuges e companheiros, que compreendem tudo que é necessário à vida – Fixação mantida – Recurso desprovido" (TJ-SP, AC 1000943-29.2019.8.26.0165, relator: Alcides Leopoldo, data do julgamento: 19/6/2020, 4ª Câmara de Direito Privado, data da publicação: 19/6/2020).

maternidades, casas de parto e estabelecimentos hospitalares congêneres, da rede pública e privada do Estado, estão obrigados a permitir a presença de doulas durante todo o período de trabalho de parto, parto e pós-parto imediato, sempre que solicitadas pela parturiente (art. 1º da Lei 16.869/16). No Estado do Paraná, foi aprovado, recentemente (abril de 2022), projeto de lei semelhante ao que já se encontrava em vigor do Estado de Santa Catarina. Esse avanço legislativo, certamente, facilita o pedido judicial para inclusão das despesas com esse tipo de profissional no pedido de alimentos gravídicos.

No Brasil[167], infelizmente, ainda não há obrigatoriedade desse tipo de assistência custeado pelo Sistema Único de Saúde, razão pela qual o serviço de doula, como regra[168], exige contribuição pecuniária da própria gestante. De toda forma, seja em hospitais privados, seja em hospitais públicos, a doula deve ser admitida a acompanhar a gestante, sempre que assim for solicitado.

Em relação à segunda parte do enunciado doutrinário do CJF, é importante destacar que a consultora de amamentação, embora possa atuar na fase gestacional, é de extrema importância durante o puerpério, especialmente nas primeiras semanas de lactação, em que o risco de lesões, obstruções e processos inflamatórios e infecciosos são mais comuns. A assistência, nesse caso, abrangerá a criança, que é a principal beneficiária de uma amamentação saudável. Portanto, mesmo que a titularidade dos alimentos seja alterada com o nascimento, não há impedimento para que as despesas com amamentação também sejam pagas pelo devedor dos alimentos, servindo, desse modo, para afirmação de uma paternidade responsável e almejada pelo texto constitucional (art. 226, § 7º, da CF).

2. OBRIGAÇÃO ALIMENTAR

2.1 Aspectos gerais

Para que nasça a obrigação alimentar, devem estar reunidos dois requisitos: de um lado, a **insuficiência de recursos do reclamante**, que deve demonstrar não ter bens suficientes nem condições de prover, pelo seu trabalho, sua própria mantença; de outro, a **possibilidade** de a pessoa de quem se reclamam os alimentos provê-los sem que haja **desfalque do necessário ao seu próprio sustento** (art. 1.695).

Deve-se, ademais, atentar para a **proporção** entre as necessidades do reclamante e os recursos da pessoa obrigada, quando da fixação do *quantum* devido (art. 1.694, § 1º). Daí se dizer que a obrigação alimentar depende do binômio **necessidade – possibilidade, devendo-se observar o critério da proporcionalidade**[169] **entre um e outro elemento do binômio para a fixação do valor da pensão.**

Mesmo após a fixação dos alimentos por sentença, é possível a **redução** ou **majoração** do objeto da prestação, e mesmo a **exoneração** da obrigação, no caso de sobrevir mudança na situação financeira de quem os supre ou de quem os recebe (art. 1.699). Ademais, o valor dos alimentos será sempre **atualizado** de acordo com o índice oficialmente estabelecido (art. 1.710).

Impende frisar que, segundo o art. 1.700 do Código Civil, a obrigação de prestar alimentos **transmite-se ao herdeiro** do devedor. Nessa hipótese, a transmissibilidade se restringe aos

---

[167] Na Nova Zelândia, por exemplo, o parto domiciliar com o auxílio de doula é custeado pelo Governo.
[168] Há hospitais que fazem atendimento pelo SUS e ofertam o serviço de doula. No entanto, ainda não se trata de regra no serviço público de saúde do País.
[169] Por essa razão, a doutrina contemporânea fala em um trinômio alimentar: necessidade/possibilidade/proporcionalidade.

alimentos que porventura não tenham sido pagos em vida. Ou seja, não é a obrigação em si que se transmite, mas os eventuais débitos não quitados pelo devedor[170].

Por fim, cabe lembrar ao leitor de que se trata de **obrigação periódica**, ou seja, que se renova a cada pagamento.

A obrigação alimentar oriunda de vínculo de parentesco é recíproca entre pais e filhos e extensiva a todos os ascendentes, devendo recair, primeiramente, nos parentes de grau mais próximo na linha reta (art. 1.696). Em outras palavras, os pais devem alimentos aos filhos e os filhos aos pais. Não tendo os pais recursos para prové-los, a obrigação transmite-se aos avós, caso estes tenham condições.

Se não for possível a prestação dos alimentos pelos ascendentes, seja porque estes já faleceram, ou porque não podem prové-los, a obrigação transmite-se aos descendentes (art. 1.697, primeira parte).

Na impossibilidade de provisão dos alimentos por ascendentes ou descendentes, a obrigação será transmitida na linha colateral (art. 1.697, segunda parte). Conquanto o Código mencione apenas os irmãos (colaterais de segundo grau), é de se reconhecer a **transmissão da obrigação até o quarto grau**, vez que o Direito consagra o parentesco colateral até esse grau. Todavia, esse entendimento não foi acolhido pelo Superior Tribunal de Justiça.

Em qualquer caso, sempre que o parente em que primeiro recair a obrigação alimentar não tiver condições de **prové-los totalmente**, os de grau imediato poderão ser chamados para **concorrer**, e, sendo vários os obrigados, os alimentos que cada um deverá prestar serão fixados na **proporção dos respectivos recursos** (art. 1.698, primeira e segunda parte).

Nesse sentido, e especificamente com relação aos avós, o Superior Tribunal de Justiça editou em 2017 a súmula 596, segundo a qual "a obrigação alimentar dos avós tem natureza complementar e subsidiária, somente se configurando no caso da impossibilidade total ou parcial de seu cumprimento pelos pais". Interessante destacar que se utiliza frequentemente a expressão **alimentos avoengos** com referência aos alimentos prestados pelos avós. Veremos adiante algumas peculiaridades sobre essa matéria.

Mantendo mais um dispositivo carregado de visões preconceituosas do passado, o art. 1.705 do Código Civil repete a norma segundo a qual o juiz pode determinar, a pedido de qualquer das partes, que prossiga em **segredo de justiça** a ação em que o filho "havido fora do casamento" pleiteia alimentos. Ora, qualquer ação em que o filho pleiteia alimentos pode correr em segredo de justiça. Não interessa mais ao Direito se o filho foi havido fora do casamento ou não.

Nos casos de alimentos que envolvem vínculo de parentesco, a lei admite que o obrigado a prestá-los **pensione o alimentando menor**, ou lhe dê **hospedagem e sustento**, sem prejuízo dos alimentos relativos à sua **educação** (art. 1.701, *caput*). A hipótese seria de alimentos prestados

---

[170] "Os alimentos ostentam caráter personalíssimo, por isso, no que tange à obrigação alimentar, não há falar em transmissão do dever jurídico (em abstrato) de prestá-los" (REsp 1.130.742/DF, relator: Min. Luis Felipe Salomão, 4ª Turma, j. 4/12/2012, data da publicação: 17/12/2012); "[...] 3. Assim, embora a jurisprudência desta Corte Superior admita, nos termos do artigo 23 da Lei do Divórcio e 1.700 do Código Civil, que, caso exista obrigação alimentar preestabelecida por acordo ou sentença – por ocasião do falecimento do autor da herança –, possa ser ajuizada ação de alimentos em face do Espólio – de modo que o alimentando não fique à mercê do encerramento do inventário para que perceba as verbas alimentares –, não há cogitar em transmissão do dever jurídico de prestar alimentos, em razão de seu caráter personalíssimo e, portanto, intransmissível" (REsp 1.337.862/SP, relator: Min. Luis Felipe Salomão, 4ª Turma, data do julgamento: 11/2/2014, data da publicação: 20/3/2014).

in natura, e não *in pecunia*.[171] Deve-se ressaltar que é ao juiz que cabe a fixação da forma de pagamento dos alimentos (art. 1.701, parágrafo único).

Com relação à obrigação alimentar oriunda de vínculo conjugal dissolvido, o Código Civil menciona apenas o caso da **separação judicial litigiosa** (arts. 1.702 e 1.704). No entanto, em decorrência da Emenda Constitucional 66 a obrigação alimentar poderá nascer diretamente do **divórcio**, se o casal optar por saltar a etapa da separação. Ademais, também nos casos de **dissolução da união estável** são devidos alimentos a quem deles tiver necessidade, desde que o outro ex-companheiro tenha possibilidade de os prestar.[172]

O assunto mais polêmico com relação à obrigação alimentar oriunda de vínculo conjugal dissolvido consiste na necessidade ou não de análise da **culpa** pelo término da sociedade conjugal, o que é exigido pelos arts. 1.702 e 1.704, mas que a doutrina mais recente repele.

Os alimentos podem ser pleiteados em ação própria ou na ação de divórcio, de separação ou de dissolução de união estável. Cabe lembrar que, conquanto o direito aos alimentos seja **irrenunciável** (art. 1.707), a jurisprudência vem aceitando a renúncia, nos casos de extinção de vínculo conjugal.

O **direito do credor** dos alimentos se **extingue** pelo casamento ou pela constituição de união estável (art. 1.708), bem como pela prática de ato considerado indigno com relação ao devedor (art. 1.708, parágrafo único), como, por exemplo, a tentativa de homicídio, a calúnia, a difamação, a injúria etc.

Por sua vez, nem o novo casamento do **devedor**, nem a constituição de união estável o exoneram da obrigação alimentar (art. 1.709).

Como já vimos, conforme jurisprudência do STJ, os alimentos devidos por ocasião de vínculo conjugal dissolvido têm **natureza transitória**, dependendo a respectiva exoneração da obrigação alimentar não apenas de alteração no binômio necessidade-possibilidade, mas também da **capacidade potencial para o trabalho** do alimentando e do **tempo**.[173]

2.2 Alimentos avoengos

Algo corriqueiro acontece nas consultas relacionadas ao dever de prestar alimentos: há sempre a questão "**e se o pai ou a mãe não tiver condições de prover os alimentos, quem ficará responsável pela verba?**". Os arts. 1.696 e 1698 do Código Civil respondem a esse questionamento.

O primeiro prevê que o direito à prestação de alimentos é recíproco entre pais e filhos e **extensivo a todos os ascendentes**, recaindo a obrigação nos mais próximos em grau, uns em falta de outros. O art. 1.698, por sua vez, dispõe:

> Art. 1.698. Se o parente, que deve alimentos em primeiro lugar, não estiver em condições de suportar totalmente o encargo, serão chamados a concorrer os de grau imediato; sendo várias as pessoas obrigadas a prestar alimentos, todas devem concorrer na proporção dos respectivos recursos, e, intentada ação contra uma delas, poderão as demais ser chamadas a integrar a lide.

---

[171] Alimentos *in natura* são a própria comida, as próprias roupas, os próprios itens de higiene, medicamentos etc., fornecidos ao alimentando. Alimentos *in pecunia* são as prestações **em dinheiro** dadas ao alimentando para custear seus alimentos.

[172] Apesar de a obrigação alimentar nos casos de união estável decorrer do próprio espírito da Constituição, a Lei 8.971/94 cuidou de declará-la, para evitar dúvidas.

[173] A título de ilustração, veja-se a matéria disponível em: <https://www.stj.jus.br/sites/portalp/Paginas/Comunicacao/Noticias/Exoneracao-de-pensao-alimenticia-nao-depende-so-de-prova-sobre-necessidade-e-possibilidade.aspx>.

A lei material estabelece uma ordem de preferência que o credor dos alimentos deverá seguir. Assim, sempre que o genitor ou a genitora não tiver condições de suportar o encargo (ou eles não existirem; p. ex.: são falecidos), **os parentes serão chamados a prestar a obrigação, sempre na proporção de seus respectivos recursos**. No caso dos avós (linha ascendente), estes somente responderão se os pais não puderem fazê-lo; e os bisavós, quando os avós não tiverem condições, e assim sucessivamente.

Não se trata de uma regra de solidariedade, pois o que o art. 1.698 do CC/2002 autoriza é que outros devedores sejam chamados apenas quando houver necessidade. Maria Berenice Dias explica que essa regra "deixa claro que a obrigação alimentar, primeiramente, é dos pais, e na ausência de condições destes, transmite-se aos seus descendentes, isto é, aos avós, que são os parentes em grau imediato mais próximo"[174].

Há divergências na jurisprudência a respeito do acionamento dos avós quando apenas um dos genitores não dispõe de condições de pagar a verba alimentar. A autora anteriormente citada esclarece que os avós que possuem condições econômicas devem ser chamados quando seus filhos (pais do alimentando) deixarem de atender às obrigações de sustento do neto. Entretanto, isso não quer dizer que se tenha que averiguar a possibilidade dos **dois** genitores. Vejamos um exemplo: Andréia aciona o Poder Judiciário como representante de Pedro contra o genitor Paulo, pedindo que o juiz o condene ao pagamento de verba alimentar em favor do filho. Paulo não dispõe de condições financeiras de assumir o encargo. Nessa hipótese, os avós paternos de Pedro poderão ser imediatamente acionados ou somente se demonstrado que Andréia também não tem condições de arcar com o sustento do filho? É essa a divergência apontada por Maria Berenice Dias, para quem há possibilidade de que o filho, ciente de que o pai não tem condições de lhe prover o sustento, ajuíze a ação de alimentos em face do pai e do avô, em litisconsórcio facultativo sucessivo eventual. Assim, "comprovada a impossibilidade do pai, já decorre a condenação do avô, o que em muito agiliza o recebimento dos alimentos"[175].

Essa, contudo, não é a tese majoritariamente aceita pela jurisprudência. O Enunciado 596 da súmula de jurisprudência do STJ prescreve que "a obrigação alimentar dos avós tem natureza complementar e subsidiária, configurando-se apenas na impossibilidade total ou parcial de seu cumprimento pelos pais".

O enunciado tem um importante efeito prático, pois condiciona o ajuizamento da ação primeiro em face dos pais. Somente depois, se demonstrada a incapacidade financeira, os avós poderão ser demandados, de modo subsidiário e complementar. Nesse ponto, surgem alguns questionamentos: como chamar os avós para compor o polo passivo da ação de alimentos? Existindo avós paternos e maternos, todos deverão ser demandados?

Embora a legislação utilize o verbo "chamar" (art. 1.698), não se trata de chamamento ao processo, espécie de intervenção de terceiros prevista no CPC/2015. Isso porque não há solidariedade, por exemplo, entre pai e avô. Trata-se de uma modalidade de intervenção *sui generis*, que gera um litisconsórcio passivo ulterior.

É esse o posicionamento do STJ (REsp 1.715.438/RS, relatora: Min. Nancy Andrighi), para quem:

> A natureza jurídica do mecanismo de integração posterior do polo passivo previsto no art. 1.698 do CC/2002 é de litisconsórcio facultativo ulterior simples, com a particularidade, decorrente da realidade do direito material, de que a formação dessa singular espécie de litisconsórcio

---

[174] *Manual de Direitos das Famílias*. 14. ed., 2021. p. 434.
[175] Ibidem, p. 435.

não ocorre somente por iniciativa exclusiva do autor, mas também por provocação do réu ou do Ministério Público, quando o credor dos alimentos for incapaz.

Cristiano Chaves de Farias ensina que, no caso das ações de alimentos avoengos, vislumbra-se, com clareza, a aplicação dessa tese. Se o credor está representado processualmente e somente demandou um dos avós, o acionado, o próprio autor (em sua réplica) e/ou o Ministério Público podem requerer a convocação dos demais.

Tem-se, aqui, um caso de litisconsórcio facultativo atípico, na medida em que as regras processuais são flexibilizadas, mitigadas, em prol da obtenção de uma decisão mais justa e eficaz em favor do credor de alimentos incapaz. Até porque o processo deve ser instrumental, não finalístico em si mesmo[176].

Para aqueles(as) advogados(as) que forem constituídos(as) por um dos avós (paternos, por exemplo), a aplicação da tese é salutar, pois, se os demais (avós maternos) estiverem vivos, poderão ser chamados para integrar a lide, a fim de que as despesas sejam compartilhadas sem oneração excessiva para aqueles que foram originariamente demandados. De toda sorte, pairam sobre esse posicionamento diversas **críticas doutrinárias**, especialmente vinculadas à celeridade do processo. Carlos Roberto Gonçalves, por exemplo, citando Fredie Didier Junior, considera que, como a obrigação alimentar é divisível:

O ingresso do terceiro, no particular, não traz qualquer benefício ao réu – suposto devedor. Se ele é parente e tem condições de pagar, o magistrado fixará o valor da sua parcela de contribuição. Se houver outro devedor na mesma classe que também possua condições de arcar com a pensão (outro avô, p. ex.), essa circunstância será trazida como argumento de defesa e certamente será levada em consideração pelo magistrado no momento de fixar o valor devido pelo demandado. Caberá ao autor, na réplica, demonstrar que esse outro devedor-comum não tem condições de pagar – exatamente por isso, a demanda fora dirigida apenas contra um dos devedores. Mas, e isso é fundamental, o devedor-réu somente pagará aquilo que puder. Se a pensão, a final definida, for insuficiente, poderá o credor-autor promover outra ação de alimentos em face, agora, daquele devedor-comum-terceiro[177].

Para esses autores, sequer haveria necessidade, por exemplo, de os avós paternos demandarem os avós maternos. Bastaria alegar a existência e capacidade de outro(s) obrigado(s), a fim de permitir ao julgador a fixação de uma obrigação proporcional.

Por conta dessa celeuma, é sempre importante que os operadores do Direito conheçam os precedentes do Tribunal local, independentemente de estarmos prestando assistência ao alimentando ou aos alimentantes.

2.3 Maioridade

De acordo com o art. 1.690 do Código Civil[178], há extinção do poder familiar quando os filhos menores atingem a maioridade. Até o advento desse termo, ou seja, enquanto não

---

[176] Disponível em: <https://meusitejuridico.editorajuspodivm.com.br/2018/12/28/o-stj-e-obrigacao-alimenticia-duas-novas-orientacoes/#:~:text=A%20toda%20evid%C3%AAncia%2C%20tem%2D-se,n%C3%A3o%20final%C3%ADstico%20em%20si%20mesmo%E2%80%A6>.

[177] *Direito Civil Brasileiro*. 15. ed., 2018. v. 6.

[178] "Compete aos pais, e na falta de um deles ao outro, com exclusividade, representar os filhos menores de dezesseis anos, bem como assisti-los até completarem a maioridade ou serem emancipados."

atingida a maioridade, a obrigação alimentícia de ambos os genitores – consistente no custeio de despesas com moradia, alimentação, educação, saúde, lazer, vestuário, higiene, transporte etc. – tem por lastro o dever de sustento derivado do **poder familiar**, havendo **presunção de necessidade do alimentando**. Por outro lado, após a maioridade civil, o dever dos pais de prestar alimentos ao filho decorrerá da relação de parentesco. Nesse caso, para que seja mantida a obrigação de pagar alimentos, é necessário demonstrar situação de incapacidade ou de indigência não proposital. Ou seja, a manutenção do dever alimentar ficará condicionada à comprovação, por parte do beneficiário (credor dos alimentos), da impossibilidade de prover seu sustento pelo próprio trabalho ou do exercício de outra atividade que realmente lhe retire ou o impossibilite de desempenhar atividade lucrativa.

Está mais do que consolidada, na jurisprudência, a ideia de que a maioridade civil e a capacidade, em tese, de promoção ao próprio sustento, **por si só**, não desconstituirão a obrigação alimentar, devendo haver prova da ausência de necessidade dos alimentos. Em outras palavras, embora a maioridade faça cessar o poder familiar, ela não tem o condão de permitir a extinção automática da obrigação alimentar, sendo imprescindível prévio contraditório e comprovação da ausência atual acerca da necessidade do credor dos alimentos.

Há, inclusive, um entendimento sumulado pelo Superior Tribunal de Justiça desde agosto de 2008 nesse mesmo sentido:

> **Súmula 358, STJ:** *O cancelamento de pensão alimentícia de filho que atingiu a maioridade está sujeito à decisão judicial, mediante contraditório, ainda que nos próprios autos.*

O entendimento evidencia, ainda, a impossibilidade de se afastar a obrigação de pagar alimentos mediante, por exemplo, a impetração de *habeas corpus*. Como a execução dos alimentos pode tramitar pelo rito da prisão civil, previsto no art. 528 do CPC/2015, é comum que, em casos nos quais a maioridade tenha sido atingida, o executado/devedor se utilize do remédio constitucional para afastar o decreto prisional. Ocorre que a inobservância ao binômio[179] necessidade/possibilidade na fixação, revisão ou exoneração de alimentos é matéria incognoscível na estreita via do *habeas corpus*. Veja, a propósito, o entendimento do Superior Tribunal de Justiça sobre a temática:

> [...] Averiguar se os alimentandos não têm mais necessidade da prestação de alimentos é medida que demanda dilação probatória, estranha à via do remédio heroico, o qual necessita de prova pré-constituída, devendo essa alegação ser apresentada pelos meios processuais adequados (HC 527.670/SP, relator: Min. Raul Araújo, relator para acórdão: Min. Marco Buzzi, 4ª Turma, data do julgamento: 21/11/2019, data da publicação: 6/3/2020).
>
> A teor da jurisprudência desta eg. Corte Superior, a real capacidade financeira do paciente não pode ser verificada em *habeas corpus* que, por possuir cognição sumária, não comporta dilação probatória e não admite a análise aprofundada de provas e fatos controvertidos (HC 523.489/MG, relator: Min. Moura Ribeiro, 3ª Turma, data do julgamento: 10/10/2019, data da publicação: 15/10/2019).

---

[179] A doutrina acrescenta, ainda, a proporcionalidade. Assim, teríamos o **trinômio necessidade × possibilidade × proporcionalidade**, significando afirmar que, além da dualidade de interesses, é imprescindível a análise a respeito da proporcionalidade do valor fixado a título de alimentos. "O critério mais seguro para concretizar a proporcionalidade, em cada caso, é, sem dúvida, a vinculação da pensão alimentícia aos rendimentos do devedor, garantindo, pois, o imediato reajuste dos valores, precavendo uma multiplicidade de ações futuras" (FARIAS, Cristiano Chaves; NETTO, Felipe Braga; ROSENVALD, Nelson. *Manual de Direito Civil*. 6. ed. p. 1344).

Somente em casos excepcionais, em que há prova pré-constituída, a Corte Cidadã vem admitindo a utilização do *habeas corpus*. Mesmo assim, é importante que fique claro que o afastamento da prisão para o devedor de alimentos não lhe exime do dever de pagar o que ainda é devido ao credor. Confira precedente do STJ a respeito:

> [...] O fato de o credor, durante a execução, ter atingido a maioridade civil, cursado ensino superior e passado a exercer atividade profissional remunerada, embora não desobrigue o devedor pela dívida pretérita contraída exclusivamente em razão de sua renitência, torna desnecessária e ineficaz, na hipótese, a prisão civil como medida coativa, seja em razão da ausência de atualidade e de urgência na prestação dos alimentos, seja porque essa técnica será nitidamente insuficiente para compelir o devedor a satisfazer integralmente o vultoso débito (HC 437.560/MS, relatora: Min. Nancy Andrighi, 3ª Turma, data do julgamento: 26/6/2018, data da publicação: 29/6/2018).

Em recente julgado – de abril de 2022[180] –, a Terceira Turma do STJ reafirmou esse entendimento ao cassar ordem de prisão civil de um homem que estava inadimplente no pagamento da pensão alimentícia do filho desde 2017. O colegiado considerou que a obrigação não era mais urgente nem atual, pois o alimentando já contava com 26 anos de idade, possuía nível superior e estava registrado em conselho profissional. Além disso, a Corte ponderou que o alimentante estava com a saúde física e psicológica fragilizada, sem conseguir trabalhar regularmente, de forma que a prisão lhe causaria gravame excessivo e não serviria para forçar o adimplemento da obrigação. De toda forma, a Corte registou que os alimentos em atraso ainda deveriam ser liquidados, mas agora mediante os meios típicos de constrição patrimonial e as medidas atípicas previstas no Código de Processo Civil de 2015.

Pois bem. Para desobrigar o devedor, é necessário propositura e julgamento de ação exoneratória, em que será possível a produção probatória necessária a respeito do binômio necessidade/possibilidade. A ação de exoneração de alimentos seguirá o rito das denominadas "Ações de Família", procedimento especial descrito nos arts. 693 a 699 do Código de Processo Civil.

Em regra, também não se admite a discussão sobre a necessidade ou não dos alimentos no âmbito da execução, procedimento que deve ser célere e cujo escopo de sua deflagração é justamente a indispensabilidade de tais alimentos (STJ, HC 413.344/SP, relator: Min. Luis Felipe Salomão, 4ª Turma, data da publicação: 7/6/2018). Ou seja, a obrigação reconhecida em título executivo extrajudicial ou em sentença (título executivo judicial) que aparelha a execução deve ser alterada ou extinta por meio de ação judicial própria, isto é, por meio da Ação de Exoneração de Alimentos.

Nessas demandas ajuizadas em face do(a) filho(a) maior e capaz, é ônus do alimentante demonstrar a ocorrência da maioridade e a possibilidade de o filho manter o próprio sustento, ao passo que ao filho incumbe demonstrar que ainda não pode garantir a própria subsistência:

> A obrigação alimentar em razão do parentesco é vitalícia e recíproca, entretanto, a presunção de necessidade do filho é inversa. Presume-se que, com a maioridade e a extinção do poder familiar, a pessoa não mais necessita ser alimentada pelo pai, cabendo-lhe, neste caso, comprovar que ainda necessita do sustento[181].

---

[180] Processo em segredo de justiça. Divulgado no site do próprio STJ: <https://www.stj.jus.br/sites/portalp/Paginas/Comunicacao/Noticias/26042022-Terceira-Turma-cassa-ordem-de-prisao-de--pai-que-deve-pensao-a-filho-maior-com-nivel-superior.aspx>.

[181] CARVALHO, Dimas Messias de. *Direito das Famílias*. 3. ed. p. 654.

Como conclusão, podemos estabelecer que a maioridade civil não afasta o direito de perceber alimentos. Contudo, as necessidades deixam de ser presumidas, cabendo à parte alimentada comprová-las.

Geralmente, quando o filho, maior de idade, ainda se encontra matriculado em curso superior, a jurisprudência vem admitindo a manutenção do dever do pai de pagar os alimentos (por exemplo: STJ, AgInt no AREsp 904.010/SP, relator: Min. Luis Felipe Salomão, 4ª Turma, data da publicação: 23/8/2016; STJ, AgInt no AREsp 1.943.190/SP, relator: Min. Marco Buzzi, 4ª Turma, data do julgamento: 4/4/2022, data da publicação: 6/4/2022). Essa premissa decorre do fato de que a obrigação parental de cuidar dos filhos inclui a outorga de adequada formação profissional (STJ, AgRg nos EDcl no AREsp 791.322/SP, relator: Min. Marco Aurélio Bellizze, 3ª turma, data do julgamento: 19/5/2016, data da publicação: 1/6/2016). Podemos afirmar, então, que a formação escolar profissionalizante ou em faculdade *pode* ser um dos fatores a ser observado no momento da análise a respeito da possibilidade ou não de exoneração, observado sempre o binômio: necessidade de quem recebe × capacidade contributiva de quem paga.

Isso **não** significa dizer que o simples fato de estar cursando ensino superior ensejará a permanência da obrigação alimentar. A título de exemplo, no julgamento da Apelação Cível 1.0000211-41.19.13.001, ocorrido em 26/10/2021, a 1ª Câmara do Tribunal de Justiça de Minas Gerais ponderou que o credor dos alimentos, embora matriculado em curso de nível superior, em outro estado da Federação, já contava com 29 anos de idade e ainda estava cursando apenas duas disciplinas, com carga horária de apenas 08 (oito) horas semanais. A partir dessas constatações, a Câmara entendeu que a realização do curso não inviabilizava o exercício de atividade laborativa, razão pela qual a exoneração poderia ser viabilizada.

Outro exemplo, agora do Tribunal de Justiça de São Paulo, demonstra que também a ociosidade do alimentando, sem justificativa plausível (doença, por exemplo), não pode justificar o pagamento de pensão alimentícia, quando já maior de idade. No julgamento da Apelação Cível 1000551-51.2019.8.26.0404, ocorrido em 29/11/20219, a 8ª Câmara de Direito Privado do Tribunal de Justiça de São Paulo manteve a sentença que afastou o dever de pagar alimentos após constatar que a credora, além de maior e capaz, por opção própria, não deu sequência aos estudos nem trabalhava.

Veja outros exemplos na jurisprudência nacional:

Exemplo #01: Credor dos alimentos com 26 anos e formação superior em Psicologia, inscrito no respectivo conselho de classe (STJ, RHC 160.368/SP, relator: Min. Moura Ribeiro, 3ª Turma, data do julgamento: 5/4/2022). A Turma considerou, para esse caso concreto, ainda, que a saúde física e psicológica fragilizada do devedor de alimentos, que não conseguia manter regularidade no exercício de atividade laborativa, era capaz de contribuir para a cessão da obrigação alimentar.

Exemplo #02: Credora dos alimentos com 25 anos de idade, com vínculo empregatício comprovado, saudável e plenamente capaz (TJRS, AI: 51997046420218217000, relator: Carlos Eduardo Zietlow Duro, 7ª Câmara Cível, data da publicação: 6/10/2021). A Câmara entendeu que, nesse caso, a exoneração declarada pelo juízo de primeiro grau deveria ser mantida.

Exemplo #03: Credor dos alimentos, com 21 anos de idade, que abandonou voluntariamente os estudos em 2015, tendo promovido a matrícula no terceiro ano do ensino médio *somente após a interposição da demanda de exoneração de alimentos*, em 2018. Nesse caso, o Tribunal considerou que, embora o credor não tivesse formação superior, estava cursando ensino supletivo noturno, circunstância que se mostrava compatível com a capacidade laboral. Além disso, o credor não demonstrou, nos autos, a impossibilidade de inserir-se no mercado de trabalho ou que possuía alguma incapacidade laborativa, além do fato de só ter retomado os estudos quando recebeu a citação na ação de exoneração (TJSP, Apelação Cível 1032276, relatora: Ana Maria Baldy, 6ª Câmara de Direito Privado, data da publicação: 11/12/2019).

Perceba que não há como estabelecer um padrão para a exoneração, seja a partir da idade, seja a partir da frequência em curso superior ou técnico. As circunstâncias que permitem afastar a obrigação alimentar devem ser verificadas a partir de cada caso concreto e sempre à luz das provas apresentadas pelas partes. Embora seja comum que alguns tribunais estabeleçam, *a priori*, o limite de 24 anos de idade[182], não há uma fórmula objetiva a ser seguida. São imprescindíveis, pois, o estudo do caso concreto e a colheita das provas a respeito da necessidade/possibilidade, respectivamente, do credor e do devedor.

2.4 Verbas incidentes sobre os alimentos

Quando o credor dos alimentos propõe ação judicial para pleitear a fixação da verba alimentar, é cabível a concessão de tutela provisória de urgência, na forma do art. 4º da Lei 5.478/1968. Nesse caso, ao despachar o pedido, o juiz fixará, desde logo, os alimentos provisórios a serem pagos pelo devedor. Ao final, na sentença, o julgador irá confirmar o valor, que poderá ser fixo ou em percentual sobre os rendimentos do devedor ou sobre o salário mínimo.

Sendo um valor fixo (por exemplo, R$ 1.000,00), a decisão deve vislumbrar a atualização monetária, com o fim de resguardar o padrão de vida do alimentando e assegurar o valor real da pensão.

Em se tratando de percentual fixado sobre o salario mínimo (por exemplo, 70% do salário mínimo em vigor), a atualização ocorrerá sempre que houver reajuste[183].

A problemática surge quando a fixação ocorre sobre percentual da remuneração do alimentante. Segundo o STJ (Recurso Especial Repetitivo 1.106.654),[184] pouco importa se o título judicial ou extrajudicial utilizou a expressão "remuneração", "vencimento", "salário" ou "proventos, a pensão alimentícia incidirá sobre o décimo terceiro salário e sobre o adicional de férias (terço constitucional de férias), porque tais verbas estão compreendidas nessas expressões. Assim, por exemplo, mesmo que não conste da sentença ou acordo que o terço constitucional compõe a base de cálculo dos alimentos, o credor poderá, se houver inadimplemento, calcular o montante devido levando em consideração essa verba. A exceção fica por conta de expressa previsão em sentido contrário, prevista em acordo entabulado entre as partes.

Em relação a outras verbas:

- **Participação nos lucros:** para Maria Berenice Dias, por exemplo, a participação nos lucros e os prêmios integram, para todos os efeitos, a remuneração do alimen-

---

[182] Por exemplo: "Ação de exoneração alimentos – Maioridade da alimentanda – Sentença de procedência parcial para determinar a exoneração a partir de janeiro de 2023 – Insurgência da ré – Alegação de que está cursando ensino médio e que os alimentos são devidos até os 24 anos ou até a conclusão do ensino superior – Acolhimento – Alimentanda possui atualmente 19 anos de idade, está cursando o terceiro ano do ensino médio e tem problemas de saúde – Ela é estudante do ensino médio, ainda não inserida no mercado de trabalho, e depende de auxílio financeiro do genitor para prestar vestibular e cursar faculdade – Dever de prestar alimentos que decorre da relação de parentesco – Todavia, dever que deve perdurar até o término do curso superior ou que a requerida complete 24 anos, o que ocorrer primeiro – Sentença reformada em parte – Recurso provido" (TJ-SP – AC: 10451270620218260002 SP 1045127-06.2021.8.26.0002, relator: Benedito Antonio Okuno, data do julgamento: 7/4/2022, 8ª Câmara de Direito Privado, data da publicação: 7/4/2022).

[183] Um projeto de lei da Câmara dos Deputados (PLC 420/2022) pretende estipular um valor mínimo para a pensão alimentícia de 30% do salário mínimo vigente.

[184] Tema 192 do STJ: "A pensão alimentícia incide sobre o décimo terceiro salário e o terço constitucional de férias, também conhecidos, respectivamente, por gratificação natalina e gratificação de férias".

tante, devendo ser considerados para a base do cálculo alimentar (AC 70009440611 – TJRS). Entretanto, de acordo com o STJ, a parcela denominada participação nos lucros tem natureza indenizatória e está excluída do desconto para fins de pensão alimentícia, porquanto verba transitória e desvinculada da remuneração habitualmente recebida, submetida ao cumprimento de metas de produtividade estabelecidas pelo empregador (REsp 1.719.372).

- **Vale-alimentação:** conforme entendimento do STJ, os alimentos devem incidir sobre verbas pagas em caráter habitual, incluídas permanentemente no salário do empregado. As parcelas denominadas auxílio-acidente, cesta-alimentação e vale-alimentação, que têm natureza indenizatória, estão excluídas do desconto para fins de pensão alimentícia porquanto verbas de caráter transitório (REsp 1.159.408/PB). Esse entendimento vem sendo excepcionado, especialmente, nos casos em que o vale ou auxílio corresponde a um percentual considerável do salário do empregado. Exemplificando:

Sentença que fixou alimentos em 1/3 dos vencimentos líquidos do alimentante, incluindo o vale-alimentação recebido por este na base de cálculo da obrigação alimentar; e em um salário mínimo, para o caso de ausência de vínculo empregatício. Inconformismo do réu, pugnando pela exclusão do vale-alimentação da referida base de cálculo, haja vista tratar-se de verba de natureza indenizatória e caráter transitório, e pela redução dos alimentos para meio salário mínimo em o caso de desemprego ou trabalho autônomo. Admissibilidade em parte. Vale-alimentação recebido com habitualidade e que representa um acréscimo em torno de 51% sobre a renda mensal do alimentante, o que se afigura como de cunho remuneratório, sendo desvirtuado de sua finalidade precípua. Manutenção da incidência dos alimentos sobre o referido vale. Em situação de desemprego, a redução dos alimentos para 60% do salário mínimo é medida que se mostra razoável. Sentença reformada em parte. Recurso parcialmente provido (TJ-SP – AC: 00109063220188260224 SP 0010906-32.2018.8.26.0224, relator: Clara Maria Araújo Xavier, data do julgamento: 23/1/2020, 8ª Câmara de Direito Privado, data da publicação: 23/1/2020).

- **Verbas rescisórias:** há quem considere que a natureza indenizatória dessas verbas afasta a possibilidade de fixação dos alimentos sobre eventual rescisão. Por outro lado, uma segunda corrente compreende que as verbas rescisórias de caráter salarial é que devem integrar a base de cálculo dos alimentos. Uma terceira posição – intermediária – pondera que, se as verbas rescisórias forem recebidas em decorrência de demissão ocorrida durante o processo que fixou os alimentos, elas integrarão o valor executado em cumprimento de sentença, visto que os alimentos retroagem até a data da citação.
- **FGTS:** por ser o FGTS verba manifestamente indenizatória, os alimentos não podem sobre ele incidir, salvo se expressamente ajustado em sentença ou acordo.
- **Adicionais de periculosidade ou salubridade:** os valores recebidos, habitualmente, pelo alimentante a título de adicional de periculosidade integram a base de cálculo da pensão alimentícia fixada em percentual sobre os seus rendimentos líquidos.

2.5 Inadimplemento da obrigação alimentar: existe justificativa?

O tema "pensão alimentícia" nunca esteve tão presente no dia a dia da advocacia como durante a pandemia de covid-19. Alimentantes que buscam reduzir a verba judicialmente fixada em razão da queda da remuneração, credores que pleiteiam o adimplemento dos alimentos por meio da prisão civil (ainda que em cumprimento na modalidade domiciliar) e pedidos de revisão por conta do aumento nos gastos ordinários são alguns exemplos de demandas que diariamente chegam aos escritórios.

Neste espaço, abordaremos algumas das justificativas apresentadas por devedores de alimentos para o inadimplemento da obrigação alimentar, com o respectivo posicionamento da jurisprudência. Embora alguns casos não estejam necessariamente vinculados à pandemia, as motivações expostas são reiteradamente utilizadas e apreciadas por nossos tribunais, dentro e fora do contexto atual.

Para iniciarmos a abordagem, estabelecemos a seguinte premissa: toda justificativa precisa ser analisada a partir do caso concreto. O trinômio necessidade-possibilidade-razoabilidade é extremamente variável, comportando uma análise pormenorizada pelo julgador, de modo que não prejudique o mínimo existencial e a dignidade do credor e, por outro lado, não onere demasiadamente o devedor a ponto de comprometer a sua própria subsistência.

Na legislação processual civil, a existência de justificativa que impossibilita, em caráter absoluto, o cumprimento da obrigação alimentar, poderá acarretar a revogação da prisão civil, mas isso não quer dizer que o devedor ficará isento de pagar os alimentos vencidos e vindouros. Até mesmo para afastar a prisão, o posicionamento da jurisprudência vem se mostrando bastante restritivo. O desemprego, a constituição de nova família, o nascimento de outros filhos e o pagamento parcial, por exemplo, já foram considerados insuficientes para afastar o decreto prisional (STJ, HC 401.903/SP, 3ª Turma, relator: Min. Nancy Andrighi, data do julgamento: 27/2/2018; HC 439.973/MG, 4ª Turma, relator: Min. Antônio Carlos Ferreira, data do julgamento: 16/8/2018). De toda forma, a justificativa eventualmente acolhida afasta temporariamente a prisão, não impedindo, porém, que a execução prossiga em sua forma tradicional, com a expropriação de bens.

Em razão da qualidade especial do direito aos alimentos, é certo que os tribunais não podem acolher justificativas desprovidas de qualquer comprovação. Igualmente, não há como afastar a proteção máxima da dignidade da pessoa humana a partir de explanações que inviabilizem apenas parcialmente o pagamento da obrigação. Se o alimentante está desempregado, essa condição, por si só, não lhe garante a suspensão do encargo, pois é possível a manutenção do encargo por outras fontes de renda.

Outro argumento costumeiramente adotado para afastar a obrigação alimentar é a existência de ação revisional proposta pelo devedor. Ora, se não houver decisão judicial, ainda que interlocutória, admitindo a suspensão dos pagamentos ou a sua redução, o simples ajuizamento da ação se mostra insuficiente para demonstrar a incapacidade financeira para o cumprimento da obrigação. Ademais, se a ação revisional de alimentos tiver sido proposta após o pedido de execução, ou seja, quando já constituída a obrigação por título judicial (sentença) ou extrajudicial, não terá o condão de eliminar a dívida já contraída, pois a decisão a ser proferida nos autos da ação revisional retroage tão somente à data da citação. Nesse sentido:

> Constitucional e processo civil. *Habeas corpus*. Pedido de revogação de prisão civil. Dívida de alimentos. Alegada ausência de condições financeiras. Ajuizamento da ação revisional. Montante do débito. Ordem denegada. 1. Se o valor do débito exequendo alcança elevado patamar, denota-se que o alimentante, ora paciente, passou longo período sem pagar a integralidade do valor que tinha assumido, por conta própria, como pensão alimentícia em favor de seu filho, não se tratando de inadimplemento circunstancial ou esporádico. 2. Se o executado não pagar ou se a justificativa apresentada não for aceita, será decretada sua prisão pelo prazo de 1 (um) a 3 (três) meses, conforme autoriza o § 3º do art. 528 do CPC. 3. O ajuizamento da ação revisional de alimentos não tem o condão de eliminar a dívida já contraída nos autos da ação de execução de alimentos, pois a decisão a ser proferida naqueles autos retroage tão somente à

data da citação, não havendo qualquer ilegalidade ou abuso de poder na manutenção do decreto prisional. 4. Ordem denegada (TJ-DF 0705576-63.2020.8.07.0000, relator: Josapha Francisco dos Santos, data do julgamento: 8/7/2020, 5ª Turma Cível, data da publicação: 18/7/2020).

Agora imaginem que o alimentante é preso por decisão proferida na esfera criminal. Nesse caso, é possível utilizar a prisão como motivação apta a afastar, temporariamente, a obrigação de pagar alimentos? Há um precedente do STJ que admitiu essa justificativa. Confira:

Habeas corpus alimentos. Prisão. Ordem indeferida em outro *habeas corpus*. Impossibilidade do pagamento. Justificativa apta. Ordem concedida. 1. Em regra, não é cabível *habeas corpus* como sucedâneo do recurso próprio. 2. Hipótese, todavia, em que a justificativa da impossibilidade de pagamento dos alimentos durante o período de reclusão do paciente caracteriza a excepcionalidade que permite a apreciação do habeas corpus. 3. No caso, foi demonstrado que o período da inadimplência dos alimentos coincide com o tempo em que o paciente, autônomo, ficou preso em decorrência de sentença penal condenatória, tendo voltado a pagar a pensão a partir do mês posterior à progressão de regime penal, e, ainda que, antes disso, o compromisso alimentar foi honrado por mais de 6 anos, o que indica ser verdadeira a alegação de ausência de recursos para adimplir a obrigação ao tempo da reclusão. 3. *Habeas corpus* conhecido. Ordem concedida (STJ, HC 381095/SP, relatora: Min. Maria Isabel Gallotti, data do julgamento: 20/8/2019, 4ª Turma, data da publicação: 26/8/2019)

A decisão anterior foi proferida pela Quarta Turma do STJ. Por outro lado, há decisão recente da Terceira Turma do mesmo Tribunal que, a partir da ideia de finalidade social e existencial da obrigação alimentar, afastou a alegação do devedor por considerar possível o exercício de trabalho remunerado intramuros:

Recurso especial. Ação de alimentos. Negativa de prestação jurisdicional. Não ocorrência. Alimentante preso. Circunstância que não influencia no direito fundamental à percepção de alimentos. Peculiaridade a ser apreciada na fixação do valor da pensão. Possibilidade de o interno exercer atividade remunerada. Recurso especial desprovido.

1. Verifica-se que o Tribunal de origem analisou todas as questões relevantes para a solução da lide de forma fundamentada, não havendo falar em negativa de prestação jurisdicional.

2. O direito aos alimentos é um direito social previsto na CRFB/1988, intimamente ligado à concretização do princípio da dignidade da pessoa humana. Assim, a finalidade social e existencial da obrigação alimentícia a torna um instrumento para concretização da vida digna e a submete a um regime jurídico diferenciado, orientado por normas de ordem pública.

3. Os alimentos devidos pelos pais aos filhos menores decorrem do poder familiar, de modo que o nascimento do filho faz surgir para os pais o dever de garantir a subsistência de sua prole, cuidando-se de uma obrigação personalíssima.

4. Não se pode afastar o direito fundamental do menor à percepção dos alimentos ao argumento de que o alimentante não teria condições de arcar com a dívida, sendo ônus exclusivo do devedor comprovar a insuficiência de recursos financeiros. Ademais, ainda que de forma mais restrita, o fato de o alimentante estar preso não impede que ele exerça atividade remunerada.

5. O reconhecimento da obrigação alimentar do genitor é necessário até mesmo para que haja uma futura e eventual condenação de outros parentes ao pagamento da verba, com base no princípio da solidariedade social e familiar, haja vista a existência de uma ordem vocativa obrigatória.

6. Recurso especial desprovido (REsp 1.886.554/DF, relator: Min. Marco Aurélio Belizze 3ª Turma, data do julgamento: 24/11/2020, data da publicação: 3/12/2020).

Para analisarmos melhor essa decisão, precisamos nos socorrer da Lei de Execução Penal (LEP).

Conforme dispõe o art. 31 da Lei 7.210/1984, o condenado à pena privativa de liberdade está obrigado ao trabalho, na medida de suas aptidões e sua capacidade. Ou seja, para o preso definitivo, há obrigatoriedade no que tange ao trabalho. Para o preso provisório, o trabalho não é obrigatório, mas poderá ser realizado, com a possibilidade de remição da pena que, eventualmente, vier a ser aplicada.

Ao exercer o trabalho, o preso recebe uma quantia denominada de pecúlio. Sobre pecúlio:

Trata-se de reserva monetária, que tem como finalidade precípua auxiliar o apenado, quando posto em liberdade, no processo de readaptação à sociedade, garantindo-lhe a subsistência temporária, evitando, assim, que seja eventualmente tentado a retornar à prática delitiva pela falta de dinheiro nos primeiros momentos em que solto (*Execução Penal*. 5. ed. São Paulo Método).

A forma de remuneração do preso está prevista no art. 29 da LEP:

Art. 29. O trabalho do preso será remunerado, mediante prévia tabela, não podendo ser inferior a 3/4 (três quartos) do salário mínimo.

§ 1º O produto da remuneração pelo trabalho deverá atender:

a) à indenização dos danos causados pelo crime, desde que determinados judicialmente e não reparados por outros meios;

b) à assistência à família;

c) a pequenas despesas pessoais;

d) ao ressarcimento ao Estado das despesas realizadas com a manutenção do condenado, em proporção a ser fixada e sem prejuízo da destinação prevista nas letras anteriores.

§ 2º Ressalvadas outras aplicações legais, será depositada a parte restante para constituição do pecúlio, em Caderneta de Poupança, que será entregue ao condenado quando posto em liberdade.

A assistência à família, certamente, compreende as despesas relacionadas, por exemplo, aos filhos menores. Assim, se o preso trabalha e recebe o pecúlio, não há como isentá-lo de pagar os alimentos. É claro que essa constatação não pode se dar de forma absoluta, sem que se analise o caso concreto, até porque a hiperpopulação carcerária impede que todos os presos exerçam atividade remunerada. Além disso, o próprio STJ já entendeu que o trabalho desenvolvido pela pessoa encarcerada nem sempre será remunerado, pois a prática também gera benefícios, como a remição da pena. "Assim, se os serviços foram prestados de forma voluntária, com a finalidade exclusiva de remir a pena, não havendo repercussão econômica, não há direito à contraprestação pecuniária" (STJ, REsp 1.156.327/DF, relator: Min. Herman Benjamin, data do julgamento: 16/3/2017, 2ª Turma, data da publicação: 27/4/2017).

Ainda dentro do aspecto interdisciplinar – de essencial conhecimento para o qualquer operador do Direito –, destaca-se recente posicionamento do Supremo Tribunal Federal que considerou válida a verba prevista no *caput* do art. 29 da LEP, mesmo que inferior a um salário mínimo. Em Arguição de Descumprimento de Preceito Fundamental (ADPF 336), ajuizada pela Procuradoria-Geral da República, afirmou-se que a norma violava os princípios constitucionais da isonomia e da dignidade da pessoa humana, além da garantia de ao menos um salário mínimo a todos os trabalhadores urbanos e rurais. O STF, por maioria, considerou válida a previsão. Destacam-se a seguir os argumentos do voto vencedor, do Min. Luiz Fux:

– Nos termos dos artigos 28, *caput*, 31 e 39, V, da Lei de Execução Penal, o trabalho do condenado constitui um dever, obrigatório na medida de suas aptidões e capacidade, e possui finalidades educativa e produtiva, em contraste com a liberdade para trabalhar e prover o seu sustento garantida aos que não cumprem pena prisional pelo artigo 6º da Constituição. Em suma, o trabalho do preso segue lógica econômica distinta da mão-de-obra em geral;

– Considerando as peculiaridades da situação do preso, que constituem prováveis barreiras à sua inserção no mercado de trabalho, é razoável que o legislador reduza o valor mínimo de remuneração pela sua mão de obra com o intuito de promover as chances da sua contratação.

– O salário mínimo visa satisfazer as necessidades vitais básicas do trabalhador e as de sua família "com moradia, alimentação, educação, saúde, lazer, vestuário, higiene, transporte e previdência social". Ocorre que o preso, conforme previsão legal, já deve ter atendidas pelo Estado boa parte das necessidades vitais básicas que o salário mínimo objetiva atender.

– A disciplina do trabalho do preso no Brasil está em conformidade com as normas internacionais que regem o tema. A Regra de Mandela n. 103.1, prevê que: "Será estabelecido sistema justo de remuneração do trabalho dos presos". Não há exigência, portanto, de que o sistema de remuneração dos presos seja idêntico ao dos trabalhadores livres, mas apenas de que seja minimamente equitativo.

Vemos, então, que há normativa suficientemente apta a afastar o precedente da Quarta Turma do STJ. No entanto, conforme ressaltado em linhas anteriores, o caso concreto é que possibilitará ao juiz dimensionar e, eventualmente, limitar a verba alimentar.

2.6 Execução de alimentos

Esteja a obrigação prevista em título judicial ou extrajudicial, a forma de execução dos alimentos é muito semelhante. Em ambos os casos, admitem-se a prisão, o desconto em folha e a expropriação. A execução de título extrajudicial – o mais comum é o acordo firmado pelas partes e não submetido à homologação judicial – exige a instauração de um processo executivo autônomo (art. 911 do CPC/2015), abrindo-se ao devedor, no caso de execução expropriatória, a faculdade de oposição de embargos à execução.

O cumprimento de decisão judicial ou de acordo homologado em juízo é promovido nos mesmos autos da ação de alimentos (art. 531, § 2º, do CPC/2015). Para evitar tumulto, processam-se em autos apartados a execução dos alimentos provisórios e o cumprimento provisório de decisão sobre a qual pende recurso recebido somente no efeito devolutivo (art. 531, § 1º, do CPC/2015).

Nos termos do art. 528, § 8º – dispositivo que também se aplica à execução dos alimentos estabelecidos em título extrajudicial –, o exequente pode optar pela modalidade da execução: pela expropriação, iniciando-se pela penhora, ou prisão. De regra, não se admitem a expropriação e a prisão ao mesmo tempo[185]. Em se optando pela via expropriatória, procede-se à penhora de bens e, então, há que se aguardar a ultimação dos atos subsequentes, como avaliação e leilão,

---

[185] Em agosto de 2022 o STJ decidiu pela possibilidade excepcional de cumulação dos pedidos de prisão e de penhora no mesmo procedimento. Segundo a Corte, para a cobrança de alimentos, é cabível a cumulação das medidas de coerção pessoal (prisão) e de expropriação patrimonial (penhora) no âmbito do mesmo procedimento executivo, desde que não haja prejuízo ao devedor – a ser comprovado por ele – nem ocorra tumulto processual, situações que devem ser avaliadas pelo magistrado em cada caso (REsp 1.930.593/MG, relator: Min. Luis Felipe Salomão, 4ª Turma, data do julgamento: 9/8/2022, data da publicação: 26/8/2022).

a fim de que o Estado-juízo apure a quantia para saldar o débito executado. Por outro lado, caso se pleiteie a prisão, há que se aguardar o desfecho procedimental. Cumprindo o devedor a prisão e não saldado o débito, pode-se requerer a penhora de bens de sua propriedade.

De qualquer forma, todos os meios visam a um fim: a prestação dos alimentos. Caso o objetivo não seja alcançado por um meio, depois de esgotado aquele (expropriação ou prisão), pode-se recorrer a outra via. Concomitantemente, admitem-se os meios coercitivos, como o protesto e a inserção do nome do devedor em cadastros restritivos de crédito.

Como vimos, no Direito brasileiro, admite-se a prisão civil do devedor de alimentos que, injustificavelmente, não cumpre sua obrigação, como meio de constrangê-lo ao pagamento. O permissivo se encontra no art. 5º, LXVI, primeira parte, da Constituição Federal: "não haverá prisão civil por dívida, salvo a do responsável pelo inadimplemento voluntário e inescusável de obrigação alimentícia".

A jurisprudência firmou-se no sentido de que a prisão somente é possível com relação à dívida correspondente aos três meses anteriores ao ajuizamento da execução, entendimento que acabou consagrado na Súmula 309 do Superior Tribunal de Justiça e, posteriormente, incorporado no próprio CPC/2015 (art. 528, § 7º). Nesse caso, admitem-se a execução por expropriação para os débitos vencidos há mais de três meses e a execução pelo meio coercitivo da prisão para os débitos vencidos há menos de três meses do ajuizamento.

Parte V – Cap. 6 – Alimentos (arts. 1.694 a 1.710) | 883

Quadro Esquemático 6

- **Alimentos**
  - O direito a alimentos tem natureza de direito da personalidade e é, portanto, irrenunciável
    - Obs.: → a jurisprudência tem admitido a renúncia, quando a origem da obrigação é um vínculo conjugal
  - São irrepetíveis
  - **Classificação**
    - naturais → são os alimentos de que a pessoa necessita para sobreviver ("mínimo básico")
    - civis → são os alimentos de que a pessoa necessita para manter sua condição social
    - provisórios → alimentos fixados sumariamente pelo juiz, na ação de alimentos prevista pela Lei 5.478/68
    - provisionais → alimentos arbitrados de acordo com a lei processual no curso de outra ação, que não a prevista na Lei 5.748/68 (ex.: ação de divórcio)
    - transitórios → alimentos de caráter assistencial e transitório
    - compensatório → "indenização" pelo desequilíbrio econômico-financeiro causado ao cônjuge desprovido de bens
    - definitivos → alimentos objeto de obrigação alimentar cujo mérito já foi resolvido
    - gravídicos → alimentos de que necessita a mulher grávida. Disciplinados na Lei 11.804/2008
  - **Obrigação alimentar**
    - elementos/requisitos
      - necessidade → insuficiência de recursos do reclamante
      - possibilidade → de a pessoa de quem se reclamam os alimentos provê-los sem que haja desfalque do necessário ao seu próprio sustento
      - proporcionalidade → proporção entre as necessidades do reclamante e os recursos da pessoa obrigada, quando da fixação do *quantum* devido
    - possibilidade de revisão ou exoneração do benefício, após a fixação por sentença, se sobrevier mudança na situação financeira de quem os supre ou de quem os recebe
    - o valor dos alimentos será sempre atualizado, de acordo com o índice oficialmente estabelecido
    - a obrigação de prestar alimentos transmite-se ao herdeiro do devedor
    - trata-se de obrigação periódica
    - oriunda de vínculo de parentesco
      - recíproca entre pais e filhos
      - extensiva a todos os ascendentes, devendo recair, primeiramente, nos parentes de grau mais próximo na linha reta
      - na impossibilidade de provisão por ascendentes e descendentes, a obrigação será transmitida na linha colateral
      - os alimentos que cada um deverá prestar serão fixados na proporção dos respectivos recursos
    - oriunda de vínculo conjugal dissolvido
      - os alimentos devidos pelo rompimento de vínculo conjugal são civis
      - os alimentos deverão ser pleiteados em ação própria ou, no caso de divórcio, na própria ação de dissolução do casamento
      - o direito do credor se extingue pelo casamento ou constituição de união estável, bem como pela prática de ato considerado indigno em relação ao devedor
      - o novo casamento do devedor e a constituição de união estável não o exoneram da obrigação alimentar
      - jurisprudência vem admitindo a renúncia
  - É possível a prisão civil do devedor de alimentos com relação à dívida correspondente aos três meses anteriores ao ajuizamento da execução

Bem de Família (arts. 1.711 a 1.722)

Consectário da proteção à dignidade da pessoa humana – fundamento da nossa República (art. 1º, III, da Constituição Federal) – é a ideia de que toda pessoa tem **direito à moradia** (direito fundamental social, segundo o art. 6º da Constituição). Daí a noção de que o imóvel que serve de moradia à pessoa não pode ser atingido por **dívidas** suas, ou seja, a proteção da moradia se sobrepõe à proteção do crédito.

Bem de família consiste, portanto, no **conjunto de bens** que servem de moradia à pessoa ou à família, incluindo o **imóvel com suas acessões**, bem como os **móveis que o guarnecem**, e que **não pode ser penhorado**.

Em razão da tutela concedida à família formada pelo casamento em detrimento de outras entidades familiares, durante muito tempo a doutrina e a jurisprudência somente aplicaram o benefício do bem de família aos núcleos formados por um vínculo matrimonial. Hoje, não obstante, não há mais espaço para esse tipo de discriminação. Um instituto não se interpreta pelo *nomen iuris*, mas por sua natureza. O bem de família, independentemente de sua nomenclatura, é uma **medida protetiva da moradia**, enquanto direito fundamental decorrente da dignidade da pessoa humana. Aplica-se, por conseguinte, a **qualquer pessoa**. Destarte, deve necessariamente ser aplicado às pessoas sozinhas[186] e a qualquer entidade familiar, como os núcleos mosaico, monoparentais, homoafetivos e quaisquer outros. Nesse sentido dispõe a Súmula 364 do Superior Tribunal de Justiça que "o conceito de impenhorabilidade de bem de família abrange também o imóvel pertencente a pessoas solteiras, separadas e viúvas".

1. BEM DE FAMÍLIA LEGAL E BEM DE FAMÍLIA CONVENCIONAL

O bem de família foi disciplinado, em 1990, pela Lei 8.009. Posteriormente, recebeu a disciplina dos arts. 1.711 a 1.722 do Código Civil. Considerando-se que a origem da medida protetiva diverge da Lei 8.009/90 para o Código de 2002, passou-se a tratar do **bem de família legal** e do **bem de família convencional**.

1.1 Bem de família legal

A Lei 8.009/90 determinou, em seu art. 1º, que:

---

[186] A ideia de "família unipessoal" surgiu justamente para que se pudesse aplicar o benefício às pessoas sozinhas, em um tempo em que se usava a locução "de família" para excluí-las da proteção.

Art. 1º O imóvel residencial próprio do casal, ou da entidade familiar, é impenhorável e não responderá por qualquer tipo de dívida civil, comercial, fiscal, previdenciária ou de outra natureza, contraída pelos cônjuges ou pelos pais ou filhos que sejam seus proprietários e nele residam, salvo nas hipóteses previstas nesta lei.

Percebe-se que, segundo a Lei 8.009/90, a **instituição do bem de família** é automática, vez que **decorre da lei**. Ou seja, basta que o imóvel sirva de moradia para que se torne impenhorável. Por essa razão, diz-se que a Lei 8.009/90 cuida do **bem de família legal**.

1.2 Bem de família convencional

No sistema do Código Civil, a **instituição do bem de família** depende de **escritura pública** ou **testamento**, em que sejam destinados bens – que não ultrapassem um terço do patrimônio líquido do instituidor à época – para a constituição de bem de família. Daí se dizer que o Código Civil cuidou do **bem de família convencional**, ou seja, não daquele automaticamente instituído pela lei, mas de outro, instituído em sua substituição, por **ato de vontade**.

2. DISCIPLINA DO BEM DE FAMÍLIA

Como vimos, o bem de família legal é instituído automaticamente, **por força de lei**. O bem de família convencional, por sua vez, é instituído formalmente, **por ato de vontade**.

Cabe a instituição do bem de família convencional, segundo o art. 1.711 do Código, aos **cônjuges** (ou **companheiros**) ou à **entidade familiar**, devendo-se compreender, pela expressão, qualquer membro da família que resida no imóvel. Admite-se, também, a remota hipótese de o bem de família ser instituído por um **terceiro**, no ato da doação do imóvel à família, ou em testamento, sujeitando-se a eficácia da instituição à aceitação dos beneficiados (art. 1.711, parágrafo único).

Ainda no caso do bem de família convencional, deve-se frisar que sua instituição se dá pelo **registro do título constitutivo** no Registro de Imóveis (art. 1.714 do Código).

Compreendem o acervo que constitui o bem de família *legal*: o **imóvel** sobre o qual se assentam a construção, as **plantações** e as **benfeitorias** de qualquer natureza, bem como todos os **equipamentos**, inclusive os de uso profissional, e os **móveis** que guarnecem a casa, desde que quitados (art. 1º, parágrafo único, da Lei 8.009/90). Com relação aos bens móveis, excluem-se os veículos, as obras de arte e os adornos suntuosos (art. 2º da Lei 8.009/90).

Podem compreender o acervo em que se consubstancia o bem de família *convencional*, desde que não ultrapassem um terço do patrimônio líquido do instituidor à época da instituição: **prédio residencial ou urbano**, com as respectivas **pertenças e acessórios**, desde que se destinem ao domicílio familiar, bem como **valores mobiliários** cuja renda seja aplicada na conservação do imóvel e no sustento da família (art. 1.712 do Código Civil). Impende destacar que, conquanto o Código não mencione expressamente os bens móveis que guarnecem a casa, estes devem se considerar automaticamente incluídos no acervo, com a ressalva do art. 2º da Lei 8.009/90. Quanto aos valores mobiliários, conforme o art. 1.713 do Código, não podem exceder o valor do imóvel à época da instituição do bem de família, e devem ser devidamente individualizados (art. 1.713, *caput* e § 1º). Caso se trate de títulos nominativos, a instituição como bem de família deverá obrigatoriamente constar do respectivo livro de registro (art. 1.713, § 2º). Admite-se, por fim, que a administração dos valores seja confiada a uma instituição financeira, e que se determine a forma de pagamento da renda respectiva aos beneficiários – hipótese em que a responsabilidade dos administradores se submeterá às regras aplicáveis ao contrato de depósito (art. 1.713, § 3º).

Por natureza, o bem de família goza de **impenhorabilidade**, ou seja, não pode ser penhorado **por dívidas posteriores à instituição** (art. 1.715, primeira parte, do Código). A ressalva tem o objetivo de **evitar fraudes**.

A Lei 8.009/90 expressamente prevê a impenhorabilidade do bem de família legal por qualquer tipo de **dívida civil, comercial, fiscal, previdenciária ou de outra natureza**, contraída pelos cônjuges (ou companheiros) ou pelos pais ou filhos que sejam seus proprietários e nele residam (art. 1º), em qualquer processo de **execução civil, fiscal, previdenciária, trabalhista ou de outra natureza**, exceto se a execução for movida (art. 3º): (1) pelo titular do crédito decorrente do financiamento destinado à construção ou à aquisição do imóvel, no limite dos créditos e acréscimos constituídos em função do respectivo contrato; (2) pelo credor de pensão alimentícia, resguardados os direitos, sobre o bem, do seu coproprietário que, com o devedor, integre união estável ou conjugal, observadas as hipóteses em que ambos responderão pela dívida; (3) para cobrança de impostos, predial ou territorial, taxas e contribuições devidas em função do imóvel familiar; (4) para execução de hipoteca sobre o imóvel oferecido como garantia real pelo casal ou pela entidade familiar; (5) por ter sido adquirido com produto de crime ou para execução de sentença penal condenatória a ressarcimento, indenização ou perdimento de bens; (6) por obrigação decorrente de fiança concedida em contrato de locação.

O Código Civil, por sua vez, exclui a impenhorabilidade do bem de família convencional apenas quanto às dívidas provenientes de **tributos relativos ao prédio** ou de **despesas de condomínio** (art. 1.715, segunda parte). Se houver a penhora em um desses casos, determina o parágrafo único do art. 1.715 que eventual saldo remanescente seja aplicado em outro prédio, que servirá de bem de família, ou em títulos da dívida pública, para o sustento da família, reservando-se ao juiz a possibilidade de lhe dar outra destinação, se motivos relevantes o aconselharem.

Impende destacar que, nos termos da Súmula 549 do STJ, "é válida a penhora de bem de família pertencente a fiador de contrato de locação" e que, segundo a Súmula 449, "a vaga de garagem que possui matrícula própria no registro de imóveis não constitui bem de família para efeito de penhora".

Recomenda-se cuidado na aplicação do art. 1.716 do Código, segundo o qual a impenhorabilidade somente dura "enquanto viver um dos cônjuges, ou, na falta destes, até que os filhos completem a maioridade". Na verdade, o bem de família se mantém como tal enquanto servir de moradia à família ou a apenas um membro dela remanescente. Ademais, conforme asseverado anteriormente, o benefício se aplica também às pessoas viúvas e separadas. Logo, a impenhorabilidade somente se extingue pela morte de todos que residiam no bem ou pela maioridade dos filhos (art. 1.722), desde que não queiram manter a moradia no imóvel.[187]

Ainda quanto ao bem de família convencional, estabelece o Código que não poderá ter destinação diversa da de **domicílio familiar**, bem como não poderá ser **alienado** sem o consentimento dos interessados e seus representantes legais, ouvido o Ministério Público (art. 1.717). Se ficar comprovada a **impossibilidade da manutenção** do bem de família nas condições em que foi instituído, o juiz poderá, a requerimento dos interessados, extingui-lo ou autorizar a sub-rogação dos bens que o constituem por outros, ouvidos o instituidor e o Ministério Público (art. 1.719).

Sobre o tema, conferir item 3 do Capítulo 3 da primeira parte desta obra.

---

[187] Deve-se lembrar das famílias parentais formadas por irmãos, que também gozam do benefício da impenhorabilidade do bem de família.

Quadro Esquemático 7

Bem de família

- Conceito → conjunto de bens que servem de moradia à pessoa ou à família, incluindo o imóvel com suas acessões, bem como os móveis que o guarnecem, e que não pode ser penhorado
- Medida protetiva da moradia, enquanto direito fundamental decorrente da dignidade humana
- Deve necessariamente ser aplicado às pessoas sozinhas e a qualquer entidade familiar (Súmula 364, STJ)
- Classificação
  - bem de família legal art. 1º, da Lei 8.009/90 → instituição automática, por força de lei
  - bem de família convencional → Código Civil (arts. 1.711 a 1.722)
    - instituição por ato de vontade dos cônjuges companheiros ou da entidade familiar
    - admite-se à instituição por terceiro, em testamento ou doação, sujeitando-se a eficácia da instituição à aceitação dos beneficiados
    - registro do título constitutivo no Registro de Imóveis
- Disciplina
  - acervo
    - bem de família legal → art. 1º, parágrafo único, da Lei 8.009/90
    - bem de família convencional → art. 1.712 do Código Civil
  - goza de impenhorabilidade
    - não pode ser penhorado por dívidas anteriores à sua instituição
    - exceções
      - no caso de bem de família legal → art. 3º, Lei 8.009/90
      - no caso de bem de família convencional → dívidas provenientes de tributos relativos ao prédio ou de despesas de condomínio (art. 1.715, segunda parte, CC)
- Bem de família convencional
  - extinção
    - morte de todos que residiam no bem
    - maioridade dos filhos, desde que não queiram manter a moradia ou imóvel
  - não pode ter destinação diversa da de domicílio familiar
  - não poderá ser alienado sem o consentimento dos interessados e seus representantes legais, ouvido o Ministério Público

8

Tutela, Curatela e Tomada de Decisão Apoiada (arts. 1.728 a 1.783-A)

Segundo a teoria das capacidades, os menores incapazes, que não estejam sob autoridade parental, sujeitam-se à **tutela**, enquanto os maiores incapazes se submetem à **curatela**.

Neste capítulo, estudaremos cada um destes institutos, que são, na verdade, bastante parecidos.

O Estatuto da Pessoa com Deficiência, por sua vez, o qual estabeleceu que a deficiência não interfere na **plena capacidade** da pessoa (art. 6º do EPD), criou o instituto da **tomada de decisão apoiada**, por meio da inclusão, no Código Civil, do art. 1.783-A, que também estudaremos neste capítulo.

1. TUTELA

Como se sabe, os menores de dezesseis anos são **absolutamente incapazes** para a prática dos atos da vida civil, e os maiores de dezesseis, porém menores de dezoito anos, são **relativamente incapazes**. Por essa razão, necessitam de **representação**, enquanto absolutamente incapazes, e de **assistência**, enquanto relativamente incapazes. Tanto a representação quanto a assistência cabem aos **pais**, no exercício do **poder familiar** (art. 1.634, V). No entanto, há que se considerar tanto a hipótese de morte ou ausência dos pais quanto de perda do poder familiar. Nesses casos, o menor é colocado sob **tutela**, a qual é exercida por um **tutor** (art. 1.728 do Código).

O tutor não apenas representará ou assistirá o menor, como também será o responsável por sua **criação e educação**, em substituição dos pais.

Concede-se aos pais o direito de nomear o tutor de seus filhos, conjuntamente, em testamento ou outro documento autêntico (art. 1.729, *caput* e parágrafo único). Cabe frisar que a nomeação feita por quem perdeu o poder familiar se reputa **nula** (art. 1.730).

Se mais de um tutor for nomeado em disposição testamentária, sem que se indique a precedência, determina a lei que se conceda a tutela ao primeiro, e sucessivamente aos demais, na hipótese de morte, incapacidade, escusa ou qualquer outro impedimento do precedente (art. 1.733, § 1º).

Na falta de nomeação dos pais, a tutela caberá aos parentes do menor, observada a ordem seguinte (art. 1.731): primeiramente, aos **ascendentes**, preferindo o grau mais próximo ao mais remoto; na falta deles, aos **colaterais**, até o terceiro grau, mantendo-se a preferência do grau mais próximo, e, no mesmo grau, a preferência dos mais velhos aos mais jovens. Admite-se, no entanto, que a escolha seja feita pelo juiz, levando-se em conta o parente **mais apto a exercer a tutela** em benefício do menor (art. 1.731, inc. II, parte final).

Deve-se ressalvar que, conquanto a redação do *caput* do art. 1.731 mencione apenas os **parentes consanguíneos**, não há razão para que os **parentes por vínculo de socioafetividade** não sejam chamados a exercer a tutela. A falha parece se dever ao fato de que também aqui o legislador copiou o Código de 1916 – o art. 415, especificamente –, com pequenas alterações, que, embora louváveis, não atualizaram de todo a norma.[188]

Não havendo parentes, ou no caso de estes serem excluídos ou escusados da tutela, ou, ainda, na hipótese de ter sido removido, por não idôneo, o tutor nomeado pelos pais ou o tutor legítimo (rol do art. 1.731), caberá ao **juiz** nomear tutor **idôneo** e **residente no domicílio do menor** (art. 1.732).

Aos **irmãos** será sempre nomeado um mesmo tutor (art. 1.733).

Incumbe também ao juiz a nomeação de tutor para o **menor abandonado** (art. 1.734, primeira parte). Não havendo a nomeação, o menor será recolhido em instituição pública de assistência, ou será posto sob a tutela da pessoa que, voluntária e gratuitamente, oferecer-se para o encargo de sua criação (art. 1.734, segunda e terceira partes).

1.1 Pessoas incapazes de exercer a tutela

Segundo o art. 1.735 do Código, não podem ser tutores, devendo ser exonerados, caso exerçam a tutela: (1) as pessoas que **não tiverem a livre administração de seus bens**; (2) as pessoas que, no momento de lhes ser deferida a tutela, encontrarem-se em **relação obrigacional da qual o menor seja sujeito**; (3) as pessoas que, no momento de lhes ser deferida a tutela, tiverem de exercer **direitos contra o menor**, ou cujos pais, filhos, cônjuges ou companheiros se encontrarem no polo ativo de **ação ajuizada em face do menor**; (4) os **inimigos** do menor ou de seus pais; (5) as pessoas que tiverem sido expressamente **excluídas da tutela pelos pais**; (6) os condenados por **crime de furto, roubo, estelionato, falsidade, contra a família ou os costumes**, independentemente do cumprimento de pena; (7) as pessoas consideradas "de **mau procedimento**", ou "**falhas em probidade**", e as consideradas culpadas por **abuso** em tutorias anteriores; (8) as pessoas que exercerem **função pública incompatível** com a boa administração da tutela.

Em relação ao inciso IV (pessoas condenadas por determinados crimes), a doutrina entende possível a relativização. Nesse sentido é o Enunciado 636 da VII Jornada de Direito Civil do CJF: "O impedimento para o exercício da tutela do inc. IV do art. 1.735 do Código Civil pode ser mitigado para atender ao princípio do melhor interesse da criança". Pense, por exemplo, em irmãos órfãos que são cuidados pela irmã mais velha, condenada por furto, e não há indicação de outra pessoa da família que melhor possa exercer a tutela[189].

---

[188] O Código de 2002 não manteve as distinções entre avós paternos e maternos, parentes do sexo masculino e do sexo feminino, e irmãos bilaterais e unilaterais.

[189] "A curatela tem cunho eminentemente protetivo da pessoa do incapaz, estando sujeitos à curatela aqueles que, por causa transitória ou permanente, não puderem exprimir sua vontade, nos termos do art. 1767 do Código Civil – Apesar de o art. 1.735, IV, do Código Civil dispor que são impedidos do exercício da tutela os condenados por crime de furto, roubo, estelionato, falsidade, contra a família ou os costumes, deve haver interpretação mitigatória do dispositivo proibitivo do exercício de curatela por conta dos antecedentes, se existirem provas suficientes a justificar o exercício da curatela pelo irmão da interditanda" (TJ-MG – AI: 10000210642583001 MG, relator: Renato Dresch, data do julgamento: 22/7/2021, 4ª Câmara Cível, data da publicação: 23/7/2021).

1.2 Escusa dos tutores

Há casos em que a lei admite que a pessoa a quem caberia a tutela se **escuse**, ou seja, que deixe de exercê-la. Quem não tiver **vínculo de parentesco** com o menor poderá escusar-se, caso haja no lugar do exercício **parente idôneo** do menor, consanguíneo ou afim, que esteja em condições de exercer a tutela (art. 1.737). Aqui cabe a ressalva feita anteriormente, no sentido de que o parentesco não se limita ao consanguíneo ou por afinidade – apesar da má redação do dispositivo legal –, devendo incluir, necessariamente, o por **socioafetividade**.

O art. 1.736 admite que também se escusem da tutela: I – as **mulheres casadas**; II – os **maiores de sessenta anos**; III – as pessoas que tiverem sob sua autoridade **mais de três filhos**; IV – os que se encontrarem impossibilitados em razão de **enfermidade**; V – as pessoas que residirem em **lugar distante** de onde se tenha de exercer a tutela; VI – as pessoas que já estiverem em **exercício de tutela ou curatela** de outra pessoa; VII – os **militares** em serviço. Em relação ao inciso I – mulheres casadas –, a doutrina critica a previsão, visto que não há razões legais para afastar a legitimidade de mulheres casadas apenas em razão dessa condição. Nesse sentido é o Enunciado 136 do CJF.

A escusa deverá ser apresentada no **prazo decadencial de dez dias** a contar da designação (art. 1.738, primeira parte). O dispositivo ressalta que o não cumprimento do prazo implica **renúncia** do direito. Na verdade, não se trata de renúncia por presunção absoluta, mas simplesmente de **decadência** do direito potestativo. Eis a razão, aliás, pela qual se esclarece que se o motivo da escusa somente ocorrer depois de aceita a tutela, o prazo de dez dias será contado da **data em que sobreveio o motivo**. É que a superveniência de um motivo gera um **novo direito potestativo**, submetido a um prazo decadencial próprio, que não se confunde com prazo que anteriormente se esgotou.

O recurso interposto da decisão que indeferiu a escusa não terá **efeito suspensivo**, e o tutor recorrente será civilmente responsável pelos danos que o menor porventura vier a sofrer (art. 1.739).

1.3 Exercício da tutela

Antes de assumir a tutela, o tutor deverá declarar **tudo o que lhe deva o menor**, sob pena de não se admitir a cobrança durante o exercício da tutoria, ressalvada a hipótese de não ter conhecimento da dívida à época que assumiu a função (art. 1.751).

São atribuições do tutor (art. 1.740): (1) dirigir a **educação** do menor, **defendê-lo** e prover-lhe **alimentos**, de acordo com seus haveres e sua condição; (2) reclamar do juiz que providencie a **necessária correção** do menor; (3) adimplir os demais **deveres que normalmente cabem aos pais**, devendo o menor ser ouvido, se já tiver mais de **doze anos**. O tutor deve, além disso, **administrar os bens** do tutelado, em proveito do menor (art. 1.741).

Nos casos em que o menor tiver bens, deverá ser sustentado e educado às expensas de **seu próprio patrimônio**, cabendo ao juiz arbitrar para tais finalidades as quantias que lhe pareçam necessárias, se os pais não as houverem fixado, tendo em vista o rendimento dos bens do menor (art. 1.746).

Cumpre destacar que o tutor faz jus ao **ressarcimento** das despesas que efetuar no exercício da tutela – salvo no caso da tutela dos menores abandonados –, bem como a uma remuneração proporcional ao valor dos bens que tiver de administrar (art. 1.752, segunda parte).

Compete, ainda, ao tutor (art. 1.747): (1) **representar** o menor, até os dezesseis anos, nos atos da vida civil, e **assisti-lo**, após essa idade; (2) receber as **rendas e quantias** devidas ao menor; (3) prover as **despesas** de sua **subsistência e educação**; (4) **administrar, conservar e melhorar** seus bens; (5) alienar os bens do menor **destinados à venda**; (6) promover, por preço conveniente, o **arrendamento** dos bens de raiz.

O tutor depende de **autorização do juiz**, por sua vez, para (art. 1.748): (1) pagar as **dívidas** do menor; (2) **aceitar** por ele **heranças, legados ou doações**, com ou sem encargo; (3) **transigir**; (4) **vender** os bens móveis cuja conservação não for conveniente, e os imóveis, nos casos em que for permitido; (5) **ajuizar ações** ou nelas **assistir o menor**, bem como **promover todas as diligências** necessárias, e **defender o menor**, quando for réu. Caso quaisquer desses atos sejam praticados sem que o juiz os autorize, sua **validade** dependerá da ulterior aprovação judicial (não obstante o parágrafo único do art. 1.748 referir-se à **eficácia**).

Frise-se que a lei admite a venda dos **imóveis** de propriedade do menor somente quando o negócio oferecer **manifesta vantagem** ao tutelado, apurada após avaliação judicial, e desde que a alienação seja previamente autorizada pelo juiz (art. 1.750). Logo, a compra e venda de bem imóvel do tutelado celebrada pelo tutor sem a autorização prévia do juiz é proibida e, portanto, caso ocorra, enseja a **nulidade** do negócio.

Por fim, nem com autorização judicial pode o tutor praticar os atos seguintes, os quais, se praticados, serão **nulos** (art. 1.749): (1) **aquisição** por si ou por pessoa interposta de bens móveis ou imóveis pertencentes ao menor;[190] (2) **disposição** dos bens do menor a **título gratuito**; (3) constituição de **cessionário de crédito** ou de qualquer outro direito contra o menor.

Impende destacar que o juiz será **direta e pessoalmente responsável** pelos prejuízos sofridos pelo menor quando deixar de nomear o tutor ou quando não o fizer oportunamente, e **subsidiariamente responsável** quando não tiver exigido garantia legal do tutor ou deixado de removê-lo por suspeição (art. 1.744).

O tutor, por sua vez, será responsável por todos os **prejuízos** que causar ao tutelado (art. 1.752, primeira parte).

1.4 Administração dos bens do menor

Na **administração** dos bens do menor pelo tutor, deverá haver **inspeção do juiz** (art. 1.741), o qual poderá, quando entender necessário, nomear um **protutor** para a fiscalização (art. 1.742), o qual fará jus a uma gratificação módica (art. 1.752, § 1º).

Nos casos em que os bens e interesses administrativos do menor exigirem **conhecimentos técnicos**, forem **complexos** ou tiverem de ser realizados em **lugares distantes** do domicílio do tutor, admite-se que o tutor peça autorização ao juiz para delegar a pessoas naturais ou jurídicas o exercício parcial da tutela (art. 1.743).

As pessoas a quem compete a fiscalização dos atos do tutor serão **solidariamente responsáveis** pelos prejuízos sofridos pelo menor, juntamente com quem tiver para eles concorrido (art. 1.752, § 2º).

Os bens do menor serão entregues ao tutor, segundo o art. 1.745, mediante **termo que os especifique**, com os respectivos valores, ainda que os pais do tutelado, no ato de nomeação do tutor, tenham-no dispensado de tal dever. Na hipótese de o patrimônio do menor ser consideravelmente grande, o juiz deverá condicionar o exercício da tutela à prestação de **caução suficiente**, admitindo a lei que dispense a garantia se o tutor for de **reconhecida idoneidade** (art. 1.745, parágrafo único). Deve-se, no entanto, lembrar da responsabilidade subsidiária do juiz nos casos em que deixar de exigir a garantia (art. 1.744, II), razão pela qual a dispensa não é recomendável.

---

[190] Não faz sentido a observação "mediante contrato particular" no texto do inciso I do art. 1.749, copiada do art. 428, I, do Código de 1916, com a substituição da palavra "por" pela palavra "mediante". Ora, a prevalecer o texto, as vendas de bens imóveis, cuja validade depende de serem realizadas por escritura pública, acabariam por se tornar possíveis.

1.5 Destinação dos bens do menor

Os arts. 1.753 e 1.754 do Código mantêm uma minuciosa e desnecessária disciplina da **destinação dos bens do menor**, a qual já era criticada desde os tempos do Código de 1916,[191] mas que o legislador de 2002 deixou de suprimir, ou atualizar, limitando-se, como de costume, a fazer alterações meramente textuais nos dispositivos.

Não examinaremos as normas, por não as considerarmos dentro do escopo de um estudo didático – vez que se trata de dispositivos obsoletos – mas fazemos questão de dar ao leitor notícia de sua existência.

1.6 Prestação de contas

O tutor, por ser administrador de bem alheio, deve **prestar contas** de sua administração, ainda que os pais do tutelado o tenham dispensado de tal dever no ato da nomeação (art. 1.755).

A prestação de contas é devida a cada **dois anos**, e sempre que, por qualquer razão, o tutor deixar o exercício da tutela, ou o juiz julgar conveniente (art. 1.757). As contas deverão ser prestadas **em juízo**, e julgadas depois de ouvidos os interessados, devendo o tutor recolher imediatamente os saldos a estabelecimento bancário oficial, ou adquirir bens imóveis, ou títulos, obrigações ou letras de responsabilidade direta ou indireta da União ou dos Estados (art. 1.757, parágrafo único).

Anualmente deverá ser submetido ao juiz o **balanço da administração**, o qual, depois de aprovado, será anexado aos autos do inventário (art. 1.756).

Ao final da tutela, seja pela emancipação do menor ou pela maioridade, este dará **quitação** ao tutor, a qual produzirá efeitos após a aprovação das contas pelo juiz, permanecendo o tutor, até então, inteiramente responsável (art. 1.758).

Todas as despesas justificadas e reconhecidamente proveitosas ao menor devem ser levadas a crédito do tutor (art. 1.760).

O alcance do tutor, bem como o saldo contra o tutelado, são considerados dívidas de valor e sobre elas incidem juros desde o julgamento definitivo das contas (art. 1.762).

Na hipótese da morte ou interdição do tutor, ou de ser declarada sua ausência, as contas deverão ser prestadas por seus **herdeiros ou representantes** (art. 1.759).

Por fim, saliente-se que as despesas com a prestação de contas correm **por conta do tutelado** (art. 1.761).

1.7 Cessação da tutela

A condição de tutelado extingue-se, naturalmente, pela **maioridade ou emancipação do menor**, ou por adquirir alguém o **poder familiar** sobre ele, na hipótese de reconhecimento de filiação ou de adoção (art. 1.763).

As funções do tutor, por sua vez, cessam pelo **decurso do prazo** em que era obrigado a exercer a tutela, pela **superveniência de escusa legítima**, e pela **remoção** (art. 1.764), a qual se dá quando o tutor for considerado negligente ou prevaricador, ou quando for declarado civilmente incapaz (art. 1.766). Com relação ao prazo de exercício da tutela, cabe destacar que, segundo o art. 1.765 do Código, é de **dois anos**. No entanto, admite-se que o tutor permaneça no exercício da tutela mesmo após esse prazo, se for a sua vontade, e o juiz julgar a permanência conveniente ao menor (art. 1.765, parágrafo único).

---

[191] RODRIGUES, Silvio. *Direito de família*, cit., p. 381.

2. CURATELA

Sujeitam-se à curatela as pessoas maiores que vierem a **perder a capacidade de fato ou tê-la reduzida**, ou seja, que forem declaradas **interditadas** por meio de sentença.

Inicialmente, cumpre esclarecer que a disciplina da curatela no Código Civil sofreu alterações promovidas pela Lei 13.146/2015, o **Estatuto da Pessoa com Deficiência – EPD –**, que entrou em vigor em 3 de janeiro de 2016.

Na redação original do art. 1.767 do Código, podiam ser interditadas:[192] (1) as pessoas que, por enfermidade ou deficiência mental, não tivessem o **necessário discernimento** para a prática dos atos da vida civil; (2) as pessoas que, por qualquer outra causa duradoura, não pudessem **exprimir sua vontade**; (3) os **deficientes mentais**, os **ébrios habituais** e os **viciados em tóxicos**; (4) as pessoas excepcionais, que não tivessem o **completo desenvolvimento mental**; (5) os **pródigos**, ou seja, as pessoas que inexplicavelmente dissipam seu patrimônio.

Todavia, após a mudança realizada pelo EPD, o art. 1.767 passou a vigorar com a seguinte redação:

> Art. 1.767. Estão sujeitos a curatela:
> I – aqueles que, por causa transitória ou permanente, não puderem exprimir sua vontade;
> II – (Revogado);
> III – os ébrios habituais e os viciados em tóxico;
> IV – (Revogado);
> V – os pródigos.

Como se vê, o EPD excluiu do art. 1.767 a possibilidade de serem interditadas as pessoas portadoras de algum tipo de sofrimento mental, as quais o art. 6º do Estatuto considera plenamente capazes.

Outra alteração promovida pelo EPD foi a supressão da expressão **interdição** com seus derivados, apesar de a rubrica da seção I do capítulo ter sido mantida como "dos interditos".

Impende frisar que, ao entrar em vigor, em 18 de março de 2016, o Código de Processo Civil de 2015 revogou diversos dispositivos do Código Civil acerca da curatela, inclusive alguns que haviam sido alterados pelo EPD, que entrara em vigor pouco antes, em 3 de janeiro de 2016. Todavia, é de se destacar a falha do EPD, porquanto foi promulgado em 6 de junho de 2015, depois, portanto, do CPC/2015, promulgado em março do mesmo ano. Ou seja, a lei promulgada posteriormente deveria ter verificado que alguns dos artigos do Código Civil cuja redação queria alterar estavam com seus dias contados, vez que já havia sido promulgada lei que os revogava, a qual entraria em vigor no ano subsequente.

Apenas a título de informação, manteremos aqui as alterações que o EPD promoveu na disciplina da curatela, que vigeram apenas entre 3 de janeiro e 17 de março de 2016.

No antigo art. 1.768, o EPD inclui a **legitimidade da própria pessoa** para requerer a curatela, e substituiu a expressão "interdição" por "processo que define os termos da curatela". Ou seja, a nova redação do art. 1.768 do Código Civil (inciso IV) definiu que a curatela poderia ser promovida pela própria pessoa com deficiência. É a chamada *autointerdição*. Não obstante

---

[192] Cumpre frisar que mantivemos a terminologia usada pelo Código Civil, não obstante defendermos a necessidade de sua adequação a um padrão politicamente correto.

a revogação desse dispositivo pelo CPC/2015 (art. 1.072, II), nada obsta que, em resguardo aos interesses da pessoa com deficiência, se assegure a possibilidade da autointerdição[193].

No antigo art. 1.771, o qual exigia que o juiz, antes de se pronunciar sobre a interdição, **entrevistasse pessoalmente** o alegado incapaz assistido por especialistas, o EPD substituiu os especialistas por equipe multidisciplinar.

Ademais, o EPD incluiu no antigo art. 1.772 um parágrafo único segundo o qual, "para a escolha do curador, o juiz levará em conta a vontade e as preferências do interditando, a ausência de conflito de interesses e de influência indevida, a proporcionalidade e a adequação às circunstâncias da pessoa".

2.1 Interdição no CPC/2015

O procedimento de curatela segue o rito estabelecido nos arts. 747 e seguintes do CPC/2015, bem como as disposições da Lei dos Registros Públicos (Lei 6.015/73). Antes de detalhá-lo, necessário fazer uma ressalva: com razão, a doutrina civilista critica o termo "interdição", considerando que, após a vigência do Estatuto, o correto é denominar o procedimento de Ação de Curatela. Utilizaremos a expressão "interdição", porque ela foi mantida no CPC/2015.

O pedido de interdição será formulado no foro do domicílio do interditando (art. 46 do CPC/2015). Se, no curso do processo, o interditando mudar de domicílio, a competência também mudará, sendo relativizada a regra da *perpetuatio jurisdictionis*, a fim de atender o melhor interesse do curatelando.

Segundo o art. 747 do CPC/2015, a interdição poderá ser promovida: I – pelo cônjuge ou companheiro; II – pelos parentes ou tutores; III – pelo representante da entidade em que se encontra abrigado o interditando; ou IV – pelo Ministério Público.

A lei processual em vigor insere novo legitimado para ajuizamento da ação de interdição, qual seja, o representante da entidade na qual se encontra o abrigado (art. 747, III, do CPC/2015). A hipótese reconhece uma relação de cuidado e autoridade no plano processual, ampliando a aplicação da curatela. Dessa forma, além dos familiares – que não mais precisarão ser "próximos", como previa o CPC/73 –, serão também legitimadas para a ação de interdição as entidades que acolhem pessoas que possuem alguma causa de incapacidade.

Ressalte-se que o termo "parentes" (art. 747, I, do CPC/2015) abarca todos aqueles que decorrem de outra origem que não a sanguínea, como os parentes por adoção e por afinidade, nos termos do art. 1.593 do CC/2002.

Sobre a natureza do rol, importa registrar que o Superior Tribunal de Justiça entende que a enumeração dos legitimados é taxativa, mas não preferencial, podendo a ação ser proposta por qualquer um dos indicados, haja vista tratar-se de legitimação concorrente (REsp 1.346.013/MG, data da publicação: 20/10/2015; AREsp 37.533/MG, data da publicação: 31/10/2017).

---

[193] Há poucos julgados sobre o assunto. Cita-se como exemplo: "A ausência de previsão no Código de Processo Civil/2015 acerca da 'autointerdição' não significa silêncio eloquente a determinar sua impossibilidade, porquanto assentada a legitimidade do próprio interessado no art. 35 da Lei 13.146/2015 – Estatuto da Pessoa com Deficiência, posterior àquele diploma, mas com vigência anterior. A efetivação da justiça deve sobrelevar em relação à interpretação estritamente técnica das regras processuais, sopesando-se a normatividade dos dispositivos com a efetiva e célere prestação jurisdicional, a partir da máxima de Francesco Carnelutti: 'O processo serve ao direito material, mas para que lhe sirva é necessário que seja servido por ele [...]'" (TJ-SC – AC: 03021427120168240074 Trombudo Central 0302142-71.2016.8.24.0074, relator: Henry Petry Junior, data do julgamento: 10/10/2017, 5ª Câmara de Direito Civil).

Devemos, contudo, diferenciar a legitimidade para requerer a interdição e a legitimidade para figurar como curador. Por exemplo, uma amiga íntima da interditada pode figurar na qualidade de curadora, mas, de acordo com a norma processual, não tem legitimidade para promover o procedimento de interdição.

Acerca desse entendimento, cabe uma ponderação. No final de 2018, o STJ entendeu possível o levantamento da curatela por pessoa não inserida no rol do art. 756, § 1º (*Informativo 640 do STJ*). De acordo com o posicionamento, a utilização do termo "poderá" – que também se repete no rol do art. 747 – enuncia ao intérprete quais pessoas têm a faculdade de ajuizar a ação de levantamento da curatela, garantindo-se ao interdito a possibilidade de recuperação de sua autonomia quando não houver mais razões que justifiquem a medida, "sem, contudo, excluir a possibilidade de que essa ação venha a ser ajuizada por pessoas que, a despeito de não mencionadas pelo legislador, possuem relação jurídica com o interdito e, consequentemente, possuem legitimidade para pleitear o levantamento da curatela". A prevalecerem as razões dessa decisão, é perfeitamente possível admitir-se também a não taxatividade do rol do art. 747 do CPC/2015.

Quanto à legitimidade do Ministério Público, esclarece-se que a instituição somente promoverá a interdição no caso de doença mental grave e quando inexistirem legitimados ou estes forem incapazes (art. 748). Cuida-se, portanto, de atuação subsidiária e excepcional.

A atuação do Ministério Público, quando não for o proponente da demanda, se dará na qualidade de *custos legis*, conforme previsão no art. 752, § 1º. Não há possibilidade de o órgão ministerial cumular as funções de curador e fiscal do ordenamento, devendo aquela ser exercida pela Defensoria Pública (art. 72, parágrafo único). É esse o entendimento que prevalece atualmente na jurisprudência, embora, na sistemática anterior, fosse cabível a atuação do membro do Ministério Público como defensor do interditando.

Entre os documentos indispensáveis à propositura da ação, determina o CPC/2015 que deve ser incluída prova da existência do vínculo que lastreia a legitimidade para a interdição (certidão de casamento ou instrumento público declaratório de união estável, certidão de nascimento do requerente e do interditando para comprovação de parentesco, comprovação da entrada do interditando na entidade de abrigo etc.). Também constituirá documento indispensável o laudo médico que faça prova das alegações do requerente da interdição (art. 750 do CPC/2015).

Segundo a jurisprudência, apesar da redação do art. 750 do CPC/2015, esse laudo pode ser dispensado na hipótese em que o interditando resiste em se submeter ao exame (STJ, 3ª Turma, REsp 1.933.597-RO, relatora: Min. Nancy Andrighi, data do julgamento: 26/10/2021).

O interditando será citado para, em dia designado, comparecer perante o juiz, que o entrevistará minuciosamente acerca de sua vida, negócios, bens, vontades, preferências, laços familiares e afetivos, e sobre o que mais lhe parecer necessário para convencimento quanto a sua capacidade para prática de atos da vida civil, devendo ser reduzidas a termo as perguntas e respostas. Tal regramento permite o alcance da verdade real no processo, a fim de evitar a interdição de pessoas que ainda sejam capazes de exprimir sua vontade.

Se houver urgência, o juiz poderá nomear curador provisório ao interditando para a prática de determinados atos. Trata-se de regra prevista no parágrafo único do art. 749 que, apesar de não encontrar correspondência no CPC/1973, já poderia ser aplicável com base no poder geral de cautela do juiz.

A legislação processual também amplia os poderes instrutórios do juiz, trazendo a possibilidade de intimação de especialista para acompanhar a entrevista do interditando (art. 751, § 2º, do CPC/2015); de utilização de recursos tecnológicos que auxiliam aquele na expressão de sua vontade (art. 751, § 3º, do CPC/2015); e de oitiva de parentes e pessoas próximas (art. 751, § 4º, do CPC/2015).

No prazo de 15 dias contados da entrevista, poderá o interditando impugnar o pedido (art. 752 do CPC/2015). Caso não constitua advogado, o interditando poderá ser representado por curador especial (art. 752, § 2º, do CPC/2015), assim como poderá o cônjuge, companheiro ou qualquer parte sucessível intervir como assistente (art. 752, § 3º, do CPC/2015). Da leitura de ambos os dispositivos, percebe-se que não há mais possibilidade de o cônjuge, companheiro ou parente constituir advogado em nome do interditando, conforme estava previsto no art. 1.182, § 3º, do CPC/1973. Em síntese, somente se o interditando não constituir advogado é que lhe será nomeado curador especial.

Apresentada ou não a impugnação, uma vez que não ocorrem os efeitos da revelia (art. 345, II), o juiz determinará a realização de prova pericial (art. 753).

É obrigatória a nomeação de perito médico para proceder ao exame do interditando. É nulo o processo em que não se realizou o referido interrogatório ou não foi feito o exame pericial. A perícia pode ser realizada por equipe composta de expertos com formação multidisciplinar (art. 753, § 1º, do CPC/2015).

Ressalte-se que, apesar da tentativa da Câmara dos Deputados no sentido de possibilitar a dispensa da perícia nos casos de evidente incapacidade,[194] o texto final aprovado pelo Senado Federal e sancionado pela Presidente continua a exigir o máximo de rigor na colheita da prova relativa à interdição. Em outras palavras, prevalece o entendimento jurisprudencial no sentido da imprescindibilidade da perícia, sob pena de nulidade.[195]

Decretada a interdição, será nomeado curador ao interdito. A sentença de interdição tem natureza mista, sendo, concomitantemente, constitutiva e declaratória: declaratória no sentido de declarar a incapacidade de que o interditando é portador e, ao mesmo tempo, constitutiva de uma nova situação jurídica quanto à capacidade da pessoa que, então, será considerada legalmente interditada, ou seja, opera com efeitos *ex nunc*, isto é, dali para frente.

Para assegurar a sua eficácia *erga omnes*, de acordo com o art. 755, § 3º, do CPC/2015, a sentença de interdição será inscrita no registro de pessoas naturais e imediatamente publicada na rede mundial de computadores, no sítio do tribunal a que estiver vinculado o juízo e na plataforma de editais do Conselho Nacional de Justiça, onde permanecerá por 6 (seis)

---

[194] O substitutivo da Câmara dos Deputados trazia a seguinte previsão: "O juiz poderá dispensar a perícia quando, havendo prova inequívoca, for evidente a incapacidade".

[195] "Interdição – Exame pericial – Art. 1.183 do CPC – Necessidade – Livre convencimento do juiz – Determinação da perícia – Não realização – Cassar sentença. Para decretação dessa incapacidade do indivíduo de realizar atos da vida civil, seja relativa ou absoluta, deve o magistrado estar convencido, por provas inequívocas, de sua necessidade, em virtude da gravidade e repercussão da decretação da interdição. Não obstante seja o juiz o condutor do processo e o destinatário das provas, cabendo a ele determinar a importância de sua realização, tenho que é prudente e obrigatória a realização do exame pericial no processo de interdição. Somente é permitida a dispensa da perícia médica, em casos em que as provas dos autos demonstrarem, claramente, a deficiência mental" (TJ-MG 103840504014940011 MG 1.0384.05.040149-4/001, relator: Dárcio Lopardi Mendes, data do julgamento: 29/11/2007, data da publicação 13/12/2007). O STJ, no entanto, em 2004 proferiu decisão admitindo a interdição decretada com base em laudo pericial emitido pelo INSS: "Civil e processual. Interdição. Laudo art. 1.183 do CPC. Não realização. Nulidade. Não ocorrência. 1 – Constatado pelas instâncias ordinárias que o interditando, por absoluta incapacidade, não tem condições de gerir sua vida civil, com amparo em laudo pericial (extrajudicial) e demais elementos de prova, inclusive o interrogatório de que trata o art. 1.181 do Código de Processo Civil, a falta de nova perícia em juízo não causa nulidade, porquanto, nesse caso, é formalidade dispensável (art. 244 do CPC). 2 – Recurso especial não conhecido" (REsp 253.733 – MG (2000/0031067-0), relator: Min. Fernando Gonçalves, data do julgamento: 16/3/2004).

meses, na imprensa local, 1 (uma) vez, e no órgão oficial, por 3 (três) vezes, com intervalo de 10 (dez) dias, constando do edital os nomes do interdito e do curador, a causa da interdição, os limites da curatela e, não sendo total a interdição, os atos que o interdito poderá praticar autonomamente.

É anulável o ato praticado pelo incapaz depois dessas providências. No entanto, é possível pronunciar a anulabilidade do negócio realizado pelo relativamente incapaz ou deficiente, mesmo antes da decretação judicial de sua interdição, desde que provada a sua incapacidade ou deficiência, como já dito. A diferença é que, se o ato foi praticado antes da sentença de interdição, a decretação da anulabilidade dependerá da produção de prova inequívoca da incapacidade.

Cessada a incapacidade, a curatela pode ser levantada a qualquer tempo (art. 756, do CPC/2015). Esse pedido de levantamento corresponde a uma verdadeira revisão do que restou decidido na sentença de interdição. Em relação à legitimidade para o levantamento, o CPC/1973 a conferia ao próprio interdito (art. 1.186, § 1º, do CPC/1973). A novidade trazida pelo CPC/2015 é a extensão da legitimidade para o Ministério Público e para o curador (art. 756, § 1º, do CPC/2015). Ressalte-se que é possível o levantamento parcial da curatela, com apenas a diminuição dos poderes do curador (art. 756, § 4º, do CPC/2015).

2.2 Peculiaridades da curatela

Segundo o art. 1.774 do Código, aplicam-se à curatela as disposições concernentes à tutela, observadas as peculiaridades que examinaremos a seguir.

O **cônjuge ou companheiro** do interdito é seu curador; na falta do cônjuge ou do companheiro, o curador será o **pai** ou a mãe; na falta destes, o **descendente** que o juiz considerar mais apto – entre os descendentes, haverá, ainda, preferência dos **mais próximos** aos mais remotos; na falta de qualquer das pessoas anteriormente mencionadas, **caberá ao juiz a escolha** do curador (art. 1.775). Como afirmado anteriormente, o EPD incluiu no art. 1.772 um parágrafo único, segundo o qual "para a escolha do curador, o juiz levará em conta a vontade e as preferências do interditando, a ausência de conflito de interesses e de influência indevida, a proporcionalidade e a adequação às circunstâncias da pessoa". Outra inovação do EPD, quanto ao tema, foi a inclusão do art. 1.775-A, segundo o qual "na nomeação de curador para a pessoa com deficiência, o juiz poderá estabelecer curatela compartilhada a mais de uma pessoa".

O art. 1.776 do Código determinava, quando fosse possível a **recuperação** do interdito – como, por exemplo, nos casos dos dependentes químicos –, que o curador promovesse seu **tratamento em estabelecimento apropriado**. Comando, todavia, revogado pelo EPD.

O EPD também alterou o art. 1.777 do Código, cuja redação original determinava o recolhimento dos interditos em estabelecimentos adequados, quando não se adaptassem ao convívio doméstico. Segundo a nova redação do art. 1.777, "as pessoas referidas no inciso I do art. 1.767 receberão todo o apoio necessário para ter preservado o direito à convivência familiar e comunitária, sendo evitado o seu recolhimento em estabelecimento que os afaste desse convívio". O curioso é que a norma se limita às pessoas referidas no inciso I do art. 1.767. Com a nova redação que lhe deu o EPD, tal dispositivo se refere àqueles que, por causa transitória ou permanente, não podem exprimir sua vontade, cujo tradicional exemplo é o das pessoas em coma. Entretanto, a problemática do convívio familiar e comunitário e do recolhimento em estabelecimentos é mais ligada às pessoas viciadas em tóxico e aos portadores de sofrimento mental. Trata-se, aqui, de mais uma questão estranha gerada pelo EPD, cujo futuro a doutrina e a jurisprudência hão de definir.

A autoridade do curador estende-se à **pessoa** e aos **bens** dos **filhos menores** do curatelado (art. 1.778).

2.3 Curatela do nascituro

O art. 1.779 do Código de 2002 manteve a previsão do art. 462 do Código anterior de nomeação de **curador para o nascituro**, na hipótese de **morrer o pai durante a gravidez**. Na verdade, desde a publicação do Código de 1916 já se entendia desnecessária a curatela, caso não houvesse nenhum obstáculo a que a mãe **exercesse o poder familiar**.[196] Trata-se, na verdade, de uma norma totalmente inspirada pela visão patriarcal da família.

Em todo caso, ante o permissivo legal, nada impede a nomeação do curador,[197] **a requerimento da mãe**. Nesse caso, deve-se frisar que a curatela cessará com o nascimento da criança, momento em que, na hipótese de não poder a mãe exercer o poder familiar, deverá ser nomeado um **tutor** para o recém-nascido.

Se, por acaso, a mãe se encontrar interditada, será nomeado curador do nascituro o mesmo curador da mãe.

2.4 Exercício da curatela

Aplicam-se ao exercício da curatela as normas que regem o exercício da tutela, observados os **limites** impostos pelo juiz e as restrições dos arts. 1.782 e 1.783, as quais examinaremos em seguida (art. 1.781).

No caso da interdição do **pródigo**,[198] este somente será privado de **emprestar, transigir, dar quitação, alienar, hipotecar, demandar ou ser demandado**, e praticar os atos que não sejam considerados de **mera administração** (art. 1.782). Por conseguinte, os atos pessoalmente praticados pelo pródigo que não lhe sejam vedados são **válidos**, independentemente de participação do curador.

Se o curador for o **cônjuge** e o regime de bens do casamento for o da **comunhão universal**, não haverá necessidade de prestação de contas, salvo se o juiz a determinar (art. 1.783).

2.5 Disposições comuns

Os arts. 759 a 763 do CPC/2015 disciplinam a nomeação, o compromisso e as responsabilidades dos tutores e curadores, bem como as garantias que devem prestar para acautelar os bens que serão confiados à sua administração. Preveem também a sua remoção no caso de descumprimento dos encargos que lhes são atribuídos pela lei e sua dispensa no caso de cessão das funções.[199]

De acordo com o art. 759, o tutor ou curador deverá prestar compromisso quando intimado para tanto. Após o compromisso, assumirá a administração dos bens do tutelado ou do interditando.

Há a possibilidade de o tutor ou curador recusar-se de assumir o encargo nas hipóteses do art. 1.736 do Código Civil, quais sejam: mulheres casadas; maiores de 60 anos; pessoas que tiverem sob sua autoridade mais de 3 filhos; pessoas impossibilitadas por enfermidade; pessoas que habitem em local que inviabilize o exercício da tutela ou curatela em razão da distância; pessoas que já exercem o encargo; e militares em serviço.

---

[196] BEVILÁQUA, Clóvis. *Código comentado*, cit., v. II, p. 362.
[197] Segundo BEVILÁQUA, a nomeação de um curador para o nascituro poderia ser interessante quando estivesse em jogo uma herança ou doação (*Código comentado*, cit., v. II, p. 362).
[198] Cumpre lembrar ao leitor que o pródigo é a pessoa que inexplicavelmente dissipa seu patrimônio.
[199] GRECO FILHO, Vicente. *Direito processual brasileiro*. 10. ed. São Paulo: Saraiva, 1995. p. 279.

Em relação ao inciso I – mulheres casadas –, a doutrina critica a previsão, visto que não há razões legais para afastar a legitimidade de mulheres casadas apenas em razão dessa condição. Nesse sentido é o Enunciado 136 do CJF.

A escusa deve ser dirigida ao juiz nos prazos do art. 760, ou seja, cinco dias após a intimação para prestar compromisso ou, no mesmo prazo, depois de entrar em exercício, a partir do dia em que sobrevier o motivo da escusa. Em razão dessa previsão, a doutrina majoritária considera que o art. 1.738 do Código Civil[200] foi tacitamente revogado pelo CPC. Ultrapassado o prazo, haverá preclusão quanto à alegação.

A escusa deve ser decidida pelo juiz após a oitiva do membro do Ministério Público. Caso não seja acolhida, o tutor ou curador exercerá o encargo enquanto não for dispensado, ou se, no caso da tutela, ocorrer a maioridade ou emancipação.

A remoção ou destituição ocorrerá nos casos de negligência, prevaricação ou superveniente incapacidade (art. 1.766 do CC). A legitimidade é conferida genericamente a quem tenha legítimo interesse, bem como ao Ministério Público. A jurisprudência adota como parâmetro os mesmos legitimados previstos no art. 747 do CPC, que trata do levantamento da curatela.

O tutor ou curador será citado para contestar a arguição no prazo de 5 dias, findo o qual será observado o procedimento comum (art. 761, parágrafo único, do CPC). Havendo necessidade, enquanto não proferida decisão sobre a remoção, o juiz poderá nomear um substituto interino, mediante provocação ou mesmo de ofício. Trata-se de uma espécie de tutela provisória de urgência, adotada com o propósito de evitar prejuízos aos interesses do tutelado ou curatelado. A decisão de substituição deve ser averbada em registro público, conforme exigência prevista no art. 104 da Lei 6.015/1973 (Lei de Registros Públicos).

Caso não haja a presença de motivo ensejador da remoção e substituição, o encargo perdurará pelo prazo de dois anos (art. 1.765 do CC), sendo prorrogável se o tutor ou curador aceitar e o juiz entender conveniente. Se o tutor ou curador não se manifestar em 10 dias após o vencimento do prazo, seu silêncio será interpretado como aceitação.

Cessada por qualquer motivo a tutela ou curatela, o tutor ou curador deverão prestar contas em juízo, haja vista a condição de administrador dos bens. A prestação de contas se dará na forma do art. 1.755 a 1.762 do Código Civil, havendo dispensa caso o curador do incapaz seja o seu cônjuge e o regime de casamento seja o da comunhão universal de bens[201].

Por fim, em razão da importância dos institutos, o art. 1.744 do Código Civil trata da responsabilidade do juiz pela não nomeação do curador, ou pela sua nomeação tardia. Nesses casos, a responsabilidade do juiz será direta e pessoal. Por outro lado, haverá responsabilidade subsidiária quando o juiz não tiver exigido garantia legal do tutor ou curador, nem promovido a sua remoção quando necessário. Nos casos previstos no art. 1.744 do CC, a doutrina entende

---

[200] Art. 1.738. A escusa apresentar-se-á nos dez dias subsequentes à designação, sob pena de entender-se renunciado o direito de alegá-la; se o motivo escusatório ocorrer depois de aceita a tutela, os dez dias contar-se-ão do em que ele sobrevier.

[201] "Agravo interno nos embargos de declaração no recurso especial. Curatela. Cônjuge. Regime de comunhão universal de bens. Ausência do dever de prestar contas. Agravo improvido. 1. Esta Corte tem entendimento de que o curador do incapaz não será obrigado à prestação de contas quando for o cônjuge e o regime de bens for de comunhão universal, salvo se houver determinação judicial, nos termos do art. 1.783 do CC/2002. 2. Agravo interno a que se nega provimento" (STJ, AgInt nos EDcl no REsp 1.851.034/SP, relator: Min. Marco Aurélio Belize, 3ª Turma, data do julgamento: 22/6/2020, data da publicação: 25/6/2020).

que a responsabilidade do juiz prescinde da ocorrência de dolo, bastando a verificação de culpa, circunstância que excepciona a regra do art. 143 do CPC[202].

3. TOMADA DE DECISÃO APOIADA

O **Estatuto da Pessoa com Deficiência – EPD** – Lei 13.146/2015, em vigor desde janeiro de 2016 –, acresceu ao título IV do Livro do Direito de Família no Código Civil um capítulo sobre a **tomada de decisão apoiada**.

Ao que parece, a ideia foi substituir a proteção anteriormente concedida aos portadores de sofrimento mental pela incapacidade de fato, que lhes dava um representante ou um assistente, dependendo do caso.

Trata-se de instituto novo no Direito brasileiro, cujo futuro, por isso, ainda é bastante incerto.

Vejamos a disciplina que lhe deu a lei.

Nos termos do art. 1.783-A do Código Civil, inserido pelo EPD, "a tomada de decisão apoiada é o processo pelo qual a pessoa com deficiência elege pelo menos 2 (duas) pessoas idôneas, com as quais mantenha vínculos e que gozem de sua confiança, para prestar-lhe apoio na tomada de decisão sobre atos da vida civil, fornecendo-lhes os elementos e informações necessários para que possa exercer sua capacidade".

A tomada de decisão apoiada assemelha-se à tutela e à curatela. Não obstante, é imprescindível notar que a pessoa com deficiência que opta por se valer da tomada de decisão apoiada, e que é considerada **plenamente capaz** pelo art. 6º do EPD, continua sendo plenamente capaz após a formalização dos apoiadores. Nisso, o instituto se distingue sobremaneira da tutela e da curatela.

A tomada de decisão apoiada surge como uma espécie de instrumento auxiliar, em benefício da pessoa com deficiência que já conta com a possibilidade de uma curatela "proporcional às necessidades e às circunstâncias de cada caso" (art. 84, § 3º), a qual poderia ser concedida preservando-se, inclusive, a plena capacidade da pessoa com deficiência. O instituto pode beneficiar pessoas que, embora tenham sérias restrições físicas (por exemplo, sequelas graves oriundas de AVC), têm compreensão psíquica plena.

A respeito da distinção entre os institutos da curatela, da tutela e da tomada de decisão apoiada, Cristiano Chaves de Farias e Nelson Rosenvald esclarecem:

> Cuida-se de figura bem mais elástica do que a tutela e a curatela, pois estimula a plena capacidade de agir e a autodeterminação da pessoa beneficiária do apoio, sem que sofra o estigma social da curatela, medida nitidamente invasiva à liberdade. Não se trata, pois, de um modelo limitador da capacidade, mas de um remédio personalizado para as necessidades existenciais de uma pessoa, no qual as medidas de cunho patrimonial surgem em caráter acessório, prevalecendo o cuidado assistencial e vital ao ser humano. Enquanto a curatela e a incapacidade relativa parecem atender preferentemente à sociedade (isolando os incapazes) e à família (impedindo que dilapide o seu patrimônio), em detrimento do próprio interdito, a Tomada de Decisão Apoiada objetiva resguardar a liberdade e dignidade da pessoa com deficiência, sem amputar ou restringir indiscriminadamente seus desejos e anseios vitais[203].

---

[202] Nesse sentido: TARTUCE, Flávio. *Manual de Direito Civil*. 8. ed. São Paulo: Método, p. 1.405.
[203] FARIAS, Cristiano Chaves de; ROSENVALD, Nelson. *Curso de Direito Civil*. 14. ed. Salvador: Editora Juspodivm. v. 1. p. 340.

Enquanto a curatela parece atender, preferencialmente, à sociedade em detrimento do próprio curatelado, a tomada de decisão apoiada é uma medida proporcional de autonomia que resguarda a liberdade e a dignidade da pessoa com deficiência, sem amputar ou restringir indiscriminadamente os seus desejos e anseios.

Nos termos dos §§ 1º e 2º do art. 1.783-A, o pedido de tomada de decisão apoiada deve ser apresentado ao juiz pela pessoa com deficiência, conjuntamente com os apoiadores escolhidos, indicando: (1) os limites do apoio a ser oferecido e os compromissos dos apoiadores; (2) o prazo de vigência do acordo; (3) o respeito à vontade, aos direitos e aos interesses da pessoa que será apoiada.

Veja que o pedido será formulado pela própria pessoa a ser apoiada, com indicação expressa das pessoas aptas a prestarem o apoio. Portanto, trata-se de hipótese de legitimidade exclusiva[204]. Nesse sentido é o Enunciado 639 da VIII Jornada de Direito Civil: "A opção pela tomada de decisão apoiada é de legitimidade exclusiva da pessoa com deficiência. A pessoa que requer o apoio pode manifestar, antecipadamente, sua vontade de que um ou ambos os apoiadores se tornem, em caso de curatela, seus curadores".

Recebido o pedido, o juiz deverá ouvir o Ministério Público e, posteriormente, assistido por equipe multidisciplinar, deverá ouvir o requerente e os apoiadores por ele indicados (art. 1.783-A, § 3º).

Segundo o § 4º do dispositivo, desde que respeitados os limites do acordo, a decisão tomada por pessoa apoiada será válida e produzirá efeitos com relação a terceiros. Podem estes, conforme o § 5º, nos negócios que vierem a praticar com o a pessoa com deficiência, requerer que assinem o contrato os apoiadores, sendo neste especificada a função em que assinam. Busca-se, aqui, que essas pessoas usufruam sua capacidade de exercício como as demais, em igualdade e de acordo com as peculiaridades do caso concreto.

Havendo divergência de opiniões entre a pessoa apoiada e seus apoiadores, em caso que possa trazer a ela risco ou prejuízo relevante, caberá ao juiz decidir, ouvido o Ministério Público (art. 1.783-A, § 6º).

Na hipótese de o apoiador agir com negligência, exercer pressão indevida ou deixar de cumprir suas obrigações, poderá ser denunciado ao juiz ou ao Ministério Público pela pessoa apoiada ou por qualquer outra (art. 1.783-A, § 7º). Procedente a denúncia, o juiz destituirá o apoiador e o substituirá, se for do interesse da pessoa apoiada, a qual será ouvida sobre a questão (§ 8º).

A pessoa apoiada, a qual, vale lembrar, é plenamente capaz, nos termos do art. 6º do EPD, pode, a qualquer tempo, requerer ao juiz a dissolução do acordo de tomada de decisão apoiada (art. 1.783-A, § 9º). Por outro lado, também ao apoiador é dado pedir ao juiz a sua destituição da função (§ 10).

Por fim, o § 11 do art. 1.783-A determina a aplicação da disciplina da prestação de contas na curatela à tomada de decisão apoiada.

---

[204] Há precedente nesse sentido: "No caso, deve ser mantida a sentença de improcedência do pedido de interdição, porquanto a prova pericial atesta a capacidade do réu para a prática dos atos da vida civil. Considerando que a legitimidade para requerer a tomada de decisão apoiada é exclusiva da pessoa a ser apoiada (inteligência do art. 1.783-A do CCB), não possui a apelante legitimidade ativa para requerê-lo, sopesado que o réu é pessoa capaz" (TJ-RS – AC: 70072156904 RS, relator: Ricardo Moreira Lins Pastl, data do julgamento: 9/3/2017, 8ª Câmara Cível, data da publicação: 20/3/2017).

Tomada de decisão apoiada	Tutela	Curatela
Processo pelo qual a pessoa com deficiência elege pelo menos 2 (duas) pessoas idôneas, com as quais mantenha vínculos e que gozem de sua confiança, para prestar-lhe apoio na tomada de decisão sobre atos da vida civil, fornecendo-lhes os elementos e informações necessários para que possa exercer sua capacidade.	Instrumento destinado a proteger crianças ou adolescentes que não gozam da proteção do poder familiar.	
Visa à manutenção da autonomia do deficiente aliada ao seu melhor interesse. É preferencial em relação a curatela, mas, se a condição da pessoa exigir outro instituto, ela não será cabível (Enunciado 640 da VIII Jornada de Direito Civil).	Trata-se de espécie de colocação em família substituta e implica, necessariamente, o dever de guarda.	Instrumento jurídico voltado para a proteção de uma pessoa que, apesar de ser maior de 18 anos, necessita da assistência de outra para a prática de determinados atos de cunho patrimonial. É medida extraordinária. Limitada a atos patrimoniais ou negociais.
Não pressupõe a incapacidade, a mas necessidade de apoio.	Será deferida a pessoa de até dezoito anos incompletos (absolutamente incapaz – até 16 anos – ou relativamente incapaz – entre 16 e 18 anos).	Pressupõe a incapacidade relativa da pessoa com deficiência.
Somente pode ser promovida pela própria pessoa com deficiência.	Promovida no caso de morte ou ausência dos pais, ou em razão da perda do poder familiar (pode ser estabelecida a pedido do Ministério Público ou por determinação da autoridade judicial).	Pode ser promovida pelos legitimados no art. 747 do CPC: cônjuge ou companheiro, parentes ou tutores, representante da entidade em que se encontra abrigado o interditando ou pelo Ministério Público.

Quadro Esquemático 8

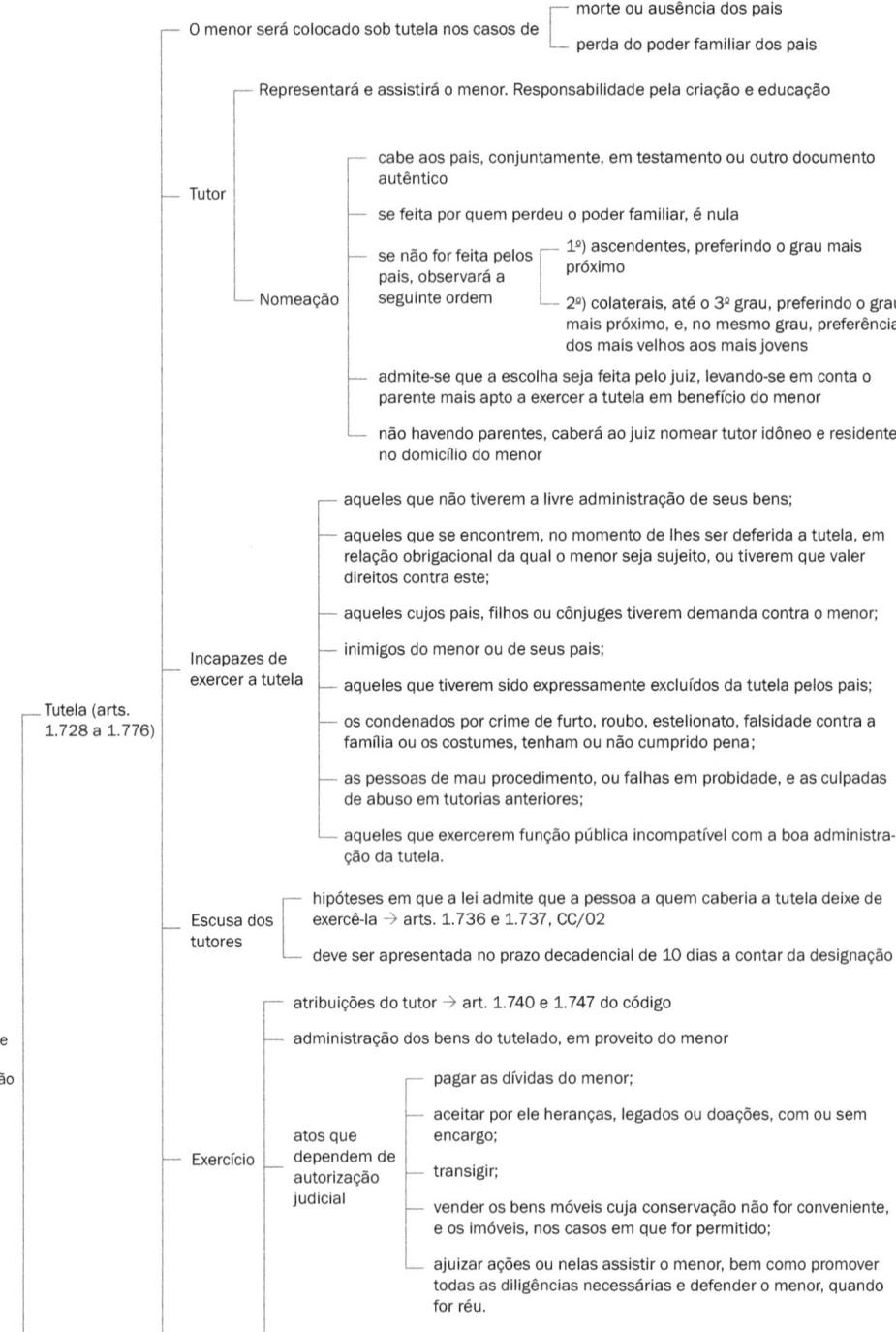

Parte VI
Direito das Sucessões

Noção de Sucessão, Direito Sucessório, Herança e Legado

Encerrando o nosso estudo do Direito Civil, examinaremos agora o Direito das Sucessões, cujo objeto é a **disposição do patrimônio** das pessoas após sua morte.

O posicionamento da matéria na parte final da obra se deve ao fato de que o Direito das Sucessões se interliga indissociavelmente aos Direitos das Obrigações, das Coisas e de Família, como o leitor verá ao longo da exposição.

1. SUCESSÃO

Em sentido amplo, na técnica jurídica, **sucessão** significa a *transmissão de uma situação jurídica de uma pessoa para a outra*. O Direito admite que essa transmissão se dê não apenas entre vivos, mas também após a morte do transmitente.

A **sucessão entre vivos**, ou *inter vivos*, como gostam os juristas, dá-se de diversas formas, como quando há **cessão de direitos** – o cedente se exclui do polo ativo da relação jurídica, e o cessionário o assume –, ou quando há **alienação** – o alienante deixa de ser proprietário, e o adquirente assume a propriedade –, ou, até mesmo, em certos casos de **adoção** – os pais registrais se destituem do poder familiar, que é revestido nos pais adotivos –, entre muitas outras formas. A sucessão entre vivos é objeto de estudo dos Direitos das Obrigações, dos Contratos, das Coisas e de Família.

Por sua vez, a **sucessão após a morte**, ou *causa mortis*, dá-se quando uma pessoa morre, e o patrimônio deixado é transmitido a alguém. A sucessão *causa mortis* é chamada também de **sucessão hereditária**.

Tal é a importância do estudo da sucessão *causa mortis* que se desenhou todo um ramo do Direito Civil especificamente para estudá-la, e o vocábulo ganhou uma acepção nova: em sentido estrito, sucessão passou a se referir à **transmissão do patrimônio após a morte**. Daí que a disciplina foi chamada simplesmente de Direito das Sucessões.

O Direito frequentemente chama a pessoa morta, *de cuja sucessão se trata*, de **de cujus**, expressão latina que derivou por regressão de *persona de cujus successione agitur*. Usam-se também os vocábulos **morto**, **falecido** e **defunto**, além da locução **autor da herança**.

1.1 Fundamento da sucessão

Historicamente, muito se questionou sobre qual seria o fundamento da sucessão. A doutrina, em geral, dá notícia de que a ideia de sucessão *causa mortis* parece ter surgido no momento em que se deixou de viver em tribos para se viver em família, quando a **propriedade** deixou de ser coletiva e passou a ser privada.[1]

Uma das mais antigas referências que se tem da sucessão hereditária se encontra no Código de Manu, o qual encarregava o **herdeiro** de fazer as **oferendas sobre o túmulo**.[2] Naquele estágio do Direito hindu, havia sucessão da religião doméstica em conjunto com a propriedade.

A sucessão hereditária também se encontrava na Grécia e em Roma. Entre os gregos e romanos, a **religião doméstica**, a **família** e o **direito de propriedade** eram inseparáveis,[3] e era a sucessão que permitia que o culto e a propriedade da família se perpetuassem.[4]

Daí se pode concluir que o fundamento da sucessão, originalmente, seria justamente a **perpetuidade do culto e da propriedade da família**. E, independentemente do fundamento originário da sucessão, parece quase unânime a ideia de que o fundamento da sucessão, nos tempos atuais, é a **propriedade**, que se descaracterizaria se perdesse o atributo da transmissibilidade *post mortem*.[5]

1.2 Crítica da sucessão

A ideia de sucessão *causa mortis*, embora presente em quase todos os ordenamentos jurídicos de que se tem notícia, não foi acolhida unanimemente pelos pensadores.

Muitos renomados filósofos, entre os quais KANT, MONTESQUIEU, COMTE, FICHTE e STUART MILL, repudiaram a noção da transmissão de bens após a morte, sustentando, em síntese, que haveria um **desestímulo ao trabalho** – o qual, segundo eles, deveria ser a única forma de acumulação de riquezas. Como não é difícil imaginar, os socialistas se filiaram a essa corrente de pensamento.

Não obstante, prevaleceu a tese de que a sucessão *causa mortis* traz mais benefícios à sociedade do que malefícios, sobretudo por **fortalecer a economia** – vez que se estimulam a poupança e a capitalização – e por **fortalecer a família** – vez que os parentes do morto não perdem, com a morte deste, a propriedade dos bens necessários à sua mantença.

---

[1] BARROS, Hermenegildo de. *Manual do Código Civil brasileiro*. Rio de Janeiro: Jacintho Ribeiro dos Santos, 1929. v. XVIII. p. 11. Na obra de WASHINGTON DE BARROS MONTEIRO, o leitor encontrará uma crítica confusa desse entendimento, a qual, todavia, não procede. É que WASHINGTON DE BARROS se apoiou na crítica que HERMENEGILDO DE BARROS faz da ideia de que a manifestação inicial do direito hereditário seria a substituição dos chefes nas tribos para negar que a sucessão *causa mortis* tivesse se originado da transferência da soberania doméstica e do culto familiar. Veja-se a crítica: "a manifestação inicial desse direito se filiou à substituição dos chefes, ou melhor, à transferência da soberania doméstica e do culto familiar; a aquisição da herança seria o efeito daquela transferência. Mas, é falsa essa explicação, como adverte HERMENEGILDO DE BARROS" (MONTEIRO, Washington de Barros. *Direito das sucessões*. 24. ed. São Paulo: Saraiva, 1988. p. 7-8). Ocorre que HERMENEGILDO DE BARROS, ao mesmo tempo em que nega que a origem da sucessão hereditária fosse a substituição dos chefes nas tribos, em um momento mais primitivo, afirma que ela seria a aliança entre a propriedade e a crença, quando da formação do vínculo de família, quando ainda se falava de transferência entre "chefes", mas não mais em tribos (BARROS, Hermenegildo. *Manual*, cit., p. 10-11).

[2] COULANGES, Fustel. *A cidade antiga*. 9. ed. Lisboa: Livraria Clássica, 1957. p. 101.

[3] Ibidem, p. 84.

[4] Ibidem, p. 101.

[5] MONTEIRO, Washington de Barros. *Direito das sucessões*, cit., p. 8; RODRIGUES, Silvio. *Direito das sucessões*. 20. ed. São Paulo: Saraiva, 1995. p. 6.

2. DIREITO SUCESSÓRIO

A sucessão entre vivos se dá por **ato de vontade** dos sujeitos – do sucedendo, que se manifesta no sentido da transmissão, e do sucessor, que a aceita.

A sucessão *causa mortis*, por outro lado, não poderia se dar por ato de vontade do sucedendo contemporâneo à transmissão, em razão de estar ele morto. Por essa razão, para que a sucessão pudesse operar após a morte, duas possibilidades foram concebidas pelo Direito: uma seria a **manifestação de vontade** do sucedendo *ainda em vida*, por meio de documento que só se tornasse eficaz *após a morte*; a outra seria a determinação da sucessão pela **lei**. Como, em ambos os casos, haveria **prévia** definição do sucessor, surgiu o conceito do **direito sucessório** – direito subjetivo –, também chamado de **direito hereditário**, o qual a vontade do sucedendo ou a lei investem no sucessor escolhido ou apontado.

Cuida-se de um **direito absoluto**, oponível, pois, *erga omnes*, **intransmissível** e **eventual**, cuja aquisição se inicia no momento em que o sujeito é escolhido ou apontado, mas somente se completa quando da **morte do sucedendo**, se o sucessor estiver **vivo**, e se nem o sucedendo nem a lei tiverem indicado **outro sucessor**. Se o titular do direito sucessório morrer antes do sucedendo, ou se outro sucessor tiver sido nomeado, o direito sucessório se extingue prematuramente, ou seja, antes de se completar sua aquisição.

Sem adentrarmos outros pontos da matéria, imaginemos que Augusto escolheu Caio como seu sucessor. A lei admite que Augusto mude de ideia quantas vezes quiser, pelo que pode, independentemente da vontade de Caio, nomear seu sucessor qualquer outra pessoa. Se isso ocorrer, o direito sucessório de Caio se extinguirá prematuramente. O mesmo ocorrerá se, por acaso, aparecer uma pessoa que a lei nomeie sucessor de Augusto em preferência a Caio, ou se Caio morrer antes de Augusto.

Cabe, ademais, destacar que o objeto do direito sucessório não é o **patrimônio** do sucedendo, mas sim a **sucessão**. Destarte, o sucessor, em vida do sucedendo, não tem direito eventual sobre os bens deste, mas tão somente à sucessão. E, direito eventual que é, dependerá de certos pressupostos para que sua aquisição se complete. Com relação aos bens do patrimônio do sucedendo, o que o sucessor tem é apenas uma **expectativa de direito de propriedade**, sujeitando-se a aquisição do direito à confirmação do direito sucessório, e da existência de tais bens no patrimônio deixado pelo morto.

O leitor certamente compreenderá melhor essas características do direito sucessório ao longo da exposição.

3. SUCESSÃO TESTAMENTÁRIA E LEGÍTIMA

Conforme a sucessão se dê pela vontade do sucedendo ou pela lei, fala-se, respectivamente, em **sucessão testamentária** e **sucessão legítima**.

A escolha do sucessor pelo sucedendo se dá por meio de um documento solene chamado de **testamento**, cujas formalidades estudaremos no momento oportuno.

A escolha do sucessor pela lei se dá por meio do estabelecimento da chamada **ordem de vocação hereditária** (art. 1.829 do Código Civil), em que se enumeram os possíveis sucessores de uma pessoa, de maneira abstrata. No nosso Direito, entram na ordem de vocação hereditária os **descendentes**, os **ascendentes**, o **cônjuge ou companheiro** e os **colaterais** até o quarto grau.

As sucessões testamentária e legítima nem sempre conviveram. No Direito Romano do Imperador Justiniano, a sucessão tinha de ser ou testamentária, ou legítima, mas nunca testamentária e legítima ao mesmo tempo. Tal a máxima esculpida nas *Institutas* de Justiniano (2, 14, § 5): *nemo pro parte testatus et pro parte intestatus decedere potest*.

Já no Direito Germânico, apenas a **sucessão legítima** era admitida, por se considerar que a sucessão devia obedecer ao vínculo sanguíneo, criado por Deus.

No nosso Direito, há certos sucessores – chamados de **necessários** – que, se existentes, têm direito a, no mínimo, metade do patrimônio do sucedendo (art. 1.789). Da outra metade, pode este dispor, em testamento, como lhe aprouver. E, se não houver sucessores necessários, a liberdade de testar se estende à totalidade do patrimônio. Conclui-se, então, que, em nosso Direito, além de serem admitidas tanto a sucessão testamentária quanto a legítima (art. 1.786), admite-se também que ambas convivam.

4. SUCESSÃO A TÍTULO UNIVERSAL E A TÍTULO SINGULAR

A sucessão pode ter por objeto tanto a **totalidade do patrimônio** do morto quanto uma **parte** dele, ou um **bem individualizado**.

Quando se transmite todo o patrimônio ou uma parte dele, transmite-se uma **universalidade de bens**, ou seja, um conjunto de bens não individualizados. Por essa razão, nesses casos, diz-se que houve **sucessão a título universal**.

Por sua vez, quando se transmite um ou mais bens individualizados, quer dizer, quando se transmite um bem singular, ou bens singulares, diz-se que houve **sucessão a título singular**.

5. HERANÇA E LEGADO

Chama-se de herança o **patrimônio deixado pelo morto**, o qual pode consistir tanto de direitos de crédito e coisas, quanto de dívidas. Frise-se que os chamados **direitos personalíssimos** da pessoa são **intransmissíveis**, razão pela qual a morte do titular acarreta a extinção deles. Apenas os direitos obrigacionais e reais integram o patrimônio da pessoa e, por conseguinte, a herança.

Impende destacar que uma das denominações do morto, frequentemente usada, é a locução **autor da herança**, em atenção ao fato de que foi o morto quem deixou o patrimônio que se irá transmitir.

Chama-se de legado, por sua vez, um **bem ou conjunto de bens individualizados** da herança.

Quem herda a título universal recebe a **herança**, ou parte dela, e é chamado de **herdeiro**. Quem herda a título singular recebe **legado**, e é chamado de **legatário**.

No Direito brasileiro, a herança somente é transmitida se apresentar **saldo positivo** após a liquidação, ou seja, se sobrarem bens após o pagamento das dívidas. Em outras palavras, o art. 1.792 do Código estabelece que o herdeiro não responde por encargos superiores às forças da herança, ou seja, o herdeiro não herda débitos.

5.1 Indivisibilidade da herança

A herança constitui um bem **indivisível**. Por essa razão, os herdeiros a recebem como um **todo unitário**, em **condomínio**, o qual somente se extingue por ocasião da partilha dos bens (art. 1.791, parágrafo único), quando, então, cada herdeiro deixa de ter direito a uma fração ideal da universalidade e adquire a propriedade e a posse de bens individualizados.

Frise-se que não há incompatibilidade alguma entre a indivisibilidade da herança e a partilha dos bens. Primeiramente, porquanto a indivisibilidade nem sempre precisa ser material, mas pode decorrer da lei ou da vontade (art. 88). Ademais, a herança, enquanto tal, é uma **universalidade** de bens. O herdeiro, ao suceder o morto, pode ser que nem tenha conhecimento dos bens que a compõem. E mais: pode ser que também os herdeiros sejam desconhecidos. Logo, não faria sentido imaginar-se a divisibilidade de uma universalidade entre titulares de frações dela sem, ao menos, proceder-se a **inventário** dos próprios titulares e também dos bens que a integram. Apenas após o inventário, já identificados os herdeiros e os bens que constituem a herança, é que a lei autorizará a divisão, por meio da **partilha**.

A consequência prática da indivisibilidade da herança é que a **validade** de negócios jurídicos que envolvam bens individualizados do patrimônio do *de cujus*, antes da partilha, fica condicionada a que tais bens sejam efetivamente integrados no patrimônio do herdeiro negociante, após a divisão dos bens.

Imaginemos que Clóvis e Manuel são herdeiros de César, cujo patrimônio é composto de uma casa, um apartamento, uma fazenda e três carros. Morto César, antes de haver a partilha, Clóvis aliena a fazenda a Orlando. Vez que a herança é indivisível, a alienação seria, a princípio, nula, pois Clóvis teria transferido mais direitos do que tem: até a partilha, Clóvis e Manuel são condôminos de todo o patrimônio – cada um tem uma fração ideal de metade dos bens. Ocorre que, como o destino legal da herança é a partilha, a alienação poderá ser válida, caso Clóvis fique com a fazenda integralmente para si.

5.2 Espólio

O vocábulo **espólio**, em Direito das Sucessões, tem o significado primeiro de **herança**, vez que advém do latim *spolium*, que significa "despojos". Ou seja, faz referência aos despojos do morto, quer dizer, aos bens que este deixou, os quais denominamos *herança*.

Conquanto o espólio não tenha personalidade jurídica, vez que se trata de um conjunto de bens, e não de uma pessoa natural ou jurídica, tornou-se uma prática comum no processo civil a referência ao ajuizamento de ações "pelo espólio" ou "em face do espólio". Por essa razão, concedeu-se a ele **personalidade judiciária**, como ocorre com a massa falida e a herança jacente.

A partir de então, começou-se a usar o vocábulo também com o sentido de "coletivo de herdeiros",[6] para dar mais sentido à ideia do espólio como parte processual: no lugar de um patrimônio, e, por conseguinte, um ente sem personalidade, deveria se considerar o **conjunto dos herdeiros do morto**, em analogia ao que se dá com o condomínio.[7]

6. PACTO SUCESSÓRIO

Chama-se de **pacto sucessório** o contrato que tem por objeto herança de pessoa viva, o que é expressamente proibido pelo art. 426 do Código Civil brasileiro. Tal vedação é perfeitamente compreensível se nos lembrarmos, em primeiro lugar, de que a herança só surge após a morte, vez que se trata do **patrimônio deixado pelo defunto**. Enquanto a pessoa é viva, não há herança, mas simplesmente patrimônio. E não é só. O sucessor, enquanto vivo o sucedendo, tem apenas **direito eventual sucessório**, cujo objeto não é a herança (que nem existe), mas sim a **sucessão**. Ademais, em se tratando de direito eventual, sua aquisição somente se completa *eventualmente*: no caso em comento, se o sucessor sobreviver ao sucedendo, e na qualidade de sucessor. Logo, a negociação de "herança" de pessoa viva, em razão de direito eventual sucessório do sucessor, implicaria ou a negociação acerca de um objeto inexistente, ou, se interpretada a herança como o patrimônio do sucedendo vivo, a negociação de mais direitos do que o sujeito tem – o que sempre foi impossível (*nemo plus iuris ad alium transferre potest quam ipse habet*).

---

[6] FIUZA, César. *Direito civil*, cit., p. 951.

[7] Mesmo não constituindo pessoa, o condomínio atua como parte processual representando o conjunto de condôminos.

Não obstante, os pactos sucessórios foram aceitos em certas fases do Direito Romano, em que podiam ter finalidade **aquisitiva** ou **renunciativa**. Os pactos aquisitivos eram chamados de *pacta de succedendo*, e, os renunciativos, de *pacta de non succedendo*. Por meio deles, podia-se instituir herdeiro, renunciar à herança ou dispor sobre a herança de terceiro.[8] No Direito português, herdado pelo Brasil, os pactos *de non succedendo* foram admitidos até 1828; os *de succedendo* nunca o foram.[9]

Pode ser que o leitor se questione: não seria o testamento uma espécie de pacto *de succedendo*, vez que nele se instituem herdeiros? A resposta é negativa. O testamento tem a natureza de um **negócio jurídico unilateral** e tem por objeto **bens do próprio sujeito**, o testador. Ademais, é por este **revogável** a qualquer tempo, como lhe aprouver. O pacto sucessório, por sua vez, tem a natureza de um **contrato**, seja *de succedendo* ou *de non succedendo*, e versa sobre bens do patrimônio de terceiro (o sucedendo). Além disso, somente poderia ser extinto pelo **distrato**, que dependeria da vontade de ambos os contratantes.

Para ilustrar o tema, cumpre comentar que houve um pacto sucessório bastante importante na história portuguesa. No ano 1105, D. Henrique de Borgonha, que recebera de D. Afonso VI, em 1096, o Condado Portucalense, vindo a tornar-se o primeiro Conde de Portugal, e cujo filho – Afonso Henriques – posteriormente se tornaria o primeiro Rei de Portugal, firmou pacto sucessório com seu primo, Raimundo de Borgonha, em que o primeiro se comprometia, por ocasião da morte de Afonso VI, sogro de ambos, a reconhecer o segundo como legítimo herdeiro dos Reinos de Leão, Castela e Galiza, de que Afonso VI era imperador, e o segundo se comprometia a doar ao primeiro um terço do Reino de Toledo.

Acesse o QR Code e assista ao vídeo:
Conversas sobre Direito Civil (3): pacto sucessório e sua proibição pelo art. 426 do Código Civil

> https://uqr.to/r1kk

7. PLANEJAMENTO SUCESSÓRIO

Dentro do contexto contemporâneo de maior preocupação com **planejamento**, e de incentivo à disseminação da respectiva cultura, envolvendo planejamento financeiro, planejamento tributário, dentre outros, destaca-se, no campo do **planejamento patrimonial**, o *planejamento sucessório*.

O **planejamento sucessório** consiste no desenvolvimento de estratégias para a sucessão de uma pessoa, e envolve ferramentas que podem antecipar efeitos da sucessão, como o contrato de doação, e outras que podem traçar efeitos futuros, como o testamento e o codicilo.

Planejamento patrimonial é uma expressão mais ampla que planejamento sucessório. Quando, hoje, falamos em planejamento sucessório, frequentemente pensamos em *holdings* familiares, na celebração de certos contratos – sobretudo de seguros – etc. E, claro, são mesmo temas de planejamento sucessório.

---

[8] OLIVEIRA, Arthur Vasco Itabaiana de. *Tratado de direito das sucessões*. 5. ed. Rio de Janeiro: Freitas Bastos, 1985. p. 42.

[9] FREITAS, Augusto Teixeira de. *Consolidação*, cit., p. 236.

Entretanto, além das ferramentas possíveis da constituição das *holdings* familares e da celebração de certos contratos, parece-nos que o testamento é o negócio jurídico para o qual a lei reserva o mais amplo espaço para o exercício da autonomia privada.

Até mesmo a instituição de uma pessoa não concebida como herdeira ou legatária o Código Civil admite, no art. 1.799, I. Nesse caso, o nascituro possui mera expectativa de direitos, que somente se concretizam – quer dizer, incorporam em seu patrimônio jurídico – na hipótese de esse ente vir a nascer com vida. Em outras palavras, a inclusão de alguém que ainda não foi concebido em testamento encontra-se, inexoravelmente, sob a condição suspensiva de nascer com vida.

Outro exemplo que facilita a análise sobre o instituto do planejamento sucessório: é possível deixar herança para animais? Uma vez que os animais, no momento, não podem ser sujeitos de direitos no Brasil, a resposta é negativa. No entanto, o testamento permite deixar herança para alguém para que essa pessoa cuide de um animal. O art. 1.897 do Código Civil autoriza a disposição testamentária para certo fim. Pode-se até mesmo determinar que, morrendo aquele animal, e ainda havendo herança, outro deveria ser adquirido, para que aquele patrimônio fosse utilizado para os seus cuidados.

Se o *pet* integra o patrimônio comum, podemos deixá-lo todo para quem quisermos? Sim. Se você quiser deixá-lo para seu namorado ou namorada, que concluímos ser seu companheiro ou sua companheira, mais fácil ainda. Basta que ele não ultrapasse metade do seu patrimônio no momento da sua morte, caso, além do companheiro ou da companheira, você tenha descendentes, ou ascendentes vivos. Entretanto, mesmo que você queira deixá-lo para outra pessoa, você poderá ter êxito, desde que o animal não exceda a sua meação no patrimônio comum, e de que seu companheiro ou sua companheira não se oponha. Hoje, não se trabalha com uma visão de patrimônio comum em que cada bem é dividido, mas com uma visão de conjunto, do qual cada cônjuge ou companheiro tem uma fração ideal, a sua meação. A divisão desse conjunto, que chamamos de partilha, só será feita por ocasião da dissolução da sociedade conjugal, pela separação, pelo divórcio, ou pela morte. E, ainda que seu companheiro ou sua companheira não concordasse em deixar o animal, na partilha, na sua meação; que optasse por estabelecer um condomínio; mesmo assim, pelo menos em parte, sua disposição seria eficaz, nos termos do art. 1.914 do Código Civil. Se você desconfia que isso pode ocorrer, mas, realmente, gostaria de deixar seu *pet* para sua irmãzinha, você pode, conforme o art. 1.913, deixar a totalidade do animal para sua irmã e beneficiar de outra forma seu companheiro ou sua companheira. Segundo a regra do art. 1.913, se o titular da coisa alheia, ou em parte alheia – nesse caso, seu companheiro ou sua companheira, com direito à metade do bem –, quiser aceitar a herança ou o legado para ele deixado no testamento, terá que cumprir o outro legado, deixando – no exemplo – a totalidade do animal para a sua irmã.

Outra utilidade do testamento: eu não quero que meu único filho receba de uma vez só toda a minha herança; quero protegê-lo. Posso deixar a parte disponível para alguém da minha confiança – meu irmão, por exemplo – para que ele pague um legado de alimentos ao meu filho. Eu posso ou não estipular um valor para as prestações. Se não o fizer, o art. 1.920 estabelece as diretrizes para o seu arbitramento. E meu irmão, que ganharia com isso? Como proprietário, após a minha morte, todos os frutos da herança seriam dele. Sabendo investir bem o patrimônio, este poderia ser para ele bastante lucrativo. E meu filho, teria prejuízo? Não, uma vez que iria receber o patrimônio; porém, em vez de recebê-lo de imediato com a abertura da sucessão, iria recebê-lo parceladamente, a título de alimentos.

Temos que ter em mente que planejamento sucessório não é medida exclusiva de quem está à beira da morte, de quem julga que irá morrer em breve. Planejamento sucessório é medida de boa gestão patrimonial, até mesmo da mais saudável das pessoas.

Do contrato de doação, tratamos na Parte III. Do testamento e do codicilo, trataremos nesta Parte VI, no capítulo sobre a sucessão testamentária.

Quadro Esquemático 1

Noção de sucessão, direito sucessório, herança e legado

- **Sucessão**
  - transmissão de uma situação jurídica de uma pessoa a outra
  - entre vivos → pode se dar mediante cessão de direitos, alienação ou até mesmo adoção
  - *causa mortis* → sucessão hereditária

- **Fundamento da sucessão**
  - originariamente → perpetuidade do culto e da propriedade da família
  - nos tempo atuais → propriedade

- Prevalece a tese de que a sucessão *causa mortis* traz mais benefícios à sociedade do que malefícios, sobretudo por fortalecer a economia e a família

- **Direito sucessório**
  - direito absoluto (oponível *erga omnes*), intransmissível e eventual, cuja aquisição se inicia no momento em que o sujeito é escolhido ou apontado, mas somente se completa quando da morte do sucedendo, se o sucessor estiver vivo, e se nem o sucedendo nem a lei tiverem indicado outro sucessor
  - o objeto do direito sucessório não é o patrimônio, mas sim a sucessão

- **Espécies de sucessão**
  - Legítima → é a que ocorre segunda determinação legal, de acordo com a ordem de vocação hereditária
  - Testamentária → é a que ocorre por ato de vontade por meio de testamento
  - A título universal → transmissão de uma universalidade de bens (conjunto de bens não individualizado)
  - A título singular → transmissão de um bem individualizado

- **Herança**
  - patrimônio deixado pelo morto, o qual pode consistir tanto de direitos de crédito e coisas, quanto de dívidas. No Brasil, só é transmitida se apresentar saldo positivo, após a liquidação
  - quem herda a título universal recebe a herança, ou parte dela → herdeiro
  - é indivisível → os herdeiros a recebem em condomínio
  - "Espólio" → conjunto de bens, ao qual foi conferida personalidade judiciária (conjunto dos herdeiros do morto)

- **Legado**
  - bem ou conjunto de bens individualizados na herança
  - quem herda a título singular recebe legado → legatário

- **Pacto sucessório** → contrato que tem por objetivo herança de pessoa viva. É expressamente proibido (art. 426, CC/02)

2

Abertura da Sucessão

No exato momento em que morre a pessoa, diz-se **aberta a sucessão**. Ou seja, a abertura da sucessão ocorre no exato instante da morte.

A abertura da sucessão tem a natureza de um **fato jurídico natural**, cuja principal consequência é a **aquisição completa do direito sucessório**. Em outras palavras, o direito eventual à sucessão somente se confirma quando ocorre o fato jurídico natural da abertura da sucessão.

Curiosamente, em razão de ser automática a aquisição completa do direito sucessório, pode ser que o próprio sucessor não tenha ciência dela, seja porquanto não soube do falecimento, ou porque não sabia de sua qualidade de herdeiro ou legatário do morto.

A abertura da sucessão gera também o efeito de determinar *a lei que regulará a sucessão*, que será a lei vigente àquele tempo (art. 1.787 do Código).

1. TRANSMISSÃO DA HERANÇA

Completada a aquisição do direito sucessório, ocorre a **transmissão da herança**, ato por meio do qual o patrimônio se destaca da esfera jurídica do sucedendo, morto – a qual se extingue –, e se incorpora à esfera jurídica dos sucessores. Daí que os sucessores recebem a herança mesmo que não tenham conhecimento do fato. A razão da transmissão automática e imediata é simples: não se poderia imaginar que o patrimônio deixado pelo morto ficasse, nem por um segundo que fosse, sem titular.

Para se referir à transmissão da herança, usam-se os vocábulos **devolução** e **delação**. Tecnicamente, não obstante, existia uma diferença entre os dois conceitos. Havia devolução quando a herança devia ser automaticamente integrada ao patrimônio do sucessor, e, por isso, não lhe era oferecida, senão restituída, devolvida. É o que ocorria, no Direito Romano, com os **herdeiros necessários**.[10] Por outro lado, havia delação quando a herança era oferecida aos herdeiros, o que ocorria quanto aos **herdeiros testamentários**.[11] Nesse caso, dizia-se que a herança era **deferida** aos herdeiros.

No Direito brasileiro, a transmissão da propriedade e da posse da herança se dá aos **herdeiros legítimos e testamentários** no **momento da abertura da sucessão** (art. 1.784 do Código); ao legatário transmitem-se a **propriedade** e a **posse indireta** (art. 1.923). Por essa razão, passou-se a usar o vocábulo **devolução** como sinônimo de **delação**, e **devolver** como

---

[10] OLIVEIRA, Arthur Vasco Itabaiana de. *Tratado*, cit., p. 45.
[11] Idem.

sinônimo de **deferir**, vez que, na prática, a transmissão da herança será automática para todos os sucessores, sejam eles herdeiros legítimos ou testamentários, ou legatários, não havendo devolução para uns e oferecimento para outros.

Por essa mesma razão, a **aquisição da herança**, chamada, na técnica clássica, de **adição**, também ocorre automaticamente para todos os sucessores no Direito pátrio. Quer dizer, os herdeiros e legatários adquirem a herança no momento em que morre o sucedendo, independentemente de sua vontade, e, até mesmo, de seu conhecimento.

Destarte, é necessário atentar para a contemporaneidade dos seguintes eventos: **morte do sucedendo – abertura da sucessão – aquisição completa do direito sucessório – transmissão da herança – aquisição da herança**. Não há nem mesmo sequência; todos esses fenômenos ocorrem ao mesmo tempo no sistema atual do nosso Direito.

1.1 Pressupostos da transmissão da herança

Para que ocorra a transmissão da herança, ou, antes, para que haja aquisição do **direito sucessório**, é necessário que ocorram a **morte do sucedendo** e a **sobrevivência do sucessor**.[12]

A morte pode ser natural ou presumida. Cabe lembrar que a lei presume a morte da pessoa nas seguintes hipóteses (arts. 6º e 7º): ausência por dez anos após a abertura da sucessão provisória do ausente; extrema probabilidade de morte de quem se encontrava em perigo de vida; desaparecimento de pessoa em campanha, ou feita prisioneira, sem que seja encontrada em até dois anos do término da guerra.

Cabe ressaltar que o tempo da morte é provado, em regra, pela **certidão do registro do óbito** no Cartório de Registro Civil das Pessoas Naturais.

1.1.1 Comoriência

Considerando-se que, no exato momento da morte, a sucessão se abre, os sucessores adquirem o direito sucessório, a herança se transmite e os sucessores adquirem o patrimônio do morto, torna-se extremamente importante a determinação do **tempo certo** em que ocorreu a morte.

Sem adentrarmos questões de medicina legal, cumpre comentar que uma dificuldade se revelou aos juristas: a de determinar a ordem da morte de várias pessoas unidas por um vínculo sucessório que morreram em um mesmo desastre. Nesses casos, muitas vezes pouco sobra do cadáver para que se possam realizar exames de identificação, que dirá de determinação do momento da morte.

Para solucionar esse problema, o Direito concebeu o seguinte preceito: se duas ou mais pessoas morrerem na mesma ocasião e não for possível determinar se a morte de algum dos comorientes precedeu à dos demais, todos serão presumidos **simultaneamente mortos** (art. 8º do Código).

A presunção legal a ser aplicada nos casos de comoriência em que for impossível determinar a ordem das mortes tem sérias implicações na transmissão da herança. Afinal, se sucedendo e sucessor morreram simultaneamente, não haverá entre eles sucessão, por faltar o segundo pressuposto da aquisição do direito sucessório e da transmissão da herança. Pessoa morta, afinal, não pode suceder. Logo, na hipótese de morte simultânea do sucedendo com o sucessor, caberá à lei deferir a herança aos demais herdeiros legítimos do sucedendo, conforme a **ordem de vocação hereditária** (art. 1.829), ressalvada a possibilidade do direito de representação (art. 1.851).

---

[12] BEVILÁQUA, Clóvis. *Direito das sucessões*, cit., p. 18-19.

Destaca-se que a presunção é meramente relativa, podendo ser devidamente afastada quando existirem provas suficientes a atestar que a morte de uma pessoa antecedeu às demais, especialmente prova pericial ou por meio da colheita dos testemunhos daqueles que presenciaram o ocorrido.

1.1.2 Capacidade para suceder

A **capacidade para suceder** se confunde com o segundo pressuposto que mencionamos – sobrevivência do sucessor. Compõe-se de dois elementos: **existência** da pessoa e o **direito sucessório eventual**. Ou seja, tem capacidade para suceder a pessoa que **existir** no momento da abertura da sucessão e que estiver investida de **direito eventual** à sucessão, seja por disposição testamentária ou pela lei. Frise-se que o Direito pátrio atribui capacidade para suceder às pessoas **nascidas ou concebidas** no momento da abertura da sucessão (art. 1.798). Ou seja, também o **nascituro** tem capacidade para suceder, ainda que, para que possa suceder, precise nascer com vida (art. 2º, primeira parte). Todavia, por aplicação da segunda parte do art. 2º, caso a sucessão se abra durante a gestação, deve ser resguardado o direito à sucessão aberta do nascituro, que será adquirido se ele nascer com vida.

Em se tratando de sucessão testamentária, por sua vez, também têm capacidade (art. 1.799): (1) os filhos ainda não concebidos – **concepturos** – de pessoas indicadas pelo testador, desde que vivas estas ao tempo da abertura da sucessão; (2) as pessoas jurídicas; e (3) as pessoas jurídicas cuja instituição o testador determinar, na forma de fundação. No caso do concepturo, sua capacidade se extingue se não for concebido no prazo máximo de dois anos após a morte do testador (art. 1.800, § 4º). Após a abertura da sucessão, e enquanto não nascer com vida, o direito à sucessão aberta do concepturo ficará resguardado, e os bens que lhe couberem serão entregues a um curador (art. 1.800).

No sistema anterior ao Código Civil, embora silentes as Ordenações Filipinas, Teixeira de Freitas sustentava que a capacidade para suceder do **herdeiro testamentário** devia ser apurada tanto no momento da **elaboração do testamento** quanto no da **morte do testador**.[13]

Desde 1916, no entanto, passou-se a verificá-la apenas quando da **abertura da sucessão** (art. 1.577 do Código anterior e art. 1.798 do atual). A apuração da capacidade para suceder, mesmo em se tratando da sucessão legítima, considera-se relevante, porquanto a sucessão se rege pela **lei vigente à época da abertura da sucessão** (art. 1.787 do Código).

Tomemos a entrada em vigor da Lei 8.971, em 30 de dezembro de 1994, a qual concedeu direito sucessório aos **conviventes em união estável**. Nos casos de morte do companheiro até 29 de dezembro de 1994, o companheiro sobrevivente não era chamado a sucedê-lo. Todavia, nos casos de morte do companheiro de 30 de dezembro de 1994 em diante, o sobrevivente passou a figurar como herdeiro legítimo.

Um exemplo futuro poderá ser o do concubino do testador. No Direito atual, é nula a disposição testamentária em favor do concubino, a não ser que o testador esteja, sem culpa sua, separado de fato há mais de cinco anos (art. 1.900, V, combinado com art. 1.801, III). Essa disposição tende a desaparecer do nosso ordenamento, em razão dos novos contornos do Direito de Família. Se isso ocorrer, a partir da vigência da lei modificativa do Código Civil, o concubino terá legitimidade para suceder. Antes disso, não.

Voltaremos ao assunto, especificamente quanto à capacidade para suceder na sucessão testamentária, denominada capacidade testamentária passiva, na subseção 2.1, no capítulo 4.

---

[13] FREITAS, Augusto Teixeira de. *Consolidação*, cit., p. 594.

Acesse o QR Code e assista ao vídeo:
Conversas sobre Direito Civil (1): sucessão do concepturo

> https://uqr.to/r1kp

1.2 Transmissão da posse e o *droit de saisine*

Conforme asseverado, a abertura da sucessão implica a transmissão imediata da propriedade e da posse da herança aos herdeiros, e da propriedade e da posse indireta dos legados aos legatários.

Pode ser que o leitor se pergunte: por que os legatários recebem apenas a posse indireta? A explicação é simples. O que se chama de legado é um **bem individualizado** da herança. Vimos, ao estudar o Direito das Coisas, que tem a posse direta quem tem o **poder de uso** sobre a coisa. Ora, aberta a sucessão, a herança transmite-se, universalidade que é, aos herdeiros, **universalmente**. Em outras palavras, os herdeiros recebem o patrimônio do *de cujus* **como um todo**. Logo, por mais que a propriedade do legado se transmita ao legatário, a coisa que o compõe, materialmente, estará no meio da herança, razão pela qual quem terá poder de uso sobre ela, e, por conseguinte, a **posse direta**, serão os herdeiros. Daí que será necessário que o legatário, investido da condição de proprietário e possuidor indireto da coisa, **reivindique-a** dos possuidores diretos.

Feito esse esclarecimento inicial, cumpre estudar qual a razão de a própria lei afirmar que a transmissão da herança importa na transmissão da **posse da herança** – e não apenas da propriedade.

Curiosamente, esse preceito foi positivado em nosso Direito pelo Alvará de 9 de novembro de 1754.[14] Ora, a essa época, nem Savigny nem Jhering haviam sequer nascido,[15] muito menos elaborado suas teorias sobre a posse. Os juristas da época não tinham uma ideia sistematizada do fenômeno possessório, senão um amontoado desconexo de escritos do Direito Romano. Relacionava-se, em geral, a tomada da posse com a **apreensão física** da coisa, razão pela qual não fazia sentido pensar-se em transmissão *causa mortis* da posse.

Ocorre que, no período feudal, criou-se uma norma segundo a qual a morte do servo implicava a **devolução** da propriedade da terra ao senhor feudal. Logo, para que a família do

---

[14] Alvará de 9 de novembro de 1754: "Eu El-Rey faço saber aos que este Alvará com força de Lei virem, que querendo evitar os inconvenientes, que resultam de se tomarem posses de bens das pessoas que falecem, por outras ordinariamente estranhas, e a que não pertence a propriedade deles: Sou servido ordenar, que a posse Civil, que os defuntos em sua vida houverem tido passe logo nos bens livres aos herdeiros escritos ou legítimos; nos vinculados ao filho mais velho, ou neto, filho do primogênito, e falta este, ao irmão ou sobrinho; e sendo Morgado, ou Prazo de nomeação, à pessoa que for nomeada pelo defunto, ou pela Lei.

A dita posse Civil terá todos os efeitos de posse natural, sem que seja necessário, que esta se tome; e havendo quem pretenda ter ação aos sobreditos bens, a poderá deduzir sobre a propriedade somente, e pelos meios competentes; e, para este efeito revogo qualquer Lei, ordem, Regimento ou disposição de direito em contrário. Pelo que mando, etc.

Dado em Lisboa, aos 9 de Novembro de 1754."

[15] Friedrich Karl Von Savigny nasceu em 1779 e Rudolf Von Jhering em 1818.

servo morto pudesse permanecer na terra, devia pedir ao senhor a **imissão na posse** e, para tanto, pagar uma contribuição. Há dúvidas sobre qual seria a origem do preceito que veio a alterar essa situação. Alguns entendem que seria o Direito germânico, sem, contudo, explicar as circunstâncias em que se teria dado.[16] Outros argumentam que foi o Direito francês, dada a insatisfação dos camponeses.[17] O certo é que, seja qual for a origem da norma, consagrou-se no Direito costumeiro francês a ideia de que *le mort saisit le vif*,[18] ou seja, o morto apreende, agarra o vivo. Essa ideia implica a transferência ao vivo de tudo aquilo que o morto tinha apreendido – e, portanto, tinha em sua posse. Daí se desenvolveu a doutrina do ***droit de saisine***, que significa "direito à posse da herança".

Como vimos, a *saisine* se introduziu no Direito português pelo Alvará de 9 de novembro de 1754. Em 1804, foi positivada no art. 724 do Código Civil francês e, a partir de então, foi adotada por diversas legislações. No Direito brasileiro, constava do art. 978 da Consolidação das Leis Civis; mais tarde, apareceu no art. 1.572 do Código de 1916 e, atualmente, encontra-se no art. 1.784 do Código de 2002.

2. LUGAR DA ABERTURA DA SUCESSÃO

Abre-se a sucessão no **último domicílio** do morto (art. 1.785). O domicílio, como você bem sabe, é o lugar em que a pessoa estabelece sua residência com **ânimo definitivo**, ou seja, onde quer se fixar permanentemente, e também o lugar, ou lugares, em que mantém seu centro de negócios. Assim, pode-se ter domicílio residencial em Ouro Preto e negocial em Belo Horizonte.

A determinação do lugar em que se abriu a sucessão tem importância **processual**, pois implicará a competência territorial para o processamento do **inventário**, o qual, como veremos, é o procedimento por meio do qual serão identificados os sucessores e os bens integrantes da herança, para posterior liquidação e partilha.

Como se vê, dúvida pode surgir com relação a *qual domicílio considerar*, para efeito da abertura da sucessão: o **residencial** ou o **negocial**. ORLANDO GOMES privilegia o negocial.[19] ITABAIANA DE OLIVEIRA[20] e SALOMÃO CATEB,[21] por sua vez, inclinam-se para o residencial. Melhor solução, no entanto, revela-se a proposta por BEVILÁQUA[22] e perfilhada por WASHINGTON DE BARROS MONTEIRO:[23] se o falecido tinha mais de um domicílio, a sucessão se terá por aberta naquele em que primeiro for requerida a abertura do inventário, pelo princípio processual da **prevenção**.

Se, por alguma razão, o morto não tinha domicílio certo, como na hipótese de não ter residência fixa, nem lugar de trabalho definitivo, a solução se encontra no Código de Processo Civil, que fixa a competência, para o inventário, do juízo do lugar da **situação dos bens imóveis** do morto, ou, havendo imóveis em lugares diferentes, do juízo de qualquer destes, ou,

---

[16] PEREIRA, Caio Mário da Silva. *Instituições de direito civil*. 11. ed. Rio de Janeiro: Forense, 1997. v. VI. p. 16; VENOSA, Sílvio de Salvo. *Direito das sucessões*. 10. ed. São Paulo: Atlas, 2010. p. 16.
[17] RODRIGUES, Silvio. *Direito das sucessões*, cit., p. 14.
[18] FREITAS, Augusto Teixeira de. *Consolidação*, cit., p. 581.
[19] GOMES, Orlando. *Sucessões*. 6. ed. Rio de Janeiro: Forense, 1986. p. 15.
[20] OLIVEIRA, Arthur Vasco Itabaiana de. *Tratado*, cit., p. 49.
[21] CATEB, Salomão de Araujo. *Direito das sucessões*. 5. ed. São Paulo: Atlas, 2008. p. 19.
[22] BEVILÁQUA, Clóvis. *Código Civil dos Estados Unidos do Brasil comentado*. Rio de Janeiro: Francisco Alves, 1958. v. VI. p. 16.
[23] MONTEIRO, Washington de Barros. *Direito das sucessões*, cit., p. 28.

não havendo imóveis, do juízo do lugar de qualquer dos bens da herança (art. 48, parágrafo único, do CPC/2015).

Outra decorrência da determinação do lugar da abertura da sucessão também se encontra no Código de Processo: considera-se competente o foro de tal lugar não só para o inventário e a partilha como também para a **arrecadação** e **cumprimento de disposições de última vontade**, para a **impugnação ou anulação de partilha extrajudicial**, assim como para todas as **demais ações** que se forem ajuizar em face do espólio, ainda que a morte tenha ocorrido no exterior (art. 48, *caput*, do CPC/2015).

Por fim, cumpre salientar, do ponto de vista processual, que a competência *ratione loci* (territorial) em comento admite **prorrogação**,[24] vez que o ajuizamento da ação em juízo ao qual não se atribui tal competência originariamente implica incompetência tão somente **relativa**, porquanto a norma atributiva não é de interesse público, mas apenas visa a atender prioritariamente o interesse privado.[25] Nesse caso, o interesse não só dos sucessores como também de eventuais titulares de direito contra o morto, em razão de nenhum outro juízo ter melhores condições para examinar questões acerca da sucessão do que o do último domicílio do *de cujus*.[26]

3. ACEITAÇÃO E RENÚNCIA DA HERANÇA

No Direito Romano, a abertura da sucessão implicava a imediata **devolução** da herança aos **herdeiros necessários**, os quais a recebiam independentemente de sua vontade. A ideia era a de que os herdeiros necessários eram os responsáveis pela **continuidade do culto doméstico**. Afinal, acreditava-se que "o homem morre, o culto fica; o lar nunca deve apagar-se nem o túmulo ficar abandonado".[27] Aos herdeiros voluntários, por sua vez, a herança era **deferida**, ou seja, oferecida, e os herdeiros tinham prazo para aceitá-la ou não.

Ocorre que era consectário da ideia de sucessão a **responsabilidade *ultra vires hereditatis*[28] do herdeiro, ou seja, a responsabilidade do seu próprio patrimônio** pelas **dívidas** deixadas pelo morto, se a herança não fosse suficiente para saldá-las.

Considerando-se que o herdeiro necessário não tinha possibilidade de recusar a herança, a sucessão podia lhe trazer grandes prejuízos. Daí que, com a evolução do Direito, estendeu-se ao herdeiro necessário a **faculdade de aceitar ou recusar** a herança, a qual passou a lhe ser deferida, em vez de simplesmente devolvida.

Não obstante, manteve-se a responsabilidade *ultra vires hereditatis* para o herdeiro que aceitasse a herança, fosse ele necessário ou voluntário. Aliás, impende destacar que a aceitação deveria ser sempre **pura e simples**, não comportando condição. Destarte, a chance de a sucessão ser prejudicial ao herdeiro continuava existindo.

Apenas na fase de Justiniano é que se solucionou o problema, por meio da criação do chamado **benefício de inventário**. Para não sofrer prejuízos, o herdeiro podia aceitar "a benefício de inventário", pelo que a transmissão somente ocorreria se, realizado o inventário, restasse saldo positivo na herança.[29]

---

[24] DONIZETTI, Elpídio. *Curso didático de direito processual civil*, cit., p. 266.
[25] Ibidem, p. 264.
[26] BEVILÁQUA, Clóvis. *Código comentado,* cit., v. VI, p. 16; BARROS, Hermenegildo de. *Manual*, cit., v. XVIII, p. 97.
[27] COULANGES, Fustel. *A cidade antiga*, cit., p. 101.
[28] A expressão significa "para além das forças da herança".
[29] RODRIGUES, Silvio. *Direito das sucessões*, cit., p. 37.

No nosso Direito, a adoção do *droit de saisine* pelo Alvará de 9 de novembro de 1754 fez com que a **transferência da propriedade e da posse da herança** se desse *automaticamente* aos herdeiros no momento da abertura da sucessão, independentemente de se tratar de herdeiros legítimos ou testamentários. Ainda assim, havia a possibilidade de aceitação ou renúncia, o que ganhava grande relevância ao se considerar que a lei não disciplinava a matéria, e que juristas do peso de Teixeira de Freitas defendiam que a responsabilidade dos herdeiros pelas dívidas deixadas pelo morto era *ultra vires hereditatis*.[30]

Com o Código Civil de 1916, consagrou-se o **princípio da sucessão voluntária**, por meio da positivação do direito de aceitar ou renunciar a herança, e, ademais, estabeleceu-se a responsabilidade do herdeiro *intra vires hereditatis*, ou seja, limitada às forças da herança. Essa é a situação vigente até hoje.

3.1 Aceitação da herança

No Direito pátrio, conquanto a herança seja transmitida imediatamente aos sucessores no momento da abertura da sucessão (art. 1.784), concede-se a eles a possibilidade de **aceitar ou renunciar** a herança.

Nesse sistema, a aceitação não importa na **aquisição** da herança (ou **adição**, na terminologia mais clássica), mas simplesmente na **confirmação** da aquisição. Como o leitor pode concluir, a aceitação, entre nós, tem **eficácia retroativa** (*ex tunc*), vez que meramente confirmatória (art. 1.804).

A aceitação da herança tem a natureza de um **ato jurídico voluntário unilateral, puro e simples** – pelo que não se admite a aceitação parcial, nem a imposição de condição, termo ou encargo (art. 1.808) – e **irrevogável** (art. 1.812).

Pode se manifestar **expressamente**, por documento escrito, **ou tacitamente**, quando o herdeiro pratica atos próprios da qualidade de herdeiro (art. 1.805).

Com relação à aceitação tácita, Hermenegildo de Barros chama a atenção para a necessidade de se apurar se havia **intenção de aceitar** – requisito presente na norma originária, constante do art. 778 do Código Civil francês,[31] e que se perdeu na elaboração do Código brasileiro.[32]

Um exemplo bastante elucidativo é o do herdeiro que se mantém na posse de um bem do qual era compossuidor com o autor da herança. Ora, se, por um lado, o exercício de poderes da propriedade (posse) de bens da herança configura ato próprio de herdeiro, não necessariamente implica a intenção de aceitar, se o herdeiro simplesmente se manteve na situação em que já se encontrava. Diferente será o caso do herdeiro que se imite na posse direta de algum bem da herança, porquanto, não fosse investido da qualidade de herdeiro, não teria legitimidade para fazê-lo.

Cumpre ressaltar, ademais, que o Código não considera ato próprio da qualidade de herdeiro – e, por conseguinte, capaz de implicar aceitação – os **atos oficiosos** – como os relativos ao funeral –, os **meramente conservatórios**, nem os de **administração e guarda provisória** dos bens da herança. Destarte, a limpeza da casa em que vivia o morto, ou o pagamento do IPTU de tal imóvel, ou, ainda, a vigilância do bem não importam aceitação tácita.

---

[30] FREITAS, Augusto Teixeira de. *Consolidação*, cit., p. 582.
[31] Art. 778 do Código Napoleão: "a aceitação pode ser expressa ou tácita; ela é expressa quando se toma o título ou a qualidade de herdeiro em um ato autêntico ou privado; ela é tácita quando o herdeiro pratica um ato que supõe necessariamente sua intenção de aceitar, e que ele não teria tido direito de praticar se não fosse na qualidade de herdeiro".
[32] BARROS, Hermenegildo de. *Manual*, cit., p. 152.

Conquanto a aceitação seja um **ato livre** do sucessor – em razão do **princípio da sucessão voluntária** –, admite-se que os interessados na manifestação do herdeiro que não se pronunciou dentro dos primeiros vinte dias transcorridos da abertura da sucessão requeiram ao juiz que lhe assinale prazo não superior a **trinta dias** para se manifestar, sob pena de se considerá-la **aceita** (art. 1.807). Tal prazo corresponde ao que os romanos chamavam de **benefício de deliberar**. Aqui, aplica-se o adágio "quem cala consente". Mas, na verdade, a presunção da aceitação advém de que, no nosso sistema, a renúncia tem de ser **expressa**, como veremos, não se podendo presumi-la.

Como interessados na manifestação do herdeiro, citam-se o **legatário**, o **credor**, e **aquele que seria chamado à sucessão em caso de renúncia do herdeiro**. "Os primeiros são interessados em receber o que lhes é devido, e o último é interessado, porque tem a expectativa de recolher a herança."[33]

Cumpre observar que a **cessão gratuita, pura e simples** da herança aos demais coerdeiros não importa aceitação (art. 1.805, § 2º). A cessão gratuita, pura e simples da herança aos coerdeiros se dá quando o herdeiro, sem receber qualquer vantagem, transfere sua fração ideal da herança, sem impor qualquer cláusula, condição ou encargo. Isso porquanto o efeito da cessão, nesses casos, será a redistribuição das frações ideais, como se o cedente nunca tivesse existido. Se havia três herdeiros, cada um tinha direito a um terço da herança. Se um deles cede sua quota parte aos demais, gratuitamente e por modo puro e simples, cada um dos cessionários passará a ter direito à metade da herança – o mesmo que teria ocorrido se o cedente nunca tivesse herdado.

Se, por outro lado, o herdeiro recebesse pela cessão alguma vantagem, haveria **cessão onerosa**, que poderia implicar uma troca ou uma compra e venda.

Por sua vez, se fosse imposta alguma cláusula, como a de atribuição de 40% da sua quota parte para A e 60% para B, haveria, na verdade, **doação**, o que também se daria se houvesse a imposição do encargo de construir uma escola com bens da herança. Cumpre frisar que quando há na cessão cláusula identificando o cessionário, opera-se a chamada **renúncia translativa ou in favorem**, a qual também tem a natureza de doação.

Vez que tanto a troca quanto a compra e venda e a doação são atos próprios da qualidade de herdeiro, nesses casos haveria **aceitação**.

Verificar se houve aceitação ou renúncia da herança tem grande relevância do ponto de vista tributário, porquanto, havendo aceitação, incide o **Imposto sobre Transmissão Causa Mortis e Doação – ITCMD (ou, mais comumente, ITCD)**.

Destarte, se Helena cede seu direito hereditário aos demais herdeiros, não há incidência do ITCD sobre a cessão, por não haver aceitação. Todavia, se Rui cede seu direito sucessório a Pontes, há doação, a qual implica aceitação, e faz incidir o ITCD.

Na hipótese de o herdeiro falecer após a abertura da sucessão, mas **antes de declarar se aceita** a herança, o poder de aceitar se transmite a seus sucessores (art. 1.809, *caput*). Mas, para que estes possam aceitar a primeira herança, têm necessariamente de aceitar a segunda (art. 1.809, parágrafo único).

Ou seja, se, aberta a sucessão de Silvio, seu herdeiro Orlando morre antes de se manifestar quanto à aceitação ou renúncia da herança, essa faculdade se transmite a César, herdeiro de Orlando. Mas, para que César possa aceitar a herança de Silvio, deve, obrigatoriamente, aceitar antes a herança de Orlando.

---

[33] BEVILÁQUA, Clóvis. *Código comentado*. cit., v. VI, p. 23-24.

3.2 Renúncia da herança

No Direito brasileiro, não se admite a renúncia da herança **prévia** à abertura da sucessão (art. 426), porquanto antes da morte não existe herança, mas sim o patrimônio da pessoa viva. Trata-se da proibição do **pacto sucessório renunciativo**.

Aberta a sucessão, por sua vez, pode o herdeiro aceitar a herança ou **renunciá-la**, não obstante já ter havido a transmissão do acervo por força do *droit de saisine*.

Assim como a aceitação, a renúncia tem a natureza de **ato jurídico voluntário, puro e simples** (art. 1.808) e **irrevogável** (art. 1.812). Ou seja, não se admite renúncia parcial, nem a imposição de condição, termo ou encargo, nem retratação.

Trata-se de ato **solene**, que deve tomar a forma de **instrumento público** ou **termo judicial** (art. 1.806), sob pena de nulidade. A renúncia por instrumento público se pratica por meio de declaração feita ao tabelião, enquanto a renúncia por termo judicial se faz nos autos do **inventário**.[34]

O leitor deve tomar muito cuidado para não confundir a **renúncia abdicativa**, verdadeira renúncia, com a chamada **renúncia translativa ou *in favorem***, que ocorre quando é feita "em favor de alguém", a qual toma a forma de doação, caso em que não há renúncia, mas, sim, aceitação da herança.

Se a renúncia da herança implicar prejuízos para os **credores do herdeiro**, a lei os autoriza a pedir ao juiz a **aceitação** da herança em nome do renunciante (art. 1.813, *caput*). Se o pedido for deferido, abre-se o prazo de **trinta dias** para que os credores se habilitem (art. 1.813, § 1º). Conquanto o dispositivo mencione trinta dias "seguintes ao conhecimento do fato", deve-se considerar como termo inicial da contagem do prazo a **data da publicação** da decisão judicial. Decorrido o prazo, serão pagas as dívidas, dentro das forças da herança, ou da fração ideal que teria o renunciante, no caso de pluralidade de herdeiros. Os bens eventualmente remanescentes serão devolvidos aos demais herdeiros (art. 1.813, § 2º).

Impende frisar que não se atribui **direito de representação**, do qual falaremos no próximo capítulo, ao descendente do herdeiro renunciante (art. 1.811, primeira parte).

Todavia, é preciso lembrar que a renúncia tem **eficácia retroativa**, assim como a aceitação (art. 1.804, parágrafo único): logo, se o herdeiro renuncia, considera-se que nunca recebeu a transmissão da herança, que teria ocorrido quando da abertura da sucessão. Por essa razão, a fração ideal dos demais herdeiros é recalculada, como se o renunciante nunca tivesse existido, e, se o herdeiro era o único da sua classe, a herança é deferida aos herdeiros da próxima[35] (art. 1.810). A segunda parte do art. 1.811 ainda esclarece que, se o renunciante for o único herdeiro legítimo da sua classe, e do seu grau – por exemplo, o único filho –, ou se todos os herdeiros da mesma classe e do mesmo grau renunciarem, os herdeiros do próximo grau, ou da próxima classe – por exemplo, os netos –, serão chamados à sucessão por direito próprio, e por cabeça. Ou seja, o filho do renunciante pode acabar sendo chamado à sucessão, mas não por representação – o que a primeira parte do art. 1.811 veda –, mas por direito próprio, por ter o seu grau sido chamado à sucessão, ante a renúncia dos herdeiros do grau anterior.

Rui e Pontes são herdeiros de Caio. Rui é pai de Helena. Aberta a sucessão de Caio, são chamados os descendentes do grau mais próximo, os filhos Rui e Pontes. Rui renuncia à herança.

---

[34] BARROS, Hermenegildo de. *Manual*, cit., v. XVIII, p. 167.
[35] "Classe" de herdeiros é cada grupo de herdeiros na ordem de vocação hereditária, como veremos. A primeira classe chamada à sucessão, por exemplo, é a dos descendentes; a segunda, a dos ascendentes etc.

Pontes, que tinha direito à metade da herança, passa a ter direito à sua totalidade. Helena não é chamada à sucessão do avô, por não haver direito de representação de herdeiro renunciante.

Outro exemplo: Augusto, pai de Silvio, é herdeiro de Berenice, mas renuncia à herança. Era o único filho vivo da falecida. A herança é deferida, então, a Silvio e Manuel, netos de Berenice. Como o único filho renunciou, são chamados à sucessão os netos – incluído o filho do renunciante, uma vez que os netos, nesse caso, são chamados por direito próprio.

Como ato jurídico que é, a validade da renúncia depende da **plena capacidade do renunciante**. Por essa razão, para que o incapaz renuncie a herança, o representante, no caso dos menores de dezesseis anos, absolutamente incapazes (art. 3º do Código Civil), ou o assistente, juntamente com o relativamente incapaz (art. 4º), deverão pedir autorização judicial para a prática do ato, devendo ser ouvido o Ministério Público (art. 178, II, do CPC/2015).

Por fim, tema da maior importância prática é o da **necessidade ou não da autorização do cônjuge**, também denominada, frequentemente, *outorga conjugal*, para que o **sucessor casado possa validamente renunciar à herança**.

Inicialmente, é necessário lembrar que o art. 1.647 do Código Civil de 2002 é o dispositivo legal que trata dos atos para os quais se exige a autorização (outorga). Conforme tal preceito:

> Art. 1.647. Ressalvado o disposto no art. 1.648, nenhum dos cônjuges pode, sem autorização do outro, exceto no regime da separação absoluta:
>
> I – alienar ou gravar de ônus real os bens imóveis;
>
> II – pleitear, como autor ou réu, acerca desses bens ou direitos;
>
> III – prestar fiança ou aval;
>
> IV – fazer doação, não sendo remuneratória, de bens comuns, ou dos que possam integrar futura meação.

Como se vê, apenas no caso do regime da separação convencional – também chamada de *total* ou *absoluta* – é que não se exige a autorização, para os atos de que trata o art. 1.647.

Em um primeiro momento, parece não ser necessária a outorga conjugal para a renúncia da herança. Isso porque tal ato não consta no rol taxativo do art. 1.647.

Não obstante, não podemos nos esquecer de que o objeto do ato de renúncia é o direito à sucessão aberta, o qual, conforme o art. 80, II, do Código Civil, considera-se, para efeitos legais, um **bem imóvel**.

Ademais, é necessário lembrar que, de acordo com o art. 1.784 do Código, a herança transmite-se aos sucessores do falecido no exato momento da abertura da sucessão – lei, princípio ou *droit* de *saisine*.

Logo, não se pode negar que o ato de renúncia implica uma **alienação**, uma vez que o que fora por lei atribuído ao renunciante deixará de a ele pertencer.

E, tendo tal alienação por objeto um bem imóvel – o direito à sucessão aberta –, inescapável a conclusão no sentido de ser necessária a autorização do cônjuge, por aplicação do art. 1.647, I, salvo se o regime de bens do casamento for o da separação convencional.

A despeito de a resposta ser inquestionável, ante o Direito posto, já havia dúvida na vigência do Código de 1916.[36] Perdeu o Código de 2002 a oportunidade de ter aclarado o assunto, incluindo a hipótese *explicitamente* no rol do art. 1.647.

---

[36] O art. 44, III, do Código de 1916 considerava imóvel, para os efeitos legais, o direito à sucessão aberta, e o art. 235, I, exigia o consentimento da mulher para que o marido pudesse alienar bens imóveis.

Embora não esteja explícita no Código Civil, tal exigência consta na disciplina administrativa do procedimento do inventário extrajudicial (Resolução 35, de 24/4/2007, do CNJ):

Art. 17. Os cônjuges dos herdeiros deverão comparecer ao ato de lavratura da escritura pública de inventário e partilha quando houver renúncia ou algum tipo de partilha que importe em transmissão, exceto se o casamento se der sob o regime da separação absoluta.

Acesse o QR Code e assista ao vídeo:
Precisa de autorização do cônjuge para que o sucessor casado possa validamente renunciar à herança?

> https://uqr.to/1g52x

3.3 Títulos sucessórios diversos

Pode ser que a mesma pessoa seja chamada à sucessão por títulos sucessórios diferentes.

Se uma mesma pessoa for chamada à sucessão **a título universal** e **a título singular**, caso em que será herdeiro e legatário, pode aceitar a herança e renunciar o legado, bem como renunciar a herança e aceitar o legado (art. 1.808, § 1º). Obviamente que também pode aceitar ou renunciar ambos.

Essa hipótese poderia ocorrer, por exemplo, se César, sem herdeiros necessários, deixasse 30% de sua herança para Clóvis, e ainda lhe legasse a Fazenda do Moinho, caso em que Clóvis poderia aceitar ou renunciar a herança e aceitar ou renunciar o legado.

É possível, também, que a mesma pessoa seja chamada à sucessão **legítima** e **testamentária** do mesmo sucedendo, caso em que terá direito a dois quinhões da herança. Se isso ocorrer, pode o herdeiro aceitar ou renunciar ambos os quinhões, ou aceitar um e renunciar o outro, como lhe aprouver (art. 1.808, § 2º).

Um exemplo seria o de Silvio, herdeiro necessário de Pontes, o qual ainda lhe deixou 25% da parte disponível de seu patrimônio em testamento. Nessa hipótese, Silvio pode aceitar ou renunciar a herança legítima e aceitar ou renunciar a herança testamentária.

3.4 Capacidade para aceitar e renunciar e autorização do cônjuge

Vez que a lei não estabelece capacidade especial para a aceitação ou renúncia da herança, exige-se a **capacidade de fato** para a prática por si dos atos da vida civil de que tratam os arts. 2º a 5º do Código Civil.

Destarte, considera-se **nula** a aceitação ou renúncia praticada por **incapaz** (art. 166, I), e **anulável** a realizada por **relativamente incapaz** sem assistência (art. 171, I).

Cumpre destacar que, até a entrada em vigor do Estatuto da Mulher Casada – Lei 4.121/62 –, exigia-se a **outorga marital** para que a mulher pudesse renunciar a herança, e mesmo para que a aceitasse (antigo inciso IV do art. 242 do Código de 1916, revogado pelo referido Estatuto).

O Código Civil de 2002 não exige a outorga nem do marido nem da mulher para a **aceitação**. Todavia, quanto à renúncia, cabe lembrar a advertência de Beviláqua: a renúncia à herança importa sempre uma alienação.[37] E, como o leitor sabe, o direito à sucessão aberta

---

[37] BEVILÁQUA, Clóvis. *Direito das sucessões,* cit., p. 48.

se considera **bem imóvel** (art. 80, II). Ocorre que o art. 1.647, I, do Código exige a outorga do cônjuge para a alienação dos imóveis, salvo se o regime de bens do casamento for o da separação voluntária de bens. Destarte, há de se concluir pela necessidade da outorga em caso de renúncia,[38] conforme explicamos anteriormente, ao tratar da renúncia.

4. CESSÃO DO DIREITO À SUCESSÃO ABERTA

Como vimos, no nosso Direito a herança se transmite e se adquire pelo herdeiro no exato momento da morte, em que a sucessão se abre – princípio da *saisine* (art. 1.784). Com isso, o direito sucessório – direito eventual – transmuda-se em **direito à sucessão** aberta, direito adquirido.

Logo, admite-se a **cessão do direito à sucessão aberta**, ato para o qual a lei exige a forma de **escritura pública** (art. 1.793). Faz sentido a exigência, ao se lembrar que o direito à sucessão aberta se considera um bem imóvel para os efeitos legais (art. 80, II).

Impende destacar que, por se tratar de ato de disposição de bem imóvel, exige-se, se o cedente for casado, a **outorga do cônjuge**, salvo se o regime de bens do casamento for o da separação convencional (art. 1.647, I).

Admite-se tanto a **cessão a título oneroso**, caso em que equivale a uma compra e venda, quanto a **cessão a título gratuito**, caso em que equivale a uma doação.[39]

Não obstante, vale lembrar que a herança se transmite como um **todo unitário**, uma **universalidade** (art. 1.791), razão pela qual, sendo vários os sucessores, instaurar-se-á um **condomínio** sobre o acervo.

Por essa razão, considera-se, a princípio, **ineficaz** a cessão, pelo coerdeiro, de seu direito sobre certo bem da herança singularmente considerado (art. 1.793, § 2º). Entretanto, se o bem vier a ser atribuído ao herdeiro cedente na partilha, não há por que não se admitir a **eficácia** da cessão. O tema, porém, é controvertido. Mas veja-se que, nessa hipótese, o bem permanece no acervo, e o cessionário, caso venha a adquirir direito sobre ele – pois, propriamente, há, aqui, cessão sob condição suspensiva –, somente o poderia reclamar depois de ultimada a partilha, tendo a coisa sido atribuída ao cedente.

Impende destacar que cessão do direito à sucessão aberta tem a natureza de um **negócio aleatório**, razão pela qual o cessionário assume o risco de receber – ou não – o que, após o inventário e a partilha, vier a ser atribuído ao cedente.

Ainda na hipótese da pluralidade de sucessores, justamente por se tratar de condomínio, concede-se aos coerdeiros o **direito de preferência** sobre o quinhão do herdeiro cedente, com relação a pessoas estranhas que a queiram receber, desde que ofereça a mesma contraprestação, em igualdade de condições (art. 1.794).

Caso o cedente deixe de comunicar aos coerdeiros a cessão, o que quiser exercer o direito de preferência pode, depositando o preço, reclamar o quinhão cedido ao estranho, desde que o faça no **prazo decadencial** de cento e oitenta dias, contado da data da cessão (art. 1.795).

Se mais de um herdeiro quiser exercer a preferência, será o quinhão do cedente entre eles repartido, na proporção de seus respectivos quinhões (art. 1.795, parágrafo único).

Considera-se também **ineficaz** o ato de alienação de bem integrante do acervo hereditário, enquanto durar o condomínio, a não ser com prévia autorização do juiz da sucessão

---

[38] Essa é também a opinião de Silvio Rodrigues (*Direito das sucessões*, cit., p. 34).
[39] CARVALHO, Luiz Paulo Vieira. *Direito das sucessões*. 2. ed. São Paulo: Atlas, 2015. p. 148.

(art. 1.793, § 3º). Isso porque, antes da partilha, não tem o herdeiro o direito de propriedade sobre bem específico da herança, senão uma fração ideal da universalidade. Destarte, cuida-se de alienação *a non domino*. Veja-se que a hipótese não se confunde com a da cessão do direito hereditário sobre um bem específico, que comentamos anteriormente. Havendo a alienação do bem do acervo, este deixaria de integrá-lo, podendo o adquirente desde logo exigi-lo, não havendo, no negócio, caráter aleatório. Todavia, o adquirente não terá direito algum, em virtude da ineficácia da alienação por quem não é dono.

Nada impede, contudo, que, havendo **utilidade e interesse** na alienação para os herdeiros em conjunto, o juiz autorize o ato de disposição, caso em que o negócio será eficaz.

Por fim, o Código esclarece que, caso haja acréscimo ao quinhão do herdeiro cedente, em virtude do direito de acrescer – o qual estudaremos no capítulo sobre a sucessão testamentária –, tal acréscimo se presume não abrangido na cessão feita anteriormente (art. 1.793, § 1º). O que não obsta, no entanto, a que o cedente inclua na cessão cláusula expressa em sentido contrário.

5. HERANÇA JACENTE

Até agora, trabalhamos sempre com a presunção de que, aberta a sucessão, **haveria sucessores** do autor da herança. Ocorre que isso nem sempre será a realidade. Por vezes, aberta a sucessão, não se tem notícia de nenhum sucessor, nem se descobre testamento. Nenhum herdeiro se apresenta como tal.

Se essa hipótese ocorrer, a herança será dita **jacente**. A ideia é a de que a herança que não foi reclamada, ou a que todos os herdeiros conhecidos renunciaram, "jaz sem dono".

Tão logo se constate que a herança é jacente, o juiz da comarca do domicílio do autor da herança deverá proceder, imediatamente, à **arrecadação** de todos os seus bens (art. 738 do Código de Processo Civil de 2015). Será nomeado um **curador** para guardar e administrar os bens até a sua entrega a um sucessor devidamente habilitado, ou até que se declare a **vacância** da herança (art. 1.819 do Código Civil e art. 739 do CPC/2015).

Com relação ao **passivo da herança**, ou seja, às dívidas deixadas pelo morto, cumpre destacar que poderão os credores pedir seu pagamento, o qual ocorrerá dentro das forças da herança (art. 1.821), desde que se trate de débitos reconhecidos.

Ultimada a arrecadação, o art. 741 do CPC/2015 determina que o juiz mande expedir **edital**, que será publicado na rede mundial de computadores, no portal do Tribunal a que estiver vinculado o juízo, bem como na plataforma de editais do Conselho Nacional de Justiça, onde permanecerá por três meses, ou, caso o Tribunal não tenha portal na internet, no órgão oficial e na imprensa da comarca, por três vezes com intervalo de um mês, convocando para a **habilitação** os sucessores do autor da herança, a qual deverá ser feita no prazo de seis meses contados da primeira publicação.

Descobrindo-se a existência de sucessor ou de testamenteiro em lugar certo, deverá se proceder à sua **citação**, sem prejuízo do edital (art. 741, § 1º, do CPC/2015).

Caso se apresente algum sucessor, espontaneamente ou em razão da citação, deverá ser aberto **procedimento de habilitação** (arts. 687 a 692 do CPC/2015).

Julgada a habilitação do herdeiro, ou reconhecida a qualidade do testamenteiro, a arrecadação será convertida em **inventário** (art. 741, § 3º, do CPC/2015).

Por outro lado, se, decorrido um ano da primeira publicação, nenhum sucessor houver se habilitado, nem houver habilitação pendente, será declarada a **vacância** da herança, que se tornará, então, **vacante** (art. 1.820 do Código Civil e art. 743 do CPC/2015). Herança vacante é aquela cujos bens estão **vagos**, pois não há sucessores.

Por definição, se todos os sucessores fossem conhecidos, porém renunciassem à herança, esta seria considerada **jacente**. Todavia, considerando desnecessário o procedimento de publicação de edital nesse caso, o art. 1.823 do Código Civil, inovando na matéria, determina que a herança será declarada desde logo **vacante**.

Decorridos **cinco anos da abertura da sucessão**, os bens que compõem a herança vacante se incorporam ao **domínio do Município ou do Distrito Federal**, se estiverem localizados nas respectivas circunscrições, e, se localizados em território federal, ao domínio da União (art. 1.822, segunda parte). Cabe lembrar que não há no Brasil, atualmente, territórios federais.

No entanto, entre o trânsito em julgado da sentença que declarou a vacância e a incorporação da herança ao patrimônio público, os **herdeiros necessários** ainda podem se habilitar na sucessão (art. 1.822, primeira parte), e os credores ainda podem reclamar pagamento, porém, tanto este quanto aqueles somente podem reclamar seus direitos por meio de ação própria (art. 743, § 2º, do CPC/2015). Os colaterais, por sua vez, ficam excluídos da sucessão (art. 1.822, parágrafo único).

6. PETIÇÃO DE HERANÇA

A abertura da sucessão implica a transferência da propriedade e da posse da herança aos herdeiros do falecido. No entanto, pode ser que, em razão do **esquecimento** ou do **desconhecimento** da existência de um herdeiro, outro sucessor assuma a posse direta da herança, acreditando ter também a posse indireta e a propriedade.

Isso pode ocorrer, por exemplo, se um filho não sabia da existência de um irmão, ou se o cônjuge havia se esquecido da existência de um filho do *de cujus* que há muitíssimo tempo não dava notícias. Nesses casos, o filho assumiria a posse de todos os bens quando, na verdade, somente lhe caberia a metade deles, e o cônjuge assumiria a posse dos bens que, em razão da ordem de vocação hereditária, não lhe caberiam.

Se isso ocorrer, o herdeiro deixado de fora da sucessão pode, em **ação de petição de herança**, demandar o reconhecimento do seu direito sucessório, nos termos do art. 1.824, para, então, obter a restituição da herança ou da parte dela, que lhe cabe, de quem a possua. Ou seja, o pedido principal da ação é a **declaração** da condição de herdeiro, cuja procedência implica o direito à posse e propriedade da herança.

É bastante comum que a ação de petição de herança seja ajuizada cumulada com **ação declaratória de parentesco** ou de **filiação** (ação de investigação de paternidade), caso em que o direito sucessório do autor somente poderá ser declarado se, antes, seu estado de parentesco ou de filiação for reconhecido.

Ainda que a ação seja ajuizada por um herdeiro apenas, poderá ter por objeto todos os bens hereditários (art. 1.825).

Reconhecido o direito sucessório do autor, o possuidor da herança será condenado a entregar a ele os bens hereditários a que tem direito (art. 1.826, primeira parte).

Consectário do reconhecimento do direito sucessório do autor é o reconhecimento da condição de **herdeiro aparente** do réu, na qual este poderá se encontrar **de boa-fé** ou **de má-fé**. Sua responsabilidade com relação aos bens que representam o direito do autor será determinada de acordo com a boa ou má-fé (art. 1.826, segunda parte), sendo certo que, em qualquer caso, a sua situação será considerada de má-fé e de mora **a partir da citação** (art. 1.826, parágrafo único).

Se o herdeiro aparente houver de boa-fé dado um **legado** a quem o reclamou, não se considera obrigado a ressarcir ao verdadeiro sucessor o equivalente (valor em dinheiro do legado), o que em nada interfere no direito deste de **reivindicar** a coisa de quem a recebeu (art. 1.828) – o qual decorre do seu direito de propriedade reconhecido.

Também em decorrência do seu direito reconhecido de propriedade, pode o autor da ação de petição de herança demandar os bens que lhe cabem de **terceiros** que os detenham, o que não afeta a responsabilidade do herdeiro aparente que os alienou, pelo valor da alienação (art. 1.827). Não obstante, a lei considera **eficaz** a alienação feita a título oneroso a terceiro de boa-fé (art. 1.827, parágrafo único), caso em que restará ao verdadeiro sucessor o direito de demandar do alienante o preço por este obtido pelo bem.

Por fim, impende destacar que, em razão de o reconhecimento do direito sucessório importar um **direito patrimonial**, a pretensão do seu exercício se sujeita a ser encoberta pela **prescrição**. Vez que a lei não estipula prazo específico, aplica-se o prazo geral de **dez anos**, do art. 205 do Código.

No STJ, havia entendimento da 3ª Turma no sentido de que, se, para reconhecer o direito sucessório, houvesse necessidade de investigação a respeito da filiação, o termo inicial do prazo decenal previsto no art. 205 não seria a data da abertura da sucessão, mas a data do trânsito em julgado da ação de investigação de paternidade.[40] Tal entendimento, todavia, foi superado em 2022 pela 2ª Seção, que entendeu que a ausência de prévia propositura da ação de investigação de paternidade – imprescritível –, e do respectivo julgamento definitivo, não constitui obstáculo para o início do fluxo do prazo.[41]

---

[40] "A pretensão dos efeitos sucessórios por herdeiro desconhecido é prescritível (art. 205 do CC/2002). 3. O termo inicial para o ajuizamento da ação de petição de herança é a data do trânsito em julgado da ação de investigação de paternidade, à luz da teoria da actio nata. 4. Recurso especial provido" (STJ, REsp: 1762852 SP 2018/0221264-4, relator: Min. Ricado Villas Bôas Cueva, data do julgamento: 18/5/2021, 3ª Turma, data da publicação: *data da publicação:* 25/5/2021).

[41] O número do julgado não foi disponibilizado pelo STJ, em razão de segredo de justiça. A notícia, todavia, foi disponibilizada no portal do STJ, em 23/11/2022, e pode ser acessada por meio do *link*: <https://www.stj.jus.br/sites/portalp/Paginas/Comunicacao/Noticias/2022/23112022-Prescricao-de-peticao-de-heranca-comeca-a-correr-mesmo-sem-previa-investigacao-de-paternidade.aspx>.

Quadro Esquemático 2

Abertura da sucessão

- **Natureza jurídica** → fato jurídico natural
- **Consequências** → a principal é a aquisição completa do direito sucessório. Gera também o efeito de determinar a lei que regulará a sucessão (será a lei vigente àquele tempo)
- **Transmissão da herança**
  - ato por meio do qual o patrimônio se destaca da esfera jurídica do sucedendo e se incorpora à esfera jurídica dos sucessores, automaticamente
  - contemporaneidade dos eventos: morte – abertura da sucessão – aquisição completa do direito sucessório – transmissão da herança – aquisição da herança
  - pressupostos
    - morte do sucedendo
    - sobrevivência do sucessor
  - na hipótese de comoriência (mortes simultâneas), caberá à lei deferir a herança aos herdeiros legítimos do sucedendo, conforme a ordem de vocação hereditária
  - capacidade de suceder → elementos
    - existência da pessoa no momento da abertura
    - direito sucessório eventual (por testamento ou por lei)
  - * Importante → Para fins de apuração da capacidade de suceder, o Código Civil (art. 1.798) considera existentes as pessoas nascidas ou concebidas no momento da abertura da sucessão
  - importa transmissão da posse da herança e não apenas da propriedade
- **Lugar da abertura da sucessão**
  - último domicílio do morto
  - determina a competência territorial para o processamento do inventário, e da partilha, bem como para a arrecadação e cumprimento de disposições de última vontade e demais ações em face do espólio
  - se o falecido tinha mais de um domicílio, a sucessão será aberta naquele em que primeiro for requerida a abertura do inventário
  - se o morto não tinha domicílio certo, nem lugar de trabalho definitivo, a competência para o inventário é do juízo do lugar da situação dos bens do morto; caso os bens se encontrem em lugares diferentes, em qualquer destes; ou se não houver bens imóveis, o foro de qualquer dos bens do espólio (art. 48, parágrafo único, CPC/2015)
- **Aceitação**
  - aos herdeiros, concede-se a possibilidade de aceitar ou renunciar à herança
  - eficácia retroativa → confirma a aquisição
  - natureza → ato jurídico voluntário, unilateral, puro e simples e irrevogável
  - pode ser expressa ou tácita
- **Renúncia**
  - proíbe-se o pacto sucessório renunciativo
  - aberta a sucessão, pode o herdeiro aceitar a herança ou renunciá-la
  - natureza → ato jurídico voluntário, puro e simples e irrevogável
  - ato solene → deve ser feita mediante instrumento público ou termo judicial, sob pena de nulidade
  - eficácia retroativa
- **Títulos sucessórios diversos**
  - se uma mesma pessoa for chamada à sucessão a título universal e a título singular, pode aceitar a herança e renunciar o legado ou vice-versa
  - se uma pessoa for chamada à sucessão legítima e testamentária, terá direito a dois quinhões, podendo aceitar ou renunciar ambos, ou aceitar um e renunciar outro

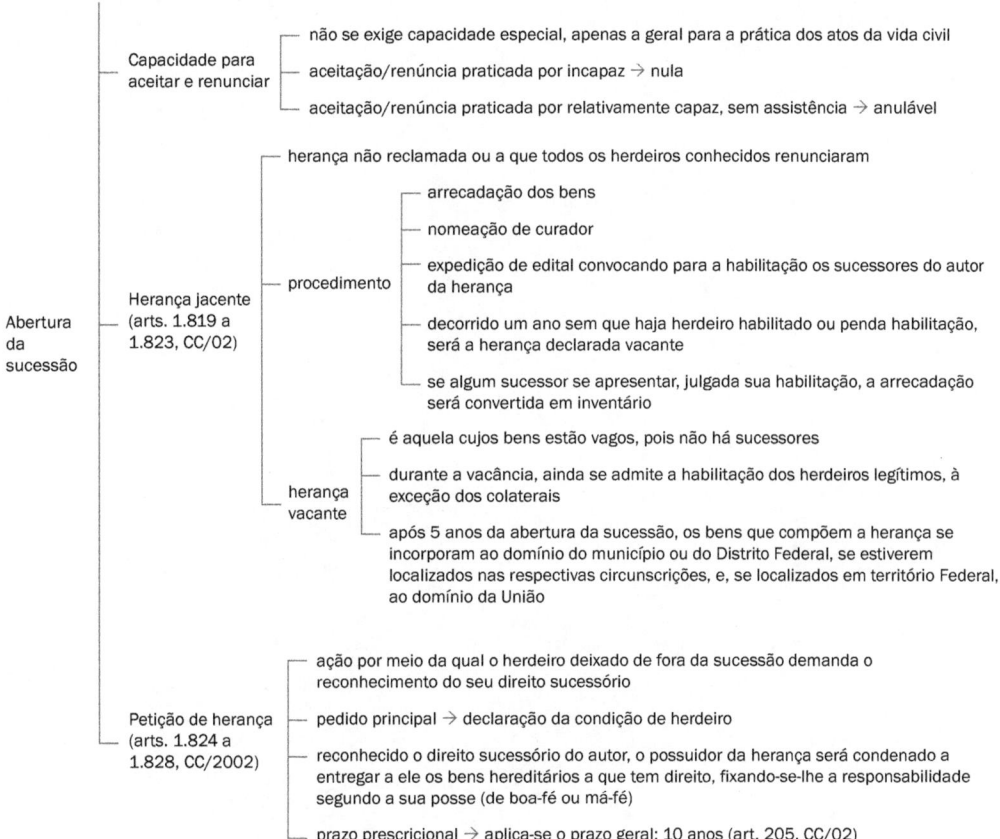

3

Sucessão Legítima
(arts. 1.790, 1.814 a 1.818 e 1.829 a 1.856)

Ocorre a sucessão legítima quando é a própria **lei** que institui os sucessores. Chama-se também de **sucessão *ab intestato***, porquanto, no Direito Romano, tinha lugar quando o sucedendo morria *ab intestato*, ou seja, sem deixar testamento – intestado. No nosso Direito atual, todavia, apesar de se usar a expressão *ab intestato*, a sucessão legítima pode ocorrer ao lado da sucessão testamentária, se o testador tiver **herdeiros necessários** (descendentes, ascendentes e cônjuge – ou **companheiro**[42] –, nos termos do art. 1.845).

1. HERDEIROS NECESSÁRIOS

No Direito pátrio, são herdeiros necessários os **descendentes**, os **ascendentes** e o **cônjuge** – ou **companheiro**[43] – (art. 1.845). A eles se atribui, de pleno direito, a **metade** dos bens do acervo hereditário, a qual é chamada de **legítima** (art. 1.846). Com relação à outra metade da herança pode o sucedendo dispor em testamento como lhe aprouver.

A lei determina o modo de se calcular a legítima. Deve-se **liquidar** a herança, ou seja, **apurar os bens existentes** à época da abertura da sucessão, **pagar as dívidas** deixadas pelo *de cujus*, descontar as **despesas do funeral** e adicionar, em seguida, o valor dos bens sujeitos à **colação** (art. 1.847). Estão sujeitos à colação os bens que os descendentes houverem **recebido do autor da herança** em vida (art. 2.002). O tema da colação será devidamente estudado no Capítulo 5 – Inventário e partilha.

Permite o Código que o testador grave a legítima com cláusula de inalienabilidade, impenhorabilidade e incomunicabilidade, desde que indique no testamento justa causa para tanto (art. 1.848, *caput*). Não obstante, por meio de autorização judicial, admite a alienação dos bens gravados, caso em que o produto decorrente da alienação se sub-rogará nos ônus antes impostos aos bens alienados (art. 1.848, § 2º).

---

[42] Por interpretação sistemática e teleológica da tese fixada pelo STF em 10 de maio de 2018, por ocasião do julgamento do RE 878.694/MG e do RE 646.721/RS: "É inconstitucional a distinção de regimes sucessórios entre cônjuges e companheiros prevista no art. 1.790 do CC/2002, devendo ser aplicado, tanto nas hipóteses de casamento quanto nas de união estável, o regime do art. 1.829 do CC/2002".

[43] Mais uma vez: por interpretação sistemática e teleológica da tese fixada pelo STF em 10 de maio de 2018, por ocasião do julgamento do RE 878.694/MG e do RE 646.721/RS: "É inconstitucional a distinção de regimes sucessórios entre cônjuges e companheiros prevista no art. 1.790 do CC/2002, devendo ser aplicado, tanto nas hipóteses de casamento quanto nas de união estável, o regime do art. 1.829 do CC/2002".

Não se admite, por sua vez, que determine o testador a conversão dos bens da legítima em bens de espécie diversa (art. 1.848, § 1º).

É importante frisar que o herdeiro necessário não perde seu direito à legítima pelo fato de ser nomeado herdeiro testamentário ou legatário (art. 1.849).

2. HERDEIROS LEGÍTIMOS

Além dos **herdeiros necessários** (descendentes, ascendentes e cônjuge – ou companheiro[44]), são também **herdeiros legítimos** os **colaterais até o quarto grau**.

Considerando-se que, por definição, herdeiros legítimos são aqueles a quem a lei atribui o direito sucessório, pode ser que o leitor se questione: como se dará a sucessão, vez que o falecido deixa, em geral, diversos herdeiros legítimos? A resposta a essa indagação o leitor encontrará adiante, no tema da ordem de vocação hereditária. Antes, porém, cumpre estudar dois importantes temas acerca da sucessão legítima, sem os quais os demais não são compreendidos: a sucessão por cabeça e a sucessão por estirpe, e os direitos de transmissão e de representação.

3. SUCESSÃO POR CABEÇA E POR ESTIRPE

Na sucessão legítima, os herdeiros são divididos em **classes**, que correspondem ao **vínculo de parentesco** com o autor da herança. Destarte, fala-se em **classe dos descendentes** – em que se encontram os filhos, netos etc. –; **classe dos ascendentes** – em que figuram os pais, avós etc. –; e **classe dos colaterais** – composta pelos irmãos, primos, tios, sobrinhos etc.

Dentro de cada classe, observam-se, ainda, os **graus de parentesco**. Logo, na classe dos descendentes, os filhos ocupam o **primeiro grau**, os netos ocupam o **segundo** e assim sucessivamente.

A lei chama à sucessão, abstratamente, as **classes de herdeiros**, uma de cada vez, como veremos ao estudar a **ordem de vocação hereditária**. E, considerando que pode haver, na mesma classe, herdeiros de graus diferentes, estabelece a **preferência de grau**. No nosso Direito atual, o grau **mais próximo** sempre exclui o **mais remoto**.

3.1 Sucessão por cabeça

Chamada à sucessão uma determinada classe, herdarão os sucessores do grau mais próximo, e a herança será dividida **igualmente** entre cada um. A essa divisão se dá o nome de

---

[44] Por interpretação sistemática do entendimento do STF no RE 878.694/MG, ao qual se atribuiu repercussão geral.

sucessão por cabeça, ou *per capita*. Por exemplo, se são chamados os colaterais, e se verifica a existência de três irmãos (parentes de segundo grau), a herança será dividida por três.

SUCESSÃO POR CABEÇA
herdeiros da mesma classe – do mesmo grau – divisão por cabeça

3.2 Sucessão por estirpe

Há casos, todavia, em que, após receber a transmissão da herança, o sucessor morre e transmite seu direito a seus sucessores, de modo que serão chamados à primeira sucessão herdeiros de **classes diferentes**, ou de **graus diferentes**, na mesma classe.

Em outros casos, excepcionalmente, na falta de um dos herdeiros do grau chamado à sucessão, seja por **morte** ou por **exclusão da sucessão**, admite-se a sucessão de seus sucessores. Logo, serão chamados à sucessão herdeiros de **graus diferentes**.

Essas duas hipóteses serão estudadas na seção a seguir. Aqui, o que importa é que, havendo sucessores de classes diversas ou de graus diversos, o fator de divisão levará em conta apenas os herdeiros do grau chamado à sucessão, incluindo aquele que transmitiu o direito sucessório a seus próprios sucessores, ou cujos descendentes herdarão em seu lugar. Para visualizar essa situação, o leitor deve imaginar que a herança será dividida entre os **ramos** que partem do autor da herança na árvore genealógica, e não entre o total de herdeiros. Diz-se, então, que a sucessão se dá **por estirpe**, ou *in stirpes*. Os herdeiros que herdam por estirpe dividem entre si aquilo que couber a seu ramo.

SUCESSÃO POR ESTIRPE
herdeiros da mesma classe – de graus diferentes – divisão por estirpe
OU
herdeiros de classes diferentes – divisão por estirpe

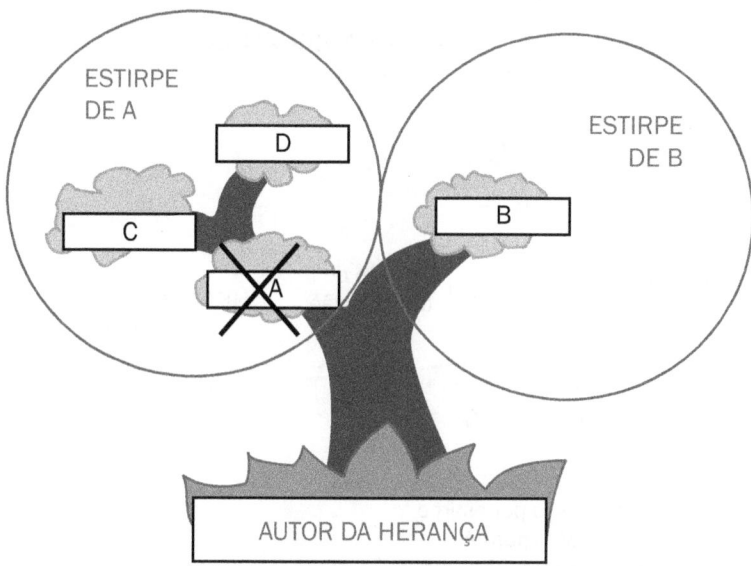

No esquema, foram chamados à sucessão de Y – autor da herança – seu filho vivo, B – descendente de primeiro grau –, e seus netos C e D – descendentes de segundo grau –, filhos de A, premorto. Aqui, o fator de divisão da herança será dois, considerando os dois filhos do sucedendo,

A e B (ou os dois ramos que partem de Y). Por conseguinte, a estirpe de B – em que há um único herdeiro – receberá metade da herança, e B terá herdado por cabeça, porquanto foi incluído no fator de divisão. C e D, por sua vez, receberão a metade da herança atribuída à estirpe de A. Considerando-se que são dois filhos, conclui-se que cada um herdará a metade da metade da herança, ou seja, um quarto. C e D terão herdado por direito alheio (de A), e por estirpe.

4. DIREITO DE TRANSMISSÃO E DIREITO DE REPRESENTAÇÃO

Sabemos que a herança se transfere aos herdeiros no exato momento da morte, em que se considera aberta a sucessão. Não obstante, naquele momento é possível que não se tenha ideia da identidade dos herdeiros, nem dos bens do patrimônio deixado, razão pela qual tem lugar o procedimento do **inventário**, para posterior **partilha** do acervo.

4.1 Direito de transmissão

Pode ocorrer de um herdeiro vir a falecer no espaço de tempo entre a abertura da sucessão e a partilha. Nesse caso, o herdeiro terá recebido a herança, vez que esta lhe foi transmitida antes de sua morte, embora antes de os bens serem partilhados. Se isso ocorrer, o quinhão da herança que cabia ao herdeiro que morreu será transmitido aos herdeiros dele, por **direito de transmissão**.

Direito de transmissão, por conseguinte, é o *direito dos sucessores de um herdeiro morto após a abertura da sucessão de receber aquilo que a ele caberia*.

Veja-se que a transmissão aproveita a todos e quaisquer herdeiros do sucessor transmitente, inclusive seus credores,[45] conforme as disposições dos arts. 1.807 e 1.813, acerca da aceitação ou renúncia da herança.

Por exemplo, imaginemos que Augusto tinha dois filhos, Clóvis e Manuel. Morto Augusto, a herança foi devolvida a Clóvis e Manuel. Em seguida, Clóvis morreu. Nesse caso, o quinhão que cabia a Clóvis – metade da herança – será deferido a seus herdeiros, os filhos Caio e Silvio, que herdaram **por direito de transmissão** e **por estirpe**, 25% cada. Manuel, por sua vez, herdou 50% da herança, **por direito próprio** e **por cabeça**.

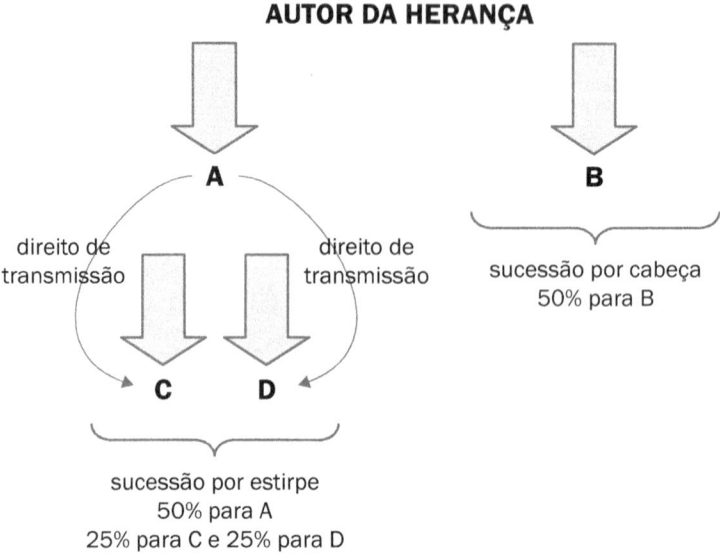

---

[45] ROCHA, Manuel Antônio Coelho da. *Instituições de direito civil português*. Coimbra: Imprensa da Universidade, 1852. t. I. p. 230.

Como se depreende do esquema, ocorre **direito de transmissão** quando o sucessor originário efetivamente **recebe a herança**, para posteriormente, em razão de sua morte, **transmiti-la** a seus herdeiros. O direito de transmissão se origina do fato de que o sucessor originário morreu somente **após** a abertura da sucessão. Veja-se, ademais, que quem herda por direito de transmissão sempre herda **por estirpe**, ou seja, não é considerado no cálculo do fator de divisão da herança, que no exemplo é dois (levam-se em conta A e B, descendentes de primeiro grau do autor da herança).

4.2 Direito de representação

Pode também ocorrer de uma pessoa que seria chamada à sucessão morrer **antes** de esta ser aberta, ou de morrer simultaneamente ao autor da herança, ou ser **excluída** da sucessão, o que produzirá o efeito de se considerá-la premorta (art. 1.816 do Código).[46] Nesses casos, se a pessoa premorta, morta simultaneamente ou excluída se encontrar na classe dos ascendentes, ou se for o cônjuge ou companheiro, seu direito sucessório se extinguirá prematuramente. Por outro lado, se a pessoa se encontrar na classe dos descendentes ou dos colaterais, a lei porá a salvo seu direito sucessório. Se o sucessor premorto, morto simultaneamente ou excluído era **descendente** ou **irmão** do autor da herança, e **deixou descendentes próprios** – necessariamente filhos, em se tratando de irmão (art. 1.840, segunda parte) –, estes serão chamados a **representá-lo** na sucessão. As pessoas chamadas à sucessão representando o sucessor premorto, morto simultaneamente ou excluído herdam por **direito de representação**.

Direito de representação, portanto, é o *direito dos descendentes de descendentes e dos filhos de irmãos do autor da herança de representar, na sucessão, o sucessor premorto à sua abertura, morto simultaneamente ao autor da herança, ou excluído da sucessão, em todos os direitos em que o representado sucederia* (art. 1.851).

Frise-se: no nosso Direito, apenas os **descendentes de descendentes** (art. 1.833 e art. 1.852, primeira parte) e os **filhos de irmãos** (art. 1.840, segunda parte, e art. 1.853) têm direito de representação. Na linha ascendente não há direito de representação (art. 1.852, segunda parte).

Conforme asseverado, os que herdam por representação têm direito apenas àquilo que caberia ao sucessor representado (art. 1.854), que será entre eles repartido (art. 1.855). Ou seja, os representantes sucedem o autor da herança **por estirpe**, e não por cabeça.

Frise-se que somente o **herdeiro premorto – ou morto simultaneamente ao autor da herança** – (art. 1.851) e o **herdeiro excluído** (art. 1.816) podem ser representados; o **herdeiro renunciante**, *não*. Logo, não há direito de representação para os descendentes do renunciante (art. 1.811, primeira parte).

Nada impede, todavia, a sucessão dos descendentes do renunciante, mas por **direito próprio**, na hipótese de o renunciante ser o único herdeiro do grau chamado à sucessão, ou de todos os herdeiros daquele grau renunciarem, caso em que a herança se defere ao próximo grau na classe (art. 1.810, parte final, e art. 1.811, segunda parte).

Ademais, a lei expressamente permite que o renunciante à sucessão de uma pessoa a represente na sucessão de outra (art. 1.856). Ou seja, o filho que renunciou à sucessão do pai pode, não obstante, representá-lo na sucessão do avô, se quiser.

---

[46] Estudaremos o tema da exclusão na seção deste capítulo acerca da indignidade do sucessor.

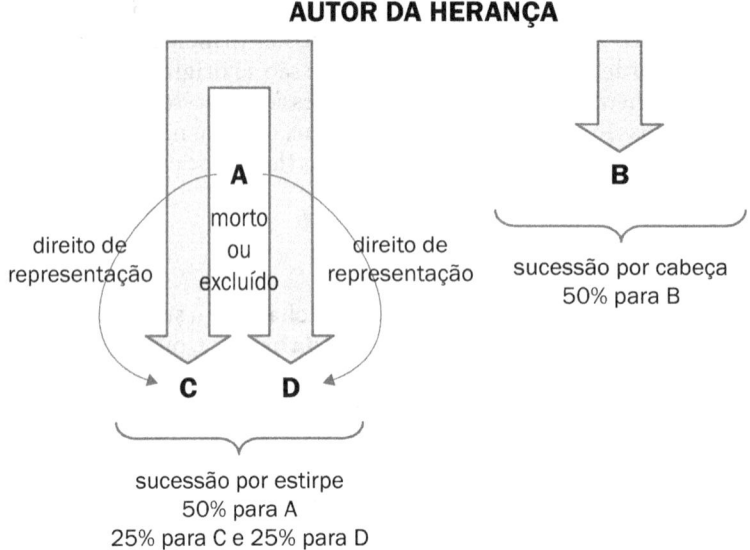

Examinando o esquema, o leitor percebe que o **direito de representação** tem lugar quando o sucessor que seria chamado à sucessão, por ter morrido **antes** de sua abertura, ou concomitantemente a ela, ou por ter sido dela **excluído**, é representado por seus herdeiros, que recebem a herança diretamente do seu **autor**.[47] Note-se que quando há direito de representação também se sucede sempre **por estirpe**, vez que os herdeiros representantes não são considerados no cálculo do fator de divisão, o qual, no exemplo, é dois (levam-se em conta A e B, descendentes de primeiro grau, ou seja, os dois ramos que partem do autor da herança).

Com essa simplicidade o direito de representação foi delineado pela nossa doutrina clássica.[48] No entanto, desde que CARLOS MAXIMILIANO publicou o seu *Direito das sucessões*, alguns civilistas passaram a repetir o que aquele jurista chamou de "requisitos do direito de representação", que seriam: ter o representado falecido antes do autor da herança, exceto em caso de indignidade; ser o representante descendente do representado; ter o representante, quando da abertura da sucessão, legitimidade para herdar do representado; não haver solução de continuidade nos graus.[49] Tais requisitos se depreendem da nossa exposição da matéria. Não obstante, considerando que o leitor poderá se deparar com essa enumeração em seus estudos, teceremos breves comentários sobre ela.

Sobre o primeiro requisito – ter o sucessor representado morrido antes do autor da herança – nada mais é necessário esclarecer. Todavia, cumpre frisar que a morte anterior à abertura da sucessão é justamente o traço distintivo entre o direito de representação e o direito de transmissão.

---

[47] Um dos efeitos da exclusão, como se vê, é que o herdeiro excluído é considerado como tendo morrido antes da abertura da sucessão (art. 1.816).

[48] PINTO, Antônio Joaquim Gouveia. *Tratado dos testamentos e sucessões*. Adaptado ao Direito brasileiro por Augusto Teixeira de Freitas. Rio de Janeiro: B. L. Garnier, 1881. p. 353-358; OLIVEIRA, Arthur Vasco Itabaiana de. *Tratado*, cit., p. 101-105; BEVILÁQUA, Clóvis. *Direito das sucessões*, cit., p. 108-121; PEREIRA, Caio Mário da Silva. *Instituições*, cit., v. VI, p. 74-81.

[49] RODRIGUES, Silvio. *Direito das sucessões*, cit., p. 88; MONTEIRO, Washington de Barros. *Direito das sucessões*, cit., p. 95; CATEB, Salomão. *Direito das sucessões*, cit., p. 94.

E não se pode perder de vista que o efeito da morte simultânea, ainda que por aplicação da presunção de que trata o art. 8º nos casos de comoriência, é o mesmo efeito da morte anterior.

Quanto ao segundo requisito – ser o representante descendente do representado –, impende destacar que somente têm direito de representação os descendentes de descendentes, infinitamente, e os descendentes de primeiro grau de colaterais de segundo grau, ou seja, os filhos de irmãos do *de cujus*. O leitor deve notar que essa limitação não existe no direito de transmissão, que é de titularidade de qualquer sucessor do herdeiro transmitente.

Pouco há que se comentar sobre a **legitimidade** para suceder exigida do representante quando da abertura da sucessão, vez que no Direito pátrio atual toda pessoa nascida ou ao menos concebida tem abstratamente legitimidade para suceder. Diferentemente do que ocorria no Direito anterior, em que a legitimidade para suceder dos filhos gerava diversos conflitos, em razão da distinção entre filhos legítimos e as diversas categorias de ilegítimos, e ainda entre filhos biológicos e adotados, no Direito de hoje não há mais problemas. Se o filho era ao menos concebido ao tempo da abertura da sucessão, tem ele capacidade de suceder seus parentes. Não é relevante nem mesmo o momento do **reconhecimento da filiação**, porquanto tal reconhecimento sempre produz efeitos retroativos à data da concepção.

Por fim, o que se quer dizer com "não haver solução de continuidade de graus" é que não há direito de representação de pessoa viva (salvo a excluída da sucessão, que o Direito das Sucessões considera morta). Ou seja, um descendente de grau mais remoto não pode saltar um descendente vivo de grau mais próximo para pleitear a herança por representação. Daí por que a **renúncia** da herança não gera o direito de representação para os descendentes do renunciante.[50]

5. ORDEM DE VOCAÇÃO HEREDITÁRIA

Vez que a lei atribui direito sucessório a diversas classes de herdeiros – no nosso Direito, descendentes, ascendentes, colaterais até o quarto grau –, além do cônjuge ou companheiro, é necessário que se estabeleça uma **ordem de preferência** que possa indicar, quando aberta a sucessão, a quem se transmitirá a herança. Essa ordem recebe o nome técnico de **ordem de vocação hereditária**, por se tratar da ordem pela a qual a lei **avoca, chama, convoca** o herdeiro à sucessão. A ordem de vocação hereditária no Direito brasileiro é estabelecida pelo art. 1.829 do Código Civil.

5.1 Primeira ordem de vocação hereditária

Aberta a sucessão, são primeiramente chamados a suceder os **descendentes**. O cônjuge ou companheiro[51] – se houver –, dependendo do regime de bens e do patrimônio deixado, e de o casal não estar separado ao tempo da morte, como veremos a seguir, será chamado a concorrer com os descendentes.

5.1.1 Sucessão dos descendentes

Na classe dos descendentes – a primeira chamada à sucessão – os parentes de **grau mais próximo** excluem os de grau mais remoto, mas se admite o **direito de representação** (art. 1.833).

---

[50] Para concluir pela ausência de representação nos casos de renúncia, no entanto, basta que o leitor se lembre de que somente os herdeiros premortos ou excluídos podem ser representados na sucessão.

[51] Por interpretação sistemática e teleológica da tese fixada pelo STF em 10 de maio de 2018, por ocasião do julgamento do RE 878.694/MG e do RE 646.721/RS: "É inconstitucional a distinção de regimes sucessórios entre cônjuges e companheiros prevista no art. 1.790 do CC/2002, devendo ser aplicado, tanto nas hipóteses de casamento quanto nas união estável, o regime do art. 1.829 do CC/2002".

Isso quer dizer que, havendo filhos e netos, herdam os filhos. Havendo netos e bisnetos, herdam os netos. Se, todavia, um dos descendentes do grau chamado à sucessão tiver morrido antes de sua abertura, ou dela tiver sido excluído, seus descendentes serão chamados a suceder em seu lugar, representando-o. É o que se chama de **direito de representação**, como vimos em seção anterior. Os sucessores chamados à sucessão por direito de representação herdam **por estirpe** (art. 1.835), vez que recebem o quinhão que cabia a seu ascendente.

Imaginemos que o autor da herança, Clóvis, teve três filhos, Berenice, Caio e Manuel. Caio morreu antes do pai, mas deixou três filhos, Orlando, Silvio e Helena. Serão chamados à sucessão de Clóvis os filhos Berenice e Manuel e os netos Orlando, Silvio e Helena. Berenice e Manuel herdarão por direito próprio e por cabeça, fazendo jus, cada um, a um terço da herança. Orlando, Silvio e Helena herdarão por direito de representação e por estirpe, e farão jus ao quinhão que caberia a seu pai; logo, repartirão um terço, ficando cada um com um nono da herança.

AUTOR DA HERANÇA

B — sucessão por cabeça — 1/3 para B

C (morto) — **direito de representação**

D — sucessão por cabeça — 1/3 para D

F G H — sucessão por estirpe — 1/3 para C — 1/9 para F, 1/9 para G e 1/9 para H

Na hipótese de um dos herdeiros falecer após ser chamado a suceder, seus descendentes receberão a herança em seu lugar, por **direito de transmissão**. Afinal, se o herdeiro estava vivo quando aberta a sucessão, herdou o quinhão que lhe cabia. Sua morte posterior tem, por conseguinte, o efeito óbvio de transmitir aquilo que recebera a seus próprios sucessores. Como o leitor pode concluir, quem herda por direito de transmissão também herda **por estirpe** (art. 1.835), por receber aquilo que outro herdeiro já recebera.

5.1.2 Sucessão do cônjuge ou companheiro em concorrência com os descendentes

Um dos assuntos mais polêmicos do Direito das Sucessões é o da sucessão do cônjuge – ou companheiro[52] – em concorrência com os descendentes, em razão da má redação do art. 1.829,

---

52 Por aplicação da tese fixada pelo STF em 10 de maio de 2018, por ocasião do julgamento do RE 878.694/MG e do RE 646.721/RS: "É inconstitucional a distinção de regimes sucessórios entre côn-

I, do Código. Trata-se de assunto que, infelizmente, vem despertando muita polêmica na doutrina e na jurisprudência.⁵³

Sobre o tema, é preciso, inicialmente, destacar que somente se atribui **capacidade (legitimidade) para suceder** ao cônjuge se ao tempo da morte o casal não se encontrava nem **separado judicialmente**, nem **de fato** por mais de dois anos, a não ser que se prove, neste caso, que o sobrevivente não foi o culpado pela separação (art. 1.830). Aplicando por analogia o preceito ao **companheiro**, este só terá capacidade para suceder se, ao tempo da abertura da sucessão, a união estável ainda estava em curso, não tendo ainda ocorrido sua dissolução. Vale lembrar que, apesar de a Emenda Constitucional 66 ter permitido o divórcio automático, suprimindo a etapa da separação judicial, em nada alterou a aplicabilidade da norma em comento, vez que nada impede que casais se separem, quando não quiserem desde logo pedir o divórcio, a despeito do entendimento no sentido de que a A disciplina da separação no Código Civil teria sido tacitamente revogada. Ainda sobre o assunto, observe-se, que a doutrina mais recente defende a inaplicabilidade da **discussão da culpa**, que a parte final do art. 1.830 admite para atribuir capacidade de suceder ao cônjuge separado de fato "inocente".⁵⁴ Concordamos com tal posicionamento. Todavia, a ressalva da parte final do art. 1.830 continua em vigor, razão pela qual pode ser aplicada, na prática.

Resolvido o assunto da capacidade para suceder, é preciso examinar em quais hipóteses o cônjuge – ou o companheiro – é chamado à sucessão em concorrência com os descendentes, o que depende do regime de bens do casamento.

Para que fique mais claro o estudo, vale transcrever o art. 1.829, I:

Art. 1.829. A sucessão legítima defere-se na ordem seguinte:

I – aos descendentes, em concorrência com o cônjuge sobrevivente, salvo se casado este com o falecido no regime da comunhão universal, ou no da separação obrigatória de bens (art. 1.640, parágrafo único); ou se, no regime da comunhão parcial, o autor da herança não houver deixado bens particulares;

(...)

Na nossa interpretação do referido comando, o cônjuge – ou companheiro⁵⁵ – é chamado a suceder em concorrência com os descendentes se o regime de bens do casamento ou da

---

juges e companheiros prevista no art. 1.790 do CC/2002, devendo ser aplicado, tanto nas hipóteses de casamento quanto nas de união estável, o regime do art. 1.829 do CC/2002".

53 Veja o interessante desabafo de Silvio Venosa: "em matéria de direito hereditário do cônjuge e do companheiro, o Código Civil brasileiro de 2002 representa verdadeira tragédia, um desprestígio e um desrespeito para nosso meio jurídico e para a sociedade, tamanhas são as impropriedades que desembocam em perplexidades interpretativas. Melhor seria que fosse, nesse aspecto, totalmente rescrito e que se apagasse o que foi feito, como uma mancha na cultura jurídica nacional. É incrível que pessoas presumivelmente cultas como os legisladores pudessem praticar tamanhas falhas estruturais no texto legal. Mas o mal está feito e a lei está vigente. Que a apliquem da forma mais justa possível nossos tribunais!" (*Direito das Sucessões*, cit., p. 136-137).

54 FIUZA, César. *Direito civil*, cit., p. 967.

55 Mais uma vez: por aplicação da tese fixada pelo STF em 10 de maio de 2018, por ocasião do julgamento do RE 878.694/MG e do RE 646.721/RS: "É inconstitucional a distinção de regimes sucessórios entre cônjuges e companheiros prevista no art. 1.790 do CC/2002, devendo ser aplicado, tanto nas hipóteses de casamento quanto nas de união estável, o regime do art. 1.829 do CC/2002".

união estável era o da **separação convencional, o** da **participação final nos aquestos, ou o da comunhão parcial** – neste caso, se o morto tiver deixado **patrimônio particular.**

Em outras palavras, se o regime de bens do casamento ou da união estável era o da **comunhão universal**, o da **separação obrigatória**, ou o da **comunhão parcial**, sem, todavia, que o morto tenha deixado **patrimônio particular**, o cônjuge – ou o companheiro – não será chamado à sucessão em concorrência com os descendentes.

Ocorre que, ao que parece, a redação do art. 1.829, I, contém equívocos não previstos pelo próprio legislador. O próprio Miguel Reale, presidente da comissão que elaborou o texto do projeto original, assustou-se com o resultado final da norma em comento, e publicou um artigo em que afirma que *separação obrigatória*, no contexto, deve ser tida como gênero que inclui a **separação legal** e a **separação convencional**.

Nessa ordem de ideias, duas são as hipóteses de separação obrigatória: uma delas é a prevista no parágrafo único do Art. 1.641, abrangendo vários casos; a outra resulta da estipulação feita pelos nubentes, antes do casamento, optando pela separação de bens.[56]

Tal entendimento foi adotado no STJ pela Min. Nancy Andrighi:

> O regime de separação obrigatória de bens, previsto no art. 1.829, inc. I, do CC/02, é gênero que congrega duas espécies: (i) separação legal; (ii) separação convencional. Uma decorre da lei e a outra da vontade das partes, e ambas obrigam os cônjuges, uma vez estipulado o regime de separação de bens, à sua observância.
>
> (STJ, REsp 992.749/MS, 3ª Turma, relatora: Min. Nancy Andrighi, data do julgamento: 1/12/2009.)

Em casos posteriores, todavia, o voto da Min. Nancy Andrighi passou a ser vencido (por todos, cite-se o REsp 1.430.763/SP, 3ª Turma, relatora: Min. Nancy Andrighi, relator para acórdão: Min. João Otávio de Noronha, data do julgamento: 19/8/2014).

Duas passaram, então, a ser as soluções possíveis, quando o falecido era casado, ou vivia em união estável, no regime da separação convencional de bens: (1) aplicando-se o entendimento majoritário, por não ter o Código excluído a concorrência nesse caso, o cônjuge – ou o companheiro – concorrerá com os descendentes; (2) aplicando-se o entendimento de Miguel Reale e da Min. Nancy Andrighi, considerando-se a separação convencional como espécie do gênero separação obrigatória, o regime está entre as exceções à regra da concorrência no art. 1.829, inc. I, razão pela qual o cônjuge – ou o companheiro – *não concorre*.

Em abril de 2015, por fim, o STJ uniformizou o entendimento no sentido de que o cônjuge casado com o autor da herança no regime da separação convencional de bens concorre com os descendentes (STJ, REsp 1.382.170/SP, 2ª Seção, relator: Min. Moura Ribeiro, relator p/ acórdão: Min. João Otávio de Noronha, data do julgamento: 22/4/2015, data da publicação: 26/5/2015).[57]

Com relação ao **regime da comunhão parcial de bens**, é preciso dividir a análise em duas questões. Primeiramente, *se o cônjuge – ou o companheiro – concorre, ou não*. Em segundo lugar, caso o cônjuge concorra, é preciso verificar *em qual esfera patrimonial* se dá a concorrência.

Sobre a primeira questão (I), há três entendimentos.

(I.1) Segundo uma primeira corrente, à qual nos filiamos, o cônjuge – ou o companheiro – somente concorre com os descendentes se o falecido houver deixado patrimônio particular.

---

[56] REALE, Miguel. *O cônjuge no novo Código Civil*. Disponível em: <http://miguelreale.com.br/artigos/conjncc.htm>. Acesso em: 11 abr. 2016.

[57] Entendimento que também se deve aplicar à sucessão do companheiro.

Tal também é entendimento uniformizado pelo STJ em abril de 2015 (STJ, REsp 1.368.123/SP, 2ª Seção, relator: Min. Sidnei Beneti, relator p/ acórdão: Min. Raul Araújo, data do julgamento: 22/4/2015, data da publicação: 8/6/2015), e que consta no Enunciado 270 da III Jornada de Direito Civil promovida pelo CJF[58].

(I.2) Há, também, o entendimento de Maria Berenice Dias no sentido de que o ponto-e-vírgula que separa a parte final do art. 1.829, I, afastaria o "salvo se", de modo que a correta interpretação gramatical do preceito seria no sentido de que *não* haveria concorrência do cônjuge casado no regime da comunhão parcial se o autor da herança *houver deixado* bens particulares.[59] Ou seja, o contrário da interpretação mais difundida. Segundo Maria Berenice,

> A apressada leitura desse dispositivo tem levado todos que buscam na lei uma resposta justa, a um estado de verdadeira perplexidade e de certa indignação, ao flagrarem uma aparente injustiça quando há filhos do autor da herança e existem bens anteriores ao casamento.
>
> [...]
>
> Em um primeiro momento o legislador ressalva duas exceções. Fazendo uso da expressão "salvo se" exclui a concorrência quando o regime do casamento é o da comunhão universal e quando o regime é o da separação obrigatória. Ao depois, é usado o sinal de pontuação ponto-e-vírgula, que tem por finalidade estabelecer um seccionamento entre duas ideias. Assim, imperioso reconhecer que a parte final da norma regula o direito concorrente quando o regime é o da comunhão parcial. Aqui abre a lei duas hipóteses, a depender da existência ou não de bens particulares. De forma clara diz o texto: no regime da comunhão parcial há a concorrência "se" o autor da herança não houver deixado bens particulares. *A contrario sensu*, se deixou bens exclusivos, o cônjuge não concorrerá com os descendentes.
>
> Outra não pode ser a leitura deste artigo. Não há como "transportar" para o momento em que é tratado o regime da comunhão parcial a expressão "salvo se" utilizada exclusivamente para excluir a concorrência nas duas primeiras modalidades: no regime da comunhão e no da separação legal. Não existe dupla negativa no dispositivo legal, pois na parte final – após o ponto-e-vírgula – passa a lei a tratar de hipótese diversa, ou seja, o regime da comunhão parcial, oportunidade em que é feita a distinção quanto a existência ou não de bens particulares. Essa diferenciação nem cabe nos regimes antecedentes, daí a divisão levada a efeito por meio do ponto-e-vírgula.
>
> Imperiosa a correta compreensão da norma legal, até porque, ao colocar "o ponto na vírgula" o legislador visou, exatamente, afastar a perplexidade que tem assaltado todos os intérpretes do novo Código.[60]

(I.3) Por fim, um terceiro entendimento surgiu no âmbito do STJ, em voto do Min. Honildo Amaral de Mello Castro, desembargador convocado do TJAP. Segundo Honildo Amaral,

---

[58] "O art. 1.829, inc. I, só assegura ao cônjuge sobrevivente o direito de concorrência com os descendentes do autor da herança quando casados no regime da separação convencional de bens ou, se casados nos regimes da comunhão parcial ou participação final nos aquestos, o falecido possuísse bens particulares, hipóteses em que a concorrência se restringe a tais bens, devendo os bens comuns (meação) ser partilhados exclusivamente entre os descendentes." No mesmo sentido, em julgado mais recente, o STJ reafirmou a referida tese (AgInt no REsp 1.874.610/MG, relator: Min. Raul Araújo, 4ª Turma, data do julgamento: 11/10/2021, *data da publicação*: 17/11/2021).

[59] DIAS, Maria Berenice. Ponto-e-vírgula. Disponível em: <http://www.mbdias.com.br/hartigos.aspx?115,25>. Acesso em: 8 nov. 2013. Entendimento que, se adotado, também deve ser aplicado à sucessão do companheiro.

[60] DIAS. Ponto-e-vírgula, cit.

o cônjuge só concorre com os descendentes quando o falecido *não houver deixado patrimônio comum* (STJ, REsp 974.241/DF, 4ª Turma, relator: Min. Honildo Amaral de Mello Castro [desembargador convocado do TJAP], relator para acórdão: Min. Maria Isabel Gallotti, data do julgamento: 7/6/2011).[61] No âmbito do STJ, pelo menos, tal posicionamento foi superado pela uniformização do entendimento preconizado pela primeira corrente, como visto.

Sobre a segunda questão – *em que esfera patrimonial o cônjuge – ou o companheiro – concorre* (II) – também há três entendimentos. Veja que essa pergunta só é relevante se, quanto à pergunta anterior, for adotado o entendimento 1.

(II.1) O primeiro, ao qual nos filiamos, constante no Enunciado 270 da III Jornada de Direito Civil, e uniformizado pelo STJ, é no sentido de que a concorrência se limita ao **patrimônio particular** (STJ, REsp 1.368.123/SP, 2ª Seção, relator: Min. Sidnei Beneti, relator p/ acórdão: Min. Raul Araújo, data do julgamento: 22/4/2015, data da publicação: 8/6/2015). Herdam a meação do morto apenas os descendentes.

(II.2) O segundo entendimento era adotado no STJ pela Min. Nancy Andrighi, para quem, no silêncio normativo quanto à esfera patrimonial em que sucede o cônjuge – casado em comunhão parcial – em concorrência com os descendentes, deve-se aplicar a mesma lógica que os próprios cônjuges em vida escolheram, e admitir a concorrência apenas na meação do morto no *patrimônio comum* (por todos, cite-se o REsp 1.377.084/MG, 3ª Turma, relatora: Min. Nancy Andrighi, data do julgamento: 08/10/2013).[62] Pelo menos no âmbito do STJ, tal posicionamento foi superado pela uniformização do entendimento preconizado pela primeira corrente.

(II.3) O terceiro entendimento, por fim, é no sentido de que, por não ter o texto da lei estabelecido distinção, haveria concorrência quanto à *totalidade da herança* (patrimônio particular + meação do morto no patrimônio comum).

5.1.3 Divisão da herança e quinhão mínimo do cônjuge ou companheiro

Sendo chamados à sucessão apenas os descendentes, estes herdam **por cabeça**, se estiverem no mesmo grau, e, havendo descendentes de graus diferentes, os do grau mais próximo herdam **por cabeça** e os do mais remoto **por estirpes** (art. 1.835), por direito de transmissão ou de representação. Cumpre lembrar que, ao herdar por cabeça, o herdeiro é contado no fator de divisão da herança; por sua vez, ao herdar por estirpe, é o ramo em que se encontra o herdeiro, correspondente a seu ascendente do grau chamado à sucessão, que se inclui no cálculo do fator de divisão do acervo, e não o número de herdeiros de tal ramo.

Havendo apenas descendentes do mesmo grau e cônjuge – ou companheiro[63] – (observadas as disposições quanto ao regime de bens, e quanto à legitimidade para suceder), herdam todos, **por cabeça** (art. 1.835). Impende destacar que, se o regime era o da **comunhão parcial**, o cônjuge – ou companheiro – herda apenas um quinhão do **patrimônio particular** deixado pelo morto, e permanece com a metade do patrimônio comum. Apenas os descendentes dividem a meação do morto.

Havendo descendentes de graus diferentes em concorrência com o cônjuge – ou companheiro –, o fator de divisão corresponderá ao número de herdeiros do grau mais próximo,

---

[61] Entendimento que, se adotado, também deve ser aplicado à sucessão do companheiro.
[62] Entendimento que, se adotado, também deve ser aplicado à sucessão do companheiro.
[63] Por aplicação da tese fixada pelo STF em 10 de maio de 2018, por ocasião do julgamento do RE 878.694/MG e do RE 646.721/RS: "É inconstitucional a distinção de regimes sucessórios entre cônjuges e companheiros prevista no art. 1.790 do CC/2002, devendo ser aplicado, tanto nas hipóteses de casamento quanto nas de união estável, o regime do art. 1.829 do CC/2002".

mais o número de ramos em que há sucessores com direito de representação ou transmissão, mais o cônjuge ou companheiro.

Na hipótese de o cônjuge – ou companheiro – concorrer com seus próprios descendentes, a lei determina que seu quinhão não poderá ser inferior à **quarta parte** da herança (art. 1.832). Ou seja, concorrendo o cônjuge – ou companheiro – com mais de três descendentes seus que herdam por cabeça, caberá a ele um quarto da herança, e os demais três quartos serão divididos igualmente entre os descendentes.

Pode ser que o leitor se pergunte: e se o cônjuge – ou companheiro – concorrer com descendentes seus e descendentes exclusivos do morto? A lei, infelizmente, não responde essa indagação, e a doutrina não chega a um consenso.

É possível defender três soluções:[64] garante-se ao cônjuge – ou companheiro – o quinhão mínimo, sempre que concorrer com descendentes seus, pouco importando a existência de descendentes exclusivos do *de cujus*; nega-se ao cônjuge – ou companheiro – o quinhão mínimo se for chamado a concorrer com descendentes seus e com descendentes exclusivos do morto; tenta-se uma divisão matemática, partindo de dois blocos, um em que entrariam o cônjuge – ou companheiro – e seus descendentes e outro em que entrariam os demais descendentes.

O argumento a favor da primeira solução leva em conta a *mens legis*, ou seja, o espírito da lei. Se a ideia é proteger o cônjuge – ou companheiro –, deve-se dar solução ao problema que garanta essa proteção.

Os argumentos a favor da segunda solução são a **omissão legislativa** e a **proteção geral dos descendentes**, ou seja, o fato de o legislador não ter solucionado a questão levaria à conclusão de que a lei não estende a proteção ao cônjuge – ou companheiro – para além da hipótese que ela expressamente delineou; ademais, a ideia geral da sucessão legítima é a proteção dos descendentes.[65]

Quanto à terceira solução, em geral, ninguém a defende, apontando-se a complexidade dos cálculos que seriam necessários e que tornam esta solução impraticável.[66]

De nossa parte, adotamos a **segunda solução**, sobretudo por atentar a que se trata de **norma restritiva de direito** dos descendentes – que são os protagonistas da primeira ordem de vocação hereditária –, razão pela qual não se deve admitir **interpretação extensiva**. Esse é, a propósito, o entendimento firmado pelo STJ no julgamento do REsp 1.617.650/RS (julgado em 11/6/2019) e também apresentado no Enunciado 527 da V Jornada de Direito Civil: "Na concorrência entre o cônjuge e os herdeiros do de cujus, não será reservada a quarta parte da herança para o sobrevivente no caso de filiação híbrida". Dessa forma:

Sucessão apenas com herdeiros comuns	Sucessão com herdeiros comuns e exclusivos do *de cujus*
O cônjuge receberá quinhão igual ao que for recebido pelos herdeiros que sucederem por cabeça, não podendo, contudo, receber menos que 1/4 da herança.	O cônjuge receberá quinhã igual ao que for recebido pelos herdeiros que sucederem por cabeça, sem a garantia de reserva da quarta parte da herança.

---

[64] VENOSA, Sílvio de Salvo. *Direito das sucessões*, cit., p. 139-140.
[65] GOZZO, Débora. Apud VENOSA, Sílvio de Salvo. *Direito das sucessões*, cit., p. 139; FIUZA, César. *Direito civil*, cit., p. 969-970.
[66] VENOSA, Sílvio de Salvo. *Direito das sucessões*, cit., p. 140; FIUZA, César. *Direito civil*, cit., p. 970. Sobre quem apresenta proposta de cálculo diferenciado, ver CATEB, Salomão. Direito das sucessões. 8. ed. São Paulo: Atlas, 2015. p. 119 e ss.

Exemplo 1. Augusto deixou como herdeiros seus filhos, Rui e Pontes. Logo após sua morte, morreu Rui, deixando um filho, Caio. Pontes herdará metade da herança, por direito próprio e por cabeça, e Caio, herdará a outra metade, por direito de transmissão e por estirpe.

Exemplo 2. César, casado no regime da comunhão parcial de bens, morreu deixando patrimônio particular e dois filhos, Clóvis e Manuel. O cônjuge, Helena, é vivo e a sociedade conjugal estava em vigor quando da morte de César. Logo, serão chamados à sucessão os herdeiros Clóvis, Manuel e Helena. Suponhamos que o patrimônio do casal era de R$ 100.000,00, e que César deixou um patrimônio particular de R$ 60.000,00. Helena ficará com metade do patrimônio comum, uma vez que é cônjuge meeiro. A outra metade será dividida entre Clóvis e Manuel, que terão direito, cada um, a 25% do acervo. Com relação ao patrimônio particular, cada herdeiro – Clóvis, Manuel e Helena – terá direito a um terço.

Exemplo 3. Silvio, casado com Berenice no regime da separação de bens, teve com ela quatro filhos, Orlando, Augusto, Caio e Rui. Nesse caso, Berenice, Orlando, Augusto, Caio e Rui herdarão. Todavia, como a Berenice se assegura, no mínimo, um quarto da herança, este será seu quinhão (25%), dividindo-se os demais três quartos entre os filhos, que receberão, cada um, 3/16 (18,75%) da herança.

5.1.4 Direito real de habitação do cônjuge ou companheiro

O art. 1.831 atribui ao cônjuge – ou companheiro[67] – sobrevivente, independentemente do regime de bens do casamento ou da união estável, e a despeito de concorrer ou não com os descendentes, o **direito real de habitação** com relação ao imóvel que serve de residência da família, contanto que seja o único bem daquela natureza a inventariar.

A interpretação da ressalva final tem sido feita no sentido de que o imóvel sobre o qual recai o direito real de habitação deve ser o único **bem imóvel residencial**.[68] A existência de outros bens imóveis a que se dê destinação diversa não exclui o direito real de habitação do cônjuge – ou companheiro.

Veja-se que o Código não estabeleceu o termo final do referido direito, razão pela qual se entende que o direito será **vitalício**. O exercício desse direito também não pressupõe a inexistência de outros bens no patrimônio do sobrevivente. Isso quer dizer que, mesmo que o cônjuge ou companheiro sobrevivente tenha outros bens, desde que não sejam da mesma natureza, terá direito real de habitação (STJ, REsp 1.582.178-RJ, data do julgamento: 11/9/2018). Em outras palavras:

> O cônjuge sobrevivente tem direito real de habitação sobre o imóvel em que residia o casal, desde que seja o único dessa natureza e que integre o patrimônio comum ou particular do cônjuge falecido no momento da abertura da sucessão. A lei não impõe como requisito para o reconhecimento do direito real de habitação a inexistência de outros bens, seja de que natureza for, no patrimônio próprio do cônjuge sobrevivente (STJ, AgInt no REsp 1.554.976/RS, data do julgamento: 25/5/2020).

---

[67] Por interpretação sistemática e teleológica da tese fixada pelo STF em 10 de maio de 2018, por ocasião do julgamento do RE 878.694/MG e do RE 646.721/RS: "É inconstitucional a distinção de regimes sucessórios entre cônjuges e companheiros prevista no art. 1.790 do CC/2002, devendo ser aplicado, tanto nas hipóteses de casamento quanto nas de união estável, o regime do art. 1.829 do CC/2002".

[68] CARVALHO, Luiz Paulo Vieira de. *Direito das sucessões*, 2. ed., cit., p. 430; CATEB, Salomão. *Direito das sucessões*, 8. ed., cit., p. 122.

Dúvida que pode surgir está relacionada à persistência desse direito real quando constituída nova união. A jurisprudência entende que a resposta dependerá da data da abertura da sucessão: se a morte do autor da herança ocorreu na vigência do CC/1916, a nova união afastará o direito real de habitação; se a morte do autor da herança tiver ocorrido na vigência do CC/2002, a constituição de nova união estável não atuará como condição resolutiva do direito real. Essa diferença decorre do fato de que o Código Civil de 1916 previa que o direito real de habitação seria extinto quando afastado o estado de viuvez (STJ, REsp 1.617.636-DF, data do julgamento: 27/8/2019).

Outro questionamento importante e bastante frequente refere-se à cobrança de remuneração pelos herdeiros ao cônjuge ou companheiro sobrevivente pela utilização do imóvel. O STJ tem precedente recente considerando que a natureza gratuita do direito real de habitação não se coaduna com a cobrança de aluguéis. Por essa razão, os herdeiros não podem exigir remuneração do companheiro sobrevivente pelo uso do imóvel. A Min. Nancy Andrighi reforça que "seria um contrassenso atribuir-lhe a prerrogativa de permanecer no imóvel em que residia antes do falecimento do seu companheiro, e, ao mesmo tempo, exigir dele uma contrapartida pelo uso exclusivo" (REsp 1.846.167/SP, data do julgamento: 9/2/2021).

Diferente é a conclusão quando o direito real de habitação envolve copropriedade anterior à abertura da sucessão. Imagine, por exemplo, que, antes do casamento com Maria, Caio compra um imóvel juntamente com seu filho João. Nesse caso, Maria, com o falecimento de Caio, não terá direito real de habitação, pois a copropriedade impede o reconhecimento do instituto, visto que de titularidade comum a terceiros estranhos à relação sucessória que ampararia o pretendido direito[69].

5.2 Segunda ordem de vocação hereditária

Na ausência de herdeiros chamados em primeira ordem, são chamados a suceder os **ascendentes** e o **cônjuge** – ou **companheiro**[70] –, se houver (art. 1.829, II, e art. 1.836), observada a sua capacidade para suceder, de que tratamos anteriormente (não estar separado judicialmente, nem de fato há mais de dois anos).

5.2.1 Sucessão dos ascendentes

Na classe dos ascendentes, os de **grau mais próximo** excluem os de grau mais remoto, sem distinção de **linhas** – materna ou paterna (art. 1.836, § 1º). Por essa razão, se Augusto morre e lhe sobrevivem sua mãe e seus avós paternos, herda apenas a mãe, que é ascendente de primeiro grau.

Na hipótese de haver igualdade de grau e diversidade de linha, a herança se divide **por linha** (art. 1.836, § 2º). Assim, se Augusto morre e lhe sobrevivem a avó materna e os

---

[69] Nesse sentido: STJ, 2ª Seção, EREsp 1.520.294-SP, relatora: Min. Maria Isabel Gallotti, data do julgamento: 26/8/2020. No mesmo sentido é a Tese 10 do *Jurisprudência em Teses* (Ed. 50): "Não subsiste o direito real de habitação se houver copropriedade sobre o imóvel antes da abertura da sucessão ou se, àquele tempo, o falecido era mero usufrutuário do bem".

[70] Por aplicação da tese fixada pelo STF em 10 de maio de 2018, por ocasião do julgamento do RE 878.694/MG e do RE 646.721/RS: "É inconstitucional a distinção de regimes sucessórios entre cônjuges e companheiros prevista no art. 1.790 do CC/2002, devendo ser aplicado, tanto nas hipóteses de casamento quanto nas de união estável, o regime do art. 1.829 do CC/2002".

avós paternos, caberá à avó materna metade da herança, que se atribui à linha materna, e caberá aos avós paternos a outra metade, atribuída à linha paterna. Pouco importa que em uma linha haja apenas um herdeiro e na outra dois. A herança não é dividida por cabeça, mas por linha.

Cumpre frisar que na classe dos ascendentes não há **direito de representação** (art. 1.852, segunda parte). Isso quer dizer que, se o morto deixar o pai e o avô materno, apenas o pai herdará, pois o avô não tem o direito de representar a mãe do *de cujus* na sucessão.

5.2.2 Sucessão do cônjuge ou companheiro em concorrência com os ascendentes

Se o autor da herança não deixar descendentes, mas deixar ascendentes e cônjuge – ou companheiro –, este será chamado a concorrer na sucessão com aqueles, **independentemente do regime de bens** do casamento.

Deve-se alertar o leitor para que tenha cuidado e não confunda a sucessão do cônjuge – ou companheiro – em concorrência com ascendentes com a hipótese de concorrência com descendentes, em que há restrições quanto ao regime patrimonial.

Quanto à capacidade do cônjuge – ou companheiro – para suceder, é a mesma que comentamos na subseção anterior: exige-se, em se tratando do cônjuge, que não se encontrasse, ao tempo da abertura da sucessão, nem separado judicialmente do autor da herança, nem de fato por mais de dois anos, ou, em se tratando do companheiro, que a união estável estivesse em curso (art. 1.830).

Se o autor da herança tiver deixado **ascendentes de primeiro grau**, ou seja, pai e mãe, o cônjuge – ou companheiro – receberá **um terço** da herança, e os ascendentes os demais **dois terços** – um terço o pai e um terço a mãe (art. 1.837, primeira parte). Se o morto deixou apenas um dos pais, a herança será igualmente repartida entre o pai ou a mãe sobrevivente e o cônjuge – ou companheiro –, quer dizer, cada um herdará **metade** do acervo (art. 1.837, segunda parte). Quando o cônjuge – ou companheiro – concorrer com ascendentes de grau maior que o primeiro, sempre lhe tocará a **metade** da herança, devendo a outra metade ser dividida pelos ascendentes, sejam quantos forem (art. 1.837, terceira parte). Cumpre lembrar que ascendentes de grau maior que o primeiro são os **avós, bisavós, trisavós** etc.

Exemplo 1. Augusto morre e lhe sobrevivem seus pais, Manuel e Helena, o avô materno, Rui, e os avós paternos, Silvio e Berenice. Apenas Manuel e Helena herdam, cabendo a cada um metade da herança.

Exemplo 2. Caio morre e lhe sobrevivem a mãe, Helena, e os avós paternos, Pontes e Berenice. Helena recebe a totalidade da herança, vez que na sucessão dos ascendentes não há direito de representação que legitime Pontes e Brerenice a suceder pelo pai de Caio.

Exemplo 3. Orlando, filho de César e Helena, morre, e lhe sobrevivem seus pais e sua mulher, Berenice. A herança é dividida por três, cabendo um terço para César, um terço para Helena e um terço para Berenice.

Exemplo 4. Rui, neto de Silvio e Berenice por parte de pai, e de Clóvis por parte de mãe, casado com Helena, morre. Serão chamados a sucessão tanto os avós quanto o cônjuge. Considerando-se que Silvio, Berenice e Clóvis são ascendentes de segundo grau, caberá ao cônjuge, pela regra do art. 1.837, terceira parte, a metade da herança. A outra metade será dividida entre os avós. Lembrando-se de que a sucessão dos ascendentes se dá **por linha**, e não por cabeça, concluímos que metade da metade, ou seja, 25%, será dividida entre Silvio e Berenice, avós paternos. Os demais 25% caberão a Clóvis, avô materno.

5.3 Terceira ordem de vocação hereditária

Na falta de descendentes e ascendentes, caberá ao **cônjuge** – ou **companheiro**[71] – a totalidade da herança, **independentemente do regime de bens** (art. 1.838).

Exemplo 1. Augusto morre e lhe sobrevivem sua mulher, Berenice, um tio, Clóvis, e uma irmã, Helena. Apenas Berenice é chamada à sucessão, e herda a totalidade do acervo.

Exemplo 2. Helena morre e lhe sobrevive o marido, Caio, com quem era casada no regime da separação obrigatória de bens. Caio recebe a totalidade da herança. Frise-se que não é relevante o regime patrimonial, que apenas interfere na sucessão do cônjuge quando este é chamado a suceder em concorrência com descendentes.

Esse é o entendimento que também prevalece na jurisprudência: "Na falta de descendentes e ascendentes, será deferida a sucessão por inteiro ao cônjuge ou companheiro sobrevivente, não concorrendo com parentes colaterais do de cujus" (STJ, 3ª Turma, REsp 1.357.117/MG, relator: Min. Ricardo Villas Bôas Cueva, data do julgamento: 13/3/2018).

5.4 Quarta ordem de vocação hereditária

Na ausência de descendentes, ascendentes e cônjuge – ou companheiro[72] – do autor da herança, são chamados à sucessão os **colaterais até o quarto grau** (art. 1.829, IV e art. 1.839). Também na classe dos colaterais, os de grau mais próximo excluem os de grau mais remoto (art. 1.840, primeira parte). A sucessão se dá **por cabeça**, salvo os casos de direito de representação de filhos de irmãos (art. 1.840, segunda parte), como veremos.

Impende destacar que, na linha colateral, contam-se os graus partindo do parente-referência, subindo até o ascendente comum e percorrendo o tronco até chegar ao parente cujo grau se quer determinar, contando um grau a cada pessoa encontrada no caminho.

Caso o autor da herança queira excluir de sua sucessão os colaterais, que não são **herdeiros necessários**, basta que disponha de seu patrimônio em testamento sem os contemplar (art. 1.850).

---

[71] Por aplicação da tese fixada pelo STF em 10 de maio de 2018, por ocasião do julgamento do RE 878.694/MG e do RE 646.721/RS: "É inconstitucional a distinção de regimes sucessórios entre cônjuges e companheiros prevista no art. 1.790 do CC/2002, devendo ser aplicado, tanto nas hipóteses de casamento quanto nas de união estável, o regime do art. 1.829 do CC/2002".

[72] Mais uma vez: por aplicação da tese fixada pelo STF em 10 de maio de 2018, por ocasião do julgamento do RE 878.694/MG e do RE 646.721/RS: "É inconstitucional a distinção de regimes sucessórios entre cônjuges e companheiros prevista no art. 1.790 do CC/2002, devendo ser aplicado, tanto nas hipóteses de casamento quanto nas de união estável, o regime do art. 1.829 do CC/2002".

CONTAGEM DE GRAU EM LINHA COLATERAL

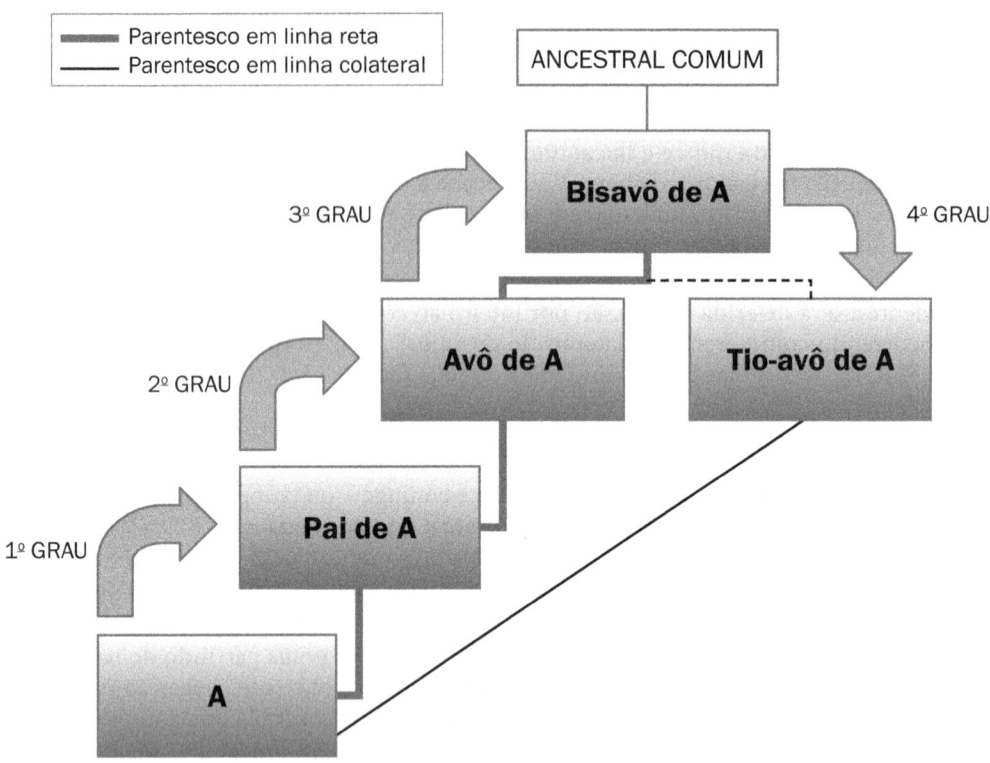

No esquema, tomando-se por referência A, para determinar o grau de parentesco de seu tio-avô, conta-se um grau até o pai de A, outro até o avô de A, mais um até o bisavô de A – ancestral comum –, e, por fim, mais um até o tio-avô, o qual, portanto, é parente de **quarto grau** de A.

5.4.1 Sucessão dos colaterais de segundo grau

Colaterais de segundo grau são os **irmãos**. Em sua sucessão, deve-se apurar se o vínculo é **bilateral** – quando o autor da herança e o irmão são filhos do mesmo pai e da mesma mãe –, ou **unilateral** – quando são filhos apenas do mesmo pai ou da mesma mãe.

Se houver apenas irmãos bilaterais, cada um será chamado à sucessão do morto, **por cabeça**, o que também ocorrerá se houver apenas irmãos unilaterais (art. 1.842). Se, todavia, houver tanto irmãos bilaterais quanto unilaterais, os unilaterais terão direito somente à metade do que herdarem os bilaterais. Para facilitar o raciocínio, adaptamos, a seguir, a fórmula proposta por ITABAIANA DE OLIVEIRA:[73]

---

[73] OLIVEIRA, Arthur Vasco Itabaiana de. *Tratado*, cit., p. 140. Outros doutrinadores chegaram a propor outras fórmulas, menos eficazes (GOMES, Orlando. *Direito das sucessões*, cit., p. 63).

SUCESSÃO DE IRMÃOS BILATERAIS COM IRMÃOS UNILATERAIS
Representa-se cada irmão por x, sendo que cada irmão bilateral vale 2, e cada irmão unilateral vale 1. Logo, a fórmula de divisão da herança é: x(irmãos com respectivos pesos) = 100% quinhão de irmão bilateral = $2x$ quinhão de irmão unilateral = x Exemplo: *três irmãos bilaterais e dois unilaterais* $2x + 2x + 2x + x + x = 100\%$ $8x = 100\%$ $x = 12,5\%$ Cada irmão bilateral = $2x$ = 25% Cada irmão unilateral = x = 12,5%

Ademais, é preciso lembrar, quando forem chamados à sucessão colaterais do segundo grau, que a lei atribui o **direito de representação** aos **filhos de irmãos premortos** do autor da herança (art. 1.840, segunda parte). Isso significa que, se o autor da herança deixa um irmão – parente de segundo grau – e sobrinhos, filhos de *outro irmão, premorto* – parentes de terceiro grau –, tanto aquele quanto estes serão chamados a suceder, não obstante a diferença de graus, em razão do direito de representação. A herança será dividida por estirpe, cabendo ao irmão metade da herança e a cada um dos sobrinhos metade da metade correspondente a seu pai, premorto, que eles representam na sucessão.

5.4.2 Sucessão dos colaterais de terceiro grau

A sucessão dos colaterais de terceiro grau, ou seja, dos tios e sobrinhos, merece atenção especial.

Primeiramente, porquanto, a lei estabelece a **preferência** dos sobrinhos com relação aos tios (art. 1.843). Em outras palavras, no terceiro grau colateral, os sobrinhos excluem os tios. Ou seja, se o autor da herança deixa um tio e um sobrinho, embora ambos sejam parentes colaterais de terceiro grau, apenas o sobrinho é chamado à sucessão.

Segundo a regra adotada por nosso Direito, no sentido de que herdeiros do mesmo grau sempre repartem o que lhes couber **por cabeça**, se concorrerem à herança somente sobrinhos, por direito próprio, o acervo será igualmente dividido entre cada um deles (art. 1.843, § 1º), independentemente das estirpes.[74]

Todavia, também com relação aos sobrinhos, a lei determina que se observe se o vínculo de seu ascendente, irmão do falecido, era **bilateral** ou **unilateral**, cabendo aos filhos dos irmãos

---

[74] Como vimos, a observação se justifica pelo fato de que em nosso Direito anterior ao Código Civil, e em outros sistemas jurídicos, os sucessores que não estão no primeiro grau chamado à sucessão sempre herdam por estirpe. Assim, chamados os herdeiros da quarta ordem – colaterais –, herdarão por cabeça apenas os irmãos, os quais ocupam o primeiro grau chamado à sucessão. Mas, se não houver irmãos, os próximos sucessores chamados – sobrinhos – herdarão por estirpe. Logo, se há um sobrinho, filho de um irmão do autor da herança, e mais dois sobrinhos, filhos de outro irmão, estes herdarão 25% do acervo cada, enquanto aquele herdará 50%.

unilaterais sempre a metade do que couber aos filhos dos irmãos bilaterais (art. 1.843, § 2º). Usa-se a mesma fórmula vista na subseção anterior.

Caso os sucessores sejam todos filhos de irmãos bilaterais, ou todos filhos de irmãos unilaterais, herdarão **por igual** (art. 1.843, § 3º).

5.4.3 Sucessão dos colaterais de quarto grau

Quando forem chamados à sucessão colaterais de quarto grau, independentemente de serem primos, tios-avós ou sobrinhos-netos, todos herdarão **por cabeça**, sem direito de representação.

Exemplo 1. Augusto morre, deixando um irmão, Manuel, um tio, Clóvis, e um sobrinho, Caio. Apenas Manuel é chamado à sucessão, pois é parente de grau mais próximo, pelo que exclui os demais.

Exemplo 2. Rui, irmão de Pontes e de Helena, e tio de César, filho de Helena, morre depois desta. São chamados a suceder o irmão Pontes, por direito próprio, e o sobrinho César, por direito de representação.

Exemplo 3. Orlando, sobrinho de Silvio e tio de Manuel, morre. Apesar de Silvio e Manuel serem parentes de Orlando do mesmo grau – terceiro –, apenas Manuel herda, porquanto na sucessão dos colaterais os sobrinhos preferem aos tios.

Exemplo 4. Clóvis, irmão bilateral de Pontes, Berenice e Caio, e unilateral de Silvio, Augusto, Helena e Rui, morre. Adotando-se a fórmula em que cada irmão é representado por x e em que os irmãos bilaterais têm peso 2 e os unilaterais peso 1, conclui-se que $x = 10\%$, ou seja, Pontes, Berenice e Caio recebem cada um 20% da herança (pois seu quinhão equivale a 2x), e Silvio, Augusto, Helena e Rui recebem cada qual 10% (pois seu quinhão é igual a x).

6. SUCESSÃO DO COMPANHEIRO

A **sucessão do companheiro** constitui um dos temas mais significativamente controvertidos desde a promulgação do Código de 2002, cujo art. 1.790, destinado ao assunto, tinha uma série de problemas, a começar pela sua posição no livro do Direito das Sucessões, no título I, sobre a sucessão em geral – e, mais estranho ainda, no capítulo I, sobre disposições gerais –, e não no título II, sobre a sucessão legítima.

Não obstante, em 31 de agosto de 2016, o Supremo Tribunal Federal iniciou o julgamento de um recurso ao qual, em 2015, fora atribuída **repercussão geral**, sobre a **constitucionalidade ou não do art. 1.790**, em razão da desigualdade entre a sucessão do companheiro e a sucessão do cônjuge. Cuida-se do RE 878.694/MG, do qual foi relator o Min. Luís Roberto Barroso. Naquela mesma data, o julgamento foi suspenso, em razão do pedido de vista do Min. Dias Toffoli. Sete ministros já haviam votado no sentido da **inconstitucionalidade** da sucessão do companheiro no Código Civil, acompanhando o voto do Min. Roberto Barroso. Em 30 de março de 2017, o Min. Dias Toffoli veio a proferir seu voto, pela *constitucionalidade*, divergindo dos sete ministros que já haviam votado. Na sequência, o Min. Marco Aurélio, relator do RE 646.721/RS – ao qual também se havia atribuído repercussão geral, e cuja distinção para o RE 878.694 era o fato de envolver uma família homoafetiva –, pediu vista, para que ambos os recursos pudessem ser julgados conjuntamente. No dia 10 de maio de 2017, o julgamento dos dois recursos foi concluído. Venceu o entendimento do Min. Luís Roberto Barroso, no sentido da *inconstitucionalidade*, sendo vencidos os Mins. Dias Toffoli, Marco Aurélio e Ricardo Lewandowski.

Foi aprovada, por fim, a seguinte tese: "No sistema constitucional vigente é inconstitucional a diferenciação de regime sucessório entre cônjuges e companheiros devendo ser aplicado em ambos os casos o regime estabelecido no artigo 1.829 do Código Civil".

O acórdão do RE 646.721/RS foi publicado em 11 de setembro de 2017; o do RE 878.694 foi publicado em 6 de fevereiro de 2018. Isso quer dizer que:

Antes da decisão do STF	Depois da decisão do STF
Aplicava-se o art. 1.790 do CC, ou seja, a companheira não tinha direito aos bens adquiridos antes da união estável.	Aplica-se o art. 1.829, ou seja, as mesmas regras de sucessão destinadas ao casamento. A companheira (ou o companheiro) tem direito sobre os bens particulares deixados pelo falecido, em concorrência com os descendentes (inciso I).
	Considerando a declaração superveniente de inconstitucionalidade do art. 1.790 do CC, a tese deve ser aplicada mesmo nos casos em que a exclusão da concorrência entre os herdeiros ocorreu em decisão anterior à tese (REsp 1.904.374/DF, data do julgamento: 14/4/2021).

6.1 Polêmicas após a decisão do STF

Conforme visto, o STF aprovou tese no sentido de que deve se aplicar à sucessão do companheiro "o regime do art. 1.829 do CC/02". Ocorre que, como o leitor bem sabe, o art. 1.829 contém a ordem de vocação hereditária, em que, sem dúvida, o companheiro deve ocupar a mesma posição do cônjuge.

Não obstante, outras importantes normas sobre a sucessão do cônjuge não constam no art. 1.829.

O art. 1.830 cuida do direito sucessório do cônjuge, mantendo-o, em até dois anos da separação de fato do casal, mas extinguindo-o pela separação judicial e pelo divórcio – ao qual se deve considerar análoga a dissolução da união estável regulada pelo CPC/2015. O art. 1.831, por sua vez, trata do direito real de habitação do cônjuge, dependendo da herança deixada. Já o art. 1.832 atribui ao cônjuge, a depender dos descendentes com quem concorre, direito a quinhão mínimo de um quarto do acervo hereditário. O art. 1.837, ademais, estabelece o modo de divisão da herança entre o cônjuge e os ascendentes. Ainda, o art. 1.845 atribui ao cônjuge a condição de herdeiro necessário.

Filiamo-nos à corrente segundo a qual *toda a disciplina da sucessão do cônjuge deve ser aplicada à sucessão do companheiro*. Não obstante, já desponta uma corrente segundo a qual a tese do STF deve ser interpretada no sentido de que *apenas na ordem de vocação hereditária é que se equiparam a sucessão do cônjuge e a do companheiro*. Em outras palavras, apenas as regras sobre a sucessão do cônjuge constantes no art. 1.829 é que se aplicam também ao companheiro; as demais, constantes em outros dispositivos, não.

O leitor deve ficar atento ao desenvolvimento do debate. Para tanto, recomendamos que acompanhe os autores desta obra pelo GEN Jurídico e pelas redes sociais.

6.2 Sucessão do companheiro conforme o art. 1.790

Nesta subseção, para memória histórica, mantivemos o texto das edições anteriores ao posicionamento do STF sobre o assunto, agora narrado no passado.

Vamos começar pela leitura do polêmico art. 1.790:

Art. 1.790. A companheira ou o companheiro participará da sucessão do outro, quanto aos bens adquiridos onerosamente na vigência da união estável, nas condições seguintes:

I – se concorrer com filhos comuns, terá direito a uma quota equivalente à que por lei for atribuída ao filho;

II – se concorrer com descendentes só do autor da herança, tocar-lhe-á a metade do que couber a cada um daqueles;

III – se concorrer com outros parentes sucessíveis, terá direito a um terço da herança;

IV – não havendo parentes sucessíveis, terá direito à totalidade da herança.

Ao estudar o Direito de Família, vimos que a equiparação do casamento à união estável como **núcleo familiar** constitui mandamento constitucional, devendo ser varrida do ordenamento qualquer norma que coloque o companheiro em situação inferior à do cônjuge.

Segundo sempre nos pareceu, por **interpretação sistemática**, não haveria sequer necessidade de disciplina legal da sucessão do companheiro, desde que se interpretasse que este se inclui em toda menção ao direito sucessório do cônjuge, em tudo o que couber. Aliás, sempre defendemos a possibilidade de aplicação dessa interpretação. Vale destacar que, conforme afirmado, felizmente, esse posicionamento foi acolhido pelo STF, que reconheceu a **inconstitucionalidade** do tratamento desigual dado à sucessão do companheiro pelo Código Civil.

Uma primeira polêmica depreendia-se já do *caput* do dispositivo, que se referia aos "bens adquiridos onerosamente na constância da união estável". Ora, o próprio Código, outrora, mandara aplicar à união estável o regime da comunhão parcial de bens (art. 1.725). Agora, prevê uma sucessão do companheiro que é o oposto da sucessão do cônjuge casado em comunhão parcial, o qual *não herdaria dos bens comuns*, mas somente do patrimônio particular que houvesse. Como conciliar o *caput* com a menção à herança, tanto no inciso III como no inciso IV? A nosso ver, não se devia levar em conta a ressalva do *caput*, pois, do contrário, admitir-se-ia norma que discriminava a posição do companheiro quando comparada à do cônjuge.

A segunda e a terceira polêmicas giravam em torno dos incisos I e II.

A segunda polêmica referia-se ao fato de o inciso I cuidar da concorrência do companheiro com *filhos comuns*, enquanto o inciso II cuidava da concorrência com *descendentes exclusivos*. Isso significava que a norma do inciso I não se aplicava a outros descendentes comuns – netos, por exemplo? Quer dizer, se fossem chamados à sucessão netos comuns, ou bisnetos etc., não haveria direito do companheiro à sucessão? A melhor interpretação do preceito, a nosso ver, era a que lia "descendentes" onde apenas se havia dito "filhos". Nesse sentido, firmara-se o Enunciado 266 da III Jornada de Direito Civil promovida pelo CJF: "aplica-se o inc. I do art. 1.790 também na hipótese de concorrência do companheiro sobrevivente com outros descendentes comuns, e não apenas na concorrência com filhos comuns".

A terceira polêmica dizia respeito à hipótese de haver tanto descendentes comuns quanto descendentes exclusivos. Como calcular, nesse caso, o quinhão do cônjuge? Para nós, devia-se tratar da hipótese como se houvesse apenas filhos comuns, ou seja, aplicando-se o inciso I. Cuidava-se da interpretação que mais privilegiava o companheiro, cuja posição não podia ser inferiorizada.

A quarta e a quinta polêmicas giravam em torno do inciso III, o qual reservava para o companheiro um terço da herança se concorresse com outros parentes sucessíveis.

Primeiramente, tratava-se de um terço da *herança*, como preceituava o inciso, ou do acervo composto pelos bens adquiridos onerosamente na constância da união, como preceituava o *caput*? Era nossa opinião que a referência era sempre à *herança*, conforme asseverado anteriormente.

Ademais, outros parentes sucessíveis são os ascendentes e os colaterais até o quarto grau. Isso queria dizer que, havendo companheiro e tio-avô, o companheiro herdaria um terço e o tio-avô dois terços? Não, segundo sustentávamos. Uma interpretação sistemática e consentânea com a ordem constitucional deveria colocar o companheiro na mesma situação do cônjuge. Havendo companheiro e colaterais, estes não herdariam – não são herdeiros necessários. E, havendo companheiro e ascendentes, o companheiro fazia jus à metade do acervo, dividindo-se entre os ascendentes a outra metade, observadas as normas que disciplinam a sua sucessão.

Impende destacar que a inconstitucionalidade do inciso III já era reconhecida em diversos julgados, antes de o tema chegar ao STF.

A última polêmica, por fim, referia-se à hipótese de *concorrência entre o cônjuge e o companheiro*. Por interpretação do § 1º do art. 1.723, não há nenhum óbice ao reconhecimento da união estável em que um dos conviventes é casado, contanto que se encontre separado de fato ou judicialmente. Por sua vez, o art. 1.830 confere legitimidade para suceder ao cônjuge que não se encontrar separado judicialmente, ou de fato por mais de dois anos, ao tempo da abertura da sucessão. Poderia haver concorrência, então, na hipótese de separação de fato que datasse de menos de dois anos. Nesse caso, entendíamos que o companheiro concorria com o cônjuge em igualdade de condições.

7. FALTA DE HERDEIROS LEGÍTIMOS

Na **falta de herdeiros legítimos**, e não havendo testamento, o acervo patrimonial deixado pelo morto é incorporado ao patrimônio do município em que os bens estiverem localizados, ou do Distrito Federal, se lá situados, ou da União, na hipótese de estarem em território federal (art. 1.844).

Cumpre lembrar, não obstante, que nenhum desses entes se considera herdeiro, pelo que não são chamados à sucessão. Por essa razão, aberta a sucessão, e desconhecida a existência tanto de herdeiros legítimos quanto de testamento, a herança é declarada **jacente**, como vimos na seção própria, e posteriormente **vacante**, somente sendo incorporada ao patrimônio público se permanecer vacante quando se completarem **cinco anos** da abertura da sucessão (art. 1.822).

8. INDIGNIDADE DO SUCESSOR

O Direito considera o herdeiro ou legatário[75] que pratica certos atos **indigno** de suceder o autor da herança. Por essa razão, admite a possibilidade de se declarar sua **exclusão** da sucessão.

O herdeiro ou legatário considerado indigno somente pode ser excluído da sucessão por meio de **sentença judicial** (art. 1.815), em ação outrora denominada **ação de erepção**.[76] Considerando-se que a herança se transmite no momento da abertura da sucessão, o herdeiro[77] indigno recebe seu quinhão hereditário, daí por que a sentença tem o efeito de *tomá-lo* do indigno. Os bens retirados do excluído são chamados de **erepcícios**, e os sucessores a quem são devolvidos são chamados de **ereptores**.[78]

---

[75] Embora o tema do **legatário** seja próprio à sucessão testamentária, optamos por tratar da exclusão do indigno no capítulo referente à sucessão legítima, por questões didáticas.

[76] Do latim *erepire* – tomar, retirar. Utiliza-se também o vocábulo para se referir ao fato de o testador não contemplar herdeiros legítimos, porém não necessários, em seu testamento.

[77] Referimo-nos a "herdeiro indigno", no lugar de "sucessor indigno" ou "herdeiro ou legatário indigno", por força do hábito, consagrado entre os civilistas. Não obstante, lembramos ao leitor que tanto o sucessor a título universal quanto o sucessor a título singular podem ser excluídos por indignidade.

[78] ALMEIDA, Francisco de Paula Lacerda. *Sucessões*. Rio de Janeiro: Revista dos Tribunais, 1915. p. 76.

Durante certo tempo os civilistas debateram sobre a semelhança entre a **legitimidade para suceder** e a **exclusão por indignidade**. No estado atual do nosso Direito, todavia, não há razão para se estender na discussão. A ilegitimidade sucessória é um **fato** que se apura no momento da abertura da sucessão. Impende lembrar que não têm legitimidade para suceder as pessoas que não haviam sido concebidas naquele momento (interpretação *a contrario sensu* do art. 1.798), bem como o cônjuge que se encontrava, naquela ocasião, separado judicialmente do autor da herança, ou de fato por mais de dois anos (art. 1.830). A exclusão por indignidade, por sua vez, consiste em uma **sanção** aplicada a certos sucessores, em razão de um ato que praticaram. Ademais, a ilegitimidade decorre **da lei**, enquanto a exclusão se dá **por sentença**.

Destaque-se que não se deve confundir a indignidade do herdeiro, a qual possibilita a sua exclusão da sucessão, com a deserdação, que abordaremos adiante. A exclusão é ato de outro sucessor e somente pode ocorrer após a abertura da sucessão. Já a deserdação é ato do próprio titular do patrimônio, razão pela qual, obviamente, é praticada antes da abertura da sucessão, em testamento. O Código Civil, como veremos, admite a deserdação pelas mesmas condutas que autorizam a exclusão, porém estabelece causas adicionais que somente permitem a deserdação, mas não a exclusão.

8.1 Hipóteses de indignidade

Consideram-se **indignos** e, por conseguinte, passíveis de serem excluídos da sucessão os herdeiros que houverem praticado quaisquer dos atos previstos no art. 1.814.

8.1.1 Homicídio doloso tentado ou consumado

Reputam-se indignos os herdeiros ou legatários que tiverem sido autores, coautores ou partícipes de **homicídio doloso**, tentado ou consumado, contra o autor da herança, seu cônjuge, companheiro, ascendente ou descendente (art. 1.814, I).

Cabe destacar que, no Direito brasileiro, ninguém é considerado culpado até o **trânsito em julgado de sentença penal condenatória** (art. 5º, LVII, da Constituição), razão pela qual a sentença ereptícia depende de que a sentença penal tenha transitado em julgado. Não obstante, durante muito tempo, prevaleceu a ideia de que não era necessária a condenação criminal para que se excluísse o sucessor por indignidade, entendimento que, hoje, deve ser rechaçado, embora ainda haja civilistas que o adotam.[79] Para que se prove, na ação de exclusão, o fato gerador da indignidade, basta a sentença criminal transitada em julgado.

8.1.2 Crime contra a honra

Consideram-se indignos de suceder os herdeiros ou legatários que houverem **acusado caluniosamente em juízo** o autor da herança, ou que houverem cometido crime contra a sua **honra**, ou de seu cônjuge ou companheiro (art. 1.814, II).

O Código de 2002, nesse ponto, cometeu um terrível deslize por – como de costume – ter se limitado a repetir o dispositivo do Código anterior (art. 1.595, II). Isso porquanto a norma original, promulgada em 1916, ela própria já se encontrava desatualizada. À época, vigia o

---

[79] Nesse sentido, dispôs CAIO MÁRIO que, "ao contrário do direito francês e do belga, que instituem a prévia condenação criminal do herdeiro, o nosso não a erige em requisito da pena civil, reputando desta sorte indigno o que comete o fato, e não apenas o que sofre a condenação". O mesmo entendimento é perfilhado por SILVIO RODRIGUES (*Direito das sucessões*, cit., p. 48) e, mais recentemente, CÉSAR FIUZA (*Direito civil*, cit., p. 980).

Código Penal de 1890, o qual já não mais se referia à acusação caluniosa em juízo prevista no art. 235 do Código Criminal de 1830.

Ademais, deve-se atentar para a modificação dos crimes originariamente considerados *contra a honra*: no Código de 1830, consideravam-se tais o **estupro** (arts. 219 e 222), a **violência carnal** (art. 223), a **sedução** (art. 224), o **rapto** (arts. 226 e 227), a **calúnia** (art. 229) e a **injúria** (art. 236) – entre estas, a acusação caluniosa em juízo, que não chegava a configurar tipo próprio.

No Código de 1890, por sua vez, crimes contra a honra eram apenas a **calúnia** (arts. 315 e 316) e a **injúria** (arts. 317 a 320); a **violência carnal** – englobando o estupro –

(arts. 266 a 269) e o **rapto** (arts. 270 e 271) passaram a ser considerados *crimes contra a segurança da honra*.

Em 1940, por sua vez, foi publicado o Código Penal vigente até hoje, em que foram considerados *crimes contra a honra*: a **calúnia** (art. 138), a **difamação** (art. 139) e a **injúria** (art. 140). O **estupro** passou a ser classificado como *crime contra os costumes*,[80] no art. 213, ao lado do atentado violento ao pudor (art. 214)[81] – que cuidou do que antes se chamava de violência carnal –, da **sedução** (art. 217)[82] e do **rapto** (art. 219).[83]

Como o dispositivo do Código Civil de 1916 – que já não era adequado – não foi reformado após a promulgação do Código Penal de 1940, nem o dispositivo do Código Civil de 2002 foi, pelo menos, atualizado, nosso ordenamento mantém uma norma cuja interpretação passa a merecer cuidadosa análise.

Primeiramente, quanto à acusação caluniosa a que se refere a primeira parte do inciso II do art. 1.814, frise-se que não constitui crime na atualidade. Isso porquanto a redação da norma nem permite incluir a hipótese no tipo penal da calúnia nem no tipo penal da denunciação caluniosa.[84] E, como o leitor sabe, a interpretação das normas penais não pode ser ampliativa.

Com relação aos crimes contra a honra, deve-se concluir que se limitam àqueles assim classificados pelo Código Penal.

Daí decorrem dois problemas. Primeiramente, a hipótese da primeira parte do inciso II do art. 1.814 passa a se referir a um **ilícito civil**, cuja prova, portanto, haverá de ser produzida na ação de exclusão do indigno, cabendo ao juiz decidir se houve ou não acusação caluniosa em juízo. Em segundo lugar, os casos de estupro,[85] que qualquer pessoa apontaria como caracterizadores da indignidade do herdeiro, deixam de configurar hipótese de exclusão por indignidade.

Pois bem. Feitas essas considerações, cumpre destacar que para que se possa pleitear a exclusão do herdeiro ou legatário por indignidade com base em crime contra a honra do autor da herança, de seu cônjuge ou companheiro, exige-se, necessariamente, o **trânsito em julgado da sentença penal condenatória**, sem o que o herdeiro ou legatário será presumidamente inocente pelo crime de que é acusado. Havendo a sentença criminal transitada em julgado, não há necessidade de outras provas do crime contra a honra na ação de exclusão.

---

[80] A Lei 12.015/2009 alterou a rubrica para "crimes contra a dignidade sexual".
[81] Frise-se que a Lei 12.015/2009 revogou o art. 214 do Código Penal, cuja hipótese foi incluída na nova redação dada ao art. 213 pela mesma lei, sob a rubrica de **estupro**.
[82] O art. 217 do Código Penal foi revogado pela Lei 11.106/2005, que extinguiu o crime de sedução.
[83] Também o art. 219 do Código Penal foi revogado pela Lei 11.106/2005, que extinguiu igualmente o crime de rapto.
[84] Em sentido diverso, SÍLVIO VENOSA e CÉSAR FIUZA entendem que há correspondência com a denunciação caluniosa (VENOSA, Sílvio de Salvo. *Direito das sucessões*, cit., p. 65; FIUZA, César. *Direito civil*, cit., p. 980).
[85] Interpretado a partir da nova redação do art. 213 do Código Penal, determinada pela Lei 12.015/2009.

Outra dúvida que pode surgir diz respeito ao cônjuge ou companheiro. Parece-nos razoável que a indignidade se configure somente nos casos de o crime contra a honra ter sido cometido na constância do casamento ou da união estável. Isso porquanto o fundamento da exclusão do indigno é a **vontade presumida** do autor da herança. E, se este se separou ou divorciou do cônjuge, ou dissolveu a união estável, não se pode presumir que excluiria de sua sucessão o herdeiro ou legatário que praticou ato contra a honra daquelas pessoas. Frise-se, ademais, que, ainda que a Emenda Constitucional 66 tenha suprimido a etapa da **separação judicial** como passo para o **divórcio**, não extinguiu o instituto.

8.1.3 Ato contrário à liberdade de testar

São tidos como indignos, por fim, os herdeiros ou legatários que, por meio violento ou fraudulento, tenham inibido ou obstado o autor da herança de livremente dispor de seus bens em **testamento** (art. 1.814, III). Porquanto o ato contrário à liberdade de testar não constitui **crime**, será necessária a sua prova no curso da ação de exclusão.

8.2 Efeitos da indignidade

Constituem efeitos produzidos pela declaração de indignidade: (1) a **exclusão da sucessão**; (2) a **consideração como morto**, para fins da sucessão do ofendido; (3) a **proibição do usufruto e da administração dos bens erepticios**; (4) a **exclusão da sucessão dos bens erepticios**; (5) a **validade das alienações a terceiro de boa-fé** e o **correspondente dever de indenizar os ereptores**; (6) a **obrigação de restituir os frutos** e o **direito à indenização das despesas de conservação**.

8.2.1 Exclusão da sucessão

O principal efeito da declaração da indignidade é a **exclusão** do herdeiro ou legatário da sucessão do *de cujus*. A exclusão tem **eficácia *ex tunc***, ou seja, retroativa, pelo que o indigno perderá a posse e a propriedade dos bens que lhe foram transmitidas pela *saisine* no momento da abertura da sucessão.

Uma importante consideração há que se fazer acerca da erepção, ou seja, da perda da posse e da propriedade dos bens recebidos. Como se trata de **obrigação de restituir**, incide a regra *res perit domino*, isto é, **a coisa se perde para o dono**. Logo, se a coisa tiver se perdido, entre a abertura da sucessão e a erepção, sem culpa do indigno, a coisa se perderá e se deteriorará para os herdeiros ereptores – aqueles a quem cabem os bens que recebera o indigno –, nos termos do art. 238 do Código. Afinal, os ereptores é que são considerados legítimos possuidores e proprietários dos bens erepticios. Se tiver havido culpa do indigno, no entanto, os ereptores terão direito a **perdas e danos** (art. 239).

8.2.2 Consideração como morto

Outro efeito da indignidade é a consideração do indigno como se **morto** fosse ao tempo em que a sucessão se abriu (art. 1.816). Esse efeito é consectário da ideia de que a exclusão por indignidade tem a natureza de uma **sanção** imposta ao herdeiro e legatário, pelo que somente pode atingir a pessoa do indigno. Tido como morto o excluído, seus sucessores podem ser chamados à sucessão em seu lugar, quando houver **direito de representação**.

São herdeiros de Augusto seus filhos Rui e Clóvis. Rui é declarado indigno e excluído da sucessão. Os filhos de Rui, Silvio e Orlando, são chamados à sucessão de Augusto, por direito de representação, ao lado do tio, Clóvis. Cabe lembrar que Clóvis herdará **por direito próprio** e **por cabeça**, enquanto Silvio e Orlando herdarão **por direito de representação** e **por estirpe**. Logo, caberá a Clóvis 50% do acervo e a Silvio e Orlando, respectivamente, 25%.

8.2.3 Proibição do usufruto e da administração dos bens ereptícios

Outro efeito da declaração de indignidade, ainda, é a **proibição do usufruto e da administração dos bens ereptícios**, ou seja, dos bens que o indigno teria herdado (art. 1.816, parágrafo único, primeira parte).

Deve-se atentar para a hipótese de **direito de representação** de *filhos menores* do indigno. Isso porquanto, em regra, os pais têm direito ao usufruto dos bens dos filhos menores, além de serem os responsáveis por sua administração (art. 1.689, I e II). Todavia, em se tratando de bens ereptícios, a mãe ou o pai declarado indigno não poderá nem usufruí-los nem administrá-los, cabendo o usufruto e a administração tão somente ao outro dos pais. E, na falta deste, deverá o juiz, na sentença da ação de exclusão do indigno, nomear, desde logo, administrador para os bens ereptícios, mesmo que não tenha ainda se processado o inventário ou se efetuado a partilha do acervo hereditário.

8.2.4 Exclusão da sucessão dos bens ereptícios

O principal efeito da declaração da indignidade, como vimos, é a exclusão do indigno da sucessão do autor da herança. Ocorre que o Direito tem interesse em que o indigno jamais receba os bens do acervo do ofendido, ou seja, aquele com relação a quem se configurou a indignidade, ainda que indiretamente. Por essa razão, exclui-se o indigno, para sempre, da **sucessão dos bens ereptícios**.

Logo, na hipótese de morte de um dos herdeiros que representaram o indigno na sucessão do ofendido, ainda que o indigno seja herdeiro, não sucederá naqueles bens.

Cabe lembrar que, para que se configure essa hipótese, o indigno terá de ser ascendente do *de cujus* – que o representou na sucessão da qual foi excluído – e descendente ou irmão do autor da primeira herança, pois, somente nesses casos, terá havido direito de representação. Logo, o indigno pode ser herdeiro necessário em concorrência com o outro dos pais do morto, ou também em concorrência com o cônjuge do falecido, e, ainda, herdeiro testamentário da parte disponível do patrimônio do testador. Com relação à sucessão dos bens ereptícios, será necessário consultar a ordem de vocação hereditária, e chamar o próximo parente sucessível para herdá-los.

Para aclarar a hipótese, voltemos ao exemplo de Augusto, que morre e deixa como herdeiros seus filhos Rui e Clóvis. Rui é declarado indigno, e seus filhos Silvio e Orlando o representam na sucessão. Posteriormente, Silvio morre, e deixa como sucessor apenas o ascendente, Rui. Conquanto Rui seja chamado à sucessão, não herdará os bens ereptícios. Supondo que o patrimônio de Silvio fosse composto de uma casa, que herdou de Augusto, e de uma fazenda, conclui-se que Rui sucederá apenas na fazenda, mas não na casa. Destarte, será necessário consultar a ordem de vocação hereditária para apontar o próximo sucessor legítimo, que herdará a casa. Na falta deste, a casa será declarada jacente, posteriormente vacante, e, ao final, será incorporada ao patrimônio público. Por outro lado, se havia outro herdeiro em concorrência com o indigno, este, desde logo, herdará o bem ereptício.

Por fim, deve-se esclarecer que os **bens sub-rogados** nos bens ereptícios manterão essa qualidade.

8.2.5 Validade das alienações a terceiro de boa-fé e obrigação de indenizar

Embora a declaração de indignidade e a consequente exclusão da herança produzam efeitos *ex tunc*, não se pode esquecer de que, até o trânsito em julgado da sentença respectiva, o indigno tinha a posse legítima e a propriedade dos bens em que sucedeu o autor da herança. Por essa razão, não pode o Direito atingir o direito do terceiro de boa-fé que negociou tais bens com o indigno, sem saber da indignidade (art. 1.817, primeira parte). Conquanto a indignidade seja um fato que a sentença *declara* – ou seja, não se trata de uma situação que a sentença vá constituir –, a exclusão da sucessão, por sua vez, consubstancia-se em uma condenação e somente produz efeito retroativo por determinação da lei. A indignidade, vale lembrar, não constitui matéria de ordem pública. Se não for ajuizada a ação de exclusão em tempo hábil, o herdeiro ou legatário, conquanto indigno, herdará de pleno direito. Destarte, você percebe que a indignidade e a exclusão, embora se assemelhem à nulidade do ato jurídico porquanto a sentença judicial que as contêm retroage, distanciam-se dela, por terem natureza privada. E, sendo assim, as posteriores declaração de indignidade e exclusão da sucessão não têm o efeito de causar a nulidade dos atos jurídicos praticados de boa-fé anteriormente a elas.

São igualmente válidos, e pelas mesmas razões, os atos de administração praticados pelo indigno (art. 1.817, segunda parte).

Pode ser que tenha ocorrido ao leitor: bastaria, então, ao herdeiro ou legatário indigno negociar os bens herdados antes de haver a declaração de indignidade, para que escapasse de seus efeitos. Essa conclusão, todavia, é errada. Não sendo possível a erepção do bem em que o indigno sucedeu, a lei concede ao ereptor a possibilidade de exigir perdas e danos (art. 1.817, terceira parte). Veja-se que a disposição legal é muito inteligente. Se a obrigação do indigno fosse a de restituir o bem sub-rogado no lugar no bem ereptício, o indigno se exoneraria da obrigação no caso de a prestação se tornar impossível sem culpa sua, e não haveria responsabilidade por perdas e danos. Entretanto, como a obrigação do indigno é, desde logo, a de indenizar o ereptor, a obrigação subsiste ainda que o bem sub-rogado se tenha perdido.

Imaginemos que César, único herdeiro de Manuel, negociou com Pontes um sítio constante do acervo hereditário, após a abertura da sucessão. Com o preço obtido, Manuel comprou vinte bois, que vieram a morrer em razão se um incêndio ocorrido sem culpa sua. Posteriormente, Manuel foi declarado indigno e excluído da sucessão. Seu filho, Caio, foi chamado à sucessão em seu lugar, por direito de representação. Considerando-se que Pontes adquirira o sítio de boa-fé, a alienação será válida, e não haverá evicção. No caso em comento, houve sub-rogação do bem ereptício em outro bem – dinheiro – e posteriormente em outro bem – gado. Este, por sua vez, perdeu-se sem culpa de Manuel. Ocorre que essas sub-rogações não têm nenhuma relevância na apuração dos efeitos da declaração de indignidade. Manuel será, simplesmente, condenado a indenizar o ereptor, Caio, pelo equivalente (valor em dinheiro) do bem ereptício.

8.2.6 Obrigação de restituir os frutos e direito à indenização das despesas de conservação

Ocorrendo a erepção, ou seja, a perda da propriedade e da posse dos bens que foram transmitidas ao indigno no momento da abertura da sucessão, surge para o indigno a **obrigação de restituir** ao ereptor os **frutos dos bens ereptícios** que houver percebido (art. 1.817, parágrafo único, primeira parte). A redação do dispositivo menciona frutos e rendimentos; contudo, cabe lembrar ao leitor que rendimentos nada mais são do que frutos civis.

Não obstante o dever de restituição, tem o indigno o direito à indenização pelas despesas que tiver efetuado com a conservação dos frutos.

8.3 Reabilitação do indigno

O Direito admite a chamada **reabilitação do indigno**, que consiste em ato do autor da herança em que, conhecendo o fato ensejador da indignidade, perdoa expressamente o herdeiro ou legatário (art. 1.818).

A reabilitação, conforme o art. 1.818, pode se dar em **testamento** ou em outro **ato autêntico**. Por "outro ato autêntico" deve-se entender documento público, ou escrito particular, preferencialmente elaborado na presença de testemunhas que o assinem. Recomenda-se que as testemunhas sejam em número de **três**, por aplicação analógica do § 2º do art. 1.876, que exige esse número para o testamento particular. Em qualquer caso, a reabilitação há de ser **expressa**.

Se não houver reabilitação expressa, mas, apesar disso, o testador contemplar o indigno em seu testamento, mesmo ciente do ato ensejador da indignidade, o indigno poderá suceder nos limites da **disposição testamentária** (art. 1.818, parágrafo único). Por exemplo, se, em seu testamento, o testador instituiu o indigno herdeiro de 10% de seu patrimônio, ou legatário da casa X, o indigno poderá herdar esse percentual do acervo, ou a casa. Todavia, supondo-se que fosse o primeiro na ordem de vocação hereditária, quanto à sucessão legítima, ficaria dela excluído, uma vez que não houve reabilitação.

8.4 Direito à erepção e ação de exclusão do indigno

O direito à erepção tem a natureza de um **direito potestativo**, ou seja, trata-se de um direito de um sujeito que atuará, não obstante, na esfera jurídica de outro sujeito, que não poderá se opor a seu exercício. Direito potestativo que é, o direito à erepção, quer dizer, o direito de pleitear a exclusão do indigno, submete-se a **prazo de decadência**, o qual, nos termos do parágrafo único do art. 1.815, é de **quatro anos**, contados da data da abertura da sucessão.

São titulares desse direito os **interessados** na erepção. Consideram-se interessados os sucessores que se beneficiariam pela exclusão do indigno, isto é, os demais herdeiros da mesma classe, ou os próximos na ordem de vocação hereditária, ou, ainda, os que têm direito a suceder por representação.

Em 2017, o assunto do direito à erepção sofreu alteração. É que foi promulgada, e entrou em vigor, a Lei 13.532, a qual deu nova redação ao art. 1.815 do Código. Com a reforma, o *caput* do dispositivo foi mantido, porém criou-se mais um parágrafo (originalmente, havia apenas um).

Para facilitar sua visualização, segue o art. 1.815 com o texto vigente:

Art. 1.815. A exclusão do herdeiro ou legatário, em qualquer desses casos de indignidade, será declarada por sentença.

§ 1º O direito de demandar a exclusão do herdeiro ou legatário extingue-se em quatro anos, contados da abertura da sucessão. *(Redação dada pela Lei nº 13.532, de 2017)*

§ 2º Na hipótese do inciso I do art. 1.814, o Ministério Público tem legitimidade para demandar a exclusão do herdeiro ou legatário. *(Incluído pela Lei nº 13.532, de 2017)*

Como se vê, a grande alteração promovida pela Lei 13.532/2017 foi atribuir ao Ministério Público **legitimidade** para pleitear a exclusão do herdeiro indigno, *porém apenas na hipótese de indignidade por homicídio*. Da nossa parte, recebemos com aplauso a mudança, apesar de lamentarmos que o Congresso tenha se limitado a uma alteração tão pontual – embora bastante significativa. Ainda torcemos pela aprovação da reforma proposta pelo Projeto de Lei 118/2010, do Senado, o qual, atualmente, se encontra na Câmara dos Deputados, sob o 867/2011.

Pois bem. Já houve um tempo em que se consideravam interessados na exclusão do indigno os **credores** do sucessor que seria beneficiado.[86] No entanto, no Direito atual, não se deve estender a tal ponto o direito de crédito, cuja garantia é o patrimônio atual do devedor, e não bens a que este poderia ter direito, em face de um terceiro. Em outras palavras, o alcance do credor é ao patrimônio já incorporado pelo devedor ou, quando muito, ao patrimônio que é a este oferecido – o que ocorre na delação da herança –, mas não a patrimônio de terceiro, estranho à relação obrigacional, em face de quem o devedor poderia ter direitos. Tanto é assim

---

[86] BEVILÁQUA, Clóvis. *Código comentado*, cit., v. VI, p. 35.

que o credor não pode, em nome do devedor, executar dívidas das quais este seja credor, simplesmente para com os bens recebidos garantir a execução de seu próprio crédito.

Por fim, frise-se que o direito à erepção é exercido por meio da **ação de exclusão do indigno**, a qual deve ser ajuizada por um de seus titulares. Ressalte-se que, por se tratar de **questão de alta indagação**, não pode ser decidida pelo juiz do inventário, devendo ser remetida às vias ordinárias.

Quadro Esquemático 3

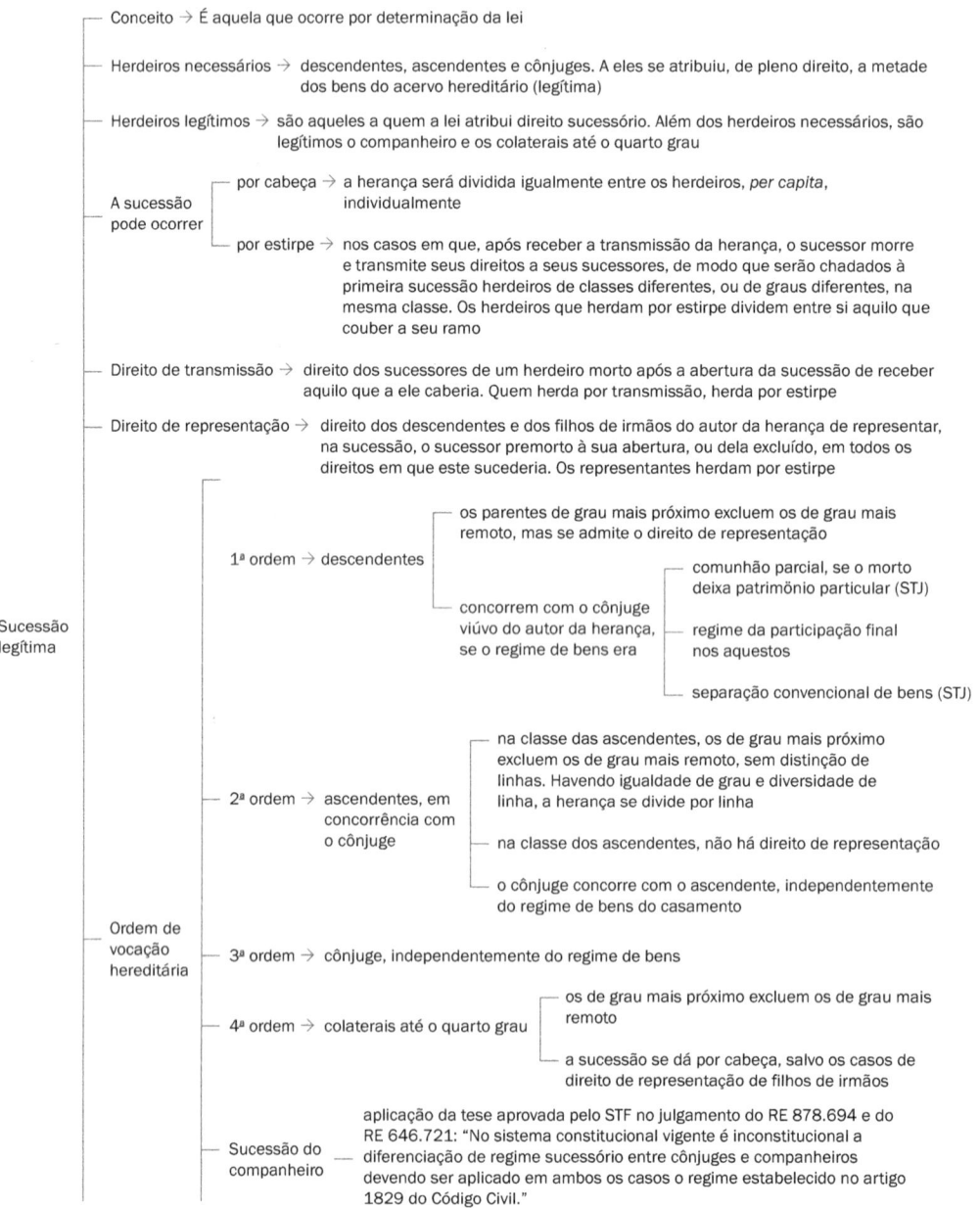

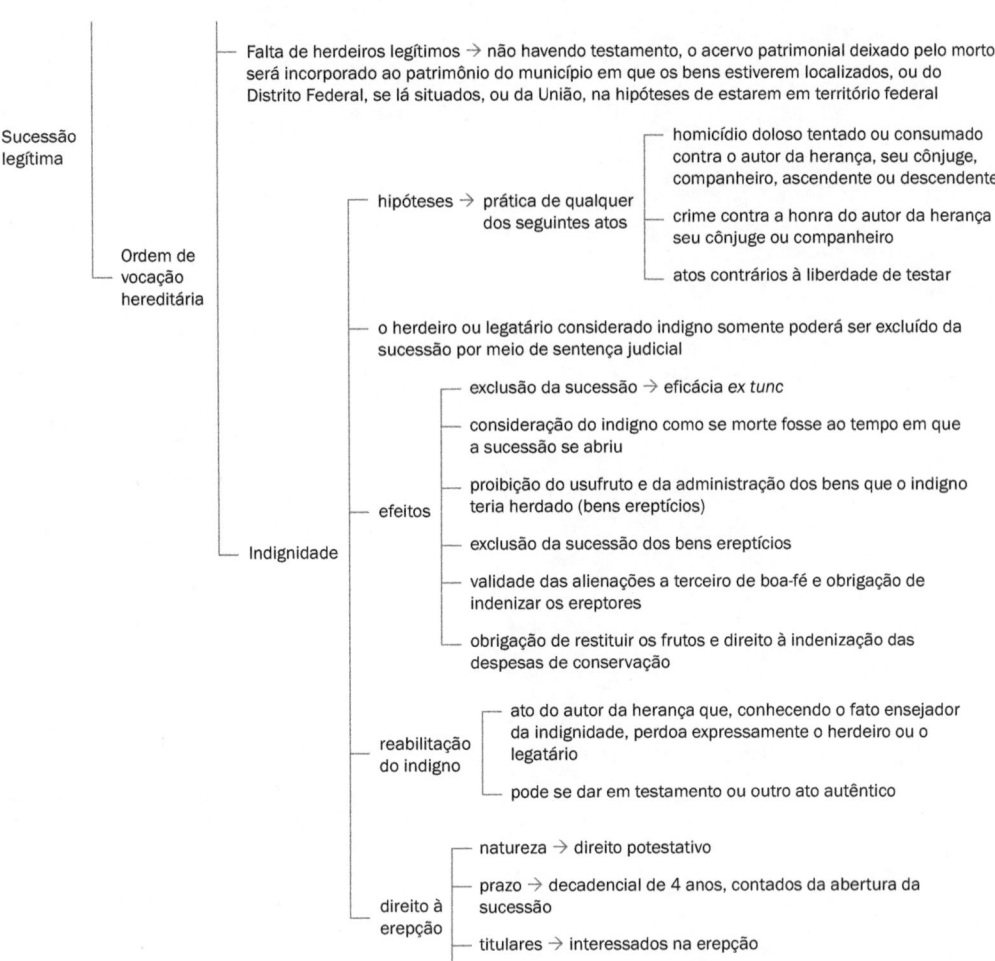

Sucessão Testamentária (arts. 1.857 a 1.990)

Como você já sabe, a sucessão pode se dar por força da lei ou por disposição de última vontade. A sucessão por força da lei, chamada de **sucessão legítima**, foi objeto de estudo no capítulo anterior. No presente capítulo, será estudada a sucessão por disposição de última vontade, chamada de **sucessão testamentária**.

1. HISTÓRICO DA SUCESSÃO TESTAMENTÁRIA

Em breve síntese, pode-se afirmar que a sucessão testamentária evoluiu do desenvolvimento de duas ideias: a da **propriedade privada**, e a da **necessidade de perpetuar o culto do lar**, ameaçado pela ausência de filhos homens do autor da herança.

Em Roma, a sucessão testamentária, inicialmente, era facultada apenas a quem não tinha sucessores da categoria dos **herdeiros necessários** (*heredes sui*). Posteriormente, admitiu-se a possibilidade de o testador deserdar os herdeiros necessários, para então instituir a sucessão testamentária. Em qualquer caso, não se admitia a cumulação da sucessão testamentária com a legítima.

Um dos elementos que deu força à sucessão testamentária no Direito Romano, segundo se tem notícia, foi o fato de que o **filho emancipado** pelo *pater familias* deixava de ser considerado herdeiro necessário, pois deixava o seio da família. Logo, a solução concebida para que o pai transmitisse ao filho emancipado seu acervo hereditário foi a instituição da liberdade de testar.[87] O mesmo se passava com relação aos netos nascidos de filhas, e às próprias filhas, que a lei também excluía do rol dos herdeiros necessários.[88]

No nosso Direito, a sucessão testamentária já era admitida desde as Ordenações Afonsinas, chegando ao Brasil independente por meio das Ordenações Filipinas, com certos embates doutrinários, alguns a respeito das reformas implementadas pelo Marquês de Pombal – a lei de 25 de junho de 1766, que invalidava os testamentos em favor de quem os escrevesse ou sugestionasse, bem como os elaborados por testador em estado de grave moléstia, e a lei de 9 de setembro de 1769, que favorecia a sucessão legítima –, em parte revogadas pelo decreto de 17 de julho de 1778. A principal controvérsia, e que, por isso, merece ser aqui comentada, dizia respeito à **instituição de herdeiro** no testamento e à **possibilidade de cumulação** da sucessão

---

[87] BEVILÁQUA, Clóvis. *Direito das sucessões*, cit., p. 180.
[88] Ibidem, p. 181.

legítima com a sucessão testamentária. Prevaleceu o entendimento no sentido de que a validade do testamento não dependia da instituição de herdeiro, e que se admitia a sucessão legítima cumulada com a testamentária – entendimento defendido por GOUVEIA PINTO,[89] TEIXEIRA DE FREITAS[90] e CLÓVIS BEVILÁQUA,[91] e positivado no art. 1.626 do Código Civil de 1916.

Afirmar que a validade do testamento não depende da instituição de herdeiro significa que pode o testador se limitar a **instituir legatários**, os quais receberão, como o leitor já sabe, bens individualizados apontados pelo testador. Em outras palavras, todo o acervo é distribuído em legados, sem que haja herdeiro, ou seja, sem que nenhum sucessor suceda o autor da herança **a título universal**. Admitir a cumulação da sucessão legítima com a testamentária, por sua vez, é admitir que o testador disponha da **parte disponível** de seu patrimônio como lhe aprouver, ou seja, **ressalvada a legítima** dos herdeiros necessários, goza o testador da **liberdade de testar**. Essa orientação perdura até os dias atuais em nosso Direito.

2. LIBERDADE PARA TESTAR E CAPACIDADE TESTAMENTÁRIA ATIVA

Liberdade de testar é a liberdade do testador de dispor acerca de sua sucessão em testamento. No Direito brasileiro, essa liberdade limita-se pela existência dos chamados **herdeiros necessários**: descendentes, ascendentes e cônjuge. Caso o testador tenha herdeiros necessários, somente poderá dispor de metade de seu patrimônio (art. 1.789 e art. 1.857, § 1º), pois a outra metade constitui a **legítima**, ou seja, o patrimônio atribuído pela lei àqueles herdeiros (art. 1.846).

Já a **capacidade de direito para testar** somente se adquire aos dezesseis anos completos (art. 1.860, parágrafo único), o que importa dizer que, antes disso, não se pode testar nem pela via da representação. É que não se trata de ato que não se possa praticar pessoalmente – caso de *incapacidade de fato* –, mas de ato proibido, que o sujeito não pode praticar nem por si, nem representado – caso de *incapacidade de direito*.

São, também, **incapazes de direito para testar** os incapazes de fato dos arts. 3º e 4º do Código, bem como os que, no momento do ato, não tiverem o necessário discernimento para praticá-lo (art. 1.860, caput). É importante que se observe que se cuida de incapacidade de *direito* (ato proibido), para que não se caia no erro de achar que o incapaz de fato pode testar pelas vias da representação ou da assistência.

Impende também destacar que nem a **incapacidade de fato superveniente** do testador invalida seu testamento, nem a **superveniência da capacidade de direito ou de fato** do testador incapaz torna válido o testamento elaborado (art. 1.861).

Destarte, se Augusto, capaz de testar, elabora testamento e, posteriormente, vem a ser interditado – superveniência de *incapacidade de fato* –, seu testamento não se invalida. E, se Caio, menor de dezesseis anos, testa, tal testamento não se tornará válido após Caio completar dezesseis anos – superveniência de *capacidade de direito*.

3. CAPACIDADE TESTAMENTÁRIA PASSIVA

A **capacidade testamentária passiva** se refere à possibilidade ou não de a pessoa ser nomeada herdeira ou legatária no testamento. A ausência de capacidade testamentária passiva acarreta a **nulidade** da instituição do herdeiro ou legatário (arts. 1.802 e 1.900, V).

---

[89] PINTO, Antônio Joaquim Gouveia. *Tratado*, cit., p. 3.
[90] FREITAS, Augusto Teixeira de. *Consolidação*, cit., p. 604.
[91] BEVILÁQUA, Clóvis. *Direito das sucessões*, cit., p. 187.

Conforme vimos na subseção 1.1.2, no capítulo 2, no sistema anterior ao Código Civil, embora silentes as Ordenações Filipinas, TEIXEIRA DE FREITAS sustentava que a **capacidade testamentária passiva** devia ser apurada tanto no momento da **elaboração do testamento** quanto no da **morte do testador**.[92]

Desde 1916, no entanto, passou-se a verificá-la apenas quando da **abertura da sucessão** (art. 1.577 do Código anterior e art. 1.798 do atual).

No art. 1.798, o Código atribui capacidade para suceder, tanto na sucessão legítima, quanto na testamentária, a todas as pessoas nascidas ou já concebidas no momento da abertura da sucessão. Ou seja, também o **nascituro** pode ser instituído herdeiro ou legatário no testamento. Todavia, enquanto perdurar a teoria da personalidade condicionada (art. 2º), ao menos quanto aos direitos patrimoniais, o nascituro só sucederá se nascer com vida.

O art. 1.799, por sua vez, atribuiu capacidade testamentária passiva: (1) aos filhos, ainda não concebidos, de pessoas indicadas pelo testador, desde que vivas estas ao abrir-se a sucessão – os **concepturos**; (2) às **pessoas jurídicas**; (3) às pessoas jurídicas cuja organização for determinada pelo testador sob a forma de **fundação**.

Quanto à sucessão do **concepturo**, é claro, também, que só poderá ocorrer se este for concebido e nascer com vida, caso em que lhe será deferida a sucessão, com todos os frutos e rendimentos produzidos pela sua herança desde a morte do testador (art. 1.800, § 3º). Todavia, para a validade da disposição testamentária, não é necessário que tenha ainda sido concebido ao tempo da abertura da sucessão.

Sobre a hipótese, infere-se do art. 1.800, § 4º, que a capacidade testamentária passiva do concepturo se extingue se este não for concebido em até **dois anos** contados da abertura da sucessão, caso em que sua herança se devolve aos herdeiros legítimos.

Após aberta a partilha do acervo hereditário, a herança do concepturo será confiada a um curador, a ser nomeado pelo juiz (art. 1.800, *caput*). Se o testador não tiver disposto diversamente no testamento, o juiz deve nomear curador a pessoa cujo filho o testador esperava ter por herdeiro, ou, sucessivamente, as pessoas indicadas no art. 1.775 (art. 1.800, § 1º). Quanto aos poderes, deveres e responsabilidades do curador, aplicam-se, no que couber, as disposições concernentes à curatela dos incapazes (art. 1.800, § 2º).

Com relação à **fundação** cuja instituição o testador determinar, vale lembrar que, quando os bens a ela destinados forem insuficientes para sua constituição, serão, se de outro modo não dispuser o testador, incorporados em outra fundação que se proponha a **fim igual ou semelhante** (art. 63).

O art. 1.801, por outro lado, enumera as pessoas a quem a lei rejeita a capacidade testamentária passiva: (1) a **pessoa que escreveu o testamento a rogo do testador**, e também o cônjuge ou companheiro, os ascendentes e irmãos daquela; (2) as **testemunhas** do testamento; (3) o **concubino** do testador casado, salvo se este, sem culpa sua, estiver separado de fato do cônjuge há mais de cinco anos; (4) o **tabelião**, civil ou militar, ou o comandante ou escrivão, perante quem foi feito, ou o que fez ou aprovou o testamento.

Quanto ao **concubino** do testador casado, cuja incapacidade testamentária passiva é, no mínimo, bastante questionável, cabe lembrar que, para o Código, trata-se da pessoa que mantém relações conjugais com pessoa casada, na constância da sociedade conjugal (art. 1.727). Impende lembrar, ainda, que esta se dissolve também com a separação judicial (art. 1.571, III), com o que, mesmo antes do divórcio, extinguem-se os deveres de coabitação e de fidelidade, e o regime de bens (art. 1.576).

---

[92] FREITAS, Augusto Teixeira de. *Consolidação*, cit., p. 594.

Observe que o Código ressalva a validade da instituição do concubino como herdeiro ou legatário se o testador casado, "sem culpa sua, estiver separado de fato do cônjuge há mais de cinco anos". Seguimos o entendimento doutrinário segundo o qual o dispositivo deve ser interpretado no sentido de que o testador devesse estar separado de fato há mais de cinco anos quando da **abertura da sucessão**, e não quando da elaboração do testamento.[93] De todo modo, cabe ressaltar que, se a relação com o concubino perdurou após a separação de fato, deverá ser considerada união estável – se reunir as características desta –, vez que cai o impedimento da bigamia (art. 1.723, § 1º, parte final). Com isso, cai, também, a incapacidade testamentária passiva, pois o companheiro, ao contrário, é **herdeiro necessário**.[94] Logo, deve-se aplicar a norma apenas ao concubino instituído cuja relação com o testador não chegou a configurar união estável – por exemplo, porque se extinguiu antes da separação.

Pois bem. O art. 1.802 considera **nulas** as disposições testamentárias que favoreçam as pessoas que não têm capacidade testamentária passiva, ainda que tenham sido simuladas sob a forma de contrato oneroso, ou feitas mediante interposta pessoa. O art. 1.900, inc. V, posteriormente, repete a norma.

O parágrafo único do art. 1.802 presume **pessoas interpostas** os ascendentes, os descendentes, os irmãos e o cônjuge ou companheiro do incapaz de suceder. O art. 1.803, todavia, como não poderia deixar de ser, ressalva a **validade** da disposição em favor do filho – leia-se: descendente – do concubino, que também o é do testador. Nesse caso, vale lembrar, o descendente é herdeiro necessário do testador. O art. 1.803 somente se justifica no sentido de afastar qualquer dúvida sobre a presunção de simulação por meio de pessoa interposta, que alguém poderia suscitar pelo fato de o parágrafo único do art. 1.802 estabelecê-la quanto à disposição em favor do descendente do concubino.

4. NOÇÃO E FORMAS DE TESTAMENTO

Testamento é o **negócio jurídico unilateral** por meio do qual uma pessoa dispõe de seu patrimônio e faz outras disposições de última vontade para depois de sua morte (art. 1.857, caput e § 2º).

Trata-se de ato essencialmente **unilateral**, porquanto se realiza pela vontade unicamente do testador. Ato *causa mortis* que é, somente produz efeitos após a morte de seu autor, chamado de **testador**. Cuida-se, ademais, de ato **personalíssimo**, que somente pode ser elaborado pelo próprio testador – ainda que se admita auxílio técnico, como de advogado ou oficial de registro. **Revogável**, pode ser alterado a qualquer momento (art. 1.858). Para que se altere um testamento, basta que o testador o revogue, ou elabore um novo. A revogação e a alteração podem ser totais ou parciais, dependendo da vontade do testador. Ato **gratuito**, não admite contraprestação do beneficiário. **Solene**, sua validade se sujeita à obediência de uma das formas prescritas pela lei.

O Código Civil de 2002 cuida de três **formas ordinárias** de testamento – ou testamentos ordinários –, três **formas especiais** de testamento – ou testamentos especiais – e, ainda, três **formas proibidas** de testamento – ou testamentos conjuntivos.

São *testamentos ordinários*, segundo o art. 1.862: o **testamento público**; o **testamento cerrado**; o **testamento particular**. São *testamentos especiais*, conforme o art. 1.886: o **testamento marítimo**; o **testamento aeronáutico**; o **testamento militar**.

---

[93] CARVALHO, Luiz Paulo Vieira de. *Direito das sucessões*, 2. ed., cit., p. 188.
[94] Por interpretação sistemática e teleológica da tese fixada pelo STF em 10 de maio de 2018, por ocasião do julgamento do RE 878.694/MG e do RE 646.721/RS: "É inconstitucional a distinção de regimes sucessórios entre cônjuges e companheiros prevista no art. 1.790 do CC/2002, devendo ser aplicado, tanto nas hipóteses de casamento quanto nas de união estável, o regime do art. 1.829 do CC/2002".

Segundo o art. 1.863, são expressamente proibidas as *formas conjuntivas de testamento*: o **testamento simultâneo**; o **testamento recíproco**; o **testamento correspectivo**.

Acerca da interpretação dos testamentos, deve-se frisar que, no Direito contemporâneo, firmou-se o entendimento de que deve ser guiada pela ideia da **prevalência da manifestação de vontade do testador**. Por essa razão, tem-se admitido que o juiz não invalide o ato pela simples ocorrência de vício formal, contanto que o julgador se convença de que se trata de autêntica manifestação de vontade do testador, ou seja, desde que não haja indícios que ponham em dúvida a autoria, nem a capacidade testamentária, nem a liberdade de testar do testador.

4.1 Testamentos ordinários

Todas as três formas ordinárias de testamento têm em comum o fato de serem **escritas**.4

4.1.1 *Testamento público*

Chama-se de **público** o testamento levado a termo por um tabelião, ou seu substituto legal, seguindo o que lhe dita o testador, na presença de testemunhas.

Outrora fora chamado de **aberto** pelas Ordenações Filipinas, em oposição ao testamento **cerrado**, vez que naquele as disposições são conhecidas, e o texto mantido aberto, enquanto neste as disposições são secretas, e o texto mantido fechado.[95]

Admite-se que o testamento público seja **escrito manual ou mecanicamente**, bem como feito por meio da **inserção da declaração de vontade** do testador em **partes impressas do livro de notas**, contanto que todas as páginas sejam rubricadas pelo testador, se houver mais de uma (art. 1.864, parágrafo único).

Deve-se frisar que a forma pública é a única pela qual pode a **pessoa cega** testar, segundo a primeira parte do art. 1.867.

São requisitos essenciais do testamento público, segundo o art. 1.864:

1. O testamento público deve ser **escrito pelo tabelião**, ou por seu substituto legal, no livro de notas, e de acordo com as **declarações do testador**, o qual pode se valer de minuta, notas ou apontamentos (art. 1.864, I). O testamento público levado a termo por qualquer outra pessoa, ainda que funcionária do cartório, será **nulo**. Também será nulo o testamento se o tabelião o copiar de escrito do testador: o que o tabelião deve escrever é aquilo que lhe **ditar** o testador, ainda que, para tanto, este se utilize de escritos.

Ademais, o testador deve se encontrar na **presença do oficial**, para que este se certifique de que o que lhe está sendo ditado é realmente manifestação do testador.

Não é necessário, por sua vez, que o tabelião ou seu substituto legal transcreva exatamente as **palavras do testador**, quando estas não forem claras. Para se certificar de que realmente transcreve a vontade do testador, e com a necessária clareza para posterior interpretação do documento, pode o oficial fazer-lhe perguntas. Todavia, não se admite que o testamento seja todo fruto das **respostas** dadas às perguntas formuladas ao testador, caso em que o resultado poderia não ser a livre vontade deste, mas sim aquilo a que o oficial lhe conduziu.

2. Após ser lavrado, o testamento deve ser **lido em voz alta** pelo tabelião ou por seu substituto legal, e a leitura deverá ser ouvida pelo testador e por **duas testemunhas**, a um só tempo; admite-se, no entanto, que o próprio testador leia em voz alta o documento, para as testemunhas e o oficial (art. 1.864, II). O objetivo da leitura é a **certificação**, tanto pelo testador quanto pelas

---

[95] BEVILÁQUA, Clóvis. *Direito das sucessões*, cit., p. 213.

testemunhas, de que o que foi escrito corresponde ao que foi declarado. Caso o testador ou qualquer das testemunhas percebam **discrepâncias**, deverá imediatamente apontá-las.

Se o testador for **surdo**, mas souber ler, lerá o testamento; se não o souber, designará alguém para lê-lo em seu lugar, na presença das testemunhas (art. 1.866).

Se o testador for **cego**, além da leitura em voz alta pelo tabelião ou seu substituto legal, dever-se-á proceder a uma segunda leitura em voz alta, desta vez por uma das testemunhas, devendo tal fato ser mencionado no testamento (art. 1.867, segunda parte). A despeito da exigência legal, há casos em que se admite a flexibilização do rigor formal para preservar o testamento. Há julgado do STJ no sentido de que a inexistência de uma segunda leitura, assim como a ausência de referência expressa ao fato de se tratar de testador cego, não inviabilizaria, por si só, o testamento.[96]

3. Finda a leitura, e não havendo discrepâncias entre o que declarou o testador e o que lavrou o oficial, o instrumento deverá ser **assinado** pelo testador, pelas testemunhas e pelo tabelião ou seu substituto legal (art. 1.864, III). O testador e as testemunhas deverão se **recusar a assinar** o documento se o oficial não houver procedido à **correção das discrepâncias** e lido novamente em voz alta o testamento lavrado. Será **nulo**, por descumprimento de formalidade, o testamento que não houver sido assinado, seja pelo testador, por qualquer das testemunhas, ou ambas, ou pelo oficial que o lavrou.

No caso de o testador **não saber, ou não poder assinar**, tal fato deverá ser declarado no testamento, que será assinado por uma das testemunhas, a rogo do testador (art. 1.865). As **testemunhas**, por sua vez, não são beneficiadas pela assinatura a rogo; se não souberem ou não puderem assinar, terão de ser substituídas por outras, que o possam fazer.[97]

Morto o testador, e, por conseguinte, aberta a sucessão, qualquer interessado pode pedir ao juiz, exibindo-lhe traslado ou certidão do testamento público, que o mande registrar e cumprir (art. 736 do CPC/2015). O procedimento judicial instaurado obedecerá ao disposto nos arts. 735, §§ 1º e 2º, do mesmo Código.

No procedimento de registro e cumprimento do testamento público o juiz deve apenas verificar a presença dos requisitos formais (externos) do ato. Qualquer alegação de invalidade em razão de vício intrínseco deve ser apreciada em ação própria, declaratória de nulidade ou anulatória, conforme o caso.

4.1.2 Testamento cerrado

Chama-se de **testamento cerrado**, **secreto** ou **místico** o testamento elaborado pelo testador ou por pessoa a seu rogo, aprovado pelo tabelião ou seu substituto legal e cerrado, isto é, fechado, lacrado, para ser aberto somente após a morte do testador, razão pela qual as disposições testamentárias permanecem secretas até tal momento.

Trata-se de forma de testamento pouco utilizada na prática. Se não é da cultura do brasileiro elaborar testamento, muito menos o é pela forma cerrada, que é a mais solene de todas. Não obstante, cuida-se de forma de grande interesse prático – do ponto de vista da sucessão testamentária –, em razão de permitir ao testador que mantenha suas disposições em segredo.

---

[96] "O descumprimento de exigência legal para a confecção de testamento público – segunda leitura e expressa menção no corpo do documento da condição de cego – não gera a sua nulidade se mantida a higidez da manifestação de vontade do testador (STJ, 3ª Turma, REsp 1.677.931-MG, relatora: Min. Nancy Andrighi, data do julgamento: 15/8/2017).

[97] BEVILÁQUA, Clóvis. *Direito das sucessões*, cit., p. 219.

Nada obsta a que o testamento cerrado seja elaborado **por meio mecânico**, contanto que o testador numere e autentique, com a sua assinatura, todas as páginas (art. 1.868, parágrafo único).

Cumpre destacar que a lei admite que o **surdo-mudo** teste pela modalidade cerrada, desde que o escreva todo e o assine de sua mão, e que, quando da entrega ao oficial do registro, na presença de duas testemunhas, escreva na face externa do papel ou de seu envoltório que aquele é o seu testamento, cuja aprovação pede (art. 1.873).

São requisitos essenciais do testamento cerrado, conforme o art. 1.868:

1. O documento escrito pessoalmente pelo testador ou por pessoa a seu rogo a fim de instituir testamento cerrado é chamado de **cédula testamentária**, a qual tem de ser assinada pelo testador (art. 1.868, *caput*), o qual deve, em qualquer caso, **saber e poder ler**, vez que não se admite que a pessoa que não saiba ou não possa ler disponha de seus bens pela forma de testamento cerrado (art. 1.872).

A lei admite que o testamento cerrado seja escrito em **língua nacional ou estrangeira** (art. 1.871). Se escrito em língua estrangeira, mas houver de ser executado no Brasil, cabe frisar que terá de ser traduzido por tradutor público (juramentado) devidamente habilitado nos termos do Decreto 13.609/43.

Frise-se que o fato de o próprio tabelião ter escrito o testamento a rogo do testador não o impede de aprová-lo (art. 1.870).

2. O testador deve pessoalmente entregar o testamento (a cédula) ao tabelião ou a seu substituto legal, na presença de **duas testemunhas** (art. 1.868, I). Será **nulo** o testamento que for entregue ao tabelião por terceiro, ou entregue a pessoa diversa do tabelião ou seu substituto legal, ou, ainda, que não tiver sido entregue na presença de duas testemunhas. Ressalte-se que a entrega e a presença das testemunhas serão consignadas no testamento.

3. É da essência do testamento cerrado, ademais, que, quando da entrega pelo testador ao tabelião ou seu substituto legal, aquele declare que o documento é o seu testamento, e que deseja que seja aprovado (art. 1.868, II). Conquanto tenha ocupado o debate jurídico, durante certo tempo, a questão de partir do testador a declaração e o pedido, espontaneamente, ou de serem respostas a perguntas formuladas pelo oficial – "é este documento, que acaba de me entregar seu testamento?", "deseja que seja aprovado?", não se ocupa mais o Direito de tais detalhes.[98] Basta que haja a declaração e o pedido, não importando se espontâneos ou como resposta ao questionamento do tabelião ou seu substituto legal.

4. Após a declaração de que se trata de testamento e do pedido de aprovação, o tabelião deve, imediatamente, lavrar o auto de aprovação na presença das duas testemunhas, o qual deverá ser lido para elas e para o testador (art. 1.868, III).

O auto de aprovação deve começar logo após a última palavra do testador escrita no testamento, e nele o tabelião deve declarar, sob sua fé, que o testador lhe entregou o testamento para ser aprovado na presença das testemunhas (art. 1.869, primeira parte). Se não houver espaço para o início do auto de aprovação na última página do testamento, o tabelião deverá apor nele o seu sinal público, e lavrar o auto em folha separada, mencionando o fato (art. 1.869, parágrafo único).

5. Após a leitura do auto de aprovação, este deverá ser assinado pelo tabelião, pelo testador e pelas testemunhas (art. 1.868, IV).

---

[98] Segundo nos dá notícia BEVILÁQUA, que critica duramente tal perda de tempo: "a futilidade de tais discussões impediam de nelas tomar parte quem procurasse ter do direito compreensão mais elevada do que a ressuma das sornas rabulices, que tanto conseguiram entreter a nossa jurisprudência, por infelicidade sua" (*Direito das sucessões*, cit., p. 227-228).

Impende destacar que o Superior Tribunal de Justiça já teve a oportunidade de decidir que a assinatura do testador no auto de aprovação não dispensa a sua **assinatura na cédula testamentária**, ainda que aquele tenha sido lavrado imediatamente ao final desta.

Da nossa parte, discordamos de tal posicionamento. Contanto que o auto de aprovação tenha sido lavrado imediatamente ao final da cédula testamentária, logo após a última palavra escrita, deve-se considerar válido o testamento cerrado como um todo. Não obstante, recomendamos que o testador jamais deixe de assinar a cédula, para evitar uma possível declaração de nulidade de sua disposição de última vontade.

Já a falta de assinatura do testador no **auto de aprovação** não invalida o testamento cerrado – segundo a jurisprudência majoritária –, desde que presente na cédula testamentária, posicionamento ao qual nos filiamos.

Pois bem. Devidamente assinado o auto, o testamento aprovado deve ser **cosido e cerrado** (art. 1.869, segunda parte), após o que será entregue ao testador (art. 1.874, primeira parte).

Após a entrega, o tabelião lançará no seu livro nota do lugar, dia, mês e ano em que o testamento foi aprovado e entregue (art. 1.874, segunda parte).

Morto o testador, e aberta a sucessão, o testamento cerrado deve ser entregue ao juiz para ser **aberto** (art. 1.875, primeira parte), observando-se o procedimento de abertura, registro e cumprimento previsto nos arts. 735 a 737 do CPC/2015.

Não constatando vício externo que torne o testamento inválido ou suspeito de falsidade, o juiz o fará registrar e ordenará que seja cumprido (art. 1.875, segunda parte do Código Civil).

No procedimento de abertura, registro e cumprimento do testamento cerrado não se admite a alegação de vícios intrínsecos ou de invalidade de disposições testamentárias, o que deve ser feito por meio de ação declaratória de nulidade ou anulatória do testamento, conforme o caso.

4.1.3 Testamento particular

Diz-se **particular**, ou **privado**, o testamento elaborado pelo próprio testador, de próprio punho ou por processo mecânico (art. 1.876, *caput*). Se elaborado por processo mecânico, não pode conter nem rasuras nem espaços em branco (art. 1.876, § 2º, primeira parte).

Admite-se que o documento seja escrito em **língua estrangeira**, desde que as testemunhas a compreendam (art. 1.880).

Seja o testamento escrito de próprio punho ou por processo mecânico, deve ser lido na presença de **três testemunhas**, no mínimo (art. 1.876, §§ 1º e 2º). O leitor deve atentar para a mudança implementada pelo Código de 2002, que reduziu o número de testemunhas, o qual no Código de 1916 era de **cinco** (art. 1.645, II).

Após a leitura, devem tanto o testador quanto as testemunhas assinar o testamento (art. 1.876, §§ 1º e 2º).

Conquanto a lei não exija que o testamento particular seja **datado**, o que advém do esquecimento do legislador, é essencial que o seja, para que se possa perquirir acerca da capacidade do testador quando da elaboração do documento e para que se possa, caso seja encontrado mais de um testamento, determinar qual o mais recente.[99]

Após a morte do testador e a consequente abertura da sua sucessão, o testamento particular deve ser **publicado em juízo**, a pedido do herdeiro, legatário ou testamenteiro, devendo ser citados os herdeiros legítimos (art. 1.877 do Código Civil combinado com art. 737 do CPC/2015).

---

[99] BEVILÁQUA, Clóvis. *Código comentado*, cit., p. 84.

O procedimento judicial de publicação e confirmação do testamento particular se rege pelo art. 737 do CPC/2015.

O juiz deverá ouvir as testemunhas, para **confirmar o testamento**. Se as testemunhas forem contestes, ou seja, se confirmarem o fato da disposição do testador, ou, pelo menos, a leitura do documento perante elas, e se reconhecerem suas assinaturas, o testamento será confirmado (art. 1.878, *caput*, do Código Civil). Diz-se que as testemunhas devem atestar, no mínimo, a leitura do documento, admitindo-se que não confirmem a disposição do testador, porquanto é comum que se esqueçam do conteúdo do documento no espaço de tempo entre a elaboração do testamento e a morte do testador, o que, no entanto, não é suficiente para que não se confirme a disposição de última vontade.

Cumpre esclarecer que, conquanto o Código de 1916 exigisse a participação de cinco testemunhas no testamento particular, a jurisprudência permitiu que o documento fosse confirmado se houvesse, pelo menos, três testemunhas, em razão do permissivo do art. 1.133 do CPC/73.

No espaço de tempo entre a elaboração do testamento e a morte do testador, pode acontecer de morrerem as próprias testemunhas, ou de estas desaparecerem. O Código Civil de 2002, então, admite a confirmação do testamento se pelo menos **uma testemunha** for ouvida e comprovar o documento, desde que o juiz entenda que há prova suficiente da veracidade do testamento (art. 1.878, parágrafo único).

Na verdade, no Direito contemporâneo, não há razão para que não se confirme o testamento particular ainda que todas as testemunhas tenham falecido, ou desaparecido, desde que não haja elementos que levem o julgador a duvidar da veracidade do documento. Afinal, a ideia por trás da sucessão testamentária é sempre a de privilegiar a **última vontade do testador**.

Caso o testamento tenha sido elaborado em língua estrangeira, a publicação e a confirmação dependerão de que seja **traduzido** por tradutor público (juramentado) devidamente habilitado de acordo com o Decreto 13.609/43.

Por fim, impende frisar que no procedimento de publicação e confirmação do testamento não se admite a alegação de vícios intrínsecos, o que deve ser feito em ação declaratória de nulidade ou ação anulatória, conforme o caso.

4.1.3.1 Testamento hológrafo, excepcional ou emergencial

Testamento hológrafo é o escrito pelo testador de próprio punho, datado e assinado, sem a participação de testemunhas.[100]

O leitor deve atentar, no entanto, para o uso do adjetivo *hológrafo* para se referir ao *testamento particular*, o que se faz considerando-se que este também é elaborado de próprio punho pelo testador e assinado. Tal uso, não obstante, não é técnico, vez que nosso testamento particular não precisa necessariamente ser escrito de próprio punho pelo testador – admite-se o meio mecânico –, e ainda exige a participação das testemunhas.[101]

Conquanto admitido em diversos sistemas jurídicos, o testamento sem a participação de testemunhas não era permitido entre nós até a entrada em vigor do Código de 2002, que o previu como modalidade excepcional de testamento particular no art. 1.879, preceituando que, em **circunstâncias excepcionais** declaradas pelo testador no documento, este poderá elaborá-lo de próprio punho e assiná-lo, sem as testemunhas, podendo o juiz confirmá-lo. Por essa

---

[100] BEVILÁQUA, Clóvis. *Direito das sucessões*, cit., p. 233; ALMEIDA, Francisco de Paula Lacerda de. *Sucessões*, cit., p. 215-216.

[101] ALMEIDA, Francisco de Paula Lacerda de. *Sucessões*, cit., p. 216.

razão, este caso peculiar de testamento particular também pode ser denominado **testamento excepcional** ou **emergencial**.

Apesar de a lei não o mencionar, entende-se que o testamento hológrafo tem de ser **datado**, para que se apure a capacidade do testador ao tempo da elaboração do testamento e para que se determine qual é o testamento mais recente, caso se descubra mais de um.

A única dificuldade, como se vê, é a determinação de que circunstâncias autorizam a elaboração do testamento hológrafo, o que caberá ao juiz, caso a caso, na falta de parâmetro legal.

Parece-nos que o que deve o julgador apurar é se, quando da elaboração do testamento, o testador tinha a possibilidade de solicitar a participação das testemunhas, caso em que não se justificará a falta delas. Todavia, constatando-se que o testador se encontrava sozinho, em situação de isolamento, ou de emergência, a hipótese poderá autorizar o testamento hológrafo.

A pandemia da covid-19 acabou ensejando a realização de testamentos por essa forma, sobretudo em 2020, durante o período de distanciamento social. Isso porque diversas pessoas, em casa, sozinhas ou com a família, passaram a temer a morte, e buscaram fazer planejamento sucessório. Em muitos casos, as pessoas que cumpriam o distanciamento social com o testador eram justamente as que ele queria beneficiar, como cônjuge e filhos, e, por essa razão, tais pessoas não podiam ser testemunhas de um testamento particular ordinário (art. 1.801, III). Ademais, muitas vezes, com os cartórios de notas fechados, o testamento particular era a única alternativa possível. Contudo, na falta de testemunhas, só restava a alternativa excepcional. Por meio de consultas remotas a advogados, muitas pessoas foram orientadas a elaborar tal testamento validamente.

Sem dúvida, com a pandemia, o testamento particular excepcional, que antes parecia existir somente na lei, tornou-se frequente. Com certeza, o melhor exemplo de cabimento dessa forma de testamento será, justamente, o que ocorreu em razão da covid-19. Antes, discutia-se quem, estando em circunstâncias excepcionais, saberia como elaborar um testamento emergencial validamente. Entretanto, durante períodos da pandemia, ocorreu a peculiaridade de a pessoa ter interesse em fazer planejamento sucessório, estando plenamente capaz de testar, podendo contar com assessoramento jurídico a distância, mas sem poder optar por formas de testamento dependentes de cartórios, tampouco testar na presença das três testemunhas exigidas para o testamento particular ordinário.

Pois bem. Importante discussão sobre tal forma excepcional de testamento diz respeito à possibilidade superveniente de elaboração de testamento não excepcional.[102] No silêncio da lei, não parece razoável que se determine prazo para a eficácia do testamento hológrafo, não sendo possível a analogia com as formas especiais de testamento – afinal, trata-se de modalidade excepcional de testamento ordinário. No entanto, equivocadamente, a nosso ver, o Enunciado 611 da VII Jornada de Direito Civil estabelece que "o testamento hológrafo simplificado, previsto no art. 1.879 do Código Civil, perderá sua eficácia se, nos 90 dias subsequentes ao fim das circunstâncias excepcionais que autorizaram a sua confecção, o disponente, podendo fazê-lo, não testar por uma das formas testamentárias ordinárias". Tal proposta, atentando gravemente contra a liberdade de testar, pretende criar hipótese de **caducidade** não prevista em lei, por analogia às regras acerca das formas especiais de testamento, o que não se pode admitir. A ideia não é ruim, porém, para que se torne regra jurídica, precisa ser estabelecida por meio de lei.

Por fim, tendo em vista o requisito de que o testador declare as circunstâncias que o levaram à elaboração do testamento hológrafo no próprio documento, o ideal é o que o juiz se limite a ponderá-las e, principalmente, analisar se há indícios de fraude. Isso porquanto, conforme asseverado, a ideia que permeia a sucessão testamentária é sempre a de privilegiar a **última vontade do testador**. Contanto que o juiz se convença de que tem diante de si a autêntica manifestação da última vontade do testador, o testamento deve ser confirmado.

---

[102] VENOSA, Sílvio de Salvo. *Direito das sucessões*, cit., p. 237.

4.2 Testamentos especiais

O Código veda expressamente, no art. 1.887, a disposição de última vontade em testamento especial diverso do marítimo, aeronáutico ou militar.

4.2.1 Testamento marítimo

O **testamento marítimo** é feito em viagem, a bordo de navio nacional, de guerra ou mercante, perante o comandante e na presença de duas testemunhas, por forma que corresponda ao testamento público ou ao cerrado (art. 1.888, *caput*), e deve ser registrado no diário de bordo (art. 1.888, parágrafo único).

O documento permanecerá sob a guarda do comandante, o qual deverá entregá-lo às autoridades administrativas do primeiro porto nacional, contra recibo que deve ser averbado no registro de bordo (art. 1.890).

Não se admite o testamento marítimo se, à época de sua elaboração, o navio se encontrasse em porto em que o testador pudesse desembarcar para testar por forma ordinária, ainda que a viagem estivesse em curso quando de tal parada (art. 1.892).

O testamento marítimo **caduca** se o testador não morrer na viagem nem nos noventa dias subsequentes ao seu desembarque em terra, em lugar onde possa testar por forma ordinária.

4.2.2 Testamento aeronáutico

Assim como o testamento marítimo, o **testamento aeronáutico**, que passou a ser admitido a partir do Código de 2002, é feito em viagem, a bordo de aeronave militar ou comercial – não se exige que seja nacional –, perante pessoa designada pelo comandante e na presença de duas testemunhas, por forma que corresponda ao testamento público ou ao cerrado (art. 1.889). Também o testamento aeronáutico deve ser registrado no diário de bordo.

O documento permanecerá sob a guarda do comandante, o qual deverá entregá-lo às autoridades administrativas do primeiro aeroporto nacional, contra recibo que deve ser averbado no registro de bordo (art. 1.890).

O testamento aeronáutico, à semelhança do que se passa com o marítimo, **caduca** se o testador não morrer na viagem nem nos noventa dias subsequentes ao seu desembarque em terra, em lugar onde possa testar por forma ordinária.

4.2.3 Testamento militar

Podem se valer da forma especial de **testamento militar** os militares e demais pessoas a serviço das Forças Armadas em campanha, dentro do país ou fora dele, assim como em praça sitiada, ou que esteja de comunicações cortadas (art. 1.893, primeira parte).

O testamento militar será elaborado por escrito, de forma pública, quando ditado pelo testador, na presença de duas testemunhas; na hipótese de o testador não saber assinar, serão necessárias três testemunhas, uma das quais assinará por ele (art. 1.893, terceira parte).

Não havendo no local tabelião ou seu substituto legal (art. 1.893, segunda parte), o testamento será escrito pelo respectivo comandante, ainda que de graduação ou posto inferior, se o testador pertencer a corpo ou seção de corpo destacado (art. 1.893, § 1º).

Se, por sua vez, o testador estiver sob tratamento em hospital, o testamento será escrito pelo respectivo oficial de saúde ou pelo diretor do estabelecimento (art. 1.893, § 2º).

Por fim, caso o testador seja o oficial mais graduado, o testamento será escrito por quem fizer as vezes de seu substituto (art. 1.893, § 3º).

O testamento militar será elaborado de forma particular ou cerrada se o testador souber escrever, hipótese em que poderá redigi-lo de próprio punho, devendo datá-lo e assiná-lo e, em seguida, apresentá-lo aberto ou fechado ao auditor ou ao oficial de patente que o substitua, na presença de duas testemunhas (art. 1.894, *caput*).

Apresentado o testamento ao auditor ou oficial, este deverá notar, em qualquer parte do documento, o lugar, dia, mês e ano em que lhe foi apresentado o documento, devendo a nota ser assinada por ele e pelas duas testemunhas (art. 1.894, parágrafo único).

O testamento militar público **caduca** passados noventa dias da permanência do testador em lugar onde poderia testar por forma ordinária, mas o testamento militar particular ou cerrado, desde que tenham sido cumpridas as suas formalidades, permanece válido (art. 1.895).

Excepcionalmente, admite-se o testamento militar oral, chamado de **nuncupativo**, apenas se a pessoa autorizada pela lei a testar pela forma militar estiver empenhada em combate ou ferida, caso em que dirá qual a sua disposição de última vontade a duas testemunhas (art. 1.896, *caput*).[103] O testamento nuncupativo **caduca** se o testador não morrer na guerra ou convalescer do ferimento (art. 1.896, parágrafo único).

4.3 Testamentos conjuntivos

No nosso Direito, os chamados **testamentos conjuntivos** são expressamente proibidos pelo art. 1.863 do Código Civil. Trata-se dos testamentos **simultâneo**, **recíproco** e **correspectivo**, os quais estudaremos a seguir.

Cumpre esclarecer que os testamentos conjuntivos – também chamados de **testamentos de mão comum** – são vedados porquanto, sendo o testamento um ato por natureza unilateral e revogável, a disposição testamentária conjuntiva de duas pessoas não se caracteriza, na verdade, como testamento, mas sim como contrato – afinal, há duas partes no negócio, e, por conseguinte, não há revogabilidade unilateral. Destarte, configura-se um **pacto sucessório**, ou seja, um contrato acerca de herança de pessoas vivas, o que o nosso Direito não admite (art. 426).[104]

4.3.1 Testamento simultâneo

Diz-se **simultâneo** o testamento elaborado por **dois testadores**, ou mais, em comum, que traçam disposições patrimoniais em favor de uma **terceira pessoa**.

Um exemplo seria o de Silvio e seu filho Orlando, que conjuntamente elaboram testamento beneficiando Helena.

4.3.2 Testamento recíproco

Considera-se **recíproco** o testamento em que **dois testadores**, ou mais, fazem disposições patrimoniais **recíprocas**.

Um exemplo seria o dos irmãos Caio e César, que testam deixando seu patrimônio para quem, entre eles, sobreviver o outro. Logo, morto Caio, César herdaria o patrimônio do *de cujus*, ou, se César morresse antes, então Caio herdaria o acervo daquele.

---

[103] Beviláqua já apontara, por ocasião da elaboração do Código de 1916, do qual a matéria foi copiada para o Código de 2002, que o testamento militar nuncupativo é um "romanismo perigoso", pois "no momento do combate, em que a luta empenhada tudo absorve, arrasta e confunde, e os dizeres do moribundo se perdem no ruído da batalha", "pode ser, facilmente, deturpado, ou, dolosamente, inventado o testamento" (*Código comentado*, cit., v. VI, p. 96).

[104] BEVILÁQUA, Clóvis. *Código comentado,* cit., p. 72.

Historicamente, o testamento recíproco era modalidade usada pelos cônjuges, em tempos em que um cônjuge não era herdeiro legítimo do outro.

4.3.3 Testamento correspectivo

Fala-se em testamento **correspectivo** para se referir àquele em que **dois testadores**, ou mais, em comum, fazem disposições testamentárias retributivas em benefício do outro. O que o difere do testamento recíproco é que, naquele, um testador se torna herdeiro do outro, e, aqui, um testador é beneficiado pelo outro, como herdeiro ou legatário, mas não herdeiro da totalidade do seu patrimônio.

Os primos Clóvis e Berenice elaboram testamento conjuntamente em que Clóvis lega a Berenice a Fazenda do Moinho em retribuição da nomeação de herdeiro de 50% que lhe faz Berenice. Ou seja, Berenice se torna legatária de Clóvis, com direito à Fazenda do Moinho, e Clóvis se torna herdeiro de metade do acervo que deixar Berenice ao morrer.

4.4 Codicilo

Originalmente, **codicilo** era uma disposição de última vontade sem instituição de herdeiro, a qual nosso Direito conheceu nas Ordenações Filipinas.

Não obstante, no Direito contemporâneo, o codicilo tem um sentido completamente diverso do que teve ao longo da história.

Desde o Código de 1916, chamou-se de codicilo o escrito particular em que se fazem disposições especiais sobre o enterro do seu autor, bem como sobre esmolas de pequena monta a certas e determinadas pessoas, ou indeterminadamente aos pobres de certo lugar, ou, ainda, em que se legam móveis, roupas ou joias de pouco valor de uso pessoal (art. 1.881). O mesmo dispositivo determina que somente pode elaborar codicilo a pessoa capaz de testar, e que sua validade depende de ser assinado e datado. Segundo o art. 1.883, no codicilo também se pode nomear ou substituir testamenteiro.

Cabe frisar que, a rigor, o nosso Direito não trata o codicilo como *forma* de testamento, mas como *outro* **negócio jurídico de manifestação de última vontade**, para além do testamento.

Nesse sentido, inclusive, o art. 1.882 do Código admite a elaboração do codicilo mesmo que seu autor *não deixe testamento* – confirmando que não se trata, entre nós, de *forma* ou de *aditivo do testamento*, diferentemente do que ocorre em outros sistemas.

O codicilo pode ser revogado por outro codicilo, e se considera automaticamente revogado se em testamento posterior não for confirmado (art. 1.884).

Na hipótese de o codicilo se encontrar fechado ao tempo da morte do seu autor, deverá ser aberto por meio do procedimento de abertura, registro e cumprimento previsto no Código de Processo Civil para o testamento cerrado (art. 1.885).

5. DISPOSIÇÕES TESTAMENTÁRIAS PATRIMONIAIS

Como sabemos, o objeto do testamento são disposições que o testador quer tornar eficazes após sua morte. Entre as principais disposições estabelecidas pelo testador se encontram as de ordem patrimonial, além das quais é possível haver a deserdação de algum herdeiro necessário, bem como disposições não patrimoniais, como o reconhecimento de filiação etc. Nesta seção cuidaremos apenas das disposições testamentárias patrimoniais. Não examinaremos as disposições não patrimoniais nesta Parte VI, porquanto sua natureza remeterá o intérprete a outros ramos do Direito Civil que não o Direito das Sucessões – em geral, ao Direito de Família.

5.1 Instituição de herdeiros e legatários

Para dispor de seu patrimônio para depois de sua morte, pode o testador **instituir herdeiros ou legatários**, tantos quantos quiser. Cabe lembrar que herdeiro é quem herda **a título universal**, ou seja, quem tem direito à totalidade da herança ou a uma parte dela, chamada de quinhão, e que legatário é quem herda **a título singular**, ou seja, que tem direito a um bem individualizado.

Se o testador tiver **herdeiros necessários**, impende frisar que somente pode testar sobre metade de seu patrimônio, vez que a outra metade constitui a **legítima** que cabe àqueles herdeiros (arts. 1.789 e 1.846).

A lei admite que a instituição de herdeiros ou legatários seja **pura e simples** ou **condicional**, **para certo fim ou modo**, ou **por certo motivo**, nos termos do art. 1.897.

Em se tratando de nomeação pura e simples, morto o testador a aquisição do direito sucessório por parte do herdeiro ou legatário se completará, ou seja, haverá direito adquirido à sucessão.

Se, por outro lado, a nomeação for condicional, será necessária a verificação do implemento da condição. Um exemplo de nomeação condicional seria o seguinte: "deixo meus bens para Augusto, contanto que este tenha se graduado em um curso de nível superior ao tempo de minha morte".

Pela expressão *para certo fim ou modo*, entende-se que o testador pode impor ao herdeiro ou legatário um **encargo**. Nesse caso, o testamenteiro, ou os demais herdeiros, ou qualquer outro interessado, inclusive o Ministério Público, se houver interesse público, poderão exigir o cumprimento do ônus, conquanto o direito sucessório se repute adquirido independentemente dele.

Pela expressão *por certo motivo*, entende-se que a nomeação pode ser **retributiva** (ou **causal**), não sendo necessário, todavia, que o testador declare o motivo. Se o fizer, e o motivo se descobrir falso, a disposição poderá ser invalidada.[105] Um exemplo seria "deixo meus bens para Manuel, que salvou a vida de meu filho". Verificando-se que não foi Manuel quem salvou a vida do filho do testador, a disposição testamentária em favor dele será inválida.

Não se admite a instituição de herdeiro **a termo**, o qual se tem por inexistente, salvo a hipótese do **fideicomisso**, que estudaremos oportunamente (art. 1.898). Por exemplo, considera-se não escrita a nomeação de César herdeiro "por dez anos a contar da assinatura do testamento".

É lícita a disposição geral em favor dos pobres, de estabelecimento particular de caridade ou de estabelecimento de assistência pública, caso em que será considerada relativa aos pobres do lugar do domicílio do testador ao tempo da abertura da sucessão, ou dos estabelecimentos aí situados, a não ser que se perceba que o testador tinha outros em mente (art. 1.902, *caput*). A lei determina, ademais, a preferência das entidades particulares às públicas (art. 1.902, parágrafo único).

5.2 Substituição de herdeiros e legatários

5.2.1 Substituição vulgar

Além de instituir seus herdeiros e legatários, pode o testador nomear **substitutos**, para o caso de aqueles não quererem ou não poderem sucedê-lo (art. 1.947, primeira parte). Ainda que o testador mencione apenas a hipótese de o sucessor não querer aceitar a sucessão, a lei presume a nomeação do substituto também para o caso de o sucessor não poder receber a herança ou o legado, e vice-versa (art. 1.947, segunda parte).

Exemplo de impossibilidade de sucessão seria o da morte do herdeiro ou legatário.

---

[105] FIUZA, César. *Direito civil*, cit., p. 990; VENOSA, Sílvio de Salvo. *Direito das sucessões*, cit., p. 254.

Admite-se também que o testador institua apenas *um* substituto para *vários* herdeiros ou legatários, ou *vários* substitutos para apenas *um* sucessor (art. 1.948, primeira parte).

Se o direito sucessório do herdeiro ou legatário for **condicional** ou sujeito a **encargo**, o direito do substituto também o será, salvo se o testador dispuser diversamente, ou se o contrário resultar da natureza da condição ou do encargo (art. 1.949).

Em todos os casos mencionados, ocorre o que a doutrina chama de **substituição vulgar**.

5.2.2 Substituição recíproca

É lícito ao testador, ademais, nomear substitutos recíprocos, caso em que o que não puder ou não quiser suceder será substituído pelo outro, que puder ou quiser, e vice-versa. Nessa hipótese, há **substituição recíproca**.

Um exemplo seria a seguinte disposição: "deixo metade dos meus bens para Rui, um quarto para Pontes e um quarto para Silvio, e, caso quaisquer deles não queira ou não possa herdar, será substituído pelos outros, que o quiserem e puderem".

Se os quinhões ou legados dos diversos herdeiros ou legatários, substitutos recíprocos, não forem iguais, a proporção originária será mantida na substituição (art. 1.950, primeira parte).

Usando o exemplo anterior, imaginemos que Pontes, herdeiro de 25%, não queira herdar. Nessa hipótese, os novos quinhões serão calculados considerando-se que o quinhão de Rui deve ser o dobro do quinhão de Silvio, para que se respeite a proporção originária.

5.2.3 Substituição recíproca cumulada com vulgar

Admite-se também que o testador, além de instituir os herdeiros ou legatários recíprocos, inclua um outro substituto, ao lado dos demais, caso em que o quinhão ou legado que vagar será divido por igual entre todos os substitutos (art. 1.950, segunda parte). Aí ocorrerá substituição recíproca cumulada com vulgar.

À guisa de ilustração, suponhamos que Augusto nomeou como herdeiros Berenice e Clóvis, substitutos recíprocos, cujos quinhões são de 50%, e instituiu Orlando apenas substituto vulgar. Nesse caso, morto Augusto, se Berenice e Clóvis aceitarem a herança e puderem recebê-la, Orlando não terá direito a nada. Todavia, na hipótese de Berenice recusar seu quinhão, este será dividido entre Clóvis e Orlando, ambos substitutos de Berenice.

5.2.4 Substituição fideicomissária

Ocorre **substituição fideicomissária** quando o testador institui um substituto, chamado de **substituto fideicomissário**, para o herdeiro ou legatário, chamado de **herdeiro fiduciário**, por ocasião da morte deste, ou após certo prazo, ou sob certa condição (art. 1.951). Trata-se do arcaico instituto do **fideicomisso**, em quase absoluto desuso.

Neste caso peculiar de substituição, o **fato ensejador da substituição** não é a impossibilidade de o herdeiro ou legatário suceder (*o não poder*), ou a renúncia à herança (*o não querer*) – como ocorre na substituição vulgar e na recíproca –, mas, sim, qualquer fato lícito escolhido pelo testador, como o simples nascimento do substituto, ou o decurso de dez anos contados do seu nascimento, ou sua graduação em curso superior, ou a morte do sucessor a ser substituído. Vale lembrar que, com relação ao termo, o Código ressalva, no art. 1.898, a sua eficácia na disposição fideicomissária, e o art. 1.951 a menciona entre os possíveis fatos ensejadores da substituição. Parcialmente permeável a muitas críticas doutrinárias, o Código de 2002 limitou a instituição dessa modalidade de substituição, estabelecendo que somente pode figurar como fideicomissário quem não for concebido ao tempo da morte do testador – o **concepturo** (art. 1.952).

Observe que a disposição fideicomissária transmite para o herdeiro fiduciário a **propriedade resolúvel** dos bens fideicomitidos (art. 1.953). Por essa razão, cabe ao fiduciário proceder ao inventário dos bens gravados, e a prestar caução de restituí-los (art. 1.953, parágrafo único). Apesar de o dispositivo referir-se à exigência de caução pelo *fideicomissário*, no sistema do Código de 2002, em que este somente pode ser o concepturo, deve-se estender a possibilidade de exigir caução ao testamenteiro, caso este a entenda necessária, e o juiz se convença. Não faz sentido esperar, para a caução, o eventual nascimento do concepturo, quando a caução poderá ser exigida por ele, via representação. Vejamos um exemplo de fideicomisso para compreender o instituto. Imaginemos que Manuel não tem herdeiros necessários e que Helena, sua única irmã, não tem filhos. Manuel deseja instituir como herdeiro eventual filho de Helena. Pode, então, Manuel instituir como herdeira fiduciária sua irmã Helena, e substituto fideicomissário o eventual filho que ela der à luz, determinando, como fato ensejador da substituição, por exemplo, a maioridade do fideicomissário. Nesse caso, se quando Manuel morrer Helena ainda não houver concebido uma criança, adquirirá a propriedade restrita e resolúvel da herança (art. 1.953). O eventual filho a que Helena der à luz receberá a herança ao completar dezoito anos, atingindo, pois, a maioridade, com o que o direito de propriedade de Helena se extinguirá.

Pode ser que o leitor, a esta altura, tenha se indagado: e se o substituto fideicomissário já tiver nascido ao tempo da morte do testador?

Se isso ocorrer, converte-se o fideicomisso em **usufruto** (art. 1.952, parágrafo único). Nesse caso, o substituto fideicomissário adquire desde logo a propriedade, porém nua, e o herdeiro fiduciário se torna usufrutuário. Ocorrendo o fato ensejador da substituição determinado no testamento, extingue-se o usufruto e o fideicomissário se torna proprietário pleno. Porém, se o fato ensejador da substituição for o próprio nascimento do fideicomissário, este desde a abertura da sucessão adquire a propriedade plena dos bens fideicomitidos, não havendo qualquer direito para o fiduciário.

Considerando que o fideicomissário só pode ser o concepturo, é razoável e aconselhável que o testador nomeie **substitutos vulgares** para o fideicomissário, os quais também deverão ser concepturos. Por exemplo: eventual filho de Maria, eventual filho de Caio ou eventual filho de Judith, quem nascer primeiro no prazo de cinco anos da abertura da sucessão.

Não obstante, é vedada a nomeação de um **substituto fideicomissário** para o substituto fideicomissário, o que tecnicamente se denomina fideicomisso de terceiro grau. Nesse sentido, o art. 1.959 estabelece a **nulidade** do fideicomisso além do segundo grau.

Exemplo de fideicomisso além do segundo grau seria o seguinte: deixo minha herança para Clovis, até que eventual filho de Augusto se case, ocasião em que deverá receber meu acervo hereditário. Na eventualidade de este último se divorciar, ou por ocasião da sua morte, deve a herança passar ao eventual filho de Berenice.

No exemplo, o eventual filho de Berenice é considerado fideicomissário de terceiro grau, e sua instituição é nula. Vale, todavia, o fideicomisso até o eventual filho de Augusto.

O art. 1.960 expressamente determina que subsiste a instituição sem a **causa resolutiva**, ainda que a substituição seja considerada nula, como no exemplo anterior.

Ocorrendo a substituição, e tornando-se o fideicomissário proprietário dos bens fideicomitidos, assume a **responsabilidade** pelas obrigações respectivas – encargos, no texto da lei – que ainda restarem (art. 1.957).

Na hipótese de o fideicomissário morrer antes de ocorrer o fato ensejador da substituição determinado no testamento – por exemplo, a morte do fiduciário –, **caduca** o fideicomisso, consolidando-se a propriedade nas mãos do fiduciário, que se torna proprietário pleno (art. 1.958).

Caso o *fiduciário* **renuncie** aos bens fideicomitidos, transfere-se ao fideicomissário o poder de aceitá-los, salvo disposição em sentido contrário estabelecida no testamento (art. 1.954).

Considerando que o fideicomissário poderá ainda não ter sido sequer concebido ao tempo da renúncia, a herança passará aos herdeiros legítimos do testador – se não houver previsão de substituto vulgar para o fiduciário –, gravados, todavia, pelo fideicomisso. É curiosa a norma contida no art. 1.954, porquanto, de qualquer forma, ainda que o fiduciário aceite a herança, posteriormente, ocorrendo o fato ensejador da substituição, poderá o fideicomissário aceitar ou não recebê-la.

Havendo a **renúncia** à sucessão por parte do *fideicomissário*, também caduca o fideicomisso – salvo disposição em sentido contrário no testamento –, consolidando-se a propriedade nas mãos do fiduciário, que se torna proprietário pleno (art. 1.955).

Segundo o art. 1.956, o fideicomisso abrange os bens que em qualquer tempo acrescerem ao direito do fiduciário, desde que o fideicomissário aceite a sucessão.

Por fim, vale lembrar que os bens gravados de fideicomisso não se comunicam com o cônjuge do fiduciário casado no regime da **comunhão universal de bens**, assim como também o direito do substituto fideicomissário não se comunica com seu cônjuge, ainda que casados no regime da **comunhão universal de bens** (art. 1.668, II).

5.3 Distribuição da herança entre os herdeiros[106]

Caso o testador institua dois ou mais herdeiros sem determinar o **quinhão** respectivo, entende-se que o patrimônio disponível será entre eles igualmente dividido (art. 1.904).

Se, por sua vez, o testador instituir alguns herdeiros individualmente e outros coletivamente, sem determinar o modo de se partilhar a herança, esta será dividida em tantos quinhões quantos forem os indivíduos e os grupos designados (art. 1.905).

Havendo o testador determinado os quinhões de alguns dos herdeiros e deixado de discriminar o de outros, estes dividirão por igual o que restar após o pagamento dos quinhões determinados (art. 1.908).

Na hipótese de os quinhões atribuídos aos herdeiros não absorverem a totalidade da herança, herdarão o remanescente os **herdeiros legítimos** do testador, de acordo com a ordem de vocação hereditária (art. 1.906). O art. 1.966 repete o comando, estabelecendo que "o remanescente pertencerá aos herdeiros legítimos, quando o testador só em parte dispuser da quota hereditária disponível".

Suponhamos que o patrimônio total de Augusto é de R$ 100.000,00, e que este tem um filho, Manuel. Em seu testamento, Augusto institui herdeiro de 25% de seu patrimônio seu irmão, Clóvis. Ora, aberta a sucessão, Manuel – herdeiro necessário – fará jus à legítima, no valor de R$ 50.000,00. Clóvis – herdeiro testamentário – terá direito a seu quinhão – 25% de R$ 100.000,00, ou seja, R$ 25.000,00. Sobrarão, então, R$ 25.000,00 do patrimônio disponível, sobre os quais Augusto não dispôs, e que, por conseguinte, serão devolvidos a Manuel. Também aos **herdeiros legítimos** caberá o bem determinado que o testador expressamente disponha, porventura, não caber aos herdeiros testamentários (art. 1.907).

5.4 Erro na identificação do herdeiro ou legatário ou na determinação do objeto do legado

Se houver na identificação do herdeiro ou legatário ou do objeto do legado **erro**, a disposição testamentária será invalidada, salvo se for possível, pelo contexto do testamento, por outros documentos, ou por fatos inequívocos, apurar a pessoa ou a coisa à qual o testador quis se referir (art. 1.903).

---

[106] O dispositivo corresponde ao atual art. 1.951 do Código Civil.

Um exemplo simples seria o de Caio, irmão de Berenice, mãe de César, que institui seu herdeiro testamentário seu único sobrinho, Silvio, filho de Berenice. Ora, Berenice não tem nenhum filho Silvio. A princípio, a disposição testamentária seria nula. Ocorre que o próprio testador se referiu a seu herdeiro como "seu único sobrinho", e como "filho de Berenice". Logo, é possível concluir que tinha em mente César, e deferir a este a herança.

5.5 Disposições patrimoniais nulas

A lei considera **nulas** as seguintes disposições testamentárias (art. 1.900): (1) a disposição **captatória**; (2) a disposição referente a **pessoa incerta e indeterminável**; (3) a disposição referente a **pessoa incerta determinável por terceiro**; (4) a disposição **acerca de legado com valor a determinar**; (5) a disposição **em favor de pessoas vedadas pela lei**. Consideram-se nulas, igualmente, todas as disposições testamentárias que se enquadrem em qualquer das hipóteses do art. 166.

5.5.1 Disposição captatória

Diz-se **captatória** a disposição que é feita sob a condição de que o herdeiro ou legatário, em seu testamento, beneficie o próprio testador ou terceiro por ele indicado (art. 1.900, I).

Um exemplo seria a seguinte disposição: "deixo para Clóvis a Fazenda do Moinho, contanto que Clóvis legue para Orlando o apartamento 101 do Edifício Roma em seu testamento".

A disposição captatória é considerada nula porquanto importa em um **pacto sucessório** disfarçado.[107]

5.5.2 Disposição referente a pessoa incerta e indeterminável

Se o testador elabora disposição em favor de pessoa indeterminada, sem traçar parâmetros para que se identifique tal pessoa, que será, portanto, tida como **incerta e indeterminável**, obviamente que essa disposição há de ser nula (art. 1.900, II).

Rui, em seu testamento, deixa todos os seus bens para "José", sendo certo que não há nem na família de Rui, nem em seus círculos de convivência, nenhuma pessoa com esse nome. Não tendo o próprio testador tornado possível a identificação do herdeiro, a nulidade da disposição se impõe.

5.5.3 Disposição referente a pessoa incerta determinável por terceiro

A lei também não admite que o testador nomeie herdeiro ou legatário alguém que ele próprio não identifica, limitando-se a determinar que terceira pessoa o fará por ele (art. 1.900, III).

Um exemplo seria o seguinte: "deixo metade de meus bens para meu irmão Silvio e a outra metade para quem ele indicar".

A razão da nulidade dessa espécie de disposição é que ela perde o caráter **personalíssimo** essencial ao testamento, porquanto a vontade que operará não será a do testador, mas sim a da pessoa por ele incumbida de instituir o herdeiro ou legatário.

5.5.4 Disposição acerca de legado com valor a determinar

Igualmente não se admite que o testador institua um legatário e deixe ao arbítrio de um herdeiro ou de terceira pessoa determinar o valor do legado (art. 1.900, IV).

---

[107] BEVILÁQUA, Clóvis. *Direito das sucessões*, cit., p. 251.

Pontes, em seu testamento, nomeia Clóvis seu herdeiro e Augusto legatário de uma quantia em dinheiro, deixando a Clóvis, no entanto, a determinação do valor do legado.

A razão da nulidade dessa espécie de disposição também é a desconfiguração do caráter **personalíssimo** da deixa testamentária.

5.5.5 Disposição em favor das pessoas vedadas pela lei

Por fim, a lei considera nula a disposição testamentária **em favor das pessoas que não podem ser nem herdeiras, nem legatárias** (art. 1.900, V). Trata-se das pessoas indicadas pelo art. 1.801 do Código: (1) quem a rogo escreveu o testamento, ou seu cônjuge, companheiro, ascendentes e irmãos (art. 1.801, I); (2) as testemunhas do testamento (art. 1.801, II); (3) o concubino do testador casado (art. 1.801, III); (4) o tabelião, civil ou militar, ou o comandante ou escrivão, diante de quem se fizer ou aprovar o testamento, ou o que o fizer ou aprovar (art. 1.801, IV).

Como vimos anteriormente, essas pessoas a lei considera **não legitimadas a suceder** (tecnicamente, são *incapazes de suceder, falta-lhes capacidade testamentária passiva*), e prevê, ademais, a nulidade do negócio que se simule para disfarçar a disposição testamentária, ainda que celebrado onerosamente ou com pessoa interposta, a qual se presume qualquer ascendente, descendente ou irmão da pessoa não legitimada a suceder, bem como seu cônjuge ou companheiro (art. 1.802, *caput* e parágrafo único).

Destarte, se Orlando, para legar para sua concubina Helena uma certa joia, simula uma compra e venda do bem com o irmão de Helena, o negócio é nulo.

5.5.6 Demais disposições nulas

Além das disposições consideradas nulas pelo art. 1.900, são também sancionadas com nulidade quaisquer disposições que se enquadrem nas hipóteses do art. 166 do Código, entre as quais se destacam as que violem literal disposição de lei (art. 166, inc. VII).

Um exemplo seriam as disposições testamentárias acerca de indenização referente a seguro de vida, vez que o titular de tal direito é quem figurar no seguro como beneficiário, e não quem indicar o testador.

5.6 Disposições patrimoniais válidas

A lei considera expressamente **válidas** as seguintes disposições testamentárias (art. 1.901): (1) a disposição **referente a pessoa incerta, a ser determinada**; (2) a disposição **remuneratória**. A doutrina considera válida, ademais, a disposição **contumeliosa**.

5.6.1 Disposição referente a pessoa incerta, a ser determinada

A lei reputa expressamente válida a disposição testamentária em favor de pessoa certa que será **determinada** por terceiro dentre um rol por ele identificado, o qual poderá consistir em uma enumeração de pessoas, ou em uma família, um corpo coletivo ou um estabelecimento (art. 1.901, I).

Trata-se de uma atenuação da regra do art. 1.900, III, a qual leva em conta o fato de o testador, ao menos, identificar as possíveis escolhas do terceiro, o que, então, manteria o caráter personalíssimo da deixa, ainda que relativamente.[108]

---

[108] BEVILÁQUA, Clóvis. *Código comentado*, cit., p. 100.

5.6.2 Disposição remuneratória

A lei também reputa expressamente válida a disposição testamentária **remuneratória** de serviços prestados ao testador por ocasião da moléstia de que este faleceu, ainda que se deixe ao arbítrio de herdeiro ou de outrem a determinação do valor do legado (art. 1.901, II).

Cuida-se, também aqui, de um abrandamento da regra do art. 1.900, IV, desta vez para privilegiar a remuneração do legatário, que ficaria sem o benefício se a disposição fosse considerada nula. Aqui, igualmente, reputa-se que o caráter personalíssimo da deixa é pelo menos relativamente mantido.[109]

5.6.3 Disposição contumeliosa

Disposição **contumeliosa** é aquela que insulta o herdeiro ou legatário, ao mesmo tempo em que o institui. Conquanto a lei não se refira a ela, a doutrina a considera válida, por entender que, se o herdeiro ou legatário se sentir ofendido, cabe a ele próprio recusar a herança ou o legado.

Um exemplo seria o seguinte: "deixo a Fazenda do Moinho para a safada da minha prima, e o apartamento 101 do Edifício Roma para o vagabundo do meu sobrinho". O conteúdo ofensivo de tais disposições não as torna nulas, e, se a prima ou o sobrinho se sentirem ofendidos, basta que não aceitem os legados.

5.7 Redução das disposições patrimoniais

Se as disposições testamentárias excederem o patrimônio disponível, será necessário reduzi-las (art. 1.967, *caput*), de acordo com o seguinte critério: primeiramente, devem-se reduzir os quinhões dos herdeiros testamentários até quanto baste, e, não sendo bastante, devem-se reduzir os legados na proporção do seu valor (art. 1.967, § 1º).

Imaginemos que o patrimônio de Pontes é de R$ 100.000,00 e que este tem um herdeiro necessário, Rui. Logo, conclui-se que seu patrimônio disponível é de R$ 50.000,00. Ocorre que em seu testamento Pontes lega R$ 40.000,00 para Caio e institui Orlando herdeiro de 25% do seu patrimônio. Nesse caso, as disposições testamentárias somariam R$ 65.000,00, sendo certo que o testador somente podia dispor de R$ 50.000,00. Torna-se necessário reduzir o quinhão de Orlando para 10%, caso em que terá direito a R$ 10.000,00, os quais, somados ao montante do legado, totalizarão o patrimônio disponível.

Pode ser que o próprio testador figure a possibilidade do excesso, e determine que se inteirem, de preferência, certos herdeiros e legatários (art. 1.967, § 2º, primeira parte). Nesse caso, serão reduzidos os demais quinhões ou legados, devendo ser observada a regra legal no sentido de antes se reduzirem os quinhões (art. 1.967, § 2º, segunda parte).

Caso seja necessária a redução do legado, e este tiver por objeto **prédio divisível**, a redução será feita dividindo-o proporcionalmente (art. 1.968, *caput*).

Se, por outro lado, o prédio for **indivisível**, e o excesso do legado superar um quarto do seu valor, o legatário perderá o direito ao prédio, mas terá o direito de exigir dos herdeiros necessários o valor correspondente, que será descontado da parte disponível do patrimônio (art. 1.968, § 1º, primeira parte).

Se, por sua vez, o prédio for **indivisível**, mas o excesso do legado for inferior a um quarto do seu valor, o legatário receberá o prédio, cabendo-lhe repor aos herdeiros necessários o excesso.

Vejamos alguns exemplos.

---

[109] Idem.

Exemplo 1. Caio legou a Silvio uma fazenda no valor de R$ 300.000,00, e o legado excedeu a parte disponível do patrimônio do testador em R$ 50.000,00. Considerando-se que a fazenda é um bem divisível, deve-se destacar dela um lote que corresponda ao excesso do legado, devolvendo-o aos herdeiros necessários.

Exemplo 2. Caio, cuja herança foi apurada em R$ 1.000.000,00, e que deixou um herdeiro necessário, Orlando, legou a Silvio uma casa no valor de R$ 800.000,00. Nesse caso, o legado excedeu a parte disponível do patrimônio do testador (R$ 500.000,00) em R$ 300.000,00. Um quarto do valor da casa corresponde a R$ 200.000,00. Conclui-se, pois, que o excesso é superior a um quarto do valor do imóvel. Destarte, Silvio perde o direito sobre a casa, mas faz jus a R$ 500.000,00 (montante da parte disponível) em dinheiro.

Exemplo 3. Caio, cuja herança foi apurada em R$ 1.000.000,00, e que deixou um herdeiro necessário, Orlando, legou a Silvio uma casa no valor de R$ 600.000,00. Nesse caso, o legado excedeu a parte disponível do patrimônio do testador (R$ 500.000,00) em R$ 100.000,00. Um quarto do valor da casa corresponde a R$ 150.000,00. Conclui-se, pois, que o excesso é inferior a um quarto do valor do imóvel. Por conseguinte, Silvio fica com a casa e repõe na herança o valor do excesso, R$ 100.000,00.

Por fim, se o legatário cujo legado deve ser reduzido e consiste em prédio indivisível, e que, por aplicação da regra do § 1º do art. 1.968, perderia o legado, for ao mesmo tempo *herdeiro necessário* do testador, poderá compensar o excesso com o que lhe couber na sucessão legítima (art. 1.968, § 2º).

Caio, cuja herança foi apurada em R$ 1.000.000,00, e que deixou dois herdeiros necessários, Orlando e Silvio, legou a este uma casa no valor de R$ 700.000,00. Nesse caso, o legado excedeu a parte disponível do patrimônio do testador (R$ 500.000,00) em R$ 200.000,00. Um quarto do valor da casa corresponde a R$ 175.000,00. Conclui-se, pois, que o excesso é superior a um quarto do valor do imóvel. Por conseguinte, Silvio perderia o direito sobre a casa, mas faria jus a R$ 500.000,00 (montante da parte disponível) em dinheiro. Não obstante, como Silvio é herdeiro necessário, e vai receber R$ 250.000,00 na sucessão legítima (metade da legítima), pode usar parte desse montante para compensar os R$ 200.000,00 do excesso, e, com isso, ficar com o legado, recebendo, ainda, os R$ 50.000,00 que sobraram do seu quinhão na legítima.

5.8 Cláusula de inalienabilidade

No caso específico dos testamentos, a cláusula de **inalienabilidade** imposta a qualquer dos bens implica sua **impenhorabilidade** e **incomunicabilidade** (art. 1.911, *caput*).

Caso o bem gravado de inalienabilidade venha a ser objeto de **desapropriação**, o valor da indenização deverá ser convertido em outros bens, os quais manterão as características da inalienabilidade, da impenhorabilidade e da incomunicabilidade (art. 1.911, parágrafo único).

Sobre esse aspecto, vale uma observação: imagine que José tenha feito testamento e, validamente, destinado um imóvel a um de seus filhos, Roberto. Com o falecimento de José, Roberto permaneceu no imóvel sem poder transferi-lo, já que seu pai estabeleceu a proibição de alienar o bem. Quando Roberto vier a falecer, a cláusula de inalienabilidade ainda persistirá? A jurisprudência entende que não, a partir da diferenciação entre vitaliciedade e perpetuidade. Isso quer dizer que, se a cláusula de inalienabilidade não tiver um prazo específico, ela será vitalícia, ou seja, perdurará durante toda a vida do beneficiário – no caso, Roberto. Contudo, ela não poderá ser perpétua, de modo que, depois que Roberto morrer, todas as restrições incidentes sobre o bem serão esvaziadas[110].

---

[110] STJ, 4ª Turma, REsp 1.552.553-RJ, relatora: Min. Maria Isabel Gallotti, data do julgamento: 24/11/2015.

5.9 Disposições testamentárias anuláveis e ineficazes

Considerando-se que o testamento é um ato jurídico unilateral, obviamente que pode ser anulado por **vício**. O art. 1.909 expressamente prevê a anulabilidade do testamento por **erro**, **dolo** ou **coação**.

O direito potestativo de anular o testamento submete-se ao **prazo decadencial de quatro anos**, contado da data do conhecimento do vício (art. 1.909, parágrafo único).

A invalidade ou ineficácia de uma disposição testamentária não importa a invalidade ou ineficácia das demais que não sejam dela dependentes (art. 1.910).

6. DESERDAÇÃO

Admite-se que o testador **deserde** herdeiro necessário pelos mesmos motivos que importam na **indignidade** e autorizam a exclusão da sucessão (art. 1.961): (1) autoria, coautoria ou participação em homicídio doloso, tentado ou consumado, contra o autor da herança ou seu cônjuge, companheiro, ascendente ou descendente (art. 1.814, I); (2) acusação caluniosa do autor da herança em juízo, ou condenação por crime contra a honra dele, ou de seu cônjuge ou companheiro (art. 1.814, II); (3) obstáculo, por meio violento ou fraudulento, à liberdade de testar (art. 1.814, III).

Além desses motivos, autorizam a **deserdação dos descendentes pelos ascendentes**: (1) ofensa física (art. 1.962, I); (2) injúria grave (art. 1.962, II); (3) relações ilícitas com a madrasta ou com o padrasto (art. 1.962, III); (4) desamparo do ascendente com alienação mental ou grave enfermidade (art. 1.962, IV).

Além das causas enumeradas no art. 1.814, autorizam a **deserdação dos ascendentes pelos descendentes**: (1) ofensa física (art. 1.963, I); (2) injúria grave (art. 1.893, II); (3) relações ilícitas com a mulher ou companheira do filho ou do neto, ou com o marido ou companheiro da filha ou da neta (art. 1.963, III); (4) desamparo do filho ou do neto com deficiência mental ou grave enfermidade (art. 1.963, IV).

A deserdação somente opera por **declaração expressa da causa** no testamento (art. 1.964) ou em outro documento autêntico, como uma escritura pública, que com relação à deserdação tem valor de disposição testamentária (considera-se ato unilateral, revogável e personalíssimo, cuja eficácia depende da morte do testador).

Cabe ao herdeiro instituído no testamento, ou àquele a quem a deserdação aproveita, a prova da veracidade da causa alegada pelo testador, segundo o *caput* do art. 1.965, sujeitando-se o direito à produção de tal prova à **decadência**, no prazo de quatro anos, contado da data da abertura do testamento (art. 1.965, parágrafo único).

Sobre o tema, conferir a seção 8 do capítulo anterior.

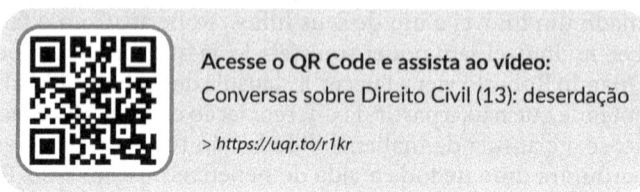

Acesse o QR Code e assista ao vídeo:
Conversas sobre Direito Civil (13): deserdação
> https://uqr.to/r1kr

7. LEGADOS

Houve um tempo em que se acreditava que somente Deus fazia **herdeiros** (*Deus solus heredem potest facere non homo*), razão pela qual todo sucessor nomeado pelo sucedendo era considerado **legatário**.[111] Com a evolução das ideias de herança legítima e testamentária, não obstante, a técnica jurídica aprimorou os conceitos de um e de outro sucessor, definindo como herdeiro aquele que herda **a título universal** e como legatário aquele que herda **a título singular**.

7.1 Objeto dos legados

7.1.1 Legado de coisa pertencente ao testador ou que dependa de sub-rogação

A regra geral acerca dos legados é no sentido de que seu objeto deve pertencer ao testador. Ademais, para que o legado seja eficaz, não basta que seu objeto fosse de propriedade do testador ao tempo da elaboração do testamento: é necessário que se mantenha no acervo hereditário quando da abertura da sucessão (art. 1.912). Essa regra se aplica a todo legado cujo objeto seja singularizado pelo testador (art. 1.916, primeira parte). Conquanto desnecessariamente, a lei ainda esclarece que caso haja no patrimônio do testador morto os bens indicados na disposição testamentária, porém em quantidade inferior à lá designada, a eficácia do legado se restringirá ao montante efetivamente existente no acervo (art. 1.916, segunda parte).

Se o testador se limitar a determinar a coisa legada pelo **gênero**, entende-se que o legado terá de ser pago ainda que não haja na herança bem que atenda à determinação (art. 1.915), desde, é claro, que haja bens que possam sub-rogar-se nele.

Se o objeto do legado for objeto de **condomínio** do qual o testador tem uma quota, o legado somente será eficaz quanto a essa quota (art. 1.914).

Na hipótese de a disposição testamentária determinar que o objeto do legado deva ser encontrado em determinado lugar, o legado será ineficaz se a coisa não for lá encontrada, salvo a hipótese de remoção transitória (art. 1.917).

O legado instituído em favor do credor do testador não importa em **compensação** da dívida, ainda que compensáveis seus objetos, salvo declaração expressa do testador em sentido contrário (art. 1.919, *caput*).

E, se a dívida do testador for posterior à instituição do legado em favor de quem veio a se tornar seu credor, o legado subsistirá integralmente, ainda que o testador solva sua obrigação antes de morrer (art. 1.919, parágrafo único). Tal norma, como se vê, apenas estabelece o óbvio, pois não haveria razão qualquer para tornar ineficaz o legado neste caso, vez que sua instituição nada teve a ver com a obrigação entre o testador e o legatário, que àquele momento sequer existia.

Quando o objeto do legado é um imóvel ao qual, após a elaboração do testamento, o testador acede outras coisas que mantêm a natureza de **bens principais**, estas não são compreendidas no legado, ainda que contíguas, a não ser que o testador houvesse previsto essa possibilidade ao instituir a deixa (art. 1.922, *caput*). Esse comando, todavia, não deve ser aplicado, se as acessões tiverem a natureza de benfeitorias de qualquer natureza (art. 1.922, parágrafo único), porquanto, nesse caso, cuida-se de **bens acessórios**.

7.1.2 Legado de coisa pertencente ao herdeiro ou outro legatário

A lei admite uma única hipótese de instituição de legado que tem por objeto **coisa alheia**: trata-se do caso de o testador instituir herdeiro ou legatário sob a condição de que o sucessor entregue uma coisa sua para ser objeto de um legado, caso em que a recusa do sucessor importa na renúncia da herança ou do legado (art. 1.913). Veja-se que, aqui, o caso é de **doação** do bem

---

[111] BEVILÁQUA, Clóvis. *Direito das sucessões*, cit., p. 312.

do legatário, e não de legado no testamento deste, o que invalidaria a disposição, conforme o art. 1.900, I (caso de **disposição captatória**).

Suponhamos que Augusto nomeie Caio seu herdeiro, Silvio legatário da Fazenda do Moinho, de propriedade do testador, Orlando legatário do Sítio do Riacho, que pertence a Silvio, e Manuel legatário da casa na Rua das Flores, pertencente a Orlando. Nessa hipótese, para que Silvio e Orlando adquiram o direito de receber a herança e o legado que lhes foram instituídos, devem entregar o sítio e a casa aos respectivos legatários (Orlando e Manuel).

7.1.3 Legado de crédito e de quitação

Pode o objeto do legado consubstanciar-se em um **crédito** devido ao testador por um terceiro ou na **quitação** de um débito do legatário para com o testador. Nesses casos, a eficácia do legado será limitada ao montante do crédito ou do débito ao tempo da abertura da sucessão (art. 1.918, *caput*). Não se consideram compreendidas em tais legados as **dívidas posteriores** à elaboração do testamento (art. 1.918, § 2º).

Impende frisar que a **prescrição** da pretensão correspondente ao crédito não o extingue, pelo que pode o objeto do legado consistir em crédito prescrito. A consequência para o legatário, nesse caso, seria a **inexigibilidade** do pagamento. Todavia, se o devedor se apresentasse voluntariamente para pagar, poderia o legatário validamente receber.

Caso, no entanto, o testador tenha aceitado pagamento do crédito – em vida, é claro – e não tenha reservado o montante recebido, entende-se que houve a **revogação** da disposição testamentária em favor do legatário. Se, por outro lado, tenha separado a quantia, terá o legatário o direito de recebê-la.[112]

O legado de crédito cumpre-se por meio da entrega ao legatário do título da dívida (art. 1.918, § 1º), e o legado de quitação cumpre-se por meio da entrega ao legatário do instrumento de quitação.

7.1.4 Legado de alimentos

Admite-se que o objeto do legado consista na prestação de **alimentos** ao legatário, pelo tempo de sua vida, os quais abrangem o sustento, a cura, o vestuário e a casa do alimentando, bem como sua educação, em se tratando de menor (art. 1.920).

7.1.5 Legado de usufruto

Por fim, é lícito ao testador instituir legado de **usufruto**. Se o fizer sem fixar prazo, a lei o reputa vitalício (art. 1.921).

7.2 Pagamento dos legados

7.2.1 Legado de coisa certa integrante do acervo

Como o leitor deve se lembrar, pela *saisine* o legatário também adquire a **propriedade** do legado – cujo objeto consiste em coisa certa do acervo – no momento da abertura da sucessão, salvo se pendente condição suspensiva (art. 1.923, *caput*). O legatário não adquire, no entanto, a **posse direta** do legado, na qual não se pode imitir por autoridade própria (art. 1.923, § 1º).

Considerando-se que a propriedade do legado cujo objeto consiste em coisa certa do acervo se transmite ao legatário tão logo aberta a sucessão, conclui-se que os **frutos** que a

---

[112] BEVILÁQUA, Clóvis. *Direito das sucessões*, cit., p. 316.

coisa produzir, a partir de então, a ele pertencem, a não ser que o legado seja condicional ou a termo (art. 1.923, § 2º).

Não havendo discussão sobre a **validade** ou **eficácia** do testamento, e não estando o legado sujeito a **condição** ou **termo**, o legatário pode desde logo pedir aos herdeiros ou ao testamenteiro a imissão na posse do objeto recebido (art. 1.924). Caso contrário, o direito de pedir o legado somente pode ser exercido após concluída a discussão, considerando-se válido e eficaz o legado, ou após o implemento da condição ou o advento do termo.

Se o objeto do legado consubstanciar-se em **dinheiro**, sobre ele incidirão juros a partir de quando se configurar a mora de quem deveria pagá-lo (art. 1.925).

7.2.2 Legado de renda ou pensão

O legado de **renda vitalícia** ou de **pensão periódica** deve ser pago desde a morte do testador (art. 1.926).

7.2.3 Legado de prestações periódicas

O legado cujo objeto consiste em **prestações periódicas** de quantidades certas corre a partir da abertura da sucessão, devendo ser pago de acordo com a periodicidade ajustada, tendo o legatário direito a cada prestação até o termo final estabelecido pelo testador, ainda que morra antes dele (art. 1.927).

As prestações se consideram exigíveis a partir do termo final de cada período, e, caso tenham por objeto **alimentos**, devem ser pagas no começo de cada período, salvo disposição diversa do testador (art. 1.928, *caput* e parágrafo único).

7.2.4 Legado de coisa determinada pelo gênero

Na hipótese de o objeto do legado ser determinado apenas pelo **gênero**, caberá ao **herdeiro** escolhê-lo, não sendo obrigado a selecionar o melhor, mas não lhe sendo permitido optar pelo pior (art. 1.929). Fala-se, nesse caso, em **legado** *electionis*.

Quando se determinar que a escolha cabe a **terceiro**, este deverá observar o mesmo critério quanto à qualidade da coisa, e, se não quiser ou não puder escolher, competirá ao **juiz** a opção, observado o critério legal (art. 1.930).

Todas essas hipóteses, na verdade, já seriam solucionadas pela regra do art. 244, acerca das obrigações de dar coisa incerta.[113]

Nada impede que o testador determine que a escolha cabe ao próprio **legatário** – trata-se do **legado** *optionis*. Nesse caso, admite-se a opção pela **melhor** (art. 1.931, primeira parte), o que afasta a regra geral do art. 244.

Se não houver na herança bem do gênero determinado para o legado, deve o herdeiro dar ao legatário **coisa similar**, observado o critério quanto à qualidade (art. 1.931, segunda parte).

7.2.5 Legado alternativo

Admite-se a instituição de **legado alternativo**, ou seja, admite-se que o testador determine mais de uma coisa que poderá constituir seu objeto. O art. 1.932 presume que o direito de escolha é do *herdeiro*, no silêncio do testador.

---

[113] BEVILÁQUA, Clóvis. *Código comentado*, cit., p. 119.

Também aqui há uma repetição de preceito, pois o art. 252 do Código, sobre as obrigações alternativas, resolveria por si só a questão.[114] Afinal, o herdeiro, aqui, é o devedor da obrigação alternativa.

Morto o herdeiro ou o legatário a quem cabia a escolha, esta passará a seus sucessores (art. 1.933).

7.2.6 Cumprimento dos legados

O testador pode determinar a quem cabe cumprir os legados. Se o fizer, somente ao herdeiro ou legatário designado caberá o cumprimento do legado, não se estendendo tal responsabilidade aos demais sucessores (art. 1.934, parágrafo único, primeira parte). Caso sejam nomeados dois ou mais sucessores para executar o encargo, o ônus será divido entre eles na proporção do benefício que lhes foi instituído no testamento (art. 1.934, parágrafo único, segunda parte).

Se, por outro lado, o testador não designar a quem cabe cumprir os legados, a lei presume que a incumbência é dos **herdeiros**, quando houver, ou, na falta destes, aos **legatários**, na proporção do que herdaram (art. 1.934).

Na hipótese de o objeto do legado pertencer ao herdeiro ou outro legatário, ao proprietário da coisa caberá cumpri-lo, com direito de regresso contra os coerdeiros pela quota correspondente de cada um, a não ser que haja disposição contrária no testamento (art. 1.935).

Correm por conta do legatário as **despesas e riscos** com a entrega do legado, salvo se diversa for a determinação do testador (art. 1.936). Cabe lembrar que, afinal, o legatário já é, desde a abertura da sucessão, o proprietário do objeto do legado.

O legatário tem o direito de receber o objeto do legado com todos os seus **acessórios**, no lugar e no estado em que se encontrava quando da abertura da sucessão, assumindo todos os **ônus** da coisa (art. 1.937).

O legado sujeito a **encargo** se rege pelas normas que disciplinam a doação com encargo (art. 1.938).

7.3 Caducidade dos legados

O direito ao legado pode **caducar**, ou seja, extinguir-se sem cumprimento, sempre por **causa ulterior** à elaboração do testamento, e apenas em alguma das hipóteses que serão a seguir examinadas, todas previstas no art. 1.939 do Código.

Impende frisar que, em se tratando de **legado alternativo**, o perecimento de um dos possíveis objetos não importa na caducidade do legado, que subsiste tendo a outra coisa como seu objeto (art. 1.940, primeira parte). Caso o perecimento do objeto seja parcial, subsiste o legado sobre o remanescente (art. 1.940, segunda parte).

7.3.1 Modificação do objeto

Caduca o legado se, depois de elaborar o testamento, o testador modifica seu objeto a tal ponto que este perde sua **forma** ou deixa de receber a **denominação** que lhe era dada (art. 1.939, I). Cuida-se de uma hipótese de **revogação tácita** da disposição testamentária.

Um exemplo seria o de Berenice, que lega a Helena uma certa quantidade de barras de ouro, e posteriormente as utiliza para a confecção de joias diversas.

---

[114] BEVILÁQUA, Clóvis. *Código comentado*, cit., p. 120.

7.3.2 Alienação do objeto

Caduca também o legado se o testador, a título gratuito ou oneroso, **aliena** no todo ou em parte seu objeto (art. 1.939, II, primeira parte). Se a alienação for parcial, obviamente que somente caducará o legado quanto à fração alienada da coisa. Trata-se, também aqui, de caso de **revogação tácita** da disposição testamentária.

Podemos imaginar, para ilustrar a hipótese, que em seu testamento Rui legou a Pontes a Fazenda do Moinho, e que, posteriormente, dividiu-a em três imóveis e alienou dois deles. Nessa hipótese, caduca o legado de Pontes quanto às duas partes alienadas da coisa, mas subsiste quanto à parte que o testador manteve.

7.3.3 Perecimento ou evicção do objeto

Se o objeto do legado **perecer** ou **sofrer evicção**, em vida ou morte do testador, sem culpa do herdeiro ou legatário, caduca o legado (art. 1.939, III). No caso de perecimento em vida do testador, de ou evicção da coisa, o legado realmente caduca, por se tornar seu objeto **impossível**. Todavia, se a coisa perece após a abertura da sucessão, o que ocorre não é propriamente a caducidade do legado – afinal, o legatário já recebeu a propriedade da coisa. O que ocorre, nessa hipótese, é que a coisa se perde para o seu dono, que é o legatário.

7.3.4 Exclusão do legatário da sucessão

Se o legatário cometer algum ato que lhe torne **indigno de suceder** e que venha a ocasionar sua exclusão da sucessão, seu legado caduca (art. 1.939, IV).

Um exemplo seria o do legatário condenado por homicídio doloso contra o testador.

7.3.5 Morte do legatário antes da abertura da sucessão, do implemento da condição ou do advento do termo

O **direito sucessório eventual** do legatário, em vida do testador, não é transmissível pela sua morte. Isso porquanto, se o direito é eventual, sua aquisição não foi completada, e não se pode transmitir direitos que não foram adquiridos pelo transmitente. Logo, a morte do legatário em vida do testador importa na caducidade do legado (art. 1.939, V).

O mesmo raciocínio nos permite concluir, embora a lei não se refira a estas hipóteses, que a morte do legatário antes do **implemento da condição** ou do **advento do termo** a que se sujeitava seu direito sucessório também implica a caducidade do legado, vez que o direito eventual não chegará a ser adquirido por completo.

8. DIREITO DE ACRESCER

Chama-se **direito de acrescer** o direito que têm os herdeiros e legatários beneficiados por disposição conjunta de receber o que caberia ao sucessor testamentário conjunto cujo direito sucessório não chegou a se aperfeiçoar, porquanto caducou, ou foi renunciado.

Em outras palavras, o art. 1.941 concede aos herdeiros que forem chamados conjuntamente à sucessão testamentária sem que seus quinhões tenham sido determinados o direito de acrescer às suas partes a parte do sucessor que, sem substituto instituído, não pode ou não quis aceitar a herança.

O direito do herdeiro caduca se este morrer antes do testador, ou for excluído da sucessão, ou, ainda, se a condição a que seu direito sucessório se sujeitava não se verificar (art. 1.943, *caput*).

O art. 1.942, por sua vez, concede o direito de acrescer aos legatários nomeados conjuntamente a respeito de uma só coisa, certa e determinada, ou quando o objeto do legado não puder ser dividido sem risco de desvalorização, na hipótese de o legatário morrer antes do testador, renunciar à herança ou ser excluído da sucessão, ou de a condição a qual se submetia seu direito hereditário não se implementar (art. 1.943, *caput*).

A lei contempla, ainda, a hipótese de um só usufruto ser legado conjuntamente a mais de uma pessoa, caso em que se uma delas renunciar à sua parte, ou se seu direito caducar, as demais terão o direito de acrescê-la (art. 1.946, *caput*).

Vejamos alguns exemplos.

Exemplo 1. Augusto nomeou Berenice, César e Silvio herdeiros testamentários de 40% de seu patrimônio, sem determinar o quinhão de cada um. Ocorre que, aberta a sucessão, Berenice renunciou a herança. Nesse caso, César e Silvio têm o direito de acrescer às suas partes a parte que caberia a Berenice, ou seja, um terço. Consequentemente, cada um acrescerá à sua parte um sexto de 40% do acervo.

Exemplo 2. Rui legou a Pontes e Helena uma casa. Posteriormente, Helena morreu, e, tempos depois, morreu Rui. Nessa hipótese, considerando-se a indivisibilidade da casa, tem Pontes o direito de acrescer à sua parte a parte que caberia a Helena, pelo que terá direito a receber a totalidade da casa.

Impende destacar que o direito de acrescer depende de que os herdeiros ou legatários tenham sido **nomeados conjuntamente** para receber uma **mesma parte** da herança testamentária, sem que os quinhões respectivos tenham sido determinados, ou para receber a **mesma coisa** a título de legado, sem que se tenham discriminado as frações correspondentes a cada legatário. Trata-se das situações em que no Direito Romano se dizia haver **conjunção** *re et verbis*.

No nosso Direito não têm direito de acrescer os herdeiros ou legatários a quem se destina uma mesma parte da herança, ou uma mesma coisa, porém por meio de **disposições distintas** – o que no Direito Romano chamava-se de **conjunção** *re tantum* – nem os diversos herdeiros ou legatários que tenham sido chamados para receber porções hereditárias diversas ou bens diversos, ainda que por meio da mesma disposição, ou cujas partes respectivas tenham sido discriminadas pelo testador – caso da **conjunção** *verbis tantum* do Direito Romano.

Para evitar dúvidas quanto à conjunção *verbis tantum*, o art. 1.711 do Código de 1916 preceituava que se considerava feita pelo testador a distribuição das partes ou quinhões quando este designava a cada um dos nomeados a sua quota ou o objeto deixado. O dispositivo não foi repetido no Código de 2002, talvez por ter sido considerado desnecessário. De fato, a norma é dispensável. No entanto, cabe tomar cuidado para, no caso concreto, concluir-se se houve ou não distribuição de partes, pois, se houver, não terão os herdeiros ou legatários o direito de acrescer.

Pois bem. Configurado o direito de acrescer, a parte vaga se incorpora à parte do herdeiro ou legatário, que não pode aceitá-las ou repudiá-las individualmente (art. 1.945). Ou seja, ou o herdeiro ou legatário aceita tudo o que faz parte de seu quinhão ou legado, ou renuncia tudo. A única exceção é a hipótese de o acréscimo comportar **encargo** imposto pelo testador, caso em que, sendo renunciado, o acréscimo será deferido à pessoa em favor de quem se instituiu o ônus (art. 1.945, segunda parte).

Com relação aos **ônus** do acréscimo, impende destacar que este sempre os leva consigo, onerando o herdeiro ou legatário que recebeu a parte vaga (art. 1.943).

Interessante comentar que a norma do atual art. 1.945 do Código foi inserida em nosso Direito positivo somente pelo Código de 2002. Quanto à impossibilidade de renúncia do acréscimo (primeira parte do dispositivo), o comando é claro, optando pela incindibilidade do quinhão ou do legado que recebeu o acréscimo. Todavia, certamente haverá dificuldades, na prática, com relação ao repúdio do acréscimo sobre o qual recaía encargo (segunda parte do dispositivo). Em primeiro lugar, será necessário apurar-se se o encargo tem beneficiário certo. Se tiver, caberá indagar se tal pessoa se encontra entre os sucessores do testador. Em caso afirmativo, será deferida a ela a parte vaga do acervo. No entanto, se não houver beneficiário certo do encargo, ou se houver, mas não for ele sucessor do testador, a parte vaga terá de ser incorporada à herança que cabe aos herdeiros legítimos, ou declarada vacante, na falta destes.

À guisa de ilustração, analisemos dois exemplos.

Exemplo 1. Clóvis instituiu Augusto e Manuel seus herdeiros, e onerou o quinhão de Manuel com a reforma da praça da matriz na cidade em que Manuel vive. Morto Clóvis, Manuel renunciou a herança. Considerando-se que há, no caso, conjunção *re et verbis*, Augusto tem o direito de acrescer ao seu quinhão o quinhão de Manuel. Ocorre que Augusto repudiou o acréscimo, em razão do encargo. Considerando-se que, nessa hipótese, a renúncia ao acréscimo é admissível, deve-se averiguar a quem será deferido o quinhão vago. Não sendo possível determinar quem é o beneficiário da reforma da praça, conclui-se que a parte vaga da herança deverá ser devolvida aos herdeiros legítimos, mas, como Clóvis não os tinha, conclui-se que o quinhão será declarado vacante.

Exemplo 2. Rui legou a Pontes e Orlando a Fazenda do Moinho e impôs a Pontes o encargo de construir uma cerca divisória entre a fazenda e a fazenda vizinha, legada a Helena. Pontes repudiou o legado. Por se tratar de conjunção *re et verbis*, Orlando tem o direito de acrescer a seu legado a parte que cabia a Pontes. Ocorre que Orlando renunciou ao acréscimo, o que lhe é permitido em razão do ônus. Nesse caso, identificando-se como beneficiária do encargo uma outra legatária de Rui, Helena, conclui-se que a ela será deferida a parte vaga do legado deixado a Pontes e Orlando, o qual corresponde à metade da Fazenda do Moinho. Na hipótese de Helena repudiar a coisa, esta será devolvida aos herdeiros legítimos, se houver, ou declarada vacante.

Tornando-se vaga uma parte do acervo hereditário, e não tendo os herdeiros ou legatários o direito de acrescer, tal quota será deferida aos **herdeiros legítimos** do testador (art. 1.944), ou, na falta destes, declarada **vacante**. Caso o legado tivesse de ser satisfeito por outro herdeiro ou legatário, a este caberá a parte vaga, ou, se proviesse do acervo hereditário, caberá a todos os herdeiros, na proporção de seus quinhões (art. 1.944, parágrafo único).

Imaginemos que Manuel legou a Silvio e Orlando 30% das terras da Fazenda do Moinho, metade para cada um. Supondo-se que, por alguma das hipóteses legais, o legado de Silvio caducasse, concluiríamos que Orlando não teria direito de acrescer, por se tratar de conjunção *verbis tantum* (as partes de cada legatário foram definidas). Nesse caso, as terras correspondentes à parte da herança que caberia a Silvio voltam para o acervo e são distribuídas aos herdeiros testamentários, na proporção dos quinhões de cada um.

Por fim, cabe frisar que, em se tratando de legado de usufruto que configure conjunção *verbis tantum*, por ter sido discriminada a parte de cada colegatário no usufruto – ou, ainda, se não houver conjunção, a parte vaga do legado será consolidada propriedade (art. 1.946). Ou seja, o até então nu-proprietário terá o direito de usar e fruir correspondente à parte vaga do legado consolidado em seu direito de propriedade.

9. REVOGAÇÃO DO TESTAMENTO

Asseveramos anteriormente que o testamento tem a natureza de um ato unilateral eminentemente **revogável**.

O testamento somente pode ser revogado por outro testamento elaborado por qualquer das formas admitidas pela lei (art. 1.969). Veja-se que a forma que deve tomar o testamento revogador independe da forma que tomou o testamento que se está revogando. Destarte, pode o testamento cerrado ser revogado pelo público e este pelo particular, por exemplo.

A lei admite a revogação **total** ou **parcial** (art. 1.970, *caput*).

Se o testamento posterior não contém **cláusula revogatória expressa**, o testamento anterior subsiste em tudo o que não for contrário ao posterior (art. 1.970, parágrafo único).

A eficácia da revogação não é obstada pela caducidade das disposições do testamento que a contém – quer por exclusão ou ilegitimidade do sucessor instituído –, nem pela renúncia do herdeiro ou legatário nele nomeado (art. 1.971, primeira parte). Todavia, se o testamento revogador for declarado nulo ou for anulado em razão de vícios intrínsecos, a revogação não produzirá efeitos (art. 1.971, segunda parte).

Importa na revogação do testamento o ato de abri-lo ou dilacerá-lo, seja praticado pelo testador ou por alguém com seu consentimento (art. 1.972).

10. ROMPIMENTO DO TESTAMENTO

Fala-se em **rompimento do testamento** no caso de revogação legal, ou seja, em que é a lei quem revoga o ato, e não o testador.

Rompe-se o testamento em duas hipóteses. Segundo o art. 1.973, o testamento se rompe se sobrevém **descendente** ao testador, que não o tinha ou não o conhecia quando da elaboração do testamento, contanto que tal descendente sobreviva ao testador. Nesse caso, todas as **disposições patrimoniais** do testamento se consideram revogadas. Conforme o art. 1.974, por sua vez, rompe-se o testamento se for provado que quando da sua elaboração o testador ignorava a existência de outros **herdeiros necessários** (fala-se em "outros" porquanto os descendentes já foram contemplados na hipótese anterior, cuidando esta dos ascendentes e do cônjuge).

Impende salientar que não importa no rompimento do testamento o fato de o testador dispor sobre a metade disponível de seu patrimônio sem contemplar os herdeiros necessários que sabe existir, ou de os excluir dessa parte do acervo (art. 1.975). O dispositivo, no entanto, é obviamente dispensável, porquanto é da essência da liberdade de testar que o testador possa dispor de seu patrimônio disponível sem contemplar seus herdeiros necessários. Na verdade, como nos dá notícia o autor do projeto do Código de 1916, a redação final do dispositivo (o antigo art. 1.752) se afastou da redação originária, que pretendia contemplar a hipótese do não rompimento do testamento quando o testador que não tinha ou não sabia ter herdeiros necessários testava, mas resguardava a legítima, para o caso de ter herdeiro necessário à época da abertura da sucessão.[115]

11. INVALIDADE DO TESTAMENTO

Os interessados têm o direito potestativo de impugnar a validade do testamento, o qual se sujeita ao **prazo decadencial de cinco anos** contados da data do registro do ato. Consideram-se interessados os herdeiros legítimos que, em razão das disposições testamentárias, deixarem de ter direito a bens que lhes caberiam pela sucessão legítima.

Por exemplo, se Clóvis, pai de Berenice, nomeia herdeiro testamentário seu primo, César, pela morte de Clóvis caberá a Berenice metade do patrimônio hereditário, e a César a outra metade. Ocorre que, pela ordem de vocação hereditária, Berenice teria direito à totalidade do acervo, se não houvesse testamento. Logo, tendo razões para alegar a invalidade do ato de última vontade, Berenice poderá pleitear sua anulação dentro de cinco anos contados da data do registro do testamento.

---

[115] BEVILÁQUA, Clóvis. *Código comentado*, cit., p. 177.

Impende destacar que o texto legal referiu-se genericamente à invalidade, a qual pode ensejar a nulidade ou a anulabilidade do ato. Em razão de não ter a lei feito a distinção, Venosa argumenta que não cabe ao intérprete fazê-lo, de modo que também o direito à declaração de nulidade decairia em cinco anos.[116] Ocorre que a norma geral adotada pelo nosso sistema é no sentido de que os atos jurídicos nulos não são suscetíveis de convalidação pelo decurso do tempo (art. 169 do Código), razão pela qual o direito à declaração de nulidade não se submete à decadência. Logo, entendemos que a não distinção entre nulidade e anulabilidade, no caso do art. 1.859, se deve ao fato de que a lei já esclarecera que os prazos decadenciais aplicam-se tão somente às hipóteses de anulabilidade. Ou seja, o legislador não distinguiu na norma específica porquanto já havia distinguido na norma geral. Para que se afastasse o preceito maior, do art. 169, cremos que teria sido necessário que a lei expressamente o declarasse no art. 1.859.

À guisa de ilustração, imaginemos um testamento elaborado por pessoa interditada, declarada absolutamente incapaz. Tal testamento é nulo, tanto pela incidência da norma geral do art. 166, I, quanto por força do art. 1.860, que trata especificamente da capacidade para testar. A se adotar o entendimento de que o direito à declaração de nulidade também se sujeita à decadência, o ato nulo se convalidaria após cinco anos do seu registro. Para nós, no entanto, não haverá convalidação, nos termos do art. 169 do Código.

Por fim, vale destacar que a jurisprudência vem afastando a possibilidade de invalidação de testamentos quando preservada a vontade do testador. Além da necessidade de interpretar o testamento em prestígio da soberania da vontade última do testador (art. 1.899 do Código Civil), se o conjunto procedimental não é capaz de comprometer o restante do ato jurídico em si, a invalidade não poderá ser decretada. Confira:

> A jurisprudência desta Corte se consolidou no sentido de que, para preservar a vontade do testador, são admissíveis determinadas flexibilizações nas formalidades legais exigidas para a validade do testamento particular, a depender da gravidade do vício de que padece o ato de disposição (STJ, REsp 1.583.314/MG, relatora: Min. Nancy Andrighi, 3ª Turma, data do julgamento: 21/8/2018, *data da publicação: 23/8/2018*).

12. TESTAMENTARIA

Chama-se **testamentaria** a atividade de quem faz cumprir o testamento, e **testamenteiro** quem a exerce.

12.1 Testamenteiro

Em geral, o testamenteiro é nomeado pelo próprio **testador**, que pode indicar apenas uma pessoa, ou mais de uma, conjunta ou separadamente (art. 1.976).

Nos casos em que o próprio testador não nomeia o testamenteiro, ou em que o nomeado não pode aceitar o ônus, a testamentaria cabe ao cônjuge sobrevivente – **testamenteiro legítimo** – ou, na falta deste, a quem o juiz nomear – **testamenteiro dativo** (art. 1.984).

A testamentaria é **indelegável e intransmissível**, ou seja, não se admite que o testamenteiro a delegue, nem a sua morte a transmite a seus herdeiros (art. 1.985, primeira parte). Nada impede, todavia, que o testamenteiro institua **mandatário** com poderes especiais, para representá-lo em juízo ou fora dele (art. 1.985, segunda parte).

---

[116] VENOSA, Sílvio de Salvo. *Código Civil interpretado*, cit., p. 1.687-1.688.

Caso o testador tenha distribuído toda sua herança em **legados**, caberá ao testamenteiro exercer as funções de **inventariante** (art. 1.990).

12.2 Exercício da testamentaria

Na falta de herdeiros necessários (descendentes, ascendentes e cônjuge), admite-se que o testador conceda ao testamenteiro a **posse** e a **administração** da herança ou de parte dela (art. 1.977, *caput*).[117] Nesse caso, cabe a ele requerer o **inventário** dos bens e cumprir as disposições patrimoniais testamentárias (art. 1.978).

Cumpre ao testamenteiro ou a qualquer interessado requerer que o detentor do testamento o leve a **registro**, o que também pode o juiz ordenar, de ofício (art. 1.979).

É dever do testamenteiro cumprir as disposições testamentárias no **prazo** assinalado pelo testador, bem como **prestar contas** daquilo que recebeu e despendeu, sendo **responsável pela herança** durante todo o exercício da testamentaria (art. 1.980).

Cabe também ao testamenteiro, em consórcio ou não com o inventariante e os herdeiros instituídos, defender a **validade** do testamento (art. 1.981).

É lícito, ademais, que o testador imponha ao testamenteiro a execução de certas tarefas, que deverão ser cumpridas, desde que se observem os limites da lei (art. 1.982).

O prazo para o cumprimento do testamento e para a prestação de contas, se outro maior não for concedido pelo testador, é de **cento e oitenta dias**, contados da data da aceitação da testamentaria (art. 1.983, *caput*), sendo possível a **prorrogação**, desde que justificada (art. 1.983, parágrafo único).

A lei admite que qualquer herdeiro requeira a **partilha imediata** dos bens do acervo, ou a **devolução da herança**, desde que habilite o testamenteiro com os meios necessários para o pagamento dos **legados**, ou que dê caução de prestá-los (art. 1.977, parágrafo único).

Na hipótese de haver **vários testamenteiros** nomeados simultaneamente, e que tenham aceitado a testamentaria, esta poderá ser exercida por qualquer deles, na falta dos outros (art. 1.986, primeira parte). Sua responsabilidade pelos bens da herança será **solidária**, salvo se o testador houver instituído cada qual para uma função distinta, caso em que a esta se limitará a responsabilidade de cada um (art. 1.986, segunda parte).

12.3 Remuneração do testamenteiro

No caso de o testamenteiro não ser **herdeiro** ou **legatário** do testador, fará jus a uma remuneração – salvo disposição testamentária em contrário (art. 1.987, primeira parte). Tal verba – que a lei chama de **prêmio** – será arbitrada pelo juiz entre um a cinco por cento do valor da herança líquida, se o próprio testador a não houver fixado, sempre levando em conta a maior ou menor dificuldade na execução do testamento (art. 1.987, segunda parte). Havendo herdeiro necessário, o prêmio terá de ser deduzido da parte disponível da herança (art. 1.987, parágrafo único).

Na hipótese de o testamenteiro ser herdeiro ou legatário, poderá optar entre receber ou o prêmio, ou a herança ou o legado (art. 1.988).

---

[117] O Código de 2002 manteve no art. 1.977 praticamente a mesma redação do antigo art. 1.754 do Código de 1916, inclusive a menção a "cônjuge ou herdeiros necessários", sem atentar para o fato de que no sistema de 2002 o cônjuge é herdeiro necessário (art. 1.845).

Se o testamenteiro for removido da testamentaria, ou a não cumprir, o prêmio que a ele caberia reverterá à herança (art. 1.989).

Quadro Esquemático 4

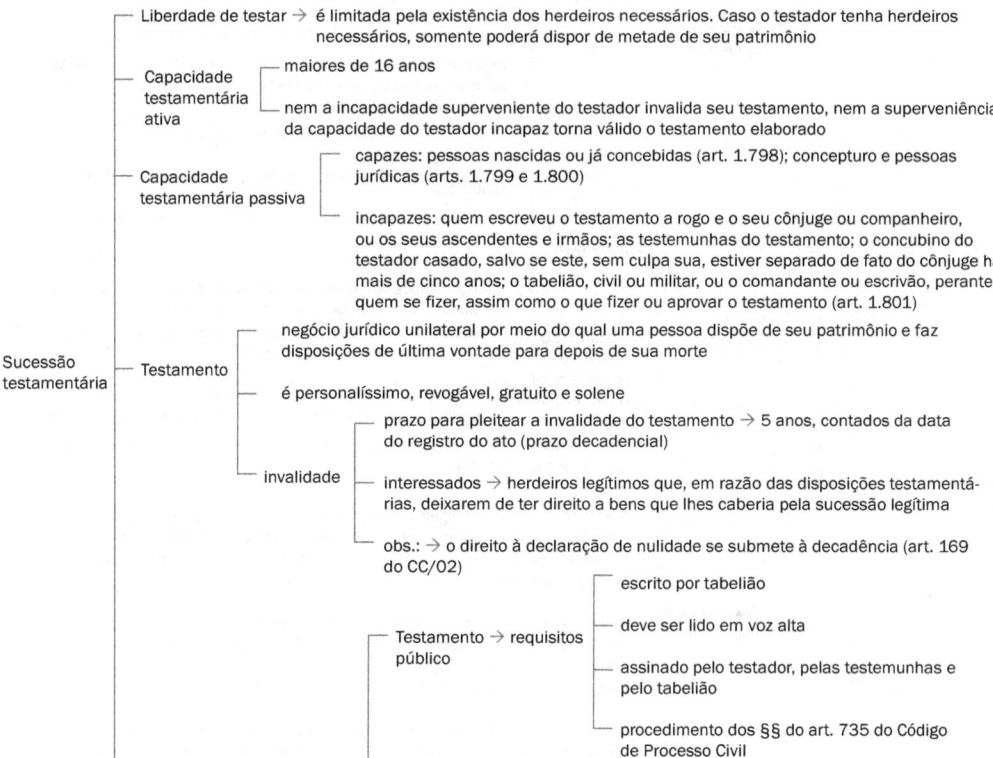

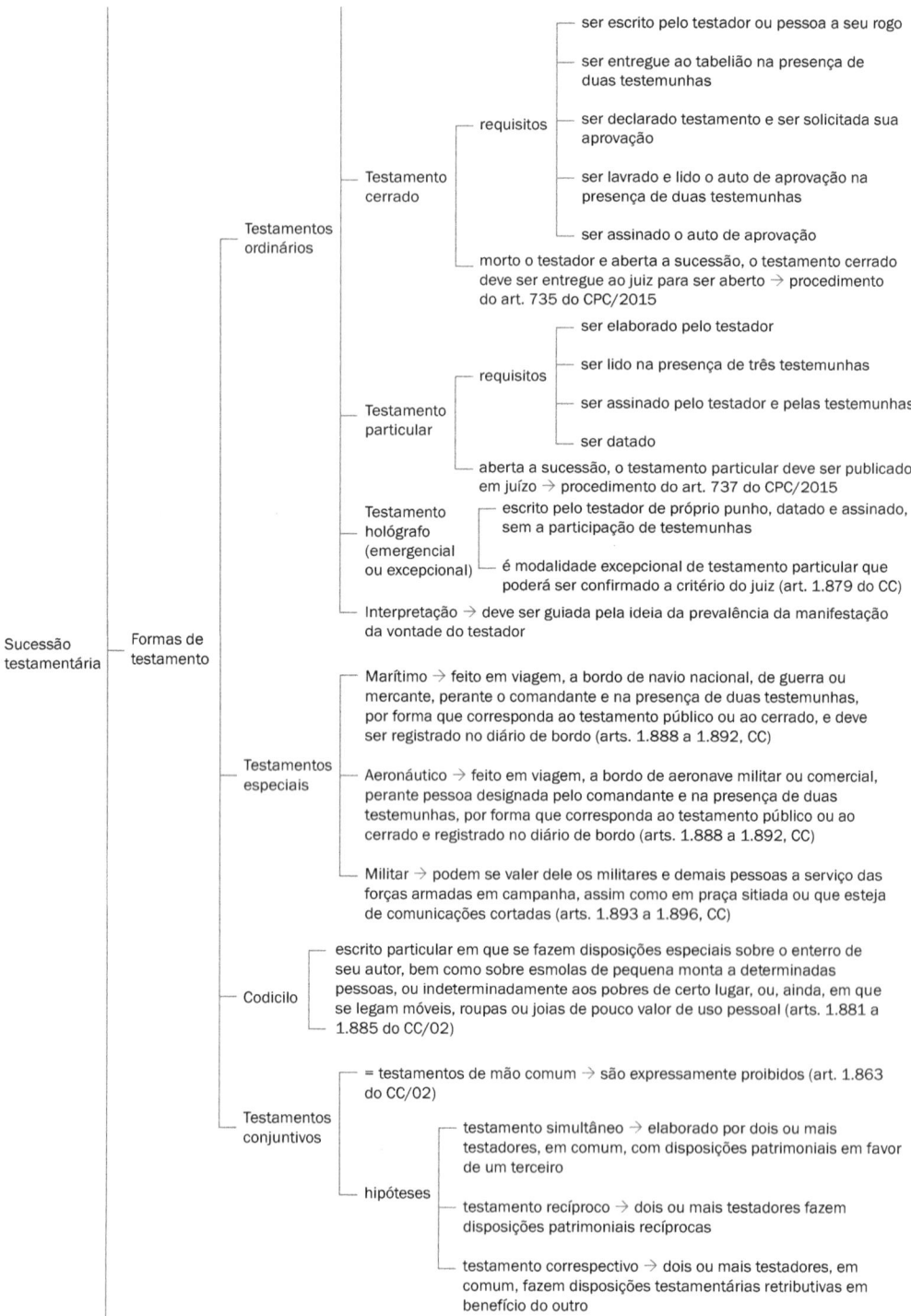

Parte VI – Cap. 4 – Sucessão Testamentária (arts. 1.857 a 1.990) | **1001**

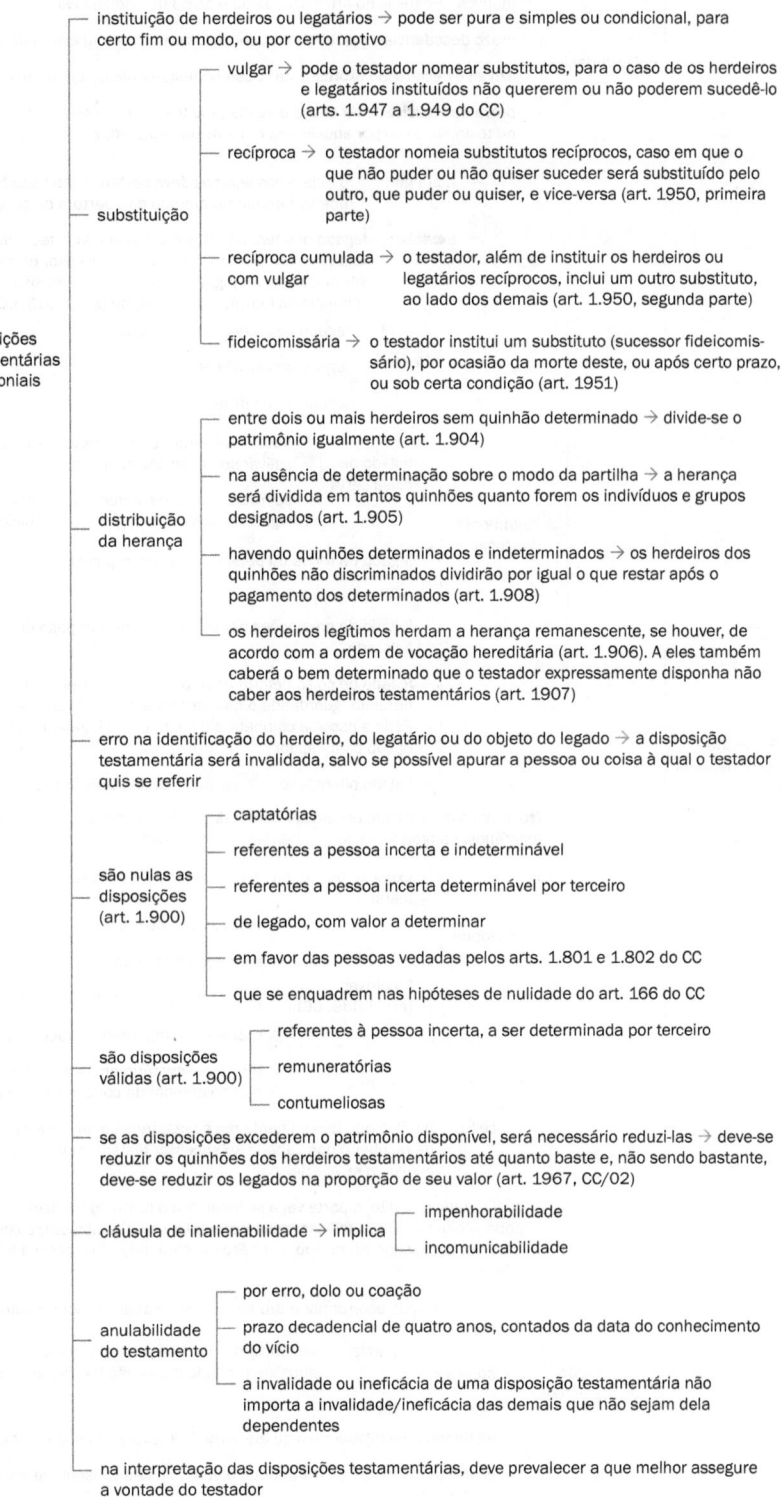

Sucessão testamentária
- Disposições testamentárias patrimoniais
  - instituição de herdeiros ou legatários → pode ser pura e simples ou condicional, para certo fim ou modo, ou por certo motivo
  - substituição
    - vulgar → pode o testador nomear substitutos, para o caso de os herdeiros e legatários instituídos não quererem ou não poderem sucedê-lo (arts. 1.947 a 1.949 do CC)
    - recíproca → o testador nomeia substitutos recíprocos, caso em que o que não puder ou não quiser suceder será substituído pelo outro, que puder ou quiser, e vice-versa (art. 1950, primeira parte)
    - recíproca cumulada com vulgar → o testador, além de instituir os herdeiros ou legatários recíprocos, inclui um outro substituto, ao lado dos demais (art. 1.950, segunda parte)
    - fideicomissária → o testador institui um substituto (sucessor fideicomissário), por ocasião da morte deste, ou após certo prazo, ou sob certa condição (art. 1951)
  - distribuição da herança
    - entre dois ou mais herdeiros sem quinhão determinado → divide-se o patrimônio igualmente (art. 1.904)
    - na ausência de determinação sobre o modo da partilha → a herança será dividida em tantos quinhões quanto forem os indivíduos e grupos designados (art. 1.905)
    - havendo quinhões determinados e indeterminados → os herdeiros dos quinhões não discriminados dividirão por igual o que restar após o pagamento dos determinados (art. 1.908)
    - os herdeiros legítimos herdam a herança remanescente, se houver, de acordo com a ordem de vocação hereditária (art. 1.906). A eles também caberá o bem determinado que o testador expressamente disponha não caber aos herdeiros testamentários (art. 1907)
  - erro na identificação do herdeiro, do legatário ou do objeto do legado → a disposição testamentária será invalidada, salvo se possível apurar a pessoa ou coisa à qual o testador quis se referir
  - são nulas as disposições (art. 1.900)
    - captatórias
    - referentes a pessoa incerta e indeterminável
    - referentes a pessoa incerta determinável por terceiro
    - de legado, com valor a determinar
    - em favor das pessoas vedadas pelos arts. 1.801 e 1.802 do CC
    - que se enquadrem nas hipóteses de nulidade do art. 166 do CC
  - são disposições válidas (art. 1.900)
    - referentes à pessoa incerta, a ser determinada por terceiro
    - remuneratórias
    - contumeliosas
  - se as disposições excederem o patrimônio disponível, será necessário reduzi-las → deve-se reduzir os quinhões dos herdeiros testamentários até quanto baste e, não sendo bastante, deve-se reduzir os legados na proporção de seu valor (art. 1.967, CC/02)
  - cláusula de inalienabilidade → implica
    - impenhorabilidade
    - incomunicabilidade
  - anulabilidade do testamento
    - por erro, dolo ou coação
    - prazo decadencial de quatro anos, contados da data do conhecimento do vício
    - a invalidade ou ineficácia de uma disposição testamentária não importa a invalidade/ineficácia das demais que não sejam dela dependentes
  - na interpretação das disposições testamentárias, deve prevalecer a que melhor assegure a vontade do testador

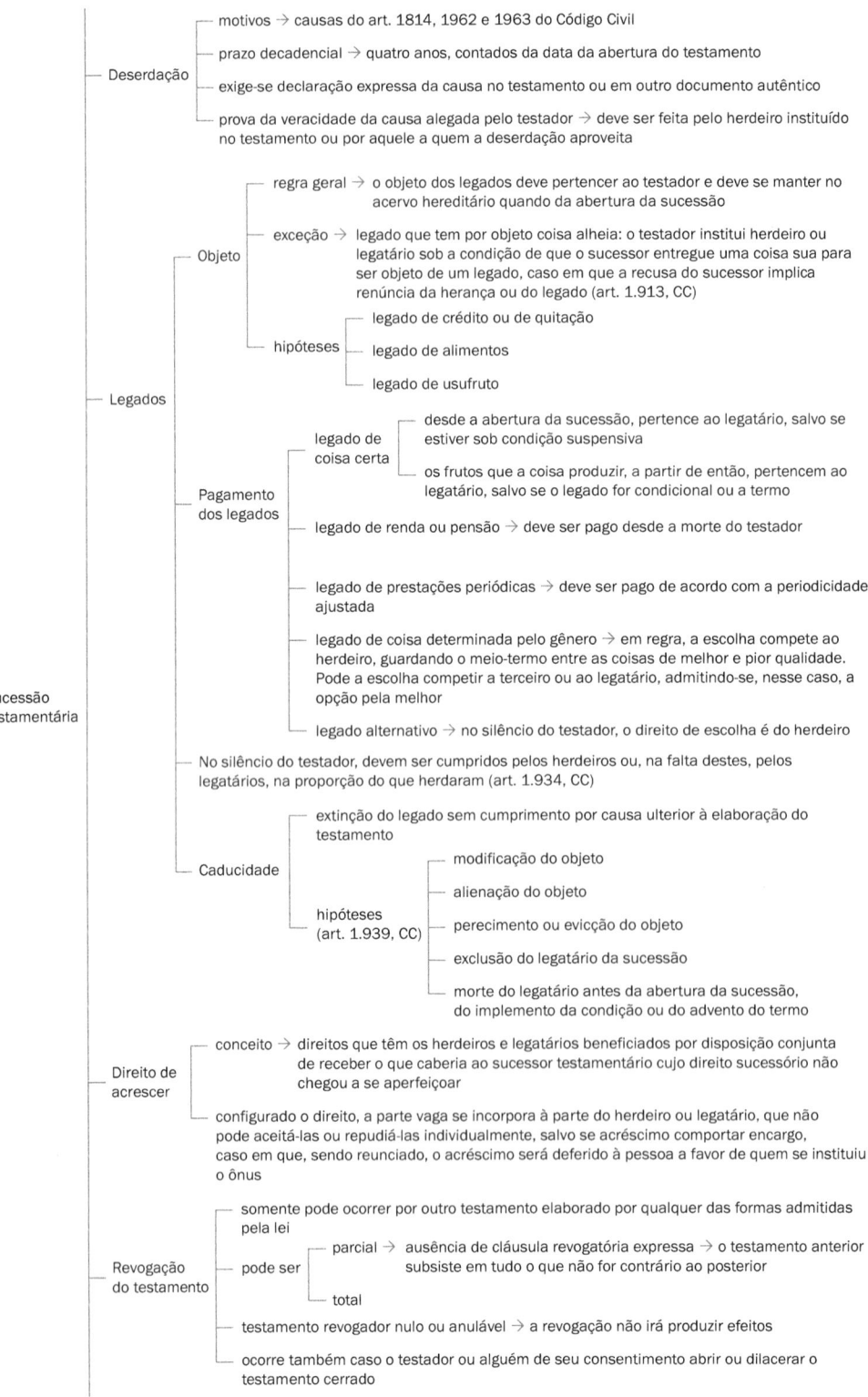

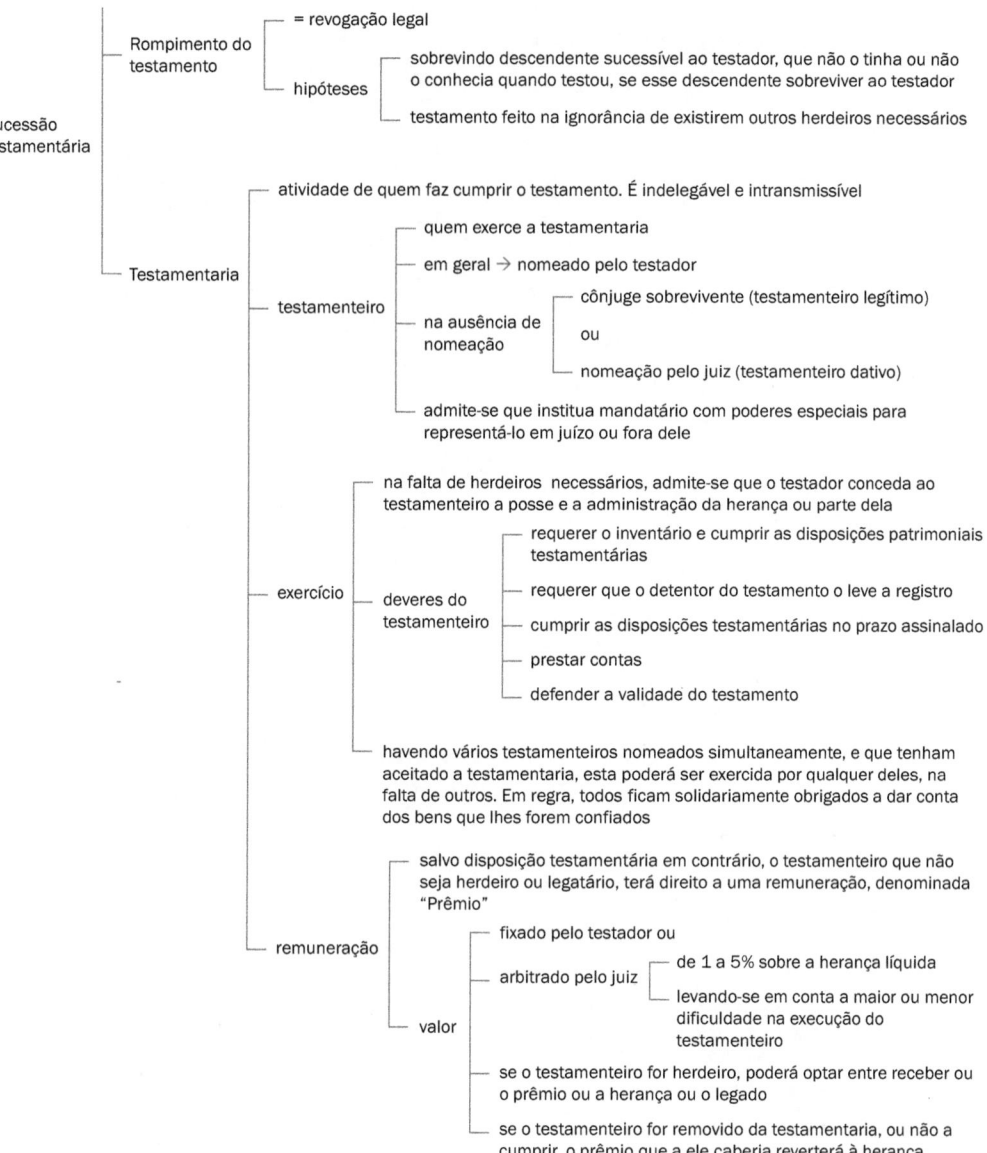

Inventário e Partilha (arts. 1.991 a 2.027)

Inventário e partilha são procedimentos subsequentes à abertura da sucessão, por meio dos quais se identificam os bens do acervo e os sucessores, liquida-se a herança e, em seguida, distribuem-se os bens entre os herdeiros, e pagam-se os legados.

1. HISTÓRICO DO INVENTÁRIO E DA PARTILHA

O instituto jurídico do **inventário** foi concebido pelo Direito Romano, e consiste no arrolamento exato de tudo quanto o defunto possuía ao tempo da abertura da sucessão.[118] Foi primeiramente aplicado por Adriano, na forma de **benefício**, para proteger um herdeiro, para que este não tivesse sua vida arruinada ao receber uma herança negativa – como o leitor deve se lembrar, a responsabilidade dos sucessores era *ultra vires hereditatis*, ou seja, para além das forças da herança. Posteriormente o benefício de inventário impôs-se, como regra, no caso de herdeiros militares. Por fim, Justiniano facultou-o a qualquer herdeiro.[119]

Por sua vez a **partilha**, outra criação do Direito Romano, tem lugar devido ao fato de que, aberta a sucessão, a herança é devolvida em **comunhão** aos herdeiros, e estes se tornam dela condôminos, sendo necessária a divisão dos bens. Sobre a partilha, diziam os romanos: *singulas res singulis heredibus adjudicare*, quer dizer, adjudicar cada uma das coisas a cada herdeiro.[120]

---

[118] CARVALHO, José Pereira de. *Primeiras linhas sobre o processo orfanológico*. 2. ed. Rio de Janeiro: B. L. Garnier, 1888. p. 155.

[119] "Chamado a sucessão via o sucessível, pelo direito anterior, abertos diante de si dois caminhos naturais: – aceitá-la ou repudiá-la; mas esses dois caminhos dirigiam-se para o desconhecido; caía sobre eles o espesso véu de uma noite sem luar, por traz do qual não se sabia se estava escondida a fortuna ou a miséria. Para onde inclinar-se? O mais prudente era não confundir o seu patrimônio com o do hereditando, até conhecer melhor o valor da herança, que lhe era deferida, e por isso se lhe oferecia o expediente do benefício de inventário, do qual é certo não se ocupavam as nossas Ordenações, mas cujos lineamentos fornecia o direito romano, secundado e melhorado pelo direito moderno. Benefício de inventário é o remédio imaginado para evitarem-se as consequências desastrosas que poderiam sobrevir ao herdeiro pela confusão de seu patrimônio com o do hereditando" (BEVILÁQUA, Clóvis. *Direito das sucessões*, cit., p. 44).

[120] JUSTINIANO. *Institutas*, 4, 17, § 4.

Na primeira fase do Direito brasileiro, a disciplina do inventário e da partilha encontrava-se em uma série de alvarás do século XVIII. As *Ordenações Filipinas*, que ainda eram a principal fonte formal do Direito, não cuidavam da matéria. Falava-se, à época, em **processo orfanológico**, o qual chegou a ser objeto único de boas obras de doutrina, como a de José PEREIRA DE CARVALHO – *Primeiras linhas sobre o processo orfanológico*.

2. INVENTÁRIO

Por meio do procedimento do **inventário**, identificam-se os bens deixados pelo autor da herança, entre os quais suas dívidas, bem como os sucessores.

Vez que se trata de matéria procedimental, sua disciplina se encontra no Código de Processo Civil – arts. 610 a 646 do CPC/2015. O Código Civil, por sua vez, limita-se a estabelecer que a administração da herança cabe ao inventariante, desde a assinatura do compromisso até a homologação da partilha (art. 1.991), e a regular os temas dos sonegados, da colação e do pagamento de dívidas.

Impende destacar que, desde 2007, quando o Código de Processo Civil de 1973 fora alterado pela Lei 11.441, nosso ordenamento passou a contemplar tanto o **inventário judicial** quanto o **extrajudicial**. Segundo o art. 610 do CPC/2015, havendo testamento ou interessado incapaz, impõe-se o inventário judicial; no entanto, se todos os herdeiros forem capazes e concordes, admite-se o inventário extrajudicial, por meio de escritura pública, a qual constitui título hábil para qualquer ato de registro, bem como para o levantamento de importância depositada em instituições financeiras (art. 610, § 1º).

2.1 Inventário judicial

Conforme o art. 611 do Código de Processo Civil de 2015, o **inventário judicial** deve ser aberto dentro de dois meses contados da abertura da sucessão, e ser concluído nos doze meses subsequentes, podendo o juiz prorrogar tais prazos, de ofício ou a requerimento de alguma das partes.

Na sistemática do CPC/1973, o desrespeito ao prazo para abertura do procedimento implicava possibilidade de deflagração de ofício pelo juízo competente. O Código vigente não repete a redação do art. 989 do CPC/1973,[121] razão pela qual podemos afirmar que **não há mais possibilidade de inventário** *ex officio*.

O prazo para a conclusão do feito é impróprio e seu descumprimento não acarreta qualquer sanção. Aliás, o que se observa é que dificilmente os inventários são concluídos nesse prazo, haja vista todas as peculiaridades inerentes ao procedimento. Ao terminar a leitura deste capítulo, o leitor terá a exata noção do quão demorado pode se tornar o processo. Na praxe forense, nem mesmo o arrolamento sumário (procedimento mais célere, como se verá) costuma ser concluído no prazo estatuído em lei.

Ressalte-se que não há, no CPC/2015 (nem havia no CPC/1973), qualquer previsão quanto à sanção a ser aplicada em caso de descumprimento do prazo para a abertura do inventário. Isso não impede, contudo, que a legislação de cada Estado, ao estipular, por exemplo, as regras relativas ao Imposto sobre Transmissão *Causa Mortis* e Doação de Quaisquer Bens ou Direitos

---

[121] CPC/1973: "Art. 989. O juiz determinará, de ofício, que se inicie o inventário, se nenhuma das pessoas mencionadas nos artigos antecedentes o requerer no prazo legal".

(ITCD), institua multa como sanção pelo retardamento do início do inventário. Tal possibilidade é plenamente aceita pelo Supremo Tribunal Federal.[122]

O foro competente para processar o inventário é o do **último domicílio do morto, ainda que o óbito tenha ocorrido no exterior** (art. 48 do CPC/2015). Se, por alguma razão, o morto não tinha domicílio certo, como na hipótese de não ter residência fixa, nem lugar de trabalho definitivo, o foro competente será o do lugar da **situação dos bens imóveis**, ou, caso haja bens imóveis em lugares diferentes, o de qualquer deles, ou, ainda não havendo bens imóveis, o do lugar de qualquer dos bens da herança (art. 48, parágrafo único do CPC/2015).

Ressalte-se que a competência do juízo do inventário circunscreve-se às questões de direito e de fato que venham a surgir no curso do processo. Entretanto, aquelas que demandarem "alta indagação" serão remetidas às vias ordinárias. Por questão de alta indagação, entende-se aquela que envolve matéria fática cuja complexidade poderia comprometer a rápida solução do inventário, por depender de prova de natureza diversa da documental. A alta indagação não se refere, em absoluto, à dificuldade de se aplicar o direito à espécie, mas, sim, à dificuldade de se apurarem os fatos.

Importante destacar que, conforme o Provimento 56 do CNJ, de 14 de julho de 2016, para o processamento do inventário, deve o juiz consultar o Registro Central de Testamentos On-Line (RCTO), para buscar informação sobre a existência de testamento público ou cerrado (art. 1º). Ademais, é obrigatória a juntada de certidão de inexistência de testamento expedida pela CENSEC – Central Notarial de Serviços Compartilhados (art. 2º).

Cabe a quem estiver na posse e na administração dos bens da herança requerer a abertura do inventário, no prazo do art. 611 (art. 615 do CPC/2015). Têm, todavia, **legitimidade concorrente** (art. 616 do CPC/2015): (1) o **cônjuge ou companheiro supérstite**; (2) o **herdeiro**; (3) o **legatário**; (4) o **testamenteiro**; (5) o **cessionário** do herdeiro ou do legatário; (6) o **credor** do herdeiro, do legatário ou do autor da herança; (7) o **Ministério Público**, havendo herdeiros incapazes; (8) a **Fazenda Pública**, quando tiver interesse (9); e o **administrador judicial da falência** do herdeiro, do legatário, do autor da herança ou do cônjuge ou companheiro supérstite.

A lei processual exige que o pedido de abertura do inventário seja instruído com a **certidão do óbito** do autor da herança (art. 615, parágrafo único do CPC/2015).

Aberto o inventário, deve o juiz nomear inventariante, o qual, intimado da nomeação, deverá, em cinco dias, prestar **compromisso de cumprir bem e fielmente o cargo** (art. 617, parágrafo único do CPC/2015). A partir de então, surge sua responsabilidade pela administração da herança, a qual somente cessará quando da homologação da partilha (art. 1.991 do Código Civil).

Deve ser nomeado inventariante, sucessivamente (art. 617 do CPC/2015): (1) o **cônjuge ou companheiro sobrevivente**, desde que estivesse convivendo com o outro ao tempo da morte deste; (2) o **herdeiro** que se achar na posse e administração do acervo; (3) **qualquer herdeiro**, se nenhum estiver na posse e administração do acervo; (4) o **herdeiro menor**, por seu representante legal; (5) o **testamenteiro**, se lhe foi confiada a administração do acervo ou se toda a herança estiver distribuída em legados; (6) o **cessionário** do herdeiro ou do legatário; (7) o **inventariante judicial**, se houver; (8) **pessoa estranha idônea**, onde não houver inventariante judicial (nesse caso, o inventariante será chamado de **dativo**).

---

[122] STF, Súmula 542: "Não é inconstitucional a multa instituída pelo Estado-Membro, como sanção pelo retardamento do início ou da ultimação do inventário".

Antes da entrada em vigor do CPC/2015, no âmbito do Superior Tribunal de Justiça, o entendimento era no sentido de que o menor não poderia ser nomeado inventariante.[123] Segundo a Corte, por ter caráter personalíssimo, a função de inventariante não poderia ser exercida por meio de representação, só cabendo a quem tem capacidade para a prática dos atos inerentes à função. Ao inventariante incumbe, conforme o art. 618 do CPC/2015: (1) **representar o espólio ativa e passivamente**, em juízo ou fora dele, observando-se, quanto ao dativo, o disposto no art. 75, § 1º; (2) **administrar o espólio**, velando pelos bens com a mesma diligência que teria se fossem seus; (3) **prestar as primeiras e últimas declarações**, pessoalmente ou por mandatário com poderes especiais; (4) **exibir em cartório**, a qualquer tempo, para exame das partes, os documentos relativos ao espólio; (5) **juntar aos autos certidão do testamento**, se houver; (6) **trazer à colação** os bens recebidos pelo herdeiro ausente, renunciante ou excluído; (7) **prestar contas** de sua gestão ao deixar o cargo, ou sempre que o juiz assim determinar; (8) **requerer a declaração de insolvência**. No procedimento judicial do inventário o juiz decidirá todas as **questões de direito**, desde que os **fatos relevantes** se encontrem **provados por documento, só remetendo para as vias ordinárias as questões que dependerem de outras provas (art. 612 do CPC/2015)**. As questões que dependem de outras provas eram chamadas, anteriormente, pela doutrina, de **questões de alta indagação**. Consistem em **questões de alta indagação**, se não puderem ser provadas exclusivamente por documentos, aquelas, por exemplo, acerca de parentesco do autor da herança, de invalidade de atos por este praticados, de propriedade dos bens do acervo, do direito sucessório de algum suposto sucessor, da exclusão de herdeiro, de sonegação de bens etc.[124]

Nomeado o inventariante e feitas as primeiras declarações, é hora de citar todos os interessados para compor o feito. Serão obrigatoriamente citados o cônjuge ou companheiro, os herdeiros, os legatários e o testamenteiro, se houver testamento, e intimados a Fazenda Pública e, havendo herdeiro incapaz ou ausente, o Ministério Público.

No prazo comum de 15 dias, as partes poderão impugnar as primeiras declarações. Se a impugnação versar sobre erros, omissões e sonegação de bens, o juiz mandará retificar as primeiras declarações para fazer constar ou suprimir bens, ou alterar sua descrição, por exemplo (art. 627).

Findo o prazo do art. 627, sem impugnação ou decidida a que houver sido oposta, o juiz nomeará um perito para avaliar os bens do espólio, se não houver, na comarca, avaliador judicial. Se todos os herdeiros forem capazes e a Fazenda Pública aceitar a estimativa feita nas primeiras declarações, é possível dispensar a avaliação.

A avaliação tem o propósito de determinar o monte partível e possibilitar que a Fazenda Pública proceda ao cálculo do imposto *mortis causa*.

As conclusões da avaliação serão lançadas em laudo, sobre o qual as partes deverão se manifestar em quinze dias.

Se o laudo for impugnado, o juiz, acolhendo a impugnação, determinará a retificação ou a repetição da perícia. Por outro lado, aceito o laudo pelas partes, será lavrado o termo de últimas declarações.

Denomina-se "últimas declarações" o ato processual pelo qual se põe fim à fase do inventário dos bens. Por tal motivo, faz-se necessário que o termo corresponda exatamente à realidade do acervo hereditário, devendo-se até mesmo providenciar o aditamento ou a complementação das primeiras declarações (art. 636), seja para incluir bens não arrolados, seja para corrigir outras falhas ou suprir outras omissões.

---

[123] Vide STJ, REsp 658.831/RS, 3ª Turma, relatora: Min. Nancy Andrighi, data do julgamento: 15/12/2005.
[124] FIUZA, César. *Direito civil*, cit., p. 1011-1012.

Com essas declarações finais, retrata-se a situação definitiva da herança a ser partilhada e adjudicada aos sucessores do *autor da herança*. Sobre elas, as partes serão ouvidas em quinze dias (art. 637), cabendo ao juiz decidir a respeito de eventuais impugnações, de plano.[125]

Deliberando o juiz sobre as impugnações ou ultrapassado o prazo do art. 637 sem manifestação das partes, procede-se ao cálculo do imposto *causa mortis*.[126] Sobre o cálculo do imposto as partes serão ouvidas no prazo comum de cinco dias, decidindo o juiz eventuais impugnações. Estando correto o cálculo, o juiz o julgará, ficando o inventariante autorizado a recolher o tributo (art. 638, § 2º).

2.2 Inventário extrajudicial

O **inventário extrajudicial**, conforme asseverado, é admissível quando todos os herdeiros forem capazes e concordes, e toma a forma de escritura pública, a qual constitui título hábil para qualquer ato de registro, bem como para o levantamento de importância depositada em instituições financeiras (art. 610, § 1º, do CPC/2015). O mesmo vale para as providências decorrentes da partilha na Junta Comercial, no Registro Civil de Pessoas Jurídicas etc. O art. 3º da Resolução 35 do CNJ é ainda mais explícito:

> Art. 3º As escrituras públicas de inventário e partilha, separação e divórcio consensuais não dependem de homologação judicial e são títulos hábeis para o registro civil e o registro imobiliário, para a transferência de bens e direitos, bem como para a promoção de todos os atos necessários à materialização das transferências de bens e levantamento de valores (DETRAN, Junta Comercial, Registro Civil de Pessoas Jurídicas, instituições financeiras, companhias telefônicas, etc.).

Tradicionalmente, entendia-se que, além dos requisitos anteriores, a inexistência de testamento deixado pelo *de cujus* consistia em pressuposto para a realização do inventário extrajudicial. Ou seja, havendo testamento, deveria ser feito o inventário judicial. Ocorre que, recentemente, o STJ superou esse entendimento e passou a considerar possível o inventário extrajudicial, ainda que existente testamento. Para tanto, exige-se que os interessados sejam capazes e concordes, estejam assistidos por advogado e que o testamento tenha sido previamente registrado judicialmente ou haja a expressa autorização do juízo competente. Conforme voto do relator, Min. Luis Felipe Salomão:

> [...] não parece razoável obstar a realização do inventário e da partilha por escritura pública quando há registro judicial do testamento (já que haverá definição precisa dos seus termos) ou autorização do juízo sucessório (ao constatar que inexistem discussões acidentais que não possam ser dirimidas na via administrativa), sob pena de violação a princípios caros de justiça, como a efetividade da tutela jurisdicional e a razoável duração do processo (STJ, REsp 1.808.767/RJ, data do julgamento: 15/10/2019, *data da publicação*: 3/12/2019).

Diferentemente da competência fixada pela lei processual para o inventário judicial (art. 48 do CPC), o inventário extrajudicial poderá ser proposto em qualquer foro. De acordo com

---

[125] THEODORO JÚNIOR, Humberto. *Curso de direito processual civil*. Rio de Janeiro: Forense, 1991. p. 1.759-1.760.

[126] O Imposto sobre a Transmissão *Causa Mortis* e Doação de Quaisquer Bens ou Direitos (ITCMD) é estabelecido pelos Estados e pelo Distrito Federal. O cálculo dependerá da alíquota estabelecida pela legislação local.

o art. 1º da Resolução 35 do CNJ, alterado pela Resolução 326/2020, "para a lavratura dos atos notariais relacionados a inventário, partilha, separação consensual, divórcio consensual e extinção consensual de união estável por via administrativa, é livre a escolha do tabelião de notas, não se aplicando as regras de competência do Código de Processo Civil". Assim, ainda que os bens estejam situados na cidade de Belo Horizonte ou que o domicílio do autor da herança seja em São Paulo, o inventário poderá ser proposto em Fortaleza ou qualquer outro local.

Da escritura pública deverão constar a qualificação completa do autor da herança, dia e local do falecimento. Ademais, é obrigatória a nomeação de interessado para a representação do espólio, que atuará com os mesmos poderes do inventariante no procedimento judicial. Na via administrativa, há, contudo, uma diferença: para a nomeação, não há necessidade de observância da ordem prevista no art. 617 do CPC.

Para a lavratura, o tabelião exigirá a certidão de óbito, o documento de identificação de todas as partes, a certidão comprobatória do vínculo de parentesco com o autor da herança, a certidão de casamento do cônjuge sobrevivente e os documentos comprobatórios da propriedade dos bens e do seu valor. Além disso, exige-se o pagamento prévio do imposto de transmissão, com fundamento no art. 15 da Resolução 35 do CNJ.

O esboço da partilha também é exigido para a lavratura da escritura, sendo dispensado se houver apenas um único herdeiro. Caso sejam localizados bens do *de cujus* após a lavratura da escritura (art. 2.022 do CC), ainda será possível a realização de sobrepartilha extrajudicial. Igualmente será possível a sobrepartilha quando realizado judicialmente o inventário, inclusive na hipótese de herdeiro anteriormente incapaz que, no momento da descoberta dos bens, já tinha plena capacidade (art. 25 da Resolução 35 do CNJ).

Caso existam credores do espólio, a realização do procedimento extrajudicial ainda será possível, mas se fará necessária a informação sobre a existência das dívidas.

Vale frisar que, segundo o Provimento 56 do CNJ, de 14 de julho de 2016, é obrigatória a consulta, por parte do tabelião, ao Registro Central de Testamentos On-Line (RCTO), para buscar informação sobre a existência de testamento público ou cerrado (art. 1º). Ademais, é obrigatória a juntada de certidão de inexistência de testamento expedida pela Central Notarial de Serviços Compartilhados – CENSEC (art. 2º).

Além disso, exige-se que as partes estejam assistidas por **advogado ou defensor público**, sem o que o tabelião se recusará a lavrar a escritura, devendo as respectivas assinaturas constar do ato notarial (art. 610, § 2º, do CPC/2015). Caso não tenham condições financeiras para custear os honorários de advogados e demais despesas com a escritura, deverão os interessados solicitar os serviços da defensoria pública. Nada impede, contudo, que os interessados assistidos por advogado particular formulem pedido de gratuidade, mediante simples declaração de que não possuem condições de arcar com os emolumentos (arts. 6º e 7º da Resolução 35 do CNJ).

Quanto aos inventários judiciais em tramitação, é possível a adoção do procedimento extrajudicial, desde que preenchidos os requisitos legais: herdeiros capazes e consentimento entre todos os interessados. Assim, se, no curso do inventário judicial, as partes concordarem com a partilha, poderão transformar o inventário judicial em extrajudicial. Contudo, de acordo com o entendimento da jurisprudência, há necessidade de submeter tal pretensão ao juízo do feito, especialmente na hipótese em que a abertura do inventário judicial foi procedida por um dos credores do espólio.[127]

---

[127] Nesse sentido: "[...] Comprovada a realização de inventário por escritura pública, após a abertura do inventário judicial e citação da maioria dos herdeiros, sem qualquer comunicação prévia ao juízo, correta a decisão que declarou nula a escritura pública, pois restou evidente a tentativa de prejudicar o credor, não se tratando de questão de alta indagação, já que está comprovada documentalmente,

Uma dúvida que pode surgir é a seguinte: **estando presentes os requisitos legais – herdeiros capazes e concordes –, o inventário extrajudicial se torna obrigatório?** O art. 2º da Resolução 35 do CNJ, textualmente, dispõe que será *facultada* aos interessados a opção pela via judicial ou extrajudicial. Apesar disso, há quem sustente a obrigatoriedade da via administrativa. Isso porque, ao contrário do que ocorre com a separação e o divórcio, no inventário e partilha ultimados por escritura pública, não há qualquer utilidade no ajuizamento de demanda judicial, uma vez que a via extrajudicial só se presta para os herdeiros maiores, capazes e concordes com a divisão dos bens. Trata-se, portanto, de negócio jurídico particular que envolve interesses perfeitamente disponíveis, escapando à órbita de atuação do Poder Judiciário. Nem mesmo quando houver credores do espólio ou herdeiros preteridos estará configurado o interesse processual. É que, nesses casos, o interessado deverá manejar a competente ação (cobrança, execução, petição de herança) perante o juízo, que determinará ao tabelião a reserva de bens suficientes, tal como ocorre no inventário tradicional.

2.3 Administração da herança antes do compromisso do inventariante

A **administração da herança**, antes do compromisso do inventariante, incumbe, sucessivamente (art. 1.797): ao **cônjuge** ou **companheiro**, caso convivesse com o morto à época da abertura da sucessão (inciso I); ao **herdeiro** que estiver na posse do bem, e ao mais velho, se mais de um for possuidor (inciso II); ao **testamenteiro** (inciso III); a **quem o juiz nomear**, se faltarem as pessoas indicadas anteriormente, ou se forem removidas do cargo (inciso IV).

2.4 Colação

Como se sabe, as doações de ascendente a descendente, ou de um cônjuge ao outro, importam **adiantamento de legítima** (art. 544). Por essa razão, o descendente ou cônjuge donatário, quando da abertura da sucessão do doador, se concorrendo com outros descendentes, fica obrigado a uma conferência, a fim de que sejam mantidas iguais as legítimas (art. 2.002), sob pena de sonegação – a qual será estudada na subseção a seguir. Essa conferência denomina-se **colação**. Na hipótese de sucessão por representação, cabe ao sucessor representante levar à colação os bens doados pelo autor da herança ao representado (art. 2.009).

Quando da conferência, deve-se frisar que se computa no **montante indisponível** o valor dos bens levados à colação, sem, no entanto, que se aumente a parte disponível (art. 2.002, parágrafo único).

Este assunto sofreu grande impacto com a entrada em vigor do CPC/2015, o qual derrogou tacitamente o Código Civil, alterando o modo de se proceder à colação.

Segundo o Código Civil, devia-se levar em conta, na colação, o **valor do bem atribuído na doação**, ainda que apenas estimativo (art. 2.004). Se não houvesse na doação estipulação de valor, mesmo que estimativa, seria considerado o valor que se calculasse que o bem valia à **época da doação** (art. 2.004, § 1º). Não se consideravam em tal cálculo, não obstante, os melhoramentos e acréscimos que o donatário houvesse efetuado na coisa, nem os rendimentos, lucros ou indenizações por dano sofrido pelo bem (art. 2.004, § 2º).

A esse modo de se proceder à colação a doutrina se refere como **colação por estimação**.

---

podendo ser decidida pelo Juiz. Inteligência do art. 612 do CPC. Recurso desprovido" (TJRS, AI 70079558540, relator: Sérgio Fernando de Vasconcellos Chaves, data do julgamento: 26/6/2019, 7ª Câmara Cível, *data da publicação: 27/6/2019*).

O art. 639 do CPC/2015, todavia, estabelece que "o herdeiro obrigado à colação conferirá por termo nos autos ou por petição à qual o termo se reportará os bens que recebeu ou, se já não os possuir, trar-lhes-á o valor".

A colação por meio da restituição dos bens doados ao acervo hereditário, que passa a ser a regra, segundo o CPC/2015, é denominada pela doutrina **colação em substância**.

Conforme o CPC/2015, somente se deve proceder à **colação por estimação** quando o donatário já não mais possuir o bem doado ao tempo da abertura da sucessão. Nesse caso, determina o parágrafo único do art. 639 que se leve em conta o **valor do bem ao tempo da abertura da sucessão**.

Como se vê, o CPC/2015 alterou completamente o modo de se proceder à colação. E é interessante notar que, na verdade, o CPC/2015 repetiu praticamente inalteradas as regras correspondentes no CPC/73, as quais haviam sido derrogadas tacitamente pelo Código Civil de 2002. Não adveio a alteração de críticas da comunidade do Direito Civil. Ao contrário, é bem provável que a impactante mudança tenha vindo de descuido do legislador que, quanto ao tema – que é, diga-se de passagem, propriamente de direito material, e não de direito processual, vez que não diz respeito ao procedimento, mas ao modo de se praticar o ato material – provavelmente se limitou a reproduzir o Código de Processo anterior.[128]

Já despontam, no entanto, interpretações mais favoráveis ao donatário. Novas tentativas de enxergar a colação em substância, no sentido de que não haveria efeito sobre a doação nem a resolução da propriedade. Trata-se de tentativas doutrinárias – ainda em desenvolvimento – no sentido de minimizar o impacto do descuido legislativo quanto ao tema no CPC/2015.

Sobre o assunto, há posicionamento do STJ, firmado em 2021. A 3ª Turma, em caso de relatoria da Min. Nancy Andrighi, entendeu que:

1. se a morte ocorreu **após** a vigência do CPC/2015, o valor de colação dos bens doados deverá ser aquele calculado no momento da morte, nos termos do art. 639, parágrafo único, do CPC/2015 (AgInt no AREsp 1.794.363/SP, data do julgamento: 29/11/2021);

2. se a morte ocorreu **antes** do CPC/2015, o valor deve ser aquele atribuído no momento do ato de liberalidade, e não na data da abertura da sucessão. Assim, se houver uma antecipação de legítima por meio de doação de um bem imóvel a herdeiro necessário em 2015, e o falecimento do autor da herança ocorrer somente em 2020, o valor do bem não será considerado a partir de sua valorização entre os anos de 2015 até 2020, mas a partir da avaliação ocorrida na data da doação. Haverá, tão somente, correção monetária, até a data da abertura da sucessão.

Pois bem. Pode o doador "dispensar" o donatário da colação, desde que o declare expressamente, no ato de liberalidade ou no testamento, e que o valor da doação não ultrapasse o da parte disponível (arts. 2.005 e 2.006).

Se a doação houver sido feita a descendente que não seria considerado herdeiro necessário quando da liberalidade (por exemplo, a um neto, se vivos filhos), há presunção legal, *iuris tantum*, de que houve dispensa da colação (art. 2.005, parágrafo único).

Nos termos do art. 2.010, só não estão sujeitos à colação os **gastos ordinários** do ascendente com o descendente, **enquanto menor**, despendidos com a sua educação, estudos, sustento, vestuário, tratamento de enfermidades, enxoval, despesas de casamento, ou feitas no interesse de sua defesa em processo-crime. O art. 2.011 inclui na lista as doações remuneratórias de

---

[128] Para saber mais sobre esse tema, acesse: <http://genjuridico.com.br/2016/09/02/nova-disciplina-da--colacao-impacto-do-novo-cpc-no-direito-civil/>.

serviços prestados pelo descendente ao ascendente. Sendo assim, caso os pais custeiem voluntariamente um curso superior realizado pelo filho após a maioridade e a extinção da autoridade parental, cuida-se de gasto sujeito à colação. O mesmo se diga dos gastos despendidos pelos pais que voluntariamente continuam sustentando os filhos após a maioridade e a extinção da autoridade parental – o que, diga-se de passagem, tem se tornado cada vez mais frequente no novo modelo de relação entre pais e filhos no Brasil do século XXI.

Por fim, impende esclarecer que as doações feitas a descendentes com dispensa de colação, ou a terceiros, em que se apurar **excesso** quanto ao que o doador poderia dispor, no momento da liberalidade – as quais a doutrina denomina **doações inoficiosas** –, sujeitam-se à redução (art. 2.007).

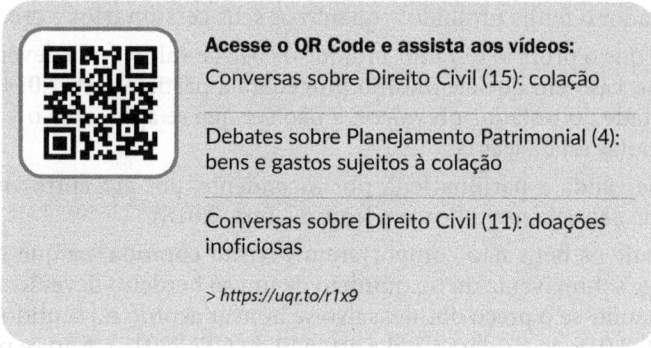

2.5 Sonegados

Fala-se em **sonegados** com relação aos bens do acervo hereditário que um herdeiro deixa de descrever no inventário, muito embora tenha sua posse, ou saiba de sua existência em poder de terceiro, ou que um herdeiro deixa de levar à colação. O herdeiro culpado pela sonegação pode, em virtude de sentença, se provado que agiu dolosamente, perder o direito que lhe cabia sobre os sonegados (art. 1.992 do Código Civil).

A sonegação constitui matéria de alta indagação, que não pode ser resolvida no procedimento do inventário. Requer ação própria, a **ação de sonegados**, a qual pode ser ajuizada tanto pelos herdeiros quanto pelos credores da herança (art. 1.994).

Se os bens sonegados não forem restituídos, o sonegador ficará obrigado a indenizar os prejudicados pelo valor dos bens, mais perdas e danos (art. 1.995).

2.6 Pagamento de dívidas

O espólio é responsável pelo **pagamento das dívidas** que compõem a herança. Contudo, após a partilha, cada sucessor só pode ser demandado na proporção em que sucedeu o autor da herança (art. 1.997).

Com relação às despesas funerárias, a lei ressalva que sejam cobertas pelo espólio, haja ou não herdeiros legítimos (art. 1.998, primeira parte). As de sufrágios por alma do falecido, todavia, só obrigarão a herança quando ordenadas em testamento ou codicilo (art. 1.998, segunda parte).

O CPC/2015 cuida dos aspectos processuais da matéria nos arts. 642 a 645.

3. PARTILHA

Partilha é o procedimento por meio do qual os bens do acervo, após a liquidação, são divididos entre os herdeiros, até então condôminos da herança. A partilha deve sempre observar a **maior igualdade possível** entre os bens, considerando tanto seu valor quanto sua natureza e qualidade (art. 2.017).

Contanto que todos os herdeiros sejam capazes e contestes, a partilha pode sempre se dar pela **via extrajudicial**, ainda que o inventário tenha sido judicial (art. 2.015, primeira parte). Fala-se em **partilha amigável**, a qual toma a forma de escritura pública, escrito particular homologado pelo juiz ou termo nos autos do inventário (art. 2.015, segunda parte).

A partilha que se der pela **via judicial** deve observar o disposto nos arts. 647 a 658 do CPC/2015. Tal via se impõe se os herdeiros divergirem, ou se algum deles for incapaz (art. 2.016 do Código Civil, e art. 610, *caput*, do CPC/2015). Podem requerer a partilha tanto o **herdeiro** – ainda que o testador o tenha proibido – quanto os seus **cessionários** e **credores** (art. 2.013).

A lei admite que o próprio testador indique os bens e valores que devem compor os quinhões hereditários, caso em que ele mesmo procederá à partilha (art. 2.014, primeira parte). Nesse caso, a vontade do testador prevalece, a não ser que se apure que o valor dos bens não corresponde às quotas estabelecidas.

Considera-se válida a partilha feita por ascendente, por ato entre vivos ou de última vontade, desde que não seja prejudicada a legítima (art. 2.018).

Na hipótese de os bens não comportarem **divisão cômoda**, os que não couberem na meação do cônjuge sobrevivente ou no quinhão de um só herdeiro deverão ser vendidos judicialmente, partilhando-se o preço obtido, salvo se houver acordo no sentido de serem adjudicados a todos (art. 2.019 do Código Civil e art. 649 do CPC/2015). Não se procederá à venda judicial, no entanto, se o cônjuge sobrevivente ou algum ou alguns dos herdeiros requererem a adjudicação da coisa, repondo aos outros a diferença, em dinheiro, após avaliação atualizada (art. 2.019, § 1º). No caso de a adjudicação ser requerida por mais de um herdeiro, terá lugar uma licitação (art. 2.019, § 2º).

A partilha pode ser **anulada** se houver prova de que foi viciada por algum dos defeitos do negócio jurídico (art. 2.027 do Código Civil e art. 657 do CPC/2015). O direito potestativo respectivo submete-se ao **prazo decadencial de um ano** (art. 2.027, parágrafo único, do Código Civil e art. 657, parágrafo único, do CPC/2015). Frise-se que, apesar de faltar a ressalva no art. 2.027 do Código Civil, o art. 657 somente admite a anulação da **partilha amigável**.

Nos termos do art. 658 do CPC/2015, é **rescindível** a **partilha julgada por sentença**: (1) nos casos mencionados no art. 657 (causas de anulabilidade); (2) se preterida alguma formalidade legal; (3) se tiver sido preterido herdeiro, ou incluído quem não o era.

Situação peculiar é aquela do herdeiro necessário não habilitado no inventário. À guisa de exemplo, imaginemos a hipótese de o suposto herdeiro promover ação de investigação de paternidade em face do *autor da herança*, e a partilha foi ultimada antes do reconhecimento da paternidade alegada. Nesse caso, reconhecido, na sentença, o parentesco, e, por conseguinte, verificado o direito sucessório, pode o herdeiro exercer a sua pretensão por meio da **ação de petição de herança**, porquanto não pode ele estar sujeito ao prazo decadencial da ação rescisória.

A Súmula 149 do STF e a doutrina majoritária consideram que a ação de petição de herança prevista no art. 1.824 do Código Civil não é imprescritível, devendo ser proposta no prazo de 10 (Código Civil de 2002) ou de 20 anos (Código Civil de 1916). Há, no entanto, entendimento doutrinário que reconhece essa ação como imprescritível. Citamos, como exemplo, os professores Flávio Tartuce e Giselda Maria Fernandes Hironaka.[129] Para esses autores, além

---

[129] TARTUCE, Flávio. *Manual de direito civil*. 3. ed. São Paulo: Método, 2013. p. 1.303; HIRONAKA, Giselda Maria Fernandes. *Comentários ao Código Civil*. 2. ed. São Paulo: Saraiva, 2007. p. 202.

de a qualidade de herdeiro não se perder, o direito à herança é tão fundamental quanto o é o direito ao reconhecimento da paternidade. Apesar dos fortes argumentos apresentados por esses doutrinadores, entendemos que essa posição pode gerar a eternização do direito hereditário em prejuízo a herdeiros que, na maioria das vezes, desconhecem o filho excluído da sucessão. Além disso, dependendo do tempo decorrido após a morte, será extremamente difícil efetivar a restituição dos bens ao acervo hereditário.

Acesse o QR Code e assista ao vídeo:
Debates sobre Planejamento Patrimonial (3): partilha em vida

> https://uqr.to/r1lm

3.1 Sobrepartilha

Tem lugar a **sobrepartilha** quando, após a conclusão da partilha, descobrem-se bens sonegados ou quaisquer outros que compunham o acervo (art. 2.022 do Código Civil e art. 669, I e II, do CPC/2015). A sobrepartilha, na verdade, é uma nova partilha, aplicando-se as mesmas regras, e devendo correr nos autos do inventário (art. 669, *caput* e parágrafo único, do CPC/2015).

Também caberá **sobrepartilha** na hipótese de haver, à época da partilha, bens remotos do lugar do inventário, litigiosos ou de liquidação morosa ou difícil, os quais se opta por não contemplar àquela ocasião, deixando sua partilha para depois (art. 2.021, primeira parte, do Código Civil e art. 669, III e IV, do CPC/2015).

4. ARROLAMENTO

O Código de Processo Civil prevê a possibilidade da substituição do inventário e da partilha pelo **arrolamento**, que pode ser **sumário** ou **comum**.

O denominado **arrolamento sumário** é cabível quando todas as partes forem capazes (art. 659 do CPC/2015), ou quando houver um único herdeiro (art. 659, § 1º).

Nesse caso, é apresentado um **plano de partilha amigável** – hipótese de pluralidade de herdeiros –, ou um **pedido de adjudicação** – havendo um só herdeiro –, que o juiz deverá homologar de plano, observando os arts. 660 a 663 (art. 659 do CPC/2015).

Após o trânsito em julgado da sentença de homologação de partilha ou de adjudicação, deve ser lavrado o **formal de partilha** ou expedida a **carta de adjudicação** e, em seguida, devem ser expedidos os alvarás referentes aos bens e às rendas por ele abrangidos, intimando-se o fisco para lançamento administrativo do imposto de transmissão e de outros tributos porventura incidentes, conforme disposto na legislação tributária, nos termos do § 2º do art. 662 (art. 659, § 2º do CPC/2015).

Processar-se-á o inventário na forma de **arrolamento comum** quando o valor dos bens do espólio for igual ou inferior a 1.000 (mil) salários mínimos, cabendo ao inventariante nomeado, independentemente de assinatura de termo de compromisso, apresentar, com suas declarações, a atribuição de valor aos bens do espólio e o plano da partilha (ar. 664 do CPC/2015). O art. 665 esclarece que é cabível o inventário por arrolamento comum mesmo que haja interessado incapaz, desde que concordem todas as partes e o Ministério Público.

O arrolamento comum deve observar as normas dispostas nos parágrafos do art. 664 do CPC/2015. Sobre esse ponto, sugerimos a consulta ao *Curso Didático de Direito Processual Civil*, de autoria de Elpídio Donizetti, coautor da presente obra.

Quadro Esquemático 5

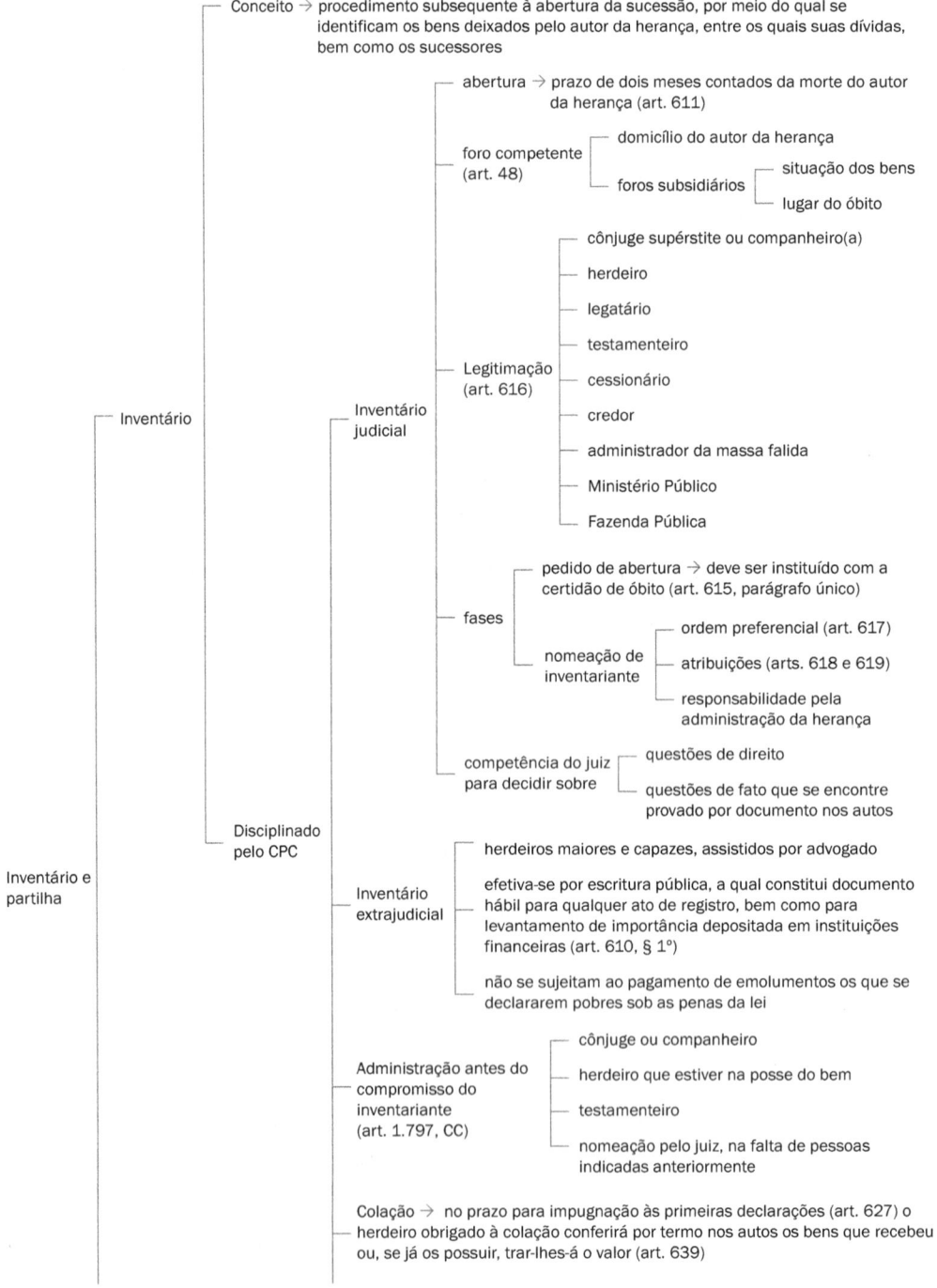

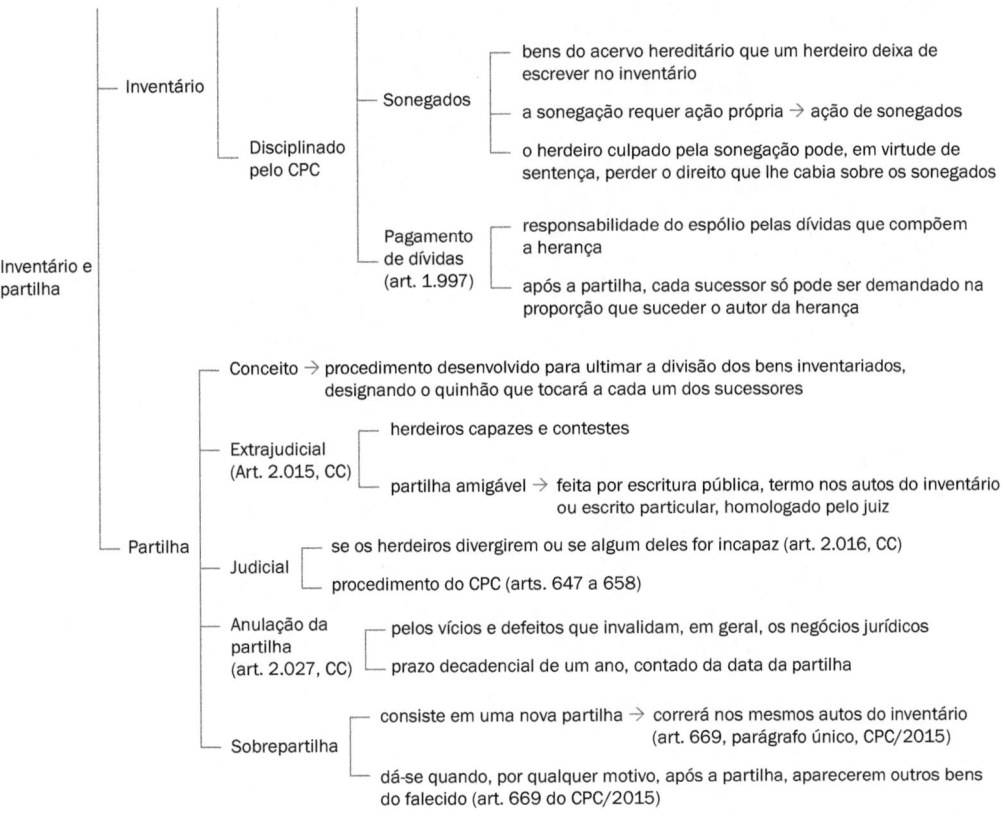

Referências Bibliográficas

ALMEIDA, Francisco de Paula Lacerda. *Sucessões*. Rio de Janeiro: Revista dos Tribunais, 1915.

ANDRADE, Darcy Bessone de Oliveira. *Do contrato*. Rio de Janeiro: Forense, 1960.

BARBOSA, Rui. *Posse de direitos pessoais*. São Paulo: Saraiva, 1986.

BARBOSA, Rui. *Projeto de Código Civil Brasileiro*: trabalhos da Comissão especial do Senado – Parecer do Senador Rui Barbosa sobre a redação do Projeto da Câmara dos Deputados. Rio de Janeiro: Imprensa Nacional, 1902.

BARROS, Hermenegildo de. *Manual do Código Civil brasileiro*. Rio de Janeiro: Jacintho Ribeiro dos Santos, 1929. v. XVIII.

BEVILÁQUA, Clóvis. *Código Civil brasileiro*: trabalhos relativos à sua elaboração. Rio de Janeiro: Imprensa Nacional, 1917. v. I.

BEVILÁQUA, Clóvis. *Código Civil dos Estados Unidos do Brasil comentado*. Rio de Janeiro: Francisco Alves, 1956. 6v.

BEVILÁQUA, Clóvis. *Direito das coisas*. Rio de Janeiro: Freitas Bastos, 1941. v. I.

BEVILÁQUA, Clóvis. *Direito das obrigações*. 2. ed. Salvador: Livraria Magalhães, 1910.

BEVILÁQUA, Clóvis. *Direito das sucessões*. 2. ed. Rio de Janeiro: Freitas Bastos, 1932.

BEVILÁQUA, Clóvis. *Direito de família*. Rio de Janeiro: Freitas Bastos, 1933.

BEVILÁQUA, Clóvis. *Teoria geral do direito civil*. 2. ed. Rio de Janeiro: Francisco Alves, 1929.

CARVALHO, Felipe Quintella Machado de. Os limites da ingerência do condomínio e das associações nos lotes de propriedade exclusiva em loteamentos fechados. *Revista Eletrônica do Âmbito Jurídico*. [on-line] Disponível em: <http://www.ambito-juridico.com.br/site/?n_link=revista_artigos_leitura&artigo_id=9124>. Acesso em: 1º jun. 2011.

CARVALHO, Felipe Quintella Machado de. *Teixeira de Freitas e a história da teoria das capacidades*. 2013. Dissertação (Mestrado) – Universidade Federal de Minas Gerais, Belo Horizonte.

CARVALHO, José Pereira de. *Primeiras linhas sobre o processo orfanológico*. 2. ed. Rio de Janeiro: B. L. Garnier, 1888.

CARVALHO, Luiz Paulo Vieira de. *Direito das sucessões*. 2. ed. São Paulo: Atlas, 2015.

CATEB, Salomão de Araujo. *Direito das sucessões*. 5. ed. São Paulo: Atlas, 2008.

CAVALIERI FILHO, Sergio. *Programa de responsabilidade civil*. 9. ed. São Paulo: Atlas, 2010.

COULANGES, Fustel. *A cidade antiga*. 9. ed. Lisboa: Livraria Clássica, 1957.

DANTAS, Francisco Clementino San Tiago. *Programa de direito civil*: direito das coisas. 3. ed. Rio de Janeiro: Editora Rio, 1984.

DIAS, Maria Berenice. *Manual de direito das famílias*. 6. ed. São Paulo: Revista dos Tribunais, 2010.

DIAS, Maria Berenice. *Manual de direito das famílias*. 10. ed. São Paulo: Revista dos Tribunais, 2015.

DONIZETTI, Elpídio. *Curso didático de direito processual civil*. 14. ed. São Paulo: Atlas, 2010.

DONIZETTI, Elpídio. *Curso didático de direito processual civil*. 19. ed. São Paulo: Atlas, 2016.

ESPÍNOLA, Eduardo. *A família no direito civil brasileiro*. Rio de Janeiro: Conquista, 1957.

ESPÍNOLA, Eduardo. *Dos contratos nominados no direito civil brasileiro*. 2. ed. Rio de Janeiro: Conquista, 1956.

ESPÍNOLA, Eduardo. *Sistema de direito civil*. 2. ed. Rio de Janeiro: Francisco Alves, 1917. v. I.

ESPÍNOLA, Eduardo. *Sistema de direito civil brasileiro*. Rio de Janeiro: Francisco Alves, 1912. v. II.

FARIAS, Cristiano Chaves de; ROSENVALD, Nelson; NETTO, Felipe Braga. *Manual de Direito Civil*. 6. ed. Salvador; Juspodivm, 2021.

FIUZA, César. *Contratos*. Belo Horizonte: Del Rey, 2009.

FIUZA, César. *Direito civil*: curso completo. Belo Horizonte: Del Rey, 2004.

FREITAS, Augusto Teixeira de. *Consolidação das leis civis*. 3. ed. Rio de Janeiro: B. L. Garnier, 1876.

FREITAS, Augusto Teixeira de. *Esboço do Código Civil*. Edição comemorativa. Rio de Janeiro: Ministério da Justiça, 1952. 4v.

FREITAS, Augusto Teixeira de. *Vocabulário jurídico*. Rio de Janeiro: B. L. Garnier, 1882.

FULGÊNCIO, Tito. *Da posse e das ações possessórias*. São Paulo: Saraiva, 1922.

GOMES, Orlando. *Contratos*. 6. ed. Rio de Janeiro: Forense, 1977.

GOMES, Orlando. *Direitos reais*. Rio de Janeiro: Forense, 1958.

GOMES, Orlando. *Introdução ao direito civil*. 3. ed. Rio de Janeiro: Forense, 1971.

GOMES, Orlando. *Obrigações*. 4. ed. Rio de Janeiro: Forense, 1976.

GOMES, Orlando. *Sucessões*. 6. ed. Rio de Janeiro: Forense, 1986.

GONÇALVES, Carlos Roberto. *Direito civil brasileiro*. 6. ed. São Paulo: Saraiva, 2009. v. III.

GONÇALVES, Carlos Roberto. *Direito civil brasileiro*. 9. ed. São Paulo: Saraiva, 2011. v. I.

GRAY, John Chipman. *The nature and sources of the law*. Reprodução da edição de 1909, da Columbia University Press. Nova York: Elibron Classics, 2005.

HUGGINS, Cristiane. Notícia. *Diário de Pernambuco*. Disponível em: <http://www.pernambuco.com/ultimas/nota.asp?materia=20110803183838>. Acesso em: 3 ago. 2011.

JHERING, Rudolf von. *Études complémentaires de l'esprit du droit romain Il*: fondement des interdits possessoires – critique de la théorie de Savigny. 2. ed. Paris: Marescq Aîné Éditeur, 1882.

JHERING, Rudolf von. *Teoria simplificada da posse*. São Paulo: Saraiva, 1986.

KROETZ, Maria Candida do Amaral. *Enriquecimento sem causa no direito civil brasileiro contemporâneo e recomposição patrimonial*. Tese de doutorado. Curitiba: Universidade Federal do Paraná, 2005. Orientador: Prof. Dr. Luiz Edson Fachin.

LARA, Mariana. *O direito à liberdade de uso e (auto)manipulação do próprio corpo*. Belo Horizonte: D'Plácido, 2014.

LEITÃO, Luís Manuel de Menezes. O enriquecimento sem causa no Código Civil brasileiro. *Revista CEJ*, Brasília, n. 25, p. 24-33, jun. 2004.

LOPES, Miguel Maria de Serpa. *Curso de direito civil*. Rio de Janeiro: Freitas Bastos, 1953. v. I.

LOPES, Miguel Maria de Serpa. *Curso*. 5. ed. Rio de Janeiro: Freitas Bastos, 1989. v. II.

MADALENO, Rolf. *Obrigação, dever de assistência e alimentos transitórios*. Disponível em: <http://www.rolfmadaleno.com.br/novosite/conteudo.php?id=37>.

MELLO, Marcos Bernardes de. *Teoria do fato jurídico*: plano da existência. 16. ed. São Paulo: Saraiva, 2010.

MENDONÇA, Manuel Ignácio Carvalho de. *Contratos no direito civil brasileiro*. Rio de Janeiro: Freitas Bastos.

MENDONÇA, Manuel Ignácio Carvalho de. *Doutrina e práticas das obrigações*. Rio de Janeiro: Freitas Bastos, 1938.

MESSINEO, Francesco. *Dottrina generale del contratto*. 2. ed. Milão: Dott. A. Giuffrè Editore, 1946.

MONTEIRO, Washington de Barros. *Curso de direito civil*: parte geral. 33. ed. São Paulo: Saraiva, 1995.

MONTEIRO, Washington de Barros. *Direito das coisas*. 34. ed. São Paulo: Saraiva, 1998.

MONTEIRO, Washington de Barros. *Direito das sucessões*. 24. ed. São Paulo: Saraiva, 1988.

MONTEIRO, Washington de Barros. *Direito de família*. 25. ed. São Paulo: Saraiva, 1986.

NADER, Paulo. *Direito civil*. 6. ed. Rio de Janeiro: Forense, 2012. v. 2.

OLIVEIRA, Arthur Vasco Itabaiana de. *Tratado de direito das sucessões*. 5. ed. Rio de Janeiro: Freitas Bastos, 1985.

PEREIRA, Caio Mário da Silva. *Condomínio e incorporações*. 2. ed. Rio de Janeiro: Forense, 1969.

PEREIRA, Caio Mário da Silva. *Instituições de direito civil*. 19. ed. Rio de Janeiro: Forense, 2001. v. I.

PEREIRA, Caio Mário da Silva. *Instituições de direito civil*. 19. ed. Rio de Janeiro: Forense, 2002. v. II.

PEREIRA, Caio Mário da Silva. *Instituições de direito civil*. 26. ed. Rio de Janeiro: Forense, 2015. v. II.

PEREIRA, Caio Mário da Silva. *Instituições de direito civil*. 3. ed. Rio de Janeiro: Forense, 1975. v. III.

PEREIRA, Caio Mário da Silva. *Instituições de direito civil*. 19. ed. Rio de Janeiro: Forense, 2015. v. III.

PEREIRA, Caio Mário da Silva. *Instituições de direito civil*. 7. ed. Rio de Janeiro: Forense, 1989. v. IV.

PEREIRA, Caio Mário da Silva. *Instituições de direito civil*. 23. ed. Rio de Janeiro: Forense, 2015. V. IV.

PEREIRA, Caio Mário da Silva. *Instituições de direito civil*. 7. ed. Rio de Janeiro: Forense, 1991. v. V.

PEREIRA, Caio Mário da Silva. *Instituições de direito civil*. 11. ed. Rio de Janeiro: Forense, 1997. v. VI.

PEREIRA, Lafayette Rodrigues. *Direito das coisas*. 3. ed. Rio de Janeiro: Freitas Bastos, 1940.

PEREIRA, Rodrigo da Cunha. *Princípios fundamentais norteadores para o direito de família*. Belo Horizonte: Del Rey, 2006.

PINTO, Antônio Joaquim Gouveia. *Tratado dos testamentos e sucessões*. Adaptado ao Direito brasileiro por Augusto Teixeira de Freitas. Rio de Janeiro: B. L. Garnier, 1881.

PLANIOL, Marcel. *Traité élementaire de droit civil*. 4. ed. Paris: LGDJ, 1952. v. 2.

PONTES DE MIRANDA, Francisco Cavalcanti. *Tratado de direito privado*. Rio de Janeiro: Borsói, 1954. 40v.

REALE, Miguel. *Estudos preliminares do Código Civil*. São Paulo: Revista dos Tribunais, 2003.

RIBAS, Antônio Joaquim. *Direito civil brasileiro*. Edição comemorativa. Rio de Janeiro: Editora Rio, 1983.

ROCHA, Manuel Antônio Coelho da. *Instituições de direito civil português*. Coimbra: Imprensa da Universidade, 1852. t. I.

RODRIGUES, Silvio. *Direito civil*: direito das coisas. 22. ed. São Paulo: Saraiva, 1995. v. V.

RODRIGUES, Silvio. *Direito civil:* direito das obrigações. 6. ed. São Paulo: Saraiva, 1976. v. II.

RODRIGUES, Silvio. *Direito civil:* direito das sucessões. 20. ed. São Paulo: Saraiva, 1995. v. VII.

RODRIGUES, Silvio. *Direito civil:* direito de família. 21. ed. São Paulo: Saraiva, 1995. v. VI.

RODRIGUES, Silvio. *Direito civil:* responsabilidade civil. 14. ed. São Paulo: Saraiva, 1995.

ROSENVALD, Nelson; FARIAS, Cristiano Chaves de. *Curso de direito civil.* 11. ed. São Paulo: Atlas, 2015. v. 5.

ROSENVALD, Nelson; FARIAS, Cristiano Chaves de. *Direito civil:* direito das obrigações. 4. ed. Rio de Janeiro: Lumen Juris, 2009.

ROSENVALD, Nelson; FARIAS, Cristiano Chaves de. *Direito civil:* direitos reais. 6. ed. Rio de Janeiro: Lumen Juris, 2009.

ROSENVALD, Nelson; FARIAS, Cristiano Chaves de. *Direito civil:* teoria geral. 8. ed. Rio de Janeiro: Lumen Juris, 2009.

SCHREIBER, Anderson. *Direitos da personalidade.* São Paulo: Atlas, 2011.

SIMÃO, José Fernando. *Alimentos compensatórios: desvio de categoria e um engano perigoso.* Disponível em: <http://professorsimao.com.br/artigos_simao_cf0413.html>.

STANCIOLI, Brunello. *Renúncia ao exercício de direitos da personalidade ou como alguém se torna o que quiser.* Belo Horizonte: Del Rey, 2010.

TARTUCE, Flávio. *Direito civil.* 7. ed. São Paulo: Método, 2011. v. I.

TARTUCE, Flávio. *Manual de Direito Civil.* 8. ed. São Paulo: Método, 2018.

TEPEDINO, Gustavo. *Temas de direito civil.* Rio de Janeiro: Renovar, 2006. t. II.

TEPEDINO, Gustavo. *Temas de direito civil.* 4. ed. Rio de Janeiro: Renovar, 2008.

THEODORO JÚNIOR, Humberto. *Curso de direito processual civil.* 38. ed. Rio de Janeiro: Forense, 2007. v. III.

VAMPRÉ, Spencer. *Manual de direito civil brasileiro.* Rio de Janeiro: F. Briguiet & Cia., 1920. v. II.

VENOSA, Sílvio de Salvo. *Código civil interpretado.* São Paulo: Atlas, 2009.

VENOSA, Sílvio de Salvo. *Direito civil:* direito das sucessões. 10. ed. São Paulo: Atlas, 2010. v. VII.

VENOSA, Sílvio de Salvo. *Direito civil:* direito de família. 10. ed. São Paulo: Atlas, 2010. v. VI.

VENOSA, Sílvio de Salvo. *Direito civil:* direitos reais. 10. ed. São Paulo: Atlas, 2010. v. V.

VENOSA, Sílvio de Salvo. *Direito civil:* parte geral. 10. ed. São Paulo: Atlas, 2010. v. I.

VENOSA, Sílvio de Salvo. *Direito civil:* teoria geral das obrigações e teoria geral dos contratos. 10. ed. São Paulo: Atlas, 2010. v. II.

WALD, Arnoldo. *Obrigações e contratos.* 12. ed. São Paulo: Revista dos Tribunais, 1995.